Zugang zur Online-Datenbank:

stotax-portal.de/registrieren

Bitte folgenden Registrierungscode im Eingabefeld „Registrierungscode" eingeben

26C9S44D0A

und durch einen Klick auf „Weiter" bestätigen. Nach erfolgter Registrierung erhalten Sie für die Aktivierung Ihrer persönlichen Zugangsdaten eine E-Mail.

Stollfuß Verlag

Lohnsteuer – Allgemeiner Tarif

MONAT

Lohnsteuer

Diese **Lohnsteuer-Tabelle** ist für Arbeitnehmer anzuwenden, die in der gesetzlichen Rentenversicherung pflichtversichert sind. Ziel des Lohnsteuerabzugs ist es, für den bezogenen Arbeitslohn die zutreffende Lohnsteuer als endgültige Steuerschuld des Arbeitnehmers einzubehalten. Dementsprechend wird in dieser Tabelle in der Spalte „**Lohn/Gehalt**" der heranzuziehende **Monatsarbeitslohn** ausgewiesen.

Bei Arbeitnehmern, die privat kranken- und pflegeversichert sind, ist vor Anwendung der Tabelle eine Nebenrechnung durchzuführen.

In den Erläuterungen und im Anhang zur Tabelle finden Sie nähere Informationen hierzu.

Solidaritätszuschlag

Neben der Lohnsteuer ist auch der Solidaritätszuschlag ausgewiesen.

In den Erläuterungen zur Tabelle finden Sie nähere Informationen hierzu.

Kirchensteuer

Diese Tabelle enthält die für alle Bundesländer maßgebenden Steuersätze von **8 %** und **9 %**.

8 % = Baden-Württemberg, Bayern

9 % = Berlin, Brandenburg, Bremen, Hamburg, Hessen, Mecklenburg-Vorpommern, Niedersachsen, Nordrhein-Westfalen, Rheinland-Pfalz, Saarland, Sachsen, Sachsen-Anhalt, Schleswig-Holstein, Thüringen

In den Erläuterungen zur Tabelle finden Sie nähere Informationen hierzu.

MONAT 0,01*

Lohnsteuer, Solidaritätszuschlag und Kirchensteuer in den Steuerklassen I – VI

Lohn/Gehalt bis €*	Klasse	LSt	SolZ	ohne Kinderfreibeträge 8%	ohne Kinderfreibeträge 9%
2,99	I,IV	—	—	—	—
	II	—	—	—	—
	III	—	—	—	—
	V	—	—	—	—
	VI	0,25	—	0,02	0,02
5,99	I,IV	—	—	—	—
	II	—	—	—	—
	III	—	—	—	—
	V	—	—	—	—
	VI	0,58	—	0,04	0,05
8,99	I,IV	—	—	—	—
	II	—	—	—	—
	III	—	—	—	—
	V	—	—	—	—
	VI	0,91	—	0,07	0,08
11,99	I,IV	—	—	—	—
	II	—	—	—	—
	III	—	—	—	—
	V	—	—	—	—
	VI	1,25	—	0,10	0,11
14,99	I,IV	—	—	—	—
	II	—	—	—	—
	III	—	—	—	—
	V	—	—	—	—
	VI	1,58	—	0,12	0,14
17,99	I,IV	—	—	—	—
	II	—	—	—	—
	III	—	—	—	—
	V	—	—	—	—
	VI	1,91	—	0,15	0,17
20,99	I,IV	—	—	—	—
	II	—	—	—	—
	III	—	—	—	—
	V	—	—	—	—
	VI	2,33	—	0,18	0,20
23,99	I,IV	—	—	—	—
	II	—	—	—	—
	III	—	—	—	—
	V	—	—	—	—
	VI	2,58	—	0,20	0,23
26,99	I,IV	—	—	—	—
	II	—	—	—	—
	III	—	—	—	—
	V	—	—	—	—
	VI	2,91	—	0,23	0,26
29,99	I,IV	—	—	—	—
	II	—	—	—	—
	III	—	—	—	—
	V	—	—	—	—
	VI	3,33	—	0,26	0,29
32,99	I,IV	—	—	—	—
	II	—	—	—	—
	III	—	—	—	—
	V	—	—	—	—
	VI	3,66	—	0,29	0,32
35,99	I,IV	—	—	—	—
	II	—	—	—	—
	III	—	—	—	—
	V	—	—	—	—
	VI	4,—	—	0,32	0,36
38,99	I,IV	—	—	—	—
	II	—	—	—	—
	III	—	—	—	—
	V	—	—	—	—
	VI	4,33	—	0,34	0,38
41,99	I,IV	—	—	—	—
	II	—	—	—	—
	III	—	—	—	—
	V	—	—	—	—
	VI	4,66	—	0,37	0,41
44,99	I,IV	—	—	—	—
	II	—	—	—	—
	III	—	—	—	—
	V	—	—	—	—
	VI	5,—	—	0,40	0,45
47,99	I,IV	—	—	—	—
	II	—	—	—	—
	III	—	—	—	—
	V	—	—	—	—
	VI	5,33	—	0,42	0,47
50,99	I,IV	—	—	—	—
	II	—	—	—	—
	III	—	—	—	—
	V	—	—	—	—
	VI	5,66	—	0,45	0,50

Lohn/Gehalt bis €*	Klasse	LSt	SolZ	ohne Kinderfreibeträge 8%	ohne Kinderfreibeträge 9%
53,99	I,IV	—	—	—	—
	II	—	—	—	—
	III	—	—	—	—
	V	—	—	—	—
	VI	6,—	—	0,48	0,54
56,99	I,IV	—	—	—	—
	II	—	—	—	—
	III	—	—	—	—
	V	—	—	—	—
	VI	6,33	—	0,50	0,56
59,99	I,IV	—	—	—	—
	II	—	—	—	—
	III	—	—	—	—
	V	—	—	—	—
	VI	6,66	—	0,53	0,59
62,99	I,IV	—	—	—	—
	II	—	—	—	—
	III	—	—	—	—
	V	—	—	—	—
	VI	7,—	—	0,56	0,63
65,99	I,IV	—	—	—	—
	II	—	—	—	—
	III	—	—	—	—
	V	—	—	—	—
	VI	7,33	—	0,58	0,65
68,99	I,IV	—	—	—	—
	II	—	—	—	—
	III	—	—	—	—
	V	—	—	—	—
	VI	7,66	—	0,61	0,68
71,99	I,IV	—	—	—	—
	II	—	—	—	—
	III	—	—	—	—
	V	—	—	—	—
	VI	8,—	—	0,64	0,72
74,99	I,IV	—	—	—	—
	II	—	—	—	—
	III	—	—	—	—
	V	—	—	—	—
	VI	8,33	—	0,66	0,74
77,99	I,IV	—	—	—	—
	II	—	—	—	—
	III	—	—	—	—
	V	—	—	—	—
	VI	8,66	—	0,69	0,77
80,99	I,IV	—	—	—	—
	II	—	—	—	—
	III	—	—	—	—
	V	—	—	—	—
	VI	9,—	—	0,72	0,81
83,99	I,IV	—	—	—	—
	II	—	—	—	—
	III	—	—	—	—
	V	—	—	—	—
	VI	9,33	—	0,74	0,83
86,99	I,IV	—	—	—	—
	II	—	—	—	—
	III	—	—	—	—
	V	—	—	—	—
	VI	9,66	—	0,77	0,86
89,99	I,IV	—	—	—	—
	II	—	—	—	—
	III	—	—	—	—
	V	—	—	—	—
	VI	10,—	—	0,80	0,90
92,99	I,IV	—	—	—	—
	II	—	—	—	—
	III	—	—	—	—
	V	—	—	—	—
	VI	10,33	—	0,82	0,92
95,99	I,IV	—	—	—	—
	II	—	—	—	—
	III	—	—	—	—
	V	—	—	—	—
	VI	10,66	—	0,85	0,95
98,99	I,IV	—	—	—	—
	II	—	—	—	—
	III	—	—	—	—
	V	—	—	—	—
	VI	11,—	—	0,88	0,99
101,99	I,IV	—	—	—	—
	II	—	—	—	—
	III	—	—	—	—
	V	—	—	—	—
	VI	11,33	—	0,90	1,01

Lohn/Gehalt bis €*	Klasse	LSt	SolZ	ohne Kinderfreibeträge 8%	ohne Kinderfreibeträge 9%
104,99	I,IV	—	—	—	—
	II	—	—	—	—
	III	—	—	—	—
	V	—	—	—	—
	VI	11,66	—	0,93	1,04
107,99	I,IV	—	—	—	—
	II	—	—	—	—
	III	—	—	—	—
	V	—	—	—	—
	VI	12,—	—	0,96	1,08
110,99	I,IV	—	—	—	—
	II	—	—	—	—
	III	—	—	—	—
	V	0,25	—	0,02	0,02
	VI	12,33	—	0,98	1,10
113,99	I,IV	—	—	—	—
	II	—	—	—	—
	III	—	—	—	—
	V	0,58	—	0,04	0,05
	VI	12,66	—	1,01	1,13
116,99	I,IV	—	—	—	—
	II	—	—	—	—
	III	—	—	—	—
	V	0,91	—	0,07	0,08
	VI	13,—	—	1,04	1,17
119,99	I,IV	—	—	—	—
	II	—	—	—	—
	III	—	—	—	—
	V	1,25	—	0,10	0,11
	VI	13,33	—	1,06	1,19
122,99	I,IV	—	—	—	—
	II	—	—	—	—
	III	—	—	—	—
	V	1,58	—	0,12	0,14
	VI	13,66	—	1,09	1,22
125,99	I,IV	—	—	—	—
	II	—	—	—	—
	III	—	—	—	—
	V	1,91	—	0,15	0,17
	VI	14,—	—	1,12	1,26
128,99	I,IV	—	—	—	—
	II	—	—	—	—
	III	—	—	—	—
	V	2,25	—	0,18	0,20
	VI	14,33	—	1,14	1,28
131,99	I,IV	—	—	—	—
	II	—	—	—	—
	III	—	—	—	—
	V	2,58	—	0,20	0,23
	VI	14,66	—	1,17	1,31
134,99	I,IV	—	—	—	—
	II	—	—	—	—
	III	—	—	—	—
	V	2,91	—	0,23	0,26
	VI	15,—	—	1,20	1,35
137,99	I,IV	—	—	—	—
	II	—	—	—	—
	III	—	—	—	—
	V	3,25	—	0,26	0,29
	VI	15,33	—	1,22	1,37
140,99	I,IV	—	—	—	—
	II	—	—	—	—
	III	—	—	—	—
	V	3,58	—	0,28	0,32
	VI	15,66	—	1,25	1,40
143,99	I,IV	—	—	—	—
	II	—	—	—	—
	III	—	—	—	—
	V	3,91	—	0,31	0,35
	VI	16,—	—	1,28	1,44
146,99	I,IV	—	—	—	—
	II	—	—	—	—
	III	—	—	—	—
	V	4,25	—	0,34	0,38
	VI	16,33	—	1,30	1,46
149,99	I,IV	—	—	—	—
	II	—	—	—	—
	III	—	—	—	—
	V	4,58	—	0,36	0,41
	VI	16,66	—	1,33	1,49
152,99	I,IV	—	—	—	—
	II	—	—	—	—
	III	—	—	—	—
	V	4,91	—	0,39	0,44
	VI	17,—	—	1,36	1,53

T 2

* Die ausgewiesenen Tabellenwerte sind amtlich. Siehe Erläuterungen auf der Umschlaginnenseite (U2).

305,99*   **MONAT**

Tabelle 1

Lohn/Gehalt bis €*		LSt	SolZ	8%	9%
155,99	I,IV	—	—	—	—
	II	—	—	—	—
	III	—	—	—	—
	V	5,25	—	0,42	0,47
	VI	17,41	—	1,39	1,56
158,99	I,IV	—	—	—	—
	II	—	—	—	—
	III	—	—	—	—
	V	5,58	—	0,44	0,50
	VI	17,66	—	1,41	1,58
161,99	I,IV	—	—	—	—
	II	—	—	—	—
	III	—	—	—	—
	V	5,91	—	0,47	0,53
	VI	18,08	—	1,44	1,62
164,99	I,IV	—	—	—	—
	II	—	—	—	—
	III	—	—	—	—
	V	6,33	—	0,50	0,56
	VI	18,41	—	1,47	1,65
167,99	I,IV	—	—	—	—
	II	—	—	—	—
	III	—	—	—	—
	V	6,66	—	0,53	0,59
	VI	18,75	—	1,50	1,68
170,99	I,IV	—	—	—	—
	II	—	—	—	—
	III	—	—	—	—
	V	7,—	—	0,56	0,63
	VI	19,08	—	1,52	1,71
173,99	I,IV	—	—	—	—
	II	—	—	—	—
	III	—	—	—	—
	V	7,33	—	0,58	0,65
	VI	19,41	—	1,55	1,74
176,99	I,IV	—	—	—	—
	II	—	—	—	—
	III	—	—	—	—
	V	7,66	—	0,61	0,68
	VI	19,75	—	1,58	1,77
179,99	I,IV	—	—	—	—
	II	—	—	—	—
	III	—	—	—	—
	V	8,—	—	0,64	0,72
	VI	20,08	—	1,60	1,80
182,99	I,IV	—	—	—	—
	II	—	—	—	—
	III	—	—	—	—
	V	8,33	—	0,66	0,74
	VI	20,41	—	1,63	1,83
185,99	I,IV	—	—	—	—
	II	—	—	—	—
	III	—	—	—	—
	V	8,66	—	0,69	0,77
	VI	20,75	—	1,66	1,86
188,99	I,IV	—	—	—	—
	II	—	—	—	—
	III	—	—	—	—
	V	9,—	—	0,72	0,81
	VI	21,08	—	1,68	1,89
191,99	I,IV	—	—	—	—
	II	—	—	—	—
	III	—	—	—	—
	V	9,33	—	0,74	0,83
	VI	21,41	—	1,71	1,92
194,99	I,IV	—	—	—	—
	II	—	—	—	—
	III	—	—	—	—
	V	9,66	—	0,77	0,86
	VI	21,75	—	1,74	1,95
197,99	I,IV	—	—	—	—
	II	—	—	—	—
	III	—	—	—	—
	V	10,—	—	0,80	0,90
	VI	22,08	—	1,76	1,98
200,99	I,IV	—	—	—	—
	II	—	—	—	—
	III	—	—	—	—
	V	10,33	—	0,82	0,92
	VI	22,41	—	1,79	2,01
203,99	I,IV	—	—	—	—
	II	—	—	—	—
	III	—	—	—	—
	V	10,66	—	0,85	0,95
	VI	22,75	—	1,82	2,04

Tabelle 2

Lohn/Gehalt bis €*		LSt	SolZ	8%	9%
206,99	I,IV	—	—	—	—
	II	—	—	—	—
	III	—	—	—	—
	V	11,—	—	0,88	0,99
	VI	23,08	—	1,84	2,07
209,99	I,IV	—	—	—	—
	II	—	—	—	—
	III	—	—	—	—
	V	11,33	—	0,90	1,01
	VI	23,41	—	1,87	2,10
212,99	I,IV	—	—	—	—
	II	—	—	—	—
	III	—	—	—	—
	V	11,66	—	0,93	1,04
	VI	23,75	—	1,90	2,13
215,99	I,IV	—	—	—	—
	II	—	—	—	—
	III	—	—	—	—
	V	12,—	—	0,96	1,08
	VI	24,08	—	1,92	2,16
218,99	I,IV	—	—	—	—
	II	—	—	—	—
	III	—	—	—	—
	V	12,33	—	0,98	1,10
	VI	24,41	—	1,95	2,19
221,99	I,IV	—	—	—	—
	II	—	—	—	—
	III	—	—	—	—
	V	12,66	—	1,01	1,13
	VI	24,75	—	1,98	2,22
224,99	I,IV	—	—	—	—
	II	—	—	—	—
	III	—	—	—	—
	V	13,—	—	1,04	1,17
	VI	25,08	—	2,—	2,25
227,99	I,IV	—	—	—	—
	II	—	—	—	—
	III	—	—	—	—
	V	13,33	—	1,06	1,19
	VI	25,41	—	2,03	2,28
230,99	I,IV	—	—	—	—
	II	—	—	—	—
	III	—	—	—	—
	V	13,66	—	1,09	1,22
	VI	25,75	—	2,06	2,31
233,99	I,IV	—	—	—	—
	II	—	—	—	—
	III	—	—	—	—
	V	14,—	—	1,12	1,26
	VI	26,08	—	2,08	2,34
236,99	I,IV	—	—	—	—
	II	—	—	—	—
	III	—	—	—	—
	V	14,33	—	1,14	1,28
	VI	26,41	—	2,11	2,37
239,99	I,IV	—	—	—	—
	II	—	—	—	—
	III	—	—	—	—
	V	14,66	—	1,17	1,31
	VI	26,75	—	2,14	2,40
242,99	I,IV	—	—	—	—
	II	—	—	—	—
	III	—	—	—	—
	V	15,—	—	1,20	1,35
	VI	27,08	—	2,16	2,43
245,99	I,IV	—	—	—	—
	II	—	—	—	—
	III	—	—	—	—
	V	15,33	—	1,22	1,37
	VI	27,41	—	2,19	2,46
248,99	I,IV	—	—	—	—
	II	—	—	—	—
	III	—	—	—	—
	V	15,66	—	1,25	1,40
	VI	27,75	—	2,22	2,49
251,99	I,IV	—	—	—	—
	II	—	—	—	—
	III	—	—	—	—
	V	16,—	—	1,28	1,44
	VI	28,08	—	2,24	2,52
254,99	I,IV	—	—	—	—
	II	—	—	—	—
	III	—	—	—	—
	V	16,33	—	1,30	1,46
	VI	28,41	—	2,27	2,55

Tabelle 3

Lohn/Gehalt bis €*		LSt	SolZ	8%	9%
257,99	I,IV	—	—	—	—
	II	—	—	—	—
	III	—	—	—	—
	V	16,66	—	1,33	1,49
	VI	28,75	—	2,30	2,58
260,99	I,IV	—	—	—	—
	II	—	—	—	—
	III	—	—	—	—
	V	17,—	—	1,36	1,53
	VI	29,08	—	2,32	2,61
263,99	I,IV	—	—	—	—
	II	—	—	—	—
	III	—	—	—	—
	V	17,33	—	1,38	1,55
	VI	29,41	—	2,35	2,64
266,99	I,IV	—	—	—	—
	II	—	—	—	—
	III	—	—	—	—
	V	17,66	—	1,41	1,58
	VI	29,75	—	2,38	2,67
269,99	I,IV	—	—	—	—
	II	—	—	—	—
	III	—	—	—	—
	V	18,—	—	1,44	1,62
	VI	30,08	—	2,40	2,70
272,99	I,IV	—	—	—	—
	II	—	—	—	—
	III	—	—	—	—
	V	18,33	—	1,46	1,64
	VI	30,41	—	2,43	2,73
275,99	I,IV	—	—	—	—
	II	—	—	—	—
	III	—	—	—	—
	V	18,66	—	1,49	1,67
	VI	30,75	—	2,46	2,76
278,99	I,IV	—	—	—	—
	II	—	—	—	—
	III	—	—	—	—
	V	19,—	—	1,52	1,71
	VI	31,08	—	2,48	2,79
281,99	I,IV	—	—	—	—
	II	—	—	—	—
	III	—	—	—	—
	V	19,33	—	1,54	1,73
	VI	31,41	—	2,51	2,82
284,99	I,IV	—	—	—	—
	II	—	—	—	—
	III	—	—	—	—
	V	19,66	—	1,57	1,76
	VI	31,75	—	2,54	2,85
287,99	I,IV	—	—	—	—
	II	—	—	—	—
	III	—	—	—	—
	V	20,—	—	1,60	1,80
	VI	32,08	—	2,56	2,88
290,99	I,IV	—	—	—	—
	II	—	—	—	—
	III	—	—	—	—
	V	20,41	—	1,63	1,83
	VI	32,50	—	2,60	2,92
293,99	I,IV	—	—	—	—
	II	—	—	—	—
	III	—	—	—	—
	V	20,66	—	1,65	1,85
	VI	32,75	—	2,62	2,94
296,99	I,IV	—	—	—	—
	II	—	—	—	—
	III	—	—	—	—
	V	21,—	—	1,68	1,89
	VI	33,16	—	2,65	2,98
299,99	I,IV	—	—	—	—
	II	—	—	—	—
	III	—	—	—	—
	V	21,41	—	1,71	1,92
	VI	33,50	—	2,68	3,01
302,99	I,IV	—	—	—	—
	II	—	—	—	—
	III	—	—	—	—
	V	21,75	—	1,74	1,95
	VI	33,83	—	2,70	3,04
305,99	I,IV	—	—	—	—
	II	—	—	—	—
	III	—	—	—	—
	V	22,08	—	1,76	1,98
	VI	34,16	—	2,73	3,07

* Die ausgewiesenen Tabellenwerte sind amtlich. Siehe Erläuterungen auf der Umschlaginnenseite (U2).

MONAT 306,–*

Lohnsteuer, Solidaritätszuschlag und Kirchensteuer in den Steuerklassen I – VI — ohne Kinderfreibeträge

Lohn/Gehalt bis €*	Steuerklasse	LSt	SolZ	8%	9%
308,99	I,IV	—	—	—	—
	II	—	—	—	—
	III	—	—	—	—
	V	22,41	—	1,79	2,01
	VI	34,50	—	2,76	3,10
311,99	I,IV	—	—	—	—
	II	—	—	—	—
	III	—	—	—	—
	V	22,75	—	1,82	2,04
	VI	34,83	—	2,78	3,13
314,99	I,IV	—	—	—	—
	II	—	—	—	—
	III	—	—	—	—
	V	23,08	—	1,84	2,07
	VI	35,16	—	2,81	3,16
317,99	I,IV	—	—	—	—
	II	—	—	—	—
	III	—	—	—	—
	V	23,41	—	1,87	2,10
	VI	35,50	—	2,84	3,19
320,99	I,IV	—	—	—	—
	II	—	—	—	—
	III	—	—	—	—
	V	23,75	—	1,90	2,13
	VI	35,83	—	2,86	3,22
323,99	I,IV	—	—	—	—
	II	—	—	—	—
	III	—	—	—	—
	V	24,08	—	1,92	2,16
	VI	36,16	—	2,89	3,25
326,99	I,IV	—	—	—	—
	II	—	—	—	—
	III	—	—	—	—
	V	24,41	—	1,95	2,19
	VI	36,50	—	2,92	3,28
329,99	I,IV	—	—	—	—
	II	—	—	—	—
	III	—	—	—	—
	V	24,75	—	1,98	2,22
	VI	36,83	—	2,94	3,31
332,99	I,IV	—	—	—	—
	II	—	—	—	—
	III	—	—	—	—
	V	25,08	—	2,—	2,25
	VI	37,16	—	2,97	3,34
335,99	I,IV	—	—	—	—
	II	—	—	—	—
	III	—	—	—	—
	V	25,41	—	2,03	2,28
	VI	37,50	—	3,—	3,37
338,99	I,IV	—	—	—	—
	II	—	—	—	—
	III	—	—	—	—
	V	25,75	—	2,06	2,31
	VI	37,83	—	3,02	3,40
341,99	I,IV	—	—	—	—
	II	—	—	—	—
	III	—	—	—	—
	V	26,08	—	2,08	2,34
	VI	38,16	—	3,05	3,43
344,99	I,IV	—	—	—	—
	II	—	—	—	—
	III	—	—	—	—
	V	26,41	—	2,11	2,37
	VI	38,50	—	3,08	3,46
347,99	I,IV	—	—	—	—
	II	—	—	—	—
	III	—	—	—	—
	V	26,75	—	2,14	2,40
	VI	38,83	—	3,10	3,49
350,99	I,IV	—	—	—	—
	II	—	—	—	—
	III	—	—	—	—
	V	27,08	—	2,16	2,43
	VI	39,16	—	3,13	3,52
353,99	I,IV	—	—	—	—
	II	—	—	—	—
	III	—	—	—	—
	V	27,41	—	2,19	2,46
	VI	39,50	—	3,16	3,55
356,99	I,IV	—	—	—	—
	II	—	—	—	—
	III	—	—	—	—
	V	27,75	—	2,22	2,49
	VI	39,83	—	3,18	3,58
359,99	I,IV	—	—	—	—
	II	—	—	—	—
	III	—	—	—	—
	V	28,08	—	2,24	2,52
	VI	40,16	—	3,21	3,61
362,99	I,IV	—	—	—	—
	II	—	—	—	—
	III	—	—	—	—
	V	28,41	—	2,27	2,55
	VI	40,50	—	3,24	3,64
365,99	I,IV	—	—	—	—
	II	—	—	—	—
	III	—	—	—	—
	V	28,75	—	2,30	2,58
	VI	40,83	—	3,26	3,67
368,99	I,IV	—	—	—	—
	II	—	—	—	—
	III	—	—	—	—
	V	29,08	—	2,32	2,61
	VI	41,16	—	3,29	3,70
371,99	I,IV	—	—	—	—
	II	—	—	—	—
	III	—	—	—	—
	V	29,41	—	2,35	2,64
	VI	41,50	—	3,32	3,73
374,99	I,IV	—	—	—	—
	II	—	—	—	—
	III	—	—	—	—
	V	29,75	—	2,38	2,67
	VI	41,83	—	3,34	3,76
377,99	I,IV	—	—	—	—
	II	—	—	—	—
	III	—	—	—	—
	V	30,08	—	2,40	2,70
	VI	42,16	—	3,37	3,79
380,99	I,IV	—	—	—	—
	II	—	—	—	—
	III	—	—	—	—
	V	30,41	—	2,43	2,73
	VI	42,50	—	3,40	3,82
383,99	I,IV	—	—	—	—
	II	—	—	—	—
	III	—	—	—	—
	V	30,75	—	2,46	2,76
	VI	42,83	—	3,42	3,85
386,99	I,IV	—	—	—	—
	II	—	—	—	—
	III	—	—	—	—
	V	31,08	—	2,48	2,79
	VI	43,16	—	3,45	3,88
389,99	I,IV	—	—	—	—
	II	—	—	—	—
	III	—	—	—	—
	V	31,41	—	2,51	2,82
	VI	43,50	—	3,48	3,91
392,99	I,IV	—	—	—	—
	II	—	—	—	—
	III	—	—	—	—
	V	31,75	—	2,54	2,85
	VI	43,83	—	3,50	3,94
395,99	I,IV	—	—	—	—
	II	—	—	—	—
	III	—	—	—	—
	V	32,08	—	2,56	2,88
	VI	44,16	—	3,53	3,97
398,99	I,IV	—	—	—	—
	II	—	—	—	—
	III	—	—	—	—
	V	32,41	—	2,59	2,91
	VI	44,50	—	3,56	4,—
401,99	I,IV	—	—	—	—
	II	—	—	—	—
	III	—	—	—	—
	V	32,75	—	2,62	2,94
	VI	44,83	—	3,58	4,03
404,99	I,IV	—	—	—	—
	II	—	—	—	—
	III	—	—	—	—
	V	33,08	—	2,64	2,97
	VI	45,16	—	3,61	4,06
407,99	I,IV	—	—	—	—
	II	—	—	—	—
	III	—	—	—	—
	V	33,41	—	2,67	3,—
	VI	45,50	—	3,64	4,09
410,99	I,IV	—	—	—	—
	II	—	—	—	—
	III	—	—	—	—
	V	33,75	—	2,70	3,03
	VI	45,83	—	3,66	4,12
413,99	I,IV	—	—	—	—
	II	—	—	—	—
	III	—	—	—	—
	V	34,08	—	2,72	3,06
	VI	46,16	—	3,69	4,15
416,99	I,IV	—	—	—	—
	II	—	—	—	—
	III	—	—	—	—
	V	34,41	—	2,75	3,09
	VI	46,58	—	3,72	4,19
419,99	I,IV	—	—	—	—
	II	—	—	—	—
	III	—	—	—	—
	V	34,75	—	2,78	3,12
	VI	46,83	—	3,74	4,21
422,99	I,IV	—	—	—	—
	II	—	—	—	—
	III	—	—	—	—
	V	35,08	—	2,80	3,15
	VI	47,25	—	3,78	4,25
425,99	I,IV	—	—	—	—
	II	—	—	—	—
	III	—	—	—	—
	V	35,50	—	2,84	3,19
	VI	47,58	—	3,80	4,28
428,99	I,IV	—	—	—	—
	II	—	—	—	—
	III	—	—	—	—
	V	35,75	—	2,86	3,21
	VI	47,83	—	3,82	4,30
431,99	I,IV	—	—	—	—
	II	—	—	—	—
	III	—	—	—	—
	V	36,16	—	2,89	3,25
	VI	48,25	—	3,86	4,34
434,99	I,IV	—	—	—	—
	II	—	—	—	—
	III	—	—	—	—
	V	36,50	—	2,92	3,28
	VI	48,58	—	3,88	4,37
437,99	I,IV	—	—	—	—
	II	—	—	—	—
	III	—	—	—	—
	V	36,83	—	2,94	3,31
	VI	48,91	—	3,91	4,40
440,99	I,IV	—	—	—	—
	II	—	—	—	—
	III	—	—	—	—
	V	37,16	—	2,97	3,34
	VI	49,25	—	3,94	4,43
443,99	I,IV	—	—	—	—
	II	—	—	—	—
	III	—	—	—	—
	V	37,50	—	3,—	3,37
	VI	49,58	—	3,96	4,46
446,99	I,IV	—	—	—	—
	II	—	—	—	—
	III	—	—	—	—
	V	37,83	—	3,02	3,40
	VI	49,91	—	3,99	4,49
449,99	I,IV	—	—	—	—
	II	—	—	—	—
	III	—	—	—	—
	V	38,16	—	3,05	3,43
	VI	50,25	—	4,02	4,52
452,99	I,IV	—	—	—	—
	II	—	—	—	—
	III	—	—	—	—
	V	38,50	—	3,08	3,46
	VI	50,58	—	4,04	4,55
455,99	I,IV	—	—	—	—
	II	—	—	—	—
	III	—	—	—	—
	V	38,83	—	3,10	3,49
	VI	50,91	—	4,07	4,58
458,99	I,IV	—	—	—	—
	II	—	—	—	—
	III	—	—	—	—
	V	39,16	—	3,13	3,52
	VI	51,25	—	4,10	4,61

* Die ausgewiesenen Tabellenwerte sind amtlich. Siehe Erläuterungen auf der Umschlaginnenseite (U2).

611,99* · **MONAT**

Block 1

Lohn/Gehalt bis €*	Steuerklasse	LSt	SolZ	8%	9%
461,99	I,IV	—	—	—	—
	II	—	—	—	—
	III	—	—	—	—
	V	39,50	—	3,16	3,55
	VI	51,58	—	4,12	4,64
464,99	I,IV	—	—	—	—
	II	—	—	—	—
	III	—	—	—	—
	V	39,83	—	3,18	3,58
	VI	51,91	—	4,15	4,67
467,99	I,IV	—	—	—	—
	II	—	—	—	—
	III	—	—	—	—
	V	40,16	—	3,21	3,61
	VI	52,25	—	4,18	4,70
470,99	I,IV	—	—	—	—
	II	—	—	—	—
	III	—	—	—	—
	V	40,50	—	3,24	3,64
	VI	52,58	—	4,20	4,73
473,99	I,IV	—	—	—	—
	II	—	—	—	—
	III	—	—	—	—
	V	40,83	—	3,26	3,67
	VI	52,91	—	4,23	4,76
476,99	I,IV	—	—	—	—
	II	—	—	—	—
	III	—	—	—	—
	V	41,16	—	3,29	3,70
	VI	53,25	—	4,26	4,79
479,99	I,IV	—	—	—	—
	II	—	—	—	—
	III	—	—	—	—
	V	41,50	—	3,32	3,73
	VI	53,58	—	4,28	4,82
482,99	I,IV	—	—	—	—
	II	—	—	—	—
	III	—	—	—	—
	V	41,83	—	3,34	3,76
	VI	53,91	—	4,31	4,85
485,99	I,IV	—	—	—	—
	II	—	—	—	—
	III	—	—	—	—
	V	42,16	—	3,37	3,79
	VI	54,25	—	4,34	4,88
488,99	I,IV	—	—	—	—
	II	—	—	—	—
	III	—	—	—	—
	V	42,50	—	3,40	3,82
	VI	54,58	—	4,36	4,91
491,99	I,IV	—	—	—	—
	II	—	—	—	—
	III	—	—	—	—
	V	42,83	—	3,42	3,85
	VI	54,91	—	4,39	4,94
494,99	I,IV	—	—	—	—
	II	—	—	—	—
	III	—	—	—	—
	V	43,16	—	3,45	3,88
	VI	55,25	—	4,42	4,97
497,99	I,IV	—	—	—	—
	II	—	—	—	—
	III	—	—	—	—
	V	43,50	—	3,48	3,91
	VI	55,58	—	4,44	5,—
500,99	I,IV	—	—	—	—
	II	—	—	—	—
	III	—	—	—	—
	V	43,83	—	3,50	3,94
	VI	55,91	—	4,47	5,03
503,99	I,IV	—	—	—	—
	II	—	—	—	—
	III	—	—	—	—
	V	44,16	—	3,53	3,97
	VI	56,25	—	4,50	5,06
506,99	I,IV	—	—	—	—
	II	—	—	—	—
	III	—	—	—	—
	V	44,50	—	3,56	4,—
	VI	56,58	—	4,52	5,09
509,99	I,IV	—	—	—	—
	II	—	—	—	—
	III	—	—	—	—
	V	44,83	—	3,58	4,03
	VI	56,91	—	4,55	5,12

Block 2

Lohn/Gehalt bis €*	Steuerklasse	LSt	SolZ	8%	9%
512,99	I,IV	—	—	—	—
	II	—	—	—	—
	III	—	—	—	—
	V	45,16	—	3,61	4,06
	VI	57,25	—	4,58	5,15
515,99	I,IV	—	—	—	—
	II	—	—	—	—
	III	—	—	—	—
	V	45,50	—	3,64	4,09
	VI	57,58	—	4,60	5,18
518,99	I,IV	—	—	—	—
	II	—	—	—	—
	III	—	—	—	—
	V	45,83	—	3,66	4,12
	VI	57,91	—	4,63	5,21
521,99	I,IV	—	—	—	—
	II	—	—	—	—
	III	—	—	—	—
	V	46,16	—	3,69	4,15
	VI	58,25	—	4,66	5,24
524,99	I,IV	—	—	—	—
	II	—	—	—	—
	III	—	—	—	—
	V	46,50	—	3,72	4,18
	VI	58,58	—	4,68	5,27
527,99	I,IV	—	—	—	—
	II	—	—	—	—
	III	—	—	—	—
	V	46,83	—	3,74	4,21
	VI	58,91	—	4,71	5,30
530,99	I,IV	—	—	—	—
	II	—	—	—	—
	III	—	—	—	—
	V	47,16	—	3,77	4,24
	VI	59,25	—	4,74	5,33
533,99	I,IV	—	—	—	—
	II	—	—	—	—
	III	—	—	—	—
	V	47,50	—	3,80	4,27
	VI	59,58	—	4,76	5,36
536,99	I,IV	—	—	—	—
	II	—	—	—	—
	III	—	—	—	—
	V	47,83	—	3,82	4,30
	VI	59,91	—	4,79	5,39
539,99	I,IV	—	—	—	—
	II	—	—	—	—
	III	—	—	—	—
	V	48,16	—	3,85	4,33
	VI	60,25	—	4,82	5,42
542,99	I,IV	—	—	—	—
	II	—	—	—	—
	III	—	—	—	—
	V	48,50	—	3,88	4,36
	VI	60,58	—	4,84	5,45
545,99	I,IV	—	—	—	—
	II	—	—	—	—
	III	—	—	—	—
	V	48,83	—	3,90	4,39
	VI	60,91	—	4,87	5,48
548,99	I,IV	—	—	—	—
	II	—	—	—	—
	III	—	—	—	—
	V	49,16	—	3,93	4,42
	VI	61,25	—	4,90	5,51
551,99	I,IV	—	—	—	—
	II	—	—	—	—
	III	—	—	—	—
	V	49,58	—	3,96	4,46
	VI	61,66	—	4,93	5,54
554,99	I,IV	—	—	—	—
	II	—	—	—	—
	III	—	—	—	—
	V	49,83	—	3,98	4,48
	VI	61,91	—	4,95	5,57
557,99	I,IV	—	—	—	—
	II	—	—	—	—
	III	—	—	—	—
	V	50,16	—	4,01	4,51
	VI	62,33	—	4,98	5,60
560,99	I,IV	—	—	—	—
	II	—	—	—	—
	III	—	—	—	—
	V	50,58	—	4,04	4,55
	VI	62,66	—	5,01	5,63

Block 3

Lohn/Gehalt bis €*	Steuerklasse	LSt	SolZ	8%	9%
563,99	I,IV	—	—	—	—
	II	—	—	—	—
	III	—	—	—	—
	V	50,83	—	4,06	4,57
	VI	63,—	—	5,04	5,67
566,99	I,IV	—	—	—	—
	II	—	—	—	—
	III	—	—	—	—
	V	51,25	—	4,10	4,61
	VI	63,33	—	5,06	5,69
569,99	I,IV	—	—	—	—
	II	—	—	—	—
	III	—	—	—	—
	V	51,58	—	4,12	4,64
	VI	63,66	—	5,09	5,72
572,99	I,IV	—	—	—	—
	II	—	—	—	—
	III	—	—	—	—
	V	51,91	—	4,15	4,67
	VI	64,—	—	5,12	5,76
575,99	I,IV	—	—	—	—
	II	—	—	—	—
	III	—	—	—	—
	V	52,25	—	4,18	4,70
	VI	64,33	—	5,14	5,78
578,99	I,IV	—	—	—	—
	II	—	—	—	—
	III	—	—	—	—
	V	52,58	—	4,20	4,73
	VI	64,66	—	5,17	5,81
581,99	I,IV	—	—	—	—
	II	—	—	—	—
	III	—	—	—	—
	V	52,91	—	4,23	4,76
	VI	65,—	—	5,20	5,85
584,99	I,IV	—	—	—	—
	II	—	—	—	—
	III	—	—	—	—
	V	53,25	—	4,26	4,79
	VI	65,33	—	5,22	5,87
587,99	I,IV	—	—	—	—
	II	—	—	—	—
	III	—	—	—	—
	V	53,58	—	4,28	4,82
	VI	65,66	—	5,25	5,90
590,99	I,IV	—	—	—	—
	II	—	—	—	—
	III	—	—	—	—
	V	53,91	—	4,31	4,85
	VI	66,—	—	5,28	5,94
593,99	I,IV	—	—	—	—
	II	—	—	—	—
	III	—	—	—	—
	V	54,25	—	4,34	4,88
	VI	66,33	—	5,30	5,96
596,99	I,IV	—	—	—	—
	II	—	—	—	—
	III	—	—	—	—
	V	54,58	—	4,36	4,91
	VI	66,66	—	5,33	5,99
599,99	I,IV	—	—	—	—
	II	—	—	—	—
	III	—	—	—	—
	V	54,91	—	4,39	4,94
	VI	67,—	—	5,36	6,03
602,99	I,IV	—	—	—	—
	II	—	—	—	—
	III	—	—	—	—
	V	55,25	—	4,42	4,97
	VI	67,33	—	5,38	6,05
605,99	I,IV	—	—	—	—
	II	—	—	—	—
	III	—	—	—	—
	V	55,58	—	4,44	5,—
	VI	67,66	—	5,41	6,08
608,99	I,IV	—	—	—	—
	II	—	—	—	—
	III	—	—	—	—
	V	55,91	—	4,47	5,03
	VI	68,—	—	5,44	6,12
611,99	I,IV	—	—	—	—
	II	—	—	—	—
	III	—	—	—	—
	V	56,25	—	4,50	5,06
	VI	68,33	—	5,46	6,14

* Die ausgewiesenen Tabellenwerte sind amtlich. Siehe Erläuterungen auf der Umschlaginnenseite (U2).

T 5

MONAT 612,–*

Lohnsteuer, Solidaritätszuschlag und Kirchensteuer in den Steuerklassen I – VI

Lohn/Gehalt bis €*	Steuerklasse	LSt	SolZ	ohne Kinderfreibeträge 8%	9%
614,99	I,IV	—	—	—	—
	II	—			
	III	—			
	V	56,58	—	4,52	5,09
	VI	68,66	—	5,49	6,17
617,99	I,IV	—	—	—	—
	II	—			
	III	—			
	V	56,91	—	4,55	5,12
	VI	69,—	—	5,52	6,21
620,99	I,IV	—	—	—	—
	II	—			
	III	—			
	V	57,25	—	4,58	5,15
	VI	69,33	—	5,54	6,23
623,99	I,IV	—	—	—	—
	II	—			
	III	—			
	V	57,58	—	4,60	5,18
	VI	69,66	—	5,57	6,26
626,99	I,IV	—	—	—	—
	II	—			
	III	—			
	V	57,91	—	4,63	5,21
	VI	70,—	—	5,60	6,30
629,99	I,IV	—	—	—	—
	II	—			
	III	—			
	V	58,25	—	4,66	5,24
	VI	70,33	—	5,62	6,32
632,99	I,IV	—	—	—	—
	II	—			
	III	—			
	V	58,58	—	4,68	5,27
	VI	70,66	—	5,65	6,35
635,99	I,IV	—	—	—	—
	II	—			
	III	—			
	V	58,91	—	4,71	5,30
	VI	71,—	—	5,68	6,39
638,99	I,IV	—	—	—	—
	II	—			
	III	—			
	V	59,25	—	4,74	5,33
	VI	71,33	—	5,70	6,41
641,99	I,IV	—	—	—	—
	II	—			
	III	—			
	V	59,58	—	4,76	5,36
	VI	71,66	—	5,73	6,44
644,99	I,IV	—	—	—	—
	II	—			
	III	—			
	V	59,91	—	4,79	5,39
	VI	72,—	—	5,76	6,48
647,99	I,IV	—	—	—	—
	II	—			
	III	—			
	V	60,25	—	4,82	5,42
	VI	72,33	—	5,78	6,50
650,99	I,IV	—	—	—	—
	II	—			
	III	—			
	V	60,58	—	4,84	5,45
	VI	72,66	—	5,81	6,53
653,99	I,IV	—	—	—	—
	II	—			
	III	—			
	V	60,91	—	4,87	5,48
	VI	73,—	—	5,84	6,57
656,99	I,IV	—	—	—	—
	II	—			
	III	—			
	V	61,25	—	4,90	5,51
	VI	73,33	—	5,86	6,59
659,99	I,IV	—	—	—	—
	II	—			
	III	—			
	V	61,58	—	4,92	5,54
	VI	73,66	—	5,89	6,62
662,99	I,IV	—	—	—	—
	II	—			
	III	—			
	V	61,91	—	4,95	5,57
	VI	74,—	—	5,92	6,66
665,99	I,IV	—	—	—	—
	II	—			
	III	—			
	V	62,25	—	4,98	5,60
	VI	74,33	—	5,94	6,68
668,99	I,IV	—	—	—	—
	II	—			
	III	—			
	V	62,58	—	5,—	5,63
	VI	74,66	—	5,97	6,71
671,99	I,IV	—	—	—	—
	II	—			
	III	—			
	V	62,91	—	5,03	5,66
	VI	75,—	—	6,—	6,75
674,99	I,IV	—	—	—	—
	II	—			
	III	—			
	V	63,25	—	5,06	5,69
	VI	75,33	—	6,02	6,77
677,99	I,IV	—	—	—	—
	II	—			
	III	—			
	V	63,58	—	5,08	5,72
	VI	75,66	—	6,05	6,80
680,99	I,IV	—	—	—	—
	II	—			
	III	—			
	V	63,91	—	5,11	5,75
	VI	76,—	—	6,08	6,84
683,99	I,IV	—	—	—	—
	II	—			
	III	—			
	V	64,25	—	5,14	5,78
	VI	76,41	—	6,11	6,87
686,99	I,IV	—	—	—	—
	II	—			
	III	—			
	V	64,66	—	5,17	5,81
	VI	76,75	—	6,14	6,90
689,99	I,IV	—	—	—	—
	II	—			
	III	—			
	V	64,91	—	5,19	5,84
	VI	77,—	—	6,16	6,93
692,99	I,IV	—	—	—	—
	II	—			
	III	—			
	V	65,33	—	5,22	5,87
	VI	77,41	—	6,19	6,96
695,99	I,IV	—	—	—	—
	II	—			
	III	—			
	V	65,66	—	5,25	5,90
	VI	77,75	—	6,22	6,99
698,99	I,IV	—	—	—	—
	II	—			
	III	—			
	V	65,91	—	5,27	5,93
	VI	78,08	—	6,24	7,02
701,99	I,IV	—	—	—	—
	II	—			
	III	—			
	V	66,33	—	5,30	5,96
	VI	78,41	—	6,27	7,05
704,99	I,IV	—	—	—	—
	II	—			
	III	—			
	V	66,66	—	5,33	5,99
	VI	78,75	—	6,30	7,08
707,99	I,IV	—	—	—	—
	II	—			
	III	—			
	V	67,—	—	5,36	6,03
	VI	79,08	—	6,32	7,11
710,99	I,IV	—	—	—	—
	II	—			
	III	—			
	V	67,33	—	5,38	6,05
	VI	79,41	—	6,35	7,14
713,99	I,IV	—	—	—	—
	II	—			
	III	—			
	V	67,66	—	5,41	6,08
	VI	79,75	—	6,38	7,17
716,99	I,IV	—	—	—	—
	II	—			
	III	—			
	V	68,—	—	5,44	6,12
	VI	80,08	—	6,40	7,20
719,99	I,IV	—	—	—	—
	II	—			
	III	—			
	V	68,33	—	5,46	6,14
	VI	80,41	—	6,43	7,23
722,99	I,IV	—	—	—	—
	II	—			
	III	—			
	V	68,66	—	5,49	6,17
	VI	80,75	—	6,46	7,26
725,99	I,IV	—	—	—	—
	II	—			
	III	—			
	V	69,—	—	5,52	6,21
	VI	81,08	—	6,48	7,29
728,99	I,IV	—	—	—	—
	II	—			
	III	—			
	V	69,33	—	5,54	6,23
	VI	81,41	—	6,51	7,32
731,99	I,IV	—	—	—	—
	II	—			
	III	—			
	V	69,66	—	5,57	6,26
	VI	81,75	—	6,54	7,35
734,99	I,IV	—	—	—	—
	II	—			
	III	—			
	V	70,—	—	5,60	6,30
	VI	82,08	—	6,56	7,38
737,99	I,IV	—	—	—	—
	II	—			
	III	—			
	V	70,33	—	5,62	6,32
	VI	82,41	—	6,59	7,41
740,99	I,IV	—	—	—	—
	II	—			
	III	—			
	V	70,66	—	5,65	6,35
	VI	82,75	—	6,62	7,44
743,99	I,IV	—	—	—	—
	II	—			
	III	—			
	V	71,—	—	5,68	6,39
	VI	83,08	—	6,64	7,47
746,99	I,IV	—	—	—	—
	II	—			
	III	—			
	V	71,33	—	5,70	6,41
	VI	83,41	—	6,67	7,50
749,99	I,IV	—	—	—	—
	II	—			
	III	—			
	V	71,66	—	5,73	6,44
	VI	83,75	—	6,70	7,53
752,99	I,IV	—	—	—	—
	II	—			
	III	—			
	V	72,—	—	5,76	6,48
	VI	84,08	—	6,72	7,56
755,99	I,IV	—	—	—	—
	II	—			
	III	—			
	V	72,33	—	5,78	6,50
	VI	84,41	—	6,75	7,59
758,99	I,IV	—	—	—	—
	II	—			
	III	—			
	V	72,66	—	5,81	6,53
	VI	84,75	—	6,78	7,62
761,99	I,IV	—	—	—	—
	II	—			
	III	—			
	V	73,—	—	5,84	6,57
	VI	85,08	—	6,80	7,65
764,99	I,IV	—	—	—	—
	II	—			
	III	—			
	V	73,33	—	5,86	6,59
	VI	85,41	—	6,83	7,68

* Die ausgewiesenen Tabellenwerte sind amtlich. Siehe Erläuterungen auf der Umschlaginnenseite (U2).

917,99* **MONAT**

Tabelle 1

Lohn/Gehalt bis €*	Steuerklasse	LSt	SolZ	8%	9%
767,99	I,IV	—	—	—	—
	II	—	—	—	—
	III	—	—	—	—
	V	73,66	—	5,89	6,62
	VI	85,75	—	6,86	7,71
770,99	I,IV	—	—	—	—
	II	—	—	—	—
	III	—	—	—	—
	V	74,—	—	5,92	6,66
	VI	86,08	—	6,88	7,74
773,99	I,IV	—	—	—	—
	II	—	—	—	—
	III	—	—	—	—
	V	74,33	—	5,94	6,68
	VI	86,41	—	6,91	7,77
776,99	I,IV	—	—	—	—
	II	—	—	—	—
	III	—	—	—	—
	V	74,66	—	5,97	6,71
	VI	86,75	—	6,94	7,80
779,99	I,IV	—	—	—	—
	II	—	—	—	—
	III	—	—	—	—
	V	75,—	—	6,—	6,75
	VI	87,08	—	6,96	7,83
782,99	I,IV	—	—	—	—
	II	—	—	—	—
	III	—	—	—	—
	V	75,33	—	6,02	6,77
	VI	87,41	—	6,99	7,86
785,99	I,IV	—	—	—	—
	II	—	—	—	—
	III	—	—	—	—
	V	75,66	—	6,05	6,80
	VI	87,75	—	7,02	7,89
788,99	I,IV	—	—	—	—
	II	—	—	—	—
	III	—	—	—	—
	V	76,—	—	6,08	6,84
	VI	88,08	—	7,04	7,92
791,99	I,IV	—	—	—	—
	II	—	—	—	—
	III	—	—	—	—
	V	76,33	—	6,10	6,86
	VI	88,41	—	7,07	7,95
794,99	I,IV	—	—	—	—
	II	—	—	—	—
	III	—	—	—	—
	V	76,66	—	6,13	6,89
	VI	88,75	—	7,10	7,98
797,99	I,IV	—	—	—	—
	II	—	—	—	—
	III	—	—	—	—
	V	77,—	—	6,16	6,93
	VI	89,08	—	7,12	8,01
800,99	I,IV	—	—	—	—
	II	—	—	—	—
	III	—	—	—	—
	V	77,33	—	6,18	6,95
	VI	89,41	—	7,15	8,04
803,99	I,IV	—	—	—	—
	II	—	—	—	—
	III	—	—	—	—
	V	77,66	—	6,21	6,98
	VI	89,75	—	7,18	8,07
806,99	I,IV	—	—	—	—
	II	—	—	—	—
	III	—	—	—	—
	V	78,—	—	6,24	7,02
	VI	90,08	—	7,20	8,10
809,99	I,IV	—	—	—	—
	II	—	—	—	—
	III	—	—	—	—
	V	78,33	—	6,26	7,04
	VI	90,41	—	7,23	8,13
812,99	I,IV	—	—	—	—
	II	—	—	—	—
	III	—	—	—	—
	V	78,66	—	6,29	7,07
	VI	90,75	—	7,26	8,16
815,99	I,IV	—	—	—	—
	II	—	—	—	—
	III	—	—	—	—
	V	79,—	—	6,32	7,11
	VI	91,08	—	7,28	8,19

Tabelle 2

Lohn/Gehalt bis €*	Steuerklasse	LSt	SolZ	8%	9%
818,99	I,IV	—	—	—	—
	II	—	—	—	—
	III	—	—	—	—
	V	79,33	—	6,34	7,13
	VI	91,50	—	7,32	8,23
821,99	I,IV	—	—	—	—
	II	—	—	—	—
	III	—	—	—	—
	V	79,75	—	6,38	7,17
	VI	91,83	—	7,34	8,26
824,99	I,IV	—	—	—	—
	II	—	—	—	—
	III	—	—	—	—
	V	80,—	—	6,40	7,20
	VI	92,16	—	7,37	8,29
827,99	I,IV	—	—	—	—
	II	—	—	—	—
	III	—	—	—	—
	V	80,41	—	6,43	7,23
	VI	92,50	—	7,40	8,32
830,99	I,IV	—	—	—	—
	II	—	—	—	—
	III	—	—	—	—
	V	80,75	—	6,46	7,26
	VI	92,83	—	7,42	8,35
833,99	I,IV	—	—	—	—
	II	—	—	—	—
	III	—	—	—	—
	V	81,08	—	6,48	7,29
	VI	93,16	—	7,45	8,38
836,99	I,IV	—	—	—	—
	II	—	—	—	—
	III	—	—	—	—
	V	81,41	—	6,51	7,32
	VI	93,50	—	7,48	8,41
839,99	I,IV	—	—	—	—
	II	—	—	—	—
	III	—	—	—	—
	V	81,75	—	6,54	7,35
	VI	93,83	—	7,50	8,44
842,99	I,IV	—	—	—	—
	II	—	—	—	—
	III	—	—	—	—
	V	82,08	—	6,56	7,38
	VI	94,16	—	7,53	8,47
845,99	I,IV	—	—	—	—
	II	—	—	—	—
	III	—	—	—	—
	V	82,41	—	6,59	7,41
	VI	94,50	—	7,56	8,50
848,99	I,IV	—	—	—	—
	II	—	—	—	—
	III	—	—	—	—
	V	82,75	—	6,62	7,44
	VI	94,83	—	7,58	8,53
851,99	I,IV	—	—	—	—
	II	—	—	—	—
	III	—	—	—	—
	V	83,08	—	6,64	7,47
	VI	95,16	—	7,61	8,56
854,99	I,IV	—	—	—	—
	II	—	—	—	—
	III	—	—	—	—
	V	83,41	—	6,67	7,50
	VI	95,50	—	7,64	8,59
857,99	I,IV	—	—	—	—
	II	—	—	—	—
	III	—	—	—	—
	V	83,75	—	6,70	7,53
	VI	95,83	—	7,66	8,62
860,99	I,IV	—	—	—	—
	II	—	—	—	—
	III	—	—	—	—
	V	84,08	—	6,72	7,56
	VI	96,16	—	7,69	8,65
863,99	I,IV	—	—	—	—
	II	—	—	—	—
	III	—	—	—	—
	V	84,41	—	6,75	7,59
	VI	96,50	—	7,72	8,68
866,99	I,IV	—	—	—	—
	II	—	—	—	—
	III	—	—	—	—
	V	84,75	—	6,78	7,62
	VI	96,83	—	7,74	8,71

Tabelle 3

Lohn/Gehalt bis €*	Steuerklasse	LSt	SolZ	8%	9%
869,99	I,IV	—	—	—	—
	II	—	—	—	—
	III	—	—	—	—
	V	85,08	—	6,80	7,65
	VI	97,16	—	7,77	8,74
872,99	I,IV	—	—	—	—
	II	—	—	—	—
	III	—	—	—	—
	V	85,41	—	6,83	7,68
	VI	97,50	—	7,80	8,77
875,99	I,IV	—	—	—	—
	II	—	—	—	—
	III	—	—	—	—
	V	85,75	—	6,86	7,71
	VI	97,83	—	7,82	8,80
878,99	I,IV	—	—	—	—
	II	—	—	—	—
	III	—	—	—	—
	V	86,08	—	6,88	7,74
	VI	98,16	—	7,85	8,83
881,99	I,IV	—	—	—	—
	II	—	—	—	—
	III	—	—	—	—
	V	86,41	—	6,91	7,77
	VI	98,50	—	7,88	8,86
884,99	I,IV	—	—	—	—
	II	—	—	—	—
	III	—	—	—	—
	V	86,75	—	6,94	7,80
	VI	98,83	—	7,90	8,89
887,99	I,IV	—	—	—	—
	II	—	—	—	—
	III	—	—	—	—
	V	87,08	—	6,96	7,83
	VI	99,16	—	7,93	8,92
890,99	I,IV	—	—	—	—
	II	—	—	—	—
	III	—	—	—	—
	V	87,41	—	6,99	7,86
	VI	99,50	—	7,96	8,95
893,99	I,IV	—	—	—	—
	II	—	—	—	—
	III	—	—	—	—
	V	87,75	—	7,02	7,89
	VI	99,83	—	7,98	8,98
896,99	I,IV	—	—	—	—
	II	—	—	—	—
	III	—	—	—	—
	V	88,08	—	7,04	7,92
	VI	100,16	—	8,01	9,01
899,99	I,IV	—	—	—	—
	II	—	—	—	—
	III	—	—	—	—
	V	88,41	—	7,07	7,95
	VI	100,50	—	8,04	9,04
902,99	I,IV	—	—	—	—
	II	—	—	—	—
	III	—	—	—	—
	V	88,75	—	7,10	7,98
	VI	100,83	—	8,06	9,07
905,99	I,IV	—	—	—	—
	II	—	—	—	—
	III	—	—	—	—
	V	89,08	—	7,12	8,01
	VI	101,16	—	8,09	9,10
908,99	I,IV	—	—	—	—
	II	—	—	—	—
	III	—	—	—	—
	V	89,41	—	7,15	8,04
	VI	101,50	—	8,12	9,13
911,99	I,IV	—	—	—	—
	II	—	—	—	—
	III	—	—	—	—
	V	89,75	—	7,18	8,07
	VI	101,83	—	8,14	9,16
914,99	I,IV	—	—	—	—
	II	—	—	—	—
	III	—	—	—	—
	V	90,08	—	7,20	8,10
	VI	102,16	—	8,17	9,19
917,99	I,IV	—	—	—	—
	II	—	—	—	—
	III	—	—	—	—
	V	90,41	—	7,23	8,13
	VI	102,50	—	8,20	9,22

* Die ausgewiesenen Tabellenwerte sind amtlich. Siehe Erläuterungen auf der Umschlaginnenseite (U2).

MONAT 918,—*

Lohnsteuer, Solidaritätszuschlag und Kirchensteuer in den Steuerklassen I – VI

Tabelle 1

Lohn/Gehalt bis €*	Steuerklasse	LSt	SolZ	8%	9%
920,99	I,IV	—	—	—	—
	II	—	—	—	—
	III	—	—	—	—
	V	90,75	—	7,26	8,16
	VI	102,83	—	8,22	9,25
923,99	I,IV	—	—	—	—
	II	—	—	—	—
	III	—	—	—	—
	V	91,08	—	7,28	8,19
	VI	103,16	—	8,25	9,28
926,99	I,IV	—	—	—	—
	II	—	—	—	—
	III	—	—	—	—
	V	91,41	—	7,31	8,22
	VI	103,50	—	8,28	9,31
929,99	I,IV	—	—	—	—
	II	—	—	—	—
	III	—	—	—	—
	V	91,75	—	7,34	8,25
	VI	103,83	—	8,30	9,34
932,99	I,IV	—	—	—	—
	II	—	—	—	—
	III	—	—	—	—
	V	92,08	—	7,36	8,28
	VI	104,16	—	8,33	9,37
935,99	I,IV	—	—	—	—
	II	—	—	—	—
	III	—	—	—	—
	V	92,41	—	7,39	8,31
	VI	104,50	—	8,36	9,40
938,99	I,IV	—	—	—	—
	II	—	—	—	—
	III	—	—	—	—
	V	92,75	—	7,42	8,34
	VI	104,83	—	8,38	9,43
941,99	I,IV	—	—	—	—
	II	—	—	—	—
	III	—	—	—	—
	V	93,08	—	7,44	8,37
	VI	105,16	—	8,41	9,46
944,99	I,IV	—	—	—	—
	II	—	—	—	—
	III	—	—	—	—
	V	93,41	—	7,47	8,40
	VI	105,58	—	8,44	9,50
947,99	I,IV	—	—	—	—
	II	—	—	—	—
	III	—	—	—	—
	V	93,75	—	7,50	8,43
	VI	105,83	—	8,46	9,52
950,99	I,IV	—	—	—	—
	II	—	—	—	—
	III	—	—	—	—
	V	94,08	—	7,52	8,46
	VI	106,16	—	8,49	9,55
953,99	I,IV	—	—	—	—
	II	—	—	—	—
	III	—	—	—	—
	V	94,50	—	7,56	8,50
	VI	106,58	—	8,52	9,59
956,99	I,IV	—	—	—	—
	II	—	—	—	—
	III	—	—	—	—
	V	94,83	—	7,58	8,53
	VI	106,91	—	8,55	9,62
959,99	I,IV	—	—	—	—
	II	—	—	—	—
	III	—	—	—	—
	V	95,08	—	7,60	8,55
	VI	107,25	—	8,58	9,65
962,99	I,IV	—	—	—	—
	II	—	—	—	—
	III	—	—	—	—
	V	95,50	—	7,64	8,59
	VI	107,58	—	8,60	9,68
965,99	I,IV	—	—	—	—
	II	—	—	—	—
	III	—	—	—	—
	V	95,83	—	7,66	8,62
	VI	107,91	—	8,63	9,71
968,99	I,IV	—	—	—	—
	II	—	—	—	—
	III	—	—	—	—
	V	96,16	—	7,69	8,65
	VI	108,25	—	8,66	9,74

Tabelle 2

Lohn/Gehalt bis €*	Steuerklasse	LSt	SolZ	8%	9%
971,99	I,IV	—	—	—	—
	II	—	—	—	—
	III	—	—	—	—
	V	96,50	—	7,72	8,68
	VI	108,58	—	8,68	9,77
974,99	I,IV	—	—	—	—
	II	—	—	—	—
	III	—	—	—	—
	V	96,83	—	7,74	8,71
	VI	108,91	—	8,71	9,80
977,99	I,IV	—	—	—	—
	II	—	—	—	—
	III	—	—	—	—
	V	97,16	—	7,77	8,74
	VI	109,25	—	8,74	9,83
980,99	I,IV	—	—	—	—
	II	—	—	—	—
	III	—	—	—	—
	V	97,50	—	7,80	8,77
	VI	109,58	—	8,76	9,86
983,99	I,IV	—	—	—	—
	II	—	—	—	—
	III	—	—	—	—
	V	97,83	—	7,82	8,80
	VI	109,91	—	8,79	9,89
986,99	I,IV	—	—	—	—
	II	—	—	—	—
	III	—	—	—	—
	V	98,16	—	7,85	8,83
	VI	110,25	—	8,82	9,92
989,99	I,IV	—	—	—	—
	II	—	—	—	—
	III	—	—	—	—
	V	98,50	—	7,88	8,86
	VI	110,58	—	8,84	9,95
992,99	I,IV	—	—	—	—
	II	—	—	—	—
	III	—	—	—	—
	V	98,83	—	7,90	8,89
	VI	110,91	—	8,87	9,98
995,99	I,IV	—	—	—	—
	II	—	—	—	—
	III	—	—	—	—
	V	99,16	—	7,93	8,92
	VI	111,25	—	8,90	10,01
998,99	I,IV	—	—	—	—
	II	—	—	—	—
	III	—	—	—	—
	V	99,50	—	7,96	8,95
	VI	111,58	—	8,92	10,04
1 001,99	I,IV	—	—	—	—
	II	—	—	—	—
	III	—	—	—	—
	V	99,83	—	7,98	8,98
	VI	111,91	—	8,95	10,07
1 004,99	I,IV	—	—	—	—
	II	—	—	—	—
	III	—	—	—	—
	V	100,16	—	8,01	9,01
	VI	112,25	—	8,98	10,10
1 007,99	I,IV	—	—	—	—
	II	—	—	—	—
	III	—	—	—	—
	V	100,50	—	8,04	9,04
	VI	112,58	—	9,—	10,13
1 010,99	I,IV	—	—	—	—
	II	—	—	—	—
	III	—	—	—	—
	V	100,83	—	8,06	9,07
	VI	112,91	—	9,03	10,16
1 013,99	I,IV	—	—	—	—
	II	—	—	—	—
	III	—	—	—	—
	V	101,16	—	8,09	9,10
	VI	113,25	—	9,06	10,19
1 016,99	I,IV	—	—	—	—
	II	—	—	—	—
	III	—	—	—	—
	V	101,50	—	8,12	9,13
	VI	113,58	—	9,08	10,22
1 019,99	I,IV	—	—	—	—
	II	—	—	—	—
	III	—	—	—	—
	V	101,83	—	8,14	9,16
	VI	113,91	—	9,11	10,25

Tabelle 3

Lohn/Gehalt bis €*	Steuerklasse	LSt	SolZ	8%	9%
1 022,99	I,IV	—	—	—	—
	II	—	—	—	—
	III	—	—	—	—
	V	102,16	—	8,17	9,19
	VI	114,25	—	9,14	10,28
1 025,99	I,IV	—	—	—	—
	II	—	—	—	—
	III	—	—	—	—
	V	102,50	—	8,20	9,22
	VI	114,58	—	9,16	10,31
1 028,99	I,IV	—	—	—	—
	II	—	—	—	—
	III	—	—	—	—
	V	102,83	—	8,22	9,25
	VI	114,91	—	9,19	10,34
1 031,99	I,IV	—	—	—	—
	II	—	—	—	—
	III	—	—	—	—
	V	103,16	—	8,25	9,28
	VI	115,25	—	9,22	10,37
1 034,99	I,IV	—	—	—	—
	II	—	—	—	—
	III	—	—	—	—
	V	103,50	—	8,28	9,31
	VI	115,58	—	9,24	10,40
1 037,99	I,IV	—	—	—	—
	II	—	—	—	—
	III	—	—	—	—
	V	103,83	—	8,30	9,34
	VI	115,91	—	9,27	10,43
1 040,99	I,IV	—	—	—	—
	II	—	—	—	—
	III	—	—	—	—
	V	104,16	—	8,33	9,37
	VI	116,25	—	9,30	10,46
1 043,99	I,IV	—	—	—	—
	II	—	—	—	—
	III	—	—	—	—
	V	104,50	—	8,36	9,40
	VI	116,58	—	9,32	10,49
1 046,99	I,IV	—	—	—	—
	II	—	—	—	—
	III	—	—	—	—
	V	104,83	—	8,38	9,43
	VI	116,91	—	9,35	10,52
1 049,99	I,IV	—	—	—	—
	II	—	—	—	—
	III	—	—	—	—
	V	105,16	—	8,41	9,46
	VI	117,25	—	9,38	10,55
1 052,99	I,IV	—	—	—	—
	II	—	—	—	—
	III	—	—	—	—
	V	105,50	—	8,44	9,49
	VI	117,58	—	9,40	10,58
1 055,99	I,IV	—	—	—	—
	II	—	—	—	—
	III	—	—	—	—
	V	105,83	—	8,46	9,52
	VI	117,91	—	9,43	10,61
1 058,99	I,IV	—	—	—	—
	II	—	—	—	—
	III	—	—	—	—
	V	106,16	—	8,49	9,55
	VI	118,25	—	9,46	10,64
1 061,99	I,IV	—	—	—	—
	II	—	—	—	—
	III	—	—	—	—
	V	106,50	—	8,52	9,58
	VI	118,58	—	9,48	10,67
1 064,99	I,IV	—	—	—	—
	II	—	—	—	—
	III	—	—	—	—
	V	106,83	—	8,54	9,61
	VI	118,91	—	9,51	10,70
1 067,99	I,IV	—	—	—	—
	II	—	—	—	—
	III	—	—	—	—
	V	107,16	—	8,57	9,64
	VI	119,25	—	9,54	10,73
1 070,99	I,IV	—	—	—	—
	II	—	—	—	—
	III	—	—	—	—
	V	107,50	—	8,60	9,67
	VI	119,58	—	9,56	10,76

* Die ausgewiesenen Tabellenwerte sind amtlich. Siehe Erläuterungen auf der Umschlaginnenseite (U2).

1 121,99* MONAT

Lohn/Gehalt bis €*	StKl	I–VI ohne Kinderfreibeträge LSt	SolZ	8%	9%	StKl	I, II, III, IV LSt	0,5 SolZ	8%	9%	1 SolZ	8%	9%	1,5 SolZ	8%	9%	2 SolZ	8%	9%	2,5 SolZ	8%	9%	3 SolZ	8%	9%
1 073,99	I,IV / II / III / V / VI	— / — / — / 107,83 / 119,91	— / — / — / — / —	— / — / — / 8,62 / 9,59	— / — / — / 9,70 / 10,79	I / II / III / IV	— / — / — / —	— / — / — / —	— / — / — / —	— / — / — / —	— / — / — / —	— / — / — / —	— / — / — / —	— / — / — / —	— / — / — / —	— / — / — / —	— / — / — / —	— / — / — / —	— / — / — / —	— / — / — / —	— / — / — / —	— / — / — / —	— / — / — / —	— / — / — / —	— / — / — / —
1 076,99	I,IV / II / III / V / VI	— / — / — / 108,16 / 120,25	— / — / — / — / —	— / — / — / 8,65 / 9,62	— / — / — / 9,73 / 10,82																				
1 079,99	I,IV / II / III / V / VI	— / — / — / 108,50 / 120,66	— / — / — / — / —	— / — / — / 8,68 / 9,65	— / — / — / 9,76 / 10,85																				
1 082,99	I,IV / II / III / V / VI	— / — / — / 108,83 / 120,91	— / — / — / — / —	— / — / — / 8,70 / 9,67	— / — / — / 9,79 / 10,88																				
1 085,99	I,IV / II / III / V / VI	— / — / — / 109,16 / 121,33	— / — / — / — / —	— / — / — / 8,73 / 9,70	— / — / — / 9,82 / 10,91																				
1 088,99	I,IV / II / III / V / VI	— / — / — / 109,58 / 121,66	— / — / — / — / —	— / — / — / 8,76 / 9,73	— / — / — / 9,86 / 10,94																				
1 091,99	I,IV / II / III / V / VI	— / — / — / 109,91 / 122,—	— / — / — / — / —	— / — / — / 8,79 / 9,76	— / — / — / 9,89 / 10,98																				
1 094,99	I,IV / II / III / V / VI	— / — / — / 110,25 / 122,33	— / — / — / — / —	— / — / — / 8,82 / 9,78	— / — / — / 9,92 / 11,—																				
1 097,99	I,IV / II / III / V / VI	— / — / — / 110,58 / 122,66	— / — / — / — / —	— / — / — / 8,84 / 9,81	— / — / — / 9,95 / 11,03																				
1 100,99	I,IV / II / III / V / VI	— / — / — / 110,91 / 123,—	— / — / — / — / —	— / — / — / 8,87 / 9,84	— / — / — / 9,98 / 11,07																				
1 103,99	I,IV / II / III / V / VI	— / — / — / 111,25 / 123,33	— / — / — / — / —	— / — / — / 8,90 / 9,86	— / — / — / 10,01 / 11,09																				
1 106,99	I,IV / II / III / V / VI	— / — / — / 111,58 / 123,66	— / — / — / — / —	— / — / — / 8,92 / 9,89	— / — / — / 10,04 / 11,12																				
1 109,99	I,IV / II / III / V / VI	— / — / — / 111,91 / 124,—	— / — / — / — / —	— / — / — / 8,95 / 9,92	— / — / — / 10,07 / 11,16																				
1 112,99	I,IV / II / III / V / VI	— / — / — / 112,25 / 124,33	— / — / — / — / —	— / — / — / 8,98 / 9,94	— / — / — / 10,10 / 11,18																				
1 115,99	I,IV / II / III / V / VI	— / — / — / 112,58 / 124,66	— / — / — / — / —	— / — / — / 9,— / 9,97	— / — / — / 10,13 / 11,21																				
1 118,99	I,IV / II / III / V / VI	— / — / — / 112,91 / 125,—	— / — / — / — / —	— / — / — / 9,03 / 10,—	— / — / — / 10,16 / 11,25																				
1 121,99	I,IV / II / III / V / VI	— / — / — / 113,25 / 125,33	— / — / — / — / —	— / — / — / 9,06 / 10,02	— / — / — / 10,19 / 11,27																				

*Die ausgewiesenen Tabellenwerte sind amtlich. Siehe Erläuterungen auf der Umschlaginnenseite (U2).

T 9

MONAT 1 122,–*

Abzüge an Lohnsteuer, Solidaritätszuschlag (SolZ) und Kirchensteuer (8%, 9%) in den Steuerklassen

Lohn/Gehalt bis €*		LSt (ohne Kinderfreibeträge)	SolZ	8%	9%		LSt	0,5 SolZ	8%	9%	1 SolZ	8%	9%	1,5 SolZ	8%	9%	2 SolZ	8%	9%	2,5 SolZ	8%	9%	3 SolZ	8%	9%
1 124,99	I,IV	—	—	—	—	I	—	—	—	—	—	—	—	—	—	—	—	—	—	—	—	—	—	—	—
	II	—	—	—	—	II	—	—	—	—	—	—	—	—	—	—	—	—	—	—	—	—	—	—	—
	III	—	—	—	—	III	—	—	—	—	—	—	—	—	—	—	—	—	—	—	—	—	—	—	—
	V	113,58	—	9,08	10,22	IV	—	—	—	—	—	—	—	—	—	—	—	—	—	—	—	—	—	—	—
	VI	125,66	—	10,05	11,30																				
1 127,99	I,IV	—	—	—	—	I	—	—	—	—	—	—	—	—	—	—	—	—	—	—	—	—	—	—	—
	II	—	—	—	—	II	—																		
	III	—	—	—	—	III	—																		
	V	113,91	—	9,11	10,25	IV	—																		
	VI	126,—	—	10,08	11,34																				
1 130,99	I,IV	—	—	—	—	I	—	—	—	—	—	—	—	—	—	—	—	—	—	—	—	—	—	—	—
	II	—	—	—	—	II	—																		
	III	—	—	—	—	III	—																		
	V	114,25	—	9,14	10,28	IV	—																		
	VI	126,33	—	10,10	11,36																				
1 133,99	I,IV	—	—	—	—	I	—	—	—	—	—	—	—	—	—	—	—	—	—	—	—	—	—	—	—
	II	—	—	—	—	II	—																		
	III	—	—	—	—	III	—																		
	V	114,58	—	9,16	10,31	IV	—																		
	VI	126,66	—	10,13	11,39																				
1 136,99	I,IV	—	—	—	—	I	—	—	—	—	—	—	—	—	—	—	—	—	—	—	—	—	—	—	—
	II	—	—	—	—	II	—																		
	III	—	—	—	—	III	—																		
	V	114,91	—	9,19	10,34	IV	—																		
	VI	127,—	—	10,16	11,43																				
1 139,99	I,IV	—	—	—	—	I	—	—	—	—	—	—	—	—	—	—	—	—	—	—	—	—	—	—	—
	II	—	—	—	—	II	—																		
	III	—	—	—	—	III	—																		
	V	115,25	—	9,22	10,37	IV	—																		
	VI	127,33	—	10,18	11,45																				
1 142,99	I,IV	—	—	—	—	I	—	—	—	—	—	—	—	—	—	—	—	—	—	—	—	—	—	—	—
	II	—	—	—	—	II	—																		
	III	—	—	—	—	III	—																		
	V	115,58	—	9,24	10,40	IV	—																		
	VI	127,66	—	10,21	11,48																				
1 145,99	I,IV	—	—	—	—	I	—	—	—	—	—	—	—	—	—	—	—	—	—	—	—	—	—	—	—
	II	—	—	—	—	II	—																		
	III	—	—	—	—	III	—																		
	V	115,91	—	9,27	10,43	IV	—																		
	VI	128,—	—	10,24	11,52																				
1 148,99	I,IV	—	—	—	—	I	—	—	—	—	—	—	—	—	—	—	—	—	—	—	—	—	—	—	—
	II	—	—	—	—	II	—																		
	III	—	—	—	—	III	—																		
	V	116,25	—	9,30	10,46	IV	—																		
	VI	128,33	—	10,26	11,54																				
1 151,99	I,IV	0,08	—	—	—	I	0,08	—	—	—	—	—	—	—	—	—	—	—	—	—	—	—	—	—	—
	II	—	—	—	—	II	—																		
	III	—	—	—	—	III	—																		
	V	116,58	—	9,32	10,49	IV	0,08																		
	VI	128,66	—	10,29	11,57																				
1 154,99	I,IV	0,41	—	0,03	0,03	I	0,41	—	—	—	—	—	—	—	—	—	—	—	—	—	—	—	—	—	—
	II	—	—	—	—	II	—																		
	III	—	—	—	—	III	—																		
	V	116,91	—	9,35	10,52	IV	0,41																		
	VI	129,—	—	10,32	11,61																				
1 157,99	I,IV	0,75	—	0,06	0,06	I	0,75	—	—	—	—	—	—	—	—	—	—	—	—	—	—	—	—	—	—
	II	—	—	—	—	II	—																		
	III	—	—	—	—	III	—																		
	V	117,25	—	9,38	10,55	IV	0,75																		
	VI	129,33	—	10,34	11,63																				
1 160,99	I,IV	1,08	—	0,08	0,09	I	1,08	—	—	—	—	—	—	—	—	—	—	—	—	—	—	—	—	—	—
	II	—	—	—	—	II	—																		
	III	—	—	—	—	III	—																		
	V	117,58	—	9,40	10,58	IV	1,08																		
	VI	129,66	—	10,37	11,66																				
1 163,99	I,IV	1,41	—	0,11	0,12	I	1,41	—	—	—	—	—	—	—	—	—	—	—	—	—	—	—	—	—	—
	II	—	—	—	—	II	—																		
	III	—	—	—	—	III	—																		
	V	117,91	—	9,43	10,61	IV	1,41																		
	VI	130,—	—	10,40	11,70																				
1 166,99	I,IV	1,83	—	0,14	0,16	I	1,83	—	—	—	—	—	—	—	—	—	—	—	—	—	—	—	—	—	—
	II	—	—	—	—	II	—																		
	III	—	—	—	—	III	—																		
	V	118,25	—	9,46	10,64	IV	1,83																		
	VI	130,33	—	10,42	11,72																				
1 169,99	I,IV	2,16	—	0,17	0,19	I	2,16	—	—	—	—	—	—	—	—	—	—	—	—	—	—	—	—	—	—
	II	—	—	—	—	II	—																		
	III	—	—	—	—	III	—																		
	V	118,58	—	9,48	10,67	IV	2,16																		
	VI	130,66	—	10,45	11,75																				
1 172,99	I,IV	2,50	—	0,20	0,22	I	2,50	—	—	—	—	—	—	—	—	—	—	—	—	—	—	—	—	—	—
	II	—	—	—	—	II	—																		
	III	—	—	—	—	III	—																		
	V	118,91	—	9,51	10,70	IV	2,50																		
	VI	131,—	—	10,48	11,79																				

T 10

* Die ausgewiesenen Tabellenwerte sind amtlich. Siehe Erläuterungen auf der Umschlaginnenseite (U2).

1 223,99* — MONAT

Abzüge an Lohnsteuer, Solidaritätszuschlag (SolZ) und Kirchensteuer (8%, 9%) in den Steuerklassen

Lohn/Gehalt bis €*	Kl. I–VI	LSt	SolZ	8%	9%	Kl.	LSt	0,5 SolZ	8%	9%	1 SolZ	8%	9%	1,5 SolZ	8%	9%	2 SolZ	8%	9%	2,5 SolZ	8%	9%	3 SolZ	8%	9%
1 175,99	I,IV	2,83	—	0,22	0,25	I	2,83	—	—	—	—	—	—	—	—	—	—	—	—	—	—	—	—	—	—
	II	—	—	—	—	II	—	—	—	—	—	—	—	—	—	—	—	—	—	—	—	—	—	—	—
	III	—	—	—	—	III	—	—	—	—	—	—	—	—	—	—	—	—	—	—	—	—	—	—	—
	V	119,25	—	9,54	10,73	IV	2,83	—	—	—	—	—	—	—	—	—	—	—	—	—	—	—	—	—	—
	VI	131,33	—	10,50	11,81																				
1 178,99	I,IV	3,16	—	0,25	0,28	I	3,16	—	—	—	—	—	—	—	—	—	—	—	—	—	—	—	—	—	—
	II	—	—	—	—	II	—	—	—	—	—	—	—	—	—	—	—	—	—	—	—	—	—	—	—
	III	—	—	—	—	III	—	—	—	—	—	—	—	—	—	—	—	—	—	—	—	—	—	—	—
	V	119,58	—	9,56	10,76	IV	3,16	—	—	—	—	—	—	—	—	—	—	—	—	—	—	—	—	—	—
	VI	131,66	—	10,53	11,84																				
1 181,99	I,IV	3,50	—	0,28	0,31	I	3,50	—	—	—	—	—	—	—	—	—	—	—	—	—	—	—	—	—	—
	II	—	—	—	—	II	—	—	—	—	—	—	—	—	—	—	—	—	—	—	—	—	—	—	—
	III	—	—	—	—	III	—	—	—	—	—	—	—	—	—	—	—	—	—	—	—	—	—	—	—
	V	119,91	—	9,59	10,79	IV	3,50	—	—	—	—	—	—	—	—	—	—	—	—	—	—	—	—	—	—
	VI	132,—	—	10,56	11,88																				
1 184,99	I,IV	3,91	—	0,31	0,35	I	3,91	—	—	—	—	—	—	—	—	—	—	—	—	—	—	—	—	—	—
	II	—	—	—	—	II	—	—	—	—	—	—	—	—	—	—	—	—	—	—	—	—	—	—	—
	III	—	—	—	—	III	—	—	—	—	—	—	—	—	—	—	—	—	—	—	—	—	—	—	—
	V	120,25	—	9,62	10,82	IV	3,91	—	—	—	—	—	—	—	—	—	—	—	—	—	—	—	—	—	—
	VI	132,33	—	10,58	11,90																				
1 187,99	I,IV	4,25	—	0,34	0,38	I	4,25	—	—	—	—	—	—	—	—	—	—	—	—	—	—	—	—	—	—
	II	—	—	—	—	II	—	—	—	—	—	—	—	—	—	—	—	—	—	—	—	—	—	—	—
	III	—	—	—	—	III	—	—	—	—	—	—	—	—	—	—	—	—	—	—	—	—	—	—	—
	V	120,58	—	9,64	10,85	IV	4,25	—	—	—	—	—	—	—	—	—	—	—	—	—	—	—	—	—	—
	VI	132,66	—	10,61	11,93																				
1 190,99	I,IV	4,58	—	0,36	0,41	I	4,58	—	—	—	—	—	—	—	—	—	—	—	—	—	—	—	—	—	—
	II	—	—	—	—	II	—	—	—	—	—	—	—	—	—	—	—	—	—	—	—	—	—	—	—
	III	—	—	—	—	III	—	—	—	—	—	—	—	—	—	—	—	—	—	—	—	—	—	—	—
	V	120,91	—	9,67	10,88	IV	4,58	—	—	—	—	—	—	—	—	—	—	—	—	—	—	—	—	—	—
	VI	133,—	—	10,64	11,97																				
1 193,99	I,IV	4,91	—	0,39	0,44	I	4,91	—	—	—	—	—	—	—	—	—	—	—	—	—	—	—	—	—	—
	II	—	—	—	—	II	—	—	—	—	—	—	—	—	—	—	—	—	—	—	—	—	—	—	—
	III	—	—	—	—	III	—	—	—	—	—	—	—	—	—	—	—	—	—	—	—	—	—	—	—
	V	121,25	—	9,70	10,91	IV	4,91	—	—	—	—	—	—	—	—	—	—	—	—	—	—	—	—	—	—
	VI	133,33	—	10,66	11,99																				
1 196,99	I,IV	5,25	—	0,42	0,47	I	5,25	—	—	—	—	—	—	—	—	—	—	—	—	—	—	—	—	—	—
	II	—	—	—	—	II	—	—	—	—	—	—	—	—	—	—	—	—	—	—	—	—	—	—	—
	III	—	—	—	—	III	—	—	—	—	—	—	—	—	—	—	—	—	—	—	—	—	—	—	—
	V	121,58	—	9,72	10,94	IV	5,25	—	—	—	—	—	—	—	—	—	—	—	—	—	—	—	—	—	—
	VI	133,66	—	10,69	12,02																				
1 199,99	I,IV	5,66	—	0,45	0,50	I	5,66	—	—	—	—	—	—	—	—	—	—	—	—	—	—	—	—	—	—
	II	—	—	—	—	II	—	—	—	—	—	—	—	—	—	—	—	—	—	—	—	—	—	—	—
	III	—	—	—	—	III	—	—	—	—	—	—	—	—	—	—	—	—	—	—	—	—	—	—	—
	V	121,91	—	9,75	10,97	IV	5,66	—	—	—	—	—	—	—	—	—	—	—	—	—	—	—	—	—	—
	VI	134,33	—	10,74	12,08																				
1 202,99	I,IV	6,—	—	0,48	0,54	I	6,—	—	—	—	—	—	—	—	—	—	—	—	—	—	—	—	—	—	—
	II	—	—	—	—	II	—	—	—	—	—	—	—	—	—	—	—	—	—	—	—	—	—	—	—
	III	—	—	—	—	III	—	—	—	—	—	—	—	—	—	—	—	—	—	—	—	—	—	—	—
	V	122,25	—	9,78	11,—	IV	6,—	—	—	—	—	—	—	—	—	—	—	—	—	—	—	—	—	—	—
	VI	135,33	—	10,82	12,17																				
1 205,99	I,IV	6,33	—	0,50	0,56	I	6,33	—	—	—	—	—	—	—	—	—	—	—	—	—	—	—	—	—	—
	II	—	—	—	—	II	—	—	—	—	—	—	—	—	—	—	—	—	—	—	—	—	—	—	—
	III	—	—	—	—	III	—	—	—	—	—	—	—	—	—	—	—	—	—	—	—	—	—	—	—
	V	122,58	—	9,80	11,03	IV	6,33	—	—	—	—	—	—	—	—	—	—	—	—	—	—	—	—	—	—
	VI	136,25	—	10,90	12,26																				
1 208,99	I,IV	6,75	—	0,54	0,60	I	6,75	—	—	—	—	—	—	—	—	—	—	—	—	—	—	—	—	—	—
	II	—	—	—	—	II	—	—	—	—	—	—	—	—	—	—	—	—	—	—	—	—	—	—	—
	III	—	—	—	—	III	—	—	—	—	—	—	—	—	—	—	—	—	—	—	—	—	—	—	—
	V	122,91	—	9,83	11,06	IV	6,75	—	—	—	—	—	—	—	—	—	—	—	—	—	—	—	—	—	—
	VI	137,33	—	10,98	12,35																				
1 211,99	I,IV	7,08	—	0,56	0,63	I	7,08	—	—	—	—	—	—	—	—	—	—	—	—	—	—	—	—	—	—
	II	—	—	—	—	II	—	—	—	—	—	—	—	—	—	—	—	—	—	—	—	—	—	—	—
	III	—	—	—	—	III	—	—	—	—	—	—	—	—	—	—	—	—	—	—	—	—	—	—	—
	V	123,25	—	9,86	11,09	IV	7,08	—	—	—	—	—	—	—	—	—	—	—	—	—	—	—	—	—	—
	VI	138,33	—	11,06	12,44																				
1 214,99	I,IV	7,50	—	0,60	0,67	I	7,50	—	—	—	—	—	—	—	—	—	—	—	—	—	—	—	—	—	—
	II	—	—	—	—	II	—	—	—	—	—	—	—	—	—	—	—	—	—	—	—	—	—	—	—
	III	—	—	—	—	III	—	—	—	—	—	—	—	—	—	—	—	—	—	—	—	—	—	—	—
	V	123,66	—	9,89	11,12	IV	7,50	—	—	—	—	—	—	—	—	—	—	—	—	—	—	—	—	—	—
	VI	139,33	—	11,14	12,53																				
1 217,99	I,IV	7,83	—	0,62	0,70	I	7,83	—	—	—	—	—	—	—	—	—	—	—	—	—	—	—	—	—	—
	II	—	—	—	—	II	—	—	—	—	—	—	—	—	—	—	—	—	—	—	—	—	—	—	—
	III	—	—	—	—	III	—	—	—	—	—	—	—	—	—	—	—	—	—	—	—	—	—	—	—
	V	123,91	—	9,91	11,15	IV	7,83	—	—	—	—	—	—	—	—	—	—	—	—	—	—	—	—	—	—
	VI	140,33	—	11,22	12,62																				
1 220,99	I,IV	8,16	—	0,65	0,73	I	8,16	—	—	—	—	—	—	—	—	—	—	—	—	—	—	—	—	—	—
	II	—	—	—	—	II	—	—	—	—	—	—	—	—	—	—	—	—	—	—	—	—	—	—	—
	III	—	—	—	—	III	—	—	—	—	—	—	—	—	—	—	—	—	—	—	—	—	—	—	—
	V	124,25	—	9,94	11,18	IV	8,16	—	—	—	—	—	—	—	—	—	—	—	—	—	—	—	—	—	—
	VI	141,33	—	11,30	12,71																				
1 223,99	I,IV	8,58	—	0,68	0,77	I	8,58	—	—	—	—	—	—	—	—	—	—	—	—	—	—	—	—	—	—
	II	—	—	—	—	II	—	—	—	—	—	—	—	—	—	—	—	—	—	—	—	—	—	—	—
	III	—	—	—	—	III	—	—	—	—	—	—	—	—	—	—	—	—	—	—	—	—	—	—	—
	V	124,66	—	9,97	11,21	IV	8,58	—	—	—	—	—	—	—	—	—	—	—	—	—	—	—	—	—	—
	VI	142,33	—	11,38	12,80																				

Die ausgewiesenen Tabellenwerte sind amtlich. Siehe Erläuterungen auf der Umschlaginnenseite (U2).

T 11

MONAT 1 224,–*

Abzüge an Lohnsteuer, Solidaritätszuschlag (SolZ) und Kirchensteuer (8%, 9%) in den Steuerklassen

Lohn/Gehalt bis €*	Kl.	LSt (ohne Kinderfreibeträge)	SolZ	8%	9%	Kl.	LSt	0,5 SolZ	8%	9%	1 SolZ	8%	9%	1,5 SolZ	8%	9%	2 SolZ	8%	9%	2,5 SolZ	8%	9%	3 SolZ	8%	9%
1 226,99	I,IV	8,91	—	0,71	0,80	I	8,91	—	—	—	—	—	—	—	—	—	—	—	—	—	—	—	—	—	—
	II		—			II		—	—	—	—	—	—	—	—	—	—	—	—	—	—	—	—	—	—
	III		—			III		—	—	—	—	—	—	—	—	—	—	—	—	—	—	—	—	—	—
	V	125,—	—	10,—	11,25	IV	8,91	—	—	—	—	—	—	—	—	—	—	—	—	—	—	—	—	—	—
	VI	143,33	—	11,46	12,89			—	—	—	—	—	—	—	—	—	—	—	—	—	—	—	—	—	—
1 229,99	I,IV	9,33	—	0,74	0,83	I	9,33	—	—	—	—	—	—	—	—	—	—	—	—	—	—	—	—	—	—
	II		—			II		—	—	—	—	—	—	—	—	—	—	—	—	—	—	—	—	—	—
	III		—			III		—	—	—	—	—	—	—	—	—	—	—	—	—	—	—	—	—	—
	V	125,33	—	10,02	11,27	IV	9,33	—	—	—	—	—	—	—	—	—	—	—	—	—	—	—	—	—	—
	VI	144,33	—	11,54	12,98			—	—	—	—	—	—	—	—	—	—	—	—	—	—	—	—	—	—
1 232,99	I,IV	9,66	—	0,77	0,86	I	9,66	—	—	—	—	—	—	—	—	—	—	—	—	—	—	—	—	—	—
	II		—			II		—	—	—	—	—	—	—	—	—	—	—	—	—	—	—	—	—	—
	III		—			III		—	—	—	—	—	—	—	—	—	—	—	—	—	—	—	—	—	—
	V	125,66	—	10,05	11,30	IV	9,66	—	—	—	—	—	—	—	—	—	—	—	—	—	—	—	—	—	—
	VI	145,33	—	11,62	13,07			—	—	—	—	—	—	—	—	—	—	—	—	—	—	—	—	—	—
1 235,99	I,IV	10,08	—	0,80	0,90	I	10,08	—	—	—	—	—	—	—	—	—	—	—	—	—	—	—	—	—	—
	II		—			II		—	—	—	—	—	—	—	—	—	—	—	—	—	—	—	—	—	—
	III		—			III		—	—	—	—	—	—	—	—	—	—	—	—	—	—	—	—	—	—
	V	126,—	—	10,08	11,34	IV	10,08	—	—	—	—	—	—	—	—	—	—	—	—	—	—	—	—	—	—
	VI	146,33	—	11,70	13,16			—	—	—	—	—	—	—	—	—	—	—	—	—	—	—	—	—	—
1 238,99	I,IV	10,41	—	0,83	0,93	I	10,41	—	—	—	—	—	—	—	—	—	—	—	—	—	—	—	—	—	—
	II		—			II		—	—	—	—	—	—	—	—	—	—	—	—	—	—	—	—	—	—
	III		—			III		—	—	—	—	—	—	—	—	—	—	—	—	—	—	—	—	—	—
	V	126,33	—	10,10	11,36	IV	10,41	—	—	—	—	—	—	—	—	—	—	—	—	—	—	—	—	—	—
	VI	147,41	—	11,79	13,26			—	—	—	—	—	—	—	—	—	—	—	—	—	—	—	—	—	—
1 241,99	I,IV	10,83	—	0,86	0,97	I	10,83	—	—	—	—	—	—	—	—	—	—	—	—	—	—	—	—	—	—
	II		—			II		—	—	—	—	—	—	—	—	—	—	—	—	—	—	—	—	—	—
	III		—			III		—	—	—	—	—	—	—	—	—	—	—	—	—	—	—	—	—	—
	V	126,66	—	10,13	11,39	IV	10,83	—	—	—	—	—	—	—	—	—	—	—	—	—	—	—	—	—	—
	VI	148,33	—	11,86	13,34			—	—	—	—	—	—	—	—	—	—	—	—	—	—	—	—	—	—
1 244,99	I,IV	11,16	—	0,89	1,—	I	11,16	—	—	—	—	—	—	—	—	—	—	—	—	—	—	—	—	—	—
	II		—			II		—	—	—	—	—	—	—	—	—	—	—	—	—	—	—	—	—	—
	III		—			III		—	—	—	—	—	—	—	—	—	—	—	—	—	—	—	—	—	—
	V	127,—	—	10,16	11,43	IV	11,16	—	—	—	—	—	—	—	—	—	—	—	—	—	—	—	—	—	—
	VI	149,41	—	11,95	13,44			—	—	—	—	—	—	—	—	—	—	—	—	—	—	—	—	—	—
1 247,99	I,IV	11,58	—	0,92	1,04	I	11,58	—	—	—	—	—	—	—	—	—	—	—	—	—	—	—	—	—	—
	II		—			II		—	—	—	—	—	—	—	—	—	—	—	—	—	—	—	—	—	—
	III		—			III		—	—	—	—	—	—	—	—	—	—	—	—	—	—	—	—	—	—
	V	127,33	—	10,18	11,45	IV	11,58	—	—	—	—	—	—	—	—	—	—	—	—	—	—	—	—	—	—
	VI	150,41	—	12,03	13,53			—	—	—	—	—	—	—	—	—	—	—	—	—	—	—	—	—	—
1 250,99	I,IV	11,91	—	0,95	1,07	I	11,91	—	—	—	—	—	—	—	—	—	—	—	—	—	—	—	—	—	—
	II		—			II		—	—	—	—	—	—	—	—	—	—	—	—	—	—	—	—	—	—
	III		—			III		—	—	—	—	—	—	—	—	—	—	—	—	—	—	—	—	—	—
	V	127,66	—	10,21	11,48	IV	11,91	—	—	—	—	—	—	—	—	—	—	—	—	—	—	—	—	—	—
	VI	151,41	—	12,11	13,62			—	—	—	—	—	—	—	—	—	—	—	—	—	—	—	—	—	—
1 253,99	I,IV	12,33	—	0,98	1,10	I	12,33	—	—	—	—	—	—	—	—	—	—	—	—	—	—	—	—	—	—
	II		—			II		—	—	—	—	—	—	—	—	—	—	—	—	—	—	—	—	—	—
	III		—			III		—	—	—	—	—	—	—	—	—	—	—	—	—	—	—	—	—	—
	V	128,—	—	10,24	11,52	IV	12,33	—	—	—	—	—	—	—	—	—	—	—	—	—	—	—	—	—	—
	VI	152,41	—	12,19	13,71			—	—	—	—	—	—	—	—	—	—	—	—	—	—	—	—	—	—
1 256,99	I,IV	12,66	—	1,01	1,13	I	12,66	—	—	—	—	—	—	—	—	—	—	—	—	—	—	—	—	—	—
	II		—			II		—	—	—	—	—	—	—	—	—	—	—	—	—	—	—	—	—	—
	III		—			III		—	—	—	—	—	—	—	—	—	—	—	—	—	—	—	—	—	—
	V	128,33	—	10,26	11,54	IV	12,66	—	—	—	—	—	—	—	—	—	—	—	—	—	—	—	—	—	—
	VI	153,41	—	12,27	13,80			—	—	—	—	—	—	—	—	—	—	—	—	—	—	—	—	—	—
1 259,99	I,IV	13,08	—	1,04	1,17	I	13,08	—	—	—	—	—	—	—	—	—	—	—	—	—	—	—	—	—	—
	II		—			II		—	—	—	—	—	—	—	—	—	—	—	—	—	—	—	—	—	—
	III		—			III		—	—	—	—	—	—	—	—	—	—	—	—	—	—	—	—	—	—
	V	128,66	—	10,29	11,57	IV	13,08	—	—	—	—	—	—	—	—	—	—	—	—	—	—	—	—	—	—
	VI	154,41	—	12,35	13,89			—	—	—	—	—	—	—	—	—	—	—	—	—	—	—	—	—	—
1 262,99	I,IV	13,50	—	1,08	1,21	I	13,50	—	—	—	—	—	—	—	—	—	—	—	—	—	—	—	—	—	—
	II		—			II		—	—	—	—	—	—	—	—	—	—	—	—	—	—	—	—	—	—
	III		—			III		—	—	—	—	—	—	—	—	—	—	—	—	—	—	—	—	—	—
	V	129,—	—	10,32	11,61	IV	13,50	—	—	—	—	—	—	—	—	—	—	—	—	—	—	—	—	—	—
	VI	155,41	—	12,43	13,98			—	—	—	—	—	—	—	—	—	—	—	—	—	—	—	—	—	—
1 265,99	I,IV	13,83	—	1,10	1,24	I	13,83	—	—	—	—	—	—	—	—	—	—	—	—	—	—	—	—	—	—
	II		—			II		—	—	—	—	—	—	—	—	—	—	—	—	—	—	—	—	—	—
	III		—			III		—	—	—	—	—	—	—	—	—	—	—	—	—	—	—	—	—	—
	V	129,33	—	10,34	11,63	IV	13,83	—	—	—	—	—	—	—	—	—	—	—	—	—	—	—	—	—	—
	VI	156,41	—	12,51	14,07			—	—	—	—	—	—	—	—	—	—	—	—	—	—	—	—	—	—
1 268,99	I,IV	14,25	—	1,14	1,28	I	14,25	—	—	—	—	—	—	—	—	—	—	—	—	—	—	—	—	—	—
	II		—			II		—	—	—	—	—	—	—	—	—	—	—	—	—	—	—	—	—	—
	III		—			III		—	—	—	—	—	—	—	—	—	—	—	—	—	—	—	—	—	—
	V	129,66	—	10,37	11,66	IV	14,25	—	—	—	—	—	—	—	—	—	—	—	—	—	—	—	—	—	—
	VI	157,41	—	12,59	14,16			—	—	—	—	—	—	—	—	—	—	—	—	—	—	—	—	—	—
1 271,99	I,IV	14,66	—	1,17	1,31	I	14,66	—	—	—	—	—	—	—	—	—	—	—	—	—	—	—	—	—	—
	II		—			II		—	—	—	—	—	—	—	—	—	—	—	—	—	—	—	—	—	—
	III		—			III		—	—	—	—	—	—	—	—	—	—	—	—	—	—	—	—	—	—
	V	130,—	—	10,40	11,70	IV	14,66	—	—	—	—	—	—	—	—	—	—	—	—	—	—	—	—	—	—
	VI	158,41	—	12,67	14,25			—	—	—	—	—	—	—	—	—	—	—	—	—	—	—	—	—	—
1 274,99	I,IV	15,—	—	1,20	1,35	I	15,—	—	—	—	—	—	—	—	—	—	—	—	—	—	—	—	—	—	—
	II		—			II		—	—	—	—	—	—	—	—	—	—	—	—	—	—	—	—	—	—
	III		—			III		—	—	—	—	—	—	—	—	—	—	—	—	—	—	—	—	—	—
	V	130,33	—	10,42	11,72	IV	15,—	—	—	—	—	—	—	—	—	—	—	—	—	—	—	—	—	—	—
	VI	159,41	—	12,75	14,34			—	—	—	—	—	—	—	—	—	—	—	—	—	—	—	—	—	—

T 12

* Die ausgewiesenen Tabellenwerte sind amtlich. Siehe Erläuterungen auf der Umschlaginnenseite (U2).

1 325,99* — MONAT

Abzüge an Lohnsteuer, Solidaritätszuschlag (SolZ) und Kirchensteuer (8%, 9%) in den Steuerklassen

I – VI ohne Kinderfreibeträge | **I, II, III, IV** mit Zahl der Kinderfreibeträge . . .

Lohn/Gehalt bis €*		LSt	SolZ	8%	9%		LSt	0,5 SolZ	8%	9%	1 SolZ	8%	9%	1,5 SolZ	8%	9%	2 SolZ	8%	9%	2,5 SolZ	8%	9%	3 SolZ	8%	9%
1 277,99	I,IV	15,41	—	1,23	1,38	I	15,41	—	—	—	—	—	—	—	—	—	—	—	—	—	—	—	—	—	—
	II	—	—	—	—	II	—	—	—	—	—	—	—	—	—	—	—	—	—	—	—	—	—	—	—
	III	—	—	—	—	III	—	—	—	—	—	—	—	—	—	—	—	—	—	—	—	—	—	—	—
	V	130,66	—	10,45	11,75	IV	15,41	—	—	—	—	—	—	—	—	—	—	—	—	—	—	—	—	—	—
	VI	160,41	—	12,83	14,43																				
1 280,99	I,IV	15,83	—	1,26	1,42	I	15,83	—	—	—	—	—	—	—	—	—	—	—	—	—	—	—	—	—	—
	II	—	—	—	—	II	—																		
	III	—	—	—	—	III	—																		
	V	131,—	—	10,48	11,79	IV	15,83	—	—	—	—	—	—	—	—	—	—	—	—	—	—	—	—	—	—
	VI	161,41	—	12,91	14,52																				
1 283,99	I,IV	16,25	—	1,30	1,46	I	16,25	—	—	—	—	—	—	—	—	—	—	—	—	—	—	—	—	—	—
	II	—	—	—	—	II	—																		
	III	—	—	—	—	III	—																		
	V	131,33	—	10,50	11,81	IV	16,25	—	—	—	—	—	—	—	—	—	—	—	—	—	—	—	—	—	—
	VI	162,50	—	13,—	14,62																				
1 286,99	I,IV	16,58	—	1,32	1,49	I	16,58	—	—	—	—	—	—	—	—	—	—	—	—	—	—	—	—	—	—
	II	—	—	—	—	II	—																		
	III	—	—	—	—	III	—																		
	V	131,66	—	10,53	11,84	IV	16,58	—	—	—	—	—	—	—	—	—	—	—	—	—	—	—	—	—	—
	VI	163,41	—	13,07	14,70																				
1 289,99	I,IV	17,—	—	1,36	1,53	I	17,—	—	—	—	—	—	—	—	—	—	—	—	—	—	—	—	—	—	—
	II	—	—	—	—	II	—																		
	III	—	—	—	—	III	—																		
	V	132,—	—	10,56	11,88	IV	17,—	—	—	—	—	—	—	—	—	—	—	—	—	—	—	—	—	—	—
	VI	164,50	—	13,16	14,80																				
1 292,99	I,IV	17,41	—	1,39	1,56	I	17,41	—	—	—	—	—	—	—	—	—	—	—	—	—	—	—	—	—	—
	II	—	—	—	—	II	—																		
	III	—	—	—	—	III	—																		
	V	132,33	—	10,58	11,90	IV	17,41	—	—	—	—	—	—	—	—	—	—	—	—	—	—	—	—	—	—
	VI	165,50	—	13,24	14,89																				
1 295,99	I,IV	17,83	—	1,42	1,60	I	17,83	—	—	—	—	—	—	—	—	—	—	—	—	—	—	—	—	—	—
	II	—	—	—	—	II	—																		
	III	—	—	—	—	III	—																		
	V	132,66	—	10,61	11,93	IV	17,83	—	—	—	—	—	—	—	—	—	—	—	—	—	—	—	—	—	—
	VI	166,50	—	13,32	14,98																				
1 298,99	I,IV	18,25	—	1,46	1,64	I	18,25	—	—	—	—	—	—	—	—	—	—	—	—	—	—	—	—	—	—
	II	—	—	—	—	II	—																		
	III	—	—	—	—	III	—																		
	V	133,—	—	10,64	11,97	IV	18,25	—	—	—	—	—	—	—	—	—	—	—	—	—	—	—	—	—	—
	VI	167,50	—	13,40	15,07																				
1 301,99	I,IV	18,66	—	1,49	1,67	I	18,66	—	—	—	—	—	—	—	—	—	—	—	—	—	—	—	—	—	—
	II	—	—	—	—	II	—																		
	III	—	—	—	—	III	—																		
	V	133,33	—	10,66	11,99	IV	18,66	—	—	—	—	—	—	—	—	—	—	—	—	—	—	—	—	—	—
	VI	168,50	—	13,48	15,16																				
1 304,99	I,IV	19,—	—	1,52	1,71	I	19,—	—	—	—	—	—	—	—	—	—	—	—	—	—	—	—	—	—	—
	II	—	—	—	—	II	—																		
	III	—	—	—	—	III	—																		
	V	133,66	—	10,69	12,02	IV	19,—	—	—	—	—	—	—	—	—	—	—	—	—	—	—	—	—	—	—
	VI	169,50	—	13,56	15,25																				
1 307,99	I,IV	19,41	—	1,55	1,74	I	19,41	—	—	—	—	—	—	—	—	—	—	—	—	—	—	—	—	—	—
	II	—	—	—	—	II	—																		
	III	—	—	—	—	III	—																		
	V	134,25	—	10,74	12,08	IV	19,41	—	—	—	—	—	—	—	—	—	—	—	—	—	—	—	—	—	—
	VI	170,50	—	13,64	15,34																				
1 310,99	I,IV	19,83	—	1,58	1,78	I	19,83	—	—	—	—	—	—	—	—	—	—	—	—	—	—	—	—	—	—
	II	—	—	—	—	II	—																		
	III	—	—	—	—	III	—																		
	V	135,25	—	10,82	12,17	IV	19,83	—	—	—	—	—	—	—	—	—	—	—	—	—	—	—	—	—	—
	VI	171,50	—	13,72	15,43																				
1 313,99	I,IV	20,25	—	1,62	1,82	I	20,25	—	—	—	—	—	—	—	—	—	—	—	—	—	—	—	—	—	—
	II	—	—	—	—	II	—																		
	III	—	—	—	—	III	—																		
	V	136,25	—	10,90	12,26	IV	20,25	—	—	—	—	—	—	—	—	—	—	—	—	—	—	—	—	—	—
	VI	172,50	—	13,80	15,52																				
1 316,99	I,IV	20,66	—	1,65	1,85	I	20,66	—	—	—	—	—	—	—	—	—	—	—	—	—	—	—	—	—	—
	II	—	—	—	—	II	—																		
	III	—	—	—	—	III	—																		
	V	137,25	—	10,98	12,35	IV	20,66	—	—	—	—	—	—	—	—	—	—	—	—	—	—	—	—	—	—
	VI	173,50	—	13,88	15,61																				
1 319,99	I,IV	21,08	—	1,68	1,89	I	21,08	—	—	—	—	—	—	—	—	—	—	—	—	—	—	—	—	—	—
	II	—	—	—	—	II	—																		
	III	—	—	—	—	III	—																		
	V	138,25	—	11,06	12,44	IV	21,08	—	—	—	—	—	—	—	—	—	—	—	—	—	—	—	—	—	—
	VI	174,58	—	13,96	15,71																				
1 322,99	I,IV	21,58	—	1,72	1,94	I	21,58	—	—	—	—	—	—	—	—	—	—	—	—	—	—	—	—	—	—
	II	—	—	—	—	II	—																		
	III	—	—	—	—	III	—																		
	V	139,41	—	11,15	12,54	IV	21,58	—	—	—	—	—	—	—	—	—	—	—	—	—	—	—	—	—	—
	VI	175,66	—	14,05	15,80																				
1 325,99	I,IV	22,08	—	1,76	1,98	I	22,08	—	—	—	—	—	—	—	—	—	—	—	—	—	—	—	—	—	—
	II	—	—	—	—	II	—																		
	III	—	—	—	—	III	—																		
	V	140,58	—	11,24	12,65	IV	22,08	—	—	—	—	—	—	—	—	—	—	—	—	—	—	—	—	—	—
	VI	176,83	—	14,14	15,91																				

* Die ausgewiesenen Tabellenwerte sind amtlich. Siehe Erläuterungen auf der Umschlaginnenseite (U2).

T 13

MONAT 1 326,–*

Abzüge an Lohnsteuer, Solidaritätszuschlag (SolZ) und Kirchensteuer (8%, 9%) in den Steuerklassen

Left section: **I – VI** ohne Kinderfreibeträge — Right section: **I, II, III, IV** mit Zahl der Kinderfreibeträge . . .

Lohn/Gehalt bis €*	Kl	LSt	SolZ	8%	9%	Kl	LSt	0,5 SolZ	0,5 8%	0,5 9%	1 SolZ	1 8%	1 9%	1,5 SolZ	1,5 8%	1,5 9%	2 SolZ	2 8%	2 9%	2,5 SolZ	2,5 8%	2,5 9%	3 SolZ	3 8%	3 9%
1 328,99	I,IV	22,50	—	1,80	2,02	I	22,50	—	—	—	—	—	—	—	—	—	—	—	—	—	—	—	—	—	—
	II	—				II	—	—	—	—	—	—	—	—	—	—	—	—	—	—	—	—	—	—	—
	III	—				III	—	—	—	—	—	—	—	—	—	—	—	—	—	—	—	—	—	—	—
	V	141,75	—	11,34	12,75	IV	22,50	—	—	—	—	—	—	—	—	—	—	—	—	—	—	—	—	—	—
	VI	178,—	—	14,24	16,02																				
1 331,99	I,IV	23,—	—	1,84	2,07	I	23,—	—	—	—	—	—	—	—	—	—	—	—	—	—	—	—	—	—	—
	II	—				II	—	—	—	—	—	—	—	—	—	—	—	—	—	—	—	—	—	—	—
	III	—				III	—	—	—	—	—	—	—	—	—	—	—	—	—	—	—	—	—	—	—
	V	142,91	—	11,43	12,86	IV	23,—	—	—	—	—	—	—	—	—	—	—	—	—	—	—	—	—	—	—
	VI	179,16	—	14,33	16,12																				
1 334,99	I,IV	23,50	—	1,88	2,11	I	23,50	—	—	—	—	—	—	—	—	—	—	—	—	—	—	—	—	—	—
	II	—				II	—	—	—	—	—	—	—	—	—	—	—	—	—	—	—	—	—	—	—
	III	—				III	—	—	—	—	—	—	—	—	—	—	—	—	—	—	—	—	—	—	—
	V	144,08	—	11,52	12,96	IV	23,50	—	—	—	—	—	—	—	—	—	—	—	—	—	—	—	—	—	—
	VI	180,33	—	14,42	16,22																				
1 337,99	I,IV	24,—	—	1,92	2,16	I	24,—	—	—	—	—	—	—	—	—	—	—	—	—	—	—	—	—	—	—
	II	—				II	—	—	—	—	—	—	—	—	—	—	—	—	—	—	—	—	—	—	—
	III	—				III	—	—	—	—	—	—	—	—	—	—	—	—	—	—	—	—	—	—	—
	V	145,25	—	11,62	13,07	IV	24,—	—	—	—	—	—	—	—	—	—	—	—	—	—	—	—	—	—	—
	VI	181,50	—	14,52	16,33																				
1 340,99	I,IV	24,50	—	1,96	2,20	I	24,50	—	—	—	—	—	—	—	—	—	—	—	—	—	—	—	—	—	—
	II	—				II	—	—	—	—	—	—	—	—	—	—	—	—	—	—	—	—	—	—	—
	III	—				III	—	—	—	—	—	—	—	—	—	—	—	—	—	—	—	—	—	—	—
	V	146,41	—	11,71	13,17	IV	24,50	—	—	—	—	—	—	—	—	—	—	—	—	—	—	—	—	—	—
	VI	182,66	—	14,61	16,43																				
1 343,99	I,IV	25,—	—	2,—	2,25	I	25,—	—	—	—	—	—	—	—	—	—	—	—	—	—	—	—	—	—	—
	II	—				II	—	—	—	—	—	—	—	—	—	—	—	—	—	—	—	—	—	—	—
	III	—				III	—	—	—	—	—	—	—	—	—	—	—	—	—	—	—	—	—	—	—
	V	147,58	—	11,80	13,28	IV	25,—	—	—	—	—	—	—	—	—	—	—	—	—	—	—	—	—	—	—
	VI	183,83	—	14,70	16,54																				
1 346,99	I,IV	25,41	—	2,03	2,28	I	25,41	—	—	—	—	—	—	—	—	—	—	—	—	—	—	—	—	—	—
	II	—				II	—	—	—	—	—	—	—	—	—	—	—	—	—	—	—	—	—	—	—
	III	—				III	—	—	—	—	—	—	—	—	—	—	—	—	—	—	—	—	—	—	—
	V	148,75	—	11,90	13,38	IV	25,41	—	—	—	—	—	—	—	—	—	—	—	—	—	—	—	—	—	—
	VI	185,—	—	14,80	16,65																				
1 349,99	I,IV	25,91	—	2,07	2,33	I	25,91	—	—	—	—	—	—	—	—	—	—	—	—	—	—	—	—	—	—
	II	—				II	—	—	—	—	—	—	—	—	—	—	—	—	—	—	—	—	—	—	—
	III	—				III	—	—	—	—	—	—	—	—	—	—	—	—	—	—	—	—	—	—	—
	V	149,83	—	11,98	13,48	IV	25,91	—	—	—	—	—	—	—	—	—	—	—	—	—	—	—	—	—	—
	VI	186,16	—	14,89	16,75																				
1 352,99	I,IV	26,41	—	2,11	2,37	I	26,41	—	—	—	—	—	—	—	—	—	—	—	—	—	—	—	—	—	—
	II	—				II	—	—	—	—	—	—	—	—	—	—	—	—	—	—	—	—	—	—	—
	III	—				III	—	—	—	—	—	—	—	—	—	—	—	—	—	—	—	—	—	—	—
	V	151,—	—	12,08	13,59	IV	26,41	—	—	—	—	—	—	—	—	—	—	—	—	—	—	—	—	—	—
	VI	187,25	—	14,98	16,85																				
1 355,99	I,IV	26,91	—	2,15	2,42	I	26,91	—	—	—	—	—	—	—	—	—	—	—	—	—	—	—	—	—	—
	II	—				II	—	—	—	—	—	—	—	—	—	—	—	—	—	—	—	—	—	—	—
	III	—				III	—	—	—	—	—	—	—	—	—	—	—	—	—	—	—	—	—	—	—
	V	152,16	—	12,17	13,69	IV	26,91	—	—	—	—	—	—	—	—	—	—	—	—	—	—	—	—	—	—
	VI	188,41	—	15,07	16,95																				
1 358,99	I,IV	27,41	—	2,19	2,46	I	27,41	—	—	—	—	—	—	—	—	—	—	—	—	—	—	—	—	—	—
	II	—				II	—	—	—	—	—	—	—	—	—	—	—	—	—	—	—	—	—	—	—
	III	—				III	—	—	—	—	—	—	—	—	—	—	—	—	—	—	—	—	—	—	—
	V	153,33	—	12,26	13,79	IV	27,41	—	—	—	—	—	—	—	—	—	—	—	—	—	—	—	—	—	—
	VI	189,58	—	15,16	17,06																				
1 361,99	I,IV	27,91	—	2,23	2,51	I	27,91	—	—	—	—	—	—	—	—	—	—	—	—	—	—	—	—	—	—
	II	—				II	—	—	—	—	—	—	—	—	—	—	—	—	—	—	—	—	—	—	—
	III	—				III	—	—	—	—	—	—	—	—	—	—	—	—	—	—	—	—	—	—	—
	V	154,50	—	12,36	13,90	IV	27,91	—	—	—	—	—	—	—	—	—	—	—	—	—	—	—	—	—	—
	VI	190,75	—	15,26	17,16																				
1 364,99	I,IV	28,41	—	2,27	2,55	I	28,41	—	—	—	—	—	—	—	—	—	—	—	—	—	—	—	—	—	—
	II	—				II	—	—	—	—	—	—	—	—	—	—	—	—	—	—	—	—	—	—	—
	III	—				III	—	—	—	—	—	—	—	—	—	—	—	—	—	—	—	—	—	—	—
	V	155,66	—	12,45	14,—	IV	28,41	—	0,01	0,01	—	—	—	—	—	—	—	—	—	—	—	—	—	—	—
	VI	191,91	—	15,35	17,27																				
1 367,99	I,IV	28,91	—	2,31	2,60	I	28,91	—	—	—	—	—	—	—	—	—	—	—	—	—	—	—	—	—	—
	II	—				II	—	—	—	—	—	—	—	—	—	—	—	—	—	—	—	—	—	—	—
	III	—				III	—	—	—	—	—	—	—	—	—	—	—	—	—	—	—	—	—	—	—
	V	156,83	—	12,54	14,11	IV	28,91	—	0,04	0,05	—	—	—	—	—	—	—	—	—	—	—	—	—	—	—
	VI	193,08	—	15,44	17,37																				
1 370,99	I,IV	29,41	—	2,35	2,64	I	29,41	—	—	—	—	—	—	—	—	—	—	—	—	—	—	—	—	—	—
	II	—				II	—	—	—	—	—	—	—	—	—	—	—	—	—	—	—	—	—	—	—
	III	—				III	—	—	—	—	—	—	—	—	—	—	—	—	—	—	—	—	—	—	—
	V	157,91	—	12,63	14,21	IV	29,41	—	0,08	0,09	—	—	—	—	—	—	—	—	—	—	—	—	—	—	—
	VI	194,25	—	15,54	17,48																				
1 373,99	I,IV	29,91	—	2,39	2,69	I	29,91	—	—	—	—	—	—	—	—	—	—	—	—	—	—	—	—	—	—
	II	—				II	—	—	—	—	—	—	—	—	—	—	—	—	—	—	—	—	—	—	—
	III	—				III	—	—	—	—	—	—	—	—	—	—	—	—	—	—	—	—	—	—	—
	V	159,08	—	12,72	14,31	IV	29,91	—	0,10	0,11	—	—	—	—	—	—	—	—	—	—	—	—	—	—	—
	VI	195,33	—	15,62	17,57																				
1 376,99	I,IV	30,50	—	2,44	2,74	I	30,50	—	—	—	—	—	—	—	—	—	—	—	—	—	—	—	—	—	—
	II	—				II	—	—	—	—	—	—	—	—	—	—	—	—	—	—	—	—	—	—	—
	III	—				III	—	—	—	—	—	—	—	—	—	—	—	—	—	—	—	—	—	—	—
	V	160,25	—	12,82	14,42	IV	30,50	—	0,14	0,15	—	—	—	—	—	—	—	—	—	—	—	—	—	—	—
	VI	196,50	—	15,72	17,68																				

* Die ausgewiesenen Tabellenwerte sind amtlich. Siehe Erläuterungen auf der Umschlaginnenseite (U2).

1 427,99* MONAT

Abzüge an Lohnsteuer, Solidaritätszuschlag (SolZ) und Kirchensteuer (8%, 9%) in den Steuerklassen

I – VI (ohne Kinderfreibeträge) — **I, II, III, IV** (mit Zahl der Kinderfreibeträge . . .)

Lohn/Gehalt bis €*	Kl	LSt	SolZ	8%	9%	Kl	LSt	0,5 SolZ	0,5 8%	0,5 9%	1 SolZ	1 8%	1 9%	1,5 SolZ	1,5 8%	1,5 9%	2 SolZ	2 8%	2 9%	2,5 SolZ	2,5 8%	2,5 9%	3 SolZ	3 8%	3 9%
1 379,99	I,IV	31,—	—	2,48	2,79	I	31,—	—	—	—	—	—	—	—	—	—	—	—	—	—	—	—	—	—	—
	II	—				II	—	—	—	—	—	—	—	—	—	—	—	—	—	—	—	—	—	—	—
	III	—				III	—	—	—	—	—	—	—	—	—	—	—	—	—	—	—	—	—	—	—
	V	161,41	—	12,91	14,52	IV	31,—	—	0,17	0,19	—	—	—	—	—	—	—	—	—	—	—	—	—	—	—
	VI	197,66	—	15,81	17,78																				
1 382,99	I,IV	31,50	—	2,52	2,83	I	31,50	—	—	—	—	—	—	—	—	—	—	—	—	—	—	—	—	—	—
	II	—				II	—																		
	III	—				III	—																		
	V	162,58	—	13,—	14,63	IV	31,50	—	0,20	0,23	—	—	—	—	—	—	—	—	—	—	—	—	—	—	—
	VI	198,83	—	15,90	17,89																				
1 385,99	I,IV	32,—	—	2,56	2,88	I	32,—	—	—	—	—	—	—	—	—	—	—	—	—	—	—	—	—	—	—
	II	—				II	—																		
	III	—				III	—																		
	V	163,75	—	13,10	14,73	IV	32,—	—	0,23	0,26	—	—	—	—	—	—	—	—	—	—	—	—	—	—	—
	VI	200,—	—	16,—	18,—																				
1 388,99	I,IV	32,50	—	2,60	2,92	I	32,50	—	—	—	—	—	—	—	—	—	—	—	—	—	—	—	—	—	—
	II	—				II	—																		
	III	—				III	—																		
	V	164,91	—	13,19	14,84	IV	32,50	—	0,26	0,29	—	—	—	—	—	—	—	—	—	—	—	—	—	—	—
	VI	201,16	—	16,09	18,10																				
1 391,99	I,IV	33,—	—	2,64	2,97	I	33,—	—	—	—	—	—	—	—	—	—	—	—	—	—	—	—	—	—	—
	II	—				II	—																		
	III	—				III	—																		
	V	166,—	—	13,28	14,94	IV	33,—	—	0,30	0,33	—	—	—	—	—	—	—	—	—	—	—	—	—	—	—
	VI	202,33	—	16,18	18,20																				
1 394,99	I,IV	33,58	—	2,68	3,02	I	33,58	—	—	—	—	—	—	—	—	—	—	—	—	—	—	—	—	—	—
	II	—				II	—																		
	III	—				III	—																		
	V	167,25	—	13,38	15,05	IV	33,58	—	0,33	0,37	—	—	—	—	—	—	—	—	—	—	—	—	—	—	—
	VI	203,50	—	16,28	18,31																				
1 397,99	I,IV	34,08	—	2,72	3,06	I	34,08	—	—	—	—	—	—	—	—	—	—	—	—	—	—	—	—	—	—
	II	—				II	—																		
	III	—				III	—																		
	V	168,41	—	13,47	15,15	IV	34,08	—	0,36	0,41	—	—	—	—	—	—	—	—	—	—	—	—	—	—	—
	VI	204,66	—	16,37	18,41																				
1 400,99	I,IV	34,58	—	2,76	3,11	I	34,58	—	—	—	—	—	—	—	—	—	—	—	—	—	—	—	—	—	—
	II	—				II	—																		
	III	—				III	—																		
	V	169,50	—	13,56	15,25	IV	34,58	—	0,40	0,45	—	—	—	—	—	—	—	—	—	—	—	—	—	—	—
	VI	205,83	—	16,46	18,52																				
1 403,99	I,IV	35,16	—	2,81	3,16	I	35,16	—	—	—	—	—	—	—	—	—	—	—	—	—	—	—	—	—	—
	II	—				II	—																		
	III	—				III	—																		
	V	170,66	—	13,65	15,35	IV	35,16	—	0,43	0,48	—	—	—	—	—	—	—	—	—	—	—	—	—	—	—
	VI	206,91	—	16,55	18,62																				
1 406,99	I,IV	35,66	—	2,85	3,20	I	35,66	—	—	—	—	—	—	—	—	—	—	—	—	—	—	—	—	—	—
	II	—				II	—																		
	III	—				III	—																		
	V	171,83	—	13,74	15,46	IV	35,66	—	0,46	0,52	—	—	—	—	—	—	—	—	—	—	—	—	—	—	—
	VI	208,08	—	16,64	18,72																				
1 409,99	I,IV	36,16	—	2,89	3,25	I	36,16	—	—	—	—	—	—	—	—	—	—	—	—	—	—	—	—	—	—
	II	—				II	—																		
	III	—				III	—																		
	V	173,—	—	13,84	15,57	IV	36,16	—	0,50	0,56	—	—	—	—	—	—	—	—	—	—	—	—	—	—	—
	VI	209,25	—	16,74	18,83																				
1 412,99	I,IV	36,75	—	2,94	3,30	I	36,75	—	—	—	—	—	—	—	—	—	—	—	—	—	—	—	—	—	—
	II	—				II	—																		
	III	—				III	—																		
	V	174,16	—	13,93	15,67	IV	36,75	—	0,53	0,59	—	—	—	—	—	—	—	—	—	—	—	—	—	—	—
	VI	210,41	—	16,83	18,93																				
1 415,99	I,IV	37,25	—	2,98	3,35	I	37,25	—	—	—	—	—	—	—	—	—	—	—	—	—	—	—	—	—	—
	II	—				II	—																		
	III	—				III	—																		
	V	175,33	—	14,02	15,77	IV	37,25	—	0,56	0,63	—	—	—	—	—	—	—	—	—	—	—	—	—	—	—
	VI	211,58	—	16,92	19,04																				
1 418,99	I,IV	37,83	—	3,02	3,40	I	37,83	—	—	—	—	—	—	—	—	—	—	—	—	—	—	—	—	—	—
	II	—				II	—																		
	III	—				III	—																		
	V	176,50	—	14,12	15,88	IV	37,83	—	0,60	0,67	—	—	—	—	—	—	—	—	—	—	—	—	—	—	—
	VI	212,75	—	17,02	19,14																				
1 421,99	I,IV	38,33	—	3,06	3,44	I	38,33	—	—	—	—	—	—	—	—	—	—	—	—	—	—	—	—	—	—
	II	—				II	—																		
	III	—				III	—																		
	V	177,66	—	14,21	15,98	IV	38,33	—	0,63	0,71	—	—	—	—	—	—	—	—	—	—	—	—	—	—	—
	VI	213,91	—	17,11	19,25																				
1 424,99	I,IV	38,83	—	3,10	3,49	I	38,83	—	—	—	—	—	—	—	—	—	—	—	—	—	—	—	—	—	—
	II	—				II	—																		
	III	—				III	—																		
	V	178,75	—	14,30	16,08	IV	38,83	—	0,66	0,74	—	—	—	—	—	—	—	—	—	—	—	—	—	—	—
	VI	215,—	—	17,20	19,35																				
1 427,99	I,IV	39,41	—	3,15	3,54	I	39,41	—	—	—	—	—	—	—	—	—	—	—	—	—	—	—	—	—	—
	II	—				II	—																		
	III	—				III	—																		
	V	179,91	—	14,39	16,19	IV	39,41	—	0,70	0,78	—	—	—	—	—	—	—	—	—	—	—	—	—	—	—
	VI	216,16	—	17,29	19,45																				

* Die ausgewiesenen Tabellenwerte sind amtlich. Siehe Erläuterungen auf der Umschlaginnenseite (U2).

T 15

MONAT 1 428,–*

Abzüge an Lohnsteuer, Solidaritätszuschlag (SolZ) und Kirchensteuer (8%, 9%) in den Steuerklassen

Lohn/Gehalt bis €*	Kl.	LSt	SolZ	8%	9%	Kl.	LSt	SolZ 0,5	8% 0,5	9% 0,5	SolZ 1	8% 1	9% 1	SolZ 1,5	8% 1,5	9% 1,5	SolZ 2	8% 2	9% 2	SolZ 2,5	8% 2,5	9% 2,5	SolZ 3	8% 3	9% 3
1 430,99	I,IV	39,91	—	3,19	3,59	I	39,91	—	—	—	—	—	—	—	—	—	—	—	—	—	—	—	—	—	—
	II	—	—	—	—	II	—	—	—	—	—	—	—	—	—	—	—	—	—	—	—	—	—	—	—
	III	—	—	—	—	III	—	—	—	—	—	—	—	—	—	—	—	—	—	—	—	—	—	—	—
	V	181,08	—	14,48	16,29	IV	39,91	—	0,73	0,82	—	—	—	—	—	—	—	—	—	—	—	—	—	—	—
	VI	217,33	—	17,38	19,55																				
1 433,99	I,IV	40,50	—	3,24	3,64	I	40,50	—	—	—	—	—	—	—	—	—	—	—	—	—	—	—	—	—	—
	II	—	—	—	—	II	—	—	—	—	—	—	—	—	—	—	—	—	—	—	—	—	—	—	—
	III	—	—	—	—	III	—	—	—	—	—	—	—	—	—	—	—	—	—	—	—	—	—	—	—
	V	182,25	—	14,58	16,40	IV	40,50	—	0,76	0,86	—	—	—	—	—	—	—	—	—	—	—	—	—	—	—
	VI	218,50	—	17,48	19,66																				
1 436,99	I,IV	41,08	—	3,28	3,69	I	41,08	—	—	—	—	—	—	—	—	—	—	—	—	—	—	—	—	—	—
	II	—	—	—	—	II	—	—	—	—	—	—	—	—	—	—	—	—	—	—	—	—	—	—	—
	III	—	—	—	—	III	—	—	—	—	—	—	—	—	—	—	—	—	—	—	—	—	—	—	—
	V	183,41	—	14,67	16,50	IV	41,08	—	0,80	0,90	—	—	—	—	—	—	—	—	—	—	—	—	—	—	—
	VI	219,66	—	17,57	19,76																				
1 439,99	I,IV	41,58	—	3,32	3,74	I	41,58	—	—	—	—	—	—	—	—	—	—	—	—	—	—	—	—	—	—
	II	—	—	—	—	II	—	—	—	—	—	—	—	—	—	—	—	—	—	—	—	—	—	—	—
	III	—	—	—	—	III	—	—	—	—	—	—	—	—	—	—	—	—	—	—	—	—	—	—	—
	V	184,58	—	14,76	16,61	IV	41,58	—	0,83	0,93	—	—	—	—	—	—	—	—	—	—	—	—	—	—	—
	VI	220,83	—	17,66	19,87																				
1 442,99	I,IV	42,16	—	3,37	3,79	I	42,16	—	—	—	—	—	—	—	—	—	—	—	—	—	—	—	—	—	—
	II	—	—	—	—	II	—	—	—	—	—	—	—	—	—	—	—	—	—	—	—	—	—	—	—
	III	—	—	—	—	III	—	—	—	—	—	—	—	—	—	—	—	—	—	—	—	—	—	—	—
	V	185,75	—	14,86	16,71	IV	42,16	—	0,87	0,98	—	—	—	—	—	—	—	—	—	—	—	—	—	—	—
	VI	222,—	—	17,76	19,98																				
1 445,99	I,IV	42,66	—	3,41	3,83	I	42,66	—	—	—	—	—	—	—	—	—	—	—	—	—	—	—	—	—	—
	II	—	—	—	—	II	—	—	—	—	—	—	—	—	—	—	—	—	—	—	—	—	—	—	—
	III	—	—	—	—	III	—	—	—	—	—	—	—	—	—	—	—	—	—	—	—	—	—	—	—
	V	186,83	—	14,94	16,81	IV	42,66	—	0,90	1,01	—	—	—	—	—	—	—	—	—	—	—	—	—	—	—
	VI	223,16	—	17,85	20,08																				
1 448,99	I,IV	43,25	—	3,46	3,89	I	43,25	—	—	—	—	—	—	—	—	—	—	—	—	—	—	—	—	—	—
	II	—	—	—	—	II	—	—	—	—	—	—	—	—	—	—	—	—	—	—	—	—	—	—	—
	III	—	—	—	—	III	—	—	—	—	—	—	—	—	—	—	—	—	—	—	—	—	—	—	—
	V	188,—	—	15,04	16,92	IV	43,25	—	0,94	1,05	—	—	—	—	—	—	—	—	—	—	—	—	—	—	—
	VI	224,25	—	17,94	20,18																				
1 451,99	I,IV	43,83	—	3,50	3,94	I	43,83	—	—	—	—	—	—	—	—	—	—	—	—	—	—	—	—	—	—
	II	—	—	—	—	II	—	—	—	—	—	—	—	—	—	—	—	—	—	—	—	—	—	—	—
	III	—	—	—	—	III	—	—	—	—	—	—	—	—	—	—	—	—	—	—	—	—	—	—	—
	V	189,25	—	15,14	17,03	IV	43,83	—	0,97	1,09	—	—	—	—	—	—	—	—	—	—	—	—	—	—	—
	VI	225,50	—	18,04	20,29																				
1 454,99	I,IV	44,33	—	3,54	3,98	I	44,33	—	—	—	—	—	—	—	—	—	—	—	—	—	—	—	—	—	—
	II	—	—	—	—	II	—	—	—	—	—	—	—	—	—	—	—	—	—	—	—	—	—	—	—
	III	—	—	—	—	III	—	—	—	—	—	—	—	—	—	—	—	—	—	—	—	—	—	—	—
	V	190,33	—	15,22	17,12	IV	44,33	—	1,01	1,13	—	—	—	—	—	—	—	—	—	—	—	—	—	—	—
	VI	226,66	—	18,13	20,39																				
1 457,99	I,IV	44,91	—	3,59	4,04	I	44,91	—	—	—	—	—	—	—	—	—	—	—	—	—	—	—	—	—	—
	II	—	—	—	—	II	—	—	—	—	—	—	—	—	—	—	—	—	—	—	—	—	—	—	—
	III	—	—	—	—	III	—	—	—	—	—	—	—	—	—	—	—	—	—	—	—	—	—	—	—
	V	191,50	—	15,32	17,23	IV	44,91	—	1,04	1,17	—	—	—	—	—	—	—	—	—	—	—	—	—	—	—
	VI	227,75	—	18,22	20,49																				
1 460,99	I,IV	45,50	—	3,64	4,09	I	45,50	—	—	—	—	—	—	—	—	—	—	—	—	—	—	—	—	—	—
	II	—	—	—	—	II	—	—	—	—	—	—	—	—	—	—	—	—	—	—	—	—	—	—	—
	III	—	—	—	—	III	—	—	—	—	—	—	—	—	—	—	—	—	—	—	—	—	—	—	—
	V	192,66	—	15,41	17,33	IV	45,50	—	1,08	1,21	—	—	—	—	—	—	—	—	—	—	—	—	—	—	—
	VI	228,91	—	18,31	20,60																				
1 463,99	I,IV	46,08	—	3,68	4,14	I	46,08	—	—	—	—	—	—	—	—	—	—	—	—	—	—	—	—	—	—
	II	—	—	—	—	II	—	—	—	—	—	—	—	—	—	—	—	—	—	—	—	—	—	—	—
	III	—	—	—	—	III	—	—	—	—	—	—	—	—	—	—	—	—	—	—	—	—	—	—	—
	V	193,83	—	15,50	17,44	IV	46,08	—	1,12	1,26	—	—	—	—	—	—	—	—	—	—	—	—	—	—	—
	VI	230,08	—	18,40	20,70																				
1 466,99	I,IV	46,58	—	3,72	4,19	I	46,58	—	—	—	—	—	—	—	—	—	—	—	—	—	—	—	—	—	—
	II	—	—	—	—	II	—	—	—	—	—	—	—	—	—	—	—	—	—	—	—	—	—	—	—
	III	—	—	—	—	III	—	—	—	—	—	—	—	—	—	—	—	—	—	—	—	—	—	—	—
	V	195,—	—	15,60	17,55	IV	46,58	—	1,15	1,29	—	—	—	—	—	—	—	—	—	—	—	—	—	—	—
	VI	231,25	—	18,50	20,81																				
1 469,99	I,IV	47,16	—	3,77	4,24	I	47,16	—	—	—	—	—	—	—	—	—	—	—	—	—	—	—	—	—	—
	II	—	—	—	—	II	—	—	—	—	—	—	—	—	—	—	—	—	—	—	—	—	—	—	—
	III	—	—	—	—	III	—	—	—	—	—	—	—	—	—	—	—	—	—	—	—	—	—	—	—
	V	196,16	—	15,69	17,65	IV	47,16	—	1,18	1,33	—	—	—	—	—	—	—	—	—	—	—	—	—	—	—
	VI	232,41	—	18,59	20,91																				
1 472,99	I,IV	47,75	—	3,82	4,29	I	47,75	—	—	—	—	—	—	—	—	—	—	—	—	—	—	—	—	—	—
	II	—	—	—	—	II	—	—	—	—	—	—	—	—	—	—	—	—	—	—	—	—	—	—	—
	III	—	—	—	—	III	—	—	—	—	—	—	—	—	—	—	—	—	—	—	—	—	—	—	—
	V	197,33	—	15,78	17,75	IV	47,75	—	1,22	1,37	—	—	—	—	—	—	—	—	—	—	—	—	—	—	—
	VI	233,58	—	18,68	21,02																				
1 475,99	I,IV	48,33	—	3,86	4,34	I	48,33	—	—	—	—	—	—	—	—	—	—	—	—	—	—	—	—	—	—
	II	—	—	—	—	II	—	—	—	—	—	—	—	—	—	—	—	—	—	—	—	—	—	—	—
	III	—	—	—	—	III	—	—	—	—	—	—	—	—	—	—	—	—	—	—	—	—	—	—	—
	V	198,41	—	15,87	17,85	IV	48,33	—	1,26	1,41	—	—	—	—	—	—	—	—	—	—	—	—	—	—	—
	VI	234,75	—	18,78	21,12																				
1 478,99	I,IV	48,91	—	3,91	4,40	I	48,91	—	—	—	—	—	—	—	—	—	—	—	—	—	—	—	—	—	—
	II	—	—	—	—	II	—	—	—	—	—	—	—	—	—	—	—	—	—	—	—	—	—	—	—
	III	—	—	—	—	III	—	—	—	—	—	—	—	—	—	—	—	—	—	—	—	—	—	—	—
	V	199,58	—	15,96	17,96	IV	48,91	—	1,30	1,46	—	—	—	—	—	—	—	—	—	—	—	—	—	—	—
	VI	235,83	—	18,86	21,22																				

T 16

*Die ausgewiesenen Tabellenwerte sind amtlich. Siehe Erläuterungen auf der Umschlaginnenseite (U2).

1 529,99* — **MONAT**

Abzüge an Lohnsteuer, Solidaritätszuschlag (SolZ) und Kirchensteuer (8%, 9%) in den Steuerklassen

Linker Teil: **I – VI** ohne Kinderfreibeträge — Rechter Teil: **I, II, III, IV** mit Zahl der Kinderfreibeträge ...

Lohn/Gehalt bis €*	StKl	LSt	SolZ	8%	9%	StKl	LSt	0,5 SolZ	0,5 8%	0,5 9%	1 SolZ	1 8%	1 9%	1,5 SolZ	1,5 8%	1,5 9%	2 SolZ	2 8%	2 9%	2,5 SolZ	2,5 8%	2,5 9%	3 SolZ	3 8%	3 9%
1 481,99	I,IV	49,50	—	3,96	4,45	I	49,50	—	—	—	—	—	—	—	—	—	—	—	—	—	—	—	—	—	—
	II	—	—	—	—	II	—	—	—	—	—	—	—	—	—	—	—	—	—	—	—	—	—	—	—
	III	—	—	—	—	III	—	—	—	—	—	—	—	—	—	—	—	—	—	—	—	—	—	—	—
	V	200,75	—	16,06	18,06	IV	49,50	—	1,33	1,49	—	—	—	—	—	—	—	—	—	—	—	—	—	—	—
	VI	237,—	—	18,96	21,33																				
1 484,99	I,IV	50,—	—	4,—	4,50	I	50,—	—	—	—	—	—	—	—	—	—	—	—	—	—	—	—	—	—	—
	II	—	—	—	—	II	—	—	—	—	—	—	—	—	—	—	—	—	—	—	—	—	—	—	—
	III	—	—	—	—	III	—	—	—	—	—	—	—	—	—	—	—	—	—	—	—	—	—	—	—
	V	201,91	—	16,15	18,17	IV	50,—	—	1,37	1,54	—	—	—	—	—	—	—	—	—	—	—	—	—	—	—
	VI	238,16	—	19,05	21,43																				
1 487,99	I,IV	50,58	—	4,04	4,55	I	50,58	—	—	—	—	—	—	—	—	—	—	—	—	—	—	—	—	—	—
	II	—	—	—	—	II	—	—	—	—	—	—	—	—	—	—	—	—	—	—	—	—	—	—	—
	III	—	—	—	—	III	—	—	—	—	—	—	—	—	—	—	—	—	—	—	—	—	—	—	—
	V	203,08	—	16,24	18,27	IV	50,58	—	1,40	1,58	—	—	—	—	—	—	—	—	—	—	—	—	—	—	—
	VI	239,33	—	19,14	21,53																				
1 490,99	I,IV	51,16	—	4,09	4,60	I	51,16	—	—	—	—	—	—	—	—	—	—	—	—	—	—	—	—	—	—
	II	—	—	—	—	II	—	—	—	—	—	—	—	—	—	—	—	—	—	—	—	—	—	—	—
	III	—	—	—	—	III	—	—	—	—	—	—	—	—	—	—	—	—	—	—	—	—	—	—	—
	V	204,25	—	16,34	18,38	IV	51,16	—	1,44	1,62	—	—	—	—	—	—	—	—	—	—	—	—	—	—	—
	VI	240,50	—	19,24	21,64																				
1 493,99	I,IV	51,75	—	4,14	4,65	I	51,75	—	—	—	—	—	—	—	—	—	—	—	—	—	—	—	—	—	—
	II	—	—	—	—	II	—	—	—	—	—	—	—	—	—	—	—	—	—	—	—	—	—	—	—
	III	—	—	—	—	III	—	—	—	—	—	—	—	—	—	—	—	—	—	—	—	—	—	—	—
	V	205,41	—	16,43	18,48	IV	51,75	—	1,48	1,66	—	—	—	—	—	—	—	—	—	—	—	—	—	—	—
	VI	241,66	—	19,33	21,74																				
1 496,99	I,IV	52,33	—	4,18	4,70	I	52,33	—	—	—	—	—	—	—	—	—	—	—	—	—	—	—	—	—	—
	II	—	—	—	—	II	—	—	—	—	—	—	—	—	—	—	—	—	—	—	—	—	—	—	—
	III	—	—	—	—	III	—	—	—	—	—	—	—	—	—	—	—	—	—	—	—	—	—	—	—
	V	206,50	—	16,52	18,58	IV	52,33	—	1,52	1,71	—	—	—	—	—	—	—	—	—	—	—	—	—	—	—
	VI	242,83	—	19,42	21,85																				
1 499,99	I,IV	52,91	—	4,23	4,76	I	52,91	—	—	—	—	—	—	—	—	—	—	—	—	—	—	—	—	—	—
	II	—	—	—	—	II	—	—	—	—	—	—	—	—	—	—	—	—	—	—	—	—	—	—	—
	III	—	—	—	—	III	—	—	—	—	—	—	—	—	—	—	—	—	—	—	—	—	—	—	—
	V	207,66	—	16,61	18,68	IV	52,91	—	1,56	1,75	—	—	—	—	—	—	—	—	—	—	—	—	—	—	—
	VI	243,91	—	19,51	21,95																				
1 502,99	I,IV	53,50	—	4,28	4,81	I	53,50	—	—	—	—	—	—	—	—	—	—	—	—	—	—	—	—	—	—
	II	—	—	—	—	II	—	—	—	—	—	—	—	—	—	—	—	—	—	—	—	—	—	—	—
	III	—	—	—	—	III	—	—	—	—	—	—	—	—	—	—	—	—	—	—	—	—	—	—	—
	V	208,83	—	16,70	18,79	IV	53,50	—	1,59	1,79	—	—	—	—	—	—	—	—	—	—	—	—	—	—	—
	VI	245,08	—	19,60	22,05																				
1 505,99	I,IV	54,08	—	4,32	4,86	I	54,08	—	—	—	—	—	—	—	—	—	—	—	—	—	—	—	—	—	—
	II	—	—	—	—	II	—	—	—	—	—	—	—	—	—	—	—	—	—	—	—	—	—	—	—
	III	—	—	—	—	III	—	—	—	—	—	—	—	—	—	—	—	—	—	—	—	—	—	—	—
	V	210,—	—	16,80	18,90	IV	54,08	—	1,63	1,83	—	—	—	—	—	—	—	—	—	—	—	—	—	—	—
	VI	246,25	—	19,70	22,16																				
1 508,99	I,IV	54,75	—	4,38	4,92	I	54,75	—	—	—	—	—	—	—	—	—	—	—	—	—	—	—	—	—	—
	II	—	—	—	—	II	—	—	—	—	—	—	—	—	—	—	—	—	—	—	—	—	—	—	—
	III	—	—	—	—	III	—	—	—	—	—	—	—	—	—	—	—	—	—	—	—	—	—	—	—
	V	211,16	—	16,89	19,—	IV	54,75	—	1,67	1,88	—	—	—	—	—	—	—	—	—	—	—	—	—	—	—
	VI	247,41	—	19,79	22,26																				
1 511,99	I,IV	55,33	—	4,42	4,97	I	55,33	—	—	—	—	—	—	—	—	—	—	—	—	—	—	—	—	—	—
	II	—	—	—	—	II	—	—	—	—	—	—	—	—	—	—	—	—	—	—	—	—	—	—	—
	III	—	—	—	—	III	—	—	—	—	—	—	—	—	—	—	—	—	—	—	—	—	—	—	—
	V	212,33	—	16,98	19,10	IV	55,33	—	1,70	1,91	—	—	—	—	—	—	—	—	—	—	—	—	—	—	—
	VI	248,58	—	19,88	22,37																				
1 514,99	I,IV	55,91	—	4,47	5,03	I	55,91	—	—	—	—	—	—	—	—	—	—	—	—	—	—	—	—	—	—
	II	—	—	—	—	II	—	—	—	—	—	—	—	—	—	—	—	—	—	—	—	—	—	—	—
	III	—	—	—	—	III	—	—	—	—	—	—	—	—	—	—	—	—	—	—	—	—	—	—	—
	V	213,50	—	17,08	19,21	IV	55,91	—	1,74	1,96	—	—	—	—	—	—	—	—	—	—	—	—	—	—	—
	VI	249,75	—	19,98	22,47																				
1 517,99	I,IV	56,50	—	4,52	5,08	I	56,50	—	—	—	—	—	—	—	—	—	—	—	—	—	—	—	—	—	—
	II	—	—	—	—	II	—	—	—	—	—	—	—	—	—	—	—	—	—	—	—	—	—	—	—
	III	—	—	—	—	III	—	—	—	—	—	—	—	—	—	—	—	—	—	—	—	—	—	—	—
	V	214,66	—	17,17	19,31	IV	56,50	—	1,78	2,—	—	—	—	—	—	—	—	—	—	—	—	—	—	—	—
	VI	250,91	—	20,07	22,58																				
1 520,99	I,IV	57,08	—	4,56	5,13	I	57,08	—	—	—	—	—	—	—	—	—	—	—	—	—	—	—	—	—	—
	II	—	—	—	—	II	—	—	—	—	—	—	—	—	—	—	—	—	—	—	—	—	—	—	—
	III	—	—	—	—	III	—	—	—	—	—	—	—	—	—	—	—	—	—	—	—	—	—	—	—
	V	215,83	—	17,26	19,42	IV	57,08	—	1,82	2,05	—	—	—	—	—	—	—	—	—	—	—	—	—	—	—
	VI	252,08	—	20,16	22,68																				
1 523,99	I,IV	57,66	—	4,61	5,18	I	57,66	—	—	—	—	—	—	—	—	—	—	—	—	—	—	—	—	—	—
	II	—	—	—	—	II	—	—	—	—	—	—	—	—	—	—	—	—	—	—	—	—	—	—	—
	III	—	—	—	—	III	—	—	—	—	—	—	—	—	—	—	—	—	—	—	—	—	—	—	—
	V	217,—	—	17,36	19,53	IV	57,66	—	1,86	2,09	—	—	—	—	—	—	—	—	—	—	—	—	—	—	—
	VI	253,25	—	20,26	22,79																				
1 526,99	I,IV	58,33	—	4,66	5,24	I	58,33	—	—	—	—	—	—	—	—	—	—	—	—	—	—	—	—	—	—
	II	—	—	—	—	II	—	—	—	—	—	—	—	—	—	—	—	—	—	—	—	—	—	—	—
	III	—	—	—	—	III	—	—	—	—	—	—	—	—	—	—	—	—	—	—	—	—	—	—	—
	V	218,08	—	17,44	19,62	IV	58,33	—	1,90	2,13	—	—	—	—	—	—	—	—	—	—	—	—	—	—	—
	VI	254,41	—	20,35	22,89																				
1 529,99	I,IV	58,91	—	4,71	5,30	I	58,91	—	—	—	—	—	—	—	—	—	—	—	—	—	—	—	—	—	—
	II	—	—	—	—	II	—	—	—	—	—	—	—	—	—	—	—	—	—	—	—	—	—	—	—
	III	—	—	—	—	III	—	—	—	—	—	—	—	—	—	—	—	—	—	—	—	—	—	—	—
	V	219,25	—	17,54	19,73	IV	58,91	—	1,94	2,18	—	—	—	—	—	—	—	—	—	—	—	—	—	—	—
	VI	255,50	—	20,44	22,99																				

* Die ausgewiesenen Tabellenwerte sind amtlich. Siehe Erläuterungen auf der Umschlaginnenseite (U2).

T 17

MONAT 1 530,–*

Abzüge an Lohnsteuer, Solidaritätszuschlag (SolZ) und Kirchensteuer (8%, 9%) in den Steuerklassen

Steuerklassen I–VI: **ohne** Kinderfreibeträge — Steuerklassen I, II, III, IV: **mit** Zahl der Kinderfreibeträge …

Lohn/Gehalt bis €*	Kl.	LSt	SolZ	8%	9%	Kl.	LSt	0,5 SolZ	0,5 8%	0,5 9%	1 SolZ	1 8%	1 9%	1,5 SolZ	1,5 8%	1,5 9%	2 SolZ	2 8%	2 9%	2,5 SolZ	2,5 8%	2,5 9%	3 SolZ	3 8%	3 9%
1 532,99	I,IV	59,50	—	4,76	5,35	I	59,50	—	—	—	—	—	—	—	—	—	—	—	—	—	—	—	—	—	—
	II	—	—	—	—	II	—	—	—	—	—	—	—	—	—	—	—	—	—	—	—	—	—	—	—
	III	—	—	—	—	III	—	—	—	—	—	—	—	—	—	—	—	—	—	—	—	—	—	—	—
	V	220,41	—	17,63	19,83	IV	59,50	—	1,98	2,22	—	—	—	—	—	—	—	—	—	—	—	—	—	—	—
	VI	256,66	—	20,53	23,09																				
1 535,99	I,IV	60,08	—	4,80	5,40	I	60,08	—	—	—	—	—	—	—	—	—	—	—	—	—	—	—	—	—	—
	II	—	—	—	—	II	—	—	—	—	—	—	—	—	—	—	—	—	—	—	—	—	—	—	—
	III	—	—	—	—	III	—	—	—	—	—	—	—	—	—	—	—	—	—	—	—	—	—	—	—
	V	221,58	—	17,72	19,94	IV	60,08	—	2,02	2,27	—	—	—	—	—	—	—	—	—	—	—	—	—	—	—
	VI	257,83	—	20,62	23,20																				
1 538,99	I,IV	60,75	—	4,86	5,46	I	60,75	—	—	—	—	—	—	—	—	—	—	—	—	—	—	—	—	—	—
	II	0,25	—	0,02	0,02	II	0,25	—	—	—	—	—	—	—	—	—	—	—	—	—	—	—	—	—	—
	III	—	—	—	—	III	—	—	—	—	—	—	—	—	—	—	—	—	—	—	—	—	—	—	—
	V	222,75	—	17,82	20,04	IV	60,75	—	2,06	2,31	—	—	—	—	—	—	—	—	—	—	—	—	—	—	—
	VI	259,—	—	20,72	23,31																				
1 541,99	I,IV	61,33	—	4,90	5,51	I	61,33	—	—	—	—	—	—	—	—	—	—	—	—	—	—	—	—	—	—
	II	0,66	—	0,05	0,05	II	0,66	—	—	—	—	—	—	—	—	—	—	—	—	—	—	—	—	—	—
	III	—	—	—	—	III	—	—	—	—	—	—	—	—	—	—	—	—	—	—	—	—	—	—	—
	V	223,91	—	17,91	20,15	IV	61,33	—	2,10	2,36	—	—	—	—	—	—	—	—	—	—	—	—	—	—	—
	VI	260,16	—	20,81	23,41																				
1 544,99	I,IV	61,91	—	4,95	5,57	I	61,91	—	—	—	—	—	—	—	—	—	—	—	—	—	—	—	—	—	—
	II	1,08	—	0,08	0,09	II	1,08	—	—	—	—	—	—	—	—	—	—	—	—	—	—	—	—	—	—
	III	—	—	—	—	III	—	—	—	—	—	—	—	—	—	—	—	—	—	—	—	—	—	—	—
	V	225,08	—	18,—	20,25	IV	61,91	—	2,14	2,40	—	—	—	—	—	—	—	—	—	—	—	—	—	—	—
	VI	261,33	—	20,90	23,51																				
1 547,99	I,IV	62,58	—	5,—	5,63	I	62,58	—	—	—	—	—	—	—	—	—	—	—	—	—	—	—	—	—	—
	II	1,41	—	0,11	0,12	II	1,41	—	—	—	—	—	—	—	—	—	—	—	—	—	—	—	—	—	—
	III	—	—	—	—	III	—	—	—	—	—	—	—	—	—	—	—	—	—	—	—	—	—	—	—
	V	226,16	—	18,09	20,35	IV	62,58	—	2,18	2,45	—	—	—	—	—	—	—	—	—	—	—	—	—	—	—
	VI	262,50	—	21,—	23,62																				
1 550,99	I,IV	63,16	—	5,05	5,68	I	63,16	—	—	—	—	—	—	—	—	—	—	—	—	—	—	—	—	—	—
	II	1,83	—	0,14	0,16	II	1,83	—	—	—	—	—	—	—	—	—	—	—	—	—	—	—	—	—	—
	III	—	—	—	—	III	—	—	—	—	—	—	—	—	—	—	—	—	—	—	—	—	—	—	—
	V	227,33	—	18,18	20,45	IV	63,16	—	2,22	2,49	—	—	—	—	—	—	—	—	—	—	—	—	—	—	—
	VI	263,58	—	21,08	23,72																				
1 553,99	I,IV	63,75	—	5,10	5,73	I	63,75	—	—	—	—	—	—	—	—	—	—	—	—	—	—	—	—	—	—
	II	2,25	—	0,18	0,20	II	2,25	—	—	—	—	—	—	—	—	—	—	—	—	—	—	—	—	—	—
	III	—	—	—	—	III	—	—	—	—	—	—	—	—	—	—	—	—	—	—	—	—	—	—	—
	V	228,50	—	18,28	20,56	IV	63,75	—	2,26	2,54	—	—	—	—	—	—	—	—	—	—	—	—	—	—	—
	VI	264,75	—	21,18	23,82																				
1 556,99	I,IV	64,41	—	5,15	5,79	I	64,41	—	0,03	0,03	—	—	—	—	—	—	—	—	—	—	—	—	—	—	—
	II	2,66	—	0,21	0,23	II	2,66	—	—	—	—	—	—	—	—	—	—	—	—	—	—	—	—	—	—
	III	—	—	—	—	III	—	—	—	—	—	—	—	—	—	—	—	—	—	—	—	—	—	—	—
	V	229,66	—	18,37	20,66	IV	64,41	—	2,30	2,58	—	0,03	0,03	—	—	—	—	—	—	—	—	—	—	—	—
	VI	265,91	—	21,27	23,93																				
1 559,99	I,IV	65,—	—	5,20	5,85	I	65,—	—	0,06	0,07	—	—	—	—	—	—	—	—	—	—	—	—	—	—	—
	II	3,—	—	0,24	0,27	II	3,—	—	—	—	—	—	—	—	—	—	—	—	—	—	—	—	—	—	—
	III	—	—	—	—	III	—	—	—	—	—	—	—	—	—	—	—	—	—	—	—	—	—	—	—
	V	230,83	—	18,46	20,77	IV	65,—	—	2,34	2,63	—	0,06	0,07	—	—	—	—	—	—	—	—	—	—	—	—
	VI	267,08	—	21,36	24,03																				
1 562,99	I,IV	65,66	—	5,25	5,90	I	65,66	—	0,09	0,10	—	—	—	—	—	—	—	—	—	—	—	—	—	—	—
	II	3,41	—	0,27	0,30	II	3,41	—	—	—	—	—	—	—	—	—	—	—	—	—	—	—	—	—	—
	III	—	—	—	—	III	—	—	—	—	—	—	—	—	—	—	—	—	—	—	—	—	—	—	—
	V	232,—	—	18,56	20,88	IV	65,66	—	2,38	2,67	—	0,09	0,10	—	—	—	—	—	—	—	—	—	—	—	—
	VI	268,25	—	21,46	24,14																				
1 565,99	I,IV	66,33	—	5,30	5,96	I	66,33	—	0,12	0,14	—	—	—	—	—	—	—	—	—	—	—	—	—	—	—
	II	3,83	—	0,30	0,34	II	3,83	—	—	—	—	—	—	—	—	—	—	—	—	—	—	—	—	—	—
	III	—	—	—	—	III	—	—	—	—	—	—	—	—	—	—	—	—	—	—	—	—	—	—	—
	V	233,16	—	18,65	20,98	IV	66,33	—	2,42	2,72	—	0,12	0,14	—	—	—	—	—	—	—	—	—	—	—	—
	VI	269,41	—	21,55	24,24																				
1 568,99	I,IV	66,91	—	5,35	6,02	I	66,91	—	0,16	0,18	—	—	—	—	—	—	—	—	—	—	—	—	—	—	—
	II	4,25	—	0,34	0,38	II	4,25	—	—	—	—	—	—	—	—	—	—	—	—	—	—	—	—	—	—
	III	—	—	—	—	III	—	—	—	—	—	—	—	—	—	—	—	—	—	—	—	—	—	—	—
	V	234,33	—	18,74	21,08	IV	66,91	—	2,46	2,76	—	0,16	0,18	—	—	—	—	—	—	—	—	—	—	—	—
	VI	270,58	—	21,64	24,35																				
1 571,99	I,IV	67,58	—	5,40	6,08	I	67,58	—	0,19	0,21	—	—	—	—	—	—	—	—	—	—	—	—	—	—	—
	II	4,66	—	0,37	0,41	II	4,66	—	—	—	—	—	—	—	—	—	—	—	—	—	—	—	—	—	—
	III	—	—	—	—	III	—	—	—	—	—	—	—	—	—	—	—	—	—	—	—	—	—	—	—
	V	235,50	—	18,84	21,19	IV	67,58	—	2,50	2,81	—	0,19	0,21	—	—	—	—	—	—	—	—	—	—	—	—
	VI	271,75	—	21,74	24,45																				
1 574,99	I,IV	68,16	—	5,45	6,13	I	68,16	—	0,22	0,24	—	—	—	—	—	—	—	—	—	—	—	—	—	—	—
	II	5,08	—	0,40	0,45	II	5,08	—	—	—	—	—	—	—	—	—	—	—	—	—	—	—	—	—	—
	III	—	—	—	—	III	—	—	—	—	—	—	—	—	—	—	—	—	—	—	—	—	—	—	—
	V	236,66	—	18,93	21,29	IV	68,16	—	2,54	2,85	—	0,22	0,24	—	—	—	—	—	—	—	—	—	—	—	—
	VI	272,91	—	21,83	24,56																				
1 577,99	I,IV	68,83	—	5,50	6,19	I	68,83	—	0,25	0,28	—	—	—	—	—	—	—	—	—	—	—	—	—	—	—
	II	5,50	—	0,44	0,49	II	5,50	—	—	—	—	—	—	—	—	—	—	—	—	—	—	—	—	—	—
	III	—	—	—	—	III	—	—	—	—	—	—	—	—	—	—	—	—	—	—	—	—	—	—	—
	V	237,75	—	19,02	21,39	IV	68,83	—	2,58	2,90	—	0,25	0,28	—	—	—	—	—	—	—	—	—	—	—	—
	VI	274,08	—	21,92	24,66																				
1 580,99	I,IV	69,41	—	5,55	6,24	I	69,41	—	0,28	0,32	—	—	—	—	—	—	—	—	—	—	—	—	—	—	—
	II	5,91	—	0,47	0,53	II	5,91	—	—	—	—	—	—	—	—	—	—	—	—	—	—	—	—	—	—
	III	—	—	—	—	III	—	—	—	—	—	—	—	—	—	—	—	—	—	—	—	—	—	—	—
	V	238,91	—	19,11	21,50	IV	69,41	—	2,62	2,95	—	0,28	0,32	—	—	—	—	—	—	—	—	—	—	—	—
	VI	275,16	—	22,01	24,76																				

* Die ausgewiesenen Tabellenwerte sind amtlich. Siehe Erläuterungen auf der Umschlaginnenseite (U2).

1 631,99* — MONAT

Abzüge an Lohnsteuer, Solidaritätszuschlag (SolZ) und Kirchensteuer (8%, 9%) in den Steuerklassen

Linker Teil: **I – VI** — ohne Kinderfreibeträge
Rechter Teil: **I, II, III, IV** — mit Zahl der Kinderfreibeträge . . .

Lohn/Gehalt bis €*	Kl.	LSt	SolZ	8%	9%	Kl.	LSt	0,5 SolZ	0,5 8%	0,5 9%	1 SolZ	1 8%	1 9%	1,5 SolZ	1,5 8%	1,5 9%	2 SolZ	2 8%	2 9%	2,5 SolZ	2,5 8%	2,5 9%	3 SolZ	3 8%	3 9%
1 583,99	I,IV	70,08	—	5,60	6,30	I	70,08	—	0,32	0,36	—	—	—	—	—	—	—	—	—	—	—	—	—	—	—
	II	6,25	—	0,50	0,56	II	6,25	—	—	—	—	—	—	—	—	—	—	—	—	—	—	—	—	—	—
	III	—	—	—	—	III	—	—	—	—	—	—	—	—	—	—	—	—	—	—	—	—	—	—	—
	V	240,08	—	19,20	21,60	IV	70,08	—	2,66	2,99	—	0,32	0,36	—	—	—	—	—	—	—	—	—	—	—	—
	VI	276,33	—	22,10	24,86																					
1 586,99	I,IV	70,75	—	5,66	6,36	I	70,75	—	0,35	0,39	—	—	—	—	—	—	—	—	—	—	—	—	—	—	—
	II	6,66	—	0,53	0,59	II	6,66	—	—	—	—	—	—	—	—	—	—	—	—	—	—	—	—	—	—
	III	—	—	—	—	III	—	—	—	—	—	—	—	—	—	—	—	—	—	—	—	—	—	—	—
	V	241,25	—	19,30	21,71	IV	70,75	—	2,70	3,04	—	0,35	0,39	—	—	—	—	—	—	—	—	—	—	—	—
	VI	277,50	—	22,20	24,97																					
1 589,99	I,IV	71,33	—	5,70	6,41	I	71,33	—	0,38	0,43	—	—	—	—	—	—	—	—	—	—	—	—	—	—	—
	II	7,08	—	0,56	0,63	II	7,08	—	—	—	—	—	—	—	—	—	—	—	—	—	—	—	—	—	—
	III	—	—	—	—	III	—	—	—	—	—	—	—	—	—	—	—	—	—	—	—	—	—	—	—
	V	242,41	—	19,39	21,81	IV	71,33	—	2,75	3,09	—	0,38	0,43	—	—	—	—	—	—	—	—	—	—	—	—
	VI	278,66	—	22,29	25,07																					
1 592,99	I,IV	72,—	—	5,76	6,48	I	72,—	—	0,41	0,46	—	—	—	—	—	—	—	—	—	—	—	—	—	—	—
	II	7,50	—	0,60	0,67	II	7,50	—	—	—	—	—	—	—	—	—	—	—	—	—	—	—	—	—	—
	III	—	—	—	—	III	—	—	—	—	—	—	—	—	—	—	—	—	—	—	—	—	—	—	—
	V	243,58	—	19,48	21,92	IV	72,—	—	2,79	3,14	—	0,41	0,46	—	—	—	—	—	—	—	—	—	—	—	—
	VI	279,83	—	22,38	25,18																					
1 595,99	I,IV	72,66	—	5,81	6,53	I	72,66	—	0,44	0,50	—	—	—	—	—	—	—	—	—	—	—	—	—	—	—
	II	8,—	—	0,64	0,72	II	8,—	—	—	—	—	—	—	—	—	—	—	—	—	—	—	—	—	—	—
	III	—	—	—	—	III	—	—	—	—	—	—	—	—	—	—	—	—	—	—	—	—	—	—	—
	V	244,75	—	19,58	22,02	IV	72,66	—	2,83	3,18	—	0,44	0,50	—	—	—	—	—	—	—	—	—	—	—	—
	VI	281,—	—	22,48	25,29																					
1 598,99	I,IV	73,25	—	5,86	6,59	I	73,25	—	0,48	0,54	—	—	—	—	—	—	—	—	—	—	—	—	—	—	—
	II	8,41	—	0,67	0,75	II	8,41	—	—	—	—	—	—	—	—	—	—	—	—	—	—	—	—	—	—
	III	—	—	—	—	III	—	—	—	—	—	—	—	—	—	—	—	—	—	—	—	—	—	—	—
	V	245,91	—	19,67	22,13	IV	73,25	—	2,87	3,23	—	0,48	0,54	—	—	—	—	—	—	—	—	—	—	—	—
	VI	282,16	—	22,57	25,39																					
1 601,99	I,IV	73,91	—	5,91	6,65	I	73,91	—	0,51	0,57	—	—	—	—	—	—	—	—	—	—	—	—	—	—	—
	II	8,83	—	0,70	0,79	II	8,83	—	—	—	—	—	—	—	—	—	—	—	—	—	—	—	—	—	—
	III	—	—	—	—	III	—	—	—	—	—	—	—	—	—	—	—	—	—	—	—	—	—	—	—
	V	247,—	—	19,76	22,23	IV	73,91	—	2,92	3,28	—	0,51	0,57	—	—	—	—	—	—	—	—	—	—	—	—
	VI	283,25	—	22,66	25,49																					
1 604,99	I,IV	74,58	—	5,96	6,71	I	74,58	—	0,54	0,61	—	—	—	—	—	—	—	—	—	—	—	—	—	—	—
	II	9,25	—	0,74	0,83	II	9,25	—	—	—	—	—	—	—	—	—	—	—	—	—	—	—	—	—	—
	III	—	—	—	—	III	—	—	—	—	—	—	—	—	—	—	—	—	—	—	—	—	—	—	—
	V	248,16	—	19,85	22,33	IV	74,58	—	2,96	3,33	—	0,54	0,61	—	—	—	—	—	—	—	—	—	—	—	—
	VI	284,41	—	22,75	25,59																					
1 607,99	I,IV	75,25	—	6,02	6,77	I	75,25	—	0,58	0,65	—	—	—	—	—	—	—	—	—	—	—	—	—	—	—
	II	9,66	—	0,77	0,86	II	9,66	—	—	—	—	—	—	—	—	—	—	—	—	—	—	—	—	—	—
	III	—	—	—	—	III	—	—	—	—	—	—	—	—	—	—	—	—	—	—	—	—	—	—	—
	V	249,33	—	19,94	22,43	IV	75,25	—	3,—	3,38	—	0,58	0,65	—	—	—	—	—	—	—	—	—	—	—	—
	VI	285,58	—	22,84	25,70																					
1 610,99	I,IV	75,91	—	6,07	6,83	I	75,91	—	0,61	0,68	—	—	—	—	—	—	—	—	—	—	—	—	—	—	—
	II	10,08	—	0,80	0,90	II	10,08	—	—	—	—	—	—	—	—	—	—	—	—	—	—	—	—	—	—
	III	—	—	—	—	III	—	—	—	—	—	—	—	—	—	—	—	—	—	—	—	—	—	—	—
	V	250,50	—	20,04	22,54	IV	75,91	—	3,04	3,42	—	0,61	0,68	—	—	—	—	—	—	—	—	—	—	—	—
	VI	286,75	—	22,94	25,80																					
1 613,99	I,IV	76,50	—	6,12	6,88	I	76,50	—	0,64	0,72	—	—	—	—	—	—	—	—	—	—	—	—	—	—	—
	II	10,50	—	0,84	0,94	II	10,50	—	—	—	—	—	—	—	—	—	—	—	—	—	—	—	—	—	—
	III	—	—	—	—	III	—	—	—	—	—	—	—	—	—	—	—	—	—	—	—	—	—	—	—
	V	251,66	—	20,13	22,64	IV	76,50	—	3,09	3,47	—	0,64	0,72	—	—	—	—	—	—	—	—	—	—	—	—
	VI	287,91	—	23,03	25,91																					
1 616,99	I,IV	77,16	—	6,17	6,94	I	77,16	—	0,68	0,76	—	—	—	—	—	—	—	—	—	—	—	—	—	—	—
	II	10,91	—	0,87	0,98	II	10,91	—	—	—	—	—	—	—	—	—	—	—	—	—	—	—	—	—	—
	III	—	—	—	—	III	—	—	—	—	—	—	—	—	—	—	—	—	—	—	—	—	—	—	—
	V	252,83	—	20,22	22,75	IV	77,16	—	3,13	3,52	—	0,68	0,76	—	—	—	—	—	—	—	—	—	—	—	—
	VI	289,08	—	23,12	26,01																					
1 619,99	I,IV	77,83	—	6,22	7,—	I	77,83	—	0,72	0,81	—	—	—	—	—	—	—	—	—	—	—	—	—	—	—
	II	11,41	—	0,91	1,02	II	11,41	—	—	—	—	—	—	—	—	—	—	—	—	—	—	—	—	—	—
	III	—	—	—	—	III	—	—	—	—	—	—	—	—	—	—	—	—	—	—	—	—	—	—	—
	V	254,—	—	20,32	22,86	IV	77,83	—	3,18	3,57	—	0,72	0,81	—	—	—	—	—	—	—	—	—	—	—	—
	VI	290,25	—	23,22	26,12																					
1 622,99	I,IV	78,50	—	6,28	7,06	I	78,50	—	0,75	0,84	—	—	—	—	—	—	—	—	—	—	—	—	—	—	—
	II	11,83	—	0,94	1,06	II	11,83	—	—	—	—	—	—	—	—	—	—	—	—	—	—	—	—	—	—
	III	—	—	—	—	III	—	—	—	—	—	—	—	—	—	—	—	—	—	—	—	—	—	—	—
	V	255,16	—	20,41	22,96	IV	78,50	—	3,22	3,62	—	0,75	0,84	—	—	—	—	—	—	—	—	—	—	—	—
	VI	291,41	—	23,31	26,22																					
1 625,99	I,IV	79,16	—	6,33	7,12	I	79,16	—	0,78	0,88	—	—	—	—	—	—	—	—	—	—	—	—	—	—	—
	II	12,25	—	0,98	1,10	II	12,25	—	—	—	—	—	—	—	—	—	—	—	—	—	—	—	—	—	—
	III	—	—	—	—	III	—	—	—	—	—	—	—	—	—	—	—	—	—	—	—	—	—	—	—
	V	256,33	—	20,50	23,06	IV	79,16	—	3,26	3,67	—	0,78	0,88	—	—	—	—	—	—	—	—	—	—	—	—
	VI	292,58	—	23,40	26,33																					
1 628,99	I,IV	79,83	—	6,38	7,18	I	79,83	—	0,82	0,92	—	—	—	—	—	—	—	—	—	—	—	—	—	—	—
	II	12,75	—	1,02	1,14	II	12,75	—	—	—	—	—	—	—	—	—	—	—	—	—	—	—	—	—	—
	III	—	—	—	—	III	—	—	—	—	—	—	—	—	—	—	—	—	—	—	—	—	—	—	—
	V	257,50	—	20,60	23,17	IV	79,83	—	3,30	3,71	—	0,82	0,92	—	—	—	—	—	—	—	—	—	—	—	—
	VI	293,75	—	23,50	26,43																					
1 631,99	I,IV	80,50	—	6,44	7,24	I	80,50	—	0,85	0,95	—	—	—	—	—	—	—	—	—	—	—	—	—	—	—
	II	13,16	—	1,05	1,18	II	13,16	—	—	—	—	—	—	—	—	—	—	—	—	—	—	—	—	—	—
	III	—	—	—	—	III	—	—	—	—	—	—	—	—	—	—	—	—	—	—	—	—	—	—	—
	V	258,58	—	20,68	23,27	IV	80,50	—	3,35	3,77	—	0,85	0,95	—	—	—	—	—	—	—	—	—	—	—	—
	VI	294,91	—	23,59	26,54																					

* Die ausgewiesenen Tabellenwerte sind amtlich. Siehe Erläuterungen auf der Umschlaginnenseite (U2).

T 19

MONAT 1 632,–*

Abzüge an Lohnsteuer, Solidaritätszuschlag (SolZ) und Kirchensteuer (8%, 9%) in den Steuerklassen

I–VI ohne Kinderfreibeträge — I, II, III, IV mit Zahl der Kinderfreibeträge

Lohn/Gehalt bis €*	Kl.	LSt	SolZ	8%	9%	Kl.	LSt	0,5 SolZ	0,5 8%	0,5 9%	1 SolZ	1 8%	1 9%	1,5 SolZ	1,5 8%	1,5 9%	2 SolZ	2 8%	2 9%	2,5 SolZ	2,5 8%	2,5 9%	3 SolZ	3 8%	3 9%
1 634,99	I,IV	81,16	—	6,49	7,30	I	81,16	—	0,89	1,—	—	—	—	—	—	—	—	—	—	—	—	—	—	—	—
	II	13,58	—	1,08	1,22	II	13,58	—	—	—	—	—	—	—	—	—	—	—	—	—	—	—	—	—	—
	III	—				III	—																			
	V	259,75	—	20,78	23,37	IV	81,16	—	3,39	3,81	—	0,89	1,—	—	—	—	—	—	—	—	—	—	—	—	—
	VI	296,—	—	23,68	26,64																				
1 637,99	I,IV	81,83	—	6,54	7,36	I	81,83	—	0,92	1,04	—	—	—	—	—	—	—	—	—	—	—	—	—	—	—
	II	14,08	—	1,12	1,26	II	14,08	—	—	—	—	—	—	—	—	—	—	—	—	—	—	—	—	—	—
	III	—				III	—																			
	V	260,91	—	20,87	23,48	IV	81,83	—	3,44	3,87	—	0,92	1,04	—	—	—	—	—	—	—	—	—	—	—	—
	VI	297,16	—	23,77	26,74																				
1 640,99	I,IV	82,50	—	6,60	7,42	I	82,50	—	0,96	1,08	—	—	—	—	—	—	—	—	—	—	—	—	—	—	—
	II	14,50	—	1,16	1,30	II	14,50	—	—	—	—	—	—	—	—	—	—	—	—	—	—	—	—	—	—
	III	—				III	—																			
	V	262,08	—	20,96	23,58	IV	82,50	—	3,48	3,92	—	0,96	1,08	—	—	—	—	—	—	—	—	—	—	—	—
	VI	298,33	—	23,86	26,84																				
1 643,99	I,IV	83,16	—	6,65	7,48	I	83,16	—	0,99	1,11	—	—	—	—	—	—	—	—	—	—	—	—	—	—	—
	II	14,91	—	1,19	1,34	II	14,91	—	—	—	—	—	—	—	—	—	—	—	—	—	—	—	—	—	—
	III	—				III	—																			
	V	263,25	—	21,06	23,69	IV	83,16	—	3,52	3,96	—	0,99	1,11	—	—	—	—	—	—	—	—	—	—	—	—
	VI	299,50	—	23,96	26,95																				
1 646,99	I,IV	83,83	—	6,70	7,54	I	83,83	—	1,03	1,16	—	—	—	—	—	—	—	—	—	—	—	—	—	—	—
	II	15,41	—	1,23	1,38	II	15,41	—	—	—	—	—	—	—	—	—	—	—	—	—	—	—	—	—	—
	III	—				III	—																			
	V	264,41	—	21,15	23,79	IV	83,83	—	3,57	4,01	—	1,03	1,16	—	—	—	—	—	—	—	—	—	—	—	—
	VI	300,66	—	24,05	27,05																				
1 649,99	I,IV	84,50	—	6,76	7,60	I	84,50	—	1,06	1,19	—	—	—	—	—	—	—	—	—	—	—	—	—	—	—
	II	15,83	—	1,26	1,42	II	15,83	—	—	—	—	—	—	—	—	—	—	—	—	—	—	—	—	—	—
	III	—				III	—																			
	V	265,58	—	21,24	23,90	IV	84,50	—	3,62	4,07	—	1,06	1,19	—	—	—	—	—	—	—	—	—	—	—	—
	VI	301,83	—	24,14	27,16																				
1 652,99	I,IV	85,16	—	6,81	7,66	I	85,16	—	1,10	1,23	—	—	—	—	—	—	—	—	—	—	—	—	—	—	—
	II	16,33	—	1,30	1,46	II	16,33	—	—	—	—	—	—	—	—	—	—	—	—	—	—	—	—	—	—
	III	—				III	—																			
	V	266,66	—	21,33	23,99	IV	85,16	—	3,66	4,12	—	1,10	1,23	—	—	—	—	—	—	—	—	—	—	—	—
	VI	303,—	—	24,24	27,27																				
1 655,99	I,IV	85,83	—	6,86	7,72	I	85,83	—	1,14	1,28	—	—	—	—	—	—	—	—	—	—	—	—	—	—	—
	II	16,75	—	1,34	1,50	II	16,75	—	—	—	—	—	—	—	—	—	—	—	—	—	—	—	—	—	—
	III	—				III	—																			
	V	267,83	—	21,42	24,10	IV	85,83	—	3,70	4,16	—	1,14	1,28	—	—	—	—	—	—	—	—	—	—	—	—
	VI	304,08	—	24,32	27,36																				
1 658,99	I,IV	86,50	—	6,92	7,78	I	86,50	—	1,17	1,31	—	—	—	—	—	—	—	—	—	—	—	—	—	—	—
	II	17,25	—	1,38	1,55	II	17,25	—	—	—	—	—	—	—	—	—	—	—	—	—	—	—	—	—	—
	III	—				III	—																			
	V	269,—	—	21,52	24,21	IV	86,50	—	3,75	4,22	—	1,17	1,31	—	—	—	—	—	—	—	—	—	—	—	—
	VI	305,25	—	24,42	27,47																				
1 661,99	I,IV	87,16	—	6,97	7,84	I	87,16	—	1,20	1,35	—	—	—	—	—	—	—	—	—	—	—	—	—	—	—
	II	17,66	—	1,41	1,58	II	17,66	—	—	—	—	—	—	—	—	—	—	—	—	—	—	—	—	—	—
	III	—				III	—																			
	V	270,16	—	21,61	24,31	IV	87,16	—	3,80	4,27	—	1,20	1,35	—	—	—	—	—	—	—	—	—	—	—	—
	VI	306,41	—	24,51	27,57																				
1 664,99	I,IV	87,83	—	7,02	7,90	I	87,83	—	1,24	1,40	—	—	—	—	—	—	—	—	—	—	—	—	—	—	—
	II	18,16	—	1,45	1,63	II	18,16	—	—	—	—	—	—	—	—	—	—	—	—	—	—	—	—	—	—
	III	—				III	—																			
	V	271,33	—	21,70	24,41	IV	87,83	—	3,84	4,32	—	1,24	1,40	—	—	—	—	—	—	—	—	—	—	—	—
	VI	307,58	—	24,60	27,68																				
1 667,99	I,IV	88,41	—	7,07	7,95	I	88,41	—	1,28	1,44	—	—	—	—	—	—	—	—	—	—	—	—	—	—	—
	II	18,58	—	1,48	1,67	II	18,58	—	—	—	—	—	—	—	—	—	—	—	—	—	—	—	—	—	—
	III	—				III	—																			
	V	272,50	—	21,80	24,52	IV	88,41	—	3,89	4,37	—	1,28	1,44	—	—	—	—	—	—	—	—	—	—	—	—
	VI	308,75	—	24,70	27,78																				
1 670,99	I,IV	89,08	—	7,12	8,01	I	89,08	—	1,32	1,48	—	—	—	—	—	—	—	—	—	—	—	—	—	—	—
	II	19,08	—	1,52	1,71	II	19,08	—	—	—	—	—	—	—	—	—	—	—	—	—	—	—	—	—	—
	III	—				III	—																			
	V	273,66	—	21,89	24,62	IV	89,08	—	3,93	4,42	—	1,32	1,48	—	—	—	—	—	—	—	—	—	—	—	—
	VI	309,91	—	24,79	27,89																				
1 673,99	I,IV	89,83	—	7,18	8,08	I	89,83	—	1,35	1,52	—	—	—	—	—	—	—	—	—	—	—	—	—	—	—
	II	19,58	—	1,56	1,76	II	19,58	—	—	—	—	—	—	—	—	—	—	—	—	—	—	—	—	—	—
	III	—				III	—																			
	V	274,83	—	21,98	24,73	IV	89,83	—	3,98	4,48	—	1,35	1,52	—	—	—	—	—	—	—	—	—	—	—	—
	VI	311,08	—	24,88	27,99																				
1 676,99	I,IV	90,50	—	7,24	8,14	I	90,50	—	1,39	1,56	—	—	—	—	—	—	—	—	—	—	—	—	—	—	—
	II	20,—	—	1,60	1,80	II	20,—	—	—	—	—	—	—	—	—	—	—	—	—	—	—	—	—	—	—
	III	—				III	—																			
	V	276,—	—	22,08	24,84	IV	90,50	—	4,02	4,52	—	1,39	1,56	—	—	—	—	—	—	—	—	—	—	—	—
	VI	312,25	—	24,98	28,10																				
1 679,99	I,IV	91,16	—	7,29	8,20	I	91,16	—	1,42	1,60	—	—	—	—	—	—	—	—	—	—	—	—	—	—	—
	II	20,50	—	1,64	1,84	II	20,50	—	—	—	—	—	—	—	—	—	—	—	—	—	—	—	—	—	—
	III	—				III	—																			
	V	277,16	—	22,17	24,94	IV	91,16	—	4,07	4,58	—	1,42	1,60	—	—	—	—	—	—	—	—	—	—	—	—
	VI	313,41	—	25,07	28,20																				
1 682,99	I,IV	91,83	—	7,34	8,26	I	91,83	—	1,46	1,64	—	—	—	—	—	—	—	—	—	—	—	—	—	—	—
	II	21,—	—	1,68	1,89	II	21,—	—	—	—	—	—	—	—	—	—	—	—	—	—	—	—	—	—	—
	III	—				III	—																			
	V	278,25	—	22,26	25,04	IV	91,83	—	4,12	4,63	—	1,46	1,64	—	—	—	—	—	—	—	—	—	—	—	—
	VI	314,58	—	25,16	28,31																				

T 20

* Die ausgewiesenen Tabellenwerte sind amtlich. Siehe Erläuterungen auf der Umschlaginnenseite (U2).

1 733,99* — MONAT

Abzüge an Lohnsteuer, Solidaritätszuschlag (SolZ) und Kirchensteuer (8%, 9%) in den Steuerklassen

Steuerklassen I–VI: **ohne** Kinderfreibeträge — Steuerklassen I, II, III, IV: **mit** Zahl der Kinderfreibeträge …

Lohn/Gehalt bis €*	Kl.	LSt	SolZ	8%	9%	Kl.	LSt	0,5 SolZ	0,5 8%	0,5 9%	1 SolZ	1 8%	1 9%	1,5 SolZ	1,5 8%	1,5 9%	2 SolZ	2 8%	2 9%	2,5 SolZ	2,5 8%	2,5 9%	3 SolZ	3 8%	3 9%
1 685,99	I,IV	92,50	—	7,40	8,32	I	92,50	—	1,50	1,69	—	—	—	—	—	—	—	—	—	—	—	—	—	—	—
	II	21,41	—	1,71	1,92	II	21,41	—	—	—	—	—	—	—	—	—	—	—	—	—	—	—	—	—	—
	III	—	—	—	—	III	—	—	—	—	—	—	—	—	—	—	—	—	—	—	—	—	—	—	—
	V	279,41	—	22,35	25,14	IV	92,50	—	4,16	4,68	—	1,50	1,69	—	—	—	—	—	—	—	—	—	—	—	—
	VI	315,66	—	25,25	28,40																				
1 688,99	I,IV	93,16	—	7,45	8,38	I	93,16	—	1,54	1,73	—	—	—	—	—	—	—	—	—	—	—	—	—	—	—
	II	21,91	—	1,75	1,97	II	21,91	—	—	—	—	—	—	—	—	—	—	—	—	—	—	—	—	—	—
	III	—	—	—	—	III	—	—	—	—	—	—	—	—	—	—	—	—	—	—	—	—	—	—	—
	V	280,58	—	22,44	25,25	IV	93,16	—	4,21	4,73	—	1,54	1,73	—	—	—	—	—	—	—	—	—	—	—	—
	VI	316,83	—	25,34	28,51																				
1 691,99	I,IV	93,83	—	7,50	8,44	I	93,83	—	1,58	1,77	—	—	—	—	—	—	—	—	—	—	—	—	—	—	—
	II	22,41	—	1,79	2,01	II	22,41	—	—	—	—	—	—	—	—	—	—	—	—	—	—	—	—	—	—
	III	—	—	—	—	III	—	—	—	—	—	—	—	—	—	—	—	—	—	—	—	—	—	—	—
	V	281,75	—	22,54	25,35	IV	93,83	—	4,26	4,79	—	1,58	1,77	—	—	—	—	—	—	—	—	—	—	—	—
	VI	318,—	—	25,44	28,62																				
1 694,99	I,IV	94,50	—	7,56	8,50	I	94,50	—	1,61	1,81	—	—	—	—	—	—	—	—	—	—	—	—	—	—	—
	II	22,91	—	1,83	2,06	II	22,91	—	—	—	—	—	—	—	—	—	—	—	—	—	—	—	—	—	—
	III	—	—	—	—	III	—	—	—	—	—	—	—	—	—	—	—	—	—	—	—	—	—	—	—
	V	282,91	—	22,63	25,46	IV	94,50	—	4,30	4,84	—	1,61	1,81	—	—	—	—	—	—	—	—	—	—	—	—
	VI	319,16	—	25,53	28,72																				
1 697,99	I,IV	95,16	—	7,61	8,56	I	95,16	—	1,65	1,85	—	—	—	—	—	—	—	—	—	—	—	—	—	—	—
	II	23,33	—	1,86	2,09	II	23,33	—	—	—	—	—	—	—	—	—	—	—	—	—	—	—	—	—	—
	III	—	—	—	—	III	—	—	—	—	—	—	—	—	—	—	—	—	—	—	—	—	—	—	—
	V	284,08	—	22,72	25,56	IV	95,16	—	4,35	4,89	—	1,65	1,85	—	—	—	—	—	—	—	—	—	—	—	—
	VI	320,33	—	25,62	28,82																				
1 700,99	I,IV	95,83	—	7,66	8,62	I	95,83	—	1,69	1,90	—	—	—	—	—	—	—	—	—	—	—	—	—	—	—
	II	23,83	—	1,90	2,14	II	23,83	—	—	—	—	—	—	—	—	—	—	—	—	—	—	—	—	—	—
	III	—	—	—	—	III	—	—	—	—	—	—	—	—	—	—	—	—	—	—	—	—	—	—	—
	V	285,25	—	22,82	25,67	IV	95,83	—	4,40	4,95	—	1,69	1,90	—	—	—	—	—	—	—	—	—	—	—	—
	VI	321,50	—	25,72	28,93																				
1 703,99	I,IV	96,50	—	7,72	8,68	I	96,50	—	1,73	1,94	—	—	—	—	—	—	—	—	—	—	—	—	—	—	—
	II	24,33	—	1,94	2,18	II	24,33	—	—	—	—	—	—	—	—	—	—	—	—	—	—	—	—	—	—
	III	—	—	—	—	III	—	—	—	—	—	—	—	—	—	—	—	—	—	—	—	—	—	—	—
	V	286,33	—	22,90	25,76	IV	96,50	—	4,45	5,—	—	1,73	1,94	—	—	—	—	—	—	—	—	—	—	—	—
	VI	322,66	—	25,81	29,03																				
1 706,99	I,IV	97,16	—	7,77	8,74	I	97,16	—	1,76	1,98	—	—	—	—	—	—	—	—	—	—	—	—	—	—	—
	II	24,83	—	1,98	2,23	II	24,83	—	—	—	—	—	—	—	—	—	—	—	—	—	—	—	—	—	—
	III	—	—	—	—	III	—	—	—	—	—	—	—	—	—	—	—	—	—	—	—	—	—	—	—
	V	287,50	—	23,—	25,87	IV	97,16	—	4,50	5,06	—	1,76	1,98	—	—	—	—	—	—	—	—	—	—	—	—
	VI	323,75	—	25,90	29,13																				
1 709,99	I,IV	97,83	—	7,82	8,80	I	97,83	—	1,80	2,03	—	—	—	—	—	—	—	—	—	—	—	—	—	—	—
	II	25,33	—	2,02	2,27	II	25,33	—	—	—	—	—	—	—	—	—	—	—	—	—	—	—	—	—	—
	III	—	—	—	—	III	—	—	—	—	—	—	—	—	—	—	—	—	—	—	—	—	—	—	—
	V	288,66	—	23,09	25,97	IV	97,83	—	4,54	5,11	—	1,80	2,03	—	—	—	—	—	—	—	—	—	—	—	—
	VI	324,91	—	25,99	29,24																				
1 712,99	I,IV	98,50	—	7,88	8,86	I	98,50	—	1,84	2,07	—	—	—	—	—	—	—	—	—	—	—	—	—	—	—
	II	25,83	—	2,06	2,32	II	25,83	—	—	—	—	—	—	—	—	—	—	—	—	—	—	—	—	—	—
	III	—	—	—	—	III	—	—	—	—	—	—	—	—	—	—	—	—	—	—	—	—	—	—	—
	V	289,83	—	23,18	26,08	IV	98,50	—	4,59	5,16	—	1,84	2,07	—	—	—	—	—	—	—	—	—	—	—	—
	VI	326,08	—	26,08	29,34																				
1 715,99	I,IV	99,16	—	7,93	8,92	I	99,16	—	1,88	2,12	—	—	—	—	—	—	—	—	—	—	—	—	—	—	—
	II	26,33	—	2,10	2,36	II	26,33	—	—	—	—	—	—	—	—	—	—	—	—	—	—	—	—	—	—
	III	—	—	—	—	III	—	—	—	—	—	—	—	—	—	—	—	—	—	—	—	—	—	—	—
	V	291,—	—	23,28	26,19	IV	99,16	—	4,64	5,22	—	1,88	2,12	—	—	—	—	—	—	—	—	—	—	—	—
	VI	327,25	—	26,18	29,45																				
1 718,99	I,IV	99,83	—	7,98	8,98	I	99,83	—	1,92	2,16	—	—	—	—	—	—	—	—	—	—	—	—	—	—	—
	II	26,83	—	2,14	2,41	II	26,83	—	—	—	—	—	—	—	—	—	—	—	—	—	—	—	—	—	—
	III	—	—	—	—	III	—	—	—	—	—	—	—	—	—	—	—	—	—	—	—	—	—	—	—
	V	292,16	—	23,37	26,29	IV	99,83	—	4,69	5,27	—	1,92	2,16	—	—	—	—	—	—	—	—	—	—	—	—
	VI	328,41	—	26,27	29,55																				
1 721,99	I,IV	100,50	—	8,04	9,04	I	100,50	—	1,96	2,20	—	—	—	—	—	—	—	—	—	—	—	—	—	—	—
	II	27,33	—	2,18	2,45	II	27,33	—	—	—	—	—	—	—	—	—	—	—	—	—	—	—	—	—	—
	III	—	—	—	—	III	—	—	—	—	—	—	—	—	—	—	—	—	—	—	—	—	—	—	—
	V	293,33	—	23,46	26,39	IV	100,50	—	4,74	5,33	—	1,96	2,20	—	—	—	—	—	—	—	—	—	—	—	—
	VI	329,58	—	26,36	29,66																				
1 724,99	I,IV	101,16	—	8,09	9,10	I	101,16	—	2,—	2,25	—	—	—	—	—	—	—	—	—	—	—	—	—	—	—
	II	27,83	—	2,22	2,50	II	27,83	—	—	—	—	—	—	—	—	—	—	—	—	—	—	—	—	—	—
	III	—	—	—	—	III	—	—	—	—	—	—	—	—	—	—	—	—	—	—	—	—	—	—	—
	V	294,41	—	23,55	26,49	IV	101,16	—	4,78	5,38	—	2,—	2,25	—	—	—	—	—	—	—	—	—	—	—	—
	VI	330,75	—	26,46	29,76																				
1 727,99	I,IV	101,83	—	8,14	9,16	I	101,83	—	2,04	2,29	—	—	—	—	—	—	—	—	—	—	—	—	—	—	—
	II	28,25	—	2,26	2,54	II	28,25	—	—	—	—	—	—	—	—	—	—	—	—	—	—	—	—	—	—
	III	—	—	—	—	III	—	—	—	—	—	—	—	—	—	—	—	—	—	—	—	—	—	—	—
	V	295,50	—	23,64	26,59	IV	101,83	—	4,83	5,43	—	2,04	2,29	—	—	—	—	—	—	—	—	—	—	—	—
	VI	331,83	—	26,54	29,86																				
1 730,99	I,IV	102,41	—	8,19	9,21	I	102,41	—	2,07	2,33	—	—	—	—	—	—	—	—	—	—	—	—	—	—	—
	II	28,75	—	2,30	2,58	II	28,75	—	—	—	—	—	—	—	—	—	—	—	—	—	—	—	—	—	—
	III	—	—	—	—	III	—	—	—	—	—	—	—	—	—	—	—	—	—	—	—	—	—	—	—
	V	296,58	—	23,72	26,69	IV	102,41	—	4,88	5,49	—	2,07	2,33	—	—	—	—	—	—	—	—	—	—	—	—
	VI	332,83	—	26,62	29,95																				
1 733,99	I,IV	103,—	—	8,24	9,27	I	103,—	—	2,10	2,36	—	—	—	—	—	—	—	—	—	—	—	—	—	—	—
	II	29,16	—	2,33	2,62	II	29,16	—	—	—	—	—	—	—	—	—	—	—	—	—	—	—	—	—	—
	III	—	—	—	—	III	—	—	—	—	—	—	—	—	—	—	—	—	—	—	—	—	—	—	—
	V	297,58	—	23,80	26,78	IV	103,—	—	4,92	5,53	—	2,10	2,36	—	—	—	—	—	—	—	—	—	—	—	—
	VI	333,83	—	26,70	30,04																				

* Die ausgewiesenen Tabellenwerte sind amtlich. Siehe Erläuterungen auf der Umschlaginnenseite (U2).

T 21

MONAT 1 734,–*

Abzüge an Lohnsteuer, Solidaritätszuschlag (SolZ) und Kirchensteuer (8%, 9%) in den Steuerklassen

I – VI (ohne Kinderfreibeträge) — I, II, III, IV (mit Zahl der Kinderfreibeträge . . .)

Lohn/Gehalt bis €*	Kl	LSt	SolZ	8%	9%	Kl	LSt	0,5 SolZ	0,5 8%	0,5 9%	1 SolZ	1 8%	1 9%	1,5 SolZ	1,5 8%	1,5 9%	2 SolZ	2 8%	2 9%	2,5 SolZ	2,5 8%	2,5 9%	3 SolZ	3 8%	3 9%
1 736,99	I,IV	103,66	—	8,29	9,32	I	103,66	—	2,14	2,41	—	—	—	—	—	—	—	—	—	—	—	—	—	—	—
	II	29,66	—	2,37	2,66	II	29,66	—	—	—	—	—	—	—	—	—	—	—	—	—	—	—	—	—	—
	III	—	—	—	—	III	—	—	—	—	—	—	—	—	—	—	—	—	—	—	—	—	—	—	—
	V	298,66	—	23,89	26,87	IV	103,66	—	4,96	5,58	—	2,14	2,41	—	—	—	—	—	—	—	—	—	—	—	—
	VI	334,91	—	26,79	30,14																				
1 739,99	I,IV	104,25	—	8,34	9,38	I	104,25	—	2,18	2,45	—	—	—	—	—	—	—	—	—	—	—	—	—	—	—
	II	30,08	—	2,40	2,70	II	30,08	—	—	—	—	—	—	—	—	—	—	—	—	—	—	—	—	—	—
	III	—	—	—	—	III	—	—	—	—	—	—	—	—	—	—	—	—	—	—	—	—	—	—	—
	V	299,66	—	23,97	26,96	IV	104,25	—	5,—	5,63	—	2,18	2,45	—	—	—	—	—	—	—	—	—	—	—	—
	VI	336,—	—	26,88	30,24																				
1 742,99	I,IV	104,83	—	8,38	9,43	I	104,83	—	2,22	2,49	—	—	—	—	—	—	—	—	—	—	—	—	—	—	—
	II	30,58	—	2,44	2,75	II	30,58	—	—	—	—	—	—	—	—	—	—	—	—	—	—	—	—	—	—
	III	—	—	—	—	III	—	—	—	—	—	—	—	—	—	—	—	—	—	—	—	—	—	—	—
	V	300,75	—	24,06	27,06	IV	104,83	—	5,05	5,68	—	2,22	2,49	—	—	—	—	—	—	—	—	—	—	—	—
	VI	337,—	—	26,96	30,33																				
1 745,99	I,IV	105,41	—	8,43	9,48	I	105,41	—	2,25	2,53	—	—	—	—	—	—	—	—	—	—	—	—	—	—	—
	II	31,—	—	2,48	2,79	II	31,—	—	—	—	—	—	—	—	—	—	—	—	—	—	—	—	—	—	—
	III	—	—	—	—	III	—	—	—	—	—	—	—	—	—	—	—	—	—	—	—	—	—	—	—
	V	301,75	—	24,14	27,15	IV	105,41	—	5,10	5,73	—	2,25	2,53	—	—	—	—	—	—	—	—	—	—	—	—
	VI	338,—	—	27,04	30,42																				
1 748,99	I,IV	106,08	—	8,48	9,54	I	106,08	—	2,28	2,57	—	—	—	—	—	—	—	—	—	—	—	—	—	—	—
	II	31,50	—	2,52	2,83	II	31,50	—	—	—	—	—	—	—	—	—	—	—	—	—	—	—	—	—	—
	III	—	—	—	—	III	—	—	—	—	—	—	—	—	—	—	—	—	—	—	—	—	—	—	—
	V	302,83	—	24,22	27,25	IV	106,08	—	5,14	5,78	—	2,28	2,57	—	0,02	0,02	—	—	—	—	—	—	—	—	—
	VI	339,08	—	27,12	30,51																				
1 751,99	I,IV	106,66	—	8,53	9,59	I	106,66	—	2,32	2,61	—	—	—	—	—	—	—	—	—	—	—	—	—	—	—
	II	31,91	—	2,55	2,87	II	31,91	—	—	—	—	—	—	—	—	—	—	—	—	—	—	—	—	—	—
	III	—	—	—	—	III	—	—	—	—	—	—	—	—	—	—	—	—	—	—	—	—	—	—	—
	V	303,83	—	24,30	27,34	IV	106,66	—	5,18	5,83	—	2,32	2,61	—	0,05	0,05	—	—	—	—	—	—	—	—	—
	VI	340,16	—	27,21	30,61																				
1 754,99	I,IV	107,25	—	8,58	9,65	I	107,25	—	2,36	2,65	—	—	—	—	—	—	—	—	—	—	—	—	—	—	—
	II	32,41	—	2,59	2,91	II	32,41	—	—	—	—	—	—	—	—	—	—	—	—	—	—	—	—	—	—
	III	—	—	—	—	III	—	—	—	—	—	—	—	—	—	—	—	—	—	—	—	—	—	—	—
	V	304,91	—	24,39	27,44	IV	107,25	—	5,23	5,88	—	2,36	2,65	—	0,08	0,09	—	—	—	—	—	—	—	—	—
	VI	341,16	—	27,29	30,70																				
1 757,99	I,IV	107,91	—	8,63	9,71	I	107,91	—	2,40	2,70	—	—	—	—	—	—	—	—	—	—	—	—	—	—	—
	II	32,83	—	2,62	2,95	II	32,83	—	—	—	—	—	—	—	—	—	—	—	—	—	—	—	—	—	—
	III	—	—	—	—	III	—	—	—	—	—	—	—	—	—	—	—	—	—	—	—	—	—	—	—
	V	305,91	—	24,47	27,53	IV	107,91	—	5,27	5,93	—	2,40	2,70	—	0,11	0,12	—	—	—	—	—	—	—	—	—
	VI	342,16	—	27,37	30,79																				
1 760,99	I,IV	108,50	—	8,68	9,76	I	108,50	—	2,43	2,73	—	—	—	—	—	—	—	—	—	—	—	—	—	—	—
	II	33,33	—	2,66	2,99	II	33,33	—	—	—	—	—	—	—	—	—	—	—	—	—	—	—	—	—	—
	III	—	—	—	—	III	—	—	—	—	—	—	—	—	—	—	—	—	—	—	—	—	—	—	—
	V	307,—	—	24,56	27,63	IV	108,50	—	5,32	5,98	—	2,43	2,73	—	0,14	0,15	—	—	—	—	—	—	—	—	—
	VI	343,25	—	27,46	30,89																				
1 763,99	I,IV	109,08	—	8,72	9,81	I	109,08	—	2,47	2,78	—	—	—	—	—	—	—	—	—	—	—	—	—	—	—
	II	33,83	—	2,70	3,04	II	33,83	—	—	—	—	—	—	—	—	—	—	—	—	—	—	—	—	—	—
	III	—	—	—	—	III	—	—	—	—	—	—	—	—	—	—	—	—	—	—	—	—	—	—	—
	V	308,—	—	24,64	27,72	IV	109,08	—	5,36	6,03	—	2,47	2,78	—	0,16	0,18	—	—	—	—	—	—	—	—	—
	VI	344,33	—	27,54	30,98																				
1 766,99	I,IV	109,75	—	8,78	9,87	I	109,75	—	2,50	2,81	—	—	—	—	—	—	—	—	—	—	—	—	—	—	—
	II	34,25	—	2,74	3,08	II	34,25	—	—	—	—	—	—	—	—	—	—	—	—	—	—	—	—	—	—
	III	—	—	—	—	III	—	—	—	—	—	—	—	—	—	—	—	—	—	—	—	—	—	—	—
	V	309,08	—	24,72	27,81	IV	109,75	—	5,41	6,08	—	2,50	2,81	—	0,19	0,21	—	—	—	—	—	—	—	—	—
	VI	345,33	—	27,62	31,07																				
1 769,99	I,IV	110,33	—	8,82	9,92	I	110,33	—	2,54	2,86	—	—	—	—	—	—	—	—	—	—	—	—	—	—	—
	II	34,75	—	2,78	3,12	II	34,75	—	—	—	—	—	—	—	—	—	—	—	—	—	—	—	—	—	—
	III	—	—	—	—	III	—	—	—	—	—	—	—	—	—	—	—	—	—	—	—	—	—	—	—
	V	310,08	—	24,80	27,90	IV	110,33	—	5,46	6,14	—	2,54	2,86	—	0,22	0,25	—	—	—	—	—	—	—	—	—
	VI	346,33	—	27,70	31,16																				
1 772,99	I,IV	110,91	—	8,87	9,98	I	110,91	—	2,58	2,90	—	—	—	—	—	—	—	—	—	—	—	—	—	—	—
	II	35,25	—	2,82	3,17	II	35,25	—	—	—	—	—	—	—	—	—	—	—	—	—	—	—	—	—	—
	III	—	—	—	—	III	—	—	—	—	—	—	—	—	—	—	—	—	—	—	—	—	—	—	—
	V	311,16	—	24,89	28,—	IV	110,91	—	5,50	6,18	—	2,58	2,90	—	0,25	0,28	—	—	—	—	—	—	—	—	—
	VI	347,41	—	27,79	31,26																				
1 775,99	I,IV	111,58	—	8,92	10,04	I	111,58	—	2,62	2,94	—	—	—	—	—	—	—	—	—	—	—	—	—	—	—
	II	35,66	—	2,85	3,20	II	35,66	—	—	—	—	—	—	—	—	—	—	—	—	—	—	—	—	—	—
	III	—	—	—	—	III	—	—	—	—	—	—	—	—	—	—	—	—	—	—	—	—	—	—	—
	V	312,16	—	24,97	28,09	IV	111,58	—	5,54	6,23	—	2,62	2,94	—	0,28	0,31	—	—	—	—	—	—	—	—	—
	VI	348,50	—	27,88	31,36																				
1 778,99	I,IV	112,16	—	8,97	10,09	I	112,16	—	2,66	2,99	—	—	—	—	—	—	—	—	—	—	—	—	—	—	—
	II	36,16	—	2,89	3,25	II	36,16	—	—	—	—	—	—	—	—	—	—	—	—	—	—	—	—	—	—
	III	—	—	—	—	III	—	—	—	—	—	—	—	—	—	—	—	—	—	—	—	—	—	—	—
	V	313,25	—	25,06	28,19	IV	112,16	—	5,59	6,29	—	2,66	2,99	—	0,31	0,35	—	—	—	—	—	—	—	—	—
	VI	349,50	—	27,96	31,45																				
1 781,99	I,IV	112,75	—	9,02	10,14	I	112,75	—	2,69	3,02	—	—	—	—	—	—	—	—	—	—	—	—	—	—	—
	II	36,66	—	2,93	3,29	II	36,66	—	—	—	—	—	—	—	—	—	—	—	—	—	—	—	—	—	—
	III	—	—	—	—	III	—	—	—	—	—	—	—	—	—	—	—	—	—	—	—	—	—	—	—
	V	314,25	—	25,14	28,28	IV	112,75	—	5,64	6,34	—	2,69	3,02	—	0,34	0,38	—	—	—	—	—	—	—	—	—
	VI	350,50	—	28,04	31,54																				
1 784,99	I,IV	113,41	—	9,07	10,20	I	113,41	—	2,73	3,07	—	—	—	—	—	—	—	—	—	—	—	—	—	—	—
	II	37,16	—	2,97	3,34	II	37,16	—	—	—	—	—	—	—	—	—	—	—	—	—	—	—	—	—	—
	III	—	—	—	—	III	—	—	—	—	—	—	—	—	—	—	—	—	—	—	—	—	—	—	—
	V	315,33	—	25,22	28,37	IV	113,41	—	5,68	6,39	—	2,73	3,07	—	0,36	0,41	—	—	—	—	—	—	—	—	—
	VI	351,58	—	28,12	31,64																				

* Die ausgewiesenen Tabellenwerte sind amtlich. Siehe Erläuterungen auf der Umschlaginnenseite (U2).

1 835,99* — MONAT

Abzüge an Lohnsteuer, Solidaritätszuschlag (SolZ) und Kirchensteuer (8%, 9%) in den Steuerklassen

Linker Block: **I – VI** — ohne Kinderfreibeträge
Rechter Block: **I, II, III, IV** — mit Zahl der Kinderfreibeträge ...

Lohn/Gehalt bis €*	Kl	LSt	SolZ	8%	9%	Kl	LSt	0,5 SolZ	0,5 8%	0,5 9%	1 SolZ	1 8%	1 9%	1,5 SolZ	1,5 8%	1,5 9%	2 SolZ	2 8%	2 9%	2,5 SolZ	2,5 8%	2,5 9%	3 SolZ	3 8%	3 9%
1 787,99	I,IV	114,—	—	9,12	10,26	I	114,—	—	2,77	3,11	—	—	—	—	—	—	—	—	—	—	—	—	—	—	—
	II	37,58	—	3,—	3,38	II	37,58	—	—	—	—	—	—	—	—	—	—	—	—	—	—	—	—	—	—
	III	—	—	—	—	III	—																		
	V	316,33	—	25,30	28,46	IV	114,—	—	5,73	6,44	—	2,77	3,11	—	0,40	0,45	—	—	—	—	—	—	—	—	—
	VI	352,66	—	28,21	31,73																				
1 790,99	I,IV	114,58	—	9,16	10,31	I	114,58	—	2,80	3,15	—	—	—	—	—	—	—	—	—	—	—	—	—	—	—
	II	38,08	—	3,04	3,42	II	38,08	—	—	—	—	—	—	—	—	—	—	—	—	—	—	—	—	—	—
	III	—	—	—	—	III	—																		
	V	317,41	—	25,39	28,56	IV	114,58	—	5,78	6,50	—	2,80	3,15	—	0,42	0,47	—	—	—	—	—	—	—	—	—
	VI	353,66	—	28,29	31,82																				
1 793,99	I,IV	115,25	—	9,22	10,37	I	115,25	—	2,84	3,20	—	—	—	—	—	—	—	—	—	—	—	—	—	—	—
	II	38,58	—	3,08	3,47	II	38,58	—	—	—	—	—	—	—	—	—	—	—	—	—	—	—	—	—	—
	III	—	—	—	—	III	—																		
	V	318,41	—	25,47	28,65	IV	115,25	—	5,82	6,55	—	2,84	3,20	—	0,46	0,51	—	—	—	—	—	—	—	—	—
	VI	354,66	—	28,37	31,91																				
1 796,99	I,IV	115,83	—	9,26	10,42	I	115,83	—	2,88	3,24	—	—	—	—	—	—	—	—	—	—	—	—	—	—	—
	II	39,08	—	3,12	3,51	II	39,08	—	—	—	—	—	—	—	—	—	—	—	—	—	—	—	—	—	—
	III	—	—	—	—	III	—																		
	V	319,50	—	25,56	28,75	IV	115,83	—	5,87	6,60	—	2,88	3,24	—	0,48	0,54	—	—	—	—	—	—	—	—	—
	VI	355,75	—	28,46	32,01																				
1 799,99	I,IV	116,41	—	9,31	10,47	I	116,41	—	2,92	3,28	—	—	—	—	—	—	—	—	—	—	—	—	—	—	—
	II	39,58	—	3,16	3,56	II	39,58	—	—	—	—	—	—	—	—	—	—	—	—	—	—	—	—	—	—
	III	—	—	—	—	III	—																		
	V	320,50	—	25,64	28,84	IV	116,41	—	5,92	6,66	—	2,92	3,28	—	0,52	0,58	—	—	—	—	—	—	—	—	—
	VI	356,75	—	28,54	32,10																				
1 802,99	I,IV	117,08	—	9,36	10,53	I	117,08	—	2,96	3,33	—	—	—	—	—	—	—	—	—	—	—	—	—	—	—
	II	40,08	—	3,20	3,60	II	40,08	—	—	—	—	—	—	—	—	—	—	—	—	—	—	—	—	—	—
	III	—	—	—	—	III	—																		
	V	321,58	—	25,72	28,94	IV	117,08	—	5,96	6,71	—	2,96	3,33	—	0,54	0,61	—	—	—	—	—	—	—	—	—
	VI	357,83	—	28,62	32,20																				
1 805,99	I,IV	117,66	—	9,41	10,58	I	117,66	—	3,—	3,37	—	—	—	—	—	—	—	—	—	—	—	—	—	—	—
	II	40,50	—	3,24	3,64	II	40,50	—	—	—	—	—	—	—	—	—	—	—	—	—	—	—	—	—	—
	III	—	—	—	—	III	—																		
	V	322,58	—	25,80	29,03	IV	117,66	—	6,01	6,76	—	3,—	3,37	—	0,58	0,65	—	—	—	—	—	—	—	—	—
	VI	358,83	—	28,70	32,29																				
1 808,99	I,IV	118,25	—	9,46	10,64	I	118,25	—	3,04	3,42	—	—	—	—	—	—	—	—	—	—	—	—	—	—	—
	II	41,—	—	3,28	3,69	II	41,—	—	—	—	—	—	—	—	—	—	—	—	—	—	—	—	—	—	—
	III	—	—	—	—	III	—																		
	V	323,66	—	25,89	29,12	IV	118,25	—	6,06	6,81	—	3,04	3,42	—	0,60	0,68	—	—	—	—	—	—	—	—	—
	VI	359,91	—	28,79	32,39																				
1 811,99	I,IV	118,91	—	9,51	10,70	I	118,91	—	3,08	3,46	—	—	—	—	—	—	—	—	—	—	—	—	—	—	—
	II	41,50	—	3,32	3,73	II	41,50	—	—	—	—	—	—	—	—	—	—	—	—	—	—	—	—	—	—
	III	—	—	—	—	III	—																		
	V	324,66	—	25,97	29,21	IV	118,91	—	6,10	6,86	—	3,08	3,46	—	0,64	0,72	—	—	—	—	—	—	—	—	—
	VI	360,91	—	28,87	32,48																				
1 814,99	I,IV	119,50	—	9,56	10,75	I	119,50	—	3,11	3,50	—	—	—	—	—	—	—	—	—	—	—	—	—	—	—
	II	42,—	—	3,36	3,78	II	42,—	—	—	—	—	—	—	—	—	—	—	—	—	—	—	—	—	—	—
	III	—	—	—	—	III	—																		
	V	325,75	—	26,06	29,31	IV	119,50	—	6,15	6,92	—	3,11	3,50	—	0,66	0,74	—	—	—	—	—	—	—	—	—
	VI	362,—	—	28,96	32,58																				
1 817,99	I,IV	120,16	—	9,61	10,81	I	120,16	—	3,15	3,54	—	—	—	—	—	—	—	—	—	—	—	—	—	—	—
	II	42,50	—	3,40	3,82	II	42,50	—	—	—	—	—	—	—	—	—	—	—	—	—	—	—	—	—	—
	III	—	—	—	—	III	—																		
	V	326,75	—	26,14	29,40	IV	120,16	—	6,20	6,97	—	3,15	3,54	—	0,70	0,78	—	—	—	—	—	—	—	—	—
	VI	363,—	—	29,04	32,67																				
1 820,99	I,IV	120,75	—	9,66	10,86	I	120,75	—	3,19	3,59	—	—	—	—	—	—	—	—	—	—	—	—	—	—	—
	II	43,—	—	3,44	3,87	II	43,—	—	—	—	—	—	—	—	—	—	—	—	—	—	—	—	—	—	—
	III	—	—	—	—	III	—																		
	V	327,83	—	26,22	29,50	IV	120,75	—	6,24	7,02	—	3,19	3,59	—	0,73	0,82	—	—	—	—	—	—	—	—	—
	VI	364,08	—	29,12	32,76																				
1 823,99	I,IV	121,33	—	9,70	10,91	I	121,33	—	3,23	3,63	—	—	—	—	—	—	—	—	—	—	—	—	—	—	—
	II	43,50	—	3,48	3,91	II	43,50	—	—	—	—	—	—	—	—	—	—	—	—	—	—	—	—	—	—
	III	—	—	—	—	III	—																		
	V	328,83	—	26,30	29,59	IV	121,33	—	6,29	7,07	—	3,23	3,63	—	0,76	0,85	—	—	—	—	—	—	—	—	—
	VI	365,08	—	29,20	32,85																				
1 826,99	I,IV	122,—	—	9,76	10,98	I	122,—	—	3,27	3,68	—	—	—	—	—	—	—	—	—	—	—	—	—	—	—
	II	44,—	—	3,52	3,96	II	44,—	—	—	—	—	—	—	—	—	—	—	—	—	—	—	—	—	—	—
	III	—	—	—	—	III	—																		
	V	329,91	—	26,39	29,69	IV	122,—	—	6,34	7,13	—	3,27	3,68	—	0,79	0,89	—	—	—	—	—	—	—	—	—
	VI	366,16	—	29,29	32,95																				
1 829,99	I,IV	122,58	—	9,80	11,03	I	122,58	—	3,31	3,72	—	—	—	—	—	—	—	—	—	—	—	—	—	—	—
	II	44,50	—	3,56	4,—	II	44,50	—	—	—	—	—	—	—	—	—	—	—	—	—	—	—	—	—	—
	III	—	—	—	—	III	—																		
	V	330,91	—	26,47	29,78	IV	122,58	—	6,39	7,19	—	3,31	3,72	—	0,82	0,92	—	—	—	—	—	—	—	—	—
	VI	367,16	—	29,37	33,04																				
1 832,99	I,IV	123,25	—	9,86	11,09	I	123,25	—	3,35	3,77	—	—	—	—	—	—	—	—	—	—	—	—	—	—	—
	II	45,—	—	3,60	4,05	II	45,—	—	—	—	—	—	—	—	—	—	—	—	—	—	—	—	—	—	—
	III	—	—	—	—	III	—																		
	V	332,—	—	26,56	29,88	IV	123,25	—	6,44	7,24	—	3,35	3,77	—	0,85	0,95	—	—	—	—	—	—	—	—	—
	VI	368,25	—	29,46	33,14																				
1 835,99	I,IV	123,83	—	9,90	11,14	I	123,83	—	3,39	3,81	—	—	—	—	—	—	—	—	—	—	—	—	—	—	—
	II	45,50	—	3,64	4,09	II	45,50	—	—	—	—	—	—	—	—	—	—	—	—	—	—	—	—	—	—
	III	—	—	—	—	III	—																		
	V	333,—	—	26,64	29,97	IV	123,83	—	6,48	7,29	—	3,39	3,81	—	0,88	0,99	—	—	—	—	—	—	—	—	—
	VI	369,25	—	29,54	33,23																				

* Die ausgewiesenen Tabellenwerte sind amtlich. Siehe Erläuterungen auf der Umschlaginnenseite (U2).

MONAT 1 836,–*

Abzüge an Lohnsteuer, Solidaritätszuschlag (SolZ) und Kirchensteuer (8%, 9%) in den Steuerklassen

Steuerklassen I–VI: **ohne** Kinderfreibeträge · Steuerklassen I, II, III, IV: **mit** Zahl der Kinderfreibeträge . . .

Lohn/Gehalt bis €*	Kl	LSt	SolZ	8%	9%	Kl	LSt	0,5 SolZ	0,5 8%	0,5 9%	1 SolZ	1 8%	1 9%	1,5 SolZ	1,5 8%	1,5 9%	2 SolZ	2 8%	2 9%	2,5 SolZ	2,5 8%	2,5 9%	3 SolZ	3 8%	3 9%
1 838,99	I,IV	124,41	—	9,95	11,19	I	124,41	—	3,43	3,86	—	—	—	—	—	—	—	—	—	—	—	—	—	—	—
	II	46,—	—	3,68	4,14	II	46,—	—	—	—	—	—	—	—	—	—	—	—	—	—	—	—	—	—	—
	III	—	—	—	—	III	—	—	—	—	—	—	—	—	—	—	—	—	—	—	—	—	—	—	—
	V	334,08	—	26,72	30,06	IV	124,41	—	6,53	7,34	—	3,43	3,86	—	0,92	1,03	—	—	—	—	—	—	—	—	—
	VI	370,33	—	29,62	33,32																				
1 841,99	I,IV	125,08	—	10,—	11,25	I	125,08	—	3,47	3,90	—	—	—	—	—	—	—	—	—	—	—	—	—	—	—
	II	46,50	—	3,72	4,18	II	46,50	—	—	—	—	—	—	—	—	—	—	—	—	—	—	—	—	—	—
	III	—	—	—	—	III	—	—	—	—	—	—	—	—	—	—	—	—	—	—	—	—	—	—	—
	V	335,08	—	26,80	30,15	IV	125,08	—	6,58	7,40	—	3,47	3,90	—	0,94	1,06	—	—	—	—	—	—	—	—	—
	VI	371,33	—	29,70	33,41																				
1 844,99	I,IV	125,66	—	10,05	11,30	I	125,66	—	3,51	3,95	—	—	—	—	—	—	—	—	—	—	—	—	—	—	—
	II	47,08	—	3,76	4,23	II	47,08	—	—	—	—	—	—	—	—	—	—	—	—	—	—	—	—	—	—
	III	—	—	—	—	III	—	—	—	—	—	—	—	—	—	—	—	—	—	—	—	—	—	—	—
	V	336,16	—	26,89	30,25	IV	125,66	—	6,62	7,45	—	3,51	3,95	—	0,98	1,10	—	—	—	—	—	—	—	—	—
	VI	372,41	—	29,79	33,51																				
1 847,99	I,IV	126,33	—	10,10	11,36	I	126,33	—	3,55	3,99	—	—	—	—	—	—	—	—	—	—	—	—	—	—	—
	II	47,58	—	3,80	4,28	II	47,58	—	—	—	—	—	—	—	—	—	—	—	—	—	—	—	—	—	—
	III	—	—	—	—	III	—	—	—	—	—	—	—	—	—	—	—	—	—	—	—	—	—	—	—
	V	337,16	—	26,97	30,34	IV	126,33	—	6,68	7,51	—	3,55	3,99	—	1,01	1,13	—	—	—	—	—	—	—	—	—
	VI	373,41	—	29,87	33,60																				
1 850,99	I,IV	126,91	—	10,15	11,42	I	126,91	—	3,59	4,04	—	—	—	—	—	—	—	—	—	—	—	—	—	—	—
	II	48,08	—	3,84	4,32	II	48,08	—	—	—	—	—	—	—	—	—	—	—	—	—	—	—	—	—	—
	III	—	—	—	—	III	—	—	—	—	—	—	—	—	—	—	—	—	—	—	—	—	—	—	—
	V	338,25	—	27,06	30,44	IV	126,91	—	6,72	7,56	—	3,59	4,04	—	1,04	1,17	—	—	—	—	—	—	—	—	—
	VI	374,50	—	29,96	33,70																				
1 853,99	I,IV	127,50	—	10,20	11,47	I	127,50	—	3,63	4,08	—	—	—	—	—	—	—	—	—	—	—	—	—	—	—
	II	48,58	—	3,88	4,37	II	48,58	—	—	—	—	—	—	—	—	—	—	—	—	—	—	—	—	—	—
	III	—	—	—	—	III	—	—	—	—	—	—	—	—	—	—	—	—	—	—	—	—	—	—	—
	V	339,25	—	27,14	30,53	IV	127,50	—	6,77	7,61	—	3,63	4,08	—	1,07	1,20	—	—	—	—	—	—	—	—	—
	VI	375,50	—	30,04	33,79																				
1 856,99	I,IV	128,16	—	10,25	11,53	I	128,16	—	3,67	4,13	—	—	—	—	—	—	—	—	—	—	—	—	—	—	—
	II	49,08	—	3,92	4,41	II	49,08	—	—	—	—	—	—	—	—	—	—	—	—	—	—	—	—	—	—
	III	—	—	—	—	III	—	—	—	—	—	—	—	—	—	—	—	—	—	—	—	—	—	—	—
	V	340,33	—	27,22	30,62	IV	128,16	—	6,82	7,67	—	3,67	4,13	—	1,10	1,24	—	—	—	—	—	—	—	—	—
	VI	376,58	—	30,12	33,89																				
1 859,99	I,IV	128,75	—	10,30	11,58	I	128,75	—	3,71	4,17	—	—	—	—	—	—	—	—	—	—	—	—	—	—	—
	II	49,58	—	3,96	4,46	II	49,58	—	—	—	—	—	—	—	—	—	—	—	—	—	—	—	—	—	—
	III	—	—	—	—	III	—	—	—	—	—	—	—	—	—	—	—	—	—	—	—	—	—	—	—
	V	341,33	—	27,30	30,71	IV	128,75	—	6,86	7,72	—	3,71	4,17	—	1,14	1,28	—	—	—	—	—	—	—	—	—
	VI	377,58	—	30,20	33,98																				
1 862,99	I,IV	129,41	—	10,35	11,64	I	129,41	—	3,75	4,22	—	—	—	—	—	—	—	—	—	—	—	—	—	—	—
	II	50,16	—	4,01	4,51	II	50,16	—	—	—	—	—	—	—	—	—	—	—	—	—	—	—	—	—	—
	III	—	—	—	—	III	—	—	—	—	—	—	—	—	—	—	—	—	—	—	—	—	—	—	—
	V	342,41	—	27,39	30,81	IV	129,41	—	6,92	7,78	—	3,75	4,22	—	1,17	1,31	—	—	—	—	—	—	—	—	—
	VI	378,66	—	30,29	34,07																				
1 865,99	I,IV	130,—	—	10,40	11,70	I	130,—	—	3,79	4,26	—	—	—	—	—	—	—	—	—	—	—	—	—	—	—
	II	50,66	—	4,05	4,55	II	50,66	—	—	—	—	—	—	—	—	—	—	—	—	—	—	—	—	—	—
	III	—	—	—	—	III	—	—	—	—	—	—	—	—	—	—	—	—	—	—	—	—	—	—	—
	V	343,41	—	27,47	30,90	IV	130,—	—	6,96	7,83	—	3,79	4,26	—	1,20	1,35	—	—	—	—	—	—	—	—	—
	VI	379,66	—	30,37	34,16																				
1 868,99	I,IV	130,66	—	10,45	11,75	I	130,66	—	3,83	4,31	—	—	—	—	—	—	—	—	—	—	—	—	—	—	—
	II	51,16	—	4,09	4,60	II	51,16	—	—	—	—	—	—	—	—	—	—	—	—	—	—	—	—	—	—
	III	—	—	—	—	III	—	—	—	—	—	—	—	—	—	—	—	—	—	—	—	—	—	—	—
	V	344,50	—	27,56	31,—	IV	130,66	—	7,01	7,88	—	3,83	4,31	—	1,24	1,39	—	—	—	—	—	—	—	—	—
	VI	380,75	—	30,46	34,26																				
1 871,99	I,IV	131,25	—	10,50	11,81	I	131,25	—	3,87	4,35	—	—	—	—	—	—	—	—	—	—	—	—	—	—	—
	II	51,66	—	4,13	4,64	II	51,66	—	—	—	—	—	—	—	—	—	—	—	—	—	—	—	—	—	—
	III	—	—	—	—	III	—	—	—	—	—	—	—	—	—	—	—	—	—	—	—	—	—	—	—
	V	345,50	—	27,64	31,09	IV	131,25	—	7,06	7,94	—	3,87	4,35	—	1,27	1,43	—	—	—	—	—	—	—	—	—
	VI	381,75	—	30,54	34,35																				
1 874,99	I,IV	131,91	—	10,55	11,87	I	131,91	—	3,92	4,41	—	—	—	—	—	—	—	—	—	—	—	—	—	—	—
	II	52,25	—	4,18	4,70	II	52,25	—	—	—	—	—	—	—	—	—	—	—	—	—	—	—	—	—	—
	III	—	—	—	—	III	—	—	—	—	—	—	—	—	—	—	—	—	—	—	—	—	—	—	—
	V	346,58	—	27,72	31,19	IV	131,91	—	7,10	7,99	—	3,92	4,41	—	1,30	1,46	—	—	—	—	—	—	—	—	—
	VI	382,83	—	30,62	34,45																				
1 877,99	I,IV	132,50	—	10,60	11,92	I	132,50	—	3,96	4,45	—	—	—	—	—	—	—	—	—	—	—	—	—	—	—
	II	52,75	—	4,22	4,74	II	52,75	—	—	—	—	—	—	—	—	—	—	—	—	—	—	—	—	—	—
	III	—	—	—	—	III	—	—	—	—	—	—	—	—	—	—	—	—	—	—	—	—	—	—	—
	V	347,58	—	27,80	31,28	IV	132,50	—	7,15	8,04	—	3,96	4,45	—	1,33	1,49	—	—	—	—	—	—	—	—	—
	VI	383,83	—	30,70	34,54																				
1 880,99	I,IV	133,08	—	10,64	11,97	I	133,08	—	4,—	4,50	—	—	—	—	—	—	—	—	—	—	—	—	—	—	—
	II	53,25	—	4,26	4,79	II	53,25	—	—	—	—	—	—	—	—	—	—	—	—	—	—	—	—	—	—
	III	—	—	—	—	III	—	—	—	—	—	—	—	—	—	—	—	—	—	—	—	—	—	—	—
	V	348,66	—	27,89	31,37	IV	133,08	—	7,20	8,10	—	4,—	4,50	—	1,36	1,53	—	—	—	—	—	—	—	—	—
	VI	384,91	—	30,79	34,64																				
1 883,99	I,IV	133,75	—	10,70	12,03	I	133,75	—	4,04	4,54	—	—	—	—	—	—	—	—	—	—	—	—	—	—	—
	II	53,83	—	4,30	4,84	II	53,83	—	—	—	—	—	—	—	—	—	—	—	—	—	—	—	—	—	—
	III	—	—	—	—	III	—	—	—	—	—	—	—	—	—	—	—	—	—	—	—	—	—	—	—
	V	349,66	—	27,97	31,46	IV	133,75	—	7,25	8,15	—	4,04	4,54	—	1,40	1,57	—	—	—	—	—	—	—	—	—
	VI	385,91	—	30,87	34,73																				
1 886,99	I,IV	134,41	—	10,75	12,09	I	134,41	—	4,08	4,59	—	—	—	—	—	—	—	—	—	—	—	—	—	—	—
	II	54,33	—	4,34	4,88	II	54,33	—	—	—	—	—	—	—	—	—	—	—	—	—	—	—	—	—	—
	III	—	—	—	—	III	—	—	—	—	—	—	—	—	—	—	—	—	—	—	—	—	—	—	—
	V	350,75	—	28,06	31,56	IV	134,41	—	7,30	8,21	—	4,08	4,59	—	1,43	1,61	—	—	—	—	—	—	—	—	—
	VI	387,—	—	30,96	34,83																				

* Die ausgewiesenen Tabellenwerte sind amtlich. Siehe Erläuterungen auf der Umschlaginnenseite (U2).

T 24

1 937,99* — MONAT

Abzüge an Lohnsteuer, Solidaritätszuschlag (SolZ) und Kirchensteuer (8%, 9%) in den Steuerklassen

Steuerklassen I–VI: **ohne** Kinderfreibeträge — Steuerklassen I, II, III, IV: **mit** Zahl der Kinderfreibeträge

Lohn/Gehalt bis €*	Kl.	LSt	SolZ	8%	9%	Kl.	LSt	0,5 SolZ	0,5 8%	0,5 9%	1 SolZ	1 8%	1 9%	1,5 SolZ	1,5 8%	1,5 9%	2 SolZ	2 8%	2 9%	2,5 SolZ	2,5 8%	2,5 9%	3 SolZ	3 8%	3 9%
1 889,99	I,IV	135,—	—	10,80	12,15	I	135,—	—	4,12	4,64	—	—	—	—	—	—	—	—	—	—	—	—	—	—	—
	II	54,83	—	4,38	4,93	II	54,83	—	—	—	—	—	—	—	—	—	—	—	—	—	—	—	—	—	—
	III					III																			
	V	351,75	—	28,14	31,65	IV	135,—	—	7,34	8,26	—	4,12	4,64	—	1,46	1,64	—	—	—	—	—	—	—	—	—
	VI	388,—	—	31,04	34,92																				
1 892,99	I,IV	135,58	—	10,84	12,20	I	135,58	—	4,16	4,68	—	—	—	—	—	—	—	—	—	—	—	—	—	—	—
	II	55,41	—	4,43	4,98	II	55,41	—	—	—	—	—	—	—	—	—	—	—	—	—	—	—	—	—	—
	III					III																			
	V	352,83	—	28,22	31,75	IV	135,58	—	7,39	8,31	—	4,16	4,68	—	1,50	1,68	—	—	—	—	—	—	—	—	—
	VI	389,08	—	31,12	35,01																				
1 895,99	I,IV	136,25	—	10,90	12,26	I	136,25	—	4,20	4,73	—	—	—	—	—	—	—	—	—	—	—	—	—	—	—
	II	55,91	—	4,47	5,03	II	55,91	—	—	—	—	—	—	—	—	—	—	—	—	—	—	—	—	—	—
	III					III																			
	V	353,83	—	28,30	31,84	IV	136,25	—	7,44	8,37	—	4,20	4,73	—	1,53	1,72	—	—	—	—	—	—	—	—	—
	VI	390,08	—	31,20	35,10																				
1 898,99	I,IV	136,83	—	10,94	12,31	I	136,83	—	4,25	4,78	—	—	—	—	—	—	—	—	—	—	—	—	—	—	—
	II	56,50	—	4,52	5,08	II	56,50	—	—	—	—	—	—	—	—	—	—	—	—	—	—	—	—	—	—
	III					III																			
	V	354,91	—	28,39	31,94	IV	136,83	—	7,49	8,42	—	4,25	4,78	—	1,57	1,76	—	—	—	—	—	—	—	—	—
	VI	391,16	—	31,29	35,20																				
1 901,99	I,IV	137,50	—	11,—	12,37	I	137,50	—	4,29	4,82	—	—	—	—	—	—	—	—	—	—	—	—	—	—	—
	II	57,—	—	4,56	5,13	II	57,—	—	—	—	—	—	—	—	—	—	—	—	—	—	—	—	—	—	—
	III					III																			
	V	355,91	—	28,47	32,03	IV	137,50	—	7,54	8,48	—	4,29	4,82	—	1,60	1,80	—	—	—	—	—	—	—	—	—
	VI	392,16	—	31,37	35,29																				
1 904,99	I,IV	138,08	—	11,04	12,42	I	138,08	—	4,33	4,87	—	—	—	—	—	—	—	—	—	—	—	—	—	—	—
	II	57,58	—	4,60	5,18	II	57,58	—	—	—	—	—	—	—	—	—	—	—	—	—	—	—	—	—	—
	III					III																			
	V	357,—	—	28,56	32,13	IV	138,08	—	7,58	8,53	—	4,33	4,87	—	1,64	1,84	—	—	—	—	—	—	—	—	—
	VI	393,25	—	31,46	35,39																				
1 907,99	I,IV	138,75	—	11,10	12,48	I	138,75	—	4,38	4,92	—	—	—	—	—	—	—	—	—	—	—	—	—	—	—
	II	58,08	—	4,64	5,22	II	58,08	—	—	—	—	—	—	—	—	—	—	—	—	—	—	—	—	—	—
	III					III																			
	V	358,—	—	28,64	32,22	IV	138,75	—	7,64	8,59	—	4,38	4,92	—	1,67	1,88	—	—	—	—	—	—	—	—	—
	VI	394,25	—	31,54	35,48																				
1 910,99	I,IV	139,33	—	11,14	12,53	I	139,33	—	4,42	4,97	—	—	—	—	—	—	—	—	—	—	—	—	—	—	—
	II	58,66	—	4,69	5,27	II	58,66	—	—	—	—	—	—	—	—	—	—	—	—	—	—	—	—	—	—
	III					III																			
	V	359,08	—	28,72	32,31	IV	139,33	—	7,68	8,64	—	4,42	4,97	—	1,70	1,91	—	—	—	—	—	—	—	—	—
	VI	395,33	—	31,62	35,57																				
1 913,99	I,IV	140,—	—	11,20	12,60	I	140,—	—	4,46	5,02	—	—	—	—	—	—	—	—	—	—	—	—	—	—	—
	II	59,16	—	4,73	5,32	II	59,16	—	—	—	—	—	—	—	—	—	—	—	—	—	—	—	—	—	—
	III					III																			
	V	360,08	—	28,80	32,40	IV	140,—	—	7,73	8,69	—	4,46	5,02	—	1,74	1,95	—	—	—	—	—	—	—	—	—
	VI	396,33	—	31,70	35,66																				
1 916,99	I,IV	140,58	—	11,24	12,65	I	140,58	—	4,50	5,06	—	—	—	—	—	—	—	—	—	—	—	—	—	—	—
	II	59,75	—	4,78	5,37	II	59,75	—	—	—	—	—	—	—	—	—	—	—	—	—	—	—	—	—	—
	III					III																			
	V	361,16	—	28,89	32,50	IV	140,58	—	7,78	8,75	—	4,50	5,06	—	1,77	1,99	—	—	—	—	—	—	—	—	—
	VI	397,41	—	31,79	35,76																				
1 919,99	I,IV	141,25	—	11,30	12,71	I	141,25	—	4,55	5,12	—	—	—	—	—	—	—	—	—	—	—	—	—	—	—
	II	60,25	—	4,82	5,42	II	60,25	—	—	—	—	—	—	—	—	—	—	—	—	—	—	—	—	—	—
	III					III																			
	V	362,16	—	28,97	32,59	IV	141,25	—	7,83	8,81	—	4,55	5,12	—	1,81	2,03	—	—	—	—	—	—	—	—	—
	VI	398,41	—	31,87	35,85																				
1 922,99	I,IV	141,83	—	11,34	12,76	I	141,83	—	4,59	5,16	—	—	—	—	—	—	—	—	—	—	—	—	—	—	—
	II	60,83	—	4,86	5,47	II	60,83	—	—	—	—	—	—	—	—	—	—	—	—	—	—	—	—	—	—
	III					III																			
	V	363,25	—	29,06	32,69	IV	141,83	—	7,88	8,86	—	4,59	5,16	—	1,84	2,07	—	—	—	—	—	—	—	—	—
	VI	399,50	—	31,96	35,95																				
1 925,99	I,IV	142,50	—	11,40	12,82	I	142,50	—	4,64	5,22	—	—	—	—	—	—	—	—	—	—	—	—	—	—	—
	II	61,41	—	4,91	5,52	II	61,41	—	—	—	—	—	—	—	—	—	—	—	—	—	—	—	—	—	—
	III					III																			
	V	364,25	—	29,14	32,78	IV	142,50	—	7,92	8,91	—	4,64	5,22	—	1,88	2,11	—	—	—	—	—	—	—	—	—
	VI	400,50	—	32,04	36,04																				
1 928,99	I,IV	143,08	—	11,44	12,87	I	143,08	—	4,68	5,26	—	—	—	—	—	—	—	—	—	—	—	—	—	—	—
	II	61,91	—	4,95	5,57	II	61,91	—	—	—	—	—	—	—	—	—	—	—	—	—	—	—	—	—	—
	III					III																			
	V	365,33	—	29,22	32,87	IV	143,08	—	7,97	8,96	—	4,68	5,26	—	1,91	2,15	—	—	—	—	—	—	—	—	—
	VI	401,58	—	32,12	36,14																				
1 931,99	I,IV	143,75	—	11,50	12,93	I	143,75	—	4,72	5,31	—	—	—	—	—	—	—	—	—	—	—	—	—	—	—
	II	62,50	—	5,—	5,62	II	62,50	—	—	—	—	—	—	—	—	—	—	—	—	—	—	—	—	—	—
	III					III																			
	V	366,33	—	29,30	32,96	IV	143,75	—	8,02	9,02	—	4,72	5,31	—	1,94	2,18	—	—	—	—	—	—	—	—	—
	VI	402,58	—	32,20	36,23																				
1 934,99	I,IV	144,33	—	11,54	12,98	I	144,33	—	4,76	5,36	—	—	—	—	—	—	—	—	—	—	—	—	—	—	—
	II	63,—	—	5,04	5,67	II	63,—	—	—	—	—	—	—	—	—	—	—	—	—	—	—	—	—	—	—
	III					III																			
	V	367,41	—	29,39	33,06	IV	144,33	—	8,07	9,08	—	4,76	5,36	—	1,98	2,23	—	—	—	—	—	—	—	—	—
	VI	403,66	—	32,29	36,32																				
1 937,99	I,IV	145,—	—	11,60	13,05	I	145,—	—	4,81	5,41	—	—	—	—	—	—	—	—	—	—	—	—	—	—	—
	II	63,58	—	5,08	5,72	II	63,58	—	—	—	—	—	—	—	—	—	—	—	—	—	—	—	—	—	—
	III					III																			
	V	368,41	—	29,47	33,15	IV	145,—	—	8,12	9,13	—	4,81	5,41	—	2,02	2,27	—	—	—	—	—	—	—	—	—
	VI	404,66	—	32,37	36,41																				

* Die ausgewiesenen Tabellenwerte sind amtlich. Siehe Erläuterungen auf der Umschlaginnenseite (U2).

MONAT 1 938,–*

Abzüge an Lohnsteuer, Solidaritätszuschlag (SolZ) und Kirchensteuer (8%, 9%) in den Steuerklassen

Steuerklassen I–VI: ohne Kinderfreibeträge — Steuerklassen I, II, III, IV: mit Zahl der Kinderfreibeträge

Lohn/Gehalt bis €*	Kl.	LSt	SolZ	8%	9%	Kl.	LSt	0,5 SolZ	0,5 8%	0,5 9%	1 SolZ	1 8%	1 9%	1,5 SolZ	1,5 8%	1,5 9%	2 SolZ	2 8%	2 9%	2,5 SolZ	2,5 8%	2,5 9%	3 SolZ	3 8%	3 9%
1 940,99	I,IV	145,58	—	11,64	13,10	I	145,58	—	4,85	5,45	—	—	—	—	—	—	—	—	—	—	—	—	—	—	—
	II	64,16	—	5,13	5,77	II	64,16	—	0,02	0,02	—	—	—	—	—	—	—	—	—	—	—	—	—	—	—
	III	—	—	—	—	III	—	—	—	—	—	—	—	—	—	—	—	—	—	—	—	—	—	—	—
	V	369,50	—	29,56	33,25	IV	145,58	—	8,16	9,18	—	4,85	5,45	—	2,05	2,30	—	—	—	—	—	—	—	—	—
	VI	405,75	—	32,46	36,51																				
1 943,99	I,IV	146,25	—	11,70	13,16	I	146,25	—	4,90	5,51	—	—	—	—	—	—	—	—	—	—	—	—	—	—	—
	II	64,66	—	5,17	5,81	II	64,66	—	0,04	0,05	—	—	—	—	—	—	—	—	—	—	—	—	—	—	—
	III	—	—	—	—	III	—	—	—	—	—	—	—	—	—	—	—	—	—	—	—	—	—	—	—
	V	370,50	—	29,64	33,34	IV	146,25	—	8,22	9,24	—	4,90	5,51	—	2,09	2,35	—	—	—	—	—	—	—	—	—
	VI	406,75	—	32,54	36,60																				
1 946,99	I,IV	146,91	—	11,75	13,22	I	146,91	—	4,94	5,56	—	—	—	—	—	—	—	—	—	—	—	—	—	—	—
	II	65,25	—	5,22	5,87	II	65,25	—	0,07	0,08	—	—	—	—	—	—	—	—	—	—	—	—	—	—	—
	III	—	—	—	—	III	—	—	—	—	—	—	—	—	—	—	—	—	—	—	—	—	—	—	—
	V	371,58	—	29,72	33,44	IV	146,91	—	8,26	9,29	—	4,94	5,56	—	2,12	2,39	—	—	—	—	—	—	—	—	—
	VI	407,83	—	32,62	36,70																				
1 949,99	I,IV	147,50	—	11,80	13,27	I	147,50	—	4,98	5,60	—	—	—	—	—	—	—	—	—	—	—	—	—	—	—
	II	65,83	—	5,26	5,92	II	65,83	—	0,10	0,11	—	—	—	—	—	—	—	—	—	—	—	—	—	—	—
	III	—	—	—	—	III	—	—	—	—	—	—	—	—	—	—	—	—	—	—	—	—	—	—	—
	V	372,58	—	29,80	33,53	IV	147,50	—	8,31	9,35	—	4,98	5,60	—	2,16	2,43	—	—	—	—	—	—	—	—	—
	VI	408,83	—	32,70	36,79																				
1 952,99	I,IV	148,16	—	11,85	13,33	I	148,16	—	5,03	5,66	—	—	—	—	—	—	—	—	—	—	—	—	—	—	—
	II	66,41	—	5,31	5,97	II	66,41	—	0,13	0,14	—	—	—	—	—	—	—	—	—	—	—	—	—	—	—
	III	—	—	—	—	III	—	—	—	—	—	—	—	—	—	—	—	—	—	—	—	—	—	—	—
	V	373,66	—	29,89	33,62	IV	148,16	—	8,36	9,41	—	5,03	5,66	—	2,20	2,47	—	—	—	—	—	—	—	—	—
	VI	409,91	—	32,79	36,89																				
1 955,99	I,IV	148,75	—	11,90	13,38	I	148,75	—	5,07	5,70	—	—	—	—	—	—	—	—	—	—	—	—	—	—	—
	II	66,91	—	5,35	6,02	II	66,91	—	0,16	0,18	—	—	—	—	—	—	—	—	—	—	—	—	—	—	—
	III	—	—	—	—	III	—	—	—	—	—	—	—	—	—	—	—	—	—	—	—	—	—	—	—
	V	374,66	—	29,97	33,71	IV	148,75	—	8,41	9,46	—	5,07	5,70	—	2,23	2,51	—	—	—	—	—	—	—	—	—
	VI	410,91	—	32,87	36,98																				
1 958,99	I,IV	149,41	—	11,95	13,44	I	149,41	—	5,12	5,76	—	0,01	0,01	—	—	—	—	—	—	—	—	—	—	—	—
	II	67,50	—	5,40	6,07	II	67,50	—	0,18	0,20	—	—	—	—	—	—	—	—	—	—	—	—	—	—	—
	III	—	—	—	—	III	—	—	—	—	—	—	—	—	—	—	—	—	—	—	—	—	—	—	—
	V	375,75	—	30,06	33,81	IV	149,41	—	8,46	9,51	—	5,12	5,76	—	2,27	2,55	—	0,01	0,01	—	—	—	—	—	—
	VI	412,—	—	32,96	37,08																				
1 961,99	I,IV	150,—	—	12,—	13,50	I	150,—	—	5,16	5,81	—	0,04	0,04	—	—	—	—	—	—	—	—	—	—	—	—
	II	68,08	—	5,44	6,12	II	68,08	—	0,22	0,24	—	—	—	—	—	—	—	—	—	—	—	—	—	—	—
	III	—	—	—	—	III	—	—	—	—	—	—	—	—	—	—	—	—	—	—	—	—	—	—	—
	V	376,75	—	30,14	33,90	IV	150,—	—	8,51	9,57	—	5,16	5,81	—	2,30	2,59	—	0,04	0,04	—	—	—	—	—	—
	VI	413,—	—	33,04	37,17																				
1 964,99	I,IV	150,66	—	12,05	13,55	I	150,66	—	5,20	5,85	—	0,06	0,07	—	—	—	—	—	—	—	—	—	—	—	—
	II	68,66	—	5,49	6,17	II	68,66	—	0,24	0,27	—	—	—	—	—	—	—	—	—	—	—	—	—	—	—
	III	—	—	—	—	III	—	—	—	—	—	—	—	—	—	—	—	—	—	—	—	—	—	—	—
	V	377,75	—	30,22	33,99	IV	150,66	—	8,56	9,63	—	5,20	5,85	—	2,34	2,63	—	0,06	0,07	—	—	—	—	—	—
	VI	414,08	—	33,12	37,26																				
1 967,99	I,IV	151,25	—	12,10	13,61	I	151,25	—	5,25	5,90	—	0,10	0,11	—	—	—	—	—	—	—	—	—	—	—	—
	II	69,25	—	5,54	6,23	II	69,25	—	0,27	0,30	—	—	—	—	—	—	—	—	—	—	—	—	—	—	—
	III	—	—	—	—	III	—	—	—	—	—	—	—	—	—	—	—	—	—	—	—	—	—	—	—
	V	378,83	—	30,30	34,09	IV	151,25	—	8,60	9,68	—	5,25	5,90	—	2,38	2,67	—	0,10	0,11	—	—	—	—	—	—
	VI	415,08	—	33,20	37,35																				
1 970,99	I,IV	151,91	—	12,15	13,67	I	151,91	—	5,30	5,96	—	0,12	0,14	—	—	—	—	—	—	—	—	—	—	—	—
	II	69,83	—	5,58	6,28	II	69,83	—	0,30	0,34	—	—	—	—	—	—	—	—	—	—	—	—	—	—	—
	III	—	—	—	—	III	—	—	—	—	—	—	—	—	—	—	—	—	—	—	—	—	—	—	—
	V	379,91	—	30,39	34,19	IV	151,91	—	8,65	9,73	—	5,30	5,96	—	2,42	2,72	—	0,12	0,14	—	—	—	—	—	—
	VI	416,16	—	33,29	37,45																				
1 973,99	I,IV	152,58	—	12,20	13,73	I	152,58	—	5,34	6,01	—	0,15	0,17	—	—	—	—	—	—	—	—	—	—	—	—
	II	70,41	—	5,63	6,33	II	70,41	—	0,33	0,37	—	—	—	—	—	—	—	—	—	—	—	—	—	—	—
	III	—	—	—	—	III	—	—	—	—	—	—	—	—	—	—	—	—	—	—	—	—	—	—	—
	V	380,91	—	30,47	34,28	IV	152,58	—	8,70	9,79	—	5,34	6,01	—	2,45	2,75	—	0,15	0,17	—	—	—	—	—	—
	VI	417,16	—	33,37	37,54																				
1 976,99	I,IV	153,16	—	12,25	13,78	I	153,16	—	5,38	6,05	—	0,18	0,20	—	—	—	—	—	—	—	—	—	—	—	—
	II	70,91	—	5,67	6,38	II	70,91	—	0,36	0,40	—	—	—	—	—	—	—	—	—	—	—	—	—	—	—
	III	—	—	—	—	III	—	—	—	—	—	—	—	—	—	—	—	—	—	—	—	—	—	—	—
	V	381,91	—	30,55	34,37	IV	153,16	—	8,75	9,84	—	5,38	6,05	—	2,49	2,80	—	0,18	0,20	—	—	—	—	—	—
	VI	418,25	—	33,46	37,64																				
1 979,99	I,IV	153,83	—	12,30	13,84	I	153,83	—	5,43	6,11	—	0,21	0,23	—	—	—	—	—	—	—	—	—	—	—	—
	II	71,50	—	5,72	6,43	II	71,50	—	0,39	0,44	—	—	—	—	—	—	—	—	—	—	—	—	—	—	—
	III	—	—	—	—	III	—	—	—	—	—	—	—	—	—	—	—	—	—	—	—	—	—	—	—
	V	383,—	—	30,64	34,47	IV	153,83	—	8,80	9,90	—	5,43	6,11	—	2,52	2,84	—	0,21	0,23	—	—	—	—	—	—
	VI	419,25	—	33,54	37,73																				
1 982,99	I,IV	154,41	—	12,35	13,89	I	154,41	—	5,48	6,16	—	0,24	0,27	—	—	—	—	—	—	—	—	—	—	—	—
	II	72,08	—	5,76	6,48	II	72,08	—	0,42	0,47	—	—	—	—	—	—	—	—	—	—	—	—	—	—	—
	III	—	—	—	—	III	—	—	—	—	—	—	—	—	—	—	—	—	—	—	—	—	—	—	—
	V	384,08	—	30,72	34,56	IV	154,41	—	8,85	9,95	—	5,48	6,16	—	2,56	2,88	—	0,24	0,27	—	—	—	—	—	—
	VI	420,33	—	33,62	37,82																				
1 985,99	I,IV	155,08	—	12,40	13,95	I	155,08	—	5,52	6,21	—	0,26	0,29	—	—	—	—	—	—	—	—	—	—	—	—
	II	72,66	—	5,81	6,53	II	72,66	—	0,45	0,50	—	—	—	—	—	—	—	—	—	—	—	—	—	—	—
	III	—	—	—	—	III	—	—	—	—	—	—	—	—	—	—	—	—	—	—	—	—	—	—	—
	V	385,08	—	30,80	34,65	IV	155,08	—	8,90	10,01	—	5,52	6,21	—	2,60	2,92	—	0,26	0,29	—	—	—	—	—	—
	VI	421,33	—	33,70	37,91																				
1 988,99	I,IV	155,66	—	12,45	14,—	I	155,66	—	5,57	6,26	—	0,30	0,33	—	—	—	—	—	—	—	—	—	—	—	—
	II	73,25	—	5,86	6,59	II	73,25	—	0,48	0,54	—	—	—	—	—	—	—	—	—	—	—	—	—	—	—
	III	—	—	—	—	III	—	—	—	—	—	—	—	—	—	—	—	—	—	—	—	—	—	—	—
	V	386,08	—	30,88	34,74	IV	155,66	—	8,94	10,06	—	5,57	6,26	—	2,64	2,97	—	0,30	0,33	—	—	—	—	—	—
	VI	422,41	—	33,79	38,01																				

T 26

* Die ausgewiesenen Tabellenwerte sind amtlich. Siehe Erläuterungen auf der Umschlaginnenseite (U2).

2 039,99* — MONAT

Abzüge an Lohnsteuer, Solidaritätszuschlag (SolZ) und Kirchensteuer (8%, 9%) in den Steuerklassen

I – VI ohne Kinderfreibeträge   **I, II, III, IV** mit Zahl der Kinderfreibeträge . . .

Lohn/Gehalt bis €	Kl (I–VI)	LSt	SolZ	8%	9%	Kl	LSt	0,5 SolZ	0,5 8%	0,5 9%	1 SolZ	1 8%	1 9%	1,5 SolZ	1,5 8%	1,5 9%	2 SolZ	2 8%	2 9%	2,5 SolZ	2,5 8%	2,5 9%	3 SolZ	3 8%	3 9%
1 991,99	I,IV	156,33	—	12,50	14,06	I	156,33	—	5,62	6,32	—	0,32	0,36	—	—	—	—	—	—	—	—	—	—	—	—
	II	73,83	—	5,90	6,64	II	73,83	—	0,51	0,57	—	—	—	—	—	—	—	—	—	—	—	—	—	—	—
	III	—	—	—	—	III		—	—	—	—	—	—	—	—	—	—	—	—	—	—	—	—	—	—
	V	387,16	—	30,97	34,84	IV	156,33	—	9,—	10,12	—	5,62	6,32	—	2,68	3,01	—	0,32	0,36	—	—	—	—	—	—
	VI	423,41	—	33,87	38,10																				
1 994,99	I,IV	157,—	—	12,56	14,13	I	157,—	—	5,66	6,37	—	0,35	0,39	—	—	—	—	—	—	—	—	—	—	—	—
	II	74,41	—	5,95	6,69	II	74,41	—	0,54	0,60	—	—	—	—	—	—	—	—	—	—	—	—	—	—	—
	III	—	—	—	—	III		—	—	—	—	—	—	—	—	—	—	—	—	—	—	—	—	—	—
	V	388,25	—	31,06	34,94	IV	157,—	—	9,04	10,17	—	5,66	6,37	—	2,71	3,05	—	0,35	0,39	—	—	—	—	—	—
	VI	424,50	—	33,96	38,20																				
1 997,99	I,IV	157,58	—	12,60	14,18	I	157,58	—	5,71	6,42	—	0,38	0,43	—	—	—	—	—	—	—	—	—	—	—	—
	II	75,—	—	6,—	6,75	II	75,—	—	0,57	0,64	—	—	—	—	—	—	—	—	—	—	—	—	—	—	—
	III	—	—	—	—	III		—	—	—	—	—	—	—	—	—	—	—	—	—	—	—	—	—	—
	V	389,25	—	31,14	35,03	IV	157,58	—	9,10	10,23	—	5,71	6,42	—	2,75	3,09	—	0,38	0,43	—	—	—	—	—	—
	VI	425,50	—	34,04	38,29																				
2 000,99	I,IV	158,25	—	12,66	14,24	I	158,25	—	5,75	6,47	—	0,41	0,46	—	—	—	—	—	—	—	—	—	—	—	—
	II	75,58	—	6,04	6,80	II	75,58	—	0,60	0,67	—	—	—	—	—	—	—	—	—	—	—	—	—	—	—
	III	—	—	—	—	III		—	—	—	—	—	—	—	—	—	—	—	—	—	—	—	—	—	—
	V	390,25	—	31,22	35,12	IV	158,25	—	9,14	10,28	—	5,75	6,47	—	2,78	3,13	—	0,41	0,46	—	—	—	—	—	—
	VI	426,58	—	34,12	38,39																				
2 003,99	I,IV	158,91	—	12,71	14,30	I	158,91	—	5,80	6,52	—	0,44	0,50	—	—	—	—	—	—	—	—	—	—	—	—
	II	76,16	—	6,09	6,85	II	76,16	—	0,63	0,71	—	—	—	—	—	—	—	—	—	—	—	—	—	—	—
	III	—	—	—	—	III		—	—	—	—	—	—	—	—	—	—	—	—	—	—	—	—	—	—
	V	391,33	—	31,30	35,21	IV	158,91	—	9,19	10,34	—	5,80	6,52	—	2,82	3,17	—	0,44	0,50	—	—	—	—	—	—
	VI	427,58	—	34,20	38,48																				
2 006,99	I,IV	159,50	—	12,76	14,35	I	159,50	—	5,85	6,58	—	0,47	0,53	—	—	—	—	—	—	—	—	—	—	—	—
	II	76,75	—	6,14	6,90	II	76,75	—	0,66	0,74	—	—	—	—	—	—	—	—	—	—	—	—	—	—	—
	III	—	—	—	—	III		—	—	—	—	—	—	—	—	—	—	—	—	—	—	—	—	—	—
	V	392,41	—	31,39	35,31	IV	159,50	—	9,24	10,40	—	5,85	6,58	—	2,86	3,22	—	0,47	0,53	—	—	—	—	—	—
	VI	428,66	—	34,29	38,57																				
2 009,99	I,IV	160,16	—	12,81	14,41	I	160,16	—	5,90	6,63	—	0,50	0,56	—	—	—	—	—	—	—	—	—	—	—	—
	II	77,41	—	6,19	6,96	II	77,41	—	0,69	0,77	—	—	—	—	—	—	—	—	—	—	—	—	—	—	—
	III	—	—	—	—	III		—	—	—	—	—	—	—	—	—	—	—	—	—	—	—	—	—	—
	V	393,41	—	31,47	35,40	IV	160,16	—	9,29	10,45	—	5,90	6,63	—	2,90	3,26	—	0,50	0,56	—	—	—	—	—	—
	VI	429,66	—	34,37	38,66																				
2 012,99	I,IV	160,75	—	12,86	14,46	I	160,75	—	5,94	6,68	—	0,53	0,59	—	—	—	—	—	—	—	—	—	—	—	—
	II	78,—	—	6,24	7,02	II	78,—	—	0,72	0,81	—	—	—	—	—	—	—	—	—	—	—	—	—	—	—
	III	—	—	—	—	III		—	—	—	—	—	—	—	—	—	—	—	—	—	—	—	—	—	—
	V	394,41	—	31,55	35,49	IV	160,75	—	9,34	10,50	—	5,94	6,68	—	2,94	3,30	—	0,53	0,59	—	—	—	—	—	—
	VI	430,75	—	34,46	38,76																				
2 015,99	I,IV	161,41	—	12,91	14,52	I	161,41	—	5,98	6,73	—	0,56	0,63	—	—	—	—	—	—	—	—	—	—	—	—
	II	78,58	—	6,28	7,07	II	78,58	—	0,75	0,84	—	—	—	—	—	—	—	—	—	—	—	—	—	—	—
	III	—	—	—	—	III		—	—	—	—	—	—	—	—	—	—	—	—	—	—	—	—	—	—
	V	395,50	—	31,64	35,59	IV	161,41	—	9,39	10,56	—	5,98	6,73	—	2,98	3,35	—	0,56	0,63	—	—	—	—	—	—
	VI	431,75	—	34,54	38,85																				
2 018,99	I,IV	162,08	—	12,96	14,58	I	162,08	—	6,04	6,79	—	0,59	0,66	—	—	—	—	—	—	—	—	—	—	—	—
	II	79,16	—	6,33	7,12	II	79,16	—	0,78	0,88	—	—	—	—	—	—	—	—	—	—	—	—	—	—	—
	III	—	—	—	—	III		—	—	—	—	—	—	—	—	—	—	—	—	—	—	—	—	—	—
	V	396,58	—	31,72	35,69	IV	162,08	—	9,44	10,62	—	6,04	6,79	—	3,02	3,39	—	0,59	0,66	—	—	—	—	—	—
	VI	432,83	—	34,62	38,95																				
2 021,99	I,IV	162,66	—	13,01	14,63	I	162,66	—	6,08	6,84	—	0,62	0,70	—	—	—	—	—	—	—	—	—	—	—	—
	II	79,75	—	6,38	7,17	II	79,75	—	0,81	0,91	—	—	—	—	—	—	—	—	—	—	—	—	—	—	—
	III	—	—	—	—	III		—	—	—	—	—	—	—	—	—	—	—	—	—	—	—	—	—	—
	V	397,58	—	31,80	35,78	IV	162,66	—	9,48	10,67	—	6,08	6,84	—	3,06	3,44	—	0,62	0,70	—	—	—	—	—	—
	VI	433,83	—	34,70	39,04																				
2 024,99	I,IV	163,33	—	13,06	14,69	I	163,33	—	6,13	6,89	—	0,65	0,73	—	—	—	—	—	—	—	—	—	—	—	—
	II	80,33	—	6,42	7,22	II	80,33	—	0,84	0,95	—	—	—	—	—	—	—	—	—	—	—	—	—	—	—
	III	—	—	—	—	III		—	—	—	—	—	—	—	—	—	—	—	—	—	—	—	—	—	—
	V	398,58	—	31,88	35,87	IV	163,33	—	9,54	10,73	—	6,13	6,89	—	3,10	3,48	—	0,65	0,73	—	—	—	—	—	—
	VI	434,91	—	34,79	39,14																				
2 027,99	I,IV	164,—	—	13,12	14,76	I	164,—	—	6,18	6,95	—	0,68	0,77	—	—	—	—	—	—	—	—	—	—	—	—
	II	80,91	—	6,47	7,28	II	80,91	—	0,88	0,99	—	—	—	—	—	—	—	—	—	—	—	—	—	—	—
	III	—	—	—	—	III		—	—	—	—	—	—	—	—	—	—	—	—	—	—	—	—	—	—
	V	399,66	—	31,97	35,96	IV	164,—	—	9,58	10,78	—	6,18	6,95	—	3,13	3,52	—	0,68	0,77	—	—	—	—	—	—
	VI	435,91	—	34,87	39,23																				
2 030,99	I,IV	164,58	—	13,16	14,81	I	164,58	—	6,22	7,—	—	0,71	0,80	—	—	—	—	—	—	—	—	—	—	—	—
	II	81,58	—	6,52	7,34	II	81,58	—	0,91	1,02	—	—	—	—	—	—	—	—	—	—	—	—	—	—	—
	III	—	—	—	—	III		—	—	—	—	—	—	—	—	—	—	—	—	—	—	—	—	—	—
	V	400,75	—	32,06	36,06	IV	164,58	—	9,63	10,83	—	6,22	7,—	—	3,17	3,56	—	0,71	0,80	—	—	—	—	—	—
	VI	437,—	—	34,96	39,33																				
2 033,99	I,IV	165,25	—	13,22	14,87	I	165,25	—	6,27	7,05	—	0,74	0,83	—	—	—	—	—	—	—	—	—	—	—	—
	II	82,16	—	6,57	7,39	II	82,16	—	0,94	1,05	—	—	—	—	—	—	—	—	—	—	—	—	—	—	—
	III	—	—	—	—	III		—	—	—	—	—	—	—	—	—	—	—	—	—	—	—	—	—	—
	V	401,75	—	32,14	36,15	IV	165,25	—	9,68	10,89	—	6,27	7,05	—	3,21	3,61	—	0,74	0,83	—	—	—	—	—	—
	VI	438,—	—	35,04	39,42																				
2 036,99	I,IV	165,83	—	13,26	14,92	I	165,83	—	6,32	7,11	—	0,78	0,87	—	—	—	—	—	—	—	—	—	—	—	—
	II	82,75	—	6,62	7,44	II	82,75	—	0,97	1,09	—	—	—	—	—	—	—	—	—	—	—	—	—	—	—
	III	—	—	—	—	III		—	—	—	—	—	—	—	—	—	—	—	—	—	—	—	—	—	—
	V	402,75	—	32,22	36,24	IV	165,83	—	9,73	10,94	—	6,32	7,11	—	3,25	3,65	—	0,78	0,87	—	—	—	—	—	—
	VI	439,—	—	35,12	39,51																				
2 039,99	I,IV	166,50	—	13,32	14,98	I	166,50	—	6,36	7,16	—	0,80	0,90	—	—	—	—	—	—	—	—	—	—	—	—
	II	83,33	—	6,66	7,49	II	83,33	—	1,—	1,13	—	—	—	—	—	—	—	—	—	—	—	—	—	—	—
	III	—	—	—	—	III		—	—	—	—	—	—	—	—	—	—	—	—	—	—	—	—	—	—
	V	403,83	—	32,30	36,34	IV	166,50	—	9,78	11,—	—	6,36	7,16	—	3,29	3,70	—	0,80	0,90	—	—	—	—	—	—
	VI	440,08	—	35,20	39,60																				

* Die ausgewiesenen Tabellenwerte sind amtlich. Siehe Erläuterungen auf der Umschlaginnenseite (U2).

MONAT 2 040,–*

Abzüge an Lohnsteuer, Solidaritätszuschlag (SolZ) und Kirchensteuer (8%, 9%) in den Steuerklassen

Linke Spalten: Steuerklassen I – VI **ohne** Kinderfreibeträge. Rechte Spalten: Steuerklassen I, II, III, IV **mit** Zahl der Kinderfreibeträge (0,5 / 1 / 1,5 / 2 / 2,5 / 3).

Lohn/Gehalt bis €*	StKl	LSt	SolZ	8%	9%	StKl	LSt	0,5 SolZ	0,5 8%	0,5 9%	1 SolZ	1 8%	1 9%	1,5 SolZ	1,5 8%	1,5 9%	2 SolZ	2 8%	2 9%	2,5 SolZ	2,5 8%	2,5 9%	3 SolZ	3 8%	3 9%
2 042,99	I,IV	167,16	—	13,37	15,04	I	167,16	—	6,41	7,21	—	0,84	0,94	—	—	—	—	—	—	—	—	—	—	—	—
	II	83,91	—	6,71	7,55	II	83,91	—	1,04	1,17	—	—	—	—	—	—	—	—	—	—	—	—	—	—	—
	III	—	—	—	—	III	—	—	—	—	—	—	—	—	—	—	—	—	—	—	—	—	—	—	—
	V	404,91	—	32,39	36,44	IV	167,16	—	9,83	11,06	—	6,41	7,21	—	3,33	3,74	—	0,84	0,94	—	—	—	—	—	—
	VI	441,16	—	35,29	39,70																				
2 045,99	I,IV	167,83	—	13,42	15,10	I	167,83	—	6,46	7,27	—	0,87	0,98	—	—	—	—	—	—	—	—	—	—	—	—
	II	84,50	—	6,76	7,60	II	84,50	—	1,06	1,19	—	—	—	—	—	—	—	—	—	—	—	—	—	—	—
	III	—	—	—	—	III	—	—	—	—	—	—	—	—	—	—	—	—	—	—	—	—	—	—	—
	V	405,91	—	32,47	36,53	IV	167,83	—	9,88	11,12	—	6,46	7,27	—	3,37	3,79	—	0,87	0,98	—	—	—	—	—	—
	VI	442,16	—	35,37	39,79																				
2 048,99	I,IV	168,41	—	13,47	15,15	I	168,41	—	6,51	7,32	—	0,90	1,01	—	—	—	—	—	—	—	—	—	—	—	—
	II	85,08	—	6,80	7,65	II	85,08	—	1,10	1,23	—	—	—	—	—	—	—	—	—	—	—	—	—	—	—
	III	—	—	—	—	III	—	—	—	—	—	—	—	—	—	—	—	—	—	—	—	—	—	—	—
	V	406,91	—	32,55	36,62	IV	168,41	—	9,93	11,17	—	6,51	7,32	—	3,41	3,83	—	0,90	1,01	—	—	—	—	—	—
	VI	443,16	—	35,45	39,88																				
2 051,99	I,IV	169,08	—	13,52	15,21	I	169,08	—	6,56	7,38	—	0,93	1,04	—	—	—	—	—	—	—	—	—	—	—	—
	II	85,75	—	6,86	7,71	II	85,75	—	1,13	1,27	—	—	—	—	—	—	—	—	—	—	—	—	—	—	—
	III	—	—	—	—	III	—	—	—	—	—	—	—	—	—	—	—	—	—	—	—	—	—	—	—
	V	408,—	—	32,64	36,72	IV	169,08	—	9,98	11,22	—	6,56	7,38	—	3,45	3,88	—	0,93	1,04	—	—	—	—	—	—
	VI	444,25	—	35,54	39,98																				
2 054,99	I,IV	169,75	—	13,58	15,27	I	169,75	—	6,60	7,43	—	0,96	1,08	—	—	—	—	—	—	—	—	—	—	—	—
	II	86,33	—	6,90	7,76	II	86,33	—	1,16	1,31	—	—	—	—	—	—	—	—	—	—	—	—	—	—	—
	III	—	—	—	—	III	—	—	—	—	—	—	—	—	—	—	—	—	—	—	—	—	—	—	—
	V	409,08	—	32,72	36,81	IV	169,75	—	10,03	11,28	—	6,60	7,43	—	3,49	3,92	—	0,96	1,08	—	—	—	—	—	—
	VI	445,16	—	35,61	40,06																				
2 057,99	I,IV	170,33	—	13,62	15,32	I	170,33	—	6,65	7,48	—	1,—	1,12	—	—	—	—	—	—	—	—	—	—	—	—
	II	86,91	—	6,95	7,82	II	86,91	—	1,20	1,35	—	—	—	—	—	—	—	—	—	—	—	—	—	—	—
	III	—	—	—	—	III	—	—	—	—	—	—	—	—	—	—	—	—	—	—	—	—	—	—	—
	V	410,08	—	32,80	36,90	IV	170,33	—	10,08	11,34	—	6,65	7,48	—	3,53	3,97	—	1,—	1,12	—	—	—	—	—	—
	VI	446,16	—	35,69	40,15																				
2 060,99	I,IV	171,—	—	13,68	15,39	I	171,—	—	6,70	7,53	—	1,02	1,15	—	—	—	—	—	—	—	—	—	—	—	—
	II	87,50	—	7,—	7,87	II	87,50	—	1,22	1,37	—	—	—	—	—	—	—	—	—	—	—	—	—	—	—
	III	—	—	—	—	III	—	—	—	—	—	—	—	—	—	—	—	—	—	—	—	—	—	—	—
	V	411,08	—	32,88	36,99	IV	171,—	—	10,12	11,39	—	6,70	7,53	—	3,57	4,01	—	1,02	1,15	—	—	—	—	—	—
	VI	447,—	—	35,76	40,23																				
2 063,99	I,IV	171,58	—	13,72	15,44	I	171,58	—	6,74	7,58	—	1,06	1,19	—	—	—	—	—	—	—	—	—	—	—	—
	II	88,08	—	7,04	7,92	II	88,08	—	1,26	1,41	—	—	—	—	—	—	—	—	—	—	—	—	—	—	—
	III	—	—	—	—	III	—	—	—	—	—	—	—	—	—	—	—	—	—	—	—	—	—	—	—
	V	412,16	—	32,97	37,09	IV	171,58	—	10,18	11,45	—	6,74	7,58	—	3,61	4,06	—	1,06	1,19	—	—	—	—	—	—
	VI	447,83	—	35,82	40,30																				
2 066,99	I,IV	172,25	—	13,78	15,50	I	172,25	—	6,80	7,65	—	1,09	1,22	—	—	—	—	—	—	—	—	—	—	—	—
	II	88,75	—	7,10	7,98	II	88,75	—	1,29	1,45	—	—	—	—	—	—	—	—	—	—	—	—	—	—	—
	III	—	—	—	—	III	—	—	—	—	—	—	—	—	—	—	—	—	—	—	—	—	—	—	—
	V	413,25	—	33,06	37,19	IV	172,25	—	10,22	11,50	—	6,80	7,65	—	3,65	4,10	—	1,09	1,22	—	—	—	—	—	—
	VI	448,83	—	35,90	40,39																				
2 069,99	I,IV	172,91	—	13,83	15,56	I	172,91	—	6,84	7,70	—	1,12	1,26	—	—	—	—	—	—	—	—	—	—	—	—
	II	89,33	—	7,14	8,03	II	89,33	—	1,32	1,49	—	—	—	—	—	—	—	—	—	—	—	—	—	—	—
	III	—	—	—	—	III	—	—	—	—	—	—	—	—	—	—	—	—	—	—	—	—	—	—	—
	V	414,25	—	33,14	37,28	IV	172,91	—	10,28	11,56	—	6,84	7,70	—	3,69	4,15	—	1,12	1,26	—	—	—	—	—	—
	VI	449,50	—	35,96	40,45																				
2 072,99	I,IV	173,50	—	13,88	15,61	I	173,50	—	6,89	7,75	—	1,16	1,30	—	—	—	—	—	—	—	—	—	—	—	—
	II	89,91	—	7,19	8,09	II	89,91	—	1,36	1,53	—	—	—	—	—	—	—	—	—	—	—	—	—	—	—
	III	—	—	—	—	III	—	—	—	—	—	—	—	—	—	—	—	—	—	—	—	—	—	—	—
	V	415,25	—	33,22	37,37	IV	173,50	—	10,32	11,61	—	6,89	7,75	—	3,73	4,19	—	1,16	1,30	—	—	—	—	—	—
	VI	450,33	—	36,02	40,52																				
2 075,99	I,IV	174,16	—	13,93	15,67	I	174,16	—	6,94	7,80	—	1,18	1,33	—	—	—	—	—	—	—	—	—	—	—	—
	II	90,50	—	7,24	8,14	II	90,50	—	1,39	1,56	—	—	—	—	—	—	—	—	—	—	—	—	—	—	—
	III	—	—	—	—	III	—	—	—	—	—	—	—	—	—	—	—	—	—	—	—	—	—	—	—
	V	416,33	—	33,30	37,46	IV	174,16	—	10,38	11,67	—	6,94	7,80	—	3,77	4,24	—	1,18	1,33	—	—	—	—	—	—
	VI	451,33	—	36,10	40,61																				
2 078,99	I,IV	174,83	—	13,98	15,73	I	174,83	—	6,98	7,85	—	1,22	1,37	—	—	—	—	—	—	—	—	—	—	—	—
	II	91,08	—	7,28	8,19	II	91,08	—	1,42	1,60	—	—	—	—	—	—	—	—	—	—	—	—	—	—	—
	III	—	—	—	—	III	—	—	—	—	—	—	—	—	—	—	—	—	—	—	—	—	—	—	—
	V	417,41	—	33,39	37,56	IV	174,83	—	10,42	11,72	—	6,98	7,85	—	3,81	4,28	—	1,22	1,37	—	—	—	—	—	—
	VI	452,16	—	36,17	40,69																				
2 081,99	I,IV	175,50	—	14,04	15,79	I	175,50	—	7,04	7,92	—	1,25	1,40	—	—	—	—	—	—	—	—	—	—	—	—
	II	91,75	—	7,34	8,25	II	91,75	—	1,46	1,64	—	—	—	—	—	—	—	—	—	—	—	—	—	—	—
	III	—	—	—	—	III	—	—	—	—	—	—	—	—	—	—	—	—	—	—	—	—	—	—	—
	V	418,41	—	33,47	37,65	IV	175,50	—	10,48	11,79	—	7,04	7,92	—	3,86	4,34	—	1,25	1,40	—	—	—	—	—	—
	VI	453,—	—	36,24	40,77																				
2 084,99	I,IV	176,08	—	14,08	15,84	I	176,08	—	7,08	7,97	—	1,28	1,44	—	—	—	—	—	—	—	—	—	—	—	—
	II	92,33	—	7,38	8,30	II	92,33	—	1,49	1,67	—	—	—	—	—	—	—	—	—	—	—	—	—	—	—
	III	—	—	—	—	III	—	—	—	—	—	—	—	—	—	—	—	—	—	—	—	—	—	—	—
	V	419,41	—	33,55	37,74	IV	176,08	—	10,52	11,84	—	7,08	7,97	—	3,90	4,38	—	1,28	1,44	—	—	—	—	—	—
	VI	453,83	—	36,30	40,84																				
2 087,99	I,IV	176,75	—	14,14	15,90	I	176,75	—	7,13	8,02	—	1,32	1,48	—	—	—	—	—	—	—	—	—	—	—	—
	II	92,91	—	7,43	8,36	II	92,91	—	1,52	1,71	—	—	—	—	—	—	—	—	—	—	—	—	—	—	—
	III	—	—	—	—	III	—	—	—	—	—	—	—	—	—	—	—	—	—	—	—	—	—	—	—
	V	420,50	—	33,64	37,84	IV	176,75	—	10,57	11,89	—	7,13	8,02	—	3,94	4,43	—	1,32	1,48	—	—	—	—	—	—
	VI	454,66	—	36,37	40,91																				
2 090,99	I,IV	177,41	—	14,19	15,96	I	177,41	—	7,18	8,07	—	1,35	1,52	—	—	—	—	—	—	—	—	—	—	—	—
	II	93,50	—	7,48	8,41	II	93,50	—	1,56	1,75	—	—	—	—	—	—	—	—	—	—	—	—	—	—	—
	III	—	—	—	—	III	—	—	—	—	—	—	—	—	—	—	—	—	—	—	—	—	—	—	—
	V	421,50	—	33,72	37,93	IV	177,41	—	10,62	11,95	—	7,18	8,07	—	3,98	4,47	—	1,35	1,52	—	—	—	—	—	—
	VI	455,66	—	36,45	41,—																				

T 28

* Die ausgewiesenen Tabellenwerte sind amtlich. Siehe Erläuterungen auf der Umschlaginnenseite (U2).

2 141,99* MONAT

Abzüge an Lohnsteuer, Solidaritätszuschlag (SolZ) und Kirchensteuer (8%, 9%) in den Steuerklassen

I – VI (ohne Kinderfreibeträge) — **I, II, III, IV** (mit Zahl der Kinderfreibeträge ...)

Lohn/Gehalt bis €*	Kl	LSt	SolZ	8%	9%	Kl	LSt	0,5 SolZ	0,5 8%	0,5 9%	1 SolZ	1 8%	1 9%	1,5 SolZ	1,5 8%	1,5 9%	2 SolZ	2 8%	2 9%	2,5 SolZ	2,5 8%	2,5 9%	3 SolZ	3 8%	3 9%
2 093,99	I,IV	178,08	—	14,24	16,02	I	178,08	—	7,22	8,12	—	1,38	1,55	—	—	—	—	—	—	—	—	—	—	—	—
	II	94,16	—	7,53	8,47	II	94,16	—	1,60	1,80	—	—	—	—	—	—	—	—	—	—	—	—	—	—	—
	III	—	—	—	—	III	—	—	—	—	—	—	—	—	—	—	—	—	—	—	—	—	—	—	—
	V	422,58	—	33,80	38,03	IV	178,08	—	10,67	12,—	—	7,22	8,12	—	4,02	4,52	—	1,38	1,55	—	—	—	—	—	—
	VI	456,50	—	36,52	41,08																				
2 096,99	I,IV	178,66	—	14,29	16,07	I	178,66	—	7,28	8,19	—	1,42	1,59	—	—	—	—	—	—	—	—	—	—	—	—
	II	94,75	—	7,58	8,52	II	94,75	—	1,63	1,83	—	—	—	—	—	—	—	—	—	—	—	—	—	—	—
	III	—	—	—	—	III	—	—	—	—	—	—	—	—	—	—	—	—	—	—	—	—	—	—	—
	V	423,58	—	33,88	38,12	IV	178,66	—	10,72	12,06	—	7,28	8,19	—	4,06	4,56	—	1,42	1,59	—	—	—	—	—	—
	VI	457,33	—	36,58	41,15																				
2 099,99	I,IV	179,33	—	14,34	16,13	I	179,33	—	7,32	8,24	—	1,45	1,63	—	—	—	—	—	—	—	—	—	—	—	—
	II	95,33	—	7,62	8,57	II	95,33	—	1,66	1,87	—	—	—	—	—	—	—	—	—	—	—	—	—	—	—
	III	—	—	—	—	III	—	—	—	—	—	—	—	—	—	—	—	—	—	—	—	—	—	—	—
	V	424,66	—	33,97	38,21	IV	179,33	—	10,77	12,11	—	7,32	8,24	—	4,10	4,61	—	1,45	1,63	—	—	—	—	—	—
	VI	458,16	—	36,65	41,23																				
2 102,99	I,IV	180,—	—	14,40	16,20	I	180,—	—	7,37	8,29	—	1,48	1,67	—	—	—	—	—	—	—	—	—	—	—	—
	II	95,91	—	7,67	8,63	II	95,91	—	1,70	1,91	—	—	—	—	—	—	—	—	—	—	—	—	—	—	—
	III	—	—	—	—	III	—	—	—	—	—	—	—	—	—	—	—	—	—	—	—	—	—	—	—
	V	425,66	—	34,05	38,30	IV	180,—	—	10,82	12,17	—	7,37	8,29	—	4,14	4,66	—	1,48	1,67	—	—	—	—	—	—
	VI	459,16	—	36,73	41,32																				
2 105,99	I,IV	180,66	—	14,45	16,25	I	180,66	—	7,42	8,34	—	1,52	1,71	—	—	—	—	—	—	—	—	—	—	—	—
	II	96,58	—	7,72	8,69	II	96,58	—	1,73	1,94	—	—	—	—	—	—	—	—	—	—	—	—	—	—	—
	III	—	—	—	—	III	—	—	—	—	—	—	—	—	—	—	—	—	—	—	—	—	—	—	—
	V	426,75	—	34,14	38,40	IV	180,66	—	10,87	12,23	—	7,42	8,34	—	4,18	4,70	—	1,52	1,71	—	—	—	—	—	—
	VI	459,83	—	36,78	41,38																				
2 108,99	I,IV	181,25	—	14,50	16,31	I	181,25	—	7,46	8,39	—	1,55	1,74	—	—	—	—	—	—	—	—	—	—	—	—
	II	97,16	—	7,77	8,74	II	97,16	—	1,76	1,98	—	—	—	—	—	—	—	—	—	—	—	—	—	—	—
	III	—	—	—	—	III	—	—	—	—	—	—	—	—	—	—	—	—	—	—	—	—	—	—	—
	V	427,75	—	34,22	38,49	IV	181,25	—	10,92	12,29	—	7,46	8,39	—	4,23	4,76	—	1,55	1,74	—	—	—	—	—	—
	VI	460,83	—	36,86	41,47																				
2 111,99	I,IV	181,91	—	14,55	16,37	I	181,91	—	7,52	8,46	—	1,58	1,78	—	—	—	—	—	—	—	—	—	—	—	—
	II	97,75	—	7,82	8,79	II	97,75	—	1,80	2,02	—	—	—	—	—	—	—	—	—	—	—	—	—	—	—
	III	—	—	—	—	III	—	—	—	—	—	—	—	—	—	—	—	—	—	—	—	—	—	—	—
	V	428,83	—	34,30	38,59	IV	181,91	—	10,97	12,34	—	7,52	8,46	—	4,27	4,80	—	1,58	1,78	—	—	—	—	—	—
	VI	461,66	—	36,93	41,54																				
2 114,99	I,IV	182,58	—	14,60	16,43	I	182,58	—	7,56	8,51	—	1,62	1,82	—	—	—	—	—	—	—	—	—	—	—	—
	II	98,33	—	7,86	8,84	II	98,33	—	1,84	2,07	—	—	—	—	—	—	—	—	—	—	—	—	—	—	—
	III	—	—	—	—	III	—	—	—	—	—	—	—	—	—	—	—	—	—	—	—	—	—	—	—
	V	429,83	—	34,38	38,68	IV	182,58	—	11,02	12,40	—	7,56	8,51	—	4,31	4,85	—	1,62	1,82	—	—	—	—	—	—
	VI	462,50	—	37,—	41,62																				
2 117,99	I,IV	183,25	—	14,66	16,49	I	183,25	—	7,61	8,56	—	1,65	1,85	—	—	—	—	—	—	—	—	—	—	—	—
	II	99,—	—	7,92	8,91	II	99,—	—	1,87	2,10	—	—	—	—	—	—	—	—	—	—	—	—	—	—	—
	III	—	—	—	—	III	—	—	—	—	—	—	—	—	—	—	—	—	—	—	—	—	—	—	—
	V	430,91	—	34,47	38,78	IV	183,25	—	11,07	12,45	—	7,61	8,56	—	4,36	4,90	—	1,65	1,85	—	—	—	—	—	—
	VI	463,50	—	37,08	41,71																				
2 120,99	I,IV	183,83	—	14,70	16,54	I	183,83	—	7,66	8,61	—	1,68	1,89	—	—	—	—	—	—	—	—	—	—	—	—
	II	99,58	—	7,96	8,96	II	99,58	—	1,90	2,14	—	—	—	—	—	—	—	—	—	—	—	—	—	—	—
	III	—	—	—	—	III	—	—	—	—	—	—	—	—	—	—	—	—	—	—	—	—	—	—	—
	V	431,91	—	34,55	38,87	IV	183,83	—	11,12	12,51	—	7,66	8,61	—	4,40	4,95	—	1,68	1,89	—	—	—	—	—	—
	VI	464,33	—	37,14	41,78																				
2 123,99	I,IV	184,50	—	14,76	16,60	I	184,50	—	7,71	8,67	—	1,72	1,94	—	—	—	—	—	—	—	—	—	—	—	—
	II	100,16	—	8,01	9,01	II	100,16	—	1,94	2,18	—	—	—	—	—	—	—	—	—	—	—	—	—	—	—
	III	—	—	—	—	III	—	—	—	—	—	—	—	—	—	—	—	—	—	—	—	—	—	—	—
	V	433,—	—	34,64	38,97	IV	184,50	—	11,17	12,56	—	7,71	8,67	—	4,44	5,—	—	1,72	1,94	—	—	—	—	—	—
	VI	465,16	—	37,21	41,86																				
2 126,99	I,IV	185,16	—	14,81	16,66	I	185,16	—	7,76	8,73	—	1,76	1,98	—	—	—	—	—	—	—	—	—	—	—	—
	II	100,75	—	8,06	9,06	II	100,75	—	1,98	2,22	—	—	—	—	—	—	—	—	—	—	—	—	—	—	—
	III	—	—	—	—	III	—	—	—	—	—	—	—	—	—	—	—	—	—	—	—	—	—	—	—
	V	434,—	—	34,72	39,06	IV	185,16	—	11,22	12,62	—	7,76	8,73	—	4,48	5,04	—	1,76	1,98	—	—	—	—	—	—
	VI	466,16	—	37,29	41,95																				
2 129,99	I,IV	185,83	—	14,86	16,72	I	185,83	—	7,80	8,78	—	1,79	2,01	—	—	—	—	—	—	—	—	—	—	—	—
	II	101,41	—	8,11	9,12	II	101,41	—	2,01	2,26	—	—	—	—	—	—	—	—	—	—	—	—	—	—	—
	III	—	—	—	—	III	—	—	—	—	—	—	—	—	—	—	—	—	—	—	—	—	—	—	—
	V	435,08	—	34,80	39,15	IV	185,83	—	11,27	12,68	—	7,80	8,78	—	4,53	5,09	—	1,79	2,01	—	—	—	—	—	—
	VI	467,—	—	37,36	42,03																				
2 132,99	I,IV	186,41	—	14,91	16,77	I	186,41	—	7,85	8,83	—	1,82	2,05	—	—	—	—	—	—	—	—	—	—	—	—
	II	102,—	—	8,16	9,18	II	102,—	—	2,04	2,30	—	—	—	—	—	—	—	—	—	—	—	—	—	—	—
	III	—	—	—	—	III	—	—	—	—	—	—	—	—	—	—	—	—	—	—	—	—	—	—	—
	V	436,08	—	34,88	39,24	IV	186,41	—	11,32	12,74	—	7,85	8,83	—	4,57	5,14	—	1,82	2,05	—	—	—	—	—	—
	VI	467,83	—	37,42	42,10																				
2 135,99	I,IV	187,08	—	14,96	16,83	I	187,08	—	7,90	8,89	—	1,86	2,09	—	—	—	—	—	—	—	—	—	—	—	—
	II	102,58	—	8,20	9,23	II	102,58	—	2,08	2,34	—	—	—	—	—	—	—	—	—	—	—	—	—	—	—
	III	—	—	—	—	III	—	—	—	—	—	—	—	—	—	—	—	—	—	—	—	—	—	—	—
	V	437,16	—	34,97	39,34	IV	187,08	—	11,37	12,79	—	7,90	8,89	—	4,61	5,18	—	1,86	2,09	—	—	—	—	—	—
	VI	468,66	—	37,49	42,17																				
2 138,99	I,IV	187,75	—	15,02	16,89	I	187,75	—	7,95	8,94	—	1,90	2,13	—	—	—	—	—	—	—	—	—	—	—	—
	II	103,16	—	8,25	9,28	II	103,16	—	2,12	2,38	—	—	—	—	—	—	—	—	—	—	—	—	—	—	—
	III	—	—	—	—	III	—	—	—	—	—	—	—	—	—	—	—	—	—	—	—	—	—	—	—
	V	438,16	—	35,05	39,43	IV	187,75	—	11,42	12,85	—	7,95	8,94	—	4,66	5,24	—	1,90	2,13	—	—	—	—	—	—
	VI	469,66	—	37,57	42,26																				
2 141,99	I,IV	188,41	—	15,07	16,95	I	188,41	—	8,—	9,—	—	1,93	2,17	—	—	—	—	—	—	—	—	—	—	—	—
	II	103,83	—	8,30	9,34	II	103,83	—	2,15	2,42	—	—	—	—	—	—	—	—	—	—	—	—	—	—	—
	III	—	—	—	—	III	—	—	—	—	—	—	—	—	—	—	—	—	—	—	—	—	—	—	—
	V	439,25	—	35,14	39,53	IV	188,41	—	11,47	12,90	—	8,—	9,—	—	4,70	5,28	—	1,93	2,17	—	—	—	—	—	—
	VI	470,33	—	37,62	42,32																				

* Die ausgewiesenen Tabellenwerte sind amtlich. Siehe Erläuterungen auf der Umschlaginnenseite (U2).

T 29

MONAT 2 142,–*

Abzüge an Lohnsteuer, Solidaritätszuschlag (SolZ) und Kirchensteuer (8%, 9%) in den Steuerklassen

Lohn/Gehalt bis €* — Steuerklassen I–VI (ohne Kinderfreibeträge) und I, II, III, IV (mit Zahl der Kinderfreibeträge)

Lohn/Gehalt bis €*	Kl.	LSt	SolZ	8%	9%	Kl.	LSt	0,5 SolZ	0,5 8%	0,5 9%	1 SolZ	1 8%	1 9%	1,5 SolZ	1,5 8%	1,5 9%	2 SolZ	2 8%	2 9%	2,5 SolZ	2,5 8%	2,5 9%	3 SolZ	3 8%	3 9%
2 144,99	I,IV	189,—	—	15,12	17,01	I	189,—	—	8,04	9,05	—	1,96	2,21	—	—	—	—	—	—	—	—	—	—	—	—
	II	104,41	—	8,35	9,39	II	104,41	—	2,19	2,46	—	—	—	—	—	—	—	—	—	—	—	—	—	—	—
	III	—	—	—	—	III	—	—	—	—	—	—	—	—	—	—	—	—	—	—	—	—	—	—	—
	V	440,25	—	35,22	39,62	IV	189,—	—	11,52	12,96	—	8,04	9,05	—	4,74	5,33	—	1,96	2,21	—	—	—	—	—	—
	VI	471,33	—	37,70	42,41																				
2 147,99	I,IV	189,66	—	15,17	17,06	I	189,66	—	8,10	9,11	—	2,—	2,25	—	—	—	—	—	—	—	—	—	—	—	—
	II	105,—	—	8,40	9,45	II	105,—	—	2,22	2,50	—	—	—	—	—	—	—	—	—	—	—	—	—	—	—
	III	—	—	—	—	III	—	—	—	—	—	—	—	—	—	—	—	—	—	—	—	—	—	—	—
	V	441,33	—	35,30	39,71	IV	189,66	—	11,57	13,01	—	8,10	9,11	—	4,78	5,38	—	2,—	2,25	—	—	—	—	—	—
	VI	472,33	—	37,78	42,50																				
2 150,99	I,IV	190,33	—	15,22	17,12	I	190,33	—	8,14	9,16	—	2,04	2,29	—	—	—	—	—	—	—	—	—	—	—	—
	II	105,66	—	8,45	9,50	II	105,66	—	2,26	2,54	—	—	—	—	—	—	—	—	—	—	—	—	—	—	—
	III	—	—	—	—	III	—	—	—	—	—	—	—	—	—	—	—	—	—	—	—	—	—	—	—
	V	442,33	—	35,38	39,80	IV	190,33	—	11,62	13,07	—	8,14	9,16	—	4,83	5,43	—	2,04	2,29	—	—	—	—	—	—
	VI	473,—	—	37,84	42,57																				
2 153,99	I,IV	191,—	—	15,28	17,19	I	191,—	—	8,19	9,21	—	2,07	2,33	—	—	—	—	—	—	—	—	—	—	—	—
	II	106,25	—	8,50	9,56	II	106,25	—	2,30	2,58	—	—	—	—	—	—	—	—	—	—	—	—	—	—	—
	III	—	—	—	—	III	—	—	—	—	—	—	—	—	—	—	—	—	—	—	—	—	—	—	—
	V	443,41	—	35,47	39,90	IV	191,—	—	11,67	13,13	—	8,19	9,21	—	4,88	5,49	—	2,07	2,33	—	—	—	—	—	—
	VI	474,—	—	37,92	42,66																				
2 156,99	I,IV	191,58	—	15,32	17,24	I	191,58	—	8,24	9,27	—	2,10	2,36	—	—	—	—	—	—	—	—	—	—	—	—
	II	106,83	—	8,54	9,61	II	106,83	—	2,33	2,62	—	—	—	—	—	—	—	—	—	—	—	—	—	—	—
	III	—	—	—	—	III	—	—	—	—	—	—	—	—	—	—	—	—	—	—	—	—	—	—	—
	V	444,41	—	35,55	39,99	IV	191,58	—	11,72	13,19	—	8,24	9,27	—	4,92	5,53	—	2,10	2,36	—	—	—	—	—	—
	VI	474,83	—	37,98	42,73																				
2 159,99	I,IV	192,25	—	15,38	17,30	I	192,25	—	8,29	9,32	—	2,14	2,41	—	—	—	—	—	—	—	—	—	—	—	—
	II	107,41	—	8,59	9,66	II	107,41	—	2,37	2,66	—	—	—	—	—	—	—	—	—	—	—	—	—	—	—
	III	—	—	—	—	III	—	—	—	—	—	—	—	—	—	—	—	—	—	—	—	—	—	—	—
	V	445,33	—	35,62	40,07	IV	192,25	—	11,77	13,24	—	8,29	9,32	—	4,96	5,58	—	2,14	2,41	—	—	—	—	—	—
	VI	475,66	—	38,05	42,80																				
2 162,99	I,IV	192,91	—	15,43	17,36	I	192,91	—	8,34	9,38	—	2,18	2,45	—	—	—	—	—	—	—	—	—	—	—	—
	II	108,08	—	8,64	9,72	II	108,08	—	2,40	2,70	—	—	—	—	—	—	—	—	—	—	—	—	—	—	—
	III	—	—	—	—	III	—	—	—	—	—	—	—	—	—	—	—	—	—	—	—	—	—	—	—
	V	446,33	—	35,70	40,16	IV	192,91	—	11,82	13,30	—	8,34	9,38	—	5,01	5,63	—	2,18	2,45	—	—	—	—	—	—
	VI	476,50	—	38,12	42,88																				
2 165,99	I,IV	193,58	—	15,48	17,42	I	193,58	—	8,38	9,43	—	2,22	2,49	—	—	—	—	—	—	—	—	—	—	—	—
	II	108,66	—	8,69	9,77	II	108,66	—	2,44	2,75	—	—	—	—	—	—	—	—	—	—	—	—	—	—	—
	III	—	—	—	—	III	—	—	—	—	—	—	—	—	—	—	—	—	—	—	—	—	—	—	—
	V	447,16	—	35,77	40,24	IV	193,58	—	11,88	13,36	—	8,38	9,43	—	5,05	5,68	—	2,22	2,49	—	—	—	—	—	—
	VI	477,50	—	38,20	42,97																				
2 168,99	I,IV	194,25	—	15,54	17,48	I	194,25	—	8,44	9,49	—	2,25	2,53	—	—	—	—	—	—	—	—	—	—	—	—
	II	109,25	—	8,74	9,83	II	109,25	—	2,48	2,79	—	—	—	—	—	—	—	—	—	—	—	—	—	—	—
	III	—	—	—	—	III	—	—	—	—	—	—	—	—	—	—	—	—	—	—	—	—	—	—	—
	V	448,—	—	35,84	40,32	IV	194,25	—	11,92	13,41	—	8,44	9,49	—	5,10	5,73	—	2,25	2,53	—	—	—	—	—	—
	VI	478,33	—	38,26	43,04																				
2 171,99	I,IV	194,83	—	15,58	17,53	I	194,83	—	8,48	9,54	—	2,28	2,57	—	—	—	—	—	—	—	—	—	—	—	—
	II	109,91	—	8,79	9,89	II	109,91	—	2,52	2,83	—	—	—	—	—	—	—	—	—	—	—	—	—	—	—
	III	—	—	—	—	III	—	—	—	—	—	—	—	—	—	—	—	—	—	—	—	—	—	—	—
	V	448,83	—	35,90	40,39	IV	194,83	—	11,98	13,47	—	8,48	9,54	—	5,14	5,78	—	2,28	2,57	—	0,02	0,02	—	—	—
	VI	479,16	—	38,33	43,12																				
2 174,99	I,IV	195,50	—	15,64	17,59	I	195,50	—	8,53	9,59	—	2,32	2,61	—	—	—	—	—	—	—	—	—	—	—	—
	II	110,50	—	8,84	9,94	II	110,50	—	2,55	2,87	—	—	—	—	—	—	—	—	—	—	—	—	—	—	—
	III	—	—	—	—	III	—	—	—	—	—	—	—	—	—	—	—	—	—	—	—	—	—	—	—
	V	449,66	—	35,97	40,46	IV	195,50	—	12,02	13,52	—	8,53	9,59	—	5,18	5,83	—	2,32	2,61	—	0,05	0,05	—	—	—
	VI	480,—	—	38,40	43,20																				
2 177,99	I,IV	196,16	—	15,69	17,65	I	196,16	—	8,58	9,65	—	2,36	2,65	—	—	—	—	—	—	—	—	—	—	—	—
	II	111,08	—	8,88	9,99	II	111,08	—	2,59	2,91	—	—	—	—	—	—	—	—	—	—	—	—	—	—	—
	III	—	—	—	—	III	—	—	—	—	—	—	—	—	—	—	—	—	—	—	—	—	—	—	—
	V	450,66	—	36,05	40,55	IV	196,16	—	12,08	13,59	—	8,58	9,65	—	5,23	5,88	—	2,36	2,65	—	0,08	0,09	—	—	—
	VI	481,—	—	38,48	43,29																				
2 180,99	I,IV	196,83	—	15,74	17,71	I	196,83	—	8,63	9,71	—	2,40	2,70	—	—	—	—	—	—	—	—	—	—	—	—
	II	111,75	—	8,94	10,05	II	111,75	—	2,63	2,96	—	—	—	—	—	—	—	—	—	—	—	—	—	—	—
	III	0,16	—	0,01	0,01	III	0,16	—	—	—	—	—	—	—	—	—	—	—	—	—	—	—	—	—	—
	V	451,50	—	36,12	40,63	IV	196,83	—	12,12	13,64	—	8,63	9,71	—	5,28	5,94	—	2,40	2,70	—	0,11	0,12	—	—	—
	VI	482,—	—	38,56	43,38																				
2 183,99	I,IV	197,50	—	15,80	17,77	I	197,50	—	8,68	9,76	—	2,43	2,73	—	—	—	—	—	—	—	—	—	—	—	—
	II	112,33	—	8,98	10,10	II	112,33	—	2,66	2,99	—	—	—	—	—	—	—	—	—	—	—	—	—	—	—
	III	0,66	—	0,05	0,05	III	0,66	—	—	—	—	—	—	—	—	—	—	—	—	—	—	—	—	—	—
	V	452,33	—	36,18	40,70	IV	197,50	—	12,18	13,70	—	8,68	9,76	—	5,32	5,98	—	2,43	2,73	—	0,14	0,15	—	—	—
	VI	482,66	—	38,61	43,43																				
2 186,99	I,IV	198,16	—	15,85	17,83	I	198,16	—	8,73	9,82	—	2,47	2,78	—	—	—	—	—	—	—	—	—	—	—	—
	II	112,91	—	9,03	10,16	II	112,91	—	2,70	3,04	—	—	—	—	—	—	—	—	—	—	—	—	—	—	—
	III	1,—	—	0,08	0,09	III	1,—	—	—	—	—	—	—	—	—	—	—	—	—	—	—	—	—	—	—
	V	453,16	—	36,25	40,78	IV	198,16	—	12,23	13,76	—	8,73	9,82	—	5,36	6,03	—	2,47	2,78	—	0,16	0,18	—	—	—
	VI	483,66	—	38,69	43,52																				
2 189,99	I,IV	198,83	—	15,90	17,89	I	198,83	—	8,78	9,87	—	2,51	2,82	—	—	—	—	—	—	—	—	—	—	—	—
	II	113,58	—	9,08	10,22	II	113,58	—	2,74	3,08	—	—	—	—	—	—	—	—	—	—	—	—	—	—	—
	III	1,33	—	0,10	0,11	III	1,33	—	—	—	—	—	—	—	—	—	—	—	—	—	—	—	—	—	—
	V	454,—	—	36,32	40,86	IV	198,83	—	12,28	13,81	—	8,78	9,87	—	5,41	6,08	—	2,51	2,82	—	0,20	0,22	—	—	—
	VI	484,50	—	38,76	43,60																				
2 192,99	I,IV	199,41	—	15,95	17,94	I	199,41	—	8,82	9,92	—	2,54	2,86	—	—	—	—	—	—	—	—	—	—	—	—
	II	114,16	—	9,13	10,27	II	114,16	—	2,78	3,12	—	—	—	—	—	—	—	—	—	—	—	—	—	—	—
	III	1,66	—	0,13	0,14	III	1,66	—	—	—	—	—	—	—	—	—	—	—	—	—	—	—	—	—	—
	V	454,83	—	36,38	40,93	IV	199,41	—	12,33	13,87	—	8,82	9,92	—	5,46	6,14	—	2,54	2,86	—	0,22	0,25	—	—	—
	VI	485,50	—	38,84	43,69																				

T 30

* Die ausgewiesenen Tabellenwerte sind amtlich. Siehe Erläuterungen auf der Umschlaginnenseite (U2).

2 243,99*   **MONAT**

Abzüge an Lohnsteuer, Solidaritätszuschlag (SolZ) und Kirchensteuer (8%, 9%) in den Steuerklassen

Lohn/Gehalt bis €*	Kl. (I–VI)	LSt	SolZ	8%	9%	Kl.	LSt	0,5 SolZ	0,5 8%	0,5 9%	1 SolZ	1 8%	1 9%	1,5 SolZ	1,5 8%	1,5 9%	2 SolZ	2 8%	2 9%	2,5 SolZ	2,5 8%	2,5 9%	3 SolZ	3 8%	3 9%
2 195,99	I,IV	200,08	—	16,—	18,—	I	200,08	—	8,87	9,98	—	2,58	2,90	—	—	—	—	—	—	—	—	—	—	—	—
	II	114,75	—	9,18	10,32	II	114,75	—	2,82	3,17	—	—	—	—	—	—	—	—	—	—	—	—	—	—	—
	III	2,16	—	0,17	0,19	III	2,16	—	—	—	—	—	—	—	—	—	—	—	—	—	—	—	—	—	—
	V	455,83	—	36,46	41,02	IV	200,08	—	12,38	13,92	—	8,87	9,98	—	5,50	6,19	—	2,58	2,90	—	0,25	0,28	—	—	—
	VI	486,33	—	38,90	43,76																					
2 198,99	I,IV	200,75	—	16,06	18,06	I	200,75	—	8,92	10,04	—	2,62	2,94	—	—	—	—	—	—	—	—	—	—	—	—
	II	115,41	—	9,23	10,38	II	115,41	—	2,86	3,21	—	—	—	—	—	—	—	—	—	—	—	—	—	—	—
	III	2,50	—	0,20	0,22	III	2,50	—	—	—	—	—	—	—	—	—	—	—	—	—	—	—	—	—	—
	V	456,66	—	36,53	41,09	IV	200,75	—	12,43	13,98	—	8,92	10,04	—	5,55	6,24	—	2,62	2,94	—	0,28	0,32	—	—	—
	VI	487,33	—	38,98	43,85																					
2 201,99	I,IV	201,41	—	16,11	18,12	I	201,41	—	8,97	10,09	—	2,66	2,99	—	—	—	—	—	—	—	—	—	—	—	—
	II	116,—	—	9,28	10,44	II	116,—	—	2,89	3,25	—	—	—	—	—	—	—	—	—	—	—	—	—	—	—
	III	3,—	—	0,24	0,27	III	3,—	—	—	—	—	—	—	—	—	—	—	—	—	—	—	—	—	—	—
	V	457,50	—	36,60	41,17	IV	201,41	—	12,48	14,04	—	8,97	10,09	—	5,60	6,30	—	2,66	2,99	—	0,31	0,35	—	—	—
	VI	488,—	—	39,04	43,92																					
2 204,99	I,IV	202,08	—	16,16	18,18	I	202,08	—	9,02	10,14	—	2,69	3,02	—	—	—	—	—	—	—	—	—	—	—	—
	II	116,58	—	9,32	10,49	II	116,58	—	2,93	3,29	—	—	—	—	—	—	—	—	—	—	—	—	—	—	—
	III	3,33	—	0,26	0,29	III	3,33	—	—	—	—	—	—	—	—	—	—	—	—	—	—	—	—	—	—
	V	458,33	—	36,66	41,24	IV	202,08	—	12,53	14,09	—	9,02	10,14	—	5,64	6,34	—	2,69	3,02	—	0,34	0,38	—	—	—
	VI	489,—	—	39,12	44,01																					
2 207,99	I,IV	202,75	—	16,22	18,24	I	202,75	—	9,07	10,20	—	2,73	3,07	—	—	—	—	—	—	—	—	—	—	—	—
	II	117,25	—	9,38	10,55	II	117,25	—	2,97	3,34	—	—	—	—	—	—	—	—	—	—	—	—	—	—	—
	III	3,66	—	0,29	0,32	III	3,66	—	—	—	—	—	—	—	—	—	—	—	—	—	—	—	—	—	—
	V	459,16	—	36,73	41,32	IV	202,75	—	12,58	14,15	—	9,07	10,20	—	5,68	6,39	—	2,73	3,07	—	0,37	0,41	—	—	—
	VI	489,83	—	39,18	44,08																					
2 210,99	I,IV	203,33	—	16,26	18,29	I	203,33	—	9,12	10,26	—	2,77	3,11	—	—	—	—	—	—	—	—	—	—	—	—
	II	117,83	—	9,42	10,60	II	117,83	—	3,01	3,38	—	—	—	—	—	—	—	—	—	—	—	—	—	—	—
	III	4,16	—	0,33	0,37	III	4,16	—	—	—	—	—	—	—	—	—	—	—	—	—	—	—	—	—	—
	V	460,16	—	36,81	41,41	IV	203,33	—	12,63	14,21	—	9,12	10,26	—	5,73	6,44	—	2,77	3,11	—	0,40	0,45	—	—	—
	VI	490,83	—	39,26	44,17																					
2 213,99	I,IV	204,—	—	16,32	18,36	I	204,—	—	9,17	10,31	—	2,81	3,16	—	—	—	—	—	—	—	—	—	—	—	—
	II	118,50	—	9,48	10,66	II	118,50	—	3,04	3,42	—	—	—	—	—	—	—	—	—	—	—	—	—	—	—
	III	4,50	—	0,36	0,40	III	4,50	—	—	—	—	—	—	—	—	—	—	—	—	—	—	—	—	—	—
	V	461,—	—	36,88	41,49	IV	204,—	—	12,68	14,27	—	9,17	10,31	—	5,78	6,50	—	2,81	3,16	—	0,43	0,48	—	—	—
	VI	491,66	—	39,33	44,24																					
2 216,99	I,IV	204,66	—	16,37	18,41	I	204,66	—	9,22	10,37	—	2,84	3,20	—	—	—	—	—	—	—	—	—	—	—	—
	II	119,08	—	9,52	10,71	II	119,08	—	3,08	3,47	—	—	—	—	—	—	—	—	—	—	—	—	—	—	—
	III	4,83	—	0,38	0,43	III	4,83	—	—	—	—	—	—	—	—	—	—	—	—	—	—	—	—	—	—
	V	461,83	—	36,94	41,56	IV	204,66	—	12,73	14,32	—	9,22	10,37	—	5,82	6,55	—	2,84	3,20	—	0,46	0,51	—	—	—
	VI	492,50	—	39,40	44,32																					
2 219,99	I,IV	205,33	—	16,42	18,47	I	205,33	—	9,26	10,42	—	2,88	3,24	—	—	—	—	—	—	—	—	—	—	—	—
	II	119,66	—	9,57	10,76	II	119,66	—	3,12	3,51	—	—	—	—	—	—	—	—	—	—	—	—	—	—	—
	III	5,33	—	0,42	0,47	III	5,33	—	—	—	—	—	—	—	—	—	—	—	—	—	—	—	—	—	—
	V	462,66	—	37,01	41,63	IV	205,33	—	12,78	14,38	—	9,26	10,42	—	5,87	6,60	—	2,88	3,24	—	0,48	0,54	—	—	—
	VI	493,33	—	39,46	44,39																					
2 222,99	I,IV	206,—	—	16,48	18,54	I	206,—	—	9,32	10,48	—	2,92	3,29	—	—	—	—	—	—	—	—	—	—	—	—
	II	120,33	—	9,62	10,82	II	120,33	—	3,16	3,56	—	—	—	—	—	—	—	—	—	—	—	—	—	—	—
	III	5,66	—	0,45	0,50	III	5,66	—	—	—	—	—	—	—	—	—	—	—	—	—	—	—	—	—	—
	V	463,66	—	37,09	41,72	IV	206,—	—	12,84	14,44	—	9,32	10,48	—	5,92	6,66	—	2,92	3,29	—	0,52	0,58	—	—	—
	VI	494,33	—	39,54	44,48																					
2 225,99	I,IV	206,66	—	16,53	18,59	I	206,66	—	9,36	10,53	—	2,96	3,33	—	—	—	—	—	—	—	—	—	—	—	—
	II	120,91	—	9,67	10,88	II	120,91	—	3,20	3,60	—	—	—	—	—	—	—	—	—	—	—	—	—	—	—
	III	6,16	—	0,49	0,55	III	6,16	—	—	—	—	—	—	—	—	—	—	—	—	—	—	—	—	—	—
	V	464,33	—	37,14	41,78	IV	206,66	—	12,88	14,49	—	9,36	10,53	—	5,96	6,71	—	2,96	3,33	—	0,54	0,61	—	—	—
	VI	495,16	—	39,61	44,56																					
2 228,99	I,IV	207,33	—	16,58	18,65	I	207,33	—	9,41	10,58	—	3,—	3,37	—	—	—	—	—	—	—	—	—	—	—	—
	II	121,50	—	9,72	10,93	II	121,50	—	3,24	3,65	—	—	—	—	—	—	—	—	—	—	—	—	—	—	—
	III	6,50	—	0,52	0,58	III	6,50	—	—	—	—	—	—	—	—	—	—	—	—	—	—	—	—	—	—
	V	465,33	—	37,22	41,87	IV	207,33	—	12,94	14,55	—	9,41	10,58	—	6,01	6,76	—	3,—	3,37	—	0,58	0,65	—	—	—
	VI	496,16	—	39,69	44,65																					
2 231,99	I,IV	208,—	—	16,64	18,72	I	208,—	—	9,46	10,64	—	3,04	3,42	—	—	—	—	—	—	—	—	—	—	—	—
	II	122,16	—	9,77	10,99	II	122,16	—	3,28	3,69	—	—	—	—	—	—	—	—	—	—	—	—	—	—	—
	III	6,83	—	0,54	0,61	III	6,83	—	—	—	—	—	—	—	—	—	—	—	—	—	—	—	—	—	—
	V	466,33	—	37,30	41,96	IV	208,—	—	12,99	14,61	—	9,46	10,64	—	6,06	6,81	—	3,04	3,42	—	0,60	0,68	—	—	—
	VI	497,—	—	39,76	44,73																					
2 234,99	I,IV	208,58	—	16,68	18,77	I	208,58	—	9,51	10,70	—	3,08	3,46	—	—	—	—	—	—	—	—	—	—	—	—
	II	122,75	—	9,82	11,04	II	122,75	—	3,32	3,73	—	—	—	—	—	—	—	—	—	—	—	—	—	—	—
	III	7,33	—	0,58	0,65	III	7,33	—	—	—	—	—	—	—	—	—	—	—	—	—	—	—	—	—	—
	V	467,—	—	37,36	42,03	IV	208,58	—	13,04	14,67	—	9,51	10,70	—	6,10	6,86	—	3,08	3,46	—	0,64	0,72	—	—	—
	VI	498,—	—	39,84	44,82																					
2 237,99	I,IV	209,25	—	16,74	18,83	I	209,25	—	9,56	10,76	—	3,12	3,51	—	—	—	—	—	—	—	—	—	—	—	—
	II	123,41	—	9,87	11,10	II	123,41	—	3,36	3,78	—	—	—	—	—	—	—	—	—	—	—	—	—	—	—
	III	7,66	—	0,61	0,68	III	7,66	—	—	—	—	—	—	—	—	—	—	—	—	—	—	—	—	—	—
	V	468,—	—	37,44	42,12	IV	209,25	—	13,09	14,72	—	9,56	10,76	—	6,15	6,92	—	3,12	3,51	—	0,67	0,75	—	—	—
	VI	498,83	—	39,90	44,89																					
2 240,99	I,IV	209,91	—	16,79	18,89	I	209,91	—	9,61	10,81	—	3,15	3,54	—	—	—	—	—	—	—	—	—	—	—	—
	II	124,—	—	9,92	11,16	II	124,—	—	3,40	3,82	—	—	—	—	—	—	—	—	—	—	—	—	—	—	—
	III	8,16	—	0,65	0,73	III	8,16	—	—	—	—	—	—	—	—	—	—	—	—	—	—	—	—	—	—
	V	468,83	—	37,50	42,19	IV	209,91	—	13,14	14,78	—	9,61	10,81	—	6,20	6,97	—	3,15	3,54	—	0,70	0,78	—	—	—
	VI	499,66	—	39,97	44,96																					
2 243,99	I,IV	210,58	—	16,84	18,95	I	210,58	—	9,66	10,86	—	3,19	3,59	—	—	—	—	—	—	—	—	—	—	—	—
	II	124,58	—	9,96	11,21	II	124,58	—	3,44	3,87	—	—	—	—	—	—	—	—	—	—	—	—	—	—	—
	III	8,50	—	0,68	0,76	III	8,50	—	—	—	—	—	—	—	—	—	—	—	—	—	—	—	—	—	—
	V	469,66	—	37,57	42,26	IV	210,58	—	13,19	14,84	—	9,66	10,86	—	6,24	7,02	—	3,19	3,59	—	0,73	0,82	—	—	—
	VI	500,50	—	40,04	45,04																					

* Die ausgewiesenen Tabellenwerte sind amtlich. Siehe Erläuterungen auf der Umschlaginnenseite (U2).

T 31

MONAT 2 244,–*

Abzüge an Lohnsteuer, Solidaritätszuschlag (SolZ) und Kirchensteuer (8%, 9%) in den Steuerklassen

I – VI (ohne Kinderfreibeträge) / I, II, III, IV (mit Zahl der Kinderfreibeträge)

Lohn/Gehalt bis €*	Kl	LSt	SolZ	8%	9%	Kl	LSt	0,5 SolZ	0,5 8%	0,5 9%	1 SolZ	1 8%	1 9%	1,5 SolZ	1,5 8%	1,5 9%	2 SolZ	2 8%	2 9%	2,5 SolZ	2,5 8%	2,5 9%	3 SolZ	3 8%	3 9%
2 246,99	I,IV	211,25	—	16,90	19,01	I	211,25	—	9,71	10,92	—	3,23	3,63	—	—	—	—	—	—	—	—	—	—	—	—
	II	125,25	—	10,02	11,27	II	125,25	—	3,48	3,91	—	—	—	—	—	—	—	—	—	—	—	—	—	—	—
	III	9,—	—	0,72	0,81	III	9,—																		
	V	470,50	—	37,64	42,34	IV	211,25	—	13,24	14,90	—	9,71	10,92	—	6,30	7,08	—	3,23	3,63	—	0,76	0,85	—	—	—
	VI	501,50	—	40,12	45,13																				
2 249,99	I,IV	211,91	—	16,95	19,07	I	211,91	—	9,76	10,98	—	3,27	3,68	—	—	—	—	—	—	—	—	—	—	—	—
	II	125,83	—	10,06	11,32	II	125,83	—	3,52	3,96	—	—	—	—	—	—	—	—	—	—	—	—	—	—	—
	III	9,33	—	0,74	0,83	III	9,33																		
	V	471,50	—	37,72	42,43	IV	211,91	—	13,30	14,96	—	9,76	10,98	—	6,34	7,13	—	3,27	3,68	—	0,79	0,89	—	—	—
	VI	502,33	—	40,18	45,20																				
2 252,99	I,IV	212,58	—	17,—	19,13	I	212,58	—	9,80	11,03	—	3,31	3,72	—	—	—	—	—	—	—	—	—	—	—	—
	II	126,50	—	10,12	11,38	II	126,50	—	3,56	4,—	—	—	—	—	—	—	—	—	—	—	—	—	—	—	—
	III	9,66	—	0,77	0,86	III	9,66																		
	V	472,33	—	37,78	42,50	IV	212,58	—	13,34	15,01	—	9,80	11,03	—	6,39	7,19	—	3,31	3,72	—	0,82	0,92	—	—	—
	VI	503,33	—	40,26	45,29																				
2 255,99	I,IV	213,25	—	17,06	19,19	I	213,25	—	9,86	11,09	—	3,35	3,77	—	—	—	—	—	—	—	—	—	—	—	—
	II	127,08	—	10,16	11,43	II	127,08	—	3,60	4,05	—	—	—	—	—	—	—	—	—	—	—	—	—	—	—
	III	10,16	—	0,81	0,91	III	10,16																		
	V	473,16	—	37,85	42,58	IV	213,25	—	13,40	15,07	—	9,86	11,09	—	6,44	7,24	—	3,35	3,77	—	0,85	0,95	—	—	—
	VI	504,16	—	40,33	45,37																				
2 258,99	I,IV	213,91	—	17,11	19,25	I	213,91	—	9,90	11,14	—	3,39	3,81	—	—	—	—	—	—	—	—	—	—	—	—
	II	127,75	—	10,22	11,49	II	127,75	—	3,64	4,09	—	—	—	—	—	—	—	—	—	—	—	—	—	—	—
	III	10,50	—	0,84	0,94	III	10,50																		
	V	474,16	—	37,93	42,67	IV	213,91	—	13,44	15,12	—	9,90	11,14	—	6,48	7,29	—	3,39	3,81	—	0,88	0,99	—	—	—
	VI	505,16	—	40,41	45,46																				
2 261,99	I,IV	214,58	—	17,16	19,31	I	214,58	—	9,96	11,20	—	3,43	3,86	—	—	—	—	—	—	—	—	—	—	—	—
	II	128,33	—	10,26	11,54	II	128,33	—	3,68	4,14	—	—	—	—	—	—	—	—	—	—	—	—	—	—	—
	III	11,—	—	0,88	0,99	III	11,—																		
	V	475,—	—	38,—	42,75	IV	214,58	—	13,50	15,18	—	9,96	11,20	—	6,53	7,34	—	3,43	3,86	—	0,92	1,03	—	—	—
	VI	506,—	—	40,48	45,54																				
2 264,99	I,IV	215,16	—	17,21	19,36	I	215,16	—	10,—	11,25	—	3,47	3,90	—	—	—	—	—	—	—	—	—	—	—	—
	II	128,91	—	10,31	11,60	II	128,91	—	3,72	4,19	—	—	—	—	—	—	—	—	—	—	—	—	—	—	—
	III	11,33	—	0,90	1,01	III	11,33																		
	V	475,83	—	38,06	42,82	IV	215,16	—	13,55	15,24	—	10,—	11,25	—	6,58	7,40	—	3,47	3,90	—	0,94	1,06	—	—	—
	VI	506,83	—	40,54	45,61																				
2 267,99	I,IV	215,83	—	17,26	19,42	I	215,83	—	10,05	11,30	—	3,51	3,95	—	—	—	—	—	—	—	—	—	—	—	—
	II	129,58	—	10,36	11,66	II	129,58	—	3,76	4,23	—	—	—	—	—	—	—	—	—	—	—	—	—	—	—
	III	11,83	—	0,94	1,06	III	11,83																		
	V	476,66	—	38,13	42,89	IV	215,83	—	13,60	15,30	—	10,05	11,30	—	6,63	7,46	—	3,51	3,95	—	0,98	1,10	—	—	—
	VI	507,66	—	40,61	45,68																				
2 270,99	I,IV	216,50	—	17,32	19,48	I	216,50	—	10,10	11,36	—	3,55	3,99	—	—	—	—	—	—	—	—	—	—	—	—
	II	130,16	—	10,41	11,71	II	130,16	—	3,80	4,28	—	—	—	—	—	—	—	—	—	—	—	—	—	—	—
	III	12,16	—	0,97	1,09	III	12,16																		
	V	477,66	—	38,21	42,98	IV	216,50	—	13,65	15,35	—	10,10	11,36	—	6,68	7,51	—	3,55	3,99	—	1,01	1,13	—	—	—
	VI	508,83	—	40,70	45,79																				
2 273,99	I,IV	217,16	—	17,37	19,54	I	217,16	—	10,15	11,42	—	3,59	4,04	—	—	—	—	—	—	—	—	—	—	—	—
	II	130,83	—	10,46	11,77	II	130,83	—	3,84	4,32	—	—	—	—	—	—	—	—	—	—	—	—	—	—	—
	III	12,66	—	1,01	1,13	III	12,66																		
	V	478,50	—	38,28	43,06	IV	217,16	—	13,70	15,41	—	10,15	11,42	—	6,72	7,56	—	3,59	4,04	—	1,04	1,17	—	—	—
	VI	509,66	—	40,77	45,86																				
2 276,99	I,IV	217,83	—	17,42	19,60	I	217,83	—	10,20	11,48	—	3,63	4,08	—	—	—	—	—	—	—	—	—	—	—	—
	II	131,41	—	10,51	11,82	II	131,41	—	3,88	4,37	—	—	—	—	—	—	—	—	—	—	—	—	—	—	—
	III	13,—	—	1,04	1,17	III	13,—																		
	V	479,33	—	38,34	43,13	IV	217,83	—	13,75	15,47	—	10,20	11,48	—	6,77	7,61	—	3,63	4,08	—	1,07	1,20	—	—	—
	VI	510,50	—	40,84	45,94																				
2 279,99	I,IV	218,50	—	17,48	19,66	I	218,50	—	10,25	11,53	—	3,67	4,13	—	—	—	—	—	—	—	—	—	—	—	—
	II	132,08	—	10,56	11,88	II	132,08	—	3,92	4,41	—	—	—	—	—	—	—	—	—	—	—	—	—	—	—
	III	13,50	—	1,08	1,21	III	13,50																		
	V	480,16	—	38,41	43,21	IV	218,50	—	13,80	15,53	—	10,25	11,53	—	6,82	7,67	—	3,67	4,13	—	1,10	1,24	—	—	—
	VI	511,33	—	40,90	46,01																				
2 282,99	I,IV	219,16	—	17,53	19,72	I	219,16	—	10,30	11,59	—	3,71	4,17	—	—	—	—	—	—	—	—	—	—	—	—
	II	132,66	—	10,61	11,93	II	132,66	—	3,97	4,46	—	—	—	—	—	—	—	—	—	—	—	—	—	—	—
	III	13,83	—	1,10	1,24	III	13,83																		
	V	481,16	—	38,49	43,30	IV	219,16	—	13,86	15,59	—	10,30	11,59	—	6,87	7,73	—	3,71	4,17	—	1,14	1,28	—	—	—
	VI	512,16	—	40,97	46,09																				
2 285,99	I,IV	219,83	—	17,58	19,78	I	219,83	—	10,35	11,64	—	3,75	4,22	—	—	—	—	—	—	—	—	—	—	—	—
	II	133,33	—	10,66	11,99	II	133,33	—	4,01	4,51	—	—	—	—	—	—	—	—	—	—	—	—	—	—	—
	III	14,33	—	1,14	1,28	III	14,33																		
	V	482,—	—	38,56	43,38	IV	219,83	—	13,91	15,65	—	10,35	11,64	—	6,92	7,78	—	3,75	4,22	—	1,17	1,31	—	—	—
	VI	513,16	—	41,05	46,18																				
2 288,99	I,IV	220,50	—	17,64	19,84	I	220,50	—	10,40	11,70	—	3,79	4,26	—	—	—	—	—	—	—	—	—	—	—	—
	II	133,91	—	10,71	12,05	II	133,91	—	4,05	4,55	—	—	—	—	—	—	—	—	—	—	—	—	—	—	—
	III	14,66	—	1,17	1,31	III	14,66																		
	V	482,83	—	38,62	43,45	IV	220,50	—	13,96	15,70	—	10,40	11,70	—	6,96	7,83	—	3,79	4,26	—	1,20	1,35	—	—	—
	VI	514,—	—	41,12	46,26																				
2 291,99	I,IV	221,16	—	17,69	19,90	I	221,16	—	10,45	11,75	—	3,83	4,31	—	—	—	—	—	—	—	—	—	—	—	—
	II	134,58	—	10,76	12,11	II	134,58	—	4,09	4,60	—	—	—	—	—	—	—	—	—	—	—	—	—	—	—
	III	15,16	—	1,21	1,36	III	15,16																		
	V	483,83	—	38,70	43,54	IV	221,16	—	14,01	15,76	—	10,45	11,75	—	7,01	7,88	—	3,83	4,31	—	1,24	1,39	—	—	—
	VI	515,—	—	41,20	46,35																				
2 294,99	I,IV	221,83	—	17,74	19,96	I	221,83	—	10,50	11,81	—	3,88	4,36	—	—	—	—	—	—	—	—	—	—	—	—
	II	135,16	—	10,81	12,16	II	135,16	—	4,14	4,65	—	—	—	—	—	—	—	—	—	—	—	—	—	—	—
	III	15,50	—	1,24	1,39	III	15,50																		
	V	484,66	—	38,77	43,61	IV	221,83	—	14,06	15,82	—	10,50	11,81	—	7,06	7,94	—	3,88	4,36	—	1,27	1,43	—	—	—
	VI	515,83	—	41,26	46,42																				

T 32

* Die ausgewiesenen Tabellenwerte sind amtlich. Siehe Erläuterungen auf der Umschlaginnenseite (U2).

2 345,99* — **MONAT**

Abzüge an Lohnsteuer, Solidaritätszuschlag (SolZ) und Kirchensteuer (8%, 9%) in den Steuerklassen

Lohn/Gehalt bis €*	Kl.	**I – VI** LSt	SolZ	8%	9%	Kl.	LSt	**0,5** SolZ	8%	9%	**1** SolZ	8%	9%	**1,5** SolZ	8%	9%	**2** SolZ	8%	9%	**2,5** SolZ	8%	9%	**3** SolZ	8%	9%
2 297,99	I,IV	222,50	—	17,80	20,02	I	222,50	—	10,55	11,87	—	3,92	4,41	—	—	—	—	—	—	—	—	—	—	—	—
	II	135,83	—	10,86	12,22	II	135,83	—	4,18	4,70	—	—	—	—	—	—	—	—	—	—	—	—	—	—	—
	III	16,—	—	1,28	1,44	III	16,—	—	—	—	—	—	—	—	—	—	—	—	—	—	—	—	—	—	—
	V	485,66	—	38,85	43,70	IV	222,50	—	14,11	15,87	—	10,55	11,87	—	7,11	8,—	—	3,92	4,41	—	1,30	1,46	—	—	—
	VI	516,83	—	41,34	46,51																				
2 300,99	I,IV	223,16	—	17,85	20,08	I	223,16	—	10,60	11,92	—	3,96	4,45	—	—	—	—	—	—	—	—	—	—	—	—
	II	136,41	—	10,91	12,27	II	136,41	—	4,22	4,74	—	—	—	—	—	—	—	—	—	—	—	—	—	—	—
	III	16,33	—	1,30	1,46	III	16,33	—	—	—	—	—	—	—	—	—	—	—	—	—	—	—	—	—	—
	V	486,33	—	38,90	43,76	IV	223,16	—	14,16	15,93	—	10,60	11,92	—	7,16	8,05	—	3,96	4,45	—	1,34	1,50	—	—	—
	VI	517,66	—	41,41	46,58																				
2 303,99	I,IV	223,83	—	17,90	20,14	I	223,83	—	10,65	11,98	—	4,—	4,50	—	—	—	—	—	—	—	—	—	—	—	—
	II	137,—	—	10,96	12,33	II	137,—	—	4,26	4,79	—	—	—	—	—	—	—	—	—	—	—	—	—	—	—
	III	16,83	—	1,34	1,51	III	16,83	—	—	—	—	—	—	—	—	—	—	—	—	—	—	—	—	—	—
	V	487,33	—	38,98	43,85	IV	223,83	—	14,22	15,99	—	10,65	11,98	—	7,20	8,10	—	4,—	4,50	—	1,37	1,54	—	—	—
	VI	518,66	—	41,49	46,67																				
2 306,99	I,IV	224,50	—	17,96	20,20	I	224,50	—	10,70	12,03	—	4,04	4,55	—	—	—	—	—	—	—	—	—	—	—	—
	II	137,66	—	11,01	12,38	II	137,66	—	4,30	4,84	—	—	—	—	—	—	—	—	—	—	—	—	—	—	—
	III	17,16	—	1,37	1,54	III	17,16	—	—	—	—	—	—	—	—	—	—	—	—	—	—	—	—	—	—
	V	488,16	—	39,05	43,93	IV	224,50	—	14,27	16,05	—	10,70	12,03	—	7,25	8,15	—	4,04	4,55	—	1,40	1,58	—	—	—
	VI	519,50	—	41,56	46,75																				
2 309,99	I,IV	225,16	—	18,01	20,26	I	225,16	—	10,75	12,09	—	4,08	4,59	—	—	—	—	—	—	—	—	—	—	—	—
	II	138,33	—	11,06	12,44	II	138,33	—	4,34	4,88	—	—	—	—	—	—	—	—	—	—	—	—	—	—	—
	III	17,66	—	1,41	1,58	III	17,66	—	—	—	—	—	—	—	—	—	—	—	—	—	—	—	—	—	—
	V	489,16	—	39,13	44,02	IV	225,16	—	14,32	16,11	—	10,75	12,09	—	7,30	8,21	—	4,08	4,59	—	1,44	1,62	—	—	—
	VI	520,33	—	41,62	46,82																				
2 312,99	I,IV	225,83	—	18,06	20,32	I	225,83	—	10,80	12,15	—	4,12	4,64	—	—	—	—	—	—	—	—	—	—	—	—
	II	138,91	—	11,11	12,50	II	138,91	—	4,39	4,94	—	—	—	—	—	—	—	—	—	—	—	—	—	—	—
	III	18,—	—	1,44	1,62	III	18,—	—	—	—	—	—	—	—	—	—	—	—	—	—	—	—	—	—	—
	V	490,—	—	39,20	44,10	IV	225,83	—	14,37	16,16	—	10,80	12,15	—	7,34	8,26	—	4,12	4,64	—	1,46	1,64	—	—	—
	VI	521,33	—	41,70	46,91																				
2 315,99	I,IV	226,50	—	18,12	20,38	I	226,50	—	10,85	12,20	—	4,16	4,68	—	—	—	—	—	—	—	—	—	—	—	—
	II	139,50	—	11,16	12,55	II	139,50	—	4,43	4,98	—	—	—	—	—	—	—	—	—	—	—	—	—	—	—
	III	18,50	—	1,48	1,66	III	18,50	—	—	—	—	—	—	—	—	—	—	—	—	—	—	—	—	—	—
	V	491,—	—	39,28	44,19	IV	226,50	—	14,42	16,22	—	10,85	12,20	—	7,40	8,32	—	4,16	4,68	—	1,50	1,69	—	—	—
	VI	522,16	—	41,77	46,99																				
2 318,99	I,IV	227,16	—	18,17	20,44	I	227,16	—	10,90	12,26	—	4,21	4,73	—	—	—	—	—	—	—	—	—	—	—	—
	II	140,16	—	11,21	12,61	II	140,16	—	4,48	5,04	—	—	—	—	—	—	—	—	—	—	—	—	—	—	—
	III	19,—	—	1,52	1,71	III	19,—	—	—	—	—	—	—	—	—	—	—	—	—	—	—	—	—	—	—
	V	491,83	—	39,34	44,26	IV	227,16	—	14,47	16,28	—	10,90	12,26	—	7,44	8,37	—	4,21	4,73	—	1,54	1,73	—	—	—
	VI	523,16	—	41,85	47,08																				
2 321,99	I,IV	227,83	—	18,22	20,50	I	227,83	—	10,95	12,32	—	4,25	4,78	—	—	—	—	—	—	—	—	—	—	—	—
	II	140,83	—	11,26	12,67	II	140,83	—	4,52	5,08	—	—	—	—	—	—	—	—	—	—	—	—	—	—	—
	III	19,33	—	1,54	1,73	III	19,33	—	—	—	—	—	—	—	—	—	—	—	—	—	—	—	—	—	—
	V	492,66	—	39,41	44,33	IV	227,83	—	14,52	16,34	—	10,95	12,32	—	7,49	8,42	—	4,25	4,78	—	1,57	1,76	—	—	—
	VI	524,—	—	41,92	47,16																				
2 324,99	I,IV	228,50	—	18,28	20,56	I	228,50	—	11,—	12,37	—	4,29	4,82	—	—	—	—	—	—	—	—	—	—	—	—
	II	141,41	—	11,31	12,72	II	141,41	—	4,56	5,13	—	—	—	—	—	—	—	—	—	—	—	—	—	—	—
	III	19,83	—	1,58	1,78	III	19,83	—	—	—	—	—	—	—	—	—	—	—	—	—	—	—	—	—	—
	V	493,50	—	39,48	44,41	IV	228,50	—	14,58	16,40	—	11,—	12,37	—	7,54	8,48	—	4,29	4,82	—	1,60	1,80	—	—	—
	VI	525,—	—	42,—	47,25																				
2 327,99	I,IV	229,16	—	18,33	20,62	I	229,16	—	11,05	12,43	—	4,34	4,88	—	—	—	—	—	—	—	—	—	—	—	—
	II	142,—	—	11,36	12,78	II	142,—	—	4,60	5,18	—	—	—	—	—	—	—	—	—	—	—	—	—	—	—
	III	20,16	—	1,61	1,81	III	20,16	—	—	—	—	—	—	—	—	—	—	—	—	—	—	—	—	—	—
	V	494,50	—	39,56	44,50	IV	229,16	—	14,63	16,46	—	11,05	12,43	—	7,59	8,54	—	4,34	4,88	—	1,64	1,84	—	—	—
	VI	525,83	—	42,06	47,32																				
2 330,99	I,IV	229,83	—	18,38	20,68	I	229,83	—	11,10	12,48	—	4,38	4,92	—	—	—	—	—	—	—	—	—	—	—	—
	II	142,66	—	11,41	12,83	II	142,66	—	4,64	5,22	—	—	—	—	—	—	—	—	—	—	—	—	—	—	—
	III	20,66	—	1,65	1,85	III	20,66	—	—	—	—	—	—	—	—	—	—	—	—	—	—	—	—	—	—
	V	495,33	—	39,62	44,57	IV	229,83	—	14,68	16,51	—	11,10	12,48	—	7,64	8,59	—	4,38	4,92	—	1,67	1,88	—	—	—
	VI	527,—	—	42,16	47,43																				
2 333,99	I,IV	230,50	—	18,44	20,74	I	230,50	—	11,15	12,54	—	4,42	4,97	—	—	—	—	—	—	—	—	—	—	—	—
	II	143,33	—	11,46	12,89	II	143,33	—	4,69	5,27	—	—	—	—	—	—	—	—	—	—	—	—	—	—	—
	III	21,16	—	1,69	1,90	III	21,16	—	—	—	—	—	—	—	—	—	—	—	—	—	—	—	—	—	—
	V	496,33	—	39,70	44,66	IV	230,50	—	14,73	16,57	—	11,15	12,54	—	7,68	8,64	—	4,42	4,97	—	1,70	1,91	—	—	—
	VI	527,83	—	42,22	47,50																				
2 336,99	I,IV	231,16	—	18,49	20,80	I	231,16	—	11,20	12,60	—	4,46	5,02	—	—	—	—	—	—	—	—	—	—	—	—
	II	143,91	—	11,51	12,95	II	143,91	—	4,73	5,32	—	—	—	—	—	—	—	—	—	—	—	—	—	—	—
	III	21,50	—	1,72	1,93	III	21,50	—	—	—	—	—	—	—	—	—	—	—	—	—	—	—	—	—	—
	V	497,—	—	39,76	44,73	IV	231,16	—	14,78	16,63	—	11,20	12,60	—	7,73	8,69	—	4,46	5,02	—	1,74	1,95	—	—	—
	VI	528,50	—	42,28	47,56																				
2 339,99	I,IV	231,83	—	18,54	20,86	I	231,83	—	11,25	12,65	—	4,50	5,06	—	—	—	—	—	—	—	—	—	—	—	—
	II	144,58	—	11,56	13,01	II	144,58	—	4,78	5,37	—	—	—	—	—	—	—	—	—	—	—	—	—	—	—
	III	22,—	—	1,76	1,98	III	22,—	—	—	—	—	—	—	—	—	—	—	—	—	—	—	—	—	—	—
	V	498,—	—	39,84	44,82	IV	231,83	—	14,84	16,69	—	11,25	12,65	—	7,78	8,75	—	4,50	5,06	—	1,77	1,99	—	—	—
	VI	529,66	—	42,37	47,65																				
2 342,99	I,IV	232,50	—	18,60	20,92	I	232,50	—	11,30	12,71	—	4,55	5,12	—	—	—	—	—	—	—	—	—	—	—	—
	II	145,16	—	11,61	13,06	II	145,16	—	4,82	5,42	—	—	—	—	—	—	—	—	—	—	—	—	—	—	—
	III	22,33	—	1,78	2,—	III	22,33	—	—	—	—	—	—	—	—	—	—	—	—	—	—	—	—	—	—
	V	498,83	—	39,90	44,89	IV	232,50	—	14,88	16,74	—	11,30	12,71	—	7,83	8,81	—	4,55	5,12	—	1,81	2,03	—	—	—
	VI	530,50	—	42,44	47,74																				
2 345,99	I,IV	233,16	—	18,65	20,98	I	233,16	—	11,35	12,77	—	4,59	5,16	—	—	—	—	—	—	—	—	—	—	—	—
	II	145,83	—	11,66	13,12	II	145,83	—	4,86	5,47	—	—	—	—	—	—	—	—	—	—	—	—	—	—	—
	III	22,83	—	1,82	2,05	III	22,83	—	—	—	—	—	—	—	—	—	—	—	—	—	—	—	—	—	—
	V	499,83	—	39,98	44,98	IV	233,16	—	14,94	16,80	—	11,35	12,77	—	7,88	8,86	—	4,59	5,16	—	1,84	2,07	—	—	—
	VI	531,50	—	42,52	47,83																				

* Die ausgewiesenen Tabellenwerte sind amtlich. Siehe Erläuterungen auf der Umschlaginnenseite (U2).

T 33

MONAT 2 346,–*

Abzüge an Lohnsteuer, Solidaritätszuschlag (SolZ) und Kirchensteuer (8%, 9%) in den Steuerklassen

Linke Spaltengruppe: Steuerklassen **I – VI** *ohne* Kinderfreibeträge.
Rechte Spaltengruppe: Steuerklassen **I, II, III, IV** *mit* Zahl der Kinderfreibeträge (0,5 / 1 / 1,5 / 2 / 2,5 / 3).

Lohn/Gehalt bis €*	Kl	LSt	SolZ	8%	9%	Kl	LSt	0,5 SolZ	0,5 8%	0,5 9%	1 SolZ	1 8%	1 9%	1,5 SolZ	1,5 8%	1,5 9%	2 SolZ	2 8%	2 9%	2,5 SolZ	2,5 8%	2,5 9%	3 SolZ	3 8%	3 9%
2 348,99	I,IV	233,83	—	18,70	21,04	I	233,83	—	11,40	12,82	—	4,64	5,22												
	II	146,41	—	11,71	13,17	II	146,41	—	4,91	5,52															
	III	23,33	—	1,86	2,09	III	23,33																		
	V	500,66	—	40,05	45,05	IV	233,83	—	14,99	16,86	—	11,40	12,82	—	7,92	8,91	—	4,64	5,22	—	1,88	2,11			
	VI	532,33	—	42,58	47,90																				
2 351,99	I,IV	234,50	—	18,76	21,10	I	234,50	—	11,45	12,88	—	4,68	5,26												
	II	147,08	—	11,76	13,23	II	147,08	—	4,95	5,57															
	III	23,66	—	1,89	2,12	III	23,66																		
	V	501,66	—	40,13	45,14	IV	234,50	—	15,04	16,92	—	11,45	12,88	—	7,98	8,97	—	4,68	5,26	—	1,91	2,15			
	VI	533,33	—	42,66	47,99																				
2 354,99	I,IV	235,16	—	18,81	21,16	I	235,16	—	11,50	12,93	—	4,72	5,31												
	II	147,66	—	11,81	13,28	II	147,66	—	5,—	5,62															
	III	24,16	—	1,93	2,17	III	24,16																		
	V	502,50	—	40,20	45,22	IV	235,16	—	15,10	16,98	—	11,50	12,93	—	8,02	9,02	—	4,72	5,31	—	1,95	2,19			
	VI	534,16	—	42,73	48,07																				
2 357,99	I,IV	235,83	—	18,86	21,22	I	235,83	—	11,55	12,99	—	4,76	5,36												
	II	148,33	—	11,86	13,34	II	148,33	—	5,04	5,67															
	III	24,66	—	1,97	2,21	III	24,66																		
	V	503,50	—	40,28	45,31	IV	235,83	—	15,14	17,03	—	11,55	12,99	—	8,07	9,08	—	4,76	5,36	—	1,98	2,23			
	VI	535,—	—	42,80	48,15																				
2 360,99	I,IV	236,50	—	18,92	21,28	I	236,50	—	11,60	13,05	—	4,81	5,41												
	II	148,91	—	11,91	13,40	II	148,91	—	5,08	5,72															
	III	25,—	—	2,—	2,25	III	25,—																		
	V	504,33	—	40,34	45,38	IV	236,50	—	15,20	17,10	—	11,60	13,05	—	8,12	9,13	—	4,81	5,41	—	2,02	2,27			
	VI	536,—	—	42,88	48,24																				
2 363,99	I,IV	237,16	—	18,97	21,34	I	237,16	—	11,65	13,10	—	4,85	5,45												
	II	149,58	—	11,96	13,46	II	149,58	—	5,13	5,77	—	0,02	0,02												
	III	25,50	—	2,04	2,29	III	25,50																		
	V	505,33	—	40,42	45,47	IV	237,16	—	15,25	17,15	—	11,65	13,10	—	8,17	9,19	—	4,85	5,45	—	2,06	2,31			
	VI	536,83	—	42,94	48,31																				
2 366,99	I,IV	237,83	—	19,02	21,40	I	237,83	—	11,70	13,16	—	4,90	5,51												
	II	150,16	—	12,01	13,51	II	150,16	—	5,18	5,82	—	0,04	0,05												
	III	26,—	—	2,08	2,34	III	26,—																		
	V	506,16	—	40,49	45,55	IV	237,83	—	15,30	17,21	—	11,70	13,16	—	8,22	9,24	—	4,90	5,51	—	2,09	2,35			
	VI	538,—	—	43,04	48,42																				
2 369,99	I,IV	238,50	—	19,08	21,46	I	238,50	—	11,75	13,22	—	4,94	5,56												
	II	150,83	—	12,06	13,57	II	150,83	—	5,22	5,87	—	0,08	0,09												
	III	26,33	—	2,10	2,36	III	26,33																		
	V	507,16	—	40,57	45,64	IV	238,50	—	15,36	17,28	—	11,75	13,22	—	8,26	9,29	—	4,94	5,56	—	2,12	2,39			
	VI	538,83	—	43,10	48,49																				
2 372,99	I,IV	239,16	—	19,13	21,52	I	239,16	—	11,80	13,27	—	4,98	5,60												
	II	151,41	—	12,11	13,62	II	151,41	—	5,26	5,92	—	0,10	0,11												
	III	26,83	—	2,14	2,41	III	26,83																		
	V	507,83	—	40,62	45,70	IV	239,16	—	15,40	17,33	—	11,80	13,27	—	8,31	9,35	—	4,98	5,60	—	2,16	2,43			
	VI	539,66	—	43,17	48,56																				
2 375,99	I,IV	239,83	—	19,18	21,58	I	239,83	—	11,85	13,33	—	5,03	5,66												
	II	152,08	—	12,16	13,68	II	152,08	—	5,31	5,97	—	0,13	0,14												
	III	27,16	—	2,17	2,44	III	27,16																		
	V	508,83	—	40,70	45,79	IV	239,83	—	15,46	17,39	—	11,85	13,33	—	8,36	9,41	—	5,03	5,66	—	2,20	2,47			
	VI	540,66	—	43,25	48,65																				
2 378,99	I,IV	240,58	—	19,24	21,65	I	240,58	—	11,90	13,38	—	5,08	5,71												
	II	152,75	—	12,22	13,74	II	152,75	—	5,36	6,03	—	0,16	0,18												
	III	27,66	—	2,21	2,48	III	27,66																		
	V	509,66	—	40,77	45,86	IV	240,58	—	15,51	17,45	—	11,90	13,38	—	8,41	9,46	—	5,08	5,71	—	2,23	2,51			
	VI	541,50	—	43,32	48,73																				
2 381,99	I,IV	241,25	—	19,30	21,71	I	241,25	—	11,95	13,44	—	5,12	5,76	—	0,01	0,01									
	II	153,33	—	12,26	13,79	II	153,33	—	5,40	6,08	—	0,19	0,21												
	III	28,16	—	2,25	2,53	III	28,16																		
	V	510,50	—	40,84	45,94	IV	241,25	—	15,56	17,51	—	11,95	13,44	—	8,46	9,52	—	5,12	5,76	—	2,27	2,55	—	0,01	0,01
	VI	542,33	—	43,38	48,80																				
2 384,99	I,IV	241,91	—	19,35	21,77	I	241,91	—	12,—	13,50	—	5,16	5,81	—	0,04	0,04									
	II	154,—	—	12,32	13,86	II	154,—	—	5,44	6,12	—	0,22	0,24												
	III	28,66	—	2,29	2,57	III	28,66																		
	V	511,50	—	40,92	46,03	IV	241,91	—	15,61	17,56	—	12,—	13,50	—	8,51	9,57	—	5,16	5,81	—	2,30	2,59	—	0,04	0,04
	VI	543,33	—	43,46	48,89																				
2 387,99	I,IV	242,58	—	19,40	21,83	I	242,58	—	12,05	13,55	—	5,21	5,86	—	0,06	0,07									
	II	154,58	—	12,36	13,91	II	154,58	—	5,49	6,17	—	0,24	0,27												
	III	29,—	—	2,32	2,61	III	29,—																		
	V	512,33	—	40,98	46,10	IV	242,58	—	15,66	17,62	—	12,05	13,55	—	8,56	9,63	—	5,21	5,86	—	2,34	2,63	—	0,06	0,07
	VI	544,33	—	43,54	48,98																				
2 390,99	I,IV	243,25	—	19,46	21,89	I	243,25	—	12,10	13,61	—	5,25	5,90	—	0,10	0,11									
	II	155,25	—	12,42	13,97	II	155,25	—	5,54	6,23	—	0,28	0,31												
	III	29,50	—	2,36	2,65	III	29,50																		
	V	513,33	—	41,06	46,19	IV	243,25	—	15,72	17,68	—	12,10	13,61	—	8,60	9,68	—	5,25	5,90	—	2,38	2,67	—	0,10	0,11
	VI	545,33	—	43,62	49,07																				
2 393,99	I,IV	243,91	—	19,51	21,95	I	243,91	—	12,15	13,67	—	5,30	5,96	—	0,12	0,14									
	II	155,91	—	12,47	14,03	II	155,91	—	5,58	6,28	—	0,30	0,34												
	III	30,—	—	2,40	2,70	III	30,—																		
	V	514,16	—	41,13	46,27	IV	243,91	—	15,77	17,74	—	12,15	13,67	—	8,66	9,74	—	5,30	5,96	—	2,42	2,72	—	0,12	0,14
	VI	546,16	—	43,69	49,15																				
2 396,99	I,IV	244,58	—	19,56	22,01	I	244,58	—	12,20	13,73	—	5,34	6,01	—	0,15	0,17									
	II	156,50	—	12,52	14,08	II	156,50	—	5,63	6,33	—	0,33	0,37												
	III	30,33	—	2,42	2,72	III	30,33																		
	V	515,16	—	41,21	46,36	IV	244,58	—	15,82	17,80	—	12,20	13,73	—	8,70	9,79	—	5,34	6,01	—	2,45	2,75	—	0,15	0,17
	VI	547,16	—	43,77	49,24																				

T 34

* Die ausgewiesenen Tabellenwerte sind amtlich. Siehe Erläuterungen auf der Umschlaginnenseite (U2).

2 447,99* MONAT

Abzüge an Lohnsteuer, Solidaritätszuschlag (SolZ) und Kirchensteuer (8%, 9%) in den Steuerklassen

Lohn/Gehalt bis €*	I – VI	LSt	ohne Kinderfreibeträge SolZ	8%	9%	I, II, III, IV	LSt	mit Zahl der Kinderfreibeträge . . . 0,5 SolZ	0,5 8%	0,5 9%	1 SolZ	1 8%	1 9%	1,5 SolZ	1,5 8%	1,5 9%	2 SolZ	2 8%	2 9%	2,5 SolZ	2,5 8%	2,5 9%	3 SolZ	3 8%	3 9%
2 399,99	I,IV	245,25	—	19,62	22,07	I	245,25	—	12,25	13,78	—	5,39	6,06	—	0,18	0,20	—	—	—	—	—	—	—	—	—
	II	157,16	—	12,57	14,14	II	157,16	—	5,68	6,39	—	0,36	0,41	—	—	—	—	—	—	—	—	—	—	—	—
	III	30,83	—	2,46	2,77	III	30,83	—	—	—	—	—	—	—	—	—	—	—	—	—	—	—	—	—	—
	V	516,—	—	41,28	46,44	IV	245,25	—	15,88	17,86	—	12,25	13,78	—	8,75	9,84	—	5,39	6,06	—	2,49	2,80	—	0,18	0,20
	VI	548,—	—	43,84	49,32																				
2 402,99	I,IV	245,91	—	19,67	22,13	I	245,91	—	12,30	13,84	—	5,44	6,12	—	0,21	0,23	—	—	—	—	—	—	—	—	—
	II	157,75	—	12,62	14,19	II	157,75	—	5,72	6,44	—	0,39	0,44	—	—	—	—	—	—	—	—	—	—	—	—
	III	31,33	—	2,50	2,81	III	31,33	—	—	—	—	—	—	—	—	—	—	—	—	—	—	—	—	—	—
	V	517,—	—	41,36	46,53	IV	245,91	—	15,93	17,92	—	12,30	13,84	—	8,80	9,90	—	5,44	6,12	—	2,52	2,84	—	0,21	0,23
	VI	549,—	—	43,92	49,41																				
2 405,99	I,IV	246,58	—	19,72	22,19	I	246,58	—	12,36	13,90	—	5,48	6,16	—	0,24	0,27	—	—	—	—	—	—	—	—	—
	II	158,41	—	12,67	14,25	II	158,41	—	5,77	6,49	—	0,42	0,47	—	—	—	—	—	—	—	—	—	—	—	—
	III	31,83	—	2,54	2,86	III	31,83	—	—	—	—	—	—	—	—	—	—	—	—	—	—	—	—	—	—
	V	517,83	—	41,42	46,60	IV	246,58	—	15,98	17,97	—	12,36	13,90	—	8,85	9,95	—	5,48	6,16	—	2,56	2,88	—	0,24	0,27
	VI	550,—	—	44,—	49,50																				
2 408,99	I,IV	247,25	—	19,78	22,25	I	247,25	—	12,40	13,95	—	5,52	6,21	—	0,26	0,29	—	—	—	—	—	—	—	—	—
	II	159,08	—	12,72	14,31	II	159,08	—	5,81	6,53	—	0,45	0,50	—	—	—	—	—	—	—	—	—	—	—	—
	III	32,16	—	2,57	2,89	III	32,16	—	—	—	—	—	—	—	—	—	—	—	—	—	—	—	—	—	—
	V	518,83	—	41,50	46,69	IV	247,25	—	16,03	18,03	—	12,40	13,95	—	8,90	10,01	—	5,52	6,21	—	2,60	2,92	—	0,26	0,29
	VI	550,83	—	44,06	49,57																				
2 411,99	I,IV	247,91	—	19,83	22,31	I	247,91	—	12,46	14,01	—	5,57	6,26	—	0,30	0,33	—	—	—	—	—	—	—	—	—
	II	159,66	—	12,77	14,36	II	159,66	—	5,86	6,59	—	0,48	0,54	—	—	—	—	—	—	—	—	—	—	—	—
	III	32,66	—	2,61	2,93	III	32,66	—	—	—	—	—	—	—	—	—	—	—	—	—	—	—	—	—	—
	V	519,66	—	41,57	46,76	IV	247,91	—	16,08	18,09	—	12,46	14,01	—	8,95	10,07	—	5,57	6,26	—	2,64	2,97	—	0,30	0,33
	VI	551,66	—	44,13	49,64																				
2 414,99	I,IV	248,66	—	19,89	22,37	I	248,66	—	12,50	14,06	—	5,62	6,32	—	0,32	0,36	—	—	—	—	—	—	—	—	—
	II	160,33	—	12,82	14,42	II	160,33	—	5,90	6,64	—	0,51	0,57	—	—	—	—	—	—	—	—	—	—	—	—
	III	33,16	—	2,65	2,98	III	33,16	—	—	—	—	—	—	—	—	—	—	—	—	—	—	—	—	—	—
	V	520,50	—	41,64	46,84	IV	248,66	—	16,14	18,15	—	12,50	14,06	—	9,—	10,12	—	5,62	6,32	—	2,68	3,01	—	0,32	0,36
	VI	552,66	—	44,21	49,73																				
2 417,99	I,IV	249,33	—	19,94	22,43	I	249,33	—	12,56	14,13	—	5,66	6,37	—	0,36	0,40	—	—	—	—	—	—	—	—	—
	II	161,—	—	12,88	14,49	II	161,—	—	5,96	6,70	—	0,54	0,60	—	—	—	—	—	—	—	—	—	—	—	—
	III	33,66	—	2,69	3,02	III	33,66	—	—	—	—	—	—	—	—	—	—	—	—	—	—	—	—	—	—
	V	521,50	—	41,72	46,93	IV	249,33	—	16,19	18,21	—	12,56	14,13	—	9,04	10,17	—	5,66	6,37	—	2,71	3,05	—	0,36	0,40
	VI	553,66	—	44,29	49,82																				
2 420,99	I,IV	250,—	—	20,—	22,50	I	250,—	—	12,60	14,18	—	5,71	6,42	—	0,38	0,43	—	—	—	—	—	—	—	—	—
	II	161,58	—	12,92	14,54	II	161,58	—	6,—	6,75	—	0,57	0,64	—	—	—	—	—	—	—	—	—	—	—	—
	III	34,—	—	2,72	3,06	III	34,—	—	—	—	—	—	—	—	—	—	—	—	—	—	—	—	—	—	—
	V	522,33	—	41,78	47,—	IV	250,—	—	16,24	18,27	—	12,60	14,18	—	9,10	10,23	—	5,71	6,42	—	2,75	3,09	—	0,38	0,43
	VI	554,66	—	44,37	49,91																				
2 423,99	I,IV	250,66	—	20,05	22,55	I	250,66	—	12,66	14,24	—	5,76	6,48	—	0,41	0,46	—	—	—	—	—	—	—	—	—
	II	162,25	—	12,98	14,60	II	162,25	—	6,04	6,80	—	0,60	0,67	—	—	—	—	—	—	—	—	—	—	—	—
	III	34,50	—	2,76	3,10	III	34,50	—	—	—	—	—	—	—	—	—	—	—	—	—	—	—	—	—	—
	V	523,33	—	41,86	47,09	IV	250,66	—	16,29	18,32	—	12,66	14,24	—	9,14	10,28	—	5,76	6,48	—	2,79	3,14	—	0,41	0,46
	VI	555,50	—	44,44	49,99																				
2 426,99	I,IV	251,33	—	20,10	22,61	I	251,33	—	12,71	14,30	—	5,80	6,53	—	0,44	0,50	—	—	—	—	—	—	—	—	—
	II	162,83	—	13,02	14,65	II	162,83	—	6,10	6,86	—	0,63	0,71	—	—	—	—	—	—	—	—	—	—	—	—
	III	35,—	—	2,80	3,15	III	35,—	—	—	—	—	—	—	—	—	—	—	—	—	—	—	—	—	—	—
	V	524,16	—	41,93	47,17	IV	251,33	—	16,34	18,38	—	12,71	14,30	—	9,19	10,34	—	5,80	6,53	—	2,82	3,17	—	0,44	0,50
	VI	556,33	—	44,50	50,06																				
2 429,99	I,IV	252,—	—	20,16	22,68	I	252,—	—	12,76	14,35	—	5,85	6,58	—	0,47	0,53	—	—	—	—	—	—	—	—	—
	II	163,50	—	13,08	14,71	II	163,50	—	6,14	6,91	—	0,66	0,74	—	—	—	—	—	—	—	—	—	—	—	—
	III	35,50	—	2,84	3,19	III	35,50	—	—	—	—	—	—	—	—	—	—	—	—	—	—	—	—	—	—
	V	525,16	—	42,01	47,26	IV	252,—	—	16,40	18,45	—	12,76	14,35	—	9,24	10,40	—	5,85	6,58	—	2,86	3,22	—	0,47	0,53
	VI	557,50	—	44,60	50,17																				
2 432,99	I,IV	252,66	—	20,21	22,73	I	252,66	—	12,81	14,41	—	5,90	6,63	—	0,50	0,56	—	—	—	—	—	—	—	—	—
	II	164,16	—	13,13	14,77	II	164,16	—	6,19	6,96	—	0,69	0,77	—	—	—	—	—	—	—	—	—	—	—	—
	III	35,83	—	2,86	3,22	III	35,83	—	—	—	—	—	—	—	—	—	—	—	—	—	—	—	—	—	—
	V	526,—	—	42,08	47,34	IV	252,66	—	16,45	18,50	—	12,81	14,41	—	9,29	10,45	—	5,90	6,63	—	2,90	3,26	—	0,50	0,56
	VI	558,33	—	44,66	50,24																				
2 435,99	I,IV	253,33	—	20,26	22,79	I	253,33	—	12,86	14,47	—	5,94	6,68	—	0,53	0,59	—	—	—	—	—	—	—	—	—
	II	164,75	—	13,18	14,82	II	164,75	—	6,24	7,02	—	0,72	0,81	—	—	—	—	—	—	—	—	—	—	—	—
	III	36,33	—	2,90	3,26	III	36,33	—	—	—	—	—	—	—	—	—	—	—	—	—	—	—	—	—	—
	V	527,—	—	42,16	47,43	IV	253,33	—	16,50	18,56	—	12,86	14,47	—	9,34	10,50	—	5,94	6,68	—	2,94	3,31	—	0,53	0,59
	VI	559,16	—	44,73	50,32																				
2 438,99	I,IV	254,08	—	20,32	22,86	I	254,08	—	12,91	14,52	—	5,99	6,74	—	0,56	0,63	—	—	—	—	—	—	—	—	—
	II	165,41	—	13,23	14,88	II	165,41	—	6,28	7,07	—	0,75	0,84	—	—	—	—	—	—	—	—	—	—	—	—
	III	36,83	—	2,94	3,31	III	36,83	—	—	—	—	—	—	—	—	—	—	—	—	—	—	—	—	—	—
	V	528,—	—	42,24	47,52	IV	254,08	—	16,56	18,63	—	12,91	14,52	—	9,39	10,56	—	5,99	6,74	—	2,98	3,35	—	0,56	0,63
	VI	560,16	—	44,81	50,41																				
2 441,99	I,IV	254,75	—	20,38	22,92	I	254,75	—	12,96	14,58	—	6,04	6,79	—	0,59	0,66	—	—	—	—	—	—	—	—	—
	II	166,08	—	13,28	14,94	II	166,08	—	6,33	7,12	—	0,78	0,88	—	—	—	—	—	—	—	—	—	—	—	—
	III	37,33	—	2,98	3,35	III	37,33	—	—	—	—	—	—	—	—	—	—	—	—	—	—	—	—	—	—
	V	528,83	—	42,30	47,59	IV	254,75	—	16,61	18,68	—	12,96	14,58	—	9,44	10,62	—	6,04	6,79	—	3,02	3,39	—	0,59	0,66
	VI	561,16	—	44,89	50,50																				
2 444,99	I,IV	255,41	—	20,43	22,98	I	255,41	—	13,01	14,63	—	6,08	6,84	—	0,62	0,70	—	—	—	—	—	—	—	—	—
	II	166,66	—	13,33	14,99	II	166,66	—	6,38	7,17	—	0,81	0,91	—	—	—	—	—	—	—	—	—	—	—	—
	III	37,66	—	3,01	3,38	III	37,66	—	—	—	—	—	—	—	—	—	—	—	—	—	—	—	—	—	—
	V	529,83	—	42,38	47,68	IV	255,41	—	16,66	18,74	—	13,01	14,63	—	9,48	10,67	—	6,08	6,84	—	3,06	3,44	—	0,62	0,70
	VI	562,—	—	44,96	50,58																				
2 447,99	I,IV	256,08	—	20,48	23,04	I	256,08	—	13,06	14,69	—	6,13	6,89	—	0,65	0,73	—	—	—	—	—	—	—	—	—
	II	167,33	—	13,38	15,05	II	167,33	—	6,42	7,22	—	0,84	0,95	—	—	—	—	—	—	—	—	—	—	—	—
	III	38,16	—	3,05	3,43	III	38,16	—	—	—	—	—	—	—	—	—	—	—	—	—	—	—	—	—	—
	V	530,66	—	42,45	47,75	IV	256,08	—	16,71	18,80	—	13,06	14,69	—	9,54	10,73	—	6,13	6,89	—	3,10	3,48	—	0,65	0,73
	VI	563,—	—	45,04	50,67																				

* Die ausgewiesenen Tabellenwerte sind amtlich. Siehe Erläuterungen auf der Umschlaginnenseite (U2).

MONAT 2 448,–*

Abzüge an Lohnsteuer, Solidaritätszuschlag (SolZ) und Kirchensteuer (8%, 9%) in den Steuerklassen

Lohn/ Gehalt bis €*	I – VI	LSt	ohne Kinderfreibeträge SolZ	8%	9%	I, II, III, IV	LSt	mit Zahl der Kinderfreibeträge … 0,5 SolZ	0,5 8%	0,5 9%	1 SolZ	1 8%	1 9%	1,5 SolZ	1,5 8%	1,5 9%	2 SolZ	2 8%	2 9%	2,5 SolZ	2,5 8%	2,5 9%	3 SolZ	3 8%	3 9%
2 450,99	I,IV	256,75	—	20,54	23,10	I	256,75	—	13,12	14,76	—	6,18	6,95	—	0,68	0,77	—	—	—	—	—	—	—	—	—
	II	168,—	—	13,44	15,12	II	168,—	—	6,48	7,29	—	0,88	0,99	—	—	—	—	—	—	—	—	—	—	—	—
	III	38,66	—	3,09	3,47	III	38,66	—	—	—	—	—	—	—	—	—	—	—	—	—	—	—	—	—	—
	V	531,66	—	42,53	47,84	IV	256,75	—	16,76	18,86	—	13,12	14,76	—	9,58	10,78	—	6,18	6,95	—	3,14	3,53	—	0,68	0,77
	VI	563,83	—	45,10	50,74																				
2 453,99	I,IV	257,41	—	20,59	23,16	I	257,41	—	13,16	14,81	—	6,22	7,—	—	0,72	0,81	—	—	—	—	—	—	—	—	—
	II	168,58	—	13,48	15,17	II	168,58	—	6,52	7,34	—	0,91	1,02	—	—	—	—	—	—	—	—	—	—	—	—
	III	39,16	—	3,13	3,52	III	39,16	—	—	—	—	—	—	—	—	—	—	—	—	—	—	—	—	—	—
	V	532,50	—	42,60	47,92	IV	257,41	—	16,82	18,92	—	13,16	14,81	—	9,64	10,84	—	6,22	7,—	—	3,17	3,56	—	0,72	0,81
	VI	564,83	—	45,18	50,83																				
2 456,99	I,IV	258,08	—	20,64	23,22	I	258,08	—	13,22	14,87	—	6,27	7,05	—	0,74	0,83	—	—	—	—	—	—	—	—	—
	II	169,25	—	13,54	15,23	II	169,25	—	6,57	7,39	—	0,94	1,05	—	—	—	—	—	—	—	—	—	—	—	—
	III	39,66	—	3,17	3,56	III	39,66	—	—	—	—	—	—	—	—	—	—	—	—	—	—	—	—	—	—
	V	533,50	—	42,68	48,01	IV	258,08	—	16,87	18,98	—	13,22	14,87	—	9,68	10,89	—	6,27	7,05	—	3,21	3,61	—	0,74	0,83
	VI	565,83	—	45,26	50,92																				
2 459,99	I,IV	258,83	—	20,70	23,29	I	258,83	—	13,27	14,93	—	6,32	7,11	—	0,78	0,87	—	—	—	—	—	—	—	—	—
	II	169,91	—	13,59	15,29	II	169,91	—	6,62	7,44	—	0,97	1,09	—	—	—	—	—	—	—	—	—	—	—	—
	III	40,16	—	3,21	3,61	III	40,16	—	—	—	—	—	—	—	—	—	—	—	—	—	—	—	—	—	—
	V	534,33	—	42,74	48,08	IV	258,83	—	16,92	19,04	—	13,27	14,93	—	9,73	10,94	—	6,32	7,11	—	3,25	3,65	—	0,78	0,87
	VI	566,66	—	45,33	50,99																				
2 462,99	I,IV	259,50	—	20,76	23,35	I	259,50	—	13,32	14,98	—	6,36	7,16	—	0,80	0,90	—	—	—	—	—	—	—	—	—
	II	170,50	—	13,64	15,34	II	170,50	—	6,66	7,49	—	1,—	1,13	—	—	—	—	—	—	—	—	—	—	—	—
	III	40,50	—	3,24	3,64	III	40,50	—	—	—	—	—	—	—	—	—	—	—	—	—	—	—	—	—	—
	V	535,16	—	42,81	48,16	IV	259,50	—	16,98	19,10	—	13,32	14,98	—	9,78	11,—	—	6,36	7,16	—	3,29	3,70	—	0,80	0,90
	VI	567,66	—	45,41	51,08																				
2 465,99	I,IV	260,16	—	20,81	23,41	I	260,16	—	13,37	15,04	—	6,42	7,22	—	0,84	0,94	—	—	—	—	—	—	—	—	—
	II	171,16	—	13,69	15,40	II	171,16	—	6,71	7,55	—	1,04	1,17	—	—	—	—	—	—	—	—	—	—	—	—
	III	41,—	—	3,28	3,69	III	41,—	—	—	—	—	—	—	—	—	—	—	—	—	—	—	—	—	—	—
	V	536,16	—	42,89	48,25	IV	260,16	—	17,03	19,16	—	13,37	15,04	—	9,83	11,06	—	6,42	7,22	—	3,33	3,74	—	0,84	0,94
	VI	568,66	—	45,49	51,17																				
2 468,99	I,IV	260,83	—	20,86	23,47	I	260,83	—	13,42	15,10	—	6,46	7,27	—	0,87	0,98	—	—	—	—	—	—	—	—	—
	II	171,83	—	13,74	15,46	II	171,83	—	6,76	7,60	—	1,06	1,19	—	—	—	—	—	—	—	—	—	—	—	—
	III	41,50	—	3,32	3,73	III	41,50	—	—	—	—	—	—	—	—	—	—	—	—	—	—	—	—	—	—
	V	537,—	—	42,96	48,33	IV	260,83	—	17,08	19,22	—	13,42	15,10	—	9,88	11,12	—	6,46	7,27	—	3,37	3,79	—	0,87	0,98
	VI	569,50	—	45,56	51,25																				
2 471,99	I,IV	261,50	—	20,92	23,53	I	261,50	—	13,47	15,15	—	6,51	7,32	—	0,90	1,01	—	—	—	—	—	—	—	—	—
	II	172,41	—	13,79	15,51	II	172,41	—	6,81	7,66	—	1,10	1,23	—	—	—	—	—	—	—	—	—	—	—	—
	III	42,—	—	3,36	3,78	III	42,—	—	—	—	—	—	—	—	—	—	—	—	—	—	—	—	—	—	—
	V	538,16	—	43,05	48,43	IV	261,50	—	17,14	19,28	—	13,47	15,15	—	9,93	11,17	—	6,51	7,32	—	3,41	3,83	—	0,90	1,01
	VI	570,66	—	45,65	51,35																				
2 474,99	I,IV	262,25	—	20,98	23,60	I	262,25	—	13,52	15,21	—	6,56	7,38	—	0,93	1,04	—	—	—	—	—	—	—	—	—
	II	173,08	—	13,84	15,57	II	173,08	—	6,86	7,71	—	1,13	1,27	—	—	—	—	—	—	—	—	—	—	—	—
	III	42,50	—	3,40	3,82	III	42,50	—	—	—	—	—	—	—	—	—	—	—	—	—	—	—	—	—	—
	V	539,—	—	43,12	48,51	IV	262,25	—	17,19	19,34	—	13,52	15,21	—	9,98	11,22	—	6,56	7,38	—	3,45	3,88	—	0,93	1,04
	VI	571,50	—	45,72	51,43																				
2 477,99	I,IV	262,91	—	21,03	23,66	I	262,91	—	13,58	15,27	—	6,60	7,43	—	0,96	1,08	—	—	—	—	—	—	—	—	—
	II	173,75	—	13,90	15,63	II	173,75	—	6,90	7,76	—	1,16	1,31	—	—	—	—	—	—	—	—	—	—	—	—
	III	43,—	—	3,44	3,87	III	43,—	—	—	—	—	—	—	—	—	—	—	—	—	—	—	—	—	—	—
	V	539,83	—	43,18	48,58	IV	262,91	—	17,24	19,40	—	13,58	15,27	—	10,03	11,28	—	6,60	7,43	—	3,49	3,92	—	0,96	1,08
	VI	572,33	—	45,78	51,50																				
2 480,99	I,IV	263,58	—	21,08	23,72	I	263,58	—	13,62	15,32	—	6,65	7,48	—	1,—	1,12	—	—	—	—	—	—	—	—	—
	II	174,33	—	13,94	15,68	II	174,33	—	6,95	7,82	—	1,20	1,35	—	—	—	—	—	—	—	—	—	—	—	—
	III	43,50	—	3,48	3,91	III	43,50	—	—	—	—	—	—	—	—	—	—	—	—	—	—	—	—	—	—
	V	540,83	—	43,26	48,67	IV	263,58	—	17,29	19,45	—	13,62	15,32	—	10,08	11,34	—	6,65	7,48	—	3,53	3,97	—	1,—	1,12
	VI	573,33	—	45,86	51,59																				
2 483,99	I,IV	264,25	—	21,14	23,78	I	264,25	—	13,68	15,39	—	6,70	7,53	—	1,02	1,15	—	—	—	—	—	—	—	—	—
	II	175,—	—	14,—	15,75	II	175,—	—	7,—	7,87	—	1,23	1,38	—	—	—	—	—	—	—	—	—	—	—	—
	III	43,83	—	3,50	3,94	III	43,83	—	—	—	—	—	—	—	—	—	—	—	—	—	—	—	—	—	—
	V	541,66	—	43,33	48,74	IV	264,25	—	17,34	19,51	—	13,68	15,39	—	10,13	11,39	—	6,70	7,53	—	3,57	4,01	—	1,02	1,15
	VI	574,33	—	45,94	51,68																				
2 486,99	I,IV	264,91	—	21,19	23,84	I	264,91	—	13,73	15,44	—	6,75	7,59	—	1,06	1,19	—	—	—	—	—	—	—	—	—
	II	175,66	—	14,05	15,80	II	175,66	—	7,05	7,93	—	1,26	1,42	—	—	—	—	—	—	—	—	—	—	—	—
	III	44,33	—	3,54	3,98	III	44,33	—	—	—	—	—	—	—	—	—	—	—	—	—	—	—	—	—	—
	V	542,66	—	43,41	48,83	IV	264,91	—	17,40	19,57	—	13,73	15,44	—	10,18	11,45	—	6,75	7,59	—	3,61	4,06	—	1,06	1,19
	VI	575,16	—	46,01	51,76																				
2 489,99	I,IV	265,66	—	21,25	23,90	I	265,66	—	13,78	15,50	—	6,80	7,65	—	1,09	1,22	—	—	—	—	—	—	—	—	—
	II	176,33	—	14,10	15,86	II	176,33	—	7,10	7,98	—	1,30	1,46	—	—	—	—	—	—	—	—	—	—	—	—
	III	44,83	—	3,58	4,03	III	44,83	—	—	—	—	—	—	—	—	—	—	—	—	—	—	—	—	—	—
	V	543,66	—	43,49	48,92	IV	265,66	—	17,45	19,63	—	13,78	15,50	—	10,23	11,51	—	6,80	7,65	—	3,65	4,10	—	1,09	1,22
	VI	576,16	—	46,09	51,85																				
2 492,99	I,IV	266,33	—	21,30	23,96	I	266,33	—	13,83	15,56	—	6,84	7,70	—	1,12	1,26	—	—	—	—	—	—	—	—	—
	II	176,91	—	14,15	15,92	II	176,91	—	7,14	8,03	—	1,32	1,49	—	—	—	—	—	—	—	—	—	—	—	—
	III	45,33	—	3,62	4,07	III	45,33	—	—	—	—	—	—	—	—	—	—	—	—	—	—	—	—	—	—
	V	544,33	—	43,54	48,98	IV	266,33	—	17,50	19,69	—	13,83	15,56	—	10,28	11,56	—	6,84	7,70	—	3,69	4,15	—	1,12	1,26
	VI	577,16	—	46,17	51,94																				
2 495,99	I,IV	267,—	—	21,36	24,03	I	267,—	—	13,88	15,62	—	6,89	7,75	—	1,16	1,30	—	—	—	—	—	—	—	—	—
	II	177,58	—	14,20	15,98	II	177,58	—	7,19	8,09	—	1,36	1,53	—	—	—	—	—	—	—	—	—	—	—	—
	III	45,83	—	3,66	4,12	III	45,83	—	—	—	—	—	—	—	—	—	—	—	—	—	—	—	—	—	—
	V	545,50	—	43,64	49,09	IV	267,—	—	17,56	19,75	—	13,88	15,62	—	10,32	11,61	—	6,89	7,75	—	3,73	4,19	—	1,16	1,30
	VI	578,—	—	46,24	52,02																				
2 498,99	I,IV	267,66	—	21,41	24,08	I	267,66	—	13,94	15,68	—	6,94	7,80	—	1,19	1,34	—	—	—	—	—	—	—	—	—
	II	178,25	—	14,26	16,04	II	178,25	—	7,24	8,14	—	1,39	1,56	—	—	—	—	—	—	—	—	—	—	—	—
	III	46,33	—	3,70	4,16	III	46,33	—	—	—	—	—	—	—	—	—	—	—	—	—	—	—	—	—	—
	V	546,33	—	43,70	49,16	IV	267,66	—	17,61	19,81	—	13,94	15,68	—	10,38	11,67	—	6,94	7,80	—	3,77	4,24	—	1,19	1,34
	VI	579,—	—	46,32	52,11																				

* Die ausgewiesenen Tabellenwerte sind amtlich. Siehe Erläuterungen auf der Umschlaginnenseite (U2).

2 549,99* — **MONAT**

Abzüge an Lohnsteuer, Solidaritätszuschlag (SolZ) und Kirchensteuer (8%, 9%) in den Steuerklassen

I – VI (ohne Kinderfreibeträge) | **I, II, III, IV** (mit Zahl der Kinderfreibeträge . . .)

Lohn/Gehalt bis €*	Kl.	LSt	SolZ	8%	9%	Kl.	LSt	0,5 SolZ	0,5 8%	0,5 9%	1 SolZ	1 8%	1 9%	1,5 SolZ	1,5 8%	1,5 9%	2 SolZ	2 8%	2 9%	2,5 SolZ	2,5 8%	2,5 9%	3 SolZ	3 8%	3 9%
2 501,99	I,IV	268,33	—	21,46	24,14	I	268,33	—	13,98	15,73	—	6,99	7,86	—	1,22	1,37	—	—	—	—	—	—	—	—	—
	II	178,91	—	14,31	16,10	II	178,91	—	7,29	8,20	—	1,42	1,60	—	—	—	—	—	—	—	—	—	—	—	—
	III	46,83	—	3,74	4,21	III	46,83	—	—	—	—	—	—												
	V	547,16	—	43,77	49,24	IV	268,33	—	17,66	19,87	—	13,98	15,73	—	10,42	11,72	—	6,99	7,86	—	3,82	4,29	—	1,22	1,37
	VI	580,—	—	46,40	52,20																				
2 504,99	I,IV	269,08	—	21,52	24,21	I	269,08	—	14,04	15,79	—	7,04	7,92	—	1,25	1,40	—	—	—	—	—	—	—	—	—
	II	179,50	—	14,36	16,15	II	179,50	—	7,34	8,25	—	1,46	1,64	—	—	—	—	—	—	—	—	—	—	—	—
	III	47,33	—	3,78	4,25	III	47,33	—	—	—	—	—	—												
	V	548,16	—	43,85	49,33	IV	269,08	—	17,72	19,93	—	14,04	15,79	—	10,48	11,79	—	7,04	7,92	—	3,86	4,34	—	1,25	1,40
	VI	580,83	—	46,46	52,27																				
2 507,99	I,IV	269,75	—	21,58	24,27	I	269,75	—	14,09	15,85	—	7,08	7,97	—	1,28	1,44	—	—	—	—	—	—	—	—	—
	II	180,16	—	14,41	16,21	II	180,16	—	7,38	8,30	—	1,49	1,67	—	—	—	—	—	—	—	—	—	—	—	—
	III	47,66	—	3,81	4,28	III	47,66	—	—	—	—	—	—												
	V	549,—	—	43,92	49,41	IV	269,75	—	17,77	19,99	—	14,09	15,85	—	10,52	11,84	—	7,08	7,97	—	3,90	4,38	—	1,28	1,44
	VI	581,83	—	46,54	52,36																				
2 510,99	I,IV	270,41	—	21,63	24,33	I	270,41	—	14,14	15,90	—	7,13	8,02	—	1,32	1,48	—	—	—	—	—	—	—	—	—
	II	180,83	—	14,46	16,27	II	180,83	—	7,43	8,36	—	1,52	1,71	—	—	—	—	—	—	—	—	—	—	—	—
	III	48,16	—	3,85	4,33	III	48,16	—	—	—	—	—	—												
	V	550,16	—	44,01	49,51	IV	270,41	—	17,82	20,05	—	14,14	15,90	—	10,58	11,90	—	7,13	8,02	—	3,94	4,43	—	1,32	1,48
	VI	582,83	—	46,62	52,45																				
2 513,99	I,IV	271,08	—	21,68	24,39	I	271,08	—	14,19	15,96	—	7,18	8,07	—	1,35	1,52	—	—	—	—	—	—	—	—	—
	II	181,41	—	14,51	16,32	II	181,41	—	7,48	8,42	—	1,56	1,76	—	—	—	—	—	—	—	—	—	—	—	—
	III	48,66	—	3,89	4,37	III	48,66	—	—	—	—	—	—												
	V	551,—	—	44,08	49,59	IV	271,08	—	17,88	20,11	—	14,19	15,96	—	10,62	11,95	—	7,18	8,07	—	3,98	4,47	—	1,35	1,52
	VI	583,83	—	46,70	52,54																				
2 516,99	I,IV	271,75	—	21,74	24,45	I	271,75	—	14,24	16,02	—	7,22	8,12	—	1,38	1,55	—	—	—	—	—	—	—	—	—
	II	182,08	—	14,56	16,38	II	182,08	—	7,53	8,47	—	1,60	1,80	—	—	—	—	—	—	—	—	—	—	—	—
	III	49,16	—	3,93	4,42	III	49,16	—	—	—	—	—	—												
	V	551,83	—	44,14	49,66	IV	271,75	—	17,93	20,17	—	14,24	16,02	—	10,67	12,—	—	7,22	8,12	—	4,02	4,52	—	1,38	1,55
	VI	584,66	—	46,77	52,61																				
2 519,99	I,IV	272,50	—	21,80	24,52	I	272,50	—	14,29	16,07	—	7,28	8,19	—	1,42	1,59	—	—	—	—	—	—	—	—	—
	II	182,75	—	14,62	16,44	II	182,75	—	7,58	8,52	—	1,63	1,83	—	—	—	—	—	—	—	—	—	—	—	—
	III	49,66	—	3,97	4,46	III	49,66	—	—	—	—	—	—												
	V	552,83	—	44,22	49,75	IV	272,50	—	17,98	20,23	—	14,29	16,07	—	10,72	12,06	—	7,28	8,19	—	4,06	4,57	—	1,42	1,59
	VI	585,66	—	46,85	52,70																				
2 522,99	I,IV	273,16	—	21,85	24,58	I	273,16	—	14,34	16,13	—	7,32	8,24	—	1,45	1,63	—	—	—	—	—	—	—	—	—
	II	183,41	—	14,67	16,50	II	183,41	—	7,62	8,57	—	1,66	1,87	—	—	—	—	—	—	—	—	—	—	—	—
	III	50,16	—	4,01	4,51	III	50,16	—	—	—	—	—	—												
	V	553,83	—	44,30	49,84	IV	273,16	—	18,04	20,29	—	14,34	16,13	—	10,78	12,12	—	7,32	8,24	—	4,10	4,61	—	1,45	1,63
	VI	586,66	—	46,93	52,79																				
2 525,99	I,IV	273,83	—	21,90	24,64	I	273,83	—	14,40	16,20	—	7,37	8,29	—	1,48	1,67	—	—	—	—	—	—	—	—	—
	II	184,—	—	14,72	16,56	II	184,—	—	7,67	8,63	—	1,70	1,91	—	—	—	—	—	—	—	—	—	—	—	—
	III	50,66	—	4,05	4,55	III	50,66	—	—	—	—	—	—												
	V	554,66	—	44,37	49,91	IV	273,83	—	18,09	20,35	—	14,40	16,20	—	10,82	12,17	—	7,37	8,29	—	4,14	4,66	—	1,48	1,67
	VI	587,66	—	47,01	52,88																				
2 528,99	I,IV	274,50	—	21,96	24,70	I	274,50	—	14,45	16,25	—	7,42	8,34	—	1,52	1,71	—	—	—	—	—	—	—	—	—
	II	184,66	—	14,77	16,61	II	184,66	—	7,72	8,69	—	1,73	1,94	—	—	—	—	—	—	—	—	—	—	—	—
	III	51,16	—	4,09	4,60	III	51,16	—	—	—	—	—	—												
	V	555,66	—	44,45	50,—	IV	274,50	—	18,14	20,41	—	14,45	16,25	—	10,87	12,23	—	7,42	8,34	—	4,18	4,70	—	1,52	1,71
	VI	588,66	—	47,09	52,97																				
2 531,99	I,IV	275,25	—	22,02	24,77	I	275,25	—	14,50	16,31	—	7,47	8,40	—	1,55	1,74	—	—	—	—	—	—	—	—	—
	II	185,33	—	14,82	16,67	II	185,33	—	7,77	8,74	—	1,76	1,98	—	—	—	—	—	—	—	—	—	—	—	—
	III	51,66	—	4,13	4,64	III	51,66	—	—	—	—	—	—												
	V	556,50	—	44,52	50,08	IV	275,25	—	18,20	20,47	—	14,50	16,31	—	10,92	12,29	—	7,47	8,40	—	4,23	4,76	—	1,55	1,74
	VI	589,50	—	47,16	53,05																				
2 534,99	I,IV	275,91	—	22,07	24,83	I	275,91	—	14,55	16,37	—	7,52	8,46	—	1,58	1,78	—	—	—	—	—	—	—	—	—
	II	186,—	—	14,88	16,74	II	186,—	—	7,82	8,79	—	1,80	2,02	—	—	—	—	—	—	—	—	—	—	—	—
	III	52,16	—	4,17	4,69	III	52,16	—	—	—	—	—	—												
	V	557,66	—	44,61	50,18	IV	275,91	—	18,25	20,53	—	14,55	16,37	—	10,97	12,34	—	7,52	8,46	—	4,27	4,80	—	1,58	1,78
	VI	590,50	—	47,24	53,14																				
2 537,99	I,IV	276,58	—	22,12	24,89	I	276,58	—	14,60	16,43	—	7,56	8,51	—	1,62	1,82	—	—	—	—	—	—	—	—	—
	II	186,58	—	14,92	16,79	II	186,58	—	7,86	8,84	—	1,84	2,07	—	—	—	—	—	—	—	—	—	—	—	—
	III	52,66	—	4,21	4,73	III	52,66	—	—	—	—	—	—												
	V	558,50	—	44,68	50,26	IV	276,58	—	18,30	20,59	—	14,60	16,43	—	11,02	12,40	—	7,56	8,51	—	4,32	4,86	—	1,62	1,82
	VI	591,33	—	47,30	53,21																				
2 540,99	I,IV	277,25	—	22,18	24,95	I	277,25	—	14,66	16,49	—	7,61	8,56	—	1,65	1,85	—	—	—	—	—	—	—	—	—
	II	187,25	—	14,98	16,85	II	187,25	—	7,92	8,91	—	1,87	2,10	—	—	—	—	—	—	—	—	—	—	—	—
	III	53,16	—	4,25	4,78	III	53,16	—	—	—	—	—	—												
	V	559,33	—	44,74	50,33	IV	277,25	—	18,36	20,65	—	14,66	16,49	—	11,07	12,45	—	7,61	8,56	—	4,36	4,90	—	1,65	1,85
	VI	592,33	—	47,38	53,30																				
2 543,99	I,IV	278,—	—	22,24	25,02	I	278,—	—	14,70	16,54	—	7,66	8,62	—	1,69	1,90	—	—	—	—	—	—	—	—	—
	II	187,91	—	15,03	16,91	II	187,91	—	7,96	8,96	—	1,90	2,14	—	—	—	—	—	—	—	—	—	—	—	—
	III	53,66	—	4,29	4,82	III	53,66	—	—	—	—	—	—												
	V	560,33	—	44,82	50,42	IV	278,—	—	18,41	20,71	—	14,70	16,54	—	11,12	12,51	—	7,66	8,62	—	4,40	4,95	—	1,69	1,90
	VI	593,33	—	47,46	53,39																				
2 546,99	I,IV	278,66	—	22,29	25,07	I	278,66	—	14,76	16,60	—	7,71	8,67	—	1,72	1,94	—	—	—	—	—	—	—	—	—
	II	188,58	—	15,08	16,97	II	188,58	—	8,01	9,01	—	1,94	2,18	—	—	—	—	—	—	—	—	—	—	—	—
	III	54,16	—	4,33	4,87	III	54,16	—	—	—	—	—	—												
	V	561,33	—	44,90	50,51	IV	278,66	—	18,46	20,77	—	14,76	16,60	—	11,17	12,56	—	7,71	8,67	—	4,44	5,—	—	1,72	1,94
	VI	594,33	—	47,54	53,48																				
2 549,99	I,IV	279,33	—	22,34	25,13	I	279,33	—	14,81	16,66	—	7,76	8,73	—	1,76	1,98	—	—	—	—	—	—	—	—	—
	II	189,25	—	15,14	17,03	II	189,25	—	8,06	9,07	—	1,98	2,22	—	—	—	—	—	—	—	—	—	—	—	—
	III	54,66	—	4,37	4,91	III	54,66	—	—	—	—	—	—												
	V	562,16	—	44,97	50,59	IV	279,33	—	18,52	20,83	—	14,81	16,66	—	11,22	12,62	—	7,76	8,73	—	4,48	5,04	—	1,76	1,98
	VI	595,16	—	47,61	53,56																				

* Die ausgewiesenen Tabellenwerte sind amtlich. Siehe Erläuterungen auf der Umschlaginnenseite (U2).

MONAT 2 550,–*

Abzüge an Lohnsteuer, Solidaritätszuschlag (SolZ) und Kirchensteuer (8%, 9%) in den Steuerklassen

Left section: Steuerklassen **I – VI** — **ohne** Kinderfreibeträge
Right section: Steuerklassen **I, II, III, IV** — **mit** Zahl der Kinderfreibeträge …

Lohn/Gehalt bis €*	Kl	LSt	SolZ	8%	9%	Kl	LSt	0,5 SolZ	0,5 8%	0,5 9%	1 SolZ	1 8%	1 9%	1,5 SolZ	1,5 8%	1,5 9%	2 SolZ	2 8%	2 9%	2,5 SolZ	2,5 8%	2,5 9%	3 SolZ	3 8%	3 9%
2 552,99	I,IV	280,08	—	22,40	25,20	I	280,08	—	14,86	16,72	—	7,80	8,78	—	1,79	2,01	—	—	—	—	—	—	—	—	—
	II	189,83	—	15,18	17,08	II	189,83	—	8,11	9,12	—	2,01	2,26	—	—	—	—	—	—	—	—	—	—	—	—
	III	55,16	—	4,41	4,96	III	55,16	—	—	—	—	—	—	—	—	—	—	—	—	—	—	—	—	—	—
	V	563,16	—	45,05	50,68	IV	280,08	—	18,57	20,89	—	14,86	16,72	—	11,27	12,68	—	7,80	8,78	—	4,53	5,09	—	1,79	2,01
	VI	596,16	—	47,69	53,65																				
2 555,99	I,IV	280,75	—	22,46	25,26	I	280,75	—	14,91	16,77	—	7,86	8,84	—	1,82	2,05	—	—	—	—	—	—	—	—	—
	II	190,50	—	15,24	17,14	II	190,50	—	8,16	9,18	—	2,04	2,30	—	—	—	—	—	—	—	—	—	—	—	—
	III	55,66	—	4,45	5,—	III	55,66	—	—	—	—	—	—	—	—	—	—	—	—	—	—	—	—	—	—
	V	564,—	—	45,12	50,76	IV	280,75	—	18,62	20,95	—	14,91	16,77	—	11,32	12,74	—	7,86	8,84	—	4,57	5,14	—	1,82	2,05
	VI	597,16	—	47,77	53,74																				
2 558,99	I,IV	281,41	—	22,51	25,32	I	281,41	—	14,96	16,83	—	7,90	8,89	—	1,86	2,09	—	—	—	—	—	—	—	—	—
	II	191,16	—	15,29	17,20	II	191,16	—	8,20	9,23	—	2,08	2,34	—	—	—	—	—	—	—	—	—	—	—	—
	III	56,16	—	4,49	5,05	III	56,16	—	—	—	—	—	—	—	—	—	—	—	—	—	—	—	—	—	—
	V	565,—	—	45,20	50,85	IV	281,41	—	18,68	21,01	—	14,96	16,83	—	11,37	12,79	—	7,90	8,89	—	4,62	5,19	—	1,86	2,09
	VI	598,—	—	47,84	53,82																				
2 561,99	I,IV	282,16	—	22,57	25,39	I	282,16	—	15,02	16,89	—	7,95	8,94	—	1,90	2,13	—	—	—	—	—	—	—	—	—
	II	191,83	—	15,34	17,26	II	191,83	—	8,26	9,29	—	2,12	2,38	—	—	—	—	—	—	—	—	—	—	—	—
	III	56,66	—	4,53	5,09	III	56,66	—	0,01	0,01	—	—	—	—	—	—	—	—	—	—	—	—	—	—	—
	V	566,—	—	45,28	50,94	IV	282,16	—	18,73	21,07	—	15,02	16,89	—	11,42	12,85	—	7,95	8,94	—	4,66	5,24	—	1,90	2,13
	VI	599,—	—	47,92	53,91																				
2 564,99	I,IV	282,83	—	22,62	25,45	I	282,83	—	15,07	16,95	—	8,—	9,—	—	1,93	2,17	—	—	—	—	—	—	—	—	—
	II	192,41	—	15,39	17,31	II	192,41	—	8,30	9,34	—	2,15	2,42	—	—	—	—	—	—	—	—	—	—	—	—
	III	57,16	—	4,57	5,14	III	57,16	—	0,05	0,05	—	—	—	—	—	—	—	—	—	—	—	—	—	—	—
	V	566,83	—	45,34	51,01	IV	282,83	—	18,78	21,13	—	15,07	16,95	—	11,47	12,90	—	8,—	9,—	—	4,70	5,28	—	1,93	2,17
	VI	600,—	—	48,—	54,—																				
2 567,99	I,IV	283,50	—	22,68	25,51	I	283,50	—	15,12	17,01	—	8,05	9,05	—	1,96	2,21	—	—	—	—	—	—	—	—	—
	II	193,08	—	15,44	17,37	II	193,08	—	8,35	9,39	—	2,19	2,46	—	—	—	—	—	—	—	—	—	—	—	—
	III	57,66	—	4,61	5,18	III	57,66	—	0,08	0,09	—	—	—	—	—	—	—	—	—	—	—	—	—	—	—
	V	567,83	—	45,42	51,10	IV	283,50	—	18,84	21,19	—	15,12	17,01	—	11,52	12,96	—	8,05	9,05	—	4,74	5,33	—	1,96	2,21
	VI	601,—	—	48,08	54,09																				
2 570,99	I,IV	284,16	—	22,73	25,57	I	284,16	—	15,17	17,06	—	8,10	9,11	—	2,—	2,25	—	—	—	—	—	—	—	—	—
	II	193,75	—	15,50	17,43	II	193,75	—	8,40	9,45	—	2,22	2,50	—	—	—	—	—	—	—	—	—	—	—	—
	III	58,16	—	4,65	5,23	III	58,16	—	0,12	0,13	—	—	—	—	—	—	—	—	—	—	—	—	—	—	—
	V	568,83	—	45,50	51,19	IV	284,16	—	18,89	21,25	—	15,17	17,06	—	11,58	13,02	—	8,10	9,11	—	4,79	5,39	—	2,—	2,25
	VI	601,83	—	48,14	54,16																				
2 573,99	I,IV	284,91	—	22,79	25,64	I	284,91	—	15,22	17,12	—	8,14	9,16	—	2,04	2,29	—	—	—	—	—	—	—	—	—
	II	194,41	—	15,55	17,49	II	194,41	—	8,45	9,50	—	2,26	2,54	—	—	—	—	—	—	—	—	—	—	—	—
	III	58,66	—	4,69	5,27	III	58,66	—	0,14	0,16	—	—	—	—	—	—	—	—	—	—	—	—	—	—	—
	V	569,66	—	45,57	51,26	IV	284,91	—	18,94	21,31	—	15,22	17,12	—	11,62	13,07	—	8,14	9,16	—	4,83	5,43	—	2,04	2,29
	VI	603,—	—	48,24	54,27																				
2 576,99	I,IV	285,58	—	22,84	25,70	I	285,58	—	15,28	17,19	—	8,19	9,21	—	2,07	2,33	—	—	—	—	—	—	—	—	—
	II	195,08	—	15,60	17,55	II	195,08	—	8,50	9,56	—	2,30	2,58	—	—	—	—	—	—	—	—	—	—	—	—
	III	59,16	—	4,73	5,32	III	59,16	—	0,17	0,19	—	—	—	—	—	—	—	—	—	—	—	—	—	—	—
	V	570,66	—	45,65	51,35	IV	285,58	—	19,—	21,37	—	15,28	17,19	—	11,67	13,13	—	8,19	9,21	—	4,88	5,49	—	2,07	2,33
	VI	603,83	—	48,30	54,34																				
2 579,99	I,IV	286,25	—	22,90	25,76	I	286,25	—	15,33	17,24	—	8,24	9,27	—	2,11	2,37	—	—	—	—	—	—	—	—	—
	II	195,66	—	15,65	17,60	II	195,66	—	8,54	9,61	—	2,33	2,62	—	—	—	—	—	—	—	—	—	—	—	—
	III	59,66	—	4,77	5,36	III	59,66	—	0,20	0,22	—	—	—	—	—	—	—	—	—	—	—	—	—	—	—
	V	571,66	—	45,73	51,44	IV	286,25	—	19,05	21,43	—	15,33	17,24	—	11,72	13,19	—	8,24	9,27	—	4,92	5,53	—	2,11	2,37
	VI	604,83	—	48,38	54,43																				
2 582,99	I,IV	287,—	—	22,96	25,83	I	287,—	—	15,38	17,30	—	8,29	9,32	—	2,14	2,41	—	—	—	—	—	—	—	—	—
	II	196,33	—	15,70	17,66	II	196,33	—	8,60	9,67	—	2,37	2,66	—	—	—	—	—	—	—	—	—	—	—	—
	III	60,16	—	4,81	5,41	III	60,16	—	0,24	0,27	—	—	—	—	—	—	—	—	—	—	—	—	—	—	—
	V	572,50	—	45,80	51,52	IV	287,—	—	19,10	21,49	—	15,38	17,30	—	11,78	13,25	—	8,29	9,32	—	4,96	5,58	—	2,14	2,41
	VI	605,83	—	48,46	54,52																				
2 585,99	I,IV	287,66	—	23,01	25,88	I	287,66	—	15,43	17,36	—	8,34	9,38	—	2,18	2,45	—	—	—	—	—	—	—	—	—
	II	197,—	—	15,76	17,73	II	197,—	—	8,64	9,72	—	2,40	2,70	—	—	—	—	—	—	—	—	—	—	—	—
	III	60,66	—	4,85	5,45	III	60,66	—	0,26	0,29	—	—	—	—	—	—	—	—	—	—	—	—	—	—	—
	V	573,50	—	45,88	51,61	IV	287,66	—	19,16	21,56	—	15,43	17,36	—	11,82	13,30	—	8,34	9,38	—	5,01	5,63	—	2,18	2,45
	VI	606,83	—	48,54	54,61																				
2 588,99	I,IV	288,33	—	23,06	25,94	I	288,33	—	15,48	17,42	—	8,38	9,43	—	2,22	2,49	—	—	—	—	—	—	—	—	—
	II	197,66	—	15,81	17,78	II	197,66	—	8,69	9,77	—	2,44	2,75	—	—	—	—	—	—	—	—	—	—	—	—
	III	61,16	—	4,89	5,50	III	61,16	—	0,30	0,34	—	—	—	—	—	—	—	—	—	—	—	—	—	—	—
	V	574,50	—	45,96	51,70	IV	288,33	—	19,21	21,61	—	15,48	17,42	—	11,88	13,36	—	8,38	9,43	—	5,05	5,68	—	2,22	2,49
	VI	607,66	—	48,61	54,68																				
2 591,99	I,IV	289,08	—	23,12	26,01	I	289,08	—	15,54	17,48	—	8,44	9,49	—	2,25	2,53	—	—	—	—	—	—	—	—	—
	II	198,33	—	15,86	17,84	II	198,33	—	8,74	9,83	—	2,48	2,79	—	—	—	—	—	—	—	—	—	—	—	—
	III	61,66	—	4,93	5,54	III	61,66	—	0,33	0,37	—	—	—	—	—	—	—	—	—	—	—	—	—	—	—
	V	575,33	—	46,02	51,77	IV	289,08	—	19,27	21,68	—	15,54	17,48	—	11,92	13,41	—	8,44	9,49	—	5,10	5,73	—	2,25	2,53
	VI	608,66	—	48,69	54,77																				
2 594,99	I,IV	289,75	—	23,18	26,07	I	289,75	—	15,59	17,54	—	8,48	9,54	—	2,29	2,57	—	—	—	—	—	—	—	—	—
	II	199,—	—	15,92	17,91	II	199,—	—	8,79	9,89	—	2,52	2,83	—	—	—	—	—	—	—	—	—	—	—	—
	III	62,33	—	4,98	5,60	III	62,33	—	0,36	0,40	—	—	—	—	—	—	—	—	—	—	—	—	—	—	—
	V	576,33	—	46,10	51,86	IV	289,75	—	19,32	21,74	—	15,59	17,54	—	11,98	13,47	—	8,48	9,54	—	5,14	5,78	—	2,29	2,57
	VI	609,66	—	48,77	54,86																				
2 597,99	I,IV	290,41	—	23,23	26,13	I	290,41	—	15,64	17,60	—	8,54	9,60	—	2,32	2,61	—	—	—	—	—	—	—	—	—
	II	199,66	—	15,97	17,96	II	199,66	—	8,84	9,94	—	2,56	2,88	—	—	—	—	—	—	—	—	—	—	—	—
	III	62,83	—	5,02	5,65	III	62,83	—	0,40	0,45	—	—	—	—	—	—	—	—	—	—	—	—	—	—	—
	V	577,33	—	46,18	51,95	IV	290,41	—	19,38	21,80	—	15,64	17,60	—	12,03	13,53	—	8,54	9,60	—	5,19	5,84	—	2,32	2,61
	VI	610,66	—	48,85	54,95																				
2 600,99	I,IV	291,08	—	23,28	26,19	I	291,08	—	15,69	17,65	—	8,58	9,65	—	2,36	2,65	—	—	—	—	—	—	—	—	—
	II	200,25	—	16,02	18,02	II	200,25	—	8,88	9,99	—	2,59	2,91	—	—	—	—	—	—	—	—	—	—	—	—
	III	63,33	—	5,06	5,69	III	63,33	—	0,42	0,47	—	—	—	—	—	—	—	—	—	—	—	—	—	—	—
	V	578,16	—	46,25	52,03	IV	291,08	—	19,43	21,86	—	15,69	17,65	—	12,08	13,59	—	8,58	9,65	—	5,23	5,88	—	2,36	2,65
	VI	611,66	—	48,93	55,04																				

* Die ausgewiesenen Tabellenwerte sind amtlich. Siehe Erläuterungen auf der Umschlaginnenseite (U2).

2 651,99* MONAT

Abzüge an Lohnsteuer, Solidaritätszuschlag (SolZ) und Kirchensteuer (8%, 9%) in den Steuerklassen

Lohn/Gehalt bis €*	I – VI		ohne Kinderfreibeträge			I, II, III, IV		mit Zahl der Kinderfreibeträge . . . 0,5			1			1,5			2			2,5			3		
		LSt	SolZ	8%	9%		LSt	SolZ	8%	9%	SolZ	8%	9%	SolZ	8%	9%	SolZ	8%	9%	SolZ	8%	9%	SolZ	8%	9%
2 603,99	I,IV	291,83	—	23,34	26,26	I	291,83	—	15,74	17,71	—	8,63	9,71	—	2,40	2,70	—	—	—	—	—	—	—	—	—
	II	200,91	—	16,07	18,08	II	200,91	—	8,94	10,05	—	2,63	2,96	—	—	—	—	—	—	—	—	—	—	—	—
	III	63,83	—	5,10	5,74	III	63,83	—	0,45	0,50	—	—	—	—	—	—	—	—	—	—	—	—	—	—	—
	V	579,16	—	46,33	52,12	IV	291,83	—	19,48	21,92	—	15,74	17,71	—	12,13	13,64	—	8,63	9,71	—	5,28	5,94	—	2,40	2,70
	VI	612,50	—	49,—	55,12																				
2 606,99	I,IV	292,50	—	23,40	26,32	I	292,50	—	15,80	17,77	—	8,68	9,76	—	2,44	2,74	—	—	—	—	—	—	—	—	—
	II	201,58	—	16,12	18,14	II	201,58	—	8,98	10,10	—	2,66	2,99	—	—	—	—	—	—	—	—	—	—	—	—
	III	64,33	—	5,14	5,78	III	64,33	—	0,49	0,55	—	—	—	—	—	—	—	—	—	—	—	—	—	—	—
	V	580,16	—	46,41	52,21	IV	292,50	—	19,54	21,98	—	15,80	17,77	—	12,18	13,70	—	8,68	9,76	—	5,32	5,99	—	2,44	2,74
	VI	613,50	—	49,08	55,21																				
2 609,99	I,IV	293,25	—	23,46	26,39	I	293,25	—	15,85	17,83	—	8,73	9,82	—	2,47	2,78	—	—	—	—	—	—	—	—	—
	II	202,25	—	16,18	18,20	II	202,25	—	9,04	10,17	—	2,70	3,04	—	—	—	—	—	—	—	—	—	—	—	—
	III	64,83	—	5,18	5,83	III	64,83	—	0,52	0,58	—	—	—	—	—	—	—	—	—	—	—	—	—	—	—
	V	581,16	—	46,49	52,30	IV	293,25	—	19,59	22,04	—	15,85	17,83	—	12,23	13,76	—	8,73	9,82	—	5,37	6,04	—	2,47	2,78
	VI	614,66	—	49,17	55,31																				
2 612,99	I,IV	293,91	—	23,51	26,45	I	293,91	—	15,90	17,89	—	8,78	9,87	—	2,51	2,82	—	—	—	—	—	—	—	—	—
	II	202,91	—	16,23	18,26	II	202,91	—	9,08	10,22	—	2,74	3,08	—	—	—	—	—	—	—	—	—	—	—	—
	III	65,33	—	5,22	5,87	III	65,33	—	0,56	0,63	—	—	—	—	—	—	—	—	—	—	—	—	—	—	—
	V	582,—	—	46,56	52,38	IV	293,91	—	19,64	22,10	—	15,90	17,89	—	12,28	13,81	—	8,78	9,87	—	5,41	6,08	—	2,51	2,82
	VI	615,50	—	49,24	55,39																				
2 615,99	I,IV	294,58	—	23,56	26,51	I	294,58	—	15,95	17,94	—	8,82	9,92	—	2,54	2,86	—	—	—	—	—	—	—	—	—
	II	203,58	—	16,28	18,32	II	203,58	—	9,13	10,27	—	2,78	3,12	—	—	—	—	—	—	—	—	—	—	—	—
	III	65,83	—	5,26	5,92	III	65,83	—	0,58	0,65	—	—	—	—	—	—	—	—	—	—	—	—	—	—	—
	V	583,—	—	46,64	52,47	IV	294,58	—	19,70	22,16	—	15,95	17,94	—	12,33	13,87	—	8,82	9,92	—	5,46	6,14	—	2,54	2,86
	VI	616,50	—	49,32	55,48																				
2 618,99	I,IV	295,33	—	23,62	26,57	I	295,33	—	16,—	18,—	—	8,88	9,99	—	2,58	2,90	—	—	—	—	—	—	—	—	—
	II	204,25	—	16,34	18,38	II	204,25	—	9,18	10,33	—	2,82	3,17	—	—	—	—	—	—	—	—	—	—	—	—
	III	66,33	—	5,30	5,96	III	66,33	—	0,62	0,70	—	—	—	—	—	—	—	—	—	—	—	—	—	—	—
	V	584,—	—	46,72	52,56	IV	295,33	—	19,75	22,22	—	16,—	18,—	—	12,38	13,92	—	8,88	9,99	—	5,50	6,19	—	2,58	2,90
	VI	617,33	—	49,38	55,55																				
2 621,99	I,IV	296,—	—	23,68	26,64	I	296,—	—	16,06	18,06	—	8,92	10,04	—	2,62	2,94	—	—	—	—	—	—	—	—	—
	II	204,83	—	16,38	18,43	II	204,83	—	9,23	10,38	—	2,86	3,21	—	—	—	—	—	—	—	—	—	—	—	—
	III	66,83	—	5,34	6,01	III	66,83	—	0,65	0,73	—	—	—	—	—	—	—	—	—	—	—	—	—	—	—
	V	584,83	—	46,78	52,63	IV	296,—	—	19,81	22,28	—	16,06	18,06	—	12,43	13,98	—	8,92	10,04	—	5,55	6,24	—	2,62	2,94
	VI	618,33	—	49,46	55,64																				
2 624,99	I,IV	296,66	—	23,73	26,69	I	296,66	—	16,11	18,12	—	8,97	10,09	—	2,66	2,99	—	—	—	—	—	—	—	—	—
	II	205,50	—	16,44	18,49	II	205,50	—	9,28	10,44	—	2,89	3,25	—	—	—	—	—	—	—	—	—	—	—	—
	III	67,50	—	5,40	6,07	III	67,50	—	0,68	0,76	—	—	—	—	—	—	—	—	—	—	—	—	—	—	—
	V	585,83	—	46,86	52,72	IV	296,66	—	19,86	22,34	—	16,11	18,12	—	12,48	14,04	—	8,97	10,09	—	5,60	6,30	—	2,66	2,99
	VI	619,33	—	49,54	55,73																				
2 627,99	I,IV	297,41	—	23,79	26,76	I	297,41	—	16,16	18,18	—	9,02	10,15	—	2,70	3,03	—	—	—	—	—	—	—	—	—
	II	206,16	—	16,49	18,55	II	206,16	—	9,33	10,49	—	2,93	3,29	—	—	—	—	—	—	—	—	—	—	—	—
	III	68,—	—	5,44	6,12	III	68,—	—	0,72	0,81	—	—	—	—	—	—	—	—	—	—	—	—	—	—	—
	V	586,83	—	46,94	52,81	IV	297,41	—	19,92	22,41	—	16,16	18,18	—	12,53	14,09	—	9,02	10,15	—	5,64	6,34	—	2,70	3,03
	VI	620,33	—	49,62	55,82																				
2 630,99	I,IV	298,08	—	23,84	26,82	I	298,08	—	16,22	18,24	—	9,07	10,20	—	2,73	3,07	—	—	—	—	—	—	—	—	—
	II	206,83	—	16,54	18,61	II	206,83	—	9,38	10,55	—	2,97	3,34	—	—	—	—	—	—	—	—	—	—	—	—
	III	68,50	—	5,48	6,16	III	68,50	—	0,74	0,83	—	—	—	—	—	—	—	—	—	—	—	—	—	—	—
	V	587,66	—	47,01	52,88	IV	298,08	—	19,97	22,46	—	16,22	18,24	—	12,58	14,15	—	9,07	10,20	—	5,68	6,39	—	2,73	3,07
	VI	621,33	—	49,70	55,91																				
2 633,99	I,IV	298,83	—	23,90	26,89	I	298,83	—	16,27	18,30	—	9,12	10,26	—	2,77	3,11	—	—	—	—	—	—	—	—	—
	II	207,50	—	16,60	18,67	II	207,50	—	9,42	10,60	—	3,01	3,38	—	—	—	—	—	—	—	—	—	—	—	—
	III	69,—	—	5,52	6,21	III	69,—	—	0,78	0,88	—	—	—	—	—	—	—	—	—	—	—	—	—	—	—
	V	588,66	—	47,09	52,97	IV	298,83	—	20,02	22,52	—	16,27	18,30	—	12,64	14,22	—	9,12	10,26	—	5,73	6,44	—	2,77	3,11
	VI	622,33	—	49,78	56,—																				
2 636,99	I,IV	299,50	—	23,96	26,95	I	299,50	—	16,32	18,36	—	9,17	10,31	—	2,81	3,16	—	—	—	—	—	—	—	—	—
	II	208,16	—	16,65	18,73	II	208,16	—	9,48	10,66	—	3,04	3,42	—	—	—	—	—	—	—	—	—	—	—	—
	III	69,50	—	5,56	6,25	III	69,50	—	0,81	0,91	—	—	—	—	—	—	—	—	—	—	—	—	—	—	—
	V	589,66	—	47,17	53,06	IV	299,50	—	20,08	22,59	—	16,32	18,36	—	12,68	14,27	—	9,17	10,31	—	5,78	6,50	—	2,81	3,16
	VI	623,33	—	49,86	56,09																				
2 639,99	I,IV	300,16	—	24,01	27,01	I	300,16	—	16,37	18,41	—	9,22	10,37	—	2,84	3,20	—	—	—	—	—	—	—	—	—
	II	208,83	—	16,70	18,79	II	208,83	—	9,52	10,71	—	3,08	3,47	—	—	—	—	—	—	—	—	—	—	—	—
	III	70,—	—	5,60	6,30	III	70,—	—	0,85	0,95	—	—	—	—	—	—	—	—	—	—	—	—	—	—	—
	V	590,66	—	47,25	53,15	IV	300,16	—	20,13	22,64	—	16,37	18,41	—	12,74	14,33	—	9,22	10,37	—	5,82	6,55	—	2,84	3,20
	VI	624,33	—	49,94	56,18																				
2 642,99	I,IV	300,91	—	24,07	27,08	I	300,91	—	16,42	18,47	—	9,26	10,42	—	2,88	3,24	—	—	—	—	—	—	—	—	—
	II	209,50	—	16,76	18,85	II	209,50	—	9,58	10,77	—	3,12	3,51	—	—	—	—	—	—	—	—	—	—	—	—
	III	70,50	—	5,64	6,34	III	70,50	—	0,88	0,99	—	—	—	—	—	—	—	—	—	—	—	—	—	—	—
	V	591,50	—	47,32	53,23	IV	300,91	—	20,18	22,70	—	16,42	18,47	—	12,78	14,38	—	9,26	10,42	—	5,87	6,60	—	2,88	3,24
	VI	625,16	—	50,01	56,26																				
2 645,99	I,IV	301,58	—	24,12	27,14	I	301,58	—	16,48	18,54	—	9,32	10,48	—	2,92	3,29	—	—	—	—	—	—	—	—	—
	II	210,16	—	16,81	18,91	II	210,16	—	9,62	10,82	—	3,16	3,56	—	—	—	—	—	—	—	—	—	—	—	—
	III	71,16	—	5,69	6,40	III	71,16	—	0,92	1,03	—	—	—	—	—	—	—	—	—	—	—	—	—	—	—
	V	592,66	—	47,41	53,33	IV	301,58	—	20,24	22,77	—	16,48	18,54	—	12,84	14,44	—	9,32	10,48	—	5,92	6,66	—	2,92	3,29
	VI	626,16	—	50,09	56,35																				
2 648,99	I,IV	302,25	—	24,18	27,20	I	302,25	—	16,53	18,59	—	9,36	10,53	—	2,96	3,33	—	—	—	—	—	—	—	—	—
	II	210,75	—	16,86	18,96	II	210,75	—	9,67	10,88	—	3,20	3,60	—	—	—	—	—	—	—	—	—	—	—	—
	III	71,66	—	5,73	6,44	III	71,66	—	0,94	1,06	—	—	—	—	—	—	—	—	—	—	—	—	—	—	—
	V	593,50	—	47,48	53,41	IV	302,25	—	20,30	22,83	—	16,53	18,59	—	12,88	14,49	—	9,36	10,53	—	5,96	6,71	—	2,96	3,33
	VI	627,33	—	50,18	56,45																				
2 651,99	I,IV	303,—	—	24,24	27,27	I	303,—	—	16,58	18,65	—	9,42	10,59	—	3,—	3,37	—	—	—	—	—	—	—	—	—
	II	211,41	—	16,91	19,02	II	211,41	—	9,72	10,94	—	3,24	3,65	—	—	—	—	—	—	—	—	—	—	—	—
	III	72,16	—	5,77	6,49	III	72,16	—	0,98	1,10	—	—	—	—	—	—	—	—	—	—	—	—	—	—	—
	V	594,33	—	47,54	53,48	IV	303,—	—	20,35	22,89	—	16,58	18,65	—	12,94	14,55	—	9,42	10,59	—	6,01	6,76	—	3,—	3,37
	VI	628,16	—	50,25	56,53																				

* Die ausgewiesenen Tabellenwerte sind amtlich. Siehe Erläuterungen auf der Umschlaginnenseite (U2).

MONAT 2 652,–*

Abzüge an Lohnsteuer, Solidaritätszuschlag (SolZ) und Kirchensteuer (8%, 9%) in den Steuerklassen

Lohn/Gehalt bis €*	StKl I–VI	LSt	SolZ	8%	9%	StKl	LSt	0,5 SolZ	0,5 8%	0,5 9%	1 SolZ	1 8%	1 9%	1,5 SolZ	1,5 8%	1,5 9%	2 SolZ	2 8%	2 9%	2,5 SolZ	2,5 8%	2,5 9%	3 SolZ	3 8%	3 9%
2 654,99	I,IV	303,66	—	24,29	27,32	I	303,66	—	16,64	18,72	—	9,46	10,64	—	3,04	3,42	—	—	—	—	—	—	—	—	—
	II	212,08	—	16,96	19,08	II	212,08	—	9,77	10,99	—	3,28	3,69	—	—	—	—	—	—	—	—	—	—	—	—
	III	72,66	—	5,81	6,53	III	72,66	—	1,01	1,13	—	—	—	—	—	—	—	—	—	—	—	—	—	—	—
	V	595,33	—	47,62	53,57	IV	303,66	—	20,40	22,95	—	16,64	18,72	—	12,99	14,61	—	9,46	10,64	—	6,06	6,81	—	3,04	3,42
	VI	629,16	—	50,33	56,62																					
2 657,99	I,IV	304,41	—	24,35	27,39	I	304,41	—	16,69	18,77	—	9,51	10,70	—	3,08	3,46	—	—	—	—	—	—	—	—	—
	II	212,75	—	17,02	19,14	II	212,75	—	9,82	11,05	—	3,32	3,74	—	—	—	—	—	—	—	—	—	—	—	—
	III	73,16	—	5,85	6,58	III	73,16	—	1,04	1,17	—	—	—	—	—	—	—	—	—	—	—	—	—	—	—
	V	596,50	—	47,72	53,68	IV	304,41	—	20,46	23,01	—	16,69	18,77	—	13,04	14,67	—	9,51	10,70	—	6,10	6,86	—	3,08	3,46
	VI	630,16	—	50,41	56,71																					
2 660,99	I,IV	305,08	—	24,40	27,45	I	305,08	—	16,74	18,83	—	9,56	10,76	—	3,12	3,51	—	—	—	—	—	—	—	—	—
	II	213,41	—	17,07	19,20	II	213,41	—	9,87	11,10	—	3,36	3,78	—	—	—	—	—	—	—	—	—	—	—	—
	III	73,66	—	5,89	6,62	III	73,66	—	1,08	1,21	—	—	—	—	—	—	—	—	—	—	—	—	—	—	—
	V	597,33	—	47,78	53,75	IV	305,08	—	20,51	23,07	—	16,74	18,83	—	13,09	14,72	—	9,56	10,76	—	6,15	6,92	—	3,12	3,51
	VI	631,—	—	50,48	56,79																					
2 663,99	I,IV	305,75	—	24,46	27,51	I	305,75	—	16,79	18,89	—	9,61	10,81	—	3,16	3,55	—	—	—	—	—	—	—	—	—
	II	214,08	—	17,12	19,26	II	214,08	—	9,92	11,16	—	3,40	3,82	—	—	—	—	—	—	—	—	—	—	—	—
	III	74,33	—	5,94	6,68	III	74,33	—	1,10	1,24	—	—	—	—	—	—	—	—	—	—	—	—	—	—	—
	V	598,16	—	47,85	53,83	IV	305,75	—	20,56	23,13	—	16,79	18,89	—	13,14	14,78	—	9,61	10,81	—	6,20	6,98	—	3,16	3,55
	VI	632,16	—	50,57	56,89																					
2 666,99	I,IV	306,50	—	24,52	27,58	I	306,50	—	16,84	18,95	—	9,66	10,86	—	3,19	3,59	—	—	—	—	—	—	—	—	—
	II	214,75	—	17,18	19,32	II	214,75	—	9,97	11,21	—	3,44	3,87	—	—	—	—	—	—	—	—	—	—	—	—
	III	74,83	—	5,98	6,73	III	74,83	—	1,14	1,28	—	—	—	—	—	—	—	—	—	—	—	—	—	—	—
	V	599,33	—	47,94	53,93	IV	306,50	—	20,62	23,20	—	16,84	18,95	—	13,19	14,84	—	9,66	10,86	—	6,25	7,03	—	3,19	3,59
	VI	633,16	—	50,65	56,98																					
2 669,99	I,IV	307,16	—	24,57	27,64	I	307,16	—	16,90	19,01	—	9,71	10,92	—	3,23	3,63	—	—	—	—	—	—	—	—	—
	II	215,41	—	17,23	19,38	II	215,41	—	10,02	11,27	—	3,48	3,92	—	—	—	—	—	—	—	—	—	—	—	—
	III	75,33	—	6,02	6,77	III	75,33	—	1,18	1,33	—	—	—	—	—	—	—	—	—	—	—	—	—	—	—
	V	600,33	—	48,02	54,02	IV	307,16	—	20,68	23,26	—	16,90	19,01	—	13,24	14,90	—	9,71	10,92	—	6,30	7,08	—	3,23	3,63
	VI	634,16	—	50,73	57,07																					
2 672,99	I,IV	307,91	—	24,63	27,71	I	307,91	—	16,95	19,07	—	9,76	10,98	—	3,27	3,68	—	—	—	—	—	—	—	—	—
	II	216,08	—	17,28	19,44	II	216,08	—	10,06	11,32	—	3,52	3,96	—	—	—	—	—	—	—	—	—	—	—	—
	III	75,83	—	6,06	6,82	III	75,83	—	1,21	1,36	—	—	—	—	—	—	—	—	—	—	—	—	—	—	—
	V	601,16	—	48,09	54,10	IV	307,91	—	20,73	23,32	—	16,95	19,07	—	13,30	14,96	—	9,76	10,98	—	6,34	7,13	—	3,27	3,68
	VI	635,—	—	50,80	57,15																					
2 675,99	I,IV	308,58	—	24,68	27,77	I	308,58	—	17,—	19,13	—	9,81	11,03	—	3,31	3,72	—	—	—	—	—	—	—	—	—
	II	216,75	—	17,34	19,50	II	216,75	—	10,12	11,38	—	3,56	4,—	—	—	—	—	—	—	—	—	—	—	—	—
	III	76,50	—	6,12	6,88	III	76,50	—	1,25	1,40	—	—	—	—	—	—	—	—	—	—	—	—	—	—	—
	V	602,—	—	48,16	54,18	IV	308,58	—	20,78	23,38	—	17,—	19,13	—	13,34	15,01	—	9,81	11,03	—	6,39	7,19	—	3,31	3,72
	VI	636,—	—	50,88	57,24																					
2 678,99	I,IV	309,33	—	24,74	27,83	I	309,33	—	17,06	19,19	—	9,86	11,09	—	3,35	3,77	—	—	—	—	—	—	—	—	—
	II	217,41	—	17,39	19,56	II	217,41	—	10,16	11,43	—	3,60	4,05	—	—	—	—	—	—	—	—	—	—	—	—
	III	77,—	—	6,16	6,93	III	77,—	—	1,28	1,44	—	—	—	—	—	—	—	—	—	—	—	—	—	—	—
	V	603,16	—	48,25	54,28	IV	309,33	—	20,84	23,44	—	17,06	19,19	—	13,40	15,07	—	9,86	11,09	—	6,44	7,24	—	3,35	3,77
	VI	637,16	—	50,97	57,34																					
2 681,99	I,IV	310,—	—	24,80	27,90	I	310,—	—	17,11	19,25	—	9,91	11,15	—	3,39	3,81	—	—	—	—	—	—	—	—	—
	II	218,08	—	17,44	19,62	II	218,08	—	10,22	11,49	—	3,64	4,10	—	—	—	—	—	—	—	—	—	—	—	—
	III	77,50	—	6,20	6,97	III	77,50	—	1,32	1,48	—	—	—	—	—	—	—	—	—	—	—	—	—	—	—
	V	604,16	—	48,33	54,37	IV	310,—	—	20,90	23,51	—	17,11	19,25	—	13,45	15,13	—	9,91	11,15	—	6,49	7,30	—	3,39	3,81
	VI	638,16	—	51,05	57,43																					
2 684,99	I,IV	310,66	—	24,85	27,95	I	310,66	—	17,16	19,31	—	9,96	11,20	—	3,43	3,86	—	—	—	—	—	—	—	—	—
	II	218,66	—	17,49	19,67	II	218,66	—	10,26	11,54	—	3,68	4,14	—	—	—	—	—	—	—	—	—	—	—	—
	III	78,—	—	6,24	7,02	III	78,—	—	1,34	1,51	—	—	—	—	—	—	—	—	—	—	—	—	—	—	—
	V	605,—	—	48,40	54,45	IV	310,66	—	20,94	23,56	—	17,16	19,31	—	13,50	15,18	—	9,96	11,20	—	6,53	7,34	—	3,43	3,86
	VI	639,—	—	51,12	57,51																					
2 687,99	I,IV	311,41	—	24,91	28,02	I	311,41	—	17,22	19,37	—	10,—	11,25	—	3,47	3,90	—	—	—	—	—	—	—	—	—
	II	219,33	—	17,54	19,73	II	219,33	—	10,32	11,61	—	3,72	4,19	—	—	—	—	—	—	—	—	—	—	—	—
	III	78,66	—	6,29	7,07	III	78,66	—	1,38	1,55	—	—	—	—	—	—	—	—	—	—	—	—	—	—	—
	V	606,—	—	48,48	54,54	IV	311,41	—	21,—	23,63	—	17,22	19,37	—	13,55	15,24	—	10,—	11,25	—	6,58	7,40	—	3,47	3,90
	VI	640,—	—	51,20	57,60																					
2 690,99	I,IV	312,08	—	24,96	28,08	I	312,08	—	17,27	19,43	—	10,06	11,31	—	3,51	3,95	—	—	—	—	—	—	—	—	—
	II	220,—	—	17,60	19,80	II	220,—	—	10,36	11,66	—	3,76	4,23	—	—	—	—	—	—	—	—	—	—	—	—
	III	79,16	—	6,33	7,12	III	79,16	—	1,41	1,58	—	—	—	—	—	—	—	—	—	—	—	—	—	—	—
	V	607,—	—	48,56	54,63	IV	312,08	—	21,06	23,69	—	17,27	19,43	—	13,60	15,30	—	10,06	11,31	—	6,63	7,46	—	3,51	3,95
	VI	641,—	—	51,28	57,69																					
2 693,99	I,IV	312,83	—	25,02	28,15	I	312,83	—	17,32	19,49	—	10,10	11,36	—	3,55	3,99	—	—	—	—	—	—	—	—	—
	II	220,66	—	17,65	19,85	II	220,66	—	10,42	11,72	—	3,80	4,28	—	—	—	—	—	—	—	—	—	—	—	—
	III	79,66	—	6,37	7,16	III	79,66	—	1,45	1,63	—	—	—	—	—	—	—	—	—	—	—	—	—	—	—
	V	608,—	—	48,64	54,72	IV	312,83	—	21,11	23,75	—	17,32	19,49	—	13,65	15,35	—	10,10	11,36	—	6,68	7,51	—	3,55	3,99
	VI	642,—	—	51,36	57,78																					
2 696,99	I,IV	313,50	—	25,08	28,21	I	313,50	—	17,37	19,54	—	10,15	11,42	—	3,59	4,04	—	—	—	—	—	—	—	—	—
	II	221,33	—	17,70	19,91	II	221,33	—	10,46	11,77	—	3,84	4,32	—	—	—	—	—	—	—	—	—	—	—	—
	III	80,16	—	6,41	7,21	III	80,16	—	1,48	1,66	—	—	—	—	—	—	—	—	—	—	—	—	—	—	—
	V	608,83	—	48,70	54,79	IV	313,50	—	21,16	23,81	—	17,37	19,54	—	13,70	15,41	—	10,15	11,42	—	6,72	7,56	—	3,59	4,04
	VI	643,—	—	51,44	57,87																					
2 699,99	I,IV	314,25	—	25,14	28,28	I	314,25	—	17,42	19,60	—	10,20	11,48	—	3,63	4,08	—	—	—	—	—	—	—	—	—
	II	222,—	—	17,76	19,98	II	222,—	—	10,51	11,82	—	3,88	4,37	—	—	—	—	—	—	—	—	—	—	—	—
	III	80,83	—	6,46	7,26	III	80,83	—	1,52	1,71	—	—	—	—	—	—	—	—	—	—	—	—	—	—	—
	V	609,83	—	48,78	54,88	IV	314,25	—	21,22	23,87	—	17,42	19,60	—	13,76	15,48	—	10,20	11,48	—	6,77	7,61	—	3,63	4,08
	VI	644,—	—	51,52	57,96																					
2 702,99	I,IV	314,91	—	25,19	28,34	I	314,91	—	17,48	19,66	—	10,25	11,53	—	3,67	4,13	—	—	—	—	—	—	—	—	—
	II	222,66	—	17,81	20,03	II	222,66	—	10,56	11,88	—	3,93	4,42	—	—	—	—	—	—	—	—	—	—	—	—
	III	81,33	—	6,50	7,31	III	81,33	—	1,56	1,75	—	—	—	—	—	—	—	—	—	—	—	—	—	—	—
	V	610,83	—	48,86	54,97	IV	314,91	—	21,28	23,94	—	17,48	19,66	—	13,80	15,53	—	10,25	11,53	—	6,82	7,67	—	3,67	4,13
	VI	645,—	—	51,60	58,05																					

T 40 * Die ausgewiesenen Tabellenwerte sind amtlich. Siehe Erläuterungen auf der Umschlaginnenseite (U2).

2 753,99* MONAT

Abzüge an Lohnsteuer, Solidaritätszuschlag (SolZ) und Kirchensteuer (8%, 9%) in den Steuerklassen

Lohn/ Gehalt bis €*	I – VI	LSt	ohne Kinderfreibeträge SolZ	8%	9%	I, II, III, IV	LSt	mit Zahl der Kinderfreibeträge . . . 0,5 SolZ	0,5 8%	0,5 9%	1 SolZ	1 8%	1 9%	1,5 SolZ	1,5 8%	1,5 9%	2 SolZ	2 8%	2 9%	2,5 SolZ	2,5 8%	2,5 9%	3 SolZ	3 8%	3 9%
2 705,99	I,IV	315,66	—	25,25	28,40	I	315,66	—	17,54	19,73	—	10,30	11,59	—	3,71	4,17	—	—	—	—	—	—	—	—	—
	II	223,33	—	17,86	20,09	II	223,33	—	10,61	11,93	—	3,97	4,46	—	—	—	—	—	—	—	—	—	—	—	—
	III	81,83	—	6,54	7,36	III	81,83	—	1,58	1,78	—	—	—	—	—	—	—	—	—	—	—	—	—	—	—
	V	611,83	—	48,94	55,06	IV	315,66	—	21,33	23,99	—	17,54	19,73	—	13,86	15,59	—	10,30	11,59	—	6,87	7,73	—	3,71	4,17
	VI	646,—	—	51,68	58,14																				
2 708,99	I,IV	316,33	—	25,30	28,46	I	316,33	—	17,58	19,78	—	10,35	11,64	—	3,75	4,22	—	—	—	—	—	—	—	—	—
	II	224,—	—	17,92	20,16	II	224,—	—	10,66	11,99	—	4,01	4,51	—	—	—	—	—	—	—	—	—	—	—	—
	III	82,50	—	6,60	7,42	III	82,50	—	1,62	1,82	—	—	—	—	—	—	—	—	—	—	—	—	—	—	—
	V	612,66	—	49,01	55,13	IV	316,33	—	21,38	24,05	—	17,58	19,78	—	13,91	15,65	—	10,35	11,64	—	6,92	7,78	—	3,75	4,22
	VI	646,83	—	51,74	58,21																				
2 711,99	I,IV	317,08	—	25,36	28,53	I	317,08	—	17,64	19,84	—	10,40	11,70	—	3,79	4,26	—	—	—	—	—	—	—	—	—
	II	224,66	—	17,97	20,21	II	224,66	—	10,71	12,05	—	4,05	4,55	—	—	—	—	—	—	—	—	—	—	—	—
	III	83,—	—	6,64	7,47	III	83,—	—	1,65	1,85	—	—	—	—	—	—	—	—	—	—	—	—	—	—	—
	V	613,66	—	49,09	55,22	IV	317,08	—	21,44	24,12	—	17,64	19,84	—	13,96	15,70	—	10,40	11,70	—	6,96	7,83	—	3,79	4,26
	VI	648,—	—	51,84	58,32																				
2 714,99	I,IV	317,75	—	25,42	28,59	I	317,75	—	17,69	19,90	—	10,45	11,75	—	3,84	4,32	—	—	—	—	—	—	—	—	—
	II	225,33	—	18,02	20,27	II	225,33	—	10,76	12,11	—	4,10	4,61	—	—	—	—	—	—	—	—	—	—	—	—
	III	83,50	—	6,68	7,51	III	83,50	—	1,69	1,90	—	—	—	—	—	—	—	—	—	—	—	—	—	—	—
	V	614,83	—	49,18	55,33	IV	317,75	—	21,50	24,18	—	17,69	19,90	—	14,01	15,76	—	10,45	11,75	—	7,01	7,88	—	3,84	4,32
	VI	649,—	—	51,92	58,41																				
2 717,99	I,IV	318,50	—	25,48	28,66	I	318,50	—	17,74	19,96	—	10,50	11,81	—	3,88	4,36	—	—	—	—	—	—	—	—	—
	II	226,—	—	18,08	20,34	II	226,—	—	10,81	12,16	—	4,14	4,65	—	—	—	—	—	—	—	—	—	—	—	—
	III	84,—	—	6,72	7,56	III	84,—	—	1,72	1,93	—	—	—	—	—	—	—	—	—	—	—	—	—	—	—
	V	615,66	—	49,25	55,40	IV	318,50	—	21,55	24,24	—	17,74	19,96	—	14,06	15,82	—	10,50	11,81	—	7,06	7,94	—	3,88	4,36
	VI	650,—	—	52,—	58,50																				
2 720,99	I,IV	319,16	—	25,53	28,72	I	319,16	—	17,80	20,02	—	10,55	11,87	—	3,92	4,41	—	—	—	—	—	—	—	—	—
	II	226,66	—	18,13	20,39	II	226,66	—	10,86	12,22	—	4,18	4,70	—	—	—	—	—	—	—	—	—	—	—	—
	III	84,66	—	6,77	7,61	III	84,66	—	1,76	1,98	—	—	—	—	—	—	—	—	—	—	—	—	—	—	—
	V	616,66	—	49,33	55,49	IV	319,16	—	21,60	24,30	—	17,80	20,02	—	14,11	15,87	—	10,55	11,87	—	7,11	8,—	—	3,92	4,41
	VI	650,83	—	52,06	58,57																				
2 723,99	I,IV	319,83	—	25,58	28,78	I	319,83	—	17,85	20,08	—	10,60	11,92	—	3,96	4,45	—	—	—	—	—	—	—	—	—
	II	227,33	—	18,18	20,45	II	227,33	—	10,91	12,27	—	4,22	4,74	—	—	—	—	—	—	—	—	—	—	—	—
	III	85,16	—	6,81	7,66	III	85,16	—	1,80	2,02	—	—	—	—	—	—	—	—	—	—	—	—	—	—	—
	V	617,50	—	49,40	55,57	IV	319,83	—	21,66	24,36	—	17,85	20,08	—	14,16	15,93	—	10,60	11,92	—	7,16	8,05	—	3,96	4,45
	VI	651,83	—	52,14	58,66																				
2 726,99	I,IV	320,58	—	25,64	28,85	I	320,58	—	17,90	20,14	—	10,65	11,98	—	4,—	4,50	—	—	—	—	—	—	—	—	—
	II	228,—	—	18,24	20,52	II	228,—	—	10,96	12,33	—	4,26	4,79	—	—	—	—	—	—	—	—	—	—	—	—
	III	85,66	—	6,85	7,70	III	85,66	—	1,82	2,05	—	—	—	—	—	—	—	—	—	—	—	—	—	—	—
	V	618,66	—	49,49	55,67	IV	320,58	—	21,72	24,43	—	17,90	20,14	—	14,22	15,99	—	10,65	11,98	—	7,20	8,10	—	4,—	4,50
	VI	652,83	—	52,22	58,75																				
2 729,99	I,IV	321,33	—	25,70	28,91	I	321,33	—	17,96	20,20	—	10,70	12,03	—	4,04	4,55	—	—	—	—	—	—	—	—	—
	II	228,66	—	18,29	20,57	II	228,66	—	11,01	12,38	—	4,30	4,84	—	—	—	—	—	—	—	—	—	—	—	—
	III	86,16	—	6,89	7,75	III	86,16	—	1,86	2,09	—	—	—	—	—	—	—	—	—	—	—	—	—	—	—
	V	619,66	—	49,57	55,76	IV	321,33	—	21,77	24,49	—	17,96	20,20	—	14,27	16,05	—	10,70	12,03	—	7,25	8,15	—	4,04	4,55
	VI	653,83	—	52,30	58,84																				
2 732,99	I,IV	322,—	—	25,76	28,98	I	322,—	—	18,01	20,26	—	10,75	12,09	—	4,08	4,59	—	—	—	—	—	—	—	—	—
	II	229,33	—	18,34	20,63	II	229,33	—	11,06	12,44	—	4,34	4,88	—	—	—	—	—	—	—	—	—	—	—	—
	III	86,66	—	6,93	7,79	III	86,66	—	1,89	2,12	—	—	—	—	—	—	—	—	—	—	—	—	—	—	—
	V	620,50	—	49,64	55,84	IV	322,—	—	21,82	24,55	—	18,01	20,26	—	14,32	16,11	—	10,75	12,09	—	7,30	8,21	—	4,08	4,59
	VI	654,83	—	52,38	58,93																				
2 735,99	I,IV	322,66	—	25,81	29,03	I	322,66	—	18,06	20,32	—	10,80	12,15	—	4,12	4,64	—	—	—	—	—	—	—	—	—
	II	230,—	—	18,40	20,70	II	230,—	—	11,11	12,50	—	4,39	4,94	—	—	—	—	—	—	—	—	—	—	—	—
	III	87,16	—	6,97	7,84	III	87,16	—	1,92	2,16	—	—	—	—	—	—	—	—	—	—	—	—	—	—	—
	V	621,50	—	49,72	55,93	IV	322,66	—	21,88	24,61	—	18,06	20,32	—	14,37	16,16	—	10,80	12,15	—	7,35	8,27	—	4,12	4,64
	VI	655,83	—	52,46	59,02																				
2 738,99	I,IV	323,41	—	25,87	29,10	I	323,41	—	18,12	20,38	—	10,85	12,20	—	4,17	4,69	—	—	—	—	—	—	—	—	—
	II	230,66	—	18,45	20,75	II	230,66	—	11,16	12,56	—	4,43	4,98	—	—	—	—	—	—	—	—	—	—	—	—
	III	87,66	—	7,01	7,88	III	87,66	—	1,96	2,20	—	—	—	—	—	—	—	—	—	—	—	—	—	—	—
	V	622,50	—	49,80	56,02	IV	323,41	—	21,94	24,68	—	18,12	20,38	—	14,42	16,22	—	10,85	12,20	—	7,40	8,32	—	4,17	4,69
	VI	656,83	—	52,54	59,11																				
2 741,99	I,IV	324,16	—	25,93	29,17	I	324,16	—	18,17	20,44	—	10,90	12,26	—	4,21	4,73	—	—	—	—	—	—	—	—	—
	II	231,33	—	18,50	20,81	II	231,33	—	11,21	12,61	—	4,48	5,04	—	—	—	—	—	—	—	—	—	—	—	—
	III	88,16	—	7,05	7,93	III	88,16	—	1,98	2,23	—	—	—	—	—	—	—	—	—	—	—	—	—	—	—
	V	623,50	—	49,88	56,11	IV	324,16	—	21,99	24,74	—	18,17	20,44	—	14,48	16,29	—	10,90	12,26	—	7,44	8,37	—	4,21	4,73
	VI	657,83	—	52,62	59,20																				
2 744,99	I,IV	324,83	—	25,98	29,23	I	324,83	—	18,22	20,50	—	10,95	12,32	—	4,25	4,78	—	—	—	—	—	—	—	—	—
	II	232,—	—	18,56	20,88	II	232,—	—	11,26	12,67	—	4,52	5,08	—	—	—	—	—	—	—	—	—	—	—	—
	III	88,66	—	7,09	7,97	III	88,66	—	2,01	2,26	—	—	—	—	—	—	—	—	—	—	—	—	—	—	—
	V	624,50	—	49,96	56,20	IV	324,83	—	22,04	24,80	—	18,22	20,50	—	14,52	16,34	—	10,95	12,32	—	7,49	8,42	—	4,25	4,78
	VI	658,83	—	52,70	59,29																				
2 747,99	I,IV	325,58	—	26,04	29,30	I	325,58	—	18,28	20,56	—	11,—	12,37	—	4,29	4,82	—	—	—	—	—	—	—	—	—
	II	232,66	—	18,61	20,93	II	232,66	—	11,31	12,72	—	4,56	5,13	—	—	—	—	—	—	—	—	—	—	—	—
	III	89,16	—	7,13	8,02	III	89,16	—	2,05	2,30	—	—	—	—	—	—	—	—	—	—	—	—	—	—	—
	V	625,33	—	50,02	56,27	IV	325,58	—	22,10	24,86	—	18,28	20,56	—	14,58	16,40	—	11,—	12,37	—	7,54	8,48	—	4,29	4,82
	VI	659,83	—	52,78	59,38																				
2 750,99	I,IV	326,25	—	26,10	29,36	I	326,25	—	18,33	20,62	—	11,05	12,43	—	4,34	4,88	—	—	—	—	—	—	—	—	—
	II	233,33	—	18,66	20,99	II	233,33	—	11,36	12,78	—	4,60	5,18	—	—	—	—	—	—	—	—	—	—	—	—
	III	89,66	—	7,17	8,06	III	89,66	—	2,08	2,34	—	—	—	—	—	—	—	—	—	—	—	—	—	—	—
	V	626,33	—	50,10	56,36	IV	326,25	—	22,16	24,93	—	18,33	20,62	—	14,63	16,46	—	11,05	12,43	—	7,59	8,54	—	4,34	4,88
	VI	661,—	—	52,88	59,49																				
2 753,99	I,IV	327,—	—	26,16	29,43	I	327,—	—	18,38	20,68	—	11,10	12,48	—	4,38	4,92	—	—	—	—	—	—	—	—	—
	II	234,—	—	18,72	21,06	II	234,—	—	11,41	12,83	—	4,65	5,23	—	—	—	—	—	—	—	—	—	—	—	—
	III	90,16	—	7,21	8,11	III	90,16	—	2,12	2,38	—	—	—	—	—	—	—	—	—	—	—	—	—	—	—
	V	627,33	—	50,18	56,45	IV	327,—	—	22,21	24,98	—	18,38	20,68	—	14,68	16,52	—	11,10	12,48	—	7,64	8,59	—	4,38	4,92
	VI	662,—	—	52,96	59,58																				

* Die ausgewiesenen Tabellenwerte sind amtlich. Siehe Erläuterungen auf der Umschlaginnenseite (U2).

MONAT **2 754,–***

Abzüge an Lohnsteuer, Solidaritätszuschlag (SolZ) und Kirchensteuer (8%, 9%) in den Steuerklassen

Lohn/ Gehalt bis €*	I – VI	ohne Kinderfreibeträge LSt	SolZ	8%	9%	I, II, III, IV	LSt	mit Zahl der Kinderfreibeträge . . . 0,5 SolZ	0,5 8%	0,5 9%	1 SolZ	1 8%	1 9%	1,5 SolZ	1,5 8%	1,5 9%	2 SolZ	2 8%	2 9%	2,5 SolZ	2,5 8%	2,5 9%	3 SolZ	3 8%	3 9%
2 756,99	I,IV	327,66	—	26,21	29,48	I	327,66	—	18,44	20,74	—	11,15	12,54	—	4,42	4,97	—	—	—	—	—	—	—	—	—
	II	234,66	—	18,77	21,11	II	234,66	—	11,46	12,89	—	4,69	5,27	—	—	—	—	—	—	—	—	—	—	—	—
	III	90,66	—	7,25	8,15	III	90,66	—	2,14	2,41	—	—	—	—	—	—	—	—	—	—	—	—	—	—	—
	V	628,33	—	50,26	56,54	IV	327,66	—	22,26	25,04	—	18,44	20,74	—	14,73	16,57	—	11,15	12,54	—	7,68	8,64	—	4,42	4,97
	VI	662,83	—	53,02	59,65																				
2 759,99	I,IV	328,41	—	26,27	29,55	I	328,41	—	18,49	20,80	—	11,20	12,60	—	4,46	5,02	—	—	—	—	—	—	—	—	—
	II	235,33	—	18,82	21,17	II	235,33	—	11,51	12,95	—	4,74	5,33	—	—	—	—	—	—	—	—	—	—	—	—
	III	91,16	—	7,29	8,20	III	91,16	—	2,17	2,44	—	—	—	—	—	—	—	—	—	—	—	—	—	—	—
	V	629,33	—	50,34	56,63	IV	328,41	—	22,32	25,11	—	18,49	20,80	—	14,78	16,63	—	11,20	12,60	—	7,73	8,69	—	4,46	5,02
	VI	663,83	—	53,10	59,74																				
2 762,99	I,IV	329,08	—	26,32	29,61	I	329,08	—	18,54	20,86	—	11,25	12,65	—	4,51	5,07	—	—	—	—	—	—	—	—	—
	II	236,—	—	18,88	21,24	II	236,—	—	11,56	13,01	—	4,78	5,37	—	—	—	—	—	—	—	—	—	—	—	—
	III	91,66	—	7,33	8,24	III	91,66	—	2,21	2,48	—	—	—	—	—	—	—	—	—	—	—	—	—	—	—
	V	630,33	—	50,42	56,72	IV	329,08	—	22,38	25,17	—	18,54	20,86	—	14,84	16,69	—	11,25	12,65	—	7,78	8,75	—	4,51	5,07
	VI	664,83	—	53,18	59,83																				
2 765,99	I,IV	329,83	—	26,38	29,68	I	329,83	—	18,60	20,92	—	11,30	12,71	—	4,55	5,12	—	—	—	—	—	—	—	—	—
	II	236,75	—	18,94	21,30	II	236,75	—	11,61	13,06	—	4,82	5,42	—	—	—	—	—	—	—	—	—	—	—	—
	III	92,16	—	7,37	8,29	III	92,16	—	2,24	2,52	—	—	—	—	—	—	—	—	—	—	—	—	—	—	—
	V	631,33	—	50,50	56,81	IV	329,83	—	22,43	25,23	—	18,60	20,92	—	14,89	16,75	—	11,30	12,71	—	7,83	8,81	—	4,55	5,12
	VI	665,83	—	53,26	59,92																				
2 768,99	I,IV	330,50	—	26,44	29,74	I	330,50	—	18,65	20,98	—	11,35	12,77	—	4,59	5,16	—	—	—	—	—	—	—	—	—
	II	237,33	—	18,98	21,35	II	237,33	—	11,66	13,12	—	4,86	5,47	—	—	—	—	—	—	—	—	—	—	—	—
	III	92,66	—	7,41	8,33	III	92,66	—	2,28	2,56	—	—	—	—	—	—	—	—	—	—	—	—	—	—	—
	V	632,33	—	50,58	56,90	IV	330,50	—	22,48	25,29	—	18,65	20,98	—	14,94	16,80	—	11,35	12,77	—	7,88	8,86	—	4,59	5,16
	VI	666,83	—	53,34	60,01																				
2 771,99	I,IV	331,25	—	26,50	29,81	I	331,25	—	18,70	21,04	—	11,40	12,82	—	4,64	5,22	—	—	—	—	—	—	—	—	—
	II	238,—	—	19,04	21,42	II	238,—	—	11,71	13,17	—	4,91	5,52	—	—	—	—	—	—	—	—	—	—	—	—
	III	93,16	—	7,45	8,38	III	93,16	—	2,30	2,59	—	—	—	—	—	—	—	—	—	—	—	—	—	—	—
	V	633,33	—	50,66	56,99	IV	331,25	—	22,54	25,35	—	18,70	21,04	—	14,99	16,86	—	11,40	12,82	—	7,93	8,92	—	4,64	5,22
	VI	668,—	—	53,44	60,12																				
2 774,99	I,IV	331,91	—	26,55	29,87	I	331,91	—	18,76	21,10	—	11,45	12,88	—	4,68	5,26	—	—	—	—	—	—	—	—	—
	II	238,75	—	19,10	21,48	II	238,75	—	11,76	13,23	—	4,96	5,58	—	—	—	—	—	—	—	—	—	—	—	—
	III	93,66	—	7,49	8,42	III	93,66	—	2,33	2,62	—	—	—	—	—	—	—	—	—	—	—	—	—	—	—
	V	634,33	—	50,74	57,08	IV	331,91	—	22,60	25,42	—	18,76	21,10	—	15,04	16,92	—	11,45	12,88	—	7,98	8,97	—	4,68	5,26
	VI	669,—	—	53,52	60,21																				
2 777,99	I,IV	332,66	—	26,61	29,93	I	332,66	—	18,81	21,16	—	11,50	12,93	—	4,72	5,31	—	—	—	—	—	—	—	—	—
	II	239,41	—	19,15	21,54	II	239,41	—	11,82	13,29	—	5,—	5,62	—	—	—	—	—	—	—	—	—	—	—	—
	III	94,33	—	7,54	8,48	III	94,33	—	2,37	2,66	—	—	—	—	—	—	—	—	—	—	—	—	—	—	—
	V	635,16	—	50,81	57,16	IV	332,66	—	22,65	25,48	—	18,81	21,16	—	15,10	16,98	—	11,50	12,93	—	8,02	9,02	—	4,72	5,31
	VI	670,—	—	53,60	60,30																				
2 780,99	I,IV	333,33	—	26,66	29,99	I	333,33	—	18,86	21,22	—	11,55	12,99	—	4,76	5,36	—	—	—	—	—	—	—	—	—
	II	240,08	—	19,20	21,60	II	240,08	—	11,86	13,34	—	5,04	5,67	—	—	—	—	—	—	—	—	—	—	—	—
	III	94,66	—	7,57	8,51	III	94,66	—	2,40	2,70	—	—	—	—	—	—	—	—	—	—	—	—	—	—	—
	V	636,16	—	50,89	57,25	IV	333,33	—	22,70	25,54	—	18,86	21,22	—	15,14	17,03	—	11,55	12,99	—	8,07	9,08	—	4,76	5,36
	VI	670,83	—	53,66	60,37																				
2 783,99	I,IV	334,08	—	26,72	30,06	I	334,08	—	18,92	21,28	—	11,60	13,05	—	4,81	5,41	—	—	—	—	—	—	—	—	—
	II	240,75	—	19,26	21,66	II	240,75	—	11,91	13,40	—	5,08	5,72	—	—	—	—	—	—	—	—	—	—	—	—
	III	95,33	—	7,62	8,57	III	95,33	—	2,44	2,74	—	—	—	—	—	—	—	—	—	—	—	—	—	—	—
	V	637,33	—	50,98	57,35	IV	334,08	—	22,76	25,61	—	18,92	21,28	—	15,20	17,10	—	11,60	13,05	—	8,12	9,14	—	4,81	5,41
	VI	671,83	—	53,74	60,46																				
2 786,99	I,IV	334,83	—	26,78	30,13	I	334,83	—	18,97	21,34	—	11,65	13,10	—	4,86	5,46	—	—	—	—	—	—	—	—	—
	II	241,41	—	19,31	21,72	II	241,41	—	11,96	13,46	—	5,13	5,77	—	0,02	0,02	—	—	—	—	—	—	—	—	—
	III	95,83	—	7,66	8,62	III	95,83	—	2,46	2,77	—	—	—	—	—	—	—	—	—	—	—	—	—	—	—
	V	638,33	—	51,06	57,44	IV	334,83	—	22,82	25,67	—	18,97	21,34	—	15,25	17,15	—	11,65	13,10	—	8,17	9,19	—	4,86	5,46
	VI	672,83	—	53,82	60,55																				
2 789,99	I,IV	335,50	—	26,84	30,19	I	335,50	—	19,03	21,41	—	11,70	13,16	—	4,90	5,51	—	—	—	—	—	—	—	—	—
	II	242,08	—	19,36	21,78	II	242,08	—	12,02	13,52	—	5,18	5,82	—	0,05	0,05	—	—	—	—	—	—	—	—	—
	III	96,33	—	7,70	8,66	III	96,33	—	2,50	2,81	—	—	—	—	—	—	—	—	—	—	—	—	—	—	—
	V	639,16	—	51,13	57,52	IV	335,50	—	22,87	25,73	—	19,03	21,41	—	15,30	17,21	—	11,70	13,16	—	8,22	9,24	—	4,90	5,51
	VI	673,83	—	53,90	60,64																				
2 792,99	I,IV	336,25	—	26,90	30,26	I	336,25	—	19,08	21,46	—	11,75	13,22	—	4,94	5,56	—	—	—	—	—	—	—	—	—
	II	242,75	—	19,42	21,84	II	242,75	—	12,06	13,57	—	5,22	5,87	—	0,08	0,09	—	—	—	—	—	—	—	—	—
	III	96,83	—	7,74	8,71	III	96,83	—	2,53	2,84	—	—	—	—	—	—	—	—	—	—	—	—	—	—	—
	V	640,16	—	51,21	57,61	IV	336,25	—	22,92	25,79	—	19,08	21,46	—	15,36	17,28	—	11,75	13,22	—	8,26	9,29	—	4,94	5,56
	VI	674,83	—	53,98	60,73																				
2 795,99	I,IV	336,91	—	26,95	30,32	I	336,91	—	19,14	21,53	—	11,80	13,27	—	4,98	5,60	—	—	—	—	—	—	—	—	—
	II	243,41	—	19,47	21,90	II	243,41	—	12,12	13,63	—	5,26	5,92	—	0,10	0,11	—	—	—	—	—	—	—	—	—
	III	97,33	—	7,78	8,75	III	97,33	—	2,57	2,89	—	—	—	—	—	—	—	—	—	—	—	—	—	—	—
	V	641,16	—	51,29	57,70	IV	336,91	—	22,98	25,85	—	19,14	21,53	—	15,40	17,33	—	11,80	13,27	—	8,32	9,36	—	4,98	5,60
	VI	675,83	—	54,06	60,82																				
2 798,99	I,IV	337,66	—	27,01	30,38	I	337,66	—	19,19	21,59	—	11,85	13,33	—	5,03	5,66	—	—	—	—	—	—	—	—	—
	II	244,08	—	19,52	21,96	II	244,08	—	12,16	13,68	—	5,31	5,97	—	0,13	0,14	—	—	—	—	—	—	—	—	—
	III	97,83	—	7,82	8,80	III	97,83	—	2,60	2,92	—	—	—	—	—	—	—	—	—	—	—	—	—	—	—
	V	642,—	—	51,36	57,78	IV	337,66	—	23,04	25,92	—	19,19	21,59	—	15,46	17,39	—	11,85	13,33	—	8,36	9,41	—	5,03	5,66
	VI	677,—	—	54,16	60,93																				
2 801,99	I,IV	338,41	—	27,07	30,45	I	338,41	—	19,24	21,65	—	11,90	13,39	—	5,08	5,71	—	—	—	—	—	—	—	—	—
	II	244,75	—	19,58	22,02	II	244,75	—	12,22	13,74	—	5,36	6,03	—	0,16	0,18	—	—	—	—	—	—	—	—	—
	III	98,33	—	7,86	8,84	III	98,33	—	2,64	2,97	—	—	—	—	—	—	—	—	—	—	—	—	—	—	—
	V	643,16	—	51,45	57,88	IV	338,41	—	23,10	25,98	—	19,24	21,65	—	15,51	17,45	—	11,90	13,39	—	8,41	9,46	—	5,08	5,71
	VI	678,—	—	54,24	61,02																				
2 804,99	I,IV	339,08	—	27,12	30,51	I	339,08	—	19,30	21,71	—	11,95	13,44	—	5,12	5,76	—	0,01	0,01	—	—	—	—	—	—
	II	245,41	—	19,63	22,08	II	245,41	—	12,26	13,79	—	5,40	6,08	—	0,19	0,21	—	—	—	—	—	—	—	—	—
	III	98,83	—	7,90	8,89	III	98,83	—	2,66	2,99	—	—	—	—	—	—	—	—	—	—	—	—	—	—	—
	V	644,16	—	51,53	57,97	IV	339,08	—	23,15	26,04	—	19,30	21,71	—	15,56	17,51	—	11,95	13,44	—	8,46	9,52	—	5,12	5,76
	VI	679,—	—	54,32	61,11																				

* Die ausgewiesenen Tabellenwerte sind amtlich. Siehe Erläuterungen auf der Umschlaginnenseite (U2).

2 855,99* **MONAT**

Abzüge an Lohnsteuer, Solidaritätszuschlag (SolZ) und Kirchensteuer (8%, 9%) in den Steuerklassen

Lohn/ Gehalt bis €*	I – VI	LSt	ohne Kinderfreibeträge SolZ	8%	9%	I, II, III, IV	LSt	mit Zahl der Kinderfreibeträge . . . 0,5 SolZ	0,5 8%	0,5 9%	1 SolZ	1 8%	1 9%	1,5 SolZ	1,5 8%	1,5 9%	2 SolZ	2 8%	2 9%	2,5 SolZ	2,5 8%	2,5 9%	3 SolZ	3 8%	3 9%
2 807,99	I,IV	339,83	—	27,18	30,58	I	339,83	—	19,35	21,77	—	12,—	13,50	—	5,16	5,81	—	0,04	0,04	—	—	—	—	—	—
	II	246,08	—	19,68	22,14	II	246,08	—	12,32	13,86	—	5,44	6,12	—	0,22	0,24	—	—	—	—	—	—	—	—	—
	III	99,33	—	7,94	8,93	III	99,33	—	2,69	3,02	—	—	—	—	—	—	—	—	—	—	—	—	—	—	—
	V	645,16	—	51,61	58,06	IV	339,83	—	23,20	26,10	—	19,35	21,77	—	15,62	17,57	—	12,—	13,50	—	8,51	9,57	—	5,16	5,81
	VI	680,—	—	54,40	61,20																				
2 810,99	I,IV	340,50	—	27,24	30,64	I	340,50	—	19,40	21,83	—	12,05	13,55	—	5,21	5,86	—	0,07	0,08	—	—	—	—	—	—
	II	246,83	—	19,74	22,21	II	246,83	—	12,37	13,91	—	5,49	6,17	—	0,24	0,27	—	—	—	—	—	—	—	—	—
	III	99,83	—	7,98	8,98	III	99,83	—	2,73	3,07	—	—	—	—	—	—	—	—	—	—	—	—	—	—	—
	V	646,16	—	51,69	58,15	IV	340,50	—	23,26	26,17	—	19,40	21,83	—	15,67	17,63	—	12,05	13,55	—	8,56	9,63	—	5,21	5,86
	VI	681,—	—	54,48	61,29																				
2 813,99	I,IV	341,25	—	27,30	30,71	I	341,25	—	19,46	21,89	—	12,10	13,61	—	5,26	5,91	—	0,10	0,11	—	—	—	—	—	—
	II	247,50	—	19,80	22,27	II	247,50	—	12,42	13,97	—	5,54	6,23	—	0,28	0,31	—	—	—	—	—	—	—	—	—
	III	100,50	—	8,04	9,04	III	100,50	—	2,76	3,10	—	—	—	—	—	—	—	—	—	—	—	—	—	—	—
	V	647,—	—	51,76	58,23	IV	341,25	—	23,32	26,23	—	19,46	21,89	—	15,72	17,68	—	12,10	13,61	—	8,61	9,68	—	5,26	5,91
	VI	682,—	—	54,56	61,38																				
2 816,99	I,IV	341,91	—	27,35	30,77	I	341,91	—	19,51	21,95	—	12,15	13,67	—	5,30	5,96	—	0,12	0,14	—	—	—	—	—	—
	II	248,16	—	19,85	22,33	II	248,16	—	12,47	14,03	—	5,58	6,28	—	0,30	0,34	—	—	—	—	—	—	—	—	—
	III	101,—	—	8,08	9,09	III	101,—	—	2,80	3,15	—	—	—	—	—	—	—	—	—	—	—	—	—	—	—
	V	648,16	—	51,85	58,33	IV	341,91	—	23,37	26,29	—	19,51	21,95	—	15,77	17,74	—	12,15	13,67	—	8,66	9,74	—	5,30	5,96
	VI	683,—	—	54,64	61,47																				
2 819,99	I,IV	342,66	—	27,41	30,83	I	342,66	—	19,56	22,01	—	12,20	13,73	—	5,34	6,01	—	0,15	0,17	—	—	—	—	—	—
	II	248,83	—	19,90	22,39	II	248,83	—	12,52	14,08	—	5,63	6,33	—	0,33	0,37	—	—	—	—	—	—	—	—	—
	III	101,50	—	8,12	9,13	III	101,50	—	2,82	3,17	—	—	—	—	—	—	—	—	—	—	—	—	—	—	—
	V	649,16	—	51,93	58,42	IV	342,66	—	23,42	26,35	—	19,56	22,01	—	15,82	17,80	—	12,20	13,73	—	8,70	9,79	—	5,34	6,01
	VI	684,—	—	54,72	61,56																				
2 822,99	I,IV	343,41	—	27,47	30,90	I	343,41	—	19,62	22,07	—	12,26	13,79	—	5,39	6,06	—	0,18	0,20	—	—	—	—	—	—
	II	249,50	—	19,96	22,45	II	249,50	—	12,57	14,14	—	5,68	6,39	—	0,36	0,41	—	—	—	—	—	—	—	—	—
	III	102,—	—	8,16	9,18	III	102,—	—	2,86	3,22	—	—	—	—	—	—	—	—	—	—	—	—	—	—	—
	V	650,16	—	52,01	58,51	IV	343,41	—	23,48	26,42	—	19,62	22,07	—	15,88	17,86	—	12,26	13,79	—	8,75	9,84	—	5,39	6,06
	VI	685,—	—	54,80	61,65																				
2 825,99	I,IV	344,08	—	27,52	30,96	I	344,08	—	19,67	22,13	—	12,30	13,84	—	5,44	6,12	—	0,21	0,23	—	—	—	—	—	—
	II	250,16	—	20,01	22,51	II	250,16	—	12,62	14,20	—	5,72	6,44	—	0,39	0,44	—	—	—	—	—	—	—	—	—
	III	102,50	—	8,20	9,22	III	102,50	—	2,89	3,25	—	—	—	—	—	—	—	—	—	—	—	—	—	—	—
	V	651,16	—	52,09	58,60	IV	344,08	—	23,54	26,48	—	19,67	22,13	—	15,93	17,92	—	12,30	13,84	—	8,80	9,90	—	5,44	6,12
	VI	686,—	—	54,88	61,74																				
2 828,99	I,IV	344,83	—	27,58	31,03	I	344,83	—	19,72	22,19	—	12,36	13,90	—	5,48	6,16	—	0,24	0,27	—	—	—	—	—	—
	II	250,83	—	20,06	22,57	II	250,83	—	12,67	14,25	—	5,77	6,49	—	0,42	0,47	—	—	—	—	—	—	—	—	—
	III	103,—	—	8,24	9,27	III	103,—	—	2,93	3,29	—	—	—	—	—	—	—	—	—	—	—	—	—	—	—
	V	652,—	—	52,16	58,68	IV	344,83	—	23,59	26,54	—	19,72	22,19	—	15,98	17,97	—	12,36	13,90	—	8,85	9,95	—	5,48	6,16
	VI	687,16	—	54,97	61,84																				
2 831,99	I,IV	345,50	—	27,64	31,09	I	345,50	—	19,78	22,25	—	12,40	13,95	—	5,52	6,21	—	0,27	0,30	—	—	—	—	—	—
	II	251,50	—	20,12	22,63	II	251,50	—	12,72	14,31	—	5,82	6,54	—	0,45	0,50	—	—	—	—	—	—	—	—	—
	III	103,50	—	8,28	9,31	III	103,50	—	2,96	3,33	—	—	—	—	—	—	—	—	—	—	—	—	—	—	—
	V	653,—	—	52,24	58,77	IV	345,50	—	23,65	26,60	—	19,78	22,25	—	16,03	18,03	—	12,40	13,95	—	8,90	10,01	—	5,52	6,21
	VI	688,16	—	55,05	61,93																				
2 834,99	I,IV	346,25	—	27,70	31,16	I	346,25	—	19,84	22,32	—	12,46	14,01	—	5,57	6,26	—	0,30	0,33	—	—	—	—	—	—
	II	252,16	—	20,17	22,69	II	252,16	—	12,78	14,37	—	5,86	6,59	—	0,48	0,54	—	—	—	—	—	—	—	—	—
	III	104,—	—	8,32	9,36	III	104,—	—	3,—	3,37	—	—	—	—	—	—	—	—	—	—	—	—	—	—	—
	V	654,—	—	52,32	58,86	IV	346,25	—	23,70	26,66	—	19,84	22,32	—	16,08	18,09	—	12,46	14,01	—	8,95	10,07	—	5,57	6,26
	VI	689,16	—	55,13	62,02																				
2 837,99	I,IV	347,—	—	27,76	31,23	I	347,—	—	19,89	22,37	—	12,51	14,07	—	5,62	6,32	—	0,32	0,36	—	—	—	—	—	—
	II	252,91	—	20,23	22,76	II	252,91	—	12,82	14,42	—	5,91	6,65	—	0,51	0,57	—	—	—	—	—	—	—	—	—
	III	104,66	—	8,37	9,41	III	104,66	—	3,02	3,40	—	—	—	—	—	—	—	—	—	—	—	—	—	—	—
	V	655,16	—	52,41	58,96	IV	347,—	—	23,76	26,73	—	19,89	22,37	—	16,14	18,15	—	12,51	14,07	—	9,—	10,12	—	5,62	6,32
	VI	690,16	—	55,21	62,11																				
2 840,99	I,IV	347,66	—	27,81	31,28	I	347,66	—	19,94	22,43	—	12,56	14,13	—	5,66	6,37	—	0,36	0,40	—	—	—	—	—	—
	II	253,58	—	20,28	22,82	II	253,58	—	12,88	14,49	—	5,96	6,70	—	0,54	0,60	—	—	—	—	—	—	—	—	—
	III	105,16	—	8,41	9,46	III	105,16	—	3,06	3,44	—	—	—	—	—	—	—	—	—	—	—	—	—	—	—
	V	656,—	—	52,48	59,04	IV	347,66	—	23,82	26,79	—	19,94	22,43	—	16,19	18,21	—	12,56	14,13	—	9,04	10,17	—	5,66	6,37
	VI	691,16	—	55,29	62,20																				
2 843,99	I,IV	348,41	—	27,87	31,35	I	348,41	—	20,—	22,50	—	12,61	14,18	—	5,71	6,42	—	0,38	0,43	—	—	—	—	—	—
	II	254,25	—	20,34	22,88	II	254,25	—	12,92	14,54	—	6,—	6,75	—	0,57	0,64	—	—	—	—	—	—	—	—	—
	III	105,66	—	8,45	9,50	III	105,66	—	3,10	3,49	—	—	—	—	—	—	—	—	—	—	—	—	—	—	—
	V	657,—	—	52,56	59,13	IV	348,41	—	23,87	26,85	—	20,—	22,50	—	16,24	18,27	—	12,61	14,18	—	9,10	10,23	—	5,71	6,42
	VI	692,16	—	55,37	62,29																				
2 846,99	I,IV	349,16	—	27,93	31,42	I	349,16	—	20,05	22,55	—	12,66	14,24	—	5,76	6,48	—	0,41	0,46	—	—	—	—	—	—
	II	254,91	—	20,39	22,94	II	254,91	—	12,98	14,60	—	6,05	6,80	—	0,60	0,67	—	—	—	—	—	—	—	—	—
	III	106,16	—	8,49	9,55	III	106,16	—	3,13	3,52	—	—	—	—	—	—	—	—	—	—	—	—	—	—	—
	V	658,—	—	52,64	59,22	IV	349,16	—	23,93	26,92	—	20,05	22,55	—	16,30	18,33	—	12,66	14,24	—	9,14	10,28	—	5,76	6,48
	VI	693,16	—	55,45	62,38																				
2 849,99	I,IV	349,83	—	27,98	31,48	I	349,83	—	20,10	22,61	—	12,71	14,30	—	5,80	6,53	—	0,44	0,50	—	—	—	—	—	—
	II	255,58	—	20,44	23,—	II	255,58	—	13,03	14,66	—	6,10	6,86	—	0,63	0,71	—	—	—	—	—	—	—	—	—
	III	106,66	—	8,53	9,59	III	106,66	—	3,17	3,56	—	—	—	—	—	—	—	—	—	—	—	—	—	—	—
	V	659,—	—	52,72	59,31	IV	349,83	—	23,98	26,98	—	20,10	22,61	—	16,35	18,39	—	12,71	14,30	—	9,20	10,35	—	5,80	6,53
	VI	694,16	—	55,53	62,47																				
2 852,99	I,IV	350,58	—	28,04	31,55	I	350,58	—	20,16	22,68	—	12,76	14,35	—	5,85	6,58	—	0,47	0,53	—	—	—	—	—	—
	II	256,25	—	20,50	23,06	II	256,25	—	13,08	14,71	—	6,14	6,91	—	0,66	0,74	—	—	—	—	—	—	—	—	—
	III	107,16	—	8,57	9,64	III	107,16	—	3,20	3,60	—	—	—	—	—	—	—	—	—	—	—	—	—	—	—
	V	660,—	—	52,80	59,40	IV	350,58	—	24,04	27,04	—	20,16	22,68	—	16,40	18,45	—	12,76	14,35	—	9,24	10,40	—	5,85	6,58
	VI	695,16	—	55,61	62,56																				
2 855,99	I,IV	351,33	—	28,10	31,61	I	351,33	—	20,22	22,74	—	12,81	14,41	—	5,90	6,63	—	0,50	0,56	—	—	—	—	—	—
	II	256,91	—	20,55	23,12	II	256,91	—	13,13	14,77	—	6,19	6,96	—	0,69	0,77	—	—	—	—	—	—	—	—	—
	III	107,83	—	8,62	9,70	III	107,83	—	3,24	3,64	—	—	—	—	—	—	—	—	—	—	—	—	—	—	—
	V	661,16	—	52,89	59,50	IV	351,33	—	24,10	27,11	—	20,22	22,74	—	16,45	18,50	—	12,81	14,41	—	9,29	10,45	—	5,90	6,63
	VI	696,16	—	55,69	62,65																				

* **Die ausgewiesenen Tabellenwerte sind amtlich. Siehe Erläuterungen auf der Umschlaginnenseite (U2).**

MONAT 2 856,–*

Abzüge an Lohnsteuer, Solidaritätszuschlag (SolZ) und Kirchensteuer (8%, 9%) in den Steuerklassen

Lohn/ Gehalt bis €*		I – VI	ohne Kinderfreibeträge				I, II, III, IV	mit Zahl der Kinderfreibeträge . . . 0,5			1			1,5			2			2,5			3		
		LSt	SolZ	8%	9%		LSt	SolZ	8%	9%	SolZ	8%	9%	SolZ	8%	9%	SolZ	8%	9%	SolZ	8%	9%	SolZ	8%	9%
2 858,99	I,IV	352,—	—	28,16	31,68	I	352,—	—	20,27	22,80	—	12,86	14,47	—	5,94	6,68	—	0,53	0,59	—	—	—	—	—	—
	II	257,66	—	20,61	23,18	II	257,66	—	13,18	14,83	—	6,24	7,02	—	0,72	0,81	—	—	—	—	—	—	—	—	—
	III	108,33	—	8,66	9,74	III	108,33	—	3,26	3,67	—	—	—	—	—	—	—	—	—	—	—	—	—	—	—
	V	662,16	—	52,97	59,59	IV	352,—	—	24,15	27,17	—	20,27	22,80	—	16,50	18,56	—	12,86	14,47	—	9,34	10,51	—	5,94	6,68
	VI	697,16	—	55,77	62,74																				
2 861,99	I,IV	352,75	—	28,22	31,74	I	352,75	—	20,32	22,86	—	12,92	14,53	—	5,99	6,74	—	0,56	0,63	—	—	—	—	—	—
	II	258,33	—	20,66	23,24	II	258,33	—	13,23	14,88	—	6,28	7,07	—	0,75	0,84	—	—	—	—	—	—	—	—	—
	III	108,83	—	8,70	9,79	III	108,83	—	3,30	3,71	—	—	—	—	—	—	—	—	—	—	—	—	—	—	—
	V	663,16	—	53,05	59,68	IV	352,75	—	24,21	27,23	—	20,32	22,86	—	16,56	18,63	—	12,92	14,53	—	9,39	10,56	—	5,99	6,74
	VI	698,16	—	55,85	62,83																				
2 864,99	I,IV	353,41	—	28,27	31,80	I	353,41	—	20,38	22,92	—	12,96	14,58	—	6,04	6,79	—	0,59	0,66	—	—	—	—	—	—
	II	259,—	—	20,72	23,31	II	259,—	—	13,28	14,94	—	6,33	7,12	—	0,78	0,88	—	—	—	—	—	—	—	—	—
	III	109,33	—	8,74	9,83	III	109,33	—	3,33	3,74	—	—	—	—	—	—	—	—	—	—	—	—	—	—	—
	V	664,—	—	53,12	59,76	IV	353,41	—	24,26	27,29	—	20,38	22,92	—	16,61	18,68	—	12,96	14,58	—	9,44	10,62	—	6,04	6,79
	VI	699,33	—	55,94	62,93																				
2 867,99	I,IV	354,16	—	28,33	31,87	I	354,16	—	20,43	22,98	—	13,02	14,64	—	6,08	6,84	—	0,62	0,70	—	—	—	—	—	—
	II	259,66	—	20,77	23,36	II	259,66	—	13,33	14,99	—	6,38	7,17	—	0,82	0,92	—	—	—	—	—	—	—	—	—
	III	109,83	—	8,78	9,88	III	109,83	—	3,37	3,79	—	—	—	—	—	—	—	—	—	—	—	—	—	—	—
	V	665,—	—	53,20	59,85	IV	354,16	—	24,32	27,36	—	20,43	22,98	—	16,66	18,74	—	13,02	14,64	—	9,49	10,67	—	6,08	6,84
	VI	700,33	—	56,02	63,02																				
2 870,99	I,IV	354,91	—	28,39	31,94	I	354,91	—	20,48	23,04	—	13,06	14,69	—	6,13	6,89	—	0,65	0,73	—	—	—	—	—	—
	II	260,33	—	20,82	23,42	II	260,33	—	13,38	15,05	—	6,43	7,23	—	0,84	0,95	—	—	—	—	—	—	—	—	—
	III	110,50	—	8,84	9,94	III	110,50	—	3,41	3,83	—	—	—	—	—	—	—	—	—	—	—	—	—	—	—
	V	666,—	—	53,28	59,94	IV	354,91	—	24,38	27,42	—	20,48	23,04	—	16,72	18,81	—	13,06	14,69	—	9,54	10,73	—	6,13	6,89
	VI	701,50	—	56,12	63,13																				
2 873,99	I,IV	355,66	—	28,45	32,—	I	355,66	—	20,54	23,11	—	13,12	14,76	—	6,18	6,95	—	0,68	0,77	—	—	—	—	—	—
	II	261,08	—	20,88	23,49	II	261,08	—	13,44	15,12	—	6,48	7,29	—	0,88	0,99	—	—	—	—	—	—	—	—	—
	III	111,—	—	8,88	9,99	III	111,—	—	3,44	3,87	—	—	—	—	—	—	—	—	—	—	—	—	—	—	—
	V	667,—	—	53,36	60,03	IV	355,66	—	24,43	27,48	—	20,54	23,11	—	16,77	18,86	—	13,12	14,76	—	9,59	10,79	—	6,18	6,95
	VI	702,50	—	56,20	63,22																				
2 876,99	I,IV	356,33	—	28,50	32,06	I	356,33	—	20,59	23,16	—	13,16	14,81	—	6,22	7,—	—	0,72	0,81	—	—	—	—	—	—
	II	261,75	—	20,94	23,55	II	261,75	—	13,48	15,17	—	6,52	7,34	—	0,91	1,02	—	—	—	—	—	—	—	—	—
	III	111,50	—	8,92	10,03	III	111,50	—	3,48	3,91	—	—	—	—	—	—	—	—	—	—	—	—	—	—	—
	V	668,16	—	53,45	60,13	IV	356,33	—	24,49	27,55	—	20,59	23,16	—	16,82	18,92	—	13,16	14,81	—	9,64	10,84	—	6,22	7,—
	VI	703,50	—	56,28	63,31																				
2 879,99	I,IV	357,08	—	28,56	32,13	I	357,08	—	20,65	23,23	—	13,22	14,87	—	6,27	7,05	—	0,74	0,83	—	—	—	—	—	—
	II	262,41	—	20,99	23,61	II	262,41	—	13,54	15,23	—	6,57	7,39	—	0,94	1,05	—	—	—	—	—	—	—	—	—
	III	112,—	—	8,96	10,08	III	112,—	—	3,50	3,94	—	—	—	—	—	—	—	—	—	—	—	—	—	—	—
	V	669,16	—	53,53	60,22	IV	357,08	—	24,54	27,61	—	20,65	23,23	—	16,87	18,98	—	13,22	14,87	—	9,68	10,89	—	6,27	7,05
	VI	704,50	—	56,36	63,40																				
2 882,99	I,IV	357,83	—	28,62	32,20	I	357,83	—	20,70	23,29	—	13,27	14,93	—	6,32	7,11	—	0,78	0,87	—	—	—	—	—	—
	II	263,08	—	21,04	23,67	II	263,08	—	13,59	15,29	—	6,62	7,44	—	0,97	1,09	—	—	—	—	—	—	—	—	—
	III	112,50	—	9,—	10,12	III	112,50	—	3,54	3,98	—	—	—	—	—	—	—	—	—	—	—	—	—	—	—
	V	670,16	—	53,61	60,31	IV	357,83	—	24,60	27,68	—	20,70	23,29	—	16,92	19,04	—	13,27	14,93	—	9,74	10,95	—	6,32	7,11
	VI	705,50	—	56,44	63,49																				
2 885,99	I,IV	358,50	—	28,68	32,26	I	358,50	—	20,76	23,35	—	13,32	14,99	—	6,37	7,16	—	0,81	0,91	—	—	—	—	—	—
	II	263,75	—	21,10	23,73	II	263,75	—	13,64	15,35	—	6,66	7,49	—	1,—	1,13	—	—	—	—	—	—	—	—	—
	III	113,16	—	9,05	10,18	III	113,16	—	3,57	4,01	—	—	—	—	—	—	—	—	—	—	—	—	—	—	—
	V	671,16	—	53,69	60,40	IV	358,50	—	24,66	27,74	—	20,76	23,35	—	16,98	19,10	—	13,32	14,99	—	9,78	11,—	—	6,37	7,16
	VI	706,50	—	56,52	63,58																				
2 888,99	I,IV	359,25	—	28,74	32,33	I	359,25	—	20,81	23,41	—	13,37	15,04	—	6,42	7,22	—	0,84	0,94	—	—	—	—	—	—
	II	264,50	—	21,16	23,80	II	264,50	—	13,69	15,40	—	6,72	7,56	—	1,04	1,17	—	—	—	—	—	—	—	—	—
	III	113,66	—	9,09	10,22	III	113,66	—	3,61	4,06	—	—	—	—	—	—	—	—	—	—	—	—	—	—	—
	V	672,16	—	53,77	60,49	IV	359,25	—	24,72	27,81	—	20,81	23,41	—	17,03	19,16	—	13,37	15,04	—	9,84	11,07	—	6,42	7,22
	VI	707,50	—	56,60	63,67																				
2 891,99	I,IV	360,—	—	28,80	32,40	I	360,—	—	20,86	23,47	—	13,42	15,10	—	6,46	7,27	—	0,87	0,98	—	—	—	—	—	—
	II	265,16	—	21,21	23,86	II	265,16	—	13,74	15,46	—	6,76	7,61	—	1,07	1,20	—	—	—	—	—	—	—	—	—
	III	114,16	—	9,13	10,27	III	114,16	—	3,65	4,10	—	—	—	—	—	—	—	—	—	—	—	—	—	—	—
	V	673,—	—	53,84	60,57	IV	360,—	—	24,77	27,86	—	20,86	23,47	—	17,08	19,22	—	13,42	15,10	—	9,88	11,12	—	6,46	7,27
	VI	708,50	—	56,68	63,76																				
2 894,99	I,IV	360,66	—	28,85	32,45	I	360,66	—	20,92	23,54	—	13,48	15,16	—	6,51	7,32	—	0,90	1,01	—	—	—	—	—	—
	II	265,83	—	21,26	23,92	II	265,83	—	13,80	15,52	—	6,81	7,66	—	1,10	1,23	—	—	—	—	—	—	—	—	—
	III	114,66	—	9,17	10,31	III	114,66	—	3,68	4,14	—	—	—	—	—	—	—	—	—	—	—	—	—	—	—
	V	674,—	—	53,92	60,66	IV	360,66	—	24,82	27,92	—	20,92	23,54	—	17,14	19,28	—	13,48	15,16	—	9,93	11,17	—	6,51	7,32
	VI	709,50	—	56,76	63,85																				
2 897,99	I,IV	361,41	—	28,91	32,52	I	361,41	—	20,98	23,60	—	13,52	15,21	—	6,56	7,38	—	0,93	1,04	—	—	—	—	—	—
	II	266,50	—	21,32	23,98	II	266,50	—	13,84	15,57	—	6,86	7,71	—	1,13	1,27	—	—	—	—	—	—	—	—	—
	III	115,33	—	9,22	10,37	III	115,33	—	3,72	4,18	—	—	—	—	—	—	—	—	—	—	—	—	—	—	—
	V	675,—	—	54,—	60,75	IV	361,41	—	24,88	27,99	—	20,98	23,60	—	17,19	19,34	—	13,52	15,21	—	9,98	11,23	—	6,56	7,38
	VI	710,66	—	56,85	63,95																				
2 900,99	I,IV	362,16	—	28,97	32,59	I	362,16	—	21,03	23,66	—	13,58	15,27	—	6,60	7,43	—	0,96	1,08	—	—	—	—	—	—
	II	267,16	—	21,37	24,04	II	267,16	—	13,90	15,63	—	6,90	7,76	—	1,16	1,31	—	—	—	—	—	—	—	—	—
	III	115,83	—	9,26	10,42	III	115,83	—	3,74	4,21	—	—	—	—	—	—	—	—	—	—	—	—	—	—	—
	V	676,—	—	54,08	60,84	IV	362,16	—	24,94	28,05	—	21,03	23,66	—	17,24	19,40	—	13,58	15,27	—	10,03	11,28	—	6,60	7,43
	VI	711,50	—	56,92	64,03																				
2 903,99	I,IV	362,83	—	29,02	32,65	I	362,83	—	21,08	23,72	—	13,63	15,33	—	6,66	7,49	—	1,—	1,12	—	—	—	—	—	—
	II	267,83	—	21,42	24,10	II	267,83	—	13,95	15,69	—	6,95	7,82	—	1,20	1,35	—	—	—	—	—	—	—	—	—
	III	116,33	—	9,30	10,46	III	116,33	—	3,78	4,25	—	—	—	—	—	—	—	—	—	—	—	—	—	—	—
	V	677,16	—	54,17	60,94	IV	362,83	—	25,—	28,12	—	21,08	23,72	—	17,30	19,46	—	13,63	15,33	—	10,08	11,34	—	6,66	7,49
	VI	712,66	—	57,01	64,13																				
2 906,99	I,IV	363,58	—	29,08	32,72	I	363,58	—	21,14	23,78	—	13,68	15,39	—	6,70	7,54	—	1,03	1,16	—	—	—	—	—	—
	II	268,58	—	21,48	24,17	II	268,58	—	14,—	15,75	—	7,—	7,88	—	1,23	1,38	—	—	—	—	—	—	—	—	—
	III	116,83	—	9,34	10,51	III	116,83	—	3,82	4,30	—	—	—	—	—	—	—	—	—	—	—	—	—	—	—
	V	678,16	—	54,25	61,03	IV	363,58	—	25,05	28,18	—	21,14	23,78	—	17,35	19,52	—	13,68	15,39	—	10,13	11,39	—	6,70	7,54
	VI	713,66	—	57,09	64,22																				

* **Die ausgewiesenen Tabellenwerte sind amtlich. Siehe Erläuterungen auf der Umschlaginnenseite (U2).**

2 957,99* MONAT

Abzüge an Lohnsteuer, Solidaritätszuschlag (SolZ) und Kirchensteuer (8%, 9%) in den Steuerklassen

Lohn/ Gehalt bis €*		I – VI ohne Kinderfreibeträge				I, II, III, IV mit Zahl der Kinderfreibeträge . . .		0,5			1			1,5			2			2,5			3		
		LSt	SolZ	8%	9%		LSt	SolZ	8%	9%	SolZ	8%	9%	SolZ	8%	9%	SolZ	8%	9%	SolZ	8%	9%	SolZ	8%	9%
2 909,99	I,IV	364,33	—	29,14	32,78	I	364,33	—	21,20	23,85	—	13,73	15,44	—	6,75	7,59	—	1,06	1,19	—	—	—	—	—	—
	II	269,25	—	21,54	24,23	II	269,25	—	14,05	15,80	—	7,05	7,93	—	1,26	1,42	—	—	—	—	—	—	—	—	—
	III	117,50	—	9,40	10,57	III	117,50	—	3,85	4,33	—	—	—	—	—	—	—	—	—	—	—	—	—	—	—
	V	679,16	—	54,33	61,12	IV	364,33	—	25,11	28,25	—	21,20	23,85	—	17,40	19,58	—	13,73	15,44	—	10,18	11,45	—	6,75	7,59
	VI	714,66	—	57,17	64,31																				
2 912,99	I,IV	365,08	—	29,20	32,85	I	365,08	—	21,25	23,90	—	13,78	15,50	—	6,80	7,65	—	1,09	1,22	—	—	—	—	—	—
	II	269,91	—	21,59	24,29	II	269,91	—	14,10	15,86	—	7,10	7,98	—	1,30	1,46	—	—	—	—	—	—	—	—	—
	III	118,—	—	9,44	10,62	III	118,—	—	3,89	4,37	—	—	—	—	—	—	—	—	—	—	—	—	—	—	—
	V	680,16	—	54,41	61,21	IV	365,08	—	25,16	28,31	—	21,25	23,90	—	17,46	19,64	—	13,78	15,50	—	10,23	11,51	—	6,80	7,65
	VI	715,83	—	57,26	64,42																				
2 915,99	I,IV	365,75	—	29,26	32,91	I	365,75	—	21,30	23,96	—	13,83	15,56	—	6,84	7,70	—	1,12	1,26	—	—	—	—	—	—
	II	270,58	—	21,64	24,35	II	270,58	—	14,15	15,92	—	7,14	8,03	—	1,33	1,49	—	—	—	—	—	—	—	—	—
	III	118,50	—	9,48	10,66	III	118,50	—	3,93	4,42	—	—	—	—	—	—	—	—	—	—	—	—	—	—	—
	V	681,16	—	54,49	61,30	IV	365,75	—	25,22	28,37	—	21,30	23,96	—	17,51	19,70	—	13,83	15,56	—	10,28	11,56	—	6,84	7,70
	VI	716,66	—	57,33	64,49																				
2 918,99	I,IV	366,50	—	29,32	32,98	I	366,50	—	21,36	24,03	—	13,88	15,62	—	6,89	7,75	—	1,16	1,30	—	—	—	—	—	—
	II	271,33	—	21,70	24,41	II	271,33	—	14,20	15,98	—	7,19	8,09	—	1,36	1,53	—	—	—	—	—	—	—	—	—
	III	119,16	—	9,53	10,72	III	119,16	—	3,96	4,45	—	—	—	—	—	—	—	—	—	—	—	—	—	—	—
	V	682,16	—	54,57	61,39	IV	366,50	—	25,28	28,44	—	21,36	24,03	—	17,56	19,76	—	13,88	15,62	—	10,33	11,62	—	6,89	7,75
	VI	717,83	—	57,42	64,60																				
2 921,99	I,IV	367,25	—	29,38	33,05	I	367,25	—	21,41	24,08	—	13,94	15,68	—	6,94	7,81	—	1,19	1,34	—	—	—	—	—	—
	II	272,—	—	21,76	24,48	II	272,—	—	14,26	16,04	—	7,24	8,15	—	1,40	1,57	—	—	—	—	—	—	—	—	—
	III	119,66	—	9,57	10,76	III	119,66	—	4,—	4,50	—	—	—	—	—	—	—	—	—	—	—	—	—	—	—
	V	683,16	—	54,65	61,48	IV	367,25	—	25,34	28,50	—	21,41	24,08	—	17,62	19,82	—	13,94	15,68	—	10,38	11,67	—	6,94	7,81
	VI	718,83	—	57,50	64,69																				
2 924,99	I,IV	368,—	—	29,44	33,12	I	368,—	—	21,47	24,15	—	13,99	15,74	—	6,99	7,86	—	1,22	1,37	—	—	—	—	—	—
	II	272,66	—	21,81	24,53	II	272,66	—	14,31	16,10	—	7,29	8,20	—	1,43	1,61	—	—	—	—	—	—	—	—	—
	III	120,16	—	9,61	10,81	III	120,16	—	4,04	4,54	—	—	—	—	—	—	—	—	—	—	—	—	—	—	—
	V	684,16	—	54,73	61,57	IV	368,—	—	25,39	28,56	—	21,47	24,15	—	17,67	19,88	—	13,99	15,74	—	10,43	11,73	—	6,99	7,86
	VI	719,83	—	57,58	64,78																				
2 927,99	I,IV	368,66	—	29,49	33,17	I	368,66	—	21,52	24,21	—	14,04	15,79	—	7,04	7,92	—	1,25	1,40	—	—	—	—	—	—
	II	273,33	—	21,86	24,59	II	273,33	—	14,36	16,15	—	7,34	8,25	—	1,46	1,64	—	—	—	—	—	—	—	—	—
	III	120,66	—	9,65	10,85	III	120,66	—	4,06	4,57	—	—	—	—	—	—	—	—	—	—	—	—	—	—	—
	V	685,16	—	54,81	61,66	IV	368,66	—	25,44	28,62	—	21,52	24,21	—	17,72	19,93	—	14,04	15,79	—	10,48	11,79	—	7,04	7,92
	VI	720,83	—	57,66	64,87																				
2 930,99	I,IV	369,41	—	29,55	33,24	I	369,41	—	21,58	24,27	—	14,09	15,85	—	7,08	7,97	—	1,28	1,44	—	—	—	—	—	—
	II	274,08	—	21,92	24,66	II	274,08	—	14,41	16,21	—	7,38	8,30	—	1,50	1,68	—	—	—	—	—	—	—	—	—
	III	121,33	—	9,70	10,91	III	121,33	—	4,10	4,61	—	—	—	—	—	—	—	—	—	—	—	—	—	—	—
	V	686,16	—	54,89	61,75	IV	369,41	—	25,50	28,69	—	21,58	24,27	—	17,77	19,99	—	14,09	15,85	—	10,52	11,84	—	7,08	7,97
	VI	721,83	—	57,74	64,96																				
2 933,99	I,IV	370,16	—	29,61	33,31	I	370,16	—	21,63	24,33	—	14,14	15,91	—	7,13	8,02	—	1,32	1,48	—	—	—	—	—	—
	II	274,75	—	21,98	24,72	II	274,75	—	14,46	16,27	—	7,44	8,37	—	1,53	1,72	—	—	—	—	—	—	—	—	—
	III	121,83	—	9,74	10,96	III	121,83	—	4,13	4,64	—	—	—	—	—	—	—	—	—	—	—	—	—	—	—
	V	687,16	—	54,97	61,84	IV	370,16	—	25,56	28,75	—	21,63	24,33	—	17,82	20,05	—	14,14	15,91	—	10,58	11,90	—	7,13	8,02
	VI	723,—	—	57,84	65,07																				
2 936,99	I,IV	370,91	—	29,67	33,38	I	370,91	—	21,69	24,40	—	14,19	15,96	—	7,18	8,08	—	1,35	1,52	—	—	—	—	—	—
	II	275,41	—	22,03	24,78	II	275,41	—	14,52	16,33	—	7,48	8,42	—	1,56	1,76	—	—	—	—	—	—	—	—	—
	III	122,33	—	9,78	11,—	III	122,33	—	4,17	4,69	—	—	—	—	—	—	—	—	—	—	—	—	—	—	—
	V	688,16	—	55,05	61,93	IV	370,91	—	25,62	28,82	—	21,69	24,40	—	17,88	20,11	—	14,19	15,96	—	10,62	11,95	—	7,18	8,08
	VI	724,—	—	57,92	65,16																				
2 939,99	I,IV	371,58	—	29,72	33,44	I	371,58	—	21,74	24,46	—	14,24	16,02	—	7,23	8,13	—	1,38	1,55	—	—	—	—	—	—
	II	276,08	—	22,08	24,84	II	276,08	—	14,56	16,38	—	7,53	8,47	—	1,60	1,80	—	—	—	—	—	—	—	—	—
	III	123,—	—	9,84	11,07	III	123,—	—	4,21	4,73	—	—	—	—	—	—	—	—	—	—	—	—	—	—	—
	V	689,33	—	55,14	62,03	IV	371,58	—	25,67	28,88	—	21,74	24,46	—	17,93	20,17	—	14,24	16,02	—	10,68	12,01	—	7,23	8,13
	VI	725,—	—	58,—	65,25																				
2 942,99	I,IV	372,33	—	29,78	33,50	I	372,33	—	21,80	24,52	—	14,30	16,08	—	7,28	8,19	—	1,42	1,59	—	—	—	—	—	—
	II	276,83	—	22,14	24,91	II	276,83	—	14,62	16,44	—	7,58	8,52	—	1,63	1,83	—	—	—	—	—	—	—	—	—
	III	123,50	—	9,88	11,11	III	123,50	—	4,25	4,78	—	—	—	—	—	—	—	—	—	—	—	—	—	—	—
	V	690,33	—	55,22	62,12	IV	372,33	—	25,73	28,94	—	21,80	24,52	—	17,98	20,23	—	14,30	16,08	—	10,72	12,06	—	7,28	8,19
	VI	726,—	—	58,08	65,34																				
2 945,99	I,IV	373,08	—	29,84	33,57	I	373,08	—	21,85	24,58	—	14,34	16,13	—	7,32	8,24	—	1,45	1,63	—	—	—	—	—	—
	II	277,50	—	22,20	24,97	II	277,50	—	14,67	16,50	—	7,62	8,57	—	1,66	1,87	—	—	—	—	—	—	—	—	—
	III	124,—	—	9,92	11,16	III	124,—	—	4,28	4,81	—	—	—	—	—	—	—	—	—	—	—	—	—	—	—
	V	691,33	—	55,30	62,21	IV	373,08	—	25,78	29,—	—	21,85	24,58	—	18,04	20,29	—	14,34	16,13	—	10,78	12,12	—	7,32	8,24
	VI	727,16	—	58,17	65,44																				
2 948,99	I,IV	373,83	—	29,90	33,64	I	373,83	—	21,91	24,65	—	14,40	16,20	—	7,38	8,30	—	1,48	1,67	—	—	—	—	—	—
	II	278,16	—	22,25	25,03	II	278,16	—	14,72	16,56	—	7,68	8,64	—	1,70	1,91	—	—	—	—	—	—	—	—	—
	III	124,66	—	9,97	11,21	III	124,66	—	4,32	4,86	—	—	—	—	—	—	—	—	—	—	—	—	—	—	—
	V	692,33	—	55,38	62,30	IV	373,83	—	25,84	29,07	—	21,91	24,65	—	18,09	20,35	—	14,40	16,20	—	10,82	12,17	—	7,38	8,30
	VI	728,16	—	58,25	65,53																				
2 951,99	I,IV	374,50	—	29,96	33,70	I	374,50	—	21,96	24,71	—	14,45	16,25	—	7,42	8,35	—	1,52	1,71	—	—	—	—	—	—
	II	278,83	—	22,30	25,09	II	278,83	—	14,77	16,61	—	7,72	8,69	—	1,73	1,94	—	—	—	—	—	—	—	—	—
	III	125,16	—	10,01	11,26	III	125,16	—	4,36	4,90	—	—	—	—	—	—	—	—	—	—	—	—	—	—	—
	V	693,33	—	55,46	62,39	IV	374,50	—	25,90	29,13	—	21,96	24,71	—	18,14	20,41	—	14,45	16,25	—	10,88	12,24	—	7,42	8,35
	VI	729,16	—	58,33	65,62																				
2 954,99	I,IV	375,25	—	30,02	33,77	I	375,25	—	22,02	24,77	—	14,50	16,31	—	7,47	8,40	—	1,55	1,74	—	—	—	—	—	—
	II	279,58	—	22,36	25,16	II	279,58	—	14,82	16,67	—	7,77	8,74	—	1,76	1,98	—	—	—	—	—	—	—	—	—
	III	125,66	—	10,05	11,30	III	125,66	—	4,38	4,93	—	—	—	—	—	—	—	—	—	—	—	—	—	—	—
	V	694,33	—	55,54	62,48	IV	375,25	—	25,96	29,20	—	22,02	24,77	—	18,20	20,47	—	14,50	16,31	—	10,92	12,29	—	7,47	8,40
	VI	730,16	—	58,41	65,71																				
2 957,99	I,IV	376,—	—	30,08	33,84	I	376,—	—	22,07	24,83	—	14,55	16,37	—	7,52	8,46	—	1,59	1,79	—	—	—	—	—	—
	II	280,25	—	22,42	25,22	II	280,25	—	14,88	16,74	—	7,82	8,79	—	1,80	2,03	—	—	—	—	—	—	—	—	—
	III	126,16	—	10,09	11,35	III	126,16	—	4,42	4,97	—	—	—	—	—	—	—	—	—	—	—	—	—	—	—
	V	695,33	—	55,62	62,57	IV	376,—	—	26,01	29,26	—	22,07	24,83	—	18,25	20,53	—	14,55	16,37	—	10,98	12,35	—	7,52	8,46
	VI	731,16	—	58,49	65,80																				

* Die ausgewiesenen Tabellenwerte sind amtlich. Siehe Erläuterungen auf der Umschlaginnenseite (U2).

MONAT 2 958,–*

Lohn/ Gehalt bis €*		Abzüge an Lohnsteuer, Solidaritätszuschlag (SolZ) und Kirchensteuer (8%, 9%) in den Steuerklassen I – VI						mit Zahl der Kinderfreibeträge . . . I, II, III, IV																	
			ohne Kinderfreibeträge					0,5			1			1,5			2			2,5			3		
		LSt	SolZ	8%	9%		LSt	SolZ	8%	9%	SolZ	8%	9%	SolZ	8%	9%	SolZ	8%	9%	SolZ	8%	9%	SolZ	8%	9%
2 960,99	I,IV	376,75	—	30,14	33,90	I	376,75	—	22,13	24,89	—	14,60	16,43	—	7,56	8,51	—	1,62	1,82	—	—	—	—	—	—
	II	280,91	—	22,47	25,28	II	280,91	—	14,93	16,79	—	7,87	8,85	—	1,84	2,07	—	—	—	—	—	—	—	—	—
	III	126,83	—	10,14	11,41	III	126,83	—	4,46	5,02	—	—	—	—	—	—	—	—	—	—	—	—	—	—	—
	V	696,50	—	55,72	62,68	IV	376,75	—	26,07	29,33	—	22,13	24,89	—	18,30	20,59	—	14,60	16,43	—	11,02	12,40	—	7,56	8,51
	VI	732,25	—	58,58	65,90																				
2 963,99	I,IV	377,41	—	30,19	33,96	I	377,41	—	22,18	24,95	—	14,66	16,49	—	7,61	8,56	—	1,66	1,86	—	—	—	—	—	—
	II	281,58	—	22,52	25,34	II	281,58	—	14,98	16,85	—	7,92	8,91	—	1,87	2,10	—	—	—	—	—	—	—	—	—
	III	127,33	—	10,18	11,45	III	127,33	—	4,49	5,05	—	—	—	—	—	—	—	—	—	—	—	—	—	—	—
	V	697,33	—	55,78	62,75	IV	377,41	—	26,12	29,39	—	22,18	24,95	—	18,36	20,65	—	14,66	16,49	—	11,08	12,46	—	7,61	8,56
	VI	733,25	—	58,66	65,99																				
2 966,99	I,IV	378,16	—	30,25	34,03	I	378,16	—	22,24	25,02	—	14,71	16,55	—	7,66	8,62	—	1,69	1,90	—	—	—	—	—	—
	II	282,33	—	22,58	25,40	II	282,33	—	15,03	16,91	—	7,96	8,96	—	1,90	2,14	—	—	—	—	—	—	—	—	—
	III	127,83	—	10,22	11,50	III	127,83	—	4,53	5,09	—	0,02	0,02	—	—	—	—	—	—	—	—	—	—	—	—
	V	698,33	—	55,86	62,84	IV	378,16	—	26,18	29,45	—	22,24	25,02	—	18,41	20,71	—	14,71	16,55	—	11,12	12,51	—	7,66	8,62
	VI	734,33	—	58,74	66,08																				
2 969,99	I,IV	378,91	—	30,31	34,10	I	378,91	—	22,29	25,07	—	14,76	16,60	—	7,71	8,67	—	1,72	1,94	—	—	—	—	—	—
	II	283,—	—	22,64	25,47	II	283,—	—	15,08	16,97	—	8,01	9,01	—	1,94	2,18	—	—	—	—	—	—	—	—	—
	III	128,50	—	10,28	11,56	III	128,50	—	4,57	5,14	—	0,05	0,05	—	—	—	—	—	—	—	—	—	—	—	—
	V	699,50	—	55,96	62,95	IV	378,91	—	26,24	29,52	—	22,29	25,07	—	18,46	20,77	—	14,76	16,60	—	11,18	12,57	—	7,71	8,67
	VI	735,33	—	58,82	66,17																				
2 972,99	I,IV	379,66	—	30,37	34,16	I	379,66	—	22,35	25,14	—	14,81	16,66	—	7,76	8,73	—	1,76	1,98	—	—	—	—	—	—
	II	283,75	—	22,70	25,53	II	283,75	—	15,14	17,03	—	8,06	9,07	—	1,98	2,22	—	—	—	—	—	—	—	—	—
	III	129,—	—	10,32	11,61	III	129,—	—	4,61	5,18	—	0,08	0,09	—	—	—	—	—	—	—	—	—	—	—	—
	V	700,50	—	56,04	63,04	IV	379,66	—	26,30	29,58	—	22,35	25,14	—	18,52	20,83	—	14,81	16,66	—	11,22	12,62	—	7,76	8,73
	VI	736,41	—	58,91	66,27																				
2 975,99	I,IV	380,33	—	30,42	34,22	I	380,33	—	22,40	25,20	—	14,86	16,72	—	7,80	8,78	—	1,79	2,01	—	—	—	—	—	—
	II	284,41	—	22,75	25,59	II	284,41	—	15,18	17,08	—	8,11	9,12	—	2,01	2,26	—	—	—	—	—	—	—	—	—
	III	129,50	—	10,36	11,65	III	129,50	—	4,64	5,22	—	0,10	0,11	—	—	—	—	—	—	—	—	—	—	—	—
	V	701,66	—	56,13	63,14	IV	380,33	—	26,36	29,65	—	22,40	25,20	—	18,57	20,89	—	14,86	16,72	—	11,28	12,69	—	7,80	8,78
	VI	737,41	—	58,99	66,36																				
2 978,99	I,IV	381,08	—	30,48	34,29	I	381,08	—	22,46	25,26	—	14,92	16,78	—	7,86	8,84	—	1,83	2,06	—	—	—	—	—	—
	II	285,08	—	22,80	25,65	II	285,08	—	15,24	17,14	—	8,16	9,18	—	2,04	2,30	—	—	—	—	—	—	—	—	—
	III	130,16	—	10,41	11,71	III	130,16	—	4,68	5,26	—	0,13	0,14	—	—	—	—	—	—	—	—	—	—	—	—
	V	702,66	—	56,21	63,23	IV	381,08	—	26,41	29,71	—	22,46	25,26	—	18,62	20,95	—	14,92	16,78	—	11,32	12,74	—	7,86	8,84
	VI	738,50	—	59,08	66,46																				
2 981,99	I,IV	381,83	—	30,54	34,36	I	381,83	—	22,51	25,32	—	14,96	16,83	—	7,90	8,89	—	1,86	2,09	—	—	—	—	—	—
	II	285,75	—	22,86	25,71	II	285,75	—	15,29	17,20	—	8,21	9,23	—	2,08	2,34	—	—	—	—	—	—	—	—	—
	III	130,66	—	10,45	11,75	III	130,66	—	4,72	5,31	—	0,16	0,18	—	—	—	—	—	—	—	—	—	—	—	—
	V	703,66	—	56,29	63,32	IV	381,83	—	26,47	29,78	—	22,51	25,32	—	18,68	21,01	—	14,96	16,83	—	11,38	12,80	—	7,90	8,89
	VI	739,50	—	59,16	66,55																				
2 984,99	I,IV	382,58	—	30,60	34,43	I	382,58	—	22,57	25,39	—	15,02	16,89	—	7,95	8,94	—	1,90	2,13	—	—	—	—	—	—
	II	286,50	—	22,92	25,78	II	286,50	—	15,34	17,26	—	8,26	9,29	—	2,12	2,38	—	—	—	—	—	—	—	—	—
	III	131,33	—	10,50	11,81	III	131,33	—	4,76	5,35	—	0,18	0,20	—	—	—	—	—	—	—	—	—	—	—	—
	V	704,66	—	56,37	63,41	IV	382,58	—	26,52	29,84	—	22,57	25,39	—	18,74	21,08	—	15,02	16,89	—	11,42	12,85	—	7,95	8,94
	VI	740,58	—	59,24	66,65																				
2 987,99	I,IV	383,33	—	30,66	34,49	I	383,33	—	22,62	25,45	—	15,07	16,95	—	8,—	9,—	—	1,93	2,17	—	—	—	—	—	—
	II	287,16	—	22,97	25,84	II	287,16	—	15,40	17,32	—	8,30	9,34	—	2,15	2,42	—	—	—	—	—	—	—	—	—
	III	131,83	—	10,54	11,86	III	131,83	—	4,78	5,38	—	0,21	0,23	—	—	—	—	—	—	—	—	—	—	—	—
	V	705,66	—	56,45	63,50	IV	383,33	—	26,58	29,90	—	22,62	25,45	—	18,78	21,13	—	15,07	16,95	—	11,48	12,91	—	8,—	9,—
	VI	741,58	—	59,32	66,74																				
2 990,99	I,IV	384,—	—	30,72	34,56	I	384,—	—	22,68	25,51	—	15,12	17,01	—	8,05	9,05	—	1,97	2,21	—	—	—	—	—	—
	II	287,83	—	23,02	25,90	II	287,83	—	15,44	17,37	—	8,35	9,39	—	2,19	2,46	—	—	—	—	—	—	—	—	—
	III	132,33	—	10,58	11,90	III	132,33	—	4,82	5,42	—	0,24	0,27	—	—	—	—	—	—	—	—	—	—	—	—
	V	706,66	—	56,53	63,59	IV	384,—	—	26,64	29,97	—	22,68	25,51	—	18,84	21,19	—	15,12	17,01	—	11,52	12,96	—	8,05	9,05
	VI	742,66	—	59,41	66,83																				
2 993,99	I,IV	384,75	—	30,78	34,62	I	384,75	—	22,74	25,58	—	15,18	17,07	—	8,10	9,11	—	2,—	2,25	—	—	—	—	—	—
	II	288,58	—	23,08	25,97	II	288,58	—	15,50	17,43	—	8,40	9,45	—	2,22	2,50	—	—	—	—	—	—	—	—	—
	III	133,—	—	10,64	11,97	III	133,—	—	4,86	5,47	—	0,28	0,31	—	—	—	—	—	—	—	—	—	—	—	—
	V	707,66	—	56,61	63,68	IV	384,75	—	26,70	30,03	—	22,74	25,58	—	18,90	21,26	—	15,18	17,07	—	11,58	13,02	—	8,10	9,11
	VI	743,66	—	59,49	66,92																				
2 996,99	I,IV	385,50	—	30,84	34,69	I	385,50	—	22,79	25,64	—	15,22	17,12	—	8,14	9,16	—	2,04	2,29	—	—	—	—	—	—
	II	289,25	—	23,14	26,03	II	289,25	—	15,55	17,49	—	8,45	9,50	—	2,26	2,54	—	—	—	—	—	—	—	—	—
	III	133,50	—	10,68	12,01	III	133,50	—	4,90	5,51	—	0,30	0,34	—	—	—	—	—	—	—	—	—	—	—	—
	V	708,83	—	56,70	63,79	IV	385,50	—	26,76	30,10	—	22,79	25,64	—	18,95	21,32	—	15,22	17,12	—	11,62	13,07	—	8,14	9,16
	VI	744,75	—	59,58	67,02																				
2 999,99	I,IV	386,25	—	30,90	34,76	I	386,25	—	22,84	25,70	—	15,28	17,19	—	8,20	9,22	—	2,07	2,33	—	—	—	—	—	—
	II	289,91	—	23,19	26,09	II	289,91	—	15,60	17,55	—	8,50	9,56	—	2,30	2,58	—	—	—	—	—	—	—	—	—
	III	134,—	—	10,72	12,06	III	134,—	—	4,93	5,54	—	0,33	0,37	—	—	—	—	—	—	—	—	—	—	—	—
	V	709,66	—	56,77	63,86	IV	386,25	—	26,81	30,16	—	22,84	25,70	—	19,—	21,38	—	15,28	17,19	—	11,68	13,14	—	8,20	9,22
	VI	745,75	—	59,66	67,11																				
3 002,99	I,IV	387,—	—	30,96	34,83	I	387,—	—	22,90	25,76	—	15,33	17,24	—	8,24	9,27	—	2,11	2,37	—	—	—	—	—	—
	II	290,66	—	23,25	26,15	II	290,66	—	15,66	17,61	—	8,55	9,62	—	2,34	2,63	—	—	—	—	—	—	—	—	—
	III	134,66	—	10,77	12,11	III	134,66	—	4,97	5,59	—	0,36	0,40	—	—	—	—	—	—	—	—	—	—	—	—
	V	710,83	—	56,86	63,97	IV	387,—	—	26,87	30,23	—	22,90	25,76	—	19,06	21,44	—	15,33	17,24	—	11,72	13,19	—	8,24	9,27
	VI	746,83	—	59,74	67,21																				
3 005,99	I,IV	387,75	—	31,02	34,89	I	387,75	—	22,96	25,83	—	15,38	17,30	—	8,29	9,32	—	2,14	2,41	—	—	—	—	—	—
	II	291,33	—	23,30	26,21	II	291,33	—	15,71	17,67	—	8,60	9,67	—	2,37	2,66	—	—	—	—	—	—	—	—	—
	III	135,16	—	10,81	12,16	III	135,16	—	5,01	5,63	—	0,38	0,43	—	—	—	—	—	—	—	—	—	—	—	—
	V	711,83	—	56,94	64,06	IV	387,75	—	26,92	30,29	—	22,96	25,83	—	19,11	21,50	—	15,38	17,30	—	11,78	13,25	—	8,29	9,32
	VI	747,83	—	59,82	67,30																				
3 008,99	I,IV	388,50	—	31,08	34,96	I	388,50	—	23,01	25,88	—	15,44	17,37	—	8,34	9,38	—	2,18	2,45	—	—	—	—	—	—
	II	292,—	—	23,36	26,28	II	292,—	—	15,76	17,73	—	8,64	9,72	—	2,41	2,71	—	—	—	—	—	—	—	—	—
	III	135,83	—	10,86	12,22	III	135,83	—	5,05	5,68	—	0,41	0,46	—	—	—	—	—	—	—	—	—	—	—	—
	V	712,83	—	57,02	64,15	IV	388,50	—	26,98	30,35	—	23,01	25,88	—	19,16	21,56	—	15,44	17,37	—	11,83	13,31	—	8,34	9,38
	VI	748,91	—	59,91	67,40																				

* **Die ausgewiesenen Tabellenwerte sind amtlich. Siehe Erläuterungen auf der Umschlaginnenseite (U2).**

3 059,99* MONAT

Lohn/ Gehalt bis €*		Abzüge an Lohnsteuer, Solidaritätszuschlag (SolZ) und Kirchensteuer (8%, 9%) in den Steuerklassen I – VI	ohne Kinderfreibeträge			I, II, III, IV	mit Zahl der Kinderfreibeträge . . . 0,5			1			1,5			2			2,5			3			
		LSt	SolZ	8%	9%		LSt	SolZ	8%	9%	SolZ	8%	9%	SolZ	8%	9%	SolZ	8%	9%	SolZ	8%	9%	SolZ	8%	9%
3 011,99	I,IV	389,16	—	31,13	35,02	I	389,16	—	23,06	25,94	—	15,48	17,42	—	8,39	9,44	—	2,22	2,49	—	—	—	—	—	—
	II	292,75	—	23,42	26,34	II	292,75	—	15,81	17,78	—	8,69	9,77	—	2,44	2,75	—	—	—	—	—	—	—	—	—
	III	136,33	—	10,90	12,26	III	136,33	—	5,08	5,71	—	0,44	0,49	—	—	—	—	—	—	—	—	—	—	—	—
	V	713,83	—	57,10	64,24	IV	389,16	—	27,04	30,42	—	23,06	25,94	—	19,22	21,62	—	15,48	17,42	—	11,88	13,36	—	8,39	9,44
	VI	749,91	—	59,99	67,49																				
3 014,99	I,IV	389,91	—	31,19	35,09	I	389,91	—	23,12	26,01	—	15,54	17,48	—	8,44	9,49	—	2,25	2,53	—	—	—	—	—	—
	II	293,41	—	23,47	26,40	II	293,41	—	15,86	17,84	—	8,74	9,83	—	2,48	2,79	—	—	—	—	—	—	—	—	—
	III	137,—	—	10,96	12,33	III	137,—	—	5,12	5,76	—	0,48	0,54	—	—	—	—	—	—	—	—	—	—	—	—
	V	714,83	—	57,18	64,33	IV	389,91	—	27,10	30,48	—	23,12	26,01	—	19,27	21,68	—	15,54	17,48	—	11,93	13,42	—	8,44	9,49
	VI	751,—	—	60,08	67,59																				
3 017,99	I,IV	390,66	—	31,25	35,15	I	390,66	—	23,18	26,07	—	15,59	17,54	—	8,48	9,54	—	2,29	2,57	—	—	—	—	—	—
	II	294,08	—	23,52	26,46	II	294,08	—	15,92	17,91	—	8,79	9,89	—	2,52	2,83	—	—	—	—	—	—	—	—	—
	III	137,50	—	11,—	12,37	III	137,50	—	5,16	5,80	—	0,50	0,56	—	—	—	—	—	—	—	—	—	—	—	—
	V	716,—	—	57,28	64,44	IV	390,66	—	27,16	30,55	—	23,18	26,07	—	19,32	21,74	—	15,59	17,54	—	11,98	13,47	—	8,48	9,54
	VI	752,—	—	60,16	67,68																				
3 020,99	I,IV	391,41	—	31,31	35,22	I	391,41	—	23,24	26,14	—	15,64	17,60	—	8,54	9,60	—	2,32	2,61	—	—	—	—	—	—
	II	294,83	—	23,58	26,53	II	294,83	—	15,97	17,96	—	8,84	9,95	—	2,56	2,88	—	—	—	—	—	—	—	—	—
	III	138,—	—	11,04	12,42	III	138,—	—	5,20	5,85	—	0,53	0,59	—	—	—	—	—	—	—	—	—	—	—	—
	V	717,—	—	57,36	64,53	IV	391,41	—	27,21	30,61	—	23,24	26,14	—	19,38	21,80	—	15,64	17,60	—	12,03	13,53	—	8,54	9,60
	VI	753,08	—	60,24	67,77																				
3 023,99	I,IV	392,16	—	31,37	35,29	I	392,16	—	23,29	26,20	—	15,70	17,66	—	8,58	9,65	—	2,36	2,66	—	—	—	—	—	—
	II	295,50	—	23,64	26,59	II	295,50	—	16,02	18,02	—	8,89	10,—	—	2,59	2,91	—	—	—	—	—	—	—	—	—
	III	138,66	—	11,09	12,47	III	138,66	—	5,22	5,87	—	0,56	0,63	—	—	—	—	—	—	—	—	—	—	—	—
	V	718,—	—	57,44	64,62	IV	392,16	—	27,27	30,68	—	23,29	26,20	—	19,43	21,86	—	15,70	17,66	—	12,08	13,59	—	8,58	9,65
	VI	754,08	—	60,32	67,86																				
3 026,99	I,IV	392,91	—	31,43	35,36	I	392,91	—	23,34	26,26	—	15,74	17,71	—	8,63	9,71	—	2,40	2,70	—	—	—	—	—	—
	II	296,16	—	23,69	26,65	II	296,16	—	16,07	18,08	—	8,94	10,05	—	2,63	2,96	—	—	—	—	—	—	—	—	—
	III	139,16	—	11,13	12,52	III	139,16	—	5,26	5,92	—	0,58	0,65	—	—	—	—	—	—	—	—	—	—	—	—
	V	719,—	—	57,52	64,71	IV	392,91	—	27,32	30,74	—	23,34	26,26	—	19,48	21,92	—	15,74	17,71	—	12,13	13,64	—	8,63	9,71
	VI	755,08	—	60,40	67,95																				
3 029,99	I,IV	393,58	—	31,48	35,42	I	393,58	—	23,40	26,33	—	15,80	17,77	—	8,68	9,77	—	2,44	2,74	—	—	—	—	—	—
	II	296,91	—	23,75	26,72	II	296,91	—	16,12	18,14	—	8,98	10,10	—	2,67	3,—	—	—	—	—	—	—	—	—	—
	III	139,83	—	11,18	12,58	III	139,83	—	5,30	5,96	—	0,61	0,68	—	—	—	—	—	—	—	—	—	—	—	—
	V	720,—	—	57,60	64,80	IV	393,58	—	27,38	30,80	—	23,40	26,33	—	19,54	21,98	—	15,80	17,77	—	12,18	13,70	—	8,68	9,77
	VI	756,16	—	60,49	68,05																				
3 032,99	I,IV	394,33	—	31,54	35,48	I	394,33	—	23,46	26,39	—	15,85	17,83	—	8,73	9,82	—	2,47	2,78	—	—	—	—	—	—
	II	297,58	—	23,80	26,78	II	297,58	—	16,18	18,20	—	9,04	10,17	—	2,70	3,04	—	—	—	—	—	—	—	—	—
	III	140,33	—	11,22	12,62	III	140,33	—	5,34	6,01	—	0,65	0,73	—	—	—	—	—	—	—	—	—	—	—	—
	V	721,16	—	57,69	64,90	IV	394,33	—	27,44	30,87	—	23,46	26,39	—	19,60	22,05	—	15,85	17,83	—	12,23	13,76	—	8,73	9,82
	VI	757,25	—	60,58	68,15																				
3 035,99	I,IV	395,08	—	31,60	35,55	I	395,08	—	23,51	26,45	—	15,90	17,89	—	8,78	9,87	—	2,51	2,82	—	—	—	—	—	—
	II	298,25	—	23,86	26,84	II	298,25	—	16,23	18,26	—	9,08	10,22	—	2,74	3,08	—	—	—	—	—	—	—	—	—
	III	141,—	—	11,28	12,69	III	141,—	—	5,38	6,05	—	0,68	0,76	—	—	—	—	—	—	—	—	—	—	—	—
	V	722,—	—	57,76	64,98	IV	395,08	—	27,50	30,93	—	23,51	26,45	—	19,64	22,10	—	15,90	17,89	—	12,28	13,81	—	8,78	9,87
	VI	758,25	—	60,66	68,24																				
3 038,99	I,IV	395,83	—	31,66	35,62	I	395,83	—	23,57	26,51	—	15,96	17,95	—	8,83	9,93	—	2,54	2,86	—	—	—	—	—	—
	II	299,—	—	23,92	26,91	II	299,—	—	16,28	18,32	—	9,13	10,27	—	2,78	3,13	—	—	—	—	—	—	—	—	—
	III	141,50	—	11,32	12,73	III	141,50	—	5,42	6,10	—	0,70	0,79	—	—	—	—	—	—	—	—	—	—	—	—
	V	723,16	—	57,85	65,08	IV	395,83	—	27,56	31,—	—	23,57	26,51	—	19,70	22,16	—	15,96	17,95	—	12,33	13,87	—	8,83	9,93
	VI	759,25	—	60,74	68,33																				
3 041,99	I,IV	396,58	—	31,72	35,69	I	396,58	—	23,62	26,57	—	16,01	18,01	—	8,88	9,99	—	2,58	2,90	—	—	—	—	—	—
	II	299,66	—	23,97	26,96	II	299,66	—	16,34	18,38	—	9,18	10,33	—	2,82	3,17	—	—	—	—	—	—	—	—	—
	III	142,16	—	11,37	12,79	III	142,16	—	5,45	6,13	—	0,73	0,82	—	—	—	—	—	—	—	—	—	—	—	—
	V	724,16	—	57,93	65,17	IV	396,58	—	27,61	31,06	—	23,62	26,57	—	19,76	22,23	—	16,01	18,01	—	12,38	13,93	—	8,88	9,99
	VI	760,33	—	60,82	68,42																				
3 044,99	I,IV	397,33	—	31,78	35,75	I	397,33	—	23,68	26,64	—	16,06	18,07	—	8,92	10,04	—	2,62	2,95	—	—	—	—	—	—
	II	300,41	—	24,03	27,03	II	300,41	—	16,39	18,44	—	9,23	10,38	—	2,86	3,21	—	—	—	—	—	—	—	—	—
	III	142,66	—	11,41	12,83	III	142,66	—	5,49	6,17	—	0,76	0,85	—	—	—	—	—	—	—	—	—	—	—	—
	V	725,16	—	58,01	65,26	IV	397,33	—	27,67	31,13	—	23,68	26,64	—	19,81	22,28	—	16,06	18,07	—	12,43	13,98	—	8,92	10,04
	VI	761,41	—	60,91	68,52																				
3 047,99	I,IV	398,08	—	31,84	35,82	I	398,08	—	23,74	26,70	—	16,11	18,12	—	8,98	10,10	—	2,66	2,99	—	—	—	—	—	—
	II	301,08	—	24,08	27,09	II	301,08	—	16,44	18,49	—	9,28	10,44	—	2,90	3,26	—	—	—	—	—	—	—	—	—
	III	143,16	—	11,45	12,88	III	143,16	—	5,53	6,22	—	0,78	0,88	—	—	—	—	—	—	—	—	—	—	—	—
	V	726,16	—	58,09	65,35	IV	398,08	—	27,72	31,19	—	23,74	26,70	—	19,86	22,34	—	16,11	18,12	—	12,48	14,04	—	8,98	10,10
	VI	762,41	—	60,99	68,61																				
3 050,99	I,IV	398,75	—	31,90	35,88	I	398,75	—	23,79	26,76	—	16,16	18,18	—	9,02	10,15	—	2,70	3,03	—	—	—	—	—	—
	II	301,75	—	24,14	27,15	II	301,75	—	16,49	18,55	—	9,33	10,49	—	2,93	3,29	—	—	—	—	—	—	—	—	—
	III	143,83	—	11,50	12,94	III	143,83	—	5,57	6,26	—	0,82	0,92	—	—	—	—	—	—	—	—	—	—	—	—
	V	727,33	—	58,18	65,45	IV	398,75	—	27,78	31,25	—	23,79	26,76	—	19,92	22,41	—	16,16	18,18	—	12,53	14,09	—	9,02	10,15
	VI	763,41	—	61,07	68,70																				
3 053,99	I,IV	399,50	—	31,96	35,95	I	399,50	—	23,84	26,82	—	16,22	18,24	—	9,07	10,20	—	2,73	3,07	—	—	—	—	—	—
	II	302,50	—	24,20	27,22	II	302,50	—	16,54	18,61	—	9,38	10,55	—	2,97	3,34	—	—	—	—	—	—	—	—	—
	III	144,33	—	11,54	12,98	III	144,33	—	5,61	6,31	—	0,85	0,95	—	—	—	—	—	—	—	—	—	—	—	—
	V	728,33	—	58,26	65,54	IV	399,50	—	27,84	31,32	—	23,84	26,82	—	19,97	22,46	—	16,22	18,24	—	12,58	14,15	—	9,07	10,20
	VI	764,50	—	61,16	68,80																				
3 056,99	I,IV	400,25	—	32,02	36,02	I	400,25	—	23,90	26,89	—	16,27	18,30	—	9,12	10,26	—	2,77	3,11	—	—	—	—	—	—
	II	303,16	—	24,25	27,28	II	303,16	—	16,60	18,67	—	9,43	10,61	—	3,01	3,38	—	—	—	—	—	—	—	—	—
	III	145,—	—	11,60	13,05	III	145,—	—	5,65	6,35	—	0,88	0,99	—	—	—	—	—	—	—	—	—	—	—	—
	V	729,33	—	58,34	65,63	IV	400,25	—	27,90	31,39	—	23,90	26,89	—	20,02	22,52	—	16,27	18,30	—	12,64	14,22	—	9,12	10,26
	VI	765,58	—	61,24	68,90																				
3 059,99	I,IV	401,—	—	32,08	36,09	I	401,—	—	23,96	26,95	—	16,32	18,36	—	9,17	10,31	—	2,81	3,16	—	—	—	—	—	—
	II	303,91	—	24,31	27,35	II	303,91	—	16,65	18,73	—	9,48	10,66	—	3,05	3,43	—	—	—	—	—	—	—	—	—
	III	145,50	—	11,64	13,09	III	145,50	—	5,68	6,39	—	0,90	1,01	—	—	—	—	—	—	—	—	—	—	—	—
	V	730,33	—	58,42	65,72	IV	401,—	—	27,96	31,45	—	23,96	26,95	—	20,08	22,59	—	16,32	18,36	—	12,68	14,27	—	9,17	10,31
	VI	766,58	—	61,32	68,99																				

* Die ausgewiesenen Tabellenwerte sind amtlich. Siehe Erläuterungen auf der Umschlaginnenseite (U2).

MONAT **3 060,–***

Abzüge an Lohnsteuer, Solidaritätszuschlag (SolZ) und Kirchensteuer (8%, 9%) in den Steuerklassen

Lohn/ Gehalt bis €*	I – VI		ohne Kinderfreibeträge			I, II, III, IV		mit Zahl der Kinderfreibeträge . . . 0,5			1			1,5			2			2,5			3		
		LSt	SolZ	8%	9%		LSt	SolZ	8%	9%	SolZ	8%	9%	SolZ	8%	9%	SolZ	8%	9%	SolZ	8%	9%	SolZ	8%	9%
3 062,99	I,IV	401,75	—	32,14	36,15	I	401,75	—	24,02	27,02	—	16,38	18,42	—	9,22	10,37	—	2,84	3,20	—	—	—	—	—	—
	II	304,58	—	24,36	27,41	II	304,58	—	16,70	18,79	—	9,52	10,71	—	3,09	3,47	—	—	—	—	—	—	—	—	—
	III	146,16	—	11,69	13,15	III	146,16	—	5,72	6,43	—	0,94	1,06	—	—	—	—	—	—	—	—	—	—	—	—
	V	731,33	—	58,50	65,81	IV	401,75	—	28,02	31,52	—	24,02	27,02	—	20,13	22,64	—	16,38	18,42	—	12,74	14,33	—	9,22	10,37
	VI	767,58	—	61,40	69,08																				
3 065,99	I,IV	402,50	—	32,20	36,22	I	402,50	—	24,07	27,08	—	16,43	18,48	—	9,27	10,43	—	2,88	3,24	—	—	—	—	—	—
	II	305,33	—	24,42	27,47	II	305,33	—	16,76	18,85	—	9,58	10,77	—	3,12	3,51	—	—	—	—	—	—	—	—	—
	III	146,66	—	11,73	13,19	III	146,66	—	5,76	6,48	—	0,97	1,09	—	—	—	—	—	—	—	—	—	—	—	—
	V	732,41	—	58,59	65,91	IV	402,50	—	28,07	31,58	—	24,07	27,08	—	20,19	22,71	—	16,43	18,48	—	12,79	14,39	—	9,27	10,43
	VI	768,66	—	61,49	69,17																				
3 068,99	I,IV	403,25	—	32,26	36,29	I	403,25	—	24,12	27,14	—	16,48	18,54	—	9,32	10,48	—	2,92	3,29	—	—	—	—	—	—
	II	306,—	—	24,48	27,54	II	306,—	—	16,81	18,91	—	9,62	10,82	—	3,16	3,56	—	—	—	—	—	—	—	—	—
	III	147,33	—	11,78	13,25	III	147,33	—	5,80	6,52	—	1,—	1,12	—	—	—	—	—	—	—	—	—	—	—	—
	V	733,50	—	58,68	66,01	IV	403,25	—	28,13	31,64	—	24,12	27,14	—	20,24	22,77	—	16,48	18,54	—	12,84	14,44	—	9,32	10,48
	VI	769,75	—	61,58	69,27																				
3 071,99	I,IV	404,—	—	32,32	36,36	I	404,—	—	24,18	27,20	—	16,53	18,59	—	9,36	10,53	—	2,96	3,33	—	—	—	—	—	—
	II	306,66	—	24,53	27,59	II	306,66	—	16,86	18,97	—	9,67	10,88	—	3,20	3,60	—	—	—	—	—	—	—	—	—
	III	147,83	—	11,82	13,30	III	147,83	—	5,84	6,57	—	1,02	1,15	—	—	—	—	—	—	—	—	—	—	—	—
	V	734,50	—	58,76	66,10	IV	404,—	—	28,19	31,71	—	24,18	27,20	—	20,30	22,83	—	16,53	18,59	—	12,89	14,50	—	9,36	10,53
	VI	770,75	—	61,66	69,36																				
3 074,99	I,IV	404,75	—	32,38	36,42	I	404,75	—	24,24	27,27	—	16,58	18,65	—	9,42	10,59	—	3,—	3,37	—	—	—	—	—	—
	II	307,41	—	24,59	27,66	II	307,41	—	16,91	19,02	—	9,72	10,94	—	3,24	3,65	—	—	—	—	—	—	—	—	—
	III	148,50	—	11,88	13,36	III	148,50	—	5,88	6,61	—	1,06	1,19	—	—	—	—	—	—	—	—	—	—	—	—
	V	735,50	—	58,84	66,19	IV	404,75	—	28,24	31,77	—	24,24	27,27	—	20,35	22,89	—	16,58	18,65	—	12,94	14,55	—	9,42	10,59
	VI	771,75	—	61,74	69,45																				
3 077,99	I,IV	405,50	—	32,44	36,49	I	405,50	—	24,30	27,33	—	16,64	18,72	—	9,46	10,64	—	3,04	3,42	—	—	—	—	—	—
	II	308,08	—	24,64	27,72	II	308,08	—	16,96	19,08	—	9,77	10,99	—	3,28	3,69	—	—	—	—	—	—	—	—	—
	III	149,—	—	11,92	13,41	III	149,—	—	5,92	6,66	—	1,09	1,22	—	—	—	—	—	—	—	—	—	—	—	—
	V	736,58	—	58,92	66,29	IV	405,50	—	28,30	31,84	—	24,30	27,33	—	20,40	22,95	—	16,64	18,72	—	12,99	14,61	—	9,46	10,64
	VI	772,83	—	61,82	69,55																				
3 080,99	I,IV	406,25	—	32,50	36,56	I	406,25	—	24,35	27,39	—	16,69	18,77	—	9,52	10,71	—	3,08	3,46	—	—	—	—	—	—
	II	308,83	—	24,70	27,79	II	308,83	—	17,02	19,14	—	9,82	11,05	—	3,32	3,74	—	—	—	—	—	—	—	—	—
	III	149,66	—	11,97	13,46	III	149,66	—	5,96	6,70	—	1,12	1,26	—	—	—	—	—	—	—	—	—	—	—	—
	V	737,58	—	59,—	66,38	IV	406,25	—	28,36	31,91	—	24,35	27,39	—	20,46	23,01	—	16,69	18,77	—	13,04	14,67	—	9,52	10,71
	VI	773,91	—	61,91	69,65																				
3 083,99	I,IV	406,91	—	32,55	36,62	I	406,91	—	24,40	27,45	—	16,74	18,83	—	9,56	10,76	—	3,12	3,51	—	—	—	—	—	—
	II	309,50	—	24,76	27,85	II	309,50	—	17,07	19,20	—	9,87	11,10	—	3,36	3,78	—	—	—	—	—	—	—	—	—
	III	150,16	—	12,01	13,51	III	150,16	—	5,98	6,73	—	1,14	1,28	—	—	—	—	—	—	—	—	—	—	—	—
	V	738,66	—	59,09	66,47	IV	406,91	—	28,42	31,97	—	24,40	27,45	—	20,51	23,07	—	16,74	18,83	—	13,09	14,72	—	9,56	10,76
	VI	774,91	—	61,99	69,74																				
3 086,99	I,IV	407,66	—	32,61	36,68	I	407,66	—	24,46	27,52	—	16,80	18,90	—	9,61	10,81	—	3,16	3,55	—	—	—	—	—	—
	II	310,16	—	24,81	27,91	II	310,16	—	17,12	19,26	—	9,92	11,16	—	3,40	3,83	—	—	—	—	—	—	—	—	—
	III	150,83	—	12,06	13,57	III	150,83	—	6,02	6,77	—	1,18	1,33	—	—	—	—	—	—	—	—	—	—	—	—
	V	739,66	—	59,17	66,56	IV	407,66	—	28,48	32,04	—	24,46	27,52	—	20,57	23,14	—	16,80	18,90	—	13,14	14,78	—	9,61	10,81
	VI	775,91	—	62,07	69,83																				
3 089,99	I,IV	408,41	—	32,67	36,75	I	408,41	—	24,52	27,58	—	16,85	18,95	—	9,66	10,87	—	3,20	3,60	—	—	—	—	—	—
	II	310,91	—	24,87	27,98	II	310,91	—	17,18	19,32	—	9,97	11,21	—	3,44	3,87	—	—	—	—	—	—	—	—	—
	III	151,33	—	12,10	13,61	III	151,33	—	6,06	6,82	—	1,21	1,36	—	—	—	—	—	—	—	—	—	—	—	—
	V	740,75	—	59,26	66,66	IV	408,41	—	28,54	32,10	—	24,52	27,58	—	20,62	23,20	—	16,85	18,95	—	13,20	14,85	—	9,66	10,87
	VI	777,—	—	62,16	69,93																				
3 092,99	I,IV	409,16	—	32,73	36,82	I	409,16	—	24,58	27,65	—	16,90	19,01	—	9,71	10,92	—	3,24	3,64	—	—	—	—	—	—
	II	311,58	—	24,92	28,04	II	311,58	—	17,23	19,38	—	10,02	11,27	—	3,48	3,92	—	—	—	—	—	—	—	—	—
	III	152,—	—	12,16	13,68	III	152,—	—	6,10	6,86	—	1,24	1,39	—	—	—	—	—	—	—	—	—	—	—	—
	V	741,75	—	59,34	66,75	IV	409,16	—	28,59	32,16	—	24,58	27,65	—	20,68	23,26	—	16,90	19,01	—	13,24	14,90	—	9,71	10,92
	VI	778,08	—	62,24	70,02																				
3 095,99	I,IV	409,91	—	32,79	36,89	I	409,91	—	24,63	27,71	—	16,95	19,07	—	9,76	10,98	—	3,27	3,68	—	—	—	—	—	—
	II	312,33	—	24,98	28,10	II	312,33	—	17,28	19,44	—	10,07	11,33	—	3,52	3,96	—	—	—	—	—	—	—	—	—
	III	152,50	—	12,20	13,72	III	152,50	—	6,14	6,91	—	1,26	1,42	—	—	—	—	—	—	—	—	—	—	—	—
	V	742,83	—	59,42	66,85	IV	409,91	—	28,65	32,23	—	24,63	27,71	—	20,73	23,32	—	16,95	19,07	—	13,30	14,96	—	9,76	10,98
	VI	779,08	—	62,32	70,11																				
3 098,99	I,IV	410,66	—	32,85	36,95	I	410,66	—	24,68	27,77	—	17,—	19,13	—	9,81	11,03	—	3,31	3,72	—	—	—	—	—	—
	II	313,—	—	25,04	28,17	II	313,—	—	17,34	19,50	—	10,12	11,38	—	3,56	4,01	—	—	—	—	—	—	—	—	—
	III	153,16	—	12,25	13,78	III	153,16	—	6,18	6,95	—	1,30	1,46	—	—	—	—	—	—	—	—	—	—	—	—
	V	743,83	—	59,50	66,94	IV	410,66	—	28,71	32,30	—	24,68	27,77	—	20,78	23,38	—	17,—	19,13	—	13,35	15,02	—	9,81	11,03
	VI	780,08	—	62,40	70,20																				
3 101,99	I,IV	411,41	—	32,91	37,02	I	411,41	—	24,74	27,83	—	17,06	19,19	—	9,86	11,09	—	3,35	3,77	—	—	—	—	—	—
	II	313,75	—	25,10	28,23	II	313,75	—	17,39	19,56	—	10,17	11,44	—	3,60	4,05	—	—	—	—	—	—	—	—	—
	III	153,66	—	12,29	13,82	III	153,66	—	6,22	7,—	—	1,33	1,49	—	—	—	—	—	—	—	—	—	—	—	—
	V	744,91	—	59,59	67,04	IV	411,41	—	28,76	32,36	—	24,74	27,83	—	20,84	23,45	—	17,06	19,19	—	13,40	15,07	—	9,86	11,09
	VI	781,16	—	62,49	70,30																				
3 104,99	I,IV	412,16	—	32,97	37,09	I	412,16	—	24,80	27,90	—	17,11	19,25	—	9,91	11,15	—	3,39	3,81	—	—	—	—	—	—
	II	314,41	—	25,15	28,29	II	314,41	—	17,44	19,62	—	10,22	11,49	—	3,64	4,10	—	—	—	—	—	—	—	—	—
	III	154,33	—	12,34	13,88	III	154,33	—	6,26	7,04	—	1,36	1,53	—	—	—	—	—	—	—	—	—	—	—	—
	V	745,91	—	59,67	67,13	IV	412,16	—	28,82	32,42	—	24,80	27,90	—	20,90	23,51	—	17,11	19,25	—	13,45	15,13	—	9,91	11,15
	VI	782,25	—	62,58	70,40																				
3 107,99	I,IV	412,91	—	33,03	37,16	I	412,91	—	24,86	27,96	—	17,16	19,31	—	9,96	11,20	—	3,43	3,86	—	—	—	—	—	—
	II	315,08	—	25,20	28,35	II	315,08	—	17,50	19,68	—	10,26	11,54	—	3,68	4,14	—	—	—	—	—	—	—	—	—
	III	155,—	—	12,40	13,95	III	155,—	—	6,30	7,09	—	1,40	1,57	—	—	—	—	—	—	—	—	—	—	—	—
	V	747,—	—	59,76	67,23	IV	412,91	—	28,88	32,49	—	24,86	27,96	—	20,95	23,57	—	17,16	19,31	—	13,50	15,18	—	9,96	11,20
	VI	783,25	—	62,66	70,49																				
3 110,99	I,IV	413,66	—	33,09	37,22	I	413,66	—	24,91	28,02	—	17,22	19,37	—	10,—	11,25	—	3,47	3,90	—	—	—	—	—	—
	II	315,83	—	25,26	28,42	II	315,83	—	17,55	19,74	—	10,32	11,61	—	3,72	4,19	—	—	—	—	—	—	—	—	—
	III	155,50	—	12,44	13,99	III	155,50	—	6,34	7,13	—	1,42	1,60	—	—	—	—	—	—	—	—	—	—	—	—
	V	748,—	—	59,84	67,32	IV	413,66	—	28,94	32,55	—	24,91	28,02	—	21,—	23,63	—	17,22	19,37	—	13,55	15,24	—	10,—	11,25
	VI	784,25	—	62,74	70,58																				

* Die ausgewiesenen Tabellenwerte sind amtlich. Siehe Erläuterungen auf der Umschlaginnenseite (U2).

3 161,99* MONAT

Abzüge an Lohnsteuer, Solidaritätszuschlag (SolZ) und Kirchensteuer (8%, 9%) in den Steuerklassen

Lohn/ Gehalt bis €*	I – VI		ohne Kinderfreibeträge			I, II, III, IV		mit Zahl der Kinderfreibeträge . . . 0,5			1			1,5			2			2,5			3		
		LSt	SolZ	8%	9%		LSt	SolZ	8%	9%	SolZ	8%	9%	SolZ	8%	9%	SolZ	8%	9%	SolZ	8%	9%	SolZ	8%	9%
3 113,99	I,IV	414,41	—	33,15	37,29	I	414,41	—	24,97	28,09	—	17,27	19,43	—	10,06	11,31	—	3,51	3,95	—	—	—	—	—	—
	II	316,58	—	25,32	28,49	II	316,58	—	17,60	19,80	—	10,36	11,66	—	3,76	4,23	—	—	—	—	—	—	—	—	—
	III	156,16	—	12,49	14,05	III	156,16	—	6,38	7,18	—	1,45	1,63	—	—	—	—	—	—	—	—	—	—	—	—
	V	749,08	—	59,92	67,41	IV	414,41	—	29,—	32,62	—	24,97	28,09	—	21,06	23,69	—	17,27	19,43	—	13,60	15,30	—	10,06	11,31
	VI	785,33	—	62,82	70,67																				
3 116,99	I,IV	415,16	—	33,21	37,36	I	415,16	—	25,02	28,15	—	17,32	19,49	—	10,10	11,36	—	3,55	3,99	—	—	—	—	—	—
	II	317,25	—	25,38	28,55	II	317,25	—	17,66	19,86	—	10,42	11,72	—	3,80	4,28	—	—	—	—	—	—	—	—	—
	III	156,66	—	12,53	14,09	III	156,66	—	6,42	7,22	—	1,49	1,67	—	—	—	—	—	—	—	—	—	—	—	—
	V	750,08	—	60,—	67,50	IV	415,16	—	29,06	32,69	—	25,02	28,15	—	21,12	23,76	—	17,32	19,49	—	13,66	15,36	—	10,10	11,36
	VI	786,41	—	62,91	70,77																				
3 119,99	I,IV	415,91	—	33,27	37,43	I	415,91	—	25,08	28,21	—	17,38	19,55	—	10,16	11,43	—	3,59	4,04	—	—	—	—	—	—
	II	317,91	—	25,43	28,61	II	317,91	—	17,70	19,91	—	10,46	11,77	—	3,84	4,32	—	—	—	—	—	—	—	—	—
	III	157,33	—	12,58	14,15	III	157,33	—	6,45	7,25	—	1,52	1,71	—	—	—	—	—	—	—	—	—	—	—	—
	V	751,16	—	60,09	67,60	IV	415,91	—	29,12	32,76	—	25,08	28,21	—	21,17	23,81	—	17,38	19,55	—	13,70	15,41	—	10,16	11,43
	VI	787,41	—	62,99	70,86																				
3 122,99	I,IV	416,66	—	33,33	37,49	I	416,66	—	25,14	28,28	—	17,43	19,61	—	10,20	11,48	—	3,63	4,08	—	—	—	—	—	—
	II	318,66	—	25,49	28,67	II	318,66	—	17,76	19,98	—	10,52	11,83	—	3,89	4,37	—	—	—	—	—	—	—	—	—
	III	157,83	—	12,62	14,20	III	157,83	—	6,49	7,30	—	1,54	1,73	—	—	—	—	—	—	—	—	—	—	—	—
	V	752,16	—	60,17	67,69	IV	416,66	—	29,17	32,81	—	25,14	28,28	—	21,22	23,87	—	17,43	19,61	—	13,76	15,48	—	10,20	11,48
	VI	788,41	—	63,07	70,95																				
3 125,99	I,IV	417,41	—	33,39	37,56	I	417,41	—	25,20	28,35	—	17,48	19,67	—	10,26	11,54	—	3,67	4,13	—	—	—	—	—	—
	II	319,33	—	25,54	28,73	II	319,33	—	17,82	20,04	—	10,56	11,88	—	3,93	4,42	—	—	—	—	—	—	—	—	—
	III	158,50	—	12,68	14,26	III	158,50	—	6,53	7,34	—	1,57	1,76	—	—	—	—	—	—	—	—	—	—	—	—
	V	753,25	—	60,26	67,79	IV	417,41	—	29,23	32,88	—	25,20	28,35	—	21,28	23,94	—	17,48	19,67	—	13,81	15,53	—	10,26	11,54
	VI	789,50	—	63,16	71,05																				
3 128,99	I,IV	418,16	—	33,45	37,63	I	418,16	—	25,25	28,40	—	17,54	19,73	—	10,30	11,59	—	3,72	4,18	—	—	—	—	—	—
	II	320,08	—	25,60	28,80	II	320,08	—	17,87	20,10	—	10,62	11,94	—	3,97	4,46	—	—	—	—	—	—	—	—	—
	III	159,16	—	12,73	14,32	III	159,16	—	6,57	7,39	—	1,61	1,81	—	—	—	—	—	—	—	—	—	—	—	—
	V	754,25	—	60,34	67,88	IV	418,16	—	29,29	32,95	—	25,25	28,40	—	21,33	23,99	—	17,54	19,73	—	13,86	15,59	—	10,30	11,59
	VI	790,58	—	63,24	71,15																				
3 131,99	I,IV	418,91	—	33,51	37,70	I	418,91	—	25,30	28,46	—	17,59	19,79	—	10,35	11,64	—	3,76	4,23	—	—	—	—	—	—
	II	320,75	—	25,66	28,86	II	320,75	—	17,92	20,16	—	10,66	11,99	—	4,01	4,51	—	—	—	—	—	—	—	—	—
	III	159,66	—	12,77	14,36	III	159,66	—	6,61	7,43	—	1,64	1,84	—	—	—	—	—	—	—	—	—	—	—	—
	V	755,33	—	60,42	67,97	IV	418,91	—	29,34	33,01	—	25,30	28,46	—	21,38	24,05	—	17,59	19,79	—	13,91	15,65	—	10,35	11,64
	VI	791,58	—	63,32	71,24																				
3 134,99	I,IV	419,66	—	33,57	37,76	I	419,66	—	25,36	28,53	—	17,64	19,85	—	10,40	11,70	—	3,80	4,27	—	—	—	—	—	—
	II	321,50	—	25,72	28,93	II	321,50	—	17,97	20,21	—	10,72	12,06	—	4,05	4,55	—	—	—	—	—	—	—	—	—
	III	160,33	—	12,82	14,42	III	160,33	—	6,65	7,48	—	1,66	1,87	—	—	—	—	—	—	—	—	—	—	—	—
	V	756,33	—	60,50	68,06	IV	419,66	—	29,40	33,08	—	25,36	28,53	—	21,44	24,12	—	17,64	19,85	—	13,96	15,71	—	10,40	11,70
	VI	792,58	—	63,40	71,33																				
3 137,99	I,IV	420,41	—	33,63	37,83	I	420,41	—	25,42	28,59	—	17,70	19,91	—	10,45	11,75	—	3,84	4,32	—	—	—	—	—	—
	II	322,16	—	25,77	28,99	II	322,16	—	18,02	20,27	—	10,76	12,11	—	4,10	4,61	—	—	—	—	—	—	—	—	—
	III	160,83	—	12,86	14,47	III	160,83	—	6,69	7,52	—	1,70	1,91	—	—	—	—	—	—	—	—	—	—	—	—
	V	757,41	—	60,59	68,16	IV	420,41	—	29,46	33,14	—	25,42	28,59	—	21,50	24,18	—	17,70	19,91	—	14,01	15,76	—	10,45	11,75
	VI	793,66	—	63,49	71,42																				
3 140,99	I,IV	421,16	—	33,69	37,90	I	421,16	—	25,48	28,66	—	17,75	19,97	—	10,50	11,81	—	3,88	4,36	—	—	—	—	—	—
	II	322,91	—	25,83	29,06	II	322,91	—	18,08	20,34	—	10,82	12,17	—	4,14	4,65	—	—	—	—	—	—	—	—	—
	III	161,50	—	12,92	14,53	III	161,50	—	6,73	7,57	—	1,73	1,94	—	—	—	—	—	—	—	—	—	—	—	—
	V	758,41	—	60,67	68,25	IV	421,16	—	29,52	33,21	—	25,48	28,66	—	21,55	24,24	—	17,75	19,97	—	14,06	15,82	—	10,50	11,81
	VI	794,75	—	63,58	71,52																				
3 143,99	I,IV	421,91	—	33,75	37,97	I	421,91	—	25,53	28,72	—	17,80	20,02	—	10,55	11,87	—	3,92	4,41	—	—	—	—	—	—
	II	323,58	—	25,88	29,12	II	323,58	—	18,13	20,39	—	10,86	12,22	—	4,18	4,70	—	—	—	—	—	—	—	—	—
	III	162,—	—	12,96	14,58	III	162,—	—	6,77	7,61	—	1,76	1,98	—	—	—	—	—	—	—	—	—	—	—	—
	V	759,50	—	60,76	68,35	IV	421,91	—	29,58	33,27	—	25,53	28,72	—	21,60	24,30	—	17,80	20,02	—	14,12	15,88	—	10,55	11,87
	VI	795,75	—	63,66	71,61																				
3 146,99	I,IV	422,66	—	33,81	38,03	I	422,66	—	25,59	28,79	—	17,85	20,08	—	10,60	11,93	—	3,96	4,45	—	—	—	—	—	—
	II	324,33	—	25,94	29,18	II	324,33	—	18,18	20,45	—	10,91	12,27	—	4,22	4,75	—	—	—	—	—	—	—	—	—
	III	162,66	—	13,01	14,63	III	162,66	—	6,81	7,66	—	1,80	2,02	—	—	—	—	—	—	—	—	—	—	—	—
	V	760,50	—	60,84	68,44	IV	422,66	—	29,64	33,34	—	25,59	28,79	—	21,66	24,37	—	17,85	20,08	—	14,16	15,93	—	10,60	11,93
	VI	796,75	—	63,74	71,70																				
3 149,99	I,IV	423,41	—	33,87	38,10	I	423,41	—	25,64	28,85	—	17,90	20,14	—	10,65	11,98	—	4,—	4,50	—	—	—	—	—	—
	II	325,—	—	26,—	29,25	II	325,—	—	18,24	20,52	—	10,96	12,33	—	4,26	4,79	—	—	—	—	—	—	—	—	—
	III	163,33	—	13,06	14,69	III	163,33	—	6,85	7,70	—	1,82	2,05	—	—	—	—	—	—	—	—	—	—	—	—
	V	761,58	—	60,92	68,54	IV	423,41	—	29,70	33,41	—	25,64	28,85	—	21,72	24,43	—	17,90	20,14	—	14,22	15,99	—	10,65	11,98
	VI	797,83	—	63,82	71,80																				
3 152,99	I,IV	424,16	—	33,93	38,17	I	424,16	—	25,70	28,91	—	17,96	20,21	—	10,70	12,04	—	4,04	4,55	—	—	—	—	—	—
	II	325,75	—	26,06	29,31	II	325,75	—	18,29	20,57	—	11,01	12,38	—	4,30	4,84	—	—	—	—	—	—	—	—	—
	III	163,83	—	13,10	14,74	III	163,83	—	6,89	7,75	—	1,86	2,09	—	—	—	—	—	—	—	—	—	—	—	—
	V	762,58	—	61,—	68,63	IV	424,16	—	29,76	33,48	—	25,70	28,91	—	21,77	24,49	—	17,96	20,21	—	14,27	16,05	—	10,70	12,04
	VI	798,83	—	63,90	71,89																				
3 155,99	I,IV	424,91	—	33,99	38,24	I	424,91	—	25,76	28,98	—	18,01	20,26	—	10,75	12,09	—	4,08	4,59	—	—	—	—	—	—
	II	326,41	—	26,11	29,37	II	326,41	—	18,34	20,63	—	11,06	12,44	—	4,35	4,89	—	—	—	—	—	—	—	—	—
	III	164,50	—	13,16	14,80	III	164,50	—	6,93	7,79	—	1,89	2,12	—	—	—	—	—	—	—	—	—	—	—	—
	V	763,66	—	61,09	68,72	IV	424,91	—	29,81	33,53	—	25,76	28,98	—	21,82	24,55	—	18,01	20,26	—	14,32	16,11	—	10,75	12,09
	VI	799,91	—	63,99	71,99																				
3 158,99	I,IV	425,66	—	34,05	38,30	I	425,66	—	25,82	29,04	—	18,06	20,32	—	10,80	12,15	—	4,12	4,64	—	—	—	—	—	—
	II	327,16	—	26,17	29,44	II	327,16	—	18,40	20,70	—	11,11	12,50	—	4,39	4,94	—	—	—	—	—	—	—	—	—
	III	165,—	—	13,20	14,85	III	165,—	—	6,97	7,84	—	1,92	2,16	—	—	—	—	—	—	—	—	—	—	—	—
	V	764,66	—	61,17	68,81	IV	425,66	—	29,87	33,60	—	25,82	29,04	—	21,88	24,61	—	18,06	20,32	—	14,37	16,16	—	10,80	12,15
	VI	800,91	—	64,07	72,08																				
3 161,99	I,IV	426,41	—	34,11	38,37	I	426,41	—	25,87	29,10	—	18,12	20,38	—	10,85	12,20	—	4,17	4,69	—	—	—	—	—	—
	II	327,91	—	26,23	29,51	II	327,91	—	18,45	20,75	—	11,16	12,56	—	4,43	4,98	—	—	—	—	—	—	—	—	—
	III	165,66	—	13,25	14,90	III	165,66	—	7,01	7,88	—	1,96	2,20	—	—	—	—	—	—	—	—	—	—	—	—
	V	765,75	—	61,26	68,91	IV	426,41	—	29,93	33,67	—	25,87	29,10	—	21,94	24,68	—	18,12	20,38	—	14,42	16,22	—	10,85	12,20
	VI	802,—	—	64,16	72,18																				

* Die ausgewiesenen Tabellenwerte sind amtlich. Siehe Erläuterungen auf der Umschlaginnenseite (U2).

MONAT 3 162,–*

Abzüge an Lohnsteuer, Solidaritätszuschlag (SolZ) und Kirchensteuer (8%, 9%) in den Steuerklassen

Lohn/ Gehalt bis €*	I – VI		ohne Kinderfreibeträge			I, II, III, IV		mit Zahl der Kinderfreibeträge . . . 0,5			1			1,5			2			2,5			3		
		LSt	SolZ	8%	9%		LSt	SolZ	8%	9%	SolZ	8%	9%	SolZ	8%	9%	SolZ	8%	9%	SolZ	8%	9%	SolZ	8%	9%
3 164,99	I,IV	427,16	—	34,17	38,44	I	427,16	—	25,93	29,17	—	18,17	20,44	—	10,90	12,26	—	4,21	4,73	—	—	—	—	—	—
	II	328,58	—	26,28	29,57	II	328,58	—	18,51	20,82	—	11,21	12,61	—	4,48	5,04	—	—	—	—	—	—	—	—	—
	III	166,33	—	13,30	14,96	III	166,33	—	7,05	7,93	—	1,98	2,23	—	—	—	—	—	—	—	—	—	—	—	—
	V	766,75	—	61,34	69,—	IV	427,16	—	29,99	33,74	—	25,93	29,17	—	21,99	24,74	—	18,17	20,44	—	14,48	16,29	—	10,90	12,26
	VI	803,—	—	64,24	72,27																				
3 167,99	I,IV	427,91	—	34,23	38,51	I	427,91	—	25,98	29,23	—	18,22	20,50	—	10,95	12,32	—	4,25	4,78	—	—	—	—	—	—
	II	329,33	—	26,34	29,63	II	329,33	—	18,56	20,88	—	11,26	12,67	—	4,52	5,08	—	—	—	—	—	—	—	—	—
	III	166,83	—	13,34	15,01	III	166,83	—	7,09	7,97	—	2,01	2,26	—	—	—	—	—	—	—	—	—	—	—	—
	V	767,83	—	61,42	69,10	IV	427,91	—	30,04	33,80	—	25,98	29,23	—	22,04	24,80	—	18,22	20,50	—	14,53	16,34	—	10,95	12,32
	VI	804,08	—	64,32	72,36																				
3 170,99	I,IV	428,66	—	34,29	38,57	I	428,66	—	26,04	29,30	—	18,28	20,56	—	11,—	12,37	—	4,30	4,83	—	—	—	—	—	—
	II	330,—	—	26,40	29,70	II	330,—	—	18,61	20,93	—	11,31	12,72	—	4,56	5,13	—	—	—	—	—	—	—	—	—
	III	167,50	—	13,40	15,07	III	167,50	—	7,13	8,02	—	2,05	2,30	—	—	—	—	—	—	—	—	—	—	—	—
	V	768,83	—	61,50	69,19	IV	428,66	—	30,10	33,86	—	26,04	29,30	—	22,10	24,86	—	18,28	20,56	—	14,58	16,40	—	11,—	12,37
	VI	805,08	—	64,40	72,45																				
3 173,99	I,IV	429,41	—	34,35	38,64	I	429,41	—	26,10	29,36	—	18,33	20,62	—	11,05	12,43	—	4,34	4,88	—	—	—	—	—	—
	II	330,75	—	26,46	29,76	II	330,75	—	18,67	21,—	—	11,36	12,78	—	4,60	5,18	—	—	—	—	—	—	—	—	—
	III	168,—	—	13,44	15,12	III	168,—	—	7,17	8,06	—	2,08	2,34	—	—	—	—	—	—	—	—	—	—	—	—
	V	769,91	—	61,59	69,29	IV	429,41	—	30,16	33,93	—	26,10	29,36	—	22,16	24,93	—	18,33	20,62	—	14,63	16,46	—	11,05	12,43
	VI	806,16	—	64,49	72,55																				
3 176,99	I,IV	430,16	—	34,41	38,71	I	430,16	—	26,16	29,43	—	18,38	20,68	—	11,10	12,49	—	4,38	4,93	—	—	—	—	—	—
	II	331,41	—	26,51	29,82	II	331,41	—	18,72	21,06	—	11,42	12,84	—	4,65	5,23	—	—	—	—	—	—	—	—	—
	III	168,66	—	13,49	15,17	III	168,66	—	7,21	8,11	—	2,12	2,38	—	—	—	—	—	—	—	—	—	—	—	—
	V	770,91	—	61,67	69,38	IV	430,16	—	30,22	34,—	—	26,16	29,43	—	22,21	24,98	—	18,38	20,68	—	14,68	16,52	—	11,10	12,49
	VI	807,16	—	64,57	72,64																				
3 179,99	I,IV	430,91	—	34,47	38,78	I	430,91	—	26,21	29,48	—	18,44	20,74	—	11,15	12,54	—	4,42	4,97	—	—	—	—	—	—
	II	332,16	—	26,57	29,89	II	332,16	—	18,77	21,11	—	11,46	12,89	—	4,69	5,27	—	—	—	—	—	—	—	—	—
	III	169,16	—	13,53	15,22	III	169,16	—	7,25	8,15	—	2,14	2,41	—	—	—	—	—	—	—	—	—	—	—	—
	V	772,—	—	61,76	69,48	IV	430,91	—	30,28	34,07	—	26,21	29,48	—	22,26	25,04	—	18,44	20,74	—	14,74	16,58	—	11,15	12,54
	VI	808,25	—	64,66	72,74																				
3 182,99	I,IV	431,66	—	34,53	38,84	I	431,66	—	26,27	29,55	—	18,49	20,80	—	11,20	12,60	—	4,46	5,02	—	—	—	—	—	—
	II	332,83	—	26,62	29,95	II	332,83	—	18,83	21,18	—	11,51	12,95	—	4,74	5,33	—	—	—	—	—	—	—	—	—
	III	169,83	—	13,58	15,28	III	169,83	—	7,29	8,20	—	2,17	2,44	—	—	—	—	—	—	—	—	—	—	—	—
	V	773,—	—	61,84	69,57	IV	431,66	—	30,34	34,13	—	26,27	29,55	—	22,32	25,11	—	18,49	20,80	—	14,78	16,63	—	11,20	12,60
	VI	809,25	—	64,74	72,83																				
3 185,99	I,IV	432,41	—	34,59	38,91	I	432,41	—	26,32	29,61	—	18,54	20,86	—	11,25	12,65	—	4,51	5,07	—	—	—	—	—	—
	II	333,58	—	26,68	30,02	II	333,58	—	18,88	21,24	—	11,56	13,01	—	4,78	5,37	—	—	—	—	—	—	—	—	—
	III	170,50	—	13,64	15,34	III	170,50	—	7,33	8,24	—	2,21	2,48	—	—	—	—	—	—	—	—	—	—	—	—
	V	774,08	—	61,92	69,66	IV	432,41	—	30,40	34,20	—	26,32	29,61	—	22,38	25,17	—	18,54	20,86	—	14,84	16,69	—	11,25	12,65
	VI	810,33	—	64,82	72,92																				
3 188,99	I,IV	433,16	—	34,65	38,98	I	433,16	—	26,38	29,68	—	18,60	20,93	—	11,30	12,71	—	4,55	5,12	—	—	—	—	—	—
	II	334,33	—	26,74	30,08	II	334,33	—	18,94	21,30	—	11,62	13,07	—	4,82	5,42	—	—	—	—	—	—	—	—	—
	III	171,—	—	13,68	15,39	III	171,—	—	7,37	8,29	—	2,24	2,52	—	—	—	—	—	—	—	—	—	—	—	—
	V	775,08	—	62,—	69,75	IV	433,16	—	30,46	34,26	—	26,38	29,68	—	22,43	25,23	—	18,60	20,93	—	14,89	16,75	—	11,30	12,71
	VI	811,33	—	64,90	73,01																				
3 191,99	I,IV	433,91	—	34,71	39,05	I	433,91	—	26,44	29,74	—	18,65	20,98	—	11,35	12,77	—	4,60	5,17	—	—	—	—	—	—
	II	335,—	—	26,80	30,15	II	335,—	—	18,99	21,36	—	11,66	13,12	—	4,86	5,47	—	—	—	—	—	—	—	—	—
	III	171,66	—	13,73	15,44	III	171,66	—	7,41	8,33	—	2,28	2,56	—	—	—	—	—	—	—	—	—	—	—	—
	V	776,08	—	62,08	69,84	IV	433,91	—	30,52	34,33	—	26,44	29,74	—	22,48	25,29	—	18,65	20,98	—	14,94	16,81	—	11,35	12,77
	VI	812,41	—	64,99	73,11																				
3 194,99	I,IV	434,66	—	34,77	39,11	I	434,66	—	26,50	29,81	—	18,70	21,04	—	11,40	12,82	—	4,64	5,22	—	—	—	—	—	—
	II	335,75	—	26,86	30,21	II	335,75	—	19,04	21,42	—	11,72	13,18	—	4,91	5,52	—	—	—	—	—	—	—	—	—
	III	172,16	—	13,77	15,49	III	172,16	—	7,45	8,38	—	2,30	2,59	—	—	—	—	—	—	—	—	—	—	—	—
	V	777,16	—	62,17	69,94	IV	434,66	—	30,58	34,40	—	26,50	29,81	—	22,54	25,36	—	18,70	21,04	—	14,99	16,86	—	11,40	12,82
	VI	813,41	—	65,07	73,20																				
3 197,99	I,IV	435,41	—	34,83	39,18	I	435,41	—	26,56	29,88	—	18,76	21,11	—	11,45	12,88	—	4,68	5,27	—	—	—	—	—	—
	II	336,41	—	26,91	30,27	II	336,41	—	19,10	21,48	—	11,76	13,23	—	4,96	5,58	—	—	—	—	—	—	—	—	—
	III	172,83	—	13,82	15,55	III	172,83	—	7,49	8,42	—	2,33	2,62	—	—	—	—	—	—	—	—	—	—	—	—
	V	778,25	—	62,26	70,04	IV	435,41	—	30,63	34,46	—	26,56	29,88	—	22,60	25,42	—	18,76	21,11	—	15,04	16,92	—	11,45	12,88
	VI	814,50	—	65,16	73,30																				
3 200,99	I,IV	436,25	—	34,90	39,26	I	436,25	—	26,61	29,93	—	18,82	21,17	—	11,50	12,94	—	4,72	5,31	—	—	—	—	—	—
	II	337,16	—	26,97	30,34	II	337,16	—	19,15	21,54	—	11,82	13,29	—	5,—	5,62	—	—	—	—	—	—	—	—	—
	III	173,33	—	13,86	15,59	III	173,33	—	7,54	8,48	—	2,37	2,66	—	—	—	—	—	—	—	—	—	—	—	—
	V	779,25	—	62,34	70,13	IV	436,25	—	30,69	34,52	—	26,61	29,93	—	22,65	25,48	—	18,82	21,17	—	15,10	16,98	—	11,50	12,94
	VI	815,50	—	65,24	73,39																				
3 203,99	I,IV	436,91	—	34,95	39,32	I	436,91	—	26,67	30,—	—	18,87	21,23	—	11,55	12,99	—	4,77	5,36	—	—	—	—	—	—
	II	337,83	—	27,02	30,40	II	337,83	—	19,20	21,60	—	11,86	13,34	—	5,04	5,67	—	—	—	—	—	—	—	—	—
	III	174,—	—	13,92	15,66	III	174,—	—	7,58	8,53	—	2,40	2,70	—	—	—	—	—	—	—	—	—	—	—	—
	V	780,25	—	62,42	70,22	IV	436,91	—	30,75	34,59	—	26,67	30,—	—	22,70	25,54	—	18,87	21,23	—	15,15	17,04	—	11,55	12,99
	VI	816,58	—	65,32	73,49																				
3 206,99	I,IV	437,75	—	35,02	39,39	I	437,75	—	26,72	30,06	—	18,92	21,29	—	11,60	13,05	—	4,81	5,41	—	—	—	—	—	—
	II	338,58	—	27,08	30,47	II	338,58	—	19,26	21,66	—	11,92	13,41	—	5,09	5,72	—	—	—	—	—	—	—	—	—
	III	174,66	—	13,97	15,71	III	174,66	—	7,62	8,57	—	2,44	2,74	—	—	—	—	—	—	—	—	—	—	—	—
	V	781,33	—	62,50	70,31	IV	437,75	—	30,81	34,66	—	26,72	30,06	—	22,76	25,61	—	18,92	21,29	—	15,20	17,10	—	11,60	13,05
	VI	817,58	—	65,40	73,58																				
3 209,99	I,IV	438,50	—	35,08	39,46	I	438,50	—	26,78	30,13	—	18,98	21,35	—	11,65	13,10	—	4,86	5,46	—	—	—	—	—	—
	II	339,33	—	27,14	30,53	II	339,33	—	19,31	21,72	—	11,96	13,46	—	5,13	5,77	—	0,02	0,02	—	—	—	—	—	—
	III	175,16	—	14,01	15,76	III	175,16	—	7,66	8,62	—	2,46	2,77	—	—	—	—	—	—	—	—	—	—	—	—
	V	782,41	—	62,59	70,41	IV	438,50	—	30,87	34,73	—	26,78	30,13	—	22,82	25,67	—	18,98	21,35	—	15,25	17,15	—	11,65	13,10
	VI	818,66	—	65,49	73,67																				
3 212,99	I,IV	439,25	—	35,14	39,53	I	439,25	—	26,84	30,20	—	19,03	21,41	—	11,70	13,16	—	4,90	5,51	—	—	—	—	—	—
	II	340,—	—	27,20	30,60	II	340,—	—	19,36	21,78	—	12,02	13,52	—	5,18	5,82	—	0,05	0,05	—	—	—	—	—	—
	III	175,83	—	14,06	15,82	III	175,83	—	7,70	8,66	—	2,50	2,81	—	—	—	—	—	—	—	—	—	—	—	—
	V	783,41	—	62,67	70,50	IV	439,25	—	30,93	34,79	—	26,84	30,20	—	22,88	25,74	—	19,03	21,41	—	15,30	17,21	—	11,70	13,16
	VI	819,66	—	65,57	73,76																				

* Die ausgewiesenen Tabellenwerte sind amtlich. Siehe Erläuterungen auf der Umschlaginnenseite (U2).

3 263,99* MONAT

Lohn/Gehalt bis €*	Abzüge an Lohnsteuer, Solidaritätszuschlag (SolZ) und Kirchensteuer (8%, 9%) in den Steuerklassen I – VI					I, II, III, IV		mit Zahl der Kinderfreibeträge . . . 0,5			1			1,5			2			2,5			3		
		LSt	ohne Kinderfreibeträge SolZ	8%	9%		LSt	SolZ	8%	9%	SolZ	8%	9%	SolZ	8%	9%	SolZ	8%	9%	SolZ	8%	9%	SolZ	8%	9%
3 215,99	I,IV	440,—	—	35,20	39,60	I	440,—	—	26,90	30,26	—	19,08	21,47	—	11,75	13,22	—	4,94	5,56	—	—	—	—	—	—
	II	340,75	—	27,26	30,66	II	340,75	—	19,42	21,84	—	12,06	13,57	—	5,22	5,87	—	0,08	0,09	—	—	—	—	—	—
	III	176,33	—	14,10	15,86	III	176,33	—	7,74	8,71	—	2,53	2,84	—	—	—	—	—	—	—	—	—	—	—	—
	V	784,41	—	62,75	70,59	IV	440,—	—	30,98	34,85	—	26,90	30,26	—	22,93	25,79	—	19,08	21,47	—	15,36	17,28	—	11,75	13,22
	VI	820,75	—	65,66	73,86																				
3 218,99	I,IV	440,75	—	35,26	39,66	I	440,75	—	26,96	30,33	—	19,14	21,53	—	11,80	13,28	—	4,99	5,61	—	—	—	—	—	—
	II	341,41	—	27,31	30,72	II	341,41	—	19,47	21,90	—	12,12	13,63	—	5,27	5,93	—	0,10	0,11	—	—	—	—	—	—
	III	177,—	—	14,16	15,93	III	177,—	—	7,78	8,75	—	2,57	2,89	—	—	—	—	—	—	—	—	—	—	—	—
	V	785,50	—	62,84	70,69	IV	440,75	—	31,04	34,92	—	26,96	30,33	—	22,98	25,85	—	19,14	21,53	—	15,41	17,33	—	11,80	13,28
	VI	821,75	—	65,74	73,95																				
3 221,99	I,IV	441,50	—	35,32	39,73	I	441,50	—	27,01	30,38	—	19,19	21,59	—	11,85	13,33	—	5,03	5,66	—	—	—	—	—	—
	II	342,16	—	27,37	30,79	II	342,16	—	19,52	21,96	—	12,17	13,69	—	5,31	5,97	—	0,13	0,14	—	—	—	—	—	—
	III	177,66	—	14,21	15,98	III	177,66	—	7,82	8,80	—	2,60	2,92	—	—	—	—	—	—	—	—	—	—	—	—
	V	786,58	—	62,92	70,79	IV	441,50	—	31,10	34,99	—	27,01	30,38	—	23,04	25,92	—	19,19	21,59	—	15,46	17,39	—	11,85	13,33
	VI	822,83	—	65,82	74,05																				
3 224,99	I,IV	442,25	—	35,38	39,80	I	442,25	—	27,07	30,45	—	19,24	21,65	—	11,90	13,39	—	5,08	5,71	—	—	—	—	—	—
	II	342,91	—	27,43	30,86	II	342,91	—	19,58	22,03	—	12,22	13,74	—	5,36	6,03	—	0,16	0,18	—	—	—	—	—	—
	III	178,16	—	14,25	16,03	III	178,16	—	7,86	8,84	—	2,64	2,97	—	—	—	—	—	—	—	—	—	—	—	—
	V	787,58	—	63,—	70,88	IV	442,25	—	31,16	35,06	—	27,07	30,45	—	23,10	25,98	—	19,24	21,65	—	15,51	17,45	—	11,90	13,39
	VI	823,83	—	65,90	74,14																				
3 227,99	I,IV	443,—	—	35,44	39,87	I	443,—	—	27,12	30,51	—	19,30	21,71	—	11,95	13,44	—	5,12	5,76	—	0,01	0,01	—	—	—
	II	343,58	—	27,48	30,92	II	343,58	—	19,64	22,09	—	12,27	13,80	—	5,40	6,08	—	0,19	0,21	—	—	—	—	—	—
	III	178,83	—	14,30	16,09	III	178,83	—	7,90	8,89	—	2,66	2,99	—	—	—	—	—	—	—	—	—	—	—	—
	V	788,58	—	63,08	70,97	IV	443,—	—	31,22	35,12	—	27,12	30,51	—	23,15	26,04	—	19,30	21,71	—	15,56	17,51	—	11,95	13,44
	VI	824,91	—	65,99	74,24																				
3 230,99	I,IV	443,75	—	35,50	39,93	I	443,75	—	27,18	30,58	—	19,35	21,77	—	12,—	13,50	—	5,16	5,81	—	0,04	0,05	—	—	—
	II	344,33	—	27,54	30,98	II	344,33	—	19,69	22,15	—	12,32	13,86	—	5,45	6,13	—	0,22	0,24	—	—	—	—	—	—
	III	179,33	—	14,34	16,13	III	179,33	—	7,94	8,93	—	2,70	3,04	—	—	—	—	—	—	—	—	—	—	—	—
	V	789,66	—	63,17	71,06	IV	443,75	—	31,28	35,19	—	27,18	30,58	—	23,20	26,10	—	19,35	21,77	—	15,62	17,57	—	12,—	13,50
	VI	825,91	—	66,07	74,33																				
3 233,99	I,IV	444,50	—	35,56	40,—	I	444,50	—	27,24	30,65	—	19,40	21,83	—	12,06	13,56	—	5,21	5,86	—	0,07	0,08	—	—	—
	II	345,—	—	27,60	31,05	II	345,—	—	19,74	22,21	—	12,37	13,91	—	5,50	6,18	—	0,24	0,27	—	—	—	—	—	—
	III	180,—	—	14,40	16,20	III	180,—	—	8,—	9,—	—	2,73	3,07	—	—	—	—	—	—	—	—	—	—	—	—
	V	790,75	—	63,26	71,16	IV	444,50	—	31,34	35,25	—	27,24	30,65	—	23,26	26,17	—	19,40	21,83	—	15,67	17,63	—	12,06	13,56
	VI	827,—	—	66,16	74,43																				
3 236,99	I,IV	445,33	—	35,62	40,07	I	445,33	—	27,30	30,71	—	19,46	21,89	—	12,10	13,61	—	5,26	5,91	—	0,10	0,11	—	—	—
	II	345,75	—	27,66	31,11	II	345,75	—	19,80	22,27	—	12,42	13,97	—	5,54	6,23	—	0,28	0,31	—	—	—	—	—	—
	III	180,66	—	14,45	16,25	III	180,66	—	8,04	9,04	—	2,77	3,11	—	—	—	—	—	—	—	—	—	—	—	—
	V	791,75	—	63,34	71,25	IV	445,33	—	31,40	35,32	—	27,30	30,71	—	23,32	26,23	—	19,46	21,89	—	15,72	17,69	—	12,10	13,61
	VI	828,—	—	66,24	74,52																				
3 239,99	I,IV	446,08	—	35,68	40,14	I	446,08	—	27,36	30,78	—	19,51	21,95	—	12,16	13,68	—	5,30	5,96	—	0,12	0,14	—	—	—
	II	346,41	—	27,71	31,17	II	346,41	—	19,85	22,33	—	12,47	14,03	—	5,58	6,28	—	0,30	0,34	—	—	—	—	—	—
	III	181,16	—	14,49	16,30	III	181,16	—	8,08	9,09	—	2,80	3,15	—	—	—	—	—	—	—	—	—	—	—	—
	V	792,75	—	63,42	71,34	IV	446,08	—	31,46	35,39	—	27,36	30,78	—	23,37	26,29	—	19,51	21,95	—	15,77	17,74	—	12,16	13,68
	VI	829,08	—	66,32	74,61																				
3 242,99	I,IV	446,83	—	35,74	40,21	I	446,83	—	27,41	30,83	—	19,56	22,01	—	12,20	13,73	—	5,34	6,01	—	0,15	0,17	—	—	—
	II	347,16	—	27,77	31,24	II	347,16	—	19,90	22,39	—	12,52	14,09	—	5,63	6,33	—	0,33	0,37	—	—	—	—	—	—
	III	181,83	—	14,54	16,36	III	181,83	—	8,12	9,13	—	2,82	3,17	—	—	—	—	—	—	—	—	—	—	—	—
	V	793,83	—	63,50	71,44	IV	446,83	—	31,52	35,46	—	27,41	30,83	—	23,43	26,36	—	19,56	22,01	—	15,82	17,80	—	12,20	13,73
	VI	830,08	—	66,40	74,70																				
3 245,99	I,IV	447,58	—	35,80	40,28	I	447,58	—	27,47	30,90	—	19,62	22,07	—	12,26	13,79	—	5,39	6,06	—	0,18	0,20	—	—	—
	II	347,91	—	27,83	31,31	II	347,91	—	19,96	22,45	—	12,57	14,14	—	5,68	6,39	—	0,36	0,41	—	—	—	—	—	—
	III	182,33	—	14,58	16,40	III	182,33	—	8,16	9,18	—	2,86	3,22	—	—	—	—	—	—	—	—	—	—	—	—
	V	794,91	—	63,59	71,54	IV	447,58	—	31,58	35,52	—	27,47	30,90	—	23,48	26,42	—	19,62	22,07	—	15,88	17,86	—	12,26	13,79
	VI	831,16	—	66,49	74,80																				
3 248,99	I,IV	448,33	—	35,86	40,34	I	448,33	—	27,53	30,97	—	19,68	22,14	—	12,31	13,85	—	5,44	6,12	—	0,21	0,23	—	—	—
	II	348,66	—	27,89	31,37	II	348,66	—	20,01	22,51	—	12,62	14,20	—	5,72	6,44	—	0,39	0,44	—	—	—	—	—	—
	III	183,—	—	14,64	16,47	III	183,—	—	8,20	9,22	—	2,89	3,25	—	—	—	—	—	—	—	—	—	—	—	—
	V	795,91	—	63,67	71,63	IV	448,33	—	31,64	35,59	—	27,53	30,97	—	23,54	26,48	—	19,68	22,14	—	15,93	17,92	—	12,31	13,85
	VI	832,16	—	66,57	74,89																				
3 251,99	I,IV	449,08	—	35,92	40,41	I	449,08	—	27,58	31,03	—	19,73	22,19	—	12,36	13,90	—	5,48	6,17	—	0,24	0,27	—	—	—
	II	349,33	—	27,94	31,43	II	349,33	—	20,06	22,57	—	12,67	14,25	—	5,77	6,49	—	0,42	0,47	—	—	—	—	—	—
	III	183,66	—	14,69	16,52	III	183,66	—	8,24	9,27	—	2,93	3,29	—	—	—	—	—	—	—	—	—	—	—	—
	V	796,91	—	63,75	71,72	IV	449,08	—	31,69	35,65	—	27,58	31,03	—	23,60	26,55	—	19,73	22,19	—	15,98	17,98	—	12,36	13,90
	VI	833,25	—	66,66	74,99																				
3 254,99	I,IV	449,83	—	35,98	40,48	I	449,83	—	27,64	31,10	—	19,78	22,25	—	12,41	13,96	—	5,53	6,22	—	0,27	0,30	—	—	—
	II	350,08	—	28,—	31,50	II	350,08	—	20,12	22,64	—	12,72	14,31	—	5,82	6,54	—	0,45	0,50	—	—	—	—	—	—
	III	184,16	—	14,73	16,57	III	184,16	—	8,29	9,32	—	2,97	3,34	—	—	—	—	—	—	—	—	—	—	—	—
	V	798,—	—	63,84	71,82	IV	449,83	—	31,75	35,72	—	27,64	31,10	—	23,65	26,60	—	19,78	22,25	—	16,04	18,04	—	12,41	13,96
	VI	834,25	—	66,74	75,08																				
3 257,99	I,IV	450,58	—	36,04	40,55	I	450,58	—	27,70	31,16	—	19,84	22,32	—	12,46	14,01	—	5,58	6,27	—	0,30	0,33	—	—	—
	II	350,75	—	28,06	31,56	II	350,75	—	20,18	22,70	—	12,78	14,37	—	5,86	6,59	—	0,48	0,54	—	—	—	—	—	—
	III	184,83	—	14,78	16,63	III	184,83	—	8,33	9,37	—	3,—	3,37	—	—	—	—	—	—	—	—	—	—	—	—
	V	799,08	—	63,92	71,91	IV	450,58	—	31,81	35,78	—	27,70	31,16	—	23,71	26,67	—	19,84	22,32	—	16,09	18,10	—	12,46	14,01
	VI	835,33	—	66,82	75,17																				
3 260,99	I,IV	451,41	—	36,11	40,62	I	451,41	—	27,76	31,23	—	19,89	22,37	—	12,51	14,07	—	5,62	6,32	—	0,32	0,36	—	—	—
	II	351,50	—	28,12	31,63	II	351,50	—	20,23	22,76	—	12,82	14,42	—	5,91	6,65	—	0,51	0,57	—	—	—	—	—	—
	III	185,50	—	14,84	16,69	III	185,50	—	8,37	9,41	—	3,04	3,42	—	—	—	—	—	—	—	—	—	—	—	—
	V	800,08	—	64,—	72,—	IV	451,41	—	31,87	35,85	—	27,76	31,23	—	23,76	26,73	—	19,89	22,37	—	16,14	18,15	—	12,51	14,07
	VI	836,33	—	66,90	75,26																				
3 263,99	I,IV	452,16	—	36,17	40,69	I	452,16	—	27,82	31,29	—	19,94	22,43	—	12,56	14,13	—	5,66	6,37	—	0,36	0,40	—	—	—
	II	352,25	—	28,18	31,70	II	352,25	—	20,28	22,82	—	12,88	14,49	—	5,96	6,70	—	0,54	0,61	—	—	—	—	—	—
	III	186,—	—	14,88	16,74	III	186,—	—	8,41	9,46	—	3,06	3,44	—	—	—	—	—	—	—	—	—	—	—	—
	V	801,08	—	64,08	72,09	IV	452,16	—	31,93	35,92	—	27,82	31,29	—	23,82	26,79	—	19,94	22,43	—	16,19	18,21	—	12,56	14,13
	VI	837,33	—	66,98	75,35																				

* Die ausgewiesenen Tabellenwerte sind amtlich. Siehe Erläuterungen auf der Umschlaginnenseite (U2).

MONAT 3 264,–*

Lohn/ Gehalt bis €*	Abzüge an Lohnsteuer, Solidaritätszuschlag (SolZ) und Kirchensteuer (8%, 9%) in den Steuerklassen I – VI					I, II, III, IV mit Zahl der Kinderfreibeträge . . .		0,5			1			1,5			2			2,5			3		
		LSt	ohne Kinderfreibeträge SolZ	8%	9%		LSt	SolZ	8%	9%	SolZ	8%	9%	SolZ	8%	9%	SolZ	8%	9%	SolZ	8%	9%	SolZ	8%	9%
3 266,99	I,IV	452,91	–	36,23	40,76	I	452,91	–	27,87	31,35	–	20,–	22,50	–	12,61	14,18	–	5,71	6,42	–	0,38	0,43	–	–	–
	II	352,91	–	28,23	31,76	II	352,91	–	20,34	22,88	–	12,93	14,54	–	6,–	6,75	–	0,57	0,64	–	–	–	–	–	–
	III	186,66	–	14,93	16,79	III	186,66	–	8,45	9,50	–	3,10	3,49	–	–	–	–	–	–	–	–	–	–	–	–
	V	802,16	–	64,17	72,19	IV	452,91	–	31,99	35,99	–	27,87	31,35	–	23,88	26,86	–	20,–	22,50	–	16,24	18,27	–	12,61	14,18
	VI	838,41	–	67,07	75,45																				
3 269,99	I,IV	453,66	–	36,29	40,82	I	453,66	–	27,93	31,42	–	20,05	22,55	–	12,66	14,24	–	5,76	6,48	–	0,42	0,47	–	–	–
	II	353,66	–	28,29	31,82	II	353,66	–	20,39	22,94	–	12,98	14,60	–	6,05	6,80	–	0,60	0,68	–	–	–	–	–	–
	III	187,16	–	14,97	16,84	III	187,16	–	8,49	9,55	–	3,13	3,52	–	–	–	–	–	–	–	–	–	–	–	–
	V	803,25	–	64,26	72,29	IV	453,66	–	32,05	36,05	–	27,93	31,42	–	23,93	26,92	–	20,05	22,55	–	16,30	18,33	–	12,66	14,24
	VI	839,50	–	67,16	75,55																				
3 272,99	I,IV	454,41	–	36,35	40,89	I	454,41	–	27,99	31,49	–	20,11	22,62	–	12,71	14,30	–	5,80	6,53	–	0,44	0,50	–	–	–
	II	354,41	–	28,35	31,89	II	354,41	–	20,45	23,–	–	13,03	14,66	–	6,10	6,86	–	0,63	0,71	–	–	–	–	–	–
	III	187,83	–	15,02	16,90	III	187,83	–	8,53	9,59	–	3,17	3,56	–	–	–	–	–	–	–	–	–	–	–	–
	V	804,25	–	64,34	72,38	IV	454,41	–	32,11	36,12	–	27,99	31,49	–	23,99	26,99	–	20,11	22,62	–	16,35	18,39	–	12,71	14,30
	VI	840,50	–	67,24	75,64																				
3 275,99	I,IV	455,16	–	36,41	40,96	I	455,16	–	28,04	31,55	–	20,16	22,68	–	12,76	14,36	–	5,85	6,58	–	0,47	0,53	–	–	–
	II	355,08	–	28,40	31,95	II	355,08	–	20,50	23,06	–	13,08	14,71	–	6,14	6,91	–	0,66	0,74	–	–	–	–	–	–
	III	188,50	–	15,08	16,96	III	188,50	–	8,58	9,65	–	3,20	3,60	–	–	–	–	–	–	–	–	–	–	–	–
	V	805,25	–	64,42	72,47	IV	455,16	–	32,17	36,19	–	28,04	31,55	–	24,04	27,05	–	20,16	22,68	–	16,40	18,45	–	12,76	14,36
	VI	841,50	–	67,32	75,73																				
3 278,99	I,IV	455,91	–	36,47	41,03	I	455,91	–	28,10	31,61	–	20,22	22,74	–	12,81	14,41	–	5,90	6,63	–	0,50	0,56	–	–	–
	II	355,83	–	28,46	32,02	II	355,83	–	20,56	23,13	–	13,13	14,77	–	6,19	6,96	–	0,69	0,77	–	–	–	–	–	–
	III	189,–	–	15,12	17,01	III	189,–	–	8,62	9,70	–	3,24	3,64	–	–	–	–	–	–	–	–	–	–	–	–
	V	806,33	–	64,50	72,56	IV	455,91	–	32,23	36,26	–	28,10	31,61	–	24,10	27,11	–	20,22	22,74	–	16,46	18,51	–	12,81	14,41
	VI	842,58	–	67,40	75,83																				
3 281,99	I,IV	456,75	–	36,54	41,10	I	456,75	–	28,16	31,68	–	20,27	22,80	–	12,86	14,47	–	5,94	6,68	–	0,53	0,59	–	–	–
	II	356,58	–	28,52	32,09	II	356,58	–	20,61	23,18	–	13,18	14,83	–	6,24	7,02	–	0,72	0,81	–	–	–	–	–	–
	III	189,66	–	15,17	17,06	III	189,66	–	8,66	9,74	–	3,26	3,67	–	–	–	–	–	–	–	–	–	–	–	–
	V	807,41	–	64,59	72,66	IV	456,75	–	32,29	36,32	–	28,16	31,68	–	24,16	27,18	–	20,27	22,80	–	16,50	18,56	–	12,86	14,47
	VI	843,66	–	67,49	75,92																				
3 284,99	I,IV	457,50	–	36,60	41,17	I	457,50	–	28,22	31,74	–	20,32	22,86	–	12,92	14,53	–	5,99	6,74	–	0,56	0,63	–	–	–
	II	357,25	–	28,58	32,15	II	357,25	–	20,66	23,24	–	13,24	14,89	–	6,28	7,07	–	0,76	0,85	–	–	–	–	–	–
	III	190,33	–	15,22	17,12	III	190,33	–	8,70	9,79	–	3,30	3,71	–	–	–	–	–	–	–	–	–	–	–	–
	V	808,41	–	64,67	72,75	IV	457,50	–	32,35	36,39	–	28,22	31,74	–	24,21	27,23	–	20,32	22,86	–	16,56	18,63	–	12,92	14,53
	VI	844,66	–	67,57	76,01																				
3 287,99	I,IV	458,25	–	36,66	41,24	I	458,25	–	28,28	31,81	–	20,38	22,92	–	12,96	14,58	–	6,04	6,79	–	0,59	0,66	–	–	–
	II	358,–	–	28,64	32,22	II	358,–	–	20,72	23,31	–	13,28	14,94	–	6,33	7,12	–	0,78	0,88	–	–	–	–	–	–
	III	190,83	–	15,26	17,17	III	190,83	–	8,74	9,83	–	3,33	3,74	–	–	–	–	–	–	–	–	–	–	–	–
	V	809,41	–	64,75	72,84	IV	458,25	–	32,40	36,45	–	28,28	31,81	–	24,26	27,29	–	20,38	22,92	–	16,61	18,68	–	12,96	14,58
	VI	845,66	–	67,65	76,10																				
3 290,99	I,IV	459,–	–	36,72	41,31	I	459,–	–	28,33	31,87	–	20,43	22,98	–	13,02	14,64	–	6,08	6,84	–	0,62	0,70	–	–	–
	II	358,75	–	28,70	32,28	II	358,75	–	20,77	23,36	–	13,34	15,–	–	6,38	7,18	–	0,82	0,92	–	–	–	–	–	–
	III	191,50	–	15,32	17,23	III	191,50	–	8,78	9,88	–	3,37	3,79	–	–	–	–	–	–	–	–	–	–	–	–
	V	810,50	–	64,84	72,94	IV	459,–	–	32,46	36,52	–	28,33	31,87	–	24,32	27,36	–	20,43	22,98	–	16,66	18,74	–	13,02	14,64
	VI	846,75	–	67,74	76,20																				
3 293,99	I,IV	459,75	–	36,78	41,37	I	459,75	–	28,39	31,94	–	20,49	23,05	–	13,07	14,70	–	6,13	6,89	–	0,66	0,74	–	–	–
	II	359,41	–	28,75	32,34	II	359,41	–	20,83	23,43	–	13,38	15,05	–	6,43	7,23	–	0,85	0,95	–	–	–	–	–	–
	III	192,–	–	15,36	17,28	III	192,–	–	8,84	9,94	–	3,41	3,83	–	–	–	–	–	–	–	–	–	–	–	–
	V	811,58	–	64,92	73,04	IV	459,75	–	32,52	36,59	–	28,39	31,94	–	24,38	27,42	–	20,49	23,05	–	16,72	18,81	–	13,07	14,70
	VI	847,83	–	67,82	76,30																				
3 296,99	I,IV	460,58	–	36,84	41,45	I	460,58	–	28,45	32,–	–	20,54	23,11	–	13,12	14,76	–	6,18	6,95	–	0,68	0,77	–	–	–
	II	360,16	–	28,81	32,41	II	360,16	–	20,88	23,49	–	13,44	15,12	–	6,48	7,29	–	0,88	0,99	–	–	–	–	–	–
	III	192,66	–	15,41	17,33	III	192,66	–	8,88	9,99	–	3,44	3,87	–	–	–	–	–	–	–	–	–	–	–	–
	V	812,58	–	65,–	73,13	IV	460,58	–	32,58	36,65	–	28,45	32,–	–	24,44	27,49	–	20,54	23,11	–	16,77	18,86	–	13,12	14,76
	VI	848,83	–	67,90	76,39																				
3 299,99	I,IV	461,33	–	36,90	41,51	I	461,33	–	28,50	32,06	–	20,60	23,17	–	13,17	14,81	–	6,22	7,–	–	0,72	0,81	–	–	–
	II	360,91	–	28,87	32,48	II	360,91	–	20,94	23,55	–	13,49	15,17	–	6,52	7,34	–	0,91	1,02	–	–	–	–	–	–
	III	193,33	–	15,46	17,39	III	193,33	–	8,92	10,03	–	3,48	3,91	–	–	–	–	–	–	–	–	–	–	–	–
	V	813,58	–	65,08	73,22	IV	461,33	–	32,64	36,72	–	28,50	32,06	–	24,49	27,55	–	20,60	23,17	–	16,82	18,92	–	13,17	14,81
	VI	849,83	–	67,98	76,48																				
3 302,99	I,IV	462,08	–	36,96	41,58	I	462,08	–	28,56	32,13	–	20,65	23,23	–	13,22	14,87	–	6,28	7,06	–	0,74	0,83	–	–	–
	II	361,58	–	28,92	32,54	II	361,58	–	20,99	23,61	–	13,54	15,23	–	6,57	7,39	–	0,94	1,06	–	–	–	–	–	–
	III	193,83	–	15,50	17,44	III	193,83	–	8,96	10,08	–	3,50	3,94	–	–	–	–	–	–	–	–	–	–	–	–
	V	814,66	–	65,17	73,31	IV	462,08	–	32,70	36,79	–	28,56	32,13	–	24,54	27,61	–	20,65	23,23	–	16,88	18,99	–	13,22	14,87
	VI	850,91	–	68,07	76,58																				
3 305,99	I,IV	462,83	–	37,02	41,65	I	462,83	–	28,62	32,20	–	20,70	23,29	–	13,27	14,93	–	6,32	7,11	–	0,78	0,87	–	–	–
	II	362,33	–	28,98	32,60	II	362,33	–	21,04	23,67	–	13,59	15,29	–	6,62	7,44	–	0,97	1,09	–	–	–	–	–	–
	III	194,50	–	15,56	17,50	III	194,50	–	9,01	10,13	–	3,54	3,98	–	–	–	–	–	–	–	–	–	–	–	–
	V	815,75	–	65,26	73,41	IV	462,83	–	32,76	36,86	–	28,62	32,20	–	24,60	27,68	–	20,70	23,29	–	16,93	19,04	–	13,27	14,93
	VI	852,–	–	68,16	76,68																				
3 308,99	I,IV	463,58	–	37,08	41,72	I	463,58	–	28,68	32,27	–	20,76	23,35	–	13,32	14,99	–	6,37	7,16	–	0,81	0,91	–	–	–
	II	363,08	–	29,04	32,67	II	363,08	–	21,10	23,74	–	13,64	15,35	–	6,67	7,50	–	1,–	1,13	–	–	–	–	–	–
	III	195,–	–	15,60	17,55	III	195,–	–	9,05	10,18	–	3,58	4,03	–	–	–	–	–	–	–	–	–	–	–	–
	V	816,75	–	65,34	73,50	IV	463,58	–	32,82	36,92	–	28,68	32,27	–	24,66	27,74	–	20,76	23,35	–	16,98	19,10	–	13,32	14,99
	VI	853,–	–	68,24	76,77																				
3 311,99	I,IV	464,33	–	37,14	41,78	I	464,33	–	28,74	32,33	–	20,81	23,41	–	13,37	15,04	–	6,42	7,22	–	0,84	0,94	–	–	–
	II	363,75	–	29,10	32,73	II	363,75	–	21,16	23,80	–	13,69	15,40	–	6,72	7,56	–	1,04	1,17	–	–	–	–	–	–
	III	195,66	–	15,65	17,60	III	195,66	–	9,09	10,22	–	3,61	4,06	–	–	–	–	–	–	–	–	–	–	–	–
	V	817,75	–	65,42	73,59	IV	464,33	–	32,88	36,99	–	28,74	32,33	–	24,72	27,81	–	20,81	23,41	–	17,03	19,16	–	13,37	15,04
	VI	854,–	–	68,32	76,86																				
3 314,99	I,IV	465,16	–	37,21	41,86	I	465,16	–	28,80	32,40	–	20,87	23,48	–	13,42	15,10	–	6,46	7,27	–	0,87	0,98	–	–	–
	II	364,50	–	29,16	32,80	II	364,50	–	21,21	23,86	–	13,74	15,46	–	6,76	7,61	–	1,07	1,20	–	–	–	–	–	–
	III	196,33	–	15,70	17,66	III	196,33	–	9,13	10,27	–	3,65	4,10	–	–	–	–	–	–	–	–	–	–	–	–
	V	818,83	–	65,50	73,69	IV	465,16	–	32,94	37,06	–	28,80	32,40	–	24,77	27,86	–	20,87	23,48	–	17,08	19,22	–	13,42	15,10
	VI	855,08	–	68,40	76,95																				

* Die ausgewiesenen Tabellenwerte sind amtlich. Siehe Erläuterungen auf der Umschlaginnenseite (U2).

3 365,99* MONAT

Abzüge an Lohnsteuer, Solidaritätszuschlag (SolZ) und Kirchensteuer (8%, 9%) in den Steuerklassen

Lohn/ Gehalt bis €*		I – VI	ohne Kinderfreibeträge				I, II, III, IV	mit Zahl der Kinderfreibeträge . . . 0,5			1			1,5			2			2,5			3		
		LSt	SolZ	8%	9%		LSt	SolZ	8%	9%	SolZ	8%	9%	SolZ	8%	9%	SolZ	8%	9%	SolZ	8%	9%	SolZ	8%	9%
3 317,99	I,IV	465,91	—	37,27	41,93	I	465,91	—	28,86	32,46	—	20,92	23,54	—	13,48	15,16	—	6,51	7,32	—	0,90	1,01	—	—	—
	II	365,25	—	29,22	32,87	II	365,25	—	21,26	23,92	—	13,80	15,52	—	6,81	7,66	—	1,10	1,24	—	—	—	—	—	—
	III	196,83	—	15,74	17,71	III	196,83	—	9,17	10,31	—	3,68	4,14	—	—	—	—	—	—	—	—	—	—	—	—
	V	819,83	—	65,58	73,78	IV	465,91	—	33,—	37,13	—	28,86	32,46	—	24,83	27,93	—	20,92	23,54	—	17,14	19,28	—	13,48	15,16
	VI	856,16	—	68,49	77,05																				
3 320,99	I,IV	466,66	—	37,33	41,99	I	466,66	—	28,91	32,52	—	20,98	23,60	—	13,53	15,22	—	6,56	7,38	—	0,93	1,04	—	—	—
	II	366,—	—	29,28	32,94	II	366,—	—	21,32	23,98	—	13,85	15,58	—	6,86	7,71	—	1,13	1,27	—	—	—	—	—	—
	III	197,50	—	15,80	17,77	III	197,50	—	9,22	10,37	—	3,72	4,18	—	—	—	—	—	—	—	—	—	—	—	—
	V	820,91	—	65,67	73,88	IV	466,66	—	33,06	37,19	—	28,91	32,52	—	24,88	27,99	—	20,98	23,60	—	17,19	19,34	—	13,53	15,22
	VI	857,16	—	68,57	77,14																				
3 323,99	I,IV	467,41	—	37,39	42,06	I	467,41	—	28,97	32,59	—	21,03	23,66	—	13,58	15,27	—	6,61	7,43	—	0,96	1,08	—	—	—
	II	366,66	—	29,33	32,99	II	366,66	—	21,37	24,04	—	13,90	15,63	—	6,90	7,76	—	1,16	1,31	—	—	—	—	—	—
	III	198,16	—	15,85	17,83	III	198,16	—	9,26	10,42	—	3,76	4,23	—	—	—	—	—	—	—	—	—	—	—	—
	V	821,91	—	65,75	73,97	IV	467,41	—	33,12	37,26	—	28,97	32,59	—	24,94	28,05	—	21,03	23,66	—	17,24	19,40	—	13,58	15,27
	VI	858,16	—	68,65	77,23																				
3 326,99	I,IV	468,25	—	37,46	42,14	I	468,25	—	29,03	32,66	—	21,08	23,72	—	13,63	15,33	—	6,66	7,49	—	1,—	1,12	—	—	—
	II	367,41	—	29,39	33,06	II	367,41	—	21,43	24,11	—	13,95	15,69	—	6,96	7,83	—	1,20	1,35	—	—	—	—	—	—
	III	198,66	—	15,89	17,87	III	198,66	—	9,30	10,46	—	3,78	4,25	—	—	—	—	—	—	—	—	—	—	—	—
	V	823,—	—	65,84	74,07	IV	468,25	—	33,18	37,33	—	29,03	32,66	—	25,—	28,12	—	21,08	23,72	—	17,30	19,46	—	13,63	15,33
	VI	859,25	—	68,74	77,33																				
3 329,99	I,IV	469,—	—	37,52	42,21	I	469,—	—	29,08	32,72	—	21,14	23,78	—	13,68	15,39	—	6,70	7,54	—	1,03	1,16	—	—	—
	II	368,16	—	29,45	33,13	II	368,16	—	21,48	24,17	—	14,—	15,75	—	7,—	7,88	—	1,23	1,38	—	—	—	—	—	—
	III	199,33	—	15,94	17,93	III	199,33	—	9,36	10,53	—	3,82	4,30	—	—	—	—	—	—	—	—	—	—	—	—
	V	824,—	—	65,92	74,16	IV	469,—	—	33,24	37,40	—	29,08	32,72	—	25,05	28,18	—	21,14	23,78	—	17,35	19,52	—	13,68	15,39
	VI	860,33	—	68,82	77,42																				
3 332,99	I,IV	469,75	—	37,58	42,27	I	469,75	—	29,14	32,78	—	21,20	23,85	—	13,73	15,44	—	6,75	7,59	—	1,06	1,19	—	—	—
	II	368,91	—	29,51	33,20	II	368,91	—	21,54	24,23	—	14,05	15,80	—	7,05	7,93	—	1,26	1,42	—	—	—	—	—	—
	III	200,—	—	16,—	18,—	III	200,—	—	9,40	10,57	—	3,85	4,33	—	—	—	—	—	—	—	—	—	—	—	—
	V	825,08	—	66,—	74,25	IV	469,75	—	33,30	37,46	—	29,14	32,78	—	25,11	28,25	—	21,20	23,85	—	17,40	19,58	—	13,73	15,44
	VI	861,33	—	68,90	77,51																				
3 335,99	I,IV	470,50	—	37,64	42,34	I	470,50	—	29,20	32,85	—	21,25	23,90	—	13,78	15,50	—	6,80	7,65	—	1,09	1,22	—	—	—
	II	369,58	—	29,56	33,26	II	369,58	—	21,59	24,29	—	14,10	15,86	—	7,10	7,98	—	1,30	1,46	—	—	—	—	—	—
	III	200,50	—	16,04	18,04	III	200,50	—	9,44	10,62	—	3,89	4,37	—	—	—	—	—	—	—	—	—	—	—	—
	V	826,08	—	66,08	74,34	IV	470,50	—	33,36	37,53	—	29,20	32,85	—	25,16	28,31	—	21,25	23,90	—	17,46	19,64	—	13,78	15,50
	VI	862,33	—	68,98	77,60																				
3 338,99	I,IV	471,25	—	37,70	42,41	I	471,25	—	29,26	32,92	—	21,30	23,96	—	13,84	15,57	—	6,84	7,70	—	1,12	1,26	—	—	—
	II	370,33	—	29,62	33,32	II	370,33	—	21,65	24,35	—	14,16	15,93	—	7,14	8,03	—	1,33	1,49	—	—	—	—	—	—
	III	201,16	—	16,09	18,10	III	201,16	—	9,48	10,66	—	3,93	4,42	—	—	—	—	—	—	—	—	—	—	—	—
	V	827,16	—	66,17	74,44	IV	471,25	—	33,42	37,59	—	29,26	32,92	—	25,22	28,37	—	21,30	23,96	—	17,51	19,70	—	13,84	15,57
	VI	863,41	—	69,07	77,70																				
3 341,99	I,IV	472,08	—	37,76	42,48	I	472,08	—	29,32	32,98	—	21,36	24,03	—	13,88	15,62	—	6,90	7,76	—	1,16	1,30	—	—	—
	II	371,08	—	29,68	33,39	II	371,08	—	21,70	24,41	—	14,20	15,98	—	7,20	8,10	—	1,36	1,53	—	—	—	—	—	—
	III	201,66	—	16,13	18,14	III	201,66	—	9,53	10,72	—	3,96	4,45	—	—	—	—	—	—	—	—	—	—	—	—
	V	828,16	—	66,25	74,53	IV	472,08	—	33,48	37,66	—	29,32	32,98	—	25,28	28,44	—	21,36	24,03	—	17,56	19,76	—	13,88	15,62
	VI	864,50	—	69,16	77,80																				
3 344,99	I,IV	472,83	—	37,82	42,55	I	472,83	—	29,38	33,05	—	21,42	24,09	—	13,94	15,68	—	6,94	7,81	—	1,19	1,34	—	—	—
	II	371,83	—	29,74	33,46	II	371,83	—	21,76	24,48	—	14,26	16,04	—	7,24	8,15	—	1,40	1,57	—	—	—	—	—	—
	III	202,33	—	16,18	18,20	III	202,33	—	9,57	10,76	—	4,—	4,50	—	—	—	—	—	—	—	—	—	—	—	—
	V	829,25	—	66,34	74,63	IV	472,83	—	33,54	37,73	—	29,38	33,05	—	25,34	28,50	—	21,42	24,09	—	17,62	19,82	—	13,94	15,68
	VI	865,50	—	69,24	77,89																				
3 347,99	I,IV	473,58	—	37,88	42,62	I	473,58	—	29,44	33,12	—	21,47	24,15	—	13,99	15,74	—	6,99	7,86	—	1,22	1,37	—	—	—
	II	372,50	—	29,80	33,52	II	372,50	—	21,81	24,53	—	14,31	16,10	—	7,29	8,20	—	1,43	1,61	—	—	—	—	—	—
	III	203,—	—	16,24	18,27	III	203,—	—	9,61	10,81	—	4,04	4,54	—	—	—	—	—	—	—	—	—	—	—	—
	V	830,25	—	66,42	74,72	IV	473,58	—	33,60	37,80	—	29,44	33,12	—	25,39	28,56	—	21,47	24,15	—	17,67	19,88	—	13,99	15,74
	VI	866,50	—	69,32	77,98																				
3 350,99	I,IV	474,33	—	37,94	42,68	I	474,33	—	29,49	33,17	—	21,52	24,21	—	14,04	15,79	—	7,04	7,92	—	1,26	1,41	—	—	—
	II	373,25	—	29,86	33,59	II	373,25	—	21,87	24,60	—	14,36	16,16	—	7,34	8,25	—	1,46	1,64	—	—	—	—	—	—
	III	203,50	—	16,28	18,31	III	203,50	—	9,65	10,85	—	4,06	4,57	—	—	—	—	—	—	—	—	—	—	—	—
	V	831,33	—	66,50	74,81	IV	474,33	—	33,66	37,86	—	29,49	33,17	—	25,45	28,63	—	21,52	24,21	—	17,72	19,94	—	14,04	15,79
	VI	867,58	—	69,40	78,08																				
3 353,99	I,IV	475,16	—	38,01	42,76	I	475,16	—	29,55	33,24	—	21,58	24,27	—	14,09	15,85	—	7,08	7,97	—	1,29	1,45	—	—	—
	II	374,—	—	29,92	33,66	II	374,—	—	21,92	24,66	—	14,41	16,21	—	7,38	8,30	—	1,50	1,68	—	—	—	—	—	—
	III	204,16	—	16,33	18,37	III	204,16	—	9,70	10,91	—	4,10	4,61	—	—	—	—	—	—	—	—	—	—	—	—
	V	832,33	—	66,58	74,90	IV	475,16	—	33,72	37,93	—	29,55	33,24	—	25,50	28,69	—	21,58	24,27	—	17,78	20,—	—	14,09	15,85
	VI	868,66	—	69,49	78,17																				
3 356,99	I,IV	475,91	—	38,07	42,83	I	475,91	—	29,61	33,31	—	21,64	24,34	—	14,14	15,91	—	7,14	8,03	—	1,32	1,49	—	—	—
	II	374,75	—	29,98	33,72	II	374,75	—	21,98	24,72	—	14,46	16,27	—	7,44	8,37	—	1,53	1,72	—	—	—	—	—	—
	III	204,83	—	16,38	18,43	III	204,83	—	9,74	10,96	—	4,14	4,66	—	—	—	—	—	—	—	—	—	—	—	—
	V	833,41	—	66,67	75,—	IV	475,91	—	33,78	38,—	—	29,61	33,31	—	25,56	28,76	—	21,64	24,34	—	17,83	20,06	—	14,14	15,91
	VI	869,66	—	69,57	78,26																				
3 359,99	I,IV	476,66	—	38,13	42,89	I	476,66	—	29,67	33,38	—	21,69	24,40	—	14,19	15,96	—	7,18	8,08	—	1,35	1,52	—	—	—
	II	375,41	—	30,03	33,78	II	375,41	—	22,03	24,78	—	14,52	16,33	—	7,48	8,42	—	1,56	1,76	—	—	—	—	—	—
	III	205,33	—	16,42	18,47	III	205,33	—	9,78	11,—	—	4,17	4,69	—	—	—	—	—	—	—	—	—	—	—	—
	V	834,41	—	66,75	75,09	IV	476,66	—	33,84	38,07	—	29,67	33,38	—	25,62	28,82	—	21,69	24,40	—	17,88	20,11	—	14,19	15,96
	VI	870,66	—	69,65	78,35																				
3 362,99	I,IV	477,41	—	38,19	42,96	I	477,41	—	29,72	33,44	—	21,74	24,46	—	14,24	16,02	—	7,23	8,13	—	1,38	1,55	—	—	—
	II	376,16	—	30,09	33,85	II	376,16	—	22,09	24,85	—	14,57	16,39	—	7,53	8,47	—	1,60	1,80	—	—	—	—	—	—
	III	206,—	—	16,48	18,54	III	206,—	—	9,84	11,07	—	4,21	4,73	—	—	—	—	—	—	—	—	—	—	—	—
	V	835,50	—	66,84	75,19	IV	477,41	—	33,90	38,13	—	29,72	33,44	—	25,68	28,89	—	21,74	24,46	—	17,93	20,17	—	14,24	16,02
	VI	871,75	—	69,74	78,45																				
3 365,99	I,IV	478,25	—	38,26	43,04	I	478,25	—	29,78	33,50	—	21,80	24,52	—	14,30	16,08	—	7,28	8,19	—	1,42	1,59	—	—	—
	II	376,91	—	30,15	33,92	II	376,91	—	22,14	24,91	—	14,62	16,44	—	7,58	8,52	—	1,63	1,83	—	—	—	—	—	—
	III	206,50	—	16,52	18,58	III	206,50	—	9,88	11,11	—	4,25	4,78	—	—	—	—	—	—	—	—	—	—	—	—
	V	836,50	—	66,92	75,28	IV	478,25	—	33,96	38,20	—	29,78	33,50	—	25,73	28,94	—	21,80	24,52	—	17,99	20,24	—	14,30	16,08
	VI	872,83	—	69,82	78,55																				

* Die ausgewiesenen Tabellenwerte sind amtlich. Siehe Erläuterungen auf der Umschlaginnenseite (U2).

MONAT 3 366,–*

Abzüge an Lohnsteuer, Solidaritätszuschlag (SolZ) und Kirchensteuer (8%, 9%) in den Steuerklassen

Lohn/ Gehalt bis €*	I – VI		ohne Kinderfreibeträge			I, II, III, IV		mit Zahl der Kinderfreibeträge . . . 0,5			1			1,5			2			2,5			3		
		LSt	SolZ	8%	9%		LSt	SolZ	8%	9%	SolZ	8%	9%	SolZ	8%	9%	SolZ	8%	9%	SolZ	8%	9%	SolZ	8%	9%
3 368,99	I,IV	479,—	—	38,32	43,11	I	479,—	—	29,84	33,57	—	21,86	24,59	—	14,35	16,14	—	7,33	8,24	—	1,45	1,63	—	—	—
	II	377,66	—	30,21	33,98	II	377,66	—	22,20	24,97	—	14,67	16,50	—	7,63	8,58	—	1,66	1,87	—	—	—	—	—	—
	III	207,16	—	16,57	18,64	III	207,16	—	9,92	11,16	—	4,28	4,81	—	—	—	—	—	—	—	—	—	—	—	—
	V	837,58	—	67,—	75,38	IV	479,—	—	34,02	38,27	—	29,84	33,57	—	25,79	29,01	—	21,86	24,59	—	18,04	20,30	—	14,35	16,14
	VI	873,83	—	69,90	78,64																				
3 371,99	I,IV	479,75	—	38,38	43,17	I	479,75	—	29,90	33,64	—	21,91	24,65	—	14,40	16,20	—	7,38	8,30	—	1,48	1,67	—	—	—
	II	378,33	—	30,26	34,04	II	378,33	—	22,25	25,03	—	14,72	16,56	—	7,68	8,64	—	1,70	1,91	—	—	—	—	—	—
	III	207,83	—	16,62	18,70	III	207,83	—	9,97	11,21	—	4,32	4,86	—	—	—	—	—	—	—	—	—	—	—	—
	V	838,58	—	67,08	75,47	IV	479,75	—	34,08	38,34	—	29,90	33,64	—	25,84	29,07	—	21,91	24,65	—	18,09	20,35	—	14,40	16,20
	VI	874,83	—	69,98	78,73																				
3 374,99	I,IV	480,58	—	38,44	43,25	I	480,58	—	29,96	33,70	—	21,96	24,71	—	14,45	16,25	—	7,42	8,35	—	1,52	1,71	—	—	—
	II	379,08	—	30,32	34,11	II	379,08	—	22,31	25,10	—	14,78	16,62	—	7,72	8,69	—	1,73	1,94	—	—	—	—	—	—
	III	208,33	—	16,66	18,74	III	208,33	—	10,01	11,26	—	4,36	4,90	—	—	—	—	—	—	—	—	—	—	—	—
	V	839,66	—	67,17	75,56	IV	480,58	—	34,14	38,40	—	29,96	33,70	—	25,90	29,14	—	21,96	24,71	—	18,14	20,41	—	14,45	16,25
	VI	875,91	—	70,07	78,83																				
3 377,99	I,IV	481,33	—	38,50	43,31	I	481,33	—	30,02	33,77	—	22,02	24,77	—	14,50	16,31	—	7,47	8,40	—	1,56	1,75	—	—	—
	II	379,83	—	30,38	34,18	II	379,83	—	22,36	25,16	—	14,82	16,67	—	7,77	8,74	—	1,77	1,99	—	—	—	—	—	—
	III	209,—	—	16,72	18,81	III	209,—	—	10,05	11,30	—	4,38	4,93	—	—	—	—	—	—	—	—	—	—	—	—
	V	840,66	—	67,25	75,65	IV	481,33	—	34,20	38,48	—	30,02	33,77	—	25,96	29,20	—	22,02	24,77	—	18,20	20,47	—	14,50	16,31
	VI	877,—	—	70,16	78,93																				
3 380,99	I,IV	482,08	—	38,56	43,38	I	482,08	—	30,08	33,84	—	22,08	24,84	—	14,56	16,38	—	7,52	8,46	—	1,59	1,79	—	—	—
	II	380,58	—	30,44	34,25	II	380,58	—	22,42	25,22	—	14,88	16,74	—	7,82	8,80	—	1,80	2,03	—	—	—	—	—	—
	III	209,66	—	16,77	18,86	III	209,66	—	10,10	11,36	—	4,42	4,97	—	—	—	—	—	—	—	—	—	—	—	—
	V	841,75	—	67,34	75,75	IV	482,08	—	34,26	38,54	—	30,08	33,84	—	26,02	29,27	—	22,08	24,84	—	18,26	20,54	—	14,56	16,38
	VI	878,—	—	70,24	79,02																				
3 383,99	I,IV	482,83	—	38,62	43,45	I	482,83	—	30,14	33,90	—	22,13	24,89	—	14,60	16,43	—	7,56	8,51	—	1,62	1,82	—	—	—
	II	381,33	—	30,50	34,31	II	381,33	—	22,47	25,28	—	14,93	16,79	—	7,87	8,85	—	1,84	2,07	—	—	—	—	—	—
	III	210,16	—	16,81	18,91	III	210,16	—	10,14	11,41	—	4,46	5,02	—	—	—	—	—	—	—	—	—	—	—	—
	V	842,75	—	67,42	75,84	IV	482,83	—	34,32	38,61	—	30,14	33,90	—	26,07	29,33	—	22,13	24,89	—	18,30	20,59	—	14,60	16,43
	VI	879,—	—	70,32	79,11																				
3 386,99	I,IV	483,66	—	38,69	43,52	I	483,66	—	30,20	33,97	—	22,18	24,95	—	14,66	16,49	—	7,62	8,57	—	1,66	1,86	—	—	—
	II	382,08	—	30,56	34,38	II	382,08	—	22,53	25,34	—	14,98	16,85	—	7,92	8,91	—	1,87	2,10	—	—	—	—	—	—
	III	210,83	—	16,86	18,97	III	210,83	—	10,18	11,45	—	4,49	5,05	—	—	—	—	—	—	—	—	—	—	—	—
	V	843,83	—	67,50	75,94	IV	483,66	—	34,38	38,68	—	30,20	33,97	—	26,13	29,39	—	22,18	24,95	—	18,36	20,65	—	14,66	16,49
	VI	880,08	—	70,40	79,20																				
3 389,99	I,IV	484,41	—	38,75	43,59	I	484,41	—	30,25	34,03	—	22,24	25,02	—	14,71	16,55	—	7,66	8,62	—	1,69	1,90	—	—	—
	II	382,75	—	30,62	34,44	II	382,75	—	22,58	25,40	—	15,03	16,91	—	7,96	8,96	—	1,90	2,14	—	—	—	—	—	—
	III	211,50	—	16,92	19,03	III	211,50	—	10,22	11,50	—	4,53	5,09	—	0,02	0,02	—	—	—	—	—	—	—	—	—
	V	844,83	—	67,58	76,03	IV	484,41	—	34,44	38,75	—	30,25	34,03	—	26,18	29,45	—	22,24	25,02	—	18,42	20,72	—	14,71	16,55
	VI	881,08	—	70,48	79,29																				
3 392,99	I,IV	485,16	—	38,81	43,66	I	485,16	—	30,31	34,10	—	22,30	25,08	—	14,76	16,61	—	7,71	8,67	—	1,72	1,94	—	—	—
	II	383,50	—	30,68	34,51	II	383,50	—	22,64	25,47	—	15,08	16,97	—	8,02	9,02	—	1,94	2,18	—	—	—	—	—	—
	III	212,—	—	16,96	19,08	III	212,—	—	10,28	11,56	—	4,57	5,14	—	0,05	0,05	—	—	—	—	—	—	—	—	—
	V	845,91	—	67,67	76,13	IV	485,16	—	34,50	38,81	—	30,31	34,10	—	26,24	29,52	—	22,30	25,08	—	18,47	20,78	—	14,76	16,61
	VI	882,16	—	70,57	79,39																				
3 395,99	I,IV	486,—	—	38,88	43,74	I	486,—	—	30,37	34,16	—	22,35	25,14	—	14,81	16,66	—	7,76	8,73	—	1,76	1,98	—	—	—
	II	384,25	—	30,74	34,58	II	384,25	—	22,70	25,53	—	15,14	17,03	—	8,06	9,07	—	1,98	2,22	—	—	—	—	—	—
	III	212,66	—	17,01	19,13	III	212,66	—	10,32	11,61	—	4,61	5,18	—	0,08	0,09	—	—	—	—	—	—	—	—	—
	V	846,91	—	67,75	76,22	IV	486,—	—	34,56	38,88	—	30,37	34,16	—	26,30	29,58	—	22,35	25,14	—	18,52	20,83	—	14,81	16,66
	VI	883,16	—	70,65	79,48																				
3 398,99	I,IV	486,75	—	38,94	43,80	I	486,75	—	30,43	34,23	—	22,40	25,20	—	14,86	16,72	—	7,81	8,78	—	1,79	2,01	—	—	—
	II	385,—	—	30,80	34,65	II	385,—	—	22,75	25,59	—	15,19	17,09	—	8,11	9,12	—	2,01	2,26	—	—	—	—	—	—
	III	213,33	—	17,06	19,19	III	213,33	—	10,37	11,66	—	4,64	5,22	—	0,10	0,11	—	—	—	—	—	—	—	—	—
	V	848,—	—	67,84	76,32	IV	486,75	—	34,62	38,95	—	30,43	34,23	—	26,36	29,65	—	22,40	25,20	—	18,57	20,89	—	14,86	16,72
	VI	884,25	—	70,74	79,58																				
3 401,99	I,IV	487,50	—	39,—	43,87	I	487,50	—	30,49	34,30	—	22,46	25,26	—	14,92	16,78	—	7,86	8,84	—	1,83	2,06	—	—	—
	II	385,75	—	30,86	34,71	II	385,75	—	22,80	25,65	—	15,24	17,15	—	8,16	9,18	—	2,05	2,30	—	—	—	—	—	—
	III	213,83	—	17,10	19,24	III	213,83	—	10,41	11,71	—	4,68	5,26	—	0,13	0,14	—	—	—	—	—	—	—	—	—
	V	849,—	—	67,92	76,41	IV	487,50	—	34,68	39,02	—	30,49	34,30	—	26,41	29,71	—	22,46	25,26	—	18,63	20,96	—	14,92	16,78
	VI	885,25	—	70,82	79,67																				
3 404,99	I,IV	488,33	—	39,06	43,94	I	488,33	—	30,54	34,36	—	22,52	25,33	—	14,97	16,84	—	7,90	8,89	—	1,86	2,09	—	—	—
	II	386,50	—	30,92	34,78	II	386,50	—	22,86	25,72	—	15,29	17,20	—	8,21	9,23	—	2,08	2,34	—	—	—	—	—	—
	III	214,50	—	17,16	19,30	III	214,50	—	10,45	11,75	—	4,72	5,31	—	0,16	0,18	—	—	—	—	—	—	—	—	—
	V	850,08	—	68,—	76,50	IV	488,33	—	34,74	39,08	—	30,54	34,36	—	26,47	29,78	—	22,52	25,33	—	18,68	21,02	—	14,97	16,84
	VI	886,33	—	70,90	79,76																				
3 407,99	I,IV	489,08	—	39,12	44,01	I	489,08	—	30,60	34,43	—	22,57	25,39	—	15,02	16,89	—	7,95	8,94	—	1,90	2,13	—	—	—
	II	387,16	—	30,97	34,84	II	387,16	—	22,92	25,78	—	15,34	17,26	—	8,26	9,29	—	2,12	2,38	—	—	—	—	—	—
	III	215,—	—	17,20	19,35	III	215,—	—	10,50	11,81	—	4,76	5,35	—	0,18	0,20	—	—	—	—	—	—	—	—	—
	V	851,08	—	68,08	76,59	IV	489,08	—	34,80	39,15	—	30,60	34,43	—	26,52	29,84	—	22,57	25,39	—	18,74	21,08	—	15,02	16,89
	VI	887,33	—	70,98	79,85																				
3 410,99	I,IV	489,83	—	39,18	44,08	I	489,83	—	30,66	34,49	—	22,62	25,45	—	15,07	16,95	—	8,—	9,—	—	1,93	2,17	—	—	—
	II	387,91	—	31,03	34,91	II	387,91	—	22,97	25,84	—	15,40	17,32	—	8,30	9,34	—	2,16	2,43	—	—	—	—	—	—
	III	215,66	—	17,25	19,40	III	215,66	—	10,54	11,86	—	4,78	5,38	—	0,21	0,23	—	—	—	—	—	—	—	—	—
	V	852,16	—	68,17	76,69	IV	489,83	—	34,86	39,22	—	30,66	34,49	—	26,58	29,90	—	22,62	25,45	—	18,79	21,14	—	15,07	16,95
	VI	888,41	—	71,07	79,95																				
3 413,99	I,IV	490,66	—	39,25	44,15	I	490,66	—	30,72	34,56	—	22,68	25,52	—	15,12	17,01	—	8,05	9,05	—	1,97	2,21	—	—	—
	II	388,66	—	31,09	34,97	II	388,66	—	23,03	25,91	—	15,45	17,38	—	8,36	9,40	—	2,19	2,46	—	—	—	—	—	—
	III	216,33	—	17,30	19,46	III	216,33	—	10,58	11,90	—	4,82	5,42	—	0,24	0,27	—	—	—	—	—	—	—	—	—
	V	853,16	—	68,25	76,78	IV	490,66	—	34,92	39,29	—	30,72	34,56	—	26,64	29,97	—	22,68	25,52	—	18,84	21,20	—	15,12	17,01
	VI	889,41	—	71,15	80,04																				
3 416,99	I,IV	491,41	—	39,31	44,22	I	491,41	—	30,78	34,63	—	22,74	25,58	—	15,18	17,07	—	8,10	9,11	—	2,—	2,25	—	—	—
	II	389,41	—	31,15	35,04	II	389,41	—	23,08	25,97	—	15,50	17,44	—	8,40	9,45	—	2,23	2,51	—	—	—	—	—	—
	III	216,83	—	17,34	19,51	III	216,83	—	10,64	11,97	—	4,86	5,47	—	0,28	0,31	—	—	—	—	—	—	—	—	—
	V	854,25	—	68,34	76,88	IV	491,41	—	34,98	39,35	—	30,78	34,63	—	26,70	30,03	—	22,74	25,58	—	18,90	21,26	—	15,18	17,07
	VI	890,50	—	71,24	80,14																				

* Die ausgewiesenen Tabellenwerte sind amtlich. Siehe Erläuterungen auf der Umschlaginnenseite (U2).

3 467,99* MONAT

Abzüge an Lohnsteuer, Solidaritätszuschlag (SolZ) und Kirchensteuer (8%, 9%) in den Steuerklassen

Lohn/ Gehalt bis €*		I – VI	ohne Kinderfreibeträge			I, II, III, IV	mit Zahl der Kinderfreibeträge . . . 0,5			1			1,5			2			2,5			3			
		LSt	SolZ	8%	9%		LSt	SolZ	8%	9%	SolZ	8%	9%	SolZ	8%	9%	SolZ	8%	9%	SolZ	8%	9%	SolZ	8%	9%
3 419,99	I,IV	492,16	—	39,37	44,29	I	492,16	—	30,84	34,69	—	22,79	25,64	—	15,22	17,12	—	8,14	9,16	—	2,04	2,29	—	—	—
	II	390,08	—	31,20	35,10	II	390,08	—	23,14	26,03	—	15,55	17,49	—	8,45	9,50	—	2,26	2,54	—	—	—	—	—	—
	III	217,50	—	17,40	19,57	III	217,50	—	10,68	12,01	—	4,90	5,51	—	0,30	0,34	—	—	—	—	—	—	—	—	—
	V	855,25	—	68,42	76,97	IV	492,16	—	35,04	39,42	—	30,84	34,69	—	26,76	30,10	—	22,79	25,64	—	18,95	21,32	—	15,22	17,12
	VI	891,50	—	71,32	80,23																				
3 422,99	I,IV	493,—	—	39,44	44,37	I	493,—	—	30,90	34,76	—	22,84	25,70	—	15,28	17,19	—	8,20	9,22	—	2,08	2,34	—	—	—
	II	390,83	—	31,26	35,17	II	390,83	—	23,19	26,09	—	15,60	17,55	—	8,50	9,56	—	2,30	2,58	—	—	—	—	—	—
	III	218,16	—	17,45	19,63	III	218,16	—	10,73	12,07	—	4,93	5,54	—	0,33	0,37	—	—	—	—	—	—	—	—	—
	V	856,33	—	68,50	77,06	IV	493,—	—	35,10	39,49	—	30,90	34,76	—	26,81	30,16	—	22,84	25,70	—	19,—	21,38	—	15,28	17,19
	VI	892,58	—	71,40	80,33																				
3 425,99	I,IV	493,75	—	39,50	44,43	I	493,75	—	30,96	34,83	—	22,90	25,76	—	15,33	17,24	—	8,24	9,27	—	2,11	2,37	—	—	—
	II	391,58	—	31,32	35,24	II	391,58	—	23,25	26,15	—	15,66	17,61	—	8,55	9,62	—	2,34	2,63	—	—	—	—	—	—
	III	218,83	—	17,50	19,69	III	218,83	—	10,77	12,11	—	4,97	5,59	—	0,36	0,40	—	—	—	—	—	—	—	—	—
	V	857,33	—	68,58	77,15	IV	493,75	—	35,16	39,56	—	30,96	34,83	—	26,87	30,23	—	22,90	25,76	—	19,06	21,44	—	15,33	17,24
	VI	893,58	—	71,48	80,42																				
3 428,99	I,IV	494,50	—	39,56	44,50	I	494,50	—	31,02	34,89	—	22,96	25,83	—	15,38	17,30	—	8,30	9,33	—	2,14	2,41	—	—	—
	II	392,33	—	31,38	35,30	II	392,33	—	23,30	26,21	—	15,71	17,67	—	8,60	9,67	—	2,37	2,66	—	—	—	—	—	—
	III	219,33	—	17,54	19,73	III	219,33	—	10,81	12,16	—	5,01	5,63	—	0,38	0,43	—	—	—	—	—	—	—	—	—
	V	858,41	—	68,67	77,25	IV	494,50	—	35,23	39,63	—	31,02	34,89	—	26,93	30,29	—	22,96	25,83	—	19,11	21,50	—	15,38	17,30
	VI	894,66	—	71,57	80,51																				
3 431,99	I,IV	495,25	—	39,62	44,57	I	495,25	—	31,08	34,96	—	23,01	25,88	—	15,44	17,37	—	8,34	9,38	—	2,18	2,45	—	—	—
	II	393,08	—	31,44	35,37	II	393,08	—	23,36	26,28	—	15,76	17,73	—	8,64	9,72	—	2,41	2,71	—	—	—	—	—	—
	III	220,—	—	17,60	19,80	III	220,—	—	10,86	12,22	—	5,05	5,68	—	0,41	0,46	—	—	—	—	—	—	—	—	—
	V	859,41	—	68,75	77,34	IV	495,25	—	35,28	39,69	—	31,08	34,96	—	26,98	30,35	—	23,01	25,88	—	19,16	21,56	—	15,44	17,37
	VI	895,66	—	71,65	80,60																				
3 434,99	I,IV	496,08	—	39,68	44,64	I	496,08	—	31,13	35,02	—	23,07	25,95	—	15,49	17,42	—	8,39	9,44	—	2,22	2,49	—	—	—
	II	393,83	—	31,50	35,44	II	393,83	—	23,42	26,34	—	15,81	17,78	—	8,70	9,78	—	2,44	2,75	—	—	—	—	—	—
	III	220,50	—	17,64	19,84	III	220,50	—	10,90	12,26	—	5,08	5,71	—	0,44	0,49	—	—	—	—	—	—	—	—	—
	V	860,50	—	68,84	77,44	IV	496,08	—	35,35	39,77	—	31,13	35,02	—	27,04	30,42	—	23,07	25,95	—	19,22	21,62	—	15,49	17,42
	VI	896,75	—	71,74	80,70																				
3 437,99	I,IV	496,83	—	39,74	44,71	I	496,83	—	31,19	35,09	—	23,12	26,01	—	15,54	17,48	—	8,44	9,49	—	2,26	2,54	—	—	—
	II	394,58	—	31,56	35,51	II	394,58	—	23,47	26,40	—	15,86	17,84	—	8,74	9,83	—	2,48	2,79	—	—	—	—	—	—
	III	221,16	—	17,69	19,90	III	221,16	—	10,96	12,33	—	5,12	5,76	—	0,48	0,54	—	—	—	—	—	—	—	—	—
	V	861,50	—	68,92	77,53	IV	496,83	—	35,41	39,83	—	31,19	35,09	—	27,10	30,48	—	23,12	26,01	—	19,27	21,68	—	15,54	17,48
	VI	897,75	—	71,82	80,79																				
3 440,99	I,IV	497,66	—	39,81	44,78	I	497,66	—	31,25	35,15	—	23,18	26,07	—	15,59	17,54	—	8,49	9,55	—	2,29	2,57	—	—	—
	II	395,33	—	31,62	35,57	II	395,33	—	23,53	26,47	—	15,92	17,91	—	8,79	9,89	—	2,52	2,83	—	—	—	—	—	—
	III	221,83	—	17,74	19,96	III	221,83	—	11,—	12,37	—	5,16	5,80	—	0,50	0,56	—	—	—	—	—	—	—	—	—
	V	862,58	—	69,—	77,63	IV	497,66	—	35,47	39,90	—	31,25	35,15	—	27,16	30,55	—	23,18	26,07	—	19,32	21,74	—	15,59	17,54
	VI	898,83	—	71,90	80,89																				
3 443,99	I,IV	498,41	—	39,87	44,85	I	498,41	—	31,31	35,22	—	23,24	26,14	—	15,64	17,60	—	8,54	9,60	—	2,32	2,61	—	—	—
	II	396,—	—	31,68	35,64	II	396,—	—	23,58	26,53	—	15,97	17,96	—	8,84	9,95	—	2,56	2,88	—	—	—	—	—	—
	III	222,33	—	17,78	20,—	III	222,33	—	11,04	12,42	—	5,20	5,85	—	0,53	0,59	—	—	—	—	—	—	—	—	—
	V	863,58	—	69,08	77,72	IV	498,41	—	35,53	39,97	—	31,31	35,22	—	27,21	30,61	—	23,24	26,14	—	19,38	21,80	—	15,64	17,60
	VI	899,83	—	71,98	80,98																				
3 446,99	I,IV	499,16	—	39,93	44,92	I	499,16	—	31,37	35,29	—	23,29	26,20	—	15,70	17,66	—	8,58	9,65	—	2,36	2,66	—	—	—
	II	396,75	—	31,74	35,70	II	396,75	—	23,64	26,59	—	16,02	18,02	—	8,89	10,—	—	2,59	2,91	—	—	—	—	—	—
	III	223,—	—	17,84	20,07	III	223,—	—	11,09	12,47	—	5,24	5,89	—	0,56	0,63	—	—	—	—	—	—	—	—	—
	V	864,66	—	69,17	77,81	IV	499,16	—	35,59	40,04	—	31,37	35,29	—	27,27	30,68	—	23,29	26,20	—	19,43	21,86	—	15,70	17,66
	VI	900,91	—	72,07	81,08																				
3 449,99	I,IV	500,—	—	40,—	45,—	I	500,—	—	31,43	35,36	—	23,34	26,26	—	15,75	17,72	—	8,64	9,72	—	2,40	2,70	—	—	—
	II	397,50	—	31,80	35,77	II	397,50	—	23,70	26,66	—	16,08	18,09	—	8,94	10,05	—	2,63	2,96	—	—	—	—	—	—
	III	223,66	—	17,89	20,12	III	223,66	—	11,13	12,52	—	5,26	5,92	—	0,58	0,65	—	—	—	—	—	—	—	—	—
	V	865,66	—	69,25	77,90	IV	500,—	—	35,65	40,10	—	31,43	35,36	—	27,33	30,74	—	23,34	26,26	—	19,48	21,92	—	15,75	17,72
	VI	901,91	—	72,15	81,17																				
3 452,99	I,IV	500,75	—	40,06	45,06	I	500,75	—	31,49	35,42	—	23,40	26,33	—	15,80	17,78	—	8,68	9,77	—	2,44	2,74	—	—	—
	II	398,25	—	31,86	35,84	II	398,25	—	23,75	26,72	—	16,13	18,14	—	8,99	10,11	—	2,67	3,—	—	—	—	—	—	—
	III	224,33	—	17,94	20,18	III	224,33	—	11,18	12,58	—	5,30	5,96	—	0,62	0,70	—	—	—	—	—	—	—	—	—
	V	866,75	—	69,34	78,—	IV	500,75	—	35,71	40,17	—	31,49	35,42	—	27,38	30,80	—	23,40	26,33	—	19,54	21,98	—	15,80	17,78
	VI	903,—	—	72,24	81,27																				
3 455,99	I,IV	501,50	—	40,12	45,13	I	501,50	—	31,54	35,48	—	23,46	26,39	—	15,85	17,83	—	8,73	9,82	—	2,47	2,78	—	—	—
	II	399,—	—	31,92	35,91	II	399,—	—	23,80	26,78	—	16,18	18,20	—	9,04	10,17	—	2,70	3,04	—	—	—	—	—	—
	III	224,83	—	17,98	20,23	III	224,83	—	11,22	12,62	—	5,34	6,01	—	0,65	0,73	—	—	—	—	—	—	—	—	—
	V	867,75	—	69,42	78,09	IV	501,50	—	35,77	40,24	—	31,54	35,48	—	27,44	30,87	—	23,46	26,39	—	19,60	22,05	—	15,85	17,83
	VI	904,—	—	72,32	81,36																				
3 458,99	I,IV	502,33	—	40,18	45,20	I	502,33	—	31,60	35,55	—	23,51	26,45	—	15,90	17,89	—	8,78	9,87	—	2,51	2,82	—	—	—
	II	399,75	—	31,98	35,97	II	399,75	—	23,86	26,84	—	16,23	18,26	—	9,08	10,22	—	2,74	3,08	—	—	—	—	—	—
	III	225,50	—	18,04	20,29	III	225,50	—	11,28	12,69	—	5,38	6,05	—	0,68	0,76	—	—	—	—	—	—	—	—	—
	V	868,83	—	69,50	78,19	IV	502,33	—	35,84	40,32	—	31,60	35,55	—	27,50	30,93	—	23,51	26,45	—	19,65	22,10	—	15,90	17,89
	VI	905,08	—	72,40	81,45																				
3 461,99	I,IV	503,08	—	40,24	45,27	I	503,08	—	31,66	35,62	—	23,57	26,51	—	15,96	17,95	—	8,83	9,93	—	2,55	2,87	—	—	—
	II	400,50	—	32,04	36,04	II	400,50	—	23,92	26,91	—	16,28	18,32	—	9,14	10,28	—	2,78	3,13	—	—	—	—	—	—
	III	226,—	—	18,08	20,34	III	226,—	—	11,32	12,73	—	5,42	6,10	—	0,70	0,79	—	—	—	—	—	—	—	—	—
	V	869,83	—	69,58	78,28	IV	503,08	—	35,90	40,38	—	31,66	35,62	—	27,56	31,—	—	23,57	26,51	—	19,70	22,16	—	15,96	17,95
	VI	906,08	—	72,48	81,54																				
3 464,99	I,IV	503,91	—	40,31	45,35	I	503,91	—	31,72	35,69	—	23,62	26,57	—	16,01	18,01	—	8,88	9,99	—	2,58	2,90	—	—	—
	II	401,25	—	32,10	36,11	II	401,25	—	23,98	26,97	—	16,34	18,38	—	9,18	10,33	—	2,82	3,17	—	—	—	—	—	—
	III	226,66	—	18,13	20,39	III	226,66	—	11,37	12,79	—	5,45	6,13	—	0,73	0,82	—	—	—	—	—	—	—	—	—
	V	870,91	—	69,67	78,38	IV	503,91	—	35,96	40,45	—	31,72	35,69	—	27,62	31,07	—	23,62	26,57	—	19,76	22,23	—	16,01	18,01
	VI	907,16	—	72,57	81,64																				
3 467,99	I,IV	504,66	—	40,37	45,41	I	504,66	—	31,78	35,75	—	23,68	26,64	—	16,06	18,07	—	8,92	10,04	—	2,62	2,95	—	—	—
	II	401,91	—	32,15	36,17	II	401,91	—	24,03	27,03	—	16,39	18,44	—	9,23	10,38	—	2,86	3,21	—	—	—	—	—	—
	III	227,33	—	18,18	20,45	III	227,33	—	11,41	12,83	—	5,49	6,17	—	0,76	0,85	—	—	—	—	—	—	—	—	—
	V	871,91	—	69,75	78,47	IV	504,66	—	36,02	40,52	—	31,78	35,75	—	27,67	31,13	—	23,68	26,64	—	19,81	22,28	—	16,06	18,07
	VI	908,16	—	72,65	81,73																				

* Die ausgewiesenen Tabellenwerte sind amtlich. Siehe Erläuterungen auf der Umschlaginnenseite (U2).

MONAT 3 468,–*

Lohn/ Gehalt bis €*		I – VI LSt	ohne Kinderfreibeträge SolZ	8%	9%	I, II, III, IV	LSt	0,5 SolZ	8%	9%	1 SolZ	8%	9%	1,5 SolZ	8%	9%	2 SolZ	8%	9%	2,5 SolZ	8%	9%	3 SolZ	8%	9%
3 470,99	I,IV	505,41	–	40,43	45,48	I	505,41	–	31,84	35,82	–	23,74	26,70	–	16,11	18,12	–	8,98	10,10	–	2,66	2,99	–	–	–
	II	402,66	–	32,21	36,23	II	402,66	–	24,08	27,09	–	16,44	18,50	–	9,28	10,44	–	2,90	3,26	–	–	–	–	–	–
	III	227,83	–	18,22	20,50	III	227,83	–	11,46	12,89	–	5,53	6,22	–	0,80	0,90	–	–	–	–	–	–	–	–	–
	V	873,–	–	69,84	78,57	IV	505,41	–	36,08	40,59	–	31,84	35,82	–	27,73	31,19	–	23,74	26,70	–	19,86	22,34	–	16,11	18,12
	VI	909,25	–	72,74	81,83																				
3 473,99	I,IV	506,25	–	40,50	45,56	I	506,25	–	31,90	35,89	–	23,79	26,76	–	16,16	18,18	–	9,02	10,15	–	2,70	3,03	–	–	–
	II	403,41	–	32,27	36,30	II	403,41	–	24,14	27,16	–	16,50	18,56	–	9,33	10,49	–	2,94	3,30	–	–	–	–	–	–
	III	228,50	–	18,28	20,56	III	228,50	–	11,50	12,94	–	5,57	6,26	–	0,82	0,92	–	–	–	–	–	–	–	–	–
	V	874,–	–	69,92	78,66	IV	506,25	–	36,14	40,65	–	31,90	35,89	–	27,78	31,25	–	23,79	26,76	–	19,92	22,41	–	16,16	18,18
	VI	910,25	–	72,82	81,92																				
3 476,99	I,IV	507,–	–	40,56	45,63	I	507,–	–	31,96	35,96	–	23,85	26,83	–	16,22	18,24	–	9,08	10,21	–	2,74	3,08	–	–	–
	II	404,16	–	32,33	36,37	II	404,16	–	24,20	27,22	–	16,55	18,62	–	9,38	10,55	–	2,97	3,34	–	–	–	–	–	–
	III	229,16	–	18,33	20,62	III	229,16	–	11,56	13,–	–	5,61	6,31	–	0,85	0,95	–	–	–	–	–	–	–	–	–
	V	875,08	–	70,–	78,75	IV	507,–	–	36,20	40,72	–	31,96	35,96	–	27,84	31,32	–	23,85	26,83	–	19,97	22,46	–	16,22	18,24
	VI	911,33	–	72,90	82,01																				
3 479,99	I,IV	507,83	–	40,62	45,70	I	507,83	–	32,02	36,02	–	23,90	26,89	–	16,27	18,30	–	9,12	10,26	–	2,77	3,11	–	–	–
	II	404,91	–	32,39	36,44	II	404,91	–	24,25	27,28	–	16,60	18,67	–	9,43	10,61	–	3,01	3,38	–	–	–	–	–	–
	III	229,66	–	18,37	20,66	III	229,66	–	11,60	13,05	–	5,65	6,35	–	0,88	0,99	–	–	–	–	–	–	–	–	–
	V	876,08	–	70,08	78,84	IV	507,83	–	36,26	40,79	–	32,02	36,02	–	27,90	31,39	–	23,90	26,89	–	20,02	22,52	–	16,27	18,30
	VI	912,33	–	72,98	82,10																				
3 482,99	I,IV	508,58	–	40,68	45,77	I	508,58	–	32,08	36,09	–	23,96	26,95	–	16,32	18,36	–	9,17	10,31	–	2,81	3,16	–	–	–
	II	405,66	–	32,45	36,50	II	405,66	–	24,31	27,35	–	16,65	18,73	–	9,48	10,66	–	3,05	3,43	–	–	–	–	–	–
	III	230,33	–	18,42	20,72	III	230,33	–	11,64	13,09	–	5,68	6,39	–	0,90	1,01	–	–	–	–	–	–	–	–	–
	V	877,16	–	70,17	78,94	IV	508,58	–	36,32	40,86	–	32,08	36,09	–	27,96	31,45	–	23,96	26,95	–	20,08	22,59	–	16,32	18,36
	VI	913,41	–	73,07	82,20																				
3 485,99	I,IV	509,41	–	40,75	45,84	I	509,41	–	32,14	36,15	–	24,02	27,02	–	16,38	18,42	–	9,22	10,37	–	2,85	3,20	–	–	–
	II	406,41	–	32,51	36,57	II	406,41	–	24,36	27,41	–	16,70	18,79	–	9,53	10,72	–	3,09	3,47	–	–	–	–	–	–
	III	231,–	–	18,48	20,79	III	231,–	–	11,69	13,15	–	5,72	6,43	–	0,94	1,06	–	–	–	–	–	–	–	–	–
	V	878,16	–	70,25	79,03	IV	509,41	–	36,38	40,93	–	32,14	36,15	–	28,02	31,52	–	24,02	27,02	–	20,14	22,65	–	16,38	18,42
	VI	914,41	–	73,15	82,29																				
3 488,99	I,IV	510,16	–	40,81	45,91	I	510,16	–	32,20	36,22	–	24,07	27,08	–	16,43	18,48	–	9,27	10,43	–	2,88	3,24	–	–	–
	II	407,16	–	32,57	36,64	II	407,16	–	24,42	27,47	–	16,76	18,85	–	9,58	10,77	–	3,13	3,52	–	–	–	–	–	–
	III	231,50	–	18,52	20,83	III	231,50	–	11,73	13,19	–	5,76	6,48	–	0,97	1,09	–	–	–	–	–	–	–	–	–
	V	879,25	–	70,34	79,13	IV	510,16	–	36,44	41,–	–	32,20	36,22	–	28,08	31,59	–	24,07	27,08	–	20,19	22,71	–	16,43	18,48
	VI	915,50	–	73,24	82,39																				
3 491,99	I,IV	510,91	–	40,87	45,98	I	510,91	–	32,26	36,29	–	24,12	27,14	–	16,48	18,54	–	9,32	10,48	–	2,92	3,29	–	–	–
	II	407,91	–	32,63	36,71	II	407,91	–	24,48	27,54	–	16,81	18,91	–	9,62	10,82	–	3,16	3,56	–	–	–	–	–	–
	III	232,16	–	18,57	20,89	III	232,16	–	11,78	13,25	–	5,80	6,52	–	1,–	1,12	–	–	–	–	–	–	–	–	–
	V	880,25	–	70,42	79,22	IV	510,91	–	36,50	41,06	–	32,26	36,29	–	28,13	31,64	–	24,12	27,14	–	20,24	22,77	–	16,48	18,54
	VI	916,50	–	73,32	82,48																				
3 494,99	I,IV	511,75	–	40,94	46,05	I	511,75	–	32,32	36,36	–	24,18	27,20	–	16,53	18,59	–	9,37	10,54	–	2,96	3,33	–	–	–
	II	408,66	–	32,69	36,77	II	408,66	–	24,53	27,59	–	16,86	18,97	–	9,68	10,89	–	3,20	3,60	–	–	–	–	–	–
	III	232,83	–	18,62	20,95	III	232,83	–	11,82	13,30	–	5,84	6,57	–	1,02	1,15	–	–	–	–	–	–	–	–	–
	V	881,33	–	70,50	79,31	IV	511,75	–	36,56	41,13	–	32,32	36,36	–	28,19	31,71	–	24,18	27,20	–	20,30	22,83	–	16,53	18,59
	VI	917,58	–	73,40	82,58																				
3 497,99	I,IV	512,50	–	41,–	46,12	I	512,50	–	32,38	36,42	–	24,24	27,27	–	16,58	18,65	–	9,42	10,59	–	3,–	3,38	–	–	–
	II	409,41	–	32,75	36,84	II	409,41	–	24,59	27,66	–	16,92	19,03	–	9,72	10,94	–	3,24	3,65	–	–	–	–	–	–
	III	233,50	–	18,68	21,01	III	233,50	–	11,88	13,36	–	5,88	6,61	–	1,06	1,19	–	–	–	–	–	–	–	–	–
	V	882,33	–	70,58	79,40	IV	512,50	–	36,63	41,21	–	32,38	36,42	–	28,25	31,78	–	24,24	27,27	–	20,35	22,89	–	16,58	18,65
	VI	918,58	–	73,48	82,67																				
3 500,99	I,IV	513,33	–	41,06	46,19	I	513,33	–	32,44	36,49	–	24,30	27,33	–	16,64	18,72	–	9,46	10,64	–	3,04	3,42	–	–	–
	II	410,16	–	32,81	36,91	II	410,16	–	24,64	27,72	–	16,97	19,09	–	9,78	11,–	–	3,28	3,69	–	–	–	–	–	–
	III	234,–	–	18,72	21,06	III	234,–	–	11,92	13,41	–	5,92	6,66	–	1,09	1,22	–	–	–	–	–	–	–	–	–
	V	883,41	–	70,67	79,50	IV	513,33	–	36,69	41,27	–	32,44	36,49	–	28,30	31,84	–	24,30	27,33	–	20,41	22,96	–	16,64	18,72
	VI	919,66	–	73,57	82,76																				
3 503,99	I,IV	514,08	–	41,12	46,26	I	514,08	–	32,50	36,56	–	24,35	27,39	–	16,69	18,77	–	9,52	10,71	–	3,08	3,46	–	–	–
	II	410,91	–	32,87	36,98	II	410,91	–	24,70	27,79	–	17,02	19,14	–	9,82	11,05	–	3,32	3,74	–	–	–	–	–	–
	III	234,66	–	18,77	21,11	III	234,66	–	11,97	13,46	–	5,96	6,70	–	1,12	1,26	–	–	–	–	–	–	–	–	–
	V	884,41	–	70,75	79,59	IV	514,08	–	36,75	41,34	–	32,50	36,56	–	28,36	31,91	–	24,35	27,39	–	20,46	23,01	–	16,69	18,77
	VI	920,66	–	73,65	82,85																				
3 506,99	I,IV	514,83	–	41,18	46,33	I	514,83	–	32,56	36,63	–	24,41	27,46	–	16,74	18,83	–	9,56	10,76	–	3,12	3,51	–	–	–
	II	411,66	–	32,93	37,04	II	411,66	–	24,76	27,85	–	17,07	19,20	–	9,87	11,10	–	3,36	3,78	–	–	–	–	–	–
	III	235,33	–	18,82	21,17	III	235,33	–	12,01	13,51	–	5,98	6,73	–	1,14	1,28	–	–	–	–	–	–	–	–	–
	V	885,50	–	70,84	79,69	IV	514,83	–	36,81	41,41	–	32,56	36,63	–	28,42	31,97	–	24,41	27,46	–	20,52	23,08	–	16,74	18,83
	VI	921,75	–	73,74	82,95																				
3 509,99	I,IV	515,66	–	41,25	46,40	I	515,66	–	32,62	36,69	–	24,46	27,52	–	16,80	18,90	–	9,62	10,82	–	3,16	3,55	–	–	–
	II	412,41	–	32,99	37,11	II	412,41	–	24,82	27,92	–	17,12	19,26	–	9,92	11,16	–	3,40	3,83	–	–	–	–	–	–
	III	235,83	–	18,86	21,22	III	235,83	–	12,06	13,57	–	6,02	6,77	–	1,18	1,33	–	–	–	–	–	–	–	–	–
	V	886,50	–	70,92	79,78	IV	515,66	–	36,87	41,48	–	32,62	36,69	–	28,48	32,04	–	24,46	27,52	–	20,57	23,14	–	16,80	18,90
	VI	922,75	–	73,82	83,04																				
3 512,99	I,IV	516,50	–	41,32	46,48	I	516,50	–	32,68	36,76	–	24,52	27,58	–	16,85	18,95	–	9,66	10,87	–	3,20	3,60	–	–	–
	II	413,16	–	33,05	37,18	II	413,16	–	24,87	27,98	–	17,18	19,32	–	9,97	11,21	–	3,44	3,87	–	–	–	–	–	–
	III	236,50	–	18,92	21,28	III	236,50	–	12,10	13,61	–	6,06	6,82	–	1,21	1,36	–	–	–	–	–	–	–	–	–
	V	887,58	–	71,–	79,88	IV	516,50	–	36,94	41,55	–	32,68	36,76	–	28,54	32,10	–	24,52	27,58	–	20,62	23,20	–	16,85	18,95
	VI	923,83	–	73,90	83,14																				
3 515,99	I,IV	517,25	–	41,38	46,55	I	517,25	–	32,73	36,82	–	24,58	27,65	–	16,90	19,01	–	9,71	10,92	–	3,24	3,64	–	–	–
	II	413,83	–	33,10	37,24	II	413,83	–	24,92	28,04	–	17,23	19,38	–	10,02	11,27	–	3,48	3,92	–	–	–	–	–	–
	III	237,16	–	18,97	21,34	III	237,16	–	12,16	13,68	–	6,10	6,86	–	1,24	1,39	–	–	–	–	–	–	–	–	–
	V	888,58	–	71,08	79,97	IV	517,25	–	36,99	41,61	–	32,73	36,82	–	28,59	32,16	–	24,58	27,65	–	20,68	23,26	–	16,90	19,01
	VI	924,83	–	73,98	83,23																				
3 518,99	I,IV	518,–	–	41,44	46,62	I	518,–	–	32,79	36,89	–	24,63	27,71	–	16,96	19,08	–	9,76	10,98	–	3,28	3,69	–	–	–
	II	414,58	–	33,16	37,31	II	414,58	–	24,98	28,10	–	17,28	19,44	–	10,07	11,33	–	3,52	3,96	–	–	–	–	–	–
	III	237,66	–	19,01	21,38	III	237,66	–	12,21	13,73	–	6,14	6,91	–	1,28	1,44	–	–	–	–	–	–	–	–	–
	V	889,66	–	71,17	80,06	IV	518,–	–	37,06	41,69	–	32,79	36,89	–	28,65	32,23	–	24,63	27,71	–	20,73	23,32	–	16,96	19,08
	VI	925,91	–	74,07	83,33																				

Abzüge an Lohnsteuer, Solidaritätszuschlag (SolZ) und Kirchensteuer (8%, 9%) in den Steuerklassen; I, II, III, IV mit Zahl der Kinderfreibeträge . . .

* Die ausgewiesenen Tabellenwerte sind amtlich. Siehe Erläuterungen auf der Umschlaginnenseite (U2).

3 569,99* MONAT

Abzüge an Lohnsteuer, Solidaritätszuschlag (SolZ) und Kirchensteuer (8%, 9%) in den Steuerklassen

Lohn/ Gehalt bis €*	I – VI	LSt	ohne Kinderfreibeträge SolZ	8%	9%	I, II, III, IV	LSt	mit Zahl der Kinderfreibeträge . . . 0,5 SolZ	0,5 8%	0,5 9%	1 SolZ	1 8%	1 9%	1,5 SolZ	1,5 8%	1,5 9%	2 SolZ	2 8%	2 9%	2,5 SolZ	2,5 8%	2,5 9%	3 SolZ	3 8%	3 9%
3 521,99	I,IV	518,83	—	41,50	46,69	I	518,83	—	32,85	36,95	—	24,69	27,77	—	17,01	19,13	—	9,81	11,03	—	3,31	3,72	—	—	—
	II	415,33	—	33,22	37,37	II	415,33	—	25,04	28,17	—	17,34	19,50	—	10,12	11,38	—	3,56	4,01	—	—	—	—	—	—
	III	238,33	—	19,06	21,44	III	238,33	—	12,25	13,78	—	6,18	6,95	—	1,30	1,46	—	—	—	—	—	—	—	—	—
	V	890,66	—	71,25	80,15	IV	518,83	—	37,12	41,76	—	32,85	36,95	—	28,71	32,30	—	24,69	27,77	—	20,79	23,39	—	17,01	19,13
	VI	926,91	—	74,15	83,42																				
3 524,99	I,IV	519,58	—	41,56	46,76	I	519,58	—	32,91	37,02	—	24,74	27,83	—	17,06	19,19	—	9,86	11,09	—	3,35	3,77	—	—	—
	II	416,08	—	33,28	37,44	II	416,08	—	25,10	28,23	—	17,39	19,56	—	10,17	11,44	—	3,60	4,05	—	—	—	—	—	—
	III	239,—	—	19,12	21,51	III	239,—	—	12,30	13,84	—	6,22	7,—	—	1,33	1,49	—	—	—	—	—	—	—	—	—
	V	891,75	—	71,34	80,25	IV	519,58	—	37,18	41,82	—	32,91	37,02	—	28,77	32,36	—	24,74	27,83	—	20,84	23,45	—	17,06	19,19
	VI	928,—	—	74,24	83,52																				
3 527,99	I,IV	520,41	—	41,63	46,83	I	520,41	—	32,97	37,09	—	24,80	27,90	—	17,11	19,25	—	9,91	11,15	—	3,39	3,81	—	—	—
	II	416,83	—	33,34	37,51	II	416,83	—	25,15	28,29	—	17,44	19,62	—	10,22	11,49	—	3,64	4,10	—	—	—	—	—	—
	III	239,50	—	19,16	21,55	III	239,50	—	12,34	13,88	—	6,26	7,04	—	1,36	1,53	—	—	—	—	—	—	—	—	—
	V	892,75	—	71,42	80,34	IV	520,41	—	37,24	41,89	—	32,97	37,09	—	28,82	32,42	—	24,80	27,90	—	20,90	23,51	—	17,11	19,25
	VI	929,—	—	74,32	83,61																				
3 530,99	I,IV	521,16	—	41,69	46,90	I	521,16	—	33,03	37,16	—	24,86	27,96	—	17,16	19,31	—	9,96	11,20	—	3,43	3,86	—	—	—
	II	417,58	—	33,40	37,58	II	417,58	—	25,21	28,36	—	17,50	19,68	—	10,27	11,55	—	3,68	4,14	—	—	—	—	—	—
	III	240,16	—	19,21	21,61	III	240,16	—	12,40	13,95	—	6,30	7,09	—	1,40	1,57	—	—	—	—	—	—	—	—	—
	V	893,83	—	71,50	80,44	IV	521,16	—	37,30	41,96	—	33,03	37,16	—	28,88	32,49	—	24,86	27,96	—	20,95	23,57	—	17,16	19,31
	VI	930,08	—	74,40	83,70																				
3 533,99	I,IV	522,—	—	41,76	46,98	I	522,—	—	33,09	37,22	—	24,91	28,02	—	17,22	19,37	—	10,01	11,26	—	3,47	3,90	—	—	—
	II	418,33	—	33,46	37,64	II	418,33	—	25,26	28,42	—	17,55	19,74	—	10,32	11,61	—	3,72	4,19	—	—	—	—	—	—
	III	240,83	—	19,26	21,67	III	240,83	—	12,44	13,99	—	6,34	7,13	—	1,42	1,60	—	—	—	—	—	—	—	—	—
	V	894,83	—	71,58	80,53	IV	522,—	—	37,36	42,03	—	33,09	37,22	—	28,94	32,56	—	24,91	28,02	—	21,—	23,63	—	17,22	19,37
	VI	931,08	—	74,48	83,79																				
3 536,99	I,IV	522,75	—	41,82	47,04	I	522,75	—	33,15	37,29	—	24,97	28,09	—	17,27	19,43	—	10,06	11,31	—	3,51	3,95	—	—	—
	II	419,08	—	33,52	37,71	II	419,08	—	25,32	28,49	—	17,60	19,80	—	10,37	11,66	—	3,76	4,23	—	—	—	—	—	—
	III	241,33	—	19,30	21,71	III	241,33	—	12,49	14,05	—	6,38	7,18	—	1,45	1,63	—	—	—	—	—	—	—	—	—
	V	895,91	—	71,67	80,63	IV	522,75	—	37,42	42,10	—	33,15	37,29	—	29,—	32,63	—	24,97	28,09	—	21,06	23,69	—	17,27	19,43
	VI	932,16	—	74,57	83,89																				
3 539,99	I,IV	523,50	—	41,88	47,11	I	523,50	—	33,21	37,36	—	25,02	28,15	—	17,32	19,49	—	10,10	11,36	—	3,55	3,99	—	—	—
	II	419,83	—	33,58	37,78	II	419,83	—	25,38	28,55	—	17,66	19,86	—	10,42	11,72	—	3,80	4,28	—	—	—	—	—	—
	III	242,—	—	19,36	21,78	III	242,—	—	12,53	14,09	—	6,42	7,22	—	1,49	1,67	—	—	—	—	—	—	—	—	—
	V	896,91	—	71,75	80,72	IV	523,50	—	37,48	42,17	—	33,21	37,36	—	29,06	32,69	—	25,02	28,15	—	21,12	23,76	—	17,32	19,49
	VI	933,16	—	74,65	83,98																				
3 542,99	I,IV	524,33	—	41,94	47,18	I	524,33	—	33,27	37,43	—	25,08	28,22	—	17,38	19,55	—	10,16	11,43	—	3,59	4,04	—	—	—
	II	420,58	—	33,64	37,85	II	420,58	—	25,44	28,62	—	17,71	19,92	—	10,46	11,77	—	3,85	4,33	—	—	—	—	—	—
	III	242,66	—	19,41	21,83	III	242,66	—	12,58	14,15	—	6,46	7,27	—	1,52	1,71	—	—	—	—	—	—	—	—	—
	V	898,—	—	71,84	80,82	IV	524,33	—	37,54	42,23	—	33,27	37,43	—	29,12	32,76	—	25,08	28,22	—	21,17	23,81	—	17,38	19,55
	VI	934,25	—	74,74	84,08																				
3 545,99	I,IV	525,16	—	42,01	47,26	I	525,16	—	33,33	37,49	—	25,14	28,28	—	17,43	19,61	—	10,20	11,48	—	3,63	4,08	—	—	—
	II	421,33	—	33,70	37,91	II	421,33	—	25,49	28,67	—	17,76	19,98	—	10,52	11,83	—	3,89	4,37	—	—	—	—	—	—
	III	243,33	—	19,46	21,89	III	243,33	—	12,64	14,22	—	6,50	7,31	—	1,54	1,73	—	—	—	—	—	—	—	—	—
	V	899,—	—	71,92	80,91	IV	525,16	—	37,61	42,31	—	33,33	37,49	—	29,18	32,82	—	25,14	28,28	—	21,22	23,87	—	17,43	19,61
	VI	935,25	—	74,82	84,17																				
3 548,99	I,IV	525,91	—	42,07	47,33	I	525,91	—	33,39	37,56	—	25,20	28,35	—	17,48	19,67	—	10,26	11,54	—	3,68	4,14	—	—	—
	II	422,08	—	33,76	37,98	II	422,08	—	25,55	28,74	—	17,82	20,04	—	10,56	11,88	—	3,93	4,42	—	—	—	—	—	—
	III	243,83	—	19,50	21,94	III	243,83	—	12,68	14,26	—	6,54	7,36	—	1,58	1,78	—	—	—	—	—	—	—	—	—
	V	900,08	—	72,—	81,—	IV	525,91	—	37,67	42,38	—	33,39	37,56	—	29,23	32,88	—	25,20	28,35	—	21,28	23,94	—	17,48	19,67
	VI	936,33	—	74,90	84,26																				
3 551,99	I,IV	526,66	—	42,13	47,39	I	526,66	—	33,45	37,63	—	25,25	28,40	—	17,54	19,73	—	10,30	11,59	—	3,72	4,18	—	—	—
	II	422,83	—	33,82	38,05	II	422,83	—	25,60	28,80	—	17,87	20,10	—	10,62	11,94	—	3,97	4,46	—	—	—	—	—	—
	III	244,50	—	19,56	22,—	III	244,50	—	12,73	14,32	—	6,57	7,39	—	1,61	1,81	—	—	—	—	—	—	—	—	—
	V	901,08	—	72,08	81,09	IV	526,66	—	37,73	42,44	—	33,45	37,63	—	29,29	32,95	—	25,25	28,40	—	21,33	23,99	—	17,54	19,73
	VI	937,33	—	74,98	84,35																				
3 554,99	I,IV	527,50	—	42,20	47,47	I	527,50	—	33,51	37,70	—	25,31	28,47	—	17,59	19,79	—	10,36	11,65	—	3,76	4,23	—	—	—
	II	423,58	—	33,88	38,12	II	423,58	—	25,66	28,87	—	17,92	20,16	—	10,66	11,99	—	4,01	4,51	—	—	—	—	—	—
	III	245,16	—	19,61	22,06	III	245,16	—	12,77	14,36	—	6,61	7,43	—	1,64	1,84	—	—	—	—	—	—	—	—	—
	V	902,08	—	72,16	81,18	IV	527,50	—	37,79	42,51	—	33,51	37,70	—	29,35	33,02	—	25,31	28,47	—	21,39	24,06	—	17,59	19,79
	VI	938,41	—	75,07	84,45																				
3 557,99	I,IV	528,33	—	42,26	47,54	I	528,33	—	33,57	37,76	—	25,36	28,53	—	17,64	19,85	—	10,40	11,70	—	3,80	4,27	—	—	—
	II	424,33	—	33,94	38,18	II	424,33	—	25,72	28,93	—	17,98	20,22	—	10,72	12,06	—	4,06	4,56	—	—	—	—	—	—
	III	245,66	—	19,65	22,10	III	245,66	—	12,82	14,42	—	6,65	7,48	—	1,66	1,87	—	—	—	—	—	—	—	—	—
	V	903,16	—	72,25	81,28	IV	528,33	—	37,86	42,59	—	33,57	37,76	—	29,41	33,08	—	25,36	28,53	—	21,44	24,12	—	17,64	19,85
	VI	939,41	—	75,15	84,54																				
3 560,99	I,IV	529,08	—	42,32	47,61	I	529,08	—	33,63	37,83	—	25,42	28,60	—	17,70	19,91	—	10,46	11,76	—	3,84	4,32	—	—	—
	II	425,08	—	34,—	38,25	II	425,08	—	25,78	29,—	—	18,03	20,28	—	10,76	12,11	—	4,10	4,61	—	—	—	—	—	—
	III	246,33	—	19,70	22,16	III	246,33	—	12,86	14,47	—	6,69	7,52	—	1,70	1,91	—	—	—	—	—	—	—	—	—
	V	904,25	—	72,34	81,38	IV	529,08	—	37,92	42,66	—	33,63	37,83	—	29,46	33,14	—	25,42	28,60	—	21,50	24,18	—	17,70	19,91
	VI	940,50	—	75,24	84,64																				
3 563,99	I,IV	529,83	—	42,38	47,68	I	529,83	—	33,69	37,90	—	25,48	28,66	—	17,75	19,97	—	10,50	11,81	—	3,88	4,36	—	—	—
	II	425,83	—	34,06	38,32	II	425,83	—	25,83	29,06	—	18,08	20,34	—	10,82	12,17	—	4,14	4,65	—	—	—	—	—	—
	III	247,—	—	19,76	22,23	III	247,—	—	12,92	14,53	—	6,73	7,57	—	1,73	1,94	—	—	—	—	—	—	—	—	—
	V	905,25	—	72,42	81,47	IV	529,83	—	37,98	42,72	—	33,69	37,90	—	29,52	33,21	—	25,48	28,66	—	21,55	24,24	—	17,75	19,97
	VI	941,50	—	75,32	84,73																				
3 566,99	I,IV	530,66	—	42,45	47,75	I	530,66	—	33,75	37,97	—	25,53	28,72	—	17,80	20,03	—	10,55	11,87	—	3,92	4,41	—	—	—
	II	426,58	—	34,12	38,39	II	426,58	—	25,89	29,12	—	18,14	20,40	—	10,86	12,22	—	4,18	4,70	—	—	—	—	—	—
	III	247,66	—	19,81	22,28	III	247,66	—	12,97	14,59	—	6,77	7,61	—	1,77	1,99	—	—	—	—	—	—	—	—	—
	V	906,25	—	72,50	81,56	IV	530,66	—	38,04	42,79	—	33,75	37,97	—	29,58	33,28	—	25,53	28,72	—	21,60	24,30	—	17,80	20,03
	VI	942,58	—	75,40	84,83																				
3 569,99	I,IV	531,50	—	42,52	47,83	I	531,50	—	33,81	38,03	—	25,59	28,79	—	17,86	20,09	—	10,60	11,93	—	3,96	4,46	—	—	—
	II	427,33	—	34,18	38,45	II	427,33	—	25,94	29,18	—	18,19	20,46	—	10,92	12,28	—	4,22	4,75	—	—	—	—	—	—
	III	248,16	—	19,85	22,33	III	248,16	—	13,01	14,63	—	6,81	7,66	—	1,80	2,02	—	—	—	—	—	—	—	—	—
	V	907,33	—	72,58	81,65	IV	531,50	—	38,10	42,86	—	33,81	38,03	—	29,64	33,34	—	25,59	28,79	—	21,66	24,37	—	17,86	20,09
	VI	943,58	—	75,48	84,92																				

* Die ausgewiesenen Tabellenwerte sind amtlich. Siehe Erläuterungen auf der Umschlaginnenseite (U2).

MONAT 3 570,–*

Abzüge an Lohnsteuer, Solidaritätszuschlag (SolZ) und Kirchensteuer (8%, 9%) in den Steuerklassen

Lohn/ Gehalt bis €*	I – VI		ohne Kinderfreibeträge			I, II, III, IV		mit Zahl der Kinderfreibeträge . . . 0,5			1			1,5			2			2,5			3		
		LSt	SolZ	8%	9%		LSt	SolZ	8%	9%	SolZ	8%	9%	SolZ	8%	9%	SolZ	8%	9%	SolZ	8%	9%	SolZ	8%	9%
3 572,99	I,IV	532,25	—	42,58	47,90	I	532,25	—	33,87	38,10	—	25,65	28,85	—	17,91	20,15	—	10,65	11,98	—	4,—	4,50	—	—	—
	II	428,16	—	34,25	38,53	II	428,16	—	26,—	29,25	—	18,24	20,52	—	10,96	12,33	—	4,26	4,79	—	—	—	—	—	—
	III	248,83	—	19,90	22,39	III	248,83	—	13,06	14,69	—	6,85	7,70	—	1,82	2,05	—	—	—	—	—	—	—	—	—
	V	908,41	—	72,67	81,75	IV	532,25	—	38,16	42,93	—	33,87	38,10	—	29,70	33,41	—	25,65	28,85	—	21,72	24,43	—	17,91	20,15
	VI	944,66	—	75,57	85,01																				
3 575,99	I,IV	533,08	—	42,64	47,97	I	533,08	—	33,93	38,17	—	25,70	28,91	—	17,96	20,21	—	10,70	12,04	—	4,04	4,55	—	—	—
	II	428,83	—	34,30	38,59	II	428,83	—	26,06	29,31	—	18,29	20,57	—	11,01	12,38	—	4,30	4,84	—	—	—	—	—	—
	III	249,33	—	19,94	22,43	III	249,33	—	13,10	14,74	—	6,89	7,75	—	1,86	2,09	—	—	—	—	—	—	—	—	—
	V	909,41	—	72,75	81,84	IV	533,08	—	38,22	43,—	—	33,93	38,17	—	29,76	33,48	—	25,70	28,91	—	21,77	24,49	—	17,96	20,21
	VI	945,66	—	75,65	85,10																				
3 578,99	I,IV	533,83	—	42,70	48,04	I	533,83	—	33,99	38,24	—	25,76	28,98	—	18,02	20,27	—	10,75	12,09	—	4,08	4,59	—	—	—
	II	429,58	—	34,36	38,66	II	429,58	—	26,12	29,38	—	18,35	20,64	—	11,06	12,44	—	4,35	4,89	—	—	—	—	—	—
	III	250,—	—	20,—	22,50	III	250,—	—	13,16	14,80	—	6,93	7,79	—	1,89	2,12	—	—	—	—	—	—	—	—	—
	V	910,41	—	72,83	81,93	IV	533,83	—	38,28	43,07	—	33,99	38,24	—	29,82	33,54	—	25,76	28,98	—	21,82	24,55	—	18,02	20,27
	VI	946,75	—	75,74	85,20																				
3 581,99	I,IV	534,66	—	42,77	48,11	I	534,66	—	34,05	38,30	—	25,82	29,04	—	18,07	20,33	—	10,80	12,15	—	4,13	4,64	—	—	—
	II	430,41	—	34,43	38,73	II	430,41	—	26,17	29,44	—	18,40	20,70	—	11,12	12,51	—	4,39	4,94	—	—	—	—	—	—
	III	250,66	—	20,05	22,55	III	250,66	—	13,20	14,85	—	6,97	7,84	—	1,92	2,16	—	—	—	—	—	—	—	—	—
	V	911,50	—	72,92	82,03	IV	534,66	—	38,35	43,14	—	34,05	38,30	—	29,87	33,60	—	25,82	29,04	—	21,88	24,62	—	18,07	20,33
	VI	947,75	—	75,82	85,29																				
3 584,99	I,IV	535,41	—	42,83	48,18	I	535,41	—	34,11	38,37	—	25,88	29,11	—	18,12	20,39	—	10,85	12,20	—	4,17	4,69	—	—	—
	II	431,16	—	34,49	38,80	II	431,16	—	26,23	29,51	—	18,46	20,76	—	11,16	12,56	—	4,44	4,99	—	—	—	—	—	—
	III	251,33	—	20,10	22,61	III	251,33	—	13,25	14,90	—	7,01	7,88	—	1,96	2,20	—	—	—	—	—	—	—	—	—
	V	912,58	—	73,—	82,13	IV	535,41	—	38,41	43,21	—	34,11	38,37	—	29,93	33,67	—	25,88	29,11	—	21,94	24,68	—	18,12	20,39
	VI	948,83	—	75,90	85,39																				
3 587,99	I,IV	536,25	—	42,90	48,26	I	536,25	—	34,17	38,44	—	25,93	29,17	—	18,17	20,44	—	10,90	12,26	—	4,21	4,73	—	—	—
	II	431,83	—	34,54	38,86	II	431,83	—	26,28	29,57	—	18,51	20,82	—	11,21	12,61	—	4,48	5,04	—	—	—	—	—	—
	III	251,83	—	20,14	22,66	III	251,83	—	13,30	14,96	—	7,05	7,93	—	1,98	2,23	—	—	—	—	—	—	—	—	—
	V	913,58	—	73,08	82,22	IV	536,25	—	38,47	43,28	—	34,17	38,44	—	29,99	33,74	—	25,93	29,17	—	21,99	24,74	—	18,17	20,44
	VI	949,83	—	75,98	85,48																				
3 590,99	I,IV	537,—	—	42,96	48,33	I	537,—	—	34,23	38,51	—	25,98	29,23	—	18,23	20,51	—	10,95	12,32	—	4,25	4,78	—	—	—
	II	432,66	—	34,61	38,93	II	432,66	—	26,34	29,63	—	18,56	20,88	—	11,26	12,67	—	4,52	5,08	—	—	—	—	—	—
	III	252,50	—	20,20	22,72	III	252,50	—	13,34	15,01	—	7,09	7,97	—	2,02	2,27	—	—	—	—	—	—	—	—	—
	V	914,58	—	73,16	82,31	IV	537,—	—	38,54	43,35	—	34,23	38,51	—	30,05	33,80	—	25,98	29,23	—	22,04	24,80	—	18,23	20,51
	VI	950,91	—	76,07	85,58																				
3 593,99	I,IV	537,83	—	43,02	48,40	I	537,83	—	34,29	38,57	—	26,04	29,30	—	18,28	20,57	—	11,—	12,38	—	4,30	4,83	—	—	—
	II	433,41	—	34,67	39,—	II	433,41	—	26,40	29,70	—	18,62	20,94	—	11,32	12,73	—	4,56	5,13	—	—	—	—	—	—
	III	253,16	—	20,25	22,78	III	253,16	—	13,40	15,07	—	7,13	8,02	—	2,05	2,30	—	—	—	—	—	—	—	—	—
	V	915,66	—	73,25	82,40	IV	537,83	—	38,60	43,42	—	34,29	38,57	—	30,11	33,87	—	26,04	29,30	—	22,10	24,86	—	18,28	20,57
	VI	951,91	—	76,15	85,67																				
3 596,99	I,IV	538,66	—	43,09	48,47	I	538,66	—	34,35	38,64	—	26,10	29,36	—	18,34	20,63	—	11,05	12,43	—	4,34	4,88	—	—	—
	II	434,16	—	34,73	39,07	II	434,16	—	26,46	29,76	—	18,67	21,—	—	11,36	12,78	—	4,60	5,18	—	—	—	—	—	—
	III	253,83	—	20,30	22,84	III	253,83	—	13,44	15,12	—	7,17	8,06	—	2,08	2,34	—	—	—	—	—	—	—	—	—
	V	916,75	—	73,34	82,50	IV	538,66	—	38,66	43,49	—	34,35	38,64	—	30,16	33,93	—	26,10	29,36	—	22,16	24,93	—	18,34	20,63
	VI	953,—	—	76,24	85,77																				
3 599,99	I,IV	539,41	—	43,15	48,54	I	539,41	—	34,41	38,71	—	26,16	29,43	—	18,38	20,68	—	11,10	12,49	—	4,38	4,93	—	—	—
	II	434,91	—	34,79	39,14	II	434,91	—	26,51	29,82	—	18,72	21,06	—	11,42	12,84	—	4,65	5,23	—	—	—	—	—	—
	III	254,33	—	20,34	22,88	III	254,33	—	13,49	15,17	—	7,21	8,11	—	2,12	2,38	—	—	—	—	—	—	—	—	—
	V	917,75	—	73,42	82,59	IV	539,41	—	38,72	43,56	—	34,41	38,71	—	30,22	34,—	—	26,16	29,43	—	22,21	24,98	—	18,38	20,68
	VI	954,—	—	76,32	85,86																				
3 602,99	I,IV	540,16	—	43,21	48,61	I	540,16	—	34,47	38,78	—	26,22	29,49	—	18,44	20,75	—	11,15	12,54	—	4,42	4,97	—	—	—
	II	435,66	—	34,85	39,20	II	435,66	—	26,57	29,89	—	18,78	21,12	—	11,46	12,89	—	4,69	5,27	—	—	—	—	—	—
	III	255,—	—	20,40	22,95	III	255,—	—	13,53	15,22	—	7,25	8,15	—	2,14	2,41	—	—	—	—	—	—	—	—	—
	V	918,75	—	73,50	82,68	IV	540,16	—	38,78	43,63	—	34,47	38,78	—	30,28	34,07	—	26,22	29,49	—	22,26	25,04	—	18,44	20,75
	VI	955,08	—	76,40	85,95																				
3 605,99	I,IV	541,—	—	43,28	48,69	I	541,—	—	34,53	38,84	—	26,27	29,55	—	18,50	20,81	—	11,20	12,60	—	4,46	5,02	—	—	—
	II	436,41	—	34,91	39,27	II	436,41	—	26,63	29,96	—	18,83	21,18	—	11,52	12,96	—	4,74	5,33	—	—	—	—	—	—
	III	255,66	—	20,45	23,—	III	255,66	—	13,58	15,28	—	7,29	8,20	—	2,17	2,44	—	—	—	—	—	—	—	—	—
	V	919,83	—	73,58	82,78	IV	541,—	—	38,84	43,70	—	34,53	38,84	—	30,34	34,13	—	26,27	29,55	—	22,32	25,11	—	18,50	20,81
	VI	956,08	—	76,48	86,04																				
3 608,99	I,IV	541,83	—	43,34	48,76	I	541,83	—	34,59	38,91	—	26,33	29,62	—	18,55	20,87	—	11,25	12,65	—	4,51	5,07	—	—	—
	II	437,16	—	34,97	39,34	II	437,16	—	26,68	30,02	—	18,88	21,24	—	11,56	13,01	—	4,78	5,38	—	—	—	—	—	—
	III	256,16	—	20,49	23,05	III	256,16	—	13,64	15,34	—	7,33	8,24	—	2,21	2,48	—	—	—	—	—	—	—	—	—
	V	920,91	—	73,67	82,88	IV	541,83	—	38,91	43,77	—	34,59	38,91	—	30,40	34,20	—	26,33	29,62	—	22,38	25,17	—	18,55	20,87
	VI	957,16	—	76,57	86,14																				
3 611,99	I,IV	542,58	—	43,40	48,83	I	542,58	—	34,65	38,98	—	26,38	29,68	—	18,60	20,93	—	11,30	12,71	—	4,55	5,12	—	—	—
	II	437,91	—	35,03	39,41	II	437,91	—	26,74	30,08	—	18,94	21,30	—	11,62	13,07	—	4,82	5,42	—	—	—	—	—	—
	III	256,83	—	20,54	23,11	III	256,83	—	13,68	15,39	—	7,37	8,29	—	2,24	2,52	—	—	—	—	—	—	—	—	—
	V	921,91	—	73,75	82,97	IV	542,58	—	38,97	43,84	—	34,65	38,98	—	30,46	34,26	—	26,38	29,68	—	22,43	25,23	—	18,60	20,93
	VI	958,16	—	76,65	86,23																				
3 614,99	I,IV	543,41	—	43,47	48,90	I	543,41	—	34,71	39,05	—	26,44	29,75	—	18,66	20,99	—	11,35	12,77	—	4,60	5,17	—	—	—
	II	438,66	—	35,09	39,47	II	438,66	—	26,80	30,15	—	18,99	21,36	—	11,66	13,12	—	4,87	5,48	—	—	—	—	—	—
	III	257,50	—	20,60	23,17	III	257,50	—	13,73	15,44	—	7,42	8,35	—	2,28	2,56	—	—	—	—	—	—	—	—	—
	V	922,91	—	73,83	83,06	IV	543,41	—	39,03	43,91	—	34,71	39,05	—	30,52	34,33	—	26,44	29,75	—	22,49	25,30	—	18,66	20,99
	VI	959,25	—	76,74	86,33																				
3 617,99	I,IV	544,16	—	43,53	48,97	I	544,16	—	34,78	39,12	—	26,50	29,81	—	18,71	21,05	—	11,40	12,83	—	4,64	5,22	—	—	—
	II	439,41	—	35,15	39,54	II	439,41	—	26,86	30,21	—	19,04	21,42	—	11,72	13,18	—	4,91	5,52	—	—	—	—	—	—
	III	258,16	—	20,65	23,23	III	258,16	—	13,77	15,49	—	7,46	8,39	—	2,30	2,59	—	—	—	—	—	—	—	—	—
	V	924,—	—	73,92	83,16	IV	544,16	—	39,09	43,97	—	34,78	39,12	—	30,58	34,40	—	26,50	29,81	—	22,54	25,36	—	18,71	21,05
	VI	960,25	—	76,82	86,42																				
3 620,99	I,IV	545,—	—	43,60	49,05	I	545,—	—	34,84	39,19	—	26,56	29,88	—	18,76	21,11	—	11,45	12,88	—	4,68	5,27	—	—	—
	II	440,16	—	35,21	39,61	II	440,16	—	26,91	30,27	—	19,10	21,48	—	11,76	13,23	—	4,96	5,58	—	—	—	—	—	—
	III	258,66	—	20,69	23,27	III	258,66	—	13,82	15,55	—	7,50	8,44	—	2,34	2,63	—	—	—	—	—	—	—	—	—
	V	925,08	—	74,—	83,25	IV	545,—	—	39,16	44,05	—	34,84	39,19	—	30,64	34,47	—	26,56	29,88	—	22,60	25,42	—	18,76	21,11
	VI	961,33	—	76,90	86,51																				

* Die ausgewiesenen Tabellenwerte sind amtlich. Siehe Erläuterungen auf der Umschlaginnenseite (U2).

3 671,99* MONAT

Lohn/ Gehalt bis €*	Abzüge an Lohnsteuer, Solidaritätszuschlag (SolZ) und Kirchensteuer (8%, 9%) in den Steuerklassen I – VI					I, II, III, IV																			
			ohne Kinderfreibeträge					mit Zahl der Kinderfreibeträge . . .																	
								0,5			1			1,5			2			2,5			3		
		LSt	SolZ	8%	9%		LSt	SolZ	8%	9%	SolZ	8%	9%	SolZ	8%	9%	SolZ	8%	9%	SolZ	8%	9%	SolZ	8%	9%
3 623,99	I,IV	545,75	—	43,66	49,11	I	545,75	—	34,90	39,26	—	26,61	29,93	—	18,82	21,17	—	11,50	12,94	—	4,72	5,31	—	—	—
	II	440,91	—	35,27	39,68	II	440,91	—	26,97	30,34	—	19,15	21,54	—	11,82	13,29	—	5,—	5,62	—	—	—	—	—	—
	III	259,33	—	20,74	23,33	III	259,33	—	13,86	15,59	—	7,54	8,48	—	2,37	2,66	—	—	—	—	—	—	—	—	—
	V	926,08	—	74,08	83,34	IV	545,75	—	39,22	44,12	—	34,90	39,26	—	30,69	34,52	—	26,61	29,93	—	22,65	25,48	—	18,82	21,17
	VI	962,33	—	76,98	86,60																				
3 626,99	I,IV	546,58	—	43,72	49,19	I	546,58	—	34,96	39,33	—	26,67	30,—	—	18,87	21,23	—	11,55	12,99	—	4,77	5,36	—	—	—
	II	441,66	—	35,33	39,74	II	441,66	—	27,02	30,40	—	19,20	21,60	—	11,86	13,34	—	5,04	5,67	—	—	—	—	—	—
	III	260,—	—	20,80	23,40	III	260,—	—	13,92	15,66	—	7,58	8,53	—	2,40	2,70	—	—	—	—	—	—	—	—	—
	V	927,08	—	74,16	83,43	IV	546,58	—	39,28	44,19	—	34,96	39,33	—	30,75	34,59	—	26,67	30,—	—	22,71	25,55	—	18,87	21,23
	VI	963,33	—	77,06	86,69																				
3 629,99	I,IV	547,41	—	43,79	49,26	I	547,41	—	35,02	39,39	—	26,73	30,07	—	18,92	21,29	—	11,60	13,05	—	4,81	5,41	—	—	—
	II	442,50	—	35,40	39,82	II	442,50	—	27,08	30,47	—	19,26	21,66	—	11,92	13,41	—	5,09	5,72	—	—	—	—	—	—
	III	260,50	—	20,84	23,44	III	260,50	—	13,97	15,71	—	7,62	8,57	—	2,44	2,74	—	—	—	—	—	—	—	—	—
	V	928,16	—	74,25	83,53	IV	547,41	—	39,34	44,26	—	35,02	39,39	—	30,81	34,66	—	26,73	30,07	—	22,76	25,61	—	18,92	21,29
	VI	964,41	—	77,15	86,79																				
3 632,99	I,IV	548,16	—	43,85	49,33	I	548,16	—	35,08	39,46	—	26,78	30,13	—	18,98	21,35	—	11,65	13,10	—	4,86	5,46	—	—	—
	II	443,25	—	35,46	39,89	II	443,25	—	27,14	30,53	—	19,31	21,72	—	11,97	13,46	—	5,14	5,78	—	0,02	0,02	—	—	—
	III	261,16	—	20,89	23,50	III	261,16	—	14,01	15,76	—	7,66	8,62	—	2,46	2,77	—	—	—	—	—	—	—	—	—
	V	929,25	—	74,34	83,63	IV	548,16	—	39,40	44,33	—	35,08	39,46	—	30,87	34,73	—	26,78	30,13	—	22,82	25,67	—	18,98	21,35
	VI	965,50	—	77,24	86,89																				
3 635,99	I,IV	549,—	—	43,92	49,41	I	549,—	—	35,14	39,53	—	26,84	30,20	—	19,03	21,41	—	11,70	13,16	—	4,90	5,51	—	—	—
	II	444,—	—	35,52	39,96	II	444,—	—	27,20	30,60	—	19,36	21,78	—	12,02	13,52	—	5,18	5,82	—	0,05	0,05	—	—	—
	III	261,83	—	20,94	23,56	III	261,83	—	14,06	15,82	—	7,70	8,66	—	2,50	2,81	—	—	—	—	—	—	—	—	—
	V	930,25	—	74,42	83,72	IV	549,—	—	39,46	44,39	—	35,14	39,53	—	30,93	34,79	—	26,84	30,20	—	22,88	25,74	—	19,03	21,41
	VI	966,50	—	77,32	86,98																				
3 638,99	I,IV	549,75	—	43,98	49,47	I	549,75	—	35,20	39,60	—	26,90	30,26	—	19,08	21,47	—	11,75	13,22	—	4,94	5,56	—	—	—
	II	444,75	—	35,58	40,02	II	444,75	—	27,26	30,66	—	19,42	21,84	—	12,07	13,58	—	5,22	5,87	—	0,08	0,09	—	—	—
	III	262,50	—	21,—	23,62	III	262,50	—	14,12	15,88	—	7,74	8,71	—	2,53	2,84	—	—	—	—	—	—	—	—	—
	V	931,25	—	74,50	83,81	IV	549,75	—	39,53	44,47	—	35,20	39,60	—	30,99	34,86	—	26,90	30,26	—	22,93	25,79	—	19,08	21,47
	VI	967,50	—	77,40	87,07																				
3 641,99	I,IV	550,58	—	44,04	49,55	I	550,58	—	35,26	39,66	—	26,96	30,33	—	19,14	21,53	—	11,80	13,28	—	4,99	5,61	—	—	—
	II	445,50	—	35,64	40,09	II	445,50	—	27,32	30,73	—	19,48	21,91	—	12,12	13,63	—	5,27	5,93	—	0,10	0,11	—	—	—
	III	263,—	—	21,04	23,67	III	263,—	—	14,16	15,93	—	7,78	8,75	—	2,57	2,89	—	—	—	—	—	—	—	—	—
	V	932,33	—	74,58	83,90	IV	550,58	—	39,59	44,54	—	35,26	39,66	—	31,04	34,92	—	26,96	30,33	—	22,98	25,85	—	19,14	21,53
	VI	968,58	—	77,48	87,17																				
3 644,99	I,IV	551,41	—	44,11	49,62	I	551,41	—	35,32	39,73	—	27,01	30,38	—	19,19	21,59	—	11,86	13,34	—	5,04	5,67	—	—	—
	II	446,25	—	35,70	40,16	II	446,25	—	27,37	30,79	—	19,53	21,97	—	12,17	13,69	—	5,32	5,98	—	0,13	0,14	—	—	—
	III	263,66	—	21,09	23,72	III	263,66	—	14,21	15,98	—	7,82	8,80	—	2,60	2,92	—	—	—	—	—	—	—	—	—
	V	933,41	—	74,67	84,—	IV	551,41	—	39,66	44,61	—	35,32	39,73	—	31,10	34,99	—	27,01	30,38	—	23,04	25,92	—	19,19	21,59
	VI	969,66	—	77,57	87,26																				
3 647,99	I,IV	552,16	—	44,17	49,69	I	552,16	—	35,38	39,80	—	27,07	30,45	—	19,24	21,65	—	11,90	13,39	—	5,08	5,71	—	—	—
	II	447,—	—	35,76	40,23	II	447,—	—	27,43	30,86	—	19,58	22,03	—	12,22	13,74	—	5,36	6,03	—	0,16	0,18	—	—	—
	III	264,33	—	21,14	23,78	III	264,33	—	14,25	16,03	—	7,86	8,84	—	2,64	2,97	—	—	—	—	—	—	—	—	—
	V	934,41	—	74,75	84,09	IV	552,16	—	39,72	44,68	—	35,38	39,80	—	31,16	35,06	—	27,07	30,45	—	23,10	25,98	—	19,24	21,65
	VI	970,66	—	77,65	87,35																				
3 650,99	I,IV	553,—	—	44,24	49,77	I	553,—	—	35,44	39,87	—	27,13	30,52	—	19,30	21,71	—	11,96	13,45	—	5,12	5,76	—	0,01	0,01
	II	447,75	—	35,82	40,29	II	447,75	—	27,48	30,92	—	19,64	22,09	—	12,27	13,80	—	5,40	6,08	—	0,19	0,21	—	—	—
	III	264,83	—	21,18	23,83	III	264,83	—	14,30	16,09	—	7,90	8,89	—	2,66	2,99	—	—	—	—	—	—	—	—	—
	V	935,41	—	74,83	84,18	IV	553,—	—	39,78	44,75	—	35,44	39,87	—	31,22	35,12	—	27,13	30,52	—	23,15	26,04	—	19,30	21,71
	VI	971,66	—	77,73	87,44																				
3 653,99	I,IV	553,83	—	44,30	49,84	I	553,83	—	35,50	39,94	—	27,18	30,58	—	19,35	21,77	—	12,—	13,50	—	5,17	5,81	—	0,04	0,05
	II	448,58	—	35,88	40,37	II	448,58	—	27,54	30,98	—	19,69	22,15	—	12,32	13,86	—	5,45	6,13	—	0,22	0,24	—	—	—
	III	265,50	—	21,24	23,89	III	265,50	—	14,34	16,13	—	7,94	8,93	—	2,70	3,04	—	—	—	—	—	—	—	—	—
	V	936,50	—	74,92	84,28	IV	553,83	—	39,84	44,82	—	35,50	39,94	—	31,28	35,19	—	27,18	30,58	—	23,21	26,11	—	19,35	21,77
	VI	972,75	—	77,82	87,54																				
3 656,99	I,IV	554,58	—	44,36	49,91	I	554,58	—	35,56	40,01	—	27,24	30,65	—	19,41	21,83	—	12,06	13,56	—	5,21	5,86	—	0,07	0,08
	II	449,33	—	35,94	40,43	II	449,33	—	27,60	31,05	—	19,74	22,21	—	12,37	13,91	—	5,50	6,18	—	0,25	0,28	—	—	—
	III	266,16	—	21,29	23,95	III	266,16	—	14,40	16,20	—	8,—	9,—	—	2,73	3,07	—	—	—	—	—	—	—	—	—
	V	937,58	—	75,—	84,38	IV	554,58	—	39,90	44,89	—	35,56	40,01	—	31,34	35,26	—	27,24	30,65	—	23,26	26,17	—	19,41	21,83
	VI	973,83	—	77,90	87,64																				
3 659,99	I,IV	555,41	—	44,43	49,98	I	555,41	—	35,62	40,07	—	27,30	30,71	—	19,46	21,89	—	12,10	13,61	—	5,26	5,91	—	0,10	0,11
	II	450,08	—	36,—	40,50	II	450,08	—	27,66	31,11	—	19,80	22,27	—	12,42	13,97	—	5,54	6,23	—	0,28	0,31	—	—	—
	III	266,83	—	21,34	24,01	III	266,83	—	14,45	16,25	—	8,04	9,04	—	2,77	3,11	—	—	—	—	—	—	—	—	—
	V	938,58	—	75,08	84,47	IV	555,41	—	39,96	44,96	—	35,62	40,07	—	31,40	35,32	—	27,30	30,71	—	23,32	26,23	—	19,46	21,89
	VI	974,83	—	77,98	87,73																				
3 662,99	I,IV	556,16	—	44,49	50,05	I	556,16	—	35,68	40,14	—	27,36	30,78	—	19,52	21,96	—	12,16	13,68	—	5,30	5,96	—	0,12	0,14
	II	450,83	—	36,06	40,57	II	450,83	—	27,72	31,18	—	19,85	22,33	—	12,47	14,03	—	5,58	6,28	—	0,30	0,34	—	—	—
	III	267,33	—	21,38	24,05	III	267,33	—	14,49	16,30	—	8,08	9,09	—	2,80	3,15	—	—	—	—	—	—	—	—	—
	V	939,58	—	75,16	84,56	IV	556,16	—	40,03	45,03	—	35,68	40,14	—	31,46	35,39	—	27,36	30,78	—	23,38	26,30	—	19,52	21,96
	VI	975,83	—	78,06	87,82																				
3 665,99	I,IV	557,—	—	44,56	50,13	I	557,—	—	35,74	40,21	—	27,42	30,84	—	19,57	22,01	—	12,20	13,73	—	5,35	6,02	—	0,16	0,18
	II	451,58	—	36,12	40,64	II	451,58	—	27,77	31,24	—	19,90	22,39	—	12,52	14,09	—	5,63	6,33	—	0,34	0,38	—	—	—
	III	268,—	—	21,44	24,12	III	268,—	—	14,54	16,36	—	8,12	9,13	—	2,84	3,19	—	—	—	—	—	—	—	—	—
	V	940,66	—	75,25	84,65	IV	557,—	—	40,09	45,10	—	35,74	40,21	—	31,52	35,46	—	27,42	30,84	—	23,43	26,36	—	19,57	22,01
	VI	976,91	—	78,15	87,92																				
3 668,99	I,IV	557,83	—	44,62	50,20	I	557,83	—	35,80	40,28	—	27,47	30,90	—	19,62	22,07	—	12,26	13,79	—	5,39	6,06	—	0,18	0,20
	II	452,33	—	36,18	40,70	II	452,33	—	27,83	31,31	—	19,96	22,46	—	12,58	14,15	—	5,68	6,39	—	0,36	0,41	—	—	—
	III	268,66	—	21,49	24,17	III	268,66	—	14,60	16,42	—	8,16	9,18	—	2,86	3,22	—	—	—	—	—	—	—	—	—
	V	941,75	—	75,34	84,75	IV	557,83	—	40,15	45,17	—	35,80	40,28	—	31,58	35,52	—	27,47	30,90	—	23,48	26,42	—	19,62	22,07
	VI	978,—	—	78,24	88,02																				
3 671,99	I,IV	558,58	—	44,68	50,27	I	558,58	—	35,86	40,34	—	27,53	30,97	—	19,68	22,14	—	12,31	13,85	—	5,44	6,12	—	0,21	0,23
	II	453,08	—	36,24	40,77	II	453,08	—	27,89	31,37	—	20,01	22,51	—	12,62	14,20	—	5,72	6,44	—	0,39	0,44	—	—	—
	III	269,33	—	21,54	24,23	III	269,33	—	14,64	16,47	—	8,20	9,22	—	2,89	3,25	—	—	—	—	—	—	—	—	—
	V	942,75	—	75,42	84,84	IV	558,58	—	40,22	45,24	—	35,86	40,34	—	31,64	35,59	—	27,53	30,97	—	23,54	26,48	—	19,68	22,14
	VI	979,—	—	78,32	88,11																				

* Die ausgewiesenen Tabellenwerte sind amtlich. Siehe Erläuterungen auf der Umschlaginnenseite (U2).

MONAT 3 672,–*

Abzüge an Lohnsteuer, Solidaritätszuschlag (SolZ) und Kirchensteuer (8%, 9%) in den Steuerklassen

I – VI (ohne Kinderfreibeträge) — I, II, III, IV (mit Zahl der Kinderfreibeträge)

Lohn/Gehalt bis €*	Kl.	LSt	SolZ	8%	9%	Kl.	LSt	0,5 SolZ	0,5 8%	0,5 9%	1 SolZ	1 8%	1 9%	1,5 SolZ	1,5 8%	1,5 9%	2 SolZ	2 8%	2 9%	2,5 SolZ	2,5 8%	2,5 9%	3 SolZ	3 8%	3 9%
3 674,99	I,IV	559,41	—	44,75	50,34	I	559,41	—	35,92	40,41	—	27,58	31,03	—	19,73	22,19	—	12,36	13,90	—	5,48	6,17	—	0,24	0,27
	II	453,83	—	36,30	40,84	II	453,83	—	27,94	31,43	—	20,07	22,58	—	12,68	14,26	—	5,77	6,49	—	0,42	0,47	—		
	III	269,83	—	21,58	24,28	III	269,83	—	14,69	16,52	—	8,24	9,27	—	2,93	3,29	—			—			—		
	V	943,75	—	75,50	84,93	IV	559,41	—	40,28	45,31	—	35,92	40,41	—	31,70	35,66	—	27,58	31,03	—	23,60	26,55	—	19,73	22,19
	VI	980,—	—	78,40	88,20																				
3 677,99	I,IV	560,25	—	44,82	50,42	I	560,25	—	35,99	40,49	—	27,64	31,10	—	19,78	22,25	—	12,41	13,96	—	5,53	6,22	—	0,27	0,30
	II	454,66	—	36,37	40,91	II	454,66	—	28,—	31,50	—	20,12	22,64	—	12,72	14,31	—	5,82	6,54	—	0,45	0,50	—		
	III	270,50	—	21,64	24,34	III	270,50	—	14,73	16,57	—	8,29	9,32	—	2,97	3,34	—			—			—		
	V	944,83	—	75,58	85,03	IV	560,25	—	40,34	45,38	—	35,99	40,49	—	31,76	35,73	—	27,64	31,10	—	23,65	26,60	—	19,78	22,25
	VI	981,08	—	78,48	88,29																				
3 680,99	I,IV	561,—	—	44,88	50,49	I	561,—	—	36,05	40,55	—	27,70	31,16	—	19,84	22,32	—	12,46	14,01	—	5,58	6,27	—	0,30	0,33
	II	455,41	—	36,43	40,98	II	455,41	—	28,06	31,57	—	20,18	22,70	—	12,78	14,37	—	5,86	6,59	—	0,48	0,54	—		
	III	271,16	—	21,69	24,40	III	271,16	—	14,78	16,63	—	8,33	9,37	—	3,—	3,37	—			—			—		
	V	945,83	—	75,66	85,12	IV	561,—	—	40,40	45,45	—	36,05	40,55	—	31,82	35,79	—	27,70	31,16	—	23,71	26,67	—	19,84	22,32
	VI	982,16	—	78,57	88,39																				
3 683,99	I,IV	561,83	—	44,94	50,56	I	561,83	—	36,11	40,62	—	27,76	31,23	—	19,89	22,37	—	12,51	14,07	—	5,62	6,32	—	0,32	0,36
	II	456,16	—	36,49	41,05	II	456,16	—	28,12	31,63	—	20,23	22,76	—	12,82	14,42	—	5,91	6,65	—	0,51	0,57	—		
	III	271,83	—	21,74	24,46	III	271,83	—	14,84	16,69	—	8,37	9,41	—	3,04	3,42	—			—			—		
	V	946,91	—	75,75	85,22	IV	561,83	—	40,46	45,52	—	36,11	40,62	—	31,87	35,85	—	27,76	31,23	—	23,76	26,73	—	19,89	22,37
	VI	983,16	—	78,65	88,48																				
3 686,99	I,IV	562,66	—	45,01	50,63	I	562,66	—	36,17	40,69	—	27,82	31,29	—	19,94	22,43	—	12,56	14,13	—	5,66	6,37	—	0,36	0,40
	II	456,91	—	36,55	41,12	II	456,91	—	28,18	31,70	—	20,28	22,82	—	12,88	14,49	—	5,96	6,70	—	0,54	0,61	—		
	III	272,33	—	21,78	24,50	III	272,33	—	14,88	16,74	—	8,41	9,46	—	3,06	3,44	—			—			—		
	V	947,91	—	75,83	85,31	IV	562,66	—	40,53	45,59	—	36,17	40,69	—	31,93	35,92	—	27,82	31,29	—	23,82	26,80	—	19,94	22,43
	VI	984,16	—	78,73	88,57																				
3 689,99	I,IV	563,41	—	45,07	50,70	I	563,41	—	36,23	40,76	—	27,88	31,36	—	20,—	22,50	—	12,61	14,18	—	5,71	6,42	—	0,38	0,43
	II	457,66	—	36,61	41,18	II	457,66	—	28,24	31,77	—	20,34	22,88	—	12,93	14,54	—	6,—	6,75	—	0,57	0,64	—		
	III	273,—	—	21,84	24,57	III	273,—	—	14,93	16,79	—	8,45	9,50	—	3,10	3,49	—			—			—		
	V	949,—	—	75,92	85,41	IV	563,41	—	40,59	45,66	—	36,23	40,76	—	31,99	35,99	—	27,88	31,36	—	23,88	26,86	—	20,—	22,50
	VI	985,25	—	78,82	88,67																				
3 692,99	I,IV	564,25	—	45,14	50,78	I	564,25	—	36,29	40,82	—	27,93	31,42	—	20,06	22,56	—	12,66	14,24	—	5,76	6,48	—	0,42	0,47
	II	458,50	—	36,68	41,26	II	458,50	—	28,29	31,82	—	20,40	22,95	—	12,98	14,60	—	6,05	6,80	—	0,60	0,68	—		
	III	273,66	—	21,89	24,62	III	273,66	—	14,98	16,85	—	8,49	9,55	—	3,13	3,52	—			—			—		
	V	950,—	—	76,—	85,50	IV	564,25	—	40,66	45,74	—	36,29	40,82	—	32,05	36,05	—	27,93	31,42	—	23,93	26,92	—	20,06	22,56
	VI	986,33	—	78,90	88,76																				
3 695,99	I,IV	565,—	—	45,20	50,85	I	565,—	—	36,35	40,89	—	27,99	31,49	—	20,11	22,62	—	12,71	14,30	—	5,80	6,53	—	0,44	0,50
	II	459,25	—	36,74	41,33	II	459,25	—	28,35	31,89	—	20,45	23,—	—	13,03	14,66	—	6,10	6,86	—	0,63	0,71	—		
	III	274,16	—	21,93	24,67	III	274,16	—	15,02	16,90	—	8,53	9,59	—	3,17	3,56	—			—			—		
	V	951,08	—	76,08	85,59	IV	565,—	—	40,72	45,81	—	36,35	40,89	—	32,11	36,12	—	27,99	31,49	—	23,99	26,99	—	20,11	22,62
	VI	987,33	—	78,98	88,85																				
3 698,99	I,IV	565,83	—	45,26	50,92	I	565,83	—	36,41	40,96	—	28,04	31,55	—	20,16	22,68	—	12,76	14,36	—	5,85	6,58	—	0,48	0,54
	II	460,—	—	36,80	41,40	II	460,—	—	28,40	31,95	—	20,50	23,06	—	13,08	14,72	—	6,14	6,91	—	0,66	0,74	—		
	III	274,83	—	21,98	24,73	III	274,83	—	15,08	16,96	—	8,58	9,65	—	3,20	3,60	—			—			—		
	V	952,08	—	76,16	85,68	IV	565,83	—	40,78	45,87	—	36,41	40,96	—	32,17	36,19	—	28,04	31,55	—	24,04	27,05	—	20,16	22,68
	VI	988,33	—	79,06	88,94																				
3 701,99	I,IV	566,66	—	45,33	50,99	I	566,66	—	36,48	41,04	—	28,10	31,61	—	20,22	22,74	—	12,82	14,42	—	5,90	6,63	—	0,50	0,56
	II	460,75	—	36,86	41,46	II	460,75	—	28,46	32,02	—	20,56	23,13	—	13,13	14,77	—	6,19	6,96	—	0,69	0,77	—		
	III	275,50	—	22,04	24,79	III	275,50	—	15,12	17,01	—	8,62	9,70	—	3,24	3,64	—			—			—		
	V	953,16	—	76,25	85,78	IV	566,66	—	40,84	45,95	—	36,48	41,04	—	32,23	36,26	—	28,10	31,61	—	24,10	27,11	—	20,22	22,74
	VI	989,41	—	79,15	89,04																				
3 704,99	I,IV	567,50	—	45,40	51,07	I	567,50	—	36,54	41,10	—	28,16	31,68	—	20,27	22,80	—	12,86	14,47	—	5,94	6,68	—	0,54	0,60
	II	461,50	—	36,92	41,53	II	461,50	—	28,52	32,09	—	20,61	23,18	—	13,18	14,83	—	6,24	7,02	—	0,72	0,81	—		
	III	276,16	—	22,09	24,85	III	276,16	—	15,17	17,06	—	8,66	9,74	—	3,26	3,67	—			—			—		
	V	954,16	—	76,33	85,87	IV	567,50	—	40,90	46,01	—	36,54	41,10	—	32,29	36,32	—	28,16	31,68	—	24,16	27,18	—	20,27	22,80
	VI	990,50	—	79,24	89,14																				
3 707,99	I,IV	568,25	—	45,46	51,14	I	568,25	—	36,60	41,17	—	28,22	31,74	—	20,32	22,86	—	12,92	14,53	—	5,99	6,74	—	0,56	0,63
	II	462,25	—	36,98	41,60	II	462,25	—	28,58	32,15	—	20,66	23,24	—	13,24	14,89	—	6,28	7,07	—	0,76	0,85	—		
	III	276,83	—	22,14	24,91	III	276,83	—	15,22	17,12	—	8,70	9,79	—	3,30	3,71	—			—			—		
	V	955,25	—	76,42	85,97	IV	568,25	—	40,96	46,08	—	36,60	41,17	—	32,35	36,39	—	28,22	31,74	—	24,21	27,23	—	20,32	22,86
	VI	991,50	—	79,32	89,23																				
3 710,99	I,IV	569,08	—	45,52	51,21	I	569,08	—	36,66	41,24	—	28,28	31,81	—	20,38	22,92	—	12,96	14,58	—	6,04	6,79	—	0,60	0,67
	II	463,08	—	37,04	41,67	II	463,08	—	28,64	32,22	—	20,72	23,31	—	13,28	14,94	—	6,34	7,13	—	0,78	0,88	—		
	III	277,33	—	22,18	24,95	III	277,33	—	15,26	17,17	—	8,74	9,83	—	3,34	3,76	—			—			—		
	V	956,25	—	76,50	86,06	IV	569,08	—	41,03	46,16	—	36,66	41,24	—	32,40	36,45	—	28,28	31,81	—	24,27	27,30	—	20,38	22,92
	VI	992,50	—	79,40	89,32																				
3 713,99	I,IV	569,91	—	45,59	51,29	I	569,91	—	36,72	41,31	—	28,34	31,88	—	20,44	22,99	—	13,02	14,64	—	6,08	6,84	—	0,62	0,70
	II	463,83	—	37,10	41,74	II	463,83	—	28,70	32,28	—	20,78	23,37	—	13,34	15,—	—	6,38	7,18	—	0,82	0,92	—		
	III	278,—	—	22,24	25,02	III	278,—	—	15,32	17,23	—	8,80	9,90	—	3,37	3,79	—			—			—		
	V	957,33	—	76,58	86,15	IV	569,91	—	41,10	46,23	—	36,72	41,31	—	32,46	36,52	—	28,34	31,88	—	24,32	27,36	—	20,44	22,99
	VI	993,58	—	79,48	89,42																				
3 716,99	I,IV	570,75	—	45,66	51,36	I	570,75	—	36,78	41,38	—	28,39	31,94	—	20,49	23,05	—	13,07	14,70	—	6,14	6,90	—	0,66	0,74
	II	464,58	—	37,16	41,81	II	464,58	—	28,76	32,35	—	20,83	23,43	—	13,39	15,06	—	6,43	7,23	—	0,85	0,95	—		
	III	278,66	—	22,29	25,07	III	278,66	—	15,36	17,28	—	8,84	9,94	—	3,41	3,83	—			—			—		
	V	958,33	—	76,66	86,24	IV	570,75	—	41,16	46,30	—	36,78	41,38	—	32,52	36,59	—	28,39	31,94	—	24,38	27,43	—	20,49	23,05
	VI	994,66	—	79,57	89,51																				
3 719,99	I,IV	571,50	—	45,72	51,43	I	571,50	—	36,84	41,45	—	28,45	32,—	—	20,54	23,11	—	13,12	14,76	—	6,18	6,95	—	0,68	0,77
	II	465,33	—	37,22	41,87	II	465,33	—	28,81	32,41	—	20,88	23,49	—	13,44	15,12	—	6,48	7,29	—	0,88	0,99	—		
	III	279,16	—	22,33	25,12	III	279,16	—	15,41	17,33	—	8,88	9,99	—	3,44	3,87	—			—			—		
	V	959,41	—	76,75	86,34	IV	571,50	—	41,22	46,37	—	36,84	41,45	—	32,58	36,65	—	28,45	32,—	—	24,44	27,49	—	20,54	23,11
	VI	995,66	—	79,65	89,60																				
3 722,99	I,IV	572,33	—	45,78	51,50	I	572,33	—	36,90	41,51	—	28,51	32,07	—	20,60	23,17	—	13,17	14,81	—	6,23	7,01	—	0,72	0,81
	II	466,08	—	37,28	41,94	II	466,08	—	28,87	32,48	—	20,94	23,55	—	13,49	15,17	—	6,52	7,34	—	0,91	1,02	—		
	III	279,83	—	22,38	25,18	III	279,83	—	15,46	17,39	—	8,92	10,03	—	3,48	3,91	—			—			—		
	V	960,41	—	76,83	86,43	IV	572,33	—	41,28	46,44	—	36,90	41,51	—	32,64	36,72	—	28,51	32,07	—	24,49	27,55	—	20,60	23,17
	VI	996,66	—	79,73	89,69																				

T 60

*Die ausgewiesenen Tabellenwerte sind amtlich. Siehe Erläuterungen auf der Umschlaginnenseite (U2).

3 773,99* — MONAT

Abzüge an Lohnsteuer, Solidaritätszuschlag (SolZ) und Kirchensteuer (8%, 9%) in den Steuerklassen

I – VI ohne Kinderfreibeträge · **I, II, III, IV** mit Zahl der Kinderfreibeträge …

Lohn/Gehalt bis €*	Kl	LSt	SolZ	8%	9%	Kl	LSt	0,5 SolZ	8%	9%	1 SolZ	8%	9%	1,5 SolZ	8%	9%	2 SolZ	8%	9%	2,5 SolZ	8%	9%	3 SolZ	8%	9%
3 725,99	I,IV	573,16	—	45,85	51,58	I	573,16	—	36,96	41,58	—	28,56	32,13	—	20,65	23,23	—	13,22	14,87	—	6,28	7,06	—	0,75	0,84
	II	466,91	—	37,35	42,02	II	466,91	—	28,93	32,54	—	20,99	23,61	—	13,54	15,23	—	6,57	7,39	—	0,94	1,06	—	—	—
	III	280,50	—	22,44	25,24	III	280,50	—	15,50	17,44	—	8,96	10,08	—	3,50	3,94	—	—	—	—	—	—	—	—	—
	V	961,50	—	76,92	86,53	IV	573,16	—	41,34	46,51	—	36,96	41,58	—	32,70	36,79	—	28,56	32,13	—	24,55	27,62	—	20,65	23,23
	VI	997,75	—	79,82	89,79																				
3 728,99	I,IV	573,91	—	45,91	51,65	I	573,91	—	37,02	41,65	—	28,62	32,20	—	20,70	23,29	—	13,27	14,93	—	6,32	7,11	—	0,78	0,87
	II	467,66	—	37,41	42,08	II	467,66	—	28,99	32,61	—	21,05	23,68	—	13,59	15,29	—	6,62	7,45	—	0,98	1,10	—	—	—
	III	281,16	—	22,49	25,30	III	281,16	—	15,56	17,50	—	9,01	10,13	—	3,54	3,98	—	—	—	—	—	—	—	—	—
	V	962,50	—	77,—	86,62	IV	573,91	—	41,41	46,58	—	37,02	41,65	—	32,76	36,86	—	28,62	32,20	—	24,60	27,68	—	20,70	23,29
	VI	998,83	—	79,90	89,89																				
3 731,99	I,IV	574,75	—	45,98	51,72	I	574,75	—	37,08	41,72	—	28,68	32,27	—	20,76	23,35	—	13,32	14,99	—	6,37	7,16	—	0,81	0,91
	II	468,41	—	37,47	42,15	II	468,41	—	29,04	32,67	—	21,10	23,74	—	13,64	15,35	—	6,67	7,50	—	1,—	1,13	—	—	—
	III	281,83	—	22,54	25,36	III	281,83	—	15,60	17,55	—	9,05	10,18	—	3,58	4,03	—	—	—	—	—	—	—	—	—
	V	963,58	—	77,08	86,72	IV	574,75	—	41,47	46,65	—	37,08	41,72	—	32,82	36,92	—	28,68	32,27	—	24,66	27,74	—	20,76	23,35
	VI	999,83	—	79,98	89,98																				
3 734,99	I,IV	575,58	—	46,04	51,80	I	575,58	—	37,15	41,79	—	28,74	32,33	—	20,82	23,42	—	13,38	15,05	—	6,42	7,22	—	0,84	0,94
	II	469,16	—	37,53	42,22	II	469,16	—	29,10	32,74	—	21,16	23,80	—	13,70	15,41	—	6,72	7,56	—	1,04	1,17	—	—	—
	III	282,33	—	22,58	25,40	III	282,33	—	15,65	17,60	—	9,09	10,22	—	3,61	4,06	—	—	—	—	—	—	—	—	—
	V	964,58	—	77,16	86,81	IV	575,58	—	41,54	46,73	—	37,15	41,79	—	32,88	36,99	—	28,74	32,33	—	24,72	27,81	—	20,82	23,42
	VI	1 000,83	—	80,06	90,07																				
3 737,99	I,IV	576,33	—	46,10	51,86	I	576,33	—	37,21	41,86	—	28,80	32,40	—	20,87	23,48	—	13,42	15,10	—	6,46	7,27	—	0,87	0,98
	II	470,—	—	37,60	42,30	II	470,—	—	29,16	32,81	—	21,21	23,86	—	13,74	15,46	—	6,76	7,61	—	1,07	1,20	—	—	—
	III	283,—	—	22,64	25,47	III	283,—	—	15,70	17,66	—	9,13	10,27	—	3,65	4,10	—	—	—	—	—	—	—	—	—
	V	965,66	—	77,25	86,90	IV	576,33	—	41,60	46,80	—	37,21	41,86	—	32,94	37,06	—	28,80	32,40	—	24,77	27,86	—	20,87	23,48
	VI	1 001,91	—	80,15	90,17																				
3 740,99	I,IV	577,16	—	46,17	51,94	I	577,16	—	37,27	41,93	—	28,86	32,46	—	20,92	23,54	—	13,48	15,16	—	6,52	7,33	—	0,90	1,01
	II	470,75	—	37,66	42,36	II	470,75	—	29,22	32,87	—	21,26	23,92	—	13,80	15,52	—	6,81	7,66	—	1,10	1,24	—	—	—
	III	283,66	—	22,69	25,52	III	283,66	—	15,74	17,71	—	9,18	10,33	—	3,68	4,14	—	—	—	—	—	—	—	—	—
	V	966,66	—	77,33	86,99	IV	577,16	—	41,66	46,87	—	37,27	41,93	—	33,—	37,13	—	28,86	32,46	—	24,83	27,93	—	20,92	23,54
	VI	1 003,—	—	80,24	90,27																				
3 743,99	I,IV	578,—	—	46,24	52,02	I	578,—	—	37,33	41,99	—	28,91	32,52	—	20,98	23,60	—	13,53	15,22	—	6,56	7,38	—	0,93	1,04
	II	471,50	—	37,72	42,43	II	471,50	—	29,28	32,94	—	21,32	23,98	—	13,85	15,58	—	6,86	7,71	—	1,13	1,27	—	—	—
	III	284,16	—	22,73	25,57	III	284,16	—	15,80	17,77	—	9,22	10,37	—	3,72	4,18	—	—	—	—	—	—	—	—	—
	V	967,75	—	77,42	87,09	IV	578,—	—	41,72	46,94	—	37,33	41,99	—	33,06	37,19	—	28,91	32,52	—	24,88	27,99	—	20,98	23,60
	VI	1 004,—	—	80,32	90,36																				
3 746,99	I,IV	578,83	—	46,30	52,09	I	578,83	—	37,40	42,07	—	28,97	32,59	—	21,03	23,66	—	13,58	15,27	—	6,61	7,43	—	0,96	1,08
	II	472,25	—	37,78	42,50	II	472,25	—	29,34	33,—	—	21,38	24,05	—	13,90	15,63	—	6,91	7,77	—	1,16	1,31	—	—	—
	III	284,83	—	22,78	25,63	III	284,83	—	15,85	17,83	—	9,26	10,42	—	3,76	4,23	—	—	—	—	—	—	—	—	—
	V	968,75	—	77,50	87,18	IV	578,83	—	41,78	47,—	—	37,40	42,07	—	33,12	37,26	—	28,97	32,59	—	24,94	28,06	—	21,03	23,66
	VI	1 005,—	—	80,40	90,45																				
3 749,99	I,IV	579,58	—	46,36	52,16	I	579,58	—	37,46	42,14	—	29,03	32,66	—	21,09	23,72	—	13,63	15,33	—	6,66	7,49	—	1,—	1,12
	II	473,08	—	37,84	42,57	II	473,08	—	29,39	33,06	—	21,43	24,11	—	13,95	15,69	—	6,96	7,83	—	1,20	1,35	—	—	—
	III	285,50	—	22,84	25,69	III	285,50	—	15,89	17,87	—	9,30	10,46	—	3,78	4,25	—	—	—	—	—	—	—	—	—
	V	969,83	—	77,58	87,28	IV	579,58	—	41,85	47,08	—	37,46	42,14	—	33,18	37,33	—	29,03	32,66	—	25,—	28,12	—	21,09	23,72
	VI	1 006,08	—	80,48	90,54																				
3 752,99	I,IV	580,41	—	46,43	52,23	I	580,41	—	37,52	42,21	—	29,09	32,72	—	21,14	23,78	—	13,68	15,39	—	6,70	7,54	—	1,03	1,16
	II	473,83	—	37,90	42,64	II	473,83	—	29,45	33,13	—	21,48	24,17	—	14,—	15,75	—	7,—	7,88	—	1,23	1,38	—	—	—
	III	286,16	—	22,89	25,75	III	286,16	—	15,94	17,93	—	9,36	10,53	—	3,82	4,30	—	—	—	—	—	—	—	—	—
	V	970,83	—	77,66	87,37	IV	580,41	—	41,92	47,16	—	37,52	42,21	—	33,24	37,40	—	29,09	32,72	—	25,06	28,19	—	21,14	23,78
	VI	1 007,08	—	80,56	90,63																				
3 755,99	I,IV	581,25	—	46,50	52,31	I	581,25	—	37,58	42,27	—	29,14	32,78	—	21,20	23,85	—	13,73	15,44	—	6,75	7,59	—	1,06	1,19
	II	474,58	—	37,96	42,71	II	474,58	—	29,51	33,20	—	21,54	24,23	—	14,05	15,80	—	7,05	7,93	—	1,26	1,42	—	—	—
	III	286,83	—	22,94	25,81	III	286,83	—	16,—	18,—	—	9,40	10,57	—	3,85	4,33	—	—	—	—	—	—	—	—	—
	V	971,91	—	77,75	87,47	IV	581,25	—	41,98	47,22	—	37,58	42,27	—	33,30	37,46	—	29,14	32,78	—	25,11	28,25	—	21,20	23,85
	VI	1 008,16	—	80,65	90,73																				
3 758,99	I,IV	582,—	—	46,56	52,38	I	582,—	—	37,64	42,34	—	29,20	32,85	—	21,25	23,90	—	13,78	15,50	—	6,80	7,65	—	1,09	1,22
	II	475,33	—	38,02	42,77	II	475,33	—	29,57	33,26	—	21,60	24,30	—	14,10	15,86	—	7,10	7,98	—	1,30	1,46	—	—	—
	III	287,33	—	22,98	25,85	III	287,33	—	16,04	18,04	—	9,44	10,62	—	3,89	4,37	—	—	—	—	—	—	—	—	—
	V	972,91	—	77,83	87,56	IV	582,—	—	42,04	47,29	—	37,64	42,34	—	33,36	37,53	—	29,20	32,85	—	25,17	28,31	—	21,25	23,90
	VI	1 009,16	—	80,73	90,82																				
3 761,99	I,IV	582,83	—	46,62	52,45	I	582,83	—	37,70	42,41	—	29,26	32,92	—	21,30	23,96	—	13,84	15,57	—	6,85	7,70	—	1,12	1,26
	II	476,16	—	38,09	42,85	II	476,16	—	29,62	33,32	—	21,65	24,35	—	14,16	15,93	—	7,15	8,04	—	1,33	1,49	—	—	—
	III	288,—	—	23,04	25,92	III	288,—	—	16,09	18,10	—	9,48	10,66	—	3,93	4,42	—	—	—	—	—	—	—	—	—
	V	974,—	—	77,92	87,66	IV	582,83	—	42,10	47,36	—	37,70	42,41	—	33,42	37,60	—	29,26	32,92	—	25,22	28,37	—	21,30	23,96
	VI	1 010,25	—	80,82	90,92																				
3 764,99	I,IV	583,66	—	46,69	52,52	I	583,66	—	37,76	42,48	—	29,32	32,99	—	21,36	24,03	—	13,89	15,62	—	6,90	7,76	—	1,16	1,30
	II	476,91	—	38,15	42,92	II	476,91	—	29,68	33,39	—	21,70	24,41	—	14,21	15,98	—	7,20	8,10	—	1,36	1,53	—	—	—
	III	288,66	—	23,09	25,97	III	288,66	—	16,14	18,16	—	9,53	10,72	—	3,96	4,45	—	—	—	—	—	—	—	—	—
	V	975,—	—	78,—	87,75	IV	583,66	—	42,17	47,44	—	37,76	42,48	—	33,48	37,67	—	29,32	32,99	—	25,28	28,44	—	21,36	24,03
	VI	1 011,25	—	80,90	91,01																				
3 767,99	I,IV	584,50	—	46,76	52,60	I	584,50	—	37,82	42,55	—	29,38	33,05	—	21,42	24,09	—	13,94	15,68	—	6,94	7,81	—	1,19	1,34
	II	477,66	—	38,21	42,98	II	477,66	—	29,74	33,46	—	21,76	24,48	—	14,26	16,04	—	7,24	8,15	—	1,40	1,57	—	—	—
	III	289,33	—	23,14	26,03	III	289,33	—	16,18	18,20	—	9,57	10,76	—	4,—	4,50	—	—	—	—	—	—	—	—	—
	V	976,08	—	78,08	87,84	IV	584,50	—	42,23	47,51	—	37,82	42,55	—	33,54	37,73	—	29,38	33,05	—	25,34	28,50	—	21,42	24,09
	VI	1 012,33	—	80,98	91,10																				
3 770,99	I,IV	585,33	—	46,82	52,67	I	585,33	—	37,88	42,62	—	29,44	33,12	—	21,47	24,15	—	13,99	15,74	—	6,99	7,86	—	1,22	1,37
	II	478,41	—	38,27	43,05	II	478,41	—	29,80	33,53	—	21,81	24,53	—	14,31	16,10	—	7,29	8,20	—	1,43	1,61	—	—	—
	III	289,83	—	23,18	26,08	III	289,83	—	16,24	18,27	—	9,61	10,81	—	4,04	4,54	—	—	—	—	—	—	—	—	—
	V	977,08	—	78,16	87,93	IV	585,33	—	42,29	47,57	—	37,88	42,62	—	33,60	37,80	—	29,44	33,12	—	25,39	28,56	—	21,47	24,15
	VI	1 013,33	—	81,06	91,19																				
3 773,99	I,IV	586,08	—	46,88	52,74	I	586,08	—	37,95	42,69	—	29,50	33,18	—	21,52	24,21	—	14,04	15,80	—	7,04	7,92	—	1,26	1,41
	II	479,25	—	38,34	43,13	II	479,25	—	29,86	33,59	—	21,87	24,60	—	14,36	16,16	—	7,34	8,25	—	1,46	1,64	—	—	—
	III	290,50	—	23,24	26,14	III	290,50	—	16,28	18,31	—	9,65	10,85	—	4,06	4,57	—	—	—	—	—	—	—	—	—
	V	978,16	—	78,25	88,03	IV	586,08	—	42,36	47,65	—	37,95	42,69	—	33,66	37,87	—	29,50	33,18	—	25,45	28,63	—	21,52	24,21
	VI	1 014,41	—	81,15	91,29																				

* Die ausgewiesenen Tabellenwerte sind amtlich. Siehe Erläuterungen auf der Umschlaginnenseite (U2).

MONAT 3 774,–*

Abzüge an Lohnsteuer, Solidaritätszuschlag (SolZ) und Kirchensteuer (8%, 9%) in den Steuerklassen

Lohn/ Gehalt bis €*	I – VI	LSt	ohne Kinderfreibeträge SolZ	8%	9%	I, II, III, IV	LSt	mit Zahl der Kinderfreibeträge . . . 0,5 SolZ	0,5 8%	0,5 9%	1 SolZ	1 8%	1 9%	1,5 SolZ	1,5 8%	1,5 9%	2 SolZ	2 8%	2 9%	2,5 SolZ	2,5 8%	2,5 9%	3 SolZ	3 8%	3 9%
3 776,99	I,IV	586,91	—	46,95	52,82	I	586,91	—	38,01	42,76	—	29,56	33,25	—	21,58	24,28	—	14,09	15,85	—	7,09	7,97	—	1,29	1,45
	II	480,—	—	38,40	43,20	II	480,—	—	29,92	33,66	—	21,92	24,66	—	14,42	16,22	—	7,39	8,31	—	1,50	1,68	—	—	—
	III	291,16	—	23,29	26,20	III	291,16	—	16,33	18,37	—	9,70	10,91	—	4,10	4,61	—	—	—	—	—	—	—	—	—
	V	979,16	—	78,33	88,12	IV	586,91	—	42,42	47,72	—	38,01	42,76	—	33,72	37,94	—	29,56	33,25	—	25,51	28,70	—	21,58	24,28
	VI	1 015,41	—	81,23	91,38																				
3 779,99	I,IV	587,75	—	47,02	52,89	I	587,75	—	38,07	42,83	—	29,61	33,31	—	21,64	24,34	—	14,14	15,91	—	7,14	8,03	—	1,32	1,49
	II	480,75	—	38,46	43,26	II	480,75	—	29,98	33,72	—	21,98	24,72	—	14,46	16,27	—	7,44	8,37	—	1,53	1,72	—	—	—
	III	291,83	—	23,34	26,26	III	291,83	—	16,38	18,43	—	9,74	10,96	—	4,14	4,66	—	—	—	—	—	—	—	—	—
	V	980,25	—	78,42	88,22	IV	587,75	—	42,48	47,79	—	38,07	42,83	—	33,78	38,—	—	29,61	33,31	—	25,56	28,76	—	21,64	24,34
	VI	1 016,50	—	81,32	91,48																				
3 782,99	I,IV	588,58	—	47,08	52,97	I	588,58	—	38,13	42,89	—	29,67	33,38	—	21,69	24,40	—	14,20	15,97	—	7,18	8,08	—	1,36	1,53
	II	481,50	—	38,52	43,33	II	481,50	—	30,04	33,79	—	22,03	24,78	—	14,52	16,33	—	7,48	8,42	—	1,56	1,76	—	—	—
	III	292,50	—	23,40	26,32	III	292,50	—	16,42	18,47	—	9,78	11,—	—	4,17	4,69	—	—	—	—	—	—	—	—	—
	V	981,25	—	78,50	88,31	IV	588,58	—	42,54	47,86	—	38,13	42,89	—	33,84	38,07	—	29,67	33,38	—	25,62	28,82	—	21,69	24,40
	VI	1 017,50	—	81,40	91,57																				
3 785,99	I,IV	589,33	—	47,14	53,03	I	589,33	—	38,20	42,97	—	29,73	33,44	—	21,74	24,46	—	14,24	16,02	—	7,23	8,13	—	1,39	1,56
	II	482,33	—	38,58	43,40	II	482,33	—	30,09	33,85	—	22,09	24,85	—	14,57	16,39	—	7,53	8,47	—	1,60	1,80	—	—	—
	III	293,—	—	23,44	26,37	III	293,—	—	16,48	18,54	—	9,84	11,07	—	4,21	4,73	—	—	—	—	—	—	—	—	—
	V	982,33	—	78,58	88,40	IV	589,33	—	42,61	47,93	—	38,20	42,97	—	33,90	38,14	—	29,73	33,44	—	25,68	28,89	—	21,74	24,46
	VI	1 018,58	—	81,48	91,67																				
3 788,99	I,IV	590,16	—	47,21	53,11	I	590,16	—	38,26	43,04	—	29,79	33,51	—	21,80	24,53	—	14,30	16,08	—	7,28	8,19	—	1,42	1,60
	II	483,08	—	38,64	43,47	II	483,08	—	30,15	33,92	—	22,14	24,91	—	14,62	16,45	—	7,58	8,53	—	1,63	1,83	—	—	—
	III	293,66	—	23,49	26,42	III	293,66	—	16,53	18,59	—	9,88	11,11	—	4,25	4,78	—	—	—	—	—	—	—	—	—
	V	983,33	—	78,66	88,49	IV	590,16	—	42,68	48,01	—	38,26	43,04	—	33,96	38,21	—	29,79	33,51	—	25,73	28,94	—	21,80	24,53
	VI	1 019,58	—	81,56	91,76																				
3 791,99	I,IV	591,—	—	47,28	53,19	I	591,—	—	38,32	43,11	—	29,84	33,57	—	21,86	24,59	—	14,35	16,14	—	7,33	8,24	—	1,45	1,63
	II	483,83	—	38,70	43,54	II	483,83	—	30,21	33,98	—	22,20	24,97	—	14,67	16,50	—	7,63	8,58	—	1,66	1,87	—	—	—
	III	294,33	—	23,54	26,48	III	294,33	—	16,57	18,64	—	9,92	11,16	—	4,28	4,81	—	—	—	—	—	—	—	—	—
	V	984,33	—	78,74	88,58	IV	591,—	—	42,74	48,08	—	38,32	43,11	—	34,02	38,27	—	29,84	33,57	—	25,79	29,01	—	21,86	24,59
	VI	1 020,66	—	81,65	91,85																				
3 794,99	I,IV	591,83	—	47,34	53,26	I	591,83	—	38,38	43,18	—	29,90	33,64	—	21,91	24,65	—	14,40	16,20	—	7,38	8,30	—	1,49	1,67
	II	484,66	—	38,77	43,61	II	484,66	—	30,27	34,05	—	22,26	25,04	—	14,72	16,56	—	7,68	8,64	—	1,70	1,91	—	—	—
	III	294,83	—	23,58	26,53	III	294,83	—	16,62	18,70	—	9,97	11,21	—	4,32	4,86	—	—	—	—	—	—	—	—	—
	V	985,41	—	78,83	88,68	IV	591,83	—	42,80	48,15	—	38,38	43,18	—	34,08	38,34	—	29,90	33,64	—	25,84	29,07	—	21,91	24,65
	VI	1 021,66	—	81,73	91,94																				
3 797,99	I,IV	592,66	—	47,41	53,33	I	592,66	—	38,44	43,25	—	29,96	33,71	—	21,96	24,71	—	14,45	16,25	—	7,42	8,35	—	1,52	1,71
	II	485,41	—	38,83	43,68	II	485,41	—	30,33	34,12	—	22,31	25,10	—	14,78	16,62	—	7,72	8,69	—	1,74	1,95	—	—	—
	III	295,50	—	23,64	26,59	III	295,50	—	16,66	18,74	—	10,01	11,26	—	4,36	4,90	—	—	—	—	—	—	—	—	—
	V	986,50	—	78,92	88,78	IV	592,66	—	42,86	48,22	—	38,44	43,25	—	34,14	38,41	—	29,96	33,71	—	25,90	29,14	—	21,96	24,71
	VI	1 022,75	—	81,82	92,04																				
3 800,99	I,IV	593,41	—	47,47	53,40	I	593,41	—	38,50	43,31	—	30,02	33,77	—	22,02	24,77	—	14,50	16,31	—	7,47	8,40	—	1,56	1,75
	II	486,16	—	38,89	43,75	II	486,16	—	30,38	34,18	—	22,36	25,16	—	14,83	16,68	—	7,78	8,75	—	1,77	1,99	—	—	—
	III	296,16	—	23,69	26,65	III	296,16	—	16,72	18,81	—	10,05	11,30	—	4,38	4,93	—	—	—	—	—	—	—	—	—
	V	987,50	—	79,—	88,87	IV	593,41	—	42,93	48,29	—	38,50	43,31	—	34,20	38,48	—	30,02	33,77	—	25,96	29,20	—	22,02	24,77
	VI	1 023,75	—	81,90	92,13																				
3 803,99	I,IV	594,25	—	47,54	53,48	I	594,25	—	38,56	43,38	—	30,08	33,84	—	22,08	24,84	—	14,56	16,38	—	7,52	8,46	—	1,59	1,79
	II	486,91	—	38,95	43,82	II	486,91	—	30,44	34,25	—	22,42	25,22	—	14,88	16,74	—	7,82	8,80	—	1,80	2,03	—	—	—
	III	296,83	—	23,74	26,71	III	296,83	—	16,77	18,86	—	10,10	11,36	—	4,42	4,97	—	—	—	—	—	—	—	—	—
	V	988,50	—	79,08	88,96	IV	594,25	—	42,99	48,36	—	38,56	43,38	—	34,26	38,54	—	30,08	33,84	—	26,02	29,27	—	22,08	24,84
	VI	1 024,83	—	81,98	92,23																				
3 806,99	I,IV	595,08	—	47,60	53,55	I	595,08	—	38,63	43,46	—	30,14	33,90	—	22,13	24,89	—	14,60	16,43	—	7,57	8,51	—	1,62	1,82
	II	487,75	—	39,02	43,89	II	487,75	—	30,50	34,31	—	22,48	25,29	—	14,93	16,79	—	7,87	8,85	—	1,84	2,07	—	—	—
	III	297,50	—	23,80	26,77	III	297,50	—	16,81	18,91	—	10,14	11,41	—	4,46	5,02	—	—	—	—	—	—	—	—	—
	V	989,58	—	79,16	89,06	IV	595,08	—	43,06	48,44	—	38,63	43,46	—	34,32	38,61	—	30,14	33,90	—	26,07	29,33	—	22,13	24,89
	VI	1 025,83	—	82,06	92,32																				
3 809,99	I,IV	595,91	—	47,67	53,63	I	595,91	—	38,69	43,52	—	30,20	33,97	—	22,18	24,95	—	14,66	16,49	—	7,62	8,57	—	1,66	1,86
	II	488,50	—	39,08	43,96	II	488,50	—	30,56	34,38	—	22,53	25,34	—	14,98	16,85	—	7,92	8,91	—	1,87	2,10	—	—	—
	III	298,16	—	23,85	26,83	III	298,16	—	16,86	18,97	—	10,18	11,45	—	4,50	5,06	—	—	—	—	—	—	—	—	—
	V	990,66	—	79,25	89,15	IV	595,91	—	43,12	48,51	—	38,69	43,52	—	34,38	38,68	—	30,20	33,97	—	26,13	29,39	—	22,18	24,95
	VI	1 026,91	—	82,15	92,42																				
3 812,99	I,IV	596,75	—	47,74	53,70	I	596,75	—	38,75	43,59	—	30,26	34,04	—	22,24	25,02	—	14,71	16,55	—	7,66	8,62	—	1,69	1,90
	II	489,33	—	39,14	44,03	II	489,33	—	30,62	34,45	—	22,58	25,40	—	15,04	16,92	—	7,97	8,96	—	1,91	2,15	—	—	—
	III	298,66	—	23,89	26,87	III	298,66	—	16,92	19,03	—	10,24	11,52	—	4,53	5,09	—	0,02	0,02	—	—	—	—	—	—
	V	991,66	—	79,33	89,24	IV	596,75	—	43,18	48,58	—	38,75	43,59	—	34,44	38,75	—	30,26	34,04	—	26,19	29,46	—	22,24	25,02
	VI	1 027,91	—	82,23	92,51																				
3 815,99	I,IV	597,50	—	47,80	53,77	I	597,50	—	38,81	43,66	—	30,31	34,10	—	22,30	25,08	—	14,76	16,61	—	7,71	8,67	—	1,72	1,94
	II	490,08	—	39,20	44,10	II	490,08	—	30,68	34,51	—	22,64	25,47	—	15,08	16,97	—	8,02	9,02	—	1,94	2,18	—	—	—
	III	299,33	—	23,94	26,93	III	299,33	—	16,96	19,08	—	10,28	11,56	—	4,57	5,14	—	0,05	0,05	—	—	—	—	—	—
	V	992,66	—	79,41	89,33	IV	597,50	—	43,24	48,65	—	38,81	43,66	—	34,50	38,81	—	30,31	34,10	—	26,24	29,52	—	22,30	25,08
	VI	1 029,—	—	82,32	92,61																				
3 818,99	I,IV	598,33	—	47,86	53,84	I	598,33	—	38,88	43,74	—	30,37	34,16	—	22,35	25,14	—	14,82	16,67	—	7,76	8,73	—	1,76	1,98
	II	490,83	—	39,26	44,17	II	490,83	—	30,74	34,58	—	22,70	25,53	—	15,14	17,03	—	8,06	9,07	—	1,98	2,22	—	—	—
	III	300,—	—	24,—	27,—	III	300,—	—	17,01	19,13	—	10,32	11,61	—	4,61	5,18	—	0,08	0,09	—	—	—	—	—	—
	V	993,75	—	79,50	89,43	IV	598,33	—	43,31	48,72	—	38,88	43,74	—	34,56	38,88	—	30,37	34,16	—	26,30	29,58	—	22,35	25,14
	VI	1 030,—	—	82,40	92,70																				
3 821,99	I,IV	599,16	—	47,93	53,92	I	599,16	—	38,94	43,80	—	30,43	34,23	—	22,40	25,20	—	14,86	16,72	—	7,81	8,78	—	1,80	2,02
	II	491,66	—	39,33	44,24	II	491,66	—	30,80	34,65	—	22,75	25,59	—	15,19	17,09	—	8,11	9,12	—	2,01	2,26	—	—	—
	III	300,66	—	24,05	27,05	III	300,66	—	17,06	19,19	—	10,37	11,66	—	4,64	5,22	—	0,10	0,11	—	—	—	—	—	—
	V	994,83	—	79,58	89,53	IV	599,16	—	43,38	48,80	—	38,94	43,80	—	34,62	38,95	—	30,43	34,23	—	26,36	29,65	—	22,40	25,20
	VI	1 031,08	—	82,48	92,79																				
3 824,99	I,IV	600,—	—	48,—	54,—	I	600,—	—	39,—	43,88	—	30,49	34,30	—	22,46	25,27	—	14,92	16,78	—	7,86	8,84	—	1,83	2,06
	II	492,41	—	39,39	44,31	II	492,41	—	30,86	34,71	—	22,81	25,66	—	15,24	17,15	—	8,16	9,18	—	2,05	2,30	—	—	—
	III	301,16	—	24,09	27,10	III	301,16	—	17,10	19,24	—	10,41	11,71	—	4,68	5,26	—	0,13	0,14	—	—	—	—	—	—
	V	995,83	—	79,66	89,62	IV	600,—	—	43,44	48,87	—	39,—	43,88	—	34,68	39,02	—	30,49	34,30	—	26,42	29,72	—	22,46	25,27
	VI	1 032,08	—	82,56	92,88																				

* Die ausgewiesenen Tabellenwerte sind amtlich. Siehe Erläuterungen auf der Umschlaginnenseite (U2).

3 875,99* MONAT

Lohn/ Gehalt bis €*	Abzüge an Lohnsteuer, Solidaritätszuschlag (SolZ) und Kirchensteuer (8%, 9%) in den Steuerklassen I – VI						I, II, III, IV		mit Zahl der Kinderfreibeträge ... 0,5			1			1,5			2			2,5			3		
		LSt	ohne Kinderfreibeträge SolZ	8%	9%		LSt	SolZ	8%	9%	SolZ	8%	9%	SolZ	8%	9%	SolZ	8%	9%	SolZ	8%	9%	SolZ	8%	9%
3 827,99	I,IV	600,83	—	48,06	54,07	I	600,83	—	39,06	43,94	—	30,54	34,36	—	22,52	25,33	—	14,97	16,84	—	7,90	8,89	—	1,86	2,09
	II	493,16	—	39,45	44,38	II	493,16	—	30,92	34,78	—	22,86	25,72	—	15,29	17,20	—	8,21	9,23	—	2,08	2,34	—	—	—
	III	301,83	—	24,14	27,16	III	301,83	—	17,16	19,30	—	10,45	11,75	—	4,72	5,31	—	0,16	0,18	—	—	—	—	—	—
	V	996,83	—	79,74	89,71	IV	600,83	—	43,50	48,94	—	39,06	43,94	—	34,74	39,08	—	30,54	34,36	—	26,47	29,78	—	22,52	25,33
	VI	1 033,16	—	82,65	92,98																				
3 830,99	I,IV	601,66	—	48,13	54,14	I	601,66	—	39,12	44,01	—	30,60	34,43	—	22,57	25,39	—	15,02	16,90	—	7,96	8,95	—	1,90	2,13
	II	493,91	—	39,51	44,45	II	493,91	—	30,97	34,84	—	22,92	25,78	—	15,34	17,26	—	8,26	9,29	—	2,12	2,38	—	—	—
	III	302,50	—	24,20	27,22	III	302,50	—	17,21	19,36	—	10,50	11,81	—	4,76	5,35	—	0,18	0,20	—	—	—	—	—	—
	V	997,91	—	79,83	89,81	IV	601,66	—	43,56	49,01	—	39,12	44,01	—	34,80	39,15	—	30,60	34,43	—	26,53	29,84	—	22,57	25,39
	VI	1 034,16	—	82,73	93,07																				
3 833,99	I,IV	602,41	—	48,19	54,21	I	602,41	—	39,19	44,09	—	30,66	34,49	—	22,63	25,46	—	15,07	16,95	—	8,—	9,—	—	1,94	2,18
	II	494,75	—	39,58	44,52	II	494,75	—	31,03	34,91	—	22,97	25,84	—	15,40	17,32	—	8,30	9,34	—	2,16	2,43	—	—	—
	III	303,16	—	24,25	27,28	III	303,16	—	17,25	19,40	—	10,54	11,86	—	4,78	5,38	—	0,21	0,23	—	—	—	—	—	—
	V	999,—	—	79,92	89,91	IV	602,41	—	43,63	49,08	—	39,19	44,09	—	34,86	39,22	—	30,66	34,49	—	26,58	29,90	—	22,63	25,46
	VI	1 035,25	—	82,82	93,17																				
3 836,99	I,IV	603,25	—	48,26	54,29	I	603,25	—	39,25	44,15	—	30,72	34,56	—	22,68	25,52	—	15,12	17,01	—	8,05	9,05	—	1,97	2,21
	II	495,50	—	39,64	44,59	II	495,50	—	31,09	34,97	—	23,03	25,91	—	15,45	17,38	—	8,36	9,40	—	2,19	2,46	—	—	—
	III	303,83	—	24,30	27,34	III	303,83	—	17,30	19,46	—	10,60	11,92	—	4,82	5,42	—	0,25	0,28	—	—	—	—	—	—
	V	1 000,—	—	80,—	90,—	IV	603,25	—	43,70	49,16	—	39,25	44,15	—	34,92	39,29	—	30,72	34,56	—	26,64	29,97	—	22,68	25,52
	VI	1 036,25	—	82,90	93,26																				
3 839,99	I,IV	604,08	—	48,32	54,36	I	604,08	—	39,31	44,22	—	30,78	34,63	—	22,74	25,58	—	15,18	17,07	—	8,10	9,11	—	2,—	2,25
	II	496,25	—	39,70	44,66	II	496,25	—	31,15	35,04	—	23,08	25,97	—	15,50	17,44	—	8,40	9,45	—	2,23	2,51	—	—	—
	III	304,33	—	24,34	27,38	III	304,33	—	17,34	19,51	—	10,64	11,97	—	4,86	5,47	—	0,28	0,31	—	—	—	—	—	—
	V	1 001,—	—	80,08	90,09	IV	604,08	—	43,76	49,23	—	39,31	44,22	—	34,98	39,35	—	30,78	34,63	—	26,70	30,03	—	22,74	25,58
	VI	1 037,33	—	82,98	93,35																				
3 842,99	I,IV	604,91	—	48,39	54,44	I	604,91	—	39,37	44,29	—	30,84	34,70	—	22,79	25,64	—	15,23	17,13	—	8,15	9,17	—	2,04	2,29
	II	497,08	—	39,76	44,73	II	497,08	—	31,21	35,11	—	23,14	26,03	—	15,55	17,49	—	8,45	9,50	—	2,26	2,54	—	—	—
	III	305,—	—	24,40	27,45	III	305,—	—	17,40	19,57	—	10,68	12,01	—	4,90	5,51	—	0,30	0,34	—	—	—	—	—	—
	V	1 002,08	—	80,16	90,18	IV	604,91	—	43,82	49,30	—	39,37	44,29	—	35,04	39,42	—	30,84	34,70	—	26,76	30,10	—	22,79	25,64
	VI	1 038,33	—	83,06	93,44																				
3 845,99	I,IV	605,75	—	48,46	54,51	I	605,75	—	39,44	44,37	—	30,90	34,76	—	22,85	25,70	—	15,28	17,19	—	8,20	9,22	—	2,08	2,34
	II	497,83	—	39,82	44,80	II	497,83	—	31,27	35,18	—	23,20	26,10	—	15,60	17,55	—	8,50	9,56	—	2,30	2,58	—	—	—
	III	305,66	—	24,45	27,50	III	305,66	—	17,45	19,63	—	10,73	12,07	—	4,93	5,54	—	0,33	0,37	—	—	—	—	—	—
	V	1 003,16	—	80,25	90,28	IV	605,75	—	43,88	49,37	—	39,44	44,37	—	35,11	39,50	—	30,90	34,76	—	26,82	30,17	—	22,85	25,70
	VI	1 039,41	—	83,15	93,54																				
3 848,99	I,IV	606,58	—	48,52	54,59	I	606,58	—	39,50	44,43	—	30,96	34,83	—	22,90	25,76	—	15,33	17,24	—	8,24	9,27	—	2,11	2,37
	II	498,66	—	39,89	44,87	II	498,66	—	31,33	35,24	—	23,25	26,15	—	15,66	17,61	—	8,55	9,62	—	2,34	2,63	—	—	—
	III	306,33	—	24,50	27,56	III	306,33	—	17,50	19,69	—	10,77	12,11	—	4,97	5,59	—	0,36	0,40	—	—	—	—	—	—
	V	1 004,16	—	80,33	90,37	IV	606,58	—	43,95	49,44	—	39,50	44,43	—	35,17	39,56	—	30,96	34,83	—	26,87	30,23	—	22,90	25,76
	VI	1 040,41	—	83,23	93,63																				
3 851,99	I,IV	607,33	—	48,58	54,65	I	607,33	—	39,56	44,50	—	31,02	34,89	—	22,96	25,83	—	15,38	17,30	—	8,30	9,33	—	2,14	2,41
	II	499,41	—	39,95	44,94	II	499,41	—	31,38	35,30	—	23,30	26,21	—	15,71	17,67	—	8,60	9,67	—	2,37	2,66	—	—	—
	III	306,83	—	24,54	27,61	III	306,83	—	17,54	19,73	—	10,81	12,16	—	5,01	5,63	—	0,38	0,43	—	—	—	—	—	—
	V	1 005,16	—	80,41	90,46	IV	607,33	—	44,01	49,51	—	39,56	44,50	—	35,23	39,63	—	31,02	34,89	—	26,93	30,29	—	22,96	25,83
	VI	1 041,50	—	83,32	93,73																				
3 854,99	I,IV	608,16	—	48,65	54,73	I	608,16	—	39,62	44,57	—	31,08	34,96	—	23,02	25,89	—	15,44	17,37	—	8,34	9,38	—	2,18	2,45
	II	500,16	—	40,01	45,01	II	500,16	—	31,44	35,37	—	23,36	26,28	—	15,76	17,73	—	8,65	9,73	—	2,41	2,71	—	—	—
	III	307,50	—	24,60	27,67	III	307,50	—	17,60	19,80	—	10,86	12,22	—	5,05	5,68	—	0,41	0,46	—	—	—	—	—	—
	V	1 006,25	—	80,50	90,56	IV	608,16	—	44,08	49,59	—	39,62	44,57	—	35,29	39,70	—	31,08	34,96	—	26,98	30,35	—	23,02	25,89
	VI	1 042,50	—	83,40	93,82																				
3 857,99	I,IV	609,—	—	48,72	54,81	I	609,—	—	39,68	44,64	—	31,14	35,03	—	23,07	25,95	—	15,49	17,42	—	8,39	9,44	—	2,22	2,49
	II	501,—	—	40,08	45,09	II	501,—	—	31,50	35,44	—	23,42	26,34	—	15,82	17,79	—	8,70	9,78	—	2,44	2,75	—	—	—
	III	308,16	—	24,65	27,73	III	308,16	—	17,65	19,85	—	10,90	12,26	—	5,09	5,72	—	0,45	0,50	—	—	—	—	—	—
	V	1 007,33	—	80,58	90,65	IV	609,—	—	44,14	49,66	—	39,68	44,64	—	35,35	39,77	—	31,14	35,03	—	27,04	30,42	—	23,07	25,95
	VI	1 043,58	—	83,48	93,92																				
3 860,99	I,IV	609,83	—	48,78	54,88	I	609,83	—	39,75	44,72	—	31,20	35,10	—	23,12	26,01	—	15,54	17,48	—	8,44	9,50	—	2,26	2,54
	II	501,75	—	40,14	45,15	II	501,75	—	31,56	35,51	—	23,48	26,41	—	15,87	17,85	—	8,74	9,83	—	2,48	2,79	—	—	—
	III	308,83	—	24,70	27,79	III	308,83	—	17,69	19,90	—	10,96	12,33	—	5,12	5,76	—	0,48	0,54	—	—	—	—	—	—
	V	1 008,33	—	80,66	90,74	IV	609,83	—	44,20	49,73	—	39,75	44,72	—	35,41	39,83	—	31,20	35,10	—	27,10	30,48	—	23,12	26,01
	VI	1 044,58	—	83,56	94,01																				
3 863,99	I,IV	610,66	—	48,85	54,95	I	610,66	—	39,81	44,78	—	31,25	35,15	—	23,18	26,07	—	15,59	17,54	—	8,49	9,55	—	2,29	2,57
	II	502,50	—	40,20	45,22	II	502,50	—	31,62	35,57	—	23,53	26,47	—	15,92	17,91	—	8,79	9,89	—	2,52	2,83	—	—	—
	III	309,33	—	24,74	27,83	III	309,33	—	17,74	19,96	—	11,—	12,37	—	5,16	5,80	—	0,50	0,56	—	—	—	—	—	—
	V	1 009,33	—	80,74	90,83	IV	610,66	—	44,27	49,80	—	39,81	44,78	—	35,47	39,90	—	31,25	35,15	—	27,16	30,55	—	23,18	26,07
	VI	1 045,58	—	83,64	94,10																				
3 866,99	I,IV	611,50	—	48,92	55,03	I	611,50	—	39,87	44,85	—	31,31	35,22	—	23,24	26,14	—	15,64	17,60	—	8,54	9,60	—	2,33	2,62
	II	503,33	—	40,26	45,29	II	503,33	—	31,68	35,64	—	23,58	26,53	—	15,97	17,96	—	8,84	9,95	—	2,56	2,88	—	—	—
	III	310,—	—	24,80	27,90	III	310,—	—	17,78	20,—	—	11,04	12,42	—	5,20	5,85	—	0,53	0,59	—	—	—	—	—	—
	V	1 010,41	—	80,83	90,93	IV	611,50	—	44,33	49,87	—	39,87	44,85	—	35,53	39,97	—	31,31	35,22	—	27,21	30,61	—	23,24	26,14
	VI	1 046,66	—	83,73	94,19																				
3 869,99	I,IV	612,33	—	48,98	55,10	I	612,33	—	39,94	44,93	—	31,37	35,29	—	23,29	26,20	—	15,70	17,66	—	8,58	9,65	—	2,36	2,66
	II	504,08	—	40,32	45,36	II	504,08	—	31,74	35,71	—	23,64	26,60	—	16,02	18,02	—	8,89	10,—	—	2,60	2,92	—	—	—
	III	310,66	—	24,85	27,95	III	310,66	—	17,84	20,07	—	11,09	12,47	—	5,24	5,89	—	0,56	0,63	—	—	—	—	—	—
	V	1 011,50	—	80,92	91,03	IV	612,33	—	44,40	49,95	—	39,94	44,93	—	35,59	40,04	—	31,37	35,29	—	27,27	30,68	—	23,29	26,20
	VI	1 047,75	—	83,82	94,29																				
3 872,99	I,IV	613,16	—	49,05	55,18	I	613,16	—	40,—	45,—	—	31,43	35,36	—	23,35	26,27	—	15,75	17,72	—	8,64	9,72	—	2,40	2,70
	II	504,91	—	40,39	45,44	II	504,91	—	31,80	35,78	—	23,70	26,66	—	16,08	18,09	—	8,94	10,06	—	2,63	2,96	—	—	—
	III	311,33	—	24,90	28,01	III	311,33	—	17,89	20,12	—	11,13	12,52	—	5,26	5,92	—	0,58	0,65	—	—	—	—	—	—
	V	1 012,50	—	81,—	91,12	IV	613,16	—	44,46	50,02	—	40,—	45,—	—	35,66	40,11	—	31,43	35,36	—	27,33	30,74	—	23,35	26,27
	VI	1 048,75	—	83,90	94,38																				
3 875,99	I,IV	613,91	—	49,11	55,25	I	613,91	—	40,06	45,06	—	31,49	35,42	—	23,40	26,33	—	15,80	17,78	—	8,68	9,77	—	2,44	2,74
	II	505,66	—	40,45	45,50	II	505,66	—	31,86	35,84	—	23,75	26,72	—	16,13	18,14	—	8,99	10,11	—	2,67	3,—	—	—	—
	III	312,—	—	24,96	28,08	III	312,—	—	17,94	20,18	—	11,18	12,58	—	5,30	5,96	—	0,62	0,70	—	—	—	—	—	—
	V	1 013,50	—	81,08	91,21	IV	613,91	—	44,52	50,09	—	40,06	45,06	—	35,71	40,17	—	31,49	35,42	—	27,38	30,80	—	23,40	26,33
	VI	1 049,75	—	83,98	94,47																				

* Die ausgewiesenen Tabellenwerte sind amtlich. Siehe Erläuterungen auf der Umschlaginnenseite (U2).

MONAT 3 876,–*

Abzüge an Lohnsteuer, Solidaritätszuschlag (SolZ) und Kirchensteuer (8%, 9%) in den Steuerklassen

Lohn/ Gehalt bis €*	I – VI					I, II, III, IV		mit Zahl der Kinderfreibeträge . . . 0,5			1			1,5			2			2,5			3		
		LSt	ohne Kinderfreibeträge SolZ	8%	9%		LSt	SolZ	8%	9%	SolZ	8%	9%	SolZ	8%	9%	SolZ	8%	9%	SolZ	8%	9%	SolZ	8%	9%
3 878,99	I,IV	614,75	—	49,18	55,32	I	614,75	—	40,12	45,14	—	31,55	35,49	—	23,46	26,39	—	15,85	17,83	—	8,73	9,82	—	2,48	2,79
	II	506,41	—	40,51	45,57	II	506,41	—	31,92	35,91	—	23,81	26,78	—	16,18	18,20	—	9,04	10,17	—	2,70	3,04	—	—	—
	III	312,66	—	25,01	28,13	III	312,66	—	17,98	20,23	—	11,22	12,62	—	5,34	6,01	—	0,65	0,73	—	—	—	—	—	—
	V	1 014,58	—	81,16	91,31	IV	614,75	—	44,59	50,16	—	40,12	45,14	—	35,78	40,25	—	31,55	35,49	—	27,44	30,87	—	23,46	26,39
	VI	1 050,83	—	84,06	94,57																				
3 881,99	I,IV	615,58	—	49,24	55,40	I	615,58	—	40,18	45,20	—	31,61	35,56	—	23,52	26,46	—	15,90	17,89	—	8,78	9,88	—	2,51	2,82
	II	507,25	—	40,58	45,65	II	507,25	—	31,98	35,97	—	23,86	26,84	—	16,23	18,26	—	9,09	10,22	—	2,74	3,08	—	—	—
	III	313,16	—	25,05	28,18	III	313,16	—	18,04	20,29	—	11,28	12,69	—	5,38	6,05	—	0,68	0,76	—	—	—	—	—	—
	V	1 015,66	—	81,25	91,40	IV	615,58	—	44,66	50,24	—	40,18	45,20	—	35,84	40,32	—	31,61	35,56	—	27,50	30,94	—	23,52	26,46
	VI	1 051,91	—	84,15	94,67																				
3 884,99	I,IV	616,41	—	49,31	55,47	I	616,41	—	40,25	45,28	—	31,67	35,63	—	23,57	26,51	—	15,96	17,95	—	8,83	9,93	—	2,55	2,87
	II	508,—	—	40,64	45,72	II	508,—	—	32,04	36,04	—	23,92	26,91	—	16,28	18,32	—	9,14	10,28	—	2,78	3,13	—	—	—
	III	313,83	—	25,10	28,24	III	313,83	—	18,09	20,35	—	11,32	12,73	—	5,42	6,10	—	0,70	0,79	—	—	—	—	—	—
	V	1 016,66	—	81,33	91,49	IV	616,41	—	44,72	50,31	—	40,25	45,28	—	35,90	40,38	—	31,67	35,63	—	27,56	31,—	—	23,57	26,51
	VI	1 052,91	—	84,23	94,76																				
3 887,99	I,IV	617,25	—	49,38	55,55	I	617,25	—	40,31	45,35	—	31,73	35,69	—	23,63	26,58	—	16,01	18,01	—	8,88	9,99	—	2,58	2,90
	II	508,83	—	40,70	45,79	II	508,83	—	32,10	36,11	—	23,98	26,97	—	16,34	18,38	—	9,18	10,33	—	2,82	3,17	—	—	—
	III	314,50	—	25,16	28,30	III	314,50	—	18,13	20,39	—	11,37	12,79	—	5,46	6,14	—	0,73	0,82	—	—	—	—	—	—
	V	1 017,75	—	81,42	91,59	IV	617,25	—	44,78	50,38	—	40,31	45,35	—	35,96	40,45	—	31,73	35,69	—	27,62	31,07	—	23,63	26,58
	VI	1 054,—	—	84,32	94,86																				
3 890,99	I,IV	618,08	—	49,44	55,62	I	618,08	—	40,37	45,41	—	31,78	35,75	—	23,68	26,64	—	16,06	18,07	—	8,93	10,04	—	2,62	2,95
	II	509,58	—	40,76	45,86	II	509,58	—	32,16	36,18	—	24,03	27,03	—	16,39	18,44	—	9,24	10,39	—	2,86	3,21	—	—	—
	III	315,16	—	25,21	28,36	III	315,16	—	18,18	20,45	—	11,41	12,83	—	5,49	6,17	—	0,76	0,85	—	—	—	—	—	—
	V	1 018,75	—	81,50	91,68	IV	618,08	—	44,85	50,45	—	40,37	45,41	—	36,02	40,52	—	31,78	35,75	—	27,67	31,13	—	23,68	26,64
	VI	1 055,—	—	84,40	94,95																				
3 893,99	I,IV	618,91	—	49,51	55,70	I	618,91	—	40,44	45,49	—	31,84	35,82	—	23,74	26,70	—	16,12	18,13	—	8,98	10,10	—	2,66	2,99
	II	510,41	—	40,83	45,93	II	510,41	—	32,22	36,24	—	24,09	27,10	—	16,44	18,50	—	9,28	10,44	—	2,90	3,26	—	—	—
	III	315,83	—	25,26	28,42	III	315,83	—	18,22	20,50	—	11,46	12,89	—	5,53	6,22	—	0,80	0,90	—	—	—	—	—	—
	V	1 019,83	—	81,58	91,78	IV	618,91	—	44,91	50,52	—	40,44	45,49	—	36,08	40,59	—	31,84	35,82	—	27,73	31,19	—	23,74	26,70
	VI	1 056,08	—	84,48	95,04																				
3 896,99	I,IV	619,75	—	49,58	55,77	I	619,75	—	40,50	45,56	—	31,90	35,89	—	23,80	26,77	—	16,17	18,19	—	9,02	10,15	—	2,70	3,03
	II	511,16	—	40,89	46,—	II	511,16	—	32,28	36,31	—	24,14	27,16	—	16,50	18,56	—	9,33	10,49	—	2,94	3,30	—	—	—
	III	316,33	—	25,30	28,46	III	316,33	—	18,28	20,56	—	11,50	12,94	—	5,57	6,26	—	0,82	0,92	—	—	—	—	—	—
	V	1 020,83	—	81,66	91,87	IV	619,75	—	44,98	50,60	—	40,50	45,56	—	36,14	40,66	—	31,90	35,89	—	27,79	31,26	—	23,80	26,77
	VI	1 057,08	—	84,56	95,13																				
3 899,99	I,IV	620,58	—	49,64	55,85	I	620,58	—	40,56	45,63	—	31,96	35,96	—	23,85	26,83	—	16,22	18,25	—	9,08	10,21	—	2,74	3,08
	II	512,—	—	40,96	46,08	II	512,—	—	32,34	36,38	—	24,20	27,22	—	16,55	18,62	—	9,38	10,55	—	2,98	3,35	—	—	—
	III	317,—	—	25,36	28,53	III	317,—	—	18,33	20,62	—	11,56	13,—	—	5,61	6,31	—	0,85	0,95	—	—	—	—	—	—
	V	1 021,91	—	81,75	91,97	IV	620,58	—	45,04	50,67	—	40,56	45,63	—	36,20	40,73	—	31,96	35,96	—	27,84	31,32	—	23,85	26,83
	VI	1 058,16	—	84,65	95,23																				
3 902,99	I,IV	621,41	—	49,71	55,92	I	621,41	—	40,62	45,70	—	32,02	36,02	—	23,90	26,89	—	16,27	18,30	—	9,12	10,26	—	2,77	3,11
	II	512,75	—	41,02	46,14	II	512,75	—	32,39	36,44	—	24,26	27,29	—	16,60	18,68	—	9,43	10,61	—	3,01	3,38	—	—	—
	III	317,66	—	25,41	28,58	III	317,66	—	18,38	20,68	—	11,60	13,05	—	5,65	6,35	—	0,88	0,99	—	—	—	—	—	—
	V	1 022,91	—	81,83	92,06	IV	621,41	—	45,10	50,74	—	40,62	45,70	—	36,26	40,79	—	32,02	36,02	—	27,90	31,39	—	23,90	26,89
	VI	1 059,16	—	84,73	95,32																				
3 905,99	I,IV	622,25	—	49,78	56,—	I	622,25	—	40,68	45,77	—	32,08	36,09	—	23,96	26,96	—	16,32	18,36	—	9,17	10,31	—	2,81	3,16
	II	513,50	—	41,08	46,21	II	513,50	—	32,45	36,50	—	24,31	27,35	—	16,65	18,73	—	9,48	10,66	—	3,05	3,43	—	—	—
	III	318,33	—	25,46	28,64	III	318,33	—	18,42	20,72	—	11,65	13,10	—	5,69	6,40	—	0,92	1,03	—	—	—	—	—	—
	V	1 024,—	—	81,92	92,16	IV	622,25	—	45,17	50,81	—	40,68	45,77	—	36,32	40,86	—	32,08	36,09	—	27,96	31,46	—	23,96	26,96
	VI	1 060,25	—	84,82	95,42																				
3 908,99	I,IV	623,08	—	49,84	56,07	I	623,08	—	40,75	45,84	—	32,14	36,16	—	24,02	27,02	—	16,38	18,42	—	9,22	10,37	—	2,85	3,20
	II	514,33	—	41,14	46,28	II	514,33	—	32,51	36,57	—	24,37	27,41	—	16,70	18,79	—	9,53	10,72	—	3,09	3,47	—	—	—
	III	319,—	—	25,52	28,71	III	319,—	—	18,48	20,79	—	11,69	13,15	—	5,73	6,44	—	0,94	1,06	—	—	—	—	—	—
	V	1 025,—	—	82,—	92,25	IV	623,08	—	45,24	50,89	—	40,75	45,84	—	36,38	40,93	—	32,14	36,16	—	28,02	31,52	—	24,02	27,02
	VI	1 061,25	—	84,90	95,51																				
3 911,99	I,IV	623,91	—	49,91	56,15	I	623,91	—	40,81	45,91	—	32,20	36,23	—	24,08	27,09	—	16,43	18,48	—	9,27	10,43	—	2,89	3,25
	II	515,08	—	41,20	46,35	II	515,08	—	32,57	36,64	—	24,42	27,47	—	16,76	18,85	—	9,58	10,77	—	3,13	3,52	—	—	—
	III	319,66	—	25,57	28,76	III	319,66	—	18,53	20,84	—	11,74	13,21	—	5,76	6,48	—	0,97	1,09	—	—	—	—	—	—
	V	1 026,08	—	82,08	92,34	IV	623,91	—	45,30	50,96	—	40,81	45,91	—	36,44	41,—	—	32,20	36,23	—	28,08	31,59	—	24,08	27,09
	VI	1 062,33	—	84,98	95,60																				
3 914,99	I,IV	624,66	—	49,97	56,21	I	624,66	—	40,88	45,99	—	32,26	36,29	—	24,13	27,14	—	16,48	18,54	—	9,32	10,48	—	2,92	3,29
	II	515,91	—	41,27	46,43	II	515,91	—	32,63	36,71	—	24,48	27,54	—	16,81	18,91	—	9,63	10,83	—	3,17	3,56	—	—	—
	III	320,16	—	25,61	28,81	III	320,16	—	18,57	20,89	—	11,78	13,25	—	5,80	6,52	—	1,—	1,12	—	—	—	—	—	—
	V	1 027,08	—	82,16	92,43	IV	624,66	—	45,36	51,03	—	40,88	45,99	—	36,50	41,06	—	32,26	36,29	—	28,13	31,64	—	24,13	27,14
	VI	1 063,33	—	85,06	95,69																				
3 917,99	I,IV	625,50	—	50,04	56,29	I	625,50	—	40,94	46,05	—	32,32	36,36	—	24,18	27,20	—	16,54	18,60	—	9,37	10,54	—	2,96	3,33
	II	516,66	—	41,33	46,49	II	516,66	—	32,69	36,77	—	24,54	27,60	—	16,86	18,97	—	9,68	10,89	—	3,20	3,60	—	—	—
	III	320,83	—	25,66	28,87	III	320,83	—	18,62	20,95	—	11,82	13,30	—	5,84	6,57	—	1,02	1,15	—	—	—	—	—	—
	V	1 028,08	—	82,24	92,52	IV	625,50	—	45,43	51,11	—	40,94	46,05	—	36,57	41,14	—	32,32	36,36	—	28,19	31,71	—	24,18	27,20
	VI	1 064,41	—	85,15	95,79																				
3 920,99	I,IV	626,33	—	50,10	56,36	I	626,33	—	41,—	46,13	—	32,38	36,42	—	24,24	27,27	—	16,59	18,66	—	9,42	10,59	—	3,—	3,38
	II	517,50	—	41,40	46,57	II	517,50	—	32,75	36,84	—	24,59	27,66	—	16,92	19,03	—	9,72	10,94	—	3,24	3,65	—	—	—
	III	321,50	—	25,72	28,93	III	321,50	—	18,68	21,01	—	11,88	13,36	—	5,88	6,61	—	1,06	1,19	—	—	—	—	—	—
	V	1 029,16	—	82,33	92,62	IV	626,33	—	45,49	51,17	—	41,—	46,13	—	36,63	41,21	—	32,38	36,42	—	28,25	31,78	—	24,24	27,27
	VI	1 065,41	—	85,23	95,88																				
3 923,99	I,IV	627,16	—	50,17	56,44	I	627,16	—	41,06	46,19	—	32,44	36,49	—	24,30	27,33	—	16,64	18,72	—	9,47	10,65	—	3,04	3,42
	II	518,25	—	41,46	46,64	II	518,25	—	32,81	36,91	—	24,65	27,73	—	16,97	19,09	—	9,78	11,—	—	3,28	3,69	—	—	—
	III	322,16	—	25,77	28,99	III	322,16	—	18,72	21,06	—	11,92	13,41	—	5,92	6,66	—	1,09	1,22	—	—	—	—	—	—
	V	1 030,25	—	82,42	92,72	IV	627,16	—	45,56	51,25	—	41,06	46,19	—	36,69	41,27	—	32,44	36,49	—	28,31	31,85	—	24,30	27,33
	VI	1 066,50	—	85,32	95,98																				
3 926,99	I,IV	628,—	—	50,24	56,52	I	628,—	—	41,12	46,26	—	32,50	36,56	—	24,35	27,39	—	16,69	18,77	—	9,52	10,71	—	3,08	3,46
	II	519,—	—	41,52	46,71	II	519,—	—	32,87	36,98	—	24,70	27,79	—	17,02	19,15	—	9,82	11,05	—	3,32	3,74	—	—	—
	III	322,66	—	25,81	29,03	III	322,66	—	18,77	21,11	—	11,97	13,46	—	5,96	6,70	—	1,12	1,26	—	—	—	—	—	—
	V	1 031,25	—	82,50	92,81	IV	628,—	—	45,62	51,32	—	41,12	46,26	—	36,75	41,34	—	32,50	36,56	—	28,36	31,91	—	24,35	27,39
	VI	1 067,50	—	85,40	96,07																				

* Die ausgewiesenen Tabellenwerte sind amtlich. Siehe Erläuterungen auf der Umschlaginnenseite (U2).

3 977,99* MONAT

Abzüge an Lohnsteuer, Solidaritätszuschlag (SolZ) und Kirchensteuer (8%, 9%) in den Steuerklassen

Lohn/ Gehalt bis €*	I – VI		ohne Kinderfreibeträge			I, II, III, IV		mit Zahl der Kinderfreibeträge . . . 0,5			1			1,5			2			2,5			3		
		LSt	SolZ	8%	9%		LSt	SolZ	8%	9%	SolZ	8%	9%	SolZ	8%	9%	SolZ	8%	9%	SolZ	8%	9%	SolZ	8%	9%
3 929,99	I,IV	628,83	—	50,30	56,59	I	628,83	—	41,19	46,34	—	32,56	36,63	—	24,41	27,46	—	16,74	18,83	—	9,56	10,76	—	3,12	3,51
	II	519,83	—	41,58	46,78	II	519,83	—	32,93	37,04	—	24,76	27,85	—	17,08	19,21	—	9,88	11,11	—	3,36	3,78	—	—	—
	III	323,33	—	25,86	29,09	III	323,33	—	18,82	21,17	—	12,02	13,52	—	6,—	6,75	—	1,16	1,30	—	—	—	—	—	—
	V	1 032,25	—	82,58	92,90	IV	628,83	—	45,68	51,39	—	41,19	46,34	—	36,81	41,41	—	32,56	36,63	—	28,42	31,97	—	24,41	27,46
	VI	1 068,58	—	85,48	96,17																				
3 932,99	I,IV	629,66	—	50,37	56,66	I	629,66	—	41,25	46,40	—	32,62	36,69	—	24,46	27,52	—	16,80	18,90	—	9,62	10,82	—	3,16	3,55
	II	520,58	—	41,64	46,85	II	520,58	—	32,99	37,11	—	24,82	27,92	—	17,13	19,27	—	9,92	11,16	—	3,40	3,83	—	—	—
	III	324,—	—	25,92	29,16	III	324,—	—	18,86	21,22	—	12,06	13,57	—	6,04	6,79	—	1,18	1,33	—	—	—	—	—	—
	V	1 033,33	—	82,66	92,99	IV	629,66	—	45,75	51,47	—	41,25	46,40	—	36,88	41,49	—	32,62	36,69	—	28,48	32,04	—	24,46	27,52
	VI	1 069,58	—	85,56	96,26																				
3 935,99	I,IV	630,50	—	50,44	56,74	I	630,50	—	41,32	46,48	—	32,68	36,76	—	24,52	27,59	—	16,85	18,95	—	9,66	10,87	—	3,20	3,60
	II	521,41	—	41,71	46,92	II	521,41	—	33,05	37,18	—	24,87	27,98	—	17,18	19,33	—	9,97	11,21	—	3,44	3,87	—	—	—
	III	324,66	—	25,97	29,21	III	324,66	—	18,92	21,28	—	12,12	13,63	—	6,08	6,84	—	1,21	1,36	—	—	—	—	—	—
	V	1 034,41	—	82,75	93,09	IV	630,50	—	45,82	51,54	—	41,32	46,48	—	36,94	41,55	—	32,68	36,76	—	28,54	32,10	—	24,52	27,59
	VI	1 070,66	—	85,65	96,35																				
3 938,99	I,IV	631,33	—	50,50	56,81	I	631,33	—	41,38	46,55	—	32,74	36,83	—	24,58	27,65	—	16,90	19,01	—	9,71	10,92	—	3,24	3,64
	II	522,16	—	41,77	46,99	II	522,16	—	33,11	37,25	—	24,93	28,04	—	17,23	19,38	—	10,02	11,27	—	3,48	3,92	—	—	—
	III	325,33	—	26,02	29,27	III	325,33	—	18,97	21,34	—	12,16	13,68	—	6,10	6,86	—	1,24	1,39	—	—	—	—	—	—
	V	1 035,41	—	82,83	93,18	IV	631,33	—	45,88	51,61	—	41,38	46,55	—	37,—	41,62	—	32,74	36,83	—	28,60	32,17	—	24,58	27,65
	VI	1 071,66	—	85,73	96,44																				
3 941,99	I,IV	632,16	—	50,57	56,89	I	632,16	—	41,44	46,62	—	32,80	36,90	—	24,63	27,71	—	16,96	19,08	—	9,76	10,98	—	3,28	3,69
	II	523,—	—	41,84	47,07	II	523,—	—	33,17	37,31	—	24,98	28,10	—	17,28	19,44	—	10,07	11,33	—	3,52	3,96	—	—	—
	III	325,83	—	26,06	29,32	III	325,83	—	19,01	21,38	—	12,21	13,73	—	6,14	6,91	—	1,28	1,44	—	—	—	—	—	—
	V	1 036,41	—	82,91	93,27	IV	632,16	—	45,94	51,68	—	41,44	46,62	—	37,06	41,69	—	32,80	36,90	—	28,66	32,24	—	24,63	27,71
	VI	1 072,75	—	85,82	96,54																				
3 944,99	I,IV	633,—	—	50,64	56,97	I	633,—	—	41,50	46,69	—	32,86	36,96	—	24,69	27,77	—	17,01	19,13	—	9,81	11,03	—	3,32	3,73
	II	523,75	—	41,90	47,13	II	523,75	—	33,23	37,38	—	25,04	28,17	—	17,34	19,50	—	10,12	11,39	—	3,56	4,01	—	—	—
	III	326,50	—	26,12	29,38	III	326,50	—	19,06	21,44	—	12,25	13,78	—	6,18	6,95	—	1,30	1,46	—	—	—	—	—	—
	V	1 037,50	—	83,—	93,37	IV	633,—	—	46,01	51,76	—	41,50	46,69	—	37,12	41,76	—	32,86	36,96	—	28,71	32,30	—	24,69	27,77
	VI	1 073,75	—	85,90	96,63																				
3 947,99	I,IV	633,83	—	50,70	57,04	I	633,83	—	41,57	46,76	—	32,92	37,03	—	24,74	27,83	—	17,06	19,19	—	9,86	11,09	—	3,36	3,78
	II	524,58	—	41,96	47,21	II	524,58	—	33,29	37,45	—	25,10	28,23	—	17,39	19,56	—	10,17	11,44	—	3,60	4,05	—	—	—
	III	327,16	—	26,17	29,44	III	327,16	—	19,12	21,51	—	12,30	13,84	—	6,22	7,—	—	1,33	1,49	—	—	—	—	—	—
	V	1 038,58	—	83,08	93,47	IV	633,83	—	46,08	51,84	—	41,57	46,76	—	37,18	41,83	—	32,92	37,03	—	28,77	32,36	—	24,74	27,83
	VI	1 074,83	—	85,98	96,73																				
3 950,99	I,IV	634,66	—	50,77	57,11	I	634,66	—	41,63	46,83	—	32,97	37,09	—	24,80	27,90	—	17,12	19,26	—	9,91	11,15	—	3,39	3,81
	II	525,33	—	42,02	47,27	II	525,33	—	33,35	37,52	—	25,16	28,30	—	17,44	19,62	—	10,22	11,49	—	3,64	4,10	—	—	—
	III	327,83	—	26,22	29,50	III	327,83	—	19,17	21,56	—	12,34	13,88	—	6,26	7,04	—	1,36	1,53	—	—	—	—	—	—
	V	1 039,58	—	83,16	93,56	IV	634,66	—	46,14	51,90	—	41,63	46,83	—	37,24	41,90	—	32,97	37,09	—	28,83	32,43	—	24,80	27,90
	VI	1 075,83	—	86,06	96,82																				
3 953,99	I,IV	635,50	—	50,84	57,19	I	635,50	—	41,69	46,90	—	33,04	37,17	—	24,86	27,96	—	17,17	19,31	—	9,96	11,20	—	3,44	3,87
	II	526,16	—	42,09	47,35	II	526,16	—	33,41	37,58	—	25,21	28,36	—	17,50	19,68	—	10,27	11,55	—	3,68	4,14	—	—	—
	III	328,50	—	26,28	29,56	III	328,50	—	19,21	21,61	—	12,40	13,95	—	6,30	7,09	—	1,40	1,57	—	—	—	—	—	—
	V	1 040,58	—	83,24	93,65	IV	635,50	—	46,20	51,98	—	41,69	46,90	—	37,30	41,96	—	33,04	37,17	—	28,88	32,49	—	24,86	27,96
	VI	1 076,91	—	86,15	96,92																				
3 956,99	I,IV	636,33	—	50,90	57,26	I	636,33	—	41,76	46,98	—	33,10	37,23	—	24,92	28,03	—	17,22	19,37	—	10,01	11,26	—	3,48	3,91
	II	526,91	—	42,15	47,42	II	526,91	—	33,47	37,65	—	25,27	28,43	—	17,55	19,74	—	10,32	11,61	—	3,72	4,19	—	—	—
	III	329,16	—	26,33	29,62	III	329,16	—	19,26	21,67	—	12,44	13,99	—	6,34	7,13	—	1,42	1,60	—	—	—	—	—	—
	V	1 041,66	—	83,33	93,74	IV	636,33	—	46,27	52,05	—	41,76	46,98	—	37,36	42,03	—	33,10	37,23	—	28,94	32,56	—	24,92	28,03
	VI	1 077,91	—	86,23	97,01																				
3 959,99	I,IV	637,16	—	50,97	57,34	I	637,16	—	41,82	47,05	—	33,16	37,30	—	24,97	28,09	—	17,28	19,44	—	10,06	11,31	—	3,52	3,96
	II	527,75	—	42,22	47,49	II	527,75	—	33,53	37,72	—	25,32	28,49	—	17,60	19,80	—	10,37	11,66	—	3,77	4,24	—	—	—
	III	329,83	—	26,38	29,68	III	329,83	—	19,32	21,73	—	12,49	14,05	—	6,38	7,18	—	1,45	1,63	—	—	—	—	—	—
	V	1 042,75	—	83,42	93,84	IV	637,16	—	46,34	52,13	—	41,82	47,05	—	37,42	42,10	—	33,16	37,30	—	29,—	32,63	—	24,97	28,09
	VI	1 079,—	—	86,32	97,11																				
3 962,99	I,IV	638,—	—	51,04	57,42	I	638,—	—	41,88	47,12	—	33,21	37,36	—	25,02	28,15	—	17,32	19,49	—	10,11	11,37	—	3,55	3,99
	II	528,50	—	42,28	47,56	II	528,50	—	33,58	37,78	—	25,38	28,55	—	17,66	19,86	—	10,42	11,72	—	3,81	4,28	—	—	—
	III	330,33	—	26,42	29,72	III	330,33	—	19,36	21,78	—	12,53	14,09	—	6,42	7,22	—	1,49	1,67	—	—	—	—	—	—
	V	1 043,75	—	83,50	93,93	IV	638,—	—	46,40	52,20	—	41,88	47,12	—	37,48	42,17	—	33,21	37,36	—	29,06	32,69	—	25,02	28,15
	VI	1 080,—	—	86,40	97,20																				
3 965,99	I,IV	638,83	—	51,10	57,49	I	638,83	—	41,94	47,18	—	33,27	37,43	—	25,08	28,22	—	17,38	19,55	—	10,16	11,43	—	3,60	4,05
	II	529,33	—	42,34	47,63	II	529,33	—	33,65	37,85	—	25,44	28,62	—	17,71	19,92	—	10,47	11,78	—	3,85	4,33	—	—	—
	III	331,—	—	26,48	29,79	III	331,—	—	19,41	21,83	—	12,58	14,15	—	6,46	7,27	—	1,52	1,71	—	—	—	—	—	—
	V	1 044,75	—	83,58	94,02	IV	638,83	—	46,46	52,27	—	41,94	47,18	—	37,55	42,24	—	33,27	37,43	—	29,12	32,76	—	25,08	28,22
	VI	1 081,08	—	86,48	97,29																				
3 968,99	I,IV	639,66	—	51,17	57,56	I	639,66	—	42,01	47,26	—	33,33	37,49	—	25,14	28,28	—	17,43	19,61	—	10,21	11,48	—	3,64	4,09
	II	530,08	—	42,40	47,70	II	530,08	—	33,71	37,92	—	25,50	28,68	—	17,76	19,98	—	10,52	11,83	—	3,89	4,37	—	—	—
	III	331,66	—	26,53	29,84	III	331,66	—	19,46	21,89	—	12,64	14,22	—	6,50	7,31	—	1,54	1,73	—	—	—	—	—	—
	V	1 045,83	—	83,66	94,12	IV	639,66	—	46,53	52,34	—	42,01	47,26	—	37,61	42,31	—	33,33	37,49	—	29,18	32,82	—	25,14	28,28
	VI	1 082,08	—	86,56	97,38																				
3 971,99	I,IV	640,50	—	51,24	57,64	I	640,50	—	42,07	47,33	—	33,39	37,56	—	25,20	28,35	—	17,48	19,67	—	10,26	11,54	—	3,68	4,14
	II	530,91	—	42,47	47,78	II	530,91	—	33,77	37,99	—	25,55	28,74	—	17,82	20,04	—	10,57	11,89	—	3,93	4,42	—	—	—
	III	332,33	—	26,58	29,90	III	332,33	—	19,50	21,94	—	12,68	14,26	—	6,54	7,36	—	1,58	1,78	—	—	—	—	—	—
	V	1 046,91	—	83,75	94,22	IV	640,50	—	46,60	52,42	—	42,07	47,33	—	37,67	42,38	—	33,39	37,56	—	29,24	32,89	—	25,20	28,35
	VI	1 083,16	—	86,65	97,48																				
3 974,99	I,IV	641,33	—	51,30	57,71	I	641,33	—	42,14	47,40	—	33,45	37,63	—	25,25	28,40	—	17,54	19,73	—	10,30	11,59	—	3,72	4,18
	II	531,66	—	42,53	47,84	II	531,66	—	33,82	38,05	—	25,60	28,80	—	17,87	20,10	—	10,62	11,94	—	3,97	4,46	—	—	—
	III	333,—	—	26,64	29,97	III	333,—	—	19,56	22,—	—	12,73	14,32	—	6,58	7,40	—	1,61	1,81	—	—	—	—	—	—
	V	1 047,91	—	83,83	94,31	IV	641,33	—	46,66	52,49	—	42,14	47,40	—	37,73	42,44	—	33,45	37,63	—	29,29	32,95	—	25,25	28,40
	VI	1 084,16	—	86,73	97,57																				
3 977,99	I,IV	642,16	—	51,37	57,79	I	642,16	—	42,20	47,47	—	33,51	37,70	—	25,31	28,47	—	17,59	19,79	—	10,36	11,65	—	3,76	4,23
	II	532,50	—	42,60	47,92	II	532,50	—	33,89	38,12	—	25,66	28,87	—	17,92	20,16	—	10,66	11,99	—	4,02	4,52	—	—	—
	III	333,50	—	26,68	30,01	III	333,50	—	19,61	22,06	—	12,77	14,36	—	6,61	7,43	—	1,64	1,84	—	—	—	—	—	—
	V	1 048,91	—	83,91	94,40	IV	642,16	—	46,72	52,56	—	42,20	47,47	—	37,80	42,52	—	33,51	37,70	—	29,35	33,02	—	25,31	28,47
	VI	1 085,25	—	86,82	97,67																				

* Die ausgewiesenen Tabellenwerte sind amtlich. Siehe Erläuterungen auf der Umschlaginnenseite (U2).

MONAT 3 978,–*

Abzüge an Lohnsteuer, Solidaritätszuschlag (SolZ) und Kirchensteuer (8%, 9%) in den Steuerklassen

Lohn/ Gehalt bis €*	I – VI	LSt	ohne Kinderfreibeträge SolZ	8%	9%	I, II, III, IV	LSt	mit Zahl der Kinderfreibeträge . . . 0,5 SolZ	0,5 8%	0,5 9%	1 SolZ	1 8%	1 9%	1,5 SolZ	1,5 8%	1,5 9%	2 SolZ	2 8%	2 9%	2,5 SolZ	2,5 8%	2,5 9%	3 SolZ	3 8%	3 9%
3 980,99	I,IV	643,—	—	51,44	57,87	I	643,—	—	42,26	47,54	—	33,57	37,76	—	25,36	28,53	—	17,64	19,85	—	10,40	11,70	—	3,80	4,27
	II	533,25	—	42,66	47,99	II	533,25	—	33,95	38,19	—	25,72	28,93	—	17,98	20,22	—	10,72	12,06	—	4,06	4,56	—	—	—
	III	334,16	—	26,73	30,07	III	334,16	—	19,66	22,12	—	12,82	14,42	—	6,65	7,48	—	1,68	1,89	—	—	—	—	—	—
	V	1 050,—	—	84,—	94,50	IV	643,—	—	46,79	52,64	—	42,26	47,54	—	37,86	42,59	—	33,57	37,76	—	29,41	33,08	—	25,36	28,53
	VI	1 086,25	—	86,90	97,76																				
3 983,99	I,IV	643,83	—	51,50	57,94	I	643,83	—	42,32	47,61	—	33,63	37,83	—	25,42	28,60	—	17,70	19,91	—	10,46	11,76	—	3,84	4,32
	II	534,08	—	42,72	48,06	II	534,08	—	34,01	38,26	—	25,78	29,—	—	18,03	20,28	—	10,77	12,11	—	4,10	4,61	—	—	—
	III	334,83	—	26,78	30,13	III	334,83	—	19,70	22,16	—	12,88	14,49	—	6,69	7,52	—	1,70	1,91	—	—	—	—	—	—
	V	1 051,08	—	84,08	94,59	IV	643,83	—	46,86	52,71	—	42,32	47,61	—	37,92	42,66	—	33,63	37,83	—	29,47	33,15	—	25,42	28,60
	VI	1 087,33	—	86,98	97,85																				
3 986,99	I,IV	644,66	—	51,57	58,01	I	644,66	—	42,39	47,69	—	33,69	37,90	—	25,48	28,66	—	17,75	19,97	—	10,50	11,81	—	3,88	4,36
	II	534,83	—	42,78	48,13	II	534,83	—	34,07	38,33	—	25,83	29,06	—	18,08	20,34	—	10,82	12,17	—	4,14	4,65	—	—	—
	III	335,50	—	26,84	30,19	III	335,50	—	19,76	22,23	—	12,92	14,53	—	6,73	7,57	—	1,73	1,94	—	—	—	—	—	—
	V	1 052,08	—	84,16	94,68	IV	644,66	—	46,92	52,78	—	42,39	47,69	—	37,98	42,72	—	33,69	37,90	—	29,52	33,21	—	25,48	28,66
	VI	1 088,33	—	87,06	97,94																				
3 989,99	I,IV	645,50	—	51,64	58,09	I	645,50	—	42,45	47,75	—	33,75	37,97	—	25,54	28,73	—	17,80	20,03	—	10,56	11,88	—	3,92	4,41
	II	535,66	—	42,85	48,20	II	535,66	—	34,13	38,39	—	25,89	29,12	—	18,14	20,40	—	10,86	12,22	—	4,18	4,70	—	—	—
	III	336,16	—	26,89	30,25	III	336,16	—	19,81	22,28	—	12,97	14,59	—	6,77	7,61	—	1,77	1,99	—	—	—	—	—	—
	V	1 053,08	—	84,24	94,77	IV	645,50	—	46,98	52,85	—	42,45	47,75	—	38,04	42,80	—	33,75	37,97	—	29,58	33,28	—	25,54	28,73
	VI	1 089,33	—	87,14	98,03																				
3 992,99	I,IV	646,33	—	51,70	58,16	I	646,33	—	42,52	47,83	—	33,81	38,03	—	25,59	28,79	—	17,86	20,09	—	10,60	11,93	—	3,96	4,46
	II	536,50	—	42,92	48,28	II	536,50	—	34,19	38,46	—	25,94	29,18	—	18,19	20,46	—	10,92	12,28	—	4,22	4,75	—	—	—
	III	336,83	—	26,94	30,31	III	336,83	—	19,85	22,33	—	13,01	14,63	—	6,81	7,66	—	1,80	2,02	—	—	—	—	—	—
	V	1 054,16	—	84,33	94,87	IV	646,33	—	47,05	52,93	—	42,52	47,83	—	38,10	42,86	—	33,81	38,03	—	29,64	33,35	—	25,59	28,79
	VI	1 090,41	—	87,23	98,13																				
3 995,99	I,IV	647,16	—	51,77	58,24	I	647,16	—	42,58	47,90	—	33,87	38,10	—	25,65	28,85	—	17,91	20,15	—	10,66	11,99	—	4,—	4,50
	II	537,25	—	42,98	48,35	II	537,25	—	34,25	38,53	—	26,—	29,25	—	18,24	20,52	—	10,96	12,33	—	4,26	4,79	—	—	—
	III	337,33	—	26,98	30,35	III	337,33	—	19,90	22,39	—	13,06	14,69	—	6,85	7,70	—	1,82	2,05	—	—	—	—	—	—
	V	1 055,25	—	84,42	94,97	IV	647,16	—	47,12	53,01	—	42,58	47,90	—	38,16	42,93	—	33,87	38,10	—	29,70	33,41	—	25,65	28,85
	VI	1 091,50	—	87,32	98,23																				
3 998,99	I,IV	648,—	—	51,84	58,32	I	648,—	—	42,64	47,97	—	33,93	38,17	—	25,70	28,91	—	17,96	20,21	—	10,70	12,04	—	4,04	4,55
	II	538,—	—	43,04	48,42	II	538,—	—	34,31	38,60	—	26,06	29,31	—	18,30	20,58	—	11,02	12,39	—	4,31	4,85	—	—	—
	III	338,—	—	27,04	30,42	III	338,—	—	19,96	22,45	—	13,10	14,74	—	6,89	7,75	—	1,86	2,09	—	—	—	—	—	—
	V	1 056,25	—	84,50	95,06	IV	648,—	—	47,18	53,07	—	42,64	47,97	—	38,22	43,—	—	33,93	38,17	—	29,76	33,48	—	25,70	28,91
	VI	1 092,50	—	87,40	98,32																				
4 001,99	I,IV	648,83	—	51,90	58,39	I	648,83	—	42,70	48,04	—	33,99	38,24	—	25,76	28,98	—	18,02	20,27	—	10,76	12,10	—	4,08	4,59
	II	538,83	—	43,10	48,49	II	538,83	—	34,37	38,66	—	26,12	29,38	—	18,35	20,64	—	11,06	12,44	—	4,35	4,89	—	—	—
	III	338,66	—	27,09	30,47	III	338,66	—	20,—	22,50	—	13,16	14,80	—	6,93	7,79	—	1,89	2,12	—	—	—	—	—	—
	V	1 057,25	—	84,58	95,15	IV	648,83	—	47,24	53,15	—	42,70	48,04	—	38,29	43,07	—	33,99	38,24	—	29,82	33,54	—	25,76	28,98
	VI	1 093,50	—	87,48	98,41																				
4 004,99	I,IV	649,66	—	51,97	58,46	I	649,66	—	42,77	48,11	—	34,05	38,30	—	25,82	29,04	—	18,07	20,33	—	10,80	12,15	—	4,13	4,64
	II	539,66	—	43,17	48,56	II	539,66	—	34,43	38,73	—	26,18	29,45	—	18,40	20,70	—	11,12	12,51	—	4,39	4,94	—	—	—
	III	339,33	—	27,14	30,53	III	339,33	—	20,05	22,55	—	13,21	14,86	—	6,97	7,84	—	1,92	2,16	—	—	—	—	—	—
	V	1 058,33	—	84,66	95,24	IV	649,66	—	47,31	53,22	—	42,77	48,11	—	38,35	43,14	—	34,05	38,30	—	29,88	33,61	—	25,82	29,04
	VI	1 094,58	—	87,56	98,51																				
4 007,99	I,IV	650,50	—	52,04	58,54	I	650,50	—	42,84	48,19	—	34,11	38,37	—	25,88	29,11	—	18,12	20,39	—	10,86	12,21	—	4,17	4,69
	II	540,41	—	43,23	48,63	II	540,41	—	34,49	38,80	—	26,23	29,51	—	18,46	20,76	—	11,16	12,56	—	4,44	4,99	—	—	—
	III	340,—	—	27,20	30,60	III	340,—	—	20,10	22,61	—	13,25	14,90	—	7,01	7,88	—	1,96	2,20	—	—	—	—	—	—
	V	1 059,41	—	84,75	95,34	IV	650,50	—	47,38	53,30	—	42,84	48,19	—	38,41	43,21	—	34,11	38,37	—	29,94	33,68	—	25,88	29,11
	VI	1 095,66	—	87,65	98,60																				
4 010,99	I,IV	651,33	—	52,10	58,61	I	651,33	—	42,90	48,26	—	34,17	38,44	—	25,93	29,17	—	18,18	20,45	—	10,90	12,26	—	4,21	4,73
	II	541,25	—	43,30	48,71	II	541,25	—	34,55	38,87	—	26,28	29,57	—	18,51	20,82	—	11,22	12,62	—	4,48	5,04	—	—	—
	III	340,50	—	27,24	30,64	III	340,50	—	20,14	22,66	—	13,30	14,96	—	7,05	7,93	—	1,98	2,23	—	—	—	—	—	—
	V	1 060,41	—	84,83	95,43	IV	651,33	—	47,44	53,37	—	42,90	48,26	—	38,48	43,29	—	34,17	38,44	—	29,99	33,74	—	25,93	29,17
	VI	1 096,66	—	87,73	98,69																				
4 013,99	I,IV	652,16	—	52,17	58,69	I	652,16	—	42,96	48,33	—	34,23	38,51	—	25,99	29,24	—	18,23	20,51	—	10,95	12,32	—	4,26	4,79
	II	542,—	—	43,36	48,78	II	542,—	—	34,61	38,93	—	26,34	29,63	—	18,56	20,88	—	11,26	12,67	—	4,52	5,09	—	—	—
	III	341,16	—	27,29	30,70	III	341,16	—	20,20	22,72	—	13,34	15,01	—	7,09	7,97	—	2,02	2,27	—	—	—	—	—	—
	V	1 061,41	—	84,91	95,52	IV	652,16	—	47,50	53,44	—	42,96	48,33	—	38,54	43,35	—	34,23	38,51	—	30,05	33,80	—	25,99	29,24
	VI	1 097,66	—	87,81	98,78																				
4 016,99	I,IV	653,08	—	52,24	58,77	I	653,08	—	43,02	48,40	—	34,29	38,57	—	26,04	29,30	—	18,28	20,57	—	11,—	12,38	—	4,30	4,83
	II	542,83	—	43,42	48,85	II	542,83	—	34,67	39,—	—	26,40	29,70	—	18,62	20,94	—	11,32	12,73	—	4,56	5,13	—	—	—
	III	341,83	—	27,34	30,76	III	341,83	—	20,25	22,78	—	13,40	15,07	—	7,13	8,02	—	2,05	2,30	—	—	—	—	—	—
	V	1 062,50	—	85,—	95,62	IV	653,08	—	47,57	53,51	—	43,02	48,40	—	38,60	43,42	—	34,29	38,57	—	30,11	33,87	—	26,04	29,30
	VI	1 098,75	—	87,90	98,88																				
4 019,99	I,IV	653,91	—	52,31	58,85	I	653,91	—	43,09	48,47	—	34,36	38,65	—	26,10	29,36	—	18,34	20,63	—	11,06	12,44	—	4,34	4,88
	II	543,66	—	43,49	48,92	II	543,66	—	34,73	39,07	—	26,46	29,76	—	18,67	21,—	—	11,36	12,78	—	4,61	5,18	—	—	—
	III	342,50	—	27,40	30,82	III	342,50	—	20,30	22,84	—	13,44	15,12	—	7,17	8,06	—	2,08	2,34	—	—	—	—	—	—
	V	1 063,58	—	85,08	95,72	IV	653,91	—	47,64	53,59	—	43,09	48,47	—	38,66	43,49	—	34,36	38,65	—	30,17	33,94	—	26,10	29,36
	VI	1 099,83	—	87,98	98,98																				
4 022,99	I,IV	654,75	—	52,38	58,92	I	654,75	—	43,15	48,54	—	34,41	38,71	—	26,16	29,43	—	18,39	20,69	—	11,10	12,49	—	4,38	4,93
	II	544,41	—	43,55	48,99	II	544,41	—	34,79	39,14	—	26,52	29,83	—	18,72	21,06	—	11,42	12,84	—	4,65	5,23	—	—	—
	III	343,16	—	27,45	30,88	III	343,16	—	20,34	22,88	—	13,49	15,17	—	7,21	8,11	—	2,12	2,38	—	—	—	—	—	—
	V	1 064,58	—	85,16	95,81	IV	654,75	—	47,70	53,66	—	43,15	48,54	—	38,72	43,56	—	34,41	38,71	—	30,22	34,—	—	26,16	29,43
	VI	1 100,83	—	88,06	99,07																				
4 025,99	I,IV	655,58	—	52,44	59,—	I	655,58	—	43,22	48,62	—	34,48	38,79	—	26,22	29,49	—	18,44	20,75	—	11,15	12,54	—	4,42	4,97
	II	545,25	—	43,62	49,07	II	545,25	—	34,85	39,20	—	26,57	29,89	—	18,78	21,12	—	11,46	12,89	—	4,70	5,28	—	—	—
	III	343,83	—	27,50	30,94	III	343,83	—	20,40	22,95	—	13,54	15,23	—	7,25	8,15	—	2,14	2,41	—	—	—	—	—	—
	V	1 065,58	—	85,24	95,90	IV	655,58	—	47,77	53,74	—	43,22	48,62	—	38,78	43,63	—	34,48	38,79	—	30,28	34,07	—	26,22	29,49
	VI	1 101,83	—	88,14	99,16																				
4 028,99	I,IV	656,41	—	52,51	59,07	I	656,41	—	43,28	48,69	—	34,54	38,85	—	26,27	29,55	—	18,50	20,81	—	11,20	12,60	—	4,47	5,03
	II	546,—	—	43,68	49,14	II	546,—	—	34,91	39,27	—	26,63	29,96	—	18,83	21,18	—	11,52	12,96	—	4,74	5,33	—	—	—
	III	344,50	—	27,56	31,—	III	344,50	—	20,45	23,—	—	13,58	15,28	—	7,30	8,21	—	2,18	2,45	—	—	—	—	—	—
	V	1 066,66	—	85,33	95,99	IV	656,41	—	47,84	53,82	—	43,28	48,69	—	38,84	43,70	—	34,54	38,85	—	30,34	34,13	—	26,27	29,55
	VI	1 102,91	—	88,23	99,26																				

* Die ausgewiesenen Tabellenwerte sind amtlich. Siehe Erläuterungen auf der Umschlaginnenseite (U2).

4 079,99* MONAT

Abzüge an Lohnsteuer, Solidaritätszuschlag (SolZ) und Kirchensteuer (8%, 9%) in den Steuerklassen

Lohn/ Gehalt bis €*	I – VI	LSt	ohne Kinderfreibeträge SolZ	8%	9%	I, II, III, IV	LSt	0,5 SolZ	8%	9%	1 SolZ	8%	9%	1,5 SolZ	8%	9%	2 SolZ	8%	9%	2,5 SolZ	8%	9%	3 SolZ	8%	9%
4 031,99	I,IV	657,25	—	52,58	59,15	I	657,25	—	43,34	48,76	—	34,60	38,92	—	26,33	29,62	—	18,55	20,87	—	11,26	12,66	—	4,51	5,07
	II	546,83	—	43,74	49,21	II	546,83	—	34,97	39,34	—	26,69	30,02	—	18,88	21,24	—	11,57	13,01	—	4,78	5,38	—	—	—
	III	345,16	—	27,61	31,06	III	345,16	—	20,50	23,06	—	13,64	15,34	—	7,34	8,26	—	2,21	2,48	—	—	—	—	—	—
	V	1 067,75	—	85,42	96,09	IV	657,25	—	47,90	53,88	—	43,34	48,76	—	38,91	43,77	—	34,60	38,92	—	30,40	34,20	—	26,33	29,62
	VI	1 104,—	—	88,32	99,36																				
4 034,99	I,IV	658,08	—	52,64	59,22	I	658,08	—	43,40	48,83	—	34,66	38,99	—	26,38	29,68	—	18,60	20,93	—	11,30	12,71	—	4,55	5,12
	II	547,58	—	43,80	49,28	II	547,58	—	35,03	39,41	—	26,74	30,08	—	18,94	21,30	—	11,62	13,07	—	4,82	5,42	—	—	—
	III	345,66	—	27,65	31,10	III	345,66	—	20,54	23,11	—	13,68	15,39	—	7,37	8,29	—	2,24	2,52	—	—	—	—	—	—
	V	1 068,75	—	85,50	96,18	IV	658,08	—	47,96	53,96	—	43,40	48,83	—	38,97	43,84	—	34,66	38,99	—	30,46	34,26	—	26,38	29,68
	VI	1 105,—	—	88,40	99,45																				
4 037,99	I,IV	658,91	—	52,71	59,30	I	658,91	—	43,47	48,90	—	34,72	39,06	—	26,44	29,75	—	18,66	20,99	—	11,35	12,77	—	4,60	5,17
	II	548,41	—	43,87	49,35	II	548,41	—	35,09	39,47	—	26,80	30,15	—	18,99	21,36	—	11,66	13,12	—	4,87	5,48	—	—	—
	III	346,33	—	27,70	31,16	III	346,33	—	20,60	23,17	—	13,73	15,44	—	7,42	8,35	—	2,28	2,56	—	—	—	—	—	—
	V	1 069,75	—	85,58	96,27	IV	658,91	—	48,03	54,03	—	43,47	48,90	—	39,03	43,91	—	34,72	39,06	—	30,52	34,33	—	26,44	29,75
	VI	1 106,—	—	88,48	99,54																				
4 040,99	I,IV	659,75	—	52,78	59,37	I	659,75	—	43,54	48,98	—	34,78	39,12	—	26,50	29,81	—	18,71	21,05	—	11,40	12,83	—	4,64	5,22
	II	549,25	—	43,94	49,43	II	549,25	—	35,16	39,55	—	26,86	30,21	—	19,04	21,42	—	11,72	13,18	—	4,92	5,53	—	—	—
	III	347,—	—	27,76	31,23	III	347,—	—	20,65	23,23	—	13,77	15,49	—	7,46	8,39	—	2,30	2,59	—	—	—	—	—	—
	V	1 070,83	—	85,66	96,37	IV	659,75	—	48,10	54,11	—	43,54	48,98	—	39,10	43,98	—	34,78	39,12	—	30,58	34,40	—	26,50	29,81
	VI	1 107,08	—	88,56	99,63																				
4 043,99	I,IV	660,58	—	52,84	59,45	I	660,58	—	43,60	49,05	—	34,84	39,19	—	26,56	29,88	—	18,76	21,11	—	11,46	12,89	—	4,68	5,27
	II	550,—	—	44,—	49,50	II	550,—	—	35,22	39,62	—	26,92	30,28	—	19,10	21,48	—	11,77	13,24	—	4,96	5,58	—	—	—
	III	347,66	—	27,81	31,28	III	347,66	—	20,69	23,27	—	13,82	15,55	—	7,50	8,44	—	2,34	2,63	—	—	—	—	—	—
	V	1 071,83	—	85,74	96,46	IV	660,58	—	48,16	54,18	—	43,60	49,05	—	39,16	44,05	—	34,84	39,19	—	30,64	34,47	—	26,56	29,88
	VI	1 108,16	—	88,65	99,73																				
4 046,99	I,IV	661,41	—	52,91	59,52	I	661,41	—	43,66	49,12	—	34,90	39,26	—	26,62	29,94	—	18,82	21,17	—	11,50	12,94	—	4,72	5,31
	II	550,83	—	44,06	49,57	II	550,83	—	35,28	39,69	—	26,97	30,34	—	19,15	21,54	—	11,82	13,29	—	5,—	5,63	—	—	—
	III	348,33	—	27,86	31,34	III	348,33	—	20,74	23,33	—	13,88	15,61	—	7,54	8,48	—	2,37	2,66	—	—	—	—	—	—
	V	1 072,91	—	85,83	96,56	IV	661,41	—	48,22	54,25	—	43,66	49,12	—	39,22	44,12	—	34,90	39,26	—	30,70	34,53	—	26,62	29,94
	VI	1 109,16	—	88,73	99,82																				
4 049,99	I,IV	662,25	—	52,98	59,60	I	662,25	—	43,72	49,19	—	34,96	39,33	—	26,67	30,—	—	18,87	21,23	—	11,56	13,—	—	4,77	5,36
	II	551,58	—	44,12	49,64	II	551,58	—	35,34	39,75	—	27,03	30,41	—	19,20	21,60	—	11,87	13,35	—	5,04	5,67	—	—	—
	III	349,—	—	27,92	31,41	III	349,—	—	20,80	23,40	—	13,92	15,66	—	7,58	8,53	—	2,41	2,71	—	—	—	—	—	—
	V	1 073,91	—	85,91	96,65	IV	662,25	—	48,29	54,32	—	43,72	49,19	—	39,28	44,19	—	34,96	39,33	—	30,76	34,60	—	26,67	30,—
	VI	1 110,16	—	88,81	99,91																				
4 052,99	I,IV	663,16	—	53,05	59,68	I	663,16	—	43,79	49,26	—	35,02	39,39	—	26,73	30,07	—	18,92	21,29	—	11,60	13,05	—	4,82	5,42
	II	552,41	—	44,19	49,71	II	552,41	—	35,40	39,82	—	27,08	30,47	—	19,26	21,67	—	11,92	13,41	—	5,09	5,72	—	—	—
	III	349,50	—	27,96	31,45	III	349,50	—	20,85	23,45	—	13,97	15,71	—	7,62	8,57	—	2,44	2,74	—	—	—	—	—	—
	V	1 075,—	—	86,—	96,75	IV	663,16	—	48,36	54,40	—	43,79	49,26	—	39,34	44,26	—	35,02	39,39	—	30,81	34,66	—	26,73	30,07
	VI	1 111,25	—	88,90	100,01																				
4 055,99	I,IV	664,—	—	53,12	59,76	I	664,—	—	43,86	49,34	—	35,08	39,46	—	26,78	30,13	—	18,98	21,35	—	11,66	13,11	—	4,86	5,46
	II	553,25	—	44,26	49,79	II	553,25	—	35,46	39,89	—	27,14	30,53	—	19,32	21,73	—	11,97	13,46	—	5,14	5,78	—	0,02	0,02
	III	350,16	—	28,01	31,51	III	350,16	—	20,89	23,50	—	14,02	15,77	—	7,66	8,62	—	2,46	2,77	—	—	—	—	—	—
	V	1 076,—	—	86,08	96,84	IV	664,—	—	48,42	54,47	—	43,86	49,34	—	39,40	44,33	—	35,08	39,46	—	30,87	34,73	—	26,78	30,13
	VI	1 112,33	—	88,98	100,10																				
4 058,99	I,IV	664,83	—	53,18	59,83	I	664,83	—	43,92	49,41	—	35,14	39,53	—	26,84	30,20	—	19,03	21,41	—	11,70	13,16	—	4,90	5,51
	II	554,—	—	44,32	49,86	II	554,—	—	35,52	39,96	—	27,20	30,60	—	19,37	21,79	—	12,02	13,52	—	5,18	5,82	—	0,05	0,05
	III	350,83	—	28,06	31,57	III	350,83	—	20,94	23,56	—	14,06	15,82	—	7,70	8,66	—	2,50	2,81	—	—	—	—	—	—
	V	1 077,08	—	86,16	96,93	IV	664,83	—	48,49	54,55	—	43,92	49,41	—	39,47	44,40	—	35,14	39,53	—	30,93	34,79	—	26,84	30,20
	VI	1 113,33	—	89,06	100,19																				
4 061,99	I,IV	665,66	—	53,25	59,90	I	665,66	—	43,98	49,48	—	35,20	39,60	—	26,90	30,26	—	19,08	21,47	—	11,76	13,23	—	4,94	5,56
	II	554,83	—	44,38	49,93	II	554,83	—	35,58	40,02	—	27,26	30,66	—	19,42	21,85	—	12,07	13,58	—	5,22	5,87	—	0,08	0,09
	III	351,50	—	28,12	31,63	III	351,50	—	21,—	23,62	—	14,12	15,88	—	7,74	8,71	—	2,53	2,84	—	—	—	—	—	—
	V	1 078,08	—	86,24	97,02	IV	665,66	—	48,56	54,63	—	43,98	49,48	—	39,53	44,47	—	35,20	39,60	—	30,99	34,86	—	26,90	30,26
	VI	1 114,33	—	89,14	100,28																				
4 064,99	I,IV	666,50	—	53,32	59,98	I	666,50	—	44,04	49,55	—	35,26	39,66	—	26,96	30,33	—	19,14	21,53	—	11,80	13,28	—	4,99	5,61
	II	555,66	—	44,45	50,—	II	555,66	—	35,64	40,09	—	27,32	30,73	—	19,48	21,91	—	12,12	13,64	—	5,27	5,93	—	0,10	0,11
	III	352,16	—	28,17	31,69	III	352,16	—	21,04	23,67	—	14,16	15,93	—	7,78	8,75	—	2,57	2,89	—	—	—	—	—	—
	V	1 079,16	—	86,33	97,12	IV	666,50	—	48,62	54,70	—	44,04	49,55	—	39,59	44,54	—	35,26	39,66	—	31,05	34,93	—	26,96	30,33
	VI	1 115,41	—	89,23	100,38																				
4 067,99	I,IV	667,33	—	53,38	60,05	I	667,33	—	44,11	49,62	—	35,32	39,74	—	27,02	30,39	—	19,20	21,60	—	11,86	13,34	—	5,04	5,67
	II	556,41	—	44,51	50,07	II	556,41	—	35,70	40,16	—	27,37	30,79	—	19,53	21,97	—	12,17	13,69	—	5,32	5,98	—	0,14	0,15
	III	352,83	—	28,22	31,75	III	352,83	—	21,09	23,72	—	14,21	15,98	—	7,82	8,80	—	2,60	2,92	—	—	—	—	—	—
	V	1 080,16	—	86,41	97,21	IV	667,33	—	48,69	54,77	—	44,11	49,62	—	39,66	44,61	—	35,32	39,74	—	31,11	35,—	—	27,02	30,39
	VI	1 116,50	—	89,32	100,48																				
4 070,99	I,IV	668,16	—	53,45	60,13	I	668,16	—	44,18	49,70	—	35,38	39,80	—	27,07	30,45	—	19,24	21,65	—	11,90	13,39	—	5,08	5,71
	II	557,25	—	44,58	50,15	II	557,25	—	35,76	40,23	—	27,43	30,86	—	19,58	22,03	—	12,22	13,75	—	5,36	6,03	—	0,16	0,18
	III	353,50	—	28,28	31,81	III	353,50	—	21,14	23,78	—	14,25	16,03	—	7,86	8,84	—	2,64	2,97	—	—	—	—	—	—
	V	1 081,25	—	86,50	97,31	IV	668,16	—	48,75	54,84	—	44,18	49,70	—	39,72	44,68	—	35,38	39,80	—	31,16	35,06	—	27,07	30,45
	VI	1 117,50	—	89,40	100,57																				
4 073,99	I,IV	669,—	—	53,52	60,21	I	669,—	—	44,24	49,77	—	35,44	39,87	—	27,13	30,52	—	19,30	21,71	—	11,96	13,45	—	5,12	5,76
	II	558,—	—	44,64	50,22	II	558,—	—	35,82	40,30	—	27,49	30,92	—	19,64	22,09	—	12,27	13,80	—	5,40	6,08	—	0,19	0,21
	III	354,—	—	28,32	31,86	III	354,—	—	21,20	23,85	—	14,30	16,09	—	7,92	8,91	—	2,66	2,99	—	—	—	—	—	—
	V	1 082,25	—	86,58	97,40	IV	669,—	—	48,82	54,92	—	44,24	49,77	—	39,78	44,75	—	35,44	39,87	—	31,22	35,12	—	27,13	30,52
	VI	1 118,50	—	89,48	100,66																				
4 076,99	I,IV	669,91	—	53,59	60,29	I	669,91	—	44,30	49,84	—	35,50	39,94	—	27,18	30,58	—	19,36	21,78	—	12,—	13,50	—	5,17	5,81
	II	558,83	—	44,70	50,29	II	558,83	—	35,88	40,37	—	27,54	30,98	—	19,69	22,15	—	12,32	13,86	—	5,45	6,13	—	0,22	0,24
	III	354,66	—	28,37	31,91	III	354,66	—	21,24	23,89	—	14,36	16,15	—	7,96	8,95	—	2,70	3,04	—	—	—	—	—	—
	V	1 083,33	—	86,66	97,49	IV	669,91	—	48,88	54,99	—	44,30	49,84	—	39,84	44,82	—	35,50	39,94	—	31,28	35,19	—	27,18	30,58
	VI	1 119,58	—	89,56	100,76																				
4 079,99	I,IV	670,75	—	53,66	60,36	I	670,75	—	44,37	49,91	—	35,56	40,01	—	27,24	30,65	—	19,41	21,83	—	12,06	13,56	—	5,22	5,87
	II	559,66	—	44,77	50,36	II	559,66	—	35,94	40,43	—	27,60	31,05	—	19,74	22,21	—	12,37	13,91	—	5,50	6,18	—	0,25	0,28
	III	355,33	—	28,42	31,97	III	355,33	—	21,29	23,95	—	14,40	16,20	—	8,—	9,—	—	2,73	3,07	—	—	—	—	—	—
	V	1 084,33	—	86,74	97,58	IV	670,75	—	48,95	55,07	—	44,37	49,91	—	39,90	44,89	—	35,56	40,01	—	31,34	35,26	—	27,24	30,65
	VI	1 120,66	—	89,65	100,85																				

* Die ausgewiesenen Tabellenwerte sind amtlich. Siehe Erläuterungen auf der Umschlaginnenseite (U2).

MONAT 4 080,–*

Abzüge an Lohnsteuer, Solidaritätszuschlag (SolZ) und Kirchensteuer (8%, 9%) in den Steuerklassen

Lohn/ Gehalt bis €*	I – VI		ohne Kinderfreibeträge			I, II, III, IV		mit Zahl der Kinderfreibeträge . . . 0,5			1			1,5			2			2,5			3		
		LSt	SolZ	8%	9%		LSt	SolZ	8%	9%	SolZ	8%	9%	SolZ	8%	9%	SolZ	8%	9%	SolZ	8%	9%	SolZ	8%	9%
4 082,99	I,IV	671,58	—	53,72	60,44	I	671,58	—	44,43	49,98	—	35,62	40,07	—	27,30	30,71	—	19,46	21,89	—	12,10	13,61	—	5,26	5,91
	II	560,41	—	44,83	50,43	II	560,41	—	36,—	40,50	—	27,66	31,11	—	19,80	22,27	—	12,42	13,97	—	5,54	6,23	—	0,28	0,31
	III	356,—	—	28,48	32,04	III	356,—	—	21,34	24,01	—	14,45	16,25	—	8,04	9,04	—	2,77	3,11	—	—	—	—	—	—
	V	1 085,41	—	86,83	97,68	IV	671,58	—	49,02	55,14	—	44,43	49,98	—	39,96	44,96	—	35,62	40,07	—	31,40	35,33	—	27,30	30,71
	VI	1 121,66	—	89,73	100,94																				
4 085,99	I,IV	672,41	—	53,79	60,51	I	672,41	—	44,50	50,06	—	35,68	40,14	—	27,36	30,78	—	19,52	21,96	—	12,16	13,68	—	5,30	5,96
	II	561,25	—	44,90	50,51	II	561,25	—	36,06	40,57	—	27,72	31,18	—	19,85	22,33	—	12,48	14,04	—	5,59	6,29	—	0,30	0,34
	III	356,66	—	28,53	32,09	III	356,66	—	21,38	24,05	—	14,49	16,30	—	8,08	9,09	—	2,80	3,15	—	—	—	—	—	—
	V	1 086,41	—	86,91	97,77	IV	672,41	—	49,08	55,22	—	44,50	50,06	—	40,03	45,03	—	35,68	40,14	—	31,46	35,39	—	27,36	30,78
	VI	1 122,66	—	89,81	101,03																				
4 088,99	I,IV	673,25	—	53,86	60,59	I	673,25	—	44,56	50,13	—	35,74	40,21	—	27,42	30,84	—	19,57	22,01	—	12,21	13,73	—	5,35	6,02
	II	562,08	—	44,96	50,58	II	562,08	—	36,12	40,64	—	27,78	31,25	—	19,91	22,40	—	12,52	14,09	—	5,64	6,34	—	0,34	0,38
	III	357,33	—	28,58	32,15	III	357,33	—	21,44	24,12	—	14,54	16,36	—	8,12	9,13	—	2,84	3,19	—	—	—	—	—	—
	V	1 087,50	—	87,—	97,87	IV	673,25	—	49,15	55,29	—	44,56	50,13	—	40,09	45,10	—	35,74	40,21	—	31,52	35,46	—	27,42	30,84
	VI	1 123,75	—	89,90	101,13																				
4 091,99	I,IV	674,08	—	53,92	60,66	I	674,08	—	44,62	50,20	—	35,81	40,28	—	27,48	30,91	—	19,62	22,07	—	12,26	13,79	—	5,40	6,07
	II	562,83	—	45,02	50,65	II	562,83	—	36,19	40,71	—	27,83	31,31	—	19,96	22,46	—	12,58	14,15	—	5,68	6,39	—	0,36	0,41
	III	358,—	—	28,64	32,22	III	358,—	—	21,49	24,17	—	14,60	16,42	—	8,16	9,18	—	2,86	3,22	—	—	—	—	—	—
	V	1 088,50	—	87,08	97,96	IV	674,08	—	49,22	55,37	—	44,62	50,20	—	40,16	45,18	—	35,81	40,28	—	31,58	35,52	—	27,48	30,91
	VI	1 124,83	—	89,98	101,23																				
4 094,99	I,IV	674,91	—	53,99	60,74	I	674,91	—	44,69	50,27	—	35,86	40,34	—	27,53	30,97	—	19,68	22,14	—	12,31	13,85	—	5,44	6,12
	II	563,66	—	45,09	50,72	II	563,66	—	36,25	40,78	—	27,89	31,37	—	20,02	22,52	—	12,62	14,20	—	5,72	6,44	—	0,39	0,44
	III	358,50	—	28,68	32,26	III	358,50	—	21,54	24,23	—	14,64	16,47	—	8,20	9,22	—	2,90	3,26	—	—	—	—	—	—
	V	1 089,58	—	87,16	98,06	IV	674,91	—	49,28	55,44	—	44,69	50,27	—	40,22	45,24	—	35,86	40,34	—	31,64	35,59	—	27,53	30,97
	VI	1 125,83	—	90,06	101,32																				
4 097,99	I,IV	675,83	—	54,06	60,82	I	675,83	—	44,75	50,34	—	35,93	40,42	—	27,59	31,04	—	19,73	22,19	—	12,36	13,90	—	5,48	6,17
	II	564,50	—	45,16	50,80	II	564,50	—	36,31	40,85	—	27,95	31,44	—	20,07	22,58	—	12,68	14,26	—	5,77	6,49	—	0,42	0,47
	III	359,16	—	28,73	32,32	III	359,16	—	21,60	24,30	—	14,69	16,52	—	8,25	9,28	—	2,93	3,29	—	—	—	—	—	—
	V	1 090,58	—	87,24	98,15	IV	675,83	—	49,34	55,51	—	44,75	50,34	—	40,28	45,31	—	35,93	40,42	—	31,70	35,66	—	27,59	31,04
	VI	1 126,83	—	90,14	101,41																				
4 100,99	I,IV	676,66	—	54,13	60,89	I	676,66	—	44,82	50,42	—	35,99	40,49	—	27,64	31,10	—	19,78	22,25	—	12,41	13,96	—	5,53	6,22
	II	565,25	—	45,22	50,87	II	565,25	—	36,37	40,91	—	28,—	31,50	—	20,12	22,64	—	12,73	14,32	—	5,82	6,54	—	0,45	0,50
	III	359,83	—	28,78	32,38	III	359,83	—	21,64	24,34	—	14,74	16,58	—	8,29	9,32	—	2,97	3,34	—	—	—	—	—	—
	V	1 091,66	—	87,33	98,24	IV	676,66	—	49,41	55,58	—	44,82	50,42	—	40,34	45,38	—	35,99	40,49	—	31,76	35,73	—	27,64	31,10
	VI	1 127,91	—	90,23	101,51																				
4 103,99	I,IV	677,50	—	54,20	60,97	I	677,50	—	44,88	50,49	—	36,05	40,55	—	27,70	31,16	—	19,84	22,32	—	12,46	14,02	—	5,58	6,27
	II	566,08	—	45,28	50,94	II	566,08	—	36,43	40,98	—	28,06	31,57	—	20,18	22,70	—	12,78	14,37	—	5,86	6,59	—	0,48	0,54
	III	360,50	—	28,84	32,44	III	360,50	—	21,69	24,40	—	14,78	16,63	—	8,33	9,37	—	3,—	3,37	—	—	—	—	—	—
	V	1 092,66	—	87,41	98,33	IV	677,50	—	49,48	55,66	—	44,88	50,49	—	40,40	45,45	—	36,05	40,55	—	31,82	35,79	—	27,70	31,16
	VI	1 129,—	—	90,32	101,61																				
4 106,99	I,IV	678,33	—	54,26	61,04	I	678,33	—	44,94	50,56	—	36,11	40,62	—	27,76	31,23	—	19,89	22,37	—	12,51	14,07	—	5,62	6,32
	II	566,91	—	45,35	51,02	II	566,91	—	36,49	41,05	—	28,12	31,63	—	20,23	22,76	—	12,83	14,43	—	5,91	6,65	—	0,51	0,57
	III	361,16	—	28,89	32,50	III	361,16	—	21,74	24,46	—	14,84	16,69	—	8,37	9,41	—	3,04	3,42	—	—	—	—	—	—
	V	1 093,75	—	87,50	98,43	IV	678,33	—	49,54	55,73	—	44,94	50,56	—	40,46	45,52	—	36,11	40,62	—	31,88	35,86	—	27,76	31,23
	VI	1 130,—	—	90,40	101,70																				
4 109,99	I,IV	679,16	—	54,33	61,12	I	679,16	—	45,01	50,63	—	36,17	40,69	—	27,82	31,29	—	19,95	22,44	—	12,56	14,13	—	5,67	6,38
	II	567,66	—	45,41	51,08	II	567,66	—	36,55	41,12	—	28,18	31,70	—	20,28	22,82	—	12,88	14,49	—	5,96	6,70	—	0,54	0,61
	III	361,83	—	28,94	32,56	III	361,83	—	21,78	24,50	—	14,88	16,74	—	8,41	9,46	—	3,06	3,44	—	—	—	—	—	—
	V	1 094,75	—	87,58	98,52	IV	679,16	—	49,61	55,81	—	45,01	50,63	—	40,53	45,59	—	36,17	40,69	—	31,94	35,93	—	27,82	31,29
	VI	1 131,—	—	90,48	101,79																				
4 112,99	I,IV	680,—	—	54,40	61,20	I	680,—	—	45,08	50,71	—	36,23	40,76	—	27,88	31,36	—	20,—	22,50	—	12,61	14,18	—	5,72	6,43
	II	568,50	—	45,48	51,16	II	568,50	—	36,62	41,19	—	28,24	31,77	—	20,34	22,88	—	12,93	14,54	—	6,—	6,75	—	0,57	0,64
	III	362,50	—	29,—	32,62	III	362,50	—	21,84	24,57	—	14,93	16,79	—	8,45	9,50	—	3,10	3,49	—	—	—	—	—	—
	V	1 095,83	—	87,66	98,62	IV	680,—	—	49,68	55,89	—	45,08	50,71	—	40,59	45,66	—	36,23	40,76	—	32,—	36,—	—	27,88	31,36
	VI	1 132,08	—	90,56	101,88																				
4 115,99	I,IV	680,91	—	54,47	61,28	I	680,91	—	45,14	50,78	—	36,30	40,83	—	27,94	31,43	—	20,06	22,56	—	12,66	14,24	—	5,76	6,48
	II	569,33	—	45,54	51,23	II	569,33	—	36,68	41,26	—	28,30	31,83	—	20,40	22,95	—	12,98	14,60	—	6,05	6,80	—	0,60	0,68
	III	363,—	—	29,04	32,67	III	363,—	—	21,89	24,62	—	14,98	16,85	—	8,49	9,55	—	3,13	3,52	—	—	—	—	—	—
	V	1 096,83	—	87,74	98,71	IV	680,91	—	49,74	55,96	—	45,14	50,78	—	40,66	45,74	—	36,30	40,83	—	32,06	36,06	—	27,94	31,43
	VI	1 133,08	—	90,64	101,97																				
4 118,99	I,IV	681,75	—	54,54	61,35	I	681,75	—	45,20	50,85	—	36,36	40,90	—	27,99	31,49	—	20,11	22,62	—	12,72	14,31	—	5,80	6,53
	II	570,08	—	45,60	51,30	II	570,08	—	36,74	41,33	—	28,35	31,89	—	20,45	23,—	—	13,03	14,66	—	6,10	6,86	—	0,63	0,71
	III	363,66	—	29,09	32,72	III	363,66	—	21,94	24,68	—	15,02	16,90	—	8,54	9,61	—	3,17	3,56	—	—	—	—	—	—
	V	1 097,91	—	87,83	98,81	IV	681,75	—	49,81	56,03	—	45,20	50,85	—	40,72	45,81	—	36,36	40,90	—	32,11	36,12	—	27,99	31,49
	VI	1 134,16	—	90,73	102,07																				
4 121,99	I,IV	682,58	—	54,60	61,43	I	682,58	—	45,27	50,93	—	36,42	40,97	—	28,05	31,55	—	20,16	22,68	—	12,76	14,36	—	5,85	6,58
	II	570,91	—	45,67	51,38	II	570,91	—	36,80	41,40	—	28,41	31,96	—	20,50	23,06	—	13,08	14,72	—	6,14	6,91	—	0,66	0,74
	III	364,33	—	29,14	32,78	III	364,33	—	21,98	24,73	—	15,08	16,96	—	8,58	9,65	—	3,20	3,60	—	—	—	—	—	—
	V	1 098,91	—	87,91	98,90	IV	682,58	—	49,88	56,11	—	45,27	50,93	—	40,78	45,88	—	36,42	40,97	—	32,17	36,19	—	28,05	31,55
	VI	1 135,16	—	90,81	102,16																				
4 124,99	I,IV	683,41	—	54,67	61,50	I	683,41	—	45,33	50,99	—	36,48	41,04	—	28,10	31,61	—	20,22	22,74	—	12,82	14,42	—	5,90	6,63
	II	571,75	—	45,74	51,45	II	571,75	—	36,86	41,46	—	28,47	32,03	—	20,56	23,13	—	13,14	14,78	—	6,20	6,97	—	0,70	0,78
	III	365,—	—	29,20	32,85	III	365,—	—	22,04	24,79	—	15,12	17,01	—	8,62	9,70	—	3,24	3,64	—	—	—	—	—	—
	V	1 100,—	—	88,—	99,—	IV	683,41	—	49,94	56,18	—	45,33	50,99	—	40,84	45,95	—	36,48	41,04	—	32,23	36,26	—	28,10	31,61
	VI	1 136,25	—	90,90	102,26																				
4 127,99	I,IV	684,33	—	54,74	61,58	I	684,33	—	45,40	51,07	—	36,54	41,10	—	28,16	31,68	—	20,28	22,81	—	12,87	14,48	—	5,95	6,69
	II	572,58	—	45,80	51,53	II	572,58	—	36,92	41,54	—	28,52	32,09	—	20,61	23,18	—	13,18	14,83	—	6,24	7,02	—	0,72	0,81
	III	365,66	—	29,25	32,90	III	365,66	—	22,09	24,85	—	15,17	17,06	—	8,66	9,74	—	3,28	3,69	—	—	—	—	—	—
	V	1 101,—	—	88,08	99,09	IV	684,33	—	50,01	56,26	—	45,40	51,07	—	40,91	46,02	—	36,54	41,10	—	32,29	36,32	—	28,16	31,68
	VI	1 137,25	—	90,98	102,35																				
4 130,99	I,IV	685,08	—	54,80	61,65	I	685,08	—	45,46	51,14	—	36,60	41,17	—	28,22	31,75	—	20,32	22,86	—	12,92	14,53	—	5,99	6,74
	II	573,33	—	45,86	51,59	II	573,33	—	36,98	41,60	—	28,58	32,15	—	20,66	23,24	—	13,24	14,89	—	6,29	7,07	—	0,76	0,85
	III	366,33	—	29,30	32,96	III	366,33	—	22,14	24,91	—	15,22	17,12	—	8,70	9,79	—	3,30	3,71	—	—	—	—	—	—
	V	1 102,08	—	88,16	99,18	IV	685,08	—	50,07	56,33	—	45,46	51,14	—	40,97	46,09	—	36,60	41,17	—	32,35	36,39	—	28,22	31,75
	VI	1 138,33	—	91,06	102,44																				

* **Die ausgewiesenen Tabellenwerte sind amtlich. Siehe Erläuterungen auf der Umschlaginnenseite (U2).**

4 181,99* MONAT

Lohn/ Gehalt bis €*	Abzüge an Lohnsteuer, Solidaritätszuschlag (SolZ) und Kirchensteuer (8%, 9%) in den Steuerklassen I – VI		ohne Kinderfreibeträge			I, II, III, IV		mit Zahl der Kinderfreibeträge . . . 0,5			1			1,5			2			2,5			3		
		LSt	SolZ	8%	9%		LSt	SolZ	8%	9%	SolZ	8%	9%	SolZ	8%	9%	SolZ	8%	9%	SolZ	8%	9%	SolZ	8%	9%
4 133,99	I,IV	686,—	—	54,88	61,74	I	686,—	—	45,52	51,21	—	36,66	41,24	—	28,28	31,81	—	20,38	22,93	—	12,97	14,59	—	6,04	6,80
	II	574,16	—	45,93	51,67	II	574,16	—	37,04	41,67	—	28,64	32,22	—	20,72	23,31	—	13,28	14,94	—	6,34	7,13	—	0,78	0,88
	III	367,—	—	29,36	33,03	III	367,—	—	22,18	24,95	—	15,26	17,17	—	8,74	9,83	—	3,34	3,76	—	—	—	—	—	—
	V	1 103,08	—	88,24	99,27	IV	686,—	—	50,14	56,40	—	45,52	51,21	—	41,03	46,16	—	36,66	41,24	—	32,41	36,46	—	28,28	31,81
	VI	1 139,33	—	91,14	102,53																				
4 136,99	I,IV	686,83	—	54,94	61,81	I	686,83	—	45,59	51,29	—	36,72	41,31	—	28,34	31,88	—	20,44	22,99	—	13,02	14,64	—	6,09	6,85
	II	575,—	—	46,—	51,75	II	575,—	—	37,10	41,74	—	28,70	32,28	—	20,78	23,37	—	13,34	15,—	—	6,38	7,18	—	0,82	0,92
	III	367,66	—	29,41	33,08	III	367,66	—	22,24	25,02	—	15,32	17,23	—	8,80	9,90	—	3,37	3,79	—	—	—	—	—	—
	V	1 104,16	—	88,33	99,37	IV	686,83	—	50,20	56,48	—	45,59	51,29	—	41,10	46,23	—	36,72	41,31	—	32,47	36,53	—	28,34	31,88
	VI	1 140,41	—	91,23	102,63																				
4 139,99	I,IV	687,66	—	55,01	61,88	I	687,66	—	45,66	51,36	—	36,78	41,38	—	28,40	31,95	—	20,49	23,05	—	13,07	14,70	—	6,14	6,90
	II	575,83	—	46,06	51,82	II	575,83	—	37,16	41,81	—	28,76	32,35	—	20,83	23,43	—	13,39	15,06	—	6,43	7,23	—	0,85	0,95
	III	368,16	—	29,45	33,13	III	368,16	—	22,29	25,07	—	15,36	17,28	—	8,84	9,94	—	3,41	3,83	—	—	—	—	—	—
	V	1 105,16	—	88,41	99,46	IV	687,66	—	50,28	56,56	—	45,66	51,36	—	41,16	46,30	—	36,78	41,38	—	32,53	36,59	—	28,40	31,95
	VI	1 141,41	—	91,31	102,72																				
4 142,99	I,IV	688,50	—	55,08	61,96	I	688,50	—	45,72	51,43	—	36,84	41,45	—	28,45	32,—	—	20,54	23,11	—	13,12	14,76	—	6,18	6,95
	II	576,58	—	46,12	51,89	II	576,58	—	37,22	41,87	—	28,81	32,41	—	20,88	23,49	—	13,44	15,12	—	6,48	7,29	—	0,88	0,99
	III	368,83	—	29,50	33,19	III	368,83	—	22,34	25,13	—	15,41	17,33	—	8,88	9,99	—	3,44	3,87	—	—	—	—	—	—
	V	1 106,25	—	88,50	99,56	IV	688,50	—	50,34	56,63	—	45,72	51,43	—	41,22	46,37	—	36,84	41,45	—	32,58	36,65	—	28,45	32,—
	VI	1 142,50	—	91,40	102,82																				
4 145,99	I,IV	689,41	—	55,15	62,04	I	689,41	—	45,78	51,50	—	36,90	41,51	—	28,51	32,07	—	20,60	23,17	—	13,17	14,81	—	6,23	7,01
	II	577,41	—	46,19	51,96	II	577,41	—	37,29	41,95	—	28,87	32,48	—	20,94	23,55	—	13,49	15,17	—	6,53	7,34	—	0,91	1,02
	III	369,50	—	29,56	33,25	III	369,50	—	22,38	25,18	—	15,46	17,39	—	8,92	10,03	—	3,48	3,91	—	—	—	—	—	—
	V	1 107,25	—	88,58	99,65	IV	689,41	—	50,40	56,70	—	45,78	51,50	—	41,28	46,44	—	36,90	41,51	—	32,64	36,72	—	28,51	32,07
	VI	1 143,50	—	91,48	102,91																				
4 148,99	I,IV	690,25	—	55,22	62,12	I	690,25	—	45,85	51,58	—	36,96	41,58	—	28,57	32,14	—	20,66	23,24	—	13,22	14,87	—	6,28	7,06
	II	578,25	—	46,26	52,04	II	578,25	—	37,35	42,02	—	28,93	32,54	—	21,—	23,62	—	13,54	15,23	—	6,58	7,40	—	0,94	1,06
	III	370,16	—	29,61	33,31	III	370,16	—	22,44	25,24	—	15,50	17,44	—	8,97	10,09	—	3,52	3,96	—	—	—	—	—	—
	V	1 108,33	—	88,66	99,74	IV	690,25	—	50,47	56,78	—	45,85	51,58	—	41,35	46,52	—	36,96	41,58	—	32,71	36,80	—	28,57	32,14
	VI	1 144,58	—	91,56	103,01																				
4 151,99	I,IV	691,08	—	55,28	62,19	I	691,08	—	45,92	51,66	—	37,03	41,66	—	28,62	32,20	—	20,71	23,30	—	13,28	14,94	—	6,32	7,11
	II	579,—	—	46,32	52,11	II	579,—	—	37,41	42,08	—	28,99	32,61	—	21,05	23,68	—	13,60	15,30	—	6,62	7,45	—	0,98	1,10
	III	370,83	—	29,66	33,37	III	370,83	—	22,49	25,30	—	15,56	17,50	—	9,01	10,13	—	3,54	3,98	—	—	—	—	—	—
	V	1 109,33	—	88,74	99,83	IV	691,08	—	50,54	56,85	—	45,92	51,66	—	41,41	46,58	—	37,03	41,66	—	32,77	36,86	—	28,62	32,20
	VI	1 145,58	—	91,64	103,10																				
4 154,99	I,IV	691,91	—	55,35	62,27	I	691,91	—	45,98	51,72	—	37,09	41,72	—	28,68	32,27	—	20,76	23,36	—	13,32	14,99	—	6,37	7,16
	II	579,83	—	46,38	52,18	II	579,83	—	37,47	42,15	—	29,04	32,67	—	21,10	23,74	—	13,64	15,35	—	6,67	7,50	—	1,—	1,13
	III	371,50	—	29,72	33,43	III	371,50	—	22,54	25,36	—	15,60	17,55	—	9,05	10,18	—	3,58	4,03	—	—	—	—	—	—
	V	1 110,33	—	88,82	99,92	IV	691,91	—	50,60	56,93	—	45,98	51,72	—	41,47	46,65	—	37,09	41,72	—	32,82	36,92	—	28,68	32,27
	VI	1 146,66	—	91,73	103,19																				
4 157,99	I,IV	692,83	—	55,42	62,35	I	692,83	—	46,04	51,80	—	37,15	41,79	—	28,74	32,33	—	20,82	23,42	—	13,38	15,05	—	6,42	7,22
	II	580,66	—	46,45	52,25	II	580,66	—	37,54	42,23	—	29,10	32,74	—	21,16	23,80	—	13,70	15,41	—	6,72	7,56	—	1,04	1,17
	III	372,16	—	29,77	33,49	III	372,16	—	22,58	25,40	—	15,65	17,60	—	9,09	10,22	—	3,61	4,06	—	—	—	—	—	—
	V	1 111,41	—	88,91	100,02	IV	692,83	—	50,67	57,—	—	46,04	51,80	—	41,54	46,73	—	37,15	41,79	—	32,88	36,99	—	28,74	32,33
	VI	1 147,66	—	91,81	103,28																				
4 160,99	I,IV	693,66	—	55,49	62,42	I	693,66	—	46,11	51,87	—	37,21	41,86	—	28,80	32,40	—	20,87	23,48	—	13,43	15,11	—	6,47	7,28
	II	581,50	—	46,52	52,33	II	581,50	—	37,60	42,30	—	29,16	32,81	—	21,21	23,86	—	13,75	15,47	—	6,76	7,61	—	1,07	1,20
	III	372,83	—	29,82	33,55	III	372,83	—	22,64	25,47	—	15,70	17,66	—	9,13	10,27	—	3,65	4,10	—	—	—	—	—	—
	V	1 112,50	—	89,—	100,12	IV	693,66	—	50,74	57,08	—	46,11	51,87	—	41,60	46,80	—	37,21	41,86	—	32,94	37,06	—	28,80	32,40
	VI	1 148,75	—	91,90	103,38																				
4 163,99	I,IV	694,50	—	55,56	62,50	I	694,50	—	46,18	51,95	—	37,28	41,94	—	28,86	32,46	—	20,92	23,54	—	13,48	15,16	—	6,52	7,33
	II	582,25	—	46,58	52,40	II	582,25	—	37,66	42,36	—	29,22	32,87	—	21,27	23,93	—	13,80	15,52	—	6,82	7,67	—	1,10	1,24
	III	373,50	—	29,88	33,61	III	373,50	—	22,69	25,52	—	15,74	17,71	—	9,18	10,33	—	3,68	4,14	—	—	—	—	—	—
	V	1 113,50	—	89,08	100,21	IV	694,50	—	50,80	57,15	—	46,18	51,95	—	41,66	46,87	—	37,28	41,94	—	33,—	37,13	—	28,86	32,46
	VI	1 149,75	—	91,98	103,47																				
4 166,99	I,IV	695,33	—	55,62	62,57	I	695,33	—	46,24	52,02	—	37,34	42,—	—	28,92	32,53	—	20,98	23,60	—	13,53	15,22	—	6,56	7,38
	II	583,08	—	46,64	52,47	II	583,08	—	37,72	42,43	—	29,28	32,94	—	21,32	23,99	—	13,85	15,58	—	6,86	7,72	—	1,14	1,28
	III	374,—	—	29,92	33,66	III	374,—	—	22,74	25,58	—	15,80	17,77	—	9,22	10,37	—	3,72	4,18	—	—	—	—	—	—
	V	1 114,50	—	89,16	100,30	IV	695,33	—	50,87	57,23	—	46,24	52,02	—	41,72	46,94	—	37,34	42,—	—	33,06	37,19	—	28,92	32,53
	VI	1 150,83	—	92,06	103,57																				
4 169,99	I,IV	696,16	—	55,69	62,65	I	696,16	—	46,30	52,09	—	37,40	42,07	—	28,97	32,59	—	21,04	23,67	—	13,58	15,28	—	6,61	7,43
	II	583,91	—	46,71	52,55	II	583,91	—	37,78	42,50	—	29,34	33,—	—	21,38	24,05	—	13,90	15,64	—	6,91	7,77	—	1,16	1,31
	III	374,66	—	29,97	33,71	III	374,66	—	22,78	25,63	—	15,85	17,83	—	9,26	10,42	—	3,76	4,23	—	—	—	—	—	—
	V	1 115,58	—	89,24	100,40	IV	696,16	—	50,94	57,30	—	46,30	52,09	—	41,79	47,01	—	37,40	42,07	—	33,12	37,26	—	28,97	32,59
	VI	1 151,83	—	92,14	103,66																				
4 172,99	I,IV	697,08	—	55,76	62,73	I	697,08	—	46,37	52,16	—	37,46	42,14	—	29,03	32,66	—	21,09	23,72	—	13,63	15,33	—	6,66	7,49
	II	584,75	—	46,78	52,62	II	584,75	—	37,84	42,57	—	29,40	33,07	—	21,43	24,11	—	13,95	15,69	—	6,96	7,83	—	1,20	1,35
	III	375,33	—	30,02	33,77	III	375,33	—	22,84	25,69	—	15,89	17,87	—	9,30	10,46	—	3,78	4,25	—	—	—	—	—	—
	V	1 116,66	—	89,33	100,49	IV	697,08	—	51,—	57,38	—	46,37	52,16	—	41,85	47,08	—	37,46	42,14	—	33,18	37,33	—	29,03	32,66
	VI	1 152,91	—	92,23	103,76																				
4 175,99	I,IV	697,91	—	55,83	62,81	I	697,91	—	46,43	52,23	—	37,52	42,21	—	29,09	32,72	—	21,14	23,78	—	13,68	15,39	—	6,70	7,54
	II	585,50	—	46,84	52,69	II	585,50	—	37,90	42,64	—	29,46	33,14	—	21,49	24,17	—	14,—	15,75	—	7,—	7,88	—	1,23	1,38
	III	376,—	—	30,08	33,84	III	376,—	—	22,89	25,75	—	15,94	17,93	—	9,36	10,53	—	3,82	4,30	—	—	—	—	—	—
	V	1 117,66	—	89,41	100,58	IV	697,91	—	51,07	57,45	—	46,43	52,23	—	41,92	47,16	—	37,52	42,21	—	33,24	37,40	—	29,09	32,72
	VI	1 153,91	—	92,31	103,85																				
4 178,99	I,IV	698,75	—	55,90	62,88	I	698,75	—	46,50	52,31	—	37,58	42,27	—	29,15	32,79	—	21,20	23,85	—	13,74	15,45	—	6,75	7,59
	II	586,33	—	46,90	52,76	II	586,33	—	37,96	42,71	—	29,51	33,20	—	21,54	24,23	—	14,06	15,81	—	7,05	7,93	—	1,26	1,42
	III	376,66	—	30,13	33,89	III	376,66	—	22,94	25,81	—	16,—	18,—	—	9,40	10,57	—	3,85	4,33	—	—	—	—	—	—
	V	1 118,66	—	89,49	100,67	IV	698,75	—	51,14	57,53	—	46,50	52,31	—	41,98	47,22	—	37,58	42,27	—	33,30	37,46	—	29,15	32,79
	VI	1 155,—	—	92,40	103,95																				
4 181,99	I,IV	699,66	—	55,97	62,96	I	699,66	—	46,56	52,38	—	37,64	42,35	—	29,20	32,85	—	21,25	23,90	—	13,78	15,50	—	6,80	7,65
	II	587,16	—	46,97	52,84	II	587,16	—	38,03	42,78	—	29,57	33,26	—	21,60	24,30	—	14,10	15,86	—	7,10	7,99	—	1,30	1,46
	III	377,33	—	30,18	33,95	III	377,33	—	22,98	25,85	—	16,04	18,04	—	9,44	10,62	—	3,89	4,37	—	—	—	—	—	—
	V	1 119,75	—	89,58	100,77	IV	699,66	—	51,20	57,60	—	46,56	52,38	—	42,04	47,30	—	37,64	42,35	—	33,36	37,53	—	29,20	32,85
	VI	1 156,—	—	92,48	104,04																				

* Die ausgewiesenen Tabellenwerte sind amtlich. Siehe Erläuterungen auf der Umschlaginnenseite (U2).

MONAT 4 182,–*

Abzüge an Lohnsteuer, Solidaritätszuschlag (SolZ) und Kirchensteuer (8%, 9%) in den Steuerklassen

Lohn/Gehalt bis €*	I – VI	LSt	ohne Kinderfreibeträge SolZ	8%	9%	I, II, III, IV	LSt	0,5 SolZ	8%	9%	1 SolZ	8%	9%	1,5 SolZ	8%	9%	2 SolZ	8%	9%	2,5 SolZ	8%	9%	3 SolZ	8%	9%
4 184,99	I,IV	700,50	—	56,04	63,04	I	700,50	—	46,63	52,46	—	37,70	42,41	—	29,26	32,92	—	21,31	23,97	—	13,84	15,57	—	6,85	7,70
	II	588,—	—	47,04	52,92	II	588,—	—	38,09	42,85	—	29,63	33,33	—	21,65	24,35	—	14,16	15,93	—	7,15	8,04	—	1,33	1,49
	III	378,—	—	30,24	34,02	III	378,—	—	23,04	25,92	—	16,09	18,10	—	9,48	10,66	—	3,93	4,42	—	—	—	—	—	—
	V	1 120,83	—	89,66	100,87	IV	700,50	—	51,27	57,68	—	46,63	52,46	—	42,10	47,36	—	37,70	42,41	—	33,42	37,60	—	29,26	32,92
	VI	1 157,08	—	92,56	104,13																				
4 187,99	I,IV	701,33	—	56,10	63,11	I	701,33	—	46,69	52,52	—	37,76	42,48	—	29,32	32,99	—	21,36	24,03	—	13,89	15,62	—	6,90	7,76
	II	588,83	—	47,10	52,99	II	588,83	—	38,15	42,92	—	29,69	33,40	—	21,70	24,41	—	14,21	15,98	—	7,20	8,10	—	1,36	1,53
	III	378,66	—	30,29	34,07	III	378,66	—	23,09	25,97	—	16,14	18,16	—	9,53	10,72	—	3,96	4,45	—	—	—	—	—	—
	V	1 121,83	—	89,74	100,96	IV	701,33	—	51,34	57,75	—	46,69	52,52	—	42,17	47,44	—	37,76	42,48	—	33,48	37,67	—	29,32	32,99
	VI	1 158,08	—	92,64	104,22																				
4 190,99	I,IV	702,16	—	56,17	63,19	I	702,16	—	46,76	52,60	—	37,82	42,55	—	29,38	33,05	—	21,42	24,09	—	13,94	15,68	—	6,94	7,81
	II	589,58	—	47,16	53,06	II	589,58	—	38,21	42,98	—	29,74	33,46	—	21,76	24,48	—	14,26	16,04	—	7,24	8,15	—	1,40	1,57
	III	379,33	—	30,34	34,13	III	379,33	—	23,14	26,03	—	16,18	18,20	—	9,57	10,76	—	4,—	4,50	—	—	—	—	—	—
	V	1 122,83	—	89,82	101,05	IV	702,16	—	51,40	57,83	—	46,76	52,60	—	42,23	47,51	—	37,82	42,55	—	33,54	37,73	—	29,38	33,05
	VI	1 159,16	—	92,73	104,32																				
4 193,99	I,IV	703,08	—	56,24	63,27	I	703,08	—	46,82	52,67	—	37,89	42,62	—	29,44	33,12	—	21,47	24,15	—	13,99	15,74	—	6,99	7,86
	II	590,41	—	47,23	53,13	II	590,41	—	38,28	43,06	—	29,80	33,53	—	21,82	24,54	—	14,31	16,10	—	7,29	8,20	—	1,43	1,61
	III	379,83	—	30,38	34,18	III	379,83	—	23,20	26,10	—	16,24	18,27	—	9,61	10,81	—	4,04	4,54	—	—	—	—	—	—
	V	1 123,91	—	89,91	101,15	IV	703,08	—	51,47	57,90	—	46,82	52,67	—	42,30	47,58	—	37,89	42,62	—	33,60	37,80	—	29,44	33,12
	VI	1 160,16	—	92,81	104,41																				
4 196,99	I,IV	703,91	—	56,31	63,35	I	703,91	—	46,89	52,75	—	37,95	42,69	—	29,50	33,18	—	21,53	24,22	—	14,04	15,80	—	7,04	7,92
	II	591,25	—	47,30	53,21	II	591,25	—	38,34	43,13	—	29,86	33,59	—	21,87	24,60	—	14,36	16,16	—	7,34	8,26	—	1,46	1,64
	III	380,50	—	30,44	34,24	III	380,50	—	23,24	26,14	—	16,29	18,32	—	9,66	10,87	—	4,06	4,57	—	—	—	—	—	—
	V	1 125,—	—	90,—	101,25	IV	703,91	—	51,54	57,98	—	46,89	52,75	—	42,36	47,65	—	37,95	42,69	—	33,66	37,87	—	29,50	33,18
	VI	1 161,25	—	92,90	104,51																				
4 199,99	I,IV	704,75	—	56,38	63,42	I	704,75	—	46,96	52,83	—	38,01	42,76	—	29,56	33,25	—	21,58	24,28	—	14,10	15,86	—	7,09	7,97
	II	592,08	—	47,36	53,28	II	592,08	—	38,40	43,20	—	29,92	33,66	—	21,92	24,66	—	14,42	16,22	—	7,39	8,31	—	1,50	1,68
	III	381,16	—	30,49	34,30	III	381,16	—	23,29	26,20	—	16,33	18,37	—	9,70	10,91	—	4,10	4,61	—	—	—	—	—	—
	V	1 126,—	—	90,08	101,34	IV	704,75	—	51,60	58,05	—	46,96	52,83	—	42,42	47,72	—	38,01	42,76	—	33,72	37,94	—	29,56	33,25
	VI	1 162,25	—	92,98	104,60																				
4 202,99	I,IV	705,58	—	56,44	63,50	I	705,58	—	47,02	52,89	—	38,07	42,83	—	29,61	33,31	—	21,64	24,34	—	14,14	15,91	—	7,14	8,03
	II	592,83	—	47,42	53,35	II	592,83	—	38,46	43,26	—	29,98	33,72	—	21,98	24,72	—	14,46	16,27	—	7,44	8,37	—	1,53	1,72
	III	381,83	—	30,54	34,36	III	381,83	—	23,34	26,26	—	16,38	18,43	—	9,74	10,96	—	4,14	4,66	—	—	—	—	—	—
	V	1 127,—	—	90,16	101,43	IV	705,58	—	51,67	58,13	—	47,02	52,89	—	42,48	47,79	—	38,07	42,83	—	33,78	38,—	—	29,61	33,31
	VI	1 163,33	—	93,06	104,69																				
4 205,99	I,IV	706,50	—	56,52	63,58	I	706,50	—	47,08	52,97	—	38,14	42,90	—	29,67	33,38	—	21,69	24,40	—	14,20	15,97	—	7,18	8,08
	II	593,66	—	47,49	53,42	II	593,66	—	38,52	43,34	—	30,04	33,79	—	22,04	24,79	—	14,52	16,33	—	7,48	8,42	—	1,56	1,76
	III	382,50	—	30,60	34,42	III	382,50	—	23,40	26,32	—	16,42	18,47	—	9,78	11,—	—	4,17	4,69	—	—	—	—	—	—
	V	1 128,08	—	90,24	101,52	IV	706,50	—	51,74	58,20	—	47,08	52,97	—	42,55	47,87	—	38,14	42,90	—	33,84	38,07	—	29,67	33,38
	VI	1 164,33	—	93,14	104,78																				
4 208,99	I,IV	707,33	—	56,58	63,65	I	707,33	—	47,15	53,04	—	38,20	42,97	—	29,73	33,44	—	21,75	24,47	—	14,25	16,03	—	7,23	8,13
	II	594,50	—	47,56	53,50	II	594,50	—	38,58	43,40	—	30,10	33,86	—	22,09	24,85	—	14,57	16,39	—	7,54	8,48	—	1,60	1,80
	III	383,16	—	30,65	34,48	III	383,16	—	23,44	26,37	—	16,48	18,54	—	9,84	11,07	—	4,21	4,73	—	—	—	—	—	—
	V	1 129,16	—	90,33	101,62	IV	707,33	—	51,80	58,28	—	47,15	53,04	—	42,61	47,93	—	38,20	42,97	—	33,90	38,14	—	29,73	33,44
	VI	1 165,41	—	93,23	104,88																				
4 211,99	I,IV	708,25	—	56,66	63,74	I	708,25	—	47,22	53,12	—	38,26	43,04	—	29,79	33,51	—	21,80	24,53	—	14,30	16,08	—	7,28	8,19
	II	595,33	—	47,62	53,57	II	595,33	—	38,64	43,47	—	30,16	33,93	—	22,14	24,91	—	14,62	16,45	—	7,58	8,53	—	1,63	1,83
	III	383,83	—	30,70	34,54	III	383,83	—	23,49	26,42	—	16,53	18,59	—	9,88	11,11	—	4,25	4,78	—	—	—	—	—	—
	V	1 130,16	—	90,41	101,71	IV	708,25	—	51,88	58,36	—	47,22	53,12	—	42,68	48,01	—	38,26	43,04	—	33,96	38,21	—	29,79	33,51
	VI	1 166,41	—	93,31	104,97																				
4 214,99	I,IV	709,08	—	56,72	63,81	I	709,08	—	47,28	53,19	—	38,32	43,11	—	29,84	33,57	—	21,86	24,59	—	14,35	16,14	—	7,33	8,24
	II	596,08	—	47,68	53,64	II	596,08	—	38,71	43,55	—	30,21	33,98	—	22,20	24,97	—	14,67	16,50	—	7,63	8,58	—	1,66	1,87
	III	384,50	—	30,76	34,60	III	384,50	—	23,54	26,48	—	16,57	18,64	—	9,92	11,16	—	4,28	4,81	—	—	—	—	—	—
	V	1 131,16	—	90,49	101,80	IV	709,08	—	51,94	58,43	—	47,28	53,19	—	42,74	48,08	—	38,32	43,11	—	34,02	38,27	—	29,84	33,57
	VI	1 167,50	—	93,40	105,07																				
4 217,99	I,IV	709,91	—	56,79	63,89	I	709,91	—	47,34	53,26	—	38,38	43,18	—	29,90	33,64	—	21,91	24,65	—	14,40	16,20	—	7,38	8,30
	II	596,91	—	47,75	53,72	II	596,91	—	38,77	43,61	—	30,27	34,05	—	22,26	25,04	—	14,72	16,56	—	7,68	8,64	—	1,70	1,91
	III	385,16	—	30,81	34,66	III	385,16	—	23,60	26,55	—	16,62	18,70	—	9,97	11,21	—	4,32	4,86	—	—	—	—	—	—
	V	1 132,25	—	90,58	101,90	IV	709,91	—	52,—	58,50	—	47,34	53,26	—	42,80	48,15	—	38,38	43,18	—	34,08	38,34	—	29,90	33,64
	VI	1 168,50	—	93,48	105,16																				
4 220,99	I,IV	710,75	—	56,86	63,96	I	710,75	—	47,41	53,33	—	38,44	43,25	—	29,96	33,71	—	21,97	24,71	—	14,46	16,26	—	7,42	8,35
	II	597,75	—	47,82	53,79	II	597,75	—	38,83	43,68	—	30,33	34,12	—	22,31	25,10	—	14,78	16,62	—	7,73	8,69	—	1,74	1,95
	III	385,83	—	30,86	34,72	III	385,83	—	23,65	26,60	—	16,68	18,76	—	10,01	11,26	—	4,36	4,90	—	—	—	—	—	—
	V	1 133,33	—	90,66	101,99	IV	710,75	—	52,08	58,59	—	47,41	53,33	—	42,86	48,22	—	38,44	43,25	—	34,14	38,41	—	29,96	33,71
	VI	1 169,58	—	93,56	105,26																				
4 223,99	I,IV	711,66	—	56,93	64,04	I	711,66	—	47,48	53,41	—	38,51	43,32	—	30,02	33,77	—	22,02	24,77	—	14,50	16,31	—	7,48	8,41
	II	598,58	—	47,88	53,87	II	598,58	—	38,90	43,76	—	30,39	34,19	—	22,37	25,16	—	14,83	16,68	—	7,78	8,75	—	1,77	1,99
	III	386,50	—	30,92	34,78	III	386,50	—	23,69	26,65	—	16,72	18,81	—	10,05	11,30	—	4,40	4,95	—	—	—	—	—	—
	V	1 134,33	—	90,74	102,08	IV	711,66	—	52,14	58,66	—	47,48	53,41	—	42,93	48,29	—	38,51	43,32	—	34,20	38,48	—	30,02	33,77
	VI	1 170,58	—	93,64	105,35																				
4 226,99	I,IV	712,50	—	57,—	64,12	I	712,50	—	47,54	53,48	—	38,57	43,39	—	30,08	33,84	—	22,08	24,84	—	14,56	16,38	—	7,52	8,46
	II	599,41	—	47,95	53,94	II	599,41	—	38,96	43,83	—	30,44	34,25	—	22,42	25,22	—	14,88	16,74	—	7,82	8,80	—	1,80	2,03
	III	387,—	—	30,96	34,83	III	387,—	—	23,74	26,71	—	16,77	18,86	—	10,10	11,36	—	4,42	4,97	—	—	—	—	—	—
	V	1 135,33	—	90,82	102,17	IV	712,50	—	52,21	58,73	—	47,54	53,48	—	42,99	48,36	—	38,57	43,39	—	34,26	38,54	—	30,08	33,84
	VI	1 171,58	—	93,72	105,44																				
4 229,99	I,IV	713,33	—	57,06	64,19	I	713,33	—	47,60	53,55	—	38,63	43,46	—	30,14	33,90	—	22,13	24,89	—	14,61	16,43	—	7,57	8,51
	II	600,25	—	48,02	54,02	II	600,25	—	39,02	43,89	—	30,50	34,31	—	22,48	25,29	—	14,93	16,79	—	7,87	8,85	—	1,84	2,07
	III	387,66	—	31,01	34,88	III	387,66	—	23,80	26,77	—	16,81	18,91	—	10,14	11,41	—	4,46	5,02	—	—	—	—	—	—
	V	1 136,41	—	90,91	102,27	IV	713,33	—	52,28	58,81	—	47,60	53,55	—	43,06	48,44	—	38,63	43,46	—	34,32	38,61	—	30,14	33,90
	VI	1 172,66	—	93,81	105,53																				
4 232,99	I,IV	714,25	—	57,14	64,28	I	714,25	—	47,67	53,63	—	38,69	43,52	—	30,20	33,97	—	22,19	24,96	—	14,66	16,49	—	7,62	8,57
	II	601,08	—	48,08	54,09	II	601,08	—	39,08	43,97	—	30,56	34,38	—	22,53	25,34	—	14,98	16,85	—	7,92	8,91	—	1,88	2,11
	III	388,33	—	31,06	34,94	III	388,33	—	23,85	26,83	—	16,86	18,97	—	10,18	11,45	—	4,50	5,06	—	—	—	—	—	—
	V	1 137,50	—	91,—	102,37	IV	714,25	—	52,34	58,88	—	47,67	53,63	—	43,12	48,51	—	38,69	43,52	—	34,38	38,68	—	30,20	33,97
	VI	1 173,75	—	93,90	105,63																				

* Die ausgewiesenen Tabellenwerte sind amtlich. Siehe Erläuterungen auf der Umschlaginnenseite (U2).

4 283,99* MONAT

Abzüge an Lohnsteuer, Solidaritätszuschlag (SolZ) und Kirchensteuer (8%, 9%) in den Steuerklassen

Lohn/ Gehalt bis €*	I – VI	LSt	ohne Kinderfreibeträge SolZ	8%	9%	I, II, III, IV	LSt	mit Zahl der Kinderfreibeträge . . . 0,5 SolZ	8%	9%	1 SolZ	8%	9%	1,5 SolZ	8%	9%	2 SolZ	8%	9%	2,5 SolZ	8%	9%	3 SolZ	8%	9%
4 235,99	I,IV	715,08	—	57,20	64,35	I	715,08	—	47,74	53,70	—	38,76	43,60	—	30,26	34,04	—	22,24	25,02	—	14,71	16,55	—	7,67	8,63
	II	601,83	—	48,14	54,16	II	601,83	—	39,14	44,03	—	30,62	34,45	—	22,59	25,41	—	15,04	16,92	—	7,97	8,96	—	1,91	2,15
	III	389,—	—	31,12	35,01	III	389,—	—	23,89	26,87	—	16,92	19,03	—	10,24	11,52	—	4,53	5,09	—	0,02	0,02	—	—	—
	V	1 138,50	—	91,08	102,46	IV	715,08	—	52,41	58,96	—	47,74	53,70	—	43,18	48,58	—	38,76	43,60	—	34,44	38,75	—	30,26	34,04
	VI	1 174,75	—	93,98	105,72																				
4 238,99	I,IV	715,91	—	57,27	64,43	I	715,91	—	47,80	53,78	—	38,82	43,67	—	30,32	34,11	—	22,30	25,08	—	14,76	16,61	—	7,72	8,68
	II	602,66	—	48,21	54,23	II	602,66	—	39,20	44,10	—	30,68	34,52	—	22,64	25,47	—	15,09	16,97	—	8,02	9,02	—	1,94	2,18
	III	389,66	—	31,17	35,06	III	389,66	—	23,94	26,93	—	16,96	19,08	—	10,28	11,56	—	4,57	5,14	—	0,05	0,05	—	—	—
	V	1 139,50	—	91,16	102,55	IV	715,91	—	52,48	59,04	—	47,80	53,78	—	43,25	48,65	—	38,82	43,67	—	34,50	38,81	—	30,32	34,11
	VI	1 175,75	—	94,06	105,81																				
4 241,99	I,IV	716,83	—	57,34	64,51	I	716,83	—	47,87	53,85	—	38,88	43,74	—	30,37	34,16	—	22,35	25,14	—	14,82	16,67	—	7,76	8,73
	II	603,50	—	48,28	54,31	II	603,50	—	39,26	44,17	—	30,74	34,58	—	22,70	25,53	—	15,14	17,03	—	8,06	9,07	—	1,98	2,22
	III	390,33	—	31,22	35,12	III	390,33	—	24,—	27,—	—	17,01	19,13	—	10,32	11,61	—	4,61	5,18	—	0,08	0,09	—	—	—
	V	1 140,58	—	91,24	102,65	IV	716,83	—	52,54	59,11	—	47,87	53,85	—	43,31	48,72	—	38,88	43,74	—	34,56	38,88	—	30,37	34,16
	VI	1 176,83	—	94,14	105,91																				
4 244,99	I,IV	717,66	—	57,41	64,58	I	717,66	—	47,93	53,92	—	38,94	43,81	—	30,43	34,23	—	22,41	25,21	—	14,87	16,73	—	7,81	8,78
	II	604,33	—	48,34	54,38	II	604,33	—	39,33	44,24	—	30,80	34,65	—	22,75	25,59	—	15,19	17,09	—	8,12	9,13	—	2,02	2,27
	III	391,—	—	31,28	35,19	III	391,—	—	24,05	27,05	—	17,06	19,19	—	10,37	11,66	—	4,65	5,23	—	0,10	0,11	—	—	—
	V	1 141,66	—	91,33	102,74	IV	717,66	—	52,61	59,18	—	47,93	53,92	—	43,38	48,80	—	38,94	43,81	—	34,62	38,95	—	30,43	34,23
	VI	1 177,91	—	94,23	106,01																				
4 247,99	I,IV	718,50	—	57,48	64,66	I	718,50	—	48,—	54,—	—	39,—	43,88	—	30,49	34,30	—	22,46	25,27	—	14,92	16,78	—	7,86	8,84
	II	605,16	—	48,41	54,46	II	605,16	—	39,39	44,31	—	30,86	34,71	—	22,81	25,66	—	15,24	17,15	—	8,16	9,18	—	2,05	2,30
	III	391,66	—	31,33	35,24	III	391,66	—	24,10	27,11	—	17,12	19,26	—	10,41	11,71	—	4,68	5,26	—	0,13	0,14	—	—	—
	V	1 142,66	—	91,41	102,83	IV	718,50	—	52,68	59,26	—	48,—	54,—	—	43,44	48,87	—	39,—	43,88	—	34,68	39,02	—	30,49	34,30
	VI	1 178,91	—	94,31	106,10																				
4 250,99	I,IV	719,33	—	57,54	64,73	I	719,33	—	48,06	54,07	—	39,06	43,94	—	30,55	34,37	—	22,52	25,33	—	14,97	16,84	—	7,91	8,90
	II	605,91	—	48,47	54,53	II	605,91	—	39,45	44,38	—	30,92	34,78	—	22,86	25,72	—	15,30	17,21	—	8,21	9,23	—	2,08	2,34
	III	392,16	—	31,37	35,29	III	392,16	—	24,14	27,16	—	17,16	19,30	—	10,45	11,75	—	4,72	5,31	—	0,16	0,18	—	—	—
	V	1 143,66	—	91,49	102,92	IV	719,33	—	52,74	59,33	—	48,06	54,07	—	43,50	48,94	—	39,06	43,94	—	34,74	39,08	—	30,55	34,37
	VI	1 179,91	—	94,39	106,19																				
4 253,99	I,IV	720,25	—	57,62	64,82	I	720,25	—	48,13	54,14	—	39,12	44,01	—	30,61	34,43	—	22,57	25,39	—	15,02	16,90	—	7,96	8,95
	II	606,75	—	48,54	54,60	II	606,75	—	39,52	44,46	—	30,98	34,85	—	22,92	25,78	—	15,35	17,27	—	8,26	9,29	—	2,12	2,39
	III	392,83	—	31,42	35,35	III	392,83	—	24,20	27,22	—	17,21	19,36	—	10,50	11,81	—	4,76	5,35	—	0,18	0,20	—	—	—
	V	1 144,75	—	91,58	103,02	IV	720,25	—	52,81	59,41	—	48,13	54,14	—	43,57	49,01	—	39,12	44,01	—	34,80	39,15	—	30,61	34,43
	VI	1 181,—	—	94,48	106,29																				
4 256,99	I,IV	721,08	—	57,68	64,89	I	721,08	—	48,20	54,22	—	39,19	44,09	—	30,66	34,49	—	22,63	25,46	—	15,08	16,96	—	8,—	9,—
	II	607,58	—	48,60	54,68	II	607,58	—	39,58	44,52	—	31,04	34,92	—	22,98	25,85	—	15,40	17,32	—	8,31	9,35	—	2,16	2,43
	III	393,50	—	31,48	35,41	III	393,50	—	24,25	27,28	—	17,25	19,40	—	10,54	11,86	—	4,78	5,38	—	0,21	0,23	—	—	—
	V	1 145,83	—	91,66	103,12	IV	721,08	—	52,88	59,49	—	48,20	54,22	—	43,63	49,08	—	39,19	44,09	—	34,87	39,23	—	30,66	34,49
	VI	1 182,08	—	94,56	106,38																				
4 259,99	I,IV	722,—	—	57,76	64,98	I	722,—	—	48,26	54,29	—	39,25	44,15	—	30,72	34,56	—	22,68	25,52	—	15,13	17,02	—	8,06	9,06
	II	608,41	—	48,67	54,75	II	608,41	—	39,64	44,60	—	31,10	34,98	—	23,03	25,91	—	15,45	17,38	—	8,36	9,40	—	2,19	2,46
	III	394,16	—	31,53	35,47	III	394,16	—	24,30	27,34	—	17,30	19,46	—	10,60	11,92	—	4,82	5,42	—	0,25	0,28	—	—	—
	V	1 146,83	—	91,74	103,21	IV	722,—	—	52,95	59,57	—	48,26	54,29	—	43,70	49,16	—	39,25	44,15	—	34,93	39,29	—	30,72	34,56
	VI	1 183,08	—	94,64	106,47																				
4 262,99	I,IV	722,83	—	57,82	65,05	I	722,83	—	48,32	54,36	—	39,31	44,22	—	30,78	34,63	—	22,74	25,58	—	15,18	17,07	—	8,10	9,11
	II	609,25	—	48,74	54,83	II	609,25	—	39,70	44,66	—	31,15	35,04	—	23,08	25,97	—	15,50	17,44	—	8,40	9,45	—	2,23	2,51
	III	394,83	—	31,58	35,53	III	394,83	—	24,34	27,38	—	17,36	19,53	—	10,64	11,97	—	4,86	5,47	—	0,28	0,31	—	—	—
	V	1 147,83	—	91,82	103,30	IV	722,83	—	53,02	59,64	—	48,32	54,36	—	43,76	49,23	—	39,31	44,22	—	34,99	39,36	—	30,78	34,63
	VI	1 184,08	—	94,72	106,56																				
4 265,99	I,IV	723,66	—	57,89	65,12	I	723,66	—	48,39	54,44	—	39,38	44,30	—	30,84	34,70	—	22,80	25,65	—	15,23	17,13	—	8,15	9,17
	II	610,08	—	48,80	54,90	II	610,08	—	39,76	44,73	—	31,21	35,11	—	23,14	26,03	—	15,56	17,50	—	8,46	9,51	—	2,26	2,54
	III	395,50	—	31,64	35,59	III	395,50	—	24,40	27,45	—	17,40	19,57	—	10,68	12,01	—	4,90	5,51	—	0,30	0,34	—	—	—
	V	1 148,91	—	91,91	103,40	IV	723,66	—	53,08	59,72	—	48,39	54,44	—	43,82	49,30	—	39,38	44,30	—	35,05	39,43	—	30,84	34,70
	VI	1 185,16	—	94,81	106,66																				
4 268,99	I,IV	724,58	—	57,96	65,21	I	724,58	—	48,46	54,51	—	39,44	44,37	—	30,90	34,76	—	22,85	25,70	—	15,28	17,19	—	8,20	9,22
	II	610,91	—	48,87	54,98	II	610,91	—	39,83	44,81	—	31,27	35,18	—	23,20	26,10	—	15,61	17,56	—	8,50	9,56	—	2,30	2,59
	III	396,16	—	31,69	35,65	III	396,16	—	24,45	27,50	—	17,45	19,63	—	10,73	12,07	—	4,94	5,56	—	0,33	0,37	—	—	—
	V	1 150,—	—	92,—	103,50	IV	724,58	—	53,15	59,79	—	48,46	54,51	—	43,89	49,37	—	39,44	44,37	—	35,11	39,50	—	30,90	34,76
	VI	1 186,25	—	94,90	106,76																				
4 271,99	I,IV	725,41	—	58,03	65,28	I	725,41	—	48,52	54,59	—	39,50	44,44	—	30,96	34,83	—	22,90	25,76	—	15,34	17,25	—	8,25	9,28
	II	611,75	—	48,94	55,05	II	611,75	—	39,89	44,87	—	31,33	35,24	—	23,25	26,15	—	15,66	17,62	—	8,55	9,62	—	2,34	2,63
	III	396,83	—	31,74	35,71	III	396,83	—	24,50	27,56	—	17,50	19,69	—	10,77	12,11	—	4,97	5,59	—	0,36	0,40	—	—	—
	V	1 151,—	—	92,08	103,59	IV	725,41	—	53,22	59,87	—	48,52	54,59	—	43,95	49,44	—	39,50	44,44	—	35,17	39,56	—	30,96	34,83
	VI	1 187,25	—	94,98	106,85																				
4 274,99	I,IV	726,25	—	58,10	65,36	I	726,25	—	48,59	54,66	—	39,56	44,51	—	31,02	34,89	—	22,96	25,83	—	15,38	17,30	—	8,30	9,33
	II	612,50	—	49,—	55,12	II	612,50	—	39,95	44,94	—	31,39	35,31	—	23,31	26,22	—	15,71	17,67	—	8,60	9,67	—	2,38	2,67
	III	397,50	—	31,80	35,77	III	397,50	—	24,54	27,61	—	17,54	19,73	—	10,81	12,16	—	5,01	5,63	—	0,38	0,43	—	—	—
	V	1 152,—	—	92,16	103,68	IV	726,25	—	53,28	59,94	—	48,59	54,66	—	44,02	49,52	—	39,56	44,51	—	35,23	39,63	—	31,02	34,89
	VI	1 188,25	—	95,06	106,94																				
4 277,99	I,IV	727,16	—	58,17	65,44	I	727,16	—	48,66	54,74	—	39,62	44,57	—	31,08	34,96	—	23,02	25,89	—	15,44	17,37	—	8,34	9,38
	II	613,33	—	49,06	55,19	II	613,33	—	40,02	45,02	—	31,44	35,37	—	23,36	26,28	—	15,76	17,73	—	8,65	9,73	—	2,41	2,71
	III	398,16	—	31,85	35,83	III	398,16	—	24,60	27,67	—	17,60	19,80	—	10,86	12,22	—	5,05	5,68	—	0,41	0,46	—	—	—
	V	1 153,08	—	92,24	103,77	IV	727,16	—	53,35	60,02	—	48,66	54,74	—	44,08	49,59	—	39,62	44,57	—	35,29	39,70	—	31,08	34,96
	VI	1 189,33	—	95,14	107,03																				
4 280,99	I,IV	728,—	—	58,24	65,52	I	728,—	—	48,72	54,81	—	39,69	44,65	—	31,14	35,03	—	23,07	25,95	—	15,49	17,42	—	8,39	9,44
	II	614,16	—	49,13	55,27	II	614,16	—	40,08	45,09	—	31,50	35,44	—	23,42	26,34	—	15,82	17,79	—	8,70	9,78	—	2,45	2,75
	III	398,83	—	31,90	35,89	III	398,83	—	24,65	27,73	—	17,65	19,85	—	10,90	12,26	—	5,09	5,72	—	0,45	0,50	—	—	—
	V	1 154,08	—	92,32	103,86	IV	728,—	—	53,42	60,09	—	48,72	54,81	—	44,14	49,66	—	39,69	44,65	—	35,35	39,77	—	31,14	35,03
	VI	1 190,41	—	95,23	107,13																				
4 283,99	I,IV	728,91	—	58,31	65,60	I	728,91	—	48,79	54,89	—	39,75	44,72	—	31,20	35,10	—	23,13	26,02	—	15,54	17,48	—	8,44	9,50
	II	615,—	—	49,20	55,35	II	615,—	—	40,14	45,16	—	31,56	35,51	—	23,48	26,41	—	15,87	17,85	—	8,75	9,84	—	2,48	2,79
	III	399,50	—	31,96	35,95	III	399,50	—	24,70	27,79	—	17,69	19,90	—	10,96	12,33	—	5,12	5,76	—	0,48	0,54	—	—	—
	V	1 155,16	—	92,41	103,96	IV	728,91	—	53,49	60,17	—	48,79	54,89	—	44,21	49,73	—	39,75	44,72	—	35,41	39,83	—	31,20	35,10
	VI	1 191,41	—	95,31	107,22																				

* Die ausgewiesenen Tabellenwerte sind amtlich. Siehe Erläuterungen auf der Umschlaginnenseite (U2).

MONAT 4 284,–*

Abzüge an Lohnsteuer, Solidaritätszuschlag (SolZ) und Kirchensteuer (8%, 9%) in den Steuerklassen

Lohn/ Gehalt bis €*	I – VI		ohne Kinderfreibeträge			I, II, III, IV		mit Zahl der Kinderfreibeträge . . . 0,5			1			1,5			2			2,5			3		
		LSt	SolZ	8%	9%		LSt	SolZ	8%	9%	SolZ	8%	9%	SolZ	8%	9%	SolZ	8%	9%	SolZ	8%	9%	SolZ	8%	9%
4 286,99	I,IV	729,75	—	58,38	65,67	I	729,75	—	48,85	54,95	—	39,81	44,78	—	31,26	35,16	—	23,18	26,08	—	15,60	17,55	—	8,49	9,55
	II	615,83	—	49,26	55,42	II	615,83	—	40,20	45,23	—	31,62	35,57	—	23,53	26,47	—	15,92	17,91	—	8,80	9,90	—	2,52	2,84
	III	400,16	—	32,01	36,01	III	400,16	—	24,76	27,85	—	17,74	19,96	—	11,—	12,37	—	5,16	5,80	—	0,50	0,56	—	—	—
	V	1 156,16	—	92,49	104,05	IV	729,75	—	53,55	60,24	—	48,85	54,95	—	44,27	49,80	—	39,81	44,78	—	35,47	39,90	—	31,26	35,16
	VI	1 192,41	—	95,39	107,31																				
4 289,99	I,IV	730,58	—	58,44	65,75	I	730,58	—	48,92	55,03	—	39,88	44,86	—	31,32	35,23	—	23,24	26,14	—	15,64	17,60	—	8,54	9,60
	II	616,66	—	49,33	55,49	II	616,66	—	40,26	45,29	—	31,68	35,64	—	23,58	26,53	—	15,97	17,96	—	8,84	9,95	—	2,56	2,88
	III	400,83	—	32,06	36,07	III	400,83	—	24,81	27,91	—	17,80	20,02	—	11,05	12,43	—	5,20	5,85	—	0,53	0,59	—	—	—
	V	1 157,25	—	92,58	104,15	IV	730,58	—	53,62	60,32	—	48,92	55,03	—	44,34	49,88	—	39,88	44,86	—	35,53	39,97	—	31,32	35,23
	VI	1 193,50	—	95,48	107,41																				
4 292,99	I,IV	731,50	—	58,52	65,83	I	731,50	—	48,98	55,10	—	39,94	44,93	—	31,37	35,29	—	23,30	26,21	—	15,70	17,66	—	8,59	9,66
	II	617,50	—	49,40	55,57	II	617,50	—	40,33	45,37	—	31,74	35,71	—	23,64	26,60	—	16,02	18,02	—	8,89	10,—	—	2,60	2,92
	III	401,50	—	32,12	36,13	III	401,50	—	24,85	27,95	—	17,84	20,07	—	11,09	12,47	—	5,24	5,89	—	0,56	0,63	—	—	—
	V	1 158,25	—	92,66	104,24	IV	731,50	—	53,69	60,40	—	48,98	55,10	—	44,40	49,95	—	39,94	44,93	—	35,60	40,05	—	31,37	35,29
	VI	1 194,58	—	95,56	107,51																				
4 295,99	I,IV	732,33	—	58,58	65,90	I	732,33	—	49,05	55,18	—	40,—	45,—	—	31,43	35,36	—	23,35	26,27	—	15,75	17,72	—	8,64	9,72
	II	618,33	—	49,46	55,64	II	618,33	—	40,39	45,44	—	31,80	35,78	—	23,70	26,66	—	16,08	18,09	—	8,94	10,06	—	2,63	2,96
	III	402,—	—	32,16	36,18	III	402,—	—	24,90	28,01	—	17,89	20,12	—	11,14	12,53	—	5,28	5,94	—	0,58	0,65	—	—	—
	V	1 159,33	—	92,74	104,33	IV	732,33	—	53,76	60,48	—	49,05	55,18	—	44,46	50,02	—	40,—	45,—	—	35,66	40,11	—	31,43	35,36
	VI	1 195,58	—	95,64	107,60																				
4 298,99	I,IV	733,25	—	58,66	65,99	I	733,25	—	49,12	55,26	—	40,06	45,07	—	31,49	35,42	—	23,40	26,33	—	15,80	17,78	—	8,68	9,77
	II	619,16	—	49,53	55,72	II	619,16	—	40,45	45,50	—	31,86	35,84	—	23,75	26,72	—	16,13	18,14	—	8,99	10,11	—	2,67	3,—
	III	402,66	—	32,21	36,23	III	402,66	—	24,96	28,08	—	17,94	20,18	—	11,18	12,58	—	5,30	5,96	—	0,62	0,70	—	—	—
	V	1 160,33	—	92,82	104,42	IV	733,25	—	53,82	60,55	—	49,12	55,26	—	44,53	50,09	—	40,06	45,07	—	35,72	40,18	—	31,49	35,42
	VI	1 196,58	—	95,72	107,69																				
4 301,99	I,IV	734,08	—	58,72	66,06	I	734,08	—	49,18	55,33	—	40,12	45,14	—	31,55	35,49	—	23,46	26,39	—	15,86	17,84	—	8,74	9,83
	II	620,—	—	49,60	55,80	II	620,—	—	40,52	45,58	—	31,92	35,91	—	23,81	26,78	—	16,18	18,20	—	9,04	10,17	—	2,71	3,05
	III	403,33	—	32,26	36,29	III	403,33	—	25,01	28,13	—	17,98	20,23	—	11,22	12,62	—	5,34	6,01	—	0,65	0,73	—	—	—
	V	1 161,41	—	92,91	104,52	IV	734,08	—	53,89	60,62	—	49,18	55,33	—	44,59	50,16	—	40,12	45,14	—	35,78	40,25	—	31,55	35,49
	VI	1 197,66	—	95,81	107,78																				
4 304,99	I,IV	734,91	—	58,79	66,14	I	734,91	—	49,25	55,40	—	40,18	45,20	—	31,61	35,56	—	23,52	26,46	—	15,91	17,90	—	8,78	9,88
	II	620,83	—	49,66	55,87	II	620,83	—	40,58	45,65	—	31,98	35,97	—	23,86	26,84	—	16,24	18,27	—	9,09	10,22	—	2,74	3,08
	III	404,—	—	32,32	36,36	III	404,—	—	25,05	28,18	—	18,04	20,29	—	11,28	12,69	—	5,38	6,05	—	0,68	0,76	—	—	—
	V	1 162,41	—	92,99	104,61	IV	734,91	—	53,96	60,71	—	49,25	55,40	—	44,66	50,24	—	40,18	45,20	—	35,84	40,32	—	31,61	35,56
	VI	1 198,75	—	95,90	107,88																				
4 307,99	I,IV	735,83	—	58,86	66,22	I	735,83	—	49,32	55,48	—	40,25	45,28	—	31,67	35,63	—	23,57	26,51	—	15,96	17,96	—	8,83	9,93
	II	621,66	—	49,73	55,94	II	621,66	—	40,64	45,72	—	32,04	36,04	—	23,92	26,91	—	16,29	18,32	—	9,14	10,28	—	2,78	3,13
	III	404,66	—	32,37	36,41	III	404,66	—	25,10	28,24	—	18,09	20,35	—	11,32	12,73	—	5,42	6,10	—	0,70	0,79	—	—	—
	V	1 163,50	—	93,08	104,71	IV	735,83	—	54,03	60,78	—	49,32	55,48	—	44,72	50,31	—	40,25	45,28	—	35,90	40,38	—	31,67	35,63
	VI	1 199,75	—	95,98	107,97																				
4 310,99	I,IV	736,66	—	58,93	66,29	I	736,66	—	49,38	55,55	—	40,31	45,35	—	31,73	35,69	—	23,63	26,58	—	16,01	18,01	—	8,88	9,99
	II	622,41	—	49,79	56,01	II	622,41	—	40,70	45,79	—	32,10	36,11	—	23,98	26,97	—	16,34	18,38	—	9,18	10,33	—	2,82	3,17
	III	405,33	—	32,42	36,47	III	405,33	—	25,16	28,30	—	18,13	20,39	—	11,37	12,79	—	5,46	6,14	—	0,73	0,82	—	—	—
	V	1 164,50	—	93,16	104,80	IV	736,66	—	54,10	60,86	—	49,38	55,55	—	44,78	50,38	—	40,31	45,35	—	35,96	40,45	—	31,73	35,69
	VI	1 200,75	—	96,06	108,06																				
4 313,99	I,IV	737,58	—	59,—	66,38	I	737,58	—	49,44	55,62	—	40,38	45,42	—	31,78	35,75	—	23,68	26,64	—	16,06	18,07	—	8,93	10,04
	II	623,25	—	49,86	56,09	II	623,25	—	40,76	45,86	—	32,16	36,18	—	24,03	27,03	—	16,39	18,44	—	9,24	10,39	—	2,86	3,21
	III	406,—	—	32,48	36,54	III	406,—	—	25,21	28,36	—	18,18	20,45	—	11,41	12,83	—	5,50	6,19	—	0,77	0,86	—	—	—
	V	1 165,58	—	93,24	104,90	IV	737,58	—	54,16	60,93	—	49,44	55,62	—	44,85	50,45	—	40,38	45,42	—	36,02	40,52	—	31,78	35,75
	VI	1 201,83	—	96,14	108,16																				
4 316,99	I,IV	738,41	—	59,07	66,45	I	738,41	—	49,51	55,70	—	40,44	45,49	—	31,84	35,82	—	23,74	26,70	—	16,12	18,13	—	8,98	10,10
	II	624,08	—	49,92	56,16	II	624,08	—	40,83	45,93	—	32,22	36,24	—	24,09	27,10	—	16,44	18,50	—	9,28	10,44	—	2,90	3,26
	III	406,66	—	32,53	36,59	III	406,66	—	25,26	28,42	—	18,24	20,52	—	11,46	12,89	—	5,53	6,22	—	0,80	0,90	—	—	—
	V	1 166,58	—	93,32	104,99	IV	738,41	—	54,23	61,01	—	49,51	55,70	—	44,92	50,53	—	40,44	45,49	—	36,08	40,59	—	31,84	35,82
	VI	1 202,91	—	96,23	108,26																				
4 319,99	I,IV	739,33	—	59,14	66,53	I	739,33	—	49,58	55,77	—	40,50	45,56	—	31,90	35,89	—	23,80	26,77	—	16,17	18,19	—	9,03	10,16
	II	624,91	—	49,99	56,24	II	624,91	—	40,89	46,—	—	32,28	36,31	—	24,14	27,16	—	16,50	18,56	—	9,34	10,50	—	2,94	3,30
	III	407,33	—	32,58	36,65	III	407,33	—	25,32	28,48	—	18,28	20,56	—	11,50	12,94	—	5,57	6,26	—	0,82	0,92	—	—	—
	V	1 167,66	—	93,41	105,08	IV	739,33	—	54,30	61,08	—	49,58	55,77	—	44,98	50,60	—	40,50	45,56	—	36,14	40,66	—	31,90	35,89
	VI	1 203,91	—	96,31	108,35																				
4 322,99	I,IV	740,16	—	59,21	66,61	I	740,16	—	49,64	55,85	—	40,56	45,63	—	31,96	35,96	—	23,85	26,83	—	16,22	18,25	—	9,08	10,21
	II	625,75	—	50,06	56,31	II	625,75	—	40,96	46,08	—	32,34	36,38	—	24,20	27,22	—	16,55	18,62	—	9,38	10,55	—	2,98	3,35
	III	408,—	—	32,64	36,72	III	408,—	—	25,36	28,53	—	18,33	20,62	—	11,56	13,—	—	5,61	6,31	—	0,85	0,95	—	—	—
	V	1 168,66	—	93,49	105,17	IV	740,16	—	54,36	61,16	—	49,64	55,85	—	45,04	50,67	—	40,56	45,63	—	36,20	40,73	—	31,96	35,96
	VI	1 204,91	—	96,39	108,44																				
4 325,99	I,IV	741,—	—	59,28	66,69	I	741,—	—	49,71	55,92	—	40,62	45,70	—	32,02	36,02	—	23,90	26,89	—	16,28	18,31	—	9,12	10,26
	II	626,58	—	50,12	56,39	II	626,58	—	41,02	46,14	—	32,40	36,45	—	24,26	27,29	—	16,60	18,68	—	9,43	10,61	—	3,01	3,38
	III	408,66	—	32,69	36,77	III	408,66	—	25,41	28,58	—	18,38	20,68	—	11,60	13,05	—	5,65	6,35	—	0,88	0,99	—	—	—
	V	1 169,75	—	93,58	105,27	IV	741,—	—	54,44	61,24	—	49,71	55,92	—	45,11	50,75	—	40,62	45,70	—	36,26	40,79	—	32,02	36,02
	VI	1 206,—	—	96,48	108,54																				
4 328,99	I,IV	741,91	—	59,35	66,77	I	741,91	—	49,78	56,—	—	40,69	45,77	—	32,08	36,09	—	23,96	26,96	—	16,32	18,36	—	9,18	10,32
	II	627,41	—	50,19	56,46	II	627,41	—	41,08	46,22	—	32,46	36,51	—	24,31	27,35	—	16,66	18,74	—	9,48	10,67	—	3,05	3,43
	III	409,33	—	32,74	36,83	III	409,33	—	25,46	28,64	—	18,42	20,72	—	11,65	13,10	—	5,69	6,40	—	0,92	1,03	—	—	—
	V	1 170,75	—	93,66	105,36	IV	741,91	—	54,50	61,31	—	49,78	56,—	—	45,17	50,81	—	40,69	45,77	—	36,32	40,86	—	32,08	36,09
	VI	1 207,08	—	96,56	108,63																				
4 331,99	I,IV	742,75	—	59,42	66,84	I	742,75	—	49,84	56,07	—	40,75	45,84	—	32,14	36,16	—	24,02	27,02	—	16,38	18,42	—	9,22	10,37
	II	628,25	—	50,26	56,54	II	628,25	—	41,14	46,28	—	32,52	36,58	—	24,37	27,41	—	16,71	18,80	—	9,53	10,72	—	3,09	3,47
	III	410,—	—	32,80	36,90	III	410,—	—	25,52	28,71	—	18,48	20,79	—	11,69	13,15	—	5,73	6,44	—	0,94	1,06	—	—	—
	V	1 171,83	—	93,74	105,46	IV	742,75	—	54,57	61,39	—	49,84	56,07	—	45,24	50,89	—	40,75	45,84	—	36,38	40,93	—	32,14	36,16
	VI	1 208,08	—	96,64	108,72																				
4 334,99	I,IV	743,66	—	59,49	66,92	I	743,66	—	49,91	56,15	—	40,81	45,91	—	32,20	36,23	—	24,08	27,09	—	16,43	18,48	—	9,27	10,43
	II	629,08	—	50,32	56,61	II	629,08	—	41,20	46,35	—	32,57	36,64	—	24,42	27,47	—	16,76	18,85	—	9,58	10,77	—	3,13	3,52
	III	410,50	—	32,84	36,94	III	410,50	—	25,57	28,76	—	18,53	20,84	—	11,74	13,21	—	5,76	6,48	—	0,97	1,09	—	—	—
	V	1 172,83	—	93,82	105,55	IV	743,66	—	54,64	61,47	—	49,91	56,15	—	45,30	50,96	—	40,81	45,91	—	36,44	41,—	—	32,20	36,23
	VI	1 209,08	—	96,72	108,81																				

* Die ausgewiesenen Tabellenwerte sind amtlich. Siehe Erläuterungen auf der Umschlaginnenseite (U2).

4 385,99* MONAT

Lohn/ Gehalt bis €*		Abzüge an Lohnsteuer, Solidaritätszuschlag (SolZ) und Kirchensteuer (8%, 9%) in den Steuerklassen I – VI: LSt	ohne Kinderfreibeträge SolZ	8%	9%	I, II, III, IV	LSt	mit Zahl der Kinderfreibeträge . . . 0,5 SolZ	8%	9%	1 SolZ	8%	9%	1,5 SolZ	8%	9%	2 SolZ	8%	9%	2,5 SolZ	8%	9%	3 SolZ	8%	9%
4 337,99	I,IV	744,50	–	59,56	67,–	I	744,50	–	49,98	56,22	–	40,88	45,99	–	32,26	36,29	–	24,13	27,14	–	16,48	18,54	–	9,32	10,49
	II	629,91	–	50,39	56,69	II	629,91	–	41,27	46,43	–	32,63	36,71	–	24,48	27,54	–	16,81	18,91	–	9,63	10,83	–	3,17	3,56
	III	411,16	–	32,89	37,–	III	411,16	–	25,61	28,81	–	18,57	20,89	–	11,78	13,25	–	5,80	6,52	–	1,–	1,12	–	–	–
	V	1 173,91	–	93,91	105,65	IV	744,50	–	54,70	61,54	–	49,98	56,22	–	45,36	51,03	–	40,88	45,99	–	36,51	41,07	–	32,26	36,29
	VI	1 210,16	–	96,81	108,91																				
4 340,99	I,IV	745,41	–	59,63	67,08	I	745,41	–	50,04	56,30	–	40,94	46,05	–	32,32	36,36	–	24,18	27,20	–	16,54	18,60	–	9,37	10,54
	II	630,75	–	50,46	56,76	II	630,75	–	41,33	46,49	–	32,69	36,77	–	24,54	27,60	–	16,86	18,97	–	9,68	10,89	–	3,21	3,61
	III	411,83	–	32,94	37,06	III	411,83	–	25,66	28,87	–	18,62	20,95	–	11,84	13,32	–	5,84	6,57	–	1,04	1,17	–	–	–
	V	1 174,91	–	93,99	105,74	IV	745,41	–	54,78	61,62	–	50,04	56,30	–	45,43	51,11	–	40,94	46,05	–	36,57	41,14	–	32,32	36,36
	VI	1 211,25	–	96,90	109,01																				
4 343,99	I,IV	746,25	–	59,70	67,16	I	746,25	–	50,11	56,37	–	41,–	46,13	–	32,38	36,43	–	24,24	27,27	–	16,59	18,66	–	9,42	10,60
	II	631,58	–	50,52	56,84	II	631,58	–	41,40	46,57	–	32,75	36,84	–	24,60	27,67	–	16,92	19,03	–	9,73	10,94	–	3,25	3,65
	III	412,50	–	33,–	37,12	III	412,50	–	25,72	28,93	–	18,68	21,01	–	11,88	13,36	–	5,88	6,61	–	1,06	1,19	–	–	–
	V	1 176,–	–	94,08	105,84	IV	746,25	–	54,84	61,70	–	50,11	56,37	–	45,50	51,18	–	41,–	46,13	–	36,63	41,21	–	32,38	36,43
	VI	1 212,25	–	96,98	109,10																				
4 346,99	I,IV	747,08	–	59,76	67,23	I	747,08	–	50,17	56,44	–	41,06	46,19	–	32,44	36,49	–	24,30	27,33	–	16,64	18,72	–	9,47	10,65
	II	632,41	–	50,59	56,91	II	632,41	–	41,46	46,64	–	32,81	36,91	–	24,65	27,73	–	16,97	19,09	–	9,78	11,–	–	3,28	3,69
	III	413,16	–	33,05	37,18	III	413,16	–	25,77	28,99	–	18,72	21,06	–	11,92	13,41	–	5,92	6,66	–	1,09	1,22	–	–	–
	V	1 177,–	–	94,16	105,93	IV	747,08	–	54,91	61,77	–	50,17	56,44	–	45,56	51,25	–	41,06	46,19	–	36,69	41,27	–	32,44	36,49
	VI	1 213,25	–	97,06	109,19																				
4 349,99	I,IV	748,–	–	59,84	67,32	I	748,–	–	50,24	56,52	–	41,13	46,27	–	32,50	36,56	–	24,36	27,40	–	16,70	18,78	–	9,52	10,71
	II	633,25	–	50,66	56,99	II	633,25	–	41,52	46,71	–	32,87	36,98	–	24,70	27,79	–	17,02	19,15	–	9,82	11,05	–	3,32	3,74
	III	413,83	–	33,10	37,24	III	413,83	–	25,81	29,03	–	18,77	21,11	–	11,97	13,46	–	5,96	6,70	–	1,12	1,26	–	–	–
	V	1 178,08	–	94,24	106,02	IV	748,–	–	54,98	61,85	–	50,24	56,52	–	45,62	51,32	–	41,13	46,27	–	36,75	41,34	–	32,50	36,56
	VI	1 214,33	–	97,14	109,28																				
4 352,99	I,IV	748,91	–	59,91	67,40	I	748,91	–	50,31	56,60	–	41,19	46,34	–	32,56	36,63	–	24,41	27,46	–	16,75	18,84	–	9,57	10,76
	II	634,08	–	50,72	57,06	II	634,08	–	41,58	46,78	–	32,93	37,04	–	24,76	27,86	–	17,08	19,21	–	9,88	11,11	–	3,36	3,78
	III	414,50	–	33,16	37,30	III	414,50	–	25,86	29,09	–	18,82	21,17	–	12,02	13,52	–	6,–	6,75	–	1,16	1,30	–	–	–
	V	1 179,08	–	94,32	106,11	IV	748,91	–	55,04	61,92	–	50,31	56,60	–	45,69	51,40	–	41,19	46,34	–	36,82	41,42	–	32,56	36,63
	VI	1 215,33	–	97,22	109,37																				
4 355,99	I,IV	749,75	–	59,98	67,47	I	749,75	–	50,38	56,67	–	41,26	46,41	–	32,62	36,69	–	24,47	27,53	–	16,80	18,90	–	9,62	10,82
	II	634,91	–	50,79	57,14	II	634,91	–	41,65	46,85	–	32,99	37,11	–	24,82	27,92	–	17,13	19,27	–	9,92	11,16	–	3,40	3,83
	III	415,16	–	33,21	37,36	III	415,16	–	25,92	29,16	–	18,86	21,22	–	12,06	13,57	–	6,04	6,79	–	1,18	1,33	–	–	–
	V	1 180,16	–	94,41	106,21	IV	749,75	–	55,12	62,01	–	50,38	56,67	–	45,76	51,48	–	41,26	46,41	–	36,88	41,49	–	32,62	36,69
	VI	1 216,41	–	97,31	109,47																				
4 358,99	I,IV	750,58	–	60,04	67,55	I	750,58	–	50,44	56,74	–	41,32	46,48	–	32,68	36,76	–	24,52	27,59	–	16,85	18,95	–	9,66	10,87
	II	635,75	–	50,86	57,21	II	635,75	–	41,71	46,92	–	33,05	37,18	–	24,87	27,98	–	17,18	19,33	–	9,97	11,21	–	3,44	3,87
	III	415,83	–	33,26	37,42	III	415,83	–	25,97	29,21	–	18,92	21,28	–	12,12	13,63	–	6,08	6,84	–	1,21	1,36	–	–	–
	V	1 181,16	–	94,49	106,30	IV	750,58	–	55,18	62,08	–	50,44	56,74	–	45,82	51,54	–	41,32	46,48	–	36,94	41,55	–	32,68	36,76
	VI	1 217,41	–	97,39	109,56																				
4 361,99	I,IV	751,50	–	60,12	67,63	I	751,50	–	50,50	56,81	–	41,38	46,55	–	32,74	36,83	–	24,58	27,65	–	16,90	19,01	–	9,72	10,93
	II	636,58	–	50,92	57,29	II	636,58	–	41,78	47,–	–	33,11	37,25	–	24,93	28,04	–	17,24	19,39	–	10,02	11,27	–	3,48	3,92
	III	416,50	–	33,32	37,48	III	416,50	–	26,02	29,27	–	18,97	21,34	–	12,16	13,68	–	6,10	6,86	–	1,24	1,39	–	–	–
	V	1 182,25	–	94,58	106,40	IV	751,50	–	55,25	62,15	–	50,50	56,81	–	45,88	51,62	–	41,38	46,55	–	37,–	41,62	–	32,74	36,83
	VI	1 218,50	–	97,48	109,66																				
4 364,99	I,IV	752,41	–	60,19	67,71	I	752,41	–	50,57	56,89	–	41,44	46,62	–	32,80	36,90	–	24,64	27,72	–	16,96	19,08	–	9,76	10,98
	II	637,41	–	50,99	57,36	II	637,41	–	41,84	47,07	–	33,17	37,31	–	24,99	28,11	–	17,29	19,45	–	10,07	11,33	–	3,52	3,96
	III	417,16	–	33,37	37,54	III	417,16	–	26,08	29,34	–	19,02	21,40	–	12,21	13,73	–	6,14	6,91	–	1,28	1,44	–	–	–
	V	1 183,25	–	94,66	106,49	IV	752,41	–	55,32	62,23	–	50,57	56,89	–	45,95	51,69	–	41,44	46,62	–	37,06	41,69	–	32,80	36,90
	VI	1 219,50	–	97,56	109,75																				
4 367,99	I,IV	753,25	–	60,26	67,79	I	753,25	–	50,64	56,97	–	41,50	46,69	–	32,86	36,96	–	24,69	27,77	–	17,01	19,13	–	9,82	11,04
	II	638,25	–	51,06	57,44	II	638,25	–	41,90	47,14	–	33,23	37,38	–	25,04	28,17	–	17,34	19,51	–	10,12	11,39	–	3,56	4,01
	III	417,83	–	33,42	37,60	III	417,83	–	26,13	29,39	–	19,06	21,44	–	12,25	13,78	–	6,18	6,95	–	1,30	1,46	–	–	–
	V	1 184,33	–	94,74	106,58	IV	753,25	–	55,39	62,31	–	50,64	56,97	–	46,01	51,76	–	41,50	46,69	–	37,12	41,76	–	32,86	36,96
	VI	1 220,58	–	97,64	109,85																				
4 370,99	I,IV	754,08	–	60,32	67,86	I	754,08	–	50,70	57,04	–	41,57	46,76	–	32,92	37,03	–	24,74	27,83	–	17,06	19,19	–	9,86	11,09
	II	639,08	–	51,12	57,51	II	639,08	–	41,96	47,21	–	33,29	37,45	–	25,10	28,23	–	17,39	19,56	–	10,17	11,44	–	3,60	4,05
	III	418,50	–	33,48	37,66	III	418,50	–	26,17	29,44	–	19,12	21,51	–	12,30	13,84	–	6,22	7,–	–	1,33	1,49	–	–	–
	V	1 185,33	–	94,82	106,67	IV	754,08	–	55,46	62,39	–	50,70	57,04	–	46,08	51,84	–	41,57	46,76	–	37,18	41,83	–	32,92	37,03
	VI	1 221,58	–	97,72	109,94																				
4 373,99	I,IV	755,–	–	60,40	67,95	I	755,–	–	50,77	57,11	–	41,63	46,83	–	32,98	37,10	–	24,80	27,90	–	17,12	19,26	–	9,91	11,15
	II	639,91	–	51,19	57,59	II	639,91	–	42,02	47,27	–	33,35	37,52	–	25,16	28,30	–	17,44	19,62	–	10,22	11,50	–	3,64	4,10
	III	419,16	–	33,53	37,72	III	419,16	–	26,22	29,50	–	19,17	21,56	–	12,34	13,88	–	6,26	7,04	–	1,36	1,53	–	–	–
	V	1 186,41	–	94,91	106,77	IV	755,–	–	55,52	62,46	–	50,77	57,11	–	46,14	51,91	–	41,63	46,83	–	37,24	41,90	–	32,98	37,10
	VI	1 222,66	–	97,81	110,03																				
4 376,99	I,IV	755,83	–	60,46	68,02	I	755,83	–	50,84	57,19	–	41,70	46,91	–	33,04	37,17	–	24,86	27,97	–	17,17	19,31	–	9,96	11,21
	II	640,75	–	51,26	57,66	II	640,75	–	42,09	47,35	–	33,41	37,58	–	25,21	28,36	–	17,50	19,68	–	10,27	11,55	–	3,68	4,14
	III	419,83	–	33,58	37,78	III	419,83	–	26,28	29,56	–	19,21	21,61	–	12,40	13,95	–	6,30	7,09	–	1,40	1,57	–	–	–
	V	1 187,41	–	94,99	106,86	IV	755,83	–	55,59	62,54	–	50,84	57,19	–	46,20	51,98	–	41,70	46,91	–	37,30	41,96	–	33,04	37,17
	VI	1 223,66	–	97,89	110,12																				
4 379,99	I,IV	756,75	–	60,54	68,10	I	756,75	–	50,90	57,26	–	41,76	46,98	–	33,10	37,23	–	24,92	28,03	–	17,22	19,37	–	10,01	11,26
	II	641,58	–	51,32	57,74	II	641,58	–	42,16	47,43	–	33,47	37,65	–	25,27	28,43	–	17,55	19,74	–	10,32	11,61	–	3,73	4,19
	III	420,50	–	33,64	37,84	III	420,50	–	26,33	29,62	–	19,26	21,67	–	12,44	13,99	–	6,34	7,13	–	1,42	1,60	–	–	–
	V	1 188,50	–	95,08	106,96	IV	756,75	–	55,66	62,62	–	50,90	57,26	–	46,27	52,05	–	41,76	46,98	–	37,37	42,04	–	33,10	37,23
	VI	1 224,75	–	97,98	110,22																				
4 382,99	I,IV	757,58	–	60,60	68,18	I	757,58	–	50,97	57,34	–	41,82	47,05	–	33,16	37,30	–	24,97	28,09	–	17,28	19,44	–	10,06	11,31
	II	642,41	–	51,39	57,81	II	642,41	–	42,22	47,49	–	33,53	37,72	–	25,32	28,49	–	17,60	19,80	–	10,37	11,66	–	3,77	4,24
	III	421,16	–	33,69	37,90	III	421,16	–	26,38	29,68	–	19,32	21,73	–	12,49	14,05	–	6,38	7,18	–	1,45	1,63	–	–	–
	V	1 189,50	–	95,16	107,05	IV	757,58	–	55,73	62,69	–	50,97	57,34	–	46,34	52,13	–	41,82	47,05	–	37,42	42,10	–	33,16	37,30
	VI	1 225,75	–	98,06	110,31																				
4 385,99	I,IV	758,50	–	60,68	68,26	I	758,50	–	51,04	57,42	–	41,88	47,12	–	33,22	37,37	–	25,03	28,16	–	17,33	19,49	–	10,11	11,37
	II	643,25	–	51,46	57,89	II	643,25	–	42,28	47,56	–	33,59	37,79	–	25,38	28,55	–	17,66	19,86	–	10,42	11,72	–	3,81	4,28
	III	421,83	–	33,74	37,96	III	421,83	–	26,42	29,72	–	19,36	21,78	–	12,54	14,11	–	6,42	7,22	–	1,49	1,67	–	–	–
	V	1 190,58	–	95,24	107,15	IV	758,50	–	55,80	62,77	–	51,04	57,42	–	46,40	52,20	–	41,88	47,12	–	37,49	42,17	–	33,22	37,37
	VI	1 226,83	–	98,14	110,41																				

* Die ausgewiesenen Tabellenwerte sind amtlich. Siehe Erläuterungen auf der Umschlaginnenseite (U2).

MONAT 4 386,–*

Abzüge an Lohnsteuer, Solidaritätszuschlag (SolZ) und Kirchensteuer (8%, 9%) in den Steuerklassen I–VI und I, II, III, IV mit Zahl der Kinderfreibeträge.

Die ausgewiesenen Tabellenwerte sind amtlich. Siehe Erläuterungen auf der Umschlaginnenseite (U2).

4 487,99* MONAT

Lohn/ Gehalt bis €*	Abzüge an Lohnsteuer, Solidaritätszuschlag (SolZ) und Kirchensteuer (8%, 9%) in den Steuerklassen I – VI					I, II, III, IV		mit Zahl der Kinderfreibeträge . . . 0,5			1			1,5			2			2,5			3		
		LSt	ohne Kinderfreibeträge SolZ	8%	9%		LSt	SolZ	8%	9%	SolZ	8%	9%	SolZ	8%	9%	SolZ	8%	9%	SolZ	8%	9%	SolZ	8%	9%
4 439,99	I,IV	774,33	—	61,94	69,68	I	774,33	—	52,24	58,77	—	43,03	48,41	—	34,30	38,58	—	26,05	29,30	—	18,28	20,57	—	11,—	12,38
	II	658,33	—	52,66	59,24	II	658,33	—	43,42	48,85	—	34,67	39,—	—	26,40	29,70	—	18,62	20,94	—	11,32	12,73	—	4,56	5,13
	III	433,66	—	34,69	39,02	III	433,66	—	27,34	30,76	—	20,25	22,78	—	13,40	15,07	—	7,14	8,03	—	2,05	2,30	—	—	—
	V	1 209,33	—	96,74	108,83	IV	774,33	—	57,03	64,16	—	52,24	58,77	—	47,58	53,52	—	43,03	48,41	—	38,60	43,43	—	34,30	38,58
	VI	1 245,58	—	99,64	112,10																				
4 442,99	I,IV	775,16	—	62,01	69,76	I	775,16	—	52,31	58,85	—	43,09	48,47	—	34,36	38,65	—	26,10	29,36	—	18,34	20,63	—	11,06	12,44
	II	659,16	—	52,73	59,32	II	659,16	—	43,49	48,92	—	34,73	39,07	—	26,46	29,76	—	18,67	21,—	—	11,36	12,78	—	4,61	5,18
	III	434,33	—	34,74	39,08	III	434,33	—	27,40	30,82	—	20,30	22,84	—	13,44	15,12	—	7,17	8,06	—	2,08	2,34	—	—	—
	V	1 210,33	—	96,82	108,92	IV	775,16	—	57,10	64,23	—	52,31	58,85	—	47,64	53,59	—	43,09	48,47	—	38,66	43,49	—	34,36	38,65
	VI	1 246,58	—	99,72	112,19																				
4 445,99	I,IV	776,08	—	62,08	69,84	I	776,08	—	52,38	58,92	—	43,15	48,54	—	34,42	38,72	—	26,16	29,43	—	18,39	20,69	—	11,10	12,49
	II	660,—	—	52,80	59,40	II	660,—	—	43,55	48,99	—	34,79	39,14	—	26,52	29,83	—	18,72	21,06	—	11,42	12,84	—	4,65	5,23
	III	435,—	—	34,80	39,15	III	435,—	—	27,45	30,88	—	20,34	22,88	—	13,49	15,17	—	7,21	8,11	—	2,12	2,38	—	—	—
	V	1 211,41	—	96,91	109,02	IV	776,08	—	57,17	64,31	—	52,38	58,92	—	47,70	53,66	—	43,15	48,54	—	38,72	43,56	—	34,42	38,72
	VI	1 247,66	—	99,81	112,28																				
4 448,99	I,IV	777,—	—	62,16	69,93	I	777,—	—	52,44	59,—	—	43,22	48,62	—	34,48	38,79	—	26,22	29,49	—	18,44	20,75	—	11,16	12,55
	II	660,83	—	52,86	59,47	II	660,83	—	43,62	49,07	—	34,85	39,20	—	26,58	29,90	—	18,78	21,12	—	11,47	12,90	—	4,70	5,28
	III	435,66	—	34,85	39,20	III	435,66	—	27,50	30,94	—	20,40	22,95	—	13,54	15,23	—	7,25	8,15	—	2,14	2,41	—	—	—
	V	1 212,41	—	96,99	109,11	IV	777,—	—	57,24	64,39	—	52,44	59,—	—	47,77	53,74	—	43,22	48,62	—	38,78	43,63	—	34,48	38,79
	VI	1 248,66	—	99,89	112,37																				
4 451,99	I,IV	777,83	—	62,22	70,—	I	777,83	—	52,51	59,07	—	43,28	48,69	—	34,54	38,85	—	26,28	29,56	—	18,50	20,81	—	11,20	12,60
	II	661,66	—	52,93	59,54	II	661,66	—	43,68	49,14	—	34,92	39,28	—	26,63	29,96	—	18,83	21,18	—	11,52	12,96	—	4,74	5,33
	III	436,33	—	34,90	39,26	III	436,33	—	27,56	31,—	—	20,45	23,—	—	13,58	15,28	—	7,30	8,21	—	2,18	2,45	—	—	—
	V	1 213,50	—	97,08	109,21	IV	777,83	—	57,31	64,47	—	52,51	59,07	—	47,84	53,82	—	43,28	48,69	—	38,85	43,70	—	34,54	38,85
	VI	1 249,75	—	99,98	112,47																				
4 454,99	I,IV	778,75	—	62,30	70,08	I	778,75	—	52,58	59,15	—	43,34	48,76	—	34,60	38,92	—	26,33	29,62	—	18,55	20,87	—	11,26	12,66
	II	662,50	—	53,—	59,62	II	662,50	—	43,74	49,21	—	34,97	39,34	—	26,69	30,02	—	18,88	21,24	—	11,57	13,01	—	4,78	5,38
	III	437,—	—	34,96	39,33	III	437,—	—	27,61	31,06	—	20,50	23,06	—	13,64	15,34	—	7,34	8,26	—	2,21	2,48	—	—	—
	V	1 214,50	—	97,16	109,30	IV	778,75	—	57,38	64,55	—	52,58	59,15	—	47,90	53,88	—	43,34	48,76	—	38,91	43,77	—	34,60	38,92
	VI	1 250,75	—	100,06	112,56																				
4 457,99	I,IV	779,58	—	62,36	70,16	I	779,58	—	52,64	59,22	—	43,41	48,83	—	34,66	38,99	—	26,39	29,69	—	18,60	20,93	—	11,30	12,71
	II	663,33	—	53,06	59,69	II	663,33	—	43,81	49,28	—	35,04	39,42	—	26,74	30,08	—	18,94	21,30	—	11,62	13,07	—	4,82	5,42
	III	437,66	—	35,01	39,38	III	437,66	—	27,65	31,10	—	20,54	23,11	—	13,68	15,39	—	7,38	8,30	—	2,24	2,52	—	—	—
	V	1 215,58	—	97,24	109,40	IV	779,58	—	57,44	64,62	—	52,64	59,22	—	47,96	53,96	—	43,41	48,83	—	38,97	43,84	—	34,66	38,99
	VI	1 251,83	—	100,14	112,66																				
4 460,99	I,IV	780,50	—	62,44	70,24	I	780,50	—	52,71	59,30	—	43,47	48,90	—	34,72	39,06	—	26,44	29,75	—	18,66	20,99	—	11,36	12,78
	II	664,25	—	53,14	59,78	II	664,25	—	43,87	49,35	—	35,10	39,48	—	26,80	30,15	—	18,99	21,36	—	11,67	13,13	—	4,87	5,48
	III	438,33	—	35,06	39,44	III	438,33	—	27,70	31,16	—	20,60	23,17	—	13,73	15,44	—	7,42	8,35	—	2,28	2,56	—	—	—
	V	1 216,58	—	97,32	109,49	IV	780,50	—	57,52	64,71	—	52,71	59,30	—	48,03	54,03	—	43,47	48,90	—	39,04	43,92	—	34,72	39,06
	VI	1 252,83	—	100,22	112,75																				
4 463,99	I,IV	781,41	—	62,51	70,32	I	781,41	—	52,78	59,38	—	43,54	48,98	—	34,78	39,12	—	26,50	29,81	—	18,71	21,05	—	11,40	12,83
	II	665,08	—	53,20	59,85	II	665,08	—	43,94	49,43	—	35,16	39,55	—	26,86	30,21	—	19,05	21,43	—	11,72	13,18	—	4,92	5,53
	III	439,—	—	35,12	39,51	III	439,—	—	27,76	31,23	—	20,65	23,23	—	13,78	15,50	—	7,46	8,39	—	2,30	2,59	—	—	—
	V	1 217,66	—	97,41	109,58	IV	781,41	—	57,58	64,78	—	52,78	59,38	—	48,10	54,11	—	43,54	48,98	—	39,10	43,98	—	34,78	39,12
	VI	1 253,91	—	100,31	112,85																				
4 466,99	I,IV	782,25	—	62,58	70,40	I	782,25	—	52,84	59,45	—	43,60	49,05	—	34,84	39,19	—	26,56	29,88	—	18,76	21,11	—	11,46	12,89
	II	665,91	—	53,27	59,93	II	665,91	—	44,—	49,50	—	35,22	39,62	—	26,92	30,28	—	19,10	21,48	—	11,77	13,24	—	4,96	5,58
	III	439,50	—	35,16	39,55	III	439,50	—	27,81	31,28	—	20,69	23,27	—	13,82	15,55	—	7,50	8,44	—	2,34	2,63	—	—	—
	V	1 218,66	—	97,49	109,67	IV	782,25	—	57,65	64,85	—	52,84	59,45	—	48,16	54,18	—	43,60	49,05	—	39,16	44,05	—	34,84	39,19
	VI	1 254,91	—	100,39	112,94																				
4 469,99	I,IV	783,16	—	62,65	70,48	I	783,16	—	52,92	59,53	—	43,66	49,12	—	34,90	39,26	—	26,62	29,94	—	18,82	21,17	—	11,50	12,94
	II	666,75	—	53,34	60,—	II	666,75	—	44,06	49,57	—	35,28	39,69	—	26,97	30,34	—	19,16	21,55	—	11,82	13,29	—	5,—	5,63
	III	440,16	—	35,21	39,61	III	440,16	—	27,86	31,34	—	20,74	23,33	—	13,88	15,61	—	7,54	8,48	—	2,37	2,66	—	—	—
	V	1 219,75	—	97,58	109,77	IV	783,16	—	57,72	64,94	—	52,92	59,53	—	48,23	54,26	—	43,66	49,12	—	39,22	44,12	—	34,90	39,26
	VI	1 256,—	—	100,48	113,04																				
4 472,99	I,IV	784,—	—	62,72	70,56	I	784,—	—	52,98	59,60	—	43,73	49,19	—	34,96	39,33	—	26,67	30,—	—	18,87	21,23	—	11,56	13,—
	II	667,58	—	53,40	60,08	II	667,58	—	44,13	49,64	—	35,34	39,75	—	27,03	30,41	—	19,21	21,61	—	11,87	13,35	—	5,05	5,68
	III	440,83	—	35,26	39,67	III	440,83	—	27,92	31,41	—	20,80	23,40	—	13,92	15,66	—	7,58	8,53	—	2,41	2,71	—	—	—
	V	1 220,75	—	97,66	109,86	IV	784,—	—	57,79	65,01	—	52,98	59,60	—	48,30	54,33	—	43,73	49,19	—	39,28	44,19	—	34,96	39,33
	VI	1 257,—	—	100,56	113,13																				
4 475,99	I,IV	784,91	—	62,79	70,64	I	784,91	—	53,05	59,68	—	43,79	49,26	—	35,02	39,39	—	26,73	30,07	—	18,92	21,29	—	11,60	13,05
	II	668,41	—	53,47	60,15	II	668,41	—	44,19	49,71	—	35,40	39,82	—	27,09	30,47	—	19,26	21,67	—	11,92	13,41	—	5,09	5,72
	III	441,66	—	35,33	39,74	III	441,66	—	27,96	31,45	—	20,85	23,45	—	13,97	15,71	—	7,62	8,57	—	2,44	2,74	—	—	—
	V	1 221,83	—	97,74	109,96	IV	784,91	—	57,86	65,09	—	53,05	59,68	—	48,36	54,41	—	43,79	49,26	—	39,34	44,26	—	35,02	39,39
	VI	1 258,08	—	100,64	113,22																				
4 478,99	I,IV	785,75	—	62,86	70,71	I	785,75	—	53,12	59,76	—	43,86	49,34	—	35,08	39,46	—	26,78	30,13	—	18,98	21,35	—	11,66	13,11
	II	669,25	—	53,54	60,23	II	669,25	—	44,26	49,79	—	35,46	39,89	—	27,14	30,53	—	19,32	21,73	—	11,97	13,46	—	5,14	5,78
	III	442,33	—	35,38	39,80	III	442,33	—	28,01	31,51	—	20,89	23,50	—	14,02	15,77	—	7,66	8,62	—	2,46	2,77	—	—	—
	V	1 222,83	—	97,82	110,05	IV	785,75	—	57,93	65,17	—	53,12	59,76	—	48,42	54,47	—	43,86	49,34	—	39,40	44,33	—	35,08	39,46
	VI	1 259,08	—	100,72	113,31																				
4 481,99	I,IV	786,66	—	62,93	70,79	I	786,66	—	53,18	59,83	—	43,92	49,41	—	35,14	39,53	—	26,84	30,20	—	19,03	21,41	—	11,70	13,16
	II	670,08	—	53,60	60,30	II	670,08	—	44,32	49,86	—	35,52	39,96	—	27,20	30,60	—	19,37	21,79	—	12,02	13,52	—	5,18	5,83
	III	443,—	—	35,44	39,87	III	443,—	—	28,06	31,57	—	20,94	23,56	—	14,06	15,82	—	7,70	8,66	—	2,50	2,81	—	—	—
	V	1 223,91	—	97,91	110,15	IV	786,66	—	58,—	65,25	—	53,18	59,83	—	48,49	54,55	—	43,92	49,41	—	39,47	44,40	—	35,14	39,53
	VI	1 260,16	—	100,81	113,41																				
4 484,99	I,IV	787,58	—	63,—	70,88	I	787,58	—	53,25	59,90	—	43,98	49,48	—	35,20	39,60	—	26,90	30,26	—	19,09	21,47	—	11,76	13,23
	II	671,—	—	53,68	60,39	II	671,—	—	44,38	49,93	—	35,58	40,03	—	27,26	30,66	—	19,42	21,85	—	12,07	13,58	—	5,22	5,87
	III	443,66	—	35,49	39,92	III	443,66	—	28,12	31,63	—	21,—	23,62	—	14,12	15,88	—	7,74	8,71	—	2,53	2,84	—	—	—
	V	1 224,91	—	97,99	110,24	IV	787,58	—	58,06	65,32	—	53,25	59,90	—	48,56	54,63	—	43,98	49,48	—	39,53	44,47	—	35,20	39,60
	VI	1 261,16	—	100,89	113,50																				
4 487,99	I,IV	788,50	—	63,08	70,96	I	788,50	—	53,32	59,98	—	44,05	49,55	—	35,26	39,67	—	26,96	30,33	—	19,14	21,53	—	11,81	13,28
	II	671,83	—	53,74	60,46	II	671,83	—	44,45	50,—	—	35,64	40,10	—	27,32	30,73	—	19,48	21,91	—	12,12	13,64	—	5,27	5,93
	III	444,33	—	35,54	39,98	III	444,33	—	28,17	31,69	—	21,05	23,68	—	14,16	15,93	—	7,78	8,75	—	2,57	2,89	—	—	—
	V	1 226,—	—	98,08	110,34	IV	788,50	—	58,14	65,40	—	53,32	59,98	—	48,62	54,70	—	44,05	49,55	—	39,60	44,55	—	35,26	39,67
	VI	1 262,25	—	100,98	113,60																				

* Die ausgewiesenen Tabellenwerte sind amtlich. Siehe Erläuterungen auf der Umschlaginnenseite (U2).

MONAT 4 488,–*

Abzüge an Lohnsteuer, Solidaritätszuschlag (SolZ) und Kirchensteuer (8%, 9%) in den Steuerklassen

Lohn/Gehalt bis €*		I – VI LSt	ohne Kinderfreibeträge SolZ	8%	9%		I, II, III, IV LSt	mit Zahl der Kinderfreibeträge . . . 0,5 SolZ	0,5 8%	0,5 9%	1 SolZ	1 8%	1 9%	1,5 SolZ	1,5 8%	1,5 9%	2 SolZ	2 8%	2 9%	2,5 SolZ	2,5 8%	2,5 9%	3 SolZ	3 8%	3 9%
4 490,99	I,IV	789,33	—	63,14	71,03	I	789,33	—	53,38	60,05	—	44,11	49,62	—	35,32	39,74	—	27,02	30,39	—	19,20	21,60	—	11,86	13,34
	II	672,66	—	53,81	60,53	II	672,66	—	44,51	50,07	—	35,70	40,16	—	27,37	30,79	—	19,53	21,97	—	12,17	13,69	—	5,32	5,98
	III	444,83	—	35,58	40,03	III	444,83	—	28,22	31,75	—	21,09	23,72	—	14,21	15,98	—	7,82	8,80	—	2,60	2,92	—	—	—
	V	1 227,—	—	98,16	110,43	IV	789,33	—	58,20	65,48	—	53,38	60,05	—	48,69	54,77	—	44,11	49,62	—	39,66	44,61	—	35,32	39,74
	VI	1 263,25	—	101,06	113,69																				
4 493,99	I,IV	790,25	—	63,22	71,12	I	790,25	—	53,45	60,13	—	44,18	49,70	—	35,38	39,80	—	27,07	30,45	—	19,25	21,65	—	11,90	13,39
	II	673,50	—	53,88	60,61	II	673,50	—	44,58	50,15	—	35,76	40,23	—	27,43	30,86	—	19,58	22,03	—	12,22	13,75	—	5,36	6,03
	III	445,50	—	35,64	40,09	III	445,50	—	28,28	31,81	—	21,14	23,78	—	14,25	16,03	—	7,86	8,84	—	2,64	2,97	—	—	—
	V	1 228,08	—	98,24	110,52	IV	790,25	—	58,28	65,56	—	53,45	60,13	—	48,76	54,85	—	44,18	49,70	—	39,72	44,68	—	35,38	39,80
	VI	1 264,33	—	101,14	113,78																				
4 496,99	I,IV	791,08	—	63,28	71,19	I	791,08	—	53,52	60,21	—	44,24	49,77	—	35,44	39,87	—	27,13	30,52	—	19,30	21,71	—	11,96	13,45
	II	674,33	—	53,94	60,68	II	674,33	—	44,64	50,22	—	35,82	40,30	—	27,49	30,92	—	19,64	22,09	—	12,27	13,80	—	5,40	6,08
	III	446,16	—	35,69	40,15	III	446,16	—	28,32	31,86	—	21,20	23,85	—	14,30	16,09	—	7,92	8,91	—	2,66	2,99	—	—	—
	V	1 229,08	—	98,32	110,61	IV	791,08	—	58,34	65,63	—	53,52	60,21	—	48,82	54,92	—	44,24	49,77	—	39,78	44,75	—	35,44	39,87
	VI	1 265,33	—	101,22	113,87																				
4 499,99	I,IV	792,—	—	63,36	71,28	I	792,—	—	53,59	60,29	—	44,30	49,84	—	35,50	39,94	—	27,19	30,59	—	19,36	21,78	—	12,01	13,51
	II	675,16	—	54,01	60,76	II	675,16	—	44,70	50,29	—	35,88	40,37	—	27,55	30,99	—	19,69	22,15	—	12,32	13,86	—	5,45	6,13
	III	446,83	—	35,74	40,21	III	446,83	—	28,37	31,91	—	21,24	23,89	—	14,36	16,15	—	7,96	8,95	—	2,70	3,04	—	—	—
	V	1 230,16	—	98,41	110,71	IV	792,—	—	58,41	65,71	—	53,59	60,29	—	48,89	55,—	—	44,30	49,84	—	39,84	44,82	—	35,50	39,94
	VI	1 266,41	—	101,31	113,97																				
4 502,99	I,IV	792,91	—	63,43	71,36	I	792,91	—	53,66	60,36	—	44,37	49,91	—	35,56	40,01	—	27,24	30,65	—	19,41	21,83	—	12,06	13,56
	II	676,—	—	54,08	60,84	II	676,—	—	44,77	50,36	—	35,94	40,43	—	27,60	31,05	—	19,74	22,21	—	12,37	13,91	—	5,50	6,18
	III	447,50	—	35,80	40,27	III	447,50	—	28,42	31,97	—	21,29	23,95	—	14,40	16,20	—	8,—	9,—	—	2,73	3,07	—	—	—
	V	1 231,16	—	98,49	110,80	IV	792,91	—	58,48	65,79	—	53,66	60,36	—	48,95	55,07	—	44,37	49,91	—	39,90	44,89	—	35,56	40,01
	VI	1 267,41	—	101,39	114,06																				
4 505,99	I,IV	793,75	—	63,50	71,43	I	793,75	—	53,72	60,44	—	44,43	49,98	—	35,62	40,07	—	27,30	30,71	—	19,46	21,89	—	12,11	13,62
	II	676,91	—	54,15	60,92	II	676,91	—	44,84	50,44	—	36,—	40,50	—	27,66	31,12	—	19,80	22,28	—	12,42	13,97	—	5,54	6,23
	III	448,16	—	35,85	40,33	III	448,16	—	28,48	32,04	—	21,34	24,01	—	14,45	16,25	—	8,04	9,04	—	2,77	3,11	—	—	—
	V	1 232,25	—	98,58	110,90	IV	793,75	—	58,55	65,87	—	53,72	60,44	—	49,02	55,14	—	44,43	49,98	—	39,97	44,96	—	35,62	40,07
	VI	1 268,50	—	101,48	114,16																				
4 508,99	I,IV	794,66	—	63,57	71,51	I	794,66	—	53,79	60,51	—	44,50	50,06	—	35,68	40,14	—	27,36	30,78	—	19,52	21,96	—	12,16	13,68
	II	677,75	—	54,22	60,99	II	677,75	—	44,90	50,51	—	36,07	40,58	—	27,72	31,18	—	19,86	22,34	—	12,48	14,04	—	5,59	6,29
	III	448,83	—	35,90	40,39	III	448,83	—	28,53	32,09	—	21,40	24,07	—	14,50	16,31	—	8,08	9,09	—	2,80	3,15	—	—	—
	V	1 233,25	—	98,66	110,99	IV	794,66	—	58,62	65,95	—	53,79	60,51	—	49,08	55,22	—	44,50	50,06	—	40,03	45,03	—	35,68	40,14
	VI	1 269,50	—	101,56	114,25																				
4 511,99	I,IV	795,58	—	63,64	71,60	I	795,58	—	53,86	60,59	—	44,56	50,13	—	35,75	40,22	—	27,42	30,84	—	19,57	22,01	—	12,21	13,73
	II	678,58	—	54,28	61,07	II	678,58	—	44,96	50,58	—	36,13	40,64	—	27,78	31,25	—	19,91	22,40	—	12,52	14,09	—	5,64	6,34
	III	449,50	—	35,96	40,45	III	449,50	—	28,58	32,15	—	21,45	24,13	—	14,54	16,36	—	8,12	9,13	—	2,84	3,19	—	—	—
	V	1 234,33	—	98,74	111,08	IV	795,58	—	58,69	66,02	—	53,86	60,59	—	49,15	55,29	—	44,56	50,13	—	40,10	45,11	—	35,75	40,22
	VI	1 270,58	—	101,64	114,35																				
4 514,99	I,IV	796,41	—	63,71	71,67	I	796,41	—	53,92	60,66	—	44,62	50,20	—	35,81	40,28	—	27,48	30,91	—	19,62	22,07	—	12,26	13,79
	II	679,41	—	54,35	61,14	II	679,41	—	45,02	50,65	—	36,19	40,71	—	27,83	31,31	—	19,96	22,46	—	12,58	14,15	—	5,68	6,39
	III	450,16	—	36,01	40,51	III	450,16	—	28,64	32,22	—	21,49	24,17	—	14,60	16,42	—	8,16	9,18	—	2,86	3,22	—	—	—
	V	1 235,33	—	98,82	111,17	IV	796,41	—	58,76	66,10	—	53,92	60,66	—	49,22	55,37	—	44,62	50,20	—	40,16	45,18	—	35,81	40,28
	VI	1 271,58	—	101,72	114,44																				
4 517,99	I,IV	797,33	—	63,78	71,75	I	797,33	—	54,—	60,75	—	44,69	50,27	—	35,87	40,35	—	27,53	30,97	—	19,68	22,14	—	12,31	13,85
	II	680,25	—	54,42	61,22	II	680,25	—	45,09	50,72	—	36,25	40,78	—	27,89	31,37	—	20,02	22,52	—	12,63	14,21	—	5,73	6,44
	III	450,83	—	36,06	40,57	III	450,83	—	28,68	32,26	—	21,54	24,23	—	14,64	16,47	—	8,20	9,22	—	2,90	3,26	—	—	—
	V	1 236,33	—	98,90	111,26	IV	797,33	—	58,83	66,18	—	54,—	60,75	—	49,28	55,44	—	44,69	50,27	—	40,22	45,24	—	35,87	40,35
	VI	1 272,66	—	101,81	114,53																				
4 520,99	I,IV	798,25	—	63,86	71,84	I	798,25	—	54,06	60,82	—	44,76	50,35	—	35,93	40,42	—	27,59	31,04	—	19,73	22,19	—	12,36	13,91
	II	681,08	—	54,48	61,29	II	681,08	—	45,16	50,80	—	36,31	40,85	—	27,95	31,44	—	20,07	22,58	—	12,68	14,26	—	5,78	6,50
	III	451,50	—	36,12	40,63	III	451,50	—	28,73	32,32	—	21,60	24,30	—	14,69	16,52	—	8,25	9,28	—	2,93	3,29	—	—	—
	V	1 237,41	—	98,99	111,36	IV	798,25	—	58,90	66,26	—	54,06	60,82	—	49,35	55,52	—	44,76	50,35	—	40,28	45,32	—	35,93	40,42
	VI	1 273,66	—	101,89	114,62																				
4 523,99	I,IV	799,16	—	63,93	71,92	I	799,16	—	54,13	60,89	—	44,82	50,42	—	35,99	40,49	—	27,65	31,10	—	19,79	22,26	—	12,41	13,96
	II	682,—	—	54,56	61,38	II	682,—	—	45,22	50,87	—	36,37	40,91	—	28,01	31,51	—	20,12	22,64	—	12,73	14,32	—	5,82	6,55
	III	452,16	—	36,17	40,69	III	452,16	—	28,78	32,38	—	21,64	24,34	—	14,74	16,58	—	8,29	9,32	—	2,97	3,34	—	—	—
	V	1 238,50	—	99,08	111,46	IV	799,16	—	58,97	66,34	—	54,13	60,89	—	49,42	55,59	—	44,82	50,42	—	40,34	45,38	—	35,99	40,49
	VI	1 274,75	—	101,98	114,72																				
4 526,99	I,IV	800,—	—	64,—	72,—	I	800,—	—	54,20	60,97	—	44,88	50,49	—	36,05	40,55	—	27,70	31,16	—	19,84	22,32	—	12,46	14,02
	II	682,83	—	54,62	61,45	II	682,83	—	45,28	50,94	—	36,43	40,98	—	28,06	31,57	—	20,18	22,70	—	12,78	14,37	—	5,86	6,59
	III	452,83	—	36,22	40,75	III	452,83	—	28,84	32,44	—	21,69	24,40	—	14,78	16,63	—	8,33	9,37	—	3,—	3,37	—	—	—
	V	1 239,50	—	99,16	111,55	IV	800,—	—	59,04	66,42	—	54,20	60,97	—	49,48	55,66	—	44,88	50,49	—	40,40	45,45	—	36,05	40,55
	VI	1 275,75	—	102,06	114,81																				
4 529,99	I,IV	800,91	—	64,07	72,08	I	800,91	—	54,26	61,04	—	44,94	50,56	—	36,11	40,62	—	27,76	31,23	—	19,90	22,38	—	12,51	14,07
	II	683,66	—	54,69	61,52	II	683,66	—	45,35	51,02	—	36,50	41,06	—	28,12	31,64	—	20,24	22,77	—	12,83	14,43	—	5,91	6,65
	III	453,50	—	36,28	40,81	III	453,50	—	28,89	32,50	—	21,74	24,46	—	14,84	16,69	—	8,37	9,41	—	3,04	3,42	—	—	—
	V	1 240,50	—	99,24	111,64	IV	800,91	—	59,10	66,49	—	54,26	61,04	—	49,54	55,73	—	44,94	50,56	—	40,47	45,53	—	36,11	40,62
	VI	1 276,83	—	102,14	114,91																				
4 532,99	I,IV	801,83	—	64,14	72,16	I	801,83	—	54,34	61,13	—	45,01	50,63	—	36,17	40,69	—	27,82	31,29	—	19,95	22,44	—	12,56	14,13
	II	684,50	—	54,76	61,60	II	684,50	—	45,42	51,09	—	36,56	41,13	—	28,18	31,70	—	20,29	22,82	—	12,88	14,49	—	5,96	6,70
	III	454,16	—	36,33	40,87	III	454,16	—	28,94	32,56	—	21,80	24,52	—	14,88	16,74	—	8,41	9,46	—	3,06	3,44	—	—	—
	V	1 241,58	—	99,32	111,74	IV	801,83	—	59,18	66,57	—	54,34	61,13	—	49,61	55,81	—	45,01	50,63	—	40,53	45,59	—	36,17	40,69
	VI	1 277,83	—	102,22	115,—																				
4 535,99	I,IV	802,66	—	64,21	72,23	I	802,66	—	54,40	61,20	—	45,08	50,71	—	36,24	40,77	—	27,88	31,36	—	20,—	22,50	—	12,62	14,19
	II	685,41	—	54,83	61,68	II	685,41	—	45,48	51,16	—	36,62	41,19	—	28,24	31,77	—	20,34	22,88	—	12,93	14,54	—	6,01	6,76
	III	454,83	—	36,38	40,93	III	454,83	—	29,—	32,62	—	21,84	24,57	—	14,93	16,79	—	8,45	9,50	—	3,10	3,49	—	—	—
	V	1 242,66	—	99,41	111,83	IV	802,66	—	59,24	66,65	—	54,40	61,20	—	49,68	55,89	—	45,08	50,71	—	40,60	45,67	—	36,24	40,77
	VI	1 278,91	—	102,31	115,10																				
4 538,99	I,IV	803,58	—	64,28	72,32	I	803,58	—	54,47	61,28	—	45,14	50,78	—	36,30	40,83	—	27,94	31,43	—	20,06	22,56	—	12,66	14,24
	II	686,16	—	54,89	61,75	II	686,16	—	45,54	51,23	—	36,68	41,26	—	28,30	31,83	—	20,40	22,95	—	12,98	14,60	—	6,05	6,80
	III	455,50	—	36,44	40,99	III	455,50	—	29,04	32,67	—	21,89	24,62	—	14,98	16,85	—	8,49	9,55	—	3,13	3,52	—	—	—
	V	1 243,66	—	99,49	111,92	IV	803,58	—	59,32	66,73	—	54,47	61,28	—	49,74	55,96	—	45,14	50,78	—	40,66	45,74	—	36,30	40,83
	VI	1 279,91	—	102,39	115,19																				

* Die ausgewiesenen Tabellenwerte sind amtlich. Siehe Erläuterungen auf der Umschlaginnenseite (U2).

4 589,99* **MONAT**

Abzüge an Lohnsteuer, Solidaritätszuschlag (SolZ) und Kirchensteuer (8%, 9%) in den Steuerklassen

Lohn/ Gehalt bis €*	I – VI	LSt	ohne Kinderfreibeträge SolZ	8%	9%	I, II, III, IV	LSt	mit Zahl der Kinderfreibeträge . . . 0,5 SolZ	0,5 8%	0,5 9%	1 SolZ	1 8%	1 9%	1,5 SolZ	1,5 8%	1,5 9%	2 SolZ	2 8%	2 9%	2,5 SolZ	2,5 8%	2,5 9%	3 SolZ	3 8%	3 9%
4 541,99	I,IV	804,50	—	64,36	72,40	I	804,50	—	54,54	61,35	—	45,20	50,85	—	36,36	40,90	—	27,99	31,49	—	20,11	22,62	—	12,72	14,31
	II	687,08	—	54,96	61,83	II	687,08	—	45,61	51,31	—	36,74	41,33	—	28,35	31,89	—	20,45	23,—	—	13,03	14,66	—	6,10	6,86
	III	456,16	—	36,49	41,05	III	456,16	—	29,09	32,72	—	21,94	24,68	—	15,02	16,90	—	8,54	9,61	—	3,17	3,56	—	—	—
	V	1 244,66	—	99,57	112,01	IV	804,50	—	59,38	66,80	—	54,54	61,35	—	49,81	56,03	—	45,20	50,85	—	40,72	45,81	—	36,36	40,90
	VI	1 281,—	—	102,48	115,29																				
4 544,99	I,IV	805,33	—	64,42	72,47	I	805,33	—	54,60	61,43	—	45,27	50,93	—	36,42	40,97	—	28,05	31,55	—	20,16	22,68	—	12,76	14,36
	II	687,91	—	55,03	61,91	II	687,91	—	45,67	51,38	—	36,80	41,40	—	28,41	31,96	—	20,50	23,06	—	13,08	14,72	—	6,15	6,92
	III	456,83	—	36,54	41,11	III	456,83	—	29,14	32,78	—	21,98	24,73	—	15,08	16,96	—	8,58	9,65	—	3,20	3,60	—	—	—
	V	1 245,75	—	99,66	112,11	IV	805,33	—	59,46	66,89	—	54,60	61,43	—	49,88	56,11	—	45,27	50,93	—	40,78	45,88	—	36,42	40,97
	VI	1 282,—	—	102,56	115,38																				
4 547,99	I,IV	806,25	—	64,50	72,56	I	806,25	—	54,68	61,51	—	45,34	51,—	—	36,48	41,04	—	28,11	31,62	—	20,22	22,75	—	12,82	14,42
	II	688,75	—	55,10	61,98	II	688,75	—	45,74	51,45	—	36,86	41,47	—	28,47	32,03	—	20,56	23,13	—	13,14	14,78	—	6,20	6,97
	III	457,50	—	36,60	41,17	III	457,50	—	29,20	32,85	—	22,04	24,79	—	15,12	17,01	—	8,62	9,70	—	3,24	3,64	—	—	—
	V	1 246,83	—	99,74	112,21	IV	806,25	—	59,52	66,96	—	54,68	61,51	—	49,94	56,18	—	45,34	51,—	—	40,84	45,95	—	36,48	41,04
	VI	1 283,08	—	102,64	115,47																				
4 550,99	I,IV	807,16	—	64,57	72,64	I	807,16	—	54,74	61,58	—	45,40	51,07	—	36,54	41,10	—	28,16	31,68	—	20,28	22,81	—	12,87	14,48
	II	689,58	—	55,16	62,06	II	689,58	—	45,80	51,53	—	36,92	41,54	—	28,52	32,09	—	20,61	23,18	—	13,18	14,83	—	6,24	7,02
	III	458,16	—	36,65	41,23	III	458,16	—	29,25	32,90	—	22,09	24,85	—	15,17	17,06	—	8,66	9,74	—	3,28	3,69	—	—	—
	V	1 247,83	—	99,82	112,30	IV	807,16	—	59,59	67,04	—	54,74	61,58	—	50,01	56,26	—	45,40	51,07	—	40,91	46,02	—	36,54	41,10
	VI	1 284,08	—	102,72	115,56																				
4 553,99	I,IV	808,—	—	64,64	72,72	I	808,—	—	54,81	61,66	—	45,46	51,14	—	36,60	41,18	—	28,22	31,75	—	20,33	22,87	—	12,92	14,53
	II	690,50	—	55,24	62,14	II	690,50	—	45,86	51,59	—	36,98	41,60	—	28,58	32,15	—	20,67	23,25	—	13,24	14,89	—	6,29	7,07
	III	458,83	—	36,70	41,29	III	458,83	—	29,30	32,96	—	22,14	24,91	—	15,22	17,12	—	8,70	9,79	—	3,30	3,71	—	—	—
	V	1 248,83	—	99,90	112,39	IV	808,—	—	59,66	67,12	—	54,81	61,66	—	50,08	56,34	—	45,46	51,14	—	40,97	46,09	—	36,60	41,18
	VI	1 285,16	—	102,81	115,66																				
4 556,99	I,IV	808,91	—	64,71	72,80	I	808,91	—	54,88	61,74	—	45,53	51,22	—	36,66	41,24	—	28,28	31,82	—	20,38	22,93	—	12,97	14,59
	II	691,33	—	55,30	62,21	II	691,33	—	45,93	51,67	—	37,04	41,67	—	28,64	32,22	—	20,72	23,31	—	13,29	14,95	—	6,34	7,13
	III	459,50	—	36,76	41,35	III	459,50	—	29,36	33,03	—	22,20	24,97	—	15,26	17,17	—	8,76	9,85	—	3,34	3,76	—	—	—
	V	1 249,91	—	99,99	112,49	IV	808,91	—	59,74	67,20	—	54,88	61,74	—	50,14	56,41	—	45,53	51,22	—	41,04	46,17	—	36,66	41,24
	VI	1 286,16	—	102,89	115,75																				
4 559,99	I,IV	809,83	—	64,78	72,88	I	809,83	—	54,94	61,81	—	45,59	51,29	—	36,72	41,31	—	28,34	31,88	—	20,44	22,99	—	13,02	14,65
	II	692,16	—	55,37	62,29	II	692,16	—	46,—	51,75	—	37,10	41,74	—	28,70	32,29	—	20,78	23,37	—	13,34	15,—	—	6,38	7,18
	III	460,16	—	36,81	41,41	III	460,16	—	29,41	33,08	—	22,24	25,02	—	15,32	17,23	—	8,80	9,90	—	3,37	3,79	—	—	—
	V	1 251,—	—	100,08	112,59	IV	809,83	—	59,80	67,28	—	54,94	61,81	—	50,21	56,48	—	45,59	51,29	—	41,10	46,23	—	36,72	41,31
	VI	1 287,25	—	102,98	115,85																				
4 562,99	I,IV	810,66	—	64,85	72,95	I	810,66	—	55,01	61,88	—	45,66	51,36	—	36,78	41,38	—	28,40	31,95	—	20,49	23,05	—	13,07	14,70
	II	693,—	—	55,44	62,37	II	693,—	—	46,06	51,82	—	37,16	41,81	—	28,76	32,35	—	20,83	23,43	—	13,39	15,06	—	6,43	7,23
	III	460,83	—	36,86	41,47	III	460,83	—	29,45	33,13	—	22,29	25,07	—	15,36	17,28	—	8,84	9,94	—	3,41	3,83	—	—	—
	V	1 252,—	—	100,16	112,68	IV	810,66	—	59,87	67,35	—	55,01	61,88	—	50,28	56,56	—	45,66	51,36	—	41,16	46,30	—	36,78	41,38
	VI	1 288,25	—	103,06	115,94																				
4 565,99	I,IV	811,58	—	64,92	73,04	I	811,58	—	55,08	61,97	—	45,72	51,44	—	36,84	41,45	—	28,45	32,—	—	20,54	23,11	—	13,12	14,76
	II	693,91	—	55,51	62,45	II	693,91	—	46,12	51,89	—	37,23	41,88	—	28,82	32,42	—	20,88	23,49	—	13,44	15,12	—	6,48	7,29
	III	461,50	—	36,92	41,53	III	461,50	—	29,50	33,19	—	22,34	25,13	—	15,41	17,33	—	8,88	9,99	—	3,44	3,87	—	—	—
	V	1 253,—	—	100,24	112,77	IV	811,58	—	59,94	67,43	—	55,08	61,97	—	50,34	56,63	—	45,72	51,44	—	41,22	46,37	—	36,84	41,45
	VI	1 289,33	—	103,14	116,03																				
4 568,99	I,IV	812,50	—	65,—	73,12	I	812,50	—	55,15	62,04	—	45,78	51,50	—	36,91	41,52	—	28,51	32,07	—	20,60	23,18	—	13,18	14,82
	II	694,75	—	55,58	62,52	II	694,75	—	46,19	51,96	—	37,29	41,95	—	28,88	32,49	—	20,94	23,56	—	13,49	15,17	—	6,53	7,34
	III	462,16	—	36,97	41,59	III	462,16	—	29,56	33,25	—	22,38	25,18	—	15,46	17,39	—	8,92	10,03	—	3,48	3,91	—	—	—
	V	1 254,08	—	100,32	112,86	IV	812,50	—	60,01	67,51	—	55,15	62,04	—	50,41	56,71	—	45,78	51,50	—	41,28	46,44	—	36,91	41,52
	VI	1 290,33	—	103,22	116,12																				
4 571,99	I,IV	813,41	—	65,07	73,20	I	813,41	—	55,22	62,12	—	45,85	51,58	—	36,97	41,59	—	28,57	32,14	—	20,66	23,24	—	13,22	14,87
	II	695,58	—	55,64	62,60	II	695,58	—	46,26	52,04	—	37,35	42,02	—	28,93	32,54	—	21,—	23,62	—	13,54	15,23	—	6,58	7,40
	III	462,83	—	37,02	41,65	III	462,83	—	29,61	33,31	—	22,44	25,24	—	15,50	17,44	—	8,97	10,09	—	3,52	3,96	—	—	—
	V	1 255,16	—	100,41	112,96	IV	813,41	—	60,08	67,59	—	55,22	62,12	—	50,48	56,79	—	45,85	51,58	—	41,35	46,52	—	36,97	41,59
	VI	1 291,41	—	103,31	116,22																				
4 574,99	I,IV	814,25	—	65,14	73,28	I	814,25	—	55,28	62,19	—	45,92	51,66	—	37,03	41,66	—	28,62	32,20	—	20,71	23,30	—	13,28	14,94
	II	696,41	—	55,71	62,67	II	696,41	—	46,32	52,11	—	37,41	42,08	—	28,99	32,61	—	21,05	23,68	—	13,60	15,30	—	6,62	7,45
	III	463,50	—	37,08	41,71	III	463,50	—	29,66	33,37	—	22,49	25,30	—	15,56	17,50	—	9,01	10,13	—	3,54	3,98	—	—	—
	V	1 256,16	—	100,49	113,05	IV	814,25	—	60,15	67,67	—	55,28	62,19	—	50,54	56,85	—	45,92	51,66	—	41,41	46,58	—	37,03	41,66
	VI	1 292,41	—	103,39	116,31																				
4 577,99	I,IV	815,16	—	65,21	73,36	I	815,16	—	55,36	62,28	—	45,98	51,72	—	37,09	41,72	—	28,68	32,27	—	20,76	23,36	—	13,32	14,99
	II	697,33	—	55,78	62,75	II	697,33	—	46,38	52,18	—	37,48	42,16	—	29,05	32,68	—	21,10	23,74	—	13,64	15,35	—	6,67	7,50
	III	464,16	—	37,13	41,77	III	464,16	—	29,72	33,43	—	22,54	25,36	—	15,61	17,56	—	9,05	10,18	—	3,58	4,03	—	—	—
	V	1 257,16	—	100,57	113,14	IV	815,16	—	60,22	67,75	—	55,36	62,28	—	50,60	56,93	—	45,98	51,72	—	41,48	46,66	—	37,09	41,72
	VI	1 293,50	—	103,48	116,41																				
4 580,99	I,IV	816,08	—	65,28	73,44	I	816,08	—	55,42	62,35	—	46,04	51,80	—	37,15	41,79	—	28,74	32,33	—	20,82	23,42	—	13,38	15,05
	II	698,16	—	55,85	62,83	II	698,16	—	46,45	52,25	—	37,54	42,23	—	29,10	32,74	—	21,16	23,80	—	13,70	15,41	—	6,72	7,56
	III	464,83	—	37,18	41,83	III	464,83	—	29,77	33,49	—	22,60	25,42	—	15,65	17,60	—	9,09	10,22	—	3,61	4,06	—	—	—
	V	1 258,25	—	100,66	113,24	IV	816,08	—	60,29	67,82	—	55,42	62,35	—	50,67	57,—	—	46,04	51,80	—	41,54	46,73	—	37,15	41,79
	VI	1 294,50	—	103,56	116,50																				
4 583,99	I,IV	817,—	—	65,36	73,53	I	817,—	—	55,49	62,42	—	46,11	51,87	—	37,22	41,87	—	28,80	32,40	—	20,87	23,48	—	13,43	15,11
	II	699,—	—	55,92	62,91	II	699,—	—	46,52	52,33	—	37,60	42,30	—	29,16	32,81	—	21,22	23,87	—	13,75	15,47	—	6,77	7,61
	III	465,66	—	37,25	41,90	III	465,66	—	29,82	33,55	—	22,64	25,47	—	15,70	17,66	—	9,14	10,28	—	3,65	4,10	—	—	—
	V	1 259,33	—	100,74	113,33	IV	817,—	—	60,36	67,91	—	55,49	62,42	—	50,74	57,08	—	46,11	51,87	—	41,60	46,80	—	37,22	41,87
	VI	1 295,58	—	103,64	116,60																				
4 586,99	I,IV	817,83	—	65,42	73,60	I	817,83	—	55,56	62,50	—	46,18	51,95	—	37,28	41,94	—	28,86	32,46	—	20,92	23,54	—	13,48	15,16
	II	699,83	—	55,98	62,98	II	699,83	—	46,58	52,40	—	37,66	42,36	—	29,22	32,87	—	21,27	23,93	—	13,80	15,52	—	6,82	7,67
	III	466,16	—	37,29	41,95	III	466,16	—	29,88	33,61	—	22,69	25,52	—	15,74	17,71	—	9,18	10,33	—	3,68	4,14	—	—	—
	V	1 260,33	—	100,82	113,42	IV	817,83	—	60,43	67,98	—	55,56	62,50	—	50,80	57,15	—	46,18	51,95	—	41,66	46,87	—	37,28	41,94
	VI	1 296,58	—	103,72	116,69																				
4 589,99	I,IV	818,75	—	65,50	73,68	I	818,75	—	55,62	62,57	—	46,24	52,02	—	37,34	42,—	—	28,92	32,53	—	20,98	23,60	—	13,53	15,22
	II	700,75	—	56,06	63,06	II	700,75	—	46,64	52,47	—	37,72	42,44	—	29,28	32,94	—	21,32	23,99	—	13,85	15,58	—	6,86	7,72
	III	466,83	—	37,34	42,01	III	466,83	—	29,92	33,66	—	22,74	25,58	—	15,80	17,77	—	9,22	10,37	—	3,72	4,18	—	—	—
	V	1 261,33	—	100,90	113,51	IV	818,75	—	60,50	68,06	—	55,62	62,57	—	50,87	57,23	—	46,24	52,02	—	41,73	46,94	—	37,34	42,—
	VI	1 297,58	—	103,80	116,78																				

* Die ausgewiesenen Tabellenwerte sind amtlich. Siehe Erläuterungen auf der Umschlaginnenseite (U2).

MONAT **4 590,–***

Abzüge an Lohnsteuer, Solidaritätszuschlag (SolZ) und Kirchensteuer (8%, 9%) in den Steuerklassen

Lohn/ Gehalt bis €*	I – VI	LSt	ohne Kinderfreibeträge SolZ	8%	9%	I, II, III, IV	LSt	mit Zahl der Kinderfreibeträge . . . 0,5 SolZ	8%	9%	1 SolZ	8%	9%	1,5 SolZ	8%	9%	2 SolZ	8%	9%	2,5 SolZ	8%	9%	3 SolZ	8%	9%
4 592,99	I,IV	819,66	—	65,57	73,76	I	819,66	—	55,70	62,66	—	46,30	52,09	—	37,40	42,07	—	28,98	32,60	—	21,04	23,67	—	13,58	15,28
	II	701,58	—	56,12	63,14	II	701,58	—	46,71	52,55	—	37,78	42,50	—	29,34	33,—	—	21,38	24,05	—	13,90	15,64	—	6,91	7,77
	III	467,50	—	37,40	42,07	III	467,50	—	29,97	33,71	—	22,78	25,63	—	15,85	17,83	—	9,26	10,42	—	3,76	4,23	—	—	—
	V	1 262,41	—	100,99	113,61	IV	819,66	—	60,57	68,14	—	55,70	62,66	—	50,94	57,30	—	46,30	52,09	—	41,79	47,01	—	37,40	42,07
	VI	1 298,66	—	103,89	116,87																				
4 595,99	I,IV	820,58	—	65,64	73,85	I	820,58	—	55,76	62,73	—	46,37	52,16	—	37,46	42,14	—	29,04	32,67	—	21,09	23,72	—	13,64	15,34
	II	702,41	—	56,19	63,21	II	702,41	—	46,78	52,62	—	37,84	42,57	—	29,40	33,07	—	21,44	24,12	—	13,96	15,70	—	6,96	7,83
	III	468,16	—	37,45	42,13	III	468,16	—	30,02	33,77	—	22,84	25,69	—	15,89	17,87	—	9,30	10,46	—	3,78	4,25	—	—	—
	V	1 263,50	—	101,08	113,71	IV	820,58	—	60,64	68,22	—	55,76	62,73	—	51,01	57,38	—	46,37	52,16	—	41,86	47,09	—	37,46	42,14
	VI	1 299,75	—	103,98	116,97																				
4 598,99	I,IV	821,41	—	65,71	73,92	I	821,41	—	55,83	62,81	—	46,43	52,23	—	37,52	42,21	—	29,09	32,72	—	21,14	23,78	—	13,68	15,39
	II	703,25	—	56,26	63,29	II	703,25	—	46,84	52,69	—	37,90	42,64	—	29,46	33,14	—	21,49	24,17	—	14,—	15,75	—	7,—	7,88
	III	468,83	—	37,50	42,19	III	468,83	—	30,08	33,84	—	22,89	25,75	—	15,94	17,93	—	9,36	10,53	—	3,82	4,30	—	—	—
	V	1 264,50	—	101,16	113,80	IV	821,41	—	60,71	68,30	—	55,83	62,81	—	51,07	57,45	—	46,43	52,23	—	41,92	47,16	—	37,52	42,21
	VI	1 300,75	—	104,06	117,06																				
4 601,99	I,IV	822,33	—	65,78	74,—	I	822,33	—	55,90	62,89	—	46,50	52,31	—	37,58	42,28	—	29,15	32,79	—	21,20	23,85	—	13,74	15,45
	II	704,16	—	56,33	63,37	II	704,16	—	46,90	52,76	—	37,97	42,71	—	29,51	33,20	—	21,54	24,23	—	14,06	15,81	—	7,06	7,94
	III	469,66	—	37,57	42,26	III	469,66	—	30,13	33,89	—	22,94	25,81	—	16,—	18,—	—	9,40	10,57	—	3,86	4,34	—	—	—
	V	1 265,50	—	101,24	113,89	IV	822,33	—	60,78	68,38	—	55,90	62,89	—	51,14	57,53	—	46,50	52,31	—	41,98	47,22	—	37,58	42,28
	VI	1 301,75	—	104,14	117,15																				
4 604,99	I,IV	823,25	—	65,86	74,09	I	823,25	—	55,97	62,96	—	46,56	52,38	—	37,64	42,35	—	29,21	32,86	—	21,26	23,91	—	13,79	15,51
	II	705,—	—	56,40	63,45	II	705,—	—	46,97	52,84	—	38,03	42,78	—	29,57	33,26	—	21,60	24,30	—	14,11	15,87	—	7,10	7,99
	III	470,33	—	37,62	42,32	III	470,33	—	30,18	33,95	—	23,—	25,87	—	16,04	18,04	—	9,44	10,62	—	3,89	4,37	—	—	—
	V	1 266,58	—	101,32	113,99	IV	823,25	—	60,85	68,45	—	55,97	62,96	—	51,20	57,60	—	46,56	52,38	—	42,04	47,30	—	37,64	42,35
	VI	1 302,83	—	104,22	117,25																				
4 607,99	I,IV	824,16	—	65,93	74,17	I	824,16	—	56,04	63,04	—	46,63	52,46	—	37,70	42,41	—	29,26	32,92	—	21,31	23,97	—	13,84	15,57
	II	705,83	—	56,46	63,52	II	705,83	—	47,04	52,92	—	38,09	42,85	—	29,63	33,33	—	21,65	24,35	—	14,16	15,93	—	7,15	8,04
	III	471,—	—	37,68	42,39	III	471,—	—	30,24	34,02	—	23,04	25,92	—	16,09	18,10	—	9,49	10,67	—	3,93	4,42	—	—	—
	V	1 267,66	—	101,41	114,08	IV	824,16	—	60,92	68,54	—	56,04	63,04	—	51,28	57,69	—	46,63	52,46	—	42,11	47,37	—	37,70	42,41
	VI	1 303,91	—	104,31	117,35																				
4 610,99	I,IV	825,08	—	66,—	74,25	I	825,08	—	56,10	63,11	—	46,69	52,52	—	37,76	42,48	—	29,32	32,99	—	21,36	24,03	—	13,89	15,62
	II	706,75	—	56,54	63,60	II	706,75	—	47,10	52,99	—	38,15	42,92	—	29,69	33,40	—	21,70	24,41	—	14,21	15,98	—	7,20	8,10
	III	471,50	—	37,72	42,43	III	471,50	—	30,29	34,07	—	23,09	25,97	—	16,14	18,16	—	9,53	10,72	—	3,96	4,45	—	—	—
	V	1 268,66	—	101,49	114,17	IV	825,08	—	60,99	68,61	—	56,10	63,11	—	51,34	57,75	—	46,69	52,52	—	42,17	47,44	—	37,76	42,48
	VI	1 304,91	—	104,39	117,44																				
4 613,99	I,IV	825,91	—	66,07	74,33	I	825,91	—	56,18	63,20	—	46,76	52,60	—	37,83	42,56	—	29,38	33,05	—	21,42	24,09	—	13,94	15,68
	II	707,58	—	56,60	63,68	II	707,58	—	47,16	53,06	—	38,22	42,99	—	29,74	33,46	—	21,76	24,48	—	14,26	16,04	—	7,24	8,15
	III	472,16	—	37,77	42,49	III	472,16	—	30,34	34,13	—	23,14	26,03	—	16,18	18,20	—	9,57	10,76	—	4,—	4,50	—	—	—
	V	1 269,66	—	101,57	114,26	IV	825,91	—	61,06	68,69	—	56,18	63,20	—	51,40	57,83	—	46,76	52,60	—	42,23	47,51	—	37,83	42,56
	VI	1 305,91	—	104,47	117,53																				
4 616,99	I,IV	826,83	—	66,14	74,41	I	826,83	—	56,24	63,27	—	46,82	52,67	—	37,89	42,62	—	29,44	33,12	—	21,48	24,16	—	13,99	15,74
	II	708,41	—	56,67	63,75	II	708,41	—	47,23	53,13	—	38,28	43,06	—	29,80	33,53	—	21,82	24,54	—	14,32	16,11	—	7,30	8,21
	III	473,—	—	37,84	42,57	III	473,—	—	30,38	34,18	—	23,20	26,10	—	16,24	18,27	—	9,61	10,81	—	4,04	4,54	—	—	—
	V	1 270,75	—	101,66	114,36	IV	826,83	—	61,14	68,78	—	56,24	63,27	—	51,47	57,90	—	46,82	52,67	—	42,30	47,58	—	37,89	42,62
	VI	1 307,—	—	104,56	117,63																				
4 619,99	I,IV	827,75	—	66,22	74,49	I	827,75	—	56,31	63,35	—	46,89	52,75	—	37,95	42,69	—	29,50	33,18	—	21,53	24,22	—	14,04	15,80
	II	709,33	—	56,74	63,83	II	709,33	—	47,30	53,21	—	38,34	43,13	—	29,86	33,59	—	21,87	24,60	—	14,36	16,16	—	7,34	8,26
	III	473,66	—	37,89	42,62	III	473,66	—	30,44	34,24	—	23,24	26,14	—	16,29	18,32	—	9,66	10,87	—	4,06	4,57	—	—	—
	V	1 271,83	—	101,74	114,46	IV	827,75	—	61,20	68,85	—	56,31	63,35	—	51,54	57,98	—	46,89	52,75	—	42,36	47,66	—	37,95	42,69
	VI	1 308,08	—	104,64	117,72																				
4 622,99	I,IV	828,66	—	66,29	74,57	I	828,66	—	56,38	63,42	—	46,96	52,83	—	38,01	42,76	—	29,56	33,25	—	21,58	24,28	—	14,10	15,86
	II	710,16	—	56,81	63,91	II	710,16	—	47,36	53,28	—	38,40	43,20	—	29,92	33,66	—	21,92	24,66	—	14,42	16,22	—	7,39	8,31
	III	474,33	—	37,94	42,68	III	474,33	—	30,49	34,30	—	23,29	26,20	—	16,33	18,37	—	9,70	10,91	—	4,10	4,61	—	—	—
	V	1 272,83	—	101,82	114,55	IV	828,66	—	61,27	68,93	—	56,38	63,42	—	51,60	58,05	—	46,96	52,83	—	42,42	47,72	—	38,01	42,76
	VI	1 309,08	—	104,72	117,81																				
4 625,99	I,IV	829,58	—	66,36	74,66	I	829,58	—	56,45	63,50	—	47,02	52,89	—	38,08	42,84	—	29,62	33,32	—	21,64	24,34	—	14,14	15,91
	II	711,—	—	56,88	63,99	II	711,—	—	47,43	53,36	—	38,46	43,27	—	29,98	33,72	—	21,98	24,73	—	14,47	16,28	—	7,44	8,37
	III	475,—	—	38,—	42,75	III	475,—	—	30,54	34,36	—	23,34	26,26	—	16,38	18,43	—	9,74	10,96	—	4,14	4,66	—	—	—
	V	1 273,83	—	101,90	114,64	IV	829,58	—	61,34	69,01	—	56,45	63,50	—	51,67	58,13	—	47,02	52,89	—	42,48	47,79	—	38,08	42,84
	VI	1 310,08	—	104,80	117,90																				
4 628,99	I,IV	830,50	—	66,44	74,74	I	830,50	—	56,52	63,58	—	47,08	52,97	—	38,14	42,90	—	29,67	33,38	—	21,69	24,40	—	14,20	15,97
	II	711,91	—	56,95	64,07	II	711,91	—	47,49	53,42	—	38,52	43,34	—	30,04	33,79	—	22,04	24,79	—	14,52	16,33	—	7,49	8,42
	III	475,66	—	38,05	42,80	III	475,66	—	30,60	34,42	—	23,40	26,32	—	16,44	18,49	—	9,80	11,02	—	4,18	4,70	—	—	—
	V	1 274,91	—	101,99	114,74	IV	830,50	—	61,42	69,09	—	56,52	63,58	—	51,74	58,21	—	47,08	52,97	—	42,55	47,87	—	38,14	42,90
	VI	1 311,16	—	104,89	118,—																				
4 631,99	I,IV	831,33	—	66,50	74,81	I	831,33	—	56,58	63,65	—	47,15	53,04	—	38,20	42,97	—	29,73	33,44	—	21,75	24,47	—	14,25	16,03
	II	712,75	—	57,02	64,14	II	712,75	—	47,56	53,50	—	38,58	43,40	—	30,10	33,86	—	22,09	24,85	—	14,57	16,39	—	7,54	8,48
	III	476,33	—	38,10	42,86	III	476,33	—	30,65	34,48	—	23,45	26,38	—	16,48	18,54	—	9,84	11,07	—	4,21	4,73	—	—	—
	V	1 276,—	—	102,08	114,84	IV	831,33	—	61,48	69,17	—	56,58	63,65	—	51,81	58,28	—	47,15	53,04	—	42,62	47,94	—	38,20	42,97
	VI	1 312,25	—	104,98	118,10																				
4 634,99	I,IV	832,25	—	66,58	74,90	I	832,25	—	56,66	63,74	—	47,22	53,12	—	38,26	43,04	—	29,79	33,51	—	21,80	24,53	—	14,30	16,08
	II	713,58	—	57,08	64,22	II	713,58	—	47,62	53,57	—	38,64	43,47	—	30,16	33,93	—	22,14	24,91	—	14,62	16,45	—	7,58	8,53
	III	477,—	—	38,16	42,93	III	477,—	—	30,70	34,54	—	23,49	26,42	—	16,53	18,59	—	9,88	11,11	—	4,25	4,78	—	—	—
	V	1 277,—	—	102,16	114,93	IV	832,25	—	61,56	69,25	—	56,66	63,74	—	51,88	58,36	—	47,22	53,12	—	42,68	48,01	—	38,26	43,04
	VI	1 313,25	—	105,06	118,19																				
4 637,99	I,IV	833,16	—	66,65	74,98	I	833,16	—	56,72	63,81	—	47,28	53,19	—	38,32	43,11	—	29,85	33,58	—	21,86	24,59	—	14,35	16,14
	II	714,41	—	57,15	64,29	II	714,41	—	47,69	53,65	—	38,71	43,55	—	30,21	33,98	—	22,20	24,98	—	14,68	16,51	—	7,63	8,58
	III	477,66	—	38,21	42,98	III	477,66	—	30,76	34,60	—	23,54	26,48	—	16,57	18,64	—	9,92	11,16	—	4,28	4,81	—	—	—
	V	1 278,—	—	102,24	115,02	IV	833,16	—	61,62	69,32	—	56,72	63,81	—	51,94	58,43	—	47,28	53,19	—	42,74	48,08	—	38,32	43,11
	VI	1 314,25	—	105,14	118,28																				
4 640,99	I,IV	834,08	—	66,72	75,06	I	834,08	—	56,79	63,89	—	47,34	53,26	—	38,38	43,18	—	29,90	33,64	—	21,91	24,65	—	14,40	16,20
	II	715,33	—	57,22	64,37	II	715,33	—	47,76	53,73	—	38,77	43,61	—	30,27	34,05	—	22,26	25,04	—	14,72	16,56	—	7,68	8,64
	III	478,33	—	38,26	43,04	III	478,33	—	30,81	34,66	—	23,60	26,55	—	16,62	18,70	—	9,97	11,21	—	4,32	4,86	—	—	—
	V	1 279,08	—	102,32	115,11	IV	834,08	—	61,70	69,41	—	56,79	63,89	—	52,01	58,51	—	47,34	53,26	—	42,80	48,15	—	38,38	43,18
	VI	1 315,33	—	105,22	118,37																				

* Die ausgewiesenen Tabellenwerte sind amtlich. Siehe Erläuterungen auf der Umschlaginnenseite (U2).

4 691,99* — **MONAT**

Abzüge an Lohnsteuer, Solidaritätszuschlag (SolZ) und Kirchensteuer (8%, 9%) in den Steuerklassen

I – VI (ohne Kinderfreibeträge) / **I, II, III, IV** (mit Zahl der Kinderfreibeträge)

Lohn/Gehalt bis €*	Kl	LSt	SolZ	8%	9%	Kl	LSt	0,5 SolZ	0,5 8%	0,5 9%	1 SolZ	1 8%	1 9%	1,5 SolZ	1,5 8%	1,5 9%	2 SolZ	2 8%	2 9%	2,5 SolZ	2,5 8%	2,5 9%	3 SolZ	3 8%	3 9%
4 643,99	I,IV	835,—	—	66,80	75,15	I	835,—	—	56,86	63,97	—	47,41	53,33	—	38,44	43,25	—	29,96	33,71	—	21,97	24,71	—	14,46	16,26
	II	716,16	—	57,29	64,45	II	716,16	—	47,82	53,80	—	38,84	43,69	—	30,33	34,12	—	22,31	25,10	—	14,78	16,62	—	7,73	8,69
	III	479,—	—	38,32	43,11	III	479,—	—	30,86	34,72	—	23,65	26,60	—	16,68	18,76	—	10,01	11,26	—	4,36	4,90	—	—	—
	V	1 280,08	—	102,40	115,20	IV	835,—	—	61,77	69,49	—	56,86	63,97	—	52,08	58,59	—	47,41	53,33	—	42,87	48,23	—	38,44	43,25
	VI	1 316,41	—	105,31	118,47																				
4 646,99	I,IV	835,83	—	66,86	75,22	I	835,83	—	56,93	64,04	—	47,48	53,41	—	38,51	43,32	—	30,02	33,77	—	22,02	24,77	—	14,50	16,31
	II	717,—	—	57,36	64,54	II	717,—	—	47,88	53,87	—	38,90	43,76	—	30,39	34,19	—	22,37	25,16	—	14,83	16,68	—	7,78	8,75
	III	479,66	—	38,37	43,16	III	479,66	—	30,92	34,78	—	23,69	26,65	—	16,72	18,81	—	10,05	11,30	—	4,40	4,95	—	—	—
	V	1 281,16	—	102,49	115,30	IV	835,83	—	61,84	69,57	—	56,93	64,04	—	52,14	58,66	—	47,48	53,41	—	42,93	48,29	—	38,51	43,32
	VI	1 317,41	—	105,39	118,56																				
4 649,99	I,IV	836,75	—	66,94	75,30	I	836,75	—	57,—	64,12	—	47,54	53,48	—	38,57	43,39	—	30,08	33,84	—	22,08	24,84	—	14,56	16,38
	II	717,91	—	57,43	64,61	II	717,91	—	47,95	53,94	—	38,96	43,83	—	30,45	34,25	—	22,42	25,22	—	14,88	16,74	—	7,82	8,80
	III	480,33	—	38,42	43,22	III	480,33	—	30,96	34,83	—	23,74	26,71	—	16,77	18,86	—	10,10	11,36	—	4,42	4,97	—	—	—
	V	1 282,16	—	102,57	115,39	IV	836,75	—	61,91	69,65	—	57,—	64,12	—	52,21	58,73	—	47,54	53,48	—	43,—	48,37	—	38,57	43,39
	VI	1 318,41	—	105,47	118,65																				
4 652,99	I,IV	837,66	—	67,01	75,38	I	837,66	—	57,07	64,20	—	47,61	53,56	—	38,63	43,46	—	30,14	33,91	—	22,13	24,89	—	14,61	16,43
	II	718,75	—	57,50	64,68	II	718,75	—	48,02	54,02	—	39,02	43,89	—	30,51	34,32	—	22,48	25,29	—	14,94	16,80	—	7,87	8,85
	III	481,—	—	38,48	43,29	III	481,—	—	31,01	34,88	—	23,80	26,77	—	16,82	18,92	—	10,14	11,41	—	4,46	5,02	—	—	—
	V	1 283,25	—	102,66	115,49	IV	837,66	—	61,98	69,72	—	57,07	64,20	—	52,28	58,81	—	47,61	53,56	—	43,06	48,44	—	38,63	43,46
	VI	1 319,50	—	105,56	118,75																				
4 655,99	I,IV	838,58	—	67,08	75,47	I	838,58	—	57,14	64,28	—	47,67	53,63	—	38,70	43,53	—	30,20	33,97	—	22,19	24,96	—	14,66	16,49
	II	719,66	—	57,57	64,76	II	719,66	—	48,08	54,09	—	39,08	43,97	—	30,56	34,38	—	22,54	25,35	—	14,98	16,85	—	7,92	8,91
	III	481,66	—	38,53	43,34	III	481,66	—	31,06	34,94	—	23,85	26,83	—	16,86	18,97	—	10,20	11,47	—	4,50	5,06	—	—	—
	V	1 284,25	—	102,74	115,58	IV	838,58	—	62,05	69,80	—	57,14	64,28	—	52,34	58,88	—	47,67	53,63	—	43,12	48,51	—	38,70	43,53
	VI	1 320,58	—	105,64	118,85																				
4 658,99	I,IV	839,50	—	67,16	75,55	I	839,50	—	57,20	64,35	—	47,74	53,70	—	38,76	43,60	—	30,26	34,04	—	22,24	25,02	—	14,71	16,55
	II	720,50	—	57,64	64,84	II	720,50	—	48,14	54,16	—	39,14	44,03	—	30,62	34,45	—	22,59	25,41	—	15,04	16,92	—	7,97	8,96
	III	482,33	—	38,58	43,40	III	482,33	—	31,12	35,01	—	23,89	26,87	—	16,92	19,03	—	10,24	11,52	—	4,53	5,09	—	0,02	0,02
	V	1 285,33	—	102,82	115,67	IV	839,50	—	62,12	69,88	—	57,20	64,35	—	52,41	58,96	—	47,74	53,70	—	43,18	48,58	—	38,76	43,60
	VI	1 321,58	—	105,72	118,94																				
4 661,99	I,IV	840,41	—	67,23	75,63	I	840,41	—	57,27	64,43	—	47,80	53,78	—	38,82	43,67	—	30,32	34,11	—	22,30	25,08	—	14,76	16,61
	II	721,33	—	57,70	64,91	II	721,33	—	48,21	54,23	—	39,20	44,10	—	30,68	34,52	—	22,64	25,47	—	15,09	16,97	—	8,02	9,02
	III	483,—	—	38,64	43,47	III	483,—	—	31,17	35,06	—	23,94	26,93	—	16,96	19,08	—	10,28	11,56	—	4,57	5,14	—	0,05	0,05
	V	1 286,33	—	102,90	115,76	IV	840,41	—	62,19	69,96	—	57,27	64,43	—	52,48	59,04	—	47,80	53,78	—	43,25	48,65	—	38,82	43,67
	VI	1 322,58	—	105,80	119,03																				
4 664,99	I,IV	841,25	—	67,30	75,71	I	841,25	—	57,34	64,51	—	47,87	53,85	—	38,88	43,74	—	30,38	34,17	—	22,36	25,15	—	14,82	16,67
	II	722,25	—	57,78	65,—	II	722,25	—	48,28	54,31	—	39,27	44,18	—	30,74	34,58	—	22,70	25,53	—	15,14	17,03	—	8,07	9,08
	III	483,66	—	38,69	43,52	III	483,66	—	31,22	35,12	—	24,—	27,—	—	17,01	19,13	—	10,32	11,61	—	4,61	5,18	—	0,08	0,09
	V	1 287,41	—	102,99	115,86	IV	841,25	—	62,26	70,04	—	57,34	64,51	—	52,54	59,11	—	47,87	53,85	—	43,32	48,73	—	38,88	43,74
	VI	1 323,66	—	105,89	119,12																				
4 667,99	I,IV	842,16	—	67,37	75,79	I	842,16	—	57,41	64,58	—	47,94	53,93	—	38,94	43,81	—	30,44	34,24	—	22,41	25,21	—	14,87	16,73
	II	723,08	—	57,84	65,07	II	723,08	—	48,34	54,38	—	39,33	44,24	—	30,80	34,65	—	22,76	25,60	—	15,19	17,09	—	8,12	9,13
	III	484,33	—	38,74	43,58	III	484,33	—	31,28	35,19	—	24,05	27,05	—	17,06	19,19	—	10,37	11,66	—	4,65	5,23	—	0,10	0,11
	V	1 288,41	—	103,07	115,95	IV	842,16	—	62,33	70,12	—	57,41	64,58	—	52,61	59,18	—	47,94	53,93	—	43,38	48,80	—	38,94	43,81
	VI	1 324,75	—	105,98	119,22																				
4 670,99	I,IV	843,08	—	67,44	75,87	I	843,08	—	57,48	64,66	—	48,—	54,—	—	39,—	43,88	—	30,49	34,30	—	22,46	25,27	—	14,92	16,78
	II	723,91	—	57,91	65,15	II	723,91	—	48,41	54,46	—	39,39	44,31	—	30,86	34,71	—	22,81	25,66	—	15,24	17,15	—	8,16	9,18
	III	485,—	—	38,80	43,65	III	485,—	—	31,33	35,24	—	24,10	27,11	—	17,12	19,26	—	10,41	11,71	—	4,68	5,26	—	0,13	0,14
	V	1 289,50	—	103,16	116,05	IV	843,08	—	62,40	70,20	—	57,48	64,66	—	52,68	59,26	—	48,—	54,—	—	43,44	48,87	—	39,—	43,88
	VI	1 325,75	—	106,06	119,31																				
4 673,99	I,IV	844,—	—	67,52	75,96	I	844,—	—	57,55	64,74	—	48,06	54,07	—	39,06	43,94	—	30,55	34,37	—	22,52	25,33	—	14,97	16,84
	II	724,83	—	57,98	65,23	II	724,83	—	48,48	54,54	—	39,46	44,39	—	30,92	34,78	—	22,86	25,72	—	15,30	17,21	—	8,21	9,23
	III	485,66	—	38,85	43,70	III	485,66	—	31,38	35,30	—	24,14	27,16	—	17,16	19,30	—	10,46	11,77	—	4,72	5,31	—	0,16	0,18
	V	1 290,50	—	103,24	116,14	IV	844,—	—	62,47	70,28	—	57,55	64,74	—	52,74	59,33	—	48,06	54,07	—	43,50	48,94	—	39,06	43,94
	VI	1 326,75	—	106,14	119,40																				
4 676,99	I,IV	844,91	—	67,59	76,04	I	844,91	—	57,62	64,82	—	48,13	54,14	—	39,13	44,02	—	30,61	34,43	—	22,58	25,40	—	15,02	16,90
	II	725,66	—	58,05	65,30	II	725,66	—	48,54	54,61	—	39,52	44,46	—	30,98	34,85	—	22,92	25,79	—	15,35	17,27	—	8,26	9,29
	III	486,33	—	38,90	43,76	III	486,33	—	31,44	35,37	—	24,20	27,22	—	17,21	19,36	—	10,50	11,81	—	4,76	5,35	—	0,18	0,20
	V	1 291,58	—	103,32	116,24	IV	844,91	—	62,54	70,36	—	57,62	64,82	—	52,82	59,42	—	48,13	54,14	—	43,57	49,01	—	39,13	44,02
	VI	1 327,83	—	106,22	119,50																				
4 679,99	I,IV	845,83	—	67,66	76,12	I	845,83	—	57,69	64,90	—	48,20	54,22	—	39,19	44,09	—	30,67	34,50	—	22,63	25,46	—	15,08	16,96
	II	726,58	—	58,12	65,39	II	726,58	—	48,61	54,68	—	39,58	44,53	—	31,04	34,92	—	22,98	25,85	—	15,40	17,33	—	8,31	9,35
	III	487,—	—	38,96	43,83	III	487,—	—	31,49	35,42	—	24,25	27,28	—	17,26	19,42	—	10,54	11,86	—	4,80	5,40	—	0,22	0,25
	V	1 292,58	—	103,40	116,33	IV	845,83	—	62,62	70,44	—	57,69	64,90	—	52,88	59,49	—	48,20	54,22	—	43,64	49,09	—	39,19	44,09
	VI	1 328,91	—	106,31	119,60																				
4 682,99	I,IV	846,66	—	67,73	76,19	I	846,66	—	57,76	64,98	—	48,26	54,29	—	39,25	44,15	—	30,72	34,56	—	22,68	25,52	—	15,13	17,02
	II	727,41	—	58,19	65,46	II	727,41	—	48,67	54,75	—	39,64	44,60	—	31,10	34,98	—	23,03	25,91	—	15,45	17,38	—	8,36	9,40
	III	487,66	—	39,01	43,88	III	487,66	—	31,53	35,47	—	24,30	27,34	—	17,30	19,46	—	10,60	11,92	—	4,82	5,42	—	0,25	0,28
	V	1 293,66	—	103,49	116,42	IV	846,66	—	62,68	70,52	—	57,76	64,98	—	52,95	59,57	—	48,26	54,29	—	43,70	49,16	—	39,25	44,15
	VI	1 329,91	—	106,39	119,69																				
4 685,99	I,IV	847,58	—	67,80	76,28	I	847,58	—	57,82	65,05	—	48,33	54,37	—	39,32	44,23	—	30,78	34,63	—	22,74	25,58	—	15,18	17,07
	II	728,25	—	58,26	65,54	II	728,25	—	48,74	54,83	—	39,70	44,66	—	31,15	35,04	—	23,08	25,97	—	15,50	17,44	—	8,40	9,45
	III	488,33	—	39,06	43,94	III	488,33	—	31,58	35,53	—	24,34	27,38	—	17,36	19,53	—	10,64	11,97	—	4,86	5,47	—	0,28	0,31
	V	1 294,66	—	103,57	116,51	IV	847,58	—	62,76	70,60	—	57,82	65,05	—	53,02	59,64	—	48,33	54,37	—	43,76	49,23	—	39,32	44,23
	VI	1 330,91	—	106,47	119,78																				
4 688,99	I,IV	848,50	—	67,88	76,36	I	848,50	—	57,90	65,13	—	48,40	54,45	—	39,38	44,30	—	30,84	34,70	—	22,80	25,65	—	15,23	17,13
	II	729,16	—	58,33	65,62	II	729,16	—	48,80	54,90	—	39,76	44,73	—	31,21	35,11	—	23,14	26,03	—	15,56	17,50	—	8,46	9,51
	III	489,—	—	39,12	44,01	III	489,—	—	31,64	35,59	—	24,40	27,45	—	17,40	19,57	—	10,68	12,01	—	4,90	5,51	—	0,30	0,34
	V	1 295,75	—	103,66	116,61	IV	848,50	—	62,82	70,67	—	57,90	65,13	—	53,08	59,72	—	48,40	54,45	—	43,82	49,30	—	39,38	44,30
	VI	1 332,—	—	106,56	119,88																				
4 691,99	I,IV	849,41	—	67,95	76,44	I	849,41	—	57,96	65,21	—	48,46	54,51	—	39,44	44,37	—	30,90	34,76	—	22,85	25,70	—	15,28	17,19
	II	730,—	—	58,40	65,70	II	730,—	—	48,87	54,98	—	39,83	44,81	—	31,27	35,15	—	23,20	26,10	—	15,61	17,56	—	8,50	9,56
	III	489,66	—	39,17	44,06	III	489,66	—	31,69	35,65	—	24,45	27,50	—	17,45	19,63	—	10,73	12,07	—	4,94	5,56	—	0,33	0,37
	V	1 296,75	—	103,74	116,70	IV	849,41	—	62,90	70,76	—	57,96	65,21	—	53,15	59,79	—	48,46	54,51	—	43,89	49,37	—	39,44	44,37
	VI	1 333,08	—	106,64	119,97																				

* Die ausgewiesenen Tabellenwerte sind amtlich. Siehe Erläuterungen auf der Umschlaginnenseite (U2).

T 79

MONAT 4 692,–*

Abzüge an Lohnsteuer, Solidaritätszuschlag (SolZ) und Kirchensteuer (8%, 9%) in den Steuerklassen

I – VI: ohne Kinderfreibeträge; I, II, III, IV: mit Zahl der Kinderfreibeträge . . .

Lohn/Gehalt bis €*		I – VI LSt	ohne Kinder-freibeträge SolZ	8%	9%		I, II, III, IV LSt	0,5 SolZ	0,5 8%	0,5 9%	1 SolZ	1 8%	1 9%	1,5 SolZ	1,5 8%	1,5 9%	2 SolZ	2 8%	2 9%	2,5 SolZ	2,5 8%	2,5 9%	3 SolZ	3 8%	3 9%
4 694,99	I,IV	850,33	–	68,02	76,52	I	850,33	–	58,03	65,28	–	48,52	54,59	–	39,50	44,44	–	30,96	34,83	–	22,90	25,76	–	15,34	17,25
	II	730,83	–	58,46	65,77	II	730,83	–	48,94	55,05	–	39,89	44,87	–	31,33	35,24	–	23,25	26,15	–	15,66	17,62	–	8,55	9,62
	III	490,50	–	39,24	44,14	III	490,50	–	31,74	35,71	–	24,50	27,56	–	17,50	19,69	–	10,77	12,11	–	4,97	5,59	–	0,36	0,40
	V	1 297,83	–	103,82	116,80	IV	850,33	–	62,97	70,84	–	58,03	65,28	–	53,22	59,87	–	48,52	54,59	–	43,95	49,44	–	39,50	44,44
	VI	1 334,08	–	106,72	120,06																				
4 697,99	I,IV	851,25	–	68,10	76,61	I	851,25	–	58,10	65,36	–	48,59	54,66	–	39,56	44,51	–	31,02	34,90	–	22,96	25,83	–	15,39	17,31
	II	731,75	–	58,54	65,85	II	731,75	–	49,—	55,13	–	39,96	44,95	–	31,39	35,31	–	23,31	26,22	–	15,71	17,67	–	8,60	9,68
	III	491,16	–	39,29	44,20	III	491,16	–	31,80	35,77	–	24,56	27,63	–	17,54	19,73	–	10,82	12,17	–	5,01	5,63	–	0,38	0,43
	V	1 298,83	–	103,90	116,89	IV	851,25	–	63,04	70,92	–	58,10	65,36	–	53,28	59,94	–	48,59	54,66	–	44,02	49,52	–	39,56	44,51
	VI	1 335,08	–	106,80	120,15																				
4 700,99	I,IV	852,16	–	68,17	76,69	I	852,16	–	58,17	65,44	–	48,66	54,74	–	39,62	44,57	–	31,08	34,96	–	23,02	25,89	–	15,44	17,37
	II	732,58	–	58,60	65,93	II	732,58	–	49,07	55,20	–	40,02	45,02	–	31,45	35,38	–	23,36	26,28	–	15,76	17,73	–	8,65	9,73
	III	491,83	–	39,34	44,26	III	491,83	–	31,85	35,83	–	24,60	27,67	–	17,60	19,80	–	10,86	12,22	–	5,05	5,68	–	0,42	0,47
	V	1 299,91	–	103,99	116,99	IV	852,16	–	63,11	71,—	–	58,17	65,44	–	53,36	60,03	–	48,66	54,74	–	44,08	49,59	–	39,62	44,57
	VI	1 336,16	–	106,89	120,25																				
4 703,99	I,IV	853,08	–	68,24	76,77	I	853,08	–	58,24	65,52	–	48,72	54,81	–	39,69	44,65	–	31,14	35,03	–	23,08	25,96	–	15,49	17,42
	II	733,50	–	58,68	66,01	II	733,50	–	49,14	55,28	–	40,08	45,09	–	31,51	35,45	–	23,42	26,35	–	15,82	17,79	–	8,70	9,78
	III	492,50	–	39,40	44,32	III	492,50	–	31,90	35,89	–	24,65	27,73	–	17,65	19,85	–	10,92	12,28	–	5,09	5,72	–	0,45	0,50
	V	1 300,91	–	104,07	117,08	IV	853,08	–	63,18	71,08	–	58,24	65,52	–	53,42	60,10	–	48,72	54,81	–	44,14	49,66	–	39,69	44,65
	VI	1 337,25	–	106,98	120,35																				
4 706,99	I,IV	854,—	–	68,32	76,86	I	854,—	–	58,31	65,60	–	48,79	54,89	–	39,75	44,72	–	31,20	35,10	–	23,13	26,02	–	15,54	17,48
	II	734,33	–	58,74	66,08	II	734,33	–	49,20	55,35	–	40,14	45,16	–	31,56	35,51	–	23,48	26,41	–	15,87	17,85	–	8,75	9,84
	III	493,16	–	39,45	44,38	III	493,16	–	31,96	35,95	–	24,70	27,79	–	17,69	19,90	–	10,96	12,33	–	5,12	5,76	–	0,48	0,54
	V	1 302,—	–	104,16	117,18	IV	854,—	–	63,25	71,15	–	58,31	65,60	–	53,49	60,17	–	48,79	54,89	–	44,21	49,73	–	39,75	44,72
	VI	1 338,25	–	107,06	120,44																				
4 709,99	I,IV	854,91	–	68,39	76,94	I	854,91	–	58,38	65,67	–	48,86	54,96	–	39,81	44,78	–	31,26	35,16	–	23,18	26,08	–	15,60	17,55
	II	735,16	–	58,81	66,16	II	735,16	–	49,26	55,42	–	40,20	45,23	–	31,62	35,57	–	23,53	26,47	–	15,92	17,91	–	8,80	9,90
	III	493,83	–	39,50	44,44	III	493,83	–	32,01	36,01	–	24,76	27,85	–	17,74	19,96	–	11,—	12,37	–	5,16	5,80	–	0,50	0,56
	V	1 303,—	–	104,24	117,27	IV	854,91	–	63,32	71,24	–	58,38	65,67	–	53,56	60,25	–	48,86	54,96	–	44,27	49,80	–	39,81	44,78
	VI	1 339,25	–	107,14	120,53																				
4 712,99	I,IV	855,83	–	68,46	77,02	I	855,83	–	58,45	65,75	–	48,92	55,03	–	39,88	44,86	–	31,32	35,23	–	23,24	26,14	–	15,65	17,60
	II	736,08	–	58,88	66,24	II	736,08	–	49,33	55,49	–	40,26	45,29	–	31,68	35,64	–	23,59	26,54	–	15,98	17,97	–	8,84	9,95
	III	494,50	–	39,56	44,50	III	494,50	–	32,06	36,07	–	24,81	27,91	–	17,80	20,02	–	11,05	12,43	–	5,20	5,85	–	0,53	0,59
	V	1 304,08	–	104,32	117,36	IV	855,83	–	63,40	71,32	–	58,45	65,75	–	53,62	60,32	–	48,92	55,03	–	44,34	49,88	–	39,88	44,86
	VI	1 340,33	–	107,22	120,62																				
4 715,99	I,IV	856,75	–	68,54	77,10	I	856,75	–	58,52	65,83	–	48,98	55,10	–	39,94	44,93	–	31,38	35,30	–	23,30	26,21	–	15,70	17,66
	II	736,91	–	58,95	66,32	II	736,91	–	49,40	55,57	–	40,33	45,37	–	31,74	35,71	–	23,64	26,60	–	16,03	18,03	–	8,90	10,01
	III	495,16	–	39,61	44,56	III	495,16	–	32,12	36,13	–	24,85	27,95	–	17,84	20,07	–	11,09	12,47	–	5,24	5,89	–	0,56	0,63
	V	1 305,08	–	104,40	117,45	IV	856,75	–	63,46	71,39	–	58,52	65,83	–	53,69	60,40	–	48,98	55,10	–	44,40	49,95	–	39,94	44,93
	VI	1 341,33	–	107,30	120,71																				
4 718,99	I,IV	857,58	–	68,60	77,18	I	857,58	–	58,58	65,90	–	49,05	55,18	–	40,—	45,—	–	31,43	35,36	–	23,35	26,27	–	15,75	17,72
	II	737,75	–	59,02	66,39	II	737,75	–	49,46	55,64	–	40,39	45,44	–	31,80	35,78	–	23,70	26,66	–	16,08	18,09	–	8,94	10,06
	III	495,83	–	39,66	44,62	III	495,83	–	32,16	36,18	–	24,90	28,01	–	17,89	20,12	–	11,14	12,53	–	5,28	5,94	–	0,58	0,65
	V	1 306,16	–	104,49	117,55	IV	857,58	–	63,54	71,48	–	58,58	65,90	–	53,76	60,48	–	49,05	55,18	–	44,46	50,02	–	40,—	45,—
	VI	1 342,41	–	107,39	120,81																				
4 721,99	I,IV	858,50	–	68,68	77,26	I	858,50	–	58,66	65,99	–	49,12	55,26	–	40,06	45,07	–	31,49	35,42	–	23,40	26,33	–	15,80	17,78
	II	738,66	–	59,09	66,47	II	738,66	–	49,53	55,72	–	40,46	45,51	–	31,86	35,84	–	23,76	26,73	–	16,13	18,14	–	8,99	10,11
	III	496,50	–	39,72	44,68	III	496,50	–	32,21	36,23	–	24,96	28,08	–	17,94	20,18	–	11,18	12,58	–	5,32	5,98	–	0,62	0,70
	V	1 307,16	–	104,57	117,64	IV	858,50	–	63,60	71,55	–	58,66	65,99	–	53,82	60,55	–	49,12	55,26	–	44,53	50,09	–	40,06	45,07
	VI	1 343,41	–	107,47	120,90																				
4 724,99	I,IV	859,41	–	68,75	77,34	I	859,41	–	58,72	66,06	–	49,18	55,33	–	40,12	45,14	–	31,55	35,49	–	23,46	26,39	–	15,86	17,84
	II	739,58	–	59,16	66,56	II	739,58	–	49,60	55,80	–	40,52	45,58	–	31,92	35,91	–	23,81	26,78	–	16,18	18,20	–	9,04	10,17
	III	497,16	–	39,77	44,74	III	497,16	–	32,26	36,29	–	25,01	28,13	–	17,98	20,23	–	11,24	12,64	–	5,34	6,01	–	0,65	0,73
	V	1 308,25	–	104,66	117,74	IV	859,41	–	63,68	71,64	–	58,72	66,06	–	53,90	60,63	–	49,18	55,33	–	44,60	50,17	–	40,12	45,14
	VI	1 344,50	–	107,56	121,—																				
4 727,99	I,IV	860,33	–	68,82	77,42	I	860,33	–	58,80	66,15	–	49,25	55,40	–	40,19	45,21	–	31,61	35,56	–	23,52	26,46	–	15,91	17,90
	II	740,41	–	59,23	66,63	II	740,41	–	49,66	55,87	–	40,58	45,65	–	31,98	35,98	–	23,87	26,85	–	16,24	18,27	–	9,09	10,22
	III	497,83	–	39,82	44,80	III	497,83	–	32,32	36,36	–	25,06	28,19	–	18,04	20,29	–	11,28	12,69	–	5,38	6,05	–	0,68	0,76
	V	1 309,25	–	104,74	117,83	IV	860,33	–	63,75	71,72	–	58,80	66,15	–	53,96	60,71	–	49,25	55,40	–	44,66	50,24	–	40,19	45,21
	VI	1 345,50	–	107,64	121,09																				
4 730,99	I,IV	861,25	–	68,90	77,51	I	861,25	–	58,86	66,22	–	49,32	55,48	–	40,25	45,28	–	31,67	35,63	–	23,57	26,51	–	15,96	17,96
	II	741,25	–	59,30	66,71	II	741,25	–	49,73	55,94	–	40,64	45,72	–	32,04	36,04	–	23,92	26,91	–	16,29	18,32	–	9,14	10,28
	III	498,50	–	39,88	44,86	III	498,50	–	32,37	36,41	–	25,10	28,24	–	18,09	20,35	–	11,32	12,73	–	5,42	6,10	–	0,70	0,79
	V	1 310,33	–	104,82	117,92	IV	861,25	–	63,82	71,79	–	58,86	66,22	–	54,03	60,78	–	49,32	55,48	–	44,72	50,31	–	40,25	45,28
	VI	1 346,58	–	107,72	121,19																				
4 733,99	I,IV	862,16	–	68,97	77,59	I	862,16	–	58,94	66,30	–	49,38	55,55	–	40,31	45,35	–	31,73	35,69	–	23,63	26,58	–	16,01	18,01
	II	742,16	–	59,37	66,79	II	742,16	–	49,80	56,02	–	40,70	45,79	–	32,10	36,11	–	23,98	26,97	–	16,34	18,38	–	9,19	10,34
	III	499,16	–	39,93	44,92	III	499,16	–	32,42	36,47	–	25,16	28,30	–	18,13	20,39	–	11,37	12,79	–	5,46	6,14	–	0,73	0,82
	V	1 311,33	–	104,90	118,01	IV	862,16	–	63,89	71,87	–	58,94	66,30	–	54,10	60,86	–	49,38	55,55	–	44,78	50,38	–	40,31	45,35
	VI	1 347,58	–	107,80	121,28																				
4 736,99	I,IV	863,08	–	69,04	77,67	I	863,08	–	59,—	66,38	–	49,45	55,63	–	40,38	45,42	–	31,79	35,76	–	23,68	26,64	–	16,06	18,07
	II	743,—	–	59,44	66,87	II	743,—	–	49,86	56,09	–	40,77	45,86	–	32,16	36,18	–	24,04	27,04	–	16,40	18,45	–	9,24	10,39
	III	499,83	–	39,98	44,98	III	499,83	–	32,48	36,54	–	25,21	28,36	–	18,18	20,45	–	11,41	12,83	–	5,50	6,19	–	0,77	0,86
	V	1 312,41	–	104,99	118,11	IV	863,08	–	63,96	71,96	–	59,—	66,38	–	54,16	60,93	–	49,45	55,63	–	44,85	50,45	–	40,38	45,42
	VI	1 348,66	–	107,89	121,37																				
4 739,99	I,IV	864,—	–	69,12	77,76	I	864,—	–	59,08	66,46	–	49,52	55,71	–	40,44	45,49	–	31,85	35,83	–	23,74	26,71	–	16,12	18,13
	II	743,91	–	59,51	66,95	II	743,91	–	49,93	56,17	–	40,83	45,93	–	32,22	36,24	–	24,09	27,10	–	16,44	18,50	–	9,28	10,44
	III	500,50	–	40,04	45,04	III	500,50	–	32,53	36,59	–	25,26	28,42	–	18,24	20,52	–	11,46	12,89	–	5,53	6,22	–	0,80	0,90
	V	1 313,41	–	105,07	118,20	IV	864,—	–	64,04	72,04	–	59,08	66,46	–	54,24	61,02	–	49,52	55,71	–	44,92	50,53	–	40,44	45,49
	VI	1 349,66	–	107,97	121,46																				
4 742,99	I,IV	864,91	–	69,19	77,84	I	864,91	–	59,14	66,53	–	49,58	55,77	–	40,50	45,56	–	31,90	35,89	–	23,80	26,77	–	16,17	18,19
	II	744,75	–	59,58	67,02	II	744,75	–	49,99	56,24	–	40,89	46,—	–	32,28	36,31	–	24,14	27,16	–	16,50	18,56	–	9,34	10,50
	III	501,16	–	40,09	45,10	III	501,16	–	32,58	36,65	–	25,32	28,48	–	18,28	20,56	–	11,50	12,94	–	5,57	6,26	–	0,82	0,92
	V	1 314,50	–	105,16	118,30	IV	864,91	–	64,10	72,11	–	59,14	66,53	–	54,30	61,08	–	49,58	55,77	–	44,98	50,60	–	40,50	45,56
	VI	1 350,75	–	108,06	121,56																				

* Die ausgewiesenen Tabellenwerte sind amtlich. Siehe Erläuterungen auf der Umschlaginnenseite (U2).

4 793,99* MONAT

Abzüge an Lohnsteuer, Solidaritätszuschlag (SolZ) und Kirchensteuer (8%, 9%) in den Steuerklassen

Lohn/ Gehalt bis €*	I – VI					I, II, III, IV		mit Zahl der Kinderfreibeträge . . . 0,5			1			1,5			2			2,5			3		
		LSt	ohne Kinderfreibeträge SolZ	8%	9%		LSt	SolZ	8%	9%	SolZ	8%	9%	SolZ	8%	9%	SolZ	8%	9%	SolZ	8%	9%	SolZ	8%	9%
4 745,99	I,IV	865,83	—	69,26	77,92	I	865,83	—	59,21	66,61	—	49,64	55,85	—	40,56	45,63	—	31,96	35,96	—	23,85	26,83	—	16,22	18,25
	II	745,66	—	59,65	67,10	II	745,66	—	50,06	56,31	—	40,96	46,08	—	32,34	36,38	—	24,20	27,23	—	16,55	18,62	—	9,38	10,55
	III	501,83	—	40,14	45,16	III	501,83	—	32,64	36,72	—	25,36	28,53	—	18,33	20,62	—	11,56	13,—	—	5,61	6,31	—	0,85	0,95
	V	1 315,50	—	105,24	118,39	IV	865,83	—	64,18	72,20	—	59,21	66,61	—	54,37	61,16	—	49,64	55,85	—	45,04	50,67	—	40,56	45,63
	VI	1 351,75	—	108,14	121,65																				
4 748,99	I,IV	866,75	—	69,34	78,—	I	866,75	—	59,28	66,69	—	49,71	55,92	—	40,63	45,71	—	32,02	36,02	—	23,91	26,90	—	16,28	18,31
	II	746,50	—	59,72	67,18	II	746,50	—	50,12	56,39	—	41,02	46,14	—	32,40	36,45	—	24,26	27,29	—	16,60	18,68	—	9,43	10,61
	III	502,66	—	40,21	45,23	III	502,66	—	32,69	36,77	—	25,41	28,58	—	18,38	20,68	—	11,60	13,05	—	5,65	6,35	—	0,88	0,99
	V	1 316,58	—	105,32	118,49	IV	866,75	—	64,25	72,28	—	59,28	66,69	—	54,44	61,24	—	49,71	55,92	—	45,11	50,75	—	40,63	45,71
	VI	1 352,83	—	108,22	121,75																				
4 751,99	I,IV	867,66	—	69,41	78,08	I	867,66	—	59,35	66,77	—	49,78	56,—	—	40,69	45,77	—	32,08	36,09	—	23,96	26,96	—	16,33	18,37
	II	747,41	—	59,79	67,26	II	747,41	—	50,19	56,46	—	41,08	46,22	—	32,46	36,51	—	24,32	27,36	—	16,66	18,74	—	9,48	10,67
	III	503,33	—	40,26	45,29	III	503,33	—	32,74	36,83	—	25,46	28,64	—	18,44	20,74	—	11,65	13,10	—	5,69	6,40	—	0,92	1,03
	V	1 317,58	—	105,40	118,58	IV	867,66	—	64,32	72,36	—	59,35	66,77	—	54,50	61,31	—	49,78	56,—	—	45,18	50,82	—	40,69	45,77
	VI	1 353,83	—	108,30	121,84																				
4 754,99	I,IV	868,58	—	69,48	78,17	I	868,58	—	59,42	66,84	—	49,84	56,07	—	40,75	45,84	—	32,14	36,16	—	24,02	27,02	—	16,38	18,42
	II	748,25	—	59,86	67,34	II	748,25	—	50,26	56,54	—	41,14	46,28	—	32,52	36,58	—	24,37	27,41	—	16,71	18,80	—	9,53	10,72
	III	503,83	—	40,30	45,34	III	503,83	—	32,80	36,90	—	25,52	28,71	—	18,48	20,79	—	11,69	13,15	—	5,73	6,44	—	0,94	1,06
	V	1 318,58	—	105,48	118,67	IV	868,58	—	64,39	72,44	—	59,42	66,84	—	54,57	61,39	—	49,84	56,07	—	45,24	50,89	—	40,75	45,84
	VI	1 354,91	—	108,39	121,94																				
4 757,99	I,IV	869,50	—	69,56	78,25	I	869,50	—	59,49	66,92	—	49,91	56,15	—	40,82	45,92	—	32,20	36,23	—	24,08	27,09	—	16,43	18,48
	II	749,08	—	59,92	67,41	II	749,08	—	50,32	56,61	—	41,21	46,36	—	32,58	36,65	—	24,42	27,47	—	16,76	18,86	—	9,58	10,78
	III	504,66	—	40,37	45,41	III	504,66	—	32,84	36,94	—	25,57	28,76	—	18,53	20,84	—	11,74	13,21	—	5,76	6,48	—	0,97	1,09
	V	1 319,66	—	105,57	118,76	IV	869,50	—	64,46	72,52	—	59,49	66,92	—	54,64	61,47	—	49,91	56,15	—	45,30	50,96	—	40,82	45,92
	VI	1 355,91	—	108,47	122,03																				
4 760,99	I,IV	870,41	—	69,63	78,33	I	870,41	—	59,56	67,01	—	49,98	56,22	—	40,88	45,99	—	32,26	36,29	—	24,13	27,14	—	16,48	18,54
	II	750,—	—	60,—	67,50	II	750,—	—	50,39	56,69	—	41,27	46,43	—	32,64	36,72	—	24,48	27,54	—	16,82	18,92	—	9,63	10,83
	III	505,33	—	40,42	45,47	III	505,33	—	32,89	37,—	—	25,61	28,81	—	18,57	20,89	—	11,78	13,25	—	5,80	6,52	—	1,—	1,12
	V	1 320,75	—	105,66	118,86	IV	870,41	—	64,54	72,60	—	59,56	67,01	—	54,71	61,55	—	49,98	56,22	—	45,37	51,04	—	40,88	45,99
	VI	1 357,—	—	108,56	122,13																				
4 763,99	I,IV	871,33	—	69,70	78,41	I	871,33	—	59,63	67,08	—	50,04	56,30	—	40,94	46,06	—	32,32	36,36	—	24,19	27,21	—	16,54	18,60
	II	750,91	—	60,07	67,58	II	750,91	—	50,46	56,76	—	41,34	46,50	—	32,70	36,78	—	24,54	27,60	—	16,87	18,98	—	9,68	10,89
	III	506,—	—	40,48	45,54	III	506,—	—	32,94	37,06	—	25,66	28,87	—	18,62	20,95	—	11,84	13,32	—	5,84	6,57	—	1,04	1,17
	V	1 321,75	—	105,74	118,95	IV	871,33	—	64,60	72,68	—	59,63	67,08	—	54,78	61,62	—	50,04	56,30	—	45,43	51,11	—	40,94	46,06
	VI	1 358,—	—	108,64	122,22																				
4 766,99	I,IV	872,16	—	69,77	78,49	I	872,16	—	59,70	67,16	—	50,11	56,37	—	41,—	46,13	—	32,38	36,43	—	24,24	27,27	—	16,59	18,66
	II	751,75	—	60,14	67,65	II	751,75	—	50,52	56,84	—	41,40	46,57	—	32,75	36,84	—	24,60	27,67	—	16,92	19,03	—	9,73	10,94
	III	506,66	—	40,53	45,59	III	506,66	—	33,—	37,12	—	25,72	28,93	—	18,68	21,01	—	11,88	13,36	—	5,88	6,61	—	1,06	1,19
	V	1 322,75	—	105,82	119,04	IV	872,16	—	64,68	72,76	—	59,70	67,16	—	54,84	61,70	—	50,11	56,37	—	45,50	51,18	—	41,—	46,13
	VI	1 359,08	—	108,72	122,31																				
4 769,99	I,IV	873,08	—	69,84	78,57	I	873,08	—	59,77	67,24	—	50,18	56,45	—	41,06	46,19	—	32,44	36,50	—	24,30	27,33	—	16,64	18,72
	II	752,58	—	60,20	67,73	II	752,58	—	50,59	56,91	—	41,46	46,64	—	32,81	36,91	—	24,65	27,73	—	16,97	19,09	—	9,78	11,—
	III	507,33	—	40,58	45,65	III	507,33	—	33,05	37,18	—	25,77	28,99	—	18,73	21,07	—	11,93	13,42	—	5,92	6,66	—	1,09	1,22
	V	1 323,83	—	105,90	119,14	IV	873,08	—	64,75	72,84	—	59,77	67,24	—	54,91	61,77	—	50,18	56,45	—	45,56	51,26	—	41,06	46,19
	VI	1 360,08	—	108,80	122,40																				
4 772,99	I,IV	874,08	—	69,92	78,66	I	874,08	—	59,84	67,32	—	50,24	56,52	—	41,13	46,27	—	32,50	36,56	—	24,36	27,40	—	16,70	18,78
	II	753,50	—	60,28	67,81	II	753,50	—	50,66	56,99	—	41,52	46,71	—	32,87	36,98	—	24,71	27,80	—	17,02	19,15	—	9,83	11,06
	III	508,—	—	40,64	45,72	III	508,—	—	33,10	37,24	—	25,82	29,05	—	18,77	21,11	—	11,97	13,46	—	5,96	6,70	—	1,12	1,26
	V	1 324,91	—	105,99	119,24	IV	874,08	—	64,82	72,92	—	59,84	67,32	—	54,98	61,85	—	50,24	56,52	—	45,62	51,32	—	41,13	46,27
	VI	1 361,16	—	108,89	122,50																				
4 775,99	I,IV	875,—	—	70,—	78,75	I	875,—	—	59,91	67,40	—	50,31	56,60	—	41,19	46,34	—	32,56	36,63	—	24,41	27,46	—	16,75	18,84
	II	754,33	—	60,34	67,88	II	754,33	—	50,72	57,06	—	41,59	46,79	—	32,93	37,04	—	24,76	27,86	—	17,08	19,21	—	9,88	11,11
	III	508,66	—	40,69	45,77	III	508,66	—	33,16	37,30	—	25,88	29,11	—	18,82	21,17	—	12,02	13,52	—	6,—	6,75	—	1,16	1,30
	V	1 325,91	—	106,07	119,33	IV	875,—	—	64,89	73,—	—	59,91	67,40	—	55,05	61,93	—	50,31	56,60	—	45,69	51,40	—	41,19	46,34
	VI	1 362,16	—	108,97	122,59																				
4 778,99	I,IV	875,83	—	70,06	78,82	I	875,83	—	59,98	67,47	—	50,38	56,67	—	41,26	46,41	—	32,62	36,69	—	24,47	27,53	—	16,80	18,90
	II	755,25	—	60,42	67,97	II	755,25	—	50,79	57,14	—	41,65	46,85	—	32,99	37,11	—	24,82	27,92	—	17,13	19,27	—	9,92	11,16
	III	509,33	—	40,74	45,83	III	509,33	—	33,21	37,36	—	25,92	29,16	—	18,86	21,22	—	12,06	13,57	—	6,04	6,79	—	1,18	1,33
	V	1 326,91	—	106,15	119,42	IV	875,83	—	64,96	73,08	—	59,98	67,47	—	55,12	62,01	—	50,38	56,67	—	45,76	51,48	—	41,26	46,41
	VI	1 363,25	—	109,06	122,69																				
4 781,99	I,IV	876,75	—	70,14	78,90	I	876,75	—	60,05	67,55	—	50,44	56,75	—	41,32	46,48	—	32,68	36,76	—	24,52	27,59	—	16,85	18,95
	II	756,08	—	60,48	68,04	II	756,08	—	50,86	57,21	—	41,71	46,92	—	33,05	37,18	—	24,88	27,99	—	17,18	19,33	—	9,98	11,22
	III	510,—	—	40,80	45,90	III	510,—	—	33,26	37,42	—	25,97	29,21	—	18,92	21,28	—	12,12	13,63	—	6,08	6,84	—	1,21	1,36
	V	1 328,—	—	106,24	119,52	IV	876,75	—	65,04	73,17	—	60,05	67,55	—	55,18	62,08	—	50,44	56,75	—	45,82	51,54	—	41,32	46,48
	VI	1 364,25	—	109,14	122,78																				
4 784,99	I,IV	877,75	—	70,22	78,99	I	877,75	—	60,12	67,63	—	50,51	56,82	—	41,38	46,55	—	32,74	36,83	—	24,58	27,65	—	16,90	19,01
	II	757,—	—	60,56	68,13	II	757,—	—	50,92	57,29	—	41,78	47,—	—	33,11	37,25	—	24,93	28,04	—	17,24	19,39	—	10,02	11,27
	III	510,66	—	40,85	45,95	III	510,66	—	33,32	37,48	—	26,02	29,27	—	18,97	21,34	—	12,16	13,68	—	6,10	6,86	—	1,24	1,39
	V	1 329,08	—	106,32	119,61	IV	877,75	—	65,10	73,24	—	60,12	67,63	—	55,25	62,15	—	50,51	56,82	—	45,88	51,62	—	41,38	46,55
	VI	1 365,33	—	109,22	122,87																				
4 787,99	I,IV	878,66	—	70,29	79,07	I	878,66	—	60,19	67,71	—	50,58	56,90	—	41,44	46,62	—	32,80	36,90	—	24,64	27,72	—	16,96	19,08
	II	757,91	—	60,63	68,21	II	757,91	—	50,99	57,36	—	41,84	47,07	—	33,17	37,31	—	24,99	28,11	—	17,29	19,45	—	10,08	11,34
	III	511,33	—	40,90	46,01	III	511,33	—	33,37	37,54	—	26,08	29,34	—	19,02	21,40	—	12,21	13,73	—	6,14	6,91	—	1,28	1,44
	V	1 330,08	—	106,40	119,70	IV	878,66	—	65,18	73,32	—	60,19	67,71	—	55,32	62,24	—	50,58	56,90	—	45,95	51,69	—	41,44	46,62
	VI	1 366,33	—	109,30	122,96																				
4 790,99	I,IV	879,50	—	70,36	79,15	I	879,50	—	60,26	67,79	—	50,64	56,97	—	41,50	46,69	—	32,86	36,96	—	24,69	27,77	—	17,01	19,13
	II	758,75	—	60,70	68,28	II	758,75	—	51,06	57,44	—	41,90	47,14	—	33,23	37,38	—	25,04	28,17	—	17,34	19,51	—	10,12	11,39
	III	512,—	—	40,96	46,08	III	512,—	—	33,42	37,60	—	26,13	29,39	—	19,06	21,44	—	12,25	13,78	—	6,18	6,95	—	1,30	1,46
	V	1 331,08	—	106,48	119,79	IV	879,50	—	65,25	73,40	—	60,26	67,79	—	55,39	62,31	—	50,64	56,97	—	46,01	51,76	—	41,50	46,69
	VI	1 367,41	—	109,39	123,06																				
4 793,99	I,IV	880,41	—	70,43	79,23	I	880,41	—	60,33	67,87	—	50,71	57,05	—	41,57	46,76	—	32,92	37,03	—	24,75	27,84	—	17,06	19,19
	II	759,58	—	60,76	68,36	II	759,58	—	51,12	57,51	—	41,96	47,21	—	33,29	37,45	—	25,10	28,24	—	17,40	19,57	—	10,17	11,44
	III	512,83	—	41,02	46,15	III	512,83	—	33,48	37,66	—	26,17	29,44	—	19,12	21,51	—	12,30	13,84	—	6,22	7,—	—	1,33	1,49
	V	1 332,16	—	106,57	119,89	IV	880,41	—	65,32	73,48	—	60,33	67,87	—	55,46	62,39	—	50,71	57,05	—	46,08	51,84	—	41,57	46,76
	VI	1 368,41	—	109,47	123,15																				

* Die ausgewiesenen Tabellenwerte sind amtlich. Siehe Erläuterungen auf der Umschlaginnenseite (U2).

MONAT 4 794,–*

Abzüge an Lohnsteuer, Solidaritätszuschlag (SolZ) und Kirchensteuer (8%, 9%) in den Steuerklassen

Lohn/ Gehalt bis €*	I – VI	LSt	ohne Kinderfreibeträge SolZ	8%	9%	I, II, III, IV	LSt	mit Zahl der Kinderfreibeträge . . . 0,5 SolZ	0,5 8%	0,5 9%	1 SolZ	1 8%	1 9%	1,5 SolZ	1,5 8%	1,5 9%	2 SolZ	2 8%	2 9%	2,5 SolZ	2,5 8%	2,5 9%	3 SolZ	3 8%	3 9%
4 796,99	I,IV	881,41	—	70,51	79,32	I	881,41	—	60,40	67,95	—	50,78	57,12	—	41,64	46,84	—	32,98	37,10	—	24,80	27,90	—	17,12	19,26
	II	760,50	—	60,84	68,44	II	760,50	—	51,19	57,59	—	42,03	47,28	—	33,35	37,52	—	25,16	28,30	—	17,45	19,63	—	10,22	11,50
	III	513,50	—	41,08	46,21	III	513,50	—	33,53	37,72	—	26,22	29,50	—	19,17	21,56	—	12,34	13,88	—	6,26	7,04	—	1,37	1,54
	V	1 333,25	—	106,66	119,99	IV	881,41	—	65,39	73,56	—	60,40	67,95	—	55,52	62,46	—	50,78	57,12	—	46,14	51,91	—	41,64	46,84
	VI	1 369,50	—	109,56	123,25																				
4 799,99	I,IV	882,33	—	70,58	79,40	I	882,33	—	60,47	68,03	—	50,84	57,20	—	41,70	46,91	—	33,04	37,17	—	24,86	27,97	—	17,17	19,31
	II	761,41	—	60,91	68,52	II	761,41	—	51,26	57,66	—	42,09	47,35	—	33,41	37,58	—	25,22	28,37	—	17,50	19,69	—	10,27	11,55
	III	514,16	—	41,13	46,27	III	514,16	—	33,58	37,78	—	26,28	29,56	—	19,22	21,62	—	12,40	13,95	—	6,30	7,09	—	1,40	1,57
	V	1 334,25	—	106,74	120,08	IV	882,33	—	65,46	73,64	—	60,47	68,03	—	55,60	62,55	—	50,84	57,20	—	46,21	51,98	—	41,70	46,91
	VI	1 370,50	—	109,64	123,34																				
4 802,99	I,IV	883,16	—	70,65	79,48	I	883,16	—	60,54	68,10	—	50,90	57,26	—	41,76	46,98	—	33,10	37,23	—	24,92	28,03	—	17,22	19,37
	II	762,25	—	60,98	68,60	II	762,25	—	51,32	57,74	—	42,16	47,43	—	33,47	37,65	—	25,27	28,43	—	17,55	19,74	—	10,32	11,61
	III	514,83	—	41,18	46,33	III	514,83	—	33,64	37,84	—	26,33	29,62	—	19,26	21,67	—	12,44	13,99	—	6,34	7,13	—	1,42	1,60
	V	1 335,25	—	106,82	120,17	IV	883,16	—	65,54	73,73	—	60,54	68,10	—	55,66	62,62	—	50,90	57,26	—	46,27	52,05	—	41,76	46,98
	VI	1 371,58	—	109,72	123,44																				
4 805,99	I,IV	884,16	—	70,73	79,57	I	884,16	—	60,61	68,18	—	50,97	57,34	—	41,82	47,05	—	33,16	37,30	—	24,98	28,10	—	17,28	19,44
	II	763,08	—	61,04	68,67	II	763,08	—	51,39	57,81	—	42,22	47,49	—	33,53	37,72	—	25,32	28,49	—	17,60	19,80	—	10,37	11,66
	III	515,50	—	41,24	46,39	III	515,50	—	33,69	37,90	—	26,38	29,68	—	19,32	21,73	—	12,49	14,05	—	6,38	7,18	—	1,45	1,63
	V	1 336,33	—	106,90	120,26	IV	884,16	—	65,61	73,81	—	60,61	68,18	—	55,73	62,69	—	50,97	57,34	—	46,34	52,13	—	41,82	47,05
	VI	1 372,58	—	109,80	123,53																				
4 808,99	I,IV	885,08	—	70,80	79,65	I	885,08	—	60,68	68,26	—	51,04	57,42	—	41,88	47,12	—	33,22	37,37	—	25,03	28,16	—	17,33	19,49
	II	764,—	—	61,12	68,76	II	764,—	—	51,46	57,89	—	42,28	47,57	—	33,59	37,79	—	25,38	28,55	—	17,66	19,87	—	10,42	11,72
	III	516,16	—	41,29	46,45	III	516,16	—	33,74	37,96	—	26,42	29,72	—	19,36	21,78	—	12,54	14,11	—	6,42	7,22	—	1,49	1,67
	V	1 337,41	—	106,99	120,36	IV	885,08	—	65,68	73,89	—	60,68	68,26	—	55,80	62,77	—	51,04	57,42	—	46,40	52,20	—	41,88	47,12
	VI	1 373,66	—	109,89	123,62																				
4 811,99	I,IV	886,—	—	70,88	79,74	I	886,—	—	60,75	68,34	—	51,11	57,50	—	41,95	47,19	—	33,28	37,44	—	25,09	28,22	—	17,38	19,55
	II	764,91	—	61,19	68,84	II	764,91	—	51,52	57,96	—	42,34	47,63	—	33,65	37,85	—	25,44	28,62	—	17,72	19,93	—	10,47	11,78
	III	516,83	—	41,34	46,51	III	516,83	—	33,80	38,02	—	26,48	29,79	—	19,41	21,83	—	12,58	14,15	—	6,46	7,27	—	1,52	1,71
	V	1 338,41	—	107,07	120,45	IV	886,—	—	65,75	73,97	—	60,75	68,34	—	55,87	62,85	—	51,11	57,50	—	46,47	52,28	—	41,95	47,19
	VI	1 374,66	—	109,97	123,71																				
4 814,99	I,IV	886,91	—	70,95	79,82	I	886,91	—	60,82	68,42	—	51,17	57,56	—	42,01	47,26	—	33,34	37,50	—	25,14	28,28	—	17,44	19,62
	II	765,75	—	61,26	68,91	II	765,75	—	51,59	58,04	—	42,41	47,71	—	33,71	37,92	—	25,50	28,68	—	17,76	19,98	—	10,52	11,83
	III	517,50	—	41,40	46,57	III	517,50	—	33,85	38,08	—	26,53	29,84	—	19,46	21,89	—	12,64	14,22	—	6,50	7,31	—	1,54	1,73
	V	1 339,41	—	107,15	120,54	IV	886,91	—	65,82	74,05	—	60,82	68,42	—	55,94	62,93	—	51,17	57,56	—	46,53	52,34	—	42,01	47,26
	VI	1 375,75	—	110,06	123,81																				
4 817,99	I,IV	887,83	—	71,02	79,90	I	887,83	—	60,89	68,50	—	51,24	57,64	—	42,08	47,34	—	33,40	37,57	—	25,20	28,35	—	17,49	19,67
	II	766,66	—	61,33	68,99	II	766,66	—	51,66	58,11	—	42,47	47,78	—	33,77	37,99	—	25,55	28,74	—	17,82	20,04	—	10,57	11,89
	III	518,16	—	41,45	46,63	III	518,16	—	33,90	38,14	—	26,58	29,90	—	19,52	21,96	—	12,68	14,26	—	6,54	7,36	—	1,58	1,78
	V	1 340,50	—	107,24	120,64	IV	887,83	—	65,90	74,13	—	60,89	68,50	—	56,—	63,—	—	51,24	57,64	—	46,60	52,42	—	42,08	47,34
	VI	1 376,75	—	110,14	123,90																				
4 820,99	I,IV	888,75	—	71,10	79,98	I	888,75	—	60,96	68,58	—	51,31	57,72	—	42,14	47,40	—	33,46	37,64	—	25,26	28,41	—	17,54	19,73
	II	767,50	—	61,40	69,07	II	767,50	—	51,72	58,19	—	42,54	47,85	—	33,83	38,06	—	25,61	28,81	—	17,87	20,10	—	10,62	11,94
	III	518,83	—	41,50	46,69	III	518,83	—	33,96	38,20	—	26,64	29,97	—	19,56	22,—	—	12,73	14,32	—	6,58	7,40	—	1,61	1,81
	V	1 341,58	—	107,32	120,74	IV	888,75	—	65,96	74,21	—	60,96	68,58	—	56,07	63,08	—	51,31	57,72	—	46,66	52,49	—	42,14	47,40
	VI	1 377,83	—	110,22	124,—																				
4 823,99	I,IV	889,66	—	71,17	80,06	I	889,66	—	61,03	68,66	—	51,38	57,80	—	42,20	47,48	—	33,52	37,71	—	25,31	28,47	—	17,60	19,80
	II	768,41	—	61,47	69,15	II	768,41	—	51,79	58,26	—	42,60	47,92	—	33,89	38,12	—	25,66	28,87	—	17,92	20,16	—	10,67	12,—
	III	519,50	—	41,56	46,75	III	519,50	—	34,01	38,26	—	26,69	30,02	—	19,61	22,06	—	12,78	14,38	—	6,62	7,45	—	1,64	1,84
	V	1 342,58	—	107,40	120,83	IV	889,66	—	66,04	74,29	—	61,03	68,66	—	56,14	63,16	—	51,38	57,80	—	46,73	52,57	—	42,20	47,48
	VI	1 378,83	—	110,30	124,09																				
4 826,99	I,IV	890,58	—	71,24	80,15	I	890,58	—	61,10	68,73	—	51,44	57,87	—	42,26	47,54	—	33,58	37,77	—	25,37	28,54	—	17,64	19,85
	II	769,25	—	61,54	69,23	II	769,25	—	51,86	58,34	—	42,66	47,99	—	33,95	38,19	—	25,72	28,94	—	17,98	20,22	—	10,72	12,06
	III	520,16	—	41,61	46,81	III	520,16	—	34,05	38,30	—	26,73	30,07	—	19,66	22,12	—	12,82	14,42	—	6,65	7,48	—	1,68	1,89
	V	1 343,58	—	107,48	120,92	IV	890,58	—	66,11	74,37	—	61,10	68,73	—	56,21	63,23	—	51,44	57,87	—	46,79	52,64	—	42,26	47,54
	VI	1 379,83	—	110,38	124,18																				
4 829,99	I,IV	891,50	—	71,32	80,23	I	891,50	—	61,17	68,81	—	51,51	57,95	—	42,33	47,62	—	33,64	37,84	—	25,42	28,60	—	17,70	19,91
	II	770,16	—	61,61	69,31	II	770,16	—	51,92	58,41	—	42,72	48,06	—	34,01	38,26	—	25,78	29,—	—	18,03	20,28	—	10,77	12,11
	III	520,83	—	41,66	46,87	III	520,83	—	34,10	38,36	—	26,78	30,13	—	19,70	22,16	—	12,88	14,49	—	6,69	7,52	—	1,70	1,91
	V	1 344,66	—	107,57	121,01	IV	891,50	—	66,18	74,45	—	61,17	68,81	—	56,28	63,31	—	51,51	57,95	—	46,86	52,71	—	42,33	47,62
	VI	1 380,91	—	110,47	124,28																				
4 832,99	I,IV	892,41	—	71,39	80,31	I	892,41	—	61,24	68,89	—	51,58	58,02	—	42,39	47,69	—	33,70	37,91	—	25,48	28,67	—	17,75	19,97
	II	771,—	—	61,68	69,39	II	771,—	—	51,99	58,49	—	42,79	48,14	—	34,07	38,33	—	25,84	29,07	—	18,08	20,34	—	10,82	12,17
	III	521,66	—	41,73	46,94	III	521,66	—	34,16	38,43	—	26,84	30,19	—	19,76	22,23	—	12,92	14,53	—	6,73	7,57	—	1,73	1,94
	V	1 345,75	—	107,66	121,11	IV	892,41	—	66,26	74,54	—	61,24	68,89	—	56,34	63,38	—	51,58	58,02	—	46,92	52,79	—	42,39	47,69
	VI	1 382,—	—	110,56	124,38																				
4 835,99	I,IV	893,33	—	71,46	80,39	I	893,33	—	61,31	68,97	—	51,64	58,10	—	42,46	47,76	—	33,76	37,98	—	25,54	28,73	—	17,80	20,03
	II	771,91	—	61,75	69,47	II	771,91	—	52,06	58,57	—	42,86	48,21	—	34,13	38,39	—	25,89	29,12	—	18,14	20,40	—	10,87	12,23
	III	522,33	—	41,78	47,—	III	522,33	—	34,21	38,48	—	26,89	30,25	—	19,81	22,28	—	12,97	14,59	—	6,77	7,61	—	1,77	1,99
	V	1 346,75	—	107,74	121,20	IV	893,33	—	66,33	74,62	—	61,31	68,97	—	56,42	63,47	—	51,64	58,10	—	46,99	52,86	—	42,46	47,76
	VI	1 383,—	—	110,64	124,47																				
4 838,99	I,IV	894,33	—	71,54	80,48	I	894,33	—	61,38	69,05	—	51,71	58,17	—	42,52	47,84	—	33,82	38,04	—	25,60	28,80	—	17,86	20,09
	II	772,83	—	61,82	69,55	II	772,83	—	52,13	58,64	—	42,92	48,29	—	34,20	38,47	—	25,95	29,19	—	18,20	20,47	—	10,92	12,29
	III	523,—	—	41,84	47,07	III	523,—	—	34,26	38,54	—	26,94	30,31	—	19,86	22,34	—	13,02	14,65	—	6,82	7,67	—	1,80	2,02
	V	1 347,83	—	107,82	121,30	IV	894,33	—	66,40	74,70	—	61,38	69,05	—	56,49	63,55	—	51,71	58,17	—	47,06	52,94	—	42,52	47,84
	VI	1 384,08	—	110,72	124,56																				
4 841,99	I,IV	895,33	—	71,62	80,57	I	895,33	—	61,46	69,14	—	51,78	58,25	—	42,59	47,91	—	33,88	38,12	—	25,66	28,87	—	17,92	20,16
	II	773,83	—	61,90	69,64	II	773,83	—	52,20	58,73	—	42,99	48,36	—	34,26	38,54	—	26,02	29,27	—	18,26	20,54	—	10,98	12,35
	III	523,66	—	41,89	47,12	III	523,66	—	34,33	38,62	—	27,—	30,37	—	19,92	22,41	—	13,06	14,69	—	6,86	7,72	—	1,84	2,07
	V	1 349,—	—	107,92	121,41	IV	895,33	—	66,48	74,79	—	61,46	69,14	—	56,56	63,63	—	51,78	58,25	—	47,13	53,02	—	42,59	47,91
	VI	1 385,25	—	110,82	124,67																				
4 844,99	I,IV	896,33	—	71,70	80,66	I	896,33	—	61,54	69,23	—	51,86	58,34	—	42,66	47,99	—	33,95	38,19	—	25,72	28,94	—	17,98	20,22
	II	774,83	—	61,98	69,73	II	774,83	—	52,28	58,81	—	43,06	48,44	—	34,33	38,62	—	26,08	29,34	—	18,31	20,60	—	11,03	12,41
	III	524,50	—	41,96	47,20	III	524,50	—	34,38	38,68	—	27,06	30,44	—	19,97	22,46	—	13,13	14,77	—	6,90	7,76	—	1,86	2,09
	V	1 350,16	—	108,01	121,51	IV	896,33	—	66,56	74,88	—	61,54	69,23	—	56,64	63,72	—	51,86	58,34	—	47,20	53,10	—	42,66	47,99
	VI	1 386,41	—	110,91	124,77																				

* Die ausgewiesenen Tabellenwerte sind amtlich. Siehe Erläuterungen auf der Umschlaginnenseite (U2).

4 895,99* MONAT

Lohn/ Gehalt bis €*		Abzüge an Lohnsteuer, Solidaritätszuschlag (SolZ) und Kirchensteuer (8%, 9%) in den Steuerklassen I – VI ohne Kinderfreibeträge LSt	SolZ	8%	9%	I, II, III, IV	LSt	mit Zahl der Kinderfreibeträge . . . 0,5 SolZ	8%	9%	1 SolZ	8%	9%	1,5 SolZ	8%	9%	2 SolZ	8%	9%	2,5 SolZ	8%	9%	3 SolZ	8%	9%
4 847,99	I,IV	897,33	—	71,78	80,75	I	897,33	—	61,62	69,32	—	51,94	58,43	—	42,74	48,08	—	34,02	38,27	—	25,78	29,—	—	18,04	20,29
	II	775,75	—	62,06	69,81	II	775,75	—	52,36	58,90	—	43,13	48,52	—	34,40	38,70	—	26,14	29,41	—	18,37	20,66	—	11,09	12,47
	III	525,33	—	42,02	47,27	III	525,33	—	34,45	38,75	—	27,12	30,51	—	20,02	22,52	—	13,17	14,81	—	6,96	7,83	—	1,90	2,14
	V	1 351,33	—	108,10	121,61	IV	897,33	—	66,64	74,97	—	61,62	69,32	—	56,72	63,81	—	51,94	58,43	—	47,28	53,19	—	42,74	48,08
	VI	1 387,58	—	111,—	124,88																				
4 850,99	I,IV	898,41	—	71,87	80,85	I	898,41	—	61,70	69,41	—	52,01	58,51	—	42,80	48,15	—	34,08	38,34	—	25,85	29,08	—	18,10	20,36
	II	776,75	—	62,14	69,90	II	776,75	—	52,43	58,98	—	43,20	48,60	—	34,46	38,77	—	26,20	29,48	—	18,43	20,73	—	11,14	12,53
	III	526,—	—	42,08	47,34	III	526,—	—	34,50	38,81	—	27,17	30,56	—	20,08	22,59	—	13,22	14,87	—	7,—	7,87	—	1,94	2,18
	V	1 352,50	—	108,20	121,72	IV	898,41	—	66,72	75,06	—	61,70	69,41	—	56,79	63,89	—	52,01	58,51	—	47,34	53,26	—	42,80	48,15
	VI	1 388,75	—	111,10	124,98																				
4 853,99	I,IV	899,41	—	71,95	80,94	I	899,41	—	61,78	69,50	—	52,08	58,59	—	42,88	48,24	—	34,15	38,42	—	25,91	29,15	—	18,16	20,43
	II	777,75	—	62,22	69,99	II	777,75	—	52,50	59,06	—	43,27	48,68	—	34,53	38,84	—	26,27	29,55	—	18,49	20,80	—	11,20	12,60
	III	526,83	—	42,14	47,41	III	526,83	—	34,56	38,88	—	27,22	30,62	—	20,13	22,64	—	13,28	14,94	—	7,04	7,92	—	1,97	2,21
	V	1 353,58	—	108,28	121,82	IV	899,41	—	66,80	75,15	—	61,78	69,50	—	56,87	63,98	—	52,08	58,59	—	47,42	53,34	—	42,88	48,24
	VI	1 389,91	—	111,19	125,09																				
4 856,99	I,IV	900,41	—	72,03	81,03	I	900,41	—	61,85	69,58	—	52,16	58,68	—	42,94	48,31	—	34,22	38,49	—	25,98	29,22	—	18,22	20,49
	II	778,75	—	62,30	70,08	II	778,75	—	52,58	59,15	—	43,34	48,76	—	34,60	38,92	—	26,33	29,62	—	18,55	20,87	—	11,26	12,66
	III	527,50	—	42,20	47,47	III	527,50	—	34,62	38,95	—	27,29	30,70	—	20,18	22,70	—	13,33	14,99	—	7,09	7,97	—	2,01	2,26
	V	1 354,75	—	108,38	121,92	IV	900,41	—	66,88	75,24	—	61,85	69,58	—	56,94	64,06	—	52,16	58,68	—	47,49	53,42	—	42,94	48,31
	VI	1 391,—	—	111,28	125,19																				
4 859,99	I,IV	901,50	—	72,12	81,13	I	901,50	—	61,93	69,67	—	52,24	58,77	—	43,02	48,39	—	34,29	38,57	—	26,04	29,30	—	18,28	20,56
	II	779,75	—	62,38	70,17	II	779,75	—	52,66	59,24	—	43,42	48,84	—	34,66	38,99	—	26,40	29,70	—	18,61	20,93	—	11,31	12,72
	III	528,33	—	42,26	47,54	III	528,33	—	34,68	39,01	—	27,34	30,76	—	20,25	22,78	—	13,40	15,07	—	7,13	8,02	—	2,05	2,30
	V	1 356,—	—	108,48	122,04	IV	901,50	—	66,96	75,33	—	61,93	69,67	—	57,02	64,15	—	52,24	58,77	—	47,56	53,51	—	43,02	48,39
	VI	1 392,25	—	111,38	125,30																				
4 862,99	I,IV	902,50	—	72,20	81,22	I	902,50	—	62,01	69,76	—	52,31	58,85	—	43,09	48,47	—	34,36	38,65	—	26,10	29,36	—	18,34	20,63
	II	780,66	—	62,45	70,25	II	780,66	—	52,73	59,32	—	43,49	48,92	—	34,73	39,07	—	26,46	29,76	—	18,67	21,—	—	11,36	12,78
	III	529,—	—	42,32	47,61	III	529,—	—	34,74	39,08	—	27,40	30,82	—	20,30	22,84	—	13,44	15,12	—	7,17	8,06	—	2,08	2,34
	V	1 357,08	—	108,56	122,13	IV	902,50	—	67,04	75,42	—	62,01	69,76	—	57,10	64,23	—	52,31	58,85	—	47,64	53,59	—	43,09	48,47
	VI	1 393,41	—	111,47	125,40																				
4 865,99	I,IV	903,58	—	72,28	81,32	I	903,58	—	62,09	69,85	—	52,38	58,93	—	43,16	48,55	—	34,42	38,72	—	26,16	29,43	—	18,40	20,70
	II	781,66	—	62,53	70,34	II	781,66	—	52,80	59,40	—	43,56	49,—	—	34,80	39,15	—	26,52	29,84	—	18,73	21,07	—	11,42	12,85
	III	529,83	—	42,38	47,68	III	529,83	—	34,80	39,15	—	27,45	30,88	—	20,36	22,90	—	13,49	15,17	—	7,22	8,12	—	2,12	2,38
	V	1 358,25	—	108,66	122,24	IV	903,58	—	67,12	75,51	—	62,09	69,85	—	57,18	64,32	—	52,38	58,93	—	47,71	53,67	—	43,16	48,55
	VI	1 394,50	—	111,56	125,50																				
4 868,99	I,IV	904,58	—	72,36	81,41	I	904,58	—	62,17	69,94	—	52,46	59,01	—	43,23	48,63	—	34,49	38,80	—	26,23	29,51	—	18,46	20,76
	II	782,66	—	62,61	70,43	II	782,66	—	52,88	59,49	—	43,63	49,08	—	34,86	39,22	—	26,58	29,90	—	18,79	21,14	—	11,48	12,91
	III	530,66	—	42,45	47,75	III	530,66	—	34,85	39,20	—	27,52	30,96	—	20,41	22,96	—	13,54	15,23	—	7,26	8,17	—	2,16	2,43
	V	1 359,41	—	108,75	122,34	IV	904,58	—	67,20	75,60	—	62,17	69,94	—	57,25	64,40	—	52,46	59,01	—	47,78	53,75	—	43,23	48,63
	VI	1 395,66	—	111,65	125,60																				
4 871,99	I,IV	905,58	—	72,44	81,50	I	905,58	—	62,24	70,02	—	52,53	59,09	—	43,30	48,71	—	34,56	38,88	—	26,29	29,57	—	18,52	20,83
	II	783,66	—	62,69	70,52	II	783,66	—	52,95	59,57	—	43,70	49,16	—	34,93	39,29	—	26,65	29,98	—	18,85	21,20	—	11,53	12,97
	III	531,33	—	42,50	47,81	III	531,33	—	34,92	39,28	—	27,57	31,01	—	20,46	23,02	—	13,60	15,30	—	7,32	8,23	—	2,18	2,45
	V	1 360,58	—	108,84	122,45	IV	905,58	—	67,28	75,69	—	62,24	70,02	—	57,33	64,49	—	52,53	59,09	—	47,86	53,84	—	43,30	48,71
	VI	1 396,83	—	111,74	125,71																				
4 874,99	I,IV	906,66	—	72,53	81,59	I	906,66	—	62,32	70,11	—	52,60	59,18	—	43,37	48,79	—	34,62	38,95	—	26,36	29,65	—	18,57	20,89
	II	784,66	—	62,77	70,61	II	784,66	—	53,03	59,66	—	43,77	49,24	—	35,—	39,37	—	26,71	30,05	—	18,91	21,27	—	11,59	13,04
	III	532,16	—	42,57	47,89	III	532,16	—	34,97	39,34	—	27,62	31,07	—	20,52	23,08	—	13,65	15,35	—	7,36	8,28	—	2,22	2,50
	V	1 361,75	—	108,94	122,55	IV	906,66	—	67,36	75,78	—	62,32	70,11	—	57,40	64,58	—	52,60	59,18	—	47,93	53,92	—	43,37	48,79
	VI	1 398,—	—	111,84	125,82																				
4 877,99	I,IV	907,66	—	72,61	81,68	I	907,66	—	62,40	70,20	—	52,68	59,27	—	43,44	48,87	—	34,69	39,02	—	26,42	29,72	—	18,63	20,96
	II	785,58	—	62,84	70,70	II	785,58	—	53,10	59,74	—	43,84	49,32	—	35,06	39,44	—	26,78	30,12	—	18,97	21,34	—	11,64	13,10
	III	532,83	—	42,62	47,95	III	532,83	—	35,04	39,42	—	27,69	31,15	—	20,57	23,14	—	13,70	15,41	—	7,40	8,32	—	2,26	2,54
	V	1 362,91	—	109,03	122,66	IV	907,66	—	67,44	75,87	—	62,40	70,20	—	57,48	64,67	—	52,68	59,27	—	48,—	54,—	—	43,44	48,87
	VI	1 399,16	—	111,93	125,92																				
4 880,99	I,IV	908,66	—	72,69	81,77	I	908,66	—	62,48	70,29	—	52,76	59,35	—	43,52	48,96	—	34,76	39,10	—	26,48	29,79	—	18,69	21,02
	II	786,58	—	62,92	70,79	II	786,58	—	53,18	59,82	—	43,91	49,40	—	35,14	39,53	—	26,84	30,19	—	19,03	21,41	—	11,70	13,16
	III	533,66	—	42,69	48,02	III	533,66	—	35,09	39,47	—	27,74	31,21	—	20,62	23,20	—	13,76	15,48	—	7,45	8,38	—	2,29	2,57
	V	1 364,08	—	109,12	122,76	IV	908,66	—	67,52	75,96	—	62,48	70,29	—	57,56	64,75	—	52,76	59,35	—	48,08	54,09	—	43,52	48,96
	VI	1 400,33	—	112,02	126,02																				
4 883,99	I,IV	909,75	—	72,78	81,87	I	909,75	—	62,56	70,38	—	52,83	59,43	—	43,58	49,03	—	34,82	39,17	—	26,54	29,86	—	18,75	21,09
	II	787,58	—	63,—	70,88	II	787,58	—	53,25	59,90	—	43,98	49,48	—	35,20	39,60	—	26,90	30,26	—	19,09	21,47	—	11,76	13,23
	III	534,33	—	42,74	48,08	III	534,33	—	35,16	39,55	—	27,80	31,27	—	20,69	23,27	—	13,81	15,53	—	7,49	8,42	—	2,33	2,62
	V	1 365,25	—	109,22	122,87	IV	909,75	—	67,60	76,05	—	62,56	70,38	—	57,64	64,84	—	52,83	59,43	—	48,14	54,16	—	43,58	49,03
	VI	1 401,50	—	112,12	126,13																				
4 886,99	I,IV	910,75	—	72,86	81,96	I	910,75	—	62,64	70,47	—	52,90	59,51	—	43,66	49,11	—	34,89	39,25	—	26,61	29,93	—	18,81	21,16
	II	788,58	—	63,08	70,97	II	788,58	—	53,32	59,99	—	44,06	49,56	—	35,27	39,68	—	26,96	30,33	—	19,14	21,53	—	11,81	13,28
	III	535,16	—	42,81	48,16	III	535,16	—	35,21	39,61	—	27,85	31,33	—	20,74	23,33	—	13,86	15,59	—	7,53	8,47	—	2,37	2,66
	V	1 366,33	—	109,30	122,96	IV	910,75	—	67,69	76,15	—	62,64	70,47	—	57,71	64,92	—	52,90	59,51	—	48,22	54,24	—	43,66	49,11
	VI	1 402,58	—	112,20	126,23																				
4 889,99	I,IV	911,75	—	72,94	82,05	I	911,75	—	62,72	70,56	—	52,98	59,60	—	43,72	49,19	—	34,96	39,33	—	26,67	30,—	—	18,87	21,23
	II	789,58	—	63,16	71,06	II	789,58	—	53,40	60,08	—	44,12	49,64	—	35,34	39,75	—	27,03	30,41	—	19,20	21,60	—	11,87	13,35
	III	536,—	—	42,88	48,24	III	536,—	—	35,26	39,67	—	27,92	31,41	—	20,80	23,40	—	13,92	15,66	—	7,58	8,53	—	2,41	2,71
	V	1 367,50	—	109,40	123,07	IV	911,75	—	67,77	76,24	—	62,72	70,56	—	57,79	65,01	—	52,98	59,60	—	48,29	54,32	—	43,72	49,19
	VI	1 403,75	—	112,30	126,33																				
4 892,99	I,IV	912,83	—	73,02	82,15	I	912,83	—	62,80	70,65	—	53,06	59,69	—	43,80	49,27	—	35,02	39,40	—	26,74	30,08	—	18,93	21,29
	II	790,50	—	63,24	71,14	II	790,50	—	53,48	60,16	—	44,20	49,72	—	35,40	39,83	—	27,09	30,47	—	19,26	21,67	—	11,92	13,41
	III	536,66	—	42,93	48,29	III	536,66	—	35,33	39,74	—	27,97	31,46	—	20,85	23,45	—	13,97	15,71	—	7,62	8,57	—	2,44	2,74
	V	1 368,66	—	109,49	123,17	IV	912,83	—	67,85	76,33	—	62,80	70,65	—	57,86	65,09	—	53,06	59,69	—	48,36	54,41	—	43,80	49,27
	VI	1 404,91	—	112,39	126,44																				
4 895,99	I,IV	913,83	—	73,10	82,24	I	913,83	—	62,88	70,74	—	53,13	59,77	—	43,87	49,35	—	35,09	39,47	—	26,80	30,15	—	18,99	21,36
	II	791,50	—	63,32	71,23	II	791,50	—	53,55	60,24	—	44,27	49,80	—	35,47	39,90	—	27,16	30,55	—	19,32	21,74	—	11,98	13,47
	III	537,50	—	43,—	48,37	III	537,50	—	35,38	39,80	—	28,02	31,52	—	20,90	23,51	—	14,02	15,77	—	7,68	8,64	—	2,48	2,79
	V	1 369,83	—	109,58	123,28	IV	913,83	—	67,93	76,42	—	62,88	70,74	—	57,94	65,18	—	53,13	59,77	—	48,44	54,49	—	43,87	49,35
	VI	1 406,08	—	112,48	126,54																				

* Die ausgewiesenen Tabellenwerte sind amtlich. Siehe Erläuterungen auf der Umschlaginnenseite (U2).

MONAT 4 896,–*

Abzüge an Lohnsteuer, Solidaritätszuschlag (SolZ) und Kirchensteuer (8%, 9%) in den Steuerklassen

Lohn/ Gehalt bis €*		I – VI	ohne Kinderfreibeträge			I, II, III, IV		mit Zahl der Kinderfreibeträge . . . 0,5			1			1,5			2			2,5			3		
		LSt	SolZ	8%	9%		LSt	SolZ	8%	9%	SolZ	8%	9%	SolZ	8%	9%	SolZ	8%	9%	SolZ	8%	9%	SolZ	8%	9%
4 898,99	I,IV	914,83	—	73,18	82,33	I	914,83	—	62,95	70,82	—	53,20	59,85	—	43,94	49,43	—	35,16	39,55	—	26,86	30,22	—	19,05	21,43
	II	792,50	—	63,40	71,32	II	792,50	—	53,62	60,32	—	44,34	49,88	—	35,54	39,98	—	27,22	30,62	—	19,38	21,80	—	12,04	13,54
	III	538,16	—	43,05	48,43	III	538,16	—	35,45	39,88	—	28,08	31,59	—	20,96	23,58	—	14,08	15,84	—	7,72	8,68	—	2,52	2,83
	V	1 371,—	—	109,68	123,39	IV	914,83	—	68,01	76,51	—	62,95	70,82	—	58,02	65,27	—	53,20	59,85	—	48,51	54,57	—	43,94	49,43
	VI	1 407,25	—	112,58	126,65																				
4 901,99	I,IV	915,91	—	73,27	82,43	I	915,91	—	63,03	70,91	—	53,28	59,94	—	44,01	49,51	—	35,22	39,62	—	26,92	30,29	—	19,11	21,50
	II	793,50	—	63,48	71,41	II	793,50	—	53,70	60,41	—	44,41	49,96	—	35,60	40,05	—	27,28	30,69	—	19,44	21,87	—	12,09	13,60
	III	539,—	—	43,12	48,51	III	539,—	—	35,50	39,94	—	28,14	31,66	—	21,01	23,63	—	14,13	15,89	—	7,77	8,74	—	2,54	2,86
	V	1 372,16	—	109,77	123,49	IV	915,91	—	68,09	76,60	—	63,03	70,91	—	58,10	65,36	—	53,28	59,94	—	48,58	54,65	—	44,01	49,51
	VI	1 408,41	—	112,67	126,75																				
4 904,99	I,IV	916,91	—	73,35	82,52	I	916,91	—	63,11	71,—	—	53,36	60,03	—	44,08	49,59	—	35,29	39,70	—	26,99	30,36	—	19,17	21,56
	II	794,50	—	63,56	71,50	II	794,50	—	53,78	60,50	—	44,48	50,04	—	35,67	40,13	—	27,34	30,76	—	19,50	21,94	—	12,15	13,67
	III	539,66	—	43,17	48,56	III	539,66	—	35,56	40,—	—	28,20	31,72	—	21,06	23,69	—	14,18	15,95	—	7,81	8,78	—	2,58	2,90
	V	1 373,33	—	109,86	123,59	IV	916,91	—	68,17	76,69	—	63,11	71,—	—	58,17	65,44	—	53,36	60,03	—	48,66	54,74	—	44,08	49,59
	VI	1 409,58	—	112,76	126,86																				
4 907,99	I,IV	918,—	—	73,44	82,62	I	918,—	—	63,19	71,09	—	53,43	60,11	—	44,15	49,67	—	35,36	39,78	—	27,05	30,43	—	19,23	21,63
	II	795,41	—	63,63	71,58	II	795,41	—	53,85	60,58	—	44,55	50,12	—	35,74	40,20	—	27,41	30,83	—	19,56	22,01	—	12,20	13,73
	III	540,50	—	43,24	48,64	III	540,50	—	35,62	40,07	—	28,25	31,78	—	21,13	23,77	—	14,24	16,02	—	7,85	8,83	—	2,62	2,95
	V	1 374,41	—	109,95	123,69	IV	918,—	—	68,25	76,78	—	63,19	71,09	—	58,25	65,53	—	53,43	60,11	—	48,73	54,82	—	44,15	49,67
	VI	1 410,75	—	112,86	126,96																				
4 910,99	I,IV	919,—	—	73,52	82,71	I	919,—	—	63,27	71,18	—	53,50	60,19	—	44,22	49,75	—	35,43	39,86	—	27,12	30,51	—	19,29	21,70
	II	796,41	—	63,71	71,67	II	796,41	—	53,92	60,66	—	44,62	50,20	—	35,81	40,28	—	27,48	30,91	—	19,62	22,07	—	12,26	13,79
	III	541,16	—	43,29	48,70	III	541,16	—	35,68	40,14	—	28,30	31,84	—	21,18	23,83	—	14,29	16,07	—	7,90	8,89	—	2,66	2,99
	V	1 375,58	—	110,04	123,80	IV	919,—	—	68,33	76,87	—	63,27	71,18	—	58,32	65,61	—	53,50	60,19	—	48,80	54,90	—	44,22	49,75
	VI	1 411,83	—	112,94	127,06																				
4 913,99	I,IV	920,—	—	73,60	82,80	I	920,—	—	63,34	71,26	—	53,58	60,27	—	44,30	49,83	—	35,50	39,93	—	27,18	30,57	—	19,35	21,77
	II	797,41	—	63,79	71,76	II	797,41	—	54,—	60,75	—	44,70	50,28	—	35,88	40,36	—	27,54	30,98	—	19,68	22,14	—	12,32	13,86
	III	542,—	—	43,36	48,78	III	542,—	—	35,74	40,21	—	28,37	31,91	—	21,24	23,89	—	14,34	16,13	—	7,94	8,93	—	2,69	3,02
	V	1 376,75	—	110,14	123,90	IV	920,—	—	68,41	76,96	—	63,34	71,26	—	58,40	65,70	—	53,58	60,27	—	48,88	54,99	—	44,30	49,83
	VI	1 413,—	—	113,04	127,17																				
4 916,99	I,IV	921,08	—	73,68	82,89	I	921,08	—	63,43	71,36	—	53,66	60,36	—	44,37	49,91	—	35,56	40,01	—	27,24	30,65	—	19,41	21,83
	II	798,41	—	63,87	71,85	II	798,41	—	54,08	60,84	—	44,77	50,36	—	35,94	40,43	—	27,60	31,05	—	19,74	22,21	—	12,37	13,91
	III	542,83	—	43,42	48,85	III	542,83	—	35,80	40,27	—	28,42	31,97	—	21,29	23,95	—	14,40	16,20	—	8,—	9,—	—	2,73	3,07
	V	1 377,91	—	110,23	124,01	IV	921,08	—	68,50	77,06	—	63,43	71,36	—	58,48	65,79	—	53,66	60,36	—	48,95	55,07	—	44,37	49,91
	VI	1 414,25	0,14	113,14	127,28																				
4 919,99	I,IV	922,08	—	73,76	82,98	I	922,08	—	63,50	71,44	—	53,73	60,44	—	44,44	49,99	—	35,63	40,08	—	27,31	30,72	—	19,47	21,90
	II	799,41	—	63,95	71,94	II	799,41	—	54,16	60,93	—	44,84	50,45	—	36,01	40,51	—	27,66	31,12	—	19,80	22,28	—	12,43	13,98
	III	543,50	—	43,48	48,91	III	543,50	—	35,86	40,34	—	28,48	32,04	—	21,34	24,01	—	14,45	16,25	—	8,04	9,04	—	2,77	3,11
	V	1 379,08	—	110,32	124,11	IV	922,08	—	68,58	77,15	—	63,50	71,44	—	58,56	65,88	—	53,73	60,44	—	49,02	55,15	—	44,44	49,99
	VI	1 415,33	0,27	113,22	127,37																				
4 922,99	I,IV	923,16	—	73,85	83,08	I	923,16	—	63,58	71,53	—	53,80	60,53	—	44,51	50,07	—	35,70	40,16	—	27,37	30,79	—	19,53	21,97
	II	800,41	—	64,03	72,03	II	800,41	—	54,23	61,01	—	44,91	50,52	—	36,08	40,59	—	27,73	31,19	—	19,86	22,34	—	12,48	14,04
	III	544,33	—	43,54	48,98	III	544,33	—	35,92	40,41	—	28,54	32,11	—	21,40	24,07	—	14,50	16,31	—	8,09	9,10	—	2,81	3,16
	V	1 380,25	—	110,42	124,22	IV	923,16	—	68,66	77,24	—	63,58	71,53	—	58,64	65,97	—	53,80	60,53	—	49,10	55,23	—	44,51	50,07
	VI	1 416,50	0,41	113,32	127,48																				
4 925,99	I,IV	924,16	—	73,93	83,17	I	924,16	—	63,66	71,62	—	53,88	60,62	—	44,58	50,15	—	35,76	40,23	—	27,44	30,87	—	19,59	22,04
	II	801,41	—	64,11	72,12	II	801,41	—	54,30	61,09	—	44,98	50,60	—	36,14	40,66	—	27,80	31,27	—	19,92	22,41	—	12,54	14,11
	III	545,—	—	43,60	49,05	III	545,—	—	35,98	40,48	—	28,60	32,17	—	21,46	24,14	—	14,56	16,38	—	8,13	9,14	—	2,84	3,19
	V	1 381,41	—	110,51	124,32	IV	924,16	—	68,74	77,33	—	63,66	71,62	—	58,71	66,05	—	53,88	60,62	—	49,17	55,31	—	44,58	50,15
	VI	1 417,66	0,55	113,41	127,58																				
4 928,99	I,IV	925,25	—	74,02	83,27	I	925,25	—	63,74	71,71	—	53,96	60,70	—	44,65	50,23	—	35,84	40,32	—	27,50	30,93	—	19,65	22,10
	II	802,41	—	64,19	72,21	II	802,41	—	54,38	61,17	—	45,06	50,69	—	36,22	40,74	—	27,86	31,34	—	19,98	22,48	—	12,60	14,17
	III	545,83	—	43,66	49,12	III	545,83	—	36,04	40,54	—	28,65	32,23	—	21,52	24,21	—	14,61	16,43	—	8,18	9,20	—	2,88	3,24
	V	1 382,58	—	110,60	124,43	IV	925,25	—	68,82	77,42	—	63,74	71,71	—	58,79	66,14	—	53,96	60,70	—	49,24	55,40	—	44,65	50,23
	VI	1 418,83	0,69	113,50	127,69																				
4 931,99	I,IV	926,25	—	74,10	83,36	I	926,25	—	63,82	71,80	—	54,03	60,78	—	44,72	50,31	—	35,90	40,39	—	27,56	31,01	—	19,71	22,17
	II	803,41	—	64,27	72,30	II	803,41	—	54,46	61,26	—	45,12	50,76	—	36,28	40,82	—	27,92	31,41	—	20,04	22,55	—	12,66	14,24
	III	546,50	—	43,72	49,18	III	546,50	—	36,09	40,60	—	28,72	32,31	—	21,57	24,26	—	14,66	16,49	—	8,22	9,25	—	2,92	3,28
	V	1 383,75	—	110,70	124,53	IV	926,25	—	68,90	77,51	—	63,82	71,80	—	58,86	66,22	—	54,03	60,78	—	49,32	55,48	—	44,72	50,31
	VI	1 420,—	0,83	113,60	127,80																				
4 934,99	I,IV	927,25	—	74,18	83,45	I	927,25	—	63,90	71,89	—	54,10	60,86	—	44,80	50,40	—	35,97	40,46	—	27,62	31,07	—	19,77	22,24
	II	804,33	—	64,34	72,38	II	804,33	—	54,53	61,34	—	45,20	50,85	—	36,35	40,89	—	27,98	31,48	—	20,10	22,61	—	12,71	14,30
	III	547,33	—	43,78	49,25	III	547,33	—	36,16	40,68	—	28,77	32,36	—	21,62	24,32	—	14,72	16,56	—	8,28	9,31	—	2,96	3,33
	V	1 384,91	—	110,79	124,64	IV	927,25	—	68,98	77,60	—	63,90	71,89	—	58,94	66,31	—	54,10	60,86	—	49,39	55,56	—	44,80	50,40
	VI	1 421,16	0,97	113,69	127,90																				
4 937,99	I,IV	928,33	—	74,26	83,54	I	928,33	—	63,98	71,97	—	54,18	60,95	—	44,86	50,47	—	36,04	40,54	—	27,69	31,15	—	19,83	22,31
	II	805,33	—	64,42	72,47	II	805,33	—	54,60	61,43	—	45,27	50,93	—	36,42	40,97	—	28,05	31,55	—	20,16	22,68	—	12,76	14,36
	III	548,16	—	43,85	49,33	III	548,16	—	36,21	40,73	—	28,82	32,42	—	21,68	24,39	—	14,77	16,61	—	8,32	9,36	—	3,—	3,37
	V	1 386,—	—	110,88	124,74	IV	928,33	—	69,06	77,69	—	63,98	71,97	—	59,02	66,39	—	54,18	60,95	—	49,46	55,64	—	44,86	50,47
	VI	1 422,33	1,11	113,78	128,—																				
4 940,99	I,IV	929,33	—	74,34	83,63	I	929,33	—	64,06	72,06	—	54,26	61,04	—	44,94	50,55	—	36,10	40,61	—	27,76	31,23	—	19,89	22,37
	II	806,33	—	64,50	72,56	II	806,33	—	54,68	61,52	—	45,34	51,01	—	36,48	41,04	—	28,12	31,63	—	20,22	22,75	—	12,82	14,42
	III	548,83	—	43,90	49,39	III	548,83	—	36,28	40,81	—	28,89	32,50	—	21,73	24,44	—	14,82	16,67	—	8,37	9,41	—	3,02	3,40
	V	1 387,16	—	110,97	124,84	IV	929,33	—	69,14	77,78	—	64,06	72,06	—	59,10	66,48	—	54,26	61,04	—	49,54	55,73	—	44,94	50,55
	VI	1 423,41	1,23	113,87	128,10																				
4 943,99	I,IV	930,41	—	74,43	83,73	I	930,41	—	64,14	72,15	—	54,33	61,12	—	45,01	50,63	—	36,17	40,69	—	27,82	31,29	—	19,95	22,44
	II	807,33	—	64,58	72,65	II	807,33	—	54,76	61,60	—	45,41	51,08	—	36,55	41,12	—	28,18	31,70	—	20,28	22,82	—	12,88	14,49
	III	549,66	—	43,97	49,46	III	549,66	—	36,33	40,87	—	28,94	32,56	—	21,78	24,50	—	14,88	16,74	—	8,41	9,46	—	3,06	3,44
	V	1 388,33	—	111,06	124,94	IV	930,41	—	69,22	77,87	—	64,14	72,15	—	59,18	66,57	—	54,33	61,12	—	49,61	55,81	—	45,01	50,63
	VI	1 424,58	1,37	113,96	128,21																				
4 946,99	I,IV	931,41	—	74,51	83,82	I	931,41	—	64,22	72,24	—	54,41	61,21	—	45,08	50,72	—	36,24	40,77	—	27,88	31,37	—	20,01	22,51
	II	808,33	—	64,66	72,74	II	808,33	—	54,83	61,68	—	45,48	51,17	—	36,62	41,20	—	28,24	31,77	—	20,34	22,88	—	12,94	14,55
	III	550,33	—	44,02	49,52	III	550,33	—	36,40	40,95	—	29,—	32,62	—	21,85	24,58	—	14,93	16,79	—	8,46	9,52	—	3,10	3,49
	V	1 389,50	—	111,16	125,05	IV	931,41	—	69,30	77,96	—	64,22	72,24	—	59,25	66,65	—	54,41	61,21	—	49,68	55,89	—	45,08	50,72
	VI	1 425,75	1,51	114,06	128,31																				

* Die ausgewiesenen Tabellenwerte sind amtlich. Siehe Erläuterungen auf der Umschlaginnenseite (U2).

4 997,99* MONAT

Abzüge an Lohnsteuer, Solidaritätszuschlag (SolZ) und Kirchensteuer (8%, 9%) in den Steuerklassen

Lohn/ Gehalt bis €*	I – VI		ohne Kinderfreibeträge			I, II, III, IV		mit Zahl der Kinderfreibeträge . . . 0,5			1			1,5			2			2,5			3		
		LSt	SolZ	8%	9%		LSt	SolZ	8%	9%	SolZ	8%	9%	SolZ	8%	9%	SolZ	8%	9%	SolZ	8%	9%	SolZ	8%	9%
4 949,99	I,IV	932,50	—	74,60	83,92	I	932,50	—	64,30	72,33	—	54,48	61,29	—	45,15	50,79	—	36,30	40,84	—	27,94	31,43	—	20,07	22,58
	II	809,33	—	64,74	72,83	II	809,33	—	54,91	61,77	—	45,56	51,25	—	36,69	41,27	—	28,30	31,84	—	20,41	22,96	—	12,99	14,61
	III	551,16	—	44,09	49,60	III	551,16	—	36,45	41,—	—	29,05	32,68	—	21,90	24,64	—	14,98	16,85	—	8,50	9,56	—	3,14	3,53
	V	1 390,66	—	111,25	125,15	IV	932,50	—	69,38	78,05	—	64,30	72,33	—	59,33	66,74	—	54,48	61,29	—	49,76	55,98	—	45,15	50,79
	VI	1 426,91	1,65	114,15	128,42																				
4 952,99	I,IV	933,50	—	74,68	84,01	I	933,50	—	64,38	72,42	—	54,56	61,38	—	45,22	50,87	—	36,38	40,92	—	28,01	31,51	—	20,13	22,64
	II	810,33	—	64,82	72,92	II	810,33	—	54,98	61,85	—	45,63	51,33	—	36,76	41,35	—	28,37	31,91	—	20,47	23,03	—	13,05	14,68
	III	552,—	—	44,16	49,68	III	552,—	—	36,52	41,08	—	29,12	32,76	—	21,96	24,70	—	15,04	16,92	—	8,56	9,63	—	3,18	3,58
	V	1 391,83	—	111,34	125,26	IV	933,50	—	69,46	78,14	—	64,38	72,42	—	59,40	66,83	—	54,56	61,38	—	49,83	56,06	—	45,22	50,87
	VI	1 428,08	1,79	114,24	128,52																				
4 955,99	I,IV	934,50	—	74,76	84,10	I	934,50	—	64,46	72,51	—	54,63	61,46	—	45,30	50,96	—	36,44	41,—	—	28,07	31,58	—	20,19	22,71
	II	811,33	—	64,90	73,01	II	811,33	—	55,06	61,94	—	45,70	51,41	—	36,82	41,42	—	28,44	31,99	—	20,53	23,09	—	13,10	14,74
	III	552,66	—	44,21	49,73	III	552,66	—	36,57	41,14	—	29,17	32,81	—	22,01	24,76	—	15,09	16,97	—	8,60	9,67	—	3,21	3,61
	V	1 393,—	—	111,44	125,37	IV	934,50	—	69,54	78,23	—	64,46	72,51	—	59,48	66,92	—	54,63	61,46	—	49,90	56,14	—	45,30	50,96
	VI	1 429,25	1,93	114,34	128,63																				
4 958,99	I,IV	935,58	—	74,84	84,20	I	935,58	—	64,54	72,60	—	54,71	61,55	—	45,37	51,04	—	36,51	41,07	—	28,14	31,65	—	20,25	22,78
	II	812,33	—	64,98	73,10	II	812,33	—	55,14	62,03	—	45,77	51,49	—	36,89	41,50	—	28,50	32,06	—	20,59	23,16	—	13,16	14,81
	III	553,50	—	44,28	49,81	III	553,50	—	36,62	41,20	—	29,22	32,87	—	22,06	24,82	—	15,14	17,03	—	8,65	9,73	—	3,25	3,65
	V	1 394,08	—	111,52	125,46	IV	935,58	—	69,63	78,33	—	64,54	72,60	—	59,56	67,01	—	54,71	61,55	—	49,98	56,22	—	45,37	51,04
	VI	1 430,41	2,07	114,43	128,73																				
4 961,99	I,IV	936,58	—	74,92	84,29	I	936,58	—	64,61	72,68	—	54,78	61,63	—	45,44	51,12	—	36,58	41,15	—	28,20	31,73	—	20,31	22,85
	II	813,25	—	65,06	73,19	II	813,25	—	55,21	62,11	—	45,84	51,57	—	36,96	41,58	—	28,56	32,13	—	20,65	23,23	—	13,22	14,87
	III	554,16	—	44,33	49,87	III	554,16	—	36,69	41,27	—	29,28	32,94	—	22,12	24,88	—	15,20	17,10	—	8,69	9,77	—	3,29	3,70
	V	1 395,25	—	111,62	125,57	IV	936,58	—	69,71	78,42	—	64,61	72,68	—	59,64	67,09	—	54,78	61,63	—	50,05	56,30	—	45,44	51,12
	VI	1 431,50	2,20	114,52	128,83																				
4 964,99	I,IV	937,66	—	75,01	84,38	I	937,66	—	64,69	72,77	—	54,86	61,71	—	45,51	51,20	—	36,64	41,22	—	28,26	31,79	—	20,37	22,91
	II	814,25	—	65,14	73,28	II	814,25	—	55,28	62,19	—	45,92	51,66	—	37,03	41,66	—	28,62	32,20	—	20,71	23,30	—	13,28	14,94
	III	555,—	—	44,40	49,95	III	555,—	—	36,74	41,33	—	29,34	33,01	—	22,18	24,95	—	15,25	17,15	—	8,74	9,83	—	3,33	3,74
	V	1 396,41	—	111,71	125,67	IV	937,66	—	69,79	78,51	—	64,69	72,77	—	59,72	67,18	—	54,86	61,71	—	50,12	56,39	—	45,51	51,20
	VI	1 432,66	2,34	114,61	128,93																				
4 967,99	I,IV	938,66	—	75,09	84,47	I	938,66	—	64,77	72,86	—	54,94	61,80	—	45,58	51,28	—	36,71	41,30	—	28,33	31,87	—	20,43	22,98
	II	815,25	—	65,22	73,37	II	815,25	—	55,36	62,28	—	45,98	51,73	—	37,10	41,73	—	28,69	32,27	—	20,77	23,36	—	13,33	14,99
	III	555,66	—	44,45	50,—	III	555,66	—	36,81	41,41	—	29,40	33,07	—	22,24	25,02	—	15,30	17,21	—	8,78	9,88	—	3,37	3,79
	V	1 397,58	—	111,80	125,78	IV	938,66	—	69,87	78,60	—	64,77	72,86	—	59,79	67,26	—	54,94	61,80	—	50,20	56,47	—	45,58	51,28
	VI	1 433,83	2,47	114,70	129,04																				
4 970,99	I,IV	939,75	—	75,18	84,57	I	939,75	—	64,85	72,95	—	55,01	61,88	—	45,66	51,36	—	36,78	41,38	—	28,40	31,95	—	20,49	23,05
	II	816,33	—	65,30	73,46	II	816,33	—	55,44	62,37	—	46,06	51,82	—	37,16	41,81	—	28,76	32,35	—	20,83	23,43	—	13,39	15,06
	III	556,50	—	44,52	50,08	III	556,50	—	36,86	41,47	—	29,45	33,13	—	22,29	25,07	—	15,36	17,28	—	8,84	9,94	—	3,41	3,83
	V	1 398,75	—	111,90	125,88	IV	939,75	—	69,96	78,70	—	64,85	72,95	—	59,87	67,35	—	55,01	61,88	—	50,28	56,56	—	45,66	51,36
	VI	1 435,—	2,61	114,80	129,15																				
4 973,99	I,IV	940,83	—	75,26	84,67	I	940,83	—	64,93	73,04	—	55,09	61,97	—	45,73	51,44	—	36,85	41,45	—	28,46	32,01	—	20,55	23,12
	II	817,33	—	65,38	73,55	II	817,33	—	55,52	62,46	—	46,13	51,89	—	37,24	41,89	—	28,82	32,42	—	20,89	23,50	—	13,44	15,12
	III	557,33	—	44,58	50,15	III	557,33	—	36,93	41,54	—	29,52	33,21	—	22,34	25,13	—	15,42	17,35	—	8,89	10,—	—	3,45	3,88
	V	1 399,91	—	111,99	125,99	IV	940,83	—	70,04	78,79	—	64,93	73,04	—	59,95	67,44	—	55,09	61,97	—	50,35	56,64	—	45,73	51,44
	VI	1 436,16	2,75	114,89	129,25																				
4 976,99	I,IV	941,83	—	75,34	84,76	I	941,83	—	65,01	73,13	—	55,16	62,06	—	45,80	51,52	—	36,92	41,53	—	28,52	32,09	—	20,61	23,18
	II	818,25	—	65,46	73,64	II	818,25	—	55,59	62,54	—	46,20	51,98	—	37,30	41,96	—	28,88	32,49	—	20,95	23,57	—	13,50	15,19
	III	558,—	—	44,64	50,22	III	558,—	—	36,98	41,60	—	29,57	33,26	—	22,40	25,20	—	15,46	17,39	—	8,93	10,04	—	3,48	3,91
	V	1 401,08	—	112,08	126,09	IV	941,83	—	70,12	78,88	—	65,01	73,13	—	60,03	67,53	—	55,16	62,06	—	50,42	56,72	—	45,80	51,52
	VI	1 437,33	2,89	114,98	129,35																				
4 979,99	I,IV	942,91	—	75,43	84,86	I	942,91	—	65,09	73,22	—	55,24	62,14	—	45,87	51,60	—	36,99	41,61	—	28,59	32,16	—	20,67	23,25
	II	819,25	—	65,54	73,73	II	819,25	—	55,66	62,62	—	46,28	52,06	—	37,37	42,04	—	28,95	32,57	—	21,01	23,63	—	13,56	15,25
	III	558,83	—	44,70	50,29	III	558,83	—	37,05	41,68	—	29,64	33,34	—	22,45	25,25	—	15,53	17,47	—	8,98	10,10	—	3,52	3,96
	V	1 402,25	—	112,18	126,20	IV	942,91	—	70,20	78,97	—	65,09	73,22	—	60,10	67,61	—	55,24	62,14	—	50,50	56,81	—	45,87	51,60
	VI	1 438,50	3,03	115,08	129,46																				
4 982,99	I,IV	943,91	—	75,51	84,95	I	943,91	—	65,17	73,31	—	55,32	62,23	—	45,94	51,68	—	37,06	41,69	—	28,65	32,23	—	20,73	23,32
	II	820,25	—	65,62	73,82	II	820,25	—	55,74	62,71	—	46,35	52,14	—	37,44	42,12	—	29,02	32,64	—	21,07	23,70	—	13,62	15,32
	III	559,50	—	44,76	50,35	III	559,50	—	37,10	41,74	—	29,69	33,40	—	22,52	25,33	—	15,58	17,53	—	9,02	10,15	—	3,56	4,—
	V	1 403,41	—	112,27	126,30	IV	943,91	—	70,28	79,07	—	65,17	73,31	—	60,18	67,70	—	55,32	62,23	—	50,57	56,89	—	45,94	51,68
	VI	1 439,66	3,17	115,17	129,56																				
4 985,99	I,IV	945,—	—	75,60	85,05	I	945,—	—	65,25	73,40	—	55,39	62,31	—	46,02	51,77	—	37,12	41,76	—	28,72	32,31	—	20,79	23,39
	II	821,25	—	65,70	73,91	II	821,25	—	55,82	62,79	—	46,42	52,22	—	37,51	42,20	—	29,08	32,71	—	21,14	23,78	—	13,67	15,38
	III	560,33	—	44,82	50,42	III	560,33	—	37,17	41,81	—	29,74	33,46	—	22,57	25,39	—	15,64	17,59	—	9,08	10,21	—	3,60	4,05
	V	1 404,58	—	112,36	126,41	IV	945,—	—	70,36	79,16	—	65,25	73,40	—	60,26	67,79	—	55,39	62,31	—	50,64	56,97	—	46,02	51,77
	VI	1 440,83	3,31	115,26	129,67																				
4 988,99	I,IV	946,—	—	75,68	85,14	I	946,—	—	65,33	73,49	—	55,46	62,39	—	46,08	51,84	—	37,19	41,84	—	28,78	32,38	—	20,85	23,45
	II	822,25	—	65,78	74,—	II	822,25	—	55,89	62,87	—	46,49	52,30	—	37,58	42,27	—	29,14	32,78	—	21,20	23,85	—	13,73	15,44
	III	561,16	—	44,89	50,50	III	561,16	—	37,22	41,87	—	29,80	33,52	—	22,62	25,45	—	15,69	17,65	—	9,12	10,26	—	3,64	4,09
	V	1 405,66	—	112,45	126,50	IV	946,—	—	70,44	79,25	—	65,33	73,49	—	60,34	67,88	—	55,46	62,39	—	50,72	57,06	—	46,08	51,84
	VI	1 442,—	3,45	115,36	129,78																				
4 991,99	I,IV	947,08	—	75,76	85,23	I	947,08	—	65,41	73,58	—	55,54	62,48	—	46,16	51,93	—	37,26	41,91	—	28,84	32,45	—	20,92	23,53
	II	823,25	—	65,86	74,09	II	823,25	—	55,97	62,96	—	46,56	52,38	—	37,64	42,35	—	29,21	32,86	—	21,26	23,91	—	13,79	15,51
	III	561,83	—	44,94	50,56	III	561,83	—	37,28	41,94	—	29,86	33,59	—	22,68	25,51	—	15,74	17,71	—	9,17	10,31	—	3,68	4,14
	V	1 406,83	—	112,54	126,61	IV	947,08	—	70,52	79,34	—	65,41	73,58	—	60,42	67,97	—	55,54	62,48	—	50,79	57,14	—	46,16	51,93
	VI	1 443,08	3,57	115,44	129,87																				
4 994,99	I,IV	948,08	—	75,84	85,32	I	948,08	—	65,49	73,67	—	55,62	62,57	—	46,23	52,01	—	37,33	41,99	—	28,91	32,52	—	20,98	23,60
	II	824,25	—	65,94	74,18	II	824,25	—	56,04	63,05	—	46,64	52,47	—	37,71	42,42	—	29,27	32,93	—	21,32	23,98	—	13,84	15,57
	III	562,66	—	45,01	50,63	III	562,66	—	37,34	42,01	—	29,92	33,66	—	22,73	25,57	—	15,80	17,77	—	9,21	10,36	—	3,72	4,18
	V	1 408,—	—	112,64	126,72	IV	948,08	—	70,60	79,43	—	65,49	73,67	—	60,49	68,05	—	55,62	62,57	—	50,86	57,22	—	46,23	52,01
	VI	1 444,25	3,71	115,54	129,98																				
4 997,99	I,IV	949,16	—	75,93	85,42	I	949,16	—	65,57	73,76	—	55,69	62,65	—	46,30	52,09	—	37,40	42,07	—	28,97	32,59	—	21,04	23,67
	II	825,25	—	66,02	74,27	II	825,25	—	56,12	63,14	—	46,71	52,55	—	37,78	42,50	—	29,34	33,—	—	21,38	24,05	—	13,90	15,64
	III	563,50	—	45,08	50,71	III	563,50	—	37,40	42,07	—	29,97	33,71	—	22,78	25,63	—	15,85	17,83	—	9,26	10,42	—	3,76	4,23
	V	1 409,16	—	112,73	126,82	IV	949,16	—	70,69	79,52	—	65,57	73,76	—	60,57	68,14	—	55,69	62,65	—	50,94	57,30	—	46,30	52,09
	VI	1 445,41	3,85	115,63	130,08																				

*** Die ausgewiesenen Tabellenwerte sind amtlich. Siehe Erläuterungen auf der Umschlaginnenseite (U2).**

MONAT **4 998,–***

Abzüge an Lohnsteuer, Solidaritätszuschlag (SolZ) und Kirchensteuer (8%, 9%) in den Steuerklassen

Lohn/ Gehalt bis €*	StKl	I – VI ohne Kinderfreibeträge LSt	SolZ	8%	9%	StKl	I, II, III, IV mit Zahl der Kinderfreibeträge . . . LSt	0,5 SolZ	0,5 8%	0,5 9%	1 SolZ	1 8%	1 9%	1,5 SolZ	1,5 8%	1,5 9%	2 SolZ	2 8%	2 9%	2,5 SolZ	2,5 8%	2,5 9%	3 SolZ	3 8%	3 9%
5 000,99	I,IV	950,16	—	76,01	85,51	I	950,16	—	65,65	73,85	—	55,77	62,74	—	46,38	52,17	—	37,46	42,14	—	29,04	32,67	—	21,10	23,73
	II	826,25	—	66,10	74,36	II	826,25	—	56,20	63,22	—	46,78	52,63	—	37,85	42,58	—	29,40	33,08	—	21,44	24,12	—	13,96	15,70
	III	564,16	—	45,13	50,77	III	564,16	—	37,46	42,14	—	30,04	33,79	—	22,85	25,70	—	15,90	17,89	—	9,32	10,48	—	3,80	4,27
	V	1 410,33	—	112,82	126,92	IV	950,16	—	70,77	79,61	—	65,65	73,85	—	60,65	68,23	—	55,77	62,74	—	51,01	57,38	—	46,38	52,17
	VI	1 446,58	3,99	115,72	130,19																				
5 003,99	I,IV	951,25	—	76,10	85,61	I	951,25	—	65,73	73,94	—	55,84	62,82	—	46,44	52,25	—	37,53	42,22	—	29,10	32,74	—	21,16	23,80
	II	827,25	—	66,18	74,45	II	827,25	—	56,27	63,30	—	46,85	52,70	—	37,92	42,66	—	29,46	33,14	—	21,50	24,18	—	14,02	15,77
	III	565,—	—	45,20	50,85	III	565,—	—	37,52	42,21	—	30,09	33,85	—	22,90	25,76	—	15,96	17,95	—	9,36	10,53	—	3,84	4,32
	V	1 411,50	—	112,92	127,03	IV	951,25	—	70,85	79,70	—	65,73	73,94	—	60,72	68,31	—	55,84	62,82	—	51,08	57,47	—	46,44	52,25
	VI	1 447,75	4,13	115,82	130,29																				
5 006,99	I,IV	952,25	—	76,18	85,70	I	952,25	—	65,81	74,03	—	55,92	62,91	—	46,52	52,33	—	37,60	42,30	—	29,16	32,81	—	21,22	23,87
	II	828,25	—	66,26	74,54	II	828,25	—	56,35	63,39	—	46,92	52,79	—	37,98	42,73	—	29,53	33,22	—	21,56	24,25	—	14,07	15,83
	III	565,66	—	45,25	50,90	III	565,66	—	37,58	42,28	—	30,14	33,91	—	22,96	25,83	—	16,01	18,01	—	9,41	10,58	—	3,86	4,34
	V	1 412,66	—	113,01	127,13	IV	952,25	—	70,93	79,79	—	65,81	74,03	—	60,80	68,40	—	55,92	62,91	—	51,16	57,55	—	46,52	52,33
	VI	1 448,91	4,27	115,91	130,40																				
5 009,99	I,IV	953,33	—	76,26	85,79	I	953,33	—	65,89	74,12	—	56,—	63,—	—	46,59	52,41	—	37,67	42,38	—	29,23	32,88	—	21,28	23,94
	II	829,25	—	66,34	74,63	II	829,25	—	56,42	63,47	—	47,—	52,87	—	38,06	42,81	—	29,60	33,30	—	21,62	24,32	—	14,13	15,89
	III	566,50	—	45,32	50,98	III	566,50	—	37,64	42,34	—	30,21	33,98	—	23,01	25,88	—	16,06	18,07	—	9,46	10,64	—	3,90	4,39
	V	1 413,75	0,08	113,10	127,23	IV	953,33	—	71,02	79,89	—	65,89	74,12	—	60,88	68,49	—	56,—	63,—	—	51,23	57,63	—	46,59	52,41
	VI	1 450,08	4,41	116,—	130,50																				
5 012,99	I,IV	954,33	—	76,34	85,88	I	954,33	—	65,96	74,21	—	56,07	63,08	—	46,66	52,49	—	37,74	42,45	—	29,30	32,96	—	21,34	24,—
	II	830,25	—	66,42	74,72	II	830,25	—	56,50	63,56	—	47,07	52,95	—	38,12	42,89	—	29,66	33,36	—	21,68	24,39	—	14,18	15,95
	III	567,16	—	45,37	51,04	III	567,16	—	37,70	42,41	—	30,26	34,04	—	23,06	25,94	—	16,12	18,13	—	9,50	10,69	—	3,94	4,43
	V	1 414,91	0,22	113,19	127,34	IV	954,33	—	71,10	79,98	—	65,96	74,21	—	60,96	68,58	—	56,07	63,08	—	51,31	57,72	—	46,66	52,49
	VI	1 451,16	4,54	116,09	130,60																				
5 015,99	I,IV	955,41	—	76,43	85,98	I	955,41	—	66,04	74,30	—	56,15	63,17	—	46,74	52,58	—	37,80	42,53	—	29,36	33,03	—	21,40	24,07
	II	831,25	—	66,50	74,81	II	831,25	—	56,58	63,65	—	47,14	53,03	—	38,19	42,96	—	29,72	33,44	—	21,74	24,46	—	14,24	16,02
	III	568,—	—	45,44	51,12	III	568,—	—	37,76	42,48	—	30,32	34,11	—	23,13	26,02	—	16,17	18,19	—	9,56	10,75	—	3,98	4,48
	V	1 416,08	0,36	113,28	127,44	IV	955,41	—	71,18	80,07	—	66,04	74,30	—	61,04	68,67	—	56,15	63,17	—	51,38	57,80	—	46,74	52,58
	VI	1 452,33	4,68	116,18	130,70																				
5 018,99	I,IV	956,41	—	76,51	86,07	I	956,41	—	66,12	74,39	—	56,22	63,25	—	46,81	52,66	—	37,88	42,61	—	29,42	33,10	—	21,46	24,14
	II	832,25	—	66,58	74,90	II	832,25	—	56,66	63,74	—	47,22	53,12	—	38,26	43,04	—	29,79	33,51	—	21,80	24,53	—	14,30	16,08
	III	568,83	—	45,50	51,19	III	568,83	—	37,81	42,53	—	30,37	34,16	—	23,18	26,08	—	16,22	18,25	—	9,60	10,80	—	4,02	4,52
	V	1 417,25	0,50	113,38	127,55	IV	956,41	—	71,26	80,16	—	66,12	74,39	—	61,12	68,76	—	56,22	63,25	—	51,46	57,89	—	46,81	52,66
	VI	1 453,50	4,81	116,28	130,81																				
5 021,99	I,IV	957,50	—	76,60	86,17	I	957,50	—	66,20	74,48	—	56,30	63,34	—	46,88	52,74	—	37,94	42,68	—	29,49	33,17	—	21,52	24,21
	II	833,25	—	66,66	74,99	II	833,25	—	56,73	63,82	—	47,29	53,20	—	38,33	43,12	—	29,86	33,59	—	21,86	24,59	—	14,36	16,15
	III	569,50	—	45,56	51,25	III	569,50	—	37,88	42,61	—	30,44	34,24	—	23,24	26,14	—	16,28	18,31	—	9,65	10,85	—	4,06	4,57
	V	1 418,41	0,64	113,47	127,65	IV	957,50	—	71,34	80,26	—	66,20	74,48	—	61,19	68,84	—	56,30	63,34	—	51,53	57,97	—	46,88	52,74
	VI	1 454,66	4,95	116,37	130,91																				
5 024,99	I,IV	958,50	—	76,68	86,26	I	958,50	—	66,28	74,57	—	56,38	63,42	—	46,95	52,82	—	38,01	42,76	—	29,56	33,25	—	21,58	24,28
	II	834,25	—	66,74	75,08	II	834,25	—	56,80	63,90	—	47,36	53,28	—	38,40	43,20	—	29,92	33,66	—	21,92	24,66	—	14,42	16,22
	III	570,33	—	45,62	51,32	III	570,33	—	37,93	42,67	—	30,49	34,30	—	23,29	26,20	—	16,33	18,37	—	9,70	10,91	—	4,10	4,61
	V	1 419,58	0,78	113,56	127,76	IV	958,50	—	71,42	80,35	—	66,28	74,57	—	61,27	68,93	—	56,38	63,42	—	51,60	58,05	—	46,95	52,82
	VI	1 455,83	5,09	116,46	131,02																				
5 027,99	I,IV	959,58	—	76,76	86,36	I	959,58	—	66,37	74,66	—	56,46	63,51	—	47,02	52,90	—	38,08	42,84	—	29,62	33,32	—	21,64	24,35
	II	835,25	—	66,82	75,17	II	835,25	—	56,88	63,99	—	47,44	53,37	—	38,47	43,28	—	29,98	33,73	—	21,99	24,74	—	14,47	16,28
	III	571,16	—	45,69	51,40	III	571,16	—	38,—	42,75	—	30,56	34,38	—	23,34	26,26	—	16,38	18,43	—	9,76	10,98	—	4,14	4,66
	V	1 420,75	0,92	113,66	127,86	IV	959,58	—	71,50	80,44	—	66,37	74,66	—	61,35	69,02	—	56,46	63,51	—	51,68	58,14	—	47,02	52,90
	VI	1 457,—	5,23	116,56	131,13																				
5 030,99	I,IV	960,66	—	76,85	86,45	I	960,66	—	66,45	74,75	—	56,53	63,59	—	47,10	52,98	—	38,15	42,92	—	29,68	33,39	—	21,70	24,41
	II	836,25	—	66,90	75,26	II	836,25	—	56,96	64,08	—	47,50	53,44	—	38,54	43,35	—	30,05	33,80	—	22,05	24,80	—	14,53	16,34
	III	571,83	—	45,74	51,46	III	571,83	—	38,06	42,82	—	30,61	34,43	—	23,41	26,33	—	16,44	18,49	—	9,80	11,02	—	4,18	4,70
	V	1 421,91	1,06	113,75	127,97	IV	960,66	—	71,59	80,54	—	66,45	74,75	—	61,43	69,11	—	56,53	63,59	—	51,76	58,23	—	47,10	52,98
	VI	1 458,16	5,37	116,65	131,23																				
5 033,99	I,IV	961,66	—	76,93	86,54	I	961,66	—	66,53	74,84	—	56,61	63,68	—	47,17	53,06	—	38,22	42,99	—	29,75	33,47	—	21,76	24,48
	II	837,25	—	66,98	75,35	II	837,25	—	57,04	64,17	—	47,58	53,52	—	38,60	43,43	—	30,12	33,88	—	22,11	24,87	—	14,59	16,41
	III	572,66	—	45,81	51,53	III	572,66	—	38,12	42,88	—	30,66	34,49	—	23,46	26,39	—	16,49	18,55	—	9,85	11,08	—	4,22	4,75
	V	1 423,08	1,19	113,84	128,07	IV	961,66	—	71,67	80,63	—	66,53	74,84	—	61,51	69,20	—	56,61	63,68	—	51,83	58,31	—	47,17	53,06
	VI	1 459,33	5,51	116,74	131,33																				
5 036,99	I,IV	962,75	—	77,02	86,64	I	962,75	—	66,61	74,93	—	56,68	63,77	—	47,24	53,15	—	38,28	43,07	—	29,82	33,54	—	21,82	24,55
	II	838,25	—	67,06	75,44	II	838,25	—	57,11	64,25	—	47,65	53,60	—	38,68	43,51	—	30,18	33,95	—	22,17	24,94	—	14,64	16,47
	III	573,50	—	45,88	51,61	III	573,50	—	38,18	42,95	—	30,73	34,57	—	23,52	26,46	—	16,54	18,61	—	9,90	11,14	—	4,26	4,79
	V	1 424,25	1,33	113,94	128,18	IV	962,75	—	71,75	80,72	—	66,61	74,93	—	61,58	69,28	—	56,68	63,77	—	51,90	58,39	—	47,24	53,15
	VI	1 460,50	5,65	116,84	131,44																				
5 039,99	I,IV	963,83	—	77,10	86,74	I	963,83	—	66,69	75,02	—	56,76	63,85	—	47,32	53,23	—	38,36	43,15	—	29,88	33,61	—	21,89	24,62
	II	839,25	—	67,14	75,53	II	839,25	—	57,19	64,34	—	47,72	53,69	—	38,74	43,58	—	30,24	34,02	—	22,23	25,01	—	14,70	16,54
	III	574,16	—	45,93	51,67	III	574,16	—	38,24	43,02	—	30,78	34,63	—	23,57	26,51	—	16,60	18,67	—	9,94	11,18	—	4,30	4,84
	V	1 425,33	1,46	114,02	128,27	IV	963,83	—	71,84	80,82	—	66,69	75,02	—	61,66	69,37	—	56,76	63,85	—	51,98	58,47	—	47,32	53,23
	VI	1 461,66	5,79	116,93	131,54																				
5 042,99	I,IV	964,83	—	77,18	86,83	I	964,83	—	66,77	75,11	—	56,84	63,94	—	47,39	53,31	—	38,42	43,22	—	29,94	33,68	—	21,95	24,69
	II	840,25	—	67,22	75,62	II	840,25	—	57,26	64,42	—	47,80	53,77	—	38,81	43,66	—	30,31	34,10	—	22,29	25,07	—	14,76	16,60
	III	575,—	—	46,—	51,75	III	575,—	—	38,29	43,07	—	30,84	34,69	—	23,62	26,57	—	16,65	18,73	—	10,—	11,25	—	4,34	4,88
	V	1 426,50	1,60	114,12	128,38	IV	964,83	—	71,92	80,91	—	66,77	75,11	—	61,74	69,46	—	56,84	63,94	—	52,05	58,55	—	47,39	53,31
	VI	1 462,75	5,92	117,02	131,64																				
5 045,99	I,IV	965,91	—	77,27	86,93	I	965,91	—	66,85	75,20	—	56,91	64,02	—	47,46	53,39	—	38,49	43,30	—	30,01	33,76	—	22,01	24,76
	II	841,25	—	67,30	75,71	II	841,25	—	57,34	64,51	—	47,87	53,85	—	38,88	43,74	—	30,38	34,17	—	22,36	25,15	—	14,82	16,67
	III	575,66	—	46,05	51,80	III	575,66	—	38,36	43,15	—	30,89	34,75	—	23,68	26,64	—	16,70	18,79	—	10,05	11,30	—	4,38	4,93
	V	1 427,66	1,74	114,21	128,48	IV	965,91	—	72,—	81,—	—	66,85	75,20	—	61,82	69,54	—	56,91	64,02	—	52,12	58,64	—	47,46	53,39
	VI	1 463,91	6,05	117,11	131,75																				
5 048,99	I,IV	966,91	—	77,35	87,02	I	966,91	—	66,93	75,29	—	56,99	64,11	—	47,53	53,47	—	38,56	43,38	—	30,08	33,84	—	22,07	24,83
	II	842,33	—	67,38	75,80	II	842,33	—	57,42	64,59	—	47,94	53,93	—	38,95	43,82	—	30,44	34,24	—	22,42	25,22	—	14,88	16,74
	III	576,50	—	46,12	51,88	III	576,50	—	38,41	43,21	—	30,96	34,83	—	23,74	26,71	—	16,76	18,85	—	10,09	11,35	—	4,42	4,97
	V	1 428,83	1,88	114,30	128,59	IV	966,91	—	72,08	81,09	—	66,93	75,29	—	61,90	69,63	—	56,99	64,11	—	52,20	58,72	—	47,53	53,47
	VI	1 465,08	6,19	117,20	131,85																				

* Die ausgewiesenen Tabellenwerte sind amtlich. Siehe Erläuterungen auf der Umschlaginnenseite (U2).

MONAT 5 100,–*

Abzüge an Lohnsteuer, Solidaritätszuschlag (SolZ) und Kirchensteuer (8%, 9%) in den Steuerklassen

Lohn/ Gehalt bis €*	I – VI					I, II, III, IV																			
			ohne Kinderfreibeträge					mit Zahl der Kinderfreibeträge . . .																	
								0,5			1			1,5			2			2,5			3		
		LSt	SolZ	8%	9%		LSt	SolZ	8%	9%	SolZ	8%	9%	SolZ	8%	9%	SolZ	8%	9%	SolZ	8%	9%	SolZ	8%	9%
5 102,99	I,IV	985,91	—	78,87	88,73	I	985,91	—	68,38	76,92	—	58,37	65,66	—	48,84	54,95	—	39,80	44,78	—	31,25	35,15	—	23,18	26,07
	II	860,41	—	68,83	77,43	II	860,41	—	58,80	66,15	—	49,26	55,41	—	40,20	45,22	—	31,62	35,57	—	23,52	26,46	—	15,92	17,91
	III	590,33	—	47,22	53,12	III	590,33	—	39,49	44,42	—	32,—	36,—	—	24,74	27,83	—	17,73	19,94	—	11,—	12,37	—	5,16	5,80
	V	1 449,66	4,36	115,97	130,46	IV	985,91	—	73,56	82,76	—	68,38	76,92	—	63,31	71,22	—	58,37	65,66	—	53,54	60,23	—	48,84	54,95
	VI	1 485,91	8,67	118,87	133,73																				
5 105,99	I,IV	987,—	—	78,96	88,83	I	987,—	—	68,46	77,01	—	58,44	65,75	—	48,92	55,03	—	39,88	44,86	—	31,32	35,23	—	23,24	26,14
	II	861,50	—	68,92	77,53	II	861,50	—	58,88	66,24	—	49,33	55,49	—	40,26	45,29	—	31,68	35,64	—	23,58	26,53	—	15,97	17,96
	III	591,16	—	47,29	53,20	III	591,16	—	39,56	44,50	—	32,06	36,07	—	24,81	27,91	—	17,80	20,02	—	11,05	12,43	—	5,20	5,85
	V	1 450,83	4,50	116,06	130,57	IV	987,—	—	73,64	82,85	—	68,46	77,01	—	63,39	71,31	—	58,44	65,75	—	53,62	60,32	—	48,92	55,03
	VI	1 487,08	8,81	118,96	133,83																				
5 108,99	I,IV	988,—	—	79,04	88,92	I	988,—	—	68,54	77,10	—	58,52	65,84	—	48,99	55,11	—	39,94	44,93	—	31,38	35,30	—	23,30	26,21
	II	862,50	—	69,—	77,62	II	862,50	—	58,96	66,33	—	49,40	55,58	—	40,34	45,38	—	31,75	35,72	—	23,65	26,60	—	16,03	18,03
	III	592,—	—	47,36	53,28	III	592,—	—	39,61	44,56	—	32,12	36,13	—	24,86	27,97	—	17,85	20,08	—	11,09	12,47	—	5,24	5,89
	V	1 452,—	4,64	116,16	130,68	IV	988,—	—	73,73	82,94	—	68,54	77,10	—	63,47	71,40	—	58,52	65,84	—	53,70	60,41	—	48,99	55,11
	VI	1 488,25	8,95	119,06	133,94																				
5 111,99	I,IV	989,08	—	79,12	89,01	I	989,08	—	68,62	77,19	—	58,60	65,92	—	49,06	55,19	—	40,01	45,01	—	31,44	35,37	—	23,36	26,28
	II	863,50	—	69,08	77,71	II	863,50	—	59,04	66,42	—	49,48	55,66	—	40,40	45,45	—	31,82	35,79	—	23,71	26,67	—	16,09	18,10
	III	592,66	—	47,41	53,33	III	592,66	—	39,68	44,64	—	32,17	36,19	—	24,92	28,03	—	17,90	20,14	—	11,14	12,53	—	5,28	5,94
	V	1 453,16	4,77	116,25	130,78	IV	989,08	—	73,81	83,03	—	68,62	77,19	—	63,55	71,49	—	58,60	65,92	—	53,77	60,49	—	49,06	55,19
	VI	1 489,41	9,09	119,15	134,04																				
5 114,99	I,IV	990,16	—	79,21	89,11	I	990,16	—	68,70	77,29	—	58,68	66,01	—	49,14	55,28	—	40,08	45,09	—	31,51	35,45	—	23,42	26,35
	II	864,50	—	69,16	77,80	II	864,50	—	59,11	66,50	—	49,55	55,74	—	40,47	45,53	—	31,88	35,87	—	23,77	26,74	—	16,15	18,17
	III	593,50	—	47,48	53,41	III	593,50	—	39,73	44,69	—	32,22	36,25	—	24,97	28,09	—	17,96	20,20	—	11,20	12,60	—	5,32	5,98
	V	1 454,25	4,90	116,34	130,88	IV	990,16	—	73,90	83,13	—	68,70	77,29	—	63,63	71,58	—	58,68	66,01	—	53,84	60,57	—	49,14	55,28
	VI	1 490,58	9,23	119,24	134,15																				
5 117,99	I,IV	991,16	—	79,29	89,20	I	991,16	—	68,78	77,38	—	58,76	66,10	—	49,21	55,36	—	40,15	45,17	—	31,58	35,52	—	23,48	26,42
	II	865,50	—	69,24	77,89	II	865,50	—	59,19	66,59	—	49,62	55,82	—	40,54	45,61	—	31,94	35,93	—	23,83	26,81	—	16,20	18,23
	III	594,33	—	47,54	53,48	III	594,33	—	39,80	44,77	—	32,29	36,32	—	25,02	28,15	—	18,01	20,26	—	11,25	12,65	—	5,36	6,03
	V	1 455,41	5,04	116,43	130,98	IV	991,16	—	73,98	83,22	—	68,78	77,38	—	63,71	71,67	—	58,76	66,10	—	53,92	60,66	—	49,21	55,36
	VI	1 491,66	9,36	119,33	134,24																				
5 120,99	I,IV	992,25	—	79,38	89,30	I	992,25	—	68,86	77,47	—	58,83	66,18	—	49,28	55,44	—	40,22	45,25	—	31,64	35,60	—	23,54	26,48
	II	866,50	—	69,32	77,98	II	866,50	—	59,26	66,67	—	49,70	55,91	—	40,61	45,68	—	32,01	36,01	—	23,90	26,88	—	16,26	18,29
	III	595,—	—	47,60	53,55	III	595,—	—	39,85	44,83	—	32,34	36,38	—	25,08	28,21	—	18,06	20,32	—	11,30	12,71	—	5,41	6,08
	V	1 456,58	5,18	116,52	131,09	IV	992,25	—	74,06	83,31	—	68,86	77,47	—	63,78	71,75	—	58,83	66,18	—	54,—	60,75	—	49,28	55,44
	VI	1 492,83	9,50	119,42	134,35																				
5 123,99	I,IV	993,33	—	79,46	89,39	I	993,33	—	68,94	77,56	—	58,91	66,27	—	49,36	55,53	—	40,29	45,32	—	31,71	35,67	—	23,61	26,56
	II	867,50	—	69,40	78,07	II	867,50	—	59,34	66,76	—	49,77	55,99	—	40,68	45,77	—	32,08	36,09	—	23,96	26,95	—	16,32	18,36
	III	595,83	—	47,66	53,62	III	595,83	—	39,92	44,91	—	32,41	36,46	—	25,14	28,28	—	18,12	20,38	—	11,36	12,78	—	5,45	6,13
	V	1 457,75	5,32	116,62	131,19	IV	993,33	—	74,14	83,41	—	68,94	77,56	—	63,86	71,84	—	58,91	66,27	—	54,07	60,83	—	49,36	55,53
	VI	1 494,—	9,63	119,52	134,46																				
5 126,99	I,IV	994,41	—	79,55	89,49	I	994,41	—	69,02	77,65	—	58,98	66,35	—	49,43	55,61	—	40,36	45,40	—	31,77	35,74	—	23,67	26,63
	II	868,58	—	69,48	78,17	II	868,58	—	59,42	66,84	—	49,84	56,07	—	40,75	45,84	—	32,14	36,16	—	24,02	27,02	—	16,38	18,42
	III	596,50	—	47,72	53,68	III	596,50	—	39,97	44,96	—	32,46	36,52	—	25,20	28,35	—	18,17	20,44	—	11,40	12,82	—	5,49	6,17
	V	1 458,91	5,46	116,71	131,30	IV	994,41	—	74,22	83,50	—	69,02	77,65	—	63,94	71,93	—	58,98	66,35	—	54,15	60,92	—	49,43	55,61
	VI	1 495,16	9,77	119,61	134,56																				
5 129,99	I,IV	995,41	—	79,63	89,58	I	995,41	—	69,10	77,74	—	59,06	66,44	—	49,50	55,69	—	40,43	45,48	—	31,84	35,82	—	23,73	26,69
	II	869,58	—	69,56	78,26	II	869,58	—	59,50	66,93	—	49,92	56,16	—	40,82	45,92	—	32,21	36,23	—	24,08	27,09	—	16,44	18,49
	III	597,33	—	47,78	53,75	III	597,33	—	40,04	45,04	—	32,52	36,58	—	25,25	28,40	—	18,22	20,50	—	11,45	12,88	—	5,53	6,22
	V	1 460,08	5,60	116,80	131,40	IV	995,41	—	74,31	83,60	—	69,10	77,74	—	64,02	72,02	—	59,06	66,44	—	54,22	61,—	—	49,50	55,69
	VI	1 496,33	9,91	119,70	134,66																				
5 132,99	I,IV	996,50	—	79,72	89,68	I	996,50	—	69,18	77,83	—	59,14	66,53	—	49,58	55,77	—	40,50	45,56	—	31,90	35,89	—	23,80	26,77
	II	870,58	—	69,64	78,35	II	870,58	—	59,58	67,02	—	49,99	56,24	—	40,89	46,—	—	32,28	36,31	—	24,14	27,16	—	16,50	18,56
	III	598,16	—	47,85	53,83	III	598,16	—	40,09	45,10	—	32,58	36,65	—	25,30	28,46	—	18,28	20,56	—	11,50	12,94	—	5,57	6,26
	V	1 461,25	5,74	116,90	131,51	IV	996,50	—	74,39	83,69	—	69,18	77,83	—	64,10	72,11	—	59,14	66,53	—	54,30	61,08	—	49,58	55,77
	VI	1 497,50	10,05	119,80	134,77																				
5 135,99	I,IV	997,58	—	79,80	89,78	I	997,58	—	69,26	77,92	—	59,22	66,62	—	49,65	55,85	—	40,57	45,64	—	31,97	35,96	—	23,86	26,84
	II	871,58	—	69,72	78,44	II	871,58	—	59,65	67,10	—	50,06	56,32	—	40,96	46,08	—	32,34	36,38	—	24,20	27,23	—	16,56	18,63
	III	599,—	—	47,92	53,91	III	599,—	—	40,16	45,18	—	32,64	36,72	—	25,37	28,54	—	18,33	20,62	—	11,56	13,—	—	5,61	6,31
	V	1 462,33	5,87	116,98	131,60	IV	997,58	—	74,48	83,79	—	69,26	77,92	—	64,18	72,20	—	59,22	66,62	—	54,37	61,16	—	49,65	55,85
	VI	1 498,66	10,19	119,89	134,87																				
5 138,99	I,IV	998,66	—	79,89	89,87	I	998,66	—	69,35	78,02	—	59,30	66,71	—	49,72	55,94	—	40,64	45,72	—	32,04	36,04	—	23,92	26,91
	II	872,66	—	69,81	78,53	II	872,66	—	59,73	67,19	—	50,14	56,40	—	41,03	46,16	—	32,41	36,46	—	24,27	27,30	—	16,62	18,69
	III	599,66	—	47,97	53,96	III	599,66	—	40,21	45,23	—	32,70	36,79	—	25,42	28,60	—	18,40	20,70	—	11,61	13,06	—	5,66	6,37
	V	1 463,58	6,01	117,08	131,72	IV	998,66	—	74,56	83,88	—	69,35	78,02	—	64,26	72,29	—	59,30	66,71	—	54,45	61,25	—	49,72	55,94
	VI	1 499,83	10,33	119,98	134,98																				
5 141,99	I,IV	999,75	—	79,98	89,97	I	999,75	—	69,43	78,11	—	59,37	66,79	—	49,80	56,02	—	40,71	45,80	—	32,10	36,11	—	23,98	26,98
	II	873,66	—	69,89	78,62	II	873,66	—	59,81	67,28	—	50,21	56,48	—	41,10	46,24	—	32,48	36,54	—	24,33	27,37	—	16,67	18,75
	III	600,50	—	48,04	54,04	III	600,50	—	40,28	45,31	—	32,76	36,85	—	25,48	28,66	—	18,45	20,75	—	11,66	13,12	—	5,70	6,41
	V	1 464,75	6,15	117,18	131,82	IV	999,75	—	74,64	83,97	—	69,43	78,11	—	64,34	72,38	—	59,37	66,79	—	54,52	61,34	—	49,80	56,02
	VI	1 501,—	10,47	120,08	135,09																				
5 144,99	I,IV	1 000,75	—	80,06	90,06	I	1 000,75	—	69,51	78,20	—	59,45	66,88	—	49,87	56,10	—	40,78	45,87	—	32,17	36,19	—	24,04	27,05
	II	874,66	—	69,97	78,71	II	874,66	—	59,88	67,37	—	50,29	56,57	—	41,17	46,31	—	32,54	36,61	—	24,40	27,45	—	16,73	18,82
	III	601,33	—	48,10	54,11	III	601,33	—	40,33	45,37	—	32,81	36,91	—	25,53	28,72	—	18,50	20,81	—	11,72	13,18	—	5,74	6,46
	V	1 465,83	6,28	117,26	131,92	IV	1 000,75	—	74,72	84,06	—	69,51	78,20	—	64,42	72,47	—	59,45	66,88	—	54,60	61,43	—	49,87	56,10
	VI	1 502,16	10,61	120,17	135,19																				
5 147,99	I,IV	1 001,83	—	80,14	90,16	I	1 001,83	—	69,59	78,29	—	59,53	66,97	—	49,94	56,18	—	40,85	45,95	—	32,24	36,27	—	24,10	27,11
	II	875,66	—	70,05	78,80	II	875,66	—	59,96	67,46	—	50,36	56,66	—	41,24	46,40	—	32,60	36,68	—	24,46	27,51	—	16,79	18,89
	III	602,—	—	48,16	54,18	III	602,—	—	40,40	45,45	—	32,88	36,99	—	25,60	28,80	—	18,56	20,88	—	11,76	13,23	—	5,78	6,50
	V	1 467,—	6,42	117,36	132,03	IV	1 001,83	—	74,81	84,16	—	69,59	78,29	—	64,50	72,56	—	59,53	66,97	—	54,68	61,51	—	49,94	56,18
	VI	1 503,25	10,73	120,26	135,29																				
5 150,99	I,IV	1 002,91	—	80,23	90,26	I	1 002,91	—	69,68	78,39	—	59,60	67,05	—	50,02	56,27	—	40,92	46,03	—	32,30	36,34	—	24,17	27,19
	II	876,66	—	70,13	78,89	II	876,66	—	60,04	67,55	—	50,44	56,74	—	41,31	46,47	—	32,67	36,75	—	24,52	27,58	—	16,85	18,95
	III	602,83	—	48,22	54,25	III	602,83	—	40,45	45,50	—	32,93	37,04	—	25,65	28,85	—	18,61	20,93	—	11,81	13,28	—	5,82	6,55
	V	1 468,16	6,56	117,45	132,13	IV	1 002,91	—	74,89	84,25	—	69,68	78,39	—	64,58	72,65	—	59,60	67,05	—	54,75	61,59	—	50,02	56,27
	VI	1 504,41	10,87	120,35	135,39																				

* Die ausgewiesenen Tabellenwerte sind amtlich. Siehe Erläuterungen auf der Umschlaginnenseite (U2).

5 201,99* MONAT

Lohn/ Gehalt bis €*	Abzüge an Lohnsteuer, Solidaritätszuschlag (SolZ) und Kirchensteuer (8%, 9%) in den Steuerklassen I – VI					I, II, III, IV		mit Zahl der Kinderfreibeträge . . . 0,5			1			1,5			2			2,5			3		
		LSt	ohne Kinder-freibeträge SolZ	8%	9%		LSt	SolZ	8%	9%	SolZ	8%	9%	SolZ	8%	9%	SolZ	8%	9%	SolZ	8%	9%	SolZ	8%	9%
5 153,99	I,IV	1 003,91	–	80,31	90,35	I	1 003,91	–	69,76	78,48	–	59,68	67,14	–	50,09	56,35	–	40,99	46,11	–	32,36	36,41	–	24,23	27,26
	II	877,75	–	70,22	78,99	II	877,75	–	60,12	67,63	–	50,51	56,82	–	41,38	46,55	–	32,74	36,83	–	24,58	27,65	–	16,90	19,01
	III	603,50	–	48,28	54,31	III	603,50	–	40,52	45,58	–	32,98	37,10	–	25,70	28,91	–	18,66	20,99	–	11,86	13,34	–	5,86	6,59
	V	1 469,33	6,70	117,54	132,23	IV	1 003,91	–	74,98	84,35	–	69,76	78,48	–	64,66	72,74	–	59,68	67,14	–	54,83	61,68	–	50,09	56,35
	VI	1 505,58	11,01	120,44	135,50																				
5 156,99	I,IV	1 005,—	–	80,40	90,45	I	1 005,—	–	69,84	78,57	–	59,76	67,23	–	50,16	56,43	–	41,06	46,19	–	32,43	36,48	–	24,29	27,32
	II	878,75	–	70,30	79,08	II	878,75	–	60,20	67,72	–	50,58	56,90	–	41,45	46,63	–	32,80	36,90	–	24,64	27,72	–	16,96	19,08
	III	604,33	–	48,34	54,38	III	604,33	–	40,57	45,64	–	33,05	37,18	–	25,76	28,98	–	18,72	21,06	–	11,92	13,41	–	5,92	6,66
	V	1 470,50	6,84	117,64	132,34	IV	1 005,—	–	75,06	84,44	–	69,84	78,57	–	64,74	72,83	–	59,76	67,23	–	54,90	61,76	–	50,16	56,43
	VI	1 506,75	11,15	120,54	135,60																				
5 159,99	I,IV	1 006,08	–	80,48	90,54	I	1 006,08	–	69,92	78,66	–	59,84	67,32	–	50,24	56,52	–	41,13	46,27	–	32,50	36,56	–	24,36	27,40
	II	879,75	–	70,38	79,17	II	879,75	–	60,28	67,81	–	50,66	56,99	–	41,52	46,71	–	32,87	36,98	–	24,70	27,79	–	17,02	19,15
	III	605,16	–	48,41	54,46	III	605,16	–	40,64	45,72	–	33,10	37,24	–	25,81	29,03	–	18,77	21,11	–	11,97	13,46	–	5,96	6,70
	V	1 471,66	6,98	117,73	132,44	IV	1 006,08	–	75,14	84,53	–	69,92	78,66	–	64,82	72,92	–	59,84	67,32	–	54,98	61,85	–	50,24	56,52
	VI	1 507,91	11,29	120,63	135,71																				
5 162,99	I,IV	1 007,16	–	80,57	90,64	I	1 007,16	–	70,—	78,75	–	59,92	67,41	–	50,32	56,61	–	41,20	46,35	–	32,56	36,63	–	24,42	27,47
	II	880,75	–	70,46	79,26	II	880,75	–	60,35	67,89	–	50,73	57,07	–	41,59	46,79	–	32,94	37,05	–	24,77	27,86	–	17,08	19,22
	III	606,—	–	48,48	54,54	III	606,—	–	40,69	45,77	–	33,17	37,31	–	25,88	29,11	–	18,82	21,17	–	12,02	13,52	–	6,—	6,75
	V	1 472,83	7,12	117,82	132,55	IV	1 007,16	–	75,22	84,62	–	70,—	78,75	–	64,90	73,01	–	59,92	67,41	–	55,06	61,94	–	50,32	56,61
	VI	1 509,08	11,43	120,72	135,81																				
5 165,99	I,IV	1 008,16	–	80,65	90,73	I	1 008,16	–	70,08	78,84	–	59,99	67,49	–	50,39	56,69	–	41,27	46,43	–	32,63	36,71	–	24,48	27,54
	II	881,75	–	70,54	79,35	II	881,75	–	60,43	67,98	–	50,80	57,15	–	41,66	46,87	–	33,—	37,13	–	24,83	27,93	–	17,14	19,28
	III	606,66	–	48,53	54,59	III	606,66	–	40,76	45,85	–	33,22	37,37	–	25,93	29,17	–	18,88	21,24	–	12,08	13,59	–	6,04	6,79
	V	1 473,91	7,24	117,91	132,65	IV	1 008,16	–	75,30	84,71	–	70,08	78,84	–	64,98	73,10	–	59,99	67,49	–	55,13	62,02	–	50,39	56,69
	VI	1 510,25	11,57	120,82	135,92																				
5 168,99	I,IV	1 009,25	–	80,74	90,83	I	1 009,25	–	70,16	78,93	–	60,07	67,58	–	50,46	56,77	–	41,34	46,50	–	32,70	36,78	–	24,54	27,61
	II	882,83	–	70,62	79,45	II	882,83	–	60,50	68,06	–	50,88	57,24	–	41,73	46,94	–	33,07	37,20	–	24,89	28,—	–	17,20	19,35
	III	607,50	–	48,60	54,67	III	607,50	–	40,82	45,92	–	33,28	37,44	–	25,98	29,23	–	18,93	21,29	–	12,13	13,64	–	6,08	6,84
	V	1 475,08	7,38	118,—	132,75	IV	1 009,25	–	75,39	84,81	–	70,16	78,93	–	65,06	73,19	–	60,07	67,58	–	55,20	62,10	–	50,46	56,77
	VI	1 511,33	11,70	120,90	136,01																				
5 171,99	I,IV	1 010,33	–	80,82	90,92	I	1 010,33	–	70,24	79,02	–	60,15	67,67	–	50,54	56,85	–	41,40	46,58	–	32,76	36,86	–	24,60	27,68
	II	883,83	–	70,70	79,54	II	883,83	–	60,58	68,15	–	50,95	57,32	–	41,80	47,03	–	33,14	37,28	–	24,96	28,08	–	17,26	19,41
	III	608,16	–	48,65	54,73	III	608,16	–	40,88	45,99	–	33,34	37,51	–	26,04	29,29	–	18,98	21,35	–	12,18	13,70	–	6,13	6,89
	V	1 476,25	7,52	118,10	132,86	IV	1 010,33	–	75,47	84,90	–	70,24	79,02	–	65,14	73,28	–	60,15	67,67	–	55,28	62,19	–	50,54	56,85
	VI	1 512,50	11,84	121,—	136,12																				
5 174,99	I,IV	1 011,41	–	80,91	91,02	I	1 011,41	–	70,32	79,11	–	60,22	67,75	–	50,61	56,93	–	41,48	46,66	–	32,83	36,93	–	24,66	27,74
	II	884,83	–	70,78	79,63	II	884,83	–	60,66	68,24	–	51,02	57,40	–	41,87	47,10	–	33,20	37,35	–	25,02	28,14	–	17,32	19,48
	III	609,—	–	48,72	54,81	III	609,—	–	40,94	46,06	–	33,40	37,57	–	26,10	29,36	–	19,05	21,43	–	12,24	13,77	–	6,17	6,94
	V	1 477,41	7,66	118,19	132,96	IV	1 011,41	–	75,56	85,—	–	70,32	79,11	–	65,22	73,37	–	60,22	67,75	–	55,36	62,28	–	50,61	56,93
	VI	1 513,66	11,97	121,09	136,22																				
5 177,99	I,IV	1 012,50	–	81,—	91,12	I	1 012,50	–	70,40	79,20	–	60,30	67,84	–	50,68	57,02	–	41,54	46,73	–	32,90	37,01	–	24,73	27,82
	II	885,83	–	70,86	79,72	II	885,83	–	60,74	68,33	–	51,10	57,48	–	41,94	47,18	–	33,27	37,43	–	25,08	28,21	–	17,38	19,55
	III	609,83	–	48,78	54,88	III	609,83	–	41,—	46,12	–	33,45	37,63	–	26,16	29,43	–	19,10	21,49	–	12,28	13,81	–	6,21	6,98
	V	1 478,58	7,80	118,28	133,07	IV	1 012,50	–	75,64	85,09	–	70,40	79,20	–	65,30	73,46	–	60,30	67,84	–	55,43	62,36	–	50,68	57,02
	VI	1 514,83	12,11	121,18	136,33																				
5 180,99	I,IV	1 013,50	–	81,08	91,21	I	1 013,50	–	70,49	79,30	–	60,38	67,92	–	50,76	57,10	–	41,62	46,82	–	32,96	37,08	–	24,79	27,89
	II	886,91	–	70,95	79,82	II	886,91	–	60,82	68,42	–	51,17	57,56	–	42,01	47,26	–	33,34	37,50	–	25,14	28,28	–	17,44	19,62
	III	610,66	–	48,85	54,95	III	610,66	–	41,06	46,19	–	33,52	37,71	–	26,21	29,48	–	19,16	21,55	–	12,34	13,88	–	6,25	7,03
	V	1 479,75	7,94	118,38	133,17	IV	1 013,50	–	75,72	85,19	–	70,49	79,30	–	65,37	73,54	–	60,38	67,92	–	55,51	62,45	–	50,76	57,10
	VI	1 516,—	12,25	121,28	136,44																				
5 183,99	I,IV	1 014,58	–	81,16	91,31	I	1 014,58	–	70,57	79,39	–	60,46	68,01	–	50,83	57,18	–	41,68	46,89	–	33,03	37,16	–	24,85	27,95
	II	887,91	–	71,03	79,91	II	887,91	–	60,90	68,51	–	51,24	57,65	–	42,08	47,34	–	33,40	37,58	–	25,20	28,35	–	17,49	19,67
	III	611,33	–	48,90	55,01	III	611,33	–	41,12	46,26	–	33,57	37,76	–	26,26	29,54	–	19,21	21,61	–	12,38	13,93	–	6,30	7,09
	V	1 480,91	8,08	118,47	133,28	IV	1 014,58	–	75,80	85,28	–	70,57	79,39	–	65,45	73,63	–	60,46	68,01	–	55,58	62,53	–	50,83	57,18
	VI	1 517,16	12,39	121,37	136,54																				
5 186,99	I,IV	1 015,66	–	81,25	91,40	I	1 015,66	–	70,65	79,48	–	60,54	68,10	–	50,90	57,26	–	41,76	46,98	–	33,10	37,23	–	24,92	28,03
	II	888,91	–	71,11	80,—	II	888,91	–	60,97	68,59	–	51,32	57,74	–	42,15	47,42	–	33,47	37,65	–	25,27	28,43	–	17,55	19,74
	III	612,16	–	48,97	55,09	III	612,16	–	41,18	46,33	–	33,64	37,84	–	26,33	29,62	–	19,26	21,67	–	12,44	13,99	–	6,34	7,13
	V	1 482,—	8,21	118,56	133,38	IV	1 015,66	–	75,89	85,37	–	70,65	79,48	–	65,53	73,72	–	60,54	68,10	–	55,66	62,61	–	50,90	57,26
	VI	1 518,33	12,53	121,46	136,64																				
5 189,99	I,IV	1 016,75	–	81,34	91,50	I	1 016,75	–	70,73	79,57	–	60,61	68,18	–	50,98	57,35	–	41,83	47,06	–	33,16	37,30	–	24,98	28,10
	II	889,91	–	71,19	80,09	II	889,91	–	61,05	68,68	–	51,40	57,82	–	42,22	47,50	–	33,54	37,73	–	25,33	28,49	–	17,61	19,81
	III	612,83	–	49,02	55,15	III	612,83	–	41,24	46,39	–	33,69	37,90	–	26,38	29,68	–	19,32	21,73	–	12,49	14,05	–	6,38	7,18
	V	1 483,16	8,34	118,65	133,48	IV	1 016,75	–	75,97	85,46	–	70,73	79,57	–	65,61	73,81	–	60,61	68,18	–	55,74	62,70	–	50,98	57,35
	VI	1 519,41	12,66	121,55	136,74																				
5 192,99	I,IV	1 017,83	–	81,42	91,60	I	1 017,83	–	70,81	79,66	–	60,69	68,27	–	51,05	57,43	–	41,90	47,13	–	33,22	37,37	–	25,04	28,17
	II	891,—	–	71,28	80,19	II	891,—	–	61,13	68,77	–	51,47	57,90	–	42,29	47,57	–	33,60	37,80	–	25,39	28,56	–	17,67	19,88
	III	613,66	–	49,09	55,22	III	613,66	–	41,30	46,46	–	33,74	37,96	–	26,44	29,74	–	19,37	21,79	–	12,54	14,11	–	6,42	7,22
	V	1 484,33	8,48	118,74	133,58	IV	1 017,83	–	76,06	85,56	–	70,81	79,66	–	65,69	73,90	–	60,69	68,27	–	55,81	62,78	–	51,05	57,43
	VI	1 520,58	12,80	121,64	136,85																				
5 195,99	I,IV	1 018,91	–	81,51	91,70	I	1 018,91	–	70,90	79,76	–	60,77	68,36	–	51,13	57,52	–	41,97	47,21	–	33,30	37,46	–	25,10	28,24
	II	892,—	–	71,36	80,28	II	892,—	–	61,21	68,86	–	51,54	57,98	–	42,36	47,66	–	33,67	37,88	–	25,46	28,64	–	17,73	19,94
	III	614,50	–	49,16	55,30	III	614,50	–	41,36	46,53	–	33,81	38,03	–	26,50	29,81	–	19,42	21,85	–	12,60	14,17	–	6,48	7,29
	V	1 485,50	8,62	118,84	133,69	IV	1 018,91	–	76,14	85,66	–	70,90	79,76	–	65,77	73,99	–	60,77	68,36	–	55,89	62,87	–	51,13	57,52
	VI	1 521,83	12,95	121,74	136,96																				
5 198,99	I,IV	1 020,—	–	81,60	91,80	I	1 020,—	–	70,98	79,85	–	60,85	68,45	–	51,20	57,60	–	42,04	47,29	–	33,36	37,53	–	25,17	28,31
	II	893,—	–	71,44	80,37	II	893,—	–	61,29	68,95	–	51,62	58,07	–	42,44	47,74	–	33,74	37,95	–	25,52	28,71	–	17,79	20,01
	III	615,33	–	49,22	55,37	III	615,33	–	41,42	46,60	–	33,86	38,09	–	26,56	29,88	–	19,48	21,91	–	12,65	14,23	–	6,52	7,33
	V	1 486,66	8,76	118,93	133,79	IV	1 020,—	–	76,22	85,75	–	70,98	79,85	–	65,85	74,08	–	60,85	68,45	–	55,96	62,96	–	51,20	57,60
	VI	1 522,91	13,08	121,83	137,06																				
5 201,99	I,IV	1 021,—	–	81,68	91,89	I	1 021,—	–	71,06	79,94	–	60,92	68,54	–	51,28	57,69	–	42,11	47,37	–	33,43	37,61	–	25,23	28,38
	II	894,08	–	71,52	80,46	II	894,08	–	61,36	69,03	–	51,70	58,16	–	42,50	47,81	–	33,80	38,03	–	25,58	28,78	–	17,85	20,08
	III	616,—	–	49,28	55,44	III	616,—	–	41,48	46,66	–	33,93	38,17	–	26,61	29,93	–	19,54	21,98	–	12,70	14,29	–	6,56	7,38
	V	1 487,83	8,90	119,02	133,90	IV	1 021,—	–	76,31	85,85	–	71,06	79,94	–	65,93	74,17	–	60,92	68,54	–	56,04	63,05	–	51,28	57,69
	VI	1 524,08	13,21	121,92	137,16																				

* Die ausgewiesenen Tabellenwerte sind amtlich. Siehe Erläuterungen auf der Umschlaginnenseite (U2).

5 303,99* MONAT

Abzüge an Lohnsteuer, Solidaritätszuschlag (SolZ) und Kirchensteuer (8%, 9%) in den Steuerklassen

Lohn/ Gehalt bis €*	I – VI	LSt	ohne Kinderfreibeträge SolZ	8%	9%	I, II, III, IV	LSt	mit Zahl der Kinderfreibeträge . . . 0,5 SolZ	0,5 8%	0,5 9%	1 SolZ	1 8%	1 9%	1,5 SolZ	1,5 8%	1,5 9%	2 SolZ	2 8%	2 9%	2,5 SolZ	2,5 8%	2,5 9%	3 SolZ	3 8%	3 9%
5 255,99	I,IV	1 040,33	—	83,22	93,62	I	1 040,33	—	72,54	81,60	—	62,34	70,13	—	52,62	59,19	—	43,38	48,80	—	34,63	38,96	—	26,36	29,66
	II	912,58	—	73,—	82,13	II	912,58	—	62,78	70,62	—	53,04	59,67	—	43,78	49,25	—	35,01	39,38	—	26,72	30,06	—	18,92	21,28
	III	630,16	—	50,41	56,71	III	630,16	—	42,57	47,89	—	34,98	39,35	—	27,64	31,09	—	20,53	23,09	—	13,66	15,37	—	7,36	8,28
	V	1 508,66	11,38	120,69	135,77	IV	1 040,33	—	77,82	87,55	—	72,54	81,60	—	67,38	75,80	—	62,34	70,13	—	57,42	64,59	—	52,62	59,19
	VI	1 544,91	15,69	123,59	139,04																				
5 258,99	I,IV	1 041,41	—	83,31	93,72	I	1 041,41	—	72,62	81,69	—	62,41	70,21	—	52,69	59,27	—	43,45	48,88	—	34,70	39,03	—	26,42	29,72
	II	913,58	—	73,08	82,22	II	913,58	—	62,86	70,71	—	53,11	59,75	—	43,85	49,33	—	35,08	39,46	—	26,78	30,13	—	18,98	21,35
	III	630,83	—	50,46	56,77	III	630,83	—	42,64	47,97	—	35,04	39,42	—	27,69	31,15	—	20,58	23,15	—	13,72	15,43	—	7,41	8,33
	V	1 509,83	11,52	120,78	135,88	IV	1 041,41	—	77,90	87,64	—	72,62	81,69	—	67,46	75,89	—	62,41	70,21	—	57,49	64,67	—	52,69	59,27
	VI	1 546,08	15,83	123,68	139,14																				
5 261,99	I,IV	1 042,50	—	83,40	93,82	I	1 042,50	—	72,70	81,79	—	62,49	70,30	—	52,76	59,36	—	43,52	48,96	—	34,76	39,11	—	26,49	29,80
	II	914,58	—	73,16	82,31	II	914,58	—	62,94	70,80	—	53,18	59,83	—	43,92	49,41	—	35,14	39,53	—	26,84	30,20	—	19,04	21,42
	III	631,66	—	50,53	56,84	III	631,66	—	42,69	48,02	—	35,10	39,49	—	27,74	31,21	—	20,64	23,22	—	13,77	15,49	—	7,45	8,38
	V	1 511,—	11,66	120,88	135,99	IV	1 042,50	—	77,99	87,74	—	72,70	81,79	—	67,54	75,98	—	62,49	70,30	—	57,57	64,76	—	52,76	59,36
	VI	1 547,25	15,97	123,78	139,25																				
5 264,99	I,IV	1 043,58	—	83,48	93,92	I	1 043,58	—	72,78	81,88	—	62,57	70,39	—	52,84	59,44	—	43,59	49,04	—	34,83	39,18	—	26,55	29,87
	II	915,66	—	73,25	82,40	II	915,66	—	63,01	70,88	—	53,26	59,92	—	43,99	49,49	—	35,21	39,61	—	26,91	30,27	—	19,10	21,48
	III	632,50	—	50,60	56,92	III	632,50	—	42,76	48,10	—	35,16	39,55	—	27,81	31,28	—	20,69	23,27	—	13,82	15,55	—	7,49	8,42
	V	1 512,16	11,80	120,97	136,09	IV	1 043,58	—	78,07	87,83	—	72,78	81,88	—	67,62	76,07	—	62,57	70,39	—	57,64	64,85	—	52,84	59,44
	VI	1 548,41	16,11	123,87	139,35																				
5 267,99	I,IV	1 044,66	—	83,57	94,01	I	1 044,66	—	72,86	81,97	—	62,65	70,48	—	52,92	59,53	—	43,66	49,12	—	34,90	39,26	—	26,62	29,94
	II	916,66	—	73,33	82,49	II	916,66	—	63,09	70,97	—	53,34	60,—	—	44,06	49,57	—	35,28	39,69	—	26,97	30,34	—	19,16	21,55
	III	633,16	—	50,65	56,98	III	633,16	—	42,81	48,16	—	35,21	39,61	—	27,86	31,34	—	20,74	23,33	—	13,88	15,61	—	7,54	8,48
	V	1 513,33	11,93	121,06	136,19	IV	1 044,66	—	78,16	87,93	—	72,86	81,97	—	67,70	76,16	—	62,65	70,48	—	57,72	64,94	—	52,92	59,53
	VI	1 549,58	16,25	123,96	139,46																				
5 270,99	I,IV	1 045,75	—	83,66	94,11	I	1 045,75	—	72,95	82,07	—	62,72	70,56	—	52,99	59,61	—	43,74	49,20	—	34,96	39,33	—	26,68	30,01
	II	917,75	—	73,42	82,59	II	917,75	—	63,17	71,06	—	53,41	60,08	—	44,14	49,65	—	35,34	39,76	—	27,04	30,42	—	19,21	21,61
	III	634,—	—	50,72	57,06	III	634,—	—	42,88	48,24	—	35,28	39,69	—	27,92	31,41	—	20,80	23,40	—	13,93	15,67	—	7,58	8,53
	V	1 514,41	12,06	121,15	136,29	IV	1 045,75	—	78,24	88,02	—	72,95	82,07	—	67,78	76,25	—	62,72	70,56	—	57,80	65,02	—	52,99	59,61
	VI	1 550,75	16,39	124,06	139,56																				
5 273,99	I,IV	1 046,83	—	83,74	94,21	I	1 046,83	—	73,03	82,16	—	62,80	70,65	—	53,06	59,69	—	43,80	49,28	—	35,03	39,41	—	26,74	30,08
	II	918,75	—	73,50	82,68	II	918,75	—	63,25	71,15	—	53,48	60,17	—	44,20	49,73	—	35,41	39,83	—	27,10	30,48	—	19,27	21,68
	III	634,83	—	50,78	57,13	III	634,83	—	42,93	48,29	—	35,33	39,74	—	27,97	31,46	—	20,85	23,45	—	13,98	15,73	—	7,64	8,59
	V	1 515,58	12,20	121,24	136,40	IV	1 046,83	—	78,32	88,11	—	73,03	82,16	—	67,86	76,34	—	62,80	70,65	—	57,88	65,11	—	53,06	59,69
	VI	1 551,83	16,52	124,14	139,66																				
5 276,99	I,IV	1 047,91	—	83,83	94,31	I	1 047,91	—	73,12	82,26	—	62,88	70,74	—	53,14	59,78	—	43,88	49,36	—	35,10	39,48	—	26,80	30,15
	II	919,75	—	73,58	82,77	II	919,75	—	63,33	71,24	—	53,56	60,25	—	44,28	49,81	—	35,48	39,91	—	27,16	30,56	—	19,33	21,74
	III	635,66	—	50,85	57,20	III	635,66	—	43,—	48,37	—	35,40	39,82	—	28,04	31,54	—	20,92	23,53	—	14,04	15,79	—	7,68	8,64
	V	1 516,75	12,34	121,34	136,50	IV	1 047,91	—	78,41	88,21	—	73,12	82,26	—	67,94	76,43	—	62,88	70,74	—	57,95	65,19	—	53,14	59,78
	VI	1 553,—	16,66	124,24	139,77																				
5 279,99	I,IV	1 049,—	—	83,92	94,41	I	1 049,—	—	73,20	82,35	—	62,96	70,83	—	53,21	59,86	—	43,95	49,44	—	35,16	39,56	—	26,87	30,23
	II	920,83	—	73,66	82,87	II	920,83	—	63,40	71,33	—	53,64	60,34	—	44,35	49,89	—	35,54	39,98	—	27,23	30,63	—	19,39	21,81
	III	636,33	—	50,90	57,26	III	636,33	—	43,06	48,44	—	35,45	39,88	—	28,09	31,60	—	20,97	23,59	—	14,09	15,85	—	7,72	8,68
	V	1 517,91	12,48	121,43	136,61	IV	1 049,—	—	78,50	88,31	—	73,20	82,35	—	68,02	76,52	—	62,96	70,83	—	58,03	65,28	—	53,21	59,86
	VI	1 554,16	16,79	124,33	139,87																				
5 282,99	I,IV	1 050,—	—	84,—	94,50	I	1 050,—	—	73,28	82,44	—	63,04	70,92	—	53,29	59,95	—	44,02	49,52	—	35,24	39,64	—	26,93	30,29
	II	921,83	—	73,74	82,96	II	921,83	—	63,48	71,42	—	53,71	60,42	—	44,42	49,97	—	35,61	40,06	—	27,29	30,70	—	19,45	21,88
	III	637,16	—	50,97	57,34	III	637,16	—	43,12	48,51	—	35,52	39,96	—	28,14	31,66	—	21,02	23,65	—	14,14	15,91	—	7,77	8,74
	V	1 519,08	12,62	121,52	136,71	IV	1 050,—	—	78,58	88,40	—	73,28	82,44	—	68,10	76,61	—	63,04	70,92	—	58,10	65,36	—	53,29	59,95
	VI	1 555,33	16,93	124,42	139,97																				
5 285,99	I,IV	1 051,08	—	84,08	94,59	I	1 051,08	—	73,36	82,53	—	63,12	71,01	—	53,36	60,03	—	44,09	49,60	—	35,30	39,71	—	27,—	30,37
	II	922,83	—	73,82	83,05	II	922,83	—	63,56	71,51	—	53,78	60,50	—	44,49	50,05	—	35,68	40,14	—	27,36	30,78	—	19,51	21,95
	III	638,—	—	51,04	57,42	III	638,—	—	43,18	48,58	—	35,57	40,01	—	28,20	31,72	—	21,08	23,71	—	14,20	15,97	—	7,81	8,78
	V	1 520,25	12,76	121,62	136,82	IV	1 051,08	—	78,66	88,49	—	73,36	82,53	—	68,18	76,70	—	63,12	71,01	—	58,18	65,45	—	53,36	60,03
	VI	1 556,50	17,07	124,52	140,08																				
5 288,99	I,IV	1 052,16	—	84,17	94,69	I	1 052,16	—	73,44	82,62	—	63,20	71,10	—	53,44	60,12	—	44,16	49,68	—	35,37	39,79	—	27,06	30,44
	II	923,91	—	73,91	83,15	II	923,91	—	63,64	71,60	—	53,86	60,59	—	44,56	50,13	—	35,75	40,22	—	27,42	30,84	—	19,57	22,01
	III	638,66	—	51,09	57,47	III	638,66	—	43,24	48,64	—	35,64	40,09	—	28,26	31,79	—	21,13	23,77	—	14,25	16,03	—	7,86	8,84
	V	1 521,41	12,90	121,71	136,92	IV	1 052,16	—	78,75	88,59	—	73,44	82,62	—	68,26	76,79	—	63,20	71,10	—	58,26	65,54	—	53,44	60,12
	VI	1 557,66	17,21	124,61	140,18																				
5 291,99	I,IV	1 053,25	—	84,26	94,79	I	1 053,25	—	73,52	82,71	—	63,28	71,19	—	53,51	60,20	—	44,23	49,76	—	35,44	39,87	—	27,12	30,51
	II	924,91	—	73,99	83,24	II	924,91	—	63,72	71,69	—	53,94	60,68	—	44,63	50,21	—	35,82	40,29	—	27,48	30,92	—	19,63	22,08
	III	639,50	—	51,16	57,55	III	639,50	—	43,30	48,71	—	35,69	40,15	—	28,32	31,86	—	21,18	23,83	—	14,30	16,09	—	7,90	8,89
	V	1 522,50	13,03	121,80	137,02	IV	1 053,25	—	78,83	88,68	—	73,52	82,71	—	68,34	76,88	—	63,28	71,19	—	58,34	65,63	—	53,51	60,20
	VI	1 558,83	17,35	124,70	140,29																				
5 294,99	I,IV	1 054,33	—	84,34	94,88	I	1 054,33	—	73,61	82,81	—	63,36	71,28	—	53,59	60,29	—	44,30	49,84	—	35,50	39,94	—	27,18	30,58
	II	926,—	—	74,08	83,34	II	926,—	—	63,80	71,78	—	54,01	60,76	—	44,70	50,29	—	35,88	40,37	—	27,54	30,98	—	19,69	22,15
	III	640,33	—	51,22	57,62	III	640,33	—	43,37	48,79	—	35,74	40,21	—	28,37	31,91	—	21,24	23,89	—	14,36	16,15	—	7,96	8,95
	V	1 523,66	13,16	121,89	137,12	IV	1 054,33	—	78,92	88,78	—	73,61	82,81	—	68,42	76,97	—	63,36	71,28	—	58,41	65,71	—	53,59	60,29
	VI	1 559,91	17,48	124,79	140,39																				
5 297,99	I,IV	1 055,41	—	84,43	94,98	I	1 055,41	—	73,69	82,90	—	63,44	71,37	—	53,66	60,37	—	44,38	49,92	—	35,57	40,01	—	27,25	30,65
	II	927,—	—	74,16	83,43	II	927,—	—	63,88	71,86	—	54,08	60,84	—	44,78	50,37	—	35,95	40,44	—	27,61	31,06	—	19,75	22,22
	III	641,—	—	51,28	57,69	III	641,—	—	43,42	48,85	—	35,81	40,28	—	28,42	31,97	—	21,29	23,95	—	14,41	16,21	—	8,—	9,—
	V	1 524,83	13,30	121,98	137,23	IV	1 055,41	—	79,—	88,88	—	73,69	82,90	—	68,50	77,06	—	63,44	71,37	—	58,49	65,80	—	53,66	60,37
	VI	1 561,08	17,62	124,88	140,49																				
5 300,99	I,IV	1 056,50	—	84,52	95,08	I	1 056,50	—	73,78	83,—	—	63,52	71,46	—	53,74	60,45	—	44,44	50,—	—	35,64	40,09	—	27,32	30,73
	II	928,—	—	74,24	83,52	II	928,—	—	63,96	71,95	—	54,16	60,93	—	44,85	50,45	—	36,02	40,52	—	27,67	31,13	—	19,81	22,28
	III	641,83	—	51,34	57,76	III	641,83	—	43,49	48,92	—	35,86	40,34	—	28,49	32,05	—	21,36	24,03	—	14,46	16,27	—	8,05	9,05
	V	1 526,—	13,44	122,08	137,34	IV	1 056,50	—	79,08	88,97	—	73,78	83,—	—	68,58	77,15	—	63,52	71,46	—	58,56	65,88	—	53,74	60,45
	VI	1 562,25	17,76	124,98	140,60																				
5 303,99	I,IV	1 057,58	—	84,60	95,18	I	1 057,58	—	73,86	83,09	—	63,59	71,54	—	53,81	60,53	—	44,52	50,08	—	35,70	40,16	—	27,38	30,80
	II	929,08	—	74,32	83,61	II	929,08	—	64,04	72,04	—	54,24	61,02	—	44,92	50,53	—	36,08	40,59	—	27,74	31,20	—	19,87	22,35
	III	642,66	—	51,41	57,83	III	642,66	—	43,54	48,98	—	35,93	40,42	—	28,54	32,11	—	21,41	24,08	—	14,52	16,33	—	8,09	9,10
	V	1 527,16	13,58	122,17	137,44	IV	1 057,58	—	79,17	89,06	—	73,86	83,09	—	68,66	77,24	—	63,59	71,54	—	58,64	65,97	—	53,81	60,53
	VI	1 563,41	17,89	125,07	140,70																				

* Die ausgewiesenen Tabellenwerte sind amtlich. Siehe Erläuterungen auf der Umschlaginnenseite (U2).

MONAT 5 304,–*

Lohn/ Gehalt bis €*		I – VI				I, II, III, IV																			
			ohne Kinderfreibeträge					mit Zahl der Kinderfreibeträge . . .																	
								0,5			1			1,5			2			2,5			3		
		LSt	SolZ	8%	9%		LSt	SolZ	8%	9%	SolZ	8%	9%	SolZ	8%	9%	SolZ	8%	9%	SolZ	8%	9%	SolZ	8%	9%
5 306,99	I,IV	1 058,75	–	84,70	95,28	I	1 058,75	–	73,94	83,18	–	63,68	71,64	–	53,89	60,62	–	44,59	50,16	–	35,78	40,25	–	27,44	30,87
	II	930,16	–	74,41	83,71	II	930,16	–	64,12	72,13	–	54,31	61,10	–	44,99	50,61	–	36,16	40,68	–	27,80	31,28	–	19,93	22,42
	III	643,50	–	51,48	57,91	III	643,50	–	43,61	49,06	–	35,98	40,48	–	28,60	32,17	–	21,46	24,14	–	14,57	16,39	–	8,14	9,16
	V	1 528,33	13,72	122,26	137,54	IV	1 058,75	–	79,26	89,16	–	73,94	83,18	–	68,75	77,34	–	63,68	71,64	–	58,72	66,06	–	53,89	60,62
	VI	1 564,58	18,03	125,16	140,81																				
5 309,99	I,IV	1 059,83	–	84,78	95,38	I	1 059,83	–	74,02	83,27	–	63,75	71,72	–	53,96	60,71	–	44,66	50,24	–	35,84	40,32	–	27,50	30,94
	II	931,16	–	74,49	83,80	II	931,16	–	64,20	72,22	–	54,39	61,19	–	45,06	50,69	–	36,22	40,75	–	27,86	31,34	–	19,99	22,49
	III	644,33	–	51,54	57,98	III	644,33	–	43,68	49,14	–	36,05	40,55	–	28,66	32,24	–	21,52	24,21	–	14,62	16,45	–	8,18	9,20
	V	1 529,50	13,86	122,36	137,65	IV	1 059,83	–	79,34	89,26	–	74,02	83,27	–	68,83	77,43	–	63,75	71,72	–	58,80	66,15	–	53,96	60,71
	VI	1 565,75	18,17	125,26	140,91																				
5 312,99	I,IV	1 060,91	–	84,87	95,48	I	1 060,91	–	74,11	83,37	–	63,83	71,81	–	54,04	60,79	–	44,73	50,32	–	35,91	40,40	–	27,57	31,01
	II	932,25	–	74,58	83,90	II	932,25	–	64,28	72,31	–	54,46	61,27	–	45,14	50,78	–	36,29	40,82	–	27,93	31,42	–	20,05	22,55
	III	645,–	–	51,60	58,05	III	645,–	–	43,73	49,19	–	36,10	40,61	–	28,72	32,31	–	21,57	24,26	–	14,68	16,51	–	8,22	9,25
	V	1 530,66	14,–	122,45	137,75	IV	1 060,91	–	79,42	89,35	–	74,11	83,37	–	68,91	77,52	–	63,83	71,81	–	58,88	66,24	–	54,04	60,79
	VI	1 566,91	18,31	125,35	141,02																				
5 315,99	I,IV	1 062,–	–	84,96	95,58	I	1 062,–	–	74,19	83,46	–	63,91	71,90	–	54,12	60,88	–	44,80	50,40	–	35,98	40,47	–	27,64	31,09
	II	933,25	–	74,66	83,99	II	933,25	–	64,36	72,40	–	54,54	61,35	–	45,20	50,85	–	36,36	40,90	–	28,–	31,50	–	20,11	22,62
	III	645,83	–	51,66	58,12	III	645,83	–	43,80	49,27	–	36,16	40,68	–	28,77	32,36	–	21,64	24,34	–	14,73	16,57	–	8,28	9,31
	V	1 531,83	14,14	122,54	137,86	IV	1 062,–	–	79,51	89,45	–	74,19	83,46	–	68,99	77,61	–	63,91	71,90	–	58,95	66,32	–	54,12	60,88
	VI	1 568,08	18,45	125,44	141,12																				
5 318,99	I,IV	1 063,–	–	85,04	95,67	I	1 063,–	–	74,27	83,55	–	63,99	71,99	–	54,19	60,96	–	44,88	50,49	–	36,04	40,55	–	27,70	31,16
	II	934,25	–	74,74	84,08	II	934,25	–	64,44	72,49	–	54,62	61,44	–	45,28	50,94	–	36,42	40,97	–	28,06	31,56	–	20,17	22,69
	III	646,66	–	51,73	58,19	III	646,66	–	43,85	49,33	–	36,22	40,75	–	28,84	32,44	–	21,69	24,40	–	14,78	16,63	–	8,32	9,36
	V	1 533,–	14,28	122,64	137,97	IV	1 063,–	–	79,60	89,55	–	74,27	83,55	–	69,07	77,70	–	63,99	71,99	–	59,03	66,41	–	54,19	60,96
	VI	1 569,25	18,59	125,54	141,23																				
5 321,99	I,IV	1 064,08	–	85,12	95,76	I	1 064,08	–	74,36	83,65	–	64,07	72,08	–	54,26	61,04	–	44,94	50,56	–	36,11	40,62	–	27,76	31,23
	II	935,33	–	74,82	84,17	II	935,33	–	64,52	72,58	–	54,69	61,52	–	45,35	51,02	–	36,50	41,06	–	28,12	31,64	–	20,24	22,77
	III	647,33	–	51,78	58,25	III	647,33	–	43,92	49,41	–	36,28	40,81	–	28,89	32,50	–	21,74	24,46	–	14,84	16,69	–	8,37	9,41
	V	1 534,08	14,40	122,72	138,06	IV	1 064,08	–	79,68	89,64	–	74,36	83,65	–	69,15	77,79	–	64,07	72,08	–	59,10	66,49	–	54,26	61,04
	VI	1 570,41	18,73	125,63	141,33																				
5 324,99	I,IV	1 065,16	–	85,21	95,86	I	1 065,16	–	74,44	83,74	–	64,15	72,17	–	54,34	61,13	–	45,02	50,64	–	36,18	40,70	–	27,82	31,30
	II	936,33	–	74,90	84,26	II	936,33	–	64,60	72,67	–	54,76	61,61	–	45,42	51,10	–	36,56	41,13	–	28,18	31,70	–	20,30	22,83
	III	648,16	–	51,85	58,33	III	648,16	–	43,97	49,46	–	36,34	40,88	–	28,94	32,56	–	21,80	24,52	–	14,89	16,75	–	8,41	9,46
	V	1 535,25	14,54	122,82	138,17	IV	1 065,16	–	79,76	89,73	–	74,44	83,74	–	69,23	77,88	–	64,15	72,17	–	59,18	66,58	–	54,34	61,13
	VI	1 571,50	18,86	125,72	141,43																				
5 327,99	I,IV	1 066,25	–	85,30	95,96	I	1 066,25	–	74,52	83,84	–	64,22	72,25	–	54,42	61,22	–	45,09	50,72	–	36,25	40,78	–	27,89	31,37
	II	937,41	–	74,99	84,36	II	937,41	–	64,67	72,75	–	54,84	61,70	–	45,49	51,17	–	36,63	41,21	–	28,25	31,78	–	20,36	22,90
	III	649,–	–	51,92	58,41	III	649,–	–	44,04	49,54	–	36,40	40,95	–	29,01	32,63	–	21,85	24,58	–	14,94	16,81	–	8,46	9,52
	V	1 536,41	14,68	122,91	138,27	IV	1 066,25	–	79,85	89,83	–	74,52	83,84	–	69,31	77,97	–	64,22	72,25	–	59,26	66,67	–	54,42	61,22
	VI	1 572,66	19,–	125,81	141,53																				
5 330,99	I,IV	1 067,41	–	85,39	96,06	I	1 067,41	–	74,60	83,93	–	64,30	72,34	–	54,49	61,30	–	45,16	50,81	–	36,32	40,86	–	27,95	31,44
	II	938,41	–	75,07	84,45	II	938,41	–	64,75	72,84	–	54,92	61,78	–	45,56	51,26	–	36,70	41,28	–	28,32	31,86	–	20,42	22,97
	III	649,66	–	51,97	58,46	III	649,66	–	44,09	49,60	–	36,46	41,02	–	29,06	32,69	–	21,90	24,64	–	15,–	16,87	–	8,50	9,56
	V	1 537,58	14,82	123,–	138,38	IV	1 067,41	–	79,94	89,93	–	74,60	83,93	–	69,40	78,07	–	64,30	72,34	–	59,34	66,75	–	54,49	61,30
	VI	1 573,83	19,13	125,90	141,64																				
5 333,99	I,IV	1 068,50	–	85,48	96,16	I	1 068,50	–	74,69	84,02	–	64,38	72,43	–	54,56	61,38	–	45,23	50,88	–	36,38	40,93	–	28,02	31,52
	II	939,50	–	75,16	84,55	II	939,50	–	64,83	72,93	–	54,99	61,86	–	45,64	51,34	–	36,76	41,36	–	28,38	31,92	–	20,48	23,04
	III	650,50	–	52,04	58,54	III	650,50	–	44,16	49,68	–	36,52	41,08	–	29,12	32,76	–	21,96	24,70	–	15,05	16,93	–	8,56	9,63
	V	1 538,75	14,96	123,10	138,48	IV	1 068,50	–	80,02	90,02	–	74,69	84,02	–	69,48	78,16	–	64,38	72,43	–	59,42	66,84	–	54,56	61,38
	VI	1 575,–	19,27	126,–	141,75																				
5 336,99	I,IV	1 069,58	–	85,56	96,26	I	1 069,58	–	74,77	84,11	–	64,46	72,52	–	54,64	61,47	–	45,30	50,96	–	36,45	41,–	–	28,08	31,59
	II	940,50	–	75,24	84,64	II	940,50	–	64,91	73,02	–	55,07	61,95	–	45,71	51,42	–	36,83	41,43	–	28,44	32,–	–	20,54	23,10
	III	651,33	–	52,10	58,61	III	651,33	–	44,22	49,75	–	36,57	41,14	–	29,17	32,81	–	22,01	24,76	–	15,10	16,99	–	8,61	9,68
	V	1 539,91	15,10	123,19	138,59	IV	1 069,58	–	80,10	90,11	–	74,77	84,11	–	69,56	78,25	–	64,46	72,52	–	59,49	66,92	–	54,64	61,47
	VI	1 576,16	19,41	126,09	141,85																				
5 339,99	I,IV	1 070,66	–	85,65	96,35	I	1 070,66	–	74,85	84,20	–	64,54	72,61	–	54,72	61,56	–	45,38	51,05	–	36,52	41,08	–	28,14	31,66
	II	941,58	–	75,32	84,74	II	941,58	–	64,99	73,11	–	55,14	62,03	–	45,78	51,50	–	36,90	41,51	–	28,50	32,06	–	20,60	23,17
	III	652,16	–	52,17	58,69	III	652,16	–	44,28	49,81	–	36,64	41,22	–	29,24	32,89	–	22,08	24,84	–	15,16	17,05	–	8,65	9,73
	V	1 541,08	15,24	123,28	138,69	IV	1 070,66	–	80,19	90,21	–	74,85	84,20	–	69,64	78,34	–	64,54	72,61	–	59,57	67,01	–	54,72	61,56
	VI	1 577,33	19,55	126,18	141,95																				
5 342,99	I,IV	1 071,75	–	85,74	96,45	I	1 071,75	–	74,94	84,30	–	64,62	72,70	–	54,79	61,64	–	45,45	51,13	–	36,58	41,15	–	28,21	31,73
	II	942,58	–	75,40	84,83	II	942,58	–	65,07	73,20	–	55,22	62,12	–	45,85	51,58	–	36,97	41,59	–	28,57	32,14	–	20,66	23,24
	III	652,83	–	52,22	58,75	III	652,83	–	44,34	49,88	–	36,69	41,27	–	29,29	32,95	–	22,13	24,89	–	15,21	17,11	–	8,70	9,79
	V	1 542,16	15,37	123,37	138,79	IV	1 071,75	–	80,28	90,31	–	74,94	84,30	–	69,72	78,43	–	64,62	72,70	–	59,65	67,10	–	54,79	61,64
	VI	1 578,50	19,69	126,28	142,06																				
5 345,99	I,IV	1 072,83	–	85,82	96,55	I	1 072,83	–	75,02	84,39	–	64,70	72,79	–	54,87	61,73	–	45,52	51,21	–	36,66	41,24	–	28,27	31,80
	II	943,66	–	75,49	84,92	II	943,66	–	65,15	73,29	–	55,30	62,21	–	45,92	51,66	–	37,04	41,67	–	28,64	32,22	–	20,72	23,31
	III	653,66	–	52,29	58,82	III	653,66	–	44,40	49,95	–	36,76	41,35	–	29,34	33,01	–	22,18	24,95	–	15,26	17,17	–	8,74	9,83
	V	1 543,33	15,50	123,46	138,89	IV	1 072,83	–	80,36	90,40	–	75,02	84,39	–	69,80	78,52	–	64,70	72,79	–	59,72	67,19	–	54,87	61,73
	VI	1 579,58	19,82	126,36	142,16																				
5 348,99	I,IV	1 073,91	–	85,91	96,65	I	1 073,91	–	75,10	84,49	–	64,78	72,88	–	54,94	61,81	–	45,59	51,29	–	36,72	41,31	–	28,34	31,88
	II	944,66	–	75,57	85,01	II	944,66	–	65,23	73,38	–	55,37	62,29	–	46,–	51,75	–	37,10	41,74	–	28,70	32,28	–	20,78	23,37
	III	654,50	–	52,36	58,90	III	654,50	–	44,46	50,02	–	36,81	41,41	–	29,41	33,08	–	22,24	25,02	–	15,32	17,23	–	8,80	9,90
	V	1 544,50	15,64	123,56	139,–	IV	1 073,91	–	80,44	90,50	–	75,10	84,49	–	69,88	78,62	–	64,78	72,88	–	59,80	67,28	–	54,94	61,81
	VI	1 580,75	19,96	126,46	142,26																				
5 351,99	I,IV	1 075,–	–	86,–	96,75	I	1 075,–	–	75,18	84,58	–	64,86	72,97	–	55,02	61,89	–	45,66	51,37	–	36,79	41,39	–	28,40	31,95
	II	945,75	–	75,66	85,11	II	945,75	–	65,31	73,47	–	55,44	62,37	–	46,07	51,83	–	37,17	41,81	–	28,76	32,36	–	20,84	23,44
	III	655,33	–	52,42	58,97	III	655,33	–	44,53	50,09	–	36,88	41,49	–	29,46	33,14	–	22,29	25,07	–	15,37	17,29	–	8,84	9,94
	V	1 545,66	15,78	123,65	139,10	IV	1 075,–	–	80,53	90,59	–	75,18	84,58	–	69,96	78,71	–	64,86	72,97	–	59,88	67,36	–	55,02	61,89
	VI	1 581,91	20,10	126,55	142,37																				
5 354,99	I,IV	1 076,08	–	86,08	96,84	I	1 076,08	–	75,27	84,68	–	64,94	73,05	–	55,10	61,98	–	45,74	51,45	–	36,86	41,46	–	28,46	32,02
	II	946,75	–	75,74	85,20	II	946,75	–	65,39	73,56	–	55,52	62,46	–	46,14	51,90	–	37,24	41,90	–	28,83	32,43	–	20,90	23,51
	III	656,–	–	52,48	59,04	III	656,–	–	44,58	50,15	–	36,93	41,54	–	29,52	33,21	–	22,34	25,13	–	15,42	17,35	–	8,89	10,–
	V	1 546,83	15,92	123,74	139,21	IV	1 076,08	–	80,62	90,69	–	75,27	84,68	–	70,04	78,80	–	64,94	73,05	–	59,96	67,45	–	55,10	61,98
	VI	1 583,08	20,23	126,64	142,47																				

Abzüge an Lohnsteuer, Solidaritätszuschlag (SolZ) und Kirchensteuer (8%, 9%) in den Steuerklassen

* Die ausgewiesenen Tabellenwerte sind amtlich. Siehe Erläuterungen auf der Umschlaginnenseite (U2).

5 405,99* MONAT

Lohn/ Gehalt bis €*	Abzüge an Lohnsteuer, Solidaritätszuschlag (SolZ) und Kirchensteuer (8%, 9%) in den Steuerklassen I – VI					I, II, III, IV		mit Zahl der Kinderfreibeträge . . . 0,5			1			1,5			2			2,5			3		
		LSt	ohne Kinderfreibeträge SolZ	8%	9%		LSt	SolZ	8%	9%	SolZ	8%	9%	SolZ	8%	9%	SolZ	8%	9%	SolZ	8%	9%	SolZ	8%	9%
5 357,99	I,IV	1 077,16	—	86,17	96,94	I	1 077,16	—	75,35	84,77	—	65,02	73,14	—	55,17	62,06	—	45,80	51,53	—	36,92	41,54	—	28,53	32,09
	II	947,83	—	75,82	85,30	II	947,83	—	65,47	73,65	—	55,60	62,55	—	46,21	51,98	—	37,31	41,97	—	28,89	32,50	—	20,96	23,58
	III	656,83	—	52,54	59,11	III	656,83	—	44,65	50,23	—	37,—	41,62	—	29,58	33,28	—	22,41	25,21	—	15,48	17,41	—	8,93	10,04
	V	1 548,—	16,06	123,84	139,32	IV	1 077,16	—	80,70	90,78	—	75,35	84,77	—	70,12	78,89	—	65,02	73,14	—	60,04	67,54	—	55,17	62,06
	VI	1 584,25	20,37	126,74	142,58																				
5 360,99	I,IV	1 078,25	—	86,26	97,04	I	1 078,25	—	75,44	84,87	—	65,10	73,24	—	55,25	62,15	—	45,88	51,61	—	37,—	41,62	—	28,60	32,17
	II	948,91	—	75,91	85,40	II	948,91	—	65,55	73,74	—	55,68	62,64	—	46,28	52,07	—	37,38	42,05	—	28,96	32,58	—	21,02	23,64
	III	657,66	—	52,61	59,18	III	657,66	—	44,72	50,31	—	37,05	41,68	—	29,64	33,34	—	22,46	25,27	—	15,53	17,47	—	8,98	10,10
	V	1 549,16	16,20	123,93	139,42	IV	1 078,25	—	80,79	90,89	—	75,44	84,87	—	70,21	78,98	—	65,10	73,24	—	60,12	67,63	—	55,25	62,15
	VI	1 585,41	20,51	126,83	142,68																				
5 363,99	I,IV	1 079,33	—	86,34	97,13	I	1 079,33	—	75,52	84,96	—	65,18	73,33	—	55,32	62,24	—	45,95	51,69	—	37,06	41,69	—	28,66	32,24
	II	949,91	—	75,99	85,49	II	949,91	—	65,63	73,83	—	55,75	62,72	—	46,36	52,15	—	37,45	42,13	—	29,02	32,65	—	21,08	23,72
	III	658,50	—	52,68	59,26	III	658,50	—	44,77	50,36	—	37,12	41,76	—	29,69	33,40	—	22,52	25,33	—	15,58	17,53	—	9,04	10,17
	V	1 550,33	16,34	124,02	139,52	IV	1 079,33	—	80,87	90,98	—	75,52	84,96	—	70,29	79,07	—	65,18	73,33	—	60,19	67,71	—	55,32	62,24
	VI	1 586,58	20,65	126,92	142,79																				
5 366,99	I,IV	1 080,41	—	86,43	97,23	I	1 080,41	—	75,60	85,05	—	65,26	73,41	—	55,40	62,32	—	46,02	51,77	—	37,13	41,77	—	28,72	32,31
	II	951,—	—	76,08	85,59	II	951,—	—	65,71	73,92	—	55,82	62,80	—	46,43	52,23	—	37,52	42,21	—	29,08	32,72	—	21,14	23,78
	III	659,33	—	52,74	59,33	III	659,33	—	44,84	50,44	—	37,17	41,81	—	29,76	33,48	—	22,57	25,39	—	15,64	17,59	—	9,08	10,21
	V	1 551,50	16,48	124,12	139,63	IV	1 080,41	—	80,96	91,08	—	75,60	85,05	—	70,37	79,16	—	65,26	73,41	—	60,27	67,80	—	55,40	62,32
	VI	1 587,75	20,79	127,02	142,89																				
5 369,99	I,IV	1 081,50	—	86,52	97,33	I	1 081,50	—	75,69	85,15	—	65,34	73,50	—	55,48	62,41	—	46,10	51,86	—	37,20	41,85	—	28,79	32,39
	II	952,—	—	76,16	85,68	II	952,—	—	65,79	74,01	—	55,90	62,89	—	46,50	52,31	—	37,58	42,28	—	29,15	32,79	—	21,20	23,85
	III	660,—	—	52,80	59,40	III	660,—	—	44,89	50,50	—	37,22	41,87	—	29,81	33,53	—	22,62	25,45	—	15,69	17,65	—	9,13	10,27
	V	1 552,66	16,62	124,21	139,73	IV	1 081,50	—	81,04	91,17	—	75,69	85,15	—	70,45	79,25	—	65,34	73,50	—	60,34	67,88	—	55,48	62,41
	VI	1 588,91	20,93	127,11	143,—																				
5 372,99	I,IV	1 082,66	—	86,61	97,43	I	1 082,66	—	75,77	85,24	—	65,42	73,59	—	55,55	62,49	—	46,17	51,94	—	37,27	41,93	—	28,85	32,45
	II	953,08	—	76,24	85,77	II	953,08	—	65,87	74,10	—	55,98	62,97	—	46,57	52,39	—	37,65	42,35	—	29,22	32,87	—	21,26	23,92
	III	660,83	—	52,86	59,47	III	660,83	—	44,96	50,58	—	37,29	41,95	—	29,86	33,59	—	22,69	25,52	—	15,74	17,71	—	9,17	10,31
	V	1 553,75	16,74	124,30	139,83	IV	1 082,66	—	81,13	91,27	—	75,77	85,24	—	70,54	79,35	—	65,42	73,59	—	60,42	67,97	—	55,55	62,49
	VI	1 590,08	21,07	127,20	143,10																				
5 375,99	I,IV	1 083,75	—	86,70	97,53	I	1 083,75	—	75,86	85,34	—	65,50	73,68	—	55,62	62,57	—	46,24	52,02	—	37,34	42,—	—	28,92	32,53
	II	954,08	—	76,32	85,86	II	954,08	—	65,95	74,19	—	56,06	63,06	—	46,64	52,47	—	37,72	42,44	—	29,28	32,94	—	21,32	23,99
	III	661,66	—	52,93	59,54	III	661,66	—	45,01	50,63	—	37,34	42,01	—	29,92	33,66	—	22,74	25,58	—	15,80	17,77	—	9,22	10,37
	V	1 554,91	16,88	124,39	139,94	IV	1 083,75	—	81,22	91,37	—	75,86	85,34	—	70,62	79,44	—	65,50	73,68	—	60,50	68,06	—	55,62	62,57
	VI	1 591,16	21,20	127,29	143,20																				
5 378,99	I,IV	1 084,83	—	86,78	97,63	I	1 084,83	—	75,94	85,43	—	65,58	73,77	—	55,70	62,66	—	46,31	52,10	—	37,40	42,08	—	28,98	32,60
	II	955,16	—	76,41	85,96	II	955,16	—	66,03	74,28	—	56,13	63,14	—	46,72	52,56	—	37,79	42,51	—	29,34	33,01	—	21,38	24,05
	III	662,33	—	52,98	59,60	III	662,33	—	45,08	50,71	—	37,41	42,08	—	29,98	33,73	—	22,80	25,65	—	15,85	17,83	—	9,28	10,44
	V	1 556,08	17,02	124,48	140,04	IV	1 084,83	—	81,30	91,46	—	75,94	85,43	—	70,70	79,53	—	65,58	73,77	—	60,58	68,15	—	55,70	62,66
	VI	1 592,33	21,34	127,38	143,30																				
5 381,99	I,IV	1 085,91	—	86,87	97,73	I	1 085,91	—	76,02	85,52	—	65,66	73,86	—	55,78	62,75	—	46,38	52,18	—	37,47	42,15	—	29,04	32,67
	II	956,16	—	76,49	86,05	II	956,16	—	66,11	74,37	—	56,20	63,23	—	46,79	52,64	—	37,86	42,59	—	29,41	33,08	—	21,44	24,12
	III	663,16	—	53,05	59,68	III	663,16	—	45,14	50,78	—	37,46	42,14	—	30,04	33,79	—	22,85	25,70	—	15,90	17,89	—	9,32	10,48
	V	1 557,25	17,16	124,58	140,15	IV	1 085,91	—	81,38	91,55	—	76,02	85,52	—	70,78	79,62	—	65,66	73,86	—	60,66	68,24	—	55,78	62,75
	VI	1 593,50	21,47	127,48	143,41																				
5 384,99	I,IV	1 087,—	—	86,96	97,83	I	1 087,—	—	76,10	85,61	—	65,74	73,95	—	55,86	62,84	—	46,46	52,26	—	37,54	42,23	—	29,11	32,75
	II	957,25	—	76,58	86,15	II	957,25	—	66,18	74,45	—	56,28	63,32	—	46,86	52,72	—	37,92	42,66	—	29,47	33,15	—	21,50	24,19
	III	664,—	—	53,12	59,76	III	664,—	—	45,20	50,85	—	37,53	42,22	—	30,10	33,86	—	22,90	25,76	—	15,96	17,95	—	9,37	10,54
	V	1 558,41	17,30	124,67	140,25	IV	1 087,—	—	81,47	91,65	—	76,10	85,61	—	70,86	79,72	—	65,74	73,95	—	60,74	68,33	—	55,86	62,84
	VI	1 594,66	21,61	127,57	143,51																				
5 387,99	I,IV	1 088,08	—	87,04	97,92	I	1 088,08	—	76,19	85,71	—	65,82	74,04	—	55,93	62,92	—	46,53	52,34	—	37,61	42,31	—	29,18	32,82
	II	958,25	—	76,66	86,24	II	958,25	—	66,26	74,54	—	56,36	63,40	—	46,94	52,80	—	38,—	42,75	—	29,54	33,23	—	21,56	24,26
	III	664,83	—	53,18	59,83	III	664,83	—	45,26	50,92	—	37,58	42,28	—	30,16	33,93	—	22,96	25,83	—	16,01	18,01	—	9,41	10,58
	V	1 559,58	17,44	124,76	140,36	IV	1 088,08	—	81,56	91,75	—	76,19	85,71	—	70,94	79,81	—	65,82	74,04	—	60,81	68,41	—	55,93	62,92
	VI	1 595,83	21,75	127,66	143,62																				
5 390,99	I,IV	1 089,16	—	87,13	98,02	I	1 089,16	—	76,27	85,80	—	65,90	74,13	—	56,—	63,—	—	46,60	52,42	—	37,68	42,39	—	29,24	32,89
	II	959,33	—	76,74	86,33	II	959,33	—	66,34	74,63	—	56,44	63,49	—	47,—	52,88	—	38,06	42,82	—	29,60	33,30	—	21,63	24,33
	III	665,50	—	53,24	59,89	III	665,50	—	45,33	50,99	—	37,65	42,35	—	30,21	33,98	—	23,02	25,90	—	16,06	18,07	—	9,46	10,64
	V	1 560,75	17,58	124,86	140,46	IV	1 089,16	—	81,64	91,85	—	76,27	85,80	—	71,02	79,90	—	65,90	74,13	—	60,89	68,50	—	56,—	63,—
	VI	1 597,—	21,89	127,76	143,73																				
5 393,99	I,IV	1 090,25	—	87,22	98,12	I	1 090,25	—	76,36	85,90	—	65,98	74,22	—	56,08	63,09	—	46,67	52,50	—	37,74	42,46	—	29,30	32,96
	II	960,33	—	76,82	86,42	II	960,33	—	66,42	74,72	—	56,51	63,57	—	47,08	52,96	—	38,13	42,89	—	29,67	33,38	—	21,69	24,40
	III	666,33	—	53,30	59,96	III	666,33	—	45,38	51,05	—	37,70	42,41	—	30,26	34,04	—	23,08	25,96	—	16,12	18,13	—	9,52	10,71
	V	1 561,83	17,71	124,94	140,56	IV	1 090,25	—	81,72	91,94	—	76,36	85,90	—	71,10	79,99	—	65,98	74,22	—	60,97	68,59	—	56,08	63,09
	VI	1 598,16	22,03	127,85	143,83																				
5 396,99	I,IV	1 091,33	—	87,30	98,21	I	1 091,33	—	76,44	85,99	—	66,06	74,31	—	56,16	63,18	—	46,74	52,58	—	37,82	42,54	—	29,37	33,04
	II	961,41	—	76,91	86,52	II	961,41	—	66,50	74,81	—	56,58	63,65	—	47,15	53,04	—	38,20	42,97	—	29,73	33,44	—	21,75	24,47
	III	667,16	—	53,37	60,04	III	667,16	—	45,45	51,13	—	37,77	42,49	—	30,33	34,12	—	23,13	26,02	—	16,17	18,19	—	9,56	10,75
	V	1 563,—	17,85	125,04	140,67	IV	1 091,33	—	81,81	92,03	—	76,44	85,99	—	71,19	80,09	—	66,06	74,31	—	61,04	68,67	—	56,16	63,18
	VI	1 599,25	22,16	127,94	143,93																				
5 399,99	I,IV	1 092,41	—	87,39	98,31	I	1 092,41	—	76,52	86,09	—	66,14	74,40	—	56,24	63,27	—	46,82	52,67	—	37,88	42,62	—	29,43	33,11
	II	962,50	—	77,—	86,62	II	962,50	—	66,58	74,90	—	56,66	63,74	—	47,22	53,12	—	38,27	43,05	—	29,80	33,52	—	21,81	24,53
	III	668,—	—	53,44	60,12	III	668,—	—	45,50	51,19	—	37,82	42,55	—	30,38	34,18	—	23,18	26,08	—	16,22	18,25	—	9,61	10,81
	V	1 564,16	17,98	125,13	140,77	IV	1 092,41	—	81,90	92,13	—	76,52	86,09	—	71,27	80,18	—	66,14	74,40	—	61,12	68,76	—	56,24	63,27
	VI	1 600,41	22,30	128,03	144,03																				
5 402,99	I,IV	1 093,50	—	87,48	98,41	I	1 093,50	—	76,60	86,18	—	66,22	74,49	—	56,31	63,35	—	46,89	52,75	—	37,95	42,69	—	29,50	33,18
	II	963,50	—	77,08	86,71	II	963,50	—	66,66	74,99	—	56,74	63,83	—	47,30	53,21	—	38,34	43,13	—	29,86	33,59	—	21,87	24,60
	III	668,66	—	53,49	60,17	III	668,66	—	45,57	51,26	—	37,89	42,62	—	30,44	34,24	—	23,24	26,14	—	16,29	18,32	—	9,66	10,87
	V	1 565,33	18,12	125,22	140,87	IV	1 093,50	—	81,98	92,23	—	76,60	86,18	—	71,35	80,27	—	66,22	74,49	—	61,20	68,85	—	56,31	63,35
	VI	1 601,58	22,44	128,12	144,14																				
5 405,99	I,IV	1 094,66	—	87,57	98,51	I	1 094,66	—	76,69	86,27	—	66,30	74,58	—	56,38	63,43	—	46,96	52,83	—	38,02	42,77	—	29,56	33,26
	II	964,58	—	77,16	86,81	II	964,58	—	66,74	75,08	—	56,82	63,92	—	47,37	53,29	—	38,40	43,20	—	29,92	33,66	—	21,93	24,67
	III	669,50	—	53,56	60,25	III	669,50	—	45,62	51,32	—	37,94	42,68	—	30,50	34,31	—	23,29	26,20	—	16,33	18,37	—	9,70	10,91
	V	1 566,50	18,26	125,32	140,98	IV	1 094,66	—	82,07	92,33	—	76,69	86,27	—	71,43	80,36	—	66,30	74,58	—	61,28	68,94	—	56,38	63,43
	VI	1 602,75	22,58	128,22	144,24																				

* Die ausgewiesenen Tabellenwerte sind amtlich. Siehe Erläuterungen auf der Umschlaginnenseite (U2).

MONAT 5 406,–*

Abzüge an Lohnsteuer, Solidaritätszuschlag (SolZ) und Kirchensteuer (8%, 9%) in den Steuerklassen

Lohn/ Gehalt	I – VI					I, II, III, IV																			
			ohne Kinderfreibeträge					mit Zahl der Kinderfreibeträge . . .																	
								0,5			1			1,5			2			2,5			3		
bis €*		LSt	SolZ	8%	9%		LSt	SolZ	8%	9%	SolZ	8%	9%	SolZ	8%	9%	SolZ	8%	9%	SolZ	8%	9%	SolZ	8%	9%
5 408,99	I,IV	1 095,75	—	87,66	98,61	I	1 095,75	—	76,77	86,36	—	66,38	74,67	—	56,46	63,52	—	47,03	52,91	—	38,09	42,85	—	29,62	33,32
	II	965,58	—	77,24	86,90	II	965,58	—	66,82	75,17	—	56,89	64,—	—	47,44	53,37	—	38,48	43,29	—	29,99	33,74	—	21,99	24,74
	III	670,33	—	53,62	60,32	III	670,33	—	45,69	51,40	—	38,01	42,76	—	30,56	34,38	—	23,36	26,28	—	16,40	18,45	—	9,76	10,98
	V	1 567,66	18,40	125,41	141,08	IV	1 095,75	—	82,16	92,43	—	76,77	86,36	—	71,52	80,46	—	66,38	74,67	—	61,36	69,03	—	56,46	63,52
	VI	1 603,91	22,71	128,31	144,35																				
5 411,99	I,IV	1 096,83	—	87,74	98,71	I	1 096,83	—	76,86	86,46	—	66,46	74,76	—	56,54	63,60	—	47,10	52,99	—	38,16	42,93	—	29,69	33,40
	II	966,66	—	77,33	86,99	II	966,66	—	66,90	75,26	—	56,97	64,09	—	47,51	53,45	—	38,54	43,36	—	30,06	33,81	—	22,06	24,81
	III	671,16	—	53,69	60,40	III	671,16	—	45,76	51,48	—	38,06	42,82	—	30,61	34,43	—	23,41	26,33	—	16,44	18,49	—	9,81	11,03
	V	1 568,83	18,54	125,50	141,19	IV	1 096,83	—	82,24	92,52	—	76,86	86,46	—	71,60	80,55	—	66,46	74,76	—	61,44	69,12	—	56,54	63,60
	VI	1 605,08	22,85	128,40	144,45																				
5 414,99	I,IV	1 097,91	—	87,83	98,81	I	1 097,91	—	76,94	86,56	—	66,54	74,85	—	56,62	63,69	—	47,18	53,07	—	38,22	43,—	—	29,76	33,48
	II	967,66	—	77,41	87,08	II	967,66	—	66,98	75,35	—	57,04	64,17	—	47,58	53,53	—	38,61	43,43	—	30,12	33,89	—	22,12	24,88
	III	671,83	—	53,74	60,46	III	671,83	—	45,81	51,53	—	38,12	42,88	—	30,68	34,51	—	23,46	26,39	—	16,50	18,56	—	9,85	11,08
	V	1 570,—	18,68	125,60	141,30	IV	1 097,91	—	82,32	92,61	—	76,94	86,56	—	71,68	80,64	—	66,54	74,85	—	61,52	69,21	—	56,62	63,69
	VI	1 606,25	22,99	128,50	144,56																				
5 417,99	I,IV	1 099,08	—	87,92	98,91	I	1 099,08	—	77,03	86,66	—	66,62	74,94	—	56,69	63,77	—	47,25	53,15	—	38,30	43,08	—	29,82	33,55
	II	968,75	—	77,50	87,18	II	968,75	—	67,07	75,45	—	57,12	64,26	—	47,66	53,62	—	38,68	43,52	—	30,19	33,96	—	22,18	24,95
	III	672,66	—	53,81	60,53	III	672,66	—	45,88	51,61	—	38,18	42,95	—	30,73	34,57	—	23,52	26,46	—	16,56	18,63	—	9,90	11,14
	V	1 571,16	18,82	125,69	141,40	IV	1 099,08	—	82,41	92,71	—	77,03	86,66	—	71,76	80,73	—	66,62	74,94	—	61,60	69,30	—	56,69	63,77
	VI	1 607,41	23,13	128,59	144,66																				
5 420,99	I,IV	1 100,16	—	88,01	99,01	I	1 100,16	—	77,11	86,75	—	66,70	75,03	—	56,77	63,86	—	47,32	53,24	—	38,36	43,16	—	29,89	33,62
	II	969,83	—	77,58	87,28	II	969,83	—	67,15	75,54	—	57,20	64,35	—	47,73	53,69	—	38,75	43,59	—	30,25	34,03	—	22,24	25,02
	III	673,50	—	53,88	60,61	III	673,50	—	45,94	51,68	—	38,24	43,02	—	30,78	34,63	—	23,57	26,51	—	16,61	18,68	—	9,96	11,20
	V	1 572,33	18,96	125,78	141,50	IV	1 100,16	—	82,50	92,81	—	77,11	86,75	—	71,84	80,82	—	66,70	75,03	—	61,67	69,38	—	56,77	63,86
	VI	1 608,58	23,27	128,68	144,77																				
5 423,99	I,IV	1 101,25	—	88,10	99,11	I	1 101,25	—	77,20	86,85	—	66,78	75,12	—	56,84	63,95	—	47,40	53,32	—	38,43	43,23	—	29,95	33,69
	II	970,91	—	77,67	87,38	II	970,91	—	67,23	75,63	—	57,28	64,44	—	47,80	53,78	—	38,82	43,67	—	30,32	34,11	—	22,30	25,08
	III	674,33	—	53,94	60,68	III	674,33	—	46,—	51,75	—	38,30	43,09	—	30,85	34,70	—	23,64	26,59	—	16,66	18,74	—	10,—	11,25
	V	1 573,50	19,09	125,88	141,61	IV	1 101,25	—	82,58	92,90	—	77,20	86,85	—	71,92	80,91	—	66,78	75,12	—	61,75	69,47	—	56,84	63,95
	VI	1 609,75	23,41	128,78	144,87																				
5 426,99	I,IV	1 102,33	—	88,18	99,20	I	1 102,33	—	77,28	86,94	—	66,86	75,21	—	56,92	64,04	—	47,47	53,40	—	38,50	43,31	—	30,02	33,77
	II	971,91	—	77,75	87,47	II	971,91	—	67,31	75,72	—	57,35	64,52	—	47,88	53,86	—	38,89	43,75	—	30,38	34,18	—	22,36	25,16
	III	675,—	—	54,—	60,75	III	675,—	—	46,06	51,82	—	38,36	43,15	—	30,90	34,76	—	23,69	26,65	—	16,72	18,81	—	10,05	11,30
	V	1 574,58	19,22	125,96	141,71	IV	1 102,33	—	82,67	93,—	—	77,28	86,94	—	72,01	81,01	—	66,86	75,21	—	61,83	69,56	—	56,92	64,04
	VI	1 610,83	23,54	128,86	144,97																				
5 429,99	I,IV	1 103,41	—	88,27	99,30	I	1 103,41	—	77,36	87,03	—	66,94	75,30	—	57,—	64,12	—	47,54	53,48	—	38,57	43,39	—	30,08	33,84
	II	973,—	—	77,84	87,57	II	973,—	—	67,39	75,81	—	57,43	64,61	—	47,95	53,94	—	38,96	43,83	—	30,45	34,25	—	22,42	25,22
	III	675,83	—	54,06	60,82	III	675,83	—	46,13	51,89	—	38,42	43,22	—	30,96	34,83	—	23,74	26,71	—	16,77	18,86	—	10,10	11,36
	V	1 575,75	19,36	126,06	141,81	IV	1 103,41	—	82,76	93,10	—	77,36	87,03	—	72,09	81,10	—	66,94	75,30	—	61,91	69,65	—	57,—	64,12
	VI	1 612,—	23,68	128,96	145,08																				
5 432,99	I,IV	1 104,50	—	88,36	99,40	I	1 104,50	—	77,44	87,12	—	67,02	75,39	—	57,08	64,21	—	47,62	53,57	—	38,64	43,47	—	30,14	33,91
	II	974,08	—	77,92	87,66	II	974,08	—	67,47	75,90	—	57,50	64,69	—	48,02	54,02	—	39,02	43,90	—	30,51	34,32	—	22,48	25,29
	III	676,66	—	54,13	60,89	III	676,66	—	46,18	51,95	—	38,48	43,29	—	31,02	34,90	—	23,80	26,77	—	16,82	18,92	—	10,14	11,41
	V	1 576,91	19,50	126,15	141,92	IV	1 104,50	—	82,84	93,20	—	77,44	87,12	—	72,17	81,19	—	67,02	75,39	—	61,98	69,73	—	57,08	64,21
	VI	1 613,16	23,81	129,05	145,18																				
5 435,99	I,IV	1 105,58	—	88,44	99,50	I	1 105,58	—	77,53	87,22	—	67,10	75,48	—	57,15	64,29	—	47,68	53,64	—	38,71	43,55	—	30,21	33,98
	II	975,08	—	78,—	87,75	II	975,08	—	67,55	75,99	—	57,58	64,78	—	48,10	54,11	—	39,10	43,98	—	30,58	34,40	—	22,54	25,36
	III	677,50	—	54,20	60,97	III	677,50	—	46,25	52,03	—	38,54	43,36	—	31,08	34,96	—	23,86	26,84	—	16,88	18,99	—	10,20	11,47
	V	1 578,08	19,64	126,24	142,02	IV	1 105,58	—	82,93	93,29	—	77,53	87,22	—	72,26	81,29	—	67,10	75,48	—	62,06	69,82	—	57,15	64,29
	VI	1 614,33	23,95	129,14	145,28																				
5 438,99	I,IV	1 106,75	—	88,54	99,60	I	1 106,75	—	77,62	87,32	—	67,18	75,57	—	57,23	64,38	—	47,76	53,73	—	38,78	43,62	—	30,28	34,06
	II	976,16	—	78,09	87,85	II	976,16	—	67,63	76,08	—	57,66	64,86	—	48,17	54,19	—	39,16	44,06	—	30,64	34,47	—	22,60	25,43
	III	678,33	—	54,26	61,04	III	678,33	—	46,30	52,09	—	38,60	43,42	—	31,13	35,02	—	23,92	26,91	—	16,93	19,04	—	10,25	11,53
	V	1 579,25	19,78	126,34	142,13	IV	1 106,75	—	83,02	93,39	—	77,62	87,32	—	72,34	81,38	—	67,18	75,57	—	62,14	69,91	—	57,23	64,38
	VI	1 615,50	24,09	129,24	145,39																				
5 441,99	I,IV	1 107,83	—	88,62	99,70	I	1 107,83	—	77,70	87,41	—	67,26	75,66	—	57,30	64,46	—	47,83	53,81	—	38,84	43,70	—	30,34	34,13
	II	977,16	—	78,17	87,94	II	977,16	—	67,71	76,17	—	57,74	64,95	—	48,24	54,27	—	39,23	44,13	—	30,71	34,55	—	22,67	25,50
	III	679,—	—	54,32	61,11	III	679,—	—	46,37	52,16	—	38,66	43,49	—	31,20	35,10	—	23,97	26,96	—	16,98	19,10	—	10,30	11,59
	V	1 580,41	19,92	126,43	142,23	IV	1 107,83	—	83,10	93,48	—	77,70	87,41	—	72,42	81,47	—	67,26	75,66	—	62,22	70,—	—	57,30	64,46
	VI	1 616,66	24,23	129,33	145,49																				
5 444,99	I,IV	1 108,91	—	88,71	99,80	I	1 108,91	—	77,78	87,50	—	67,34	75,75	—	57,38	64,55	—	47,90	53,89	—	38,91	43,77	—	30,40	34,20
	II	978,25	—	78,26	88,04	II	978,25	—	67,79	76,26	—	57,81	65,03	—	48,32	54,36	—	39,30	44,21	—	30,77	34,61	—	22,73	25,57
	III	679,83	—	54,38	61,18	III	679,83	—	46,44	52,24	—	38,72	43,56	—	31,25	35,15	—	24,02	27,02	—	17,04	19,17	—	10,34	11,63
	V	1 581,58	20,06	126,52	142,34	IV	1 108,91	—	83,18	93,58	—	77,78	87,50	—	72,50	81,56	—	67,34	75,75	—	62,30	70,08	—	57,38	64,55
	VI	1 617,83	24,37	129,42	145,60																				
5 447,99	I,IV	1 110,—	—	88,80	99,90	I	1 110,—	—	77,86	87,59	—	67,42	75,84	—	57,46	64,64	—	47,98	53,97	—	38,98	43,85	—	30,47	34,28
	II	979,33	—	78,34	88,13	II	979,33	—	67,87	76,35	—	57,89	65,12	—	48,39	54,44	—	39,37	44,29	—	30,84	34,69	—	22,79	25,64
	III	680,66	—	54,45	61,25	III	680,66	—	46,49	52,30	—	38,78	43,63	—	31,30	35,21	—	24,08	27,09	—	17,09	19,22	—	10,40	11,70
	V	1 582,66	20,19	126,61	142,43	IV	1 110,—	—	83,27	93,68	—	77,86	87,59	—	72,58	81,65	—	67,42	75,84	—	62,38	70,17	—	57,46	64,64
	VI	1 619,—	24,51	129,52	145,71																				
5 450,99	I,IV	1 111,08	—	88,88	99,99	I	1 111,08	—	77,95	87,69	—	67,50	75,93	—	57,53	64,72	—	48,05	54,05	—	39,05	43,93	—	30,54	34,35
	II	980,33	—	78,42	88,22	II	980,33	—	67,95	76,44	—	57,96	65,21	—	48,46	54,51	—	39,44	44,37	—	30,90	34,76	—	22,85	25,70
	III	681,50	—	54,52	61,33	III	681,50	—	46,56	52,38	—	38,84	43,69	—	31,37	35,29	—	24,13	27,14	—	17,14	19,28	—	10,45	11,75
	V	1 583,83	20,32	126,70	142,54	IV	1 111,08	—	83,36	93,78	—	77,95	87,69	—	72,66	81,74	—	67,50	75,93	—	62,46	70,26	—	57,53	64,72
	VI	1 620,08	24,64	129,60	145,80																				
5 453,99	I,IV	1 112,25	—	88,98	100,10	I	1 112,25	—	78,04	87,79	—	67,58	76,02	—	57,61	64,81	—	48,12	54,14	—	39,12	44,01	—	30,60	34,43
	II	981,41	—	78,51	88,32	II	981,41	—	68,03	76,53	—	58,04	65,30	—	48,53	54,59	—	39,51	44,45	—	30,97	34,84	—	22,91	25,77
	III	682,16	—	54,57	61,39	III	682,16	—	46,62	52,45	—	38,90	43,76	—	31,42	35,35	—	24,20	27,22	—	17,20	19,35	—	10,50	11,81
	V	1 585,—	20,46	126,80	142,65	IV	1 112,25	—	83,44	93,87	—	78,04	87,79	—	72,75	81,84	—	67,58	76,02	—	62,54	70,35	—	57,61	64,81
	VI	1 621,25	24,78	129,70	145,91																				
5 456,99	I,IV	1 113,33	—	89,06	100,19	I	1 113,33	—	78,12	87,88	—	67,66	76,12	—	57,68	64,89	—	48,20	54,22	—	39,19	44,09	—	30,66	34,49
	II	982,50	—	78,60	88,42	II	982,50	—	68,12	76,63	—	58,12	65,38	—	48,60	54,68	—	39,58	44,52	—	31,04	34,92	—	22,98	25,85
	III	683,—	—	54,64	61,47	III	683,—	—	46,68	52,51	—	38,96	43,83	—	31,48	35,41	—	24,25	27,28	—	17,25	19,40	—	10,54	11,86
	V	1 586,16	20,60	126,89	142,75	IV	1 113,33	—	83,53	93,97	—	78,12	87,88	—	72,83	81,93	—	67,66	76,12	—	62,61	70,43	—	57,68	64,89
	VI	1 622,41	24,92	129,79	146,01																				

* Die ausgewiesenen Tabellenwerte sind amtlich. Siehe Erläuterungen auf der Umschlaginnenseite (U2).

5 507,99* MONAT

Lohn/ Gehalt bis €*	Abzüge an Lohnsteuer, Solidaritätszuschlag (SolZ) und Kirchensteuer (8%, 9%) in den Steuerklassen I – VI					I, II, III, IV		mit Zahl der Kinderfreibeträge . . . 0,5			1			1,5			2			2,5			3		
		LSt	ohne Kinderfreibeträge SolZ	8%	9%		LSt	SolZ	8%	9%	SolZ	8%	9%	SolZ	8%	9%	SolZ	8%	9%	SolZ	8%	9%	SolZ	8%	9%
5 459,99	I,IV	1 114,41	—	89,15	100,29	I	1 114,41	—	78,20	87,98	—	67,74	76,21	—	57,76	64,98	—	48,27	54,30	—	39,26	44,16	—	30,73	34,57
	II	983,50	—	78,68	88,51	II	983,50	—	68,20	76,72	—	58,20	65,47	—	48,68	54,76	—	39,65	44,60	—	31,10	34,98	—	23,04	25,92
	III	683,83	—	54,70	61,54	III	683,83	—	46,74	52,58	—	39,02	43,90	—	31,54	35,48	—	24,30	27,34	—	17,30	19,46	—	10,60	11,92
	V	1 587,33	20,74	126,98	142,85	IV	1 114,41	—	83,62	94,07	—	78,20	87,98	—	72,91	82,02	—	67,74	76,21	—	62,69	70,52	—	57,76	64,98
	VI	1 623,58	25,05	129,88	146,12																				
5 462,99	I,IV	1 115,50	—	89,24	100,39	I	1 115,50	—	78,29	88,07	—	67,82	76,30	—	57,84	65,07	—	48,34	54,38	—	39,33	44,24	—	30,80	34,65
	II	984,58	—	78,76	88,61	II	984,58	—	68,28	76,81	—	58,27	65,55	—	48,75	54,84	—	39,72	44,68	—	31,16	35,06	—	23,10	25,98
	III	684,66	—	54,77	61,61	III	684,66	—	46,80	52,65	—	39,08	43,96	—	31,60	35,55	—	24,36	27,40	—	17,36	19,53	—	10,65	11,98
	V	1 588,50	20,88	127,08	142,96	IV	1 115,50	—	83,70	94,16	—	78,29	88,07	—	73,—	82,12	—	67,82	76,30	—	62,77	70,61	—	57,84	65,07
	VI	1 624,75	25,19	129,98	146,22																				
5 465,99	I,IV	1 116,58	—	89,32	100,49	I	1 116,58	—	78,37	88,16	—	67,90	76,39	—	57,92	65,16	—	48,42	54,47	—	39,40	44,32	—	30,86	34,72
	II	985,66	—	78,85	88,70	II	985,66	—	68,36	76,90	—	58,35	65,64	—	48,82	54,92	—	39,78	44,75	—	31,23	35,13	—	23,16	26,05
	III	685,50	—	54,84	61,69	III	685,50	—	46,86	52,72	—	39,14	44,03	—	31,66	35,62	—	24,41	27,46	—	17,42	19,60	—	10,70	12,04
	V	1 589,66	21,02	127,17	143,06	IV	1 116,58	—	83,79	94,26	—	78,37	88,16	—	73,08	82,21	—	67,90	76,39	—	62,85	70,70	—	57,92	65,16
	VI	1 625,91	25,33	130,07	146,33																				
5 468,99	I,IV	1 117,75	—	89,42	100,59	I	1 117,75	—	78,46	88,26	—	67,98	76,48	—	57,99	65,24	—	48,48	54,54	—	39,46	44,39	—	30,93	34,79
	II	986,66	—	78,93	88,79	II	986,66	—	68,44	76,99	—	58,42	65,72	—	48,90	55,01	—	39,86	44,84	—	31,30	35,21	—	23,22	26,12
	III	686,16	—	54,89	61,75	III	686,16	—	46,93	52,79	—	39,20	44,10	—	31,72	35,68	—	24,48	27,54	—	17,48	19,66	—	10,74	12,08
	V	1 590,75	21,15	127,26	143,16	IV	1 117,75	—	83,88	94,36	—	78,46	88,26	—	73,16	82,30	—	67,98	76,48	—	62,92	70,79	—	57,99	65,24
	VI	1 627,08	25,47	130,16	146,43																				
5 471,99	I,IV	1 118,83	—	89,50	100,69	I	1 118,83	—	78,54	88,36	—	68,06	76,57	—	58,07	65,33	—	48,56	54,63	—	39,54	44,48	—	30,99	34,86
	II	987,75	—	79,02	88,89	II	987,75	—	68,52	77,08	—	58,50	65,81	—	48,97	55,09	—	39,92	44,91	—	31,36	35,28	—	23,28	26,19
	III	687,—	—	54,96	61,83	III	687,—	—	46,98	52,85	—	39,26	44,17	—	31,77	35,74	—	24,53	27,59	—	17,53	19,72	—	10,80	12,15
	V	1 591,91	21,29	127,35	143,27	IV	1 118,83	—	83,96	94,46	—	78,54	88,36	—	73,24	82,40	—	68,06	76,57	—	63,—	70,88	—	58,07	65,33
	VI	1 628,16	25,60	130,25	146,53																				
5 474,99	I,IV	1 119,91	—	89,59	100,79	I	1 119,91	—	78,63	88,46	—	68,14	76,66	—	58,15	65,42	—	48,64	54,72	—	39,60	44,55	—	31,06	34,94
	II	988,83	—	79,10	88,99	II	988,83	—	68,60	77,18	—	58,58	65,90	—	49,04	55,17	—	40,—	45,—	—	31,43	35,36	—	23,34	26,26
	III	687,83	—	55,02	61,90	III	687,83	—	47,05	52,93	—	39,32	44,23	—	31,84	35,82	—	24,58	27,65	—	17,58	19,78	—	10,85	12,20
	V	1 593,16	21,43	127,45	143,38	IV	1 119,91	—	84,05	94,55	—	78,63	88,46	—	73,32	82,49	—	68,14	76,66	—	63,08	70,97	—	58,15	65,42
	VI	1 629,41	25,75	130,35	146,64																				
5 477,99	I,IV	1 121,08	—	89,68	100,89	I	1 121,08	—	78,71	88,55	—	68,22	76,75	—	58,22	65,50	—	48,71	54,80	—	39,68	44,64	—	31,12	35,01
	II	989,91	—	79,19	89,09	II	989,91	—	68,68	77,27	—	58,66	65,99	—	49,12	55,26	—	40,06	45,07	—	31,50	35,43	—	23,41	26,33
	III	688,66	—	55,09	61,97	III	688,66	—	47,12	53,01	—	39,38	44,30	—	31,89	35,87	—	24,64	27,72	—	17,64	19,84	—	10,90	12,26
	V	1 594,25	21,56	127,54	143,48	IV	1 121,08	—	84,14	94,65	—	78,71	88,55	—	73,41	82,58	—	68,22	76,75	—	63,16	71,06	—	58,22	65,50
	VI	1 630,58	25,89	130,44	146,75																				
5 480,99	I,IV	1 122,16	—	89,77	100,99	I	1 122,16	—	78,80	88,65	—	68,31	76,85	—	58,30	65,59	—	48,78	54,88	—	39,74	44,71	—	31,19	35,09
	II	990,91	—	79,27	89,18	II	990,91	—	68,76	77,36	—	58,74	66,08	—	49,19	55,34	—	40,14	45,15	—	31,56	35,50	—	23,47	26,40
	III	689,50	—	55,16	62,05	III	689,50	—	47,17	53,06	—	39,44	44,37	—	31,94	35,93	—	24,70	27,79	—	17,69	19,90	—	10,96	12,33
	V	1 595,41	21,70	127,63	143,58	IV	1 122,16	—	84,22	94,75	—	78,80	88,65	—	73,49	82,67	—	68,31	76,85	—	63,24	71,15	—	58,30	65,59
	VI	1 631,66	26,02	130,53	146,84																				
5 483,99	I,IV	1 123,25	—	89,86	101,09	I	1 123,25	—	78,88	88,74	—	68,39	76,94	—	58,38	65,67	—	48,86	54,96	—	39,81	44,78	—	31,26	35,16
	II	992,—	—	79,36	89,28	II	992,—	—	68,84	77,45	—	58,81	66,16	—	49,26	55,42	—	40,20	45,23	—	31,62	35,57	—	23,53	26,47
	III	690,16	—	55,21	62,11	III	690,16	—	47,24	53,14	—	39,50	44,44	—	32,01	36,01	—	24,76	27,85	—	17,74	19,96	—	11,—	12,37
	V	1 596,58	21,84	127,72	143,69	IV	1 123,25	—	84,31	94,85	—	78,88	88,74	—	73,58	82,77	—	68,39	76,94	—	63,32	71,24	—	58,38	65,67
	VI	1 632,83	26,16	130,62	146,95																				
5 486,99	I,IV	1 124,33	—	89,94	101,18	I	1 124,33	—	78,96	88,83	—	68,47	77,03	—	58,46	65,76	—	48,92	55,04	—	39,88	44,87	—	31,32	35,24
	II	993,08	—	79,44	89,37	II	993,08	—	68,92	77,54	—	58,89	66,25	—	49,34	55,50	—	40,27	45,30	—	31,69	35,65	—	23,59	26,54
	III	691,—	—	55,28	62,19	III	691,—	—	47,30	53,21	—	39,56	44,50	—	32,06	36,07	—	24,81	27,91	—	17,80	20,02	—	11,05	12,43
	V	1 597,75	21,98	127,82	143,79	IV	1 124,33	—	84,40	94,95	—	78,96	88,83	—	73,66	82,86	—	68,47	77,03	—	63,40	71,33	—	58,46	65,76
	VI	1 634,—	26,29	130,72	147,06																				
5 489,99	I,IV	1 125,50	—	90,04	101,29	I	1 125,50	—	79,05	88,93	—	68,55	77,12	—	58,53	65,84	—	49,—	55,12	—	39,95	44,94	—	31,39	35,31
	II	994,08	—	79,52	89,46	II	994,08	—	69,—	77,63	—	58,96	66,33	—	49,41	55,58	—	40,34	45,38	—	31,76	35,73	—	23,66	26,61
	III	691,83	—	55,34	62,26	III	691,83	—	47,36	53,28	—	39,62	44,57	—	32,12	36,13	—	24,86	27,97	—	17,85	20,08	—	11,10	12,49
	V	1 598,91	22,12	127,91	143,90	IV	1 125,50	—	84,48	95,04	—	79,05	88,93	—	73,74	82,95	—	68,55	77,12	—	63,48	71,41	—	58,53	65,84
	VI	1 635,16	26,43	130,81	147,16																				
5 492,99	I,IV	1 126,58	—	90,12	101,39	I	1 126,58	—	79,14	89,03	—	68,63	77,21	—	58,61	65,93	—	49,07	55,20	—	40,02	45,02	—	31,45	35,38
	II	995,16	—	79,61	89,56	II	995,16	—	69,08	77,72	—	59,04	66,42	—	49,48	55,67	—	40,41	45,46	—	31,82	35,80	—	23,72	26,68
	III	692,66	—	55,41	62,33	III	692,66	—	47,42	53,35	—	39,68	44,64	—	32,18	36,20	—	24,92	28,03	—	17,90	20,14	—	11,16	12,55
	V	1 600,08	22,26	128,—	144,—	IV	1 126,58	—	84,57	95,14	—	79,14	89,03	—	73,82	83,05	—	68,63	77,21	—	63,56	71,50	—	58,61	65,93
	VI	1 636,33	26,57	130,90	147,26																				
5 495,99	I,IV	1 127,66	—	90,21	101,48	I	1 127,66	—	79,22	89,12	—	68,71	77,30	—	58,68	66,02	—	49,14	55,28	—	40,09	45,10	—	31,52	35,46
	II	996,25	—	79,70	89,66	II	996,25	—	69,16	77,81	—	59,12	66,51	—	49,56	55,75	—	40,48	45,54	—	31,89	35,87	—	23,78	26,75
	III	693,33	—	55,46	62,39	III	693,33	—	47,48	53,41	—	39,74	44,71	—	32,24	36,27	—	24,98	28,10	—	17,96	20,20	—	11,20	12,60
	V	1 601,25	22,40	128,10	144,11	IV	1 127,66	—	84,66	95,24	—	79,22	89,12	—	73,90	83,14	—	68,71	77,30	—	63,64	71,59	—	58,68	66,02
	VI	1 637,50	26,71	131,—	147,37																				
5 498,99	I,IV	1 128,75	—	90,30	101,58	I	1 128,75	—	79,30	89,21	—	68,79	77,39	—	58,76	66,11	—	49,22	55,37	—	40,16	45,18	—	31,58	35,53
	II	997,33	—	79,78	89,75	II	997,33	—	69,25	77,90	—	59,20	66,60	—	49,63	55,83	—	40,55	45,62	—	31,96	35,95	—	23,84	26,82
	III	694,16	—	55,53	62,47	III	694,16	—	47,54	53,48	—	39,80	44,77	—	32,30	36,34	—	25,04	28,17	—	18,01	20,26	—	11,25	12,65
	V	1 602,33	22,53	128,18	144,20	IV	1 128,75	—	84,74	95,33	—	79,30	89,21	—	73,98	83,23	—	68,79	77,39	—	63,72	71,68	—	58,76	66,11
	VI	1 638,66	26,85	131,09	147,47																				
5 501,99	I,IV	1 129,91	—	90,39	101,69	I	1 129,91	—	79,39	89,31	—	68,87	77,48	—	58,84	66,20	—	49,29	55,45	—	40,23	45,26	—	31,65	35,60
	II	998,33	—	79,86	89,84	II	998,33	—	69,33	77,99	—	59,28	66,69	—	49,70	55,91	—	40,62	45,70	—	32,02	36,02	—	23,90	26,89
	III	695,—	—	55,60	62,55	III	695,—	—	47,61	53,56	—	39,86	44,84	—	32,36	36,40	—	25,09	28,22	—	18,06	20,32	—	11,30	12,71
	V	1 603,50	22,66	128,28	144,31	IV	1 129,91	—	84,83	95,43	—	79,39	89,31	—	74,07	83,33	—	68,87	77,48	—	63,80	71,77	—	58,84	66,20
	VI	1 639,75	26,98	131,18	147,57																				
5 504,99	I,IV	1 131,—	—	90,48	101,79	I	1 131,—	—	79,47	89,40	—	68,95	77,57	—	58,92	66,28	—	49,36	55,53	—	40,30	45,33	—	31,72	35,68
	II	999,41	—	79,95	89,94	II	999,41	—	69,41	78,08	—	59,35	66,77	—	49,78	56,—	—	40,69	45,77	—	32,08	36,09	—	23,96	26,96
	III	695,83	—	55,66	62,62	III	695,83	—	47,66	53,62	—	39,92	44,91	—	32,41	36,46	—	25,14	28,28	—	18,13	20,39	—	11,36	12,78
	V	1 604,66	22,80	128,37	144,41	IV	1 131,—	—	84,92	95,53	—	79,47	89,40	—	74,15	83,42	—	68,95	77,57	—	63,88	71,86	—	58,92	66,28
	VI	1 640,91	27,12	131,27	147,68																				
5 507,99	I,IV	1 132,08	—	90,56	101,88	I	1 132,08	—	79,56	89,50	—	69,04	77,67	—	59,—	66,37	—	49,44	55,62	—	40,37	45,41	—	31,78	35,75
	II	1 000,50	—	80,04	90,04	II	1 000,50	—	69,49	78,17	—	59,43	66,86	—	49,85	56,08	—	40,76	45,85	—	32,15	36,17	—	24,02	27,02
	III	696,50	—	55,72	62,68	III	696,50	—	47,73	53,69	—	39,98	44,98	—	32,46	36,52	—	25,20	28,35	—	18,18	20,45	—	11,41	12,83
	V	1 605,83	22,94	128,46	144,52	IV	1 132,08	—	85,—	95,63	—	79,56	89,50	—	74,24	83,52	—	69,04	77,67	—	63,96	71,95	—	59,—	66,37
	VI	1 642,08	27,26	131,36	147,78																				

* Die ausgewiesenen Tabellenwerte sind amtlich. Siehe Erläuterungen auf der Umschlaginnenseite (U2).

MONAT 5 508,–*

Abzüge an Lohnsteuer, Solidaritätszuschlag (SolZ) und Kirchensteuer (8%, 9%) in den Steuerklassen

Lohn/ Gehalt bis €*	I – VI	LSt	SolZ	8%	9%	I, II, III, IV	LSt	0,5 SolZ	0,5 8%	0,5 9%	1 SolZ	1 8%	1 9%	1,5 SolZ	1,5 8%	1,5 9%	2 SolZ	2 8%	2 9%	2,5 SolZ	2,5 8%	2,5 9%	3 SolZ	3 8%	3 9%
			ohne Kinderfreibeträge					mit Zahl der Kinderfreibeträge . . .																	
5 510,99	I,IV	1 133,25	—	90,66	101,99	I	1 133,25	—	79,64	89,60	—	69,12	77,76	—	59,07	66,45	—	49,51	55,70	—	40,44	45,49	—	31,84	35,82
	II	1 001,58	—	80,12	90,14	II	1 001,58	—	69,57	78,26	—	59,50	66,94	—	49,92	56,16	—	40,83	45,93	—	32,22	36,24	—	24,09	27,10
	III	697,33	—	55,78	62,75	III	697,33	—	47,80	53,77	—	40,04	45,04	—	32,53	36,59	—	25,26	28,42	—	18,24	20,52	—	11,46	12,89
	V	1 607,—	23,08	128,56	144,63	IV	1 133,25	—	85,09	95,72	—	79,64	89,60	—	74,32	83,61	—	69,12	77,76	—	64,03	72,03	—	59,07	66,45
	VI	1 643,25	27,39	131,46	147,89																				
5 513,99	I,IV	1 134,33	—	90,74	102,08	I	1 134,33	—	79,73	89,69	—	69,20	77,85	—	59,15	66,54	—	49,58	55,78	—	40,50	45,56	—	31,91	35,90
	II	1 002,58	—	80,20	90,23	II	1 002,58	—	69,65	78,35	—	59,58	67,03	—	50,—	56,25	—	40,90	46,01	—	32,28	36,32	—	24,15	27,17
	III	698,16	—	55,85	62,83	III	698,16	—	47,85	53,83	—	40,10	45,11	—	32,58	36,65	—	25,32	28,48	—	18,29	20,57	—	11,50	12,94
	V	1 608,16	23,22	128,65	144,73	IV	1 134,33	—	85,18	95,82	—	79,73	89,69	—	74,40	83,70	—	69,20	77,85	—	64,11	72,12	—	59,15	66,54
	VI	1 644,41	27,53	131,55	147,99																				
5 516,99	I,IV	1 135,41	—	90,83	102,18	I	1 135,41	—	79,81	89,78	—	69,28	77,94	—	59,22	66,62	—	49,66	55,86	—	40,58	45,65	—	31,98	35,97
	II	1 003,66	—	80,29	90,32	II	1 003,66	—	69,74	78,45	—	59,66	67,12	—	50,07	56,33	—	40,97	46,09	—	32,35	36,39	—	24,21	27,23
	III	699,—	—	55,92	62,91	III	699,—	—	47,92	53,91	—	40,16	45,18	—	32,65	36,73	—	25,37	28,54	—	18,34	20,63	—	11,56	13,—
	V	1 609,33	23,36	128,74	144,83	IV	1 135,41	—	85,26	95,92	—	79,81	89,78	—	74,48	83,79	—	69,28	77,94	—	64,19	72,21	—	59,22	66,62
	VI	1 645,58	27,67	131,64	148,10																				
5 519,99	I,IV	1 136,50	—	90,92	102,28	I	1 136,50	—	79,90	89,88	—	69,36	78,03	—	59,30	66,71	—	49,73	55,94	—	40,64	45,72	—	32,04	36,05
	II	1 004,75	—	80,38	90,42	II	1 004,75	—	69,82	78,54	—	59,74	67,20	—	50,14	56,41	—	41,04	46,17	—	32,42	36,47	—	24,28	27,31
	III	699,83	—	55,98	62,98	III	699,83	—	47,98	53,98	—	40,22	45,25	—	32,70	36,79	—	25,42	28,60	—	18,40	20,70	—	11,61	13,06
	V	1 610,41	23,49	128,83	144,93	IV	1 136,50	—	85,35	96,02	—	79,90	89,88	—	74,56	83,88	—	69,36	78,03	—	64,27	72,30	—	59,30	66,71
	VI	1 646,75	27,81	131,74	148,20																				
5 522,99	I,IV	1 137,66	—	91,01	102,38	I	1 137,66	—	79,98	89,98	—	69,44	78,12	—	59,38	66,80	—	49,80	56,03	—	40,72	45,81	—	32,11	36,12
	II	1 005,75	—	80,46	90,51	II	1 005,75	—	69,90	78,63	—	59,82	67,29	—	50,22	56,49	—	41,11	46,25	—	32,48	36,54	—	24,34	27,38
	III	700,66	—	56,05	63,05	III	700,66	—	48,04	54,04	—	40,28	45,31	—	32,76	36,85	—	25,49	28,67	—	18,45	20,75	—	11,66	13,12
	V	1 611,58	23,63	128,92	145,04	IV	1 137,66	—	85,44	96,12	—	79,98	89,98	—	74,65	83,98	—	69,44	78,12	—	64,35	72,39	—	59,38	66,80
	VI	1 647,83	27,94	131,82	148,30																				
5 525,99	I,IV	1 138,75	—	91,10	102,48	I	1 138,75	—	80,06	90,07	—	69,52	78,21	—	59,46	66,89	—	49,88	56,11	—	40,78	45,88	—	32,18	36,20
	II	1 006,83	—	80,54	90,61	II	1 006,83	—	69,98	78,72	—	59,89	67,37	—	50,30	56,58	—	41,18	46,32	—	32,54	36,61	—	24,40	27,45
	III	701,33	—	56,10	63,11	III	701,33	—	48,10	54,11	—	40,34	45,38	—	32,82	36,92	—	25,54	28,73	—	18,50	20,81	—	11,72	13,18
	V	1 612,75	23,77	129,02	145,14	IV	1 138,75	—	85,52	96,21	—	80,06	90,07	—	74,73	84,07	—	69,52	78,21	—	64,43	72,48	—	59,46	66,89
	VI	1 649,—	28,08	131,92	148,41																				
5 528,99	I,IV	1 139,91	—	91,19	102,59	I	1 139,91	—	80,16	90,18	—	69,60	78,30	—	59,54	66,98	—	49,96	56,20	—	40,86	45,96	—	32,24	36,27
	II	1 007,91	—	80,63	90,71	II	1 007,91	—	70,06	78,82	—	59,97	67,46	—	50,37	56,66	—	41,25	46,40	—	32,62	36,69	—	24,46	27,52
	III	702,16	—	56,17	63,19	III	702,16	—	48,17	54,19	—	40,40	45,45	—	32,88	36,99	—	25,60	28,80	—	18,56	20,88	—	11,77	13,24
	V	1 613,91	23,90	129,11	145,25	IV	1 139,91	—	85,61	96,31	—	80,16	90,18	—	74,82	84,17	—	69,60	78,30	—	64,51	72,57	—	59,54	66,98
	VI	1 650,25	28,23	132,02	148,52																				
5 531,99	I,IV	1 141,—	—	91,28	102,69	I	1 141,—	—	80,24	90,27	—	69,68	78,39	—	59,62	67,07	—	50,03	56,28	—	40,92	46,04	—	32,31	36,35
	II	1 009,—	—	80,72	90,81	II	1 009,—	—	70,14	78,91	—	60,05	67,55	—	50,44	56,75	—	41,32	46,48	—	32,68	36,77	—	24,52	27,59
	III	703,—	—	56,24	63,27	III	703,—	—	48,22	54,25	—	40,46	45,52	—	32,94	37,06	—	25,65	28,85	—	18,61	20,93	—	11,82	13,30
	V	1 615,08	24,04	129,20	145,35	IV	1 141,—	—	85,70	96,41	—	80,24	90,27	—	74,90	84,26	—	69,68	78,39	—	64,59	72,66	—	59,62	67,07
	VI	1 651,33	28,36	132,10	148,61																				
5 534,99	I,IV	1 142,08	—	91,36	102,78	I	1 142,08	—	80,32	90,36	—	69,76	78,48	—	59,69	67,15	—	50,10	56,36	—	41,—	46,12	—	32,38	36,42
	II	1 010,08	—	80,80	90,90	II	1 010,08	—	70,22	79,—	—	60,13	67,64	—	50,52	56,83	—	41,39	46,56	—	32,75	36,84	—	24,59	27,66
	III	703,83	—	56,30	63,34	III	703,83	—	48,29	54,32	—	40,52	45,58	—	33,—	37,12	—	25,72	28,93	—	18,66	20,99	—	11,88	13,36
	V	1 616,25	24,18	129,30	145,46	IV	1 142,08	—	85,78	96,50	—	80,32	90,36	—	74,98	84,35	—	69,76	78,48	—	64,67	72,75	—	59,69	67,15
	VI	1 652,50	28,50	132,20	148,72																				
5 537,99	I,IV	1 143,25	—	91,46	102,89	I	1 143,25	—	80,41	90,46	—	69,84	78,57	—	59,77	67,24	—	50,18	56,45	—	41,06	46,19	—	32,44	36,50
	II	1 011,16	—	80,89	91,—	II	1 011,16	—	70,30	79,09	—	60,20	67,73	—	50,59	56,91	—	41,46	46,64	—	32,81	36,91	—	24,65	27,73
	III	704,66	—	56,37	63,41	III	704,66	—	48,36	54,40	—	40,58	45,65	—	33,05	37,18	—	25,77	28,99	—	18,73	21,07	—	11,93	13,42
	V	1 617,41	24,32	129,39	145,56	IV	1 143,25	—	85,87	96,60	—	80,41	90,46	—	75,07	84,45	—	69,84	78,57	—	64,75	72,84	—	59,77	67,24
	VI	1 653,66	28,63	132,29	148,82																				
5 540,99	I,IV	1 144,33	—	91,54	102,98	I	1 144,33	—	80,50	90,56	—	69,93	78,67	—	59,84	67,32	—	50,25	56,53	—	41,14	46,28	—	32,50	36,56
	II	1 012,16	—	80,97	91,09	II	1 012,16	—	70,38	79,18	—	60,28	67,82	—	50,66	56,99	—	41,53	46,72	—	32,88	36,99	—	24,71	27,80
	III	705,33	—	56,42	63,47	III	705,33	—	48,41	54,46	—	40,64	45,72	—	33,12	37,26	—	25,82	29,05	—	18,78	21,13	—	11,97	13,46
	V	1 618,58	24,46	129,48	145,67	IV	1 144,33	—	85,96	96,70	—	80,50	90,56	—	75,15	84,54	—	69,93	78,67	—	64,82	72,92	—	59,84	67,32
	VI	1 654,83	28,77	132,38	148,93																				
5 543,99	I,IV	1 145,41	—	91,63	103,08	I	1 145,41	—	80,58	90,65	—	70,01	78,76	—	59,92	67,41	—	50,32	56,61	—	41,20	46,35	—	32,57	36,64
	II	1 013,25	—	81,06	91,19	II	1 013,25	—	70,47	79,28	—	60,36	67,91	—	50,74	57,08	—	41,60	46,80	—	32,94	37,06	—	24,78	27,87
	III	706,16	—	56,49	63,55	III	706,16	—	48,48	54,54	—	40,70	45,79	—	33,17	37,31	—	25,88	29,11	—	18,84	21,19	—	12,02	13,52
	V	1 619,75	24,60	129,58	145,77	IV	1 145,41	—	86,04	96,80	—	80,58	90,65	—	75,23	84,63	—	70,01	78,76	—	64,90	73,01	—	59,92	67,41
	VI	1 656,—	28,91	132,48	149,04																				
5 546,99	I,IV	1 146,58	—	91,72	103,19	I	1 146,58	—	80,66	90,74	—	70,09	78,85	—	60,—	67,50	—	50,40	56,70	—	41,28	46,44	—	32,64	36,72
	II	1 014,33	—	81,14	91,28	II	1 014,33	—	70,55	79,37	—	60,44	67,99	—	50,81	57,16	—	41,67	46,88	—	33,01	37,13	—	24,84	27,94
	III	707,—	—	56,56	63,63	III	707,—	—	48,54	54,61	—	40,76	45,85	—	33,22	37,37	—	25,93	29,17	—	18,89	21,25	—	12,08	13,59
	V	1 620,91	24,74	129,67	145,88	IV	1 146,58	—	86,13	96,89	—	80,66	90,74	—	75,32	84,73	—	70,09	78,85	—	64,98	73,10	—	60,—	67,50
	VI	1 657,16	29,05	132,57	149,14																				
5 549,99	I,IV	1 147,66	—	91,81	103,28	I	1 147,66	—	80,75	90,84	—	70,17	78,94	—	60,08	67,59	—	50,47	56,78	—	41,34	46,51	—	32,70	36,79
	II	1 015,41	—	81,23	91,38	II	1 015,41	—	70,63	79,46	—	60,52	68,08	—	50,88	57,24	—	41,74	46,95	—	33,08	37,21	—	24,90	28,01
	III	707,83	—	56,62	63,70	III	707,83	—	48,60	54,67	—	40,82	45,92	—	33,29	37,45	—	26,—	29,25	—	18,94	21,31	—	12,13	13,64
	V	1 622,—	24,87	129,76	145,98	IV	1 147,66	—	86,22	96,99	—	80,75	90,84	—	75,40	84,82	—	70,17	78,94	—	65,06	73,19	—	60,08	67,59
	VI	1 658,33	29,19	132,66	149,24																				
5 552,99	I,IV	1 148,75	—	91,90	103,38	I	1 148,75	—	80,84	90,94	—	70,25	79,03	—	60,16	67,68	—	50,54	56,86	—	41,42	46,59	—	32,77	36,86
	II	1 016,50	—	81,32	91,48	II	1 016,50	—	70,71	79,55	—	60,60	68,17	—	50,96	57,33	—	41,81	47,03	—	33,14	37,28	—	24,96	28,08
	III	708,66	—	56,69	63,77	III	708,66	—	48,66	54,74	—	40,88	45,99	—	33,34	37,51	—	26,05	29,30	—	19,—	21,37	—	12,18	13,70
	V	1 623,16	25,—	129,85	146,08	IV	1 148,75	—	86,30	97,09	—	80,84	90,94	—	75,48	84,92	—	70,25	79,03	—	65,14	73,28	—	60,16	67,68
	VI	1 659,41	29,32	132,75	149,34																				
5 555,99	I,IV	1 149,91	—	91,99	103,49	I	1 149,91	—	80,92	91,03	—	70,34	79,13	—	60,24	67,77	—	50,62	56,94	—	41,48	46,67	—	32,84	36,94
	II	1 017,50	—	81,40	91,57	II	1 017,50	—	70,80	79,65	—	60,67	68,25	—	51,04	57,42	—	41,88	47,11	—	33,21	37,36	—	25,02	28,15
	III	709,50	—	56,76	63,85	III	709,50	—	48,73	54,82	—	40,94	46,06	—	33,41	37,58	—	26,10	29,36	—	19,05	21,43	—	12,24	13,77
	V	1 624,33	25,14	129,94	146,18	IV	1 149,91	—	86,39	97,19	—	80,92	91,03	—	75,56	85,01	—	70,34	79,13	—	65,22	73,37	—	60,24	67,77
	VI	1 660,58	29,46	132,84	149,45																				
5 558,99	I,IV	1 151,—	—	92,08	103,59	I	1 151,—	—	81,—	91,13	—	70,42	79,22	—	60,31	67,85	—	50,69	57,02	—	41,56	46,75	—	32,90	37,01
	II	1 018,58	—	81,48	91,67	II	1 018,58	—	70,88	79,74	—	60,75	68,34	—	51,11	57,50	—	41,95	47,19	—	33,28	37,44	—	25,09	28,22
	III	710,16	—	56,81	63,91	III	710,16	—	48,78	54,88	—	41,—	46,12	—	33,46	37,64	—	26,16	29,43	—	19,10	21,49	—	12,29	13,82
	V	1 625,50	25,28	130,04	146,29	IV	1 151,—	—	86,48	97,29	—	81,—	91,13	—	75,65	85,10	—	70,42	79,22	—	65,30	73,46	—	60,31	67,85
	VI	1 661,75	29,60	132,94	149,55																				

* **Die ausgewiesenen Tabellenwerte sind amtlich. Siehe Erläuterungen auf der Umschlaginnenseite (U2).**

5 609,99* MONAT

Abzüge an Lohnsteuer, Solidaritätszuschlag (SolZ) und Kirchensteuer (8%, 9%) in den Steuerklassen

Lohn/ Gehalt bis €*	I – VI		ohne Kinderfreibeträge			I, II, III, IV		mit Zahl der Kinderfreibeträge . . . 0,5			1			1,5			2			2,5			3		
		LSt	SolZ	8%	9%		LSt	SolZ	8%	9%	SolZ	8%	9%	SolZ	8%	9%	SolZ	8%	9%	SolZ	8%	9%	SolZ	8%	9%
5 561,99	I,IV	1 152,08	—	92,16	103,68	I	1 152,08	—	81,09	91,22	—	70,50	79,31	—	60,39	67,94	—	50,76	57,11	—	41,62	46,82	—	32,97	37,09
	II	1 019,66	—	81,57	91,76	II	1 019,66	—	70,96	79,83	—	60,83	68,43	—	51,18	57,58	—	42,02	47,27	—	33,34	37,51	—	25,15	28,29
	III	711,—	—	56,88	63,99	III	711,—	—	48,85	54,95	—	41,06	46,19	—	33,52	37,71	—	26,22	29,50	—	19,16	21,55	—	12,34	13,88
	V	1 626,66	25,42	130,13	146,39	IV	1 152,08	—	86,57	97,39	—	81,09	91,22	—	75,73	85,19	—	70,50	79,31	—	65,38	73,55	—	60,39	67,94
	VI	1 662,91	29,74	133,03	149,66																				
5 564,99	I,IV	1 153,25	—	92,26	103,79	I	1 153,25	—	81,18	91,32	—	70,58	79,40	—	60,46	68,02	—	50,84	57,19	—	41,70	46,91	—	33,04	37,17
	II	1 020,75	—	81,66	91,86	II	1 020,75	—	71,04	79,92	—	60,90	68,51	—	51,26	57,66	—	42,09	47,35	—	33,41	37,58	—	25,21	28,36
	III	711,83	—	56,94	64,06	III	711,83	—	48,92	55,03	—	41,13	46,27	—	33,58	37,78	—	26,28	29,56	—	19,21	21,61	—	12,40	13,95
	V	1 627,83	25,56	130,22	146,50	IV	1 153,25	—	86,66	97,49	—	81,18	91,32	—	75,82	85,29	—	70,58	79,40	—	65,46	73,64	—	60,46	68,02
	VI	1 664,08	29,87	133,12	149,76																				
5 567,99	I,IV	1 154,33	—	92,34	103,88	I	1 154,33	—	81,26	91,41	—	70,66	79,49	—	60,54	68,11	—	50,91	57,27	—	41,76	46,98	—	33,10	37,24
	II	1 021,83	—	81,74	91,96	II	1 021,83	—	71,12	80,01	—	60,98	68,60	—	51,33	57,74	—	42,16	47,43	—	33,48	37,66	—	25,28	28,44
	III	712,66	—	57,01	64,13	III	712,66	—	48,97	55,09	—	41,18	46,33	—	33,64	37,84	—	26,33	29,62	—	19,26	21,67	—	12,45	14,—
	V	1 629,—	25,70	130,32	146,61	IV	1 154,33	—	86,74	97,58	—	81,26	91,41	—	75,90	85,38	—	70,66	79,49	—	65,54	73,73	—	60,54	68,11
	VI	1 665,25	30,01	133,22	149,87																				
5 570,99	I,IV	1 155,41	—	92,43	103,98	I	1 155,41	—	81,34	91,51	—	70,74	79,58	—	60,62	68,20	—	50,98	57,35	—	41,84	47,07	—	33,17	37,31
	II	1 022,91	—	81,83	92,06	II	1 022,91	—	71,20	80,10	—	61,06	68,69	—	51,40	57,83	—	42,23	47,51	—	33,54	37,73	—	25,34	28,50
	III	713,33	—	57,06	64,19	III	713,33	—	49,04	55,17	—	41,25	46,40	—	33,69	37,90	—	26,38	29,68	—	19,32	21,73	—	12,50	14,06
	V	1 630,08	25,83	130,40	146,70	IV	1 155,41	—	86,83	97,68	—	81,34	91,51	—	75,98	85,48	—	70,74	79,58	—	65,62	73,82	—	60,62	68,20
	VI	1 666,41	30,15	133,31	149,97																				
5 573,99	I,IV	1 156,58	—	92,52	104,09	I	1 156,58	—	81,43	91,61	—	70,82	79,67	—	60,70	68,28	—	51,06	57,44	—	41,90	47,14	—	33,24	37,39
	II	1 023,91	—	81,91	92,15	II	1 023,91	—	71,28	80,19	—	61,14	68,78	—	51,48	57,91	—	42,30	47,59	—	33,61	37,81	—	25,40	28,58
	III	714,16	—	57,13	64,27	III	714,16	—	49,10	55,24	—	41,30	46,46	—	33,76	37,98	—	26,45	29,75	—	19,38	21,80	—	12,56	14,13
	V	1 631,25	25,97	130,50	146,81	IV	1 156,58	—	86,92	97,78	—	81,43	91,61	—	76,06	85,57	—	70,82	79,67	—	65,70	73,91	—	60,70	68,28
	VI	1 667,50	30,28	133,40	150,07																				
5 576,99	I,IV	1 157,66	—	92,61	104,18	I	1 157,66	—	81,52	91,71	—	70,90	79,76	—	60,78	68,37	—	51,14	57,53	—	41,98	47,22	—	33,30	37,46
	II	1 025,—	—	82,—	92,25	II	1 025,—	—	71,36	80,28	—	61,22	68,87	—	51,55	57,99	—	42,37	47,66	—	33,68	37,89	—	25,46	28,64
	III	715,—	—	57,20	64,35	III	715,—	—	49,16	55,30	—	41,37	46,54	—	33,81	38,03	—	26,50	29,81	—	19,44	21,87	—	12,61	14,18
	V	1 632,41	26,11	130,59	146,91	IV	1 157,66	—	87,—	97,88	—	81,52	91,71	—	76,15	85,67	—	70,90	79,76	—	65,78	74,—	—	60,78	68,37
	VI	1 668,66	30,42	133,49	150,17																				
5 579,99	I,IV	1 158,83	—	92,70	104,29	I	1 158,83	—	81,60	91,80	—	70,98	79,85	—	60,86	68,46	—	51,21	57,61	—	42,04	47,30	—	33,37	37,54
	II	1 026,08	—	82,08	92,34	II	1 026,08	—	71,45	80,38	—	61,30	68,96	—	51,62	58,07	—	42,44	47,75	—	33,74	37,96	—	25,52	28,71
	III	715,83	—	57,26	64,42	III	715,83	—	49,22	55,37	—	41,42	46,60	—	33,88	38,11	—	26,56	29,88	—	19,49	21,92	—	12,66	14,24
	V	1 633,58	26,24	130,68	147,02	IV	1 158,83	—	87,09	97,97	—	81,60	91,80	—	76,24	85,77	—	70,98	79,85	—	65,86	74,09	—	60,86	68,46
	VI	1 669,83	30,56	133,58	150,28																				
5 582,99	I,IV	1 159,91	—	92,79	104,39	I	1 159,91	—	81,69	91,90	—	71,07	79,95	—	60,93	68,54	—	51,28	57,69	—	42,12	47,38	—	33,44	37,62
	II	1 027,16	—	82,17	92,44	II	1 027,16	—	71,53	80,47	—	61,37	69,04	—	51,70	58,16	—	42,51	47,82	—	33,81	38,03	—	25,59	28,79
	III	716,66	—	57,33	64,49	III	716,66	—	49,29	55,45	—	41,49	46,67	—	33,93	38,17	—	26,61	29,93	—	19,54	21,98	—	12,72	14,31
	V	1 634,75	26,38	130,78	147,12	IV	1 159,91	—	87,18	98,07	—	81,69	91,90	—	76,32	85,86	—	71,07	79,95	—	65,94	74,18	—	60,93	68,54
	VI	1 671,—	30,70	133,68	150,39																				
5 585,99	I,IV	1 161,08	—	92,88	104,49	I	1 161,08	—	81,78	92,—	—	71,15	80,04	—	61,01	68,63	—	51,36	57,78	—	42,19	47,46	—	33,50	37,69
	II	1 028,25	—	82,26	92,54	II	1 028,25	—	71,61	80,56	—	61,45	69,13	—	51,78	58,25	—	42,58	47,90	—	33,88	38,11	—	25,65	28,85
	III	717,50	—	57,40	64,57	III	717,50	—	49,34	55,51	—	41,54	46,73	—	33,98	38,23	—	26,68	30,01	—	19,60	22,05	—	12,77	14,36
	V	1 635,91	26,52	130,87	147,23	IV	1 161,08	—	87,27	98,18	—	81,78	92,—	—	76,40	85,95	—	71,15	80,04	—	66,02	74,27	—	61,01	68,63
	VI	1 672,16	30,84	133,77	150,49																				
5 588,99	I,IV	1 162,16	—	92,97	104,59	I	1 162,16	—	81,86	92,09	—	71,24	80,14	—	61,09	68,72	—	51,43	57,86	—	42,26	47,54	—	33,57	37,76
	II	1 029,33	—	82,34	92,63	II	1 029,33	—	71,70	80,66	—	61,53	69,22	—	51,85	58,33	—	42,66	47,99	—	33,94	38,18	—	25,72	28,93
	III	718,33	—	57,46	64,64	III	718,33	—	49,41	55,58	—	41,61	46,81	—	34,05	38,30	—	26,73	30,07	—	19,65	22,10	—	12,82	14,42
	V	1 637,08	26,66	130,96	147,33	IV	1 162,16	—	87,36	98,28	—	81,86	92,09	—	76,48	86,04	—	71,24	80,14	—	66,10	74,36	—	61,09	68,72
	VI	1 673,33	30,97	133,86	150,59																				
5 591,99	I,IV	1 163,33	—	93,06	104,69	I	1 163,33	—	81,94	92,18	—	71,32	80,23	—	61,17	68,81	—	51,51	57,95	—	42,33	47,62	—	33,64	37,84
	II	1 030,41	—	82,43	92,73	II	1 030,41	—	71,78	80,75	—	61,61	69,31	—	51,92	58,41	—	42,72	48,06	—	34,01	38,26	—	25,78	29,—
	III	719,—	—	57,52	64,71	III	719,—	—	49,48	55,66	—	41,66	46,87	—	34,10	38,36	—	26,78	30,13	—	19,70	22,16	—	12,88	14,49
	V	1 638,25	26,80	131,06	147,44	IV	1 163,33	—	87,44	98,37	—	81,94	92,18	—	76,57	86,14	—	71,32	80,23	—	66,18	74,45	—	61,17	68,81
	VI	1 674,50	31,11	133,96	150,70																				
5 594,99	I,IV	1 164,41	—	93,15	104,79	I	1 164,41	—	82,03	92,28	—	71,40	80,32	—	61,25	68,90	—	51,58	58,03	—	42,40	47,70	—	33,70	37,91
	II	1 031,50	—	82,52	92,83	II	1 031,50	—	71,86	80,84	—	61,69	69,40	—	52,—	58,50	—	42,80	48,15	—	34,08	38,34	—	25,84	29,07
	III	719,83	—	57,58	64,78	III	719,83	—	49,54	55,73	—	41,73	46,94	—	34,17	38,44	—	26,85	30,20	—	19,77	22,24	—	12,93	14,54
	V	1 639,41	26,94	131,15	147,54	IV	1 164,41	—	87,53	98,47	—	82,03	92,28	—	76,66	86,24	—	71,40	80,32	—	66,26	74,54	—	61,25	68,90
	VI	1 675,66	31,25	134,05	150,80																				
5 597,99	I,IV	1 165,50	—	93,24	104,89	I	1 165,50	—	82,12	92,38	—	71,48	80,41	—	61,32	68,99	—	51,66	58,11	—	42,47	47,78	—	33,77	37,99
	II	1 032,58	—	82,60	92,93	II	1 032,58	—	71,94	80,93	—	61,76	69,48	—	52,08	58,59	—	42,86	48,22	—	34,14	38,41	—	25,90	29,14
	III	720,66	—	57,65	64,85	III	720,66	—	49,60	55,80	—	41,80	47,02	—	34,22	38,50	—	26,90	30,26	—	19,82	22,30	—	12,98	14,60
	V	1 640,58	27,08	131,24	147,65	IV	1 165,50	—	87,62	98,57	—	82,12	92,38	—	76,74	86,33	—	71,48	80,41	—	66,34	74,63	—	61,32	68,99
	VI	1 676,83	31,39	134,14	150,91																				
5 600,99	I,IV	1 166,66	—	93,33	104,99	I	1 166,66	—	82,20	92,48	—	71,56	80,51	—	61,40	69,08	—	51,73	58,19	—	42,54	47,85	—	33,84	38,07
	II	1 033,58	—	82,68	93,02	II	1 033,58	—	72,02	81,02	—	61,84	69,57	—	52,15	58,67	—	42,94	48,30	—	34,21	38,48	—	25,97	29,21
	III	721,50	—	57,72	64,93	III	721,50	—	49,66	55,87	—	41,85	47,08	—	34,29	38,57	—	26,96	30,33	—	19,88	22,36	—	13,04	14,67
	V	1 641,75	27,22	131,34	147,75	IV	1 166,66	—	87,70	98,66	—	82,20	92,48	—	76,82	86,42	—	71,56	80,51	—	66,42	74,72	—	61,40	69,08
	VI	1 678,—	31,53	134,24	151,02																				
5 603,99	I,IV	1 167,75	—	93,42	105,09	I	1 167,75	—	82,29	92,57	—	71,64	80,60	—	61,48	69,17	—	51,80	58,28	—	42,61	47,93	—	33,90	38,14
	II	1 034,66	—	82,77	93,11	II	1 034,66	—	72,10	81,11	—	61,92	69,66	—	52,22	58,75	—	43,01	48,38	—	34,28	38,56	—	26,03	29,28
	III	722,33	—	57,78	65,—	III	722,33	—	49,73	55,94	—	41,92	47,16	—	34,34	38,63	—	27,01	30,38	—	19,93	22,42	—	13,08	14,71
	V	1 642,83	27,35	131,42	147,85	IV	1 167,75	—	87,79	98,76	—	82,29	92,57	—	76,90	86,51	—	71,64	80,60	—	66,50	74,81	—	61,48	69,17
	VI	1 679,08	31,66	134,32	151,11																				
5 606,99	I,IV	1 168,91	—	93,51	105,20	I	1 168,91	—	82,38	92,67	—	71,72	80,69	—	61,56	69,25	—	51,88	58,36	—	42,68	48,02	—	33,97	38,21
	II	1 035,75	—	82,86	93,21	II	1 035,75	—	72,18	81,20	—	62,—	69,75	—	52,30	58,83	—	43,08	48,46	—	34,34	38,63	—	26,10	29,36
	III	723,16	—	57,85	65,08	III	723,16	—	49,78	56,—	—	41,97	47,21	—	34,40	38,70	—	27,08	30,46	—	19,98	22,48	—	13,14	14,78
	V	1 644,—	27,48	131,52	147,96	IV	1 168,91	—	87,88	98,87	—	82,38	92,67	—	76,99	86,61	—	71,72	80,69	—	66,58	74,90	—	61,56	69,25
	VI	1 680,25	31,80	134,42	151,22																				
5 609,99	I,IV	1 170,—	—	93,60	105,30	I	1 170,—	—	82,46	92,76	—	71,80	80,78	—	61,64	69,34	—	51,95	58,44	—	42,75	48,09	—	34,04	38,29
	II	1 036,83	—	82,94	93,31	II	1 036,83	—	72,27	81,30	—	62,08	69,84	—	52,37	58,91	—	43,15	48,54	—	34,41	38,71	—	26,16	29,43
	III	723,83	—	57,90	65,14	III	723,83	—	49,85	56,08	—	42,04	47,29	—	34,46	38,77	—	27,13	30,52	—	20,04	22,54	—	13,18	14,83
	V	1 645,16	27,62	131,61	148,06	IV	1 170,—	—	87,97	98,96	—	82,46	92,76	—	77,07	86,70	—	71,80	80,78	—	66,66	74,99	—	61,64	69,34
	VI	1 681,41	31,94	134,51	151,32																				

* Die ausgewiesenen Tabellenwerte sind amtlich. Siehe Erläuterungen auf der Umschlaginnenseite (U2).

MONAT 5 610,–*

Abzüge an Lohnsteuer, Solidaritätszuschlag (SolZ) und Kirchensteuer (8%, 9%) in den Steuerklassen

Lohn/ Gehalt bis €*	I – VI					I, II, III, IV		mit Zahl der Kinderfreibeträge . . . 0,5			1			1,5			2			2,5			3		
		LSt	ohne Kinderfreibeträge SolZ	8%	9%		LSt	SolZ	8%	9%	SolZ	8%	9%	SolZ	8%	9%	SolZ	8%	9%	SolZ	8%	9%	SolZ	8%	9%
5 612,99	I,IV	1 171,16	—	93,69	105,40	I	1 171,16	—	82,54	92,86	—	71,89	80,87	—	61,72	69,43	—	52,02	58,52	—	42,82	48,17	—	34,10	38,36
	II	1 037,91	—	83,03	93,41	II	1 037,91	—	72,35	81,39	—	62,16	69,93	—	52,44	59,—	—	43,22	48,62	—	34,48	38,79	—	26,22	29,49
	III	724,66	—	57,97	65,21	III	724,66	—	49,92	56,16	—	42,09	47,35	—	34,52	38,83	—	27,18	30,58	—	20,09	22,60	—	13,24	14,89
	V	1 646,33	27,76	131,70	148,16	IV	1 171,16	—	88,06	99,06	—	82,54	92,86	—	77,16	86,80	—	71,89	80,87	—	66,74	75,08	—	61,72	69,43
	VI	1 682,58	32,08	134,60	151,43																				
5 615,99	I,IV	1 172,25	—	93,78	105,50	I	1 172,25	—	82,63	92,96	—	71,97	80,96	—	61,80	69,52	—	52,10	58,61	—	42,89	48,25	—	34,17	38,44
	II	1 039,—	—	83,12	93,51	II	1 039,—	—	72,43	81,48	—	62,24	70,02	—	52,52	59,09	—	43,29	48,70	—	34,54	38,86	—	26,28	29,57
	III	725,50	—	58,04	65,29	III	725,50	—	49,97	56,21	—	42,16	47,43	—	34,57	38,89	—	27,24	30,64	—	20,14	22,66	—	13,29	14,95
	V	1 647,50	27,90	131,80	148,27	IV	1 172,25	—	88,14	99,16	—	82,63	92,96	—	77,24	86,90	—	71,97	80,96	—	66,82	75,17	—	61,80	69,52
	VI	1 683,75	32,21	134,70	151,53																				
5 618,99	I,IV	1 173,33	—	93,86	105,59	I	1 173,33	—	82,72	93,06	—	72,05	81,05	—	61,87	69,60	—	52,18	58,70	—	42,96	48,33	—	34,24	38,52
	II	1 040,08	—	83,20	93,60	II	1 040,08	—	72,52	81,58	—	62,31	70,10	—	52,60	59,17	—	43,36	48,78	—	34,61	38,93	—	26,34	29,63
	III	726,33	—	58,10	65,36	III	726,33	—	50,04	56,29	—	42,21	47,48	—	34,64	38,97	—	27,30	30,71	—	20,20	22,72	—	13,34	15,01
	V	1 648,66	28,04	131,89	148,37	IV	1 173,33	—	88,23	99,26	—	82,72	93,06	—	77,32	86,99	—	72,05	81,05	—	66,90	75,26	—	61,87	69,60
	VI	1 684,91	32,35	134,79	151,64																				
5 621,99	I,IV	1 174,50	—	93,96	105,70	I	1 174,50	—	82,80	93,15	—	72,14	81,15	—	61,95	69,69	—	52,25	58,78	—	43,04	48,42	—	34,30	38,59
	II	1 041,16	—	83,29	93,70	II	1 041,16	—	72,60	81,67	—	62,39	70,19	—	52,67	59,25	—	43,43	48,86	—	34,68	39,01	—	26,41	29,71
	III	727,16	—	58,17	65,44	III	727,16	—	50,10	56,36	—	42,28	47,56	—	34,69	39,02	—	27,36	30,78	—	20,25	22,78	—	13,40	15,07
	V	1 649,83	28,18	131,98	148,48	IV	1 174,50	—	88,32	99,36	—	82,80	93,15	—	77,41	87,08	—	72,14	81,15	—	66,98	75,35	—	61,95	69,69
	VI	1 686,08	32,49	134,88	151,74																				
5 624,99	I,IV	1 175,58	—	94,04	105,80	I	1 175,58	—	82,89	93,25	—	72,22	81,24	—	62,03	69,78	—	52,32	58,86	—	43,10	48,49	—	34,37	38,66
	II	1 042,25	—	83,38	93,80	II	1 042,25	—	72,68	81,76	—	62,47	70,28	—	52,74	59,33	—	43,50	48,94	—	34,74	39,08	—	26,47	29,78
	III	728,—	—	58,24	65,52	III	728,—	—	50,16	56,43	—	42,34	47,63	—	34,76	39,10	—	27,41	30,83	—	20,32	22,86	—	13,45	15,13
	V	1 650,91	28,31	132,07	148,58	IV	1 175,58	—	88,40	99,45	—	82,89	93,25	—	77,49	87,17	—	72,22	81,24	—	67,06	75,44	—	62,03	69,78
	VI	1 687,25	32,63	134,98	151,85																				
5 627,99	I,IV	1 176,75	—	94,14	105,90	I	1 176,75	—	82,98	93,35	—	72,30	81,33	—	62,10	69,86	—	52,40	58,95	—	43,18	48,57	—	34,44	38,74
	II	1 043,25	—	83,46	93,89	II	1 043,25	—	72,76	81,86	—	62,55	70,37	—	52,82	59,42	—	43,58	49,02	—	34,81	39,16	—	26,54	29,85
	III	728,66	—	58,29	65,57	III	728,66	—	50,22	56,50	—	42,40	47,70	—	34,81	39,16	—	27,46	30,89	—	20,37	22,91	—	13,50	15,19
	V	1 652,08	28,45	132,16	148,68	IV	1 176,75	—	88,50	99,56	—	82,98	93,35	—	77,58	87,27	—	72,30	81,33	—	67,14	75,53	—	62,10	69,86
	VI	1 688,33	32,76	135,06	151,94																				
5 630,99	I,IV	1 177,83	—	94,22	106,—	I	1 177,83	—	83,06	93,44	—	72,38	81,43	—	62,18	69,95	—	52,47	59,03	—	43,24	48,65	—	34,50	38,81
	II	1 044,33	—	83,54	93,98	II	1 044,33	—	72,84	81,95	—	62,62	70,45	—	52,90	59,51	—	43,64	49,10	—	34,88	39,24	—	26,60	29,92
	III	729,50	—	58,36	65,65	III	729,50	—	50,29	56,57	—	42,46	47,77	—	34,88	39,24	—	27,53	30,97	—	20,42	22,97	—	13,56	15,25
	V	1 653,25	28,58	132,26	148,79	IV	1 177,83	—	88,58	99,65	—	83,06	93,44	—	77,66	87,37	—	72,38	81,43	—	67,22	75,62	—	62,18	69,95
	VI	1 689,50	32,90	135,16	152,05																				
5 633,99	I,IV	1 179,—	—	94,32	106,11	I	1 179,—	—	83,14	93,53	—	72,46	81,52	—	62,26	70,04	—	52,55	59,12	—	43,32	48,73	—	34,57	38,89
	II	1 045,41	—	83,63	94,08	II	1 045,41	—	72,92	82,04	—	62,70	70,54	—	52,97	59,59	—	43,72	49,18	—	34,94	39,31	—	26,66	29,99
	III	730,33	—	58,42	65,72	III	730,33	—	50,34	56,63	—	42,52	47,83	—	34,93	39,29	—	27,58	31,03	—	20,48	23,04	—	13,61	15,31
	V	1 654,41	28,72	132,35	148,89	IV	1 179,—	—	88,67	99,75	—	83,14	93,53	—	77,74	87,46	—	72,46	81,52	—	67,30	75,71	—	62,26	70,04
	VI	1 690,66	33,04	135,25	152,15																				
5 636,99	I,IV	1 180,08	—	94,40	106,20	I	1 180,08	—	83,23	93,63	—	72,54	81,61	—	62,34	70,13	—	52,62	59,20	—	43,39	48,81	—	34,64	38,97
	II	1 046,50	—	83,72	94,18	II	1 046,50	—	73,01	82,13	—	62,78	70,63	—	53,04	59,67	—	43,78	49,25	—	35,02	39,39	—	26,72	30,06
	III	731,16	—	58,49	65,80	III	731,16	—	50,41	56,71	—	42,58	47,90	—	34,98	39,35	—	27,64	31,09	—	20,53	23,09	—	13,66	15,37
	V	1 655,58	28,86	132,44	149,—	IV	1 180,08	—	88,76	99,85	—	83,23	93,63	—	77,83	87,56	—	72,54	81,61	—	67,38	75,80	—	62,34	70,13
	VI	1 691,83	33,18	135,34	152,26																				
5 639,99	I,IV	1 181,25	—	94,50	106,31	I	1 181,25	—	83,32	93,73	—	72,63	81,71	—	62,42	70,22	—	52,70	59,28	—	43,46	48,89	—	34,70	39,04
	II	1 047,58	—	83,80	94,28	II	1 047,58	—	73,09	82,22	—	62,86	70,72	—	53,12	59,76	—	43,86	49,34	—	35,08	39,47	—	26,79	30,14
	III	732,—	—	58,56	65,88	III	732,—	—	50,48	56,79	—	42,64	47,97	—	35,05	39,43	—	27,69	31,15	—	20,58	23,15	—	13,72	15,43
	V	1 656,75	29,—	132,54	149,10	IV	1 181,25	—	88,84	99,95	—	83,32	93,73	—	77,91	87,65	—	72,63	81,71	—	67,46	75,89	—	62,42	70,22
	VI	1 693,—	33,32	135,44	152,37																				
5 642,99	I,IV	1 182,41	—	94,59	106,41	I	1 182,41	—	83,41	93,83	—	72,71	81,80	—	62,50	70,31	—	52,78	59,37	—	43,53	48,97	—	34,77	39,11
	II	1 048,66	—	83,89	94,37	II	1 048,66	—	73,18	82,32	—	62,94	70,81	—	53,20	59,85	—	43,93	49,42	—	35,15	39,54	—	26,86	30,21
	III	732,83	—	58,62	65,95	III	732,83	—	50,54	56,86	—	42,70	48,04	—	35,10	39,49	—	27,76	31,23	—	20,64	23,22	—	13,77	15,49
	V	1 657,91	29,14	132,63	149,21	IV	1 182,41	—	88,94	100,05	—	83,41	93,83	—	78,—	87,75	—	72,71	81,80	—	67,54	75,98	—	62,50	70,31
	VI	1 694,16	33,45	135,53	152,47																				
5 645,99	I,IV	1 183,50	—	94,68	106,51	I	1 183,50	—	83,50	93,93	—	72,80	81,90	—	62,58	70,40	—	52,85	59,45	—	43,60	49,05	—	34,84	39,19
	II	1 049,75	—	83,98	94,47	II	1 049,75	—	73,26	82,41	—	63,02	70,90	—	53,27	59,93	—	44,—	49,50	—	35,22	39,62	—	26,92	30,28
	III	733,66	—	58,69	66,02	III	733,66	—	50,60	56,92	—	42,77	48,11	—	35,17	39,56	—	27,81	31,28	—	20,70	23,29	—	13,82	15,55
	V	1 659,08	29,28	132,72	149,31	IV	1 183,50	—	89,02	100,15	—	83,50	93,93	—	78,08	87,84	—	72,80	81,90	—	67,62	76,07	—	62,58	70,40
	VI	1 695,33	33,59	135,62	152,57																				
5 648,99	I,IV	1 184,58	—	94,76	106,61	I	1 184,58	—	83,58	94,02	—	72,88	81,99	—	62,66	70,49	—	52,92	59,54	—	43,67	49,13	—	34,90	39,26
	II	1 050,83	—	84,06	94,57	II	1 050,83	—	73,34	82,51	—	63,10	70,99	—	53,34	60,01	—	44,07	49,58	—	35,28	39,69	—	26,98	30,35
	III	734,33	—	58,74	66,08	III	734,33	—	50,66	56,99	—	42,82	48,17	—	35,22	39,62	—	27,86	31,34	—	20,76	23,35	—	13,88	15,61
	V	1 660,25	29,42	132,82	149,42	IV	1 184,58	—	89,11	100,25	—	83,58	94,02	—	78,17	87,94	—	72,88	81,99	—	67,70	76,16	—	62,66	70,49
	VI	1 696,50	33,73	135,72	152,68																				
5 651,99	I,IV	1 185,75	—	94,86	106,71	I	1 185,75	—	83,66	94,12	—	72,96	82,08	—	62,74	70,58	—	53,—	59,62	—	43,74	49,21	—	34,97	39,34
	II	1 051,91	—	84,15	94,67	II	1 051,91	—	73,42	82,60	—	63,18	71,07	—	53,42	60,09	—	44,14	49,66	—	35,35	39,77	—	27,04	30,42
	III	735,16	—	58,81	66,16	III	735,16	—	50,73	57,07	—	42,89	48,25	—	35,29	39,70	—	27,93	31,42	—	20,81	23,41	—	13,93	15,67
	V	1 661,41	29,56	132,91	149,52	IV	1 185,75	—	89,20	100,35	—	83,66	94,12	—	78,25	88,03	—	72,96	82,08	—	67,79	76,26	—	62,74	70,58
	VI	1 697,66	33,87	135,81	152,78																				
5 654,99	I,IV	1 186,83	—	94,94	106,81	I	1 186,83	—	83,75	94,22	—	73,04	82,17	—	62,82	70,67	—	53,07	59,70	—	43,82	49,29	—	35,04	39,42
	II	1 053,—	—	84,24	94,77	II	1 053,—	—	73,50	82,69	—	63,26	71,16	—	53,50	60,18	—	44,22	49,74	—	35,42	39,84	—	27,11	30,50
	III	736,—	—	58,88	66,24	III	736,—	—	50,78	57,13	—	42,94	48,31	—	35,34	39,76	—	27,98	31,48	—	20,86	23,47	—	13,98	15,73
	V	1 662,50	29,69	133,—	149,62	IV	1 186,83	—	89,29	100,45	—	83,75	94,22	—	78,34	88,13	—	73,04	82,17	—	67,87	76,35	—	62,82	70,67
	VI	1 698,83	34,01	135,90	152,89																				
5 657,99	I,IV	1 188,—	—	95,04	106,92	I	1 188,—	—	83,84	94,32	—	73,12	82,26	—	62,89	70,75	—	53,15	59,79	—	43,88	49,37	—	35,11	39,50
	II	1 054,08	—	84,32	94,86	II	1 054,08	—	73,59	82,79	—	63,34	71,25	—	53,57	60,26	—	44,28	49,82	—	35,48	39,92	—	27,17	30,56
	III	736,83	—	58,94	66,31	III	736,83	—	50,85	57,20	—	43,01	48,38	—	35,40	39,82	—	28,04	31,54	—	20,92	23,53	—	14,04	15,79
	V	1 663,66	29,82	133,09	149,72	IV	1 188,—	—	89,38	100,55	—	83,84	94,32	—	78,42	88,22	—	73,12	82,26	—	67,95	76,44	—	62,89	70,75
	VI	1 699,91	34,14	135,99	152,99																				
5 660,99	I,IV	1 189,08	—	95,12	107,01	I	1 189,08	—	83,92	94,41	—	73,20	82,35	—	62,97	70,84	—	53,22	59,87	—	43,96	49,45	—	35,18	39,57
	II	1 055,16	—	84,41	94,96	II	1 055,16	—	73,67	82,88	—	63,42	71,34	—	53,64	60,35	—	44,36	49,90	—	35,56	40,—	—	27,24	30,64
	III	737,66	—	59,01	66,38	III	737,66	—	50,92	57,28	—	43,06	48,44	—	35,46	39,89	—	28,09	31,60	—	20,97	23,59	—	14,09	15,85
	V	1 664,83	29,96	133,18	149,83	IV	1 189,08	—	89,46	100,64	—	83,92	94,41	—	78,50	88,31	—	73,20	82,35	—	68,03	76,53	—	62,97	70,84
	VI	1 701,08	34,28	136,08	153,09																				

* Die ausgewiesenen Tabellenwerte sind amtlich. Siehe Erläuterungen auf der Umschlaginnenseite (U2).

5 711,99* **MONAT**

Abzüge an Lohnsteuer, Solidaritätszuschlag (SolZ) und Kirchensteuer (8%, 9%) in den Steuerklassen

Lohn/ Gehalt bis €*	I – VI	LSt	ohne Kinderfreibeträge SolZ	8%	9%	I, II, III, IV	LSt	mit Zahl der Kinderfreibeträge . . . 0,5 SolZ	0,5 8%	0,5 9%	1 SolZ	1 8%	1 9%	1,5 SolZ	1,5 8%	1,5 9%	2 SolZ	2 8%	2 9%	2,5 SolZ	2,5 8%	2,5 9%	3 SolZ	3 8%	3 9%
5 663,99	I,IV	1 190,25	—	95,22	107,12	I	1 190,25	—	84,01	94,51	—	73,29	82,45	—	63,05	70,93	—	53,30	59,96	—	44,03	49,53	—	35,24	39,65
	II	1 056,25	—	84,50	95,06	II	1 056,25	—	73,76	82,98	—	63,50	71,43	—	53,72	60,43	—	44,43	49,98	—	35,62	40,07	—	27,30	30,71
	III	738,50	—	59,08	66,46	III	738,50	—	50,98	57,35	—	43,13	48,52	—	35,52	39,96	—	28,16	31,68	—	21,02	23,65	—	14,14	15,91
	V	1 666,—	30,10	133,28	149,94	IV	1 190,25	—	89,55	100,74	—	84,01	94,51	—	78,59	88,41	—	73,29	82,45	—	68,11	76,62	—	63,05	70,93
	VI	1 702,25	34,42	136,18	153,20																				
5 666,99	I,IV	1 191,41	—	95,31	107,22	I	1 191,41	—	84,10	94,61	—	73,37	82,54	—	63,13	71,02	—	53,37	60,04	—	44,10	49,61	—	35,31	39,72
	II	1 057,33	—	84,58	95,15	II	1 057,33	—	73,84	83,07	—	63,57	71,51	—	53,80	60,52	—	44,50	50,06	—	35,69	40,15	—	27,36	30,78
	III	739,16	—	59,13	66,52	III	739,16	—	51,04	57,42	—	43,18	48,58	—	35,58	40,03	—	28,21	31,73	—	21,08	23,71	—	14,20	15,97
	V	1 667,16	30,24	133,37	150,04	IV	1 191,41	—	89,64	100,85	—	84,10	94,61	—	78,67	88,50	—	73,37	82,54	—	68,19	76,71	—	63,13	71,02
	VI	1 703,41	34,55	136,27	153,30																				
5 669,99	I,IV	1 192,50	—	95,40	107,32	I	1 192,50	—	84,18	94,70	—	73,46	82,64	—	63,21	71,11	—	53,44	60,12	—	44,17	49,69	—	35,38	39,80
	II	1 058,41	—	84,67	95,25	II	1 058,41	—	73,92	83,16	—	63,65	71,60	—	53,87	60,60	—	44,57	50,14	—	35,76	40,23	—	27,42	30,85
	III	740,—	—	59,20	66,60	III	740,—	—	51,10	57,49	—	43,25	48,65	—	35,64	40,09	—	28,26	31,79	—	21,14	23,78	—	14,25	16,03
	V	1 668,33	30,38	133,46	150,14	IV	1 192,50	—	89,73	100,94	—	84,18	94,70	—	78,76	88,60	—	73,46	82,64	—	68,27	76,80	—	63,21	71,11
	VI	1 704,58	34,69	136,36	153,41																				
5 672,99	I,IV	1 193,66	—	95,49	107,42	I	1 193,66	—	84,27	94,80	—	73,54	82,73	—	63,28	71,19	—	53,52	60,21	—	44,24	49,77	—	35,44	39,87
	II	1 059,50	—	84,76	95,35	II	1 059,50	—	74,—	83,25	—	63,73	71,69	—	53,94	60,68	—	44,64	50,22	—	35,82	40,30	—	27,49	30,92
	III	740,83	—	59,26	66,67	III	740,83	—	51,17	57,56	—	43,30	48,71	—	35,69	40,15	—	28,32	31,86	—	21,20	23,85	—	14,30	16,09
	V	1 669,50	30,52	133,56	150,25	IV	1 193,66	—	89,82	101,04	—	84,27	94,80	—	78,84	88,70	—	73,54	82,73	—	68,35	76,89	—	63,28	71,19
	VI	1 705,75	34,83	136,46	153,51																				
5 675,99	I,IV	1 194,75	—	95,58	107,52	I	1 194,75	—	84,36	94,90	—	73,62	82,82	—	63,36	71,28	—	53,60	60,30	—	44,31	49,85	—	35,51	39,95
	II	1 060,58	—	84,84	95,45	II	1 060,58	—	74,08	83,34	—	63,81	71,78	—	54,02	60,77	—	44,71	50,30	—	35,89	40,37	—	27,55	30,99
	III	741,66	—	59,33	66,74	III	741,66	—	51,22	57,62	—	43,37	48,79	—	35,76	40,23	—	28,38	31,93	—	21,25	23,90	—	14,36	16,15
	V	1 670,58	30,65	133,64	150,35	IV	1 194,75	—	89,90	101,14	—	84,36	94,90	—	78,92	88,79	—	73,62	82,82	—	68,43	76,98	—	63,36	71,28
	VI	1 706,91	34,97	136,55	153,62																				
5 678,99	I,IV	1 195,91	—	95,67	107,63	I	1 195,91	—	84,44	95,—	—	73,70	82,91	—	63,44	71,37	—	53,67	60,38	—	44,38	49,93	—	35,58	40,02
	II	1 061,66	—	84,93	95,54	II	1 061,66	—	74,17	83,44	—	63,89	71,87	—	54,10	60,86	—	44,78	50,38	—	35,96	40,45	—	27,62	31,07
	III	742,50	—	59,40	66,82	III	742,50	—	51,29	57,70	—	43,44	48,87	—	35,81	40,28	—	28,44	31,99	—	21,30	23,96	—	14,41	16,21
	V	1 671,75	30,79	133,74	150,45	IV	1 195,91	—	90,—	101,25	—	84,44	95,—	—	79,01	88,88	—	73,70	82,91	—	68,51	77,07	—	63,44	71,37
	VI	1 708,—	35,10	136,64	153,72																				
5 681,99	I,IV	1 197,—	—	95,76	107,73	I	1 197,—	—	84,53	95,09	—	73,78	83,—	—	63,52	71,46	—	53,74	60,46	—	44,46	50,01	—	35,64	40,10
	II	1 062,75	—	85,02	95,64	II	1 062,75	—	74,25	83,53	—	63,97	71,96	—	54,17	60,94	—	44,86	50,46	—	36,02	40,52	—	27,68	31,14
	III	743,33	—	59,46	66,89	III	743,33	—	51,36	57,78	—	43,49	48,92	—	35,88	40,36	—	28,49	32,05	—	21,36	24,03	—	14,46	16,27
	V	1 672,91	30,93	133,83	150,56	IV	1 197,—	—	90,08	101,34	—	84,53	95,09	—	79,10	88,98	—	73,78	83,—	—	68,59	77,16	—	63,52	71,46
	VI	1 709,16	35,24	136,73	153,82																				
5 684,99	I,IV	1 198,16	—	95,85	107,83	I	1 198,16	—	84,62	95,19	—	73,86	83,09	—	63,60	71,55	—	53,82	60,55	—	44,52	50,09	—	35,71	40,17
	II	1 063,83	—	85,10	95,74	II	1 063,83	—	74,33	83,62	—	64,05	72,05	—	54,24	61,02	—	44,93	50,54	—	36,10	40,61	—	27,74	31,21
	III	744,—	—	59,52	66,96	III	744,—	—	51,41	57,83	—	43,56	49,—	—	35,93	40,42	—	28,56	32,13	—	21,41	24,08	—	14,52	16,33
	V	1 674,08	31,06	133,92	150,66	IV	1 198,16	—	90,17	101,44	—	84,62	95,19	—	79,18	89,08	—	73,86	83,09	—	68,68	77,26	—	63,60	71,55
	VI	1 710,33	35,38	136,82	153,92																				
5 687,99	I,IV	1 199,25	—	95,94	107,93	I	1 199,25	—	84,70	95,29	—	73,95	83,19	—	63,68	71,64	—	53,90	60,63	—	44,60	50,17	—	35,78	40,25
	II	1 064,91	—	85,19	95,84	II	1 064,91	—	74,42	83,72	—	64,12	72,14	—	54,32	61,11	—	45,—	50,62	—	36,16	40,68	—	27,81	31,28
	III	744,83	—	59,58	67,03	III	744,83	—	51,48	57,91	—	43,61	49,06	—	36,—	40,50	—	28,61	32,18	—	21,48	24,16	—	14,57	16,39
	V	1 675,25	31,20	134,02	150,77	IV	1 199,25	—	90,26	101,54	—	84,70	95,29	—	79,26	89,17	—	73,95	83,19	—	68,76	77,35	—	63,68	71,64
	VI	1 711,50	35,52	136,92	154,03																				
5 690,99	I,IV	1 200,41	—	96,03	108,03	I	1 200,41	—	84,79	95,39	—	74,03	83,28	—	63,76	71,73	—	53,97	60,71	—	44,67	50,25	—	35,85	40,33
	II	1 066,—	—	85,28	95,94	II	1 066,—	—	74,50	83,81	—	64,20	72,23	—	54,40	61,20	—	45,07	50,70	—	36,23	40,76	—	27,87	31,35
	III	745,66	—	59,65	67,10	III	745,66	—	51,54	57,98	—	43,68	49,14	—	36,05	40,55	—	28,66	32,24	—	21,53	24,22	—	14,62	16,45
	V	1 676,41	31,34	134,11	150,87	IV	1 200,41	—	90,35	101,64	—	84,79	95,39	—	79,35	89,27	—	74,03	83,28	—	68,84	77,44	—	63,76	71,73
	VI	1 712,66	35,66	137,01	154,13																				
5 693,99	I,IV	1 201,50	—	96,12	108,13	I	1 201,50	—	84,88	95,49	—	74,12	83,38	—	63,84	71,82	—	54,04	60,80	—	44,74	50,33	—	35,92	40,41
	II	1 067,08	—	85,36	96,03	II	1 067,08	—	74,58	83,90	—	64,28	72,32	—	54,47	61,28	—	45,14	50,78	—	36,30	40,83	—	27,94	31,43
	III	746,50	—	59,72	67,18	III	746,50	—	51,61	58,06	—	43,74	49,21	—	36,10	40,61	—	28,73	32,32	—	21,58	24,28	—	14,68	16,51
	V	1 677,58	31,48	134,20	150,98	IV	1 201,50	—	90,44	101,74	—	84,88	95,49	—	79,44	89,37	—	74,12	83,38	—	68,92	77,53	—	63,84	71,82
	VI	1 713,83	35,79	137,10	154,24																				
5 696,99	I,IV	1 202,66	—	96,21	108,23	I	1 202,66	—	84,96	95,58	—	74,20	83,47	—	63,92	71,91	—	54,12	60,89	—	44,81	50,41	—	35,98	40,48
	II	1 068,16	—	85,45	96,13	II	1 068,16	—	74,67	84,—	—	64,36	72,41	—	54,55	61,37	—	45,22	50,87	—	36,36	40,91	—	28,—	31,50
	III	747,33	—	59,78	67,25	III	747,33	—	51,68	58,14	—	43,80	49,27	—	36,17	40,69	—	28,78	32,38	—	21,64	24,34	—	14,73	16,57
	V	1 678,75	31,62	134,30	151,08	IV	1 202,66	—	90,53	101,84	—	84,96	95,58	—	79,52	89,46	—	74,20	83,47	—	69,—	77,62	—	63,92	71,91
	VI	1 715,—	35,93	137,20	154,35																				
5 699,99	I,IV	1 203,83	—	96,30	108,34	I	1 203,83	—	85,05	95,68	—	74,28	83,57	—	64,—	72,—	—	54,20	60,97	—	44,88	50,49	—	36,05	40,55
	II	1 069,25	—	85,54	96,23	II	1 069,25	—	74,75	84,09	—	64,44	72,50	—	54,62	61,45	—	45,28	50,94	—	36,44	40,99	—	28,06	31,57
	III	748,16	—	59,85	67,33	III	748,16	—	51,73	58,19	—	43,86	49,34	—	36,22	40,75	—	28,84	32,44	—	21,69	24,40	—	14,78	16,63
	V	1 679,91	31,76	134,39	151,19	IV	1 203,83	—	90,62	101,94	—	85,05	95,68	—	79,60	89,55	—	74,28	83,57	—	69,08	77,72	—	64,—	72,—
	VI	1 716,16	36,07	137,29	154,45																				
5 702,99	I,IV	1 204,91	—	96,39	108,44	I	1 204,91	—	85,14	95,78	—	74,36	83,66	—	64,08	72,09	—	54,28	61,06	—	44,96	50,58	—	36,12	40,64
	II	1 070,33	—	85,62	96,32	II	1 070,33	—	74,83	84,18	—	64,52	72,59	—	54,70	61,53	—	45,36	51,03	—	36,50	41,06	—	28,13	31,64
	III	749,—	—	59,92	67,41	III	749,—	—	51,80	58,27	—	43,92	49,41	—	36,29	40,82	—	28,90	32,51	—	21,74	24,46	—	14,84	16,69
	V	1 681,08	31,90	134,48	151,29	IV	1 204,91	—	90,70	102,04	—	85,14	95,78	—	79,69	89,65	—	74,36	83,66	—	69,16	77,81	—	64,08	72,09
	VI	1 717,33	36,21	137,38	154,55																				
5 705,99	I,IV	1 206,08	—	96,48	108,54	I	1 206,08	—	85,22	95,87	—	74,45	83,75	—	64,16	72,18	—	54,35	61,14	—	45,02	50,65	—	36,19	40,71
	II	1 071,41	—	85,71	96,42	II	1 071,41	—	74,92	84,28	—	64,60	72,68	—	54,78	61,62	—	45,43	51,11	—	36,57	41,14	—	28,19	31,71
	III	749,83	—	59,98	67,48	III	749,83	—	51,86	58,34	—	43,98	49,48	—	36,34	40,88	—	28,96	32,58	—	21,80	24,52	—	14,89	16,75
	V	1 682,16	32,03	134,57	151,39	IV	1 206,08	—	90,79	102,14	—	85,22	95,87	—	79,78	89,75	—	74,45	83,75	—	69,24	77,90	—	64,16	72,18
	VI	1 718,50	36,35	137,48	154,66																				
5 708,99	I,IV	1 207,25	—	96,58	108,65	I	1 207,25	—	85,31	95,97	—	74,53	83,84	—	64,24	72,27	—	54,42	61,22	—	45,10	50,73	—	36,26	40,79
	II	1 072,50	—	85,80	96,52	II	1 072,50	—	75,—	84,37	—	64,68	72,77	—	54,85	61,70	—	45,50	51,19	—	36,64	41,22	—	28,26	31,79
	III	750,66	—	60,05	67,55	III	750,66	—	51,92	58,41	—	44,05	49,55	—	36,41	40,96	—	29,01	32,63	—	21,86	24,59	—	14,94	16,81
	V	1 683,33	32,16	134,66	151,49	IV	1 207,25	—	90,88	102,24	—	85,31	95,97	—	79,86	89,84	—	74,53	83,84	—	69,32	77,99	—	64,24	72,27
	VI	1 719,58	36,48	137,56	154,76																				
5 711,99	I,IV	1 208,33	—	96,66	108,74	I	1 208,33	—	85,40	96,07	—	74,62	83,94	—	64,32	72,36	—	54,50	61,31	—	45,17	50,81	—	36,32	40,86
	II	1 073,66	—	85,89	96,62	II	1 073,66	—	75,08	84,47	—	64,76	72,86	—	54,92	61,79	—	45,57	51,26	—	36,70	41,29	—	28,32	31,86
	III	751,33	—	60,10	67,61	III	751,33	—	51,98	58,48	—	44,10	49,61	—	36,46	41,02	—	29,06	32,69	—	21,92	24,66	—	15,—	16,87
	V	1 684,50	32,30	134,76	151,60	IV	1 208,33	—	90,97	102,34	—	85,40	96,07	—	79,94	89,93	—	74,62	83,94	—	69,40	78,08	—	64,32	72,36
	VI	1 720,75	36,62	137,66	154,86																				

*** Die ausgewiesenen Tabellenwerte sind amtlich. Siehe Erläuterungen auf der Umschlaginnenseite (U2).**

MONAT 5 712,–*

Abzüge an Lohnsteuer, Solidaritätszuschlag (SolZ) und Kirchensteuer (8%, 9%) in den Steuerklassen

Lohn/ Gehalt bis €*	I – VI					I, II, III, IV		mit Zahl der Kinderfreibeträge . . . 0,5			1			1,5			2			2,5			3		
		LSt	ohne Kinderfreibeträge SolZ	8%	9%		LSt	SolZ	8%	9%	SolZ	8%	9%	SolZ	8%	9%	SolZ	8%	9%	SolZ	8%	9%	SolZ	8%	9%
5 714,99	I,IV	1 209,50	—	96,76	108,85	I	1 209,50	—	85,48	96,17	—	74,70	84,03	—	64,40	72,45	—	54,58	61,40	—	45,24	50,90	—	36,39	40,94
	II	1 074,75	—	85,98	96,72	II	1 074,75	—	75,16	84,56	—	64,84	72,95	—	55,—	61,88	—	45,64	51,35	—	36,77	41,36	—	28,38	31,93
	III	752,16	—	60,17	67,69	III	752,16	—	52,05	58,55	—	44,17	49,69	—	36,53	41,09	—	29,13	32,77	—	21,97	24,71	—	15,05	16,93
	V	1 685,66	32,44	134,85	151,70	IV	1 209,50	—	91,06	102,44	—	85,48	96,17	—	80,03	90,03	—	74,70	84,03	—	69,48	78,17	—	64,40	72,45
	VI	1 721,91	36,76	137,75	154,97																				
5 717,99	I,IV	1 210,58	—	96,84	108,95	I	1 210,58	—	85,57	96,26	—	74,78	84,13	—	64,48	72,54	—	54,65	61,48	—	45,31	50,97	—	36,46	41,01
	II	1 075,83	—	86,06	96,82	II	1 075,83	—	75,25	84,65	—	64,92	73,04	—	55,08	61,96	—	45,72	51,43	—	36,84	41,45	—	28,45	32,—
	III	753,—	—	60,24	67,77	III	753,—	—	52,12	58,63	—	44,22	49,75	—	36,58	41,15	—	29,18	32,83	—	22,02	24,77	—	15,10	16,99
	V	1 686,83	32,58	134,94	151,81	IV	1 210,58	—	91,15	102,54	—	85,57	96,26	—	80,12	90,13	—	74,78	84,13	—	69,56	78,26	—	64,48	72,54
	VI	1 723,08	36,89	137,84	155,07																				
5 720,99	I,IV	1 211,75	—	96,94	109,05	I	1 211,75	—	85,66	96,36	—	74,86	84,22	—	64,55	72,62	—	54,72	61,56	—	45,38	51,05	—	36,52	41,09
	II	1 076,91	—	86,15	96,92	II	1 076,91	—	75,33	84,74	—	65,—	73,12	—	55,15	62,04	—	45,79	51,51	—	36,91	41,52	—	28,52	32,08
	III	753,83	—	60,30	67,84	III	753,83	—	52,17	58,69	—	44,29	49,82	—	36,65	41,23	—	29,24	32,89	—	22,08	24,84	—	15,16	17,05
	V	1 688,—	32,72	135,04	151,92	IV	1 211,75	—	91,24	102,64	—	85,66	96,36	—	80,20	90,22	—	74,86	84,22	—	69,65	78,35	—	64,55	72,62
	VI	1 724,25	37,03	137,94	155,18																				
5 723,99	I,IV	1 212,91	—	97,03	109,16	I	1 212,91	—	85,74	96,46	—	74,94	84,31	—	64,63	72,71	—	54,80	61,65	—	45,46	51,14	—	36,60	41,17
	II	1 078,—	—	86,24	97,02	II	1 078,—	—	75,42	84,84	—	65,08	73,21	—	55,23	62,13	—	45,86	51,59	—	36,98	41,60	—	28,58	32,15
	III	754,66	—	60,37	67,91	III	754,66	—	52,24	58,77	—	44,34	49,88	—	36,70	41,29	—	29,29	32,95	—	22,13	24,89	—	15,21	17,11
	V	1 689,16	32,86	135,13	152,02	IV	1 212,91	—	91,32	102,74	—	85,74	96,46	—	80,28	90,32	—	74,94	84,31	—	69,73	78,44	—	64,63	72,71
	VI	1 725,41	37,17	138,03	155,28																				
5 726,99	I,IV	1 214,—	—	97,12	109,26	I	1 214,—	—	85,83	96,56	—	75,03	84,41	—	64,71	72,80	—	54,88	61,74	—	45,53	51,22	—	36,66	41,24
	II	1 079,08	—	86,32	97,11	II	1 079,08	—	75,50	84,93	—	65,16	73,30	—	55,30	62,21	—	45,93	51,67	—	37,04	41,67	—	28,64	32,22
	III	755,50	—	60,44	67,99	III	755,50	—	52,30	58,84	—	44,41	49,96	—	36,76	41,35	—	29,36	33,03	—	22,20	24,97	—	15,26	17,17
	V	1 690,25	32,99	135,22	152,12	IV	1 214,—	—	91,42	102,84	—	85,83	96,56	—	80,37	90,41	—	75,03	84,41	—	69,81	78,53	—	64,71	72,80
	VI	1 726,58	37,31	138,12	155,39																				
5 729,99	I,IV	1 215,16	—	97,21	109,36	I	1 215,16	—	85,92	96,66	—	75,11	84,50	—	64,79	72,89	—	54,95	61,82	—	45,60	51,30	—	36,73	41,32
	II	1 080,16	—	86,41	97,21	II	1 080,16	—	75,58	85,03	—	65,24	73,39	—	55,38	62,30	—	46,—	51,75	—	37,11	41,75	—	28,70	32,29
	III	756,33	—	60,50	68,06	III	756,33	—	52,36	58,90	—	44,46	50,02	—	36,82	41,42	—	29,41	33,08	—	22,25	25,03	—	15,32	17,23
	V	1 691,41	33,13	135,31	152,22	IV	1 215,16	—	91,50	102,94	—	85,92	96,66	—	80,46	90,51	—	75,11	84,50	—	69,89	78,62	—	64,79	72,89
	VI	1 727,66	37,44	138,21	155,48																				
5 732,99	I,IV	1 216,25	—	97,30	109,46	I	1 216,25	—	86,—	96,75	—	75,20	84,60	—	64,87	72,98	—	55,03	61,91	—	45,67	51,38	—	36,80	41,40
	II	1 081,25	—	86,50	97,31	II	1 081,25	—	75,66	85,12	—	65,32	73,48	—	55,46	62,39	—	46,08	51,84	—	37,18	41,83	—	28,77	32,36
	III	757,16	—	60,57	68,14	III	757,16	—	52,42	58,97	—	44,53	50,09	—	36,88	41,49	—	29,48	33,16	—	22,30	25,09	—	15,37	17,29
	V	1 692,58	33,27	135,40	152,33	IV	1 216,25	—	91,59	103,04	—	86,—	96,75	—	80,54	90,60	—	75,20	84,60	—	69,97	78,71	—	64,87	72,98
	VI	1 728,83	37,58	138,30	155,59																				
5 735,99	I,IV	1 217,41	—	97,39	109,56	I	1 217,41	—	86,09	96,85	—	75,28	84,69	—	64,95	73,07	—	55,10	61,99	—	45,74	51,46	—	36,86	41,47
	II	1 082,33	—	86,58	97,40	II	1 082,33	—	75,75	85,22	—	65,40	73,57	—	55,53	62,47	—	46,15	51,92	—	37,25	41,90	—	28,84	32,44
	III	757,83	—	60,62	68,20	III	757,83	—	52,49	59,05	—	44,60	50,17	—	36,94	41,56	—	29,53	33,22	—	22,36	25,15	—	15,42	17,35
	V	1 693,75	33,40	135,50	152,43	IV	1 217,41	—	91,68	103,14	—	86,09	96,85	—	80,62	90,70	—	75,28	84,69	—	70,06	78,81	—	64,95	73,07
	VI	1 730,—	37,72	138,40	155,70																				
5 738,99	I,IV	1 218,58	—	97,48	109,67	I	1 218,58	—	86,18	96,95	—	75,36	84,78	—	65,03	73,16	—	55,18	62,07	—	45,82	51,54	—	36,94	41,55
	II	1 083,41	—	86,67	97,50	II	1 083,41	—	75,83	85,31	—	65,48	73,66	—	55,60	62,55	—	46,22	51,99	—	37,32	41,98	—	28,90	32,51
	III	758,66	—	60,69	68,27	III	758,66	—	52,56	59,13	—	44,65	50,23	—	37,—	41,62	—	29,58	33,28	—	22,41	25,21	—	15,48	17,41
	V	1 694,91	33,54	135,59	152,54	IV	1 218,58	—	91,77	103,24	—	86,18	96,95	—	80,71	90,80	—	75,36	84,78	—	70,14	78,90	—	65,03	73,16
	VI	1 731,16	37,86	138,49	155,80																				
5 741,99	I,IV	1 219,66	—	97,57	109,76	I	1 219,66	—	86,26	97,04	—	75,44	84,87	—	65,11	73,25	—	55,26	62,16	—	45,88	51,62	—	37,—	41,63
	II	1 084,50	—	86,76	97,60	II	1 084,50	—	75,92	85,41	—	65,56	73,75	—	55,68	62,64	—	46,29	52,07	—	37,38	42,05	—	28,96	32,58
	III	759,50	—	60,76	68,35	III	759,50	—	52,61	59,18	—	44,72	50,31	—	37,05	41,68	—	29,64	33,34	—	22,46	25,27	—	15,53	17,47
	V	1 696,08	33,68	135,68	152,64	IV	1 219,66	—	91,86	103,34	—	86,26	97,04	—	80,80	90,90	—	75,44	84,87	—	70,22	78,99	—	65,11	73,25
	VI	1 732,33	38,—	138,58	155,90																				
5 744,99	I,IV	1 220,83	—	97,66	109,87	I	1 220,83	—	86,35	97,14	—	75,53	84,97	—	65,19	73,34	—	55,33	62,24	—	45,96	51,70	—	37,07	41,70
	II	1 085,58	—	86,84	97,70	II	1 085,58	—	76,—	85,50	—	65,64	73,84	—	55,76	62,73	—	46,36	52,16	—	37,46	42,14	—	29,03	32,66
	III	760,33	—	60,82	68,42	III	760,33	—	52,68	59,26	—	44,78	50,38	—	37,12	41,76	—	29,70	33,41	—	22,53	25,34	—	15,60	17,55
	V	1 697,25	33,82	135,78	152,75	IV	1 220,83	—	91,95	103,44	—	86,35	97,14	—	80,88	90,99	—	75,53	84,97	—	70,30	79,08	—	65,19	73,34
	VI	1 733,50	38,13	138,68	156,01																				
5 747,99	I,IV	1 222,—	—	97,76	109,98	I	1 222,—	—	86,44	97,25	—	75,61	85,06	—	65,27	73,43	—	55,40	62,33	—	46,03	51,78	—	37,14	41,78
	II	1 086,66	—	86,93	97,79	II	1 086,66	—	76,08	85,59	—	65,72	73,93	—	55,84	62,82	—	46,44	52,24	—	37,52	42,21	—	29,09	32,72
	III	761,16	—	60,89	68,50	III	761,16	—	52,74	59,33	—	44,84	50,44	—	37,17	41,81	—	29,76	33,48	—	22,58	25,40	—	15,64	17,59
	V	1 698,33	33,95	135,86	152,84	IV	1 222,—	—	92,04	103,54	—	86,44	97,25	—	80,96	91,08	—	75,61	85,06	—	70,38	79,17	—	65,27	73,43
	VI	1 734,66	38,27	138,77	156,11																				
5 750,99	I,IV	1 223,08	—	97,84	110,07	I	1 223,08	—	86,53	97,34	—	75,70	85,16	—	65,34	73,51	—	55,48	62,42	—	46,10	51,86	—	37,20	41,85
	II	1 087,75	—	87,02	97,89	II	1 087,75	—	76,16	85,68	—	65,80	74,02	—	55,91	62,90	—	46,51	52,32	—	37,59	42,29	—	29,16	32,80
	III	762,—	—	60,96	68,58	III	762,—	—	52,81	59,41	—	44,90	50,51	—	37,24	41,89	—	29,81	33,53	—	22,64	25,47	—	15,70	17,66
	V	1 699,50	34,09	135,96	152,95	IV	1 223,08	—	92,12	103,64	—	86,53	97,34	—	81,05	91,18	—	75,70	85,16	—	70,46	79,27	—	65,34	73,51
	VI	1 735,75	38,40	138,86	156,21																				
5 753,99	I,IV	1 224,25	—	97,94	110,18	I	1 224,25	—	86,62	97,44	—	75,78	85,25	—	65,43	73,61	—	55,56	62,51	—	46,18	51,95	—	37,28	41,94
	II	1 088,91	—	87,11	98,—	II	1 088,91	—	76,25	85,78	—	65,88	74,11	—	55,99	62,99	—	46,58	52,40	—	37,66	42,37	—	29,22	32,87
	III	762,83	—	61,02	68,65	III	762,83	—	52,88	59,49	—	44,96	50,58	—	37,30	41,96	—	29,88	33,61	—	22,69	25,52	—	15,76	17,73
	V	1 700,75	34,24	136,06	153,06	IV	1 224,25	—	92,22	103,74	—	86,62	97,44	—	81,14	91,28	—	75,78	85,25	—	70,54	79,36	—	65,43	73,61
	VI	1 737,—	38,55	138,96	156,33																				
5 756,99	I,IV	1 225,41	—	98,03	110,28	I	1 225,41	—	86,70	97,54	—	75,86	85,34	—	65,51	73,70	—	55,64	62,59	—	46,25	52,03	—	37,34	42,01
	II	1 090,—	—	87,20	98,10	II	1 090,—	—	76,34	85,88	—	65,96	74,20	—	56,06	63,07	—	46,66	52,49	—	37,73	42,44	—	29,29	32,95
	III	763,66	—	61,09	68,72	III	763,66	—	52,93	59,54	—	45,02	50,65	—	37,36	42,03	—	29,93	33,67	—	22,74	25,58	—	15,81	17,78
	V	1 701,83	34,37	136,14	153,16	IV	1 225,41	—	92,30	103,84	—	86,70	97,54	—	81,22	91,37	—	75,86	85,34	—	70,62	79,45	—	65,51	73,70
	VI	1 738,16	38,69	139,05	156,43																				
5 759,99	I,IV	1 226,58	—	98,12	110,39	I	1 226,58	—	86,79	97,64	—	75,95	85,44	—	65,59	73,79	—	55,71	62,67	—	46,32	52,11	—	37,41	42,08
	II	1 091,08	—	87,28	98,19	II	1 091,08	—	76,42	85,97	—	66,04	74,29	—	56,14	63,15	—	46,72	52,56	—	37,80	42,52	—	29,35	33,02
	III	764,50	—	61,16	68,80	III	764,50	—	53,—	59,62	—	45,09	50,72	—	37,41	42,08	—	29,98	33,73	—	22,80	25,65	—	15,86	17,84
	V	1 703,—	34,51	136,24	153,27	IV	1 226,58	—	92,40	103,95	—	86,79	97,64	—	81,31	91,47	—	75,95	85,44	—	70,71	79,55	—	65,59	73,79
	VI	1 739,25	38,82	139,14	156,53																				
5 762,99	I,IV	1 227,66	—	98,21	110,48	I	1 227,66	—	86,88	97,74	—	76,03	85,53	—	65,67	73,88	—	55,79	62,76	—	46,39	52,19	—	37,48	42,17
	II	1 092,16	—	87,37	98,29	II	1 092,16	—	76,50	86,06	—	66,12	74,38	—	56,22	63,24	—	46,80	52,65	—	37,86	42,59	—	29,42	33,09
	III	765,16	—	61,21	68,86	III	765,16	—	53,06	59,69	—	45,14	50,78	—	37,48	42,16	—	30,05	33,80	—	22,86	25,72	—	15,92	17,91
	V	1 704,16	34,64	136,33	153,37	IV	1 227,66	—	92,48	104,04	—	86,88	97,74	—	81,40	91,57	—	76,03	85,53	—	70,79	79,64	—	65,67	73,88
	VI	1 740,41	38,96	139,23	156,63																				

* Die ausgewiesenen Tabellenwerte sind amtlich. Siehe Erläuterungen auf der Umschlaginnenseite (U2).

5 813,99* MONAT

Abzüge an Lohnsteuer, Solidaritätszuschlag (SolZ) und Kirchensteuer (8%, 9%) in den Steuerklassen

Lohn/ Gehalt bis €*	I – VI		ohne Kinderfreibeträge			I, II, III, IV		mit Zahl der Kinderfreibeträge . . . 0,5			1			1,5			2			2,5			3		
		LSt	SolZ	8%	9%		LSt	SolZ	8%	9%	SolZ	8%	9%	SolZ	8%	9%	SolZ	8%	9%	SolZ	8%	9%	SolZ	8%	9%
5 765,99	I,IV	1 228,83	—	98,30	110,59	I	1 228,83	—	86,96	97,83	—	76,12	85,63	—	65,75	73,97	—	55,86	62,84	—	46,46	52,27	—	37,55	42,24
	II	1 093,25	—	87,46	98,39	II	1 093,25	—	76,58	86,15	—	66,20	74,47	—	56,29	63,32	—	46,87	52,73	—	37,94	42,68	—	29,48	33,17
	III	766,—	—	61,28	68,94	III	766,—	—	53,13	59,77	—	45,21	50,86	—	37,53	42,22	—	30,10	33,86	—	22,92	25,78	—	15,97	17,96
	V	1 705,33	34,78	136,42	153,47	IV	1 228,83	—	92,58	104,15	—	86,96	97,83	—	81,48	91,66	—	76,12	85,63	—	70,87	79,73	—	65,75	73,97
	VI	1 741,58	39,10	139,32	156,74																				
5 768,99	I,IV	1 229,91	—	98,39	110,69	I	1 229,91	—	87,06	97,94	—	76,20	85,72	—	65,82	74,05	—	55,94	62,93	—	46,54	52,35	—	37,62	42,32
	II	1 094,33	—	87,54	98,48	II	1 094,33	—	76,67	86,25	—	66,28	74,56	—	56,37	63,41	—	46,94	52,81	—	38,—	42,75	—	29,54	33,23
	III	766,83	—	61,34	69,01	III	766,83	—	53,18	59,83	—	45,26	50,92	—	37,60	42,30	—	30,16	33,93	—	22,97	25,84	—	16,02	18,02
	V	1 706,50	34,92	136,52	153,58	IV	1 229,91	—	92,66	104,24	—	87,06	97,94	—	81,56	91,76	—	76,20	85,72	—	70,95	79,82	—	65,82	74,05
	VI	1 742,75	39,24	139,42	156,84																				
5 771,99	I,IV	1 231,08	—	98,48	110,79	I	1 231,08	—	87,14	98,03	—	76,28	85,82	—	65,90	74,14	—	56,02	63,02	—	46,61	52,43	—	37,68	42,39
	II	1 095,50	—	87,64	98,59	II	1 095,50	—	76,75	86,34	—	66,36	74,65	—	56,44	63,50	—	47,02	52,89	—	38,07	42,83	—	29,61	33,31
	III	767,66	—	61,41	69,08	III	767,66	—	53,25	59,90	—	45,33	50,99	—	37,65	42,35	—	30,22	34,—	—	23,02	25,90	—	16,08	18,09
	V	1 707,66	35,06	136,61	153,68	IV	1 231,08	—	92,75	104,34	—	87,14	98,03	—	81,65	91,85	—	76,28	85,82	—	71,03	79,91	—	65,90	74,14
	VI	1 743,91	39,37	139,51	156,95																				
5 774,99	I,IV	1 232,25	—	98,58	110,90	I	1 232,25	—	87,23	98,13	—	76,36	85,91	—	65,98	74,23	—	56,09	63,10	—	46,68	52,52	—	37,76	42,48
	II	1 096,58	—	87,72	98,69	II	1 096,58	—	76,84	86,44	—	66,44	74,74	—	56,52	63,58	—	47,09	52,97	—	38,14	42,90	—	29,68	33,39
	III	768,50	—	61,48	69,16	III	768,50	—	53,32	59,98	—	45,40	51,07	—	37,72	42,43	—	30,28	34,06	—	23,08	25,96	—	16,13	18,14
	V	1 708,83	35,20	136,70	153,79	IV	1 232,25	—	92,84	104,45	—	87,23	98,13	—	81,74	91,95	—	76,36	85,91	—	71,12	80,01	—	65,98	74,23
	VI	1 745,08	39,51	139,60	157,05																				
5 777,99	I,IV	1 233,41	—	98,67	111,—	I	1 233,41	—	87,32	98,23	—	76,45	86,—	—	66,06	74,32	—	56,17	63,19	—	46,75	52,59	—	37,82	42,55
	II	1 097,66	—	87,81	98,78	II	1 097,66	—	76,92	86,54	—	66,52	74,83	—	56,60	63,67	—	47,16	53,05	—	38,21	42,98	—	29,74	33,45
	III	769,33	—	61,54	69,23	III	769,33	—	53,38	60,05	—	45,45	51,13	—	37,77	42,49	—	30,33	34,12	—	23,14	26,03	—	16,18	18,20
	V	1 710,—	35,34	136,80	153,90	IV	1 233,41	—	92,93	104,54	—	87,32	98,23	—	81,82	92,05	—	76,45	86,—	—	71,20	80,10	—	66,06	74,32
	VI	1 746,25	39,65	139,70	157,16																				
5 780,99	I,IV	1 234,50	—	98,76	111,10	I	1 234,50	—	87,40	98,33	—	76,53	86,09	—	66,14	74,41	—	56,24	63,27	—	46,82	52,67	—	37,89	42,62
	II	1 098,75	—	87,90	98,88	II	1 098,75	—	77,—	86,63	—	66,60	74,92	—	56,67	63,75	—	47,23	53,13	—	38,28	43,06	—	29,80	33,53
	III	770,16	—	61,61	69,31	III	770,16	—	53,44	60,12	—	45,52	51,21	—	37,84	42,57	—	30,38	34,18	—	23,20	26,10	—	16,24	18,27
	V	1 711,08	35,47	136,88	153,99	IV	1 234,50	—	93,02	104,65	—	87,40	98,33	—	81,91	92,15	—	76,53	86,09	—	71,28	80,19	—	66,14	74,41
	VI	1 747,33	39,78	139,78	157,25																				
5 783,99	I,IV	1 235,66	—	98,85	111,20	I	1 235,66	—	87,49	98,42	—	76,62	86,19	—	66,22	74,50	—	56,32	63,36	—	46,90	52,76	—	37,96	42,70
	II	1 099,83	—	87,98	98,98	II	1 099,83	—	77,09	86,72	—	66,68	75,01	—	56,75	63,84	—	47,30	53,21	—	38,34	43,13	—	29,87	33,60
	III	771,—	—	61,68	69,39	III	771,—	—	53,50	60,19	—	45,57	51,26	—	37,89	42,62	—	30,45	34,25	—	23,25	26,15	—	16,29	18,32
	V	1 712,25	35,61	136,98	154,10	IV	1 235,66	—	93,11	104,75	—	87,49	98,42	—	81,99	92,24	—	76,62	86,19	—	71,36	80,28	—	66,22	74,50
	VI	1 748,50	39,92	139,88	157,36																				
5 786,99	I,IV	1 236,83	—	98,94	111,31	I	1 236,83	—	87,58	98,52	—	76,70	86,28	—	66,30	74,59	—	56,40	63,45	—	46,97	52,84	—	38,03	42,78
	II	1 100,91	—	88,07	99,08	II	1 100,91	—	77,17	86,81	—	66,76	75,10	—	56,82	63,92	—	47,38	53,30	—	38,41	43,21	—	29,94	33,68
	III	771,66	—	61,73	69,44	III	771,66	—	53,57	60,26	—	45,64	51,34	—	37,94	42,68	—	30,50	34,31	—	23,30	26,21	—	16,34	18,38
	V	1 713,41	35,74	137,07	154,20	IV	1 236,83	—	93,20	104,85	—	87,58	98,52	—	82,08	92,34	—	76,70	86,28	—	71,44	80,37	—	66,30	74,59
	VI	1 749,66	40,06	139,97	157,46																				
5 789,99	I,IV	1 237,91	—	99,03	111,41	I	1 237,91	—	87,66	98,62	—	76,78	86,38	—	66,38	74,68	—	56,47	63,53	—	47,04	52,92	—	38,10	42,86
	II	1 102,—	—	88,16	99,18	II	1 102,—	—	77,26	86,91	—	66,84	75,19	—	56,90	64,01	—	47,45	53,38	—	38,48	43,29	—	30,—	33,75
	III	772,50	—	61,80	69,52	III	772,50	—	53,64	60,34	—	45,70	51,41	—	38,01	42,76	—	30,57	34,39	—	23,36	26,28	—	16,40	18,45
	V	1 714,58	35,88	137,16	154,31	IV	1 237,91	—	93,29	104,95	—	87,66	98,62	—	82,16	92,43	—	76,78	86,38	—	71,52	80,46	—	66,38	74,68
	VI	1 750,83	40,20	140,06	157,57																				
5 792,99	I,IV	1 239,08	—	99,12	111,51	I	1 239,08	—	87,75	98,72	—	76,87	86,48	—	66,46	74,77	—	56,55	63,62	—	47,12	53,01	—	38,16	42,93
	II	1 103,16	—	88,25	99,28	II	1 103,16	—	77,34	87,—	—	66,92	75,28	—	56,98	64,10	—	47,52	53,46	—	38,55	43,37	—	30,06	33,82
	III	773,33	—	61,86	69,59	III	773,33	—	53,69	60,40	—	45,76	51,48	—	38,06	42,82	—	30,62	34,45	—	23,41	26,33	—	16,45	18,50
	V	1 715,75	36,02	137,26	154,41	IV	1 239,08	—	93,38	105,05	—	87,75	98,72	—	82,25	92,53	—	76,87	86,48	—	71,60	80,55	—	66,46	74,77
	VI	1 752,—	40,34	140,16	157,68																				
5 795,99	I,IV	1 240,25	—	99,22	111,62	I	1 240,25	—	87,84	98,82	—	76,95	86,57	—	66,54	74,86	—	56,62	63,70	—	47,18	53,08	—	38,23	43,01
	II	1 104,25	—	88,34	99,38	II	1 104,25	—	77,42	87,10	—	67,—	75,37	—	57,05	64,18	—	47,60	53,55	—	38,62	43,44	—	30,13	33,89
	III	774,16	—	61,93	69,67	III	774,16	—	53,76	60,48	—	45,82	51,55	—	38,13	42,89	—	30,68	34,51	—	23,48	26,41	—	16,50	18,56
	V	1 716,91	36,16	137,35	154,52	IV	1 240,25	—	93,47	105,15	—	87,84	98,82	—	82,34	92,63	—	76,95	86,57	—	71,69	80,65	—	66,54	74,86
	VI	1 753,16	40,47	140,25	157,78																				
5 798,99	I,IV	1 241,33	—	99,30	111,71	I	1 241,33	—	87,93	98,92	—	77,04	86,67	—	66,62	74,95	—	56,70	63,78	—	47,26	53,16	—	38,30	43,09
	II	1 105,33	—	88,42	99,47	II	1 105,33	—	77,51	87,20	—	67,08	75,46	—	57,13	64,27	—	47,67	53,63	—	38,69	43,52	—	30,20	33,97
	III	775,—	—	62,—	69,75	III	775,—	—	53,82	60,55	—	45,88	51,61	—	38,18	42,95	—	30,73	34,57	—	23,53	26,47	—	16,56	18,63
	V	1 718,08	36,30	137,44	154,62	IV	1 241,33	—	93,56	105,25	—	87,93	98,92	—	82,42	92,72	—	77,04	86,67	—	71,77	80,74	—	66,62	74,95
	VI	1 754,33	40,61	140,34	157,88																				
5 801,99	I,IV	1 242,50	—	99,40	111,82	I	1 242,50	—	88,02	99,02	—	77,12	86,76	—	66,70	75,04	—	56,78	63,87	—	47,33	53,24	—	38,37	43,16
	II	1 106,41	—	88,51	99,57	II	1 106,41	—	77,59	87,29	—	67,16	75,55	—	57,20	64,35	—	47,74	53,70	—	38,76	43,60	—	30,26	34,04
	III	775,83	—	62,06	69,82	III	775,83	—	53,89	60,62	—	45,94	51,68	—	38,25	43,03	—	30,80	34,65	—	23,58	26,53	—	16,61	18,68
	V	1 719,16	36,43	137,53	154,72	IV	1 242,50	—	93,64	105,35	—	88,02	99,02	—	82,50	92,81	—	77,12	86,76	—	71,85	80,83	—	66,70	75,04
	VI	1 755,50	40,75	140,44	157,99																				
5 804,99	I,IV	1 243,66	—	99,49	111,92	I	1 243,66	—	88,10	99,11	—	77,20	86,85	—	66,78	75,13	—	56,85	63,95	—	47,40	53,33	—	38,44	43,24
	II	1 107,50	—	88,60	99,67	II	1 107,50	—	77,68	87,39	—	67,24	75,64	—	57,28	64,44	—	47,81	53,78	—	38,82	43,67	—	30,32	34,11
	III	776,66	—	62,13	69,89	III	776,66	—	53,94	60,68	—	46,01	51,76	—	38,30	43,09	—	30,85	34,70	—	23,64	26,59	—	16,66	18,74
	V	1 720,33	36,57	137,62	154,82	IV	1 243,66	—	93,74	105,45	—	88,10	99,11	—	82,59	92,91	—	77,20	86,85	—	71,93	80,92	—	66,78	75,13
	VI	1 756,58	40,88	140,52	158,09																				
5 807,99	I,IV	1 244,83	—	99,58	112,03	I	1 244,83	—	88,20	99,22	—	77,29	86,95	—	66,87	75,23	—	56,93	64,04	—	47,48	53,41	—	38,51	43,32
	II	1 108,66	—	88,69	99,77	II	1 108,66	—	77,76	87,48	—	67,32	75,73	—	57,36	64,53	—	47,89	53,87	—	38,90	43,76	—	30,39	34,19
	III	777,50	—	62,20	69,97	III	777,50	—	54,01	60,76	—	46,06	51,82	—	38,37	43,16	—	30,92	34,78	—	23,69	26,65	—	16,72	18,81
	V	1 721,58	36,72	137,72	154,94	IV	1 244,83	—	93,83	105,56	—	88,20	99,22	—	82,68	93,02	—	77,29	86,95	—	72,02	81,02	—	66,87	75,23
	VI	1 757,83	41,03	140,62	158,20																				
5 810,99	I,IV	1 246,—	—	99,68	112,14	I	1 246,—	—	88,28	99,32	—	77,37	87,04	—	66,95	75,32	—	57,01	64,13	—	47,55	53,49	—	38,58	43,40
	II	1 109,75	—	88,78	99,87	II	1 109,75	—	77,84	87,57	—	67,40	75,82	—	57,44	64,62	—	47,96	53,95	—	38,96	43,83	—	30,46	34,26
	III	778,33	—	62,26	70,04	III	778,33	—	54,08	60,84	—	46,13	51,89	—	38,42	43,22	—	30,97	34,84	—	23,76	26,73	—	16,77	18,86
	V	1 722,66	36,85	137,81	155,03	IV	1 246,—	—	93,92	105,66	—	88,28	99,32	—	82,76	93,11	—	77,37	87,04	—	72,10	81,11	—	66,95	75,32
	VI	1 759,—	41,17	140,71	158,31																				
5 813,99	I,IV	1 247,08	—	99,76	112,23	I	1 247,08	—	88,37	99,41	—	77,46	87,14	—	67,03	75,41	—	57,08	64,22	—	47,62	53,57	—	38,64	43,47
	II	1 110,83	—	88,86	99,97	II	1 110,83	—	77,93	87,67	—	67,48	75,92	—	57,52	64,71	—	48,03	54,03	—	39,04	43,92	—	30,52	34,34
	III	779,16	—	62,33	70,12	III	779,16	—	54,14	60,91	—	46,20	51,97	—	38,49	43,30	—	31,02	34,90	—	23,81	26,78	—	16,82	18,92
	V	1 723,83	36,98	137,90	155,14	IV	1 247,08	—	94,01	105,76	—	88,37	99,41	—	82,85	93,20	—	77,46	87,14	—	72,18	81,20	—	67,03	75,41
	VI	1 760,08	41,30	140,80	158,40																				

* **Die ausgewiesenen Tabellenwerte sind amtlich. Siehe Erläuterungen auf der Umschlaginnenseite (U2).**

MONAT 5 814,–*

Abzüge an Lohnsteuer, Solidaritätszuschlag (SolZ) und Kirchensteuer (8%, 9%) in den Steuerklassen

Lohn/ Gehalt bis €*	I – VI		ohne Kinderfreibeträge			I, II, III, IV		mit Zahl der Kinderfreibeträge . . . 0,5			1			1,5			2			2,5			3		
		LSt	SolZ	8%	9%		LSt	SolZ	8%	9%	SolZ	8%	9%	SolZ	8%	9%	SolZ	8%	9%	SolZ	8%	9%	SolZ	8%	9%
5 816,99	I,IV	1 248,25	—	99,86	112,34	I	1 248,25	—	88,46	99,51	—	77,54	87,23	—	67,11	75,50	—	57,16	64,30	—	47,70	53,66	—	38,72	43,56
	II	1 111,91	—	88,95	100,07	II	1 111,91	—	78,02	87,77	—	67,56	76,01	—	57,59	64,79	—	48,10	54,11	—	39,10	43,99	—	30,58	34,40
	III	780,—	—	62,40	70,20	III	780,—	—	54,20	60,97	—	46,25	52,03	—	38,54	43,36	—	31,09	34,97	—	23,86	26,84	—	16,89	19,—
	V	1 725,—	37,12	138,—	155,25	IV	1 248,25	—	94,10	105,86	—	88,46	99,51	—	82,94	93,30	—	77,54	87,23	—	72,26	81,29	—	67,11	75,50
	VI	1 761,25	41,44	140,90	158,51																				
5 819,99	I,IV	1 249,41	—	99,95	112,44	I	1 249,41	—	88,54	99,61	—	77,62	87,32	—	67,19	75,59	—	57,24	64,39	—	47,77	53,74	—	38,78	43,63
	II	1 113,08	—	89,04	100,17	II	1 113,08	—	78,10	87,86	—	67,64	76,10	—	57,67	64,88	—	48,18	54,20	—	39,17	44,06	—	30,65	34,48
	III	780,66	—	62,45	70,25	III	780,66	—	54,26	61,04	—	46,32	52,11	—	38,61	43,43	—	31,14	35,03	—	23,92	26,91	—	16,93	19,04
	V	1 726,16	37,26	138,09	155,35	IV	1 249,41	—	94,19	105,96	—	88,54	99,61	—	83,02	93,40	—	77,62	87,32	—	72,34	81,38	—	67,19	75,59
	VI	1 762,41	41,58	140,99	158,61																				
5 822,99	I,IV	1 250,58	—	100,04	112,55	I	1 250,58	—	88,63	99,71	—	77,71	87,42	—	67,27	75,68	—	57,31	64,47	—	47,84	53,82	—	38,85	43,70
	II	1 114,16	—	89,13	100,27	II	1 114,16	—	78,18	87,95	—	67,72	76,19	—	57,74	64,96	—	48,25	54,28	—	39,24	44,15	—	30,72	34,56
	III	781,66	—	62,53	70,34	III	781,66	—	54,33	61,12	—	46,38	52,18	—	38,66	43,49	—	31,20	35,10	—	23,97	26,96	—	17,—	19,12
	V	1 727,33	37,40	138,18	155,45	IV	1 250,58	—	94,28	106,06	—	88,63	99,71	—	83,11	93,50	—	77,71	87,42	—	72,43	81,48	—	67,27	75,68
	VI	1 763,58	41,71	141,08	158,72																				
5 825,99	I,IV	1 251,66	—	100,13	112,64	I	1 251,66	—	88,72	99,81	—	77,79	87,51	—	67,35	75,77	—	57,39	64,56	—	47,91	53,90	—	38,92	43,79
	II	1 115,25	—	89,22	100,37	II	1 115,25	—	78,27	88,05	—	67,80	76,28	—	57,82	65,05	—	48,32	54,36	—	39,31	44,22	—	30,78	34,63
	III	782,33	—	62,58	70,40	III	782,33	—	54,40	61,20	—	46,44	52,24	—	38,73	43,57	—	31,26	35,17	—	24,02	27,02	—	17,05	19,18
	V	1 728,50	37,54	138,28	155,56	IV	1 251,66	—	94,36	106,16	—	88,72	99,81	—	83,20	93,60	—	77,79	87,51	—	72,51	81,57	—	67,35	75,77
	VI	1 764,75	41,85	141,18	158,82																				
5 828,99	I,IV	1 252,83	—	100,22	112,75	I	1 252,83	—	88,81	99,91	—	77,88	87,61	—	67,43	75,86	—	57,46	64,64	—	47,98	53,98	—	38,99	43,86
	II	1 116,33	—	89,30	100,46	II	1 116,33	—	78,35	88,14	—	67,88	76,37	—	57,90	65,13	—	48,40	54,45	—	39,38	44,30	—	30,84	34,70
	III	783,16	—	62,65	70,48	III	783,16	—	54,46	61,27	—	46,50	52,31	—	38,78	43,63	—	31,32	35,23	—	24,09	27,10	—	17,10	19,24
	V	1 729,66	37,68	138,37	155,66	IV	1 252,83	—	94,46	106,26	—	88,81	99,91	—	83,28	93,69	—	77,88	87,61	—	72,59	81,66	—	67,43	75,86
	VI	1 765,91	41,99	141,27	158,93																				
5 831,99	I,IV	1 254,—	—	100,32	112,86	I	1 254,—	—	88,90	100,01	—	77,96	87,71	—	67,51	75,95	—	57,54	64,73	—	48,06	54,06	—	39,06	43,94
	II	1 117,41	—	89,39	100,56	II	1 117,41	—	78,44	88,24	—	67,96	76,46	—	57,98	65,22	—	48,47	54,53	—	39,45	44,38	—	30,91	34,77
	III	784,—	—	62,72	70,56	III	784,—	—	54,52	61,33	—	46,56	52,38	—	38,85	43,70	—	31,37	35,29	—	24,14	27,16	—	17,16	19,30
	V	1 730,75	37,81	138,46	155,76	IV	1 254,—	—	94,54	106,36	—	88,90	100,01	—	83,37	93,79	—	77,96	87,71	—	72,68	81,76	—	67,51	75,95
	VI	1 767,08	42,13	141,36	159,03																				
5 834,99	I,IV	1 255,16	—	100,41	112,96	I	1 255,16	—	88,98	100,10	—	78,04	87,80	—	67,59	76,04	—	57,62	64,82	—	48,13	54,14	—	39,13	44,02
	II	1 118,58	—	89,48	100,67	II	1 118,58	—	78,52	88,33	—	68,04	76,55	—	58,05	65,30	—	48,54	54,61	—	39,52	44,46	—	30,98	34,85
	III	784,83	—	62,78	70,63	III	784,83	—	54,58	61,40	—	46,62	52,45	—	38,90	43,76	—	31,44	35,37	—	24,20	27,22	—	17,21	19,36
	V	1 731,91	37,95	138,55	155,87	IV	1 255,16	—	94,64	106,47	—	88,98	100,10	—	83,46	93,89	—	78,04	87,80	—	72,76	81,85	—	67,59	76,04
	VI	1 768,16	42,26	141,45	159,13																				
5 837,99	I,IV	1 256,33	—	100,50	113,06	I	1 256,33	—	89,07	100,20	—	78,13	87,89	—	67,67	76,13	—	57,70	64,91	—	48,20	54,23	—	39,20	44,10
	II	1 119,66	—	89,57	100,76	II	1 119,66	—	78,60	88,43	—	68,12	76,64	—	58,13	65,39	—	48,62	54,69	—	39,58	44,53	—	31,04	34,92
	III	785,66	—	62,85	70,70	III	785,66	—	54,65	61,48	—	46,69	52,52	—	38,97	43,84	—	31,49	35,42	—	24,25	27,28	—	17,26	19,42
	V	1 733,08	38,08	138,64	155,97	IV	1 256,33	—	94,72	106,56	—	89,07	100,20	—	83,54	93,98	—	78,13	87,89	—	72,84	81,94	—	67,67	76,13
	VI	1 769,33	42,40	141,54	159,23																				
5 840,99	I,IV	1 257,41	—	100,59	113,16	I	1 257,41	—	89,16	100,31	—	78,22	87,99	—	67,75	76,22	—	57,77	64,99	—	48,28	54,31	—	39,26	44,17
	II	1 120,75	—	89,66	100,86	II	1 120,75	—	78,69	88,52	—	68,20	76,73	—	58,20	65,48	—	48,69	54,77	—	39,66	44,61	—	31,11	35,—
	III	786,50	—	62,92	70,78	III	786,50	—	54,72	61,56	—	46,74	52,58	—	39,02	43,90	—	31,54	35,48	—	24,32	27,36	—	17,32	19,48
	V	1 734,25	38,22	138,74	156,08	IV	1 257,41	—	94,82	106,67	—	89,16	100,31	—	83,62	94,07	—	78,22	87,99	—	72,92	82,04	—	67,75	76,22
	VI	1 770,50	42,54	141,64	159,34																				
5 843,99	I,IV	1 258,58	—	100,68	113,27	I	1 258,58	—	89,25	100,40	—	78,30	88,08	—	67,83	76,31	—	57,85	65,08	—	48,35	54,39	—	39,34	44,25
	II	1 121,83	—	89,74	100,96	II	1 121,83	—	78,77	88,61	—	68,28	76,82	—	58,28	65,57	—	48,76	54,86	—	39,72	44,69	—	31,17	35,06
	III	787,33	—	62,98	70,85	III	787,33	—	54,77	61,61	—	46,81	52,66	—	39,09	43,97	—	31,61	35,56	—	24,37	27,41	—	17,37	19,54
	V	1 735,41	38,36	138,83	156,18	IV	1 258,58	—	94,90	106,76	—	89,25	100,40	—	83,71	94,17	—	78,30	88,08	—	73,—	82,13	—	67,83	76,31
	VI	1 771,66	42,68	141,73	159,44																				
5 846,99	I,IV	1 259,75	—	100,78	113,37	I	1 259,75	—	89,34	100,50	—	78,38	88,18	—	67,91	76,40	—	57,92	65,16	—	48,42	54,47	—	39,40	44,33
	II	1 123,—	—	89,84	101,07	II	1 123,—	—	78,86	88,71	—	68,36	76,91	—	58,36	65,65	—	48,84	54,94	—	39,80	44,77	—	31,24	35,14
	III	788,16	—	63,05	70,93	III	788,16	—	54,84	61,69	—	46,88	52,74	—	39,14	44,03	—	31,66	35,62	—	24,42	27,47	—	17,42	19,60
	V	1 736,58	38,50	138,92	156,29	IV	1 259,75	—	95,—	106,87	—	89,34	100,50	—	83,80	94,27	—	78,38	88,18	—	73,08	82,22	—	67,91	76,40
	VI	1 772,83	42,82	141,82	159,55																				
5 849,99	I,IV	1 260,91	—	100,87	113,48	I	1 260,91	—	89,42	100,60	—	78,46	88,27	—	67,99	76,49	—	58,—	65,25	—	48,50	54,56	—	39,47	44,40
	II	1 124,08	—	89,92	101,16	II	1 124,08	—	78,94	88,81	—	68,44	77,—	—	58,44	65,74	—	48,90	55,01	—	39,86	44,84	—	31,30	35,21
	III	789,—	—	63,12	71,01	III	789,—	—	54,90	61,76	—	46,93	52,79	—	39,21	44,11	—	31,72	35,68	—	24,48	27,54	—	17,48	19,66
	V	1 737,75	38,64	139,02	156,39	IV	1 260,91	—	95,08	106,97	—	89,42	100,60	—	83,88	94,37	—	78,46	88,27	—	73,17	82,31	—	67,99	76,49
	VI	1 774,—	42,95	141,92	159,66																				
5 852,99	I,IV	1 262,—	—	100,96	113,58	I	1 262,—	—	89,51	100,70	—	78,55	88,37	—	68,07	76,58	—	58,08	65,34	—	48,57	54,64	—	39,54	44,48
	II	1 125,16	—	90,01	101,26	II	1 125,16	—	79,02	88,90	—	68,53	77,09	—	58,51	65,82	—	48,98	55,10	—	39,93	44,92	—	31,37	35,29
	III	789,83	—	63,18	71,08	III	789,83	—	54,97	61,84	—	47,—	52,87	—	39,26	44,17	—	31,78	35,75	—	24,53	27,59	—	17,53	19,72
	V	1 738,83	38,77	139,10	156,49	IV	1 262,—	—	95,18	107,07	—	89,51	100,70	—	83,97	94,46	—	78,55	88,37	—	73,25	82,40	—	68,07	76,58
	VI	1 775,16	43,09	142,01	159,76																				
5 855,99	I,IV	1 263,16	—	101,05	113,68	I	1 263,16	—	89,60	100,80	—	78,64	88,47	—	68,15	76,67	—	58,16	65,43	—	48,64	54,72	—	39,61	44,56
	II	1 126,25	—	90,10	101,36	II	1 126,25	—	79,11	89,—	—	68,61	77,18	—	58,59	65,91	—	49,05	55,18	—	40,—	45,—	—	31,44	35,37
	III	790,50	—	63,24	71,14	III	790,50	—	55,02	61,90	—	47,05	52,93	—	39,33	44,24	—	31,84	35,82	—	24,58	27,65	—	17,58	19,78
	V	1 740,—	38,91	139,20	156,60	IV	1 263,16	—	95,26	107,17	—	89,60	100,80	—	84,06	94,56	—	78,64	88,47	—	73,34	82,50	—	68,15	76,67
	VI	1 776,25	43,22	142,10	159,86																				
5 858,99	I,IV	1 264,33	—	101,14	113,78	I	1 264,33	—	89,69	100,90	—	78,72	88,56	—	68,24	76,77	—	58,23	65,51	—	48,72	54,81	—	39,68	44,64
	II	1 127,41	—	90,19	101,46	II	1 127,41	—	79,20	89,10	—	68,69	77,27	—	58,66	65,99	—	49,12	55,26	—	40,07	45,08	—	31,50	35,44
	III	791,33	—	63,30	71,21	III	791,33	—	55,09	61,97	—	47,12	53,01	—	39,38	44,30	—	31,89	35,87	—	24,65	27,73	—	17,64	19,84
	V	1 741,16	39,05	139,29	156,70	IV	1 264,33	—	95,36	107,28	—	89,69	100,90	—	84,14	94,66	—	78,72	88,56	—	73,42	82,59	—	68,24	76,77
	VI	1 777,41	43,36	142,19	159,96																				
5 861,99	I,IV	1 265,50	—	101,24	113,89	I	1 265,50	—	89,78	101,—	—	78,80	88,65	—	68,32	76,86	—	58,31	65,60	—	48,79	54,89	—	39,75	44,72
	II	1 128,50	—	90,28	101,56	II	1 128,50	—	79,28	89,19	—	68,77	77,36	—	58,74	66,08	—	49,20	55,35	—	40,14	45,16	—	31,56	35,51
	III	792,16	—	63,37	71,29	III	792,16	—	55,16	62,05	—	47,18	53,08	—	39,45	44,38	—	31,96	35,95	—	24,70	27,79	—	17,69	19,90
	V	1 742,33	39,19	139,38	156,80	IV	1 265,50	—	95,44	107,37	—	89,78	101,—	—	84,23	94,76	—	78,80	88,65	—	73,50	82,68	—	68,32	76,86
	VI	1 778,58	43,50	142,28	160,07																				
5 864,99	I,IV	1 266,66	—	101,33	113,99	I	1 266,66	—	89,87	101,10	—	78,89	88,75	—	68,40	76,95	—	58,39	65,69	—	48,86	54,97	—	39,82	44,80
	II	1 129,58	—	90,36	101,66	II	1 129,58	—	79,37	89,29	—	68,85	77,45	—	58,82	66,17	—	49,28	55,44	—	40,21	45,23	—	31,63	35,58
	III	793,—	—	63,44	71,37	III	793,—	—	55,22	62,12	—	47,24	53,14	—	39,50	44,44	—	32,01	36,01	—	24,76	27,85	—	17,74	19,96
	V	1 743,50	39,32	139,48	156,91	IV	1 266,66	—	95,54	107,48	—	89,87	101,10	—	84,32	94,86	—	78,89	88,75	—	73,58	82,78	—	68,40	76,95
	VI	1 779,75	43,64	142,38	160,17																				

* Die ausgewiesenen Tabellenwerte sind amtlich. Siehe Erläuterungen auf der Umschlaginnenseite (U2).

5 915,99* MONAT

Abzüge an Lohnsteuer, Solidaritätszuschlag (SolZ) und Kirchensteuer (8%, 9%) in den Steuerklassen

Lohn/ Gehalt bis €*	I – VI	LSt	ohne Kinderfreibeträge SolZ	8%	9%	I, II, III, IV	LSt	mit Zahl der Kinderfreibeträge . . . 0,5 SolZ	0,5 8%	0,5 9%	1 SolZ	1 8%	1 9%	1,5 SolZ	1,5 8%	1,5 9%	2 SolZ	2 8%	2 9%	2,5 SolZ	2,5 8%	2,5 9%	3 SolZ	3 8%	3 9%
5 867,99	I,IV	1 267,83	—	101,42	114,10	I	1 267,83	—	89,96	101,20	—	78,98	88,85	—	68,48	77,04	—	58,46	65,77	—	48,94	55,05	—	39,89	44,87
	II	1 130,75	—	90,46	101,76	II	1 130,75	—	79,45	89,38	—	68,93	77,54	—	58,90	66,26	—	49,35	55,52	—	40,28	45,32	—	31,70	35,66
	III	793,83	—	63,50	71,44	III	793,83	—	55,29	62,20	—	47,30	53,21	—	39,57	44,51	—	32,08	36,09	—	24,82	27,92	—	17,81	20,03
	V	1 744,66	39,46	139,57	157,01	IV	1 267,83	—	95,63	107,58	—	89,96	101,20	—	84,40	94,95	—	78,98	88,85	—	73,66	82,87	—	68,48	77,04
	VI	1 780,91	43,78	142,47	160,28																				
5 870,99	I,IV	1 269,—	—	101,52	114,21	I	1 269,—	—	90,04	101,30	—	79,06	88,94	—	68,56	77,13	—	58,54	65,86	—	49,01	55,13	—	39,96	44,95
	II	1 131,83	—	90,54	101,86	II	1 131,83	—	79,54	89,48	—	69,02	77,64	—	58,98	66,35	—	49,42	55,60	—	40,35	45,39	—	31,76	35,73
	III	794,66	—	63,57	71,51	III	794,66	—	55,34	62,26	—	47,37	53,29	—	39,62	44,57	—	32,13	36,14	—	24,88	27,99	—	17,86	20,09
	V	1 745,83	39,60	139,66	157,12	IV	1 269,—	—	95,72	107,68	—	90,04	101,30	—	84,49	95,05	—	79,06	88,94	—	73,75	82,97	—	68,56	77,13
	VI	1 782,08	43,92	142,56	160,38																				
5 873,99	I,IV	1 270,16	—	101,61	114,31	I	1 270,16	—	90,14	101,40	—	79,14	89,03	—	68,64	77,22	—	58,62	65,94	—	49,08	55,22	—	40,03	45,03
	II	1 132,91	—	90,63	101,96	II	1 132,91	—	79,62	89,57	—	69,10	77,73	—	59,05	66,43	—	49,50	55,68	—	40,42	45,47	—	31,83	35,81
	III	795,50	—	63,64	71,59	III	795,50	—	55,41	62,33	—	47,42	53,35	—	39,69	44,65	—	32,18	36,20	—	24,93	28,04	—	17,92	20,16
	V	1 747,—	39,74	139,76	157,23	IV	1 270,16	—	95,81	107,78	—	90,14	101,40	—	84,58	95,15	—	79,14	89,03	—	73,83	83,06	—	68,64	77,22
	VI	1 783,25	44,05	142,66	160,49																				
5 876,99	I,IV	1 271,25	—	101,70	114,41	I	1 271,25	—	90,22	101,50	—	79,23	89,13	—	68,72	77,31	—	58,70	66,03	—	49,16	55,30	—	40,10	45,11
	II	1 134,08	—	90,72	102,06	II	1 134,08	—	79,70	89,66	—	69,18	77,82	—	59,13	66,52	—	49,57	55,76	—	40,49	45,55	—	31,90	35,88
	III	796,33	—	63,70	71,66	III	796,33	—	55,48	62,41	—	47,49	53,42	—	39,74	44,71	—	32,25	36,28	—	24,98	28,10	—	17,97	20,21
	V	1 748,16	39,88	139,85	157,33	IV	1 271,25	—	95,90	107,88	—	90,22	101,50	—	84,66	95,24	—	79,23	89,13	—	73,92	83,16	—	68,72	77,31
	VI	1 784,41	44,19	142,75	160,59																				
5 879,99	I,IV	1 272,41	—	101,79	114,51	I	1 272,41	—	90,31	101,60	—	79,32	89,23	—	68,80	77,40	—	58,77	66,11	—	49,23	55,38	—	40,17	45,19
	II	1 135,16	—	90,81	102,16	II	1 135,16	—	79,79	89,76	—	69,26	77,91	—	59,21	66,61	—	49,64	55,85	—	40,56	45,63	—	31,96	35,96
	III	797,16	—	63,77	71,74	III	797,16	—	55,54	62,48	—	47,56	53,50	—	39,81	44,78	—	32,30	36,34	—	25,04	28,17	—	18,02	20,27
	V	1 749,33	40,02	139,94	157,43	IV	1 272,41	—	95,99	107,99	—	90,31	101,60	—	84,75	95,34	—	79,32	89,23	—	74,—	83,25	—	68,80	77,40
	VI	1 785,58	44,33	142,84	160,70																				
5 882,99	I,IV	1 273,58	—	101,88	114,62	I	1 273,58	—	90,40	101,70	—	79,40	89,32	—	68,88	77,49	—	58,85	66,20	—	49,30	55,46	—	40,24	45,27
	II	1 136,25	—	90,90	102,26	II	1 136,25	—	79,88	89,86	—	69,34	78,—	—	59,28	66,69	—	49,72	55,93	—	40,63	45,71	—	32,03	36,03
	III	798,—	—	63,84	71,82	III	798,—	—	55,60	62,55	—	47,61	53,56	—	39,86	44,84	—	32,36	36,40	—	25,09	28,22	—	18,08	20,34
	V	1 750,41	40,15	140,03	157,53	IV	1 273,58	—	96,08	108,09	—	90,40	101,70	—	84,84	95,44	—	79,40	89,32	—	74,08	83,34	—	68,88	77,49
	VI	1 786,75	44,47	142,94	160,80																				
5 885,99	I,IV	1 274,75	—	101,98	114,72	I	1 274,75	—	90,49	101,80	—	79,48	89,42	—	68,96	77,58	—	58,92	66,29	—	49,38	55,55	—	40,30	45,34
	II	1 137,33	—	90,98	102,35	II	1 137,33	—	79,96	89,96	—	69,42	78,09	—	59,36	66,78	—	49,79	56,01	—	40,70	45,78	—	32,09	36,10
	III	798,83	—	63,90	71,89	III	798,83	—	55,66	62,62	—	47,68	53,64	—	39,93	44,92	—	32,42	36,47	—	25,16	28,30	—	18,13	20,39
	V	1 751,58	40,29	140,12	157,64	IV	1 274,75	—	96,17	108,19	—	90,49	101,80	—	84,92	95,54	—	79,48	89,42	—	74,16	83,43	—	68,96	77,58
	VI	1 787,83	44,60	143,02	160,90																				
5 888,99	I,IV	1 275,91	—	102,07	114,83	I	1 275,91	—	90,58	101,90	—	79,57	89,51	—	69,04	77,67	—	59,—	66,38	—	49,45	55,63	—	40,38	45,42
	II	1 138,50	—	91,08	102,46	II	1 138,50	—	80,04	90,05	—	69,50	78,18	—	59,44	66,87	—	49,86	56,09	—	40,77	45,86	—	32,16	36,18
	III	799,66	—	63,97	71,96	III	799,66	—	55,73	62,69	—	47,74	53,71	—	39,98	44,98	—	32,48	36,54	—	25,21	28,36	—	18,18	20,45
	V	1 752,75	40,43	140,22	157,74	IV	1 275,91	—	96,26	108,29	—	90,58	101,90	—	85,01	95,63	—	79,57	89,51	—	74,24	83,52	—	69,04	77,67
	VI	1 789,—	44,74	143,12	161,01																				
5 891,99	I,IV	1 277,08	—	102,16	114,93	I	1 277,08	—	90,66	101,99	—	79,65	89,60	—	69,12	77,76	—	59,08	66,47	—	49,52	55,71	—	40,44	45,50
	II	1 139,58	—	91,16	102,56	II	1 139,58	—	80,13	90,14	—	69,58	78,28	—	59,52	66,96	—	49,94	56,18	—	40,84	45,94	—	32,22	36,25
	III	800,50	—	64,04	72,04	III	800,50	—	55,80	62,77	—	47,80	53,77	—	40,05	45,05	—	32,53	36,59	—	25,26	28,42	—	18,24	20,52
	V	1 753,91	40,56	140,31	157,85	IV	1 277,08	—	96,35	108,39	—	90,66	101,99	—	85,10	95,73	—	79,65	89,60	—	74,33	83,62	—	69,12	77,76
	VI	1 790,16	44,88	143,21	161,11																				
5 894,99	I,IV	1 278,16	—	102,25	115,03	I	1 278,16	—	90,75	102,09	—	79,74	89,70	—	69,20	77,85	—	59,16	66,55	—	49,60	55,80	—	40,52	45,58
	II	1 140,66	—	91,25	102,65	II	1 140,66	—	80,22	90,24	—	69,66	78,37	—	59,59	67,04	—	50,01	56,26	—	40,91	46,02	—	32,29	36,32
	III	801,33	—	64,10	72,11	III	801,33	—	55,86	62,84	—	47,86	53,84	—	40,10	45,11	—	32,60	36,67	—	25,32	28,48	—	18,29	20,57
	V	1 755,08	40,70	140,40	157,95	IV	1 278,16	—	96,44	108,50	—	90,75	102,09	—	85,18	95,83	—	79,74	89,70	—	74,41	83,71	—	69,20	77,85
	VI	1 791,33	45,02	143,30	161,21																				
5 897,99	I,IV	1 279,33	—	102,34	115,13	I	1 279,33	—	90,84	102,20	—	79,82	89,80	—	69,28	77,94	—	59,24	66,64	—	49,67	55,88	—	40,58	45,65
	II	1 141,83	—	91,34	102,76	II	1 141,83	—	80,30	90,34	—	69,74	78,46	—	59,67	67,13	—	50,08	56,34	—	40,98	46,10	—	32,36	36,40
	III	802,16	—	64,17	72,19	III	802,16	—	55,93	62,92	—	47,93	53,92	—	40,17	45,19	—	32,65	36,73	—	25,38	28,55	—	18,34	20,63
	V	1 756,25	40,84	140,50	158,06	IV	1 279,33	—	96,53	108,59	—	90,84	102,20	—	85,27	95,93	—	79,82	89,80	—	74,50	83,81	—	69,28	77,94
	VI	1 792,50	45,16	143,40	161,32																				
5 900,99	I,IV	1 280,50	—	102,44	115,24	I	1 280,50	—	90,93	102,29	—	79,90	89,89	—	69,37	78,04	—	59,31	66,72	—	49,74	55,96	—	40,66	45,74
	II	1 142,91	—	91,43	102,86	II	1 142,91	—	80,38	90,43	—	69,82	78,55	—	59,75	67,22	—	50,16	56,43	—	41,05	46,18	—	32,42	36,47
	III	802,83	—	64,22	72,25	III	802,83	—	55,98	62,98	—	47,98	53,98	—	40,22	45,25	—	32,70	36,79	—	25,44	28,62	—	18,40	20,70
	V	1 757,41	40,98	140,59	158,16	IV	1 280,50	—	96,62	108,70	—	90,93	102,29	—	85,36	96,03	—	79,90	89,89	—	74,58	83,90	—	69,37	78,04
	VI	1 793,66	45,29	143,49	161,42																				
5 903,99	I,IV	1 281,66	—	102,53	115,34	I	1 281,66	—	91,02	102,39	—	79,99	89,99	—	69,45	78,13	—	59,39	66,81	—	49,82	56,04	—	40,72	45,81
	II	1 144,—	—	91,52	102,96	II	1 144,—	—	80,47	90,53	—	69,90	78,64	—	59,82	67,30	—	50,23	56,51	—	41,12	46,26	—	32,49	36,55
	III	803,83	—	64,30	72,34	III	803,83	—	56,05	63,05	—	48,05	54,05	—	40,29	45,32	—	32,77	36,86	—	25,49	28,67	—	18,46	20,77
	V	1 758,50	41,11	140,68	158,26	IV	1 281,66	—	96,72	108,81	—	91,02	102,39	—	85,44	96,12	—	79,99	89,99	—	74,66	83,99	—	69,45	78,13
	VI	1 794,83	45,43	143,58	161,53																				
5 906,99	I,IV	1 282,83	—	102,62	115,45	I	1 282,83	—	91,11	102,50	—	80,08	90,09	—	69,53	78,22	—	59,46	66,89	—	49,89	56,12	—	40,80	45,90
	II	1 145,16	—	91,61	103,06	II	1 145,16	—	80,56	90,63	—	69,99	78,74	—	59,90	67,39	—	50,30	56,59	—	41,18	46,33	—	32,56	36,63
	III	804,50	—	64,36	72,40	III	804,50	—	56,12	63,13	—	48,10	54,11	—	40,34	45,38	—	32,82	36,92	—	25,54	28,73	—	18,50	20,81
	V	1 759,66	41,25	140,77	158,36	IV	1 282,83	—	96,80	108,90	—	91,11	102,50	—	85,53	96,22	—	80,08	90,09	—	74,74	84,08	—	69,53	78,22
	VI	1 795,91	45,56	143,67	161,63																				
5 909,99	I,IV	1 284,—	—	102,72	115,56	I	1 284,—	—	91,20	102,60	—	80,16	90,18	—	69,61	78,31	—	59,54	66,98	—	49,96	56,21	—	40,86	45,97
	II	1 146,25	—	91,70	103,16	II	1 146,25	—	80,64	90,72	—	70,07	78,83	—	59,98	67,48	—	50,38	56,67	—	41,26	46,41	—	32,62	36,70
	III	805,33	—	64,42	72,47	III	805,33	—	56,18	63,20	—	48,17	54,19	—	40,41	45,46	—	32,89	37,—	—	25,61	28,81	—	18,57	20,89
	V	1 760,83	41,39	140,86	158,47	IV	1 284,—	—	96,90	109,01	—	91,20	102,60	—	85,62	96,32	—	80,16	90,18	—	74,82	84,17	—	69,61	78,31
	VI	1 797,08	45,70	143,76	161,73																				
5 912,99	I,IV	1 285,16	—	102,81	115,66	I	1 285,16	—	91,28	102,69	—	80,24	90,27	—	69,69	78,40	—	59,62	67,07	—	50,04	56,29	—	40,93	46,04
	II	1 147,33	—	91,78	103,25	II	1 147,33	—	80,72	90,81	—	70,15	78,92	—	60,06	67,56	—	50,45	56,75	—	41,32	46,49	—	32,68	36,77
	III	806,16	—	64,49	72,55	III	806,16	—	56,24	63,27	—	48,24	54,27	—	40,46	45,52	—	32,94	37,06	—	25,66	28,87	—	18,62	20,95
	V	1 762,—	41,53	140,96	158,58	IV	1 285,16	—	96,98	109,10	—	91,28	102,69	—	85,70	96,41	—	80,24	90,27	—	74,91	84,27	—	69,69	78,40
	VI	1 798,25	45,84	143,86	161,84																				
5 915,99	I,IV	1 286,33	—	102,90	115,76	I	1 286,33	—	91,38	102,80	—	80,33	90,37	—	69,77	78,49	—	59,70	67,16	—	50,11	56,37	—	41,—	46,13
	II	1 148,50	—	91,88	103,36	II	1 148,50	—	80,81	90,91	—	70,23	79,01	—	60,14	67,65	—	50,52	56,84	—	41,40	46,57	—	32,75	36,84
	III	807,—	—	64,56	72,63	III	807,—	—	56,30	63,34	—	48,30	54,34	—	40,53	45,59	—	33,—	37,12	—	25,72	28,93	—	18,68	21,01
	V	1 763,16	41,66	141,05	158,68	IV	1 286,33	—	97,08	109,21	—	91,38	102,80	—	85,79	96,51	—	80,33	90,37	—	74,99	84,36	—	69,77	78,49
	VI	1 799,41	45,98	143,95	161,94																				

* Die ausgewiesenen Tabellenwerte sind amtlich. Siehe Erläuterungen auf der Umschlaginnenseite (U2).

MONAT 5 916,–*

Lohn/ Gehalt bis €*		Abzüge an Lohnsteuer, Solidaritätszuschlag (SolZ) und Kirchensteuer (8%, 9%) in den Steuerklassen I – VI						I, II, III, IV mit Zahl der Kinderfreibeträge . . .																	
			ohne Kinder-freibeträge					0,5			1			1,5			2			2,5			3		
		LSt	SolZ	8%	9%		LSt	SolZ	8%	9%	SolZ	8%	9%	SolZ	8%	9%	SolZ	8%	9%	SolZ	8%	9%	SolZ	8%	9%
5 918,99	I,IV	1 287,41	—	102,99	115,86	I	1 287,41	—	91,46	102,89	—	80,42	90,47	—	69,86	78,59	—	59,78	67,25	—	50,18	56,45	—	41,07	46,20
	II	1 149,58	—	91,96	103,46	II	1 149,58	—	80,90	91,01	—	70,31	79,10	—	60,21	67,73	—	50,60	56,92	—	41,46	46,64	—	32,82	36,92
	III	807,83	—	64,62	72,70	III	807,83	—	56,37	63,41	—	48,36	54,40	—	40,58	45,65	—	33,06	37,19	—	25,77	28,99	—	18,73	21,07
	V	1 764,33	41,80	141,14	158,78	IV	1 287,41	—	97,17	109,31	—	91,46	102,89	—	85,88	96,61	—	80,42	90,47	—	75,08	84,46	—	69,86	78,59
	VI	1 800,58	46,12	144,04	162,05																				
5 921,99	I,IV	1 288,66	—	103,09	115,97	I	1 288,66	—	91,56	103,—	—	80,50	90,56	—	69,94	78,68	—	59,86	67,34	—	50,26	56,54	—	41,14	46,28
	II	1 150,75	—	92,06	103,56	II	1 150,75	—	80,98	91,10	—	70,40	79,20	—	60,29	67,82	—	50,67	57,—	—	41,54	46,73	—	32,89	37,—
	III	808,66	—	64,69	72,77	III	808,66	—	56,44	63,49	—	48,42	54,47	—	40,65	45,73	—	33,12	37,26	—	25,84	29,07	—	18,78	21,13
	V	1 765,50	41,94	141,24	158,89	IV	1 288,66	—	97,26	109,42	—	91,56	103,—	—	85,97	96,71	—	80,50	90,56	—	75,16	84,56	—	69,94	78,68
	VI	1 801,75	46,26	144,14	162,15																				
5 924,99	I,IV	1 289,83	—	103,18	116,08	I	1 289,83	—	91,64	103,10	—	80,59	90,66	—	70,02	78,77	—	59,93	67,42	—	50,33	56,62	—	41,22	46,37
	II	1 151,83	—	92,14	103,66	II	1 151,83	—	81,07	91,20	—	70,48	79,29	—	60,37	67,91	—	50,75	57,09	—	41,61	46,81	—	32,95	37,07
	III	809,50	—	64,76	72,85	III	809,50	—	56,50	63,56	—	48,49	54,55	—	40,72	45,81	—	33,18	37,33	—	25,89	29,12	—	18,84	21,19
	V	1 766,66	42,08	141,33	158,99	IV	1 289,83	—	97,35	109,52	—	91,64	103,10	—	86,06	96,81	—	80,59	90,66	—	75,24	84,65	—	70,02	78,77
	VI	1 802,91	46,40	144,23	162,26																				
5 927,99	I,IV	1 290,91	—	103,27	116,18	I	1 290,91	—	91,73	103,19	—	80,68	90,76	—	70,10	78,86	—	60,01	67,51	—	50,40	56,70	—	41,28	46,44
	II	1 153,—	—	92,24	103,77	II	1 153,—	—	81,16	91,30	—	70,56	79,38	—	60,45	68,—	—	50,82	57,17	—	41,68	46,89	—	33,02	37,14
	III	810,33	—	64,82	72,92	III	810,33	—	56,57	63,64	—	48,54	54,61	—	40,77	45,86	—	33,24	37,39	—	25,94	29,18	—	18,89	21,25
	V	1 767,83	42,22	141,42	159,10	IV	1 290,91	—	97,44	109,62	—	91,73	103,19	—	86,14	96,91	—	80,68	90,76	—	75,32	84,74	—	70,10	78,86
	VI	1 804,08	46,53	144,32	162,36																				
5 930,99	I,IV	1 292,08	—	103,36	116,28	I	1 292,08	—	91,82	103,30	—	80,76	90,85	—	70,18	78,95	—	60,09	67,60	—	50,48	56,79	—	41,36	46,53
	II	1 154,08	—	92,32	103,86	II	1 154,08	—	81,24	91,39	—	70,64	79,47	—	60,52	68,09	—	50,90	57,26	—	41,75	46,97	—	33,08	37,22
	III	811,16	—	64,89	73,—	III	811,16	—	56,64	63,72	—	48,61	54,68	—	40,84	45,94	—	33,29	37,45	—	26,—	29,25	—	18,94	21,31
	V	1 769,—	42,36	141,52	159,21	IV	1 292,08	—	97,53	109,72	—	91,82	103,30	—	86,23	97,01	—	80,76	90,85	—	75,41	84,83	—	70,18	78,95
	VI	1 805,25	46,67	144,42	162,47																				
5 933,99	I,IV	1 293,25	—	103,45	116,39	I	1 293,25	—	91,91	103,40	—	80,84	90,95	—	70,26	79,04	—	60,16	67,68	—	50,55	56,87	—	41,42	46,60
	II	1 155,16	—	92,41	103,96	II	1 155,16	—	81,32	91,49	—	70,72	79,56	—	60,60	68,18	—	50,97	57,34	—	41,82	47,04	—	33,15	37,29
	III	812,—	—	64,96	73,08	III	812,—	—	56,69	63,77	—	48,68	54,76	—	40,89	46,—	—	33,36	37,53	—	26,05	29,30	—	19,—	21,37
	V	1 770,08	42,49	141,60	159,30	IV	1 293,25	—	97,62	109,82	—	91,91	103,40	—	86,32	97,11	—	80,84	90,95	—	75,49	84,92	—	70,26	79,04
	VI	1 806,41	46,81	144,51	162,57																				
5 936,99	I,IV	1 294,41	—	103,55	116,49	I	1 294,41	—	92,—	103,50	—	80,93	91,04	—	70,34	79,13	—	60,24	67,77	—	50,62	56,95	—	41,50	46,68
	II	1 156,33	—	92,50	104,06	II	1 156,33	—	81,41	91,58	—	70,80	79,65	—	60,68	68,27	—	51,04	57,42	—	41,89	47,12	—	33,22	37,37
	III	812,83	—	65,02	73,15	III	812,83	—	56,76	63,85	—	48,73	54,82	—	40,96	46,08	—	33,41	37,58	—	26,12	29,38	—	19,06	21,44
	V	1 771,25	42,63	141,70	159,41	IV	1 294,41	—	97,72	109,93	—	92,—	103,50	—	86,40	97,20	—	80,93	91,04	—	75,58	85,02	—	70,34	79,13
	VI	1 807,50	46,94	144,60	162,67																				
5 939,99	I,IV	1 295,58	—	103,64	116,60	I	1 295,58	—	92,09	103,60	—	81,02	91,14	—	70,42	79,22	—	60,32	67,86	—	50,70	57,04	—	41,56	46,76
	II	1 157,41	—	92,59	104,16	II	1 157,41	—	81,50	91,68	—	70,88	79,74	—	60,76	68,35	—	51,12	57,51	—	41,96	47,20	—	33,28	37,44
	III	813,66	—	65,09	73,22	III	813,66	—	56,82	63,92	—	48,80	54,90	—	41,01	46,13	—	33,46	37,64	—	26,17	29,44	—	19,12	21,51
	V	1 772,41	42,77	141,79	159,51	IV	1 295,58	—	97,80	110,03	—	92,09	103,60	—	86,49	97,30	—	81,02	91,14	—	75,66	85,11	—	70,42	79,22
	VI	1 808,66	47,08	144,69	162,77																				
5 942,99	I,IV	1 296,75	—	103,74	116,70	I	1 296,75	—	92,18	103,70	—	81,10	91,23	—	70,51	79,32	—	60,40	67,95	—	50,78	57,12	—	41,64	46,84
	II	1 158,50	—	92,68	104,26	II	1 158,50	—	81,58	91,78	—	70,96	79,83	—	60,84	68,44	—	51,19	57,59	—	42,03	47,28	—	33,35	37,52
	III	814,50	—	65,16	73,30	III	814,50	—	56,89	64,—	—	48,86	54,97	—	41,08	46,21	—	33,53	37,72	—	26,22	29,50	—	19,17	21,56
	V	1 773,58	42,90	141,88	159,62	IV	1 296,75	—	97,90	110,13	—	92,18	103,70	—	86,58	97,40	—	81,10	91,23	—	75,74	85,21	—	70,51	79,32
	VI	1 809,83	47,22	144,78	162,88																				
5 945,99	I,IV	1 297,91	—	103,83	116,81	I	1 297,91	—	92,26	103,79	—	81,18	91,33	—	70,59	79,41	—	60,48	68,04	—	50,85	57,20	—	41,70	46,91
	II	1 159,66	—	92,77	104,36	II	1 159,66	—	81,66	91,87	—	71,05	79,93	—	60,92	68,53	—	51,26	57,67	—	42,10	47,36	—	33,42	37,59
	III	815,33	—	65,22	73,37	III	815,33	—	56,94	64,06	—	48,92	55,03	—	41,13	46,27	—	33,58	37,78	—	26,28	29,56	—	19,22	21,62
	V	1 774,75	43,04	141,98	159,72	IV	1 297,91	—	97,99	110,24	—	92,26	103,79	—	86,66	97,49	—	81,18	91,33	—	75,82	85,30	—	70,59	79,41
	VI	1 811,—	47,36	144,88	162,99																				
5 948,99	I,IV	1 299,—	—	103,92	116,91	I	1 299,—	—	92,36	103,90	—	81,27	91,43	—	70,67	79,50	—	60,56	68,13	—	50,92	57,29	—	41,78	47,—
	II	1 160,75	—	92,86	104,46	II	1 160,75	—	81,75	91,97	—	71,13	80,02	—	60,99	68,61	—	51,34	57,75	—	42,17	47,44	—	33,48	37,67
	III	816,16	—	65,29	73,45	III	816,16	—	57,01	64,13	—	48,98	55,10	—	41,20	46,35	—	33,65	37,85	—	26,34	29,63	—	19,28	21,69
	V	1 775,91	43,18	142,07	159,83	IV	1 299,—	—	98,08	110,34	—	92,36	103,90	—	86,75	97,59	—	81,27	91,43	—	75,91	85,40	—	70,67	79,50
	VI	1 812,16	47,50	144,97	163,09																				
5 951,99	I,IV	1 300,16	—	104,01	117,01	I	1 300,16	—	92,44	104,—	—	81,36	91,53	—	70,75	79,59	—	60,63	68,21	—	51,—	57,37	—	41,84	47,07
	II	1 161,91	—	92,95	104,57	II	1 161,91	—	81,84	92,07	—	71,21	80,11	—	61,07	68,70	—	51,41	57,83	—	42,24	47,52	—	33,55	37,74
	III	817,—	—	65,36	73,53	III	817,—	—	57,08	64,21	—	49,04	55,17	—	41,25	46,40	—	33,70	37,91	—	26,40	29,70	—	19,33	21,74
	V	1 777,08	43,32	142,16	159,93	IV	1 300,16	—	98,17	110,44	—	92,44	104,—	—	86,84	97,69	—	81,36	91,53	—	75,99	85,49	—	70,75	79,59
	VI	1 813,33	47,63	145,06	163,19																				
5 954,99	I,IV	1 301,33	—	104,10	117,11	I	1 301,33	—	92,53	104,09	—	81,44	91,62	—	70,83	79,68	—	60,71	68,30	—	51,07	57,45	—	41,92	47,16
	II	1 163,—	—	93,04	104,67	II	1 163,—	—	81,92	92,16	—	71,29	80,20	—	61,15	68,79	—	51,48	57,92	—	42,31	47,60	—	33,62	37,82
	III	817,83	—	65,42	73,60	III	817,83	—	57,14	64,28	—	49,10	55,24	—	41,32	46,48	—	33,76	37,98	—	26,45	29,75	—	19,38	21,80
	V	1 778,25	43,46	142,26	160,04	IV	1 301,33	—	98,26	110,54	—	92,53	104,09	—	86,92	97,79	—	81,44	91,62	—	76,08	85,59	—	70,83	79,68
	VI	1 814,50	47,77	145,16	163,30																				
5 957,99	I,IV	1 302,50	—	104,20	117,22	I	1 302,50	—	92,62	104,20	—	81,52	91,71	—	70,92	79,78	—	60,79	68,39	—	51,14	57,53	—	41,98	47,23
	II	1 164,08	—	93,12	104,76	II	1 164,08	—	82,01	92,26	—	71,38	80,30	—	61,22	68,87	—	51,56	58,01	—	42,38	47,67	—	33,68	37,89
	III	818,66	—	65,49	73,67	III	818,66	—	57,21	64,36	—	49,17	55,31	—	41,37	46,54	—	33,82	38,05	—	26,50	29,81	—	19,44	21,87
	V	1 779,33	43,59	142,34	160,13	IV	1 302,50	—	98,35	110,64	—	92,62	104,20	—	87,02	97,89	—	81,52	91,71	—	76,16	85,68	—	70,92	79,78
	VI	1 815,58	47,90	145,24	163,40																				
5 960,99	I,IV	1 303,66	—	104,29	117,32	I	1 303,66	—	92,71	104,30	—	81,61	91,81	—	71,—	79,87	—	60,86	68,47	—	51,22	57,62	—	42,06	47,31
	II	1 165,25	—	93,22	104,87	II	1 165,25	—	82,10	92,36	—	71,46	80,39	—	61,30	68,96	—	51,64	58,09	—	42,45	47,75	—	33,75	37,97
	III	819,50	—	65,56	73,75	III	819,50	—	57,28	64,44	—	49,24	55,39	—	41,44	46,62	—	33,88	38,11	—	26,57	29,89	—	19,49	21,92
	V	1 780,50	43,73	142,44	160,24	IV	1 303,66	—	98,44	110,75	—	92,71	104,30	—	87,10	97,99	—	81,61	91,81	—	76,24	85,77	—	71,—	79,87
	VI	1 816,75	48,04	145,34	163,50																				
5 963,99	I,IV	1 304,83	—	104,38	117,43	I	1 304,83	—	92,80	104,40	—	81,70	91,91	—	71,08	79,96	—	60,94	68,56	—	51,29	57,70	—	42,12	47,39
	II	1 166,33	—	93,30	104,96	II	1 166,33	—	82,18	92,45	—	71,54	80,48	—	61,38	69,05	—	51,71	58,17	—	42,52	47,84	—	33,82	38,04
	III	820,33	—	65,62	73,82	III	820,33	—	57,33	64,49	—	49,29	55,45	—	41,49	46,67	—	33,93	38,17	—	26,62	29,95	—	19,54	21,98
	V	1 781,66	43,87	142,53	160,34	IV	1 304,83	—	98,54	110,85	—	92,80	104,40	—	87,19	98,09	—	81,70	91,91	—	76,33	85,87	—	71,08	79,96
	VI	1 817,91	48,18	145,43	163,61																				
5 966,99	I,IV	1 306,—	—	104,48	117,54	I	1 306,—	—	92,89	104,50	—	81,78	92,—	—	71,16	80,05	—	61,02	68,65	—	51,36	57,78	—	42,20	47,47
	II	1 167,50	—	93,40	105,07	II	1 167,50	—	82,26	92,54	—	71,62	80,57	—	61,46	69,14	—	51,78	58,25	—	42,59	47,91	—	33,88	38,12
	III	821,16	—	65,69	73,90	III	821,16	—	57,40	64,57	—	49,36	55,53	—	41,56	46,75	—	34,—	38,25	—	26,68	30,01	—	19,61	22,06
	V	1 782,83	44,01	142,62	160,45	IV	1 306,—	—	98,62	110,95	—	92,89	104,50	—	87,28	98,19	—	81,78	92,—	—	76,41	85,96	—	71,16	80,05
	VI	1 819,08	48,32	145,52	163,71																				

* Die ausgewiesenen Tabellenwerte sind amtlich. Siehe Erläuterungen auf der Umschlaginnenseite (U2).

6 017,99* MONAT

Lohn/ Gehalt bis €*	Abzüge an Lohnsteuer, Solidaritätszuschlag (SolZ) und Kirchensteuer (8%, 9%) in den Steuerklassen I – VI	LSt	ohne Kinderfreibeträge SolZ	8%	9%	I, II, III, IV	LSt	mit Zahl der Kinderfreibeträge . . . 0,5 SolZ	8%	9%	1 SolZ	8%	9%	1,5 SolZ	8%	9%	2 SolZ	8%	9%	2,5 SolZ	8%	9%	3 SolZ	8%	9%
5 969,99	I,IV	1 307,08	—	104,56	117,63	I	1 307,08	—	92,98	104,60	—	81,87	92,10	—	71,24	80,15	—	61,10	68,73	—	51,44	57,87	—	42,26	47,54
	II	1 168,58	—	93,48	105,17	II	1 168,58	—	82,35	92,64	—	71,70	80,66	—	61,54	69,23	—	51,86	58,34	—	42,66	47,99	—	33,95	38,19
	III	821,83	—	65,74	73,96	III	821,83	—	57,46	64,64	—	49,42	55,60	—	41,61	46,81	—	34,05	38,30	—	26,73	30,07	—	19,66	22,12
	V	1 784,—	44,14	142,72	160,56	IV	1 307,08	—	98,72	111,06	—	92,98	104,60	—	87,36	98,28	—	81,87	92,10	—	76,50	86,06	—	71,24	80,15
	VI	1 820,25	48,46	145,62	163,82																				
5 972,99	I,IV	1 308,25	—	104,66	117,74	I	1 308,25	—	93,07	104,70	—	81,96	92,20	—	71,32	80,24	—	61,18	68,82	—	51,52	57,96	—	42,34	47,63
	II	1 169,66	—	93,57	105,26	II	1 169,66	—	82,44	92,74	—	71,78	80,75	—	61,62	69,32	—	51,93	58,42	—	42,73	48,07	—	34,02	38,27
	III	822,83	—	65,82	74,05	III	822,83	—	57,53	64,72	—	49,48	55,66	—	41,68	46,89	—	34,12	38,38	—	26,80	30,15	—	19,72	22,18
	V	1 785,16	44,28	142,81	160,66	IV	1 308,25	—	98,81	111,16	—	93,07	104,70	—	87,45	98,38	—	81,96	92,20	—	76,58	86,15	—	71,32	80,24
	VI	1 821,41	48,60	145,71	163,92																				
5 975,99	I,IV	1 309,50	—	104,76	117,85	I	1 309,50	—	93,16	104,81	—	82,04	92,30	—	71,41	80,33	—	61,26	68,91	—	51,59	58,04	—	42,41	47,71
	II	1 170,83	—	93,66	105,37	II	1 170,83	—	82,52	92,84	—	71,87	80,85	—	61,70	69,41	—	52,01	58,51	—	42,80	48,15	—	34,08	38,34
	III	823,66	—	65,89	74,12	III	823,66	—	57,60	64,80	—	49,54	55,73	—	41,74	46,96	—	34,17	38,44	—	26,85	30,20	—	19,77	22,24
	V	1 786,33	44,42	142,90	160,76	IV	1 309,50	—	98,90	111,26	—	93,16	104,81	—	87,54	98,48	—	82,04	92,30	—	76,66	86,24	—	71,41	80,33
	VI	1 822,58	48,74	145,80	164,03																				
5 978,99	I,IV	1 310,58	—	104,84	117,95	I	1 310,58	—	93,25	104,90	—	82,13	92,39	—	71,49	80,42	—	61,34	69,—	—	51,66	58,12	—	42,48	47,79
	II	1 172,—	—	93,76	105,48	II	1 172,—	—	82,61	92,93	—	71,95	80,94	—	61,78	69,50	—	52,08	58,59	—	42,88	48,24	—	34,15	38,42
	III	824,33	—	65,94	74,18	III	824,33	—	57,66	64,87	—	49,61	55,81	—	41,80	47,02	—	34,24	38,52	—	26,90	30,26	—	19,82	22,30
	V	1 787,50	44,56	143,—	160,87	IV	1 310,58	—	98,99	111,36	—	93,25	104,90	—	87,63	98,58	—	82,13	92,39	—	76,75	86,34	—	71,49	80,42
	VI	1 823,75	48,87	145,90	164,13																				
5 981,99	I,IV	1 311,75	—	104,94	118,05	I	1 311,75	—	93,34	105,—	—	82,21	92,48	—	71,57	80,51	—	61,41	69,08	—	51,74	58,20	—	42,55	47,87
	II	1 173,08	—	93,84	105,57	II	1 173,08	—	82,70	93,03	—	72,03	81,03	—	61,85	69,58	—	52,16	58,68	—	42,94	48,31	—	34,22	38,49
	III	825,33	—	66,02	74,27	III	825,33	—	57,72	64,93	—	49,68	55,89	—	41,86	47,09	—	34,29	38,57	—	26,97	30,34	—	19,88	22,36
	V	1 788,66	44,70	143,09	160,97	IV	1 311,75	—	99,08	111,47	—	93,34	105,—	—	87,72	98,68	—	82,21	92,48	—	76,83	86,43	—	71,57	80,51
	VI	1 824,91	49,01	145,99	164,24																				
5 984,99	I,IV	1 312,91	—	105,03	118,16	I	1 312,91	—	93,43	105,11	—	82,30	92,58	—	71,65	80,60	—	61,49	69,17	—	51,81	58,28	—	42,62	47,94
	II	1 174,25	—	93,94	105,68	II	1 174,25	—	82,78	93,13	—	72,12	81,13	—	61,93	69,67	—	52,23	58,76	—	43,02	48,39	—	34,28	38,57
	III	826,—	—	66,08	74,34	III	826,—	—	57,78	65,—	—	49,73	55,94	—	41,92	47,16	—	34,34	38,63	—	27,02	30,40	—	19,93	22,42
	V	1 789,83	44,84	143,18	161,08	IV	1 312,91	—	99,18	111,57	—	93,43	105,11	—	87,80	98,78	—	82,30	92,58	—	76,92	86,53	—	71,65	80,60
	VI	1 826,08	49,15	146,08	164,34																				
5 987,99	I,IV	1 314,08	—	105,12	118,26	I	1 314,08	—	93,52	105,21	—	82,38	92,68	—	71,74	80,70	—	61,57	69,26	—	51,89	58,37	—	42,69	48,02
	II	1 175,33	—	94,02	105,77	II	1 175,33	—	82,87	93,23	—	72,20	81,22	—	62,01	69,76	—	52,30	58,84	—	43,09	48,47	—	34,35	38,64
	III	827,—	—	66,16	74,43	III	827,—	—	57,85	65,08	—	49,80	56,02	—	41,98	47,23	—	34,41	38,71	—	27,08	30,46	—	19,98	22,48
	V	1 790,91	44,97	143,27	161,18	IV	1 314,08	—	99,27	111,68	—	93,52	105,21	—	87,89	98,87	—	82,38	92,68	—	77,—	86,62	—	71,74	80,70
	VI	1 827,25	49,29	146,18	164,45																				
5 990,99	I,IV	1 315,25	—	105,22	118,37	I	1 315,25	—	93,61	105,31	—	82,47	92,78	—	71,82	80,79	—	61,65	69,35	—	51,96	58,46	—	42,76	48,10
	II	1 176,50	—	94,12	105,88	II	1 176,50	—	82,96	93,33	—	72,28	81,31	—	62,09	69,85	—	52,38	58,93	—	43,16	48,55	—	34,42	38,72
	III	827,66	—	66,21	74,48	III	827,66	—	57,92	65,16	—	49,85	56,08	—	42,04	47,29	—	34,46	38,77	—	27,13	30,52	—	20,04	22,54
	V	1 792,08	45,11	143,36	161,28	IV	1 315,25	—	99,36	111,78	—	93,61	105,31	—	87,98	98,97	—	82,47	92,78	—	77,08	86,72	—	71,82	80,79
	VI	1 828,33	49,42	146,26	164,54																				
5 993,99	I,IV	1 316,41	—	105,31	118,47	I	1 316,41	—	93,70	105,41	—	82,56	92,88	—	71,90	80,88	—	61,72	69,44	—	52,04	58,54	—	42,83	48,18
	II	1 177,58	—	94,20	105,98	II	1 177,58	—	83,04	93,42	—	72,36	81,41	—	62,16	69,93	—	52,46	59,01	—	43,23	48,63	—	34,48	38,79
	III	828,50	—	66,28	74,56	III	828,50	—	57,98	65,23	—	49,92	56,16	—	42,10	47,36	—	34,53	38,84	—	27,20	30,60	—	20,10	22,61
	V	1 793,25	45,24	143,46	161,39	IV	1 316,41	—	99,45	111,88	—	93,70	105,41	—	88,06	99,07	—	82,56	92,88	—	77,16	86,81	—	71,90	80,88
	VI	1 829,50	49,56	146,36	164,65																				
5 996,99	I,IV	1 317,58	—	105,40	118,58	I	1 317,58	—	93,79	105,51	—	82,64	92,97	—	71,98	80,98	—	61,80	69,53	—	52,11	58,62	—	42,90	48,26
	II	1 178,66	—	94,29	106,07	II	1 178,66	—	83,12	93,51	—	72,44	81,50	—	62,24	70,02	—	52,53	59,09	—	43,30	48,71	—	34,55	38,87
	III	829,33	—	66,34	74,63	III	829,33	—	58,04	65,29	—	49,98	56,23	—	42,16	47,43	—	34,58	38,90	—	27,25	30,65	—	20,16	22,68
	V	1 794,41	45,38	143,55	161,49	IV	1 317,58	—	99,54	111,98	—	93,79	105,51	—	88,16	99,18	—	82,64	92,97	—	77,25	86,90	—	71,98	80,98
	VI	1 830,66	49,70	146,45	164,75																				
5 999,99	I,IV	1 318,66	—	105,49	118,67	I	1 318,66	—	93,88	105,61	—	82,73	93,07	—	72,06	81,07	—	61,88	69,62	—	52,18	58,70	—	42,97	48,34
	II	1 179,83	—	94,38	106,18	II	1 179,83	—	83,21	93,61	—	72,52	81,59	—	62,32	70,11	—	52,60	59,18	—	43,37	48,79	—	34,62	38,94
	III	830,16	—	66,41	74,71	III	830,16	—	58,10	65,36	—	50,05	56,30	—	42,22	47,50	—	34,64	38,97	—	27,30	30,71	—	20,21	22,73
	V	1 795,58	45,52	143,64	161,60	IV	1 318,66	—	99,63	112,08	—	93,88	105,61	—	88,24	99,27	—	82,73	93,07	—	77,34	87,—	—	72,06	81,07
	VI	1 831,83	49,84	146,54	164,86																				
6 002,99	I,IV	1 319,83	—	105,58	118,78	I	1 319,83	—	93,96	105,71	—	82,82	93,17	—	72,14	81,16	—	61,96	69,70	—	52,26	58,79	—	43,04	48,42
	II	1 180,91	—	94,47	106,28	II	1 180,91	—	83,30	93,71	—	72,61	81,68	—	62,40	70,20	—	52,68	59,26	—	43,44	48,87	—	34,68	39,02
	III	831,—	—	66,48	74,79	III	831,—	—	58,17	65,44	—	50,10	56,36	—	42,28	47,56	—	34,70	39,04	—	27,36	30,78	—	20,26	22,79
	V	1 796,75	45,66	143,74	161,70	IV	1 319,83	—	99,72	112,19	—	93,96	105,71	—	88,33	99,37	—	82,82	93,17	—	77,42	87,09	—	72,14	81,16
	VI	1 833,—	49,98	146,64	164,97																				
6 005,99	I,IV	1 321,—	—	105,68	118,89	I	1 321,—	—	94,06	105,81	—	82,90	93,26	—	72,22	81,25	—	62,04	69,79	—	52,33	58,87	—	43,11	48,50
	II	1 182,08	—	94,56	106,38	II	1 182,08	—	83,38	93,80	—	72,69	81,77	—	62,48	70,29	—	52,75	59,34	—	43,51	48,95	—	34,76	39,10
	III	831,83	—	66,54	74,86	III	831,83	—	58,24	65,52	—	50,17	56,44	—	42,34	47,63	—	34,76	39,10	—	27,42	30,85	—	20,32	22,86
	V	1 797,91	45,80	143,83	161,81	IV	1 321,—	—	99,82	112,29	—	94,06	105,81	—	88,42	99,47	—	82,90	93,26	—	77,50	87,19	—	72,22	81,25
	VI	1 834,16	50,11	146,73	165,07																				
6 008,99	I,IV	1 322,16	—	105,77	118,99	I	1 322,16	—	94,14	105,91	—	82,98	93,35	—	72,31	81,35	—	62,12	69,88	—	52,41	58,96	—	43,18	48,58
	II	1 183,16	—	94,65	106,48	II	1 183,16	—	83,47	93,90	—	72,77	81,86	—	62,56	70,38	—	52,83	59,43	—	43,58	49,03	—	34,82	39,17
	III	832,66	—	66,61	74,93	III	832,66	—	58,30	65,59	—	50,24	56,52	—	42,40	47,70	—	34,82	39,17	—	27,48	30,91	—	20,37	22,91
	V	1 799,—	45,93	143,92	161,91	IV	1 322,16	—	99,91	112,40	—	94,14	105,91	—	88,50	99,56	—	82,98	93,35	—	77,58	87,28	—	72,31	81,35
	VI	1 835,33	50,25	146,82	165,17																				
6 011,99	I,IV	1 323,33	—	105,86	119,09	I	1 323,33	—	94,24	106,02	—	83,07	93,45	—	72,39	81,44	—	62,20	69,97	—	52,48	59,04	—	43,26	48,66
	II	1 184,33	—	94,74	106,58	II	1 184,33	—	83,56	94,—	—	72,86	81,96	—	62,64	70,47	—	52,90	59,51	—	43,65	49,10	—	34,89	39,25
	III	833,50	—	66,68	75,01	III	833,50	—	58,37	65,66	—	50,29	56,57	—	42,46	47,77	—	34,88	39,24	—	27,53	30,97	—	20,42	22,97
	V	1 800,16	46,07	144,01	162,01	IV	1 323,33	—	100,—	112,50	—	94,24	106,02	—	88,59	99,66	—	83,07	93,45	—	77,67	87,38	—	72,39	81,44
	VI	1 836,41	50,38	146,91	165,27																				
6 014,99	I,IV	1 324,50	—	105,96	119,20	I	1 324,50	—	94,32	106,11	—	83,16	93,55	—	72,47	81,53	—	62,27	70,05	—	52,56	59,13	—	43,32	48,74
	II	1 185,41	—	94,83	106,68	II	1 185,41	—	83,64	94,10	—	72,94	82,05	—	62,72	70,56	—	52,98	59,60	—	43,72	49,19	—	34,96	39,33
	III	834,33	—	66,74	75,08	III	834,33	—	58,42	65,72	—	50,36	56,65	—	42,53	47,84	—	34,93	39,29	—	27,58	31,03	—	20,48	23,04
	V	1 801,33	46,21	144,10	162,11	IV	1 324,50	—	100,09	112,60	—	94,32	106,11	—	88,68	99,77	—	83,16	93,55	—	77,76	87,48	—	72,47	81,53
	VI	1 837,58	50,52	147,—	165,38																				
6 017,99	I,IV	1 325,66	—	106,05	119,30	I	1 325,66	—	94,42	106,22	—	83,24	93,65	—	72,56	81,63	—	62,35	70,14	—	52,63	59,21	—	43,40	48,82
	II	1 186,58	—	94,92	106,79	II	1 186,58	—	83,73	94,19	—	73,02	82,14	—	62,79	70,64	—	53,05	59,68	—	43,80	49,27	—	35,02	39,40
	III	835,16	—	66,81	75,16	III	835,16	—	58,49	65,80	—	50,42	56,72	—	42,58	47,90	—	35,—	39,37	—	27,65	31,10	—	20,54	23,11
	V	1 802,50	46,35	144,20	162,22	IV	1 325,66	—	100,18	112,70	—	94,42	106,22	—	88,77	99,86	—	83,24	93,65	—	77,84	87,57	—	72,56	81,63
	VI	1 838,75	50,66	147,10	165,48																				

* Die ausgewiesenen Tabellenwerte sind amtlich. Siehe Erläuterungen auf der Umschlaginnenseite (U2).

MONAT 6 018,–*

Abzüge an Lohnsteuer, Solidaritätszuschlag (SolZ) und Kirchensteuer (8%, 9%) in den Steuerklassen

Lohn/ Gehalt bis €*	I – VI	LSt	ohne Kinderfreibeträge SolZ	8%	9%	I, II, III, IV	LSt	0,5 SolZ	0,5 8%	0,5 9%	1 SolZ	1 8%	1 9%	1,5 SolZ	1,5 8%	1,5 9%	2 SolZ	2 8%	2 9%	2,5 SolZ	2,5 8%	2,5 9%	3 SolZ	3 8%	3 9%
6 020,99	I,IV	1 326,75	—	106,14	119,40	I	1 326,75	—	94,50	106,31	—	83,33	93,74	—	72,64	81,72	—	62,43	70,23	—	52,70	59,29	—	43,46	48,89
	II	1 187,66	—	95,01	106,88	II	1 187,66	—	83,82	94,29	—	73,10	82,24	—	62,87	70,73	—	53,13	59,77	—	43,86	49,34	—	35,09	39,47
	III	836,—	—	66,88	75,24	III	836,—	—	58,56	65,88	—	50,48	56,79	—	42,65	47,98	—	35,05	39,43	—	27,70	31,16	—	20,60	23,17
	V	1 803,66	46,48	144,29	162,32	IV	1 326,75	—	100,28	112,81	—	94,50	106,31	—	88,86	99,96	—	83,33	93,74	—	77,92	87,66	—	72,64	81,72
	VI	1 839,91	50,80	147,19	165,59																				
6 023,99	I,IV	1 327,91	—	106,23	119,51	I	1 327,91	—	94,60	106,42	—	83,42	93,84	—	72,72	81,81	—	62,51	70,32	—	52,78	59,38	—	43,54	48,98
	II	1 188,83	—	95,10	106,99	II	1 188,83	—	83,90	94,39	—	73,18	82,33	—	62,95	70,82	—	53,20	59,85	—	43,94	49,43	—	35,16	39,55
	III	836,83	—	66,94	75,31	III	836,83	—	58,62	65,95	—	50,54	56,86	—	42,70	48,04	—	35,12	39,51	—	27,76	31,23	—	20,65	23,23
	V	1 804,83	46,62	144,38	162,43	IV	1 327,91	—	100,36	112,91	—	94,60	106,42	—	88,94	100,06	—	83,42	93,84	—	78,01	87,76	—	72,72	81,81
	VI	1 841,08	50,94	147,28	165,69																				
6 026,99	I,IV	1 329,08	—	106,32	119,61	I	1 329,08	—	94,68	106,52	—	83,50	93,94	—	72,80	81,90	—	62,58	70,40	—	52,86	59,46	—	43,61	49,06
	II	1 189,91	—	95,19	107,09	II	1 189,91	—	83,99	94,49	—	73,26	82,42	—	63,03	70,91	—	53,28	59,94	—	44,01	49,51	—	35,22	39,62
	III	837,66	—	67,01	75,38	III	837,66	—	58,69	66,02	—	50,61	56,93	—	42,77	48,11	—	35,17	39,56	—	27,81	31,28	—	20,70	23,29
	V	1 806,—	46,76	144,48	162,54	IV	1 329,08	—	100,46	113,01	—	94,68	106,52	—	89,03	100,16	—	83,50	93,94	—	78,09	87,85	—	72,80	81,90
	VI	1 842,25	51,08	147,38	165,80																				
6 029,99	I,IV	1 330,25	—	106,42	119,72	I	1 330,25	—	94,78	106,62	—	83,59	94,04	—	72,88	81,99	—	62,66	70,49	—	52,93	59,54	—	43,68	49,14
	II	1 191,08	—	95,28	107,19	II	1 191,08	—	84,07	94,58	—	73,35	82,52	—	63,11	71,—	—	53,35	60,02	—	44,08	49,59	—	35,29	39,70
	III	838,50	—	67,08	75,46	III	838,50	—	58,76	66,10	—	50,68	57,01	—	42,82	48,17	—	35,24	39,64	—	27,88	31,36	—	20,76	23,35
	V	1 807,08	46,89	144,56	162,63	IV	1 330,25	—	100,55	113,12	—	94,78	106,62	—	89,12	100,26	—	83,59	94,04	—	78,18	87,95	—	72,88	81,99
	VI	1 843,41	51,21	147,47	165,90																				
6 032,99	I,IV	1 331,41	—	106,51	119,82	I	1 331,41	—	94,87	106,73	—	83,68	94,14	—	72,97	82,09	—	62,74	70,58	—	53,—	59,63	—	43,75	49,22
	II	1 192,25	—	95,38	107,30	II	1 192,25	—	84,16	94,68	—	73,44	82,62	—	63,19	71,09	—	53,43	60,11	—	44,15	49,67	—	35,36	39,78
	III	839,33	—	67,14	75,53	III	839,33	—	58,82	66,17	—	50,73	57,07	—	42,89	48,25	—	35,29	39,70	—	27,93	31,42	—	20,81	23,41
	V	1 808,33	47,04	144,66	162,74	IV	1 331,41	—	100,64	113,22	—	94,87	106,73	—	89,21	100,36	—	83,68	94,14	—	78,26	88,04	—	72,97	82,09
	VI	1 844,58	51,35	147,56	166,01																				
6 035,99	I,IV	1 332,58	—	106,60	119,93	I	1 332,58	—	94,96	106,83	—	83,76	94,23	—	73,05	82,18	—	62,82	70,67	—	53,08	59,72	—	43,82	49,30
	II	1 193,33	—	95,46	107,39	II	1 193,33	—	84,25	94,78	—	73,52	82,71	—	63,27	71,18	—	53,50	60,19	—	44,22	49,75	—	35,43	39,86
	III	840,16	—	67,21	75,61	III	840,16	—	58,88	66,24	—	50,80	57,15	—	42,96	48,33	—	35,34	39,76	—	27,98	31,48	—	20,86	23,47
	V	1 809,50	47,18	144,76	162,85	IV	1 332,58	—	100,74	113,33	—	94,96	106,83	—	89,30	100,46	—	83,76	94,23	—	78,34	88,13	—	73,05	82,18
	VI	1 845,75	51,49	147,66	166,11																				
6 038,99	I,IV	1 333,75	—	106,70	120,03	I	1 333,75	—	95,05	106,93	—	83,85	94,33	—	73,14	82,28	—	62,90	70,76	—	53,16	59,80	—	43,90	49,38
	II	1 194,50	—	95,56	107,50	II	1 194,50	—	84,34	94,88	—	73,60	82,80	—	63,34	71,26	—	53,58	60,27	—	44,30	49,83	—	35,50	39,93
	III	841,—	—	67,28	75,69	III	841,—	—	58,94	66,31	—	50,86	57,22	—	43,01	48,38	—	35,41	39,83	—	28,05	31,55	—	20,93	23,54
	V	1 810,58	47,31	144,84	162,95	IV	1 333,75	—	100,83	113,43	—	95,05	106,93	—	89,39	100,56	—	83,85	94,33	—	78,43	88,23	—	73,14	82,28
	VI	1 846,91	51,63	147,75	166,22																				
6 041,99	I,IV	1 334,91	—	106,79	120,14	I	1 334,91	—	95,14	107,03	—	83,94	94,43	—	73,22	82,37	—	62,98	70,85	—	53,23	59,88	—	43,96	49,46
	II	1 195,58	—	95,64	107,60	II	1 195,58	—	84,42	94,97	—	73,68	82,89	—	63,42	71,35	—	53,65	60,35	—	44,36	49,91	—	35,56	40,01
	III	841,83	—	67,34	75,76	III	841,83	—	59,01	66,38	—	50,92	57,28	—	43,08	48,46	—	35,46	39,89	—	28,10	31,61	—	20,98	23,60
	V	1 811,75	47,45	144,94	163,05	IV	1 334,91	—	100,92	113,54	—	95,14	107,03	—	89,48	100,66	—	83,94	94,43	—	78,52	88,33	—	73,22	82,37
	VI	1 848,—	51,76	147,84	166,32																				
6 044,99	I,IV	1 336,08	—	106,88	120,24	I	1 336,08	—	95,23	107,13	—	84,02	94,52	—	73,30	82,46	—	63,06	70,94	—	53,30	59,96	—	44,04	49,54
	II	1 196,75	—	95,74	107,70	II	1 196,75	—	84,51	95,07	—	73,76	82,98	—	63,50	71,44	—	53,73	60,44	—	44,44	49,99	—	35,63	40,08
	III	842,66	—	67,41	75,83	III	842,66	—	59,08	66,46	—	50,98	57,35	—	43,13	48,52	—	35,53	39,97	—	28,16	31,68	—	21,04	23,67
	V	1 812,91	47,59	145,03	163,16	IV	1 336,08	—	101,01	113,63	—	95,23	107,13	—	89,56	100,76	—	84,02	94,52	—	78,60	88,42	—	73,30	82,46
	VI	1 849,16	51,90	147,93	166,42																				
6 047,99	I,IV	1 337,25	—	106,98	120,35	I	1 337,25	—	95,32	107,23	—	84,11	94,62	—	73,38	82,55	—	63,14	71,03	—	53,38	60,05	—	44,11	49,62
	II	1 197,83	—	95,82	107,80	II	1 197,83	—	84,60	95,17	—	73,84	83,07	—	63,58	71,53	—	53,80	60,53	—	44,51	50,07	—	35,70	40,16
	III	843,50	—	67,48	75,91	III	843,50	—	59,14	66,53	—	51,05	57,43	—	43,20	48,60	—	35,58	40,03	—	28,21	31,73	—	21,09	23,72
	V	1 814,08	47,72	145,12	163,26	IV	1 337,25	—	101,10	113,74	—	95,32	107,23	—	89,65	100,85	—	84,11	94,62	—	78,68	88,52	—	73,38	82,55
	VI	1 850,33	52,04	148,02	166,52																				
6 050,99	I,IV	1 338,33	—	107,06	120,44	I	1 338,33	—	95,41	107,33	—	84,20	94,72	—	73,46	82,64	—	63,22	71,12	—	53,46	60,14	—	44,18	49,70
	II	1 199,—	—	95,92	107,91	II	1 199,—	—	84,68	95,27	—	73,93	83,17	—	63,66	71,62	—	53,88	60,61	—	44,58	50,15	—	35,76	40,23
	III	844,33	—	67,54	75,98	III	844,33	—	59,21	66,61	—	51,12	57,51	—	43,26	48,67	—	35,65	40,10	—	28,28	31,81	—	21,14	23,78
	V	1 815,25	47,86	145,22	163,37	IV	1 338,33	—	101,20	113,85	—	95,41	107,33	—	89,74	100,96	—	84,20	94,72	—	78,77	88,61	—	73,46	82,64
	VI	1 851,50	52,18	148,12	166,63																				
6 053,99	I,IV	1 339,50	—	107,16	120,55	I	1 339,50	—	95,50	107,43	—	84,28	94,81	—	73,54	82,73	—	63,30	71,21	—	53,53	60,22	—	44,25	49,78
	II	1 200,16	—	96,01	108,01	II	1 200,16	—	84,77	95,36	—	74,01	83,26	—	63,74	71,71	—	53,95	60,69	—	44,65	50,23	—	35,83	40,31
	III	845,16	—	67,61	76,06	III	845,16	—	59,28	66,69	—	51,17	57,56	—	43,32	48,73	—	35,70	40,16	—	28,33	31,87	—	21,20	23,85
	V	1 816,41	48,—	145,31	163,47	IV	1 339,50	—	101,29	113,95	—	95,50	107,43	—	89,83	101,06	—	84,28	94,81	—	78,85	88,70	—	73,54	82,73
	VI	1 852,66	52,32	148,21	166,73																				
6 056,99	I,IV	1 340,66	—	107,25	120,65	I	1 340,66	—	95,59	107,54	—	84,36	94,91	—	73,63	82,83	—	63,38	71,30	—	53,60	60,30	—	44,32	49,86
	II	1 201,25	—	96,10	108,11	II	1 201,25	—	84,86	95,46	—	74,10	83,36	—	63,82	71,79	—	54,03	60,78	—	44,72	50,31	—	35,90	40,38
	III	846,—	—	67,68	76,14	III	846,—	—	59,34	66,76	—	51,24	57,64	—	43,38	48,80	—	35,76	40,23	—	28,38	31,93	—	21,25	23,90
	V	1 817,58	48,14	145,40	163,58	IV	1 340,66	—	101,38	114,05	—	95,59	107,54	—	89,92	101,16	—	84,36	94,91	—	78,94	88,80	—	73,63	82,83
	VI	1 853,83	52,45	148,30	166,84																				
6 059,99	I,IV	1 341,83	—	107,34	120,76	I	1 341,83	—	95,68	107,64	—	84,45	95,—	—	73,71	82,92	—	63,46	71,39	—	53,68	60,39	—	44,39	49,94
	II	1 202,41	—	96,19	108,21	II	1 202,41	—	84,94	95,56	—	74,18	83,45	—	63,90	71,88	—	54,10	60,86	—	44,79	50,39	—	35,96	40,46
	III	846,83	—	67,74	76,21	III	846,83	—	59,40	66,82	—	51,30	57,71	—	43,44	48,87	—	35,82	40,30	—	28,45	32,—	—	21,30	23,96
	V	1 818,66	48,27	145,49	163,67	IV	1 341,83	—	101,47	114,15	—	95,68	107,64	—	90,—	101,25	—	84,45	95,—	—	79,02	88,90	—	73,71	82,92
	VI	1 855,—	52,59	148,40	166,95																				
6 062,99	I,IV	1 343,—	—	107,44	120,87	I	1 343,—	—	95,77	107,74	—	84,54	95,10	—	73,80	83,02	—	63,53	71,47	—	53,76	60,48	—	44,46	50,02
	II	1 203,50	—	96,28	108,31	II	1 203,50	—	85,03	95,66	—	74,26	83,54	—	63,98	71,97	—	54,18	60,95	—	44,86	50,47	—	36,04	40,54
	III	847,66	—	67,81	76,28	III	847,66	—	59,46	66,89	—	51,36	57,78	—	43,50	48,94	—	35,88	40,36	—	28,50	32,06	—	21,37	24,04
	V	1 819,83	48,41	145,58	163,78	IV	1 343,—	—	101,56	114,26	—	95,77	107,74	—	90,09	101,35	—	84,54	95,10	—	79,10	88,99	—	73,80	83,02
	VI	1 856,08	52,72	148,48	167,04																				
6 065,99	I,IV	1 344,16	—	107,53	120,97	I	1 344,16	—	95,86	107,84	—	84,62	95,20	—	73,88	83,11	—	63,61	71,56	—	53,83	60,56	—	44,54	50,10
	II	1 204,66	—	96,37	108,41	II	1 204,66	—	85,12	95,76	—	74,34	83,63	—	64,06	72,06	—	54,26	61,04	—	44,94	50,55	—	36,10	40,61
	III	848,50	—	67,88	76,36	III	848,50	—	59,53	66,97	—	51,42	57,85	—	43,56	49,—	—	35,94	40,43	—	28,56	32,13	—	21,42	24,10
	V	1 821,—	48,55	145,68	163,89	IV	1 344,16	—	101,66	114,36	—	95,86	107,84	—	90,18	101,45	—	84,62	95,20	—	79,19	89,09	—	73,88	83,11
	VI	1 857,25	52,86	148,58	167,15																				
6 068,99	I,IV	1 345,33	—	107,62	121,07	I	1 345,33	—	95,95	107,94	—	84,71	95,30	—	73,96	83,20	—	63,69	71,65	—	53,90	60,64	—	44,60	50,18
	II	1 205,75	—	96,46	108,51	II	1 205,75	—	85,20	95,85	—	74,42	83,72	—	64,14	72,15	—	54,33	61,12	—	45,01	50,63	—	36,17	40,69
	III	849,33	—	67,94	76,43	III	849,33	—	59,60	67,05	—	51,49	57,92	—	43,62	49,07	—	36,—	40,50	—	28,62	32,20	—	21,48	24,16
	V	1 822,16	48,69	145,77	163,99	IV	1 345,33	—	101,75	114,47	—	95,95	107,94	—	90,27	101,55	—	84,71	95,30	—	79,28	89,19	—	73,96	83,20
	VI	1 858,41	53,—	148,67	167,25																				

* Die ausgewiesenen Tabellenwerte sind amtlich. Siehe Erläuterungen auf der Umschlaginnenseite (U2).

6 119,99* MONAT

Lohn/ Gehalt bis €*		Abzüge an Lohnsteuer, Solidaritätszuschlag (SolZ) und Kirchensteuer (8%, 9%) in den Steuerklassen I – VI ohne Kinderfreibeträge LSt	SolZ	8%	9%	I, II, III, IV	LSt	mit Zahl der Kinderfreibeträge . . . 0,5 SolZ	8%	9%	1 SolZ	8%	9%	1,5 SolZ	8%	9%	2 SolZ	8%	9%	2,5 SolZ	8%	9%	3 SolZ	8%	9%
6 071,99	I,IV	1 346,50	–	107,72	121,18	I	1 346,50	–	96,04	108,04	–	84,80	95,40	–	74,04	83,30	–	63,77	71,74	–	53,98	60,73	–	44,68	50,26
	II	1 206,91	–	96,55	108,62	II	1 206,91	–	85,29	95,95	–	74,51	83,82	–	64,22	72,24	–	54,40	61,20	–	45,08	50,71	–	36,24	40,77
	III	850,16	–	68,01	76,51	III	850,16	–	59,66	67,12	–	51,54	57,98	–	43,68	49,14	–	36,05	40,55	–	28,68	32,26	–	21,53	24,22
	V	1 823,33	48,82	145,86	164,09	IV	1 346,50	–	101,84	114,57	–	96,04	108,04	–	90,36	101,65	–	84,80	95,40	–	79,36	89,28	–	74,04	83,30
	VI	1 859,58	53,14	148,76	167,36																				
6 074,99	I,IV	1 347,58	–	107,80	121,28	I	1 347,58	–	96,13	108,14	–	84,88	95,49	–	74,12	83,39	–	63,85	71,83	–	54,06	60,81	–	44,75	50,34
	II	1 208,—	–	96,64	108,72	II	1 208,—	–	85,38	96,05	–	74,59	83,91	–	64,30	72,33	–	54,48	61,29	–	45,15	50,79	–	36,30	40,84
	III	851,—	–	68,08	76,59	III	851,—	–	59,73	67,19	–	51,61	58,06	–	43,74	49,21	–	36,12	40,63	–	28,73	32,32	–	21,58	24,28
	V	1 824,50	48,96	145,96	164,20	IV	1 347,58	–	101,94	114,68	–	96,13	108,14	–	90,45	101,75	–	84,88	95,49	–	79,44	89,37	–	74,12	83,39
	VI	1 860,75	53,28	148,86	167,46																				
6 077,99	I,IV	1 348,75	–	107,90	121,38	I	1 348,75	–	96,22	108,25	–	84,97	95,59	–	74,21	83,48	–	63,93	71,92	–	54,13	60,89	–	44,82	50,42
	II	1 209,16	–	96,73	108,82	II	1 209,16	–	85,46	96,14	–	74,68	84,01	–	64,37	72,41	–	54,56	61,38	–	45,22	50,87	–	36,37	40,91
	III	851,83	–	68,14	76,66	III	851,83	–	59,78	67,25	–	51,68	58,14	–	43,81	49,28	–	36,17	40,69	–	28,78	32,38	–	21,64	24,34
	V	1 825,66	49,10	146,05	164,30	IV	1 348,75	–	102,02	114,77	–	96,22	108,25	–	90,54	101,85	–	84,97	95,59	–	79,53	89,47	–	74,21	83,48
	VI	1 861,91	53,42	148,95	167,57																				
6 080,99	I,IV	1 349,91	–	107,99	121,49	I	1 349,91	–	96,31	108,35	–	85,06	95,69	–	74,29	83,57	–	64,—	72,—	–	54,20	60,98	–	44,89	50,50
	II	1 210,33	–	96,82	108,92	II	1 210,33	–	85,55	96,24	–	74,76	84,10	–	64,45	72,50	–	54,63	61,46	–	45,29	50,95	–	36,44	40,99
	III	852,66	–	68,21	76,73	III	852,66	–	59,85	67,33	–	51,74	58,21	–	43,86	49,34	–	36,24	40,77	–	28,85	32,45	–	21,70	24,41
	V	1 826,75	49,23	146,14	164,40	IV	1 349,91	–	102,12	114,88	–	96,31	108,35	–	90,62	101,95	–	85,06	95,69	–	79,62	89,57	–	74,29	83,57
	VI	1 863,08	53,55	149,04	167,67																				
6 083,99	I,IV	1 351,08	–	108,08	121,59	I	1 351,08	–	96,40	108,45	–	85,14	95,78	–	74,37	83,66	–	64,08	72,09	–	54,28	61,07	–	44,96	50,58
	II	1 211,41	–	96,91	109,02	II	1 211,41	–	85,64	96,34	–	74,84	84,20	–	64,53	72,59	–	54,70	61,54	–	45,36	51,03	–	36,51	41,07
	III	853,50	–	68,28	76,81	III	853,50	–	59,92	67,41	–	51,80	58,27	–	43,93	49,42	–	36,29	40,82	–	28,90	32,51	–	21,76	24,48
	V	1 827,91	49,37	146,23	164,51	IV	1 351,08	–	102,21	114,98	–	96,40	108,45	–	90,71	102,05	–	85,14	95,78	–	79,70	89,66	–	74,37	83,66
	VI	1 864,16	53,68	149,13	167,77																				
6 086,99	I,IV	1 352,25	–	108,18	121,70	I	1 352,25	–	96,50	108,56	–	85,24	95,89	–	74,46	83,76	–	64,16	72,18	–	54,36	61,15	–	45,04	50,67
	II	1 212,58	–	97,—	109,13	II	1 212,58	–	85,72	96,44	–	74,92	84,29	–	64,61	72,68	–	54,78	61,63	–	45,44	51,12	–	36,58	41,15
	III	854,33	–	68,34	76,88	III	854,33	–	59,98	67,48	–	51,86	58,34	–	43,98	49,48	–	36,36	40,90	–	28,96	32,58	–	21,81	24,53
	V	1 829,16	49,52	146,33	164,62	IV	1 352,25	–	102,30	115,09	–	96,50	108,56	–	90,80	102,15	–	85,24	95,89	–	79,78	89,75	–	74,46	83,76
	VI	1 865,41	53,83	149,23	167,88																				
6 089,99	I,IV	1 353,41	–	108,27	121,80	I	1 353,41	–	96,58	108,65	–	85,32	95,99	–	74,54	83,86	–	64,24	72,27	–	54,44	61,24	–	45,11	50,75
	II	1 213,75	–	97,10	109,23	II	1 213,75	–	85,81	96,53	–	75,01	84,38	–	64,69	72,77	–	54,86	61,71	–	45,51	51,20	–	36,64	41,22
	III	855,16	–	68,41	76,96	III	855,16	–	60,05	67,55	–	51,93	58,42	–	44,05	49,55	–	36,41	40,96	–	29,02	32,65	–	21,86	24,59
	V	1 830,25	49,65	146,42	164,72	IV	1 353,41	–	102,40	115,20	–	96,58	108,65	–	90,89	102,25	–	85,32	95,99	–	79,87	89,85	–	74,54	83,86
	VI	1 866,58	53,97	149,32	167,99																				
6 092,99	I,IV	1 354,58	–	108,36	121,91	I	1 354,58	–	96,68	108,76	–	85,41	96,08	–	74,62	83,95	–	64,32	72,36	–	54,51	61,32	–	45,18	50,82
	II	1 214,83	–	97,18	109,33	II	1 214,83	–	85,90	96,63	–	75,09	84,47	–	64,77	72,86	–	54,94	61,80	–	45,58	51,28	–	36,71	41,30
	III	856,—	–	68,48	77,04	III	856,—	–	60,12	67,63	–	52,—	58,50	–	44,12	49,63	–	36,48	41,04	–	29,08	32,71	–	21,92	24,66
	V	1 831,41	49,79	146,51	164,82	IV	1 354,58	–	102,49	115,30	–	96,68	108,76	–	90,98	102,35	–	85,41	96,08	–	79,96	89,95	–	74,62	83,95
	VI	1 867,66	54,10	149,41	168,08																				
6 095,99	I,IV	1 355,75	–	108,46	122,01	I	1 355,75	–	96,76	108,86	–	85,50	96,18	–	74,71	84,05	–	64,40	72,45	–	54,58	61,40	–	45,25	50,90
	II	1 216,—	–	97,28	109,44	II	1 216,—	–	85,98	96,73	–	75,18	84,57	–	64,85	72,95	–	55,01	61,88	–	45,66	51,36	–	36,78	41,38
	III	856,83	–	68,54	77,11	III	856,83	–	60,18	67,70	–	52,06	58,57	–	44,17	49,69	–	36,53	41,09	–	29,13	32,77	–	21,97	24,71
	V	1 832,58	49,93	146,60	164,93	IV	1 355,75	–	102,58	115,40	–	96,76	108,86	–	91,07	102,45	–	85,50	96,18	–	80,04	90,05	–	74,71	84,05
	VI	1 868,83	54,24	149,50	168,19																				
6 098,99	I,IV	1 356,91	–	108,55	122,12	I	1 356,91	–	96,86	108,96	–	85,58	96,28	–	74,79	84,14	–	64,48	72,54	–	54,66	61,49	–	45,32	50,99
	II	1 217,16	–	97,37	109,54	II	1 217,16	–	86,07	96,83	–	75,26	84,66	–	64,93	73,04	–	55,08	61,97	–	45,72	51,44	–	36,85	41,45
	III	857,66	–	68,61	77,18	III	857,66	–	60,25	67,78	–	52,12	58,63	–	44,24	49,77	–	36,58	41,15	–	29,18	32,83	–	22,02	24,77
	V	1 833,75	50,06	146,70	165,03	IV	1 356,91	–	102,68	115,51	–	96,86	108,96	–	91,16	102,55	–	85,58	96,28	–	80,12	90,14	–	74,79	84,14
	VI	1 870,—	54,38	149,60	168,30																				
6 101,99	I,IV	1 358,08	–	108,64	122,22	I	1 358,08	–	96,95	109,07	–	85,67	96,38	–	74,87	84,23	–	64,56	72,63	–	54,74	61,58	–	45,39	51,06
	II	1 218,25	–	97,46	109,64	II	1 218,25	–	86,16	96,93	–	75,34	84,76	–	65,01	73,13	–	55,16	62,06	–	45,80	51,52	–	36,92	41,53
	III	858,50	–	68,68	77,26	III	858,50	–	60,32	67,86	–	52,18	58,70	–	44,29	49,82	–	36,65	41,23	–	29,25	32,90	–	22,09	24,85
	V	1 834,91	50,20	146,79	165,14	IV	1 358,08	–	102,77	115,61	–	96,95	109,07	–	91,25	102,65	–	85,67	96,38	–	80,21	90,23	–	74,87	84,23
	VI	1 871,16	54,52	149,69	168,40																				
6 104,99	I,IV	1 359,16	–	108,73	122,32	I	1 359,16	–	97,04	109,17	–	85,76	96,48	–	74,96	84,33	–	64,64	72,72	–	54,81	61,66	–	45,46	51,14
	II	1 219,41	–	97,55	109,74	II	1 219,41	–	86,24	97,02	–	75,42	84,85	–	65,09	73,22	–	55,24	62,14	–	45,87	51,60	–	36,98	41,60
	III	859,33	–	68,74	77,33	III	859,33	–	60,37	67,91	–	52,25	58,78	–	44,36	49,90	–	36,70	41,29	–	29,30	32,96	–	22,14	24,91
	V	1 836,08	50,34	146,88	165,24	IV	1 359,16	–	102,86	115,72	–	97,04	109,17	–	91,34	102,75	–	85,76	96,48	–	80,30	90,33	–	74,96	84,33
	VI	1 872,33	54,66	149,78	168,50																				
6 107,99	I,IV	1 360,33	–	108,82	122,42	I	1 360,33	–	97,13	109,27	–	85,84	96,57	–	75,04	84,42	–	64,72	72,81	–	54,88	61,74	–	45,54	51,23
	II	1 220,58	–	97,64	109,85	II	1 220,58	–	86,33	97,12	–	75,51	84,95	–	65,17	73,31	–	55,31	62,22	–	45,94	51,68	–	37,05	41,68
	III	860,16	–	68,81	77,41	III	860,16	–	60,44	67,99	–	52,30	58,84	–	44,42	49,97	–	36,77	41,36	–	29,36	33,03	–	22,20	24,97
	V	1 837,25	50,48	146,98	165,35	IV	1 360,33	–	102,96	115,83	–	97,13	109,27	–	91,42	102,85	–	85,84	96,57	–	80,38	90,43	–	75,04	84,42
	VI	1 873,50	54,79	149,88	168,61																				
6 110,99	I,IV	1 361,50	–	108,92	122,53	I	1 361,50	–	97,22	109,37	–	85,93	96,67	–	75,12	84,51	–	64,80	72,90	–	54,96	61,83	–	45,61	51,31
	II	1 221,66	–	97,73	109,94	II	1 221,66	–	86,42	97,22	–	75,59	85,04	–	65,25	73,40	–	55,39	62,31	–	46,01	51,76	–	37,12	41,76
	III	861,—	–	68,88	77,49	III	861,—	–	60,50	68,06	–	52,37	58,91	–	44,48	50,04	–	36,82	41,42	–	29,42	33,10	–	22,25	25,03
	V	1 838,33	50,61	147,06	165,44	IV	1 361,50	–	103,04	115,92	–	97,22	109,37	–	91,52	102,96	–	85,93	96,67	–	80,46	90,52	–	75,12	84,51
	VI	1 874,66	54,93	149,97	168,71																				
6 113,99	I,IV	1 362,66	–	109,01	122,63	I	1 362,66	–	97,31	109,47	–	86,02	96,77	–	75,20	84,60	–	64,88	72,99	–	55,04	61,92	–	45,68	51,39
	II	1 222,83	–	97,82	110,05	II	1 222,83	–	86,50	97,31	–	75,68	85,14	–	65,33	73,49	–	55,46	62,39	–	46,08	51,84	–	37,19	41,84
	III	862,—	–	68,96	77,58	III	862,—	–	60,57	68,14	–	52,44	58,99	–	44,54	50,11	–	36,89	41,50	–	29,48	33,16	–	22,30	25,09
	V	1 839,50	50,75	147,16	165,55	IV	1 362,66	–	103,14	116,03	–	97,31	109,47	–	91,60	103,05	–	86,02	96,77	–	80,55	90,62	–	75,20	84,60
	VI	1 875,75	55,06	150,06	168,81																				
6 116,99	I,IV	1 363,83	–	109,10	122,74	I	1 363,83	–	97,40	109,58	–	86,10	96,86	–	75,29	84,70	–	64,96	73,08	–	55,11	62,—	–	45,75	51,47
	II	1 223,91	–	97,91	110,15	II	1 223,91	–	86,60	97,42	–	75,76	85,23	–	65,40	73,58	–	55,54	62,48	–	46,16	51,93	–	37,26	41,91
	III	862,66	–	69,01	77,63	III	862,66	–	60,64	68,22	–	52,49	59,05	–	44,60	50,17	–	36,94	41,56	–	29,53	33,22	–	22,36	25,15
	V	1 840,66	50,89	147,25	165,65	IV	1 363,83	–	103,23	116,13	–	97,40	109,58	–	91,69	103,15	–	86,10	96,86	–	80,64	90,72	–	75,29	84,70
	VI	1 876,91	55,20	150,15	168,92																				
6 119,99	I,IV	1 365,—	–	109,20	122,85	I	1 365,—	–	97,49	109,67	–	86,19	96,96	–	75,37	84,79	–	65,04	73,17	–	55,19	62,09	–	45,82	51,55
	II	1 225,08	–	98,—	110,25	II	1 225,08	–	86,68	97,52	–	75,84	85,32	–	65,48	73,67	–	55,62	62,57	–	46,23	52,01	–	37,32	41,99
	III	863,66	–	69,09	77,72	III	863,66	–	60,70	68,29	–	52,56	59,13	–	44,66	50,24	–	37,01	41,63	–	29,60	33,30	–	22,42	25,22
	V	1 841,83	51,03	147,34	165,76	IV	1 365,—	–	103,32	116,24	–	97,49	109,67	–	91,78	103,25	–	86,19	96,96	–	80,72	90,81	–	75,37	84,79
	VI	1 878,08	55,34	150,24	169,02																				

* Die ausgewiesenen Tabellenwerte sind amtlich. Siehe Erläuterungen auf der Umschlaginnenseite (U2).

MONAT 6 120,–*

Abzüge an Lohnsteuer, Solidaritätszuschlag (SolZ) und Kirchensteuer (8%, 9%) in den Steuerklassen

Lohn/ Gehalt bis €*	I – VI		ohne Kinder-freibeträge			I, II, III, IV		mit Zahl der Kinderfreibeträge . . . 0,5			1			1,5			2			2,5			3		
		LSt	SolZ	8%	9%		LSt	SolZ	8%	9%	SolZ	8%	9%	SolZ	8%	9%	SolZ	8%	9%	SolZ	8%	9%	SolZ	8%	9%
6 122,99	I,IV	1 366,16	–	109,29	122,95	I	1 366,16	–	97,58	109,78	–	86,28	97,06	–	75,46	84,89	–	65,12	73,26	–	55,26	62,17	–	45,90	51,63
	II	1 226,25	–	98,10	110,36	II	1 226,25	–	86,77	97,61	–	75,92	85,41	–	65,56	73,76	–	55,69	62,65	–	46,30	52,09	–	37,40	42,07
	III	864,33	–	69,14	77,78	III	864,33	–	60,77	68,36	–	52,62	59,20	–	44,72	50,31	–	37,06	41,69	–	29,65	33,35	–	22,48	25,29
	V	1 843,–	51,17	147,44	165,87	IV	1 366,16	–	103,42	116,34	–	97,58	109,78	–	91,87	103,35	–	86,28	97,06	–	80,80	90,90	–	75,46	84,89
	VI	1 879,25	55,48	150,34	169,13																				
6 125,99	I,IV	1 367,25	–	109,38	123,05	I	1 367,25	–	97,68	109,89	–	86,36	97,16	–	75,54	84,98	–	65,20	73,35	–	55,34	62,25	–	45,97	51,71
	II	1 227,33	–	98,18	110,45	II	1 227,33	–	86,86	97,71	–	76,01	85,51	–	65,64	73,85	–	55,77	62,74	–	46,37	52,16	–	37,46	42,14
	III	865,33	–	69,22	77,87	III	865,33	–	60,84	68,44	–	52,69	59,27	–	44,78	50,38	–	37,13	41,77	–	29,70	33,41	–	22,53	25,34
	V	1 844,16	51,30	147,53	165,97	IV	1 367,25	–	103,51	116,45	–	97,68	109,89	–	91,96	103,45	–	86,36	97,16	–	80,89	91,–	–	75,54	84,98
	VI	1 880,41	55,62	150,43	169,23																				
6 128,99	I,IV	1 368,41	–	109,47	123,15	I	1 368,41	–	97,76	109,98	–	86,45	97,25	–	75,62	85,07	–	65,28	73,44	–	55,42	62,34	–	46,04	51,79
	II	1 228,50	–	98,28	110,56	II	1 228,50	–	86,94	97,81	–	76,09	85,60	–	65,72	73,94	–	55,84	62,82	–	46,44	52,25	–	37,53	42,22
	III	866,–	–	69,28	77,94	III	866,–	–	60,89	68,50	–	52,74	59,33	–	44,85	50,45	–	37,18	41,83	–	29,76	33,48	–	22,58	25,40
	V	1 845,33	51,44	147,62	166,07	IV	1 368,41	–	103,60	116,55	–	97,76	109,98	–	92,05	103,55	–	86,45	97,25	–	80,98	91,10	–	75,62	85,07
	VI	1 881,58	55,76	150,52	169,34																				
6 131,99	I,IV	1 369,58	–	109,56	123,26	I	1 369,58	–	97,86	110,09	–	86,54	97,35	–	75,70	85,16	–	65,36	73,53	–	55,49	62,42	–	46,11	51,87
	II	1 229,66	–	98,37	110,66	II	1 229,66	–	87,03	97,91	–	76,18	85,70	–	65,80	74,03	–	55,92	62,91	–	46,52	52,33	–	37,60	42,30
	III	867,–	–	69,36	78,03	III	867,–	–	60,96	68,58	–	52,81	59,41	–	44,90	50,51	–	37,25	41,90	–	29,82	33,55	–	22,64	25,47
	V	1 846,50	51,58	147,72	166,18	IV	1 369,58	–	103,69	116,65	–	97,86	110,09	–	92,14	103,65	–	86,54	97,35	–	81,06	91,19	–	75,70	85,16
	VI	1 882,75	55,90	150,62	169,44																				
6 134,99	I,IV	1 370,75	–	109,66	123,36	I	1 370,75	–	97,94	110,18	–	86,62	97,45	–	75,79	85,26	–	65,44	73,62	–	55,57	62,51	–	46,18	51,95
	II	1 230,75	–	98,46	110,76	II	1 230,75	–	87,12	98,01	–	76,26	85,79	–	65,88	74,12	–	56,–	63,–	–	46,59	52,41	–	37,66	42,37
	III	867,83	–	69,42	78,10	III	867,83	–	61,02	68,65	–	52,88	59,49	–	44,97	50,59	–	37,30	41,96	–	29,88	33,61	–	22,69	25,52
	V	1 847,58	51,71	147,80	166,28	IV	1 370,75	–	103,78	116,75	–	97,94	110,18	–	92,22	103,75	–	86,62	97,45	–	81,14	91,28	–	75,79	85,26
	VI	1 883,83	56,02	150,70	169,54																				
6 137,99	I,IV	1 371,91	–	109,75	123,47	I	1 371,91	–	98,04	110,29	–	86,71	97,55	–	75,87	85,35	–	65,52	73,71	–	55,64	62,60	–	46,26	52,04
	II	1 231,91	–	98,55	110,87	II	1 231,91	–	87,20	98,10	–	76,34	85,88	–	65,96	74,21	–	56,07	63,08	–	46,66	52,49	–	37,74	42,45
	III	868,66	–	69,49	78,17	III	868,66	–	61,09	68,72	–	52,94	59,56	–	45,02	50,65	–	37,36	42,03	–	29,93	33,67	–	22,76	25,60
	V	1 848,75	51,85	147,90	166,38	IV	1 371,91	–	103,88	116,86	–	98,04	110,29	–	92,32	103,86	–	86,71	97,55	–	81,23	91,38	–	75,87	85,35
	VI	1 885,–	56,16	150,80	169,65																				
6 140,99	I,IV	1 373,08	–	109,84	123,57	I	1 373,08	–	98,13	110,39	–	86,80	97,65	–	75,96	85,45	–	65,60	73,80	–	55,72	62,68	–	46,32	52,11
	II	1 233,08	–	98,64	110,97	II	1 233,08	–	87,29	98,20	–	76,42	85,97	–	66,04	74,30	–	56,14	63,16	–	46,73	52,57	–	37,80	42,53
	III	869,50	–	69,56	78,25	III	869,50	–	61,16	68,80	–	53,–	59,62	–	45,09	50,72	–	37,42	42,10	–	30,–	33,75	–	22,81	25,66
	V	1 849,91	51,99	147,99	166,49	IV	1 373,08	–	103,97	116,96	–	98,13	110,39	–	92,40	103,95	–	86,80	97,65	–	81,32	91,48	–	75,96	85,45
	VI	1 886,16	56,30	150,89	169,75																				
6 143,99	I,IV	1 374,25	–	109,94	123,68	I	1 374,25	–	98,22	110,50	–	86,89	97,75	–	76,04	85,55	–	65,68	73,89	–	55,80	62,77	–	46,40	52,20
	II	1 234,25	–	98,74	111,08	II	1 234,25	–	87,38	98,30	–	76,51	86,07	–	66,12	74,39	–	56,22	63,25	–	46,81	52,66	–	37,88	42,61
	III	870,33	–	69,62	78,32	III	870,33	–	61,22	68,87	–	53,06	59,69	–	45,16	50,80	–	37,48	42,16	–	30,05	33,80	–	22,86	25,72
	V	1 851,08	52,13	148,08	166,59	IV	1 374,25	–	104,06	117,07	–	98,22	110,50	–	92,50	104,06	–	86,89	97,75	–	81,40	91,58	–	76,04	85,55
	VI	1 887,33	56,44	150,98	169,85																				
6 146,99	I,IV	1 375,41	–	110,03	123,78	I	1 375,41	–	98,31	110,60	–	86,98	97,85	–	76,12	85,64	–	65,76	73,98	–	55,87	62,85	–	46,47	52,28
	II	1 235,41	–	98,83	111,18	II	1 235,41	–	87,47	98,40	–	76,60	86,17	–	66,20	74,48	–	56,30	63,34	–	46,88	52,74	–	37,94	42,68
	III	871,16	–	69,69	78,40	III	871,16	–	61,29	68,95	–	53,13	59,77	–	45,21	50,86	–	37,54	42,23	–	30,12	33,88	–	22,92	25,78
	V	1 852,25	52,27	148,18	166,70	IV	1 375,41	–	104,16	117,18	–	98,31	110,60	–	92,58	104,15	–	86,98	97,85	–	81,49	91,67	–	76,12	85,64
	VI	1 888,50	56,58	151,08	169,96																				
6 149,99	I,IV	1 376,58	–	110,12	123,89	I	1 376,58	–	98,40	110,70	–	87,06	97,94	–	76,21	85,73	–	65,84	74,07	–	55,95	62,94	–	46,54	52,36
	II	1 236,50	–	98,92	111,28	II	1 236,50	–	87,56	98,50	–	76,68	86,26	–	66,28	74,57	–	56,38	63,42	–	46,95	52,82	–	38,01	42,76
	III	872,–	–	69,76	78,48	III	872,–	–	61,36	69,03	–	53,20	59,85	–	45,28	50,94	–	37,60	42,30	–	30,17	33,94	–	22,97	25,84
	V	1 853,41	52,40	148,27	166,80	IV	1 376,58	–	104,25	117,28	–	98,40	110,70	–	92,68	104,26	–	87,06	97,94	–	81,58	91,77	–	76,21	85,73
	VI	1 889,66	56,72	151,17	170,06																				
6 152,99	I,IV	1 377,75	–	110,22	123,99	I	1 377,75	–	98,50	110,81	–	87,15	98,04	–	76,29	85,82	–	65,92	74,16	–	56,02	63,02	–	46,62	52,44
	II	1 237,66	–	99,01	111,38	II	1 237,66	–	87,64	98,60	–	76,76	86,36	–	66,36	74,66	–	56,45	63,50	–	47,02	52,90	–	38,08	42,84
	III	872,83	–	69,82	78,55	III	872,83	–	61,42	69,10	–	53,26	59,92	–	45,34	51,01	–	37,66	42,37	–	30,22	34,–	–	23,04	25,92
	V	1 854,58	52,54	148,36	166,91	IV	1 377,75	–	104,34	117,38	–	98,50	110,81	–	92,76	104,36	–	87,15	98,04	–	81,66	91,87	–	76,29	85,82
	VI	1 890,83	56,86	151,26	170,17																				
6 155,99	I,IV	1 378,83	–	110,30	124,09	I	1 378,83	–	98,59	110,91	–	87,24	98,14	–	76,38	85,92	–	66,–	74,25	–	56,10	63,11	–	46,69	52,52
	II	1 238,83	–	99,10	111,49	II	1 238,83	–	87,73	98,69	–	76,85	86,45	–	66,44	74,75	–	56,53	63,59	–	47,10	52,98	–	38,15	42,92
	III	873,66	–	69,89	78,62	III	873,66	–	61,48	69,16	–	53,32	59,98	–	45,40	51,07	–	37,72	42,43	–	30,28	34,06	–	23,09	25,97
	V	1 855,75	52,68	148,46	167,01	IV	1 378,83	–	104,44	117,49	–	98,59	110,91	–	92,85	104,45	–	87,24	98,14	–	81,74	91,96	–	76,38	85,92
	VI	1 892,–	57,–	151,36	170,28																				
6 158,99	I,IV	1 380,–	–	110,40	124,20	I	1 380,–	–	98,68	111,01	–	87,32	98,24	–	76,46	86,01	–	66,08	74,34	–	56,18	63,20	–	46,76	52,61
	II	1 239,91	–	99,19	111,59	II	1 239,91	–	87,82	98,79	–	76,93	86,54	–	66,52	74,84	–	56,60	63,68	–	47,17	53,06	–	38,22	42,99
	III	874,50	–	69,96	78,70	III	874,50	–	61,54	69,23	–	53,38	60,05	–	45,46	51,14	–	37,78	42,50	–	30,34	34,13	–	23,14	26,03
	V	1 856,91	52,82	148,55	167,12	IV	1 380,–	–	104,53	117,59	–	98,68	111,01	–	92,94	104,56	–	87,32	98,24	–	81,83	92,06	–	76,46	86,01
	VI	1 893,16	57,13	151,45	170,38																				
6 161,99	I,IV	1 381,16	–	110,49	124,30	I	1 381,16	–	98,77	111,11	–	87,42	98,34	–	76,54	86,11	–	66,16	74,43	–	56,25	63,28	–	46,83	52,68
	II	1 241,08	–	99,28	111,69	II	1 241,08	–	87,91	98,90	–	77,02	86,64	–	66,60	74,93	–	56,68	63,77	–	47,24	53,15	–	38,28	43,07
	III	875,33	–	70,02	78,77	III	875,33	–	61,61	69,31	–	53,45	60,13	–	45,52	51,21	–	37,84	42,57	–	30,40	34,20	–	23,20	26,10
	V	1 858,08	52,96	148,64	167,22	IV	1 381,16	–	104,62	117,69	–	98,77	111,11	–	93,03	104,66	–	87,42	98,34	–	81,92	92,16	–	76,54	86,11
	VI	1 894,33	57,27	151,54	170,48																				
6 164,99	I,IV	1 382,33	–	110,58	124,40	I	1 382,33	–	98,86	111,22	–	87,50	98,44	–	76,62	86,20	–	66,24	74,52	–	56,33	63,37	–	46,90	52,76
	II	1 242,25	–	99,38	111,80	II	1 242,25	–	88,–	99,–	–	77,10	86,73	–	66,68	75,02	–	56,76	63,85	–	47,31	53,22	–	38,35	43,14
	III	876,16	–	70,09	78,85	III	876,16	–	61,68	69,39	–	53,52	60,21	–	45,58	51,28	–	37,90	42,64	–	30,45	34,25	–	23,25	26,15
	V	1 859,16	53,09	148,73	167,32	IV	1 382,33	–	104,71	117,80	–	98,86	111,22	–	93,12	104,76	–	87,50	98,44	–	82,–	92,25	–	76,62	86,20
	VI	1 895,50	57,41	151,64	170,59																				
6 167,99	I,IV	1 383,50	–	110,68	124,51	I	1 383,50	–	98,95	111,32	–	87,59	98,54	–	76,71	86,30	–	66,32	74,61	–	56,40	63,45	–	46,98	52,85
	II	1 243,41	–	99,47	111,90	II	1 243,41	–	88,08	99,09	–	77,18	86,83	–	66,76	75,11	–	56,84	63,94	–	47,38	53,30	–	38,42	43,22
	III	877,–	–	70,16	78,93	III	877,–	–	61,74	69,46	–	53,57	60,26	–	45,65	51,35	–	37,96	42,70	–	30,52	34,33	–	23,30	26,21
	V	1 860,33	53,23	148,82	167,42	IV	1 383,50	–	104,80	117,90	–	98,95	111,32	–	93,21	104,86	–	87,59	98,54	–	82,09	92,35	–	76,71	86,30
	VI	1 896,58	57,54	151,72	170,69																				
6 170,99	I,IV	1 384,66	–	110,77	124,61	I	1 384,66	–	99,04	111,42	–	87,68	98,64	–	76,80	86,40	–	66,40	74,70	–	56,48	63,54	–	47,05	52,93
	II	1 244,50	–	99,56	112,–	II	1 244,50	–	88,17	99,19	–	77,26	86,92	–	66,84	75,20	–	56,91	64,02	–	47,46	53,39	–	38,49	43,30
	III	877,83	–	70,22	79,–	III	877,83	–	61,81	69,53	–	53,64	60,34	–	45,70	51,41	–	38,02	42,77	–	30,57	34,39	–	23,37	26,29
	V	1 861,50	53,37	148,92	167,53	IV	1 384,66	–	104,90	118,01	–	99,04	111,42	–	93,30	104,96	–	87,68	98,64	–	82,18	92,45	–	76,80	86,40
	VI	1 897,75	57,68	151,82	170,79																				

* Die ausgewiesenen Tabellenwerte sind amtlich. Siehe Erläuterungen auf der Umschlaginnenseite (U2).

6 221,99* MONAT

Abzüge an Lohnsteuer, Solidaritätszuschlag (SolZ) und Kirchensteuer (8%, 9%) in den Steuerklassen

Lohn/ Gehalt bis €*	I – VI		ohne Kinderfreibeträge			I, II, III, IV		mit Zahl der Kinderfreibeträge . . . 0,5			1			1,5			2			2,5			3		
		LSt	SolZ	8%	9%		LSt	SolZ	8%	9%	SolZ	8%	9%	SolZ	8%	9%	SolZ	8%	9%	SolZ	8%	9%	SolZ	8%	9%
6 173,99	I,IV	1 385,83	—	110,86	124,72	I	1 385,83	—	99,14	111,53	—	87,76	98,73	—	76,88	86,49	—	66,48	74,79	—	56,56	63,63	—	47,12	53,01
	II	1 245,66	—	99,65	112,10	II	1 245,66	—	88,26	99,29	—	77,35	87,02	—	66,92	75,29	—	56,98	64,10	—	47,53	53,47	—	38,56	43,38
	III	878,66	—	70,29	79,07	III	878,66	—	61,88	69,61	—	53,70	60,41	—	45,77	51,49	—	38,08	42,84	—	30,62	34,45	—	23,42	26,35
	V	1 862,66	53,51	149,01	167,63	IV	1 385,83	—	104,99	118,11	—	99,14	111,53	—	93,39	105,06	—	87,76	98,73	—	82,26	92,54	—	76,88	86,49
	VI	1 898,91	57,82	151,91	170,90																				
6 176,99	I,IV	1 386,91	—	110,95	124,82	I	1 386,91	—	99,22	111,62	—	87,85	98,83	—	76,96	86,58	—	66,56	74,88	—	56,63	63,71	—	47,20	53,10
	II	1 246,83	—	99,74	112,21	II	1 246,83	—	88,34	99,38	—	77,44	87,12	—	67,—	75,38	—	57,06	64,19	—	47,60	53,55	—	38,63	43,46
	III	879,50	—	70,36	79,15	III	879,50	—	61,94	69,68	—	53,77	60,49	—	45,82	51,55	—	38,14	42,91	—	30,69	34,52	—	23,48	26,41
	V	1 863,83	53,64	149,10	167,74	IV	1 386,91	—	105,08	118,22	—	99,22	111,62	—	93,48	105,16	—	87,85	98,83	—	82,34	92,63	—	76,96	86,58
	VI	1 900,08	57,96	152,—	171,—																				
6 179,99	I,IV	1 388,08	—	111,04	124,92	I	1 388,08	—	99,32	111,73	—	87,94	98,93	—	77,04	86,67	—	66,64	74,97	—	56,71	63,80	—	47,27	53,18
	II	1 247,91	—	99,83	112,31	II	1 247,91	—	88,43	99,48	—	77,52	87,21	—	67,08	75,47	—	57,14	64,28	—	47,68	53,64	—	38,70	43,53
	III	880,33	—	70,42	79,22	III	880,33	—	62,01	69,76	—	53,82	60,55	—	45,89	51,62	—	38,20	42,97	—	30,74	34,58	—	23,53	26,47
	V	1 865,—	53,78	149,20	167,85	IV	1 388,08	—	105,18	118,32	—	99,32	111,73	—	93,57	105,26	—	87,94	98,93	—	82,43	92,73	—	77,04	86,67
	VI	1 901,25	58,10	152,10	171,11																				
6 182,99	I,IV	1 389,25	—	111,14	125,03	I	1 389,25	—	99,41	111,83	—	88,02	99,02	—	77,13	86,77	—	66,72	75,06	—	56,78	63,88	—	47,34	53,25
	II	1 249,08	—	99,92	112,41	II	1 249,08	—	88,52	99,59	—	77,60	87,30	—	67,16	75,56	—	57,22	64,37	—	47,75	53,72	—	38,76	43,61
	III	881,16	—	70,49	79,30	III	881,16	—	62,08	69,84	—	53,89	60,62	—	45,96	51,70	—	38,25	43,03	—	30,80	34,65	—	23,58	26,53
	V	1 866,16	53,92	149,29	167,95	IV	1 389,25	—	105,26	118,42	—	99,41	111,83	—	93,66	105,36	—	88,02	99,02	—	82,52	92,83	—	77,13	86,77
	VI	1 902,41	58,24	152,19	171,21																				
6 185,99	I,IV	1 390,41	—	111,23	125,13	I	1 390,41	—	99,50	111,94	—	88,12	99,13	—	77,21	86,86	—	66,80	75,15	—	56,86	63,97	—	47,41	53,33
	II	1 250,25	—	100,02	112,52	II	1 250,25	—	88,61	99,68	—	77,68	87,39	—	67,24	75,65	—	57,29	64,45	—	47,82	53,80	—	38,84	43,69
	III	882,—	—	70,56	79,38	III	882,—	—	62,13	69,89	—	53,96	60,70	—	46,01	51,76	—	38,32	43,11	—	30,86	34,72	—	23,65	26,60
	V	1 867,25	54,05	149,38	168,05	IV	1 390,41	—	105,36	118,53	—	99,50	111,94	—	93,74	105,46	—	88,12	99,13	—	82,60	92,93	—	77,21	86,86
	VI	1 903,58	58,37	152,28	171,32																				
6 188,99	I,IV	1 391,58	—	111,32	125,24	I	1 391,58	—	99,59	112,04	—	88,20	99,23	—	77,30	86,96	—	66,88	75,24	—	56,94	64,05	—	47,48	53,42
	II	1 251,41	—	100,11	112,62	II	1 251,41	—	88,70	99,78	—	77,77	87,49	—	67,33	75,74	—	57,37	64,54	—	47,89	53,87	—	38,90	43,76
	III	882,83	—	70,62	79,45	III	882,83	—	62,20	69,97	—	54,02	60,77	—	46,08	51,84	—	38,37	43,16	—	30,92	34,78	—	23,70	26,66
	V	1 868,41	54,19	149,47	168,15	IV	1 391,58	—	105,45	118,63	—	99,59	112,04	—	93,84	105,57	—	88,20	99,23	—	82,69	93,02	—	77,30	86,96
	VI	1 904,66	58,50	152,37	171,41																				
6 191,99	I,IV	1 392,75	—	111,42	125,34	I	1 392,75	—	99,68	112,14	—	88,29	99,32	—	77,38	87,05	—	66,96	75,33	—	57,02	64,14	—	47,56	53,50
	II	1 252,50	—	100,20	112,72	II	1 252,50	—	88,78	99,88	—	77,86	87,59	—	67,41	75,83	—	57,44	64,62	—	47,96	53,96	—	38,97	43,84
	III	883,66	—	70,69	79,52	III	883,66	—	62,26	70,04	—	54,08	60,84	—	46,13	51,89	—	38,44	43,24	—	30,97	34,84	—	23,76	26,73
	V	1 869,58	54,33	149,56	168,26	IV	1 392,75	—	105,54	118,73	—	99,68	112,14	—	93,92	105,66	—	88,29	99,32	—	82,78	93,12	—	77,38	87,05
	VI	1 905,83	58,64	152,46	171,52																				
6 194,99	I,IV	1 393,91	—	111,51	125,45	I	1 393,91	—	99,78	112,25	—	88,38	99,42	—	77,46	87,14	—	67,04	75,42	—	57,09	64,22	—	47,63	53,58
	II	1 253,66	—	100,29	112,82	II	1 253,66	—	88,87	99,98	—	77,94	87,68	—	67,49	75,92	—	57,52	64,71	—	48,04	54,04	—	39,04	43,92
	III	884,66	—	70,77	79,61	III	884,66	—	62,33	70,12	—	54,14	60,91	—	46,20	51,97	—	38,49	43,30	—	31,04	34,92	—	23,81	26,78
	V	1 870,75	54,47	149,66	168,36	IV	1 393,91	—	105,64	118,84	—	99,78	112,25	—	94,02	105,77	—	88,38	99,42	—	82,86	93,22	—	77,46	87,14
	VI	1 907,—	58,78	152,56	171,63																				
6 197,99	I,IV	1 395,—	—	111,60	125,55	I	1 395,—	—	99,86	112,34	—	88,46	99,52	—	77,55	87,24	—	67,12	75,51	—	57,16	64,31	—	47,70	53,66
	II	1 254,83	—	100,38	112,93	II	1 254,83	—	88,96	100,08	—	78,02	87,77	—	67,57	76,01	—	57,60	64,80	—	48,11	54,12	—	39,11	44,—
	III	885,33	—	70,82	79,67	III	885,33	—	62,40	70,20	—	54,21	60,98	—	46,26	52,04	—	38,56	43,38	—	31,09	34,97	—	23,86	26,84
	V	1 871,91	54,61	149,75	168,47	IV	1 395,—	—	105,73	118,94	—	99,86	112,34	—	94,10	105,86	—	88,46	99,52	—	82,94	93,31	—	77,55	87,24
	VI	1 908,16	58,92	152,65	171,73																				
6 200,99	I,IV	1 396,25	—	111,70	125,66	I	1 396,25	—	99,96	112,46	—	88,56	99,63	—	77,64	87,34	—	67,20	75,60	—	57,24	64,40	—	47,78	53,75
	II	1 256,—	—	100,48	113,04	II	1 256,—	—	89,05	100,18	—	78,11	87,87	—	67,65	76,10	—	57,68	64,89	—	48,18	54,20	—	39,18	44,08
	III	886,33	—	70,90	79,76	III	886,33	—	62,46	70,27	—	54,28	61,06	—	46,32	52,11	—	38,61	43,43	—	31,14	35,03	—	23,93	26,92
	V	1 873,08	54,74	149,84	168,57	IV	1 396,25	—	105,82	119,05	—	99,96	112,46	—	94,20	105,97	—	88,56	99,63	—	83,04	93,42	—	77,64	87,34
	VI	1 909,33	59,06	152,74	171,83																				
6 203,99	I,IV	1 397,41	—	111,79	125,76	I	1 397,41	—	100,05	112,55	—	88,64	99,72	—	77,72	87,43	—	67,28	75,69	—	57,32	64,49	—	47,85	53,83
	II	1 257,16	—	100,57	113,14	II	1 257,16	—	89,14	100,28	—	78,19	87,96	—	67,73	76,19	—	57,75	64,97	—	48,26	54,29	—	39,25	44,15
	III	887,16	—	70,97	79,84	III	887,16	—	62,53	70,34	—	54,34	61,13	—	46,38	52,18	—	38,68	43,51	—	31,21	35,11	—	23,98	26,98
	V	1 874,25	54,88	149,94	168,68	IV	1 397,41	—	105,92	119,16	—	100,05	112,55	—	94,29	106,07	—	88,64	99,72	—	83,12	93,51	—	77,72	87,43
	VI	1 910,50	59,20	152,84	171,94																				
6 206,99	I,IV	1 398,50	—	111,88	125,86	I	1 398,50	—	100,14	112,66	—	88,73	99,82	—	77,80	87,53	—	67,36	75,78	—	57,40	64,57	—	47,92	53,91
	II	1 258,33	—	100,66	113,24	II	1 258,33	—	89,23	100,38	—	78,28	88,06	—	67,81	76,28	—	57,83	65,06	—	48,33	54,37	—	39,32	44,23
	III	888,—	—	71,04	79,92	III	888,—	—	62,60	70,42	—	54,40	61,20	—	46,45	52,25	—	38,73	43,57	—	31,26	35,17	—	24,04	27,04
	V	1 875,41	55,02	150,03	168,78	IV	1 398,50	—	106,01	119,26	—	100,14	112,66	—	94,38	106,17	—	88,73	99,82	—	83,20	93,60	—	77,80	87,53
	VI	1 911,66	59,34	152,93	172,04																				
6 209,99	I,IV	1 399,66	—	111,97	125,96	I	1 399,66	—	100,24	112,77	—	88,82	99,92	—	77,89	87,62	—	67,44	75,87	—	57,48	64,66	—	48,—	54,—
	II	1 259,41	—	100,75	113,34	II	1 259,41	—	89,32	100,48	—	78,36	88,16	—	67,89	76,37	—	57,90	65,14	—	48,40	54,45	—	39,39	44,31
	III	888,83	—	71,10	79,99	III	888,83	—	62,66	70,49	—	54,46	61,27	—	46,50	52,31	—	38,80	43,65	—	31,33	35,24	—	24,09	27,10
	V	1 876,58	55,16	150,12	168,89	IV	1 399,66	—	106,10	119,36	—	100,24	112,77	—	94,47	106,28	—	88,82	99,92	—	83,29	93,70	—	77,89	87,62
	VI	1 912,83	59,48	153,02	172,15																				
6 212,99	I,IV	1 400,83	—	112,06	126,07	I	1 400,83	—	100,33	112,87	—	88,91	100,02	—	77,97	87,71	—	67,52	75,96	—	57,55	64,74	—	48,07	54,08
	II	1 260,58	—	100,84	113,45	II	1 260,58	—	89,40	100,58	—	78,44	88,25	—	67,97	76,46	—	57,98	65,23	—	48,48	54,54	—	39,46	44,39
	III	889,66	—	71,17	80,06	III	889,66	—	62,73	70,57	—	54,53	61,34	—	46,57	52,39	—	38,85	43,70	—	31,38	35,30	—	24,14	27,16
	V	1 877,75	55,30	150,22	168,99	IV	1 400,83	—	106,19	119,46	—	100,33	112,87	—	94,56	106,38	—	88,91	100,02	—	83,38	93,80	—	77,97	87,71
	VI	1 914,—	59,61	153,12	172,26																				
6 215,99	I,IV	1 402,—	—	112,16	126,18	I	1 402,—	—	100,42	112,97	—	89,—	100,12	—	78,06	87,81	—	67,60	76,05	—	57,63	64,83	—	48,14	54,16
	II	1 261,75	—	100,94	113,55	II	1 261,75	—	89,49	100,67	—	78,53	88,34	—	68,05	76,55	—	58,06	65,31	—	48,55	54,62	—	39,52	44,46
	III	890,50	—	71,24	80,14	III	890,50	—	62,80	70,65	—	54,60	61,42	—	46,64	52,47	—	38,92	43,78	—	31,44	35,37	—	24,21	27,23
	V	1 878,83	55,43	150,30	169,09	IV	1 402,—	—	106,28	119,57	—	100,42	112,97	—	94,65	106,48	—	89,—	100,12	—	83,46	93,89	—	78,06	87,81
	VI	1 915,16	59,75	153,21	172,36																				
6 218,99	I,IV	1 403,16	—	112,25	126,28	I	1 403,16	—	100,51	113,07	—	89,08	100,22	—	78,14	87,90	—	67,68	76,14	—	57,70	64,91	—	48,21	54,23
	II	1 262,91	—	101,03	113,66	II	1 262,91	—	89,58	100,77	—	78,62	88,44	—	68,13	76,64	—	58,14	65,40	—	48,62	54,70	—	39,60	44,55
	III	891,33	—	71,30	80,21	III	891,33	—	62,86	70,72	—	54,65	61,48	—	46,69	52,52	—	38,97	43,84	—	31,49	35,42	—	24,26	27,29
	V	1 880,—	55,57	150,40	169,20	IV	1 403,16	—	106,38	119,67	—	100,51	113,07	—	94,74	106,58	—	89,08	100,22	—	83,55	93,99	—	78,14	87,90
	VI	1 916,25	59,88	153,30	172,46																				
6 221,99	I,IV	1 404,33	—	112,34	126,38	I	1 404,33	—	100,60	113,18	—	89,17	100,31	—	78,22	88,—	—	67,76	76,23	—	57,78	65,—	—	48,28	54,32
	II	1 264,08	—	101,12	113,76	II	1 264,08	—	89,67	100,88	—	78,70	88,53	—	68,22	76,74	—	58,21	65,48	—	48,70	54,78	—	39,66	44,62
	III	892,16	—	71,37	80,29	III	892,16	—	62,93	70,79	—	54,72	61,56	—	46,76	52,60	—	39,04	43,92	—	31,56	35,50	—	24,32	27,36
	V	1 881,16	55,71	150,49	169,30	IV	1 404,33	—	106,47	119,78	—	100,60	113,18	—	94,82	106,67	—	89,17	100,31	—	83,64	94,09	—	78,22	88,—
	VI	1 917,41	60,02	153,39	172,56																				

* Die ausgewiesenen Tabellenwerte sind amtlich. Siehe Erläuterungen auf der Umschlaginnenseite (U2).

MONAT 6 222,–*

Lohn/ Gehalt bis €*	Abzüge an Lohnsteuer, Solidaritätszuschlag (SolZ) und Kirchensteuer (8%, 9%) in den Steuerklassen																								
	I – VI					I, II, III, IV																			
			ohne Kinderfreibeträge					mit Zahl der Kinderfreibeträge . . .																	
								0,5			1			1,5			2			2,5			3		
		LSt	SolZ	8%	9%		LSt	SolZ	8%	9%	SolZ	8%	9%	SolZ	8%	9%	SolZ	8%	9%	SolZ	8%	9%	SolZ	8%	9%
6 224,99	I,IV	1 405,50	—	112,44	126,49	I	1 405,50	—	100,70	113,28	—	89,26	100,41	—	78,31	88,10	—	67,84	76,32	—	57,86	65,09	—	48,36	54,40
	II	1 265,16	—	101,21	113,86	II	1 265,16	—	89,76	100,98	—	78,78	88,63	—	68,30	76,83	—	58,29	65,57	—	48,77	54,86	—	39,73	44,69
	III	893,—	—	71,44	80,37	III	893,—	—	62,98	70,85	—	54,78	61,63	—	46,81	52,66	—	39,09	43,97	—	31,61	35,56	—	24,37	27,41
	V	1 882,33	55,85	150,58	169,40	IV	1 405,50	—	106,56	119,88	—	100,70	113,28	—	94,92	106,78	—	89,26	100,41	—	83,72	94,19	—	78,31	88,10
	VI	1 918,58	60,16	153,48	172,67																				
6 227,99	I,IV	1 406,58	—	112,52	126,59	I	1 406,58	—	100,79	113,39	—	89,35	100,52	—	78,39	88,19	—	67,92	76,41	—	57,94	65,18	—	48,43	54,48
	II	1 266,33	—	101,30	113,96	II	1 266,33	—	89,84	101,07	—	78,87	88,73	—	68,38	76,92	—	58,37	65,66	—	48,84	54,95	—	39,80	44,78
	III	893,83	—	71,50	80,44	III	893,83	—	63,05	70,93	—	54,85	61,70	—	46,88	52,74	—	39,16	44,05	—	31,68	35,64	—	24,44	27,49
	V	1 883,50	55,98	150,68	169,51	IV	1 406,58	—	106,66	119,99	—	100,79	113,39	—	95,—	106,88	—	89,35	100,52	—	83,81	94,28	—	78,39	88,19
	VI	1 919,75	60,30	153,58	172,77																				
6 230,99	I,IV	1 407,75	—	112,62	126,69	I	1 407,75	—	100,88	113,49	—	89,44	100,62	—	78,48	88,29	—	68,—	76,50	—	58,01	65,26	—	48,50	54,56
	II	1 267,50	—	101,40	114,07	II	1 267,50	—	89,93	101,17	—	78,95	88,82	—	68,46	77,01	—	58,44	65,75	—	48,92	55,03	—	39,87	44,85
	III	894,66	—	71,57	80,51	III	894,66	—	63,12	71,01	—	54,90	61,76	—	46,94	52,81	—	39,21	44,11	—	31,73	35,69	—	24,49	27,55
	V	1 884,66	56,12	150,77	169,61	IV	1 407,75	—	106,75	120,09	—	100,88	113,49	—	95,10	106,98	—	89,44	100,62	—	83,90	94,38	—	78,48	88,29
	VI	1 920,91	60,44	153,67	172,88																				
6 233,99	I,IV	1 408,91	—	112,71	126,80	I	1 408,91	—	100,97	113,59	—	89,52	100,71	—	78,56	88,38	—	68,08	76,59	—	58,09	65,35	—	48,58	54,65
	II	1 268,66	—	101,49	114,17	II	1 268,66	—	90,02	101,27	—	79,04	88,92	—	68,54	77,10	—	58,52	65,84	—	48,99	55,11	—	39,94	44,93
	III	895,50	—	71,64	80,59	III	895,50	—	63,18	71,08	—	54,97	61,84	—	47,—	52,87	—	39,28	44,19	—	31,78	35,75	—	24,54	27,61
	V	1 885,83	56,26	150,86	169,72	IV	1 408,91	—	106,84	120,19	—	100,97	113,59	—	95,18	107,08	—	89,52	100,71	—	83,98	94,48	—	78,56	88,38
	VI	1 922,08	60,58	153,76	172,98																				
6 236,99	I,IV	1 410,08	—	112,80	126,90	I	1 410,08	—	101,06	113,69	—	89,61	100,81	—	78,64	88,47	—	68,16	76,68	—	58,16	65,43	—	48,65	54,73
	II	1 269,83	—	101,58	114,28	II	1 269,83	—	90,11	101,37	—	79,12	89,01	—	68,62	77,19	—	58,60	65,92	—	49,06	55,19	—	40,01	45,01
	III	896,33	—	71,70	80,66	III	896,33	—	63,25	71,15	—	55,04	61,92	—	47,06	52,94	—	39,33	44,24	—	31,84	35,82	—	24,60	27,67
	V	1 886,91	56,39	150,95	169,82	IV	1 410,08	—	106,93	120,29	—	101,06	113,69	—	95,28	107,19	—	89,61	100,81	—	84,07	94,58	—	78,64	88,47
	VI	1 923,25	60,71	153,86	173,09																				
6 239,99	I,IV	1 411,25	—	112,90	127,01	I	1 411,25	—	101,16	113,80	—	89,70	100,91	—	78,73	88,57	—	68,24	76,77	—	58,24	65,52	—	48,72	54,81
	II	1 271,—	—	101,68	114,39	II	1 271,—	—	90,20	101,47	—	79,20	89,10	—	68,70	77,28	—	58,68	66,01	—	49,14	55,28	—	40,08	45,09
	III	897,16	—	71,77	80,74	III	897,16	—	63,32	71,23	—	55,10	61,99	—	47,13	53,02	—	39,40	44,32	—	31,90	35,89	—	24,65	27,73
	V	1 888,08	56,53	151,04	169,92	IV	1 411,25	—	107,02	120,40	—	101,16	113,80	—	95,37	107,29	—	89,70	100,91	—	84,16	94,68	—	78,73	88,57
	VI	1 924,33	60,84	153,94	173,18																				
6 242,99	I,IV	1 412,41	—	112,99	127,11	I	1 412,41	—	101,25	113,90	—	89,79	101,01	—	78,82	88,67	—	68,32	76,86	—	58,32	65,61	—	48,80	54,90
	II	1 272,08	—	101,76	114,48	II	1 272,08	—	90,28	101,57	—	79,29	89,20	—	68,78	77,37	—	58,75	66,09	—	49,21	55,36	—	40,15	45,17
	III	898,—	—	71,84	80,82	III	898,—	—	63,38	71,30	—	55,16	62,05	—	47,18	53,08	—	39,45	44,38	—	31,96	35,95	—	24,70	27,79
	V	1 889,25	56,67	151,14	170,03	IV	1 412,41	—	107,12	120,51	—	101,25	113,90	—	95,46	107,39	—	89,79	101,01	—	84,24	94,77	—	78,82	88,67
	VI	1 925,50	60,98	154,04	173,29																				
6 245,99	I,IV	1 413,58	0,06	113,08	127,22	I	1 413,58	—	101,34	114,—	—	89,88	101,11	—	78,90	88,76	—	68,40	76,95	—	58,40	65,70	—	48,87	54,98
	II	1 273,25	—	101,86	114,59	II	1 273,25	—	90,38	101,67	—	79,38	89,30	—	68,86	77,46	—	58,83	66,18	—	49,28	55,44	—	40,22	45,24
	III	899,—	—	71,92	80,91	III	899,—	—	63,45	71,38	—	55,22	62,12	—	47,25	53,15	—	39,52	44,46	—	32,02	36,02	—	24,77	27,86
	V	1 890,41	56,81	151,23	170,13	IV	1 413,58	—	107,21	120,61	—	101,34	114,—	—	95,55	107,49	—	89,88	101,11	—	84,33	94,87	—	78,90	88,76
	VI	1 926,66	61,12	154,13	173,39																				
6 248,99	I,IV	1 414,75	0,20	113,18	127,32	I	1 414,75	—	101,43	114,11	—	89,96	101,21	—	78,98	88,85	—	68,48	77,04	—	58,47	65,78	—	48,94	55,06
	II	1 274,41	—	101,95	114,69	II	1 274,41	—	90,46	101,77	—	79,46	89,39	—	68,94	77,56	—	58,90	66,26	—	49,36	55,53	—	40,29	45,32
	III	899,83	—	71,98	80,98	III	899,83	—	63,52	71,46	—	55,29	62,20	—	47,30	53,21	—	39,57	44,51	—	32,08	36,09	—	24,82	27,92
	V	1 891,58	56,95	151,32	170,24	IV	1 414,75	—	107,30	120,71	—	101,43	114,11	—	95,64	107,59	—	89,96	101,21	—	84,42	94,97	—	78,98	88,85
	VI	1 927,83	61,26	154,22	173,50																				
6 251,99	I,IV	1 415,83	0,33	113,26	127,42	I	1 415,83	—	101,52	114,21	—	90,05	101,30	—	79,07	88,95	—	68,56	77,13	—	58,55	65,87	—	49,02	55,14
	II	1 275,58	—	102,04	114,80	II	1 275,58	—	90,55	101,87	—	79,54	89,48	—	69,02	77,65	—	58,98	66,35	—	49,43	55,61	—	40,36	45,40
	III	900,66	—	72,05	81,05	III	900,66	—	63,58	71,53	—	55,36	62,28	—	47,37	53,29	—	39,64	44,59	—	32,13	36,14	—	24,88	27,99
	V	1 892,75	57,09	151,42	170,34	IV	1 415,83	—	107,40	120,82	—	101,52	114,21	—	95,73	107,69	—	90,05	101,30	—	84,50	95,06	—	79,07	88,95
	VI	1 929,—	61,40	154,32	173,61																				
6 254,99	I,IV	1 417,08	0,48	113,36	127,53	I	1 417,08	—	101,62	114,32	—	90,14	101,41	—	79,16	89,05	—	68,65	77,23	—	58,63	65,96	—	49,09	55,22
	II	1 276,75	—	102,14	114,90	II	1 276,75	—	90,64	101,97	—	79,63	89,58	—	69,10	77,74	—	59,06	66,44	—	49,50	55,69	—	40,43	45,48
	III	901,50	—	72,12	81,13	III	901,50	—	63,65	71,60	—	55,42	62,35	—	47,44	53,37	—	39,69	44,65	—	32,20	36,22	—	24,93	28,04
	V	1 893,91	57,22	151,51	170,45	IV	1 417,08	—	107,49	120,92	—	101,62	114,32	—	95,82	107,80	—	90,14	101,41	—	84,59	95,16	—	79,16	89,05
	VI	1 930,16	61,54	154,41	173,71																				
6 257,99	I,IV	1 418,25	0,62	113,46	127,64	I	1 418,25	—	101,71	114,42	—	90,23	101,51	—	79,24	89,14	—	68,73	77,32	—	58,70	66,04	—	49,16	55,31
	II	1 277,91	—	102,23	115,01	II	1 277,91	—	90,73	102,07	—	79,72	89,68	—	69,18	77,83	—	59,14	66,53	—	49,58	55,77	—	40,50	45,56
	III	902,33	—	72,18	81,20	III	902,33	—	63,72	71,68	—	55,49	62,42	—	47,50	53,44	—	39,76	44,73	—	32,25	36,28	—	25,—	28,12
	V	1 895,08	57,36	151,60	170,55	IV	1 418,25	—	107,58	121,03	—	101,71	114,42	—	95,91	107,90	—	90,23	101,51	—	84,68	95,26	—	79,24	89,14
	VI	1 931,33	61,68	154,50	173,81																				
6 260,99	I,IV	1 419,33	0,75	113,54	127,73	I	1 419,33	—	101,80	114,53	—	90,32	101,61	—	79,32	89,24	—	68,81	77,41	—	58,78	66,13	—	49,24	55,39
	II	1 279,08	—	102,32	115,11	II	1 279,08	—	90,82	102,17	—	79,80	89,78	—	69,26	77,92	—	59,22	66,62	—	49,65	55,85	—	40,57	45,64
	III	903,16	—	72,25	81,28	III	903,16	—	63,78	71,75	—	55,54	62,48	—	47,56	53,50	—	39,81	44,78	—	32,32	36,36	—	25,05	28,18
	V	1 896,25	57,50	151,70	170,66	IV	1 419,33	—	107,68	121,14	—	101,80	114,53	—	96,—	108,—	—	90,32	101,61	—	84,76	95,36	—	79,32	89,24
	VI	1 932,50	61,82	154,60	173,92																				
6 263,99	I,IV	1 420,50	0,89	113,64	127,84	I	1 420,50	—	101,90	114,63	—	90,41	101,71	—	79,41	89,33	—	68,89	77,50	—	58,86	66,21	—	49,31	55,47
	II	1 280,25	—	102,42	115,22	II	1 280,25	—	90,91	102,27	—	79,88	89,87	—	69,35	78,02	—	59,30	66,71	—	49,72	55,94	—	40,64	45,72
	III	904,—	—	72,32	81,36	III	904,—	—	63,84	71,82	—	55,61	62,56	—	47,62	53,57	—	39,88	44,86	—	32,37	36,41	—	25,10	28,24
	V	1 897,41	57,64	151,79	170,76	IV	1 420,50	—	107,76	121,23	—	101,90	114,63	—	96,09	108,10	—	90,41	101,71	—	84,85	95,45	—	79,41	89,33
	VI	1 933,66	61,95	154,69	174,02																				
6 266,99	I,IV	1 421,66	1,03	113,73	127,94	I	1 421,66	—	101,99	114,74	—	90,50	101,81	—	79,49	89,42	—	68,97	77,59	—	58,94	66,30	—	49,38	55,55
	II	1 281,41	—	102,51	115,32	II	1 281,41	—	91,—	102,37	—	79,97	89,96	—	69,43	78,11	—	59,37	66,79	—	49,80	56,02	—	40,71	45,80
	III	904,83	—	72,38	81,43	III	904,83	—	63,92	71,91	—	55,68	62,64	—	47,69	53,65	—	39,93	44,92	—	32,42	36,47	—	25,16	28,30
	V	1 898,50	57,77	151,88	170,86	IV	1 421,66	—	107,86	121,34	—	101,99	114,74	—	96,18	108,20	—	90,50	101,81	—	84,94	95,55	—	79,49	89,42
	VI	1 934,83	62,09	154,78	174,13																				
6 269,99	I,IV	1 422,83	1,17	113,82	128,05	I	1 422,83	—	102,08	114,84	—	90,58	101,90	—	79,58	89,52	—	69,05	77,68	—	59,01	66,38	—	49,46	55,64
	II	1 282,58	—	102,60	115,43	II	1 282,58	—	91,08	102,47	—	80,06	90,06	—	69,51	78,20	—	59,45	66,88	—	49,87	56,10	—	40,78	45,87
	III	905,66	—	72,45	81,50	III	905,66	—	63,97	71,96	—	55,74	62,71	—	47,74	53,71	—	40,—	45,—	—	32,49	36,55	—	25,21	28,36
	V	1 899,66	57,91	151,97	170,96	IV	1 422,83	—	107,95	121,44	—	102,08	114,84	—	96,27	108,30	—	90,58	101,90	—	85,02	95,65	—	79,58	89,52
	VI	1 935,91	62,22	154,87	174,23																				
6 272,99	I,IV	1 424,—	1,30	113,92	128,16	I	1 424,—	—	102,17	114,94	—	90,68	102,01	—	79,66	89,62	—	69,14	77,78	—	59,09	66,47	—	49,53	55,72
	II	1 283,66	—	102,69	115,52	II	1 283,66	—	91,18	102,57	—	80,14	90,16	—	69,59	78,29	—	59,52	66,96	—	49,94	56,18	—	40,84	45,95
	III	906,50	—	72,52	81,58	III	906,50	—	64,04	72,04	—	55,81	62,78	—	47,81	53,78	—	40,05	45,05	—	32,54	36,61	—	25,28	28,44
	V	1 900,83	58,05	152,06	171,07	IV	1 424,—	—	108,04	121,55	—	102,17	114,94	—	96,36	108,41	—	90,68	102,01	—	85,11	95,75	—	79,66	89,62
	VI	1 937,08	62,36	154,96	174,33																				

* Die ausgewiesenen Tabellenwerte sind amtlich. Siehe Erläuterungen auf der Umschlaginnenseite (U2).

6 320,99* MONAT

Abzüge an Lohnsteuer, Solidaritätszuschlag (SolZ) und Kirchensteuer (8%, 9%) in den Steuerklassen

Lohn/Gehalt bis €*	I – VI		ohne Kinderfreibeträge			I, II, III, IV		mit Zahl der Kinderfreibeträge . . . 0,5			1			1,5			2			2,5			3		
		LSt	SolZ	8%	9%		LSt	SolZ	8%	9%	SolZ	8%	9%	SolZ	8%	9%	SolZ	8%	9%	SolZ	8%	9%	SolZ	8%	9%
6 275,99	I,IV	1 425,16	1,44	114,01	128,26	I	1 425,16	—	102,26	115,04	—	90,76	102,11	—	79,75	89,72	—	69,22	77,87	—	59,17	66,56	—	49,60	55,80
	II	1 284,83	—	102,78	115,63	II	1 284,83	—	91,26	102,67	—	80,22	90,25	—	69,67	78,38	—	59,60	67,05	—	50,02	56,27	—	40,92	46,03
	III	907,33	—	72,58	81,65	III	907,33	—	64,10	72,11	—	55,86	62,84	—	47,86	53,84	—	40,12	45,13	—	32,60	36,67	—	25,33	28,49
	V	1 902,—	58,19	152,16	171,18	IV	1 425,16	—	108,14	121,65	—	102,26	115,04	—	96,45	108,50	—	90,76	102,11	—	85,20	95,85	—	79,75	89,72
	VI	1 938,25	62,50	155,06	174,44																				
6 278,99	I,IV	1 426,33	1,58	114,10	128,36	I	1 426,33	—	102,36	115,15	—	90,85	102,20	—	79,83	89,81	—	69,30	77,96	—	59,24	66,65	—	49,68	55,89
	II	1 286,—	—	102,88	115,74	II	1 286,—	—	91,35	102,77	—	80,31	90,35	—	69,75	78,47	—	59,68	67,14	—	50,09	56,35	—	40,98	46,10
	III	908,33	—	72,66	81,74	III	908,33	—	64,17	72,19	—	55,93	62,92	—	47,93	53,92	—	40,17	45,19	—	32,66	36,74	—	25,38	28,55
	V	1 903,16	58,32	152,25	171,28	IV	1 426,33	—	108,23	121,76	—	102,36	115,15	—	96,54	108,61	—	90,85	102,20	—	85,28	95,94	—	79,83	89,81
	VI	1 939,41	62,64	155,15	174,54																				
6 281,99	I,IV	1 427,41	1,71	114,19	128,46	I	1 427,41	—	102,45	115,25	—	90,94	102,31	—	79,92	89,91	—	69,38	78,05	—	59,32	66,74	—	49,75	55,97
	II	1 287,16	—	102,97	115,84	II	1 287,16	—	91,44	102,87	—	80,40	90,45	—	69,84	78,57	—	59,76	67,23	—	50,16	56,43	—	41,06	46,19
	III	909,—	—	72,72	81,81	III	909,—	—	64,24	72,27	—	56,—	63,—	—	48,—	54,—	—	40,24	45,27	—	32,72	36,81	—	25,44	28,62
	V	1 904,33	58,46	152,34	171,38	IV	1 427,41	—	108,32	121,86	—	102,45	115,25	—	96,64	108,72	—	90,94	102,31	—	85,37	96,04	—	79,92	89,91
	VI	1 940,58	62,78	155,24	174,65																				
6 284,99	I,IV	1 428,58	1,85	114,28	128,57	I	1 428,58	—	102,54	115,36	—	91,03	102,41	—	80,—	90,—	—	69,46	78,14	—	59,40	66,82	—	49,82	56,05
	II	1 288,33	—	103,06	115,94	II	1 288,33	—	91,53	102,97	—	80,48	90,54	—	69,92	78,66	—	59,84	67,32	—	50,24	56,52	—	41,12	46,26
	III	910,—	—	72,80	81,90	III	910,—	—	64,30	72,34	—	56,06	63,07	—	48,05	54,05	—	40,29	45,32	—	32,77	36,86	—	25,50	28,69
	V	1 905,50	58,60	152,44	171,49	IV	1 428,58	—	108,42	121,97	—	102,54	115,36	—	96,72	108,81	—	91,03	102,41	—	85,46	96,14	—	80,—	90,—
	VI	1 941,75	62,92	155,34	174,75																				
6 287,99	I,IV	1 429,75	1,99	114,38	128,67	I	1 429,75	—	102,64	115,47	—	91,12	102,51	—	80,08	90,09	—	69,54	78,23	—	59,48	66,91	—	49,90	56,13
	II	1 289,50	—	103,16	116,05	II	1 289,50	—	91,62	103,07	—	80,56	90,63	—	70,—	78,75	—	59,91	67,40	—	50,31	56,60	—	41,20	46,35
	III	910,83	—	72,86	81,97	III	910,83	—	64,37	72,41	—	56,12	63,13	—	48,12	54,13	—	40,36	45,40	—	32,84	36,94	—	25,56	28,75
	V	1 906,58	58,73	152,52	171,59	IV	1 429,75	—	108,50	122,06	—	102,64	115,47	—	96,82	108,92	—	91,12	102,51	—	85,54	96,23	—	80,08	90,09
	VI	1 942,91	63,06	155,43	174,86																				
6 290,99	I,IV	1 430,91	2,13	114,47	128,78	I	1 430,91	—	102,72	115,56	—	91,21	102,61	—	80,17	90,19	—	69,62	78,32	—	59,55	66,99	—	49,97	56,21
	II	1 290,66	—	103,25	116,15	II	1 290,66	—	91,71	103,17	—	80,65	90,73	—	70,08	78,84	—	59,99	67,49	—	50,38	56,68	—	41,26	46,42
	III	911,66	—	72,93	82,04	III	911,66	—	64,44	72,49	—	56,18	63,20	—	48,18	54,20	—	40,41	45,46	—	32,89	37,—	—	25,61	28,81
	V	1 907,75	58,87	152,62	171,69	IV	1 430,91	—	108,60	122,17	—	102,72	115,56	—	96,90	109,01	—	91,21	102,61	—	85,63	96,33	—	80,17	90,19
	VI	1 944,—	63,18	155,52	174,96																				
6 293,99	I,IV	1 432,08	2,27	114,56	128,88	I	1 432,08	—	102,82	115,67	—	91,30	102,71	—	80,26	90,29	—	69,70	78,41	—	59,63	67,08	—	50,04	56,30
	II	1 291,75	—	103,34	116,25	II	1 291,75	—	91,80	103,27	—	80,74	90,83	—	70,16	78,93	—	60,07	67,58	—	50,46	56,76	—	41,34	46,50
	III	912,50	—	73,—	82,12	III	912,50	—	64,50	72,56	—	56,25	63,28	—	48,24	54,27	—	40,48	45,54	—	32,94	37,06	—	25,66	28,87
	V	1 908,91	59,01	152,71	171,80	IV	1 432,08	—	108,69	122,27	—	102,82	115,67	—	97,—	109,12	—	91,30	102,71	—	85,72	96,43	—	80,26	90,29
	VI	1 945,16	63,32	155,61	175,06																				
6 296,99	I,IV	1 433,25	2,40	114,66	128,99	I	1 433,25	—	102,91	115,77	—	91,38	102,80	—	80,34	90,38	—	69,78	78,50	—	59,71	67,17	—	50,12	56,38
	II	1 292,91	—	103,43	116,36	II	1 292,91	—	91,88	103,37	—	80,82	90,92	—	70,24	79,02	—	60,14	67,66	—	50,53	56,84	—	41,40	46,58
	III	913,33	—	73,06	82,19	III	913,33	—	64,57	72,64	—	56,32	63,36	—	48,30	54,34	—	40,53	45,59	—	33,01	37,13	—	25,73	28,94
	V	1 910,08	59,15	152,80	171,90	IV	1 433,25	—	108,78	122,38	—	102,91	115,77	—	97,09	109,22	—	91,38	102,80	—	85,80	96,53	—	80,34	90,38
	VI	1 946,33	63,46	155,70	175,16																				
6 299,99	I,IV	1 434,41	2,54	114,75	129,09	I	1 434,41	—	103,—	115,88	—	91,47	102,90	—	80,42	90,47	—	69,86	78,59	—	59,78	67,25	—	50,19	56,46
	II	1 294,08	—	103,52	116,46	II	1 294,08	—	91,98	103,47	—	80,90	91,01	—	70,32	79,11	—	60,22	67,75	—	50,60	56,93	—	41,48	46,66
	III	914,16	—	73,13	82,27	III	914,16	—	64,64	72,72	—	56,38	63,43	—	48,37	54,41	—	40,60	45,67	—	33,06	37,19	—	25,78	29,—
	V	1 911,25	59,29	152,90	172,01	IV	1 434,41	—	108,88	122,49	—	103,—	115,88	—	97,18	109,32	—	91,47	102,90	—	85,89	96,62	—	80,42	90,47
	VI	1 947,50	63,60	155,80	175,27																				
6 302,99	I,IV	1 435,50	2,67	114,84	129,19	I	1 435,50	—	103,10	115,98	—	91,56	103,01	—	80,51	90,57	—	69,94	78,68	—	59,86	67,34	—	50,26	56,54
	II	1 295,25	—	103,62	116,57	II	1 295,25	—	92,06	103,57	—	80,99	91,11	—	70,40	79,20	—	60,30	67,83	—	50,68	57,01	—	41,54	46,73
	III	915,—	—	73,20	82,35	III	915,—	—	64,70	72,79	—	56,45	63,50	—	48,42	54,47	—	40,65	45,73	—	33,13	37,27	—	25,84	29,07
	V	1 912,41	59,43	152,99	172,11	IV	1 435,50	—	108,97	122,59	—	103,10	115,98	—	97,27	109,43	—	91,56	103,01	—	85,98	96,72	—	80,51	90,57
	VI	1 948,66	63,74	155,89	175,37																				
6 305,99	I,IV	1 436,66	2,81	114,93	129,29	I	1 436,66	—	103,19	116,09	—	91,65	103,10	—	80,60	90,67	—	70,02	78,77	—	59,94	67,43	—	50,34	56,63
	II	1 296,41	—	103,71	116,67	II	1 296,41	—	92,15	103,67	—	81,08	91,21	—	70,48	79,29	—	60,38	67,92	—	50,76	57,10	—	41,62	46,82
	III	915,83	—	73,26	82,42	III	915,83	—	64,77	72,86	—	56,50	63,56	—	48,49	54,55	—	40,72	45,81	—	33,18	37,33	—	25,89	29,12
	V	1 913,58	59,56	153,08	172,22	IV	1 436,66	—	109,06	122,69	—	103,19	116,09	—	97,36	109,53	—	91,65	103,10	—	86,06	96,82	—	80,60	90,67
	VI	1 949,83	63,88	155,98	175,48																				
6 308,99	I,IV	1 437,83	2,95	115,02	129,40	I	1 437,83	—	103,28	116,19	—	91,74	103,20	—	80,68	90,77	—	70,11	78,87	—	60,02	67,52	—	50,41	56,71
	II	1 297,58	—	103,80	116,78	II	1 297,58	—	92,24	103,77	—	81,16	91,31	—	70,56	79,38	—	60,46	68,01	—	50,83	57,18	—	41,68	46,89
	III	916,66	—	73,33	82,49	III	916,66	—	64,84	72,94	—	56,57	63,64	—	48,56	54,63	—	40,78	45,88	—	33,24	37,39	—	25,94	29,18
	V	1 914,75	59,70	153,18	172,32	IV	1 437,83	—	109,15	122,79	—	103,28	116,19	—	97,45	109,63	—	91,74	103,20	—	86,15	96,92	—	80,68	90,77
	VI	1 951,—	64,02	156,08	175,59																				
6 311,99	I,IV	1 439,—	3,09	115,12	129,51	I	1 439,—	—	103,38	116,30	—	91,83	103,31	—	80,77	90,86	—	70,19	78,96	—	60,10	67,61	—	50,49	56,80
	II	1 298,75	—	103,90	116,88	II	1 298,75	—	92,33	103,87	—	81,25	91,40	—	70,65	79,48	—	60,54	68,10	—	50,90	57,26	—	41,76	46,98
	III	917,66	—	73,41	82,58	III	917,66	—	64,90	73,01	—	56,64	63,72	—	48,62	54,70	—	40,84	45,94	—	33,30	37,46	—	26,01	29,26
	V	1 915,91	59,84	153,27	172,43	IV	1 439,—	—	109,25	122,90	—	103,38	116,30	—	97,54	109,73	—	91,83	103,31	—	86,24	97,02	—	80,77	90,86
	VI	1 952,16	64,16	156,17	175,69																				
6 314,99	I,IV	1 440,16	3,23	115,21	129,61	I	1 440,16	—	103,47	116,40	—	91,92	103,41	—	80,86	90,96	—	70,27	79,05	—	60,18	67,70	—	50,56	56,88
	II	1 299,91	—	103,99	116,99	II	1 299,91	—	92,42	103,97	—	81,34	91,50	—	70,73	79,57	—	60,61	68,18	—	50,98	57,35	—	41,83	47,06
	III	918,50	—	73,48	82,66	III	918,50	—	64,97	73,09	—	56,70	63,79	—	48,68	54,76	—	40,90	46,01	—	33,36	37,53	—	26,06	29,32
	V	1 917,08	59,98	153,36	172,53	IV	1 440,16	—	109,34	123,01	—	103,47	116,40	—	97,64	109,84	—	91,92	103,41	—	86,33	97,12	—	80,86	90,96
	VI	1 953,33	64,29	156,26	175,79																				
6 317,99	I,IV	1 441,33	3,37	115,30	129,71	I	1 441,33	—	103,56	116,51	—	92,01	103,51	—	80,94	91,05	—	70,36	79,15	—	60,25	67,78	—	50,64	56,97
	II	1 301,08	—	104,08	117,09	II	1 301,08	—	92,51	104,07	—	81,42	91,60	—	70,81	79,66	—	60,69	68,27	—	51,05	57,43	—	41,90	47,13
	III	919,33	—	73,54	82,73	III	919,33	—	65,04	73,17	—	56,77	63,86	—	48,74	54,83	—	40,96	46,08	—	33,42	37,60	—	26,12	29,38
	V	1 918,25	60,12	153,46	172,64	IV	1 441,33	—	109,43	123,11	—	103,56	116,51	—	97,72	109,94	—	92,01	103,51	—	86,42	97,22	—	80,94	91,05
	VI	1 954,50	64,43	156,36	175,90																				
6 320,99	I,IV	1 442,50	3,51	115,40	129,82	I	1 442,50	—	103,66	116,61	—	92,10	103,61	—	81,02	91,15	—	70,44	79,24	—	60,33	67,87	—	50,71	57,05
	II	1 302,25	—	104,18	117,20	II	1 302,25	—	92,60	104,18	—	81,50	91,69	—	70,90	79,76	—	60,77	68,36	—	51,12	57,51	—	41,97	47,21
	III	920,16	—	73,61	82,81	III	920,16	—	65,09	73,22	—	56,82	63,92	—	48,80	54,90	—	41,02	46,15	—	33,48	37,66	—	26,17	29,44
	V	1 919,33	60,25	153,54	172,73	IV	1 442,50	—	109,52	123,21	—	103,66	116,61	—	97,82	110,04	—	92,10	103,61	—	86,50	97,31	—	81,02	91,15
	VI	1 955,58	64,56	156,44	176,—																				

*** Die ausgewiesenen Tabellenwerte sind amtlich. Siehe Erläuterungen auf der Umschlaginnenseite (U2).**

MONAT 6 321,–*

Abzüge an Lohnsteuer, Solidaritätszuschlag (SolZ) und Kirchensteuer (8%, 9%) in den Steuerklassen

I – VI — ohne Kinderfreibeträge

Lohn/Gehalt bis €*	Klasse	LSt	SolZ	8%	9%
6 323,99	I,IV	1443,66	3,64	115,49	129,92
	II	1303,33	—	104,26	117,29
	III	921,—	—	73,68	82,89
	V	1920,50	60,39	153,64	172,84
	VI	1956,75	64,70	156,54	176,10
6 326,99	I,IV	1444,83	3,78	115,58	130,03
	II	1304,50	—	104,36	117,40
	III	921,83	—	73,74	82,96
	V	1921,66	60,53	153,73	172,94
	VI	1957,91	64,84	156,63	176,21
6 329,99	I,IV	1446,—	3,92	115,68	130,14
	II	1305,66	—	104,45	117,50
	III	922,66	—	73,81	83,03
	V	1922,83	60,67	153,82	173,05
	VI	1959,08	64,98	156,72	176,31
6 332,99	I,IV	1447,08	4,05	115,76	130,23
	II	1306,83	—	104,54	117,61
	III	923,50	—	73,88	83,11
	V	1924,—	60,80	153,92	173,16
	VI	1960,25	65,12	156,82	176,42
6 335,99	I,IV	1448,25	4,19	115,86	130,34
	II	1308,—	—	104,64	117,72
	III	924,33	—	73,94	83,18
	V	1925,16	60,94	154,01	173,26
	VI	1961,41	65,26	156,91	176,52
6 338,99	I,IV	1449,41	4,33	115,95	130,44
	II	1309,16	—	104,73	117,82
	III	925,16	—	74,01	83,26
	V	1926,33	61,08	154,10	173,36
	VI	1962,58	65,40	157,—	176,63
6 341,99	I,IV	1450,58	4,47	116,04	130,55
	II	1310,33	—	104,82	117,92
	III	926,16	—	74,09	83,35
	V	1927,41	61,21	154,19	173,46
	VI	1963,75	65,53	157,10	176,73
6 344,99	I,IV	1451,75	4,61	116,14	130,65
	II	1311,50	—	104,92	118,03
	III	927,—	—	74,16	83,43
	V	1928,58	61,35	154,28	173,57
	VI	1964,83	65,66	157,18	176,83
6 347,99	I,IV	1452,91	4,75	116,23	130,76
	II	1312,58	—	105,—	118,13
	III	927,83	—	74,22	83,50
	V	1929,75	61,49	154,38	173,67
	VI	1966,—	65,80	157,28	176,94
6 350,99	I,IV	1454,08	4,88	116,32	130,86
	II	1313,75	—	105,10	118,23
	III	928,66	—	74,29	83,57
	V	1930,91	61,63	154,47	173,78
	VI	1967,16	65,94	157,37	177,04
6 353,99	I,IV	1455,16	5,01	116,41	130,96
	II	1314,91	—	105,19	118,34
	III	929,50	—	74,36	83,65
	V	1932,08	61,77	154,56	173,88
	VI	1968,33	66,08	157,46	177,14
6 356,99	I,IV	1456,33	5,15	116,50	131,06
	II	1316,08	—	105,28	118,44
	III	930,33	—	74,42	83,72
	V	1933,25	61,90	154,66	173,99
	VI	1969,50	66,22	157,56	177,25
6 359,99	I,IV	1457,50	5,29	116,60	131,17
	II	1317,25	—	105,38	118,55
	III	931,16	—	74,49	83,80
	V	1934,41	62,04	154,75	174,09
	VI	1970,66	66,36	157,65	177,35
6 362,99	I,IV	1458,66	5,43	116,69	131,27
	II	1318,41	—	105,47	118,65
	III	932,—	—	74,56	83,88
	V	1935,50	62,17	154,84	174,19
	VI	1971,83	66,50	157,74	177,46
6 365,99	I,IV	1459,83	5,57	116,78	131,38
	II	1319,58	—	105,56	118,76
	III	932,83	—	74,62	83,95
	V	1936,75	62,32	154,94	174,30
	VI	1973,—	66,64	157,84	177,57
6 368,99	I,IV	1461,—	5,71	116,88	131,49
	II	1320,75	—	105,66	118,87
	III	933,83	—	74,70	84,04
	V	1937,91	62,46	155,03	174,41
	VI	1974,16	66,77	157,93	177,67

I, II, III, IV — mit Zahl der Kinderfreibeträge (SolZ in allen Spalten —)

Lohn/Gehalt bis €*	Klasse	LSt	0,5 8%	0,5 9%	1 8%	1 9%	1,5 8%	1,5 9%	2 8%	2 9%	2,5 8%	2,5 9%	3 8%	3 9%
6 323,99	I	1443,66	103,74	116,71	92,19	103,71	81,11	91,25	70,52	79,33	60,41	67,96	50,78	57,13
	II	1303,33	92,69	104,27	81,59	91,79	70,98	79,85	60,84	68,45	51,20	57,60	42,04	47,29
	III	921,—	65,17	73,31	56,89	64,—	48,86	54,97	41,08	46,21	33,53	37,72	26,24	29,52
	IV	1443,66	109,62	123,32	103,74	116,71	97,91	110,15	92,19	103,71	86,59	97,41	81,11	91,25
6 326,99	I	1444,83	103,84	116,82	92,28	103,81	81,20	91,35	70,60	79,42	60,48	68,04	50,86	57,21
	II	1304,50	92,78	104,37	81,68	91,89	71,06	79,94	60,92	68,54	51,28	57,69	42,11	47,37
	III	921,83	65,22	73,37	56,96	64,08	48,93	55,04	41,14	46,28	33,60	37,80	26,29	29,57
	IV	1444,83	109,71	123,42	103,84	116,82	98,—	110,25	92,28	103,81	86,68	97,51	81,20	91,35
6 329,99	I	1446,—	103,93	116,92	92,36	103,91	81,28	91,44	70,68	79,51	60,56	68,13	50,93	57,29
	II	1305,66	92,87	104,48	81,76	91,98	71,14	80,03	61,—	68,63	51,35	57,77	42,18	47,45
	III	922,66	65,29	73,45	57,02	64,15	49,—	55,12	41,20	46,35	33,65	37,85	26,34	29,63
	IV	1446,—	109,80	123,53	103,93	116,92	98,09	110,35	92,36	103,91	86,76	97,61	81,28	91,44
6 332,99	I	1447,08	104,02	117,02	92,46	104,01	81,36	91,53	70,76	79,61	60,64	68,22	51,—	57,38
	II	1306,83	92,96	104,58	81,85	92,08	71,22	80,12	61,08	68,71	51,42	57,85	42,25	47,53
	III	923,50	65,36	73,53	57,09	64,22	49,05	55,18	41,26	46,42	33,70	37,91	26,40	29,70
	IV	1447,08	109,90	123,63	104,02	117,02	98,18	110,45	92,46	104,01	86,85	97,70	81,36	91,53
6 335,99	I	1448,25	104,12	117,13	92,54	104,11	81,45	91,63	70,84	79,70	60,72	68,31	51,08	57,46
	II	1308,—	93,05	104,68	81,93	92,17	71,30	80,21	61,16	68,80	51,50	57,93	42,32	47,61
	III	924,33	65,42	73,60	57,16	64,30	49,12	55,26	41,32	46,48	33,77	37,99	26,46	29,77
	IV	1448,25	109,99	123,74	104,12	117,13	98,27	110,55	92,54	104,11	86,94	97,80	81,45	91,63
6 338,99	I	1449,41	104,21	117,23	92,63	104,21	81,54	91,73	70,92	79,79	60,80	68,40	51,15	57,54
	II	1309,16	93,14	104,78	82,02	92,27	71,38	80,30	61,24	68,89	51,57	58,01	42,39	47,69
	III	925,16	65,49	73,67	57,21	64,36	49,17	55,31	41,38	46,55	33,82	38,05	26,52	29,83
	IV	1449,41	110,08	123,84	104,21	117,23	98,36	110,66	92,63	104,21	87,02	97,90	81,54	91,73
6 341,99	I	1450,58	104,30	117,34	92,72	104,31	81,62	91,82	71,—	79,88	60,88	68,49	51,22	57,62
	II	1310,33	93,22	104,87	82,10	92,36	71,46	80,39	61,31	68,97	51,64	58,10	42,46	47,76
	III	926,16	65,56	73,75	57,28	64,44	49,24	55,39	41,44	46,62	33,89	38,12	26,57	29,89
	IV	1450,58	110,17	123,94	104,30	117,34	98,46	110,76	92,72	104,31	87,11	98,—	81,62	91,82
6 344,99	I	1451,75	104,39	117,44	92,81	104,41	81,71	91,92	71,09	79,97	60,95	68,57	51,30	57,71
	II	1311,50	93,32	104,98	82,19	92,46	71,55	80,49	61,39	69,06	51,72	58,18	42,53	47,84
	III	927,—	65,62	73,82	57,34	64,51	49,30	55,46	41,50	46,69	33,94	38,18	26,62	29,95
	IV	1451,75	110,26	124,04	104,39	117,44	98,54	110,86	92,81	104,41	87,20	98,10	81,71	91,92
6 347,99	I	1452,91	104,48	117,54	92,90	104,51	81,79	92,01	71,17	80,06	61,03	68,66	51,38	57,80
	II	1312,58	93,40	105,08	82,28	92,56	71,63	80,58	61,47	69,15	51,79	58,26	42,60	47,92
	III	927,83	65,69	73,90	57,41	64,58	49,37	55,54	41,56	46,75	34,01	38,26	26,69	30,02
	IV	1452,91	110,36	124,15	104,48	117,54	98,64	110,97	92,90	104,51	87,28	98,19	81,79	92,01
6 350,99	I	1454,08	104,58	117,65	92,99	104,61	81,88	92,11	71,25	80,15	61,11	68,75	51,45	57,88
	II	1313,75	93,50	105,18	82,36	92,66	71,71	80,67	61,55	69,24	51,86	58,34	42,67	48,—
	III	928,66	65,76	73,98	57,46	64,64	49,42	55,60	41,62	46,82	34,06	38,32	26,74	30,08
	IV	1454,08	110,45	124,25	104,58	117,65	98,73	111,07	92,99	104,61	87,38	98,30	81,88	92,11
6 353,99	I	1455,16	104,67	117,75	93,08	104,71	81,96	92,21	71,33	80,24	61,18	68,83	51,52	57,96
	II	1314,91	93,58	105,28	82,45	92,75	71,80	80,77	61,62	69,32	51,94	58,43	42,74	48,08
	III	929,50	65,82	74,05	57,53	64,72	49,49	55,67	41,69	46,90	34,12	38,38	26,80	30,15
	IV	1455,16	110,54	124,36	104,67	117,75	98,82	111,17	93,08	104,71	87,46	98,39	81,96	92,21
6 356,99	I	1456,33	104,76	117,86	93,17	104,81	82,05	92,30	71,42	80,34	61,26	68,92	51,60	58,05
	II	1316,08	93,68	105,39	82,53	92,84	71,88	80,86	61,70	69,41	52,02	58,52	42,81	48,16
	III	930,33	65,89	74,12	57,60	64,80	49,54	55,73	41,74	46,96	34,18	38,45	26,85	30,20
	IV	1456,33	110,64	124,47	104,76	117,86	98,91	111,27	93,17	104,81	87,55	98,49	82,05	92,30
6 359,99	I	1457,50	104,86	117,96	93,26	104,91	82,14	92,40	71,50	80,43	61,34	69,01	51,67	58,13
	II	1317,25	93,76	105,48	82,62	92,94	71,96	80,95	61,78	69,50	52,09	58,60	42,88	48,24
	III	931,16	65,96	74,20	57,66	64,87	49,61	55,81	41,81	47,03	34,24	38,52	26,92	30,29
	IV	1457,50	110,72	124,56	104,86	117,96	99,—	111,38	93,26	104,91	87,64	98,59	82,14	92,40
6 362,99	I	1458,66	104,95	118,07	93,35	105,02	82,22	92,50	71,58	80,52	61,42	69,09	51,74	58,21
	II	1318,41	93,85	105,58	82,70	93,04	72,04	81,04	61,86	69,59	52,16	58,68	42,95	48,32
	III	932,—	66,02	74,27	57,73	64,94	49,68	55,89	41,86	47,09	34,29	38,57	26,97	30,34
	IV	1458,66	110,82	124,67	104,95	118,07	99,09	111,47	93,35	105,02	87,72	98,68	82,22	92,50
6 365,99	I	1459,83	105,04	118,17	93,44	105,12	82,31	92,60	71,66	80,62	61,50	69,18	51,82	58,30
	II	1319,58	93,94	105,68	82,79	93,14	72,12	81,14	61,94	69,68	52,24	58,77	43,02	48,40
	III	932,83	66,09	74,35	57,80	65,02	49,74	55,96	41,93	47,17	34,36	38,65	27,02	30,40
	IV	1459,83	110,92	124,78	105,04	118,17	99,19	111,59	93,44	105,12	87,82	98,79	82,31	92,60
6 368,99	I	1461,—	105,14	118,28	93,53	105,22	82,40	92,70	71,74	80,71	61,58	69,27	51,90	58,38
	II	1320,75	94,04	105,79	82,88	93,24	72,20	81,23	62,02	69,77	52,32	58,86	43,10	48,48
	III	933,83	66,16	74,43	57,86	65,09	49,80	56,02	41,98	47,23	34,41	38,71	27,09	30,47
	IV	1461,—	111,—	124,88	105,14	118,28	99,28	111,69	93,53	105,22	87,90	98,89	82,40	92,70

T 112

* Die ausgewiesenen Tabellenwerte sind amtlich. Siehe Erläuterungen auf der Umschlaginnenseite (U2).

6 416,99* MONAT

Abzüge an Lohnsteuer, Solidaritätszuschlag (SolZ) und Kirchensteuer (8%, 9%) in den Steuerklassen

Lohn/ Gehalt bis €*	I – VI		ohne Kinderfreibeträge			I, II, III, IV		mit Zahl der Kinderfreibeträge . . . 0,5			1			1,5			2			2,5			3		
		LSt	SolZ	8%	9%		LSt	SolZ	8%	9%	SolZ	8%	9%	SolZ	8%	9%	SolZ	8%	9%	SolZ	8%	9%	SolZ	8%	9%
6 371,99	I,IV	1 462,16	5,85	116,97	131,59	I	1 462,16	—	105,23	118,38	—	93,62	105,32	—	82,48	92,79	—	71,82	80,80	—	61,66	69,36	—	51,97	58,46
	II	1 321,91	—	105,75	118,97	II	1 321,91	—	94,12	105,89	—	82,96	93,33	—	72,29	81,32	—	62,10	69,86	—	52,39	58,94	—	43,16	48,56
	III	934,66	—	74,77	84,11	III	934,66	—	66,22	74,50	—	57,92	65,16	—	49,86	56,09	—	42,05	47,30	—	34,48	38,79	—	27,14	30,53
	V	1 939,—	62,59	155,12	174,51	IV	1 462,16	—	111,10	124,98	—	105,23	118,38	—	99,37	111,79	—	93,62	105,32	—	87,99	98,99	—	82,48	92,79
	VI	1 975,33	66,91	158,02	177,77																				
6 374,99	I,IV	1 463,33	5,98	117,06	131,69	I	1 463,33	—	105,32	118,48	—	93,71	105,42	—	82,56	92,88	—	71,91	80,90	—	61,74	69,45	—	52,04	58,55
	II	1 323,08	—	105,84	119,07	II	1 323,08	—	94,22	105,99	—	83,05	93,43	—	72,37	81,41	—	62,18	69,95	—	52,46	59,02	—	43,24	48,64
	III	935,50	—	74,84	84,19	III	935,50	—	66,29	74,57	—	57,98	65,23	—	49,93	56,17	—	42,10	47,36	—	34,53	38,84	—	27,20	30,60
	V	1 940,16	62,73	155,21	174,61	IV	1 463,33	—	111,19	125,09	—	105,32	118,48	—	99,46	111,89	—	93,71	105,42	—	88,08	99,09	—	82,56	92,88
	VI	1 976,41	67,04	158,11	177,87																				
6 377,99	I,IV	1 464,50	6,12	117,16	131,80	I	1 464,50	—	105,41	118,58	—	93,80	105,52	—	82,65	92,98	—	71,99	80,99	—	61,81	69,53	—	52,12	58,63
	II	1 324,16	—	105,93	119,17	II	1 324,16	—	94,30	106,09	—	83,14	93,53	—	72,45	81,50	—	62,26	70,04	—	52,54	59,10	—	43,31	48,72
	III	936,33	—	74,90	84,26	III	936,33	—	66,36	74,65	—	58,05	65,30	—	49,98	56,23	—	42,17	47,44	—	34,58	38,90	—	27,25	30,65
	V	1 941,33	62,87	155,30	174,71	IV	1 464,50	—	111,28	125,19	—	105,41	118,58	—	99,55	111,99	—	93,80	105,52	—	88,16	99,18	—	82,65	92,98
	VI	1 977,58	67,18	158,20	177,98																				
6 380,99	I,IV	1 465,66	6,26	117,25	131,90	I	1 465,66	—	105,50	118,69	—	93,89	105,62	—	82,74	93,08	—	72,07	81,08	—	61,89	69,62	—	52,19	58,71
	II	1 325,33	—	106,02	119,27	II	1 325,33	—	94,40	106,20	—	83,22	93,62	—	72,54	81,60	—	62,33	70,12	—	52,61	59,18	—	43,38	48,80
	III	937,16	—	74,97	84,34	III	937,16	—	66,42	74,72	—	58,12	65,38	—	50,05	56,30	—	42,24	47,52	—	34,65	38,98	—	27,32	30,73
	V	1 942,50	63,01	155,40	174,82	IV	1 465,66	—	111,38	125,30	—	105,50	118,69	—	99,64	112,10	—	93,89	105,62	—	88,25	99,28	—	82,74	93,08
	VI	1 978,75	67,32	158,30	178,08																				
6 383,99	I,IV	1 466,75	6,39	117,34	132,—	I	1 466,75	—	105,60	118,80	—	93,98	105,72	—	82,82	93,17	—	72,16	81,18	—	61,97	69,71	—	52,27	58,80
	II	1 326,50	—	106,12	119,38	II	1 326,50	—	94,48	106,29	—	83,31	93,72	—	72,62	81,69	—	62,41	70,21	—	52,69	59,27	—	43,45	48,88
	III	938,—	—	75,04	84,42	III	938,—	—	66,49	74,80	—	58,18	65,45	—	50,12	56,38	—	42,29	47,57	—	34,70	39,04	—	27,37	30,79
	V	1 943,66	63,14	155,49	174,92	IV	1 466,75	—	111,47	125,40	—	105,60	118,80	—	99,74	112,20	—	93,98	105,72	—	88,34	99,38	—	82,82	93,17
	VI	1 979,91	67,46	158,39	178,19																				
6 386,99	I,IV	1 467,91	6,53	117,43	132,11	I	1 467,91	—	105,69	118,90	—	94,07	105,83	—	82,91	93,27	—	72,24	81,27	—	62,05	69,80	—	52,34	58,88
	II	1 327,66	—	106,21	119,48	II	1 327,66	—	94,57	106,39	—	83,40	93,82	—	72,70	81,78	—	62,49	70,30	—	52,76	59,36	—	43,52	48,96
	III	938,83	—	75,10	84,49	III	938,83	—	66,56	74,88	—	58,25	65,53	—	50,18	56,45	—	42,36	47,65	—	34,77	39,11	—	27,42	30,85
	V	1 944,83	63,28	155,58	175,03	IV	1 467,91	—	111,56	125,51	—	105,69	118,90	—	99,83	112,31	—	94,07	105,83	—	88,43	99,48	—	82,91	93,27
	VI	1 981,08	67,60	158,48	178,29																				
6 389,99	I,IV	1 469,08	6,67	117,52	132,21	I	1 469,08	—	105,78	119,—	—	94,16	105,93	—	83,—	93,37	—	72,32	81,36	—	62,12	69,89	—	52,42	58,97
	II	1 328,83	—	106,30	119,59	II	1 328,83	—	94,66	106,49	—	83,48	93,92	—	72,78	81,88	—	62,57	70,39	—	52,84	59,44	—	43,59	49,04
	III	939,66	—	75,17	84,56	III	939,66	—	66,62	74,95	—	58,30	65,59	—	50,24	56,52	—	42,41	47,71	—	34,82	39,17	—	27,48	30,91
	V	1 946,—	63,42	155,68	175,14	IV	1 469,08	—	111,65	125,60	—	105,78	119,—	—	99,92	112,41	—	94,16	105,93	—	88,52	99,58	—	83,—	93,37
	VI	1 982,25	67,74	158,58	178,40																				
6 392,99	I,IV	1 470,25	6,81	117,62	132,32	I	1 470,25	—	105,88	119,11	—	94,24	106,02	—	83,08	93,47	—	72,40	81,45	—	62,20	69,98	—	52,49	59,05
	II	1 330,—	—	106,40	119,70	II	1 330,—	—	94,75	106,59	—	83,56	94,01	—	72,86	81,97	—	62,64	70,47	—	52,91	59,52	—	43,66	49,12
	III	940,66	—	75,25	84,65	III	940,66	—	66,69	75,02	—	58,37	65,66	—	50,30	56,59	—	42,48	47,79	—	34,89	39,25	—	27,54	30,98
	V	1 947,08	63,55	155,76	175,23	IV	1 470,25	—	111,74	125,71	—	105,88	119,11	—	100,01	112,51	—	94,24	106,02	—	88,60	99,68	—	83,08	93,47
	VI	1 983,41	67,87	158,67	178,50																				
6 395,99	I,IV	1 471,41	6,95	117,71	132,42	I	1 471,41	—	105,96	119,21	—	94,34	106,13	—	83,17	93,56	—	72,48	81,54	—	62,28	70,07	—	52,56	59,13
	II	1 331,16	—	106,49	119,80	II	1 331,16	—	94,84	106,70	—	83,65	94,10	—	72,94	82,06	—	62,72	70,56	—	52,98	59,60	—	43,73	49,19
	III	941,50	—	75,32	84,73	III	941,50	—	66,76	75,10	—	58,44	65,74	—	50,37	56,66	—	42,53	47,84	—	34,94	39,31	—	27,60	31,05
	V	1 948,25	63,69	155,86	175,34	IV	1 471,41	—	111,84	125,82	—	105,96	119,21	—	100,10	112,61	—	94,34	106,13	—	88,69	99,77	—	83,17	93,56
	VI	1 984,50	68,—	158,76	178,60																				
6 398,99	I,IV	1 472,58	7,09	117,80	132,53	I	1 472,58	—	106,06	119,31	—	94,42	106,22	—	83,26	93,66	—	72,56	81,63	—	62,36	70,16	—	52,64	59,22
	II	1 332,25	—	106,58	119,90	II	1 332,25	—	94,93	106,79	—	83,74	94,20	—	73,03	82,16	—	62,80	70,65	—	53,06	59,69	—	43,80	49,28
	III	942,33	—	75,38	84,80	III	942,33	—	66,82	75,17	—	58,50	65,81	—	50,42	56,72	—	42,60	47,92	—	35,—	39,37	—	27,65	31,10
	V	1 949,41	63,83	155,95	175,44	IV	1 472,58	—	111,93	125,92	—	106,06	119,31	—	100,20	112,72	—	94,42	106,22	—	88,78	99,87	—	83,26	93,66
	VI	1 985,66	68,14	158,85	178,70																				
6 401,99	I,IV	1 473,75	7,22	117,90	132,63	I	1 473,75	—	106,15	119,42	—	94,52	106,33	—	83,34	93,75	—	72,65	81,73	—	62,44	70,24	—	52,72	59,31
	II	1 333,41	—	106,67	120,—	II	1 333,41	—	95,02	106,90	—	83,82	94,30	—	73,11	82,25	—	62,88	70,74	—	53,14	59,78	—	43,88	49,36
	III	943,16	—	75,45	84,88	III	943,16	—	66,89	75,25	—	58,57	65,89	—	50,49	56,80	—	42,65	47,98	—	35,06	39,44	—	27,70	31,16
	V	1 950,58	63,97	156,04	175,55	IV	1 473,75	—	112,02	126,02	—	106,15	119,42	—	100,28	112,82	—	94,52	106,33	—	88,87	99,98	—	83,34	93,75
	VI	1 986,83	68,28	158,94	178,81																				
6 404,99	I,IV	1 474,83	7,35	117,98	132,73	I	1 474,83	—	106,24	119,52	—	94,60	106,43	—	83,42	93,85	—	72,73	81,82	—	62,52	70,33	—	52,79	59,39
	II	1 334,58	—	106,76	120,11	II	1 334,58	—	95,11	107,—	—	83,91	94,40	—	73,20	82,35	—	62,96	70,83	—	53,21	59,86	—	43,94	49,43
	III	944,—	—	75,52	84,96	III	944,—	—	66,96	75,33	—	58,64	65,97	—	50,56	56,88	—	42,72	48,06	—	35,12	39,51	—	27,77	31,24
	V	1 951,75	64,11	156,14	175,65	IV	1 474,83	—	112,12	126,13	—	106,24	119,52	—	100,38	112,92	—	94,60	106,43	—	88,96	100,08	—	83,42	93,85
	VI	1 988,—	68,42	159,04	178,92																				
6 407,99	I,IV	1 476,—	7,49	118,08	132,84	I	1 476,—	—	106,34	119,63	—	94,70	106,53	—	83,51	93,95	—	72,81	81,91	—	62,60	70,42	—	52,86	59,47
	II	1 335,75	—	106,86	120,21	II	1 335,75	—	95,20	107,10	—	84,—	94,50	—	73,28	82,44	—	63,04	70,92	—	53,28	59,94	—	44,02	49,52
	III	944,83	—	75,58	85,03	III	944,83	—	67,02	75,40	—	58,69	66,02	—	50,61	56,93	—	42,77	48,11	—	35,18	39,58	—	27,82	31,30
	V	1 952,91	64,25	156,23	175,76	IV	1 476,—	—	112,21	126,23	—	106,34	119,63	—	100,47	113,03	—	94,70	106,53	—	89,04	100,17	—	83,51	93,95
	VI	1 989,16	68,56	159,13	179,02																				
6 410,99	I,IV	1 477,16	7,63	118,17	132,94	I	1 477,16	—	106,43	119,73	—	94,78	106,63	—	83,60	94,05	—	72,90	82,01	—	62,68	70,51	—	52,94	59,55
	II	1 336,91	—	106,95	120,32	II	1 336,91	—	95,29	107,20	—	84,08	94,59	—	73,36	82,53	—	63,12	71,01	—	53,36	60,03	—	44,09	49,60
	III	945,66	—	75,65	85,10	III	945,66	—	67,09	75,47	—	58,76	66,10	—	50,68	57,01	—	42,84	48,19	—	35,24	39,64	—	27,88	31,36
	V	1 954,08	64,38	156,32	175,86	IV	1 477,16	—	112,30	126,33	—	106,43	119,73	—	100,56	113,13	—	94,78	106,63	—	89,13	100,27	—	83,60	94,05
	VI	1 990,33	68,70	159,22	179,12																				
6 413,99	I,IV	1 478,33	7,77	118,26	133,04	I	1 478,33	—	106,52	119,84	—	94,88	106,74	—	83,68	94,14	—	72,98	82,10	—	62,75	70,59	—	53,02	59,64
	II	1 338,08	—	107,04	120,42	II	1 338,08	—	95,38	107,30	—	84,17	94,69	—	73,44	82,62	—	63,20	71,10	—	53,44	60,12	—	44,16	49,68
	III	946,50	—	75,72	85,18	III	946,50	—	67,16	75,55	—	58,82	66,17	—	50,74	57,08	—	42,89	48,25	—	35,29	39,70	—	27,93	31,42
	V	1 955,16	64,51	156,41	175,96	IV	1 478,33	—	112,39	126,44	—	106,52	119,84	—	100,65	113,23	—	94,88	106,74	—	89,22	100,37	—	83,68	94,14
	VI	1 991,50	68,84	159,32	179,23																				
6 416,99	I,IV	1 479,50	7,91	118,36	133,15	I	1 479,50	—	106,61	119,93	—	94,96	106,83	—	83,77	94,24	—	73,06	82,19	—	62,83	70,68	—	53,09	59,72
	II	1 339,25	—	107,14	120,53	II	1 339,25	—	95,48	107,41	—	84,26	94,79	—	73,52	82,71	—	63,28	71,19	—	53,51	60,20	—	44,23	49,76
	III	947,50	—	75,80	85,27	III	947,50	—	67,22	75,62	—	58,89	66,25	—	50,81	57,16	—	42,96	48,33	—	35,36	39,78	—	28,—	31,50
	V	1 956,33	64,65	156,50	176,06	IV	1 479,50	—	112,48	126,54	—	106,61	119,93	—	100,74	113,33	—	94,96	106,83	—	89,31	100,47	—	83,77	94,24
	VI	1 992,58	68,97	159,40	179,33																				

* Die ausgewiesenen Tabellenwerte sind amtlich. Siehe Erläuterungen auf der Umschlaginnenseite (U2).

MONAT 6 417,–*

Abzüge an Lohnsteuer, Solidaritätszuschlag (SolZ) und Kirchensteuer (8%, 9%) in den Steuerklassen

Lohn/ Gehalt bis €*	I – VI	LSt	ohne Kinderfreibeträge SolZ	8%	9%	I, II, III, IV	LSt	mit Zahl der Kinderfreibeträge . . . 0,5 SolZ	8%	9%	1 SolZ	8%	9%	1,5 SolZ	8%	9%	2 SolZ	8%	9%	2,5 SolZ	8%	9%	3 SolZ	8%	9%
6 419,99	I,IV	1 480,66	8,05	118,45	133,25	I	1 480,66	—	106,70	120,04	—	95,06	106,94	—	83,86	94,34	—	73,14	82,28	—	62,91	70,77	—	53,16	59,81
	II	1 340,33	—	107,22	120,62	II	1 340,33	—	95,56	107,51	—	84,34	94,88	—	73,60	82,80	—	63,36	71,28	—	53,58	60,28	—	44,30	49,84
	III	948,33	—	75,86	85,34	III	948,33	—	67,29	75,70	—	58,96	66,33	—	50,86	57,22	—	43,02	48,40	—	35,41	39,83	—	28,05	31,55
	V	1 957,50	64,79	156,60	176,17	IV	1 480,66	—	112,58	126,65	—	106,70	120,04	—	100,84	113,44	—	95,06	106,94	—	89,40	100,57	—	83,86	94,34
	VI	1 993,75	69,10	159,50	179,43																				
6 422,99	I,IV	1 481,83	8,19	118,54	133,36	I	1 481,83	—	106,80	120,15	—	95,15	107,04	—	83,94	94,43	—	73,22	82,37	—	62,99	70,86	—	53,24	59,89
	II	1 341,58	—	107,32	120,74	II	1 341,58	—	95,66	107,61	—	84,43	94,98	—	73,69	82,90	—	63,44	71,37	—	53,66	60,37	—	44,38	49,92
	III	949,16	—	75,93	85,42	III	949,16	—	67,36	75,78	—	59,02	66,40	—	50,93	57,29	—	43,08	48,46	—	35,48	39,91	—	28,10	31,61
	V	1 958,66	64,93	156,69	176,27	IV	1 481,83	—	112,67	126,75	—	106,80	120,15	—	100,93	113,54	—	95,15	107,04	—	89,48	100,67	—	83,94	94,43
	VI	1 995,—	69,25	159,60	179,55																				
6 425,99	I,IV	1 483,—	8,33	118,64	133,47	I	1 483,—	—	106,89	120,25	—	95,24	107,14	—	84,03	94,53	—	73,31	82,47	—	63,07	70,95	—	53,32	59,98
	II	1 342,75	—	107,42	120,84	II	1 342,75	—	95,75	107,72	—	84,52	95,08	—	73,78	83,—	—	63,52	71,46	—	53,74	60,45	—	44,44	50,—
	III	950,—	—	76,—	85,50	III	950,—	—	67,42	75,85	—	59,09	66,47	—	51,—	57,37	—	43,14	48,53	—	35,53	39,97	—	28,17	31,69
	V	1 959,83	65,07	156,78	176,38	IV	1 483,—	—	112,76	126,86	—	106,89	120,25	—	101,02	113,65	—	95,24	107,14	—	89,58	100,77	—	84,03	94,53
	VI	1 996,08	69,38	159,68	179,64																				
6 428,99	I,IV	1 484,16	8,46	118,73	133,57	I	1 484,16	—	106,98	120,35	—	95,33	107,24	—	84,12	94,63	—	73,39	82,56	—	63,15	71,04	—	53,39	60,06
	II	1 343,83	—	107,50	120,94	II	1 343,83	—	95,84	107,82	—	84,60	95,18	—	73,86	83,09	—	63,59	71,54	—	53,81	60,53	—	44,52	50,08
	III	950,83	—	76,06	85,57	III	950,83	—	67,49	75,92	—	59,14	66,53	—	51,05	57,43	—	43,20	48,60	—	35,60	40,05	—	28,22	31,75
	V	1 961,—	65,21	156,88	176,49	IV	1 484,16	—	112,86	126,96	—	106,98	120,35	—	101,12	113,76	—	95,33	107,24	—	89,66	100,87	—	84,12	94,63
	VI	1 997,25	69,52	159,78	179,75																				
6 431,99	I,IV	1 485,33	8,60	118,82	133,67	I	1 485,33	—	107,08	120,46	—	95,42	107,34	—	84,20	94,73	—	73,48	82,66	—	63,23	71,13	—	53,46	60,14
	II	1 345,—	—	107,60	121,05	II	1 345,—	—	95,93	107,92	—	84,69	95,27	—	73,94	83,18	—	63,67	71,63	—	53,89	60,62	—	44,59	50,16
	III	951,66	—	76,13	85,64	III	951,66	—	67,56	76,—	—	59,21	66,61	—	51,12	57,51	—	43,26	48,67	—	35,65	40,10	—	28,28	31,81
	V	1 962,16	65,35	156,97	176,59	IV	1 485,33	—	112,95	127,07	—	107,08	120,46	—	101,21	113,86	—	95,42	107,34	—	89,75	100,97	—	84,20	94,73
	VI	1 998,41	69,66	159,87	179,85																				
6 434,99	I,IV	1 486,50	8,74	118,92	133,78	I	1 486,50	—	107,17	120,56	—	95,51	107,45	—	84,29	94,82	—	73,56	82,75	—	63,30	71,21	—	53,54	60,23
	II	1 346,16	—	107,69	121,15	II	1 346,16	—	96,02	108,02	—	84,78	95,37	—	74,02	83,27	—	63,75	71,72	—	53,96	60,71	—	44,66	50,24
	III	952,50	—	76,20	85,72	III	952,50	—	67,62	76,07	—	59,28	66,69	—	51,18	57,58	—	43,33	48,74	—	35,70	40,16	—	28,33	31,87
	V	1 963,33	65,48	157,06	176,69	IV	1 486,50	—	113,04	127,17	—	107,17	120,56	—	101,30	113,96	—	95,51	107,45	—	89,84	101,07	—	84,29	94,82
	VI	1 999,58	69,80	159,96	179,96																				
6 437,99	I,IV	1 487,58	8,87	119,—	133,88	I	1 487,58	—	107,26	120,67	—	95,60	107,55	—	84,38	94,92	—	73,64	82,84	—	63,38	71,30	—	53,62	60,32
	II	1 347,33	—	107,78	121,25	II	1 347,33	—	96,11	108,12	—	84,86	95,47	—	74,10	83,36	—	63,83	71,81	—	54,04	60,79	—	44,73	50,32
	III	953,50	—	76,28	85,81	III	953,50	—	67,69	76,15	—	59,34	66,76	—	51,25	57,65	—	43,38	48,80	—	35,77	40,24	—	28,40	31,95
	V	1 964,50	65,62	157,16	176,80	IV	1 487,58	0,14	113,14	127,28	—	107,26	120,67	—	101,39	114,06	—	95,60	107,55	—	89,93	101,17	—	84,38	94,92
	VI	2 000,75	69,94	160,06	180,06																				
6 440,99	I,IV	1 488,75	9,01	119,10	133,98	I	1 488,75	—	107,36	120,78	—	95,69	107,65	—	84,46	95,02	—	73,72	82,94	—	63,46	71,39	—	53,69	60,40
	II	1 348,50	—	107,88	121,36	II	1 348,50	—	96,20	108,22	—	84,95	95,57	—	74,19	83,46	—	63,91	71,90	—	54,11	60,87	—	44,80	50,40
	III	954,33	—	76,34	85,88	III	954,33	—	67,76	76,23	—	59,41	66,83	—	51,30	57,71	—	43,45	48,88	—	35,82	40,30	—	28,45	32,—
	V	1 965,66	65,76	157,25	176,90	IV	1 488,75	0,27	113,22	127,37	—	107,36	120,78	—	101,48	114,17	—	95,69	107,65	—	90,02	101,27	—	84,46	95,02
	VI	2 001,91	70,08	160,15	180,17																				
6 443,99	I,IV	1 489,91	9,15	119,19	134,09	I	1 489,91	—	107,45	120,88	—	95,78	107,75	—	84,55	95,12	—	73,80	83,03	—	63,54	71,48	—	53,76	60,48
	II	1 349,66	—	107,97	121,46	II	1 349,66	—	96,29	108,32	—	85,04	95,67	—	74,27	83,55	—	63,99	71,99	—	54,19	60,96	—	44,87	50,48
	III	955,16	—	76,41	85,96	III	955,16	—	67,82	76,30	—	59,48	66,91	—	51,37	57,79	—	43,50	48,94	—	35,89	40,37	—	28,50	32,06
	V	1 966,75	65,89	157,34	177,—	IV	1 489,91	0,41	113,32	127,48	—	107,45	120,88	—	101,58	114,27	—	95,78	107,75	—	90,10	101,36	—	84,55	95,12
	VI	2 003,08	70,21	160,24	180,27																				
6 446,99	I,IV	1 491,08	9,29	119,28	134,19	I	1 491,08	—	107,54	120,98	—	95,87	107,85	—	84,64	95,22	—	73,88	83,12	—	63,62	71,57	—	53,84	60,57
	II	1 350,83	—	108,06	121,57	II	1 350,83	—	96,38	108,42	—	85,12	95,76	—	74,35	83,64	—	64,06	72,07	—	54,26	61,04	—	44,94	50,56
	III	956,—	—	76,48	86,04	III	956,—	—	67,89	76,37	—	59,54	66,98	—	51,44	57,87	—	43,57	49,01	—	35,94	40,43	—	28,57	32,14
	V	1 967,91	66,03	157,43	177,11	IV	1 491,08	0,55	113,41	127,58	—	107,54	120,98	—	101,67	114,38	—	95,87	107,85	—	90,19	101,46	—	84,64	95,22
	VI	2 004,16	70,34	160,33	180,37																				
6 449,99	I,IV	1 492,25	9,43	119,38	134,30	I	1 492,25	—	107,63	121,08	—	95,96	107,96	—	84,72	95,31	—	73,97	83,21	—	63,70	71,66	—	53,92	60,66
	II	1 351,91	—	108,15	121,67	II	1 351,91	—	96,47	108,53	—	85,21	95,86	—	74,44	83,74	—	64,14	72,16	—	54,34	61,13	—	45,02	50,64
	III	956,83	—	76,54	86,11	III	956,83	—	67,96	76,45	—	59,61	67,06	—	51,49	57,92	—	43,62	49,07	—	36,01	40,51	—	28,62	32,20
	V	1 969,08	66,17	157,52	177,21	IV	1 492,25	0,69	113,50	127,69	—	107,63	121,08	—	101,76	114,48	—	95,96	107,96	—	90,28	101,57	—	84,72	95,31
	VI	2 005,33	70,48	160,42	180,47																				
6 452,99	I,IV	1 493,41	9,56	119,47	134,40	I	1 493,41	—	107,72	121,19	—	96,05	108,05	—	84,81	95,41	—	74,05	83,30	—	63,78	71,75	—	53,99	60,74
	II	1 353,08	—	108,24	121,77	II	1 353,08	—	96,56	108,63	—	85,30	95,96	—	74,52	83,83	—	64,22	72,25	—	54,42	61,22	—	45,09	50,72
	III	957,66	—	76,61	86,18	III	957,66	—	68,02	76,52	—	59,66	67,12	—	51,56	58,—	—	43,69	49,15	—	36,06	40,57	—	28,68	32,26
	V	1 970,25	66,31	157,62	177,32	IV	1 493,41	0,83	113,60	127,80	—	107,72	121,19	—	101,85	114,58	—	96,05	108,05	—	90,37	101,66	—	84,81	95,41
	VI	2 006,50	70,62	160,52	180,58																				
6 455,99	I,IV	1 494,58	9,70	119,56	134,51	I	1 494,58	—	107,82	121,29	—	96,14	108,16	—	84,90	95,51	—	74,14	83,40	—	63,86	71,84	—	54,06	60,82
	II	1 354,25	—	108,34	121,88	II	1 354,25	—	96,65	108,73	—	85,38	96,05	—	74,60	83,93	—	64,30	72,34	—	54,49	61,30	—	45,16	50,80
	III	958,66	—	76,69	86,27	III	958,66	—	68,09	76,60	—	59,73	67,19	—	51,62	58,07	—	43,76	49,23	—	36,13	40,64	—	28,74	32,33
	V	1 971,41	66,45	157,71	177,42	IV	1 494,58	0,97	113,69	127,90	—	107,82	121,29	—	101,94	114,68	—	96,14	108,16	—	90,46	101,76	—	84,90	95,51
	VI	2 007,66	70,76	160,61	180,68																				
6 458,99	I,IV	1 495,66	9,83	119,65	134,60	I	1 495,66	—	107,91	121,40	—	96,23	108,26	—	84,98	95,60	—	74,22	83,49	—	63,94	71,93	—	54,14	60,90
	II	1 355,41	—	108,43	121,98	II	1 355,41	—	96,74	108,83	—	85,47	96,15	—	74,68	84,02	—	64,38	72,43	—	54,56	61,38	—	45,23	50,88
	III	959,50	—	76,76	86,35	III	959,50	—	68,16	76,68	—	59,80	67,27	—	51,68	58,14	—	43,81	49,28	—	36,18	40,70	—	28,80	32,40
	V	1 972,58	66,59	157,80	177,53	IV	1 495,66	1,11	113,78	128,—	—	107,91	121,40	—	102,04	114,79	—	96,23	108,26	—	90,54	101,86	—	84,98	95,60
	VI	2 008,83	70,90	160,70	180,79																				
6 461,99	I,IV	1 496,83	9,97	119,74	134,71	I	1 496,83	—	108,—	121,50	—	96,32	108,36	—	85,07	95,70	—	74,30	83,59	—	64,02	72,02	—	54,22	60,99
	II	1 356,58	—	108,52	122,09	II	1 356,58	—	96,83	108,93	—	85,56	96,25	—	74,77	84,11	—	64,46	72,52	—	54,64	61,47	—	45,30	50,96
	III	960,33	—	76,82	86,42	III	960,33	—	68,22	76,75	—	59,86	67,34	—	51,74	58,21	—	43,88	49,36	—	36,24	40,77	—	28,85	32,45
	V	1 973,75	66,72	157,90	177,63	IV	1 496,83	1,24	113,88	128,11	—	108,—	121,50	—	102,13	114,89	—	96,32	108,36	—	90,64	101,97	—	85,07	95,70
	VI	2 010,—	71,04	160,80	180,90																				
6 464,99	I,IV	1 498,—	10,11	119,84	134,82	I	1 498,—	—	108,10	121,61	—	96,41	108,46	—	85,16	95,80	—	74,38	83,68	—	64,10	72,11	—	54,29	61,07
	II	1 357,75	—	108,62	122,19	II	1 357,75	—	96,92	109,04	—	85,64	96,35	—	74,85	84,20	—	64,54	72,61	—	54,72	61,56	—	45,38	51,05
	III	961,16	—	76,89	86,50	III	961,16	—	68,29	76,82	—	59,93	67,42	—	51,81	58,28	—	43,93	49,42	—	36,30	40,84	—	28,90	32,51
	V	1 974,83	66,85	157,98	177,73	IV	1 498,—	1,37	113,96	128,21	—	108,10	121,61	—	102,22	115,—	—	96,41	108,46	—	90,72	102,06	—	85,16	95,80
	VI	2 011,16	71,18	160,89	181,—																				

* Die ausgewiesenen Tabellenwerte sind amtlich. Siehe Erläuterungen auf der Umschlaginnenseite (U2).

6 512,99* MONAT

Abzüge an Lohnsteuer, Solidaritätszuschlag (SolZ) und Kirchensteuer (8%, 9%) in den Steuerklassen

Lohn/ Gehalt bis €*	I – VI					I, II, III, IV		mit Zahl der Kinderfreibeträge . . . 0,5			1			1,5			2			2,5			3		
			ohne Kinderfreibeträge																						
		LSt	SolZ	8%	9%		LSt	SolZ	8%	9%	SolZ	8%	9%	SolZ	8%	9%	SolZ	8%	9%	SolZ	8%	9%	SolZ	8%	9%
	I,IV	1 499,16	10,25	119,93	134,92	I	1 499,16	—	108,18	121,70	—	96,50	108,56	—	85,24	95,90	—	74,46	83,77	—	64,18	72,20	—	54,36	61,16
	II	1 358,91	—	108,71	122,30	II	1 358,91	—	97,01	109,13	—	85,73	96,44	—	74,94	84,30	—	64,62	72,69	—	54,79	61,64	—	45,44	51,12
6 467,99	III	962,—	—	76,96	86,58	III	962,—	—	68,36	76,90	—	60,—	67,50	—	51,88	58,36	—	44,—	49,50	—	36,36	40,90	—	28,97	32,59
	V	1 976,—	66,99	158,08	177,84	IV	1 499,16	1,51	114,06	128,31	—	108,18	121,70	—	102,32	115,11	—	96,50	108,56	—	90,81	102,16	—	85,24	95,90
	VI	2 012,25	71,31	160,98	181,10																				
	I,IV	1 500,33	10,39	120,02	135,02	I	1 500,33	—	108,28	121,81	—	96,59	108,66	—	85,33	95,99	—	74,55	83,87	—	64,25	72,28	—	54,44	61,25
	II	1 360,—	—	108,80	122,40	II	1 360,—	—	97,10	109,24	—	85,82	96,54	—	75,02	84,39	—	64,70	72,78	—	54,86	61,72	—	45,52	51,21
6 470,99	III	962,83	—	77,02	86,65	III	962,83	—	68,42	76,97	—	60,05	67,55	—	51,93	58,42	—	44,05	49,55	—	36,42	40,97	—	29,02	32,65
	V	1 977,16	67,13	158,17	177,94	IV	1 500,33	1,65	114,15	128,42	—	108,28	121,81	—	102,41	115,21	—	96,59	108,66	—	90,90	102,26	—	85,33	95,99
	VI	2 013,41	71,44	161,07	181,20																				
	I,IV	1 501,50	10,53	120,12	135,13	I	1 501,50	—	108,37	121,91	—	96,68	108,77	—	85,42	96,09	—	74,63	83,96	—	64,33	72,37	—	54,52	61,33
	II	1 361,16	—	108,89	122,50	II	1 361,16	—	97,20	109,35	—	85,90	96,64	—	75,10	84,48	—	64,78	72,87	—	54,94	61,81	—	45,59	51,29
6 473,99	III	963,66	—	77,09	86,72	III	963,66	—	68,49	77,05	—	60,12	67,63	—	52,—	58,50	—	44,12	49,63	—	36,48	41,04	—	29,08	32,71
	V	1 978,33	67,27	158,26	178,04	IV	1 501,50	1,79	114,24	128,52	—	108,37	121,91	—	102,50	115,31	—	96,68	108,77	—	90,99	102,36	—	85,42	96,09
	VI	2 014,58	71,58	161,16	181,31																				
	I,IV	1 502,66	10,67	120,21	135,23	I	1 502,66	—	108,46	122,02	—	96,78	108,87	—	85,50	96,19	—	74,72	84,06	—	64,41	72,46	—	54,59	61,41
	II	1 362,33	—	108,98	122,60	II	1 362,33	—	97,28	109,44	—	85,99	96,74	—	75,18	84,58	—	64,86	72,96	—	55,02	61,89	—	45,66	51,37
6 476,99	III	964,50	—	77,16	86,80	III	964,50	—	68,56	77,13	—	60,18	67,70	—	52,06	58,57	—	44,18	49,70	—	36,53	41,09	—	29,14	32,78
	V	1 979,50	67,41	158,36	178,15	IV	1 502,66	1,93	114,34	128,63	—	108,46	122,02	—	102,59	115,41	—	96,78	108,87	—	91,08	102,46	—	85,50	96,19
	VI	2 015,75	71,72	161,26	181,41																				
	I,IV	1 503,83	10,80	120,30	135,34	I	1 503,83	—	108,56	122,13	—	96,87	108,98	—	85,59	96,29	—	74,80	84,15	—	64,49	72,55	—	54,67	61,50
	II	1 363,50	—	109,08	122,71	II	1 363,50	—	97,38	109,55	—	86,08	96,84	—	75,27	84,68	—	64,94	73,05	—	55,10	61,98	—	45,74	51,45
6 479,99	III	965,50	—	77,24	86,89	III	965,50	—	68,62	77,20	—	60,25	67,78	—	52,13	58,64	—	44,24	49,77	—	36,60	41,17	—	29,20	32,85
	V	1 980,66	67,55	158,45	178,25	IV	1 503,83	2,07	114,43	128,73	—	108,56	122,13	—	102,69	115,52	—	96,87	108,98	—	91,17	102,56	—	85,59	96,29
	VI	2 016,91	71,86	161,35	181,52																				
	I,IV	1 505,—	10,94	120,40	135,45	I	1 505,—	—	108,65	122,23	—	96,96	109,08	—	85,68	96,39	—	74,88	84,24	—	64,57	72,64	—	54,74	61,58
	II	1 364,66	—	109,17	122,81	II	1 364,66	—	97,47	109,65	—	86,17	96,94	—	75,35	84,77	—	65,02	73,14	—	55,17	62,06	—	45,80	51,53
6 482,99	III	966,33	—	77,30	86,96	III	966,33	—	68,69	77,27	—	60,32	67,86	—	52,20	58,72	—	44,30	49,84	—	36,66	41,24	—	29,25	32,90
	V	1 981,83	67,69	158,54	178,36	IV	1 505,—	2,21	114,52	128,84	—	108,65	122,23	—	102,78	115,62	—	96,96	109,08	—	91,26	102,66	—	85,68	96,39
	VI	2 018,08	72,—	161,44	181,62																				
	I,IV	1 506,16	11,08	120,49	135,55	I	1 506,16	—	108,74	122,33	—	97,05	109,18	—	85,76	96,48	—	74,96	84,33	—	64,65	72,73	—	54,82	61,67
	II	1 365,83	—	109,26	122,92	II	1 365,83	—	97,56	109,76	—	86,26	97,04	—	75,44	84,87	—	65,10	73,23	—	55,24	62,15	—	45,88	51,61
6 485,99	III	967,16	—	77,37	87,04	III	967,16	—	68,76	77,35	—	60,38	67,93	—	52,25	58,78	—	44,36	49,90	—	36,72	41,31	—	29,32	32,98
	V	1 983,—	67,83	158,64	178,47	IV	1 506,16	2,35	114,62	128,94	—	108,74	122,33	—	102,87	115,73	—	97,05	109,18	—	91,35	102,77	—	85,76	96,48
	VI	2 019,25	72,14	161,54	181,73																				
	I,IV	1 507,25	11,21	120,58	135,65	I	1 507,25	—	108,84	122,44	—	97,14	109,28	—	85,85	96,58	—	75,05	84,43	—	64,73	72,82	—	54,90	61,76
	II	1 367,—	—	109,36	123,03	II	1 367,—	—	97,65	109,85	—	86,34	97,13	—	75,52	84,96	—	65,18	73,32	—	55,32	62,24	—	45,95	51,69
6 488,99	III	968,—	—	77,44	87,12	III	968,—	—	68,82	77,42	—	60,45	68,—	—	52,32	58,86	—	44,42	49,97	—	36,77	41,36	—	29,37	33,04
	V	1 984,16	67,96	158,73	178,57	IV	1 507,25	2,48	114,71	129,05	—	108,84	122,44	—	102,96	115,83	—	97,14	109,28	—	91,44	102,87	—	85,85	96,58
	VI	2 020,41	72,28	161,63	181,83																				
	I,IV	1 508,41	11,35	120,67	135,75	I	1 508,41	—	108,93	122,54	—	97,23	109,38	—	85,94	96,68	—	75,13	84,52	—	64,81	72,91	—	54,97	61,84
	II	1 368,16	—	109,45	123,13	II	1 368,16	—	97,74	109,96	—	86,43	97,23	—	75,60	85,05	—	65,26	73,41	—	55,40	62,32	—	46,02	51,77
6 491,99	III	968,83	—	77,50	87,19	III	968,83	—	68,89	77,50	—	60,52	68,08	—	52,38	58,93	—	44,49	50,05	—	36,84	41,44	—	29,42	33,10
	V	1 985,33	68,10	158,82	178,67	IV	1 508,41	2,62	114,80	129,15	—	108,93	122,54	—	103,06	115,94	—	97,23	109,38	—	91,52	102,96	—	85,94	96,68
	VI	2 021,58	72,42	161,72	181,94																				
	I,IV	1 509,58	11,49	120,76	135,86	I	1 509,58	—	109,02	122,65	—	97,32	109,49	—	86,02	96,77	—	75,22	84,62	—	64,89	73,—	—	55,04	61,92
	II	1 369,33	—	109,54	123,23	II	1 369,33	—	97,83	110,06	—	86,52	97,33	—	75,68	85,14	—	65,34	73,50	—	55,47	62,40	—	46,09	51,85
6 494,99	III	969,83	—	77,58	87,28	III	969,83	—	68,96	77,58	—	60,58	68,15	—	52,44	58,99	—	44,54	50,11	—	36,89	41,50	—	29,49	33,17
	V	1 986,50	68,24	158,92	178,78	IV	1 509,58	2,75	114,89	129,25	—	109,02	122,65	—	103,15	116,04	—	97,32	109,49	—	91,61	103,06	—	86,02	96,77
	VI	2 022,75	72,56	161,82	182,04																				
	I,IV	1 510,75	11,63	120,86	135,96	I	1 510,75	—	109,12	122,76	—	97,41	109,58	—	86,11	96,87	—	75,30	84,71	—	64,97	73,09	—	55,12	62,01
	II	1 370,50	—	109,64	123,34	II	1 370,50	—	97,92	110,16	—	86,60	97,43	—	75,77	85,24	—	65,42	73,59	—	55,55	62,49	—	46,16	51,93
6 497,99	III	970,66	—	77,65	87,35	III	970,66	—	69,02	77,65	—	60,64	68,22	—	52,50	59,06	—	44,61	50,18	—	36,96	41,58	—	29,54	33,23
	V	1 987,58	68,37	159,—	178,88	IV	1 510,75	2,89	114,98	129,35	—	109,12	122,76	—	103,24	116,15	—	97,41	109,58	—	91,70	103,16	—	86,11	96,87
	VI	2 023,83	72,68	161,90	182,14																				
	I,IV	1 511,91	11,77	120,95	136,07	I	1 511,91	—	109,20	122,85	—	97,50	109,69	—	86,20	96,98	—	75,38	84,80	—	65,05	73,18	—	55,20	62,10
	II	1 371,58	—	109,72	123,44	II	1 371,58	—	98,02	110,27	—	86,69	97,52	—	75,85	85,33	—	65,50	73,68	—	55,62	62,57	—	46,24	52,02
6 500,99	III	971,50	—	77,72	87,43	III	971,50	—	69,09	77,72	—	60,70	68,29	—	52,57	59,14	—	44,66	50,24	—	37,01	41,63	—	29,60	33,30
	V	1 988,75	68,51	159,10	178,98	IV	1 511,91	3,03	115,08	129,46	—	109,20	122,85	—	103,34	116,25	—	97,50	109,69	—	91,79	103,26	—	86,20	96,98
	VI	2 025,—	72,82	162,—	182,25																				
	I,IV	1 513,08	11,90	121,04	136,17	I	1 513,08	—	109,30	122,96	—	97,60	109,80	—	86,29	97,07	—	75,46	84,89	—	65,13	73,27	—	55,27	62,18
	II	1 372,75	—	109,82	123,54	II	1 372,75	—	98,10	110,36	—	86,78	97,62	—	75,94	85,43	—	65,58	73,77	—	55,70	62,66	—	46,31	52,10
6 503,99	III	972,33	—	77,78	87,50	III	972,33	—	69,16	77,80	—	60,77	68,36	—	52,62	59,20	—	44,73	50,32	—	37,08	41,71	—	29,65	33,35
	V	1 989,91	68,65	159,19	179,09	IV	1 513,08	3,17	115,17	129,56	—	109,30	122,96	—	103,42	116,35	—	97,60	109,80	—	91,88	103,36	—	86,29	97,07
	VI	2 026,16	72,96	162,09	182,35																				
	I,IV	1 514,25	12,04	121,14	136,28	I	1 514,25	—	109,39	123,06	—	97,68	109,89	—	86,38	97,17	—	75,55	84,99	—	65,20	73,35	—	55,35	62,27
	II	1 373,91	—	109,91	123,65	II	1 373,91	—	98,20	110,47	—	86,86	97,72	—	76,02	85,52	—	65,66	73,86	—	55,78	62,75	—	46,38	52,18
6 506,99	III	973,16	—	77,85	87,58	III	973,16	—	69,22	77,87	—	60,84	68,44	—	52,69	59,27	—	44,80	50,40	—	37,13	41,77	—	29,72	33,43
	V	1 991,08	68,79	159,28	179,19	IV	1 514,25	3,31	115,26	129,67	—	109,39	123,06	—	103,52	116,46	—	97,68	109,89	—	91,97	103,46	—	86,38	97,17
	VI	2 027,33	73,10	162,18	182,45																				
	I,IV	1 515,33	12,17	121,22	136,37	I	1 515,33	—	109,48	123,17	—	97,78	110,—	—	86,46	97,27	—	75,63	85,08	—	65,28	73,44	—	55,42	62,35
	II	1 375,08	—	110,—	123,75	II	1 375,08	—	98,29	110,57	—	86,95	97,82	—	76,10	85,61	—	65,74	73,95	—	55,85	62,83	—	46,45	52,25
6 509,99	III	974,—	—	77,92	87,66	III	974,—	—	69,29	77,95	—	60,90	68,51	—	52,76	59,35	—	44,85	50,45	—	37,18	41,83	—	29,77	33,49
	V	1 992,25	68,93	159,38	179,30	IV	1 515,33	3,45	115,36	129,78	—	109,48	123,17	—	103,61	116,56	—	97,78	110,—	—	92,06	103,56	—	86,46	97,27
	VI	2 028,50	73,24	162,28	182,56																				
	I,IV	1 516,50	12,31	121,32	136,48	I	1 516,50	—	109,58	123,27	—	97,86	110,09	—	86,55	97,37	—	75,72	85,18	—	65,36	73,53	—	55,50	62,44
	II	1 376,25	—	110,10	123,86	II	1 376,25	—	98,38	110,67	—	87,04	97,92	—	76,18	85,70	—	65,82	74,04	—	55,93	62,92	—	46,52	52,34
6 512,99	III	975,—	—	78,—	87,75	III	975,—	—	69,36	78,03	—	60,97	68,59	—	52,82	59,42	—	44,92	50,53	—	37,25	41,90	—	29,82	33,55
	V	1 993,41	69,06	159,47	179,40	IV	1 516,50	3,58	115,45	129,88	—	109,58	123,27	—	103,70	116,66	—	97,86	110,09	—	92,15	103,67	—	86,55	97,37
	VI	2 029,66	73,38	162,37	182,66																				

* Die ausgewiesenen Tabellenwerte sind amtlich. Siehe Erläuterungen auf der Umschlaginnenseite (U2).

MONAT **6 513,–***

Abzüge an Lohnsteuer, Solidaritätszuschlag (SolZ) und Kirchensteuer (8%, 9%) in den Steuerklassen

Lohn/ Gehalt bis €*		I – VI LSt	ohne Kinderfreibeträge SolZ	8%	9%	I, II, III, IV	LSt	mit Zahl der Kinderfreibeträge … 0,5 SolZ	0,5 8%	0,5 9%	1 SolZ	1 8%	1 9%	1,5 SolZ	1,5 8%	1,5 9%	2 SolZ	2 8%	2 9%	2,5 SolZ	2,5 8%	2,5 9%	3 SolZ	3 8%	3 9%
6 515,99	I,IV	1 517,66	12,45	121,41	136,58	I	1 517,66	—	109,67	123,38	—	97,96	110,20	—	86,64	97,47	—	75,80	85,27	—	65,44	73,62	—	55,58	62,52
	II	1 377,41	—	110,19	123,96	II	1 377,41	—	98,47	110,78	—	87,13	98,02	—	76,27	85,80	—	65,90	74,13	—	56,—	63,—	—	46,60	52,42
	III	975,83	—	78,06	87,82	III	975,83	—	69,42	78,10	—	61,04	68,67	—	52,88	59,49	—	44,97	50,59	—	37,30	41,96	—	29,89	33,62
	V	1 994,58	69,20	159,56	179,51	IV	1 517,66	3,71	115,54	129,98	—	109,67	123,38	—	103,80	116,77	—	97,96	110,20	—	92,24	103,77	—	86,64	97,47
	VI	2 030,83	73,52	162,46	182,77																				
6 518,99	I,IV	1 518,83	12,59	121,50	136,69	I	1 518,83	—	109,76	123,48	—	98,05	110,30	—	86,72	97,56	—	75,88	85,37	—	65,52	73,71	—	55,65	62,60
	II	1 378,58	—	110,28	124,07	II	1 378,58	—	98,56	110,88	—	87,22	98,12	—	76,35	85,89	—	65,98	74,22	—	56,08	63,09	—	46,67	52,50
	III	976,66	—	78,13	87,89	III	976,66	—	69,49	78,17	—	61,10	68,74	—	52,94	59,56	—	45,04	50,67	—	37,37	42,04	—	29,94	33,68
	V	1 995,66	69,33	159,65	179,60	IV	1 518,83	3,85	115,63	130,08	—	109,76	123,48	—	103,89	116,87	—	98,05	110,30	—	92,32	103,86	—	86,72	97,56
	VI	2 032,—	73,66	162,56	182,88																				
6 521,99	I,IV	1 520,—	12,73	121,60	136,80	I	1 520,—	—	109,85	123,58	—	98,14	110,40	—	86,81	97,66	—	75,96	85,46	—	65,60	73,80	—	55,73	62,69
	II	1 379,75	—	110,38	124,17	II	1 379,75	—	98,65	110,98	—	87,30	98,21	—	76,44	85,99	—	66,06	74,31	—	56,16	63,18	—	46,74	52,58
	III	977,50	—	78,20	87,97	III	977,50	—	69,56	78,25	—	61,16	68,80	—	53,01	59,63	—	45,10	50,74	—	37,42	42,10	—	30,—	33,75
	V	1 996,83	69,47	159,74	179,71	IV	1 520,—	3,99	115,72	130,19	—	109,85	123,58	—	103,98	116,98	—	98,14	110,40	—	92,42	103,97	—	86,81	97,66
	VI	2 033,08	73,78	162,64	182,97																				
6 524,99	I,IV	1 521,16	12,87	121,69	136,90	I	1 521,16	—	109,94	123,68	—	98,23	110,51	—	86,90	97,76	—	76,05	85,55	—	65,68	73,89	—	55,80	62,78
	II	1 380,83	—	110,46	124,27	II	1 380,83	—	98,74	111,08	—	87,39	98,31	—	76,52	86,08	—	66,14	74,40	—	56,23	63,26	—	46,82	52,67
	III	978,33	—	78,26	88,04	III	978,33	—	69,62	78,32	—	61,22	68,87	—	53,08	59,71	—	45,16	50,80	—	37,49	42,17	—	30,06	33,82
	V	1 998,—	69,61	159,84	179,82	IV	1 521,16	4,13	115,82	130,29	—	109,94	123,68	—	104,08	117,09	—	98,23	110,51	—	92,50	104,06	—	86,90	97,76
	VI	2 034,25	73,92	162,74	183,08																				
6 527,99	I,IV	1 522,33	13,01	121,78	137,—	I	1 522,33	—	110,04	123,79	—	98,32	110,61	—	86,98	97,85	—	76,13	85,64	—	65,76	73,98	—	55,88	62,86
	II	1 382,—	—	110,56	124,38	II	1 382,—	—	98,84	111,19	—	87,48	98,41	—	76,60	86,18	—	66,21	74,48	—	56,31	63,35	—	46,88	52,74
	III	979,16	—	78,33	88,12	III	979,16	—	69,69	78,40	—	61,29	68,95	—	53,13	59,77	—	45,22	50,87	—	37,54	42,23	—	30,12	33,88
	V	1 999,16	69,75	159,93	179,92	IV	1 522,33	4,27	115,91	130,40	—	110,04	123,79	—	104,16	117,18	—	98,32	110,61	—	92,59	104,16	—	86,98	97,85
	VI	2 035,41	74,06	162,83	183,18																				
6 530,99	I,IV	1 523,41	13,13	121,87	137,10	I	1 523,41	—	110,13	123,89	—	98,41	110,71	—	87,07	97,95	—	76,22	85,74	—	65,84	74,07	—	55,96	62,95
	II	1 383,16	—	110,65	124,48	II	1 383,16	—	98,93	111,29	—	87,56	98,51	—	76,69	86,27	—	66,29	74,57	—	56,38	63,43	—	46,96	52,83
	III	980,16	—	78,41	88,21	III	980,16	—	69,76	78,48	—	61,36	69,03	—	53,20	59,85	—	45,28	50,94	—	37,61	42,31	—	30,17	33,94
	V	2 000,33	69,89	160,02	180,02	IV	1 523,41	4,41	116,—	130,50	—	110,13	123,89	—	104,26	117,29	—	98,41	110,71	—	92,68	104,27	—	87,07	97,95
	VI	2 036,58	74,20	162,92	183,29																				
6 533,99	I,IV	1 524,66	13,28	121,97	137,21	I	1 524,66	—	110,22	124,—	—	98,50	110,81	—	87,16	98,06	—	76,30	85,84	—	65,92	74,16	—	56,04	63,04
	II	1 384,33	—	110,74	124,58	II	1 384,33	—	99,02	111,40	—	87,66	98,61	—	76,77	86,36	—	66,38	74,67	—	56,46	63,52	—	47,03	52,91
	III	981,—	—	78,48	88,29	III	981,—	—	69,84	78,57	—	61,42	69,10	—	53,26	59,92	—	45,34	51,01	—	37,66	42,37	—	30,24	34,02
	V	2 001,50	70,03	160,12	180,13	IV	1 524,66	4,55	116,10	130,61	—	110,22	124,—	—	104,36	117,40	—	98,50	110,81	—	92,78	104,37	—	87,16	98,06
	VI	2 037,75	74,34	163,02	183,39																				
6 536,99	I,IV	1 525,83	13,42	122,06	137,32	I	1 525,83	—	110,32	124,11	—	98,60	110,92	—	87,25	98,15	—	76,38	85,93	—	66,—	74,25	—	56,11	63,12
	II	1 385,50	—	110,84	124,69	II	1 385,50	—	99,11	111,50	—	87,74	98,71	—	76,86	86,46	—	66,46	74,76	—	56,54	63,60	—	47,10	52,99
	III	981,83	—	78,54	88,36	III	981,83	—	69,89	78,62	—	61,49	69,17	—	53,33	59,99	—	45,41	51,08	—	37,73	42,44	—	30,29	34,07
	V	2 002,66	70,17	160,21	180,23	IV	1 525,83	4,69	116,19	130,71	—	110,32	124,11	—	104,44	117,50	—	98,60	110,92	—	92,86	104,47	—	87,25	98,15
	VI	2 038,91	74,48	163,11	183,50																				
6 539,99	I,IV	1 526,91	13,55	122,15	137,42	I	1 526,91	—	110,41	124,21	—	98,69	111,02	—	87,34	98,25	—	76,47	86,03	—	66,08	74,34	—	56,18	63,20
	II	1 386,66	—	110,93	124,79	II	1 386,66	—	99,20	111,60	—	87,83	98,81	—	76,94	86,56	—	66,54	74,85	—	56,62	63,69	—	47,18	53,07
	III	982,66	—	78,61	88,43	III	982,66	—	69,97	78,71	—	61,56	69,25	—	53,40	60,07	—	45,46	51,14	—	37,78	42,50	—	30,34	34,13
	V	2 003,83	70,30	160,30	180,34	IV	1 526,91	4,82	116,28	130,82	—	110,41	124,21	—	104,54	117,60	—	98,69	111,02	—	92,95	104,57	—	87,34	98,25
	VI	2 040,08	74,62	163,20	183,60																				
6 542,99	I,IV	1 528,08	13,69	122,24	137,52	I	1 528,08	—	110,50	124,31	—	98,78	111,13	—	87,42	98,35	—	76,55	86,12	—	66,16	74,43	—	56,26	63,29
	II	1 387,83	—	111,02	124,90	II	1 387,83	—	99,30	111,71	—	87,92	98,91	—	77,02	86,65	—	66,62	74,94	—	56,69	63,77	—	47,25	53,15
	III	983,50	—	78,68	88,51	III	983,50	—	70,04	78,79	—	61,62	69,32	—	53,45	60,13	—	45,53	51,22	—	37,85	42,58	—	30,41	34,21
	V	2 005,—	70,44	160,40	180,45	IV	1 528,08	4,96	116,38	130,92	—	110,50	124,31	—	104,63	117,71	—	98,78	111,13	—	93,04	104,67	—	87,42	98,35
	VI	2 041,25	74,76	163,30	183,71																				
6 545,99	I,IV	1 529,25	13,83	122,34	137,63	I	1 529,25	—	110,60	124,42	—	98,87	111,23	—	87,51	98,45	—	76,64	86,22	—	66,24	74,52	—	56,34	63,38
	II	1 389,—	—	111,12	125,01	II	1 389,—	—	99,38	111,80	—	88,—	99,—	—	77,11	86,75	—	66,70	75,03	—	56,76	63,86	—	47,32	53,24
	III	984,50	—	78,76	88,60	III	984,50	—	70,10	78,86	—	61,69	69,40	—	53,52	60,21	—	45,60	51,30	—	37,90	42,64	—	30,46	34,27
	V	2 006,16	70,58	160,49	180,55	IV	1 529,25	5,09	116,46	131,02	—	110,60	124,42	—	104,72	117,81	—	98,87	111,23	—	93,13	104,77	—	87,51	98,45
	VI	2 042,41	74,90	163,39	183,81																				
6 548,99	I,IV	1 530,41	13,97	122,43	137,73	I	1 530,41	—	110,69	124,52	—	98,96	111,33	—	87,60	98,55	—	76,72	86,31	—	66,32	74,61	—	56,42	63,47
	II	1 390,16	—	111,21	125,11	II	1 390,16	—	99,48	111,91	—	88,09	99,10	—	77,19	86,84	—	66,78	75,12	—	56,84	63,95	—	47,40	53,32
	III	985,33	—	78,82	88,67	III	985,33	—	70,17	78,94	—	61,76	69,48	—	53,58	60,28	—	45,65	51,35	—	37,97	42,71	—	30,52	34,33
	V	2 007,25	70,71	160,58	180,65	IV	1 530,41	5,23	116,56	131,13	—	110,69	124,52	—	104,82	117,92	—	98,96	111,33	—	93,22	104,87	—	87,60	98,55
	VI	2 043,58	75,03	163,48	183,92																				
6 551,99	I,IV	1 531,58	14,11	122,52	137,84	I	1 531,58	—	110,78	124,62	—	99,06	111,44	—	87,69	98,65	—	76,80	86,40	—	66,40	74,70	—	56,49	63,55
	II	1 391,33	—	111,30	125,21	II	1 391,33	—	99,57	112,01	—	88,18	99,20	—	77,28	86,94	—	66,86	75,21	—	56,92	64,03	—	47,47	53,40
	III	986,16	—	78,89	88,75	III	986,16	—	70,24	79,02	—	61,82	69,55	—	53,65	60,35	—	45,72	51,43	—	38,02	42,77	—	30,58	34,40
	V	2 008,41	70,85	160,67	180,75	IV	1 531,58	5,37	116,65	131,23	—	110,78	124,62	—	104,91	118,02	—	99,06	111,44	—	93,31	104,97	—	87,69	98,65
	VI	2 044,66	75,16	163,57	184,01																				
6 554,99	I,IV	1 532,75	14,25	122,62	137,94	I	1 532,75	—	110,87	124,73	—	99,14	111,53	—	87,78	98,75	—	76,89	86,50	—	66,48	74,79	—	56,56	63,63
	II	1 392,41	—	111,39	125,31	II	1 392,41	—	99,66	112,12	—	88,27	99,30	—	77,36	87,03	—	66,94	75,30	—	57,—	64,12	—	47,54	53,48
	III	987,—	—	78,96	88,83	III	987,—	—	70,30	79,09	—	61,88	69,61	—	53,70	60,41	—	45,77	51,49	—	38,08	42,84	—	30,64	34,47
	V	2 009,58	70,99	160,76	180,86	IV	1 532,75	5,51	116,74	131,33	—	110,87	124,73	—	105,—	118,13	—	99,14	111,53	—	93,40	105,07	—	87,78	98,75
	VI	2 045,83	75,30	163,66	184,12																				
6 557,99	I,IV	1 533,91	14,38	122,71	138,05	I	1 533,91	—	110,96	124,83	—	99,24	111,64	—	87,86	98,84	—	76,97	86,59	—	66,56	74,88	—	56,64	63,72
	II	1 393,58	—	111,48	125,42	II	1 393,58	—	99,75	112,22	—	88,36	99,40	—	77,44	87,12	—	67,02	75,39	—	57,07	64,20	—	47,61	53,56
	III	987,83	—	79,02	88,90	III	987,83	—	70,37	79,16	—	61,94	69,68	—	53,77	60,49	—	45,84	51,57	—	38,14	42,91	—	30,69	34,52
	V	2 010,75	71,13	160,86	180,96	IV	1 533,91	5,65	116,84	131,44	—	110,96	124,83	—	105,09	118,22	—	99,24	111,64	—	93,49	105,17	—	87,86	98,84
	VI	2 047,—	75,44	163,76	184,23																				
6 560,99	I,IV	1 535,—	14,51	122,80	138,15	I	1 535,—	—	111,06	124,94	—	99,33	111,74	—	87,95	98,94	—	77,06	86,69	—	66,64	74,97	—	56,72	63,81
	II	1 394,75	—	111,58	125,52	II	1 394,75	—	99,84	112,32	—	88,44	99,50	—	77,53	87,22	—	67,10	75,48	—	57,15	64,29	—	47,68	53,64
	III	988,66	—	79,09	88,97	III	988,66	—	70,44	79,24	—	62,01	69,76	—	53,84	60,57	—	45,90	51,64	—	38,20	42,97	—	30,74	34,58
	V	2 011,91	71,27	160,95	181,07	IV	1 535,—	5,79	116,93	131,54	—	111,06	124,94	—	105,18	118,33	—	99,33	111,74	—	93,58	105,27	—	87,95	98,94
	VI	2 048,16	75,58	163,85	184,33																				

* Die ausgewiesenen Tabellenwerte sind amtlich. Siehe Erläuterungen auf der Umschlaginnenseite (U2).

6 608,99* MONAT

Abzüge an Lohnsteuer, Solidaritätszuschlag (SolZ) und Kirchensteuer (8%, 9%) in den Steuerklassen

Lohn/Gehalt bis €*	I – VI	LSt	ohne Kinderfreibeträge SolZ	8%	9%	I, II, III, IV	LSt	mit Zahl der Kinderfreibeträge . . . 0,5 SolZ	8%	9%	1 SolZ	8%	9%	1,5 SolZ	8%	9%	2 SolZ	8%	9%	2,5 SolZ	8%	9%	3 SolZ	8%	9%
6 563,99	I,IV	1 536,16	14,65	122,89	138,25	I	1 536,16	—	111,15	125,04	—	99,42	111,84	—	88,04	99,04	—	77,14	86,78	—	66,72	75,06	—	56,80	63,90
	II	1 395,91	—	111,67	125,63	II	1 395,91	—	99,94	112,43	—	88,53	99,59	—	77,61	87,31	—	67,18	75,57	—	57,22	64,37	—	47,76	53,73
	III	989,66	—	79,17	89,06	III	989,66	—	70,50	79,31	—	62,08	69,84	—	53,90	60,64	—	45,96	51,70	—	38,26	43,04	—	30,81	34,66
	V	2 013,08	71,40	161,04	181,17	IV	1 536,16	5,93	117,02	131,65	—	111,15	125,04	—	105,28	118,44	—	99,42	111,84	—	93,67	105,38	—	88,04	99,04
	VI	2 049,33	75,72	163,94	184,43																				
6 566,99	I,IV	1 537,33	14,79	122,98	138,35	I	1 537,33	—	111,24	125,15	—	99,51	111,95	—	88,12	99,14	—	77,22	86,87	—	66,80	75,15	—	56,87	63,98
	II	1 397,08	—	111,76	125,73	II	1 397,08	—	100,03	112,53	—	88,62	99,69	—	77,70	87,41	—	67,26	75,66	—	57,30	64,46	—	47,83	53,81
	III	990,50	—	79,24	89,14	III	990,50	—	70,57	79,39	—	62,14	69,91	—	53,96	60,70	—	46,02	51,77	—	38,32	43,11	—	30,86	34,72
	V	2 014,25	71,54	161,14	181,28	IV	1 537,33	6,05	117,11	131,75	—	111,24	125,15	—	105,37	118,54	—	99,51	111,95	—	93,76	105,48	—	88,12	99,14
	VI	2 050,50	75,86	164,04	184,54																				
6 569,99	I,IV	1 538,50	14,93	123,08	138,46	I	1 538,50	—	111,34	125,25	—	99,60	112,05	—	88,21	99,23	—	77,30	86,96	—	66,88	75,24	—	56,95	64,07
	II	1 398,25	—	111,86	125,84	II	1 398,25	—	100,12	112,63	—	88,71	99,80	—	77,78	87,50	—	67,34	75,75	—	57,38	64,55	—	47,90	53,89
	III	991,33	—	79,30	89,21	III	991,33	—	70,64	79,47	—	62,21	69,98	—	54,02	60,77	—	46,09	51,85	—	38,38	43,18	—	30,93	34,79
	V	2 015,33	71,67	161,22	181,37	IV	1 538,50	6,19	117,20	131,85	—	111,34	125,25	—	105,46	118,64	—	99,60	112,05	—	93,85	105,58	—	88,21	99,23
	VI	2 051,66	76,—	164,13	184,64																				
6 572,99	I,IV	1 539,66	15,07	123,17	138,56	I	1 539,66	—	111,42	125,35	—	99,70	112,16	—	88,30	99,34	—	77,39	87,06	—	66,96	75,33	—	57,02	64,15
	II	1 399,41	—	111,95	125,94	II	1 399,41	—	100,21	112,73	—	88,80	99,90	—	77,86	87,59	—	67,42	75,84	—	57,46	64,64	—	47,98	53,97
	III	992,16	—	79,37	89,29	III	992,16	—	70,70	79,54	—	62,28	70,06	—	54,09	60,85	—	46,14	51,91	—	38,44	43,24	—	30,98	34,85
	V	2 016,50	71,81	161,32	181,48	IV	1 539,66	6,33	117,30	131,96	—	111,42	125,35	—	105,56	118,75	—	99,70	112,16	—	93,94	105,68	—	88,30	99,34
	VI	2 052,75	76,13	164,22	184,74																				
6 575,99	I,IV	1 540,83	15,21	123,26	138,67	I	1 540,83	—	111,52	125,46	—	99,78	112,25	—	88,39	99,44	—	77,48	87,16	—	67,04	75,42	—	57,10	64,23
	II	1 400,50	—	112,04	126,04	II	1 400,50	—	100,30	112,84	—	88,88	99,99	—	77,95	87,69	—	67,50	75,93	—	57,53	64,72	—	48,05	54,05
	III	993,16	—	79,45	89,38	III	993,16	—	70,77	79,61	—	62,34	70,13	—	54,16	60,93	—	46,21	51,98	—	38,50	43,31	—	31,04	34,92
	V	2 017,66	71,95	161,41	181,58	IV	1 540,83	6,47	117,39	132,06	—	111,52	125,46	—	105,65	118,85	—	99,78	112,25	—	94,02	105,77	—	88,39	99,44
	VI	2 053,91	76,26	164,31	184,85																				
6 578,99	I,IV	1 542,—	15,35	123,36	138,78	I	1 542,—	—	111,61	125,56	—	99,88	112,36	—	88,48	99,54	—	77,56	87,25	—	67,12	75,51	—	57,18	64,32
	II	1 401,66	—	112,13	126,14	II	1 401,66	—	100,40	112,95	—	88,97	100,09	—	78,03	87,78	—	67,58	76,02	—	57,61	64,81	—	48,12	54,14
	III	994,—	—	79,52	89,46	III	994,—	—	70,84	79,69	—	62,41	70,21	—	54,21	60,98	—	46,26	52,04	—	38,56	43,38	—	31,09	34,97
	V	2 018,83	72,09	161,50	181,69	IV	1 542,—	6,61	117,48	132,17	—	111,61	125,56	—	105,74	118,95	—	99,88	112,36	—	94,12	105,88	—	88,48	99,54
	VI	2 055,08	76,40	164,40	184,95																				
6 581,99	I,IV	1 543,08	15,47	123,44	138,87	I	1 543,08	—	111,70	125,66	—	99,97	112,46	—	88,56	99,63	—	77,64	87,35	—	67,20	75,60	—	57,25	64,40
	II	1 402,83	—	112,22	126,25	II	1 402,83	—	100,48	113,04	—	89,06	100,19	—	78,12	87,88	—	67,66	76,11	—	57,68	64,89	—	48,19	54,21
	III	994,83	—	79,58	89,53	III	994,83	—	70,90	79,76	—	62,48	70,29	—	54,28	61,06	—	46,33	52,12	—	38,62	43,45	—	31,16	35,05
	V	2 020,—	72,23	161,60	181,80	IV	1 543,08	6,75	117,58	132,27	—	111,70	125,66	—	105,83	119,06	—	99,97	112,46	—	94,20	105,98	—	88,56	99,63
	VI	2 056,25	76,54	164,50	185,06																				
6 584,99	I,IV	1 544,25	15,61	123,54	138,98	I	1 544,25	—	111,80	125,77	—	100,06	112,57	—	88,65	99,73	—	77,72	87,44	—	67,28	75,69	—	57,33	64,49
	II	1 404,—	—	112,32	126,36	II	1 404,—	—	100,58	113,15	—	89,15	100,29	—	78,20	87,98	—	67,74	76,20	—	57,76	64,98	—	48,26	54,29
	III	995,66	—	79,65	89,60	III	995,66	—	70,97	79,84	—	62,53	70,34	—	54,34	61,13	—	46,38	52,18	—	38,68	43,51	—	31,21	35,11
	V	2 021,16	72,37	161,69	181,90	IV	1 544,25	6,89	117,67	132,38	—	111,80	125,77	—	105,92	119,16	—	100,06	112,57	—	94,30	106,08	—	88,65	99,73
	VI	2 057,41	76,68	164,59	185,16																				
6 587,99	I,IV	1 545,41	15,75	123,63	139,08	I	1 545,41	—	111,89	125,87	—	100,15	112,67	—	88,74	99,83	—	77,81	87,53	—	67,36	75,78	—	57,40	64,58
	II	1 405,16	—	112,41	126,46	II	1 405,16	—	100,67	113,25	—	89,24	100,39	—	78,28	88,07	—	67,82	76,29	—	57,84	65,07	—	48,34	54,38
	III	996,50	—	79,72	89,68	III	996,50	—	71,04	79,92	—	62,60	70,42	—	54,41	61,21	—	46,45	52,25	—	38,74	43,58	—	31,28	35,19
	V	2 022,33	72,51	161,78	182,—	IV	1 545,41	7,02	117,76	132,48	—	111,89	125,87	—	106,02	119,27	—	100,15	112,67	—	94,38	106,18	—	88,74	99,83
	VI	2 058,58	76,82	164,68	185,27																				
6 590,99	I,IV	1 546,58	15,89	123,72	139,19	I	1 546,58	—	111,98	125,98	—	100,25	112,78	—	88,83	99,93	—	77,90	87,63	—	67,45	75,88	—	57,48	64,67
	II	1 406,33	—	112,50	126,56	II	1 406,33	—	100,76	113,36	—	89,32	100,49	—	78,37	88,16	—	67,90	76,39	—	57,92	65,16	—	48,42	54,47
	III	997,50	—	79,80	89,77	III	997,50	—	71,12	80,01	—	62,68	70,51	—	54,48	61,29	—	46,52	52,33	—	38,80	43,65	—	31,33	35,24
	V	2 023,50	72,64	161,88	182,11	IV	1 546,58	7,16	117,86	132,59	—	111,98	125,98	—	106,11	119,37	—	100,25	112,78	—	94,48	106,29	—	88,83	99,93
	VI	2 059,75	76,96	164,78	185,37																				
6 593,99	I,IV	1 547,75	16,03	123,82	139,29	I	1 547,75	—	112,08	126,09	—	100,34	112,88	—	88,92	100,03	—	77,98	87,73	—	67,53	75,97	—	57,56	64,76
	II	1 407,50	—	112,60	126,67	II	1 407,50	—	100,86	113,46	—	89,42	100,59	—	78,46	88,26	—	67,98	76,48	—	57,99	65,24	—	48,48	54,54
	III	998,33	—	79,86	89,84	III	998,33	—	71,17	80,06	—	62,73	70,57	—	54,53	61,34	—	46,57	52,39	—	38,86	43,72	—	31,38	35,30
	V	2 024,66	72,78	161,97	182,21	IV	1 547,75	7,30	117,95	132,69	—	112,08	126,09	—	106,20	119,48	—	100,34	112,88	—	94,57	106,39	—	88,92	100,03
	VI	2 060,91	77,10	164,87	185,48																				
6 596,99	I,IV	1 548,91	16,17	123,91	139,40	I	1 548,91	—	112,17	126,19	—	100,43	112,98	—	89,—	100,13	—	78,06	87,82	—	67,61	76,06	—	57,64	64,84
	II	1 408,66	—	112,69	126,77	II	1 408,66	—	100,95	113,57	—	89,50	100,69	—	78,54	88,36	—	68,06	76,57	—	58,07	65,33	—	48,56	54,63
	III	999,16	—	79,93	89,92	III	999,16	—	71,25	80,15	—	62,80	70,65	—	54,60	61,42	—	46,64	52,47	—	38,92	43,78	—	31,45	35,38
	V	2 025,83	72,92	162,06	182,32	IV	1 548,91	7,43	118,04	132,79	—	112,17	126,19	—	106,30	119,58	—	100,43	112,98	—	94,66	106,49	—	89,—	100,13
	VI	2 062,08	77,24	164,96	185,58																				
6 599,99	I,IV	1 550,08	16,31	124,—	139,50	I	1 550,08	—	112,26	126,29	—	100,52	113,09	—	89,10	100,23	—	78,15	87,92	—	67,69	76,15	—	57,72	64,93
	II	1 409,83	—	112,78	126,88	II	1 409,83	—	101,04	113,67	—	89,59	100,79	—	78,62	88,45	—	68,14	76,66	—	58,14	65,41	—	48,63	54,71
	III	1 000,—	—	80,—	90,—	III	1 000,—	—	71,32	80,23	—	62,86	70,72	—	54,66	61,49	—	46,70	52,54	—	38,98	43,85	—	31,50	35,44
	V	2 026,91	73,05	162,15	182,42	IV	1 550,08	7,57	118,13	132,89	—	112,26	126,29	—	106,39	119,69	—	100,52	113,09	—	94,75	106,59	—	89,10	100,23
	VI	2 063,25	77,37	165,06	185,69																				
6 602,99	I,IV	1 551,25	16,45	124,10	139,61	I	1 551,25	—	112,35	126,39	—	100,62	113,19	—	89,18	100,33	—	78,24	88,02	—	67,77	76,24	—	57,79	65,01
	II	1 411,—	—	112,88	126,99	II	1 411,—	—	101,13	113,77	—	89,68	100,89	—	78,71	88,55	—	68,22	76,75	—	58,22	65,50	—	48,70	54,79
	III	1 000,83	—	80,06	90,07	III	1 000,83	—	71,38	80,30	—	62,93	70,79	—	54,73	61,57	—	46,76	52,60	—	39,04	43,92	—	31,56	35,50
	V	2 028,08	73,19	162,24	182,52	IV	1 551,25	7,71	118,22	133,—	—	112,35	126,39	—	106,48	119,79	—	100,62	113,19	—	94,84	106,69	—	89,18	100,33
	VI	2 064,33	77,50	165,14	185,78																				
6 605,99	I,IV	1 552,41	16,59	124,19	139,71	I	1 552,41	—	112,44	126,50	—	100,70	113,29	—	89,27	100,43	—	78,32	88,11	—	67,85	76,33	—	57,87	65,10
	II	1 412,08	—	112,96	127,08	II	1 412,08	—	101,22	113,87	—	89,77	100,99	—	78,80	88,65	—	68,30	76,84	—	58,30	65,58	—	48,78	54,87
	III	1 001,83	—	80,14	90,16	III	1 001,83	—	71,45	80,38	—	63,—	70,87	—	54,78	61,63	—	46,82	52,67	—	39,10	43,99	—	31,62	35,57
	V	2 029,25	73,33	162,34	182,63	IV	1 552,41	7,85	118,32	133,11	—	112,44	126,50	—	106,58	119,90	—	100,70	113,29	—	94,93	106,79	—	89,27	100,43
	VI	2 065,50	77,64	165,24	185,89																				
6 608,99	I,IV	1 553,58	16,72	124,28	139,82	I	1 553,58	—	112,54	126,60	—	100,80	113,40	—	89,36	100,53	—	78,40	88,20	—	67,93	76,42	—	57,94	65,18
	II	1 413,25	0,02	113,06	127,19	II	1 413,25	—	101,32	113,98	—	89,86	101,09	—	78,88	88,74	—	68,38	76,93	—	58,38	65,67	—	48,85	54,95
	III	1 002,66	—	80,21	90,23	III	1 002,66	—	71,52	80,46	—	63,06	70,94	—	54,85	61,70	—	46,89	52,75	—	39,16	44,05	—	31,68	35,64
	V	2 030,41	73,47	162,43	182,73	IV	1 553,58	7,99	118,41	133,21	—	112,54	126,60	—	106,66	119,99	—	100,80	113,40	—	95,02	106,89	—	89,36	100,53
	VI	2 066,66	77,78	165,33	185,99																				

* **Die ausgewiesenen Tabellenwerte sind amtlich. Siehe Erläuterungen auf der Umschlaginnenseite (U2).**

MONAT 6 609,–*

Lohn/ Gehalt bis €*	Abzüge an Lohnsteuer, Solidaritätszuschlag (SolZ) und Kirchensteuer (8%, 9%) in den Steuerklassen I – VI					I, II, III, IV mit Zahl der Kinderfreibeträge . . .																			
			ohne Kinderfreibeträge					0,5			1			1,5			2			2,5			3		
		LSt	SolZ	8%	9%		LSt	SolZ	8%	9%	SolZ	8%	9%	SolZ	8%	9%	SolZ	8%	9%	SolZ	8%	9%	SolZ	8%	9%
6 611,99	I,IV	1 554,75	16,86	124,38	139,92	I	1 554,75	—	112,63	126,71	—	100,89	113,50	—	89,44	100,62	—	78,48	88,29	—	68,01	76,51	—	58,02	65,27
	II	1 414,41	0,16	113,15	127,29	II	1 414,41	—	101,41	114,08	—	89,94	101,18	—	78,96	88,83	—	68,46	77,02	—	58,45	65,75	—	48,92	55,04
	III	1 003,50	—	80,28	90,31	III	1 003,50	—	71,58	80,53	—	63,13	71,02	—	54,92	61,78	—	46,94	52,81	—	39,22	44,12	—	31,73	35,69
	V	2 031,58	73,61	162,52	182,84	IV	1 554,75	8,13	118,50	133,31	—	112,63	126,71	—	106,76	120,10	—	100,89	113,50	—	95,11	107,—	—	89,44	100,62
	VI	2 067,83	77,92	165,42	186,10																				
6 614,99	I,IV	1 555,83	16,99	124,46	140,02	I	1 555,83	—	112,72	126,81	—	100,98	113,60	—	89,54	100,73	—	78,57	88,39	—	68,09	76,60	—	58,10	65,36
	II	1 415,58	0,30	113,24	127,40	II	1 415,58	—	101,50	114,19	—	90,03	101,28	—	79,05	88,93	—	68,54	77,11	—	58,53	65,84	—	49,—	55,12
	III	1 004,33	—	80,34	90,38	III	1 004,33	—	71,65	80,60	—	63,20	71,10	—	54,98	61,85	—	47,01	52,88	—	39,28	44,19	—	31,80	35,77
	V	2 032,75	73,75	162,62	182,94	IV	1 555,83	8,27	118,60	133,42	—	112,72	126,81	—	106,85	120,20	—	100,98	113,60	—	95,20	107,10	—	89,54	100,73
	VI	2 069,—	78,06	165,52	186,21																				
6 617,99	I,IV	1 557,—	17,13	124,56	140,13	I	1 557,—	—	112,82	126,92	—	101,08	113,71	—	89,62	100,82	—	78,66	88,49	—	68,17	76,69	—	58,18	65,45
	II	1 416,75	0,44	113,34	127,50	II	1 416,75	—	101,59	114,29	—	90,12	101,39	—	79,13	89,02	—	68,63	77,21	—	58,61	65,93	—	49,07	55,20
	III	1 005,16	—	80,41	90,46	III	1 005,16	—	71,72	80,68	—	63,26	71,17	—	55,04	61,92	—	47,06	52,94	—	39,34	44,26	—	31,85	35,83
	V	2 033,91	73,88	162,71	183,05	IV	1 557,—	8,39	118,68	133,52	—	112,82	126,92	—	106,94	120,31	—	101,08	113,71	—	95,29	107,20	—	89,62	100,82
	VI	2 070,16	78,20	165,61	186,31																				
6 620,99	I,IV	1 558,16	17,27	124,65	140,23	I	1 558,16	—	112,91	127,02	—	101,16	113,81	—	89,71	100,92	—	78,74	88,58	—	68,25	76,78	—	58,25	65,53
	II	1 417,91	0,58	113,43	127,61	II	1 417,91	—	101,68	114,39	—	90,21	101,48	—	79,22	89,12	—	68,71	77,30	—	58,68	66,02	—	49,14	55,28
	III	1 006,16	—	80,49	90,55	III	1 006,16	—	71,78	80,75	—	63,33	71,24	—	55,10	61,99	—	47,13	53,02	—	39,40	44,32	—	31,90	35,89
	V	2 035,—	74,01	162,80	183,15	IV	1 558,16	8,53	118,78	133,62	—	112,91	127,02	—	107,04	120,42	—	101,16	113,81	—	95,38	107,30	—	89,71	100,92
	VI	2 071,33	78,34	165,70	186,41																				
6 623,99	I,IV	1 559,33	17,41	124,74	140,33	I	1 559,33	—	113,—	127,12	—	101,26	113,91	—	89,80	101,02	—	78,82	88,67	—	68,34	76,88	—	58,33	65,62
	II	1 419,08	0,72	113,52	127,71	II	1 419,08	—	101,78	114,50	—	90,30	101,58	—	79,30	89,21	—	68,79	77,39	—	58,76	66,11	—	49,22	55,37
	III	1 007,—	—	80,56	90,63	III	1 007,—	—	71,85	80,83	—	63,38	71,30	—	55,17	62,06	—	47,20	53,10	—	39,46	44,39	—	31,97	35,96
	V	2 036,16	74,15	162,89	183,25	IV	1 559,33	8,67	118,87	133,73	—	113,—	127,12	—	107,13	120,52	—	101,26	113,91	—	95,47	107,40	—	89,80	101,02
	VI	2 072,41	78,47	165,79	186,51																				
6 626,99	I,IV	1 560,50	17,55	124,84	140,44	I	1 560,50	0,07	113,09	127,22	—	101,35	114,02	—	89,89	101,12	—	78,91	88,77	—	68,42	76,97	—	58,40	65,70
	II	1 420,16	0,85	113,61	127,81	II	1 420,16	—	101,87	114,60	—	90,38	101,68	—	79,38	89,30	—	68,87	77,48	—	58,84	66,19	—	49,29	55,45
	III	1 007,83	—	80,62	90,70	III	1 007,83	—	71,92	80,91	—	63,46	71,39	—	55,24	62,14	—	47,26	53,17	—	39,52	44,46	—	32,02	36,02
	V	2 037,33	74,29	162,98	183,35	IV	1 560,50	8,81	118,96	133,83	0,07	113,09	127,22	—	107,22	120,62	—	101,35	114,02	—	95,56	107,50	—	89,89	101,12
	VI	2 073,58	78,60	165,88	186,62																				
6 629,99	I,IV	1 561,66	17,69	124,93	140,54	I	1 561,66	0,21	113,18	127,33	—	101,44	114,12	—	89,98	101,22	—	78,99	88,86	—	68,50	77,06	—	58,48	65,79
	II	1 421,33	0,99	113,70	127,91	II	1 421,33	—	101,96	114,71	—	90,48	101,79	—	79,47	89,40	—	68,95	77,57	—	58,92	66,28	—	49,36	55,53
	III	1 008,66	—	80,69	90,77	III	1 008,66	—	71,98	80,98	—	63,52	71,46	—	55,30	62,21	—	47,32	53,23	—	39,58	44,53	—	32,08	36,09
	V	2 038,50	74,43	163,08	183,46	IV	1 561,66	8,95	119,06	133,94	0,21	113,18	127,33	—	107,31	120,72	—	101,44	114,12	—	95,65	107,60	—	89,98	101,22
	VI	2 074,75	78,74	165,98	186,72																				
6 632,99	I,IV	1 562,83	17,83	125,02	140,65	I	1 562,83	0,35	113,28	127,44	—	101,54	114,23	—	90,06	101,32	—	79,08	88,96	—	68,58	77,15	—	58,56	65,88
	II	1 422,50	1,13	113,80	128,02	II	1 422,50	—	102,06	114,81	—	90,56	101,88	—	79,56	89,50	—	69,03	77,66	—	58,99	66,36	—	49,44	55,62
	III	1 009,66	—	80,77	90,86	III	1 009,66	—	72,05	81,05	—	63,58	71,53	—	55,37	62,29	—	47,38	53,30	—	39,64	44,59	—	32,14	36,16
	V	2 039,66	74,57	163,17	183,56	IV	1 562,83	9,09	119,15	134,04	0,35	113,28	127,44	—	107,40	120,83	—	101,54	114,23	—	95,74	107,70	—	90,06	101,32
	VI	2 075,91	78,88	166,07	186,83																				
6 635,99	I,IV	1 563,91	17,95	125,11	140,75	I	1 563,91	0,49	113,37	127,54	—	101,62	114,32	—	90,15	101,42	—	79,16	89,06	—	68,66	77,24	—	58,64	65,97
	II	1 423,66	1,26	113,89	128,12	II	1 423,66	—	102,14	114,91	—	90,65	101,98	—	79,64	89,59	—	69,11	77,75	—	59,07	66,45	—	49,51	55,70
	III	1 010,50	—	80,84	90,94	III	1 010,50	—	72,12	81,13	—	63,65	71,60	—	55,42	62,35	—	47,44	53,37	—	39,70	44,66	—	32,20	36,22
	V	2 040,83	74,71	163,26	183,67	IV	1 563,91	9,23	119,24	134,15	0,49	113,37	127,54	—	107,50	120,93	—	101,62	114,32	—	95,83	107,81	—	90,15	101,42
	VI	2 077,08	79,02	166,16	186,93																				
6 638,99	I,IV	1 565,08	18,09	125,20	140,85	I	1 565,08	0,63	113,46	127,64	—	101,72	114,43	—	90,24	101,52	—	79,25	89,15	—	68,74	77,33	—	58,71	66,05
	II	1 424,83	1,40	113,98	128,23	II	1 424,83	—	102,24	115,02	—	90,74	102,08	—	79,72	89,69	—	69,19	77,84	—	59,14	66,53	—	49,58	55,78
	III	1 011,33	—	80,90	91,01	III	1 011,33	—	72,20	81,22	—	63,72	71,68	—	55,49	62,42	—	47,50	53,44	—	39,76	44,73	—	32,26	36,29
	V	2 042,—	74,85	163,36	183,78	IV	1 565,08	9,37	119,34	134,25	0,63	113,46	127,64	—	107,59	121,04	—	101,72	114,43	—	95,92	107,91	—	90,24	101,52
	VI	2 078,25	79,16	166,26	187,04																				
6 641,99	I,IV	1 566,25	18,23	125,30	140,96	I	1 566,25	0,77	113,56	127,75	—	101,81	114,53	—	90,33	101,62	—	79,33	89,24	—	68,82	77,42	—	58,79	66,14
	II	1 426,—	1,54	114,08	128,34	II	1 426,—	—	102,33	115,12	—	90,83	102,18	—	79,81	89,78	—	69,28	77,94	—	59,22	66,62	—	49,66	55,86
	III	1 012,16	—	80,97	91,09	III	1 012,16	—	72,25	81,28	—	63,78	71,75	—	55,56	62,50	—	47,57	53,51	—	39,82	44,80	—	32,32	36,36
	V	2 043,08	74,97	163,44	183,87	IV	1 566,25	9,50	119,42	134,35	0,77	113,56	127,75	—	107,68	121,14	—	101,81	114,53	—	96,01	108,01	—	90,33	101,62
	VI	2 079,41	79,30	166,35	187,14																				
6 644,99	I,IV	1 567,41	18,37	125,39	141,06	I	1 567,41	0,91	113,65	127,85	—	101,90	114,64	—	90,42	101,72	—	79,42	89,34	—	68,90	77,51	—	58,87	66,23
	II	1 427,16	1,68	114,17	128,44	II	1 427,16	—	102,43	115,23	—	90,92	102,28	—	79,90	89,88	—	69,36	78,03	—	59,30	66,71	—	49,73	55,94
	III	1 013,—	—	81,04	91,17	III	1 013,—	—	72,33	81,37	—	63,85	71,83	—	55,62	62,57	—	47,62	53,57	—	39,88	44,86	—	32,37	36,41
	V	2 044,33	75,12	163,54	183,98	IV	1 567,41	9,64	119,52	134,46	0,91	113,65	127,85	—	107,78	121,25	—	101,90	114,64	—	96,10	108,11	—	90,42	101,72
	VI	2 080,58	79,44	166,44	187,25																				
6 647,99	I,IV	1 568,58	18,51	125,48	141,17	I	1 568,58	1,05	113,74	127,96	—	102,—	114,75	—	90,51	101,82	—	79,50	89,44	—	68,98	77,60	—	58,94	66,31
	II	1 428,33	1,82	114,26	128,54	II	1 428,33	—	102,52	115,33	—	91,01	102,38	—	79,98	89,98	—	69,44	78,12	—	59,38	66,80	—	49,80	56,03
	III	1 014,—	—	81,12	91,26	III	1 014,—	—	72,40	81,45	—	63,92	71,91	—	55,69	62,65	—	47,69	53,65	—	39,94	44,93	—	32,44	36,49
	V	2 045,50	75,26	163,64	184,09	IV	1 568,58	9,78	119,62	134,57	1,05	113,74	127,96	—	107,87	121,35	—	102,—	114,75	—	96,19	108,21	—	90,51	101,82
	VI	2 081,75	79,58	166,54	187,35																				
6 650,99	I,IV	1 569,75	18,65	125,58	141,27	I	1 569,75	1,19	113,84	128,07	—	102,09	114,85	—	90,60	101,92	—	79,59	89,54	—	69,06	77,69	—	59,02	66,40
	II	1 429,50	1,96	114,36	128,65	II	1 429,50	—	102,61	115,43	—	91,10	102,48	—	80,06	90,07	—	69,52	78,21	—	59,46	66,89	—	49,88	56,11
	III	1 014,83	—	81,18	91,33	III	1 014,83	—	72,46	81,52	—	63,98	71,98	—	55,74	62,71	—	47,76	53,73	—	40,—	45,—	—	32,49	36,55
	V	2 046,58	75,39	163,72	184,19	IV	1 569,75	9,91	119,70	134,66	1,19	113,84	128,07	—	107,96	121,46	—	102,09	114,85	—	96,28	108,32	—	90,60	101,92
	VI	2 082,91	79,72	166,63	187,46																				
6 653,99	I,IV	1 570,91	18,79	125,67	141,38	I	1 570,91	1,31	113,92	128,16	—	102,18	114,95	—	90,68	102,02	—	79,67	89,63	—	69,14	77,78	—	59,10	66,48
	II	1 430,66	2,10	114,45	128,75	II	1 430,66	—	102,70	115,54	—	91,18	102,58	—	80,15	90,17	—	69,60	78,30	—	59,54	66,98	—	49,95	56,19
	III	1 015,66	—	81,25	91,40	III	1 015,66	—	72,53	81,59	—	64,05	72,05	—	55,81	62,78	—	47,81	53,78	—	40,06	45,07	—	32,56	36,63
	V	2 047,75	75,53	163,82	184,29	IV	1 570,91	10,05	119,80	134,77	1,31	113,92	128,16	—	108,06	121,56	—	102,18	114,95	—	96,38	108,42	—	90,68	102,02
	VI	2 084,—	79,84	166,72	187,56																				
6 656,99	I,IV	1 572,08	18,93	125,76	141,48	I	1 572,08	1,45	114,02	128,27	—	102,28	115,06	—	90,78	102,12	—	79,76	89,73	—	69,22	77,87	—	59,18	66,57
	II	1 431,75	2,23	114,54	128,85	II	1 431,75	—	102,80	115,65	—	91,28	102,69	—	80,24	90,27	—	69,68	78,39	—	59,61	67,06	—	50,02	56,27
	III	1 016,50	—	81,32	91,48	III	1 016,50	—	72,60	81,67	—	64,12	72,13	—	55,88	62,86	—	47,88	53,86	—	40,12	45,13	—	32,61	36,68
	V	2 048,91	75,67	163,91	184,40	IV	1 572,08	10,19	119,89	134,87	1,45	114,02	128,27	—	108,15	121,67	—	102,28	115,06	—	96,46	108,52	—	90,78	102,12
	VI	2 085,16	79,98	166,81	187,66																				

* Die ausgewiesenen Tabellenwerte sind amtlich. Siehe Erläuterungen auf der Umschlaginnenseite (U2).

6 704,99* MONAT

Abzüge an Lohnsteuer, Solidaritätszuschlag (SolZ) und Kirchensteuer (8%, 9%) in den Steuerklassen

Lohn/ Gehalt bis €*	I – VI					I, II, III, IV																			
			ohne Kinderfreibeträge					mit Zahl der Kinderfreibeträge . . . 0,5			1			1,5			2			2,5			3		
		LSt	SolZ	8%	9%		LSt	SolZ	8%	9%	SolZ	8%	9%	SolZ	8%	9%	SolZ	8%	9%	SolZ	8%	9%	SolZ	8%	9%
6 659,99	I,IV	1 573,25	19,06	125,86	141,59	I	1 573,25	1,59	114,11	128,37	—	102,37	115,16	—	90,86	102,22	—	79,84	89,82	—	69,30	77,96	—	59,26	66,66
	II	1 432,91	2,37	114,63	128,96	II	1 432,91	—	102,89	115,75	—	91,36	102,78	—	80,32	90,36	—	69,76	78,48	—	59,69	67,15	—	50,10	56,36
	III	1 017,50	—	81,40	91,57	III	1 017,50	—	72,66	81,74	—	64,18	72,20	—	55,94	62,93	—	47,94	53,93	—	40,18	45,20	—	32,66	36,74
	V	2 050,08	75,81	164,—	184,50	IV	1 573,25	10,33	119,98	134,98	1,59	114,11	128,37	—	108,24	121,77	—	102,37	115,16	—	96,56	108,63	—	90,86	102,22
	VI	2 086,33	80,12	166,90	187,76																				
6 662,99	I,IV	1 574,41	19,20	125,95	141,69	I	1 574,41	1,73	114,20	128,48	—	102,46	115,27	—	90,95	102,32	—	79,93	89,92	—	69,39	78,06	—	59,33	66,74
	II	1 434,08	2,50	114,72	129,06	II	1 434,08	—	102,98	115,85	—	91,45	102,88	—	80,40	90,45	—	69,84	78,57	—	59,76	67,23	—	50,17	56,44
	III	1 018,33	—	81,46	91,64	III	1 018,33	—	72,73	81,82	—	64,25	72,28	—	56,—	63,—	—	48,—	54,—	—	40,24	45,27	—	32,72	36,81
	V	2 051,25	75,95	164,10	184,61	IV	1 574,41	10,47	120,08	135,09	1,73	114,20	128,48	—	108,33	121,87	—	102,46	115,27	—	96,64	108,72	—	90,95	102,32
	VI	2 087,50	80,26	167,—	187,87																				
6 665,99	I,IV	1 575,50	19,33	126,04	141,79	I	1 575,50	1,87	114,30	128,58	—	102,55	115,37	—	91,04	102,42	—	80,01	90,01	—	69,47	78,15	—	59,41	66,83
	II	1 435,25	2,64	114,82	129,17	II	1 435,25	—	103,08	115,96	—	91,54	102,98	—	80,49	90,55	—	69,92	78,66	—	59,84	67,32	—	50,25	56,53
	III	1 019,16	—	81,53	91,72	III	1 019,16	—	72,80	81,90	—	64,32	72,36	—	56,06	63,07	—	48,06	54,07	—	40,30	45,34	—	32,78	36,88
	V	2 052,41	76,09	164,19	184,71	IV	1 575,50	10,61	120,17	135,19	1,87	114,30	128,58	—	108,42	121,97	—	102,55	115,37	—	96,74	108,83	—	91,04	102,42
	VI	2 088,66	80,40	167,09	187,97																				
6 668,99	I,IV	1 576,66	19,47	126,13	141,89	I	1 576,66	2,01	114,39	128,69	—	102,64	115,47	—	91,13	102,52	—	80,10	90,11	—	69,55	78,24	—	59,48	66,92
	II	1 436,41	2,78	114,91	129,27	II	1 436,41	—	103,16	116,06	—	91,63	103,08	—	80,58	90,65	—	70,—	78,75	—	59,92	67,41	—	50,32	56,61
	III	1 020,—	—	81,60	91,80	III	1 020,—	—	72,86	81,97	—	64,38	72,43	—	56,13	63,14	—	48,13	54,14	—	40,36	45,40	—	32,84	36,94
	V	2 053,58	76,22	164,28	184,82	IV	1 576,66	10,74	120,26	135,29	2,01	114,39	128,69	—	108,52	122,08	—	102,64	115,47	—	96,82	108,92	—	91,13	102,52
	VI	2 089,83	80,54	167,18	188,08																				
6 671,99	I,IV	1 577,83	19,61	126,22	142,—	I	1 577,83	2,15	114,48	128,79	—	102,74	115,58	—	91,22	102,62	—	80,18	90,20	—	69,63	78,33	—	59,56	67,01
	II	1 437,58	2,92	115,—	129,38	II	1 437,58	—	103,26	116,16	—	91,72	103,18	—	80,66	90,74	—	70,09	78,85	—	60,—	67,50	—	50,40	56,70
	III	1 021,—	—	81,68	91,89	III	1 021,—	—	72,93	82,04	—	64,45	72,50	—	56,20	63,22	—	48,18	54,20	—	40,42	45,47	—	32,90	37,01
	V	2 054,75	76,36	164,38	184,92	IV	1 577,83	10,87	120,35	135,39	2,15	114,48	128,79	—	108,61	122,18	—	102,74	115,58	—	96,92	109,03	—	91,22	102,62
	VI	2 091,—	80,68	167,28	188,19																				
6 674,99	I,IV	1 579,—	19,75	126,32	142,11	I	1 579,—	2,29	114,58	128,90	—	102,83	115,68	—	91,30	102,71	—	80,27	90,30	—	69,71	78,42	—	59,64	67,09
	II	1 438,75	3,06	115,10	129,48	II	1 438,75	—	103,35	116,27	—	91,81	103,28	—	80,74	90,83	—	70,17	78,94	—	60,08	67,59	—	50,47	56,78
	III	1 021,83	—	81,74	91,96	III	1 021,83	—	73,—	82,12	—	64,50	72,56	—	56,26	63,29	—	48,25	54,28	—	40,48	45,54	—	32,96	37,08
	V	2 055,83	76,49	164,46	185,02	IV	1 579,—	11,01	120,44	135,50	2,29	114,58	128,90	—	108,70	122,29	—	102,83	115,68	—	97,01	109,13	—	91,30	102,71
	VI	2 092,08	80,81	167,36	188,28																				
6 677,99	I,IV	1 580,16	19,89	126,41	142,21	I	1 580,16	2,41	114,66	128,99	—	102,92	115,79	—	91,40	102,82	—	80,35	90,39	—	69,79	78,51	—	59,72	67,18
	II	1 439,83	3,19	115,18	129,58	II	1 439,83	—	103,44	116,37	—	91,90	103,38	—	80,83	90,93	—	70,25	79,03	—	60,16	67,68	—	50,54	56,86
	III	1 022,66	—	81,81	92,03	III	1 022,66	—	73,08	82,21	—	64,58	72,65	—	56,33	63,37	—	48,32	54,36	—	40,54	45,61	—	33,01	37,13
	V	2 057,—	76,63	164,56	185,13	IV	1 580,16	11,15	120,54	135,60	2,41	114,66	128,99	—	108,80	122,40	—	102,92	115,79	—	97,10	109,23	—	91,40	102,82
	VI	2 093,25	80,94	167,46	188,39																				
6 680,99	I,IV	1 581,33	20,03	126,50	142,31	I	1 581,33	2,55	114,76	129,10	—	103,02	115,89	—	91,48	102,92	—	80,44	90,49	—	69,88	78,61	—	59,80	67,27
	II	1 441,—	3,33	115,28	129,69	II	1 441,—	—	103,54	116,48	—	91,98	103,48	—	80,92	91,03	—	70,33	79,12	—	60,23	67,76	—	50,62	56,94
	III	1 023,50	—	81,88	92,11	III	1 023,50	—	73,14	82,28	—	64,64	72,72	—	56,38	63,43	—	48,37	54,41	—	40,60	45,67	—	33,08	37,21
	V	2 058,16	76,77	164,65	185,23	IV	1 581,33	11,29	120,63	135,71	2,55	114,76	129,10	—	108,88	122,49	—	103,02	115,89	—	97,19	109,34	—	91,48	102,92
	VI	2 094,41	81,08	167,55	188,49																				
6 683,99	I,IV	1 582,50	20,17	126,60	142,42	I	1 582,50	2,69	114,85	129,20	—	103,11	116,—	—	91,57	103,01	—	80,52	90,59	—	69,96	78,70	—	59,87	67,35
	II	1 442,16	3,47	115,37	129,79	II	1 442,16	—	103,63	116,58	—	92,08	103,59	—	81,—	91,13	—	70,41	79,21	—	60,31	67,85	—	50,69	57,02
	III	1 024,33	—	81,94	92,18	III	1 024,33	—	73,21	82,36	—	64,70	72,79	—	56,45	63,50	—	48,44	54,49	—	40,66	45,74	—	33,13	37,27
	V	2 059,33	76,91	164,74	185,33	IV	1 582,50	11,43	120,72	135,81	2,69	114,85	129,20	—	108,98	122,60	—	103,11	116,—	—	97,28	109,44	—	91,57	103,01
	VI	2 095,58	81,22	167,64	188,60																				
6 686,99	I,IV	1 583,58	20,29	126,68	142,52	I	1 583,58	2,83	114,94	129,31	—	103,20	116,10	—	91,66	103,12	—	80,61	90,68	—	70,04	78,79	—	59,95	67,44
	II	1 443,33	3,60	115,46	129,89	II	1 443,33	—	103,72	116,69	—	92,16	103,68	—	81,09	91,22	—	70,50	79,31	—	60,38	67,93	—	50,76	57,11
	III	1 025,33	—	82,02	92,27	III	1 025,33	—	73,28	82,44	—	64,77	72,86	—	56,52	63,58	—	48,50	54,56	—	40,72	45,81	—	33,18	37,33
	V	2 060,50	77,05	164,84	185,44	IV	1 583,58	11,57	120,82	135,92	2,83	114,94	129,31	—	109,07	122,70	—	103,20	116,10	—	97,37	109,54	—	91,66	103,12
	VI	2 096,75	81,36	167,74	188,70																				
6 689,99	I,IV	1 584,75	20,43	126,78	142,62	I	1 584,75	2,97	115,04	129,42	—	103,29	116,20	—	91,75	103,22	—	80,69	90,77	—	70,12	78,88	—	60,03	67,53
	II	1 444,50	3,74	115,56	130,—	II	1 444,50	—	103,81	116,78	—	92,25	103,78	—	81,17	91,31	—	70,58	79,40	—	60,46	68,02	—	50,84	57,19
	III	1 026,16	—	82,09	92,35	III	1 026,16	—	73,34	82,51	—	64,84	72,94	—	56,58	63,65	—	48,56	54,63	—	40,78	45,88	—	33,25	37,40
	V	2 061,66	77,19	164,93	185,54	IV	1 584,75	11,71	120,91	136,02	2,97	115,04	129,42	—	109,16	122,81	—	103,29	116,20	—	97,46	109,64	—	91,75	103,22
	VI	2 097,91	81,50	167,83	188,81																				
6 692,99	I,IV	1 585,91	20,57	126,87	142,73	I	1 585,91	3,11	115,13	129,52	—	103,38	116,30	—	91,84	103,32	—	80,78	90,87	—	70,20	78,97	—	60,10	67,61
	II	1 445,66	3,88	115,65	130,10	II	1 445,66	—	103,90	116,89	—	92,34	103,88	—	81,26	91,41	—	70,66	79,49	—	60,54	68,11	—	50,91	57,27
	III	1 027,—	—	82,16	92,43	III	1 027,—	—	73,41	82,58	—	64,90	73,01	—	56,64	63,72	—	48,62	54,70	—	40,84	45,94	—	33,30	37,46
	V	2 062,83	77,33	165,02	185,65	IV	1 585,91	11,84	121,—	136,12	3,11	115,13	129,52	—	109,26	122,91	—	103,38	116,30	—	97,55	109,74	—	91,84	103,32
	VI	2 099,08	81,64	167,92	188,91																				
6 695,99	I,IV	1 587,08	20,71	126,96	142,83	I	1 587,08	3,25	115,22	129,62	—	103,48	116,41	—	91,93	103,42	—	80,86	90,97	—	70,28	79,07	—	60,18	67,70
	II	1 446,83	4,02	115,74	130,21	II	1 446,83	—	104,—	117,—	—	92,43	103,98	—	81,34	91,51	—	70,74	79,58	—	60,62	68,19	—	50,98	57,35
	III	1 027,83	—	82,22	92,50	III	1 027,83	—	73,48	82,66	—	64,97	73,09	—	56,70	63,79	—	48,69	54,77	—	40,90	46,01	—	33,37	37,54
	V	2 063,91	77,45	165,11	185,75	IV	1 587,08	11,97	121,09	136,22	3,25	115,22	129,62	—	109,35	123,02	—	103,48	116,41	—	97,64	109,85	—	91,93	103,42
	VI	2 100,25	81,78	168,02	189,02																				
6 698,99	I,IV	1 588,25	20,85	127,06	142,94	I	1 588,25	3,38	115,31	129,72	—	103,57	116,51	—	92,02	103,52	—	80,95	91,07	—	70,36	79,16	—	60,26	67,79
	II	1 448,—	4,16	115,84	130,32	II	1 448,—	—	104,09	117,10	—	92,52	104,08	—	81,43	91,61	—	70,82	79,67	—	60,70	68,28	—	51,06	57,44
	III	1 028,66	—	82,29	92,57	III	1 028,66	—	73,54	82,73	—	65,04	73,17	—	56,77	63,86	—	48,74	54,83	—	40,96	46,08	—	33,42	37,60
	V	2 065,08	77,59	165,20	185,85	IV	1 588,25	12,11	121,18	136,33	3,38	115,31	129,72	—	109,44	123,12	—	103,57	116,51	—	97,74	109,95	—	92,02	103,52
	VI	2 101,33	81,91	168,10	189,11																				
6 701,99	I,IV	1 589,41	20,99	127,15	143,04	I	1 589,41	3,53	115,41	129,83	—	103,66	116,62	—	92,11	103,62	—	81,04	91,17	—	70,44	79,25	—	60,34	67,88
	II	1 449,16	4,30	115,93	130,42	II	1 449,16	—	104,18	117,20	—	92,61	104,18	—	81,52	91,71	—	70,90	79,76	—	60,78	68,37	—	51,14	57,53
	III	1 029,66	—	82,37	92,66	III	1 029,66	—	73,61	82,81	—	65,10	73,24	—	56,84	63,94	—	48,81	54,91	—	41,02	46,15	—	33,48	37,66
	V	2 066,33	77,74	165,30	185,96	IV	1 589,41	12,25	121,28	136,44	3,53	115,41	129,83	—	109,54	123,23	—	103,66	116,62	—	97,83	110,06	—	92,11	103,62
	VI	2 102,58	82,06	168,20	189,23																				
6 704,99	I,IV	1 590,58	21,13	127,24	143,15	I	1 590,58	3,66	115,50	129,94	—	103,76	116,73	—	92,20	103,72	—	81,12	91,26	—	70,53	79,34	—	60,42	67,97
	II	1 450,33	4,44	116,02	130,52	II	1 450,33	—	104,28	117,31	—	92,70	104,29	—	81,60	91,80	—	70,98	79,85	—	60,86	68,46	—	51,21	57,61
	III	1 030,50	—	82,44	92,74	III	1 030,50	—	73,69	82,90	—	65,17	73,31	—	56,90	64,01	—	48,88	54,99	—	41,09	46,22	—	33,54	37,73
	V	2 067,41	77,87	165,39	186,06	IV	1 590,58	12,39	121,37	136,54	3,66	115,50	129,94	—	109,63	123,33	—	103,76	116,73	—	97,92	110,16	—	92,20	103,72
	VI	2 103,75	82,19	168,30	189,33																				

* Die ausgewiesenen Tabellenwerte sind amtlich. Siehe Erläuterungen auf der Umschlaginnenseite (U2).

MONAT 6 705,–*

Abzüge an Lohnsteuer, Solidaritätszuschlag (SolZ) und Kirchensteuer (8%, 9%) in den Steuerklassen

Lohn/Gehalt bis €*	I – VI					I, II, III, IV		mit Zahl der Kinderfreibeträge . . . 0,5			1			1,5			2			2,5			3		
		LSt	ohne Kinderfreibeträge SolZ	8%	9%		LSt	SolZ	8%	9%	SolZ	8%	9%	SolZ	8%	9%	SolZ	8%	9%	SolZ	8%	9%	SolZ	8%	9%
6 707,99	I,IV	1 591,75	21,27	127,34	143,25	I	1 591,75	3,79	115,59	130,04	—	103,85	116,83	—	92,29	103,82	—	81,20	91,35	—	70,61	79,43	—	60,50	68,06
	II	1 451,50	4,58	116,12	130,63	II	1 451,50	—	104,37	117,41	—	92,79	104,39	—	81,69	91,90	—	71,07	79,95	—	60,93	68,54	—	51,28	57,69
	III	1 031,33	—	82,50	92,81	III	1 031,33	—	73,76	82,98	—	65,24	73,39	—	56,97	64,09	—	48,93	55,04	—	41,14	46,28	—	33,60	37,80
	V	2 068,58	78,01	165,48	186,17	IV	1 591,75	12,53	121,46	136,64	3,79	115,59	130,04	—	109,72	123,44	—	103,85	116,83	—	98,01	110,26	—	92,29	103,82
	VI	2 104,83	82,32	168,38	189,43																				
6 710,99	I,IV	1 592,91	21,41	127,43	143,36	I	1 592,91	3,93	115,68	130,14	—	103,94	116,93	—	92,38	103,92	—	81,29	91,45	—	70,69	79,52	—	60,57	68,14
	II	1 452,58	4,71	116,20	130,73	II	1 452,58	—	104,46	117,52	—	92,88	104,49	—	81,77	91,99	—	71,15	80,04	—	61,01	68,63	—	51,36	57,78
	III	1 032,33	—	82,58	92,90	III	1 032,33	—	73,82	83,05	—	65,30	73,46	—	57,04	64,17	—	49,—	55,12	—	41,21	46,36	—	33,66	37,87
	V	2 069,75	78,15	165,58	186,27	IV	1 592,91	12,67	121,56	136,75	3,93	115,68	130,14	—	109,82	123,54	—	103,94	116,93	—	98,10	110,36	—	92,38	103,92
	VI	2 106,—	82,46	168,48	189,54																				
6 713,99	I,IV	1 594,08	21,54	127,52	143,46	I	1 594,08	4,07	115,78	130,25	—	104,04	117,04	—	92,46	104,02	—	81,38	91,55	—	70,77	79,61	—	60,65	68,23
	II	1 453,75	4,84	116,30	130,83	II	1 453,75	—	104,56	117,63	—	92,97	104,59	—	81,86	92,09	—	71,23	80,13	—	61,09	68,72	—	51,43	57,86
	III	1 033,16	—	82,65	92,98	III	1 033,16	—	73,89	83,12	—	65,37	73,54	—	57,09	64,22	—	49,06	55,19	—	41,26	46,42	—	33,72	37,93
	V	2 070,91	78,29	165,67	186,38	IV	1 594,08	12,81	121,65	136,85	4,07	115,78	130,25	—	109,90	123,64	—	104,04	117,04	—	98,19	110,46	—	92,46	104,02
	VI	2 107,16	82,60	168,57	189,64																				
6 716,99	I,IV	1 595,16	21,67	127,61	143,56	I	1 595,16	4,21	115,87	130,35	—	104,12	117,14	—	92,56	104,13	—	81,46	91,64	—	70,85	79,70	—	60,73	68,32
	II	1 454,91	4,98	116,39	130,94	II	1 454,91	—	104,65	117,73	—	93,06	104,69	—	81,94	92,18	—	71,31	80,22	—	61,17	68,81	—	51,50	57,94
	III	1 034,—	—	82,72	93,06	III	1 034,—	—	73,96	83,20	—	65,44	73,62	—	57,16	64,30	—	49,12	55,26	—	41,33	46,49	—	33,78	38,—
	V	2 072,08	78,43	165,76	186,48	IV	1 595,16	12,95	121,74	136,96	4,21	115,87	130,35	—	110,—	123,75	—	104,12	117,14	—	98,28	110,57	—	92,56	104,13
	VI	2 108,33	82,74	168,66	189,74																				
6 719,99	I,IV	1 596,33	21,81	127,70	143,66	I	1 596,33	4,35	115,96	130,46	—	104,22	117,24	—	92,64	104,22	—	81,55	91,74	—	70,94	79,80	—	60,80	68,40
	II	1 456,08	5,12	116,48	131,04	II	1 456,08	—	104,74	117,83	—	93,15	104,79	—	82,03	92,28	—	71,40	80,32	—	61,24	68,90	—	51,58	58,02
	III	1 034,83	—	82,78	93,13	III	1 034,83	—	74,02	83,27	—	65,50	73,69	—	57,22	64,37	—	49,18	55,33	—	41,38	46,55	—	33,84	38,07
	V	2 073,25	78,56	165,86	186,59	IV	1 596,33	13,09	121,84	137,07	4,35	115,96	130,46	—	110,09	123,85	—	104,22	117,24	—	98,38	110,67	—	92,64	104,22
	VI	2 109,50	82,88	168,76	189,85																				
6 722,99	I,IV	1 597,50	21,95	127,80	143,77	I	1 597,50	4,49	116,06	130,56	—	104,31	117,35	—	92,73	104,32	—	81,63	91,83	—	71,02	79,89	—	60,88	68,49
	II	1 457,25	5,26	116,58	131,15	II	1 457,25	—	104,83	117,93	—	93,24	104,89	—	82,12	92,38	—	71,48	80,41	—	61,32	68,99	—	51,65	58,10
	III	1 035,83	—	82,86	93,22	III	1 035,83	—	74,09	83,35	—	65,57	73,76	—	57,29	64,45	—	49,25	55,40	—	41,45	46,63	—	33,89	38,12
	V	2 074,41	78,70	165,95	186,69	IV	1 597,50	13,21	121,92	137,16	4,49	116,06	130,56	—	110,18	123,95	—	104,31	117,35	—	98,46	110,77	—	92,73	104,32
	VI	2 110,66	83,02	168,85	189,95																				
6 725,99	I,IV	1 598,66	22,09	127,89	143,87	I	1 598,66	4,63	116,15	130,67	—	104,40	117,45	—	92,82	104,42	—	81,72	91,93	—	71,10	79,98	—	60,96	68,58
	II	1 458,41	5,40	116,67	131,25	II	1 458,41	—	104,92	118,04	—	93,32	104,99	—	82,20	92,48	—	71,56	80,50	—	61,40	69,08	—	51,73	58,19
	III	1 036,66	—	82,93	93,29	III	1 036,66	—	74,16	83,43	—	65,64	73,84	—	57,34	64,51	—	49,30	55,46	—	41,50	46,69	—	33,96	38,20
	V	2 075,50	78,83	166,04	186,79	IV	1 598,66	13,35	122,02	137,27	4,63	116,15	130,67	—	110,28	124,06	—	104,40	117,45	—	98,56	110,88	—	92,82	104,42
	VI	2 111,83	83,16	168,94	190,06																				
6 728,99	I,IV	1 599,83	22,23	127,98	143,98	I	1 599,83	4,76	116,24	130,77	—	104,50	117,56	—	92,91	104,52	—	81,80	92,03	—	71,18	80,07	—	61,04	68,67
	II	1 459,58	5,54	116,76	131,36	II	1 459,58	—	105,02	118,14	—	93,42	105,09	—	82,28	92,57	—	71,64	80,60	—	61,48	69,16	—	51,80	58,28
	III	1 037,50	—	83,—	93,37	III	1 037,50	—	74,22	83,50	—	65,70	73,91	—	57,41	64,58	—	49,37	55,54	—	41,57	46,76	—	34,01	38,26
	V	2 076,66	78,97	166,13	186,89	IV	1 599,83	13,49	122,11	137,37	4,76	116,24	130,77	—	110,37	124,16	—	104,50	117,56	—	98,65	110,98	—	92,91	104,52
	VI	2 112,91	83,29	169,03	190,16																				
6 731,99	I,IV	1 601,—	22,37	128,08	144,09	I	1 601,—	4,89	116,33	130,87	—	104,59	117,66	—	93,—	104,63	—	81,89	92,12	—	71,26	80,17	—	61,12	68,76
	II	1 460,66	5,67	116,85	131,45	II	1 460,66	—	105,11	118,25	—	93,50	105,19	—	82,37	92,66	—	71,72	80,69	—	61,56	69,25	—	51,88	58,36
	III	1 038,33	—	83,06	93,44	III	1 038,33	—	74,29	83,57	—	65,77	73,99	—	57,48	64,66	—	49,44	55,62	—	41,62	46,82	—	34,06	38,32
	V	2 077,83	79,11	166,22	187,—	IV	1 601,—	13,63	122,20	137,48	4,89	116,33	130,87	—	110,46	124,27	—	104,59	117,66	—	98,74	111,08	—	93,—	104,63
	VI	2 114,08	83,42	169,12	190,26																				
6 734,99	I,IV	1 602,16	22,51	128,17	144,19	I	1 602,16	5,03	116,42	130,97	—	104,68	117,77	—	93,09	104,72	—	81,98	92,22	—	71,34	80,26	—	61,20	68,85
	II	1 461,83	5,81	116,94	131,56	II	1 461,83	—	105,20	118,35	—	93,60	105,30	—	82,46	92,76	—	71,80	80,78	—	61,64	69,34	—	51,95	58,44
	III	1 039,33	—	83,14	93,53	III	1 039,33	—	74,37	83,66	—	65,84	74,07	—	57,54	64,73	—	49,49	55,67	—	41,69	46,90	—	34,13	38,39
	V	2 079,—	79,25	166,32	187,11	IV	1 602,16	13,77	122,30	137,58	5,03	116,42	130,97	—	110,55	124,37	—	104,68	117,77	—	98,83	111,18	—	93,09	104,72
	VI	2 115,25	83,56	169,22	190,37																				
6 737,99	I,IV	1 603,25	22,63	128,26	144,29	I	1 603,25	5,17	116,52	131,08	—	104,78	117,87	—	93,18	104,82	—	82,06	92,32	—	71,42	80,35	—	61,27	68,93
	II	1 463,—	5,95	117,04	131,67	II	1 463,—	—	105,30	118,46	—	93,68	105,39	—	82,54	92,86	—	71,88	80,87	—	61,71	69,42	—	52,02	58,52
	III	1 040,16	—	83,21	93,61	III	1 040,16	—	74,44	83,74	—	65,90	74,14	—	57,61	64,81	—	49,56	55,75	—	41,74	46,96	—	34,18	38,45
	V	2 080,16	79,39	166,41	187,21	IV	1 603,25	13,91	122,39	137,69	5,17	116,52	131,08	—	110,64	124,47	—	104,78	117,87	—	98,92	111,29	—	93,18	104,82
	VI	2 116,41	83,70	169,31	190,47																				
6 740,99	I,IV	1 604,41	22,77	128,35	144,39	I	1 604,41	5,31	116,61	131,18	—	104,86	117,97	—	93,27	104,93	—	82,14	92,41	—	71,50	80,44	—	61,35	69,02
	II	1 464,16	6,08	117,13	131,77	II	1 464,16	—	105,38	118,55	—	93,78	105,50	—	82,63	92,96	—	71,97	80,96	—	61,79	69,51	—	52,10	58,61
	III	1 041,—	—	83,28	93,69	III	1 041,—	—	74,50	83,81	—	65,97	74,21	—	57,68	64,89	—	49,62	55,82	—	41,81	47,03	—	34,25	38,53
	V	2 081,33	79,53	166,50	187,31	IV	1 604,41	14,05	122,48	137,79	5,31	116,61	131,18	—	110,74	124,58	—	104,86	117,97	—	99,01	111,38	—	93,27	104,93
	VI	2 117,58	83,84	169,40	190,58																				
6 743,99	I,IV	1 605,58	22,91	128,44	144,50	I	1 605,58	5,45	116,70	131,29	—	104,96	118,08	—	93,36	105,03	—	82,23	92,51	—	71,59	80,54	—	61,43	69,11
	II	1 465,33	6,22	117,22	131,87	II	1 465,33	—	105,48	118,66	—	93,86	105,59	—	82,72	93,06	—	72,05	81,05	—	61,87	69,60	—	52,17	58,69
	III	1 041,83	—	83,34	93,76	III	1 041,83	—	74,57	83,89	—	66,04	74,29	—	57,73	64,94	—	49,68	55,89	—	41,88	47,11	—	34,30	38,59
	V	2 082,50	79,67	166,60	187,42	IV	1 605,58	14,18	122,57	137,89	5,45	116,70	131,29	—	110,83	124,68	—	104,96	118,08	—	99,10	111,49	—	93,36	105,03
	VI	2 118,75	83,98	169,50	190,68																				
6 746,99	I,IV	1 606,75	23,05	128,54	144,60	I	1 606,75	5,59	116,80	131,40	—	105,05	118,18	—	93,45	105,13	—	82,32	92,61	—	71,67	80,63	—	61,51	69,20
	II	1 466,50	6,36	117,32	131,98	II	1 466,50	—	105,57	118,76	—	93,95	105,69	—	82,80	93,15	—	72,13	81,14	—	61,95	69,69	—	52,25	58,78
	III	1 042,83	—	83,42	93,85	III	1 042,83	—	74,64	83,97	—	66,10	74,36	—	57,80	65,02	—	49,74	55,96	—	41,93	47,17	—	34,36	38,65
	V	2 083,58	79,79	166,68	187,52	IV	1 606,75	14,31	122,66	137,99	5,59	116,80	131,40	—	110,92	124,79	—	105,05	118,18	—	99,20	111,60	—	93,45	105,13
	VI	2 119,91	84,12	169,59	190,79																				
6 749,99	I,IV	1 607,91	23,19	128,63	144,71	I	1 607,91	5,72	116,88	131,49	—	105,14	118,28	—	93,54	105,23	—	82,40	92,70	—	71,75	80,72	—	61,58	69,28
	II	1 467,66	6,50	117,41	132,08	II	1 467,66	—	105,66	118,87	—	94,04	105,80	—	82,88	93,24	—	72,22	81,24	—	62,02	69,77	—	52,32	58,86
	III	1 043,66	—	83,49	93,92	III	1 043,66	—	74,70	84,04	—	66,16	74,43	—	57,86	65,09	—	49,81	56,03	—	42,—	47,25	—	34,42	38,72
	V	2 084,75	79,93	166,78	187,62	IV	1 607,91	14,45	122,76	138,10	5,72	116,88	131,49	—	111,02	124,89	—	105,14	118,28	—	99,29	111,70	—	93,54	105,23
	VI	2 121,—	84,25	169,68	190,89																				

Für höhere Löhne/Gehälter können die Abzugsbeträge mit Hilfe der beim Stollfuß Verlag erhältlichen Tabelle „Höherer Monat“ ermittelt werden.

* Die ausgewiesenen Tabellenwerte sind amtlich. Siehe Erläuterungen auf der Umschlaginnenseite (U2).

Lohnsteuer – Allgemeiner Tarif

TAG

Lohnsteuer
Diese **Lohnsteuer-Tabelle** ist für Arbeitnehmer anzuwenden, die in der gesetzlichen Rentenversicherung pflichtversichert sind. Ziel des Lohnsteuerabzugs ist es, für den bezogenen Arbeitslohn die zutreffende Lohnsteuer als endgültige Steuerschuld des Arbeitnehmers einzubehalten. Dementsprechend wird in dieser Tabelle in der Spalte „**Lohn/Gehalt**" der heranzuziehende **Tagesarbeitslohn** ausgewiesen.

Bei Arbeitnehmern, die privat kranken- und pflegeversichert sind, ist vor Anwendung der Tabelle eine Nebenrechnung durchzuführen.

Diese Tageslohnsteuer-Tabelle ist anzuwenden:

a) für Arbeitnehmer, deren Arbeitslohn täglich abgerechnet und gezahlt wird (Tagelöhner),

b) für Arbeitnehmer mit Lohnzahlungszeiträumen, die aus einem Mehrfachen von Tagen bestehen, ohne dass ein monatlicher, wöchentlicher oder mehrwöchiger Lohnzahlungszeitraum vorliegt.

In den Erläuterungen und im Anhang zur Tabelle finden Sie nähere Informationen hierzu.

Solidaritätszuschlag
Neben der Lohnsteuer ist auch der Solidaritätszuschlag ausgewiesen.

In den Erläuterungen zur Tabelle finden Sie nähere Informationen hierzu.

Kirchensteuer
Diese Tabelle enthält die für alle Bundesländer maßgebenden Steuersätze von **8 %** und **9 %**.

8 % = Baden-Württemberg, Bayern

9 % = Berlin, Brandenburg, Bremen, Hamburg, Hessen, Mecklenburg-Vorpommern, Niedersachsen, Nordrhein-Westfalen, Rheinland-Pfalz, Saarland, Sachsen, Sachsen-Anhalt, Schleswig-Holstein, Thüringen

In den Erläuterungen zur Tabelle finden Sie nähere Informationen hierzu.

TAG 0,01*

Lohnsteuer, Solidaritätszuschlag und Kirchensteuer in den Steuerklassen I – VI, ohne Kinderfreibeträge

Lohn/Gehalt bis €*	Klasse	LSt	SolZ	8%	9%
0,09	I,IV	—	—	—	—
	II	—	—	—	—
	III	—	—	—	—
	V	—	—	—	—
	VI	—	—	—	—
0,19	I,IV	—	—	—	—
	II	—	—	—	—
	III	—	—	—	—
	V	—	—	—	—
	VI	0,01	—	—	—
0,29	I,IV	—	—	—	—
	II	—	—	—	—
	III	—	—	—	—
	V	—	—	—	—
	VI	0,03	—	—	—
0,39	I,IV	—	—	—	—
	II	—	—	—	—
	III	—	—	—	—
	V	—	—	—	—
	VI	0,04	—	—	—
0,49	I,IV	—	—	—	—
	II	—	—	—	—
	III	—	—	—	—
	V	—	—	—	—
	VI	0,05	—	—	—
0,59	I,IV	—	—	—	—
	II	—	—	—	—
	III	—	—	—	—
	V	—	—	—	—
	VI	0,06	—	—	—
0,69	I,IV	—	—	—	—
	II	—	—	—	—
	III	—	—	—	—
	V	—	—	—	—
	VI	0,07	—	—	—
0,79	I,IV	—	—	—	—
	II	—	—	—	—
	III	—	—	—	—
	V	—	—	—	—
	VI	0,08	—	—	—
0,89	I,IV	—	—	—	—
	II	—	—	—	—
	III	—	—	—	—
	V	—	—	—	—
	VI	0,09	—	—	—
0,99	I,IV	—	—	—	—
	II	—	—	—	—
	III	—	—	—	—
	V	—	—	—	—
	VI	0,11	—	—	—
1,09	I,IV	—	—	—	—
	II	—	—	—	—
	III	—	—	—	—
	V	—	—	—	—
	VI	0,12	—	—	0,01
1,19	I,IV	—	—	—	—
	II	—	—	—	—
	III	—	—	—	—
	V	—	—	—	—
	VI	0,13	—	0,01	0,01
1,29	I,IV	—	—	—	—
	II	—	—	—	—
	III	—	—	—	—
	V	—	—	—	—
	VI	0,14	—	0,01	0,01
1,39	I,IV	—	—	—	—
	II	—	—	—	—
	III	—	—	—	—
	V	—	—	—	—
	VI	0,15	—	0,01	0,01
1,49	I,IV	—	—	—	—
	II	—	—	—	—
	III	—	—	—	—
	V	—	—	—	—
	VI	0,16	—	0,01	0,01
1,59	I,IV	—	—	—	—
	II	—	—	—	—
	III	—	—	—	—
	V	—	—	—	—
	VI	0,17	—	0,01	0,01
1,69	I,IV	—	—	—	—
	II	—	—	—	—
	III	—	—	—	—
	V	—	—	—	—
	VI	0,18	—	0,01	0,01

Lohn/Gehalt bis €*	Klasse	LSt	SolZ	8%	9%
1,79	I,IV	—	—	—	—
	II	—	—	—	—
	III	—	—	—	—
	V	—	—	—	—
	VI	0,20	—	0,01	0,01
1,89	I,IV	—	—	—	—
	II	—	—	—	—
	III	—	—	—	—
	V	—	—	—	—
	VI	0,21	—	0,01	0,01
1,99	I,IV	—	—	—	—
	II	—	—	—	—
	III	—	—	—	—
	V	—	—	—	—
	VI	0,22	—	0,01	0,01
2,09	I,IV	—	—	—	—
	II	—	—	—	—
	III	—	—	—	—
	V	—	—	—	—
	VI	0,23	—	0,01	0,02
2,19	I,IV	—	—	—	—
	II	—	—	—	—
	III	—	—	—	—
	V	—	—	—	—
	VI	0,24	—	0,01	0,02
2,29	I,IV	—	—	—	—
	II	—	—	—	—
	III	—	—	—	—
	V	—	—	—	—
	VI	0,25	—	0,02	0,02
2,39	I,IV	—	—	—	—
	II	—	—	—	—
	III	—	—	—	—
	V	—	—	—	—
	VI	0,26	—	0,02	0,02
2,49	I,IV	—	—	—	—
	II	—	—	—	—
	III	—	—	—	—
	V	—	—	—	—
	VI	0,27	—	0,02	0,02
2,59	I,IV	—	—	—	—
	II	—	—	—	—
	III	—	—	—	—
	V	—	—	—	—
	VI	0,28	—	0,02	0,02
2,69	I,IV	—	—	—	—
	II	—	—	—	—
	III	—	—	—	—
	V	—	—	—	—
	VI	0,30	—	0,02	0,02
2,79	I,IV	—	—	—	—
	II	—	—	—	—
	III	—	—	—	—
	V	—	—	—	—
	VI	0,31	—	0,02	0,02
2,89	I,IV	—	—	—	—
	II	—	—	—	—
	III	—	—	—	—
	V	—	—	—	—
	VI	0,32	—	0,02	0,02
2,99	I,IV	—	—	—	—
	II	—	—	—	—
	III	—	—	—	—
	V	—	—	—	—
	VI	0,33	—	0,02	0,02
3,09	I,IV	—	—	—	—
	II	—	—	—	—
	III	—	—	—	—
	V	—	—	—	—
	VI	0,34	—	0,02	0,03
3,19	I,IV	—	—	—	—
	II	—	—	—	—
	III	—	—	—	—
	V	—	—	—	—
	VI	0,35	—	0,02	0,03
3,29	I,IV	—	—	—	—
	II	—	—	—	—
	III	—	—	—	—
	V	—	—	—	—
	VI	0,36	—	0,02	0,03
3,39	I,IV	—	—	—	—
	II	—	—	—	—
	III	—	—	—	—
	V	—	—	—	—
	VI	0,37	—	0,02	0,03

Lohn/Gehalt bis €*	Klasse	LSt	SolZ	8%	9%
3,49	I,IV	—	—	—	—
	II	—	—	—	—
	III	—	—	—	—
	V	—	—	—	—
	VI	0,38	—	0,03	0,03
3,59	I,IV	—	—	—	—
	II	—	—	—	—
	III	—	—	—	—
	V	—	—	—	—
	VI	0,40	—	0,03	0,03
3,69	I,IV	—	—	—	—
	II	—	—	—	—
	III	—	—	—	—
	V	—	—	—	—
	VI	0,41	—	0,03	0,03
3,79	I,IV	—	—	—	—
	II	—	—	—	—
	III	—	—	—	—
	V	0,01	—	—	—
	VI	0,42	—	0,03	0,03
3,89	I,IV	—	—	—	—
	II	—	—	—	—
	III	—	—	—	—
	V	0,03	—	—	—
	VI	0,43	—	0,03	0,03
3,99	I,IV	—	—	—	—
	II	—	—	—	—
	III	—	—	—	—
	V	0,04	—	—	—
	VI	0,44	—	0,03	0,03
4,09	I,IV	—	—	—	—
	II	—	—	—	—
	III	—	—	—	—
	V	0,05	—	—	—
	VI	0,45	—	0,03	0,04
4,19	I,IV	—	—	—	—
	II	—	—	—	—
	III	—	—	—	—
	V	0,06	—	—	—
	VI	0,46	—	0,03	0,04
4,29	I,IV	—	—	—	—
	II	—	—	—	—
	III	—	—	—	—
	V	0,07	—	—	—
	VI	0,47	—	0,03	0,04
4,39	I,IV	—	—	—	—
	II	—	—	—	—
	III	—	—	—	—
	V	0,08	—	—	—
	VI	0,48	—	0,03	0,04
4,49	I,IV	—	—	—	—
	II	—	—	—	—
	III	—	—	—	—
	V	0,09	—	—	—
	VI	0,50	—	0,04	0,04
4,59	I,IV	—	—	—	—
	II	—	—	—	—
	III	—	—	—	—
	V	0,10	—	—	—
	VI	0,51	—	0,04	0,04
4,69	I,IV	—	—	—	—
	II	—	—	—	—
	III	—	—	—	—
	V	0,11	—	—	—
	VI	0,52	—	0,04	0,04
4,79	I,IV	—	—	—	—
	II	—	—	—	—
	III	—	—	—	—
	V	0,13	—	0,01	0,01
	VI	0,53	—	0,04	0,04
4,89	I,IV	—	—	—	—
	II	—	—	—	—
	III	—	—	—	—
	V	0,14	—	0,01	0,01
	VI	0,54	—	0,04	0,04
4,99	I,IV	—	—	—	—
	II	—	—	—	—
	III	—	—	—	—
	V	0,15	—	0,01	0,01
	VI	0,55	—	0,04	0,04
5,09	I,IV	—	—	—	—
	II	—	—	—	—
	III	—	—	—	—
	V	0,16	—	0,01	0,01
	VI	0,56	—	0,04	0,05

T 122

* Die ausgewiesenen Tabellenwerte sind amtlich. Siehe Erläuterungen auf der Umschlaginnenseite (U2).

10,19* TAG

Lohnsteuer, Solidaritätszuschlag und Kirchensteuer in den Steuerklassen I – VI (ohne Kinderfreibeträge)

Lohn/Gehalt bis €*	Steuerklasse	LSt	SolZ	8%	9%
5,19	I,IV	—	—	—	—
	II	—	—	—	—
	III	—	—	—	—
	V	0,17	—	0,01	0,01
	VI	0,58	—	0,04	0,05
5,29	I,IV	—	—	—	—
	II	—	—	—	—
	III	—	—	—	—
	V	0,18	—	0,01	0,01
	VI	0,58	—	0,04	0,05
5,39	I,IV	—	—	—	—
	II	—	—	—	—
	III	—	—	—	—
	V	0,19	—	0,01	0,01
	VI	0,60	—	0,04	0,05
5,49	I,IV	—	—	—	—
	II	—	—	—	—
	III	—	—	—	—
	V	0,21	—	0,01	0,01
	VI	0,61	—	0,04	0,05
5,59	I,IV	—	—	—	—
	II	—	—	—	—
	III	—	—	—	—
	V	0,22	—	0,01	0,01
	VI	0,62	—	0,04	0,05
5,69	I,IV	—	—	—	—
	II	—	—	—	—
	III	—	—	—	—
	V	0,23	—	0,01	0,02
	VI	0,63	—	0,05	0,05
5,79	I,IV	—	—	—	—
	II	—	—	—	—
	III	—	—	—	—
	V	0,24	—	0,01	0,02
	VI	0,64	—	0,05	0,05
5,89	I,IV	—	—	—	—
	II	—	—	—	—
	III	—	—	—	—
	V	0,25	—	0,02	0,02
	VI	0,65	—	0,05	0,05
5,99	I,IV	—	—	—	—
	II	—	—	—	—
	III	—	—	—	—
	V	0,26	—	0,02	0,02
	VI	0,66	—	0,05	0,05
6,09	I,IV	—	—	—	—
	II	—	—	—	—
	III	—	—	—	—
	V	0,27	—	0,02	0,02
	VI	0,68	—	0,05	0,06
6,19	I,IV	—	—	—	—
	II	—	—	—	—
	III	—	—	—	—
	V	0,28	—	0,02	0,02
	VI	0,69	—	0,05	0,06
6,29	I,IV	—	—	—	—
	II	—	—	—	—
	III	—	—	—	—
	V	0,30	—	0,02	0,02
	VI	0,70	—	0,05	0,06
6,39	I,IV	—	—	—	—
	II	—	—	—	—
	III	—	—	—	—
	V	0,31	—	0,02	0,02
	VI	0,71	—	0,05	0,06
6,49	I,IV	—	—	—	—
	II	—	—	—	—
	III	—	—	—	—
	V	0,32	—	0,02	0,02
	VI	0,72	—	0,05	0,06
6,59	I,IV	—	—	—	—
	II	—	—	—	—
	III	—	—	—	—
	V	0,33	—	0,02	0,02
	VI	0,73	—	0,05	0,06
6,69	I,IV	—	—	—	—
	II	—	—	—	—
	III	—	—	—	—
	V	0,34	—	0,02	0,03
	VI	0,74	—	0,05	0,06
6,79	I,IV	—	—	—	—
	II	—	—	—	—
	III	—	—	—	—
	V	0,35	—	0,02	0,03
	VI	0,75	—	0,06	0,06
6,89	I,IV	—	—	—	—
	II	—	—	—	—
	III	—	—	—	—
	V	0,36	—	0,02	0,03
	VI	0,76	—	0,06	0,06
6,99	I,IV	—	—	—	—
	II	—	—	—	—
	III	—	—	—	—
	V	0,37	—	0,02	0,03
	VI	0,78	—	0,06	0,07
7,09	I,IV	—	—	—	—
	II	—	—	—	—
	III	—	—	—	—
	V	0,38	—	0,03	0,03
	VI	0,79	—	0,06	0,07
7,19	I,IV	—	—	—	—
	II	—	—	—	—
	III	—	—	—	—
	V	0,40	—	0,03	0,03
	VI	0,80	—	0,06	0,07
7,29	I,IV	—	—	—	—
	II	—	—	—	—
	III	—	—	—	—
	V	0,41	—	0,03	0,03
	VI	0,81	—	0,06	0,07
7,39	I,IV	—	—	—	—
	II	—	—	—	—
	III	—	—	—	—
	V	0,42	—	0,03	0,03
	VI	0,82	—	0,06	0,07
7,49	I,IV	—	—	—	—
	II	—	—	—	—
	III	—	—	—	—
	V	0,43	—	0,03	0,03
	VI	0,83	—	0,06	0,07
7,59	I,IV	—	—	—	—
	II	—	—	—	—
	III	—	—	—	—
	V	0,44	—	0,03	0,03
	VI	0,84	—	0,06	0,07
7,69	I,IV	—	—	—	—
	II	—	—	—	—
	III	—	—	—	—
	V	0,45	—	0,03	0,04
	VI	0,85	—	0,06	0,07
7,79	I,IV	—	—	—	—
	II	—	—	—	—
	III	—	—	—	—
	V	0,46	—	0,03	0,04
	VI	0,86	—	0,06	0,07
7,89	I,IV	—	—	—	—
	II	—	—	—	—
	III	—	—	—	—
	V	0,47	—	0,03	0,04
	VI	0,88	—	0,07	0,07
7,99	I,IV	—	—	—	—
	II	—	—	—	—
	III	—	—	—	—
	V	0,48	—	0,03	0,04
	VI	0,89	—	0,07	0,08
8,09	I,IV	—	—	—	—
	II	—	—	—	—
	III	—	—	—	—
	V	0,50	—	0,04	0,04
	VI	0,90	—	0,07	0,08
8,19	I,IV	—	—	—	—
	II	—	—	—	—
	III	—	—	—	—
	V	0,51	—	0,04	0,04
	VI	0,91	—	0,07	0,08
8,29	I,IV	—	—	—	—
	II	—	—	—	—
	III	—	—	—	—
	V	0,52	—	0,04	0,04
	VI	0,92	—	0,07	0,08
8,39	I,IV	—	—	—	—
	II	—	—	—	—
	III	—	—	—	—
	V	0,53	—	0,04	0,04
	VI	0,93	—	0,07	0,08
8,49	I,IV	—	—	—	—
	II	—	—	—	—
	III	—	—	—	—
	V	0,54	—	0,04	0,04
	VI	0,94	—	0,07	0,08
8,59	I,IV	—	—	—	—
	II	—	—	—	—
	III	—	—	—	—
	V	0,55	—	0,04	0,04
	VI	0,95	—	0,07	0,08
8,69	I,IV	—	—	—	—
	II	—	—	—	—
	III	—	—	—	—
	V	0,56	—	0,04	0,05
	VI	0,96	—	0,07	0,08
8,79	I,IV	—	—	—	—
	II	—	—	—	—
	III	—	—	—	—
	V	0,57	—	0,04	0,05
	VI	0,98	—	0,07	0,08
8,89	I,IV	—	—	—	—
	II	—	—	—	—
	III	—	—	—	—
	V	0,58	—	0,04	0,05
	VI	0,99	—	0,07	0,08
8,99	I,IV	—	—	—	—
	II	—	—	—	—
	III	—	—	—	—
	V	0,60	—	0,04	0,05
	VI	1,—	—	0,08	0,09
9,09	I,IV	—	—	—	—
	II	—	—	—	—
	III	—	—	—	—
	V	0,61	—	0,04	0,05
	VI	1,01	—	0,08	0,09
9,19	I,IV	—	—	—	—
	II	—	—	—	—
	III	—	—	—	—
	V	0,62	—	0,04	0,05
	VI	1,02	—	0,08	0,09
9,29	I,IV	—	—	—	—
	II	—	—	—	—
	III	—	—	—	—
	V	0,63	—	0,05	0,05
	VI	1,03	—	0,08	0,09
9,39	I,IV	—	—	—	—
	II	—	—	—	—
	III	—	—	—	—
	V	0,64	—	0,05	0,05
	VI	1,04	—	0,08	0,09
9,49	I,IV	—	—	—	—
	II	—	—	—	—
	III	—	—	—	—
	V	0,65	—	0,05	0,05
	VI	1,05	—	0,08	0,09
9,59	I,IV	—	—	—	—
	II	—	—	—	—
	III	—	—	—	—
	V	0,66	—	0,05	0,05
	VI	1,06	—	0,08	0,09
9,69	I,IV	—	—	—	—
	II	—	—	—	—
	III	—	—	—	—
	V	0,68	—	0,05	0,06
	VI	1,08	—	0,08	0,09
9,79	I,IV	—	—	—	—
	II	—	—	—	—
	III	—	—	—	—
	V	0,68	—	0,05	0,06
	VI	1,09	—	0,08	0,09
9,89	I,IV	—	—	—	—
	II	—	—	—	—
	III	—	—	—	—
	V	0,70	—	0,05	0,06
	VI	1,10	—	0,08	0,09
9,99	I,IV	—	—	—	—
	II	—	—	—	—
	III	—	—	—	—
	V	0,71	—	0,05	0,06
	VI	1,11	—	0,08	0,09
10,09	I,IV	—	—	—	—
	II	—	—	—	—
	III	—	—	—	—
	V	0,72	—	0,05	0,06
	VI	1,12	—	0,08	0,10
10,19	I,IV	—	—	—	—
	II	—	—	—	—
	III	—	—	—	—
	V	0,73	—	0,05	0,06
	VI	1,13	—	0,09	0,10

* Die ausgewiesenen Tabellenwerte sind amtlich. Siehe Erläuterungen auf der Umschlaginnenseite (U2).

TAG 10,20*

Lohnsteuer, Solidaritätszuschlag und Kirchensteuer in den Steuerklassen I – VI

Block 1

Lohn/Gehalt bis €*	Kl.	LSt	SolZ	ohne Kinderfreibeträge 8%	9%
10,29	I,IV	—	—	—	—
	II	—	—	—	—
	III	—	—	—	—
	V	0,74	—	0,05	0,06
	VI	1,15	—	0,09	0,10
10,39	I,IV	—	—	—	—
	II	—	—	—	—
	III	—	—	—	—
	V	0,75	—	0,06	0,06
	VI	1,16	—	0,09	0,10
10,49	I,IV	—	—	—	—
	II	—	—	—	—
	III	—	—	—	—
	V	0,76	—	0,06	0,06
	VI	1,17	—	0,09	0,10
10,59	I,IV	—	—	—	—
	II	—	—	—	—
	III	—	—	—	—
	V	0,78	—	0,06	0,07
	VI	1,18	—	0,09	0,10
10,69	I,IV	—	—	—	—
	II	—	—	—	—
	III	—	—	—	—
	V	0,79	—	0,06	0,07
	VI	1,19	—	0,09	0,10
10,79	I,IV	—	—	—	—
	II	—	—	—	—
	III	—	—	—	—
	V	0,80	—	0,06	0,07
	VI	1,20	—	0,09	0,10
10,89	I,IV	—	—	—	—
	II	—	—	—	—
	III	—	—	—	—
	V	0,81	—	0,06	0,07
	VI	1,21	—	0,09	0,10
10,99	I,IV	—	—	—	—
	II	—	—	—	—
	III	—	—	—	—
	V	0,82	—	0,06	0,07
	VI	1,22	—	0,09	0,10
11,09	I,IV	—	—	—	—
	II	—	—	—	—
	III	—	—	—	—
	V	0,83	—	0,06	0,07
	VI	1,23	—	0,09	0,11
11,19	I,IV	—	—	—	—
	II	—	—	—	—
	III	—	—	—	—
	V	0,84	—	0,06	0,07
	VI	1,25	—	0,10	0,11
11,29	I,IV	—	—	—	—
	II	—	—	—	—
	III	—	—	—	—
	V	0,85	—	0,06	0,07
	VI	1,26	—	0,10	0,11
11,39	I,IV	—	—	—	—
	II	—	—	—	—
	III	—	—	—	—
	V	0,86	—	0,06	0,07
	VI	1,27	—	0,10	0,11
11,49	I,IV	—	—	—	—
	II	—	—	—	—
	III	—	—	—	—
	V	0,88	—	0,07	0,07
	VI	1,28	—	0,10	0,11
11,59	I,IV	—	—	—	—
	II	—	—	—	—
	III	—	—	—	—
	V	0,89	—	0,07	0,08
	VI	1,29	—	0,10	0,11
11,69	I,IV	—	—	—	—
	II	—	—	—	—
	III	—	—	—	—
	V	0,90	—	0,07	0,08
	VI	1,30	—	0,10	0,11
11,79	I,IV	—	—	—	—
	II	—	—	—	—
	III	—	—	—	—
	V	0,91	—	0,07	0,08
	VI	1,31	—	0,10	0,11
11,89	I,IV	—	—	—	—
	II	—	—	—	—
	III	—	—	—	—
	V	0,92	—	0,07	0,08
	VI	1,32	—	0,10	0,11

Block 2

Lohn/Gehalt bis €*	Kl.	LSt	SolZ	ohne Kinderfreibeträge 8%	9%
11,99	I,IV	—	—	—	—
	II	—	—	—	—
	III	—	—	—	—
	V	0,93	—	0,07	0,08
	VI	1,33	—	0,10	0,11
12,09	I,IV	—	—	—	—
	II	—	—	—	—
	III	—	—	—	—
	V	0,94	—	0,07	0,08
	VI	1,35	—	0,10	0,12
12,19	I,IV	—	—	—	—
	II	—	—	—	—
	III	—	—	—	—
	V	0,95	—	0,07	0,08
	VI	1,36	—	0,10	0,12
12,29	I,IV	—	—	—	—
	II	—	—	—	—
	III	—	—	—	—
	V	0,96	—	0,07	0,08
	VI	1,37	—	0,10	0,12
12,39	I,IV	—	—	—	—
	II	—	—	—	—
	III	—	—	—	—
	V	0,98	—	0,07	0,08
	VI	1,38	—	0,11	0,12
12,49	I,IV	—	—	—	—
	II	—	—	—	—
	III	—	—	—	—
	V	0,99	—	0,07	0,08
	VI	1,39	—	0,11	0,12
12,59	I,IV	—	—	—	—
	II	—	—	—	—
	III	—	—	—	—
	V	1,—	—	0,08	0,09
	VI	1,40	—	0,11	0,12
12,69	I,IV	—	—	—	—
	II	—	—	—	—
	III	—	—	—	—
	V	1,01	—	0,08	0,09
	VI	1,41	—	0,11	0,12
12,79	I,IV	—	—	—	—
	II	—	—	—	—
	III	—	—	—	—
	V	1,02	—	0,08	0,09
	VI	1,42	—	0,11	0,12
12,89	I,IV	—	—	—	—
	II	—	—	—	—
	III	—	—	—	—
	V	1,03	—	0,08	0,09
	VI	1,43	—	0,11	0,12
12,99	I,IV	—	—	—	—
	II	—	—	—	—
	III	—	—	—	—
	V	1,04	—	0,08	0,09
	VI	1,45	—	0,11	0,13
13,09	I,IV	—	—	—	—
	II	—	—	—	—
	III	—	—	—	—
	V	1,05	—	0,08	0,09
	VI	1,46	—	0,11	0,13
13,19	I,IV	—	—	—	—
	II	—	—	—	—
	III	—	—	—	—
	V	1,06	—	0,08	0,09
	VI	1,47	—	0,11	0,13
13,29	I,IV	—	—	—	—
	II	—	—	—	—
	III	—	—	—	—
	V	1,08	—	0,08	0,09
	VI	1,48	—	0,11	0,13
13,39	I,IV	—	—	—	—
	II	—	—	—	—
	III	—	—	—	—
	V	1,09	—	0,08	0,09
	VI	1,49	—	0,11	0,13
13,49	I,IV	—	—	—	—
	II	—	—	—	—
	III	—	—	—	—
	V	1,10	—	0,08	0,09
	VI	1,50	—	0,12	0,13
13,59	I,IV	—	—	—	—
	II	—	—	—	—
	III	—	—	—	—
	V	1,11	—	0,08	0,09
	VI	1,51	—	0,12	0,13

Block 3

Lohn/Gehalt bis €*	Kl.	LSt	SolZ	ohne Kinderfreibeträge 8%	9%
13,69	I,IV	—	—	—	—
	II	—	—	—	—
	III	—	—	—	—
	V	1,12	—	0,08	0,10
	VI	1,52	—	0,12	0,13
13,79	I,IV	—	—	—	—
	II	—	—	—	—
	III	—	—	—	—
	V	1,13	—	0,09	0,10
	VI	1,53	—	0,12	0,13
13,89	I,IV	—	—	—	—
	II	—	—	—	—
	III	—	—	—	—
	V	1,14	—	0,09	0,10
	VI	1,55	—	0,12	0,13
13,99	I,IV	—	—	—	—
	II	—	—	—	—
	III	—	—	—	—
	V	1,15	—	0,09	0,10
	VI	1,56	—	0,12	0,14
14,09	I,IV	—	—	—	—
	II	—	—	—	—
	III	—	—	—	—
	V	1,16	—	0,09	0,10
	VI	1,57	—	0,12	0,14
14,19	I,IV	—	—	—	—
	II	—	—	—	—
	III	—	—	—	—
	V	1,18	—	0,09	0,10
	VI	1,58	—	0,12	0,14
14,29	I,IV	—	—	—	—
	II	—	—	—	—
	III	—	—	—	—
	V	1,19	—	0,09	0,10
	VI	1,59	—	0,12	0,14
14,39	I,IV	—	—	—	—
	II	—	—	—	—
	III	—	—	—	—
	V	1,20	—	0,09	0,10
	VI	1,60	—	0,12	0,14
14,49	I,IV	—	—	—	—
	II	—	—	—	—
	III	—	—	—	—
	V	1,21	—	0,09	0,10
	VI	1,61	—	0,12	0,14
14,59	I,IV	—	—	—	—
	II	—	—	—	—
	III	—	—	—	—
	V	1,22	—	0,09	0,10
	VI	1,63	—	0,13	0,14
14,69	I,IV	—	—	—	—
	II	—	—	—	—
	III	—	—	—	—
	V	1,23	—	0,09	0,11
	VI	1,64	—	0,13	0,14
14,79	I,IV	—	—	—	—
	II	—	—	—	—
	III	—	—	—	—
	V	1,25	—	0,10	0,11
	VI	1,65	—	0,13	0,14
14,89	I,IV	—	—	—	—
	II	—	—	—	—
	III	—	—	—	—
	V	1,26	—	0,10	0,11
	VI	1,66	—	0,13	0,14
14,99	I,IV	—	—	—	—
	II	—	—	—	—
	III	—	—	—	—
	V	1,27	—	0,10	0,11
	VI	1,67	—	0,13	0,15
15,09	I,IV	—	—	—	—
	II	—	—	—	—
	III	—	—	—	—
	V	1,28	—	0,10	0,11
	VI	1,68	—	0,13	0,15
15,19	I,IV	—	—	—	—
	II	—	—	—	—
	III	—	—	—	—
	V	1,29	—	0,10	0,11
	VI	1,69	—	0,13	0,15
15,29	I,IV	—	—	—	—
	II	—	—	—	—
	III	—	—	—	—
	V	1,30	—	0,10	0,11
	VI	1,70	—	0,13	0,15

* Die ausgewiesenen Tabellenwerte sind amtlich. Siehe Erläuterungen auf der Umschlaginnenseite (U2).

20,39* TAG

Tabelle 1

Lohn/Gehalt bis €*	St.-Kl.	LSt	SolZ	8%	9%
15,39	I,IV	—	—	—	—
	II	—	—	—	—
	III	—	—	—	—
	V	1,31	—	0,10	0,11
	VI	1,71	—	0,13	0,15
15,49	I,IV	—	—	—	—
	II	—	—	—	—
	III	—	—	—	—
	V	1,32	—	0,10	0,11
	VI	1,73	—	0,13	0,15
15,59	I,IV	—	—	—	—
	II	—	—	—	—
	III	—	—	—	—
	V	1,33	—	0,10	0,11
	VI	1,74	—	0,13	0,15
15,69	I,IV	—	—	—	—
	II	—	—	—	—
	III	—	—	—	—
	V	1,35	—	0,10	0,12
	VI	1,75	—	0,14	0,15
15,79	I,IV	—	—	—	—
	II	—	—	—	—
	III	—	—	—	—
	V	1,36	—	0,10	0,12
	VI	1,76	—	0,14	0,15
15,89	I,IV	—	—	—	—
	II	—	—	—	—
	III	—	—	—	—
	V	1,37	—	0,10	0,12
	VI	1,77	—	0,14	0,15
15,99	I,IV	—	—	—	—
	II	—	—	—	—
	III	—	—	—	—
	V	1,38	—	0,11	0,12
	VI	1,78	—	0,14	0,16
16,09	I,IV	—	—	—	—
	II	—	—	—	—
	III	—	—	—	—
	V	1,39	—	0,11	0,12
	VI	1,79	—	0,14	0,16
16,19	I,IV	—	—	—	—
	II	—	—	—	—
	III	—	—	—	—
	V	1,40	—	0,11	0,12
	VI	1,80	—	0,14	0,16
16,29	I,IV	—	—	—	—
	II	—	—	—	—
	III	—	—	—	—
	V	1,41	—	0,11	0,12
	VI	1,81	—	0,14	0,16
16,39	I,IV	—	—	—	—
	II	—	—	—	—
	III	—	—	—	—
	V	1,42	—	0,11	0,12
	VI	1,83	—	0,14	0,16
16,49	I,IV	—	—	—	—
	II	—	—	—	—
	III	—	—	—	—
	V	1,43	—	0,11	0,12
	VI	1,84	—	0,14	0,16
16,59	I,IV	—	—	—	—
	II	—	—	—	—
	III	—	—	—	—
	V	1,45	—	0,11	0,13
	VI	1,85	—	0,14	0,16
16,69	I,IV	—	—	—	—
	II	—	—	—	—
	III	—	—	—	—
	V	1,46	—	0,11	0,13
	VI	1,86	—	0,14	0,16
16,79	I,IV	—	—	—	—
	II	—	—	—	—
	III	—	—	—	—
	V	1,47	—	0,11	0,13
	VI	1,87	—	0,14	0,16
16,89	I,IV	—	—	—	—
	II	—	—	—	—
	III	—	—	—	—
	V	1,48	—	0,11	0,13
	VI	1,88	—	0,15	0,16
16,99	I,IV	—	—	—	—
	II	—	—	—	—
	III	—	—	—	—
	V	1,49	—	0,11	0,13
	VI	1,89	—	0,15	0,17

Tabelle 2

Lohn/Gehalt bis €*	St.-Kl.	LSt	SolZ	8%	9%
17,09	I,IV	—	—	—	—
	II	—	—	—	—
	III	—	—	—	—
	V	1,50	—	0,12	0,13
	VI	1,90	—	0,15	0,17
17,19	I,IV	—	—	—	—
	II	—	—	—	—
	III	—	—	—	—
	V	1,51	—	0,12	0,13
	VI	1,91	—	0,15	0,17
17,29	I,IV	—	—	—	—
	II	—	—	—	—
	III	—	—	—	—
	V	1,52	—	0,12	0,13
	VI	1,93	—	0,15	0,17
17,39	I,IV	—	—	—	—
	II	—	—	—	—
	III	—	—	—	—
	V	1,53	—	0,12	0,13
	VI	1,94	—	0,15	0,17
17,49	I,IV	—	—	—	—
	II	—	—	—	—
	III	—	—	—	—
	V	1,55	—	0,12	0,13
	VI	1,95	—	0,15	0,17
17,59	I,IV	—	—	—	—
	II	—	—	—	—
	III	—	—	—	—
	V	1,56	—	0,12	0,14
	VI	1,96	—	0,15	0,17
17,69	I,IV	—	—	—	—
	II	—	—	—	—
	III	—	—	—	—
	V	1,57	—	0,12	0,14
	VI	1,97	—	0,15	0,17
17,79	I,IV	—	—	—	—
	II	—	—	—	—
	III	—	—	—	—
	V	1,58	—	0,12	0,14
	VI	1,98	—	0,15	0,17
17,89	I,IV	—	—	—	—
	II	—	—	—	—
	III	—	—	—	—
	V	1,59	—	0,12	0,14
	VI	1,99	—	0,15	0,17
17,99	I,IV	—	—	—	—
	II	—	—	—	—
	III	—	—	—	—
	V	1,60	—	0,12	0,14
	VI	2,—	—	0,16	0,18
18,09	I,IV	—	—	—	—
	II	—	—	—	—
	III	—	—	—	—
	V	1,61	—	0,12	0,14
	VI	2,01	—	0,16	0,18
18,19	I,IV	—	—	—	—
	II	—	—	—	—
	III	—	—	—	—
	V	1,62	—	0,12	0,14
	VI	2,03	—	0,16	0,18
18,29	I,IV	—	—	—	—
	II	—	—	—	—
	III	—	—	—	—
	V	1,63	—	0,13	0,14
	VI	2,04	—	0,16	0,18
18,39	I,IV	—	—	—	—
	II	—	—	—	—
	III	—	—	—	—
	V	1,65	—	0,13	0,14
	VI	2,05	—	0,16	0,18
18,49	I,IV	—	—	—	—
	II	—	—	—	—
	III	—	—	—	—
	V	1,66	—	0,13	0,14
	VI	2,06	—	0,16	0,18
18,59	I,IV	—	—	—	—
	II	—	—	—	—
	III	—	—	—	—
	V	1,67	—	0,13	0,15
	VI	2,07	—	0,16	0,18
18,69	I,IV	—	—	—	—
	II	—	—	—	—
	III	—	—	—	—
	V	1,68	—	0,13	0,15
	VI	2,08	—	0,16	0,18

Tabelle 3

Lohn/Gehalt bis €*	St.-Kl.	LSt	SolZ	8%	9%
18,79	I,IV	—	—	—	—
	II	—	—	—	—
	III	—	—	—	—
	V	1,69	—	0,13	0,15
	VI	2,10	—	0,16	0,18
18,89	I,IV	—	—	—	—
	II	—	—	—	—
	III	—	—	—	—
	V	1,70	—	0,13	0,15
	VI	2,11	—	0,16	0,18
18,99	I,IV	—	—	—	—
	II	—	—	—	—
	III	—	—	—	—
	V	1,71	—	0,13	0,15
	VI	2,12	—	0,16	0,19
19,09	I,IV	—	—	—	—
	II	—	—	—	—
	III	—	—	—	—
	V	1,73	—	0,13	0,15
	VI	2,13	—	0,17	0,19
19,19	I,IV	—	—	—	—
	II	—	—	—	—
	III	—	—	—	—
	V	1,74	—	0,13	0,15
	VI	2,14	—	0,17	0,19
19,29	I,IV	—	—	—	—
	II	—	—	—	—
	III	—	—	—	—
	V	1,75	—	0,14	0,15
	VI	2,15	—	0,17	0,19
19,39	I,IV	—	—	—	—
	II	—	—	—	—
	III	—	—	—	—
	V	1,76	—	0,14	0,15
	VI	2,16	—	0,17	0,19
19,49	I,IV	—	—	—	—
	II	—	—	—	—
	III	—	—	—	—
	V	1,77	—	0,14	0,15
	VI	2,17	—	0,17	0,19
19,59	I,IV	—	—	—	—
	II	—	—	—	—
	III	—	—	—	—
	V	1,78	—	0,14	0,16
	VI	2,18	—	0,17	0,19
19,69	I,IV	—	—	—	—
	II	—	—	—	—
	III	—	—	—	—
	V	1,79	—	0,14	0,16
	VI	2,20	—	0,17	0,19
19,79	I,IV	—	—	—	—
	II	—	—	—	—
	III	—	—	—	—
	V	1,80	—	0,14	0,16
	VI	2,21	—	0,17	0,19
19,89	I,IV	—	—	—	—
	II	—	—	—	—
	III	—	—	—	—
	V	1,81	—	0,14	0,16
	VI	2,22	—	0,17	0,19
19,99	I,IV	—	—	—	—
	II	—	—	—	—
	III	—	—	—	—
	V	1,83	—	0,14	0,16
	VI	2,23	—	0,17	0,20
20,09	I,IV	—	—	—	—
	II	—	—	—	—
	III	—	—	—	—
	V	1,84	—	0,14	0,16
	VI	2,24	—	0,17	0,20
20,19	I,IV	—	—	—	—
	II	—	—	—	—
	III	—	—	—	—
	V	1,85	—	0,14	0,16
	VI	2,25	—	0,18	0,20
20,29	I,IV	—	—	—	—
	II	—	—	—	—
	III	—	—	—	—
	V	1,86	—	0,14	0,16
	VI	2,26	—	0,18	0,20
20,39	I,IV	—	—	—	—
	II	—	—	—	—
	III	—	—	—	—
	V	1,87	—	0,14	0,16
	VI	2,27	—	0,18	0,20

Lohnsteuer, Solidaritätszuschlag und Kirchensteuer in den Steuerklassen I – VI, ohne Kinderfreibeträge.

* Die ausgewiesenen Tabellenwerte sind amtlich. Siehe Erläuterungen auf der Umschlaginnenseite (U2).

TAG 20,40*

Lohnsteuer, Solidaritätszuschlag und Kirchensteuer in den Steuerklassen I – VI — ohne Kinderfreibeträge

Lohn/Gehalt bis €*	Steuerklasse	LSt	SolZ	8%	9%
20,49	I,IV	—	—	—	—
	II	—	—	—	—
	III	—	—	—	—
	V	1,88	—	0,15	0,16
	VI	2,28	—	0,18	0,20
20,59	I,IV	—	—	—	—
	II	—	—	—	—
	III	—	—	—	—
	V	1,89	—	0,15	0,17
	VI	2,30	—	0,18	0,20
20,69	I,IV	—	—	—	—
	II	—	—	—	—
	III	—	—	—	—
	V	1,90	—	0,15	0,17
	VI	2,31	—	0,18	0,20
20,79	I,IV	—	—	—	—
	II	—	—	—	—
	III	—	—	—	—
	V	1,91	—	0,15	0,17
	VI	2,32	—	0,18	0,20
20,89	I,IV	—	—	—	—
	II	—	—	—	—
	III	—	—	—	—
	V	1,93	—	0,15	0,17
	VI	2,33	—	0,18	0,20
20,99	I,IV	—	—	—	—
	II	—	—	—	—
	III	—	—	—	—
	V	1,94	—	0,15	0,17
	VI	2,34	—	0,18	0,21
21,09	I,IV	—	—	—	—
	II	—	—	—	—
	III	—	—	—	—
	V	1,95	—	0,15	0,17
	VI	2,35	—	0,18	0,21
21,19	I,IV	—	—	—	—
	II	—	—	—	—
	III	—	—	—	—
	V	1,96	—	0,15	0,17
	VI	2,36	—	0,18	0,21
21,29	I,IV	—	—	—	—
	II	—	—	—	—
	III	—	—	—	—
	V	1,97	—	0,15	0,17
	VI	2,37	—	0,18	0,21
21,39	I,IV	—	—	—	—
	II	—	—	—	—
	III	—	—	—	—
	V	1,98	—	0,15	0,17
	VI	2,38	—	0,19	0,21
21,49	I,IV	—	—	—	—
	II	—	—	—	—
	III	—	—	—	—
	V	1,99	—	0,15	0,17
	VI	2,40	—	0,19	0,21
21,59	I,IV	—	—	—	—
	II	—	—	—	—
	III	—	—	—	—
	V	2,—	—	0,16	0,18
	VI	2,41	—	0,19	0,21
21,69	I,IV	—	—	—	—
	II	—	—	—	—
	III	—	—	—	—
	V	2,01	—	0,16	0,18
	VI	2,42	—	0,19	0,21
21,79	I,IV	—	—	—	—
	II	—	—	—	—
	III	—	—	—	—
	V	2,03	—	0,16	0,18
	VI	2,43	—	0,19	0,21
21,89	I,IV	—	—	—	—
	II	—	—	—	—
	III	—	—	—	—
	V	2,04	—	0,16	0,18
	VI	2,44	—	0,19	0,21
21,99	I,IV	—	—	—	—
	II	—	—	—	—
	III	—	—	—	—
	V	2,05	—	0,16	0,18
	VI	2,45	—	0,19	0,22
22,09	I,IV	—	—	—	—
	II	—	—	—	—
	III	—	—	—	—
	V	2,06	—	0,16	0,18
	VI	2,46	—	0,19	0,22

Lohn/Gehalt bis €*	Steuerklasse	LSt	SolZ	8%	9%
22,19	I,IV	—	—	—	—
	II	—	—	—	—
	III	—	—	—	—
	V	2,07	—	0,16	0,18
	VI	2,47	—	0,19	0,22
22,29	I,IV	—	—	—	—
	II	—	—	—	—
	III	—	—	—	—
	V	2,08	—	0,16	0,18
	VI	2,48	—	0,19	0,22
22,39	I,IV	—	—	—	—
	II	—	—	—	—
	III	—	—	—	—
	V	2,09	—	0,16	0,18
	VI	2,50	—	0,20	0,22
22,49	I,IV	—	—	—	—
	II	—	—	—	—
	III	—	—	—	—
	V	2,10	—	0,16	0,18
	VI	2,51	—	0,20	0,22
22,59	I,IV	—	—	—	—
	II	—	—	—	—
	III	—	—	—	—
	V	2,11	—	0,16	0,18
	VI	2,52	—	0,20	0,22
22,69	I,IV	—	—	—	—
	II	—	—	—	—
	III	—	—	—	—
	V	2,13	—	0,17	0,19
	VI	2,53	—	0,20	0,22
22,79	I,IV	—	—	—	—
	II	—	—	—	—
	III	—	—	—	—
	V	2,14	—	0,17	0,19
	VI	2,54	—	0,20	0,22
22,89	I,IV	—	—	—	—
	II	—	—	—	—
	III	—	—	—	—
	V	2,15	—	0,17	0,19
	VI	2,55	—	0,20	0,22
22,99	I,IV	—	—	—	—
	II	—	—	—	—
	III	—	—	—	—
	V	2,16	—	0,17	0,19
	VI	2,56	—	0,20	0,23
23,09	I,IV	—	—	—	—
	II	—	—	—	—
	III	—	—	—	—
	V	2,17	—	0,17	0,19
	VI	2,58	—	0,20	0,23
23,19	I,IV	—	—	—	—
	II	—	—	—	—
	III	—	—	—	—
	V	2,18	—	0,17	0,19
	VI	2,59	—	0,20	0,23
23,29	I,IV	—	—	—	—
	II	—	—	—	—
	III	—	—	—	—
	V	2,19	—	0,17	0,19
	VI	2,60	—	0,20	0,23
23,39	I,IV	—	—	—	—
	II	—	—	—	—
	III	—	—	—	—
	V	2,21	—	0,17	0,19
	VI	2,61	—	0,20	0,23
23,49	I,IV	—	—	—	—
	II	—	—	—	—
	III	—	—	—	—
	V	2,22	—	0,17	0,19
	VI	2,62	—	0,20	0,23
23,59	I,IV	—	—	—	—
	II	—	—	—	—
	III	—	—	—	—
	V	2,23	—	0,17	0,20
	VI	2,63	—	0,21	0,23
23,69	I,IV	—	—	—	—
	II	—	—	—	—
	III	—	—	—	—
	V	2,24	—	0,17	0,20
	VI	2,64	—	0,21	0,23
23,79	I,IV	—	—	—	—
	II	—	—	—	—
	III	—	—	—	—
	V	2,25	—	0,18	0,20
	VI	2,65	—	0,21	0,23

Lohn/Gehalt bis €*	Steuerklasse	LSt	SolZ	8%	9%
23,89	I,IV	—	—	—	—
	II	—	—	—	—
	III	—	—	—	—
	V	2,26	—	0,18	0,20
	VI	2,66	—	0,21	0,23
23,99	I,IV	—	—	—	—
	II	—	—	—	—
	III	—	—	—	—
	V	2,27	—	0,18	0,20
	VI	2,68	—	0,21	0,24
24,09	I,IV	—	—	—	—
	II	—	—	—	—
	III	—	—	—	—
	V	2,28	—	0,18	0,20
	VI	2,69	—	0,21	0,24
24,19	I,IV	—	—	—	—
	II	—	—	—	—
	III	—	—	—	—
	V	2,30	—	0,18	0,20
	VI	2,70	—	0,21	0,24
24,29	I,IV	—	—	—	—
	II	—	—	—	—
	III	—	—	—	—
	V	2,31	—	0,18	0,20
	VI	2,71	—	0,21	0,24
24,39	I,IV	—	—	—	—
	II	—	—	—	—
	III	—	—	—	—
	V	2,32	—	0,18	0,20
	VI	2,72	—	0,21	0,24
24,49	I,IV	—	—	—	—
	II	—	—	—	—
	III	—	—	—	—
	V	2,33	—	0,18	0,20
	VI	2,73	—	0,21	0,24
24,59	I,IV	—	—	—	—
	II	—	—	—	—
	III	—	—	—	—
	V	2,34	—	0,18	0,21
	VI	2,74	—	0,21	0,24
24,69	I,IV	—	—	—	—
	II	—	—	—	—
	III	—	—	—	—
	V	2,35	—	0,18	0,21
	VI	2,75	—	0,22	0,24
24,79	I,IV	—	—	—	—
	II	—	—	—	—
	III	—	—	—	—
	V	2,36	—	0,18	0,21
	VI	2,76	—	0,22	0,24
24,89	I,IV	—	—	—	—
	II	—	—	—	—
	III	—	—	—	—
	V	2,37	—	0,18	0,21
	VI	2,78	—	0,22	0,25
24,99	I,IV	—	—	—	—
	II	—	—	—	—
	III	—	—	—	—
	V	2,38	—	0,19	0,21
	VI	2,79	—	0,22	0,25
25,09	I,IV	—	—	—	—
	II	—	—	—	—
	III	—	—	—	—
	V	2,40	—	0,19	0,21
	VI	2,80	—	0,22	0,25
25,19	I,IV	—	—	—	—
	II	—	—	—	—
	III	—	—	—	—
	V	2,41	—	0,19	0,21
	VI	2,81	—	0,22	0,25
25,29	I,IV	—	—	—	—
	II	—	—	—	—
	III	—	—	—	—
	V	2,42	—	0,19	0,21
	VI	2,82	—	0,22	0,25
25,39	I,IV	—	—	—	—
	II	—	—	—	—
	III	—	—	—	—
	V	2,43	—	0,19	0,21
	VI	2,83	—	0,22	0,25
25,49	I,IV	—	—	—	—
	II	—	—	—	—
	III	—	—	—	—
	V	2,44	—	0,19	0,21
	VI	2,84	—	0,22	0,25

* Die ausgewiesenen Tabellenwerte sind amtlich. Siehe Erläuterungen auf der Umschlaginnenseite (U2).

30,59* **TAG**

Tabelle 1

Lohn/Gehalt bis €*	Steuerklasse	LSt	SolZ	8%	9%
25,59	I,IV	—	—	—	—
	II	—	—	—	—
	III	—	—	—	—
	V	2,45	—	0,19	0,22
	VI	2,85	—	0,22	0,25
25,69	I,IV	—	—	—	—
	II	—	—	—	—
	III	—	—	—	—
	V	2,46	—	0,19	0,22
	VI	2,86	—	0,22	0,25
25,79	I,IV	—	—	—	—
	II	—	—	—	—
	III	—	—	—	—
	V	2,47	—	0,19	0,22
	VI	2,88	—	0,23	0,25
25,89	I,IV	—	—	—	—
	II	—	—	—	—
	III	—	—	—	—
	V	2,48	—	0,19	0,22
	VI	2,89	—	0,23	0,26
25,99	I,IV	—	—	—	—
	II	—	—	—	—
	III	—	—	—	—
	V	2,50	—	0,20	0,22
	VI	2,90	—	0,23	0,26
26,09	I,IV	—	—	—	—
	II	—	—	—	—
	III	—	—	—	—
	V	2,51	—	0,20	0,22
	VI	2,91	—	0,23	0,26
26,19	I,IV	—	—	—	—
	II	—	—	—	—
	III	—	—	—	—
	V	2,52	—	0,20	0,22
	VI	2,92	—	0,23	0,26
26,29	I,IV	—	—	—	—
	II	—	—	—	—
	III	—	—	—	—
	V	2,53	—	0,20	0,22
	VI	2,93	—	0,23	0,26
26,39	I,IV	—	—	—	—
	II	—	—	—	—
	III	—	—	—	—
	V	2,54	—	0,20	0,22
	VI	2,94	—	0,23	0,26
26,49	I,IV	—	—	—	—
	II	—	—	—	—
	III	—	—	—	—
	V	2,55	—	0,20	0,22
	VI	2,95	—	0,23	0,26
26,59	I,IV	—	—	—	—
	II	—	—	—	—
	III	—	—	—	—
	V	2,56	—	0,20	0,23
	VI	2,96	—	0,23	0,26
26,69	I,IV	—	—	—	—
	II	—	—	—	—
	III	—	—	—	—
	V	2,57	—	0,20	0,23
	VI	2,98	—	0,23	0,26
26,79	I,IV	—	—	—	—
	II	—	—	—	—
	III	—	—	—	—
	V	2,58	—	0,20	0,23
	VI	2,99	—	0,23	0,26
26,89	I,IV	—	—	—	—
	II	—	—	—	—
	III	—	—	—	—
	V	2,60	—	0,20	0,23
	VI	3,—	—	0,24	0,27
26,99	I,IV	—	—	—	—
	II	—	—	—	—
	III	—	—	—	—
	V	2,61	—	0,20	0,23
	VI	3,01	—	0,24	0,27
27,09	I,IV	—	—	—	—
	II	—	—	—	—
	III	—	—	—	—
	V	2,62	—	0,20	0,23
	VI	3,02	—	0,24	0,27
27,19	I,IV	—	—	—	—
	II	—	—	—	—
	III	—	—	—	—
	V	2,63	—	0,21	0,23
	VI	3,03	—	0,24	0,27

Tabelle 2

Lohn/Gehalt bis €*	Steuerklasse	LSt	SolZ	8%	9%
27,29	I,IV	—	—	—	—
	II	—	—	—	—
	III	—	—	—	—
	V	2,64	—	0,21	0,23
	VI	3,05	—	0,24	0,27
27,39	I,IV	—	—	—	—
	II	—	—	—	—
	III	—	—	—	—
	V	2,65	—	0,21	0,23
	VI	3,06	—	0,24	0,27
27,49	I,IV	—	—	—	—
	II	—	—	—	—
	III	—	—	—	—
	V	2,66	—	0,21	0,23
	VI	3,07	—	0,24	0,27
27,59	I,IV	—	—	—	—
	II	—	—	—	—
	III	—	—	—	—
	V	2,68	—	0,21	0,24
	VI	3,08	—	0,24	0,27
27,69	I,IV	—	—	—	—
	II	—	—	—	—
	III	—	—	—	—
	V	2,69	—	0,21	0,24
	VI	3,09	—	0,24	0,27
27,79	I,IV	—	—	—	—
	II	—	—	—	—
	III	—	—	—	—
	V	2,70	—	0,21	0,24
	VI	3,10	—	0,24	0,27
27,89	I,IV	—	—	—	—
	II	—	—	—	—
	III	—	—	—	—
	V	2,71	—	0,21	0,24
	VI	3,11	—	0,24	0,27
27,99	I,IV	—	—	—	—
	II	—	—	—	—
	III	—	—	—	—
	V	2,72	—	0,21	0,24
	VI	3,12	—	0,24	0,28
28,09	I,IV	—	—	—	—
	II	—	—	—	—
	III	—	—	—	—
	V	2,73	—	0,21	0,24
	VI	3,13	—	0,25	0,28
28,19	I,IV	—	—	—	—
	II	—	—	—	—
	III	—	—	—	—
	V	2,74	—	0,21	0,24
	VI	3,15	—	0,25	0,28
28,29	I,IV	—	—	—	—
	II	—	—	—	—
	III	—	—	—	—
	V	2,75	—	0,22	0,24
	VI	3,16	—	0,25	0,28
28,39	I,IV	—	—	—	—
	II	—	—	—	—
	III	—	—	—	—
	V	2,76	—	0,22	0,24
	VI	3,17	—	0,25	0,28
28,49	I,IV	—	—	—	—
	II	—	—	—	—
	III	—	—	—	—
	V	2,78	—	0,22	0,25
	VI	3,18	—	0,25	0,28
28,59	I,IV	—	—	—	—
	II	—	—	—	—
	III	—	—	—	—
	V	2,79	—	0,22	0,25
	VI	3,19	—	0,25	0,28
28,69	I,IV	—	—	—	—
	II	—	—	—	—
	III	—	—	—	—
	V	2,80	—	0,22	0,25
	VI	3,20	—	0,25	0,28
28,79	I,IV	—	—	—	—
	II	—	—	—	—
	III	—	—	—	—
	V	2,81	—	0,22	0,25
	VI	3,21	—	0,25	0,28
28,89	I,IV	—	—	—	—
	II	—	—	—	—
	III	—	—	—	—
	V	2,82	—	0,22	0,25
	VI	3,22	—	0,25	0,28

Tabelle 3

Lohn/Gehalt bis €*	Steuerklasse	LSt	SolZ	8%	9%
28,99	I,IV	—	—	—	—
	II	—	—	—	—
	III	—	—	—	—
	V	2,83	—	0,22	0,25
	VI	3,23	—	0,25	0,29
29,09	I,IV	—	—	—	—
	II	—	—	—	—
	III	—	—	—	—
	V	2,84	—	0,22	0,25
	VI	3,25	—	0,26	0,29
29,19	I,IV	—	—	—	—
	II	—	—	—	—
	III	—	—	—	—
	V	2,85	—	0,22	0,25
	VI	3,26	—	0,26	0,29
29,29	I,IV	—	—	—	—
	II	—	—	—	—
	III	—	—	—	—
	V	2,86	—	0,22	0,25
	VI	3,27	—	0,26	0,29
29,39	I,IV	—	—	—	—
	II	—	—	—	—
	III	—	—	—	—
	V	2,88	—	0,23	0,25
	VI	3,28	—	0,26	0,29
29,49	I,IV	—	—	—	—
	II	—	—	—	—
	III	—	—	—	—
	V	2,89	—	0,23	0,26
	VI	3,29	—	0,26	0,29
29,59	I,IV	—	—	—	—
	II	—	—	—	—
	III	—	—	—	—
	V	2,90	—	0,23	0,26
	VI	3,30	—	0,26	0,29
29,69	I,IV	—	—	—	—
	II	—	—	—	—
	III	—	—	—	—
	V	2,91	—	0,23	0,26
	VI	3,31	—	0,26	0,29
29,79	I,IV	—	—	—	—
	II	—	—	—	—
	III	—	—	—	—
	V	2,92	—	0,23	0,26
	VI	3,32	—	0,26	0,29
29,89	I,IV	—	—	—	—
	II	—	—	—	—
	III	—	—	—	—
	V	2,93	—	0,23	0,26
	VI	3,33	—	0,26	0,29
29,99	I,IV	—	—	—	—
	II	—	—	—	—
	III	—	—	—	—
	V	2,94	—	0,23	0,26
	VI	3,35	—	0,26	0,30
30,09	I,IV	—	—	—	—
	II	—	—	—	—
	III	—	—	—	—
	V	2,95	—	0,23	0,26
	VI	3,36	—	0,26	0,30
30,19	I,IV	—	—	—	—
	II	—	—	—	—
	III	—	—	—	—
	V	2,96	—	0,23	0,26
	VI	3,37	—	0,26	0,30
30,29	I,IV	—	—	—	—
	II	—	—	—	—
	III	—	—	—	—
	V	2,98	—	0,23	0,26
	VI	3,38	—	0,27	0,30
30,39	I,IV	—	—	—	—
	II	—	—	—	—
	III	—	—	—	—
	V	2,99	—	0,23	0,26
	VI	3,39	—	0,27	0,30
30,49	I,IV	—	—	—	—
	II	—	—	—	—
	III	—	—	—	—
	V	3,—	—	0,24	0,27
	VI	3,40	—	0,27	0,30
30,59	I,IV	—	—	—	—
	II	—	—	—	—
	III	—	—	—	—
	V	3,01	—	0,24	0,27
	VI	3,41	—	0,27	0,30

* Die ausgewiesenen Tabellenwerte sind amtlich. Siehe Erläuterungen auf der Umschlaginnenseite (U2).

TAG 30,60*

Lohnsteuer, Solidaritätszuschlag und Kirchensteuer in den Steuerklassen I – VI

Lohn/Gehalt bis €*	Steuerkl.	LSt	SolZ	8% (ohne Kinderfreibeträge)	9%
30,69	I,IV	—	—	—	—
	II	—	—	—	—
	III	—	—	—	—
	V	3,02	—	0,24	0,27
	VI	3,42	—	0,27	0,30
30,79	I,IV	—	—	—	—
	II	—	—	—	—
	III	—	—	—	—
	V	3,03	—	0,24	0,27
	VI	3,43	—	0,27	0,30
30,89	I,IV	—	—	—	—
	II	—	—	—	—
	III	—	—	—	—
	V	3,04	—	0,24	0,27
	VI	3,45	—	0,27	0,31
30,99	I,IV	—	—	—	—
	II	—	—	—	—
	III	—	—	—	—
	V	3,05	—	0,24	0,27
	VI	3,46	—	0,27	0,31
31,09	I,IV	—	—	—	—
	II	—	—	—	—
	III	—	—	—	—
	V	3,06	—	0,24	0,27
	VI	3,47	—	0,27	0,31
31,19	I,IV	—	—	—	—
	II	—	—	—	—
	III	—	—	—	—
	V	3,08	—	0,24	0,27
	VI	3,48	—	0,27	0,31
31,29	I,IV	—	—	—	—
	II	—	—	—	—
	III	—	—	—	—
	V	3,09	—	0,24	0,27
	VI	3,49	—	0,27	0,31
31,39	I,IV	—	—	—	—
	II	—	—	—	—
	III	—	—	—	—
	V	3,10	—	0,24	0,27
	VI	3,50	—	0,28	0,31
31,49	I,IV	—	—	—	—
	II	—	—	—	—
	III	—	—	—	—
	V	3,11	—	0,24	0,27
	VI	3,51	—	0,28	0,31
31,59	I,IV	—	—	—	—
	II	—	—	—	—
	III	—	—	—	—
	V	3,12	—	0,24	0,28
	VI	3,52	—	0,28	0,31
31,69	I,IV	—	—	—	—
	II	—	—	—	—
	III	—	—	—	—
	V	3,13	—	0,25	0,28
	VI	3,53	—	0,28	0,31
31,79	I,IV	—	—	—	—
	II	—	—	—	—
	III	—	—	—	—
	V	3,15	—	0,25	0,28
	VI	3,55	—	0,28	0,31
31,89	I,IV	—	—	—	—
	II	—	—	—	—
	III	—	—	—	—
	V	3,16	—	0,25	0,28
	VI	3,56	—	0,28	0,32
31,99	I,IV	—	—	—	—
	II	—	—	—	—
	III	—	—	—	—
	V	3,16	—	0,25	0,28
	VI	3,57	—	0,28	0,32
32,09	I,IV	—	—	—	—
	II	—	—	—	—
	III	—	—	—	—
	V	3,18	—	0,25	0,28
	VI	3,58	—	0,28	0,32
32,19	I,IV	—	—	—	—
	II	—	—	—	—
	III	—	—	—	—
	V	3,19	—	0,25	0,28
	VI	3,59	—	0,28	0,32
32,29	I,IV	—	—	—	—
	II	—	—	—	—
	III	—	—	—	—
	V	3,20	—	0,25	0,28
	VI	3,60	—	0,28	0,32
32,39	I,IV	—	—	—	—
	II	—	—	—	—
	III	—	—	—	—
	V	3,21	—	0,25	0,28
	VI	3,61	—	0,28	0,32
32,49	I,IV	—	—	—	—
	II	—	—	—	—
	III	—	—	—	—
	V	3,22	—	0,25	0,28
	VI	3,63	—	0,29	0,32
32,59	I,IV	—	—	—	—
	II	—	—	—	—
	III	—	—	—	—
	V	3,23	—	0,25	0,29
	VI	3,64	—	0,29	0,32
32,69	I,IV	—	—	—	—
	II	—	—	—	—
	III	—	—	—	—
	V	3,25	—	0,26	0,29
	VI	3,65	—	0,29	0,32
32,79	I,IV	—	—	—	—
	II	—	—	—	—
	III	—	—	—	—
	V	3,26	—	0,26	0,29
	VI	3,66	—	0,29	0,32
32,89	I,IV	—	—	—	—
	II	—	—	—	—
	III	—	—	—	—
	V	3,27	—	0,26	0,29
	VI	3,67	—	0,29	0,33
32,99	I,IV	—	—	—	—
	II	—	—	—	—
	III	—	—	—	—
	V	3,28	—	0,26	0,29
	VI	3,68	—	0,29	0,33
33,09	I,IV	—	—	—	—
	II	—	—	—	—
	III	—	—	—	—
	V	3,29	—	0,26	0,29
	VI	3,69	—	0,29	0,33
33,19	I,IV	—	—	—	—
	II	—	—	—	—
	III	—	—	—	—
	V	3,30	—	0,26	0,29
	VI	3,70	—	0,29	0,33
33,29	I,IV	—	—	—	—
	II	—	—	—	—
	III	—	—	—	—
	V	3,31	—	0,26	0,29
	VI	3,71	—	0,29	0,33
33,39	I,IV	—	—	—	—
	II	—	—	—	—
	III	—	—	—	—
	V	3,32	—	0,26	0,29
	VI	3,73	—	0,29	0,33
33,49	I,IV	—	—	—	—
	II	—	—	—	—
	III	—	—	—	—
	V	3,33	—	0,26	0,29
	VI	3,74	—	0,29	0,33
33,59	I,IV	—	—	—	—
	II	—	—	—	—
	III	—	—	—	—
	V	3,35	—	0,26	0,30
	VI	3,75	—	0,30	0,33
33,69	I,IV	—	—	—	—
	II	—	—	—	—
	III	—	—	—	—
	V	3,36	—	0,26	0,30
	VI	3,76	—	0,30	0,33
33,79	I,IV	—	—	—	—
	II	—	—	—	—
	III	—	—	—	—
	V	3,37	—	0,26	0,30
	VI	3,77	—	0,30	0,33
33,89	I,IV	—	—	—	—
	II	—	—	—	—
	III	—	—	—	—
	V	3,38	—	0,27	0,30
	VI	3,78	—	0,30	0,34
33,99	I,IV	—	—	—	—
	II	—	—	—	—
	III	—	—	—	—
	V	3,39	—	0,27	0,30
	VI	3,79	—	0,30	0,34
34,09	I,IV	—	—	—	—
	II	—	—	—	—
	III	—	—	—	—
	V	3,40	—	0,27	0,30
	VI	3,80	—	0,30	0,34
34,19	I,IV	—	—	—	—
	II	—	—	—	—
	III	—	—	—	—
	V	3,41	—	0,27	0,30
	VI	3,81	—	0,30	0,34
34,29	I,IV	—	—	—	—
	II	—	—	—	—
	III	—	—	—	—
	V	3,42	—	0,27	0,30
	VI	3,83	—	0,30	0,34
34,39	I,IV	—	—	—	—
	II	—	—	—	—
	III	—	—	—	—
	V	3,43	—	0,27	0,30
	VI	3,84	—	0,30	0,34
34,49	I,IV	—	—	—	—
	II	—	—	—	—
	III	—	—	—	—
	V	3,45	—	0,27	0,31
	VI	3,85	—	0,30	0,34
34,59	I,IV	—	—	—	—
	II	—	—	—	—
	III	—	—	—	—
	V	3,46	—	0,27	0,31
	VI	3,86	—	0,30	0,34
34,69	I,IV	—	—	—	—
	II	—	—	—	—
	III	—	—	—	—
	V	3,47	—	0,27	0,31
	VI	3,87	—	0,30	0,34
34,79	I,IV	—	—	—	—
	II	—	—	—	—
	III	—	—	—	—
	V	3,48	—	0,27	0,31
	VI	3,88	—	0,31	0,34
34,89	I,IV	—	—	—	—
	II	—	—	—	—
	III	—	—	—	—
	V	3,49	—	0,27	0,31
	VI	3,89	—	0,31	0,35
34,99	I,IV	—	—	—	—
	II	—	—	—	—
	III	—	—	—	—
	V	3,50	—	0,28	0,31
	VI	3,90	—	0,31	0,35
35,09	I,IV	—	—	—	—
	II	—	—	—	—
	III	—	—	—	—
	V	3,51	—	0,28	0,31
	VI	3,91	—	0,31	0,35
35,19	I,IV	—	—	—	—
	II	—	—	—	—
	III	—	—	—	—
	V	3,52	—	0,28	0,31
	VI	3,93	—	0,31	0,35
35,29	I,IV	—	—	—	—
	II	—	—	—	—
	III	—	—	—	—
	V	3,53	—	0,28	0,31
	VI	3,94	—	0,31	0,35
35,39	I,IV	—	—	—	—
	II	—	—	—	—
	III	—	—	—	—
	V	3,55	—	0,28	0,31
	VI	3,95	—	0,31	0,35
35,49	I,IV	—	—	—	—
	II	—	—	—	—
	III	—	—	—	—
	V	3,56	—	0,28	0,32
	VI	3,96	—	0,31	0,35
35,59	I,IV	—	—	—	—
	II	—	—	—	—
	III	—	—	—	—
	V	3,57	—	0,28	0,32
	VI	3,97	—	0,31	0,35
35,69	I,IV	—	—	—	—
	II	—	—	—	—
	III	—	—	—	—
	V	3,58	—	0,28	0,32
	VI	3,98	—	0,31	0,35

* Die ausgewiesenen Tabellenwerte sind amtlich. Siehe Erläuterungen auf der Umschlaginnenseite (U2).

40,79*   **TAG**

Tabelle 1

Lohn/Gehalt bis €*	Steuerklasse	LSt	SolZ	8%	9%
35,79	I,IV	—	—	—	—
	II	—	—	—	—
	III	—	—	—	—
	V	3,59	—	0,28	0,32
	VI	3,99	—	0,31	0,35
35,89	I,IV	—	—	—	—
	II	—	—	—	—
	III	—	—	—	—
	V	3,60	—	0,28	0,32
	VI	4,—	—	0,32	0,36
35,99	I,IV	—	—	—	—
	II	—	—	—	—
	III	—	—	—	—
	V	3,61	—	0,28	0,32
	VI	4,02	—	0,32	0,36
36,09	I,IV	—	—	—	—
	II	—	—	—	—
	III	—	—	—	—
	V	3,62	—	0,28	0,32
	VI	4,03	—	0,32	0,36
36,19	I,IV	—	—	—	—
	II	—	—	—	—
	III	—	—	—	—
	V	3,63	—	0,29	0,32
	VI	4,04	—	0,32	0,36
36,29	I,IV	—	—	—	—
	II	—	—	—	—
	III	—	—	—	—
	V	3,65	—	0,29	0,32
	VI	4,05	—	0,32	0,36
36,39	I,IV	—	—	—	—
	II	—	—	—	—
	III	—	—	—	—
	V	3,66	—	0,29	0,32
	VI	4,06	—	0,32	0,36
36,49	I,IV	—	—	—	—
	II	—	—	—	—
	III	—	—	—	—
	V	3,67	—	0,29	0,33
	VI	4,07	—	0,32	0,36
36,59	I,IV	—	—	—	—
	II	—	—	—	—
	III	—	—	—	—
	V	3,68	—	0,29	0,33
	VI	4,08	—	0,32	0,36
36,69	I,IV	—	—	—	—
	II	—	—	—	—
	III	—	—	—	—
	V	3,69	—	0,29	0,33
	VI	4,10	—	0,32	0,36
36,79	I,IV	—	—	—	—
	II	—	—	—	—
	III	—	—	—	—
	V	3,70	—	0,29	0,33
	VI	4,11	—	0,32	0,36
36,89	I,IV	—	—	—	—
	II	—	—	—	—
	III	—	—	—	—
	V	3,71	—	0,29	0,33
	VI	4,12	—	0,32	0,37
36,99	I,IV	—	—	—	—
	II	—	—	—	—
	III	—	—	—	—
	V	3,73	—	0,29	0,33
	VI	4,13	—	0,33	0,37
37,09	I,IV	—	—	—	—
	II	—	—	—	—
	III	—	—	—	—
	V	3,74	—	0,29	0,33
	VI	4,14	—	0,33	0,37
37,19	I,IV	—	—	—	—
	II	—	—	—	—
	III	—	—	—	—
	V	3,75	—	0,30	0,33
	VI	4,15	—	0,33	0,37
37,29	I,IV	—	—	—	—
	II	—	—	—	—
	III	—	—	—	—
	V	3,76	—	0,30	0,33
	VI	4,16	—	0,33	0,37
37,39	I,IV	—	—	—	—
	II	—	—	—	—
	III	—	—	—	—
	V	3,77	—	0,30	0,33
	VI	4,17	—	0,33	0,37

Tabelle 2

Lohn/Gehalt bis €*	Steuerklasse	LSt	SolZ	8%	9%
37,49	I,IV	—	—	—	—
	II	—	—	—	—
	III	—	—	—	—
	V	3,78	—	0,30	0,34
	VI	4,18	—	0,33	0,37
37,59	I,IV	—	—	—	—
	II	—	—	—	—
	III	—	—	—	—
	V	3,79	—	0,30	0,34
	VI	4,20	—	0,33	0,37
37,69	I,IV	—	—	—	—
	II	—	—	—	—
	III	—	—	—	—
	V	3,80	—	0,30	0,34
	VI	4,21	—	0,33	0,37
37,79	I,IV	—	—	—	—
	II	—	—	—	—
	III	—	—	—	—
	V	3,81	—	0,30	0,34
	VI	4,22	—	0,33	0,37
37,89	I,IV	—	—	—	—
	II	—	—	—	—
	III	—	—	—	—
	V	3,83	—	0,30	0,34
	VI	4,23	—	0,33	0,38
37,99	I,IV	—	—	—	—
	II	—	—	—	—
	III	—	—	—	—
	V	3,84	—	0,30	0,34
	VI	4,24	—	0,33	0,38
38,09	I,IV	—	—	—	—
	II	—	—	—	—
	III	—	—	—	—
	V	3,85	—	0,30	0,34
	VI	4,25	—	0,34	0,38
38,19	I,IV	—	—	—	—
	II	—	—	—	—
	III	—	—	—	—
	V	3,86	—	0,30	0,34
	VI	4,26	—	0,34	0,38
38,29	I,IV	—	—	—	—
	II	—	—	—	—
	III	—	—	—	—
	V	3,87	—	0,30	0,34
	VI	4,27	—	0,34	0,38
38,39	I,IV	—	—	—	—
	II	—	—	—	—
	III	—	—	—	—
	V	3,88	—	0,31	0,34
	VI	4,28	—	0,34	0,38
38,49	I,IV	0,01	—	—	—
	II	—	—	—	—
	III	—	—	—	—
	V	3,89	—	0,31	0,35
	VI	4,30	—	0,34	0,38
38,59	I,IV	0,02	—	—	—
	II	—	—	—	—
	III	—	—	—	—
	V	3,90	—	0,31	0,35
	VI	4,31	—	0,34	0,38
38,69	I,IV	0,03	—	—	—
	II	—	—	—	—
	III	—	—	—	—
	V	3,91	—	0,31	0,35
	VI	4,32	—	0,34	0,38
38,79	I,IV	0,04	—	—	—
	II	—	—	—	—
	III	—	—	—	—
	V	3,93	—	0,31	0,35
	VI	4,33	—	0,34	0,38
38,89	I,IV	0,06	—	—	—
	II	—	—	—	—
	III	—	—	—	—
	V	3,94	—	0,31	0,35
	VI	4,34	—	0,34	0,39
38,99	I,IV	0,07	—	—	—
	II	—	—	—	—
	III	—	—	—	—
	V	3,95	—	0,31	0,35
	VI	4,35	—	0,34	0,39
39,09	I,IV	0,08	—	—	—
	II	—	—	—	—
	III	—	—	—	—
	V	3,96	—	0,31	0,35
	VI	4,36	—	0,34	0,39

Tabelle 3

Lohn/Gehalt bis €*	Steuerklasse	LSt	SolZ	8%	9%
39,19	I,IV	0,09	—	—	—
	II	—	—	—	—
	III	—	—	—	—
	V	3,97	—	0,31	0,35
	VI	4,37	—	0,34	0,39
39,29	I,IV	0,10	—	—	—
	II	—	—	—	—
	III	—	—	—	—
	V	3,98	—	0,31	0,35
	VI	4,38	—	0,35	0,39
39,39	I,IV	0,11	—	—	—
	II	—	—	—	—
	III	—	—	—	—
	V	3,99	—	0,31	0,35
	VI	4,40	—	0,35	0,39
39,49	I,IV	0,13	—	0,01	0,01
	II	—	—	—	—
	III	—	—	—	—
	V	4,—	—	0,32	0,36
	VI	4,41	—	0,35	0,39
39,59	I,IV	0,14	—	0,01	0,01
	II	—	—	—	—
	III	—	—	—	—
	V	4,01	—	0,32	0,36
	VI	4,42	—	0,35	0,39
39,69	I,IV	0,15	—	0,01	0,01
	II	—	—	—	—
	III	—	—	—	—
	V	4,03	—	0,32	0,36
	VI	4,43	—	0,35	0,39
39,79	I,IV	0,16	—	0,01	0,01
	II	—	—	—	—
	III	—	—	—	—
	V	4,04	—	0,32	0,36
	VI	4,44	—	0,35	0,39
39,89	I,IV	0,17	—	0,01	0,01
	II	—	—	—	—
	III	—	—	—	—
	V	4,05	—	0,32	0,36
	VI	4,45	—	0,35	0,40
39,99	I,IV	0,18	—	0,01	0,01
	II	—	—	—	—
	III	—	—	—	—
	V	4,06	—	0,32	0,36
	VI	4,47	—	0,35	0,40
40,09	I,IV	0,20	—	0,01	0,01
	II	—	—	—	—
	III	—	—	—	—
	V	4,07	—	0,32	0,36
	VI	4,51	—	0,36	0,40
40,19	I,IV	0,21	—	0,01	0,01
	II	—	—	—	—
	III	—	—	—	—
	V	4,08	—	0,32	0,36
	VI	4,54	—	0,36	0,40
40,29	I,IV	0,22	—	0,01	0,01
	II	—	—	—	—
	III	—	—	—	—
	V	4,09	—	0,32	0,36
	VI	4,57	—	0,36	0,41
40,39	I,IV	0,23	—	0,01	0,02
	II	—	—	—	—
	III	—	—	—	—
	V	4,10	—	0,32	0,36
	VI	4,61	—	0,36	0,41
40,49	I,IV	0,25	—	0,02	0,02
	II	—	—	—	—
	III	—	—	—	—
	V	4,12	—	0,32	0,37
	VI	4,64	—	0,37	0,41
40,59	I,IV	0,26	—	0,02	0,02
	II	—	—	—	—
	III	—	—	—	—
	V	4,13	—	0,33	0,37
	VI	4,67	—	0,37	0,42
40,69	I,IV	0,27	—	0,02	0,02
	II	—	—	—	—
	III	—	—	—	—
	V	4,14	—	0,33	0,37
	VI	4,71	—	0,37	0,42
40,79	I,IV	0,28	—	0,02	0,02
	II	—	—	—	—
	III	—	—	—	—
	V	4,15	—	0,33	0,37
	VI	4,74	—	0,37	0,42

* Die ausgewiesenen Tabellenwerte sind amtlich. Siehe Erläuterungen auf der Umschlaginnenseite (U2).

TAG 40,80*

Lohnsteuer, Solidaritätszuschlag und Kirchensteuer in den Steuerklassen I – VI

Lohn/Gehalt bis €*	Steuerklasse	LSt	SolZ	8% (ohne Kinderfreibeträge)	9%
40,89	I,IV	0,29	—	0,02	0,02
	II	—	—	—	—
	III	—	—	—	—
	V	4,16	—	0,33	0,37
	VI	4,77	—	0,38	0,42
40,99	I,IV	0,31	—	0,02	0,02
	II	—	—	—	—
	III	—	—	—	—
	V	4,17	—	0,33	0,37
	VI	4,81	—	0,38	0,43
41,09	I,IV	0,32	—	0,02	0,02
	II	—	—	—	—
	III	—	—	—	—
	V	4,18	—	0,33	0,37
	VI	4,84	—	0,38	0,43
41,19	I,IV	0,33	—	0,02	0,02
	II	—	—	—	—
	III	—	—	—	—
	V	4,20	—	0,33	0,37
	VI	4,87	—	0,38	0,43
41,29	I,IV	0,34	—	0,02	0,03
	II	—	—	—	—
	III	—	—	—	—
	V	4,21	—	0,33	0,37
	VI	4,91	—	0,39	0,44
41,39	I,IV	0,36	—	0,02	0,03
	II	—	—	—	—
	III	—	—	—	—
	V	4,22	—	0,33	0,37
	VI	4,94	—	0,39	0,44
41,49	I,IV	0,37	—	0,02	0,03
	II	—	—	—	—
	III	—	—	—	—
	V	4,23	—	0,33	0,38
	VI	4,98	—	0,39	0,44
41,59	I,IV	0,38	—	0,03	0,03
	II	—	—	—	—
	III	—	—	—	—
	V	4,24	—	0,33	0,38
	VI	5,01	—	0,40	0,45
41,69	I,IV	0,39	—	0,03	0,03
	II	—	—	—	—
	III	—	—	—	—
	V	4,25	—	0,34	0,38
	VI	5,04	—	0,40	0,45
41,79	I,IV	0,41	—	0,03	0,03
	II	—	—	—	—
	III	—	—	—	—
	V	4,26	—	0,34	0,38
	VI	5,08	—	0,40	0,45
41,89	I,IV	0,42	—	0,03	0,03
	II	—	—	—	—
	III	—	—	—	—
	V	4,27	—	0,34	0,38
	VI	5,11	—	0,40	0,45
41,99	I,IV	0,43	—	0,03	0,03
	II	—	—	—	—
	III	—	—	—	—
	V	4,28	—	0,34	0,38
	VI	5,14	—	0,41	0,46
42,09	I,IV	0,45	—	0,03	0,04
	II	—	—	—	—
	III	—	—	—	—
	V	4,30	—	0,34	0,38
	VI	5,18	—	0,41	0,46
42,19	I,IV	0,46	—	0,03	0,04
	II	—	—	—	—
	III	—	—	—	—
	V	4,31	—	0,34	0,38
	VI	5,21	—	0,41	0,46
42,29	I,IV	0,47	—	0,03	0,04
	II	—	—	—	—
	III	—	—	—	—
	V	4,32	—	0,34	0,38
	VI	5,24	—	0,41	0,47
42,39	I,IV	0,48	—	0,03	0,04
	II	—	—	—	—
	III	—	—	—	—
	V	4,33	—	0,34	0,38
	VI	5,28	—	0,42	0,47
42,49	I,IV	0,50	—	0,04	0,04
	II	—	—	—	—
	III	—	—	—	—
	V	4,34	—	0,34	0,39
	VI	5,31	—	0,42	0,47
42,59	I,IV	0,51	—	0,04	0,04
	II	—	—	—	—
	III	—	—	—	—
	V	4,35	—	0,34	0,39
	VI	5,34	—	0,42	0,48
42,69	I,IV	0,52	—	0,04	0,04
	II	—	—	—	—
	III	—	—	—	—
	V	4,36	—	0,34	0,39
	VI	5,38	—	0,43	0,48
42,79	I,IV	0,54	—	0,04	0,04
	II	—	—	—	—
	III	—	—	—	—
	V	4,37	—	0,34	0,39
	VI	5,41	—	0,43	0,48
42,89	I,IV	0,55	—	0,04	0,04
	II	—	—	—	—
	III	—	—	—	—
	V	4,38	—	0,35	0,39
	VI	5,44	—	0,43	0,48
42,99	I,IV	0,56	—	0,04	0,05
	II	—	—	—	—
	III	—	—	—	—
	V	4,40	—	0,35	0,39
	VI	5,48	—	0,43	0,49
43,09	I,IV	0,58	—	0,04	0,05
	II	—	—	—	—
	III	—	—	—	—
	V	4,41	—	0,35	0,39
	VI	5,51	—	0,44	0,49
43,19	I,IV	0,59	—	0,04	0,05
	II	—	—	—	—
	III	—	—	—	—
	V	4,42	—	0,35	0,39
	VI	5,55	—	0,44	0,49
43,29	I,IV	0,60	—	0,04	0,05
	II	—	—	—	—
	III	—	—	—	—
	V	4,43	—	0,35	0,39
	VI	5,58	—	0,44	0,50
43,39	I,IV	0,62	—	0,04	0,05
	II	—	—	—	—
	III	—	—	—	—
	V	4,44	—	0,35	0,39
	VI	5,61	—	0,44	0,50
43,49	I,IV	0,63	—	0,05	0,05
	II	—	—	—	—
	III	—	—	—	—
	V	4,45	—	0,35	0,40
	VI	5,65	—	0,45	0,50
43,59	I,IV	0,64	—	0,05	0,05
	II	—	—	—	—
	III	—	—	—	—
	V	4,47	—	0,35	0,40
	VI	5,68	—	0,45	0,51
43,69	I,IV	0,66	—	0,05	0,05
	II	—	—	—	—
	III	—	—	—	—
	V	4,50	—	0,36	0,40
	VI	5,71	—	0,45	0,51
43,79	I,IV	0,67	—	0,05	0,06
	II	—	—	—	—
	III	—	—	—	—
	V	4,54	—	0,36	0,40
	VI	5,75	—	0,46	0,51
43,89	I,IV	0,68	—	0,05	0,06
	II	—	—	—	—
	III	—	—	—	—
	V	4,57	—	0,36	0,41
	VI	5,78	—	0,46	0,52
43,99	I,IV	0,70	—	0,05	0,06
	II	—	—	—	—
	III	—	—	—	—
	V	4,60	—	0,36	0,41
	VI	5,81	—	0,46	0,52
44,09	I,IV	0,71	—	0,05	0,06
	II	—	—	—	—
	III	—	—	—	—
	V	4,64	—	0,37	0,41
	VI	5,85	—	0,46	0,52
44,19	I,IV	0,73	—	0,05	0,06
	II	—	—	—	—
	III	—	—	—	—
	V	4,68	—	0,37	0,42
	VI	5,89	—	0,47	0,53
44,29	I,IV	0,75	—	0,06	0,06
	II	—	—	—	—
	III	—	—	—	—
	V	4,72	—	0,37	0,42
	VI	5,93	—	0,47	0,53
44,39	I,IV	0,76	—	0,06	0,06
	II	—	—	—	—
	III	—	—	—	—
	V	4,76	—	0,38	0,42
	VI	5,97	—	0,47	0,53
44,49	I,IV	0,78	—	0,06	0,07
	II	—	—	—	—
	III	—	—	—	—
	V	4,80	—	0,38	0,43
	VI	6,01	—	0,48	0,54
44,59	I,IV	0,80	—	0,06	0,07
	II	—	—	—	—
	III	—	—	—	—
	V	4,84	—	0,38	0,43
	VI	6,05	—	0,48	0,54
44,69	I,IV	0,81	—	0,06	0,07
	II	—	—	—	—
	III	—	—	—	—
	V	4,88	—	0,39	0,43
	VI	6,08	—	0,48	0,54
44,79	I,IV	0,83	—	0,06	0,07
	II	—	—	—	—
	III	—	—	—	—
	V	4,91	—	0,39	0,44
	VI	6,12	—	0,48	0,55
44,89	I,IV	0,84	—	0,06	0,07
	II	—	—	—	—
	III	—	—	—	—
	V	4,95	—	0,39	0,44
	VI	6,16	—	0,49	0,55
44,99	I,IV	0,86	—	0,06	0,07
	II	—	—	—	—
	III	—	—	—	—
	V	4,99	—	0,39	0,44
	VI	6,20	—	0,49	0,55
45,09	I,IV	0,88	—	0,07	0,07
	II	—	—	—	—
	III	—	—	—	—
	V	5,03	—	0,40	0,45
	VI	6,24	—	0,49	0,56
45,19	I,IV	0,89	—	0,07	0,08
	II	—	—	—	—
	III	—	—	—	—
	V	5,07	—	0,40	0,45
	VI	6,28	—	0,50	0,56
45,29	I,IV	0,91	—	0,07	0,08
	II	—	—	—	—
	III	—	—	—	—
	V	5,11	—	0,40	0,45
	VI	6,31	—	0,50	0,56
45,39	I,IV	0,93	—	0,07	0,08
	II	—	—	—	—
	III	—	—	—	—
	V	5,15	—	0,41	0,46
	VI	6,35	—	0,50	0,57
45,49	I,IV	0,94	—	0,07	0,08
	II	—	—	—	—
	III	—	—	—	—
	V	5,18	—	0,41	0,46
	VI	6,39	—	0,51	0,57
45,59	I,IV	0,96	—	0,07	0,08
	II	—	—	—	—
	III	—	—	—	—
	V	5,22	—	0,41	0,46
	VI	6,43	—	0,51	0,57
45,69	I,IV	0,98	—	0,07	0,08
	II	—	—	—	—
	III	—	—	—	—
	V	5,26	—	0,42	0,47
	VI	6,47	—	0,51	0,58
45,79	I,IV	0,99	—	0,07	0,08
	II	—	—	—	—
	III	—	—	—	—
	V	5,30	—	0,42	0,47
	VI	6,51	—	0,52	0,58
45,89	I,IV	1,01	—	0,08	0,09
	II	—	—	—	—
	III	—	—	—	—
	V	5,34	—	0,42	0,48
	VI	6,55	—	0,52	0,58

* Die ausgewiesenen Tabellenwerte sind amtlich. Siehe Erläuterungen auf der Umschlaginnenseite (U2).

47,59* TAG

Abzüge an Lohnsteuer, Solidaritätszuschlag (SolZ) und Kirchensteuer (8%, 9%) in den Steuerklassen

I – VI (ohne Kinderfreibeträge) · I, II, III, IV (mit Zahl der Kinderfreibeträge …)

Lohn/Gehalt bis €*	Kl	LSt	SolZ	8%	9%	Kl	LSt	0,5 SolZ	0,5 8%	0,5 9%	1 SolZ	1 8%	1 9%	1,5 SolZ	1,5 8%	1,5 9%	2 SolZ	2 8%	2 9%	2,5 SolZ	2,5 8%	2,5 9%	3 SolZ	3 8%	3 9%
45,99	I,IV	1,03	—	0,08	0,09	I	1,03	—	—	—	—	—	—	—	—	—	—	—	—	—	—	—	—	—	—
	II	—	—	—	—	II	—	—	—	—	—	—	—	—	—	—	—	—	—	—	—	—	—	—	—
	III	—	—	—	—	III	—	—	—	—	—	—	—	—	—	—	—	—	—	—	—	—	—	—	—
	V	5,38	—	0,43	0,48	IV	1,03	—	—	—	—	—	—	—	—	—	—	—	—	—	—	—	—	—	—
	VI	6,58	—	0,52	0,59																				
46,09	I,IV	1,05	—	0,08	0,09	I	1,05	—	—	—	—	—	—	—	—	—	—	—	—	—	—	—	—	—	—
	II	—	—	—	—	II	—	—	—	—	—	—	—	—	—	—	—	—	—	—	—	—	—	—	—
	III	—	—	—	—	III	—	—	—	—	—	—	—	—	—	—	—	—	—	—	—	—	—	—	—
	V	5,41	—	0,43	0,48	IV	1,05	—	—	—	—	—	—	—	—	—	—	—	—	—	—	—	—	—	—
	VI	6,62	—	0,52	0,59																				
46,19	I,IV	1,06	—	0,08	0,09	I	1,06	—	—	—	—	—	—	—	—	—	—	—	—	—	—	—	—	—	—
	II	—	—	—	—	II	—	—	—	—	—	—	—	—	—	—	—	—	—	—	—	—	—	—	—
	III	—	—	—	—	III	—	—	—	—	—	—	—	—	—	—	—	—	—	—	—	—	—	—	—
	V	5,45	—	0,43	0,49	IV	1,06	—	—	—	—	—	—	—	—	—	—	—	—	—	—	—	—	—	—
	VI	6,66	—	0,53	0,59																				
46,29	I,IV	1,08	—	0,08	0,09	I	1,08	—	—	—	—	—	—	—	—	—	—	—	—	—	—	—	—	—	—
	II	—	—	—	—	II	—	—	—	—	—	—	—	—	—	—	—	—	—	—	—	—	—	—	—
	III	—	—	—	—	III	—	—	—	—	—	—	—	—	—	—	—	—	—	—	—	—	—	—	—
	V	5,49	—	0,43	0,49	IV	1,08	—	—	—	—	—	—	—	—	—	—	—	—	—	—	—	—	—	—
	VI	6,70	—	0,53	0,60																				
46,39	I,IV	1,10	—	0,08	0,09	I	1,10	—	—	—	—	—	—	—	—	—	—	—	—	—	—	—	—	—	—
	II	—	—	—	—	II	—	—	—	—	—	—	—	—	—	—	—	—	—	—	—	—	—	—	—
	III	—	—	—	—	III	—	—	—	—	—	—	—	—	—	—	—	—	—	—	—	—	—	—	—
	V	5,53	—	0,44	0,49	IV	1,10	—	—	0,01	—	—	—	—	—	—	—	—	—	—	—	—	—	—	—
	VI	6,74	—	0,53	0,60																				
46,49	I,IV	1,11	—	0,08	0,09	I	1,11	—	—	—	—	—	—	—	—	—	—	—	—	—	—	—	—	—	—
	II	—	—	—	—	II	—	—	—	—	—	—	—	—	—	—	—	—	—	—	—	—	—	—	—
	III	—	—	—	—	III	—	—	—	—	—	—	—	—	—	—	—	—	—	—	—	—	—	—	—
	V	5,57	—	0,44	0,50	IV	1,11	—	0,01	0,01	—	—	—	—	—	—	—	—	—	—	—	—	—	—	—
	VI	6,78	—	0,54	0,61																				
46,59	I,IV	1,13	—	0,09	0,10	I	1,13	—	—	—	—	—	—	—	—	—	—	—	—	—	—	—	—	—	—
	II	—	—	—	—	II	—	—	—	—	—	—	—	—	—	—	—	—	—	—	—	—	—	—	—
	III	—	—	—	—	III	—	—	—	—	—	—	—	—	—	—	—	—	—	—	—	—	—	—	—
	V	5,61	—	0,44	0,50	IV	1,13	—	0,01	0,01	—	—	—	—	—	—	—	—	—	—	—	—	—	—	—
	VI	6,82	—	0,54	0,61																				
46,69	I,IV	1,15	—	0,09	0,10	I	1,15	—	—	—	—	—	—	—	—	—	—	—	—	—	—	—	—	—	—
	II	—	—	—	—	II	—	—	—	—	—	—	—	—	—	—	—	—	—	—	—	—	—	—	—
	III	—	—	—	—	III	—	—	—	—	—	—	—	—	—	—	—	—	—	—	—	—	—	—	—
	V	5,65	—	0,45	0,50	IV	1,15	—	0,01	0,01	—	—	—	—	—	—	—	—	—	—	—	—	—	—	—
	VI	6,86	—	0,54	0,61																				
46,79	I,IV	1,17	—	0,09	0,10	I	1,17	—	—	—	—	—	—	—	—	—	—	—	—	—	—	—	—	—	—
	II	—	—	—	—	II	—	—	—	—	—	—	—	—	—	—	—	—	—	—	—	—	—	—	—
	III	—	—	—	—	III	—	—	—	—	—	—	—	—	—	—	—	—	—	—	—	—	—	—	—
	V	5,68	—	0,45	0,51	IV	1,17	—	0,01	0,01	—	—	—	—	—	—	—	—	—	—	—	—	—	—	—
	VI	6,89	—	0,55	0,62																				
46,89	I,IV	1,18	—	0,09	0,10	I	1,18	—	—	—	—	—	—	—	—	—	—	—	—	—	—	—	—	—	—
	II	—	—	—	—	II	—	—	—	—	—	—	—	—	—	—	—	—	—	—	—	—	—	—	—
	III	—	—	—	—	III	—	—	—	—	—	—	—	—	—	—	—	—	—	—	—	—	—	—	—
	V	5,72	—	0,45	0,51	IV	1,18	—	0,01	0,01	—	—	—	—	—	—	—	—	—	—	—	—	—	—	—
	VI	6,93	—	0,55	0,62																				
46,99	I,IV	1,20	—	0,09	0,10	I	1,20	—	—	—	—	—	—	—	—	—	—	—	—	—	—	—	—	—	—
	II	—	—	—	—	II	—	—	—	—	—	—	—	—	—	—	—	—	—	—	—	—	—	—	—
	III	—	—	—	—	III	—	—	—	—	—	—	—	—	—	—	—	—	—	—	—	—	—	—	—
	V	5,76	—	0,46	0,51	IV	1,20	—	0,01	0,01	—	—	—	—	—	—	—	—	—	—	—	—	—	—	—
	VI	6,97	—	0,55	0,62																				
47,09	I,IV	1,22	—	0,09	0,10	I	1,22	—	—	—	—	—	—	—	—	—	—	—	—	—	—	—	—	—	—
	II	—	—	—	—	II	—	—	—	—	—	—	—	—	—	—	—	—	—	—	—	—	—	—	—
	III	—	—	—	—	III	—	—	—	—	—	—	—	—	—	—	—	—	—	—	—	—	—	—	—
	V	5,80	—	0,46	0,52	IV	1,22	—	0,01	0,01	—	—	—	—	—	—	—	—	—	—	—	—	—	—	—
	VI	7,01	—	0,56	0,63																				
47,19	I,IV	1,24	—	0,09	0,11	I	1,24	—	—	—	—	—	—	—	—	—	—	—	—	—	—	—	—	—	—
	II	—	—	—	—	II	—	—	—	—	—	—	—	—	—	—	—	—	—	—	—	—	—	—	—
	III	—	—	—	—	III	—	—	—	—	—	—	—	—	—	—	—	—	—	—	—	—	—	—	—
	V	5,84	—	0,46	0,52	IV	1,24	—	0,01	0,02	—	—	—	—	—	—	—	—	—	—	—	—	—	—	—
	VI	7,05	—	0,56	0,63																				
47,29	I,IV	1,26	—	0,10	0,11	I	1,26	—	—	—	—	—	—	—	—	—	—	—	—	—	—	—	—	—	—
	II	—	—	—	—	II	—	—	—	—	—	—	—	—	—	—	—	—	—	—	—	—	—	—	—
	III	—	—	—	—	III	—	—	—	—	—	—	—	—	—	—	—	—	—	—	—	—	—	—	—
	V	5,88	—	0,47	0,52	IV	1,26	—	0,02	0,02	—	—	—	—	—	—	—	—	—	—	—	—	—	—	—
	VI	7,09	—	0,56	0,63																				
47,39	I,IV	1,27	—	0,10	0,11	I	1,27	—	—	—	—	—	—	—	—	—	—	—	—	—	—	—	—	—	—
	II	—	—	—	—	II	—	—	—	—	—	—	—	—	—	—	—	—	—	—	—	—	—	—	—
	III	—	—	—	—	III	—	—	—	—	—	—	—	—	—	—	—	—	—	—	—	—	—	—	—
	V	5,92	—	0,47	0,53	IV	1,27	—	0,02	0,02	—	—	—	—	—	—	—	—	—	—	—	—	—	—	—
	VI	7,13	—	0,57	0,64																				
47,49	I,IV	1,29	—	0,10	0,11	I	1,29	—	—	—	—	—	—	—	—	—	—	—	—	—	—	—	—	—	—
	II	—	—	—	—	II	—	—	—	—	—	—	—	—	—	—	—	—	—	—	—	—	—	—	—
	III	—	—	—	—	III	—	—	—	—	—	—	—	—	—	—	—	—	—	—	—	—	—	—	—
	V	5,95	—	0,47	0,53	IV	1,29	—	0,02	0,02	—	—	—	—	—	—	—	—	—	—	—	—	—	—	—
	VI	7,16	—	0,57	0,64																				
47,59	I,IV	1,31	—	0,10	0,11	I	1,31	—	—	—	—	—	—	—	—	—	—	—	—	—	—	—	—	—	—
	II	—	—	—	—	II	—	—	—	—	—	—	—	—	—	—	—	—	—	—	—	—	—	—	—
	III	—	—	—	—	III	—	—	—	—	—	—	—	—	—	—	—	—	—	—	—	—	—	—	—
	V	5,99	—	0,47	0,53	IV	1,31	—	0,02	0,02	—	—	—	—	—	—	—	—	—	—	—	—	—	—	—
	VI	7,20	—	0,57	0,64																				

* Die ausgewiesenen Tabellenwerte sind amtlich. Siehe Erläuterungen auf der Umschlaginnenseite (U2).

TAG 47,60*

Abzüge an Lohnsteuer, Solidaritätszuschlag (SolZ) und Kirchensteuer (8%, 9%) in den Steuerklassen

Linke Seite: Steuerklassen I – VI, **ohne** Kinderfreibeträge.
Rechte Seite: Steuerklassen I, II, III, IV, **mit** Zahl der Kinderfreibeträge.

Lohn/Gehalt bis €*	Kl.	LSt	SolZ	8%	9%	Kl.	LSt	0,5 SolZ	0,5 8%	0,5 9%	1 SolZ	1 8%	1 9%	1,5 SolZ	1,5 8%	1,5 9%	2 SolZ	2 8%	2 9%	2,5 SolZ	2,5 8%	2,5 9%	3 SolZ	3 8%	3 9%
47,69	I,IV	1,33	—	0,10	0,11	I	1,33	—	—	—	—	—	—	—	—	—	—	—	—	—	—	—	—	—	—
	II	—	—	—	—	II	—	—	—	—	—	—	—	—	—	—	—	—	—	—	—	—	—	—	—
	III	—	—	—	—	III	—	—	—	—	—	—	—	—	—	—	—	—	—	—	—	—	—	—	—
	V	6,03	—	0,48	0,54	IV	1,33	—	0,02	0,02	—	—	—	—	—	—	—	—	—	—	—	—	—	—	—
	VI	7,24	—	0,57	0,65																				
47,79	I,IV	1,35	—	0,10	0,12	I	1,35	—	—	—	—	—	—	—	—	—	—	—	—	—	—	—	—	—	—
	II	—	—	—	—	II	—	—	—	—	—	—	—	—	—	—	—	—	—	—	—	—	—	—	—
	III	—	—	—	—	III	—	—	—	—	—	—	—	—	—	—	—	—	—	—	—	—	—	—	—
	V	6,07	—	0,48	0,54	IV	1,35	—	0,02	0,02	—	—	—	—	—	—	—	—	—	—	—	—	—	—	—
	VI	7,28	—	0,58	0,65																				
47,89	I,IV	1,36	—	0,10	0,12	I	1,36	—	—	—	—	—	—	—	—	—	—	—	—	—	—	—	—	—	—
	II	—	—	—	—	II	—	—	—	—	—	—	—	—	—	—	—	—	—	—	—	—	—	—	—
	III	—	—	—	—	III	—	—	—	—	—	—	—	—	—	—	—	—	—	—	—	—	—	—	—
	V	6,11	—	0,48	0,54	IV	1,36	—	0,02	0,02	—	—	—	—	—	—	—	—	—	—	—	—	—	—	—
	VI	7,32	—	0,58	0,65																				
47,99	I,IV	1,38	—	0,11	0,12	I	1,38	—	—	—	—	—	—	—	—	—	—	—	—	—	—	—	—	—	—
	II	—	—	—	—	II	—	—	—	—	—	—	—	—	—	—	—	—	—	—	—	—	—	—	—
	III	—	—	—	—	III	—	—	—	—	—	—	—	—	—	—	—	—	—	—	—	—	—	—	—
	V	6,15	—	0,49	0,55	IV	1,38	—	0,02	0,03	—	—	—	—	—	—	—	—	—	—	—	—	—	—	—
	VI	7,36	—	0,58	0,66																				
48,09	I,IV	1,40	—	0,11	0,12	I	1,40	—	—	—	—	—	—	—	—	—	—	—	—	—	—	—	—	—	—
	II	—	—	—	—	II	—	—	—	—	—	—	—	—	—	—	—	—	—	—	—	—	—	—	—
	III	—	—	—	—	III	—	—	—	—	—	—	—	—	—	—	—	—	—	—	—	—	—	—	—
	V	6,19	—	0,49	0,55	IV	1,40	—	0,02	0,03	—	—	—	—	—	—	—	—	—	—	—	—	—	—	—
	VI	7,40	—	0,59	0,66																				
48,19	I,IV	1,42	—	0,11	0,12	I	1,42	—	—	—	—	—	—	—	—	—	—	—	—	—	—	—	—	—	—
	II	—	—	—	—	II	—	—	—	—	—	—	—	—	—	—	—	—	—	—	—	—	—	—	—
	III	—	—	—	—	III	—	—	—	—	—	—	—	—	—	—	—	—	—	—	—	—	—	—	—
	V	6,22	—	0,49	0,55	IV	1,42	—	0,02	0,03	—	—	—	—	—	—	—	—	—	—	—	—	—	—	—
	VI	7,43	—	0,59	0,66																				
48,29	I,IV	1,44	—	0,11	0,12	I	1,44	—	—	—	—	—	—	—	—	—	—	—	—	—	—	—	—	—	—
	II	—	—	—	—	II	—	—	—	—	—	—	—	—	—	—	—	—	—	—	—	—	—	—	—
	III	—	—	—	—	III	—	—	—	—	—	—	—	—	—	—	—	—	—	—	—	—	—	—	—
	V	6,26	—	0,50	0,56	IV	1,44	—	0,03	0,03	—	—	—	—	—	—	—	—	—	—	—	—	—	—	—
	VI	7,47	—	0,59	0,67																				
48,39	I,IV	1,46	—	0,11	0,13	I	1,46	—	—	—	—	—	—	—	—	—	—	—	—	—	—	—	—	—	—
	II	—	—	—	—	II	—	—	—	—	—	—	—	—	—	—	—	—	—	—	—	—	—	—	—
	III	—	—	—	—	III	—	—	—	—	—	—	—	—	—	—	—	—	—	—	—	—	—	—	—
	V	6,30	—	0,50	0,56	IV	1,46	—	0,03	0,03	—	—	—	—	—	—	—	—	—	—	—	—	—	—	—
	VI	7,51	—	0,60	0,67																				
48,49	I,IV	1,47	—	0,11	0,13	I	1,47	—	—	—	—	—	—	—	—	—	—	—	—	—	—	—	—	—	—
	II	—	—	—	—	II	—	—	—	—	—	—	—	—	—	—	—	—	—	—	—	—	—	—	—
	III	—	—	—	—	III	—	—	—	—	—	—	—	—	—	—	—	—	—	—	—	—	—	—	—
	V	6,34	—	0,50	0,57	IV	1,47	—	0,03	0,03	—	—	—	—	—	—	—	—	—	—	—	—	—	—	—
	VI	7,55	—	0,60	0,67																				
48,59	I,IV	1,49	—	0,11	0,13	I	1,49	—	—	—	—	—	—	—	—	—	—	—	—	—	—	—	—	—	—
	II	—	—	—	—	II	—	—	—	—	—	—	—	—	—	—	—	—	—	—	—	—	—	—	—
	III	—	—	—	—	III	—	—	—	—	—	—	—	—	—	—	—	—	—	—	—	—	—	—	—
	V	6,38	—	0,51	0,57	IV	1,49	—	0,03	0,03	—	—	—	—	—	—	—	—	—	—	—	—	—	—	—
	VI	7,59	—	0,60	0,68																				
48,69	I,IV	1,51	—	0,12	0,13	I	1,51	—	—	—	—	—	—	—	—	—	—	—	—	—	—	—	—	—	—
	II	—	—	—	—	II	—	—	—	—	—	—	—	—	—	—	—	—	—	—	—	—	—	—	—
	III	—	—	—	—	III	—	—	—	—	—	—	—	—	—	—	—	—	—	—	—	—	—	—	—
	V	6,42	—	0,51	0,57	IV	1,51	—	0,03	0,04	—	—	—	—	—	—	—	—	—	—	—	—	—	—	—
	VI	7,63	—	0,61	0,68																				
48,79	I,IV	1,53	—	0,12	0,13	I	1,53	—	—	—	—	—	—	—	—	—	—	—	—	—	—	—	—	—	—
	II	—	—	—	—	II	—	—	—	—	—	—	—	—	—	—	—	—	—	—	—	—	—	—	—
	III	—	—	—	—	III	—	—	—	—	—	—	—	—	—	—	—	—	—	—	—	—	—	—	—
	V	6,46	—	0,51	0,58	IV	1,53	—	0,03	0,04	—	—	—	—	—	—	—	—	—	—	—	—	—	—	—
	VI	7,66	—	0,61	0,68																				
48,89	I,IV	1,55	—	0,12	0,13	I	1,55	—	—	—	—	—	—	—	—	—	—	—	—	—	—	—	—	—	—
	II	—	—	—	—	II	—	—	—	—	—	—	—	—	—	—	—	—	—	—	—	—	—	—	—
	III	—	—	—	—	III	—	—	—	—	—	—	—	—	—	—	—	—	—	—	—	—	—	—	—
	V	6,50	—	0,52	0,58	IV	1,55	—	0,03	0,04	—	—	—	—	—	—	—	—	—	—	—	—	—	—	—
	VI	7,70	—	0,61	0,69																				
48,99	I,IV	1,57	—	0,12	0,14	I	1,57	—	—	—	—	—	—	—	—	—	—	—	—	—	—	—	—	—	—
	II	—	—	—	—	II	—	—	—	—	—	—	—	—	—	—	—	—	—	—	—	—	—	—	—
	III	—	—	—	—	III	—	—	—	—	—	—	—	—	—	—	—	—	—	—	—	—	—	—	—
	V	6,53	—	0,52	0,58	IV	1,57	—	0,03	0,04	—	—	—	—	—	—	—	—	—	—	—	—	—	—	—
	VI	7,74	—	0,61	0,69																				
49,09	I,IV	1,59	—	0,12	0,14	I	1,59	—	—	—	—	—	—	—	—	—	—	—	—	—	—	—	—	—	—
	II	—	—	—	—	II	—	—	—	—	—	—	—	—	—	—	—	—	—	—	—	—	—	—	—
	III	—	—	—	—	III	—	—	—	—	—	—	—	—	—	—	—	—	—	—	—	—	—	—	—
	V	6,57	—	0,52	0,59	IV	1,59	—	0,04	0,04	—	—	—	—	—	—	—	—	—	—	—	—	—	—	—
	VI	7,78	—	0,62	0,70																				
49,19	I,IV	1,61	—	0,12	0,14	I	1,61	—	—	—	—	—	—	—	—	—	—	—	—	—	—	—	—	—	—
	II	—	—	—	—	II	—	—	—	—	—	—	—	—	—	—	—	—	—	—	—	—	—	—	—
	III	—	—	—	—	III	—	—	—	—	—	—	—	—	—	—	—	—	—	—	—	—	—	—	—
	V	6,61	—	0,52	0,59	IV	1,61	—	0,04	0,04	—	—	—	—	—	—	—	—	—	—	—	—	—	—	—
	VI	7,82	—	0,62	0,70																				
49,29	I,IV	1,63	—	0,13	0,14	I	1,63	—	—	—	—	—	—	—	—	—	—	—	—	—	—	—	—	—	—
	II	—	—	—	—	II	—	—	—	—	—	—	—	—	—	—	—	—	—	—	—	—	—	—	—
	III	—	—	—	—	III	—	—	—	—	—	—	—	—	—	—	—	—	—	—	—	—	—	—	—
	V	6,65	—	0,53	0,59	IV	1,63	—	0,04	0,04	—	—	—	—	—	—	—	—	—	—	—	—	—	—	—
	VI	7,86	—	0,62	0,70																				

* Die ausgewiesenen Tabellenwerte sind amtlich. Siehe Erläuterungen auf der Umschlaginnenseite (U2).

50,99* — **TAG**

Abzüge an Lohnsteuer, Solidaritätszuschlag (SolZ) und Kirchensteuer (8%, 9%) in den Steuerklassen

Lohn/Gehalt bis €*		I – VI ohne Kinderfreibeträge					I, II, III, IV mit Zahl der Kinderfreibeträge	0,5			1			1,5			2			2,5			3		
	Kl	LSt	SolZ	8%	9%	Kl	LSt	SolZ	8%	9%	SolZ	8%	9%	SolZ	8%	9%	SolZ	8%	9%	SolZ	8%	9%	SolZ	8%	9%
49,39	I,IV	1,65	—	0,13	0,14	I	1,65	—	—	—	—	—	—	—	—	—	—	—	—	—	—	—	—	—	—
	II	—	—	—	—	II	—	—	—	—	—	—	—	—	—	—	—	—	—	—	—	—	—	—	—
	III	—	—	—	—	III	—	—	—	—	—	—	—	—	—	—	—	—	—	—	—	—	—	—	—
	V	6,69	—	0,53	0,60	IV	1,65	—	0,04	0,04	—	—	—	—	—	—	—	—	—	—	—	—	—	—	—
	VI	7,90	—	0,63	0,71																				
49,49	I,IV	1,66	—	0,13	0,14	I	1,66	—	—	—	—	—	—	—	—	—	—	—	—	—	—	—	—	—	—
	II	—	—	—	—	II	—	—	—	—	—	—	—	—	—	—	—	—	—	—	—	—	—	—	—
	III	—	—	—	—	III	—	—	—	—	—	—	—	—	—	—	—	—	—	—	—	—	—	—	—
	V	6,73	—	0,53	0,60	IV	1,66	—	0,04	0,05	—	—	—	—	—	—	—	—	—	—	—	—	—	—	—
	VI	7,93	—	0,63	0,71																				
49,59	I,IV	1,68	—	0,13	0,15	I	1,68	—	—	—	—	—	—	—	—	—	—	—	—	—	—	—	—	—	—
	II	—	—	—	—	II	—	—	—	—	—	—	—	—	—	—	—	—	—	—	—	—	—	—	—
	III	—	—	—	—	III	—	—	—	—	—	—	—	—	—	—	—	—	—	—	—	—	—	—	—
	V	6,76	—	0,54	0,60	IV	1,68	—	0,04	0,05	—	—	—	—	—	—	—	—	—	—	—	—	—	—	—
	VI	7,97	—	0,63	0,71																				
49,69	I,IV	1,70	—	0,13	0,15	I	1,70	—	—	—	—	—	—	—	—	—	—	—	—	—	—	—	—	—	—
	II	—	—	—	—	II	—	—	—	—	—	—	—	—	—	—	—	—	—	—	—	—	—	—	—
	III	—	—	—	—	III	—	—	—	—	—	—	—	—	—	—	—	—	—	—	—	—	—	—	—
	V	6,80	—	0,54	0,61	IV	1,70	—	0,04	0,05	—	—	—	—	—	—	—	—	—	—	—	—	—	—	—
	VI	8,01	—	0,64	0,72																				
49,79	I,IV	1,72	—	0,13	0,15	I	1,72	—	—	—	—	—	—	—	—	—	—	—	—	—	—	—	—	—	—
	II	—	—	—	—	II	—	—	—	—	—	—	—	—	—	—	—	—	—	—	—	—	—	—	—
	III	—	—	—	—	III	—	—	—	—	—	—	—	—	—	—	—	—	—	—	—	—	—	—	—
	V	6,84	—	0,54	0,61	IV	1,72	—	0,04	0,05	—	—	—	—	—	—	—	—	—	—	—	—	—	—	—
	VI	8,05	—	0,64	0,72																				
49,89	I,IV	1,74	—	0,13	0,15	I	1,74	—	—	—	—	—	—	—	—	—	—	—	—	—	—	—	—	—	—
	II	—	—	—	—	II	—	—	—	—	—	—	—	—	—	—	—	—	—	—	—	—	—	—	—
	III	—	—	—	—	III	—	—	—	—	—	—	—	—	—	—	—	—	—	—	—	—	—	—	—
	V	6,88	—	0,55	0,61	IV	1,74	—	0,05	0,05	—	—	—	—	—	—	—	—	—	—	—	—	—	—	—
	VI	8,09	—	0,64	0,72																				
49,99	I,IV	1,76	—	0,14	0,15	I	1,76	—	—	—	—	—	—	—	—	—	—	—	—	—	—	—	—	—	—
	II	—	—	—	—	II	—	—	—	—	—	—	—	—	—	—	—	—	—	—	—	—	—	—	—
	III	—	—	—	—	III	—	—	—	—	—	—	—	—	—	—	—	—	—	—	—	—	—	—	—
	V	6,92	—	0,55	0,62	IV	1,76	—	0,05	0,05	—	—	—	—	—	—	—	—	—	—	—	—	—	—	—
	VI	8,13	—	0,65	0,73																				
50,09	I,IV	1,78	—	0,14	0,16	I	1,78	—	—	—	—	—	—	—	—	—	—	—	—	—	—	—	—	—	—
	II	—	—	—	—	II	—	—	—	—	—	—	—	—	—	—	—	—	—	—	—	—	—	—	—
	III	—	—	—	—	III	—	—	—	—	—	—	—	—	—	—	—	—	—	—	—	—	—	—	—
	V	6,96	—	0,55	0,62	IV	1,78	—	0,05	0,05	—	—	—	—	—	—	—	—	—	—	—	—	—	—	—
	VI	8,16	—	0,65	0,73																				
50,19	I,IV	1,80	—	0,14	0,16	I	1,80	—	—	—	—	—	—	—	—	—	—	—	—	—	—	—	—	—	—
	II	—	—	—	—	II	—	—	—	—	—	—	—	—	—	—	—	—	—	—	—	—	—	—	—
	III	—	—	—	—	III	—	—	—	—	—	—	—	—	—	—	—	—	—	—	—	—	—	—	—
	V	7,—	—	0,56	0,63	IV	1,80	—	0,05	0,06	—	—	—	—	—	—	—	—	—	—	—	—	—	—	—
	VI	8,20	—	0,65	0,73																				
50,29	I,IV	1,82	—	0,14	0,16	I	1,82	—	—	—	—	—	—	—	—	—	—	—	—	—	—	—	—	—	—
	II	—	—	—	—	II	—	—	—	—	—	—	—	—	—	—	—	—	—	—	—	—	—	—	—
	III	—	—	—	—	III	—	—	—	—	—	—	—	—	—	—	—	—	—	—	—	—	—	—	—
	V	7,03	—	0,56	0,63	IV	1,82	—	0,05	0,06	—	—	—	—	—	—	—	—	—	—	—	—	—	—	—
	VI	8,24	—	0,65	0,74																				
50,39	I,IV	1,84	—	0,14	0,16	I	1,84	—	—	—	—	—	—	—	—	—	—	—	—	—	—	—	—	—	—
	II	—	—	—	—	II	—	—	—	—	—	—	—	—	—	—	—	—	—	—	—	—	—	—	—
	III	—	—	—	—	III	—	—	—	—	—	—	—	—	—	—	—	—	—	—	—	—	—	—	—
	V	7,07	—	0,56	0,63	IV	1,84	—	0,05	0,06	—	—	—	—	—	—	—	—	—	—	—	—	—	—	—
	VI	8,28	—	0,66	0,74																				
50,49	I,IV	1,86	—	0,14	0,16	I	1,86	—	—	—	—	—	—	—	—	—	—	—	—	—	—	—	—	—	—
	II	—	—	—	—	II	—	—	—	—	—	—	—	—	—	—	—	—	—	—	—	—	—	—	—
	III	—	—	—	—	III	—	—	—	—	—	—	—	—	—	—	—	—	—	—	—	—	—	—	—
	V	7,11	—	0,56	0,63	IV	1,86	—	0,05	0,06	—	—	—	—	—	—	—	—	—	—	—	—	—	—	—
	VI	8,32	—	0,66	0,74																				
50,59	I,IV	1,88	—	0,15	0,16	I	1,88	—	—	—	—	—	—	—	—	—	—	—	—	—	—	—	—	—	—
	II	—	—	—	—	II	—	—	—	—	—	—	—	—	—	—	—	—	—	—	—	—	—	—	—
	III	—	—	—	—	III	—	—	—	—	—	—	—	—	—	—	—	—	—	—	—	—	—	—	—
	V	7,15	—	0,57	0,64	IV	1,88	—	0,05	0,06	—	—	—	—	—	—	—	—	—	—	—	—	—	—	—
	VI	8,36	—	0,66	0,75																				
50,69	I,IV	1,90	—	0,15	0,17	I	1,90	—	—	—	—	—	—	—	—	—	—	—	—	—	—	—	—	—	—
	II	—	—	—	—	II	—	—	—	—	—	—	—	—	—	—	—	—	—	—	—	—	—	—	—
	III	—	—	—	—	III	—	—	—	—	—	—	—	—	—	—	—	—	—	—	—	—	—	—	—
	V	7,19	—	0,57	0,64	IV	1,90	—	0,06	0,06	—	—	—	—	—	—	—	—	—	—	—	—	—	—	—
	VI	8,40	—	0,67	0,75																				
50,79	I,IV	1,92	—	0,15	0,17	I	1,92	—	—	—	—	—	—	—	—	—	—	—	—	—	—	—	—	—	—
	II	—	—	—	—	II	—	—	—	—	—	—	—	—	—	—	—	—	—	—	—	—	—	—	—
	III	—	—	—	—	III	—	—	—	—	—	—	—	—	—	—	—	—	—	—	—	—	—	—	—
	V	7,23	—	0,57	0,65	IV	1,92	—	0,06	0,06	—	—	—	—	—	—	—	—	—	—	—	—	—	—	—
	VI	8,44	—	0,67	0,75																				
50,89	I,IV	1,94	—	0,15	0,17	I	1,94	—	—	—	—	—	—	—	—	—	—	—	—	—	—	—	—	—	—
	II	—	—	—	—	II	—	—	—	—	—	—	—	—	—	—	—	—	—	—	—	—	—	—	—
	III	—	—	—	—	III	—	—	—	—	—	—	—	—	—	—	—	—	—	—	—	—	—	—	—
	V	7,26	—	0,58	0,65	IV	1,94	—	0,06	0,07	—	—	—	—	—	—	—	—	—	—	—	—	—	—	—
	VI	8,48	—	0,67	0,76																				
50,99	I,IV	1,96	—	0,15	0,17	I	1,96	—	—	—	—	—	—	—	—	—	—	—	—	—	—	—	—	—	—
	II	—	—	—	—	II	—	—	—	—	—	—	—	—	—	—	—	—	—	—	—	—	—	—	—
	III	—	—	—	—	III	—	—	—	—	—	—	—	—	—	—	—	—	—	—	—	—	—	—	—
	V	7,30	—	0,58	0,65	IV	1,96	—	0,06	0,07	—	—	—	—	—	—	—	—	—	—	—	—	—	—	—
	VI	8,51	—	0,68	0,76																				

* Die ausgewiesenen Tabellenwerte sind amtlich. Siehe Erläuterungen auf der Umschlaginnenseite (U2).

TAG 51,00*

Abzüge an Lohnsteuer, Solidaritätszuschlag (SolZ) und Kirchensteuer (8%, 9%) in den Steuerklassen

Left block: **I – VI** ohne Kinderfreibeträge — Right block: **I, II, III, IV** mit Zahl der Kinderfreibeträge …

Lohn/Gehalt bis €*	Kl	LSt	SolZ	8%	9%	Kl	LSt	SolZ 0,5	8% 0,5	9% 0,5	SolZ 1	8% 1	9% 1	SolZ 1,5	8% 1,5	9% 1,5	SolZ 2	8% 2	9% 2	SolZ 2,5	8% 2,5	9% 2,5	SolZ 3	8% 3	9% 3
51,09	I,IV	1,98	—	0,15	0,17	I	1,98	—	—	—	—	—	—	—	—	—	—	—	—	—	—	—	—	—	—
	II	—				II	—	—	—	—	—	—	—	—	—	—	—	—	—	—	—	—	—	—	—
	III	—				III	—	—	—	—	—	—	—	—	—	—	—	—	—	—	—	—	—	—	—
	V	7,34	—	0,58	0,66	IV	1,98	—	0,06	0,07	—	—	—	—	—	—	—	—	—	—	—	—	—	—	—
	VI	8,55	—	0,68	0,76																				
51,19	I,IV	2,—	—	0,16	0,18	I	2,—	—	—	—	—	—	—	—	—	—	—	—	—	—	—	—	—	—	—
	II	—				II	—	—	—	—	—	—	—	—	—	—	—	—	—	—	—	—	—	—	—
	III	—				III	—	—	—	—	—	—	—	—	—	—	—	—	—	—	—	—	—	—	—
	V	7,38	—	0,59	0,66	IV	2,—	—	0,06	0,07	—	—	—	—	—	—	—	—	—	—	—	—	—	—	—
	VI	8,59	—	0,68	0,77																				
51,29	I,IV	2,02	—	0,16	0,18	I	2,02	—	—	—	—	—	—	—	—	—	—	—	—	—	—	—	—	—	—
	II	—				II	—	—	—	—	—	—	—	—	—	—	—	—	—	—	—	—	—	—	—
	III	—				III	—	—	—	—	—	—	—	—	—	—	—	—	—	—	—	—	—	—	—
	V	7,42	—	0,59	0,66	IV	2,02	—	0,06	0,07	—	—	—	—	—	—	—	—	—	—	—	—	—	—	—
	VI	8,63	—	0,69	0,77																				
51,39	I,IV	2,04	—	0,16	0,18	I	2,04	—	—	—	—	—	—	—	—	—	—	—	—	—	—	—	—	—	—
	II	0,02				II	0,02	—	—	—	—	—	—	—	—	—	—	—	—	—	—	—	—	—	—
	III	—				III	—	—	—	—	—	—	—	—	—	—	—	—	—	—	—	—	—	—	—
	V	7,46	—	0,59	0,67	IV	2,04	—	0,06	0,07	—	—	—	—	—	—	—	—	—	—	—	—	—	—	—
	VI	8,67	—	0,69	0,78																				
51,49	I,IV	2,06	—	0,16	0,18	I	2,06	—	—	—	—	—	—	—	—	—	—	—	—	—	—	—	—	—	—
	II	0,03				II	0,03	—	—	—	—	—	—	—	—	—	—	—	—	—	—	—	—	—	—
	III	—				III	—	—	—	—	—	—	—	—	—	—	—	—	—	—	—	—	—	—	—
	V	7,50	—	0,60	0,67	IV	2,06	—	0,07	0,08	—	—	—	—	—	—	—	—	—	—	—	—	—	—	—
	VI	8,71	—	0,69	0,78																				
51,59	I,IV	2,08	—	0,16	0,18	I	2,08	—	—	—	—	—	—	—	—	—	—	—	—	—	—	—	—	—	—
	II	0,04				II	0,04	—	—	—	—	—	—	—	—	—	—	—	—	—	—	—	—	—	—
	III	—				III	—	—	—	—	—	—	—	—	—	—	—	—	—	—	—	—	—	—	—
	V	7,53	—	0,60	0,67	IV	2,08	—	0,07	0,08	—	—	—	—	—	—	—	—	—	—	—	—	—	—	—
	VI	8,75	—	0,70	0,78																				
51,69	I,IV	2,10	—	0,16	0,18	I	2,10	—	—	—	—	—	—	—	—	—	—	—	—	—	—	—	—	—	—
	II	0,06				II	0,06	—	—	—	—	—	—	—	—	—	—	—	—	—	—	—	—	—	—
	III	—				III	—	—	—	—	—	—	—	—	—	—	—	—	—	—	—	—	—	—	—
	V	7,57	—	0,60	0,68	IV	2,10	—	0,07	0,08	—	—	—	—	—	—	—	—	—	—	—	—	—	—	—
	VI	8,78	—	0,70	0,79																				
51,79	I,IV	2,12	—	0,16	0,19	I	2,12	—	—	—	—	—	—	—	—	—	—	—	—	—	—	—	—	—	—
	II	0,07				II	0,07	—	—	—	—	—	—	—	—	—	—	—	—	—	—	—	—	—	—
	III	—				III	—	—	—	—	—	—	—	—	—	—	—	—	—	—	—	—	—	—	—
	V	7,61	—	0,60	0,68	IV	2,12	—	0,07	0,08	—	—	—	—	—	—	—	—	—	—	—	—	—	—	—
	VI	8,82	—	0,70	0,79																				
51,89	I,IV	2,14	—	0,17	0,19	I	2,14	—	—	—	—	—	—	—	—	—	—	—	—	—	—	—	—	—	—
	II	0,08				II	0,08	—	—	—	—	—	—	—	—	—	—	—	—	—	—	—	—	—	—
	III	—				III	—	—	—	—	—	—	—	—	—	—	—	—	—	—	—	—	—	—	—
	V	7,65	—	0,61	0,68	IV	2,14	—	0,07	0,08	—	—	—	—	—	—	—	—	—	—	—	—	—	—	—
	VI	8,86	—	0,70	0,79																				
51,99	I,IV	2,16	—	0,17	0,19	I	2,16	—	—	—	—	—	—	—	—	—	—	—	—	—	—	—	—	—	—
	II	0,10				II	0,10	—	—	—	—	—	—	—	—	—	—	—	—	—	—	—	—	—	—
	III	—				III	—	—	—	—	—	—	—	—	—	—	—	—	—	—	—	—	—	—	—
	V	7,69	—	0,61	0,69	IV	2,16	—	0,07	0,08	—	—	—	—	—	—	—	—	—	—	—	—	—	—	—
	VI	8,90	—	0,71	0,80																				
52,09	I,IV	2,18	—	0,17	0,19	I	2,18	—	—	—	—	—	—	—	—	—	—	—	—	—	—	—	—	—	—
	II	0,11				II	0,11	—	—	—	—	—	—	—	—	—	—	—	—	—	—	—	—	—	—
	III	—				III	—	—	—	—	—	—	—	—	—	—	—	—	—	—	—	—	—	—	—
	V	7,73	—	0,61	0,69	IV	2,18	—	0,07	0,08	—	—	—	—	—	—	—	—	—	—	—	—	—	—	—
	VI	8,94	—	0,71	0,80																				
52,19	I,IV	2,21	—	0,17	0,19	I	2,21	—	—	—	—	—	—	—	—	—	—	—	—	—	—	—	—	—	—
	II	0,12	—	—	0,01	II	0,12	—	—	—	—	—	—	—	—	—	—	—	—	—	—	—	—	—	—
	III	—				III	—	—	—	—	—	—	—	—	—	—	—	—	—	—	—	—	—	—	—
	V	7,77	—	0,62	0,69	IV	2,21	—	0,08	0,09	—	—	—	—	—	—	—	—	—	—	—	—	—	—	—
	VI	8,98	—	0,71	0,80																				
52,29	I,IV	2,23	—	0,17	0,20	I	2,23	—	—	—	—	—	—	—	—	—	—	—	—	—	—	—	—	—	—
	II	0,14	—	0,01	0,01	II	0,14	—	—	—	—	—	—	—	—	—	—	—	—	—	—	—	—	—	—
	III	—				III	—	—	—	—	—	—	—	—	—	—	—	—	—	—	—	—	—	—	—
	V	7,81	—	0,62	0,70	IV	2,23	—	0,08	0,09	—	—	—	—	—	—	—	—	—	—	—	—	—	—	—
	VI	9,01	—	0,72	0,81																				
52,39	I,IV	2,25	—	0,18	0,20	I	2,25	—	—	—	—	—	—	—	—	—	—	—	—	—	—	—	—	—	—
	II	0,15	—	0,01	0,01	II	0,15	—	—	—	—	—	—	—	—	—	—	—	—	—	—	—	—	—	—
	III	—				III	—	—	—	—	—	—	—	—	—	—	—	—	—	—	—	—	—	—	—
	V	7,85	—	0,62	0,70	IV	2,25	—	0,08	0,09	—	—	—	—	—	—	—	—	—	—	—	—	—	—	—
	VI	9,05	—	0,72	0,81																				
52,49	I,IV	2,27	—	0,18	0,20	I	2,27	—	—	—	—	—	—	—	—	—	—	—	—	—	—	—	—	—	—
	II	0,16	—	0,01	0,01	II	0,16	—	—	—	—	—	—	—	—	—	—	—	—	—	—	—	—	—	—
	III	—				III	—	—	—	—	—	—	—	—	—	—	—	—	—	—	—	—	—	—	—
	V	7,88	—	0,63	0,70	IV	2,27	—	0,08	0,09	—	—	—	—	—	—	—	—	—	—	—	—	—	—	—
	VI	9,09	—	0,72	0,81																				
52,59	I,IV	2,29	—	0,18	0,20	I	2,29	—	—	—	—	—	—	—	—	—	—	—	—	—	—	—	—	—	—
	II	0,18	—	0,01	0,01	II	0,18	—	—	—	—	—	—	—	—	—	—	—	—	—	—	—	—	—	—
	III	—				III	—	—	—	—	—	—	—	—	—	—	—	—	—	—	—	—	—	—	—
	V	7,92	—	0,63	0,71	IV	2,29	—	0,08	0,09	—	—	—	—	—	—	—	—	—	—	—	—	—	—	—
	VI	9,13	—	0,73	0,82																				
52,69	I,IV	2,31	—	0,18	0,20	I	2,31	—	—	—	—	—	—	—	—	—	—	—	—	—	—	—	—	—	—
	II	0,19	—	0,01	0,01	II	0,19	—	—	—	—	—	—	—	—	—	—	—	—	—	—	—	—	—	—
	III	—				III	—	—	—	—	—	—	—	—	—	—	—	—	—	—	—	—	—	—	—
	V	7,96	—	0,63	0,71	IV	2,31	—	0,08	0,09	—	—	—	—	—	—	—	—	—	—	—	—	—	—	—
	VI	9,17	—	0,73	0,82																				

* Die ausgewiesenen Tabellenwerte sind amtlich. Siehe Erläuterungen auf der Umschlaginnenseite (U2).

54,39* **TAG**

Abzüge an Lohnsteuer, Solidaritätszuschlag (SolZ) und Kirchensteuer (8%, 9%) in den Steuerklassen

Lohn/Gehalt bis €*	Kl.	LSt	SolZ	8%	9%	Kl.	LSt	0,5 SolZ	0,5 8%	0,5 9%	1 SolZ	1 8%	1 9%	1,5 SolZ	1,5 8%	1,5 9%	2 SolZ	2 8%	2 9%	2,5 SolZ	2,5 8%	2,5 9%	3 SolZ	3 8%	3 9%
52,79	I,IV	2,33	—	0,18	0,20	I	2,33	—	0,01	0,01	—	—	—	—	—	—	—	—	—	—	—	—	—	—	—
	II	0,20	—	0,01	0,01	II	0,20	—	—	—	—	—	—	—	—	—	—	—	—	—	—	—	—	—	—
	III	—	—	—	—	III	—	—	—	—	—	—	—	—	—	—	—	—	—	—	—	—	—	—	—
	V	8,—	—	0,64	0,72	IV	2,33	—	0,08	0,09	—	0,01	0,01	—	—	—	—	—	—	—	—	—	—	—	—
	VI	9,21	—	0,73	0,82																				
52,89	I,IV	2,35	—	0,18	0,21	I	2,35	—	0,01	0,01	—	—	—	—	—	—	—	—	—	—	—	—	—	—	—
	II	0,22	—	0,01	0,01	II	0,22	—	—	—	—	—	—	—	—	—	—	—	—	—	—	—	—	—	—
	III	—	—	—	—	III	—	—	—	—	—	—	—	—	—	—	—	—	—	—	—	—	—	—	—
	V	8,04	—	0,64	0,72	IV	2,35	—	0,08	0,10	—	0,01	0,01	—	—	—	—	—	—	—	—	—	—	—	—
	VI	9,25	—	0,74	0,83																				
52,99	I,IV	2,37	—	0,18	0,21	I	2,37	—	0,01	0,01	—	—	—	—	—	—	—	—	—	—	—	—	—	—	—
	II	0,23	—	0,01	0,02	II	0,23	—	—	—	—	—	—	—	—	—	—	—	—	—	—	—	—	—	—
	III	—	—	—	—	III	—	—	—	—	—	—	—	—	—	—	—	—	—	—	—	—	—	—	—
	V	8,08	—	0,64	0,72	IV	2,37	—	0,09	0,10	—	0,01	0,01	—	—	—	—	—	—	—	—	—	—	—	—
	VI	9,28	—	0,74	0,83																				
53,09	I,IV	2,40	—	0,19	0,21	I	2,40	—	0,01	0,01	—	—	—	—	—	—	—	—	—	—	—	—	—	—	—
	II	0,25	—	0,02	0,02	II	0,25	—	—	—	—	—	—	—	—	—	—	—	—	—	—	—	—	—	—
	III	—	—	—	—	III	—	—	—	—	—	—	—	—	—	—	—	—	—	—	—	—	—	—	—
	V	8,11	—	0,64	0,72	IV	2,40	—	0,09	0,10	—	0,01	0,01	—	—	—	—	—	—	—	—	—	—	—	—
	VI	9,32	—	0,74	0,83																				
53,19	I,IV	2,42	—	0,19	0,21	I	2,42	—	0,01	0,01	—	—	—	—	—	—	—	—	—	—	—	—	—	—	—
	II	0,26	—	0,02	0,02	II	0,26	—	—	—	—	—	—	—	—	—	—	—	—	—	—	—	—	—	—
	III	—	—	—	—	III	—	—	—	—	—	—	—	—	—	—	—	—	—	—	—	—	—	—	—
	V	8,15	—	0,65	0,73	IV	2,42	—	0,09	0,10	—	0,01	0,01	—	—	—	—	—	—	—	—	—	—	—	—
	VI	9,36	—	0,74	0,84																				
53,29	I,IV	2,44	—	0,19	0,21	I	2,44	—	0,01	0,01	—	—	—	—	—	—	—	—	—	—	—	—	—	—	—
	II	0,28	—	0,02	0,02	II	0,28	—	—	—	—	—	—	—	—	—	—	—	—	—	—	—	—	—	—
	III	—	—	—	—	III	—	—	—	—	—	—	—	—	—	—	—	—	—	—	—	—	—	—	—
	V	8,19	—	0,65	0,73	IV	2,44	—	0,09	0,10	—	0,01	0,01	—	—	—	—	—	—	—	—	—	—	—	—
	VI	9,40	—	0,75	0,84																				
53,39	I,IV	2,46	—	0,19	0,22	I	2,46	—	0,01	0,01	—	—	—	—	—	—	—	—	—	—	—	—	—	—	—
	II	0,29	—	0,02	0,02	II	0,29	—	—	—	—	—	—	—	—	—	—	—	—	—	—	—	—	—	—
	III	—	—	—	—	III	—	—	—	—	—	—	—	—	—	—	—	—	—	—	—	—	—	—	—
	V	8,23	—	0,65	0,74	IV	2,46	—	0,09	0,10	—	0,01	0,01	—	—	—	—	—	—	—	—	—	—	—	—
	VI	9,44	—	0,75	0,84																				
53,49	I,IV	2,48	—	0,19	0,22	I	2,48	—	0,01	0,01	—	—	—	—	—	—	—	—	—	—	—	—	—	—	—
	II	0,30	—	0,02	0,02	II	0,30	—	—	—	—	—	—	—	—	—	—	—	—	—	—	—	—	—	—
	III	—	—	—	—	III	—	—	—	—	—	—	—	—	—	—	—	—	—	—	—	—	—	—	—
	V	8,27	—	0,66	0,74	IV	2,48	—	0,09	0,11	—	0,01	0,01	—	—	—	—	—	—	—	—	—	—	—	—
	VI	9,48	—	0,75	0,85																				
53,59	I,IV	2,50	—	0,20	0,22	I	2,50	—	0,01	0,02	—	—	—	—	—	—	—	—	—	—	—	—	—	—	—
	II	0,32	—	0,02	0,02	II	0,32	—	—	—	—	—	—	—	—	—	—	—	—	—	—	—	—	—	—
	III	—	—	—	—	III	—	—	—	—	—	—	—	—	—	—	—	—	—	—	—	—	—	—	—
	V	8,31	—	0,66	0,74	IV	2,50	—	0,10	0,11	—	0,01	0,02	—	—	—	—	—	—	—	—	—	—	—	—
	VI	9,51	—	0,76	0,85																				
53,69	I,IV	2,53	—	0,20	0,22	I	2,53	—	0,02	0,02	—	—	—	—	—	—	—	—	—	—	—	—	—	—	—
	II	0,33	—	0,02	0,02	II	0,33	—	—	—	—	—	—	—	—	—	—	—	—	—	—	—	—	—	—
	III	—	—	—	—	III	—	—	—	—	—	—	—	—	—	—	—	—	—	—	—	—	—	—	—
	V	8,35	—	0,66	0,75	IV	2,53	—	0,10	0,11	—	0,02	0,02	—	—	—	—	—	—	—	—	—	—	—	—
	VI	9,55	—	0,76	0,85																				
53,79	I,IV	2,55	—	0,20	0,22	I	2,55	—	0,02	0,02	—	—	—	—	—	—	—	—	—	—	—	—	—	—	—
	II	0,35	—	0,02	0,03	II	0,35	—	—	—	—	—	—	—	—	—	—	—	—	—	—	—	—	—	—
	III	—	—	—	—	III	—	—	—	—	—	—	—	—	—	—	—	—	—	—	—	—	—	—	—
	V	8,38	—	0,67	0,75	IV	2,55	—	0,10	0,11	—	0,02	0,02	—	—	—	—	—	—	—	—	—	—	—	—
	VI	9,59	—	0,76	0,86																				
53,89	I,IV	2,57	—	0,20	0,23	I	2,57	—	0,02	0,02	—	—	—	—	—	—	—	—	—	—	—	—	—	—	—
	II	0,36	—	0,02	0,03	II	0,36	—	—	—	—	—	—	—	—	—	—	—	—	—	—	—	—	—	—
	III	—	—	—	—	III	—	—	—	—	—	—	—	—	—	—	—	—	—	—	—	—	—	—	—
	V	8,42	—	0,67	0,75	IV	2,57	—	0,10	0,11	—	0,02	0,02	—	—	—	—	—	—	—	—	—	—	—	—
	VI	9,63	—	0,77	0,86																				
53,99	I,IV	2,59	—	0,20	0,23	I	2,59	—	0,02	0,02	—	—	—	—	—	—	—	—	—	—	—	—	—	—	—
	II	0,38	—	0,03	0,03	II	0,38	—	—	—	—	—	—	—	—	—	—	—	—	—	—	—	—	—	—
	III	—	—	—	—	III	—	—	—	—	—	—	—	—	—	—	—	—	—	—	—	—	—	—	—
	V	8,46	—	0,67	0,76	IV	2,59	—	0,10	0,11	—	0,02	0,02	—	—	—	—	—	—	—	—	—	—	—	—
	VI	9,67	—	0,77	0,87																				
54,09	I,IV	2,61	—	0,20	0,23	I	2,61	—	0,02	0,02	—	—	—	—	—	—	—	—	—	—	—	—	—	—	—
	II	0,39	—	0,03	0,03	II	0,39	—	—	—	—	—	—	—	—	—	—	—	—	—	—	—	—	—	—
	III	—	—	—	—	III	—	—	—	—	—	—	—	—	—	—	—	—	—	—	—	—	—	—	—
	V	8,50	—	0,68	0,76	IV	2,61	—	0,10	0,12	—	0,02	0,02	—	—	—	—	—	—	—	—	—	—	—	—
	VI	9,71	—	0,77	0,87																				
54,19	I,IV	2,63	—	0,21	0,23	I	2,63	—	0,02	0,02	—	—	—	—	—	—	—	—	—	—	—	—	—	—	—
	II	0,40	—	0,03	0,03	II	0,40	—	—	—	—	—	—	—	—	—	—	—	—	—	—	—	—	—	—
	III	—	—	—	—	III	—	—	—	—	—	—	—	—	—	—	—	—	—	—	—	—	—	—	—
	V	8,54	—	0,68	0,76	IV	2,63	—	0,10	0,12	—	0,02	0,02	—	—	—	—	—	—	—	—	—	—	—	—
	VI	9,75	—	0,78	0,87																				
54,29	I,IV	2,66	—	0,21	0,23	I	2,66	—	0,02	0,03	—	—	—	—	—	—	—	—	—	—	—	—	—	—	—
	II	0,42	—	0,03	0,03	II	0,42	—	—	—	—	—	—	—	—	—	—	—	—	—	—	—	—	—	—
	III	—	—	—	—	III	—	—	—	—	—	—	—	—	—	—	—	—	—	—	—	—	—	—	—
	V	8,58	—	0,68	0,77	IV	2,66	—	0,10	0,12	—	0,02	0,03	—	—	—	—	—	—	—	—	—	—	—	—
	VI	9,79	—	0,78	0,88																				
54,39	I,IV	2,68	—	0,21	0,24	I	2,68	—	0,02	0,03	—	—	—	—	—	—	—	—	—	—	—	—	—	—	—
	II	0,43	—	0,03	0,03	II	0,43	—	—	—	—	—	—	—	—	—	—	—	—	—	—	—	—	—	—
	III	—	—	—	—	III	—	—	—	—	—	—	—	—	—	—	—	—	—	—	—	—	—	—	—
	V	8,61	—	0,68	0,77	IV	2,68	—	0,11	0,12	—	0,02	0,03	—	—	—	—	—	—	—	—	—	—	—	—
	VI	9,83	—	0,78	0,88																				

* Die ausgewiesenen Tabellenwerte sind amtlich. Siehe Erläuterungen auf der Umschlaginnenseite (U2).

TAG 54,40*

Abzüge an Lohnsteuer, Solidaritätszuschlag (SolZ) und Kirchensteuer (8%, 9%) in den Steuerklassen

Lohn/Gehalt bis €*	StKl	LSt	SolZ	8%	9%	StKl	LSt	0,5 SolZ	0,5 8%	0,5 9%	1 SolZ	1 8%	1 9%	1,5 SolZ	1,5 8%	1,5 9%	2 SolZ	2 8%	2 9%	2,5 SolZ	2,5 8%	2,5 9%	3 SolZ	3 8%	3 9%
54,49	I,IV	2,70	—	0,21	0,24	I	2,70	—	0,02	0,03	—	—	—	—	—	—	—	—	—	—	—	—	—	—	—
	II	0,45	—	0,03	0,04	II	0,45	—	—	—	—	—	—	—	—	—	—	—	—	—	—	—	—	—	—
	III	—	—	—	—	III	—	—	—	—	—	—	—	—	—	—	—	—	—	—	—	—	—	—	—
	V	8,65	—	0,69	0,77	IV	2,70	—	0,11	0,12	—	0,02	0,03	—	—	—	—	—	—	—	—	—	—	—	—
	VI	9,86	—	0,78	0,88																				
54,59	I,IV	2,72	—	0,21	0,24	I	2,72	—	0,03	0,03	—	—	—	—	—	—	—	—	—	—	—	—	—	—	—
	II	0,46	—	0,03	0,04	II	0,46	—	—	—	—	—	—	—	—	—	—	—	—	—	—	—	—	—	—
	III	—	—	—	—	III	—	—	—	—	—	—	—	—	—	—	—	—	—	—	—	—	—	—	—
	V	8,69	—	0,69	0,78	IV	2,72	—	0,11	0,12	—	0,03	0,03	—	—	—	—	—	—	—	—	—	—	—	—
	VI	9,90	—	0,79	0,89																				
54,69	I,IV	2,75	—	0,22	0,24	I	2,75	—	0,03	0,03	—	—	—	—	—	—	—	—	—	—	—	—	—	—	—
	II	0,48	—	0,03	0,04	II	0,48	—	—	—	—	—	—	—	—	—	—	—	—	—	—	—	—	—	—
	III	—	—	—	—	III	—	—	—	—	—	—	—	—	—	—	—	—	—	—	—	—	—	—	—
	V	8,73	—	0,69	0,78	IV	2,75	—	0,11	0,13	—	0,03	0,03	—	—	—	—	—	—	—	—	—	—	—	—
	VI	9,94	—	0,79	0,89																				
54,79	I,IV	2,77	—	0,22	0,24	I	2,77	—	0,03	0,03	—	—	—	—	—	—	—	—	—	—	—	—	—	—	—
	II	0,49	—	0,03	0,04	II	0,49	—	—	—	—	—	—	—	—	—	—	—	—	—	—	—	—	—	—
	III	—	—	—	—	III	—	—	—	—	—	—	—	—	—	—	—	—	—	—	—	—	—	—	—
	V	8,77	—	0,70	0,78	IV	2,77	—	0,11	0,13	—	0,03	0,03	—	—	—	—	—	—	—	—	—	—	—	—
	VI	9,98	—	0,79	0,89																				
54,89	I,IV	2,79	—	0,22	0,25	I	2,79	—	0,03	0,03	—	—	—	—	—	—	—	—	—	—	—	—	—	—	—
	II	0,51	—	0,04	0,04	II	0,51	—	—	—	—	—	—	—	—	—	—	—	—	—	—	—	—	—	—
	III	—	—	—	—	III	—	—	—	—	—	—	—	—	—	—	—	—	—	—	—	—	—	—	—
	V	8,81	—	0,70	0,79	IV	2,79	—	0,11	0,13	—	0,03	0,03	—	—	—	—	—	—	—	—	—	—	—	—
	VI	10,02	—	0,80	0,90																				
54,99	I,IV	2,81	—	0,22	0,25	I	2,81	—	0,03	0,03	—	—	—	—	—	—	—	—	—	—	—	—	—	—	—
	II	0,52	—	0,04	0,04	II	0,52	—	—	—	—	—	—	—	—	—	—	—	—	—	—	—	—	—	—
	III	—	—	—	—	III	—	—	—	—	—	—	—	—	—	—	—	—	—	—	—	—	—	—	—
	V	8,85	—	0,70	0,79	IV	2,81	—	0,12	0,13	—	0,03	0,03	—	—	—	—	—	—	—	—	—	—	—	—
	VI	10,06	—	0,80	0,90																				
55,09	I,IV	2,83	—	0,22	0,25	I	2,83	—	0,03	0,04	—	—	—	—	—	—	—	—	—	—	—	—	—	—	—
	II	0,54	—	0,04	0,04	II	0,54	—	—	—	—	—	—	—	—	—	—	—	—	—	—	—	—	—	—
	III	—	—	—	—	III	—	—	—	—	—	—	—	—	—	—	—	—	—	—	—	—	—	—	—
	V	8,88	—	0,71	0,79	IV	2,83	—	0,12	0,13	—	0,03	0,04	—	—	—	—	—	—	—	—	—	—	—	—
	VI	10,10	—	0,80	0,90																				
55,19	I,IV	2,86	—	0,22	0,25	I	2,86	—	0,03	0,04	—	—	—	—	—	—	—	—	—	—	—	—	—	—	—
	II	0,55	—	0,04	0,04	II	0,55	—	—	—	—	—	—	—	—	—	—	—	—	—	—	—	—	—	—
	III	—	—	—	—	III	—	—	—	—	—	—	—	—	—	—	—	—	—	—	—	—	—	—	—
	V	8,92	—	0,71	0,80	IV	2,86	—	0,12	0,13	—	0,03	0,04	—	—	—	—	—	—	—	—	—	—	—	—
	VI	10,13	—	0,81	0,91																				
55,29	I,IV	2,88	—	0,23	0,25	I	2,88	—	0,03	0,04	—	—	—	—	—	—	—	—	—	—	—	—	—	—	—
	II	0,57	—	0,04	0,05	II	0,57	—	—	—	—	—	—	—	—	—	—	—	—	—	—	—	—	—	—
	III	—	—	—	—	III	—	—	—	—	—	—	—	—	—	—	—	—	—	—	—	—	—	—	—
	V	8,96	—	0,71	0,80	IV	2,88	—	0,12	0,14	—	0,03	0,04	—	—	—	—	—	—	—	—	—	—	—	—
	VI	10,17	—	0,81	0,91																				
55,39	I,IV	2,90	—	0,23	0,26	I	2,90	—	0,04	0,04	—	—	—	—	—	—	—	—	—	—	—	—	—	—	—
	II	0,58	—	0,04	0,05	II	0,58	—	—	—	—	—	—	—	—	—	—	—	—	—	—	—	—	—	—
	III	—	—	—	—	III	—	—	—	—	—	—	—	—	—	—	—	—	—	—	—	—	—	—	—
	V	9,—	—	0,72	0,81	IV	2,90	—	0,12	0,14	—	0,04	0,04	—	—	—	—	—	—	—	—	—	—	—	—
	VI	10,21	—	0,81	0,91																				
55,49	I,IV	2,92	—	0,23	0,26	I	2,92	—	0,04	0,04	—	—	—	—	—	—	—	—	—	—	—	—	—	—	—
	II	0,60	—	0,04	0,05	II	0,60	—	—	—	—	—	—	—	—	—	—	—	—	—	—	—	—	—	—
	III	—	—	—	—	III	—	—	—	—	—	—	—	—	—	—	—	—	—	—	—	—	—	—	—
	V	9,04	—	0,72	0,81	IV	2,92	—	0,12	0,14	—	0,04	0,04	—	—	—	—	—	—	—	—	—	—	—	—
	VI	10,25	—	0,82	0,92																				
55,59	I,IV	2,94	—	0,23	0,26	I	2,94	—	0,04	0,04	—	—	—	—	—	—	—	—	—	—	—	—	—	—	—
	II	0,61	—	0,04	0,05	II	0,61	—	—	—	—	—	—	—	—	—	—	—	—	—	—	—	—	—	—
	III	—	—	—	—	III	—	—	—	—	—	—	—	—	—	—	—	—	—	—	—	—	—	—	—
	V	9,08	—	0,72	0,81	IV	2,94	—	0,12	0,14	—	0,04	0,04	—	—	—	—	—	—	—	—	—	—	—	—
	VI	10,29	—	0,82	0,92																				
55,69	I,IV	2,96	—	0,23	0,26	I	2,96	—	0,04	0,04	—	—	—	—	—	—	—	—	—	—	—	—	—	—	—
	II	0,63	—	0,05	0,05	II	0,63	—	—	—	—	—	—	—	—	—	—	—	—	—	—	—	—	—	—
	III	—	—	—	—	III	—	—	—	—	—	—	—	—	—	—	—	—	—	—	—	—	—	—	—
	V	9,12	—	0,72	0,82	IV	2,96	—	0,13	0,14	—	0,04	0,04	—	—	—	—	—	—	—	—	—	—	—	—
	VI	10,33	—	0,82	0,92																				
55,79	I,IV	2,99	—	0,23	0,26	I	2,99	—	0,04	0,05	—	—	—	—	—	—	—	—	—	—	—	—	—	—	—
	II	0,65	—	0,05	0,05	II	0,65	—	—	—	—	—	—	—	—	—	—	—	—	—	—	—	—	—	—
	III	—	—	—	—	III	—	—	—	—	—	—	—	—	—	—	—	—	—	—	—	—	—	—	—
	V	9,16	—	0,73	0,82	IV	2,99	—	0,13	0,14	—	0,04	0,05	—	—	—	—	—	—	—	—	—	—	—	—
	VI	10,36	—	0,82	0,93																				
55,89	I,IV	3,01	—	0,24	0,27	I	3,01	—	0,04	0,05	—	—	—	—	—	—	—	—	—	—	—	—	—	—	—
	II	0,66	—	0,05	0,05	II	0,66	—	—	—	—	—	—	—	—	—	—	—	—	—	—	—	—	—	—
	III	—	—	—	—	III	—	—	—	—	—	—	—	—	—	—	—	—	—	—	—	—	—	—	—
	V	9,20	—	0,73	0,82	IV	3,01	—	0,13	0,15	—	0,04	0,05	—	—	—	—	—	—	—	—	—	—	—	—
	VI	10,40	—	0,83	0,93																				
55,99	I,IV	3,03	—	0,24	0,27	I	3,03	—	0,04	0,05	—	—	—	—	—	—	—	—	—	—	—	—	—	—	—
	II	0,68	—	0,05	0,06	II	0,68	—	—	—	—	—	—	—	—	—	—	—	—	—	—	—	—	—	—
	III	—	—	—	—	III	—	—	—	—	—	—	—	—	—	—	—	—	—	—	—	—	—	—	—
	V	9,23	—	0,73	0,83	IV	3,03	—	0,13	0,15	—	0,04	0,05	—	—	—	—	—	—	—	—	—	—	—	—
	VI	10,44	—	0,83	0,93																				
56,09	I,IV	3,06	—	0,24	0,27	I	3,06	—	0,04	0,05	—	—	—	—	—	—	—	—	—	—	—	—	—	—	—
	II	0,70	—	0,05	0,06	II	0,70	—	—	—	—	—	—	—	—	—	—	—	—	—	—	—	—	—	—
	III	—	—	—	—	III	—	—	—	—	—	—	—	—	—	—	—	—	—	—	—	—	—	—	—
	V	9,27	—	0,74	0,83	IV	3,06	—	0,13	0,15	—	0,04	0,05	—	—	—	—	—	—	—	—	—	—	—	—
	VI	10,48	—	0,83	0,94																				

* Die ausgewiesenen Tabellenwerte sind amtlich. Siehe Erläuterungen auf der Umschlaginnenseite (U2).

57,79* TAG

Abzüge an Lohnsteuer, Solidaritätszuschlag (SolZ) und Kirchensteuer (8%, 9%) in den Steuerklassen

I – VI (ohne Kinderfreibeträge) · I, II, III, IV (mit Zahl der Kinderfreibeträge ...)

Lohn/Gehalt bis €*	Kl.	LSt	SolZ	8%	9%	Kl.	LSt	0,5 SolZ	0,5 8%	0,5 9%	1 SolZ	1 8%	1 9%	1,5 SolZ	1,5 8%	1,5 9%	2 SolZ	2 8%	2 9%	2,5 SolZ	2,5 8%	2,5 9%	3 SolZ	3 8%	3 9%
56,19	I,IV	3,08	—	0,24	0,27	I	3,08	—	0,04	0,05	—	—	—	—	—	—	—	—	—	—	—	—	—	—	—
	II	0,71	—	0,05	0,06	II	0,71	—	—	—	—	—	—	—	—	—	—	—	—	—	—	—	—	—	—
	III	—	—	—	—	III	—	—	—	—	—	—	—	—	—	—	—	—	—	—	—	—	—	—	—
	V	9,31	—	0,74	0,83	IV	3,08	—	0,13	0,15	—	0,04	0,05	—	—	—	—	—	—	—	—	—	—	—	—
	VI	10,52	—	0,84	0,94																				
56,29	I,IV	3,10	—	0,24	0,27	I	3,10	—	0,05	0,05	—	—	—	—	—	—	—	—	—	—	—	—	—	—	—
	II	0,73	—	0,05	0,06	II	0,73	—	—	—	—	—	—	—	—	—	—	—	—	—	—	—	—	—	—
	III	—	—	—	—	III	—	—	—	—	—	—	—	—	—	—	—	—	—	—	—	—	—	—	—
	V	9,35	—	0,74	0,84	IV	3,10	—	0,14	0,15	—	0,05	0,05	—	—	—	—	—	—	—	—	—	—	—	—
	VI	10,56	—	0,84	0,95																				
56,39	I,IV	3,12	—	0,24	0,28	I	3,12	—	0,05	0,05	—	—	—	—	—	—	—	—	—	—	—	—	—	—	—
	II	0,74	—	0,05	0,06	II	0,74	—	—	—	—	—	—	—	—	—	—	—	—	—	—	—	—	—	—
	III	—	—	—	—	III	—	—	—	—	—	—	—	—	—	—	—	—	—	—	—	—	—	—	—
	V	9,39	—	0,75	0,84	IV	3,12	—	0,14	0,15	—	0,05	0,05	—	—	—	—	—	—	—	—	—	—	—	—
	VI	10,60	—	0,84	0,95																				
56,49	I,IV	3,15	—	0,25	0,28	I	3,15	—	0,05	0,06	—	—	—	—	—	—	—	—	—	—	—	—	—	—	—
	II	0,76	—	0,06	0,06	II	0,76	—	—	—	—	—	—	—	—	—	—	—	—	—	—	—	—	—	—
	III	—	—	—	—	III	—	—	—	—	—	—	—	—	—	—	—	—	—	—	—	—	—	—	—
	V	9,43	—	0,75	0,84	IV	3,15	—	0,14	0,16	—	0,05	0,06	—	—	—	—	—	—	—	—	—	—	—	—
	VI	10,63	—	0,85	0,95																				
56,59	I,IV	3,17	—	0,25	0,28	I	3,17	—	0,05	0,06	—	—	—	—	—	—	—	—	—	—	—	—	—	—	—
	II	0,77	—	0,06	0,06	II	0,77	—	—	—	—	—	—	—	—	—	—	—	—	—	—	—	—	—	—
	III	—	—	—	—	III	—	—	—	—	—	—	—	—	—	—	—	—	—	—	—	—	—	—	—
	V	9,46	—	0,75	0,85	IV	3,17	—	0,14	0,16	—	0,05	0,06	—	—	—	—	—	—	—	—	—	—	—	—
	VI	10,67	—	0,85	0,96																				
56,69	I,IV	3,19	—	0,25	0,28	I	3,19	—	0,05	0,06	—	—	—	—	—	—	—	—	—	—	—	—	—	—	—
	II	0,79	—	0,06	0,07	II	0,79	—	—	—	—	—	—	—	—	—	—	—	—	—	—	—	—	—	—
	III	—	—	—	—	III	—	—	—	—	—	—	—	—	—	—	—	—	—	—	—	—	—	—	—
	V	9,50	—	0,76	0,85	IV	3,19	—	0,14	0,16	—	0,05	0,06	—	—	—	—	—	—	—	—	—	—	—	—
	VI	10,71	—	0,85	0,96																				
56,79	I,IV	3,21	—	0,25	0,28	I	3,21	—	0,05	0,06	—	—	—	—	—	—	—	—	—	—	—	—	—	—	—
	II	0,81	—	0,06	0,07	II	0,81	—	—	—	—	—	—	—	—	—	—	—	—	—	—	—	—	—	—
	III	—	—	—	—	III	—	—	—	—	—	—	—	—	—	—	—	—	—	—	—	—	—	—	—
	V	9,54	—	0,76	0,85	IV	3,21	—	0,14	0,16	—	0,05	0,06	—	—	—	—	—	—	—	—	—	—	—	—
	VI	10,75	—	0,86	0,96																				
56,89	I,IV	3,23	—	0,25	0,29	I	3,23	—	0,05	0,06	—	—	—	—	—	—	—	—	—	—	—	—	—	—	—
	II	0,82	—	0,06	0,07	II	0,82	—	—	—	—	—	—	—	—	—	—	—	—	—	—	—	—	—	—
	III	—	—	—	—	III	—	—	—	—	—	—	—	—	—	—	—	—	—	—	—	—	—	—	—
	V	9,58	—	0,76	0,86	IV	3,23	—	0,14	0,16	—	0,05	0,06	—	—	—	—	—	—	—	—	—	—	—	—
	VI	10,79	—	0,86	0,97																				
56,99	I,IV	3,26	—	0,26	0,29	I	3,26	—	0,06	0,06	—	—	—	—	—	—	—	—	—	—	—	—	—	—	—
	II	0,84	—	0,06	0,07	II	0,84	—	—	—	—	—	—	—	—	—	—	—	—	—	—	—	—	—	—
	III	—	—	—	—	III	—	—	—	—	—	—	—	—	—	—	—	—	—	—	—	—	—	—	—
	V	9,62	—	0,76	0,86	IV	3,26	—	0,15	0,17	—	0,06	0,06	—	—	—	—	—	—	—	—	—	—	—	—
	VI	10,83	—	0,86	0,97																				
57,09	I,IV	3,28	—	0,26	0,29	I	3,28	—	0,06	0,06	—	—	—	—	—	—	—	—	—	—	—	—	—	—	—
	II	0,86	—	0,06	0,07	II	0,86	—	—	—	—	—	—	—	—	—	—	—	—	—	—	—	—	—	—
	III	—	—	—	—	III	—	—	—	—	—	—	—	—	—	—	—	—	—	—	—	—	—	—	—
	V	9,66	—	0,77	0,86	IV	3,28	—	0,15	0,17	—	0,06	0,06	—	—	—	—	—	—	—	—	—	—	—	—
	VI	10,86	—	0,86	0,97																				
57,19	I,IV	3,30	—	0,26	0,29	I	3,30	—	0,06	0,07	—	—	—	—	—	—	—	—	—	—	—	—	—	—	—
	II	0,87	—	0,06	0,07	II	0,87	—	—	—	—	—	—	—	—	—	—	—	—	—	—	—	—	—	—
	III	—	—	—	—	III	—	—	—	—	—	—	—	—	—	—	—	—	—	—	—	—	—	—	—
	V	9,70	—	0,77	0,87	IV	3,30	—	0,15	0,17	—	0,06	0,07	—	—	—	—	—	—	—	—	—	—	—	—
	VI	10,90	—	0,87	0,98																				
57,29	I,IV	3,32	—	0,26	0,29	I	3,32	—	0,06	0,07	—	—	—	—	—	—	—	—	—	—	—	—	—	—	—
	II	0,89	—	0,07	0,08	II	0,89	—	—	—	—	—	—	—	—	—	—	—	—	—	—	—	—	—	—
	III	—	—	—	—	III	—	—	—	—	—	—	—	—	—	—	—	—	—	—	—	—	—	—	—
	V	9,73	—	0,77	0,87	IV	3,32	—	0,15	0,17	—	0,06	0,07	—	—	—	—	—	—	—	—	—	—	—	—
	VI	10,94	—	0,87	0,98																				
57,39	I,IV	3,35	—	0,26	0,30	I	3,35	—	0,06	0,07	—	—	—	—	—	—	—	—	—	—	—	—	—	—	—
	II	0,91	—	0,07	0,08	II	0,91	—	—	—	—	—	—	—	—	—	—	—	—	—	—	—	—	—	—
	III	—	—	—	—	III	—	—	—	—	—	—	—	—	—	—	—	—	—	—	—	—	—	—	—
	V	9,77	—	0,78	0,87	IV	3,35	—	0,15	0,17	—	0,06	0,07	—	—	—	—	—	—	—	—	—	—	—	—
	VI	10,98	—	0,87	0,98																				
57,49	I,IV	3,37	—	0,26	0,30	I	3,37	—	0,06	0,07	—	—	—	—	—	—	—	—	—	—	—	—	—	—	—
	II	0,92	—	0,07	0,08	II	0,92	—	—	—	—	—	—	—	—	—	—	—	—	—	—	—	—	—	—
	III	—	—	—	—	III	—	—	—	—	—	—	—	—	—	—	—	—	—	—	—	—	—	—	—
	V	9,81	—	0,78	0,88	IV	3,37	—	0,15	0,17	—	0,06	0,07	—	—	—	—	—	—	—	—	—	—	—	—
	VI	11,02	—	0,88	0,99																				
57,59	I,IV	3,39	—	0,27	0,30	I	3,39	—	0,06	0,07	—	—	—	—	—	—	—	—	—	—	—	—	—	—	—
	II	0,94	—	0,07	0,08	II	0,94	—	—	—	—	—	—	—	—	—	—	—	—	—	—	—	—	—	—
	III	—	—	—	—	III	—	—	—	—	—	—	—	—	—	—	—	—	—	—	—	—	—	—	—
	V	9,85	—	0,78	0,88	IV	3,39	—	0,16	0,18	—	0,06	0,07	—	—	—	—	—	—	—	—	—	—	—	—
	VI	11,06	—	0,88	0,99																				
57,69	I,IV	3,41	—	0,27	0,30	I	3,41	—	0,06	0,07	—	—	—	—	—	—	—	—	—	—	—	—	—	—	—
	II	0,95	—	0,07	0,08	II	0,95	—	—	—	—	—	—	—	—	—	—	—	—	—	—	—	—	—	—
	III	—	—	—	—	III	—	—	—	—	—	—	—	—	—	—	—	—	—	—	—	—	—	—	—
	V	9,88	—	0,79	0,88	IV	3,41	—	0,16	0,18	—	0,06	0,07	—	—	—	—	—	—	—	—	—	—	—	—
	VI	11,09	—	0,88	0,99																				
57,79	I,IV	3,43	—	0,27	0,30	I	3,43	—	0,06	0,07	—	—	—	—	—	—	—	—	—	—	—	—	—	—	—
	II	0,97	—	0,07	0,08	II	0,97	—	—	—	—	—	—	—	—	—	—	—	—	—	—	—	—	—	—
	III	—	—	—	—	III	—	—	—	—	—	—	—	—	—	—	—	—	—	—	—	—	—	—	—
	V	9,91	—	0,79	0,89	IV	3,43	—	0,16	0,18	—	0,06	0,07	—	—	—	—	—	—	—	—	—	—	—	—
	VI	11,12	—	0,88	1,—																				

* Die ausgewiesenen Tabellenwerte sind amtlich. Siehe Erläuterungen auf der Umschlaginnenseite (U2).

T 137

TAG 57,80*

Abzüge an Lohnsteuer, Solidaritätszuschlag (SolZ) und Kirchensteuer (8%, 9%) in den Steuerklassen

Linke Spalten: **I – VI** (ohne Kinderfreibeträge). Rechte Spalten: **I, II, III, IV** (mit Zahl der Kinderfreibeträge).

Lohn/Gehalt bis €	Kl	LSt	SolZ	8%	9%	Kl	LSt	0,5 SolZ	0,5 8%	0,5 9%	1 SolZ	1 8%	1 9%	1,5 SolZ	1,5 8%	1,5 9%	2 SolZ	2 8%	2 9%	2,5 SolZ	2,5 8%	2,5 9%	3 SolZ	3 8%	3 9%
57,89	I,IV	3,45	—	0,27	0,31	I	3,45	—	0,07	0,08	—	—	—	—	—	—	—	—	—	—	—	—	—	—	—
	II	0,98	—	0,07	0,08	II	0,98	—	—	—	—	—	—	—	—	—	—	—	—	—	—	—	—	—	—
	III	—	—	—	—	III	—	—	—	—	—	—	—	—	—	—	—	—	—	—	—	—	—	—	—
	V	9,95	—	0,79	0,89	IV	3,45	—	0,16	0,18	—	0,07	0,08	—	—	—	—	—	—	—	—	—	—	—	—
	VI	11,16	—	0,89	1,—																				
57,99	I,IV	3,47	—	0,27	0,31	I	3,47	—	0,07	0,08	—	—	—	—	—	—	—	—	—	—	—	—	—	—	—
	II	1,—	—	0,08	0,09	II	1,—	—	—	—	—	—	—	—	—	—	—	—	—	—	—	—	—	—	—
	III	—	—	—	—	III	—	—	—	—	—	—	—	—	—	—	—	—	—	—	—	—	—	—	—
	V	9,98	—	0,79	0,89	IV	3,47	—	0,16	0,18	—	0,07	0,08	—	—	—	—	—	—	—	—	—	—	—	—
	VI	11,20	—	0,89	1,—																				
58,09	I,IV	3,49	—	0,27	0,31	I	3,49	—	0,07	0,08	—	—	—	—	—	—	—	—	—	—	—	—	—	—	—
	II	1,01	—	0,08	0,09	II	1,01	—	—	—	—	—	—	—	—	—	—	—	—	—	—	—	—	—	—
	III	—	—	—	—	III	—	—	—	—	—	—	—	—	—	—	—	—	—	—	—	—	—	—	—
	V	10,02	—	0,80	0,90	IV	3,49	—	0,16	0,18	—	0,07	0,08	—	—	—	—	—	—	—	—	—	—	—	—
	VI	11,23	—	0,89	1,01																				
58,19	I,IV	3,51	—	0,28	0,31	I	3,51	—	0,07	0,08	—	—	—	—	—	—	—	—	—	—	—	—	—	—	—
	II	1,03	—	0,08	0,09	II	1,03	—	—	—	—	—	—	—	—	—	—	—	—	—	—	—	—	—	—
	III	—	—	—	—	III	—	—	—	—	—	—	—	—	—	—	—	—	—	—	—	—	—	—	—
	V	10,05	—	0,80	0,90	IV	3,51	—	0,16	0,19	—	0,07	0,08	—	—	—	—	—	—	—	—	—	—	—	—
	VI	11,26	—	0,90	1,01																				
58,29	I,IV	3,53	—	0,28	0,31	I	3,53	—	0,07	0,08	—	—	—	—	—	—	—	—	—	—	—	—	—	—	—
	II	1,05	—	0,08	0,09	II	1,05	—	—	—	—	—	—	—	—	—	—	—	—	—	—	—	—	—	—
	III	—	—	—	—	III	—	—	—	—	—	—	—	—	—	—	—	—	—	—	—	—	—	—	—
	V	10,09	—	0,80	0,90	IV	3,53	—	0,17	0,19	—	0,07	0,08	—	—	—	—	—	—	—	—	—	—	—	—
	VI	11,30	—	0,90	1,01																				
58,39	I,IV	3,55	—	0,28	0,31	I	3,55	—	0,07	0,08	—	—	—	—	—	—	—	—	—	—	—	—	—	—	—
	II	1,06	—	0,08	0,09	II	1,06	—	—	—	—	—	—	—	—	—	—	—	—	—	—	—	—	—	—
	III	—	—	—	—	III	—	—	—	—	—	—	—	—	—	—	—	—	—	—	—	—	—	—	—
	V	10,12	—	0,80	0,91	IV	3,55	—	0,17	0,19	—	0,07	0,08	—	—	—	—	—	—	—	—	—	—	—	—
	VI	11,33	—	0,90	1,01																				
58,49	I,IV	3,57	—	0,28	0,32	I	3,57	—	0,07	0,08	—	—	—	—	—	—	—	—	—	—	—	—	—	—	—
	II	1,08	—	0,08	0,09	II	1,08	—	—	—	—	—	—	—	—	—	—	—	—	—	—	—	—	—	—
	III	—	—	—	—	III	—	—	—	—	—	—	—	—	—	—	—	—	—	—	—	—	—	—	—
	V	10,16	—	0,81	0,91	IV	3,57	—	0,17	0,19	—	0,07	0,08	—	—	—	—	—	—	—	—	—	—	—	—
	VI	11,37	—	0,90	1,02																				
58,59	I,IV	3,59	—	0,28	0,32	I	3,59	—	0,08	0,09	—	—	—	—	—	—	—	—	—	—	—	—	—	—	—
	II	1,09	—	0,08	0,09	II	1,09	—	—	—	—	—	—	—	—	—	—	—	—	—	—	—	—	—	—
	III	—	—	—	—	III	—	—	—	—	—	—	—	—	—	—	—	—	—	—	—	—	—	—	—
	V	10,19	—	0,81	0,91	IV	3,59	—	0,17	0,19	—	0,08	0,09	—	—	—	—	—	—	—	—	—	—	—	—
	VI	11,40	—	0,91	1,02																				
58,69	I,IV	3,61	—	0,28	0,32	I	3,61	—	0,08	0,09	—	—	—	—	—	—	—	—	—	—	—	—	—	—	—
	II	1,11	—	0,08	0,09	II	1,11	—	—	—	—	—	—	—	—	—	—	—	—	—	—	—	—	—	—
	III	—	—	—	—	III	—	—	—	—	—	—	—	—	—	—	—	—	—	—	—	—	—	—	—
	V	10,23	—	0,81	0,92	IV	3,61	—	0,17	0,19	—	0,08	0,09	—	—	—	—	—	—	—	—	—	—	—	—
	VI	11,44	—	0,91	1,02																				
58,79	I,IV	3,63	—	0,29	0,32	I	3,63	—	0,08	0,09	—	—	—	—	—	—	—	—	—	—	—	—	—	—	—
	II	1,12	—	0,08	0,10	II	1,12	—	—	—	—	—	—	—	—	—	—	—	—	—	—	—	—	—	—
	III	—	—	—	—	III	—	—	—	—	—	—	—	—	—	—	—	—	—	—	—	—	—	—	—
	V	10,26	—	0,82	0,92	IV	3,63	—	0,17	0,20	—	0,08	0,09	—	—	—	—	—	—	—	—	—	—	—	—
	VI	11,47	—	0,91	1,03																				
58,89	I,IV	3,65	—	0,29	0,32	I	3,65	—	0,08	0,09	—	—	—	—	—	—	—	—	—	—	—	—	—	—	—
	II	1,14	—	0,09	0,10	II	1,14	—	—	—	—	—	—	—	—	—	—	—	—	—	—	—	—	—	—
	III	—	—	—	—	III	—	—	—	—	—	—	—	—	—	—	—	—	—	—	—	—	—	—	—
	V	10,30	—	0,82	0,92	IV	3,65	—	0,18	0,20	—	0,08	0,09	—	—	—	—	—	—	—	—	—	—	—	—
	VI	11,51	—	0,92	1,03																				
58,99	I,IV	3,67	—	0,29	0,33	I	3,67	—	0,08	0,09	—	—	—	—	—	—	—	—	—	—	—	—	—	—	—
	II	1,15	—	0,09	0,10	II	1,15	—	—	—	—	—	—	—	—	—	—	—	—	—	—	—	—	—	—
	III	—	—	—	—	III	—	—	—	—	—	—	—	—	—	—	—	—	—	—	—	—	—	—	—
	V	10,33	—	0,82	0,92	IV	3,67	—	0,18	0,20	—	0,08	0,09	—	—	—	—	—	—	—	—	—	—	—	—
	VI	11,54	—	0,92	1,03																				
59,09	I,IV	3,69	—	0,29	0,33	I	3,69	—	0,08	0,09	—	—	—	—	—	—	—	—	—	—	—	—	—	—	—
	II	1,17	—	0,09	0,10	II	1,17	—	—	—	—	—	—	—	—	—	—	—	—	—	—	—	—	—	—
	III	—	—	—	—	III	—	—	—	—	—	—	—	—	—	—	—	—	—	—	—	—	—	—	—
	V	10,37	—	0,82	0,93	IV	3,69	—	0,18	0,20	—	0,08	0,09	—	—	—	—	—	—	—	—	—	—	—	—
	VI	11,58	—	0,92	1,04																				
59,19	I,IV	3,71	—	0,29	0,33	I	3,71	—	0,08	0,09	—	—	—	—	—	—	—	—	—	—	—	—	—	—	—
	II	1,18	—	0,09	0,10	II	1,18	—	—	—	—	—	—	—	—	—	—	—	—	—	—	—	—	—	—
	III	—	—	—	—	III	—	—	—	—	—	—	—	—	—	—	—	—	—	—	—	—	—	—	—
	V	10,40	—	0,83	0,93	IV	3,71	—	0,18	0,20	—	0,08	0,09	—	—	—	—	—	—	—	—	—	—	—	—
	VI	11,61	—	0,92	1,04																				
59,29	I,IV	3,73	—	0,29	0,33	I	3,73	—	0,08	0,09	—	—	—	—	—	—	—	—	—	—	—	—	—	—	—
	II	1,20	—	0,09	0,10	II	1,20	—	—	—	—	—	—	—	—	—	—	—	—	—	—	—	—	—	—
	III	—	—	—	—	III	—	—	—	—	—	—	—	—	—	—	—	—	—	—	—	—	—	—	—
	V	10,44	—	0,83	0,93	IV	3,73	—	0,18	0,20	—	0,08	0,09	—	0,01	0,01	—	—	—	—	—	—	—	—	—
	VI	11,65	—	0,93	1,04																				
59,39	I,IV	3,75	—	0,30	0,33	I	3,75	—	0,08	0,10	—	—	—	—	—	—	—	—	—	—	—	—	—	—	—
	II	1,22	—	0,09	0,10	II	1,22	—	—	—	—	—	—	—	—	—	—	—	—	—	—	—	—	—	—
	III	—	—	—	—	III	—	—	—	—	—	—	—	—	—	—	—	—	—	—	—	—	—	—	—
	V	10,47	—	0,83	0,94	IV	3,75	—	0,18	0,21	—	0,08	0,10	—	0,01	0,01	—	—	—	—	—	—	—	—	—
	VI	11,68	—	0,93	1,05																				
59,49	I,IV	3,78	—	0,30	0,34	I	3,78	—	0,09	0,10	—	—	—	—	—	—	—	—	—	—	—	—	—	—	—
	II	1,23	—	0,09	0,11	II	1,23	—	—	—	—	—	—	—	—	—	—	—	—	—	—	—	—	—	—
	III	—	—	—	—	III	—	—	—	—	—	—	—	—	—	—	—	—	—	—	—	—	—	—	—
	V	10,51	—	0,84	0,94	IV	3,78	—	0,18	0,21	—	0,09	0,10	—	0,01	0,01	—	—	—	—	—	—	—	—	—
	VI	11,71	—	0,93	1,05																				

* Die ausgewiesenen Tabellenwerte sind amtlich. Siehe Erläuterungen auf der Umschlaginnenseite (U2).

61,19* TAG

Abzüge an Lohnsteuer, Solidaritätszuschlag (SolZ) und Kirchensteuer (8%, 9%) in den Steuerklassen

I – VI (ohne Kinderfreibeträge) — **I, II, III, IV** (mit Zahl der Kinderfreibeträge ...)

Lohn/Gehalt bis €*	Kl	LSt	SolZ	8%	9%	Kl	LSt	0,5 SolZ	0,5 8%	0,5 9%	1 SolZ	1 8%	1 9%	1,5 SolZ	1,5 8%	1,5 9%	2 SolZ	2 8%	2 9%	2,5 SolZ	2,5 8%	2,5 9%	3 SolZ	3 8%	3 9%
59,59	I,IV	3,80	—	0,30	0,34	I	3,80	—	0,09	0,10	—	—	—	—	—	—	—	—	—	—	—	—	—	—	—
	II	1,25	—	0,10	0,11	II	1,25	—	—	—	—	—	—	—	—	—	—	—	—	—	—	—	—	—	—
	III	—	—	—	—	III	—	—	—	—	—	—	—	—	—	—	—	—	—	—	—	—	—	—	—
	V	10,54	—	0,84	0,94	IV	3,80	—	0,19	0,21	—	0,09	0,10	—	0,01	0,01	—	—	—	—	—	—	—	—	—
	VI	11,75	—	0,94	1,05																				
59,69	I,IV	3,81	—	0,30	0,34	I	3,81	—	0,09	0,10	—	—	—	—	—	—	—	—	—	—	—	—	—	—	—
	II	1,26	—	0,10	0,11	II	1,26	—	—	—	—	—	—	—	—	—	—	—	—	—	—	—	—	—	—
	III	—	—	—	—	III	—	—	—	—	—	—	—	—	—	—	—	—	—	—	—	—	—	—	—
	V	10,58	—	0,84	0,95	IV	3,81	—	0,19	0,21	—	0,09	0,10	—	0,01	0,01	—	—	—	—	—	—	—	—	—
	VI	11,78	—	0,94	1,06																				
59,79	I,IV	3,84	—	0,30	0,34	I	3,84	—	0,09	0,10	—	—	—	—	—	—	—	—	—	—	—	—	—	—	—
	II	1,28	—	0,10	0,11	II	1,28	—	—	—	—	—	—	—	—	—	—	—	—	—	—	—	—	—	—
	III	—	—	—	—	III	—	—	—	—	—	—	—	—	—	—	—	—	—	—	—	—	—	—	—
	V	10,61	—	0,84	0,95	IV	3,84	—	0,19	0,21	—	0,09	0,10	—	0,01	0,01	—	—	—	—	—	—	—	—	—
	VI	11,82	—	0,94	1,06																				
59,89	I,IV	3,86	—	0,30	0,34	I	3,86	—	0,09	0,10	—	—	—	—	—	—	—	—	—	—	—	—	—	—	—
	II	1,30	—	0,10	0,11	II	1,30	—	—	—	—	—	—	—	—	—	—	—	—	—	—	—	—	—	—
	III	—	—	—	—	III	—	—	—	—	—	—	—	—	—	—	—	—	—	—	—	—	—	—	—
	V	10,65	—	0,85	0,95	IV	3,86	—	0,19	0,21	—	0,09	0,10	—	0,01	0,01	—	—	—	—	—	—	—	—	—
	VI	11,85	—	0,94	1,06																				
59,99	I,IV	3,88	—	0,31	0,34	I	3,88	—	0,09	0,10	—	—	—	—	—	—	—	—	—	—	—	—	—	—	—
	II	1,31	—	0,10	0,11	II	1,31	—	—	—	—	—	—	—	—	—	—	—	—	—	—	—	—	—	—
	III	—	—	—	—	III	—	—	—	—	—	—	—	—	—	—	—	—	—	—	—	—	—	—	—
	V	10,68	—	0,85	0,96	IV	3,88	—	0,19	0,22	—	0,09	0,10	—	0,01	0,01	—	—	—	—	—	—	—	—	—
	VI	11,89	—	0,95	1,07																				
60,09	I,IV	3,90	—	0,31	0,35	I	3,90	—	0,09	0,11	—	—	—	—	—	—	—	—	—	—	—	—	—	—	—
	II	1,33	—	0,10	0,11	II	1,33	—	—	—	—	—	—	—	—	—	—	—	—	—	—	—	—	—	—
	III	—	—	—	—	III	—	—	—	—	—	—	—	—	—	—	—	—	—	—	—	—	—	—	—
	V	10,71	—	0,85	0,96	IV	3,90	—	0,19	0,22	—	0,09	0,11	—	0,01	0,01	—	—	—	—	—	—	—	—	—
	VI	11,92	—	0,95	1,07																				
60,19	I,IV	3,92	—	0,31	0,35	I	3,92	—	0,10	0,11	—	—	—	—	—	—	—	—	—	—	—	—	—	—	—
	II	1,35	—	0,10	0,12	II	1,35	—	—	—	—	—	—	—	—	—	—	—	—	—	—	—	—	—	—
	III	—	—	—	—	III	—	—	—	—	—	—	—	—	—	—	—	—	—	—	—	—	—	—	—
	V	10,75	—	0,86	0,96	IV	3,92	—	0,20	0,22	—	0,10	0,11	—	0,01	0,02	—	—	—	—	—	—	—	—	—
	VI	11,96	—	0,95	1,07																				
60,29	I,IV	3,94	—	0,31	0,35	I	3,94	—	0,10	0,11	—	—	—	—	—	—	—	—	—	—	—	—	—	—	—
	II	1,36	—	0,10	0,12	II	1,36	—	—	—	—	—	—	—	—	—	—	—	—	—	—	—	—	—	—
	III	—	—	—	—	III	—	—	—	—	—	—	—	—	—	—	—	—	—	—	—	—	—	—	—
	V	10,78	—	0,86	0,97	IV	3,94	—	0,20	0,22	—	0,10	0,11	—	0,02	0,02	—	—	—	—	—	—	—	—	—
	VI	11,99	—	0,95	1,07																				
60,39	I,IV	3,96	—	0,31	0,35	I	3,96	—	0,10	0,11	—	—	—	—	—	—	—	—	—	—	—	—	—	—	—
	II	1,38	—	0,11	0,12	II	1,38	—	—	—	—	—	—	—	—	—	—	—	—	—	—	—	—	—	—
	III	—	—	—	—	III	—	—	—	—	—	—	—	—	—	—	—	—	—	—	—	—	—	—	—
	V	10,82	—	0,86	0,97	IV	3,96	—	0,20	0,22	—	0,10	0,11	—	0,02	0,02	—	—	—	—	—	—	—	—	—
	VI	12,03	—	0,96	1,08																				
60,49	I,IV	3,98	—	0,31	0,35	I	3,98	—	0,10	0,11	—	—	—	—	—	—	—	—	—	—	—	—	—	—	—
	II	1,40	—	0,11	0,12	II	1,40	—	—	—	—	—	—	—	—	—	—	—	—	—	—	—	—	—	—
	III	—	—	—	—	III	—	—	—	—	—	—	—	—	—	—	—	—	—	—	—	—	—	—	—
	V	10,85	—	0,86	0,97	IV	3,98	—	0,20	0,23	—	0,10	0,11	—	0,02	0,02	—	—	—	—	—	—	—	—	—
	VI	12,06	—	0,96	1,08																				
60,59	I,IV	4,—	—	0,32	0,36	I	4,—	—	0,10	0,11	—	—	—	—	—	—	—	—	—	—	—	—	—	—	—
	II	1,41	—	0,11	0,12	II	1,41	—	—	—	—	—	—	—	—	—	—	—	—	—	—	—	—	—	—
	III	—	—	—	—	III	—	—	—	—	—	—	—	—	—	—	—	—	—	—	—	—	—	—	—
	V	10,89	—	0,87	0,98	IV	4,—	—	0,20	0,23	—	0,10	0,11	—	0,02	0,02	—	—	—	—	—	—	—	—	—
	VI	12,10	—	0,96	1,08																				
60,69	I,IV	4,02	—	0,32	0,36	I	4,02	—	0,10	0,11	—	—	—	—	—	—	—	—	—	—	—	—	—	—	—
	II	1,43	—	0,11	0,12	II	1,43	—	—	—	—	—	—	—	—	—	—	—	—	—	—	—	—	—	—
	III	—	—	—	—	III	—	—	—	—	—	—	—	—	—	—	—	—	—	—	—	—	—	—	—
	V	10,92	—	0,87	0,98	IV	4,02	—	0,20	0,23	—	0,10	0,11	—	0,02	0,02	—	—	—	—	—	—	—	—	—
	VI	12,13	—	0,97	1,09																				
60,79	I,IV	4,04	—	0,32	0,36	I	4,04	—	0,10	0,12	—	—	—	—	—	—	—	—	—	—	—	—	—	—	—
	II	1,45	—	0,11	0,13	II	1,45	—	—	—	—	—	—	—	—	—	—	—	—	—	—	—	—	—	—
	III	—	—	—	—	III	—	—	—	—	—	—	—	—	—	—	—	—	—	—	—	—	—	—	—
	V	10,96	—	0,87	0,98	IV	4,04	—	0,20	0,23	—	0,10	0,12	—	0,02	0,02	—	—	—	—	—	—	—	—	—
	VI	12,16	—	0,97	1,09																				
60,89	I,IV	4,06	—	0,32	0,36	I	4,06	—	0,10	0,12	—	—	—	—	—	—	—	—	—	—	—	—	—	—	—
	II	1,46	—	0,11	0,13	II	1,46	—	—	—	—	—	—	—	—	—	—	—	—	—	—	—	—	—	—
	III	—	—	—	—	III	—	—	—	—	—	—	—	—	—	—	—	—	—	—	—	—	—	—	—
	V	10,99	—	0,87	0,98	IV	4,06	—	0,21	0,23	—	0,10	0,12	—	0,02	0,02	—	—	—	—	—	—	—	—	—
	VI	12,20	—	0,97	1,09																				
60,99	I,IV	4,08	—	0,32	0,36	I	4,08	—	0,11	0,12	—	—	—	—	—	—	—	—	—	—	—	—	—	—	—
	II	1,48	—	0,11	0,13	II	1,48	—	—	—	—	—	—	—	—	—	—	—	—	—	—	—	—	—	—
	III	—	—	—	—	III	—	—	—	—	—	—	—	—	—	—	—	—	—	—	—	—	—	—	—
	V	11,03	—	0,88	0,99	IV	4,08	—	0,21	0,23	—	0,11	0,12	—	0,02	0,03	—	—	—	—	—	—	—	—	—
	VI	12,23	—	0,97	1,10																				
61,09	I,IV	4,10	—	0,32	0,36	I	4,10	—	0,11	0,12	—	—	—	—	—	—	—	—	—	—	—	—	—	—	—
	II	1,50	—	0,12	0,13	II	1,50	—	—	—	—	—	—	—	—	—	—	—	—	—	—	—	—	—	—
	III	—	—	—	—	III	—	—	—	—	—	—	—	—	—	—	—	—	—	—	—	—	—	—	—
	V	11,06	—	0,88	0,99	IV	4,10	—	0,21	0,24	—	0,11	0,12	—	0,02	0,03	—	—	—	—	—	—	—	—	—
	VI	12,27	—	0,98	1,10																				
61,19	I,IV	4,12	—	0,32	0,37	I	4,12	—	0,11	0,12	—	—	—	—	—	—	—	—	—	—	—	—	—	—	—
	II	1,51	—	0,12	0,13	II	1,51	—	—	—	—	—	—	—	—	—	—	—	—	—	—	—	—	—	—
	III	—	—	—	—	III	—	—	—	—	—	—	—	—	—	—	—	—	—	—	—	—	—	—	—
	V	11,10	—	0,88	0,99	IV	4,12	—	0,21	0,24	—	0,11	0,12	—	0,02	0,03	—	—	—	—	—	—	—	—	—
	VI	12,30	—	0,98	1,10																				

* Die ausgewiesenen Tabellenwerte sind amtlich. Siehe Erläuterungen auf der Umschlaginnenseite (U2).

TAG 61,20*

Abzüge an Lohnsteuer, Solidaritätszuschlag (SolZ) und Kirchensteuer (8%, 9%) in den Steuerklassen

Linke Spalten: **I – Vi** ohne Kinderfreibeträge — Rechte Spalten: **I, II, III, IV** mit Zahl der Kinderfreibeträge (0,5 / 1 / 1,5 / 2 / 2,5 / 3)

Lohn/Gehalt bis €*	Kl.	LSt	SolZ	8%	9%	Kl.	LSt	0,5 SolZ	0,5 8%	0,5 9%	1 SolZ	1 8%	1 9%	1,5 SolZ	1,5 8%	1,5 9%	2 SolZ	2 8%	2 9%	2,5 SolZ	2,5 8%	2,5 9%	3 SolZ	3 8%	3 9%
61,29	I,IV	4,14	—	0,33	0,37	I	4,14	—	0,11	0,12	—	—	—	—	—	—	—	—	—	—	—	—	—	—	—
	II	1,53	—	0,12	0,13	II	1,53	—	—	—	—	—	—	—	—	—	—	—	—	—	—	—	—	—	—
	III	—	—	—	—	III	—	—	—	—	—	—	—	—	—	—	—	—	—	—	—	—	—	—	—
	V	11,13	—	0,89	1,—	IV	4,14	—	0,21	0,24	—	0,11	0,12	—	0,03	0,03	—	—	—	—	—	—	—	—	—
	VI	12,34	—	0,98	1,11																				
61,39	I,IV	4,16	—	0,33	0,37	I	4,16	—	0,11	0,12	—	—	—	—	—	—	—	—	—	—	—	—	—	—	—
	II	1,55	—	0,12	0,13	II	1,55	—	—	—	—	—	—	—	—	—	—	—	—	—	—	—	—	—	—
	III	—	—	—	—	III	—	—	—	—	—	—	—	—	—	—	—	—	—	—	—	—	—	—	—
	V	11,16	—	0,89	1,—	IV	4,16	—	0,21	0,24	—	0,11	0,12	—	0,03	0,03	—	—	—	—	—	—	—	—	—
	VI	12,37	—	0,98	1,11																				
61,49	I,IV	4,18	—	0,33	0,37	I	4,18	—	0,11	0,13	—	—	—	—	—	—	—	—	—	—	—	—	—	—	—
	II	1,56	—	0,12	0,14	II	1,56	—	—	—	—	—	—	—	—	—	—	—	—	—	—	—	—	—	—
	III	—	—	—	—	III	—	—	—	—	—	—	—	—	—	—	—	—	—	—	—	—	—	—	—
	V	11,20	—	0,89	1,—	IV	4,18	—	0,22	0,24	—	0,11	0,13	—	0,03	0,03	—	—	—	—	—	—	—	—	—
	VI	12,41	—	0,99	1,11																				
61,59	I,IV	4,21	—	0,33	0,37	I	4,21	—	0,11	0,13	—	—	—	—	—	—	—	—	—	—	—	—	—	—	—
	II	1,58	—	0,12	0,14	II	1,58	—	—	—	—	—	—	—	—	—	—	—	—	—	—	—	—	—	—
	III	—	—	—	—	III	—	—	—	—	—	—	—	—	—	—	—	—	—	—	—	—	—	—	—
	V	11,23	—	0,89	1,01	IV	4,21	—	0,22	0,25	—	0,11	0,13	—	0,03	0,03	—	—	—	—	—	—	—	—	—
	VI	12,44	—	0,99	1,11																				
61,69	I,IV	4,23	—	0,33	0,38	I	4,23	—	0,11	0,13	—	—	—	—	—	—	—	—	—	—	—	—	—	—	—
	II	1,60	—	0,12	0,14	II	1,60	—	—	—	—	—	—	—	—	—	—	—	—	—	—	—	—	—	—
	III	—	—	—	—	III	—	—	—	—	—	—	—	—	—	—	—	—	—	—	—	—	—	—	—
	V	11,27	—	0,90	1,01	IV	4,23	—	0,22	0,25	—	0,11	0,13	—	0,03	0,03	—	—	—	—	—	—	—	—	—
	VI	12,48	—	0,99	1,12																				
61,79	I,IV	4,25	—	0,34	0,38	I	4,25	—	0,12	0,13	—	—	—	—	—	—	—	—	—	—	—	—	—	—	—
	II	1,61	—	0,12	0,14	II	1,61	—	—	—	—	—	—	—	—	—	—	—	—	—	—	—	—	—	—
	III	—	—	—	—	III	—	—	—	—	—	—	—	—	—	—	—	—	—	—	—	—	—	—	—
	V	11,30	—	0,90	1,01	IV	4,25	—	0,22	0,25	—	0,12	0,13	—	0,03	0,03	—	—	—	—	—	—	—	—	—
	VI	12,51	—	1,—	1,12																				
61,89	I,IV	4,27	—	0,34	0,38	I	4,27	—	0,12	0,13	—	—	—	—	—	—	—	—	—	—	—	—	—	—	—
	II	1,63	—	0,13	0,14	II	1,63	—	—	—	—	—	—	—	—	—	—	—	—	—	—	—	—	—	—
	III	—	—	—	—	III	—	—	—	—	—	—	—	—	—	—	—	—	—	—	—	—	—	—	—
	V	11,34	—	0,90	1,02	IV	4,27	—	0,22	0,25	—	0,12	0,13	—	0,03	0,04	—	—	—	—	—	—	—	—	—
	VI	12,55	—	1,—	1,12																				
61,99	I,IV	4,29	—	0,34	0,38	I	4,29	—	0,12	0,13	—	—	—	—	—	—	—	—	—	—	—	—	—	—	—
	II	1,65	—	0,13	0,14	II	1,65	—	—	—	—	—	—	—	—	—	—	—	—	—	—	—	—	—	—
	III	—	—	—	—	III	—	—	—	—	—	—	—	—	—	—	—	—	—	—	—	—	—	—	—
	V	11,37	—	0,90	1,02	IV	4,29	—	0,22	0,25	—	0,12	0,13	—	0,03	0,04	—	—	—	—	—	—	—	—	—
	VI	12,58	—	1,—	1,13																				
62,09	I,IV	4,31	—	0,34	0,38	I	4,31	—	0,12	0,14	—	—	—	—	—	—	—	—	—	—	—	—	—	—	—
	II	1,67	—	0,13	0,15	II	1,67	—	—	—	—	—	—	—	—	—	—	—	—	—	—	—	—	—	—
	III	—	—	—	—	III	—	—	—	—	—	—	—	—	—	—	—	—	—	—	—	—	—	—	—
	V	11,41	—	0,91	1,02	IV	4,31	—	0,23	0,25	—	0,12	0,14	—	0,03	0,04	—	—	—	—	—	—	—	—	—
	VI	12,62	—	1,—	1,13																				
62,19	I,IV	4,33	—	0,34	0,38	I	4,33	—	0,12	0,14	—	—	—	—	—	—	—	—	—	—	—	—	—	—	—
	II	1,68	—	0,13	0,15	II	1,68	—	—	—	—	—	—	—	—	—	—	—	—	—	—	—	—	—	—
	III	—	—	—	—	III	—	—	—	—	—	—	—	—	—	—	—	—	—	—	—	—	—	—	—
	V	11,44	—	0,91	1,02	IV	4,33	—	0,23	0,26	—	0,12	0,14	—	0,04	0,04	—	—	—	—	—	—	—	—	—
	VI	12,65	—	1,01	1,13																				
62,29	I,IV	4,35	—	0,34	0,39	I	4,35	—	0,12	0,14	—	—	—	—	—	—	—	—	—	—	—	—	—	—	—
	II	1,70	—	0,13	0,15	II	1,70	—	—	—	—	—	—	—	—	—	—	—	—	—	—	—	—	—	—
	III	—	—	—	—	III	—	—	—	—	—	—	—	—	—	—	—	—	—	—	—	—	—	—	—
	V	11,48	—	0,91	1,03	IV	4,35	—	0,23	0,26	—	0,12	0,14	—	0,04	0,04	—	—	—	—	—	—	—	—	—
	VI	12,69	—	1,01	1,14																				
62,39	I,IV	4,37	—	0,34	0,39	I	4,37	—	0,12	0,14	—	—	—	—	—	—	—	—	—	—	—	—	—	—	—
	II	1,72	—	0,13	0,15	II	1,72	—	—	—	—	—	—	—	—	—	—	—	—	—	—	—	—	—	—
	III	—	—	—	—	III	—	—	—	—	—	—	—	—	—	—	—	—	—	—	—	—	—	—	—
	V	11,51	—	0,92	1,03	IV	4,37	—	0,23	0,26	—	0,12	0,14	—	0,04	0,04	—	—	—	—	—	—	—	—	—
	VI	12,72	—	1,01	1,14																				
62,49	I,IV	4,39	—	0,35	0,39	I	4,39	—	0,13	0,14	—	—	—	—	—	—	—	—	—	—	—	—	—	—	—
	II	1,74	—	0,13	0,15	II	1,74	—	—	—	—	—	—	—	—	—	—	—	—	—	—	—	—	—	—
	III	—	—	—	—	III	—	—	—	—	—	—	—	—	—	—	—	—	—	—	—	—	—	—	—
	V	11,55	—	0,92	1,03	IV	4,39	—	0,23	0,26	—	0,13	0,14	—	0,04	0,04	—	—	—	—	—	—	—	—	—
	VI	12,76	—	1,02	1,14																				
62,59	I,IV	4,41	—	0,35	0,39	I	4,41	—	0,13	0,14	—	—	—	—	—	—	—	—	—	—	—	—	—	—	—
	II	1,75	—	0,14	0,15	II	1,75	—	—	—	—	—	—	—	—	—	—	—	—	—	—	—	—	—	—
	III	—	—	—	—	III	—	—	—	—	—	—	—	—	—	—	—	—	—	—	—	—	—	—	—
	V	11,58	—	0,92	1,04	IV	4,41	—	0,23	0,26	—	0,13	0,14	—	0,04	0,04	—	—	—	—	—	—	—	—	—
	VI	12,79	—	1,02	1,15																				
62,69	I,IV	4,43	—	0,35	0,39	I	4,43	—	0,13	0,14	—	—	—	—	—	—	—	—	—	—	—	—	—	—	—
	II	1,77	—	0,14	0,15	II	1,77	—	—	—	—	—	—	—	—	—	—	—	—	—	—	—	—	—	—
	III	—	—	—	—	III	—	—	—	—	—	—	—	—	—	—	—	—	—	—	—	—	—	—	—
	V	11,62	—	0,92	1,04	IV	4,43	—	0,24	0,27	—	0,13	0,14	—	0,04	0,05	—	—	—	—	—	—	—	—	—
	VI	12,83	—	1,02	1,15																				
62,79	I,IV	4,45	—	0,35	0,40	I	4,45	—	0,13	0,15	—	—	—	—	—	—	—	—	—	—	—	—	—	—	—
	II	1,79	—	0,14	0,16	II	1,79	—	—	—	—	—	—	—	—	—	—	—	—	—	—	—	—	—	—
	III	—	—	—	—	III	—	—	—	—	—	—	—	—	—	—	—	—	—	—	—	—	—	—	—
	V	11,65	—	0,93	1,04	IV	4,45	—	0,24	0,27	—	0,13	0,15	—	0,04	0,05	—	—	—	—	—	—	—	—	—
	VI	12,86	—	1,02	1,15																				
62,89	I,IV	4,48	—	0,35	0,40	I	4,48	—	0,13	0,15	—	—	—	—	—	—	—	—	—	—	—	—	—	—	—
	II	1,81	—	0,14	0,16	II	1,81	—	—	—	—	—	—	—	—	—	—	—	—	—	—	—	—	—	—
	III	—	—	—	—	III	—	—	—	—	—	—	—	—	—	—	—	—	—	—	—	—	—	—	—
	V	11,69	—	0,93	1,05	IV	4,48	—	0,24	0,27	—	0,13	0,15	—	0,04	0,05	—	—	—	—	—	—	—	—	—
	VI	12,90	—	1,03	1,16																				

* Die ausgewiesenen Tabellenwerte sind amtlich. Siehe Erläuterungen auf der Umschlaginnenseite (U2).

64,59* **TAG**

Abzüge an Lohnsteuer, Solidaritätszuschlag (SolZ) und Kirchensteuer (8%, 9%) in den Steuerklassen

Links: **I – VI** — ohne Kinderfreibeträge · Rechts: **I, II, III, IV** — mit Zahl der Kinderfreibeträge …

Lohn/Gehalt bis €*	Kl.	LSt	SolZ	8%	9%	Kl.	LSt	0,5 SolZ	8%	9%	1 SolZ	8%	9%	1,5 SolZ	8%	9%	2 SolZ	8%	9%	2,5 SolZ	8%	9%	3 SolZ	8%	9%
62,99	I,IV	4,50	—	0,36	0,40	I	4,50	—	0,13	0,15	—	—	—	—	—	—	—	—	—	—	—	—	—	—	—
	II	1,82	—	0,14	0,16	II	1,82	—	—	—	—	—	—	—	—	—	—	—	—	—	—	—	—	—	—
	III	—	—	—	—	III	—	—	—	—	—	—	—	—	—	—	—	—	—	—	—	—	—	—	—
	V	11,72	—	0,93	1,05	IV	4,50	—	0,24	0,27	—	0,13	0,15	—	0,04	0,05	—	—	—	—	—	—	—	—	—
	VI	12,93	—	1,03	1,16																				
63,09	I,IV	4,51	—	0,36	0,40	I	4,51	—	0,13	0,15	—	—	—	—	—	—	—	—	—	—	—	—	—	—	—
	II	1,84	—	0,14	0,16	II	1,84	—	—	—	—	—	—	—	—	—	—	—	—	—	—	—	—	—	—
	III	—	—	—	—	III	—	—	—	—	—	—	—	—	—	—	—	—	—	—	—	—	—	—	—
	V	11,76	—	0,94	1,05	IV	4,51	—	0,24	0,27	—	0,13	0,15	—	0,04	0,05	—	—	—	—	—	—	—	—	—
	VI	12,96	—	1,03	1,16																				
63,19	I,IV	4,54	—	0,36	0,40	I	4,54	—	0,14	0,15	—	—	—	—	—	—	—	—	—	—	—	—	—	—	—
	II	1,86	—	0,14	0,16	II	1,86	—	—	—	—	—	—	—	—	—	—	—	—	—	—	—	—	—	—
	III	—	—	—	—	III	—	—	—	—	—	—	—	—	—	—	—	—	—	—	—	—	—	—	—
	V	11,79	—	0,94	1,06	IV	4,54	—	0,24	0,27	—	0,14	0,15	—	0,05	0,05	—	—	—	—	—	—	—	—	—
	VI	13,—	—	1,04	1,17																				
63,29	I,IV	4,56	—	0,36	0,41	I	4,56	—	0,14	0,15	—	—	—	—	—	—	—	—	—	—	—	—	—	—	—
	II	1,88	—	0,15	0,16	II	1,88	—	—	—	—	—	—	—	—	—	—	—	—	—	—	—	—	—	—
	III	—	—	—	—	III	—	—	—	—	—	—	—	—	—	—	—	—	—	—	—	—	—	—	—
	V	11,83	—	0,94	1,06	IV	4,56	—	0,24	0,28	—	0,14	0,15	—	0,05	0,05	—	—	—	—	—	—	—	—	—
	VI	13,03	—	1,04	1,17																				
63,39	I,IV	4,58	—	0,36	0,41	I	4,58	—	0,14	0,16	—	—	—	—	—	—	—	—	—	—	—	—	—	—	—
	II	1,90	—	0,15	0,17	II	1,90	—	—	—	—	—	—	—	—	—	—	—	—	—	—	—	—	—	—
	III	—	—	—	—	III	—	—	—	—	—	—	—	—	—	—	—	—	—	—	—	—	—	—	—
	V	11,86	—	0,94	1,06	IV	4,58	—	0,25	0,28	—	0,14	0,16	—	0,05	0,05	—	—	—	—	—	—	—	—	—
	VI	13,07	—	1,04	1,17																				
63,49	I,IV	4,60	—	0,36	0,41	I	4,60	—	0,14	0,16	—	—	—	—	—	—	—	—	—	—	—	—	—	—	—
	II	1,91	—	0,15	0,17	II	1,91	—	—	—	—	—	—	—	—	—	—	—	—	—	—	—	—	—	—
	III	—	—	—	—	III	—	—	—	—	—	—	—	—	—	—	—	—	—	—	—	—	—	—	—
	V	11,90	—	0,95	1,07	IV	4,60	—	0,25	0,28	—	0,14	0,16	—	0,05	0,06	—	—	—	—	—	—	—	—	—
	VI	13,10	—	1,04	1,17																				
63,59	I,IV	4,62	—	0,36	0,41	I	4,62	—	0,14	0,16	—	—	—	—	—	—	—	—	—	—	—	—	—	—	—
	II	1,93	—	0,15	0,17	II	1,93	—	—	—	—	—	—	—	—	—	—	—	—	—	—	—	—	—	—
	III	—	—	—	—	III	—	—	—	—	—	—	—	—	—	—	—	—	—	—	—	—	—	—	—
	V	11,93	—	0,95	1,07	IV	4,62	—	0,25	0,28	—	0,14	0,16	—	0,05	0,06	—	—	—	—	—	—	—	—	—
	VI	13,14	—	1,05	1,18																				
63,69	I,IV	4,64	—	0,37	0,41	I	4,64	—	0,14	0,16	—	—	—	—	—	—	—	—	—	—	—	—	—	—	—
	II	1,95	—	0,15	0,17	II	1,95	—	—	—	—	—	—	—	—	—	—	—	—	—	—	—	—	—	—
	III	—	—	—	—	III	—	—	—	—	—	—	—	—	—	—	—	—	—	—	—	—	—	—	—
	V	11,96	—	0,95	1,07	IV	4,64	—	0,25	0,28	—	0,14	0,16	—	0,05	0,06	—	—	—	—	—	—	—	—	—
	VI	13,17	—	1,05	1,18																				
63,79	I,IV	4,66	—	0,37	0,41	I	4,66	—	0,14	0,16	—	—	—	—	—	—	—	—	—	—	—	—	—	—	—
	II	1,97	—	0,15	0,17	II	1,97	—	—	—	—	—	—	—	—	—	—	—	—	—	—	—	—	—	—
	III	—	—	—	—	III	—	—	—	—	—	—	—	—	—	—	—	—	—	—	—	—	—	—	—
	V	12,—	—	0,96	1,08	IV	4,66	—	0,25	0,28	—	0,14	0,16	—	0,05	0,06	—	—	—	—	—	—	—	—	—
	VI	13,21	—	1,05	1,18																				
63,89	I,IV	4,68	—	0,37	0,42	I	4,68	—	0,14	0,16	—	—	—	—	—	—	—	—	—	—	—	—	—	—	—
	II	1,99	—	0,15	0,17	II	1,99	—	—	—	—	—	—	—	—	—	—	—	—	—	—	—	—	—	—
	III	—	—	—	—	III	—	—	—	—	—	—	—	—	—	—	—	—	—	—	—	—	—	—	—
	V	12,03	—	0,96	1,08	IV	4,68	—	0,25	0,29	—	0,14	0,16	—	0,05	0,06	—	—	—	—	—	—	—	—	—
	VI	13,24	—	1,05	1,19																				
63,99	I,IV	4,70	—	0,37	0,42	I	4,70	—	0,15	0,17	—	—	—	—	—	—	—	—	—	—	—	—	—	—	—
	II	2,—	—	0,16	0,18	II	2,—	—	—	—	—	—	—	—	—	—	—	—	—	—	—	—	—	—	—
	III	—	—	—	—	III	—	—	—	—	—	—	—	—	—	—	—	—	—	—	—	—	—	—	—
	V	12,07	—	0,96	1,08	IV	4,70	—	0,26	0,29	—	0,15	0,17	—	0,06	0,06	—	—	—	—	—	—	—	—	—
	VI	13,28	—	1,06	1,19																				
64,09	I,IV	4,72	—	0,37	0,42	I	4,72	—	0,15	0,17	—	—	—	—	—	—	—	—	—	—	—	—	—	—	—
	II	2,02	—	0,16	0,18	II	2,02	—	—	—	—	—	—	—	—	—	—	—	—	—	—	—	—	—	—
	III	—	—	—	—	III	—	—	—	—	—	—	—	—	—	—	—	—	—	—	—	—	—	—	—
	V	12,10	—	0,96	1,08	IV	4,72	—	0,26	0,29	—	0,15	0,17	—	0,06	0,06	—	—	—	—	—	—	—	—	—
	VI	13,31	—	1,06	1,19																				
64,19	I,IV	4,75	—	0,38	0,42	I	4,75	—	0,15	0,17	—	—	—	—	—	—	—	—	—	—	—	—	—	—	—
	II	2,04	—	0,16	0,18	II	2,04	—	—	—	—	—	—	—	—	—	—	—	—	—	—	—	—	—	—
	III	—	—	—	—	III	—	—	—	—	—	—	—	—	—	—	—	—	—	—	—	—	—	—	—
	V	12,14	—	0,97	1,09	IV	4,75	—	0,26	0,29	—	0,15	0,17	—	0,06	0,07	—	—	—	—	—	—	—	—	—
	VI	13,35	—	1,06	1,20																				
64,29	I,IV	4,76	—	0,38	0,42	I	4,76	—	0,15	0,17	—	—	—	—	—	—	—	—	—	—	—	—	—	—	—
	II	2,06	—	0,16	0,18	II	2,06	—	—	—	—	—	—	—	—	—	—	—	—	—	—	—	—	—	—
	III	—	—	—	—	III	—	—	—	—	—	—	—	—	—	—	—	—	—	—	—	—	—	—	—
	V	12,17	—	0,97	1,09	IV	4,76	—	0,26	0,29	—	0,15	0,17	—	0,06	0,07	—	—	—	—	—	—	—	—	—
	VI	13,38	—	1,07	1,20																				
64,39	I,IV	4,79	—	0,38	0,43	I	4,79	—	0,15	0,17	—	—	—	—	—	—	—	—	—	—	—	—	—	—	—
	II	2,08	—	0,16	0,18	II	2,08	—	—	—	—	—	—	—	—	—	—	—	—	—	—	—	—	—	—
	III	—	—	—	—	III	—	—	—	—	—	—	—	—	—	—	—	—	—	—	—	—	—	—	—
	V	12,21	—	0,97	1,09	IV	4,79	—	0,26	0,30	—	0,15	0,17	—	0,06	0,07	—	—	—	—	—	—	—	—	—
	VI	13,41	—	1,07	1,20																				
64,49	I,IV	4,81	—	0,38	0,43	I	4,81	—	0,15	0,17	—	—	—	—	—	—	—	—	—	—	—	—	—	—	—
	II	2,10	—	0,16	0,18	II	2,10	—	—	—	—	—	—	—	—	—	—	—	—	—	—	—	—	—	—
	III	—	—	—	—	III	—	—	—	—	—	—	—	—	—	—	—	—	—	—	—	—	—	—	—
	V	12,24	—	0,97	1,10	IV	4,81	—	0,26	0,30	—	0,15	0,17	—	0,06	0,07	—	—	—	—	—	—	—	—	—
	VI	13,45	—	1,07	1,21																				
64,59	I,IV	4,83	—	0,38	0,43	I	4,83	—	0,16	0,18	—	—	—	—	—	—	—	—	—	—	—	—	—	—	—
	II	2,11	—	0,16	0,18	II	2,11	—	—	—	—	—	—	—	—	—	—	—	—	—	—	—	—	—	—
	III	—	—	—	—	III	—	—	—	—	—	—	—	—	—	—	—	—	—	—	—	—	—	—	—
	V	12,28	—	0,98	1,10	IV	4,83	—	0,27	0,30	—	0,16	0,18	—	0,06	0,07	—	—	—	—	—	—	—	—	—
	VI	13,48	—	1,07	1,21																				

* Die ausgewiesenen Tabellenwerte sind amtlich. Siehe Erläuterungen auf der Umschlaginnenseite (U2).

TAG 64,60*

Abzüge an Lohnsteuer, Solidaritätszuschlag (SolZ) und Kirchensteuer (8%, 9%) in den Steuerklassen

I – VI: ohne Kinderfreibeträge | I, II, III, IV: mit Zahl der Kinderfreibeträge . . .

Lohn/Gehalt bis €*	Kl.	LSt	SolZ	8%	9%	Kl.	LSt	0,5 SolZ	0,5 8%	0,5 9%	1 SolZ	1 8%	1 9%	1,5 SolZ	1,5 8%	1,5 9%	2 SolZ	2 8%	2 9%	2,5 SolZ	2,5 8%	2,5 9%	3 SolZ	3 8%	3 9%
64,69	I,IV	4,85	—	0,38	0,43	I	4,85	—	0,16	0,18	—	—	—	—	—	—	—	—	—	—	—	—	—	—	—
	II	2,13	—	0,17	0,19	II	2,13	—	—	—	—	—	—	—	—	—	—	—	—	—	—	—	—	—	—
	III	—	—	—	—	III	—	—	—	—	—	—	—	—	—	—	—	—	—	—	—	—	—	—	—
	V	12,31	—	0,98	1,10	IV	4,85	—	0,27	0,30	—	0,16	0,18	—	0,06	0,07	—	—	—	—	—	—	—	—	—
	VI	13,52	—	1,08	1,21																				
64,79	I,IV	4,87	—	0,38	0,43	I	4,87	—	0,16	0,18	—	—	—	—	—	—	—	—	—	—	—	—	—	—	—
	II	2,15	—	0,17	0,19	II	2,15	—	—	—	—	—	—	—	—	—	—	—	—	—	—	—	—	—	—
	III	—	—	—	—	III	—	—	—	—	—	—	—	—	—	—	—	—	—	—	—	—	—	—	—
	V	12,35	—	0,98	1,11	IV	4,87	—	0,27	0,30	—	0,16	0,18	—	0,06	0,07	—	—	—	—	—	—	—	—	—
	VI	13,55	—	1,08	1,21																				
64,89	I,IV	4,89	—	0,39	0,44	I	4,89	—	0,16	0,18	—	—	—	—	—	—	—	—	—	—	—	—	—	—	—
	II	2,17	—	0,17	0,19	II	2,17	—	—	—	—	—	—	—	—	—	—	—	—	—	—	—	—	—	—
	III	—	—	—	—	III	—	—	—	—	—	—	—	—	—	—	—	—	—	—	—	—	—	—	—
	V	12,38	—	0,99	1,11	IV	4,89	—	0,27	0,30	—	0,16	0,18	—	0,07	0,07	—	—	—	—	—	—	—	—	—
	VI	13,59	—	1,08	1,22																				
64,99	I,IV	4,91	—	0,39	0,44	I	4,91	—	0,16	0,18	—	—	—	—	—	—	—	—	—	—	—	—	—	—	—
	II	2,19	—	0,17	0,19	II	2,19	—	—	—	—	—	—	—	—	—	—	—	—	—	—	—	—	—	—
	III	—	—	—	—	III	—	—	—	—	—	—	—	—	—	—	—	—	—	—	—	—	—	—	—
	V	12,41	—	0,99	1,11	IV	4,91	—	0,27	0,31	—	0,16	0,18	—	0,07	0,08	—	—	—	—	—	—	—	—	—
	VI	13,62	—	1,08	1,22																				
65,09	I,IV	4,93	—	0,39	0,44	I	4,93	—	0,16	0,18	—	—	—	—	—	—	—	—	—	—	—	—	—	—	—
	II	2,21	—	0,17	0,19	II	2,21	—	—	—	—	—	—	—	—	—	—	—	—	—	—	—	—	—	—
	III	—	—	—	—	III	—	—	—	—	—	—	—	—	—	—	—	—	—	—	—	—	—	—	—
	V	12,45	—	0,99	1,12	IV	4,93	—	0,27	0,31	—	0,16	0,18	—	0,07	0,08	—	—	—	—	—	—	—	—	—
	VI	13,66	—	1,09	1,22																				
65,19	I,IV	4,95	—	0,39	0,44	I	4,95	—	0,16	0,18	—	—	—	—	—	—	—	—	—	—	—	—	—	—	—
	II	2,23	—	0,17	0,20	II	2,23	—	—	—	—	—	—	—	—	—	—	—	—	—	—	—	—	—	—
	III	—	—	—	—	III	—	—	—	—	—	—	—	—	—	—	—	—	—	—	—	—	—	—	—
	V	12,48	—	0,99	1,12	IV	4,95	—	0,28	0,31	—	0,16	0,18	—	0,07	0,08	—	—	—	—	—	—	—	—	—
	VI	13,69	—	1,09	1,23																				
65,29	I,IV	4,98	—	0,39	0,44	I	4,98	—	0,17	0,19	—	—	—	—	—	—	—	—	—	—	—	—	—	—	—
	II	2,25	—	0,18	0,20	II	2,25	—	—	—	—	—	—	—	—	—	—	—	—	—	—	—	—	—	—
	III	—	—	—	—	III	—	—	—	—	—	—	—	—	—	—	—	—	—	—	—	—	—	—	—
	V	12,52	—	1,—	1,12	IV	4,98	—	0,28	0,31	—	0,17	0,19	—	0,07	0,08	—	—	—	—	—	—	—	—	—
	VI	13,73	—	1,09	1,23																				
65,39	I,IV	5,—	—	0,40	0,45	I	5,—	—	0,17	0,19	—	—	—	—	—	—	—	—	—	—	—	—	—	—	—
	II	2,26	—	0,18	0,20	II	2,26	—	—	—	—	—	—	—	—	—	—	—	—	—	—	—	—	—	—
	III	—	—	—	—	III	—	—	—	—	—	—	—	—	—	—	—	—	—	—	—	—	—	—	—
	V	12,55	—	1,—	1,12	IV	5,—	—	0,28	0,31	—	0,17	0,19	—	0,07	0,08	—	—	—	—	—	—	—	—	—
	VI	13,76	—	1,10	1,23																				
65,49	I,IV	5,02	—	0,40	0,45	I	5,02	—	0,17	0,19	—	—	—	—	—	—	—	—	—	—	—	—	—	—	—
	II	2,28	—	0,18	0,20	II	2,28	—	—	—	—	—	—	—	—	—	—	—	—	—	—	—	—	—	—
	III	—	—	—	—	III	—	—	—	—	—	—	—	—	—	—	—	—	—	—	—	—	—	—	—
	V	12,59	—	1,—	1,13	IV	5,02	—	0,28	0,32	—	0,17	0,19	—	0,07	0,08	—	—	—	—	—	—	—	—	—
	VI	13,80	—	1,10	1,24																				
65,59	I,IV	5,04	—	0,40	0,45	I	5,04	—	0,17	0,19	—	—	—	—	—	—	—	—	—	—	—	—	—	—	—
	II	2,30	—	0,18	0,20	II	2,30	—	—	—	—	—	—	—	—	—	—	—	—	—	—	—	—	—	—
	III	—	—	—	—	III	—	—	—	—	—	—	—	—	—	—	—	—	—	—	—	—	—	—	—
	V	12,62	—	1,—	1,13	IV	5,04	—	0,28	0,32	—	0,17	0,19	—	0,07	0,08	—	—	—	—	—	—	—	—	—
	VI	13,83	—	1,10	1,24																				
65,69	I,IV	5,06	—	0,40	0,45	I	5,06	—	0,17	0,19	—	—	—	—	—	—	—	—	—	—	—	—	—	—	—
	II	2,32	—	0,18	0,20	II	2,32	—	—	0,01	—	—	—	—	—	—	—	—	—	—	—	—	—	—	—
	III	—	—	—	—	III	—	—	—	—	—	—	—	—	—	—	—	—	—	—	—	—	—	—	—
	V	12,66	—	1,01	1,13	IV	5,06	—	0,28	0,32	—	0,17	0,19	—	0,08	0,09	—	—	—	—	—	—	—	—	—
	VI	13,87	—	1,10	1,24																				
65,79	I,IV	5,08	—	0,40	0,45	I	5,08	—	0,17	0,19	—	—	—	—	—	—	—	—	—	—	—	—	—	—	—
	II	2,34	—	0,18	0,21	II	2,34	—	0,01	0,01	—	—	—	—	—	—	—	—	—	—	—	—	—	—	—
	III	—	—	—	—	III	—	—	—	—	—	—	—	—	—	—	—	—	—	—	—	—	—	—	—
	V	12,69	—	1,01	1,14	IV	5,08	—	0,28	0,32	—	0,17	0,19	—	0,08	0,09	—	—	—	—	—	—	—	—	—
	VI	13,90	—	1,11	1,25																				
65,89	I,IV	5,10	—	0,40	0,45	I	5,10	—	0,17	0,20	—	—	—	—	—	—	—	—	—	—	—	—	—	—	—
	II	2,36	—	0,18	0,21	II	2,36	—	0,01	0,01	—	—	—	—	—	—	—	—	—	—	—	—	—	—	—
	III	—	—	—	—	III	—	—	—	—	—	—	—	—	—	—	—	—	—	—	—	—	—	—	—
	V	12,73	—	1,01	1,14	IV	5,10	—	0,29	0,32	—	0,17	0,20	—	0,08	0,09	—	—	—	—	—	—	—	—	—
	VI	13,94	—	1,11	1,25																				
65,99	I,IV	5,12	—	0,40	0,46	I	5,12	—	0,18	0,20	—	—	—	—	—	—	—	—	—	—	—	—	—	—	—
	II	2,38	—	0,19	0,21	II	2,38	—	0,01	0,01	—	—	—	—	—	—	—	—	—	—	—	—	—	—	—
	III	—	—	—	—	III	—	—	—	—	—	—	—	—	—	—	—	—	—	—	—	—	—	—	—
	V	12,76	—	1,02	1,14	IV	5,12	—	0,29	0,32	—	0,18	0,20	—	0,08	0,09	—	—	—	—	—	—	—	—	—
	VI	13,97	—	1,11	1,25																				
66,09	I,IV	5,14	—	0,41	0,46	I	5,14	—	0,18	0,20	—	—	—	—	—	—	—	—	—	—	—	—	—	—	—
	II	2,40	—	0,19	0,21	II	2,40	—	0,01	0,01	—	—	—	—	—	—	—	—	—	—	—	—	—	—	—
	III	—	—	—	—	III	—	—	—	—	—	—	—	—	—	—	—	—	—	—	—	—	—	—	—
	V	12,80	—	1,02	1,15	IV	5,14	—	0,29	0,33	—	0,18	0,20	—	0,08	0,09	—	—	—	—	—	—	—	—	—
	VI	14,01	—	1,12	1,26																				
66,19	I,IV	5,16	—	0,41	0,46	I	5,16	—	0,18	0,20	—	—	—	—	—	—	—	—	—	—	—	—	—	—	—
	II	2,42	—	0,19	0,21	II	2,42	—	0,01	0,01	—	—	—	—	—	—	—	—	—	—	—	—	—	—	—
	III	—	—	—	—	III	—	—	—	—	—	—	—	—	—	—	—	—	—	—	—	—	—	—	—
	V	12,83	—	1,02	1,15	IV	5,16	—	0,29	0,33	—	0,18	0,20	—	0,08	0,09	—	—	—	—	—	—	—	—	—
	VI	14,04	—	1,12	1,26																				
66,29	I,IV	5,18	—	0,41	0,46	I	5,18	—	0,18	0,20	—	—	0,01	—	—	—	—	—	—	—	—	—	—	—	—
	II	2,44	—	0,19	0,21	II	2,44	—	0,01	0,01	—	—	—	—	—	—	—	—	—	—	—	—	—	—	—
	III	—	—	—	—	III	—	—	—	—	—	—	—	—	—	—	—	—	—	—	—	—	—	—	—
	V	12,86	—	1,02	1,15	IV	5,18	—	0,29	0,33	—	0,18	0,20	—	0,08	0,09	—	—	0,01	—	—	—	—	—	—
	VI	14,08	—	1,12	1,26																				

* Die ausgewiesenen Tabellenwerte sind amtlich. Siehe Erläuterungen auf der Umschlaginnenseite (U2).

67,99*   **TAG**

Abzüge an Lohnsteuer, Solidaritätszuschlag (SolZ) und Kirchensteuer (8%, 9%) in den Steuerklassen I – VI / I, II, III, IV

Linke Seite (I – VI): **ohne** Kinderfreibeträge — Rechte Seite (I, II, III, IV): **mit** Zahl der Kinderfreibeträge

Lohn/Gehalt bis €*	StKl	LSt	SolZ	8%	9%	StKl	LSt	SolZ 0,5	8%	9%	SolZ 1	8%	9%	SolZ 1,5	8%	9%	SolZ 2	8%	9%	SolZ 2,5	8%	9%	SolZ 3	8%	9%
66,39	I,IV	5,21	—	0,41	0,46	I	5,21	—	0,18	0,21	—	0,01	0,01	—	—	—	—	—	—	—	—	—	—	—	—
	II	2,46	—	0,19	0,22	II	2,46	—	0,01	0,01	—	—	—	—	—	—	—	—	—	—	—	—	—	—	—
	III	—	—	—	—	III	—	—	—	—	—	—	—	—	—	—	—	—	—	—	—	—	—	—	—
	V	12,90	—	1,03	1,16	IV	5,21	—	0,30	0,33	—	0,18	0,21	—	0,08	0,09	—	0,01	0,01	—	—	—	—	—	—
	VI	14,11	—	1,12	1,26																					
66,49	I,IV	5,23	—	0,41	0,47	I	5,23	—	0,18	0,21	—	0,01	0,01	—	—	—	—	—	—	—	—	—	—	—	—
	II	2,48	—	0,19	0,22	II	2,48	—	0,01	0,01	—	—	—	—	—	—	—	—	—	—	—	—	—	—	—
	III	—	—	—	—	III	—	—	—	—	—	—	—	—	—	—	—	—	—	—	—	—	—	—	—
	V	12,94	—	1,03	1,16	IV	5,23	—	0,30	0,33	—	0,18	0,21	—	0,09	0,10	—	0,01	0,01	—	—	—	—	—	—
	VI	14,15	—	1,13	1,27																					
66,59	I,IV	5,25	—	0,42	0,47	I	5,25	—	0,19	0,21	—	0,01	0,01	—	—	—	—	—	—	—	—	—	—	—	—
	II	2,50	—	0,20	0,22	II	2,50	—	0,01	0,02	—	—	—	—	—	—	—	—	—	—	—	—	—	—	—
	III	—	—	—	—	III	—	—	—	—	—	—	—	—	—	—	—	—	—	—	—	—	—	—	—
	V	12,97	—	1,03	1,16	IV	5,25	—	0,30	0,34	—	0,19	0,21	—	0,09	0,10	—	0,01	0,01	—	—	—	—	—	—
	VI	14,18	—	1,13	1,27																					
66,69	I,IV	5,27	—	0,42	0,47	I	5,27	—	0,19	0,21	—	0,01	0,01	—	—	—	—	—	—	—	—	—	—	—	—
	II	2,51	—	0,20	0,22	II	2,51	—	0,02	0,02	—	—	—	—	—	—	—	—	—	—	—	—	—	—	—
	III	—	—	—	—	III	—	—	—	—	—	—	—	—	—	—	—	—	—	—	—	—	—	—	—
	V	13,—	—	1,04	1,17	IV	5,27	—	0,30	0,34	—	0,19	0,21	—	0,09	0,10	—	0,01	0,01	—	—	—	—	—	—
	VI	14,21	—	1,13	1,27																					
66,79	I,IV	5,29	—	0,42	0,47	I	5,29	—	0,19	0,21	—	0,01	0,01	—	—	—	—	—	—	—	—	—	—	—	—
	II	2,53	—	0,20	0,22	II	2,53	—	0,02	0,02	—	—	—	—	—	—	—	—	—	—	—	—	—	—	—
	III	—	—	—	—	III	—	—	—	—	—	—	—	—	—	—	—	—	—	—	—	—	—	—	—
	V	13,04	—	1,04	1,17	IV	5,29	—	0,30	0,34	—	0,19	0,21	—	0,09	0,10	—	0,01	0,01	—	—	—	—	—	—
	VI	14,25	—	1,14	1,28																					
66,89	I,IV	5,31	—	0,42	0,47	I	5,31	—	0,19	0,21	—	0,01	0,01	—	—	—	—	—	—	—	—	—	—	—	—
	II	2,55	—	0,20	0,22	II	2,55	—	0,02	0,02	—	—	—	—	—	—	—	—	—	—	—	—	—	—	—
	III	—	—	—	—	III	—	—	—	—	—	—	—	—	—	—	—	—	—	—	—	—	—	—	—
	V	13,08	—	1,04	1,17	IV	5,31	—	0,30	0,34	—	0,19	0,21	—	0,09	0,10	—	0,01	0,01	—	—	—	—	—	—
	VI	14,28	—	1,14	1,28																					
66,99	I,IV	5,33	—	0,42	0,47	I	5,33	—	0,19	0,22	—	0,01	0,01	—	—	—	—	—	—	—	—	—	—	—	—
	II	2,58	—	0,20	0,23	II	2,58	—	0,02	0,02	—	—	—	—	—	—	—	—	—	—	—	—	—	—	—
	III	—	—	—	—	III	—	—	—	—	—	—	—	—	—	—	—	—	—	—	—	—	—	—	—
	V	13,11	—	1,04	1,17	IV	5,33	—	0,30	0,34	—	0,19	0,22	—	0,09	0,10	—	0,01	0,01	—	—	—	—	—	—
	VI	14,32	—	1,14	1,28																					
67,09	I,IV	5,35	—	0,42	0,48	I	5,35	—	0,19	0,22	—	0,01	0,01	—	—	—	—	—	—	—	—	—	—	—	—
	II	2,60	—	0,20	0,23	II	2,60	—	0,02	0,02	—	—	—	—	—	—	—	—	—	—	—	—	—	—	—
	III	—	—	—	—	III	—	—	—	—	—	—	—	—	—	—	—	—	—	—	—	—	—	—	—
	V	13,14	—	1,05	1,18	IV	5,35	—	0,31	0,35	—	0,19	0,22	—	0,09	0,10	—	0,01	0,01	—	—	—	—	—	—
	VI	14,35	—	1,14	1,29																					
67,19	I,IV	5,38	—	0,43	0,48	I	5,38	—	0,19	0,22	—	0,01	0,02	—	—	—	—	—	—	—	—	—	—	—	—
	II	2,61	—	0,20	0,23	II	2,61	—	0,02	0,02	—	—	—	—	—	—	—	—	—	—	—	—	—	—	—
	III	—	—	—	—	III	—	—	—	—	—	—	—	—	—	—	—	—	—	—	—	—	—	—	—
	V	13,18	—	1,05	1,18	IV	5,38	—	0,31	0,35	—	0,19	0,22	—	0,09	0,11	—	0,01	0,02	—	—	—	—	—	—
	VI	14,39	—	1,15	1,29																					
67,29	I,IV	5,40	—	0,43	0,48	I	5,40	—	0,20	0,22	—	0,01	0,02	—	—	—	—	—	—	—	—	—	—	—	—
	II	2,63	—	0,21	0,23	II	2,63	—	0,02	0,02	—	—	—	—	—	—	—	—	—	—	—	—	—	—	—
	III	—	—	—	—	III	—	—	—	—	—	—	—	—	—	—	—	—	—	—	—	—	—	—	—
	V	13,21	—	1,05	1,18	IV	5,40	—	0,31	0,35	—	0,20	0,22	—	0,10	0,11	—	0,01	0,02	—	—	—	—	—	—
	VI	14,42	—	1,15	1,29																					
67,39	I,IV	5,42	—	0,43	0,48	I	5,42	—	0,20	0,22	—	0,02	0,02	—	—	—	—	—	—	—	—	—	—	—	—
	II	2,65	—	0,21	0,23	II	2,65	—	0,02	0,02	—	—	—	—	—	—	—	—	—	—	—	—	—	—	—
	III	—	—	—	—	III	—	—	—	—	—	—	—	—	—	—	—	—	—	—	—	—	—	—	—
	V	13,25	—	1,06	1,19	IV	5,42	—	0,31	0,35	—	0,20	0,22	—	0,10	0,11	—	0,02	0,02	—	—	—	—	—	—
	VI	14,46	—	1,15	1,30																					
67,49	I,IV	5,44	—	0,43	0,48	I	5,44	—	0,20	0,22	—	0,02	0,02	—	—	—	—	—	—	—	—	—	—	—	—
	II	2,67	—	0,21	0,24	II	2,67	—	0,02	0,03	—	—	—	—	—	—	—	—	—	—	—	—	—	—	—
	III	—	—	—	—	III	—	—	—	—	—	—	—	—	—	—	—	—	—	—	—	—	—	—	—
	V	13,28	—	1,06	1,19	IV	5,44	—	0,31	0,35	—	0,20	0,22	—	0,10	0,11	—	0,02	0,02	—	—	—	—	—	—
	VI	14,49	—	1,15	1,30																					
67,59	I,IV	5,46	—	0,43	0,49	I	5,46	—	0,20	0,23	—	0,02	0,02	—	—	—	—	—	—	—	—	—	—	—	—
	II	2,69	—	0,21	0,24	II	2,69	—	0,02	0,03	—	—	—	—	—	—	—	—	—	—	—	—	—	—	—
	III	—	—	—	—	III	—	—	—	—	—	—	—	—	—	—	—	—	—	—	—	—	—	—	—
	V	13,32	—	1,06	1,19	IV	5,46	—	0,31	0,35	—	0,20	0,23	—	0,10	0,11	—	0,02	0,02	—	—	—	—	—	—
	VI	14,53	—	1,16	1,30																					
67,69	I,IV	5,48	—	0,43	0,49	I	5,48	—	0,20	0,23	—	0,02	0,02	—	—	—	—	—	—	—	—	—	—	—	—
	II	2,71	—	0,21	0,24	II	2,71	—	0,03	0,03	—	—	—	—	—	—	—	—	—	—	—	—	—	—	—
	III	—	—	—	—	III	—	—	—	—	—	—	—	—	—	—	—	—	—	—	—	—	—	—	—
	V	13,35	—	1,06	1,20	IV	5,48	—	0,32	0,36	—	0,20	0,23	—	0,10	0,11	—	0,02	0,02	—	—	—	—	—	—
	VI	14,56	—	1,16	1,31																					
67,79	I,IV	5,50	—	0,44	0,49	I	5,50	—	0,20	0,23	—	0,02	0,02	—	—	—	—	—	—	—	—	—	—	—	—
	II	2,73	—	0,21	0,24	II	2,73	—	0,03	0,03	—	—	—	—	—	—	—	—	—	—	—	—	—	—	—
	III	—	—	—	—	III	—	—	—	—	—	—	—	—	—	—	—	—	—	—	—	—	—	—	—
	V	13,39	—	1,07	1,20	IV	5,50	—	0,32	0,36	—	0,20	0,23	—	0,10	0,11	—	0,02	0,02	—	—	—	—	—	—
	VI	14,60	—	1,16	1,31																					
67,89	I,IV	5,52	—	0,44	0,49	I	5,52	—	0,21	0,23	—	0,02	0,02	—	—	—	—	—	—	—	—	—	—	—	—
	II	2,75	—	0,22	0,24	II	2,75	—	0,03	0,03	—	—	—	—	—	—	—	—	—	—	—	—	—	—	—
	III	—	—	—	—	III	—	—	—	—	—	—	—	—	—	—	—	—	—	—	—	—	—	—	—
	V	13,42	—	1,07	1,20	IV	5,52	—	0,32	0,36	—	0,21	0,23	—	0,10	0,12	—	0,02	0,02	—	—	—	—	—	—
	VI	14,63	—	1,17	1,31																					
67,99	I,IV	5,55	—	0,44	0,49	I	5,55	—	0,21	0,23	—	0,02	0,02	—	—	—	—	—	—	—	—	—	—	—	—
	II	2,77	—	0,22	0,24	II	2,77	—	0,03	0,03	—	—	—	—	—	—	—	—	—	—	—	—	—	—	—
	III	—	—	—	—	III	—	—	—	—	—	—	—	—	—	—	—	—	—	—	—	—	—	—	—
	V	13,46	—	1,07	1,21	IV	5,55	—	0,32	0,36	—	0,21	0,23	—	0,10	0,12	—	0,02	0,02	—	—	—	—	—	—
	VI	14,66	—	1,17	1,31																					

* Die ausgewiesenen Tabellenwerte sind amtlich. Siehe Erläuterungen auf der Umschlaginnenseite (U2).

TAG 68,00*

Abzüge an Lohnsteuer, Solidaritätszuschlag (SolZ) und Kirchensteuer (8%, 9%) in den Steuerklassen

I–VI: ohne Kinderfreibeträge — I, II, III, IV: mit Zahl der Kinderfreibeträge . . .

Lohn/Gehalt bis €*	StKl	LSt	SolZ	8%	9%	StKl	LSt	SolZ 0,5	8% 0,5	9% 0,5	SolZ 1	8% 1	9% 1	SolZ 1,5	8% 1,5	9% 1,5	SolZ 2	8% 2	9% 2	SolZ 2,5	8% 2,5	9% 2,5	SolZ 3	8% 3	9% 3
68,09	I,IV	5,57	—	0,44	0,50	I	5,57	—	0,21	0,24	—	0,02	0,03	—	—	—	—	—	—	—	—	—	—	—	—
	II	2,79	—	0,22	0,25	II	2,79	—	0,03	0,03	—	—	—	—	—	—	—	—	—	—	—	—	—	—	—
	III	—	—	—	—	III	—	—	—	—	—	—	—	—	—	—	—	—	—	—	—	—	—	—	—
	V	13,49	—	1,07	1,21	IV	5,57	—	0,32	0,36	—	0,21	0,24	—	0,11	0,12	—	0,02	0,03	—	—	—	—	—	—
	VI	14,70	—	1,17	1,32																				
68,19	I,IV	5,59	—	0,44	0,50	I	5,59	—	0,21	0,24	—	0,02	0,03	—	—	—	—	—	—	—	—	—	—	—	—
	II	2,81	—	0,22	0,25	II	2,81	—	0,03	0,03	—	—	—	—	—	—	—	—	—	—	—	—	—	—	—
	III	—	—	—	—	III	—	—	—	—	—	—	—	—	—	—	—	—	—	—	—	—	—	—	—
	V	13,53	—	1,08	1,21	IV	5,59	—	0,32	0,36	—	0,21	0,24	—	0,11	0,12	—	0,02	0,03	—	—	—	—	—	—
	VI	14,73	—	1,17	1,32																				
68,29	I,IV	5,61	—	0,44	0,50	I	5,61	—	0,21	0,24	—	0,02	0,03	—	—	—	—	—	—	—	—	—	—	—	—
	II	2,83	—	0,22	0,25	II	2,83	—	0,03	0,04	—	—	—	—	—	—	—	—	—	—	—	—	—	—	—
	III	—	—	—	—	III	—	—	—	—	—	—	—	—	—	—	—	—	—	—	—	—	—	—	—
	V	13,56	—	1,08	1,22	IV	5,61	—	0,33	0,37	—	0,21	0,24	—	0,11	0,12	—	0,02	0,03	—	—	—	—	—	—
	VI	14,77	—	1,18	1,32																				
68,39	I,IV	5,63	—	0,45	0,50	I	5,63	—	0,21	0,24	—	0,03	0,03	—	—	—	—	—	—	—	—	—	—	—	—
	II	2,85	—	0,22	0,25	II	2,85	—	0,03	0,04	—	—	—	—	—	—	—	—	—	—	—	—	—	—	—
	III	—	—	—	—	III	—	—	—	—	—	—	—	—	—	—	—	—	—	—	—	—	—	—	—
	V	13,60	—	1,08	1,22	IV	5,63	—	0,33	0,37	—	0,21	0,24	—	0,11	0,12	—	0,03	0,03	—	—	—	—	—	—
	VI	14,80	—	1,18	1,33																				
68,49	I,IV	5,65	—	0,45	0,50	I	5,65	—	0,22	0,24	—	0,03	0,03	—	—	—	—	—	—	—	—	—	—	—	—
	II	2,87	—	0,22	0,25	II	2,87	—	0,03	0,04	—	—	—	—	—	—	—	—	—	—	—	—	—	—	—
	III	—	—	—	—	III	—	—	—	—	—	—	—	—	—	—	—	—	—	—	—	—	—	—	—
	V	13,63	—	1,09	1,22	IV	5,65	—	0,33	0,37	—	0,22	0,24	—	0,11	0,13	—	0,03	0,03	—	—	—	—	—	—
	VI	14,83	—	1,18	1,33																				
68,59	I,IV	5,67	—	0,45	0,51	I	5,67	—	0,22	0,24	—	0,03	0,03	—	—	—	—	—	—	—	—	—	—	—	—
	II	2,89	—	0,23	0,26	II	2,89	—	0,04	0,04	—	—	—	—	—	—	—	—	—	—	—	—	—	—	—
	III	—	—	—	—	III	—	—	—	—	—	—	—	—	—	—	—	—	—	—	—	—	—	—	—
	V	13,66	—	1,09	1,22	IV	5,67	—	0,33	0,37	—	0,22	0,24	—	0,11	0,13	—	0,03	0,03	—	—	—	—	—	—
	VI	14,87	—	1,18	1,33																				
68,69	I,IV	5,70	—	0,45	0,51	I	5,70	—	0,22	0,25	—	0,03	0,03	—	—	—	—	—	—	—	—	—	—	—	—
	II	2,91	—	0,23	0,26	II	2,91	—	0,04	0,04	—	—	—	—	—	—	—	—	—	—	—	—	—	—	—
	III	—	—	—	—	III	—	—	—	—	—	—	—	—	—	—	—	—	—	—	—	—	—	—	—
	V	13,70	—	1,09	1,23	IV	5,70	—	0,33	0,37	—	0,22	0,25	—	0,11	0,13	—	0,03	0,03	—	—	—	—	—	—
	VI	14,90	—	1,19	1,34																				
68,79	I,IV	5,71	—	0,45	0,51	I	5,71	—	0,22	0,25	—	0,03	0,03	—	—	—	—	—	—	—	—	—	—	—	—
	II	2,93	—	0,23	0,26	II	2,93	—	0,04	0,04	—	—	—	—	—	—	—	—	—	—	—	—	—	—	—
	III	—	—	—	—	III	—	—	—	—	—	—	—	—	—	—	—	—	—	—	—	—	—	—	—
	V	13,73	—	1,09	1,23	IV	5,71	—	0,33	0,38	—	0,22	0,25	—	0,12	0,13	—	0,03	0,03	—	—	—	—	—	—
	VI	14,92	—	1,19	1,34																				
68,89	I,IV	5,74	—	0,45	0,51	I	5,74	—	0,22	0,25	—	0,03	0,04	—	—	—	—	—	—	—	—	—	—	—	—
	II	2,95	—	0,23	0,26	II	2,95	—	0,04	0,04	—	—	—	—	—	—	—	—	—	—	—	—	—	—	—
	III	—	—	—	—	III	—	—	—	—	—	—	—	—	—	—	—	—	—	—	—	—	—	—	—
	V	13,77	—	1,10	1,23	IV	5,74	—	0,34	0,38	—	0,22	0,25	—	0,12	0,13	—	0,03	0,04	—	—	—	—	—	—
	VI	14,96	—	1,19	1,34																				
68,99	I,IV	5,76	—	0,46	0,51	I	5,76	—	0,22	0,25	—	0,03	0,04	—	—	—	—	—	—	—	—	—	—	—	—
	II	2,97	—	0,23	0,26	II	2,97	—	0,04	0,04	—	—	—	—	—	—	—	—	—	—	—	—	—	—	—
	III	—	—	—	—	III	—	—	—	—	—	—	—	—	—	—	—	—	—	—	—	—	—	—	—
	V	13,80	—	1,10	1,24	IV	5,76	—	0,34	0,38	—	0,22	0,25	—	0,12	0,13	—	0,03	0,04	—	—	—	—	—	—
	VI	14,98	—	1,19	1,34																				
69,09	I,IV	5,78	—	0,46	0,52	I	5,78	—	0,22	0,25	—	0,03	0,04	—	—	—	—	—	—	—	—	—	—	—	—
	II	2,99	—	0,23	0,26	II	2,99	—	0,04	0,05	—	—	—	—	—	—	—	—	—	—	—	—	—	—	—
	III	—	—	—	—	III	—	—	—	—	—	—	—	—	—	—	—	—	—	—	—	—	—	—	—
	V	13,84	—	1,10	1,24	IV	5,78	—	0,34	0,38	—	0,22	0,25	—	0,12	0,13	—	0,03	0,04	—	—	—	—	—	—
	VI	15,01	—	1,20	1,35																				
69,19	I,IV	5,80	—	0,46	0,52	I	5,80	—	0,23	0,26	—	0,03	0,04	—	—	—	—	—	—	—	—	—	—	—	—
	II	3,01	—	0,24	0,27	II	3,01	—	0,04	0,05	—	—	—	—	—	—	—	—	—	—	—	—	—	—	—
	III	—	—	—	—	III	—	—	—	—	—	—	—	—	—	—	—	—	—	—	—	—	—	—	—
	V	13,87	—	1,10	1,24	IV	5,80	—	0,34	0,38	—	0,23	0,26	—	0,12	0,14	—	0,03	0,04	—	—	—	—	—	—
	VI	15,04	—	1,20	1,35																				
69,29	I,IV	5,82	—	0,46	0,52	I	5,82	—	0,23	0,26	—	0,04	0,04	—	—	—	—	—	—	—	—	—	—	—	—
	II	3,03	—	0,24	0,27	II	3,03	—	0,04	0,05	—	—	—	—	—	—	—	—	—	—	—	—	—	—	—
	III	—	—	—	—	III	—	—	—	—	—	—	—	—	—	—	—	—	—	—	—	—	—	—	—
	V	13,91	—	1,11	1,25	IV	5,82	—	0,34	0,39	—	0,23	0,26	—	0,12	0,14	—	0,04	0,04	—	—	—	—	—	—
	VI	15,07	—	1,20	1,35																				
69,39	I,IV	5,85	—	0,46	0,52	I	5,85	—	0,23	0,26	—	0,04	0,04	—	—	—	—	—	—	—	—	—	—	—	—
	II	3,05	—	0,24	0,27	II	3,05	—	0,04	0,05	—	—	—	—	—	—	—	—	—	—	—	—	—	—	—
	III	—	—	—	—	III	—	—	—	—	—	—	—	—	—	—	—	—	—	—	—	—	—	—	—
	V	13,94	—	1,11	1,25	IV	5,85	—	0,34	0,39	—	0,23	0,26	—	0,12	0,14	—	0,04	0,04	—	—	—	—	—	—
	VI	15,10	—	1,20	1,35																				
69,49	I,IV	5,86	—	0,46	0,52	I	5,86	—	0,23	0,26	—	0,04	0,04	—	—	—	—	—	—	—	—	—	—	—	—
	II	3,07	—	0,24	0,27	II	3,07	—	0,04	0,05	—	—	—	—	—	—	—	—	—	—	—	—	—	—	—
	III	—	—	—	—	III	—	—	—	—	—	—	—	—	—	—	—	—	—	—	—	—	—	—	—
	V	13,98	—	1,11	1,25	IV	5,86	—	0,35	0,39	—	0,23	0,26	—	0,12	0,14	—	0,04	0,04	—	—	—	—	—	—
	VI	15,12	—	1,20	1,36																				
69,59	I,IV	5,89	—	0,47	0,53	I	5,89	—	0,23	0,26	—	0,04	0,04	—	—	—	—	—	—	—	—	—	—	—	—
	II	3,09	—	0,24	0,27	II	3,09	—	0,05	0,05	—	—	—	—	—	—	—	—	—	—	—	—	—	—	—
	III	—	—	—	—	III	—	—	—	—	—	—	—	—	—	—	—	—	—	—	—	—	—	—	—
	V	14,01	—	1,12	1,26	IV	5,89	—	0,35	0,39	—	0,23	0,26	—	0,13	0,14	—	0,04	0,04	—	—	—	—	—	—
	VI	15,15	—	1,21	1,36																				
69,69	I,IV	5,91	—	0,47	0,53	I	5,91	—	0,23	0,26	—	0,04	0,05	—	—	—	—	—	—	—	—	—	—	—	—
	II	3,11	—	0,24	0,27	II	3,11	—	0,05	0,05	—	—	—	—	—	—	—	—	—	—	—	—	—	—	—
	III	—	—	—	—	III	—	—	—	—	—	—	—	—	—	—	—	—	—	—	—	—	—	—	—
	V	14,05	—	1,12	1,26	IV	5,91	—	0,35	0,39	—	0,23	0,26	—	0,13	0,14	—	0,04	0,05	—	—	—	—	—	—
	VI	15,18	—	1,21	1,36																				

* Die ausgewiesenen Tabellenwerte sind amtlich. Siehe Erläuterungen auf der Umschlaginnenseite (U2).

71,39* — **TAG**

Abzüge an Lohnsteuer, Solidaritätszuschlag (SolZ) und Kirchensteuer (8%, 9%) in den Steuerklassen

Links: **I – VI** ohne Kinderfreibeträge — Rechts: **I, II, III, IV** mit Zahl der Kinderfreibeträge …

Lohn/Gehalt bis €*	Stkl	LSt	SolZ	8%	9%	Stkl	LSt	0,5 SolZ	0,5 8%	0,5 9%	1 SolZ	1 8%	1 9%	1,5 SolZ	1,5 8%	1,5 9%	2 SolZ	2 8%	2 9%	2,5 SolZ	2,5 8%	2,5 9%	3 SolZ	3 8%	3 9%
69,79	I,IV	5,93	—	0,47	0,53	I	5,93	—	0,24	0,27	—	0,04	0,05												
	II	3,13	—	0,25	0,28	II	3,13	—	0,05	0,05	—	—	—												
	III	—	—	—	—	III	—																		
	V	14,08	—	1,12	1,26	IV	5,93	—	0,35	0,39	—	0,24	0,27	—	0,13	0,15	—	0,04	0,05						
	VI	15,21	—	1,21	1,36																				
69,89	I,IV	5,95	—	0,47	0,53	I	5,95	—	0,24	0,27	—	0,04	0,05												
	II	3,15	—	0,25	0,28	II	3,15	—	0,05	0,06	—	—	—												
	III	—	—	—	—	III	—																		
	V	14,11	—	1,12	1,26	IV	5,95	—	0,35	0,40	—	0,24	0,27	—	0,13	0,15	—	0,04	0,05						
	VI	15,24	—	1,21	1,37																				
69,99	I,IV	5,97	—	0,47	0,53	I	5,97	—	0,24	0,27	—	0,04	0,05												
	II	3,17	—	0,25	0,28	II	3,17	—	0,05	0,06	—	—	—												
	III	—	—	—	—	III	—																		
	V	14,15	—	1,13	1,27	IV	5,97	—	0,35	0,40	—	0,24	0,27	—	0,13	0,15	—	0,04	0,05						
	VI	15,27	—	1,22	1,37																				
70,09	I,IV	6,—	—	0,48	0,54	I	6,—	—	0,24	0,27	—	0,04	0,05												
	II	3,19	—	0,25	0,28	II	3,19	—	0,05	0,06	—	—	—												
	III	—	—	—	—	III	—																		
	V	14,18	—	1,13	1,27	IV	6,—	—	0,36	0,40	—	0,24	0,27	—	0,13	0,15	—	0,04	0,05						
	VI	15,30	—	1,22	1,37																				
70,19	I,IV	6,02	—	0,48	0,54	I	6,02	—	0,24	0,27	—	0,05	0,05												
	II	3,21	—	0,25	0,28	II	3,21	—	0,05	0,06	—	—	—												
	III	—	—	—	—	III	—																		
	V	14,22	—	1,13	1,27	IV	6,02	—	0,36	0,40	—	0,24	0,27	—	0,13	0,15	—	0,05	0,05						
	VI	15,32	—	1,22	1,37																				
70,29	I,IV	6,04	—	0,48	0,54	I	6,04	—	0,24	0,27	—	0,05	0,05												
	II	3,23	—	0,25	0,29	II	3,23	—	0,05	0,06	—	—	—												
	III	—	—	—	—	III	—																		
	V	14,25	—	1,14	1,28	IV	6,04	—	0,36	0,40	—	0,24	0,27	—	0,14	0,15	—	0,05	0,05						
	VI	15,36	—	1,22	1,38																				
70,39	I,IV	6,06	—	0,48	0,54	I	6,06	—	0,25	0,28	—	0,05	0,05												
	II	3,25	—	0,26	0,29	II	3,25	—	0,06	0,06	—	—	—												
	III	—	—	—	—	III	—																		
	V	14,29	—	1,14	1,28	IV	6,06	—	0,36	0,41	—	0,25	0,28	—	0,14	0,16	—	0,05	0,05						
	VI	15,38	—	1,23	1,38																				
70,49	I,IV	6,08	—	0,48	0,54	I	6,08	—	0,25	0,28	—	0,05	0,06												
	II	3,27	—	0,26	0,29	II	3,27	—	0,06	0,06	—	—	—												
	III	—	—	—	—	III	—																		
	V	14,32	—	1,14	1,28	IV	6,08	—	0,36	0,41	—	0,25	0,28	—	0,14	0,16	—	0,05	0,06						
	VI	15,41	—	1,23	1,38																				
70,59	I,IV	6,10	—	0,48	0,54	I	6,10	—	0,25	0,28	—	0,05	0,06												
	II	3,30	—	0,26	0,29	II	3,30	—	0,06	0,07	—	—	—												
	III	—	—	—	—	III	—																		
	V	14,36	—	1,14	1,29	IV	6,10	—	0,36	0,41	—	0,25	0,28	—	0,14	0,16	—	0,05	0,06						
	VI	15,45	—	1,23	1,39																				
70,69	I,IV	6,12	—	0,48	0,55	I	6,12	—	0,25	0,28	—	0,05	0,06												
	II	3,31	—	0,26	0,29	II	3,31	—	0,06	0,07	—	—	—												
	III	—	—	—	—	III	—																		
	V	14,39	—	1,15	1,29	IV	6,12	—	0,37	0,41	—	0,25	0,28	—	0,14	0,16	—	0,05	0,06						
	VI	15,47	—	1,23	1,39																				
70,79	I,IV	6,15	—	0,49	0,55	I	6,15	—	0,25	0,28	—	0,05	0,06												
	II	3,33	—	0,26	0,29	II	3,33	—	0,06	0,07	—	—	—												
	III	—	—	—	—	III	—																		
	V	14,43	—	1,15	1,29	IV	6,15	—	0,37	0,41	—	0,25	0,28	—	0,14	0,16	—	0,05	0,06						
	VI	15,50	—	1,24	1,39																				
70,89	I,IV	6,17	—	0,49	0,55	I	6,17	—	0,25	0,29	—	0,05	0,06												
	II	3,35	—	0,26	0,30	II	3,35	—	0,06	0,07	—	—	—												
	III	—	—	—	—	III	—																		
	V	14,46	—	1,15	1,30	IV	6,17	—	0,37	0,42	—	0,25	0,29	—	0,14	0,16	—	0,05	0,06						
	VI	15,53	—	1,24	1,39																				
70,99	I,IV	6,19	—	0,49	0,55	I	6,19	—	0,26	0,29	—	0,05	0,06												
	II	3,38	—	0,27	0,30	II	3,38	—	0,06	0,07	—	—	—												
	III	—	—	—	—	III	—																		
	V	14,50	—	1,16	1,30	IV	6,19	—	0,37	0,42	—	0,26	0,29	—	0,15	0,16	—	0,05	0,06						
	VI	15,56	—	1,24	1,40																				
71,09	I,IV	6,21	—	0,49	0,55	I	6,21	—	0,26	0,29	—	0,06	0,06												
	II	3,40	—	0,27	0,30	II	3,40	—	0,06	0,07	—	—	—												
	III	—	—	—	—	III	—																		
	V	14,53	—	1,16	1,30	IV	6,21	—	0,37	0,42	—	0,26	0,29	—	0,15	0,17	—	0,06	0,06						
	VI	15,59	—	1,24	1,40																				
71,19	I,IV	6,23	—	0,49	0,56	I	6,23	—	0,26	0,29	—	0,06	0,06												
	II	3,41	—	0,27	0,30	II	3,41	—	0,06	0,07	—	—	—												
	III	—	—	—	—	III	—																		
	V	14,57	—	1,16	1,31	IV	6,23	—	0,37	0,42	—	0,26	0,29	—	0,15	0,17	—	0,06	0,06						
	VI	15,62	—	1,24	1,40																				
71,29	I,IV	6,25	—	0,50	0,56	I	6,25	—	0,26	0,29	—	0,06	0,07												
	II	3,43	—	0,27	0,30	II	3,43	—	0,07	0,07	—	—	—												
	III	—	—	—	—	III	—																		
	V	14,60	—	1,16	1,31	IV	6,25	—	0,38	0,42	—	0,26	0,29	—	0,15	0,17	—	0,06	0,07						
	VI	15,65	—	1,25	1,40																				
71,39	I,IV	6,28	—	0,50	0,56	I	6,28	—	0,26	0,29	—	0,06	0,07												
	II	3,46	—	0,27	0,31	II	3,46	—	0,07	0,08	—	—	—												
	III	—	—	—	—	III	—																		
	V	14,64	—	1,17	1,31	IV	6,28	—	0,38	0,43	—	0,26	0,29	—	0,15	0,17	—	0,06	0,07						
	VI	15,67	—	1,25	1,41																				

* Die ausgewiesenen Tabellenwerte sind amtlich. Siehe Erläuterungen auf der Umschlaginnenseite (U2).

TAG 71,40*

Abzüge an Lohnsteuer, Solidaritätszuschlag (SolZ) und Kirchensteuer (8%, 9%) in den Steuerklassen

Lohn/Gehalt bis €*	Kl.	LSt (I–VI)	SolZ	8%	9%	Kl.	LSt	0,5 SolZ	0,5 8%	0,5 9%	1 SolZ	1 8%	1 9%	1,5 SolZ	1,5 8%	1,5 9%	2 SolZ	2 8%	2 9%	2,5 SolZ	2,5 8%	2,5 9%	3 SolZ	3 8%	3 9%
71,49	I,IV	6,30	—	0,50	0,56	I	6,30	—	0,26	0,30	—	0,06	0,07	—	—	—	—	—	—	—	—	—	—	—	—
	II	3,48	—	0,27	0,31	II	3,48	—	0,07	0,08	—	—	—	—	—	—	—	—	—	—	—	—	—	—	—
	III	—	—	—	—	III	—	—	—	—	—	—	—	—	—	—	—	—	—	—	—	—	—	—	—
	V	14,67	—	1,17	1,32	IV	6,30	—	0,38	0,43	—	0,26	0,30	—	0,15	0,17	—	0,06	0,07	—	—	—	—	—	—
	VI	15,71	—	1,25	1,41																				
71,59	I,IV	6,32	—	0,50	0,56	I	6,32	—	0,26	0,30	—	0,06	0,07	—	—	—	—	—	—	—	—	—	—	—	—
	II	3,50	—	0,28	0,31	II	3,50	—	0,07	0,08	—	—	—	—	—	—	—	—	—	—	—	—	—	—	—
	III	—	—	—	—	III	—	—	—	—	—	—	—	—	—	—	—	—	—	—	—	—	—	—	—
	V	14,71	—	1,17	1,32	IV	6,32	—	0,38	0,43	—	0,26	0,30	—	0,15	0,17	—	0,06	0,07	—	—	—	—	—	—
	VI	15,74	—	1,25	1,41																				
71,69	I,IV	6,34	—	0,50	0,57	I	6,34	—	0,27	0,30	—	0,06	0,07	—	—	—	—	—	—	—	—	—	—	—	—
	II	3,52	—	0,28	0,31	II	3,52	—	0,07	0,08	—	—	—	—	—	—	—	—	—	—	—	—	—	—	—
	III	—	—	—	—	III	—	—	—	—	—	—	—	—	—	—	—	—	—	—	—	—	—	—	—
	V	14,74	—	1,17	1,32	IV	6,34	—	0,38	0,43	—	0,27	0,30	—	0,16	0,18	—	0,06	0,07	—	—	—	—	—	—
	VI	15,76	—	1,26	1,41																				
71,79	I,IV	6,36	—	0,50	0,57	I	6,36	—	0,27	0,30	—	0,06	0,07	—	—	—	—	—	—	—	—	—	—	—	—
	II	3,54	—	0,28	0,31	II	3,54	—	0,07	0,08	—	—	—	—	—	—	—	—	—	—	—	—	—	—	—
	III	—	—	—	—	III	—	—	—	—	—	—	—	—	—	—	—	—	—	—	—	—	—	—	—
	V	14,78	—	1,18	1,33	IV	6,36	—	0,38	0,43	—	0,27	0,30	—	0,16	0,18	—	0,06	0,07	—	—	—	—	—	—
	VI	15,80	—	1,26	1,42																				
71,89	I,IV	6,38	—	0,51	0,57	I	6,38	—	0,27	0,30	—	0,06	0,07	—	—	—	—	—	—	—	—	—	—	—	—
	II	3,56	—	0,28	0,32	II	3,56	—	0,07	0,08	—	—	—	—	—	—	—	—	—	—	—	—	—	—	—
	III	—	—	—	—	III	—	—	—	—	—	—	—	—	—	—	—	—	—	—	—	—	—	—	—
	V	14,81	—	1,18	1,33	IV	6,38	—	0,39	0,43	—	0,27	0,30	—	0,16	0,18	—	0,06	0,07	—	—	—	—	—	—
	VI	15,82	—	1,26	1,42																				
71,99	I,IV	6,40	—	0,51	0,57	I	6,40	—	0,27	0,31	—	0,07	0,08	—	—	—	—	—	—	—	—	—	—	—	—
	II	3,58	—	0,28	0,32	II	3,58	—	0,07	0,08	—	—	—	—	—	—	—	—	—	—	—	—	—	—	—
	III	—	—	—	—	III	—	—	—	—	—	—	—	—	—	—	—	—	—	—	—	—	—	—	—
	V	14,84	—	1,18	1,33	IV	6,40	—	0,39	0,44	—	0,27	0,31	—	0,16	0,18	—	0,07	0,08	—	—	—	—	—	—
	VI	15,85	—	1,26	1,42																				
72,09	I,IV	6,43	—	0,51	0,57	I	6,43	—	0,27	0,31	—	0,07	0,08	—	—	—	—	—	—	—	—	—	—	—	—
	II	3,60	—	0,28	0,32	II	3,60	—	0,08	0,09	—	—	—	—	—	—	—	—	—	—	—	—	—	—	—
	III	—	—	—	—	III	—	—	—	—	—	—	—	—	—	—	—	—	—	—	—	—	—	—	—
	V	14,87	—	1,18	1,33	IV	6,43	—	0,39	0,44	—	0,27	0,31	—	0,16	0,18	—	0,07	0,08	—	—	—	—	—	—
	VI	15,88	—	1,27	1,42																				
72,19	I,IV	6,45	—	0,51	0,58	I	6,45	—	0,27	0,31	—	0,07	0,08	—	—	—	—	—	—	—	—	—	—	—	—
	II	3,62	—	0,28	0,32	II	3,62	—	0,08	0,09	—	—	—	—	—	—	—	—	—	—	—	—	—	—	—
	III	—	—	—	—	III	—	—	—	—	—	—	—	—	—	—	—	—	—	—	—	—	—	—	—
	V	14,90	—	1,19	1,34	IV	6,45	—	0,39	0,44	—	0,27	0,31	—	0,16	0,18	—	0,07	0,08	—	—	—	—	—	—
	VI	15,91	—	1,27	1,43																				
72,29	I,IV	6,47	—	0,51	0,58	I	6,47	—	0,28	0,31	—	0,07	0,08	—	—	—	—	—	—	—	—	—	—	—	—
	II	3,64	—	0,29	0,32	II	3,64	—	0,08	0,09	—	—	—	—	—	—	—	—	—	—	—	—	—	—	—
	III	—	—	—	—	III	—	—	—	—	—	—	—	—	—	—	—	—	—	—	—	—	—	—	—
	V	14,93	—	1,19	1,34	IV	6,47	—	0,39	0,44	—	0,28	0,31	—	0,16	0,19	—	0,07	0,08	—	—	—	—	—	—
	VI	15,94	—	1,27	1,43																				
72,39	I,IV	6,49	—	0,51	0,58	I	6,49	—	0,28	0,31	—	0,07	0,08	—	—	—	—	—	—	—	—	—	—	—	—
	II	3,66	—	0,29	0,32	II	3,66	—	0,08	0,09	—	—	—	—	—	—	—	—	—	—	—	—	—	—	—
	III	—	—	—	—	III	—	—	—	—	—	—	—	—	—	—	—	—	—	—	—	—	—	—	—
	V	14,96	—	1,19	1,34	IV	6,49	—	0,39	0,44	—	0,28	0,31	—	0,17	0,19	—	0,07	0,08	—	—	—	—	—	—
	VI	15,97	—	1,27	1,43																				
72,49	I,IV	6,51	—	0,52	0,58	I	6,51	—	0,28	0,31	—	0,07	0,08	—	—	—	—	—	—	—	—	—	—	—	—
	II	3,68	—	0,29	0,33	II	3,68	—	0,08	0,09	—	—	—	—	—	—	—	—	—	—	—	—	—	—	—
	III	—	—	—	—	III	—	—	—	—	—	—	—	—	—	—	—	—	—	—	—	—	—	—	—
	V	14,98	—	1,19	1,34	IV	6,51	—	0,40	0,45	—	0,28	0,31	—	0,17	0,19	—	0,07	0,08	—	—	—	—	—	—
	VI	16,—	—	1,28	1,44																				
72,59	I,IV	6,53	—	0,52	0,58	I	6,53	—	0,28	0,32	—	0,07	0,08	—	—	—	—	—	—	—	—	—	—	—	—
	II	3,70	—	0,29	0,33	II	3,70	—	0,08	0,09	—	—	—	—	—	—	—	—	—	—	—	—	—	—	—
	III	—	—	—	—	III	—	—	—	—	—	—	—	—	—	—	—	—	—	—	—	—	—	—	—
	V	15,02	—	1,20	1,35	IV	6,53	—	0,40	0,45	—	0,28	0,32	—	0,17	0,19	—	0,07	0,08	—	—	—	—	—	—
	VI	16,03	—	1,28	1,44																				
72,69	I,IV	6,56	—	0,52	0,59	I	6,56	—	0,28	0,32	—	0,08	0,09	—	—	—	—	—	—	—	—	—	—	—	—
	II	3,72	—	0,29	0,33	II	3,72	—	0,08	0,09	—	—	—	—	—	—	—	—	—	—	—	—	—	—	—
	III	—	—	—	—	III	—	—	—	—	—	—	—	—	—	—	—	—	—	—	—	—	—	—	—
	V	15,05	—	1,20	1,35	IV	6,56	—	0,40	0,45	—	0,28	0,32	—	0,17	0,19	—	0,08	0,09	—	—	—	—	—	—
	VI	16,06	—	1,28	1,44																				
72,79	I,IV	6,58	—	0,52	0,59	I	6,58	—	0,28	0,32	—	0,08	0,09	—	—	—	—	—	—	—	—	—	—	—	—
	II	3,74	—	0,29	0,33	II	3,74	—	0,08	0,09	—	—	—	—	—	—	—	—	—	—	—	—	—	—	—
	III	0,02	—	—	—	III	0,02	—	—	—	—	—	—	—	—	—	—	—	—	—	—	—	—	—	—
	V	15,07	—	1,20	1,35	IV	6,58	—	0,40	0,45	—	0,28	0,32	—	0,17	0,19	—	0,08	0,09	—	—	—	—	—	—
	VI	16,08	—	1,28	1,44																				
72,89	I,IV	6,60	—	0,52	0,59	I	6,60	—	0,29	0,32	—	0,08	0,09	—	—	—	—	—	—	—	—	—	—	—	—
	II	3,76	—	0,30	0,33	II	3,76	—	0,08	0,10	—	—	—	—	—	—	—	—	—	—	—	—	—	—	—
	III	0,03	—	—	—	III	0,03	—	—	—	—	—	—	—	—	—	—	—	—	—	—	—	—	—	—
	V	15,10	—	1,20	1,35	IV	6,60	—	0,40	0,45	—	0,29	0,32	—	0,17	0,20	—	0,08	0,09	—	—	—	—	—	—
	VI	16,12	—	1,28	1,45																				
72,99	I,IV	6,62	—	0,52	0,59	I	6,62	—	0,29	0,32	—	0,08	0,09	—	—	—	—	—	—	—	—	—	—	—	—
	II	3,78	—	0,30	0,34	II	3,78	—	0,09	0,10	—	—	—	—	—	—	—	—	—	—	—	—	—	—	—
	III	0,04	—	—	—	III	0,04	—	—	—	—	—	—	—	—	—	—	—	—	—	—	—	—	—	—
	V	15,13	—	1,21	1,36	IV	6,62	—	0,40	0,45	—	0,29	0,32	—	0,18	0,20	—	0,08	0,09	—	—	—	—	—	—
	VI	16,15	—	1,29	1,45																				
73,09	I,IV	6,64	—	0,53	0,59	I	6,64	—	0,29	0,33	—	0,08	0,09	—	—	—	—	—	—	—	—	—	—	—	—
	II	3,80	—	0,30	0,34	II	3,80	—	0,09	0,10	—	—	—	—	—	—	—	—	—	—	—	—	—	—	—
	III	0,05	—	—	—	III	0,05	—	—	—	—	—	—	—	—	—	—	—	—	—	—	—	—	—	—
	V	15,16	—	1,21	1,36	IV	6,64	—	0,41	0,46	—	0,29	0,33	—	0,18	0,20	—	0,08	0,09	—	—	—	—	—	—
	VI	16,18	—	1,29	1,45																				

* Die ausgewiesenen Tabellenwerte sind amtlich. Siehe Erläuterungen auf der Umschlaginnenseite (U2).

74,79* TAG

Abzüge an Lohnsteuer, Solidaritätszuschlag (SolZ) und Kirchensteuer (8%, 9%) in den Steuerklassen

Steuerklassen I – VI ohne Kinderfreibeträge; Steuerklassen I, II, III, IV mit Zahl der Kinderfreibeträge.

Lohn/Gehalt bis €*	Kl	LSt	SolZ	8%	9%	Kl	LSt	0,5 SolZ	0,5 8%	0,5 9%	1 SolZ	1 8%	1 9%	1,5 SolZ	1,5 8%	1,5 9%	2 SolZ	2 8%	2 9%	2,5 SolZ	2,5 8%	2,5 9%	3 SolZ	3 8%	3 9%
73,19	I,IV	6,66	—	0,53	0,59	I	6,66	—	0,29	0,33	—	0,08	0,09	—	—	—	—	—	—	—	—	—	—	—	—
	II	3,82	—	0,30	0,34	II	3,82	—	0,09	0,10	—	—	—	—	—	—	—	—	—	—	—	—	—	—	—
	III	0,07	—	—	—	III	0,07	—	—	—	—	—	—	—	—	—	—	—	—	—	—	—	—	—	—
	V	15,19	—	1,21	1,36	IV	6,66	—	0,41	0,46	—	0,29	0,33	—	0,18	0,20	—	0,08	0,09	—	—	—	—	—	—
	VI	16,21	—	1,29	1,45																				
73,29	I,IV	6,69	—	0,53	0,60	I	6,69	—	0,29	0,33	—	0,08	0,09	—	—	—	—	—	—	—	—	—	—	—	—
	II	3,84	—	0,30	0,34	II	3,84	—	0,09	0,10	—	—	—	—	—	—	—	—	—	—	—	—	—	—	—
	III	0,08	—	—	—	III	0,08	—	—	—	—	—	—	—	—	—	—	—	—	—	—	—	—	—	—
	V	15,22	—	1,21	1,36	IV	6,69	—	0,41	0,46	—	0,29	0,33	—	0,18	0,20	—	0,08	0,09	—	—	—	—	—	—
	VI	16,24	—	1,29	1,46																				
73,39	I,IV	6,71	—	0,53	0,60	I	6,71	—	0,29	0,33	—	0,08	0,09	—	—	—	—	—	—	—	—	—	—	—	—
	II	3,86	—	0,30	0,34	II	3,86	—	0,09	0,10	—	—	—	—	—	—	—	—	—	—	—	—	—	—	—
	III	0,10	—	—	—	III	0,10	—	—	—	—	—	—	—	—	—	—	—	—	—	—	—	—	—	—
	V	15,25	—	1,22	1,37	IV	6,71	—	0,41	0,46	—	0,29	0,33	—	0,18	0,20	—	0,08	0,09	—	0,01	0,01	—	—	—
	VI	16,26	—	1,30	1,46																				
73,49	I,IV	6,73	—	0,53	0,60	I	6,73	—	0,30	0,33	—	0,08	0,10	—	—	—	—	—	—	—	—	—	—	—	—
	II	3,88	—	0,31	0,34	II	3,88	—	0,09	0,10	—	—	—	—	—	—	—	—	—	—	—	—	—	—	—
	III	0,11	—	—	—	III	0,11	—	—	—	—	—	—	—	—	—	—	—	—	—	—	—	—	—	—
	V	15,27	—	1,22	1,37	IV	6,73	—	0,41	0,46	—	0,30	0,33	—	0,18	0,21	—	0,08	0,10	—	0,01	0,01	—	—	—
	VI	16,30	—	1,30	1,46																				
73,59	I,IV	6,75	—	0,54	0,60	I	6,75	—	0,30	0,34	—	0,09	0,10	—	—	—	—	—	—	—	—	—	—	—	—
	II	3,90	—	0,31	0,35	II	3,90	—	0,09	0,11	—	—	—	—	—	—	—	—	—	—	—	—	—	—	—
	III	0,12	—	—	0,01	III	0,12	—	—	—	—	—	—	—	—	—	—	—	—	—	—	—	—	—	—
	V	15,30	—	1,22	1,37	IV	6,75	—	0,41	0,47	—	0,30	0,34	—	0,18	0,21	—	0,09	0,10	—	0,01	0,01	—	—	—
	VI	16,32	—	1,30	1,46																				
73,69	I,IV	6,77	—	0,54	0,60	I	6,77	—	0,30	0,34	—	0,09	0,10	—	—	—	—	—	—	—	—	—	—	—	—
	II	3,92	—	0,31	0,35	II	3,92	—	0,10	0,11	—	—	—	—	—	—	—	—	—	—	—	—	—	—	—
	III	0,13	—	0,01	0,01	III	0,13	—	—	—	—	—	—	—	—	—	—	—	—	—	—	—	—	—	—
	V	15,33	—	1,22	1,37	IV	6,77	—	0,42	0,47	—	0,30	0,34	—	0,19	0,21	—	0,09	0,10	—	0,01	0,01	—	—	—
	VI	16,36	—	1,30	1,47																				
73,79	I,IV	6,80	—	0,54	0,61	I	6,80	—	0,30	0,34	—	0,09	0,10	—	—	—	—	—	—	—	—	—	—	—	—
	II	3,95	—	0,31	0,35	II	3,95	—	0,10	0,11	—	—	—	—	—	—	—	—	—	—	—	—	—	—	—
	III	0,15	—	0,01	0,01	III	0,15	—	—	—	—	—	—	—	—	—	—	—	—	—	—	—	—	—	—
	V	15,36	—	1,22	1,38	IV	6,80	—	0,42	0,47	—	0,30	0,34	—	0,19	0,21	—	0,09	0,10	—	0,01	0,01	—	—	—
	VI	16,38	—	1,31	1,47																				
73,89	I,IV	6,82	—	0,54	0,61	I	6,82	—	0,30	0,34	—	0,09	0,10	—	—	—	—	—	—	—	—	—	—	—	—
	II	3,96	—	0,31	0,35	II	3,96	—	0,10	0,11	—	—	—	—	—	—	—	—	—	—	—	—	—	—	—
	III	0,16	—	0,01	0,01	III	0,16	—	—	—	—	—	—	—	—	—	—	—	—	—	—	—	—	—	—
	V	15,39	—	1,23	1,38	IV	6,82	—	0,42	0,47	—	0,30	0,34	—	0,19	0,21	—	0,09	0,10	—	0,01	0,01	—	—	—
	VI	16,41	—	1,31	1,47																				
73,99	I,IV	6,84	—	0,54	0,61	I	6,84	—	0,30	0,34	—	0,09	0,10	—	—	—	—	—	—	—	—	—	—	—	—
	II	3,98	—	0,31	0,35	II	3,98	—	0,10	0,11	—	—	—	—	—	—	—	—	—	—	—	—	—	—	—
	III	0,17	—	0,01	0,01	III	0,17	—	—	—	—	—	—	—	—	—	—	—	—	—	—	—	—	—	—
	V	15,42	—	1,23	1,38	IV	6,84	—	0,42	0,47	—	0,30	0,34	—	0,19	0,21	—	0,09	0,10	—	0,01	0,01	—	—	—
	VI	16,44	—	1,31	1,47																				
74,09	I,IV	6,86	—	0,54	0,61	I	6,86	—	0,31	0,34	—	0,09	0,10	—	—	—	—	—	—	—	—	—	—	—	—
	II	4,01	—	0,32	0,36	II	4,01	—	0,10	0,11	—	—	—	—	—	—	—	—	—	—	—	—	—	—	—
	III	0,18	—	0,01	0,01	III	0,18	—	—	—	—	—	—	—	—	—	—	—	—	—	—	—	—	—	—
	V	15,45	—	1,23	1,39	IV	6,86	—	0,42	0,48	—	0,31	0,34	—	0,19	0,22	—	0,09	0,10	—	0,01	0,01	—	—	—
	VI	16,47	—	1,31	1,48																				
74,19	I,IV	6,88	—	0,55	0,61	I	6,88	—	0,31	0,35	—	0,09	0,11	—	—	—	—	—	—	—	—	—	—	—	—
	II	4,03	—	0,32	0,36	II	4,03	—	0,10	0,11	—	—	—	—	—	—	—	—	—	—	—	—	—	—	—
	III	0,20	—	0,01	0,01	III	0,20	—	—	—	—	—	—	—	—	—	—	—	—	—	—	—	—	—	—
	V	15,47	—	1,23	1,39	IV	6,88	—	0,42	0,48	—	0,31	0,35	—	0,19	0,22	—	0,09	0,11	—	0,01	0,01	—	—	—
	VI	16,50	—	1,32	1,48																				
74,29	I,IV	6,91	—	0,55	0,62	I	6,91	—	0,31	0,35	—	0,10	0,11	—	—	—	—	—	—	—	—	—	—	—	—
	II	4,05	—	0,32	0,36	II	4,05	—	0,10	0,12	—	—	—	—	—	—	—	—	—	—	—	—	—	—	—
	III	0,21	—	0,01	0,01	III	0,21	—	—	—	—	—	—	—	—	—	—	—	—	—	—	—	—	—	—
	V	15,51	—	1,24	1,39	IV	6,91	—	0,43	0,48	—	0,31	0,35	—	0,20	0,22	—	0,10	0,11	—	0,01	0,02	—	—	—
	VI	16,53	—	1,32	1,48																				
74,39	I,IV	6,93	—	0,55	0,62	I	6,93	—	0,31	0,35	—	0,10	0,11	—	—	—	—	—	—	—	—	—	—	—	—
	II	4,07	—	0,32	0,36	II	4,07	—	0,10	0,12	—	—	—	—	—	—	—	—	—	—	—	—	—	—	—
	III	0,22	—	0,01	0,01	III	0,22	—	—	—	—	—	—	—	—	—	—	—	—	—	—	—	—	—	—
	V	15,54	—	1,24	1,39	IV	6,93	—	0,43	0,48	—	0,31	0,35	—	0,20	0,22	—	0,10	0,11	—	0,02	0,02	—	—	—
	VI	16,56	—	1,32	1,49																				
74,49	I,IV	6,95	—	0,55	0,62	I	6,95	—	0,31	0,35	—	0,10	0,11	—	—	—	—	—	—	—	—	—	—	—	—
	II	4,09	—	0,32	0,36	II	4,09	—	0,11	0,12	—	—	—	—	—	—	—	—	—	—	—	—	—	—	—
	III	0,24	—	0,01	0,02	III	0,24	—	—	—	—	—	—	—	—	—	—	—	—	—	—	—	—	—	—
	V	15,56	—	1,24	1,40	IV	6,95	—	0,43	0,48	—	0,31	0,35	—	0,20	0,22	—	0,10	0,11	—	0,02	0,02	—	—	—
	VI	16,60	—	1,32	1,49																				
74,59	I,IV	6,97	—	0,55	0,62	I	6,97	—	0,31	0,35	—	0,10	0,11	—	—	—	—	—	—	—	—	—	—	—	—
	II	4,11	—	0,32	0,36	II	4,11	—	0,11	0,12	—	—	—	—	—	—	—	—	—	—	—	—	—	—	—
	III	0,25	—	0,02	0,02	III	0,25	—	—	—	—	—	—	—	—	—	—	—	—	—	—	—	—	—	—
	V	15,60	—	1,24	1,40	IV	6,97	—	0,43	0,49	—	0,31	0,35	—	0,20	0,23	—	0,10	0,11	—	0,02	0,02	—	—	—
	VI	16,62	—	1,32	1,49																				
74,69	I,IV	6,99	—	0,55	0,62	I	6,99	—	0,32	0,36	—	0,10	0,11	—	—	—	—	—	—	—	—	—	—	—	—
	II	4,13	—	0,33	0,37	II	4,13	—	0,11	0,12	—	—	—	—	—	—	—	—	—	—	—	—	—	—	—
	III	0,27	—	0,02	0,02	III	0,27	—	—	—	—	—	—	—	—	—	—	—	—	—	—	—	—	—	—
	V	15,62	—	1,24	1,40	IV	6,99	—	0,43	0,49	—	0,32	0,36	—	0,20	0,23	—	0,10	0,11	—	0,02	0,02	—	—	—
	VI	16,65	—	1,33	1,49																				
74,79	I,IV	7,01	—	0,56	0,63	I	7,01	—	0,32	0,36	—	0,10	0,11	—	—	—	—	—	—	—	—	—	—	—	—
	II	4,15	—	0,33	0,37	II	4,15	—	0,11	0,12	—	—	—	—	—	—	—	—	—	—	—	—	—	—	—
	III	0,28	—	0,02	0,02	III	0,28	—	—	—	—	—	—	—	—	—	—	—	—	—	—	—	—	—	—
	V	15,65	—	1,25	1,40	IV	7,01	—	0,43	0,49	—	0,32	0,36	—	0,20	0,23	—	0,10	0,11	—	0,02	0,02	—	—	—
	VI	16,68	—	1,33	1,50																				

* Die ausgewiesenen Tabellenwerte sind amtlich. Siehe Erläuterungen auf der Umschlaginnenseite (U2).

T 147

TAG — 74,80*

Abzüge an Lohnsteuer, Solidaritätszuschlag (SolZ) und Kirchensteuer (8%, 9%) in den Steuerklassen I–VI (ohne Kinderfreibeträge) und I, II, III, IV (mit Zahl der Kinderfreibeträge)

Lohn/Gehalt bis €*	Kl	LSt	SolZ	8%	9%	Kl	LSt	0,5 SolZ	0,5 8%	0,5 9%	1 SolZ	1 8%	1 9%	1,5 SolZ	1,5 8%	1,5 9%	2 SolZ	2 8%	2 9%	2,5 SolZ	2,5 8%	2,5 9%	3 SolZ	3 8%	3 9%
74,89	I,IV	7,04	—	0,56	0,63	I	7,04	—	0,32	0,36	—	0,10	0,12	—	—	—	—	—	—	—	—	—	—	—	—
	II	4,17	—	0,33	0,37	II	4,17	—	0,11	0,13	—	—	—	—	—	—	—	—	—	—	—	—	—	—	—
	III	0,30	—	0,02	0,02	III	0,30	—	—	—	—	—	—	—	—	—	—	—	—	—	—	—	—	—	—
	V	15,68	—	1,25	1,41	IV	7,04	—	0,44	0,49	—	0,32	0,36	—	0,20	0,23	—	0,10	0,12	—	0,02	0,02	—	—	—
	VI	16,71	—	1,33	1,50																				
74,99	I,IV	7,06	—	0,56	0,63	I	7,06	—	0,32	0,36	—	0,10	0,12	—	—	—	—	—	—	—	—	—	—	—	—
	II	4,19	—	0,33	0,37	II	4,19	—	0,11	0,13	—	—	—	—	—	—	—	—	—	—	—	—	—	—	—
	III	0,31	—	0,02	0,02	III	0,31	—	—	—	—	—	—	—	—	—	—	—	—	—	—	—	—	—	—
	V	15,71	—	1,25	1,41	IV	7,06	—	0,44	0,49	—	0,32	0,36	—	0,21	0,23	—	0,10	0,12	—	0,02	0,02	—	—	—
	VI	16,74	—	1,33	1,50																				
75,09	I,IV	7,08	—	0,56	0,63	I	7,08	—	0,32	0,36	—	0,11	0,12	—	—	—	—	—	—	—	—	—	—	—	—
	II	4,21	—	0,33	0,37	II	4,21	—	0,11	0,13	—	—	—	—	—	—	—	—	—	—	—	—	—	—	—
	III	0,32	—	0,02	0,02	III	0,32	—	—	—	—	—	—	—	—	—	—	—	—	—	—	—	—	—	—
	V	15,74	—	1,25	1,41	IV	7,08	—	0,44	0,50	—	0,32	0,36	—	0,21	0,23	—	0,11	0,12	—	0,02	0,03	—	—	—
	VI	16,77	—	1,34	1,50																				
75,19	I,IV	7,10	—	0,56	0,63	I	7,10	—	0,32	0,36	—	0,11	0,12	—	—	—	—	—	—	—	—	—	—	—	—
	II	4,23	—	0,33	0,38	II	4,23	—	0,12	0,13	—	—	—	—	—	—	—	—	—	—	—	—	—	—	—
	III	0,33	—	0,02	0,02	III	0,33	—	—	—	—	—	—	—	—	—	—	—	—	—	—	—	—	—	—
	V	15,77	—	1,26	1,41	IV	7,10	—	0,44	0,50	—	0,32	0,36	—	0,21	0,24	—	0,11	0,12	—	0,02	0,03	—	—	—
	VI	16,80	—	1,34	1,51																				
75,29	I,IV	7,13	—	0,57	0,64	I	7,13	—	0,32	0,37	—	0,11	0,12	—	—	—	—	—	—	—	—	—	—	—	—
	II	4,25	—	0,34	0,38	II	4,25	—	0,12	0,13	—	—	—	—	—	—	—	—	—	—	—	—	—	—	—
	III	0,35	—	0,02	0,03	III	0,35	—	—	—	—	—	—	—	—	—	—	—	—	—	—	—	—	—	—
	V	15,80	—	1,26	1,42	IV	7,13	—	0,44	0,50	—	0,32	0,37	—	0,21	0,24	—	0,11	0,12	—	0,02	0,03	—	—	—
	VI	16,83	—	1,34	1,51																				
75,39	I,IV	7,15	—	0,57	0,64	I	7,15	—	0,33	0,37	—	0,11	0,12	—	—	—	—	—	—	—	—	—	—	—	—
	II	4,27	—	0,34	0,38	II	4,27	—	0,12	0,13	—	—	—	—	—	—	—	—	—	—	—	—	—	—	—
	III	0,36	—	0,02	0,03	III	0,36	—	—	—	—	—	—	—	—	—	—	—	—	—	—	—	—	—	—
	V	15,83	—	1,26	1,42	IV	7,15	—	0,44	0,50	—	0,33	0,37	—	0,21	0,24	—	0,11	0,12	—	0,03	0,03	—	—	—
	VI	16,86	—	1,34	1,51																				
75,49	I,IV	7,17	—	0,57	0,64	I	7,17	—	0,33	0,37	—	0,11	0,12	—	—	—	—	—	—	—	—	—	—	—	—
	II	4,29	—	0,34	0,38	II	4,29	—	0,12	0,13	—	—	—	—	—	—	—	—	—	—	—	—	—	—	—
	III	0,37	—	0,02	0,03	III	0,37	—	—	—	—	—	—	—	—	—	—	—	—	—	—	—	—	—	—
	V	15,86	—	1,26	1,42	IV	7,17	—	0,45	0,50	—	0,33	0,37	—	0,21	0,24	—	0,11	0,12	—	0,03	0,03	—	—	—
	VI	16,89	—	1,35	1,52																				
75,59	I,IV	7,19	—	0,57	0,64	I	7,19	—	0,33	0,37	—	0,11	0,13	—	—	—	—	—	—	—	—	—	—	—	—
	II	4,31	—	0,34	0,38	II	4,31	—	0,12	0,14	—	—	—	—	—	—	—	—	—	—	—	—	—	—	—
	III	0,39	—	0,03	0,03	III	0,39	—	—	—	—	—	—	—	—	—	—	—	—	—	—	—	—	—	—
	V	15,88	—	1,27	1,42	IV	7,19	—	0,45	0,50	—	0,33	0,37	—	0,22	0,24	—	0,11	0,13	—	0,03	0,03	—	—	—
	VI	16,92	—	1,35	1,52																				
75,69	I,IV	7,21	—	0,57	0,64	I	7,21	—	0,33	0,37	—	0,11	0,13	—	—	—	—	—	—	—	—	—	—	—	—
	II	4,33	—	0,34	0,38	II	4,33	—	0,12	0,14	—	—	—	—	—	—	—	—	—	—	—	—	—	—	—
	III	0,40	—	0,03	0,03	III	0,40	—	—	—	—	—	—	—	—	—	—	—	—	—	—	—	—	—	—
	V	15,92	—	1,27	1,43	IV	7,21	—	0,45	0,51	—	0,33	0,37	—	0,22	0,25	—	0,11	0,13	—	0,03	0,03	—	—	—
	VI	16,96	—	1,35	1,52																				
75,79	I,IV	7,23	—	0,57	0,65	I	7,23	—	0,33	0,38	—	0,11	0,13	—	—	—	—	—	—	—	—	—	—	—	—
	II	4,36	—	0,34	0,39	II	4,36	—	0,12	0,14	—	—	—	—	—	—	—	—	—	—	—	—	—	—	—
	III	0,42	—	0,03	0,03	III	0,42	—	—	—	—	—	—	—	—	—	—	—	—	—	—	—	—	—	—
	V	15,95	—	1,27	1,43	IV	7,23	—	0,45	0,51	—	0,33	0,38	—	0,22	0,25	—	0,11	0,13	—	0,03	0,03	—	—	—
	VI	16,98	—	1,35	1,52																				
75,89	I,IV	7,26	—	0,58	0,65	I	7,26	—	0,34	0,38	—	0,12	0,13	—	—	—	—	—	—	—	—	—	—	—	—
	II	4,38	—	0,35	0,39	II	4,38	—	0,12	0,14	—	—	—	—	—	—	—	—	—	—	—	—	—	—	—
	III	0,43	—	0,03	0,03	III	0,43	—	—	—	—	—	—	—	—	—	—	—	—	—	—	—	—	—	—
	V	15,97	—	1,27	1,43	IV	7,26	—	0,45	0,51	—	0,34	0,38	—	0,22	0,25	—	0,12	0,13	—	0,03	0,03	—	—	—
	VI	17,01	—	1,36	1,53																				
75,99	I,IV	7,28	—	0,58	0,65	I	7,28	—	0,34	0,38	—	0,12	0,13	—	—	—	—	—	—	—	—	—	—	—	—
	II	4,40	—	0,35	0,39	II	4,40	—	0,13	0,14	—	—	—	—	—	—	—	—	—	—	—	—	—	—	—
	III	0,45	—	0,03	0,04	III	0,45	—	—	—	—	—	—	—	—	—	—	—	—	—	—	—	—	—	—
	V	16,—	—	1,28	1,44	IV	7,28	—	0,46	0,51	—	0,34	0,38	—	0,22	0,25	—	0,12	0,13	—	0,03	0,04	—	—	—
	VI	17,04	—	1,36	1,53																				
76,09	I,IV	7,30	—	0,58	0,65	I	7,30	—	0,34	0,38	—	0,12	0,13	—	—	—	—	—	—	—	—	—	—	—	—
	II	4,42	—	0,35	0,39	II	4,42	—	0,13	0,14	—	—	—	—	—	—	—	—	—	—	—	—	—	—	—
	III	0,46	—	0,03	0,04	III	0,46	—	—	—	—	—	—	—	—	—	—	—	—	—	—	—	—	—	—
	V	16,03	—	1,28	1,44	IV	7,30	—	0,46	0,51	—	0,34	0,38	—	0,22	0,25	—	0,12	0,13	—	0,03	0,04	—	—	—
	VI	17,07	—	1,36	1,53																				
76,19	I,IV	7,32	—	0,58	0,65	I	7,32	—	0,34	0,38	—	0,12	0,14	—	—	—	—	—	—	—	—	—	—	—	—
	II	4,44	—	0,35	0,39	II	4,44	—	0,13	0,15	—	—	—	—	—	—	—	—	—	—	—	—	—	—	—
	III	0,47	—	0,03	0,04	III	0,47	—	—	—	—	—	—	—	—	—	—	—	—	—	—	—	—	—	—
	V	16,06	—	1,28	1,44	IV	7,32	—	0,46	0,52	—	0,34	0,38	—	0,23	0,25	—	0,12	0,14	—	0,03	0,04	—	—	—
	VI	17,10	—	1,36	1,53																				
76,29	I,IV	7,35	—	0,58	0,66	I	7,35	—	0,34	0,38	—	0,12	0,14	—	—	—	—	—	—	—	—	—	—	—	—
	II	4,46	—	0,35	0,40	II	4,46	—	0,13	0,15	—	—	—	—	—	—	—	—	—	—	—	—	—	—	—
	III	0,48	—	0,03	0,04	III	0,48	—	—	—	—	—	—	—	—	—	—	—	—	—	—	—	—	—	—
	V	16,09	—	1,28	1,44	IV	7,35	—	0,46	0,52	—	0,34	0,38	—	0,23	0,26	—	0,12	0,14	—	0,04	0,04	—	—	—
	VI	17,13	—	1,37	1,54																				
76,39	I,IV	7,37	—	0,58	0,66	I	7,37	—	0,34	0,39	—	0,12	0,14	—	—	—	—	—	—	—	—	—	—	—	—
	II	4,48	—	0,35	0,40	II	4,48	—	0,13	0,15	—	—	—	—	—	—	—	—	—	—	—	—	—	—	—
	III	0,50	—	0,04	0,04	III	0,50	—	—	—	—	—	—	—	—	—	—	—	—	—	—	—	—	—	—
	V	16,12	—	1,28	1,45	IV	7,37	—	0,46	0,52	—	0,34	0,39	—	0,23	0,26	—	0,12	0,14	—	0,04	0,04	—	—	—
	VI	17,16	—	1,37	1,54																				
76,49	I,IV	7,39	—	0,59	0,66	I	7,39	—	0,34	0,39	—	0,12	0,14	—	—	—	—	—	—	—	—	—	—	—	—
	II	4,50	—	0,36	0,40	II	4,50	—	0,13	0,15	—	—	—	—	—	—	—	—	—	—	—	—	—	—	—
	III	0,51	—	0,04	0,04	III	0,51	—	—	—	—	—	—	—	—	—	—	—	—	—	—	—	—	—	—
	V	16,15	—	1,29	1,45	IV	7,39	—	0,46	0,52	—	0,34	0,39	—	0,23	0,26	—	0,12	0,14	—	0,04	0,04	—	—	—
	VI	17,19	—	1,37	1,54																				

* Die ausgewiesenen Tabellenwerte sind amtlich. Siehe Erläuterungen auf der Umschlaginnenseite (U2).

78,19* TAG

Abzüge an Lohnsteuer, Solidaritätszuschlag (SolZ) und Kirchensteuer (8%, 9%) in den Steuerklassen I – VI / I, II, III, IV

mit Zahl der Kinderfreibeträge . . .

Lohn/Gehalt bis €*	Kl.	LSt	SolZ	8%	9%	Kl.	LSt	SolZ	8%	9%	0,5 SolZ	0,5 8%	0,5 9%	1 SolZ	1 8%	1 9%	1,5 SolZ	1,5 8%	1,5 9%	2 SolZ	2 8%	2 9%	2,5 SolZ	2,5 8%	2,5 9%	3 SolZ	3 8%	3 9%
76,59	I,IV	7,41	—	0,59	0,66	I	7,41	—	0,35	0,39	—	0,13	0,14	—	—	—	—	—	—	—	—	—	—	—	—	—	—	—
	II	4,52	—	0,36	0,40	II	4,52	—	0,13	0,15																		
	III	0,53	—	0,04	0,04	III	0,53	—	—	—																		
	V	16,18	—	1,29	1,45	IV	7,41	—	0,47	0,52	—	0,35	0,39	—	0,23	0,26	—	0,13	0,14	—	0,04	0,04	—	—	—			
	VI	17,22	—	1,37	1,54																							
76,69	I,IV	7,43	—	0,59	0,66	I	7,43	—	0,35	0,39	—	0,13	0,14	—	—	—	—	—	—	—	—	—	—	—	—	—	—	—
	II	4,54	—	0,36	0,40	II	4,54	—	0,14	0,15																		
	III	0,54	—	0,04	0,04	III	0,54	—	—	—																		
	V	16,21	—	1,29	1,45	IV	7,43	—	0,47	0,53	—	0,35	0,39	—	0,23	0,26	—	0,13	0,14	—	0,04	0,04	—	—	—			
	VI	17,25	—	1,38	1,55																							
76,79	I,IV	7,46	—	0,59	0,67	I	7,46	—	0,35	0,39	—	0,13	0,14	—	—	—	—	—	—	—	—	—	—	—	—	—	—	—
	II	4,56	—	0,36	0,41	II	4,56	—	0,14	0,15																		
	III	0,56	—	0,04	0,05	III	0,56	—	—	—																		
	V	16,24	—	1,29	1,46	IV	7,46	—	0,47	0,53	—	0,35	0,39	—	0,24	0,27	—	0,13	0,14	—	0,04	0,05	—	—	—			
	VI	17,28	—	1,38	1,55																							
76,89	I,IV	7,48	—	0,59	0,67	I	7,48	—	0,35	0,40	—	0,13	0,15	—	—	—	—	—	—	—	—	—	—	—	—	—	—	—
	II	4,58	—	0,36	0,41	II	4,58	—	0,14	0,16																		
	III	0,57	—	0,04	0,05	III	0,57	—	—	—																		
	V	16,27	—	1,30	1,46	IV	7,48	—	0,47	0,53	—	0,35	0,40	—	0,24	0,27	—	0,13	0,15	—	0,04	0,05	—	—	—			
	VI	17,31	—	1,38	1,55																							
76,99	I,IV	7,50	—	0,60	0,67	I	7,50	—	0,35	0,40	—	0,13	0,15	—	—	—	—	—	—	—	—	—	—	—	—	—	—	—
	II	4,61	—	0,36	0,41	II	4,61	—	0,14	0,16																		
	III	0,58	—	0,04	0,05	III	0,58	—	—	—																		
	V	16,30	—	1,30	1,46	IV	7,50	—	0,47	0,53	—	0,35	0,40	—	0,24	0,27	—	0,13	0,15	—	0,04	0,05	—	—	—			
	VI	17,34	—	1,38	1,56																							
77,09	I,IV	7,52	—	0,60	0,67	I	7,52	—	0,36	0,40	—	0,13	0,15	—	—	—	—	—	—	—	—	—	—	—	—	—	—	—
	II	4,63	—	0,37	0,41	II	4,63	—	0,14	0,16																		
	III	0,60	—	0,04	0,05	III	0,60	—	—	—																		
	V	16,33	—	1,30	1,46	IV	7,52	—	0,47	0,53	—	0,36	0,40	—	0,24	0,27	—	0,13	0,15	—	0,04	0,05	—	—	—			
	VI	17,37	—	1,38	1,56																							
77,19	I,IV	7,55	—	0,60	0,67	I	7,55	—	0,36	0,40	—	0,13	0,15	—	—	—	—	—	—	—	—	—	—	—	—	—	—	—
	II	4,65	—	0,37	0,41	II	4,65	—	0,14	0,16																		
	III	0,61	—	0,04	0,05	III	0,61	—	—	—																		
	V	16,36	—	1,30	1,47	IV	7,55	—	0,48	0,54	—	0,36	0,40	—	0,24	0,27	—	0,13	0,15	—	0,04	0,05	—	—	—			
	VI	17,40	—	1,39	1,56																							
77,29	I,IV	7,57	—	0,60	0,68	I	7,57	—	0,36	0,40	—	0,14	0,15	—	—	—	—	—	—	—	—	—	—	—	—	—	—	—
	II	4,67	—	0,37	0,42	II	4,67	—	0,14	0,16																		
	III	0,63	—	0,05	0,05	III	0,63	—	—	—																		
	V	16,39	—	1,31	1,47	IV	7,57	—	0,48	0,54	—	0,36	0,40	—	0,24	0,27	—	0,14	0,15	—	0,05	0,05	—	—	—			
	VI	17,43	—	1,39	1,56																							
77,39	I,IV	7,59	—	0,60	0,68	I	7,59	—	0,36	0,41	—	0,14	0,15	—	—	—	—	—	—	—	—	—	—	—	—	—	—	—
	II	4,69	—	0,37	0,42	II	4,69	—	0,15	0,16																		
	III	0,64	—	0,05	0,05	III	0,64	—	—	—																		
	V	16,42	—	1,31	1,47	IV	7,59	—	0,48	0,54	—	0,36	0,41	—	0,24	0,28	—	0,14	0,15	—	0,05	0,05	—	—	—			
	VI	17,46	—	1,39	1,57																							
77,49	I,IV	7,61	—	0,60	0,68	I	7,61	—	0,36	0,41	—	0,14	0,16	—	—	—	—	—	—	—	—	—	—	—	—	—	—	—
	II	4,71	—	0,37	0,42	II	4,71	—	0,15	0,17																		
	III	0,66	—	0,05	0,05	III	0,66	—	—	—																		
	V	16,45	—	1,31	1,48	IV	7,61	—	0,48	0,54	—	0,36	0,41	—	0,25	0,28	—	0,14	0,16	—	0,05	0,05	—	—	—			
	VI	17,50	—	1,40	1,57																							
77,59	I,IV	7,63	—	0,61	0,68	I	7,63	—	0,36	0,41	—	0,14	0,16	—	—	—	—	—	—	—	—	—	—	—	—	—	—	—
	II	4,73	—	0,37	0,42	II	4,73	—	0,15	0,17																		
	III	0,67	—	0,05	0,06	III	0,67	—	—	—																		
	V	16,48	—	1,31	1,48	IV	7,63	—	0,48	0,54	—	0,36	0,41	—	0,25	0,28	—	0,14	0,16	—	0,05	0,06	—	—	—			
	VI	17,52	—	1,40	1,57																							
77,69	I,IV	7,66	—	0,61	0,68	I	7,66	—	0,36	0,41	—	0,14	0,16	—	—	—	—	—	—	—	—	—	—	—	—	—	—	—
	II	4,75	—	0,38	0,42	II	4,75	—	0,15	0,17																		
	III	0,68	—	0,05	0,06	III	0,68	—	—	—																		
	V	16,51	—	1,32	1,48	IV	7,66	—	0,48	0,54	—	0,36	0,41	—	0,25	0,28	—	0,14	0,16	—	0,05	0,06	—	—	—			
	VI	17,56	—	1,40	1,58																							
77,79	I,IV	7,68	—	0,61	0,69	I	7,68	—	0,37	0,41	—	0,14	0,16	—	—	—	—	—	—	—	—	—	—	—	—	—	—	—
	II	4,77	—	0,38	0,42	II	4,77	—	0,15	0,17																		
	III	0,70	—	0,05	0,06	III	0,70	—	—	—																		
	V	16,54	—	1,32	1,48	IV	7,68	—	0,49	0,55	—	0,37	0,41	—	0,25	0,28	—	0,14	0,16	—	0,05	0,06	—	—	—			
	VI	17,59	—	1,40	1,58																							
77,89	I,IV	7,70	—	0,61	0,69	I	7,70	—	0,37	0,41	—	0,14	0,16	—	—	—	—	—	—	—	—	—	—	—	—	—	—	—
	II	4,79	—	0,38	0,43	II	4,79	—	0,15	0,17																		
	III	0,71	—	0,05	0,06	III	0,71	—	—	—																		
	V	16,56	—	1,32	1,49	IV	7,70	—	0,49	0,55	—	0,37	0,41	—	0,25	0,28	—	0,14	0,16	—	0,05	0,06	—	—	—			
	VI	17,61	—	1,40	1,58																							
77,99	I,IV	7,72	—	0,61	0,69	I	7,72	—	0,37	0,42	—	0,14	0,16	—	—	—	—	—	—	—	—	—	—	—	—	—	—	—
	II	4,81	—	0,38	0,43	II	4,81	—	0,15	0,17																		
	III	0,73	—	0,05	0,06	III	0,73	—	—	—																		
	V	16,60	—	1,32	1,49	IV	7,72	—	0,49	0,55	—	0,37	0,42	—	0,25	0,29	—	0,14	0,16	—	0,05	0,06	—	—	—			
	VI	17,65	—	1,41	1,58																							
78,09	I,IV	7,75	—	0,62	0,69	I	7,75	—	0,37	0,42	—	0,15	0,17	—	—	—	—	—	—	—	—	—	—	—	—	—	—	—
	II	4,83	—	0,38	0,43	II	4,83	—	0,16	0,18																		
	III	0,74	—	0,05	0,06	III	0,74	—	—	—																		
	V	16,62	—	1,32	1,49	IV	7,75	—	0,49	0,55	—	0,37	0,42	—	0,26	0,29	—	0,15	0,17	—	0,06	0,06	—	—	—			
	VI	17,68	—	1,41	1,59																							
78,19	I,IV	7,77	—	0,62	0,69	I	7,77	—	0,37	0,42	—	0,15	0,17	—	—	—	—	—	—	—	—	—	—	—	—	—	—	—
	II	4,86	—	0,38	0,43	II	4,86	—	0,16	0,18																		
	III	0,76	—	0,06	0,06	III	0,76	—	—	—																		
	V	16,66	—	1,33	1,49	IV	7,77	—	0,49	0,55	—	0,37	0,42	—	0,26	0,29	—	0,15	0,17	—	0,06	0,06	—	—	—			
	VI	17,71	—	1,41	1,59																							

* Die ausgewiesenen Tabellenwerte sind amtlich. Siehe Erläuterungen auf der Umschlaginnenseite (U2).

TAG 78,20*

Abzüge an Lohnsteuer, Solidaritätszuschlag (SolZ) und Kirchensteuer (8%, 9%) in den Steuerklassen I – VI / I, II, III, IV

ohne Kinderfreibeträge (I – VI) · mit Zahl der Kinderfreibeträge (I, II, III, IV)

Lohn/Gehalt bis €*	Kl	LSt	SolZ	8%	9%	Kl	LSt	0,5 SolZ	0,5 8%	0,5 9%	1 SolZ	1 8%	1 9%	1,5 SolZ	1,5 8%	1,5 9%	2 SolZ	2 8%	2 9%	2,5 SolZ	2,5 8%	2,5 9%	3 SolZ	3 8%	3 9%
78,29	I,IV	7,79	—	0,62	0,70	I	7,79	—	0,38	0,42	—	0,15	0,17												
	II	4,88	—	0,39	0,43	II	4,88	—	0,16	0,18															
	III	0,77	—	0,06	0,06	III	0,77	—	—	—															
	V	16,68	—	1,33	1,50	IV	7,79	—	0,49	0,56	—	0,38	0,42	—	0,26	0,29	—	0,15	0,17	—	0,06	0,07			
	VI	17,74	—	1,41	1,59																				
78,39	I,IV	7,81	—	0,62	0,70	I	7,81	—	0,38	0,42	—	0,15	0,17												
	II	4,90	—	0,39	0,44	II	4,90	—	0,16	0,18															
	III	0,78	—	0,06	0,07	III	0,78	—	—	—															
	V	16,72	—	1,33	1,50	IV	7,81	—	0,50	0,56	—	0,38	0,42	—	0,26	0,29	—	0,15	0,17	—	0,06	0,07			
	VI	17,77	—	1,42	1,59																				
78,49	I,IV	7,83	—	0,62	0,70	I	7,83	—	0,38	0,43	—	0,15	0,17												
	II	4,92	—	0,39	0,44	II	4,92	—	0,16	0,18															
	III	0,80	—	0,06	0,07	III	0,80	—	—	—															
	V	16,75	—	1,34	1,50	IV	7,83	—	0,50	0,56	—	0,38	0,43	—	0,26	0,30	—	0,15	0,17	—	0,06	0,07			
	VI	17,80	—	1,42	1,60																				
78,59	I,IV	7,86	—	0,62	0,70	I	7,86	—	0,38	0,43	—	0,15	0,17												
	II	4,94	—	0,39	0,44	II	4,94	—	0,16	0,18															
	III	0,82	—	0,06	0,07	III	0,82	—	—	—															
	V	16,78	—	1,34	1,51	IV	7,86	—	0,50	0,56	—	0,38	0,43	—	0,26	0,30	—	0,15	0,17	—	0,06	0,07			
	VI	17,83	—	1,42	1,60																				
78,69	I,IV	7,88	—	0,63	0,70	I	7,88	—	0,38	0,43	—	0,16	0,18												
	II	4,96	—	0,39	0,44	II	4,96	—	0,16	0,18															
	III	0,83	—	0,06	0,07	III	0,83	—	—	—															
	V	16,81	—	1,34	1,51	IV	7,88	—	0,50	0,56	—	0,38	0,43	—	0,27	0,30	—	0,16	0,18	—	0,06	0,07			
	VI	17,86	—	1,42	1,60																				
78,79	I,IV	7,90	—	0,63	0,71	I	7,90	—	0,38	0,43	—	0,16	0,18												
	II	4,98	—	0,39	0,44	II	4,98	—	0,17	0,19															
	III	0,85	—	0,06	0,07	III	0,85	—	—	—															
	V	16,84	—	1,34	1,51	IV	7,90	—	0,50	0,57	—	0,38	0,43	—	0,27	0,30	—	0,16	0,18	—	0,06	0,07			
	VI	17,89	—	1,43	1,61																				
78,89	I,IV	7,92	—	0,63	0,71	I	7,92	—	0,38	0,43	—	0,16	0,18												
	II	5,—	—	0,40	0,45	II	5,—	—	0,17	0,19															
	III	0,86	—	0,06	0,07	III	0,86	—	—	—															
	V	16,87	—	1,34	1,51	IV	7,92	—	0,50	0,57	—	0,38	0,43	—	0,27	0,30	—	0,16	0,18	—	0,06	0,07			
	VI	17,93	—	1,43	1,61																				
78,99	I,IV	7,95	—	0,63	0,71	I	7,95	—	0,38	0,43	—	0,16	0,18												
	II	5,02	—	0,40	0,45	II	5,02	—	0,17	0,19															
	III	0,87	—	0,06	0,07	III	0,87	—	—	—															
	V	16,90	—	1,35	1,52	IV	7,95	—	0,51	0,57	—	0,39	0,44	—	0,27	0,30	—	0,16	0,18	—	0,07	0,07			
	VI	17,96	—	1,43	1,61																				
79,09	I,IV	7,97	—	0,63	0,71	I	7,97	—	0,39	0,44	—	0,16	0,18												
	II	5,04	—	0,40	0,45	II	5,04	—	0,17	0,19															
	III	0,89	—	0,07	0,08	III	0,89	—	—	—															
	V	16,92	—	1,35	1,52	IV	7,97	—	0,51	0,57	—	0,39	0,44	—	0,27	0,31	—	0,16	0,18	—	0,07	0,08			
	VI	17,98	—	1,43	1,61																				
79,19	I,IV	7,99	—	0,63	0,71	I	7,99	—	0,39	0,44	—	0,16	0,18												
	II	5,06	—	0,40	0,45	II	5,06	—	0,17	0,19															
	III	0,90	—	0,07	0,08	III	0,90	—	—	—															
	V	16,96	—	1,35	1,52	IV	7,99	—	0,51	0,57	—	0,39	0,44	—	0,27	0,31	—	0,16	0,18	—	0,07	0,08			
	VI	18,02	—	1,44	1,62																				
79,29	I,IV	8,01	—	0,64	0,72	I	8,01	—	0,39	0,44	—	0,16	0,18												
	II	5,09	—	0,40	0,45	II	5,09	—	0,17	0,20															
	III	0,92	—	0,07	0,08	III	0,92	—	—	—															
	V	16,98	—	1,35	1,52	IV	8,01	—	0,51	0,58	—	0,39	0,44	—	0,28	0,31	—	0,16	0,18	—	0,07	0,08			
	VI	18,05	—	1,44	1,62																				
79,39	I,IV	8,04	—	0,64	0,72	I	8,04	—	0,39	0,44	—	0,17	0,19												
	II	5,11	—	0,40	0,45	II	5,11	—	0,18	0,20															
	III	0,93	—	0,07	0,08	III	0,93	—	—	—															
	V	17,01	—	1,36	1,53	IV	8,04	—	0,51	0,58	—	0,39	0,44	—	0,28	0,31	—	0,17	0,19	—	0,07	0,08			
	VI	18,07	—	1,44	1,62																				
79,49	I,IV	8,06	—	0,64	0,72	I	8,06	—	0,40	0,45	—	0,17	0,19												
	II	5,13	—	0,41	0,46	II	5,13	—	0,18	0,20															
	III	0,95	—	0,07	0,08	III	0,95	—	—	—															
	V	17,05	—	1,36	1,53	IV	8,06	—	0,52	0,58	—	0,40	0,45	—	0,28	0,31	—	0,17	0,19	—	0,07	0,08			
	VI	18,11	—	1,44	1,62																				
79,59	I,IV	8,08	—	0,64	0,72	I	8,08	—	0,40	0,45	—	0,17	0,19												
	II	5,15	—	0,41	0,46	II	5,15	—	0,18	0,20															
	III	0,96	—	0,07	0,08	III	0,96	—	—	—															
	V	17,07	—	1,36	1,53	IV	8,08	—	0,52	0,58	—	0,40	0,45	—	0,28	0,32	—	0,17	0,19	—	0,07	0,08			
	VI	18,14	—	1,45	1,63																				
79,69	I,IV	8,10	—	0,64	0,72	I	8,10	—	0,40	0,45	—	0,17	0,19												
	II	5,17	—	0,41	0,46	II	5,17	—	0,18	0,20															
	III	0,98	—	0,07	0,08	III	0,98	—	—	—															
	V	17,11	—	1,36	1,53	IV	8,10	—	0,52	0,58	—	0,40	0,45	—	0,28	0,32	—	0,17	0,19	—	0,07	0,08			
	VI	18,17	—	1,45	1,63																				
79,79	I,IV	8,13	—	0,65	0,73	I	8,13	—	0,40	0,45	—	0,17	0,19												
	II	5,19	—	0,41	0,46	II	5,19	—	0,18	0,20	—	—	0,01												
	III	1,—	—	0,08	0,09	III	1,—	—	—	—															
	V	17,13	—	1,37	1,54	IV	8,13	—	0,52	0,59	—	0,40	0,45	—	0,28	0,32	—	0,17	0,19	—	0,08	0,09			
	VI	18,20	—	1,45	1,63																				
79,89	I,IV	8,15	—	0,65	0,73	I	8,15	—	0,40	0,45	—	0,17	0,19												
	II	5,21	—	0,41	0,46	II	5,21	—	0,18	0,21	—	0,01	0,01												
	III	1,01	—	0,08	0,09	III	1,01	—	0,01	0,01															
	V	17,17	—	1,37	1,54	IV	8,15	—	0,52	0,59	—	0,40	0,45	—	0,28	0,32	—	0,17	0,19	—	0,08	0,09			
	VI	18,23	—	1,45	1,64																				

T 150

* Die ausgewiesenen Tabellenwerte sind amtlich. Siehe Erläuterungen auf der Umschlaginnenseite (U2).

81,59* — **TAG**

Abzüge an Lohnsteuer, Solidaritätszuschlag (SolZ) und Kirchensteuer (8%, 9%) in den Steuerklassen

I – VI (ohne Kinderfreibeträge) — I, II, III, IV (mit Zahl der Kinderfreibeträge ...)

Lohn/Gehalt bis €*	Kl	LSt	SolZ	8%	9%	Kl	LSt	0,5 SolZ	0,5 8%	0,5 9%	1 SolZ	1 8%	1 9%	1,5 SolZ	1,5 8%	1,5 9%	2 SolZ	2 8%	2 9%	2,5 SolZ	2,5 8%	2,5 9%	3 SolZ	3 8%	3 9%
79,99	I,IV	8,17	—	0,65	0,73	I	8,17	—	0,40	0,45	—	0,17	0,20	—	—	—	—	—	—	—	—	—	—	—	—
	II	5,23	—	0,41	0,47	II	5,23	—	0,18	0,21	—	0,01	0,01	—	—	—	—	—	—	—	—	—	—	—	—
	III	1,02	—	0,08	0,09	III	1,02	—	—	—	—	—	—												
	V	17,20	—	1,37	1,54	IV	8,17	—	0,52	0,59	—	0,40	0,45	—	0,29	0,32	—	0,17	0,20	—	0,08	0,09	—	—	—
	VI	18,26	—	1,46	1,64																				
80,09	I,IV	8,19	—	0,65	0,73	I	8,19	—	0,40	0,46	—	0,18	0,20	—	—	—	—	—	—	—	—	—	—	—	—
	II	5,25	—	0,42	0,47	II	5,25	—	0,19	0,21	—	0,01	0,01	—	—	—	—	—	—	—	—	—	—	—	—
	III	1,04	—	0,08	0,09	III	1,04	—	—	—	—	—	—												
	V	17,23	—	1,37	1,55	IV	8,19	—	0,53	0,59	—	0,40	0,46	—	0,29	0,32	—	0,18	0,20	—	0,08	0,09	—	—	—
	VI	18,30	—	1,46	1,64																				
80,19	I,IV	8,21	—	0,65	0,73	I	8,21	—	0,41	0,46	—	0,18	0,20	—	—	—	—	—	—	—	—	—	—	—	—
	II	5,28	—	0,42	0,47	II	5,28	—	0,19	0,21	—	0,01	0,01	—	—	—	—	—	—	—	—	—	—	—	—
	III	1,06	—	0,08	0,09	III	1,06	—	—	—	—	—	—												
	V	17,26	—	1,38	1,55	IV	8,21	—	0,53	0,59	—	0,41	0,46	—	0,29	0,33	—	0,18	0,20	—	0,08	0,09	—	—	—
	VI	18,33	—	1,46	1,64																				
80,29	I,IV	8,24	—	0,65	0,74	I	8,24	—	0,41	0,46	—	0,18	0,20	—	—	—	—	—	—	—	—	—	—	—	—
	II	5,30	—	0,42	0,47	II	5,30	—	0,19	0,21	—	0,01	0,01	—	—	—	—	—	—	—	—	—	—	—	—
	III	1,07	—	0,08	0,09	III	1,07	—	—	—	—	—	—												
	V	17,29	—	1,38	1,55	IV	8,24	—	0,53	0,60	—	0,41	0,46	—	0,29	0,33	—	0,18	0,20	—	0,08	0,09	—	—	—
	VI	18,36	—	1,46	1,65																				
80,39	I,IV	8,26	—	0,66	0,74	I	8,26	—	0,41	0,46	—	0,18	0,20	—	—	0,01	—	—	—	—	—	—	—	—	—
	II	5,32	—	0,42	0,47	II	5,32	—	0,19	0,21	—	0,01	0,01	—	—	—	—	—	—	—	—	—	—	—	—
	III	1,08	—	0,08	0,09	III	1,08	—	—	—	—	—	—												
	V	17,32	—	1,38	1,55	IV	8,26	—	0,53	0,60	—	0,41	0,46	—	0,29	0,33	—	0,18	0,20	—	0,08	0,09	—	—	0,01
	VI	18,38	—	1,47	1,65																				
80,49	I,IV	8,28	—	0,66	0,74	I	8,28	—	0,41	0,46	—	0,18	0,21	—	0,01	0,01	—	—	—	—	—	—	—	—	—
	II	5,34	—	0,42	0,48	II	5,34	—	0,19	0,22	—	0,01	0,01	—	—	—	—	—	—	—	—	—	—	—	—
	III	1,10	—	0,08	0,09	III	1,10	—	—	—	—	—	—												
	V	17,35	—	1,38	1,56	IV	8,28	—	0,53	0,60	—	0,41	0,46	—	0,30	0,33	—	0,18	0,21	—	0,08	0,09	—	0,01	0,01
	VI	18,42	—	1,47	1,65																				
80,59	I,IV	8,31	—	0,66	0,74	I	8,31	—	0,41	0,47	—	0,18	0,21	—	0,01	0,01	—	—	—	—	—	—	—	—	—
	II	5,36	—	0,42	0,48	II	5,36	—	0,19	0,22	—	0,01	0,01	—	—	—	—	—	—	—	—	—	—	—	—
	III	1,12	—	0,08	0,10	III	1,12	—	—	—	—	—	—												
	V	17,38	—	1,39	1,56	IV	8,31	—	0,53	0,60	—	0,41	0,47	—	0,30	0,33	—	0,18	0,21	—	0,09	0,10	—	0,01	0,01
	VI	18,45	—	1,47	1,66																				
80,69	I,IV	8,33	—	0,66	0,74	I	8,33	—	0,42	0,47	—	0,19	0,21	—	0,01	0,01	—	—	—	—	—	—	—	—	—
	II	5,38	—	0,43	0,48	II	5,38	—	0,20	0,22	—	0,01	0,02	—	—	—	—	—	—	—	—	—	—	—	—
	III	1,13	—	0,09	0,10	III	1,13	—	—	—	—	—	—												
	V	17,41	—	1,39	1,56	IV	8,33	—	0,54	0,60	—	0,42	0,47	—	0,30	0,34	—	0,19	0,21	—	0,09	0,10	—	0,01	0,01
	VI	18,48	—	1,47	1,66																				
80,79	I,IV	8,35	—	0,66	0,75	I	8,35	—	0,42	0,47	—	0,19	0,21	—	0,01	0,01	—	—	—	—	—	—	—	—	—
	II	5,40	—	0,43	0,48	II	5,40	—	0,20	0,22	—	0,02	0,02	—	—	—	—	—	—	—	—	—	—	—	—
	III	1,15	—	0,09	0,10	III	1,15	—	—	—	—	—	—												
	V	17,44	—	1,39	1,56	IV	8,35	—	0,54	0,61	—	0,42	0,47	—	0,30	0,34	—	0,19	0,21	—	0,09	0,10	—	0,01	0,01
	VI	18,51	—	1,48	1,66																				
80,89	I,IV	8,37	—	0,66	0,75	I	8,37	—	0,42	0,47	—	0,19	0,21	—	0,01	0,01	—	—	—	—	—	—	—	—	—
	II	5,42	—	0,43	0,48	II	5,42	—	0,20	0,22	—	0,02	0,02	—	—	—	—	—	—	—	—	—	—	—	—
	III	1,16	—	0,09	0,10	III	1,16	—	—	—	—	—	—												
	V	17,47	—	1,39	1,57	IV	8,37	—	0,54	0,61	—	0,42	0,47	—	0,30	0,34	—	0,19	0,21	—	0,09	0,10	—	0,01	0,01
	VI	18,54	—	1,48	1,66																				
80,99	I,IV	8,40	—	0,67	0,75	I	8,40	—	0,42	0,47	—	0,19	0,21	—	0,01	0,01	—	—	—	—	—	—	—	—	—
	II	5,45	—	0,43	0,49	II	5,45	—	0,20	0,23	—	0,02	0,02	—	—	—	—	—	—	—	—	—	—	—	—
	III	1,18	—	0,09	0,10	III	1,18	—	—	—	—	—	—												
	V	17,50	—	1,40	1,57	IV	8,40	—	0,54	0,61	—	0,42	0,47	—	0,30	0,34	—	0,19	0,21	—	0,09	0,10	—	0,01	0,01
	VI	18,58	—	1,48	1,67																				
81,09	I,IV	8,42	—	0,67	0,75	I	8,42	—	0,42	0,47	—	0,19	0,22	—	0,01	0,01	—	—	—	—	—	—	—	—	—
	II	5,47	—	0,43	0,49	II	5,47	—	0,20	0,23	—	0,02	0,02	—	—	—	—	—	—	—	—	—	—	—	—
	III	1,19	—	0,09	0,10	III	1,19	—	—	—	—	—	—												
	V	17,53	—	1,40	1,57	IV	8,42	—	0,54	0,61	—	0,42	0,47	—	0,30	0,34	—	0,19	0,22	—	0,09	0,10	—	0,01	0,01
	VI	18,61	—	1,48	1,67																				
81,19	I,IV	8,44	—	0,67	0,75	I	8,44	—	0,42	0,48	—	0,19	0,22	—	0,01	0,01	—	—	—	—	—	—	—	—	—
	II	5,49	—	0,43	0,49	II	5,49	—	0,20	0,23	—	0,02	0,02	—	—	—	—	—	—	—	—	—	—	—	—
	III	1,21	—	0,09	0,10	III	1,21	—	—	—	—	—	—												
	V	17,56	—	1,40	1,58	IV	8,44	—	0,54	0,61	—	0,42	0,48	—	0,31	0,35	—	0,19	0,22	—	0,09	0,10	—	0,01	0,01
	VI	18,63	—	1,49	1,67																				
81,29	I,IV	8,46	—	0,67	0,76	I	8,46	—	0,43	0,48	—	0,19	0,22	—	0,01	0,02	—	—	—	—	—	—	—	—	—
	II	5,51	—	0,44	0,49	II	5,51	—	0,20	0,23	—	0,02	0,02	—	—	—	—	—	—	—	—	—	—	—	—
	III	1,22	—	0,09	0,10	III	1,22	—	—	—	—	—	—												
	V	17,60	—	1,40	1,58	IV	8,46	—	0,55	0,62	—	0,43	0,48	—	0,31	0,35	—	0,19	0,22	—	0,09	0,11	—	0,01	0,02
	VI	18,67	—	1,49	1,68																				
81,39	I,IV	8,49	—	0,67	0,76	I	8,49	—	0,43	0,48	—	0,20	0,22	—	0,01	0,02	—	—	—	—	—	—	—	—	—
	II	5,53	—	0,44	0,49	II	5,53	—	0,21	0,23	—	0,02	0,02	—	—	—	—	—	—	—	—	—	—	—	—
	III	1,24	—	0,09	0,11	III	1,24	—	—	—	—	—	—												
	V	17,62	—	1,40	1,58	IV	8,49	—	0,55	0,62	—	0,43	0,48	—	0,31	0,35	—	0,20	0,22	—	0,10	0,11	—	0,01	0,02
	VI	18,70	—	1,49	1,68																				
81,49	I,IV	8,51	—	0,68	0,76	I	8,51	—	0,43	0,48	—	0,20	0,22	—	0,02	0,02	—	—	—	—	—	—	—	—	—
	II	5,55	—	0,44	0,49	II	5,55	—	0,21	0,23	—	0,02	0,02	—	—	—	—	—	—	—	—	—	—	—	—
	III	1,25	—	0,10	0,11	III	1,25	—	—	—	—	—	—												
	V	17,66	—	1,41	1,58	IV	8,51	—	0,55	0,62	—	0,43	0,48	—	0,31	0,35	—	0,20	0,22	—	0,10	0,11	—	0,02	0,02
	VI	18,73	—	1,49	1,68																				
81,59	I,IV	8,53	—	0,68	0,76	I	8,53	—	0,43	0,48	—	0,20	0,22	—	0,02	0,02	—	—	—	—	—	—	—	—	—
	II	5,57	—	0,44	0,50	II	5,57	—	0,21	0,24	—	0,02	0,03	—	—	—	—	—	—	—	—	—	—	—	—
	III	1,27	—	0,10	0,11	III	1,27	—	—	—	—	—	—												
	V	17,68	—	1,41	1,59	IV	8,53	—	0,55	0,62	—	0,43	0,48	—	0,31	0,35	—	0,20	0,22	—	0,10	0,11	—	0,02	0,02
	VI	18,76	—	1,50	1,68																				

* Die ausgewiesenen Tabellenwerte sind amtlich. Siehe Erläuterungen auf der Umschlaginnenseite (U2).

TAG 81,60*

Abzüge an Lohnsteuer, Solidaritätszuschlag (SolZ) und Kirchensteuer (8%, 9%) in den Steuerklassen

Lohn/Gehalt bis €*	Kl.	LSt (ohne)	SolZ	8%	9%	Kl.	LSt	0,5 SolZ	0,5 8%	0,5 9%	1 SolZ	1 8%	1 9%	1,5 SolZ	1,5 8%	1,5 9%	2 SolZ	2 8%	2 9%	2,5 SolZ	2,5 8%	2,5 9%	3 SolZ	3 8%	3 9%
81,69	I,IV	8,55	—	0,68	0,76	I	8,55	—	0,43	0,49	—	0,20	0,23	—	0,02	0,02	—	—	—	—	—	—	—	—	—
	II	5,60	—	0,44	0,50	II	5,60	—	0,21	0,24	—	0,02	0,03	—	—	—	—	—	—	—	—	—	—	—	—
	III	1,28	—	0,10	0,11	III	1,28	—	—	—	—	—	—	—	—	—	—	—	—	—	—	—	—	—	—
	V	17,72	—	1,41	1,59	IV	8,55	—	0,55	0,62	—	0,43	0,49	—	0,31	0,35	—	0,20	0,23	—	0,10	0,11	—	0,02	0,02
	VI	18,79	—	1,50	1,69																				
81,79	I,IV	8,58	—	0,68	0,77	I	8,58	—	0,43	0,49	—	0,20	0,23	—	0,02	0,02	—	—	—	—	—	—	—	—	—
	II	5,61	—	0,44	0,50	II	5,61	—	0,21	0,24	—	0,03	0,03	—	—	—	—	—	—	—	—	—	—	—	—
	III	1,30	—	0,10	0,11	III	1,30	—	—	—	—	—	—	—	—	—	—	—	—	—	—	—	—	—	—
	V	17,75	—	1,42	1,59	IV	8,58	—	0,56	0,63	—	0,43	0,49	—	0,32	0,36	—	0,20	0,23	—	0,10	0,11	—	0,02	0,02
	VI	18,82	—	1,50	1,69																				
81,89	I,IV	8,60	—	0,68	0,77	I	8,60	—	0,44	0,49	—	0,20	0,23	—	0,02	0,02	—	—	—	—	—	—	—	—	—
	II	5,64	—	0,45	0,50	II	5,64	—	0,21	0,24	—	0,03	0,03	—	—	—	—	—	—	—	—	—	—	—	—
	III	1,32	—	0,10	0,11	III	1,32	—	—	—	—	—	—	—	—	—	—	—	—	—	—	—	—	—	—
	V	17,78	—	1,42	1,60	IV	8,60	—	0,56	0,63	—	0,44	0,49	—	0,32	0,36	—	0,20	0,23	—	0,10	0,11	—	0,02	0,02
	VI	18,86	—	1,50	1,69																				
81,99	I,IV	8,62	—	0,68	0,77	I	8,62	—	0,44	0,49	—	0,21	0,23	—	0,02	0,02	—	—	—	—	—	—	—	—	—
	II	5,66	—	0,45	0,50	II	5,66	—	0,22	0,24	—	0,03	0,03	—	—	—	—	—	—	—	—	—	—	—	—
	III	1,33	—	0,10	0,11	III	1,33	—	—	—	—	—	—	—	—	—	—	—	—	—	—	—	—	—	—
	V	17,81	—	1,42	1,60	IV	8,62	—	0,56	0,63	—	0,44	0,49	—	0,32	0,36	—	0,21	0,23	—	0,10	0,12	—	0,02	0,02
	VI	18,88	—	1,51	1,69																				
82,09	I,IV	8,65	—	0,69	0,77	I	8,65	—	0,44	0,49	—	0,21	0,23	—	0,02	0,02	—	—	—	—	—	—	—	—	—
	II	5,68	—	0,45	0,51	II	5,68	—	0,22	0,24	—	0,03	0,03	—	—	—	—	—	—	—	—	—	—	—	—
	III	1,35	—	0,10	0,12	III	1,35	—	—	—	—	—	—	—	—	—	—	—	—	—	—	—	—	—	—
	V	17,83	—	1,42	1,60	IV	8,65	—	0,56	0,63	—	0,44	0,49	—	0,32	0,36	—	0,21	0,23	—	0,10	0,12	—	0,02	0,02
	VI	18,92	—	1,51	1,70																				
82,19	I,IV	8,67	—	0,69	0,78	I	8,67	—	0,44	0,50	—	0,21	0,24	—	0,02	0,03	—	—	—	—	—	—	—	—	—
	II	5,70	—	0,45	0,51	II	5,70	—	0,22	0,25	—	0,03	0,03	—	—	—	—	—	—	—	—	—	—	—	—
	III	1,36	—	0,10	0,12	III	1,36	—	—	—	—	—	—	—	—	—	—	—	—	—	—	—	—	—	—
	V	17,87	—	1,42	1,60	IV	8,67	—	0,56	0,63	—	0,44	0,50	—	0,32	0,36	—	0,21	0,24	—	0,11	0,12	—	0,02	0,03
	VI	18,95	—	1,51	1,70																				
82,29	I,IV	8,69	—	0,69	0,78	I	8,69	—	0,44	0,50	—	0,21	0,24	—	0,02	0,03	—	—	—	—	—	—	—	—	—
	II	5,72	—	0,45	0,51	II	5,72	—	0,22	0,25	—	0,03	0,03	—	—	—	—	—	—	—	—	—	—	—	—
	III	1,38	—	0,11	0,12	III	1,38	—	—	—	—	—	—	—	—	—	—	—	—	—	—	—	—	—	—
	V	17,90	—	1,43	1,61	IV	8,69	—	0,56	0,63	—	0,44	0,50	—	0,32	0,36	—	0,21	0,24	—	0,11	0,12	—	0,02	0,03
	VI	18,98	—	1,51	1,70																				
82,39	I,IV	8,71	—	0,69	0,78	I	8,71	—	0,44	0,50	—	0,21	0,24	—	0,02	0,03	—	—	—	—	—	—	—	—	—
	II	5,74	—	0,45	0,51	II	5,74	—	0,22	0,25	—	0,03	0,04	—	—	—	—	—	—	—	—	—	—	—	—
	III	1,40	—	0,11	0,12	III	1,40	—	—	—	—	—	—	—	—	—	—	—	—	—	—	—	—	—	—
	V	17,93	—	1,43	1,61	IV	8,71	—	0,57	0,64	—	0,44	0,50	—	0,33	0,37	—	0,21	0,24	—	0,11	0,12	—	0,02	0,03
	VI	19,02	—	1,52	1,71																				
82,49	I,IV	8,74	—	0,69	0,78	I	8,74	—	0,45	0,50	—	0,21	0,24	—	0,03	0,03	—	—	—	—	—	—	—	—	—
	II	5,76	—	0,46	0,51	II	5,76	—	0,22	0,25	—	0,03	0,04	—	—	—	—	—	—	—	—	—	—	—	—
	III	1,41	—	0,11	0,12	III	1,41	—	—	—	—	—	—	—	—	—	—	—	—	—	—	—	—	—	—
	V	17,96	—	1,43	1,61	IV	8,74	—	0,57	0,64	—	0,45	0,50	—	0,33	0,37	—	0,21	0,24	—	0,11	0,12	—	0,03	0,03
	VI	19,05	—	1,52	1,71																				
82,59	I,IV	8,76	—	0,70	0,78	I	8,76	—	0,45	0,50	—	0,22	0,24	—	0,03	0,03	—	—	—	—	—	—	—	—	—
	II	5,79	—	0,46	0,52	II	5,79	—	0,22	0,25	—	0,03	0,04	—	—	—	—	—	—	—	—	—	—	—	—
	III	1,43	—	0,11	0,12	III	1,43	—	—	—	—	—	—	—	—	—	—	—	—	—	—	—	—	—	—
	V	17,99	—	1,43	1,61	IV	8,76	—	0,57	0,64	—	0,45	0,50	—	0,33	0,37	—	0,22	0,24	—	0,11	0,13	—	0,03	0,03
	VI	19,07	—	1,52	1,71																				
82,69	I,IV	8,78	—	0,70	0,79	I	8,78	—	0,45	0,51	—	0,22	0,24	—	0,03	0,03	—	—	—	—	—	—	—	—	—
	II	5,81	—	0,46	0,52	II	5,81	—	0,23	0,26	—	0,04	0,04	—	—	—	—	—	—	—	—	—	—	—	—
	III	1,45	—	0,11	0,13	III	1,45	—	—	—	—	—	—	—	—	—	—	—	—	—	—	—	—	—	—
	V	18,02	—	1,44	1,62	IV	8,78	—	0,57	0,64	—	0,45	0,51	—	0,33	0,37	—	0,22	0,24	—	0,11	0,13	—	0,03	0,03
	VI	19,11	—	1,52	1,71																				
82,79	I,IV	8,80	—	0,70	0,79	I	8,80	—	0,45	0,51	—	0,22	0,25	—	0,03	0,03	—	—	—	—	—	—	—	—	—
	II	5,83	—	0,46	0,52	II	5,83	—	0,23	0,26	—	0,04	0,04	—	—	—	—	—	—	—	—	—	—	—	—
	III	1,46	—	0,11	0,13	III	1,46	—	—	—	—	—	—	—	—	—	—	—	—	—	—	—	—	—	—
	V	18,05	—	1,44	1,62	IV	8,80	—	0,57	0,64	—	0,45	0,51	—	0,33	0,37	—	0,22	0,25	—	0,11	0,13	—	0,03	0,03
	VI	19,14	—	1,53	1,72																				
82,89	I,IV	8,83	—	0,70	0,79	I	8,83	—	0,45	0,51	—	0,22	0,25	—	0,03	0,03	—	—	—	—	—	—	—	—	—
	II	5,85	—	0,46	0,52	II	5,85	—	0,23	0,26	—	0,04	0,04	—	—	—	—	—	—	—	—	—	—	—	—
	III	1,47	—	0,11	0,13	III	1,47	—	—	—	—	—	—	—	—	—	—	—	—	—	—	—	—	—	—
	V	18,08	—	1,44	1,62	IV	8,83	—	0,58	0,65	—	0,45	0,51	—	0,33	0,38	—	0,22	0,25	—	0,12	0,13	—	0,03	0,03
	VI	19,17	—	1,53	1,72																				
82,99	I,IV	8,85	—	0,70	0,79	I	8,85	—	0,45	0,51	—	0,22	0,25	—	0,03	0,04	—	—	—	—	—	—	—	—	—
	II	5,87	—	0,46	0,52	II	5,87	—	0,23	0,26	—	0,04	0,04	—	—	—	—	—	—	—	—	—	—	—	—
	III	1,49	—	0,11	0,13	III	1,49	—	—	—	—	—	—	—	—	—	—	—	—	—	—	—	—	—	—
	V	18,12	—	1,44	1,63	IV	8,85	—	0,58	0,65	—	0,45	0,51	—	0,34	0,38	—	0,22	0,25	—	0,12	0,13	—	0,03	0,04
	VI	19,20	—	1,53	1,72																				
83,09	I,IV	8,87	—	0,70	0,79	I	8,87	—	0,46	0,51	—	0,22	0,25	—	0,03	0,04	—	—	—	—	—	—	—	—	—
	II	5,89	—	0,47	0,53	II	5,89	—	0,23	0,26	—	0,04	0,04	—	—	—	—	—	—	—	—	—	—	—	—
	III	1,51	—	0,12	0,13	III	1,51	—	—	—	—	—	—	—	—	—	—	—	—	—	—	—	—	—	—
	V	18,14	—	1,45	1,63	IV	8,87	—	0,58	0,65	—	0,46	0,51	—	0,34	0,38	—	0,22	0,25	—	0,12	0,13	—	0,03	0,04
	VI	19,23	—	1,53	1,73																				
83,19	I,IV	8,90	—	0,71	0,80	I	8,90	—	0,46	0,52	—	0,22	0,25	—	0,03	0,04	—	—	—	—	—	—	—	—	—
	II	5,91	—	0,47	0,53	II	5,91	—	0,23	0,26	—	0,04	0,05	—	—	—	—	—	—	—	—	—	—	—	—
	III	1,52	—	0,12	0,13	III	1,52	—	—	—	—	—	—	—	—	—	—	—	—	—	—	—	—	—	—
	V	18,18	—	1,45	1,63	IV	8,90	—	0,58	0,65	—	0,46	0,52	—	0,34	0,38	—	0,22	0,25	—	0,12	0,13	—	0,03	0,04
	VI	19,26	—	1,54	1,73																				
83,29	I,IV	8,92	—	0,71	0,80	I	8,92	—	0,46	0,52	—	0,23	0,26	—	0,03	0,04	—	—	—	—	—	—	—	—	—
	II	5,94	—	0,47	0,53	II	5,94	—	0,24	0,27	—	0,04	0,05	—	—	—	—	—	—	—	—	—	—	—	—
	III	1,54	—	0,12	0,13	III	1,54	—	—	—	—	—	—	—	—	—	—	—	—	—	—	—	—	—	—
	V	18,21	—	1,45	1,63	IV	8,92	—	0,58	0,65	—	0,46	0,52	—	0,34	0,38	—	0,23	0,26	—	0,12	0,14	—	0,03	0,04
	VI	19,30	—	1,54	1,73																				

* Die ausgewiesenen Tabellenwerte sind amtlich. Siehe Erläuterungen auf der Umschlaginnenseite (U2).

84,99* **TAG**

Abzüge an Lohnsteuer, Solidaritätszuschlag (SolZ) und Kirchensteuer (8%, 9%) in den Steuerklassen

I–VI (ohne Kinderfreibeträge) · **I, II, III, IV** (mit Zahl der Kinderfreibeträge …)

Lohn/Gehalt bis €*	Kl	LSt	SolZ	8%	9%	Kl	LSt	0,5 SolZ	0,5 8%	0,5 9%	1 SolZ	1 8%	1 9%	1,5 SolZ	1,5 8%	1,5 9%	2 SolZ	2 8%	2 9%	2,5 SolZ	2,5 8%	2,5 9%	3 SolZ	3 8%	3 9%
83,39	I,IV	8,94	—	0,71	0,80	I	8,94	—	0,46	0,52	—	0,23	0,26	—	0,04	0,04	—	—	—	—	—	—	—	—	—
	II	5,96	—	0,47	0,53	II	5,96	—	0,24	0,27	—	0,04	0,05	—	—	—	—	—	—	—	—	—	—	—	—
	III	1,56	—	0,12	0,14	III	1,56	—	—	—	—	—	—	—	—	—	—	—	—	—	—	—	—	—	—
	V	18,23	—	1,45	1,64	IV	8,94	—	0,58	0,66	—	0,46	0,52	—	0,34	0,39	—	0,23	0,26	—	0,12	0,14	—	0,04	0,04
	VI	19,33	—	1,54	1,73																				
83,49	I,IV	8,96	—	0,71	0,80	I	8,96	—	0,46	0,52	—	0,23	0,26	—	0,04	0,04	—	—	—	—	—	—	—	—	—
	II	5,98	—	0,47	0,53	II	5,98	—	0,24	0,27	—	0,04	0,05	—	—	—	—	—	—	—	—	—	—	—	—
	III	1,57	—	0,12	0,14	III	1,57	—	—	—	—	—	—	—	—	—	—	—	—	—	—	—	—	—	—
	V	18,27	—	1,46	1,64	IV	8,96	—	0,59	0,66	—	0,46	0,52	—	0,34	0,39	—	0,23	0,26	—	0,12	0,14	—	0,04	0,04
	VI	19,36	—	1,54	1,74																				
83,59	I,IV	8,99	—	0,71	0,80	I	8,99	—	0,46	0,52	—	0,23	0,26	—	0,04	0,04	—	—	—	—	—	—	—	—	—
	II	6,—	—	0,48	0,54	II	6,—	—	0,24	0,27	—	0,04	0,05	—	—	—	—	—	—	—	—	—	—	—	—
	III	1,58	—	0,12	0,14	III	1,58	—	—	—	—	—	—	—	—	—	—	—	—	—	—	—	—	—	—
	V	18,30	—	1,46	1,64	IV	8,99	—	0,59	0,66	—	0,46	0,52	—	0,35	0,39	—	0,23	0,26	—	0,12	0,14	—	0,04	0,04
	VI	19,39	—	1,55	1,74																				
83,69	I,IV	9,01	—	0,72	0,81	I	9,01	—	0,47	0,53	—	0,23	0,26	—	0,04	0,04	—	—	—	—	—	—	—	—	—
	II	6,02	—	0,48	0,54	II	6,02	—	0,24	0,27	—	0,05	0,05	—	—	—	—	—	—	—	—	—	—	—	—
	III	1,60	—	0,12	0,14	III	1,60	—	—	—	—	—	—	—	—	—	—	—	—	—	—	—	—	—	—
	V	18,33	—	1,46	1,64	IV	9,01	—	0,59	0,66	—	0,47	0,53	—	0,35	0,39	—	0,23	0,26	—	0,13	0,14	—	0,04	0,04
	VI	19,42	—	1,55	1,74																				
83,79	I,IV	9,03	—	0,72	0,81	I	9,03	—	0,47	0,53	—	0,23	0,26	—	0,04	0,05	—	—	—	—	—	—	—	—	—
	II	6,04	—	0,48	0,54	II	6,04	—	0,24	0,27	—	0,05	0,05	—	—	—	—	—	—	—	—	—	—	—	—
	III	1,62	—	0,12	0,14	III	1,62	—	—	—	—	—	—	—	—	—	—	—	—	—	—	—	—	—	—
	V	18,36	—	1,46	1,65	IV	9,03	—	0,59	0,67	—	0,47	0,53	—	0,35	0,39	—	0,23	0,26	—	0,13	0,14	—	—	0,05
	VI	19,46	—	1,55	1,75																				
83,89	I,IV	9,05	—	0,72	0,81	I	9,05	—	0,47	0,53	—	0,24	0,27	—	0,04	0,05	—	—	—	—	—	—	—	—	—
	II	6,06	—	0,48	0,54	II	6,06	—	0,25	0,28	—	0,05	0,05	—	—	—	—	—	—	—	—	—	—	—	—
	III	1,63	—	0,13	0,14	III	1,63	—	—	—	—	—	—	—	—	—	—	—	—	—	—	—	—	—	—
	V	18,39	—	1,47	1,65	IV	9,05	—	0,59	0,67	—	0,47	0,53	—	0,35	0,39	—	0,24	0,27	—	0,13	0,15	—	0,04	0,05
	VI	19,48	—	1,55	1,75																				
83,99	I,IV	9,08	—	0,72	0,81	I	9,08	—	0,47	0,53	—	0,24	0,27	—	0,04	0,05	—	—	—	—	—	—	—	—	—
	II	6,09	—	0,48	0,54	II	6,09	—	0,25	0,28	—	0,05	0,06	—	—	—	—	—	—	—	—	—	—	—	—
	III	1,65	—	0,13	0,14	III	1,65	—	—	—	—	—	—	—	—	—	—	—	—	—	—	—	—	—	—
	V	18,42	—	1,47	1,65	IV	9,08	—	0,59	0,67	—	0,47	0,53	—	0,35	0,40	—	0,24	0,27	—	0,13	0,15	—	0,04	0,05
	VI	19,52	—	1,56	1,75																				
84,09	I,IV	9,10	—	0,72	0,81	I	9,10	—	0,47	0,53	—	0,24	0,27	—	0,04	0,05	—	—	—	—	—	—	—	—	—
	II	6,11	—	0,48	0,54	II	6,11	—	0,25	0,28	—	0,05	0,06	—	—	—	—	—	—	—	—	—	—	—	—
	III	1,67	—	0,13	0,15	III	1,67	—	—	—	—	—	—	—	—	—	—	—	—	—	—	—	—	—	—
	V	18,46	—	1,47	1,66	IV	9,10	—	0,60	0,67	—	0,47	0,53	—	0,35	0,40	—	0,24	0,27	—	0,13	0,15	—	0,04	0,05
	VI	19,55	—	1,56	1,75																				
84,19	I,IV	9,12	—	0,72	0,82	I	9,12	—	0,48	0,54	—	0,24	0,27	—	0,04	0,05	—	—	—	—	—	—	—	—	—
	II	6,13	—	0,49	0,55	II	6,13	—	0,25	0,28	—	0,05	0,06	—	—	—	—	—	—	—	—	—	—	—	—
	III	1,68	—	0,13	0,15	III	1,68	—	—	—	—	—	—	—	—	—	—	—	—	—	—	—	—	—	—
	V	18,48	—	1,47	1,66	IV	9,12	—	0,60	0,67	—	0,48	0,54	—	0,36	0,40	—	0,24	0,27	—	0,13	0,15	—	0,04	0,05
	VI	19,58	—	1,56	1,76																				
84,29	I,IV	9,15	—	0,73	0,82	I	9,15	—	0,48	0,54	—	0,24	0,27	—	0,05	0,05	—	—	—	—	—	—	—	—	—
	II	6,15	—	0,49	0,55	II	6,15	—	0,25	0,28	—	0,05	0,06	—	—	—	—	—	—	—	—	—	—	—	—
	III	1,70	—	0,13	0,15	III	1,70	—	—	—	—	—	—	—	—	—	—	—	—	—	—	—	—	—	—
	V	18,52	—	1,48	1,66	IV	9,15	—	0,60	0,68	—	0,48	0,54	—	0,36	0,40	—	0,24	0,27	—	0,13	0,15	—	0,05	0,05
	VI	19,62	—	1,56	1,76																				
84,39	I,IV	9,17	—	0,73	0,82	I	9,17	—	0,48	0,54	—	0,24	0,27	—	0,05	0,05	—	—	—	—	—	—	—	—	—
	II	6,17	—	0,49	0,55	II	6,17	—	0,25	0,29	—	0,05	0,06	—	—	—	—	—	—	—	—	—	—	—	—
	III	1,72	—	0,13	0,15	III	1,72	—	—	—	—	—	—	—	—	—	—	—	—	—	—	—	—	—	—
	V	18,55	—	1,48	1,66	IV	9,17	—	0,60	0,68	—	0,48	0,54	—	0,36	0,40	—	0,24	0,27	—	0,14	0,15	—	0,05	0,05
	VI	19,65	—	1,57	1,76																				
84,49	I,IV	9,19	—	0,73	0,82	I	9,19	—	0,48	0,54	—	0,25	0,28	—	0,05	0,05	—	—	—	—	—	—	—	—	—
	II	6,20	—	0,49	0,55	II	6,20	—	0,26	0,29	—	0,06	0,06	—	—	—	—	—	—	—	—	—	—	—	—
	III	1,73	—	0,13	0,15	III	1,73	—	—	—	—	—	—	—	—	—	—	—	—	—	—	—	—	—	—
	V	18,58	—	1,48	1,67	IV	9,19	—	0,60	0,68	—	0,48	0,54	—	0,36	0,41	—	0,25	0,28	—	0,14	0,16	—	0,05	0,05
	VI	19,68	—	1,57	1,77																				
84,59	I,IV	9,21	—	0,73	0,82	I	9,21	—	0,48	0,54	—	0,25	0,28	—	0,05	0,06	—	—	—	—	—	—	—	—	—
	II	6,21	—	0,49	0,55	II	6,21	—	0,26	0,29	—	0,06	0,06	—	—	—	—	—	—	—	—	—	—	—	—
	III	1,75	—	0,14	0,15	III	1,75	—	—	—	—	—	—	—	—	—	—	—	—	—	—	—	—	—	—
	V	18,61	—	1,48	1,67	IV	9,21	—	0,60	0,68	—	0,48	0,54	—	0,36	0,41	—	0,25	0,28	—	0,14	0,16	—	0,05	0,06
	VI	19,71	—	1,57	1,77																				
84,69	I,IV	9,24	—	0,73	0,83	I	9,24	—	0,48	0,54	—	0,25	0,28	—	0,05	0,06	—	—	—	—	—	—	—	—	—
	II	6,24	—	0,49	0,56	II	6,24	—	0,26	0,29	—	0,06	0,07	—	—	—	—	—	—	—	—	—	—	—	—
	III	1,77	—	0,14	0,15	III	1,77	—	—	—	—	—	—	—	—	—	—	—	—	—	—	—	—	—	—
	V	18,64	—	1,49	1,67	IV	9,24	—	0,61	0,68	—	0,48	0,54	—	0,36	0,41	—	0,25	0,28	—	0,14	0,16	—	0,05	0,06
	VI	19,74	—	1,57	1,77																				
84,79	I,IV	9,26	—	0,74	0,83	I	9,26	—	0,48	0,55	—	0,25	0,28	—	0,05	0,06	—	—	—	—	—	—	—	—	—
	II	6,26	—	0,50	0,56	II	6,26	—	0,26	0,29	—	0,06	0,07	—	—	—	—	—	—	—	—	—	—	—	—
	III	1,78	—	0,14	0,16	III	1,78	—	—	—	—	—	—	—	—	—	—	—	—	—	—	—	—	—	—
	V	18,67	—	1,49	1,68	IV	9,26	—	0,61	0,69	—	0,48	0,55	—	0,37	0,41	—	0,25	0,28	—	0,14	0,16	—	0,05	0,06
	VI	19,77	—	1,58	1,77																				
84,89	I,IV	9,28	—	0,74	0,83	I	9,28	—	0,49	0,55	—	0,25	0,28	—	0,05	0,06	—	—	—	—	—	—	—	—	—
	II	6,28	—	0,50	0,56	II	6,28	—	0,26	0,29	—	0,06	0,07	—	—	—	—	—	—	—	—	—	—	—	—
	III	1,80	—	0,14	0,16	III	1,80	—	—	—	—	—	—	—	—	—	—	—	—	—	—	—	—	—	—
	V	18,71	—	1,49	1,68	IV	9,28	—	0,61	0,69	—	0,49	0,55	—	0,37	0,41	—	0,25	0,28	—	0,14	0,16	—	0,05	0,06
	VI	19,81	—	1,58	1,78																				
84,99	I,IV	9,31	—	0,74	0,83	I	9,31	—	0,49	0,55	—	0,25	0,29	—	0,05	0,06	—	—	—	—	—	—	—	—	—
	II	6,30	—	0,50	0,56	II	6,30	—	0,26	0,30	—	0,06	0,07	—	—	—	—	—	—	—	—	—	—	—	—
	III	1,82	—	0,14	0,16	III	1,82	—	—	—	—	—	—	—	—	—	—	—	—	—	—	—	—	—	—
	V	18,73	—	1,49	1,68	IV	9,31	—	0,61	0,69	—	0,49	0,55	—	0,37	0,42	—	0,25	0,29	—	0,14	0,16	—	0,05	0,06
	VI	19,83	—	1,58	1,78																				

* Die ausgewiesenen Tabellenwerte sind amtlich. Siehe Erläuterungen auf der Umschlaginnenseite (U2).

T 153

TAG 85,00*

Abzüge an Lohnsteuer, Solidaritätszuschlag (SolZ) und Kirchensteuer (8%, 9%) in den Steuerklassen

Steuerklassen I – VI (ohne Kinderfreibeträge) · Steuerklassen I, II, III, IV (mit Zahl der Kinderfreibeträge)

Lohn/Gehalt bis €*	Kl	LSt	SolZ	8%	9%	Kl	LSt	0,5 SolZ	0,5 8%	0,5 9%	1 SolZ	1 8%	1 9%	1,5 SolZ	1,5 8%	1,5 9%	2 SolZ	2 8%	2 9%	2,5 SolZ	2,5 8%	2,5 9%	3 SolZ	3 8%	3 9%
85,09	I,IV	9,33	—	0,74	0,83	I	9,33	—	0,49	0,55	—	0,26	0,29	—	0,05	0,06	—	—	—	—	—	—	—	—	—
	II	6,32	—	0,50	0,56	II	6,32	—	0,27	0,30	—	0,06	0,07	—	—	—	—	—	—	—	—	—	—	—	—
	III	1,83	—	0,14	0,16	III	1,83	—	—	—	—	—	—	—	—	—	—	—	—	—	—	—	—	—	—
	V	18,77	—	1,50	1,68	IV	9,33	—	0,61	0,69	—	0,49	0,55	—	0,37	0,42	—	0,26	0,29	—	0,15	0,16	—	0,05	0,06
	VI	19,87	—	1,58	1,78																				
85,19	I,IV	9,35	—	0,74	0,84	I	9,35	—	0,49	0,55	—	0,26	0,29	—	0,06	0,06	—	—	—	—	—	—	—	—	—
	II	6,35	—	0,50	0,57	II	6,35	—	0,27	0,30	—	0,06	0,07	—	—	—	—	—	—	—	—	—	—	—	—
	III	1,85	—	0,14	0,16	III	1,85	—	—	—	—	—	—	—	—	—	—	—	—	—	—	—	—	—	—
	V	18,80	—	1,50	1,69	IV	9,35	—	0,62	0,69	—	0,49	0,55	—	0,37	0,42	—	0,26	0,29	—	0,15	0,17	—	0,06	0,06
	VI	19,90	—	1,59	1,79																				
85,29	I,IV	9,38	—	0,75	0,84	I	9,38	—	0,49	0,56	—	0,26	0,29	—	0,06	0,06	—	—	—	—	—	—	—	—	—
	II	6,37	—	0,50	0,57	II	6,37	—	0,27	0,30	—	0,06	0,07	—	—	—	—	—	—	—	—	—	—	—	—
	III	1,87	—	0,14	0,16	III	1,87	—	—	—	—	—	—	—	—	—	—	—	—	—	—	—	—	—	—
	V	18,83	—	1,50	1,69	IV	9,38	—	0,62	0,70	—	0,49	0,56	—	0,37	0,42	—	0,26	0,29	—	0,15	0,17	—	0,06	0,06
	VI	19,93	—	1,59	1,79																				
85,39	I,IV	9,40	—	0,75	0,84	I	9,40	—	0,50	0,56	—	0,26	0,29	—	0,06	0,07	—	—	—	—	—	—	—	—	—
	II	6,39	—	0,51	0,57	II	6,39	—	0,27	0,30	—	0,07	0,07	—	—	—	—	—	—	—	—	—	—	—	—
	III	1,88	—	0,15	0,16	III	1,88	—	—	—	—	—	—	—	—	—	—	—	—	—	—	—	—	—	—
	V	18,86	—	1,50	1,69	IV	9,40	—	0,62	0,70	—	0,50	0,56	—	0,38	0,42	—	0,26	0,29	—	0,15	0,17	—	0,06	0,07
	VI	19,96	—	1,59	1,79																				
85,49	I,IV	9,42	—	0,75	0,84	I	9,42	—	0,50	0,56	—	0,26	0,29	—	0,06	0,07	—	—	—	—	—	—	—	—	—
	II	6,41	—	0,51	0,57	II	6,41	—	0,27	0,31	—	0,07	0,08	—	—	—	—	—	—	—	—	—	—	—	—
	III	1,90	—	0,15	0,17	III	1,90	—	—	—	—	—	—	—	—	—	—	—	—	—	—	—	—	—	—
	V	18,89	—	1,51	1,70	IV	9,42	—	0,62	0,70	—	0,50	0,56	—	0,38	0,43	—	0,26	0,29	—	0,15	0,17	—	0,06	0,07
	VI	20,—	—	1,60	1,80																				
85,59	I,IV	9,45	—	0,75	0,85	I	9,45	—	0,50	0,56	—	0,26	0,30	—	0,06	0,07	—	—	—	—	—	—	—	—	—
	II	6,43	—	0,51	0,57	II	6,43	—	0,27	0,31	—	0,07	0,08	—	—	—	—	—	—	—	—	—	—	—	—
	III	1,92	—	0,15	0,17	III	1,92	—	—	—	—	—	—	—	—	—	—	—	—	—	—	—	—	—	—
	V	18,92	—	1,51	1,70	IV	9,45	—	0,62	0,70	—	0,50	0,56	—	0,38	0,43	—	0,26	0,30	—	0,15	0,17	—	0,06	0,07
	VI	20,03	—	1,60	1,80																				
85,69	I,IV	9,47	—	0,75	0,85	I	9,47	—	0,50	0,56	—	0,26	0,30	—	0,06	0,07	—	—	—	—	—	—	—	—	—
	II	6,45	—	0,51	0,58	II	6,45	—	0,28	0,31	—	0,07	0,08	—	—	—	—	—	—	—	—	—	—	—	—
	III	1,93	—	0,15	0,17	III	1,93	—	—	—	—	—	—	—	—	—	—	—	—	—	—	—	—	—	—
	V	18,96	—	1,51	1,70	IV	9,47	—	0,62	0,70	—	0,50	0,56	—	0,38	0,43	—	0,26	0,30	—	0,15	0,17	—	0,06	0,07
	VI	20,06	—	1,60	1,80																				
85,79	I,IV	9,49	—	0,75	0,85	I	9,49	—	0,50	0,57	—	0,27	0,30	—	0,06	0,07	—	—	—	—	—	—	—	—	—
	II	6,48	—	0,51	0,58	II	6,48	—	0,28	0,31	—	0,07	0,08	—	—	—	—	—	—	—	—	—	—	—	—
	III	1,95	—	0,15	0,17	III	1,95	—	—	—	—	—	—	—	—	—	—	—	—	—	—	—	—	—	—
	V	18,98	—	1,51	1,70	IV	9,49	—	0,63	0,71	—	0,50	0,57	—	0,38	0,43	—	0,27	0,30	—	0,16	0,18	—	0,06	0,07
	VI	20,10	—	1,60	1,80																				
85,89	I,IV	9,51	—	0,76	0,85	I	9,51	—	0,50	0,57	—	0,27	0,30	—	0,06	0,07	—	—	—	—	—	—	—	—	—
	II	6,50	—	0,52	0,58	II	6,50	—	0,28	0,31	—	0,07	0,08	—	—	—	—	—	—	—	—	—	—	—	—
	III	1,97	—	0,15	0,17	III	1,97	—	—	—	—	—	—	—	—	—	—	—	—	—	—	—	—	—	—
	V	19,02	—	1,52	1,71	IV	9,51	—	0,63	0,71	—	0,50	0,57	—	0,38	0,43	—	0,27	0,30	—	0,16	0,18	—	0,06	0,07
	VI	20,12	—	1,60	1,81																				
85,99	I,IV	9,54	—	0,76	0,85	I	9,54	—	0,51	0,57	—	0,27	0,30	—	0,07	0,07	—	—	—	—	—	—	—	—	—
	II	6,52	—	0,52	0,58	II	6,52	—	0,28	0,32	—	0,07	0,08	—	—	—	—	—	—	—	—	—	—	—	—
	III	1,98	—	0,15	0,17	III	1,98	—	—	—	—	—	—	—	—	—	—	—	—	—	—	—	—	—	—
	V	19,05	—	1,52	1,71	IV	9,54	—	0,63	0,71	—	0,51	0,57	—	0,39	0,43	—	0,27	0,30	—	0,16	0,18	—	0,07	0,07
	VI	20,16	—	1,61	1,81																				
86,09	I,IV	9,56	—	0,76	0,86	I	9,56	—	0,51	0,57	—	0,27	0,31	—	0,07	0,08	—	—	—	—	—	—	—	—	—
	II	6,54	—	0,52	0,58	II	6,54	—	0,28	0,32	—	0,07	0,08	—	—	—	—	—	—	—	—	—	—	—	—
	III	2,—	—	0,16	0,18	III	2,—	—	—	—	—	—	—	—	—	—	—	—	—	—	—	—	—	—	—
	V	19,08	—	1,52	1,71	IV	9,56	—	0,63	0,71	—	0,51	0,57	—	0,39	0,44	—	0,27	0,31	—	0,16	0,18	—	0,07	0,08
	VI	20,19	—	1,61	1,81																				
86,19	I,IV	9,58	—	0,76	0,86	I	9,58	—	0,51	0,57	—	0,27	0,31	—	0,07	0,08	—	—	—	—	—	—	—	—	—
	II	6,56	—	0,52	0,59	II	6,56	—	0,28	0,32	—	0,08	0,09	—	—	—	—	—	—	—	—	—	—	—	—
	III	2,02	—	0,16	0,18	III	2,02	—	—	—	—	—	—	—	—	—	—	—	—	—	—	—	—	—	—
	V	19,11	—	1,52	1,71	IV	9,58	—	0,63	0,71	—	0,51	0,57	—	0,39	0,44	—	0,27	0,31	—	0,16	0,18	—	0,07	0,08
	VI	20,22	—	1,61	1,81																				
86,29	I,IV	9,61	—	0,76	0,86	I	9,61	—	0,51	0,58	—	0,27	0,31	—	0,07	0,08	—	—	—	—	—	—	—	—	—
	II	6,58	—	0,52	0,59	II	6,58	—	0,28	0,32	—	0,08	0,09	—	—	—	—	—	—	—	—	—	—	—	—
	III	2,03	—	0,16	0,18	III	2,03	—	0,01	—	—	—	—	—	—	—	—	—	—	—	—	—	—	—	—
	V	19,15	—	1,53	1,72	IV	9,61	—	0,64	0,72	—	0,51	0,58	—	0,39	0,44	—	0,27	0,31	—	0,16	0,18	—	0,07	0,08
	VI	20,25	—	1,62	1,82																				
86,39	I,IV	9,63	—	0,77	0,86	I	9,63	—	0,51	0,58	—	0,28	0,31	—	0,07	0,08	—	—	—	—	—	—	—	—	—
	II	6,61	—	0,52	0,59	II	6,61	—	0,29	0,32	—	0,08	0,09	—	—	—	—	—	—	—	—	—	—	—	—
	III	2,05	—	0,16	0,18	III	2,05	—	0,01	0,01	—	—	—	—	—	—	—	—	—	—	—	—	—	—	—
	V	19,17	—	1,53	1,72	IV	9,63	—	0,64	0,72	—	0,51	0,58	—	0,39	0,44	—	0,28	0,31	—	0,16	0,19	—	0,07	0,08
	VI	20,28	—	1,62	1,82																				
86,49	I,IV	9,65	—	0,77	0,86	I	9,65	—	0,51	0,58	—	0,28	0,31	—	0,07	0,08	—	—	—	—	—	—	—	—	—
	II	6,63	—	0,53	0,59	II	6,63	—	0,29	0,32	—	0,08	0,09	—	—	—	—	—	—	—	—	—	—	—	—
	III	2,07	—	0,16	0,18	III	2,07	—	0,01	0,01	—	—	—	—	—	—	—	—	—	—	—	—	—	—	—
	V	19,21	—	1,53	1,72	IV	9,65	—	0,64	0,72	—	0,51	0,58	—	0,39	0,44	—	0,28	0,31	—	0,17	0,19	—	0,07	0,08
	VI	20,32	—	1,62	1,82																				
86,59	I,IV	9,68	—	0,77	0,87	I	9,68	—	0,52	0,58	—	0,28	0,31	—	0,07	0,08	—	—	—	—	—	—	—	—	—
	II	6,65	—	0,53	0,59	II	6,65	—	0,29	0,33	—	0,08	0,09	—	—	—	—	—	—	—	—	—	—	—	—
	III	2,09	—	0,16	0,18	III	2,09	—	0,01	0,01	—	—	—	—	—	—	—	—	—	—	—	—	—	—	—
	V	19,24	—	1,53	1,73	IV	9,68	—	0,64	0,72	—	0,52	0,58	—	0,40	0,45	—	0,28	0,31	—	0,17	0,19	—	0,07	0,08
	VI	20,35	—	1,62	1,83																				
86,69	I,IV	9,70	—	0,77	0,87	I	9,70	—	0,52	0,58	—	0,28	0,32	—	0,07	0,08	—	—	—	—	—	—	—	—	—
	II	6,67	—	0,53	0,60	II	6,67	—	0,29	0,33	—	0,08	0,09	—	—	—	—	—	—	—	—	—	—	—	—
	III	2,11	—	0,16	0,18	III	2,11	—	0,01	0,01	—	—	—	—	—	—	—	—	—	—	—	—	—	—	—
	V	19,27	—	1,54	1,73	IV	9,70	—	0,64	0,72	—	0,52	0,58	—	0,40	0,45	—	0,28	0,32	—	0,17	0,19	—	0,07	0,08
	VI	20,38	—	1,63	1,83																				

T 154

* Die ausgewiesenen Tabellenwerte sind amtlich. Siehe Erläuterungen auf der Umschlaginnenseite (U2).

88,39*   **TAG**

Abzüge an Lohnsteuer, Solidaritätszuschlag (SolZ) und Kirchensteuer (8%, 9%) in den Steuerklassen I–VI / I, II, III, IV

ohne Kinderfreibeträge — mit Zahl der Kinderfreibeträge ...

Lohn/Gehalt bis €*	Kl.	LSt	SolZ	8%	9%	Kl.	LSt	0,5 SolZ	0,5 8%	0,5 9%	1 SolZ	1 8%	1 9%	1,5 SolZ	1,5 8%	1,5 9%	2 SolZ	2 8%	2 9%	2,5 SolZ	2,5 8%	2,5 9%	3 SolZ	3 8%	3 9%
86,79	I,IV	9,72	—	0,77	0,87	I	9,72	—	0,52	0,59	—	0,28	0,32	—	0,08	0,09	—	—	—	—	—	—	—	—	—
	II	6,69	—	0,53	0,60	II	6,69	—	0,29	0,33	—	0,08	0,09	—	—	—	—	—	—	—	—	—	—	—	—
	III	2,12	—	0,16	0,19	III	2,12	—	0,01	0,01	—	—	—	—	—	—	—	—	—	—	—	—	—	—	—
	V	19,30	—	1,54	1,73	IV	9,72	—	0,64	0,72	—	0,52	0,59	—	0,40	0,45	—	0,28	0,32	—	0,17	0,19	—	0,08	0,09
	VI	20,41	—	1,63	1,83																				
86,89	I,IV	9,75	—	0,78	0,87	I	9,75	—	0,52	0,59	—	0,28	0,32	—	0,08	0,09	—	—	—	—	—	—	—	—	—
	II	6,71	—	0,53	0,60	II	6,71	—	0,29	0,33	—	0,08	0,09	—	—	—	—	—	—	—	—	—	—	—	—
	III	2,14	—	0,17	0,19	III	2,14	—	0,01	0,01	—	—	—	—	—	—	—	—	—	—	—	—	—	—	—
	V	19,33	—	1,54	1,73	IV	9,75	—	0,65	0,73	—	0,52	0,59	—	0,40	0,45	—	0,28	0,32	—	0,17	0,19	—	0,08	0,09
	VI	20,45	—	1,63	1,84																				
86,99	I,IV	9,77	—	0,78	0,87	I	9,77	—	0,52	0,59	—	0,29	0,32	—	0,08	0,09	—	—	—	—	—	—	—	—	—
	II	6,74	—	0,53	0,60	II	6,74	—	0,30	0,33	—	0,08	0,10	—	—	—	—	—	—	—	—	—	—	—	—
	III	2,16	—	0,17	0,19	III	2,16	—	0,01	0,01	—	—	—	—	—	—	—	—	—	—	—	—	—	—	—
	V	19,37	—	1,54	1,74	IV	9,77	—	0,65	0,73	—	0,52	0,59	—	0,40	0,45	—	0,29	0,32	—	0,17	0,20	—	0,08	0,09
	VI	20,48	—	1,63	1,84																				
87,09	I,IV	9,79	—	0,78	0,88	I	9,79	—	0,52	0,59	—	0,29	0,32	—	0,08	0,09	—	—	—	—	—	—	—	—	—
	II	6,76	—	0,54	0,60	II	6,76	—	0,30	0,34	—	0,09	0,10	—	—	—	—	—	—	—	—	—	—	—	—
	III	2,17	—	0,17	0,19	III	2,17	—	0,01	0,02	—	—	—	—	—	—	—	—	—	—	—	—	—	—	—
	V	19,40	—	1,55	1,74	IV	9,79	—	0,65	0,73	—	0,52	0,59	—	0,40	0,45	—	0,29	0,32	—	0,18	0,20	—	0,08	0,09
	VI	20,51	—	1,64	1,84																				
87,19	I,IV	9,81	—	0,78	0,88	I	9,81	—	0,53	0,59	—	0,29	0,33	—	0,08	0,09	—	—	—	—	—	—	—	—	—
	II	6,78	—	0,54	0,61	II	6,78	—	0,30	0,34	—	0,09	0,10	—	—	—	—	—	—	—	—	—	—	—	—
	III	2,19	—	0,17	0,19	III	2,19	—	0,01	0,02	—	—	—	—	—	—	—	—	—	—	—	—	—	—	—
	V	19,43	—	1,55	1,74	IV	9,81	—	0,65	0,73	—	0,53	0,59	—	0,41	0,46	—	0,29	0,33	—	0,18	0,20	—	0,08	0,09
	VI	20,55	—	1,64	1,84																				
87,29	I,IV	9,84	—	0,78	0,88	I	9,84	—	0,53	0,59	—	0,29	0,33	—	0,08	0,09	—	—	—	—	—	—	—	—	—
	II	6,80	—	0,54	0,61	II	6,80	—	0,30	0,34	—	0,09	0,10	—	—	—	—	—	—	—	—	—	—	—	—
	III	2,21	—	0,17	0,19	III	2,21	—	0,02	0,02	—	—	—	—	—	—	—	—	—	—	—	—	—	—	—
	V	19,46	—	1,55	1,75	IV	9,84	—	0,65	0,74	—	0,53	0,59	—	0,41	0,46	—	0,29	0,33	—	0,18	0,20	—	0,08	0,09
	VI	20,57	—	1,64	1,85																				
87,39	I,IV	9,86	—	0,78	0,88	I	9,86	—	0,53	0,60	—	0,29	0,33	—	0,08	0,09	—	—	—	—	—	—	—	—	—
	II	6,82	—	0,54	0,61	II	6,82	—	0,30	0,34	—	0,09	0,10	—	—	—	—	—	—	—	—	—	—	—	—
	III	2,22	—	0,17	0,19	III	2,22	—	0,02	0,02	—	—	—	—	—	—	—	—	—	—	—	—	—	—	—
	V	19,49	—	1,55	1,75	IV	9,86	—	0,66	0,74	—	0,53	0,60	—	0,41	0,46	—	0,29	0,33	—	0,18	0,20	—	0,08	0,09
	VI	20,61	—	1,64	1,85																				
87,49	I,IV	9,88	—	0,79	0,88	I	9,88	—	0,53	0,60	—	0,29	0,33	—	0,08	0,09	—	—	—	—	—	—	—	—	—
	II	6,85	—	0,54	0,61	II	6,85	—	0,30	0,34	—	0,09	0,10	—	—	—	—	—	—	—	—	—	—	—	—
	III	2,25	—	0,18	0,20	III	2,25	—	0,02	0,02	—	—	—	—	—	—	—	—	—	—	—	—	—	—	—
	V	19,52	—	1,56	1,75	IV	9,88	—	0,66	0,74	—	0,53	0,60	—	0,41	0,46	—	0,29	0,33	—	0,18	0,20	—	0,08	0,09
	VI	20,64	—	1,65	1,85																				
87,59	I,IV	9,91	—	0,79	0,89	I	9,91	—	0,53	0,60	—	0,30	0,33	—	0,08	0,10	—	—	—	—	—	—	—	—	—
	II	6,87	—	0,54	0,61	II	6,87	—	0,31	0,34	—	0,09	0,10	—	—	—	—	—	—	—	—	—	—	—	—
	III	2,26	—	0,18	0,20	III	2,26	—	0,02	0,02	—	—	—	—	—	—	—	—	—	—	—	—	—	—	—
	V	19,56	—	1,56	1,76	IV	9,91	—	0,66	0,74	—	0,53	0,60	—	0,41	0,46	—	0,30	0,33	—	0,18	0,21	—	0,08	0,10
	VI	20,67	—	1,65	1,86																				
87,69	I,IV	9,93	—	0,79	0,89	I	9,93	—	0,54	0,60	—	0,30	0,34	—	0,09	0,10	—	—	—	—	—	—	—	—	—
	II	6,89	—	0,55	0,62	II	6,89	—	0,31	0,35	—	0,09	0,11	—	—	—	—	—	—	—	—	—	—	—	—
	III	2,28	—	0,18	0,20	III	2,28	—	0,02	0,02	—	—	—	—	—	—	—	—	—	—	—	—	—	—	—
	V	19,58	—	1,56	1,76	IV	9,93	—	0,66	0,74	—	0,54	0,60	—	0,41	0,47	—	0,30	0,34	—	0,18	0,21	—	0,09	0,10
	VI	20,71	—	1,65	1,86																				
87,79	I,IV	9,96	—	0,79	0,89	I	9,96	—	0,54	0,61	—	0,30	0,34	—	0,09	0,10	—	—	—	—	—	—	—	—	—
	II	6,91	—	0,55	0,62	II	6,91	—	0,31	0,35	—	0,10	0,11	—	—	—	—	—	—	—	—	—	—	—	—
	III	2,30	—	0,18	0,20	III	2,30	—	0,02	0,02	—	—	—	—	—	—	—	—	—	—	—	—	—	—	—
	V	19,62	—	1,56	1,76	IV	9,96	—	0,66	0,75	—	0,54	0,61	—	0,42	0,47	—	0,30	0,34	—	0,19	0,21	—	0,09	0,10
	VI	20,74	—	1,65	1,86																				
87,89	I,IV	9,98	—	0,79	0,89	I	9,98	—	0,54	0,61	—	0,30	0,34	—	0,09	0,10	—	—	—	—	—	—	—	—	—
	II	6,93	—	0,55	0,62	II	6,93	—	0,31	0,35	—	0,10	0,11	—	—	—	—	—	—	—	—	—	—	—	—
	III	2,31	—	0,18	0,20	III	2,31	—	0,02	0,02	—	—	—	—	—	—	—	—	—	—	—	—	—	—	—
	V	19,65	—	1,57	1,76	IV	9,98	—	0,66	0,75	—	0,54	0,61	—	0,42	0,47	—	0,30	0,34	—	0,19	0,21	—	0,09	0,10
	VI	20,77	—	1,66	1,86																				
87,99	I,IV	10,—	—	0,80	0,90	I	10,—	—	0,54	0,61	—	0,30	0,34	—	0,09	0,10	—	—	—	—	—	—	—	—	—
	II	6,96	—	0,55	0,62	II	6,96	—	0,31	0,35	—	0,10	0,11	—	—	—	—	—	—	—	—	—	—	—	—
	III	2,33	—	0,18	0,20	III	2,33	—	0,02	0,03	—	—	—	—	—	—	—	—	—	—	—	—	—	—	—
	V	19,68	—	1,57	1,77	IV	10,—	—	0,67	0,75	—	0,54	0,61	—	0,42	0,47	—	0,30	0,34	—	0,19	0,21	—	0,09	0,10
	VI	20,81	—	1,66	1,87																				
88,09	I,IV	10,03	—	0,80	0,90	I	10,03	—	0,54	0,61	—	0,30	0,34	—	0,09	0,10	—	—	—	—	—	—	—	—	—
	II	6,98	—	0,55	0,62	II	6,98	—	0,31	0,35	—	0,10	0,11	—	—	—	—	—	—	—	—	—	—	—	—
	III	2,35	—	0,18	0,21	III	2,35	—	0,02	0,03	—	—	—	—	—	—	—	—	—	—	—	—	—	—	—
	V	19,71	—	1,57	1,77	IV	10,03	—	0,67	0,75	—	0,54	0,61	—	0,42	0,47	—	0,30	0,34	—	0,19	0,21	—	0,09	0,10
	VI	20,83	—	1,66	1,87																				
88,19	I,IV	10,05	—	0,80	0,90	I	10,05	—	0,54	0,61	—	0,31	0,34	—	0,09	0,10	—	—	—	—	—	—	—	—	—
	II	7,—	—	0,56	0,63	II	7,—	—	0,32	0,36	—	0,10	0,11	—	—	—	—	—	—	—	—	—	—	—	—
	III	2,37	—	0,18	0,21	III	2,37	—	0,03	0,03	—	—	—	—	—	—	—	—	—	—	—	—	—	—	—
	V	19,75	—	1,58	1,77	IV	10,05	—	0,67	0,75	—	0,54	0,61	—	0,42	0,48	—	0,31	0,34	—	0,19	0,22	—	0,09	0,10
	VI	20,87	—	1,66	1,87																				
88,29	I,IV	10,07	—	0,80	0,90	I	10,07	—	0,55	0,61	—	0,31	0,35	—	0,09	0,11	—	—	—	—	—	—	—	—	—
	II	7,02	—	0,56	0,63	II	7,02	—	0,32	0,36	—	0,10	0,11	—	—	—	—	—	—	—	—	—	—	—	—
	III	2,38	—	0,19	0,21	III	2,38	—	0,03	0,03	—	—	—	—	—	—	—	—	—	—	—	—	—	—	—
	V	19,78	—	1,58	1,78	IV	10,07	—	0,67	0,76	—	0,55	0,61	—	0,42	0,48	—	0,31	0,35	—	0,19	0,22	—	0,09	0,11
	VI	20,91	—	1,67	1,88																				
88,39	I,IV	10,10	—	0,80	0,90	I	10,10	—	0,55	0,62	—	0,31	0,35	—	0,10	0,11	—	—	—	—	—	—	—	—	—
	II	7,04	—	0,56	0,63	II	7,04	—	0,32	0,36	—	0,10	0,12	—	—	—	—	—	—	—	—	—	—	—	—
	III	2,40	—	0,19	0,21	III	2,40	—	0,03	0,03	—	—	—	—	—	—	—	—	—	—	—	—	—	—	—
	V	19,81	—	1,58	1,78	IV	10,10	—	0,67	0,76	—	0,55	0,62	—	0,43	0,48	—	0,31	0,35	—	0,20	0,22	—	0,10	0,11
	VI	20,93	—	1,67	1,88																				

* Die ausgewiesenen Tabellenwerte sind amtlich. Siehe Erläuterungen auf der Umschlaginnenseite (U2).

TAG 88,40*

Abzüge an Lohnsteuer, Solidaritätszuschlag (SolZ) und Kirchensteuer (8%, 9%) in den Steuerklassen

Linke Spalten: **I – VI**, *ohne* Kinderfreibeträge — Rechte Spalten: **I, II, III, IV**, *mit* Zahl der Kinderfreibeträge (0,5 / 1 / 1,5 / 2 / 2,5 / 3)

Lohn/Gehalt bis €*	Kl.	LSt	SolZ	8%	9%	Kl.	LSt	0,5 SolZ	0,5 8%	0,5 9%	1 SolZ	1 8%	1 9%	1,5 SolZ	1,5 8%	1,5 9%	2 SolZ	2 8%	2 9%	2,5 SolZ	2,5 8%	2,5 9%	3 SolZ	3 8%	3 9%
88,49	I,IV	10,12	–	0,80	0,91	I	10,12	–	0,55	0,62	–	0,31	0,35	–	0,10	0,11	–	–	–	–	–	–	–	–	–
	II	7,06	–	0,56	0,63	II	7,06	–	0,32	0,36	–	0,10	0,12	–	–	–	–	–	–	–	–	–	–	–	–
	III	2,42	–	0,19	0,21	III	2,42	–	0,03	0,03	–	–	–	–	–	–	–	–	–	–	–	–	–	–	–
	V	19,84	–	1,58	1,78	IV	10,12	–	0,68	0,76	–	0,55	0,62	–	0,43	0,48	–	0,31	0,35	–	0,20	0,22	–	0,10	0,11
	VI	20,97	–	1,67	1,88																					
88,59	I,IV	10,14	–	0,81	0,91	I	10,14	–	0,55	0,62	–	0,31	0,35	–	0,10	0,11	–	–	–	–	–	–	–	–	–
	II	7,09	–	0,56	0,63	II	7,09	–	0,32	0,36	–	0,11	0,12	–	–	–	–	–	–	–	–	–	–	–	–
	III	2,43	–	0,19	0,21	III	2,43	–	0,03	0,03	–	–	–	–	–	–	–	–	–	–	–	–	–	–	–
	V	19,88	–	1,59	1,78	IV	10,14	–	0,68	0,76	–	0,55	0,62	–	0,43	0,48	–	0,31	0,35	–	0,20	0,22	–	0,10	0,11
	VI	21,—	–	1,68	1,89																					
88,69	I,IV	10,16	–	0,81	0,91	I	10,16	–	0,55	0,62	–	0,31	0,35	–	0,10	0,11	–	–	–	–	–	–	–	–	–
	II	7,11	–	0,56	0,63	II	7,11	–	0,32	0,36	–	0,11	0,12	–	–	–	–	–	–	–	–	–	–	–	–
	III	2,45	–	0,19	0,22	III	2,45	–	0,03	0,04	–	–	–	–	–	–	–	–	–	–	–	–	–	–	–
	V	19,91	–	1,59	1,79	IV	10,16	–	0,68	0,76	–	0,55	0,62	–	0,43	0,49	–	0,31	0,35	–	0,20	0,23	–	0,10	0,11
	VI	21,03	–	1,68	1,89																					
88,79	I,IV	10,19	–	0,81	0,91	I	10,19	–	0,55	0,62	–	0,32	0,36	–	0,10	0,11	–	–	–	–	–	–	–	–	–
	II	7,13	–	0,57	0,64	II	7,13	–	0,33	0,37	–	0,11	0,12	–	–	–	–	–	–	–	–	–	–	–	–
	III	2,47	–	0,19	0,22	III	2,47	–	0,03	0,04	–	–	–	–	–	–	–	–	–	–	–	–	–	–	–
	V	19,93	–	1,59	1,79	IV	10,19	–	0,68	0,77	–	0,55	0,62	–	0,43	0,49	–	0,32	0,36	–	0,20	0,23	–	0,10	0,11
	VI	21,07	–	1,68	1,89																					
88,89	I,IV	10,21	–	0,81	0,91	I	10,21	–	0,56	0,63	–	0,32	0,36	–	0,10	0,11	–	–	–	–	–	–	–	–	–
	II	7,15	–	0,57	0,64	II	7,15	–	0,33	0,37	–	0,11	0,12	–	–	–	–	–	–	–	–	–	–	–	–
	III	2,49	–	0,19	0,22	III	2,49	–	0,03	0,04	–	–	–	–	–	–	–	–	–	–	–	–	–	–	–
	V	19,97	–	1,59	1,79	IV	10,21	–	0,68	0,77	–	0,56	0,63	–	0,43	0,49	–	0,32	0,36	–	0,20	0,23	–	0,10	0,11
	VI	21,10	–	1,68	1,89																					
88,99	I,IV	10,23	–	0,81	0,92	I	10,23	–	0,56	0,63	–	0,32	0,36	–	0,10	0,12	–	–	–	–	–	–	–	–	–
	II	7,18	–	0,57	0,64	II	7,18	–	0,33	0,37	–	0,11	0,13	–	–	–	–	–	–	–	–	–	–	–	–
	III	2,51	–	0,20	0,22	III	2,51	–	0,03	0,04	–	–	–	–	–	–	–	–	–	–	–	–	–	–	–
	V	20,01	–	1,60	1,80	IV	10,23	–	0,68	0,77	–	0,56	0,63	–	0,44	0,49	–	0,32	0,36	–	0,20	0,23	–	0,10	0,12
	VI	21,13	–	1,69	1,90																					
89,09	I,IV	10,26	–	0,82	0,92	I	10,26	–	0,56	0,63	–	0,32	0,36	–	0,10	0,12	–	–	–	–	–	–	–	–	–
	II	7,20	–	0,57	0,64	II	7,20	–	0,33	0,37	–	0,11	0,13	–	–	–	–	–	–	–	–	–	–	–	–
	III	2,52	–	0,20	0,22	III	2,52	–	0,04	0,04	–	–	–	–	–	–	–	–	–	–	–	–	–	–	–
	V	20,03	–	1,60	1,80	IV	10,26	–	0,69	0,77	–	0,56	0,63	–	0,44	0,49	–	0,32	0,36	–	0,21	0,23	–	0,10	0,12
	VI	21,16	–	1,69	1,90																					
89,19	I,IV	10,28	–	0,82	0,92	I	10,28	–	0,56	0,63	–	0,32	0,36	–	0,11	0,12	–	–	–	–	–	–	–	–	–
	II	7,22	–	0,57	0,64	II	7,22	–	0,33	0,37	–	0,11	0,13	–	–	–	–	–	–	–	–	–	–	–	–
	III	2,55	–	0,20	0,22	III	2,55	–	0,04	0,04	–	–	–	–	–	–	–	–	–	–	–	–	–	–	–
	V	20,06	–	1,60	1,80	IV	10,28	–	0,69	0,77	–	0,56	0,63	–	0,44	0,50	–	0,32	0,36	–	0,21	0,23	–	0,11	0,12
	VI	21,20	–	1,69	1,90																					
89,29	I,IV	10,31	–	0,82	0,92	I	10,31	–	0,56	0,63	–	0,32	0,36	–	0,11	0,12	–	–	–	–	–	–	–	–	–
	II	7,24	–	0,57	0,65	II	7,24	–	0,33	0,38	–	0,12	0,13	–	–	–	–	–	–	–	–	–	–	–	–
	III	2,56	–	0,20	0,23	III	2,56	–	0,04	0,04	–	–	–	–	–	–	–	–	–	–	–	–	–	–	–
	V	20,10	–	1,60	1,80	IV	10,31	–	0,69	0,78	–	0,56	0,63	–	0,44	0,50	–	0,32	0,36	–	0,21	0,24	–	0,11	0,12
	VI	21,23	–	1,69	1,91																					
89,39	I,IV	10,33	–	0,82	0,92	I	10,33	–	0,57	0,64	–	0,33	0,37	–	0,11	0,12	–	–	–	–	–	–	–	–	–
	II	7,26	–	0,58	0,65	II	7,26	–	0,34	0,38	–	0,12	0,13	–	–	–	–	–	–	–	–	–	–	–	–
	III	2,58	–	0,20	0,23	III	2,58	–	0,04	0,04	–	–	–	–	–	–	–	–	–	–	–	–	–	–	–
	V	20,13	–	1,61	1,81	IV	10,33	–	0,69	0,78	–	0,57	0,64	–	0,44	0,50	–	0,33	0,37	–	0,21	0,24	–	0,11	0,12
	VI	21,27	–	1,70	1,91																					
89,49	I,IV	10,35	–	0,82	0,93	I	10,35	–	0,57	0,64	–	0,33	0,37	–	0,11	0,12	–	–	–	–	–	–	–	–	–
	II	7,28	–	0,58	0,65	II	7,28	–	0,34	0,38	–	0,12	0,13	–	–	–	–	–	–	–	–	–	–	–	–
	III	2,60	–	0,20	0,23	III	2,60	–	0,04	0,05	–	–	–	–	–	–	–	–	–	–	–	–	–	–	–
	V	20,16	–	1,61	1,81	IV	10,35	–	0,69	0,78	–	0,57	0,64	–	0,44	0,50	–	0,33	0,37	–	0,21	0,24	–	0,11	0,12
	VI	21,30	–	1,70	1,91																					
89,59	I,IV	10,38	–	0,83	0,93	I	10,38	–	0,57	0,64	–	0,33	0,37	–	0,11	0,12	–	–	–	–	–	–	–	–	–
	II	7,31	–	0,58	0,65	II	7,31	–	0,34	0,38	–	0,12	0,13	–	–	–	–	–	–	–	–	–	–	–	–
	III	2,62	–	0,20	0,23	III	2,62	–	0,04	0,05	–	–	–	–	–	–	–	–	–	–	–	–	–	–	–
	V	20,20	–	1,61	1,81	IV	10,38	–	0,70	0,78	–	0,57	0,64	–	0,45	0,50	–	0,33	0,37	–	0,21	0,24	–	0,11	0,12
	VI	21,33	–	1,70	1,91																					
89,69	I,IV	10,40	–	0,83	0,93	I	10,40	–	0,57	0,64	–	0,33	0,37	–	0,11	0,13	–	–	–	–	–	–	–	–	–
	II	7,33	–	0,58	0,65	II	7,33	–	0,34	0,38	–	0,12	0,14	–	–	–	–	–	–	–	–	–	–	–	–
	III	2,63	–	0,21	0,23	III	2,63	–	0,04	0,05	–	–	–	–	–	–	–	–	–	–	–	–	–	–	–
	V	20,23	–	1,61	1,82	IV	10,40	–	0,70	0,78	–	0,57	0,64	–	0,45	0,50	–	0,33	0,37	–	0,22	0,24	–	0,11	0,13
	VI	21,36	–	1,70	1,92																					
89,79	I,IV	10,42	–	0,83	0,93	I	10,42	–	0,57	0,64	–	0,33	0,37	–	0,11	0,13	–	–	–	–	–	–	–	–	–
	II	7,35	–	0,58	0,66	II	7,35	–	0,34	0,39	–	0,12	0,14	–	–	–	–	–	–	–	–	–	–	–	–
	III	2,65	–	0,21	0,23	III	2,65	–	0,04	0,05	–	–	–	–	–	–	–	–	–	–	–	–	–	–	–
	V	20,26	–	1,62	1,82	IV	10,42	–	0,70	0,79	–	0,57	0,64	–	0,45	0,51	–	0,33	0,37	–	0,22	0,25	–	0,11	0,13
	VI	21,40	–	1,71	1,92																					
89,89	I,IV	10,45	–	0,83	0,94	I	10,45	–	0,57	0,65	–	0,33	0,38	–	0,11	0,13	–	–	–	–	–	–	–	–	–
	II	7,37	–	0,58	0,66	II	7,37	–	0,34	0,39	–	0,12	0,14	–	–	–	–	–	–	–	–	–	–	–	–
	III	2,67	–	0,21	0,24	III	2,67	–	0,04	0,05	–	–	–	–	–	–	–	–	–	–	–	–	–	–	–
	V	20,29	–	1,62	1,82	IV	10,45	–	0,70	0,79	–	0,57	0,65	–	0,45	0,51	–	0,33	0,38	–	0,22	0,25	–	0,11	0,13
	VI	21,43	–	1,71	1,92																					
89,99	I,IV	10,47	–	0,83	0,94	I	10,47	–	0,58	0,65	–	0,34	0,38	–	0,12	0,13	–	–	–	–	–	–	–	–	–
	II	7,40	–	0,59	0,66	II	7,40	–	0,35	0,39	–	0,12	0,14	–	–	–	–	–	–	–	–	–	–	–	–
	III	2,69	–	0,21	0,24	III	2,69	–	0,05	0,05	–	–	–	–	–	–	–	–	–	–	–	–	–	–	–
	V	20,32	–	1,62	1,82	IV	10,47	–	0,70	0,79	–	0,58	0,65	–	0,45	0,51	–	0,34	0,38	–	0,22	0,25	–	0,12	0,13
	VI	21,46	–	1,71	1,93																					
90,09	I,IV	10,49	–	0,83	0,94	I	10,49	–	0,58	0,65	–	0,34	0,38	–	0,12	0,13	–	–	–	–	–	–	–	–	–
	II	7,42	–	0,59	0,66	II	7,42	–	0,35	0,39	–	0,13	0,14	–	–	–	–	–	–	–	–	–	–	–	–
	III	2,71	–	0,21	0,24	III	2,71	–	0,05	0,05	–	–	–	–	–	–	–	–	–	–	–	–	–	–	–
	V	20,36	–	1,62	1,83	IV	10,49	–	0,70	0,79	–	0,58	0,65	–	0,46	0,51	–	0,34	0,38	–	0,22	0,25	–	0,12	0,13
	VI	21,50	ohne	1,72	1,93																					

T 156

* Die ausgewiesenen Tabellenwerte sind amtlich. Siehe Erläuterungen auf der Umschlaginnenseite (U2).

91,79* TAG

Abzüge an Lohnsteuer, Solidaritätszuschlag (SolZ) und Kirchensteuer (8%, 9%) in den Steuerklassen

Linke Spalte: I – VI (**ohne** Kinderfreibeträge) — Rechte Spalten: I, II, III, IV (**mit** Zahl der Kinderfreibeträge . . .)

Lohn/Gehalt bis €*	Kl.	LSt (ohne)	SolZ	8%	9%	Kl.	LSt	SolZ 0,5	8%	9%	SolZ 1	8%	9%	SolZ 1,5	8%	9%	SolZ 2	8%	9%	SolZ 2,5	8%	9%	SolZ 3	8%	9%
90,19	I,IV	10,52	—	0,84	0,94	I	10,52	—	0,58	0,65	—	0,34	0,38	—	0,12	0,13	—	—	—	—	—	—	—	—	—
	II	7,44	—	0,59	0,66	II	7,44	—	0,35	0,39	—	0,13	0,14	—	—	—	—	—	—	—	—	—	—	—	—
	III	2,72	—	0,21	0,24	III	2,72	—	0,05	0,05	—	—	—	—	—	—	—	—	—	—	—	—	—	—	—
	V	20,39	—	1,63	1,83	IV	10,52	—	0,71	0,79	—	0,58	0,65	—	0,46	0,51	—	0,34	0,38	—	0,22	0,25	—	0,12	0,13
	VI	21,53	—	1,72	1,93																					
90,29	I,IV	10,54	—	0,84	0,94	I	10,54	—	0,58	0,65	—	0,34	0,38	—	0,12	0,14	—	—	—	—	—	—	—	—	—
	II	7,46	—	0,59	0,67	II	7,46	—	0,35	0,39	—	0,13	0,15	—	—	—	—	—	—	—	—	—	—	—	—
	III	2,75	—	0,22	0,24	III	2,75	—	0,05	0,06	—	—	—	—	—	—	—	—	—	—	—	—	—	—	—
	V	20,42	—	1,63	1,83	IV	10,54	—	0,71	0,80	—	0,58	0,65	—	0,46	0,52	—	0,34	0,38	—	0,23	0,25	—	0,12	0,14
	VI	21,56	—	1,72	1,94																					
90,39	I,IV	10,56	—	0,84	0,95	I	10,56	—	0,58	0,66	—	0,34	0,38	—	0,12	0,14	—	—	—	—	—	—	—	—	—
	II	7,48	—	0,59	0,67	II	7,48	—	0,35	0,40	—	0,13	0,15	—	—	—	—	—	—	—	—	—	—	—	—
	III	2,76	—	0,22	0,24	III	2,76	—	0,05	0,06	—	—	—	—	—	—	—	—	—	—	—	—	—	—	—
	V	20,45	—	1,63	1,84	IV	10,56	—	0,71	0,80	—	0,58	0,66	—	0,46	0,52	—	0,34	0,38	—	0,23	0,26	—	0,12	0,14
	VI	21,60	—	1,72	1,94																					
90,49	I,IV	10,59	—	0,84	0,95	I	10,59	—	0,58	0,66	—	0,34	0,39	—	0,12	0,14	—	—	—	—	—	—	—	—	—
	II	7,51	—	0,60	0,67	II	7,51	—	0,35	0,40	—	0,13	0,15	—	—	—	—	—	—	—	—	—	—	—	—
	III	2,78	—	0,22	0,25	III	2,78	—	0,05	0,06	—	—	—	—	—	—	—	—	—	—	—	—	—	—	—
	V	20,49	—	1,63	1,84	IV	10,59	—	0,71	0,80	—	0,58	0,66	—	0,46	0,52	—	0,34	0,39	—	0,23	0,26	—	0,12	0,14
	VI	21,63	—	1,73	1,94																					
90,59	I,IV	10,61	—	0,84	0,95	I	10,61	—	0,59	0,66	—	0,34	0,39	—	0,12	0,14	—	—	—	—	—	—	—	—	—
	II	7,53	—	0,60	0,67	II	7,53	—	0,36	0,40	—	0,13	0,15	—	—	—	—	—	—	—	—	—	—	—	—
	III	2,80	—	0,22	0,25	III	2,80	—	0,05	0,06	—	—	—	—	—	—	—	—	—	—	—	—	—	—	—
	V	20,52	—	1,64	1,84	IV	10,61	—	0,71	0,80	—	0,59	0,66	—	0,46	0,52	—	0,34	0,39	—	0,23	0,26	—	0,12	0,14
	VI	21,66	—	1,73	1,94																					
90,69	I,IV	10,63	—	0,85	0,95	I	10,63	—	0,59	0,66	—	0,35	0,39	—	0,13	0,14	—	—	—	—	—	—	—	—	—
	II	7,55	—	0,60	0,67	II	7,55	—	0,36	0,40	—	0,13	0,15	—	—	—	—	—	—	—	—	—	—	—	—
	III	2,82	—	0,22	0,25	III	2,82	—	0,05	0,06	—	—	—	—	—	—	—	—	—	—	—	—	—	—	—
	V	20,55	—	1,64	1,84	IV	10,63	—	0,72	0,81	—	0,59	0,66	—	0,47	0,52	—	0,35	0,39	—	0,23	0,26	—	0,13	0,14
	VI	21,69	—	1,73	1,95																					
90,79	I,IV	10,66	—	0,85	0,95	I	10,66	—	0,59	0,66	—	0,35	0,39	—	0,13	0,14	—	—	—	—	—	—	—	—	—
	II	7,57	—	0,60	0,68	II	7,57	—	0,36	0,40	—	0,14	0,15	—	—	—	—	—	—	—	—	—	—	—	—
	III	2,83	—	0,22	0,25	III	2,83	—	0,06	0,06	—	—	—	—	—	—	—	—	—	—	—	—	—	—	—
	V	20,58	—	1,64	1,85	IV	10,66	—	0,72	0,81	—	0,59	0,66	—	0,47	0,53	—	0,35	0,39	—	0,23	0,26	—	0,13	0,14
	VI	21,72	—	1,73	1,95																					
90,89	I,IV	10,68	—	0,85	0,96	I	10,68	—	0,59	0,67	—	0,35	0,39	—	0,13	0,14	—	—	—	—	—	—	—	—	—
	II	7,60	—	0,60	0,68	II	7,60	—	0,36	0,41	—	0,14	0,15	—	—	—	—	—	—	—	—	—	—	—	—
	III	2,85	—	0,22	0,25	III	2,85	—	0,06	0,06	—	—	—	—	—	—	—	—	—	—	—	—	—	—	—
	V	20,62	—	1,64	1,85	IV	10,68	—	0,72	0,81	—	0,59	0,67	—	0,47	0,53	—	0,35	0,39	—	0,24	0,27	—	0,13	0,14
	VI	21,76	—	1,74	1,95																					
90,99	I,IV	10,71	—	0,85	0,96	I	10,71	—	0,59	0,67	—	0,35	0,40	—	0,13	0,15	—	—	—	—	—	—	—	—	—
	II	7,62	—	0,60	0,68	II	7,62	—	0,36	0,41	—	0,14	0,16	—	—	—	—	—	—	—	—	—	—	—	—
	III	2,87	—	0,22	0,25	III	2,87	—	0,06	0,06	—	—	—	—	—	—	—	—	—	—	—	—	—	—	—
	V	20,65	—	1,65	1,85	IV	10,71	—	0,72	0,81	—	0,59	0,67	—	0,47	0,53	—	0,35	0,40	—	0,24	0,27	—	0,13	0,15
	VI	21,79	—	1,74	1,96																					
91,09	I,IV	10,73	—	0,85	0,96	I	10,73	—	0,60	0,67	—	0,35	0,40	—	0,13	0,15	—	—	—	—	—	—	—	—	—
	II	7,64	—	0,61	0,68	II	7,64	—	0,36	0,41	—	0,14	0,16	—	—	—	—	—	—	—	—	—	—	—	—
	III	2,88	—	0,23	0,25	III	2,88	—	0,06	0,07	—	—	—	—	—	—	—	—	—	—	—	—	—	—	—
	V	20,68	—	1,65	1,86	IV	10,73	—	0,72	0,81	—	0,60	0,67	—	0,47	0,53	—	0,35	0,40	—	0,24	0,27	—	0,13	0,15
	VI	21,82	—	1,74	1,96																					
91,19	I,IV	10,75	—	0,86	0,96	I	10,75	—	0,60	0,67	—	0,36	0,40	—	0,13	0,15	—	—	—	—	—	—	—	—	—
	II	7,66	—	0,61	0,68	II	7,66	—	0,37	0,41	—	0,14	0,16	—	—	—	—	—	—	—	—	—	—	—	—
	III	2,90	—	0,23	0,26	III	2,90	—	0,06	0,07	—	—	—	—	—	—	—	—	—	—	—	—	—	—	—
	V	20,71	—	1,65	1,86	IV	10,75	—	0,72	0,81	—	0,60	0,67	—	0,47	0,53	—	0,36	0,40	—	0,24	0,27	—	0,13	0,15
	VI	21,86	—	1,74	1,96																					
91,29	I,IV	10,78	—	0,86	0,97	I	10,78	—	0,60	0,67	—	0,36	0,40	—	0,13	0,15	—	—	—	—	—	—	—	—	—
	II	7,68	—	0,61	0,69	II	7,68	—	0,37	0,41	—	0,14	0,16	—	—	—	—	—	—	—	—	—	—	—	—
	III	2,92	—	0,23	0,26	III	2,92	—	0,06	0,07	—	—	—	—	—	—	—	—	—	—	—	—	—	—	—
	V	20,75	—	1,66	1,86	IV	10,78	—	0,73	0,82	—	0,60	0,67	—	0,48	0,54	—	0,36	0,40	—	0,24	0,27	—	0,13	0,15
	VI	21,89	—	1,75	1,97																					
91,39	I,IV	10,80	—	0,86	0,97	I	10,80	—	0,60	0,68	—	0,36	0,40	—	0,14	0,15	—	—	—	—	—	—	—	—	—
	II	7,71	—	0,61	0,69	II	7,71	—	0,37	0,42	—	0,14	0,16	—	—	—	—	—	—	—	—	—	—	—	—
	III	2,93	—	0,23	0,26	III	2,93	—	0,06	0,07	—	—	—	—	—	—	—	—	—	—	—	—	—	—	—
	V	20,78	—	1,66	1,87	IV	10,80	—	0,73	0,82	—	0,60	0,68	—	0,48	0,54	—	0,36	0,40	—	0,24	0,27	—	0,14	0,15
	VI	21,92	—	1,75	1,97																					
91,49	I,IV	10,82	—	0,86	0,97	I	10,82	—	0,60	0,68	—	0,36	0,41	—	0,14	0,15	—	—	—	—	—	—	—	—	—
	II	7,73	—	0,61	0,69	II	7,73	—	0,37	0,42	—	0,15	0,16	—	—	—	—	—	—	—	—	—	—	—	—
	III	2,95	—	0,23	0,26	III	2,95	—	0,06	0,07	—	—	—	—	—	—	—	—	—	—	—	—	—	—	—
	V	20,81	—	1,66	1,87	IV	10,82	—	0,73	0,82	—	0,60	0,68	—	0,48	0,54	—	0,36	0,41	—	0,24	0,28	—	0,14	0,15
	VI	21,96	—	1,75	1,97																					
91,59	I,IV	10,85	—	0,86	0,97	I	10,85	—	0,60	0,68	—	0,36	0,41	—	0,14	0,16	—	—	—	—	—	—	—	—	—
	II	7,75	—	0,62	0,69	II	7,75	—	0,37	0,42	—	0,15	0,17	—	—	—	—	—	—	—	—	—	—	—	—
	III	2,97	—	0,23	0,26	III	2,97	—	0,06	0,07	—	—	—	—	—	—	—	—	—	—	—	—	—	—	—
	V	20,84	—	1,66	1,87	IV	10,85	—	0,73	0,82	—	0,60	0,68	—	0,48	0,54	—	0,36	0,41	—	0,25	0,28	—	0,14	0,16
	VI	21,99	—	1,75	1,97																					
91,69	I,IV	10,87	—	0,86	0,97	I	10,87	—	0,61	0,68	—	0,36	0,41	—	0,14	0,16	—	—	—	—	—	—	—	—	—
	II	7,77	—	0,62	0,69	II	7,77	—	0,37	0,42	—	0,15	0,17	—	—	—	—	—	—	—	—	—	—	—	—
	III	2,98	—	0,23	0,26	III	2,98	—	0,06	0,07	—	—	—	—	—	—	—	—	—	—	—	—	—	—	—
	V	20,87	—	1,66	1,87	IV	10,87	—	0,73	0,83	—	0,61	0,68	—	0,48	0,54	—	0,36	0,41	—	0,25	0,28	—	0,14	0,16
	VI	22,03	—	1,76	1,98																					
91,79	I,IV	10,90	—	0,87	0,98	I	10,90	—	0,61	0,68	—	0,36	0,41	—	0,14	0,16	—	—	—	—	—	—	—	—	—
	II	7,80	—	0,62	0,70	II	7,80	—	0,38	0,42	—	0,15	0,17	—	—	—	—	—	—	—	—	—	—	—	—
	III	3,—	—	0,24	0,27	III	3,—	—	0,07	0,07	—	—	—	—	—	—	—	—	—	—	—	—	—	—	—
	V	20,91	—	1,67	1,88	IV	10,90	—	0,74	0,83	—	0,61	0,68	—	0,48	0,54	—	0,36	0,41	—	0,25	0,28	—	0,14	0,16
	VI	22,06	—	1,76	1,98																					

* Die ausgewiesenen Tabellenwerte sind amtlich. Siehe Erläuterungen auf der Umschlaginnenseite (U2).

TAG 91,80*

Abzüge an Lohnsteuer, Solidaritätszuschlag (SolZ) und Kirchensteuer (8%, 9%) in den Steuerklassen

Spalten I–VI: **ohne** Kinderfreibeträge — Spalten I, II, III, IV: **mit** Zahl der Kinderfreibeträge 0,5 / 1 / 1,5 / 2 / 2,5 / 3

Lohn bis €	Kl	LSt	SolZ	8%	9%	Kl	LSt	0,5 SolZ	0,5 8%	0,5 9%	1 SolZ	1 8%	1 9%	1,5 SolZ	1,5 8%	1,5 9%	2 SolZ	2 8%	2 9%	2,5 SolZ	2,5 8%	2,5 9%	3 SolZ	3 8%	3 9%
91,89	I,IV	10,92	—	0,87	0,98	I	10,92	—	0,61	0,69	—	0,37	0,41	—	0,14	0,16	—	—	—	—	—	—	—	—	—
	II	7,82	—	0,62	0,70	II	7,82	—	0,38	0,42	—	0,15	0,17	—	—	—	—	—	—	—	—	—	—	—	—
	III	3,02	—	0,24	0,27	III	3,02	—	0,07	0,08	—	—	—	—	—	—	—	—	—	—	—	—	—	—	—
	V	20,94	—	1,67	1,88	IV	10,92	—	0,74	0,83	—	0,61	0,69	—	0,49	0,55	—	0,37	0,41	—	0,25	0,28	—	0,14	0,16
	VI	22,09	—	1,76	1,98																				
91,99	I,IV	10,94	—	0,87	0,98	I	10,94	—	0,61	0,69	—	0,37	0,41	—	0,14	0,16	—	—	—	—	—	—	—	—	—
	II	7,84	—	0,62	0,70	II	7,84	—	0,38	0,43	—	0,15	0,17	—	—	—	—	—	—	—	—	—	—	—	—
	III	3,03	—	0,24	0,27	III	3,03	—	0,07	0,08	—	—	—	—	—	—	—	—	—	—	—	—	—	—	—
	V	20,97	—	1,67	1,88	IV	10,94	—	0,74	0,83	—	0,61	0,69	—	0,49	0,55	—	0,37	0,41	—	0,25	0,28	—	0,14	0,16
	VI	22,12	—	1,76	1,99																				
92,09	I,IV	10,96	—	0,87	0,98	I	10,96	—	0,61	0,69	—	0,37	0,42	—	0,15	0,16	—	—	—	—	—	—	—	—	—
	II	7,86	—	0,62	0,70	II	7,86	—	0,38	0,43	—	0,15	0,17	—	—	—	—	—	—	—	—	—	—	—	—
	III	3,05	—	0,24	0,27	III	3,05	—	0,07	0,08	—	—	—	—	—	—	—	—	—	—	—	—	—	—	—
	V	21,01	—	1,68	1,89	IV	10,96	—	0,74	0,83	—	0,61	0,69	—	0,49	0,55	—	0,37	0,42	—	0,25	0,29	—	0,15	0,16
	VI	22,16	—	1,77	1,99																				
92,19	I,IV	10,99	—	0,87	0,98	I	10,99	—	0,62	0,69	—	0,37	0,42	—	0,15	0,17	—	—	—	—	—	—	—	—	—
	II	7,89	—	0,63	0,71	II	7,89	—	0,38	0,43	—	0,16	0,18	—	—	—	—	—	—	—	—	—	—	—	—
	III	3,07	—	0,24	0,27	III	3,07	—	0,07	0,08	—	—	—	—	—	—	—	—	—	—	—	—	—	—	—
	V	21,04	—	1,68	1,89	IV	10,99	—	0,74	0,84	—	0,62	0,69	—	0,49	0,55	—	0,37	0,42	—	0,26	0,29	—	0,15	0,17
	VI	22,19	—	1,77	1,99																				
92,29	I,IV	11,01	—	0,88	0,99	I	11,01	—	0,62	0,69	—	0,37	0,42	—	0,15	0,17	—	—	—	—	—	—	—	—	—
	II	7,91	—	0,63	0,71	II	7,91	—	0,38	0,43	—	0,16	0,18	—	—	—	—	—	—	—	—	—	—	—	—
	III	3,08	—	0,24	0,27	III	3,08	—	0,07	0,08	—	—	—	—	—	—	—	—	—	—	—	—	—	—	—
	V	21,07	—	1,68	1,89	IV	11,01	—	0,74	0,84	—	0,62	0,69	—	0,49	0,55	—	0,37	0,42	—	0,26	0,29	—	0,15	0,17
	VI	22,22	—	1,77	1,99																				
92,39	I,IV	11,04	—	0,88	0,99	I	11,04	—	0,62	0,70	—	0,38	0,42	—	0,15	0,17	—	—	—	—	—	—	—	—	—
	II	7,93	—	0,63	0,71	II	7,93	—	0,39	0,43	—	0,16	0,18	—	—	—	—	—	—	—	—	—	—	—	—
	III	3,10	—	0,24	0,27	III	3,10	—	0,07	0,08	—	—	—	—	—	—	—	—	—	—	—	—	—	—	—
	V	21,11	—	1,68	1,89	IV	11,04	—	0,75	0,84	—	0,62	0,70	—	0,49	0,56	—	0,38	0,42	—	0,26	0,29	—	0,15	0,17
	VI	22,26	—	1,78	2,—																				
92,49	I,IV	11,06	—	0,88	0,99	I	11,06	—	0,62	0,70	—	0,38	0,42	—	0,15	0,17	—	—	—	—	—	—	—	—	—
	II	7,95	—	0,63	0,71	II	7,95	—	0,39	0,44	—	0,16	0,18	—	—	—	—	—	—	—	—	—	—	—	—
	III	3,12	—	0,24	0,28	III	3,12	—	0,07	0,08	—	—	—	—	—	—	—	—	—	—	—	—	—	—	—
	V	21,14	—	1,69	1,90	IV	11,06	—	0,75	0,84	—	0,62	0,70	—	0,50	0,56	—	0,38	0,42	—	0,26	0,29	—	0,15	0,17
	VI	22,30	—	1,78	2,—																				
92,59	I,IV	11,08	—	0,88	0,99	I	11,08	—	0,62	0,70	—	0,38	0,43	—	0,15	0,17	—	—	—	—	—	—	—	—	—
	II	7,98	—	0,63	0,71	II	7,98	—	0,39	0,44	—	0,16	0,18	—	—	—	—	—	—	—	—	—	—	—	—
	III	3,14	—	0,25	0,28	III	3,14	—	0,07	0,08	—	—	—	—	—	—	—	—	—	—	—	—	—	—	—
	V	21,17	—	1,69	1,90	IV	11,08	—	0,75	0,84	—	0,62	0,70	—	0,50	0,56	—	0,38	0,43	—	0,26	0,30	—	0,15	0,17
	VI	22,33	—	1,78	2,—																				
92,69	I,IV	11,11	—	0,88	0,99	I	11,11	—	0,62	0,70	—	0,38	0,43	—	0,15	0,17	—	—	—	—	—	—	—	—	—
	II	8,—	—	0,64	0,72	II	8,—	—	0,39	0,44	—	0,16	0,18	—	—	—	—	—	—	—	—	—	—	—	—
	III	3,15	—	0,25	0,28	III	3,15	—	0,08	0,09	—	—	—	—	—	—	—	—	—	—	—	—	—	—	—
	V	21,20	—	1,69	1,90	IV	11,11	—	0,75	0,85	—	0,62	0,70	—	0,50	0,56	—	0,38	0,43	—	0,26	0,30	—	0,15	0,17
	VI	22,36	—	1,78	2,01																				
92,79	I,IV	11,13	—	0,89	1,—	I	11,13	—	0,63	0,70	—	0,38	0,43	—	0,16	0,18	—	—	—	—	—	—	—	—	—
	II	8,02	—	0,64	0,72	II	8,02	—	0,39	0,44	—	0,16	0,18	—	—	—	—	—	—	—	—	—	—	—	—
	III	3,17	—	0,25	0,28	III	3,17	—	0,08	0,09	—	—	—	—	—	—	—	—	—	—	—	—	—	—	—
	V	21,24	—	1,69	1,91	IV	11,13	—	0,75	0,85	—	0,63	0,70	—	0,50	0,56	—	0,38	0,43	—	0,27	0,30	—	0,16	0,18
	VI	22,39	—	1,79	2,01																				
92,89	I,IV	11,16	—	0,89	1,—	I	11,16	—	0,63	0,71	—	0,38	0,43	—	0,16	0,18	—	—	—	—	—	—	—	—	—
	II	8,04	—	0,64	0,72	II	8,04	—	0,39	0,44	—	0,17	0,19	—	—	—	—	—	—	—	—	—	—	—	—
	III	3,19	—	0,25	0,28	III	3,19	—	0,08	0,09	—	—	—	—	—	—	—	—	—	—	—	—	—	—	—
	V	21,27	—	1,70	1,91	IV	11,16	—	0,76	0,85	—	0,63	0,71	—	0,50	0,57	—	0,38	0,43	—	0,27	0,30	—	0,16	0,18
	VI	22,42	—	1,79	2,01																				
92,99	I,IV	11,18	—	0,89	1,—	I	11,18	—	0,63	0,71	—	0,38	0,43	—	0,16	0,18	—	—	—	—	—	—	—	—	—
	II	8,06	—	0,64	0,72	II	8,06	—	0,40	0,45	—	0,17	0,19	—	—	—	—	—	—	—	—	—	—	—	—
	III	3,21	—	0,25	0,28	III	3,21	—	0,08	0,09	—	—	—	—	—	—	—	—	—	—	—	—	—	—	—
	V	21,30	—	1,70	1,91	IV	11,18	—	0,76	0,85	—	0,63	0,71	—	0,50	0,57	—	0,38	0,43	—	0,27	0,30	—	0,16	0,18
	VI	22,46	—	1,79	2,02																				
93,09	I,IV	11,20	—	0,89	1,—	I	11,20	—	0,63	0,71	—	0,39	0,44	—	0,16	0,18	—	—	—	—	—	—	—	—	—
	II	8,09	—	0,64	0,72	II	8,09	—	0,40	0,45	—	0,17	0,19	—	—	—	—	—	—	—	—	—	—	—	—
	III	3,22	—	0,25	0,28	III	3,22	—	0,08	0,09	—	—	—	—	—	—	—	—	—	—	—	—	—	—	—
	V	21,33	—	1,70	1,91	IV	11,20	—	0,76	0,85	—	0,63	0,71	—	0,51	0,57	—	0,39	0,44	—	0,27	0,30	—	0,16	0,18
	VI	22,49	—	1,79	2,02																				
93,19	I,IV	11,23	—	0,89	1,01	I	11,23	—	0,63	0,71	—	0,39	0,44	—	0,16	0,18	—	—	—	—	—	—	—	—	—
	II	8,11	—	0,64	0,72	II	8,11	—	0,40	0,45	—	0,17	0,19	—	—	—	—	—	—	—	—	—	—	—	—
	III	3,24	—	0,25	0,29	III	3,24	—	0,08	0,09	—	—	—	—	—	—	—	—	—	—	—	—	—	—	—
	V	21,37	—	1,70	1,92	IV	11,23	—	0,76	0,86	—	0,63	0,71	—	0,51	0,57	—	0,39	0,44	—	0,27	0,31	—	0,16	0,18
	VI	22,52	—	1,80	2,02																				
93,29	I,IV	11,25	—	0,90	1,01	I	11,25	—	0,63	0,71	—	0,39	0,44	—	0,16	0,18	—	—	—	—	—	—	—	—	—
	II	8,13	—	0,65	0,73	II	8,13	—	0,40	0,45	—	0,17	0,19	—	—	—	—	—	—	—	—	—	—	—	—
	III	3,26	—	0,26	0,29	III	3,26	—	0,08	0,09	—	—	—	—	—	—	—	—	—	—	—	—	—	—	—
	V	21,40	—	1,71	1,92	IV	11,25	—	0,76	0,86	—	0,63	0,71	—	0,51	0,57	—	0,39	0,44	—	0,27	0,31	—	0,16	0,18
	VI	22,56	—	1,80	2,03																				
93,39	I,IV	11,28	—	0,90	1,01	I	11,28	—	0,64	0,72	—	0,39	0,44	—	0,16	0,18	—	—	—	—	—	—	—	—	—
	II	8,15	—	0,65	0,73	II	8,15	—	0,40	0,45	—	0,17	0,20	—	—	—	—	—	—	—	—	—	—	—	—
	III	3,27	—	0,26	0,29	III	3,27	—	0,08	0,09	—	—	—	—	—	—	—	—	—	—	—	—	—	—	—
	V	21,43	—	1,71	1,92	IV	11,28	—	0,76	0,86	—	0,64	0,72	—	0,51	0,58	—	0,39	0,44	—	0,28	0,31	—	0,16	0,18
	VI	22,60	—	1,80	2,03																				
93,49	I,IV	11,30	—	0,90	1,01	I	11,30	—	0,64	0,72	—	0,39	0,44	—	0,17	0,19	—	—	—	—	—	—	—	—	—
	II	8,18	—	0,65	0,73	II	8,18	—	0,40	0,45	—	0,18	0,20	—	—	—	—	—	—	—	—	—	—	—	—
	III	3,29	—	0,26	0,29	III	3,29	—	0,08	0,09	—	—	—	—	—	—	—	—	—	—	—	—	—	—	—
	V	21,47	—	1,71	1,93	IV	11,30	—	0,77	0,86	—	0,64	0,72	—	0,51	0,58	—	0,39	0,44	—	0,28	0,31	—	0,17	0,19
	VI	22,63	—	1,81	2,03																				

T 158

* Die ausgewiesenen Tabellenwerte sind amtlich. Siehe Erläuterungen auf der Umschlaginnenseite (U2).

95,19* TAG

Abzüge an Lohnsteuer, Solidaritätszuschlag (SolZ) und Kirchensteuer (8%, 9%) in den Steuerklassen

I – VI ohne Kinderfreibeträge | I, II, III, IV — mit Zahl der Kinderfreibeträge …

Lohn/Gehalt bis €*		LSt	SolZ	8%	9%		LSt	SolZ (0,5)	8%	9%	SolZ (1)	8%	9%	SolZ (1,5)	8%	9%	SolZ (2)	8%	9%	SolZ (2,5)	8%	9%	SolZ (3)	8%	9%
93,59	I,IV	11,32	—	0,90	1,01	I	11,32	—	0,64	0,72	—	0,40	0,45	—	0,17	0,19	—	—	—	—	—	—	—	—	—
	II	8,20	—	0,65	0,73	II	8,20	—	0,41	0,46	—	0,18	0,20	—	—	—	—	—	—	—	—	—	—	—	—
	III	3,31	—	0,26	0,29	III	3,31	—	0,08	0,10	—	—	—	—	—	—	—	—	—	—	—	—	—	—	—
	V	21,50	—	1,72	1,93	IV	11,32	—	0,77	0,86	—	0,64	0,72	—	0,52	0,58	—	0,40	0,45	—	0,28	0,31	—	0,17	0,19
	VI	22,66	—	1,81	2,03																				
93,69	I,IV	11,35	—	0,90	1,02	I	11,35	—	0,64	0,72	—	0,40	0,45	—	0,17	0,19	—	—	—	—	—	—	—	—	—
	II	8,22	—	0,65	0,73	II	8,22	—	0,41	0,46	—	0,18	0,20	—	—	—	—	—	—	—	—	—	—	—	—
	III	3,32	—	0,26	0,29	III	3,32	—	0,09	0,10	—	—	—	—	—	—	—	—	—	—	—	—	—	—	—
	V	21,53	—	1,72	1,93	IV	11,35	—	0,77	0,87	—	0,64	0,72	—	0,52	0,58	—	0,40	0,45	—	0,28	0,32	—	0,17	0,19
	VI	22,70	—	1,81	2,04																				
93,79	I,IV	11,37	—	0,90	1,02	I	11,37	—	0,64	0,72	—	0,40	0,45	—	0,17	0,19	—	—	—	—	—	—	—	—	—
	II	8,25	—	0,66	0,74	II	8,25	—	0,41	0,46	—	0,18	0,20	—	—	—	—	—	—	—	—	—	—	—	—
	III	3,35	—	0,26	0,30	III	3,35	—	0,09	0,10	—	—	—	—	—	—	—	—	—	—	—	—	—	—	—
	V	21,56	—	1,72	1,94	IV	11,37	—	0,77	0,87	—	0,64	0,72	—	0,52	0,58	—	0,40	0,45	—	0,28	0,32	—	0,17	0,19
	VI	22,73	—	1,81	2,04																				
93,89	I,IV	11,39	—	0,91	1,02	I	11,39	—	0,65	0,73	—	0,40	0,45	—	0,17	0,19	—	—	—	—	—	—	—	—	—
	II	8,27	—	0,66	0,74	II	8,27	—	0,41	0,46	—	0,18	0,20	—	—	0,01	—	—	—	—	—	—	—	—	—
	III	3,36	—	0,26	0,30	III	3,36	—	0,09	0,10	—	—	—	—	—	—	—	—	—	—	—	—	—	—	—
	V	21,60	—	1,72	1,94	IV	11,39	—	0,77	0,87	—	0,65	0,73	—	0,52	0,59	—	0,40	0,45	—	0,28	0,32	—	0,17	0,19
	VI	22,76	—	1,82	2,04																				
93,99	I,IV	11,42	—	0,91	1,02	I	11,42	—	0,65	0,73	—	0,40	0,45	—	0,17	0,19	—	—	—	—	—	—	—	—	—
	II	8,29	—	0,66	0,74	II	8,29	—	0,41	0,46	—	0,18	0,21	—	0,01	0,01	—	—	—	—	—	—	—	—	—
	III	3,38	—	0,27	0,30	III	3,38	—	0,09	0,10	—	—	—	—	—	—	—	—	—	—	—	—	—	—	—
	V	21,63	—	1,73	1,94	IV	11,42	—	0,78	0,87	—	0,65	0,73	—	0,52	0,59	—	0,40	0,45	—	0,28	0,32	—	0,17	0,19
	VI	22,80	—	1,82	2,05																				
94,09	I,IV	11,44	—	0,91	1,02	I	11,44	—	0,65	0,73	—	0,40	0,45	—	0,17	0,20	—	—	—	—	—	—	—	—	—
	II	8,31	—	0,66	0,74	II	8,31	—	0,41	0,47	—	0,18	0,21	—	0,01	0,01	—	—	—	—	—	—	—	—	—
	III	3,40	—	0,27	0,30	III	3,40	—	0,09	0,10	—	—	—	—	—	—	—	—	—	—	—	—	—	—	—
	V	21,67	—	1,73	1,95	IV	11,44	—	0,78	0,88	—	0,65	0,73	—	0,52	0,59	—	0,40	0,45	—	0,29	0,32	—	0,17	0,20
	VI	22,83	—	1,82	2,05																				
94,19	I,IV	11,46	—	0,91	1,03	I	11,46	—	0,65	0,73	—	0,40	0,46	—	0,18	0,20	—	—	—	—	—	—	—	—	—
	II	8,33	—	0,66	0,74	II	8,33	—	0,42	0,47	—	0,19	0,21	—	0,01	0,01	—	—	—	—	—	—	—	—	—
	III	3,41	—	0,27	0,30	III	3,41	—	0,09	0,10	—	—	—	—	—	—	—	—	—	—	—	—	—	—	—
	V	21,70	—	1,73	1,95	IV	11,46	—	0,78	0,88	—	0,65	0,73	—	0,53	0,59	—	0,40	0,46	—	0,29	0,32	—	0,18	0,20
	VI	22,86	—	1,82	2,05																				
94,29	I,IV	11,49	—	0,91	1,03	I	11,49	—	0,65	0,73	—	0,41	0,46	—	0,18	0,20	—	—	—	—	—	—	—	—	—
	II	8,36	—	0,66	0,75	II	8,36	—	0,42	0,47	—	0,19	0,21	—	0,01	0,01	—	—	—	—	—	—	—	—	—
	III	3,43	—	0,27	0,30	III	3,43	—	0,09	0,10	—	—	—	—	—	—	—	—	—	—	—	—	—	—	—
	V	21,73	—	1,73	1,95	IV	11,49	—	0,78	0,88	—	0,65	0,73	—	0,53	0,59	—	0,41	0,46	—	0,29	0,33	—	0,18	0,20
	VI	22,90	—	1,83	2,06																				
94,39	I,IV	11,51	—	0,92	1,03	I	11,51	—	0,65	0,74	—	0,41	0,46	—	0,18	0,20	—	—	—	—	—	—	—	—	—
	II	8,38	—	0,67	0,75	II	8,38	—	0,42	0,47	—	0,19	0,21	—	0,01	0,01	—	—	—	—	—	—	—	—	—
	III	3,45	—	0,27	0,31	III	3,45	—	0,09	0,11	—	—	—	—	—	—	—	—	—	—	—	—	—	—	—
	V	21,76	—	1,74	1,95	IV	11,51	—	0,78	0,88	—	0,65	0,74	—	0,53	0,60	—	0,41	0,46	—	0,29	0,33	—	0,18	0,20
	VI	22,93	—	1,83	2,06																				
94,49	I,IV	11,54	—	0,92	1,03	I	11,54	—	0,66	0,74	—	0,41	0,46	—	0,18	0,20	—	—	0,01	—	—	—	—	—	—
	II	8,40	—	0,67	0,75	II	8,40	—	0,42	0,47	—	0,19	0,21	—	0,01	0,01	—	—	—	—	—	—	—	—	—
	III	3,46	—	0,27	0,31	III	3,46	—	0,10	0,11	—	—	—	—	—	—	—	—	—	—	—	—	—	—	—
	V	21,80	—	1,74	1,96	IV	11,54	—	0,78	0,88	—	0,66	0,74	—	0,53	0,60	—	0,41	0,46	—	0,29	0,33	—	0,18	0,20
	VI	22,97	—	1,83	2,06																				
94,59	I,IV	11,56	—	0,92	1,04	I	11,56	—	0,66	0,74	—	0,41	0,46	—	0,18	0,21	—	0,01	0,01	—	—	—	—	—	—
	II	8,43	—	0,67	0,75	II	8,43	—	0,42	0,48	—	0,19	0,22	—	0,01	0,01	—	—	—	—	—	—	—	—	—
	III	3,48	—	0,27	0,31	III	3,48	—	0,10	0,11	—	—	—	—	—	—	—	—	—	—	—	—	—	—	—
	V	21,83	—	1,74	1,96	IV	11,56	—	0,79	0,89	—	0,66	0,74	—	0,53	0,60	—	0,41	0,46	—	0,30	0,33	—	0,18	0,21
	VI	23,—	—	1,84	2,07																				
94,69	I,IV	11,58	—	0,92	1,04	I	11,58	—	0,66	0,74	—	0,41	0,47	—	0,18	0,21	—	0,01	0,01	—	—	—	—	—	—
	II	8,45	—	0,67	0,76	II	8,45	—	0,42	0,48	—	0,19	0,22	—	0,01	0,01	—	—	—	—	—	—	—	—	—
	III	3,50	—	0,28	0,31	III	3,50	—	0,10	0,11	—	—	—	—	—	—	—	—	—	—	—	—	—	—	—
	V	21,86	—	1,74	1,96	IV	11,58	—	0,79	0,89	—	0,66	0,74	—	0,53	0,60	—	0,41	0,47	—	0,30	0,33	—	0,18	0,21
	VI	23,03	—	1,84	2,07																				
94,79	I,IV	11,61	—	0,92	1,04	I	11,61	—	0,66	0,74	—	0,42	0,47	—	0,19	0,21	—	0,01	0,01	—	—	—	—	—	—
	II	8,47	—	0,67	0,76	II	8,47	—	0,43	0,48	—	0,20	0,22	—	0,01	0,02	—	—	—	—	—	—	—	—	—
	III	3,52	—	0,28	0,31	III	3,52	—	0,10	0,11	—	—	—	—	—	—	—	—	—	—	—	—	—	—	—
	V	21,90	—	1,75	1,97	IV	11,61	—	0,79	0,89	—	0,66	0,74	—	0,54	0,60	—	0,42	0,47	—	0,30	0,34	—	0,19	0,21
	VI	23,07	—	1,84	2,07																				
94,89	I,IV	11,63	—	0,93	1,04	I	11,63	—	0,66	0,75	—	0,42	0,47	—	0,19	0,21	—	0,01	0,01	—	—	—	—	—	—
	II	8,49	—	0,67	0,76	II	8,49	—	0,43	0,48	—	0,20	0,22	—	0,02	0,02	—	—	—	—	—	—	—	—	—
	III	3,53	—	0,28	0,31	III	3,53	—	0,10	0,11	—	—	—	—	—	—	—	—	—	—	—	—	—	—	—
	V	21,93	—	1,75	1,97	IV	11,63	—	0,79	0,89	—	0,66	0,75	—	0,54	0,61	—	0,42	0,47	—	0,30	0,34	—	0,19	0,21
	VI	23,10	—	1,84	2,07																				
94,99	I,IV	11,66	—	0,93	1,04	I	11,66	—	0,66	0,75	—	0,42	0,47	—	0,19	0,21	—	0,01	0,01	—	—	—	—	—	—
	II	8,51	—	0,68	0,76	II	8,51	—	0,43	0,48	—	0,20	0,22	—	0,02	0,02	—	—	—	—	—	—	—	—	—
	III	3,55	—	0,28	0,31	III	3,55	—	0,10	0,11	—	—	—	—	—	—	—	—	—	—	—	—	—	—	—
	V	21,96	—	1,75	1,97	IV	11,66	—	0,79	0,89	—	0,66	0,75	—	0,54	0,61	—	0,42	0,47	—	0,30	0,34	—	0,19	0,21
	VI	23,13	—	1,85	2,07																				
95,09	I,IV	11,68	—	0,93	1,05	I	11,68	—	0,67	0,75	—	0,42	0,47	—	0,19	0,21	—	0,01	0,01	—	—	—	—	—	—
	II	8,54	—	0,68	0,76	II	8,54	—	0,43	0,49	—	0,20	0,23	—	0,02	0,02	—	—	—	—	—	—	—	—	—
	III	3,57	—	0,28	0,32	III	3,57	—	0,10	0,11	—	—	—	—	—	—	—	—	—	—	—	—	—	—	—
	V	22,—	—	1,76	1,98	IV	11,68	—	0,80	0,90	—	0,67	0,75	—	0,54	0,61	—	0,42	0,47	—	0,30	0,34	—	0,19	0,21
	VI	23,17	—	1,85	2,08																				
95,19	I,IV	11,71	—	0,93	1,05	I	11,71	—	0,67	0,75	—	0,42	0,47	—	0,19	0,22	—	0,01	0,01	—	—	—	—	—	—
	II	8,56	—	0,68	0,77	II	8,56	—	0,43	0,49	—	0,20	0,23	—	0,02	0,02	—	—	—	—	—	—	—	—	—
	III	3,59	—	0,28	0,32	III	3,59	—	0,10	0,12	—	—	—	—	—	—	—	—	—	—	—	—	—	—	—
	V	22,03	—	1,76	1,98	IV	11,71	—	0,80	0,90	—	0,67	0,75	—	0,54	0,61	—	0,42	0,47	—	0,30	0,34	—	0,19	0,22
	VI	23,20	—	1,85	2,08																				

* Die ausgewiesenen Tabellenwerte sind amtlich. Siehe Erläuterungen auf der Umschlaginnenseite (U2).

T 159

TAG 95,20*

Abzüge an Lohnsteuer, Solidaritätszuschlag (SolZ) und Kirchensteuer (8%, 9%) in den Steuerklassen

Lohn/Gehalt bis €*	I–VI	LSt	SolZ	8%	9%	I,II,III,IV	LSt	0,5 SolZ	8%	9%	1 SolZ	8%	9%	1,5 SolZ	8%	9%	2 SolZ	8%	9%	2,5 SolZ	8%	9%	3 SolZ	8%	9%
95,29	I,IV	11,73	—	0,93	1,05	I	11,73	—	0,67	0,75	—	0,42	0,48	—	0,19	0,22	—	0,01	0,01	—	—	—	—	—	—
	II	8,58	—	0,68	0,77	II	8,58	—	0,43	0,49	—	0,20	0,23	—	0,02	0,02	—	—	—	—	—	—	—	—	—
	III	3,61	—	0,28	0,32	III	3,61	—	0,10	0,12	—	—	—	—	—	—	—	—	—	—	—	—	—	—	—
	V	22,07	—	1,76	1,98	IV	11,73	—	0,80	0,90	—	0,67	0,75	—	0,54	0,61	—	0,42	0,48	—	0,31	0,35	—	0,19	0,22
	VI	23,23	—	1,85	2,09																					
95,39	I,IV	11,75	—	0,94	1,05	I	11,75	—	0,67	0,76	—	0,43	0,48	—	0,19	0,22	—	0,01	0,02	—	—	—	—	—	—
	II	8,61	—	0,68	0,77	II	8,61	—	0,44	0,49	—	0,20	0,23	—	0,02	0,02	—	—	—	—	—	—	—	—	—
	III	3,62	—	0,28	0,32	III	3,62	—	0,10	0,12	—	—	—	—	—	—	—	—	—	—	—	—	—	—	—
	V	22,10	—	1,76	1,98	IV	11,75	—	0,80	0,90	—	0,67	0,76	—	0,55	0,62	—	0,43	0,48	—	0,31	0,35	—	0,19	0,22
	VI	23,27	—	1,86	2,09																					
95,49	I,IV	11,78	—	0,94	1,06	I	11,78	—	0,67	0,76	—	0,43	0,48	—	0,20	0,22	—	0,01	0,02	—	—	—	—	—	—
	II	8,63	—	0,69	0,77	II	8,63	—	0,44	0,49	—	0,21	0,23	—	0,02	0,02	—	—	—	—	—	—	—	—	—
	III	3,64	—	0,29	0,32	III	3,64	—	0,11	0,12	—	—	—	—	—	—	—	—	—	—	—	—	—	—	—
	V	22,13	—	1,77	1,99	IV	11,78	—	0,80	0,90	—	0,67	0,76	—	0,55	0,62	—	0,43	0,48	—	0,31	0,35	—	0,20	0,22
	VI	23,31	—	1,86	2,09																					
95,59	I,IV	11,80	—	0,94	1,06	I	11,80	—	0,68	0,76	—	0,43	0,48	—	0,20	0,22	—	0,02	0,02	—	—	—	—	—	—
	II	8,65	—	0,69	0,77	II	8,65	—	0,44	0,49	—	0,21	0,23	—	0,02	0,03	—	—	—	—	—	—	—	—	—
	III	3,66	—	0,29	0,32	III	3,66	—	0,11	0,12	—	—	—	—	—	—	—	—	—	—	—	—	—	—	—
	V	22,16	—	1,77	1,99	IV	11,80	—	0,81	0,91	—	0,68	0,76	—	0,55	0,62	—	0,43	0,48	—	0,31	0,35	—	0,20	0,22
	VI	23,34	—	1,86	2,10																					
95,69	I,IV	11,83	—	0,94	1,06	I	11,83	—	0,68	0,76	—	0,43	0,48	—	0,20	0,22	—	0,02	0,02	—	—	—	—	—	—
	II	8,67	—	0,69	0,78	II	8,67	—	0,44	0,50	—	0,21	0,24	—	0,02	0,03	—	—	—	—	—	—	—	—	—
	III	3,68	—	0,29	0,33	III	3,68	—	0,11	0,12	—	—	—	—	—	—	—	—	—	—	—	—	—	—	—
	V	22,20	—	1,77	1,99	IV	11,83	—	0,81	0,91	—	0,68	0,76	—	0,55	0,62	—	0,43	0,48	—	0,31	0,35	—	0,20	0,22
	VI	23,38	—	1,87	2,10																					
95,79	I,IV	11,85	—	0,94	1,06	I	11,85	—	0,68	0,77	—	0,43	0,49	—	0,20	0,23	—	0,02	0,02	—	—	—	—	—	—
	II	8,70	—	0,69	0,78	II	8,70	—	0,44	0,50	—	0,21	0,24	—	0,02	0,03	—	—	—	—	—	—	—	—	—
	III	3,70	—	0,29	0,33	III	3,70	—	0,11	0,12	—	—	—	—	—	—	—	—	—	—	—	—	—	—	—
	V	22,23	—	1,77	2,—	IV	11,85	—	0,81	0,91	—	0,68	0,77	—	0,55	0,62	—	0,43	0,49	—	0,31	0,35	—	0,20	0,23
	VI	23,41	—	1,87	2,10																					
95,89	I,IV	11,87	—	0,94	1,06	I	11,87	—	0,68	0,77	—	0,43	0,49	—	0,20	0,23	—	0,02	0,02	—	—	—	—	—	—
	II	8,72	—	0,69	0,78	II	8,72	—	0,44	0,50	—	0,21	0,24	—	0,03	0,03	—	—	—	—	—	—	—	—	—
	III	3,71	—	0,29	0,33	III	3,71	—	0,11	0,13	—	—	—	—	—	—	—	—	—	—	—	—	—	—	—
	V	22,27	—	1,78	2,—	IV	11,87	—	0,81	0,91	—	0,68	0,77	—	0,56	0,63	—	0,43	0,49	—	0,32	0,36	—	0,20	0,23
	VI	23,45	—	1,87	2,11																					
95,99	I,IV	11,90	—	0,95	1,07	I	11,90	—	0,68	0,77	—	0,44	0,49	—	0,20	0,23	—	0,02	0,02	—	—	—	—	—	—
	II	8,74	—	0,69	0,78	II	8,74	—	0,45	0,50	—	0,21	0,24	—	0,03	0,03	—	—	—	—	—	—	—	—	—
	III	3,73	—	0,29	0,33	III	3,73	—	0,11	0,13	—	—	—	—	—	—	—	—	—	—	—	—	—	—	—
	V	22,30	—	1,78	2,—	IV	11,90	—	0,81	0,91	—	0,68	0,77	—	0,56	0,63	—	0,44	0,49	—	0,32	0,36	—	0,20	0,23
	VI	23,48	—	1,87	2,11																					
96,09	I,IV	11,92	—	0,95	1,07	I	11,92	—	0,68	0,77	—	0,44	0,49	—	0,21	0,23	—	0,02	0,02	—	—	—	—	—	—
	II	8,76	—	0,70	0,78	II	8,76	—	0,45	0,50	—	0,22	0,24	—	0,03	0,03	—	—	—	—	—	—	—	—	—
	III	3,75	—	0,30	0,33	III	3,75	—	0,11	0,13	—	—	—	—	—	—	—	—	—	—	—	—	—	—	—
	V	22,33	—	1,78	2,—	IV	11,92	—	0,82	0,92	—	0,68	0,77	—	0,56	0,63	—	0,44	0,49	—	0,32	0,36	—	0,21	0,23
	VI	23,51	—	1,88	2,11																					
96,19	I,IV	11,95	—	0,95	1,07	I	11,95	—	0,69	0,77	—	0,44	0,49	—	0,21	0,23	—	0,02	0,02	—	—	—	—	—	—
	II	8,79	—	0,70	0,79	II	8,79	—	0,45	0,51	—	0,22	0,24	—	0,03	0,03	—	—	—	—	—	—	—	—	—
	III	3,77	—	0,30	0,33	III	3,77	—	0,11	0,13	—	—	—	—	—	—	—	—	—	—	—	—	—	—	—
	V	22,37	—	1,78	2,01	IV	11,95	—	0,82	0,92	—	0,69	0,77	—	0,56	0,63	—	0,44	0,49	—	0,32	0,36	—	0,21	0,23
	VI	23,55	—	1,88	2,11																					
96,29	I,IV	11,97	—	0,95	1,07	I	11,97	—	0,69	0,78	—	0,44	0,50	—	0,21	0,24	—	0,02	0,03	—	—	—	—	—	—
	II	8,81	—	0,70	0,79	II	8,81	—	0,45	0,51	—	0,22	0,25	—	0,03	0,03	—	—	—	—	—	—	—	—	—
	III	3,78	—	0,30	0,34	III	3,78	—	0,12	0,13	—	—	—	—	—	—	—	—	—	—	—	—	—	—	—
	V	22,40	—	1,79	2,01	IV	11,97	—	0,82	0,92	—	0,69	0,78	—	0,56	0,63	—	0,44	0,50	—	0,32	0,36	—	0,21	0,24
	VI	23,58	—	1,88	2,12																					
96,39	I,IV	12,—	—	0,96	1,08	I	12,—	—	0,69	0,78	—	0,44	0,50	—	0,21	0,24	—	0,02	0,03	—	—	—	—	—	—
	II	8,83	—	0,70	0,79	II	8,83	—	0,45	0,51	—	0,22	0,25	—	0,03	0,03	—	—	—	—	—	—	—	—	—
	III	3,80	—	0,30	0,34	III	3,80	—	0,12	0,13	—	—	—	—	—	—	—	—	—	—	—	—	—	—	—
	V	22,43	—	1,79	2,01	IV	12,—	—	0,82	0,92	—	0,69	0,78	—	0,56	0,63	—	0,44	0,50	—	0,32	0,36	—	0,21	0,24
	VI	23,61	—	1,88	2,12																					
96,49	I,IV	12,02	—	0,96	1,08	I	12,02	—	0,69	0,78	—	0,44	0,50	—	0,21	0,24	—	0,02	0,03	—	—	—	—	—	—
	II	8,86	—	0,70	0,79	II	8,86	—	0,46	0,51	—	0,22	0,25	—	0,03	0,04	—	—	—	—	—	—	—	—	—
	III	3,82	—	0,30	0,34	III	3,82	—	0,12	0,13	—	—	—	—	—	—	—	—	—	—	—	—	—	—	—
	V	22,46	—	1,79	2,02	IV	12,02	—	0,82	0,93	—	0,69	0,78	—	0,57	0,64	—	0,44	0,50	—	0,33	0,37	—	0,21	0,24
	VI	23,65	—	1,89	2,12																					
96,59	I,IV	12,04	—	0,96	1,08	I	12,04	—	0,69	0,78	—	0,45	0,50	—	0,21	0,24	—	0,03	0,03	—	—	—	—	—	—
	II	8,88	—	0,71	0,79	II	8,88	—	0,46	0,51	—	0,22	0,25	—	0,03	0,04	—	—	—	—	—	—	—	—	—
	III	3,84	—	0,30	0,34	III	3,84	—	0,12	0,13	—	—	—	—	—	—	—	—	—	—	—	—	—	—	—
	V	22,50	—	1,80	2,02	IV	12,04	—	0,82	0,93	—	0,69	0,78	—	0,57	0,64	—	0,45	0,50	—	0,33	0,37	—	0,21	0,24
	VI	23,68	—	1,89	2,13																					
96,69	I,IV	12,07	—	0,96	1,08	I	12,07	—	0,70	0,78	—	0,45	0,50	—	0,22	0,24	—	0,03	0,03	—	—	—	—	—	—
	II	8,90	—	0,71	0,80	II	8,90	—	0,46	0,52	—	0,22	0,25	—	0,03	0,04	—	—	—	—	—	—	—	—	—
	III	3,86	—	0,30	0,34	III	3,86	—	0,12	0,14	—	—	—	—	—	—	—	—	—	—	—	—	—	—	—
	V	22,53	—	1,80	2,02	IV	12,07	—	0,83	0,93	—	0,70	0,78	—	0,57	0,64	—	0,45	0,50	—	0,33	0,37	—	0,22	0,24
	VI	23,71	—	1,89	2,13																					
96,79	I,IV	12,09	—	0,96	1,08	I	12,09	—	0,70	0,79	—	0,45	0,51	—	0,22	0,24	—	0,03	0,03	—	—	—	—	—	—
	II	8,92	—	0,71	0,80	II	8,92	—	0,46	0,52	—	0,23	0,26	—	0,04	0,04	—	—	—	—	—	—	—	—	—
	III	3,87	—	0,30	0,34	III	3,87	—	0,12	0,14	—	—	—	—	—	—	—	—	—	—	—	—	—	—	—
	V	22,57	—	1,80	2,03	IV	12,09	—	0,83	0,93	—	0,70	0,79	—	0,57	0,64	—	0,45	0,51	—	0,33	0,37	—	0,22	0,24
	VI	23,75	—	1,90	2,13																					
96,89	I,IV	12,11	—	0,96	1,08	I	12,11	—	0,70	0,79	—	0,45	0,51	—	0,22	0,25	—	0,03	0,03	—	—	—	—	—	—
	II	8,95	—	0,71	0,80	II	8,95	—	0,46	0,52	—	0,23	0,26	—	0,04	0,04	—	—	—	—	—	—	—	—	—
	III	3,89	—	0,31	0,35	III	3,89	—	0,12	0,14	—	—	—	—	—	—	—	—	—	—	—	—	—	—	—
	V	22,60	—	1,80	2,03	IV	12,11	—	0,83	0,93	—	0,70	0,79	—	0,57	0,65	—	0,45	0,51	—	0,33	0,37	—	0,22	0,25
	VI	23,78	—	1,90	2,14																					

T 160

* Die ausgewiesenen Tabellenwerte sind amtlich. Siehe Erläuterungen auf der Umschlaginnenseite (U2).

98,59* — TAG

Abzüge an Lohnsteuer, Solidaritätszuschlag (SolZ) und Kirchensteuer (8%, 9%) in den Steuerklassen

Lohn/Gehalt bis €*	StKl I–VI	LSt (ohne Kinderfreibeträge)	SolZ	8%	9%	StKl I,II,III,IV	LSt	0,5 SolZ	0,5 8%	0,5 9%	1 SolZ	1 8%	1 9%	1,5 SolZ	1,5 8%	1,5 9%	2 SolZ	2 8%	2 9%	2,5 SolZ	2,5 8%	2,5 9%	3 SolZ	3 8%	3 9%
96,99	I,IV	12,14	—	0,97	1,09	I	12,14	—	0,70	0,79	—	0,45	0,51	—	0,22	0,25	—	0,03	0,03	—	—	—	—	—	—
	II	8,97	—	0,71	0,80	II	8,97	—	0,46	0,52	—	0,23	0,26	—	0,04	0,04	—	—	—	—	—	—	—	—	—
	III	3,91	—	0,31	0,35	III	3,91	—	0,12	0,14	—	—	—	—	—	—	—	—	—	—	—	—	—	—	—
	V	22,63	—	1,81	2,03	IV	12,14	—	0,83	0,94	—	0,70	0,79	—	0,58	0,65	—	0,45	0,51	—	0,33	0,38	—	0,22	0,25
	VI	23,82	—	1,90	2,14																					
97,09	I,IV	12,16	—	0,97	1,09	I	12,16	—	0,70	0,79	—	0,45	0,51	—	0,22	0,25	—	0,03	0,04	—	—	—	—	—	—
	II	8,99	—	0,71	0,80	II	8,99	—	0,46	0,52	—	0,23	0,26	—	0,04	0,04	—	—	—	—	—	—	—	—	—
	III	3,93	—	0,31	0,35	III	3,93	—	0,12	0,14	—	—	—	—	—	—	—	—	—	—	—	—	—	—	—
	V	22,67	—	1,81	2,04	IV	12,16	—	0,83	0,94	—	0,70	0,79	—	0,58	0,65	—	0,45	0,51	—	0,34	0,38	—	0,22	0,25
	VI	23,86	—	1,90	2,14																					
97,19	I,IV	12,19	—	0,97	1,09	I	12,19	—	0,70	0,79	—	0,46	0,51	—	0,22	0,25	—	0,03	0,04	—	—	—	—	—	—
	II	9,01	—	0,72	0,81	II	9,01	—	0,47	0,53	—	0,23	0,26	—	0,04	0,04	—	—	—	—	—	—	—	—	—
	III	3,95	—	0,31	0,35	III	3,95	—	0,13	0,14	—	—	—	—	—	—	—	—	—	—	—	—	—	—	—
	V	22,70	—	1,81	2,04	IV	12,19	—	0,84	0,94	—	0,70	0,79	—	0,58	0,65	—	0,46	0,51	—	0,34	0,38	—	0,22	0,25
	VI	23,88	—	1,91	2,14																					
97,29	I,IV	12,21	—	0,97	1,09	I	12,21	—	0,71	0,80	—	0,46	0,52	—	0,22	0,25	—	0,03	0,04	—	—	—	—	—	—
	II	9,04	—	0,72	0,81	II	9,04	—	0,47	0,53	—	0,23	0,26	—	0,04	0,05	—	—	—	—	—	—	—	—	—
	III	3,97	—	0,31	0,35	III	3,97	—	0,13	0,14	—	—	—	—	—	—	—	—	—	—	—	—	—	—	—
	V	22,73	—	1,81	2,04	IV	12,21	—	0,84	0,94	—	0,71	0,80	—	0,58	0,65	—	0,46	0,52	—	0,34	0,38	—	0,22	0,25
	VI	23,92	—	1,91	2,15																					
97,39	I,IV	12,24	—	0,97	1,10	I	12,24	—	0,71	0,80	—	0,46	0,52	—	0,23	0,26	—	0,03	0,04	—	—	—	—	—	—
	II	9,06	—	0,72	0,81	II	9,06	—	0,47	0,53	—	0,24	0,27	—	0,04	0,05	—	—	—	—	—	—	—	—	—
	III	3,98	—	0,31	0,35	III	3,98	—	0,13	0,14	—	—	—	—	—	—	—	—	—	—	—	—	—	—	—
	V	22,77	—	1,82	2,04	IV	12,24	—	0,84	0,94	—	0,71	0,80	—	0,58	0,66	—	0,46	0,52	—	0,34	0,38	—	0,23	0,26
	VI	23,96	—	1,91	2,15																					
97,49	I,IV	12,26	—	0,98	1,10	I	12,26	—	0,71	0,80	—	0,46	0,52	—	0,23	0,26	—	0,04	0,04	—	—	—	—	—	—
	II	9,08	—	0,72	0,81	II	9,08	—	0,47	0,53	—	0,24	0,27	—	0,04	0,05	—	—	—	—	—	—	—	—	—
	III	4,—	—	0,32	0,36	III	4,—	—	0,13	0,15	—	—	—	—	—	—	—	—	—	—	—	—	—	—	—
	V	22,80	—	1,82	2,05	IV	12,26	—	0,84	0,95	—	0,71	0,80	—	0,58	0,66	—	0,46	0,52	—	0,34	0,39	—	0,23	0,26
	VI	23,99	—	1,91	2,15																					
97,59	I,IV	12,28	—	0,98	1,10	I	12,28	—	0,71	0,80	—	0,46	0,52	—	0,23	0,26	—	0,04	0,04	—	—	—	—	—	—
	II	9,11	—	0,72	0,81	II	9,11	—	0,47	0,53	—	0,24	0,27	—	0,04	0,05	—	—	—	—	—	—	—	—	—
	III	4,02	—	0,32	0,36	III	4,02	—	0,13	0,15	—	—	—	—	—	—	—	—	—	—	—	—	—	—	—
	V	22,83	—	1,82	2,05	IV	12,28	—	0,84	0,95	—	0,71	0,80	—	0,59	0,66	—	0,46	0,52	—	0,34	0,39	—	0,23	0,26
	VI	24,02	—	1,92	2,16																					
97,69	I,IV	12,31	—	0,98	1,10	I	12,31	—	0,71	0,80	—	0,46	0,52	—	0,23	0,26	—	0,04	0,04	—	—	—	—	—	—
	II	9,13	—	0,73	0,82	II	9,13	—	0,48	0,54	—	0,24	0,27	—	0,04	0,05	—	—	—	—	—	—	—	—	—
	III	4,04	—	0,32	0,36	III	4,04	—	0,13	0,15	—	—	—	—	—	—	—	—	—	—	—	—	—	—	—
	V	22,87	—	1,82	2,05	IV	12,31	—	0,84	0,95	—	0,71	0,80	—	0,59	0,66	—	0,46	0,52	—	0,35	0,39	—	0,23	0,26
	VI	24,06	—	1,92	2,16																					
97,79	I,IV	12,33	—	0,98	1,10	I	12,33	—	0,72	0,81	—	0,47	0,53	—	0,23	0,26	—	0,04	0,04	—	—	—	—	—	—
	II	9,15	—	0,73	0,82	II	9,15	—	0,48	0,54	—	0,24	0,27	—	0,05	0,05	—	—	—	—	—	—	—	—	—
	III	4,06	—	0,32	0,36	III	4,06	—	0,13	0,15	—	—	—	—	—	—	—	—	—	—	—	—	—	—	—
	V	22,90	—	1,83	2,06	IV	12,33	—	0,85	0,95	—	0,72	0,81	—	0,59	0,66	—	0,47	0,53	—	0,35	0,39	—	0,23	0,26
	VI	24,10	—	1,92	2,16																					
97,89	I,IV	12,36	—	0,98	1,11	I	12,36	—	0,72	0,81	—	0,47	0,53	—	0,23	0,26	—	0,04	0,05	—	—	—	—	—	—
	II	9,18	—	0,73	0,82	II	9,18	—	0,48	0,54	—	0,24	0,27	—	0,05	0,05	—	—	—	—	—	—	—	—	—
	III	4,07	—	0,32	0,36	III	4,07	—	0,13	0,15	—	—	—	—	—	—	—	—	—	—	—	—	—	—	—
	V	22,93	—	1,83	2,06	IV	12,36	—	0,85	0,96	—	0,72	0,81	—	0,59	0,67	—	0,47	0,53	—	0,35	0,39	—	0,23	0,26
	VI	24,13	—	1,93	2,17																					
97,99	I,IV	12,38	—	0,99	1,11	I	12,38	—	0,72	0,81	—	0,47	0,53	—	0,24	0,27	—	0,04	0,05	—	—	—	—	—	—
	II	9,20	—	0,73	0,82	II	9,20	—	0,48	0,54	—	0,25	0,28	—	0,05	0,05	—	—	—	—	—	—	—	—	—
	III	4,10	—	0,32	0,36	III	4,10	—	0,14	0,15	—	—	—	—	—	—	—	—	—	—	—	—	—	—	—
	V	22,97	—	1,83	2,06	IV	12,38	—	0,85	0,96	—	0,72	0,81	—	0,59	0,67	—	0,47	0,53	—	0,35	0,40	—	0,24	0,27
	VI	24,16	—	1,93	2,17																					
98,09	I,IV	12,41	—	0,99	1,11	I	12,41	—	0,72	0,81	—	0,47	0,53	—	0,24	0,27	—	0,04	0,05	—	—	—	—	—	—
	II	9,22	—	0,73	0,82	II	9,22	—	0,48	0,54	—	0,25	0,28	—	0,05	0,06	—	—	—	—	—	—	—	—	—
	III	4,11	—	0,32	0,36	III	4,11	—	0,14	0,15	—	—	—	—	—	—	—	—	—	—	—	—	—	—	—
	V	23,01	—	1,84	2,07	IV	12,41	—	0,85	0,96	—	0,72	0,81	—	0,59	0,67	—	0,47	0,53	—	0,35	0,40	—	0,24	0,27
	VI	24,20	—	1,93	2,17																					
98,19	I,IV	12,43	—	0,99	1,11	I	12,43	—	0,72	0,81	—	0,47	0,53	—	0,24	0,27	—	0,04	0,05	—	—	—	—	—	—
	II	9,25	—	0,74	0,83	II	9,25	—	0,48	0,54	—	0,25	0,28	—	0,05	0,06	—	—	—	—	—	—	—	—	—
	III	4,13	—	0,33	0,37	III	4,13	—	0,14	0,16	—	—	—	—	—	—	—	—	—	—	—	—	—	—	—
	V	23,04	—	1,84	2,07	IV	12,43	—	0,85	0,96	—	0,72	0,81	—	0,60	0,67	—	0,47	0,53	—	0,35	0,40	—	0,24	0,27
	VI	24,23	—	1,93	2,18																					
98,29	I,IV	12,46	—	0,99	1,12	I	12,46	—	0,73	0,82	—	0,48	0,54	—	0,24	0,27	—	0,04	0,05	—	—	—	—	—	—
	II	9,27	—	0,74	0,83	II	9,27	—	0,49	0,55	—	0,25	0,28	—	0,05	0,06	—	—	—	—	—	—	—	—	—
	III	4,15	—	0,33	0,37	III	4,15	—	0,14	0,16	—	—	—	—	—	—	—	—	—	—	—	—	—	—	—
	V	23,07	—	1,84	2,07	IV	12,46	—	0,86	0,96	—	0,73	0,82	—	0,60	0,67	—	0,48	0,54	—	0,36	0,40	—	0,24	0,27
	VI	24,27	—	1,94	2,18																					
98,39	I,IV	12,48	—	0,99	1,12	I	12,48	—	0,73	0,82	—	0,48	0,54	—	0,24	0,27	—	0,05	0,05	—	—	—	—	—	—
	II	9,29	—	0,74	0,83	II	9,29	—	0,49	0,55	—	0,25	0,28	—	0,05	0,06	—	—	—	—	—	—	—	—	—
	III	4,17	—	0,33	0,37	III	4,17	—	0,14	0,16	—	—	—	—	—	—	—	—	—	—	—	—	—	—	—
	V	23,11	—	1,84	2,07	IV	12,48	—	0,86	0,97	—	0,73	0,82	—	0,60	0,68	—	0,48	0,54	—	0,36	0,40	—	0,24	0,27
	VI	24,30	—	1,94	2,18																					
98,49	I,IV	12,50	—	1,—	1,12	I	12,50	—	0,73	0,82	—	0,48	0,54	—	0,24	0,27	—	0,05	0,05	—	—	—	—	—	—
	II	9,31	—	0,74	0,83	II	9,31	—	0,49	0,55	—	0,25	0,29	—	0,05	0,06	—	—	—	—	—	—	—	—	—
	III	4,18	—	0,33	0,37	III	4,18	—	0,14	0,16	—	—	—	—	—	—	—	—	—	—	—	—	—	—	—
	V	23,14	—	1,85	2,08	IV	12,50	—	0,86	0,97	—	0,73	0,82	—	0,60	0,68	—	0,48	0,54	—	0,36	0,40	—	0,24	0,27
	VI	24,33	—	1,94	2,18																					
98,59	I,IV	12,53	—	1,—	1,12	I	12,53	—	0,73	0,82	—	0,48	0,54	—	0,25	0,28	—	0,05	0,05	—	—	—	—	—	—
	II	9,34	—	0,74	0,84	II	9,34	—	0,49	0,55	—	0,26	0,29	—	0,06	0,06	—	—	—	—	—	—	—	—	—
	III	4,20	—	0,33	0,37	III	4,20	—	0,14	0,16	—	—	—	—	—	—	—	—	—	—	—	—	—	—	—
	V	23,17	—	1,85	2,08	IV	12,53	—	0,86	0,97	—	0,73	0,82	—	0,60	0,68	—	0,48	0,54	—	0,36	0,41	—	0,25	0,28
	VI	24,37	—	1,94	2,19																					

* Die ausgewiesenen Tabellenwerte sind amtlich. Siehe Erläuterungen auf der Umschlaginnenseite (U2).

TAG 98,60*

Abzüge an Lohnsteuer, Solidaritätszuschlag (SolZ) und Kirchensteuer (8%, 9%) in den Steuerklassen

I – VI — ohne Kinderfreibeträge

Lohn/Gehalt bis €*	Kl	LSt	SolZ	8%	9%
98,69	I,IV	12,55	—	1,—	1,12
	II	9,36	—	0,74	0,84
	III	4,22	—	0,33	0,37
	V	23,21	—	1,85	2,08
	VI	24,40	—	1,95	2,19
98,79	I,IV	12,58	—	1,—	1,13
	II	9,38	—	0,75	0,84
	III	4,24	—	0,33	0,38
	V	23,24	—	1,85	2,09
	VI	24,44	—	1,95	2,19
98,89	I,IV	12,60	—	1,—	1,13
	II	9,41	—	0,75	0,84
	III	4,26	—	0,34	0,38
	V	23,27	—	1,86	2,09
	VI	24,47	—	1,95	2,20
98,99	I,IV	12,63	—	1,01	1,13
	II	9,43	—	0,75	0,84
	III	4,28	—	0,34	0,38
	V	23,31	—	1,86	2,09
	VI	24,51	—	1,96	2,20
99,09	I,IV	12,65	—	1,01	1,13
	II	9,45	—	0,75	0,85
	III	4,30	—	0,34	0,38
	V	23,35	—	1,86	2,10
	VI	24,54	—	1,96	2,20
99,19	I,IV	12,67	—	1,01	1,14
	II	9,48	—	0,75	0,85
	III	4,31	—	0,34	0,38
	V	23,38	—	1,87	2,10
	VI	24,58	—	1,96	2,21
99,29	I,IV	12,70	—	1,01	1,14
	II	9,50	—	0,76	0,85
	III	4,33	—	0,34	0,38
	V	23,42	—	1,87	2,10
	VI	24,61	—	1,96	2,21
99,39	I,IV	12,72	—	1,01	1,14
	II	9,52	—	0,76	0,85
	III	4,35	—	0,34	0,39
	V	23,45	—	1,87	2,11
	VI	24,65	—	1,97	2,21
99,49	I,IV	12,75	—	1,02	1,14
	II	9,55	—	0,76	0,85
	III	4,37	—	0,34	0,39
	V	23,48	—	1,87	2,11
	VI	24,68	—	1,97	2,22
99,59	I,IV	12,77	—	1,02	1,14
	II	9,57	—	0,76	0,86
	III	4,39	—	0,35	0,39
	V	23,52	—	1,88	2,11
	VI	24,71	—	1,97	2,22
99,69	I,IV	12,80	—	1,02	1,15
	II	9,59	—	0,76	0,86
	III	4,41	—	0,35	0,39
	V	23,55	—	1,88	2,11
	VI	24,75	—	1,98	2,22
99,79	I,IV	12,82	—	1,02	1,15
	II	9,61	—	0,76	0,86
	III	4,43	—	0,35	0,39
	V	23,58	—	1,88	2,12
	VI	24,78	—	1,98	2,23
99,89	I,IV	12,85	—	1,02	1,15
	II	9,64	—	0,77	0,86
	III	4,45	—	0,35	0,40
	V	23,62	—	1,88	2,12
	VI	24,82	—	1,98	2,23
99,99	I,IV	12,87	—	1,02	1,15
	II	9,66	—	0,77	0,86
	III	4,46	—	0,35	0,40
	V	23,65	—	1,89	2,12
	VI	24,85	—	1,98	2,23
100,09	I,IV	12,90	—	1,03	1,16
	II	9,68	—	0,77	0,87
	III	4,48	—	0,35	0,40
	V	23,69	—	1,89	2,13
	VI	24,89	—	1,99	2,24
100,19	I,IV	12,92	—	1,03	1,16
	II	9,71	—	0,77	0,87
	III	4,50	—	0,36	0,40
	V	23,72	—	1,89	2,13
	VI	24,92	—	1,99	2,24
100,29	I,IV	12,95	—	1,03	1,16
	II	9,73	—	0,77	0,87
	III	4,52	—	0,36	0,40
	V	23,76	—	1,90	2,13
	VI	24,96	—	1,99	2,24

I, II, III, IV — mit Zahl der Kinderfreibeträge

Lohn/Gehalt bis €*	Kl	LSt	SolZ 0,5	8% 0,5	9% 0,5	SolZ 1	8% 1	9% 1	SolZ 1,5	8% 1,5	9% 1,5	SolZ 2	8% 2	9% 2	SolZ 2,5	8% 2,5	9% 2,5	SolZ 3	8% 3	9% 3
98,69	I	12,55	—	0,73	0,82	—	0,48	0,54	—	0,25	0,28	—	0,05	0,06	—	—	—	—	—	—
	II	9,36	—	0,49	0,55	—	0,26	0,29	—	0,06	0,06	—	—	—	—	—	—	—	—	—
	III	4,22	—	0,14	0,16	—	—	—	—	—	—	—	—	—	—	—	—	—	—	—
	IV	12,55	—	0,86	0,97	—	0,73	0,82	—	0,60	0,68	—	0,48	0,54	—	0,36	0,41	—	0,25	0,28
98,79	I	12,58	—	0,73	0,83	—	0,48	0,54	—	0,25	0,28	—	0,05	0,06	—	—	—	—	—	—
	II	9,38	—	0,49	0,56	—	0,26	0,29	—	0,06	0,07	—	—	—	—	—	—	—	—	—
	III	4,24	—	0,14	0,16	—	—	—	—	—	—	—	—	—	—	—	—	—	—	—
	IV	12,58	—	0,87	0,97	—	0,73	0,83	—	0,61	0,68	—	0,48	0,54	—	0,36	0,41	—	0,25	0,28
98,89	I	12,60	—	0,74	0,83	—	0,49	0,55	—	0,25	0,28	—	0,05	0,06	—	—	—	—	—	—
	II	9,41	—	0,50	0,56	—	0,26	0,29	—	0,06	0,07	—	—	—	—	—	—	—	—	—
	III	4,26	—	0,15	0,16	—	—	—	—	—	—	—	—	—	—	—	—	—	—	—
	IV	12,60	—	0,87	0,98	—	0,74	0,83	—	0,61	0,69	—	0,49	0,55	—	0,37	0,41	—	0,25	0,28
98,99	I	12,63	—	0,74	0,83	—	0,49	0,55	—	0,25	0,28	—	0,05	0,06	—	—	—	—	—	—
	II	9,43	—	0,50	0,56	—	0,26	0,29	—	0,06	0,07	—	—	—	—	—	—	—	—	—
	III	4,28	—	0,15	0,17	—	—	—	—	—	—	—	—	—	—	—	—	—	—	—
	IV	12,63	—	0,87	0,98	—	0,74	0,83	—	0,61	0,69	—	0,49	0,55	—	0,37	0,41	—	0,25	0,28
99,09	I	12,65	—	0,74	0,83	—	0,49	0,55	—	0,25	0,29	—	0,05	0,06	—	—	—	—	—	—
	II	9,45	—	0,50	0,56	—	0,26	0,30	—	0,06	0,07	—	—	—	—	—	—	—	—	—
	III	4,30	—	0,15	0,17	—	—	—	—	—	—	—	—	—	—	—	—	—	—	—
	IV	12,65	—	0,87	0,98	—	0,74	0,83	—	0,61	0,69	—	0,49	0,55	—	0,37	0,42	—	0,25	0,29
99,19	I	12,67	—	0,74	0,83	—	0,49	0,55	—	0,26	0,29	—	0,05	0,06	—	—	—	—	—	—
	II	9,48	—	0,50	0,56	—	0,27	0,30	—	0,06	0,07	—	—	—	—	—	—	—	—	—
	III	4,31	—	0,15	0,17	—	—	—	—	—	—	—	—	—	—	—	—	—	—	—
	IV	12,67	—	0,87	0,98	—	0,74	0,83	—	0,61	0,69	—	0,49	0,55	—	0,37	0,42	—	0,26	0,29
99,29	I	12,70	—	0,74	0,84	—	0,49	0,55	—	0,26	0,29	—	0,06	0,06	—	—	—	—	—	—
	II	9,50	—	0,50	0,57	—	0,27	0,30	—	0,06	0,07	—	—	—	—	—	—	—	—	—
	III	4,33	—	0,15	0,17	—	—	—	—	—	—	—	—	—	—	—	—	—	—	—
	IV	12,70	—	0,88	0,99	—	0,74	0,84	—	0,62	0,69	—	0,49	0,55	—	0,37	0,42	—	0,26	0,29
99,39	I	12,72	—	0,75	0,84	—	0,49	0,56	—	0,26	0,29	—	0,06	0,06	—	—	—	—	—	—
	II	9,52	—	0,50	0,57	—	0,27	0,30	—	0,06	0,07	—	—	—	—	—	—	—	—	—
	III	4,35	—	0,15	0,17	—	—	—	—	—	—	—	—	—	—	—	—	—	—	—
	IV	12,72	—	0,88	0,99	—	0,75	0,84	—	0,62	0,70	—	0,49	0,56	—	0,37	0,42	—	0,26	0,29
99,49	I	12,75	—	0,75	0,84	—	0,50	0,56	—	0,26	0,29	—	0,06	0,07	—	—	—	—	—	—
	II	9,55	—	0,51	0,57	—	0,27	0,30	—	0,07	0,07	—	—	—	—	—	—	—	—	—
	III	4,37	—	0,15	0,17	—	—	—	—	—	—	—	—	—	—	—	—	—	—	—
	IV	12,75	—	0,88	0,99	—	0,75	0,84	—	0,62	0,70	—	0,50	0,56	—	0,38	0,42	—	0,26	0,29
99,59	I	12,77	—	0,75	0,84	—	0,50	0,56	—	0,26	0,29	—	0,06	0,07	—	—	—	—	—	—
	II	9,57	—	0,51	0,57	—	0,27	0,31	—	0,07	0,08	—	—	—	—	—	—	—	—	—
	III	4,39	—	0,15	0,17	—	—	—	—	—	—	—	—	—	—	—	—	—	—	—
	IV	12,77	—	0,88	0,99	—	0,75	0,84	—	0,62	0,70	—	0,50	0,56	—	0,38	0,43	—	0,26	0,29
99,69	I	12,80	—	0,75	0,85	—	0,50	0,56	—	0,26	0,30	—	0,06	0,07	—	—	—	—	—	—
	II	9,59	—	0,51	0,57	—	0,27	0,31	—	0,07	0,08	—	—	—	—	—	—	—	—	—
	III	4,41	—	0,16	0,18	—	—	—	—	—	—	—	—	—	—	—	—	—	—	—
	IV	12,80	—	0,88	0,99	—	0,75	0,85	—	0,62	0,70	—	0,50	0,56	—	0,38	0,43	—	0,26	0,30
99,79	I	12,82	—	0,75	0,85	—	0,50	0,56	—	0,26	0,30	—	0,06	0,07	—	—	—	—	—	—
	II	9,61	—	0,51	0,58	—	0,28	0,31	—	0,07	0,08	—	—	—	—	—	—	—	—	—
	III	4,43	—	0,16	0,18	—	—	—	—	—	—	—	—	—	—	—	—	—	—	—
	IV	12,82	—	0,88	1,—	—	0,75	0,85	—	0,62	0,70	—	0,50	0,56	—	0,38	0,43	—	0,26	0,30
99,89	I	12,85	—	0,75	0,85	—	0,50	0,57	—	0,27	0,30	—	0,06	0,07	—	—	—	—	—	—
	II	9,64	—	0,51	0,58	—	0,28	0,31	—	0,07	0,08	—	—	—	—	—	—	—	—	—
	III	4,45	—	0,16	0,18	—	—	0,01	—	—	—	—	—	—	—	—	—	—	—	—
	IV	12,85	—	0,89	1,—	—	0,75	0,85	—	0,63	0,71	—	0,50	0,57	—	0,38	0,43	—	0,27	0,30
99,99	I	12,87	—	0,76	0,85	—	0,50	0,57	—	0,27	0,30	—	0,06	0,07	—	—	—	—	—	—
	II	9,66	—	0,52	0,58	—	0,28	0,31	—	0,07	0,08	—	—	—	—	—	—	—	—	—
	III	4,46	—	0,16	0,18	—	0,01	0,01	—	—	—	—	—	—	—	—	—	—	—	—
	IV	12,87	—	0,89	1,—	—	0,76	0,85	—	0,63	0,71	—	0,50	0,57	—	0,38	0,43	—	0,27	0,30
100,09	I	12,90	—	0,76	0,85	—	0,51	0,57	—	0,27	0,30	—	0,07	0,07	—	—	—	—	—	—
	II	9,68	—	0,52	0,58	—	0,28	0,32	—	0,07	0,08	—	—	—	—	—	—	—	—	—
	III	4,48	—	0,16	0,18	—	0,01	0,01	—	—	—	—	—	—	—	—	—	—	—	—
	IV	12,90	—	0,89	1,—	—	0,76	0,85	—	0,63	0,71	—	0,51	0,57	—	0,39	0,43	—	0,27	0,30
100,19	I	12,92	—	0,76	0,86	—	0,51	0,57	—	0,27	0,31	—	0,07	0,08	—	—	—	—	—	—
	II	9,71	—	0,52	0,58	—	0,28	0,32	—	0,07	0,08	—	—	—	—	—	—	—	—	—
	III	4,50	—	0,16	0,18	—	0,01	0,01	—	—	—	—	—	—	—	—	—	—	—	—
	IV	12,92	—	0,89	1,—	—	0,76	0,86	—	0,63	0,71	—	0,51	0,57	—	0,39	0,44	—	0,27	0,31
100,29	I	12,95	—	0,76	0,86	—	0,51	0,57	—	0,27	0,31	—	0,07	0,08	—	—	—	—	—	—
	II	9,73	—	0,52	0,59	—	0,28	0,32	—	0,08	0,09	—	—	—	—	—	—	—	—	—
	III	4,52	—	0,16	0,18	—	0,01	0,01	—	—	—	—	—	—	—	—	—	—	—	—
	IV	12,95	—	0,89	1,01	—	0,76	0,86	—	0,63	0,71	—	0,51	0,57	—	0,39	0,44	—	0,27	0,31

T 162

* Die ausgewiesenen Tabellenwerte sind amtlich. Siehe Erläuterungen auf der Umschlaginnenseite (U2).

101,89* TAG

Abzüge an Lohnsteuer, Solidaritätszuschlag (SolZ) und Kirchensteuer (8%, 9%) in den Steuerklassen

Lohn/Gehalt bis €*	Kl.	LSt (ohne Kinderfreibeträge)	SolZ	8%	9%	Kl.	LSt	0,5 SolZ	0,5 8%	0,5 9%	1 SolZ	1 8%	1 9%	1,5 SolZ	1,5 8%	1,5 9%	2 SolZ	2 8%	2 9%	2,5 SolZ	2,5 8%	2,5 9%	3 SolZ	3 8%	3 9%
100,39	I,IV	12,97	—	1,03	1,16	I	12,97	—	0,76	0,86	—	0,51	0,58	—	0,27	0,31	—	0,07	0,08	—	—	—	—	—	—
	II	9,75	—	0,78	0,87	II	9,75	—	0,52	0,59	—	0,28	0,32	—	0,08	0,09	—	—	—	—	—	—	—	—	—
	III	4,54	—	0,36	0,40	III	4,54	—	0,16	0,18	—	0,01	0,01	—	—	—	—	—	—	—	—	—	—	—	—
	V	23,79	—	1,90	2,14	IV	12,97	—	0,90	1,01	—	0,76	0,86	—	0,64	0,72	—	0,51	0,58	—	0,39	0,44	—	0,27	0,31
	VI	24,99	—	1,99	2,24																				
100,49	I,IV	12,99	—	1,03	1,16	I	12,99	—	0,77	0,86	—	0,51	0,58	—	0,28	0,31	—	0,07	0,08	—	—	—	—	—	—
	II	9,78	—	0,78	0,88	II	9,78	—	0,52	0,59	—	0,29	0,32	—	0,08	0,09	—	—	—	—	—	—	—	—	—
	III	4,56	—	0,36	0,41	III	4,56	—	0,17	0,19	—	0,01	0,01	—	—	—	—	—	—	—	—	—	—	—	—
	V	23,82	—	1,90	2,14	IV	12,99	—	0,90	1,01	—	0,77	0,86	—	0,64	0,72	—	0,51	0,58	—	0,39	0,44	—	0,28	0,31
	VI	25,03	—	2,—	2,25																				
100,59	I,IV	13,02	—	1,04	1,17	I	13,02	—	0,77	0,86	—	0,51	0,58	—	0,28	0,31	—	0,07	0,08	—	—	—	—	—	—
	II	9,80	—	0,78	0,88	II	9,80	—	0,53	0,59	—	0,29	0,32	—	0,08	0,09	—	—	—	—	—	—	—	—	—
	III	4,58	—	0,36	0,41	III	4,58	—	0,17	0,19	—	0,01	0,01	—	—	—	—	—	—	—	—	—	—	—	—
	V	23,86	—	1,90	2,14	IV	13,02	—	0,90	1,01	—	0,77	0,86	—	0,64	0,72	—	0,51	0,58	—	0,39	0,44	—	0,28	0,31
	VI	25,06	—	2,—	2,25																				
100,69	I,IV	13,04	—	1,04	1,17	I	13,04	—	0,77	0,87	—	0,52	0,58	—	0,28	0,31	—	0,07	0,08	—	—	—	—	—	—
	II	9,82	—	0,78	0,88	II	9,82	—	0,53	0,59	—	0,29	0,33	—	0,08	0,09	—	—	—	—	—	—	—	—	—
	III	4,60	—	0,36	0,41	III	4,60	—	0,17	0,19	—	0,01	0,01	—	—	—	—	—	—	—	—	—	—	—	—
	V	23,90	—	1,91	2,15	IV	13,04	—	0,90	1,01	—	0,77	0,87	—	0,64	0,72	—	0,52	0,58	—	0,40	0,45	—	0,28	0,31
	VI	25,10	—	2,—	2,25																				
100,79	I,IV	13,07	—	1,04	1,17	I	13,07	—	0,77	0,87	—	0,52	0,58	—	0,28	0,32	—	0,07	0,08	—	—	—	—	—	—
	II	9,85	—	0,78	0,88	II	9,85	—	0,53	0,60	—	0,29	0,33	—	0,08	0,09	—	—	—	—	—	—	—	—	—
	III	4,62	—	0,36	0,41	III	4,62	—	0,17	0,19	—	0,01	0,02	—	—	—	—	—	—	—	—	—	—	—	—
	V	23,93	—	1,91	2,15	IV	13,07	—	0,90	1,02	—	0,77	0,87	—	0,64	0,72	—	0,52	0,58	—	0,40	0,45	—	0,28	0,32
	VI	25,13	—	2,01	2,26																				
100,89	I,IV	13,09	—	1,04	1,17	I	13,09	—	0,77	0,87	—	0,52	0,59	—	0,28	0,32	—	0,08	0,09	—	—	—	—	—	—
	II	9,87	—	0,78	0,88	II	9,87	—	0,53	0,60	—	0,29	0,33	—	0,08	0,09	—	—	—	—	—	—	—	—	—
	III	4,63	—	0,37	0,41	III	4,63	—	0,17	0,19	—	0,01	0,02	—	—	—	—	—	—	—	—	—	—	—	—
	V	23,96	—	1,91	2,15	IV	13,09	—	0,91	1,02	—	0,77	0,87	—	0,64	0,72	—	0,52	0,59	—	0,40	0,45	—	0,28	0,32
	VI	25,16	—	2,01	2,26																				
100,99	I,IV	13,11	—	1,04	1,17	I	13,11	—	0,78	0,87	—	0,52	0,59	—	0,28	0,32	—	0,08	0,09	—	—	—	—	—	—
	II	9,89	—	0,79	0,89	II	9,89	—	0,53	0,60	—	0,29	0,33	—	0,08	0,09	—	—	—	—	—	—	—	—	—
	III	4,66	—	0,37	0,41	III	4,66	—	0,17	0,19	—	0,02	0,02	—	—	—	—	—	—	—	—	—	—	—	—
	V	24,—	—	1,92	2,16	IV	13,11	—	0,91	1,02	—	0,78	0,87	—	0,65	0,73	—	0,52	0,59	—	0,40	0,45	—	0,28	0,32
	VI	25,20	—	2,01	2,26																				
101,09	I,IV	13,14	—	1,05	1,18	I	13,14	—	0,78	0,87	—	0,52	0,59	—	0,29	0,32	—	0,08	0,09	—	—	—	—	—	—
	II	9,91	—	0,79	0,89	II	9,91	—	0,53	0,60	—	0,30	0,33	—	0,08	0,10	—	—	—	—	—	—	—	—	—
	III	4,67	—	0,37	0,42	III	4,67	—	0,17	0,19	—	0,02	0,02	—	—	—	—	—	—	—	—	—	—	—	—
	V	24,03	—	1,92	2,16	IV	13,14	—	0,91	1,02	—	0,78	0,87	—	0,65	0,73	—	0,52	0,59	—	0,40	0,45	—	0,29	0,32
	VI	25,24	—	2,01	2,27																				
101,19	I,IV	13,16	—	1,05	1,18	I	13,16	—	0,78	0,88	—	0,52	0,59	—	0,29	0,32	—	0,08	0,09	—	—	—	—	—	—
	II	9,94	—	0,79	0,89	II	9,94	—	0,54	0,60	—	0,30	0,34	—	0,09	0,10	—	—	—	—	—	—	—	—	—
	III	4,70	—	0,37	0,42	III	4,70	—	0,17	0,20	—	0,02	0,02	—	—	—	—	—	—	—	—	—	—	—	—
	V	24,06	—	1,92	2,16	IV	13,16	—	0,91	1,03	—	0,78	0,88	—	0,65	0,73	—	0,52	0,59	—	0,40	0,45	—	0,29	0,32
	VI	25,27	—	2,02	2,27																				
101,29	I,IV	13,19	—	1,05	1,18	I	13,19	—	0,78	0,88	—	0,53	0,59	—	0,29	0,33	—	0,08	0,09	—	—	—	—	—	—
	II	9,96	—	0,79	0,89	II	9,96	—	0,54	0,61	—	0,30	0,34	—	0,09	0,10	—	—	—	—	—	—	—	—	—
	III	4,71	—	0,37	0,42	III	4,71	—	0,18	0,20	—	0,02	0,02	—	—	—	—	—	—	—	—	—	—	—	—
	V	24,10	—	1,92	2,16	IV	13,19	—	0,91	1,03	—	0,78	0,88	—	0,65	0,73	—	0,53	0,59	—	0,41	0,46	—	0,29	0,33
	VI	25,30	—	2,02	2,27																				
101,39	I,IV	13,21	—	1,05	1,18	I	13,21	—	0,78	0,88	—	0,53	0,60	—	0,29	0,33	—	0,08	0,09	—	—	—	—	—	—
	II	9,98	—	0,79	0,89	II	9,98	—	0,54	0,61	—	0,30	0,34	—	0,09	0,10	—	—	—	—	—	—	—	—	—
	III	4,73	—	0,37	0,42	III	4,73	—	0,18	0,20	—	0,02	0,02	—	—	—	—	—	—	—	—	—	—	—	—
	V	24,13	—	1,93	2,17	IV	13,21	—	0,92	1,03	—	0,78	0,88	—	0,65	0,74	—	0,53	0,60	—	0,41	0,46	—	0,29	0,33
	VI	25,34	—	2,02	2,28																				
101,49	I,IV	13,24	—	1,05	1,19	I	13,24	—	0,78	0,88	—	0,53	0,60	—	0,29	0,33	—	0,08	0,09	—	—	—	—	—	—
	II	10,01	—	0,80	0,90	II	10,01	—	0,54	0,61	—	0,30	0,34	—	0,09	0,10	—	—	—	—	—	—	—	—	—
	III	4,75	—	0,38	0,42	III	4,75	—	0,18	0,20	—	0,02	0,02	—	—	—	—	—	—	—	—	—	—	—	—
	V	24,17	—	1,93	2,17	IV	13,24	—	0,92	1,03	—	0,78	0,88	—	0,66	0,74	—	0,53	0,60	—	0,41	0,46	—	0,29	0,33
	VI	25,38	—	2,03	2,28																				
101,59	I,IV	13,26	—	1,06	1,19	I	13,26	—	0,79	0,89	—	0,53	0,60	—	0,29	0,33	—	0,08	0,09	—	—	—	—	—	—
	II	10,03	—	0,80	0,90	II	10,03	—	0,54	0,61	—	0,30	0,34	—	0,09	0,10	—	—	—	—	—	—	—	—	—
	III	4,77	—	0,38	0,42	III	4,77	—	0,18	0,20	—	0,02	0,02	—	—	—	—	—	—	—	—	—	—	—	—
	V	24,20	—	1,93	2,17	IV	13,26	—	0,92	1,03	—	0,79	0,89	—	0,66	0,74	—	0,53	0,60	—	0,41	0,46	—	0,29	0,33
	VI	25,41	—	2,03	2,28																				
101,69	I,IV	13,29	—	1,06	1,19	I	13,29	—	0,79	0,89	—	0,53	0,60	—	0,30	0,33	—	0,08	0,10	—	—	—	—	—	—
	II	10,05	—	0,80	0,90	II	10,05	—	0,54	0,61	—	0,31	0,34	—	0,09	0,10	—	—	—	—	—	—	—	—	—
	III	4,79	—	0,38	0,43	III	4,79	—	0,18	0,20	—	0,02	0,03	—	—	—	—	—	—	—	—	—	—	—	—
	V	24,24	—	1,93	2,18	IV	13,29	—	0,92	1,04	—	0,79	0,89	—	0,66	0,74	—	0,53	0,60	—	0,41	0,46	—	0,30	0,33
	VI	25,44	—	2,03	2,28																				
101,79	I,IV	13,31	—	1,06	1,19	I	13,31	—	0,79	0,89	—	0,54	0,60	—	0,30	0,34	—	0,09	0,10	—	—	—	—	—	—
	II	10,08	—	0,80	0,90	II	10,08	—	0,55	0,62	—	0,31	0,35	—	0,09	0,11	—	—	—	—	—	—	—	—	—
	III	4,81	—	0,38	0,43	III	4,81	—	0,18	0,20	—	0,02	0,03	—	—	—	—	—	—	—	—	—	—	—	—
	V	24,27	—	1,94	2,18	IV	13,31	—	0,92	1,04	—	0,79	0,89	—	0,66	0,74	—	0,54	0,60	—	0,41	0,47	—	0,30	0,34
	VI	25,48	—	2,03	2,29																				
101,89	I,IV	13,34	—	1,06	1,20	I	13,34	—	0,79	0,89	—	0,54	0,61	—	0,30	0,34	—	0,09	0,10	—	—	—	—	—	—
	II	10,10	—	0,80	0,90	II	10,10	—	0,55	0,62	—	0,31	0,35	—	0,10	0,11	—	—	—	—	—	—	—	—	—
	III	4,83	—	0,38	0,43	III	4,83	—	0,18	0,21	—	0,02	0,03	—	—	—	—	—	—	—	—	—	—	—	—
	V	24,31	—	1,94	2,18	IV	13,34	—	0,92	1,04	—	0,79	0,89	—	0,66	0,75	—	0,54	0,61	—	0,42	0,47	—	0,30	0,34
	VI	25,51	—	2,04	2,29																				

* Die ausgewiesenen Tabellenwerte sind amtlich. Siehe Erläuterungen auf der Umschlaginnenseite (U2).

T 163

TAG 101,90*

Abzüge an Lohnsteuer, Solidaritätszuschlag (SolZ) und Kirchensteuer (8%, 9%) in den Steuerklassen

I – VI (ohne Kinderfreibeträge)   I, II, III, IV (mit Zahl der Kinderfreibeträge …)

Lohn/Gehalt bis €*		LSt	SolZ	8%	9%		LSt	0,5 SolZ	0,5 8%	0,5 9%	1 SolZ	1 8%	1 9%	1,5 SolZ	1,5 8%	1,5 9%	2 SolZ	2 8%	2 9%	2,5 SolZ	2,5 8%	2,5 9%	3 SolZ	3 8%	3 9%
101,99	I,IV	13,36	—	1,06	1,20	I	13,36	—	0,79	0,89	—	0,54	0,61	—	0,30	0,34	—	0,09	0,10	—	—	—	—	—	—
	II	10,13	—	0,81	0,91	II	10,13	—	0,55	0,62	—	0,31	0,35	—	0,10	0,11	—	—	—	—	—	—	—	—	—
	III	4,85	—	0,38	0,43	III	4,85	—	0,18	0,21	—	0,02	0,03	—	—	—	—	—	—	—	—	—	—	—	—
	V	24,34	—	1,94	2,19	IV	13,36	—	0,93	1,04	—	0,79	0,89	—	0,66	0,75	—	0,54	0,61	—	0,42	0,47	—	0,30	0,34
	VI	25,55	—	2,04	2,29																					
102,09	I,IV	13,39	—	1,07	1,20	I	13,39	—	0,80	0,90	—	0,54	0,61	—	0,30	0,34	—	0,09	0,10	—	—	—	—	—	—
	II	10,15	—	0,81	0,91	II	10,15	—	0,55	0,62	—	0,31	0,35	—	0,10	0,11	—	—	—	—	—	—	—	—	—
	III	4,87	—	0,38	0,43	III	4,87	—	0,19	0,21	—	0,03	0,03	—	—	—	—	—	—	—	—	—	—	—	—
	V	24,37	—	1,94	2,19	IV	13,39	—	0,93	1,05	—	0,80	0,90	—	0,67	0,75	—	0,54	0,61	—	0,42	0,47	—	0,30	0,34
	VI	25,58	—	2,04	2,30																					
102,19	I,IV	13,41	—	1,07	1,20	I	13,41	—	0,80	0,90	—	0,54	0,61	—	0,30	0,34	—	0,09	0,10	—	—	—	—	—	—
	II	10,17	—	0,81	0,91	II	10,17	—	0,55	0,62	—	0,31	0,35	—	0,10	0,11	—	—	—	—	—	—	—	—	—
	III	4,88	—	0,39	0,43	III	4,88	—	0,19	0,21	—	0,03	0,03	—	—	—	—	—	—	—	—	—	—	—	—
	V	24,41	—	1,95	2,19	IV	13,41	—	0,93	1,05	—	0,80	0,90	—	0,67	0,75	—	0,54	0,61	—	0,42	0,47	—	0,30	0,34
	VI	25,62	—	2,04	2,30																					
102,29	I,IV	13,44	—	1,07	1,20	I	13,44	—	0,80	0,90	—	0,54	0,61	—	0,31	0,34	—	0,09	0,10	—	—	—	—	—	—
	II	10,20	—	0,81	0,91	II	10,20	—	0,56	0,63	—	0,32	0,36	—	0,10	0,11	—	—	—	—	—	—	—	—	—
	III	4,91	—	0,39	0,44	III	4,91	—	0,19	0,21	—	0,03	0,03	—	—	—	—	—	—	—	—	—	—	—	—
	V	24,45	—	1,95	2,20	IV	13,44	—	0,93	1,05	—	0,80	0,90	—	0,67	0,75	—	0,54	0,61	—	0,42	0,48	—	0,31	0,34
	VI	25,65	—	2,05	2,30																					
102,39	I,IV	13,46	—	1,07	1,21	I	13,46	—	0,80	0,90	—	0,55	0,61	—	0,31	0,35	—	0,09	0,11	—	—	—	—	—	—
	II	10,22	—	0,81	0,91	II	10,22	—	0,56	0,63	—	0,32	0,36	—	0,10	0,11	—	—	—	—	—	—	—	—	—
	III	4,92	—	0,39	0,44	III	4,92	—	0,19	0,21	—	0,03	0,03	—	—	—	—	—	—	—	—	—	—	—	—
	V	24,48	—	1,95	2,20	IV	13,46	—	0,93	1,05	—	0,80	0,90	—	0,67	0,76	—	0,55	0,61	—	0,42	0,48	—	0,31	0,35
	VI	25,69	—	2,05	2,31																					
102,49	I,IV	13,49	—	1,07	1,21	I	13,49	—	0,80	0,90	—	0,55	0,62	—	0,31	0,35	—	0,10	0,11	—	—	—	—	—	—
	II	10,24	—	0,81	0,92	II	10,24	—	0,56	0,63	—	0,32	0,36	—	0,10	0,12	—	—	—	—	—	—	—	—	—
	III	4,95	—	0,39	0,44	III	4,95	—	0,19	0,22	—	0,03	0,03	—	—	—	—	—	—	—	—	—	—	—	—
	V	24,51	—	1,96	2,20	IV	13,49	—	0,94	1,05	—	0,80	0,90	—	0,67	0,76	—	0,55	0,62	—	0,43	0,48	—	0,31	0,35
	VI	25,72	—	2,05	2,31																					
102,59	I,IV	13,51	—	1,08	1,21	I	13,51	—	0,80	0,91	—	0,55	0,62	—	0,31	0,35	—	0,10	0,11	—	—	—	—	—	—
	II	10,26	—	0,82	0,92	II	10,26	—	0,56	0,63	—	0,32	0,36	—	0,10	0,12	—	—	—	—	—	—	—	—	—
	III	4,96	—	0,39	0,44	III	4,96	—	0,19	0,22	—	0,03	0,04	—	—	—	—	—	—	—	—	—	—	—	—
	V	24,55	—	1,96	2,20	IV	13,51	—	0,94	1,06	—	0,80	0,91	—	0,68	0,76	—	0,55	0,62	—	0,43	0,48	—	0,31	0,35
	VI	25,76	—	2,06	2,31																					
102,69	I,IV	13,54	—	1,08	1,21	I	13,54	—	0,81	0,91	—	0,55	0,62	—	0,31	0,35	—	0,10	0,11	—	—	—	—	—	—
	II	10,29	—	0,82	0,92	II	10,29	—	0,56	0,63	—	0,32	0,36	—	0,11	0,12	—	—	—	—	—	—	—	—	—
	III	4,98	—	0,39	0,44	III	4,98	—	0,19	0,22	—	0,03	0,04	—	—	—	—	—	—	—	—	—	—	—	—
	V	24,58	—	1,96	2,21	IV	13,54	—	0,94	1,06	—	0,81	0,91	—	0,68	0,76	—	0,55	0,62	—	0,43	0,48	—	0,31	0,35
	VI	25,79	—	2,06	2,32																					
102,79	I,IV	13,56	—	1,08	1,22	I	13,56	—	0,81	0,91	—	0,55	0,62	—	0,31	0,35	—	0,10	0,11	—	—	—	—	—	—
	II	10,31	—	0,82	0,92	II	10,31	—	0,56	0,63	—	0,32	0,36	—	0,11	0,12	—	—	—	—	—	—	—	—	—
	III	5,—	—	0,40	0,45	III	5,—	—	0,19	0,22	—	0,03	0,04	—	—	—	—	—	—	—	—	—	—	—	—
	V	24,62	—	1,96	2,21	IV	13,56	—	0,94	1,06	—	0,81	0,91	—	0,68	0,76	—	0,55	0,62	—	0,43	0,49	—	0,31	0,35
	VI	25,83	—	2,06	2,32																					
102,89	I,IV	13,58	—	1,08	1,22	I	13,58	—	0,81	0,91	—	0,56	0,63	—	0,32	0,36	—	0,10	0,11	—	—	—	—	—	—
	II	10,33	—	0,82	0,92	II	10,33	—	0,57	0,64	—	0,33	0,37	—	0,11	0,12	—	—	—	—	—	—	—	—	—
	III	5,02	—	0,40	0,45	III	5,02	—	0,20	0,22	—	0,03	0,04	—	—	—	—	—	—	—	—	—	—	—	—
	V	24,65	—	1,97	2,21	IV	13,58	—	0,94	1,06	—	0,81	0,91	—	0,68	0,77	—	0,56	0,63	—	0,43	0,49	—	0,32	0,36
	VI	25,86	—	2,06	2,32																					
102,99	I,IV	13,61	—	1,08	1,22	I	13,61	—	0,81	0,91	—	0,56	0,63	—	0,32	0,36	—	0,10	0,11	—	—	—	—	—	—
	II	10,36	—	0,82	0,93	II	10,36	—	0,57	0,64	—	0,33	0,37	—	0,11	0,12	—	—	—	—	—	—	—	—	—
	III	5,04	—	0,40	0,45	III	5,04	—	0,20	0,22	—	0,04	0,04	—	—	—	—	—	—	—	—	—	—	—	—
	V	24,69	—	1,97	2,22	IV	13,61	—	0,95	1,07	—	0,81	0,91	—	0,68	0,77	—	0,56	0,63	—	0,44	0,49	—	0,32	0,36
	VI	25,90	—	2,07	2,33																					
103,09	I,IV	13,63	—	1,09	1,22	I	13,63	—	0,81	0,92	—	0,56	0,63	—	0,32	0,36	—	0,10	0,12	—	—	—	—	—	—
	II	10,38	—	0,83	0,93	II	10,38	—	0,57	0,64	—	0,33	0,37	—	0,11	0,13	—	—	—	—	—	—	—	—	—
	III	5,06	—	0,40	0,45	III	5,06	—	0,20	0,22	—	0,04	0,04	—	—	—	—	—	—	—	—	—	—	—	—
	V	24,72	—	1,97	2,22	IV	13,63	—	0,95	1,07	—	0,81	0,92	—	0,68	0,77	—	0,56	0,63	—	0,44	0,49	—	0,32	0,36
	VI	25,93	—	2,07	2,33																					
103,19	I,IV	13,66	—	1,09	1,22	I	13,66	—	0,82	0,92	—	0,56	0,63	—	0,32	0,36	—	0,10	0,12	—	—	—	—	—	—
	II	10,41	—	0,83	0,93	II	10,41	—	0,57	0,64	—	0,33	0,37	—	0,11	0,13	—	—	—	—	—	—	—	—	—
	III	5,08	—	0,40	0,45	III	5,08	—	0,20	0,23	—	0,04	0,04	—	—	—	—	—	—	—	—	—	—	—	—
	V	24,76	—	1,98	2,22	IV	13,66	—	0,95	1,07	—	0,82	0,92	—	0,69	0,77	—	0,56	0,63	—	0,44	0,49	—	0,32	0,36
	VI	25,96	—	2,07	2,33																					
103,29	I,IV	13,68	—	1,09	1,23	I	13,68	—	0,82	0,92	—	0,56	0,63	—	0,32	0,36	—	0,11	0,12	—	—	—	—	—	—
	II	10,43	—	0,83	0,93	II	10,43	—	0,57	0,64	—	0,33	0,37	—	0,11	0,13	—	—	—	—	—	—	—	—	—
	III	5,10	—	0,40	0,45	III	5,10	—	0,20	0,23	—	0,04	0,04	—	—	—	—	—	—	—	—	—	—	—	—
	V	24,79	—	1,98	2,23	IV	13,68	—	0,95	1,07	—	0,82	0,92	—	0,69	0,77	—	0,56	0,63	—	0,44	0,50	—	0,32	0,36
	VI	26,—	—	2,08	2,34																					
103,39	I,IV	13,71	—	1,09	1,23	I	13,71	—	0,82	0,92	—	0,56	0,63	—	0,32	0,36	—	0,11	0,12	—	—	—	—	—	—
	II	10,45	—	0,83	0,94	II	10,45	—	0,57	0,65	—	0,33	0,38	—	0,12	0,13	—	—	—	—	—	—	—	—	—
	III	5,12	—	0,40	0,46	III	5,12	—	0,20	0,23	—	0,04	0,04	—	—	—	—	—	—	—	—	—	—	—	—
	V	24,83	—	1,98	2,23	IV	13,71	—	0,95	1,07	—	0,82	0,92	—	0,69	0,78	—	0,56	0,63	—	0,44	0,50	—	0,32	0,36
	VI	26,03	—	2,08	2,34																					
103,49	I,IV	13,73	—	1,09	1,23	I	13,73	—	0,82	0,92	—	0,57	0,64	—	0,33	0,37	—	0,11	0,12	—	—	—	—	—	—
	II	10,48	—	0,83	0,94	II	10,48	—	0,58	0,65	—	0,34	0,38	—	0,12	0,13	—	—	—	—	—	—	—	—	—
	III	5,14	—	0,41	0,46	III	5,14	—	0,20	0,23	—	0,04	0,05	—	—	—	—	—	—	—	—	—	—	—	—
	V	24,86	—	1,98	2,23	IV	13,73	—	0,96	1,08	—	0,82	0,92	—	0,69	0,78	—	0,57	0,64	—	0,44	0,50	—	0,33	0,37
	VI	26,07	—	2,08	2,34																					

* Die ausgewiesenen Tabellenwerte sind amtlich. Siehe Erläuterungen auf der Umschlaginnenseite (U2).

105,09*   **TAG**

Abzüge an Lohnsteuer, Solidaritätszuschlag (SolZ) und Kirchensteuer (8%, 9%) in den Steuerklassen

I – VI (ohne Kinderfreibeträge)   **I, II, III, IV** (mit Zahl der Kinderfreibeträge . . .)

Lohn/Gehalt bis €*	Kl.	LSt	SolZ	8%	9%	Kl.	LSt	0,5 SolZ	0,5 8%	0,5 9%	1 SolZ	1 8%	1 9%	1,5 SolZ	1,5 8%	1,5 9%	2 SolZ	2 8%	2 9%	2,5 SolZ	2,5 8%	2,5 9%	3 SolZ	3 8%	3 9%
103,59	I,IV	13,76	—	1,10	1,23	I	13,76	—	0,82	0,93	—	0,57	0,64	—	0,33	0,37	—	0,11	0,12	—	—	—	—	—	—
	II	10,50	—	0,84	0,94	II	10,50	—	0,58	0,65	—	0,34	0,38	—	0,12	0,13	—	—	—	—	—	—	—	—	—
	III	5,16	—	0,41	0,46	III	5,16	—	0,20	0,23	—	0,04	0,05	—	—	—	—	—	—	—	—	—	—	—	—
	V	24,90	—	1,99	2,24	IV	13,76	—	0,96	1,08	—	0,82	0,93	—	0,69	0,78	—	0,57	0,64	—	0,44	0,50	—	0,33	0,37
	VI	26,10	—	2,08	2,34																				
103,69	I,IV	13,78	—	1,10	1,24	I	13,78	—	0,83	0,93	—	0,57	0,64	—	0,33	0,37	—	0,11	0,12	—	—	—	—	—	—
	II	10,52	—	0,84	0,94	II	10,52	—	0,58	0,65	—	0,34	0,38	—	0,12	0,13	—	—	—	—	—	—	—	—	—
	III	5,18	—	0,41	0,46	III	5,18	—	0,21	0,23	—	0,04	0,05	—	—	—	—	—	—	—	—	—	—	—	—
	V	24,93	—	1,99	2,24	IV	13,78	—	0,96	1,08	—	0,83	0,93	—	0,70	0,78	—	0,57	0,64	—	0,45	0,50	—	0,33	0,37
	VI	26,14	—	2,09	2,35																				
103,79	I,IV	13,81	—	1,10	1,24	I	13,81	—	0,83	0,93	—	0,57	0,64	—	0,33	0,37	—	0,11	0,13	—	—	—	—	—	—
	II	10,55	—	0,84	0,94	II	10,55	—	0,58	0,65	—	0,34	0,38	—	0,12	0,14	—	—	—	—	—	—	—	—	—
	III	5,20	—	0,41	0,46	III	5,20	—	0,21	0,23	—	0,04	0,05	—	—	—	—	—	—	—	—	—	—	—	—
	V	24,96	—	1,99	2,24	IV	13,81	—	0,96	1,08	—	0,83	0,93	—	0,70	0,78	—	0,57	0,64	—	0,45	0,50	—	0,33	0,37
	VI	26,17	—	2,09	2,35																				
103,89	I,IV	13,83	—	1,10	1,24	I	13,83	—	0,83	0,93	—	0,57	0,64	—	0,33	0,37	—	0,11	0,13	—	—	—	—	—	—
	II	10,57	—	0,84	0,95	II	10,57	—	0,58	0,66	—	0,34	0,39	—	0,12	0,14	—	—	—	—	—	—	—	—	—
	III	5,22	—	0,41	0,46	III	5,22	—	0,21	0,24	—	0,04	0,05	—	—	—	—	—	—	—	—	—	—	—	—
	V	25,—	—	2,—	2,25	IV	13,83	—	0,96	1,08	—	0,83	0,93	—	0,70	0,79	—	0,57	0,64	—	0,45	0,51	—	0,33	0,37
	VI	26,21	—	2,09	2,35																				
103,99	I,IV	13,86	—	1,10	1,24	I	13,86	—	0,83	0,94	—	0,57	0,65	—	0,33	0,38	—	0,11	0,13	—	—	—	—	—	—
	II	10,59	—	0,84	0,95	II	10,59	—	0,58	0,66	—	0,34	0,39	—	0,12	0,14	—	—	—	—	—	—	—	—	—
	III	5,24	—	0,41	0,47	III	5,24	—	0,21	0,24	—	0,05	0,05	—	—	—	—	—	—	—	—	—	—	—	—
	V	25,03	—	2,—	2,25	IV	13,86	—	0,97	1,09	—	0,83	0,94	—	0,70	0,79	—	0,57	0,65	—	0,45	0,51	—	0,33	0,38
	VI	26,24	—	2,09	2,36																				
104,09	I,IV	13,88	—	1,11	1,24	I	13,88	—	0,83	0,94	—	0,58	0,65	—	0,34	0,38	—	0,12	0,13	—	—	—	—	—	—
	II	10,62	—	0,84	0,95	II	10,62	—	0,59	0,66	—	0,35	0,39	—	0,12	0,14	—	—	—	—	—	—	—	—	—
	III	5,26	—	0,42	0,47	III	5,26	—	0,21	0,24	—	0,05	0,05	—	—	—	—	—	—	—	—	—	—	—	—
	V	25,07	—	2,—	2,25	IV	13,88	—	0,97	1,09	—	0,83	0,94	—	0,70	0,79	—	0,58	0,65	—	0,45	0,51	—	0,34	0,38
	VI	26,28	—	2,10	2,36																				
104,19	I,IV	13,91	—	1,11	1,25	I	13,91	—	0,84	0,94	—	0,58	0,65	—	0,34	0,38	—	0,12	0,13	—	—	—	—	—	—
	II	10,64	—	0,85	0,95	II	10,64	—	0,59	0,66	—	0,35	0,39	—	0,13	0,14	—	—	—	—	—	—	—	—	—
	III	5,28	—	0,42	0,47	III	5,28	—	0,21	0,24	—	0,05	0,05	—	—	—	—	—	—	—	—	—	—	—	—
	V	25,10	—	2,—	2,25	IV	13,91	—	0,97	1,09	—	0,84	0,94	—	0,70	0,79	—	0,58	0,65	—	0,46	0,51	—	0,34	0,38
	VI	26,31	—	2,10	2,36																				
104,29	I,IV	13,93	—	1,11	1,25	I	13,93	—	0,84	0,94	—	0,58	0,65	—	0,34	0,38	—	0,12	0,13	—	—	—	—	—	—
	II	10,66	—	0,85	0,95	II	10,66	—	0,59	0,66	—	0,35	0,39	—	0,13	0,14	—	—	—	—	—	—	—	—	—
	III	5,30	—	0,42	0,47	III	5,30	—	0,21	0,24	—	0,05	0,06	—	—	—	—	—	—	—	—	—	—	—	—
	V	25,14	—	2,01	2,26	IV	13,93	—	0,97	1,09	—	0,84	0,94	—	0,71	0,79	—	0,58	0,65	—	0,46	0,51	—	0,34	0,38
	VI	26,35	—	2,10	2,37																				
104,39	I,IV	13,96	—	1,11	1,25	I	13,96	—	0,84	0,94	—	0,58	0,65	—	0,34	0,38	—	0,12	0,14	—	—	—	—	—	—
	II	10,69	—	0,85	0,96	II	10,69	—	0,59	0,67	—	0,35	0,39	—	0,13	0,15	—	—	—	—	—	—	—	—	—
	III	5,32	—	0,42	0,47	III	5,32	—	0,22	0,24	—	0,05	0,06	—	—	—	—	—	—	—	—	—	—	—	—
	V	25,17	—	2,01	2,26	IV	13,96	—	0,97	1,09	—	0,84	0,94	—	0,71	0,80	—	0,58	0,65	—	0,46	0,52	—	0,34	0,38
	VI	26,38	—	2,11	2,37																				
104,49	I,IV	13,98	—	1,11	1,25	I	13,98	—	0,84	0,95	—	0,58	0,66	—	0,34	0,38	—	0,12	0,14	—	—	—	—	—	—
	II	10,71	—	0,85	0,96	II	10,71	—	0,59	0,67	—	0,35	0,40	—	0,13	0,15	—	—	—	—	—	—	—	—	—
	III	5,34	—	0,42	0,48	III	5,34	—	0,22	0,24	—	0,05	0,06	—	—	—	—	—	—	—	—	—	—	—	—
	V	25,21	—	2,01	2,26	IV	13,98	—	0,98	1,10	—	0,84	0,95	—	0,71	0,80	—	0,58	0,66	—	0,46	0,52	—	0,34	0,38
	VI	26,41	—	2,11	2,37																				
104,59	I,IV	14,01	—	1,12	1,26	I	14,01	—	0,84	0,95	—	0,58	0,66	—	0,34	0,39	—	0,12	0,14	—	—	—	—	—	—
	II	10,73	—	0,85	0,96	II	10,73	—	0,60	0,67	—	0,35	0,40	—	0,13	0,15	—	—	—	—	—	—	—	—	—
	III	5,36	—	0,42	0,48	III	5,36	—	0,22	0,25	—	0,05	0,06	—	—	—	—	—	—	—	—	—	—	—	—
	V	25,24	—	2,01	2,27	IV	14,01	—	0,98	1,10	—	0,84	0,95	—	0,71	0,80	—	0,58	0,66	—	0,46	0,52	—	0,34	0,39
	VI	26,45	—	2,11	2,38																				
104,69	I,IV	14,03	—	1,12	1,26	I	14,03	—	0,84	0,95	—	0,59	0,66	—	0,34	0,39	—	0,12	0,14	—	—	—	—	—	—
	II	10,76	—	0,86	0,96	II	10,76	—	0,60	0,67	—	0,36	0,40	—	0,13	0,15	—	—	—	—	—	—	—	—	—
	III	5,38	—	0,43	0,48	III	5,38	—	0,22	0,25	—	0,05	0,06	—	—	—	—	—	—	—	—	—	—	—	—
	V	25,28	—	2,02	2,27	IV	14,03	—	0,98	1,10	—	0,84	0,95	—	0,71	0,80	—	0,59	0,66	—	0,46	0,52	—	0,34	0,39
	VI	26,49	—	2,11	2,38																				
104,79	I,IV	14,06	—	1,12	1,26	I	14,06	—	0,85	0,95	—	0,59	0,66	—	0,35	0,39	—	0,13	0,14	—	—	—	—	—	—
	II	10,78	—	0,86	0,97	II	10,78	—	0,60	0,67	—	0,36	0,40	—	0,13	0,15	—	—	—	—	—	—	—	—	—
	III	5,40	—	0,43	0,48	III	5,40	—	0,22	0,25	—	0,05	0,06	—	—	—	—	—	—	—	—	—	—	—	—
	V	25,31	—	2,02	2,27	IV	14,06	—	0,98	1,10	—	0,85	0,95	—	0,72	0,81	—	0,59	0,66	—	0,47	0,52	—	0,35	0,39
	VI	26,52	—	2,12	2,38																				
104,89	I,IV	14,08	—	1,12	1,26	I	14,08	—	0,85	0,95	—	0,59	0,66	—	0,35	0,39	—	0,13	0,14	—	—	—	—	—	—
	II	10,81	—	0,86	0,97	II	10,81	—	0,60	0,68	—	0,36	0,40	—	0,14	0,15	—	—	—	—	—	—	—	—	—
	III	5,42	—	0,43	0,48	III	5,42	—	0,22	0,25	—	0,06	0,06	—	—	—	—	—	—	—	—	—	—	—	—
	V	25,35	—	2,02	2,28	IV	14,08	—	0,98	1,11	—	0,85	0,95	—	0,72	0,81	—	0,59	0,66	—	0,47	0,53	—	0,35	0,39
	VI	26,55	—	2,12	2,38																				
104,99	I,IV	14,11	—	1,12	1,26	I	14,11	—	0,85	0,96	—	0,59	0,67	—	0,35	0,39	—	0,13	0,14	—	—	—	—	—	—
	II	10,83	—	0,86	0,97	II	10,83	—	0,60	0,68	—	0,36	0,41	—	0,14	0,15	—	—	—	—	—	—	—	—	—
	III	5,44	—	0,43	0,48	III	5,44	—	0,22	0,25	—	0,06	0,06	—	—	—	—	—	—	—	—	—	—	—	—
	V	25,38	—	2,03	2,28	IV	14,11	—	0,98	1,11	—	0,85	0,96	—	0,72	0,81	—	0,59	0,67	—	0,47	0,53	—	0,35	0,39
	VI	26,59	—	2,12	2,39																				
105,09	I,IV	14,13	—	1,13	1,27	I	14,13	—	0,85	0,96	—	0,59	0,67	—	0,35	0,40	—	0,13	0,15	—	—	—	—	—	—
	II	10,85	—	0,86	0,97	II	10,85	—	0,60	0,68	—	0,36	0,41	—	0,14	0,16	—	—	—	—	—	—	—	—	—
	III	5,46	—	0,43	0,49	III	5,46	—	0,22	0,25	—	0,06	0,06	—	—	—	—	—	—	—	—	—	—	—	—
	V	25,41	—	2,03	2,28	IV	14,13	—	0,99	1,11	—	0,85	0,96	—	0,72	0,81	—	0,59	0,67	—	0,47	0,53	—	0,35	0,40
	VI	26,62	—	2,12	2,39																				

* Die ausgewiesenen Tabellenwerte sind amtlich. Siehe Erläuterungen auf der Umschlaginnenseite (U2).

T 165

TAG 105,10*

Abzüge an Lohnsteuer, Solidaritätszuschlag (SolZ) und Kirchensteuer (8%, 9%) in den Steuerklassen

I – VI (ohne Kinderfreibeträge)   **I, II, III, IV** (mit Zahl der Kinderfreibeträge …)

Lohn/Gehalt bis €*	Kl	LSt	SolZ	8%	9%	Kl	LSt	0,5 SolZ	0,5 8%	0,5 9%	1 SolZ	1 8%	1 9%	1,5 SolZ	1,5 8%	1,5 9%	2 SolZ	2 8%	2 9%	2,5 SolZ	2,5 8%	2,5 9%	3 SolZ	3 8%	3 9%
105,19	I,IV	14,16	—	1,13	1,27	I	14,16	—	0,85	0,96	—	0,60	0,67	—	0,35	0,40	—	0,13	0,15	—	—	—	—	—	—
	II	10,88	—	0,87	0,97	II	10,88	—	0,61	0,68	—	0,36	0,41	—	0,14	0,16	—	—	—	—	—	—	—	—	—
	III	5,48	—	0,43	0,49	III	5,48	—	0,23	0,25	—	0,06	0,07	—	—	—	—	—	—	—	—	—	—	—	—
	V	25,45	—	2,03	2,29	IV	14,16	—	0,99	1,11	—	0,85	0,96	—	0,72	0,81	—	0,60	0,67	—	0,47	0,53	—	0,35	0,40
	VI	26,66	—	2,13	2,39																				
105,29	I,IV	14,18	—	1,13	1,27	I	14,18	—	0,86	0,96	—	0,60	0,67	—	0,36	0,40	—	0,13	0,15	—	—	—	—	—	—
	II	10,90	—	0,87	0,98	II	10,90	—	0,61	0,68	—	0,37	0,41	—	0,14	0,16	—	—	—	—	—	—	—	—	—
	III	5,50	—	0,44	0,49	III	5,50	—	0,23	0,26	—	0,06	0,07	—	—	—	—	—	—	—	—	—	—	—	—
	V	25,48	—	2,03	2,29	IV	14,18	—	0,99	1,11	—	0,86	0,96	—	0,72	0,81	—	0,60	0,67	—	0,47	0,53	—	0,36	0,40
	VI	26,69	—	2,13	2,40																				
105,39	I,IV	14,21	—	1,13	1,27	I	14,21	—	0,86	0,97	—	0,60	0,67	—	0,36	0,40	—	0,13	0,15	—	—	—	—	—	—
	II	10,93	—	0,87	0,98	II	10,93	—	0,61	0,69	—	0,37	0,41	—	0,14	0,16	—	—	—	—	—	—	—	—	—
	III	5,52	—	0,44	0,49	III	5,52	—	0,23	0,26	—	0,06	0,07	—	—	—	—	—	—	—	—	—	—	—	—
	V	25,52	—	2,04	2,29	IV	14,21	—	0,99	1,12	—	0,86	0,97	—	0,73	0,82	—	0,60	0,67	—	0,48	0,54	—	0,36	0,40
	VI	26,73	—	2,13	2,40																				
105,49	I,IV	14,23	—	1,13	1,28	I	14,23	—	0,86	0,97	—	0,60	0,68	—	0,36	0,40	—	0,14	0,15	—	—	—	—	—	—
	II	10,95	—	0,87	0,98	II	10,95	—	0,61	0,69	—	0,37	0,42	—	0,14	0,16	—	—	—	—	—	—	—	—	—
	III	5,54	—	0,44	0,49	III	5,54	—	0,23	0,26	—	0,06	0,07	—	—	—	—	—	—	—	—	—	—	—	—
	V	25,55	—	2,04	2,29	IV	14,23	—	0,99	1,12	—	0,86	0,97	—	0,73	0,82	—	0,60	0,68	—	0,48	0,54	—	0,36	0,40
	VI	26,76	—	2,14	2,40																				
105,59	I,IV	14,26	—	1,14	1,28	I	14,26	—	0,86	0,97	—	0,60	0,68	—	0,36	0,41	—	0,14	0,15	—	—	—	—	—	—
	II	10,97	—	0,87	0,98	II	10,97	—	0,61	0,69	—	0,37	0,42	—	0,15	0,16	—	—	—	—	—	—	—	—	—
	III	5,56	—	0,44	0,50	III	5,56	—	0,23	0,26	—	0,06	0,07	—	—	—	—	—	—	—	—	—	—	—	—
	V	25,59	—	2,04	2,30	IV	14,26	—	1,—	1,12	—	0,86	0,97	—	0,73	0,82	—	0,60	0,68	—	0,48	0,54	—	0,36	0,41
	VI	26,80	—	2,14	2,41																				
105,69	I,IV	14,28	—	1,14	1,28	I	14,28	—	0,86	0,97	—	0,60	0,68	—	0,36	0,41	—	0,14	0,16	—	—	—	—	—	—
	II	11,—	—	0,88	0,99	II	11,—	—	0,62	0,69	—	0,37	0,42	—	0,15	0,17	—	—	—	—	—	—	—	—	—
	III	5,58	—	0,44	0,50	III	5,58	—	0,23	0,26	—	0,06	0,07	—	—	—	—	—	—	—	—	—	—	—	—
	V	25,62	—	2,04	2,30	IV	14,28	—	1,—	1,12	—	0,86	0,97	—	0,73	0,82	—	0,60	0,68	—	0,48	0,54	—	0,36	0,41
	VI	26,83	—	2,14	2,41																				
105,79	I,IV	14,31	—	1,14	1,28	I	14,31	—	0,86	0,97	—	0,61	0,68	—	0,36	0,41	—	0,14	0,16	—	—	—	—	—	—
	II	11,02	—	0,88	0,99	II	11,02	—	0,62	0,70	—	0,37	0,42	—	0,15	0,17	—	—	—	—	—	—	—	—	—
	III	5,60	—	0,44	0,50	III	5,60	—	0,23	0,26	—	0,06	0,07	—	—	—	—	—	—	—	—	—	—	—	—
	V	25,66	—	2,05	2,30	IV	14,31	—	1,—	1,13	—	0,86	0,97	—	0,73	0,83	—	0,61	0,68	—	0,48	0,54	—	0,36	0,41
	VI	26,87	—	2,14	2,41																				
105,89	I,IV	14,33	—	1,14	1,28	I	14,33	—	0,87	0,98	—	0,61	0,68	—	0,36	0,41	—	0,14	0,16	—	—	—	—	—	—
	II	11,04	—	0,88	0,99	II	11,04	—	0,62	0,70	—	0,38	0,42	—	0,15	0,17	—	—	—	—	—	—	—	—	—
	III	5,62	—	0,44	0,50	III	5,62	—	0,24	0,27	—	0,07	0,07	—	—	—	—	—	—	—	—	—	—	—	—
	V	25,69	—	2,05	2,31	IV	14,33	—	1,—	1,13	—	0,87	0,98	—	0,74	0,83	—	0,61	0,68	—	0,48	0,54	—	0,36	0,41
	VI	26,90	—	2,15	2,42																				
105,99	I,IV	14,36	—	1,14	1,29	I	14,36	—	0,87	0,98	—	0,61	0,69	—	0,37	0,41	—	0,14	0,16	—	—	—	—	—	—
	II	11,07	—	0,88	0,99	II	11,07	—	0,62	0,70	—	0,38	0,42	—	0,15	0,17	—	—	—	—	—	—	—	—	—
	III	5,63	—	0,45	0,50	III	5,63	—	0,24	0,27	—	0,07	0,08	—	—	—	—	—	—	—	—	—	—	—	—
	V	25,73	—	2,05	2,31	IV	14,36	—	1,—	1,13	—	0,87	0,98	—	0,74	0,83	—	0,61	0,69	—	0,49	0,55	—	0,37	0,41
	VI	26,94	—	2,15	2,42																				
106,09	I,IV	14,38	—	1,15	1,29	I	14,38	—	0,87	0,98	—	0,61	0,69	—	0,37	0,41	—	0,14	0,16	—	—	—	—	—	—
	II	11,09	—	0,88	0,99	II	11,09	—	0,62	0,70	—	0,38	0,43	—	0,15	0,17	—	—	—	—	—	—	—	—	—
	III	5,66	—	0,45	0,50	III	5,66	—	0,24	0,27	—	0,07	0,08	—	—	—	—	—	—	—	—	—	—	—	—
	V	25,76	—	2,06	2,31	IV	14,38	—	1,01	1,13	—	0,87	0,98	—	0,74	0,83	—	0,61	0,69	—	0,49	0,55	—	0,37	0,41
	VI	26,97	—	2,15	2,42																				
106,19	I,IV	14,41	—	1,15	1,29	I	14,41	—	0,87	0,98	—	0,61	0,69	—	0,37	0,42	—	0,15	0,16	—	—	—	—	—	—
	II	11,11	—	0,88	0,99	II	11,11	—	0,62	0,70	—	0,38	0,43	—	0,15	0,17	—	—	—	—	—	—	—	—	—
	III	5,68	—	0,45	0,51	III	5,68	—	0,24	0,27	—	0,07	0,08	—	—	—	—	—	—	—	—	—	—	—	—
	V	25,80	—	2,06	2,32	IV	14,41	—	1,01	1,13	—	0,87	0,98	—	0,74	0,83	—	0,61	0,69	—	0,49	0,55	—	0,37	0,42
	VI	27,01	—	2,16	2,43																				
106,29	I,IV	14,43	—	1,15	1,29	I	14,43	—	0,87	0,98	—	0,62	0,69	—	0,37	0,42	—	0,15	0,17	—	—	—	—	—	—
	II	11,14	—	0,89	1,—	II	11,14	—	0,63	0,71	—	0,38	0,43	—	0,16	0,18	—	—	—	—	—	—	—	—	—
	III	5,70	—	0,45	0,51	III	5,70	—	0,24	0,27	—	0,07	0,08	—	—	—	—	—	—	—	—	—	—	—	—
	V	25,83	—	2,06	2,32	IV	14,43	—	1,01	1,14	—	0,87	0,98	—	0,74	0,84	—	0,62	0,69	—	0,49	0,55	—	0,37	0,42
	VI	27,04	—	2,16	2,43																				
106,39	I,IV	14,46	—	1,15	1,30	I	14,46	—	0,88	0,99	—	0,62	0,69	—	0,37	0,42	—	0,15	0,17	—	—	—	—	—	—
	II	11,16	—	0,89	1,—	II	11,16	—	0,63	0,71	—	0,38	0,43	—	0,16	0,18	—	—	—	—	—	—	—	—	—
	III	5,72	—	0,45	0,51	III	5,72	—	0,24	0,27	—	0,07	0,08	—	—	—	—	—	—	—	—	—	—	—	—
	V	25,86	—	2,06	2,32	IV	14,46	—	1,01	1,14	—	0,88	0,99	—	0,74	0,84	—	0,62	0,69	—	0,49	0,55	—	0,37	0,42
	VI	27,08	—	2,16	2,43																				
106,49	I,IV	14,48	—	1,15	1,30	I	14,48	—	0,88	0,99	—	0,62	0,70	—	0,38	0,42	—	0,15	0,17	—	—	—	—	—	—
	II	11,19	—	0,89	1,—	II	11,19	—	0,63	0,71	—	0,39	0,43	—	0,16	0,18	—	—	—	—	—	—	—	—	—
	III	5,73	—	0,45	0,51	III	5,73	—	0,24	0,27	—	0,07	0,08	—	—	—	—	—	—	—	—	—	—	—	—
	V	25,90	—	2,07	2,33	IV	14,48	—	1,01	1,14	—	0,88	0,99	—	0,75	0,84	—	0,62	0,70	—	0,49	0,56	—	0,38	0,42
	VI	27,11	—	2,16	2,43																				
106,59	I,IV	14,51	—	1,16	1,30	I	14,51	—	0,88	0,99	—	0,62	0,70	—	0,38	0,42	—	0,15	0,17	—	—	—	—	—	—
	II	11,21	—	0,89	1,—	II	11,21	—	0,63	0,71	—	0,39	0,44	—	0,16	0,18	—	—	—	—	—	—	—	—	—
	III	5,76	—	0,46	0,51	III	5,76	—	0,24	0,28	—	0,07	0,08	—	—	—	—	—	—	—	—	—	—	—	—
	V	25,94	—	2,07	2,33	IV	14,51	—	1,02	1,14	—	0,88	0,99	—	0,75	0,84	—	0,62	0,70	—	0,50	0,56	—	0,38	0,42
	VI	27,15	—	2,17	2,44																				
106,69	I,IV	14,54	—	1,16	1,30	I	14,54	—	0,88	0,99	—	0,62	0,70	—	0,38	0,43	—	0,15	0,17	—	—	—	—	—	—
	II	11,23	—	0,89	1,01	II	11,23	—	0,63	0,71	—	0,39	0,44	—	0,16	0,18	—	—	—	—	—	—	—	—	—
	III	5,77	—	0,46	0,51	III	5,77	—	0,25	0,28	—	0,07	0,08	—	—	—	—	—	—	—	—	—	—	—	—
	V	25,97	—	2,07	2,33	IV	14,54	—	1,02	1,15	—	0,88	0,99	—	0,75	0,84	—	0,62	0,70	—	0,50	0,56	—	0,38	0,43
	VI	27,18	—	2,17	2,44																				

T 166

* Die ausgewiesenen Tabellenwerte sind amtlich. Siehe Erläuterungen auf der Umschlaginnenseite (U2).

108,29* TAG

Abzüge an Lohnsteuer, Solidaritätszuschlag (SolZ) und Kirchensteuer (8%, 9%) in den Steuerklassen

I – VI (ohne Kinderfreibeträge)   I, II, III, IV (mit Zahl der Kinderfreibeträge . . .)

Lohn/Gehalt bis €*		LSt	SolZ	8%	9%		LSt	0,5 SolZ	0,5 8%	0,5 9%	1 SolZ	1 8%	1 9%	1,5 SolZ	1,5 8%	1,5 9%	2 SolZ	2 8%	2 9%	2,5 SolZ	2,5 8%	2,5 9%	3 SolZ	3 8%	3 9%
106,79	I,IV	14,56	—	1,16	1,31	I	14,56	—	0,88	0,99	—	0,62	0,70	—	0,38	0,43	—	0,15	0,17	—	—	—	—	—	—
	II	11,26	—	0,90	1,01	II	11,26	—	0,64	0,72	—	0,39	0,44	—	0,16	0,18	—	—	—	—	—	—	—	—	—
	III	5,80	—	0,46	0,52	III	5,80	—	0,25	0,28	—	0,08	0,09	—	—	—	—	—	—	—	—	—	—	—	—
	V	26,—	—	2,08	2,34	IV	14,56	—	1,02	1,15	—	0,88	0,99	—	0,75	0,85	—	0,62	0,70	—	0,50	0,56	—	0,38	0,43
	VI	27,21	—	2,17	2,44																				
106,89	I,IV	14,59	—	1,16	1,31	I	14,59	—	0,89	1,—	—	0,63	0,70	—	0,38	0,43	—	0,16	0,18	—	—	—	—	—	—
	II	11,28	—	0,90	1,01	II	11,28	—	0,64	0,72	—	0,39	0,44	—	0,16	0,19	—	—	—	—	—	—	—	—	—
	III	5,82	—	0,46	0,52	III	5,82	—	0,25	0,28	—	0,08	0,09	—	—	—	—	—	—	—	—	—	—	—	—
	V	26,04	—	2,08	2,34	IV	14,59	—	1,02	1,15	—	0,89	1,—	—	0,75	0,85	—	0,63	0,70	—	0,50	0,56	—	0,38	0,43
	VI	27,25	—	2,18	2,45																				
106,99	I,IV	14,61	—	1,16	1,31	I	14,61	—	0,89	1,—	—	0,63	0,71	—	0,38	0,43	—	0,16	0,18	—	—	—	—	—	—
	II	11,31	—	0,90	1,01	II	11,31	—	0,64	0,72	—	0,39	0,44	—	0,17	0,19	—	—	—	—	—	—	—	—	—
	III	5,83	—	0,46	0,52	III	5,83	—	0,25	0,28	—	0,08	0,09	—	—	—	—	—	—	—	—	—	—	—	—
	V	26,08	—	2,08	2,34	IV	14,61	—	1,02	1,15	—	0,89	1,—	—	0,76	0,85	—	0,63	0,71	—	0,50	0,57	—	0,38	0,43
	VI	27,28	—	2,18	2,45																				
107,09	I,IV	14,64	—	1,17	1,31	I	14,64	—	0,89	1,—	—	0,63	0,71	—	0,38	0,43	—	0,16	0,18	—	—	—	—	—	—
	II	11,33	—	0,90	1,01	II	11,33	—	0,64	0,72	—	0,40	0,45	—	0,17	0,19	—	—	—	—	—	—	—	—	—
	III	5,86	—	0,46	0,52	III	5,86	—	0,25	0,28	—	0,08	0,09	—	—	—	—	—	—	—	—	—	—	—	—
	V	26,11	—	2,08	2,34	IV	14,64	—	1,03	1,15	—	0,89	1,—	—	0,76	0,85	—	0,63	0,71	—	0,50	0,57	—	0,38	0,43
	VI	27,32	—	2,18	2,45																				
107,19	I,IV	14,66	—	1,17	1,31	I	14,66	—	0,89	1,—	—	0,63	0,71	—	0,39	0,44	—	0,16	0,18	—	—	—	—	—	—
	II	11,35	—	0,90	1,02	II	11,35	—	0,64	0,72	—	0,40	0,45	—	0,17	0,19	—	—	—	—	—	—	—	—	—
	III	5,87	—	0,46	0,52	III	5,87	—	0,25	0,28	—	0,08	0,09	—	—	—	—	—	—	—	—	—	—	—	—
	V	26,14	—	2,09	2,35	IV	14,66	—	1,03	1,16	—	0,89	1,—	—	0,76	0,85	—	0,63	0,71	—	0,51	0,57	—	0,39	0,44
	VI	27,35	—	2,18	2,46																				
107,29	I,IV	14,69	—	1,17	1,32	I	14,69	—	0,89	1,01	—	0,63	0,71	—	0,39	0,44	—	0,16	0,18	—	—	—	—	—	—
	II	11,38	—	0,91	1,02	II	11,38	—	0,64	0,72	—	0,40	0,45	—	0,17	0,19	—	—	—	—	—	—	—	—	—
	III	5,90	—	0,47	0,53	III	5,90	—	0,25	0,29	—	0,08	0,09	—	—	—	—	—	—	—	—	—	—	—	—
	V	26,18	—	2,09	2,35	IV	14,69	—	1,03	1,16	—	0,89	1,01	—	0,76	0,86	—	0,63	0,71	—	0,51	0,57	—	0,39	0,44
	VI	27,39	—	2,19	2,46																				
107,39	I,IV	14,71	—	1,17	1,32	I	14,71	—	0,90	1,01	—	0,63	0,71	—	0,39	0,44	—	0,16	0,18	—	—	—	—	—	—
	II	11,40	—	0,91	1,02	II	11,40	—	0,65	0,73	—	0,40	0,45	—	0,17	0,19	—	—	—	—	—	—	—	—	—
	III	5,92	—	0,47	0,53	III	5,92	—	0,26	0,29	—	0,08	0,09	—	—	—	—	—	—	—	—	—	—	—	—
	V	26,21	—	2,09	2,35	IV	14,71	—	1,03	1,16	—	0,90	1,01	—	0,76	0,86	—	0,63	0,71	—	0,51	0,57	—	0,39	0,44
	VI	27,42	—	2,19	2,46																				
107,49	I,IV	14,74	—	1,17	1,32	I	14,74	—	0,90	1,01	—	0,64	0,72	—	0,39	0,44	—	0,16	0,18	—	—	—	—	—	—
	II	11,43	—	0,91	1,02	II	11,43	—	0,65	0,73	—	0,40	0,45	—	0,17	0,20	—	—	—	—	—	—	—	—	—
	III	5,93	—	0,47	0,53	III	5,93	—	0,26	0,29	—	0,08	0,09	—	—	—	—	—	—	—	—	—	—	—	—
	V	26,25	—	2,10	2,36	IV	14,74	—	1,03	1,16	—	0,90	1,01	—	0,76	0,86	—	0,64	0,72	—	0,51	0,58	—	0,39	0,44
	VI	27,46	—	2,19	2,47																				
107,59	I,IV	14,76	—	1,18	1,32	I	14,76	—	0,90	1,01	—	0,64	0,72	—	0,39	0,44	—	0,17	0,19	—	—	—	—	—	—
	II	11,45	—	0,91	1,03	II	11,45	—	0,65	0,73	—	0,40	0,45	—	0,18	0,20	—	—	—	—	—	—	—	—	—
	III	5,96	—	0,47	0,53	III	5,96	—	0,26	0,29	—	0,08	0,09	—	—	—	—	—	—	—	—	—	—	—	—
	V	26,28	—	2,10	2,36	IV	14,76	—	1,04	1,17	—	0,90	1,01	—	0,77	0,86	—	0,64	0,72	—	0,51	0,58	—	0,39	0,44
	VI	27,49	—	2,19	2,47																				
107,69	I,IV	14,79	—	1,18	1,33	I	14,79	—	0,90	1,01	—	0,64	0,72	—	0,40	0,45	—	0,17	0,19	—	—	—	—	—	—
	II	11,47	—	0,91	1,03	II	11,47	—	0,65	0,73	—	0,41	0,46	—	0,18	0,20	—	—	—	—	—	—	—	—	—
	III	5,97	—	0,47	0,53	III	5,97	—	0,26	0,29	—	0,08	0,10	—	—	—	—	—	—	—	—	—	—	—	—
	V	26,32	—	2,10	2,36	IV	14,79	—	1,04	1,17	—	0,90	1,01	—	0,77	0,86	—	0,64	0,72	—	0,52	0,58	—	0,40	0,45
	VI	27,53	—	2,20	2,47																				
107,79	I,IV	14,81	—	1,18	1,33	I	14,81	—	0,90	1,02	—	0,64	0,72	—	0,40	0,45	—	0,17	0,19	—	—	—	—	—	—
	II	11,50	—	0,92	1,03	II	11,50	—	0,65	0,73	—	0,41	0,46	—	0,18	0,20	—	—	—	—	—	—	—	—	—
	III	6,—	—	0,48	0,54	III	6,—	—	0,26	0,29	—	0,09	0,10	—	—	—	—	—	—	—	—	—	—	—	—
	V	26,35	—	2,10	2,37	IV	14,81	—	1,04	1,17	—	0,90	1,02	—	0,77	0,87	—	0,64	0,72	—	0,52	0,58	—	0,40	0,45
	VI	27,56	—	2,20	2,48																				
107,89	I,IV	14,84	—	1,18	1,33	I	14,84	—	0,90	1,02	—	0,64	0,72	—	0,40	0,45	—	0,17	0,19	—	—	—	—	—	—
	II	11,52	—	0,92	1,03	II	11,52	—	0,66	0,74	—	0,41	0,46	—	0,18	0,20	—	—	—	—	—	—	—	—	—
	III	6,02	—	0,48	0,54	III	6,02	—	0,26	0,30	—	0,09	0,10	—	—	—	—	—	—	—	—	—	—	—	—
	V	26,39	—	2,11	2,37	IV	14,84	—	1,04	1,17	—	0,90	1,02	—	0,77	0,87	—	0,64	0,72	—	0,52	0,58	—	0,40	0,45
	VI	27,60	—	2,20	2,48																				
107,99	I,IV	14,86	—	1,18	1,33	I	14,86	—	0,91	1,02	—	0,65	0,73	—	0,40	0,45	—	0,17	0,19	—	—	—	—	—	—
	II	11,54	—	0,92	1,03	II	11,54	—	0,66	0,74	—	0,41	0,46	—	0,18	0,20	—	—	0,01	—	—	—	—	—	—
	III	6,03	—	0,48	0,54	III	6,03	—	0,26	0,30	—	0,09	0,10	—	—	—	—	—	—	—	—	—	—	—	—
	V	26,42	—	2,11	2,37	IV	14,86	—	1,04	1,17	—	0,91	1,02	—	0,77	0,87	—	0,65	0,73	—	0,52	0,59	—	0,40	0,45
	VI	27,63	—	2,21	2,48																				
108,09	I,IV	14,89	—	1,19	1,34	I	14,89	—	0,91	1,02	—	0,65	0,73	—	0,40	0,45	—	0,17	0,19	—	—	—	—	—	—
	II	11,57	—	0,92	1,04	II	11,57	—	0,66	0,74	—	0,41	0,46	—	0,18	0,21	—	0,01	0,01	—	—	—	—	—	—
	III	6,06	—	0,48	0,54	III	6,06	—	0,27	0,30	—	0,09	0,10	—	—	—	—	—	—	—	—	—	—	—	—
	V	26,46	—	2,11	2,38	IV	14,89	—	1,05	1,18	—	0,91	1,02	—	0,78	0,87	—	0,65	0,73	—	0,52	0,59	—	0,40	0,45
	VI	27,66	—	2,21	2,48																				
108,19	I,IV	14,91	—	1,19	1,34	I	14,91	—	0,91	1,02	—	0,65	0,73	—	0,40	0,45	—	0,17	0,20	—	—	—	—	—	—
	II	11,59	—	0,92	1,04	II	11,59	—	0,66	0,74	—	0,41	0,47	—	0,18	0,21	—	0,01	0,01	—	—	—	—	—	—
	III	6,07	—	0,48	0,54	III	6,07	—	0,27	0,30	—	0,09	0,10	—	—	—	—	—	—	—	—	—	—	—	—
	V	26,49	—	2,11	2,38	IV	14,91	—	1,05	1,18	—	0,91	1,02	—	0,78	0,88	—	0,65	0,73	—	0,52	0,59	—	0,40	0,45
	VI	27,70	—	2,21	2,49																				
108,29	I,IV	14,94	—	1,19	1,34	I	14,94	—	0,91	1,03	—	0,65	0,73	—	0,41	0,46	—	0,18	0,20	—	—	—	—	—	—
	II	11,62	—	0,92	1,04	II	11,62	—	0,66	0,74	—	0,42	0,47	—	0,19	0,21	—	0,01	0,01	—	—	—	—	—	—
	III	6,10	—	0,48	0,54	III	6,10	—	0,27	0,30	—	0,09	0,10	—	—	—	—	—	—	—	—	—	—	—	—
	V	26,53	—	2,12	2,38	IV	14,94	—	1,05	1,18	—	0,91	1,03	—	0,78	0,88	—	0,65	0,73	—	0,53	0,59	—	0,41	0,46
	VI	27,73	—	2,21	2,49																				

* Die ausgewiesenen Tabellenwerte sind amtlich. Siehe Erläuterungen auf der Umschlaginnenseite (U2).

TAG 108,30*

Abzüge an Lohnsteuer, Solidaritätszuschlag (SolZ) und Kirchensteuer (8%, 9%) in den Steuerklassen

Linker Block: Steuerklassen **I – VI** – *ohne* Kinderfreibeträge. Rechte Blöcke: Steuerklassen **I, II, III, IV** – *mit* Zahl der Kinderfreibeträge (0,5 / 1 / 1,5 / 2 / 2,5 / 3).

Lohn/Gehalt bis €*	Kl	LSt	SolZ	8%	9%	Kl	LSt	SolZ (0,5)	8%	9%	SolZ (1)	8%	9%	SolZ (1,5)	8%	9%	SolZ (2)	8%	9%	SolZ (2,5)	8%	9%	SolZ (3)	8%	9%
108,39	I,IV	14,96	—	1,19	1,34	I	14,96	—	0,91	1,03	—	0,65	0,73	—	0,41	0,46	—	0,18	0,20	—	—	—	—	—	—
	II	11,64	—	0,93	1,04	II	11,64	—	0,66	0,75	—	0,42	0,47	—	0,19	0,21	—	0,01	0,01	—	—	—	—	—	—
	III	6,12	—	0,48	0,55	III	6,12	—	0,27	0,30	—	0,09	0,10	—	—	—	—	—	—	—	—	—	—	—	—
	V	26,56	—	2,12	2,39	IV	14,96	—	1,05	1,18	—	0,91	1,03	—	0,78	0,88	—	0,65	0,73	—	0,53	0,59	—	0,41	0,46
	VI	27,77	—	2,22	2,49																				
108,49	I,IV	14,99	—	1,19	1,34	I	14,99	—	0,92	1,03	—	0,65	0,74	—	0,41	0,46	—	0,18	0,20	—	—	—	—	—	—
	II	11,66	—	0,93	1,04	II	11,66	—	0,67	0,75	—	0,42	0,47	—	0,19	0,21	—	0,01	0,01	—	—	—	—	—	—
	III	6,13	—	0,49	0,55	III	6,13	—	0,27	0,31	—	0,09	0,11	—	—	—	—	—	—	—	—	—	—	—	—
	V	26,60	—	2,12	2,39	IV	14,99	—	1,05	1,19	—	0,92	1,03	—	0,78	0,88	—	0,65	0,74	—	0,53	0,60	—	0,41	0,46
	VI	27,80	—	2,22	2,50																				
108,59	I,IV	15,01	—	1,20	1,35	I	15,01	—	0,92	1,03	—	0,66	0,74	—	0,41	0,46	—	0,18	0,20	—	—	0,01	—	—	—
	II	11,69	—	0,93	1,05	II	11,69	—	0,67	0,75	—	0,42	0,47	—	0,19	0,21	—	0,01	0,01	—	—	—	—	—	—
	III	6,16	—	0,49	0,55	III	6,16	—	0,27	0,31	—	0,10	0,11	—	—	—	—	—	—	—	—	—	—	—	—
	V	26,63	—	2,13	2,39	IV	15,01	—	1,06	1,19	—	0,92	1,03	—	0,79	0,88	—	0,66	0,74	—	0,53	0,60	—	0,41	0,46
	VI	27,84	—	2,22	2,50																				
108,69	I,IV	15,04	—	1,20	1,35	I	15,04	—	0,92	1,04	—	0,66	0,74	—	0,41	0,46	—	0,18	0,21	—	0,01	0,01	—	—	—
	II	11,71	—	0,93	1,05	II	11,71	—	0,67	0,75	—	0,42	0,48	—	0,19	0,22	—	0,01	0,01	—	—	—	—	—	—
	III	6,18	—	0,49	0,55	III	6,18	—	0,27	0,31	—	0,10	0,11	—	—	—	—	—	—	—	—	—	—	—	—
	V	26,66	—	2,13	2,39	IV	15,04	—	1,06	1,19	—	0,92	1,04	—	0,79	0,89	—	0,66	0,74	—	0,53	0,60	—	0,41	0,46
	VI	27,87	—	2,22	2,50																				
108,79	I,IV	15,07	—	1,20	1,35	I	15,07	—	0,92	1,04	—	0,66	0,74	—	0,41	0,47	—	0,18	0,21	—	0,01	0,01	—	—	—
	II	11,74	—	0,93	1,05	II	11,74	—	0,67	0,76	—	0,42	0,48	—	0,19	0,22	—	0,01	0,01	—	—	—	—	—	—
	III	6,20	—	0,49	0,55	III	6,20	—	0,28	0,31	—	0,10	0,11	—	—	—	—	—	—	—	—	—	—	—	—
	V	26,70	—	2,13	2,40	IV	15,07	—	1,06	1,19	—	0,92	1,04	—	0,79	0,89	—	0,66	0,74	—	0,53	0,60	—	0,41	0,47
	VI	27,91	—	2,23	2,51																				
108,89	I,IV	15,09	—	1,20	1,35	I	15,09	—	0,92	1,04	—	0,66	0,74	—	0,42	0,47	—	0,19	0,21	—	0,01	0,01	—	—	—
	II	11,76	—	0,94	1,05	II	11,76	—	0,67	0,76	—	0,43	0,48	—	0,20	0,22	—	0,01	0,02	—	—	—	—	—	—
	III	6,22	—	0,49	0,55	III	6,22	—	0,28	0,31	—	0,10	0,11	—	—	—	—	—	—	—	—	—	—	—	—
	V	26,73	—	2,13	2,40	IV	15,09	—	1,06	1,19	—	0,92	1,04	—	0,79	0,89	—	0,66	0,74	—	0,54	0,60	—	0,42	0,47
	VI	27,94	—	2,23	2,51																				
108,99	I,IV	15,12	—	1,20	1,36	I	15,12	—	0,93	1,04	—	0,66	0,75	—	0,42	0,47	—	0,19	0,21	—	0,01	0,01	—	—	—
	II	11,78	—	0,94	1,06	II	11,78	—	0,67	0,76	—	0,43	0,48	—	0,20	0,22	—	0,02	0,02	—	—	—	—	—	—
	III	6,23	—	0,49	0,56	III	6,23	—	0,28	0,31	—	0,10	0,11	—	—	—	—	—	—	—	—	—	—	—	—
	V	26,77	—	2,14	2,40	IV	15,12	—	1,06	1,20	—	0,93	1,04	—	0,79	0,89	—	0,66	0,75	—	0,54	0,61	—	0,42	0,47
	VI	27,98	—	2,23	2,51																				
109,09	I,IV	15,14	—	1,21	1,36	I	15,14	—	0,93	1,04	—	0,67	0,75	—	0,42	0,47	—	0,19	0,21	—	0,01	0,01	—	—	—
	II	11,81	—	0,94	1,06	II	11,81	—	0,68	0,76	—	0,43	0,48	—	0,20	0,22	—	0,02	0,02	—	—	—	—	—	—
	III	6,26	—	0,50	0,56	III	6,26	—	0,28	0,31	—	0,10	0,11	—	—	—	—	—	—	—	—	—	—	—	—
	V	26,80	—	2,14	2,41	IV	15,14	—	1,07	1,20	—	0,93	1,04	—	0,79	0,89	—	0,67	0,75	—	0,54	0,61	—	0,42	0,47
	VI	28,01	—	2,24	2,52																				
109,19	I,IV	15,17	—	1,21	1,36	I	15,17	—	0,93	1,05	—	0,67	0,75	—	0,42	0,47	—	0,19	0,21	—	0,01	0,01	—	—	—
	II	11,83	—	0,94	1,06	II	11,83	—	0,68	0,76	—	0,43	0,49	—	0,20	0,23	—	0,02	0,02	—	—	—	—	—	—
	III	6,28	—	0,50	0,56	III	6,28	—	0,28	0,32	—	0,10	0,11	—	—	—	—	—	—	—	—	—	—	—	—
	V	26,84	—	2,14	2,41	IV	15,17	—	1,07	1,20	—	0,93	1,05	—	0,80	0,90	—	0,67	0,75	—	0,54	0,61	—	0,42	0,47
	VI	28,05	—	2,24	2,52																				
109,29	I,IV	15,19	—	1,21	1,36	I	15,19	—	0,93	1,05	—	0,67	0,75	—	0,42	0,47	—	0,19	0,22	—	0,01	0,01	—	—	—
	II	11,86	—	0,94	1,06	II	11,86	—	0,68	0,77	—	0,43	0,49	—	0,20	0,23	—	0,02	0,02	—	—	—	—	—	—
	III	6,30	—	0,50	0,56	III	6,30	—	0,28	0,32	—	0,10	0,12	—	—	—	—	—	—	—	—	—	—	—	—
	V	26,87	—	2,14	2,41	IV	15,19	—	1,07	1,20	—	0,93	1,05	—	0,80	0,90	—	0,67	0,75	—	0,54	0,61	—	0,42	0,47
	VI	28,08	—	2,24	2,52																				
109,39	I,IV	15,22	—	1,21	1,36	I	15,22	—	0,93	1,05	—	0,67	0,75	—	0,42	0,48	—	0,19	0,22	—	0,01	0,01	—	—	—
	II	11,88	—	0,95	1,06	II	11,88	—	0,68	0,77	—	0,43	0,49	—	0,20	0,23	—	0,02	0,02	—	—	—	—	—	—
	III	6,32	—	0,50	0,56	III	6,32	—	0,28	0,32	—	0,10	0,12	—	—	—	—	—	—	—	—	—	—	—	—
	V	26,91	—	2,15	2,42	IV	15,22	—	1,07	1,21	—	0,93	1,05	—	0,80	0,90	—	0,67	0,75	—	0,54	0,61	—	0,42	0,48
	VI	28,12	—	2,24	2,53																				
109,49	I,IV	15,25	—	1,22	1,37	I	15,25	—	0,94	1,05	—	0,67	0,76	—	0,43	0,48	—	0,19	0,22	—	0,01	0,02	—	—	—
	II	11,90	—	0,95	1,07	II	11,90	—	0,68	0,77	—	0,44	0,49	—	0,20	0,23	—	0,02	0,02	—	—	—	—	—	—
	III	6,34	—	0,50	0,57	III	6,34	—	0,28	0,32	—	0,10	0,12	—	—	—	—	—	—	—	—	—	—	—	—
	V	26,94	—	2,15	2,42	IV	15,25	—	1,07	1,21	—	0,94	1,05	—	0,80	0,90	—	0,67	0,76	—	0,55	0,62	—	0,43	0,48
	VI	28,15	—	2,25	2,53																				
109,59	I,IV	15,27	—	1,22	1,37	I	15,27	—	0,94	1,06	—	0,67	0,76	—	0,43	0,48	—	0,20	0,22	—	0,01	0,02	—	—	—
	II	11,93	—	0,95	1,07	II	11,93	—	0,69	0,77	—	0,44	0,49	—	0,21	0,23	—	0,02	0,02	—	—	—	—	—	—
	III	6,36	—	0,50	0,57	III	6,36	—	0,29	0,32	—	0,11	0,12	—	—	—	—	—	—	—	—	—	—	—	—
	V	26,98	—	2,15	2,42	IV	15,27	—	1,08	1,21	—	0,94	1,06	—	0,80	0,90	—	0,67	0,76	—	0,55	0,62	—	0,43	0,48
	VI	28,18	—	2,25	2,53																				
109,69	I,IV	15,30	—	1,22	1,37	I	15,30	—	0,94	1,06	—	0,68	0,76	—	0,43	0,48	—	0,20	0,22	—	0,02	0,02	—	—	—
	II	11,95	—	0,95	1,07	II	11,95	—	0,69	0,77	—	0,44	0,49	—	0,21	0,23	—	0,02	0,03	—	—	—	—	—	—
	III	6,38	—	0,51	0,57	III	6,38	—	0,29	0,32	—	0,11	0,12	—	—	—	—	—	—	—	—	—	—	—	—
	V	27,01	—	2,16	2,43	IV	15,30	—	1,08	1,21	—	0,94	1,06	—	0,81	0,91	—	0,68	0,76	—	0,55	0,62	—	0,43	0,48
	VI	28,22	—	2,25	2,53																				
109,79	I,IV	15,32	—	1,22	1,37	I	15,32	—	0,94	1,06	—	0,68	0,76	—	0,43	0,48	—	0,20	0,22	—	0,02	0,02	—	—	—
	II	11,98	—	0,95	1,07	II	11,98	—	0,69	0,78	—	0,44	0,50	—	0,21	0,24	—	0,02	0,03	—	—	—	—	—	—
	III	6,40	—	0,51	0,57	III	6,40	—	0,29	0,33	—	0,11	0,12	—	—	—	—	—	—	—	—	—	—	—	—
	V	27,05	—	2,16	2,43	IV	15,32	—	1,08	1,21	—	0,94	1,06	—	0,81	0,91	—	0,68	0,76	—	0,55	0,62	—	0,43	0,48
	VI	28,26	—	2,26	2,54																				
109,89	I,IV	15,35	—	1,22	1,38	I	15,35	—	0,94	1,06	—	0,68	0,77	—	0,43	0,49	—	0,20	0,23	—	0,02	0,02	—	—	—
	II	12,—	—	0,96	1,08	II	12,—	—	0,69	0,78	—	0,44	0,50	—	0,21	0,24	—	0,02	0,03	—	—	—	—	—	—
	III	6,42	—	0,51	0,57	III	6,42	—	0,29	0,33	—	0,11	0,12	—	—	—	—	—	—	—	—	—	—	—	—
	V	27,08	—	2,16	2,43	IV	15,35	—	1,08	1,22	—	0,94	1,06	—	0,81	0,91	—	0,68	0,77	—	0,55	0,62	—	0,43	0,49
	VI	28,29	—	2,26	2,54																				

* Die ausgewiesenen Tabellenwerte sind amtlich. Siehe Erläuterungen auf der Umschlaginnenseite (U2).

111,49* TAG

Abzüge an Lohnsteuer, Solidaritätszuschlag (SolZ) und Kirchensteuer (8%, 9%) in den Steuerklassen

Steuerklassen I–VI: ohne Kinderfreibeträge — Steuerklassen I, II, III, IV: mit Zahl der Kinderfreibeträge

Lohn/Gehalt bis €*	Kl.	LSt	SolZ	8%	9%	Kl.	LSt	0,5 SolZ	0,5 8%	0,5 9%	1 SolZ	1 8%	1 9%	1,5 SolZ	1,5 8%	1,5 9%	2 SolZ	2 8%	2 9%	2,5 SolZ	2,5 8%	2,5 9%	3 SolZ	3 8%	3 9%
109,99	I,IV	15,37	—	1,22	1,38	I	15,37	—	0,94	1,06	—	0,68	0,77	—	0,43	0,49	—	0,20	0,23	—	0,02	0,02	—	—	—
	II	12,03	—	0,96	1,08	II	12,03	—	0,69	0,78	—	0,44	0,50	—	0,21	0,24	—	0,03	0,03	—	—	—	—	—	—
	III	6,44	—	0,51	0,57	III	6,44	—	0,29	0,33	—	0,11	0,13	—	—	—	—	—	—	—	—	—	—	—	—
	V	27,11	—	2,16	2,43	IV	15,37	—	1,08	1,22	—	0,94	1,06	—	0,81	0,91	—	0,68	0,77	—	0,56	0,63	—	0,43	0,49
	VI	28,32	—	2,26	2,54																					
110,09	I,IV	15,40	—	1,23	1,38	I	15,40	—	0,95	1,07	—	0,68	0,77	—	0,44	0,49	—	0,20	0,23	—	0,02	0,02	—	—	—
	II	12,05	—	0,96	1,08	II	12,05	—	0,69	0,78	—	0,45	0,50	—	0,21	0,24	—	0,03	0,03	—	—	—	—	—	—
	III	6,46	—	0,51	0,58	III	6,46	—	0,29	0,33	—	0,11	0,13	—	—	—	—	—	—	—	—	—	—	—	—
	V	27,15	—	2,17	2,44	IV	15,40	—	1,08	1,22	—	0,95	1,07	—	0,81	0,91	—	0,68	0,77	—	0,56	0,63	—	0,44	0,49
	VI	28,36	—	2,26	2,55																					
110,19	I,IV	15,42	—	1,23	1,38	I	15,42	—	0,95	1,07	—	0,68	0,77	—	0,44	0,49	—	0,21	0,23	—	0,02	0,02	—	—	—
	II	12,07	—	0,96	1,08	II	12,07	—	0,70	0,78	—	0,45	0,50	—	0,22	0,24	—	0,03	0,03	—	—	—	—	—	—
	III	6,48	—	0,51	0,58	III	6,48	—	0,30	0,33	—	0,11	0,13	—	—	—	—	—	—	—	—	—	—	—	—
	V	27,19	—	2,17	2,44	IV	15,42	—	1,09	1,22	—	0,95	1,07	—	0,82	0,92	—	0,68	0,77	—	0,56	0,63	—	0,44	0,49
	VI	28,40	—	2,27	2,55																					
110,29	I,IV	15,45	—	1,23	1,39	I	15,45	—	0,95	1,07	—	0,69	0,77	—	0,44	0,49	—	0,21	0,23	—	0,02	0,02	—	—	—
	II	12,10	—	0,96	1,08	II	12,10	—	0,70	0,79	—	0,45	0,51	—	0,22	0,25	—	0,03	0,03	—	—	—	—	—	—
	III	6,50	—	0,52	0,58	III	6,50	—	0,30	0,33	—	0,11	0,13	—	—	—	—	—	—	—	—	—	—	—	—
	V	27,22	—	2,17	2,44	IV	15,45	—	1,09	1,23	—	0,95	1,07	—	0,82	0,92	—	0,69	0,77	—	0,56	0,63	—	0,44	0,49
	VI	28,43	—	2,27	2,55																					
110,39	I,IV	15,47	—	1,23	1,39	I	15,47	—	0,95	1,07	—	0,69	0,78	—	0,44	0,50	—	0,21	0,24	—	0,02	0,03	—	—	—
	II	12,12	—	0,96	1,09	II	12,12	—	0,70	0,79	—	0,45	0,51	—	0,22	0,25	—	0,03	0,03	—	—	—	—	—	—
	III	6,52	—	0,52	0,58	III	6,52	—	0,30	0,34	—	0,12	0,13	—	—	—	—	—	—	—	—	—	—	—	—
	V	27,25	—	2,18	2,45	IV	15,47	—	1,09	1,23	—	0,95	1,07	—	0,82	0,92	—	0,69	0,78	—	0,56	0,63	—	0,44	0,50
	VI	28,46	—	2,27	2,56																					
110,49	I,IV	15,50	—	1,24	1,39	I	15,50	—	0,96	1,08	—	0,69	0,78	—	0,44	0,50	—	0,21	0,24	—	0,02	0,03	—	—	—
	II	12,15	—	0,97	1,09	II	12,15	—	0,70	0,79	—	0,45	0,51	—	0,22	0,25	—	0,03	0,03	—	—	—	—	—	—
	III	6,54	—	0,52	0,58	III	6,54	—	0,30	0,34	—	0,12	0,13	—	—	—	—	—	—	—	—	—	—	—	—
	V	27,29	—	2,18	2,45	IV	15,50	—	1,09	1,23	—	0,96	1,08	—	0,82	0,92	—	0,69	0,78	—	0,56	0,63	—	0,44	0,50
	VI	28,50	—	2,28	2,56																					
110,59	I,IV	15,53	—	1,24	1,39	I	15,53	—	0,96	1,08	—	0,69	0,78	—	0,44	0,50	—	0,21	0,24	—	0,02	0,03	—	—	—
	II	12,17	—	0,97	1,09	II	12,17	—	0,70	0,79	—	0,46	0,51	—	0,22	0,25	—	0,03	0,04	—	—	—	—	—	—
	III	6,56	—	0,52	0,59	III	6,56	—	0,30	0,34	—	0,12	0,13	—	—	—	—	—	—	—	—	—	—	—	—
	V	27,32	—	2,18	2,45	IV	15,53	—	1,10	1,23	—	0,96	1,08	—	0,82	0,93	—	0,69	0,78	—	0,57	0,64	—	0,44	0,50
	VI	28,53	—	2,28	2,56																					
110,69	I,IV	15,55	—	1,24	1,39	I	15,55	—	0,96	1,08	—	0,69	0,78	—	0,45	0,50	—	0,21	0,24	—	0,03	0,03	—	—	—
	II	12,20	—	0,97	1,09	II	12,20	—	0,71	0,79	—	0,46	0,51	—	0,22	0,25	—	0,03	0,04	—	—	—	—	—	—
	III	6,58	—	0,52	0,59	III	6,58	—	0,30	0,34	—	0,12	0,13	—	—	—	—	—	—	—	—	—	—	—	—
	V	27,36	—	2,18	2,46	IV	15,55	—	1,10	1,23	—	0,96	1,08	—	0,82	0,93	—	0,69	0,78	—	0,57	0,64	—	0,45	0,50
	VI	28,57	—	2,28	2,57																					
110,79	I,IV	15,58	—	1,24	1,40	I	15,58	—	0,96	1,08	—	0,70	0,78	—	0,45	0,50	—	0,22	0,24	—	0,03	0,03	—	—	—
	II	12,22	—	0,97	1,09	II	12,22	—	0,71	0,80	—	0,46	0,52	—	0,22	0,25	—	0,03	0,04	—	—	—	—	—	—
	III	6,60	—	0,52	0,59	III	6,60	—	0,30	0,34	—	0,12	0,14	—	—	—	—	—	—	—	—	—	—	—	—
	V	27,39	—	2,19	2,46	IV	15,58	—	1,10	1,24	—	0,96	1,08	—	0,83	0,93	—	0,70	0,78	—	0,57	0,64	—	0,45	0,50
	VI	28,60	—	2,28	2,57																					
110,89	I,IV	15,60	—	1,24	1,40	I	15,60	—	0,96	1,08	—	0,70	0,79	—	0,45	0,51	—	0,22	0,24	—	0,03	0,03	—	—	—
	II	12,24	—	0,97	1,10	II	12,24	—	0,71	0,80	—	0,46	0,52	—	0,23	0,26	—	0,04	0,04	—	—	—	—	—	—
	III	6,62	—	0,52	0,59	III	6,62	—	0,30	0,34	—	0,12	0,14	—	—	—	—	—	—	—	—	—	—	—	—
	V	27,43	—	2,19	2,46	IV	15,60	—	1,10	1,24	—	0,96	1,08	—	0,83	0,93	—	0,70	0,79	—	0,57	0,64	—	0,45	0,51
	VI	28,64	—	2,29	2,57																					
110,99	I,IV	15,63	—	1,25	1,40	I	15,63	—	0,96	1,08	—	0,70	0,79	—	0,45	0,51	—	0,22	0,25	—	0,03	0,03	—	—	—
	II	12,27	—	0,98	1,10	II	12,27	—	0,71	0,80	—	0,46	0,52	—	0,23	0,26	—	0,04	0,04	—	—	—	—	—	—
	III	6,64	—	0,53	0,59	III	6,64	—	0,31	0,35	—	0,12	0,14	—	—	—	—	—	—	—	—	—	—	—	—
	V	27,46	—	2,19	2,47	IV	15,63	—	1,10	1,24	—	0,96	1,08	—	0,83	0,93	—	0,70	0,79	—	0,57	0,65	—	0,45	0,51
	VI	28,67	—	2,29	2,58																					
111,09	I,IV	15,65	—	1,25	1,40	I	15,65	—	0,97	1,09	—	0,70	0,79	—	0,45	0,51	—	0,22	0,25	—	0,03	0,03	—	—	—
	II	12,29	—	0,98	1,10	II	12,29	—	0,71	0,80	—	0,46	0,52	—	0,23	0,26	—	0,04	0,04	—	—	—	—	—	—
	III	6,66	—	0,53	0,59	III	6,66	—	0,31	0,35	—	0,12	0,14	—	—	—	—	—	—	—	—	—	—	—	—
	V	27,50	—	2,20	2,47	IV	15,65	—	1,10	1,24	—	0,97	1,09	—	0,83	0,94	—	0,70	0,79	—	0,58	0,65	—	0,45	0,51
	VI	28,71	—	2,29	2,58																					
111,19	I,IV	15,68	—	1,25	1,41	I	15,68	—	0,97	1,09	—	0,70	0,79	—	0,45	0,51	—	0,22	0,25	—	0,03	0,04	—	—	—
	II	12,31	—	0,98	1,10	II	12,31	—	0,71	0,80	—	0,46	0,52	—	0,23	0,26	—	0,04	0,04	—	—	—	—	—	—
	III	6,68	—	0,53	0,60	III	6,68	—	0,31	0,35	—	0,12	0,14	—	—	—	—	—	—	—	—	—	—	—	—
	V	27,53	—	2,20	2,47	IV	15,68	—	1,11	1,25	—	0,97	1,09	—	0,83	0,94	—	0,70	0,79	—	0,58	0,65	—	0,45	0,51
	VI	28,74	—	2,29	2,58																					
111,29	I,IV	15,70	—	1,25	1,41	I	15,70	—	0,97	1,09	—	0,70	0,79	—	0,46	0,51	—	0,22	0,25	—	0,03	0,04	—	—	—
	II	12,34	—	0,98	1,11	II	12,34	—	0,72	0,81	—	0,47	0,53	—	0,23	0,26	—	0,04	0,04	—	—	—	—	—	—
	III	6,70	—	0,53	0,60	III	6,70	—	0,31	0,35	—	0,13	0,14	—	—	—	—	—	—	—	—	—	—	—	—
	V	27,57	—	2,20	2,48	IV	15,70	—	1,11	1,25	—	0,97	1,09	—	0,84	0,94	—	0,70	0,79	—	0,58	0,65	—	0,46	0,51
	VI	28,78	—	2,30	2,59																					
111,39	I,IV	15,73	—	1,25	1,41	I	15,73	—	0,97	1,09	—	0,71	0,80	—	0,46	0,52	—	0,22	0,25	—	0,03	0,04	—	—	—
	II	12,36	—	0,98	1,11	II	12,36	—	0,72	0,81	—	0,47	0,53	—	0,24	0,27	—	0,04	0,05	—	—	—	—	—	—
	III	6,72	—	0,53	0,60	III	6,72	—	0,31	0,35	—	0,13	0,14	—	—	—	—	—	—	—	—	—	—	—	—
	V	27,60	—	2,20	2,48	IV	15,73	—	1,11	1,25	—	0,97	1,09	—	0,84	0,94	—	0,71	0,80	—	0,58	0,65	—	0,46	0,52
	VI	28,81	—	2,30	2,59																					
111,49	I,IV	15,76	—	1,26	1,41	I	15,76	—	0,97	1,10	—	0,71	0,80	—	0,46	0,52	—	0,23	0,26	—	0,03	0,04	—	—	—
	II	12,39	—	0,99	1,11	II	12,39	—	0,72	0,81	—	0,47	0,53	—	0,24	0,27	—	0,04	0,05	—	—	—	—	—	—
	III	6,74	—	0,53	0,60	III	6,74	—	0,31	0,35	—	0,13	0,14	—	—	—	—	—	—	—	—	—	—	—	—
	V	27,64	—	2,21	2,48	IV	15,76	—	1,11	1,25	—	0,97	1,10	—	0,84	0,94	—	0,71	0,80	—	0,58	0,66	—	0,46	0,52
	VI	28,85	—	2,30	2,59																					

* Die ausgewiesenen Tabellenwerte sind amtlich. Siehe Erläuterungen auf der Umschlaginnenseite (U2).

T 169

TAG 111,50*

Abzüge an Lohnsteuer, Solidaritätszuschlag (SolZ) und Kirchensteuer (8%, 9%) in den Steuerklassen

Lohn/ Gehalt bis €*		I – VI ohne Kinderfreibeträge				I, II, III, IV mit Zahl der Kinderfreibeträge . . .		0,5			1			1,5			2			2,5			3		
		LSt	SolZ	8%	9%		LSt	SolZ	8%	9%	SolZ	8%	9%	SolZ	8%	9%	SolZ	8%	9%	SolZ	8%	9%	SolZ	8%	9%
111,59	I,IV	15,78	—	1,26	1,42	I	15,78	—	0,98	1,10	—	0,71	0,80	—	0,46	0,52	—	0,23	0,26	—	0,04	0,04	—	—	—
	II	12,41	—	0,99	1,11	II	12,41	—	0,72	0,81	—	0,47	0,53	—	0,24	0,27	—	0,04	0,05	—	—	—	—	—	—
	III	6,76	—	0,54	0,60	III	6,76	—	0,32	0,36	—	0,13	0,15	—	—	—	—	—	—	—	—	—	—	—	—
	V	27,67	—	2,21	2,49	IV	15,78	—	1,12	1,26	—	0,98	1,10	—	0,84	0,95	—	0,71	0,80	—	0,58	0,66	—	0,46	0,52
	VI	28,88	—	2,31	2,59																					
111,69	I,IV	15,81	—	1,26	1,42	I	15,81	—	0,98	1,10	—	0,71	0,80	—	0,46	0,52	—	0,23	0,26	—	0,04	0,04	—	—	—
	II	12,44	—	0,99	1,11	II	12,44	—	0,72	0,81	—	0,47	0,53	—	0,24	0,27	—	0,04	0,05	—	—	—	—	—	—
	III	6,78	—	0,54	0,61	III	6,78	—	0,32	0,36	—	0,13	0,15	—	—	—	—	—	—	—	—	—	—	—	—
	V	27,71	—	2,21	2,49	IV	15,81	—	1,12	1,26	—	0,98	1,10	—	0,84	0,95	—	0,71	0,80	—	0,59	0,66	—	0,46	0,52
	VI	28,91	—	2,31	2,60																					
111,79	I,IV	15,83	—	1,26	1,42	I	15,83	—	0,98	1,10	—	0,71	0,80	—	0,46	0,52	—	0,23	0,26	—	0,04	0,04	—	—	—
	II	12,46	—	0,99	1,12	II	12,46	—	0,73	0,82	—	0,48	0,54	—	0,24	0,27	—	0,04	0,05	—	—	—	—	—	—
	III	6,80	—	0,54	0,61	III	6,80	—	0,32	0,36	—	0,13	0,15	—	—	—	—	—	—	—	—	—	—	—	—
	V	27,74	—	2,21	2,49	IV	15,83	—	1,12	1,26	—	0,98	1,10	—	0,84	0,95	—	0,71	0,80	—	0,59	0,66	—	0,46	0,52
	VI	28,95	—	2,31	2,60																					
111,89	I,IV	15,86	—	1,26	1,42	I	15,86	—	0,98	1,10	—	0,72	0,81	—	0,47	0,53	—	0,23	0,26	—	0,04	0,04	—	—	—
	II	12,49	—	0,99	1,12	II	12,49	—	0,73	0,82	—	0,48	0,54	—	0,24	0,27	—	0,05	0,05	—	—	—	—	—	—
	III	6,82	—	0,54	0,61	III	6,82	—	0,32	0,36	—	0,13	0,15	—	—	—	—	—	—	—	—	—	—	—	—
	V	27,78	—	2,22	2,50	IV	15,86	—	1,12	1,26	—	0,98	1,10	—	0,85	0,95	—	0,72	0,81	—	0,59	0,66	—	0,47	0,53
	VI	28,98	—	2,31	2,60																					
111,99	I,IV	15,88	—	1,27	1,42	I	15,88	—	0,98	1,11	—	0,72	0,81	—	0,47	0,53	—	0,23	0,26	—	0,04	0,05	—	—	—
	II	12,51	—	1,—	1,12	II	12,51	—	0,73	0,82	—	0,48	0,54	—	0,24	0,27	—	0,05	0,05	—	—	—	—	—	—
	III	6,84	—	0,54	0,61	III	6,84	—	0,32	0,36	—	0,13	0,15	—	—	—	—	—	—	—	—	—	—	—	—
	V	27,81	—	2,22	2,50	IV	15,88	—	1,12	1,26	—	0,98	1,11	—	0,85	0,96	—	0,72	0,81	—	0,59	0,67	—	0,47	0,53
	VI	29,02	—	2,32	2,61																					
112,09	I,IV	15,91	—	1,27	1,43	I	15,91	—	0,99	1,11	—	0,72	0,81	—	0,47	0,53	—	0,24	0,27	—	0,04	0,05	—	—	—
	II	12,53	—	1,—	1,12	II	12,53	—	0,73	0,82	—	0,48	0,54	—	0,25	0,28	—	0,05	0,05	—	—	—	—	—	—
	III	6,86	—	0,54	0,61	III	6,86	—	0,32	0,36	—	0,14	0,15	—	—	—	—	—	—	—	—	—	—	—	—
	V	27,85	—	2,22	2,50	IV	15,91	—	1,12	1,27	—	0,99	1,11	—	0,85	0,96	—	0,72	0,81	—	0,59	0,67	—	0,47	0,53
	VI	29,05	—	2,32	2,61																					
112,19	I,IV	15,94	—	1,27	1,43	I	15,94	—	0,99	1,11	—	0,72	0,81	—	0,47	0,53	—	0,24	0,27	—	0,04	0,05	—	—	—
	II	12,56	—	1,—	1,13	II	12,56	—	0,73	0,82	—	0,48	0,54	—	0,25	0,28	—	0,05	0,06	—	—	—	—	—	—
	III	6,88	—	0,55	0,61	III	6,88	—	0,32	0,36	—	0,14	0,15	—	—	—	—	—	—	—	—	—	—	—	—
	V	27,88	—	2,23	2,50	IV	15,94	—	1,13	1,27	—	0,99	1,11	—	0,85	0,96	—	0,72	0,81	—	0,59	0,67	—	0,47	0,53
	VI	29,09	—	2,32	2,61																					
112,29	I,IV	15,96	—	1,27	1,43	I	15,96	—	0,99	1,11	—	0,72	0,81	—	0,47	0,53	—	0,24	0,27	—	0,04	0,05	—	—	—
	II	12,58	—	1,—	1,13	II	12,58	—	0,74	0,83	—	0,48	0,54	—	0,25	0,28	—	0,05	0,06	—	—	—	—	—	—
	III	6,90	—	0,55	0,62	III	6,90	—	0,33	0,37	—	0,14	0,16	—	—	—	—	—	—	—	—	—	—	—	—
	V	27,91	—	2,23	2,51	IV	15,96	—	1,13	1,27	—	0,99	1,11	—	0,85	0,96	—	0,72	0,81	—	0,60	0,67	—	0,47	0,53
	VI	29,12	—	2,32	2,62																					
112,39	I,IV	15,99	—	1,27	1,43	I	15,99	—	0,99	1,12	—	0,73	0,82	—	0,48	0,54	—	0,24	0,27	—	0,04	0,05	—	—	—
	II	12,61	—	1,—	1,13	II	12,61	—	0,74	0,83	—	0,49	0,55	—	0,25	0,28	—	0,05	0,06	—	—	—	—	—	—
	III	6,92	—	0,55	0,62	III	6,92	—	0,33	0,37	—	0,14	0,16	—	—	—	—	—	—	—	—	—	—	—	—
	V	27,95	—	2,23	2,51	IV	15,99	—	1,13	1,27	—	0,99	1,12	—	0,86	0,96	—	0,73	0,82	—	0,60	0,67	—	0,48	0,54
	VI	29,16	—	2,33	2,62																					
112,49	I,IV	16,01	—	1,28	1,44	I	16,01	—	0,99	1,12	—	0,73	0,82	—	0,48	0,54	—	0,24	0,27	—	0,05	0,05	—	—	—
	II	12,63	—	1,01	1,13	II	12,63	—	0,74	0,83	—	0,49	0,55	—	0,25	0,28	—	0,05	0,06	—	—	—	—	—	—
	III	6,94	—	0,55	0,62	III	6,94	—	0,33	0,37	—	0,14	0,16	—	—	—	—	—	—	—	—	—	—	—	—
	V	27,98	—	2,23	2,51	IV	16,01	—	1,13	1,27	—	0,99	1,12	—	0,86	0,97	—	0,73	0,82	—	0,60	0,68	—	0,48	0,54
	VI	29,19	—	2,33	2,62																					
112,59	I,IV	16,04	—	1,28	1,44	I	16,04	—	1,—	1,12	—	0,73	0,82	—	0,48	0,54	—	0,24	0,27	—	0,05	0,05	—	—	—
	II	12,66	—	1,01	1,13	II	12,66	—	0,74	0,83	—	0,49	0,55	—	0,25	0,29	—	0,05	0,06	—	—	—	—	—	—
	III	6,96	—	0,55	0,62	III	6,96	—	0,33	0,37	—	0,14	0,16	—	—	—	—	—	—	—	—	—	—	—	—
	V	28,02	—	2,24	2,52	IV	16,04	—	1,14	1,28	—	1,—	1,12	—	0,86	0,97	—	0,73	0,82	—	0,60	0,68	—	0,48	0,54
	VI	29,23	—	2,33	2,63																					
112,69	I,IV	16,06	—	1,28	1,44	I	16,06	—	1,—	1,12	—	0,73	0,82	—	0,48	0,54	—	0,25	0,28	—	0,05	0,05	—	—	—
	II	12,68	—	1,01	1,14	II	12,68	—	0,74	0,84	—	0,49	0,55	—	0,26	0,29	—	0,06	0,06	—	—	—	—	—	—
	III	6,98	—	0,55	0,62	III	6,98	—	0,33	0,37	—	0,14	0,16	—	—	—	—	—	—	—	—	—	—	—	—
	V	28,05	—	2,24	2,52	IV	16,06	—	1,14	1,28	—	1,—	1,12	—	0,86	0,97	—	0,73	0,82	—	0,60	0,68	—	0,48	0,54
	VI	29,26	—	2,34	2,63																					
112,79	I,IV	16,09	—	1,28	1,44	I	16,09	—	1,—	1,12	—	0,73	0,82	—	0,48	0,54	—	0,25	0,28	—	0,05	0,06	—	—	—
	II	12,71	—	1,01	1,14	II	12,71	—	0,74	0,84	—	0,49	0,55	—	0,26	0,29	—	0,06	0,06	—	—	—	—	—	—
	III	7,—	—	0,56	0,63	III	7,—	—	0,33	0,37	—	0,14	0,16	—	—	—	—	—	—	—	—	—	—	—	—
	V	28,09	—	2,24	2,52	IV	16,09	—	1,14	1,28	—	1,—	1,12	—	0,86	0,97	—	0,73	0,82	—	0,60	0,68	—	0,48	0,54
	VI	29,30	—	2,34	2,63																					
112,89	I,IV	16,12	—	1,28	1,45	I	16,12	—	1,—	1,13	—	0,73	0,83	—	0,48	0,54	—	0,25	0,28	—	0,05	0,06	—	—	—
	II	12,73	—	1,01	1,14	II	12,73	—	0,75	0,84	—	0,49	0,56	—	0,26	0,29	—	0,06	0,07	—	—	—	—	—	—
	III	7,02	—	0,56	0,63	III	7,02	—	0,33	0,38	—	0,14	0,16	—	—	—	—	—	—	—	—	—	—	—	—
	V	28,12	—	2,24	2,53	IV	16,12	—	1,14	1,28	—	1,—	1,13	—	0,87	0,97	—	0,73	0,83	—	0,61	0,68	—	0,48	0,54
	VI	29,33	—	2,34	2,63																					
112,99	I,IV	16,14	—	1,29	1,45	I	16,14	—	1,—	1,13	—	0,74	0,83	—	0,49	0,55	—	0,25	0,28	—	0,05	0,06	—	—	—
	II	12,75	—	1,02	1,14	II	12,75	—	0,75	0,84	—	0,50	0,56	—	0,26	0,29	—	0,06	0,07	—	—	—	—	—	—
	III	7,05	—	0,56	0,63	III	7,05	—	0,34	0,38	—	0,15	0,16	—	—	—	—	—	—	—	—	—	—	—	—
	V	28,16	—	2,25	2,53	IV	16,14	—	1,14	1,29	—	1,—	1,13	—	0,87	0,98	—	0,74	0,83	—	0,61	0,69	—	0,49	0,55
	VI	29,36	—	2,34	2,64																					
113,09	I,IV	16,17	—	1,29	1,45	I	16,17	—	1,01	1,13	—	0,74	0,83	—	0,49	0,55	—	0,25	0,28	—	0,05	0,06	—	—	—
	II	12,78	—	1,02	1,15	II	12,78	—	0,75	0,84	—	0,50	0,56	—	0,26	0,30	—	0,06	0,07	—	—	—	—	—	—
	III	7,06	—	0,56	0,63	III	7,06	—	0,34	0,38	—	0,15	0,17	—	—	—	—	—	—	—	—	—	—	—	—
	V	28,19	—	2,25	2,53	IV	16,17	—	1,14	1,29	—	1,01	1,13	—	0,87	0,98	—	0,74	0,83	—	0,61	0,69	—	0,49	0,55
	VI	29,40	—	2,35	2,64																					

T 170

* Die ausgewiesenen Tabellenwerte sind amtlich. Siehe Erläuterungen auf der Umschlaginnenseite (U2).

114,69* TAG

Abzüge an Lohnsteuer, Solidaritätszuschlag (SolZ) und Kirchensteuer (8%, 9%) in den Steuerklassen I – VI / I, II, III, IV

ohne Kinderfreibeträge (I – VI) · mit Zahl der Kinderfreibeträge (I, II, III, IV)

Lohn/Gehalt bis €*	Kl.	LSt	SolZ	8%	9%	Kl.	LSt	SolZ 0,5	8%	9%	SolZ 1	8%	9%	SolZ 1,5	8%	9%	SolZ 2	8%	9%	SolZ 2,5	8%	9%	SolZ 3	8%	9%
113,19	I,IV	16,20	—	1,29	1,45	I	16,20	—	1,01	1,13	—	0,74	0,83	—	0,49	0,55	—	0,25	0,29	—	0,05	0,06	—	—	—
	II	12,80	—	1,02	1,15	II	12,80	—	0,75	0,85	—	0,50	0,56	—	0,26	0,30	—	0,06	0,07	—	—	—	—	—	—
	III	7,08	—	0,56	0,63	III	7,08	—	0,34	0,38	—	0,15	0,17	—	—	—	—	—	—	—	—	—	—	—	—
	V	28,23	—	2,25	2,54	IV	16,20	—	1,15	1,29	—	1,01	1,13	—	0,87	0,98	—	0,74	0,83	—	0,61	0,69	—	0,49	0,55
	VI	29,43	—	2,35	2,64																				
113,29	I,IV	16,22	—	1,29	1,45	I	16,22	—	1,01	1,14	—	0,74	0,83	—	0,49	0,55	—	0,26	0,29	—	0,05	0,06	—	—	—
	II	12,83	—	1,02	1,15	II	12,83	—	0,75	0,85	—	0,50	0,56	—	0,27	0,30	—	0,06	0,07	—	—	—	—	—	—
	III	7,11	—	0,56	0,63	III	7,11	—	0,34	0,38	—	0,15	0,17	—	—	—	—	—	—	—	—	—	—	—	—
	V	28,26	—	2,26	2,54	IV	16,22	—	1,15	1,29	—	1,01	1,14	—	0,87	0,98	—	0,74	0,83	—	0,61	0,69	—	0,49	0,55
	VI	29,47	—	2,35	2,65																				
113,39	I,IV	16,25	—	1,30	1,46	I	16,25	—	1,01	1,14	—	0,74	0,84	—	0,49	0,55	—	0,26	0,29	—	0,06	0,06	—	—	—
	II	12,85	—	1,02	1,15	II	12,85	—	0,76	0,85	—	0,50	0,57	—	0,27	0,30	—	0,06	0,07	—	—	—	—	—	—
	III	7,12	—	0,56	0,64	III	7,12	—	0,34	0,38	—	0,15	0,17	—	—	—	—	—	—	—	—	—	—	—	—
	V	28,30	—	2,26	2,54	IV	16,25	—	1,15	1,30	—	1,01	1,14	—	0,88	0,99	—	0,74	0,84	—	0,62	0,69	—	0,49	0,55
	VI	29,50	—	2,36	2,65																				
113,49	I,IV	16,27	—	1,30	1,46	I	16,27	—	1,01	1,14	—	0,75	0,84	—	0,49	0,56	—	0,26	0,29	—	0,06	0,06	—	—	—
	II	12,88	—	1,03	1,15	II	12,88	—	0,76	0,85	—	0,50	0,57	—	0,27	0,30	—	0,06	0,07	—	—	—	—	—	—
	III	7,15	—	0,57	0,64	III	7,15	—	0,34	0,39	—	0,15	0,17	—	—	—	—	—	—	—	—	—	—	—	—
	V	28,33	—	2,26	2,54	IV	16,27	—	1,15	1,30	—	1,01	1,14	—	0,88	0,99	—	0,75	0,84	—	0,62	0,70	—	0,49	0,56
	VI	29,54	—	2,36	2,65																				
113,59	I,IV	16,30	—	1,30	1,46	I	16,30	—	1,02	1,14	—	0,75	0,84	—	0,50	0,56	—	0,26	0,29	—	0,06	0,07	—	—	—
	II	12,90	—	1,03	1,16	II	12,90	—	0,76	0,85	—	0,51	0,57	—	0,27	0,30	—	0,07	0,07	—	—	—	—	—	—
	III	7,16	—	0,57	0,64	III	7,16	—	0,34	0,39	—	0,15	0,17	—	—	—	—	—	—	—	—	—	—	—	—
	V	28,36	—	2,26	2,55	IV	16,30	—	1,16	1,30	—	1,02	1,14	—	0,88	0,99	—	0,75	0,84	—	0,62	0,70	—	0,50	0,56
	VI	29,57	—	2,36	2,66																				
113,69	I,IV	16,32	—	1,30	1,46	I	16,32	—	1,02	1,14	—	0,75	0,84	—	0,50	0,56	—	0,26	0,29	—	0,06	0,07	—	—	—
	II	12,93	—	1,03	1,16	II	12,93	—	0,76	0,86	—	0,51	0,57	—	0,27	0,31	—	0,07	0,08	—	—	—	—	—	—
	III	7,18	—	0,57	0,64	III	7,18	—	0,35	0,39	—	0,15	0,17	—	—	—	—	—	—	—	—	—	—	—	—
	V	28,40	—	2,27	2,55	IV	16,32	—	1,16	1,30	—	1,02	1,14	—	0,88	0,99	—	0,75	0,84	—	0,62	0,70	—	0,50	0,56
	VI	29,61	—	2,36	2,66																				
113,79	I,IV	16,35	—	1,30	1,47	I	16,35	—	1,02	1,15	—	0,75	0,85	—	0,50	0,56	—	0,26	0,30	—	0,06	0,07	—	—	—
	II	12,95	—	1,03	1,16	II	12,95	—	0,76	0,86	—	0,51	0,57	—	0,27	0,31	—	0,07	0,08	—	—	—	—	—	—
	III	7,21	—	0,57	0,64	III	7,21	—	0,35	0,39	—	0,16	0,18	—	—	—	—	—	—	—	—	—	—	—	—
	V	28,43	—	2,27	2,55	IV	16,35	—	1,16	1,30	—	1,02	1,15	—	0,88	0,99	—	0,75	0,85	—	0,62	0,70	—	0,50	0,56
	VI	29,64	—	2,37	2,66																				
113,89	I,IV	16,38	—	1,31	1,47	I	16,38	—	1,02	1,15	—	0,75	0,85	—	0,50	0,56	—	0,26	0,30	—	0,06	0,07	—	—	—
	II	12,98	—	1,03	1,16	II	12,98	—	0,76	0,86	—	0,51	0,58	—	0,28	0,31	—	0,07	0,08	—	—	—	—	—	—
	III	7,22	—	0,57	0,64	III	7,22	—	0,35	0,39	—	0,16	0,18	—	—	—	—	—	—	—	—	—	—	—	—
	V	28,47	—	2,27	2,56	IV	16,38	—	1,16	1,31	—	1,02	1,15	—	0,88	1,—	—	0,75	0,85	—	0,62	0,70	—	0,50	0,56
	VI	29,68	—	2,37	2,67																				
113,99	I,IV	16,40	—	1,31	1,47	I	16,40	—	1,02	1,15	—	0,75	0,85	—	0,50	0,57	—	0,27	0,30	—	0,06	0,07	—	—	—
	II	13,—	—	1,04	1,17	II	13,—	—	0,77	0,86	—	0,51	0,58	—	0,28	0,31	—	0,07	0,08	—	—	—	—	—	—
	III	7,25	—	0,58	0,65	III	7,25	—	0,35	0,40	—	0,16	0,18	—	—	0,01	—	—	—	—	—	—	—	—	—
	V	28,50	—	2,28	2,56	IV	16,40	—	1,18	1,31	—	1,02	1,15	—	0,89	1,—	—	0,75	0,85	—	0,63	0,71	—	0,50	0,57
	VI	29,71	—	2,37	2,67																				
114,09	I,IV	16,43	—	1,31	1,47	I	16,43	—	1,02	1,15	—	0,76	0,85	—	0,50	0,57	—	0,27	0,30	—	0,06	0,07	—	—	—
	II	13,02	—	1,04	1,17	II	13,02	—	0,77	0,86	—	0,52	0,58	—	0,28	0,31	—	0,07	0,08	—	—	—	—	—	—
	III	7,27	—	0,58	0,65	III	7,27	—	0,35	0,40	—	0,16	0,18	—	0,01	0,01	—	—	—	—	—	—	—	—	—
	V	28,54	—	2,28	2,56	IV	16,43	—	1,16	1,31	—	1,02	1,15	—	0,89	1,—	—	0,76	0,85	—	0,63	0,71	—	0,50	0,57
	VI	29,75	—	2,38	2,67																				
114,19	I,IV	16,45	—	1,31	1,48	I	16,45	—	1,03	1,16	—	0,76	0,85	—	0,51	0,57	—	0,27	0,30	—	0,07	0,07	—	—	—
	II	13,05	—	1,04	1,17	II	13,05	—	0,77	0,87	—	0,52	0,58	—	0,28	0,32	—	0,07	0,08	—	—	—	—	—	—
	III	7,29	—	0,58	0,65	III	7,29	—	0,35	0,40	—	0,16	0,18	—	0,01	0,01	—	—	—	—	—	—	—	—	—
	V	28,57	—	2,28	2,57	IV	16,45	—	1,17	1,31	—	1,03	1,16	—	0,89	1,—	—	0,76	0,85	—	0,63	0,71	—	0,51	0,57
	VI	29,78	—	2,38	2,68																				
114,29	I,IV	16,48	—	1,31	1,48	I	16,48	—	1,03	1,16	—	0,76	0,86	—	0,51	0,57	—	0,27	0,31	—	0,07	0,08	—	—	—
	II	13,07	—	1,04	1,17	II	13,07	—	0,77	0,87	—	0,52	0,58	—	0,28	0,32	—	0,07	0,08	—	—	—	—	—	—
	III	7,31	—	0,58	0,65	III	7,31	—	0,36	0,40	—	0,16	0,18	—	0,01	0,01	—	—	—	—	—	—	—	—	—
	V	28,61	—	2,28	2,57	IV	16,48	—	1,17	1,32	—	1,03	1,16	—	0,89	1,—	—	0,76	0,86	—	0,63	0,71	—	0,51	0,57
	VI	29,82	—	2,38	2,68																				
114,39	I,IV	16,50	—	1,32	1,48	I	16,50	—	1,03	1,16	—	0,76	0,86	—	0,51	0,57	—	0,27	0,31	—	0,07	0,08	—	—	—
	II	13,10	—	1,04	1,17	II	13,10	—	0,77	0,87	—	0,52	0,59	—	0,28	0,32	—	0,08	0,09	—	—	—	—	—	—
	III	7,33	—	0,58	0,65	III	7,33	—	0,36	0,40	—	0,16	0,18	—	0,01	0,01	—	—	—	—	—	—	—	—	—
	V	28,64	—	2,29	2,57	IV	16,50	—	1,17	1,32	—	1,03	1,16	—	0,89	1,01	—	0,76	0,86	—	0,63	0,71	—	0,51	0,57
	VI	29,85	—	2,38	2,68																				
114,49	I,IV	16,53	—	1,32	1,48	I	16,53	—	1,03	1,16	—	0,76	0,86	—	0,51	0,58	—	0,27	0,31	—	0,07	0,08	—	—	—
	II	13,12	—	1,04	1,18	II	13,12	—	0,78	0,87	—	0,52	0,59	—	0,28	0,32	—	0,08	0,09	—	—	—	—	—	—
	III	7,35	—	0,58	0,66	III	7,35	—	0,36	0,40	—	0,16	0,18	—	0,01	0,01	—	—	—	—	—	—	—	—	—
	V	28,68	—	2,29	2,58	IV	16,53	—	1,17	1,32	—	1,03	1,16	—	0,90	1,01	—	0,76	0,86	—	0,64	0,72	—	0,51	0,58
	VI	29,89	—	2,39	2,69																				
114,59	I,IV	16,56	—	1,32	1,49	I	16,56	—	1,03	1,16	—	0,77	0,86	—	0,51	0,58	—	0,28	0,31	—	0,07	0,08	—	—	—
	II	13,15	—	1,05	1,18	II	13,15	—	0,78	0,88	—	0,52	0,59	—	0,29	0,32	—	0,08	0,09	—	—	—	—	—	—
	III	7,37	—	0,58	0,66	III	7,37	—	0,36	0,41	—	0,17	0,19	—	0,01	0,01	—	—	—	—	—	—	—	—	—
	V	28,71	—	2,29	2,58	IV	16,56	—	1,18	1,32	—	1,03	1,16	—	0,90	1,01	—	0,77	0,86	—	0,64	0,72	—	0,51	0,58
	VI	29,92	—	2,39	2,69																				
114,69	I,IV	16,58	—	1,32	1,49	I	16,58	—	1,04	1,17	—	0,77	0,86	—	0,51	0,58	—	0,28	0,31	—	0,07	0,08	—	—	—
	II	13,17	—	1,05	1,18	II	13,17	—	0,78	0,88	—	0,53	0,59	—	0,29	0,32	—	0,08	0,09	—	—	—	—	—	—
	III	7,39	—	0,59	0,66	III	7,39	—	0,36	0,41	—	0,17	0,19	—	0,01	0,01	—	—	—	—	—	—	—	—	—
	V	28,75	—	2,30	2,58	IV	16,58	—	1,18	1,33	—	1,04	1,17	—	0,90	1,01	—	0,77	0,86	—	0,64	0,72	—	0,51	0,58
	VI	29,96	—	2,39	2,69																				

* Die ausgewiesenen Tabellenwerte sind amtlich. Siehe Erläuterungen auf der Umschlaginnenseite (U2).

T 171

TAG 114,70*

Abzüge an Lohnsteuer, Solidaritätszuschlag (SolZ) und Kirchensteuer (8%, 9%) in den Steuerklassen

Steuerklassen I–VI: ohne Kinderfreibeträge — Steuerklassen I, II, III, IV: mit Zahl der Kinderfreibeträge

Lohn/Gehalt bis €*	Kl.	LSt	SolZ	8%	9%	Kl.	LSt	0,5 SolZ	0,5 8%	0,5 9%	1 SolZ	1 8%	1 9%	1,5 SolZ	1,5 8%	1,5 9%	2 SolZ	2 8%	2 9%	2,5 SolZ	2,5 8%	2,5 9%	3 SolZ	3 8%	3 9%
114,79	I,IV	16,61	—	1,32	1,49	I	16,61	—	1,04	1,17	—	0,77	0,87	—	0,52	0,58	—	0,28	0,31	—	0,07	0,08	—	—	—
	II	13,20	—	1,05	1,18	II	13,20	—	0,78	0,88	—	0,53	0,59	—	0,29	0,33	—	0,08	0,09	—	—	—	—	—	—
	III	7,41	—	0,59	0,66	III	7,41	—	0,36	0,41	—	0,17	0,19	—	0,01	0,01	—	—	—	—	—	—	—	—	—
	V	28,78	—	2,30	2,59	IV	16,61	—	1,18	1,33	—	1,04	1,17	—	0,90	1,01	—	0,77	0,87	—	0,64	0,72	—	0,52	0,58
	VI	29,99	—	2,39	2,69																					
114,89	I,IV	16,63	—	1,33	1,49	I	16,63	—	1,04	1,17	—	0,77	0,87	—	0,52	0,58	—	0,28	0,32	—	0,07	0,08	—	—	—
	II	13,22	—	1,05	1,18	II	13,22	—	0,78	0,88	—	0,53	0,60	—	0,29	0,33	—	0,08	0,09	—	—	—	—	—	—
	III	7,43	—	0,59	0,66	III	7,43	—	0,36	0,41	—	0,17	0,19	—	0,01	0,02	—	—	—	—	—	—	—	—	—
	V	28,82	—	2,30	2,59	IV	16,63	—	1,18	1,33	—	1,04	1,17	—	0,90	1,02	—	0,77	0,87	—	0,64	0,72	—	0,52	0,58
	VI	30,03	—	2,40	2,70																					
114,99	I,IV	16,66	—	1,33	1,49	I	16,66	—	1,04	1,17	—	0,77	0,87	—	0,52	0,59	—	0,28	0,32	—	0,08	0,09	—	—	—
	II	13,25	—	1,06	1,19	II	13,25	—	0,78	0,88	—	0,53	0,60	—	0,29	0,33	—	0,08	0,09	—	—	—	—	—	—
	III	7,45	—	0,59	0,67	III	7,45	—	0,37	0,41	—	0,17	0,19	—	0,01	0,02	—	—	—	—	—	—	—	—	—
	V	28,85	—	2,30	2,59	IV	16,66	—	1,18	1,33	—	1,04	1,17	—	0,91	1,02	—	0,77	0,87	—	0,64	0,72	—	0,52	0,59
	VI	30,06	—	2,40	2,70																					
115,09	I,IV	16,69	—	1,33	1,50	I	16,69	—	1,04	1,18	—	0,78	0,87	—	0,52	0,59	—	0,28	0,32	—	0,08	0,09	—	—	—
	II	13,27	—	1,06	1,19	II	13,27	—	0,79	0,89	—	0,53	0,60	—	0,29	0,33	—	0,08	0,09	—	—	—	—	—	—
	III	7,47	—	0,59	0,67	III	7,47	—	0,37	0,41	—	0,17	0,19	—	0,02	0,02	—	—	—	—	—	—	—	—	—
	V	28,89	—	2,31	2,60	IV	16,69	—	1,19	1,33	—	1,04	1,18	—	0,91	1,02	—	0,78	0,87	—	0,65	0,73	—	0,52	0,59
	VI	30,10	—	2,40	2,70																					
115,19	I,IV	16,71	—	1,33	1,50	I	16,71	—	1,05	1,18	—	0,78	0,87	—	0,52	0,59	—	0,29	0,32	—	0,08	0,09	—	—	—
	II	13,30	—	1,06	1,19	II	13,30	—	0,79	0,89	—	0,53	0,60	—	0,30	0,33	—	0,08	0,10	—	—	—	—	—	—
	III	7,49	—	0,59	0,67	III	7,49	—	0,37	0,42	—	0,17	0,19	—	0,02	0,02	—	—	—	—	—	—	—	—	—
	V	28,92	—	2,31	2,60	IV	16,71	—	1,19	1,34	—	1,05	1,18	—	0,91	1,02	—	0,78	0,87	—	0,65	0,73	—	0,52	0,59
	VI	30,13	—	2,41	2,71																					
115,29	I,IV	16,74	—	1,33	1,50	I	16,74	—	1,05	1,18	—	0,78	0,88	—	0,52	0,59	—	0,29	0,32	—	0,08	0,09	—	—	—
	II	13,32	—	1,06	1,19	II	13,32	—	0,79	0,89	—	0,54	0,60	—	0,30	0,34	—	0,09	0,10	—	—	—	—	—	—
	III	7,51	—	0,60	0,67	III	7,51	—	0,37	0,42	—	0,17	0,20	—	0,02	0,02	—	—	—	—	—	—	—	—	—
	V	28,96	—	2,31	2,60	IV	16,74	—	1,19	1,34	—	1,05	1,18	—	0,91	1,03	—	0,78	0,88	—	0,65	0,73	—	0,52	0,59
	VI	30,16	—	2,41	2,71																					
115,39	I,IV	16,76	—	1,34	1,50	I	16,76	—	1,05	1,18	—	0,78	0,88	—	0,53	0,59	—	0,29	0,33	—	0,08	0,09	—	—	—
	II	13,35	—	1,06	1,20	II	13,35	—	0,79	0,89	—	0,54	0,61	—	0,30	0,34	—	0,09	0,10	—	—	—	—	—	—
	III	7,53	—	0,60	0,67	III	7,53	—	0,37	0,42	—	0,18	0,20	—	0,02	0,02	—	—	—	—	—	—	—	—	—
	V	28,99	—	2,31	2,60	IV	16,76	—	1,19	1,34	—	1,05	1,18	—	0,91	1,03	—	0,78	0,88	—	0,65	0,73	—	0,53	0,59
	VI	30,20	—	2,41	2,71																					
115,49	I,IV	16,79	—	1,34	1,51	I	16,79	—	1,05	1,18	—	0,78	0,88	—	0,53	0,60	—	0,29	0,33	—	0,08	0,09	—	—	—
	II	13,37	—	1,06	1,20	II	13,37	—	0,79	0,89	—	0,54	0,61	—	0,30	0,34	—	0,09	0,10	—	—	—	—	—	—
	III	7,55	—	0,60	0,67	III	7,55	—	0,37	0,42	—	0,18	0,20	—	0,02	0,02	—	—	—	—	—	—	—	—	—
	V	29,03	—	2,32	2,61	IV	16,79	—	1,19	1,34	—	1,05	1,18	—	0,92	1,03	—	0,78	0,88	—	0,65	0,74	—	0,53	0,60
	VI	30,23	—	2,41	2,72																					
115,59	I,IV	16,82	—	1,34	1,51	I	16,82	—	1,05	1,19	—	0,78	0,88	—	0,53	0,60	—	0,29	0,33	—	0,08	0,09	—	—	—
	II	13,39	—	1,07	1,20	II	13,39	—	0,80	0,90	—	0,54	0,61	—	0,30	0,34	—	0,09	0,10	—	—	—	—	—	—
	III	7,57	—	0,60	0,68	III	7,57	—	0,38	0,42	—	0,18	0,20	—	0,02	0,02	—	—	—	—	—	—	—	—	—
	V	29,06	—	2,32	2,61	IV	16,82	—	1,20	1,35	—	1,05	1,19	—	0,92	1,03	—	0,78	0,88	—	0,66	0,74	—	0,53	0,60
	VI	30,27	—	2,42	2,72																					
115,69	I,IV	16,84	—	1,34	1,51	I	16,84	—	1,06	1,19	—	0,79	0,89	—	0,53	0,60	—	0,29	0,33	—	0,08	0,09	—	—	—
	II	13,42	—	1,07	1,20	II	13,42	—	0,80	0,90	—	0,54	0,61	—	0,30	0,34	—	0,09	0,10	—	—	—	—	—	—
	III	7,59	—	0,60	0,68	III	7,59	—	0,38	0,42	—	0,18	0,20	—	0,02	0,02	—	—	—	—	—	—	—	—	—
	V	29,10	—	2,32	2,61	IV	16,84	—	1,20	1,35	—	1,06	1,19	—	0,92	1,03	—	0,79	0,89	—	0,66	0,74	—	0,53	0,60
	VI	30,30	—	2,42	2,72																					
115,79	I,IV	16,87	—	1,34	1,51	I	16,87	—	1,06	1,19	—	0,79	0,89	—	0,53	0,60	—	0,30	0,33	—	0,08	0,10	—	—	—
	II	13,44	—	1,07	1,20	II	13,44	—	0,80	0,90	—	0,54	0,61	—	0,31	0,34	—	0,09	0,10	—	—	—	—	—	—
	III	7,61	—	0,60	0,68	III	7,61	—	0,38	0,43	—	0,18	0,20	—	0,02	0,03	—	—	—	—	—	—	—	—	—
	V	29,13	—	2,33	2,62	IV	16,87	—	1,20	1,35	—	1,06	1,19	—	0,92	1,04	—	0,79	0,89	—	0,66	0,74	—	0,53	0,60
	VI	30,34	—	2,42	2,73																					
115,89	I,IV	16,90	—	1,35	1,52	I	16,90	—	1,06	1,19	—	0,79	0,89	—	0,54	0,60	—	0,30	0,34	—	0,09	0,10	—	—	—
	II	13,47	—	1,07	1,21	II	13,47	—	0,80	0,90	—	0,55	0,62	—	0,31	0,35	—	0,09	0,11	—	—	—	—	—	—
	III	7,63	—	0,61	0,68	III	7,63	—	0,38	0,43	—	0,18	0,20	—	0,02	0,03	—	—	—	—	—	—	—	—	—
	V	29,16	—	2,33	2,62	IV	16,90	—	1,20	1,35	—	1,06	1,19	—	0,92	1,04	—	0,79	0,89	—	0,66	0,74	—	0,54	0,60
	VI	30,37	—	2,42	2,73																					
115,99	I,IV	16,92	—	1,35	1,52	I	16,92	—	1,06	1,20	—	0,79	0,89	—	0,54	0,61	—	0,30	0,34	—	0,09	0,10	—	—	—
	II	13,49	—	1,07	1,21	II	13,49	—	0,80	0,90	—	0,55	0,62	—	0,31	0,35	—	0,10	0,11	—	—	—	—	—	—
	III	7,65	—	0,61	0,68	III	7,65	—	0,38	0,43	—	0,18	0,21	—	0,02	0,03	—	—	—	—	—	—	—	—	—
	V	29,20	—	2,33	2,62	IV	16,92	—	1,20	1,35	—	1,06	1,20	—	0,92	1,04	—	0,79	0,89	—	0,66	0,75	—	0,54	0,61
	VI	30,41	—	2,43	2,73																					
116,09	I,IV	16,95	—	1,35	1,52	I	16,95	—	1,06	1,20	—	0,79	0,89	—	0,54	0,61	—	0,30	0,34	—	0,09	0,10	—	—	—
	II	13,52	—	1,08	1,21	II	13,52	—	0,81	0,91	—	0,55	0,62	—	0,31	0,35	—	0,10	0,11	—	—	—	—	—	—
	III	7,67	—	0,61	0,69	III	7,67	—	0,38	0,43	—	0,18	0,21	—	0,02	0,03	—	—	—	—	—	—	—	—	—
	V	29,23	—	2,33	2,63	IV	16,95	—	1,21	1,36	—	1,06	1,20	—	0,93	1,04	—	0,79	0,89	—	0,66	0,75	—	0,54	0,61
	VI	30,44	—	2,43	2,73																					
116,19	I,IV	16,98	—	1,35	1,52	I	16,98	—	1,07	1,20	—	0,80	0,90	—	0,54	0,61	—	0,30	0,34	—	0,09	0,10	—	—	—
	II	13,54	—	1,08	1,21	II	13,54	—	0,81	0,91	—	0,55	0,62	—	0,31	0,35	—	0,10	0,11	—	—	—	—	—	—
	III	7,70	—	0,61	0,69	III	7,70	—	0,38	0,43	—	0,19	0,21	—	0,03	0,03	—	—	—	—	—	—	—	—	—
	V	29,27	—	2,34	2,63	IV	16,98	—	1,21	1,36	—	1,07	1,20	—	0,93	1,05	—	0,80	0,90	—	0,67	0,75	—	0,54	0,61
	VI	30,48	—	2,43	2,74																					
116,29	I,IV	17,—	—	1,36	1,53	I	17,—	—	1,07	1,20	—	0,80	0,90	—	0,54	0,61	—	0,30	0,34	—	0,09	0,10	—	—	—
	II	13,57	—	1,08	1,22	II	13,57	—	0,81	0,91	—	0,55	0,62	—	0,31	0,35	—	0,10	0,11	—	—	—	—	—	—
	III	7,71	—	0,61	0,69	III	7,71	—	0,39	0,43	—	0,19	0,21	—	0,03	0,03	—	—	—	—	—	—	—	—	—
	V	29,30	—	2,34	2,63	IV	17,—	—	1,21	1,36	—	1,07	1,20	—	0,93	1,05	—	0,80	0,90	—	0,67	0,75	—	0,54	0,61
	VI	30,51	—	2,44	2,74																					

T 172

* Die ausgewiesenen Tabellenwerte sind amtlich. Siehe Erläuterungen auf der Umschlaginnenseite (U2).

117,89* TAG

Abzüge an Lohnsteuer, Solidaritätszuschlag (SolZ) und Kirchensteuer (8%, 9%) in den Steuerklassen

I – VI (ohne Kinderfreibeträge) — **I, II, III, IV** (mit Zahl der Kinderfreibeträge . . .)

Lohn/Gehalt bis €*	Kl	LSt	SolZ	8%	9%	Kl	LSt	0,5 SolZ	0,5 8%	0,5 9%	1 SolZ	1 8%	1 9%	1,5 SolZ	1,5 8%	1,5 9%	2 SolZ	2 8%	2 9%	2,5 SolZ	2,5 8%	2,5 9%	3 SolZ	3 8%	3 9%
116,39	I,IV	17,03	—	1,36	1,53	I	17,03	—	1,07	1,20	—	0,80	0,90	—	0,54	0,61	—	0,31	0,34	—	0,09	0,10	—	—	—
	II	13,59	—	1,08	1,22	II	13,59	—	0,81	0,91	—	0,56	0,63	—	0,32	0,36	—	0,10	0,11	—	—	—	—	—	—
	III	7,73	—	0,61	0,69	III	7,73	—	0,39	0,44	—	0,19	0,21	—	0,03	0,03	—	—	—	—	—	—	—	—	—
	V	29,34	—	2,34	2,64	IV	17,03	—	1,21	1,36	—	1,07	1,20	—	0,93	1,05	—	0,80	0,90	—	0,67	0,75	—	0,54	0,61
	VI	30,55	—	2,44	2,74																				
116,49	I,IV	17,05	—	1,36	1,53	I	17,05	—	1,07	1,21	—	0,80	0,90	—	0,55	0,61	—	0,31	0,35	—	0,09	0,11	—	—	—
	II	13,62	—	1,08	1,22	II	13,62	—	0,81	0,91	—	0,56	0,63	—	0,32	0,36	—	0,10	0,11	—	—	—	—	—	—
	III	7,76	—	0,62	0,69	III	7,76	—	0,39	0,44	—	0,19	0,21	—	0,03	0,03	—	—	—	—	—	—	—	—	—
	V	29,37	—	2,34	2,64	IV	17,05	—	1,21	1,37	—	1,07	1,21	—	0,93	1,05	—	0,80	0,90	—	0,67	0,76	—	0,55	0,61
	VI	30,58	—	2,44	2,75																				
116,59	I,IV	17,08	—	1,36	1,53	I	17,08	—	1,07	1,21	—	0,80	0,90	—	0,55	0,62	—	0,31	0,35	—	0,10	0,11	—	—	—
	II	13,64	—	1,09	1,22	II	13,64	—	0,81	0,92	—	0,56	0,63	—	0,32	0,36	—	0,10	0,12	—	—	—	—	—	—
	III	7,78	—	0,62	0,70	III	7,78	—	0,39	0,44	—	0,19	0,22	—	0,03	0,03	—	—	—	—	—	—	—	—	—
	V	29,41	—	2,35	2,64	IV	17,08	—	1,22	1,37	—	1,07	1,21	—	0,94	1,05	—	0,80	0,90	—	0,67	0,76	—	0,55	0,62
	VI	30,61	—	2,44	2,75																				
116,69	I,IV	17,11	—	1,36	1,53	I	17,11	—	1,08	1,21	—	0,80	0,91	—	0,55	0,62	—	0,31	0,35	—	0,10	0,11	—	—	—
	II	13,67	—	1,09	1,23	II	13,67	—	0,82	0,92	—	0,56	0,63	—	0,32	0,36	—	0,10	0,12	—	—	—	—	—	—
	III	7,80	—	0,62	0,70	III	7,80	—	0,39	0,44	—	0,19	0,22	—	0,03	0,04	—	—	—	—	—	—	—	—	—
	V	29,44	—	2,35	2,64	IV	17,11	—	1,22	1,37	—	1,08	1,21	—	0,94	1,06	—	0,80	0,91	—	0,68	0,76	—	0,55	0,62
	VI	30,65	—	2,45	2,75																				
116,79	I,IV	17,13	—	1,37	1,54	I	17,13	—	1,08	1,21	—	0,81	0,91	—	0,55	0,62	—	0,31	0,35	—	0,10	0,11	—	—	—
	II	13,69	—	1,09	1,23	II	13,69	—	0,82	0,92	—	0,56	0,63	—	0,32	0,36	—	0,11	0,12	—	—	—	—	—	—
	III	7,82	—	0,62	0,70	III	7,82	—	0,39	0,44	—	0,19	0,22	—	0,03	0,04	—	—	—	—	—	—	—	—	—
	V	29,48	—	2,35	2,65	IV	17,13	—	1,22	1,37	—	1,08	1,21	—	0,94	1,06	—	0,81	0,91	—	0,68	0,76	—	0,55	0,62
	VI	30,68	—	2,45	2,76																				
116,89	I,IV	17,16	—	1,37	1,54	I	17,16	—	1,08	1,22	—	0,81	0,91	—	0,55	0,62	—	0,31	0,35	—	0,10	0,11	—	—	—
	II	13,72	—	1,09	1,23	II	13,72	—	0,82	0,92	—	0,56	0,63	—	0,32	0,36	—	0,11	0,12	—	—	—	—	—	—
	III	7,84	—	0,62	0,70	III	7,84	—	0,40	0,45	—	0,19	0,22	—	0,03	0,04	—	—	—	—	—	—	—	—	—
	V	29,51	—	2,36	2,65	IV	17,16	—	1,22	1,37	—	1,08	1,22	—	0,94	1,06	—	0,81	0,91	—	0,68	0,76	—	0,55	0,62
	VI	30,72	—	2,45	2,76																				
116,99	I,IV	17,18	—	1,37	1,54	I	17,18	—	1,08	1,22	—	0,81	0,91	—	0,56	0,63	—	0,32	0,36	—	0,10	0,11	—	—	—
	II	13,74	—	1,09	1,23	II	13,74	—	0,82	0,93	—	0,57	0,64	—	0,33	0,37	—	0,11	0,12	—	—	—	—	—	—
	III	7,86	—	0,62	0,70	III	7,86	—	0,40	0,45	—	0,20	0,22	—	0,03	0,04	—	—	—	—	—	—	—	—	—
	V	29,55	—	2,36	2,65	IV	17,18	—	1,22	1,38	—	1,08	1,22	—	0,94	1,06	—	0,81	0,91	—	0,68	0,77	—	0,56	0,63
	VI	30,75	—	2,46	2,76																				
117,09	I,IV	17,21	—	1,37	1,54	I	17,21	—	1,08	1,22	—	0,81	0,91	—	0,56	0,63	—	0,32	0,36	—	0,10	0,11	—	—	—
	II	13,77	—	1,10	1,23	II	13,77	—	0,82	0,93	—	0,57	0,64	—	0,33	0,37	—	0,11	0,12	—	—	—	—	—	—
	III	7,88	—	0,63	0,70	III	7,88	—	0,40	0,45	—	0,20	0,22	—	0,04	0,04	—	—	—	—	—	—	—	—	—
	V	29,58	—	2,36	2,66	IV	17,21	—	1,23	1,38	—	1,08	1,22	—	0,95	1,07	—	0,81	0,91	—	0,68	0,77	—	0,56	0,63
	VI	30,79	—	2,46	2,77																				
117,19	I,IV	17,24	—	1,37	1,55	I	17,24	—	1,09	1,22	—	0,81	0,92	—	0,56	0,63	—	0,32	0,36	—	0,10	0,12	—	—	—
	II	13,79	—	1,10	1,24	II	13,79	—	0,83	0,93	—	0,57	0,64	—	0,33	0,37	—	0,11	0,13	—	—	—	—	—	—
	III	7,90	—	0,63	0,71	III	7,90	—	0,40	0,45	—	0,20	0,22	—	0,04	0,04	—	—	—	—	—	—	—	—	—
	V	29,61	—	2,36	2,66	IV	17,24	—	1,23	1,38	—	1,09	1,22	—	0,95	1,07	—	0,81	0,92	—	0,68	0,77	—	0,56	0,63
	VI	30,82	—	2,46	2,77																				
117,29	I,IV	17,26	—	1,38	1,55	I	17,26	—	1,09	1,22	—	0,82	0,92	—	0,56	0,63	—	0,32	0,36	—	0,10	0,12	—	—	—
	II	13,81	—	1,10	1,24	II	13,81	—	0,83	0,93	—	0,57	0,64	—	0,33	0,37	—	0,11	0,13	—	—	—	—	—	—
	III	7,92	—	0,63	0,71	III	7,92	—	0,40	0,45	—	0,20	0,23	—	0,04	0,04	—	—	—	—	—	—	—	—	—
	V	29,65	—	2,37	2,66	IV	17,26	—	1,23	1,38	—	1,09	1,22	—	0,95	1,07	—	0,82	0,92	—	0,69	0,77	—	0,56	0,63
	VI	30,86	—	2,46	2,77																				
117,39	I,IV	17,29	—	1,38	1,55	I	17,29	—	1,09	1,23	—	0,82	0,92	—	0,56	0,63	—	0,32	0,36	—	0,11	0,12	—	—	—
	II	13,84	—	1,10	1,24	II	13,84	—	0,83	0,93	—	0,57	0,64	—	0,33	0,37	—	0,11	0,13	—	—	—	—	—	—
	III	7,94	—	0,63	0,71	III	7,94	—	0,40	0,45	—	0,20	0,23	—	0,04	0,04	—	—	—	—	—	—	—	—	—
	V	29,68	—	2,37	2,67	IV	17,29	—	1,23	1,39	—	1,09	1,23	—	0,95	1,07	—	0,82	0,92	—	0,69	0,77	—	0,56	0,63
	VI	30,89	—	2,47	2,78																				
117,49	I,IV	17,31	—	1,38	1,55	I	17,31	—	1,09	1,23	—	0,82	0,92	—	0,56	0,63	—	0,32	0,36	—	0,11	0,12	—	—	—
	II	13,86	—	1,10	1,24	II	13,86	—	0,83	0,94	—	0,57	0,65	—	0,33	0,38	—	0,12	0,13	—	—	—	—	—	—
	III	7,96	—	0,63	0,71	III	7,96	—	0,40	0,46	—	0,20	0,23	—	0,04	0,04	—	—	—	—	—	—	—	—	—
	V	29,72	—	2,37	2,67	IV	17,31	—	1,23	1,39	—	1,09	1,23	—	0,95	1,07	—	0,82	0,92	—	0,69	0,78	—	0,56	0,63
	VI	30,93	—	2,47	2,78																				
117,59	I,IV	17,34	—	1,38	1,56	I	17,34	—	1,09	1,23	—	0,82	0,92	—	0,57	0,64	—	0,33	0,37	—	0,11	0,12	—	—	—
	II	13,89	—	1,11	1,25	II	13,89	—	0,83	0,94	—	0,58	0,65	—	0,34	0,38	—	0,12	0,13	—	—	—	—	—	—
	III	7,98	—	0,63	0,71	III	7,98	—	0,41	0,46	—	0,20	0,23	—	0,04	0,05	—	—	—	—	—	—	—	—	—
	V	29,75	—	2,38	2,67	IV	17,34	—	1,24	1,39	—	1,09	1,23	—	0,96	1,08	—	0,82	0,92	—	0,69	0,78	—	0,57	0,64
	VI	30,96	—	2,47	2,78																				
117,69	I,IV	17,37	—	1,38	1,56	I	17,37	—	1,10	1,23	—	0,82	0,93	—	0,57	0,64	—	0,33	0,37	—	0,11	0,12	—	—	—
	II	13,91	—	1,11	1,25	II	13,91	—	0,84	0,94	—	0,58	0,65	—	0,34	0,38	—	0,12	0,13	—	—	—	—	—	—
	III	8,—	—	0,64	0,72	III	8,—	—	0,41	0,46	—	0,20	0,23	—	0,04	0,05	—	—	—	—	—	—	—	—	—
	V	29,79	—	2,38	2,68	IV	17,37	—	1,24	1,39	—	1,10	1,23	—	0,96	1,08	—	0,82	0,93	—	0,69	0,78	—	0,57	0,64
	VI	31,—	—	2,48	2,79																				
117,79	I,IV	17,40	—	1,39	1,56	I	17,40	—	1,10	1,24	—	0,83	0,93	—	0,57	0,64	—	0,33	0,37	—	0,11	0,12	—	—	—
	II	13,94	—	1,11	1,25	II	13,94	—	0,84	0,94	—	0,58	0,65	—	0,34	0,38	—	0,12	0,13	—	—	—	—	—	—
	III	8,02	—	0,64	0,72	III	8,02	—	0,41	0,46	—	0,21	0,23	—	0,04	0,05	—	—	—	—	—	—	—	—	—
	V	29,82	—	2,38	2,68	IV	17,40	—	1,24	1,39	—	1,10	1,24	—	0,96	1,08	—	0,83	0,93	—	0,70	0,78	—	0,57	0,64
	VI	31,03	—	2,48	2,79																				
117,89	I,IV	17,42	—	1,39	1,56	I	17,42	—	1,10	1,24	—	0,83	0,93	—	0,57	0,64	—	0,33	0,37	—	0,11	0,13	—	—	—
	II	13,96	—	1,11	1,25	II	13,96	—	0,84	0,94	—	0,58	0,65	—	0,34	0,38	—	0,12	0,14	—	—	—	—	—	—
	III	8,04	—	0,64	0,72	III	8,04	—	0,41	0,46	—	0,21	0,23	—	0,04	0,05	—	—	—	—	—	—	—	—	—
	V	29,86	—	2,38	2,68	IV	17,42	—	1,24	1,40	—	1,10	1,24	—	0,96	1,08	—	0,83	0,93	—	0,70	0,78	—	0,57	0,64
	VI	31,07	—	2,48	2,79																				

* Die ausgewiesenen Tabellenwerte sind amtlich. Siehe Erläuterungen auf der Umschlaginnenseite (U2).

T 173

TAG 117,90*

Abzüge an Lohnsteuer, Solidaritätszuschlag (SolZ) und Kirchensteuer (8%, 9%) in den Steuerklassen

Links: **I–VI** ohne Kinderfreibeträge — Rechts: **I, II, III, IV** mit Zahl der Kinderfreibeträge

Lohn/Gehalt bis €*	Kl	LSt	SolZ	8%	9%	Kl	LSt	0,5 SolZ	0,5 8%	0,5 9%	1 SolZ	1 8%	1 9%	1,5 SolZ	1,5 8%	1,5 9%	2 SolZ	2 8%	2 9%	2,5 SolZ	2,5 8%	2,5 9%	3 SolZ	3 8%	3 9%
117,99	I,IV	17,45	—	1,39	1,57	I	17,45	—	1,10	1,24	—	0,83	0,93	—	0,57	0,64	—	0,33	0,37	—	0,11	0,13	—	—	—
	II	13,99	—	1,11	1,25	II	13,99	—	0,84	0,95	—	0,58	0,66	—	0,34	0,39	—	0,12	0,14	—	—	—	—	—	—
	III	8,06	—	0,64	0,72	III	8,06	—	0,41	0,46	—	0,21	0,24	—	0,04	0,05	—	—	—	—	—	—	—	—	—
	V	29,89	—	2,39	2,69	IV	17,45	—	1,24	1,40	—	1,10	1,24	—	0,96	1,08	—	0,83	0,93	—	0,70	0,79	—	0,57	0,64
	VI	31,10	—	2,48	2,79																					
118,09	I,IV	17,47	—	1,39	1,57	I	17,47	—	1,10	1,24	—	0,83	0,94	—	0,57	0,65	—	0,33	0,38	—	0,11	0,13	—	—	—
	II	14,01	—	1,12	1,26	II	14,01	—	0,84	0,95	—	0,59	0,66	—	0,34	0,39	—	0,12	0,14	—	—	—	—	—	—
	III	8,08	—	0,64	0,72	III	8,08	—	0,41	0,47	—	0,21	0,24	—	0,05	0,05	—	—	—	—	—	—	—	—	—
	V	29,93	—	2,39	2,69	IV	17,47	—	1,25	1,40	—	1,10	1,24	—	0,97	1,09	—	0,83	0,94	—	0,70	0,79	—	0,57	0,65
	VI	31,14	—	2,49	2,80																					
118,19	I,IV	17,50	—	1,40	1,57	I	17,50	—	1,11	1,24	—	0,83	0,94	—	0,58	0,65	—	0,34	0,38	—	0,12	0,13	—	—	—
	II	14,04	—	1,12	1,26	II	14,04	—	0,84	0,95	—	0,59	0,66	—	0,35	0,39	—	0,12	0,14	—	—	—	—	—	—
	III	8,11	—	0,64	0,72	III	8,11	—	0,42	0,47	—	0,21	0,24	—	0,05	0,05	—	—	—	—	—	—	—	—	—
	V	29,96	—	2,39	2,69	IV	17,50	—	1,25	1,41	—	1,11	1,24	—	0,97	1,09	—	0,83	0,94	—	0,70	0,79	—	0,58	0,65
	VI	31,17	—	2,49	2,80																					
118,29	I,IV	17,53	—	1,40	1,57	I	17,53	—	1,11	1,25	—	0,84	0,94	—	0,58	0,65	—	0,34	0,38	—	0,12	0,13	—	—	—
	II	14,06	—	1,12	1,26	II	14,06	—	0,85	0,95	—	0,59	0,66	—	0,35	0,39	—	0,13	0,14	—	—	—	—	—	—
	III	8,12	—	0,64	0,73	III	8,12	—	0,42	0,47	—	0,21	0,24	—	0,05	0,05	—	—	—	—	—	—	—	—	—
	V	30,—	—	2,40	2,70	IV	17,53	—	1,25	1,41	—	1,11	1,25	—	0,97	1,09	—	0,84	0,94	—	0,70	0,79	—	0,58	0,65
	VI	31,21	—	2,49	2,80																					
118,39	I,IV	17,55	—	1,40	1,57	I	17,55	—	1,11	1,25	—	0,84	0,94	—	0,58	0,65	—	0,34	0,38	—	0,12	0,13	—	—	—
	II	14,09	—	1,12	1,26	II	14,09	—	0,85	0,95	—	0,59	0,66	—	0,35	0,39	—	0,13	0,14	—	—	—	—	—	—
	III	8,15	—	0,65	0,73	III	8,15	—	0,42	0,47	—	0,21	0,24	—	0,05	0,06	—	—	—	—	—	—	—	—	—
	V	30,03	—	2,40	2,70	IV	17,55	—	1,25	1,41	—	1,11	1,25	—	0,97	1,09	—	0,84	0,94	—	0,71	0,79	—	0,58	0,65
	VI	31,24	—	2,49	2,81																					
118,49	I,IV	17,58	—	1,40	1,58	I	17,58	—	1,11	1,25	—	0,84	0,94	—	0,58	0,65	—	0,34	0,38	—	0,12	0,14	—	—	—
	II	14,11	—	1,12	1,26	II	14,11	—	0,85	0,96	—	0,59	0,67	—	0,35	0,39	—	0,13	0,15	—	—	—	—	—	—
	III	8,17	—	0,65	0,73	III	8,17	—	0,42	0,47	—	0,22	0,24	—	0,05	0,06	—	—	—	—	—	—	—	—	—
	V	30,06	—	2,40	2,70	IV	17,58	—	1,25	1,41	—	1,11	1,25	—	0,97	1,10	—	0,84	0,94	—	0,71	0,80	—	0,58	0,65
	VI	31,28	—	2,50	2,81																					
118,59	I,IV	17,61	—	1,40	1,58	I	17,61	—	1,11	1,25	—	0,84	0,95	—	0,58	0,66	—	0,34	0,38	—	0,12	0,14	—	—	—
	II	14,14	—	1,13	1,27	II	14,14	—	0,85	0,96	—	0,59	0,67	—	0,35	0,40	—	0,13	0,15	—	—	—	—	—	—
	III	8,18	—	0,65	0,73	III	8,18	—	0,42	0,48	—	0,22	0,24	—	0,05	0,06	—	—	—	—	—	—	—	—	—
	V	30,10	—	2,40	2,70	IV	17,61	—	1,26	1,41	—	1,11	1,25	—	0,98	1,10	—	0,84	0,95	—	0,71	0,80	—	0,58	0,66
	VI	31,31	—	2,50	2,81																					
118,69	I,IV	17,63	—	1,41	1,58	I	17,63	—	1,12	1,26	—	0,84	0,95	—	0,58	0,66	—	0,34	0,39	—	0,12	0,14	—	—	—
	II	14,16	—	1,13	1,27	II	14,16	—	0,85	0,96	—	0,60	0,67	—	0,35	0,40	—	0,13	0,15	—	—	—	—	—	—
	III	8,21	—	0,65	0,73	III	8,21	—	0,42	0,48	—	0,22	0,25	—	0,05	0,06	—	—	—	—	—	—	—	—	—
	V	30,14	—	2,41	2,71	IV	17,63	—	1,26	1,42	—	1,12	1,26	—	0,98	1,10	—	0,84	0,95	—	0,71	0,80	—	0,58	0,66
	VI	31,35	—	2,50	2,82																					
118,79	I,IV	17,66	—	1,41	1,58	I	17,66	—	1,12	1,26	—	0,84	0,95	—	0,59	0,66	—	0,34	0,39	—	0,12	0,14	—	—	—
	II	14,19	—	1,13	1,27	II	14,19	—	0,86	0,96	—	0,60	0,67	—	0,36	0,40	—	0,13	0,15	—	—	—	—	—	—
	III	8,23	—	0,65	0,74	III	8,23	—	0,43	0,48	—	0,22	0,25	—	0,05	0,06	—	—	—	—	—	—	—	—	—
	V	30,17	—	2,41	2,71	IV	17,66	—	1,26	1,42	—	1,12	1,26	—	0,98	1,10	—	0,84	0,95	—	0,71	0,80	—	0,59	0,66
	VI	31,38	—	2,51	2,82																					
118,89	I,IV	17,68	—	1,41	1,59	I	17,68	—	1,12	1,26	—	0,85	0,95	—	0,59	0,66	—	0,35	0,39	—	0,13	0,14	—	—	—
	II	14,21	—	1,13	1,27	II	14,21	—	0,86	0,97	—	0,60	0,67	—	0,36	0,40	—	0,13	0,15	—	—	—	—	—	—
	III	8,25	—	0,66	0,74	III	8,25	—	0,43	0,48	—	0,22	0,25	—	0,05	0,06	—	—	—	—	—	—	—	—	—
	V	30,20	—	2,41	2,71	IV	17,68	—	1,26	1,42	—	1,12	1,26	—	0,98	1,10	—	0,85	0,95	—	0,72	0,81	—	0,59	0,66
	VI	31,41	—	2,51	2,82																					
118,99	I,IV	17,71	—	1,41	1,59	I	17,71	—	1,12	1,26	—	0,85	0,95	—	0,59	0,66	—	0,35	0,39	—	0,13	0,14	—	—	—
	II	14,24	—	1,13	1,28	II	14,24	—	0,86	0,97	—	0,60	0,68	—	0,36	0,40	—	0,14	0,15	—	—	—	—	—	—
	III	8,27	—	0,66	0,74	III	8,27	—	0,43	0,48	—	0,22	0,25	—	0,06	0,06	—	—	—	—	—	—	—	—	—
	V	30,24	—	2,41	2,72	IV	17,71	—	1,26	1,42	—	1,12	1,26	—	0,98	1,11	—	0,85	0,95	—	0,72	0,81	—	0,59	0,66
	VI	31,45	—	2,51	2,83																					
119,09	I,IV	17,74	—	1,41	1,59	I	17,74	—	1,12	1,26	—	0,85	0,96	—	0,59	0,67	—	0,35	0,39	—	0,13	0,14	—	—	—
	II	14,27	—	1,14	1,28	II	14,27	—	0,86	0,97	—	0,60	0,68	—	0,36	0,41	—	0,14	0,15	—	—	—	—	—	—
	III	8,29	—	0,66	0,74	III	8,29	—	0,43	0,48	—	0,22	0,25	—	0,06	0,06	—	—	—	—	—	—	—	—	—
	V	30,28	—	2,42	2,72	IV	17,74	—	1,27	1,43	—	1,12	1,26	—	0,98	1,11	—	0,85	0,96	—	0,72	0,81	—	0,59	0,67
	VI	31,48	—	2,51	2,83																					
119,19	I,IV	17,76	—	1,42	1,59	I	17,76	—	1,13	1,27	—	0,85	0,96	—	0,59	0,67	—	0,35	0,40	—	0,13	0,15	—	—	—
	II	14,29	—	1,14	1,28	II	14,29	—	0,86	0,97	—	0,60	0,68	—	0,36	0,41	—	0,14	0,16	—	—	—	—	—	—
	III	8,31	—	0,66	0,74	III	8,31	—	0,43	0,49	—	0,22	0,25	—	0,06	0,06	—	—	—	—	—	—	—	—	—
	V	30,31	—	2,42	2,72	IV	17,76	—	1,27	1,43	—	1,13	1,27	—	0,99	1,11	—	0,85	0,96	—	0,72	0,81	—	0,59	0,67
	VI	31,52	—	2,52	2,83																					
119,29	I,IV	17,79	—	1,42	1,60	I	17,79	—	1,13	1,27	—	0,85	0,96	—	0,60	0,67	—	0,35	0,40	—	0,13	0,15	—	—	—
	II	14,31	—	1,14	1,28	II	14,31	—	0,87	0,97	—	0,61	0,68	—	0,36	0,41	—	0,14	0,16	—	—	—	—	—	—
	III	8,33	—	0,66	0,74	III	8,33	—	0,43	0,49	—	0,23	0,26	—	0,06	0,07	—	—	—	—	—	—	—	—	—
	V	30,34	—	2,42	2,73	IV	17,79	—	1,27	1,43	—	1,13	1,27	—	0,99	1,11	—	0,85	0,96	—	0,72	0,81	—	0,60	0,67
	VI	31,55	—	2,52	2,83																					
119,39	I,IV	17,82	—	1,42	1,60	I	17,82	—	1,13	1,27	—	0,86	0,96	—	0,60	0,67	—	0,36	0,40	—	0,13	0,15	—	—	—
	II	14,34	—	1,14	1,29	II	14,34	—	0,87	0,98	—	0,61	0,68	—	0,37	0,41	—	0,14	0,16	—	—	—	—	—	—
	III	8,35	—	0,66	0,75	III	8,35	—	0,44	0,49	—	0,23	0,26	—	0,06	0,07	—	—	—	—	—	—	—	—	—
	V	30,38	—	2,43	2,73	IV	17,82	—	1,27	1,43	—	1,13	1,27	—	0,99	1,11	—	0,86	0,96	—	0,72	0,81	—	0,60	0,67
	VI	31,59	—	2,52	2,84																					
119,49	I,IV	17,84	—	1,42	1,60	I	17,84	—	1,13	1,27	—	0,86	0,97	—	0,60	0,67	—	0,36	0,40	—	0,13	0,15	—	—	—
	II	14,37	—	1,14	1,29	II	14,37	—	0,87	0,98	—	0,61	0,69	—	0,37	0,41	—	0,14	0,16	—	—	—	—	—	—
	III	8,37	—	0,66	0,75	III	8,37	—	0,44	0,49	—	0,23	0,26	—	0,06	0,07	—	—	—	—	—	—	—	—	—
	V	30,41	—	2,43	2,73	IV	17,84	—	1,28	1,44	—	1,13	1,27	—	0,99	1,12	—	0,86	0,97	—	0,73	0,82	—	0,60	0,67
	VI	31,62	—	2,52	2,84																					

* Die ausgewiesenen Tabellenwerte sind amtlich. Siehe Erläuterungen auf der Umschlaginnenseite (U2).

121,09*   **TAG**

Abzüge an Lohnsteuer, Solidaritätszuschlag (SolZ) und Kirchensteuer (8%, 9%) in den Steuerklassen

Steuerklassen **I – VI** (ohne Kinderfreibeträge) / **I, II, III, IV** (mit Zahl der Kinderfreibeträge ...)

Lohn/Gehalt bis €*	Kl	LSt	SolZ	8%	9%	Kl	LSt	0,5 SolZ	0,5 8%	0,5 9%	1 SolZ	1 8%	1 9%	1,5 SolZ	1,5 8%	1,5 9%	2 SolZ	2 8%	2 9%	2,5 SolZ	2,5 8%	2,5 9%	3 SolZ	3 8%	3 9%
119,59	I,IV	17,87	—	1,42	1,60	I	17,87	—	1,13	1,28	—	0,86	0,97	—	0,60	0,68	—	0,36	0,40	—	0,14	0,15	—	—	—
	II	14,39	—	1,15	1,29	II	14,39	—	0,87	0,98	—	0,61	0,69	—	0,37	0,42	—	0,14	0,16	—	—	—	—	—	—
	III	8,39	—	0,67	0,75	III	8,39	—	0,44	0,49	—	0,23	0,26	—	0,06	0,07	—	—	—	—	—	—	—	—	—
	V	30,45	—	2,43	2,74	IV	17,87	—	1,28	1,44	—	1,13	1,28	—	0,99	1,12	—	0,86	0,97	—	0,73	0,82	—	0,60	0,68
	VI	31,66	—	2,53	2,84																					
119,69	I,IV	17,90	—	1,43	1,61	I	17,90	—	1,14	1,28	—	0,86	0,97	—	0,60	0,68	—	0,36	0,41	—	0,14	0,15	—	—	—
	II	14,42	—	1,15	1,29	II	14,42	—	0,87	0,98	—	0,61	0,69	—	0,37	0,42	—	0,15	0,16	—	—	—	—	—	—
	III	8,41	—	0,67	0,75	III	8,41	—	0,44	0,50	—	0,23	0,26	—	0,06	0,07	—	—	—	—	—	—	—	—	—
	V	30,48	—	2,43	2,74	IV	17,90	—	1,28	1,44	—	1,14	1,28	—	1,—	1,12	—	0,86	0,97	—	0,73	0,82	—	0,60	0,68
	VI	31,69	—	2,53	2,85																					
119,79	I,IV	17,92	—	1,43	1,61	I	17,92	—	1,14	1,28	—	0,86	0,97	—	0,60	0,68	—	0,36	0,41	—	0,14	0,16	—	—	—
	II	14,44	—	1,15	1,29	II	14,44	—	0,88	0,99	—	0,62	0,69	—	0,37	0,42	—	0,15	0,17	—	—	—	—	—	—
	III	8,43	—	0,67	0,75	III	8,43	—	0,44	0,50	—	0,23	0,26	—	0,06	0,07	—	—	—	—	—	—	—	—	—
	V	30,52	—	2,44	2,74	IV	17,92	—	1,28	1,44	—	1,14	1,28	—	1,—	1,12	—	0,86	0,97	—	0,73	0,82	—	0,60	0,68
	VI	31,73	—	2,53	2,85																					
119,89	I,IV	17,95	—	1,43	1,61	I	17,95	—	1,14	1,28	—	0,86	0,97	—	0,61	0,68	—	0,36	0,41	—	0,14	0,16	—	—	—
	II	14,47	—	1,15	1,30	II	14,47	—	0,88	0,99	—	0,62	0,70	—	0,37	0,42	—	0,15	0,17	—	—	—	—	—	—
	III	8,46	—	0,67	0,76	III	8,46	—	0,44	0,50	—	0,23	0,26	—	0,06	0,07	—	—	—	—	—	—	—	—	—
	V	30,55	—	2,44	2,74	IV	17,95	—	1,28	1,44	—	1,14	1,28	—	1,—	1,13	—	0,86	0,97	—	0,73	0,83	—	0,61	0,68
	VI	31,76	—	2,54	2,85																					
119,99	I,IV	17,98	—	1,43	1,61	I	17,98	—	1,14	1,28	—	0,87	0,98	—	0,61	0,68	—	0,36	0,41	—	0,14	0,16	—	—	—
	II	14,49	—	1,15	1,30	II	14,49	—	0,88	0,99	—	0,62	0,70	—	0,38	0,42	—	0,15	0,17	—	—	—	—	—	—
	III	8,47	—	0,67	0,76	III	8,47	—	0,44	0,50	—	0,24	0,27	—	0,07	0,07	—	—	—	—	—	—	—	—	—
	V	30,59	—	2,44	2,75	IV	17,98	—	1,29	1,45	—	1,14	1,28	—	1,—	1,13	—	0,87	0,98	—	0,74	0,83	—	0,61	0,68
	VI	31,80	—	2,54	2,86																					
120,09	I,IV	18,—	—	1,44	1,62	I	18,—	—	1,14	1,29	—	0,87	0,98	—	0,61	0,69	—	0,37	0,41	—	0,14	0,16	—	—	—
	II	14,52	—	1,16	1,30	II	14,52	—	0,88	0,99	—	0,62	0,70	—	0,38	0,42	—	0,15	0,17	—	—	—	—	—	—
	III	8,50	—	0,68	0,76	III	8,50	—	0,45	0,50	—	0,24	0,27	—	0,07	0,08	—	—	—	—	—	—	—	—	—
	V	30,62	—	2,44	2,75	IV	18,—	—	1,29	1,45	—	1,14	1,29	—	1,—	1,13	—	0,87	0,98	—	0,74	0,83	—	0,61	0,69
	VI	31,83	—	2,54	2,86																					
120,19	I,IV	18,03	—	1,44	1,62	I	18,03	—	1,15	1,29	—	0,87	0,98	—	0,61	0,69	—	0,37	0,41	—	0,14	0,16	—	—	—
	II	14,54	—	1,16	1,30	II	14,54	—	0,88	0,99	—	0,62	0,70	—	0,38	0,43	—	0,15	0,17	—	—	—	—	—	—
	III	8,52	—	0,68	0,76	III	8,52	—	0,45	0,50	—	0,24	0,27	—	0,07	0,08	—	—	—	—	—	—	—	—	—
	V	30,66	—	2,45	2,75	IV	18,03	—	1,29	1,45	—	1,15	1,29	—	1,01	1,13	—	0,87	0,98	—	0,74	0,83	—	0,61	0,69
	VI	31,86	—	2,54	2,86																					
120,29	I,IV	18,06	—	1,44	1,62	I	18,06	—	1,15	1,29	—	0,87	0,98	—	0,61	0,69	—	0,37	0,42	—	0,15	0,16	—	—	—
	II	14,57	—	1,16	1,31	II	14,57	—	0,88	0,99	—	0,62	0,70	—	0,38	0,43	—	0,15	0,17	—	—	—	—	—	—
	III	8,53	—	0,68	0,76	III	8,53	—	0,45	0,51	—	0,24	0,27	—	0,07	0,08	—	—	—	—	—	—	—	—	—
	V	30,69	—	2,45	2,76	IV	18,06	—	1,29	1,45	—	1,15	1,29	—	1,01	1,13	—	0,87	0,98	—	0,74	0,83	—	0,61	0,69
	VI	31,90	—	2,55	2,87																					
120,39	I,IV	18,08	—	1,44	1,62	I	18,08	—	1,15	1,29	—	0,87	0,98	—	0,62	0,69	—	0,37	0,42	—	0,15	0,17	—	—	—
	II	14,59	—	1,16	1,31	II	14,59	—	0,89	1,—	—	0,63	0,71	—	0,38	0,43	—	0,16	0,18	—	—	—	—	—	—
	III	8,56	—	0,68	0,77	III	8,56	—	0,45	0,51	—	0,24	0,27	—	0,07	0,08	—	—	—	—	—	—	—	—	—
	V	30,73	—	2,45	2,76	IV	18,08	—	1,29	1,46	—	1,15	1,29	—	1,01	1,14	—	0,87	0,98	—	0,74	0,84	—	0,62	0,69
	VI	31,93	—	2,55	2,87																					
120,49	I,IV	18,11	—	1,44	1,62	I	18,11	—	1,15	1,30	—	0,88	0,99	—	0,62	0,69	—	0,37	0,42	—	0,15	0,17	—	—	—
	II	14,62	—	1,16	1,31	II	14,62	—	0,89	1,—	—	0,63	0,71	—	0,38	0,43	—	0,16	0,18	—	—	—	—	—	—
	III	8,58	—	0,68	0,77	III	8,58	—	0,45	0,51	—	0,24	0,27	—	0,07	0,08	—	—	—	—	—	—	—	—	—
	V	30,76	—	2,46	2,76	IV	18,11	—	1,30	1,46	—	1,15	1,30	—	1,01	1,14	—	0,88	0,99	—	0,74	0,84	—	0,62	0,69
	VI	31,97	—	2,55	2,87																					
120,59	I,IV	18,13	—	1,45	1,63	I	18,13	—	1,15	1,30	—	0,88	0,99	—	0,62	0,70	—	0,38	0,42	—	0,15	0,17	—	—	—
	II	14,64	—	1,17	1,31	II	14,64	—	0,89	1,—	—	0,63	0,71	—	0,39	0,43	—	0,16	0,18	—	—	—	—	—	—
	III	8,60	—	0,68	0,77	III	8,60	—	0,45	0,51	—	0,24	0,27	—	0,07	0,08	—	—	—	—	—	—	—	—	—
	V	30,80	—	2,46	2,77	IV	18,13	—	1,30	1,46	—	1,15	1,30	—	1,01	1,14	—	0,88	0,99	—	0,75	0,84	—	0,62	0,70
	VI	32,—	—	2,56	2,88																					
120,69	I,IV	18,16	—	1,45	1,63	I	18,16	—	1,16	1,30	—	0,88	0,99	—	0,62	0,70	—	0,38	0,42	—	0,15	0,17	—	—	—
	II	14,67	—	1,17	1,32	II	14,67	—	0,89	1,—	—	0,63	0,71	—	0,39	0,44	—	0,16	0,18	—	—	—	—	—	—
	III	8,62	—	0,68	0,77	III	8,62	—	0,46	0,51	—	0,24	0,28	—	0,07	0,08	—	—	—	—	—	—	—	—	—
	V	30,83	—	2,46	2,77	IV	18,16	—	1,30	1,46	—	1,16	1,30	—	1,02	1,14	—	0,88	0,99	—	0,75	0,84	—	0,62	0,70
	VI	32,04	—	2,56	2,88																					
120,79	I,IV	18,19	—	1,45	1,63	I	18,19	—	1,16	1,30	—	0,88	0,99	—	0,62	0,70	—	0,38	0,43	—	0,15	0,17	—	—	—
	II	14,69	—	1,17	1,32	II	14,69	—	0,89	1,01	—	0,63	0,71	—	0,39	0,44	—	0,16	0,18	—	—	—	—	—	—
	III	8,64	—	0,69	0,77	III	8,64	—	0,46	0,51	—	0,25	0,28	—	0,07	0,08	—	—	—	—	—	—	—	—	—
	V	30,86	—	2,46	2,77	IV	18,19	—	1,30	1,47	—	1,16	1,30	—	1,02	1,15	—	0,88	0,99	—	0,75	0,84	—	0,62	0,70
	VI	32,07	—	2,56	2,88																					
120,89	I,IV	18,21	—	1,45	1,63	I	18,21	—	1,16	1,31	—	0,88	0,99	—	0,62	0,70	—	0,38	0,43	—	0,15	0,17	—	—	—
	II	14,72	—	1,17	1,32	II	14,72	—	0,90	1,01	—	0,64	0,72	—	0,39	0,44	—	0,16	0,18	—	—	—	—	—	—
	III	8,66	—	0,69	0,77	III	8,66	—	0,46	0,52	—	0,25	0,28	—	0,08	0,09	—	—	—	—	—	—	—	—	—
	V	30,90	—	2,47	2,78	IV	18,21	—	1,30	1,47	—	1,16	1,31	—	1,02	1,15	—	0,88	0,99	—	0,75	0,85	—	0,62	0,70
	VI	32,11	—	2,56	2,88																					
120,99	I,IV	18,24	—	1,45	1,64	I	18,24	—	1,16	1,31	—	0,89	1,—	—	0,63	0,70	—	0,38	0,43	—	0,16	0,18	—	—	—
	II	14,75	—	1,18	1,32	II	14,75	—	0,90	1,01	—	0,64	0,72	—	0,39	0,44	—	0,16	0,19	—	—	—	—	—	—
	III	8,68	—	0,69	0,78	III	8,68	—	0,46	0,52	—	0,25	0,28	—	0,08	0,09	—	—	—	—	—	—	—	—	—
	V	30,93	—	2,47	2,78	IV	18,24	—	1,31	1,47	—	1,16	1,31	—	1,02	1,15	—	0,89	1,—	—	0,75	0,85	—	0,63	0,70
	VI	32,14	—	2,57	2,89																					
121,09	I,IV	18,27	—	1,46	1,64	I	18,27	—	1,16	1,31	—	0,89	1,—	—	0,63	0,71	—	0,38	0,43	—	0,16	0,18	—	—	—
	II	14,77	—	1,18	1,32	II	14,77	—	0,90	1,01	—	0,64	0,72	—	0,39	0,44	—	0,17	0,19	—	—	—	—	—	—
	III	8,70	—	0,69	0,78	III	8,70	—	0,46	0,52	—	0,25	0,28	—	0,08	0,09	—	—	—	—	—	—	—	—	—
	V	30,97	—	2,47	2,78	IV	18,27	—	1,31	1,47	—	1,16	1,31	—	1,02	1,15	—	0,89	1,—	—	0,76	0,85	—	0,63	0,71
	VI	32,18	—	2,57	2,89																					

* Die ausgewiesenen Tabellenwerte sind amtlich. Siehe Erläuterungen auf der Umschlaginnenseite (U2).

TAG 121,10*

Abzüge an Lohnsteuer, Solidaritätszuschlag (SolZ) und Kirchensteuer (8%, 9%) in den Steuerklassen

Lohn/Gehalt bis €*	Kl	LSt (I–VI) ohne Kinderfreibeträge	SolZ	8%	9%	Kl	LSt	0,5 SolZ	0,5 8%	0,5 9%	1 SolZ	1 8%	1 9%	1,5 SolZ	1,5 8%	1,5 9%	2 SolZ	2 8%	2 9%	2,5 SolZ	2,5 8%	2,5 9%	3 SolZ	3 8%	3 9%
121,19	I,IV	18,30	—	1,46	1,64	I	18,30	—	1,17	1,31	—	0,89	1,—	—	0,63	0,71	—	0,38	0,43	—	0,16	0,18	—	—	—
	II	14,80	—	1,18	1,33	II	14,80	—	0,90	1,01	—	0,64	0,72	—	0,40	0,45	—	0,17	0,19	—	—	—	—	—	—
	III	8,72	—	0,69	0,78	III	8,72	—	0,46	0,52	—	0,25	0,28	—	0,08	0,09	—	—	—	—	—	—	—	—	—
	V	31,—	—	2,48	2,79	IV	18,30	—	1,31	1,47	—	1,17	1,31	—	1,03	1,15	—	0,89	1,—	—	0,76	0,85	—	0,63	0,71
	VI	32,21	—	2,57	2,89																				
121,29	I,IV	18,32	—	1,46	1,64	I	18,32	—	1,17	1,31	—	0,89	1,—	—	0,63	0,71	—	0,39	0,44	—	0,16	0,18	—	—	—
	II	14,82	—	1,18	1,33	II	14,82	—	0,90	1,02	—	0,64	0,72	—	0,40	0,45	—	0,17	0,19	—	—	—	—	—	—
	III	8,75	—	0,70	0,78	III	8,75	—	0,47	0,52	—	0,25	0,28	—	0,08	0,09	—	—	—	—	—	—	—	—	—
	V	31,04	—	2,48	2,79	IV	18,32	—	1,31	1,48	—	1,17	1,31	—	1,03	1,16	—	0,89	1,—	—	0,76	0,85	—	0,63	0,71
	VI	32,25	—	2,58	2,90																				
121,39	I,IV	18,35	—	1,46	1,65	I	18,35	—	1,17	1,32	—	0,89	1,01	—	0,63	0,71	—	0,39	0,44	—	0,16	0,18	—	—	—
	II	14,85	—	1,18	1,33	II	14,85	—	0,91	1,02	—	0,64	0,72	—	0,40	0,45	—	0,17	0,19	—	—	—	—	—	—
	III	8,76	—	0,70	0,78	III	8,76	—	0,47	0,53	—	0,25	0,29	—	0,08	0,09	—	—	—	—	—	—	—	—	—
	V	31,07	—	2,48	2,79	IV	18,35	—	1,31	1,48	—	1,17	1,32	—	1,03	1,16	—	0,89	1,01	—	0,76	0,86	—	0,63	0,71
	VI	32,28	—	2,58	2,90																				
121,49	I,IV	18,38	—	1,47	1,65	I	18,38	—	1,17	1,32	—	0,90	1,01	—	0,63	0,71	—	0,39	0,44	—	0,16	0,18	—	—	—
	II	14,87	—	1,18	1,33	II	14,87	—	0,91	1,02	—	0,65	0,73	—	0,40	0,45	—	0,17	0,19	—	—	—	—	—	—
	III	8,78	—	0,70	0,79	III	8,78	—	0,47	0,53	—	0,26	0,29	—	0,08	0,09	—	—	—	—	—	—	—	—	—
	V	31,11	—	2,48	2,79	IV	18,38	—	1,32	1,48	—	1,17	1,32	—	1,03	1,16	—	0,90	1,01	—	0,76	0,86	—	0,63	0,71
	VI	32,32	—	2,58	2,90																				
121,59	I,IV	18,40	—	1,47	1,65	I	18,40	—	1,17	1,32	—	0,90	1,01	—	0,64	0,72	—	0,39	0,44	—	0,16	0,18	—	—	—
	II	14,90	—	1,19	1,34	II	14,90	—	0,91	1,02	—	0,65	0,73	—	0,40	0,45	—	0,17	0,20	—	—	—	—	—	—
	III	8,81	—	0,70	0,79	III	8,81	—	0,47	0,53	—	0,26	0,29	—	0,08	0,09	—	—	—	—	—	—	—	—	—
	V	31,14	—	2,49	2,80	IV	18,40	—	1,32	1,48	—	1,17	1,32	—	1,03	1,16	—	0,90	1,01	—	0,76	0,86	—	0,64	0,72
	VI	32,35	—	2,58	2,91																				
121,69	I,IV	18,43	—	1,47	1,65	I	18,43	—	1,18	1,32	—	0,90	1,01	—	0,64	0,72	—	0,39	0,44	—	0,17	0,19	—	—	—
	II	14,92	—	1,19	1,34	II	14,92	—	0,91	1,03	—	0,65	0,73	—	0,40	0,45	—	0,18	0,20	—	—	—	—	—	—
	III	8,82	—	0,70	0,79	III	8,82	—	0,47	0,53	—	0,26	0,29	—	0,08	0,09	—	—	—	—	—	—	—	—	—
	V	31,18	—	2,49	2,80	IV	18,43	—	1,32	1,49	—	1,18	1,32	—	1,04	1,17	—	0,90	1,01	—	0,77	0,86	—	0,64	0,72
	VI	32,38	—	2,59	2,91																				
121,79	I,IV	18,46	—	1,47	1,66	I	18,46	—	1,18	1,33	—	0,90	1,01	—	0,64	0,72	—	0,40	0,45	—	0,17	0,19	—	—	—
	II	14,95	—	1,19	1,34	II	14,95	—	0,91	1,03	—	0,65	0,73	—	0,41	0,46	—	0,18	0,20	—	—	—	—	—	—
	III	8,85	—	0,70	0,79	III	8,85	—	0,47	0,53	—	0,26	0,29	—	0,08	0,10	—	—	—	—	—	—	—	—	—
	V	31,21	—	2,49	2,80	IV	18,46	—	1,32	1,49	—	1,18	1,33	—	1,04	1,17	—	0,90	1,01	—	0,77	0,87	—	0,64	0,72
	VI	32,42	—	2,59	2,91																				
121,89	I,IV	18,48	—	1,47	1,66	I	18,48	—	1,18	1,33	—	0,90	1,02	—	0,64	0,72	—	0,40	0,45	—	0,17	0,19	—	—	—
	II	14,97	—	1,19	1,34	II	14,97	—	0,92	1,03	—	0,65	0,73	—	0,41	0,46	—	0,18	0,20	—	—	—	—	—	—
	III	8,87	—	0,70	0,79	III	8,87	—	0,48	0,54	—	0,26	0,29	—	0,09	0,10	—	—	—	—	—	—	—	—	—
	V	31,25	—	2,50	2,81	IV	18,48	—	1,32	1,49	—	1,18	1,33	—	1,04	1,17	—	0,90	1,02	—	0,77	0,87	—	0,64	0,72
	VI	32,46	—	2,59	2,92																				
121,99	I,IV	18,51	—	1,48	1,66	I	18,51	—	1,18	1,33	—	0,90	1,02	—	0,64	0,72	—	0,40	0,45	—	0,17	0,19	—	—	—
	II	15,—	—	1,20	1,35	II	15,—	—	0,92	1,03	—	0,66	0,74	—	0,41	0,46	—	0,18	0,20	—	—	—	—	—	—
	III	8,89	—	0,71	0,80	III	8,89	—	0,48	0,54	—	0,26	0,30	—	0,09	0,10	—	—	—	—	—	—	—	—	—
	V	31,28	—	2,50	2,81	IV	18,51	—	1,33	1,49	—	1,18	1,33	—	1,04	1,17	—	0,90	1,02	—	0,77	0,87	—	0,64	0,72
	VI	32,49	—	2,59	2,92																				
122,09	I,IV	18,53	—	1,48	1,66	I	18,53	—	1,18	1,33	—	0,91	1,02	—	0,65	0,73	—	0,40	0,45	—	0,17	0,19	—	—	—
	II	15,02	—	1,20	1,35	II	15,02	—	0,92	1,03	—	0,66	0,74	—	0,41	0,46	—	0,18	0,20	—	—	0,01	—	—	—
	III	8,91	—	0,71	0,80	III	8,91	—	0,48	0,54	—	0,26	0,30	—	0,09	0,10	—	—	—	—	—	—	—	—	—
	V	31,31	—	2,50	2,81	IV	18,53	—	1,33	1,50	—	1,18	1,33	—	1,04	1,17	—	0,91	1,02	—	0,77	0,87	—	0,65	0,73
	VI	32,52	—	2,60	2,92																				
122,19	I,IV	18,56	—	1,48	1,67	I	18,56	—	1,19	1,34	—	0,91	1,02	—	0,65	0,73	—	0,40	0,45	—	0,17	0,20	—	—	—
	II	15,05	—	1,20	1,35	II	15,05	—	0,92	1,04	—	0,66	0,74	—	0,41	0,46	—	0,18	0,21	—	0,01	0,01	—	—	—
	III	8,93	—	0,71	0,80	III	8,93	—	0,48	0,54	—	0,27	0,30	—	0,09	0,10	—	—	—	—	—	—	—	—	—
	V	31,35	—	2,50	2,82	IV	18,56	—	1,33	1,50	—	1,19	1,34	—	1,05	1,18	—	0,91	1,02	—	0,78	0,87	—	0,65	0,73
	VI	32,56	—	2,60	2,93																				
122,29	I,IV	18,59	—	1,48	1,67	I	18,59	—	1,19	1,34	—	0,91	1,02	—	0,65	0,73	—	0,40	0,45	—	0,17	0,20	—	—	—
	II	15,07	—	1,20	1,35	II	15,07	—	0,92	1,04	—	0,66	0,74	—	0,41	0,47	—	0,18	0,21	—	0,01	0,01	—	—	—
	III	8,95	—	0,71	0,80	III	8,95	—	0,48	0,54	—	0,27	0,30	—	0,09	0,10	—	—	—	—	—	—	—	—	—
	V	31,39	—	2,51	2,82	IV	18,59	—	1,33	1,50	—	1,19	1,34	—	1,05	1,18	—	0,91	1,02	—	0,78	0,88	—	0,65	0,73
	VI	32,60	—	2,60	2,93																				
122,39	I,IV	18,61	—	1,48	1,67	I	18,61	—	1,19	1,34	—	0,91	1,03	—	0,65	0,73	—	0,41	0,46	—	0,18	0,20	—	—	—
	II	15,10	—	1,20	1,35	II	15,10	—	0,92	1,04	—	0,66	0,74	—	0,42	0,47	—	0,19	0,21	—	0,01	0,01	—	—	—
	III	8,97	—	0,71	0,80	III	8,97	—	0,48	0,54	—	0,27	0,30	—	0,09	0,10	—	—	—	—	—	—	—	—	—
	V	31,42	—	2,51	2,82	IV	18,61	—	1,34	1,50	—	1,19	1,34	—	1,05	1,18	—	0,91	1,03	—	0,78	0,88	—	0,65	0,73
	VI	32,63	—	2,61	2,93																				
122,49	I,IV	18,64	—	1,49	1,67	I	18,64	—	1,19	1,34	—	0,91	1,03	—	0,65	0,73	—	0,41	0,46	—	0,18	0,20	—	—	—
	II	15,12	—	1,20	1,36	II	15,12	—	0,93	1,04	—	0,66	0,75	—	0,42	0,47	—	0,19	0,21	—	0,01	0,01	—	—	—
	III	8,99	—	0,71	0,80	III	8,99	—	0,48	0,55	—	0,27	0,30	—	0,09	0,10	—	—	—	—	—	—	—	—	—
	V	31,45	—	2,51	2,83	IV	18,64	—	1,34	1,51	—	1,19	1,34	—	1,05	1,18	—	0,91	1,03	—	0,78	0,88	—	0,65	0,73
	VI	32,66	—	2,61	2,93																				
122,59	I,IV	18,67	—	1,49	1,68	I	18,67	—	1,19	1,34	—	0,92	1,03	—	0,65	0,74	—	0,41	0,46	—	0,18	0,20	—	—	—
	II	15,15	—	1,21	1,36	II	15,15	—	0,93	1,04	—	0,67	0,75	—	0,42	0,47	—	0,19	0,21	—	0,01	0,01	—	—	—
	III	9,01	—	0,72	0,81	III	9,01	—	0,49	0,55	—	0,27	0,31	—	0,09	0,11	—	—	—	—	—	—	—	—	—
	V	31,49	—	2,51	2,83	IV	18,67	—	1,34	1,51	—	1,19	1,34	—	1,05	1,19	—	0,92	1,03	—	0,78	0,88	—	0,65	0,74
	VI	32,70	—	2,61	2,94																				
122,69	I,IV	18,70	—	1,49	1,68	I	18,70	—	1,20	1,35	—	0,92	1,03	—	0,66	0,74	—	0,41	0,46	—	0,18	0,20	—	—	0,01
	II	15,18	—	1,21	1,36	II	15,18	—	0,93	1,05	—	0,67	0,75	—	0,42	0,47	—	0,19	0,21	—	0,01	0,01	—	—	—
	III	9,03	—	0,72	0,81	III	9,03	—	0,49	0,55	—	0,27	0,31	—	0,10	0,11	—	—	—	—	—	—	—	—	—
	V	31,52	—	2,52	2,83	IV	18,70	—	1,34	1,51	—	1,20	1,35	—	1,06	1,19	—	0,92	1,03	—	0,79	0,88	—	0,66	0,74
	VI	32,73	—	2,61	2,94																				

* Die ausgewiesenen Tabellenwerte sind amtlich. Siehe Erläuterungen auf der Umschlaginnenseite (U2).

124,29* TAG

Abzüge an Lohnsteuer, Solidaritätszuschlag (SolZ) und Kirchensteuer (8%, 9%) in den Steuerklassen

Lohn/Gehalt bis €*	Kl. (I–VI) ohne Kinderfreibeträge	LSt	SolZ	8%	9%	Kl.	LSt	SolZ 0,5	8%	9%	SolZ 1	8%	9%	SolZ 1,5	8%	9%	SolZ 2	8%	9%	SolZ 2,5	8%	9%	SolZ 3	8%	9%
122,79	I,IV	18,72	—	1,49	1,68	I	18,72	—	1,20	1,35	—	0,92	1,04	—	0,66	0,74	—	0,41	0,46	—	0,18	0,21	—	0,01	0,01
	II	15,20	—	1,21	1,36	II	15,20	—	0,93	1,05	—	0,67	0,75	—	0,42	0,48	—	0,19	0,22	—	0,01	0,01	—	—	—
	III	9,06	—	0,72	0,81	III	9,06	—	0,49	0,55	—	0,27	0,31	—	0,10	0,11	—	—	—	—	—	—	—	—	—
	V	31,56	—	2,52	2,84	IV	18,72	—	1,34	1,51	—	1,20	1,35	—	1,06	1,19	—	0,92	1,04	—	0,79	0,89	—	0,66	0,74
	VI	32,77	—	2,62	2,94																					
122,89	I,IV	18,75	—	1,50	1,68	I	18,75	—	1,20	1,35	—	0,92	1,04	—	0,66	0,74	—	0,41	0,47	—	0,18	0,21	—	0,01	0,01
	II	15,23	—	1,21	1,37	II	15,23	—	0,93	1,05	—	0,67	0,76	—	0,42	0,48	—	0,19	0,22	—	0,01	0,01	—	—	—
	III	9,07	—	0,72	0,81	III	9,07	—	0,49	0,55	—	0,28	0,31	—	0,10	0,11	—	—	—	—	—	—	—	—	—
	V	31,59	—	2,52	2,84	IV	18,75	—	1,35	1,51	—	1,20	1,35	—	1,06	1,19	—	0,92	1,04	—	0,79	0,89	—	0,66	0,74
	VI	32,80	—	2,62	2,95																					
122,99	I,IV	18,78	—	1,50	1,69	I	18,78	—	1,20	1,35	—	0,92	1,04	—	0,66	0,74	—	0,42	0,47	—	0,19	0,21	—	0,01	0,01
	II	15,25	—	1,22	1,37	II	15,25	—	0,94	1,05	—	0,67	0,76	—	0,43	0,48	—	0,20	0,22	—	0,01	0,02	—	—	—
	III	9,10	—	0,72	0,81	III	9,10	—	0,49	0,55	—	0,28	0,31	—	0,10	0,11	—	—	—	—	—	—	—	—	—
	V	31,63	—	2,53	2,84	IV	18,78	—	1,35	1,52	—	1,20	1,35	—	1,06	1,19	—	0,92	1,04	—	0,79	0,89	—	0,66	0,74
	VI	32,84	—	2,62	2,95																					
123,09	I,IV	18,80	—	1,50	1,69	I	18,80	—	1,20	1,36	—	0,93	1,04	—	0,66	0,75	—	0,42	0,47	—	0,19	0,21	—	0,01	0,01
	II	15,28	—	1,22	1,37	II	15,28	—	0,94	1,06	—	0,68	0,76	—	0,43	0,48	—	0,20	0,22	—	0,02	0,02	—	—	—
	III	9,12	—	0,72	0,82	III	9,12	—	0,49	0,56	—	0,28	0,31	—	0,10	0,11	—	—	—	—	—	—	—	—	—
	V	31,66	—	2,53	2,84	IV	18,80	—	1,35	1,52	—	1,20	1,36	—	1,06	1,20	—	0,93	1,04	—	0,79	0,89	—	0,66	0,75
	VI	32,87	—	2,62	2,95																					
123,19	I,IV	18,83	—	1,50	1,69	I	18,83	—	1,21	1,36	—	0,93	1,04	—	0,67	0,75	—	0,42	0,47	—	0,19	0,21	—	0,01	0,01
	II	15,30	—	1,22	1,37	II	15,30	—	0,94	1,06	—	0,68	0,76	—	0,43	0,48	—	0,20	0,22	—	0,02	0,02	—	—	—
	III	9,13	—	0,73	0,82	III	9,13	—	0,50	0,56	—	0,28	0,31	—	0,10	0,11	—	—	—	—	—	—	—	—	—
	V	31,70	—	2,53	2,85	IV	18,83	—	1,35	1,52	—	1,21	1,36	—	1,07	1,20	—	0,93	1,04	—	0,79	0,89	—	0,67	0,75
	VI	32,91	—	2,63	2,96																					
123,29	I,IV	18,86	—	1,50	1,69	I	18,86	—	1,21	1,36	—	0,93	1,05	—	0,67	0,75	—	0,42	0,47	—	0,19	0,21	—	0,01	0,01
	II	15,33	—	1,22	1,37	II	15,33	—	0,94	1,06	—	0,68	0,76	—	0,43	0,49	—	0,20	0,23	—	0,02	0,02	—	—	—
	III	9,16	—	0,73	0,82	III	9,16	—	0,50	0,56	—	0,28	0,32	—	0,10	0,11	—	—	—	—	—	—	—	—	—
	V	31,73	—	2,53	2,85	IV	18,86	—	1,35	1,52	—	1,21	1,36	—	1,07	1,20	—	0,93	1,05	—	0,80	0,90	—	0,67	0,75
	VI	32,94	—	2,63	2,96																					
123,39	I,IV	18,88	—	1,51	1,69	I	18,88	—	1,21	1,36	—	0,93	1,05	—	0,67	0,75	—	0,42	0,48	—	0,19	0,22	—	0,01	0,01
	II	15,35	—	1,22	1,38	II	15,35	—	0,94	1,06	—	0,68	0,77	—	0,43	0,49	—	0,20	0,23	—	0,02	0,02	—	—	—
	III	9,18	—	0,73	0,82	III	9,18	—	0,50	0,56	—	0,28	0,32	—	0,10	0,12	—	—	—	—	—	—	—	—	—
	V	31,77	—	2,54	2,85	IV	18,88	—	1,36	1,53	—	1,21	1,36	—	1,07	1,20	—	0,93	1,05	—	0,80	0,90	—	0,67	0,75
	VI	32,98	—	2,63	2,96																					
123,49	I,IV	18,91	—	1,51	1,70	I	18,91	—	1,21	1,36	—	0,93	1,05	—	0,67	0,75	—	0,42	0,48	—	0,19	0,22	—	0,01	0,01
	II	15,38	—	1,23	1,38	II	15,38	—	0,95	1,06	—	0,68	0,77	—	0,43	0,49	—	0,20	0,23	—	0,02	0,02	—	—	—
	III	9,20	—	0,73	0,82	III	9,20	—	0,50	0,56	—	0,28	0,32	—	0,10	0,12	—	—	—	—	—	—	—	—	—
	V	31,80	—	2,54	2,86	IV	18,91	—	1,36	1,53	—	1,21	1,36	—	1,07	1,21	—	0,93	1,05	—	0,80	0,90	—	0,67	0,75
	VI	33,01	—	2,64	2,97																					
123,59	I,IV	18,94	—	1,51	1,70	I	18,94	—	1,22	1,37	—	0,94	1,05	—	0,67	0,76	—	0,43	0,48	—	0,19	0,22	—	0,01	0,02
	II	15,40	—	1,23	1,38	II	15,40	—	0,95	1,07	—	0,68	0,77	—	0,44	0,49	—	0,20	0,23	—	0,02	0,02	—	—	—
	III	9,22	—	0,73	0,82	III	9,22	—	0,50	0,57	—	0,28	0,32	—	0,10	0,12	—	—	—	—	—	—	—	—	—
	V	31,84	—	2,54	2,86	IV	18,94	—	1,36	1,53	—	1,22	1,37	—	1,07	1,21	—	0,94	1,05	—	0,80	0,90	—	0,67	0,76
	VI	33,05	—	2,64	2,97																					
123,69	I,IV	18,96	—	1,51	1,70	I	18,96	—	1,22	1,37	—	0,94	1,06	—	0,67	0,76	—	0,43	0,48	—	0,20	0,22	—	0,02	0,02
	II	15,43	—	1,23	1,38	II	15,43	—	0,95	1,07	—	0,69	0,77	—	0,44	0,49	—	0,21	0,23	—	0,02	0,02	—	—	—
	III	9,24	—	0,73	0,83	III	9,24	—	0,50	0,57	—	0,29	0,32	—	0,11	0,12	—	—	—	—	—	—	—	—	—
	V	31,87	—	2,54	2,86	IV	18,96	—	1,36	1,53	—	1,22	1,37	—	1,08	1,21	—	0,94	1,06	—	0,80	0,90	—	0,67	0,76
	VI	33,08	—	2,64	2,97																					
123,79	I,IV	18,99	—	1,51	1,70	I	18,99	—	1,22	1,37	—	0,94	1,06	—	0,68	0,76	—	0,43	0,48	—	0,20	0,22	—	0,02	0,02
	II	15,46	—	1,23	1,39	II	15,46	—	0,95	1,07	—	0,69	0,77	—	0,44	0,49	—	0,21	0,23	—	0,02	0,03	—	—	—
	III	9,26	—	0,74	0,83	III	9,26	—	0,51	0,57	—	0,29	0,32	—	0,11	0,12	—	—	—	—	—	—	—	—	—
	V	31,91	—	2,55	2,87	IV	18,99	—	1,36	1,54	—	1,22	1,37	—	1,08	1,21	—	0,94	1,06	—	0,81	0,91	—	0,68	0,76
	VI	33,11	—	2,64	2,97																					
123,89	I,IV	19,02	—	1,52	1,71	I	19,02	—	1,22	1,37	—	0,94	1,06	—	0,68	0,76	—	0,43	0,48	—	0,20	0,22	—	0,02	0,02
	II	15,48	—	1,23	1,39	II	15,48	—	0,95	1,07	—	0,69	0,78	—	0,44	0,50	—	0,21	0,24	—	0,02	0,03	—	—	—
	III	9,28	—	0,74	0,83	III	9,28	—	0,51	0,57	—	0,29	0,33	—	0,11	0,12	—	—	—	—	—	—	—	—	—
	V	31,94	—	2,55	2,87	IV	19,02	—	1,37	1,54	—	1,22	1,37	—	1,08	1,21	—	0,94	1,06	—	0,81	0,91	—	0,68	0,76
	VI	33,15	—	2,65	2,98																					
123,99	I,IV	19,05	—	1,52	1,71	I	19,05	—	1,22	1,38	—	0,94	1,06	—	0,68	0,77	—	0,43	0,49	—	0,20	0,23	—	0,02	0,02
	II	15,51	—	1,24	1,39	II	15,51	—	0,96	1,08	—	0,69	0,78	—	0,44	0,50	—	0,21	0,24	—	0,02	0,03	—	—	—
	III	9,30	—	0,74	0,83	III	9,30	—	0,51	0,57	—	0,29	0,33	—	0,11	0,12	—	—	—	—	—	—	—	—	—
	V	31,98	—	2,55	2,87	IV	19,05	—	1,37	1,54	—	1,22	1,38	—	1,08	1,22	—	0,94	1,06	—	0,81	0,91	—	0,68	0,77
	VI	33,18	—	2,65	2,98																					
124,09	I,IV	19,07	—	1,52	1,71	I	19,07	—	1,22	1,38	—	0,95	1,06	—	0,68	0,77	—	0,43	0,49	—	0,20	0,23	—	0,02	0,02
	II	15,53	—	1,24	1,39	II	15,53	—	0,96	1,08	—	0,69	0,78	—	0,44	0,50	—	0,21	0,24	—	0,03	0,03	—	—	—
	III	9,32	—	0,74	0,83	III	9,32	—	0,51	0,57	—	0,29	0,33	—	0,11	0,13	—	—	—	—	—	—	—	—	—
	V	32,01	—	2,56	2,88	IV	19,07	—	1,37	1,54	—	1,22	1,38	—	1,08	1,22	—	0,95	1,06	—	0,81	0,91	—	0,68	0,77
	VI	33,22	—	2,65	2,98																					
124,19	I,IV	19,10	—	1,52	1,71	I	19,10	—	1,23	1,38	—	0,95	1,07	—	0,68	0,77	—	0,44	0,49	—	0,20	0,23	—	0,02	0,02
	II	15,56	—	1,24	1,40	II	15,56	—	0,96	1,08	—	0,69	0,78	—	0,45	0,50	—	0,21	0,24	—	0,03	0,03	—	—	—
	III	9,35	—	0,74	0,84	III	9,35	—	0,51	0,58	—	0,29	0,33	—	0,11	0,13	—	—	—	—	—	—	—	—	—
	V	32,05	—	2,56	2,88	IV	19,10	—	1,37	1,54	—	1,23	1,38	—	1,08	1,22	—	0,95	1,07	—	0,81	0,92	—	0,68	0,77
	VI	33,25	—	2,66	2,99																					
124,29	I,IV	19,13	—	1,53	1,72	I	19,13	—	1,23	1,38	—	0,95	1,07	—	0,68	0,77	—	0,44	0,49	—	0,21	0,23	—	0,02	0,02
	II	15,58	—	1,24	1,40	II	15,58	—	0,96	1,08	—	0,70	0,78	—	0,45	0,50	—	0,22	0,24	—	0,03	0,03	—	—	—
	III	9,37	—	0,74	0,84	III	9,37	—	0,51	0,58	—	0,30	0,33	—	0,11	0,13	—	—	—	—	—	—	—	—	—
	V	32,08	—	2,56	2,88	IV	19,13	—	1,38	1,55	—	1,23	1,38	—	1,09	1,22	—	0,95	1,07	—	0,82	0,92	—	0,68	0,77
	VI	33,29	—	2,66	2,99																					

* Die ausgewiesenen Tabellenwerte sind amtlich. Siehe Erläuterungen auf der Umschlaginnenseite (U2).

TAG 124,30*

Abzüge an Lohnsteuer, Solidaritätszuschlag (SolZ) und Kirchensteuer (8%, 9%) in den Steuerklassen

Linke Tabelle: Steuerklassen I – VI, **ohne** Kinderfreibeträge.
Rechte Tabelle: Steuerklassen I, II, III, IV, **mit** Zahl der Kinderfreibeträge (0,5 / 1 / 1,5 / 2 / 2,5 / 3).

Lohn bis €	Kl	LSt	SolZ	8%	9%	Kl	LSt	0,5 SolZ	0,5 8%	0,5 9%	1 SolZ	1 8%	1 9%	1,5 SolZ	1,5 8%	1,5 9%	2 SolZ	2 8%	2 9%	2,5 SolZ	2,5 8%	2,5 9%	3 SolZ	3 8%	3 9%
124,39	I,IV	19,15	—	1,53	1,72	I	19,15	—	1,23	1,39	—	0,95	1,07	—	0,69	0,77	—	0,44	0,49	—	0,21	0,23	—	0,02	0,02
	II	15,61	—	1,24	1,40	II	15,61	—	0,96	1,08	—	0,70	0,79	—	0,45	0,51	—	0,22	0,25	—	0,03	0,03	—	—	—
	III	9,39	—	0,75	0,84	III	9,39	—	0,52	0,58	—	0,30	0,33	—	0,11	0,13	—	—	—	—	—	—	—	—	—
	V	32,11	—	2,56	2,88	IV	19,15	—	1,38	1,55	—	1,23	1,39	—	1,09	1,23	—	0,95	1,07	—	0,82	0,92	—	0,69	0,77
	VI	33,32	—	2,66	2,99																				
124,49	I,IV	19,18	—	1,53	1,72	I	19,18	—	1,23	1,39	—	0,95	1,07	—	0,69	0,78	—	0,44	0,50	—	0,21	0,24	—	0,02	0,03
	II	15,63	—	1,25	1,40	II	15,63	—	0,96	1,09	—	0,70	0,79	—	0,45	0,51	—	0,22	0,25	—	0,03	0,03	—	—	—
	III	9,41	—	0,75	0,84	III	9,41	—	0,52	0,58	—	0,30	0,34	—	0,12	0,13	—	—	—	—	—	—	—	—	—
	V	32,15	—	2,57	2,89	IV	19,18	—	1,38	1,55	—	1,23	1,39	—	1,09	1,23	—	0,95	1,07	—	0,82	0,92	—	0,69	0,78
	VI	33,36	—	2,66	3,—																				
124,59	I,IV	19,21	—	1,53	1,72	I	19,21	—	1,24	1,39	—	0,96	1,08	—	0,69	0,78	—	0,44	0,50	—	0,21	0,24	—	0,02	0,03
	II	15,66	—	1,25	1,40	II	15,66	—	0,97	1,09	—	0,70	0,79	—	0,45	0,51	—	0,22	0,25	—	0,03	0,03	—	—	—
	III	9,43	—	0,75	0,84	III	9,43	—	0,52	0,58	—	0,30	0,34	—	0,12	0,13	—	—	—	—	—	—	—	—	—
	V	32,18	—	2,57	2,89	IV	19,21	—	1,38	1,55	—	1,24	1,39	—	1,09	1,23	—	0,96	1,08	—	0,82	0,92	—	0,69	0,78
	VI	33,39	—	2,67	3,—																				
124,69	I,IV	19,23	—	1,53	1,73	I	19,23	—	1,24	1,39	—	0,96	1,08	—	0,69	0,78	—	0,44	0,50	—	0,21	0,24	—	0,02	0,03
	II	15,69	—	1,25	1,41	II	15,69	—	0,97	1,09	—	0,70	0,79	—	0,46	0,51	—	0,22	0,25	—	0,03	0,04	—	—	—
	III	9,45	—	0,75	0,85	III	9,45	—	0,52	0,59	—	0,30	0,34	—	0,12	0,13	—	—	—	—	—	—	—	—	—
	V	32,22	—	2,57	2,89	IV	19,23	—	1,38	1,56	—	1,24	1,39	—	1,10	1,23	—	0,96	1,08	—	0,82	0,93	—	0,69	0,78
	VI	33,43	—	2,67	3,—																				
124,79	I,IV	19,26	—	1,54	1,73	I	19,26	—	1,24	1,39	—	0,96	1,08	—	0,69	0,78	—	0,45	0,50	—	0,21	0,24	—	0,03	0,03
	II	15,71	—	1,25	1,41	II	15,71	—	0,97	1,09	—	0,71	0,79	—	0,46	0,51	—	0,22	0,25	—	0,03	0,04	—	—	—
	III	9,47	—	0,75	0,85	III	9,47	—	0,52	0,59	—	0,30	0,34	—	0,12	0,13	—	—	—	—	—	—	—	—	—
	V	32,25	—	2,58	2,90	IV	19,26	—	1,39	1,56	—	1,24	1,39	—	1,10	1,23	—	0,96	1,08	—	0,82	0,93	—	0,69	0,78
	VI	33,46	—	2,67	3,01																				
124,89	I,IV	19,29	—	1,54	1,73	I	19,29	—	1,24	1,40	—	0,96	1,08	—	0,70	0,78	—	0,45	0,50	—	0,22	0,24	—	0,03	0,03
	II	15,74	—	1,25	1,41	II	15,74	—	0,97	1,09	—	0,71	0,80	—	0,46	0,52	—	0,23	0,25	—	0,03	0,04	—	—	—
	III	9,49	—	0,75	0,85	III	9,49	—	0,52	0,59	—	0,30	0,34	—	0,12	0,14	—	—	—	—	—	—	—	—	—
	V	32,29	—	2,58	2,90	IV	19,29	—	1,39	1,56	—	1,24	1,40	—	1,10	1,24	—	0,96	1,08	—	0,83	0,93	—	0,70	0,78
	VI	33,50	—	2,68	3,01																				
124,99	I,IV	19,31	—	1,54	1,73	I	19,31	—	1,24	1,40	—	0,96	1,08	—	0,70	0,79	—	0,45	0,51	—	0,22	0,24	—	0,03	0,03
	II	15,76	—	1,26	1,41	II	15,76	—	0,97	1,10	—	0,71	0,80	—	0,46	0,52	—	0,23	0,26	—	0,04	0,04	—	—	—
	III	9,51	—	0,76	0,85	III	9,51	—	0,52	0,59	—	0,30	0,34	—	0,12	0,14	—	—	—	—	—	—	—	—	—
	V	32,32	—	2,58	2,90	IV	19,31	—	1,39	1,56	—	1,24	1,40	—	1,10	1,24	—	0,96	1,08	—	0,83	0,93	—	0,70	0,79
	VI	33,53	—	2,68	3,01																				
125,09	I,IV	19,34	—	1,54	1,74	I	19,34	—	1,25	1,40	—	0,96	1,09	—	0,70	0,79	—	0,45	0,51	—	0,22	0,25	—	0,03	0,03
	II	15,79	—	1,26	1,42	II	15,79	—	0,98	1,10	—	0,71	0,80	—	0,46	0,52	—	0,23	0,26	—	0,04	0,04	—	—	—
	III	9,53	—	0,76	0,85	III	9,53	—	0,53	0,59	—	0,31	0,35	—	0,12	0,14	—	—	—	—	—	—	—	—	—
	V	32,36	—	2,58	2,91	IV	19,34	—	1,39	1,57	—	1,25	1,40	—	1,10	1,24	—	0,96	1,09	—	0,83	0,93	—	0,70	0,79
	VI	33,56	—	2,68	3,02																				
125,19	I,IV	19,37	—	1,54	1,74	I	19,37	—	1,25	1,40	—	0,97	1,09	—	0,70	0,79	—	0,45	0,51	—	0,22	0,25	—	0,03	0,03
	II	15,81	—	1,26	1,42	II	15,81	—	0,98	1,10	—	0,71	0,80	—	0,46	0,52	—	0,23	0,26	—	0,04	0,04	—	—	—
	III	9,56	—	0,76	0,86	III	9,56	—	0,53	0,59	—	0,31	0,35	—	0,12	0,14	—	—	—	—	—	—	—	—	—
	V	32,39	—	2,59	2,91	IV	19,37	—	1,39	1,57	—	1,25	1,40	—	1,10	1,24	—	0,97	1,09	—	0,83	0,94	—	0,70	0,79
	VI	33,60	—	2,68	3,02																				
125,29	I,IV	19,40	—	1,55	1,74	I	19,40	—	1,25	1,41	—	0,97	1,09	—	0,70	0,79	—	0,45	0,51	—	0,22	0,25	—	0,03	0,04
	II	15,84	—	1,26	1,42	II	15,84	—	0,98	1,10	—	0,72	0,81	—	0,46	0,52	—	0,23	0,26	—	0,04	0,04	—	—	—
	III	9,57	—	0,76	0,86	III	9,57	—	0,53	0,60	—	0,31	0,35	—	0,12	0,14	—	—	—	—	—	—	—	—	—
	V	32,43	—	2,59	2,91	IV	19,40	—	1,40	1,57	—	1,25	1,41	—	1,11	1,25	—	0,97	1,09	—	0,83	0,94	—	0,70	0,79
	VI	33,63	—	2,69	3,02																				
125,39	I,IV	19,42	—	1,55	1,74	I	19,42	—	1,25	1,41	—	0,97	1,09	—	0,70	0,79	—	0,46	0,51	—	0,22	0,25	—	0,03	0,04
	II	15,87	—	1,26	1,42	II	15,87	—	0,98	1,11	—	0,72	0,81	—	0,47	0,53	—	0,23	0,26	—	0,04	0,04	—	—	—
	III	9,60	—	0,76	0,86	III	9,60	—	0,53	0,60	—	0,31	0,35	—	0,13	0,14	—	—	—	—	—	—	—	—	—
	V	32,46	—	2,59	2,92	IV	19,42	—	1,40	1,57	—	1,25	1,41	—	1,11	1,25	—	0,97	1,09	—	0,84	0,94	—	0,70	0,79
	VI	33,67	—	2,69	3,03																				
125,49	I,IV	19,45	—	1,55	1,75	I	19,45	—	1,25	1,41	—	0,97	1,09	—	0,71	0,80	—	0,46	0,52	—	0,22	0,25	—	0,03	0,04
	II	15,89	—	1,27	1,43	II	15,89	—	0,98	1,11	—	0,72	0,81	—	0,47	0,53	—	0,24	0,27	—	0,04	0,05	—	—	—
	III	9,62	—	0,76	0,86	III	9,62	—	0,53	0,60	—	0,31	0,35	—	0,13	0,14	—	—	—	—	—	—	—	—	—
	V	32,50	—	2,60	2,92	IV	19,45	—	1,40	1,58	—	1,25	1,41	—	1,11	1,25	—	0,97	1,09	—	0,84	0,94	—	0,71	0,80
	VI	33,70	—	2,69	3,03																				
125,59	I,IV	19,48	—	1,55	1,75	I	19,48	—	1,26	1,41	—	0,97	1,10	—	0,71	0,80	—	0,46	0,52	—	0,23	0,26	—	0,03	0,04
	II	15,92	—	1,27	1,43	II	15,92	—	0,99	1,11	—	0,72	0,81	—	0,47	0,53	—	0,24	0,27	—	0,04	0,05	—	—	—
	III	9,64	—	0,77	0,86	III	9,64	—	0,53	0,60	—	0,31	0,35	—	0,13	0,14	—	—	—	—	—	—	—	—	—
	V	32,53	—	2,60	2,92	IV	19,48	—	1,40	1,58	—	1,26	1,41	—	1,11	1,25	—	0,97	1,10	—	0,84	0,94	—	0,71	0,80
	VI	33,74	—	2,69	3,03																				
125,69	I,IV	19,51	—	1,56	1,75	I	19,51	—	1,26	1,42	—	0,98	1,10	—	0,71	0,80	—	0,46	0,52	—	0,23	0,26	—	0,04	0,04
	II	15,94	—	1,27	1,43	II	15,94	—	0,99	1,11	—	0,72	0,81	—	0,47	0,53	—	0,24	0,27	—	0,04	0,05	—	—	—
	III	9,66	—	0,77	0,86	III	9,66	—	0,54	0,60	—	0,32	0,36	—	0,13	0,15	—	—	—	—	—	—	—	—	—
	V	32,56	—	2,60	2,93	IV	19,51	—	1,40	1,58	—	1,26	1,42	—	1,12	1,26	—	0,98	1,10	—	0,84	0,95	—	0,71	0,80
	VI	33,77	—	2,70	3,03																				
125,79	I,IV	19,53	—	1,56	1,75	I	19,53	—	1,26	1,42	—	0,98	1,10	—	0,71	0,80	—	0,46	0,52	—	0,23	0,26	—	0,04	0,04
	II	15,97	—	1,27	1,43	II	15,97	—	0,99	1,11	—	0,72	0,81	—	0,47	0,53	—	0,24	0,27	—	0,04	0,05	—	—	—
	III	9,68	—	0,77	0,87	III	9,68	—	0,54	0,61	—	0,32	0,36	—	0,13	0,15	—	—	—	—	—	—	—	—	—
	V	32,60	—	2,60	2,93	IV	19,53	—	1,41	1,58	—	1,26	1,42	—	1,12	1,26	—	0,98	1,10	—	0,84	0,95	—	0,71	0,80
	VI	33,81	—	2,70	3,04																				
125,89	I,IV	19,56	—	1,56	1,76	I	19,56	—	1,26	1,42	—	0,98	1,10	—	0,71	0,80	—	0,46	0,52	—	0,23	0,26	—	0,04	0,04
	II	16,—	—	1,28	1,44	II	16,—	—	0,99	1,12	—	0,73	0,82	—	0,48	0,54	—	0,24	0,27	—	0,04	0,05	—	—	—
	III	9,70	—	0,77	0,87	III	9,70	—	0,54	0,61	—	0,32	0,36	—	0,13	0,15	—	—	—	—	—	—	—	—	—
	V	32,63	—	2,61	2,93	IV	19,56	—	1,41	1,59	—	1,26	1,42	—	1,12	1,26	—	0,98	1,10	—	0,85	0,95	—	0,71	0,80
	VI	33,84	—	2,70	3,04																				

T 178

* Die ausgewiesenen Tabellenwerte sind amtlich. Siehe Erläuterungen auf der Umschlaginnenseite (U2).

127,49* TAG

Abzüge an Lohnsteuer, Solidaritätszuschlag (SolZ) und Kirchensteuer (8%, 9%) in den Steuerklassen

I – VI (ohne Kinderfreibeträge)   **I, II, III, IV** (mit Zahl der Kinderfreibeträge ...)

Lohn/Gehalt bis €*	Kl	LSt	SolZ	8%	9%	Kl	LSt	SolZ	8%	9%	SolZ	8%	9%	SolZ	8%	9%	SolZ	8%	9%	SolZ	8%	9%	SolZ	8%	9%
			ohne					0,5			1			1,5			2			2,5			3		
125,99	I,IV	19,59	—	1,56	1,76	I	19,59	—	1,26	1,42	—	0,98	1,10	—	0,72	0,81	—	0,47	0,53	—	0,23	0,26	—	0,04	0,04
	II	16,02	—	1,28	1,44	II	16,02	—	0,99	1,12	—	0,73	0,82	—	0,48	0,54	—	0,24	0,27	—	0,05	0,05	—	—	—
	III	9,72	—	0,77	0,87	III	9,72	—	0,54	0,61	—	0,32	0,36	—	0,13	0,15	—	0,05	0,05	—	—	—	—	—	—
	V	32,67	—	2,61	2,94	IV	19,59	—	1,41	1,59	—	1,26	1,42	—	1,12	1,26	—	0,98	1,10	—	0,85	0,95	—	0,72	0,81
	VI	33,88	—	2,71	3,04																				
126,09	I,IV	19,61	—	1,56	1,76	I	19,61	—	1,27	1,42	—	0,98	1,11	—	0,72	0,81	—	0,47	0,53	—	0,23	0,26	—	0,04	0,05
	II	16,05	—	1,28	1,44	II	16,05	—	1,—	1,12	—	0,73	0,82	—	0,48	0,54	—	0,24	0,27	—	0,05	0,05	—	—	—
	III	9,75	—	0,78	0,87	III	9,75	—	0,54	0,61	—	0,32	0,36	—	0,13	0,15	—	—	—	—	—	—	—	—	—
	V	32,70	—	2,61	2,94	IV	19,61	—	1,41	1,59	—	1,27	1,42	—	1,12	1,26	—	0,98	1,11	—	0,85	0,96	—	0,72	0,81
	VI	33,91	—	2,71	3,05																				
126,19	I,IV	19,64	—	1,57	1,76	I	19,64	—	1,27	1,43	—	0,99	1,11	—	0,72	0,81	—	0,47	0,53	—	0,24	0,27	—	0,04	0,05
	II	16,07	—	1,28	1,44	II	16,07	—	1,—	1,12	—	0,73	0,82	—	0,48	0,54	—	0,25	0,28	—	0,05	0,05	—	—	—
	III	9,76	—	0,78	0,87	III	9,76	—	0,54	0,61	—	0,32	0,36	—	0,14	0,15	—	—	—	—	—	—	—	—	—
	V	32,74	—	2,61	2,94	IV	19,64	—	1,42	1,59	—	1,27	1,43	—	1,12	1,27	—	0,99	1,11	—	0,85	0,96	—	0,72	0,81
	VI	33,95	—	2,71	3,05																				
126,29	I,IV	19,67	—	1,57	1,77	I	19,67	—	1,27	1,43	—	0,99	1,11	—	0,72	0,81	—	0,47	0,53	—	0,24	0,27	—	0,04	0,05
	II	16,10	—	1,28	1,44	II	16,10	—	1,—	1,13	—	0,73	0,82	—	0,48	0,54	—	0,25	0,28	—	0,05	0,06	—	—	—
	III	9,78	—	0,78	0,88	III	9,78	—	0,55	0,61	—	0,32	0,36	—	0,14	0,15	—	—	—	—	—	—	—	—	—
	V	32,77	—	2,62	2,94	IV	19,67	—	1,42	1,60	—	1,27	1,43	—	1,13	1,27	—	0,99	1,11	—	0,85	0,96	—	0,72	0,81
	VI	33,98	—	2,71	3,05																				
126,39	I,IV	19,70	—	1,57	1,77	I	19,70	—	1,27	1,43	—	0,99	1,11	—	0,72	0,81	—	0,47	0,53	—	0,24	0,27	—	0,04	0,05
	II	16,12	—	1,28	1,45	II	16,12	—	1,—	1,13	—	0,74	0,83	—	0,48	0,54	—	0,25	0,28	—	0,05	0,06	—	—	—
	III	9,81	—	0,78	0,88	III	9,81	—	0,55	0,62	—	0,33	0,37	—	0,14	0,16	—	—	—	—	—	—	—	—	—
	V	32,81	—	2,62	2,95	IV	19,70	—	1,42	1,60	—	1,27	1,43	—	1,13	1,27	—	0,99	1,11	—	0,85	0,96	—	0,72	0,81
	VI	34,02	—	2,72	3,06																				
126,49	I,IV	19,72	—	1,57	1,77	I	19,72	—	1,27	1,43	—	0,99	1,12	—	0,73	0,82	—	0,48	0,54	—	0,24	0,27	—	0,04	0,05
	II	16,15	—	1,29	1,45	II	16,15	—	1,—	1,13	—	0,74	0,83	—	0,49	0,55	—	0,25	0,28	—	0,05	0,06	—	—	—
	III	9,82	—	0,78	0,88	III	9,82	—	0,55	0,62	—	0,33	0,37	—	0,14	0,16	—	—	—	—	—	—	—	—	—
	V	32,84	—	2,62	2,95	IV	19,72	—	1,42	1,60	—	1,27	1,43	—	1,13	1,27	—	0,99	1,12	—	0,86	0,96	—	0,73	0,82
	VI	34,05	—	2,72	3,06																				
126,59	I,IV	19,75	—	1,58	1,77	I	19,75	—	1,28	1,44	—	0,99	1,12	—	0,73	0,82	—	0,48	0,54	—	0,24	0,27	—	0,05	0,05
	II	16,18	—	1,29	1,45	II	16,18	—	1,01	1,13	—	0,74	0,83	—	0,49	0,55	—	0,25	0,28	—	0,05	0,06	—	—	—
	III	9,85	—	0,78	0,88	III	9,85	—	0,55	0,62	—	0,33	0,37	—	0,14	0,16	—	—	—	—	—	—	—	—	—
	V	32,88	—	2,63	2,95	IV	19,75	—	1,42	1,60	—	1,28	1,44	—	1,13	1,27	—	0,99	1,12	—	0,86	0,97	—	0,73	0,82
	VI	34,09	—	2,72	3,06																				
126,69	I,IV	19,78	—	1,58	1,78	I	19,78	—	1,28	1,44	—	1,—	1,12	—	0,73	0,82	—	0,48	0,54	—	0,24	0,27	—	0,05	0,05
	II	16,20	—	1,29	1,45	II	16,20	—	1,01	1,13	—	0,74	0,83	—	0,49	0,55	—	0,25	0,29	—	0,05	0,06	—	—	—
	III	9,87	—	0,78	0,88	III	9,87	—	0,55	0,62	—	0,33	0,37	—	0,14	0,16	—	—	—	—	—	—	—	—	—
	V	32,91	—	2,63	2,96	IV	19,78	—	1,43	1,60	—	1,28	1,44	—	1,14	1,28	—	1,—	1,12	—	0,86	0,97	—	0,73	0,82
	VI	34,12	—	2,72	3,07																				
126,79	I,IV	19,80	—	1,58	1,78	I	19,80	—	1,28	1,44	—	1,—	1,12	—	0,73	0,82	—	0,48	0,54	—	0,25	0,28	—	0,05	0,05
	II	16,23	—	1,29	1,46	II	16,23	—	1,01	1,14	—	0,74	0,84	—	0,49	0,55	—	0,26	0,29	—	0,06	0,06	—	—	—
	III	9,89	—	0,79	0,89	III	9,89	—	0,55	0,62	—	0,33	0,37	—	0,14	0,16	—	—	—	—	—	—	—	—	—
	V	32,95	—	2,63	2,96	IV	19,80	—	1,43	1,61	—	1,28	1,44	—	1,14	1,28	—	1,—	1,12	—	0,86	0,97	—	0,73	0,82
	VI	34,16	—	2,73	3,07																				
126,89	I,IV	19,83	—	1,58	1,78	I	19,83	—	1,28	1,44	—	1,—	1,12	—	0,73	0,82	—	0,48	0,54	—	0,25	0,28	—	0,05	0,06
	II	16,25	—	1,30	1,46	II	16,25	—	1,01	1,14	—	0,74	0,84	—	0,49	0,55	—	0,26	0,29	—	0,06	0,06	—	—	—
	III	9,91	—	0,79	0,89	III	9,91	—	0,56	0,63	—	0,33	0,37	—	0,14	0,16	—	—	—	—	—	—	—	—	—
	V	32,98	—	2,63	2,96	IV	19,83	—	1,43	1,61	—	1,28	1,44	—	1,14	1,28	—	1,—	1,12	—	0,86	0,97	—	0,73	0,82
	VI	34,19	—	2,73	3,07																				
126,99	I,IV	19,86	—	1,58	1,78	I	19,86	—	1,28	1,45	—	1,—	1,13	—	0,73	0,83	—	0,48	0,54	—	0,25	0,28	—	0,05	0,06
	II	16,28	—	1,30	1,46	II	16,28	—	1,01	1,14	—	0,75	0,84	—	0,49	0,56	—	0,26	0,29	—	0,06	0,07	—	—	—
	III	9,93	—	0,79	0,89	III	9,93	—	0,56	0,63	—	0,33	0,38	—	0,14	0,16	—	—	—	—	—	—	—	—	—
	V	33,02	—	2,64	2,97	IV	19,86	—	1,43	1,61	—	1,28	1,45	—	1,14	1,28	—	1,—	1,13	—	0,87	0,97	—	0,73	0,83
	VI	34,23	—	2,73	3,08																				
127,09	I,IV	19,89	—	1,59	1,79	I	19,89	—	1,29	1,45	—	1,—	1,13	—	0,74	0,83	—	0,49	0,55	—	0,25	0,28	—	0,05	0,06
	II	16,31	—	1,30	1,46	II	16,31	—	1,02	1,14	—	0,75	0,84	—	0,50	0,56	—	0,26	0,29	—	0,06	0,07	—	—	—
	III	9,95	—	0,79	0,89	III	9,95	—	0,56	0,63	—	0,34	0,38	—	0,15	0,16	—	—	—	—	—	—	—	—	—
	V	33,05	—	2,64	2,97	IV	19,89	—	1,43	1,61	—	1,29	1,45	—	1,14	1,29	—	1,—	1,13	—	0,87	0,98	—	0,74	0,83
	VI	34,26	—	2,74	3,08																				
127,19	I,IV	19,91	—	1,59	1,79	I	19,91	—	1,29	1,45	—	1,01	1,13	—	0,74	0,83	—	0,49	0,55	—	0,25	0,28	—	0,05	0,06
	II	16,33	—	1,30	1,46	II	16,33	—	1,02	1,15	—	0,75	0,84	—	0,50	0,56	—	0,26	0,30	—	0,06	0,07	—	—	—
	III	9,97	—	0,79	0,89	III	9,97	—	0,56	0,63	—	0,34	0,38	—	0,15	0,17	—	—	—	—	—	—	—	—	—
	V	33,08	—	2,64	2,97	IV	19,91	—	1,44	1,62	—	1,29	1,45	—	1,14	1,29	—	1,01	1,13	—	0,87	0,98	—	0,74	0,83
	VI	34,30	—	2,74	3,08																				
127,29	I,IV	19,94	—	1,59	1,79	I	19,94	—	1,29	1,45	—	1,01	1,13	—	0,74	0,83	—	0,49	0,55	—	0,25	0,29	—	0,05	0,06
	II	16,36	—	1,30	1,47	II	16,36	—	1,02	1,15	—	0,75	0,85	—	0,50	0,56	—	0,26	0,30	—	0,06	0,07	—	—	—
	III	10,—	—	0,80	0,90	III	10,—	—	0,56	0,63	—	0,34	0,38	—	0,15	0,17	—	—	—	—	—	—	—	—	—
	V	33,12	—	2,64	2,98	IV	19,94	—	1,44	1,62	—	1,29	1,45	—	1,15	1,29	—	1,01	1,13	—	0,87	0,98	—	0,74	0,83
	VI	34,33	—	2,74	3,08																				
127,39	I,IV	19,97	—	1,59	1,79	I	19,97	—	1,29	1,45	—	1,01	1,14	—	0,74	0,83	—	0,49	0,55	—	0,26	0,29	—	0,06	0,06
	II	16,38	—	1,31	1,47	II	16,38	—	1,02	1,15	—	0,75	0,85	—	0,50	0,56	—	0,27	0,30	—	0,06	0,07	—	—	—
	III	10,02	—	0,80	0,90	III	10,02	—	0,56	0,63	—	0,34	0,38	—	0,15	0,17	—	—	—	—	—	—	—	—	—
	V	33,16	—	2,65	2,98	IV	19,97	—	1,44	1,62	—	1,29	1,45	—	1,15	1,29	—	1,01	1,14	—	0,87	0,98	—	0,74	0,83
	VI	34,36	—	2,74	3,09																				
127,49	I,IV	20,—	—	1,60	1,80	I	20,—	—	1,30	1,46	—	1,01	1,14	—	0,74	0,84	—	0,49	0,55	—	0,26	0,29	—	0,06	0,06
	II	16,41	—	1,31	1,47	II	16,41	—	1,02	1,15	—	0,76	0,85	—	0,50	0,57	—	0,27	0,30	—	0,06	0,07	—	—	—
	III	10,03	—	0,80	0,90	III	10,03	—	0,56	0,64	—	0,34	0,38	—	0,15	0,17	—	—	—	—	—	—	—	—	—
	V	33,19	—	2,65	2,98	IV	20,—	—	1,44	1,62	—	1,30	1,46	—	1,15	1,30	—	1,01	1,14	—	0,88	0,99	—	0,74	0,84
	VI	34,40	—	2,75	3,09																				

* Die ausgewiesenen Tabellenwerte sind amtlich. Siehe Erläuterungen auf der Umschlaginnenseite (U2).

TAG 127,50*

Abzüge an Lohnsteuer, Solidaritätszuschlag (SolZ) und Kirchensteuer (8%, 9%) in den Steuerklassen

I – VI (ohne Kinderfreibeträge) — I, II, III, IV (mit Zahl der Kinderfreibeträge . . .)

Lohn/Gehalt bis €	Kl.	LSt	SolZ	8%	9%	Kl.	LSt	0,5 SolZ	0,5 8%	0,5 9%	1 SolZ	1 8%	1 9%	1,5 SolZ	1,5 8%	1,5 9%	2 SolZ	2 8%	2 9%	2,5 SolZ	2,5 8%	2,5 9%	3 SolZ	3 8%	3 9%
127,59	I,IV	20,02	—	1,60	1,80	I	20,02	—	1,30	1,46	—	1,01	1,14	—	0,75	0,84	—	0,49	0,56	—	0,26	0,29	—	0,06	0,06
	II	16,43	—	1,31	1,47	II	16,43	—	1,03	1,15	—	0,76	0,85	—	0,50	0,57	—	0,27	0,30	—	0,06	0,07	—	—	—
	III	10,06	—	0,80	0,90	III	10,06	—	0,57	0,64	—	0,34	0,39	—	0,15	0,17	—	—	—	—	—	—	—	—	—
	V	33,22	—	2,65	2,98	IV	20,02	—	1,44	1,63	—	1,30	1,46	—	1,15	1,30	—	1,01	1,14	—	0,88	0,99	—	0,75	0,84
	VI	34,43	—	2,75	3,09																				
127,69	I,IV	20,05	—	1,60	1,80	I	20,05	—	1,30	1,46	—	1,02	1,14	—	0,75	0,84	—	0,50	0,56	—	0,26	0,29	—	0,06	0,07
	II	16,46	—	1,31	1,48	II	16,46	—	1,03	1,16	—	0,76	0,85	—	0,51	0,57	—	0,27	0,30	—	0,07	0,07	—	—	—
	III	10,08	—	0,80	0,90	III	10,08	—	0,57	0,64	—	0,34	0,39	—	0,15	0,17	—	—	—	—	—	—	—	—	—
	V	33,26	—	2,66	2,99	IV	20,05	—	1,45	1,63	—	1,30	1,46	—	1,16	1,30	—	1,02	1,14	—	0,88	0,99	—	0,75	0,84
	VI	34,47	—	2,75	3,10																				
127,79	I,IV	20,08	—	1,60	1,80	I	20,08	—	1,30	1,46	—	1,02	1,14	—	0,75	0,84	—	0,50	0,56	—	0,26	0,29	—	0,06	0,07
	II	16,49	—	1,31	1,48	II	16,49	—	1,03	1,16	—	0,76	0,86	—	0,51	0,57	—	0,27	0,31	—	0,07	0,08	—	—	—
	III	10,10	—	0,80	0,90	III	10,10	—	0,57	0,64	—	0,35	0,39	—	0,15	0,17	—	—	—	—	—	—	—	—	—
	V	33,30	—	2,66	2,99	IV	20,08	—	1,45	1,63	—	1,30	1,46	—	1,16	1,30	—	1,02	1,14	—	0,88	0,99	—	0,75	0,84
	VI	34,50	—	2,76	3,10																				
127,89	I,IV	20,10	—	1,60	1,80	I	20,10	—	1,30	1,47	—	1,02	1,15	—	0,75	0,85	—	0,50	0,56	—	0,26	0,30	—	0,06	0,07
	II	16,51	—	1,32	1,48	II	16,51	—	1,03	1,16	—	0,76	0,86	—	0,51	0,57	—	0,27	0,31	—	0,07	0,08	—	—	—
	III	10,12	—	0,80	0,91	III	10,12	—	0,57	0,64	—	0,35	0,39	—	0,16	0,18	—	—	—	—	—	—	—	—	—
	V	33,33	—	2,66	2,99	IV	20,10	—	1,45	1,63	—	1,30	1,47	—	1,16	1,30	—	1,02	1,15	—	0,88	0,99	—	0,75	0,84
	VI	34,54	—	2,76	3,10																				
127,99	I,IV	20,13	—	1,61	1,81	I	20,13	—	1,31	1,47	—	1,02	1,15	—	0,75	0,85	—	0,50	0,56	—	0,26	0,30	—	0,06	0,07
	II	16,54	—	1,32	1,48	II	16,54	—	1,03	1,16	—	0,76	0,86	—	0,51	0,58	—	0,28	0,31	—	0,07	0,08	—	—	—
	III	10,14	—	0,81	0,91	III	10,14	—	0,57	0,64	—	0,35	0,39	—	0,16	0,18	—	—	—	—	—	—	—	—	—
	V	33,36	—	2,66	3,—	IV	20,13	—	1,45	1,64	—	1,31	1,47	—	1,16	1,31	—	1,02	1,15	—	0,88	1,—	—	0,75	0,85
	VI	34,57	—	2,76	3,11																				
128,09	I,IV	20,16	—	1,61	1,81	I	20,16	—	1,31	1,47	—	1,02	1,15	—	0,75	0,85	—	0,50	0,57	—	0,27	0,30	—	0,06	0,07
	II	16,56	—	1,32	1,49	II	16,56	—	1,04	1,17	—	0,77	0,86	—	0,51	0,58	—	0,28	0,31	—	0,07	0,08	—	—	—
	III	10,16	—	0,81	0,91	III	10,16	—	0,58	0,65	—	0,35	0,40	—	0,16	0,18	—	—	0,01	—	—	—	—	—	—
	V	33,40	—	2,67	3,—	IV	20,16	—	1,46	1,64	—	1,31	1,47	—	1,16	1,31	—	1,02	1,15	—	0,89	1,—	—	0,75	0,85
	VI	34,61	—	2,76	3,11																				
128,19	I,IV	20,19	—	1,61	1,81	I	20,19	—	1,31	1,47	—	1,02	1,15	—	0,76	0,85	—	0,50	0,57	—	0,27	0,30	—	0,06	0,07
	II	16,59	—	1,32	1,49	II	16,59	—	1,04	1,17	—	0,77	0,86	—	0,52	0,58	—	0,28	0,31	—	0,07	0,08	—	—	—
	III	10,18	—	0,81	0,91	III	10,18	—	0,58	0,65	—	0,35	0,40	—	0,16	0,18	—	0,01	0,01	—	—	—	—	—	—
	V	33,43	—	2,67	3,—	IV	20,19	—	1,46	1,64	—	1,31	1,47	—	1,17	1,31	—	1,02	1,15	—	0,89	1,—	—	0,76	0,85
	VI	34,64	—	2,77	3,11																				
128,29	I,IV	20,21	—	1,61	1,81	I	20,21	—	1,31	1,48	—	1,03	1,16	—	0,76	0,85	—	0,51	0,57	—	0,27	0,30	—	0,07	0,07
	II	16,62	—	1,32	1,49	II	16,62	—	1,04	1,17	—	0,77	0,87	—	0,52	0,58	—	0,28	0,32	—	0,07	0,08	—	—	—
	III	10,21	—	0,81	0,91	III	10,21	—	0,58	0,65	—	0,35	0,40	—	0,16	0,18	—	0,01	0,01	—	—	—	—	—	—
	V	33,47	—	2,67	3,01	IV	20,21	—	1,46	1,64	—	1,31	1,48	—	1,17	1,31	—	1,03	1,16	—	0,89	1,—	—	0,76	0,85
	VI	34,68	—	2,77	3,12																				
128,39	I,IV	20,24	—	1,61	1,82	I	20,24	—	1,31	1,48	—	1,03	1,16	—	0,76	0,86	—	0,51	0,57	—	0,27	0,31	—	0,07	0,08
	II	16,64	—	1,33	1,49	II	16,64	—	1,04	1,17	—	0,77	0,87	—	0,52	0,58	—	0,28	0,32	—	0,07	0,08	—	—	—
	III	10,22	—	0,81	0,91	III	10,22	—	0,58	0,65	—	0,36	0,40	—	0,16	0,18	—	0,01	0,01	—	—	—	—	—	—
	V	33,50	—	2,68	3,01	IV	20,24	—	1,46	1,64	—	1,31	1,48	—	1,17	1,32	—	1,03	1,16	—	0,89	1,—	—	0,76	0,86
	VI	34,71	—	2,77	3,12																				
128,49	I,IV	20,27	—	1,62	1,82	I	20,27	—	1,32	1,48	—	1,03	1,16	—	0,76	0,86	—	0,51	0,57	—	0,27	0,31	—	0,07	0,08
	II	16,67	—	1,33	1,50	II	16,67	—	1,04	1,17	—	0,77	0,87	—	0,52	0,59	—	0,28	0,32	—	0,08	0,09	—	—	—
	III	10,25	—	0,82	0,92	III	10,25	—	0,58	0,65	—	0,36	0,40	—	0,16	0,18	—	0,01	0,01	—	—	—	—	—	—
	V	33,54	—	2,68	3,01	IV	20,27	—	1,46	1,65	—	1,32	1,48	—	1,17	1,32	—	1,03	1,16	—	0,89	1,01	—	0,76	0,86
	VI	34,75	—	2,78	3,12																				
128,59	I,IV	20,30	—	1,62	1,82	I	20,30	—	1,32	1,48	—	1,03	1,16	—	0,76	0,86	—	0,51	0,58	—	0,27	0,31	—	0,07	0,08
	II	16,70	—	1,33	1,50	II	16,70	—	1,04	1,18	—	0,78	0,87	—	0,52	0,59	—	0,28	0,32	—	0,08	0,09	—	—	—
	III	10,27	—	0,82	0,92	III	10,27	—	0,58	0,66	—	0,36	0,40	—	0,16	0,19	—	0,01	0,01	—	—	—	—	—	—
	V	33,57	—	2,68	3,02	IV	20,30	—	1,47	1,65	—	1,32	1,48	—	1,17	1,32	—	1,03	1,16	—	0,90	1,01	—	0,76	0,86
	VI	34,78	—	2,78	3,13																				
128,69	I,IV	20,32	—	1,62	1,82	I	20,32	—	1,32	1,49	—	1,04	1,17	—	0,77	0,86	—	0,51	0,58	—	0,28	0,31	—	0,07	0,08
	II	16,72	—	1,33	1,50	II	16,72	—	1,05	1,18	—	0,78	0,88	—	0,52	0,59	—	0,29	0,32	—	0,08	0,09	—	—	—
	III	10,29	—	0,82	0,92	III	10,29	—	0,58	0,66	—	0,36	0,41	—	0,17	0,19	—	0,01	0,01	—	—	—	—	—	—
	V	33,61	—	2,68	3,02	IV	20,32	—	1,47	1,65	—	1,32	1,48	—	1,18	1,32	—	1,04	1,17	—	0,90	1,01	—	0,77	0,86
	VI	34,81	—	2,78	3,13																				
128,79	I,IV	20,35	—	1,62	1,83	I	20,35	—	1,32	1,49	—	1,04	1,17	—	0,77	0,86	—	0,51	0,58	—	0,28	0,31	—	0,07	0,08
	II	16,75	—	1,34	1,50	II	16,75	—	1,05	1,18	—	0,78	0,88	—	0,53	0,59	—	0,29	0,32	—	0,08	0,09	—	—	—
	III	10,31	—	0,82	0,92	III	10,31	—	0,59	0,66	—	0,36	0,41	—	0,17	0,19	—	0,01	0,01	—	—	—	—	—	—
	V	33,64	—	2,69	3,02	IV	20,35	—	1,47	1,65	—	1,32	1,49	—	1,18	1,33	—	1,04	1,17	—	0,90	1,01	—	0,77	0,86
	VI	34,85	—	2,78	3,13																				
128,89	I,IV	20,38	—	1,63	1,83	I	20,38	—	1,32	1,49	—	1,04	1,17	—	0,77	0,87	—	0,52	0,58	—	0,28	0,31	—	0,07	0,08
	II	16,77	—	1,34	1,50	II	16,77	—	1,05	1,18	—	0,78	0,88	—	0,53	0,59	—	0,29	0,33	—	0,08	0,09	—	—	—
	III	10,33	—	0,82	0,92	III	10,33	—	0,59	0,66	—	0,36	0,41	—	0,17	0,19	—	0,01	0,01	—	—	—	—	—	—
	V	33,68	—	2,69	3,03	IV	20,38	—	1,47	1,66	—	1,32	1,49	—	1,18	1,33	—	1,04	1,17	—	0,90	1,01	—	0,77	0,87
	VI	34,88	—	2,79	3,13																				
128,99	I,IV	20,41	—	1,63	1,83	I	20,41	—	1,33	1,49	—	1,04	1,17	—	0,77	0,87	—	0,52	0,58	—	0,28	0,32	—	0,07	0,08
	II	16,80	—	1,34	1,51	II	16,80	—	1,05	1,18	—	0,78	0,88	—	0,53	0,60	—	0,29	0,33	—	0,08	0,09	—	—	—
	III	10,35	—	0,82	0,93	III	10,35	—	0,59	0,66	—	0,36	0,41	—	0,17	0,19	—	0,01	0,02	—	—	—	—	—	—
	V	33,71	—	2,69	3,03	IV	20,41	—	1,48	1,66	—	1,33	1,49	—	1,18	1,33	—	1,04	1,17	—	0,90	1,02	—	0,77	0,87
	VI	34,92	—	2,79	3,14																				
129,09	I,IV	20,43	—	1,63	1,83	I	20,43	—	1,33	1,49	—	1,04	1,17	—	0,77	0,87	—	0,52	0,59	—	0,28	0,32	—	0,08	0,09
	II	16,83	—	1,34	1,51	II	16,83	—	1,06	1,19	—	0,78	0,88	—	0,53	0,60	—	0,29	0,33	—	0,08	0,09	—	—	—
	III	10,37	—	0,82	0,93	III	10,37	—	0,59	0,67	—	0,37	0,41	—	0,17	0,19	—	0,01	0,02	—	—	—	—	—	—
	V	33,75	—	2,70	3,03	IV	20,43	—	1,48	1,66	—	1,33	1,49	—	1,18	1,33	—	1,04	1,17	—	0,91	1,02	—	0,77	0,87
	VI	34,95	—	2,79	3,14																				

* Die ausgewiesenen Tabellenwerte sind amtlich. Siehe Erläuterungen auf der Umschlaginnenseite (U2).

Abzüge an Lohnsteuer, Solidaritätszuschlag (SolZ) und Kirchensteuer (8%, 9%) in den Steuerklassen

Lohn/ Gehalt bis €*	I – VI		ohne Kinderfreibeträge			I, II, III, IV		mit Zahl der Kinderfreibeträge . . . 0,5			1			1,5			2			2,5			3		
		LSt	SolZ	8%	9%		LSt	SolZ	8%	9%	SolZ	8%	9%	SolZ	8%	9%	SolZ	8%	9%	SolZ	8%	9%	SolZ	8%	9%
129,19	I,IV	20,46	—	1,63	1,84	I	20,46	—	1,33	1,50	—	1,04	1,18	—	0,78	0,87	—	0,52	0,59	—	0,28	0,32	—	0,08	0,09
	II	16,85	—	1,34	1,51	II	16,85	—	1,06	1,19	—	0,79	0,89	—	0,53	0,60	—	0,29	0,33	—	0,08	0,09	—	—	—
	III	10,40	—	0,83	0,93	III	10,40	—	0,59	0,67	—	0,37	0,41	—	0,17	0,19	—	0,02	0,02	—	—	—	—	—	—
	V	33,78	—	2,70	3,04	IV	20,46	—	1,48	1,66	—	1,33	1,50	—	1,19	1,33	—	1,04	1,18	—	0,91	1,02	—	0,78	0,87
	VI	34,99	—	2,79	3,14																				
129,29	I,IV	20,49	—	1,63	1,84	I	20,49	—	1,33	1,50	—	1,05	1,18	—	0,78	0,87	—	0,52	0,59	—	0,29	0,32	—	0,08	0,09
	II	16,88	—	1,35	1,51	II	16,88	—	1,06	1,19	—	0,79	0,89	—	0,53	0,60	—	0,30	0,33	—	0,08	0,10	—	—	—
	III	10,42	—	0,83	0,93	III	10,42	—	0,59	0,67	—	0,37	0,42	—	0,17	0,19	—	0,02	0,02	—	—	—	—	—	—
	V	33,81	—	2,70	3,04	IV	20,49	—	1,48	1,67	—	1,33	1,50	—	1,19	1,34	—	1,05	1,18	—	0,91	1,02	—	0,78	0,87
	VI	35,02	—	2,80	3,15																				
129,39	I,IV	20,51	—	1,64	1,84	I	20,51	—	1,33	1,50	—	1,05	1,18	—	0,78	0,88	—	0,52	0,59	—	0,29	0,32	—	0,08	0,09
	II	16,90	—	1,35	1,52	II	16,90	—	1,06	1,19	—	0,79	0,89	—	0,54	0,60	—	0,30	0,34	—	0,09	0,10	—	—	—
	III	10,43	—	0,83	0,93	III	10,43	—	0,60	0,67	—	0,37	0,42	—	0,17	0,20	—	0,02	0,02	—	—	—	—	—	—
	V	33,85	—	2,70	3,04	IV	20,51	—	1,48	1,67	—	1,33	1,50	—	1,19	1,34	—	1,05	1,18	—	0,91	1,03	—	0,78	0,88
	VI	35,06	—	2,80	3,15																				
129,49	I,IV	20,54	—	1,64	1,84	I	20,54	—	1,34	1,50	—	1,05	1,18	—	0,78	0,88	—	0,53	0,59	—	0,29	0,33	—	0,08	0,09
	II	16,93	—	1,35	1,52	II	16,93	—	1,06	1,20	—	0,79	0,89	—	0,54	0,61	—	0,30	0,34	—	0,09	0,10	—	—	—
	III	10,46	—	0,83	0,94	III	10,46	—	0,60	0,67	—	0,37	0,42	—	0,18	0,20	—	0,02	0,02	—	—	—	—	—	—
	V	33,88	—	2,71	3,04	IV	20,54	—	1,49	1,67	—	1,34	1,50	—	1,19	1,34	—	1,05	1,18	—	0,91	1,03	—	0,78	0,88
	VI	35,09	—	2,80	3,15																				
129,59	I,IV	20,57	—	1,64	1,85	I	20,57	—	1,34	1,51	—	1,05	1,18	—	0,78	0,88	—	0,53	0,60	—	0,29	0,33	—	0,08	0,09
	II	16,96	—	1,35	1,52	II	16,96	—	1,06	1,20	—	0,79	0,89	—	0,54	0,61	—	0,30	0,34	—	0,09	0,10	—	—	—
	III	10,48	—	0,83	0,94	III	10,48	—	0,60	0,67	—	0,37	0,42	—	0,18	0,20	—	0,02	0,02	—	—	—	—	—	—
	V	33,92	—	2,71	3,05	IV	20,57	—	1,49	1,67	—	1,34	1,51	—	1,19	1,34	—	1,05	1,18	—	0,92	1,03	—	0,78	0,88
	VI	35,13	—	2,81	3,16																				
129,69	I,IV	20,60	—	1,64	1,85	I	20,60	—	1,34	1,51	—	1,05	1,19	—	0,78	0,88	—	0,53	0,60	—	0,29	0,33	—	0,08	0,09
	II	16,98	—	1,35	1,52	II	16,98	—	1,07	1,20	—	0,80	0,90	—	0,54	0,61	—	0,30	0,34	—	0,09	0,10	—	—	—
	III	10,50	—	0,84	0,94	III	10,50	—	0,60	0,68	—	0,38	0,42	—	0,18	0,20	—	0,02	0,02	—	—	—	—	—	—
	V	33,95	—	2,71	3,05	IV	20,60	—	1,49	1,68	—	1,34	1,51	—	1,20	1,35	—	1,05	1,19	—	0,92	1,03	—	0,78	0,88
	VI	35,16	—	2,81	3,16																				
129,79	I,IV	20,63	—	1,65	1,85	I	20,63	—	1,34	1,51	—	1,06	1,19	—	0,79	0,89	—	0,53	0,60	—	0,29	0,33	—	0,08	0,09
	II	17,01	—	1,36	1,53	II	17,01	—	1,07	1,20	—	0,80	0,90	—	0,54	0,61	—	0,30	0,34	—	0,09	0,10	—	—	—
	III	10,52	—	0,84	0,94	III	10,52	—	0,60	0,68	—	0,38	0,42	—	0,18	0,20	—	0,02	0,02	—	—	—	—	—	—
	V	33,99	—	2,71	3,05	IV	20,63	—	1,49	1,68	—	1,34	1,51	—	1,20	1,35	—	1,06	1,19	—	0,92	1,03	—	0,79	0,89
	VI	35,20	—	2,81	3,16																				
129,89	I,IV	20,65	—	1,65	1,85	I	20,65	—	1,34	1,51	—	1,06	1,19	—	0,79	0,89	—	0,53	0,60	—	0,30	0,33	—	0,08	0,10
	II	17,03	—	1,36	1,53	II	17,03	—	1,07	1,21	—	0,80	0,90	—	0,54	0,61	—	0,31	0,34	—	0,09	0,10	—	—	—
	III	10,54	—	0,84	0,94	III	10,54	—	0,60	0,68	—	0,38	0,43	—	0,18	0,20	—	0,02	0,03	—	—	—	—	—	—
	V	34,02	—	2,72	3,06	IV	20,65	—	1,49	1,68	—	1,34	1,51	—	1,20	1,35	—	1,06	1,19	—	0,92	1,04	—	0,79	0,89
	VI	35,23	—	2,81	3,17																				
129,99	I,IV	20,68	—	1,65	1,86	I	20,68	—	1,35	1,52	—	1,06	1,19	—	0,79	0,89	—	0,54	0,60	—	0,30	0,34	—	0,09	0,10
	II	17,06	—	1,36	1,53	II	17,06	—	1,07	1,21	—	0,80	0,90	—	0,55	0,62	—	0,31	0,35	—	0,09	0,11	—	—	—
	III	10,56	—	0,84	0,95	III	10,56	—	0,61	0,68	—	0,38	0,43	—	0,18	0,20	—	0,02	0,03	—	—	—	—	—	—
	V	34,06	—	2,72	3,06	IV	20,68	—	1,50	1,68	—	1,35	1,52	—	1,20	1,35	—	1,06	1,19	—	0,92	1,04	—	0,79	0,89
	VI	35,27	—	2,82	3,17																				
130,09	I,IV	20,71	—	1,65	1,86	I	20,71	—	1,35	1,52	—	1,06	1,20	—	0,79	0,89	—	0,54	0,61	—	0,30	0,34	—	0,09	0,10
	II	17,09	—	1,36	1,53	II	17,09	—	1,07	1,21	—	0,80	0,90	—	0,55	0,62	—	0,31	0,35	—	0,10	0,11	—	—	—
	III	10,58	—	0,84	0,95	III	10,58	—	0,61	0,68	—	0,38	0,43	—	0,18	0,21	—	0,02	0,03	—	—	—	—	—	—
	V	34,09	—	2,72	3,06	IV	20,71	—	1,50	1,69	—	1,35	1,52	—	1,20	1,35	—	1,06	1,20	—	0,92	1,04	—	0,79	0,89
	VI	35,30	—	2,82	3,17																				
130,19	I,IV	20,74	—	1,65	1,86	I	20,74	—	1,35	1,52	—	1,06	1,20	—	0,79	0,89	—	0,54	0,61	—	0,30	0,34	—	0,09	0,10
	II	17,11	—	1,36	1,53	II	17,11	—	1,08	1,21	—	0,81	0,91	—	0,55	0,62	—	0,31	0,35	—	0,10	0,11	—	—	—
	III	10,61	—	0,84	0,95	III	10,61	—	0,61	0,69	—	0,38	0,43	—	0,18	0,21	—	0,03	0,03	—	—	—	—	—	—
	V	34,13	—	2,73	3,07	IV	20,74	—	1,50	1,69	—	1,35	1,52	—	1,21	1,36	—	1,06	1,20	—	0,93	1,04	—	0,79	0,89
	VI	35,34	—	2,82	3,18																				
130,29	I,IV	20,76	—	1,66	1,86	I	20,76	—	1,35	1,52	—	1,07	1,20	—	0,80	0,90	—	0,54	0,61	—	0,30	0,34	—	0,09	0,10
	II	17,14	—	1,37	1,54	II	17,14	—	1,08	1,21	—	0,81	0,91	—	0,55	0,62	—	0,31	0,35	—	0,10	0,11	—	—	—
	III	10,63	—	0,85	0,95	III	10,63	—	0,61	0,69	—	0,38	0,43	—	0,19	0,21	—	0,03	0,03	—	—	—	—	—	—
	V	34,16	—	2,73	3,07	IV	20,76	—	1,50	1,69	—	1,35	1,52	—	1,21	1,36	—	1,07	1,20	—	0,93	1,05	—	0,80	0,90
	VI	35,37	—	2,82	3,18																				
130,39	I,IV	20,79	—	1,66	1,87	I	20,79	—	1,36	1,53	—	1,07	1,20	—	0,80	0,90	—	0,54	0,61	—	0,30	0,34	—	0,09	0,10
	II	17,16	—	1,37	1,54	II	17,16	—	1,08	1,22	—	0,81	0,91	—	0,55	0,62	—	0,31	0,35	—	0,10	0,11	—	—	—
	III	10,65	—	0,85	0,95	III	10,65	—	0,61	0,69	—	0,39	0,44	—	0,19	0,21	—	0,03	0,03	—	—	—	—	—	—
	V	34,20	—	2,73	3,07	IV	20,79	—	1,50	1,69	—	1,36	1,53	—	1,21	1,36	—	1,07	1,20	—	0,93	1,05	—	0,80	0,90
	VI	35,41	—	2,83	3,18																				
130,49	I,IV	20,82	—	1,66	1,87	I	20,82	—	1,36	1,53	—	1,07	1,20	—	0,80	0,90	—	0,54	0,61	—	0,31	0,34	—	0,09	0,10
	II	17,19	—	1,37	1,54	II	17,19	—	1,08	1,22	—	0,81	0,91	—	0,56	0,63	—	0,32	0,36	—	0,10	0,11	—	—	—
	III	10,67	—	0,85	0,96	III	10,67	—	0,61	0,69	—	0,39	0,44	—	0,19	0,21	—	0,03	0,03	—	—	—	—	—	—
	V	34,23	—	2,73	3,08	IV	20,82	—	1,51	1,70	—	1,36	1,53	—	1,21	1,36	—	1,07	1,20	—	0,93	1,05	—	0,80	0,90
	VI	35,44	—	2,83	3,18																				
130,59	I,IV	20,85	—	1,66	1,87	I	20,85	—	1,36	1,53	—	1,07	1,21	—	0,80	0,90	—	0,55	0,62	—	0,31	0,35	—	0,09	0,11
	II	17,22	—	1,37	1,54	II	17,22	—	1,08	1,22	—	0,81	0,91	—	0,56	0,63	—	0,32	0,36	—	0,10	0,11	—	—	—
	III	10,69	—	0,85	0,96	III	10,69	—	0,62	0,69	—	0,39	0,44	—	0,19	0,21	—	0,03	0,03	—	—	—	—	—	—
	V	34,26	—	2,74	3,08	IV	20,85	—	1,51	1,70	—	1,36	1,53	—	1,21	1,37	—	1,07	1,21	—	0,93	1,05	—	0,80	0,90
	VI	35,48	—	2,83	3,19																				
130,69	I,IV	20,87	—	1,66	1,87	I	20,87	—	1,36	1,53	—	1,07	1,21	—	0,80	0,90	—	0,55	0,62	—	0,31	0,35	—	0,10	0,11
	II	17,25	—	1,38	1,55	II	17,25	—	1,09	1,22	—	0,81	0,92	—	0,56	0,63	—	0,32	0,36	—	0,10	0,12	—	—	—
	III	10,71	—	0,85	0,96	III	10,71	—	0,62	0,70	—	0,39	0,44	—	0,19	0,22	—	0,03	0,03	—	—	—	—	—	—
	V	34,30	—	2,74	3,08	IV	20,87	—	1,51	1,70	—	1,36	1,53	—	1,22	1,37	—	1,07	1,21	—	0,94	1,05	—	0,80	0,90
	VI	35,51	—	2,84	3,19																				

* Die ausgewiesenen Tabellenwerte sind amtlich. Siehe Erläuterungen auf der Umschlaginnenseite (U2).

TAG 130,70*

Abzüge an Lohnsteuer, Solidaritätszuschlag (SolZ) und Kirchensteuer (8%, 9%) in den Steuerklassen

Linke Spalten: Steuerklassen **I – VI** (ohne Kinderfreibeträge).
Rechte Spalten: Steuerklassen **I, II, III, IV** (mit Zahl der Kinderfreibeträge 0,5 / 1 / 1,5 / 2 / 2,5 / 3).

Lohn/Gehalt bis €	Kl.	LSt (I–VI)	SolZ	8%	9%	Kl.	LSt	0,5 SolZ	8%	9%	1 SolZ	8%	9%	1,5 SolZ	8%	9%	2 SolZ	8%	9%	2,5 SolZ	8%	9%	3 SolZ	8%	9%
130,79	I,IV	20,90	—	1,67	1,88	I	20,90	—	1,36	1,53	—	1,08	1,21	—	0,80	0,91	—	0,55	0,62	—	0,31	0,35	—	0,10	0,11
	II	17,27	—	1,38	1,55	II	17,27	—	1,09	1,23	—	0,82	0,92	—	0,56	0,63	—	0,32	0,36	—	0,10	0,12	—	—	—
	III	10,73	—	0,85	0,96	III	10,73	—	0,62	0,70	—	0,39	0,44	—	0,19	0,22	—	0,03	0,04	—	—	—	—	—	—
	V	34,34	—	2,74	3,09	IV	20,90	—	1,51	1,70	—	1,36	1,53	—	1,22	1,37	—	1,08	1,21	—	0,94	1,06	—	0,80	0,91
	VI	35,55	—	2,84	3,19																					
130,89	I,IV	20,93	—	1,67	1,88	I	20,93	—	1,37	1,54	—	1,08	1,21	—	0,81	0,91	—	0,55	0,62	—	0,31	0,35	—	0,10	0,11
	II	17,30	—	1,38	1,55	II	17,30	—	1,09	1,23	—	0,82	0,92	—	0,56	0,63	—	0,32	0,36	—	0,11	0,12	—	—	—
	III	10,75	—	0,86	0,96	III	10,75	—	0,62	0,70	—	0,39	0,44	—	0,19	0,22	—	0,03	0,04	—	—	—	—	—	—
	V	34,37	—	2,74	3,09	IV	20,93	—	1,52	1,71	—	1,37	1,54	—	1,22	1,37	—	1,08	1,21	—	0,94	1,06	—	0,81	0,91
	VI	35,58	—	2,84	3,20																					
130,99	I,IV	20,96	—	1,67	1,88	I	20,96	—	1,37	1,54	—	1,08	1,22	—	0,81	0,91	—	0,55	0,62	—	0,31	0,35	—	0,10	0,11
	II	17,32	—	1,38	1,55	II	17,32	—	1,09	1,23	—	0,82	0,92	—	0,56	0,63	—	0,32	0,36	—	0,11	0,12	—	—	—
	III	10,77	—	0,86	0,96	III	10,77	—	0,62	0,70	—	0,40	0,45	—	0,20	0,22	—	0,03	0,04	—	—	—	—	—	—
	V	34,40	—	2,75	3,09	IV	20,96	—	1,52	1,71	—	1,37	1,54	—	1,22	1,37	—	1,08	1,22	—	0,94	1,06	—	0,81	0,91
	VI	35,61	—	2,84	3,20																					
131,09	I,IV	20,98	—	1,67	1,88	I	20,98	—	1,37	1,54	—	1,08	1,22	—	0,81	0,91	—	0,56	0,63	—	0,32	0,36	—	0,10	0,11
	II	17,35	—	1,38	1,56	II	17,35	—	1,09	1,23	—	0,82	0,93	—	0,57	0,64	—	0,33	0,37	—	0,11	0,12	—	—	—
	III	10,80	—	0,86	0,97	III	10,80	—	0,62	0,70	—	0,40	0,45	—	0,20	0,22	—	0,03	0,04	—	—	—	—	—	—
	V	34,44	—	2,75	3,09	IV	20,98	—	1,52	1,71	—	1,37	1,54	—	1,22	1,38	—	1,08	1,22	—	0,94	1,06	—	0,81	0,91
	VI	35,65	—	2,85	3,20																					
131,19	I,IV	21,01	—	1,68	1,89	I	21,01	—	1,37	1,54	—	1,08	1,22	—	0,81	0,91	—	0,56	0,63	—	0,32	0,36	—	0,10	0,11
	II	17,38	—	1,39	1,56	II	17,38	—	1,10	1,23	—	0,82	0,93	—	0,57	0,64	—	0,33	0,37	—	0,11	0,12	—	—	—
	III	10,82	—	0,86	0,97	III	10,82	—	0,63	0,70	—	0,40	0,45	—	0,20	0,22	—	0,04	0,04	—	—	—	—	—	—
	V	34,48	—	2,75	3,10	IV	21,01	—	1,52	1,71	—	1,37	1,54	—	1,23	1,38	—	1,08	1,22	—	0,95	1,07	—	0,81	0,91
	VI	35,68	—	2,85	3,21																					
131,29	I,IV	21,04	—	1,68	1,89	I	21,04	—	1,37	1,55	—	1,09	1,22	—	0,81	0,92	—	0,56	0,63	—	0,32	0,36	—	0,10	0,12
	II	17,40	—	1,39	1,56	II	17,40	—	1,10	1,24	—	0,83	0,93	—	0,57	0,64	—	0,33	0,37	—	0,11	0,13	—	—	—
	III	10,84	—	0,86	0,97	III	10,84	—	0,63	0,71	—	0,40	0,45	—	0,20	0,22	—	0,04	0,04	—	—	—	—	—	—
	V	34,51	—	2,76	3,10	IV	21,04	—	1,52	1,71	—	1,37	1,55	—	1,23	1,38	—	1,09	1,22	—	0,95	1,07	—	0,81	0,92
	VI	35,72	—	2,85	3,21																					
131,39	I,IV	21,07	—	1,68	1,89	I	21,07	—	1,38	1,55	—	1,09	1,22	—	0,82	0,92	—	0,56	0,63	—	0,32	0,36	—	0,10	0,12
	II	17,43	—	1,39	1,56	II	17,43	—	1,10	1,24	—	0,83	0,93	—	0,57	0,64	—	0,33	0,37	—	0,11	0,13	—	—	—
	III	10,86	—	0,86	0,97	III	10,86	—	0,63	0,71	—	0,40	0,45	—	0,20	0,23	—	0,04	0,04	—	—	—	—	—	—
	V	34,54	—	2,76	3,10	IV	21,07	—	1,53	1,72	—	1,38	1,55	—	1,23	1,38	—	1,09	1,22	—	0,95	1,07	—	0,82	0,92
	VI	35,75	—	2,86	3,21																					
131,49	I,IV	21,10	—	1,68	1,89	I	21,10	—	1,38	1,55	—	1,09	1,23	—	0,82	0,92	—	0,56	0,63	—	0,32	0,36	—	0,11	0,12
	II	17,45	—	1,39	1,57	II	17,45	—	1,10	1,24	—	0,83	0,93	—	0,57	0,64	—	0,33	0,37	—	0,11	0,13	—	—	—
	III	10,88	—	0,87	0,97	III	10,88	—	0,63	0,71	—	0,40	0,45	—	0,20	0,23	—	0,04	0,04	—	—	—	—	—	—
	V	34,58	—	2,76	3,11	IV	21,10	—	1,53	1,72	—	1,38	1,55	—	1,23	1,39	—	1,09	1,23	—	0,95	1,07	—	0,82	0,92
	VI	35,79	—	2,86	3,22																					
131,59	I,IV	21,12	—	1,68	1,90	I	21,12	—	1,38	1,55	—	1,09	1,23	—	0,82	0,92	—	0,56	0,63	—	0,32	0,36	—	0,11	0,12
	II	17,48	—	1,39	1,57	II	17,48	—	1,10	1,24	—	0,83	0,94	—	0,57	0,65	—	0,33	0,38	—	0,12	0,13	—	—	—
	III	10,90	—	0,87	0,98	III	10,90	—	0,63	0,71	—	0,40	0,46	—	0,20	0,23	—	0,04	0,04	—	—	—	—	—	—
	V	34,61	—	2,76	3,11	IV	21,12	—	1,53	1,72	—	1,38	1,55	—	1,23	1,39	—	1,09	1,23	—	0,95	1,07	—	0,82	0,92
	VI	35,82	—	2,86	3,22																					
131,69	I,IV	21,15	—	1,69	1,90	I	21,15	—	1,38	1,56	—	1,09	1,23	—	0,82	0,92	—	0,57	0,64	—	0,33	0,37	—	0,11	0,12
	II	17,51	—	1,40	1,57	II	17,51	—	1,11	1,25	—	0,83	0,94	—	0,58	0,65	—	0,34	0,38	—	0,12	0,13	—	—	—
	III	10,92	—	0,87	0,98	III	10,92	—	0,63	0,71	—	0,41	0,46	—	0,20	0,23	—	0,04	0,05	—	—	—	—	—	—
	V	34,65	—	2,77	3,11	IV	21,15	—	1,53	1,72	—	1,38	1,56	—	1,24	1,39	—	1,09	1,23	—	0,96	1,08	—	0,82	0,92
	VI	35,86	—	2,86	3,22																					
131,79	I,IV	21,18	—	1,69	1,90	I	21,18	—	1,38	1,56	—	1,10	1,23	—	0,82	0,93	—	0,57	0,64	—	0,33	0,37	—	0,11	0,12
	II	17,53	—	1,40	1,57	II	17,53	—	1,11	1,25	—	0,84	0,94	—	0,58	0,65	—	0,34	0,38	—	0,12	0,13	—	—	—
	III	10,95	—	0,87	0,98	III	10,95	—	0,64	0,72	—	0,41	0,46	—	0,20	0,23	—	0,04	0,05	—	—	—	—	—	—
	V	34,68	—	2,77	3,12	IV	21,18	—	1,54	1,73	—	1,38	1,56	—	1,24	1,39	—	1,10	1,23	—	0,96	1,08	—	0,82	0,93
	VI	35,89	—	2,87	3,23																					
131,89	I,IV	21,21	—	1,69	1,90	I	21,21	—	1,39	1,56	—	1,10	1,24	—	0,83	0,93	—	0,57	0,64	—	0,33	0,37	—	0,11	0,13
	II	17,56	—	1,40	1,58	II	17,56	—	1,11	1,25	—	0,84	0,94	—	0,58	0,65	—	0,34	0,38	—	0,12	0,13	—	—	—
	III	10,97	—	0,87	0,98	III	10,97	—	0,64	0,72	—	0,41	0,46	—	0,20	0,23	—	0,04	0,05	—	—	—	—	—	—
	V	34,72	—	2,77	3,12	IV	21,21	—	1,54	1,73	—	1,39	1,56	—	1,24	1,40	—	1,10	1,24	—	0,96	1,08	—	0,83	0,93
	VI	35,93	—	2,87	3,23																					
131,99	I,IV	21,23	—	1,69	1,91	I	21,23	—	1,39	1,56	—	1,10	1,24	—	0,83	0,93	—	0,57	0,64	—	0,33	0,37	—	0,11	0,13
	II	17,59	—	1,40	1,58	II	17,59	—	1,11	1,25	—	0,84	0,94	—	0,58	0,65	—	0,34	0,38	—	0,12	0,14	—	—	—
	III	10,99	—	0,87	0,98	III	10,99	—	0,64	0,72	—	0,41	0,46	—	0,21	0,23	—	0,04	0,05	—	—	—	—	—	—
	V	34,75	—	2,78	3,12	IV	21,23	—	1,54	1,73	—	1,39	1,56	—	1,24	1,40	—	1,10	1,24	—	0,96	1,08	—	0,83	0,93
	VI	35,96	—	2,87	3,23																					
132,09	I,IV	21,26	—	1,70	1,91	I	21,26	—	1,39	1,57	—	1,10	1,24	—	0,83	0,93	—	0,57	0,64	—	0,33	0,37	—	0,11	0,13
	II	17,61	—	1,40	1,58	II	17,61	—	1,11	1,25	—	0,84	0,95	—	0,58	0,66	—	0,34	0,39	—	0,12	0,14	—	—	—
	III	11,01	—	0,88	0,99	III	11,01	—	0,64	0,72	—	0,41	0,46	—	0,21	0,24	—	0,04	0,05	—	—	—	—	—	—
	V	34,79	—	2,78	3,13	IV	21,26	—	1,54	1,73	—	1,39	1,57	—	1,24	1,40	—	1,10	1,24	—	0,96	1,08	—	0,83	0,93
	VI	36,—	—	2,88	3,24																					
132,19	I,IV	21,29	—	1,70	1,91	I	21,29	—	1,39	1,57	—	1,10	1,24	—	0,83	0,94	—	0,57	0,65	—	0,33	0,38	—	0,12	0,13
	II	17,64	—	1,41	1,58	II	17,64	—	1,12	1,26	—	0,84	0,95	—	0,59	0,66	—	0,34	0,39	—	0,12	0,14	—	—	—
	III	11,03	—	0,88	0,99	III	11,03	—	0,64	0,72	—	0,41	0,47	—	0,21	0,24	—	0,05	0,05	—	—	—	—	—	—
	V	34,82	—	2,78	3,13	IV	21,29	—	1,54	1,74	—	1,39	1,57	—	1,25	1,40	—	1,10	1,24	—	0,97	1,09	—	0,83	0,94
	VI	36,03	—	2,88	3,24																					
132,29	I,IV	21,32	—	1,70	1,91	I	21,32	—	1,40	1,57	—	1,11	1,24	—	0,83	0,94	—	0,58	0,65	—	0,34	0,38	—	0,12	0,13
	II	17,66	—	1,41	1,58	II	17,66	—	1,12	1,26	—	0,84	0,95	—	0,59	0,66	—	0,35	0,39	—	0,12	0,14	—	—	—
	III	11,05	—	0,88	0,99	III	11,05	—	0,64	0,72	—	0,42	0,47	—	0,21	0,24	—	0,05	0,05	—	—	—	—	—	—
	V	34,86	—	2,78	3,13	IV	21,32	—	1,55	1,74	—	1,40	1,57	—	1,25	1,41	—	1,11	1,24	—	0,97	1,09	—	0,83	0,94
	VI	36,06	—	2,88	3,24																					

T 182

* Die ausgewiesenen Tabellenwerte sind amtlich. Siehe Erläuterungen auf der Umschlaginnenseite (U2).

Lohn/ Gehalt bis €*		Abzüge an Lohnsteuer, Solidaritätszuschlag (SolZ) und Kirchensteuer (8%, 9%) in den Steuerklassen I – VI LSt	ohne Kinderfreibeträge SolZ	8%	9%	I, II, III, IV	LSt	mit Zahl der Kinderfreibeträge . . . 0,5 SolZ	8%	9%	1 SolZ	8%	9%	1,5 SolZ	8%	9%	2 SolZ	8%	9%	2,5 SolZ	8%	9%	3 SolZ	8%	9%
132,39	I,IV	21,35	—	1,70	1,92	I	21,35	—	1,40	1,57	—	1,11	1,25	—	0,84	0,94	—	0,58	0,65	—	0,34	0,38	—	0,12	0,13
	II	17,69	—	1,41	1,59	II	17,69	—	1,12	1,26	—	0,85	0,95	—	0,59	0,66	—	0,35	0,39	—	0,13	0,14	—	—	—
	III	11,07	—	0,88	0,99	III	11,07	—	0,64	0,73	—	0,42	0,47	—	0,21	0,24	—	0,05	0,05	—	—	—	—	—	—
	V	34,89	—	2,79	3,14	IV	21,35	—	1,55	1,74	—	1,40	1,57	—	1,25	1,41	—	1,11	1,25	—	0,97	1,09	—	0,84	0,94
	VI	36,10	—	2,88	3,24																				
132,49	I,IV	21,37	—	1,70	1,92	I	21,37	—	1,40	1,57	—	1,11	1,25	—	0,84	0,94	—	0,58	0,65	—	0,34	0,38	—	0,12	0,13
	II	17,72	—	1,41	1,59	II	17,72	—	1,12	1,26	—	0,85	0,95	—	0,59	0,66	—	0,35	0,39	—	0,13	0,14	—	—	—
	III	11,10	—	0,88	0,99	III	11,10	—	0,65	0,73	—	0,42	0,47	—	0,21	0,24	—	0,05	0,06	—	—	—	—	—	—
	V	34,93	—	2,79	3,14	IV	21,37	—	1,55	1,74	—	1,40	1,57	—	1,25	1,41	—	1,11	1,25	—	0,97	1,09	—	0,84	0,94
	VI	36,13	—	2,89	3,25																				
132,59	I,IV	21,40	—	1,71	1,92	I	21,40	—	1,40	1,58	—	1,11	1,25	—	0,84	0,94	—	0,58	0,65	—	0,34	0,38	—	0,12	0,14
	II	17,75	—	1,42	1,59	II	17,75	—	1,12	1,27	—	0,85	0,96	—	0,59	0,67	—	0,35	0,39	—	0,13	0,15	—	—	—
	III	11,11	—	0,88	0,99	III	11,11	—	0,65	0,73	—	0,42	0,47	—	0,22	0,24	—	0,05	0,06	—	—	—	—	—	—
	V	34,96	—	2,79	3,14	IV	21,40	—	1,55	1,75	—	1,40	1,58	—	1,26	1,41	—	1,11	1,25	—	0,97	1,10	—	0,84	0,94
	VI	36,17	—	2,89	3,25																				
132,69	I,IV	21,43	—	1,71	1,92	I	21,43	—	1,40	1,58	—	1,11	1,25	—	0,84	0,95	—	0,58	0,66	—	0,34	0,38	—	0,12	0,14
	II	17,77	—	1,42	1,59	II	17,77	—	1,13	1,27	—	0,85	0,96	—	0,59	0,67	—	0,35	0,40	—	0,13	0,15	—	—	—
	III	11,13	—	0,89	1,—	III	11,13	—	0,65	0,73	—	0,42	0,48	—	0,22	0,24	—	0,05	0,06	—	—	—	—	—	—
	V	35,—	—	2,80	3,15	IV	21,43	—	1,55	1,75	—	1,40	1,58	—	1,26	1,41	—	1,11	1,25	—	0,98	1,10	—	0,84	0,95
	VI	36,20	—	2,89	3,25																				
132,79	I,IV	21,46	—	1,71	1,93	I	21,46	—	1,41	1,58	—	1,12	1,26	—	0,84	0,95	—	0,58	0,66	—	0,34	0,39	—	0,12	0,14
	II	17,80	—	1,42	1,60	II	17,80	—	1,13	1,27	—	0,85	0,96	—	0,60	0,67	—	0,35	0,40	—	0,13	0,15	—	—	—
	III	11,16	—	0,89	1,—	III	11,16	—	0,65	0,73	—	0,42	0,48	—	0,22	0,25	—	0,05	0,06	—	—	—	—	—	—
	V	35,03	—	2,80	3,15	IV	21,46	—	1,56	1,75	—	1,41	1,58	—	1,26	1,42	—	1,12	1,26	—	0,98	1,10	—	0,84	0,95
	VI	36,24	—	2,89	3,26																				
132,89	I,IV	21,48	—	1,71	1,93	I	21,48	—	1,41	1,58	—	1,12	1,26	—	0,84	0,95	—	0,59	0,66	—	0,34	0,39	—	0,12	0,14
	II	17,82	—	1,42	1,60	II	17,82	—	1,13	1,27	—	0,86	0,96	—	0,60	0,67	—	0,36	0,40	—	0,13	0,15	—	—	—
	III	11,18	—	0,89	1,—	III	11,18	—	0,65	0,74	—	0,43	0,48	—	0,22	0,25	—	0,05	0,06	—	—	—	—	—	—
	V	35,06	—	2,80	3,15	IV	21,48	—	1,56	1,75	—	1,41	1,58	—	1,26	1,42	—	1,12	1,26	—	0,98	1,10	—	0,84	0,95
	VI	36,27	—	2,90	3,26																				
132,99	I,IV	21,51	—	1,72	1,93	I	21,51	—	1,41	1,59	—	1,12	1,26	—	0,85	0,95	—	0,59	0,66	—	0,35	0,39	—	0,13	0,14
	II	17,85	—	1,42	1,60	II	17,85	—	1,13	1,27	—	0,86	0,97	—	0,60	0,67	—	0,36	0,40	—	0,13	0,15	—	—	—
	III	11,20	—	0,89	1,—	III	11,20	—	0,66	0,74	—	0,43	0,48	—	0,22	0,25	—	0,05	0,06	—	—	—	—	—	—
	V	35,10	—	2,80	3,15	IV	21,51	—	1,56	1,76	—	1,41	1,59	—	1,26	1,42	—	1,12	1,26	—	0,98	1,10	—	0,85	0,95
	VI	36,31	—	2,90	3,26																				
133,09	I,IV	21,54	—	1,72	1,93	I	21,54	—	1,41	1,59	—	1,12	1,26	—	0,85	0,95	—	0,59	0,66	—	0,35	0,39	—	0,13	0,14
	II	17,88	—	1,43	1,60	II	17,88	—	1,13	1,28	—	0,86	0,97	—	0,60	0,68	—	0,36	0,40	—	0,14	0,15	—	—	—
	III	11,22	—	0,89	1,—	III	11,22	—	0,66	0,74	—	0,43	0,48	—	0,22	0,25	—	0,06	0,06	—	—	—	—	—	—
	V	35,13	—	2,81	3,16	IV	21,54	—	1,56	1,76	—	1,41	1,59	—	1,26	1,42	—	1,12	1,26	—	0,98	1,11	—	0,85	0,95
	VI	36,34	—	2,90	3,27																				
133,19	I,IV	21,57	—	1,72	1,94	I	21,57	—	1,41	1,59	—	1,12	1,26	—	0,85	0,96	—	0,59	0,67	—	0,35	0,39	—	0,13	0,14
	II	17,90	—	1,43	1,61	II	17,90	—	1,14	1,28	—	0,86	0,97	—	0,60	0,68	—	0,36	0,41	—	0,14	0,15	—	—	—
	III	11,24	—	0,89	1,01	III	11,24	—	0,66	0,74	—	0,43	0,48	—	0,22	0,25	—	0,06	0,06	—	—	—	—	—	—
	V	35,17	—	2,81	3,16	IV	21,57	—	1,57	1,76	—	1,41	1,59	—	1,27	1,43	—	1,12	1,26	—	0,98	1,11	—	0,85	0,96
	VI	36,38	—	2,91	3,27																				
133,29	I,IV	21,60	—	1,72	1,94	I	21,60	—	1,42	1,59	—	1,13	1,27	—	0,85	0,96	—	0,59	0,67	—	0,35	0,40	—	0,13	0,15
	II	17,93	—	1,43	1,61	II	17,93	—	1,14	1,28	—	0,86	0,97	—	0,60	0,68	—	0,36	0,41	—	0,14	0,16	—	—	—
	III	11,26	—	0,90	1,01	III	11,26	—	0,66	0,74	—	0,43	0,49	—	0,22	0,25	—	0,06	0,06	—	—	—	—	—	—
	V	35,20	—	2,81	3,16	IV	21,60	—	1,57	1,76	—	1,42	1,59	—	1,27	1,43	—	1,13	1,27	—	0,99	1,11	—	0,85	0,96
	VI	36,41	—	2,91	3,27																				
133,39	I,IV	21,62	—	1,72	1,94	I	21,62	—	1,42	1,60	—	1,13	1,27	—	0,85	0,96	—	0,60	0,67	—	0,35	0,40	—	0,13	0,15
	II	17,96	—	1,43	1,61	II	17,96	—	1,14	1,28	—	0,87	0,97	—	0,61	0,68	—	0,36	0,41	—	0,14	0,16	—	—	—
	III	11,28	—	0,90	1,01	III	11,28	—	0,66	0,74	—	0,43	0,49	—	0,23	0,25	—	0,06	0,07	—	—	—	—	—	—
	V	35,24	—	2,81	3,17	IV	21,62	—	1,57	1,77	—	1,42	1,60	—	1,27	1,43	—	1,13	1,27	—	0,99	1,11	—	0,85	0,96
	VI	36,45	—	2,91	3,28																				
133,49	I,IV	21,65	—	1,73	1,94	I	21,65	—	1,42	1,60	—	1,13	1,27	—	0,86	0,96	—	0,60	0,67	—	0,36	0,40	—	0,13	0,15
	II	17,98	—	1,43	1,61	II	17,98	—	1,14	1,29	—	0,87	0,98	—	0,61	0,68	—	0,37	0,41	—	0,14	0,16	—	—	—
	III	11,31	—	0,90	1,01	III	11,31	—	0,66	0,75	—	0,44	0,49	—	0,23	0,26	—	0,06	0,07	—	—	—	—	—	—
	V	35,27	—	2,82	3,17	IV	21,65	—	1,57	1,77	—	1,42	1,60	—	1,27	1,43	—	1,13	1,27	—	0,99	1,12	—	0,86	0,96
	VI	36,48	—	2,91	3,28																				
133,59	I,IV	21,68	—	1,73	1,95	I	21,68	—	1,42	1,60	—	1,13	1,27	—	0,86	0,97	—	0,60	0,67	—	0,36	0,40	—	0,13	0,15
	II	18,01	—	1,44	1,62	II	18,01	—	1,14	1,29	—	0,87	0,98	—	0,61	0,69	—	0,37	0,41	—	0,14	0,16	—	—	—
	III	11,33	—	0,90	1,01	III	11,33	—	0,66	0,75	—	0,44	0,49	—	0,23	0,26	—	0,06	0,07	—	—	—	—	—	—
	V	35,31	—	2,82	3,17	IV	21,68	—	1,57	1,77	—	1,42	1,60	—	1,28	1,44	—	1,13	1,27	—	0,99	1,12	—	0,86	0,97
	VI	36,52	—	2,92	3,28																				
133,69	I,IV	21,71	—	1,73	1,95	I	21,71	—	1,42	1,60	—	1,13	1,28	—	0,86	0,97	—	0,60	0,68	—	0,36	0,40	—	0,14	0,15
	II	18,04	—	1,44	1,62	II	18,04	—	1,15	1,29	—	0,87	0,98	—	0,61	0,69	—	0,37	0,42	—	0,14	0,16	—	—	—
	III	11,35	—	0,90	1,02	III	11,35	—	0,67	0,75	—	0,44	0,49	—	0,23	0,26	—	0,06	0,07	—	—	—	—	—	—
	V	35,34	—	2,82	3,18	IV	21,71	—	1,58	1,77	—	1,42	1,60	—	1,28	1,44	—	1,13	1,28	—	0,99	1,12	—	0,86	0,97
	VI	36,55	—	2,92	3,28																				
133,79	I,IV	21,73	—	1,73	1,95	I	21,73	—	1,43	1,61	—	1,14	1,28	—	0,86	0,97	—	0,60	0,68	—	0,36	0,41	—	0,14	0,15
	II	18,06	—	1,44	1,62	II	18,06	—	1,15	1,29	—	0,87	0,98	—	0,61	0,69	—	0,37	0,42	—	0,15	0,16	—	—	—
	III	11,37	—	0,90	1,02	III	11,37	—	0,67	0,75	—	0,44	0,50	—	0,23	0,26	—	0,06	0,07	—	—	—	—	—	—
	V	35,38	—	2,83	3,18	IV	21,73	—	1,58	1,78	—	1,43	1,61	—	1,28	1,44	—	1,14	1,28	—	1,—	1,12	—	0,86	0,97
	VI	36,58	—	2,92	3,29																				
133,89	I,IV	21,76	—	1,74	1,95	I	21,76	—	1,43	1,61	—	1,14	1,28	—	0,86	0,97	—	0,60	0,68	—	0,36	0,41	—	0,14	0,16
	II	18,09	—	1,44	1,62	II	18,09	—	1,15	1,29	—	0,88	0,99	—	0,62	0,69	—	0,37	0,42	—	0,15	0,17	—	—	—
	III	11,39	—	0,91	1,02	III	11,39	—	0,67	0,75	—	0,44	0,50	—	0,23	0,26	—	0,06	0,07	—	—	—	—	—	—
	V	35,41	—	2,83	3,18	IV	21,76	—	1,58	1,78	—	1,43	1,61	—	1,28	1,44	—	1,14	1,28	—	1,—	1,12	—	0,86	0,97
	VI	36,62	—	2,92	3,29																				

* Die ausgewiesenen Tabellenwerte sind amtlich. Siehe Erläuterungen auf der Umschlaginnenseite (U2).

TAG 133,90*

Abzüge an Lohnsteuer, Solidaritätszuschlag (SolZ) und Kirchensteuer (8%, 9%) in den Steuerklassen

Lohn/Gehalt bis €*	Kl I–VI (ohne Kinderfreibeträge)				Kl I,II,III,IV	LSt	0,5			1			1,5			2			2,5			3		
	LSt	SolZ	8%	9%			SolZ	8%	9%	SolZ	8%	9%	SolZ	8%	9%	SolZ	8%	9%	SolZ	8%	9%	SolZ	8%	9%
133,99 I,IV	21,79	—	1,74	1,96	I	21,79	—	1,43	1,61	—	1,14	1,28	—	0,86	0,97	—	0,61	0,68	—	0,36	0,41	—	0,14	0,16
II	18,12	—	1,44	1,63	II	18,12	—	1,15	1,30	—	0,88	0,99	—	0,62	0,70	—	0,37	0,42	—	0,15	0,17	—	—	—
III	11,41	—	0,91	1,02	III	11,41	—	0,67	0,76	—	0,44	0,50	—	0,23	0,26	—	0,06	0,07	—	—	—	—	—	—
V	35,45	—	2,83	3,19	IV	21,79	—	1,58	1,78	—	1,43	1,61	—	1,28	1,44	—	1,14	1,28	—	1,—	1,13	—	0,86	0,97
VI	36,66	—	2,93	3,29																				
134,09 I,IV	21,82	—	1,74	1,96	I	21,82	—	1,43	1,61	—	1,14	1,28	—	0,87	0,98	—	0,61	0,68	—	0,36	0,41	—	0,14	0,16
II	18,14	—	1,45	1,63	II	18,14	—	1,15	1,30	—	0,88	0,99	—	0,62	0,70	—	0,38	0,42	—	0,15	0,17	—	—	—
III	11,43	—	0,91	1,02	III	11,43	—	0,67	0,76	—	0,44	0,50	—	0,24	0,27	—	0,07	0,07	—	—	—	—	—	—
V	35,48	—	2,83	3,19	IV	21,82	—	1,58	1,78	—	1,43	1,61	—	1,29	1,45	—	1,14	1,28	—	1,—	1,13	—	0,87	0,98
VI	36,69	—	2,93	3,30																				
134,19 I,IV	21,85	—	1,74	1,96	I	21,85	—	1,44	1,62	—	1,14	1,29	—	0,87	0,98	—	0,61	0,69	—	0,37	0,41	—	0,14	0,16
II	18,17	—	1,45	1,63	II	18,17	—	1,16	1,30	—	0,88	0,99	—	0,62	0,70	—	0,38	0,42	—	0,15	0,17	—	—	—
III	11,46	—	0,91	1,03	III	11,46	—	0,68	0,76	—	0,45	0,50	—	0,24	0,27	—	0,07	0,08	—	—	—	—	—	—
V	35,51	—	2,84	3,19	IV	21,85	—	1,59	1,79	—	1,44	1,62	—	1,29	1,45	—	1,14	1,29	—	1,—	1,13	—	0,87	0,98
VI	36,72	—	2,93	3,30																				
134,29 I,IV	21,88	—	1,75	1,96	I	21,88	—	1,44	1,62	—	1,15	1,29	—	0,87	0,98	—	0,61	0,69	—	0,37	0,41	—	0,14	0,16
II	18,20	—	1,45	1,63	II	18,20	—	1,16	1,30	—	0,88	0,99	—	0,62	0,70	—	0,38	0,43	—	0,15	0,17	—	—	—
III	11,48	—	0,91	1,03	III	11,48	—	0,68	0,76	—	0,45	0,50	—	0,24	0,27	—	0,07	0,08	—	—	—	—	—	—
V	35,55	—	2,84	3,19	IV	21,88	—	1,59	1,79	—	1,44	1,62	—	1,29	1,45	—	1,15	1,29	—	1,01	1,13	—	0,87	0,98
VI	36,76	—	2,94	3,30																				
134,39 I,IV	21,90	—	1,75	1,97	I	21,90	—	1,44	1,62	—	1,15	1,29	—	0,87	0,98	—	0,61	0,69	—	0,37	0,42	—	0,15	0,16
II	18,22	—	1,45	1,63	II	18,22	—	1,16	1,31	—	0,88	1,—	—	0,62	0,70	—	0,38	0,43	—	0,15	0,17	—	—	—
III	11,50	—	0,92	1,03	III	11,50	—	0,68	0,76	—	0,45	0,51	—	0,24	0,27	—	0,07	0,08	—	—	—	—	—	—
V	35,59	—	2,84	3,20	IV	21,90	—	1,59	1,79	—	1,44	1,62	—	1,29	1,45	—	1,15	1,29	—	1,01	1,13	—	0,87	0,98
VI	36,80	—	2,94	3,31																				
134,49 I,IV	21,93	—	1,75	1,97	I	21,93	—	1,44	1,62	—	1,15	1,29	—	0,87	0,98	—	0,62	0,69	—	0,37	0,42	—	0,15	0,17
II	18,25	—	1,46	1,64	II	18,25	—	1,16	1,31	—	0,89	1,—	—	0,63	0,71	—	0,38	0,43	—	0,16	0,18	—	—	—
III	11,52	—	0,92	1,03	III	11,52	—	0,68	0,77	—	0,45	0,51	—	0,24	0,27	—	0,07	0,08	—	—	—	—	—	—
V	35,62	—	2,84	3,20	IV	21,93	—	1,59	1,79	—	1,44	1,62	—	1,29	1,46	—	1,15	1,29	—	1,01	1,14	—	0,87	0,98
VI	36,83	—	2,94	3,31																				
134,59 I,IV	21,96	—	1,75	1,97	I	21,96	—	1,44	1,62	—	1,15	1,30	—	0,88	0,99	—	0,62	0,69	—	0,37	0,42	—	0,15	0,17
II	18,28	—	1,46	1,64	II	18,28	—	1,16	1,31	—	0,89	1,—	—	0,63	0,71	—	0,38	0,43	—	0,16	0,18	—	—	—
III	11,54	—	0,92	1,03	III	11,54	—	0,68	0,77	—	0,45	0,51	—	0,24	0,27	—	0,07	0,08	—	—	—	—	—	—
V	35,65	—	2,85	3,20	IV	21,96	—	1,60	1,80	—	1,44	1,62	—	1,30	1,46	—	1,15	1,30	—	1,01	1,14	—	0,88	0,99
VI	36,86	—	2,94	3,31																				
134,69 I,IV	21,99	—	1,75	1,97	I	21,99	—	1,45	1,63	—	1,15	1,30	—	0,88	0,99	—	0,62	0,70	—	0,38	0,42	—	0,15	0,17
II	18,30	—	1,46	1,64	II	18,30	—	1,17	1,31	—	0,89	1,—	—	0,63	0,71	—	0,39	0,43	—	0,16	0,18	—	—	—
III	11,56	—	0,92	1,04	III	11,56	—	0,68	0,77	—	0,45	0,51	—	0,24	0,27	—	0,07	0,08	—	—	—	—	—	—
V	35,69	—	2,85	3,21	IV	21,99	—	1,60	1,80	—	1,45	1,63	—	1,30	1,46	—	1,15	1,30	—	1,01	1,14	—	0,88	0,99
VI	36,90	—	2,95	3,32																				
134,79 I,IV	22,01	—	1,76	1,98	I	22,01	—	1,45	1,63	—	1,16	1,30	—	0,88	0,99	—	0,62	0,70	—	0,38	0,42	—	0,15	0,17
II	18,33	—	1,46	1,64	II	18,33	—	1,17	1,32	—	0,89	1,—	—	0,63	0,71	—	0,39	0,44	—	0,16	0,18	—	—	—
III	11,58	—	0,92	1,04	III	11,58	—	0,68	0,77	—	0,46	0,51	—	0,24	0,28	—	0,07	0,08	—	—	—	—	—	—
V	35,72	—	2,85	3,21	IV	22,01	—	1,60	1,80	—	1,45	1,63	—	1,30	1,46	—	1,16	1,30	—	1,02	1,14	—	0,88	0,99
VI	36,93	—	2,95	3,32																				
134,89 I,IV	22,04	—	1,76	1,98	I	22,04	—	1,45	1,63	—	1,16	1,30	—	0,88	0,99	—	0,62	0,70	—	0,38	0,43	—	0,15	0,17
II	18,36	—	1,46	1,65	II	18,36	—	1,17	1,32	—	0,89	1,01	—	0,63	0,71	—	0,39	0,44	—	0,16	0,18	—	—	—
III	11,61	—	0,92	1,04	III	11,61	—	0,69	0,77	—	0,46	0,52	—	0,25	0,28	—	0,07	0,08	—	—	—	—	—	—
V	35,76	—	2,86	3,21	IV	22,04	—	1,60	1,80	—	1,45	1,63	—	1,30	1,47	—	1,16	1,30	—	1,02	1,15	—	0,88	0,99
VI	36,97	—	2,95	3,32																				
134,99 I,IV	22,07	—	1,76	1,98	I	22,07	—	1,45	1,63	—	1,16	1,31	—	0,88	0,99	—	0,62	0,70	—	0,38	0,43	—	0,15	0,17
II	18,38	—	1,47	1,65	II	18,38	—	1,17	1,32	—	0,90	1,01	—	0,64	0,72	—	0,39	0,44	—	0,16	0,18	—	—	—
III	11,63	—	0,93	1,04	III	11,63	—	0,69	0,77	—	0,46	0,52	—	0,25	0,28	—	0,08	0,09	—	—	—	—	—	—
V	35,79	—	2,86	3,22	IV	22,07	—	1,60	1,81	—	1,45	1,63	—	1,30	1,47	—	1,16	1,31	—	1,02	1,15	—	0,88	0,99
VI	37,—	—	2,96	3,33																				
135,09 I,IV	22,10	—	1,76	1,98	I	22,10	—	1,45	1,64	—	1,16	1,31	—	0,89	1,—	—	0,63	0,70	—	0,38	0,43	—	0,16	0,18
II	18,41	—	1,47	1,65	II	18,41	—	1,18	1,32	—	0,90	1,01	—	0,64	0,72	—	0,39	0,44	—	0,16	0,19	—	—	—
III	11,65	—	0,93	1,04	III	11,65	—	0,69	0,78	—	0,46	0,52	—	0,25	0,28	—	0,08	0,09	—	—	—	—	—	—
V	35,83	—	2,86	3,22	IV	22,10	—	1,61	1,81	—	1,45	1,64	—	1,31	1,47	—	1,16	1,31	—	1,02	1,15	—	0,89	1,—
VI	37,04	—	2,96	3,33																				
135,19 I,IV	22,13	—	1,77	1,99	I	22,13	—	1,46	1,64	—	1,16	1,31	—	0,89	1,—	—	0,63	0,71	—	0,38	0,43	—	0,16	0,18
II	18,44	—	1,47	1,65	II	18,44	—	1,18	1,32	—	0,90	1,01	—	0,64	0,72	—	0,39	0,44	—	0,17	0,19	—	—	—
III	11,67	—	0,93	1,05	III	11,67	—	0,69	0,78	—	0,46	0,52	—	0,25	0,28	—	0,08	0,09	—	—	—	—	—	—
V	35,86	—	2,86	3,22	IV	22,13	—	1,61	1,81	—	1,46	1,64	—	1,31	1,47	—	1,16	1,31	—	1,02	1,15	—	0,89	1,—
VI	37,07	—	2,96	3,33																				
135,29 I,IV	22,16	—	1,77	1,99	I	22,16	—	1,46	1,64	—	1,17	1,31	—	0,89	1,—	—	0,63	0,71	—	0,38	0,43	—	0,16	0,18
II	18,46	—	1,47	1,66	II	18,46	—	1,18	1,33	—	0,90	1,01	—	0,64	0,72	—	0,40	0,45	—	0,17	0,19	—	—	—
III	11,69	—	0,93	1,05	III	11,69	—	0,69	0,78	—	0,46	0,52	—	0,25	0,28	—	0,08	0,09	—	—	—	—	—	—
V	35,90	—	2,87	3,23	IV	22,16	—	1,61	1,81	—	1,46	1,64	—	1,31	1,47	—	1,17	1,31	—	1,03	1,15	—	0,89	1,—
VI	37,11	—	2,96	3,33																				
135,39 I,IV	22,18	—	1,77	1,99	I	22,18	—	1,46	1,64	—	1,17	1,31	—	0,89	1,—	—	0,63	0,71	—	0,39	0,44	—	0,16	0,18
II	18,49	—	1,47	1,66	II	18,49	—	1,18	1,33	—	0,90	1,02	—	0,64	0,72	—	0,40	0,45	—	0,17	0,19	—	—	—
III	11,71	—	0,93	1,05	III	11,71	—	0,70	0,78	—	0,47	0,52	—	0,25	0,28	—	0,08	0,09	—	—	—	—	—	—
V	35,93	—	2,87	3,23	IV	22,18	—	1,61	1,82	—	1,46	1,64	—	1,31	1,48	—	1,17	1,31	—	1,03	1,16	—	0,89	1,—
VI	37,14	—	2,97	3,34																				
135,49 I,IV	22,21	—	1,77	1,99	I	22,21	—	1,46	1,65	—	1,17	1,32	—	0,89	1,01	—	0,63	0,71	—	0,39	0,44	—	0,16	0,18
II	18,52	—	1,48	1,66	II	18,52	—	1,18	1,33	—	0,91	1,02	—	0,64	0,72	—	0,40	0,45	—	0,17	0,19	—	—	—
III	11,73	—	0,93	1,05	III	11,73	—	0,70	0,78	—	0,47	0,53	—	0,25	0,29	—	0,08	0,09	—	—	—	—	—	—
V	35,97	—	2,87	3,23	IV	22,21	—	1,62	1,82	—	1,46	1,65	—	1,31	1,48	—	1,17	1,32	—	1,03	1,16	—	0,89	1,01
VI	37,18	—	2,97	3,34																				

* Die ausgewiesenen Tabellenwerte sind amtlich. Siehe Erläuterungen auf der Umschlaginnenseite (U2).

137,09* TAG

Abzüge an Lohnsteuer, Solidaritätszuschlag (SolZ) und Kirchensteuer (8%, 9%) in den Steuerklassen

Steuerklassen I–VI: ohne Kinderfreibeträge. Steuerklassen I, II, III, IV: mit Zahl der Kinderfreibeträge.

Lohn/Gehalt bis €*	Kl	LSt	SolZ	8%	9%	Kl	LSt	0,5 SolZ	0,5 8%	0,5 9%	1 SolZ	1 8%	1 9%	1,5 SolZ	1,5 8%	1,5 9%	2 SolZ	2 8%	2 9%	2,5 SolZ	2,5 8%	2,5 9%	3 SolZ	3 8%	3 9%
135,59	I,IV	22,24	—	1,77	2,—	I	22,24	—	1,47	1,65	—	1,17	1,32	—	0,90	1,01	—	0,64	0,72	—	0,39	0,44	—	0,16	0,18
	II	18,54	—	1,48	1,66	II	18,54	—	1,18	1,33	—	0,91	1,02	—	0,65	0,73	—	0,40	0,45	—	0,17	0,19	—	—	—
	III	11,76	—	0,94	1,05	III	11,76	—	0,70	0,79	—	0,47	0,53	—	0,26	0,29	—	0,08	0,09	—	—	—	—	—	—
	V	36,—	—	2,88	3,24	IV	22,24	—	1,62	1,82	—	1,47	1,65	—	1,32	1,48	—	1,17	1,32	—	1,03	1,16	—	0,90	1,01
	VI	37,21	—	2,97	3,34																					
135,69	I,IV	22,27	—	1,78	2,—	I	22,27	—	1,47	1,65	—	1,17	1,32	—	0,90	1,01	—	0,64	0,72	—	0,39	0,44	—	0,16	0,18
	II	18,57	—	1,48	1,67	II	18,57	—	1,19	1,34	—	0,91	1,02	—	0,65	0,73	—	0,40	0,45	—	0,17	0,20	—	—	—
	III	11,78	—	0,94	1,06	III	11,78	—	0,70	0,79	—	0,47	0,53	—	0,26	0,29	—	0,08	0,09	—	—	—	—	—	—
	V	36,04	—	2,88	3,24	IV	22,27	—	1,62	1,82	—	1,47	1,65	—	1,32	1,48	—	1,17	1,32	—	1,03	1,16	—	0,90	1,01
	VI	37,25	—	2,98	3,35																					
135,79	I,IV	22,30	—	1,78	2,—	I	22,30	—	1,47	1,65	—	1,18	1,32	—	0,90	1,01	—	0,64	0,72	—	0,39	0,44	—	0,17	0,19
	II	18,60	—	1,48	1,67	II	18,60	—	1,19	1,34	—	0,91	1,03	—	0,65	0,73	—	0,40	0,45	—	0,18	0,20	—	—	—
	III	11,80	—	0,94	1,06	III	11,80	—	0,70	0,79	—	0,47	0,53	—	0,26	0,29	—	0,08	0,09	—	—	—	—	—	—
	V	36,07	—	2,88	3,24	IV	22,30	—	1,62	1,83	—	1,47	1,65	—	1,32	1,49	—	1,18	1,32	—	1,04	1,17	—	0,90	1,01
	VI	37,28	—	2,98	3,35																					
135,89	I,IV	22,33	—	1,78	2,—	I	22,33	—	1,47	1,66	—	1,18	1,33	—	0,90	1,01	—	0,64	0,72	—	0,40	0,45	—	0,17	0,19
	II	18,62	—	1,48	1,67	II	18,62	—	1,19	1,34	—	0,91	1,03	—	0,65	0,73	—	0,41	0,46	—	0,18	0,20	—	—	—
	III	11,82	—	0,94	1,06	III	11,82	—	0,70	0,79	—	0,47	0,53	—	0,26	0,29	—	0,08	0,10	—	—	—	—	—	—
	V	36,11	—	2,88	3,24	IV	22,33	—	1,62	1,83	—	1,47	1,66	—	1,32	1,49	—	1,18	1,33	—	1,04	1,17	—	0,90	1,01
	VI	37,31	—	2,98	3,35																					
135,99	I,IV	22,35	—	1,78	2,01	I	22,35	—	1,47	1,66	—	1,18	1,33	—	0,90	1,02	—	0,64	0,72	—	0,40	0,45	—	0,17	0,19
	II	18,65	—	1,49	1,67	II	18,65	—	1,19	1,34	—	0,92	1,03	—	0,65	0,73	—	0,41	0,46	—	0,18	0,20	—	—	—
	III	11,84	—	0,94	1,06	III	11,84	—	0,70	0,79	—	0,48	0,54	—	0,26	0,29	—	0,09	0,10	—	—	—	—	—	—
	V	36,14	—	2,89	3,25	IV	22,35	—	1,63	1,83	—	1,47	1,66	—	1,32	1,49	—	1,18	1,33	—	1,04	1,17	—	0,90	1,02
	VI	37,35	—	2,98	3,36																					
136,09	I,IV	22,38	—	1,79	2,01	I	22,38	—	1,48	1,66	—	1,18	1,33	—	0,90	1,02	—	0,64	0,72	—	0,40	0,45	—	0,17	0,19
	II	18,68	—	1,49	1,68	II	18,68	—	1,20	1,35	—	0,92	1,03	—	0,66	0,74	—	0,41	0,46	—	0,18	0,20	—	—	—
	III	11,86	—	0,94	1,06	III	11,86	—	0,71	0,80	—	0,48	0,54	—	0,26	0,30	—	0,09	0,10	—	—	—	—	—	—
	V	36,18	—	2,89	3,25	IV	22,38	—	1,63	1,83	—	1,48	1,66	—	1,33	1,49	—	1,18	1,33	—	1,04	1,17	—	0,90	1,02
	VI	37,38	—	2,99	3,36																					
136,19	I,IV	22,41	—	1,79	2,01	I	22,41	—	1,48	1,66	—	1,18	1,33	—	0,91	1,02	—	0,65	0,73	—	0,40	0,45	—	0,17	0,19
	II	18,70	—	1,49	1,68	II	18,70	—	1,20	1,35	—	0,92	1,03	—	0,66	0,74	—	0,41	0,46	—	0,18	0,20	—	—	0,01
	III	11,88	—	0,95	1,06	III	11,88	—	0,71	0,80	—	0,48	0,54	—	0,26	0,30	—	0,09	0,10	—	—	—	—	—	—
	V	36,21	—	2,89	3,25	IV	22,41	—	1,63	1,84	—	1,48	1,66	—	1,33	1,50	—	1,18	1,33	—	1,04	1,17	—	0,91	1,02
	VI	37,42	—	2,99	3,36																					
136,29	I,IV	22,44	—	1,79	2,01	I	22,44	—	1,48	1,67	—	1,19	1,34	—	0,91	1,02	—	0,65	0,73	—	0,40	0,45	—	0,17	0,20
	II	18,73	—	1,49	1,68	II	18,73	—	1,20	1,35	—	0,92	1,04	—	0,66	0,74	—	0,41	0,46	—	0,18	0,21	—	0,01	0,01
	III	11,91	—	0,95	1,07	III	11,91	—	0,71	0,80	—	0,48	0,54	—	0,27	0,30	—	0,09	0,10	—	—	—	—	—	—
	V	36,25	—	2,90	3,26	IV	22,44	—	1,63	1,84	—	1,48	1,67	—	1,33	1,50	—	1,19	1,34	—	1,05	1,18	—	0,91	1,02
	VI	37,45	—	2,99	3,37																					
136,39	I,IV	22,46	—	1,79	2,02	I	22,46	—	1,48	1,67	—	1,19	1,34	—	0,91	1,03	—	0,65	0,73	—	0,40	0,45	—	0,18	0,20
	II	18,76	—	1,50	1,68	II	18,76	—	1,20	1,35	—	0,92	1,04	—	0,66	0,74	—	0,41	0,47	—	0,18	0,21	—	0,01	0,01
	III	11,93	—	0,95	1,07	III	11,93	—	0,71	0,80	—	0,48	0,54	—	0,27	0,30	—	0,09	0,10	—	—	—	—	—	—
	V	36,28	—	2,90	3,26	IV	22,46	—	1,64	1,84	—	1,48	1,67	—	1,33	1,50	—	1,19	1,34	—	1,05	1,18	—	0,91	1,03
	VI	37,49	—	2,99	3,37																					
136,49	I,IV	22,49	—	1,79	2,02	I	22,49	—	1,48	1,67	—	1,19	1,34	—	0,91	1,03	—	0,65	0,73	—	0,41	0,46	—	0,18	0,20
	II	18,78	—	1,50	1,69	II	18,78	—	1,20	1,35	—	0,92	1,04	—	0,66	0,75	—	0,42	0,47	—	0,19	0,21	—	0,01	0,01
	III	11,95	—	0,95	1,07	III	11,95	—	0,71	0,80	—	0,48	0,54	—	0,27	0,30	—	0,09	0,10	—	—	—	—	—	—
	V	36,31	—	2,90	3,26	IV	22,49	—	1,64	1,84	—	1,48	1,67	—	1,34	1,50	—	1,19	1,34	—	1,05	1,18	—	0,91	1,03
	VI	37,52	—	3,—	3,37																					
136,59	I,IV	22,52	—	1,80	2,02	I	22,52	—	1,49	1,67	—	1,19	1,34	—	0,91	1,03	—	0,65	0,73	—	0,41	0,46	—	0,18	0,20
	II	18,81	—	1,50	1,69	II	18,81	—	1,21	1,36	—	0,93	1,04	—	0,66	0,75	—	0,42	0,47	—	0,19	0,21	—	0,01	0,01
	III	11,97	—	0,95	1,07	III	11,97	—	0,72	0,81	—	0,48	0,55	—	0,27	0,30	—	0,09	0,10	—	—	—	—	—	—
	V	36,35	—	2,90	3,27	IV	22,52	—	1,64	1,85	—	1,49	1,67	—	1,34	1,51	—	1,19	1,34	—	1,05	1,18	—	0,91	1,03
	VI	37,56	—	3,—	3,38																					
136,69	I,IV	22,55	—	1,80	2,02	I	22,55	—	1,49	1,68	—	1,19	1,34	—	0,92	1,03	—	0,65	0,74	—	0,41	0,46	—	0,18	0,20
	II	18,84	—	1,50	1,69	II	18,84	—	1,21	1,36	—	0,93	1,04	—	0,67	0,75	—	0,42	0,47	—	0,19	0,21	—	0,01	0,01
	III	11,99	—	0,95	1,07	III	11,99	—	0,72	0,81	—	0,49	0,55	—	0,27	0,31	—	0,09	0,11	—	—	—	—	—	—
	V	36,38	—	2,91	3,27	IV	22,55	—	1,64	1,85	—	1,49	1,68	—	1,34	1,51	—	1,19	1,34	—	1,05	1,19	—	0,92	1,03
	VI	37,59	—	3,—	3,38																					
136,79	I,IV	22,58	—	1,80	2,03	I	22,58	—	1,49	1,68	—	1,20	1,35	—	0,92	1,03	—	0,66	0,74	—	0,41	0,46	—	0,18	0,20
	II	18,86	—	1,50	1,69	II	18,86	—	1,21	1,36	—	0,93	1,05	—	0,67	0,75	—	0,42	0,47	—	0,19	0,21	—	0,01	0,01
	III	12,01	—	0,96	1,08	III	12,01	—	0,72	0,81	—	0,49	0,55	—	0,27	0,31	—	0,10	0,11	—	—	—	—	—	—
	V	36,42	—	2,91	3,27	IV	22,58	—	1,64	1,85	—	1,49	1,68	—	1,34	1,51	—	1,20	1,35	—	1,06	1,19	—	0,92	1,03
	VI	37,63	—	3,01	3,38																					
136,89	I,IV	22,61	—	1,80	2,03	I	22,61	—	1,49	1,68	—	1,20	1,35	—	0,92	1,04	—	0,66	0,74	—	0,41	0,46	—	0,18	0,21
	II	18,89	—	1,51	1,70	II	18,89	—	1,21	1,36	—	0,93	1,05	—	0,67	0,75	—	0,42	0,48	—	0,19	0,22	—	0,01	0,01
	III	12,03	—	0,96	1,08	III	12,03	—	0,72	0,81	—	0,49	0,55	—	0,27	0,31	—	0,10	0,11	—	—	—	—	—	—
	V	36,45	—	2,91	3,28	IV	22,61	—	1,65	1,85	—	1,49	1,68	—	1,34	1,51	—	1,20	1,35	—	1,06	1,19	—	0,92	1,04
	VI	37,66	—	3,01	3,38																					
136,99	I,IV	22,63	—	1,81	2,03	I	22,63	—	1,50	1,68	—	1,20	1,35	—	0,92	1,04	—	0,66	0,74	—	0,41	0,47	—	0,18	0,21
	II	18,92	—	1,51	1,70	II	18,92	—	1,21	1,37	—	0,93	1,05	—	0,67	0,76	—	0,42	0,48	—	0,19	0,22	—	0,01	0,01
	III	12,06	—	0,96	1,08	III	12,06	—	0,72	0,81	—	0,49	0,55	—	0,28	0,31	—	0,10	0,11	—	—	—	—	—	—
	V	36,49	—	2,91	3,28	IV	22,63	—	1,65	1,86	—	1,50	1,68	—	1,35	1,51	—	1,20	1,35	—	1,06	1,19	—	0,92	1,04
	VI	37,70	—	3,01	3,39																					
137,09	I,IV	22,66	—	1,81	2,03	I	22,66	—	1,50	1,69	—	1,20	1,35	—	0,92	1,04	—	0,66	0,74	—	0,42	0,47	—	0,19	0,21
	II	18,95	—	1,51	1,70	II	18,95	—	1,22	1,37	—	0,94	1,05	—	0,67	0,76	—	0,43	0,48	—	0,20	0,22	—	0,01	0,02
	III	12,08	—	0,96	1,08	III	12,08	—	0,72	0,81	—	0,49	0,55	—	0,28	0,31	—	0,10	0,11	—	—	—	—	—	—
	V	36,52	—	2,92	3,28	IV	22,66	—	1,65	1,86	—	1,50	1,69	—	1,35	1,52	—	1,20	1,35	—	1,06	1,19	—	0,92	1,04
	VI	37,73	—	3,01	3,39																					

* Die ausgewiesenen Tabellenwerte sind amtlich. Siehe Erläuterungen auf der Umschlaginnenseite (U2).

T 185

TAG 137,10*

Abzüge an Lohnsteuer, Solidaritätszuschlag (SolZ) und Kirchensteuer (8%, 9%) in den Steuerklassen

Spalten I–VI: **ohne** Kinderfreibeträge — Spalten I, II, III, IV: **mit** Zahl der Kinderfreibeträge . . .

Lohn/Gehalt bis €*		LSt (I–VI)	SolZ	8%	9%		LSt	0,5 SolZ	0,5 8%	0,5 9%	1 SolZ	1 8%	1 9%	1,5 SolZ	1,5 8%	1,5 9%	2 SolZ	2 8%	2 9%	2,5 SolZ	2,5 8%	2,5 9%	3 SolZ	3 8%	3 9%
137,19	I,IV	22,69	—	1,81	2,04	I	22,69	—	1,50	1,69	—	1,20	1,36	—	0,93	1,04	—	0,66	0,75	—	0,42	0,47	—	0,19	0,21
	II	18,97	—	1,51	1,70	II	18,97	—	1,22	1,37	—	0,94	1,06	—	0,68	0,76	—	0,43	0,48	—	0,20	0,22	—	0,02	0,02
	III	12,10	—	0,96	1,08	III	12,10	—	0,72	0,82	—	0,49	0,56	—	0,28	0,31	—	0,10	0,11	—	—	—	—	—	—
	V	36,56	—	2,92	3,29	IV	22,69	—	1,65	1,86	—	1,50	1,69	—	1,35	1,52	—	1,20	1,36	—	1,06	1,20	—	0,93	1,04
	VI	37,76	—	3,02	3,39																					
137,29	I,IV	22,72	—	1,81	2,04	I	22,72	—	1,50	1,69	—	1,21	1,36	—	0,93	1,04	—	0,67	0,75	—	0,42	0,47	—	0,19	0,21
	II	19,—	—	1,52	1,71	II	19,—	—	1,22	1,37	—	0,94	1,06	—	0,68	0,76	—	0,43	0,48	—	0,20	0,22	—	0,02	0,02
	III	12,12	—	0,96	1,09	III	12,12	—	0,73	0,82	—	0,50	0,56	—	0,28	0,32	—	0,10	0,11	—	—	—	—	—	—
	V	36,59	—	2,92	3,29	IV	22,72	—	1,66	1,86	—	1,50	1,69	—	1,35	1,52	—	1,21	1,36	—	1,07	1,20	—	0,93	1,04
	VI	37,80	—	3,02	3,40																					
137,39	I,IV	22,75	—	1,82	2,04	I	22,75	—	1,50	1,69	—	1,21	1,36	—	0,93	1,05	—	0,67	0,75	—	0,42	0,47	—	0,19	0,21
	II	19,03	—	1,52	1,71	II	19,03	—	1,22	1,37	—	0,94	1,06	—	0,68	0,76	—	0,43	0,49	—	0,20	0,23	—	0,02	0,02
	III	12,14	—	0,97	1,09	III	12,14	—	0,73	0,82	—	0,50	0,56	—	0,28	0,32	—	0,10	0,11	—	—	—	—	—	—
	V	36,63	—	2,93	3,29	IV	22,75	—	1,66	1,87	—	1,50	1,69	—	1,35	1,52	—	1,21	1,36	—	1,07	1,20	—	0,93	1,05
	VI	37,83	—	3,02	3,40																					
137,49	I,IV	22,78	—	1,82	2,05	I	22,78	—	1,51	1,69	—	1,21	1,36	—	0,93	1,05	—	0,67	0,75	—	0,42	0,48	—	0,19	0,22
	II	19,05	—	1,52	1,71	II	19,05	—	1,22	1,38	—	0,94	1,06	—	0,68	0,77	—	0,43	0,49	—	0,20	0,23	—	0,02	0,02
	III	12,16	—	0,97	1,09	III	12,16	—	0,73	0,82	—	0,50	0,56	—	0,28	0,32	—	0,10	0,12	—	—	—	—	—	—
	V	36,66	—	2,93	3,29	IV	22,78	—	1,66	1,87	—	1,51	1,69	—	1,36	1,53	—	1,21	1,36	—	1,07	1,20	—	0,93	1,05
	VI	37,87	—	3,02	3,40																					
137,59	I,IV	22,81	—	1,82	2,05	I	22,81	—	1,51	1,70	—	1,21	1,36	—	0,93	1,05	—	0,67	0,76	—	0,42	0,48	—	0,19	0,22
	II	19,08	—	1,52	1,71	II	19,08	—	1,23	1,38	—	0,95	1,06	—	0,68	0,77	—	0,43	0,49	—	0,20	0,23	—	0,02	0,02
	III	12,18	—	0,97	1,09	III	12,18	—	0,73	0,82	—	0,50	0,56	—	0,28	0,32	—	0,10	0,12	—	—	—	—	—	—
	V	36,70	—	2,93	3,30	IV	22,81	—	1,66	1,87	—	1,51	1,70	—	1,36	1,53	—	1,21	1,36	—	1,07	1,21	—	0,93	1,05
	VI	37,90	—	3,03	3,41																					
137,69	I,IV	22,83	—	1,82	2,05	I	22,83	—	1,51	1,70	—	1,22	1,37	—	0,94	1,05	—	0,67	0,76	—	0,43	0,48	—	0,19	0,22
	II	19,11	—	1,52	1,71	II	19,11	—	1,23	1,38	—	0,95	1,07	—	0,68	0,77	—	0,44	0,49	—	0,20	0,23	—	0,02	0,02
	III	12,21	—	0,97	1,09	III	12,21	—	0,73	0,82	—	0,50	0,57	—	0,28	0,32	—	0,10	0,12	—	—	—	—	—	—
	V	36,73	—	2,93	3,30	IV	22,83	—	1,66	1,87	—	1,51	1,70	—	1,36	1,53	—	1,22	1,37	—	1,07	1,21	—	0,94	1,05
	VI	37,94	—	3,03	3,41																					
137,79	I,IV	22,86	—	1,82	2,05	I	22,86	—	1,51	1,70	—	1,22	1,37	—	0,94	1,06	—	0,67	0,76	—	0,43	0,48	—	0,20	0,22
	II	19,13	—	1,53	1,72	II	19,13	—	1,23	1,38	—	0,95	1,07	—	0,69	0,77	—	0,44	0,49	—	0,21	0,23	—	0,02	0,02
	III	12,23	—	0,97	1,10	III	12,23	—	0,73	0,83	—	0,50	0,57	—	0,29	0,32	—	0,11	0,12	—	—	—	—	—	—
	V	36,76	—	2,94	3,30	IV	22,86	—	1,67	1,88	—	1,51	1,70	—	1,36	1,53	—	1,22	1,37	—	1,08	1,21	—	0,94	1,05
	VI	37,97	—	3,03	3,41																					
137,89	I,IV	22,89	—	1,83	2,06	I	22,89	—	1,51	1,70	—	1,22	1,37	—	0,94	1,06	—	0,68	0,76	—	0,43	0,48	—	0,20	0,22
	II	19,16	—	1,53	1,72	II	19,16	—	1,23	1,39	—	0,95	1,07	—	0,69	0,77	—	0,44	0,49	—	0,21	0,23	—	0,02	0,03
	III	12,25	—	0,98	1,10	III	12,25	—	0,74	0,83	—	0,51	0,57	—	0,29	0,32	—	0,11	0,12	—	—	—	—	—	—
	V	36,80	—	2,94	3,31	IV	22,89	—	1,67	1,88	—	1,51	1,70	—	1,36	1,54	—	1,22	1,37	—	1,08	1,21	—	0,94	1,06
	VI	38,01	—	3,04	3,42																					
137,99	I,IV	22,92	—	1,83	2,06	I	22,92	—	1,52	1,71	—	1,22	1,37	—	0,94	1,06	—	0,68	0,76	—	0,43	0,48	—	0,20	0,22
	II	19,19	—	1,53	1,72	II	19,19	—	1,23	1,39	—	0,95	1,07	—	0,69	0,78	—	0,44	0,50	—	0,21	0,24	—	0,02	0,03
	III	12,27	—	0,98	1,10	III	12,27	—	0,74	0,83	—	0,51	0,57	—	0,29	0,33	—	0,11	0,12	—	—	—	—	—	—
	V	36,83	—	2,94	3,31	IV	22,92	—	1,67	1,88	—	1,52	1,71	—	1,37	1,54	—	1,22	1,37	—	1,08	1,21	—	0,94	1,06
	VI	38,04	—	3,04	3,42																					
138,09	I,IV	22,95	—	1,83	2,06	I	22,95	—	1,52	1,71	—	1,22	1,38	—	0,94	1,06	—	0,68	0,77	—	0,43	0,49	—	0,20	0,23
	II	19,21	—	1,53	1,72	II	19,21	—	1,24	1,39	—	0,96	1,08	—	0,69	0,78	—	0,44	0,50	—	0,21	0,24	—	0,02	0,03
	III	12,29	—	0,98	1,10	III	12,29	—	0,74	0,83	—	0,51	0,57	—	0,29	0,33	—	0,11	0,12	—	—	—	—	—	—
	V	36,87	—	2,94	3,31	IV	22,95	—	1,67	1,88	—	1,52	1,71	—	1,37	1,54	—	1,22	1,38	—	1,08	1,22	—	0,94	1,06
	VI	38,08	—	3,04	3,42																					
138,19	I,IV	22,98	—	1,83	2,06	I	22,98	—	1,52	1,71	—	1,22	1,38	—	0,95	1,06	—	0,68	0,77	—	0,43	0,49	—	0,20	0,23
	II	19,24	—	1,53	1,73	II	19,24	—	1,24	1,39	—	0,96	1,08	—	0,69	0,78	—	0,44	0,50	—	0,21	0,24	—	0,03	0,03
	III	12,31	—	0,98	1,10	III	12,31	—	0,74	0,83	—	0,51	0,57	—	0,29	0,33	—	0,11	0,13	—	—	—	—	—	—
	V	36,90	—	2,95	3,32	IV	22,98	—	1,68	1,89	—	1,52	1,71	—	1,37	1,54	—	1,22	1,38	—	1,08	1,22	—	0,95	1,06
	VI	38,11	—	3,04	3,42																					
138,29	I,IV	23,—	—	1,84	2,07	I	23,—	—	1,52	1,71	—	1,23	1,38	—	0,95	1,07	—	0,68	0,77	—	0,44	0,49	—	0,20	0,23
	II	19,27	—	1,54	1,73	II	19,27	—	1,24	1,40	—	0,96	1,08	—	0,70	0,78	—	0,45	0,50	—	0,21	0,24	—	0,03	0,03
	III	12,33	—	0,98	1,10	III	12,33	—	0,74	0,84	—	0,51	0,58	—	0,29	0,33	—	0,11	0,13	—	—	—	—	—	—
	V	36,94	—	2,95	3,32	IV	23,—	—	1,68	1,89	—	1,52	1,71	—	1,37	1,55	—	1,23	1,38	—	1,09	1,22	—	0,95	1,07
	VI	38,15	—	3,05	3,43																					
138,39	I,IV	23,03	—	1,84	2,07	I	23,03	—	1,53	1,72	—	1,23	1,38	—	0,95	1,07	—	0,69	0,77	—	0,44	0,49	—	0,21	0,23
	II	19,30	—	1,54	1,73	II	19,30	—	1,24	1,40	—	0,96	1,08	—	0,70	0,78	—	0,45	0,50	—	0,22	0,24	—	0,03	0,03
	III	12,36	—	0,98	1,11	III	12,36	—	0,74	0,84	—	0,51	0,58	—	0,30	0,33	—	0,11	0,13	—	—	—	—	—	—
	V	36,97	—	2,95	3,32	IV	23,03	—	1,68	1,89	—	1,53	1,72	—	1,38	1,55	—	1,23	1,38	—	1,09	1,22	—	0,95	1,07
	VI	38,18	—	3,05	3,43																					
138,49	I,IV	23,06	—	1,84	2,07	I	23,06	—	1,53	1,72	—	1,23	1,39	—	0,95	1,07	—	0,69	0,77	—	0,44	0,49	—	0,21	0,23
	II	19,32	—	1,54	1,73	II	19,32	—	1,24	1,40	—	0,96	1,08	—	0,70	0,79	—	0,45	0,51	—	0,22	0,25	—	0,03	0,03
	III	12,38	—	0,99	1,11	III	12,38	—	0,75	0,84	—	0,52	0,58	—	0,30	0,33	—	0,11	0,13	—	—	—	—	—	—
	V	37,01	—	2,96	3,33	IV	23,06	—	1,68	1,89	—	1,53	1,72	—	1,38	1,55	—	1,23	1,39	—	1,09	1,23	—	0,95	1,07
	VI	38,22	—	3,05	3,43																					
138,59	I,IV	23,09	—	1,84	2,07	I	23,09	—	1,53	1,72	—	1,23	1,39	—	0,95	1,07	—	0,69	0,78	—	0,44	0,50	—	0,21	0,24
	II	19,35	—	1,54	1,74	II	19,35	—	1,25	1,40	—	0,96	1,09	—	0,70	0,79	—	0,45	0,51	—	0,22	0,25	—	0,03	0,03
	III	12,40	—	0,99	1,11	III	12,40	—	0,75	0,84	—	0,52	0,58	—	0,30	0,34	—	0,12	0,13	—	—	—	—	—	—
	V	37,04	—	2,96	3,33	IV	23,09	—	1,68	1,89	—	1,53	1,72	—	1,38	1,55	—	1,23	1,39	—	1,09	1,23	—	0,95	1,07
	VI	38,25	—	3,06	3,44																					
138,69	I,IV	23,12	—	1,84	2,08	I	23,12	—	1,53	1,72	—	1,24	1,39	—	0,96	1,08	—	0,69	0,78	—	0,44	0,50	—	0,21	0,24
	II	19,38	—	1,55	1,74	II	19,38	—	1,25	1,40	—	0,97	1,09	—	0,70	0,79	—	0,45	0,51	—	0,22	0,25	—	0,03	0,03
	III	12,42	—	0,99	1,11	III	12,42	—	0,75	0,84	—	0,52	0,58	—	0,30	0,34	—	0,12	0,13	—	—	—	—	—	—
	V	37,08	—	2,96	3,33	IV	23,12	—	1,69	1,90	—	1,53	1,72	—	1,38	1,55	—	1,24	1,39	—	1,09	1,23	—	0,96	1,08
	VI	38,29	—	3,06	3,44																					

* Die ausgewiesenen Tabellenwerte sind amtlich. Siehe Erläuterungen auf der Umschlaginnenseite (U2).

140,29* TAG

Abzüge an Lohnsteuer, Solidaritätszuschlag (SolZ) und Kirchensteuer (8%, 9%) in den Steuerklassen

Steuerklassen I – VI: **ohne** Kinderfreibeträge — Steuerklassen I, II, III, IV: **mit** Zahl der Kinderfreibeträge 0,5 · 1 · 1,5 · 2 · 2,5 · 3

Lohn/Gehalt bis €		LSt	SolZ	8%	9%		LSt	SolZ	8%	9%	SolZ	8%	9%	SolZ	8%	9%	SolZ	8%	9%	SolZ	8%	9%	SolZ	8%	9%
									0,5			1			1,5			2			2,5			3	
138,79	I,IV	23,15	—	1,85	2,08	I	23,15	—	1,53	1,73	—	1,24	1,39	—	0,96	1,08	—	0,69	0,78	—	0,44	0,50	—	0,21	0,24
	II	19,40	—	1,55	1,74	II	19,40	—	1,25	1,41	—	0,97	1,09	—	0,70	0,79	—	0,46	0,51	—	0,22	0,25	—	0,03	0,04
	III	12,45	—	0,99	1,12	III	12,45	—	0,75	0,85	—	0,52	0,59	—	0,30	0,34	—	0,12	0,13	—	—	—	—	—	—
	V	37,11	—	2,96	3,33	IV	23,15	—	1,69	1,90	—	1,53	1,73	—	1,38	1,56	—	1,24	1,39	—	1,10	1,23	—	0,96	1,08
	VI	38,32	—	3,06	3,44																					
138,89	I,IV	23,17	—	1,85	2,08	I	23,17	—	1,54	1,73	—	1,24	1,39	—	0,96	1,08	—	0,69	0,78	—	0,45	0,50	—	0,21	0,24
	II	19,43	—	1,55	1,74	II	19,43	—	1,25	1,41	—	0,97	1,09	—	0,71	0,79	—	0,46	0,51	—	0,22	0,25	—	0,03	0,04
	III	12,46	—	0,99	1,12	III	12,46	—	0,75	0,85	—	0,52	0,59	—	0,30	0,34	—	0,12	0,13	—	—	—	—	—	—
	V	37,15	—	2,97	3,34	IV	23,17	—	1,69	1,90	—	1,54	1,73	—	1,39	1,56	—	1,24	1,39	—	1,10	1,23	—	0,96	1,08
	VI	38,36	—	3,06	3,45																					
138,99	I,IV	23,20	—	1,85	2,08	I	23,20	—	1,54	1,73	—	1,24	1,40	—	0,96	1,08	—	0,70	0,78	—	0,45	0,50	—	0,22	0,24
	II	19,46	—	1,55	1,75	II	19,46	—	1,25	1,41	—	0,97	1,09	—	0,71	0,80	—	0,46	0,52	—	0,23	0,25	—	0,03	0,04
	III	12,48	—	0,99	1,12	III	12,48	—	0,75	0,85	—	0,52	0,59	—	0,30	0,34	—	0,12	0,14	—	—	—	—	—	—
	V	37,18	—	2,97	3,34	IV	23,20	—	1,69	1,90	—	1,54	1,73	—	1,39	1,56	—	1,24	1,40	—	1,10	1,24	—	0,96	1,08
	VI	38,39	—	3,07	3,45																					
139,09	I,IV	23,23	—	1,85	2,09	I	23,23	—	1,54	1,73	—	1,24	1,40	—	0,96	1,08	—	0,70	0,79	—	0,45	0,51	—	0,22	0,24
	II	19,49	—	1,55	1,75	II	19,49	—	1,26	1,41	—	0,98	1,10	—	0,71	0,80	—	0,46	0,52	—	0,23	0,26	—	0,04	0,04
	III	12,51	—	1,—	1,12	III	12,51	—	0,76	0,85	—	0,52	0,59	—	0,30	0,34	—	0,12	0,14	—	—	—	—	—	—
	V	37,22	—	2,97	3,34	IV	23,23	—	1,70	1,91	—	1,54	1,73	—	1,39	1,56	—	1,24	1,40	—	1,10	1,24	—	0,96	1,08
	VI	38,43	—	3,07	3,45																					
139,19	I,IV	23,26	—	1,86	2,09	I	23,26	—	1,54	1,74	—	1,25	1,40	—	0,96	1,09	—	0,70	0,79	—	0,45	0,51	—	0,22	0,25
	II	19,51	—	1,56	1,75	II	19,51	—	1,26	1,42	—	0,98	1,10	—	0,71	0,80	—	0,46	0,52	—	0,23	0,26	—	0,04	0,04
	III	12,53	—	1,—	1,12	III	12,53	—	0,76	0,85	—	0,53	0,59	—	0,31	0,35	—	0,12	0,14	—	—	—	—	—	—
	V	37,25	—	2,98	3,35	IV	23,26	—	1,70	1,91	—	1,54	1,74	—	1,39	1,57	—	1,25	1,40	—	1,10	1,24	—	0,96	1,09
	VI	38,46	—	3,07	3,46																					
139,29	I,IV	23,29	—	1,86	2,09	I	23,29	—	1,54	1,74	—	1,25	1,40	—	0,97	1,09	—	0,70	0,79	—	0,45	0,51	—	0,22	0,25
	II	19,54	—	1,56	1,75	II	19,54	—	1,26	1,42	—	0,98	1,10	—	0,71	0,80	—	0,46	0,52	—	0,23	0,26	—	0,04	0,04
	III	12,55	—	1,—	1,12	III	12,55	—	0,76	0,86	—	0,53	0,59	—	0,31	0,35	—	0,12	0,14	—	—	—	—	—	—
	V	37,28	—	2,98	3,35	IV	23,29	—	1,70	1,91	—	1,54	1,74	—	1,39	1,57	—	1,25	1,40	—	1,10	1,24	—	0,97	1,09
	VI	38,50	—	3,08	3,46																					
139,39	I,IV	23,32	—	1,86	2,09	I	23,32	—	1,55	1,74	—	1,25	1,41	—	0,97	1,09	—	0,70	0,79	—	0,45	0,51	—	0,22	0,25
	II	19,57	—	1,56	1,76	II	19,57	—	1,26	1,42	—	0,98	1,10	—	0,72	0,81	—	0,46	0,52	—	0,23	0,26	—	0,04	0,04
	III	12,57	—	1,—	1,13	III	12,57	—	0,76	0,86	—	0,53	0,60	—	0,31	0,35	—	0,12	0,14	—	—	—	—	—	—
	V	37,32	—	2,98	3,35	IV	23,32	—	1,70	1,91	—	1,55	1,74	—	1,40	1,57	—	1,25	1,41	—	1,11	1,25	—	0,97	1,09
	VI	38,53	—	3,08	3,46																					
139,49	I,IV	23,35	—	1,86	2,10	I	23,35	—	1,55	1,74	—	1,25	1,41	—	0,97	1,09	—	0,71	0,79	—	0,46	0,51	—	0,22	0,25
	II	19,60	—	1,56	1,76	II	19,60	—	1,26	1,42	—	0,98	1,11	—	0,72	0,81	—	0,47	0,53	—	0,23	0,26	—	0,04	0,04
	III	12,60	—	1,—	1,13	III	12,60	—	0,76	0,86	—	0,53	0,60	—	0,31	0,35	—	0,13	0,14	—	—	—	—	—	—
	V	37,36	—	2,98	3,36	IV	23,35	—	1,70	1,92	—	1,55	1,74	—	1,40	1,57	—	1,25	1,41	—	1,11	1,25	—	0,97	1,09
	VI	38,56	—	3,08	3,47																					
139,59	I,IV	23,37	—	1,86	2,10	I	23,37	—	1,55	1,75	—	1,25	1,41	—	0,97	1,09	—	0,71	0,80	—	0,46	0,52	—	0,22	0,25
	II	19,62	—	1,56	1,76	II	19,62	—	1,27	1,43	—	0,98	1,11	—	0,72	0,81	—	0,47	0,53	—	0,24	0,27	—	0,04	0,05
	III	12,62	—	1,—	1,13	III	12,62	—	0,76	0,86	—	0,53	0,60	—	0,31	0,35	—	0,13	0,14	—	—	—	—	—	—
	V	37,39	—	2,99	3,36	IV	23,37	—	1,71	1,92	—	1,55	1,75	—	1,40	1,58	—	1,25	1,41	—	1,11	1,25	—	0,97	1,09
	VI	38,60	—	3,08	3,47																					
139,69	I,IV	23,40	—	1,87	2,10	I	23,40	—	1,55	1,75	—	1,26	1,41	—	0,97	1,10	—	0,71	0,80	—	0,46	0,52	—	0,23	0,26
	II	19,65	—	1,57	1,76	II	19,65	—	1,27	1,43	—	0,99	1,11	—	0,72	0,81	—	0,47	0,53	—	0,24	0,27	—	0,04	0,05
	III	12,64	—	1,01	1,13	III	12,64	—	0,77	0,86	—	0,53	0,60	—	0,31	0,35	—	0,13	0,14	—	—	—	—	—	—
	V	37,42	—	2,99	3,36	IV	23,40	—	1,71	1,92	—	1,55	1,75	—	1,40	1,58	—	1,26	1,41	—	1,11	1,25	—	0,97	1,10
	VI	38,63	—	3,09	3,47																					
139,79	I,IV	23,43	—	1,87	2,10	I	23,43	—	1,56	1,75	—	1,26	1,42	—	0,98	1,10	—	0,71	0,80	—	0,46	0,52	—	0,23	0,26
	II	19,68	—	1,57	1,77	II	19,68	—	1,27	1,43	—	0,99	1,11	—	0,72	0,81	—	0,47	0,53	—	0,24	0,27	—	0,04	0,05
	III	12,66	—	1,01	1,13	III	12,66	—	0,77	0,86	—	0,54	0,60	—	0,32	0,36	—	0,13	0,15	—	—	—	—	—	—
	V	37,46	—	2,99	3,37	IV	23,43	—	1,71	1,92	—	1,56	1,75	—	1,40	1,58	—	1,26	1,42	—	1,12	1,26	—	0,98	1,10
	VI	38,67	—	3,09	3,48																					
139,89	I,IV	23,46	—	1,87	2,11	I	23,46	—	1,56	1,75	—	1,26	1,42	—	0,98	1,10	—	0,71	0,80	—	0,46	0,52	—	0,23	0,26
	II	19,70	—	1,57	1,77	II	19,70	—	1,27	1,43	—	0,99	1,11	—	0,72	0,81	—	0,47	0,53	—	0,24	0,27	—	0,04	0,05
	III	12,68	—	1,01	1,14	III	12,68	—	0,77	0,87	—	0,54	0,61	—	0,32	0,36	—	0,13	0,15	—	—	—	—	—	—
	V	37,50	—	3,—	3,37	IV	23,46	—	1,71	1,93	—	1,56	1,75	—	1,41	1,58	—	1,26	1,42	—	1,12	1,26	—	0,98	1,10
	VI	38,70	—	3,09	3,48																					
139,99	I,IV	23,49	—	1,87	2,11	I	23,49	—	1,56	1,76	—	1,26	1,42	—	0,98	1,10	—	0,71	0,80	—	0,46	0,52	—	0,23	0,26
	II	19,73	—	1,57	1,77	II	19,73	—	1,28	1,44	—	0,99	1,12	—	0,73	0,82	—	0,48	0,54	—	0,24	0,27	—	0,04	0,05
	III	12,70	—	1,01	1,14	III	12,70	—	0,77	0,87	—	0,54	0,61	—	0,32	0,36	—	0,13	0,15	—	—	—	—	—	—
	V	37,53	—	3,—	3,37	IV	23,49	—	1,72	1,93	—	1,56	1,76	—	1,41	1,59	—	1,26	1,42	—	1,12	1,26	—	0,98	1,10
	VI	38,74	—	3,09	3,48																					
140,09	I,IV	23,51	—	1,88	2,11	I	23,51	—	1,56	1,76	—	1,26	1,42	—	0,98	1,10	—	0,72	0,81	—	0,47	0,53	—	0,23	0,26
	II	19,76	—	1,58	1,77	II	19,76	—	1,28	1,44	—	0,99	1,12	—	0,73	0,82	—	0,48	0,54	—	0,24	0,27	—	0,05	0,05
	III	12,72	—	1,01	1,14	III	12,72	—	0,77	0,87	—	0,54	0,61	—	0,32	0,36	—	0,13	0,15	—	—	—	—	—	—
	V	37,56	—	3,—	3,38	IV	23,51	—	1,72	1,93	—	1,56	1,76	—	1,41	1,59	—	1,26	1,42	—	1,12	1,26	—	0,98	1,10
	VI	38,77	—	3,10	3,48																					
140,19	I,IV	23,55	—	1,88	2,11	I	23,55	—	1,56	1,76	—	1,27	1,43	—	0,98	1,11	—	0,72	0,81	—	0,47	0,53	—	0,23	0,26
	II	19,78	—	1,58	1,78	II	19,78	—	1,28	1,44	—	1,—	1,12	—	0,73	0,82	—	0,48	0,54	—	0,24	0,27	—	0,05	0,05
	III	12,75	—	1,02	1,14	III	12,75	—	0,78	0,87	—	0,54	0,61	—	0,32	0,36	—	0,13	0,15	—	—	—	—	—	—
	V	37,60	—	3,—	3,38	IV	23,55	—	1,72	1,93	—	1,56	1,76	—	1,41	1,59	—	1,27	1,43	—	1,12	1,26	—	0,98	1,11
	VI	38,81	—	3,10	3,49																					
140,29	I,IV	23,57	—	1,88	2,12	I	23,57	—	1,57	1,76	—	1,27	1,43	—	0,99	1,11	—	0,72	0,81	—	0,47	0,53	—	0,24	0,27
	II	19,81	—	1,58	1,78	II	19,81	—	1,28	1,44	—	1,—	1,12	—	0,73	0,82	—	0,48	0,54	—	0,25	0,28	—	0,05	0,05
	III	12,77	—	1,02	1,14	III	12,77	—	0,78	0,87	—	0,54	0,61	—	0,32	0,36	—	0,14	0,15	—	—	—	—	—	—
	V	37,63	—	3,01	3,38	IV	23,57	—	1,72	1,94	—	1,57	1,76	—	1,42	1,59	—	1,27	1,43	—	1,12	1,27	—	0,99	1,11
	VI	38,84	—	3,10	3,49																					

* Die ausgewiesenen Tabellenwerte sind amtlich. Siehe Erläuterungen auf der Umschlaginnenseite (U2).

TAG 140,30*

Abzüge an Lohnsteuer, Solidaritätszuschlag (SolZ) und Kirchensteuer (8%, 9%) in den Steuerklassen

Lohn/Gehalt bis €* — Steuerklassen I–VI: **ohne** Kinderfreibeträge · Steuerklassen I, II, III, IV: **mit** Zahl der Kinderfreibeträge …

bis €	StKl	LSt	SolZ	8%	9%	StKl	LSt	0,5 SolZ	0,5 8%	0,5 9%	1 SolZ	1 8%	1 9%	1,5 SolZ	1,5 8%	1,5 9%	2 SolZ	2 8%	2 9%	2,5 SolZ	2,5 8%	2,5 9%	3 SolZ	3 8%	3 9%
140,39	I,IV	23,60	—	1,88	2,12	I	23,60	—	1,57	1,77	—	1,27	1,43	—	0,99	1,11	—	0,72	0,81	—	0,47	0,53	—	0,24	0,27
	II	19,84	—	1,58	1,78	II	19,84	—	1,28	1,44	—	1,—	1,13	—	0,73	0,82	—	0,48	0,54	—	0,25	0,28	—	0,05	0,06
	III	12,79	—	1,02	1,15	III	12,79	—	0,78	0,88	—	0,55	0,61	—	0,32	0,36	—	0,14	0,15	—	—	—	—	—	—
	V	37,67	—	3,01	3,39	IV	23,60	—	1,72	1,94	—	1,57	1,77	—	1,42	1,60	—	1,27	1,43	—	1,13	1,27	—	0,99	1,11
	VI	38,88	—	3,11	3,49																				
140,49	I,IV	23,63	—	1,89	2,12	I	23,63	—	1,57	1,77	—	1,27	1,43	—	0,99	1,11	—	0,72	0,81	—	0,47	0,53	—	0,24	0,27
	II	19,86	—	1,58	1,78	II	19,86	—	1,29	1,45	—	1,—	1,13	—	0,74	0,83	—	0,48	0,54	—	0,25	0,28	—	0,05	0,06
	III	12,81	—	1,02	1,15	III	12,81	—	0,78	0,88	—	0,55	0,62	—	0,33	0,37	—	0,14	0,16	—	—	—	—	—	—
	V	37,70	—	3,01	3,39	IV	23,63	—	1,73	1,94	—	1,57	1,77	—	1,42	1,60	—	1,27	1,43	—	1,13	1,27	—	0,99	1,11
	VI	38,91	—	3,11	3,50																				
140,59	I,IV	23,66	—	1,89	2,12	I	23,66	—	1,57	1,77	—	1,27	1,43	—	0,99	1,12	—	0,73	0,82	—	0,48	0,54	—	0,24	0,27
	II	19,89	—	1,59	1,79	II	19,89	—	1,29	1,45	—	1,—	1,13	—	0,74	0,83	—	0,49	0,55	—	0,25	0,28	—	0,05	0,06
	III	12,83	—	1,02	1,15	III	12,83	—	0,78	0,88	—	0,55	0,62	—	0,33	0,37	—	0,14	0,16	—	—	—	—	—	—
	V	37,74	—	3,01	3,39	IV	23,66	—	1,73	1,94	—	1,57	1,77	—	1,42	1,60	—	1,27	1,43	—	1,13	1,27	—	0,99	1,12
	VI	38,95	—	3,11	3,50																				
140,69	I,IV	23,69	—	1,89	2,13	I	23,69	—	1,58	1,77	—	1,28	1,44	—	0,99	1,12	—	0,73	0,82	—	0,48	0,54	—	0,24	0,27
	II	19,92	—	1,59	1,79	II	19,92	—	1,29	1,45	—	1,01	1,13	—	0,74	0,83	—	0,49	0,55	—	0,25	0,28	—	0,05	0,06
	III	12,86	—	1,02	1,15	III	12,86	—	0,78	0,88	—	0,55	0,62	—	0,33	0,37	—	0,14	0,16	—	—	—	—	—	—
	V	37,77	—	3,02	3,39	IV	23,69	—	1,73	1,95	—	1,58	1,77	—	1,42	1,60	—	1,28	1,44	—	1,13	1,27	—	0,99	1,12
	VI	38,98	—	3,11	3,50																				
140,79	I,IV	23,72	—	1,89	2,13	I	23,72	—	1,58	1,78	—	1,28	1,44	—	1,—	1,12	—	0,73	0,82	—	0,48	0,54	—	0,24	0,27
	II	19,95	—	1,59	1,79	II	19,95	—	1,29	1,45	—	1,01	1,13	—	0,74	0,83	—	0,49	0,55	—	0,25	0,29	—	0,05	0,06
	III	12,88	—	1,03	1,15	III	12,88	—	0,78	0,88	—	0,55	0,62	—	0,33	0,37	—	0,14	0,16	—	—	—	—	—	—
	V	37,81	—	3,02	3,40	IV	23,72	—	1,73	1,95	—	1,58	1,78	—	1,43	1,60	—	1,28	1,44	—	1,14	1,28	—	1,—	1,12
	VI	39,01	—	3,12	3,51																				
140,89	I,IV	23,75	—	1,90	2,13	I	23,75	—	1,58	1,78	—	1,28	1,44	—	1,—	1,12	—	0,73	0,82	—	0,48	0,54	—	0,25	0,28
	II	19,98	—	1,59	1,79	II	19,98	—	1,29	1,46	—	1,01	1,14	—	0,74	0,84	—	0,49	0,55	—	0,26	0,29	—	0,06	0,06
	III	12,90	—	1,03	1,16	III	12,90	—	0,79	0,89	—	0,55	0,62	—	0,33	0,37	—	0,14	0,16	—	—	—	—	—	—
	V	37,84	—	3,02	3,40	IV	23,75	—	1,74	1,95	—	1,58	1,78	—	1,43	1,61	—	1,28	1,44	—	1,14	1,28	—	1,—	1,12
	VI	39,05	—	3,12	3,51																				
140,99	I,IV	23,77	—	1,90	2,13	I	23,77	—	1,58	1,78	—	1,28	1,44	—	1,—	1,12	—	0,73	0,82	—	0,48	0,54	—	0,25	0,28
	II	20,—	—	1,60	1,80	II	20,—	—	1,30	1,46	—	1,01	1,14	—	0,74	0,84	—	0,49	0,55	—	0,26	0,29	—	0,06	0,06
	III	12,92	—	1,03	1,16	III	12,92	—	0,79	0,89	—	0,56	0,63	—	0,33	0,37	—	0,14	0,16	—	—	—	—	—	—
	V	37,88	—	3,03	3,40	IV	23,77	—	1,74	1,96	—	1,58	1,78	—	1,43	1,61	—	1,28	1,44	—	1,14	1,28	—	1,—	1,12
	VI	39,08	—	3,12	3,51																				
141,09	I,IV	23,80	—	1,90	2,14	I	23,80	—	1,58	1,78	—	1,28	1,45	—	1,—	1,13	—	0,73	0,83	—	0,48	0,54	—	0,25	0,28
	II	20,03	—	1,60	1,80	II	20,03	—	1,30	1,46	—	1,01	1,14	—	0,75	0,84	—	0,49	0,56	—	0,26	0,29	—	0,06	0,07
	III	12,94	—	1,03	1,16	III	12,94	—	0,79	0,89	—	0,56	0,63	—	0,33	0,38	—	0,14	0,16	—	—	—	—	—	—
	V	37,91	—	3,03	3,41	IV	23,80	—	1,74	1,96	—	1,58	1,78	—	1,43	1,61	—	1,28	1,45	—	1,14	1,28	—	1,—	1,13
	VI	39,12	—	3,12	3,52																				
141,19	I,IV	23,83	—	1,90	2,14	I	23,83	—	1,59	1,79	—	1,29	1,45	—	1,—	1,13	—	0,74	0,83	—	0,49	0,55	—	0,25	0,28
	II	20,06	—	1,60	1,80	II	20,06	—	1,30	1,46	—	1,02	1,14	—	0,75	0,84	—	0,50	0,56	—	0,26	0,29	—	0,06	0,07
	III	12,96	—	1,03	1,16	III	12,96	—	0,79	0,89	—	0,56	0,63	—	0,34	0,38	—	0,15	0,16	—	—	—	—	—	—
	V	37,95	—	3,03	3,41	IV	23,83	—	1,74	1,96	—	1,59	1,79	—	1,43	1,61	—	1,28	1,45	—	1,14	1,28	—	1,—	1,13
	VI	39,15	—	3,13	3,52																				
141,29	I,IV	23,86	—	1,90	2,14	I	23,86	—	1,59	1,79	—	1,29	1,45	—	1,01	1,13	—	0,74	0,83	—	0,49	0,55	—	0,25	0,28
	II	20,08	—	1,60	1,80	II	20,08	—	1,30	1,46	—	1,02	1,15	—	0,75	0,84	—	0,50	0,56	—	0,26	0,30	—	0,06	0,07
	III	12,98	—	1,03	1,16	III	12,98	—	0,79	0,89	—	0,56	0,63	—	0,34	0,38	—	0,15	0,17	—	—	—	—	—	—
	V	37,98	—	3,03	3,41	IV	23,86	—	1,74	1,96	—	1,59	1,79	—	1,44	1,62	—	1,29	1,45	—	1,14	1,28	—	1,01	1,13
	VI	39,19	—	3,13	3,52																				
141,39	I,IV	23,89	—	1,91	2,15	I	23,89	—	1,59	1,79	—	1,29	1,45	—	1,01	1,13	—	0,74	0,83	—	0,49	0,55	—	0,25	0,29
	II	20,11	—	1,60	1,80	II	20,11	—	1,30	1,47	—	1,02	1,15	—	0,75	0,85	—	0,50	0,56	—	0,26	0,30	—	0,06	0,07
	III	13,01	—	1,04	1,17	III	13,01	—	0,80	0,90	—	0,56	0,63	—	0,34	0,38	—	0,15	0,17	—	—	—	—	—	—
	V	38,01	—	3,04	3,42	IV	23,89	—	1,75	1,97	—	1,59	1,79	—	1,44	1,62	—	1,29	1,45	—	1,15	1,29	—	1,01	1,13
	VI	39,22	—	3,13	3,52																				
141,49	I,IV	23,92	—	1,91	2,15	I	23,92	—	1,59	1,79	—	1,29	1,45	—	1,01	1,14	—	0,74	0,83	—	0,49	0,55	—	0,26	0,29
	II	20,14	—	1,61	1,81	II	20,14	—	1,31	1,47	—	1,02	1,15	—	0,75	0,85	—	0,50	0,56	—	0,27	0,30	—	0,06	0,07
	III	13,03	—	1,04	1,17	III	13,03	—	0,80	0,90	—	0,56	0,63	—	0,34	0,38	—	0,15	0,17	—	—	—	—	—	—
	V	38,05	—	3,04	3,42	IV	23,92	—	1,75	1,97	—	1,59	1,79	—	1,44	1,62	—	1,29	1,45	—	1,15	1,29	—	1,01	1,14
	VI	39,26	—	3,14	3,53																				
141,59	I,IV	23,95	—	1,91	2,15	I	23,95	—	1,60	1,80	—	1,30	1,46	—	1,01	1,14	—	0,74	0,84	—	0,49	0,55	—	0,26	0,29
	II	20,17	—	1,61	1,81	II	20,17	—	1,31	1,47	—	1,02	1,15	—	0,76	0,85	—	0,50	0,57	—	0,27	0,30	—	0,06	0,07
	III	13,05	—	1,04	1,17	III	13,05	—	0,80	0,90	—	0,57	0,64	—	0,34	0,38	—	0,15	0,17	—	—	—	—	—	—
	V	38,08	—	3,04	3,42	IV	23,95	—	1,75	1,97	—	1,60	1,80	—	1,44	1,62	—	1,30	1,46	—	1,15	1,29	—	1,01	1,14
	VI	39,29	—	3,14	3,53																				
141,69	I,IV	23,97	—	1,91	2,15	I	23,97	—	1,60	1,80	—	1,30	1,46	—	1,01	1,14	—	0,75	0,84	—	0,49	0,56	—	0,26	0,29
	II	20,19	—	1,61	1,81	II	20,19	—	1,31	1,47	—	1,03	1,15	—	0,76	0,85	—	0,50	0,57	—	0,27	0,30	—	0,06	0,07
	III	13,07	—	1,04	1,17	III	13,07	—	0,80	0,90	—	0,57	0,64	—	0,34	0,39	—	0,15	0,17	—	—	—	—	—	—
	V	38,12	—	3,04	3,43	IV	23,97	—	1,75	1,97	—	1,60	1,80	—	1,44	1,63	—	1,30	1,46	—	1,15	1,30	—	1,01	1,14
	VI	39,33	—	3,14	3,53																				
141,79	I,IV	24,—	—	1,92	2,16	I	24,—	—	1,60	1,80	—	1,30	1,46	—	1,02	1,14	—	0,75	0,84	—	0,50	0,56	—	0,26	0,29
	II	20,22	—	1,61	1,81	II	20,22	—	1,31	1,48	—	1,03	1,16	—	0,76	0,85	—	0,51	0,57	—	0,27	0,30	—	0,07	0,07
	III	13,09	—	1,04	1,17	III	13,09	—	0,80	0,90	—	0,57	0,64	—	0,34	0,39	—	0,15	0,17	—	—	—	—	—	—
	V	38,15	—	3,05	3,43	IV	24,—	—	1,76	1,98	—	1,60	1,80	—	1,45	1,63	—	1,30	1,46	—	1,16	1,30	—	1,02	1,14
	VI	39,36	—	3,14	3,54																				
141,89	I,IV	24,03	—	1,92	2,16	I	24,03	—	1,60	1,80	—	1,30	1,46	—	1,02	1,14	—	0,75	0,84	—	0,50	0,56	—	0,26	0,29
	II	20,25	—	1,62	1,82	II	20,25	—	1,31	1,48	—	1,03	1,16	—	0,76	0,86	—	0,51	0,57	—	0,27	0,31	—	0,07	0,08
	III	13,11	—	1,04	1,17	III	13,11	—	0,80	0,90	—	0,57	0,64	—	0,35	0,39	—	0,15	0,17	—	—	—	—	—	—
	V	38,19	—	3,05	3,43	IV	24,03	—	1,76	1,98	—	1,60	1,80	—	1,45	1,63	—	1,30	1,46	—	1,16	1,30	—	1,02	1,14
	VI	39,40	—	3,15	3,54																				

* Die ausgewiesenen Tabellenwerte sind amtlich. Siehe Erläuterungen auf der Umschlaginnenseite (U2).

143,49* TAG

Abzüge an Lohnsteuer, Solidaritätszuschlag (SolZ) und Kirchensteuer (8%, 9%) in den Steuerklassen

I – VI (ohne Kinderfreibeträge) — **I, II, III, IV** (mit Zahl der Kinderfreiträge …)

Lohn/Gehalt bis €*	Kl	LSt	SolZ	8%	9%	Kl	LSt	SolZ 0,5	8%	9%	SolZ 1	8%	9%	SolZ 1,5	8%	9%	SolZ 2	8%	9%	SolZ 2,5	8%	9%	SolZ 3	8%	9%
141,99	I,IV	24,06	—	1,92	2,16	I	24,06	—	1,60	1,80	—	1,30	1,47	—	1,02	1,15	—	0,75	0,85	—	0,50	0,56	—	0,26	0,30
	II	20,28	—	1,62	1,82	II	20,28	—	1,32	1,48	—	1,03	1,16	—	0,76	0,86	—	0,51	0,57	—	0,27	0,31	—	0,07	0,08
	III	13,13	—	1,05	1,18	III	13,13	—	0,80	0,91	—	0,57	0,64	—	0,35	0,39	—	0,16	0,18	—	—	—	—	—	—
	V	38,22	—	3,05	3,43	IV	24,06	—	1,76	1,98	—	1,60	1,80	—	1,45	1,63	—	1,30	1,47	—	1,16	1,30	—	1,02	1,15
	VI	39,43	—	3,15	3,54																				
142,09	I,IV	24,09	—	1,92	2,16	I	24,09	—	1,61	1,81	—	1,31	1,47	—	1,02	1,15	—	0,75	0,85	—	0,50	0,56	—	0,26	0,30
	II	20,30	—	1,62	1,82	II	20,30	—	1,32	1,48	—	1,03	1,16	—	0,76	0,86	—	0,51	0,58	—	0,28	0,31	—	0,07	0,08
	III	13,16	—	1,05	1,18	III	13,16	—	0,81	0,91	—	0,57	0,65	—	0,35	0,39	—	0,16	0,18	—	—	—	—	—	—
	V	38,26	—	3,06	3,44	IV	24,09	—	1,76	1,98	—	1,61	1,81	—	1,45	1,64	—	1,31	1,47	—	1,16	1,31	—	1,02	1,15
	VI	39,46	—	3,15	3,55																				
142,19	I,IV	24,12	—	1,92	2,17	I	24,12	—	1,61	1,81	—	1,31	1,47	—	1,02	1,15	—	0,76	0,85	—	0,50	0,57	—	0,27	0,30
	II	20,33	—	1,62	1,82	II	20,33	—	1,32	1,49	—	1,04	1,17	—	0,77	0,86	—	0,51	0,58	—	0,28	0,31	—	0,07	0,08
	III	13,18	—	1,05	1,18	III	13,18	—	0,81	0,91	—	0,58	0,65	—	0,35	0,40	—	0,16	0,18	—	—	0,01	—	—	—
	V	38,29	—	3,06	3,44	IV	24,12	—	1,76	1,98	—	1,61	1,81	—	1,46	1,64	—	1,31	1,47	—	1,16	1,31	—	1,02	1,15
	VI	39,50	—	3,16	3,55																				
142,29	I,IV	24,15	—	1,93	2,17	I	24,15	—	1,61	1,81	—	1,31	1,47	—	1,02	1,15	—	0,76	0,85	—	0,50	0,57	—	0,27	0,30
	II	20,36	—	1,62	1,83	II	20,36	—	1,32	1,49	—	1,04	1,17	—	0,77	0,86	—	0,52	0,58	—	0,28	0,31	—	0,07	0,08
	III	13,20	—	1,05	1,18	III	13,20	—	0,81	0,91	—	0,58	0,65	—	0,35	0,40	—	0,16	0,18	—	0,01	0,01	—	—	—
	V	38,33	—	3,06	3,44	IV	24,15	—	1,77	1,99	—	1,61	1,81	—	1,46	1,64	—	1,31	1,47	—	1,17	1,31	—	1,02	1,15
	VI	39,54	—	3,16	3,55																				
142,39	I,IV	24,18	—	1,93	2,17	I	24,18	—	1,61	1,81	—	1,31	1,48	—	1,03	1,16	—	0,76	0,85	—	0,51	0,57	—	0,27	0,30
	II	20,39	—	1,63	1,83	II	20,39	—	1,32	1,49	—	1,04	1,17	—	0,77	0,87	—	0,52	0,58	—	0,28	0,32	—	0,07	0,08
	III	13,22	—	1,05	1,18	III	13,22	—	0,81	0,91	—	0,58	0,65	—	0,35	0,40	—	0,16	0,18	—	0,01	0,01	—	—	—
	V	38,36	—	3,06	3,45	IV	24,18	—	1,77	1,99	—	1,61	1,81	—	1,46	1,64	—	1,31	1,48	—	1,17	1,31	—	1,03	1,16
	VI	39,57	—	3,16	3,56																				
142,49	I,IV	24,20	—	1,93	2,17	I	24,20	—	1,61	1,82	—	1,31	1,48	—	1,03	1,16	—	0,76	0,86	—	0,51	0,57	—	0,27	0,31
	II	20,41	—	1,63	1,83	II	20,41	—	1,33	1,49	—	1,04	1,17	—	0,77	0,87	—	0,52	0,58	—	0,28	0,32	—	0,07	0,08
	III	13,25	—	1,06	1,19	III	13,25	—	0,81	0,91	—	0,58	0,65	—	0,36	0,40	—	0,16	0,18	—	0,01	0,01	—	—	—
	V	38,40	—	3,07	3,45	IV	24,20	—	1,77	1,99	—	1,61	1,82	—	1,46	1,65	—	1,31	1,48	—	1,17	1,32	—	1,03	1,16
	VI	39,60	—	3,16	3,56																				
142,59	I,IV	24,23	—	1,93	2,18	I	24,23	—	1,62	1,82	—	1,32	1,48	—	1,03	1,16	—	0,76	0,86	—	0,51	0,57	—	0,27	0,31
	II	20,44	—	1,63	1,83	II	20,44	—	1,33	1,50	—	1,04	1,17	—	0,77	0,87	—	0,52	0,59	—	0,28	0,32	—	0,08	0,09
	III	13,27	—	1,06	1,19	III	13,27	—	0,82	0,92	—	0,58	0,65	—	0,36	0,40	—	0,16	0,18	—	0,01	0,01	—	—	—
	V	38,43	—	3,07	3,45	IV	24,23	—	1,77	2,—	—	1,62	1,82	—	1,46	1,65	—	1,32	1,48	—	1,17	1,32	—	1,03	1,16
	VI	39,64	—	3,17	3,56																				
142,69	I,IV	24,26	—	1,94	2,18	I	24,26	—	1,62	1,82	—	1,32	1,48	—	1,03	1,16	—	0,76	0,86	—	0,51	0,58	—	0,27	0,31
	II	20,47	—	1,63	1,84	II	20,47	—	1,33	1,50	—	1,04	1,18	—	0,78	0,87	—	0,52	0,59	—	0,28	0,32	—	0,08	0,09
	III	13,29	—	1,06	1,19	III	13,29	—	0,82	0,92	—	0,58	0,66	—	0,36	0,40	—	0,16	0,19	—	0,01	0,01	—	—	—
	V	38,46	—	3,07	3,46	IV	24,26	—	1,78	2,—	—	1,62	1,82	—	1,47	1,65	—	1,32	1,48	—	1,17	1,32	—	1,03	1,16
	VI	39,68	—	3,17	3,57																				
142,79	I,IV	24,29	—	1,94	2,18	I	24,29	—	1,62	1,82	—	1,32	1,49	—	1,04	1,17	—	0,77	0,86	—	0,51	0,58	—	0,28	0,31
	II	20,50	—	1,64	1,84	II	20,50	—	1,33	1,50	—	1,05	1,18	—	0,78	0,88	—	0,52	0,59	—	0,29	0,32	—	0,08	0,09
	III	13,31	—	1,06	1,19	III	13,31	—	0,82	0,92	—	0,58	0,66	—	0,36	0,41	—	0,17	0,19	—	0,01	0,01	—	—	—
	V	38,50	—	3,08	3,46	IV	24,29	—	1,78	2,—	—	1,62	1,82	—	1,47	1,65	—	1,32	1,49	—	1,18	1,32	—	1,04	1,17
	VI	39,71	—	3,17	3,57																				
142,89	I,IV	24,32	—	1,94	2,18	I	24,32	—	1,62	1,83	—	1,32	1,49	—	1,04	1,17	—	0,77	0,86	—	0,52	0,58	—	0,28	0,31
	II	20,52	—	1,64	1,84	II	20,52	—	1,34	1,50	—	1,05	1,18	—	0,78	0,88	—	0,53	0,59	—	0,29	0,32	—	0,08	0,09
	III	13,33	—	1,06	1,19	III	13,33	—	0,82	0,92	—	0,59	0,66	—	0,36	0,41	—	0,17	0,19	—	0,01	0,01	—	—	—
	V	38,53	—	3,08	3,46	IV	24,32	—	1,78	2,—	—	1,62	1,83	—	1,47	1,65	—	1,32	1,49	—	1,18	1,33	—	1,04	1,17
	VI	39,74	—	3,17	3,57																				
142,99	I,IV	24,35	—	1,94	2,19	I	24,35	—	1,63	1,83	—	1,32	1,49	—	1,04	1,17	—	0,77	0,87	—	0,52	0,58	—	0,28	0,31
	II	20,55	—	1,64	1,84	II	20,55	—	1,34	1,50	—	1,05	1,18	—	0,78	0,88	—	0,53	0,59	—	0,29	0,33	—	0,08	0,09
	III	13,36	—	1,06	1,20	III	13,36	—	0,82	0,92	—	0,59	0,66	—	0,36	0,41	—	0,17	0,19	—	0,01	0,01	—	—	—
	V	38,57	—	3,08	3,47	IV	24,35	—	1,78	2,01	—	1,63	1,83	—	1,47	1,66	—	1,32	1,49	—	1,18	1,33	—	1,04	1,17
	VI	39,78	—	3,18	3,58																				
143,09	I,IV	24,38	—	1,95	2,19	I	24,38	—	1,63	1,83	—	1,33	1,49	—	1,04	1,17	—	0,77	0,87	—	0,52	0,58	—	0,28	0,32
	II	20,58	—	1,64	1,85	II	20,58	—	1,34	1,51	—	1,05	1,18	—	0,78	0,88	—	0,53	0,60	—	0,29	0,33	—	0,08	0,09
	III	13,38	—	1,07	1,20	III	13,38	—	0,82	0,93	—	0,59	0,66	—	0,36	0,41	—	0,17	0,19	—	0,01	0,02	—	—	—
	V	38,60	—	3,08	3,47	IV	24,38	—	1,78	2,01	—	1,63	1,83	—	1,48	1,66	—	1,33	1,49	—	1,18	1,33	—	1,04	1,17
	VI	39,81	—	3,18	3,58																				
143,19	I,IV	24,41	—	1,95	2,19	I	24,41	—	1,63	1,83	—	1,33	1,49	—	1,04	1,17	—	0,77	0,87	—	0,52	0,59	—	0,28	0,32
	II	20,61	—	1,64	1,85	II	20,61	—	1,34	1,51	—	1,06	1,19	—	0,78	0,88	—	0,53	0,60	—	0,29	0,33	—	0,08	0,09
	III	13,40	—	1,07	1,20	III	13,40	—	0,82	0,93	—	0,59	0,67	—	0,37	0,41	—	0,17	0,19	—	0,01	0,02	—	—	—
	V	38,64	—	3,09	3,47	IV	24,41	—	1,79	2,01	—	1,63	1,83	—	1,48	1,66	—	1,33	1,49	—	1,18	1,33	—	1,04	1,17
	VI	39,85	—	3,18	3,58																				
143,29	I,IV	24,44	—	1,95	2,19	I	24,44	—	1,63	1,84	—	1,33	1,50	—	1,04	1,18	—	0,78	0,87	—	0,52	0,59	—	0,28	0,32
	II	20,63	—	1,65	1,85	II	20,63	—	1,34	1,51	—	1,06	1,19	—	0,79	0,89	—	0,53	0,60	—	0,29	0,33	—	0,08	0,09
	III	13,42	—	1,07	1,20	III	13,42	—	0,83	0,93	—	0,59	0,67	—	0,37	0,41	—	0,17	0,19	—	0,02	0,02	—	—	—
	V	38,67	—	3,09	3,48	IV	24,44	—	1,79	2,01	—	1,63	1,84	—	1,48	1,66	—	1,33	1,50	—	1,19	1,33	—	1,04	1,18
	VI	39,88	—	3,19	3,58																				
143,39	I,IV	24,46	—	1,95	2,20	I	24,46	—	1,63	1,84	—	1,33	1,50	—	1,05	1,18	—	0,78	0,87	—	0,52	0,59	—	0,29	0,32
	II	20,66	—	1,65	1,85	II	20,66	—	1,35	1,51	—	1,06	1,19	—	0,79	0,89	—	0,53	0,60	—	0,30	0,33	—	0,09	0,10
	III	13,44	—	1,07	1,20	III	13,44	—	0,83	0,93	—	0,59	0,67	—	0,37	0,42	—	0,17	0,19	—	0,02	0,02	—	—	—
	V	38,71	—	3,09	3,48	IV	24,46	—	1,79	2,02	—	1,63	1,84	—	1,48	1,67	—	1,33	1,50	—	1,19	1,34	—	1,05	1,18
	VI	39,92	—	3,19	3,59																				
143,49	I,IV	24,49	—	1,95	2,20	I	24,49	—	1,64	1,84	—	1,33	1,50	—	1,05	1,18	—	0,78	0,88	—	0,53	0,59	—	0,29	0,32
	II	20,69	—	1,65	1,86	II	20,69	—	1,35	1,52	—	1,06	1,19	—	0,79	0,89	—	0,54	0,60	—	0,30	0,34	—	0,09	0,10
	III	13,46	—	1,07	1,21	III	13,46	—	0,83	0,93	—	0,60	0,67	—	0,37	0,42	—	0,17	0,20	—	0,02	0,02	—	—	—
	V	38,74	—	3,09	3,48	IV	24,49	—	1,79	2,02	—	1,64	1,84	—	1,48	1,67	—	1,33	1,50	—	1,19	1,34	—	1,05	1,18
	VI	39,95	—	3,19	3,59																				

* Die ausgewiesenen Tabellenwerte sind amtlich. Siehe Erläuterungen auf der Umschlaginnenseite (U2).

T 189

TAG 143,50*

Abzüge an Lohnsteuer, Solidaritätszuschlag (SolZ) und Kirchensteuer (8%, 9%) in den Steuerklassen

Lohn/ Gehalt bis €*	I – VI	LSt	ohne Kinderfreibeträge SolZ	8%	9%	I, II, III, IV	LSt	mit Zahl der Kinderfreibeträge . . . 0,5 SolZ	0,5 8%	0,5 9%	1 SolZ	1 8%	1 9%	1,5 SolZ	1,5 8%	1,5 9%	2 SolZ	2 8%	2 9%	2,5 SolZ	2,5 8%	2,5 9%	3 SolZ	3 8%	3 9%
143,59	I,IV	24,52	—	1,96	2,20	I	24,52	—	1,64	1,84	—	1,34	1,50	—	1,05	1,18	—	0,78	0,88	—	0,53	0,59	—	0,29	0,33
	II	20,72	—	1,65	1,86	II	20,72	—	1,35	1,52	—	1,06	1,20	—	0,79	0,89	—	0,54	0,61	—	0,30	0,34	—	0,09	0,10
	III	13,48	—	1,07	1,21	III	13,48	—	0,83	0,94	—	0,60	0,67	—	0,37	0,42	—	0,18	0,20	—	0,02	0,02	—	—	—
	V	38,78	—	3,10	3,49	IV	24,52	—	1,80	2,02	—	1,64	1,84	—	1,49	1,67	—	1,34	1,50	—	1,19	1,34	—	1,05	1,18
	VI	39,99	—	3,19	3,59																				
143,69	I,IV	24,55	—	1,96	2,20	I	24,55	—	1,64	1,85	—	1,34	1,51	—	1,05	1,18	—	0,78	0,88	—	0,53	0,60	—	0,29	0,33
	II	20,74	—	1,65	1,86	II	20,74	—	1,35	1,52	—	1,06	1,20	—	0,79	0,89	—	0,54	0,61	—	0,30	0,34	—	0,09	0,10
	III	13,51	—	1,08	1,21	III	13,51	—	0,83	0,94	—	0,60	0,67	—	0,37	0,42	—	0,18	0,20	—	0,02	0,02	—	—	—
	V	38,81	—	3,10	3,49	IV	24,55	—	1,80	2,02	—	1,64	1,85	—	1,49	1,67	—	1,34	1,51	—	1,19	1,34	—	1,05	1,18
	VI	40,02	—	3,20	3,60																				
143,79	I,IV	24,58	—	1,96	2,21	I	24,58	—	1,64	1,85	—	1,34	1,51	—	1,05	1,19	—	0,78	0,88	—	0,53	0,60	—	0,29	0,33
	II	20,77	—	1,66	1,86	II	20,77	—	1,35	1,52	—	1,07	1,20	—	0,80	0,90	—	0,54	0,61	—	0,30	0,34	—	0,09	0,10
	III	13,53	—	1,08	1,21	III	13,53	—	0,84	0,94	—	0,60	0,68	—	0,38	0,42	—	0,18	0,20	—	0,02	0,02	—	—	—
	V	38,85	—	3,10	3,49	IV	24,58	—	1,80	2,03	—	1,64	1,85	—	1,49	1,68	—	1,34	1,51	—	1,20	1,35	—	1,05	1,19
	VI	40,06	—	3,20	3,60																				
143,89	I,IV	24,61	—	1,96	2,21	I	24,61	—	1,65	1,85	—	1,34	1,51	—	1,06	1,19	—	0,79	0,89	—	0,53	0,60	—	0,29	0,33
	II	20,80	—	1,66	1,87	II	20,80	—	1,36	1,53	—	1,07	1,20	—	0,80	0,90	—	0,54	0,61	—	0,30	0,34	—	0,09	0,10
	III	13,55	—	1,08	1,21	III	13,55	—	0,84	0,94	—	0,60	0,68	—	0,38	0,42	—	0,18	0,20	—	0,02	0,02	—	—	—
	V	38,88	—	3,11	3,49	IV	24,61	—	1,80	2,03	—	1,65	1,85	—	1,49	1,68	—	1,34	1,51	—	1,20	1,35	—	1,06	1,19
	VI	40,09	—	3,20	3,60																				
143,99	I,IV	24,64	—	1,97	2,21	I	24,64	—	1,65	1,85	—	1,34	1,51	—	1,06	1,19	—	0,79	0,89	—	0,53	0,60	—	0,30	0,33
	II	20,83	—	1,66	1,87	II	20,83	—	1,36	1,53	—	1,07	1,21	—	0,80	0,90	—	0,54	0,61	—	0,31	0,35	—	0,09	0,10
	III	13,57	—	1,08	1,22	III	13,57	—	0,84	0,94	—	0,60	0,68	—	0,38	0,43	—	0,18	0,20	—	0,02	0,03	—	—	—
	V	38,92	—	3,11	3,50	IV	24,64	—	1,80	2,03	—	1,65	1,85	—	1,49	1,68	—	1,34	1,51	—	1,20	1,35	—	1,06	1,19
	VI	40,13	—	3,21	3,61																				
144,09	I,IV	24,67	—	1,97	2,22	I	24,67	—	1,65	1,86	—	1,35	1,52	—	1,06	1,19	—	0,79	0,89	—	0,54	0,60	—	0,30	0,34
	II	20,85	—	1,66	1,87	II	20,85	—	1,36	1,53	—	1,07	1,21	—	0,80	0,90	—	0,55	0,62	—	0,31	0,35	—	0,09	0,11
	III	13,60	—	1,08	1,22	III	13,60	—	0,84	0,95	—	0,61	0,68	—	0,38	0,43	—	0,18	0,20	—	0,02	0,03	—	—	—
	V	38,95	—	3,11	3,50	IV	24,67	—	1,81	2,03	—	1,65	1,86	—	1,50	1,68	—	1,35	1,52	—	1,20	1,35	—	1,06	1,19
	VI	40,16	—	3,21	3,61																				
144,19	I,IV	24,70	—	1,97	2,22	I	24,70	—	1,65	1,86	—	1,35	1,52	—	1,06	1,20	—	0,79	0,89	—	0,54	0,61	—	0,30	0,34
	II	20,88	—	1,67	1,87	II	20,88	—	1,36	1,53	—	1,08	1,21	—	0,80	0,90	—	0,55	0,62	—	0,31	0,35	—	0,10	0,11
	III	13,62	—	1,08	1,22	III	13,62	—	0,84	0,95	—	0,61	0,68	—	0,38	0,43	—	0,18	0,21	—	0,02	0,03	—	—	—
	V	38,99	—	3,11	3,50	IV	24,70	—	1,81	2,04	—	1,65	1,86	—	1,50	1,69	—	1,35	1,52	—	1,20	1,35	—	1,06	1,20
	VI	40,20	—	3,21	3,61																				
144,29	I,IV	24,73	—	1,97	2,22	I	24,73	—	1,65	1,86	—	1,35	1,52	—	1,06	1,20	—	0,79	0,89	—	0,54	0,61	—	0,30	0,34
	II	20,91	—	1,67	1,88	II	20,91	—	1,36	1,53	—	1,08	1,21	—	0,81	0,91	—	0,55	0,62	—	0,31	0,35	—	0,10	0,11
	III	13,64	—	1,09	1,22	III	13,64	—	0,84	0,95	—	0,61	0,69	—	0,38	0,43	—	0,18	0,21	—	0,03	0,03	—	—	—
	V	39,02	—	3,12	3,51	IV	24,73	—	1,81	2,04	—	1,65	1,86	—	1,50	1,69	—	1,35	1,52	—	1,21	1,36	—	1,06	1,20
	VI	40,23	—	3,21	3,62																				
144,39	I,IV	24,75	—	1,98	2,22	I	24,75	—	1,66	1,86	—	1,35	1,52	—	1,07	1,20	—	0,80	0,90	—	0,54	0,61	—	0,30	0,34
	II	20,94	—	1,67	1,88	II	20,94	—	1,37	1,54	—	1,08	1,21	—	0,81	0,91	—	0,55	0,62	—	0,31	0,35	—	0,10	0,11
	III	13,66	—	1,09	1,22	III	13,66	—	0,85	0,95	—	0,61	0,69	—	0,38	0,43	—	0,19	0,21	—	0,03	0,03	—	—	—
	V	39,06	—	3,12	3,51	IV	24,75	—	1,81	2,04	—	1,66	1,86	—	1,50	1,69	—	1,35	1,52	—	1,21	1,36	—	1,07	1,20
	VI	40,26	—	3,22	3,62																				
144,49	I,IV	24,78	—	1,98	2,23	I	24,78	—	1,66	1,87	—	1,36	1,53	—	1,07	1,20	—	0,80	0,90	—	0,54	0,61	—	0,30	0,34
	II	20,96	—	1,67	1,88	II	20,96	—	1,37	1,54	—	1,08	1,22	—	0,81	0,91	—	0,55	0,62	—	0,31	0,35	—	0,10	0,11
	III	13,68	—	1,09	1,23	III	13,68	—	0,85	0,95	—	0,61	0,69	—	0,39	0,44	—	0,19	0,21	—	0,03	0,03	—	—	—
	V	39,09	—	3,12	3,51	IV	24,78	—	1,82	2,04	—	1,66	1,87	—	1,50	1,69	—	1,36	1,53	—	1,21	1,36	—	1,07	1,20
	VI	40,30	—	3,22	3,62																				
144,59	I,IV	24,81	—	1,98	2,23	I	24,81	—	1,66	1,87	—	1,36	1,53	—	1,07	1,20	—	0,80	0,90	—	0,54	0,61	—	0,31	0,34
	II	20,99	—	1,67	1,88	II	20,99	—	1,37	1,54	—	1,08	1,22	—	0,81	0,91	—	0,56	0,63	—	0,32	0,36	—	0,10	0,11
	III	13,70	—	1,09	1,23	III	13,70	—	0,85	0,96	—	0,61	0,69	—	0,39	0,44	—	0,19	0,21	—	0,03	0,03	—	—	—
	V	39,13	—	3,13	3,52	IV	24,81	—	1,82	2,05	—	1,66	1,87	—	1,51	1,70	—	1,36	1,53	—	1,21	1,36	—	1,07	1,20
	VI	40,33	—	3,22	3,62																				
144,69	I,IV	24,84	—	1,98	2,23	I	24,84	—	1,66	1,87	—	1,36	1,53	—	1,07	1,21	—	0,80	0,90	—	0,55	0,62	—	0,31	0,35
	II	21,02	—	1,68	1,89	II	21,02	—	1,37	1,54	—	1,08	1,22	—	0,81	0,91	—	0,56	0,63	—	0,32	0,36	—	0,10	0,11
	III	13,72	—	1,09	1,23	III	13,72	—	0,85	0,96	—	0,62	0,69	—	0,39	0,44	—	0,19	0,21	—	0,03	0,03	—	—	—
	V	39,16	—	3,13	3,52	IV	24,84	—	1,82	2,05	—	1,66	1,87	—	1,51	1,70	—	1,36	1,53	—	1,21	1,37	—	1,07	1,21
	VI	40,37	—	3,22	3,63																				
144,79	I,IV	24,87	—	1,98	2,23	I	24,87	—	1,67	1,87	—	1,36	1,53	—	1,07	1,21	—	0,80	0,90	—	0,55	0,62	—	0,31	0,35
	II	21,05	—	1,68	1,89	II	21,05	—	1,38	1,55	—	1,09	1,22	—	0,82	0,92	—	0,56	0,63	—	0,32	0,36	—	0,10	0,12
	III	13,75	—	1,10	1,23	III	13,75	—	0,85	0,96	—	0,62	0,70	—	0,39	0,44	—	0,19	0,22	—	0,03	0,03	—	—	—
	V	39,20	—	3,13	3,52	IV	24,87	—	1,82	2,05	—	1,67	1,87	—	1,51	1,70	—	1,36	1,53	—	1,22	1,37	—	1,07	1,21
	VI	40,40	—	3,23	3,63																				
144,89	I,IV	24,90	—	1,99	2,24	I	24,90	—	1,67	1,88	—	1,36	1,53	—	1,08	1,21	—	0,80	0,91	—	0,55	0,62	—	0,31	0,35
	II	21,08	—	1,68	1,89	II	21,08	—	1,38	1,55	—	1,09	1,23	—	0,82	0,92	—	0,56	0,63	—	0,32	0,36	—	0,10	0,12
	III	13,77	—	1,10	1,23	III	13,77	—	0,85	0,96	—	0,62	0,70	—	0,39	0,44	—	0,19	0,22	—	0,03	0,04	—	—	—
	V	39,23	—	3,13	3,53	IV	24,90	—	1,83	2,05	—	1,67	1,88	—	1,51	1,70	—	1,36	1,53	—	1,22	1,37	—	1,08	1,21
	VI	40,44	—	3,23	3,63																				
144,99	I,IV	24,93	—	1,99	2,24	I	24,93	—	1,67	1,88	—	1,37	1,54	—	1,08	1,21	—	0,81	0,91	—	0,55	0,62	—	0,31	0,35
	II	21,10	—	1,68	1,89	II	21,10	—	1,38	1,55	—	1,09	1,23	—	0,82	0,92	—	0,56	0,63	—	0,32	0,36	—	0,11	0,12
	III	13,79	—	1,10	1,24	III	13,79	—	0,86	0,96	—	0,62	0,70	—	0,39	0,44	—	0,19	0,22	—	0,03	0,04	—	—	—
	V	39,26	—	3,14	3,53	IV	24,93	—	1,83	2,06	—	1,67	1,88	—	1,52	1,71	—	1,37	1,54	—	1,22	1,37	—	1,08	1,21
	VI	40,47	—	3,23	3,64																				
145,09	I,IV	24,96	—	1,99	2,24	I	24,96	—	1,67	1,88	—	1,37	1,54	—	1,08	1,22	—	0,81	0,91	—	0,55	0,62	—	0,31	0,35
	II	21,13	—	1,69	1,90	II	21,13	—	1,38	1,55	—	1,09	1,23	—	0,82	0,92	—	0,56	0,63	—	0,32	0,36	—	0,11	0,12
	III	13,81	—	1,10	1,24	III	13,81	—	0,86	0,96	—	0,62	0,70	—	0,40	0,45	—	0,20	0,22	—	0,03	0,04	—	—	—
	V	39,30	—	3,14	3,53	IV	24,96	—	1,83	2,06	—	1,67	1,88	—	1,52	1,71	—	1,37	1,54	—	1,22	1,38	—	1,08	1,22
	VI	40,51	—	3,24	3,64																				

* Die ausgewiesenen Tabellenwerte sind amtlich. Siehe Erläuterungen auf der Umschlaginnenseite (U2).

146,69* — **TAG**

Abzüge an Lohnsteuer, Solidaritätszuschlag (SolZ) und Kirchensteuer (8%, 9%) in den Steuerklassen

I – VI (ohne Kinderfreibeträge) / I, II, III, IV (mit Zahl der Kinderfreibeträge ...)

Lohn/Gehalt bis €*	Kl	LSt	SolZ	8%	9%	LSt	Kl	0,5 SolZ	0,5 8%	0,5 9%	1 SolZ	1 8%	1 9%	1,5 SolZ	1,5 8%	1,5 9%	2 SolZ	2 8%	2 9%	2,5 SolZ	2,5 8%	2,5 9%	3 SolZ	3 8%	3 9%
145,19	I,IV	24,99	—	1,99	2,24	24,99	I	—	1,67	1,88	—	1,37	1,54	—	1,08	1,22	—	0,81	0,91	—	0,56	0,63	—	0,32	0,36
	II	21,16	—	1,69	1,90	21,16	II	—	1,38	1,56	—	1,09	1,23	—	0,82	0,93	—	0,57	0,64	—	0,33	0,37	—	0,11	0,12
	III	13,83	—	1,10	1,24	13,83	III	—	0,86	0,97	—	0,62	0,70	—	0,40	0,45	—	0,20	0,22	—	0,03	0,04	—	—	—
	V	39,33	—	3,14	3,53	24,99	IV	—	1,83	2,06	—	1,67	1,88	—	1,52	1,71	—	1,37	1,54	—	1,22	1,38	—	1,08	1,22
	VI	40,54	—	3,24	3,64																					
145,29	I,IV	25,01	—	2,—	2,25	25,01	I	—	1,68	1,89	—	1,37	1,54	—	1,08	1,22	—	0,81	0,91	—	0,56	0,63	—	0,32	0,36
	II	21,19	—	1,69	1,90	21,19	II	—	1,39	1,56	—	1,10	1,23	—	0,82	0,93	—	0,57	0,64	—	0,33	0,37	—	0,11	0,12
	III	13,86	—	1,10	1,24	13,86	III	—	0,86	0,97	—	0,63	0,70	—	0,40	0,45	—	0,20	0,22	—	0,04	0,04	—	—	—
	V	39,37	—	3,14	3,54	25,01	IV	—	1,83	2,06	—	1,68	1,89	—	1,52	1,71	—	1,37	1,54	—	1,23	1,38	—	1,08	1,22
	VI	40,58	—	3,24	3,65																					
145,39	I,IV	25,05	—	2,—	2,25	25,05	I	—	1,68	1,89	—	1,37	1,55	—	1,09	1,22	—	0,81	0,92	—	0,56	0,63	—	0,32	0,36
	II	21,21	—	1,69	1,90	21,21	II	—	1,39	1,56	—	1,10	1,24	—	0,83	0,93	—	0,57	0,64	—	0,33	0,37	—	0,11	0,13
	III	13,88	—	1,11	1,24	13,88	III	—	0,86	0,97	—	0,63	0,71	—	0,40	0,45	—	0,20	0,22	—	0,04	0,04	—	—	—
	V	39,40	—	3,15	3,54	25,05	IV	—	1,84	2,07	—	1,68	1,89	—	1,52	1,71	—	1,37	1,55	—	1,23	1,38	—	1,09	1,22
	VI	40,61	—	3,24	3,65																					
145,49	I,IV	25,08	—	2,—	2,25	25,08	I	—	1,68	1,89	—	1,38	1,55	—	1,09	1,22	—	0,82	0,92	—	0,56	0,63	—	0,32	0,36
	II	21,24	—	1,69	1,91	21,24	II	—	1,39	1,56	—	1,10	1,24	—	0,83	0,93	—	0,57	0,64	—	0,33	0,37	—	0,11	0,13
	III	13,90	—	1,11	1,25	13,90	III	—	0,86	0,97	—	0,63	0,71	—	0,40	0,45	—	0,20	0,23	—	0,04	0,04	—	—	—
	V	39,44	—	3,15	3,54	25,08	IV	—	1,84	2,07	—	1,68	1,89	—	1,53	1,72	—	1,38	1,55	—	1,23	1,38	—	1,09	1,22
	VI	40,65	—	3,25	3,65																					
145,59	I,IV	25,10	—	2,—	2,25	25,10	I	—	1,68	1,89	—	1,38	1,55	—	1,09	1,23	—	0,82	0,92	—	0,56	0,63	—	0,32	0,36
	II	21,27	—	1,70	1,91	21,27	II	—	1,39	1,57	—	1,10	1,24	—	0,83	0,93	—	0,57	0,64	—	0,33	0,37	—	0,11	0,13
	III	13,92	—	1,11	1,25	13,92	III	—	0,87	0,97	—	0,63	0,71	—	0,40	0,45	—	0,20	0,23	—	0,04	0,04	—	—	—
	V	39,47	—	3,15	3,55	25,10	IV	—	1,84	2,07	—	1,68	1,89	—	1,53	1,72	—	1,38	1,55	—	1,23	1,39	—	1,09	1,23
	VI	40,68	—	3,25	3,66																					
145,69	I,IV	25,13	—	2,01	2,26	25,13	I	—	1,68	1,90	—	1,38	1,55	—	1,09	1,23	—	0,82	0,92	—	0,56	0,63	—	0,32	0,36
	II	21,30	—	1,70	1,91	21,30	II	—	1,39	1,57	—	1,10	1,24	—	0,83	0,94	—	0,57	0,65	—	0,33	0,38	—	0,12	0,13
	III	13,95	—	1,11	1,25	13,95	III	—	0,87	0,98	—	0,63	0,71	—	0,40	0,46	—	0,20	0,23	—	0,04	0,04	—	—	—
	V	39,51	—	3,16	3,55	25,13	IV	—	1,84	2,07	—	1,68	1,90	—	1,53	1,72	—	1,38	1,55	—	1,23	1,39	—	1,09	1,23
	VI	40,71	—	3,25	3,66																					
145,79	I,IV	25,16	—	2,01	2,26	25,16	I	—	1,69	1,90	—	1,38	1,56	—	1,09	1,23	—	0,82	0,92	—	0,57	0,64	—	0,33	0,37
	II	21,33	—	1,70	1,91	21,33	II	—	1,40	1,57	—	1,11	1,25	—	0,83	0,94	—	0,58	0,65	—	0,34	0,38	—	0,12	0,13
	III	13,97	—	1,11	1,25	13,97	III	—	0,87	0,98	—	0,63	0,71	—	0,41	0,46	—	0,20	0,23	—	0,04	0,05	—	—	—
	V	39,54	—	3,16	3,55	25,16	IV	—	1,85	2,08	—	1,69	1,90	—	1,53	1,72	—	1,38	1,56	—	1,24	1,39	—	1,09	1,23
	VI	40,75	—	3,26	3,66																					
145,89	I,IV	25,19	—	2,01	2,26	25,19	I	—	1,69	1,90	—	1,38	1,56	—	1,10	1,23	—	0,82	0,93	—	0,57	0,64	—	0,33	0,37
	II	21,35	—	1,70	1,92	21,35	II	—	1,40	1,57	—	1,11	1,25	—	0,84	0,94	—	0,58	0,65	—	0,34	0,38	—	0,12	0,13
	III	13,99	—	1,11	1,25	13,99	III	—	0,87	0,98	—	0,64	0,72	—	0,41	0,46	—	0,20	0,23	—	0,04	0,05	—	—	—
	V	39,58	—	3,16	3,56	25,19	IV	—	1,85	2,08	—	1,69	1,90	—	1,54	1,73	—	1,38	1,56	—	1,24	1,39	—	1,10	1,23
	VI	40,78	—	3,26	3,67																					
145,99	I,IV	25,22	—	2,01	2,26	25,22	I	—	1,69	1,90	—	1,39	1,56	—	1,10	1,24	—	0,83	0,93	—	0,57	0,64	—	0,33	0,37
	II	21,38	—	1,71	1,92	21,38	II	—	1,40	1,58	—	1,11	1,25	—	0,84	0,94	—	0,58	0,65	—	0,34	0,38	—	0,12	0,13
	III	14,01	—	1,12	1,26	14,01	III	—	0,87	0,98	—	0,64	0,72	—	0,41	0,46	—	0,21	0,23	—	0,04	0,05	—	—	—
	V	39,61	—	3,16	3,56	25,22	IV	—	1,85	2,08	—	1,69	1,90	—	1,54	1,73	—	1,39	1,56	—	1,24	1,40	—	1,10	1,24
	VI	40,82	—	3,26	3,67																					
146,09	I,IV	25,25	—	2,02	2,27	25,25	I	—	1,69	1,91	—	1,39	1,56	—	1,10	1,24	—	0,83	0,93	—	0,57	0,64	—	0,33	0,37
	II	21,41	—	1,71	1,92	21,41	II	—	1,40	1,58	—	1,11	1,25	—	0,84	0,94	—	0,58	0,65	—	0,34	0,38	—	0,12	0,14
	III	14,03	—	1,12	1,26	14,03	III	—	0,87	0,98	—	0,64	0,72	—	0,41	0,46	—	0,21	0,23	—	0,04	0,05	—	—	—
	V	39,65	—	3,17	3,56	25,25	IV	—	1,85	2,08	—	1,69	1,91	—	1,54	1,73	—	1,39	1,56	—	1,24	1,40	—	1,10	1,24
	VI	40,85	—	3,26	3,67																					
146,19	I,IV	25,28	—	2,02	2,27	25,28	I	—	1,70	1,91	—	1,39	1,57	—	1,10	1,24	—	0,83	0,93	—	0,57	0,64	—	0,33	0,37
	II	21,44	—	1,71	1,92	21,44	II	—	1,40	1,58	—	1,11	1,25	—	0,84	0,95	—	0,58	0,66	—	0,34	0,39	—	0,12	0,14
	III	14,06	—	1,12	1,26	14,06	III	—	0,88	0,99	—	0,64	0,72	—	0,41	0,46	—	0,21	0,24	—	0,04	0,05	—	—	—
	V	39,68	—	3,17	3,57	25,28	IV	—	1,86	2,09	—	1,70	1,91	—	1,54	1,73	—	1,39	1,57	—	1,24	1,40	—	1,10	1,24
	VI	40,89	—	3,27	3,68																					
146,29	I,IV	25,31	—	2,02	2,27	25,31	I	—	1,70	1,91	—	1,39	1,57	—	1,10	1,24	—	0,83	0,94	—	0,57	0,65	—	0,33	0,38
	II	21,46	—	1,71	1,93	21,46	II	—	1,41	1,58	—	1,12	1,26	—	0,84	0,95	—	0,59	0,66	—	0,34	0,39	—	0,12	0,14
	III	14,08	—	1,12	1,26	14,08	III	—	0,88	0,99	—	0,64	0,72	—	0,41	0,47	—	0,21	0,24	—	0,05	0,05	—	—	—
	V	39,71	—	3,17	3,57	25,31	IV	—	1,86	2,09	—	1,70	1,91	—	1,54	1,74	—	1,39	1,57	—	1,25	1,40	—	1,10	1,24
	VI	40,92	—	3,27	3,68																					
146,39	I,IV	25,34	—	2,02	2,28	25,34	I	—	1,70	1,91	—	1,40	1,57	—	1,11	1,25	—	0,83	0,94	—	0,58	0,65	—	0,34	0,38
	II	21,49	—	1,71	1,93	21,49	II	—	1,41	1,59	—	1,12	1,26	—	0,84	0,95	—	0,59	0,66	—	0,35	0,39	—	0,12	0,14
	III	14,10	—	1,12	1,26	14,10	III	—	0,88	0,99	—	0,64	0,72	—	0,42	0,47	—	0,21	0,24	—	0,05	0,05	—	—	—
	V	39,75	—	3,18	3,57	25,34	IV	—	1,86	2,09	—	1,70	1,91	—	1,55	1,74	—	1,40	1,57	—	1,25	1,41	—	1,11	1,25
	VI	40,96	—	3,27	3,68																					
146,49	I,IV	25,36	—	2,02	2,28	25,36	I	—	1,70	1,92	—	1,40	1,57	—	1,11	1,25	—	0,84	0,94	—	0,58	0,65	—	0,34	0,38
	II	21,52	—	1,72	1,93	21,52	II	—	1,41	1,59	—	1,12	1,26	—	0,85	0,95	—	0,59	0,66	—	0,35	0,39	—	0,13	0,14
	III	14,12	—	1,12	1,27	14,12	III	—	0,88	0,99	—	0,64	0,73	—	0,42	0,47	—	0,21	0,24	—	0,05	0,05	—	—	—
	V	39,78	—	3,18	3,58	25,36	IV	—	1,86	2,09	—	1,70	1,92	—	1,55	1,74	—	1,40	1,57	—	1,25	1,41	—	1,11	1,25
	VI	40,99	—	3,27	3,68																					
146,59	I,IV	25,40	—	2,03	2,28	25,40	I	—	1,70	1,92	—	1,40	1,57	—	1,11	1,25	—	0,84	0,94	—	0,58	0,65	—	0,34	0,38
	II	21,55	—	1,72	1,93	21,55	II	—	1,41	1,59	—	1,12	1,26	—	0,85	0,96	—	0,59	0,66	—	0,35	0,39	—	0,13	0,14
	III	14,14	—	1,13	1,27	14,14	III	—	0,88	0,99	—	0,65	0,73	—	0,42	0,47	—	0,21	0,24	—	0,05	0,06	—	—	—
	V	39,82	—	3,18	3,58	25,40	IV	—	1,86	2,10	—	1,70	1,92	—	1,55	1,74	—	1,40	1,57	—	1,25	1,41	—	1,11	1,25
	VI	41,03	—	3,28	3,69																					
146,69	I,IV	25,43	—	2,03	2,28	25,43	I	—	1,71	1,92	—	1,40	1,58	—	1,11	1,25	—	0,84	0,94	—	0,58	0,65	—	0,34	0,38
	II	21,58	—	1,72	1,94	21,58	II	—	1,42	1,59	—	1,12	1,27	—	0,85	0,96	—	0,59	0,67	—	0,35	0,39	—	0,13	0,15
	III	14,16	—	1,13	1,27	14,16	III	—	0,88	0,99	—	0,65	0,73	—	0,42	0,47	—	0,22	0,24	—	0,05	0,06	—	—	—
	V	39,85	—	3,18	3,58	25,43	IV	—	1,87	2,10	—	1,71	1,92	—	1,55	1,75	—	1,40	1,58	—	1,26	1,41	—	1,11	1,25
	VI	41,06	—	3,28	3,69																					

* Die ausgewiesenen Tabellenwerte sind amtlich. Siehe Erläuterungen auf der Umschlaginnenseite (U2).

TAG 146,70*

Lohn/ Gehalt bis €*	Abzüge an Lohnsteuer, Solidaritätszuschlag (SolZ) und Kirchensteuer (8%, 9%) in den Steuerklassen I – VI					I, II, III, IV																			
			ohne Kinderfreibeträge					mit Zahl der Kinderfreibeträge . . . 0,5			1			1,5			2			2,5			3		
		LSt	SolZ	8%	9%		LSt	SolZ	8%	9%	SolZ	8%	9%	SolZ	8%	9%	SolZ	8%	9%	SolZ	8%	9%	SolZ	8%	9%
146,79	I,IV	25,45	—	2,03	2,29	I	25,45	—	1,71	1,92	—	1,40	1,58	—	1,11	1,25	—	0,84	0,95	—	0,58	0,66	—	0,34	0,38
	II	21,60	—	1,72	1,94	II	21,60	—	1,42	1,59	—	1,13	1,27	—	0,85	0,96	—	0,59	0,67	—	0,35	0,40	—	0,13	0,15
	III	14,18	—	1,13	1,27	III	14,18	—	0,89	1,—	—	0,65	0,73	—	0,42	0,48	—	0,22	0,24	—	0,05	0,06	—	—	—
	V	39,89	—	3,19	3,59	IV	25,45	—	1,87	2,10	—	1,71	1,92	—	1,55	1,75	—	1,40	1,58	—	1,26	1,41	—	1,11	1,25
	VI	41,10	—	3,28	3,69																				
146,89	I,IV	25,48	—	2,03	2,29	I	25,48	—	1,71	1,93	—	1,41	1,58	—	1,12	1,26	—	0,84	0,95	—	0,58	0,66	—	0,34	0,39
	II	21,63	—	1,73	1,94	II	21,63	—	1,42	1,60	—	1,13	1,27	—	0,85	0,96	—	0,60	0,67	—	0,35	0,40	—	0,13	0,15
	III	14,21	—	1,13	1,27	III	14,21	—	0,89	1,—	—	0,65	0,73	—	0,42	0,48	—	0,22	0,25	—	0,05	0,06	—	—	—
	V	39,92	—	3,19	3,59	IV	25,48	—	1,87	2,11	—	1,71	1,93	—	1,56	1,75	—	1,41	1,58	—	1,26	1,42	—	1,12	1,26
	VI	41,13	—	3,29	3,70																				
146,99	I,IV	25,51	—	2,04	2,29	I	25,51	—	1,71	1,93	—	1,41	1,58	—	1,12	1,26	—	0,84	0,95	—	0,59	0,66	—	0,34	0,39
	II	21,66	—	1,73	1,94	II	21,66	—	1,42	1,60	—	1,13	1,27	—	0,86	0,96	—	0,60	0,67	—	0,36	0,40	—	0,13	0,15
	III	14,23	—	1,13	1,28	III	14,23	—	0,89	1,—	—	0,65	0,74	—	0,43	0,48	—	0,22	0,25	—	0,05	0,06	—	—	—
	V	39,96	—	3,19	3,59	IV	25,51	—	1,87	2,11	—	1,71	1,93	—	1,56	1,75	—	1,41	1,58	—	1,26	1,42	—	1,12	1,26
	VI	41,17	—	3,29	3,70																				
147,09	I,IV	25,54	—	2,04	2,29	I	25,54	—	1,72	1,93	—	1,41	1,59	—	1,12	1,26	—	0,85	0,95	—	0,59	0,66	—	0,35	0,39
	II	21,69	—	1,73	1,95	II	21,69	—	1,42	1,60	—	1,13	1,27	—	0,86	0,97	—	0,60	0,67	—	0,36	0,40	—	0,13	0,15
	III	14,25	—	1,14	1,28	III	14,25	—	0,89	1,—	—	0,66	0,74	—	0,43	0,48	—	0,22	0,25	—	0,05	0,06	—	—	—
	V	39,99	—	3,19	3,59	IV	25,54	—	1,88	2,11	—	1,72	1,93	—	1,56	1,76	—	1,41	1,59	—	1,26	1,42	—	1,12	1,26
	VI	41,20	—	3,29	3,70																				
147,19	I,IV	25,57	—	2,04	2,30	I	25,57	—	1,72	1,93	—	1,41	1,59	—	1,12	1,26	—	0,85	0,95	—	0,59	0,66	—	0,35	0,39
	II	21,71	—	1,73	1,95	II	21,71	—	1,43	1,60	—	1,13	1,28	—	0,86	0,97	—	0,60	0,68	—	0,36	0,40	—	0,14	0,15
	III	14,27	—	1,14	1,28	III	14,27	—	0,89	1,—	—	0,66	0,74	—	0,43	0,48	—	0,22	0,25	—	0,06	0,06	—	—	—
	V	40,03	—	3,20	3,60	IV	25,57	—	1,88	2,11	—	1,72	1,93	—	1,56	1,76	—	1,41	1,59	—	1,26	1,42	—	1,12	1,26
	VI	41,24	—	3,29	3,71																				
147,29	I,IV	25,60	—	2,04	2,30	I	25,60	—	1,72	1,94	—	1,41	1,59	—	1,12	1,26	—	0,85	0,96	—	0,59	0,67	—	0,35	0,39
	II	21,74	—	1,73	1,95	II	21,74	—	1,43	1,61	—	1,14	1,28	—	0,86	0,97	—	0,60	0,68	—	0,36	0,41	—	0,14	0,15
	III	14,30	—	1,14	1,28	III	14,30	—	0,89	1,01	—	0,66	0,74	—	0,43	0,48	—	0,22	0,25	—	0,06	0,06	—	—	—
	V	40,06	—	3,20	3,60	IV	25,60	—	1,88	2,12	—	1,72	1,94	—	1,57	1,76	—	1,41	1,59	—	1,27	1,43	—	1,12	1,26
	VI	41,27	—	3,30	3,71																				
147,39	I,IV	25,63	—	2,05	2,30	I	25,63	—	1,72	1,94	—	1,42	1,59	—	1,13	1,27	—	0,85	0,96	—	0,59	0,67	—	0,35	0,40
	II	21,77	—	1,74	1,95	II	21,77	—	1,43	1,61	—	1,14	1,28	—	0,86	0,97	—	0,60	0,68	—	0,36	0,41	—	0,14	0,16
	III	14,32	—	1,14	1,28	III	14,32	—	0,90	1,01	—	0,66	0,74	—	0,43	0,49	—	0,22	0,25	—	0,06	0,06	—	—	—
	V	40,10	—	3,20	3,60	IV	25,63	—	1,88	2,12	—	1,72	1,94	—	1,57	1,76	—	1,42	1,59	—	1,27	1,43	—	1,13	1,27
	VI	41,31	—	3,30	3,71																				
147,49	I,IV	25,66	—	2,05	2,30	I	25,66	—	1,73	1,94	—	1,42	1,60	—	1,13	1,27	—	0,85	0,96	—	0,60	0,67	—	0,35	0,40
	II	21,80	—	1,74	1,96	II	21,80	—	1,43	1,61	—	1,14	1,28	—	0,87	0,97	—	0,61	0,68	—	0,36	0,41	—	0,14	0,16
	III	14,34	—	1,14	1,29	III	14,34	—	0,90	1,01	—	0,66	0,74	—	0,43	0,49	—	0,23	0,25	—	0,06	0,07	—	—	—
	V	40,13	—	3,21	3,61	IV	25,66	—	1,88	2,12	—	1,73	1,94	—	1,57	1,77	—	1,42	1,60	—	1,27	1,43	—	1,13	1,27
	VI	41,34	—	3,30	3,72																				
147,59	I,IV	25,69	—	2,05	2,31	I	25,69	—	1,73	1,94	—	1,42	1,60	—	1,13	1,27	—	0,86	0,96	—	0,60	0,67	—	0,36	0,40
	II	21,83	—	1,74	1,96	II	21,83	—	1,43	1,61	—	1,14	1,29	—	0,87	0,98	—	0,61	0,68	—	0,37	0,41	—	0,14	0,16
	III	14,36	—	1,14	1,29	III	14,36	—	0,90	1,01	—	0,66	0,75	—	0,44	0,49	—	0,23	0,26	—	0,06	0,07	—	—	—
	V	40,17	—	3,21	3,61	IV	25,69	—	1,89	2,12	—	1,73	1,94	—	1,57	1,77	—	1,42	1,60	—	1,27	1,43	—	1,13	1,27
	VI	41,38	—	3,31	3,72																				
147,69	I,IV	25,72	—	2,05	2,31	I	25,72	—	1,73	1,95	—	1,42	1,60	—	1,13	1,27	—	0,86	0,97	—	0,60	0,67	—	0,36	0,40
	II	21,85	—	1,74	1,96	II	21,85	—	1,44	1,62	—	1,14	1,29	—	0,87	0,98	—	0,61	0,69	—	0,37	0,41	—	0,14	0,16
	III	14,38	—	1,15	1,29	III	14,38	—	0,90	1,01	—	0,66	0,75	—	0,44	0,49	—	0,23	0,26	—	0,06	0,07	—	—	—
	V	40,20	—	3,21	3,61	IV	25,72	—	1,89	2,13	—	1,73	1,95	—	1,57	1,77	—	1,42	1,60	—	1,28	1,44	—	1,13	1,27
	VI	41,41	—	3,31	3,72																				
147,79	I,IV	25,75	—	2,06	2,31	I	25,75	—	1,73	1,95	—	1,42	1,60	—	1,13	1,28	—	0,86	0,97	—	0,60	0,68	—	0,36	0,40
	II	21,88	—	1,75	1,96	II	21,88	—	1,44	1,62	—	1,15	1,29	—	0,87	0,98	—	0,61	0,69	—	0,37	0,42	—	0,14	0,16
	III	14,41	—	1,15	1,29	III	14,41	—	0,90	1,02	—	0,67	0,75	—	0,44	0,49	—	0,23	0,26	—	0,06	0,07	—	—	—
	V	40,24	—	3,21	3,62	IV	25,75	—	1,89	2,13	—	1,73	1,95	—	1,58	1,77	—	1,42	1,60	—	1,28	1,44	—	1,13	1,28
	VI	41,45	—	3,31	3,73																				
147,89	I,IV	25,78	—	2,06	2,32	I	25,78	—	1,73	1,95	—	1,43	1,61	—	1,14	1,28	—	0,86	0,97	—	0,60	0,68	—	0,36	0,41
	II	21,91	—	1,75	1,97	II	21,91	—	1,44	1,62	—	1,15	1,29	—	0,87	0,98	—	0,61	0,69	—	0,37	0,42	—	0,15	0,16
	III	14,43	—	1,15	1,29	III	14,43	—	0,90	1,02	—	0,67	0,75	—	0,44	0,50	—	0,23	0,26	—	0,06	0,07	—	—	—
	V	40,27	—	3,22	3,62	IV	25,78	—	1,89	2,13	—	1,73	1,95	—	1,58	1,78	—	1,43	1,61	—	1,28	1,44	—	1,14	1,28
	VI	41,48	—	3,31	3,73																				
147,99	I,IV	25,81	—	2,06	2,32	I	25,81	—	1,74	1,95	—	1,43	1,61	—	1,14	1,28	—	0,86	0,97	—	0,60	0,68	—	0,36	0,41
	II	21,94	—	1,75	1,97	II	21,94	—	1,44	1,62	—	1,15	1,29	—	0,88	0,99	—	0,62	0,69	—	0,37	0,42	—	0,15	0,17
	III	14,45	—	1,15	1,30	III	14,45	—	0,91	1,02	—	0,67	0,75	—	0,44	0,50	—	0,23	0,26	—	0,06	0,07	—	—	—
	V	40,31	—	3,22	3,62	IV	25,81	—	1,90	2,13	—	1,74	1,95	—	1,58	1,78	—	1,43	1,61	—	1,28	1,44	—	1,14	1,28
	VI	41,51	—	3,32	3,73																				
148,09	I,IV	25,83	—	2,06	2,32	I	25,83	—	1,74	1,96	—	1,43	1,61	—	1,14	1,28	—	0,86	0,97	—	0,61	0,68	—	0,36	0,41
	II	21,97	—	1,75	1,97	II	21,97	—	1,44	1,63	—	1,15	1,30	—	0,88	0,99	—	0,62	0,70	—	0,37	0,42	—	0,15	0,17
	III	14,47	—	1,15	1,30	III	14,47	—	0,91	1,02	—	0,67	0,76	—	0,44	0,50	—	0,23	0,26	—	0,06	0,07	—	—	—
	V	40,34	—	3,22	3,63	IV	25,83	—	1,90	2,14	—	1,74	1,96	—	1,58	1,78	—	1,43	1,61	—	1,28	1,44	—	1,14	1,28
	VI	41,55	—	3,32	3,73																				
148,19	I,IV	25,86	—	2,06	2,32	I	25,86	—	1,74	1,96	—	1,43	1,61	—	1,14	1,29	—	0,87	0,98	—	0,61	0,68	—	0,36	0,41
	II	22,—	—	1,76	1,98	II	22,—	—	1,45	1,63	—	1,15	1,30	—	0,88	0,99	—	0,62	0,70	—	0,38	0,42	—	0,15	0,17
	III	14,50	—	1,16	1,30	III	14,50	—	0,91	1,02	—	0,67	0,76	—	0,44	0,50	—	0,24	0,27	—	0,07	0,07	—	—	—
	V	40,38	—	3,23	3,63	IV	25,86	—	1,90	2,14	—	1,74	1,96	—	1,58	1,78	—	1,43	1,61	—	1,29	1,45	—	1,14	1,29
	VI	41,58	—	3,32	3,74																				
148,29	I,IV	25,90	—	2,07	2,33	I	25,90	—	1,74	1,96	—	1,44	1,62	—	1,14	1,29	—	0,87	0,98	—	0,61	0,69	—	0,37	0,41
	II	22,02	—	1,76	1,98	II	22,02	—	1,45	1,63	—	1,16	1,30	—	0,88	0,99	—	0,62	0,70	—	0,38	0,43	—	0,15	0,17
	III	14,52	—	1,16	1,30	III	14,52	—	0,91	1,03	—	0,68	0,76	—	0,45	0,50	—	0,24	0,27	—	0,07	0,08	—	—	—
	V	40,41	—	3,23	3,63	IV	25,90	—	1,90	2,14	—	1,74	1,96	—	1,59	1,79	—	1,44	1,62	—	1,29	1,45	—	1,14	1,29
	VI	41,62	—	3,32	3,74																				

* Die ausgewiesenen Tabellenwerte sind amtlich. Siehe Erläuterungen auf der Umschlaginnenseite (U2).

149,89* **TAG**

Abzüge an Lohnsteuer, Solidaritätszuschlag (SolZ) und Kirchensteuer (8%, 9%) in den Steuerklassen

Lohn/Gehalt bis €*	Kl.	LSt (I–VI, ohne Kinderfreibeträge)	SolZ	8%	9%	Kl.	LSt	0,5 SolZ	8%	9%	1 SolZ	8%	9%	1,5 SolZ	8%	9%	2 SolZ	8%	9%	2,5 SolZ	8%	9%	3 SolZ	8%	9%
148,39	I,IV	25,92	—	2,07	2,33	I	25,92	—	1,75	1,96	—	1,44	1,62	—	1,15	1,29	—	0,87	0,98	—	0,61	0,69	—	0,37	0,41
	II	22,05	—	1,76	1,98	II	22,05	—	1,45	1,63	—	1,16	1,30	—	0,88	0,99	—	0,62	0,70	—	0,38	0,43	—	0,15	0,17
	III	14,54	—	1,16	1,30	III	14,54	—	0,91	1,03	—	0,68	0,76	—	0,45	0,50	—	0,24	0,27	—	0,07	0,08	—	—	—
	V	40,45	—	3,23	3,64	IV	25,92	—	1,91	2,14	—	1,75	1,96	—	1,59	1,79	—	1,44	1,62	—	1,29	1,45	—	1,15	1,29
	VI	41,65	—	3,33	3,74																					
148,49	I,IV	25,95	—	2,07	2,33	I	25,95	—	1,75	1,97	—	1,44	1,62	—	1,15	1,29	—	0,87	0,98	—	0,61	0,69	—	0,37	0,42
	II	22,08	—	1,76	1,98	II	22,08	—	1,45	1,63	—	1,16	1,31	—	0,88	1,—	—	0,62	0,70	—	0,38	0,43	—	0,15	0,17
	III	14,56	—	1,16	1,31	III	14,56	—	0,92	1,03	—	0,68	0,76	—	0,45	0,51	—	0,24	0,27	—	0,07	0,08	—	—	—
	V	40,48	—	3,23	3,64	IV	25,95	—	1,91	2,15	—	1,75	1,97	—	1,59	1,79	—	1,44	1,62	—	1,29	1,45	—	1,15	1,29
	VI	41,69	—	3,33	3,75																					
148,59	I,IV	25,98	—	2,07	2,33	I	25,98	—	1,75	1,97	—	1,44	1,62	—	1,15	1,29	—	0,87	0,98	—	0,62	0,69	—	0,37	0,42
	II	22,11	—	1,76	1,98	II	22,11	—	1,46	1,64	—	1,16	1,31	—	0,89	1,—	—	0,63	0,71	—	0,38	0,43	—	0,16	0,18
	III	14,58	—	1,16	1,31	III	14,58	—	0,92	1,03	—	0,68	0,77	—	0,45	0,51	—	0,24	0,27	—	0,07	0,08	—	—	—
	V	40,51	—	3,24	3,64	IV	25,98	—	1,91	2,15	—	1,75	1,97	—	1,59	1,79	—	1,44	1,62	—	1,29	1,46	—	1,15	1,29
	VI	41,72	—	3,33	3,75																					
148,69	I,IV	26,01	—	2,08	2,34	I	26,01	—	1,75	1,97	—	1,44	1,62	—	1,15	1,30	—	0,88	0,99	—	0,62	0,69	—	0,37	0,42
	II	22,14	—	1,77	1,99	II	22,14	—	1,46	1,64	—	1,16	1,31	—	0,89	1,—	—	0,63	0,71	—	0,38	0,43	—	0,16	0,18
	III	14,61	—	1,16	1,31	III	14,61	—	0,92	1,03	—	0,68	0,77	—	0,45	0,51	—	0,24	0,27	—	0,07	0,08	—	—	—
	V	40,55	—	3,24	3,64	IV	26,01	—	1,91	2,15	—	1,75	1,97	—	1,60	1,80	—	1,44	1,62	—	1,30	1,46	—	1,15	1,30
	VI	41,76	—	3,34	3,75																					
148,79	I,IV	26,04	—	2,08	2,34	I	26,04	—	1,75	1,97	—	1,45	1,63	—	1,15	1,30	—	0,88	0,99	—	0,62	0,70	—	0,38	0,42
	II	22,16	—	1,77	1,99	II	22,16	—	1,46	1,64	—	1,17	1,31	—	0,89	1,—	—	0,63	0,71	—	0,39	0,43	—	0,16	0,18
	III	14,63	—	1,17	1,31	III	14,63	—	0,92	1,04	—	0,68	0,77	—	0,45	0,51	—	0,24	0,27	—	0,07	0,08	—	—	—
	V	40,58	—	3,24	3,65	IV	26,04	—	1,91	2,15	—	1,75	1,97	—	1,60	1,80	—	1,45	1,63	—	1,30	1,46	—	1,15	1,30
	VI	41,79	—	3,34	3,76																					
148,89	I,IV	26,07	—	2,08	2,34	I	26,07	—	1,76	1,98	—	1,45	1,63	—	1,16	1,30	—	0,88	0,99	—	0,62	0,70	—	0,38	0,42
	II	22,19	—	1,77	1,99	II	22,19	—	1,46	1,64	—	1,17	1,32	—	0,89	1,—	—	0,63	0,71	—	0,39	0,44	—	0,16	0,18
	III	14,65	—	1,17	1,31	III	14,65	—	0,92	1,04	—	0,68	0,77	—	0,46	0,51	—	0,24	0,28	—	0,07	0,08	—	—	—
	V	40,62	—	3,24	3,65	IV	26,07	—	1,92	2,16	—	1,76	1,98	—	1,60	1,80	—	1,45	1,63	—	1,30	1,46	—	1,16	1,30
	VI	41,83	—	3,34	3,76																					
148,99	I,IV	26,10	—	2,08	2,34	I	26,10	—	1,76	1,98	—	1,45	1,63	—	1,16	1,30	—	0,88	0,99	—	0,62	0,70	—	0,38	0,43
	II	22,22	—	1,77	1,99	II	22,22	—	1,46	1,65	—	1,17	1,32	—	0,89	1,01	—	0,63	0,71	—	0,39	0,44	—	0,16	0,18
	III	14,67	—	1,17	1,32	III	14,67	—	0,92	1,04	—	0,69	0,77	—	0,46	0,52	—	0,25	0,28	—	0,07	0,08	—	—	—
	V	40,65	—	3,25	3,65	IV	26,10	—	1,92	2,16	—	1,76	1,98	—	1,60	1,80	—	1,45	1,63	—	1,30	1,47	—	1,16	1,30
	VI	41,86	—	3,34	3,76																					
149,09	I,IV	26,13	—	2,09	2,35	I	26,13	—	1,76	1,98	—	1,45	1,63	—	1,16	1,31	—	0,88	0,99	—	0,62	0,70	—	0,38	0,43
	II	22,25	—	1,78	2,—	II	22,25	—	1,47	1,65	—	1,17	1,32	—	0,90	1,01	—	0,64	0,72	—	0,39	0,44	—	0,16	0,18
	III	14,69	—	1,17	1,32	III	14,69	—	0,93	1,04	—	0,69	0,77	—	0,46	0,52	—	0,25	0,28	—	0,08	0,09	—	—	—
	V	40,69	—	3,25	3,66	IV	26,13	—	1,92	2,16	—	1,76	1,98	—	1,60	1,81	—	1,45	1,63	—	1,30	1,47	—	1,16	1,31
	VI	41,90	—	3,35	3,77																					
149,19	I,IV	26,16	—	2,09	2,35	I	26,16	—	1,76	1,98	—	1,45	1,64	—	1,16	1,31	—	0,89	1,—	—	0,63	0,70	—	0,38	0,43
	II	22,28	—	1,78	2,—	II	22,28	—	1,47	1,65	—	1,18	1,32	—	0,90	1,01	—	0,64	0,72	—	0,39	0,44	—	0,16	0,19
	III	14,72	—	1,17	1,32	III	14,72	—	0,93	1,04	—	0,69	0,78	—	0,46	0,52	—	0,25	0,28	—	0,08	0,09	—	—	—
	V	40,72	—	3,25	3,66	IV	26,16	—	1,92	2,16	—	1,76	1,98	—	1,61	1,81	—	1,45	1,64	—	1,31	1,47	—	1,16	1,31
	VI	41,93	—	3,35	3,77																					
149,29	I,IV	26,19	—	2,09	2,35	I	26,19	—	1,77	1,99	—	1,46	1,64	—	1,16	1,31	—	0,89	1,—	—	0,63	0,71	—	0,38	0,43
	II	22,30	—	1,78	2,—	II	22,30	—	1,47	1,65	—	1,18	1,32	—	0,90	1,01	—	0,64	0,72	—	0,39	0,44	—	0,17	0,19
	III	14,74	—	1,17	1,32	III	14,74	—	0,93	1,05	—	0,69	0,78	—	0,46	0,52	—	0,25	0,28	—	0,08	0,09	—	—	—
	V	40,76	—	3,26	3,66	IV	26,19	—	1,93	2,17	—	1,77	1,99	—	1,61	1,81	—	1,46	1,64	—	1,31	1,47	—	1,16	1,31
	VI	41,96	—	3,35	3,77																					
149,39	I,IV	26,22	—	2,09	2,35	I	26,22	—	1,77	1,99	—	1,46	1,64	—	1,17	1,31	—	0,89	1,—	—	0,63	0,71	—	0,38	0,43
	II	22,33	—	1,78	2,—	II	22,33	—	1,47	1,66	—	1,18	1,33	—	0,90	1,01	—	0,64	0,72	—	0,40	0,45	—	0,17	0,19
	III	14,76	—	1,18	1,32	III	14,76	—	0,93	1,05	—	0,69	0,78	—	0,46	0,52	—	0,25	0,28	—	0,08	0,09	—	—	—
	V	40,79	—	3,26	3,67	IV	26,22	—	1,93	2,17	—	1,77	1,99	—	1,61	1,81	—	1,46	1,64	—	1,31	1,47	—	1,17	1,31
	VI	42,—	—	3,36	3,78																					
149,49	I,IV	26,25	—	2,10	2,36	I	26,25	—	1,77	1,99	—	1,46	1,64	—	1,17	1,31	—	0,89	1,—	—	0,63	0,71	—	0,39	0,44
	II	22,36	—	1,78	2,01	II	22,36	—	1,47	1,66	—	1,18	1,33	—	0,90	1,02	—	0,64	0,72	—	0,40	0,45	—	0,17	0,19
	III	14,78	—	1,18	1,33	III	14,78	—	0,93	1,05	—	0,70	0,78	—	0,47	0,52	—	0,25	0,28	—	0,08	0,09	—	—	—
	V	40,83	—	3,26	3,67	IV	26,25	—	1,93	2,17	—	1,77	1,99	—	1,61	1,81	—	1,46	1,64	—	1,31	1,48	—	1,17	1,31
	VI	42,03	—	3,36	3,78																					
149,59	I,IV	26,28	—	2,10	2,36	I	26,28	—	1,77	1,99	—	1,46	1,65	—	1,17	1,32	—	0,89	1,01	—	0,63	0,71	—	0,39	0,44
	II	22,39	—	1,79	2,01	II	22,39	—	1,48	1,66	—	1,18	1,33	—	0,91	1,02	—	0,64	0,72	—	0,40	0,45	—	0,17	0,19
	III	14,81	—	1,18	1,33	III	14,81	—	0,93	1,05	—	0,70	0,78	—	0,47	0,53	—	0,25	0,29	—	0,08	0,09	—	—	—
	V	40,86	—	3,26	3,67	IV	26,28	—	1,93	2,17	—	1,77	1,99	—	1,62	1,82	—	1,46	1,65	—	1,32	1,48	—	1,17	1,32
	VI	42,07	—	3,36	3,78																					
149,69	I,IV	26,31	—	2,10	2,36	I	26,31	—	1,77	2,—	—	1,47	1,65	—	1,17	1,32	—	0,90	1,01	—	0,64	0,72	—	0,39	0,44
	II	22,42	—	1,79	2,01	II	22,42	—	1,48	1,66	—	1,18	1,33	—	0,91	1,02	—	0,65	0,73	—	0,40	0,45	—	0,17	0,19
	III	14,82	—	1,18	1,33	III	14,82	—	0,94	1,05	—	0,70	0,79	—	0,47	0,53	—	0,26	0,29	—	0,08	0,09	—	—	—
	V	40,90	—	3,27	3,68	IV	26,31	—	1,94	2,18	—	1,77	2,—	—	1,62	1,82	—	1,47	1,65	—	1,32	1,48	—	1,17	1,32
	VI	42,10	—	3,36	3,78																					
149,79	I,IV	26,34	—	2,10	2,37	I	26,34	—	1,78	2,—	—	1,47	1,65	—	1,17	1,32	—	0,90	1,01	—	0,64	0,72	—	0,39	0,44
	II	22,45	—	1,79	2,02	II	22,45	—	1,48	1,67	—	1,19	1,34	—	0,91	1,02	—	0,65	0,73	—	0,40	0,45	—	0,17	0,20
	III	14,85	—	1,18	1,33	III	14,85	—	0,94	1,06	—	0,70	0,79	—	0,47	0,53	—	0,26	0,29	—	0,08	0,09	—	—	—
	V	40,93	—	3,27	3,68	IV	26,34	—	1,94	2,18	—	1,78	2,—	—	1,62	1,82	—	1,47	1,65	—	1,32	1,48	—	1,17	1,32
	VI	42,14	—	3,37	3,79																					
149,89	I,IV	26,36	—	2,10	2,37	I	26,36	—	1,78	2,—	—	1,47	1,65	—	1,18	1,32	—	0,90	1,01	—	0,64	0,72	—	0,39	0,44
	II	22,47	—	1,79	2,02	II	22,47	—	1,48	1,67	—	1,19	1,34	—	0,91	1,03	—	0,65	0,73	—	0,40	0,45	—	0,18	0,20
	III	14,87	—	1,18	1,33	III	14,87	—	0,94	1,06	—	0,70	0,79	—	0,47	0,53	—	0,26	0,29	—	0,08	0,09	—	—	—
	V	40,96	—	3,27	3,68	IV	26,36	—	1,94	2,18	—	1,78	2,—	—	1,62	1,83	—	1,47	1,65	—	1,32	1,49	—	1,18	1,32
	VI	42,17	—	3,37	3,79																					

* Die ausgewiesenen Tabellenwerte sind amtlich. Siehe Erläuterungen auf der Umschlaginnenseite (U2).

TAG 149,90*

Abzüge an Lohnsteuer, Solidaritätszuschlag (SolZ) und Kirchensteuer (8%, 9%) in den Steuerklassen

Lohn/Gehalt bis €*		LSt (I–VI ohne Kinderfreibeträge)	SolZ	8%	9%		LSt (I,II,III,IV)	SolZ 0,5	8%	9%	SolZ 1	8%	9%	SolZ 1,5	8%	9%	SolZ 2	8%	9%	SolZ 2,5	8%	9%	SolZ 3	8%	9%
149,99	I,IV	26,40	—	2,11	2,37	I	26,40	—	1,78	2,—	—	1,47	1,66	—	1,18	1,33	—	0,90	1,01	—	0,64	0,72	—	0,40	0,45
	II	22,50	—	1,80	2,02	II	22,50	—	1,48	1,67	—	1,19	1,34	—	0,91	1,03	—	0,65	0,73	—	0,41	0,46	—	0,18	0,20
	III	14,89	—	1,19	1,34	III	14,89	—	0,94	1,06	—	0,70	0,79	—	0,47	0,53	—	0,26	0,29	—	0,08	0,10	—	—	—
	V	41,—	—	3,28	3,69	IV	26,40	—	1,94	2,18	—	1,78	2,—	—	1,62	1,83	—	1,47	1,66	—	1,32	1,49	—	1,18	1,33
	VI	42,21	—	3,37	3,79																					
150,09	I,IV	26,43	—	2,11	2,37	I	26,43	—	1,78	2,01	—	1,47	1,66	—	1,18	1,33	—	0,90	1,02	—	0,64	0,72	—	0,40	0,45
	II	22,53	—	1,80	2,02	II	22,53	—	1,49	1,67	—	1,19	1,34	—	0,92	1,03	—	0,65	0,73	—	0,41	0,46	—	0,18	0,20
	III	14,91	—	1,19	1,34	III	14,91	—	0,94	1,06	—	0,70	0,79	—	0,48	0,54	—	0,26	0,29	—	0,09	0,10	—	—	—
	V	41,03	—	3,28	3,69	IV	26,43	—	1,94	2,19	—	1,78	2,01	—	1,63	1,83	—	1,47	1,66	—	1,32	1,49	—	1,18	1,33
	VI	42,24	—	3,37	3,80																					
150,19	I,IV	26,45	—	2,11	2,38	I	26,45	—	1,79	2,01	—	1,48	1,66	—	1,18	1,33	—	0,90	1,02	—	0,64	0,72	—	0,40	0,45
	II	22,56	—	1,80	2,03	II	22,56	—	1,49	1,68	—	1,20	1,35	—	0,92	1,03	—	0,66	0,74	—	0,41	0,46	—	0,18	0,20
	III	14,93	—	1,19	1,34	III	14,93	—	0,94	1,06	—	0,71	0,80	—	0,48	0,54	—	0,26	0,30	—	0,09	0,10	—	—	—
	V	41,07	—	3,28	3,69	IV	26,45	—	1,95	2,19	—	1,79	2,01	—	1,63	1,83	—	1,48	1,66	—	1,33	1,49	—	1,18	1,33
	VI	42,28	—	3,38	3,80																					
150,29	I,IV	26,48	—	2,11	2,38	I	26,48	—	1,79	2,01	—	1,48	1,66	—	1,18	1,33	—	0,91	1,02	—	0,64	0,72	—	0,40	0,45
	II	22,59	—	1,80	2,03	II	22,59	—	1,49	1,68	—	1,20	1,35	—	0,92	1,03	—	0,66	0,74	—	0,41	0,46	—	0,18	0,20
	III	14,96	—	1,19	1,34	III	14,96	—	0,95	1,06	—	0,71	0,80	—	0,48	0,54	—	0,26	0,30	—	0,09	0,10	—	—	—
	V	41,10	—	3,28	3,69	IV	26,48	—	1,95	2,19	—	1,79	2,01	—	1,63	1,84	—	1,48	1,66	—	1,33	1,50	—	1,18	1,33
	VI	42,31	—	3,38	3,80																					
150,39	I,IV	26,51	—	2,12	2,38	I	26,51	—	1,79	2,01	—	1,48	1,67	—	1,19	1,34	—	0,91	1,02	—	0,65	0,73	—	0,40	0,45
	II	22,61	—	1,80	2,03	II	22,61	—	1,49	1,68	—	1,20	1,35	—	0,92	1,04	—	0,66	0,74	—	0,41	0,46	—	0,18	0,21
	III	14,98	—	1,19	1,34	III	14,98	—	0,95	1,07	—	0,71	0,80	—	0,48	0,54	—	0,27	0,30	—	0,09	0,10	—	—	—
	V	41,14	—	3,29	3,70	IV	26,51	—	1,95	2,20	—	1,79	2,01	—	1,63	1,84	—	1,48	1,67	—	1,33	1,50	—	1,19	1,34
	VI	42,35	—	3,38	3,81																					
150,49	I,IV	26,54	—	2,12	2,38	I	26,54	—	1,79	2,02	—	1,48	1,67	—	1,19	1,34	—	0,91	1,03	—	0,65	0,73	—	0,40	0,45
	II	22,64	—	1,81	2,03	II	22,64	—	1,50	1,68	—	1,20	1,35	—	0,92	1,04	—	0,66	0,74	—	0,41	0,47	—	0,18	0,21
	III	15,—	—	1,20	1,35	III	15,—	—	0,95	1,07	—	0,71	0,80	—	0,48	0,54	—	0,27	0,30	—	0,09	0,10	—	—	—
	V	41,17	—	3,29	3,70	IV	26,54	—	1,95	2,20	—	1,79	2,02	—	1,64	1,84	—	1,48	1,67	—	1,33	1,50	—	1,19	1,34
	VI	42,38	—	3,39	3,81																					
150,59	I,IV	26,57	—	2,12	2,39	I	26,57	—	1,80	2,02	—	1,48	1,67	—	1,19	1,34	—	0,91	1,03	—	0,65	0,73	—	0,41	0,46
	II	22,67	—	1,81	2,04	II	22,67	—	1,50	1,69	—	1,20	1,35	—	0,92	1,04	—	0,66	0,75	—	0,42	0,47	—	0,19	0,21
	III	15,02	—	1,20	1,35	III	15,02	—	0,95	1,07	—	0,71	0,80	—	0,48	0,54	—	0,27	0,30	—	0,09	0,10	—	—	—
	V	41,21	—	3,29	3,70	IV	26,57	—	1,96	2,20	—	1,80	2,02	—	1,64	1,84	—	1,48	1,67	—	1,34	1,50	—	1,19	1,34
	VI	42,42	—	3,39	3,81																					
150,69	I,IV	26,60	—	2,12	2,39	I	26,60	—	1,80	2,02	—	1,49	1,67	—	1,19	1,34	—	0,91	1,03	—	0,65	0,73	—	0,41	0,46
	II	22,70	—	1,81	2,04	II	22,70	—	1,50	1,69	—	1,21	1,36	—	0,93	1,04	—	0,66	0,75	—	0,42	0,47	—	0,19	0,21
	III	15,05	—	1,20	1,35	III	15,05	—	0,95	1,07	—	0,72	0,81	—	0,48	0,55	—	0,27	0,30	—	0,09	0,10	—	—	—
	V	41,24	—	3,29	3,71	IV	26,60	—	1,96	2,20	—	1,80	2,02	—	1,64	1,85	—	1,49	1,67	—	1,34	1,51	—	1,19	1,34
	VI	42,45	—	3,39	3,82																					
150,79	I,IV	26,63	—	2,13	2,39	I	26,63	—	1,80	2,02	—	1,49	1,68	—	1,19	1,34	—	0,92	1,03	—	0,65	0,74	—	0,41	0,46
	II	22,73	—	1,81	2,04	II	22,73	—	1,50	1,69	—	1,21	1,36	—	0,93	1,05	—	0,67	0,75	—	0,42	0,47	—	0,19	0,21
	III	15,07	—	1,20	1,35	III	15,07	—	0,95	1,07	—	0,72	0,81	—	0,49	0,55	—	0,27	0,31	—	0,09	0,11	—	—	—
	V	41,28	—	3,30	3,71	IV	26,63	—	1,96	2,21	—	1,80	2,02	—	1,64	1,85	—	1,49	1,68	—	1,34	1,51	—	1,19	1,34
	VI	42,49	—	3,39	3,82																					
150,89	I,IV	26,66	—	2,13	2,39	I	26,66	—	1,80	2,03	—	1,49	1,68	—	1,20	1,35	—	0,92	1,03	—	0,66	0,74	—	0,41	0,46
	II	22,76	—	1,82	2,04	II	22,76	—	1,50	1,69	—	1,21	1,36	—	0,93	1,05	—	0,67	0,75	—	0,42	0,47	—	0,19	0,21
	III	15,09	—	1,20	1,35	III	15,09	—	0,96	1,08	—	0,72	0,81	—	0,49	0,55	—	0,27	0,31	—	0,10	0,11	—	—	—
	V	41,31	—	3,30	3,71	IV	26,66	—	1,96	2,21	—	1,80	2,03	—	1,64	1,85	—	1,49	1,68	—	1,34	1,51	—	1,20	1,35
	VI	42,52	—	3,40	3,82																					
150,99	I,IV	26,69	—	2,13	2,40	I	26,69	—	1,80	2,03	—	1,49	1,68	—	1,20	1,35	—	0,92	1,04	—	0,66	0,74	—	0,41	0,46
	II	22,78	—	1,82	2,05	II	22,78	—	1,51	1,70	—	1,21	1,36	—	0,93	1,05	—	0,67	0,75	—	0,42	0,48	—	0,19	0,22
	III	15,11	—	1,20	1,35	III	15,11	—	0,96	1,08	—	0,72	0,81	—	0,49	0,55	—	0,27	0,31	—	0,10	0,11	—	—	—
	V	41,35	—	3,30	3,72	IV	26,69	—	1,96	2,21	—	1,80	2,03	—	1,65	1,85	—	1,49	1,68	—	1,34	1,51	—	1,20	1,35
	VI	42,56	—	3,40	3,83																					
151,09	I,IV	26,72	—	2,13	2,40	I	26,72	—	1,81	2,03	—	1,50	1,68	—	1,20	1,35	—	0,92	1,04	—	0,66	0,74	—	0,41	0,47
	II	22,81	—	1,82	2,05	II	22,81	—	1,51	1,70	—	1,21	1,37	—	0,93	1,05	—	0,67	0,76	—	0,42	0,48	—	0,19	0,22
	III	15,13	—	1,21	1,36	III	15,13	—	0,96	1,08	—	0,72	0,81	—	0,49	0,55	—	0,28	0,31	—	0,10	0,11	—	—	—
	V	41,38	—	3,31	3,72	IV	26,72	—	1,97	2,21	—	1,81	2,03	—	1,65	1,86	—	1,50	1,68	—	1,35	1,51	—	1,20	1,35
	VI	42,59	—	3,40	3,83																					
151,19	I,IV	26,75	—	2,14	2,40	I	26,75	—	1,81	2,03	—	1,50	1,69	—	1,20	1,35	—	0,92	1,04	—	0,66	0,74	—	0,42	0,47
	II	22,84	—	1,82	2,05	II	22,84	—	1,51	1,70	—	1,22	1,37	—	0,94	1,05	—	0,67	0,76	—	0,43	0,48	—	0,20	0,22
	III	15,16	—	1,21	1,36	III	15,16	—	0,96	1,08	—	0,72	0,81	—	0,49	0,55	—	0,28	0,31	—	0,10	0,11	—	—	—
	V	41,42	—	3,31	3,72	IV	26,75	—	1,97	2,22	—	1,81	2,03	—	1,65	1,86	—	1,50	1,69	—	1,35	1,52	—	1,20	1,35
	VI	42,63	—	3,41	3,83																					
151,29	I,IV	26,78	—	2,14	2,41	I	26,78	—	1,81	2,04	—	1,50	1,69	—	1,20	1,36	—	0,93	1,04	—	0,66	0,75	—	0,42	0,47
	II	22,87	—	1,82	2,05	II	22,87	—	1,51	1,70	—	1,22	1,37	—	0,94	1,06	—	0,68	0,76	—	0,43	0,48	—	0,20	0,22
	III	15,18	—	1,21	1,36	III	15,18	—	0,96	1,08	—	0,72	0,82	—	0,49	0,56	—	0,28	0,31	—	0,10	0,11	—	—	—
	V	41,45	—	3,31	3,73	IV	26,78	—	1,97	2,22	—	1,81	2,04	—	1,65	1,86	—	1,50	1,69	—	1,35	1,52	—	1,20	1,36
	VI	42,66	—	3,41	3,83																					
151,39	I,IV	26,81	—	2,14	2,41	I	26,81	—	1,81	2,04	—	1,50	1,69	—	1,21	1,36	—	0,93	1,04	—	0,67	0,75	—	0,42	0,47
	II	22,90	—	1,83	2,06	II	22,90	—	1,52	1,71	—	1,22	1,37	—	0,94	1,06	—	0,68	0,76	—	0,43	0,48	—	0,20	0,22
	III	15,20	—	1,21	1,36	III	15,20	—	0,96	1,09	—	0,73	0,82	—	0,50	0,56	—	0,28	0,32	—	0,10	0,11	—	—	—
	V	41,48	—	3,31	3,73	IV	26,81	—	1,97	2,22	—	1,81	2,04	—	1,66	1,86	—	1,50	1,69	—	1,35	1,52	—	1,21	1,36
	VI	42,70	—	3,41	3,84																					
151,49	I,IV	26,84	—	2,14	2,41	I	26,84	—	1,82	2,04	—	1,50	1,69	—	1,21	1,36	—	0,93	1,05	—	0,67	0,75	—	0,42	0,47
	II	22,93	—	1,83	2,06	II	22,93	—	1,52	1,71	—	1,22	1,37	—	0,94	1,06	—	0,68	0,76	—	0,43	0,49	—	0,20	0,23
	III	15,22	—	1,21	1,36	III	15,22	—	0,97	1,09	—	0,73	0,82	—	0,50	0,56	—	0,28	0,32	—	0,10	0,11	—	—	—
	V	41,52	—	3,32	3,73	IV	26,84	—	1,98	2,22	—	1,82	2,04	—	1,66	1,87	—	1,50	1,69	—	1,35	1,52	—	1,21	1,36
	VI	42,73	—	3,41	3,84																					

T 194

* Die ausgewiesenen Tabellenwerte sind amtlich. Siehe Erläuterungen auf der Umschlaginnenseite (U2).

153,09* TAG

Abzüge an Lohnsteuer, Solidaritätszuschlag (SolZ) und Kirchensteuer (8%, 9%) in den Steuerklassen

I – VI (ohne Kinderfreibeträge) — **I, II, III, IV** mit Zahl der Kinderfreibeträge: 0,5 / 1 / 1,5 / 2 / 2,5 / 3

Lohn/Gehalt bis €*	Kl	LSt	SolZ	8%	9%	Kl	LSt	SolZ	8%(0,5)	9%(0,5)	SolZ	8%(1)	9%(1)	SolZ	8%(1,5)	9%(1,5)	SolZ	8%(2)	9%(2)	SolZ	8%(2,5)	9%(2,5)	SolZ	8%(3)	9%(3)
151,59	I,IV	26,87	—	2,14	2,41	I	26,87	—	1,82	2,05	—	1,51	1,70	—	1,21	1,36	—	0,93	1,05	—	0,67	0,75	—	0,42	0,48
	II	22,95	—	1,83	2,06	II	22,95	—	1,52	1,71	—	1,22	1,38	—	0,94	1,06	—	0,68	0,77	—	0,43	0,49	—	0,20	0,23
	III	15,25	—	1,22	1,37	III	15,25	—	0,97	1,09	—	0,73	0,82	—	0,50	0,56	—	0,28	0,32	—	0,10	0,12	—	—	—
	V	41,56	—	3,32	3,74	IV	26,87	—	1,98	2,23	—	1,82	2,05	—	1,66	1,87	—	1,51	1,70	—	1,36	1,53	—	1,21	1,36
	VI	42,76	—	3,42	3,84																					
151,69	I,IV	26,90	—	2,15	2,42	I	26,90	—	1,82	2,05	—	1,51	1,70	—	1,21	1,36	—	0,93	1,05	—	0,67	0,76	—	0,42	0,48
	II	22,98	—	1,83	2,06	II	22,98	—	1,52	1,71	—	1,23	1,38	—	0,95	1,06	—	0,68	0,77	—	0,43	0,49	—	0,20	0,23
	III	15,27	—	1,22	1,37	III	15,27	—	0,97	1,09	—	0,73	0,82	—	0,50	0,56	—	0,28	0,32	—	0,10	0,12	—	—	—
	V	41,59	—	3,32	3,74	IV	26,90	—	1,98	2,23	—	1,82	2,05	—	1,66	1,87	—	1,51	1,70	—	1,36	1,53	—	1,21	1,36
	VI	42,80	—	3,42	3,85																					
151,79	I,IV	26,93	—	2,15	2,42	I	26,93	—	1,82	2,05	—	1,51	1,70	—	1,22	1,37	—	0,94	1,05	—	0,67	0,76	—	0,43	0,48
	II	23,01	—	1,84	2,07	II	23,01	—	1,52	1,71	—	1,23	1,38	—	0,95	1,07	—	0,68	0,77	—	0,44	0,49	—	0,20	0,23
	III	15,29	—	1,22	1,37	III	15,29	—	0,97	1,09	—	0,73	0,82	—	0,50	0,57	—	0,28	0,32	—	0,10	0,12	—	—	—
	V	41,62	—	3,32	3,74	IV	26,93	—	1,98	2,23	—	1,82	2,05	—	1,66	1,87	—	1,51	1,70	—	1,36	1,53	—	1,22	1,37
	VI	42,83	—	3,42	3,85																					
151,89	I,IV	26,96	—	2,15	2,42	I	26,96	—	1,82	2,05	—	1,51	1,70	—	1,22	1,37	—	0,94	1,06	—	0,67	0,76	—	0,43	0,48
	II	23,04	—	1,84	2,07	II	23,04	—	1,53	1,72	—	1,23	1,38	—	0,95	1,07	—	0,69	0,77	—	0,44	0,49	—	0,21	0,23
	III	15,31	—	1,22	1,37	III	15,31	—	0,97	1,10	—	0,74	0,83	—	0,50	0,57	—	0,29	0,32	—	0,11	0,12	—	—	—
	V	41,66	—	3,33	3,74	IV	26,96	—	1,99	2,24	—	1,82	2,05	—	1,67	1,88	—	1,51	1,70	—	1,36	1,53	—	1,22	1,37
	VI	42,87	—	3,42	3,85																					
151,99	I,IV	26,99	—	2,15	2,42	I	26,99	—	1,83	2,06	—	1,51	1,70	—	1,22	1,37	—	0,94	1,06	—	0,68	0,76	—	0,43	0,48
	II	23,07	—	1,84	2,07	II	23,07	—	1,53	1,72	—	1,23	1,39	—	0,95	1,07	—	0,69	0,77	—	0,44	0,49	—	0,21	0,23
	III	15,33	—	1,22	1,37	III	15,33	—	0,98	1,10	—	0,74	0,83	—	0,51	0,57	—	0,29	0,32	—	0,11	0,12	—	—	—
	V	41,70	—	3,33	3,75	IV	26,99	—	1,99	2,24	—	1,83	2,06	—	1,67	1,88	—	1,51	1,70	—	1,36	1,54	—	1,22	1,37
	VI	42,90	—	3,43	3,86																					
152,09	I,IV	27,02	—	2,16	2,43	I	27,02	—	1,83	2,06	—	1,52	1,71	—	1,22	1,37	—	0,94	1,06	—	0,68	0,76	—	0,43	0,48
	II	23,10	—	1,84	2,07	II	23,10	—	1,53	1,72	—	1,23	1,39	—	0,95	1,07	—	0,69	0,78	—	0,44	0,50	—	0,21	0,24
	III	15,36	—	1,22	1,38	III	15,36	—	0,98	1,10	—	0,74	0,83	—	0,51	0,57	—	0,29	0,33	—	0,11	0,12	—	—	—
	V	41,73	—	3,33	3,75	IV	27,02	—	1,99	2,24	—	1,83	2,06	—	1,67	1,88	—	1,52	1,71	—	1,37	1,54	—	1,22	1,37
	VI	42,94	—	3,43	3,86																					
152,19	I,IV	27,05	—	2,16	2,43	I	27,05	—	1,83	2,06	—	1,52	1,71	—	1,22	1,38	—	0,94	1,06	—	0,68	0,77	—	0,43	0,49
	II	23,13	—	1,85	2,08	II	23,13	—	1,53	1,72	—	1,24	1,39	—	0,96	1,08	—	0,69	0,78	—	0,44	0,50	—	0,21	0,24
	III	15,38	—	1,23	1,38	III	15,38	—	0,98	1,10	—	0,74	0,83	—	0,51	0,57	—	0,29	0,33	—	0,11	0,12	—	—	—
	V	41,76	—	3,34	3,75	IV	27,05	—	1,99	2,24	—	1,83	2,06	—	1,67	1,88	—	1,52	1,71	—	1,37	1,54	—	1,23	1,38
	VI	42,97	—	3,43	3,86																					
152,29	I,IV	27,08	—	2,16	2,43	I	27,08	—	1,83	2,06	—	1,52	1,71	—	1,23	1,38	—	0,95	1,06	—	0,68	0,77	—	0,43	0,49
	II	23,15	—	1,85	2,08	II	23,15	—	1,53	1,73	—	1,24	1,39	—	0,96	1,08	—	0,69	0,78	—	0,44	0,50	—	0,21	0,24
	III	15,40	—	1,23	1,38	III	15,40	—	0,98	1,10	—	0,74	0,83	—	0,51	0,57	—	0,29	0,33	—	0,11	0,13	—	—	—
	V	41,80	—	3,34	3,76	IV	27,08	—	2,—	2,25	—	1,83	2,06	—	1,68	1,89	—	1,52	1,71	—	1,37	1,54	—	1,23	1,38
	VI	43,01	—	3,44	3,87																					
152,39	I,IV	27,11	—	2,16	2,43	I	27,11	—	1,84	2,07	—	1,52	1,71	—	1,23	1,38	—	0,95	1,07	—	0,68	0,77	—	0,44	0,49
	II	23,18	—	1,85	2,08	II	23,18	—	1,54	1,73	—	1,24	1,40	—	0,96	1,08	—	0,70	0,78	—	0,45	0,50	—	0,21	0,24
	III	15,42	—	1,23	1,38	III	15,42	—	0,98	1,10	—	0,74	0,84	—	0,51	0,58	—	0,29	0,33	—	0,11	0,13	—	—	—
	V	41,83	—	3,34	3,76	IV	27,11	—	2,—	2,25	—	1,84	2,07	—	1,68	1,89	—	1,52	1,71	—	1,37	1,55	—	1,23	1,38
	VI	43,04	—	3,44	3,87																					
152,49	I,IV	27,14	—	2,17	2,44	I	27,14	—	1,84	2,07	—	1,53	1,72	—	1,23	1,38	—	0,95	1,07	—	0,69	0,77	—	0,44	0,49
	II	23,21	—	1,85	2,08	II	23,21	—	1,54	1,73	—	1,24	1,40	—	0,96	1,08	—	0,70	0,78	—	0,45	0,50	—	0,22	0,24
	III	15,45	—	1,23	1,39	III	15,45	—	0,98	1,11	—	0,74	0,84	—	0,51	0,58	—	0,30	0,33	—	0,11	0,13	—	—	—
	V	41,87	—	3,34	3,76	IV	27,14	—	2,—	2,25	—	1,84	2,07	—	1,68	1,89	—	1,53	1,72	—	1,38	1,55	—	1,23	1,38
	VI	43,08	—	3,44	3,87																					
152,59	I,IV	27,17	—	2,17	2,44	I	27,17	—	1,84	2,07	—	1,53	1,72	—	1,23	1,39	—	0,95	1,07	—	0,69	0,77	—	0,44	0,49
	II	23,24	—	1,85	2,09	II	23,24	—	1,54	1,73	—	1,24	1,40	—	0,96	1,08	—	0,70	0,79	—	0,45	0,51	—	0,22	0,25
	III	15,47	—	1,23	1,39	III	15,47	—	0,99	1,11	—	0,75	0,84	—	0,52	0,58	—	0,30	0,33	—	0,11	0,13	—	—	—
	V	41,90	—	3,35	3,77	IV	27,17	—	2,—	2,25	—	1,84	2,07	—	1,68	1,89	—	1,53	1,72	—	1,38	1,55	—	1,23	1,39
	VI	43,11	—	3,44	3,87																					
152,69	I,IV	27,20	—	2,17	2,44	I	27,20	—	1,84	2,07	—	1,53	1,72	—	1,23	1,39	—	0,95	1,07	—	0,69	0,78	—	0,44	0,50
	II	23,27	—	1,86	2,09	II	23,27	—	1,54	1,74	—	1,25	1,40	—	0,96	1,09	—	0,70	0,79	—	0,45	0,51	—	0,22	0,25
	III	15,49	—	1,23	1,39	III	15,49	—	0,99	1,11	—	0,75	0,84	—	0,52	0,58	—	0,30	0,34	—	0,12	0,13	—	—	—
	V	41,94	—	3,35	3,77	IV	27,20	—	2,—	2,26	—	1,84	2,07	—	1,68	1,89	—	1,53	1,72	—	1,38	1,55	—	1,23	1,39
	VI	43,15	—	3,45	3,88																					
152,79	I,IV	27,23	—	2,17	2,45	I	27,23	—	1,84	2,08	—	1,53	1,72	—	1,24	1,39	—	0,96	1,08	—	0,69	0,78	—	0,44	0,50
	II	23,30	—	1,86	2,09	II	23,30	—	1,55	1,74	—	1,25	1,40	—	0,97	1,09	—	0,70	0,79	—	0,45	0,51	—	0,22	0,25
	III	15,52	—	1,24	1,39	III	15,52	—	0,99	1,11	—	0,75	0,84	—	0,52	0,58	—	0,30	0,34	—	0,12	0,13	—	—	—
	V	41,97	—	3,35	3,77	IV	27,23	—	2,01	2,26	—	1,84	2,08	—	1,69	1,90	—	1,53	1,72	—	1,38	1,55	—	1,24	1,39
	VI	43,18	—	3,45	3,88																					
152,89	I,IV	27,26	—	2,18	2,45	I	27,26	—	1,85	2,08	—	1,53	1,73	—	1,24	1,39	—	0,96	1,08	—	0,69	0,78	—	0,44	0,50
	II	23,32	—	1,86	2,09	II	23,32	—	1,55	1,74	—	1,25	1,41	—	0,97	1,09	—	0,70	0,79	—	0,46	0,51	—	0,22	0,25
	III	15,53	—	1,24	1,39	III	15,53	—	0,99	1,12	—	0,75	0,85	—	0,52	0,59	—	0,30	0,34	—	0,12	0,13	—	—	—
	V	42,01	—	3,36	3,78	IV	27,26	—	2,01	2,26	—	1,85	2,08	—	1,69	1,90	—	1,53	1,73	—	1,38	1,56	—	1,24	1,39
	VI	43,21	—	3,45	3,88																					
152,99	I,IV	27,29	—	2,18	2,45	I	27,29	—	1,85	2,08	—	1,54	1,73	—	1,24	1,39	—	0,96	1,08	—	0,69	0,78	—	0,45	0,50
	II	23,35	—	1,86	2,10	II	23,35	—	1,55	1,74	—	1,25	1,41	—	0,97	1,09	—	0,71	0,79	—	0,46	0,51	—	0,22	0,25
	III	15,56	—	1,24	1,40	III	15,56	—	0,99	1,12	—	0,75	0,85	—	0,52	0,59	—	0,30	0,34	—	0,12	0,13	—	—	—
	V	42,04	—	3,36	3,78	IV	27,29	—	2,01	2,26	—	1,85	2,08	—	1,69	1,90	—	1,54	1,73	—	1,39	1,56	—	1,24	1,39
	VI	43,25	—	3,46	3,89																					
153,09	I,IV	27,32	—	2,18	2,45	I	27,32	—	1,85	2,08	—	1,54	1,73	—	1,24	1,40	—	0,96	1,08	—	0,70	0,78	—	0,45	0,50
	II	23,38	—	1,87	2,10	II	23,38	—	1,55	1,75	—	1,25	1,41	—	0,97	1,09	—	0,71	0,80	—	0,46	0,52	—	0,23	0,25
	III	15,58	—	1,24	1,40	III	15,58	—	0,99	1,12	—	0,75	0,85	—	0,52	0,59	—	0,30	0,34	—	0,12	0,14	—	—	—
	V	42,08	—	3,36	3,78	IV	27,32	—	2,01	2,27	—	1,85	2,08	—	1,69	1,90	—	1,54	1,73	—	1,39	1,56	—	1,24	1,40
	VI	43,28	—	3,46	3,89																					

* Die ausgewiesenen Tabellenwerte sind amtlich. Siehe Erläuterungen auf der Umschlaginnenseite (U2).

TAG 153,10*

Abzüge an Lohnsteuer, Solidaritätszuschlag (SolZ) und Kirchensteuer (8%, 9%) in den Steuerklassen

Linker Block: Steuerklassen I–VI (ohne Kinderfreibeträge). Rechter Block: Steuerklassen I, II, III, IV — mit Zahl der Kinderfreiträge 0,5 / 1 / 1,5 / 2 / 2,5 / 3.

Lohn/Gehalt bis €*	Kl.	LSt	SolZ	8%	9%	Kl.	LSt	SolZ 0,5	8%	9%	SolZ 1	8%	9%	SolZ 1,5	8%	9%	SolZ 2	8%	9%	SolZ 2,5	8%	9%	SolZ 3	8%	9%
153,19	I,IV	27,35	—	2,18	2,46	I	27,35	—	1,85	2,09	—	1,54	1,73	—	1,24	1,40	—	0,96	1,08	—	0,70	0,79	—	0,45	0,51
	II	23,41	—	1,87	2,10	II	23,41	—	1,55	1,75	—	1,26	1,41	—	0,98	1,10	—	0,71	0,80	—	0,46	0,52	—	0,23	0,26
	III	15,60	—	1,24	1,40	III	15,60	—	1,—	1,12	—	0,76	0,85	—	0,52	0,59	—	0,30	0,34	—	0,12	0,14	—	—	—
	V	42,11	—	3,36	3,78	IV	27,35	—	2,02	2,27	—	1,85	2,09	—	1,70	1,91	—	1,54	1,73	—	1,39	1,56	—	1,24	1,40
	VI	43,32	—	3,46	3,89																				
153,29	I,IV	27,38	—	2,19	2,46	I	27,38	—	1,86	2,09	—	1,54	1,74	—	1,25	1,40	—	0,96	1,09	—	0,70	0,79	—	0,45	0,51
	II	23,44	—	1,87	2,10	II	23,44	—	1,56	1,75	—	1,26	1,42	—	0,98	1,10	—	0,71	0,80	—	0,46	0,52	—	0,23	0,26
	III	15,62	—	1,24	1,40	III	15,62	—	1,—	1,12	—	0,76	0,85	—	0,53	0,59	—	0,31	0,35	—	0,12	0,14	—	—	—
	V	42,15	—	3,37	3,79	IV	27,38	—	2,02	2,27	—	1,86	2,09	—	1,70	1,91	—	1,54	1,74	—	1,39	1,57	—	1,25	1,40
	VI	43,35	—	3,46	3,90																				
153,39	I,IV	27,41	—	2,19	2,46	I	27,41	—	1,86	2,09	—	1,54	1,74	—	1,25	1,40	—	0,97	1,09	—	0,70	0,79	—	0,45	0,51
	II	23,47	—	1,87	2,11	II	23,47	—	1,56	1,75	—	1,26	1,42	—	0,98	1,10	—	0,71	0,80	—	0,46	0,52	—	0,23	0,26
	III	15,65	—	1,25	1,40	III	15,65	—	1,—	1,12	—	0,76	0,86	—	0,53	0,59	—	0,31	0,35	—	0,12	0,14	—	—	—
	V	42,18	—	3,37	3,79	IV	27,41	—	2,02	2,27	—	1,86	2,09	—	1,70	1,91	—	1,54	1,74	—	1,39	1,57	—	1,25	1,40
	VI	43,39	—	3,47	3,90																				
153,49	I,IV	27,44	—	2,19	2,46	I	27,44	—	1,86	2,09	—	1,55	1,74	—	1,25	1,41	—	0,97	1,09	—	0,70	0,79	—	0,45	0,51
	II	23,50	—	1,88	2,11	II	23,50	—	1,56	1,76	—	1,26	1,42	—	0,98	1,10	—	0,72	0,81	—	0,47	0,52	—	0,23	0,26
	III	15,67	—	1,25	1,41	III	15,67	—	1,—	1,13	—	0,76	0,86	—	0,53	0,60	—	0,31	0,35	—	0,12	0,14	—	—	—
	V	42,21	—	3,37	3,79	IV	27,44	—	2,02	2,28	—	1,86	2,09	—	1,70	1,91	—	1,55	1,74	—	1,40	1,57	—	1,25	1,41
	VI	43,42	—	3,47	3,90																				
153,59	I,IV	27,47	—	2,19	2,47	I	27,47	—	1,86	2,10	—	1,55	1,74	—	1,25	1,41	—	0,97	1,09	—	0,71	0,79	—	0,46	0,51
	II	23,52	—	1,88	2,11	II	23,52	—	1,56	1,76	—	1,26	1,42	—	0,98	1,11	—	0,72	0,81	—	0,47	0,53	—	0,23	0,26
	III	15,70	—	1,25	1,41	III	15,70	—	1,—	1,13	—	0,76	0,86	—	0,53	0,60	—	0,31	0,35	—	0,13	0,14	—	—	—
	V	42,25	—	3,38	3,80	IV	27,47	—	2,03	2,28	—	1,86	2,10	—	1,70	1,92	—	1,55	1,74	—	1,40	1,57	—	1,25	1,41
	VI	43,46	—	3,47	3,91																				
153,69	I,IV	27,50	—	2,20	2,47	I	27,50	—	1,86	2,10	—	1,55	1,75	—	1,25	1,41	—	0,97	1,09	—	0,71	0,80	—	0,46	0,52
	II	23,55	—	1,88	2,11	II	23,55	—	1,56	1,76	—	1,27	1,43	—	0,98	1,11	—	0,72	0,81	—	0,47	0,53	—	0,24	0,27
	III	15,71	—	1,25	1,41	III	15,71	—	1,—	1,13	—	0,76	0,86	—	0,53	0,60	—	0,31	0,35	—	0,13	0,14	—	—	—
	V	42,28	—	3,38	3,80	IV	27,50	—	2,03	2,28	—	1,86	2,10	—	1,71	1,92	—	1,55	1,75	—	1,40	1,58	—	1,25	1,41
	VI	43,49	—	3,47	3,91																				
153,79	I,IV	27,53	—	2,20	2,47	I	27,53	—	1,87	2,10	—	1,55	1,75	—	1,26	1,41	—	0,97	1,10	—	0,71	0,80	—	0,46	0,52
	II	23,58	—	1,88	2,12	II	23,58	—	1,57	1,76	—	1,27	1,43	—	0,99	1,11	—	0,72	0,81	—	0,47	0,53	—	0,24	0,27
	III	15,73	—	1,25	1,41	III	15,73	—	1,01	1,13	—	0,77	0,86	—	0,53	0,60	—	0,31	0,35	—	0,13	0,14	—	—	—
	V	42,32	—	3,38	3,80	IV	27,53	—	2,03	2,28	—	1,87	2,10	—	1,71	1,92	—	1,55	1,75	—	1,40	1,58	—	1,26	1,41
	VI	43,53	—	3,48	3,91																				
153,89	I,IV	27,56	—	2,20	2,48	I	27,56	—	1,87	2,10	—	1,56	1,75	—	1,26	1,42	—	0,98	1,10	—	0,71	0,80	—	0,46	0,52
	II	23,61	—	1,88	2,12	II	23,61	—	1,57	1,77	—	1,27	1,43	—	0,99	1,11	—	0,72	0,81	—	0,47	0,53	—	0,24	0,27
	III	15,76	—	1,26	1,41	III	15,76	—	1,01	1,13	—	0,77	0,86	—	0,54	0,60	—	0,32	0,36	—	0,13	0,15	—	—	—
	V	42,35	—	3,38	3,81	IV	27,56	—	2,03	2,29	—	1,87	2,10	—	1,71	1,92	—	1,56	1,75	—	1,40	1,58	—	1,26	1,41
	VI	43,56	—	3,48	3,92																				
153,99	I,IV	27,59	—	2,20	2,48	I	27,59	—	1,87	2,11	—	1,56	1,75	—	1,26	1,42	—	0,98	1,10	—	0,71	0,80	—	0,46	0,52
	II	23,64	—	1,89	2,12	II	23,64	—	1,57	1,77	—	1,27	1,43	—	0,99	1,11	—	0,72	0,81	—	0,47	0,53	—	0,24	0,27
	III	15,78	—	1,26	1,42	III	15,78	—	1,01	1,14	—	0,77	0,87	—	0,54	0,61	—	0,32	0,36	—	0,13	0,15	—	—	—
	V	42,39	—	3,39	3,81	IV	27,59	—	2,04	2,29	—	1,87	2,11	—	1,71	1,93	—	1,56	1,75	—	1,41	1,58	—	1,26	1,42
	VI	43,60	—	3,48	3,92																				
154,09	I,IV	27,62	—	2,20	2,48	I	27,62	—	1,87	2,11	—	1,56	1,76	—	1,26	1,42	—	0,98	1,10	—	0,71	0,80	—	0,46	0,52
	II	23,67	—	1,89	2,13	II	23,67	—	1,57	1,77	—	1,28	1,44	—	0,99	1,12	—	0,73	0,82	—	0,48	0,54	—	0,24	0,27
	III	15,81	—	1,26	1,42	III	15,81	—	1,01	1,14	—	0,77	0,87	—	0,54	0,61	—	0,32	0,36	—	0,13	0,15	—	—	—
	V	42,42	—	3,39	3,81	IV	27,62	—	2,04	2,29	—	1,87	2,11	—	1,72	1,93	—	1,56	1,76	—	1,41	1,59	—	1,26	1,42
	VI	43,63	—	3,49	3,92																				
154,19	I,IV	27,65	—	2,21	2,48	I	27,65	—	1,88	2,11	—	1,56	1,76	—	1,26	1,42	—	0,98	1,11	—	0,72	0,81	—	0,47	0,53
	II	23,70	—	1,89	2,13	II	23,70	—	1,58	1,77	—	1,28	1,44	—	0,99	1,12	—	0,73	0,82	—	0,48	0,54	—	0,24	0,27
	III	15,83	—	1,26	1,42	III	15,83	—	1,01	1,14	—	0,77	0,87	—	0,54	0,61	—	0,32	0,36	—	0,13	0,15	—	—	—
	V	42,46	—	3,39	3,82	IV	27,65	—	2,04	2,30	—	1,88	2,11	—	1,72	1,93	—	1,56	1,76	—	1,41	1,59	—	1,26	1,42
	VI	43,66	—	3,49	3,92																				
154,29	I,IV	27,68	—	2,21	2,49	I	27,68	—	1,88	2,11	—	1,56	1,76	—	1,27	1,43	—	0,98	1,11	—	0,72	0,81	—	0,47	0,53
	II	23,73	—	1,89	2,13	II	23,73	—	1,58	1,78	—	1,28	1,44	—	1,—	1,12	—	0,73	0,82	—	0,48	0,54	—	0,24	0,28
	III	15,85	—	1,26	1,42	III	15,85	—	1,02	1,14	—	0,78	0,87	—	0,54	0,61	—	0,32	0,36	—	0,13	0,15	—	—	—
	V	42,49	—	3,39	3,82	IV	27,68	—	2,04	2,30	—	1,88	2,11	—	1,72	1,94	—	1,56	1,76	—	1,41	1,59	—	1,27	1,43
	VI	43,70	—	3,49	3,93																				
154,39	I,IV	27,71	—	2,21	2,49	I	27,71	—	1,88	2,12	—	1,57	1,76	—	1,27	1,43	—	0,99	1,11	—	0,72	0,81	—	0,47	0,53
	II	23,75	—	1,90	2,13	II	23,75	—	1,58	1,78	—	1,28	1,44	—	1,—	1,12	—	0,73	0,82	—	0,48	0,54	—	0,25	0,28
	III	15,87	—	1,26	1,42	III	15,87	—	1,02	1,14	—	0,78	0,87	—	0,54	0,61	—	0,32	0,36	—	0,14	0,15	—	—	—
	V	42,53	—	3,40	3,82	IV	27,71	—	2,04	2,30	—	1,88	2,12	—	1,72	1,94	—	1,57	1,76	—	1,42	1,59	—	1,27	1,43
	VI	43,74	—	3,49	3,93																				
154,49	I,IV	27,74	—	2,21	2,49	I	27,74	—	1,88	2,12	—	1,57	1,77	—	1,27	1,43	—	0,99	1,11	—	0,72	0,81	—	0,47	0,53
	II	23,78	—	1,90	2,14	II	23,78	—	1,58	1,78	—	1,28	1,44	—	1,—	1,13	—	0,73	0,82	—	0,48	0,54	—	0,25	0,28
	III	15,90	—	1,27	1,43	III	15,90	—	1,02	1,15	—	0,78	0,88	—	0,55	0,61	—	0,32	0,36	—	0,14	0,15	—	—	—
	V	42,56	—	3,40	3,83	IV	27,74	—	2,05	2,30	—	1,88	2,12	—	1,72	1,94	—	1,57	1,77	—	1,42	1,60	—	1,27	1,43
	VI	43,77	—	3,50	3,93																				
154,59	I,IV	27,77	—	2,22	2,49	I	27,77	—	1,89	2,12	—	1,57	1,77	—	1,27	1,43	—	0,99	1,11	—	0,72	0,81	—	0,47	0,53
	II	23,81	—	1,90	2,14	II	23,81	—	1,58	1,78	—	1,29	1,45	—	1,—	1,13	—	0,74	0,83	—	0,48	0,54	—	0,25	0,28
	III	15,92	—	1,27	1,43	III	15,92	—	1,02	1,15	—	0,78	0,88	—	0,55	0,62	—	0,33	0,37	—	0,14	0,16	—	—	—
	V	42,60	—	3,40	3,83	IV	27,77	—	2,05	2,31	—	1,89	2,12	—	1,73	1,94	—	1,57	1,76	—	1,42	1,60	—	1,27	1,43
	VI	43,80	—	3,50	3,94																				
154,69	I,IV	27,80	—	2,22	2,50	I	27,80	—	1,89	2,12	—	1,57	1,77	—	1,27	1,43	—	0,99	1,12	—	0,73	0,82	—	0,48	0,54
	II	23,84	—	1,90	2,14	II	23,84	—	1,59	1,79	—	1,29	1,45	—	1,—	1,13	—	0,74	0,83	—	0,49	0,55	—	0,25	0,28
	III	15,94	—	1,27	1,43	III	15,94	—	1,02	1,15	—	0,78	0,88	—	0,55	0,62	—	0,33	0,37	—	0,14	0,16	—	—	—
	V	42,63	—	3,41	3,83	IV	27,80	—	2,05	2,31	—	1,89	2,12	—	1,73	1,95	—	1,57	1,77	—	1,42	1,60	—	1,27	1,43
	VI	43,84	—	3,50	3,94																				

T 196

* Die ausgewiesenen Tabellenwerte sind amtlich. Siehe Erläuterungen auf der Umschlaginnenseite (U2).

156,29* **TAG**

Abzüge an Lohnsteuer, Solidaritätszuschlag (SolZ) und Kirchensteuer (8%, 9%) in den Steuerklassen I – VI / I, II, III, IV

mit Zahl der Kinderfreibeträge . . .

Lohn/Gehalt bis €*	StKl	LSt	SolZ	8%	9%	StKl	LSt	0,5 SolZ	0,5 8%	0,5 9%	1 SolZ	1 8%	1 9%	1,5 SolZ	1,5 8%	1,5 9%	2 SolZ	2 8%	2 9%	2,5 SolZ	2,5 8%	2,5 9%	3 SolZ	3 8%	3 9%
154,79	I,IV	27,83	—	2,22	2,50	I	27,83	—	1,89	2,13	—	1,58	1,77	—	1,28	1,44	—	0,99	1,12	—	0,73	0,82	—	0,48	0,54
	II	23,87	—	1,90	2,14	II	23,87	—	1,59	1,79	—	1,29	1,45	—	1,01	1,13	—	0,74	0,83	—	0,49	0,55	—	0,25	0,28
	III	15,96	—	1,27	1,43	III	15,96	—	1,02	1,15	—	0,78	0,88	—	0,55	0,62	—	0,33	0,37	—	0,14	0,16	—	—	—
	V	42,66	—	3,41	3,83	IV	27,83	—	2,05	2,31	—	1,89	2,13	—	1,73	1,95	—	1,58	1,77	—	1,42	1,60	—	1,28	1,44
	VI	43,88	—	3,51	3,94																					
154,89	I,IV	27,86	—	2,22	2,50	I	27,86	—	1,89	2,13	—	1,58	1,78	—	1,28	1,44	—	1,—	1,12	—	0,73	0,82	—	0,48	0,54
	II	23,90	—	1,91	2,15	II	23,90	—	1,59	1,79	—	1,29	1,45	—	1,01	1,13	—	0,74	0,83	—	0,49	0,55	—	0,25	0,29
	III	15,98	—	1,27	1,43	III	15,98	—	1,03	1,15	—	0,78	0,88	—	0,55	0,62	—	0,33	0,37	—	0,14	0,16	—	—	—
	V	42,70	—	3,41	3,84	IV	27,86	—	2,06	2,31	—	1,89	2,13	—	1,73	1,95	—	1,58	1,78	—	1,43	1,60	—	1,28	1,44
	VI	43,91	—	3,51	3,95																					
154,99	I,IV	27,89	—	2,23	2,51	I	27,89	—	1,90	2,13	—	1,58	1,78	—	1,28	1,44	—	1,—	1,12	—	0,73	0,82	—	0,48	0,54
	II	23,93	—	1,91	2,15	II	23,93	—	1,59	1,79	—	1,29	1,46	—	1,01	1,14	—	0,74	0,84	—	0,49	0,55	—	0,26	0,29
	III	16,01	—	1,28	1,44	III	16,01	—	1,03	1,16	—	0,79	0,89	—	0,55	0,62	—	0,33	0,37	—	0,14	0,16	—	—	—
	V	42,73	—	3,41	3,84	IV	27,89	—	2,06	2,32	—	1,90	2,13	—	1,74	1,95	—	1,58	1,78	—	1,43	1,61	—	1,28	1,44
	VI	43,94	—	3,51	3,95																					
155,09	I,IV	27,92	—	2,23	2,51	I	27,92	—	1,90	2,14	—	1,58	1,78	—	1,28	1,44	—	1,—	1,13	—	0,73	0,82	—	0,48	0,54
	II	23,95	—	1,91	2,15	II	23,95	—	1,60	1,80	—	1,30	1,46	—	1,01	1,14	—	0,74	0,84	—	0,49	0,55	—	0,26	0,29
	III	16,03	—	1,28	1,44	III	16,03	—	1,03	1,16	—	0,79	0,89	—	0,56	0,63	—	0,33	0,37	—	0,14	0,16	—	—	—
	V	42,77	—	3,42	3,84	IV	27,92	—	2,06	2,32	—	1,90	2,14	—	1,74	1,96	—	1,58	1,78	—	1,43	1,61	—	1,28	1,44
	VI	43,98	—	3,51	3,95																					
155,19	I,IV	27,95	—	2,23	2,51	I	27,95	—	1,90	2,14	—	1,58	1,78	—	1,28	1,45	—	1,—	1,13	—	0,73	0,83	—	0,48	0,54
	II	23,98	—	1,91	2,15	II	23,98	—	1,60	1,80	—	1,30	1,46	—	1,01	1,14	—	0,75	0,84	—	0,49	0,56	—	0,26	0,29
	III	16,05	—	1,28	1,44	III	16,05	—	1,03	1,16	—	0,79	0,89	—	0,56	0,63	—	0,34	0,38	—	0,14	0,16	—	—	—
	V	42,80	—	3,42	3,85	IV	27,95	—	2,06	2,32	—	1,90	2,14	—	1,74	1,96	—	1,58	1,78	—	1,43	1,61	—	1,28	1,45
	VI	44,01	—	3,52	3,96																					
155,29	I,IV	27,98	—	2,23	2,51	I	27,98	—	1,90	2,14	—	1,59	1,79	—	1,29	1,45	—	1,—	1,13	—	0,74	0,83	—	0,49	0,55
	II	24,01	—	1,92	2,16	II	24,01	—	1,60	1,80	—	1,30	1,46	—	1,02	1,14	—	0,75	0,84	—	0,50	0,56	—	0,26	0,29
	III	16,07	—	1,28	1,44	III	16,07	—	1,03	1,16	—	0,79	0,89	—	0,56	0,63	—	0,34	0,38	—	0,15	0,16	—	—	—
	V	42,84	—	3,42	3,85	IV	27,98	—	2,07	2,32	—	1,90	2,14	—	1,74	1,96	—	1,59	1,79	—	1,43	1,61	—	1,29	1,45
	VI	44,05	—	3,52	3,96																					
155,39	I,IV	28,01	—	2,24	2,52	I	28,01	—	1,90	2,14	—	1,59	1,79	—	1,29	1,45	—	1,01	1,13	—	0,74	0,83	—	0,49	0,55
	II	24,04	—	1,92	2,16	II	24,04	—	1,60	1,80	—	1,30	1,46	—	1,02	1,15	—	0,75	0,84	—	0,50	0,56	—	0,26	0,30
	III	16,10	—	1,28	1,44	III	16,10	—	1,03	1,16	—	0,79	0,89	—	0,56	0,63	—	0,34	0,38	—	0,15	0,17	—	—	—
	V	42,87	—	3,42	3,85	IV	28,01	—	2,07	2,33	—	1,90	2,14	—	1,74	1,96	—	1,59	1,79	—	1,44	1,62	—	1,29	1,45
	VI	44,08	—	3,52	3,96																					
155,49	I,IV	28,04	—	2,24	2,52	I	28,04	—	1,91	2,15	—	1,59	1,79	—	1,29	1,45	—	1,01	1,13	—	0,74	0,83	—	0,49	0,55
	II	24,07	—	1,92	2,16	II	24,07	—	1,60	1,80	—	1,30	1,47	—	1,02	1,15	—	0,75	0,85	—	0,50	0,56	—	0,26	0,30
	III	16,12	—	1,28	1,45	III	16,12	—	1,04	1,17	—	0,80	0,90	—	0,56	0,63	—	0,34	0,38	—	0,15	0,17	—	—	—
	V	42,91	—	3,43	3,86	IV	28,04	—	2,07	2,33	—	1,91	2,15	—	1,75	1,97	—	1,59	1,79	—	1,44	1,62	—	1,29	1,45
	VI	44,12	—	3,52	3,97																					
155,59	I,IV	28,07	—	2,24	2,52	I	28,07	—	1,91	2,15	—	1,59	1,79	—	1,29	1,45	—	1,01	1,14	—	0,74	0,83	—	0,49	0,55
	II	24,10	—	1,92	2,16	II	24,10	—	1,61	1,81	—	1,31	1,47	—	1,02	1,15	—	0,75	0,85	—	0,50	0,56	—	0,27	0,30
	III	16,14	—	1,29	1,45	III	16,14	—	1,04	1,17	—	0,80	0,90	—	0,56	0,63	—	0,34	0,38	—	0,15	0,17	—	—	—
	V	42,94	—	3,43	3,86	IV	28,07	—	2,07	2,33	—	1,91	2,15	—	1,75	1,97	—	1,59	1,79	—	1,44	1,62	—	1,29	1,45
	VI	44,15	—	3,53	3,97																					
155,69	I,IV	28,10	—	2,24	2,52	I	28,10	—	1,91	2,15	—	1,60	1,80	—	1,30	1,46	—	1,01	1,14	—	0,74	0,84	—	0,49	0,55
	II	24,13	—	1,93	2,17	II	24,13	—	1,61	1,81	—	1,31	1,47	—	1,02	1,15	—	0,76	0,85	—	0,50	0,57	—	0,27	0,30
	III	16,16	—	1,29	1,45	III	16,16	—	1,04	1,17	—	0,80	0,90	—	0,57	0,64	—	0,34	0,38	—	0,15	0,17	—	—	—
	V	42,98	—	3,43	3,86	IV	28,10	—	2,08	2,34	—	1,91	2,15	—	1,75	1,97	—	1,60	1,80	—	1,44	1,62	—	1,30	1,46
	VI	44,19	—	3,53	3,97																					
155,79	I,IV	28,13	—	2,25	2,53	I	28,13	—	1,91	2,15	—	1,60	1,80	—	1,30	1,46	—	1,01	1,14	—	0,75	0,84	—	0,49	0,56
	II	24,16	—	1,93	2,17	II	24,16	—	1,61	1,81	—	1,31	1,47	—	1,03	1,15	—	0,76	0,85	—	0,50	0,57	—	0,27	0,30
	III	16,18	—	1,29	1,45	III	16,18	—	1,04	1,17	—	0,80	0,90	—	0,57	0,64	—	0,34	0,39	—	0,15	0,17	—	—	—
	V	43,01	—	3,44	3,87	IV	28,13	—	2,08	2,34	—	1,91	2,15	—	1,75	1,97	—	1,60	1,80	—	1,44	1,63	—	1,30	1,46
	VI	44,22	—	3,53	3,97																					
155,89	I,IV	28,16	—	2,25	2,53	I	28,16	—	1,92	2,16	—	1,60	1,80	—	1,30	1,46	—	1,02	1,14	—	0,75	0,84	—	0,50	0,56
	II	24,18	—	1,93	2,17	II	24,18	—	1,61	1,81	—	1,31	1,48	—	1,03	1,16	—	0,76	0,85	—	0,51	0,57	—	0,27	0,30
	III	16,21	—	1,29	1,45	III	16,21	—	1,04	1,17	—	0,80	0,90	—	0,57	0,64	—	0,34	0,39	—	0,15	0,17	—	—	—
	V	43,05	—	3,44	3,87	IV	28,16	—	2,08	2,34	—	1,92	2,16	—	1,76	1,98	—	1,60	1,80	—	1,45	1,63	—	1,30	1,46
	VI	44,26	—	3,54	3,98																					
155,99	I,IV	28,19	—	2,25	2,53	I	28,19	—	1,92	2,16	—	1,60	1,80	—	1,30	1,46	—	1,02	1,15	—	0,75	0,84	—	0,50	0,56
	II	24,21	—	1,93	2,17	II	24,21	—	1,62	1,82	—	1,31	1,48	—	1,03	1,16	—	0,76	0,86	—	0,51	0,57	—	0,27	0,31
	III	16,23	—	1,29	1,46	III	16,23	—	1,04	1,18	—	0,80	0,90	—	0,57	0,64	—	0,35	0,39	—	0,16	0,18	—	—	—
	V	43,08	—	3,44	3,87	IV	28,19	—	2,08	2,34	—	1,92	2,16	—	1,76	1,98	—	1,60	1,80	—	1,45	1,63	—	1,30	1,46
	VI	44,29	—	3,54	3,98																					
156,09	I,IV	28,22	—	2,25	2,53	I	28,22	—	1,92	2,16	—	1,60	1,80	—	1,30	1,47	—	1,02	1,15	—	0,75	0,85	—	0,50	0,56
	II	24,24	—	1,93	2,18	II	24,24	—	1,62	1,82	—	1,32	1,48	—	1,03	1,16	—	0,76	0,86	—	0,51	0,57	—	0,27	0,31
	III	16,25	—	1,30	1,46	III	16,25	—	1,05	1,18	—	0,80	0,91	—	0,57	0,64	—	0,35	0,39	—	0,16	0,18	—	—	—
	V	43,12	—	3,44	3,88	IV	28,22	—	2,08	2,34	—	1,92	2,16	—	1,76	1,98	—	1,60	1,80	—	1,45	1,63	—	1,30	1,47
	VI	44,33	—	3,54	3,98																					
156,19	I,IV	28,25	—	2,26	2,54	I	28,25	—	1,92	2,16	—	1,61	1,81	—	1,31	1,47	—	1,02	1,15	—	0,75	0,85	—	0,50	0,56
	II	24,27	—	1,94	2,18	II	24,27	—	1,62	1,82	—	1,32	1,48	—	1,03	1,16	—	0,76	0,86	—	0,51	0,58	—	0,28	0,31
	III	16,27	—	1,30	1,46	III	16,27	—	1,05	1,18	—	0,81	0,91	—	0,57	0,65	—	0,35	0,39	—	0,16	0,18	—	—	—
	V	43,15	—	3,45	3,88	IV	28,25	—	2,09	2,35	—	1,92	2,16	—	1,76	1,98	—	1,61	1,81	—	1,45	1,64	—	1,31	1,47
	VI	44,36	—	3,54	3,99																					
156,29	I,IV	28,28	—	2,26	2,54	I	28,28	—	1,92	2,17	—	1,61	1,81	—	1,31	1,47	—	1,02	1,15	—	0,76	0,85	—	0,50	0,57
	II	24,30	—	1,94	2,18	II	24,30	—	1,62	1,82	—	1,32	1,49	—	1,04	1,17	—	0,77	0,86	—	0,51	0,58	—	0,28	0,31
	III	16,30	—	1,30	1,46	III	16,30	—	1,05	1,18	—	0,81	0,91	—	0,58	0,65	—	0,35	0,40	—	0,16	0,18	—	—	0,01
	V	43,19	—	3,45	3,88	IV	28,28	—	2,09	2,35	—	1,92	2,17	—	1,76	1,98	—	1,61	1,81	—	1,46	1,64	—	1,31	1,47
	VI	44,40	—	3,55	3,99																					

* Die ausgewiesenen Tabellenwerte sind amtlich. Siehe Erläuterungen auf der Umschlaginnenseite (U2).

T 197

TAG 156,30*

Abzüge an Lohnsteuer, Solidaritätszuschlag (SolZ) und Kirchensteuer (8%, 9%) in den Steuerklassen

I–VI ohne Kinderfreibeträge · I, II, III, IV mit Zahl der Kinderfreibeträge …

Lohn/Gehalt bis €*	Kl.	LSt	SolZ	8%	9%	Kl.	LSt	0,5 SolZ	0,5 8%	0,5 9%	1 SolZ	1 8%	1 9%	1,5 SolZ	1,5 8%	1,5 9%	2 SolZ	2 8%	2 9%	2,5 SolZ	2,5 8%	2,5 9%	3 SolZ	3 8%	3 9%
156,39	I,IV	28,31	—	2,26	2,54	I	28,31	—	1,93	2,17	—	1,61	1,81	—	1,31	1,47	—	1,02	1,15	—	0,76	0,85	—	0,50	0,57
	II	24,33	—	1,94	2,18	II	24,33	—	1,62	1,83	—	1,32	1,49	—	1,04	1,17	—	0,77	0,86	—	0,52	0,58	—	0,28	0,31
	III	16,32	—	1,30	1,46	III	16,32	—	1,05	1,18	—	0,81	0,91	—	0,58	0,65	—	0,35	0,40	—	0,16	0,18	—	0,01	0,01
	V	43,22	—	3,45	3,88	IV	28,31	—	2,09	2,35	—	1,93	2,17	—	1,77	1,99	—	1,61	1,81	—	1,46	1,64	—	1,31	1,47
	VI	44,43	—	3,55	3,99																				
156,49	I,IV	28,34	—	2,26	2,55	I	28,34	—	1,93	2,17	—	1,61	1,81	—	1,31	1,48	—	1,03	1,16	—	0,76	0,85	—	0,51	0,57
	II	24,36	—	1,94	2,19	II	24,36	—	1,63	1,83	—	1,32	1,49	—	1,04	1,17	—	0,77	0,87	—	0,52	0,58	—	0,28	0,32
	III	16,35	—	1,30	1,47	III	16,35	—	1,05	1,18	—	0,81	0,91	—	0,58	0,65	—	0,35	0,40	—	0,16	0,18	—	0,01	0,01
	V	43,26	—	3,46	3,89	IV	28,34	—	2,09	2,36	—	1,93	2,17	—	1,77	1,99	—	1,61	1,81	—	1,46	1,64	—	1,31	1,48
	VI	44,46	—	3,55	4,—																				
156,59	I,IV	28,37	—	2,26	2,55	I	28,37	—	1,93	2,17	—	1,61	1,82	—	1,31	1,48	—	1,03	1,16	—	0,76	0,86	—	0,51	0,57
	II	24,39	—	1,95	2,19	II	24,39	—	1,63	1,83	—	1,33	1,49	—	1,04	1,17	—	0,77	0,87	—	0,52	0,58	—	0,28	0,32
	III	16,37	—	1,30	1,47	III	16,37	—	1,06	1,19	—	0,81	0,92	—	0,58	0,65	—	0,36	0,40	—	0,16	0,18	—	0,01	0,01
	V	43,29	—	3,46	3,89	IV	28,37	—	2,10	2,36	—	1,93	2,17	—	1,77	1,99	—	1,61	1,82	—	1,46	1,65	—	1,31	1,48
	VI	44,50	—	3,56	4,—																				
156,69	I,IV	28,40	—	2,27	2,55	I	28,40	—	1,93	2,18	—	1,62	1,82	—	1,32	1,48	—	1,03	1,16	—	0,76	0,86	—	0,51	0,57
	II	24,41	—	1,95	2,19	II	24,41	—	1,63	1,83	—	1,33	1,50	—	1,04	1,17	—	0,77	0,87	—	0,52	0,59	—	0,28	0,32
	III	16,39	—	1,31	1,47	III	16,39	—	1,06	1,19	—	0,82	0,92	—	0,58	0,65	—	0,36	0,40	—	0,16	0,18	—	0,01	0,01
	V	43,33	—	3,46	3,89	IV	28,40	—	2,10	2,36	—	1,93	2,18	—	1,77	2,—	—	1,62	1,82	—	1,46	1,65	—	1,32	1,48
	VI	44,53	—	3,56	4,—																				
156,79	I,IV	28,43	—	2,27	2,55	I	28,43	—	1,94	2,18	—	1,62	1,82	—	1,32	1,48	—	1,03	1,16	—	0,76	0,86	—	0,51	0,58
	II	24,45	—	1,95	2,20	II	24,45	—	1,63	1,84	—	1,33	1,50	—	1,05	1,18	—	0,78	0,87	—	0,52	0,59	—	0,28	0,32
	III	16,41	—	1,31	1,47	III	16,41	—	1,06	1,19	—	0,82	0,92	—	0,58	0,66	—	0,36	0,40	—	0,16	0,19	—	0,01	0,01
	V	43,36	—	3,46	3,90	IV	28,43	—	2,10	2,36	—	1,94	2,18	—	1,78	2,—	—	1,62	1,82	—	1,47	1,65	—	1,32	1,48
	VI	44,57	—	3,56	4,01																				
156,89	I,IV	28,46	—	2,27	2,56	I	28,46	—	1,94	2,18	—	1,62	1,82	—	1,32	1,49	—	1,04	1,17	—	0,77	0,86	—	0,51	0,58
	II	24,47	—	1,95	2,20	II	24,47	—	1,64	1,84	—	1,33	1,50	—	1,05	1,18	—	0,78	0,88	—	0,52	0,59	—	0,29	0,32
	III	16,43	—	1,31	1,47	III	16,43	—	1,06	1,19	—	0,82	0,92	—	0,58	0,66	—	0,36	0,41	—	0,17	0,19	—	0,01	0,01
	V	43,40	—	3,47	3,90	IV	28,46	—	2,10	2,37	—	1,94	2,18	—	1,78	2,—	—	1,62	1,82	—	1,47	1,65	—	1,32	1,49
	VI	44,60	—	3,56	4,01																				
156,99	I,IV	28,49	—	2,27	2,56	I	28,49	—	1,94	2,18	—	1,62	1,83	—	1,32	1,49	—	1,04	1,17	—	0,77	0,86	—	0,52	0,58
	II	24,50	—	1,96	2,20	II	24,50	—	1,64	1,84	—	1,34	1,50	—	1,05	1,18	—	0,78	0,88	—	0,53	0,59	—	0,29	0,32
	III	16,46	—	1,31	1,48	III	16,46	—	1,06	1,19	—	0,82	0,92	—	0,59	0,66	—	0,36	0,41	—	0,17	0,19	—	0,01	0,01
	V	43,43	—	3,47	3,90	IV	28,49	—	2,11	2,37	—	1,94	2,18	—	1,78	2,—	—	1,62	1,83	—	1,47	1,65	—	1,32	1,49
	VI	44,64	—	3,57	4,01																				
157,09	I,IV	28,52	—	2,28	2,56	I	28,52	—	1,94	2,19	—	1,63	1,83	—	1,32	1,49	—	1,04	1,17	—	0,77	0,87	—	0,52	0,58
	II	24,53	—	1,96	2,20	II	24,53	—	1,64	1,84	—	1,34	1,50	—	1,05	1,18	—	0,78	0,88	—	0,53	0,59	—	0,29	0,33
	III	16,48	—	1,31	1,48	III	16,48	—	1,06	1,20	—	0,82	0,92	—	0,59	0,66	—	0,36	0,41	—	0,17	0,19	—	0,01	0,01
	V	43,46	—	3,47	3,91	IV	28,52	—	2,11	2,37	—	1,94	2,19	—	1,78	2,01	—	1,63	1,83	—	1,47	1,66	—	1,32	1,49
	VI	44,67	—	3,57	4,02																				
157,19	I,IV	28,55	—	2,28	2,56	I	28,55	—	1,95	2,19	—	1,63	1,83	—	1,33	1,49	—	1,04	1,17	—	0,77	0,87	—	0,52	0,58
	II	24,56	—	1,96	2,21	II	24,56	—	1,64	1,85	—	1,34	1,51	—	1,05	1,18	—	0,78	0,88	—	0,53	0,60	—	0,29	0,33
	III	16,50	—	1,32	1,48	III	16,50	—	1,07	1,20	—	0,82	0,93	—	0,59	0,66	—	0,36	0,41	—	0,17	0,19	—	0,01	0,02
	V	43,50	—	3,48	3,91	IV	28,55	—	2,11	2,37	—	1,95	2,19	—	1,78	2,01	—	1,63	1,83	—	1,48	1,66	—	1,33	1,49
	VI	44,71	—	3,57	4,02																				
157,29	I,IV	28,58	—	2,28	2,57	I	28,58	—	1,95	2,19	—	1,63	1,83	—	1,33	1,49	—	1,04	1,17	—	0,77	0,87	—	0,52	0,59
	II	24,59	—	1,96	2,21	II	24,59	—	1,64	1,85	—	1,34	1,51	—	1,06	1,19	—	0,78	0,88	—	0,53	0,60	—	0,29	0,33
	III	16,52	—	1,32	1,48	III	16,52	—	1,07	1,20	—	0,82	0,93	—	0,59	0,67	—	0,37	0,41	—	0,17	0,19	—	0,01	0,02
	V	43,53	—	3,48	3,91	IV	28,58	—	2,11	2,38	—	1,95	2,19	—	1,79	2,01	—	1,63	1,83	—	1,48	1,66	—	1,33	1,49
	VI	44,74	—	3,57	4,02																				
157,39	I,IV	28,61	—	2,28	2,57	I	28,61	—	1,95	2,19	—	1,63	1,84	—	1,33	1,50	—	1,04	1,18	—	0,78	0,87	—	0,52	0,59
	II	24,62	—	1,96	2,21	II	24,62	—	1,65	1,85	—	1,34	1,51	—	1,06	1,19	—	0,79	0,89	—	0,53	0,60	—	0,29	0,33
	III	16,55	—	1,32	1,48	III	16,55	—	1,07	1,20	—	0,83	0,93	—	0,59	0,67	—	0,37	0,41	—	0,17	0,19	—	0,02	0,02
	V	43,57	—	3,48	3,92	IV	28,61	—	2,12	2,38	—	1,95	2,19	—	1,79	2,01	—	1,63	1,84	—	1,48	1,66	—	1,33	1,50
	VI	44,78	—	3,58	4,03																				
157,49	I,IV	28,64	—	2,29	2,57	I	28,64	—	1,95	2,20	—	1,63	1,84	—	1,33	1,50	—	1,05	1,18	—	0,78	0,87	—	0,52	0,59
	II	24,65	—	1,97	2,21	II	24,65	—	1,65	1,85	—	1,35	1,51	—	1,06	1,19	—	0,79	0,89	—	0,53	0,60	—	0,30	0,33
	III	16,57	—	1,32	1,49	III	16,57	—	1,07	1,20	—	0,83	0,93	—	0,59	0,67	—	0,37	0,42	—	0,17	0,19	—	0,02	0,02
	V	43,60	—	3,48	3,92	IV	28,64	—	2,12	2,38	—	1,95	2,20	—	1,79	2,02	—	1,63	1,84	—	1,48	1,67	—	1,33	1,50
	VI	44,81	—	3,58	4,03																				
157,59	I,IV	28,67	—	2,29	2,58	I	28,67	—	1,96	2,20	—	1,64	1,84	—	1,33	1,50	—	1,05	1,18	—	0,78	0,88	—	0,53	0,59
	II	24,68	—	1,97	2,22	II	24,68	—	1,65	1,86	—	1,35	1,52	—	1,06	1,19	—	0,79	0,89	—	0,54	0,60	—	0,30	0,34
	III	16,59	—	1,32	1,49	III	16,59	—	1,07	1,21	—	0,83	0,93	—	0,60	0,67	—	0,37	0,42	—	0,17	0,20	—	0,02	0,02
	V	43,64	—	3,49	3,92	IV	28,67	—	2,12	2,39	—	1,96	2,20	—	1,79	2,02	—	1,64	1,84	—	1,48	1,67	—	1,33	1,50
	VI	44,85	—	3,58	4,03																				
157,69	I,IV	28,70	—	2,29	2,58	I	28,70	—	1,96	2,20	—	1,64	1,84	—	1,34	1,50	—	1,05	1,18	—	0,78	0,88	—	0,53	0,59
	II	24,70	—	1,97	2,22	II	24,70	—	1,65	1,86	—	1,35	1,52	—	1,06	1,20	—	0,79	0,89	—	0,54	0,61	—	0,30	0,34
	III	16,61	—	1,32	1,49	III	16,61	—	1,07	1,21	—	0,83	0,94	—	0,60	0,67	—	0,37	0,42	—	0,18	0,20	—	0,02	0,02
	V	43,67	—	3,49	3,93	IV	28,70	—	2,12	2,39	—	1,96	2,20	—	1,80	2,02	—	1,64	1,84	—	1,49	1,67	—	1,34	1,50
	VI	44,88	—	3,59	4,03																				
157,79	I,IV	28,73	—	2,29	2,58	I	28,73	—	1,96	2,20	—	1,64	1,85	—	1,34	1,51	—	1,05	1,18	—	0,78	0,88	—	0,53	0,60
	II	24,73	—	1,97	2,22	II	24,73	—	1,66	1,86	—	1,35	1,52	—	1,06	1,20	—	0,79	0,89	—	0,54	0,61	—	0,30	0,34
	III	16,63	—	1,33	1,49	III	16,63	—	1,08	1,21	—	0,83	0,94	—	0,60	0,67	—	0,37	0,42	—	0,18	0,20	—	0,02	0,02
	V	43,71	—	3,49	3,93	IV	28,73	—	2,12	2,39	—	1,96	2,20	—	1,80	2,02	—	1,64	1,85	—	1,49	1,67	—	1,34	1,51
	VI	44,91	—	3,59	4,04																				
157,89	I,IV	28,76	—	2,30	2,58	I	28,76	—	1,96	2,21	—	1,64	1,85	—	1,34	1,51	—	1,05	1,19	—	0,78	0,88	—	0,53	0,60
	II	24,76	—	1,98	2,22	II	24,76	—	1,66	1,86	—	1,35	1,52	—	1,07	1,20	—	0,80	0,90	—	0,54	0,61	—	0,30	0,34
	III	16,66	—	1,33	1,49	III	16,66	—	1,08	1,21	—	0,84	0,94	—	0,60	0,68	—	0,38	0,42	—	0,18	0,20	—	0,02	0,02
	V	43,74	—	3,49	3,93	IV	28,76	—	2,13	2,39	—	1,96	2,21	—	1,80	2,03	—	1,64	1,85	—	1,49	1,68	—	1,34	1,51
	VI	44,95	—	3,59	4,04																				

* Die ausgewiesenen Tabellenwerte sind amtlich. Siehe Erläuterungen auf der Umschlaginnenseite (U2).

159,49* TAG

Abzüge an Lohnsteuer, Solidaritätszuschlag (SolZ) und Kirchensteuer (8%, 9%) in den Steuerklassen

I – VI (ohne Kinderfreibeträge) | I, II, III, IV (mit Zahl der Kinderfreibeträge ...)

Lohn/Gehalt bis €	StKl	LSt	SolZ	8%	9%	StKl	LSt	0,5 SolZ	0,5 8%	0,5 9%	1 SolZ	1 8%	1 9%	1,5 SolZ	1,5 8%	1,5 9%	2 SolZ	2 8%	2 9%	2,5 SolZ	2,5 8%	2,5 9%	3 SolZ	3 8%	3 9%
157,99	I,IV	28,80	—	2,30	2,59	I	28,80	—	1,96	2,21	—	1,65	1,85	—	1,34	1,51	—	1,06	1,19	—	0,79	0,89	—	0,53	0,60
	II	24,79	—	1,98	2,23	II	24,79	—	1,66	1,87	—	1,36	1,53	—	1,07	1,20	—	0,80	0,90	—	0,54	0,61	—	0,30	0,34
	III	16,68	—	1,33	1,50	III	16,68	—	1,08	1,21	—	0,84	0,94	—	0,60	0,68	—	0,38	0,42	—	0,18	0,20	—	0,02	0,02
	V	43,78	—	3,50	3,94	IV	28,80	—	2,13	2,40	—	1,96	2,21	—	1,80	2,03	—	1,65	1,85	—	1,49	1,68	—	1,34	1,51
	VI	44,98	—	3,59	4,04																					
158,09	I,IV	28,83	—	2,30	2,59	I	28,83	—	1,97	2,21	—	1,65	1,85	—	1,34	1,51	—	1,06	1,19	—	0,79	0,89	—	0,53	0,60
	II	24,82	—	1,98	2,23	II	24,82	—	1,66	1,87	—	1,36	1,53	—	1,07	1,21	—	0,80	0,90	—	0,54	0,61	—	0,31	0,35
	III	16,70	—	1,33	1,50	III	16,70	—	1,08	1,22	—	0,84	0,94	—	0,60	0,68	—	0,38	0,43	—	0,18	0,20	—	0,02	0,03
	V	43,81	—	3,50	3,94	IV	28,83	—	2,13	2,40	—	1,97	2,21	—	1,80	2,03	—	1,65	1,85	—	1,49	1,68	—	1,34	1,51
	VI	45,02	—	3,60	4,05																					
158,19	I,IV	28,86	—	2,30	2,59	I	28,86	—	1,97	2,22	—	1,65	1,86	—	1,35	1,52	—	1,06	1,19	—	0,79	0,89	—	0,54	0,60
	II	24,85	—	1,98	2,23	II	24,85	—	1,66	1,87	—	1,36	1,53	—	1,07	1,21	—	0,80	0,90	—	0,55	0,62	—	0,31	0,35
	III	16,72	—	1,33	1,50	III	16,72	—	1,08	1,22	—	0,84	0,95	—	0,61	0,68	—	0,38	0,43	—	0,18	0,20	—	0,02	0,03
	V	43,85	—	3,50	3,94	IV	28,86	—	2,13	2,40	—	1,97	2,22	—	1,81	2,03	—	1,65	1,86	—	1,50	1,68	—	1,35	1,52
	VI	45,05	—	3,60	4,05																					
158,29	I,IV	28,89	—	2,31	2,60	I	28,89	—	1,97	2,22	—	1,65	1,86	—	1,35	1,52	—	1,06	1,20	—	0,79	0,89	—	0,54	0,61
	II	24,88	—	1,99	2,23	II	24,88	—	1,67	1,87	—	1,36	1,53	—	1,08	1,21	—	0,80	0,90	—	0,55	0,62	—	0,31	0,35
	III	16,75	—	1,34	1,50	III	16,75	—	1,08	1,22	—	0,84	0,95	—	0,61	0,68	—	0,38	0,43	—	0,18	0,21	—	0,02	0,03
	V	43,88	—	3,51	3,94	IV	28,89	—	2,14	2,40	—	1,97	2,22	—	1,81	2,04	—	1,65	1,86	—	1,50	1,69	—	1,35	1,52
	VI	45,09	—	3,60	4,05																					
158,39	I,IV	28,92	—	2,31	2,60	I	28,92	—	1,97	2,22	—	1,65	1,86	—	1,35	1,52	—	1,06	1,20	—	0,79	0,89	—	0,54	0,61
	II	24,91	—	1,99	2,24	II	24,91	—	1,67	1,88	—	1,36	1,53	—	1,08	1,21	—	0,81	0,91	—	0,55	0,62	—	0,31	0,35
	III	16,77	—	1,34	1,50	III	16,77	—	1,09	1,22	—	0,84	0,95	—	0,61	0,69	—	0,38	0,43	—	0,18	0,21	—	0,03	0,03
	V	43,91	—	3,51	3,95	IV	28,92	—	2,14	2,41	—	1,97	2,22	—	1,81	2,04	—	1,65	1,86	—	1,50	1,69	—	1,35	1,52
	VI	45,12	—	3,60	4,06																					
158,49	I,IV	28,95	—	2,31	2,60	I	28,95	—	1,98	2,22	—	1,66	1,86	—	1,35	1,52	—	1,07	1,20	—	0,80	0,90	—	0,54	0,61
	II	24,94	—	1,99	2,24	II	24,94	—	1,67	1,88	—	1,37	1,54	—	1,08	1,21	—	0,81	0,91	—	0,55	0,62	—	0,31	0,35
	III	16,79	—	1,34	1,51	III	16,79	—	1,09	1,22	—	0,85	0,95	—	0,61	0,69	—	0,38	0,43	—	0,19	0,21	—	0,03	0,03
	V	43,95	—	3,51	3,95	IV	28,95	—	2,14	2,41	—	1,98	2,22	—	1,81	2,04	—	1,66	1,86	—	1,50	1,69	—	1,35	1,52
	VI	45,16	—	3,61	4,06																					
158,59	I,IV	28,98	—	2,31	2,60	I	28,98	—	1,98	2,23	—	1,66	1,87	—	1,36	1,53	—	1,07	1,20	—	0,80	0,90	—	0,54	0,61
	II	24,96	—	1,99	2,24	II	24,96	—	1,67	1,88	—	1,37	1,54	—	1,08	1,22	—	0,81	0,91	—	0,55	0,62	—	0,31	0,35
	III	16,82	—	1,34	1,51	III	16,82	—	1,09	1,23	—	0,85	0,95	—	0,61	0,69	—	0,39	0,44	—	0,19	0,21	—	0,03	0,03
	V	43,98	—	3,51	3,95	IV	28,98	—	2,14	2,41	—	1,98	2,23	—	1,82	2,04	—	1,66	1,87	—	1,50	1,69	—	1,36	1,53
	VI	45,19	—	3,61	4,06																					
158,69	I,IV	29,01	—	2,32	2,61	I	29,01	—	1,98	2,23	—	1,66	1,87	—	1,36	1,53	—	1,07	1,20	—	0,80	0,90	—	0,54	0,61
	II	25,—	—	2,—	2,25	II	25,—	—	1,67	1,88	—	1,37	1,54	—	1,08	1,22	—	0,81	0,91	—	0,56	0,63	—	0,32	0,36
	III	16,84	—	1,34	1,51	III	16,84	—	1,09	1,23	—	0,85	0,96	—	0,61	0,69	—	0,39	0,44	—	0,19	0,21	—	0,03	0,03
	V	44,02	—	3,52	3,96	IV	29,01	—	2,15	2,42	—	1,98	2,23	—	1,82	2,05	—	1,66	1,87	—	1,51	1,70	—	1,36	1,53
	VI	45,23	—	3,61	4,07																					
158,79	I,IV	29,04	—	2,32	2,61	I	29,04	—	1,98	2,23	—	1,66	1,87	—	1,36	1,53	—	1,07	1,21	—	0,80	0,90	—	0,55	0,62
	II	25,03	—	2,—	2,25	II	25,03	—	1,68	1,89	—	1,37	1,54	—	1,08	1,22	—	0,81	0,91	—	0,56	0,63	—	0,32	0,36
	III	16,86	—	1,34	1,51	III	16,86	—	1,09	1,23	—	0,85	0,96	—	0,62	0,69	—	0,39	0,44	—	0,19	0,21	—	0,03	0,03
	V	44,05	—	3,52	3,96	IV	29,04	—	2,15	2,42	—	1,98	2,23	—	1,82	2,05	—	1,66	1,87	—	1,51	1,70	—	1,36	1,53
	VI	45,26	—	3,62	4,07																					
158,89	I,IV	29,07	—	2,32	2,61	I	29,07	—	1,98	2,23	—	1,67	1,87	—	1,36	1,53	—	1,07	1,21	—	0,80	0,90	—	0,55	0,62
	II	25,05	—	2,—	2,25	II	25,05	—	1,68	1,89	—	1,38	1,55	—	1,09	1,22	—	0,82	0,92	—	0,56	0,63	—	0,32	0,36
	III	16,88	—	1,35	1,51	III	16,88	—	1,10	1,23	—	0,85	0,96	—	0,62	0,70	—	0,39	0,44	—	0,19	0,22	—	0,03	0,03
	V	44,09	—	3,52	3,96	IV	29,07	—	2,15	2,42	—	1,98	2,23	—	1,82	2,05	—	1,67	1,87	—	1,51	1,70	—	1,36	1,53
	VI	45,30	—	3,62	4,07																					
158,99	I,IV	29,10	—	2,32	2,61	I	29,10	—	1,99	2,24	—	1,67	1,88	—	1,36	1,53	—	1,08	1,21	—	0,80	0,91	—	0,55	0,62
	II	25,08	—	2,—	2,25	II	25,08	—	1,68	1,89	—	1,38	1,55	—	1,09	1,23	—	0,82	0,92	—	0,56	0,63	—	0,32	0,36
	III	16,91	—	1,35	1,52	III	16,91	—	1,10	1,23	—	0,85	0,96	—	0,62	0,70	—	0,39	0,44	—	0,19	0,22	—	0,03	0,04
	V	44,12	—	3,52	3,97	IV	29,10	—	2,15	2,42	—	1,99	2,24	—	1,83	2,05	—	1,67	1,88	—	1,51	1,70	—	1,36	1,53
	VI	45,33	—	3,62	4,07																					
159,09	I,IV	29,13	—	2,33	2,62	I	29,13	—	1,99	2,24	—	1,67	1,88	—	1,37	1,54	—	1,08	1,21	—	0,81	0,91	—	0,55	0,62
	II	25,11	—	2,—	2,25	II	25,11	—	1,68	1,89	—	1,38	1,55	—	1,09	1,23	—	0,82	0,92	—	0,56	0,63	—	0,32	0,36
	III	16,93	—	1,35	1,52	III	16,93	—	1,10	1,24	—	0,86	0,96	—	0,62	0,70	—	0,39	0,44	—	0,19	0,22	—	0,03	0,04
	V	44,16	—	3,53	3,97	IV	29,13	—	2,16	2,43	—	1,99	2,24	—	1,83	2,06	—	1,67	1,88	—	1,52	1,71	—	1,37	1,54
	VI	45,37	—	3,62	4,08																					
159,19	I,IV	29,16	—	2,33	2,62	I	29,16	—	1,99	2,24	—	1,67	1,88	—	1,37	1,54	—	1,08	1,22	—	0,81	0,91	—	0,55	0,62
	II	25,14	—	2,01	2,26	II	25,14	—	1,69	1,90	—	1,38	1,55	—	1,09	1,23	—	0,82	0,92	—	0,56	0,63	—	0,32	0,36
	III	16,95	—	1,35	1,52	III	16,95	—	1,10	1,24	—	0,86	0,97	—	0,62	0,70	—	0,40	0,45	—	0,20	0,22	—	0,03	0,04
	V	44,19	—	3,53	3,97	IV	29,16	—	2,16	2,43	—	1,99	2,24	—	1,83	2,06	—	1,67	1,88	—	1,52	1,71	—	1,37	1,54
	VI	45,40	—	3,63	4,08																					
159,29	I,IV	29,19	—	2,33	2,62	I	29,19	—	1,99	2,24	—	1,67	1,88	—	1,37	1,54	—	1,08	1,22	—	0,81	0,91	—	0,56	0,63
	II	25,17	—	2,01	2,26	II	25,17	—	1,69	1,90	—	1,38	1,56	—	1,09	1,23	—	0,82	0,93	—	0,57	0,64	—	0,33	0,37
	III	16,97	—	1,35	1,52	III	16,97	—	1,10	1,24	—	0,86	0,97	—	0,62	0,70	—	0,40	0,45	—	0,20	0,22	—	0,03	0,04
	V	44,23	—	3,53	3,98	IV	29,19	—	2,16	2,43	—	1,99	2,24	—	1,83	2,06	—	1,67	1,88	—	1,52	1,71	—	1,37	1,54
	VI	45,44	—	3,63	4,08																					
159,39	I,IV	29,22	—	2,33	2,62	I	29,22	—	2,—	2,25	—	1,68	1,89	—	1,37	1,54	—	1,08	1,22	—	0,81	0,91	—	0,56	0,63
	II	25,20	—	2,01	2,26	II	25,20	—	1,69	1,90	—	1,39	1,56	—	1,10	1,23	—	0,82	0,93	—	0,57	0,64	—	0,33	0,37
	III	17,—	—	1,36	1,53	III	17,—	—	1,10	1,24	—	0,86	0,97	—	0,63	0,70	—	0,40	0,45	—	0,20	0,22	—	0,04	0,04
	V	44,26	—	3,54	3,98	IV	29,22	—	2,16	2,43	—	2,—	2,25	—	1,83	2,06	—	1,68	1,89	—	1,52	1,71	—	1,37	1,54
	VI	45,47	—	3,63	4,09																					
159,49	I,IV	29,25	—	2,34	2,63	I	29,25	—	2,—	2,25	—	1,68	1,89	—	1,37	1,55	—	1,09	1,22	—	0,81	0,92	—	0,56	0,63
	II	25,23	—	2,01	2,27	II	25,23	—	1,69	1,90	—	1,39	1,56	—	1,10	1,24	—	0,83	0,93	—	0,57	0,64	—	0,33	0,37
	III	17,02	—	1,36	1,53	III	17,02	—	1,11	1,24	—	0,86	0,97	—	0,63	0,71	—	0,40	0,45	—	0,20	0,22	—	0,04	0,04
	V	44,30	—	3,54	3,98	IV	29,25	—	2,16	2,44	—	2,—	2,25	—	1,84	2,07	—	1,68	1,89	—	1,52	1,71	—	1,37	1,55
	VI	45,51	—	3,64	4,09																					

* Die ausgewiesenen Tabellenwerte sind amtlich. Siehe Erläuterungen auf der Umschlaginnenseite (U2).

T 199

TAG 159,50*

Abzüge an Lohnsteuer, Solidaritätszuschlag (SolZ) und Kirchensteuer (8%, 9%) in den Steuerklassen

Lohn/ Gehalt bis €*	I – VI		ohne Kinderfreibeträge			I, II, III, IV		mit Zahl der Kinderfreibeträge . . . 0,5			1			1,5			2			2,5			3		
		LSt	SolZ	8%	9%		LSt	SolZ	8%	9%	SolZ	8%	9%	SolZ	8%	9%	SolZ	8%	9%	SolZ	8%	9%	SolZ	8%	9%
159,59	I,IV	29,28	—	2,34	2,63	I	29,28	—	2,—	2,25	—	1,68	1,89	—	1,38	1,55	—	1,09	1,22	—	0,82	0,92	—	0,56	0,63
	II	25,26	—	2,02	2,27	II	25,26	—	1,69	1,91	—	1,39	1,56	—	1,10	1,24	—	0,83	0,93	—	0,57	0,64	—	0,33	0,37
	III	17,04	—	1,36	1,53	III	17,04	—	1,11	1,25	—	0,86	0,97	—	0,63	0,71	—	0,40	0,45	—	0,20	0,23	—	0,04	0,04
	V	44,33	—	3,54	3,98	IV	29,28	—	2,17	2,44	—	2,—	2,25	—	1,84	2,07	—	1,68	1,89	—	1,53	1,72	—	1,38	1,55
	VI	45,54	—	3,64	4,09																				
159,69	I,IV	29,31	—	2,34	2,63	I	29,31	—	2,—	2,25	—	1,68	1,89	—	1,38	1,55	—	1,09	1,23	—	0,82	0,92	—	0,56	0,63
	II	25,29	—	2,02	2,27	II	25,29	—	1,70	1,91	—	1,39	1,57	—	1,10	1,24	—	0,83	0,93	—	0,57	0,64	—	0,33	0,37
	III	17,06	—	1,36	1,53	III	17,06	—	1,11	1,25	—	0,87	0,97	—	0,63	0,71	—	0,40	0,45	—	0,20	0,23	—	0,04	0,04
	V	44,36	—	3,54	3,99	IV	29,31	—	2,17	2,44	—	2,—	2,25	—	1,84	2,07	—	1,68	1,89	—	1,53	1,72	—	1,38	1,55
	VI	45,58	—	3,64	4,10																				
159,79	I,IV	29,34	—	2,34	2,64	I	29,34	—	2,01	2,26	—	1,69	1,90	—	1,38	1,55	—	1,09	1,23	—	0,82	0,92	—	0,56	0,63
	II	25,31	—	2,02	2,27	II	25,31	—	1,70	1,91	—	1,39	1,57	—	1,10	1,24	—	0,83	0,94	—	0,58	0,65	—	0,33	0,38
	III	17,09	—	1,36	1,53	III	17,09	—	1,11	1,25	—	0,87	0,98	—	0,63	0,71	—	0,40	0,46	—	0,20	0,23	—	0,04	0,04
	V	44,40	—	3,55	3,99	IV	29,34	—	2,17	2,44	—	2,01	2,26	—	1,84	2,07	—	1,69	1,90	—	1,53	1,72	—	1,38	1,55
	VI	45,61	—	3,64	4,10																				
159,89	I,IV	29,38	—	2,35	2,64	I	29,38	—	2,01	2,26	—	1,69	1,90	—	1,38	1,56	—	1,09	1,23	—	0,82	0,92	—	0,57	0,64
	II	25,35	—	2,02	2,28	II	25,35	—	1,70	1,91	—	1,40	1,57	—	1,11	1,25	—	0,83	0,94	—	0,58	0,65	—	0,34	0,38
	III	17,11	—	1,36	1,53	III	17,11	—	1,11	1,25	—	0,87	0,98	—	0,63	0,71	—	0,41	0,46	—	0,20	0,23	—	0,04	0,05
	V	44,44	—	3,55	3,99	IV	29,38	—	2,17	2,45	—	2,01	2,26	—	1,85	2,08	—	1,69	1,90	—	1,53	1,72	—	1,38	1,56
	VI	45,65	—	3,65	4,10																				
159,99	I,IV	29,41	—	2,35	2,64	I	29,41	—	2,01	2,26	—	1,69	1,90	—	1,38	1,56	—	1,10	1,23	—	0,82	0,93	—	0,57	0,64
	II	25,38	—	2,03	2,28	II	25,38	—	1,70	1,92	—	1,40	1,57	—	1,11	1,25	—	0,84	0,94	—	0,58	0,65	—	0,34	0,38
	III	17,13	—	1,37	1,54	III	17,13	—	1,11	1,25	—	0,87	0,98	—	0,64	0,72	—	0,41	0,46	—	0,20	0,23	—	0,04	0,05
	V	44,47	—	3,55	4,—	IV	29,41	—	2,18	2,45	—	2,01	2,26	—	1,85	2,08	—	1,69	1,90	—	1,54	1,73	—	1,38	1,56
	VI	45,68	—	3,65	4,11																				
160,09	I,IV	29,43	—	2,35	2,64	I	29,43	—	2,01	2,26	—	1,69	1,90	—	1,39	1,56	—	1,10	1,24	—	0,83	0,93	—	0,57	0,64
	II	25,40	—	2,03	2,28	II	25,40	—	1,71	1,92	—	1,40	1,58	—	1,11	1,25	—	0,84	0,94	—	0,58	0,65	—	0,34	0,38
	III	17,16	—	1,37	1,54	III	17,16	—	1,12	1,26	—	0,87	0,98	—	0,64	0,72	—	0,41	0,46	—	0,21	0,23	—	0,04	0,05
	V	44,50	—	3,56	4,—	IV	29,43	—	2,18	2,45	—	2,01	2,26	—	1,85	2,08	—	1,69	1,90	—	1,54	1,73	—	1,39	1,56
	VI	45,71	—	3,65	4,11																				
160,19	I,IV	29,47	—	2,35	2,65	I	29,47	—	2,02	2,27	—	1,69	1,91	—	1,39	1,56	—	1,10	1,24	—	0,83	0,93	—	0,57	0,64
	II	25,43	—	2,03	2,28	II	25,43	—	1,71	1,92	—	1,40	1,58	—	1,11	1,25	—	0,84	0,94	—	0,58	0,65	—	0,34	0,38
	III	17,18	—	1,37	1,54	III	17,18	—	1,12	1,26	—	0,87	0,98	—	0,64	0,72	—	0,41	0,46	—	0,21	0,23	—	0,04	0,05
	V	44,54	—	3,56	4,—	IV	29,47	—	2,18	2,45	—	2,02	2,27	—	1,85	2,08	—	1,69	1,91	—	1,54	1,73	—	1,39	1,56
	VI	45,75	—	3,66	4,11																				
160,29	I,IV	29,50	—	2,36	2,65	I	29,50	—	2,02	2,27	—	1,70	1,91	—	1,39	1,57	—	1,10	1,24	—	0,83	0,93	—	0,57	0,64
	II	25,46	—	2,03	2,29	II	25,46	—	1,71	1,92	—	1,40	1,58	—	1,11	1,25	—	0,84	0,95	—	0,58	0,66	—	0,34	0,39
	III	17,20	—	1,37	1,54	III	17,20	—	1,12	1,26	—	0,88	0,99	—	0,64	0,72	—	0,41	0,46	—	0,21	0,24	—	0,04	0,05
	V	44,58	—	3,56	4,01	IV	29,50	—	2,18	2,46	—	2,02	2,27	—	1,86	2,09	—	1,70	1,91	—	1,54	1,73	—	1,39	1,57
	VI	45,78	—	3,66	4,12																				
160,39	I,IV	29,53	—	2,36	2,65	I	29,53	—	2,02	2,27	—	1,70	1,91	—	1,39	1,57	—	1,10	1,24	—	0,83	0,94	—	0,57	0,65
	II	25,49	—	2,03	2,29	II	25,49	—	1,71	1,93	—	1,41	1,58	—	1,12	1,26	—	0,84	0,95	—	0,59	0,66	—	0,34	0,39
	III	17,22	—	1,37	1,54	III	17,22	—	1,12	1,26	—	0,88	0,99	—	0,64	0,72	—	0,41	0,47	—	0,21	0,24	—	0,05	0,05
	V	44,61	—	3,56	4,01	IV	29,53	—	2,19	2,46	—	2,02	2,27	—	1,86	2,09	—	1,70	1,91	—	1,54	1,74	—	1,39	1,57
	VI	45,82	—	3,66	4,12																				
160,49	I,IV	29,56	—	2,36	2,66	I	29,56	—	2,02	2,28	—	1,70	1,91	—	1,40	1,57	—	1,11	1,25	—	0,83	0,94	—	0,58	0,65
	II	25,52	—	2,04	2,29	II	25,52	—	1,71	1,93	—	1,41	1,59	—	1,12	1,26	—	0,84	0,95	—	0,59	0,66	—	0,35	0,39
	III	17,25	—	1,38	1,55	III	17,25	—	1,12	1,26	—	0,88	0,99	—	0,64	0,72	—	0,42	0,47	—	0,21	0,24	—	0,05	0,05
	V	44,64	—	3,57	4,01	IV	29,56	—	2,19	2,46	—	2,02	2,28	—	1,86	2,09	—	1,70	1,91	—	1,55	1,74	—	1,40	1,57
	VI	45,85	—	3,66	4,12																				
160,59	I,IV	29,59	—	2,36	2,66	I	29,59	—	2,02	2,28	—	1,70	1,92	—	1,40	1,57	—	1,11	1,25	—	0,84	0,94	—	0,58	0,65
	II	25,55	—	2,04	2,29	II	25,55	—	1,72	1,93	—	1,41	1,59	—	1,12	1,26	—	0,85	0,95	—	0,59	0,66	—	0,35	0,39
	III	17,27	—	1,38	1,55	III	17,27	—	1,12	1,27	—	0,88	0,99	—	0,65	0,73	—	0,42	0,47	—	0,21	0,24	—	0,05	0,05
	V	44,68	—	3,57	4,02	IV	29,59	—	2,19	2,47	—	2,02	2,28	—	1,86	2,09	—	1,70	1,92	—	1,55	1,74	—	1,40	1,57
	VI	45,89	—	3,67	4,13																				
160,69	I,IV	29,62	—	2,36	2,66	I	29,62	—	2,03	2,28	—	1,71	1,92	—	1,40	1,57	—	1,11	1,25	—	0,84	0,94	—	0,58	0,65
	II	25,58	—	2,04	2,30	II	25,58	—	1,72	1,93	—	1,41	1,59	—	1,12	1,26	—	0,85	0,96	—	0,59	0,66	—	0,35	0,39
	III	17,29	—	1,38	1,55	III	17,29	—	1,13	1,27	—	0,88	0,99	—	0,65	0,73	—	0,42	0,47	—	0,21	0,24	—	0,05	0,06
	V	44,71	—	3,57	4,02	IV	29,62	—	2,19	2,47	—	2,03	2,28	—	1,86	2,10	—	1,71	1,92	—	1,55	1,74	—	1,40	1,57
	VI	45,92	—	3,67	4,13																				
160,79	I,IV	29,65	—	2,37	2,66	I	29,65	—	2,03	2,28	—	1,71	1,92	—	1,40	1,58	—	1,11	1,25	—	0,84	0,94	—	0,58	0,65
	II	25,61	—	2,04	2,30	II	25,61	—	1,72	1,94	—	1,42	1,59	—	1,12	1,27	—	0,85	0,96	—	0,59	0,67	—	0,35	0,39
	III	17,31	—	1,38	1,55	III	17,31	—	1,13	1,27	—	0,88	1,—	—	0,65	0,73	—	0,42	0,47	—	0,22	0,24	—	0,05	0,06
	V	44,75	—	3,58	4,02	IV	29,65	—	2,20	2,47	—	2,03	2,28	—	1,87	2,10	—	1,71	1,92	—	1,55	1,75	—	1,40	1,58
	VI	45,96	—	3,67	4,13																				
160,89	I,IV	29,68	—	2,37	2,67	I	29,68	—	2,03	2,29	—	1,71	1,92	—	1,40	1,58	—	1,11	1,25	—	0,84	0,95	—	0,58	0,66
	II	25,64	—	2,05	2,30	II	25,64	—	1,72	1,94	—	1,42	1,59	—	1,13	1,27	—	0,85	0,96	—	0,59	0,67	—	0,35	0,40
	III	17,33	—	1,38	1,55	III	17,33	—	1,13	1,27	—	0,89	1,—	—	0,65	0,73	—	0,42	0,48	—	0,22	0,24	—	0,05	0,06
	V	44,78	—	3,58	4,03	IV	29,68	—	2,20	2,47	—	2,03	2,29	—	1,87	2,10	—	1,71	1,92	—	1,55	1,75	—	1,40	1,58
	VI	45,99	—	3,67	4,13																				
160,99	I,IV	29,71	—	2,37	2,67	I	29,71	—	2,03	2,29	—	1,71	1,93	—	1,41	1,58	—	1,12	1,26	—	0,84	0,95	—	0,58	0,66
	II	25,67	—	2,05	2,31	II	25,67	—	1,73	1,94	—	1,42	1,60	—	1,13	1,27	—	0,85	0,96	—	0,60	0,67	—	0,35	0,40
	III	17,36	—	1,38	1,56	III	17,36	—	1,13	1,27	—	0,89	1,—	—	0,65	0,73	—	0,42	0,48	—	0,22	0,25	—	0,05	0,06
	V	44,82	—	3,58	4,03	IV	29,71	—	2,20	2,48	—	2,03	2,29	—	1,87	2,11	—	1,71	1,93	—	1,56	1,75	—	1,41	1,58
	VI	46,03	—	3,68	4,14																				
161,09	I,IV	29,74	—	2,37	2,67	I	29,74	—	2,04	2,29	—	1,71	1,93	—	1,41	1,58	—	1,12	1,26	—	0,84	0,95	—	0,59	0,66
	II	25,70	—	2,05	2,31	II	25,70	—	1,73	1,94	—	1,42	1,60	—	1,13	1,27	—	0,86	0,96	—	0,60	0,67	—	0,36	0,40
	III	17,38	—	1,39	1,56	III	17,38	—	1,13	1,28	—	0,89	1,—	—	0,65	0,74	—	0,43	0,48	—	0,22	0,25	—	0,05	0,06
	V	44,85	—	3,58	4,03	IV	29,74	—	2,20	2,48	—	2,04	2,29	—	1,87	2,11	—	1,71	1,93	—	1,56	1,75	—	1,41	1,58
	VI	46,06	—	3,68	4,14																				

* Die ausgewiesenen Tabellenwerte sind amtlich. Siehe Erläuterungen auf der Umschlaginnenseite (U2).

Lohn/ Gehalt bis €*	Abzüge an Lohnsteuer, Solidaritätszuschlag (SolZ) und Kirchensteuer (8%, 9%) in den Steuerklassen I – VI	LSt	ohne Kinderfreibeträge SolZ	8%	9%	I, II, III, IV	LSt	mit Zahl der Kinderfreibeträge . . . 0,5 SolZ	0,5 8%	0,5 9%	1 SolZ	1 8%	1 9%	1,5 SolZ	1,5 8%	1,5 9%	2 SolZ	2 8%	2 9%	2,5 SolZ	2,5 8%	2,5 9%	3 SolZ	3 8%	3 9%
161,19	I,IV	29,77	—	2,38	2,67	I	29,77	—	2,04	2,29	—	1,72	1,93	—	1,41	1,59	—	1,12	1,26	—	0,85	0,95	—	0,59	0,66
	II	25,73	—	2,05	2,31	II	25,73	—	1,73	1,95	—	1,42	1,60	—	1,13	1,27	—	0,86	0,97	—	0,60	0,67	—	0,36	0,40
	III	17,41	—	1,39	1,56	III	17,41	—	1,14	1,28	—	0,89	1,—	—	0,66	0,74	—	0,43	0,48	—	0,22	0,25	—	0,05	0,06
	V	44,89	—	3,59	4,04	IV	29,77	—	2,21	2,48	—	2,04	2,29	—	1,88	2,11	—	1,72	1,93	—	1,56	1,76	—	1,41	1,59
	VI	46,10	—	3,68	4,14																				
161,29	I,IV	29,81	—	2,38	2,68	I	29,81	—	2,04	2,30	—	1,72	1,93	—	1,41	1,59	—	1,12	1,26	—	0,85	0,95	—	0,59	0,66
	II	25,76	—	2,06	2,31	II	25,76	—	1,73	1,95	—	1,43	1,60	—	1,14	1,28	—	0,86	0,97	—	0,60	0,68	—	0,36	0,40
	III	17,43	—	1,39	1,56	III	17,43	—	1,14	1,28	—	0,89	1,—	—	0,66	0,74	—	0,43	0,48	—	0,22	0,25	—	0,06	0,06
	V	44,92	—	3,59	4,04	IV	29,81	—	2,21	2,48	—	2,04	2,30	—	1,88	2,11	—	1,72	1,93	—	1,56	1,76	—	1,41	1,59
	VI	46,13	—	3,69	4,15																				
161,39	I,IV	29,84	—	2,38	2,68	I	29,84	—	2,04	2,30	—	1,72	1,94	—	1,41	1,59	—	1,12	1,26	—	0,85	0,96	—	0,59	0,67
	II	25,79	—	2,06	2,32	II	25,79	—	1,74	1,95	—	1,43	1,61	—	1,14	1,28	—	0,86	0,97	—	0,60	0,68	—	0,36	0,41
	III	17,45	—	1,39	1,57	III	17,45	—	1,14	1,28	—	0,90	1,01	—	0,66	0,74	—	0,43	0,48	—	0,22	0,25	—	0,06	0,06
	V	44,96	—	3,59	4,04	IV	29,84	—	2,21	2,49	—	2,04	2,30	—	1,88	2,12	—	1,72	1,94	—	1,57	1,76	—	1,41	1,59
	VI	46,17	—	3,69	4,15																				
161,49	I,IV	29,87	—	2,38	2,68	I	29,87	—	2,05	2,30	—	1,72	1,94	—	1,42	1,59	—	1,13	1,27	—	0,85	0,96	—	0,59	0,67
	II	25,82	—	2,06	2,32	II	25,82	—	1,74	1,96	—	1,43	1,61	—	1,14	1,28	—	0,86	0,97	—	0,61	0,68	—	0,36	0,41
	III	17,48	—	1,39	1,57	III	17,48	—	1,14	1,28	—	0,90	1,01	—	0,66	0,74	—	0,43	0,49	—	0,22	0,25	—	0,06	0,06
	V	45,—	—	3,60	4,05	IV	29,87	—	2,21	2,49	—	2,05	2,30	—	1,88	2,12	—	1,72	1,94	—	1,57	1,76	—	1,42	1,59
	VI	46,21	—	3,69	4,15																				
161,59	I,IV	29,91	—	2,39	2,69	I	29,91	—	2,05	2,31	—	1,73	1,94	—	1,42	1,60	—	1,13	1,27	—	0,85	0,96	—	0,60	0,67
	II	25,85	—	2,06	2,32	II	25,85	—	1,74	1,96	—	1,43	1,61	—	1,14	1,28	—	0,87	0,98	—	0,61	0,68	—	0,36	0,41
	III	17,51	—	1,40	1,57	III	17,51	—	1,14	1,29	—	0,90	1,01	—	0,66	0,75	—	0,43	0,49	—	0,23	0,26	—	0,06	0,07
	V	45,04	—	3,60	4,05	IV	29,91	—	2,22	2,49	—	2,05	2,31	—	1,89	2,12	—	1,73	1,94	—	1,57	1,77	—	1,42	1,60
	VI	46,25	—	3,70	4,16																				
161,69	I,IV	29,94	—	2,39	2,69	I	29,94	—	2,05	2,31	—	1,73	1,95	—	1,42	1,60	—	1,13	1,27	—	0,86	0,96	—	0,60	0,67
	II	25,89	—	2,07	2,33	II	25,89	—	1,74	1,96	—	1,44	1,62	—	1,14	1,29	—	0,87	0,98	—	0,61	0,69	—	0,37	0,41
	III	17,53	—	1,40	1,57	III	17,53	—	1,14	1,29	—	0,90	1,01	—	0,66	0,75	—	0,44	0,49	—	0,23	0,26	—	0,06	0,07
	V	45,08	—	3,60	4,05	IV	29,94	—	2,22	2,50	—	2,05	2,31	—	1,89	2,12	—	1,73	1,95	—	1,57	1,77	—	1,42	1,60
	VI	46,29	—	3,70	4,16																				
161,79	I,IV	29,98	—	2,39	2,69	I	29,98	—	2,05	2,31	—	1,73	1,95	—	1,42	1,60	—	1,13	1,28	—	0,86	0,97	—	0,60	0,68
	II	25,92	—	2,07	2,33	II	25,92	—	1,74	1,96	—	1,44	1,62	—	1,15	1,29	—	0,87	0,98	—	0,61	0,69	—	0,37	0,41
	III	17,56	—	1,40	1,58	III	17,56	—	1,15	1,29	—	0,90	1,02	—	0,67	0,75	—	0,44	0,49	—	0,23	0,26	—	0,06	0,07
	V	45,11	—	3,60	4,05	IV	29,98	—	2,22	2,50	—	2,05	2,31	—	1,89	2,13	—	1,73	1,95	—	1,58	1,77	—	1,42	1,60
	VI	46,33	—	3,70	4,16																				
161,89	I,IV	30,01	—	2,40	2,70	I	30,01	—	2,06	2,31	—	1,73	1,95	—	1,43	1,61	—	1,14	1,28	—	0,86	0,97	—	0,60	0,68
	II	25,95	—	2,07	2,33	II	25,95	—	1,75	1,97	—	1,44	1,62	—	1,15	1,29	—	0,87	0,98	—	0,61	0,69	—	0,37	0,42
	III	17,58	—	1,40	1,58	III	17,58	—	1,15	1,29	—	0,90	1,02	—	0,67	0,75	—	0,44	0,49	—	0,23	0,26	—	0,06	0,07
	V	45,15	—	3,61	4,06	IV	30,01	—	2,22	2,50	—	2,06	2,31	—	1,89	2,13	—	1,73	1,95	—	1,58	1,78	—	1,43	1,61
	VI	46,36	—	3,70	4,17																				
161,99	I,IV	30,05	—	2,40	2,70	I	30,05	—	2,06	2,32	—	1,74	1,95	—	1,43	1,61	—	1,14	1,28	—	0,86	0,97	—	0,60	0,68
	II	25,99	—	2,07	2,33	II	25,99	—	1,75	1,97	—	1,44	1,62	—	1,15	1,29	—	0,88	0,99	—	0,62	0,69	—	0,37	0,42
	III	17,61	—	1,40	1,58	III	17,61	—	1,15	1,30	—	0,91	1,02	—	0,67	0,75	—	0,44	0,50	—	0,23	0,26	—	0,06	0,07
	V	45,20	—	3,61	4,06	IV	30,05	—	2,23	2,51	—	2,06	2,32	—	1,90	2,13	—	1,74	1,95	—	1,58	1,78	—	1,43	1,61
	VI	46,40	—	3,71	4,17																				
162,09	I,IV	30,08	—	2,40	2,70	I	30,08	—	2,06	2,32	—	1,74	1,96	—	1,43	1,61	—	1,14	1,28	—	0,86	0,97	—	0,61	0,68
	II	26,02	—	2,08	2,34	II	26,02	—	1,75	1,97	—	1,44	1,63	—	1,15	1,30	—	0,88	0,99	—	0,62	0,70	—	0,37	0,42
	III	17,63	—	1,41	1,58	III	17,63	—	1,15	1,30	—	0,91	1,02	—	0,67	0,76	—	0,44	0,50	—	0,23	0,26	—	0,06	0,07
	V	45,23	—	3,61	4,07	IV	30,08	—	2,23	2,51	—	2,06	2,32	—	1,90	2,14	—	1,74	1,96	—	1,58	1,78	—	1,43	1,61
	VI	46,44	—	3,71	4,17																				
162,19	I,IV	30,11	—	2,40	2,70	I	30,11	—	2,06	2,32	—	1,74	1,96	—	1,43	1,61	—	1,14	1,29	—	0,87	0,98	—	0,61	0,68
	II	26,05	—	2,08	2,34	II	26,05	—	1,76	1,98	—	1,45	1,63	—	1,16	1,30	—	0,88	0,99	—	0,62	0,70	—	0,38	0,42
	III	17,66	—	1,41	1,58	III	17,66	—	1,16	1,30	—	0,91	1,02	—	0,67	0,76	—	0,44	0,50	—	0,24	0,27	—	0,07	0,07
	V	45,27	—	3,62	4,07	IV	30,11	—	2,23	2,51	—	2,06	2,32	—	1,90	2,14	—	1,74	1,96	—	1,59	1,78	—	1,43	1,61
	VI	46,48	—	3,71	4,18																				
162,29	I,IV	30,15	—	2,41	2,71	I	30,15	—	2,07	2,33	—	1,74	1,96	—	1,44	1,62	—	1,14	1,29	—	0,87	0,98	—	0,61	0,69
	II	26,08	—	2,08	2,34	II	26,08	—	1,76	1,98	—	1,45	1,63	—	1,16	1,30	—	0,88	0,99	—	0,62	0,70	—	0,38	0,43
	III	17,68	—	1,41	1,59	III	17,68	—	1,16	1,30	—	0,91	1,03	—	0,68	0,76	—	0,45	0,50	—	0,24	0,27	—	0,07	0,08
	V	45,31	—	3,62	4,07	IV	30,15	—	2,24	2,52	—	2,07	2,33	—	1,90	2,14	—	1,74	1,96	—	1,59	1,79	—	1,44	1,62
	VI	46,52	—	3,72	4,18																				
162,39	I,IV	30,18	—	2,41	2,71	I	30,18	—	2,07	2,33	—	1,75	1,96	—	1,44	1,62	—	1,15	1,29	—	0,87	0,98	—	0,61	0,69
	II	26,12	—	2,08	2,35	II	26,12	—	1,76	1,98	—	1,45	1,63	—	1,16	1,30	—	0,88	0,99	—	0,62	0,70	—	0,38	0,43
	III	17,71	—	1,41	1,59	III	17,71	—	1,16	1,30	—	0,91	1,03	—	0,68	0,76	—	0,45	0,50	—	0,24	0,27	—	0,07	0,08
	V	45,35	—	3,62	4,08	IV	30,18	—	2,24	2,52	—	2,07	2,33	—	1,91	2,14	—	1,75	1,96	—	1,59	1,79	—	1,44	1,62
	VI	46,56	—	3,72	4,19																				
162,49	I,IV	30,22	—	2,41	2,71	I	30,22	—	2,07	2,33	—	1,75	1,97	—	1,44	1,62	—	1,15	1,29	—	0,87	0,98	—	0,61	0,69
	II	26,15	—	2,09	2,35	II	26,15	—	1,76	1,98	—	1,45	1,64	—	1,16	1,31	—	0,89	1,—	—	0,63	0,70	—	0,38	0,43
	III	17,73	—	1,41	1,59	III	17,73	—	1,16	1,31	—	0,92	1,03	—	0,68	0,76	—	0,45	0,51	—	0,24	0,27	—	0,07	0,08
	V	45,39	—	3,63	4,08	IV	30,22	—	2,24	2,52	—	2,07	2,33	—	1,91	2,15	—	1,75	1,97	—	1,59	1,79	—	1,44	1,62
	VI	46,60	—	3,72	4,19																				
162,59	I,IV	30,25	—	2,42	2,72	I	30,25	—	2,08	2,34	—	1,75	1,97	—	1,44	1,62	—	1,15	1,30	—	0,88	0,99	—	0,62	0,69
	II	26,18	—	2,09	2,35	II	26,18	—	1,76	1,99	—	1,46	1,64	—	1,16	1,31	—	0,89	1,—	—	0,63	0,71	—	0,38	0,43
	III	17,76	—	1,42	1,59	III	17,76	—	1,16	1,31	—	0,92	1,03	—	0,68	0,77	—	0,45	0,51	—	0,24	0,27	—	0,07	0,08
	V	45,43	—	3,63	4,08	IV	30,25	—	2,24	2,52	—	2,08	2,34	—	1,91	2,15	—	1,75	1,97	—	1,60	1,80	—	1,44	1,62
	VI	46,63	—	3,73	4,19																				
162,69	I,IV	30,28	—	2,42	2,72	I	30,28	—	2,08	2,34	—	1,75	1,97	—	1,45	1,63	—	1,15	1,30	—	0,88	0,99	—	0,62	0,70
	II	26,21	—	2,09	2,35	II	26,21	—	1,77	1,99	—	1,46	1,64	—	1,17	1,31	—	0,89	1,—	—	0,63	0,71	—	0,38	0,43
	III	17,78	—	1,42	1,60	III	17,78	—	1,16	1,31	—	0,92	1,04	—	0,68	0,77	—	0,45	0,51	—	0,24	0,27	—	0,07	0,08
	V	45,46	—	3,63	4,09	IV	30,28	—	2,25	2,53	—	2,08	2,34	—	1,91	2,15	—	1,75	1,97	—	1,60	1,80	—	1,45	1,63
	VI	46,67	—	3,73	4,20																				

* Die ausgewiesenen Tabellenwerte sind amtlich. Siehe Erläuterungen auf der Umschlaginnenseite (U2).

TAG 162,70*

Abzüge an Lohnsteuer, Solidaritätszuschlag (SolZ) und Kirchensteuer (8%, 9%) in den Steuerklassen

Lohn/Gehalt bis €*		I–VI ohne Kinderfreibeträge LSt	SolZ	8%	9%	I, II, III, IV LSt	0,5 SolZ	8%	9%	1 SolZ	8%	9%	1,5 SolZ	8%	9%	2 SolZ	8%	9%	2,5 SolZ	8%	9%	3 SolZ	8%	9%
162,79	I,IV	30,32	—	2,42	2,72	I 30,32	—	2,08	2,34	—	1,76	1,98	—	1,45	1,63	—	1,16	1,30	—	0,88	0,99	—	0,62	0,70
	II	26,25	—	2,10	2,36	II 26,25	—	1,77	1,99	—	1,46	1,64	—	1,17	1,31	—	0,89	1,—	—	0,63	0,71	—	0,39	0,44
	III	17,81	—	1,42	1,60	III 17,81	—	1,17	1,31	—	0,92	1,04	—	0,68	0,77	—	0,46	0,51	—	0,24	0,28	—	0,07	0,08
	V	45,50	—	3,64	4,09	IV 30,32	—	2,25	2,53	—	2,08	2,34	—	1,92	2,16	—	1,76	1,98	—	1,60	1,80	—	1,45	1,63
	VI	46,71	—	3,73	4,20																			
162,89	I,IV	30,35	—	2,42	2,73	I 30,35	—	2,08	2,34	—	1,76	1,98	—	1,45	1,63	—	1,16	1,30	—	0,88	0,99	—	0,62	0,70
	II	26,28	—	2,10	2,36	II 26,28	—	1,77	1,99	—	1,46	1,65	—	1,17	1,32	—	0,89	1,01	—	0,63	0,71	—	0,39	0,44
	III	17,83	—	1,42	1,60	III 17,83	—	1,17	1,32	—	0,92	1,04	—	0,69	0,77	—	0,46	0,51	—	0,25	0,28	—	0,07	0,08
	V	45,54	—	3,64	4,09	IV 30,35	—	2,25	2,53	—	2,08	2,34	—	1,92	2,16	—	1,76	1,98	—	1,60	1,80	—	1,45	1,63
	VI	46,75	—	3,74	4,20																			
162,99	I,IV	30,39	—	2,43	2,73	I 30,39	—	2,09	2,35	—	1,76	1,98	—	1,45	1,63	—	1,16	1,31	—	0,88	0,99	—	0,62	0,70
	II	26,31	—	2,10	2,36	II 26,31	—	1,78	2,—	—	1,47	1,65	—	1,17	1,32	—	0,90	1,01	—	0,64	0,72	—	0,39	0,44
	III	17,86	—	1,42	1,60	III 17,86	—	1,17	1,32	—	0,93	1,04	—	0,69	0,77	—	0,46	0,52	—	0,25	0,28	—	0,08	0,09
	V	45,58	—	3,64	4,10	IV 30,39	—	2,25	2,54	—	2,09	2,35	—	1,92	2,16	—	1,76	1,98	—	1,60	1,81	—	1,45	1,63
	VI	46,79	—	3,74	4,21																			
163,09	I,IV	30,42	—	2,43	2,73	I 30,42	—	2,09	2,35	—	1,76	1,98	—	1,46	1,64	—	1,16	1,31	—	0,89	1,—	—	0,63	0,70
	II	26,35	—	2,10	2,37	II 26,35	—	1,78	2,—	—	1,47	1,65	—	1,18	1,32	—	0,90	1,01	—	0,64	0,72	—	0,39	0,44
	III	17,88	—	1,43	1,60	III 17,88	—	1,17	1,32	—	0,93	1,04	—	0,69	0,78	—	0,46	0,52	—	0,25	0,28	—	0,08	0,09
	V	45,62	—	3,64	4,10	IV 30,42	—	2,26	2,54	—	2,09	2,35	—	1,92	2,16	—	1,76	1,98	—	1,61	1,81	—	1,46	1,64
	VI	46,83	—	3,74	4,21																			
163,19	I,IV	30,46	—	2,43	2,74	I 30,46	—	2,09	2,35	—	1,77	1,99	—	1,46	1,64	—	1,16	1,31	—	0,89	1,—	—	0,63	0,71
	II	26,38	—	2,11	2,37	II 26,38	—	1,78	2,—	—	1,47	1,65	—	1,18	1,33	—	0,90	1,01	—	0,64	0,72	—	0,39	0,44
	III	17,91	—	1,43	1,61	III 17,91	—	1,17	1,32	—	0,93	1,05	—	0,69	0,78	—	0,46	0,52	—	0,25	0,28	—	0,08	0,09
	V	45,66	—	3,65	4,10	IV 30,46	—	2,26	2,54	—	2,09	2,35	—	1,93	2,17	—	1,77	1,99	—	1,61	1,81	—	1,46	1,64
	VI	46,86	—	3,74	4,21																			
163,29	I,IV	30,49	—	2,43	2,74	I 30,49	—	2,09	2,36	—	1,77	1,99	—	1,46	1,64	—	1,17	1,31	—	0,89	1,—	—	0,63	0,71
	II	26,41	—	2,11	2,37	II 26,41	—	1,78	2,01	—	1,47	1,66	—	1,18	1,33	—	0,90	1,02	—	0,64	0,72	—	0,40	0,45
	III	17,93	—	1,43	1,61	III 17,93	—	1,18	1,32	—	0,93	1,05	—	0,69	0,78	—	0,46	0,52	—	0,25	0,28	—	0,08	0,09
	V	45,70	—	3,65	4,11	IV 30,49	—	2,26	2,54	—	2,09	2,36	—	1,93	2,17	—	1,77	1,99	—	1,61	1,81	—	1,46	1,64
	VI	46,90	—	3,75	4,22																			
163,39	I,IV	30,53	—	2,44	2,74	I 30,53	—	2,10	2,36	—	1,77	1,99	—	1,46	1,64	—	1,17	1,32	—	0,89	1,—	—	0,63	0,71
	II	26,45	—	2,11	2,38	II 26,45	—	1,78	2,01	—	1,48	1,66	—	1,18	1,33	—	0,90	1,02	—	0,64	0,72	—	0,40	0,45
	III	17,96	—	1,43	1,61	III 17,96	—	1,18	1,33	—	0,93	1,05	—	0,70	0,78	—	0,47	0,52	—	0,25	0,29	—	0,08	0,09
	V	45,73	—	3,65	4,11	IV 30,53	—	2,26	2,55	—	2,10	2,36	—	1,93	2,17	—	1,77	1,99	—	1,61	1,82	—	1,46	1,64
	VI	46,94	—	3,75	4,22																			
163,49	I,IV	30,56	—	2,44	2,75	I 30,56	—	2,10	2,36	—	1,77	2,—	—	1,46	1,65	—	1,17	1,32	—	0,89	1,01	—	0,63	0,71
	II	26,48	—	2,11	2,38	II 26,48	—	1,79	2,01	—	1,48	1,66	—	1,18	1,33	—	0,91	1,02	—	0,64	0,73	—	0,40	0,45
	III	17,98	—	1,43	1,61	III 17,98	—	1,18	1,33	—	0,94	1,05	—	0,70	0,78	—	0,47	0,53	—	0,26	0,29	—	0,08	0,09
	V	45,77	—	3,66	4,11	IV 30,56	—	2,27	2,55	—	2,10	2,36	—	1,93	2,18	—	1,77	2,—	—	1,62	1,82	—	1,46	1,64
	VI	46,98	—	3,75	4,22																			
163,59	I,IV	30,60	—	2,44	2,75	I 30,60	—	2,10	2,36	—	1,78	2,—	—	1,47	1,65	—	1,17	1,32	—	0,90	1,01	—	0,64	0,72
	II	26,51	—	2,12	2,38	II 26,51	—	1,79	2,01	—	1,48	1,67	—	1,19	1,34	—	0,91	1,02	—	0,65	0,73	—	0,40	0,45
	III	18,01	—	1,44	1,62	III 18,01	—	1,18	1,33	—	0,94	1,05	—	0,70	0,79	—	0,47	0,53	—	0,26	0,29	—	0,08	0,09
	V	45,81	—	3,66	4,12	IV 30,60	—	2,27	2,55	—	2,10	2,36	—	1,94	2,18	—	1,78	2,—	—	1,62	1,82	—	1,47	1,65
	VI	47,02	—	3,76	4,23																			
163,69	I,IV	30,63	—	2,45	2,75	I 30,63	—	2,10	2,37	—	1,78	2,—	—	1,47	1,65	—	1,18	1,32	—	0,90	1,01	—	0,64	0,72
	II	26,54	—	2,12	2,38	II 26,54	—	1,79	2,02	—	1,48	1,67	—	1,19	1,34	—	0,91	1,03	—	0,65	0,73	—	0,40	0,45
	III	18,03	—	1,44	1,62	III 18,03	—	1,18	1,33	—	0,94	1,06	—	0,70	0,79	—	0,47	0,53	—	0,26	0,29	—	0,08	0,09
	V	45,85	—	3,66	4,12	IV 30,63	—	2,27	2,56	—	2,10	2,37	—	1,94	2,18	—	1,78	2,—	—	1,62	1,82	—	1,47	1,65
	VI	47,06	—	3,76	4,23																			
163,79	I,IV	30,66	—	2,45	2,75	I 30,66	—	2,11	2,37	—	1,78	2,—	—	1,47	1,66	—	1,18	1,33	—	0,90	1,01	—	0,64	0,72
	II	26,58	—	2,12	2,39	II 26,58	—	1,80	2,02	—	1,48	1,67	—	1,19	1,34	—	0,91	1,03	—	0,65	0,73	—	0,41	0,46
	III	18,06	—	1,44	1,62	III 18,06	—	1,19	1,34	—	0,94	1,06	—	0,70	0,79	—	0,47	0,53	—	0,26	0,29	—	0,08	0,10
	V	45,89	—	3,67	4,13	IV 30,66	—	2,28	2,56	—	2,11	2,37	—	1,94	2,18	—	1,78	2,—	—	1,62	1,83	—	1,47	1,66
	VI	47,10	—	3,76	4,23																			
163,89	I,IV	30,70	—	2,45	2,76	I 30,70	—	2,11	2,37	—	1,78	2,01	—	1,47	1,66	—	1,18	1,33	—	0,90	1,02	—	0,64	0,72
	II	26,61	—	2,12	2,39	II 26,61	—	1,80	2,02	—	1,49	1,67	—	1,19	1,34	—	0,92	1,03	—	0,65	0,73	—	0,41	0,46
	III	18,09	—	1,44	1,62	III 18,09	—	1,19	1,34	—	0,94	1,06	—	0,70	0,79	—	0,48	0,54	—	0,26	0,29	—	0,09	0,10
	V	45,93	—	3,67	4,13	IV 30,70	—	2,28	2,56	—	2,11	2,37	—	1,94	2,19	—	1,78	2,01	—	1,63	1,83	—	1,47	1,66
	VI	47,14	—	3,77	4,24																			
163,99	I,IV	30,73	—	2,45	2,76	I 30,73	—	2,11	2,38	—	1,79	2,01	—	1,48	1,66	—	1,18	1,33	—	0,91	1,02	—	0,64	0,72
	II	26,64	—	2,13	2,39	II 26,64	—	1,80	2,03	—	1,49	1,68	—	1,20	1,35	—	0,92	1,03	—	0,66	0,74	—	0,41	0,46
	III	18,11	—	1,44	1,62	III 18,11	—	1,19	1,34	—	0,94	1,06	—	0,71	0,80	—	0,48	0,54	—	0,26	0,30	—	0,09	0,10
	V	45,96	—	3,67	4,13	IV 30,73	—	2,28	2,57	—	2,11	2,38	—	1,95	2,19	—	1,79	2,01	—	1,63	1,83	—	1,48	1,66
	VI	47,17	—	3,77	4,24																			
164,09	I,IV	30,77	—	2,46	2,76	I 30,77	—	2,11	2,38	—	1,79	2,01	—	1,48	1,66	—	1,18	1,33	—	0,91	1,02	—	0,65	0,73
	II	26,68	—	2,13	2,40	II 26,68	—	1,80	2,03	—	1,49	1,68	—	1,20	1,35	—	0,92	1,03	—	0,66	0,74	—	0,41	0,46
	III	18,14	—	1,45	1,63	III 18,14	—	1,19	1,34	—	0,95	1,07	—	0,71	0,80	—	0,48	0,54	—	0,26	0,30	—	0,09	0,10
	V	46,—	—	3,68	4,14	IV 30,77	—	2,28	2,57	—	2,11	2,38	—	1,95	2,19	—	1,79	2,01	—	1,63	1,84	—	1,48	1,66
	VI	47,21	0,01	3,77	4,24																			
164,19	I,IV	30,80	—	2,46	2,77	I 30,80	—	2,12	2,38	—	1,79	2,02	—	1,48	1,67	—	1,19	1,34	—	0,91	1,02	—	0,65	0,73
	II	26,71	—	2,13	2,40	II 26,71	—	1,80	2,03	—	1,49	1,68	—	1,20	1,35	—	0,92	1,04	—	0,66	0,74	—	0,41	0,46
	III	18,16	—	1,45	1,63	III 18,16	—	1,19	1,34	—	0,95	1,07	—	0,71	0,80	—	0,48	0,54	—	0,27	0,30	—	0,09	0,10
	V	46,04	—	3,68	4,14	IV 30,80	—	2,29	2,57	—	2,12	2,38	—	1,95	2,20	—	1,79	2,02	—	1,63	1,84	—	1,48	1,66
	VI	47,25	0,01	3,78	4,25																			
164,29	I,IV	30,84	—	2,46	2,77	I 30,84	—	2,12	2,39	—	1,79	2,02	—	1,48	1,67	—	1,19	1,34	—	0,91	1,03	—	0,65	0,73
	II	26,74	—	2,13	2,40	II 26,74	—	1,81	2,03	—	1,50	1,68	—	1,20	1,35	—	0,92	1,04	—	0,66	0,74	—	0,42	0,47
	III	18,19	—	1,45	1,63	III 18,19	—	1,20	1,35	—	0,95	1,07	—	0,71	0,80	—	0,48	0,54	—	0,27	0,30	—	0,09	0,10
	V	46,08	—	3,68	4,14	IV 30,84	—	2,29	2,58	—	2,12	2,39	—	1,95	2,20	—	1,79	2,02	—	1,64	1,84	—	1,48	1,67
	VI	47,29	0,02	3,78	4,25																			

* Die ausgewiesenen Tabellenwerte sind amtlich. Siehe Erläuterungen auf der Umschlaginnenseite (U2).

Lohn/Gehalt bis €*		Abzüge an Lohnsteuer, Solidaritätszuschlag (SolZ) und Kirchensteuer (8%, 9%) in den Steuerklassen I – VI	ohne Kinderfreibeträge			I, II, III, IV		mit Zahl der Kinderfreibeträge . . . 0,5			1			1,5			2			2,5			3		
		LSt	SolZ	8%	9%		LSt	SolZ	8%	9%	SolZ	8%	9%	SolZ	8%	9%	SolZ	8%	9%	SolZ	8%	9%	SolZ	8%	9%
164,39	I,IV	30,87	—	2,46	2,77	I	30,87	—	2,12	2,39	—	1,80	2,02	—	1,49	1,67	—	1,19	1,34	—	0,91	1,03	—	0,65	0,73
	II	26,78	—	2,14	2,41	II	26,78	—	1,81	2,04	—	1,50	1,69	—	1,20	1,35	—	0,93	1,04	—	0,66	0,75	—	0,42	0,47
	III	18,21	—	1,45	1,63	III	18,21	—	1,20	1,35	—	0,95	1,07	—	0,71	0,80	—	0,48	0,54	—	0,27	0,30	—	0,09	0,10
	V	46,12	—	3,68	4,15	IV	30,87	—	2,29	2,58	—	2,12	2,39	—	1,96	2,20	—	1,80	2,02	—	1,64	1,84	—	1,49	1,67
	VI	47,33	0,02	3,78	4,25																				
164,49	I,IV	30,90	—	2,47	2,78	I	30,90	—	2,12	2,39	—	1,80	2,02	—	1,49	1,67	—	1,19	1,34	—	0,92	1,03	—	0,65	0,74
	II	26,81	—	2,14	2,41	II	26,81	—	1,81	2,04	—	1,50	1,69	—	1,21	1,36	—	0,93	1,04	—	0,66	0,75	—	0,42	0,47
	III	18,24	—	1,45	1,64	III	18,24	—	1,20	1,35	—	0,95	1,07	—	0,72	0,81	—	0,49	0,55	—	0,27	0,31	—	0,09	0,11
	V	46,16	—	3,69	4,15	IV	30,90	—	2,29	2,58	—	2,12	2,39	—	1,96	2,21	—	1,80	2,02	—	1,64	1,85	—	1,49	1,67
	VI	47,37	0,03	3,78	4,26																				
164,59	I,IV	30,94	—	2,47	2,78	I	30,94	—	2,13	2,39	—	1,80	2,03	—	1,49	1,68	—	1,20	1,35	—	0,92	1,03	—	0,66	0,74
	II	26,84	—	2,14	2,41	II	26,84	—	1,82	2,04	—	1,50	1,69	—	1,21	1,36	—	0,93	1,05	—	0,67	0,75	—	0,42	0,47
	III	18,27	—	1,46	1,64	III	18,27	—	1,20	1,35	—	0,96	1,08	—	0,72	0,81	—	0,49	0,55	—	0,27	0,31	—	0,10	0,11
	V	46,20	—	3,69	4,15	IV	30,94	—	2,30	2,58	—	2,13	2,39	—	1,96	2,21	—	1,80	2,03	—	1,64	1,85	—	1,49	1,68
	VI	47,41	0,03	3,79	4,26																				
164,69	I,IV	30,97	—	2,47	2,78	I	30,97	—	2,13	2,40	—	1,80	2,03	—	1,49	1,68	—	1,20	1,35	—	0,92	1,04	—	0,66	0,74
	II	26,87	—	2,14	2,41	II	26,87	—	1,82	2,05	—	1,51	1,70	—	1,21	1,36	—	0,93	1,05	—	0,67	0,75	—	0,42	0,48
	III	18,29	—	1,46	1,64	III	18,29	—	1,20	1,35	—	0,96	1,08	—	0,72	0,81	—	0,49	0,55	—	0,27	0,31	—	0,10	0,11
	V	46,23	—	3,69	4,16	IV	30,97	—	2,30	2,59	—	2,13	2,40	—	1,96	2,21	—	1,80	2,03	—	1,65	1,85	—	1,49	1,68
	VI	47,44	0,04	3,79	4,26																				
164,79	I,IV	31,01	—	2,48	2,79	I	31,01	—	2,13	2,40	—	1,81	2,03	—	1,50	1,68	—	1,20	1,35	—	0,92	1,04	—	0,66	0,74
	II	26,91	—	2,15	2,42	II	26,91	—	1,82	2,05	—	1,51	1,70	—	1,21	1,37	—	0,93	1,05	—	0,67	0,76	—	0,42	0,48
	III	18,32	—	1,46	1,64	III	18,32	—	1,21	1,36	—	0,96	1,08	—	0,72	0,81	—	0,49	0,55	—	0,28	0,31	—	0,10	0,11
	V	46,27	—	3,70	4,16	IV	31,01	—	2,30	2,59	—	2,13	2,40	—	1,97	2,21	—	1,81	2,03	—	1,65	1,86	—	1,50	1,68
	VI	47,48	0,04	3,79	4,27																				
164,89	I,IV	31,04	—	2,48	2,79	I	31,04	—	2,14	2,40	—	1,81	2,04	—	1,50	1,69	—	1,20	1,35	—	0,92	1,04	—	0,66	0,74
	II	26,94	—	2,15	2,42	II	26,94	—	1,82	2,05	—	1,51	1,70	—	1,22	1,37	—	0,94	1,05	—	0,67	0,76	—	0,43	0,48
	III	18,34	—	1,46	1,65	III	18,34	—	1,21	1,36	—	0,96	1,08	—	0,72	0,81	—	0,49	0,55	—	0,28	0,31	—	0,10	0,11
	V	46,31	—	3,70	4,16	IV	31,04	—	2,30	2,59	—	2,14	2,40	—	1,97	2,22	—	1,81	2,04	—	1,65	1,86	—	1,50	1,69
	VI	47,52	0,05	3,80	4,27																				
164,99	I,IV	31,08	—	2,48	2,79	I	31,08	—	2,14	2,41	—	1,81	2,04	—	1,50	1,69	—	1,20	1,36	—	0,93	1,04	—	0,66	0,75
	II	26,97	—	2,15	2,42	II	26,97	—	1,83	2,05	—	1,51	1,70	—	1,22	1,37	—	0,94	1,06	—	0,68	0,76	—	0,43	0,48
	III	18,37	—	1,46	1,65	III	18,37	—	1,21	1,36	—	0,96	1,08	—	0,72	0,82	—	0,49	0,56	—	0,28	0,31	—	0,10	0,11
	V	46,35	—	3,70	4,17	IV	31,08	—	2,31	2,60	—	2,14	2,41	—	1,97	2,22	—	1,81	2,04	—	1,65	1,86	—	1,50	1,69
	VI	47,56	0,05	3,80	4,28																				
165,09	I,IV	31,11	—	2,48	2,79	I	31,11	—	2,14	2,41	—	1,81	2,04	—	1,50	1,69	—	1,21	1,36	—	0,93	1,05	—	0,67	0,75
	II	27,01	—	2,16	2,43	II	27,01	—	1,83	2,06	—	1,52	1,71	—	1,22	1,37	—	0,94	1,06	—	0,68	0,76	—	0,43	0,48
	III	18,40	—	1,47	1,65	III	18,40	—	1,21	1,36	—	0,97	1,09	—	0,73	0,82	—	0,50	0,56	—	0,28	0,32	—	0,10	0,11
	V	46,39	—	3,71	4,17	IV	31,11	—	2,31	2,60	—	2,14	2,41	—	1,98	2,22	—	1,81	2,04	—	1,66	1,86	—	1,50	1,69
	VI	47,60	0,05	3,80	4,28																				
165,19	I,IV	31,15	—	2,49	2,80	I	31,15	—	2,14	2,41	—	1,82	2,04	—	1,50	1,69	—	1,21	1,36	—	0,93	1,05	—	0,67	0,75
	II	27,04	—	2,16	2,43	II	27,04	—	1,83	2,06	—	1,52	1,71	—	1,22	1,38	—	0,94	1,06	—	0,68	0,76	—	0,43	0,49
	III	18,42	—	1,47	1,65	III	18,42	—	1,21	1,37	—	0,97	1,09	—	0,73	0,82	—	0,50	0,56	—	0,28	0,32	—	0,10	0,11
	V	46,43	—	3,71	4,17	IV	31,15	—	2,31	2,60	—	2,14	2,41	—	1,98	2,23	—	1,82	2,04	—	1,66	1,87	—	1,50	1,69
	VI	47,64	0,06	3,81	4,28																				
165,29	I,IV	31,18	—	2,49	2,80	I	31,18	—	2,15	2,42	—	1,82	2,05	—	1,51	1,70	—	1,21	1,36	—	0,93	1,05	—	0,67	0,75
	II	27,07	—	2,16	2,43	II	27,07	—	1,83	2,06	—	1,52	1,71	—	1,22	1,38	—	0,94	1,06	—	0,68	0,77	—	0,43	0,49
	III	18,45	—	1,47	1,66	III	18,45	—	1,22	1,37	—	0,97	1,09	—	0,73	0,82	—	0,50	0,56	—	0,28	0,32	—	0,10	0,12
	V	46,46	—	3,71	4,18	IV	31,18	—	2,32	2,61	—	2,15	2,42	—	1,98	2,23	—	1,82	2,05	—	1,66	1,87	—	1,51	1,70
	VI	47,68	0,06	3,81	4,29																				
165,39	I,IV	31,21	—	2,49	2,80	I	31,21	—	2,15	2,42	—	1,82	2,05	—	1,51	1,70	—	1,21	1,37	—	0,94	1,05	—	0,67	0,76
	II	27,10	—	2,16	2,43	II	27,10	—	1,84	2,07	—	1,52	1,71	—	1,23	1,38	—	0,95	1,07	—	0,68	0,77	—	0,44	0,49
	III	18,47	—	1,47	1,66	III	18,47	—	1,22	1,37	—	0,97	1,09	—	0,73	0,82	—	0,50	0,56	—	0,28	0,32	—	0,10	0,12
	V	46,50	—	3,72	4,18	IV	31,21	—	2,32	2,61	—	2,15	2,42	—	1,98	2,23	—	1,82	2,05	—	1,66	1,87	—	1,51	1,70
	VI	47,71	0,07	3,81	4,29																				
165,49	I,IV	31,25	—	2,50	2,81	I	31,25	—	2,15	2,42	—	1,82	2,05	—	1,51	1,70	—	1,22	1,37	—	0,94	1,05	—	0,67	0,76
	II	27,14	—	2,17	2,44	II	27,14	—	1,84	2,07	—	1,53	1,72	—	1,23	1,38	—	0,95	1,07	—	0,69	0,77	—	0,44	0,49
	III	18,50	—	1,48	1,66	III	18,50	—	1,22	1,37	—	0,97	1,09	—	0,73	0,83	—	0,50	0,57	—	0,29	0,32	—	0,11	0,12
	V	46,54	—	3,72	4,18	IV	31,25	—	2,32	2,61	—	2,15	2,42	—	1,99	2,23	—	1,82	2,05	—	1,67	1,87	—	1,51	1,70
	VI	47,75	0,07	3,82	4,29																				
165,59	I,IV	31,28	—	2,50	2,81	I	31,28	—	2,15	2,42	—	1,83	2,06	—	1,51	1,70	—	1,22	1,37	—	0,94	1,06	—	0,68	0,76
	II	27,17	—	2,17	2,44	II	27,17	—	1,84	2,07	—	1,53	1,72	—	1,23	1,39	—	0,95	1,07	—	0,69	0,77	—	0,44	0,49
	III	18,52	—	1,48	1,66	III	18,52	—	1,22	1,37	—	0,98	1,10	—	0,74	0,83	—	0,50	0,57	—	0,29	0,32	—	0,11	0,12
	V	46,58	—	3,72	4,19	IV	31,28	—	2,32	2,61	—	2,15	2,42	—	1,99	2,24	—	1,83	2,06	—	1,67	1,88	—	1,51	1,70
	VI	47,79	0,08	3,82	4,30																				
165,69	I,IV	31,32	—	2,50	2,81	I	31,32	—	2,16	2,43	—	1,83	2,06	—	1,52	1,71	—	1,22	1,37	—	0,94	1,06	—	0,68	0,76
	II	27,21	—	2,17	2,44	II	27,21	—	1,84	2,07	—	1,53	1,72	—	1,23	1,39	—	0,95	1,07	—	0,69	0,78	—	0,44	0,50
	III	18,55	—	1,48	1,66	III	18,55	—	1,22	1,38	—	0,98	1,10	—	0,74	0,83	—	0,51	0,57	—	0,29	0,33	—	0,11	0,12
	V	46,62	—	3,72	4,19	IV	31,32	—	2,33	2,62	—	2,16	2,43	—	1,99	2,24	—	1,83	2,06	—	1,67	1,88	—	1,52	1,71
	VI	47,83	0,08	3,82	4,30																				
165,79	I,IV	31,36	—	2,50	2,82	I	31,36	—	2,16	2,43	—	1,83	2,06	—	1,52	1,71	—	1,22	1,38	—	0,94	1,06	—	0,68	0,77
	II	27,24	—	2,17	2,45	II	27,24	—	1,85	2,08	—	1,53	1,72	—	1,24	1,39	—	0,96	1,08	—	0,69	0,78	—	0,44	0,50
	III	18,57	—	1,48	1,67	III	18,57	—	1,23	1,38	—	0,98	1,10	—	0,74	0,83	—	0,51	0,57	—	0,29	0,33	—	0,11	0,12
	V	46,66	—	3,73	4,19	IV	31,36	—	2,33	2,62	—	2,16	2,43	—	1,99	2,24	—	1,83	2,06	—	1,67	1,88	—	1,52	1,71
	VI	47,87	0,09	3,82	4,30																				
165,89	I,IV	31,39	—	2,51	2,82	I	31,39	—	2,16	2,43	—	1,83	2,06	—	1,52	1,71	—	1,23	1,38	—	0,95	1,06	—	0,68	0,77
	II	27,27	—	2,18	2,45	II	27,27	—	1,85	2,08	—	1,54	1,73	—	1,24	1,39	—	0,96	1,08	—	0,69	0,78	—	0,44	0,50
	III	18,60	—	1,48	1,67	III	18,60	—	1,23	1,38	—	0,98	1,10	—	0,74	0,83	—	0,51	0,57	—	0,29	0,33	—	0,11	0,13
	V	46,70	—	3,73	4,20	IV	31,39	—	2,33	2,62	—	2,16	2,43	—	2,—	2,25	—	1,83	2,06	—	1,68	1,89	—	1,52	1,71
	VI	47,91	0,09	3,83	4,31																				

* Die ausgewiesenen Tabellenwerte sind amtlich. Siehe Erläuterungen auf der Umschlaginnenseite (U2).

TAG 165,90*

Abzüge an Lohnsteuer, Solidaritätszuschlag (SolZ) und Kirchensteuer (8%, 9%) in den Steuerklassen

Lohn/Gehalt bis €*	Kl. (I–VI)	LSt	SolZ	8%	9%	Kl. (I,II,III,IV)	LSt	SolZ 0,5	8% 0,5	9% 0,5	SolZ 1	8% 1	9% 1	SolZ 1,5	8% 1,5	9% 1,5	SolZ 2	8% 2	9% 2	SolZ 2,5	8% 2,5	9% 2,5	SolZ 3	8% 3	9% 3
165,99	I,IV	31,43	—	2,51	2,82	I	31,43	—	2,16	2,44	—	1,84	2,07	—	1,52	1,71	—	1,23	1,38	—	0,95	1,07	—	0,68	0,77
	II	27,30	—	2,18	2,45	II	27,30	—	1,85	2,08	—	1,54	1,73	—	1,24	1,40	—	0,96	1,08	—	0,70	0,78	—	0,45	0,50
	III	18,62	—	1,48	1,67	III	18,62	—	1,23	1,38	—	0,98	1,11	—	0,74	0,84	—	0,51	0,58	—	0,29	0,33	—	0,11	0,13
	V	46,74	—	3,73	4,20	IV	31,43	—	2,34	2,63	—	2,16	2,44	—	2,—	2,25	—	1,84	2,07	—	1,68	1,89	—	1,52	1,71
	VI	47,95	0,10	3,83	4,31																					
166,09	I,IV	31,46	—	2,51	2,83	I	31,46	—	2,17	2,44	—	1,84	2,07	—	1,53	1,72	—	1,23	1,38	—	0,95	1,07	—	0,69	0,77
	II	27,34	—	2,18	2,46	II	27,34	—	1,85	2,08	—	1,54	1,73	—	1,24	1,40	—	0,96	1,08	—	0,70	0,79	—	0,45	0,51
	III	18,65	—	1,49	1,67	III	18,65	—	1,23	1,39	—	0,98	1,11	—	0,75	0,84	—	0,51	0,58	—	0,30	0,33	—	0,11	0,13
	V	46,78	—	3,74	4,21	IV	31,46	—	2,34	2,63	—	2,17	2,44	—	2,—	2,25	—	1,84	2,07	—	1,68	1,89	—	1,53	1,72
	VI	47,98	0,10	3,83	4,31																					
166,19	I,IV	31,50	—	2,52	2,83	I	31,50	—	2,17	2,44	—	1,84	2,07	—	1,53	1,72	—	1,23	1,39	—	0,95	1,07	—	0,69	0,77
	II	27,37	—	2,18	2,46	II	27,37	—	1,86	2,09	—	1,54	1,74	—	1,25	1,40	—	0,96	1,08	—	0,70	0,79	—	0,45	0,51
	III	18,67	—	1,49	1,68	III	18,67	—	1,23	1,39	—	0,99	1,11	—	0,75	0,84	—	0,52	0,58	—	0,30	0,34	—	0,12	0,13
	V	46,81	—	3,74	4,21	IV	31,50	—	2,34	2,63	—	2,17	2,44	—	2,—	2,25	—	1,84	2,07	—	1,68	1,89	—	1,53	1,72
	VI	48,02	0,11	3,84	4,32																					
166,29	I,IV	31,53	—	2,52	2,83	I	31,53	—	2,17	2,44	—	1,84	2,07	—	1,53	1,72	—	1,23	1,39	—	0,95	1,07	—	0,69	0,78
	II	27,40	—	2,19	2,46	II	27,40	—	1,86	2,09	—	1,54	1,74	—	1,25	1,40	—	0,97	1,09	—	0,70	0,79	—	0,45	0,51
	III	18,70	—	1,49	1,68	III	18,70	—	1,24	1,39	—	0,99	1,11	—	0,75	0,84	—	0,52	0,58	—	0,30	0,34	—	0,12	0,13
	V	46,85	—	3,74	4,21	IV	31,53	—	2,34	2,64	—	2,17	2,44	—	2,01	2,26	—	1,84	2,07	—	1,69	1,90	—	1,53	1,72
	VI	48,06	0,11	3,84	4,32																					
166,39	I,IV	31,56	—	2,52	2,84	I	31,56	—	2,18	2,45	—	1,85	2,08	—	1,53	1,73	—	1,24	1,39	—	0,96	1,08	—	0,69	0,78
	II	27,44	—	2,19	2,46	II	27,44	—	1,86	2,09	—	1,55	1,74	—	1,25	1,41	—	0,97	1,09	—	0,70	0,79	—	0,45	0,51
	III	18,72	—	1,49	1,68	III	18,72	—	1,24	1,39	—	0,99	1,11	—	0,75	0,85	—	0,52	0,59	—	0,30	0,34	—	0,12	0,13
	V	46,89	—	3,75	4,22	IV	31,56	—	2,35	2,64	—	2,18	2,45	—	2,01	2,26	—	1,85	2,08	—	1,69	1,90	—	1,53	1,73
	VI	48,10	0,11	3,84	4,32																					
166,49	I,IV	31,60	—	2,52	2,84	I	31,60	—	2,18	2,45	—	1,85	2,08	—	1,54	1,73	—	1,24	1,39	—	0,96	1,08	—	0,69	0,78
	II	27,47	—	2,19	2,47	II	27,47	—	1,86	2,10	—	1,55	1,74	—	1,25	1,41	—	0,97	1,09	—	0,71	0,79	—	0,46	0,51
	III	18,75	—	1,50	1,68	III	18,75	—	1,24	1,40	—	0,99	1,12	—	0,75	0,85	—	0,52	0,59	—	0,30	0,34	—	0,12	0,13
	V	46,93	—	3,75	4,22	IV	31,60	—	2,35	2,64	—	2,18	2,45	—	2,01	2,26	—	1,85	2,08	—	1,69	1,90	—	1,54	1,73
	VI	48,14	0,12	3,85	4,33																					
166,59	I,IV	31,63	—	2,53	2,84	I	31,63	—	2,18	2,45	—	1,85	2,08	—	1,54	1,73	—	1,24	1,40	—	0,96	1,08	—	0,70	0,78
	II	27,50	—	2,20	2,47	II	27,50	—	1,87	2,10	—	1,55	1,75	—	1,25	1,41	—	0,97	1,09	—	0,71	0,80	—	0,46	0,52
	III	18,78	—	1,50	1,69	III	18,78	—	1,24	1,40	—	0,99	1,12	—	0,75	0,85	—	0,52	0,59	—	0,30	0,34	—	0,12	0,14
	V	46,97	—	3,75	4,22	IV	31,63	—	2,35	2,65	—	2,18	2,45	—	2,01	2,27	—	1,85	2,08	—	1,69	1,90	—	1,54	1,73
	VI	48,18	0,12	3,85	4,33																					
166,69	I,IV	31,67	—	2,53	2,85	I	31,67	—	2,18	2,46	—	1,85	2,09	—	1,54	1,73	—	1,24	1,40	—	0,96	1,08	—	0,70	0,79
	II	27,54	—	2,20	2,47	II	27,54	—	1,87	2,10	—	1,55	1,75	—	1,26	1,41	—	0,98	1,10	—	0,71	0,80	—	0,46	0,52
	III	18,80	—	1,50	1,69	III	18,80	—	1,24	1,40	—	1,—	1,12	—	0,76	0,85	—	0,52	0,59	—	0,31	0,34	—	0,12	0,14
	V	47,01	—	3,76	4,23	IV	31,67	—	2,35	2,65	—	2,18	2,46	—	2,02	2,27	—	1,85	2,09	—	1,70	1,91	—	1,54	1,73
	VI	48,21	0,13	3,85	4,33																					
166,79	I,IV	31,70	—	2,53	2,85	I	31,70	—	2,19	2,46	—	1,86	2,09	—	1,54	1,74	—	1,25	1,40	—	0,96	1,09	—	0,70	0,79
	II	27,57	—	2,20	2,48	II	27,57	—	1,87	2,10	—	1,56	1,75	—	1,26	1,42	—	0,98	1,10	—	0,71	0,80	—	0,46	0,52
	III	18,83	—	1,50	1,69	III	18,83	—	1,25	1,40	—	1,—	1,12	—	0,76	0,85	—	0,53	0,59	—	0,31	0,35	—	0,12	0,14
	V	47,05	—	3,76	4,23	IV	31,70	—	2,36	2,65	—	2,19	2,46	—	2,02	2,27	—	1,86	2,09	—	1,70	1,91	—	1,54	1,74
	VI	48,25	0,13	3,86	4,34																					
166,89	I,IV	31,74	—	2,53	2,85	I	31,74	—	2,19	2,46	—	1,86	2,09	—	1,55	1,74	—	1,25	1,40	—	0,97	1,09	—	0,70	0,79
	II	27,60	—	2,20	2,48	II	27,60	—	1,87	2,11	—	1,56	1,75	—	1,26	1,42	—	0,98	1,10	—	0,71	0,80	—	0,46	0,52
	III	18,85	—	1,50	1,69	III	18,85	—	1,25	1,40	—	1,—	1,13	—	0,76	0,86	—	0,53	0,60	—	0,31	0,35	—	0,12	0,14
	V	47,08	—	3,76	4,23	IV	31,74	—	2,36	2,65	—	2,19	2,46	—	2,02	2,27	—	1,86	2,09	—	1,70	1,91	—	1,55	1,74
	VI	48,29	0,14	3,86	4,34																					
166,99	I,IV	31,77	—	2,54	2,85	I	31,77	—	2,19	2,47	—	1,86	2,09	—	1,55	1,74	—	1,25	1,41	—	0,97	1,09	—	0,70	0,79
	II	27,64	—	2,21	2,48	II	27,64	—	1,88	2,11	—	1,56	1,76	—	1,26	1,42	—	0,98	1,10	—	0,72	0,81	—	0,47	0,52
	III	18,88	—	1,51	1,69	III	18,88	—	1,25	1,41	—	1,—	1,13	—	0,76	0,86	—	0,53	0,60	—	0,31	0,35	—	0,12	0,14
	V	47,12	—	3,76	4,24	IV	31,77	—	2,36	2,66	—	2,19	2,47	—	2,02	2,28	—	1,86	2,09	—	1,70	1,92	—	1,55	1,74
	VI	48,33	0,14	3,86	4,34																					
167,09	I,IV	31,81	—	2,54	2,86	I	31,81	—	2,19	2,47	—	1,86	2,10	—	1,55	1,74	—	1,25	1,41	—	0,97	1,09	—	0,71	0,80
	II	27,67	—	2,21	2,49	II	27,67	—	1,88	2,11	—	1,56	1,76	—	1,27	1,42	—	0,98	1,11	—	0,72	0,81	—	0,47	0,53
	III	18,90	—	1,51	1,70	III	18,90	—	1,25	1,41	—	1,—	1,13	—	0,76	0,86	—	0,53	0,60	—	0,31	0,35	—	0,13	0,14
	V	47,16	—	3,77	4,24	IV	31,81	—	2,36	2,66	—	2,19	2,47	—	2,03	2,28	—	1,86	2,10	—	1,71	1,92	—	1,55	1,74
	VI	48,37	0,15	3,86	4,35																					
167,19	I,IV	31,84	—	2,54	2,86	I	31,84	—	2,20	2,47	—	1,87	2,10	—	1,55	1,75	—	1,26	1,41	—	0,97	1,10	—	0,71	0,80
	II	27,70	—	2,21	2,49	II	27,70	—	1,88	2,12	—	1,57	1,76	—	1,27	1,43	—	0,99	1,11	—	0,72	0,81	—	0,47	0,53
	III	18,93	—	1,51	1,70	III	18,93	—	1,25	1,41	—	1,01	1,13	—	0,77	0,86	—	0,53	0,60	—	0,31	0,35	—	0,13	0,14
	V	47,20	0,01	3,77	4,24	IV	31,84	—	2,37	2,66	—	2,20	2,47	—	2,03	2,28	—	1,87	2,10	—	1,71	1,92	—	1,55	1,75
	VI	48,41	0,15	3,87	4,35																					
167,29	I,IV	31,88	—	2,55	2,86	I	31,88	—	2,20	2,47	—	1,87	2,10	—	1,56	1,75	—	1,26	1,42	—	0,98	1,10	—	0,71	0,80
	II	27,74	—	2,21	2,49	II	27,74	—	1,88	2,12	—	1,57	1,77	—	1,27	1,43	—	0,99	1,11	—	0,72	0,81	—	0,47	0,53
	III	18,96	—	1,51	1,70	III	18,96	—	1,26	1,41	—	1,01	1,13	—	0,77	0,86	—	0,54	0,60	—	0,32	0,36	—	0,13	0,15
	V	47,24	0,01	3,77	4,25	IV	31,88	—	2,37	2,67	—	2,20	2,47	—	2,03	2,29	—	1,87	2,10	—	1,71	1,92	—	1,56	1,75
	VI	48,45	0,16	3,87	4,36																					
167,39	I,IV	31,91	—	2,55	2,87	I	31,91	—	2,20	2,48	—	1,87	2,11	—	1,56	1,75	—	1,26	1,42	—	0,98	1,10	—	0,71	0,80
	II	27,77	—	2,22	2,49	II	27,77	—	1,89	2,12	—	1,57	1,77	—	1,27	1,43	—	0,99	1,11	—	0,72	0,81	—	0,47	0,53
	III	18,98	—	1,51	1,70	III	18,98	—	1,26	1,42	—	1,01	1,14	—	0,77	0,87	—	0,54	0,61	—	0,32	0,36	—	0,13	0,15
	V	47,28	0,02	3,78	4,25	IV	31,91	—	2,37	2,67	—	2,20	2,48	—	2,03	2,29	—	1,87	2,11	—	1,71	1,93	—	1,56	1,75
	VI	48,48	0,16	3,87	4,36																					
167,49	I,IV	31,95	—	2,55	2,87	I	31,95	—	2,20	2,48	—	1,87	2,11	—	1,56	1,76	—	1,26	1,42	—	0,98	1,10	—	0,71	0,80
	II	27,80	—	2,22	2,50	II	27,80	—	1,89	2,12	—	1,57	1,77	—	1,28	1,44	—	0,99	1,12	—	0,73	0,82	—	0,48	0,54
	III	19,01	—	1,52	1,71	III	19,01	—	1,26	1,42	—	1,01	1,14	—	0,77	0,87	—	0,54	0,61	—	0,32	0,36	—	0,13	0,15
	V	47,31	0,02	3,78	4,26	IV	31,95	—	2,38	2,67	—	2,20	2,48	—	2,04	2,29	—	1,87	2,11	—	1,72	1,93	—	1,56	1,76
	VI	48,52	0,16	3,88	4,36																					

* Die ausgewiesenen Tabellenwerte sind amtlich. Siehe Erläuterungen auf der Umschlaginnenseite (U2).

Lohn/ Gehalt bis €*	Abzüge an Lohnsteuer, Solidaritätszuschlag (SolZ) und Kirchensteuer (8%, 9%) in den Steuerklassen I – VI					I, II, III, IV																			
			ohne Kinderfreibeträge					mit Zahl der Kinderfreibeträge . . . 0,5			1			1,5			2			2,5			3		
		LSt	SolZ	8%	9%		LSt	SolZ	8%	9%	SolZ	8%	9%	SolZ	8%	9%	SolZ	8%	9%	SolZ	8%	9%	SolZ	8%	9%
167,59	I,IV	31,98	—	2,55	2,87	I	31,98	—	2,21	2,48	—	1,88	2,11	—	1,56	1,76	—	1,26	1,42	—	0,98	1,11	—	0,72	0,81
	II	27,84	—	2,22	2,50	II	27,84	—	1,89	2,13	—	1,58	1,77	—	1,28	1,44	—	0,99	1,12	—	0,73	0,82	—	0,48	0,54
	III	19,03	—	1,52	1,71	III	19,03	—	1,26	1,42	—	1,01	1,14	—	0,77	0,87	—	0,54	0,61	—	0,32	0,36	—	0,13	0,15
	V	47,35	0,03	3,78	4,26	IV	31,98	—	2,38	2,68	—	2,21	2,48	—	2,04	2,30	—	1,88	2,11	—	1,72	1,93	—	1,56	1,76
	VI	48,56	0,17	3,88	4,37																				
167,69	I,IV	32,02	—	2,56	2,88	I	32,02	—	2,21	2,49	—	1,88	2,11	—	1,56	1,76	—	1,27	1,43	—	0,98	1,11	—	0,72	0,81
	II	27,87	—	2,22	2,50	II	27,87	—	1,89	2,13	—	1,58	1,78	—	1,28	1,44	—	1,—	1,12	—	0,73	0,82	—	0,48	0,54
	III	19,06	—	1,52	1,71	III	19,06	—	1,26	1,42	—	1,02	1,14	—	0,78	0,87	—	0,54	0,61	—	0,32	0,36	—	0,13	0,15
	V	47,39	0,03	3,79	4,26	IV	32,02	—	2,38	2,68	—	2,21	2,49	—	2,04	2,30	—	1,88	2,11	—	1,72	1,94	—	1,56	1,76
	VI	48,60	0,17	3,88	4,37																				
167,79	I,IV	32,05	—	2,56	2,88	I	32,05	—	2,21	2,49	—	1,88	2,12	—	1,57	1,76	—	1,27	1,43	—	0,99	1,11	—	0,72	0,81
	II	27,90	—	2,23	2,51	II	27,90	—	1,90	2,13	—	1,58	1,78	—	1,28	1,44	—	1,—	1,12	—	0,73	0,82	—	0,48	0,54
	III	19,08	—	1,52	1,71	III	19,08	—	1,27	1,42	—	1,02	1,14	—	0,78	0,87	—	0,54	0,61	—	0,32	0,36	—	0,14	0,15
	V	47,43	0,03	3,79	4,26	IV	32,05	—	2,38	2,68	—	2,21	2,49	—	2,05	2,30	—	1,88	2,12	—	1,72	1,94	—	1,57	1,76
	VI	48,64	0,18	3,89	4,37																				
167,89	I,IV	32,09	—	2,56	2,88	I	32,09	—	2,22	2,49	—	1,88	2,12	—	1,57	1,77	—	1,27	1,43	—	0,99	1,11	—	0,72	0,81
	II	27,94	—	2,23	2,51	II	27,94	—	1,90	2,14	—	1,58	1,78	—	1,28	1,44	—	1,—	1,13	—	0,73	0,83	—	0,48	0,54
	III	19,11	—	1,52	1,71	III	19,11	—	1,27	1,43	—	1,02	1,15	—	0,78	0,88	—	0,55	0,62	—	0,32	0,37	—	0,14	0,15
	V	47,47	0,04	3,79	4,27	IV	32,09	—	2,39	2,69	—	2,22	2,49	—	2,05	2,30	—	1,88	2,12	—	1,72	1,94	—	1,57	1,77
	VI	48,68	0,18	3,89	4,38																				
167,99	I,IV	32,12	—	2,56	2,89	I	32,12	—	2,22	2,50	—	1,89	2,12	—	1,57	1,77	—	1,27	1,43	—	0,99	1,12	—	0,72	0,82
	II	27,97	—	2,23	2,51	II	27,97	—	1,90	2,14	—	1,59	1,78	—	1,29	1,45	—	1,—	1,13	—	0,74	0,83	—	0,48	0,55
	III	19,13	—	1,53	1,72	III	19,13	—	1,27	1,43	—	1,02	1,15	—	0,78	0,88	—	0,55	0,62	—	0,33	0,37	—	0,14	0,16
	V	47,51	0,04	3,80	4,27	IV	32,12	—	2,39	2,69	—	2,22	2,50	—	2,05	2,31	—	1,89	2,12	—	1,73	1,94	—	1,57	1,77
	VI	48,72	0,19	3,89	4,38																				
168,09	I,IV	32,16	—	2,57	2,89	I	32,16	—	2,22	2,50	—	1,89	2,13	—	1,57	1,77	—	1,28	1,44	—	0,99	1,12	—	0,73	0,82
	II	28,—	—	2,24	2,52	II	28,—	—	1,90	2,14	—	1,59	1,79	—	1,29	1,45	—	1,01	1,13	—	0,74	0,83	—	0,49	0,55
	III	19,16	—	1,53	1,72	III	19,16	—	1,27	1,43	—	1,02	1,15	—	0,78	0,88	—	0,55	0,62	—	0,33	0,37	—	0,14	0,16
	V	47,55	0,05	3,80	4,27	IV	32,16	—	2,39	2,69	—	2,22	2,50	—	2,05	2,31	—	1,89	2,13	—	1,73	1,95	—	1,57	1,77
	VI	48,75	0,19	3,90	4,38																				
168,19	I,IV	32,19	—	2,57	2,89	I	32,19	—	2,22	2,50	—	1,89	2,13	—	1,58	1,77	—	1,28	1,44	—	1,—	1,12	—	0,73	0,82
	II	28,04	—	2,24	2,52	II	28,04	—	1,91	2,15	—	1,59	1,79	—	1,29	1,45	—	1,01	1,13	—	0,74	0,83	—	0,49	0,55
	III	19,18	—	1,53	1,72	III	19,18	—	1,27	1,43	—	1,02	1,15	—	0,78	0,88	—	0,55	0,62	—	0,33	0,37	—	0,14	0,16
	V	47,58	0,05	3,80	4,28	IV	32,19	—	2,40	2,70	—	2,22	2,50	—	2,06	2,31	—	1,89	2,13	—	1,73	1,95	—	1,58	1,77
	VI	48,79	0,20	3,90	4,39																				
168,29	I,IV	32,23	—	2,57	2,90	I	32,23	—	2,23	2,50	—	1,89	2,13	—	1,58	1,78	—	1,28	1,44	—	1,—	1,12	—	0,73	0,82
	II	28,07	—	2,24	2,52	II	28,07	—	1,91	2,15	—	1,59	1,79	—	1,29	1,46	—	1,01	1,14	—	0,74	0,84	—	0,49	0,55
	III	19,21	—	1,53	1,72	III	19,21	—	1,28	1,44	—	1,03	1,16	—	0,79	0,89	—	0,55	0,62	—	0,33	0,37	—	0,14	0,16
	V	47,62	0,06	3,80	4,28	IV	32,23	—	2,40	2,70	—	2,23	2,50	—	2,06	2,32	—	1,89	2,13	—	1,74	1,95	—	1,58	1,78
	VI	48,83	0,20	3,90	4,39																				
168,39	I,IV	32,26	—	2,58	2,90	I	32,26	—	2,23	2,51	—	1,90	2,13	—	1,58	1,78	—	1,28	1,44	—	1,—	1,12	—	0,73	0,82
	II	28,11	—	2,24	2,52	II	28,11	—	1,91	2,15	—	1,60	1,80	—	1,30	1,46	—	1,01	1,14	—	0,74	0,84	—	0,49	0,55
	III	19,23	—	1,53	1,73	III	19,23	—	1,28	1,44	—	1,03	1,16	—	0,79	0,89	—	0,56	0,63	—	0,33	0,37	—	0,14	0,16
	V	47,66	0,06	3,81	4,28	IV	32,26	—	2,40	2,70	—	2,23	2,51	—	2,06	2,32	—	1,90	2,13	—	1,74	1,96	—	1,58	1,78
	VI	48,87	0,21	3,90	4,39																				
168,49	I,IV	32,30	—	2,58	2,90	I	32,30	—	2,23	2,51	—	1,90	2,14	—	1,58	1,78	—	1,28	1,45	—	1,—	1,13	—	0,73	0,83
	II	28,14	—	2,25	2,53	II	28,14	—	1,91	2,15	—	1,60	1,80	—	1,30	1,46	—	1,01	1,14	—	0,75	0,84	—	0,49	0,56
	III	19,26	—	1,54	1,73	III	19,26	—	1,28	1,44	—	1,03	1,16	—	0,79	0,89	—	0,56	0,63	—	0,34	0,38	—	0,14	0,16
	V	47,70	0,07	3,81	4,29	IV	32,30	—	2,40	2,70	—	2,23	2,51	—	2,06	2,32	—	1,90	2,14	—	1,74	1,96	—	1,58	1,78
	VI	48,91	0,21	3,91	4,40																				
168,59	I,IV	32,33	—	2,58	2,90	I	32,33	—	2,23	2,51	—	1,90	2,14	—	1,59	1,79	—	1,29	1,45	—	1,—	1,13	—	0,74	0,83
	II	28,17	—	2,25	2,53	II	28,17	—	1,92	2,16	—	1,60	1,80	—	1,30	1,46	—	1,02	1,14	—	0,75	0,84	—	0,50	0,56
	III	19,29	—	1,54	1,73	III	19,29	—	1,28	1,44	—	1,03	1,16	—	0,79	0,89	—	0,56	0,63	—	0,34	0,38	—	0,15	0,17
	V	47,74	0,07	3,81	4,29	IV	32,33	—	2,41	2,71	—	2,23	2,51	—	2,07	2,32	—	1,90	2,14	—	1,74	1,96	—	1,59	1,79
	VI	48,95	0,22	3,91	4,40																				
168,69	I,IV	32,37	—	2,58	2,91	I	32,37	—	2,24	2,52	—	1,90	2,14	—	1,59	1,79	—	1,29	1,45	—	1,01	1,13	—	0,74	0,83
	II	28,21	—	2,25	2,53	II	28,21	—	1,92	2,16	—	1,60	1,80	—	1,30	1,47	—	1,02	1,15	—	0,75	0,84	—	0,50	0,56
	III	19,31	—	1,54	1,73	III	19,31	—	1,28	1,44	—	1,03	1,16	—	0,79	0,89	—	0,56	0,63	—	0,34	0,38	—	0,15	0,17
	V	47,78	0,08	3,82	4,30	IV	32,37	—	2,41	2,71	—	2,24	2,52	—	2,07	2,33	—	1,90	2,14	—	1,74	1,96	—	1,59	1,79
	VI	48,99	0,22	3,91	4,40																				
168,79	I,IV	32,40	—	2,59	2,91	I	32,40	—	2,24	2,52	—	1,91	2,15	—	1,59	1,79	—	1,29	1,45	—	1,01	1,13	—	0,74	0,83
	II	28,24	—	2,25	2,54	II	28,24	—	1,92	2,16	—	1,60	1,81	—	1,30	1,47	—	1,02	1,15	—	0,75	0,85	—	0,50	0,56
	III	19,34	—	1,54	1,74	III	19,34	—	1,29	1,45	—	1,04	1,17	—	0,80	0,90	—	0,56	0,63	—	0,34	0,38	—	0,15	0,17
	V	47,81	0,08	3,82	4,30	IV	32,40	—	2,41	2,71	—	2,24	2,52	—	2,07	2,33	—	1,91	2,15	—	1,75	1,97	—	1,59	1,79
	VI	49,02	0,22	3,92	4,41																				
168,89	I,IV	32,44	—	2,59	2,91	I	32,44	—	2,24	2,52	—	1,91	2,15	—	1,59	1,79	—	1,29	1,46	—	1,01	1,14	—	0,74	0,84
	II	28,27	—	2,26	2,54	II	28,27	—	1,92	2,16	—	1,61	1,81	—	1,31	1,47	—	1,02	1,15	—	0,75	0,85	—	0,50	0,57
	III	19,37	—	1,54	1,74	III	19,37	—	1,29	1,45	—	1,04	1,17	—	0,80	0,90	—	0,56	0,64	—	0,34	0,38	—	0,15	0,17
	V	47,85	0,09	3,82	4,30	IV	32,44	—	2,41	2,72	—	2,24	2,52	—	2,07	2,33	—	1,91	2,15	—	1,75	1,97	—	1,59	1,79
	VI	49,06	0,23	3,92	4,41																				
168,99	I,IV	32,47	—	2,59	2,92	I	32,47	—	2,24	2,53	—	1,91	2,15	—	1,60	1,80	—	1,30	1,46	—	1,01	1,14	—	0,74	0,84
	II	28,31	—	2,26	2,54	II	28,31	—	1,93	2,17	—	1,61	1,81	—	1,31	1,47	—	1,02	1,15	—	0,76	0,85	—	0,50	0,57
	III	19,39	—	1,55	1,74	III	19,39	—	1,29	1,45	—	1,04	1,17	—	0,80	0,90	—	0,57	0,64	—	0,34	0,39	—	0,15	0,17
	V	47,89	0,09	3,83	4,31	IV	32,47	—	2,42	2,72	—	2,24	2,53	—	2,08	2,34	—	1,91	2,15	—	1,75	1,97	—	1,60	1,80
	VI	49,10	0,23	3,92	4,41																				
169,09	I,IV	32,51	—	2,60	2,92	I	32,51	—	2,25	2,53	—	1,92	2,16	—	1,60	1,80	—	1,30	1,46	—	1,02	1,14	—	0,75	0,84
	II	28,34	—	2,26	2,55	II	28,34	—	1,93	2,17	—	1,61	1,81	—	1,31	1,48	—	1,03	1,16	—	0,76	0,85	—	0,51	0,57
	III	19,42	—	1,55	1,74	III	19,42	—	1,29	1,45	—	1,04	1,17	—	0,80	0,90	—	0,57	0,64	—	0,34	0,39	—	0,15	0,17
	V	47,93	0,09	3,83	4,31	IV	32,51	—	2,42	2,72	—	2,25	2,53	—	2,08	2,34	—	1,92	2,16	—	1,76	1,98	—	1,60	1,80
	VI	49,14	0,24	3,93	4,42																				

* Die ausgewiesenen Tabellenwerte sind amtlich. Siehe Erläuterungen auf der Umschlaginnenseite (U2).

TAG 169,10*

Abzüge an Lohnsteuer, Solidaritätszuschlag (SolZ) und Kirchensteuer (8%, 9%) in den Steuerklassen

Lohn/Gehalt bis €*	I–VI	LSt	SolZ	8%	9%	I,II,III,IV	LSt	0,5 SolZ	8%	9%	1 SolZ	8%	9%	1,5 SolZ	8%	9%	2 SolZ	8%	9%	2,5 SolZ	8%	9%	3 SolZ	8%	9%
169,19	I,IV	32,54	—	2,60	2,92	I	32,54	—	2,25	2,53	—	1,92	2,16	—	1,60	1,80	—	1,30	1,46	—	1,02	1,14	—	0,75	0,84
	II	28,37	—	2,26	2,55	II	28,37	—	1,93	2,17	—	1,62	1,82	—	1,31	1,48	—	1,03	1,16	—	0,76	0,86	—	0,51	0,57
	III	19,44	—	1,55	1,74	III	19,44	—	1,29	1,46	—	1,04	1,17	—	0,80	0,90	—	0,57	0,64	—	0,35	0,39	—	0,15	0,17
	V	47,97	0,10	3,83	4,31	IV	32,54	—	2,42	2,73	—	2,25	2,53	—	2,08	2,34	—	1,92	2,16	—	1,76	1,98	—	1,60	1,80
	VI	49,18	0,24	3,93	4,42																				
169,29	I,IV	32,58	—	2,60	2,93	I	32,58	—	2,25	2,53	—	1,92	2,16	—	1,60	1,80	—	1,30	1,47	—	1,02	1,15	—	0,75	0,85
	II	28,41	—	2,27	2,55	II	28,41	—	1,93	2,18	—	1,62	1,82	—	1,32	1,48	—	1,03	1,16	—	0,76	0,86	—	0,51	0,57
	III	19,47	—	1,55	1,75	III	19,47	—	1,30	1,46	—	1,05	1,18	—	0,80	0,91	—	0,57	0,64	—	0,35	0,39	—	0,16	0,18
	V	48,01	0,10	3,84	4,32	IV	32,58	—	2,42	2,73	—	2,25	2,53	—	2,08	2,34	—	1,92	2,16	—	1,76	1,98	—	1,60	1,80
	VI	49,22	0,25	3,93	4,42																				
169,39	I,IV	32,61	—	2,60	2,93	I	32,61	—	2,26	2,54	—	1,92	2,16	—	1,61	1,81	—	1,31	1,47	—	1,02	1,15	—	0,75	0,85
	II	28,44	—	2,27	2,55	II	28,44	—	1,94	2,18	—	1,62	1,82	—	1,32	1,48	—	1,03	1,16	—	0,76	0,86	—	0,51	0,58
	III	19,50	—	1,56	1,75	III	19,50	—	1,30	1,46	—	1,05	1,18	—	0,81	0,91	—	0,57	0,65	—	0,35	0,39	—	0,16	0,18
	V	48,05	0,11	3,84	4,32	IV	32,61	—	2,43	2,73	—	2,26	2,54	—	2,09	2,35	—	1,92	2,16	—	1,76	1,98	—	1,61	1,81
	VI	49,26	0,25	3,94	4,43																				
169,49	I,IV	32,65	—	2,61	2,93	I	32,65	—	2,26	2,54	—	1,93	2,17	—	1,61	1,81	—	1,31	1,47	—	1,02	1,15	—	0,76	0,85
	II	28,48	—	2,27	2,56	II	28,48	—	1,94	2,18	—	1,62	1,83	—	1,32	1,49	—	1,04	1,17	—	0,77	0,86	—	0,51	0,58
	III	19,52	—	1,56	1,75	III	19,52	—	1,30	1,46	—	1,05	1,18	—	0,81	0,91	—	0,58	0,65	—	0,35	0,40	—	0,16	0,18
	V	48,09	0,11	3,84	4,32	IV	32,65	—	2,43	2,73	—	2,26	2,54	—	2,09	2,35	—	1,93	2,17	—	1,76	1,99	—	1,61	1,81
	VI	49,30	0,26	3,94	4,43																				
169,59	I,IV	32,68	—	2,61	2,94	I	32,68	—	2,26	2,54	—	1,93	2,17	—	1,61	1,81	—	1,31	1,47	—	1,03	1,15	—	0,76	0,85
	II	28,51	—	2,28	2,56	II	28,51	—	1,94	2,19	—	1,62	1,83	—	1,32	1,49	—	1,04	1,17	—	0,77	0,87	—	0,52	0,58
	III	19,55	—	1,56	1,75	III	19,55	—	1,30	1,46	—	1,05	1,18	—	0,81	0,91	—	0,58	0,65	—	0,35	0,40	—	0,16	0,18
	V	48,13	0,12	3,85	4,33	IV	32,68	—	2,43	2,74	—	2,26	2,54	—	2,09	2,35	—	1,93	2,17	—	1,77	1,99	—	1,61	1,81
	VI	49,33	0,26	3,94	4,43																				
169,69	I,IV	32,72	—	2,61	2,94	I	32,72	—	2,26	2,55	—	1,93	2,17	—	1,61	1,82	—	1,31	1,48	—	1,03	1,16	—	0,76	0,85
	II	28,54	—	2,28	2,56	II	28,54	—	1,94	2,19	—	1,63	1,83	—	1,33	1,49	—	1,04	1,17	—	0,77	0,87	—	0,52	0,58
	III	19,57	—	1,56	1,76	III	19,57	—	1,30	1,47	—	1,05	1,19	—	0,81	0,91	—	0,58	0,65	—	0,36	0,40	—	0,16	0,18
	V	48,16	0,12	3,85	4,33	IV	32,72	—	2,44	2,74	—	2,26	2,55	—	2,10	2,36	—	1,93	2,17	—	1,77	1,99	—	1,61	1,82
	VI	49,37	0,27	3,94	4,44																				
169,79	I,IV	32,75	—	2,62	2,94	I	32,75	—	2,27	2,55	—	1,93	2,17	—	1,62	1,82	—	1,32	1,48	—	1,03	1,16	—	0,76	0,86
	II	28,58	—	2,28	2,57	II	28,58	—	1,95	2,19	—	1,63	1,83	—	1,33	1,49	—	1,04	1,17	—	0,77	0,87	—	0,52	0,59
	III	19,60	—	1,56	1,76	III	19,60	—	1,31	1,47	—	1,06	1,19	—	0,81	0,92	—	0,58	0,65	—	0,36	0,40	—	0,16	0,18
	V	48,20	0,13	3,85	4,33	IV	32,75	—	2,44	2,74	—	2,27	2,55	—	2,10	2,36	—	1,93	2,17	—	1,77	1,99	—	1,62	1,82
	VI	49,41	0,27	3,95	4,44																				
169,89	I,IV	32,79	—	2,62	2,95	I	32,79	—	2,27	2,55	—	1,94	2,18	—	1,62	1,82	—	1,32	1,48	—	1,03	1,16	—	0,76	0,86
	II	28,61	—	2,28	2,57	II	28,61	—	1,95	2,19	—	1,63	1,84	—	1,33	1,50	—	1,04	1,17	—	0,78	0,87	—	0,52	0,59
	III	19,62	—	1,56	1,76	III	19,62	—	1,31	1,47	—	1,06	1,19	—	0,82	0,92	—	0,58	0,66	—	0,36	0,40	—	0,16	0,18
	V	48,24	0,13	3,85	4,34	IV	32,79	—	2,44	2,75	—	2,27	2,55	—	2,10	2,36	—	1,94	2,18	—	1,78	2,—	—	1,62	1,82
	VI	49,45	0,27	3,95	4,45																				
169,99	I,IV	32,82	—	2,62	2,95	I	32,82	—	2,27	2,56	—	1,94	2,18	—	1,62	1,82	—	1,32	1,48	—	1,03	1,16	—	0,77	0,86
	II	28,64	—	2,29	2,57	II	28,64	—	1,95	2,20	—	1,63	1,84	—	1,33	1,50	—	1,05	1,18	—	0,78	0,87	—	0,52	0,59
	III	19,65	—	1,57	1,76	III	19,65	—	1,31	1,47	—	1,06	1,19	—	0,82	0,92	—	0,58	0,66	—	0,36	0,41	—	0,17	0,19
	V	48,28	0,14	3,86	4,34	IV	32,82	—	2,44	2,75	—	2,27	2,56	—	2,10	2,37	—	1,94	2,18	—	1,78	2,—	—	1,62	1,82
	VI	49,49	0,28	3,95	4,45																				
170,09	I,IV	32,86	—	2,62	2,95	I	32,86	—	2,27	2,56	—	1,94	2,18	—	1,62	1,83	—	1,32	1,49	—	1,04	1,17	—	0,77	0,86
	II	28,68	—	2,29	2,58	II	28,68	—	1,96	2,20	—	1,64	1,84	—	1,34	1,50	—	1,05	1,18	—	0,78	0,88	—	0,53	0,59
	III	19,67	—	1,57	1,77	III	19,67	—	1,31	1,48	—	1,06	1,19	—	0,82	0,92	—	0,59	0,66	—	0,36	0,41	—	0,17	0,19
	V	48,32	0,14	3,86	4,34	IV	32,86	—	2,45	2,75	—	2,27	2,56	—	2,11	2,37	—	1,94	2,18	—	1,78	2,—	—	1,62	1,83
	VI	49,53	0,28	3,96	4,45																				
170,19	I,IV	32,90	—	2,63	2,96	I	32,90	—	2,28	2,56	—	1,94	2,19	—	1,63	1,83	—	1,32	1,49	—	1,04	1,17	—	0,77	0,87
	II	28,71	—	2,29	2,58	II	28,71	—	1,96	2,20	—	1,64	1,84	—	1,34	1,50	—	1,05	1,18	—	0,78	0,88	—	0,53	0,59
	III	19,70	—	1,57	1,77	III	19,70	—	1,31	1,48	—	1,06	1,20	—	0,82	0,92	—	0,59	0,66	—	0,36	0,41	—	0,17	0,19
	V	48,36	0,15	3,86	4,35	IV	32,90	—	2,45	2,76	—	2,28	2,56	—	2,11	2,37	—	1,94	2,19	—	1,78	2,01	—	1,63	1,83
	VI	49,56	0,29	3,96	4,46																				
170,29	I,IV	32,93	—	2,63	2,96	I	32,93	—	2,28	2,56	—	1,95	2,19	—	1,63	1,83	—	1,33	1,49	—	1,04	1,17	—	0,77	0,87
	II	28,75	—	2,30	2,58	II	28,75	—	1,96	2,21	—	1,64	1,85	—	1,34	1,51	—	1,05	1,19	—	0,78	0,88	—	0,53	0,60
	III	19,73	—	1,57	1,77	III	19,73	—	1,32	1,48	—	1,07	1,20	—	0,82	0,93	—	0,59	0,66	—	0,36	0,41	—	0,17	0,19
	V	48,40	0,15	3,87	4,35	IV	32,93	—	2,45	2,76	—	2,28	2,56	—	2,11	2,37	—	1,95	2,19	—	1,78	2,01	—	1,63	1,83
	VI	49,60	0,29	3,96	4,46																				
170,39	I,IV	32,96	—	2,63	2,96	I	32,96	—	2,28	2,57	—	1,95	2,19	—	1,63	1,83	—	1,33	1,50	—	1,04	1,17	—	0,77	0,87
	II	28,78	—	2,30	2,59	II	28,78	—	1,96	2,21	—	1,64	1,85	—	1,34	1,51	—	1,06	1,19	—	0,79	0,88	—	0,53	0,60
	III	19,75	—	1,58	1,77	III	19,75	—	1,32	1,48	—	1,07	1,20	—	0,83	0,93	—	0,59	0,67	—	0,37	0,41	—	0,17	0,19
	V	48,43	0,15	3,87	4,35	IV	32,96	—	2,46	2,76	—	2,28	2,57	—	2,11	2,38	—	1,95	2,19	—	1,79	2,01	—	1,63	1,83
	VI	49,64	0,30	3,97	4,46																				
170,49	I,IV	33,—	—	2,64	2,97	I	33,—	—	2,28	2,57	—	1,95	2,20	—	1,63	1,84	—	1,33	1,50	—	1,05	1,18	—	0,78	0,87
	II	28,81	—	2,30	2,59	II	28,81	—	1,97	2,21	—	1,65	1,85	—	1,34	1,51	—	1,06	1,19	—	0,79	0,89	—	0,53	0,60
	III	19,78	—	1,58	1,78	III	19,78	—	1,32	1,48	—	1,07	1,20	—	0,83	0,93	—	0,59	0,67	—	0,37	0,41	—	0,17	0,19
	V	48,47	0,16	3,87	4,36	IV	33,—	—	2,46	2,77	—	2,28	2,57	—	2,12	2,38	—	1,95	2,20	—	1,79	2,01	—	1,63	1,84
	VI	49,68	0,30	3,97	4,47																				
170,59	I,IV	33,03	—	2,64	2,97	I	33,03	—	2,29	2,57	—	1,95	2,20	—	1,64	1,84	—	1,33	1,50	—	1,05	1,18	—	0,78	0,88
	II	28,85	—	2,30	2,59	II	28,85	—	1,97	2,21	—	1,65	1,86	—	1,35	1,52	—	1,06	1,19	—	0,79	0,89	—	0,54	0,60
	III	19,81	—	1,58	1,78	III	19,81	—	1,32	1,49	—	1,07	1,21	—	0,83	0,93	—	0,60	0,67	—	0,37	0,42	—	0,17	0,20
	V	48,51	0,16	3,88	4,36	IV	33,03	—	2,46	2,77	—	2,29	2,57	—	2,12	2,38	—	1,95	2,20	—	1,79	2,02	—	1,64	1,84
	VI	49,72	0,31	3,97	4,47																				
170,69	I,IV	33,07	—	2,64	2,97	I	33,07	—	2,29	2,58	—	1,96	2,20	—	1,64	1,84	—	1,34	1,50	—	1,05	1,18	—	0,78	0,88
	II	28,88	—	2,31	2,59	II	28,88	—	1,97	2,22	—	1,65	1,86	—	1,35	1,52	—	1,06	1,19	—	0,79	0,89	—	0,54	0,60
	III	19,83	—	1,58	1,78	III	19,83	—	1,32	1,49	—	1,07	1,21	—	0,83	0,94	—	0,60	0,67	—	0,37	0,42	—	0,18	0,20
	V	48,55	0,17	3,88	4,36	IV	33,07	—	2,46	2,77	—	2,29	2,58	—	2,12	2,39	—	1,96	2,20	—	1,80	2,02	—	1,64	1,84
	VI	49,76	0,31	3,98	4,47																				

* Die ausgewiesenen Tabellenwerte sind amtlich. Siehe Erläuterungen auf der Umschlaginnenseite (U2).

Abzüge an Lohnsteuer, Solidaritätszuschlag (SolZ) und Kirchensteuer (8%, 9%) in den Steuerklassen

Lohn/ Gehalt bis €*	I – VI	LSt	ohne Kinderfreibeträge SolZ	8%	9%	I, II, III, IV	LSt	mit Zahl der Kinderfreibeträge . . . 0,5 SolZ	8%	9%	1 SolZ	8%	9%	1,5 SolZ	8%	9%	2 SolZ	8%	9%	2,5 SolZ	8%	9%	3 SolZ	8%	9%
170,79	I,IV	33,11	—	2,64	2,97	I	33,11	—	2,29	2,58	—	1,96	2,20	—	1,64	1,85	—	1,34	1,51	—	1,05	1,18	—	0,78	0,88
	II	28,91	—	2,31	2,60	II	28,91	—	1,97	2,22	—	1,65	1,86	—	1,35	1,52	—	1,06	1,20	—	0,79	0,89	—	0,54	0,61
	III	19,86	—	1,58	1,78	III	19,86	—	1,33	1,49	—	1,08	1,21	—	0,83	0,94	—	0,60	0,67	—	0,37	0,42	—	0,18	0,20
	V	48,59	0,17	3,88	4,37	IV	33,11	—	2,47	2,78	—	2,29	2,58	—	2,12	2,39	—	1,96	2,20	—	1,80	2,02	—	1,64	1,85
	VI	49,80	0,32	3,98	4,48																				
170,89	I,IV	33,14	—	2,65	2,98	I	33,14	—	2,30	2,58	—	1,96	2,21	—	1,64	1,85	—	1,34	1,51	—	1,05	1,19	—	0,78	0,88
	II	28,95	—	2,31	2,60	II	28,95	—	1,98	2,22	—	1,66	1,86	—	1,35	1,52	—	1,07	1,20	—	0,80	0,90	—	0,54	0,61
	III	19,88	—	1,59	1,78	III	19,88	—	1,33	1,49	—	1,08	1,21	—	0,84	0,94	—	0,60	0,68	—	0,38	0,42	—	0,18	0,20
	V	48,63	0,18	3,89	4,37	IV	33,14	—	2,47	2,78	—	2,30	2,58	—	2,13	2,39	—	1,96	2,21	—	1,80	2,03	—	1,64	1,85
	VI	49,83	0,32	3,98	4,48																				
170,99	I,IV	33,18	—	2,65	2,98	I	33,18	—	2,30	2,59	—	1,96	2,21	—	1,64	1,85	—	1,34	1,51	—	1,06	1,19	—	0,79	0,88
	II	28,98	—	2,31	2,60	II	28,98	—	1,98	2,23	—	1,66	1,87	—	1,36	1,53	—	1,07	1,20	—	0,80	0,90	—	0,54	0,61
	III	19,91	—	1,59	1,79	III	19,91	—	1,33	1,50	—	1,08	1,21	—	0,84	0,94	—	0,60	0,68	—	0,38	0,42	—	0,18	0,20
	V	48,66	0,18	3,89	4,37	IV	33,18	—	2,47	2,78	—	2,30	2,59	—	2,13	2,40	—	1,96	2,21	—	1,80	2,03	—	1,64	1,85
	VI	49,87	0,33	3,98	4,48																				
171,09	I,IV	33,21	—	2,65	2,98	I	33,21	—	2,30	2,59	—	1,97	2,21	—	1,65	1,85	—	1,34	1,51	—	1,06	1,19	—	0,79	0,89
	II	29,01	—	2,32	2,61	II	29,01	—	1,98	2,23	—	1,66	1,87	—	1,36	1,53	—	1,07	1,21	—	0,80	0,90	—	0,54	0,61
	III	19,93	—	1,59	1,79	III	19,93	—	1,33	1,50	—	1,08	1,22	—	0,84	0,94	—	0,60	0,68	—	0,38	0,43	—	0,18	0,20
	V	48,70	0,19	3,89	4,38	IV	33,21	—	2,47	2,78	—	2,30	2,59	—	2,13	2,40	—	1,97	2,21	—	1,80	2,03	—	1,65	1,85
	VI	49,91	0,33	3,99	4,49																				
171,19	I,IV	33,25	—	2,66	2,99	I	33,25	—	2,30	2,59	—	1,97	2,22	—	1,65	1,86	—	1,35	1,52	—	1,06	1,19	—	0,79	0,89
	II	29,05	—	2,32	2,61	II	29,05	—	1,98	2,23	—	1,66	1,87	—	1,36	1,53	—	1,07	1,21	—	0,80	0,90	—	0,55	0,62
	III	19,96	—	1,59	1,79	III	19,96	—	1,33	1,50	—	1,08	1,22	—	0,84	0,95	—	0,61	0,68	—	0,38	0,43	—	0,18	0,20
	V	48,74	0,19	3,89	4,38	IV	33,25	—	2,48	2,79	—	2,30	2,59	—	2,13	2,40	—	1,97	2,22	—	1,81	2,03	—	1,65	1,86
	VI	49,95	0,33	3,99	4,49																				
171,29	I,IV	33,28	—	2,66	2,99	I	33,28	—	2,31	2,60	—	1,97	2,22	—	1,65	1,86	—	1,35	1,52	—	1,06	1,20	—	0,79	0,89
	II	29,08	—	2,32	2,61	II	29,08	—	1,99	2,23	—	1,67	1,88	—	1,36	1,53	—	1,08	1,21	—	0,80	0,90	—	0,55	0,62
	III	19,98	—	1,59	1,79	III	19,98	—	1,34	1,50	—	1,08	1,22	—	0,84	0,95	—	0,61	0,68	—	0,38	0,43	—	0,18	0,21
	V	48,78	0,20	3,90	4,39	IV	33,28	—	2,48	2,79	—	2,31	2,60	—	2,14	2,40	—	1,97	2,22	—	1,81	2,04	—	1,65	1,86
	VI	49,99	0,34	3,99	4,49																				
171,39	I,IV	33,32	—	2,66	2,99	I	33,32	—	2,31	2,60	—	1,97	2,22	—	1,66	1,86	—	1,35	1,52	—	1,06	1,20	—	0,79	0,89
	II	29,12	—	2,32	2,62	II	29,12	—	1,99	2,24	—	1,67	1,88	—	1,36	1,54	—	1,08	1,21	—	0,81	0,91	—	0,55	0,62
	III	20,01	—	1,60	1,80	III	20,01	—	1,34	1,51	—	1,09	1,22	—	0,84	0,95	—	0,61	0,69	—	0,38	0,43	—	0,18	0,21
	V	48,82	0,20	3,90	4,39	IV	33,32	—	2,48	2,79	—	2,31	2,60	—	2,14	2,41	—	1,97	2,22	—	1,81	2,04	—	1,66	1,86
	VI	50,03	0,34	4,—	4,50																				
171,49	I,IV	33,35	—	2,66	3,—	I	33,35	—	2,31	2,60	—	1,98	2,22	—	1,66	1,87	—	1,35	1,52	—	1,07	1,20	—	0,80	0,90
	II	29,15	—	2,33	2,62	II	29,15	—	1,99	2,24	—	1,67	1,88	—	1,37	1,54	—	1,08	1,22	—	0,81	0,91	—	0,55	0,62
	III	20,04	—	1,60	1,80	III	20,04	—	1,34	1,51	—	1,09	1,23	—	0,85	0,95	—	0,61	0,69	—	0,39	0,43	—	0,19	0,21
	V	48,86	0,20	3,90	4,39	IV	33,35	—	2,49	2,80	—	2,31	2,60	—	2,14	2,41	—	1,98	2,22	—	1,82	2,04	—	1,66	1,87
	VI	50,07	0,35	4,—	4,50																				
171,59	I,IV	33,39	—	2,67	3,—	I	33,39	—	2,31	2,60	—	1,98	2,23	—	1,66	1,87	—	1,36	1,53	—	1,07	1,20	—	0,80	0,90
	II	29,18	—	2,33	2,62	II	29,18	—	1,99	2,24	—	1,67	1,88	—	1,37	1,54	—	1,08	1,22	—	0,81	0,91	—	0,55	0,62
	III	20,06	—	1,60	1,80	III	20,06	—	1,34	1,51	—	1,09	1,23	—	0,85	0,95	—	0,61	0,69	—	0,39	0,44	—	0,19	0,21
	V	48,90	0,21	3,91	4,40	IV	33,39	—	2,49	2,80	—	2,31	2,60	—	2,14	2,41	—	1,98	2,23	—	1,82	2,05	—	1,66	1,87
	VI	50,10	0,35	4,—	4,50																				
171,69	I,IV	33,43	—	2,67	3,—	I	33,43	—	2,32	2,61	—	1,98	2,23	—	1,66	1,87	—	1,36	1,53	—	1,07	1,21	—	0,80	0,90
	II	29,22	—	2,33	2,62	II	29,22	—	2,—	2,25	—	1,68	1,89	—	1,37	1,54	—	1,08	1,22	—	0,81	0,91	—	0,56	0,63
	III	20,09	—	1,60	1,80	III	20,09	—	1,34	1,51	—	1,09	1,23	—	0,85	0,96	—	0,62	0,69	—	0,39	0,44	—	0,19	0,21
	V	48,93	0,21	3,91	4,40	IV	33,43	—	2,49	2,80	—	2,32	2,61	—	2,15	2,42	—	1,98	2,23	—	1,82	2,05	—	1,66	1,87
	VI	50,14	0,36	4,01	4,51																				
171,79	I,IV	33,46	—	2,67	3,01	I	33,46	—	2,32	2,61	—	1,98	2,23	—	1,66	1,87	—	1,36	1,53	—	1,07	1,21	—	0,80	0,90
	II	29,25	—	2,34	2,63	II	29,25	—	2,—	2,25	—	1,68	1,89	—	1,37	1,55	—	1,09	1,22	—	0,81	0,92	—	0,56	0,63
	III	20,11	—	1,60	1,80	III	20,11	—	1,35	1,51	—	1,09	1,23	—	0,85	0,96	—	0,62	0,69	—	0,39	0,44	—	0,19	0,21
	V	48,97	0,22	3,91	4,40	IV	33,46	—	2,49	2,81	—	2,32	2,61	—	2,15	2,42	—	1,98	2,23	—	1,82	2,05	—	1,66	1,87
	VI	50,18	0,36	4,01	4,51																				
171,89	I,IV	33,50	—	2,68	3,01	I	33,50	—	2,32	2,61	—	1,99	2,24	—	1,67	1,88	—	1,36	1,53	—	1,08	1,21	—	0,80	0,91
	II	29,29	—	2,34	2,63	II	29,29	—	2,—	2,25	—	1,68	1,89	—	1,38	1,55	—	1,09	1,22	—	0,82	0,92	—	0,56	0,63
	III	20,14	—	1,61	1,81	III	20,14	—	1,35	1,52	—	1,10	1,23	—	0,85	0,96	—	0,62	0,70	—	0,39	0,44	—	0,19	0,22
	V	49,01	0,22	3,92	4,41	IV	33,50	—	2,50	2,81	—	2,32	2,61	—	2,15	2,42	—	1,99	2,24	—	1,82	2,05	—	1,67	1,88
	VI	50,22	0,37	4,01	4,51																				
171,99	I,IV	33,53	—	2,68	3,01	I	33,53	—	2,33	2,62	—	1,99	2,24	—	1,67	1,88	—	1,37	1,54	—	1,08	1,21	—	0,81	0,91
	II	29,32	—	2,34	2,63	II	29,32	—	2,—	2,25	—	1,68	1,89	—	1,38	1,55	—	1,09	1,23	—	0,82	0,92	—	0,56	0,63
	III	20,17	—	1,61	1,81	III	20,17	—	1,35	1,52	—	1,10	1,24	—	0,86	0,96	—	0,62	0,70	—	0,39	0,44	—	0,19	0,22
	V	49,05	0,23	3,92	4,41	IV	33,53	—	2,50	2,81	—	2,33	2,62	—	2,16	2,43	—	1,99	2,24	—	1,83	2,06	—	1,67	1,88
	VI	50,26	0,37	4,02	4,52																				
172,09	I,IV	33,57	—	2,68	3,02	I	33,57	—	2,33	2,62	—	1,99	2,24	—	1,67	1,88	—	1,37	1,54	—	1,08	1,22	—	0,81	0,91
	II	29,35	—	2,34	2,64	II	29,35	—	2,01	2,26	—	1,69	1,90	—	1,38	1,55	—	1,09	1,23	—	0,82	0,92	—	0,56	0,63
	III	20,20	—	1,61	1,81	III	20,20	—	1,35	1,52	—	1,10	1,24	—	0,86	0,97	—	0,62	0,70	—	0,40	0,45	—	0,20	0,22
	V	49,09	0,23	3,92	4,41	IV	33,57	—	2,50	2,82	—	2,33	2,62	—	2,16	2,43	—	1,99	2,24	—	1,83	2,06	—	1,67	1,88
	VI	50,30	0,38	4,02	4,52																				
172,19	I,IV	33,60	—	2,68	3,02	I	33,60	—	2,33	2,62	—	1,99	2,24	—	1,67	1,88	—	1,37	1,54	—	1,08	1,22	—	0,81	0,91
	II	29,39	—	2,35	2,64	II	29,39	—	2,01	2,26	—	1,69	1,90	—	1,38	1,56	—	1,10	1,23	—	0,82	0,93	—	0,57	0,64
	III	20,22	—	1,61	1,81	III	20,22	—	1,35	1,52	—	1,10	1,24	—	0,86	0,97	—	0,62	0,70	—	0,40	0,45	—	0,20	0,22
	V	49,13	0,24	3,93	4,42	IV	33,60	—	2,50	2,82	—	2,33	2,62	—	2,16	2,43	—	1,99	2,24	—	1,83	2,06	—	1,67	1,88
	VI	50,34	0,38	4,02	4,53																				
172,29	I,IV	33,64	—	2,69	3,02	I	33,64	—	2,33	2,63	—	2,—	2,25	—	1,68	1,89	—	1,37	1,54	—	1,08	1,22	—	0,81	0,91
	II	29,42	—	2,35	2,64	II	29,42	—	2,01	2,26	—	1,69	1,90	—	1,39	1,56	—	1,10	1,24	—	0,82	0,93	—	0,57	0,64
	III	20,25	—	1,62	1,82	III	20,25	—	1,36	1,53	—	1,10	1,24	—	0,86	0,97	—	0,63	0,70	—	0,40	0,45	—	0,20	0,22
	V	49,16	0,24	3,93	4,42	IV	33,64	—	2,51	2,82	—	2,33	2,63	—	2,16	2,43	—	2,—	2,25	—	1,84	2,07	—	1,68	1,89
	VI	50,37	0,39	4,02	4,53																				

* Die ausgewiesenen Tabellenwerte sind amtlich. Siehe Erläuterungen auf der Umschlaginnenseite (U2).

TAG 172,30*

Abzüge an Lohnsteuer, Solidaritätszuschlag (SolZ) und Kirchensteuer (8%, 9%) in den Steuerklassen

Lohn/Gehalt bis €*	Kl.	LSt	SolZ	8%	9%	Kl.	LSt	0,5 SolZ	0,5 8%	0,5 9%	1 SolZ	1 8%	1 9%	1,5 SolZ	1,5 8%	1,5 9%	2 SolZ	2 8%	2 9%	2,5 SolZ	2,5 8%	2,5 9%	3 SolZ	3 8%	3 9%
172,39	I,IV	33,67	—	2,69	3,03	I	33,67	—	2,34	2,63	—	2,—	2,25	—	1,68	1,89	—	1,38	1,55	—	1,09	1,22	—	0,82	0,92
	II	29,46	—	2,35	2,65	II	29,46	—	2,01	2,27	—	1,69	1,91	—	1,39	1,56	—	1,10	1,24	—	0,83	0,93	—	0,57	0,64
	III	20,27	—	1,62	1,82	III	20,27	—	1,36	1,53	—	1,11	1,25	—	0,86	0,97	—	0,63	0,71	—	0,40	0,45	—	0,20	0,22
	V	49,20	0,25	3,93	4,42	IV	33,67	—	2,51	2,82	—	2,34	2,63	—	2,17	2,44	—	2,—	2,25	—	1,84	2,07	—	1,68	1,89
	VI	50,41	0,39	4,03	4,53																				
172,49	I,IV	33,71	—	2,69	3,03	I	33,71	—	2,34	2,63	—	2,—	2,25	—	1,68	1,89	—	1,38	1,55	—	1,09	1,23	—	0,82	0,92
	II	29,49	—	2,35	2,65	II	29,49	—	2,02	2,27	—	1,70	1,91	—	1,39	1,56	—	1,10	1,24	—	0,83	0,93	—	0,57	0,64
	III	20,30	—	1,62	1,82	III	20,30	—	1,36	1,53	—	1,11	1,25	—	0,86	0,97	—	0,63	0,71	—	0,40	0,45	—	0,20	0,23
	V	49,24	0,25	3,93	4,43	IV	33,71	—	2,51	2,83	—	2,34	2,63	—	2,17	2,44	—	2,—	2,25	—	1,84	2,07	—	1,68	1,89
	VI	50,45	0,39	4,03	4,54																				
172,59	I,IV	33,75	—	2,70	3,03	I	33,75	—	2,34	2,63	—	2,—	2,26	—	1,68	1,89	—	1,38	1,55	—	1,09	1,23	—	0,82	0,92
	II	29,52	—	2,36	2,65	II	29,52	—	2,02	2,27	—	1,70	1,91	—	1,39	1,57	—	1,10	1,24	—	0,83	0,94	—	0,57	0,65
	III	20,32	—	1,62	1,82	III	20,32	—	1,36	1,53	—	1,11	1,25	—	0,87	0,98	—	0,63	0,71	—	0,40	0,45	—	0,20	0,23
	V	49,28	0,26	3,94	4,43	IV	33,75	—	2,52	2,83	—	2,34	2,63	—	2,17	2,44	—	2,—	2,26	—	1,84	2,07	—	1,68	1,89
	VI	50,49	0,40	4,03	4,54																				
172,69	I,IV	33,78	—	2,70	3,04	I	33,78	—	2,34	2,64	—	2,01	2,26	—	1,69	1,90	—	1,38	1,56	—	1,09	1,23	—	0,82	0,92
	II	29,56	—	2,36	2,66	II	29,56	—	2,02	2,28	—	1,70	1,91	—	1,40	1,57	—	1,11	1,25	—	0,83	0,94	—	0,58	0,65
	III	20,35	—	1,62	1,83	III	20,35	—	1,36	1,53	—	1,11	1,25	—	0,87	0,98	—	0,63	0,71	—	0,41	0,46	—	0,20	0,23
	V	49,32	0,26	3,94	4,43	IV	33,78	—	2,52	2,83	—	2,34	2,64	—	2,17	2,45	—	2,01	2,26	—	1,85	2,08	—	1,69	1,90
	VI	50,53	0,40	4,04	4,54																				
172,79	I,IV	33,81	—	2,70	3,04	I	33,81	—	2,35	2,64	—	2,01	2,26	—	1,69	1,90	—	1,38	1,56	—	1,10	1,23	—	0,82	0,93
	II	29,59	—	2,36	2,66	II	29,59	—	2,02	2,28	—	1,70	1,92	—	1,40	1,57	—	1,11	1,25	—	0,84	0,94	—	0,58	0,65
	III	20,37	—	1,62	1,83	III	20,37	—	1,37	1,54	—	1,11	1,25	—	0,87	0,98	—	0,64	0,72	—	0,41	0,46	—	0,20	0,23
	V	49,36	0,26	3,94	4,44	IV	33,81	—	2,52	2,84	—	2,35	2,64	—	2,18	2,45	—	2,01	2,26	—	1,85	2,08	—	1,69	1,90
	VI	50,57	0,41	4,04	4,55																				
172,89	I,IV	33,85	—	2,70	3,04	I	33,85	—	2,35	2,64	—	2,01	2,26	—	1,69	1,90	—	1,39	1,56	—	1,10	1,24	—	0,83	0,93
	II	29,63	—	2,37	2,66	II	29,63	—	2,03	2,28	—	1,71	1,92	—	1,40	1,58	—	1,11	1,25	—	0,84	0,94	—	0,58	0,65
	III	20,40	—	1,63	1,83	III	20,40	—	1,37	1,54	—	1,12	1,26	—	0,87	0,98	—	0,64	0,72	—	0,41	0,46	—	0,21	0,23
	V	49,40	0,27	3,95	4,44	IV	33,85	—	2,52	2,84	—	2,35	2,64	—	2,18	2,45	—	2,01	2,26	—	1,85	2,08	—	1,69	1,90
	VI	50,61	0,41	4,04	4,55																				
172,99	I,IV	33,89	—	2,71	3,05	I	33,89	—	2,35	2,65	—	2,02	2,27	—	1,69	1,91	—	1,39	1,56	—	1,10	1,24	—	0,83	0,93
	II	29,66	—	2,37	2,66	II	29,66	—	2,03	2,28	—	1,71	1,92	—	1,40	1,58	—	1,11	1,25	—	0,84	0,94	—	0,58	0,65
	III	20,42	—	1,63	1,83	III	20,42	—	1,37	1,54	—	1,12	1,26	—	0,87	0,98	—	0,64	0,72	—	0,41	0,46	—	0,21	0,23
	V	49,43	0,27	3,95	4,44	IV	33,89	—	2,53	2,84	—	2,35	2,65	—	2,18	2,45	—	2,02	2,27	—	1,85	2,08	—	1,69	1,91
	VI	50,64	0,42	4,05	4,55																				
173,09	I,IV	33,92	—	2,71	3,05	I	33,92	—	2,36	2,65	—	2,02	2,27	—	1,70	1,91	—	1,39	1,57	—	1,10	1,24	—	0,83	0,93
	II	29,70	—	2,37	2,67	II	29,70	—	2,03	2,29	—	1,71	1,92	—	1,40	1,58	—	1,12	1,26	—	0,84	0,95	—	0,58	0,66
	III	20,45	—	1,63	1,84	III	20,45	—	1,37	1,54	—	1,12	1,26	—	0,88	0,99	—	0,64	0,72	—	0,41	0,46	—	0,21	0,24
	V	49,47	0,28	3,95	4,45	IV	33,92	—	2,53	2,85	—	2,36	2,65	—	2,18	2,46	—	2,02	2,27	—	1,86	2,09	—	1,70	1,91
	VI	50,68	0,42	4,05	4,56																				
173,19	I,IV	33,96	—	2,71	3,05	I	33,96	—	2,36	2,65	—	2,02	2,27	—	1,70	1,91	—	1,39	1,57	—	1,10	1,24	—	0,83	0,94
	II	29,73	—	2,37	2,67	II	29,73	—	2,04	2,29	—	1,71	1,93	—	1,41	1,58	—	1,12	1,26	—	0,84	0,95	—	0,59	0,66
	III	20,48	—	1,63	1,84	III	20,48	—	1,37	1,55	—	1,12	1,26	—	0,88	0,99	—	0,64	0,72	—	0,42	0,47	—	0,21	0,24
	V	49,51	0,28	3,96	4,45	IV	33,96	—	2,53	2,85	—	2,36	2,65	—	2,19	2,46	—	2,02	2,27	—	1,86	2,09	—	1,70	1,91
	VI	50,72	0,43	4,05	4,56																				
173,29	I,IV	34,—	—	2,72	3,06	I	34,—	—	2,36	2,66	—	2,02	2,28	—	1,70	1,91	—	1,40	1,57	—	1,11	1,25	—	0,83	0,94
	II	29,76	—	2,38	2,67	II	29,76	—	2,04	2,29	—	1,72	1,93	—	1,41	1,59	—	1,12	1,26	—	0,85	0,95	—	0,59	0,66
	III	20,51	—	1,64	1,84	III	20,51	—	1,38	1,55	—	1,12	1,26	—	0,88	0,99	—	0,64	0,72	—	0,42	0,47	—	0,21	0,24
	V	49,55	0,29	3,96	4,45	IV	34,—	—	2,54	2,85	—	2,36	2,66	—	2,19	2,46	—	2,02	2,28	—	1,86	2,09	—	1,70	1,91
	VI	50,76	0,43	4,06	4,56																				
173,39	I,IV	34,03	—	2,72	3,06	I	34,03	—	2,36	2,66	—	2,03	2,28	—	1,70	1,92	—	1,40	1,57	—	1,11	1,25	—	0,84	0,94
	II	29,80	—	2,38	2,68	II	29,80	—	2,04	2,30	—	1,72	1,93	—	1,41	1,59	—	1,12	1,26	—	0,85	0,95	—	0,59	0,66
	III	20,53	—	1,64	1,84	III	20,53	—	1,38	1,55	—	1,13	1,27	—	0,88	0,99	—	0,65	0,73	—	0,42	0,47	—	0,21	0,24
	V	49,59	0,29	3,96	4,46	IV	34,03	—	2,54	2,86	—	2,36	2,66	—	2,19	2,47	—	2,03	2,28	—	1,86	2,10	—	1,70	1,91
	VI	50,80	0,44	4,06	4,57																				
173,49	I,IV	34,06	—	2,72	3,06	I	34,06	—	2,37	2,66	—	2,03	2,28	—	1,71	1,92	—	1,40	1,58	—	1,11	1,25	—	0,84	0,94
	II	29,83	—	2,38	2,68	II	29,83	—	2,04	2,30	—	1,72	1,94	—	1,41	1,59	—	1,12	1,26	—	0,85	0,96	—	0,59	0,67
	III	20,56	—	1,64	1,85	III	20,56	—	1,38	1,55	—	1,13	1,27	—	0,88	0,99	—	0,65	0,73	—	0,42	0,47	—	0,22	0,24
	V	49,63	0,30	3,97	4,46	IV	34,06	—	2,54	2,86	—	2,37	2,66	—	2,20	2,47	—	2,03	2,28	—	1,87	2,10	—	1,71	1,92
	VI	50,84	0,44	4,06	4,57																				
173,59	I,IV	34,10	—	2,72	3,06	I	34,10	—	2,37	2,67	—	2,03	2,29	—	1,71	1,92	—	1,40	1,58	—	1,11	1,25	—	0,84	0,95
	II	29,86	—	2,38	2,68	II	29,86	—	2,05	2,30	—	1,72	1,94	—	1,42	1,59	—	1,13	1,27	—	0,85	0,96	—	0,59	0,67
	III	20,58	—	1,64	1,85	III	20,58	—	1,38	1,55	—	1,13	1,27	—	0,89	1,—	—	0,65	0,73	—	0,42	0,47	—	0,22	0,24
	V	49,67	0,30	3,97	4,47	IV	34,10	—	2,54	2,86	—	2,37	2,67	—	2,20	2,47	—	2,03	2,29	—	1,87	2,10	—	1,71	1,92
	VI	50,88	0,44	4,07	4,57																				
173,69	I,IV	34,14	—	2,73	3,07	I	34,14	—	2,37	2,67	—	2,03	2,29	—	1,71	1,93	—	1,41	1,58	—	1,12	1,26	—	0,84	0,95
	II	29,90	—	2,39	2,69	II	29,90	—	2,05	2,30	—	1,73	1,94	—	1,42	1,60	—	1,13	1,27	—	0,85	0,96	—	0,60	0,67
	III	20,61	—	1,64	1,85	III	20,61	—	1,38	1,56	—	1,13	1,27	—	0,89	1,—	—	0,65	0,73	—	0,42	0,48	—	0,22	0,25
	V	49,71	0,31	3,97	4,47	IV	34,14	—	2,55	2,87	—	2,37	2,67	—	2,20	2,48	—	2,03	2,29	—	1,87	2,10	—	1,71	1,92
	VI	50,91	0,45	4,07	4,58																				
173,79	I,IV	34,17	—	2,73	3,07	I	34,17	—	2,37	2,67	—	2,04	2,29	—	1,71	1,93	—	1,41	1,58	—	1,12	1,26	—	0,84	0,95
	II	29,93	—	2,39	2,69	II	29,93	—	2,05	2,31	—	1,73	1,94	—	1,42	1,60	—	1,13	1,27	—	0,86	0,96	—	0,60	0,67
	III	20,63	—	1,65	1,85	III	20,63	—	1,39	1,56	—	1,13	1,27	—	0,89	1,—	—	0,65	0,74	—	0,43	0,48	—	0,22	0,25
	V	49,75	0,31	3,98	4,47	IV	34,17	—	2,55	2,87	—	2,37	2,67	—	2,20	2,48	—	2,04	2,29	—	1,87	2,11	—	1,71	1,92
	VI	50,95	0,45	4,07	4,58																				
173,89	I,IV	34,21	—	2,73	3,07	I	34,21	—	2,38	2,68	—	2,04	2,29	—	1,72	1,93	—	1,41	1,59	—	1,12	1,26	—	0,85	0,95
	II	29,97	—	2,39	2,69	II	29,97	—	2,05	2,31	—	1,73	1,95	—	1,42	1,60	—	1,13	1,27	—	0,86	0,97	—	0,60	0,68
	III	20,66	—	1,65	1,85	III	20,66	—	1,39	1,56	—	1,14	1,28	—	0,89	1,—	—	0,66	0,74	—	0,43	0,48	—	0,22	0,25
	V	49,78	0,31	3,98	4,48	IV	34,21	—	2,55	2,87	—	2,38	2,68	—	2,21	2,48	—	2,04	2,29	—	1,88	2,11	—	1,72	1,93
	VI	50,99	0,46	4,07	4,58																				

* Die ausgewiesenen Tabellenwerte sind amtlich. Siehe Erläuterungen auf der Umschlaginnenseite (U2).

Abzüge an Lohnsteuer, Solidaritätszuschlag (SolZ) und Kirchensteuer (8%, 9%) in den Steuerklassen

Lohn/ Gehalt bis €*	I – VI		ohne Kinderfreibeträge			I, II, III, IV		mit Zahl der Kinderfreibeträge . . . 0,5			1			1,5			2			2,5			3		
		LSt	SolZ	8%	9%		LSt	SolZ	8%	9%	SolZ	8%	9%	SolZ	8%	9%	SolZ	8%	9%	SolZ	8%	9%	SolZ	8%	9%
173,99	I,IV	34,24	—	2,73	3,08	I	34,24	—	2,38	2,68	—	2,04	2,30	—	1,72	1,93	—	1,41	1,59	—	1,12	1,26	—	0,85	0,95
	II	30,—	—	2,40	2,70	II	30,—	—	2,06	2,31	—	1,73	1,95	—	1,43	1,60	—	1,14	1,28	—	0,86	0,97	—	0,60	0,68
	III	20,68	—	1,65	1,86	III	20,68	—	1,39	1,56	—	1,14	1,28	—	0,89	1,01	—	0,66	0,74	—	0,43	0,48	—	0,22	0,25
	V	49,82	0,32	3,98	4,48	IV	34,24	—	2,56	2,88	—	2,38	2,68	—	2,21	2,49	—	2,04	2,30	—	1,88	2,11	—	1,72	1,93
	VI	51,03	0,46	4,08	4,59																				
174,09	I,IV	34,28	—	2,74	3,08	I	34,28	—	2,38	2,68	—	2,04	2,30	—	1,72	1,94	—	1,42	1,59	—	1,12	1,27	—	0,85	0,96
	II	30,04	—	2,40	2,70	II	30,04	—	2,06	2,32	—	1,74	1,95	—	1,43	1,61	—	1,14	1,28	—	0,86	0,97	—	0,60	0,68
	III	20,71	—	1,65	1,86	III	20,71	—	1,39	1,57	—	1,14	1,28	—	0,90	1,01	—	0,66	0,74	—	0,43	0,49	—	0,22	0,25
	V	49,86	0,32	3,98	4,48	IV	34,28	—	2,56	2,88	—	2,38	2,68	—	2,21	2,49	—	2,04	2,30	—	1,88	2,12	—	1,72	1,94
	VI	51,07	0,47	4,08	4,59																				
174,19	I,IV	34,31	—	2,74	3,08	I	34,31	—	2,39	2,68	—	2,05	2,30	—	1,72	1,94	—	1,42	1,60	—	1,13	1,27	—	0,85	0,96
	II	30,07	—	2,40	2,70	II	30,07	—	2,06	2,32	—	1,74	1,96	—	1,43	1,61	—	1,14	1,28	—	0,86	0,97	—	0,61	0,68
	III	20,74	—	1,65	1,86	III	20,74	—	1,39	1,57	—	1,14	1,28	—	0,90	1,01	—	0,66	0,74	—	0,43	0,49	—	0,23	0,25
	V	49,90	0,33	3,99	4,49	IV	34,31	—	2,56	2,88	—	2,39	2,68	—	2,21	2,49	—	2,05	2,30	—	1,88	2,12	—	1,72	1,94
	VI	51,11	0,47	4,08	4,59																				
174,29	I,IV	34,35	—	2,74	3,09	I	34,35	—	2,39	2,69	—	2,05	2,31	—	1,73	1,94	—	1,42	1,60	—	1,13	1,27	—	0,86	0,96
	II	30,10	—	2,40	2,70	II	30,10	—	2,06	2,32	—	1,74	1,96	—	1,43	1,61	—	1,14	1,28	—	0,87	0,98	—	0,61	0,68
	III	20,76	—	1,66	1,86	III	20,76	—	1,40	1,57	—	1,14	1,29	—	0,90	1,01	—	0,66	0,75	—	0,43	0,49	—	0,23	0,26
	V	49,94	0,33	3,99	4,49	IV	34,35	—	2,56	2,88	—	2,39	2,69	—	2,22	2,49	—	2,05	2,31	—	1,89	2,12	—	1,73	1,94
	VI	51,15	0,48	4,09	4,60																				
174,39	I,IV	34,39	—	2,75	3,09	I	34,39	—	2,39	2,69	—	2,05	2,31	—	1,73	1,95	—	1,42	1,60	—	1,13	1,27	—	0,86	0,96
	II	30,14	—	2,41	2,71	II	30,14	—	2,07	2,33	—	1,74	1,96	—	1,44	1,62	—	1,14	1,29	—	0,87	0,98	—	0,61	0,69
	III	20,79	—	1,66	1,87	III	20,79	—	1,40	1,57	—	1,15	1,29	—	0,90	1,01	—	0,66	0,75	—	0,44	0,49	—	0,23	0,26
	V	49,98	0,34	3,99	4,49	IV	34,39	—	2,57	2,89	—	2,39	2,69	—	2,22	2,50	—	2,05	2,31	—	1,89	2,12	—	1,73	1,95
	VI	51,18	0,48	4,09	4,60																				
174,49	I,IV	34,42	—	2,75	3,09	I	34,42	—	2,39	2,69	—	2,05	2,31	—	1,73	1,95	—	1,42	1,60	—	1,13	1,28	—	0,86	0,97
	II	30,17	—	2,41	2,71	II	30,17	—	2,07	2,33	—	1,75	1,96	—	1,44	1,62	—	1,15	1,29	—	0,87	0,98	—	0,61	0,69
	III	20,82	—	1,66	1,87	III	20,82	—	1,40	1,58	—	1,15	1,29	—	0,90	1,02	—	0,67	0,75	—	0,44	0,49	—	0,23	0,26
	V	50,01	0,34	4,—	4,50	IV	34,42	—	2,57	2,89	—	2,39	2,69	—	2,22	2,50	—	2,05	2,31	—	1,89	2,13	—	1,73	1,95
	VI	51,22	0,49	4,09	4,60																				
174,59	I,IV	34,46	—	2,75	3,10	I	34,46	—	2,40	2,70	—	2,06	2,31	—	1,73	1,95	—	1,43	1,61	—	1,14	1,28	—	0,86	0,97
	II	30,21	—	2,41	2,71	II	30,21	—	2,07	2,33	—	1,75	1,97	—	1,44	1,62	—	1,15	1,29	—	0,87	0,98	—	0,61	0,69
	III	20,85	—	1,66	1,87	III	20,85	—	1,40	1,58	—	1,15	1,29	—	0,90	1,02	—	0,67	0,75	—	0,44	0,50	—	0,23	0,26
	V	50,05	0,35	4,—	4,50	IV	34,46	—	2,57	2,89	—	2,40	2,70	—	2,22	2,50	—	2,06	2,31	—	1,89	2,13	—	1,73	1,95
	VI	51,26	0,49	4,10	4,61																				
174,69	I,IV	34,49	—	2,75	3,10	I	34,49	—	2,40	2,70	—	2,06	2,32	—	1,74	1,95	—	1,43	1,61	—	1,14	1,28	—	0,86	0,97
	II	30,24	—	2,41	2,72	II	30,24	—	2,07	2,33	—	1,75	1,97	—	1,44	1,62	—	1,15	1,29	—	0,88	0,99	—	0,62	0,69
	III	20,87	—	1,66	1,87	III	20,87	—	1,40	1,58	—	1,15	1,30	—	0,91	1,02	—	0,67	0,75	—	0,44	0,50	—	0,23	0,26
	V	50,09	0,35	4,—	4,50	IV	34,49	—	2,58	2,90	—	2,40	2,70	—	2,23	2,51	—	2,06	2,32	—	1,90	2,13	—	1,74	1,95
	VI	51,30	0,50	4,10	4,61																				
174,79	I,IV	34,53	—	2,76	3,10	I	34,53	—	2,40	2,70	—	2,06	2,32	—	1,74	1,96	—	1,43	1,61	—	1,14	1,28	—	0,87	0,97
	II	30,28	—	2,42	2,72	II	30,28	—	2,08	2,34	—	1,75	1,97	—	1,44	1,63	—	1,15	1,30	—	0,88	0,99	—	0,62	0,70
	III	20,90	—	1,67	1,88	III	20,90	—	1,41	1,58	—	1,15	1,30	—	0,91	1,02	—	0,67	0,76	—	0,44	0,50	—	0,23	0,26
	V	50,13	0,36	4,01	4,51	IV	34,53	—	2,58	2,90	—	2,40	2,70	—	2,23	2,51	—	2,06	2,32	—	1,90	2,14	—	1,74	1,96
	VI	51,34	0,50	4,10	4,62																				
174,89	I,IV	34,56	—	2,76	3,11	I	34,56	—	2,40	2,71	—	2,06	2,32	—	1,74	1,96	—	1,43	1,61	—	1,14	1,29	—	0,87	0,98
	II	30,31	—	2,42	2,72	II	30,31	—	2,08	2,34	—	1,76	1,98	—	1,45	1,63	—	1,16	1,30	—	0,88	0,99	—	0,62	0,70
	III	20,92	—	1,67	1,88	III	20,92	—	1,41	1,58	—	1,16	1,30	—	0,91	1,02	—	0,67	0,76	—	0,44	0,50	—	0,24	0,27
	V	50,17	0,36	4,01	4,51	IV	34,56	—	2,58	2,90	—	2,40	2,71	—	2,23	2,51	—	2,06	2,32	—	1,90	2,14	—	1,74	1,96
	VI	51,38	0,50	4,11	4,62																				
174,99	I,IV	34,60	—	2,76	3,11	I	34,60	—	2,41	2,71	—	2,07	2,33	—	1,74	1,96	—	1,44	1,62	—	1,14	1,29	—	0,87	0,98
	II	30,35	—	2,42	2,73	II	30,35	—	2,08	2,34	—	1,76	1,98	—	1,45	1,63	—	1,16	1,30	—	0,88	0,99	—	0,62	0,70
	III	20,95	—	1,67	1,88	III	20,95	—	1,41	1,59	—	1,16	1,30	—	0,91	1,03	—	0,68	0,76	—	0,45	0,50	—	0,24	0,27
	V	50,21	0,37	4,01	4,51	IV	34,60	—	2,58	2,91	—	2,41	2,71	—	2,24	2,52	—	2,07	2,33	—	1,90	2,14	—	1,74	1,96
	VI	51,41	0,51	4,11	4,62																				
175,09	I,IV	34,64	—	2,77	3,11	I	34,64	—	2,41	2,71	—	2,07	2,33	—	1,75	1,97	—	1,44	1,62	—	1,15	1,29	—	0,87	0,98
	II	30,38	—	2,43	2,73	II	30,38	—	2,08	2,35	—	1,76	1,98	—	1,45	1,63	—	1,16	1,31	—	0,88	0,99	—	0,62	0,70
	III	20,97	—	1,67	1,88	III	20,97	—	1,41	1,59	—	1,16	1,30	—	0,91	1,03	—	0,68	0,76	—	0,45	0,51	—	0,24	0,27
	V	50,25	0,37	4,02	4,52	IV	34,64	—	2,59	2,91	—	2,41	2,71	—	2,24	2,52	—	2,07	2,33	—	1,91	2,15	—	1,75	1,97
	VI	51,45	0,51	4,11	4,63																				
175,19	I,IV	34,67	—	2,77	3,12	I	34,67	—	2,41	2,71	—	2,07	2,33	—	1,75	1,97	—	1,44	1,62	—	1,15	1,29	—	0,87	0,98
	II	30,41	—	2,43	2,73	II	30,41	—	2,09	2,35	—	1,76	1,98	—	1,45	1,64	—	1,16	1,31	—	0,89	1,—	—	0,63	0,70
	III	21,—	—	1,68	1,89	III	21,—	—	1,41	1,59	—	1,16	1,31	—	0,92	1,03	—	0,68	0,76	—	0,45	0,51	—	0,24	0,27
	V	50,28	0,37	4,02	4,52	IV	34,67	—	2,59	2,91	—	2,41	2,71	—	2,24	2,52	—	2,07	2,33	—	1,91	2,15	—	1,75	1,97
	VI	51,49	0,52	4,11	4,63																				
175,29	I,IV	34,71	—	2,77	3,12	I	34,71	—	2,42	2,72	—	2,08	2,34	—	1,75	1,97	—	1,44	1,62	—	1,15	1,30	—	0,88	0,99
	II	30,45	—	2,43	2,74	II	30,45	—	2,09	2,35	—	1,77	1,99	—	1,46	1,64	—	1,16	1,31	—	0,89	1,—	—	0,63	0,71
	III	21,02	—	1,68	1,89	III	21,02	—	1,42	1,59	—	1,16	1,31	—	0,92	1,03	—	0,68	0,77	—	0,45	0,51	—	0,24	0,27
	V	50,32	0,38	4,02	4,52	IV	34,71	—	2,59	2,92	—	2,42	2,72	—	2,24	2,52	—	2,08	2,34	—	1,91	2,15	—	1,75	1,97
	VI	51,53	0,52	4,12	4,63																				
175,39	I,IV	34,75	—	2,78	3,12	I	34,75	—	2,42	2,72	—	2,08	2,34	—	1,75	1,97	—	1,45	1,63	—	1,15	1,30	—	0,88	0,99
	II	30,48	—	2,43	2,74	II	30,48	—	2,09	2,35	—	1,77	1,99	—	1,46	1,64	—	1,17	1,31	—	0,89	1,—	—	0,63	0,71
	III	21,05	—	1,68	1,89	III	21,05	—	1,42	1,60	—	1,16	1,31	—	0,92	1,04	—	0,68	0,77	—	0,45	0,51	—	0,24	0,27
	V	50,36	0,38	4,02	4,53	IV	34,75	—	2,59	2,92	—	2,42	2,72	—	2,25	2,53	—	2,08	2,34	—	1,91	2,15	—	1,75	1,97
	VI	51,57	0,53	4,12	4,64																				
175,49	I,IV	34,78	—	2,78	3,13	I	34,78	—	2,42	2,72	—	2,08	2,34	—	1,76	1,98	—	1,45	1,63	—	1,16	1,30	—	0,88	0,99
	II	30,52	—	2,44	2,74	II	30,52	—	2,10	2,36	—	1,77	1,99	—	1,46	1,64	—	1,17	1,32	—	0,89	1,—	—	0,63	0,71
	III	21,08	—	1,68	1,89	III	21,08	—	1,42	1,60	—	1,17	1,31	—	0,92	1,04	—	0,68	0,77	—	0,46	0,51	—	0,24	0,28
	V	50,40	0,39	4,03	4,53	IV	34,78	—	2,60	2,92	—	2,42	2,72	—	2,25	2,53	—	2,08	2,34	—	1,92	2,16	—	1,76	1,98
	VI	51,61	0,53	4,12	4,64																				

* Die ausgewiesenen Tabellenwerte sind amtlich. Siehe Erläuterungen auf der Umschlaginnenseite (U2).

TAG 175,50*

Lohn/ Gehalt bis €*		I – VI LSt	ohne Kinder-freibeträge SolZ	8%	9%	I, II, III, IV	LSt	0,5 SolZ	0,5 8%	0,5 9%	1 SolZ	1 8%	1 9%	1,5 SolZ	1,5 8%	1,5 9%	2 SolZ	2 8%	2 9%	2,5 SolZ	2,5 8%	2,5 9%	3 SolZ	3 8%	3 9%
175,59	I,IV	34,82	—	2,78	3,13	I	34,82	—	2,42	2,73	—	2,08	2,34	—	1,76	1,98	—	1,45	1,63	—	1,16	1,30	—	0,88	0,99
	II	30,55	—	2,44	2,74	II	30,55	—	2,10	2,36	—	1,77	1,99	—	1,46	1,65	—	1,17	1,32	—	0,89	1,01	—	0,63	0,71
	III	21,10	—	1,68	1,89	III	21,10	—	1,42	1,60	—	1,17	1,32	—	0,92	1,04	—	0,69	0,77	—	0,46	0,52	—	0,25	0,28
	V	50,44	0,39	4,03	4,53	IV	34,82	—	2,60	2,93	—	2,42	2,73	—	2,25	2,53	—	2,08	2,34	—	1,92	2,16	—	1,76	1,98
	VI	51,65	0,54	4,13	4,64																				
175,69	I,IV	34,85	—	2,78	3,13	I	34,85	—	2,43	2,73	—	2,09	2,35	—	1,76	1,98	—	1,45	1,63	—	1,16	1,31	—	0,88	0,99
	II	30,59	—	2,44	2,75	II	30,59	—	2,10	2,36	—	1,78	2,—	—	1,47	1,65	—	1,17	1,32	—	0,90	1,01	—	0,64	0,72
	III	21,13	—	1,69	1,90	III	21,13	—	1,42	1,60	—	1,17	1,32	—	0,93	1,04	—	0,69	0,77	—	0,46	0,52	—	0,25	0,28
	V	50,48	0,40	4,03	4,54	IV	34,85	—	2,60	2,93	—	2,43	2,73	—	2,25	2,54	—	2,09	2,35	—	1,92	2,16	—	1,76	1,98
	VI	51,69	0,54	4,13	4,65																				
175,79	I,IV	34,89	—	2,79	3,14	I	34,89	—	2,43	2,73	—	2,09	2,35	—	1,76	1,98	—	1,46	1,64	—	1,16	1,31	—	0,89	1,—
	II	30,62	—	2,44	2,75	II	30,62	—	2,10	2,37	—	1,78	2,—	—	1,47	1,65	—	1,18	1,32	—	0,90	1,01	—	0,64	0,72
	III	21,16	—	1,69	1,90	III	21,16	—	1,43	1,60	—	1,17	1,32	—	0,93	1,04	—	0,69	0,78	—	0,46	0,52	—	0,25	0,28
	V	50,51	0,40	4,04	4,54	IV	34,89	—	2,61	2,93	—	2,43	2,73	—	2,26	2,54	—	2,09	2,35	—	1,92	2,16	—	1,76	1,98
	VI	51,72	0,55	4,13	4,65																				
175,89	I,IV	34,93	—	2,79	3,14	I	34,93	—	2,43	2,74	—	2,09	2,35	—	1,77	1,99	—	1,46	1,64	—	1,16	1,31	—	0,89	1,—
	II	30,65	—	2,45	2,75	II	30,65	—	2,11	2,37	—	1,78	2,—	—	1,47	1,66	—	1,18	1,33	—	0,90	1,01	—	0,64	0,72
	III	21,18	—	1,69	1,90	III	21,18	—	1,43	1,61	—	1,18	1,32	—	0,93	1,05	—	0,69	0,78	—	0,46	0,52	—	0,25	0,28
	V	50,55	0,41	4,04	4,54	IV	34,93	—	2,61	2,94	—	2,43	2,74	—	2,26	2,54	—	2,09	2,35	—	1,93	2,17	—	1,77	1,99
	VI	51,76	0,55	4,14	4,65																				
175,99	I,IV	34,96	—	2,79	3,14	I	34,96	—	2,44	2,74	—	2,09	2,36	—	1,77	1,99	—	1,46	1,64	—	1,17	1,31	—	0,89	1,—
	II	30,69	—	2,45	2,76	II	30,69	—	2,11	2,37	—	1,78	2,01	—	1,47	1,66	—	1,18	1,33	—	0,90	1,02	—	0,64	0,72
	III	21,21	—	1,69	1,90	III	21,21	—	1,43	1,61	—	1,18	1,32	—	0,93	1,05	—	0,69	0,78	—	0,46	0,52	—	0,25	0,28
	V	50,59	0,41	4,04	4,55	IV	34,96	—	2,61	2,94	—	2,44	2,74	—	2,26	2,55	—	2,09	2,36	—	1,93	2,17	—	1,77	1,99
	VI	51,80	0,55	4,14	4,66																				
176,09	I,IV	35,—	—	2,80	3,15	I	35,—	—	2,44	2,74	—	2,10	2,36	—	1,77	1,99	—	1,46	1,65	—	1,17	1,32	—	0,89	1,—
	II	30,72	—	2,45	2,76	II	30,72	—	2,11	2,38	—	1,79	2,01	—	1,48	1,66	—	1,18	1,33	—	0,90	1,02	—	0,64	0,72
	III	21,23	—	1,69	1,91	III	21,23	—	1,43	1,61	—	1,18	1,33	—	0,93	1,05	—	0,70	0,78	—	0,47	0,53	—	0,25	0,29
	V	50,63	0,42	4,05	4,55	IV	35,—	—	2,61	2,94	—	2,44	2,74	—	2,26	2,55	—	2,10	2,36	—	1,93	2,17	—	1,77	1,99
	VI	51,84	0,56	4,14	4,66																				
176,19	I,IV	35,03	—	2,80	3,15	I	35,03	—	2,44	2,75	—	2,10	2,36	—	1,77	2,—	—	1,46	1,65	—	1,17	1,32	—	0,90	1,01
	II	30,76	—	2,46	2,76	II	30,76	—	2,11	2,38	—	1,79	2,01	—	1,48	1,66	—	1,18	1,33	—	0,91	1,02	—	0,65	0,73
	III	21,26	—	1,70	1,91	III	21,26	—	1,43	1,61	—	1,18	1,33	—	0,94	1,05	—	0,70	0,79	—	0,47	0,53	—	0,26	0,29
	V	50,67	0,42	4,05	4,56	IV	35,03	—	2,62	2,94	—	2,44	2,75	—	2,27	2,55	—	2,10	2,36	—	1,93	2,18	—	1,77	2,—
	VI	51,88	0,56	4,15	4,66																				
176,29	I,IV	35,07	—	2,80	3,15	I	35,07	—	2,44	2,75	—	2,10	2,36	—	1,78	2,—	—	1,47	1,65	—	1,17	1,32	—	0,90	1,01
	II	30,79	—	2,46	2,77	II	30,79	—	2,12	2,38	—	1,79	2,01	—	1,48	1,67	—	1,19	1,34	—	0,91	1,02	—	0,65	0,73
	III	21,28	—	1,70	1,91	III	21,28	—	1,44	1,62	—	1,18	1,33	—	0,94	1,05	—	0,70	0,79	—	0,47	0,53	—	0,26	0,29
	V	50,71	0,43	4,05	4,56	IV	35,07	—	2,62	2,95	—	2,44	2,75	—	2,27	2,55	—	2,10	2,36	—	1,94	2,18	—	1,78	2,—
	VI	51,92	0,57	4,15	4,67																				
176,39	I,IV	35,10	—	2,80	3,15	I	35,10	—	2,45	2,75	—	2,10	2,37	—	1,78	2,—	—	1,47	1,65	—	1,18	1,32	—	0,90	1,01
	II	30,83	—	2,46	2,77	II	30,83	—	2,12	2,38	—	1,79	2,02	—	1,48	1,67	—	1,19	1,34	—	0,91	1,03	—	0,65	0,73
	III	21,31	—	1,70	1,91	III	21,31	—	1,44	1,62	—	1,18	1,33	—	0,94	1,06	—	0,70	0,79	—	0,47	0,53	—	0,26	0,29
	V	50,75	0,43	4,06	4,56	IV	35,10	—	2,62	2,95	—	2,45	2,75	—	2,27	2,56	—	2,10	2,37	—	1,94	2,18	—	1,78	2,—
	VI	51,96	0,57	4,15	4,67																				
176,49	I,IV	35,14	—	2,81	3,16	I	35,14	—	2,45	2,76	—	2,11	2,37	—	1,78	2,—	—	1,47	1,66	—	1,18	1,33	—	0,90	1,01
	II	30,86	—	2,46	2,77	II	30,86	—	2,12	2,39	—	1,80	2,02	—	1,48	1,67	—	1,19	1,34	—	0,91	1,03	—	0,65	0,73
	III	21,34	—	1,70	1,92	III	21,34	—	1,44	1,62	—	1,19	1,34	—	0,94	1,06	—	0,70	0,79	—	0,47	0,53	—	0,26	0,29
	V	50,78	0,43	4,06	4,57	IV	35,14	—	2,63	2,95	—	2,45	2,76	—	2,28	2,56	—	2,11	2,37	—	1,94	2,18	—	1,78	2,—
	VI	51,99	0,58	4,15	4,67																				
176,59	I,IV	35,18	—	2,81	3,16	I	35,18	—	2,45	2,76	—	2,11	2,37	—	1,78	2,01	—	1,47	1,66	—	1,18	1,33	—	0,90	1,02
	II	30,90	—	2,47	2,78	II	30,90	—	2,12	2,39	—	1,80	2,02	—	1,49	1,67	—	1,19	1,34	—	0,92	1,03	—	0,65	0,74
	III	21,36	—	1,70	1,92	III	21,36	—	1,44	1,62	—	1,19	1,34	—	0,94	1,06	—	0,70	0,79	—	0,48	0,54	—	0,26	0,29
	V	50,82	0,44	4,06	4,57	IV	35,18	—	2,63	2,96	—	2,45	2,76	—	2,28	2,56	—	2,11	2,37	—	1,94	2,19	—	1,78	2,01
	VI	52,03	0,58	4,16	4,68																				
176,69	I,IV	35,21	—	2,81	3,16	I	35,21	—	2,45	2,76	—	2,11	2,38	—	1,79	2,01	—	1,48	1,66	—	1,18	1,33	—	0,91	1,02
	II	30,93	—	2,47	2,78	II	30,93	—	2,13	2,39	—	1,80	2,03	—	1,49	1,68	—	1,20	1,35	—	0,92	1,03	—	0,66	0,74
	III	21,39	—	1,71	1,92	III	21,39	—	1,44	1,63	—	1,19	1,34	—	0,94	1,06	—	0,71	0,80	—	0,48	0,54	—	0,26	0,30
	V	50,86	0,44	4,06	4,57	IV	35,21	—	2,63	2,96	—	2,45	2,76	—	2,28	2,57	—	2,11	2,38	—	1,95	2,19	—	1,79	2,01
	VI	52,07	0,59	4,16	4,68																				
176,79	I,IV	35,25	—	2,82	3,17	I	35,25	—	2,46	2,76	—	2,11	2,38	—	1,79	2,01	—	1,48	1,66	—	1,18	1,33	—	0,91	1,02
	II	30,96	—	2,47	2,78	II	30,96	—	2,13	2,40	—	1,80	2,03	—	1,49	1,68	—	1,20	1,35	—	0,92	1,03	—	0,66	0,74
	III	21,42	—	1,71	1,92	III	21,42	—	1,45	1,63	—	1,19	1,34	—	0,95	1,07	—	0,71	0,80	—	0,48	0,54	—	0,26	0,30
	V	50,90	0,45	4,07	4,58	IV	35,25	—	2,63	2,96	—	2,46	2,76	—	2,28	2,57	—	2,11	2,38	—	1,95	2,19	—	1,79	2,01
	VI	52,11	0,59	4,16	4,68																				
176,89	I,IV	35,29	—	2,82	3,17	I	35,29	—	2,46	2,77	—	2,12	2,38	—	1,79	2,02	—	1,48	1,67	—	1,19	1,34	—	0,91	1,02
	II	31,—	—	2,48	2,79	II	31,—	—	2,13	2,40	—	1,81	2,03	—	1,49	1,68	—	1,20	1,35	—	0,92	1,04	—	0,66	0,74
	III	21,45	—	1,71	1,93	III	21,45	—	1,45	1,63	—	1,19	1,34	—	0,95	1,07	—	0,71	0,80	—	0,48	0,54	—	0,27	0,30
	V	50,94	0,45	4,07	4,58	IV	35,29	—	2,64	2,97	—	2,46	2,77	—	2,29	2,57	—	2,12	2,38	—	1,95	2,20	—	1,79	2,02
	VI	52,15	0,60	4,17	4,69																				
176,99	I,IV	35,32	—	2,82	3,17	I	35,32	—	2,46	2,77	—	2,12	2,39	—	1,79	2,02	—	1,48	1,67	—	1,19	1,34	—	0,91	1,03
	II	31,03	—	2,48	2,79	II	31,03	—	2,14	2,40	—	1,81	2,03	—	1,50	1,68	—	1,20	1,35	—	0,92	1,04	—	0,66	0,74
	III	21,47	—	1,71	1,93	III	21,47	—	1,45	1,63	—	1,20	1,35	—	0,95	1,07	—	0,71	0,80	—	0,48	0,54	—	0,27	0,30
	V	50,98	0,46	4,07	4,58	IV	35,32	—	2,64	2,97	—	2,46	2,77	—	2,29	2,58	—	2,12	2,39	—	1,96	2,20	—	1,79	2,02
	VI	52,19	0,60	4,17	4,69																				
177,09	I,IV	35,36	—	2,82	3,18	I	35,36	—	2,47	2,77	—	2,12	2,39	—	1,80	2,02	—	1,49	1,67	—	1,19	1,34	—	0,91	1,03
	II	31,07	—	2,48	2,79	II	31,07	—	2,14	2,41	—	1,81	2,04	—	1,50	1,69	—	1,20	1,36	—	0,93	1,04	—	0,66	0,75
	III	21,50	—	1,72	1,93	III	21,50	—	1,45	1,63	—	1,20	1,35	—	0,95	1,07	—	0,71	0,80	—	0,48	0,54	—	0,27	0,30
	V	51,02	0,46	4,08	4,59	IV	35,36	—	2,64	2,97	—	2,47	2,77	—	2,29	2,58	—	2,12	2,39	—	1,96	2,20	—	1,80	2,02
	VI	52,23	0,61	4,17	4,70																				

Abzüge an Lohnsteuer, Solidaritätszuschlag (SolZ) und Kirchensteuer (8%, 9%) in den Steuerklassen; mit Zahl der Kinderfreibeträge . . .

* Die ausgewiesenen Tabellenwerte sind amtlich. Siehe Erläuterungen auf der Umschlaginnenseite (U2).

Abzüge an Lohnsteuer, Solidaritätszuschlag (SolZ) und Kirchensteuer (8%, 9%) in den Steuerklassen

Lohn/ Gehalt bis €*	I – VI		ohne Kinder-freibeträge			I, II, III, IV		mit Zahl der Kinderfreibeträge . . . 0,5			1			1,5			2			2,5			3		
		LSt	SolZ	8%	9%		LSt	SolZ	8%	9%	SolZ	8%	9%	SolZ	8%	9%	SolZ	8%	9%	SolZ	8%	9%	SolZ	8%	9%
177,19	I,IV	35,40	—	2,83	3,18	I	35,40	—	2,47	2,78	—	2,13	2,39	—	1,80	2,02	—	1,49	1,67	—	1,19	1,34	—	0,92	1,03
	II	31,10	—	2,48	2,79	II	31,10	—	2,14	2,41	—	1,81	2,04	—	1,50	1,69	—	1,21	1,36	—	0,93	1,04	—	0,67	0,75
	III	21,52	—	1,72	1,93	III	21,52	—	1,46	1,64	—	1,20	1,35	—	0,95	1,07	—	0,72	0,81	—	0,49	0,55	—	0,27	0,31
	V	51,06	0,47	4,08	4,59	IV	35,40	—	2,65	2,98	—	2,47	2,78	—	2,29	2,58	—	2,13	2,39	—	1,96	2,21	—	1,80	2,02
	VI	52,26	0,61	4,18	4,70																				
177,29	I,IV	35,43	—	2,83	3,18	I	35,43	—	2,47	2,78	—	2,13	2,39	—	1,80	2,03	—	1,49	1,68	—	1,20	1,35	—	0,92	1,03
	II	31,14	—	2,49	2,80	II	31,14	—	2,14	2,41	—	1,82	2,04	—	1,50	1,69	—	1,21	1,36	—	0,93	1,05	—	0,67	0,75
	III	21,55	—	1,72	1,93	III	21,55	—	1,46	1,64	—	1,20	1,35	—	0,96	1,08	—	0,72	0,81	—	0,49	0,55	—	0,27	0,31
	V	51,10	0,47	4,08	4,59	IV	35,43	—	2,65	2,98	—	2,47	2,78	—	2,30	2,59	—	2,13	2,39	—	1,96	2,21	—	1,80	2,03
	VI	52,30	0,61	4,18	4,70																				
177,39	I,IV	35,46	—	2,83	3,19	I	35,46	—	2,47	2,78	—	2,13	2,40	—	1,80	2,03	—	1,49	1,68	—	1,20	1,35	—	0,92	1,04
	II	31,17	—	2,49	2,80	II	31,17	—	2,15	2,41	—	1,82	2,05	—	1,51	1,70	—	1,21	1,36	—	0,93	1,05	—	0,67	0,75
	III	21,57	—	1,72	1,94	III	21,57	—	1,46	1,64	—	1,20	1,35	—	0,96	1,08	—	0,72	0,81	—	0,49	0,55	—	0,27	0,31
	V	51,13	0,48	4,09	4,60	IV	35,46	—	2,65	2,98	—	2,47	2,78	—	2,30	2,59	—	2,13	2,40	—	1,96	2,21	—	1,80	2,03
	VI	52,34	0,62	4,18	4,71																				
177,49	I,IV	35,50	—	2,84	3,19	I	35,50	—	2,48	2,79	—	2,13	2,40	—	1,81	2,03	—	1,50	1,68	—	1,20	1,35	—	0,92	1,04
	II	31,21	—	2,49	2,80	II	31,21	—	2,15	2,42	—	1,82	2,05	—	1,51	1,70	—	1,21	1,37	—	0,93	1,05	—	0,67	0,76
	III	21,60	—	1,72	1,94	III	21,60	—	1,46	1,64	—	1,21	1,36	—	0,96	1,08	—	0,72	0,81	—	0,49	0,55	—	0,28	0,31
	V	51,17	0,48	4,09	4,60	IV	35,50	—	2,65	2,99	—	2,48	2,79	—	2,30	2,59	—	2,13	2,40	—	1,97	2,21	—	1,81	2,03
	VI	52,38	0,62	4,19	4,71																				
177,59	I,IV	35,54	—	2,84	3,19	I	35,54	—	2,48	2,79	—	2,14	2,40	—	1,81	2,04	—	1,50	1,69	—	1,20	1,35	—	0,92	1,04
	II	31,24	—	2,49	2,81	II	31,24	—	2,15	2,42	—	1,82	2,05	—	1,51	1,70	—	1,22	1,37	—	0,94	1,05	—	0,67	0,76
	III	21,63	—	1,73	1,94	III	21,63	—	1,46	1,65	—	1,21	1,36	—	0,96	1,08	—	0,72	0,81	—	0,49	0,55	—	0,28	0,31
	V	51,21	0,48	4,09	4,60	IV	35,54	—	2,66	2,99	—	2,48	2,79	—	2,31	2,59	—	2,14	2,40	—	1,97	2,22	—	1,81	2,04
	VI	52,42	0,63	4,19	4,71																				
177,69	I,IV	35,58	—	2,84	3,20	I	35,58	—	2,48	2,79	—	2,14	2,41	—	1,81	2,04	—	1,50	1,69	—	1,21	1,36	—	0,93	1,04
	II	31,28	—	2,50	2,81	II	31,28	—	2,15	2,42	—	1,83	2,05	—	1,51	1,70	—	1,22	1,37	—	0,94	1,06	—	0,68	0,76
	III	21,65	—	1,73	1,94	III	21,65	—	1,46	1,65	—	1,21	1,36	—	0,96	1,08	—	0,72	0,82	—	0,50	0,56	—	0,28	0,31
	V	51,25	0,49	4,10	4,61	IV	35,58	—	2,66	2,99	—	2,48	2,79	—	2,31	2,60	—	2,14	2,41	—	1,97	2,22	—	1,81	2,04
	VI	52,46	0,63	4,19	4,72																				
177,79	I,IV	35,61	—	2,84	3,20	I	35,61	—	2,48	2,80	—	2,14	2,41	—	1,81	2,04	—	1,50	1,69	—	1,21	1,36	—	0,93	1,05
	II	31,31	—	2,50	2,81	II	31,31	—	2,16	2,43	—	1,83	2,06	—	1,52	1,71	—	1,22	1,37	—	0,94	1,06	—	0,68	0,76
	III	21,68	—	1,73	1,95	III	21,68	—	1,47	1,65	—	1,21	1,36	—	0,97	1,09	—	0,73	0,82	—	0,50	0,56	—	0,28	0,32
	V	51,29	0,49	4,10	4,61	IV	35,61	—	2,66	3,—	—	2,48	2,80	—	2,31	2,60	—	2,14	2,41	—	1,98	2,22	—	1,81	2,04
	VI	52,50	0,64	4,20	4,72																				
177,89	I,IV	35,65	—	2,85	3,20	I	35,65	—	2,49	2,80	—	2,14	2,41	—	1,82	2,04	—	1,50	1,69	—	1,21	1,36	—	0,93	1,05
	II	31,35	—	2,50	2,82	II	31,35	—	2,16	2,43	—	1,83	2,06	—	1,52	1,71	—	1,22	1,38	—	0,94	1,06	—	0,68	0,76
	III	21,71	—	1,73	1,95	III	21,71	—	1,47	1,65	—	1,21	1,37	—	0,97	1,09	—	0,73	0,82	—	0,50	0,56	—	0,28	0,32
	V	51,33	0,50	4,10	4,61	IV	35,65	—	2,66	3,—	—	2,49	2,80	—	2,31	2,60	—	2,14	2,41	—	1,98	2,23	—	1,82	2,04
	VI	52,53	0,64	4,20	4,72																				
177,99	I,IV	35,68	—	2,85	3,21	I	35,68	—	2,49	2,80	—	2,15	2,42	—	1,82	2,05	—	1,51	1,70	—	1,21	1,36	—	0,93	1,05
	II	31,38	—	2,51	2,82	II	31,38	—	2,16	2,43	—	1,83	2,06	—	1,52	1,71	—	1,22	1,38	—	0,94	1,06	—	0,68	0,77
	III	21,73	—	1,73	1,95	III	21,73	—	1,47	1,66	—	1,22	1,37	—	0,97	1,09	—	0,73	0,82	—	0,50	0,56	—	0,28	0,32
	V	51,36	0,50	4,10	4,62	IV	35,68	—	2,67	3,—	—	2,49	2,80	—	2,32	2,61	—	2,15	2,42	—	1,98	2,23	—	1,82	2,05
	VI	52,57	0,65	4,20	4,73																				
178,09	I,IV	35,72	—	2,85	3,21	I	35,72	—	2,49	2,80	—	2,15	2,42	—	1,82	2,05	—	1,51	1,70	—	1,21	1,37	—	0,94	1,05
	II	31,41	—	2,51	2,82	II	31,41	—	2,16	2,43	—	1,84	2,07	—	1,52	1,71	—	1,23	1,38	—	0,95	1,07	—	0,68	0,77
	III	21,76	—	1,74	1,95	III	21,76	—	1,47	1,66	—	1,22	1,37	—	0,97	1,09	—	0,73	0,82	—	0,50	0,56	—	0,28	0,32
	V	51,40	0,51	4,11	4,62	IV	35,72	—	2,67	3,01	—	2,49	2,80	—	2,32	2,61	—	2,15	2,42	—	1,98	2,23	—	1,82	2,05
	VI	52,61	0,65	4,20	4,73																				
178,19	I,IV	35,76	—	2,86	3,21	I	35,76	—	2,50	2,81	—	2,15	2,42	—	1,82	2,05	—	1,51	1,70	—	1,22	1,37	—	0,94	1,06
	II	31,45	—	2,51	2,83	II	31,45	—	2,17	2,44	—	1,84	2,07	—	1,53	1,72	—	1,23	1,38	—	0,95	1,07	—	0,69	0,77
	III	21,78	—	1,74	1,96	III	21,78	—	1,48	1,66	—	1,22	1,37	—	0,97	1,09	—	0,73	0,83	—	0,50	0,57	—	0,29	0,32
	V	51,44	0,51	4,11	4,62	IV	35,76	—	2,67	3,01	—	2,50	2,81	—	2,32	2,61	—	2,15	2,42	—	1,99	2,23	—	1,82	2,05
	VI	52,65	0,66	4,21	4,73																				
178,29	I,IV	35,79	—	2,86	3,22	I	35,79	—	2,50	2,81	—	2,15	2,42	—	1,83	2,06	—	1,51	1,70	—	1,22	1,37	—	0,94	1,06
	II	31,48	—	2,51	2,83	II	31,48	—	2,17	2,44	—	1,84	2,07	—	1,53	1,72	—	1,23	1,39	—	0,95	1,07	—	0,69	0,77
	III	21,81	—	1,74	1,96	III	21,81	—	1,48	1,66	—	1,22	1,37	—	0,98	1,10	—	0,74	0,83	—	0,51	0,57	—	0,29	0,32
	V	51,48	0,52	4,11	4,63	IV	35,79	—	2,68	3,01	—	2,50	2,81	—	2,32	2,61	—	2,15	2,42	—	1,99	2,24	—	1,83	2,06
	VI	52,69	0,66	4,21	4,74																				
178,39	I,IV	35,83	—	2,86	3,22	I	35,83	—	2,50	2,81	—	2,16	2,43	—	1,83	2,06	—	1,52	1,71	—	1,22	1,37	—	0,94	1,06
	II	31,52	—	2,52	2,83	II	31,52	—	2,17	2,44	—	1,84	2,07	—	1,53	1,72	—	1,23	1,39	—	0,95	1,07	—	0,69	0,78
	III	21,84	—	1,74	1,96	III	21,84	—	1,48	1,66	—	1,22	1,38	—	0,98	1,10	—	0,74	0,83	—	0,51	0,57	—	0,29	0,33
	V	51,52	0,52	4,12	4,63	IV	35,83	—	2,68	3,01	—	2,50	2,81	—	2,33	2,62	—	2,16	2,43	—	1,99	2,24	—	1,83	2,06
	VI	52,73	0,67	4,21	4,74																				
178,49	I,IV	35,86	—	2,86	3,22	I	35,86	—	2,50	2,82	—	2,16	2,43	—	1,83	2,06	—	1,52	1,71	—	1,22	1,38	—	0,94	1,06
	II	31,55	—	2,52	2,83	II	31,55	—	2,17	2,45	—	1,85	2,08	—	1,53	1,72	—	1,24	1,39	—	0,96	1,08	—	0,69	0,78
	III	21,86	—	1,74	1,96	III	21,86	—	1,48	1,67	—	1,23	1,38	—	0,98	1,10	—	0,74	0,83	—	0,51	0,57	—	0,29	0,33
	V	51,56	0,53	4,12	4,64	IV	35,86	—	2,68	3,02	—	2,50	2,82	—	2,33	2,62	—	2,16	2,43	—	1,99	2,24	—	1,83	2,06
	VI	52,76	0,67	4,22	4,74																				
178,59	I,IV	35,90	—	2,87	3,23	I	35,90	—	2,51	2,82	—	2,16	2,43	—	1,83	2,06	—	1,52	1,71	—	1,23	1,38	—	0,95	1,06
	II	31,59	—	2,52	2,84	II	31,59	—	2,18	2,45	—	1,85	2,08	—	1,54	1,73	—	1,24	1,39	—	0,96	1,08	—	0,69	0,78
	III	21,89	—	1,75	1,97	III	21,89	—	1,48	1,67	—	1,23	1,38	—	0,98	1,10	—	0,74	0,83	—	0,51	0,58	—	0,29	0,33
	V	51,60	0,53	4,12	4,64	IV	35,90	—	2,68	3,02	—	2,51	2,82	—	2,33	2,62	—	2,16	2,43	—	2,—	2,25	—	1,83	2,06
	VI	52,80	0,67	4,22	4,75																				
178,69	I,IV	35,94	—	2,87	3,23	I	35,94	—	2,51	2,82	—	2,16	2,44	—	1,84	2,07	—	1,52	1,71	—	1,23	1,38	—	0,95	1,07
	II	31,63	—	2,53	2,84	II	31,63	—	2,18	2,45	—	1,85	2,08	—	1,54	1,73	—	1,24	1,40	—	0,96	1,08	—	0,70	0,78
	III	21,92	—	1,75	1,97	III	21,92	—	1,49	1,67	—	1,23	1,38	—	0,98	1,11	—	0,74	0,84	—	0,51	0,58	—	0,29	0,33
	V	51,63	0,54	4,13	4,64	IV	35,94	—	2,69	3,02	—	2,51	2,82	—	2,34	2,63	—	2,16	2,44	—	2,—	2,25	—	1,84	2,07
	VI	52,84	0,68	4,22	4,75																				

* Die ausgewiesenen Tabellenwerte sind amtlich. Siehe Erläuterungen auf der Umschlaginnenseite (U2).

TAG **178,70***

Lohn/ Gehalt bis €*		Abzüge an Lohnsteuer, Solidaritätszuschlag (SolZ) und Kirchensteuer (8%, 9%) in den Steuerklassen I – VI				I, II, III, IV		mit Zahl der Kinderfreibeträge . . . 0,5			1			1,5			2			2,5			3		
		LSt	ohne Kinderfreibeträge SolZ	8%	9%		LSt	SolZ	8%	9%	SolZ	8%	9%	SolZ	8%	9%	SolZ	8%	9%	SolZ	8%	9%	SolZ	8%	9%
178,79	I,IV	35,97	—	2,87	3,23	I	35,97	—	2,51	2,83	—	2,17	2,44	—	1,84	2,07	—	1,53	1,72	—	1,23	1,38	—	0,95	1,07
	II	31,66	—	2,53	2,84	II	31,66	—	2,18	2,46	—	1,85	2,09	—	1,54	1,73	—	1,24	1,40	—	0,96	1,08	—	0,70	0,79
	III	21,95	—	1,75	1,97	III	21,95	—	1,49	1,67	—	1,23	1,39	—	0,98	1,11	—	0,75	0,84	—	0,51	0,58	—	0,30	0,33
	V	51,67	0,54	4,13	4,65	IV	35,97	—	2,69	3,03	—	2,51	2,83	—	2,34	2,63	—	2,17	2,44	—	2,—	2,25	—	1,84	2,07
	VI	52,88	0,68	4,23	4,75																				
178,89	I,IV	36,01	—	2,88	3,24	I	36,01	—	2,52	2,83	—	2,17	2,44	—	1,84	2,07	—	1,53	1,72	—	1,23	1,39	—	0,95	1,07
	II	31,70	—	2,53	2,85	II	31,70	—	2,19	2,46	—	1,86	2,09	—	1,54	1,74	—	1,25	1,40	—	0,96	1,08	—	0,70	0,79
	III	21,97	—	1,75	1,97	III	21,97	—	1,49	1,68	—	1,23	1,39	—	0,99	1,11	—	0,75	0,84	—	0,52	0,58	—	0,30	0,34
	V	51,71	0,54	4,13	4,65	IV	36,01	—	2,69	3,03	—	2,52	2,83	—	2,34	2,63	—	2,17	2,44	—	2,—	2,25	—	1,84	2,07
	VI	52,92	0,69	4,23	4,76																				
178,99	I,IV	36,05	—	2,88	3,24	I	36,05	—	2,52	2,83	—	2,17	2,44	—	1,84	2,07	—	1,53	1,72	—	1,24	1,39	—	0,95	1,07
	II	31,73	—	2,53	2,85	II	31,73	—	2,19	2,46	—	1,86	2,09	—	1,54	1,74	—	1,25	1,40	—	0,97	1,09	—	0,70	0,79
	III	22,—	—	1,76	1,98	III	22,—	—	1,49	1,68	—	1,24	1,39	—	0,99	1,11	—	0,75	0,84	—	0,52	0,58	—	0,30	0,34
	V	51,75	0,55	4,14	4,65	IV	36,05	—	2,70	3,03	—	2,52	2,83	—	2,34	2,64	—	2,17	2,44	—	2,01	2,26	—	1,84	2,07
	VI	52,96	0,69	4,23	4,76																				
179,09	I,IV	36,08	—	2,88	3,24	I	36,08	—	2,52	2,84	—	2,18	2,45	—	1,85	2,08	—	1,53	1,73	—	1,24	1,39	—	0,96	1,08
	II	31,76	—	2,54	2,85	II	31,76	—	2,19	2,46	—	1,86	2,09	—	1,55	1,74	—	1,25	1,41	—	0,97	1,09	—	0,70	0,79
	III	22,02	—	1,76	1,98	III	22,02	—	1,49	1,68	—	1,24	1,39	—	0,99	1,11	—	0,75	0,85	—	0,52	0,59	—	0,30	0,34
	V	51,79	0,55	4,14	4,66	IV	36,08	—	2,70	3,04	—	2,52	2,84	—	2,35	2,64	—	2,18	2,45	—	2,01	2,26	—	1,85	2,08
	VI	53,—	0,70	4,24	4,77																				
179,19	I,IV	36,12	—	2,88	3,25	I	36,12	—	2,52	2,84	—	2,18	2,45	—	1,85	2,08	—	1,54	1,73	—	1,24	1,39	—	0,96	1,08
	II	31,80	—	2,54	2,86	II	31,80	—	2,19	2,47	—	1,86	2,10	—	1,55	1,74	—	1,25	1,41	—	0,97	1,09	—	0,71	0,79
	III	22,05	—	1,76	1,98	III	22,05	—	1,50	1,68	—	1,24	1,40	—	0,99	1,12	—	0,75	0,85	—	0,52	0,59	—	0,30	0,34
	V	51,83	0,56	4,14	4,66	IV	36,12	—	2,70	3,04	—	2,52	2,84	—	2,35	2,64	—	2,18	2,45	—	2,01	2,26	—	1,85	2,08
	VI	53,03	0,70	4,24	4,77																				
179,29	I,IV	36,16	—	2,89	3,25	I	36,16	—	2,53	2,84	—	2,18	2,45	—	1,85	2,08	—	1,54	1,73	—	1,24	1,40	—	0,96	1,08
	II	31,83	—	2,54	2,86	II	31,83	—	2,20	2,47	—	1,87	2,10	—	1,55	1,75	—	1,25	1,41	—	0,97	1,09	—	0,71	0,80
	III	22,07	—	1,76	1,98	III	22,07	—	1,50	1,69	—	1,24	1,40	—	0,99	1,12	—	0,76	0,85	—	0,52	0,59	—	0,30	0,34
	V	51,86	0,56	4,14	4,66	IV	36,16	—	2,70	3,04	—	2,53	2,84	—	2,35	2,65	—	2,18	2,45	—	2,01	2,27	—	1,85	2,08
	VI	53,07	0,71	4,24	4,77																				
179,39	I,IV	36,19	—	2,89	3,25	I	36,19	—	2,53	2,85	—	2,18	2,46	—	1,85	2,09	—	1,54	1,73	—	1,24	1,40	—	0,96	1,08
	II	31,87	—	2,54	2,86	II	31,87	—	2,20	2,47	—	1,87	2,10	—	1,55	1,75	—	1,26	1,41	—	0,98	1,10	—	0,71	0,80
	III	22,10	—	1,76	1,98	III	22,10	—	1,50	1,69	—	1,24	1,40	—	1,—	1,12	—	0,76	0,85	—	0,52	0,59	—	0,31	0,34
	V	51,90	0,57	4,15	4,67	IV	36,19	—	2,71	3,05	—	2,53	2,85	—	2,35	2,65	—	2,18	2,46	—	2,02	2,27	—	1,85	2,09
	VI	53,11	0,71	4,24	4,77																				
179,49	I,IV	36,23	—	2,89	3,26	I	36,23	—	2,53	2,85	—	2,19	2,46	—	1,86	2,09	—	1,54	1,74	—	1,25	1,40	—	0,97	1,09
	II	31,90	—	2,55	2,87	II	31,90	—	2,20	2,48	—	1,87	2,11	—	1,56	1,75	—	1,26	1,42	—	0,98	1,10	—	0,71	0,80
	III	22,13	—	1,77	1,99	III	22,13	—	1,50	1,69	—	1,25	1,40	—	1,—	1,12	—	0,76	0,85	—	0,53	0,59	—	0,31	0,35
	V	51,94	0,57	4,15	4,67	IV	36,23	—	2,71	3,05	—	2,53	2,85	—	2,36	2,65	—	2,19	2,46	—	2,02	2,27	—	1,86	2,09
	VI	53,15	0,72	4,25	4,78																				
179,59	I,IV	36,26	—	2,90	3,26	I	36,26	—	2,53	2,85	—	2,19	2,46	—	1,86	2,09	—	1,55	1,74	—	1,25	1,41	—	0,97	1,09
	II	31,94	—	2,55	2,87	II	31,94	—	2,20	2,48	—	1,87	2,11	—	1,56	1,75	—	1,26	1,42	—	0,98	1,10	—	0,71	0,80
	III	22,16	—	1,77	1,99	III	22,16	—	1,50	1,69	—	1,25	1,40	—	1,—	1,13	—	0,76	0,86	—	0,53	0,60	—	0,31	0,35
	V	51,98	0,58	4,15	4,67	IV	36,26	—	2,71	3,05	—	2,53	2,85	—	2,36	2,66	—	2,19	2,46	—	2,02	2,27	—	1,86	2,09
	VI	53,19	0,72	4,25	4,78																				
179,69	I,IV	36,30	—	2,90	3,26	I	36,30	—	2,54	2,86	—	2,19	2,47	—	1,86	2,09	—	1,55	1,74	—	1,25	1,41	—	0,97	1,09
	II	31,97	—	2,55	2,87	II	31,97	—	2,21	2,48	—	1,88	2,11	—	1,56	1,76	—	1,26	1,42	—	0,98	1,10	—	0,72	0,81
	III	22,18	—	1,77	1,99	III	22,18	—	1,51	1,69	—	1,25	1,41	—	1,—	1,13	—	0,76	0,86	—	0,53	0,60	—	0,31	0,35
	V	52,02	0,58	4,16	4,68	IV	36,30	—	2,72	3,06	—	2,54	2,86	—	2,36	2,66	—	2,19	2,47	—	2,02	2,28	—	1,86	2,09
	VI	53,23	0,72	4,25	4,79																				
179,79	I,IV	36,34	—	2,90	3,27	I	36,34	—	2,54	2,86	—	2,19	2,47	—	1,86	2,10	—	1,55	1,74	—	1,25	1,41	—	0,97	1,09
	II	32,01	—	2,56	2,88	II	32,01	—	2,21	2,49	—	1,88	2,11	—	1,56	1,76	—	1,27	1,42	—	0,98	1,11	—	0,72	0,81
	III	22,21	—	1,77	1,99	III	22,21	—	1,51	1,70	—	1,25	1,41	—	1,—	1,13	—	0,76	0,86	—	0,53	0,60	—	0,31	0,35
	V	52,06	0,59	4,16	4,68	IV	36,34	—	2,72	3,06	—	2,54	2,86	—	2,36	2,66	—	2,19	2,47	—	2,03	2,28	—	1,86	2,10
	VI	53,27	0,73	4,26	4,79																				
179,89	I,IV	36,37	—	2,90	3,27	I	36,37	—	2,54	2,86	—	2,20	2,47	—	1,87	2,10	—	1,55	1,75	—	1,26	1,41	—	0,97	1,10
	II	32,04	—	2,56	2,88	II	32,04	—	2,21	2,49	—	1,88	2,12	—	1,57	1,76	—	1,27	1,43	—	0,99	1,11	—	0,72	0,81
	III	22,23	—	1,77	2,—	III	22,23	—	1,51	1,70	—	1,25	1,41	—	1,01	1,13	—	0,77	0,86	—	0,53	0,60	—	0,31	0,35
	V	52,10	0,59	4,16	4,68	IV	36,37	—	2,72	3,06	—	2,54	2,86	—	2,37	2,66	—	2,20	2,47	—	2,03	2,28	—	1,87	2,10
	VI	53,30	0,73	4,26	4,79																				
179,99	I,IV	36,41	—	2,91	3,27	I	36,41	—	2,55	2,86	—	2,20	2,47	—	1,87	2,10	—	1,56	1,75	—	1,26	1,42	—	0,98	1,10
	II	32,08	—	2,56	2,88	II	32,08	—	2,21	2,49	—	1,88	2,12	—	1,57	1,77	—	1,27	1,43	—	0,99	1,11	—	0,72	0,81
	III	22,26	—	1,78	2,—	III	22,26	—	1,51	1,70	—	1,26	1,41	—	1,01	1,13	—	0,77	0,86	—	0,54	0,60	—	0,32	0,36
	V	52,13	0,59	4,17	4,69	IV	36,41	—	2,72	3,07	—	2,55	2,86	—	2,37	2,67	—	2,20	2,47	—	2,03	2,29	—	1,87	2,10
	VI	53,34	0,74	4,26	4,80																				
180,09	I,IV	36,45	—	2,91	3,28	I	36,45	—	2,55	2,87	—	2,20	2,48	—	1,87	2,11	—	1,56	1,75	—	1,26	1,42	—	0,98	1,10
	II	32,11	—	2,56	2,88	II	32,11	—	2,22	2,49	—	1,89	2,12	—	1,57	1,77	—	1,27	1,43	—	0,99	1,11	—	0,72	0,81
	III	22,28	—	1,78	2,—	III	22,28	—	1,51	1,70	—	1,26	1,42	—	1,01	1,14	—	0,77	0,87	—	0,54	0,61	—	0,32	0,36
	V	52,17	0,60	4,17	4,69	IV	36,45	—	2,73	3,07	—	2,55	2,87	—	2,37	2,67	—	2,20	2,48	—	2,04	2,29	—	1,87	2,11
	VI	53,38	0,74	4,27	4,80																				
180,19	I,IV	36,48	—	2,91	3,28	I	36,48	—	2,55	2,87	—	2,20	2,48	—	1,87	2,11	—	1,56	1,76	—	1,26	1,42	—	0,98	1,10
	II	32,15	—	2,57	2,89	II	32,15	—	2,22	2,50	—	1,89	2,13	—	1,57	1,77	—	1,28	1,44	—	0,99	1,12	—	0,73	0,82
	III	22,31	—	1,78	2,—	III	22,31	—	1,52	1,71	—	1,26	1,42	—	1,01	1,14	—	0,77	0,87	—	0,54	0,61	—	0,32	0,36
	V	52,21	0,60	4,17	4,69	IV	36,48	—	2,73	3,07	—	2,55	2,87	—	2,38	2,67	—	2,20	2,48	—	2,04	2,29	—	1,87	2,11
	VI	53,42	0,75	4,27	4,80																				
180,29	I,IV	36,52	—	2,92	3,28	I	36,52	—	2,55	2,87	—	2,21	2,48	—	1,88	2,11	—	1,56	1,76	—	1,26	1,42	—	0,98	1,11
	II	32,18	—	2,57	2,89	II	32,18	—	2,22	2,50	—	1,89	2,13	—	1,58	1,77	—	1,28	1,44	—	0,99	1,12	—	0,73	0,82
	III	22,34	—	1,78	2,01	III	22,34	—	1,52	1,71	—	1,26	1,42	—	1,01	1,14	—	0,77	0,87	—	0,54	0,61	—	0,32	0,36
	V	52,25	0,61	4,18	4,70	IV	36,52	—	2,73	3,08	—	2,55	2,87	—	2,38	2,68	—	2,21	2,48	—	2,04	2,30	—	1,88	2,11
	VI	53,46	0,75	4,27	4,81																				

* Die ausgewiesenen Tabellenwerte sind amtlich. Siehe Erläuterungen auf der Umschlaginnenseite (U2).

Lohn/ Gehalt bis €*	Abzüge an Lohnsteuer, Solidaritätszuschlag (SolZ) und Kirchensteuer (8%, 9%) in den Steuerklassen I – VI	LSt	ohne Kinderfreibeträge SolZ	8%	9%	I, II, III, IV	LSt	mit Zahl der Kinderfreibeträge . . . 0,5 SolZ	8%	9%	1 SolZ	8%	9%	1,5 SolZ	8%	9%	2 SolZ	8%	9%	2,5 SolZ	8%	9%	3 SolZ	8%	9%
180,39	I,IV	36,56	—	2,92	3,29	I	36,56	—	2,56	2,88	—	2,21	2,49	—	1,88	2,11	—	1,56	1,76	—	1,27	1,43	—	0,98	1,11
	II	32,22	—	2,57	2,89	II	32,22	—	2,22	2,50	—	1,89	2,13	—	1,58	1,78	—	1,28	1,44	—	1,—	1,12	—	0,73	0,82
	III	22,37	—	1,78	2,01	III	22,37	—	1,52	1,71	—	1,26	1,42	—	1,02	1,14	—	0,78	0,87	—	0,54	0,61	—	0,32	0,36
	V	52,29	0,61	4,18	4,70	IV	36,56	—	2,74	3,08	—	2,56	2,88	—	2,38	2,68	—	2,21	2,49	—	2,04	2,30	—	1,88	2,11
	VI	53,50	0,76	4,28	4,81																				
180,49	I,IV	36,59	—	2,92	3,29	I	36,59	—	2,56	2,88	—	2,21	2,49	—	1,88	2,12	—	1,57	1,76	—	1,27	1,43	—	0,99	1,11
	II	32,25	—	2,58	2,90	II	32,25	—	2,23	2,51	—	1,90	2,13	—	1,58	1,78	—	1,28	1,44	—	1,—	1,12	—	0,73	0,82
	III	22,39	—	1,79	2,01	III	22,39	—	1,52	1,71	—	1,27	1,42	—	1,02	1,15	—	0,78	0,87	—	0,54	0,61	—	0,32	0,36
	V	52,33	0,62	4,18	4,70	IV	36,59	—	2,74	3,08	—	2,56	2,88	—	2,38	2,68	—	2,21	2,49	—	2,05	2,30	—	1,88	2,12
	VI	53,54	0,76	4,28	4,81																				
180,59	I,IV	36,63	—	2,93	3,29	I	36,63	—	2,56	2,88	—	2,22	2,49	—	1,88	2,12	—	1,57	1,77	—	1,27	1,43	—	0,99	1,11
	II	32,29	—	2,58	2,90	II	32,29	—	2,23	2,51	—	1,90	2,14	—	1,58	1,78	—	1,28	1,44	—	1,—	1,13	—	0,73	0,83
	III	22,42	—	1,79	2,01	III	22,42	—	1,52	1,71	—	1,27	1,43	—	1,02	1,15	—	0,78	0,88	—	0,55	0,62	—	0,32	0,37
	V	52,37	0,62	4,18	4,71	IV	36,63	—	2,74	3,08	—	2,56	2,88	—	2,39	2,69	—	2,22	2,49	—	2,05	2,30	—	1,88	2,12
	VI	53,58	0,77	4,28	4,82																				
180,69	I,IV	36,67	—	2,93	3,30	I	36,67	—	2,57	2,89	—	2,22	2,50	—	1,89	2,12	—	1,57	1,77	—	1,27	1,43	—	0,99	1,12
	II	32,32	—	2,58	2,90	II	32,32	—	2,23	2,51	—	1,90	2,14	—	1,59	1,78	—	1,29	1,45	—	1,—	1,13	—	0,74	0,83
	III	22,45	—	1,79	2,02	III	22,45	—	1,53	1,72	—	1,27	1,43	—	1,02	1,15	—	0,78	0,88	—	0,55	0,62	—	0,33	0,37
	V	52,41	0,63	4,19	4,71	IV	36,67	—	2,74	3,09	—	2,57	2,89	—	2,39	2,69	—	2,22	2,50	—	2,05	2,31	—	1,89	2,12
	VI	53,61	0,77	4,28	4,82																				
180,79	I,IV	36,70	—	2,93	3,30	I	36,70	—	2,57	2,89	—	2,22	2,50	—	1,89	2,13	—	1,58	1,77	—	1,28	1,44	—	0,99	1,12
	II	32,36	—	2,58	2,91	II	32,36	—	2,24	2,52	—	1,90	2,14	—	1,59	1,79	—	1,29	1,45	—	1,01	1,13	—	0,74	0,83
	III	22,47	—	1,79	2,02	III	22,47	—	1,53	1,72	—	1,27	1,43	—	1,02	1,15	—	0,78	0,88	—	0,55	0,62	—	0,33	0,37
	V	52,45	0,63	4,19	4,72	IV	36,70	—	2,75	3,09	—	2,57	2,89	—	2,39	2,69	—	2,22	2,50	—	2,05	2,31	—	1,89	2,13
	VI	53,65	0,78	4,29	4,82																				
180,89	I,IV	36,74	—	2,93	3,30	I	36,74	—	2,57	2,89	—	2,22	2,50	—	1,89	2,13	—	1,58	1,78	—	1,28	1,44	—	1,—	1,12
	II	32,39	—	2,59	2,91	II	32,39	—	2,24	2,52	—	1,91	2,15	—	1,59	1,79	—	1,29	1,45	—	1,01	1,13	—	0,74	0,83
	III	22,50	—	1,80	2,02	III	22,50	—	1,53	1,72	—	1,27	1,43	—	1,02	1,15	—	0,78	0,88	—	0,55	0,62	—	0,33	0,37
	V	52,48	0,64	4,19	4,72	IV	36,74	—	2,75	3,09	—	2,57	2,89	—	2,40	2,70	—	2,22	2,50	—	2,06	2,31	—	1,89	2,13
	VI	53,69	0,78	4,29	4,83																				
180,99	I,IV	36,78	—	2,94	3,31	I	36,78	—	2,57	2,90	—	2,23	2,51	—	1,90	2,13	—	1,58	1,78	—	1,28	1,44	—	1,—	1,12
	II	32,43	—	2,59	2,91	II	32,43	—	2,24	2,52	—	1,91	2,15	—	1,59	1,79	—	1,29	1,46	—	1,01	1,14	—	0,74	0,84
	III	22,52	—	1,80	2,02	III	22,52	—	1,53	1,72	—	1,28	1,44	—	1,03	1,16	—	0,79	0,89	—	0,55	0,62	—	0,33	0,37
	V	52,52	0,64	4,20	4,72	IV	36,78	—	2,75	3,10	—	2,57	2,90	—	2,40	2,70	—	2,23	2,51	—	2,06	2,32	—	1,90	2,13
	VI	53,73	0,78	4,29	4,83																				
181,09	I,IV	36,81	—	2,94	3,31	I	36,81	—	2,58	2,90	—	2,23	2,51	—	1,90	2,14	—	1,58	1,78	—	1,28	1,44	—	1,—	1,13
	II	32,46	—	2,59	2,92	II	32,46	—	2,24	2,52	—	1,91	2,15	—	1,60	1,80	—	1,30	1,46	—	1,01	1,14	—	0,74	0,84
	III	22,55	—	1,80	2,02	III	22,55	—	1,53	1,73	—	1,28	1,44	—	1,03	1,16	—	0,79	0,89	—	0,56	0,63	—	0,33	0,37
	V	52,56	0,65	4,20	4,73	IV	36,81	—	2,76	3,10	—	2,58	2,90	—	2,40	2,70	—	2,23	2,51	—	2,06	2,32	—	1,90	2,14
	VI	53,77	0,79	4,30	4,83																				
181,19	I,IV	36,85	—	2,94	3,31	I	36,85	—	2,58	2,90	—	2,23	2,51	—	1,90	2,14	—	1,58	1,78	—	1,29	1,45	—	1,—	1,13
	II	32,50	—	2,60	2,92	II	32,50	—	2,25	2,53	—	1,91	2,15	—	1,60	1,80	—	1,30	1,46	—	1,01	1,14	—	0,75	0,84
	III	22,58	—	1,80	2,03	III	22,58	—	1,54	1,73	—	1,28	1,44	—	1,03	1,16	—	0,79	0,89	—	0,56	0,63	—	0,34	0,38
	V	52,60	0,65	4,20	4,73	IV	36,85	—	2,76	3,10	—	2,58	2,90	—	2,40	2,70	—	2,23	2,51	—	2,06	2,32	—	1,90	2,14
	VI	53,81	0,79	4,30	4,84																				
181,29	I,IV	36,89	—	2,95	3,32	I	36,89	—	2,58	2,91	—	2,23	2,51	—	1,90	2,14	—	1,59	1,79	—	1,29	1,45	—	1,—	1,13
	II	32,53	—	2,60	2,92	II	32,53	—	2,25	2,53	—	1,92	2,16	—	1,60	1,80	—	1,30	1,46	—	1,02	1,14	—	0,75	0,84
	III	22,61	—	1,80	2,03	III	22,61	—	1,54	1,73	—	1,28	1,44	—	1,03	1,16	—	0,79	0,89	—	0,56	0,63	—	0,34	0,38
	V	52,64	0,65	4,21	4,73	IV	36,89	—	2,76	3,11	—	2,58	2,91	—	2,41	2,71	—	2,23	2,51	—	2,07	2,33	—	1,90	2,14
	VI	53,85	0,80	4,30	4,84																				
181,39	I,IV	36,92	—	2,95	3,32	I	36,92	—	2,58	2,91	—	2,24	2,52	—	1,90	2,14	—	1,59	1,79	—	1,29	1,45	—	1,01	1,13
	II	32,57	—	2,60	2,93	II	32,57	—	2,25	2,53	—	1,92	2,16	—	1,60	1,80	—	1,30	1,47	—	1,02	1,15	—	0,75	0,84
	III	22,63	—	1,81	2,03	III	22,63	—	1,54	1,73	—	1,28	1,44	—	1,04	1,17	—	0,79	0,89	—	0,56	0,63	—	0,34	0,38
	V	52,68	0,66	4,21	4,74	IV	36,92	—	2,76	3,11	—	2,58	2,91	—	2,41	2,71	—	2,24	2,52	—	2,07	2,33	—	1,90	2,14
	VI	53,88	0,80	4,31	4,84																				
181,49	I,IV	36,96	—	2,95	3,32	I	36,96	—	2,59	2,91	—	2,24	2,52	—	1,91	2,15	—	1,59	1,79	—	1,29	1,45	—	1,01	1,13
	II	32,60	—	2,60	2,93	II	32,60	—	2,25	2,54	—	1,92	2,16	—	1,61	1,81	—	1,30	1,47	—	1,02	1,15	—	0,75	0,85
	III	22,66	—	1,81	2,03	III	22,66	—	1,54	1,74	—	1,29	1,45	—	1,04	1,17	—	0,80	0,90	—	0,56	0,63	—	0,34	0,38
	V	52,71	0,66	4,21	4,74	IV	36,96	—	2,77	3,11	—	2,59	2,91	—	2,41	2,71	—	2,24	2,52	—	2,07	2,33	—	1,91	2,15
	VI	53,92	0,81	4,31	4,85																				
181,59	I,IV	37,—	—	2,96	3,33	I	37,—	—	2,59	2,91	—	2,24	2,52	—	1,91	2,15	—	1,59	1,79	—	1,29	1,46	—	1,01	1,14
	II	32,64	—	2,61	2,93	II	32,64	—	2,26	2,54	—	1,92	2,17	—	1,61	1,81	—	1,31	1,47	—	1,02	1,15	—	0,75	0,85
	III	22,68	—	1,81	2,04	III	22,68	—	1,54	1,74	—	1,29	1,45	—	1,04	1,17	—	0,80	0,90	—	0,56	0,64	—	0,34	0,38
	V	52,75	0,67	4,22	4,74	IV	37,—	—	2,77	3,12	—	2,59	2,91	—	2,41	2,72	—	2,24	2,52	—	2,07	2,33	—	1,91	2,15
	VI	53,96	0,81	4,31	4,85																				
181,69	I,IV	37,03	—	2,96	3,33	I	37,03	—	2,59	2,92	—	2,24	2,53	—	1,91	2,15	—	1,60	1,80	—	1,30	1,46	—	1,01	1,14
	II	32,67	—	2,61	2,94	II	32,67	—	2,26	2,54	—	1,93	2,17	—	1,61	1,81	—	1,31	1,47	—	1,02	1,15	—	0,76	0,85
	III	22,71	—	1,81	2,04	III	22,71	—	1,55	1,74	—	1,29	1,45	—	1,04	1,17	—	0,80	0,90	—	0,57	0,64	—	0,34	0,39
	V	52,79	0,67	4,22	4,75	IV	37,03	—	2,77	3,12	—	2,59	2,92	—	2,42	2,72	—	2,24	2,53	—	2,08	2,34	—	1,91	2,15
	VI	54,—	0,82	4,32	4,86																				
181,79	I,IV	37,07	—	2,96	3,33	I	37,07	—	2,60	2,92	—	2,25	2,53	—	1,92	2,16	—	1,60	1,80	—	1,30	1,46	—	1,02	1,14
	II	32,71	—	2,61	2,94	II	32,71	—	2,26	2,55	—	1,93	2,17	—	1,61	1,81	—	1,31	1,48	—	1,03	1,16	—	0,76	0,85
	III	22,73	—	1,81	2,04	III	22,73	—	1,55	1,74	—	1,29	1,45	—	1,04	1,17	—	0,80	0,90	—	0,57	0,64	—	0,34	0,39
	V	52,83	0,68	4,22	4,75	IV	37,07	—	2,78	3,12	—	2,60	2,92	—	2,42	2,72	—	2,25	2,53	—	2,08	2,34	—	1,92	2,16
	VI	54,04	0,82	4,32	4,86																				
181,89	I,IV	37,11	—	2,96	3,33	I	37,11	—	2,60	2,92	—	2,25	2,53	—	1,92	2,16	—	1,60	1,80	—	1,30	1,46	—	1,02	1,14
	II	32,75	—	2,62	2,94	II	32,75	—	2,27	2,55	—	1,93	2,17	—	1,62	1,82	—	1,31	1,48	—	1,03	1,16	—	0,76	0,86
	III	22,76	—	1,82	2,04	III	22,76	—	1,55	1,75	—	1,29	1,46	—	1,04	1,17	—	0,80	0,90	—	0,57	0,64	—	0,35	0,39
	V	52,87	0,68	4,22	4,75	IV	37,11	—	2,78	3,13	—	2,60	2,92	—	2,42	2,73	—	2,25	2,53	—	2,08	2,34	—	1,92	2,16
	VI	54,08	0,83	4,32	4,86																				

* Die ausgewiesenen Tabellenwerte sind amtlich. Siehe Erläuterungen auf der Umschlaginnenseite (U2).

TAG **181,90***

Lohn/ Gehalt bis €*	Abzüge an Lohnsteuer, Solidaritätszuschlag (SolZ) und Kirchensteuer (8%, 9%) in den Steuerklassen I – VI	LSt	ohne Kinderfreibeträge SolZ	8%	9%	I, II, III, IV	LSt	mit Zahl der Kinderfreibeträge . . . 0,5 SolZ	8%	9%	1 SolZ	8%	9%	1,5 SolZ	8%	9%	2 SolZ	8%	9%	2,5 SolZ	8%	9%	3 SolZ	8%	9%
181,99	I,IV	37,14	—	2,97	3,34	I	37,14	—	2,60	2,93	—	2,25	2,53	—	1,92	2,16	—	1,60	1,80	—	1,30	1,47	—	1,02	1,15
	II	32,78	—	2,62	2,95	II	32,78	—	2,27	2,55	—	1,94	2,18	—	1,62	1,82	—	1,32	1,48	—	1,03	1,16	—	0,76	0,86
	III	22,79	—	1,82	2,05	III	22,79	—	1,55	1,75	—	1,30	1,46	—	1,05	1,18	—	0,80	0,91	—	0,57	0,64	—	0,35	0,39
	V	52,91	0,69	4,23	4,76	IV	37,14	—	2,78	3,13	—	2,60	2,93	—	2,43	2,73	—	2,25	2,53	—	2,08	2,35	—	1,92	2,16
	VI	54,11	0,83	4,32	4,86																				
182,09	I,IV	37,18	—	2,97	3,34	I	37,18	—	2,60	2,93	—	2,26	2,54	—	1,92	2,16	—	1,61	1,81	—	1,31	1,47	—	1,02	1,15
	II	32,81	—	2,62	2,95	II	32,81	—	2,27	2,56	—	1,94	2,18	—	1,62	1,82	—	1,32	1,48	—	1,03	1,16	—	0,76	0,86
	III	22,82	—	1,82	2,05	III	22,82	—	1,56	1,75	—	1,30	1,46	—	1,05	1,18	—	0,81	0,91	—	0,57	0,65	—	0,35	0,39
	V	52,95	0,69	4,23	4,76	IV	37,18	—	2,78	3,13	—	2,60	2,93	—	2,43	2,73	—	2,26	2,54	—	2,09	2,35	—	1,92	2,16
	VI	54,15	0,83	4,33	4,87																				
182,19	I,IV	37,21	—	2,97	3,34	I	37,21	—	2,61	2,93	—	2,26	2,54	—	1,93	2,17	—	1,61	1,81	—	1,31	1,47	—	1,02	1,15
	II	32,85	—	2,62	2,95	II	32,85	—	2,27	2,56	—	1,94	2,18	—	1,62	1,83	—	1,32	1,49	—	1,04	1,17	—	0,77	0,86
	III	22,85	—	1,82	2,05	III	22,85	—	1,56	1,75	—	1,30	1,46	—	1,05	1,18	—	0,81	0,91	—	0,58	0,65	—	0,35	0,40
	V	52,98	0,70	4,23	4,76	IV	37,21	—	2,79	3,14	—	2,61	2,93	—	2,43	2,74	—	2,26	2,54	—	2,09	2,35	—	1,93	2,17
	VI	54,19	0,84	4,33	4,87																				
182,29	I,IV	37,25	—	2,98	3,35	I	37,25	—	2,61	2,94	—	2,26	2,54	—	1,93	2,17	—	1,61	1,81	—	1,31	1,47	—	1,03	1,15
	II	32,88	—	2,63	2,95	II	32,88	—	2,28	2,56	—	1,94	2,19	—	1,62	1,83	—	1,32	1,49	—	1,04	1,17	—	0,77	0,87
	III	22,87	—	1,82	2,05	III	22,87	—	1,56	1,75	—	1,30	1,46	—	1,05	1,18	—	0,81	0,91	—	0,58	0,65	—	0,35	0,40
	V	53,02	0,70	4,24	4,77	IV	37,25	—	2,79	3,14	—	2,61	2,94	—	2,43	2,74	—	2,26	2,54	—	2,09	2,35	—	1,93	2,17
	VI	54,23	0,84	4,33	4,88																				
182,39	I,IV	37,29	—	2,98	3,35	I	37,29	—	2,61	2,94	—	2,26	2,55	—	1,93	2,17	—	1,61	1,82	—	1,31	1,48	—	1,03	1,16
	II	32,92	—	2,63	2,96	II	32,92	—	2,28	2,56	—	1,94	2,19	—	1,63	1,83	—	1,33	1,49	—	1,04	1,17	—	0,77	0,87
	III	22,90	—	1,83	2,06	III	22,90	—	1,56	1,76	—	1,30	1,47	—	1,05	1,19	—	0,81	0,91	—	0,58	0,65	—	0,36	0,40
	V	53,06	0,70	4,24	4,77	IV	37,29	—	2,79	3,14	—	2,61	2,94	—	2,44	2,74	—	2,26	2,55	—	2,10	2,36	—	1,93	2,17
	VI	54,27	0,85	4,34	4,88																				
182,49	I,IV	37,33	—	2,98	3,35	I	37,33	—	2,62	2,94	—	2,27	2,55	—	1,93	2,18	—	1,62	1,82	—	1,32	1,48	—	1,03	1,16
	II	32,96	—	2,63	2,96	II	32,96	—	2,28	2,57	—	1,95	2,19	—	1,63	1,83	—	1,33	1,49	—	1,04	1,17	—	0,77	0,87
	III	22,92	—	1,83	2,06	III	22,92	—	1,56	1,76	—	1,31	1,47	—	1,06	1,19	—	0,81	0,92	—	0,58	0,65	—	0,36	0,40
	V	53,10	0,71	4,24	4,77	IV	37,33	—	2,80	3,15	—	2,62	2,94	—	2,44	2,74	—	2,27	2,55	—	2,10	2,36	—	1,93	2,18
	VI	54,31	0,85	4,34	4,88																				
182,59	I,IV	37,36	—	2,98	3,36	I	37,36	—	2,62	2,95	—	2,27	2,55	—	1,94	2,18	—	1,62	1,82	—	1,32	1,48	—	1,03	1,16
	II	32,99	—	2,63	2,96	II	32,99	—	2,28	2,57	—	1,95	2,19	—	1,63	1,84	—	1,33	1,50	—	1,04	1,18	—	0,78	0,87
	III	22,95	—	1,83	2,06	III	22,95	—	1,57	1,76	—	1,31	1,47	—	1,06	1,19	—	0,82	0,92	—	0,58	0,66	—	0,36	0,40
	V	53,14	0,71	4,25	4,78	IV	37,36	—	2,80	3,15	—	2,62	2,95	—	2,44	2,75	—	2,27	2,55	—	2,10	2,36	—	1,94	2,18
	VI	54,35	0,86	4,34	4,89																				
182,69	I,IV	37,40	—	2,99	3,36	I	37,40	—	2,62	2,95	—	2,27	2,56	—	1,94	2,18	—	1,62	1,82	—	1,32	1,49	—	1,03	1,16
	II	33,03	—	2,64	2,97	II	33,03	—	2,29	2,57	—	1,95	2,20	—	1,63	1,84	—	1,33	1,50	—	1,05	1,18	—	0,78	0,88
	III	22,98	—	1,83	2,06	III	22,98	—	1,57	1,76	—	1,31	1,47	—	1,06	1,19	—	0,82	0,92	—	0,58	0,66	—	0,36	0,41
	V	53,18	0,72	4,25	4,78	IV	37,40	—	2,80	3,15	—	2,62	2,95	—	2,44	2,75	—	2,27	2,56	—	2,10	2,37	—	1,94	2,18
	VI	54,38	0,86	4,35	4,89																				
182,79	I,IV	37,44	—	2,99	3,36	I	37,44	—	2,62	2,95	—	2,27	2,56	—	1,94	2,18	—	1,62	1,83	—	1,32	1,49	—	1,04	1,17
	II	33,06	—	2,64	2,97	II	33,06	—	2,29	2,58	—	1,96	2,20	—	1,64	1,84	—	1,34	1,50	—	1,05	1,18	—	0,78	0,88
	III	23,—	—	1,84	2,07	III	23,—	—	1,57	1,77	—	1,31	1,48	—	1,06	1,19	—	0,82	0,92	—	0,59	0,66	—	0,36	0,41
	V	53,21	0,72	4,25	4,78	IV	37,44	—	2,81	3,16	—	2,62	2,95	—	2,45	2,75	—	2,27	2,56	—	2,11	2,37	—	1,94	2,18
	VI	54,42	0,87	4,35	4,89																				
182,89	I,IV	37,47	—	2,99	3,37	I	37,47	—	2,63	2,96	—	2,28	2,56	—	1,94	2,19	—	1,63	1,83	—	1,32	1,49	—	1,04	1,17
	II	33,10	—	2,64	2,97	II	33,10	—	2,29	2,58	—	1,96	2,20	—	1,64	1,84	—	1,34	1,51	—	1,05	1,18	—	0,78	0,88
	III	23,03	—	1,84	2,07	III	23,03	—	1,57	1,77	—	1,31	1,48	—	1,06	1,20	—	0,82	0,92	—	0,59	0,66	—	0,36	0,41
	V	53,25	0,73	4,26	4,79	IV	37,47	—	2,81	3,16	—	2,63	2,96	—	2,45	2,76	—	2,28	2,56	—	2,11	2,37	—	1,94	2,19
	VI	54,46	0,87	4,35	4,90																				
182,99	I,IV	37,51	—	3,—	3,37	I	37,51	—	2,63	2,96	—	2,28	2,57	—	1,95	2,19	—	1,63	1,83	—	1,33	1,49	—	1,04	1,17
	II	33,13	—	2,65	2,98	II	33,13	—	2,30	2,58	—	1,96	2,21	—	1,64	1,85	—	1,34	1,51	—	1,05	1,19	—	0,78	0,88
	III	23,06	—	1,84	2,07	III	23,06	—	1,57	1,77	—	1,32	1,48	—	1,07	1,20	—	0,82	0,93	—	0,59	0,66	—	0,36	0,41
	V	53,29	0,73	4,26	4,79	IV	37,51	—	2,81	3,16	—	2,63	2,96	—	2,45	2,76	—	2,28	2,57	—	2,11	2,38	—	1,95	2,19
	VI	54,50	0,88	4,36	4,90																				
183,09	I,IV	37,55	—	3,—	3,37	I	37,55	—	2,63	2,96	—	2,28	2,57	—	1,95	2,19	—	1,63	1,83	—	1,33	1,50	—	1,04	1,17
	II	33,17	—	2,65	2,98	II	33,17	—	2,30	2,59	—	1,96	2,21	—	1,64	1,85	—	1,34	1,51	—	1,06	1,19	—	0,79	0,88
	III	23,08	—	1,84	2,07	III	23,08	—	1,58	1,77	—	1,32	1,48	—	1,07	1,20	—	0,83	0,93	—	0,59	0,67	—	0,37	0,41
	V	53,33	0,74	4,26	4,79	IV	37,55	—	2,81	3,17	—	2,63	2,96	—	2,46	2,76	—	2,28	2,57	—	2,11	2,38	—	1,95	2,19
	VI	54,54	0,88	4,36	4,90																				
183,19	I,IV	37,58	—	3,—	3,38	I	37,58	—	2,64	2,97	—	2,29	2,57	—	1,95	2,20	—	1,63	1,84	—	1,33	1,50	—	1,05	1,18
	II	33,20	—	2,65	2,98	II	33,20	—	2,30	2,59	—	1,97	2,21	—	1,65	1,85	—	1,34	1,51	—	1,06	1,19	—	0,79	0,89
	III	23,11	—	1,84	2,07	III	23,11	—	1,58	1,78	—	1,32	1,49	—	1,07	1,20	—	0,83	0,93	—	0,59	0,67	—	0,37	0,41
	V	53,37	0,74	4,26	4,80	IV	37,58	—	2,82	3,17	—	2,64	2,97	—	2,46	2,77	—	2,29	2,57	—	2,12	2,38	—	1,95	2,20
	VI	54,58	0,89	4,36	4,91																				
183,29	I,IV	37,62	—	3,—	3,38	I	37,62	—	2,64	2,97	—	2,29	2,57	—	1,95	2,20	—	1,64	1,84	—	1,33	1,50	—	1,05	1,18
	II	33,24	—	2,65	2,99	II	33,24	—	2,30	2,59	—	1,97	2,21	—	1,65	1,86	—	1,35	1,52	—	1,06	1,19	—	0,79	0,89
	III	23,13	—	1,85	2,08	III	23,13	—	1,58	1,78	—	1,32	1,49	—	1,07	1,21	—	0,83	0,93	—	0,60	0,67	—	0,37	0,42
	V	53,41	0,75	4,27	4,80	IV	37,62	—	2,82	3,17	—	2,64	2,97	—	2,46	2,77	—	2,29	2,57	—	2,12	2,38	—	1,95	2,20
	VI	54,62	0,89	4,36	4,91																				
183,39	I,IV	37,66	—	3,01	3,38	I	37,66	—	2,64	2,97	—	2,29	2,58	—	1,96	2,20	—	1,64	1,84	—	1,34	1,50	—	1,05	1,18
	II	33,27	—	2,66	2,99	II	33,27	—	2,31	2,59	—	1,97	2,22	—	1,65	1,86	—	1,35	1,52	—	1,06	1,20	—	0,79	0,89
	III	23,16	—	1,85	2,08	III	23,16	—	1,58	1,78	—	1,32	1,49	—	1,07	1,21	—	0,83	0,94	—	0,60	0,67	—	0,37	0,42
	V	53,45	0,75	4,27	4,81	IV	37,66	—	2,82	3,18	—	2,64	2,97	—	2,46	2,77	—	2,29	2,58	—	2,12	2,39	—	1,96	2,20
	VI	54,65	0,89	4,37	4,91																				
183,49	I,IV	37,70	—	3,01	3,39	I	37,70	—	2,64	2,97	—	2,29	2,58	—	1,96	2,20	—	1,64	1,85	—	1,34	1,51	—	1,05	1,18
	II	33,31	—	2,66	2,99	II	33,31	—	2,31	2,60	—	1,97	2,22	—	1,65	1,86	—	1,35	1,52	—	1,06	1,20	—	0,79	0,89
	III	23,19	—	1,85	2,08	III	23,19	—	1,58	1,78	—	1,33	1,49	—	1,08	1,21	—	0,83	0,94	—	0,60	0,67	—	0,37	0,42
	V	53,48	0,76	4,27	4,81	IV	37,70	—	2,83	3,18	—	2,64	2,97	—	2,47	2,78	—	2,29	2,58	—	2,12	2,39	—	1,96	2,20
	VI	54,69	0,90	4,37	4,92																				

* Die ausgewiesenen Tabellenwerte sind amtlich. Siehe Erläuterungen auf der Umschlaginnenseite (U2).

Abzüge an Lohnsteuer, Solidaritätszuschlag (SolZ) und Kirchensteuer (8%, 9%) in den Steuerklassen

Lohn/ Gehalt bis €*	I – VI					I, II, III, IV		mit Zahl der Kinderfreibeträge . . . 0,5			1			1,5			2			2,5			3		
		LSt	ohne Kinderfreibeträge SolZ	8%	9%		LSt	SolZ	8%	9%	SolZ	8%	9%	SolZ	8%	9%	SolZ	8%	9%	SolZ	8%	9%	SolZ	8%	9%
183,59	I,IV	37,73	—	3,01	3,39	I	37,73	—	2,65	2,98	—	2,30	2,58	—	1,96	2,21	—	1,64	1,85	—	1,34	1,51	—	1,05	1,19
	II	33,35	—	2,66	3,—	II	33,35	—	2,31	2,60	—	1,98	2,22	—	1,66	1,86	—	1,35	1,52	—	1,07	1,20	—	0,80	0,90
	III	23,21	—	1,85	2,08	III	23,21	—	1,59	1,78	—	1,33	1,49	—	1,08	1,21	—	0,84	0,94	—	0,60	0,68	—	0,38	0,42
	V	53,52	0,76	4,28	4,81	IV	37,73	—	2,83	3,18	—	2,65	2,98	—	2,47	2,78	—	2,30	2,58	—	2,13	2,39	—	1,96	2,21
	VI	54,73	0,90	4,37	4,92																				
183,69	I,IV	37,77	—	3,02	3,39	I	37,77	—	2,65	2,98	—	2,30	2,59	—	1,96	2,21	—	1,65	1,85	—	1,34	1,51	—	1,06	1,19
	II	33,38	—	2,67	3,—	II	33,38	—	2,31	2,60	—	1,98	2,23	—	1,66	1,87	—	1,36	1,53	—	1,07	1,20	—	0,80	0,90
	III	23,24	—	1,85	2,09	III	23,24	—	1,59	1,79	—	1,33	1,50	—	1,08	1,21	—	0,84	0,94	—	0,60	0,68	—	0,38	0,42
	V	53,56	0,76	4,28	4,82	IV	37,77	—	2,83	3,19	—	2,65	2,98	—	2,47	2,78	—	2,30	2,59	—	2,13	2,40	—	1,96	2,21
	VI	54,77	0,91	4,38	4,92																				
183,79	I,IV	37,81	—	3,02	3,40	I	37,81	—	2,65	2,98	—	2,30	2,59	—	1,97	2,21	—	1,65	1,85	—	1,34	1,51	—	1,06	1,19
	II	33,41	—	2,67	3,—	II	33,41	—	2,32	2,61	—	1,98	2,23	—	1,66	1,87	—	1,36	1,53	—	1,07	1,21	—	0,80	0,90
	III	23,27	—	1,86	2,09	III	23,27	—	1,59	1,79	—	1,33	1,50	—	1,08	1,22	—	0,84	0,94	—	0,60	0,68	—	0,38	0,43
	V	53,60	0,77	4,28	4,82	IV	37,81	—	2,83	3,19	—	2,65	2,98	—	2,48	2,79	—	2,30	2,59	—	2,13	2,40	—	1,97	2,21
	VI	54,81	0,91	4,38	4,93																				
183,89	I,IV	37,84	—	3,02	3,40	I	37,84	—	2,66	2,99	—	2,30	2,59	—	1,97	2,22	—	1,65	1,86	—	1,35	1,52	—	1,06	1,19
	II	33,45	—	2,67	3,01	II	33,45	—	2,32	2,61	—	1,98	2,23	—	1,66	1,87	—	1,36	1,53	—	1,07	1,21	—	0,80	0,90
	III	23,30	—	1,86	2,09	III	23,30	—	1,59	1,79	—	1,33	1,50	—	1,08	1,22	—	0,84	0,95	—	0,61	0,68	—	0,38	0,43
	V	53,64	0,77	4,29	4,82	IV	37,84	—	2,84	3,19	—	2,66	2,99	—	2,48	2,79	—	2,30	2,59	—	2,13	2,40	—	1,97	2,22
	VI	54,85	0,92	4,38	4,93																				
183,99	I,IV	37,88	—	3,03	3,40	I	37,88	—	2,66	2,99	—	2,31	2,60	—	1,97	2,22	—	1,65	1,86	—	1,35	1,52	—	1,06	1,20
	II	33,49	—	2,67	3,01	II	33,49	—	2,32	2,61	—	1,99	2,24	—	1,67	1,88	—	1,36	1,53	—	1,08	1,21	—	0,80	0,90
	III	23,32	—	1,86	2,09	III	23,32	—	1,59	1,79	—	1,34	1,50	—	1,08	1,22	—	0,84	0,95	—	0,61	0,68	—	0,38	0,43
	V	53,68	0,78	4,29	4,83	IV	37,88	—	2,84	3,20	—	2,66	2,99	—	2,48	2,79	—	2,31	2,60	—	2,14	2,41	—	1,97	2,22
	VI	54,89	0,92	4,39	4,94																				
184,09	I,IV	37,92	—	3,03	3,41	I	37,92	—	2,66	2,99	—	2,31	2,60	—	1,97	2,22	—	1,66	1,86	—	1,35	1,52	—	1,07	1,20
	II	33,52	—	2,68	3,01	II	33,52	—	2,32	2,62	—	1,99	2,24	—	1,67	1,88	—	1,37	1,54	—	1,08	1,21	—	0,81	0,91
	III	23,35	—	1,86	2,10	III	23,35	—	1,60	1,80	—	1,34	1,51	—	1,09	1,22	—	0,84	0,95	—	0,61	0,69	—	0,38	0,43
	V	53,71	0,78	4,29	4,83	IV	37,92	—	2,84	3,20	—	2,66	2,99	—	2,48	2,79	—	2,31	2,60	—	2,14	2,41	—	1,97	2,22
	VI	54,92	0,93	4,39	4,94																				
184,19	I,IV	37,95	—	3,03	3,41	I	37,95	—	2,66	3,—	—	2,31	2,60	—	1,98	2,22	—	1,66	1,87	—	1,35	1,52	—	1,07	1,20
	II	33,56	—	2,68	3,02	II	33,56	—	2,33	2,62	—	1,99	2,24	—	1,67	1,88	—	1,37	1,54	—	1,08	1,22	—	0,81	0,91
	III	23,37	—	1,86	2,10	III	23,37	—	1,60	1,80	—	1,34	1,51	—	1,09	1,23	—	0,85	0,95	—	0,61	0,69	—	0,39	0,43
	V	53,75	0,79	4,30	4,83	IV	37,95	—	2,85	3,20	—	2,66	3,—	—	2,49	2,80	—	2,31	2,60	—	2,14	2,41	—	1,98	2,22
	VI	54,96	0,93	4,39	4,94																				
184,29	I,IV	37,99	—	3,03	3,41	I	37,99	—	2,67	3,—	—	2,32	2,61	—	1,98	2,23	—	1,66	1,87	—	1,36	1,53	—	1,07	1,20
	II	33,59	—	2,68	3,02	II	33,59	—	2,33	2,62	—	1,99	2,24	—	1,67	1,88	—	1,37	1,54	—	1,08	1,22	—	0,81	0,91
	III	23,40	—	1,87	2,10	III	23,40	—	1,60	1,80	—	1,34	1,51	—	1,09	1,23	—	0,85	0,95	—	0,61	0,69	—	0,39	0,44
	V	53,79	0,79	4,30	4,84	IV	37,99	—	2,85	3,21	—	2,67	3,—	—	2,49	2,80	—	2,32	2,61	—	2,15	2,41	—	1,98	2,23
	VI	55,—	0,94	4,40	4,95																				
184,39	I,IV	38,03	—	3,04	3,42	I	38,03	—	2,67	3,—	—	2,32	2,61	—	1,98	2,23	—	1,66	1,87	—	1,36	1,53	—	1,07	1,21
	II	33,63	—	2,69	3,02	II	33,63	—	2,33	2,62	—	2,—	2,25	—	1,68	1,89	—	1,37	1,54	—	1,08	1,22	—	0,81	0,91
	III	23,43	—	1,87	2,10	III	23,43	—	1,60	1,80	—	1,34	1,51	—	1,09	1,23	—	0,85	0,96	—	0,62	0,69	—	0,39	0,44
	V	53,83	0,80	4,30	4,84	IV	38,03	—	2,85	3,21	—	2,67	3,—	—	2,49	2,80	—	2,32	2,61	—	2,15	2,42	—	1,98	2,23
	VI	55,04	0,94	4,40	4,95																				
184,49	I,IV	38,06	—	3,04	3,42	I	38,06	—	2,67	3,01	—	2,32	2,61	—	1,98	2,23	—	1,66	1,87	—	1,36	1,53	—	1,07	1,21
	II	33,66	—	2,69	3,02	II	33,66	—	2,34	2,63	—	2,—	2,25	—	1,68	1,89	—	1,37	1,55	—	1,09	1,22	—	0,81	0,92
	III	23,46	—	1,87	2,11	III	23,46	—	1,60	1,81	—	1,35	1,51	—	1,10	1,23	—	0,85	0,96	—	0,62	0,69	—	0,39	0,44
	V	53,87	0,80	4,30	4,84	IV	38,06	—	2,85	3,21	—	2,67	3,01	—	2,49	2,81	—	2,32	2,61	—	2,15	2,42	—	1,98	2,23
	VI	55,08	0,95	4,40	4,95																				
184,59	I,IV	38,10	—	3,04	3,42	I	38,10	—	2,68	3,01	—	2,32	2,61	—	1,99	2,24	—	1,67	1,88	—	1,36	1,53	—	1,08	1,21
	II	33,70	—	2,69	3,03	II	33,70	—	2,34	2,63	—	2,—	2,25	—	1,68	1,89	—	1,38	1,55	—	1,09	1,23	—	0,82	0,92
	III	23,48	—	1,87	2,11	III	23,48	—	1,61	1,81	—	1,35	1,52	—	1,10	1,23	—	0,85	0,96	—	0,62	0,70	—	0,39	0,44
	V	53,91	0,81	4,31	4,85	IV	38,10	—	2,86	3,22	—	2,68	3,01	—	2,50	2,81	—	2,32	2,61	—	2,15	2,42	—	1,99	2,24
	VI	55,12	0,95	4,40	4,96																				
184,69	I,IV	38,14	—	3,05	3,43	I	38,14	—	2,68	3,01	—	2,33	2,62	—	1,99	2,24	—	1,67	1,88	—	1,37	1,54	—	1,08	1,21
	II	33,73	—	2,69	3,03	II	33,73	—	2,34	2,63	—	2,—	2,25	—	1,68	1,89	—	1,38	1,55	—	1,09	1,23	—	0,82	0,92
	III	23,51	—	1,88	2,11	III	23,51	—	1,61	1,81	—	1,35	1,52	—	1,10	1,24	—	0,86	0,96	—	0,62	0,70	—	0,39	0,44
	V	53,95	0,81	4,31	4,85	IV	38,14	—	2,86	3,22	—	2,68	3,01	—	2,50	2,81	—	2,33	2,62	—	2,16	2,43	—	1,99	2,24
	VI	55,16	0,95	4,41	4,96																				
184,79	I,IV	38,18	—	3,05	3,43	I	38,18	—	2,68	3,02	—	2,33	2,62	—	1,99	2,24	—	1,67	1,88	—	1,37	1,54	—	1,08	1,22
	II	33,77	—	2,70	3,03	II	33,77	—	2,34	2,64	—	2,01	2,26	—	1,69	1,90	—	1,38	1,55	—	1,09	1,23	—	0,82	0,92
	III	23,53	—	1,88	2,11	III	23,53	—	1,61	1,81	—	1,35	1,52	—	1,10	1,24	—	0,86	0,97	—	0,62	0,70	—	0,40	0,45
	V	53,99	0,82	4,31	4,85	IV	38,18	—	2,86	3,22	—	2,68	3,02	—	2,50	2,82	—	2,33	2,62	—	2,16	2,43	—	1,99	2,24
	VI	55,20	0,96	4,41	4,96																				
184,89	I,IV	38,21	—	3,05	3,43	I	38,21	—	2,68	3,02	—	2,33	2,62	—	2,—	2,25	—	1,68	1,89	—	1,37	1,54	—	1,08	1,22
	II	33,81	—	2,70	3,04	II	33,81	—	2,35	2,64	—	2,01	2,26	—	1,69	1,90	—	1,38	1,56	—	1,10	1,23	—	0,82	0,93
	III	23,56	—	1,88	2,12	III	23,56	—	1,61	1,81	—	1,35	1,52	—	1,10	1,24	—	0,86	0,97	—	0,62	0,70	—	0,40	0,45
	V	54,03	0,82	4,32	4,86	IV	38,21	—	2,87	3,22	—	2,68	3,02	—	2,51	2,82	—	2,33	2,62	—	2,16	2,43	—	2,—	2,25
	VI	55,23	0,96	4,41	4,97																				
184,99	I,IV	38,25	—	3,06	3,44	I	38,25	—	2,69	3,02	—	2,33	2,63	—	2,—	2,25	—	1,68	1,89	—	1,37	1,54	—	1,08	1,22
	II	33,84	—	2,70	3,04	II	33,84	—	2,35	2,64	—	2,01	2,26	—	1,69	1,90	—	1,39	1,56	—	1,10	1,24	—	0,82	0,93
	III	23,59	—	1,88	2,12	III	23,59	—	1,62	1,82	—	1,36	1,53	—	1,10	1,24	—	0,86	0,97	—	0,63	0,71	—	0,40	0,45
	V	54,06	0,82	4,32	4,86	IV	38,25	—	2,87	3,23	—	2,69	3,02	—	2,51	2,82	—	2,33	2,63	—	2,16	2,43	—	2,—	2,25
	VI	55,27	0,97	4,42	4,97																				
185,09	I,IV	38,29	—	3,06	3,44	I	38,29	—	2,69	3,03	—	2,34	2,63	—	2,—	2,25	—	1,68	1,89	—	1,38	1,55	—	1,09	1,22
	II	33,88	—	2,71	3,04	II	33,88	—	2,35	2,65	—	2,02	2,27	—	1,69	1,91	—	1,39	1,56	—	1,10	1,24	—	0,83	0,93
	III	23,62	—	1,88	2,12	III	23,62	—	1,62	1,82	—	1,36	1,53	—	1,11	1,25	—	0,86	0,97	—	0,63	0,71	—	0,40	0,45
	V	54,10	0,83	4,32	4,86	IV	38,29	—	2,87	3,23	—	2,69	3,03	—	2,51	2,83	—	2,34	2,63	—	2,17	2,44	—	2,—	2,25
	VI	55,31	0,97	4,42	4,97																				

* Die ausgewiesenen Tabellenwerte sind amtlich. Siehe Erläuterungen auf der Umschlaginnenseite (U2).

TAG 185,10*

Abzüge an Lohnsteuer, Solidaritätszuschlag (SolZ) und Kirchensteuer (8%, 9%) in den Steuerklassen

Lohn/Gehalt bis €*		I – VI (ohne Kinderfreibeträge) LSt	SolZ	8%	9%	I, II, III, IV LSt	0,5 SolZ	0,5 8%	0,5 9%	1 SolZ	1 8%	1 9%	1,5 SolZ	1,5 8%	1,5 9%	2 SolZ	2 8%	2 9%	2,5 SolZ	2,5 8%	2,5 9%	3 SolZ	3 8%	3 9%
185,19	I,IV	38,33	—	3,06	3,44	I 38,33	—	2,69	3,03	—	2,34	2,63	—	2,—	2,25	—	1,68	1,89	—	1,38	1,55	—	1,09	1,23
	II	33,91	—	2,71	3,05	II 33,91	—	2,36	2,65	—	2,02	2,27	—	1,70	1,91	—	1,39	1,57	—	1,10	1,24	—	0,83	0,93
	III	23,65	—	1,89	2,12	III 23,65	—	1,62	1,82	—	1,36	1,53	—	1,11	1,25	—	0,86	0,97	—	0,63	0,71	—	0,40	0,45
	V	54,14	0,83	4,33	4,87	IV 38,33	—	2,87	3,23	—	2,69	3,03	—	2,51	2,83	—	2,34	2,63	—	2,17	2,44	—	2,—	2,25
	VI	55,35	0,98	4,42	4,98																			
185,29	I,IV	38,36	—	3,06	3,45	I 38,36	—	2,70	3,03	—	2,34	2,64	—	2,01	2,26	—	1,68	1,90	—	1,38	1,55	—	1,09	1,23
	II	33,95	—	2,71	3,05	II 33,95	—	2,36	2,65	—	2,02	2,27	—	1,70	1,91	—	1,39	1,57	—	1,10	1,24	—	0,83	0,94
	III	23,67	—	1,89	2,13	III 23,67	—	1,62	1,82	—	1,36	1,53	—	1,11	1,25	—	0,87	0,98	—	0,63	0,71	—	0,40	0,46
	V	54,18	0,84	4,33	4,87	IV 38,36	—	2,88	3,24	—	2,70	3,03	—	2,52	2,83	—	2,34	2,64	—	2,17	2,44	—	2,01	2,26
	VI	55,39	0,98	4,43	4,98																			
185,39	I,IV	38,40	—	3,07	3,45	I 38,40	—	2,70	3,04	—	2,34	2,64	—	2,01	2,26	—	1,69	1,90	—	1,38	1,56	—	1,09	1,23
	II	33,98	—	2,71	3,05	II 33,98	—	2,36	2,66	—	2,02	2,28	—	1,70	1,91	—	1,40	1,57	—	1,11	1,25	—	0,83	0,94
	III	23,70	—	1,89	2,13	III 23,70	—	1,62	1,83	—	1,36	1,53	—	1,11	1,25	—	0,87	0,98	—	0,63	0,71	—	0,41	0,46
	V	54,22	0,84	4,33	4,87	IV 38,40	—	2,88	3,24	—	2,70	3,04	—	2,52	2,83	—	2,34	2,64	—	2,17	2,45	—	2,01	2,26
	VI	55,43	0,99	4,43	4,98																			
185,49	I,IV	38,44	—	3,07	3,45	I 38,44	—	2,70	3,04	—	2,35	2,64	—	2,01	2,26	—	1,69	1,90	—	1,38	1,56	—	1,10	1,23
	II	34,02	—	2,72	3,06	II 34,02	—	2,36	2,66	—	2,02	2,28	—	1,70	1,92	—	1,40	1,57	—	1,11	1,25	—	0,84	0,94
	III	23,72	—	1,89	2,13	III 23,72	—	1,63	1,83	—	1,37	1,54	—	1,11	1,25	—	0,87	0,98	—	0,64	0,72	—	0,41	0,46
	V	54,26	0,85	4,34	4,88	IV 38,44	—	2,88	3,24	—	2,70	3,04	—	2,52	2,84	—	2,35	2,64	—	2,18	2,45	—	2,01	2,26
	VI	55,46	0,99	4,43	4,99																			
185,59	I,IV	38,47	—	3,07	3,46	I 38,47	—	2,70	3,04	—	2,35	2,64	—	2,01	2,26	—	1,69	1,90	—	1,39	1,56	—	1,10	1,24
	II	34,06	—	2,72	3,06	II 34,06	—	2,37	2,66	—	2,03	2,28	—	1,71	1,92	—	1,40	1,58	—	1,11	1,25	—	0,84	0,94
	III	23,75	—	1,90	2,13	III 23,75	—	1,63	1,83	—	1,37	1,54	—	1,12	1,26	—	0,87	0,98	—	0,64	0,72	—	0,41	0,46
	V	54,30	0,85	4,34	4,88	IV 38,47	—	2,89	3,25	—	2,70	3,04	—	2,52	2,84	—	2,35	2,64	—	2,18	2,45	—	2,01	2,26
	VI	55,50	1,—	4,44	4,99																			
185,69	I,IV	38,51	—	3,08	3,46	I 38,51	—	2,71	3,05	—	2,35	2,65	—	2,02	2,27	—	1,69	1,91	—	1,39	1,56	—	1,10	1,24
	II	34,09	—	2,72	3,06	II 34,09	—	2,37	2,66	—	2,03	2,28	—	1,71	1,92	—	1,40	1,58	—	1,11	1,25	—	0,84	0,94
	III	23,77	—	1,90	2,13	III 23,77	—	1,63	1,83	—	1,37	1,54	—	1,12	1,26	—	0,87	0,98	—	0,64	0,72	—	0,41	0,46
	V	54,33	0,86	4,34	4,88	IV 38,51	—	2,89	3,25	—	2,71	3,05	—	2,53	2,84	—	2,35	2,65	—	2,18	2,46	—	2,02	2,27
	VI	55,54	1,—	4,44	4,99																			
185,79	I,IV	38,55	—	3,08	3,46	I 38,55	—	2,71	3,05	—	2,36	2,65	—	2,02	2,27	—	1,70	1,91	—	1,39	1,57	—	1,10	1,24
	II	34,13	—	2,73	3,07	II 34,13	—	2,37	2,67	—	2,03	2,29	—	1,71	1,93	—	1,40	1,58	—	1,12	1,26	—	0,84	0,95
	III	23,80	—	1,90	2,14	III 23,80	—	1,63	1,84	—	1,37	1,54	—	1,12	1,26	—	0,88	0,99	—	0,64	0,72	—	0,41	0,47
	V	54,37	0,86	4,34	4,89	IV 38,55	—	2,89	3,25	—	2,71	3,05	—	2,53	2,85	—	2,36	2,65	—	2,18	2,46	—	2,02	2,27
	VI	55,58	1,—	4,44	5,—																			
185,89	I,IV	38,58	—	3,08	3,47	I 38,58	—	2,71	3,05	—	2,36	2,65	—	2,02	2,27	—	1,70	1,91	—	1,39	1,57	—	1,10	1,24
	II	34,16	—	2,73	3,07	II 34,16	—	2,37	2,67	—	2,04	2,29	—	1,71	1,93	—	1,41	1,58	—	1,12	1,26	—	0,84	0,95
	III	23,83	—	1,90	2,14	III 23,83	—	1,63	1,84	—	1,37	1,55	—	1,12	1,26	—	0,88	0,99	—	0,64	0,72	—	0,42	0,47
	V	54,41	0,87	4,35	4,89	IV 38,58	—	2,90	3,26	—	2,71	3,05	—	2,53	2,85	—	2,36	2,65	—	2,19	2,46	—	2,02	2,28
	VI	55,62	1,01	4,44	5,—																			
185,99	I,IV	38,62	—	3,08	3,47	I 38,62	—	2,72	3,06	—	2,36	2,66	—	2,02	2,28	—	1,70	1,91	—	1,40	1,57	—	1,11	1,25
	II	34,20	—	2,73	3,07	II 34,20	—	2,38	2,67	—	2,04	2,29	—	1,72	1,93	—	1,41	1,59	—	1,12	1,26	—	0,85	0,95
	III	23,86	—	1,90	2,14	III 23,86	—	1,64	1,84	—	1,38	1,55	—	1,12	1,26	—	0,88	0,99	—	0,64	0,73	—	0,42	0,47
	V	54,45	0,87	4,35	4,90	IV 38,62	—	2,90	3,26	—	2,72	3,06	—	2,54	2,85	—	2,36	2,66	—	2,19	2,46	—	2,02	2,28
	VI	55,66	1,01	4,45	5,—																			
186,09	I,IV	38,66	—	3,09	3,47	I 38,66	—	2,72	3,06	—	2,36	2,66	—	2,03	2,28	—	1,70	1,92	—	1,40	1,57	—	1,11	1,25
	II	34,23	—	2,73	3,08	II 34,23	—	2,38	2,68	—	2,04	2,30	—	1,72	1,93	—	1,41	1,59	—	1,12	1,26	—	0,85	0,95
	III	23,88	—	1,91	2,14	III 23,88	—	1,64	1,84	—	1,38	1,55	—	1,13	1,27	—	0,88	0,99	—	0,65	0,73	—	0,42	0,47
	V	54,49	0,87	4,35	4,90	IV 38,66	—	2,90	3,26	—	2,72	3,06	—	2,54	2,86	—	2,36	2,66	—	2,19	2,47	—	2,03	2,28
	VI	55,70	1,02	4,45	5,01																			
186,19	I,IV	38,70	—	3,09	3,48	I 38,70	—	2,72	3,06	—	2,37	2,66	—	2,03	2,28	—	1,71	1,92	—	1,40	1,58	—	1,11	1,25
	II	34,27	—	2,74	3,08	II 34,27	—	2,38	2,68	—	2,04	2,30	—	1,72	1,94	—	1,41	1,59	—	1,12	1,26	—	0,85	0,96
	III	23,91	—	1,91	2,15	III 23,91	—	1,64	1,85	—	1,38	1,55	—	1,13	1,27	—	0,88	0,99	—	0,65	0,73	—	0,42	0,47
	V	54,53	0,88	4,36	4,90	IV 38,70	—	2,90	3,27	—	2,72	3,06	—	2,54	2,86	—	2,37	2,66	—	2,20	2,47	—	2,03	2,28
	VI	55,73	1,02	4,45	5,01																			
186,29	I,IV	38,73	—	3,09	3,48	I 38,73	—	2,72	3,06	—	2,37	2,67	—	2,03	2,29	—	1,71	1,92	—	1,40	1,58	—	1,11	1,25
	II	34,31	—	2,74	3,08	II 34,31	—	2,38	2,68	—	2,05	2,30	—	1,72	1,94	—	1,42	1,59	—	1,13	1,27	—	0,85	0,96
	III	23,94	—	1,91	2,15	III 23,94	—	1,64	1,85	—	1,38	1,55	—	1,13	1,27	—	0,89	1,—	—	0,65	0,73	—	0,42	0,48
	V	54,56	0,88	4,36	4,91	IV 38,73	—	2,91	3,27	—	2,72	3,06	—	2,54	2,86	—	2,37	2,67	—	2,20	2,47	—	2,03	2,29
	VI	55,77	1,03	4,46	5,01																			
186,39	I,IV	38,77	—	3,10	3,48	I 38,77	—	2,73	3,07	—	2,37	2,67	—	2,03	2,29	—	1,71	1,93	—	1,41	1,58	—	1,12	1,26
	II	34,34	—	2,74	3,09	II 34,34	—	2,39	2,69	—	2,05	2,31	—	1,73	1,94	—	1,42	1,60	—	1,13	1,27	—	0,85	0,96
	III	23,96	—	1,91	2,15	III 23,96	—	1,64	1,85	—	1,38	1,56	—	1,13	1,27	—	0,89	1,—	—	0,65	0,73	—	0,42	0,48
	V	54,60	0,89	4,36	4,91	IV 38,77	—	2,91	3,27	—	2,73	3,07	—	2,55	2,87	—	2,37	2,67	—	2,20	2,48	—	2,03	2,29
	VI	55,81	1,03	4,46	5,02																			
186,49	I,IV	38,81	—	3,10	3,49	I 38,81	—	2,73	3,07	—	2,38	2,67	—	2,04	2,29	—	1,71	1,93	—	1,41	1,58	—	1,12	1,26
	II	34,38	—	2,75	3,09	II 34,38	—	2,39	2,69	—	2,05	2,31	—	1,73	1,94	—	1,42	1,60	—	1,13	1,27	—	0,86	0,96
	III	23,99	—	1,91	2,15	III 23,99	—	1,65	1,85	—	1,39	1,56	—	1,13	1,28	—	0,89	1,—	—	0,65	0,74	—	0,43	0,48
	V	54,64	0,89	4,37	4,91	IV 38,81	—	2,91	3,28	—	2,73	3,07	—	2,55	2,87	—	2,38	2,67	—	2,20	2,48	—	2,04	2,29
	VI	55,85	1,04	4,46	5,02																			
186,59	I,IV	38,85	—	3,10	3,49	I 38,85	—	2,73	3,07	—	2,38	2,68	—	2,04	2,29	—	1,72	1,93	—	1,41	1,59	—	1,12	1,26
	II	34,41	—	2,75	3,09	II 34,41	—	2,39	2,69	—	2,05	2,31	—	1,73	1,95	—	1,42	1,60	—	1,13	1,27	—	0,86	0,97
	III	24,02	—	1,92	2,16	III 24,02	—	1,65	1,85	—	1,39	1,56	—	1,14	1,28	—	0,89	1,—	—	0,66	0,74	—	0,43	0,48
	V	54,68	0,90	4,37	4,92	IV 38,85	—	2,92	3,28	—	2,73	3,07	—	2,55	2,87	—	2,38	2,68	—	2,21	2,48	—	2,04	2,29
	VI	55,89	1,04	4,47	5,03																			
186,69	I,IV	38,88	—	3,11	3,49	I 38,88	—	2,74	3,08	—	2,38	2,68	—	2,04	2,30	—	1,72	1,93	—	1,41	1,59	—	1,12	1,26
	II	34,45	—	2,75	3,10	II 34,45	—	2,40	2,70	—	2,06	2,31	—	1,73	1,95	—	1,43	1,61	—	1,14	1,28	—	0,86	0,97
	III	24,05	—	1,92	2,16	III 24,05	—	1,65	1,86	—	1,39	1,56	—	1,14	1,28	—	0,89	1,01	—	0,66	0,74	—	0,43	0,48
	V	54,72	0,90	4,37	4,92	IV 38,88	—	2,92	3,28	—	2,74	3,08	—	2,56	2,88	—	2,38	2,68	—	2,21	2,49	—	2,04	2,30
	VI	55,93	1,05	4,47	5,03																			

T 216

* Die ausgewiesenen Tabellenwerte sind amtlich. Siehe Erläuterungen auf der Umschlaginnenseite (U2).

188,29* — TAG

Abzüge an Lohnsteuer, Solidaritätszuschlag (SolZ) und Kirchensteuer (8%, 9%) in den Steuerklassen

I – VI ohne Kinderfreibeträge — **I, II, III, IV** mit Zahl der Kinderfreibeträge …

Lohn/Gehalt bis €*	Kl.	LSt	SolZ	8%	9%	Kl.	LSt	0,5 SolZ	0,5 8%	0,5 9%	1 SolZ	1 8%	1 9%	1,5 SolZ	1,5 8%	1,5 9%	2 SolZ	2 8%	2 9%	2,5 SolZ	2,5 8%	2,5 9%	3 SolZ	3 8%	3 9%
186,79	I,IV	38,92	—	3,11	3,50	I	38,92	—	2,74	3,08	—	2,38	2,68	—	2,04	2,30	—	1,72	1,94	—	1,42	1,59	—	1,12	1,27
	II	34,48	—	2,75	3,10	II	34,48	—	2,40	2,70	—	2,06	2,32	—	1,74	1,95	—	1,43	1,61	—	1,14	1,28	—	0,86	0,97
	III	24,07	—	1,92	2,16	III	24,07	—	1,65	1,86	—	1,39	1,57	—	1,14	1,28	—	0,90	1,01	—	0,66	0,74	—	0,43	0,49
	V	54,76	0,91	4,38	4,92	IV	38,92	—	2,92	3,29	—	2,74	3,08	—	2,56	2,88	—	2,38	2,68	—	2,21	2,49	—	2,04	2,30
	VI	55,96	1,05	4,47	5,03																				
186,89	I,IV	38,96	—	3,11	3,50	I	38,96	—	2,74	3,08	—	2,39	2,68	—	2,05	2,30	—	1,72	1,94	—	1,42	1,60	—	1,13	1,27
	II	34,52	—	2,76	3,10	II	34,52	—	2,40	2,70	—	2,06	2,32	—	1,74	1,96	—	1,43	1,61	—	1,14	1,28	—	0,86	0,97
	III	24,10	—	1,92	2,16	III	24,10	—	1,65	1,86	—	1,39	1,57	—	1,14	1,28	—	0,90	1,01	—	0,66	0,74	—	0,43	0,49
	V	54,80	0,91	4,38	4,93	IV	38,96	—	2,92	3,29	—	2,74	3,08	—	2,56	2,88	—	2,39	2,68	—	2,21	2,49	—	2,05	2,30
	VI	56,—	1,06	4,48	5,04																				
186,99	I,IV	39,—	—	3,12	3,51	I	39,—	—	2,74	3,09	—	2,39	2,69	—	2,05	2,31	—	1,73	1,94	—	1,42	1,60	—	1,13	1,27
	II	34,56	—	2,76	3,11	II	34,56	—	2,40	2,70	—	2,06	2,32	—	1,74	1,96	—	1,43	1,61	—	1,14	1,28	—	0,87	0,98
	III	24,12	—	1,92	2,17	III	24,12	—	1,66	1,86	—	1,40	1,57	—	1,14	1,29	—	0,90	1,01	—	0,66	0,75	—	0,43	0,49
	V	54,83	0,92	4,38	4,93	IV	39,—	—	2,93	3,29	—	2,74	3,09	—	2,56	2,88	—	2,39	2,69	—	2,22	2,49	—	2,05	2,31
	VI	56,04	1,06	4,48	5,04																				
187,09	I,IV	39,03	—	3,12	3,51	I	39,03	—	2,75	3,09	—	2,39	2,69	—	2,05	2,31	—	1,73	1,95	—	1,42	1,60	—	1,13	1,27
	II	34,59	—	2,76	3,11	II	34,59	—	2,41	2,71	—	2,07	2,33	—	1,74	1,96	—	1,44	1,62	—	1,14	1,29	—	0,87	0,98
	III	24,15	—	1,93	2,17	III	24,15	—	1,66	1,87	—	1,40	1,57	—	1,15	1,29	—	0,90	1,01	—	0,66	0,75	—	0,44	0,49
	V	54,87	0,92	4,38	4,93	IV	39,03	—	2,93	3,30	—	2,75	3,09	—	2,57	2,89	—	2,39	2,69	—	2,22	2,50	—	2,05	2,31
	VI	56,08	1,06	4,48	5,04																				
187,19	I,IV	39,07	—	3,12	3,51	I	39,07	—	2,75	3,09	—	2,39	2,69	—	2,06	2,31	—	1,73	1,95	—	1,42	1,60	—	1,13	1,28
	II	34,63	—	2,77	3,11	II	34,63	—	2,41	2,71	—	2,07	2,33	—	1,75	1,96	—	1,44	1,62	—	1,15	1,29	—	0,87	0,98
	III	24,18	—	1,93	2,17	III	24,18	—	1,66	1,87	—	1,40	1,58	—	1,15	1,29	—	0,90	1,02	—	0,67	0,75	—	0,44	0,49
	V	54,91	0,93	4,39	4,94	IV	39,07	—	2,93	3,30	—	2,75	3,09	—	2,57	2,89	—	2,39	2,69	—	2,22	2,50	—	2,06	2,31
	VI	56,12	1,07	4,48	5,05																				
187,29	I,IV	39,11	—	3,12	3,51	I	39,11	—	2,75	3,10	—	2,40	2,70	—	2,06	2,32	—	1,73	1,95	—	1,43	1,61	—	1,14	1,28
	II	34,66	—	2,77	3,11	II	34,66	—	2,41	2,71	—	2,07	2,33	—	1,75	1,97	—	1,44	1,62	—	1,15	1,29	—	0,87	0,98
	III	24,21	—	1,93	2,17	III	24,21	—	1,66	1,87	—	1,40	1,58	—	1,15	1,29	—	0,90	1,02	—	0,67	0,75	—	0,44	0,50
	V	54,95	0,93	4,39	4,94	IV	39,11	—	2,94	3,30	—	2,75	3,10	—	2,57	2,89	—	2,40	2,70	—	2,22	2,50	—	2,06	2,32
	VI	56,16	1,07	4,49	5,05																				
187,39	I,IV	39,15	—	3,13	3,52	I	39,15	—	2,76	3,10	—	2,40	2,70	—	2,06	2,32	—	1,74	1,95	—	1,43	1,61	—	1,14	1,28
	II	34,70	—	2,77	3,12	II	34,70	—	2,42	2,72	—	2,07	2,33	—	1,75	1,97	—	1,44	1,62	—	1,15	1,30	—	0,88	0,99
	III	24,23	—	1,93	2,18	III	24,23	—	1,66	1,87	—	1,40	1,58	—	1,15	1,30	—	0,91	1,02	—	0,67	0,75	—	0,44	0,50
	V	54,99	0,93	4,39	4,94	IV	39,15	—	2,94	3,31	—	2,76	3,10	—	2,58	2,90	—	2,40	2,70	—	2,23	2,51	—	2,06	2,32
	VI	56,20	1,08	4,49	5,05																				
187,49	I,IV	39,18	—	3,13	3,52	I	39,18	—	2,76	3,10	—	2,40	2,70	—	2,06	2,32	—	1,74	1,96	—	1,43	1,61	—	1,14	1,28
	II	34,74	—	2,77	3,12	II	34,74	—	2,42	2,72	—	2,08	2,34	—	1,75	1,97	—	1,44	1,63	—	1,15	1,30	—	0,88	0,99
	III	24,26	—	1,94	2,18	III	24,26	—	1,67	1,88	—	1,41	1,58	—	1,15	1,30	—	0,91	1,02	—	0,67	0,76	—	0,44	0,50
	V	55,03	0,94	4,40	4,95	IV	39,18	—	2,94	3,31	—	2,76	3,10	—	2,58	2,90	—	2,40	2,70	—	2,23	2,51	—	2,06	2,32
	VI	56,24	1,08	4,49	5,06																				
187,59	I,IV	39,22	—	3,13	3,52	I	39,22	—	2,76	3,11	—	2,40	2,71	—	2,06	2,32	—	1,74	1,96	—	1,43	1,61	—	1,14	1,29
	II	34,77	—	2,78	3,12	II	34,77	—	2,42	2,72	—	2,08	2,34	—	1,76	1,98	—	1,45	1,63	—	1,16	1,30	—	0,88	0,99
	III	24,28	—	1,94	2,18	III	24,28	—	1,67	1,88	—	1,41	1,58	—	1,16	1,30	—	0,91	1,02	—	0,67	0,76	—	0,44	0,50
	V	55,06	0,94	4,40	4,95	IV	39,22	—	2,94	3,31	—	2,76	3,11	—	2,58	2,90	—	2,40	2,71	—	2,23	2,51	—	2,06	2,32
	VI	56,27	1,09	4,50	5,06																				
187,69	I,IV	39,26	—	3,14	3,53	I	39,26	—	2,76	3,11	—	2,41	2,71	—	2,07	2,33	—	1,74	1,96	—	1,44	1,62	—	1,14	1,29
	II	34,81	—	2,78	3,13	II	34,81	—	2,42	2,73	—	2,08	2,34	—	1,76	1,98	—	1,45	1,63	—	1,16	1,30	—	0,88	0,99
	III	24,31	—	1,94	2,18	III	24,31	—	1,67	1,88	—	1,41	1,59	—	1,16	1,30	—	0,91	1,03	—	0,68	0,76	—	0,45	0,50
	V	55,10	0,95	4,40	4,95	IV	39,26	—	2,95	3,32	—	2,76	3,11	—	2,58	2,91	—	2,41	2,71	—	2,24	2,52	—	2,07	2,33
	VI	56,31	1,09	4,50	5,06																				
187,79	I,IV	39,30	—	3,14	3,53	I	39,30	—	2,77	3,11	—	2,41	2,71	—	2,07	2,33	—	1,75	1,97	—	1,44	1,62	—	1,15	1,29
	II	34,84	—	2,78	3,13	II	34,84	—	2,43	2,73	—	2,08	2,35	—	1,76	1,98	—	1,45	1,63	—	1,16	1,31	—	0,88	0,99
	III	24,34	—	1,94	2,19	III	24,34	—	1,67	1,88	—	1,41	1,59	—	1,16	1,30	—	0,91	1,03	—	0,68	0,76	—	0,45	0,51
	V	55,14	0,95	4,41	4,96	IV	39,30	—	2,95	3,32	—	2,77	3,11	—	2,59	2,91	—	2,41	2,71	—	2,24	2,52	—	2,07	2,33
	VI	56,35	1,10	4,50	5,07																				
187,89	I,IV	39,33	—	3,14	3,53	I	39,33	—	2,77	3,12	—	2,41	2,71	—	2,07	2,33	—	1,75	1,97	—	1,44	1,62	—	1,15	1,29
	II	34,88	—	2,79	3,13	II	34,88	—	2,43	2,73	—	2,09	2,35	—	1,76	1,98	—	1,45	1,64	—	1,16	1,31	—	0,89	1,—
	III	24,37	—	1,94	2,19	III	24,37	—	1,68	1,89	—	1,41	1,59	—	1,16	1,31	—	0,92	1,03	—	0,68	0,76	—	0,45	0,51
	V	55,18	0,96	4,41	4,96	IV	39,33	—	2,95	3,32	—	2,77	3,12	—	2,59	2,91	—	2,41	2,71	—	2,24	2,52	—	2,07	2,33
	VI	56,39	1,10	4,51	5,07																				
187,99	I,IV	39,37	—	3,14	3,54	I	39,37	—	2,77	3,12	—	2,42	2,72	—	2,08	2,34	—	1,75	1,97	—	1,44	1,62	—	1,15	1,30
	II	34,91	—	2,79	3,14	II	34,91	—	2,43	2,74	—	2,09	2,35	—	1,77	1,99	—	1,46	1,64	—	1,16	1,31	—	0,89	1,—
	III	24,40	—	1,95	2,19	III	24,40	—	1,68	1,89	—	1,42	1,59	—	1,16	1,31	—	0,92	1,03	—	0,68	0,77	—	0,45	0,51
	V	55,22	0,96	4,41	4,96	IV	39,37	—	2,96	3,33	—	2,77	3,12	—	2,59	2,92	—	2,42	2,72	—	2,24	2,52	—	2,08	2,34
	VI	56,43	1,11	4,51	5,07																				
188,09	I,IV	39,41	—	3,15	3,54	I	39,41	—	2,78	3,12	—	2,42	2,72	—	2,08	2,34	—	1,75	1,97	—	1,45	1,63	—	1,15	1,30
	II	34,95	—	2,79	3,14	II	34,95	—	2,43	2,74	—	2,09	2,35	—	1,77	1,99	—	1,46	1,64	—	1,17	1,31	—	0,89	1,—
	III	24,42	—	1,95	2,19	III	24,42	—	1,68	1,89	—	1,42	1,60	—	1,16	1,31	—	0,92	1,04	—	0,68	0,77	—	0,45	0,51
	V	55,26	0,97	4,42	4,97	IV	39,41	—	2,96	3,33	—	2,78	3,12	—	2,60	2,92	—	2,42	2,72	—	2,25	2,53	—	2,08	2,34
	VI	56,47	1,11	4,51	5,08																				
188,19	I,IV	39,45	—	3,15	3,55	I	39,45	—	2,78	3,13	—	2,42	2,72	—	2,08	2,34	—	1,76	1,98	—	1,45	1,63	—	1,16	1,30
	II	34,99	—	2,79	3,14	II	34,99	—	2,44	2,74	—	2,10	2,36	—	1,77	1,99	—	1,46	1,64	—	1,17	1,32	—	0,89	1,—
	III	24,45	—	1,95	2,20	III	24,45	—	1,68	1,89	—	1,42	1,60	—	1,17	1,31	—	0,92	1,04	—	0,68	0,77	—	0,46	0,51
	V	55,30	0,97	4,42	4,97	IV	39,45	—	2,96	3,33	—	2,78	3,13	—	2,60	2,92	—	2,42	2,72	—	2,25	2,53	—	2,08	2,34
	VI	56,51	1,11	4,52	5,08																				
188,29	I,IV	39,48	—	3,15	3,55	I	39,48	—	2,78	3,13	—	2,42	2,73	—	2,08	2,34	—	1,76	1,98	—	1,45	1,63	—	1,16	1,30
	II	35,02	—	2,80	3,15	II	35,02	—	2,44	2,75	—	2,10	2,36	—	1,77	1,99	—	1,46	1,65	—	1,17	1,32	—	0,89	1,01
	III	24,47	—	1,95	2,20	III	24,47	—	1,68	1,89	—	1,42	1,60	—	1,17	1,32	—	0,92	1,04	—	0,69	0,77	—	0,46	0,52
	V	55,34	0,98	4,42	4,98	IV	39,48	—	2,97	3,34	—	2,78	3,13	—	2,60	2,93	—	2,42	2,73	—	2,25	2,53	—	2,08	2,34
	VI	56,55	1,12	4,52	5,08																				

* Die ausgewiesenen Tabellenwerte sind amtlich. Siehe Erläuterungen auf der Umschlaginnenseite (U2).

T 217

TAG 188,30*

Lohn/ Gehalt bis €*		Abzüge an Lohnsteuer, Solidaritätszuschlag (SolZ) und Kirchensteuer (8%, 9%) in den Steuerklassen I – VI				I, II, III, IV		mit Zahl der Kinderfreibeträge . . . 0,5			1			1,5			2			2,5			3		
		LSt	ohne Kinderfreibeträge SolZ	8%	9%		LSt	SolZ	8%	9%	SolZ	8%	9%	SolZ	8%	9%	SolZ	8%	9%	SolZ	8%	9%	SolZ	8%	9%
188,39	I,IV	39,52	—	3,16	3,55	I	39,52	—	2,78	3,13	—	2,43	2,73	—	2,09	2,35	—	1,76	1,98	—	1,45	1,63	—	1,16	1,31
	II	35,06	—	2,80	3,15	II	35,06	—	2,44	2,75	—	2,10	2,36	—	1,78	2,—	—	1,47	1,65	—	1,17	1,32	—	0,90	1,01
	III	24,50	—	1,96	2,20	III	24,50	—	1,69	1,90	—	1,42	1,60	—	1,17	1,32	—	0,93	1,04	—	0,69	0,78	—	0,46	0,52
	V	55,38	0,98	4,43	4,98	IV	39,52	—	2,97	3,34	—	2,78	3,13	—	2,60	2,93	—	2,43	2,73	—	2,25	2,54	—	2,09	2,35
	VI	56,58	1,12	4,52	5,09																				
188,49	I,IV	39,56	—	3,16	3,56	I	39,56	—	2,79	3,14	—	2,43	2,73	—	2,09	2,35	—	1,76	1,98	—	1,46	1,64	—	1,16	1,31
	II	35,10	—	2,80	3,15	II	35,10	—	2,44	2,75	—	2,10	2,37	—	1,78	2,—	—	1,47	1,65	—	1,18	1,32	—	0,90	1,01
	III	24,53	—	1,96	2,20	III	24,53	—	1,69	1,90	—	1,43	1,61	—	1,17	1,32	—	0,93	1,04	—	0,69	0,78	—	0,46	0,52
	V	55,41	0,98	4,43	4,98	IV	39,56	—	2,97	3,34	—	2,79	3,14	—	2,61	2,93	—	2,43	2,73	—	2,26	2,54	—	2,09	2,35
	VI	56,62	1,13	4,52	5,09																				
188,59	I,IV	39,60	—	3,16	3,56	I	39,60	—	2,79	3,14	—	2,43	2,74	—	2,09	2,35	—	1,77	1,99	—	1,46	1,64	—	1,17	1,31
	II	35,13	—	2,81	3,16	II	35,13	—	2,45	2,75	—	2,11	2,37	—	1,78	2,—	—	1,47	1,66	—	1,18	1,33	—	0,90	1,01
	III	24,56	—	1,96	2,21	III	24,56	—	1,69	1,90	—	1,43	1,61	—	1,18	1,32	—	0,93	1,05	—	0,69	0,78	—	0,46	0,52
	V	55,45	0,99	4,43	4,99	IV	39,60	—	2,97	3,35	—	2,79	3,14	—	2,61	2,94	—	2,43	2,74	—	2,26	2,54	—	2,09	2,35
	VI	56,66	1,13	4,53	5,09																				
188,69	I,IV	39,63	—	3,17	3,56	I	39,63	—	2,79	3,14	—	2,44	2,74	—	2,09	2,36	—	1,77	1,99	—	1,46	1,64	—	1,17	1,31
	II	35,17	—	2,81	3,16	II	35,17	—	2,45	2,76	—	2,11	2,37	—	1,78	2,01	—	1,47	1,66	—	1,18	1,33	—	0,90	1,02
	III	24,58	—	1,96	2,21	III	24,58	—	1,69	1,90	—	1,43	1,61	—	1,18	1,32	—	0,93	1,05	—	0,69	0,78	—	0,46	0,52
	V	55,49	0,99	4,43	4,99	IV	39,63	—	2,98	3,35	—	2,79	3,14	—	2,61	2,94	—	2,44	2,74	—	2,26	2,55	—	2,09	2,36
	VI	56,70	1,14	4,53	5,10																				
188,79	I,IV	39,67	—	3,17	3,57	I	39,67	—	2,80	3,15	—	2,44	2,74	—	2,10	2,36	—	1,77	1,99	—	1,46	1,65	—	1,17	1,32
	II	35,20	—	2,81	3,16	II	35,20	—	2,45	2,76	—	2,11	2,38	—	1,79	2,01	—	1,48	1,66	—	1,18	1,33	—	0,90	1,02
	III	24,61	—	1,96	2,21	III	24,61	—	1,69	1,91	—	1,43	1,61	—	1,18	1,33	—	0,93	1,05	—	0,70	0,78	—	0,47	0,53
	V	55,53	1,—	4,44	4,99	IV	39,67	—	2,98	3,35	—	2,80	3,15	—	2,61	2,94	—	2,44	2,74	—	2,27	2,55	—	2,10	2,36
	VI	56,74	1,14	4,53	5,10																				
188,89	I,IV	39,71	—	3,17	3,57	I	39,71	—	2,80	3,15	—	2,44	2,75	—	2,10	2,36	—	1,77	2,—	—	1,46	1,65	—	1,17	1,32
	II	35,24	—	2,81	3,17	II	35,24	—	2,46	2,76	—	2,11	2,38	—	1,79	2,01	—	1,48	1,66	—	1,18	1,33	—	0,91	1,02
	III	24,63	—	1,97	2,21	III	24,63	—	1,70	1,91	—	1,43	1,61	—	1,18	1,33	—	0,94	1,05	—	0,70	0,79	—	0,47	0,53
	V	55,57	1,—	4,44	5,—	IV	39,71	—	2,98	3,36	—	2,80	3,15	—	2,62	2,95	—	2,44	2,75	—	2,27	2,55	—	2,10	2,36
	VI	56,78	1,15	4,54	5,11																				
188,99	I,IV	39,75	—	3,18	3,57	I	39,75	—	2,80	3,15	—	2,44	2,75	—	2,10	2,36	—	1,78	2,—	—	1,47	1,65	—	1,17	1,32
	II	35,28	—	2,82	3,17	II	35,28	—	2,46	2,77	—	2,12	2,38	—	1,79	2,01	—	1,48	1,67	—	1,19	1,34	—	0,91	1,02
	III	24,66	—	1,97	2,21	III	24,66	—	1,70	1,91	—	1,44	1,62	—	1,18	1,33	—	0,94	1,05	—	0,70	0,79	—	0,47	0,53
	V	55,61	1,01	4,44	5,—	IV	39,75	—	2,99	3,36	—	2,80	3,15	—	2,62	2,95	—	2,44	2,75	—	2,27	2,55	—	2,10	2,36
	VI	56,81	1,15	4,54	5,11																				
189,09	I,IV	39,78	—	3,18	3,58	I	39,78	—	2,80	3,15	—	2,45	2,75	—	2,10	2,37	—	1,78	2,—	—	1,47	1,65	—	1,18	1,32
	II	35,31	—	2,82	3,17	II	35,31	—	2,46	2,77	—	2,12	2,38	—	1,79	2,02	—	1,48	1,67	—	1,19	1,34	—	0,91	1,03
	III	24,69	—	1,97	2,22	III	24,69	—	1,70	1,91	—	1,44	1,62	—	1,18	1,33	—	0,94	1,06	—	0,70	0,79	—	0,47	0,53
	V	55,65	1,01	4,45	5,—	IV	39,78	—	2,99	3,36	—	2,80	3,15	—	2,62	2,95	—	2,45	2,75	—	2,27	2,56	—	2,10	2,37
	VI	56,85	1,16	4,54	5,11																				
189,19	I,IV	39,82	—	3,18	3,58	I	39,82	—	2,81	3,16	—	2,45	2,76	—	2,11	2,37	—	1,78	2,—	—	1,47	1,66	—	1,18	1,33
	II	35,35	—	2,82	3,18	II	35,35	—	2,46	2,77	—	2,12	2,39	—	1,80	2,02	—	1,49	1,67	—	1,19	1,34	—	0,91	1,03
	III	24,72	—	1,97	2,22	III	24,72	—	1,70	1,92	—	1,44	1,62	—	1,19	1,34	—	0,94	1,06	—	0,70	0,79	—	0,47	0,53
	V	55,68	1,02	4,45	5,01	IV	39,82	—	2,99	3,37	—	2,81	3,16	—	2,63	2,95	—	2,45	2,76	—	2,28	2,56	—	2,11	2,37
	VI	56,89	1,16	4,55	5,12																				
189,29	I,IV	39,86	—	3,18	3,58	I	39,86	—	2,81	3,16	—	2,45	2,76	—	2,11	2,37	—	1,78	2,01	—	1,47	1,66	—	1,18	1,33
	II	35,38	—	2,83	3,18	II	35,38	—	2,47	2,78	—	2,12	2,39	—	1,80	2,02	—	1,49	1,67	—	1,19	1,34	—	0,92	1,03
	III	24,75	—	1,98	2,22	III	24,75	—	1,70	1,92	—	1,44	1,62	—	1,19	1,34	—	0,94	1,06	—	0,70	0,79	—	0,48	0,54
	V	55,72	1,02	4,45	5,01	IV	39,86	—	3,—	3,37	—	2,81	3,16	—	2,63	2,96	—	2,45	2,76	—	2,28	2,56	—	2,11	2,37
	VI	56,93	1,17	4,55	5,12																				
189,39	I,IV	39,90	—	3,19	3,59	I	39,90	—	2,81	3,16	—	2,45	2,76	—	2,11	2,38	—	1,79	2,01	—	1,48	1,66	—	1,18	1,33
	II	35,42	—	2,83	3,18	II	35,42	—	2,47	2,78	—	2,13	2,39	—	1,80	2,03	—	1,49	1,68	—	1,20	1,35	—	0,92	1,03
	III	24,77	—	1,98	2,22	III	24,77	—	1,71	1,92	—	1,44	1,63	—	1,19	1,34	—	0,94	1,06	—	0,71	0,80	—	0,48	0,54
	V	55,76	1,03	4,46	5,01	IV	39,90	—	3,—	3,37	—	2,81	3,16	—	2,63	2,96	—	2,45	2,76	—	2,28	2,57	—	2,11	2,38
	VI	56,97	1,17	4,55	5,12																				
189,49	I,IV	39,93	—	3,19	3,59	I	39,93	—	2,82	3,17	—	2,46	2,76	—	2,12	2,38	—	1,79	2,01	—	1,48	1,66	—	1,19	1,33
	II	35,46	—	2,83	3,19	II	35,46	—	2,47	2,78	—	2,13	2,40	—	1,80	2,03	—	1,49	1,68	—	1,20	1,35	—	0,92	1,04
	III	24,80	—	1,98	2,23	III	24,80	—	1,71	1,92	—	1,45	1,63	—	1,19	1,34	—	0,95	1,07	—	0,71	0,80	—	0,48	0,54
	V	55,80	1,03	4,46	5,02	IV	39,93	—	3,—	3,38	—	2,82	3,17	—	2,63	2,96	—	2,46	2,76	—	2,28	2,57	—	2,12	2,38
	VI	57,01	1,17	4,56	5,13																				
189,59	I,IV	39,97	—	3,19	3,59	I	39,97	—	2,82	3,17	—	2,46	2,77	—	2,12	2,38	—	1,79	2,02	—	1,48	1,67	—	1,19	1,34
	II	35,49	—	2,83	3,19	II	35,49	—	2,48	2,79	—	2,13	2,40	—	1,81	2,03	—	1,50	1,68	—	1,20	1,35	—	0,92	1,04
	III	24,82	—	1,98	2,23	III	24,82	—	1,71	1,93	—	1,45	1,63	—	1,20	1,35	—	0,95	1,07	—	0,71	0,80	—	0,48	0,54
	V	55,84	1,04	4,46	5,02	IV	39,97	—	3,—	3,38	—	2,82	3,17	—	2,64	2,97	—	2,46	2,77	—	2,29	2,57	—	2,12	2,38
	VI	57,05	1,18	4,56	5,13																				
189,69	I,IV	40,01	—	3,20	3,60	I	40,01	—	2,82	3,17	—	2,46	2,77	—	2,12	2,39	—	1,79	2,02	—	1,48	1,67	—	1,19	1,34
	II	35,53	—	2,84	3,19	II	35,53	—	2,48	2,79	—	2,14	2,40	—	1,81	2,03	—	1,50	1,69	—	1,20	1,35	—	0,92	1,04
	III	24,85	—	1,98	2,23	III	24,85	—	1,71	1,93	—	1,45	1,63	—	1,20	1,35	—	0,95	1,07	—	0,71	0,80	—	0,48	0,54
	V	55,88	1,04	4,47	5,02	IV	40,01	—	3,01	3,38	—	2,82	3,17	—	2,64	2,97	—	2,46	2,77	—	2,29	2,58	—	2,12	2,39
	VI	57,08	1,18	4,56	5,13																				
189,79	I,IV	40,05	—	3,20	3,60	I	40,05	—	2,82	3,18	—	2,47	2,77	—	2,12	2,39	—	1,80	2,02	—	1,49	1,67	—	1,19	1,34
	II	35,56	—	2,84	3,20	II	35,56	—	2,48	2,79	—	2,14	2,41	—	1,81	2,04	—	1,50	1,69	—	1,20	1,36	—	0,93	1,04
	III	24,88	—	1,99	2,23	III	24,88	—	1,72	1,93	—	1,45	1,63	—	1,20	1,35	—	0,95	1,07	—	0,71	0,80	—	0,48	0,54
	V	55,91	1,04	4,47	5,03	IV	40,05	—	3,01	3,39	—	2,82	3,18	—	2,64	2,97	—	2,47	2,77	—	2,29	2,58	—	2,12	2,39
	VI	57,12	1,19	4,56	5,14																				
189,89	I,IV	40,08	—	3,20	3,60	I	40,08	—	2,83	3,18	—	2,47	2,78	—	2,13	2,39	—	1,80	2,02	—	1,49	1,68	—	1,19	1,34
	II	35,60	—	2,84	3,20	II	35,60	—	2,48	2,79	—	2,14	2,41	—	1,81	2,04	—	1,50	1,69	—	1,21	1,36	—	0,93	1,04
	III	24,91	—	1,99	2,24	III	24,91	—	1,72	1,93	—	1,46	1,64	—	1,20	1,35	—	0,95	1,07	—	0,72	0,81	—	0,49	0,55
	V	55,95	1,05	4,47	5,03	IV	40,08	—	3,01	3,39	—	2,83	3,18	—	2,65	2,98	—	2,47	2,78	—	2,30	2,58	—	2,13	2,39
	VI	57,16	1,19	4,57	5,14																				

* Die ausgewiesenen Tabellenwerte sind amtlich. Siehe Erläuterungen auf der Umschlaginnenseite (U2).

Abzüge an Lohnsteuer, Solidaritätszuschlag (SolZ) und Kirchensteuer (8%, 9%) in den Steuerklassen

Lohn/ Gehalt bis €*	I – VI	ohne Kinderfreibeträge LSt	SolZ	8%	9%	I, II, III, IV	mit Zahl der Kinderfreibeträge ... LSt	0,5 SolZ	0,5 8%	0,5 9%	1 SolZ	1 8%	1 9%	1,5 SolZ	1,5 8%	1,5 9%	2 SolZ	2 8%	2 9%	2,5 SolZ	2,5 8%	2,5 9%	3 SolZ	3 8%	3 9%
189,99	I,IV	40,12	—	3,20	3,61	I	40,12	—	2,83	3,18	—	2,47	2,78	—	2,13	2,39	—	1,80	2,03	—	1,49	1,68	—	1,20	1,35
	II	35,64	—	2,85	3,20	II	35,64	—	2,49	2,80	—	2,14	2,41	—	1,82	2,04	—	1,50	1,69	—	1,21	1,36	—	0,93	1,05
	III	24,93	—	1,99	2,24	III	24,93	—	1,72	1,93	—	1,46	1,64	—	1,20	1,35	—	0,96	1,08	—	0,72	0,81	—	0,49	0,55
	V	55,99	1,05	4,47	5,03	IV	40,12	—	3,02	3,39	—	2,83	3,18	—	2,65	2,98	—	2,47	2,78	—	2,30	2,59	—	2,13	2,39
	VI	57,20	1,20	4,57	5,14																				
190,09	I,IV	40,16	—	3,21	3,61	I	40,16	—	2,83	3,19	—	2,47	2,78	—	2,13	2,40	—	1,80	2,03	—	1,49	1,68	—	1,20	1,35
	II	35,67	—	2,85	3,21	II	35,67	—	2,49	2,80	—	2,15	2,41	—	1,82	2,05	—	1,51	1,70	—	1,21	1,36	—	0,93	1,05
	III	24,96	—	1,99	2,24	III	24,96	—	1,72	1,94	—	1,46	1,64	—	1,20	1,36	—	0,96	1,08	—	0,72	0,81	—	0,49	0,55
	V	56,03	1,06	4,48	5,04	IV	40,16	—	3,02	3,40	—	2,83	3,19	—	2,65	2,98	—	2,47	2,78	—	2,30	2,59	—	2,13	2,40
	VI	57,24	1,20	4,57	5,15																				
190,19	I,IV	40,20	—	3,21	3,61	I	40,20	—	2,84	3,19	—	2,48	2,79	—	2,13	2,40	—	1,81	2,03	—	1,50	1,68	—	1,20	1,35
	II	35,71	—	2,85	3,21	II	35,71	—	2,49	2,80	—	2,15	2,42	—	1,82	2,05	—	1,51	1,70	—	1,21	1,37	—	0,93	1,05
	III	24,99	—	1,99	2,24	III	24,99	—	1,72	1,94	—	1,46	1,64	—	1,21	1,36	—	0,96	1,08	—	0,72	0,81	—	0,49	0,55
	V	56,07	1,06	4,48	5,04	IV	40,20	—	3,02	3,40	—	2,84	3,19	—	2,65	2,99	—	2,48	2,79	—	2,30	2,59	—	2,13	2,40
	VI	57,28	1,21	4,58	5,15																				
190,29	I,IV	40,24	—	3,21	3,62	I	40,24	—	2,84	3,19	—	2,48	2,79	—	2,14	2,40	—	1,81	2,04	—	1,50	1,69	—	1,20	1,35
	II	35,75	—	2,86	3,21	II	35,75	—	2,50	2,81	—	2,15	2,42	—	1,82	2,05	—	1,51	1,70	—	1,22	1,37	—	0,94	1,05
	III	25,02	—	2,—	2,25	III	25,02	—	1,73	1,94	—	1,46	1,65	—	1,21	1,36	—	0,96	1,08	—	0,72	0,81	—	0,49	0,55
	V	56,11	1,07	4,48	5,04	IV	40,24	—	3,02	3,40	—	2,84	3,19	—	2,66	2,99	—	2,48	2,79	—	2,31	2,59	—	2,14	2,40
	VI	57,31	1,21	4,58	5,15																				
190,39	I,IV	40,27	—	3,22	3,62	I	40,27	—	2,84	3,20	—	2,48	2,79	—	2,14	2,41	—	1,81	2,04	—	1,50	1,69	—	1,21	1,36
	II	35,78	—	2,86	3,22	II	35,78	—	2,50	2,81	—	2,15	2,42	—	1,83	2,05	—	1,51	1,70	—	1,22	1,37	—	0,94	1,06
	III	25,04	—	2,—	2,25	III	25,04	—	1,73	1,94	—	1,46	1,65	—	1,21	1,36	—	0,96	1,08	—	0,73	0,82	—	0,50	0,56
	V	56,15	1,07	4,49	5,05	IV	40,27	—	3,03	3,41	—	2,84	3,20	—	2,66	2,99	—	2,48	2,79	—	2,31	2,60	—	2,14	2,41
	VI	57,35	1,22	4,58	5,16																				
190,49	I,IV	40,31	—	3,22	3,62	I	40,31	—	2,84	3,20	—	2,48	2,80	—	2,14	2,41	—	1,81	2,04	—	1,50	1,69	—	1,21	1,36
	II	35,82	—	2,86	3,22	II	35,82	—	2,50	2,81	—	2,16	2,43	—	1,83	2,06	—	1,52	1,71	—	1,22	1,37	—	0,94	1,06
	III	25,07	—	2,—	2,25	III	25,07	—	1,73	1,95	—	1,47	1,65	—	1,21	1,36	—	0,97	1,09	—	0,73	0,82	—	0,50	0,56
	V	56,18	1,08	4,49	5,05	IV	40,31	—	3,03	3,41	—	2,84	3,20	—	2,66	3,—	—	2,48	2,80	—	2,31	2,60	—	2,14	2,41
	VI	57,39	1,22	4,59	5,16																				
190,59	I,IV	40,35	—	3,22	3,63	I	40,35	—	2,85	3,20	—	2,49	2,80	—	2,14	2,41	—	1,82	2,04	—	1,51	1,69	—	1,21	1,36
	II	35,86	—	2,86	3,22	II	35,86	—	2,50	2,82	—	2,16	2,43	—	1,83	2,06	—	1,52	1,71	—	1,22	1,38	—	0,94	1,06
	III	25,10	—	2,—	2,25	III	25,10	—	1,73	1,95	—	1,47	1,65	—	1,21	1,37	—	0,97	1,09	—	0,73	0,82	—	0,50	0,56
	V	56,22	1,08	4,49	5,05	IV	40,35	—	3,03	3,41	—	2,85	3,20	—	2,67	3,—	—	2,49	2,80	—	2,31	2,60	—	2,14	2,41
	VI	57,43	1,22	4,59	5,16																				
190,69	I,IV	40,39	—	3,23	3,63	I	40,39	—	2,85	3,21	—	2,49	2,80	—	2,15	2,42	—	1,82	2,05	—	1,51	1,70	—	1,21	1,36
	II	35,89	—	2,87	3,23	II	35,89	—	2,51	2,82	—	2,16	2,43	—	1,83	2,06	—	1,52	1,71	—	1,23	1,38	—	0,95	1,06
	III	25,12	—	2,—	2,26	III	25,12	—	1,73	1,95	—	1,47	1,66	—	1,22	1,37	—	0,97	1,09	—	0,73	0,82	—	0,50	0,56
	V	56,26	1,09	4,50	5,06	IV	40,39	—	3,04	3,42	—	2,85	3,21	—	2,67	3,—	—	2,49	2,80	—	2,32	2,61	—	2,15	2,42
	VI	57,47	1,23	4,59	5,17																				
190,79	I,IV	40,43	—	3,23	3,63	I	40,43	—	2,85	3,21	—	2,49	2,80	—	2,15	2,42	—	1,82	2,05	—	1,51	1,70	—	1,22	1,37
	II	35,93	—	2,87	3,23	II	35,93	—	2,51	2,82	—	2,16	2,43	—	1,84	2,07	—	1,52	1,71	—	1,23	1,38	—	0,95	1,07
	III	25,15	—	2,01	2,26	III	25,15	—	1,74	1,95	—	1,47	1,66	—	1,22	1,37	—	0,97	1,09	—	0,73	0,82	—	0,50	0,56
	V	56,30	1,09	4,50	5,06	IV	40,43	—	3,04	3,42	—	2,85	3,21	—	2,67	3,01	—	2,49	2,80	—	2,32	2,61	—	2,15	2,42
	VI	57,51	1,23	4,60	5,17																				
190,89	I,IV	40,46	—	3,23	3,64	I	40,46	—	2,86	3,21	—	2,50	2,81	—	2,15	2,42	—	1,82	2,05	—	1,51	1,70	—	1,22	1,37
	II	35,96	—	2,87	3,23	II	35,96	—	2,51	2,83	—	2,17	2,44	—	1,84	2,07	—	1,53	1,72	—	1,23	1,38	—	0,95	1,07
	III	25,18	—	2,01	2,26	III	25,18	—	1,74	1,96	—	1,48	1,66	—	1,22	1,37	—	0,97	1,10	—	0,74	0,83	—	0,50	0,57
	V	56,34	1,09	4,50	5,07	IV	40,46	—	3,04	3,42	—	2,86	3,21	—	2,67	3,01	—	2,50	2,81	—	2,32	2,61	—	2,15	2,42
	VI	57,55	1,24	4,60	5,17																				
190,99	I,IV	40,50	—	3,24	3,64	I	40,50	—	2,86	3,22	—	2,50	2,81	—	2,15	2,42	—	1,83	2,06	—	1,52	1,71	—	1,22	1,37
	II	36,—	—	2,88	3,24	II	36,—	—	2,51	2,83	—	2,17	2,44	—	1,84	2,07	—	1,53	1,72	—	1,23	1,39	—	0,95	1,07
	III	25,21	—	2,01	2,26	III	25,21	—	1,74	1,96	—	1,48	1,66	—	1,22	1,38	—	0,98	1,10	—	0,74	0,83	—	0,51	0,57
	V	56,38	1,10	4,51	5,07	IV	40,50	—	3,04	3,43	—	2,86	3,22	—	2,68	3,01	—	2,50	2,81	—	2,32	2,62	—	2,15	2,42
	VI	57,58	1,24	4,60	5,18																				
191,09	I,IV	40,54	—	3,24	3,64	I	40,54	—	2,86	3,22	—	2,50	2,81	—	2,16	2,43	—	1,83	2,06	—	1,52	1,71	—	1,22	1,37
	II	36,04	—	2,88	3,24	II	36,04	—	2,52	2,83	—	2,17	2,44	—	1,84	2,07	—	1,53	1,72	—	1,23	1,39	—	0,95	1,07
	III	25,23	—	2,01	2,27	III	25,23	—	1,74	1,96	—	1,48	1,66	—	1,22	1,38	—	0,98	1,10	—	0,74	0,83	—	0,51	0,57
	V	56,41	1,10	4,51	5,07	IV	40,54	—	3,05	3,43	—	2,86	3,22	—	2,68	3,01	—	2,50	2,81	—	2,33	2,62	—	2,16	2,43
	VI	57,62	1,25	4,60	5,18																				
191,19	I,IV	40,58	—	3,24	3,65	I	40,58	—	2,86	3,22	—	2,50	2,82	—	2,16	2,43	—	1,83	2,06	—	1,52	1,71	—	1,22	1,38
	II	36,07	—	2,88	3,24	II	36,07	—	2,52	2,84	—	2,18	2,45	—	1,85	2,08	—	1,53	1,73	—	1,24	1,39	—	0,96	1,08
	III	25,26	—	2,02	2,27	III	25,26	—	1,74	1,96	—	1,48	1,67	—	1,23	1,38	—	0,98	1,10	—	0,74	0,83	—	0,51	0,57
	V	56,45	1,11	4,51	5,08	IV	40,58	—	3,05	3,43	—	2,86	3,22	—	2,68	3,02	—	2,50	2,82	—	2,33	2,62	—	2,16	2,43
	VI	57,66	1,25	4,61	5,18																				
191,29	I,IV	40,61	—	3,24	3,65	I	40,61	—	2,87	3,23	—	2,51	2,82	—	2,16	2,43	—	1,83	2,06	—	1,52	1,71	—	1,23	1,38
	II	36,11	—	2,88	3,24	II	36,11	—	2,52	2,84	—	2,18	2,45	—	1,85	2,08	—	1,54	1,73	—	1,24	1,39	—	0,96	1,08
	III	25,28	—	2,02	2,27	III	25,28	—	1,75	1,97	—	1,48	1,67	—	1,23	1,38	—	0,98	1,10	—	0,74	0,83	—	0,51	0,58
	V	56,49	1,11	4,51	5,08	IV	40,61	—	3,05	3,44	—	2,87	3,23	—	2,69	3,02	—	2,51	2,82	—	2,33	2,62	—	2,16	2,43
	VI	57,70	1,26	4,61	5,19																				
191,39	I,IV	40,65	—	3,25	3,65	I	40,65	—	2,87	3,23	—	2,51	2,82	—	2,17	2,44	—	1,84	2,07	—	1,52	1,71	—	1,23	1,38
	II	36,15	—	2,89	3,25	II	36,15	—	2,53	2,84	—	2,18	2,45	—	1,85	2,08	—	1,54	1,73	—	1,24	1,40	—	0,96	1,08
	III	25,31	—	2,02	2,27	III	25,31	—	1,75	1,97	—	1,49	1,67	—	1,23	1,38	—	0,98	1,11	—	0,74	0,84	—	0,51	0,58
	V	56,53	1,12	4,52	5,08	IV	40,65	—	3,06	3,44	—	2,87	3,23	—	2,69	3,02	—	2,51	2,82	—	2,34	2,63	—	2,17	2,44
	VI	57,74	1,26	4,61	5,19																				
191,49	I,IV	40,69	—	3,25	3,66	I	40,69	—	2,87	3,23	—	2,51	2,83	—	2,17	2,44	—	1,84	2,07	—	1,53	1,72	—	1,23	1,38
	II	36,18	—	2,89	3,25	II	36,18	—	2,53	2,84	—	2,18	2,46	—	1,85	2,09	—	1,54	1,73	—	1,24	1,40	—	0,96	1,08
	III	25,34	—	2,02	2,28	III	25,34	—	1,75	1,97	—	1,49	1,67	—	1,23	1,39	—	0,98	1,11	—	0,75	0,84	—	0,52	0,58
	V	56,57	1,12	4,52	5,09	IV	40,69	—	3,06	3,44	—	2,87	3,23	—	2,69	3,03	—	2,51	2,83	—	2,34	2,63	—	2,17	2,44
	VI	57,78	1,27	4,62	5,20																				

* Die ausgewiesenen Tabellenwerte sind amtlich. Siehe Erläuterungen auf der Umschlaginnenseite (U2).

TAG 191,50*

Lohn/ Gehalt bis €*	Abzüge an Lohnsteuer, Solidaritätszuschlag (SolZ) und Kirchensteuer (8%, 9%) in den Steuerklassen I – VI					I, II, III, IV		mit Zahl der Kinderfreibeträge . . . 0,5			1			1,5			2			2,5			3		
		LSt	ohne Kinderfreibeträge SolZ	8%	9%		LSt	SolZ	8%	9%	SolZ	8%	9%	SolZ	8%	9%	SolZ	8%	9%	SolZ	8%	9%	SolZ	8%	9%
191,59	I,IV	40,73	—	3,25	3,66	I	40,73	—	2,88	3,24	—	2,52	2,83	—	2,17	2,44	—	1,84	2,07	—	1,53	1,72	—	1,23	1,39
	II	36,22	—	2,89	3,25	II	36,22	—	2,53	2,85	—	2,19	2,46	—	1,86	2,09	—	1,54	1,74	—	1,25	1,40	—	0,96	1,09
	III	25,37	—	2,02	2,28	III	25,37	—	1,75	1,97	—	1,49	1,68	—	1,23	1,39	—	0,99	1,11	—	0,75	0,84	—	0,52	0,58
	V	56,61	1,13	4,52	5,09	IV	40,73	—	3,06	3,45	—	2,88	3,24	—	2,69	3,03	—	2,52	2,83	—	2,34	2,63	—	2,17	2,44
	VI	57,82	1,27	4,62	5,20																				
191,69	I,IV	40,76	—	3,26	3,66	I	40,76	—	2,88	3,24	—	2,52	2,83	—	2,17	2,44	—	1,84	2,07	—	1,53	1,72	—	1,24	1,39
	II	36,25	—	2,90	3,26	II	36,25	—	2,53	2,85	—	2,19	2,46	—	1,86	2,09	—	1,55	1,74	—	1,25	1,40	—	0,97	1,09
	III	25,40	—	2,03	2,28	III	25,40	—	1,76	1,98	—	1,49	1,68	—	1,24	1,39	—	0,99	1,11	—	0,75	0,84	—	0,52	0,58
	V	56,65	1,13	4,53	5,09	IV	40,76	—	3,07	3,45	—	2,88	3,24	—	2,70	3,03	—	2,52	2,83	—	2,34	2,64	—	2,17	2,44
	VI	57,85	1,28	4,62	5,20																				
191,79	I,IV	40,80	—	3,26	3,67	I	40,80	—	2,88	3,24	—	2,52	2,84	—	2,18	2,45	—	1,85	2,08	—	1,53	1,73	—	1,24	1,39
	II	36,29	—	2,90	3,26	II	36,29	—	2,54	2,85	—	2,19	2,47	—	1,86	2,09	—	1,55	1,74	—	1,25	1,41	—	0,97	1,09
	III	25,42	—	2,03	2,28	III	25,42	—	1,76	1,98	—	1,49	1,68	—	1,24	1,39	—	0,99	1,12	—	0,75	0,85	—	0,52	0,59
	V	56,69	1,14	4,53	5,10	IV	40,80	—	3,07	3,45	—	2,88	3,24	—	2,70	3,04	—	2,52	2,84	—	2,35	2,64	—	2,18	2,45
	VI	57,90	1,28	4,63	5,21																				
191,89	I,IV	40,84	—	3,26	3,67	I	40,84	—	2,88	3,25	—	2,52	2,84	—	2,18	2,45	—	1,85	2,08	—	1,54	1,73	—	1,24	1,40
	II	36,33	—	2,90	3,26	II	36,33	—	2,54	2,86	—	2,19	2,47	—	1,86	2,10	—	1,55	1,74	—	1,25	1,41	—	0,97	1,09
	III	25,45	—	2,03	2,29	III	25,45	—	1,76	1,98	—	1,50	1,68	—	1,24	1,40	—	0,99	1,12	—	0,75	0,85	—	0,52	0,59
	V	56,72	1,14	4,53	5,10	IV	40,84	—	3,07	3,46	—	2,88	3,25	—	2,70	3,04	—	2,52	2,84	—	2,35	2,64	—	2,18	2,45
	VI	57,93	1,28	4,63	5,21																				
191,99	I,IV	40,88	—	3,27	3,67	I	40,88	—	2,89	3,25	—	2,53	2,84	—	2,18	2,45	—	1,85	2,08	—	1,54	1,73	—	1,24	1,40
	II	36,36	—	2,90	3,27	II	36,36	—	2,54	2,86	—	2,20	2,47	—	1,87	2,10	—	1,55	1,75	—	1,26	1,41	—	0,97	1,10
	III	25,48	—	2,03	2,29	III	25,48	—	1,76	1,98	—	1,50	1,69	—	1,24	1,40	—	0,99	1,12	—	0,76	0,85	—	0,52	0,59
	V	56,76	1,15	4,54	5,10	IV	40,88	—	3,08	3,46	—	2,89	3,25	—	2,71	3,04	—	2,53	2,84	—	2,35	2,65	—	2,18	2,45
	VI	57,97	1,29	4,63	5,21																				
192,09	I,IV	40,92	—	3,27	3,68	I	40,92	—	2,89	3,25	—	2,53	2,85	—	2,18	2,46	—	1,85	2,09	—	1,54	1,73	—	1,24	1,40
	II	36,40	—	2,91	3,27	II	36,40	—	2,54	2,86	—	2,20	2,47	—	1,87	2,10	—	1,56	1,75	—	1,26	1,41	—	0,98	1,10
	III	25,50	—	2,04	2,29	III	25,50	—	1,76	1,98	—	1,50	1,69	—	1,24	1,40	—	1,—	1,12	—	0,76	0,85	—	0,53	0,59
	V	56,80	1,15	4,54	5,11	IV	40,92	—	3,08	3,46	—	2,89	3,25	—	2,71	3,05	—	2,53	2,85	—	2,35	2,65	—	2,18	2,46
	VI	58,01	1,29	4,64	5,22																				
192,19	I,IV	40,96	—	3,27	3,68	I	40,96	—	2,89	3,26	—	2,53	2,85	—	2,19	2,46	—	1,86	2,09	—	1,54	1,74	—	1,25	1,40
	II	36,44	—	2,91	3,27	II	36,44	—	2,55	2,87	—	2,20	2,48	—	1,87	2,11	—	1,56	1,75	—	1,26	1,42	—	0,98	1,10
	III	25,53	—	2,04	2,29	III	25,53	—	1,77	1,99	—	1,50	1,69	—	1,25	1,40	—	1,—	1,12	—	0,76	0,85	—	0,53	0,59
	V	56,84	1,15	4,54	5,11	IV	40,96	—	3,08	3,47	—	2,89	3,26	—	2,71	3,05	—	2,53	2,85	—	2,36	2,65	—	2,19	2,46
	VI	58,05	1,30	4,64	5,22																				
192,29	I,IV	40,99	—	3,27	3,68	I	40,99	—	2,90	3,26	—	2,54	2,85	—	2,19	2,46	—	1,86	2,09	—	1,55	1,74	—	1,25	1,41
	II	36,47	—	2,91	3,28	II	36,47	—	2,55	2,87	—	2,20	2,48	—	1,87	2,11	—	1,56	1,76	—	1,26	1,42	—	0,98	1,10
	III	25,56	—	2,04	2,30	III	25,56	—	1,77	1,99	—	1,50	1,69	—	1,25	1,40	—	1,—	1,13	—	0,76	0,86	—	0,53	0,60
	V	56,88	1,16	4,55	5,11	IV	40,99	—	3,08	3,47	—	2,90	3,26	—	2,71	3,05	—	2,54	2,85	—	2,36	2,66	—	2,19	2,46
	VI	58,09	1,30	4,64	5,22																				
192,39	I,IV	41,03	—	3,28	3,69	I	41,03	—	2,90	3,26	—	2,54	2,86	—	2,19	2,47	—	1,86	2,10	—	1,55	1,74	—	1,25	1,41
	II	36,51	—	2,92	3,28	II	36,51	—	2,55	2,87	—	2,21	2,48	—	1,88	2,11	—	1,56	1,76	—	1,26	1,42	—	0,98	1,10
	III	25,58	—	2,04	2,30	III	25,58	—	1,77	1,99	—	1,51	1,69	—	1,25	1,41	—	1,—	1,13	—	0,76	0,86	—	0,53	0,60
	V	56,92	1,16	4,55	5,12	IV	41,03	—	3,09	3,47	—	2,90	3,26	—	2,72	3,06	—	2,54	2,86	—	2,36	2,66	—	2,19	2,47
	VI	58,13	1,31	4,65	5,23																				
192,49	I,IV	41,07	—	3,28	3,69	I	41,07	—	2,90	3,27	—	2,54	2,86	—	2,19	2,47	—	1,86	2,10	—	1,55	1,75	—	1,25	1,41
	II	36,55	—	2,92	3,28	II	36,55	—	2,56	2,88	—	2,21	2,49	—	1,88	2,11	—	1,56	1,76	—	1,27	1,43	—	0,98	1,11
	III	25,61	—	2,04	2,30	III	25,61	—	1,77	1,99	—	1,51	1,70	—	1,25	1,41	—	1,—	1,13	—	0,76	0,86	—	0,53	0,60
	V	56,96	1,17	4,55	5,12	IV	41,07	—	3,09	3,48	—	2,90	3,27	—	2,72	3,06	—	2,54	2,86	—	2,37	2,66	—	2,19	2,47
	VI	58,16	1,31	4,65	5,23																				
192,59	I,IV	41,11	—	3,28	3,69	I	41,11	—	2,91	3,27	—	2,54	2,86	—	2,20	2,47	—	1,87	2,10	—	1,55	1,75	—	1,26	1,41
	II	36,58	—	2,92	3,29	II	36,58	—	2,56	2,88	—	2,21	2,49	—	1,88	2,12	—	1,57	1,76	—	1,27	1,43	—	0,99	1,11
	III	25,64	—	2,05	2,30	III	25,64	—	1,77	2,—	—	1,51	1,70	—	1,25	1,41	—	1,01	1,13	—	0,77	0,86	—	0,53	0,60
	V	57,—	1,17	4,56	5,13	IV	41,11	—	3,09	3,48	—	2,91	3,27	—	2,72	3,06	—	2,54	2,86	—	2,37	2,66	—	2,20	2,47
	VI	58,20	1,32	4,65	5,23																				
192,69	I,IV	41,15	—	3,29	3,70	I	41,15	—	2,91	3,27	—	2,55	2,86	—	2,20	2,48	—	1,87	2,10	—	1,56	1,75	—	1,26	1,42
	II	36,62	—	2,92	3,29	II	36,62	—	2,56	2,88	—	2,22	2,49	—	1,88	2,12	—	1,57	1,77	—	1,27	1,43	—	0,99	1,11
	III	25,67	—	2,05	2,31	III	25,67	—	1,78	2,—	—	1,51	1,70	—	1,26	1,41	—	1,01	1,13	—	0,77	0,86	—	0,54	0,60
	V	57,03	1,18	4,56	5,13	IV	41,15	—	3,10	3,48	—	2,91	3,27	—	2,73	3,07	—	2,55	2,86	—	2,37	2,67	—	2,20	2,48
	VI	58,24	1,32	4,65	5,24																				
192,79	I,IV	41,18	—	3,29	3,70	I	41,18	—	2,91	3,28	—	2,55	2,87	—	2,20	2,48	—	1,87	2,11	—	1,56	1,75	—	1,26	1,42
	II	36,66	—	2,93	3,29	II	36,66	—	2,56	2,89	—	2,22	2,50	—	1,89	2,12	—	1,57	1,77	—	1,27	1,43	—	0,99	1,11
	III	25,70	—	2,05	2,31	III	25,70	—	1,78	2,—	—	1,51	1,70	—	1,26	1,42	—	1,01	1,14	—	0,77	0,87	—	0,54	0,61
	V	57,07	1,18	4,56	5,13	IV	41,18	—	3,10	3,49	—	2,91	3,28	—	2,73	3,07	—	2,55	2,87	—	2,37	2,67	—	2,20	2,48
	VI	58,28	1,33	4,66	5,24																				
192,89	I,IV	41,22	—	3,29	3,70	I	41,22	—	2,91	3,28	—	2,55	2,87	—	2,20	2,48	—	1,88	2,11	—	1,56	1,76	—	1,26	1,42
	II	36,69	—	2,93	3,30	II	36,69	—	2,57	2,89	—	2,22	2,50	—	1,89	2,13	—	1,57	1,77	—	1,28	1,44	—	0,99	1,12
	III	25,72	—	2,05	2,31	III	25,72	—	1,78	2,—	—	1,52	1,71	—	1,26	1,42	—	1,01	1,14	—	0,77	0,87	—	0,54	0,61
	V	57,11	1,19	4,56	5,13	IV	41,22	—	3,10	3,49	—	2,91	3,28	—	2,73	3,07	—	2,55	2,87	—	2,38	2,67	—	2,20	2,48
	VI	58,32	1,33	4,66	5,24																				
192,99	I,IV	41,26	—	3,30	3,71	I	41,26	—	2,92	3,28	—	2,55	2,87	—	2,21	2,48	—	1,88	2,11	—	1,56	1,76	—	1,26	1,42
	II	36,73	—	2,93	3,30	II	36,73	—	2,57	2,89	—	2,22	2,50	—	1,89	2,13	—	1,58	1,77	—	1,28	1,44	—	1,—	1,12
	III	25,75	—	2,06	2,31	III	25,75	—	1,78	2,01	—	1,52	1,71	—	1,26	1,42	—	1,01	1,14	—	0,77	0,87	—	0,54	0,61
	V	57,15	1,19	4,57	5,14	IV	41,26	—	3,10	3,49	—	2,92	3,28	—	2,73	3,08	—	2,55	2,87	—	2,38	2,68	—	2,21	2,48
	VI	58,36	1,34	4,66	5,25																				
193,09	I,IV	41,30	—	3,30	3,71	I	41,30	—	2,92	3,29	—	2,56	2,88	—	2,21	2,49	—	1,88	2,12	—	1,57	1,76	—	1,27	1,43
	II	36,77	—	2,94	3,30	II	36,77	—	2,57	2,89	—	2,23	2,50	—	1,89	2,13	—	1,58	1,78	—	1,28	1,44	—	1,—	1,12
	III	25,77	—	2,06	2,31	III	25,77	—	1,78	2,01	—	1,52	1,71	—	1,26	1,42	—	1,02	1,14	—	0,78	0,87	—	0,54	0,61
	V	57,19	1,20	4,57	5,14	IV	41,30	—	3,11	3,50	—	2,92	3,29	—	2,74	3,08	—	2,56	2,88	—	2,38	2,68	—	2,21	2,49
	VI	58,40	1,34	4,67	5,25																				

* Die ausgewiesenen Tabellenwerte sind amtlich. Siehe Erläuterungen auf der Umschlaginnenseite (U2).

Lohn/ Gehalt bis €*		Abzüge an Lohnsteuer, Solidaritätszuschlag (SolZ) und Kirchensteuer (8%, 9%) in den Steuerklassen I – VI			ohne Kinderfreibeträge		I, II, III, IV	mit Zahl der Kinderfreibeträge . . . 0,5			1			1,5			2			2,5			3		
		LSt	SolZ	8%	9%		LSt	SolZ	8%	9%	SolZ	8%	9%	SolZ	8%	9%	SolZ	8%	9%	SolZ	8%	9%	SolZ	8%	9%
193,19	I,IV	41,34	—	3,30	3,72	I	41,34	—	2,92	3,29	—	2,56	2,88	—	2,21	2,49	—	1,88	2,12	—	1,57	1,76	—	1,27	1,43
	II	36,80	—	2,94	3,31	II	36,80	—	2,58	2,90	—	2,23	2,51	—	1,90	2,13	—	1,58	1,78	—	1,28	1,44	—	1,—	1,12
	III	25,80	—	2,06	2,32	III	25,80	—	1,79	2,01	—	1,52	1,71	—	1,27	1,42	—	1,02	1,15	—	0,78	0,88	—	0,54	0,61
	V	57,23	1,20	4,57	5,15	IV	41,34	—	3,11	3,50	—	2,92	3,29	—	2,74	3,08	—	2,56	2,88	—	2,38	2,68	—	2,21	2,49
	VI	58,43	1,34	4,67	5,25																				
193,29	I,IV	41,37	—	3,30	3,72	I	41,37	—	2,93	3,29	—	2,56	2,88	—	2,22	2,49	—	1,88	2,12	—	1,57	1,77	—	1,27	1,43
	II	36,84	—	2,94	3,31	II	36,84	—	2,58	2,90	—	2,23	2,51	—	1,90	2,14	—	1,58	1,78	—	1,28	1,45	—	1,—	1,13
	III	25,83	—	2,06	2,32	III	25,83	—	1,79	2,01	—	1,52	1,71	—	1,27	1,43	—	1,02	1,15	—	0,78	0,88	—	0,55	0,62
	V	57,26	1,21	4,58	5,15	IV	41,37	—	3,11	3,50	—	2,93	3,29	—	2,74	3,09	—	2,56	2,88	—	2,39	2,69	—	2,22	2,49
	VI	58,47	1,35	4,67	5,26																				
193,39	I,IV	41,41	—	3,31	3,72	I	41,41	—	2,93	3,30	—	2,57	2,89	—	2,22	2,50	—	1,89	2,12	—	1,57	1,77	—	1,27	1,43
	II	36,88	—	2,95	3,31	II	36,88	—	2,58	2,90	—	2,23	2,51	—	1,90	2,14	—	1,59	1,79	—	1,29	1,45	—	1,—	1,13
	III	25,86	—	2,06	2,32	III	25,86	—	1,79	2,02	—	1,53	1,72	—	1,27	1,43	—	1,02	1,15	—	0,78	0,88	—	0,55	0,62
	V	57,30	1,21	4,58	5,15	IV	41,41	—	3,12	3,51	—	2,93	3,30	—	2,74	3,09	—	2,57	2,89	—	2,39	2,69	—	2,22	2,50
	VI	58,51	1,35	4,68	5,26																				
193,49	I,IV	41,45	—	3,31	3,73	I	41,45	—	2,93	3,30	—	2,57	2,89	—	2,22	2,50	—	1,89	2,13	—	1,58	1,77	—	1,28	1,44
	II	36,91	—	2,95	3,32	II	36,91	—	2,58	2,91	—	2,24	2,52	—	1,90	2,14	—	1,59	1,79	—	1,29	1,45	—	1,01	1,13
	III	25,88	—	2,07	2,32	III	25,88	—	1,79	2,02	—	1,53	1,72	—	1,27	1,43	—	1,02	1,15	—	0,78	0,88	—	0,55	0,62
	V	57,34	1,21	4,58	5,16	IV	41,45	—	3,12	3,51	—	2,93	3,30	—	2,75	3,09	—	2,57	2,89	—	2,39	2,69	—	2,22	2,50
	VI	58,55	1,36	4,68	5,26																				
193,59	I,IV	41,49	—	3,31	3,73	I	41,49	—	2,94	3,30	—	2,57	2,89	—	2,22	2,50	—	1,89	2,13	—	1,58	1,78	—	1,28	1,44
	II	36,95	—	2,95	3,32	II	36,95	—	2,59	2,91	—	2,24	2,52	—	1,91	2,15	—	1,59	1,79	—	1,29	1,45	—	1,01	1,13
	III	25,91	—	2,07	2,33	III	25,91	—	1,80	2,02	—	1,53	1,72	—	1,27	1,43	—	1,03	1,15	—	0,78	0,88	—	0,55	0,62
	V	57,38	1,22	4,59	5,16	IV	41,49	—	3,12	3,51	—	2,94	3,30	—	2,75	3,10	—	2,57	2,89	—	2,40	2,70	—	2,22	2,50
	VI	58,59	1,36	4,68	5,27																				
193,69	I,IV	41,53	—	3,32	3,73	I	41,53	—	2,94	3,31	—	2,57	2,90	—	2,23	2,51	—	1,90	2,13	—	1,58	1,78	—	1,28	1,44
	II	36,99	—	2,95	3,32	II	36,99	—	2,59	2,91	—	2,24	2,52	—	1,91	2,15	—	1,59	1,79	—	1,29	1,46	—	1,01	1,14
	III	25,94	—	2,07	2,33	III	25,94	—	1,80	2,02	—	1,53	1,72	—	1,28	1,44	—	1,03	1,16	—	0,79	0,89	—	0,55	0,62
	V	57,42	1,22	4,59	5,16	IV	41,53	—	3,13	3,52	—	2,94	3,31	—	2,75	3,10	—	2,57	2,90	—	2,40	2,70	—	2,23	2,51
	VI	58,63	1,37	4,69	5,27																				
193,79	I,IV	41,56	—	3,32	3,74	I	41,56	—	2,94	3,31	—	2,58	2,90	—	2,23	2,51	—	1,90	2,14	—	1,58	1,78	—	1,28	1,44
	II	37,02	—	2,96	3,33	II	37,02	—	2,59	2,92	—	2,24	2,52	—	1,91	2,15	—	1,60	1,80	—	1,30	1,46	—	1,01	1,14
	III	25,97	—	2,07	2,33	III	25,97	—	1,80	2,03	—	1,54	1,73	—	1,28	1,44	—	1,03	1,16	—	0,79	0,89	—	0,56	0,63
	V	57,46	1,23	4,59	5,17	IV	41,56	—	3,13	3,52	—	2,94	3,31	—	2,76	3,10	—	2,58	2,90	—	2,40	2,70	—	2,23	2,51
	VI	58,66	1,37	4,69	5,27																				
193,89	I,IV	41,60	—	3,32	3,74	I	41,60	—	2,94	3,31	—	2,58	2,90	—	2,23	2,51	—	1,90	2,14	—	1,58	1,78	—	1,29	1,45
	II	37,06	—	2,96	3,33	II	37,06	—	2,60	2,92	—	2,25	2,53	—	1,91	2,15	—	1,60	1,80	—	1,30	1,46	—	1,01	1,14
	III	26,—	—	2,08	2,34	III	26,—	—	1,80	2,03	—	1,54	1,73	—	1,28	1,44	—	1,03	1,16	—	0,79	0,89	—	0,56	0,63
	V	57,50	1,23	4,60	5,17	IV	41,60	—	3,13	3,52	—	2,94	3,31	—	2,76	3,10	—	2,58	2,90	—	2,40	2,70	—	2,23	2,51
	VI	58,70	1,38	4,69	5,28																				
193,99	I,IV	41,64	—	3,33	3,74	I	41,64	—	2,95	3,32	—	2,58	2,91	—	2,23	2,51	—	1,90	2,14	—	1,59	1,79	—	1,29	1,45
	II	37,10	—	2,96	3,33	II	37,10	—	2,60	2,92	—	2,25	2,53	—	1,92	2,16	—	1,60	1,80	—	1,30	1,46	—	1,02	1,14
	III	26,02	—	2,08	2,34	III	26,02	—	1,80	2,03	—	1,54	1,73	—	1,28	1,44	—	1,03	1,16	—	0,79	0,89	—	0,56	0,63
	V	57,53	1,24	4,60	5,17	IV	41,64	—	3,13	3,53	—	2,95	3,32	—	2,76	3,11	—	2,58	2,91	—	2,41	2,71	—	2,23	2,51
	VI	58,74	1,38	4,69	5,28																				
194,09	I,IV	41,68	—	3,33	3,75	I	41,68	—	2,95	3,32	—	2,59	2,91	—	2,24	2,52	—	1,91	2,14	—	1,59	1,79	—	1,29	1,45
	II	37,13	—	2,97	3,34	II	37,13	—	2,60	2,93	—	2,25	2,53	—	1,92	2,16	—	1,60	1,80	—	1,30	1,47	—	1,02	1,15
	III	26,05	—	2,08	2,34	III	26,05	—	1,81	2,03	—	1,54	1,73	—	1,28	1,44	—	1,04	1,17	—	0,79	0,89	—	0,56	0,63
	V	57,57	1,24	4,60	5,18	IV	41,68	—	3,14	3,53	—	2,95	3,32	—	2,77	3,11	—	2,59	2,91	—	2,41	2,71	—	2,24	2,52
	VI	58,78	1,39	4,70	5,29																				
194,19	I,IV	41,72	—	3,33	3,75	I	41,72	—	2,95	3,32	—	2,59	2,91	—	2,24	2,52	—	1,91	2,15	—	1,59	1,79	—	1,29	1,45
	II	37,17	—	2,97	3,34	II	37,17	—	2,60	2,93	—	2,26	2,54	—	1,92	2,16	—	1,61	1,81	—	1,31	1,47	—	1,02	1,15
	III	26,07	—	2,08	2,34	III	26,07	—	1,81	2,03	—	1,54	1,74	—	1,29	1,45	—	1,04	1,17	—	0,80	0,90	—	0,56	0,63
	V	57,61	1,25	4,60	5,18	IV	41,72	—	3,14	3,53	—	2,95	3,32	—	2,77	3,11	—	2,59	2,91	—	2,41	2,71	—	2,24	2,52
	VI	58,82	1,39	4,70	5,29																				
194,29	I,IV	41,76	—	3,34	3,75	I	41,76	—	2,96	3,33	—	2,59	2,92	—	2,24	2,52	—	1,91	2,15	—	1,59	1,79	—	1,29	1,46
	II	37,21	—	2,97	3,34	II	37,21	—	2,61	2,93	—	2,26	2,54	—	1,92	2,17	—	1,61	1,81	—	1,31	1,47	—	1,02	1,15
	III	26,10	—	2,08	2,34	III	26,10	—	1,81	2,04	—	1,54	1,74	—	1,29	1,45	—	1,04	1,17	—	0,80	0,90	—	0,56	0,64
	V	57,65	1,25	4,61	5,18	IV	41,76	—	3,14	3,54	—	2,96	3,33	—	2,77	3,12	—	2,59	2,92	—	2,41	2,72	—	2,24	2,52
	VI	58,86	1,39	4,70	5,29																				
194,39	I,IV	41,80	—	3,34	3,76	I	41,80	—	2,96	3,33	—	2,59	2,92	—	2,25	2,53	—	1,91	2,15	—	1,60	1,80	—	1,30	1,46
	II	37,24	—	2,97	3,35	II	37,24	—	2,61	2,94	—	2,26	2,54	—	1,93	2,17	—	1,61	1,81	—	1,31	1,47	—	1,03	1,15
	III	26,13	—	2,09	2,35	III	26,13	—	1,81	2,04	—	1,55	1,74	—	1,29	1,45	—	1,04	1,17	—	0,80	0,90	—	0,57	0,64
	V	57,69	1,26	4,61	5,19	IV	41,80	—	3,15	3,54	—	2,96	3,33	—	2,77	3,12	—	2,59	2,92	—	2,42	2,72	—	2,25	2,53
	VI	58,90	1,40	4,71	5,30																				
194,49	I,IV	41,83	—	3,34	3,76	I	41,83	—	2,96	3,33	—	2,60	2,92	—	2,25	2,53	—	1,92	2,16	—	1,60	1,80	—	1,30	1,46
	II	37,28	—	2,98	3,35	II	37,28	—	2,61	2,94	—	2,26	2,55	—	1,93	2,17	—	1,61	1,81	—	1,31	1,48	—	1,03	1,16
	III	26,16	—	2,09	2,35	III	26,16	—	1,81	2,04	—	1,55	1,74	—	1,29	1,45	—	1,04	1,17	—	0,80	0,90	—	0,57	0,64
	V	57,73	1,26	4,61	5,19	IV	41,83	—	3,15	3,54	—	2,96	3,33	—	2,78	3,12	—	2,60	2,92	—	2,42	2,72	—	2,25	2,53
	VI	58,93	1,40	4,71	5,30																				
194,59	I,IV	41,87	—	3,34	3,76	I	41,87	—	2,96	3,33	—	2,60	2,92	—	2,25	2,53	—	1,92	2,16	—	1,60	1,80	—	1,30	1,46
	II	37,32	—	2,98	3,35	II	37,32	—	2,62	2,94	—	2,27	2,55	—	1,93	2,17	—	1,62	1,82	—	1,31	1,48	—	1,03	1,16
	III	26,18	—	2,09	2,35	III	26,18	—	1,82	2,04	—	1,55	1,75	—	1,29	1,46	—	1,04	1,18	—	0,80	0,90	—	0,57	0,64
	V	57,76	1,26	4,62	5,19	IV	41,87	—	3,15	3,55	—	2,96	3,33	—	2,78	3,13	—	2,60	2,92	—	2,42	2,73	—	2,25	2,53
	VI	58,97	1,41	4,71	5,30																				
194,69	I,IV	41,91	—	3,35	3,77	I	41,91	—	2,97	3,34	—	2,60	2,93	—	2,25	2,54	—	1,92	2,16	—	1,60	1,80	—	1,30	1,47
	II	37,35	—	2,98	3,36	II	37,35	—	2,62	2,95	—	2,27	2,55	—	1,94	2,18	—	1,62	1,82	—	1,32	1,48	—	1,03	1,16
	III	26,21	—	2,09	2,35	III	26,21	—	1,82	2,05	—	1,55	1,75	—	1,30	1,46	—	1,05	1,18	—	0,81	0,91	—	0,57	0,64
	V	57,80	1,27	4,62	5,20	IV	41,91	—	3,16	3,55	—	2,97	3,34	—	2,78	3,13	—	2,60	2,93	—	2,43	2,73	—	2,25	2,54
	VI	59,01	1,41	4,72	5,31																				

* Die ausgewiesenen Tabellenwerte sind amtlich. Siehe Erläuterungen auf der Umschlaginnenseite (U2).

TAG 194,70*

Abzüge an Lohnsteuer, Solidaritätszuschlag (SolZ) und Kirchensteuer (8%, 9%) in den Steuerklassen

Lohn/ Gehalt bis €*		I – VI	ohne Kinderfreibeträge			I, II, III, IV	mit Zahl der Kinderfreibeträge . . . 0,5			1			1,5			2			2,5			3		
		LSt	SolZ	8%	9%		LSt	SolZ	8%	9%	SolZ	8%	9%	SolZ	8%	9%	SolZ	8%	9%	SolZ	8%	9%	SolZ	8%	9%
194,79	I,IV	41,95	—	3,35	3,77	I	41,95	—	2,97	3,34	—	2,60	2,93	—	2,26	2,54	—	1,92	2,16	—	1,61	1,81	—	1,31	1,47
	II	37,39	—	2,99	3,36	II	37,39	—	2,62	2,95	—	2,27	2,56	—	1,94	2,18	—	1,62	1,82	—	1,32	1,48	—	1,03	1,16
	III	26,24	—	2,09	2,36	III	26,24	—	1,82	2,05	—	1,56	1,75	—	1,30	1,46	—	1,05	1,18	—	0,81	0,91	—	0,57	0,65
	V	57,84	1,27	4,62	5,20	IV	41,95	—	3,16	3,55	—	2,97	3,34	—	2,79	3,13	—	2,60	2,93	—	2,43	2,73	—	2,26	2,54
	VI	59,05	1,42	4,72	5,31																				
194,89	I,IV	41,99	—	3,35	3,77	I	41,99	—	2,97	3,34	—	2,61	2,93	—	2,26	2,54	—	1,93	2,17	—	1,61	1,81	—	1,31	1,47
	II	37,43	—	2,99	3,36	II	37,43	—	2,62	2,95	—	2,27	2,56	—	1,94	2,18	—	1,62	1,83	—	1,32	1,49	—	1,04	1,17
	III	26,27	—	2,10	2,36	III	26,27	—	1,82	2,05	—	1,56	1,75	—	1,30	1,46	—	1,05	1,18	—	0,81	0,91	—	0,58	0,65
	V	57,88	1,28	4,63	5,20	IV	41,99	—	3,16	3,56	—	2,97	3,34	—	2,79	3,14	—	2,61	2,93	—	2,43	2,74	—	2,26	2,54
	VI	59,09	1,42	4,72	5,31																				
194,99	I,IV	42,03	—	3,36	3,78	I	42,03	—	2,98	3,35	—	2,61	2,94	—	2,26	2,54	—	1,93	2,17	—	1,61	1,81	—	1,31	1,47
	II	37,46	—	2,99	3,37	II	37,46	—	2,63	2,96	—	2,28	2,56	—	1,94	2,19	—	1,62	1,83	—	1,32	1,49	—	1,04	1,17
	III	26,30	—	2,10	2,36	III	26,30	—	1,82	2,05	—	1,56	1,75	—	1,30	1,46	—	1,05	1,18	—	0,81	0,91	—	0,58	0,65
	V	57,92	1,28	4,63	5,21	IV	42,03	—	3,16	3,56	—	2,98	3,35	—	2,79	3,14	—	2,61	2,94	—	2,43	2,74	—	2,26	2,54
	VI	59,13	1,43	4,73	5,32																				
195,09	I,IV	42,06	—	3,36	3,78	I	42,06	—	2,98	3,35	—	2,61	2,94	—	2,26	2,55	—	1,93	2,17	—	1,61	1,82	—	1,31	1,48
	II	37,50	—	3,—	3,37	II	37,50	—	2,63	2,96	—	2,28	2,56	—	1,95	2,19	—	1,63	1,83	—	1,33	1,49	—	1,04	1,17
	III	26,32	—	2,10	2,36	III	26,32	—	1,83	2,06	—	1,56	1,76	—	1,30	1,47	—	1,05	1,19	—	0,81	0,91	—	0,58	0,65
	V	57,96	1,29	4,63	5,21	IV	42,06	—	3,17	3,56	—	2,98	3,35	—	2,79	3,14	—	2,61	2,94	—	2,44	2,74	—	2,26	2,55
	VI	59,17	1,43	4,73	5,32																				
195,19	I,IV	42,10	—	3,36	3,78	I	42,10	—	2,98	3,35	—	2,62	2,94	—	2,27	2,55	—	1,93	2,18	—	1,62	1,82	—	1,32	1,48
	II	37,54	—	3,—	3,37	II	37,54	—	2,63	2,96	—	2,28	2,57	—	1,95	2,19	—	1,63	1,83	—	1,33	1,49	—	1,04	1,17
	III	26,35	—	2,10	2,37	III	26,35	—	1,83	2,06	—	1,56	1,76	—	1,31	1,47	—	1,06	1,19	—	0,81	0,92	—	0,58	0,65
	V	58,—	1,29	4,64	5,22	IV	42,10	—	3,17	3,57	—	2,98	3,35	—	2,80	3,15	—	2,62	2,94	—	2,44	2,74	—	2,27	2,55
	VI	59,20	1,44	4,73	5,32																				
195,29	I,IV	42,14	—	3,37	3,79	I	42,14	—	2,98	3,36	—	2,62	2,95	—	2,27	2,55	—	1,94	2,18	—	1,62	1,82	—	1,32	1,48
	II	37,58	—	3,—	3,38	II	37,58	—	2,64	2,97	—	2,28	2,57	—	1,95	2,19	—	1,63	1,84	—	1,33	1,50	—	1,04	1,18
	III	26,37	—	2,10	2,37	III	26,37	—	1,83	2,06	—	1,57	1,76	—	1,31	1,47	—	1,06	1,19	—	0,82	0,92	—	0,58	0,66
	V	58,03	1,30	4,64	5,22	IV	42,14	—	3,17	3,57	—	2,98	3,36	—	2,80	3,15	—	2,62	2,95	—	2,44	2,75	—	2,27	2,55
	VI	59,24	1,44	4,73	5,33																				
195,39	I,IV	42,18	—	3,37	3,79	I	42,18	—	2,99	3,36	—	2,62	2,95	—	2,27	2,56	—	1,94	2,18	—	1,62	1,82	—	1,32	1,49
	II	37,61	—	3,—	3,38	II	37,61	—	2,64	2,97	—	2,29	2,57	—	1,95	2,20	—	1,64	1,84	—	1,33	1,50	—	1,05	1,18
	III	26,40	—	2,11	2,37	III	26,40	—	1,83	2,06	—	1,57	1,76	—	1,31	1,47	—	1,06	1,19	—	0,82	0,92	—	0,58	0,66
	V	58,07	1,30	4,64	5,22	IV	42,18	—	3,18	3,57	—	2,99	3,36	—	2,80	3,15	—	2,62	2,95	—	2,44	2,75	—	2,27	2,56
	VI	59,28	1,45	4,74	5,33																				
195,49	I,IV	42,22	—	3,37	3,79	I	42,22	—	2,99	3,36	—	2,62	2,95	—	2,28	2,56	—	1,94	2,18	—	1,62	1,83	—	1,32	1,49
	II	37,65	—	3,01	3,38	II	37,65	—	2,64	2,97	—	2,29	2,58	—	1,96	2,20	—	1,64	1,84	—	1,34	1,50	—	1,05	1,18
	III	26,43	—	2,11	2,37	III	26,43	—	1,84	2,07	—	1,57	1,77	—	1,31	1,48	—	1,06	1,19	—	0,82	0,92	—	0,59	0,66
	V	58,11	1,31	4,64	5,22	IV	42,22	—	3,18	3,58	—	2,99	3,36	—	2,81	3,16	—	2,62	2,95	—	2,45	2,75	—	2,28	2,56
	VI	59,32	1,45	4,74	5,33																				
195,59	I,IV	42,26	—	3,38	3,80	I	42,26	—	2,99	3,37	—	2,63	2,96	—	2,28	2,56	—	1,94	2,19	—	1,63	1,83	—	1,32	1,49
	II	37,69	—	3,01	3,39	II	37,69	—	2,64	2,97	—	2,29	2,58	—	1,96	2,20	—	1,64	1,85	—	1,34	1,51	—	1,05	1,18
	III	26,46	—	2,11	2,38	III	26,46	—	1,84	2,07	—	1,57	1,77	—	1,31	1,48	—	1,06	1,20	—	0,82	0,93	—	0,59	0,66
	V	58,15	1,31	4,65	5,23	IV	42,26	—	3,18	3,58	—	2,99	3,37	—	2,81	3,16	—	2,63	2,96	—	2,45	2,76	—	2,28	2,56
	VI	59,36	1,45	4,74	5,34																				
195,69	I,IV	42,30	—	3,38	3,80	I	42,30	—	3,—	3,37	—	2,63	2,96	—	2,28	2,57	—	1,95	2,19	—	1,63	1,83	—	1,33	1,49
	II	37,72	—	3,01	3,39	II	37,72	—	2,65	2,98	—	2,30	2,58	—	1,96	2,21	—	1,64	1,85	—	1,34	1,51	—	1,05	1,19
	III	26,48	—	2,11	2,38	III	26,48	—	1,84	2,07	—	1,57	1,77	—	1,32	1,48	—	1,07	1,20	—	0,82	0,93	—	0,59	0,66
	V	58,19	1,32	4,65	5,23	IV	42,30	—	3,19	3,58	—	3,—	3,37	—	2,81	3,16	—	2,63	2,96	—	2,45	2,76	—	2,28	2,57
	VI	59,40	1,46	4,75	5,34																				
195,79	I,IV	42,33	—	3,38	3,80	I	42,33	—	3,—	3,37	—	2,63	2,96	—	2,28	2,57	—	1,95	2,19	—	1,63	1,84	—	1,33	1,50
	II	37,76	—	3,02	3,39	II	37,76	—	2,65	2,98	—	2,30	2,59	—	1,96	2,21	—	1,64	1,85	—	1,34	1,51	—	1,06	1,19
	III	26,51	—	2,12	2,38	III	26,51	—	1,84	2,07	—	1,58	1,77	—	1,32	1,48	—	1,07	1,20	—	0,83	0,93	—	0,59	0,67
	V	58,23	1,32	4,65	5,24	IV	42,33	—	3,19	3,59	—	3,—	3,37	—	2,81	3,17	—	2,63	2,96	—	2,46	2,76	—	2,28	2,57
	VI	59,44	1,46	4,75	5,34																				
195,89	I,IV	42,37	—	3,38	3,81	I	42,37	—	3,—	3,38	—	2,64	2,97	—	2,29	2,57	—	1,95	2,20	—	1,63	1,84	—	1,33	1,50
	II	37,80	—	3,02	3,40	II	37,80	—	2,65	2,98	—	2,30	2,59	—	1,97	2,21	—	1,65	1,85	—	1,34	1,51	—	1,06	1,19
	III	26,54	—	2,12	2,38	III	26,54	—	1,84	2,07	—	1,58	1,78	—	1,32	1,49	—	1,07	1,20	—	0,83	0,93	—	0,59	0,67
	V	58,27	1,32	4,66	5,24	IV	42,37	—	3,19	3,59	—	3,—	3,38	—	2,82	3,17	—	2,64	2,97	—	2,46	2,77	—	2,29	2,57
	VI	59,48	1,47	4,75	5,35																				
195,99	I,IV	42,41	—	3,39	3,81	I	42,41	—	3,01	3,38	—	2,64	2,97	—	2,29	2,57	—	1,95	2,20	—	1,64	1,84	—	1,33	1,50
	II	37,83	—	3,02	3,40	II	37,83	—	2,65	2,99	—	2,30	2,59	—	1,97	2,22	—	1,65	1,86	—	1,35	1,52	—	1,06	1,19
	III	26,57	—	2,12	2,39	III	26,57	—	1,85	2,08	—	1,58	1,78	—	1,32	1,49	—	1,07	1,21	—	0,83	0,93	—	0,60	0,67
	V	58,31	1,33	4,66	5,24	IV	42,41	—	3,19	3,59	—	3,01	3,38	—	2,82	3,17	—	2,64	2,97	—	2,46	2,77	—	2,29	2,57
	VI	59,51	1,47	4,76	5,35																				
196,09	I,IV	42,45	—	3,39	3,82	I	42,45	—	3,01	3,38	—	2,64	2,97	—	2,29	2,58	—	1,96	2,20	—	1,64	1,84	—	1,34	1,50
	II	37,87	—	3,02	3,40	II	37,87	—	2,66	2,99	—	2,31	2,60	—	1,97	2,22	—	1,65	1,86	—	1,35	1,52	—	1,06	1,20
	III	26,60	—	2,12	2,39	III	26,60	—	1,85	2,08	—	1,58	1,78	—	1,32	1,49	—	1,07	1,21	—	0,83	0,94	—	0,60	0,67
	V	58,34	1,33	4,66	5,25	IV	42,45	—	3,20	3,60	—	3,01	3,38	—	2,82	3,18	—	2,64	2,97	—	2,46	2,77	—	2,29	2,58
	VI	59,55	1,48	4,76	5,35																				
196,19	I,IV	42,49	—	3,39	3,82	I	42,49	—	3,01	3,39	—	2,64	2,97	—	2,29	2,58	—	1,96	2,20	—	1,64	1,85	—	1,34	1,51
	II	37,91	—	3,03	3,41	II	37,91	—	2,66	2,99	—	2,31	2,60	—	1,97	2,22	—	1,65	1,86	—	1,35	1,52	—	1,06	1,20
	III	26,62	—	2,12	2,39	III	26,62	—	1,85	2,08	—	1,58	1,78	—	1,33	1,49	—	1,08	1,21	—	0,83	0,94	—	0,60	0,67
	V	58,38	1,34	4,67	5,25	IV	42,49	—	3,20	3,60	—	3,01	3,39	—	2,83	3,18	—	2,64	2,97	—	2,47	2,78	—	2,29	2,58
	VI	59,59	1,48	4,76	5,36																				
196,29	I,IV	42,53	—	3,40	3,82	I	42,53	—	3,01	3,39	—	2,65	2,98	—	2,30	2,58	—	1,96	2,21	—	1,64	1,85	—	1,34	1,51
	II	37,95	—	3,03	3,41	II	37,95	—	2,66	3,—	—	2,31	2,60	—	1,98	2,22	—	1,66	1,86	—	1,35	1,52	—	1,07	1,20
	III	26,65	—	2,13	2,39	III	26,65	—	1,85	2,08	—	1,59	1,79	—	1,33	1,49	—	1,08	1,21	—	0,84	0,94	—	0,60	0,68
	V	58,42	1,34	4,67	5,25	IV	42,53	—	3,20	3,60	—	3,01	3,39	—	2,83	3,18	—	2,65	2,98	—	2,47	2,78	—	2,30	2,58
	VI	59,63	1,49	4,77	5,36																				

*** Die ausgewiesenen Tabellenwerte sind amtlich. Siehe Erläuterungen auf der Umschlaginnenseite (U2).**

Lohn/ Gehalt bis €*		Abzüge an Lohnsteuer, Solidaritätszuschlag (SolZ) und Kirchensteuer (8%, 9%) in den Steuerklassen I – VI: LSt	ohne Kinderfreibeträge SolZ	8%	9%	I, II, III, IV	LSt	mit Zahl der Kinderfreibeträge . . . 0,5 SolZ	8%	9%	1 SolZ	8%	9%	1,5 SolZ	8%	9%	2 SolZ	8%	9%	2,5 SolZ	8%	9%	3 SolZ	8%	9%
196,39	I,IV	42,56	—	3,40	3,83	I	42,56	—	3,02	3,39	—	2,65	2,98	—	2,30	2,59	—	1,96	2,21	—	1,65	1,85	—	1,34	1,51
	II	37,98	—	3,03	3,41	II	37,98	—	2,67	3,—	—	2,31	2,60	—	1,98	2,23	—	1,66	1,87	—	1,36	1,53	—	1,07	1,20
	III	26,68	—	2,13	2,40	III	26,68	—	1,86	2,09	—	1,59	1,79	—	1,33	1,50	—	1,08	1,21	—	0,84	0,94	—	0,60	0,68
	V	58,46	1,35	4,67	5,26	IV	42,56	—	3,21	3,61	—	3,02	3,39	—	2,83	3,19	—	2,65	2,98	—	2,47	2,78	—	2,30	2,59
	VI	59,67	1,49	4,77	5,37																				
196,49	I,IV	42,60	—	3,40	3,83	I	42,60	—	3,02	3,40	—	2,65	2,98	—	2,30	2,59	—	1,97	2,21	—	1,65	1,85	—	1,35	1,51
	II	38,02	—	3,04	3,42	II	38,02	—	2,67	3,—	—	2,32	2,61	—	1,98	2,23	—	1,66	1,87	—	1,36	1,53	—	1,07	1,21
	III	26,71	—	2,13	2,40	III	26,71	—	1,86	2,09	—	1,59	1,79	—	1,33	1,50	—	1,08	1,22	—	0,84	0,94	—	0,60	0,68
	V	58,50	1,35	4,68	5,26	IV	42,60	—	3,21	3,61	—	3,02	3,40	—	2,83	3,19	—	2,65	2,98	—	2,48	2,79	—	2,30	2,59
	VI	59,71	1,50	4,77	5,37																				
196,59	I,IV	42,64	—	3,41	3,83	I	42,64	—	3,02	3,40	—	2,66	2,99	—	2,30	2,59	—	1,97	2,22	—	1,65	1,86	—	1,35	1,52
	II	38,06	—	3,04	3,42	II	38,06	—	2,67	3,01	—	2,32	2,61	—	1,98	2,23	—	1,66	1,87	—	1,36	1,53	—	1,07	1,21
	III	26,73	—	2,13	2,40	III	26,73	—	1,86	2,09	—	1,59	1,79	—	1,33	1,50	—	1,08	1,22	—	0,84	0,95	—	0,61	0,68
	V	58,54	1,36	4,68	5,26	IV	42,64	—	3,21	3,61	—	3,02	3,40	—	2,84	3,19	—	2,66	2,99	—	2,48	2,79	—	2,30	2,59
	VI	59,75	1,50	4,78	5,37																				
196,69	I,IV	42,68	—	3,41	3,84	I	42,68	—	3,03	3,40	—	2,66	2,99	—	2,31	2,60	—	1,97	2,22	—	1,65	1,86	—	1,35	1,52
	II	38,09	—	3,04	3,42	II	38,09	—	2,67	3,01	—	2,32	2,61	—	1,99	2,24	—	1,67	1,88	—	1,36	1,53	—	1,08	1,21
	III	26,76	—	2,14	2,40	III	26,76	—	1,86	2,09	—	1,59	1,79	—	1,34	1,50	—	1,08	1,22	—	0,84	0,95	—	0,61	0,68
	V	58,58	1,36	4,68	5,27	IV	42,68	—	3,22	3,62	—	3,03	3,40	—	2,84	3,20	—	2,66	2,99	—	2,48	2,79	—	2,31	2,60
	VI	59,78	1,50	4,78	5,38																				
196,79	I,IV	42,72	—	3,41	3,84	I	42,72	—	3,03	3,41	—	2,66	2,99	—	2,31	2,60	—	1,97	2,22	—	1,66	1,86	—	1,35	1,52
	II	38,13	—	3,05	3,43	II	38,13	—	2,68	3,01	—	2,32	2,62	—	1,99	2,24	—	1,67	1,88	—	1,37	1,54	—	1,08	1,21
	III	26,79	—	2,14	2,41	III	26,79	—	1,86	2,10	—	1,60	1,80	—	1,34	1,51	—	1,09	1,22	—	0,84	0,95	—	0,61	0,69
	V	58,61	1,37	4,68	5,27	IV	42,72	—	3,22	3,62	—	3,03	3,41	—	2,84	3,20	—	2,66	2,99	—	2,48	2,79	—	2,31	2,60
	VI	59,82	1,51	4,78	5,38																				
196,89	I,IV	42,76	—	3,42	3,84	I	42,76	—	3,03	3,41	—	2,66	3,—	—	2,31	2,60	—	1,98	2,22	—	1,66	1,87	—	1,36	1,53
	II	38,17	—	3,05	3,43	II	38,17	—	2,68	3,02	—	2,33	2,62	—	1,99	2,24	—	1,67	1,88	—	1,37	1,54	—	1,08	1,22
	III	26,81	—	2,14	2,41	III	26,81	—	1,87	2,10	—	1,60	1,80	—	1,34	1,51	—	1,09	1,23	—	0,85	0,95	—	0,61	0,69
	V	58,65	1,37	4,69	5,27	IV	42,76	—	3,22	3,62	—	3,03	3,41	—	2,85	3,20	—	2,66	3,—	—	2,49	2,80	—	2,31	2,60
	VI	59,86	1,51	4,78	5,38																				
196,99	I,IV	42,80	—	3,42	3,85	I	42,80	—	3,04	3,42	—	2,67	3,—	—	2,32	2,61	—	1,98	2,23	—	1,66	1,87	—	1,36	1,53
	II	38,20	—	3,05	3,43	II	38,20	—	2,68	3,02	—	2,33	2,62	—	1,99	2,24	—	1,67	1,88	—	1,37	1,54	—	1,08	1,22
	III	26,84	—	2,14	2,41	III	26,84	—	1,87	2,10	—	1,60	1,80	—	1,34	1,51	—	1,09	1,23	—	0,85	0,96	—	0,61	0,69
	V	58,69	1,37	4,69	5,28	IV	42,80	—	3,22	3,63	—	3,04	3,42	—	2,85	3,21	—	2,67	3,—	—	2,49	2,80	—	2,32	2,61
	VI	59,90	1,52	4,79	5,39																				
197,09	I,IV	42,83	—	3,42	3,85	I	42,83	—	3,04	3,42	—	2,67	3,—	—	2,32	2,61	—	1,98	2,23	—	1,66	1,87	—	1,36	1,53
	II	38,24	—	3,05	3,44	II	38,24	—	2,69	3,02	—	2,33	2,63	—	2,—	2,25	—	1,68	1,89	—	1,37	1,54	—	1,08	1,22
	III	26,87	—	2,14	2,41	III	26,87	—	1,87	2,10	—	1,60	1,80	—	1,34	1,51	—	1,09	1,23	—	0,85	0,96	—	0,62	0,69
	V	58,73	1,38	4,69	5,28	IV	42,83	—	3,23	3,63	—	3,04	3,42	—	2,85	3,21	—	2,67	3,—	—	2,49	2,80	—	2,32	2,61
	VI	59,94	1,52	4,79	5,39																				
197,19	I,IV	42,87	—	3,42	3,85	I	42,87	—	3,04	3,42	—	2,67	3,01	—	2,32	2,61	—	1,98	2,23	—	1,67	1,87	—	1,36	1,53
	II	38,28	—	3,06	3,44	II	38,28	—	2,69	3,03	—	2,34	2,63	—	2,—	2,25	—	1,68	1,89	—	1,38	1,55	—	1,09	1,22
	III	26,90	—	2,15	2,42	III	26,90	—	1,87	2,11	—	1,60	1,81	—	1,35	1,51	—	1,10	1,23	—	0,85	0,96	—	0,62	0,70
	V	58,77	1,38	4,70	5,28	IV	42,87	—	3,23	3,64	—	3,04	3,42	—	2,85	3,21	—	2,67	3,01	—	2,49	2,81	—	2,32	2,61
	VI	59,98	1,53	4,79	5,39																				
197,29	I,IV	42,91	—	3,43	3,86	I	42,91	—	3,04	3,42	—	2,68	3,01	—	2,32	2,61	—	1,99	2,24	—	1,67	1,88	—	1,36	1,53
	II	38,31	—	3,06	3,44	II	38,31	—	2,69	3,03	—	2,34	2,63	—	2,—	2,25	—	1,68	1,89	—	1,38	1,55	—	1,09	1,23
	III	26,92	—	2,15	2,42	III	26,92	—	1,87	2,11	—	1,61	1,81	—	1,35	1,52	—	1,10	1,23	—	0,85	0,96	—	0,62	0,70
	V	58,81	1,39	4,70	5,29	IV	42,91	—	3,23	3,64	—	3,04	3,42	—	2,86	3,22	—	2,68	3,01	—	2,50	2,81	—	2,32	2,61
	VI	60,01	1,53	4,80	5,40																				
197,39	I,IV	42,95	—	3,43	3,86	I	42,95	—	3,05	3,43	—	2,68	3,01	—	2,33	2,62	—	1,99	2,24	—	1,67	1,88	—	1,37	1,54
	II	38,35	—	3,06	3,45	II	38,35	—	2,69	3,03	—	2,34	2,63	—	2,—	2,26	—	1,68	1,89	—	1,38	1,55	—	1,09	1,23
	III	26,95	—	2,15	2,42	III	26,95	—	1,88	2,11	—	1,61	1,81	—	1,35	1,52	—	1,10	1,24	—	0,86	0,96	—	0,62	0,70
	V	58,85	1,39	4,70	5,29	IV	42,95	—	3,24	3,64	—	3,05	3,43	—	2,86	3,22	—	2,68	3,01	—	2,50	2,81	—	2,33	2,62
	VI	60,05	1,54	4,80	5,40																				
197,49	I,IV	42,99	—	3,43	3,86	I	42,99	—	3,05	3,43	—	2,68	3,02	—	2,33	2,62	—	1,99	2,24	—	1,67	1,88	—	1,37	1,54
	II	38,39	—	3,07	3,45	II	38,39	—	2,70	3,04	—	2,34	2,64	—	2,01	2,26	—	1,69	1,90	—	1,38	1,55	—	1,09	1,23
	III	26,98	—	2,15	2,42	III	26,98	—	1,88	2,11	—	1,61	1,81	—	1,35	1,52	—	1,10	1,24	—	0,86	0,97	—	0,62	0,70
	V	58,88	1,40	4,71	5,29	IV	42,99	—	3,24	3,65	—	3,05	3,43	—	2,86	3,22	—	2,68	3,02	—	2,50	2,82	—	2,33	2,62
	VI	60,09	1,54	4,80	5,40																				
197,59	I,IV	43,03	—	3,44	3,87	I	43,03	—	3,05	3,43	—	2,68	3,02	—	2,33	2,62	—	2,—	2,25	—	1,68	1,89	—	1,37	1,54
	II	38,43	—	3,07	3,45	II	38,43	—	2,70	3,04	—	2,35	2,64	—	2,01	2,26	—	1,69	1,90	—	1,38	1,56	—	1,10	1,23
	III	27,01	—	2,16	2,43	III	27,01	—	1,88	2,12	—	1,61	1,81	—	1,35	1,52	—	1,10	1,24	—	0,86	0,97	—	0,62	0,70
	V	58,92	1,40	4,71	5,30	IV	43,03	—	3,24	3,65	—	3,05	3,43	—	2,87	3,23	—	2,68	3,02	—	2,51	2,82	—	2,33	2,62
	VI	60,13	1,55	4,81	5,41																				
197,69	I,IV	43,06	—	3,44	3,87	I	43,06	—	3,06	3,44	—	2,69	3,02	—	2,33	2,63	—	2,—	2,25	—	1,68	1,89	—	1,37	1,55
	II	38,46	—	3,07	3,46	II	38,46	—	2,70	3,04	—	2,35	2,64	—	2,01	2,26	—	1,69	1,90	—	1,39	1,56	—	1,10	1,24
	III	27,03	—	2,16	2,43	III	27,03	—	1,88	2,12	—	1,62	1,82	—	1,36	1,53	—	1,10	1,24	—	0,86	0,97	—	0,63	0,71
	V	58,96	1,41	4,71	5,30	IV	43,06	—	3,25	3,65	—	3,06	3,44	—	2,87	3,23	—	2,69	3,02	—	2,51	2,82	—	2,33	2,63
	VI	60,17	1,55	4,81	5,41																				
197,79	I,IV	43,10	—	3,44	3,87	I	43,10	—	3,06	3,44	—	2,69	3,03	—	2,34	2,63	—	2,—	2,25	—	1,68	1,89	—	1,38	1,55
	II	38,50	—	3,08	3,46	II	38,50	—	2,71	3,04	—	2,35	2,65	—	2,02	2,27	—	1,69	1,91	—	1,39	1,56	—	1,10	1,24
	III	27,06	—	2,16	2,43	III	27,06	—	1,88	2,12	—	1,62	1,82	—	1,36	1,53	—	1,11	1,25	—	0,86	0,97	—	0,63	0,71
	V	59,—	1,41	4,72	5,31	IV	43,10	—	3,25	3,66	—	3,06	3,44	—	2,87	3,23	—	2,69	3,03	—	2,51	2,83	—	2,34	2,63
	VI	60,21	1,56	4,81	5,41																				
197,89	I,IV	43,14	—	3,45	3,88	I	43,14	—	3,06	3,44	—	2,69	3,03	—	2,34	2,63	—	2,—	2,25	—	1,68	1,89	—	1,38	1,55
	II	38,54	—	3,08	3,46	II	38,54	—	2,71	3,05	—	2,36	2,65	—	2,02	2,27	—	1,70	1,91	—	1,39	1,57	—	1,10	1,24
	III	27,09	—	2,16	2,43	III	27,09	—	1,89	2,12	—	1,62	1,82	—	1,36	1,53	—	1,11	1,25	—	0,87	0,97	—	0,63	0,71
	V	59,04	1,42	4,72	5,31	IV	43,14	—	3,25	3,66	—	3,06	3,44	—	2,88	3,24	—	2,69	3,03	—	2,51	2,83	—	2,34	2,63
	VI	60,25	1,56	4,82	5,42																				

* Die ausgewiesenen Tabellenwerte sind amtlich. Siehe Erläuterungen auf der Umschlaginnenseite (U2).

TAG **197,90***

Abzüge an Lohnsteuer, Solidaritätszuschlag (SolZ) und Kirchensteuer (8%, 9%) in den Steuerklassen

Lohn/ Gehalt bis €*	I – VI					I, II, III, IV																			
			ohne Kinderfreibeträge					mit Zahl der Kinderfreibeträge . . .																	
								0,5			1			1,5			2			2,5			3		
		LSt	SolZ	8%	9%		LSt	SolZ	8%	9%	SolZ	8%	9%	SolZ	8%	9%	SolZ	8%	9%	SolZ	8%	9%	SolZ	8%	9%
197,99	I,IV	43,18	—	3,45	3,88	I	43,18	—	3,06	3,45	—	2,70	3,03	—	2,34	2,64	—	2,01	2,26	—	1,68	1,90	—	1,38	1,55
	II	38,58	—	3,08	3,47	II	38,58	—	2,71	3,05	—	2,36	2,65	—	2,02	2,27	—	1,70	1,91	—	1,39	1,57	—	1,10	1,24
	III	27,12	—	2,16	2,44	III	27,12	—	1,89	2,13	—	1,62	1,82	—	1,36	1,53	—	1,11	1,25	—	0,87	0,98	—	0,63	0,71
	V	59,08	1,42	4,72	5,31	IV	43,18	—	3,26	3,66	—	3,06	3,45	—	2,88	3,24	—	2,70	3,03	—	2,52	2,83	—	2,34	2,64
	VI	60,28	1,56	4,82	5,42																				
198,09	I,IV	43,22	—	3,45	3,88	I	43,22	—	3,07	3,45	—	2,70	3,04	—	2,35	2,64	—	2,01	2,26	—	1,69	1,90	—	1,38	1,56
	II	38,61	—	3,08	3,47	II	38,61	—	2,71	3,05	—	2,36	2,66	—	2,02	2,28	—	1,70	1,91	—	1,40	1,57	—	1,11	1,25
	III	27,15	—	2,17	2,44	III	27,15	—	1,89	2,13	—	1,62	1,83	—	1,36	1,53	—	1,11	1,25	—	0,87	0,98	—	0,63	0,71
	V	59,11	1,43	4,72	5,31	IV	43,22	—	3,26	3,67	—	3,07	3,45	—	2,88	3,24	—	2,70	3,04	—	2,52	2,84	—	2,35	2,64
	VI	60,32	1,57	4,82	5,42																				
198,19	I,IV	43,26	—	3,46	3,89	I	43,26	—	3,07	3,45	—	2,70	3,04	—	2,35	2,64	—	2,01	2,26	—	1,69	1,90	—	1,38	1,56
	II	38,65	—	3,09	3,47	II	38,65	—	2,72	3,06	—	2,36	2,66	—	2,03	2,28	—	1,70	1,92	—	1,40	1,57	—	1,11	1,25
	III	27,17	—	2,17	2,44	III	27,17	—	1,89	2,13	—	1,63	1,83	—	1,37	1,54	—	1,11	1,25	—	0,87	0,98	—	0,64	0,72
	V	59,15	1,43	4,73	5,32	IV	43,26	—	3,26	3,67	—	3,07	3,45	—	2,88	3,24	—	2,70	3,04	—	2,52	2,84	—	2,35	2,64
	VI	60,36	1,57	4,82	5,43																				
198,29	I,IV	43,30	—	3,46	3,89	I	43,30	—	3,07	3,46	—	2,70	3,04	—	2,35	2,64	—	2,01	2,27	—	1,69	1,90	—	1,39	1,56
	II	38,69	—	3,09	3,48	II	38,69	—	2,72	3,06	—	2,37	2,66	—	2,03	2,28	—	1,71	1,92	—	1,40	1,58	—	1,11	1,25
	III	27,20	—	2,17	2,44	III	27,20	—	1,90	2,13	—	1,63	1,83	—	1,37	1,54	—	1,12	1,26	—	0,87	0,98	—	0,64	0,72
	V	59,19	1,43	4,73	5,32	IV	43,30	—	3,26	3,67	—	3,07	3,46	—	2,89	3,25	—	2,70	3,04	—	2,53	2,84	—	2,35	2,64
	VI	60,40	1,58	4,83	5,43																				
198,39	I,IV	43,33	—	3,46	3,89	I	43,33	—	3,08	3,46	—	2,71	3,05	—	2,35	2,65	—	2,02	2,27	—	1,70	1,91	—	1,39	1,56
	II	38,73	—	3,09	3,48	II	38,73	—	2,72	3,06	—	2,37	2,67	—	2,03	2,28	—	1,71	1,92	—	1,40	1,58	—	1,11	1,25
	III	27,23	—	2,17	2,45	III	27,23	—	1,90	2,14	—	1,63	1,83	—	1,37	1,54	—	1,12	1,26	—	0,88	0,99	—	0,64	0,72
	V	59,23	1,44	4,73	5,33	IV	43,33	—	3,27	3,68	—	3,08	3,46	—	2,89	3,25	—	2,71	3,05	—	2,53	2,84	—	2,35	2,65
	VI	60,44	1,58	4,83	5,43																				
198,49	I,IV	43,37	—	3,46	3,90	I	43,37	—	3,08	3,46	—	2,71	3,05	—	2,36	2,65	—	2,02	2,27	—	1,70	1,91	—	1,39	1,57
	II	38,76	—	3,10	3,48	II	38,76	—	2,73	3,07	—	2,37	2,67	—	2,03	2,29	—	1,71	1,93	—	1,41	1,58	—	1,12	1,26
	III	27,26	—	2,18	2,45	III	27,26	—	1,90	2,14	—	1,63	1,84	—	1,37	1,54	—	1,12	1,26	—	0,88	0,99	—	0,64	0,72
	V	59,27	1,44	4,74	5,33	IV	43,37	—	3,27	3,68	—	3,08	3,46	—	2,89	3,25	—	2,71	3,05	—	2,53	2,85	—	2,36	2,65
	VI	60,48	1,59	4,83	5,44																				
198,59	I,IV	43,41	—	3,47	3,90	I	43,41	—	3,08	3,47	—	2,71	3,05	—	2,36	2,65	—	2,02	2,27	—	1,70	1,91	—	1,39	1,57
	II	38,80	—	3,10	3,49	II	38,80	—	2,73	3,07	—	2,37	2,67	—	2,04	2,29	—	1,71	1,93	—	1,41	1,58	—	1,12	1,26
	III	27,28	—	2,18	2,45	III	27,28	—	1,90	2,14	—	1,63	1,84	—	1,37	1,55	—	1,12	1,26	—	0,88	0,99	—	0,64	0,72
	V	59,31	1,45	4,74	5,33	IV	43,41	—	3,27	3,68	—	3,08	3,47	—	2,90	3,26	—	2,71	3,05	—	2,53	2,85	—	2,36	2,65
	VI	60,51	1,59	4,84	5,44																				
198,69	I,IV	43,45	—	3,47	3,91	I	43,45	—	3,09	3,47	—	2,72	3,06	—	2,36	2,66	—	2,02	2,28	—	1,70	1,92	—	1,40	1,57
	II	38,84	—	3,10	3,49	II	38,84	—	2,73	3,07	—	2,38	2,67	—	2,04	2,29	—	1,72	1,93	—	1,41	1,59	—	1,12	1,26
	III	27,31	—	2,18	2,45	III	27,31	—	1,90	2,14	—	1,64	1,84	—	1,38	1,55	—	1,12	1,26	—	0,88	0,99	—	0,64	0,73
	V	59,35	1,45	4,74	5,34	IV	43,45	—	3,28	3,69	—	3,09	3,47	—	2,90	3,26	—	2,72	3,06	—	2,54	2,85	—	2,36	2,66
	VI	60,55	1,60	4,84	5,44																				
198,79	I,IV	43,49	—	3,47	3,91	I	43,49	—	3,09	3,47	—	2,72	3,06	—	2,36	2,66	—	2,03	2,28	—	1,70	1,92	—	1,40	1,57
	II	38,87	—	3,10	3,49	II	38,87	—	2,73	3,08	—	2,38	2,68	—	2,04	2,30	—	1,72	1,93	—	1,41	1,59	—	1,12	1,26
	III	27,34	—	2,18	2,46	III	27,34	—	1,91	2,14	—	1,64	1,84	—	1,38	1,55	—	1,13	1,27	—	0,88	0,99	—	0,65	0,73
	V	59,38	1,46	4,75	5,34	IV	43,49	—	3,28	3,69	—	3,09	3,47	—	2,90	3,26	—	2,72	3,06	—	2,54	2,86	—	2,36	2,66
	VI	60,59	1,60	4,84	5,45																				
198,89	I,IV	43,53	—	3,48	3,91	I	43,53	—	3,09	3,48	—	2,72	3,06	—	2,37	2,66	—	2,03	2,28	—	1,71	1,92	—	1,40	1,58
	II	38,91	—	3,11	3,50	II	38,91	—	2,74	3,08	—	2,38	2,68	—	2,04	2,30	—	1,72	1,94	—	1,41	1,59	—	1,12	1,26
	III	27,37	—	2,18	2,46	III	27,37	—	1,91	2,15	—	1,64	1,85	—	1,38	1,55	—	1,13	1,27	—	0,88	0,99	—	0,65	0,73
	V	59,42	1,46	4,75	5,34	IV	43,53	—	3,28	3,69	—	3,09	3,48	—	2,90	3,27	—	2,72	3,06	—	2,54	2,86	—	2,37	2,66
	VI	60,63	1,61	4,85	5,45																				
198,99	I,IV	43,56	—	3,48	3,92	I	43,56	—	3,09	3,48	—	2,72	3,06	—	2,37	2,67	—	2,03	2,29	—	1,71	1,92	—	1,40	1,58
	II	38,95	—	3,11	3,50	II	38,95	—	2,74	3,08	—	2,38	2,68	—	2,05	2,30	—	1,72	1,94	—	1,42	1,59	—	1,13	1,27
	III	27,39	—	2,19	2,46	III	27,39	—	1,91	2,15	—	1,64	1,85	—	1,38	1,55	—	1,13	1,27	—	0,89	1,—	—	0,65	0,73
	V	59,46	1,47	4,75	5,35	IV	43,56	—	3,29	3,70	—	3,09	3,48	—	2,91	3,27	—	2,72	3,06	—	2,54	2,86	—	2,37	2,67
	VI	60,67	1,61	4,85	5,46																				
199,09	I,IV	43,60	—	3,48	3,92	I	43,60	—	3,10	3,49	—	2,73	3,07	—	2,37	2,67	—	2,03	2,29	—	1,71	1,93	—	1,41	1,58
	II	38,98	—	3,11	3,50	II	38,98	—	2,74	3,09	—	2,39	2,69	—	2,05	2,31	—	1,73	1,94	—	1,42	1,60	—	1,13	1,27
	III	27,42	—	2,19	2,46	III	27,42	—	1,91	2,15	—	1,64	1,85	—	1,38	1,56	—	1,13	1,27	—	0,89	1,—	—	0,65	0,73
	V	59,50	1,47	4,76	5,35	IV	43,60	—	3,29	3,70	—	3,10	3,49	—	2,91	3,27	—	2,73	3,07	—	2,55	2,87	—	2,37	2,67
	VI	60,71	1,62	4,85	5,46																				
199,19	I,IV	43,65	—	3,49	3,92	I	43,65	—	3,10	3,49	—	2,73	3,07	—	2,38	2,67	—	2,04	2,29	—	1,71	1,93	—	1,41	1,59
	II	39,02	—	3,12	3,51	II	39,02	—	2,75	3,09	—	2,39	2,69	—	2,05	2,31	—	1,73	1,95	—	1,42	1,60	—	1,13	1,27
	III	27,45	—	2,19	2,47	III	27,45	—	1,92	2,16	—	1,65	1,85	—	1,39	1,56	—	1,13	1,28	—	0,89	1,—	—	0,65	0,74
	V	59,54	1,48	4,76	5,35	IV	43,65	—	3,29	3,70	—	3,10	3,49	—	2,91	3,28	—	2,73	3,07	—	2,55	2,87	—	2,38	2,67
	VI	60,75	1,62	4,86	5,46																				
199,29	I,IV	43,68	—	3,49	3,93	I	43,68	—	3,10	3,49	—	2,73	3,07	—	2,38	2,68	—	2,04	2,29	—	1,72	1,93	—	1,41	1,59
	II	39,06	—	3,12	3,51	II	39,06	—	2,75	3,09	—	2,39	2,69	—	2,05	2,31	—	1,73	1,95	—	1,42	1,60	—	1,13	1,28
	III	27,47	—	2,19	2,47	III	27,47	—	1,92	2,16	—	1,65	1,86	—	1,39	1,56	—	1,14	1,28	—	0,89	1,—	—	0,66	0,74
	V	59,58	1,48	4,76	5,36	IV	43,68	—	3,29	3,71	—	3,10	3,49	—	2,92	3,28	—	2,73	3,07	—	2,55	2,87	—	2,38	2,68
	VI	60,79	1,62	4,86	5,47																				
199,39	I,IV	43,72	—	3,49	3,93	I	43,72	—	3,11	3,50	—	2,74	3,08	—	2,38	2,68	—	2,04	2,30	—	1,72	1,93	—	1,41	1,59
	II	39,10	—	3,12	3,51	II	39,10	—	2,75	3,10	—	2,40	2,70	—	2,06	2,31	—	1,73	1,95	—	1,43	1,61	—	1,14	1,28
	III	27,51	—	2,20	2,47	III	27,51	—	1,92	2,16	—	1,65	1,86	—	1,39	1,56	—	1,14	1,28	—	0,89	1,01	—	0,66	0,74
	V	59,62	1,49	4,76	5,36	IV	43,72	—	3,30	3,71	—	3,11	3,50	—	2,92	3,28	—	2,74	3,08	—	2,56	2,88	—	2,38	2,68
	VI	60,83	1,63	4,86	5,47																				
199,49	I,IV	43,76	—	3,50	3,93	I	43,76	—	3,11	3,50	—	2,74	3,08	—	2,38	2,68	—	2,04	2,30	—	1,72	1,94	—	1,42	1,59
	II	39,14	—	3,13	3,52	II	39,14	—	2,75	3,10	—	2,40	2,70	—	2,06	2,32	—	1,74	1,95	—	1,43	1,61	—	1,14	1,28
	III	27,53	—	2,20	2,47	III	27,53	—	1,92	2,16	—	1,65	1,86	—	1,39	1,57	—	1,14	1,28	—	0,90	1,01	—	0,66	0,74
	V	59,66	1,49	4,77	5,36	IV	43,76	—	3,30	3,71	—	3,11	3,50	—	2,92	3,29	—	2,74	3,08	—	2,56	2,88	—	2,38	2,68
	VI	60,86	1,63	4,86	5,47																				

*** Die ausgewiesenen Tabellenwerte sind amtlich. Siehe Erläuterungen auf der Umschlaginnenseite (U2).**

Lohn/ Gehalt bis €*	Abzüge an Lohnsteuer, Solidaritätszuschlag (SolZ) und Kirchensteuer (8%, 9%) in den Steuerklassen I – VI					I, II, III, IV																			
			ohne Kinderfreibeträge					mit Zahl der Kinderfreibeträge . . . 0,5			1			1,5			2			2,5			3		
		LSt	SolZ	8%	9%		LSt	SolZ	8%	9%	SolZ	8%	9%	SolZ	8%	9%	SolZ	8%	9%	SolZ	8%	9%	SolZ	8%	9%
199,59	I,IV	43,80	—	3,50	3,94	I	43,80	—	3,11	3,50	—	2,74	3,08	—	2,39	2,69	—	2,05	2,30	—	1,72	1,94	—	1,42	1,60
	II	39,17	—	3,13	3,52	II	39,17	—	2,76	3,10	—	2,40	2,70	—	2,06	2,32	—	1,74	1,96	—	1,43	1,61	—	1,14	1,28
	III	27,56	—	2,20	2,48	III	27,56	—	1,92	2,16	—	1,66	1,86	—	1,39	1,57	—	1,14	1,28	—	0,90	1,01	—	0,66	0,74
	V	59,69	1,49	4,77	5,37	IV	43,80	—	3,30	3,72	—	3,11	3,50	—	2,92	3,29	—	2,74	3,08	—	2,56	2,88	—	2,39	2,69
	VI	60,90	1,64	4,87	5,48																				
199,69	I,IV	43,84	—	3,50	3,94	I	43,84	—	3,12	3,51	—	2,74	3,09	—	2,39	2,69	—	2,05	2,31	—	1,73	1,94	—	1,42	1,60
	II	39,21	—	3,13	3,52	II	39,21	—	2,76	3,11	—	2,40	2,70	—	2,06	2,32	—	1,74	1,96	—	1,43	1,61	—	1,14	1,29
	III	27,58	—	2,20	2,48	III	27,58	—	1,93	2,17	—	1,66	1,86	—	1,40	1,57	—	1,14	1,29	—	0,90	1,01	—	0,66	0,75
	V	59,73	1,50	4,77	5,37	IV	43,84	—	3,31	3,72	—	3,12	3,51	—	2,93	3,29	—	2,74	3,09	—	2,56	2,88	—	2,39	2,69
	VI	60,94	1,64	4,87	5,48																				
199,79	I,IV	43,88	—	3,51	3,94	I	43,88	—	3,12	3,51	—	2,75	3,09	—	2,39	2,69	—	2,05	2,31	—	1,73	1,95	—	1,42	1,60
	II	39,25	—	3,14	3,53	II	39,25	—	2,76	3,11	—	2,41	2,71	—	2,07	2,33	—	1,74	1,96	—	1,44	1,62	—	1,14	1,29
	III	27,61	—	2,20	2,48	III	27,61	—	1,93	2,17	—	1,66	1,87	—	1,40	1,57	—	1,15	1,29	—	0,90	1,01	—	0,66	0,75
	V	59,77	1,50	4,78	5,37	IV	43,88	—	3,31	3,72	—	3,12	3,51	—	2,93	3,30	—	2,75	3,09	—	2,57	2,89	—	2,39	2,69
	VI	60,98	1,65	4,87	5,48																				
199,89	I,IV	43,91	—	3,51	3,95	I	43,91	—	3,12	3,51	—	2,75	3,09	—	2,39	2,69	—	2,06	2,31	—	1,73	1,95	—	1,42	1,60
	II	39,28	—	3,14	3,53	II	39,28	—	2,77	3,11	—	2,41	2,71	—	2,07	2,33	—	1,75	1,96	—	1,44	1,62	—	1,15	1,29
	III	27,64	—	2,21	2,48	III	27,64	—	1,93	2,17	—	1,66	1,87	—	1,40	1,58	—	1,15	1,29	—	0,90	1,02	—	0,67	0,75
	V	59,81	1,51	4,78	5,38	IV	43,91	—	3,31	3,73	—	3,12	3,51	—	2,93	3,30	—	2,75	3,09	—	2,57	2,89	—	2,39	2,69
	VI	61,02	1,65	4,88	5,49																				
199,99	I,IV	43,95	—	3,51	3,95	I	43,95	—	3,12	3,51	—	2,75	3,10	—	2,40	2,70	—	2,06	2,32	—	1,73	1,95	—	1,43	1,61
	II	39,32	—	3,14	3,53	II	39,32	—	2,77	3,12	—	2,41	2,71	—	2,07	2,33	—	1,75	1,97	—	1,44	1,62	—	1,15	1,29
	III	27,67	—	2,21	2,49	III	27,67	—	1,93	2,17	—	1,66	1,87	—	1,40	1,58	—	1,15	1,29	—	0,90	1,02	—	0,67	0,75
	V	59,85	1,51	4,78	5,38	IV	43,95	—	3,32	3,73	—	3,12	3,51	—	2,94	3,30	—	2,75	3,10	—	2,57	2,89	—	2,40	2,70
	VI	61,06	1,66	4,88	5,49																				
200,09	I,IV	43,99	—	3,51	3,95	I	43,99	—	3,13	3,52	—	2,76	3,10	—	2,40	2,70	—	2,06	2,32	—	1,74	1,95	—	1,43	1,61
	II	39,36	—	3,14	3,54	II	39,36	—	2,77	3,12	—	2,42	2,72	—	2,08	2,34	—	1,75	1,97	—	1,44	1,62	—	1,15	1,30
	III	27,70	—	2,21	2,49	III	27,70	—	1,93	2,18	—	1,66	1,87	—	1,40	1,58	—	1,15	1,30	—	0,91	1,02	—	0,67	0,75
	V	59,89	1,52	4,79	5,39	IV	43,99	—	3,32	3,73	—	3,13	3,52	—	2,94	3,31	—	2,76	3,10	—	2,58	2,90	—	2,40	2,70
	VI	61,10	1,66	4,88	5,49																				
200,19	I,IV	44,03	—	3,52	3,96	I	44,03	—	3,13	3,52	—	2,76	3,10	—	2,40	2,70	—	2,06	2,32	—	1,74	1,96	—	1,43	1,61
	II	39,40	—	3,15	3,54	II	39,40	—	2,77	3,12	—	2,42	2,72	—	2,08	2,34	—	1,75	1,97	—	1,45	1,63	—	1,15	1,30
	III	27,72	—	2,21	2,49	III	27,72	—	1,94	2,18	—	1,67	1,88	—	1,41	1,58	—	1,15	1,30	—	0,91	1,02	—	0,67	0,76
	V	59,93	1,52	4,79	5,39	IV	44,03	—	3,32	3,74	—	3,13	3,52	—	2,94	3,31	—	2,76	3,10	—	2,58	2,90	—	2,40	2,70
	VI	61,13	1,67	4,89	5,50																				
200,29	I,IV	44,07	—	3,52	3,96	I	44,07	—	3,13	3,52	—	2,76	3,11	—	2,41	2,71	—	2,07	2,32	—	1,74	1,96	—	1,43	1,61
	II	39,43	—	3,15	3,54	II	39,43	—	2,78	3,13	—	2,42	2,72	—	2,08	2,34	—	1,76	1,98	—	1,45	1,63	—	1,16	1,30
	III	27,75	—	2,22	2,49	III	27,75	—	1,94	2,18	—	1,67	1,88	—	1,41	1,58	—	1,16	1,30	—	0,91	1,03	—	0,67	0,76
	V	59,96	1,53	4,79	5,39	IV	44,07	—	3,33	3,74	—	3,13	3,52	—	2,94	3,31	—	2,76	3,11	—	2,58	2,90	—	2,41	2,71
	VI	61,17	1,67	4,89	5,50																				
200,39	I,IV	44,11	—	3,52	3,96	I	44,11	—	3,14	3,53	—	2,76	3,11	—	2,41	2,71	—	2,07	2,33	—	1,74	1,96	—	1,44	1,62
	II	39,47	—	3,15	3,55	II	39,47	—	2,78	3,13	—	2,42	2,73	—	2,08	2,34	—	1,76	1,98	—	1,45	1,63	—	1,16	1,30
	III	27,78	—	2,22	2,50	III	27,78	—	1,94	2,18	—	1,67	1,88	—	1,41	1,59	—	1,16	1,30	—	0,91	1,03	—	0,68	0,76
	V	60,—	1,53	4,80	5,40	IV	44,11	—	3,33	3,74	—	3,14	3,53	—	2,95	3,32	—	2,76	3,11	—	2,58	2,91	—	2,41	2,71
	VI	61,21	1,67	4,89	5,50																				
200,49	I,IV	44,15	—	3,53	3,97	I	44,15	—	3,14	3,53	—	2,77	3,11	—	2,41	2,71	—	2,07	2,33	—	1,75	1,97	—	1,44	1,62
	II	39,51	—	3,16	3,55	II	39,51	—	2,78	3,13	—	2,43	2,73	—	2,09	2,35	—	1,76	1,98	—	1,45	1,63	—	1,16	1,31
	III	27,81	—	2,22	2,50	III	27,81	—	1,94	2,19	—	1,67	1,88	—	1,41	1,59	—	1,16	1,30	—	0,91	1,03	—	0,68	0,76
	V	60,04	1,54	4,80	5,40	IV	44,15	—	3,33	3,75	—	3,14	3,53	—	2,95	3,32	—	2,77	3,11	—	2,59	2,91	—	2,41	2,71
	VI	61,25	1,68	4,90	5,51																				
200,59	I,IV	44,18	—	3,53	3,97	I	44,18	—	3,14	3,54	—	2,77	3,12	—	2,41	2,72	—	2,07	2,33	—	1,75	1,97	—	1,44	1,62
	II	39,55	—	3,16	3,55	II	39,55	—	2,79	3,13	—	2,43	2,73	—	2,09	2,35	—	1,76	1,98	—	1,46	1,64	—	1,16	1,31
	III	27,83	—	2,22	2,50	III	27,83	—	1,94	2,19	—	1,68	1,89	—	1,41	1,59	—	1,16	1,31	—	0,92	1,03	—	0,68	0,77
	V	60,08	1,54	4,80	5,40	IV	44,18	—	3,33	3,75	—	3,14	3,54	—	2,95	3,32	—	2,77	3,12	—	2,59	2,91	—	2,41	2,72
	VI	61,29	1,68	4,90	5,51																				
200,69	I,IV	44,22	—	3,53	3,97	I	44,22	—	3,14	3,54	—	2,77	3,12	—	2,42	2,72	—	2,08	2,34	—	1,75	1,97	—	1,44	1,62
	II	39,58	—	3,16	3,56	II	39,58	—	2,79	3,14	—	2,43	2,74	—	2,09	2,35	—	1,77	1,99	—	1,46	1,64	—	1,16	1,31
	III	27,86	—	2,22	2,50	III	27,86	—	1,95	2,19	—	1,68	1,89	—	1,42	1,59	—	1,16	1,31	—	0,92	1,03	—	0,68	0,77
	V	60,12	1,54	4,80	5,41	IV	44,22	—	3,34	3,76	—	3,14	3,54	—	2,96	3,33	—	2,77	3,12	—	2,59	2,92	—	2,42	2,72
	VI	61,33	1,69	4,90	5,51																				
200,79	I,IV	44,26	—	3,54	3,98	I	44,26	—	3,15	3,54	—	2,78	3,12	—	2,42	2,72	—	2,08	2,34	—	1,75	1,97	—	1,45	1,63
	II	39,62	—	3,16	3,56	II	39,62	—	2,79	3,14	—	2,43	2,74	—	2,09	2,36	—	1,77	1,99	—	1,46	1,64	—	1,17	1,31
	III	27,89	—	2,23	2,51	III	27,89	—	1,95	2,19	—	1,68	1,89	—	1,42	1,60	—	1,17	1,31	—	0,92	1,04	—	0,68	0,77
	V	60,16	1,55	4,81	5,41	IV	44,26	—	3,34	3,76	—	3,15	3,54	—	2,96	3,33	—	2,78	3,12	—	2,60	2,92	—	2,42	2,72
	VI	61,36	1,69	4,90	5,52																				
200,89	I,IV	44,30	—	3,54	3,98	I	44,30	—	3,15	3,55	—	2,78	3,13	—	2,42	2,72	—	2,08	2,34	—	1,76	1,98	—	1,45	1,63
	II	39,66	—	3,17	3,56	II	39,66	—	2,79	3,14	—	2,44	2,74	—	2,10	2,36	—	1,77	1,99	—	1,46	1,64	—	1,17	1,32
	III	27,92	—	2,23	2,51	III	27,92	—	1,95	2,20	—	1,68	1,89	—	1,42	1,60	—	1,17	1,31	—	0,92	1,04	—	0,68	0,77
	V	60,20	1,55	4,81	5,41	IV	44,30	—	3,34	3,76	—	3,15	3,55	—	2,96	3,33	—	2,78	3,13	—	2,60	2,92	—	2,42	2,72
	VI	61,40	1,70	4,91	5,52																				
200,99	I,IV	44,34	—	3,54	3,99	I	44,34	—	3,15	3,55	—	2,78	3,13	—	2,42	2,73	—	2,08	2,34	—	1,76	1,98	—	1,45	1,63
	II	39,70	—	3,17	3,57	II	39,70	—	2,80	3,15	—	2,44	2,75	—	2,10	2,36	—	1,77	2,—	—	1,46	1,65	—	1,17	1,32
	III	27,95	—	2,23	2,51	III	27,95	—	1,95	2,20	—	1,68	1,89	—	1,42	1,60	—	1,17	1,32	—	0,92	1,04	—	0,69	0,77
	V	60,23	1,56	4,81	5,42	IV	44,34	—	3,35	3,77	—	3,15	3,55	—	2,97	3,34	—	2,78	3,13	—	2,60	2,93	—	2,42	2,73
	VI	61,44	1,70	4,91	5,52																				
201,09	I,IV	44,38	—	3,55	3,99	I	44,38	—	3,16	3,55	—	2,78	3,13	—	2,43	2,73	—	2,09	2,35	—	1,76	1,98	—	1,45	1,64
	II	39,74	—	3,17	3,57	II	39,74	—	2,80	3,15	—	2,44	2,75	—	2,10	2,36	—	1,78	2,—	—	1,47	1,65	—	1,17	1,32
	III	27,97	—	2,23	2,51	III	27,97	—	1,96	2,20	—	1,69	1,90	—	1,42	1,60	—	1,17	1,32	—	0,93	1,04	—	0,69	0,78
	V	60,27	1,56	4,82	5,42	IV	44,38	—	3,35	3,77	—	3,16	3,55	—	2,97	3,34	—	2,78	3,13	—	2,60	2,93	—	2,43	2,73
	VI	61,48	1,71	4,91	5,53																				

* Die ausgewiesenen Tabellenwerte sind amtlich. Siehe Erläuterungen auf der Umschlaginnenseite (U2).

TAG 201,10*

Abzüge an Lohnsteuer, Solidaritätszuschlag (SolZ) und Kirchensteuer (8%, 9%) in den Steuerklassen

Lohn/Gehalt bis €*	Kl	LSt	SolZ	8%	9%	Kl	LSt	0,5 SolZ	0,5 8%	0,5 9%	1 SolZ	1 8%	1 9%	1,5 SolZ	1,5 8%	1,5 9%	2 SolZ	2 8%	2 9%	2,5 SolZ	2,5 8%	2,5 9%	3 SolZ	3 8%	3 9%
201,19	I,IV	44,41	—	3,55	3,99	I	44,41	—	3,16	3,56	—	2,79	3,14	—	2,43	2,73	—	2,09	2,35	—	1,76	1,98	—	1,46	1,64
	II	39,77	—	3,18	3,57	II	39,77	—	2,80	3,15	—	2,45	2,75	—	2,10	2,37	—	1,78	2,—	—	1,47	1,65	—	1,18	1,32
	III	28,—	—	2,24	2,52	III	28,—	—	1,96	2,20	—	1,69	1,90	—	1,43	1,61	—	1,17	1,32	—	0,93	1,04	—	0,69	0,78
	V	60,31	1,57	4,82	5,42	IV	44,41	—	3,35	3,77	—	3,16	3,56	—	2,97	3,34	—	2,79	3,14	—	2,61	2,93	—	2,43	2,73
	VI	61,52	1,71	4,92	5,53																				
201,29	I,IV	44,45	—	3,55	4,—	I	44,45	—	3,16	3,56	—	2,79	3,14	—	2,43	2,74	—	2,09	2,35	—	1,77	1,99	—	1,46	1,64
	II	39,81	—	3,18	3,58	II	39,81	—	2,81	3,16	—	2,45	2,75	—	2,11	2,37	—	1,78	2,—	—	1,47	1,66	—	1,18	1,33
	III	28,03	—	2,24	2,52	III	28,03	—	1,96	2,21	—	1,69	1,90	—	1,43	1,61	—	1,18	1,32	—	0,93	1,05	—	0,69	0,78
	V	60,35	1,57	4,82	5,43	IV	44,45	—	3,36	3,78	—	3,16	3,56	—	2,97	3,35	—	2,79	3,14	—	2,61	2,94	—	2,43	2,74
	VI	61,56	1,72	4,92	5,54																				
201,39	I,IV	44,49	—	3,55	4,—	I	44,49	—	3,17	3,56	—	2,79	3,14	—	2,44	2,74	—	2,09	2,36	—	1,77	1,99	—	1,46	1,64
	II	39,85	—	3,18	3,58	II	39,85	—	2,81	3,16	—	2,45	2,76	—	2,11	2,37	—	1,78	2,01	—	1,47	1,66	—	1,18	1,33
	III	28,06	—	2,24	2,52	III	28,06	—	1,96	2,21	—	1,69	1,90	—	1,43	1,61	—	1,18	1,32	—	0,93	1,05	—	0,69	0,78
	V	60,39	1,58	4,83	5,43	IV	44,49	—	3,36	3,78	—	3,17	3,56	—	2,98	3,35	—	2,79	3,14	—	2,61	2,94	—	2,44	2,74
	VI	61,60	1,72	4,92	5,54																				
201,49	I,IV	44,53	—	3,56	4,—	I	44,53	—	3,17	3,57	—	2,80	3,15	—	2,44	2,74	—	2,10	2,36	—	1,77	1,99	—	1,46	1,65
	II	39,89	—	3,19	3,59	II	39,89	—	2,81	3,16	—	2,45	2,76	—	2,11	2,38	—	1,79	2,01	—	1,48	1,66	—	1,18	1,33
	III	28,08	—	2,24	2,52	III	28,08	—	1,96	2,21	—	1,69	1,91	—	1,43	1,61	—	1,18	1,33	—	0,93	1,05	—	0,70	0,78
	V	60,43	1,58	4,83	5,43	IV	44,53	—	3,36	3,78	—	3,17	3,57	—	2,98	3,35	—	2,80	3,15	—	2,62	2,94	—	2,44	2,74
	VI	61,63	1,73	4,93	5,54																				
201,59	I,IV	44,57	—	3,56	4,01	I	44,57	—	3,17	3,57	—	2,80	3,15	—	2,44	2,75	—	2,10	2,36	—	1,77	2,—	—	1,47	1,65
	II	39,92	—	3,19	3,59	II	39,92	—	2,82	3,17	—	2,46	2,76	—	2,11	2,38	—	1,79	2,01	—	1,48	1,66	—	1,18	1,33
	III	28,11	—	2,24	2,52	III	28,11	—	1,97	2,21	—	1,70	1,91	—	1,44	1,62	—	1,18	1,33	—	0,94	1,05	—	0,70	0,79
	V	60,46	1,59	4,83	5,44	IV	44,57	—	3,36	3,79	—	3,17	3,57	—	2,98	3,36	—	2,80	3,15	—	2,62	2,95	—	2,44	2,75
	VI	61,67	1,73	4,93	5,55																				
201,69	I,IV	44,61	—	3,56	4,01	I	44,61	—	3,18	3,57	—	2,80	3,15	—	2,44	2,75	—	2,10	2,37	—	1,78	2,—	—	1,47	1,65
	II	39,96	—	3,19	3,59	II	39,96	—	2,82	3,17	—	2,46	2,77	—	2,12	2,38	—	1,79	2,02	—	1,48	1,67	—	1,19	1,34
	III	28,14	—	2,25	2,53	III	28,14	—	1,97	2,22	—	1,70	1,91	—	1,44	1,62	—	1,18	1,33	—	0,94	1,06	—	0,70	0,79
	V	60,50	1,59	4,84	5,44	IV	44,61	—	3,37	3,79	—	3,18	3,57	—	2,99	3,36	—	2,80	3,15	—	2,62	2,95	—	2,44	2,75
	VI	61,71	1,73	4,93	5,55																				
201,79	I,IV	44,65	—	3,57	4,01	I	44,65	—	3,18	3,58	—	2,80	3,15	—	2,45	2,75	—	2,10	2,37	—	1,78	2,—	—	1,47	1,65
	II	40,—	—	3,20	3,60	II	40,—	—	2,82	3,17	—	2,46	2,77	—	2,12	2,39	—	1,79	2,02	—	1,48	1,67	—	1,19	1,34
	III	28,17	—	2,25	2,53	III	28,17	—	1,97	2,22	—	1,70	1,91	—	1,44	1,62	—	1,18	1,33	—	0,94	1,06	—	0,70	0,79
	V	60,54	1,60	4,84	5,44	IV	44,65	—	3,37	3,79	—	3,18	3,58	—	2,99	3,36	—	2,80	3,15	—	2,62	2,95	—	2,45	2,75
	VI	61,75	1,74	4,94	5,55																				
201,89	I,IV	44,68	—	3,57	4,02	I	44,68	—	3,18	3,58	—	2,81	3,16	—	2,45	2,76	—	2,11	2,37	—	1,78	2,—	—	1,47	1,66
	II	40,04	—	3,20	3,60	II	40,04	—	2,82	3,18	—	2,46	2,77	—	2,12	2,39	—	1,80	2,02	—	1,49	1,67	—	1,19	1,34
	III	28,20	—	2,25	2,53	III	28,20	—	1,97	2,22	—	1,70	1,92	—	1,44	1,62	—	1,19	1,34	—	0,94	1,06	—	0,70	0,79
	V	60,58	1,60	4,84	5,45	IV	44,68	—	3,37	3,80	—	3,18	3,58	—	2,99	3,37	—	2,81	3,16	—	2,63	2,96	—	2,45	2,76
	VI	61,79	1,74	4,94	5,56																				
201,99	I,IV	44,72	—	3,57	4,02	I	44,72	—	3,18	3,58	—	2,81	3,16	—	2,45	2,76	—	2,11	2,37	—	1,78	2,01	—	1,47	1,66
	II	40,08	—	3,20	3,60	II	40,08	—	2,83	3,18	—	2,47	2,78	—	2,12	2,39	—	1,80	2,02	—	1,49	1,67	—	1,19	1,34
	III	28,22	—	2,25	2,53	III	28,22	—	1,98	2,22	—	1,70	1,92	—	1,44	1,62	—	1,19	1,34	—	0,94	1,06	—	0,70	0,79
	V	60,62	1,60	4,84	5,45	IV	44,72	—	3,38	3,80	—	3,18	3,58	—	3,—	3,37	—	2,81	3,16	—	2,63	2,96	—	2,45	2,76
	VI	61,83	1,75	4,94	5,56																				
202,09	I,IV	44,76	—	3,58	4,02	I	44,76	—	3,19	3,59	—	2,81	3,16	—	2,46	2,76	—	2,11	2,38	—	1,79	2,01	—	1,48	1,66
	II	40,11	—	3,20	3,60	II	40,11	—	2,83	3,18	—	2,47	2,78	—	2,13	2,39	—	1,80	2,03	—	1,49	1,68	—	1,20	1,35
	III	28,25	—	2,26	2,54	III	28,25	—	1,98	2,22	—	1,71	1,92	—	1,44	1,63	—	1,19	1,34	—	0,94	1,06	—	0,71	0,80
	V	60,66	1,61	4,85	5,45	IV	44,76	—	3,38	3,80	—	3,19	3,59	—	3,—	3,37	—	2,81	3,16	—	2,63	2,96	—	2,46	2,76
	VI	61,86	1,75	4,94	5,56																				
202,19	I,IV	44,80	—	3,58	4,03	I	44,80	—	3,19	3,59	—	2,82	3,17	—	2,46	2,77	—	2,12	2,38	—	1,79	2,01	—	1,48	1,66
	II	40,15	—	3,21	3,61	II	40,15	—	2,83	3,19	—	2,47	2,78	—	2,13	2,40	—	1,80	2,03	—	1,49	1,68	—	1,20	1,35
	III	28,28	—	2,26	2,54	III	28,28	—	1,98	2,23	—	1,71	1,92	—	1,45	1,63	—	1,19	1,34	—	0,95	1,07	—	0,71	0,80
	V	60,70	1,61	4,85	5,46	IV	44,80	—	3,38	3,81	—	3,19	3,59	—	3,—	3,38	—	2,82	3,17	—	2,63	2,96	—	2,46	2,77
	VI	61,90	1,76	4,95	5,57																				
202,29	I,IV	44,84	—	3,58	4,03	I	44,84	—	3,19	3,59	—	2,82	3,17	—	2,46	2,77	—	2,12	2,38	—	1,79	2,02	—	1,48	1,67
	II	40,19	—	3,21	3,61	II	40,19	—	2,84	3,19	—	2,48	2,79	—	2,13	2,40	—	1,81	2,03	—	1,50	1,68	—	1,20	1,35
	III	28,31	—	2,26	2,54	III	28,31	—	1,98	2,23	—	1,71	1,93	—	1,45	1,63	—	1,20	1,35	—	0,95	1,07	—	0,71	0,80
	V	60,73	1,62	4,85	5,46	IV	44,84	—	3,39	3,81	—	3,19	3,59	—	3,—	3,38	—	2,82	3,17	—	2,64	2,97	—	2,46	2,77
	VI	61,94	1,76	4,95	5,57																				
202,39	I,IV	44,88	—	3,59	4,03	I	44,88	—	3,20	3,60	—	2,82	3,17	—	2,46	2,77	—	2,12	2,39	—	1,79	2,02	—	1,48	1,67
	II	40,23	—	3,21	3,62	II	40,23	—	2,84	3,19	—	2,48	2,79	—	2,14	2,40	—	1,81	2,03	—	1,50	1,69	—	1,20	1,35
	III	28,33	—	2,26	2,54	III	28,33	—	1,98	2,23	—	1,71	1,93	—	1,45	1,63	—	1,20	1,35	—	0,95	1,07	—	0,71	0,80
	V	60,77	1,62	4,86	5,46	IV	44,88	—	3,39	3,81	—	3,20	3,60	—	3,01	3,38	—	2,82	3,17	—	2,64	2,97	—	2,46	2,77
	VI	61,98	1,77	4,95	5,57																				
202,49	I,IV	44,91	—	3,59	4,04	I	44,91	—	3,20	3,60	—	2,82	3,18	—	2,47	2,77	—	2,12	2,39	—	1,80	2,02	—	1,49	1,67
	II	40,26	—	3,22	3,62	II	40,26	—	2,84	3,20	—	2,48	2,79	—	2,14	2,41	—	1,81	2,04	—	1,50	1,69	—	1,20	1,36
	III	28,36	—	2,26	2,55	III	28,36	—	1,99	2,23	—	1,72	1,93	—	1,45	1,63	—	1,20	1,35	—	0,95	1,07	—	0,71	0,80
	V	60,81	1,63	4,86	5,47	IV	44,91	—	3,39	3,82	—	3,20	3,60	—	3,01	3,39	—	2,82	3,18	—	2,64	2,97	—	2,47	2,77
	VI	62,02	1,77	4,96	5,58																				
202,59	I,IV	44,95	—	3,59	4,04	I	44,95	—	3,20	3,60	—	2,83	3,18	—	2,47	2,78	—	2,13	2,39	—	1,80	2,02	—	1,49	1,68
	II	40,30	—	3,22	3,62	II	40,30	—	2,84	3,20	—	2,48	2,79	—	2,14	2,41	—	1,81	2,04	—	1,50	1,69	—	1,21	1,36
	III	28,39	—	2,27	2,55	III	28,39	—	1,99	2,24	—	1,72	1,93	—	1,46	1,64	—	1,20	1,35	—	0,95	1,07	—	0,72	0,81
	V	60,85	1,63	4,86	5,47	IV	44,95	—	3,40	3,82	—	3,20	3,60	—	3,01	3,39	—	2,83	3,18	—	2,65	2,98	—	2,47	2,78
	VI	62,06	1,78	4,96	5,58																				
202,69	I,IV	44,99	—	3,59	4,04	I	44,99	—	3,21	3,61	—	2,83	3,18	—	2,47	2,78	—	2,13	2,39	—	1,80	2,03	—	1,49	1,68
	II	40,34	—	3,22	3,63	II	40,34	—	2,85	3,20	—	2,49	2,80	—	2,14	2,41	—	1,82	2,04	—	1,50	1,69	—	1,21	1,36
	III	28,42	—	2,27	2,55	III	28,42	—	1,99	2,24	—	1,72	1,94	—	1,46	1,64	—	1,20	1,35	—	0,96	1,08	—	0,72	0,81
	V	60,89	1,64	4,87	5,48	IV	44,99	—	3,40	3,82	—	3,21	3,61	—	3,02	3,39	—	2,83	3,18	—	2,65	2,98	—	2,47	2,78
	VI	62,10	1,78	4,96	5,58																				

* Die ausgewiesenen Tabellenwerte sind amtlich. Siehe Erläuterungen auf der Umschlaginnenseite (U2).

Lohn/ Gehalt bis €*		Abzüge an Lohnsteuer, Solidaritätszuschlag (SolZ) und Kirchensteuer (8%, 9%) in den Steuerklassen I – VI LSt	ohne Kinder-freibeträge SolZ	8%	9%	I, II, III, IV	LSt	mit Zahl der Kinderfreibeträge . . . 0,5 SolZ	8%	9%	1 SolZ	8%	9%	1,5 SolZ	8%	9%	2 SolZ	8%	9%	2,5 SolZ	8%	9%	3 SolZ	8%	9%
202,79	I,IV	45,03	—	3,60	4,05	I	45,03	—	3,21	3,61	—	2,83	3,19	—	2,47	2,78	—	2,13	2,40	—	1,80	2,03	—	1,49	1,68
	II	40,38	—	3,23	3,63	II	40,38	—	2,85	3,21	—	2,49	2,80	—	2,15	2,41	—	1,82	2,05	—	1,51	1,70	—	1,21	1,36
	III	28,45	—	2,27	2,56	III	28,45	—	1,99	2,24	—	1,72	1,94	—	1,46	1,64	—	1,20	1,36	—	0,96	1,08	—	0,72	0,81
	V	60,93	1,64	4,87	5,48	IV	45,03	—	3,40	3,83	—	3,21	3,61	—	3,02	3,40	—	2,83	3,19	—	2,65	2,98	—	2,47	2,78
	VI	62,13	1,78	4,97	5,59																				
202,89	I,IV	45,07	—	3,60	4,05	I	45,07	—	3,21	3,61	—	2,84	3,19	—	2,48	2,79	—	2,13	2,40	—	1,81	2,03	—	1,50	1,68
	II	40,41	—	3,23	3,63	II	40,41	—	2,85	3,21	—	2,49	2,80	—	2,15	2,42	—	1,82	2,05	—	1,51	1,70	—	1,21	1,37
	III	28,47	—	2,27	2,56	III	28,47	—	1,99	2,24	—	1,72	1,94	—	1,46	1,64	—	1,21	1,36	—	0,96	1,08	—	0,72	0,81
	V	60,97	1,65	4,87	5,48	IV	45,07	—	3,40	3,83	—	3,21	3,61	—	3,02	3,40	—	2,84	3,19	—	2,65	2,99	—	2,48	2,79
	VI	62,18	1,79	4,97	5,59																				
202,99	I,IV	45,11	—	3,60	4,05	I	45,11	—	3,21	3,62	—	2,84	3,19	—	2,48	2,79	—	2,14	2,40	—	1,81	2,04	—	1,50	1,69
	II	40,45	—	3,23	3,64	II	40,45	—	2,86	3,21	—	2,50	2,81	—	2,15	2,42	—	1,82	2,05	—	1,51	1,70	—	1,22	1,37
	III	28,50	—	2,28	2,56	III	28,50	—	2,—	2,25	—	1,73	1,94	—	1,46	1,65	—	1,21	1,36	—	0,96	1,08	—	0,72	0,81
	V	61,—	1,65	4,88	5,49	IV	45,11	—	3,41	3,83	—	3,21	3,62	—	3,02	3,40	—	2,84	3,19	—	2,66	2,99	—	2,48	2,79
	VI	62,21	1,79	4,97	5,59																				
203,09	I,IV	45,15	—	3,61	4,06	I	45,15	—	3,22	3,62	—	2,84	3,20	—	2,48	2,79	—	2,14	2,41	—	1,81	2,04	—	1,50	1,69
	II	40,49	—	3,23	3,64	II	40,49	—	2,86	3,22	—	2,50	2,81	—	2,15	2,42	—	1,83	2,06	—	1,51	1,70	—	1,22	1,37
	III	28,53	—	2,28	2,56	III	28,53	—	2,—	2,25	—	1,73	1,94	—	1,47	1,65	—	1,21	1,36	—	0,96	1,08	—	0,73	0,82
	V	61,04	1,65	4,88	5,49	IV	45,15	—	3,41	3,84	—	3,22	3,62	—	3,03	3,41	—	2,84	3,20	—	2,66	2,99	—	2,48	2,79
	VI	62,25	1,80	4,98	5,60																				
203,19	I,IV	45,19	—	3,61	4,06	I	45,19	—	3,22	3,62	—	2,84	3,20	—	2,49	2,80	—	2,14	2,41	—	1,81	2,04	—	1,50	1,69
	II	40,53	—	3,24	3,64	II	40,53	—	2,86	3,22	—	2,50	2,81	—	2,16	2,43	—	1,83	2,06	—	1,52	1,71	—	1,22	1,37
	III	28,56	—	2,28	2,57	III	28,56	—	2,—	2,25	—	1,73	1,95	—	1,47	1,65	—	1,21	1,36	—	0,97	1,09	—	0,73	0,82
	V	61,08	1,66	4,88	5,49	IV	45,19	—	3,41	3,84	—	3,22	3,62	—	3,03	3,41	—	2,84	3,20	—	2,66	3,—	—	2,49	2,80
	VI	62,29	1,80	4,98	5,60																				
203,29	I,IV	45,23	—	3,61	4,07	I	45,23	—	3,22	3,63	—	2,85	3,20	—	2,49	2,80	—	2,14	2,41	—	1,82	2,04	—	1,51	1,69
	II	40,57	—	3,24	3,65	II	40,57	—	2,86	3,22	—	2,50	2,82	—	2,16	2,43	—	1,83	2,06	—	1,52	1,71	—	1,22	1,38
	III	28,58	—	2,28	2,57	III	28,58	—	2,—	2,25	—	1,73	1,95	—	1,47	1,65	—	1,21	1,37	—	0,97	1,09	—	0,73	0,82
	V	61,12	1,66	4,88	5,50	IV	45,23	—	3,42	3,85	—	3,22	3,63	—	3,03	3,41	—	2,85	3,20	—	2,67	3,—	—	2,49	2,80
	VI	62,33	1,81	4,98	5,60																				
203,39	I,IV	45,26	—	3,62	4,07	I	45,26	—	3,23	3,63	—	2,85	3,21	—	2,49	2,80	—	2,15	2,42	—	1,82	2,05	—	1,51	1,70
	II	40,60	—	3,24	3,65	II	40,60	—	2,87	3,23	—	2,51	2,82	—	2,16	2,43	—	1,83	2,06	—	1,52	1,71	—	1,23	1,38
	III	28,61	—	2,28	2,57	III	28,61	—	2,01	2,26	—	1,73	1,95	—	1,47	1,66	—	1,22	1,37	—	0,97	1,09	—	0,73	0,82
	V	61,16	1,67	4,89	5,50	IV	45,26	—	3,42	3,85	—	3,23	3,63	—	3,04	3,42	—	2,85	3,21	—	2,67	3,—	—	2,49	2,80
	VI	62,37	1,81	4,98	5,61																				
203,49	I,IV	45,30	—	3,62	4,07	I	45,30	—	3,23	3,63	—	2,85	3,21	—	2,49	2,81	—	2,15	2,42	—	1,82	2,05	—	1,51	1,70
	II	40,64	—	3,25	3,65	II	40,64	—	2,87	3,23	—	2,51	2,82	—	2,16	2,44	—	1,84	2,07	—	1,52	1,71	—	1,23	1,38
	III	28,64	—	2,29	2,57	III	28,64	—	2,01	2,26	—	1,74	1,95	—	1,47	1,66	—	1,22	1,37	—	0,97	1,09	—	0,73	0,82
	V	61,20	1,67	4,89	5,50	IV	45,30	—	3,42	3,85	—	3,23	3,63	—	3,04	3,42	—	2,85	3,21	—	2,67	3,01	—	2,49	2,81
	VI	62,41	1,82	4,99	5,61																				
203,59	I,IV	45,34	—	3,62	4,08	I	45,34	—	3,23	3,64	—	2,86	3,21	—	2,50	2,81	—	2,15	2,42	—	1,82	2,05	—	1,51	1,70
	II	40,68	—	3,25	3,66	II	40,68	—	2,87	3,23	—	2,51	2,83	—	2,17	2,44	—	1,84	2,07	—	1,53	1,72	—	1,23	1,38
	III	28,67	—	2,29	2,58	III	28,67	—	2,01	2,26	—	1,74	1,96	—	1,48	1,66	—	1,22	1,37	—	0,97	1,10	—	0,74	0,83
	V	61,24	1,68	4,89	5,51	IV	45,34	—	3,43	3,86	—	3,23	3,64	—	3,04	3,42	—	2,86	3,21	—	2,67	3,01	—	2,50	2,81
	VI	62,45	1,82	4,99	5,62																				
203,69	I,IV	45,38	—	3,63	4,08	I	45,38	—	3,24	3,64	—	2,86	3,22	—	2,50	2,81	—	2,16	2,43	—	1,83	2,06	—	1,52	1,71
	II	40,72	—	3,25	3,66	II	40,72	—	2,88	3,24	—	2,51	2,83	—	2,17	2,44	—	1,84	2,07	—	1,53	1,72	—	1,23	1,39
	III	28,70	—	2,29	2,58	III	28,70	—	2,01	2,26	—	1,74	1,96	—	1,48	1,66	—	1,22	1,38	—	0,98	1,10	—	0,74	0,83
	V	61,27	1,68	4,90	5,51	IV	45,38	—	3,43	3,86	—	3,24	3,64	—	3,05	3,43	—	2,86	3,22	—	2,68	3,01	—	2,50	2,81
	VI	62,48	1,83	4,99	5,62																				
203,79	I,IV	45,42	—	3,63	4,08	I	45,42	—	3,24	3,64	—	2,86	3,22	—	2,50	2,81	—	2,16	2,43	—	1,83	2,06	—	1,52	1,71
	II	40,76	—	3,26	3,66	II	40,76	—	2,88	3,24	—	2,52	2,83	—	2,17	2,44	—	1,84	2,07	—	1,53	1,72	—	1,23	1,39
	III	28,73	—	2,29	2,58	III	28,73	—	2,01	2,27	—	1,74	1,96	—	1,48	1,67	—	1,22	1,38	—	0,98	1,10	—	0,74	0,83
	V	61,31	1,69	4,90	5,51	IV	45,42	—	3,43	3,86	—	3,24	3,64	—	3,05	3,43	—	2,86	3,22	—	2,68	3,02	—	2,50	2,81
	VI	62,52	1,83	5,—	5,62																				
203,89	I,IV	45,46	—	3,63	4,09	I	45,46	—	3,24	3,65	—	2,86	3,22	—	2,50	2,82	—	2,16	2,43	—	1,83	2,06	—	1,52	1,71
	II	40,79	—	3,26	3,67	II	40,79	—	2,88	3,24	—	2,52	2,84	—	2,18	2,45	—	1,85	2,08	—	1,53	1,73	—	1,24	1,39
	III	28,75	—	2,30	2,58	III	28,75	—	2,02	2,27	—	1,74	1,96	—	1,48	1,67	—	1,23	1,38	—	0,98	1,10	—	0,74	0,83
	V	61,35	1,69	4,90	5,52	IV	45,46	—	3,44	3,87	—	3,24	3,65	—	3,05	3,43	—	2,86	3,22	—	2,68	3,02	—	2,50	2,82
	VI	62,56	1,84	5,—	5,63																				
203,99	I,IV	45,50	—	3,64	4,09	I	45,50	—	3,24	3,65	—	2,87	3,23	—	2,51	2,82	—	2,16	2,43	—	1,83	2,06	—	1,52	1,71
	II	40,83	—	3,26	3,67	II	40,83	—	2,88	3,24	—	2,52	2,84	—	2,18	2,45	—	1,85	2,08	—	1,54	1,73	—	1,24	1,39
	III	28,78	—	2,30	2,59	III	28,78	—	2,02	2,27	—	1,75	1,97	—	1,48	1,67	—	1,23	1,38	—	0,98	1,10	—	0,74	0,84
	V	61,39	1,70	4,91	5,52	IV	45,50	—	3,44	3,87	—	3,24	3,65	—	3,05	3,44	—	2,87	3,23	—	2,69	3,02	—	2,51	2,82
	VI	62,60	1,84	5,—	5,63																				
204,09	I,IV	45,53	—	3,64	4,09	I	45,53	—	3,25	3,65	—	2,87	3,23	—	2,51	2,82	—	2,17	2,44	—	1,84	2,07	—	1,52	1,72
	II	40,87	—	3,26	3,67	II	40,87	—	2,89	3,25	—	2,53	2,84	—	2,18	2,45	—	1,85	2,08	—	1,54	1,73	—	1,24	1,40
	III	28,81	—	2,30	2,59	III	28,81	—	2,02	2,27	—	1,75	1,97	—	1,49	1,67	—	1,23	1,38	—	0,98	1,11	—	0,74	0,84
	V	61,43	1,70	4,91	5,52	IV	45,53	—	3,44	3,87	—	3,25	3,65	—	3,06	3,44	—	2,87	3,23	—	2,69	3,02	—	2,51	2,82
	VI	62,64	1,84	5,01	5,63																				
204,19	I,IV	45,57	—	3,64	4,10	I	45,57	—	3,25	3,66	—	2,87	3,23	—	2,51	2,83	—	2,17	2,44	—	1,84	2,07	—	1,53	1,72
	II	40,91	—	3,27	3,68	II	40,91	—	2,89	3,25	—	2,53	2,85	—	2,18	2,46	—	1,85	2,09	—	1,54	1,73	—	1,24	1,40
	III	28,84	—	2,30	2,59	III	28,84	—	2,02	2,28	—	1,75	1,97	—	1,49	1,67	—	1,23	1,39	—	0,98	1,11	—	0,75	0,84
	V	61,47	1,71	4,91	5,53	IV	45,57	—	3,45	3,88	—	3,25	3,66	—	3,06	3,44	—	2,87	3,23	—	2,69	3,03	—	2,51	2,83
	VI	62,68	1,85	5,01	5,64																				
204,29	I,IV	45,61	—	3,64	4,10	I	45,61	—	3,25	3,66	—	2,88	3,24	—	2,52	2,83	—	2,17	2,44	—	1,84	2,07	—	1,53	1,72
	II	40,95	—	3,27	3,68	II	40,95	—	2,89	3,25	—	2,53	2,85	—	2,19	2,46	—	1,86	2,09	—	1,54	1,74	—	1,25	1,40
	III	28,86	—	2,30	2,59	III	28,86	—	2,02	2,28	—	1,75	1,97	—	1,49	1,68	—	1,23	1,39	—	0,99	1,11	—	0,75	0,84
	V	61,51	1,71	4,92	5,53	IV	45,61	—	3,45	3,88	—	3,25	3,66	—	3,06	3,45	—	2,88	3,24	—	2,69	3,03	—	2,52	2,83
	VI	62,71	1,85	5,01	5,64																				

* Die ausgewiesenen Tabellenwerte sind amtlich. Siehe Erläuterungen auf der Umschlaginnenseite (U2).

TAG **204,30***

Lohn/ Gehalt bis €*		LSt	SolZ	8%	9%		LSt	0,5 SolZ	0,5 8%	0,5 9%	1 SolZ	1 8%	1 9%	1,5 SolZ	1,5 8%	1,5 9%	2 SolZ	2 8%	2 9%	2,5 SolZ	2,5 8%	2,5 9%	3 SolZ	3 8%	3 9%
		I – VI	ohne Kinderfreibeträge				**I, II, III, IV** mit Zahl der Kinderfreibeträge . . .																		
204,39	I,IV	45,65	—	3,65	4,10	I	45,65	—	3,26	3,66	—	2,88	3,24	—	2,52	2,83	—	2,17	2,45	—	1,84	2,08	—	1,53	1,72
	II	40,98	—	3,27	3,68	II	40,98	—	2,90	3,26	—	2,53	2,85	—	2,19	2,46	—	1,86	2,09	—	1,55	1,74	—	1,25	1,40
	III	28,90	—	2,31	2,60	III	28,90	—	2,03	2,28	—	1,76	1,98	—	1,49	1,68	—	1,24	1,39	—	0,99	1,11	—	0,75	0,84
	V	61,55	1,71	4,92	5,53	IV	45,65	—	3,45	3,88	—	3,26	3,66	—	3,07	3,45	—	2,88	3,24	—	2,70	3,03	—	2,52	2,83
	VI	62,75	1,86	5,02	5,64																				
204,49	I,IV	45,69	—	3,65	4,11	I	45,69	—	3,26	3,67	—	2,88	3,24	—	2,52	2,84	—	2,18	2,45	—	1,85	2,08	—	1,53	1,73
	II	41,02	—	3,28	3,69	II	41,02	—	2,90	3,26	—	2,54	2,85	—	2,19	2,47	—	1,86	2,09	—	1,55	1,74	—	1,25	1,41
	III	28,92	—	2,31	2,60	III	28,92	—	2,03	2,28	—	1,76	1,98	—	1,49	1,68	—	1,24	1,39	—	0,99	1,12	—	0,75	0,85
	V	61,58	1,72	4,92	5,54	IV	45,69	—	3,45	3,89	—	3,26	3,67	—	3,07	3,45	—	2,88	3,24	—	2,70	3,04	—	2,52	2,84
	VI	62,79	1,86	5,02	5,65																				
204,59	I,IV	45,73	—	3,65	4,11	I	45,73	—	3,26	3,67	—	2,89	3,25	—	2,52	2,84	—	2,18	2,45	—	1,85	2,08	—	1,54	1,73
	II	41,06	—	3,28	3,69	II	41,06	—	2,90	3,26	—	2,54	2,86	—	2,19	2,47	—	1,86	2,10	—	1,55	1,74	—	1,25	1,41
	III	28,95	—	2,31	2,60	III	28,95	—	2,03	2,29	—	1,76	1,98	—	1,50	1,68	—	1,24	1,40	—	0,99	1,12	—	0,75	0,85
	V	61,62	1,72	4,92	5,54	IV	45,73	—	3,46	3,89	—	3,26	3,67	—	3,07	3,46	—	2,89	3,25	—	2,70	3,04	—	2,52	2,84
	VI	62,83	1,87	5,02	5,65																				
204,69	I,IV	45,76	—	3,66	4,11	I	45,76	—	3,27	3,67	—	2,89	3,25	—	2,53	2,84	—	2,18	2,45	—	1,85	2,08	—	1,54	1,73
	II	41,10	—	3,28	3,69	II	41,10	—	2,90	3,27	—	2,54	2,86	—	2,20	2,47	—	1,87	2,10	—	1,55	1,75	—	1,26	1,41
	III	28,98	—	2,31	2,60	III	28,98	—	2,03	2,29	—	1,76	1,98	—	1,50	1,69	—	1,24	1,40	—	1,—	1,12	—	0,76	0,85
	V	61,66	1,73	4,93	5,54	IV	45,76	—	3,46	3,89	—	3,27	3,67	—	3,08	3,46	—	2,89	3,25	—	2,71	3,04	—	2,53	2,84
	VI	62,87	1,87	5,02	5,65																				
204,79	I,IV	45,80	—	3,66	4,12	I	45,80	—	3,27	3,68	—	2,89	3,25	—	2,53	2,85	—	2,18	2,46	—	1,86	2,09	—	1,54	1,73
	II	41,14	—	3,29	3,70	II	41,14	—	2,91	3,27	—	2,55	2,86	—	2,20	2,47	—	1,87	2,10	—	1,56	1,75	—	1,26	1,42
	III	29,01	—	2,32	2,61	III	29,01	—	2,04	2,29	—	1,76	1,98	—	1,50	1,69	—	1,24	1,40	—	1,—	1,12	—	0,76	0,85
	V	61,70	1,73	4,93	5,55	IV	45,80	—	3,46	3,90	—	3,27	3,68	—	3,08	3,46	—	2,89	3,25	—	2,71	3,05	—	2,53	2,85
	VI	62,91	1,88	5,03	5,66																				
204,89	I,IV	45,84	—	3,66	4,12	I	45,84	—	3,27	3,68	—	2,89	3,26	—	2,53	2,85	—	2,19	2,46	—	1,86	2,09	—	1,54	1,74
	II	41,18	—	3,29	3,70	II	41,18	—	2,91	3,27	—	2,55	2,87	—	2,20	2,48	—	1,87	2,11	—	1,56	1,75	—	1,26	1,42
	III	29,03	—	2,32	2,61	III	29,03	—	2,04	2,29	—	1,77	1,99	—	1,50	1,69	—	1,25	1,40	—	1,—	1,12	—	0,76	0,85
	V	61,74	1,74	4,93	5,55	IV	45,84	—	3,47	3,90	—	3,27	3,68	—	3,08	3,47	—	2,89	3,26	—	2,71	3,05	—	2,53	2,85
	VI	62,95	1,88	5,03	5,66																				
204,99	I,IV	45,88	—	3,67	4,12	I	45,88	—	3,28	3,69	—	2,90	3,26	—	2,54	2,85	—	2,19	2,46	—	1,86	2,09	—	1,55	1,74
	II	41,21	—	3,29	3,70	II	41,21	—	2,91	3,28	—	2,55	2,87	—	2,20	2,48	—	1,87	2,11	—	1,56	1,76	—	1,26	1,42
	III	29,06	—	2,32	2,61	III	29,06	—	2,04	2,30	—	1,77	1,99	—	1,50	1,69	—	1,25	1,40	—	1,—	1,13	—	0,76	0,86
	V	61,78	1,74	4,94	5,56	IV	45,88	—	3,47	3,90	—	3,28	3,69	—	3,08	3,47	—	2,90	3,26	—	2,71	3,05	—	2,54	2,85
	VI	62,98	1,89	5,03	5,66																				
205,09	I,IV	45,92	—	3,67	4,13	I	45,92	—	3,28	3,69	—	2,90	3,26	—	2,54	2,86	—	2,19	2,47	—	1,86	2,10	—	1,55	1,74
	II	41,25	—	3,30	3,71	II	41,25	—	2,92	3,28	—	2,55	2,87	—	2,21	2,48	—	1,88	2,11	—	1,56	1,76	—	1,26	1,42
	III	29,09	—	2,32	2,61	III	29,09	—	2,04	2,30	—	1,77	1,99	—	1,51	1,70	—	1,25	1,41	—	1,—	1,13	—	0,76	0,86
	V	61,81	1,75	4,94	5,56	IV	45,92	—	3,47	3,91	—	3,28	3,69	—	3,09	3,47	—	2,90	3,26	—	2,72	3,06	—	2,54	2,86
	VI	63,02	1,89	5,04	5,67																				
205,19	I,IV	45,96	—	3,67	4,13	I	45,96	—	3,28	3,69	—	2,90	3,27	—	2,54	2,86	—	2,20	2,47	—	1,86	2,10	—	1,55	1,75
	II	41,29	—	3,30	3,71	II	41,29	—	2,92	3,28	—	2,56	2,88	—	2,21	2,49	—	1,88	2,11	—	1,56	1,76	—	1,27	1,43
	III	29,12	—	2,32	2,62	III	29,12	—	2,04	2,30	—	1,77	1,99	—	1,51	1,70	—	1,25	1,41	—	1,—	1,13	—	0,76	0,86
	V	61,85	1,75	4,94	5,56	IV	45,96	—	3,48	3,91	—	3,28	3,69	—	3,09	3,48	—	2,90	3,27	—	2,72	3,06	—	2,54	2,86
	VI	63,06	1,90	5,04	5,67																				
205,29	I,IV	46,—	—	3,68	4,14	I	46,—	—	3,28	3,69	—	2,91	3,27	—	2,54	2,86	—	2,20	2,47	—	1,87	2,10	—	1,55	1,75
	II	41,33	—	3,30	3,71	II	41,33	—	2,92	3,29	—	2,56	2,88	—	2,21	2,49	—	1,88	2,12	—	1,57	1,76	—	1,27	1,43
	III	29,15	—	2,33	2,62	III	29,15	—	2,05	2,30	—	1,77	2,—	—	1,51	1,70	—	1,25	1,41	—	1,01	1,13	—	0,77	0,86
	V	61,89	1,76	4,95	5,57	IV	46,—	—	3,48	3,91	—	3,28	3,69	—	3,09	3,48	—	2,91	3,27	—	2,72	3,06	—	2,54	2,86
	VI	63,10	1,90	5,04	5,67																				
205,39	I,IV	46,03	—	3,68	4,14	I	46,03	—	3,29	3,70	—	2,91	3,27	—	2,55	2,87	—	2,20	2,48	—	1,87	2,10	—	1,56	1,75
	II	41,36	—	3,30	3,72	II	41,36	—	2,93	3,29	—	2,56	2,88	—	2,22	2,49	—	1,88	2,12	—	1,57	1,77	—	1,27	1,43
	III	29,17	—	2,33	2,62	III	29,17	—	2,05	2,31	—	1,78	2,—	—	1,51	1,70	—	1,26	1,41	—	1,01	1,13	—	0,77	0,86
	V	61,93	1,76	4,95	5,57	IV	46,03	—	3,48	3,92	—	3,29	3,70	—	3,10	3,48	—	2,91	3,27	—	2,73	3,07	—	2,55	2,87
	VI	63,14	1,90	5,05	5,68																				
205,49	I,IV	46,07	—	3,68	4,14	I	46,07	—	3,29	3,70	—	2,91	3,28	—	2,55	2,87	—	2,20	2,48	—	1,87	2,11	—	1,56	1,75
	II	41,40	—	3,31	3,72	II	41,40	—	2,93	3,29	—	2,56	2,89	—	2,22	2,50	—	1,89	2,12	—	1,57	1,77	—	1,27	1,43
	III	29,20	—	2,33	2,62	III	29,20	—	2,05	2,31	—	1,78	2,—	—	1,51	1,70	—	1,26	1,42	—	1,01	1,14	—	0,77	0,87
	V	61,97	1,76	4,95	5,57	IV	46,07	—	3,49	3,92	—	3,29	3,70	—	3,10	3,49	—	2,91	3,28	—	2,73	3,07	—	2,55	2,87
	VI	63,18	1,91	5,05	5,68																				
205,59	I,IV	46,11	—	3,68	4,14	I	46,11	—	3,29	3,71	—	2,91	3,28	—	2,55	2,87	—	2,21	2,48	—	1,88	2,11	—	1,56	1,76
	II	41,44	—	3,31	3,72	II	41,44	—	2,93	3,30	—	2,57	2,89	—	2,22	2,50	—	1,89	2,13	—	1,57	1,77	—	1,28	1,44
	III	29,23	—	2,33	2,63	III	29,23	—	2,05	2,31	—	1,78	2,—	—	1,52	1,71	—	1,26	1,42	—	1,01	1,14	—	0,77	0,87
	V	62,01	1,77	4,96	5,58	IV	46,11	—	3,49	3,92	—	3,29	3,71	—	3,10	3,49	—	2,91	3,28	—	2,73	3,07	—	2,55	2,87
	VI	63,21	1,91	5,05	5,68																				
205,69	I,IV	46,15	—	3,69	4,15	I	46,15	—	3,30	3,71	—	2,92	3,28	—	2,56	2,88	—	2,21	2,48	—	1,88	2,11	—	1,56	1,76
	II	41,48	—	3,31	3,73	II	41,48	—	2,93	3,30	—	2,57	2,89	—	2,22	2,50	—	1,89	2,13	—	1,58	1,77	—	1,28	1,44
	III	29,26	—	2,34	2,63	III	29,26	—	2,06	2,31	—	1,78	2,01	—	1,52	1,71	—	1,26	1,42	—	1,01	1,14	—	0,77	0,87
	V	62,05	1,77	4,96	5,58	IV	46,15	—	3,49	3,93	—	3,30	3,71	—	3,10	3,49	—	2,92	3,28	—	2,73	3,08	—	2,56	2,88
	VI	63,25	1,92	5,06	5,69																				
205,79	I,IV	46,19	—	3,69	4,15	I	46,19	—	3,30	3,71	—	2,92	3,29	—	2,56	2,88	—	2,21	2,49	—	1,88	2,12	—	1,57	1,76
	II	41,52	—	3,32	3,73	II	41,52	—	2,94	3,30	—	2,57	2,90	—	2,23	2,50	—	1,89	2,13	—	1,58	1,78	—	1,28	1,44
	III	29,28	—	2,34	2,63	III	29,28	—	2,06	2,32	—	1,78	2,01	—	1,52	1,71	—	1,26	1,42	—	1,02	1,14	—	0,78	0,87
	V	62,08	1,78	4,96	5,58	IV	46,19	—	3,49	3,93	—	3,30	3,71	—	3,11	3,50	—	2,92	3,29	—	2,74	3,08	—	2,56	2,88
	VI	63,29	1,92	5,06	5,69																				
205,89	I,IV	46,23	—	3,69	4,16	I	46,23	—	3,30	3,72	—	2,92	3,29	—	2,56	2,88	—	2,21	2,49	—	1,88	2,12	—	1,57	1,76
	II	41,56	—	3,32	3,74	II	41,56	—	2,94	3,31	—	2,58	2,90	—	2,23	2,51	—	1,90	2,13	—	1,58	1,78	—	1,28	1,44
	III	29,31	—	2,34	2,63	III	29,31	—	2,06	2,32	—	1,79	2,01	—	1,52	1,71	—	1,27	1,43	—	1,02	1,15	—	0,78	0,88
	V	62,12	1,78	4,96	5,59	IV	46,23	—	3,50	3,94	—	3,30	3,72	—	3,11	3,50	—	2,92	3,29	—	2,74	3,08	—	2,56	2,88
	VI	63,33	1,93	5,06	5,69																				

Abzüge an Lohnsteuer, Solidaritätszuschlag (SolZ) und Kirchensteuer (8%, 9%) in den Steuerklassen

*** Die ausgewiesenen Tabellenwerte sind amtlich. Siehe Erläuterungen auf der Umschlaginnenseite (U2).**

Lohn/ Gehalt bis €*		Abzüge an Lohnsteuer, Solidaritätszuschlag (SolZ) und Kirchensteuer (8%, 9%) in den Steuerklassen I – VI LSt	ohne Kinderfreibeträge SolZ	8%	9%	I, II, III, IV	LSt	mit Zahl der Kinderfreibeträge . . . 0,5 SolZ	8%	9%	1 SolZ	8%	9%	1,5 SolZ	8%	9%	2 SolZ	8%	9%	2,5 SolZ	8%	9%	3 SolZ	8%	9%
205,99	I,IV	46,26	—	3,70	4,16	I	46,26	—	3,31	3,72	—	2,93	3,29	—	2,56	2,88	—	2,22	2,49	—	1,89	2,12	—	1,57	1,77
	II	41,59	—	3,32	3,74	II	41,59	—	2,94	3,31	—	2,58	2,90	—	2,23	2,51	—	1,90	2,14	—	1,58	1,78	—	1,28	1,45
	III	29,34	—	2,34	2,64	III	29,34	—	2,06	2,32	—	1,79	2,01	—	1,52	1,72	—	1,27	1,43	—	1,02	1,15	—	0,78	0,88
	V	62,16	1,79	4,97	5,59	IV	46,26	—	3,50	3,94	—	3,31	3,72	—	3,11	3,50	—	2,93	3,29	—	2,74	3,09	—	2,56	2,88
	VI	63,37	1,93	5,06	5,70																				
206,09	I,IV	46,30	—	3,70	4,16	I	46,30	—	3,31	3,72	—	2,93	3,30	—	2,57	2,89	—	2,22	2,50	—	1,89	2,12	—	1,57	1,77
	II	41,63	—	3,33	3,74	II	41,63	—	2,95	3,31	—	2,58	2,90	—	2,23	2,51	—	1,90	2,14	—	1,59	1,79	—	1,29	1,45
	III	29,37	—	2,34	2,64	III	29,37	—	2,06	2,32	—	1,79	2,02	—	1,53	1,72	—	1,27	1,43	—	1,02	1,15	—	0,78	0,88
	V	62,20	1,79	4,97	5,59	IV	46,30	—	3,50	3,94	—	3,31	3,72	—	3,12	3,51	—	2,93	3,30	—	2,75	3,09	—	2,57	2,89
	VI	63,41	1,94	5,07	5,70																				
206,19	I,IV	46,34	—	3,70	4,17	I	46,34	—	3,31	3,73	—	2,93	3,30	—	2,57	2,89	—	2,22	2,50	—	1,89	2,13	—	1,58	1,77
	II	41,67	—	3,33	3,75	II	41,67	—	2,95	3,32	—	2,58	2,91	—	2,24	2,52	—	1,90	2,14	—	1,59	1,79	—	1,29	1,45
	III	29,40	—	2,35	2,64	III	29,40	—	2,07	2,32	—	1,79	2,02	—	1,53	1,72	—	1,27	1,43	—	1,02	1,15	—	0,78	0,88
	V	62,24	1,80	4,97	5,60	IV	46,34	—	3,51	3,95	—	3,31	3,73	—	3,12	3,51	—	2,93	3,30	—	2,75	3,09	—	2,57	2,89
	VI	63,45	1,94	5,07	5,71																				
206,29	I,IV	46,38	—	3,71	4,17	I	46,38	—	3,31	3,73	—	2,94	3,30	—	2,57	2,89	—	2,22	2,50	—	1,89	2,13	—	1,58	1,78
	II	41,71	—	3,33	3,75	II	41,71	—	2,95	3,32	—	2,59	2,91	—	2,24	2,52	—	1,91	2,15	—	1,59	1,79	—	1,29	1,45
	III	29,42	—	2,35	2,64	III	29,42	—	2,07	2,33	—	1,80	2,02	—	1,53	1,72	—	1,27	1,43	—	1,03	1,15	—	0,78	0,88
	V	62,28	1,80	4,98	5,60	IV	46,38	—	3,51	3,95	—	3,31	3,73	—	3,12	3,51	—	2,94	3,30	—	2,75	3,10	—	2,57	2,89
	VI	63,48	1,95	5,07	5,71																				
206,39	I,IV	46,42	—	3,71	4,17	I	46,42	—	3,32	3,73	—	2,94	3,31	—	2,57	2,90	—	2,23	2,51	—	1,90	2,13	—	1,58	1,78
	II	41,75	—	3,34	3,75	II	41,75	—	2,95	3,32	—	2,59	2,91	—	2,24	2,52	—	1,91	2,15	—	1,59	1,79	—	1,29	1,46
	III	29,45	—	2,35	2,65	III	29,45	—	2,07	2,33	—	1,80	2,02	—	1,53	1,72	—	1,28	1,44	—	1,03	1,16	—	0,79	0,89
	V	62,31	1,81	4,98	5,60	IV	46,42	—	3,51	3,95	—	3,32	3,73	—	3,13	3,52	—	2,94	3,31	—	2,75	3,10	—	2,57	2,90
	VI	63,52	1,95	5,08	5,71																				
206,49	I,IV	46,46	—	3,71	4,18	I	46,46	—	3,32	3,74	—	2,94	3,31	—	2,58	2,90	—	2,23	2,51	—	1,90	2,14	—	1,58	1,78
	II	41,78	—	3,34	3,76	II	41,78	—	2,96	3,33	—	2,59	2,92	—	2,24	2,53	—	1,91	2,15	—	1,60	1,80	—	1,30	1,46
	III	29,48	—	2,35	2,65	III	29,48	—	2,07	2,33	—	1,80	2,03	—	1,54	1,73	—	1,28	1,44	—	1,03	1,16	—	0,79	0,89
	V	62,35	1,81	4,98	5,61	IV	46,46	—	3,52	3,96	—	3,32	3,74	—	3,13	3,52	—	2,94	3,31	—	2,76	3,10	—	2,58	2,90
	VI	63,56	1,95	5,08	5,72																				
206,59	I,IV	46,50	—	3,72	4,18	I	46,50	—	3,32	3,74	—	2,94	3,31	—	2,58	2,90	—	2,23	2,51	—	1,90	2,14	—	1,58	1,78
	II	41,82	—	3,34	3,76	II	41,82	—	2,96	3,33	—	2,60	2,92	—	2,25	2,53	—	1,92	2,16	—	1,60	1,80	—	1,30	1,46
	III	29,51	—	2,36	2,65	III	29,51	—	2,08	2,34	—	1,80	2,03	—	1,54	1,73	—	1,28	1,44	—	1,03	1,16	—	0,79	0,89
	V	62,39	1,82	4,99	5,61	IV	46,50	—	3,52	3,96	—	3,32	3,74	—	3,13	3,52	—	2,94	3,31	—	2,76	3,11	—	2,58	2,90
	VI	63,60	1,96	5,08	5,72																				
206,69	I,IV	46,54	—	3,72	4,18	I	46,54	—	3,33	3,74	—	2,95	3,32	—	2,58	2,91	—	2,24	2,52	—	1,90	2,14	—	1,59	1,79
	II	41,86	—	3,34	3,76	II	41,86	—	2,96	3,33	—	2,60	2,92	—	2,25	2,53	—	1,92	2,16	—	1,60	1,80	—	1,30	1,46
	III	29,54	—	2,36	2,65	III	29,54	—	2,08	2,34	—	1,80	2,03	—	1,54	1,73	—	1,28	1,44	—	1,03	1,16	—	0,79	0,89
	V	62,43	1,82	4,99	5,61	IV	46,54	—	3,52	3,96	—	3,33	3,74	—	3,14	3,53	—	2,95	3,32	—	2,76	3,11	—	2,58	2,91
	VI	63,64	1,96	5,09	5,72																				
206,79	I,IV	46,58	—	3,72	4,19	I	46,58	—	3,33	3,75	—	2,95	3,32	—	2,59	2,91	—	2,24	2,52	—	1,91	2,14	—	1,59	1,79
	II	41,90	—	3,35	3,77	II	41,90	—	2,97	3,34	—	2,60	2,93	—	2,25	2,53	—	1,92	2,16	—	1,60	1,80	—	1,30	1,47
	III	29,57	—	2,36	2,66	III	29,57	—	2,08	2,34	—	1,81	2,03	—	1,54	1,73	—	1,28	1,44	—	1,04	1,17	—	0,79	0,89
	V	62,47	1,82	4,99	5,62	IV	46,58	—	3,53	3,97	—	3,33	3,75	—	3,14	3,53	—	2,95	3,32	—	2,77	3,11	—	2,59	2,91
	VI	63,68	1,97	5,09	5,73																				
206,89	I,IV	46,61	—	3,72	4,19	I	46,61	—	3,33	3,75	—	2,95	3,32	—	2,59	2,91	—	2,24	2,52	—	1,91	2,15	—	1,59	1,79
	II	41,94	—	3,35	3,77	II	41,94	—	2,97	3,34	—	2,60	2,93	—	2,26	2,54	—	1,92	2,16	—	1,61	1,81	—	1,31	1,47
	III	29,60	—	2,36	2,66	III	29,60	—	2,08	2,34	—	1,81	2,03	—	1,54	1,74	—	1,29	1,45	—	1,04	1,17	—	0,80	0,90
	V	62,51	1,83	5,—	5,62	IV	46,61	—	3,53	3,97	—	3,33	3,75	—	3,14	3,53	—	2,95	3,32	—	2,77	3,11	—	2,59	2,91
	VI	63,72	1,97	5,09	5,73																				
206,99	I,IV	46,65	—	3,73	4,19	I	46,65	—	3,34	3,75	—	2,96	3,33	—	2,59	2,92	—	2,24	2,52	—	1,91	2,15	—	1,60	1,80
	II	41,98	—	3,35	3,77	II	41,98	—	2,97	3,34	—	2,61	2,93	—	2,26	2,54	—	1,92	2,17	—	1,61	1,81	—	1,31	1,47
	III	29,62	—	2,36	2,66	III	29,62	—	2,08	2,34	—	1,81	2,04	—	1,54	1,74	—	1,29	1,45	—	1,04	1,17	—	0,80	0,90
	V	62,55	1,83	5,—	5,62	IV	46,65	—	3,53	3,97	—	3,34	3,75	—	3,14	3,54	—	2,96	3,33	—	2,77	3,12	—	2,59	2,92
	VI	63,76	1,98	5,10	5,73																				
207,09	I,IV	46,69	—	3,73	4,20	I	46,69	—	3,34	3,76	—	2,96	3,33	—	2,59	2,92	—	2,25	2,53	—	1,91	2,15	—	1,60	1,80
	II	42,01	—	3,36	3,78	II	42,01	—	2,98	3,35	—	2,61	2,94	—	2,26	2,54	—	1,93	2,17	—	1,61	1,81	—	1,31	1,47
	III	29,65	—	2,37	2,66	III	29,65	—	2,09	2,35	—	1,81	2,04	—	1,55	1,74	—	1,29	1,45	—	1,04	1,17	—	0,80	0,90
	V	62,59	1,84	5,—	5,63	IV	46,69	—	3,53	3,98	—	3,34	3,76	—	3,15	3,54	—	2,96	3,33	—	2,77	3,12	—	2,59	2,92
	VI	63,80	1,98	5,10	5,74																				
207,19	I,IV	46,73	—	3,73	4,20	I	46,73	—	3,34	3,76	—	2,96	3,33	—	2,60	2,92	—	2,25	2,53	—	1,92	2,16	—	1,60	1,80
	II	42,05	—	3,36	3,78	II	42,05	—	2,98	3,35	—	2,61	2,94	—	2,26	2,55	—	1,93	2,17	—	1,61	1,82	—	1,31	1,48
	III	29,68	—	2,37	2,67	III	29,68	—	2,09	2,35	—	1,82	2,04	—	1,55	1,74	—	1,29	1,45	—	1,04	1,17	—	0,80	0,90
	V	62,62	1,84	5,—	5,63	IV	46,73	—	3,54	3,98	—	3,34	3,76	—	3,15	3,54	—	2,96	3,33	—	2,78	3,12	—	2,60	2,92
	VI	63,83	1,99	5,10	5,74																				
207,29	I,IV	46,77	—	3,74	4,20	I	46,77	—	3,35	3,76	—	2,96	3,33	—	2,60	2,92	—	2,25	2,53	—	1,92	2,16	—	1,60	1,80
	II	42,09	—	3,36	3,78	II	42,09	—	2,98	3,35	—	2,62	2,94	—	2,27	2,55	—	1,93	2,17	—	1,62	1,82	—	1,32	1,48
	III	29,71	—	2,37	2,67	III	29,71	—	2,09	2,35	—	1,82	2,04	—	1,55	1,75	—	1,29	1,46	—	1,04	1,18	—	0,80	0,90
	V	62,66	1,85	5,01	5,63	IV	46,77	—	3,54	3,98	—	3,35	3,76	—	3,15	3,55	—	2,96	3,33	—	2,78	3,13	—	2,60	2,92
	VI	63,87	1,99	5,10	5,74																				
207,39	I,IV	46,81	—	3,74	4,21	I	46,81	—	3,35	3,77	—	2,97	3,34	—	2,60	2,93	—	2,25	2,54	—	1,92	2,16	—	1,60	1,80
	II	42,13	—	3,37	3,79	II	42,13	—	2,98	3,36	—	2,62	2,95	—	2,27	2,55	—	1,94	2,18	—	1,62	1,82	—	1,32	1,48
	III	29,73	—	2,37	2,67	III	29,73	—	2,09	2,35	—	1,82	2,05	—	1,55	1,75	—	1,30	1,46	—	1,05	1,18	—	0,81	0,91
	V	62,70	1,85	5,01	5,64	IV	46,81	—	3,54	3,99	—	3,35	3,77	—	3,16	3,55	—	2,97	3,34	—	2,78	3,13	—	2,60	2,93
	VI	63,91	2,—	5,11	5,75																				
207,49	I,IV	46,85	—	3,74	4,21	I	46,85	—	3,35	3,77	—	2,97	3,34	—	2,61	2,93	—	2,26	2,54	—	1,92	2,16	—	1,61	1,81
	II	42,17	—	3,37	3,79	II	42,17	—	2,99	3,36	—	2,62	2,95	—	2,27	2,56	—	1,94	2,18	—	1,62	1,82	—	1,32	1,48
	III	29,76	—	2,38	2,67	III	29,76	—	2,09	2,36	—	1,82	2,05	—	1,56	1,75	—	1,30	1,46	—	1,05	1,18	—	0,81	0,91
	V	62,74	1,86	5,01	5,64	IV	46,85	—	3,55	3,99	—	3,35	3,77	—	3,16	3,55	—	2,97	3,34	—	2,79	3,13	—	2,61	2,93
	VI	63,95	2,—	5,11	5,75																				

* Die ausgewiesenen Tabellenwerte sind amtlich. Siehe Erläuterungen auf der Umschlaginnenseite (U2).

TAG **207,50***

Abzüge an Lohnsteuer, Solidaritätszuschlag (SolZ) und Kirchensteuer (8%, 9%) in den Steuerklassen

Lohn/ Gehalt bis €*	I – VI	LSt	ohne Kinderfreibeträge SolZ	8%	9%	I, II, III, IV	LSt	mit Zahl der Kinderfreibeträge . . . 0,5 SolZ	0,5 8%	0,5 9%	1 SolZ	1 8%	1 9%	1,5 SolZ	1,5 8%	1,5 9%	2 SolZ	2 8%	2 9%	2,5 SolZ	2,5 8%	2,5 9%	3 SolZ	3 8%	3 9%
207,59	I,IV	46,88	—	3,75	4,21	I	46,88	—	3,35	3,77	—	2,97	3,35	—	2,61	2,93	—	2,26	2,54	—	1,93	2,17	—	1,61	1,81
	II	42,21	—	3,37	3,79	II	42,21	—	2,99	3,36	—	2,62	2,95	—	2,27	2,56	—	1,94	2,18	—	1,62	1,83	—	1,32	1,49
	III	29,79	—	2,38	2,68	III	29,79	—	2,10	2,36	—	1,82	2,05	—	1,56	1,75	—	1,30	1,46	—	1,05	1,18	—	0,81	0,91
	V	62,78	1,86	5,02	5,65	IV	46,88	—	3,55	3,99	—	3,35	3,77	—	3,16	3,56	—	2,97	3,35	—	2,79	3,14	—	2,61	2,93
	VI	63,99	2,01	5,11	5,75																				
207,69	I,IV	46,92	—	3,75	4,22	I	46,92	—	3,36	3,78	—	2,98	3,35	—	2,61	2,94	—	2,26	2,54	—	1,93	2,17	—	1,61	1,81
	II	42,25	—	3,38	3,80	II	42,25	—	2,99	3,37	—	2,63	2,96	—	2,28	2,56	—	1,94	2,19	—	1,63	1,83	—	1,32	1,49
	III	29,82	—	2,38	2,68	III	29,82	—	2,10	2,36	—	1,82	2,05	—	1,56	1,76	—	1,30	1,46	—	1,05	1,18	—	0,81	0,91
	V	62,82	1,87	5,02	5,65	IV	46,92	—	3,55	4,—	—	3,36	3,78	—	3,16	3,56	—	2,98	3,35	—	2,79	3,14	—	2,61	2,94
	VI	64,03	2,01	5,12	5,76																				
207,79	I,IV	46,96	—	3,75	4,22	I	46,96	—	3,36	3,78	—	2,98	3,35	—	2,61	2,94	—	2,26	2,55	—	1,93	2,17	—	1,61	1,82
	II	42,28	—	3,38	3,80	II	42,28	—	3,—	3,37	—	2,63	2,96	—	2,28	2,56	—	1,95	2,19	—	1,63	1,83	—	1,33	1,49
	III	29,85	—	2,38	2,68	III	29,85	—	2,10	2,36	—	1,83	2,06	—	1,56	1,76	—	1,30	1,47	—	1,05	1,19	—	0,81	0,91
	V	62,86	1,87	5,02	5,65	IV	46,96	—	3,56	4,—	—	3,36	3,78	—	3,17	3,56	—	2,98	3,35	—	2,79	3,14	—	2,61	2,94
	VI	64,06	2,01	5,12	5,76																				
207,89	I,IV	47,—	—	3,76	4,23	I	47,—	—	3,36	3,78	—	2,98	3,35	—	2,62	2,94	—	2,27	2,55	—	1,93	2,18	—	1,62	1,82
	II	42,32	—	3,38	3,80	II	42,32	—	3,—	3,37	—	2,63	2,96	—	2,28	2,57	—	1,95	2,19	—	1,63	1,83	—	1,33	1,50
	III	29,87	—	2,38	2,68	III	29,87	—	2,10	2,37	—	1,83	2,06	—	1,56	1,76	—	1,31	1,47	—	1,06	1,19	—	0,82	0,92
	V	62,89	1,87	5,03	5,66	IV	47,—	—	3,56	4,—	—	3,36	3,78	—	3,17	3,57	—	2,98	3,35	—	2,80	3,15	—	2,62	2,94
	VI	64,10	2,02	5,12	5,76																				
207,99	I,IV	47,04	—	3,76	4,23	I	47,04	—	3,37	3,79	—	2,98	3,36	—	2,62	2,95	—	2,27	2,55	—	1,94	2,18	—	1,62	1,82
	II	42,36	—	3,38	3,81	II	42,36	—	3,—	3,38	—	2,64	2,97	—	2,28	2,57	—	1,95	2,20	—	1,63	1,84	—	1,33	1,50
	III	29,90	—	2,39	2,69	III	29,90	—	2,11	2,37	—	1,83	2,06	—	1,57	1,76	—	1,31	1,47	—	1,06	1,19	—	0,82	0,92
	V	62,93	1,88	5,03	5,66	IV	47,04	—	3,56	4,01	—	3,37	3,79	—	3,17	3,57	—	2,98	3,36	—	2,80	3,15	—	2,62	2,95
	VI	64,14	2,02	5,13	5,77																				
208,09	I,IV	47,08	—	3,76	4,23	I	47,08	—	3,37	3,79	—	2,99	3,36	—	2,62	2,95	—	2,27	2,56	—	1,94	2,18	—	1,62	1,82
	II	42,40	—	3,39	3,81	II	42,40	—	3,—	3,38	—	2,64	2,97	—	2,29	2,57	—	1,95	2,20	—	1,64	1,84	—	1,33	1,50
	III	29,93	—	2,39	2,69	III	29,93	—	2,11	2,37	—	1,83	2,06	—	1,57	1,76	—	1,31	1,47	—	1,06	1,19	—	0,82	0,92
	V	62,97	1,88	5,03	5,66	IV	47,08	—	3,57	4,01	—	3,37	3,79	—	3,18	3,57	—	2,99	3,36	—	2,80	3,15	—	2,62	2,95
	VI	64,18	2,03	5,13	5,77																				
208,19	I,IV	47,11	—	3,76	4,23	I	47,11	—	3,37	3,79	—	2,99	3,37	—	2,62	2,95	—	2,28	2,56	—	1,94	2,18	—	1,62	1,83
	II	42,44	—	3,39	3,81	II	42,44	—	3,01	3,38	—	2,64	2,97	—	2,29	2,58	—	1,96	2,20	—	1,64	1,84	—	1,34	1,50
	III	29,96	—	2,39	2,69	III	29,96	—	2,11	2,37	—	1,84	2,07	—	1,57	1,77	—	1,31	1,48	—	1,06	1,20	—	0,82	0,92
	V	63,01	1,89	5,04	5,67	IV	47,11	—	3,57	4,02	—	3,37	3,79	—	3,18	3,58	—	2,99	3,37	—	2,81	3,16	—	2,62	2,95
	VI	64,22	2,03	5,13	5,77																				
208,29	I,IV	47,15	—	3,77	4,24	I	47,15	—	3,38	3,80	—	2,99	3,37	—	2,63	2,96	—	2,28	2,56	—	1,94	2,19	—	1,63	1,83
	II	42,48	—	3,39	3,82	II	42,48	—	3,01	3,39	—	2,64	2,97	—	2,29	2,58	—	1,96	2,20	—	1,64	1,85	—	1,34	1,51
	III	29,99	—	2,39	2,69	III	29,99	—	2,11	2,38	—	1,84	2,07	—	1,57	1,77	—	1,31	1,48	—	1,06	1,20	—	0,82	0,93
	V	63,05	1,89	5,04	5,67	IV	47,15	—	3,57	4,02	—	3,38	3,80	—	3,18	3,58	—	2,99	3,37	—	2,81	3,16	—	2,63	2,96
	VI	64,26	2,04	5,14	5,78																				
208,39	I,IV	47,19	0,01	3,77	4,24	I	47,19	—	3,38	3,80	—	3,—	3,37	—	2,63	2,96	—	2,28	2,57	—	1,95	2,19	—	1,63	1,83
	II	42,51	—	3,40	3,82	II	42,51	—	3,01	3,39	—	2,65	2,98	—	2,30	2,58	—	1,96	2,21	—	1,64	1,85	—	1,34	1,51
	III	30,02	—	2,40	2,70	III	30,02	—	2,11	2,38	—	1,84	2,07	—	1,57	1,77	—	1,32	1,48	—	1,07	1,20	—	0,82	0,93
	V	63,09	1,90	5,04	5,67	IV	47,19	—	3,58	4,02	—	3,38	3,80	—	3,19	3,58	—	3,—	3,37	—	2,81	3,16	—	2,63	2,96
	VI	64,30	2,04	5,14	5,78																				
208,49	I,IV	47,23	0,01	3,77	4,25	I	47,23	—	3,38	3,81	—	3,—	3,38	—	2,63	2,96	—	2,28	2,57	—	1,95	2,19	—	1,63	1,84
	II	42,55	—	3,40	3,82	II	42,55	—	3,02	3,39	—	2,65	2,98	—	2,30	2,59	—	1,96	2,21	—	1,64	1,85	—	1,34	1,51
	III	30,05	—	2,40	2,70	III	30,05	—	2,12	2,38	—	1,84	2,07	—	1,58	1,77	—	1,32	1,48	—	1,07	1,20	—	0,83	0,93
	V	63,13	1,90	5,05	5,68	IV	47,23	—	3,58	4,03	—	3,38	3,81	—	3,19	3,59	—	3,—	3,38	—	2,81	3,17	—	2,63	2,96
	VI	64,33	2,05	5,14	5,78																				
208,59	I,IV	47,27	0,02	3,78	4,25	I	47,27	—	3,39	3,81	—	3,—	3,38	—	2,64	2,97	—	2,29	2,57	—	1,95	2,20	—	1,63	1,84
	II	42,59	—	3,40	3,83	II	42,59	—	3,02	3,40	—	2,65	2,98	—	2,30	2,59	—	1,97	2,21	—	1,65	1,85	—	1,34	1,51
	III	30,07	—	2,40	2,70	III	30,07	—	2,12	2,38	—	1,84	2,08	—	1,58	1,78	—	1,32	1,49	—	1,07	1,20	—	0,83	0,93
	V	63,16	1,91	5,05	5,68	IV	47,27	—	3,58	4,03	—	3,39	3,81	—	3,19	3,59	—	3,—	3,38	—	2,82	3,17	—	2,64	2,97
	VI	64,37	2,05	5,14	5,79																				
208,69	I,IV	47,31	0,02	3,78	4,25	I	47,31	—	3,39	3,81	—	3,01	3,38	—	2,64	2,97	—	2,29	2,58	—	1,95	2,20	—	1,64	1,84
	II	42,63	—	3,41	3,83	II	42,63	—	3,02	3,40	—	2,66	2,99	—	2,30	2,59	—	1,97	2,22	—	1,65	1,86	—	1,35	1,52
	III	30,10	—	2,40	2,70	III	30,10	—	2,12	2,39	—	1,85	2,08	—	1,58	1,78	—	1,32	1,49	—	1,07	1,21	—	0,83	0,93
	V	63,20	1,91	5,05	5,68	IV	47,31	—	3,58	4,03	—	3,39	3,81	—	3,20	3,60	—	3,01	3,38	—	2,82	3,17	—	2,64	2,97
	VI	64,41	2,06	5,15	5,79																				
208,79	I,IV	47,35	0,02	3,78	4,26	I	47,35	—	3,39	3,82	—	3,01	3,39	—	2,64	2,97	—	2,29	2,58	—	1,96	2,20	—	1,64	1,84
	II	42,67	—	3,41	3,84	II	42,67	—	3,03	3,40	—	2,66	2,99	—	2,31	2,60	—	1,97	2,22	—	1,65	1,86	—	1,35	1,52
	III	30,13	—	2,41	2,71	III	30,13	—	2,12	2,39	—	1,85	2,08	—	1,58	1,78	—	1,32	1,49	—	1,07	1,21	—	0,83	0,94
	V	63,24	1,92	5,05	5,69	IV	47,35	—	3,59	4,04	—	3,39	3,82	—	3,20	3,60	—	3,01	3,39	—	2,82	3,18	—	2,64	2,97
	VI	64,45	2,06	5,15	5,80																				
208,89	I,IV	47,38	0,03	3,79	4,26	I	47,38	—	3,39	3,82	—	3,01	3,39	—	2,64	2,98	—	2,29	2,58	—	1,96	2,20	—	1,64	1,85
	II	42,71	—	3,41	3,84	II	42,71	—	3,03	3,41	—	2,66	2,99	—	2,31	2,60	—	1,97	2,22	—	1,66	1,86	—	1,35	1,52
	III	30,16	—	2,41	2,71	III	30,16	—	2,13	2,39	—	1,85	2,08	—	1,58	1,78	—	1,33	1,49	—	1,08	1,21	—	0,83	0,94
	V	63,28	1,92	5,06	5,69	IV	47,38	—	3,59	4,04	—	3,39	3,82	—	3,20	3,60	—	3,01	3,39	—	2,83	3,18	—	2,64	2,98
	VI	64,49	2,06	5,15	5,80																				
208,99	I,IV	47,42	0,03	3,79	4,26	I	47,42	—	3,40	3,82	—	3,01	3,39	—	2,65	2,98	—	2,30	2,58	—	1,96	2,21	—	1,64	1,85
	II	42,75	—	3,42	3,84	II	42,75	—	3,03	3,41	—	2,66	3,—	—	2,31	2,60	—	1,98	2,22	—	1,66	1,87	—	1,35	1,52
	III	30,18	—	2,41	2,71	III	30,18	—	2,13	2,39	—	1,85	2,08	—	1,59	1,79	—	1,33	1,49	—	1,08	1,21	—	0,84	0,94
	V	63,32	1,93	5,06	5,69	IV	47,42	—	3,59	4,04	—	3,40	3,82	—	3,20	3,60	—	3,01	3,39	—	2,83	3,18	—	2,65	2,98
	VI	64,53	2,07	5,16	5,80																				
209,09	I,IV	47,46	0,04	3,79	4,27	I	47,46	—	3,40	3,83	—	3,02	3,40	—	2,65	2,98	—	2,30	2,59	—	1,96	2,21	—	1,65	1,85
	II	42,78	—	3,42	3,85	II	42,78	—	3,03	3,41	—	2,67	3,—	—	2,31	2,60	—	1,98	2,23	—	1,66	1,87	—	1,36	1,53
	III	30,21	—	2,41	2,71	III	30,21	—	2,13	2,40	—	1,86	2,09	—	1,59	1,79	—	1,33	1,50	—	1,08	1,22	—	0,84	0,94
	V	63,36	1,93	5,06	5,70	IV	47,46	—	3,60	4,05	—	3,40	3,83	—	3,21	3,61	—	3,02	3,40	—	2,83	3,19	—	2,65	2,98
	VI	64,56	2,07	5,16	5,81																				

* Die ausgewiesenen Tabellenwerte sind amtlich. Siehe Erläuterungen auf der Umschlaginnenseite (U2).

Lohn/ Gehalt		Abzüge an Lohnsteuer, Solidaritätszuschlag (SolZ) und Kirchensteuer (8%, 9%) in den Steuerklassen																							
		I – VI				I, II, III, IV																			
			ohne Kinderfreibeträge					mit Zahl der Kinderfreibeträge . . .																	
								0,5			1			1,5			2			2,5			3		
bis €*		LSt	SolZ	8%	9%		LSt	SolZ	8%	9%	SolZ	8%	9%	SolZ	8%	9%	SolZ	8%	9%	SolZ	8%	9%	SolZ	8%	9%
209,19	I,IV	47,50	0,04	3,80	4,27	I	47,50	—	3,40	3,83	—	3,02	3,40	—	2,65	2,99	—	2,30	2,59	—	1,97	2,21	—	1,65	1,85
	II	42,82	—	3,42	3,85	II	42,82	—	3,04	3,42	—	2,67	3,—	—	2,32	2,61	—	1,98	2,23	—	1,66	1,87	—	1,36	1,53
	III	30,24	—	2,41	2,72	III	30,24	—	2,13	2,40	—	1,86	2,09	—	1,59	1,79	—	1,33	1,50	—	1,08	1,22	—	0,84	0,94
	V	63,40	1,93	5,07	5,70	IV	47,50	—	3,60	4,05	—	3,40	3,83	—	3,21	3,61	—	3,02	3,40	—	2,84	3,19	—	2,65	2,99
	VI	64,60	2,08	5,16	5,81																				
209,29	I,IV	47,54	0,05	3,80	4,27	I	47,54	—	3,41	3,83	—	3,02	3,40	—	2,66	2,99	—	2,30	2,59	—	1,97	2,22	—	1,65	1,86
	II	42,86	—	3,42	3,85	II	42,86	—	3,04	3,42	—	2,67	3,01	—	2,32	2,61	—	1,98	2,23	—	1,66	1,87	—	1,36	1,53
	III	30,27	—	2,42	2,72	III	30,27	—	2,13	2,40	—	1,86	2,09	—	1,59	1,79	—	1,33	1,50	—	1,08	1,22	—	0,84	0,95
	V	63,43	1,94	5,07	5,70	IV	47,54	—	3,60	4,05	—	3,41	3,83	—	3,21	3,61	—	3,02	3,40	—	2,84	3,19	—	2,66	2,99
	VI	64,64	2,08	5,17	5,81																				
209,39	I,IV	47,58	0,05	3,80	4,28	I	47,58	—	3,41	3,84	—	3,03	3,41	—	2,66	2,99	—	2,31	2,60	—	1,97	2,22	—	1,65	1,86
	II	42,90	—	3,43	3,86	II	42,90	—	3,04	3,42	—	2,68	3,01	—	2,32	2,61	—	1,99	2,24	—	1,67	1,88	—	1,36	1,53
	III	30,30	—	2,42	2,72	III	30,30	—	2,14	2,40	—	1,86	2,09	—	1,60	1,80	—	1,34	1,50	—	1,09	1,22	—	0,84	0,95
	V	63,47	1,94	5,07	5,71	IV	47,58	—	3,61	4,06	—	3,41	3,84	—	3,22	3,62	—	3,03	3,41	—	2,84	3,20	—	2,66	2,99
	VI	64,68	2,09	5,17	5,82																				
209,49	I,IV	47,61	0,06	3,80	4,28	I	47,61	—	3,41	3,84	—	3,03	3,41	—	2,66	2,99	—	2,31	2,60	—	1,98	2,22	—	1,66	1,86
	II	42,94	—	3,43	3,86	II	42,94	—	3,05	3,43	—	2,68	3,01	—	2,33	2,62	—	1,99	2,24	—	1,67	1,88	—	1,37	1,54
	III	30,33	—	2,42	2,72	III	30,33	—	2,14	2,41	—	1,86	2,10	—	1,60	1,80	—	1,34	1,51	—	1,09	1,22	—	0,84	0,95
	V	63,51	1,95	5,08	5,71	IV	47,61	—	3,61	4,06	—	3,41	3,84	—	3,22	3,62	—	3,03	3,41	—	2,84	3,20	—	2,66	2,99
	VI	64,72	2,09	5,17	5,82																				
209,59	I,IV	47,65	0,06	3,81	4,28	I	47,65	—	3,42	3,84	—	3,03	3,41	—	2,66	3,—	—	2,31	2,60	—	1,98	2,23	—	1,66	1,87
	II	42,98	—	3,43	3,86	II	42,98	—	3,05	3,43	—	2,68	3,02	—	2,33	2,62	—	1,99	2,24	—	1,67	1,88	—	1,37	1,54
	III	30,36	—	2,42	2,73	III	30,36	—	2,14	2,41	—	1,87	2,10	—	1,60	1,80	—	1,34	1,51	—	1,09	1,23	—	0,85	0,95
	V	63,55	1,95	5,08	5,71	IV	47,65	—	3,61	4,06	—	3,42	3,84	—	3,22	3,63	—	3,03	3,41	—	2,85	3,20	—	2,66	3,—
	VI	64,76	2,10	5,18	5,82																				
209,69	I,IV	47,69	0,07	3,81	4,29	I	47,69	—	3,42	3,85	—	3,04	3,42	—	2,67	3,—	—	2,32	2,61	—	1,98	2,23	—	1,66	1,87
	II	43,02	—	3,44	3,87	II	43,02	—	3,05	3,43	—	2,68	3,02	—	2,33	2,62	—	1,99	2,24	—	1,67	1,88	—	1,37	1,54
	III	30,38	—	2,43	2,73	III	30,38	—	2,14	2,41	—	1,87	2,10	—	1,60	1,80	—	1,34	1,51	—	1,09	1,23	—	0,85	0,96
	V	63,59	1,96	5,08	5,72	IV	47,69	—	3,62	4,07	—	3,42	3,85	—	3,22	3,63	—	3,04	3,42	—	2,85	3,21	—	2,67	3,—
	VI	64,80	2,10	5,18	5,83																				
209,79	I,IV	47,73	0,07	3,81	4,29	I	47,73	—	3,42	3,85	—	3,04	3,42	—	2,67	3,—	—	2,32	2,61	—	1,98	2,23	—	1,66	1,87
	II	43,05	—	3,44	3,87	II	43,05	—	3,06	3,44	—	2,69	3,02	—	2,33	2,63	—	2,—	2,25	—	1,68	1,89	—	1,37	1,54
	III	30,41	—	2,43	2,73	III	30,41	—	2,14	2,41	—	1,87	2,10	—	1,60	1,80	—	1,34	1,51	—	1,09	1,23	—	0,85	0,96
	V	63,63	1,96	5,09	5,72	IV	47,73	—	3,62	4,07	—	3,42	3,85	—	3,23	3,63	—	3,04	3,42	—	2,85	3,21	—	2,67	3,—
	VI	64,83	2,11	5,18	5,83																				
209,89	I,IV	47,77	0,08	3,82	4,29	I	47,77	—	3,43	3,85	—	3,04	3,42	—	2,67	3,01	—	2,32	2,61	—	1,99	2,23	—	1,67	1,87
	II	43,09	—	3,44	3,87	II	43,09	—	3,06	3,44	—	2,69	3,03	—	2,34	2,63	—	2,—	2,25	—	1,68	1,89	—	1,38	1,55
	III	30,44	—	2,43	2,73	III	30,44	—	2,15	2,42	—	1,87	2,11	—	1,60	1,81	—	1,35	1,51	—	1,10	1,23	—	0,85	0,96
	V	63,66	1,97	5,09	5,72	IV	47,77	—	3,62	4,07	—	3,43	3,85	—	3,23	3,64	—	3,04	3,42	—	2,86	3,21	—	2,67	3,01
	VI	64,87	2,11	5,18	5,83																				
209,99	I,IV	47,81	0,08	3,82	4,30	I	47,81	—	3,43	3,86	—	3,04	3,42	—	2,68	3,01	—	2,32	2,61	—	1,99	2,24	—	1,67	1,88
	II	43,13	—	3,45	3,88	II	43,13	—	3,06	3,44	—	2,69	3,03	—	2,34	2,63	—	2,—	2,25	—	1,68	1,89	—	1,38	1,55
	III	30,47	—	2,43	2,74	III	30,47	—	2,15	2,42	—	1,87	2,11	—	1,61	1,81	—	1,35	1,52	—	1,10	1,23	—	0,85	0,96
	V	63,70	1,97	5,09	5,73	IV	47,81	—	3,62	4,08	—	3,43	3,86	—	3,23	3,64	—	3,04	3,42	—	2,86	3,22	—	2,68	3,01
	VI	64,91	2,12	5,19	5,84																				
210,09	I,IV	47,85	0,08	3,82	4,30	I	47,85	—	3,43	3,86	—	3,05	3,43	—	2,68	3,01	—	2,33	2,62	—	1,99	2,24	—	1,67	1,88
	II	43,17	—	3,45	3,88	II	43,17	—	3,06	3,45	—	2,69	3,03	—	2,34	2,63	—	2,—	2,26	—	1,68	1,89	—	1,38	1,55
	III	30,50	—	2,44	2,74	III	30,50	—	2,15	2,42	—	1,88	2,11	—	1,61	1,81	—	1,35	1,52	—	1,10	1,24	—	0,86	0,96
	V	63,74	1,98	5,09	5,73	IV	47,85	—	3,63	4,08	—	3,43	3,86	—	3,24	3,64	—	3,05	3,43	—	2,86	3,22	—	2,68	3,01
	VI	64,95	2,12	5,19	5,84																				
210,19	I,IV	47,88	0,09	3,83	4,30	I	47,88	—	3,43	3,86	—	3,05	3,43	—	2,68	3,02	—	2,33	2,62	—	1,99	2,24	—	1,67	1,88
	II	43,21	—	3,45	3,88	II	43,21	—	3,07	3,45	—	2,70	3,04	—	2,34	2,64	—	2,01	2,26	—	1,69	1,90	—	1,38	1,56
	III	30,52	—	2,44	2,74	III	30,52	—	2,15	2,42	—	1,88	2,11	—	1,61	1,81	—	1,35	1,52	—	1,10	1,24	—	0,86	0,97
	V	63,78	1,98	5,10	5,74	IV	47,88	—	3,63	4,08	—	3,43	3,86	—	3,24	3,65	—	3,05	3,43	—	2,86	3,22	—	2,68	3,02
	VI	64,99	2,12	5,19	5,84																				
210,29	I,IV	47,92	0,09	3,83	4,31	I	47,92	—	3,44	3,87	—	3,05	3,43	—	2,68	3,02	—	2,33	2,62	—	2,—	2,25	—	1,68	1,89
	II	43,25	—	3,46	3,89	II	43,25	—	3,07	3,45	—	2,70	3,04	—	2,35	2,64	—	2,01	2,26	—	1,69	1,90	—	1,38	1,56
	III	30,55	—	2,44	2,74	III	30,55	—	2,16	2,43	—	1,88	2,12	—	1,61	1,82	—	1,35	1,52	—	1,10	1,24	—	0,86	0,97
	V	63,82	1,99	5,10	5,74	IV	47,92	—	3,63	4,09	—	3,44	3,87	—	3,24	3,65	—	3,05	3,43	—	2,87	3,23	—	2,68	3,02
	VI	65,03	2,13	5,20	5,85																				
210,39	I,IV	47,96	0,10	3,83	4,31	I	47,96	—	3,44	3,87	—	3,06	3,44	—	2,69	3,02	—	2,33	2,63	—	2,—	2,25	—	1,68	1,89
	II	43,29	—	3,46	3,89	II	43,29	—	3,07	3,46	—	2,70	3,04	—	2,35	2,64	—	2,01	2,26	—	1,69	1,90	—	1,39	1,56
	III	30,58	—	2,44	2,75	III	30,58	—	2,16	2,43	—	1,88	2,12	—	1,62	1,82	—	1,36	1,53	—	1,10	1,24	—	0,86	0,97
	V	63,86	1,99	5,10	5,74	IV	47,96	—	3,64	4,09	—	3,44	3,87	—	3,25	3,65	—	3,06	3,44	—	2,87	3,23	—	2,69	3,02
	VI	65,07	2,13	5,20	5,85																				
210,49	I,IV	48,—	0,10	3,84	4,32	I	48,—	—	3,44	3,87	—	3,06	3,44	—	2,69	3,03	—	2,34	2,63	—	2,—	2,25	—	1,68	1,89
	II	43,33	—	3,46	3,89	II	43,33	—	3,08	3,46	—	2,71	3,05	—	2,35	2,65	—	2,02	2,27	—	1,69	1,91	—	1,39	1,56
	III	30,61	—	2,44	2,75	III	30,61	—	2,16	2,43	—	1,88	2,12	—	1,62	1,82	—	1,36	1,53	—	1,11	1,25	—	0,86	0,97
	V	63,90	1,99	5,11	5,75	IV	48,—	—	3,64	4,10	—	3,44	3,87	—	3,25	3,66	—	3,06	3,44	—	2,87	3,23	—	2,69	3,03
	VI	65,11	2,14	5,20	5,85																				
210,59	I,IV	48,04	0,11	3,84	4,32	I	48,04	—	3,45	3,88	—	3,06	3,44	—	2,69	3,03	—	2,34	2,63	—	2,—	2,25	—	1,68	1,89
	II	43,36	—	3,46	3,90	II	43,36	—	3,08	3,46	—	2,71	3,05	—	2,36	2,65	—	2,02	2,27	—	1,70	1,91	—	1,39	1,57
	III	30,64	—	2,45	2,75	III	30,64	—	2,16	2,43	—	1,89	2,12	—	1,62	1,82	—	1,36	1,53	—	1,11	1,25	—	0,87	0,97
	V	63,94	2,—	5,11	5,75	IV	48,04	—	3,64	4,10	—	3,45	3,88	—	3,25	3,66	—	3,06	3,44	—	2,88	3,24	—	2,69	3,03
	VI	65,15	2,14	5,21	5,86																				
210,69	I,IV	48,08	0,11	3,84	4,32	I	48,08	—	3,45	3,88	—	3,06	3,45	—	2,70	3,03	—	2,34	2,64	—	2,01	2,26	—	1,69	1,90
	II	43,40	—	3,47	3,90	II	43,40	—	3,08	3,47	—	2,71	3,05	—	2,36	2,65	—	2,02	2,27	—	1,70	1,91	—	1,39	1,57
	III	30,67	—	2,45	2,76	III	30,67	—	2,16	2,44	—	1,89	2,13	—	1,62	1,82	—	1,36	1,53	—	1,11	1,25	—	0,87	0,98
	V	63,97	2,—	5,11	5,75	IV	48,08	—	3,65	4,10	—	3,45	3,88	—	3,26	3,66	—	3,06	3,45	—	2,88	3,24	—	2,70	3,03
	VI	65,18	2,15	5,21	5,86																				

* Die ausgewiesenen Tabellenwerte sind amtlich. Siehe Erläuterungen auf der Umschlaginnenseite (U2).

TAG 210,70*

Lohn/ Gehalt bis €*	Abzüge an Lohnsteuer, Solidaritätszuschlag (SolZ) und Kirchensteuer (8%, 9%) in den Steuerklassen I – VI					I, II, III, IV mit Zahl der Kinderfreibeträge . . .																			
			ohne Kinderfreibeträge					0,5			1			1,5			2			2,5			3		
		LSt	SolZ	8%	9%		LSt	SolZ	8%	9%	SolZ	8%	9%	SolZ	8%	9%	SolZ	8%	9%	SolZ	8%	9%	SolZ	8%	9%
210,79	I,IV	48,12	0,12	3,84	4,33	I	48,12	—	3,45	3,88	—	3,07	3,45	—	2,70	3,04	—	2,35	2,64	—	2,01	2,26	—	1,69	1,90
	II	43,44	—	3,47	3,90	II	43,44	—	3,08	3,47	—	2,71	3,05	—	2,36	2,66	—	2,02	2,28	—	1,70	1,91	—	1,40	1,57
	III	30,70	—	2,45	2,76	III	30,70	—	2,17	2,44	—	1,89	2,13	—	1,62	1,83	—	1,36	1,53	—	1,11	1,25	—	0,87	0,98
	V	64,01	2,01	5,12	5,76	IV	48,12	—	3,65	4,11	—	3,45	3,88	—	3,26	3,67	—	3,07	3,45	—	2,88	3,24	—	2,70	3,04
	VI	65,22	2,15	5,21	5,86																				
210,89	I,IV	48,16	0,12	3,85	4,33	I	48,16	—	3,46	3,89	—	3,07	3,46	—	2,70	3,04	—	2,35	2,64	—	2,01	2,26	—	1,69	1,90
	II	43,48	—	3,47	3,91	II	43,48	—	3,09	3,47	—	2,72	3,06	—	2,36	2,66	—	2,03	2,28	—	1,70	1,92	—	1,40	1,57
	III	30,72	—	2,45	2,76	III	30,72	—	2,17	2,44	—	1,89	2,13	—	1,63	1,83	—	1,37	1,54	—	1,12	1,26	—	0,87	0,98
	V	64,05	2,01	5,12	5,76	IV	48,16	—	3,65	4,11	—	3,46	3,89	—	3,26	3,67	—	3,07	3,46	—	2,88	3,24	—	2,70	3,04
	VI	65,26	2,16	5,22	5,87																				
210,99	I,IV	48,20	0,13	3,85	4,33	I	48,20	—	3,46	3,89	—	3,07	3,46	—	2,70	3,04	—	2,35	2,65	—	2,01	2,27	—	1,69	1,90
	II	43,52	—	3,48	3,91	II	43,52	—	3,09	3,48	—	2,72	3,06	—	2,37	2,66	—	2,03	2,28	—	1,71	1,92	—	1,40	1,58
	III	30,75	—	2,46	2,76	III	30,75	—	2,17	2,44	—	1,90	2,13	—	1,63	1,83	—	1,37	1,54	—	1,12	1,26	—	0,87	0,98
	V	64,09	2,02	5,12	5,76	IV	48,20	—	3,66	4,11	—	3,46	3,89	—	3,26	3,67	—	3,07	3,46	—	2,89	3,25	—	2,70	3,04
	VI	65,30	2,16	5,22	5,87																				
211,09	I,IV	48,23	0,13	3,85	4,34	I	48,23	—	3,46	3,90	—	3,08	3,46	—	2,71	3,05	—	2,35	2,65	—	2,02	2,27	—	1,70	1,91
	II	43,56	—	3,48	3,92	II	43,56	—	3,09	3,48	—	2,72	3,06	—	2,37	2,67	—	2,03	2,29	—	1,71	1,92	—	1,40	1,58
	III	30,78	—	2,46	2,77	III	30,78	—	2,17	2,45	—	1,90	2,14	—	1,63	1,83	—	1,37	1,54	—	1,12	1,26	—	0,88	0,99
	V	64,13	2,02	5,13	5,77	IV	48,23	—	3,66	4,12	—	3,46	3,90	—	3,27	3,68	—	3,08	3,46	—	2,89	3,25	—	2,71	3,05
	VI	65,34	2,17	5,22	5,88																				
211,19	I,IV	48,27	0,13	3,86	4,34	I	48,27	—	3,47	3,90	—	3,08	3,47	—	2,71	3,05	—	2,36	2,65	—	2,02	2,27	—	1,70	1,91
	II	43,60	—	3,48	3,92	II	43,60	—	3,10	3,48	—	2,73	3,07	—	2,37	2,67	—	2,03	2,29	—	1,71	1,93	—	1,41	1,58
	III	30,81	—	2,46	2,77	III	30,81	—	2,18	2,45	—	1,90	2,14	—	1,63	1,84	—	1,37	1,54	—	1,12	1,26	—	0,88	0,99
	V	64,17	2,03	5,13	5,77	IV	48,27	—	3,66	4,12	—	3,47	3,90	—	3,27	3,68	—	3,08	3,47	—	2,89	3,25	—	2,71	3,05
	VI	65,38	2,17	5,23	5,88																				
211,29	I,IV	48,31	0,14	3,86	4,34	I	48,31	—	3,47	3,90	—	3,08	3,47	—	2,71	3,05	—	2,36	2,65	—	2,02	2,27	—	1,70	1,91
	II	43,63	—	3,49	3,92	II	43,63	—	3,10	3,49	—	2,73	3,07	—	2,37	2,67	—	2,04	2,29	—	1,71	1,93	—	1,41	1,58
	III	30,83	—	2,46	2,77	III	30,83	—	2,18	2,45	—	1,90	2,14	—	1,63	1,84	—	1,37	1,55	—	1,12	1,26	—	0,88	0,99
	V	64,21	2,03	5,13	5,77	IV	48,31	—	3,66	4,12	—	3,47	3,90	—	3,27	3,68	—	3,08	3,47	—	2,90	3,26	—	2,71	3,05
	VI	65,41	2,18	5,23	5,88																				
211,39	I,IV	48,35	0,14	3,86	4,35	I	48,35	—	3,47	3,91	—	3,09	3,47	—	2,72	3,06	—	2,36	2,66	—	2,02	2,28	—	1,70	1,92
	II	43,67	—	3,49	3,93	II	43,67	—	3,10	3,49	—	2,73	3,07	—	2,38	2,67	—	2,04	2,29	—	1,72	1,93	—	1,41	1,59
	III	30,87	—	2,46	2,77	III	30,87	—	2,18	2,45	—	1,90	2,14	—	1,64	1,84	—	1,38	1,55	—	1,12	1,27	—	0,88	0,99
	V	64,24	2,04	5,13	5,78	IV	48,35	—	3,67	4,13	—	3,47	3,91	—	3,28	3,69	—	3,09	3,47	—	2,90	3,26	—	2,72	3,06
	VI	65,45	2,18	5,23	5,89																				
211,49	I,IV	48,39	0,15	3,87	4,35	I	48,39	—	3,47	3,91	—	3,09	3,48	—	2,72	3,06	—	2,36	2,66	—	2,03	2,28	—	1,70	1,92
	II	43,71	—	3,49	3,93	II	43,71	—	3,11	3,49	—	2,73	3,08	—	2,38	2,68	—	2,04	2,30	—	1,72	1,93	—	1,41	1,59
	III	30,90	—	2,47	2,78	III	30,90	—	2,18	2,46	—	1,91	2,15	—	1,64	1,84	—	1,38	1,55	—	1,13	1,27	—	0,88	0,99
	V	64,28	2,04	5,14	5,78	IV	48,39	—	3,67	4,13	—	3,47	3,91	—	3,28	3,69	—	3,09	3,48	—	2,90	3,26	—	2,72	3,06
	VI	65,49	2,18	5,23	5,89																				
211,59	I,IV	48,43	0,15	3,87	4,35	I	48,43	—	3,48	3,91	—	3,09	3,48	—	2,72	3,06	—	2,37	2,66	—	2,03	2,28	—	1,71	1,92
	II	43,75	—	3,50	3,93	II	43,75	—	3,11	3,50	—	2,74	3,08	—	2,38	2,68	—	2,04	2,30	—	1,72	1,94	—	1,42	1,59
	III	30,92	—	2,47	2,78	III	30,92	—	2,18	2,46	—	1,91	2,15	—	1,64	1,85	—	1,38	1,55	—	1,13	1,27	—	0,88	1,—
	V	64,32	2,04	5,14	5,78	IV	48,43	—	3,67	4,13	—	3,48	3,91	—	3,28	3,69	—	3,09	3,48	—	2,90	3,27	—	2,72	3,06
	VI	65,53	2,19	5,24	5,89																				
211,69	I,IV	48,46	0,16	3,87	4,36	I	48,46	—	3,48	3,92	—	3,09	3,48	—	2,72	3,06	—	2,37	2,67	—	2,03	2,29	—	1,71	1,92
	II	43,79	—	3,50	3,94	II	43,79	—	3,11	3,50	—	2,74	3,08	—	2,39	2,68	—	2,05	2,30	—	1,72	1,94	—	1,42	1,60
	III	30,95	—	2,47	2,78	III	30,95	—	2,19	2,46	—	1,91	2,15	—	1,64	1,85	—	1,38	1,56	—	1,13	1,27	—	0,89	1,—
	V	64,36	2,05	5,14	5,79	IV	48,46	—	3,68	4,14	—	3,48	3,92	—	3,29	3,70	—	3,09	3,48	—	2,91	3,27	—	2,72	3,06
	VI	65,57	2,19	5,24	5,90																				
211,79	I,IV	48,50	0,16	3,88	4,36	I	48,50	—	3,48	3,92	—	3,10	3,49	—	2,73	3,07	—	2,37	2,67	—	2,03	2,29	—	1,71	1,93
	II	43,83	—	3,50	3,94	II	43,83	—	3,11	3,50	—	2,74	3,09	—	2,39	2,69	—	2,05	2,31	—	1,73	1,94	—	1,42	1,60
	III	30,98	—	2,47	2,78	III	30,98	—	2,19	2,46	—	1,91	2,15	—	1,64	1,85	—	1,38	1,56	—	1,13	1,27	—	0,89	1,—
	V	64,40	2,05	5,15	5,79	IV	48,50	—	3,68	4,14	—	3,48	3,92	—	3,29	3,70	—	3,10	3,49	—	2,91	3,27	—	2,73	3,07
	VI	65,61	2,20	5,24	5,90																				
211,89	I,IV	48,54	0,17	3,88	4,36	I	48,54	—	3,49	3,92	—	3,10	3,49	—	2,73	3,07	—	2,38	2,67	—	2,04	2,29	—	1,72	1,93
	II	43,86	—	3,50	3,94	II	43,86	—	3,12	3,51	—	2,75	3,09	—	2,39	2,69	—	2,05	2,31	—	1,73	1,95	—	1,42	1,60
	III	31,01	—	2,48	2,79	III	31,01	—	2,19	2,47	—	1,92	2,16	—	1,65	1,85	—	1,39	1,56	—	1,13	1,28	—	0,89	1,—
	V	64,44	2,06	5,15	5,79	IV	48,54	—	3,68	4,14	—	3,49	3,92	—	3,29	3,70	—	3,10	3,49	—	2,91	3,28	—	2,73	3,07
	VI	65,65	2,20	5,25	5,90																				
211,99	I,IV	48,58	0,17	3,88	4,37	I	48,58	—	3,49	3,93	—	3,10	3,49	—	2,73	3,07	—	2,38	2,68	—	2,04	2,30	—	1,72	1,93
	II	43,90	—	3,51	3,95	II	43,90	—	3,12	3,51	—	2,75	3,09	—	2,39	2,69	—	2,05	2,31	—	1,73	1,95	—	1,42	1,60
	III	31,03	—	2,48	2,79	III	31,03	—	2,19	2,47	—	1,92	2,16	—	1,65	1,86	—	1,39	1,56	—	1,14	1,28	—	0,89	1,—
	V	64,48	2,06	5,15	5,80	IV	48,58	—	3,69	4,15	—	3,49	3,93	—	3,30	3,71	—	3,10	3,49	—	2,92	3,28	—	2,73	3,07
	VI	65,68	2,21	5,25	5,91																				
212,09	I,IV	48,62	0,18	3,88	4,37	I	48,62	—	3,49	3,93	—	3,11	3,50	—	2,74	3,08	—	2,38	2,68	—	2,04	2,30	—	1,72	1,94
	II	43,94	—	3,51	3,95	II	43,94	—	3,12	3,51	—	2,75	3,10	—	2,40	2,70	—	2,06	2,31	—	1,73	1,95	—	1,43	1,61
	III	31,06	—	2,48	2,79	III	31,06	—	2,20	2,47	—	1,92	2,16	—	1,65	1,86	—	1,39	1,56	—	1,14	1,28	—	0,89	1,01
	V	64,51	2,07	5,16	5,80	IV	48,62	—	3,69	4,15	—	3,49	3,93	—	3,30	3,71	—	3,11	3,50	—	2,92	3,28	—	2,74	3,08
	VI	65,72	2,21	5,25	5,91																				
212,19	I,IV	48,66	0,18	3,89	4,37	I	48,66	—	3,50	3,93	—	3,11	3,50	—	2,74	3,08	—	2,38	2,68	—	2,04	2,30	—	1,72	1,94
	II	43,98	—	3,51	3,95	II	43,98	—	3,13	3,52	—	2,75	3,10	—	2,40	2,70	—	2,06	2,32	—	1,74	1,95	—	1,43	1,61
	III	31,09	—	2,48	2,79	III	31,09	—	2,20	2,47	—	1,92	2,16	—	1,65	1,86	—	1,39	1,57	—	1,14	1,28	—	0,90	1,01
	V	64,55	2,07	5,16	5,80	IV	48,66	—	3,69	4,15	—	3,50	3,93	—	3,30	3,71	—	3,11	3,50	—	2,92	3,29	—	2,74	3,08
	VI	65,76	2,22	5,26	5,91																				
212,29	I,IV	48,70	0,19	3,89	4,38	I	48,70	—	3,50	3,94	—	3,11	3,50	—	2,74	3,08	—	2,39	2,69	—	2,05	2,30	—	1,72	1,94
	II	44,02	—	3,52	3,96	II	44,02	—	3,13	3,52	—	2,76	3,10	—	2,40	2,70	—	2,06	2,32	—	1,74	1,96	—	1,43	1,61
	III	31,12	—	2,48	2,80	III	31,12	—	2,20	2,48	—	1,92	2,16	—	1,66	1,86	—	1,39	1,57	—	1,14	1,28	—	0,90	1,01
	V	64,59	2,08	5,16	5,81	IV	48,70	—	3,70	4,16	—	3,50	3,94	—	3,30	3,72	—	3,11	3,50	—	2,92	3,29	—	2,74	3,08
	VI	65,80	2,22	5,26	5,92																				

* Die ausgewiesenen Tabellenwerte sind amtlich. Siehe Erläuterungen auf der Umschlaginnenseite (U2).

Abzüge an Lohnsteuer, Solidaritätszuschlag (SolZ) und Kirchensteuer (8%, 9%) in den Steuerklassen

Lohn/Gehalt bis €*	I – VI	LSt	ohne Kinderfreibeträge SolZ	8%	9%	I, II, III, IV	LSt	0,5 SolZ	8%	9%	1 SolZ	8%	9%	1,5 SolZ	8%	9%	2 SolZ	8%	9%	2,5 SolZ	8%	9%	3 SolZ	8%	9%
212,39	I,IV	48,73	0,19	3,89	4,38	I	48,73	—	3,50	3,94	—	3,12	3,51	—	2,74	3,09	—	2,39	2,69	—	2,05	2,31	—	1,73	1,94
	II	44,06	—	3,52	3,96	II	44,06	—	3,13	3,52	—	2,76	3,11	—	2,40	2,71	—	2,06	2,32	—	1,74	1,96	—	1,43	1,61
	III	31,15	—	2,49	2,80	III	31,15	—	2,20	2,48	—	1,93	2,17	—	1,66	1,86	—	1,40	1,57	—	1,14	1,29	—	0,90	1,01
	V	64,63	2,08	5,17	5,81	IV	48,73	—	3,70	4,16	—	3,50	3,94	—	3,31	3,72	—	3,12	3,51	—	2,93	3,29	—	2,74	3,09
	VI	65,84	2,23	5,26	5,92																				
212,49	I,IV	48,77	0,19	3,90	4,38	I	48,77	—	3,51	3,94	—	3,12	3,51	—	2,75	3,09	—	2,39	2,69	—	2,05	2,31	—	1,73	1,95
	II	44,10	—	3,52	3,96	II	44,10	—	3,14	3,53	—	2,76	3,11	—	2,41	2,71	—	2,07	2,33	—	1,74	1,96	—	1,44	1,62
	III	31,18	—	2,49	2,80	III	31,18	—	2,20	2,48	—	1,93	2,17	—	1,66	1,87	—	1,40	1,57	—	1,15	1,29	—	0,90	1,01
	V	64,67	2,09	5,17	5,82	IV	48,77	—	3,70	4,16	—	3,51	3,94	—	3,31	3,72	—	3,12	3,51	—	2,93	3,30	—	2,75	3,09
	VI	65,88	2,23	5,27	5,92																				
212,59	I,IV	48,81	0,20	3,90	4,39	I	48,81	—	3,51	3,95	—	3,12	3,51	—	2,75	3,09	—	2,39	2,69	—	2,06	2,31	—	1,73	1,95
	II	44,13	—	3,53	3,97	II	44,13	—	3,14	3,53	—	2,77	3,11	—	2,41	2,71	—	2,07	2,33	—	1,75	1,97	—	1,44	1,62
	III	31,21	—	2,49	2,80	III	31,21	—	2,21	2,48	—	1,93	2,17	—	1,66	1,87	—	1,40	1,58	—	1,15	1,29	—	0,90	1,02
	V	64,71	2,09	5,17	5,82	IV	48,81	—	3,70	4,17	—	3,51	3,95	—	3,31	3,73	—	3,12	3,51	—	2,93	3,30	—	2,75	3,09
	VI	65,91	2,23	5,27	5,93																				
212,69	I,IV	48,85	0,20	3,90	4,39	I	48,85	—	3,51	3,95	—	3,12	3,52	—	2,75	3,10	—	2,40	2,70	—	2,06	2,32	—	1,73	1,95
	II	44,17	—	3,53	3,97	II	44,17	—	3,14	3,53	—	2,77	3,12	—	2,41	2,71	—	2,07	2,33	—	1,75	1,97	—	1,44	1,62
	III	31,23	—	2,49	2,81	III	31,23	—	2,21	2,49	—	1,93	2,17	—	1,66	1,87	—	1,40	1,58	—	1,15	1,29	—	0,91	1,02
	V	64,75	2,10	5,18	5,82	IV	48,85	—	3,71	4,17	—	3,51	3,95	—	3,32	3,73	—	3,12	3,52	—	2,94	3,30	—	2,75	3,10
	VI	65,95	2,24	5,27	5,93																				
212,79	I,IV	48,89	0,21	3,91	4,40	I	48,89	—	3,52	3,96	—	3,13	3,52	—	2,76	3,10	—	2,40	2,70	—	2,06	2,32	—	1,74	1,96
	II	44,21	—	3,53	3,97	II	44,21	—	3,14	3,54	—	2,77	3,12	—	2,42	2,72	—	2,08	2,34	—	1,75	1,97	—	1,44	1,62
	III	31,26	—	2,50	2,81	III	31,26	—	2,21	2,49	—	1,93	2,18	—	1,67	1,87	—	1,40	1,58	—	1,15	1,30	—	0,91	1,02
	V	64,78	2,10	5,18	5,83	IV	48,89	—	3,71	4,17	—	3,52	3,96	—	3,32	3,73	—	3,13	3,52	—	2,94	3,31	—	2,76	3,10
	VI	65,99	2,24	5,27	5,93																				
212,89	I,IV	48,93	0,21	3,91	4,40	I	48,93	—	3,52	3,96	—	3,13	3,52	—	2,76	3,10	—	2,40	2,70	—	2,06	2,32	—	1,74	1,96
	II	44,25	—	3,54	3,98	II	44,25	—	3,15	3,54	—	2,78	3,12	—	2,42	2,72	—	2,08	2,34	—	1,75	1,97	—	1,45	1,63
	III	31,29	—	2,50	2,81	III	31,29	—	2,21	2,49	—	1,94	2,18	—	1,67	1,88	—	1,41	1,58	—	1,15	1,30	—	0,91	1,02
	V	64,82	2,10	5,18	5,83	IV	48,93	—	3,71	4,18	—	3,52	3,96	—	3,32	3,74	—	3,13	3,52	—	2,94	3,31	—	2,76	3,10
	VI	66,03	2,25	5,28	5,94																				
212,99	I,IV	48,96	0,22	3,91	4,40	I	48,96	—	3,52	3,96	—	3,13	3,53	—	2,76	3,11	—	2,41	2,71	—	2,07	2,32	—	1,74	1,96
	II	44,29	—	3,54	3,98	II	44,29	—	3,15	3,54	—	2,78	3,13	—	2,42	2,72	—	2,08	2,34	—	1,76	1,98	—	1,45	1,63
	III	31,32	—	2,50	2,81	III	31,32	—	2,22	2,49	—	1,94	2,18	—	1,67	1,88	—	1,41	1,59	—	1,16	1,30	—	0,91	1,03
	V	64,86	2,11	5,18	5,83	IV	48,96	—	3,72	4,18	—	3,52	3,96	—	3,33	3,74	—	3,13	3,53	—	2,95	3,31	—	2,76	3,11
	VI	66,07	2,25	5,28	5,94																				
213,09	I,IV	49,—	0,22	3,92	4,41	I	49,—	—	3,52	3,96	—	3,14	3,53	—	2,76	3,11	—	2,41	2,71	—	2,07	2,33	—	1,74	1,96
	II	44,33	—	3,54	3,98	II	44,33	—	3,15	3,55	—	2,78	3,13	—	2,42	2,73	—	2,08	2,34	—	1,76	1,98	—	1,45	1,63
	III	31,35	—	2,50	2,82	III	31,35	—	2,22	2,50	—	1,94	2,18	—	1,67	1,88	—	1,41	1,59	—	1,16	1,30	—	0,91	1,03
	V	64,90	2,11	5,19	5,84	IV	49,—	—	3,72	4,19	—	3,52	3,96	—	3,33	3,75	—	3,14	3,53	—	2,95	3,32	—	2,76	3,11
	VI	66,11	2,26	5,28	5,94																				
213,19	I,IV	49,04	0,23	3,92	4,41	I	49,04	—	3,53	3,97	—	3,14	3,53	—	2,77	3,11	—	2,41	2,71	—	2,07	2,33	—	1,75	1,97
	II	44,37	—	3,54	3,99	II	44,37	—	3,16	3,55	—	2,78	3,13	—	2,43	2,73	—	2,09	2,35	—	1,76	1,98	—	1,45	1,63
	III	31,38	—	2,51	2,82	III	31,38	—	2,22	2,50	—	1,94	2,19	—	1,67	1,88	—	1,41	1,59	—	1,16	1,31	—	0,92	1,03
	V	64,94	2,12	5,19	5,84	IV	49,04	—	3,72	4,19	—	3,53	3,97	—	3,33	3,75	—	3,14	3,53	—	2,95	3,32	—	2,77	3,11
	VI	66,15	2,26	5,29	5,95																				
213,29	I,IV	49,08	0,23	3,92	4,41	I	49,08	—	3,53	3,97	—	3,14	3,54	—	2,77	3,12	—	2,41	2,72	—	2,07	2,33	—	1,75	1,97
	II	44,40	—	3,55	3,99	II	44,40	—	3,16	3,55	—	2,79	3,14	—	2,43	2,73	—	2,09	2,35	—	1,76	1,98	—	1,46	1,64
	III	31,41	—	2,51	2,82	III	31,41	—	2,22	2,50	—	1,94	2,19	—	1,68	1,89	—	1,42	1,59	—	1,16	1,31	—	0,92	1,03
	V	64,98	2,12	5,19	5,84	IV	49,08	—	3,73	4,19	—	3,53	3,97	—	3,34	3,75	—	3,14	3,54	—	2,95	3,32	—	2,77	3,12
	VI	66,18	2,27	5,29	5,95																				
213,39	I,IV	49,12	0,24	3,92	4,42	I	49,12	—	3,53	3,98	—	3,15	3,54	—	2,77	3,12	—	2,42	2,72	—	2,08	2,34	—	1,75	1,97
	II	44,44	—	3,55	3,99	II	44,44	—	3,16	3,56	—	2,79	3,14	—	2,43	2,74	—	2,09	2,35	—	1,77	1,99	—	1,46	1,64
	III	31,43	—	2,51	2,82	III	31,43	—	2,22	2,50	—	1,95	2,19	—	1,68	1,89	—	1,42	1,59	—	1,16	1,31	—	0,92	1,03
	V	65,01	2,13	5,20	5,85	IV	49,12	—	3,73	4,20	—	3,53	3,98	—	3,34	3,76	—	3,15	3,54	—	2,96	3,33	—	2,77	3,12
	VI	66,22	2,27	5,29	5,95																				
213,49	I,IV	49,16	0,24	3,93	4,42	I	49,16	—	3,54	3,98	—	3,15	3,54	—	2,78	3,12	—	2,42	2,72	—	2,08	2,34	—	1,75	1,97
	II	44,48	—	3,55	4,—	II	44,48	—	3,17	3,56	—	2,79	3,14	—	2,44	2,74	—	2,09	2,36	—	1,77	1,99	—	1,46	1,64
	III	31,46	—	2,51	2,83	III	31,46	—	2,23	2,51	—	1,95	2,19	—	1,68	1,89	—	1,42	1,60	—	1,17	1,31	—	0,92	1,04
	V	65,05	2,13	5,20	5,85	IV	49,16	—	3,73	4,20	—	3,54	3,98	—	3,34	3,76	—	3,15	3,54	—	2,96	3,33	—	2,78	3,12
	VI	66,26	2,28	5,30	5,96																				
213,59	I,IV	49,20	0,24	3,93	4,42	I	49,20	—	3,54	3,98	—	3,15	3,55	—	2,78	3,13	—	2,42	2,72	—	2,08	2,34	—	1,76	1,98
	II	44,52	—	3,56	4,—	II	44,52	—	3,17	3,56	—	2,80	3,15	—	2,44	2,74	—	2,10	2,36	—	1,77	1,99	—	1,46	1,65
	III	31,49	—	2,51	2,83	III	31,49	—	2,23	2,51	—	1,95	2,20	—	1,68	1,89	—	1,42	1,60	—	1,17	1,31	—	0,92	1,04
	V	65,09	2,14	5,20	5,85	IV	49,20	—	3,74	4,20	—	3,54	3,98	—	3,34	3,76	—	3,15	3,55	—	2,96	3,33	—	2,78	3,13
	VI	66,30	2,28	5,30	5,96																				
213,69	I,IV	49,23	0,25	3,93	4,43	I	49,23	—	3,54	3,99	—	3,15	3,55	—	2,78	3,13	—	2,42	2,73	—	2,08	2,34	—	1,76	1,98
	II	44,56	—	3,56	4,01	II	44,56	—	3,17	3,57	—	2,80	3,15	—	2,44	2,75	—	2,10	2,36	—	1,77	2,—	—	1,46	1,65
	III	31,52	—	2,52	2,83	III	31,52	—	2,23	2,51	—	1,95	2,20	—	1,68	1,89	—	1,42	1,60	—	1,17	1,32	—	0,92	1,04
	V	65,13	2,14	5,21	5,86	IV	49,23	—	3,74	4,21	—	3,54	3,99	—	3,35	3,77	—	3,15	3,55	—	2,97	3,34	—	2,78	3,13
	VI	66,34	2,29	5,30	5,97																				
213,79	I,IV	49,27	0,25	3,94	4,43	I	49,27	—	3,55	3,99	—	3,16	3,55	—	2,78	3,13	—	2,43	2,73	—	2,09	2,35	—	1,76	1,98
	II	44,60	—	3,56	4,01	II	44,60	—	3,17	3,57	—	2,80	3,15	—	2,44	2,75	—	2,10	2,36	—	1,78	2,—	—	1,47	1,65
	III	31,55	—	2,52	2,83	III	31,55	—	2,23	2,51	—	1,96	2,20	—	1,69	1,90	—	1,42	1,60	—	1,17	1,32	—	0,93	1,04
	V	65,17	2,15	5,21	5,86	IV	49,27	—	3,74	4,21	—	3,55	3,99	—	3,35	3,77	—	3,16	3,55	—	2,97	3,34	—	2,78	3,13
	VI	66,38	2,29	5,31	5,97																				
213,89	I,IV	49,31	0,26	3,94	4,43	I	49,31	—	3,55	3,99	—	3,16	3,56	—	2,79	3,14	—	2,43	2,73	—	2,09	2,35	—	1,76	1,99
	II	44,64	—	3,57	4,01	II	44,64	—	3,18	3,58	—	2,80	3,15	—	2,45	2,75	—	2,10	2,37	—	1,78	2,—	—	1,47	1,65
	III	31,58	—	2,52	2,84	III	31,58	—	2,24	2,52	—	1,96	2,20	—	1,69	1,90	—	1,43	1,61	—	1,17	1,32	—	0,93	1,04
	V	65,21	2,15	5,21	5,86	IV	49,31	—	3,74	4,21	—	3,55	3,99	—	3,35	3,77	—	3,16	3,56	—	2,97	3,34	—	2,79	3,14
	VI	66,41	2,29	5,31	5,97																				

* Die ausgewiesenen Tabellenwerte sind amtlich. Siehe Erläuterungen auf der Umschlaginnenseite (U2).

TAG 213,90*

Lohn/ Gehalt bis €*		I – VI LSt	ohne Kinderfreibeträge SolZ	8%	9%		I, II, III, IV LSt	0,5 SolZ	8%	9%	1 SolZ	8%	9%	1,5 SolZ	8%	9%	2 SolZ	8%	9%	2,5 SolZ	8%	9%	3 SolZ	8%	9%
213,99	I,IV	49,35	0,26	3,94	4,44	I	49,35	—	3,55	4,—	—	3,16	3,56	—	2,79	3,14	—	2,43	2,74	—	2,09	2,35	—	1,77	1,99
	II	44,67	—	3,57	4,02	II	44,67	—	3,18	3,58	—	2,81	3,16	—	2,45	2,75	—	2,11	2,37	—	1,78	2,—	—	1,47	1,66
	III	31,61	—	2,52	2,84	III	31,61	—	2,24	2,52	—	1,96	2,21	—	1,69	1,90	—	1,43	1,61	—	1,18	1,32	—	0,93	1,05
	V	65,25	2,15	5,22	5,87	IV	49,35	—	3,75	4,22	—	3,55	4,—	—	3,36	3,78	—	3,16	3,56	—	2,98	3,35	—	2,79	3,14
	VI	66,45	2,30	5,31	5,98																				
214,09	I,IV	49,39	0,27	3,95	4,44	I	49,39	—	3,56	4,—	—	3,17	3,56	—	2,79	3,14	—	2,44	2,74	—	2,09	2,36	—	1,77	1,99
	II	44,71	—	3,57	4,02	II	44,71	—	3,18	3,58	—	2,81	3,16	—	2,45	2,76	—	2,11	2,37	—	1,78	2,01	—	1,47	1,66
	III	31,63	—	2,53	2,84	III	31,63	—	2,24	2,52	—	1,96	2,21	—	1,69	1,90	—	1,43	1,61	—	1,18	1,33	—	0,93	1,05
	V	65,28	2,16	5,22	5,87	IV	49,39	—	3,75	4,22	—	3,56	4,—	—	3,36	3,78	—	3,17	3,56	—	2,98	3,35	—	2,79	3,14
	VI	66,50	2,30	5,32	5,98																				
214,19	I,IV	49,43	0,27	3,95	4,44	I	49,43	—	3,56	4,—	—	3,17	3,57	—	2,80	3,15	—	2,44	2,74	—	2,10	2,36	—	1,77	1,99
	II	44,75	—	3,58	4,02	II	44,75	—	3,19	3,59	—	2,81	3,16	—	2,45	2,76	—	2,11	2,38	—	1,79	2,01	—	1,48	1,66
	III	31,66	—	2,53	2,84	III	31,66	—	2,24	2,52	—	1,96	2,21	—	1,70	1,91	—	1,43	1,61	—	1,18	1,33	—	0,93	1,05
	V	65,32	2,16	5,22	5,87	IV	49,43	—	3,75	4,22	—	3,56	4,—	—	3,36	3,78	—	3,17	3,57	—	2,98	3,35	—	2,80	3,15
	VI	66,53	2,31	5,32	5,98																				
214,29	I,IV	49,47	0,28	3,95	4,45	I	49,47	—	3,56	4,01	—	3,17	3,57	—	2,80	3,15	—	2,44	2,75	—	2,10	2,36	—	1,77	2,—
	II	44,79	—	3,58	4,03	II	44,79	—	3,19	3,59	—	2,82	3,17	—	2,46	2,76	—	2,11	2,38	—	1,79	2,01	—	1,48	1,66
	III	31,69	—	2,53	2,85	III	31,69	—	2,24	2,53	—	1,97	2,21	—	1,70	1,91	—	1,44	1,62	—	1,18	1,33	—	0,94	1,05
	V	65,36	2,17	5,22	5,88	IV	49,47	—	3,76	4,23	—	3,56	4,01	—	3,37	3,79	—	3,17	3,57	—	2,98	3,36	—	2,80	3,15
	VI	66,57	2,31	5,32	5,99																				
214,39	I,IV	49,51	0,28	3,96	4,45	I	49,51	—	3,56	4,01	—	3,18	3,57	—	2,80	3,15	—	2,44	2,75	—	2,10	2,37	—	1,78	2,—
	II	44,83	—	3,58	4,03	II	44,83	—	3,19	3,59	—	2,82	3,17	—	2,46	2,77	—	2,12	2,38	—	1,79	2,02	—	1,48	1,67
	III	31,72	—	2,53	2,85	III	31,72	—	2,25	2,53	—	1,97	2,22	—	1,70	1,91	—	1,44	1,62	—	1,18	1,33	—	0,94	1,06
	V	65,40	2,17	5,23	5,88	IV	49,51	—	3,76	4,23	—	3,56	4,01	—	3,37	3,79	—	3,18	3,57	—	2,99	3,36	—	2,80	3,15
	VI	66,61	2,32	5,32	5,99																				
214,49	I,IV	49,55	0,29	3,96	4,45	I	49,55	—	3,57	4,01	—	3,18	3,58	—	2,80	3,16	—	2,45	2,75	—	2,10	2,37	—	1,78	2,—
	II	44,87	—	3,58	4,03	II	44,87	—	3,20	3,60	—	2,82	3,17	—	2,46	2,77	—	2,12	2,39	—	1,79	2,02	—	1,48	1,67
	III	31,75	—	2,54	2,85	III	31,75	—	2,25	2,53	—	1,97	2,22	—	1,70	1,91	—	1,44	1,62	—	1,18	1,33	—	0,94	1,06
	V	65,44	2,18	5,23	5,88	IV	49,55	—	3,76	4,23	—	3,57	4,01	—	3,37	3,79	—	3,18	3,58	—	2,99	3,36	—	2,80	3,16
	VI	66,65	2,32	5,33	5,99																				
214,59	I,IV	49,58	0,29	3,96	4,46	I	49,58	—	3,57	4,02	—	3,18	3,58	—	2,81	3,16	—	2,45	2,76	—	2,11	2,37	—	1,78	2,01
	II	44,91	—	3,59	4,04	II	44,91	—	3,20	3,60	—	2,82	3,18	—	2,46	2,77	—	2,12	2,39	—	1,80	2,02	—	1,49	1,67
	III	31,78	—	2,54	2,86	III	31,78	—	2,25	2,53	—	1,97	2,22	—	1,70	1,92	—	1,44	1,62	—	1,19	1,34	—	0,94	1,06
	V	65,48	2,18	5,23	5,89	IV	49,58	—	3,77	4,24	—	3,57	4,02	—	3,37	3,80	—	3,18	3,58	—	2,99	3,37	—	2,81	3,16
	VI	66,69	2,33	5,33	6,—																				
214,69	I,IV	49,62	0,30	3,96	4,46	I	49,62	—	3,57	4,02	—	3,18	3,58	—	2,81	3,16	—	2,45	2,76	—	2,11	2,37	—	1,78	2,01
	II	44,95	—	3,59	4,04	II	44,95	—	3,20	3,60	—	2,83	3,18	—	2,47	2,78	—	2,13	2,39	—	1,80	2,02	—	1,49	1,67
	III	31,81	—	2,54	2,86	III	31,81	—	2,25	2,54	—	1,98	2,22	—	1,70	1,92	—	1,44	1,62	—	1,19	1,34	—	0,94	1,06
	V	65,52	2,19	5,24	5,89	IV	49,62	—	3,77	4,24	—	3,57	4,02	—	3,38	3,80	—	3,18	3,58	—	3,—	3,37	—	2,81	3,16
	VI	66,73	2,33	5,33	6,—																				
214,79	I,IV	49,66	0,30	3,97	4,46	I	49,66	—	3,58	4,02	—	3,19	3,59	—	2,81	3,17	—	2,46	2,76	—	2,11	2,38	—	1,79	2,01
	II	44,98	—	3,59	4,04	II	44,98	—	3,20	3,61	—	2,83	3,18	—	2,47	2,78	—	2,13	2,39	—	1,80	2,03	—	1,49	1,68
	III	31,83	—	2,54	2,86	III	31,83	—	2,26	2,54	—	1,98	2,23	—	1,71	1,92	—	1,44	1,63	—	1,19	1,34	—	0,94	1,06
	V	65,55	2,19	5,24	5,89	IV	49,66	0,01	3,77	4,24	—	3,58	4,02	—	3,38	3,80	—	3,19	3,59	—	3,—	3,37	—	2,81	3,17
	VI	66,76	2,34	5,34	6,—																				
214,89	I,IV	49,70	0,30	3,97	4,47	I	49,70	—	3,58	4,03	—	3,19	3,59	—	2,82	3,17	—	2,46	2,77	—	2,12	2,38	—	1,79	2,01
	II	45,02	—	3,60	4,05	II	45,02	—	3,21	3,61	—	2,83	3,19	—	2,47	2,78	—	2,13	2,40	—	1,80	2,03	—	1,49	1,68
	III	31,86	—	2,54	2,86	III	31,86	—	2,26	2,54	—	1,98	2,23	—	1,71	1,92	—	1,45	1,63	—	1,19	1,34	—	0,95	1,07
	V	65,59	2,20	5,24	5,90	IV	49,70	0,01	3,78	4,25	—	3,58	4,03	—	3,38	3,81	—	3,19	3,59	—	3,—	3,38	—	2,82	3,17
	VI	66,80	2,34	5,34	6,01																				
214,99	I,IV	49,74	0,31	3,97	4,47	I	49,74	—	3,58	4,03	—	3,19	3,59	—	2,82	3,17	—	2,46	2,77	—	2,12	2,38	—	1,79	2,02
	II	45,06	—	3,60	4,05	II	45,06	—	3,21	3,61	—	2,84	3,19	—	2,48	2,79	—	2,13	2,40	—	1,81	2,03	—	1,50	1,68
	III	31,89	—	2,55	2,87	III	31,89	—	2,26	2,54	—	1,98	2,23	—	1,71	1,93	—	1,45	1,63	—	1,20	1,35	—	0,95	1,07
	V	65,63	2,20	5,25	5,90	IV	49,74	0,02	3,78	4,25	—	3,58	4,03	—	3,39	3,81	—	3,19	3,59	—	3,—	3,38	—	2,82	3,17
	VI	66,84	2,34	5,34	6,01																				
215,09	I,IV	49,78	0,31	3,98	4,48	I	49,78	—	3,59	4,03	—	3,20	3,60	—	2,82	3,17	—	2,46	2,77	—	2,12	2,39	—	1,79	2,02
	II	45,10	—	3,60	4,05	II	45,10	—	3,21	3,62	—	2,84	3,19	—	2,48	2,79	—	2,14	2,40	—	1,81	2,04	—	1,50	1,69
	III	31,92	—	2,55	2,87	III	31,92	—	2,26	2,55	—	1,98	2,23	—	1,71	1,93	—	1,45	1,63	—	1,20	1,35	—	0,95	1,07
	V	65,67	2,21	5,25	5,91	IV	49,78	0,02	3,78	4,25	—	3,59	4,03	—	3,39	3,81	—	3,20	3,60	—	3,01	3,38	—	2,82	3,17
	VI	66,88	2,35	5,35	6,01																				
215,19	I,IV	49,81	0,32	3,98	4,48	I	49,81	—	3,59	4,04	—	3,20	3,60	—	2,82	3,18	—	2,47	2,78	—	2,12	2,39	—	1,80	2,02
	II	45,14	—	3,61	4,06	II	45,14	—	3,22	3,62	—	2,84	3,20	—	2,48	2,79	—	2,14	2,41	—	1,81	2,04	—	1,50	1,69
	III	31,95	—	2,55	2,87	III	31,95	—	2,26	2,55	—	1,99	2,23	—	1,72	1,93	—	1,45	1,64	—	1,20	1,35	—	0,95	1,07
	V	65,71	2,21	5,25	5,91	IV	49,81	0,03	3,78	4,26	—	3,59	4,04	—	3,39	3,82	—	3,20	3,60	—	3,01	3,39	—	2,82	3,18
	VI	66,92	2,35	5,35	6,02																				
215,29	I,IV	49,85	0,32	3,98	4,48	I	49,85	—	3,59	4,04	—	3,20	3,60	—	2,83	3,18	—	2,47	2,78	—	2,13	2,39	—	1,80	2,02
	II	45,18	—	3,61	4,06	II	45,18	—	3,22	3,62	—	2,84	3,20	—	2,48	2,79	—	2,14	2,41	—	1,81	2,04	—	1,50	1,69
	III	31,98	—	2,55	2,87	III	31,98	—	2,27	2,55	—	1,99	2,24	—	1,72	1,93	—	1,46	1,64	—	1,20	1,35	—	0,96	1,08
	V	65,75	2,21	5,26	5,91	IV	49,85	0,03	3,79	4,26	—	3,59	4,04	—	3,40	3,82	—	3,20	3,60	—	3,01	3,39	—	2,83	3,18
	VI	66,96	2,36	5,35	6,02																				
215,39	I,IV	49,89	0,33	3,99	4,49	I	49,89	—	3,60	4,05	—	3,21	3,61	—	2,83	3,18	—	2,47	2,78	—	2,13	2,40	—	1,80	2,03
	II	45,21	—	3,61	4,06	II	45,21	—	3,22	3,63	—	2,85	3,20	—	2,49	2,80	—	2,14	2,41	—	1,82	2,04	—	1,50	1,69
	III	32,01	—	2,56	2,88	III	32,01	—	2,27	2,55	—	1,99	2,24	—	1,72	1,94	—	1,46	1,64	—	1,20	1,35	—	0,96	1,08
	V	65,79	2,22	5,26	5,92	IV	49,89	0,04	3,79	4,27	—	3,60	4,05	—	3,40	3,82	—	3,21	3,61	—	3,02	3,39	—	2,83	3,18
	VI	67,—	2,36	5,36	6,03																				
215,49	I,IV	49,93	0,33	3,99	4,49	I	49,93	—	3,60	4,05	—	3,21	3,61	—	2,83	3,19	—	2,47	2,78	—	2,13	2,40	—	1,80	2,03
	II	45,25	—	3,62	4,07	II	45,25	—	3,23	3,63	—	2,85	3,21	—	2,49	2,80	—	2,15	2,42	—	1,82	2,05	—	1,51	1,70
	III	32,03	—	2,56	2,88	III	32,03	—	2,27	2,56	—	1,99	2,24	—	1,72	1,94	—	1,46	1,64	—	1,20	1,36	—	0,96	1,08
	V	65,82	2,22	5,26	5,92	IV	49,93	0,04	3,79	4,27	—	3,60	4,05	—	3,40	3,83	—	3,21	3,61	—	3,02	3,40	—	2,83	3,19
	VI	67,03	2,37	5,36	6,03																				

Abzüge an Lohnsteuer, Solidaritätszuschlag (SolZ) und Kirchensteuer (8%, 9%) in den Steuerklassen I – VI (ohne Kinderfreibeträge) und I, II, III, IV (mit Zahl der Kinderfreibeträge . . .)

* Die ausgewiesenen Tabellenwerte sind amtlich. Siehe Erläuterungen auf der Umschlaginnenseite (U2).

Lohn/ Gehalt bis €*	Abzüge an Lohnsteuer, Solidaritätszuschlag (SolZ) und Kirchensteuer (8%, 9%) in den Steuerklassen I – VI					I, II, III, IV		mit Zahl der Kinderfreibeträge . . . 0,5			1			1,5			2			2,5			3		
		LSt	ohne Kinderfreibeträge SolZ	8%	9%		LSt	SolZ	8%	9%	SolZ	8%	9%	SolZ	8%	9%	SolZ	8%	9%	SolZ	8%	9%	SolZ	8%	9%
215,59	I,IV	49,97	0,34	3,99	4,49	I	49,97	—	3,60	4,05	—	3,21	3,61	—	2,84	3,19	—	2,48	2,79	—	2,13	2,40	—	1,81	2,03
	II	45,29	—	3,62	4,07	II	45,29	—	3,23	3,63	—	2,85	3,21	—	2,49	2,80	—	2,15	2,42	—	1,82	2,05	—	1,51	1,70
	III	32,06	—	2,56	2,88	III	32,06	—	2,27	2,56	—	2,—	2,25	—	1,72	1,94	—	1,46	1,64	—	1,21	1,36	—	0,96	1,08
	V	65,86	2,23	5,26	5,92	IV	49,97	0,05	3,80	4,27	—	3,60	4,05	—	3,41	3,83	—	3,21	3,61	—	3,02	3,40	—	2,84	3,19
	VI	67,07	2,37	5,36	6,03																				
215,69	I,IV	50,01	0,34	4,—	4,50	I	50,01	—	3,60	4,05	—	3,21	3,62	—	2,84	3,19	—	2,48	2,79	—	2,14	2,40	—	1,81	2,04
	II	45,33	—	3,62	4,07	II	45,33	—	3,23	3,64	—	2,86	3,21	—	2,50	2,81	—	2,15	2,42	—	1,82	2,05	—	1,51	1,70
	III	32,09	—	2,56	2,88	III	32,09	—	2,28	2,56	—	2,—	2,25	—	1,73	1,94	—	1,46	1,65	—	1,21	1,36	—	0,96	1,08
	V	65,90	2,23	5,27	5,93	IV	50,01	0,05	3,80	4,28	—	3,60	4,05	—	3,41	3,84	—	3,21	3,62	—	3,02	3,40	—	2,84	3,19
	VI	67,11	2,38	5,36	6,03																				
215,79	I,IV	50,05	0,35	4,—	4,50	I	50,05	—	3,61	4,06	—	3,22	3,62	—	2,84	3,20	—	2,48	2,79	—	2,14	2,41	—	1,81	2,04
	II	45,37	—	3,62	4,08	II	45,37	—	3,24	3,64	—	2,86	3,22	—	2,50	2,81	—	2,15	2,42	—	1,83	2,06	—	1,51	1,70
	III	32,12	—	2,56	2,89	III	32,12	—	2,28	2,56	—	2,—	2,25	—	1,73	1,94	—	1,47	1,65	—	1,21	1,36	—	0,96	1,08
	V	65,94	2,24	5,27	5,93	IV	50,05	0,05	3,80	4,28	—	3,61	4,06	—	3,41	3,84	—	3,22	3,62	—	3,03	3,41	—	2,84	3,20
	VI	67,15	2,38	5,37	6,04																				
215,89	I,IV	50,08	0,35	4,—	4,50	I	50,08	—	3,61	4,06	—	3,22	3,62	—	2,84	3,20	—	2,49	2,80	—	2,14	2,41	—	1,81	2,04
	II	45,41	—	3,63	4,08	II	45,41	—	3,24	3,64	—	2,86	3,22	—	2,50	2,81	—	2,16	2,43	—	1,83	2,06	—	1,52	1,71
	III	32,15	—	2,57	2,89	III	32,15	—	2,28	2,57	—	2,—	2,25	—	1,73	1,95	—	1,47	1,65	—	1,21	1,36	—	0,97	1,09
	V	65,98	2,24	5,27	5,93	IV	50,08	0,06	3,81	4,28	—	3,61	4,06	—	3,41	3,84	—	3,22	3,62	—	3,03	3,41	—	2,84	3,20
	VI	67,19	2,39	5,37	6,04																				
215,99	I,IV	50,12	0,36	4,—	4,51	I	50,12	—	3,61	4,07	—	3,22	3,63	—	2,85	3,20	—	2,49	2,80	—	2,14	2,41	—	1,82	2,05
	II	45,45	—	3,63	4,09	II	45,45	—	3,24	3,65	—	2,86	3,22	—	2,50	2,82	—	2,16	2,43	—	1,83	2,06	—	1,52	1,71
	III	32,18	—	2,57	2,89	III	32,18	—	2,28	2,57	—	2,—	2,25	—	1,73	1,95	—	1,47	1,65	—	1,22	1,37	—	0,97	1,09
	V	66,02	2,25	5,28	5,94	IV	50,12	0,06	3,81	4,29	—	3,61	4,07	—	3,42	3,85	—	3,22	3,63	—	3,03	3,41	—	2,85	3,20
	VI	67,23	2,39	5,37	6,05																				
216,09	I,IV	50,16	0,36	4,01	4,51	I	50,16	—	3,62	4,07	—	3,23	3,63	—	2,85	3,21	—	2,49	2,80	—	2,15	2,42	—	1,82	2,05
	II	45,48	—	3,63	4,09	II	45,48	—	3,24	3,65	—	2,87	3,23	—	2,51	2,82	—	2,16	2,43	—	1,83	2,06	—	1,52	1,71
	III	32,21	—	2,57	2,89	III	32,21	—	2,28	2,57	—	2,01	2,26	—	1,74	1,95	—	1,47	1,66	—	1,22	1,37	—	0,97	1,09
	V	66,06	2,25	5,28	5,94	IV	50,16	0,07	3,81	4,29	—	3,62	4,07	—	3,42	3,85	—	3,23	3,63	—	3,04	3,42	—	2,85	3,21
	VI	67,26	2,40	5,38	6,05																				
216,19	I,IV	50,20	0,36	4,01	4,51	I	50,20	—	3,62	4,07	—	3,23	3,63	—	2,85	3,21	—	2,49	2,81	—	2,15	2,42	—	1,82	2,05
	II	45,52	—	3,64	4,09	II	45,52	—	3,25	3,65	—	2,87	3,23	—	2,51	2,82	—	2,16	2,44	—	1,84	2,07	—	1,52	1,71
	III	32,23	—	2,57	2,90	III	32,23	—	2,29	2,57	—	2,01	2,26	—	1,74	1,95	—	1,47	1,66	—	1,22	1,37	—	0,97	1,09
	V	66,10	2,26	5,28	5,94	IV	50,20	0,07	3,82	4,29	—	3,62	4,07	—	3,42	3,85	—	3,23	3,63	—	3,04	3,42	—	2,85	3,21
	VI	67,30	2,40	5,38	6,05																				
216,29	I,IV	50,24	0,37	4,01	4,52	I	50,24	—	3,62	4,08	—	3,23	3,64	—	2,86	3,21	—	2,50	2,81	—	2,15	2,42	—	1,82	2,05
	II	45,56	—	3,64	4,10	II	45,56	—	3,25	3,66	—	2,87	3,23	—	2,51	2,83	—	2,17	2,44	—	1,84	2,07	—	1,53	1,72
	III	32,26	—	2,58	2,90	III	32,26	—	2,29	2,58	—	2,01	2,26	—	1,74	1,96	—	1,48	1,66	—	1,22	1,37	—	0,97	1,10
	V	66,13	2,26	5,29	5,95	IV	50,24	0,08	3,82	4,30	—	3,62	4,08	—	3,43	3,86	—	3,23	3,64	—	3,04	3,42	—	2,86	3,21
	VI	67,34	2,40	5,38	6,06																				
216,39	I,IV	50,28	0,37	4,02	4,52	I	50,28	—	3,63	4,08	—	3,24	3,64	—	2,86	3,22	—	2,50	2,81	—	2,16	2,43	—	1,83	2,06
	II	45,60	—	3,64	4,10	II	45,60	—	3,25	3,66	—	2,88	3,24	—	2,52	2,83	—	2,17	2,44	—	1,84	2,07	—	1,53	1,72
	III	32,29	—	2,58	2,90	III	32,29	—	2,29	2,58	—	2,01	2,26	—	1,74	1,96	—	1,48	1,66	—	1,22	1,38	—	0,98	1,10
	V	66,17	2,27	5,29	5,95	IV	50,28	0,08	3,82	4,30	—	3,63	4,08	—	3,43	3,86	—	3,24	3,64	—	3,05	3,43	—	2,86	3,22
	VI	67,38	2,41	5,39	6,06																				
216,49	I,IV	50,31	0,38	4,02	4,52	I	50,31	—	3,63	4,08	—	3,24	3,64	—	2,86	3,22	—	2,50	2,82	—	2,16	2,43	—	1,83	2,06
	II	45,64	—	3,65	4,10	II	45,64	—	3,26	3,66	—	2,88	3,24	—	2,52	2,83	—	2,17	2,44	—	1,84	2,07	—	1,53	1,72
	III	32,32	—	2,58	2,90	III	32,32	—	2,29	2,58	—	2,01	2,27	—	1,74	1,96	—	1,48	1,67	—	1,22	1,38	—	0,98	1,10
	V	66,21	2,27	5,29	5,95	IV	50,31	0,09	3,82	4,30	—	3,63	4,08	—	3,43	3,86	—	3,24	3,64	—	3,05	3,43	—	2,86	3,22
	VI	67,42	2,41	5,39	6,06																				
216,59	I,IV	50,35	0,38	4,02	4,53	I	50,35	—	3,63	4,09	—	3,24	3,65	—	2,87	3,22	—	2,50	2,82	—	2,16	2,43	—	1,83	2,06
	II	45,68	—	3,65	4,11	II	45,68	—	3,26	3,67	—	2,88	3,24	—	2,52	2,84	—	2,18	2,45	—	1,85	2,08	—	1,53	1,73
	III	32,35	—	2,58	2,91	III	32,35	—	2,30	2,58	—	2,02	2,27	—	1,74	1,96	—	1,48	1,67	—	1,23	1,38	—	0,98	1,10
	V	66,25	2,27	5,30	5,96	IV	50,35	0,09	3,83	4,31	—	3,63	4,09	—	3,44	3,87	—	3,24	3,65	—	3,05	3,43	—	2,87	3,22
	VI	67,46	2,42	5,39	6,07																				
216,69	I,IV	50,39	0,39	4,03	4,53	I	50,39	—	3,64	4,09	—	3,24	3,65	—	2,87	3,23	—	2,51	2,82	—	2,16	2,43	—	1,84	2,07
	II	45,71	—	3,65	4,11	II	45,71	—	3,26	3,67	—	2,88	3,25	—	2,52	2,84	—	2,18	2,45	—	1,85	2,08	—	1,54	1,73
	III	32,38	—	2,59	2,91	III	32,38	—	2,30	2,59	—	2,02	2,27	—	1,75	1,97	—	1,48	1,67	—	1,23	1,38	—	0,98	1,10
	V	66,29	2,28	5,30	5,96	IV	50,39	0,10	3,83	4,31	—	3,64	4,09	—	3,44	3,87	—	3,24	3,65	—	3,05	3,44	—	2,87	3,23
	VI	67,50	2,42	5,40	6,07																				
216,79	I,IV	50,43	0,39	4,03	4,53	I	50,43	—	3,64	4,09	—	3,25	3,65	—	2,87	3,23	—	2,51	2,82	—	2,17	2,44	—	1,84	2,07
	II	45,75	—	3,66	4,11	II	45,75	—	3,26	3,67	—	2,89	3,25	—	2,53	2,84	—	2,18	2,45	—	1,85	2,08	—	1,54	1,73
	III	32,41	—	2,59	2,91	III	32,41	—	2,30	2,59	—	2,02	2,27	—	1,75	1,97	—	1,49	1,67	—	1,23	1,39	—	0,98	1,11
	V	66,33	2,28	5,30	5,96	IV	50,43	0,10	3,83	4,31	—	3,64	4,09	—	3,44	3,87	—	3,25	3,65	—	3,06	3,44	—	2,87	3,23
	VI	67,53	2,43	5,40	6,07																				
216,89	I,IV	50,47	0,40	4,03	4,54	I	50,47	—	3,64	4,10	—	3,25	3,66	—	2,87	3,23	—	2,51	2,83	—	2,17	2,44	—	1,84	2,07
	II	45,79	—	3,66	4,12	II	45,79	—	3,27	3,68	—	2,89	3,25	—	2,53	2,85	—	2,18	2,46	—	1,85	2,09	—	1,54	1,73
	III	32,43	—	2,59	2,91	III	32,43	—	2,30	2,59	—	2,02	2,28	—	1,75	1,97	—	1,49	1,67	—	1,23	1,39	—	0,99	1,11
	V	66,36	2,29	5,30	5,97	IV	50,47	0,11	3,84	4,32	—	3,64	4,10	—	3,45	3,88	—	3,25	3,66	—	3,06	3,44	—	2,87	3,23
	VI	67,57	2,43	5,40	6,08																				
216,99	I,IV	50,51	0,40	4,04	4,54	I	50,51	—	3,64	4,10	—	3,25	3,66	—	2,88	3,24	—	2,52	2,83	—	2,17	2,44	—	1,84	2,07
	II	45,83	—	3,66	4,12	II	45,83	—	3,27	3,68	—	2,89	3,26	—	2,53	2,85	—	2,19	2,46	—	1,86	2,09	—	1,54	1,74
	III	32,46	—	2,59	2,92	III	32,46	—	2,30	2,59	—	2,02	2,28	—	1,75	1,97	—	1,49	1,68	—	1,23	1,39	—	0,99	1,11
	V	66,40	2,29	5,31	5,97	IV	50,51	0,11	3,84	4,32	—	3,64	4,10	—	3,45	3,88	—	3,25	3,66	—	3,06	3,45	—	2,88	3,24
	VI	67,61	2,44	5,40	6,08																				
217,09	I,IV	50,55	0,41	4,04	4,54	I	50,55	—	3,65	4,10	—	3,26	3,66	—	2,88	3,24	—	2,52	2,83	—	2,17	2,45	—	1,84	2,08
	II	45,87	—	3,66	4,12	II	45,87	—	3,27	3,68	—	2,90	3,26	—	2,53	2,85	—	2,19	2,46	—	1,86	2,09	—	1,55	1,74
	III	32,50	—	2,60	2,92	III	32,50	—	2,31	2,60	—	2,03	2,28	—	1,76	1,98	—	1,49	1,68	—	1,24	1,39	—	0,99	1,11
	V	66,44	2,30	5,31	5,97	IV	50,55	0,11	3,84	4,32	—	3,65	4,10	—	3,45	3,88	—	3,26	3,66	—	3,07	3,45	—	2,88	3,24
	VI	67,65	2,44	5,41	6,08																				

* Die ausgewiesenen Tabellenwerte sind amtlich. Siehe Erläuterungen auf der Umschlaginnenseite (U2).

TAG **217,10***

Lohn/ Gehalt bis €*		Abzüge an Lohnsteuer, Solidaritätszuschlag (SolZ) und Kirchensteuer (8%, 9%) in den Steuerklassen I – VI				I, II, III, IV		mit Zahl der Kinderfreibeträge . . . 0,5			1			1,5			2			2,5			3		
		LSt	ohne Kinderfreibeträge SolZ	8%	9%		LSt	SolZ	8%	9%	SolZ	8%	9%	SolZ	8%	9%	SolZ	8%	9%	SolZ	8%	9%	SolZ	8%	9%
217,19	I,IV	50,58	0,41	4,04	4,55	I	50,58	—	3,65	4,11	—	3,26	3,67	—	2,88	3,24	—	2,52	2,84	—	2,18	2,45	—	1,85	2,08
	II	45,91	—	3,67	4,13	II	45,91	—	3,28	3,69	—	2,90	3,26	—	2,54	2,86	—	2,19	2,47	—	1,86	2,09	—	1,55	1,74
	III	32,52	—	2,60	2,92	III	32,52	—	2,31	2,60	—	2,03	2,28	—	1,76	1,98	—	1,49	1,68	—	1,24	1,39	—	0,99	1,12
	V	66,48	2,30	5,31	5,98	IV	50,58	0,12	3,85	4,33	—	3,65	4,11	—	3,46	3,89	—	3,26	3,67	—	3,07	3,45	—	2,88	3,24
	VI	67,69	2,45	5,41	6,09																				
217,29	I,IV	50,62	0,41	4,04	4,55	I	50,62	—	3,65	4,11	—	3,26	3,67	—	2,89	3,25	—	2,52	2,84	—	2,18	2,45	—	1,85	2,08
	II	45,95	—	3,67	4,13	II	45,95	—	3,28	3,69	—	2,90	3,27	—	2,54	2,86	—	2,19	2,47	—	1,86	2,10	—	1,55	1,74
	III	32,55	—	2,60	2,92	III	32,55	—	2,31	2,60	—	2,03	2,29	—	1,76	1,98	—	1,50	1,68	—	1,24	1,40	—	0,99	1,12
	V	66,52	2,31	5,32	5,98	IV	50,62	0,12	3,85	4,33	—	3,65	4,11	—	3,46	3,89	—	3,26	3,67	—	3,07	3,46	—	2,89	3,25
	VI	67,73	2,45	5,41	6,09																				
217,39	I,IV	50,66	0,42	4,05	4,55	I	50,66	—	3,66	4,11	—	3,27	3,68	—	2,89	3,25	—	2,53	2,84	—	2,18	2,45	—	1,85	2,08
	II	45,99	—	3,67	4,13	II	45,99	—	3,28	3,69	—	2,90	3,27	—	2,54	2,86	—	2,20	2,47	—	1,87	2,10	—	1,55	1,75
	III	32,58	—	2,60	2,93	III	32,58	—	2,31	2,60	—	2,03	2,29	—	1,76	1,98	—	1,50	1,69	—	1,24	1,40	—	1,—	1,12
	V	66,56	2,31	5,32	5,99	IV	50,66	0,13	3,85	4,33	—	3,66	4,11	—	3,46	3,89	—	3,27	3,68	—	3,08	3,46	—	2,89	3,25
	VI	67,76	2,45	5,42	6,09																				
217,49	I,IV	50,70	0,42	4,05	4,56	I	50,70	—	3,66	4,12	—	3,27	3,68	—	2,89	3,25	—	2,53	2,85	—	2,18	2,46	—	1,86	2,09
	II	46,02	—	3,68	4,14	II	46,02	—	3,29	3,70	—	2,91	3,27	—	2,55	2,86	—	2,20	2,47	—	1,87	2,10	—	1,56	1,75
	III	32,61	—	2,60	2,93	III	32,61	—	2,32	2,61	—	2,04	2,29	—	1,76	1,98	—	1,50	1,69	—	1,24	1,40	—	1,—	1,12
	V	66,60	2,32	5,32	5,99	IV	50,70	0,13	3,86	4,34	—	3,66	4,12	—	3,46	3,90	—	3,27	3,68	—	3,08	3,46	—	2,89	3,25
	VI	67,80	2,46	5,42	6,10																				
217,59	I,IV	50,74	0,43	4,05	4,56	I	50,74	—	3,66	4,12	—	3,27	3,68	—	2,89	3,26	—	2,53	2,85	—	2,19	2,46	—	1,86	2,09
	II	46,06	—	3,68	4,14	II	46,06	—	3,29	3,70	—	2,91	3,28	—	2,55	2,87	—	2,20	2,48	—	1,87	2,11	—	1,56	1,75
	III	32,63	—	2,61	2,93	III	32,63	—	2,32	2,61	—	2,04	2,29	—	1,77	1,99	—	1,50	1,69	—	1,25	1,40	—	1,—	1,12
	V	66,63	2,32	5,33	5,99	IV	50,74	0,14	3,86	4,34	—	3,66	4,12	—	3,47	3,90	—	3,27	3,68	—	3,08	3,47	—	2,89	3,26
	VI	67,84	2,46	5,42	6,10																				
217,69	I,IV	50,78	0,43	4,06	4,57	I	50,78	—	3,67	4,12	—	3,28	3,69	—	2,90	3,26	—	2,54	2,85	—	2,19	2,46	—	1,86	2,09
	II	46,10	—	3,68	4,14	II	46,10	—	3,29	3,70	—	2,91	3,28	—	2,55	2,87	—	2,20	2,48	—	1,87	2,11	—	1,56	1,76
	III	32,67	—	2,61	2,94	III	32,67	—	2,32	2,61	—	2,04	2,30	—	1,77	1,99	—	1,50	1,69	—	1,25	1,41	—	1,—	1,13
	V	66,67	2,32	5,33	6,—	IV	50,78	0,14	3,86	4,34	—	3,67	4,12	—	3,47	3,90	—	3,28	3,69	—	3,08	3,47	—	2,90	3,26
	VI	67,88	2,47	5,43	6,10																				
217,79	I,IV	50,82	0,44	4,06	4,57	I	50,82	—	3,67	4,13	—	3,28	3,69	—	2,90	3,26	—	2,54	2,86	—	2,19	2,47	—	1,86	2,10
	II	46,14	—	3,69	4,15	II	46,14	—	3,30	3,71	—	2,92	3,28	—	2,55	2,87	—	2,21	2,48	—	1,88	2,11	—	1,56	1,76
	III	32,70	—	2,61	2,94	III	32,70	—	2,32	2,61	—	2,04	2,30	—	1,77	1,99	—	1,51	1,70	—	1,25	1,41	—	1,—	1,13
	V	66,71	2,33	5,33	6,—	IV	50,82	0,15	3,86	4,35	—	3,67	4,13	—	3,47	3,91	—	3,28	3,69	—	3,09	3,47	—	2,90	3,26
	VI	67,92	2,47	5,43	6,11																				
217,89	I,IV	50,86	0,44	4,06	4,57	I	50,86	—	3,67	4,13	—	3,28	3,69	—	2,90	3,27	—	2,54	2,86	—	2,20	2,47	—	1,87	2,10
	II	46,18	—	3,69	4,15	II	46,18	—	3,30	3,71	—	2,92	3,29	—	2,56	2,88	—	2,21	2,49	—	1,88	2,11	—	1,56	1,76
	III	32,72	—	2,61	2,94	III	32,72	—	2,32	2,62	—	2,04	2,30	—	1,77	1,99	—	1,51	1,70	—	1,25	1,41	—	1,—	1,13
	V	66,75	2,33	5,34	6,—	IV	50,86	0,15	3,87	4,35	—	3,67	4,13	—	3,48	3,91	—	3,28	3,69	—	3,09	3,48	—	2,90	3,27
	VI	67,96	2,48	5,43	6,11																				
217,99	I,IV	50,89	0,45	4,07	4,58	I	50,89	—	3,68	4,14	—	3,28	3,70	—	2,91	3,27	—	2,54	2,86	—	2,20	2,47	—	1,87	2,10
	II	46,22	—	3,69	4,15	II	46,22	—	3,30	3,71	—	2,92	3,29	—	2,56	2,88	—	2,21	2,49	—	1,88	2,12	—	1,57	1,76
	III	32,75	—	2,62	2,94	III	32,75	—	2,33	2,62	—	2,05	2,30	—	1,78	2,—	—	1,51	1,70	—	1,25	1,41	—	1,01	1,13
	V	66,79	2,34	5,34	6,01	IV	50,89	0,16	3,87	4,36	—	3,68	4,14	—	3,48	3,91	—	3,28	3,70	—	3,09	3,48	—	2,91	3,27
	VI	68,—	2,48	5,44	6,12																				
218,09	I,IV	50,93	0,45	4,07	4,58	I	50,93	—	3,68	4,14	—	3,29	3,70	—	2,91	3,27	—	2,55	2,87	—	2,20	2,48	—	1,87	2,10
	II	46,26	—	3,70	4,16	II	46,26	—	3,30	3,72	—	2,93	3,29	—	2,56	2,88	—	2,22	2,49	—	1,88	2,12	—	1,57	1,77
	III	32,78	—	2,62	2,95	III	32,78	—	2,33	2,62	—	2,05	2,31	—	1,78	2,—	—	1,51	1,70	—	1,26	1,41	—	1,01	1,14
	V	66,83	2,34	5,34	6,01	IV	50,93	0,16	3,87	4,36	—	3,68	4,14	—	3,48	3,92	—	3,29	3,70	—	3,10	3,48	—	2,91	3,27
	VI	68,04	2,49	5,44	6,12																				
218,19	I,IV	50,97	0,46	4,07	4,58	I	50,97	—	3,68	4,14	—	3,29	3,70	—	2,91	3,28	—	2,55	2,87	—	2,20	2,48	—	1,87	2,11
	II	46,30	—	3,70	4,16	II	46,30	—	3,31	3,72	—	2,93	3,29	—	2,57	2,89	—	2,22	2,50	—	1,89	2,12	—	1,57	1,77
	III	32,81	—	2,62	2,95	III	32,81	—	2,33	2,62	—	2,05	2,31	—	1,78	2,—	—	1,52	1,71	—	1,26	1,42	—	1,01	1,14
	V	66,87	2,35	5,34	6,01	IV	50,97	0,16	3,88	4,36	—	3,68	4,14	—	3,49	3,92	—	3,29	3,70	—	3,10	3,49	—	2,91	3,28
	VI	68,08	2,49	5,44	6,12																				
218,29	I,IV	51,01	0,46	4,08	4,59	I	51,01	—	3,68	4,15	—	3,29	3,71	—	2,92	3,28	—	2,55	2,87	—	2,21	2,48	—	1,88	2,11
	II	46,33	—	3,70	4,16	II	46,33	—	3,31	3,73	—	2,93	3,30	—	2,57	2,89	—	2,22	2,50	—	1,89	2,13	—	1,58	1,77
	III	32,84	—	2,62	2,95	III	32,84	—	2,33	2,63	—	2,05	2,31	—	1,78	2,—	—	1,52	1,71	—	1,26	1,42	—	1,01	1,14
	V	66,90	2,35	5,35	6,02	IV	51,01	0,17	3,88	4,37	—	3,68	4,15	—	3,49	3,93	—	3,29	3,71	—	3,10	3,49	—	2,92	3,28
	VI	68,11	2,50	5,44	6,12																				
218,39	I,IV	51,05	0,47	4,08	4,59	I	51,05	—	3,69	4,15	—	3,30	3,71	—	2,92	3,28	—	2,56	2,88	—	2,21	2,48	—	1,88	2,11
	II	46,37	—	3,70	4,17	II	46,37	—	3,31	3,73	—	2,93	3,30	—	2,57	2,89	—	2,22	2,50	—	1,89	2,13	—	1,58	1,78
	III	32,87	—	2,62	2,95	III	32,87	—	2,34	2,63	—	2,06	2,31	—	1,78	2,01	—	1,52	1,71	—	1,26	1,42	—	1,01	1,14
	V	66,94	2,36	5,35	6,02	IV	51,05	0,17	3,88	4,37	—	3,69	4,15	—	3,49	3,93	—	3,30	3,71	—	3,11	3,49	—	2,92	3,28
	VI	68,15	2,50	5,45	6,13																				
218,49	I,IV	51,09	0,47	4,08	4,59	I	51,09	—	3,69	4,15	—	3,30	3,71	—	2,92	3,29	—	2,56	2,88	—	2,21	2,49	—	1,88	2,12
	II	46,41	—	3,71	4,17	II	46,41	—	3,32	3,73	—	2,94	3,31	—	2,57	2,90	—	2,23	2,51	—	1,90	2,13	—	1,58	1,78
	III	32,90	—	2,63	2,96	III	32,90	—	2,34	2,63	—	2,06	2,32	—	1,78	2,01	—	1,52	1,71	—	1,26	1,42	—	1,02	1,14
	V	66,98	2,36	5,35	6,02	IV	51,09	0,18	3,89	4,37	—	3,69	4,15	—	3,50	3,93	—	3,30	3,71	—	3,11	3,50	—	2,92	3,29
	VI	68,19	2,51	5,45	6,13																				
218,59	I,IV	51,13	0,47	4,09	4,60	I	51,13	—	3,69	4,16	—	3,30	3,72	—	2,92	3,29	—	2,56	2,88	—	2,21	2,49	—	1,88	2,12
	II	46,45	—	3,71	4,18	II	46,45	—	3,32	3,74	—	2,94	3,31	—	2,58	2,90	—	2,23	2,51	—	1,90	2,14	—	1,58	1,78
	III	32,92	—	2,63	2,96	III	32,92	—	2,34	2,63	—	2,06	2,32	—	1,79	2,01	—	1,52	1,71	—	1,27	1,43	—	1,02	1,15
	V	67,02	2,37	5,36	6,03	IV	51,13	0,18	3,89	4,38	—	3,69	4,16	—	3,50	3,94	—	3,30	3,72	—	3,11	3,50	—	2,92	3,29
	VI	68,23	2,51	5,45	6,14																				
218,69	I,IV	51,16	0,48	4,09	4,60	I	51,16	—	3,70	4,16	—	3,31	3,72	—	2,93	3,29	—	2,56	2,88	—	2,22	2,49	—	1,89	2,12
	II	46,49	—	3,71	4,18	II	46,49	—	3,32	3,74	—	2,94	3,31	—	2,58	2,90	—	2,23	2,51	—	1,90	2,14	—	1,58	1,78
	III	32,95	—	2,63	2,96	III	32,95	—	2,34	2,64	—	2,06	2,32	—	1,79	2,01	—	1,52	1,72	—	1,27	1,43	—	1,02	1,15
	V	67,06	2,37	5,36	6,03	IV	51,16	0,19	3,89	4,38	—	3,70	4,16	—	3,50	3,94	—	3,31	3,72	—	3,11	3,50	—	2,93	3,29
	VI	68,27	2,51	5,46	6,14																				

* Die ausgewiesenen Tabellenwerte sind amtlich. Siehe Erläuterungen auf der Umschlaginnenseite (U2).

Abzüge an Lohnsteuer, Solidaritätszuschlag (SolZ) und Kirchensteuer (8%, 9%) in den Steuerklassen

Lohn/ Gehalt bis €*	I – VI					I, II, III, IV		mit Zahl der Kinderfreibeträge . . . 0,5			1			1,5			2			2,5			3		
		LSt	ohne Kinderfreibeträge SolZ	8%	9%		LSt	SolZ	8%	9%	SolZ	8%	9%	SolZ	8%	9%	SolZ	8%	9%	SolZ	8%	9%	SolZ	8%	9%
218,79	I,IV	51,20	0,48	4,09	4,60	I	51,20	—	3,70	4,16	—	3,31	3,72	—	2,93	3,30	—	2,57	2,89	—	2,22	2,50	—	1,89	2,12
	II	46,53	—	3,72	4,18	II	46,53	—	3,33	3,74	—	2,95	3,31	—	2,58	2,90	—	2,23	2,51	—	1,90	2,14	—	1,59	1,79
	III	32,98	—	2,63	2,96	III	32,98	—	2,34	2,64	—	2,06	2,32	—	1,79	2,02	—	1,53	1,72	—	1,27	1,43	—	1,02	1,15
	V	67,10	2,38	5,36	6,03	IV	51,20	0,19	3,90	4,38	—	3,70	4,16	—	3,50	3,94	—	3,31	3,72	—	3,12	3,51	—	2,93	3,30
	VI	68,31	2,52	5,46	6,14																				
218,89	I,IV	51,24	0,49	4,09	4,61	I	51,24	—	3,70	4,17	—	3,31	3,73	—	2,93	3,30	—	2,57	2,89	—	2,22	2,50	—	1,89	2,13
	II	46,56	—	3,72	4,19	II	46,56	—	3,33	3,75	—	2,95	3,32	—	2,58	2,91	—	2,24	2,52	—	1,90	2,14	—	1,59	1,79
	III	33,01	—	2,64	2,97	III	33,01	—	2,35	2,64	—	2,07	2,33	—	1,79	2,02	—	1,53	1,72	—	1,27	1,43	—	1,02	1,15
	V	67,14	2,38	5,37	6,04	IV	51,24	0,20	3,90	4,39	—	3,70	4,17	—	3,51	3,95	—	3,31	3,73	—	3,12	3,51	—	2,93	3,30
	VI	68,35	2,52	5,46	6,15																				
218,99	I,IV	51,28	0,49	4,10	4,61	I	51,28	—	3,71	4,17	—	3,32	3,73	—	2,94	3,30	—	2,57	2,89	—	2,22	2,50	—	1,89	2,13
	II	46,60	—	3,72	4,19	II	46,60	—	3,33	3,75	—	2,95	3,32	—	2,59	2,91	—	2,24	2,52	—	1,91	2,15	—	1,59	1,79
	III	33,04	—	2,64	2,97	III	33,04	—	2,35	2,64	—	2,07	2,33	—	1,80	2,02	—	1,53	1,72	—	1,27	1,43	—	1,03	1,15
	V	67,17	2,38	5,37	6,04	IV	51,28	0,20	3,90	4,39	—	3,71	4,17	—	3,51	3,95	—	3,32	3,73	—	3,12	3,51	—	2,94	3,30
	VI	68,38	2,53	5,47	6,15																				
219,09	I,IV	51,32	0,50	4,10	4,61	I	51,32	—	3,71	4,17	—	3,32	3,73	—	2,94	3,31	—	2,57	2,90	—	2,23	2,51	—	1,90	2,13
	II	46,64	—	3,73	4,19	II	46,64	—	3,34	3,75	—	2,96	3,33	—	2,59	2,91	—	2,24	2,52	—	1,91	2,15	—	1,59	1,79
	III	33,07	—	2,64	2,97	III	33,07	—	2,35	2,65	—	2,07	2,33	—	1,80	2,02	—	1,53	1,72	—	1,28	1,44	—	1,03	1,16
	V	67,21	2,39	5,37	6,04	IV	51,32	0,21	3,90	4,39	—	3,71	4,17	—	3,51	3,95	—	3,32	3,73	—	3,13	3,52	—	2,94	3,31
	VI	68,42	2,53	5,47	6,15																				
219,19	I,IV	51,36	0,50	4,10	4,62	I	51,36	—	3,71	4,18	—	3,32	3,74	—	2,94	3,31	—	2,58	2,90	—	2,23	2,51	—	1,90	2,14
	II	46,68	—	3,73	4,20	II	46,68	—	3,34	3,76	—	2,96	3,33	—	2,59	2,92	—	2,24	2,53	—	1,91	2,15	—	1,60	1,80
	III	33,10	—	2,64	2,97	III	33,10	—	2,35	2,65	—	2,07	2,33	—	1,80	2,03	—	1,54	1,73	—	1,28	1,44	—	1,03	1,16
	V	67,25	2,39	5,38	6,05	IV	51,36	0,21	3,91	4,40	—	3,71	4,18	—	3,52	3,96	—	3,32	3,74	—	3,13	3,52	—	2,94	3,31
	VI	68,46	2,54	5,47	6,16																				
219,29	I,IV	51,40	0,51	4,11	4,62	I	51,40	—	3,72	4,18	—	3,32	3,74	—	2,94	3,31	—	2,58	2,90	—	2,23	2,51	—	1,90	2,14
	II	46,72	—	3,73	4,20	II	46,72	—	3,34	3,76	—	2,96	3,33	—	2,60	2,92	—	2,25	2,53	—	1,92	2,16	—	1,60	1,80
	III	33,13	—	2,65	2,98	III	33,13	—	2,36	2,65	—	2,08	2,34	—	1,80	2,03	—	1,54	1,73	—	1,28	1,44	—	1,03	1,16
	V	67,29	2,40	5,38	6,05	IV	51,40	0,22	3,91	4,40	—	3,72	4,18	—	3,52	3,96	—	3,32	3,74	—	3,13	3,52	—	2,94	3,31
	VI	68,50	2,54	5,48	6,16																				
219,39	I,IV	51,43	0,51	4,11	4,62	I	51,43	—	3,72	4,18	—	3,33	3,74	—	2,95	3,32	—	2,58	2,91	—	2,24	2,52	—	1,90	2,14
	II	46,76	—	3,74	4,20	II	46,76	—	3,34	3,76	—	2,96	3,33	—	2,60	2,92	—	2,25	2,53	—	1,92	2,16	—	1,60	1,80
	III	33,16	—	2,65	2,98	III	33,16	—	2,36	2,65	—	2,08	2,34	—	1,80	2,03	—	1,54	1,73	—	1,28	1,44	—	1,03	1,16
	V	67,33	2,40	5,38	6,05	IV	51,43	0,22	3,91	4,40	—	3,72	4,18	—	3,52	3,96	—	3,33	3,74	—	3,14	3,53	—	2,95	3,32
	VI	68,54	2,55	5,48	6,16																				
219,49	I,IV	51,47	0,52	4,11	4,63	I	51,47	—	3,72	4,19	—	3,33	3,75	—	2,95	3,32	—	2,59	2,91	—	2,24	2,52	—	1,91	2,14
	II	46,80	—	3,74	4,21	II	46,80	—	3,35	3,77	—	2,97	3,34	—	2,60	2,93	—	2,25	2,53	—	1,92	2,16	—	1,60	1,80
	III	33,18	—	2,65	2,98	III	33,18	—	2,36	2,66	—	2,08	2,34	—	1,81	2,03	—	1,54	1,73	—	1,28	1,44	—	1,04	1,17
	V	67,37	2,41	5,38	6,06	IV	51,47	0,22	3,92	4,41	—	3,72	4,19	—	3,53	3,97	—	3,33	3,75	—	3,14	3,53	—	2,95	3,32
	VI	68,58	2,55	5,48	6,17																				
219,59	I,IV	51,51	0,52	4,12	4,63	I	51,51	—	3,72	4,19	—	3,33	3,75	—	2,95	3,32	—	2,59	2,91	—	2,24	2,52	—	1,91	2,15
	II	46,83	—	3,74	4,21	II	46,83	—	3,35	3,77	—	2,97	3,34	—	2,60	2,93	—	2,26	2,54	—	1,92	2,16	—	1,61	1,81
	III	33,21	—	2,65	2,98	III	33,21	—	2,36	2,66	—	2,08	2,34	—	1,81	2,04	—	1,54	1,74	—	1,29	1,45	—	1,04	1,17
	V	67,41	2,41	5,39	6,06	IV	51,51	0,23	3,92	4,41	—	3,72	4,19	—	3,53	3,97	—	3,33	3,75	—	3,14	3,53	—	2,95	3,32
	VI	68,61	2,56	5,48	6,17																				
219,69	I,IV	51,55	0,52	4,12	4,63	I	51,55	—	3,73	4,19	—	3,34	3,75	—	2,96	3,33	—	2,59	2,92	—	2,24	2,52	—	1,91	2,15
	II	46,87	—	3,74	4,21	II	46,87	—	3,35	3,77	—	2,97	3,34	—	2,61	2,93	—	2,26	2,54	—	1,93	2,17	—	1,61	1,81
	III	33,25	—	2,66	2,99	III	33,25	—	2,37	2,66	—	2,08	2,34	—	1,81	2,04	—	1,55	1,74	—	1,29	1,45	—	1,04	1,17
	V	67,45	2,42	5,39	6,07	IV	51,55	0,23	3,92	4,41	—	3,73	4,19	—	3,53	3,97	—	3,34	3,75	—	3,14	3,54	—	2,96	3,33
	VI	68,65	2,56	5,49	6,17																				
219,79	I,IV	51,59	0,53	4,12	4,64	I	51,59	—	3,73	4,20	—	3,34	3,76	—	2,96	3,33	—	2,59	2,92	—	2,25	2,53	—	1,91	2,15
	II	46,91	—	3,75	4,22	II	46,91	—	3,36	3,78	—	2,98	3,35	—	2,61	2,94	—	2,26	2,54	—	1,93	2,17	—	1,61	1,81
	III	33,27	—	2,66	2,99	III	33,27	—	2,37	2,66	—	2,09	2,35	—	1,81	2,04	—	1,55	1,74	—	1,29	1,45	—	1,04	1,17
	V	67,48	2,42	5,39	6,07	IV	51,59	0,24	3,93	4,42	—	3,73	4,20	—	3,54	3,98	—	3,34	3,76	—	3,15	3,54	—	2,96	3,33
	VI	68,69	2,57	5,49	6,18																				
219,89	I,IV	51,63	0,53	4,13	4,64	I	51,63	—	3,73	4,20	—	3,34	3,76	—	2,96	3,33	—	2,60	2,92	—	2,25	2,53	—	1,92	2,16
	II	46,95	—	3,75	4,22	II	46,95	—	3,36	3,78	—	2,98	3,35	—	2,61	2,94	—	2,26	2,55	—	1,93	2,17	—	1,61	1,82
	III	33,30	—	2,66	2,99	III	33,30	—	2,37	2,67	—	2,09	2,35	—	1,82	2,04	—	1,55	1,74	—	1,29	1,45	—	1,04	1,17
	V	67,52	2,43	5,40	6,07	IV	51,63	0,24	3,93	4,42	—	3,73	4,20	—	3,54	3,98	—	3,34	3,76	—	3,15	3,54	—	2,96	3,33
	VI	68,73	2,57	5,49	6,18																				
219,99	I,IV	51,66	0,54	4,13	4,64	I	51,66	—	3,74	4,20	—	3,35	3,76	—	2,96	3,34	—	2,60	2,93	—	2,25	2,53	—	1,92	2,16
	II	46,99	—	3,75	4,22	II	46,99	—	3,36	3,78	—	2,98	3,35	—	2,62	2,94	—	2,27	2,55	—	1,93	2,17	—	1,62	1,82
	III	33,33	—	2,66	2,99	III	33,33	—	2,37	2,67	—	2,09	2,35	—	1,82	2,04	—	1,55	1,75	—	1,29	1,46	—	1,04	1,18
	V	67,56	2,43	5,40	6,08	IV	51,66	0,25	3,93	4,42	—	3,74	4,20	—	3,54	3,98	—	3,35	3,76	—	3,15	3,55	—	2,96	3,34
	VI	68,77	2,57	5,50	6,18																				
220,09	I,IV	51,70	0,54	4,13	4,65	I	51,70	—	3,74	4,21	—	3,35	3,77	—	2,97	3,34	—	2,60	2,93	—	2,25	2,54	—	1,92	2,16
	II	47,03	—	3,76	4,23	II	47,03	—	3,37	3,79	—	2,98	3,36	—	2,62	2,95	—	2,27	2,55	—	1,94	2,18	—	1,62	1,82
	III	33,36	—	2,66	3,—	III	33,36	—	2,37	2,67	—	2,09	2,35	—	1,82	2,05	—	1,55	1,75	—	1,30	1,46	—	1,05	1,18
	V	67,60	2,43	5,40	6,08	IV	51,70	0,25	3,94	4,43	—	3,74	4,21	—	3,54	3,99	—	3,35	3,77	—	3,16	3,55	—	2,97	3,34
	VI	68,81	2,58	5,50	6,19																				
220,19	I,IV	51,74	0,55	4,13	4,65	I	51,74	—	3,74	4,21	—	3,35	3,77	—	2,97	3,34	—	2,61	2,93	—	2,26	2,54	—	1,92	2,16
	II	47,06	—	3,76	4,23	II	47,06	—	3,37	3,79	—	2,99	3,36	—	2,62	2,95	—	2,27	2,56	—	1,94	2,18	—	1,62	1,82
	III	33,39	—	2,67	3,—	III	33,39	—	2,38	2,67	—	2,10	2,36	—	1,82	2,05	—	1,56	1,75	—	1,30	1,46	—	1,05	1,18
	V	67,64	2,44	5,41	6,08	IV	51,74	0,26	3,94	4,43	—	3,74	4,21	—	3,55	3,99	—	3,35	3,77	—	3,16	3,55	—	2,97	3,34
	VI	68,85	2,58	5,50	6,19																				
220,29	I,IV	51,78	0,55	4,14	4,66	I	51,78	—	3,75	4,22	—	3,36	3,78	—	2,97	3,35	—	2,61	2,93	—	2,26	2,54	—	1,93	2,17
	II	47,10	—	3,76	4,23	II	47,10	—	3,37	3,79	—	2,99	3,36	—	2,62	2,95	—	2,27	2,56	—	1,94	2,18	—	1,62	1,83
	III	33,42	—	2,67	3,—	III	33,42	—	2,38	2,68	—	2,10	2,36	—	1,82	2,05	—	1,56	1,75	—	1,30	1,46	—	1,05	1,18
	V	67,68	2,44	5,41	6,09	IV	51,78	0,26	3,94	4,43	—	3,75	4,22	—	3,55	3,99	—	3,36	3,78	—	3,16	3,56	—	2,97	3,35
	VI	68,88	2,59	5,51	6,19																				

*** Die ausgewiesenen Tabellenwerte sind amtlich. Siehe Erläuterungen auf der Umschlaginnenseite (U2).**

TAG 220,30*

Abzüge an Lohnsteuer, Solidaritätszuschlag (SolZ) und Kirchensteuer (8%, 9%) in den Steuerklassen

Lohn/ Gehalt bis €*	I – VI	LSt	ohne Kinderfreibeträge SolZ	8%	9%	I, II, III, IV	LSt	mit Zahl der Kinderfreibeträge . . . 0,5 SolZ	8%	9%	1 SolZ	8%	9%	1,5 SolZ	8%	9%	2 SolZ	8%	9%	2,5 SolZ	8%	9%	3 SolZ	8%	9%
220,39	I,IV	51,82	0,56	4,14	4,66	I	51,82	—	3,75	4,22	—	3,36	3,78	—	2,98	3,35	—	2,61	2,94	—	2,26	2,54	—	1,93	2,17
	II	47,14	—	3,77	4,24	II	47,14	—	3,38	3,80	—	2,99	3,37	—	2,63	2,96	—	2,28	2,56	—	1,94	2,19	—	1,63	1,83
	III	33,45	—	2,67	3,01	III	33,45	—	2,38	2,68	—	2,10	2,36	—	1,83	2,05	—	1,56	1,76	—	1,30	1,47	—	1,05	1,18
	V	67,71	2,45	5,41	6,09	IV	51,82	0,27	3,94	4,44	—	3,75	4,22	—	3,55	4,—	—	3,36	3,78	—	3,17	3,56	—	2,98	3,35
	VI	68,92	2,59	5,51	6,20																				
220,49	I,IV	51,86	0,56	4,14	4,66	I	51,86	—	3,75	4,22	—	3,36	3,78	—	2,98	3,35	—	2,61	2,94	—	2,26	2,55	—	1,93	2,17
	II	47,18	0,01	3,77	4,24	II	47,18	—	3,38	3,80	—	3,—	3,37	—	2,63	2,96	—	2,28	2,57	—	1,95	2,19	—	1,63	1,83
	III	33,47	—	2,67	3,01	III	33,47	—	2,38	2,68	—	2,10	2,36	—	1,83	2,06	—	1,56	1,76	—	1,30	1,47	—	1,06	1,19
	V	67,75	2,45	5,42	6,09	IV	51,86	0,27	3,95	4,44	—	3,75	4,22	—	3,56	4,—	—	3,36	3,78	—	3,17	3,56	—	2,98	3,35
	VI	68,96	2,60	5,51	6,20																				
220,59	I,IV	51,90	0,57	4,15	4,67	I	51,90	—	3,76	4,23	—	3,36	3,78	—	2,98	3,36	—	2,62	2,94	—	2,27	2,55	—	1,93	2,18
	II	47,22	0,01	3,77	4,24	II	47,22	—	3,38	3,80	—	3,—	3,37	—	2,63	2,96	—	2,28	2,57	—	1,95	2,19	—	1,63	1,83
	III	33,50	—	2,68	3,01	III	33,50	—	2,39	2,68	—	2,10	2,37	—	1,83	2,06	—	1,56	1,76	—	1,31	1,47	—	1,06	1,19
	V	67,79	2,46	5,42	6,10	IV	51,90	0,27	3,95	4,45	—	3,76	4,23	—	3,56	4,01	—	3,36	3,78	—	3,17	3,57	—	2,98	3,36
	VI	69,—	2,60	5,52	6,21																				
220,69	I,IV	51,93	0,57	4,15	4,67	I	51,93	—	3,76	4,23	—	3,37	3,79	—	2,99	3,36	—	2,62	2,95	—	2,27	2,55	—	1,94	2,18
	II	47,26	0,01	3,78	4,25	II	47,26	—	3,38	3,81	—	3,—	3,38	—	2,64	2,97	—	2,29	2,57	—	1,95	2,20	—	1,63	1,84
	III	33,53	—	2,68	3,01	III	33,53	—	2,39	2,69	—	2,11	2,37	—	1,83	2,06	—	1,57	1,76	—	1,31	1,47	—	1,06	1,19
	V	67,83	2,46	5,42	6,10	IV	51,93	0,28	3,95	4,45	—	3,76	4,23	—	3,56	4,01	—	3,37	3,79	—	3,17	3,57	—	2,99	3,36
	VI	69,04	2,61	5,52	6,21																				
220,79	I,IV	51,97	0,58	4,15	4,67	I	51,97	—	3,76	4,23	—	3,37	3,79	—	2,99	3,36	—	2,62	2,95	—	2,27	2,56	—	1,94	2,18
	II	47,30	0,02	3,78	4,25	II	47,30	—	3,39	3,81	—	3,—	3,38	—	2,64	2,97	—	2,29	2,57	—	1,95	2,20	—	1,64	1,84
	III	33,56	—	2,68	3,02	III	33,56	—	2,39	2,69	—	2,11	2,37	—	1,83	2,06	—	1,57	1,76	—	1,31	1,47	—	1,06	1,19
	V	67,87	2,47	5,42	6,10	IV	51,97	0,28	3,96	4,45	—	3,76	4,23	—	3,57	4,01	—	3,37	3,79	—	3,18	3,58	—	2,99	3,36
	VI	69,08	2,61	5,52	6,21																				
220,89	I,IV	52,01	0,58	4,16	4,68	I	52,01	—	3,76	4,24	—	3,37	3,80	—	2,99	3,37	—	2,63	2,95	—	2,28	2,56	—	1,94	2,18
	II	47,33	0,02	3,78	4,25	II	47,33	—	3,39	3,81	—	3,01	3,38	—	2,64	2,97	—	2,29	2,58	—	1,96	2,20	—	1,64	1,84
	III	33,59	—	2,68	3,02	III	33,59	—	2,39	2,69	—	2,11	2,37	—	1,84	2,07	—	1,57	1,77	—	1,31	1,48	—	1,06	1,20
	V	67,91	2,47	5,43	6,11	IV	52,01	0,29	3,96	4,46	—	3,76	4,24	—	3,57	4,02	—	3,37	3,80	—	3,18	3,58	—	2,99	3,37
	VI	69,11	2,62	5,52	6,21																				
220,99	I,IV	52,05	0,58	4,16	4,68	I	52,05	—	3,77	4,24	—	3,38	3,80	—	2,99	3,37	—	2,63	2,96	—	2,28	2,56	—	1,94	2,19
	II	47,37	0,03	3,78	4,26	II	47,37	—	3,39	3,82	—	3,01	3,39	—	2,64	2,97	—	2,29	2,58	—	1,96	2,20	—	1,64	1,85
	III	33,62	—	2,68	3,02	III	33,62	—	2,39	2,69	—	2,11	2,38	—	1,84	2,07	—	1,57	1,77	—	1,31	1,48	—	1,06	1,20
	V	67,95	2,48	5,43	6,11	IV	52,05	0,29	3,96	4,46	—	3,77	4,24	—	3,57	4,02	—	3,38	3,80	—	3,18	3,58	—	2,99	3,37
	VI	69,15	2,62	5,53	6,22																				
221,09	I,IV	52,09	0,59	4,16	4,68	I	52,09	0,01	3,77	4,24	—	3,38	3,80	—	3,—	3,37	—	2,63	2,96	—	2,28	2,57	—	1,95	2,19
	II	47,41	0,03	3,79	4,26	II	47,41	—	3,40	3,82	—	3,01	3,39	—	2,65	2,98	—	2,30	2,58	—	1,96	2,21	—	1,64	1,85
	III	33,65	—	2,69	3,02	III	33,65	—	2,40	2,70	—	2,11	2,38	—	1,84	2,07	—	1,57	1,77	—	1,32	1,48	—	1,07	1,20
	V	67,98	2,48	5,43	6,11	IV	52,09	0,30	3,97	4,46	0,01	3,77	4,24	—	3,58	4,02	—	3,38	3,80	—	3,19	3,59	—	3,—	3,37
	VI	69,19	2,62	5,53	6,22																				
221,19	I,IV	52,13	0,59	4,17	4,69	I	52,13	0,01	3,77	4,25	—	3,38	3,81	—	3,—	3,38	—	2,63	2,96	—	2,28	2,57	—	1,95	2,19
	II	47,45	0,04	3,79	4,27	II	47,45	—	3,40	3,83	—	3,02	3,39	—	2,65	2,98	—	2,30	2,59	—	1,96	2,21	—	1,65	1,85
	III	33,68	—	2,69	3,03	III	33,68	—	2,40	2,70	—	2,12	2,38	—	1,84	2,07	—	1,58	1,77	—	1,32	1,48	—	1,07	1,20
	V	68,02	2,49	5,44	6,12	IV	52,13	0,30	3,97	4,47	0,01	3,77	4,25	—	3,58	4,03	—	3,38	3,81	—	3,19	3,59	—	3,—	3,38
	VI	69,23	2,63	5,53	6,23																				
221,29	I,IV	52,16	0,60	4,17	4,69	I	52,16	0,02	3,78	4,25	—	3,39	3,81	—	3,—	3,38	—	2,64	2,97	—	2,29	2,57	—	1,95	2,20
	II	47,49	0,04	3,79	4,27	II	47,49	—	3,40	3,83	—	3,02	3,40	—	2,65	2,98	—	2,30	2,59	—	1,97	2,21	—	1,65	1,85
	III	33,71	—	2,69	3,03	III	33,71	—	2,40	2,70	—	2,12	2,38	—	1,84	2,08	—	1,58	1,78	—	1,32	1,49	—	1,07	1,20
	V	68,06	2,49	5,44	6,12	IV	52,16	0,31	3,97	4,47	0,02	3,78	4,25	—	3,58	4,03	—	3,39	3,81	—	3,19	3,59	—	3,—	3,38
	VI	69,27	2,63	5,54	6,23																				
221,39	I,IV	52,20	0,60	4,17	4,69	I	52,20	0,02	3,78	4,25	—	3,39	3,81	—	3,01	3,38	—	2,64	2,97	—	2,29	2,58	—	1,95	2,20
	II	47,53	0,05	3,80	4,27	II	47,53	—	3,41	3,83	—	3,02	3,40	—	2,66	2,99	—	2,30	2,59	—	1,97	2,22	—	1,65	1,86
	III	33,73	—	2,69	3,03	III	33,73	—	2,40	2,70	—	2,12	2,39	—	1,85	2,08	—	1,58	1,78	—	1,32	1,49	—	1,07	1,21
	V	68,10	2,49	5,44	6,12	IV	52,20	0,31	3,98	4,47	0,02	3,78	4,25	—	3,58	4,03	—	3,39	3,81	—	3,20	3,60	—	3,01	3,38
	VI	69,31	2,64	5,54	6,23																				
221,49	I,IV	52,24	0,61	4,17	4,70	I	52,24	0,03	3,78	4,26	—	3,39	3,82	—	3,01	3,39	—	2,64	2,97	—	2,29	2,58	—	1,96	2,20
	II	47,57	0,05	3,80	4,28	II	47,57	—	3,41	3,84	—	3,03	3,40	—	2,66	2,99	—	2,31	2,60	—	1,97	2,22	—	1,65	1,86
	III	33,76	—	2,70	3,03	III	33,76	—	2,41	2,71	—	2,12	2,39	—	1,85	2,08	—	1,58	1,78	—	1,32	1,49	—	1,07	1,21
	V	68,14	2,50	5,45	6,13	IV	52,24	0,32	3,98	4,48	0,03	3,78	4,26	—	3,59	4,04	—	3,39	3,82	—	3,20	3,60	—	3,01	3,39
	VI	69,35	2,64	5,54	6,24																				
221,59	I,IV	52,28	0,61	4,18	4,70	I	52,28	0,03	3,79	4,26	—	3,40	3,82	—	3,01	3,39	—	2,64	2,98	—	2,29	2,58	—	1,96	2,21
	II	47,61	0,06	3,80	4,28	II	47,61	—	3,41	3,84	—	3,03	3,41	—	2,66	2,99	—	2,31	2,60	—	1,97	2,22	—	1,66	1,86
	III	33,80	—	2,70	3,04	III	33,80	—	2,41	2,71	—	2,13	2,39	—	1,85	2,08	—	1,58	1,78	—	1,33	1,49	—	1,08	1,21
	V	68,18	2,50	5,45	6,13	IV	52,28	0,32	3,98	4,48	0,03	3,79	4,26	—	3,59	4,04	—	3,40	3,82	—	3,20	3,60	—	3,01	3,39
	VI	69,39	2,65	5,55	6,24																				
221,69	I,IV	52,32	0,62	4,18	4,70	I	52,32	0,03	3,79	4,26	—	3,40	3,82	—	3,02	3,39	—	2,65	2,98	—	2,30	2,58	—	1,96	2,21
	II	47,65	0,06	3,81	4,28	II	47,65	—	3,42	3,84	—	3,03	3,41	—	2,66	3,—	—	2,31	2,60	—	1,98	2,22	—	1,66	1,87
	III	33,82	—	2,70	3,04	III	33,82	—	2,41	2,71	—	2,13	2,39	—	1,85	2,08	—	1,59	1,79	—	1,33	1,49	—	1,08	1,21
	V	68,21	2,51	5,45	6,13	IV	52,32	0,33	3,98	4,48	0,03	3,79	4,26	—	3,59	4,04	—	3,40	3,82	—	3,20	3,60	—	3,02	3,39
	VI	69,43	2,65	5,55	6,24																				
221,79	I,IV	52,36	0,62	4,18	4,71	I	52,36	0,04	3,79	4,27	—	3,40	3,83	—	3,02	3,40	—	2,65	2,98	—	2,30	2,59	—	1,96	2,21
	II	47,68	0,07	3,81	4,29	II	47,68	—	3,42	3,85	—	3,03	3,41	—	2,67	3,—	—	2,32	2,61	—	1,98	2,23	—	1,66	1,87
	III	33,85	—	2,70	3,04	III	33,85	—	2,41	2,71	—	2,13	2,40	—	1,86	2,09	—	1,59	1,79	—	1,33	1,50	—	1,08	1,22
	V	68,25	2,51	5,46	6,14	IV	52,36	0,33	3,99	4,49	0,04	3,79	4,27	—	3,60	4,05	—	3,40	3,83	—	3,21	3,61	—	3,02	3,40
	VI	69,46	2,66	5,55	6,25																				
221,89	I,IV	52,40	0,63	4,19	4,71	I	52,40	0,04	3,80	4,27	—	3,40	3,83	—	3,02	3,40	—	2,65	2,99	—	2,30	2,59	—	1,97	2,21
	II	47,72	0,07	3,81	4,29	II	47,72	—	3,42	3,85	—	3,04	3,42	—	2,67	3,—	—	2,32	2,61	—	1,98	2,23	—	1,66	1,87
	III	33,88	—	2,71	3,04	III	33,88	—	2,42	2,72	—	2,13	2,40	—	1,86	2,09	—	1,59	1,79	—	1,33	1,50	—	1,08	1,22
	V	68,29	2,52	5,46	6,14	IV	52,40	0,33	3,99	4,49	0,04	3,80	4,27	—	3,60	4,05	—	3,40	3,83	—	3,21	3,61	—	3,02	3,40
	VI	69,50	2,66	5,56	6,25																				

* Die ausgewiesenen Tabellenwerte sind amtlich. Siehe Erläuterungen auf der Umschlaginnenseite (U2).

Abzüge an Lohnsteuer, Solidaritätszuschlag (SolZ) und Kirchensteuer (8%, 9%) in den Steuerklassen

Lohn/ Gehalt bis €*	I – VI	LSt	ohne Kinderfreibeträge SolZ	8%	9%	I, II, III, IV	LSt	mit Zahl der Kinderfreibeträge . . . 0,5 SolZ	0,5 8%	0,5 9%	1 SolZ	1 8%	1 9%	1,5 SolZ	1,5 8%	1,5 9%	2 SolZ	2 8%	2 9%	2,5 SolZ	2,5 8%	2,5 9%	3 SolZ	3 8%	3 9%
221,99	I,IV	52,44	0,63	4,19	4,71	I	52,44	0,05	3,80	4,27	—	3,41	3,83	—	3,02	3,40	—	2,66	2,99	—	2,30	2,59	—	1,97	2,22
	II	47,76	0,07	3,82	4,29	II	47,76	—	3,42	3,85	—	3,04	3,42	—	2,67	3,01	—	2,32	2,61	—	1,98	2,23	—	1,66	1,87
	III	33,91	—	2,71	3,05	III	33,91	—	2,42	2,72	—	2,13	2,40	—	1,86	2,09	—	1,59	1,79	—	1,33	1,50	—	1,08	1,22
	V	68,33	2,52	5,46	6,14	IV	52,44	0,34	3,99	4,49	0,05	3,80	4,27	—	3,60	4,05	—	3,41	3,83	—	3,21	3,62	—	3,02	3,40
	VI	69,54	2,67	5,56	6,25																				
222,09	I,IV	52,48	0,64	4,19	4,72	I	52,48	0,05	3,80	4,28	—	3,41	3,84	—	3,03	3,41	—	2,66	2,99	—	2,31	2,60	—	1,97	2,22
	II	47,80	0,08	3,82	4,30	II	47,80	—	3,43	3,86	—	3,04	3,42	—	2,68	3,01	—	2,32	2,61	—	1,99	2,24	—	1,67	1,88
	III	33,94	—	2,71	3,05	III	33,94	—	2,42	2,72	—	2,14	2,40	—	1,86	2,09	—	1,60	1,80	—	1,34	1,50	—	1,09	1,22
	V	68,37	2,53	5,46	6,15	IV	52,48	0,34	4,—	4,50	0,05	3,80	4,28	—	3,61	4,06	—	3,41	3,84	—	3,22	3,62	—	3,03	3,41
	VI	69,58	2,67	5,56	6,26																				
222,19	I,IV	52,51	0,64	4,20	4,72	I	52,51	0,06	3,80	4,28	—	3,41	3,84	—	3,03	3,41	—	2,66	2,99	—	2,31	2,60	—	1,98	2,22
	II	47,84	0,08	3,82	4,30	II	47,84	—	3,43	3,86	—	3,05	3,43	—	2,68	3,01	—	2,33	2,62	—	1,99	2,24	—	1,67	1,88
	III	33,97	—	2,71	3,05	III	33,97	—	2,42	2,72	—	2,14	2,41	—	1,86	2,10	—	1,60	1,80	—	1,34	1,51	—	1,09	1,22
	V	68,41	2,53	5,47	6,15	IV	52,51	0,35	4,—	4,50	0,06	3,80	4,28	—	3,61	4,06	—	3,41	3,84	—	3,22	3,62	—	3,03	3,41
	VI	69,62	2,68	5,56	6,26																				
222,29	I,IV	52,55	0,64	4,20	4,72	I	52,55	0,06	3,81	4,28	—	3,42	3,84	—	3,03	3,41	—	2,66	3,—	—	2,31	2,60	—	1,98	2,23
	II	47,88	0,09	3,83	4,30	II	47,88	—	3,43	3,86	—	3,05	3,43	—	2,68	3,02	—	2,33	2,62	—	1,99	2,24	—	1,67	1,88
	III	34,—	—	2,72	3,06	III	34,—	—	2,42	2,73	—	2,14	2,41	—	1,87	2,10	—	1,60	1,80	—	1,34	1,51	—	1,09	1,23
	V	68,45	2,54	5,47	6,16	IV	52,55	0,35	4,—	4,50	0,06	3,81	4,28	—	3,61	4,06	—	3,42	3,84	—	3,22	3,63	—	3,03	3,41
	VI	69,66	2,68	5,57	6,26																				
222,39	I,IV	52,59	0,65	4,20	4,73	I	52,59	0,07	3,81	4,29	—	3,42	3,85	—	3,04	3,42	—	2,67	3,—	—	2,32	2,61	—	1,98	2,23
	II	47,91	0,09	3,83	4,31	II	47,91	—	3,44	3,87	—	3,05	3,43	—	2,68	3,02	—	2,33	2,62	—	2,—	2,25	—	1,68	1,89
	III	34,03	—	2,72	3,06	III	34,03	—	2,43	2,73	—	2,14	2,41	—	1,87	2,10	—	1,60	1,80	—	1,34	1,51	—	1,09	1,23
	V	68,49	2,54	5,47	6,16	IV	52,59	0,36	4,01	4,51	0,07	3,81	4,29	—	3,62	4,07	—	3,42	3,85	—	3,23	3,63	—	3,04	3,42
	VI	69,70	2,68	5,57	6,27																				
222,49	I,IV	52,63	0,65	4,21	4,73	I	52,63	0,07	3,81	4,29	—	3,42	3,85	—	3,04	3,42	—	2,67	3,—	—	2,32	2,61	—	1,98	2,23
	II	47,95	0,10	3,83	4,31	II	47,95	—	3,44	3,87	—	3,06	3,44	—	2,69	3,02	—	2,33	2,63	—	2,—	2,25	—	1,68	1,89
	III	34,06	—	2,72	3,06	III	34,06	—	2,43	2,73	—	2,14	2,41	—	1,87	2,10	—	1,60	1,80	—	1,34	1,51	—	1,09	1,23
	V	68,52	2,54	5,48	6,16	IV	52,63	0,36	4,01	4,51	0,07	3,81	4,29	—	3,62	4,07	—	3,42	3,85	—	3,23	3,63	—	3,04	3,42
	VI	69,73	2,69	5,57	6,27																				
222,59	I,IV	52,67	0,66	4,21	4,74	I	52,67	0,08	3,82	4,29	—	3,43	3,85	—	3,04	3,42	—	2,67	3,01	—	2,32	2,61	—	1,99	2,23
	II	47,99	0,10	3,83	4,31	II	47,99	—	3,44	3,87	—	3,06	3,44	—	2,69	3,03	—	2,34	2,63	—	2,—	2,25	—	1,68	1,89
	III	34,08	—	2,72	3,06	III	34,08	—	2,43	2,74	—	2,15	2,42	—	1,87	2,11	—	1,61	1,81	—	1,35	1,52	—	1,10	1,23
	V	68,56	2,55	5,48	6,17	IV	52,67	0,37	4,01	4,51	0,08	3,82	4,29	—	3,62	4,07	—	3,43	3,85	—	3,23	3,64	—	3,04	3,42
	VI	69,77	2,69	5,58	6,27																				
222,69	I,IV	52,71	0,66	4,21	4,74	I	52,71	0,08	3,82	4,30	—	3,43	3,86	—	3,04	3,42	—	2,68	3,01	—	2,32	2,61	—	1,99	2,24
	II	48,03	0,11	3,84	4,32	II	48,03	—	3,45	3,88	—	3,06	3,44	—	2,69	3,03	—	2,34	2,63	—	2,—	2,25	—	1,68	1,89
	III	34,11	—	2,72	3,06	III	34,11	—	2,43	2,74	—	2,15	2,42	—	1,87	2,11	—	1,61	1,81	—	1,35	1,52	—	1,10	1,24
	V	68,60	2,55	5,48	6,17	IV	52,71	0,37	4,02	4,52	0,08	3,82	4,30	—	3,62	4,08	—	3,43	3,86	—	3,23	3,64	—	3,04	3,42
	VI	69,81	2,70	5,58	6,28																				
222,79	I,IV	52,75	0,67	4,22	4,74	I	52,75	0,08	3,82	4,30	—	3,43	3,86	—	3,05	3,43	—	2,68	3,01	—	2,33	2,62	—	1,99	2,24
	II	48,07	0,11	3,84	4,32	II	48,07	—	3,45	3,88	—	3,06	3,45	—	2,70	3,03	—	2,34	2,63	—	2,01	2,26	—	1,68	1,90
	III	34,14	—	2,73	3,07	III	34,14	—	2,44	2,74	—	2,15	2,42	—	1,88	2,11	—	1,61	1,81	—	1,35	1,52	—	1,10	1,24
	V	68,64	2,56	5,49	6,17	IV	52,75	0,38	4,02	4,52	0,08	3,82	4,30	—	3,63	4,08	—	3,43	3,86	—	3,24	3,64	—	3,05	3,43
	VI	69,85	2,70	5,58	6,28																				
222,89	I,IV	52,78	0,67	4,22	4,75	I	52,78	0,09	3,83	4,31	—	3,44	3,87	—	3,05	3,43	—	2,68	3,02	—	2,33	2,62	—	1,99	2,24
	II	48,11	0,12	3,84	4,32	II	48,11	—	3,45	3,88	—	3,07	3,45	—	2,70	3,04	—	2,34	2,64	—	2,01	2,26	—	1,69	1,90
	III	34,17	—	2,73	3,07	III	34,17	—	2,44	2,74	—	2,15	2,42	—	1,88	2,11	—	1,61	1,81	—	1,35	1,52	—	1,10	1,24
	V	68,68	2,56	5,49	6,18	IV	52,78	0,38	4,02	4,53	0,09	3,83	4,31	—	3,63	4,08	—	3,44	3,87	—	3,24	3,65	—	3,05	3,43
	VI	69,89	2,71	5,59	6,29																				
222,99	I,IV	52,82	0,68	4,22	4,75	I	52,82	0,09	3,83	4,31	—	3,44	3,87	—	3,05	3,44	—	2,68	3,02	—	2,33	2,62	—	2,—	2,25
	II	48,15	0,12	3,85	4,33	II	48,15	—	3,46	3,89	—	3,07	3,45	—	2,70	3,04	—	2,35	2,64	—	2,01	2,26	—	1,69	1,90
	III	34,20	—	2,73	3,07	III	34,20	—	2,44	2,75	—	2,16	2,43	—	1,88	2,12	—	1,61	1,82	—	1,35	1,52	—	1,10	1,24
	V	68,72	2,57	5,49	6,18	IV	52,82	0,39	4,03	4,53	0,09	3,83	4,31	—	3,63	4,09	—	3,44	3,87	—	3,24	3,65	—	3,05	3,44
	VI	69,93	2,71	5,59	6,29																				
223,09	I,IV	52,86	0,68	4,22	4,75	I	52,86	0,10	3,83	4,31	—	3,44	3,87	—	3,06	3,44	—	2,69	3,02	—	2,34	2,63	—	2,—	2,25
	II	48,18	0,12	3,85	4,33	II	48,18	—	3,46	3,89	—	3,07	3,46	—	2,70	3,04	—	2,35	2,64	—	2,01	2,26	—	1,69	1,90
	III	34,23	—	2,73	3,08	III	34,23	—	2,44	2,75	—	2,16	2,43	—	1,88	2,12	—	1,62	1,82	—	1,36	1,53	—	1,10	1,24
	V	68,76	2,57	5,50	6,18	IV	52,86	0,39	4,03	4,53	0,10	3,83	4,31	—	3,64	4,09	—	3,44	3,87	—	3,25	3,65	—	3,06	3,44
	VI	69,96	2,72	5,59	6,29																				
223,19	I,IV	52,90	0,69	4,23	4,76	I	52,90	0,10	3,84	4,32	—	3,44	3,87	—	3,06	3,44	—	2,69	3,03	—	2,34	2,63	—	2,—	2,25
	II	48,22	0,13	3,85	4,33	II	48,22	—	3,46	3,89	—	3,08	3,46	—	2,71	3,05	—	2,35	2,65	—	2,02	2,27	—	1,69	1,91
	III	34,26	—	2,74	3,08	III	34,26	—	2,44	2,75	—	2,16	2,43	—	1,88	2,12	—	1,62	1,82	—	1,36	1,53	—	1,11	1,25
	V	68,79	2,58	5,50	6,19	IV	52,90	0,39	4,03	4,54	0,10	3,84	4,32	—	3,64	4,10	—	3,44	3,87	—	3,25	3,66	—	3,06	3,44
	VI	70,—	2,72	5,60	6,30																				
223,29	I,IV	52,94	0,69	4,23	4,76	I	52,94	0,11	3,84	4,32	—	3,45	3,88	—	3,06	3,45	—	2,69	3,03	—	2,34	2,63	—	2,—	2,25
	II	48,26	0,13	3,86	4,34	II	48,26	—	3,46	3,90	—	3,08	3,46	—	2,71	3,05	—	2,36	2,65	—	2,02	2,27	—	1,70	1,91
	III	34,28	—	2,74	3,08	III	34,28	—	2,45	2,75	—	2,16	2,43	—	1,89	2,12	—	1,62	1,82	—	1,36	1,53	—	1,11	1,25
	V	68,83	2,58	5,50	6,19	IV	52,94	0,40	4,03	4,54	0,11	3,84	4,32	—	3,64	4,10	—	3,45	3,88	—	3,25	3,66	—	3,06	3,45
	VI	70,04	2,73	5,60	6,30																				
223,39	I,IV	52,98	0,69	4,23	4,76	I	52,98	0,11	3,84	4,32	—	3,45	3,88	—	3,07	3,45	—	2,70	3,03	—	2,34	2,64	—	2,01	2,26
	II	48,30	0,14	3,86	4,34	II	48,30	—	3,47	3,90	—	3,08	3,47	—	2,71	3,05	—	2,36	2,65	—	2,02	2,27	—	1,70	1,91
	III	34,32	—	2,74	3,08	III	34,32	—	2,45	2,76	—	2,16	2,44	—	1,89	2,13	—	1,62	1,82	—	1,36	1,53	—	1,11	1,25
	V	68,87	2,59	5,50	6,19	IV	52,98	0,40	4,04	4,54	0,11	3,84	4,32	—	3,65	4,10	—	3,45	3,88	—	3,26	3,66	—	3,07	3,45
	VI	70,08	2,73	5,60	6,30																				
223,49	I,IV	53,01	0,70	4,24	4,77	I	53,01	0,12	3,84	4,33	—	3,45	3,89	—	3,07	3,45	—	2,70	3,04	—	2,35	2,64	—	2,01	2,26
	II	48,34	0,14	3,86	4,35	II	48,34	—	3,47	3,91	—	3,08	3,47	—	2,72	3,06	—	2,36	2,66	—	2,02	2,28	—	1,70	1,91
	III	34,35	—	2,74	3,09	III	34,35	—	2,45	2,76	—	2,17	2,44	—	1,89	2,13	—	1,62	1,83	—	1,36	1,54	—	1,11	1,25
	V	68,91	2,59	5,51	6,20	IV	53,01	0,41	4,04	4,55	0,12	3,84	4,33	—	3,65	4,11	—	3,45	3,89	—	3,26	3,67	—	3,07	3,45
	VI	70,12	2,73	5,60	6,31																				

* Die ausgewiesenen Tabellenwerte sind amtlich. Siehe Erläuterungen auf der Umschlaginnenseite (U2).

TAG 223,50*

Abzüge an Lohnsteuer, Solidaritätszuschlag (SolZ) und Kirchensteuer (8%, 9%) in den Steuerklassen

Linke Spalten: Steuerklassen I – VI, **ohne** Kinderfreibeträge · Rechte Spalten: Steuerklassen I, II, III, IV, **mit** Zahl der Kinderfreibeträge (0,5 / 1 / 1,5 / 2 / 2,5 / 3)

Lohn bis €*	Kl.	LSt	SolZ	8%	9%	Kl.	LSt	SolZ 0,5	8%	9%	SolZ 1	8%	9%	SolZ 1,5	8%	9%	SolZ 2	8%	9%	SolZ 2,5	8%	9%	SolZ 3	8%	9%
223,59	I,IV	53,05	0,70	4,24	4,77	I	53,05	0,12	3,85	4,33	—	3,46	3,89	—	3,07	3,46	—	2,70	3,04	—	2,35	2,64	—	2,01	2,26
	II	48,38	0,15	3,87	4,35	II	48,38	—	3,47	3,91	—	3,09	3,47	—	2,72	3,06	—	2,36	2,66	—	2,03	2,28	—	1,70	1,92
	III	34,37	—	2,74	3,09	III	34,37	—	2,45	2,76	—	2,17	2,44	—	1,89	2,13	—	1,63	1,83	—	1,37	1,54	—	1,12	1,26
	V	68,95	2,60	5,51	6,20	IV	53,05	0,41	4,04	4,55	0,12	3,85	4,33	—	3,65	4,11	—	3,46	3,89	—	3,26	3,67	—	3,07	3,46
	VI	70,16	2,74	5,61	6,31																				
223,69	I,IV	53,09	0,71	4,24	4,77	I	53,09	0,13	3,85	4,33	—	3,46	3,89	—	3,07	3,46	—	2,70	3,04	—	2,35	2,65	—	2,01	2,27
	II	48,41	0,15	3,87	4,35	II	48,41	—	3,48	3,91	—	3,09	3,48	—	2,72	3,06	—	2,37	2,66	—	2,03	2,28	—	1,71	1,92
	III	34,41	—	2,75	3,09	III	34,41	—	2,46	2,76	—	2,17	2,44	—	1,90	2,13	—	1,63	1,83	—	1,37	1,54	—	1,12	1,26
	V	68,99	2,60	5,51	6,20	IV	53,09	0,42	4,05	4,55	0,13	3,85	4,33	—	3,66	4,11	—	3,46	3,89	—	3,26	3,67	—	3,07	3,46
	VI	70,20	2,74	5,61	6,31																				
223,79	I,IV	53,13	0,71	4,25	4,78	I	53,13	0,13	3,85	4,34	—	3,46	3,90	—	3,08	3,46	—	2,71	3,05	—	2,35	2,65	—	2,02	2,27
	II	48,45	0,16	3,87	4,36	II	48,45	—	3,48	3,92	—	3,09	3,48	—	2,72	3,06	—	2,37	2,67	—	2,03	2,29	—	1,71	1,92
	III	34,43	—	2,75	3,09	III	34,43	—	2,46	2,77	—	2,17	2,45	—	1,90	2,14	—	1,63	1,83	—	1,37	1,54	—	1,12	1,26
	V	69,03	2,60	5,52	6,21	IV	53,13	0,42	4,05	4,56	0,13	3,85	4,34	—	3,66	4,12	—	3,46	3,90	—	3,27	3,68	—	3,08	3,46
	VI	70,23	2,75	5,61	6,32																				
223,89	I,IV	53,17	0,72	4,25	4,78	I	53,17	0,14	3,86	4,34	—	3,47	3,90	—	3,08	3,47	—	2,71	3,05	—	2,36	2,65	—	2,02	2,27
	II	48,49	0,16	3,87	4,36	II	48,49	—	3,48	3,92	—	3,10	3,48	—	2,73	3,07	—	2,37	2,67	—	2,03	2,29	—	1,71	1,93
	III	34,46	—	2,75	3,10	III	34,46	—	2,46	2,77	—	2,18	2,45	—	1,90	2,14	—	1,63	1,84	—	1,37	1,54	—	1,12	1,26
	V	69,06	2,61	5,52	6,21	IV	53,17	0,43	4,05	4,56	0,14	3,86	4,34	—	3,66	4,12	—	3,47	3,90	—	3,27	3,68	—	3,08	3,47
	VI	70,27	2,75	5,62	6,32																				
223,99	I,IV	53,21	0,72	4,25	4,78	I	53,21	0,14	3,86	4,34	—	3,47	3,90	—	3,08	3,47	—	2,71	3,05	—	2,36	2,65	—	2,02	2,27
	II	48,53	0,17	3,88	4,36	II	48,53	—	3,49	3,92	—	3,10	3,49	—	2,73	3,07	—	2,38	2,67	—	2,04	2,29	—	1,71	1,93
	III	34,49	—	2,75	3,10	III	34,49	—	2,46	2,77	—	2,18	2,45	—	1,90	2,14	—	1,63	1,84	—	1,37	1,55	—	1,12	1,26
	V	69,10	2,61	5,52	6,21	IV	53,21	0,43	4,06	4,56	0,14	3,86	4,34	—	3,66	4,12	—	3,47	3,90	—	3,27	3,68	—	3,08	3,47
	VI	70,31	2,76	5,62	6,32																				
224,09	I,IV	53,25	0,73	4,26	4,79	I	53,25	0,14	3,86	4,35	—	3,47	3,91	—	3,09	3,47	—	2,72	3,06	—	2,36	2,66	—	2,02	2,28
	II	48,57	0,17	3,88	4,37	II	48,57	—	3,49	3,93	—	3,10	3,49	—	2,73	3,07	—	2,38	2,68	—	2,04	2,29	—	1,72	1,93
	III	34,52	—	2,76	3,10	III	34,52	—	2,46	2,77	—	2,18	2,45	—	1,90	2,14	—	1,64	1,84	—	1,38	1,55	—	1,12	1,27
	V	69,14	2,62	5,53	6,22	IV	53,25	0,44	4,06	4,57	0,14	3,86	4,35	—	3,67	4,13	—	3,47	3,91	—	3,28	3,69	—	3,09	3,47
	VI	70,35	2,76	5,62	6,33																				
224,19	I,IV	53,28	0,73	4,26	4,79	I	53,28	0,15	3,87	4,35	—	3,48	3,91	—	3,09	3,48	—	2,72	3,06	—	2,36	2,66	—	2,03	2,28
	II	48,61	0,18	3,88	4,37	II	48,61	—	3,49	3,93	—	3,11	3,49	—	2,74	3,08	—	2,38	2,68	—	2,04	2,30	—	1,72	1,93
	III	34,55	—	2,76	3,10	III	34,55	—	2,47	2,78	—	2,18	2,46	—	1,91	2,15	—	1,64	1,84	—	1,38	1,55	—	1,13	1,27
	V	69,18	2,62	5,53	6,22	IV	53,28	0,44	4,06	4,57	0,15	3,87	4,35	—	3,67	4,13	—	3,48	3,91	—	3,28	3,69	—	3,09	3,48
	VI	70,39	2,77	5,63	6,33																				
224,29	I,IV	53,32	0,74	4,26	4,79	I	53,32	0,15	3,87	4,35	—	3,48	3,91	—	3,09	3,48	—	2,72	3,06	—	2,37	2,66	—	2,03	2,28
	II	48,65	0,18	3,89	4,37	II	48,65	—	3,50	3,93	—	3,11	3,50	—	2,74	3,08	—	2,38	2,68	—	2,04	2,30	—	1,72	1,94
	III	34,58	—	2,76	3,11	III	34,58	—	2,47	2,78	—	2,18	2,46	—	1,91	2,15	—	1,64	1,85	—	1,38	1,55	—	1,13	1,27
	V	69,22	2,63	5,53	6,22	IV	53,32	0,44	4,07	4,57	0,15	3,87	4,35	—	3,67	4,13	—	3,48	3,91	—	3,28	3,69	—	3,09	3,48
	VI	70,43	2,77	5,63	6,33																				
224,39	I,IV	53,36	0,74	4,26	4,80	I	53,36	0,16	3,87	4,36	—	3,48	3,92	—	3,10	3,48	—	2,72	3,07	—	2,37	2,67	—	2,03	2,29
	II	48,68	0,18	3,89	4,38	II	48,68	—	3,50	3,94	—	3,11	3,50	—	2,74	3,08	—	2,39	2,68	—	2,05	2,30	—	1,72	1,94
	III	34,61	—	2,76	3,11	III	34,61	—	2,47	2,78	—	2,19	2,46	—	1,91	2,15	—	1,64	1,85	—	1,38	1,56	—	1,13	1,27
	V	69,26	2,63	5,54	6,23	IV	53,36	0,45	4,07	4,58	0,16	3,87	4,36	—	3,68	4,14	—	3,48	3,92	—	3,29	3,70	—	3,10	3,48
	VI	70,46	2,78	5,63	6,34																				
224,49	I,IV	53,40	0,75	4,27	4,80	I	53,40	0,16	3,88	4,36	—	3,48	3,92	—	3,10	3,49	—	2,73	3,07	—	2,37	2,67	—	2,04	2,29
	II	48,72	0,19	3,89	4,38	II	48,72	—	3,50	3,94	—	3,12	3,51	—	2,74	3,09	—	2,39	2,69	—	2,05	2,31	—	1,73	1,94
	III	34,64	—	2,77	3,11	III	34,64	—	2,47	2,78	—	2,19	2,46	—	1,91	2,15	—	1,64	1,85	—	1,38	1,56	—	1,13	1,27
	V	69,30	2,64	5,54	6,23	IV	53,40	0,45	4,07	4,58	0,16	3,88	4,36	—	3,68	4,14	—	3,48	3,92	—	3,29	3,70	—	3,10	3,49
	VI	70,50	2,78	5,64	6,34																				
224,59	I,IV	53,44	0,75	4,27	4,80	I	53,44	0,17	3,88	4,36	—	3,49	3,92	—	3,10	3,49	—	2,73	3,07	—	2,38	2,67	—	2,04	2,29
	II	48,76	0,19	3,90	4,38	II	48,76	—	3,50	3,94	—	3,12	3,51	—	2,75	3,09	—	2,39	2,69	—	2,05	2,31	—	1,73	1,95
	III	34,67	—	2,77	3,12	III	34,67	—	2,48	2,79	—	2,19	2,47	—	1,92	2,16	—	1,65	1,85	—	1,39	1,56	—	1,13	1,28
	V	69,33	2,64	5,54	6,23	IV	53,44	0,46	4,07	4,58	0,17	3,88	4,36	—	3,68	4,14	—	3,49	3,92	—	3,29	3,70	—	3,10	3,49
	VI	70,54	2,79	5,64	6,34																				
224,69	I,IV	53,48	0,75	4,27	4,81	I	53,48	0,17	3,88	4,37	—	3,49	3,93	—	3,10	3,49	—	2,73	3,07	—	2,38	2,68	—	2,04	2,30
	II	48,80	0,20	3,90	4,39	II	48,80	—	3,51	3,95	—	3,12	3,51	—	2,75	3,09	—	2,39	2,69	—	2,05	2,31	—	1,73	1,95
	III	34,70	—	2,77	3,12	III	34,70	—	2,48	2,79	—	2,19	2,47	—	1,92	2,16	—	1,65	1,86	—	1,39	1,56	—	1,14	1,28
	V	69,37	2,65	5,54	6,24	IV	53,48	0,46	4,08	4,59	0,17	3,88	4,37	—	3,69	4,15	—	3,49	3,93	—	3,30	3,71	—	3,10	3,49
	VI	70,58	2,79	5,64	6,35																				
224,79	I,IV	53,51	0,76	4,28	4,81	I	53,51	0,18	3,88	4,37	—	3,49	3,93	—	3,11	3,50	—	2,74	3,08	—	2,38	2,68	—	2,04	2,30
	II	48,84	0,20	3,90	4,39	II	48,84	—	3,51	3,95	—	3,12	3,51	—	2,75	3,10	—	2,40	2,70	—	2,06	2,32	—	1,73	1,95
	III	34,72	—	2,77	3,12	III	34,72	—	2,48	2,79	—	2,20	2,47	—	1,92	2,16	—	1,65	1,86	—	1,39	1,57	—	1,14	1,28
	V	69,41	2,65	5,55	6,24	IV	53,51	0,47	4,08	4,59	0,18	3,88	4,37	—	3,69	4,15	—	3,49	3,93	—	3,30	3,71	—	3,11	3,50
	VI	70,62	2,79	5,64	6,35																				
224,89	I,IV	53,55	0,76	4,28	4,81	I	53,55	0,18	3,89	4,37	—	3,50	3,93	—	3,11	3,50	—	2,74	3,08	—	2,38	2,68	—	2,05	2,30
	II	48,88	0,21	3,91	4,39	II	48,88	—	3,51	3,95	—	3,13	3,52	—	2,76	3,10	—	2,40	2,70	—	2,06	2,32	—	1,74	1,95
	III	34,76	—	2,78	3,12	III	34,76	—	2,48	2,79	—	2,20	2,47	—	1,92	2,16	—	1,65	1,86	—	1,39	1,57	—	1,14	1,28
	V	69,45	2,65	5,55	6,25	IV	53,55	0,47	4,08	4,59	0,18	3,89	4,37	—	3,69	4,15	—	3,50	3,93	—	3,30	3,71	—	3,11	3,50
	VI	70,66	2,80	5,65	6,35																				
224,99	I,IV	53,59	0,77	4,28	4,82	I	53,59	0,19	3,89	4,38	—	3,50	3,94	—	3,11	3,50	—	2,74	3,08	—	2,39	2,69	—	2,05	2,30
	II	48,92	0,21	3,91	4,39	II	48,92	—	3,52	3,96	—	3,13	3,52	—	2,76	3,10	—	2,40	2,70	—	2,06	2,32	—	1,74	1,96
	III	34,78	—	2,78	3,13	III	34,78	—	2,48	2,80	—	2,20	2,48	—	1,92	2,16	—	1,66	1,86	—	1,40	1,57	—	1,14	1,29
	V	69,49	2,66	5,55	6,25	IV	53,59	0,48	4,09	4,60	0,19	3,89	4,38	—	3,70	4,16	—	3,50	3,94	—	3,30	3,72	—	3,11	3,50
	VI	70,70	2,80	5,65	6,36																				

Für höhere Löhne/Gehälter können die Abzugsbeträge mit Hilfe der Software „Stotax-Lohn" ermittelt werden.

* Die ausgewiesenen Tabellenwerte sind amtlich. Siehe Erläuterungen auf der Umschlaginnenseite (U2).

Hinweise zur Anwendung der Zusatztabelle „Abzugsbetrag bei privat Kranken- und Pflegeversicherten" zu den Allgemeinen Lohnsteuertabellen

1 Anwendung der Allgemeinen Lohnsteuertabelle

Durch den Lohnsteuerabzug gilt die Einkommensteuer bei Einkünften aus nichtselbstständiger Arbeit grundsätzlich als abgegolten. Um dieses Ziel zu erreichen, muss für den jeweiligen Arbeitslohn die dafür fällige Einkommensteuer ermittelt und als Lohnsteuer ausgewiesen werden. Grundlage dafür ist der Lohnsteuertarif, der auf dem Einkommensteuertarif und dem dafür maßgebenden zu versteuernden Einkommen aufbaut.[1] Wie bei der Einkommensteuer sind auch für die Lohnsteuerermittlung vom Arbeitslohn stets abzusetzen:
- **Grundfreibetrag** (2022: 9 984 €), Arbeitnehmer-Pauschbetrag (1 000 €),
- Pauschbetrag für unbeschränkt abziehbare **Sonderausgaben** (36 € bei Alleinstehenden bzw. 72 € bei Verheirateten) sowie
- **Vorsorgeaufwendungen.**

Im Lohnsteuerabzugsverfahren werden in den Steuerklassen I bis VI als Vorsorgeaufwendungen die Beiträge des Arbeitnehmers für eine Basiskranken- und Pflegeversicherung typisierend i. R. d. sog. **Vorsorgepauschale** berücksichtigt. Auf Grundlage des steuerpflichtigen Arbeitslohns setzt sich diese Vorsorgepauschale für sozialversicherungspflichtige Arbeitnehmer aus folgenden Teilbeträgen zusammen:
- Teilbetrag für die Rentenversicherung (für 2022: 9,3 % des Arbeitslohns, davon 88 %)[2] und
- Teilbetrag für die gesetzliche Kranken- und soziale Pflegeversicherung (für 2022: 7 % bzw. 1,525 % des Arbeitslohns, zzgl. des hälftigen durchschnittlichen Zusatzbeitrags i.H.v. 0,65 %).[3] Für Beitragszahler ohne Kinder erhöht sich der Zuschlag zur Pflegeversicherung ab 1.1.2022 von 0,25 % auf 0,35 %.[4]

Für die Beiträge zur gesetzlichen Kranken- und Pflegeversicherung ist als Mindestbetrag die sog. **Mindestvorsorgepauschale** anzusetzen. In der vorliegenden Allgemeinen Lohnsteuertabelle werden diese Beträge bereits in der zutreffenden Höhe berücksichtigt.

Ob die Voraussetzungen für den Ansatz der einzelnen Teilbeträge vorliegen, hat der Arbeitgeber jeweils gesondert zu prüfen. Hierfür ist stets der Versicherungsstatus des Arbeitnehmers am Ende des jeweiligen Lohnzahlungszeitraums maßgebend. Teilmonate des Dienstverhältnisses dürfen nicht angesetzt werden.

2 Anwendungsbereiche der Zusatztabelle

2.1 Mindestvorsorgepauschale

Ist ein rentenversicherungspflichtiger Arbeitnehmer in der gesetzlichen Krankenversicherung und in der Pflegeversicherung weder pflichtversichert noch freiwillig versichert, darf die Vorsorgepauschale nicht angesetzt werden. Anstelle des jeweiligen Arbeitnehmeranteils ist im Lohnsteuerabzugsverfahren die sog. **Mindestvorsorgepauschale i.H.v. 12 %** des Arbeitslohns mit einem **Höchstbetrag** von
- jährlich 1 900 € (**im Monat 158,33 €**) in den Steuerklassen I, II und IV bis VI sowie
- jährlich 3 000 € (**im Monat 250,00 €**) in der Steuerklasse III

anzusetzen.[5] In diesem Fall sind die tatsächlichen Vorsorgeaufwendungen des Arbeitnehmers unbeachtlich.

Möchte der Arbeitgeber die Allgemeine Lohnsteuertabelle verwenden, ist die dort berücksichtigte Vorsorgepauschale (siehe in Spalte 3 der Zusatztabelle die ausgewiesene **Teilvorsorgepauschale** KV/PV) zu überprüfen und eine zu hohe Vorsorgepauschale zu korrigieren. S. hierzu Abschnitte *3 Anwendung der Zusatztabelle* und *5 Beispiele nach Monatstabelle, Beispiel 1.*

2.2 Ansatz tatsächlicher Beiträge zur privaten Basiskranken- und Pflegeversicherung

Der in einer privaten Kranken- und Pflegeversicherung versicherte Arbeitnehmer mit den Steuerklassen I bis V darf seinem Arbeitgeber die **tatsächlichen Beiträge** zur privaten Basiskranken- und Pflege(pflicht)versicherung zur Berücksichtigung im Lohnsteuerabzugsverfahren mitteilen. Hierzu muss der Arbeitnehmer eine Beitragsbescheinigung des Versicherungsunternehmens vorlegen, in der die **steuerlich abziehbaren Beträge** ausgewiesen werden.

Der Arbeitgeber hat die mitgeteilten Beiträge arbeitslohnmindernd anzusetzen, wenn sie höher sind als die maßgebende Mindestvorsorgepauschale.

Hinweise:

- **Gesetzlich krankenversicherte** Arbeitnehmer dürfen im Lohnsteuerabzugsverfahren weder für sich noch für den privat versicherten Ehegatten/Lebenspartner Beiträge für eine private Kranken- und Pflegeversicherung nachweisen.
- In der **Steuerklasse VI** dürfen keine Beiträge zur privaten Basiskranken- und Pflegeversicherung angesetzt werden.
- Eine dem Arbeitgeber vorliegende Beitragsbescheinigung ist auch im Rahmen des Lohnsteuerabzugs der Folgejahre (weiter) zu berücksichtigen, wenn der Arbeitnehmer **keine neue Beitragsbescheinigung** vorlegt.
- Beitragsbescheinigungen **ausländischer Versicherungsunternehmen** darf der Arbeitgeber nicht berücksichtigen.

3 Anwendung der Zusatztabelle

Um beim Nachweis der **tatsächlichen Versicherungsbeiträge** die Allgemeine Lohnsteuertabelle anwenden zu können, ist die dort eingearbeitete Vorsorgepauschale zu berichtigen. Die nachgewiesenen tatsächlichen Beiträge des Arbeitnehmers sind **zu kürzen** um
- die in der Lohnsteuertabelle bereits berücksichtigte Vorsorgepauschale sowie
- den steuerfreien Arbeitgeberzuschuss.

Dazu ist die vorliegende Zusatztabelle mit ihren beiden **Korrekturspalten** Teilvorsorgepauschale KV/PV sowie typisierter Arbeitgeberzuschuss zu verwenden. Wie die Lohnsteuertabelle ist auch die Zusatztabelle nach Arbeitslohnstufen aufgebaut. In der jeweiligen Lohnstufe ist nach den Steuerklassen I, II, IV und V sowie nach Steuerklasse III zu unterscheiden.

Überschreitet der Arbeitslohn die **Beitragsbemessungsgrenze** in der gesetzlichen Krankenversicherung (Jahresgrenze für 2022: 58 050 €, Monatsgrenze 4 837,50 €), verändern sich die Korrekturbeträge nicht mehr. Gleiches gilt für die Pflegeversicherung.

---

1 § 39b Abs. 2 EStG.
2 § 39b Abs. 2 Satz 5 Nr. 3 Buchst. a und Abs. 4 EStG.
3 § 39b Abs. 2 Satz 5 Nr. 3 Buchst. b und c EStG.
4 Aus Vereinfachungsgründen wird der ggf. zu zahlende Zuschlag für Kinderlose über 23 Jahre in der Pflegeversicherung in den Lohnsteuertabellen bezogen auf den Teilbetrag der Vorsorgepauschale nicht berücksichtigt.
5 § 39b Abs. 2 Satz 5 Nr. 3 dritter Teilsatz EStG.

4 Berechnungsschema für die Anwendung der Zusatztabelle

Monatliche tatsächliche Basiskranken- und Pflegeversicherungsbeiträge laut Nachweis	... €
Abzüglich in Spalte 3 ausgewiesene Teilvorsorgepauschale KV/PV	... €
Abzüglich in Spalte 4 ausgewiesener Typisierter Arbeitgeberzuschuss	... €
Differenz	... €

Ist die **Differenz positiv**, ist sie als (ggf. zusätzlicher) Freibetrag vom Monatsarbeitslohn **abzuziehen**. Ist die **Differenz negativ**, ist sie als zusätzlicher Arbeitslohnteil dem Monatsarbeitslohn **hinzuzurechnen**.

Für den so ermittelten **maßgebenden Arbeitslohn** kann die zu erhebende Lohnsteuer aus der **Allgemeinen Lohnsteuertabelle** abgelesen werden. Sie ist maßgebend für den durchzuführenden Lohnsteuerabzug.

5 Beispiele nach Monatstabelle

5.1 Fehlender Nachweis der tatsächlichen Beiträge zur privaten Basiskranken- und Pflegeversicherung

Beispiel 1 – ohne Beitragsbescheinigung PKV:

Der rentenversicherungspflichtige Arbeitnehmer mit der Steuerklasse I ist in der gesetzlichen Krankenversicherung und in der Pflegeversicherung weder pflichtversichert noch freiwillig versichert. Er legt dem Arbeitgeber **keine Beitragsbescheinigung** des Versicherungsunternehmens mit den tatsächlich entrichteten monatlichen Beiträgen zur privaten Basiskranken- und Pflegeversicherung vor.

Folglich darf der Arbeitgeber im Lohnsteuerabzugsverfahren anstelle der nach Prozentsätzen ermittelten Vorsorgepauschale lediglich die Mindestvorsorgepauschale ansetzen. Der monatliche Bruttolohn beträgt 4 600 €. Die nach der Allgemeinen Lohnsteuertabelle einzubehaltende Lohnsteuer ist wie folgt zu berechnen:

Mindestvorsorgepauschale i.H.v. 12 % von 4 600 € = 552,00 € **begrenzt** auf Mindestvorsorgepauschale	158,33 €
Abzüglich der in Zeile 4 442,99 € in Spalte 3 ausgewiesenen Teilvorsorgepauschale KV/PV	407,58 €
Differenz negativ	−249,25 €

5.2 Nachweis der tatsächlichen Beiträge zur privaten Basiskranken- und Pflegeversicherung

Beispiel 2 – mit PKV-Beitragsbescheinigung:

Ein gesetzlich rentenversicherungspflichtiger Arbeitnehmer mit der **Steuerklasse I** ist in einer privaten Kranken- und Pflegeversicherung pflichtversichert. Er legt dem Arbeitgeber eine **Beitragsbescheinigung** des Versicherungsunternehmens vor, in der als monatliche Beiträge zur privaten Basiskranken- und Pflegeversicherung (KV- und PV-Versicherungsbeiträge) 750 € ausgewiesen sind. Der Monatslohn beträgt 3 095 €. Die nach der Allgemeinen Lohnsteuertabelle einzubehaltende Lohnsteuer ist wie folgt zu berechnen:

Nachgewiesene monatliche KV- und PV-Versicherungsbeiträge	750,00 €
Abzüglich der in Zeile 3 095,99 € in Spalte 3 ausgewiesenen Teilvorsorgepauschale KV/PV	284,00 €
Abzüglich dem in o. g. Zeile in Spalte 4 ausgewiesenen Typisierten Arbeitgeberzuschuss	284,00 €
Differenz positiv	182,00 €

Weil die **Differenz positiv** ist, muss der Arbeitgeber den Monatslohn von 3 095 € um 182 € **vermindern** (= 2 913 €) und davon in der Allgemeinen Lohnsteuertabelle in der Zeile „Lohn/Gehalt bis 2 915,99 €" die monatliche Lohnsteuer i.H.v. 365,75 € ablesen. Hinzu kommt ggf. noch die Kirchensteuer.

6 Beispiel nach Tagestabelle

Beispiel 3 – Teilmonat 15 Tage mit PKV-Beitragsbescheinigung:

Eine Arbeitnehmerin in **Steuerklasse V** nimmt nach Elternzeit ihre bisherige Tätigkeit zum 16.9.2022 wieder auf. Für den Teilmonat September stehen ihr anteilig 1 927,50 € zu. Da sie zuvor privat kranken-/pflegeversichert war, hat sie sich ab Wiedereintritt von der Krankenversicherungspflicht befreien lassen. Sie weist dem Arbeitgeber eine PKV-Basisprämie zur KV/PV in Summe von 290 € nach.

Für die Ermittlung der ist der anteilige Tageslohn (128,50 €) mit 30 zu multiplizieren = 3 855 €. Hierauf ist die Nebenberechnung zur Korrektur des (auf den Monat bezogenen) lohnsteuerpflichtigen Arbeitslohns vorzunehmen:

Nachgewiesene monatliche KV- und PV-Versicherungsbeiträge	290,00 €
Abzüglich der in Zeile 3 857,99 € abgelesenen Teilvorsorgepauschale KV/PV	353,91 €
Abzüglich dem aus gleicher Zeile abgelesenen Typisierten Arbeitgeberzuschuss	353,91 €
Differenz negativ	−417,82 €

Dem **fiktiven Monatslohn** von 3 855 € sind somit 417,82 € **hinzuzurechnen**, es ergibt sich ein fiktiver zu versteuernder Monatslohn von 4 272,82 €. Dieser ist durch 30 Tage zu teilen, woraus ein korrigierter Tageslohn von 142,42 € resultiert. Hierfür lesen Sie nun aus der Allgemeinen Tagestabelle die täglichen Lohnsteuerwerte ab:

Die abgelesene Lohnsteuer von 38,40 € × 15 Tage ergibt für den Teilmonat September insgesamt 576,00 €. Der Solidaritätszuschlag beträgt 0,00 € (= 0,00 € × 15 Tage), sowie die mit 9 % anzusetzende Kirchensteuer 51,75 € (= 3,45 € × 15 Tage).

7 Besondere Lohnsteuertabelle

Die Besondere Lohnsteuertabelle ist anzuwenden für **nicht sozialversicherungspflichtige Arbeitnehmer** (insbesondere Beamte), die keinen Arbeitnehmeranteil zur gesetzlichen Rentenversicherung zu entrichten haben. Sie erhalten **keinen steuerfreien Arbeitgeberzuschuss**. Zudem wird in der Lohnsteuertabelle als Vorsorgepauschale stets die Mindestvorsorgepauschale angesetzt.

Folglich braucht bei einer Anwendung der Zusatztabelle die in **Spalte 3** ausgewiesene Teilvorsorgepauschale KV/PV (BVSP) **nicht** berücksichtigt zu werden. Bei der Ermittlung des Korrekturbetrags anhand der **Spalte 4** (TAGZ) ist zu beachten, dass der dort ausgewiesene Betrag zusätzlich mit der Mindestvorsorgepauschale **abgeglichen** und ggf. korrigiert werden muss. Insoweit sollte die Zusatztabelle lediglich zur groben Ermittlung der Lohnsteuer herangezogen werden.

341,99 MONAT

Lohn/Gehalt bis €	Steuerklasse	BVSP**	TAGZ***
2,99	I, II, IV, V	0,33	0,25
	III	0,33	0,25
5,99	I, II, IV, V	0,66	0,50
	III	0,66	0,50
8,99	I, II, IV, V	1,—	0,75
	III	1,—	0,75
11,99	I, II, IV, V	1,41	1,08
	III	1,41	1,08
14,99	I, II, IV, V	1,75	1,33
	III	1,75	1,33
17,99	I, II, IV, V	2,08	1,58
	III	2,08	1,58
20,99	I, II, IV, V	2,50	1,91
	III	2,50	1,91
23,99	I, II, IV, V	2,83	2,16
	III	2,83	2,16
26,99	I, II, IV, V	3,16	2,41
	III	3,16	2,41
29,99	I, II, IV, V	3,58	2,75
	III	3,58	2,75
32,99	I, II, IV, V	3,91	3,—
	III	3,91	3,—
35,99	I, II, IV, V	4,25	3,25
	III	4,25	3,25
38,99	I, II, IV, V	4,66	3,50
	III	4,66	3,50
41,99	I, II, IV, V	5,—	3,83
	III	5,—	3,83
44,99	I, II, IV, V	5,33	4,08
	III	5,33	4,08
47,99	I, II, IV, V	5,75	4,33
	III	5,75	4,33
50,99	I, II, IV, V	6,08	4,66
	III	6,08	4,66
53,99	I, II, IV, V	6,41	4,91
	III	6,41	4,91
56,99	I, II, IV, V	6,83	5,16
	III	6,83	5,16
59,99	I, II, IV, V	7,16	5,50
	III	7,16	5,50
62,99	I, II, IV, V	7,50	5,75
	III	7,50	5,75
65,99	I, II, IV, V	7,91	6,—
	III	7,91	6,—
68,99	I, II, IV, V	8,25	6,25
	III	8,25	6,25
71,99	I, II, IV, V	8,58	6,58
	III	8,58	6,58
74,99	I, II, IV, V	8,91	6,83
	III	8,91	6,83
77,99	I, II, IV, V	9,33	7,08
	III	9,33	7,08
80,99	I, II, IV, V	9,66	7,41
	III	9,66	7,41
83,99	I, II, IV, V	10,—	7,66
	III	10,—	7,66
86,99	I, II, IV, V	10,41	7,91
	III	10,41	7,91
89,99	I, II, IV, V	10,75	8,25
	III	10,75	8,25
92,99	I, II, IV, V	11,08	8,50
	III	11,08	8,50
95,99	I, II, IV, V	11,50	8,75
	III	11,50	8,75
98,99	I, II, IV, V	11,83	9,—
	III	11,83	9,—
101,99	I, II, IV, V	12,16	9,33
	III	12,16	9,33
104,99	I, II, IV, V	12,58	9,58
	III	12,58	9,58
107,99	I, II, IV, V	12,91	9,83
	III	12,91	9,83
110,99	I, II, IV, V	13,25	10,16
	III	13,25	10,16
113,99	I, II, IV, V	13,66	10,41
	III	13,66	10,41
116,99	I, II, IV, V	14,—	10,66
	III	14,—	10,66
119,99	I, II, IV, V	14,33	11,—
	III	14,33	11,—
122,99	I, II, IV, V	14,75	11,25
	III	14,75	11,25
125,99	I, II, IV, V	15,08	11,50
	III	15,08	11,50
128,99	I, II, IV, V	15,41	11,83
	III	15,41	11,83
131,99	I, II, IV, V	15,83	12,08
	III	15,83	12,08
134,99	I, II, IV, V	16,16	12,33
	III	16,16	12,33
137,99	I, II, IV, V	16,50	12,58
	III	16,50	12,58
140,99	I, II, IV, V	16,91	12,91
	III	16,91	12,91
143,99	I, II, IV, V	17,25	13,16
	III	17,25	13,16
146,99	I, II, IV, V	17,58	13,41
	III	17,58	13,41
149,99	I, II, IV, V	17,91	13,75
	III	17,91	13,75
152,99	I, II, IV, V	18,33	14,—
	III	18,33	14,—
155,99	I, II, IV, V	18,66	14,25
	III	18,66	14,25
158,99	I, II, IV, V	19,—	14,58
	III	19,—	14,58
161,99	I, II, IV, V	19,41	14,83
	III	19,41	14,83
164,99	I, II, IV, V	19,75	15,08
	III	19,75	15,08
167,99	I, II, IV, V	20,08	15,33
	III	20,08	15,33
170,99	I, II, IV, V	20,50	15,66
	III	20,50	15,66
173,99	I, II, IV, V	20,83	15,91
	III	20,83	15,91
176,99	I, II, IV, V	21,16	16,16
	III	21,16	16,16
179,99	I, II, IV, V	21,58	16,50
	III	21,58	16,50
182,99	I, II, IV, V	21,91	16,75
	III	21,91	16,75
185,99	I, II, IV, V	22,25	17,—
	III	22,25	17,—
188,99	I, II, IV, V	22,66	17,33
	III	22,66	17,33
191,99	I, II, IV, V	23,—	17,58
	III	23,—	17,58
194,99	I, II, IV, V	23,33	17,83
	III	23,33	17,83
197,99	I, II, IV, V	23,75	18,08
	III	23,75	18,08
200,99	I, II, IV, V	24,08	18,41
	III	24,08	18,41
203,99	I, II, IV, V	24,41	18,66
	III	24,41	18,66
206,99	I, II, IV, V	24,83	18,91
	III	24,83	18,91
209,99	I, II, IV, V	25,16	19,25
	III	25,16	19,25
212,99	I, II, IV, V	25,50	19,50
	III	25,50	19,50
215,99	I, II, IV, V	25,91	19,75
	III	25,91	19,75
218,99	I, II, IV, V	26,25	20,08
	III	26,25	20,08
221,99	I, II, IV, V	26,58	20,33
	III	26,58	20,33
224,99	I, II, IV, V	26,91	20,58
	III	26,91	20,58
227,99	I, II, IV, V	27,33	20,91
	III	27,33	20,91
230,99	I, II, IV, V	27,66	21,16
	III	27,66	21,16
233,99	I, II, IV, V	28,—	21,41
	III	28,—	21,41
236,99	I, II, IV, V	28,41	21,66
	III	28,41	21,66
239,99	I, II, IV, V	28,75	22,—
	III	28,75	22,—
242,99	I, II, IV, V	29,08	22,25
	III	29,08	22,25
245,99	I, II, IV, V	29,50	22,50
	III	29,50	22,50
248,99	I, II, IV, V	29,83	22,83
	III	29,83	22,83
251,99	I, II, IV, V	30,16	23,08
	III	30,16	23,08
254,99	I, II, IV, V	30,58	23,33
	III	30,58	23,33
257,99	I, II, IV, V	30,91	23,66
	III	30,91	23,66
260,99	I, II, IV, V	31,25	23,91
	III	31,25	23,91
263,99	I, II, IV, V	31,66	24,16
	III	31,66	24,16
266,99	I, II, IV, V	32,—	24,41
	III	32,—	24,41
269,99	I, II, IV, V	32,33	24,75
	III	32,33	24,75
272,99	I, II, IV, V	32,75	25,—
	III	32,75	25,—
275,99	I, II, IV, V	33,08	25,25
	III	33,08	25,25
278,99	I, II, IV, V	33,41	25,58
	III	33,41	25,58
281,99	I, II, IV, V	33,83	25,83
	III	33,83	25,83
284,99	I, II, IV, V	34,16	26,08
	III	34,16	26,08
287,99	I, II, IV, V	34,50	26,41
	III	34,50	26,41
290,99	I, II, IV, V	34,91	26,66
	III	34,91	26,66
293,99	I, II, IV, V	35,25	26,91
	III	35,25	26,91
296,99	I, II, IV, V	35,58	27,16
	III	35,58	27,16
299,99	I, II, IV, V	35,91	27,50
	III	35,91	27,50
302,99	I, II, IV, V	36,33	27,75
	III	36,33	27,75
305,99	I, II, IV, V	36,66	28,—
	III	36,66	28,—
308,99	I, II, IV, V	37,—	28,33
	III	37,—	28,33
311,99	I, II, IV, V	37,41	28,58
	III	37,41	28,58
314,99	I, II, IV, V	37,75	28,83
	III	37,75	28,83
317,99	I, II, IV, V	38,08	29,16
	III	38,08	29,16
320,99	I, II, IV, V	38,50	29,41
	III	38,50	29,41
323,99	I, II, IV, V	38,83	29,66
	III	38,83	29,66
326,99	I, II, IV, V	39,16	30,—
	III	39,16	30,—
329,99	I, II, IV, V	39,58	30,25
	III	39,58	30,25
332,99	I, II, IV, V	39,91	30,50
	III	39,91	30,50
335,99	I, II, IV, V	40,25	30,75
	III	40,25	30,75
338,99	I, II, IV, V	40,66	31,08
	III	40,66	31,08
341,99	I, II, IV, V	41,—	31,33
	III	41,—	31,33

Abzugsbetrag bei privat Kranken- und Pflegeversicherten

* Zur Anwendung beachten Sie bitte die Erläuterungen auf den Seiten AP 1f.
** BVSP = Berücksichtigter Teil der Vorsorgepauschale für Kranken- und Pflegeversicherungsaufwendungen.
*** TAGZ = Typisierter Arbeitgeberzuschuss zur Kranken- und Pflegeversicherung.

MONAT 342,–

Lohn/Gehalt bis €	Klasse	BVSP**	TAGZ***
344,99	I, II, IV, V	41,33	31,58
	III	41,33	31,58
347,99	I, II, IV, V	41,75	31,91
	III	41,75	31,91
350,99	I, II, IV, V	42,08	32,16
	III	42,08	32,16
353,99	I, II, IV, V	42,41	32,41
	III	42,41	32,41
356,99	I, II, IV, V	42,83	32,75
	III	42,83	32,75
359,99	I, II, IV, V	43,16	33,—
	III	43,16	33,—
362,99	I, II, IV, V	43,50	33,25
	III	43,50	33,25
365,99	I, II, IV, V	43,91	33,50
	III	43,91	33,50
368,99	I, II, IV, V	44,25	33,83
	III	44,25	33,83
371,99	I, II, IV, V	44,58	34,08
	III	44,58	34,08
374,99	I, II, IV, V	44,91	34,33
	III	44,91	34,33
377,99	I, II, IV, V	45,33	34,66
	III	45,33	34,66
380,99	I, II, IV, V	45,66	34,91
	III	45,66	34,91
383,99	I, II, IV, V	46,—	35,16
	III	46,—	35,16
386,99	I, II, IV, V	46,41	35,50
	III	46,41	35,50
389,99	I, II, IV, V	46,75	35,75
	III	46,75	35,75
392,99	I, II, IV, V	47,08	36,—
	III	47,08	36,—
395,99	I, II, IV, V	47,50	36,25
	III	47,50	36,25
398,99	I, II, IV, V	47,83	36,58
	III	47,83	36,58
401,99	I, II, IV, V	48,16	36,83
	III	48,16	36,83
404,99	I, II, IV, V	48,58	37,08
	III	48,58	37,08
407,99	I, II, IV, V	48,91	37,41
	III	48,91	37,41
410,99	I, II, IV, V	49,25	37,66
	III	49,25	37,66
413,99	I, II, IV, V	49,66	37,91
	III	49,66	37,91
416,99	I, II, IV, V	50,—	38,25
	III	50,—	38,25
419,99	I, II, IV, V	50,33	38,50
	III	50,33	38,50
422,99	I, II, IV, V	50,75	38,75
	III	50,75	38,75
425,99	I, II, IV, V	51,08	39,08
	III	51,08	39,08
428,99	I, II, IV, V	51,41	39,33
	III	51,41	39,33
431,99	I, II, IV, V	51,83	39,58
	III	51,83	39,58
434,99	I, II, IV, V	52,16	39,83
	III	52,16	39,83
437,99	I, II, IV, V	52,50	40,16
	III	52,50	40,16
440,99	I, II, IV, V	52,91	40,41
	III	52,91	40,41
443,99	I, II, IV, V	53,25	40,66
	III	53,25	40,66
446,99	I, II, IV, V	53,58	41,—
	III	53,58	41,—
449,99	I, II, IV, V	53,91	41,25
	III	53,91	41,25
452,99	I, II, IV, V	54,33	41,50
	III	54,33	41,50
455,99	I, II, IV, V	54,66	41,83
	III	54,66	41,83
458,99	I, II, IV, V	55,—	42,08
	III	55,—	42,08
461,99	I, II, IV, V	55,41	42,33
	III	55,41	42,33
464,99	I, II, IV, V	55,75	42,58
	III	55,75	42,58
467,99	I, II, IV, V	56,08	42,91
	III	56,08	42,91
470,99	I, II, IV, V	56,50	43,16
	III	56,50	43,16
473,99	I, II, IV, V	56,83	43,41
	III	56,83	43,41
476,99	I, II, IV, V	57,16	43,75
	III	57,16	43,75
479,99	I, II, IV, V	57,58	44,—
	III	57,58	44,—
482,99	I, II, IV, V	57,91	44,25
	III	57,91	44,25
485,99	I, II, IV, V	58,25	44,58
	III	58,25	44,58
488,99	I, II, IV, V	58,66	44,83
	III	58,66	44,83
491,99	I, II, IV, V	59,—	45,08
	III	59,—	45,08
494,99	I, II, IV, V	59,33	45,33
	III	59,33	45,33
497,99	I, II, IV, V	59,75	45,66
	III	59,75	45,66
500,99	I, II, IV, V	60,08	45,91
	III	60,08	45,91
503,99	I, II, IV, V	60,41	46,16
	III	60,41	46,16
506,99	I, II, IV, V	60,83	46,50
	III	60,83	46,50
509,99	I, II, IV, V	61,16	46,75
	III	61,16	46,75
512,99	I, II, IV, V	61,50	47,—
	III	61,50	47,—
515,99	I, II, IV, V	61,91	47,33
	III	61,91	47,33
518,99	I, II, IV, V	62,25	47,58
	III	62,25	47,58
521,99	I, II, IV, V	62,58	47,83
	III	62,58	47,83
524,99	I, II, IV, V	62,91	48,16
	III	62,91	48,16
527,99	I, II, IV, V	63,33	48,41
	III	63,33	48,41
530,99	I, II, IV, V	63,66	48,66
	III	63,66	48,66
533,99	I, II, IV, V	64,—	48,91
	III	64,—	48,91
536,99	I, II, IV, V	64,41	49,25
	III	64,41	49,25
539,99	I, II, IV, V	64,75	49,50
	III	64,75	49,50
542,99	I, II, IV, V	65,08	49,75
	III	65,08	49,75
545,99	I, II, IV, V	65,50	50,08
	III	65,50	50,08
548,99	I, II, IV, V	65,83	50,33
	III	65,83	50,33
551,99	I, II, IV, V	66,16	50,58
	III	66,16	50,58
554,99	I, II, IV, V	66,58	50,91
	III	66,58	50,91
557,99	I, II, IV, V	66,91	51,16
	III	66,91	51,16
560,99	I, II, IV, V	67,25	51,41
	III	67,25	51,41
563,99	I, II, IV, V	67,66	51,66
	III	67,66	51,66
566,99	I, II, IV, V	68,—	52,—
	III	68,—	52,—
569,99	I, II, IV, V	68,33	52,25
	III	68,33	52,25
572,99	I, II, IV, V	68,75	52,50
	III	68,75	52,50
575,99	I, II, IV, V	69,08	52,83
	III	69,08	52,83
578,99	I, II, IV, V	69,41	53,08
	III	69,41	53,08
581,99	I, II, IV, V	69,83	53,33
	III	69,83	53,33
584,99	I, II, IV, V	70,16	53,66
	III	70,16	53,66
587,99	I, II, IV, V	70,50	53,91
	III	70,50	53,91
590,99	I, II, IV, V	70,91	54,16
	III	70,91	54,16
593,99	I, II, IV, V	71,25	54,41
	III	71,25	54,41
596,99	I, II, IV, V	71,58	54,75
	III	71,58	54,75
599,99	I, II, IV, V	71,91	55,—
	III	71,91	55,—
602,99	I, II, IV, V	72,33	55,25
	III	72,33	55,25
605,99	I, II, IV, V	72,66	55,58
	III	72,66	55,58
608,99	I, II, IV, V	73,—	55,83
	III	73,—	55,83
611,99	I, II, IV, V	73,41	56,08
	III	73,41	56,08
614,99	I, II, IV, V	73,75	56,41
	III	73,75	56,41
617,99	I, II, IV, V	74,08	56,66
	III	74,08	56,66
620,99	I, II, IV, V	74,50	56,91
	III	74,50	56,91
623,99	I, II, IV, V	74,83	57,25
	III	74,83	57,25
626,99	I, II, IV, V	75,16	57,50
	III	75,16	57,50
629,99	I, II, IV, V	75,58	57,75
	III	75,58	57,75
632,99	I, II, IV, V	75,91	58,—
	III	75,91	58,—
635,99	I, II, IV, V	76,25	58,33
	III	76,25	58,33
638,99	I, II, IV, V	76,66	58,58
	III	76,66	58,58
641,99	I, II, IV, V	77,—	58,83
	III	77,—	58,83
644,99	I, II, IV, V	77,33	59,16
	III	77,33	59,16
647,99	I, II, IV, V	77,75	59,41
	III	77,75	59,41
650,99	I, II, IV, V	78,08	59,66
	III	78,08	59,66
653,99	I, II, IV, V	78,41	60,—
	III	78,41	60,—
656,99	I, II, IV, V	78,83	60,25
	III	78,83	60,25
659,99	I, II, IV, V	79,16	60,50
	III	79,16	60,50
662,99	I, II, IV, V	79,50	60,75
	III	79,50	60,75
665,99	I, II, IV, V	79,91	61,08
	III	79,91	61,08
668,99	I, II, IV, V	80,25	61,33
	III	80,25	61,33
671,99	I, II, IV, V	80,58	61,58
	III	80,58	61,58
674,99	I, II, IV, V	80,91	61,91
	III	80,91	61,91
677,99	I, II, IV, V	81,33	62,16
	III	81,33	62,16
680,99	I, II, IV, V	81,66	62,41
	III	81,66	62,41
683,99	I, II, IV, V	82,—	62,75
	III	82,—	62,75

* Zur Anwendung beachten Sie bitte die Erläuterungen auf den Seiten AP 1f.
** BVSP = Berücksichtigter Teil der Vorsorgepauschale für Kranken- und Pflegeversicherungsaufwendungen.
*** TAGZ = Typisierter Arbeitgeberzuschuss zur Kranken- und Pflegeversicherung.

1 025,99 MONAT

Tabelle 1

Lohn/Gehalt bis €		Abzugsbetrag bei privat Kranken- und Pflegeversicherten*	
		BVSP**	TAGZ***
686,99	I, II, IV, V	82,41	63,—
	III	82,41	63,—
689,99	I, II, IV, V	82,75	63,25
	III	82,75	63,25
692,99	I, II, IV, V	83,08	63,50
	III	83,08	63,50
695,99	I, II, IV, V	83,50	63,83
	III	83,50	63,83
698,99	I, II, IV, V	83,83	64,08
	III	83,83	64,08
701,99	I, II, IV, V	84,16	64,33
	III	84,16	64,33
704,99	I, II, IV, V	84,58	64,66
	III	84,58	64,66
707,99	I, II, IV, V	84,91	64,91
	III	84,91	64,91
710,99	I, II, IV, V	85,25	65,16
	III	85,25	65,16
713,99	I, II, IV, V	85,66	65,50
	III	85,66	65,50
716,99	I, II, IV, V	86,—	65,75
	III	86,—	65,75
719,99	I, II, IV, V	86,33	66,—
	III	86,33	66,—
722,99	I, II, IV, V	86,75	66,33
	III	86,75	66,33
725,99	I, II, IV, V	87,08	66,58
	III	87,08	66,58
728,99	I, II, IV, V	87,41	66,83
	III	87,41	66,83
731,99	I, II, IV, V	87,83	67,08
	III	87,83	67,08
734,99	I, II, IV, V	88,16	67,41
	III	88,16	67,41
737,99	I, II, IV, V	88,50	67,66
	III	88,50	67,66
740,99	I, II, IV, V	88,91	67,91
	III	88,91	67,91
743,99	I, II, IV, V	89,25	68,25
	III	89,25	68,25
746,99	I, II, IV, V	89,58	68,50
	III	89,58	68,50
749,99	I, II, IV, V	89,91	68,75
	III	89,91	68,75
752,99	I, II, IV, V	90,33	69,08
	III	90,33	69,08
755,99	I, II, IV, V	90,66	69,33
	III	90,66	69,33
758,99	I, II, IV, V	91,—	69,58
	III	91,—	69,58
761,99	I, II, IV, V	91,41	69,83
	III	91,41	69,83
764,99	I, II, IV, V	91,75	70,16
	III	91,75	70,16
767,99	I, II, IV, V	92,08	70,41
	III	92,08	70,41
770,99	I, II, IV, V	92,50	70,66
	III	92,50	70,66
773,99	I, II, IV, V	92,83	71,—
	III	92,83	71,—
776,99	I, II, IV, V	93,16	71,25
	III	93,16	71,25
779,99	I, II, IV, V	93,58	71,50
	III	93,58	71,50
782,99	I, II, IV, V	93,91	71,83
	III	93,91	71,83
785,99	I, II, IV, V	94,25	72,08
	III	94,25	72,08
788,99	I, II, IV, V	94,66	72,33
	III	94,66	72,33
791,99	I, II, IV, V	95,—	72,58
	III	95,—	72,58
794,99	I, II, IV, V	95,33	72,91
	III	95,33	72,91
797,99	I, II, IV, V	95,75	73,16
	III	95,75	73,16

Tabelle 2

Lohn/Gehalt bis €		Abzugsbetrag bei privat Kranken- und Pflegeversicherten*	
		BVSP**	TAGZ***
800,99	I, II, IV, V	96,08	73,41
	III	96,08	73,41
803,99	I, II, IV, V	96,41	73,75
	III	96,41	73,75
806,99	I, II, IV, V	96,83	74,—
	III	96,83	74,—
809,99	I, II, IV, V	97,16	74,25
	III	97,16	74,25
812,99	I, II, IV, V	97,50	74,58
	III	97,50	74,58
815,99	I, II, IV, V	97,91	74,83
	III	97,91	74,83
818,99	I, II, IV, V	98,25	75,08
	III	98,25	75,08
821,99	I, II, IV, V	98,58	75,41
	III	98,58	75,41
824,99	I, II, IV, V	98,91	75,66
	III	98,91	75,66
827,99	I, II, IV, V	99,33	75,91
	III	99,33	75,91
830,99	I, II, IV, V	99,66	76,16
	III	99,66	76,16
833,99	I, II, IV, V	100,—	76,50
	III	100,—	76,50
836,99	I, II, IV, V	100,41	76,75
	III	100,41	76,75
839,99	I, II, IV, V	100,75	77,—
	III	100,75	77,—
842,99	I, II, IV, V	101,08	77,33
	III	101,08	77,33
845,99	I, II, IV, V	101,50	77,58
	III	101,50	77,58
848,99	I, II, IV, V	101,83	77,83
	III	101,83	77,83
851,99	I, II, IV, V	102,16	78,16
	III	102,16	78,16
854,99	I, II, IV, V	102,58	78,41
	III	102,58	78,41
857,99	I, II, IV, V	102,91	78,66
	III	102,91	78,66
860,99	I, II, IV, V	103,25	78,91
	III	103,25	78,91
863,99	I, II, IV, V	103,66	79,25
	III	103,66	79,25
866,99	I, II, IV, V	104,—	79,50
	III	104,—	79,50
869,99	I, II, IV, V	104,33	79,75
	III	104,33	79,75
872,99	I, II, IV, V	104,75	80,08
	III	104,75	80,08
875,99	I, II, IV, V	105,08	80,33
	III	105,08	80,33
878,99	I, II, IV, V	105,41	80,58
	III	105,41	80,58
881,99	I, II, IV, V	105,83	80,91
	III	105,83	80,91
884,99	I, II, IV, V	106,16	81,16
	III	106,16	81,16
887,99	I, II, IV, V	106,50	81,41
	III	106,50	81,41
890,99	I, II, IV, V	106,91	81,66
	III	106,91	81,66
893,99	I, II, IV, V	107,25	82,—
	III	107,25	82,—
896,99	I, II, IV, V	107,58	82,25
	III	107,58	82,25
899,99	I, II, IV, V	107,91	82,50
	III	107,91	82,50
902,99	I, II, IV, V	108,33	82,83
	III	108,33	82,83
905,99	I, II, IV, V	108,66	83,08
	III	108,66	83,08
908,99	I, II, IV, V	109,—	83,33
	III	109,—	83,33
911,99	I, II, IV, V	109,41	83,66
	III	109,41	83,66

Tabelle 3

Lohn/Gehalt bis €		Abzugsbetrag bei privat Kranken- und Pflegeversicherten*	
		BVSP**	TAGZ***
914,99	I, II, IV, V	109,75	83,91
	III	109,75	83,91
917,99	I, II, IV, V	110,08	84,16
	III	110,08	84,16
920,99	I, II, IV, V	110,50	84,50
	III	110,50	84,50
923,99	I, II, IV, V	110,83	84,75
	III	110,83	84,75
926,99	I, II, IV, V	111,16	85,—
	III	111,16	85,—
929,99	I, II, IV, V	111,58	85,25
	III	111,58	85,25
932,99	I, II, IV, V	111,91	85,58
	III	111,91	85,58
935,99	I, II, IV, V	112,25	85,83
	III	112,25	85,83
938,99	I, II, IV, V	112,66	86,08
	III	112,66	86,08
941,99	I, II, IV, V	113,—	86,41
	III	113,—	86,41
944,99	I, II, IV, V	113,33	86,66
	III	113,33	86,66
947,99	I, II, IV, V	113,75	86,91
	III	113,75	86,91
950,99	I, II, IV, V	114,08	87,25
	III	114,08	87,25
953,99	I, II, IV, V	114,41	87,50
	III	114,41	87,50
956,99	I, II, IV, V	114,83	87,75
	III	114,83	87,75
959,99	I, II, IV, V	115,16	88,—
	III	115,16	88,—
962,99	I, II, IV, V	115,50	88,33
	III	115,50	88,33
965,99	I, II, IV, V	115,91	88,58
	III	115,91	88,58
968,99	I, II, IV, V	116,25	88,83
	III	116,25	88,83
971,99	I, II, IV, V	116,58	89,16
	III	116,58	89,16
974,99	I, II, IV, V	116,91	89,41
	III	116,91	89,41
977,99	I, II, IV, V	117,33	89,66
	III	117,33	89,66
980,99	I, II, IV, V	117,66	90,—
	III	117,66	90,—
983,99	I, II, IV, V	118,—	90,25
	III	118,—	90,25
986,99	I, II, IV, V	118,41	90,50
	III	118,41	90,50
989,99	I, II, IV, V	118,75	90,75
	III	118,75	90,75
992,99	I, II, IV, V	119,08	91,08
	III	119,08	91,08
995,99	I, II, IV, V	119,50	91,33
	III	119,50	91,33
998,99	I, II, IV, V	119,83	91,58
	III	119,83	91,58
1 001,99	I, II, IV, V	120,16	91,91
	III	120,16	91,91
1 004,99	I, II, IV, V	120,58	92,16
	III	120,58	92,16
1 007,99	I, II, IV, V	120,91	92,41
	III	120,91	92,41
1 010,99	I, II, IV, V	121,25	92,75
	III	121,25	92,75
1 013,99	I, II, IV, V	121,66	93,—
	III	121,66	93,—
1 016,99	I, II, IV, V	122,—	93,25
	III	122,—	93,25
1 019,99	I, II, IV, V	122,33	93,58
	III	122,33	93,58
1 022,99	I, II, IV, V	122,75	93,83
	III	122,75	93,83
1 025,99	I, II, IV, V	123,08	94,08
	III	123,08	94,08

* Zur Anwendung beachten Sie bitte die Erläuterungen auf den Seiten AP 1f.
** BVSP = Berücksichtigter Teil der Vorsorgepauschale für Kranken- und Pflegeversicherungsaufwendungen.
*** TAGZ = Typisierter Arbeitgeberzuschuss zur Kranken- und Pflegeversicherung.

MONAT 1 026,–

Lohn/Gehalt bis €	Steuerklasse	BVSP**	TAGZ***
1 028,99	I, II, IV, V	123,41	94,33
	III	123,41	94,33
1 031,99	I, II, IV, V	123,83	94,66
	III	123,83	94,66
1 034,99	I, II, IV, V	124,16	94,91
	III	124,16	94,91
1 037,99	I, II, IV, V	124,50	95,16
	III	124,50	95,16
1 040,99	I, II, IV, V	124,91	95,50
	III	124,91	95,50
1 043,99	I, II, IV, V	125,25	95,75
	III	125,25	95,75
1 046,99	I, II, IV, V	125,58	96,—
	III	125,58	96,—
1 049,99	I, II, IV, V	125,91	96,33
	III	125,91	96,33
1 052,99	I, II, IV, V	126,33	96,58
	III	126,33	96,58
1 055,99	I, II, IV, V	126,66	96,83
	III	126,66	96,83
1 058,99	I, II, IV, V	127,—	97,08
	III	127,—	97,08
1 061,99	I, II, IV, V	127,41	97,41
	III	127,41	97,41
1 064,99	I, II, IV, V	127,75	97,66
	III	127,75	97,66
1 067,99	I, II, IV, V	128,08	97,91
	III	128,08	97,91
1 070,99	I, II, IV, V	128,50	98,25
	III	128,50	98,25
1 073,99	I, II, IV, V	128,83	98,50
	III	128,83	98,50
1 076,99	I, II, IV, V	129,16	98,75
	III	129,16	98,75
1 079,99	I, II, IV, V	129,58	99,08
	III	129,58	99,08
1 082,99	I, II, IV, V	129,91	99,33
	III	129,91	99,33
1 085,99	I, II, IV, V	130,25	99,58
	III	130,25	99,58
1 088,99	I, II, IV, V	130,66	99,83
	III	130,66	99,83
1 091,99	I, II, IV, V	131,—	100,16
	III	131,—	100,16
1 094,99	I, II, IV, V	131,33	100,41
	III	131,33	100,41
1 097,99	I, II, IV, V	131,75	100,66
	III	131,75	100,66
1 100,99	I, II, IV, V	132,08	101,—
	III	132,08	101,—
1 103,99	I, II, IV, V	132,41	101,25
	III	132,41	101,25
1 106,99	I, II, IV, V	132,83	101,50
	III	132,83	101,50
1 109,99	I, II, IV, V	133,16	101,83
	III	133,16	101,83
1 112,99	I, II, IV, V	133,50	102,08
	III	133,50	102,08
1 115,99	I, II, IV, V	133,91	102,33
	III	133,91	102,33
1 118,99	I, II, IV, V	134,25	102,66
	III	134,25	102,66
1 121,99	I, II, IV, V	134,58	102,91
	III	134,58	102,91
1 124,99	I, II, IV, V	134,91	103,16
	III	134,91	103,16
1 127,99	I, II, IV, V	135,33	103,41
	III	135,33	103,41
1 130,99	I, II, IV, V	135,66	103,75
	III	135,66	103,75
1 133,99	I, II, IV, V	136,—	104,—
	III	136,—	104,—
1 136,99	I, II, IV, V	136,41	104,25
	III	136,41	104,25
1 139,99	I, II, IV, V	136,75	104,58
	III	136,75	104,58
1 142,99	I, II, IV, V	137,08	104,83
	III	137,08	104,83
1 145,99	I, II, IV, V	137,50	105,08
	III	137,50	105,08
1 148,99	I, II, IV, V	137,83	105,41
	III	137,83	105,41
1 151,99	I, II, IV, V	138,16	105,66
	III	138,16	105,66
1 154,99	I, II, IV, V	138,58	105,91
	III	138,58	105,91
1 157,99	I, II, IV, V	138,91	106,16
	III	138,91	106,16
1 160,99	I, II, IV, V	139,25	106,50
	III	139,25	106,50
1 163,99	I, II, IV, V	139,66	106,75
	III	139,66	106,75
1 166,99	I, II, IV, V	140,—	107,—
	III	140,—	107,—
1 169,99	I, II, IV, V	140,33	107,33
	III	140,33	107,33
1 172,99	I, II, IV, V	140,75	107,58
	III	140,75	107,58
1 175,99	I, II, IV, V	141,08	107,83
	III	141,08	107,83
1 178,99	I, II, IV, V	141,41	108,16
	III	141,41	108,16
1 181,99	I, II, IV, V	141,83	108,41
	III	141,83	108,41
1 184,99	I, II, IV, V	142,16	108,66
	III	142,16	108,66
1 187,99	I, II, IV, V	142,50	108,91
	III	142,50	108,91
1 190,99	I, II, IV, V	142,91	109,25
	III	142,91	109,25
1 193,99	I, II, IV, V	143,25	109,50
	III	143,25	109,50
1 196,99	I, II, IV, V	143,58	109,75
	III	143,58	109,75
1 199,99	I, II, IV, V	143,91	110,08
	III	143,91	110,08
1 202,99	I, II, IV, V	144,33	110,33
	III	144,33	110,33
1 205,99	I, II, IV, V	144,66	110,58
	III	144,66	110,58
1 208,99	I, II, IV, V	145,—	110,91
	III	145,—	110,91
1 211,99	I, II, IV, V	145,41	111,16
	III	145,41	111,16
1 214,99	I, II, IV, V	145,75	111,41
	III	145,75	111,41
1 217,99	I, II, IV, V	146,08	111,75
	III	146,08	111,75
1 220,99	I, II, IV, V	146,50	112,—
	III	146,50	112,—
1 223,99	I, II, IV, V	146,83	112,25
	III	146,83	112,25
1 226,99	I, II, IV, V	147,16	112,50
	III	147,16	112,50
1 229,99	I, II, IV, V	147,58	112,83
	III	147,58	112,83
1 232,99	I, II, IV, V	147,91	113,08
	III	147,91	113,08
1 235,99	I, II, IV, V	148,25	113,33
	III	148,25	113,33
1 238,99	I, II, IV, V	148,66	113,66
	III	148,66	113,66
1 241,99	I, II, IV, V	149,—	113,91
	III	149,—	113,91
1 244,99	I, II, IV, V	149,33	114,16
	III	149,33	114,16
1 247,99	I, II, IV, V	149,75	114,50
	III	149,75	114,50
1 250,99	I, II, IV, V	150,08	114,75
	III	150,08	114,75
1 253,99	I, II, IV, V	150,41	115,—
	III	150,41	115,—
1 256,99	I, II, IV, V	150,83	115,25
	III	150,83	115,25
1 259,99	I, II, IV, V	151,16	115,58
	III	151,16	115,58
1 262,99	I, II, IV, V	151,50	115,83
	III	151,50	115,83
1 265,99	I, II, IV, V	151,91	116,08
	III	151,91	116,08
1 268,99	I, II, IV, V	152,25	116,41
	III	152,25	116,41
1 271,99	I, II, IV, V	152,58	116,66
	III	152,58	116,66
1 274,99	I, II, IV, V	152,91	116,91
	III	152,91	116,91
1 277,99	I, II, IV, V	153,33	117,25
	III	153,33	117,25
1 280,99	I, II, IV, V	153,66	117,50
	III	153,66	117,50
1 283,99	I, II, IV, V	154,—	117,75
	III	154,—	117,75
1 286,99	I, II, IV, V	154,41	118,—
	III	154,41	118,—
1 289,99	I, II, IV, V	154,75	118,33
	III	154,75	118,33
1 292,99	I, II, IV, V	155,08	118,58
	III	155,08	118,58
1 295,99	I, II, IV, V	155,50	118,83
	III	155,50	118,83
1 298,99	I, II, IV, V	155,83	119,16
	III	155,83	119,16
1 301,99	I, II, IV, V	156,16	119,41
	III	156,16	119,41
1 304,99	I, II, IV, V	156,58	119,66
	III	156,58	119,66
1 307,99	I, II, IV, V	156,91	120,—
	III	156,91	120,—
1 310,99	I, II, IV, V	157,25	120,25
	III	157,25	120,25
1 313,99	I, II, IV, V	157,66	120,50
	III	157,66	120,50
1 316,99	I, II, IV, V	158,—	120,83
	III	158,—	120,83
1 319,99	I, II, IV, V	158,33	121,08
	III	158,33	121,08
1 322,99	I, II, IV, V	158,33	121,33
	III	158,75	121,33
1 325,99	I, II, IV, V	158,33	121,58
	III	159,08	121,58
1 328,99	I, II, IV, V	158,33	121,91
	III	159,41	121,91
1 331,99	I, II, IV, V	158,33	122,16
	III	159,83	122,16
1 334,99	I, II, IV, V	158,33	122,41
	III	160,16	122,41
1 337,99	I, II, IV, V	158,33	122,75
	III	160,50	122,75
1 340,99	I, II, IV, V	158,33	123,—
	III	160,91	123,—
1 343,99	I, II, IV, V	158,33	123,25
	III	161,25	123,25
1 346,99	I, II, IV, V	158,33	123,58
	III	161,58	123,58
1 349,99	I, II, IV, V	158,33	123,83
	III	161,91	123,83
1 352,99	I, II, IV, V	158,33	124,08
	III	162,33	124,08
1 355,99	I, II, IV, V	158,33	124,33
	III	162,66	124,33
1 358,99	I, II, IV, V	158,33	124,66
	III	163,—	124,66
1 361,99	I, II, IV, V	158,33	124,91
	III	163,41	124,91
1 364,99	I, II, IV, V	158,33	125,16
	III	163,75	125,16
1 367,99	I, II, IV, V	158,33	125,50
	III	164,08	125,50

* Zur Anwendung beachten Sie bitte die Erläuterungen auf den Seiten AP 1f.
** BVSP = Berücksichtigter Teil der Vorsorgepauschale für Kranken- und Pflegeversicherungsaufwendungen.
*** TAGZ = Typisierter Arbeitgeberzuschuss zur Kranken- und Pflegeversicherung.

1 709,99 MONAT

Lohn/Gehalt bis €	Steuerklasse	BVSP**	TAGZ***
1 370,99	I, II, IV, V	158,33	125,75
	III	164,50	125,75
1 373,99	I, II, IV, V	158,33	126,—
	III	164,83	126,—
1 376,99	I, II, IV, V	158,33	126,33
	III	165,16	126,33
1 379,99	I, II, IV, V	158,33	126,58
	III	165,58	126,58
1 382,99	I, II, IV, V	158,33	126,83
	III	165,91	126,83
1 385,99	I, II, IV, V	158,33	127,08
	III	166,25	127,08
1 388,99	I, II, IV, V	158,33	127,41
	III	166,66	127,41
1 391,99	I, II, IV, V	158,33	127,66
	III	167,—	127,66
1 394,99	I, II, IV, V	158,33	127,91
	III	167,33	127,91
1 397,99	I, II, IV, V	158,33	128,25
	III	167,75	128,25
1 400,99	I, II, IV, V	158,33	128,50
	III	168,08	128,50
1 403,99	I, II, IV, V	158,33	128,75
	III	168,41	128,75
1 406,99	I, II, IV, V	158,33	129,08
	III	168,83	129,08
1 409,99	I, II, IV, V	158,33	129,33
	III	169,16	129,33
1 412,99	I, II, IV, V	158,33	129,58
	III	169,50	129,58
1 415,99	I, II, IV, V	158,33	129,91
	III	169,91	129,91
1 418,99	I, II, IV, V	158,33	130,16
	III	170,25	130,16
1 421,99	I, II, IV, V	158,33	130,41
	III	170,58	130,41
1 424,99	I, II, IV, V	158,33	130,66
	III	170,91	130,66
1 427,99	I, II, IV, V	158,33	131,—
	III	171,33	131,—
1 430,99	I, II, IV, V	158,33	131,25
	III	171,66	131,25
1 433,99	I, II, IV, V	158,33	131,50
	III	172,—	131,50
1 436,99	I, II, IV, V	158,33	131,83
	III	172,41	131,83
1 439,99	I, II, IV, V	158,33	132,08
	III	172,75	132,08
1 442,99	I, II, IV, V	158,33	132,33
	III	173,08	132,33
1 445,99	I, II, IV, V	158,33	132,66
	III	173,50	132,66
1 448,99	I, II, IV, V	158,33	132,91
	III	173,83	132,91
1 451,99	I, II, IV, V	158,33	133,16
	III	174,16	133,16
1 454,99	I, II, IV, V	158,33	133,41
	III	174,58	133,41
1 457,99	I, II, IV, V	158,33	133,75
	III	174,91	133,75
1 460,99	I, II, IV, V	158,33	134,—
	III	175,25	134,—
1 463,99	I, II, IV, V	158,33	134,25
	III	175,66	134,25
1 466,99	I, II, IV, V	158,33	134,58
	III	176,—	134,58
1 469,99	I, II, IV, V	158,33	134,83
	III	176,33	134,83
1 472,99	I, II, IV, V	158,33	135,08
	III	176,75	135,08
1 475,99	I, II, IV, V	158,33	135,41
	III	177,08	135,41
1 478,99	I, II, IV, V	158,33	135,66
	III	177,41	135,66
1 481,99	I, II, IV, V	158,33	135,91
	III	177,83	135,91
1 484,99	I, II, IV, V	158,33	136,16
	III	178,16	136,16
1 487,99	I, II, IV, V	158,33	136,50
	III	178,50	136,50
1 490,99	I, II, IV, V	158,33	136,75
	III	178,91	136,75
1 493,99	I, II, IV, V	158,33	137,—
	III	179,25	137,—
1 496,99	I, II, IV, V	158,33	137,33
	III	179,58	137,33
1 499,99	I, II, IV, V	158,33	137,58
	III	179,91	137,58
1 502,99	I, II, IV, V	158,33	137,83
	III	180,33	137,83
1 505,99	I, II, IV, V	158,33	138,16
	III	180,66	138,16
1 508,99	I, II, IV, V	158,33	138,41
	III	181,—	138,41
1 511,99	I, II, IV, V	158,33	138,66
	III	181,41	138,66
1 514,99	I, II, IV, V	158,33	139,—
	III	181,75	139,—
1 517,99	I, II, IV, V	158,33	139,25
	III	182,08	139,25
1 520,99	I, II, IV, V	158,33	139,50
	III	182,50	139,50
1 523,99	I, II, IV, V	158,33	139,75
	III	182,83	139,75
1 526,99	I, II, IV, V	158,33	140,08
	III	183,16	140,08
1 529,99	I, II, IV, V	158,33	140,33
	III	183,58	140,33
1 532,99	I, II, IV, V	158,33	140,58
	III	183,91	140,58
1 535,99	I, II, IV, V	158,33	140,91
	III	184,25	140,91
1 538,99	I, II, IV, V	158,33	141,16
	III	184,66	141,16
1 541,99	I, II, IV, V	158,33	141,41
	III	185,—	141,41
1 544,99	I, II, IV, V	158,33	141,75
	III	185,33	141,75
1 547,99	I, II, IV, V	158,33	142,—
	III	185,75	142,—
1 550,99	I, II, IV, V	158,33	142,25
	III	186,08	142,25
1 553,99	I, II, IV, V	158,33	142,50
	III	186,41	142,50
1 556,99	I, II, IV, V	158,33	142,83
	III	186,83	142,83
1 559,99	I, II, IV, V	158,33	143,08
	III	187,16	143,08
1 562,99	I, II, IV, V	158,33	143,33
	III	187,50	143,33
1 565,99	I, II, IV, V	158,33	143,66
	III	187,91	143,66
1 568,99	I, II, IV, V	158,33	143,91
	III	188,25	143,91
1 571,99	I, II, IV, V	158,33	144,16
	III	188,58	144,16
1 574,99	I, II, IV, V	158,33	144,50
	III	188,91	144,50
1 577,99	I, II, IV, V	158,33	144,75
	III	189,33	144,75
1 580,99	I, II, IV, V	158,33	145,—
	III	189,66	145,—
1 583,99	I, II, IV, V	158,33	145,25
	III	190,—	145,25
1 586,99	I, II, IV, V	158,33	145,58
	III	190,41	145,58
1 589,99	I, II, IV, V	158,33	145,83
	III	190,75	145,83
1 592,99	I, II, IV, V	158,33	146,08
	III	191,08	146,08
1 595,99	I, II, IV, V	158,33	146,41
	III	191,50	146,41
1 598,99	I, II, IV, V	158,33	146,66
	III	191,83	146,66
1 601,99	I, II, IV, V	158,33	146,91
	III	192,16	146,91
1 604,99	I, II, IV, V	158,33	147,25
	III	192,58	147,25
1 607,99	I, II, IV, V	158,33	147,50
	III	192,91	147,50
1 610,99	I, II, IV, V	158,33	147,75
	III	193,25	147,75
1 613,99	I, II, IV, V	158,33	148,08
	III	193,66	148,08
1 616,99	I, II, IV, V	158,33	148,33
	III	194,—	148,33
1 619,99	I, II, IV, V	158,33	148,58
	III	194,33	148,58
1 622,99	I, II, IV, V	158,33	148,83
	III	194,75	148,83
1 625,99	I, II, IV, V	158,33	149,16
	III	195,08	149,16
1 628,99	I, II, IV, V	158,33	149,41
	III	195,41	149,41
1 631,99	I, II, IV, V	158,33	149,66
	III	195,83	149,66
1 634,99	I, II, IV, V	158,33	150,—
	III	196,16	150,—
1 637,99	I, II, IV, V	158,33	150,25
	III	196,50	150,25
1 640,99	I, II, IV, V	158,33	150,50
	III	196,91	150,50
1 643,99	I, II, IV, V	158,33	150,83
	III	197,25	150,83
1 646,99	I, II, IV, V	158,33	151,08
	III	197,58	151,08
1 649,99	I, II, IV, V	158,33	151,33
	III	197,91	151,33
1 652,99	I, II, IV, V	158,33	151,58
	III	198,33	151,58
1 655,99	I, II, IV, V	158,33	151,91
	III	198,66	151,91
1 658,99	I, II, IV, V	158,33	152,16
	III	199,—	152,16
1 661,99	I, II, IV, V	158,33	152,41
	III	199,41	152,41
1 664,99	I, II, IV, V	158,33	152,75
	III	199,75	152,75
1 667,99	I, II, IV, V	158,33	153,—
	III	200,08	153,—
1 670,99	I, II, IV, V	158,33	153,25
	III	200,50	153,25
1 673,99	I, II, IV, V	158,33	153,58
	III	200,83	153,58
1 676,99	I, II, IV, V	158,33	153,83
	III	201,16	153,83
1 679,99	I, II, IV, V	158,33	154,08
	III	201,58	154,08
1 682,99	I, II, IV, V	158,33	154,33
	III	201,91	154,33
1 685,99	I, II, IV, V	158,33	154,66
	III	202,25	154,66
1 688,99	I, II, IV, V	158,33	154,91
	III	202,66	154,91
1 691,99	I, II, IV, V	158,33	155,16
	III	203,—	155,16
1 694,99	I, II, IV, V	158,33	155,50
	III	203,33	155,50
1 697,99	I, II, IV, V	158,33	155,75
	III	203,75	155,75
1 700,99	I, II, IV, V	158,33	156,—
	III	204,08	156,—
1 703,99	I, II, IV, V	158,33	156,33
	III	204,41	156,33
1 706,99	I, II, IV, V	158,33	156,58
	III	204,83	156,58
1 709,99	I, II, IV, V	158,33	156,83
	III	205,16	156,83

* Zur Anwendung beachten Sie bitte die Erläuterungen auf den Seiten AP 1f.
** BVSP = Berücksichtigter Teil der Vorsorgepauschale für Kranken- und Pflegeversicherungsaufwendungen.
*** TAGZ = Typisierter Arbeitgeberzuschuss zur Kranken- und Pflegeversicherung.

AP 7

MONAT 1 710,–

Lohn/Gehalt bis €		BVSP**	TAGZ***
1 712,99	I, II, IV, V	158,33	157,16
	III	205,50	157,16
1 715,99	I, II, IV, V	158,33	157,41
	III	205,91	157,41
1 718,99	I, II, IV, V	158,33	157,66
	III	206,25	157,66
1 721,99	I, II, IV, V	158,33	157,91
	III	206,58	157,91
1 724,99	I, II, IV, V	158,33	158,25
	III	206,91	158,25
1 727,99	I, II, IV, V	158,50	158,50
	III	207,33	158,50
1 730,99	I, II, IV, V	158,75	158,75
	III	207,66	158,75
1 733,99	I, II, IV, V	159,08	159,08
	III	208,—	159,08
1 736,99	I, II, IV, V	159,33	159,33
	III	208,41	159,33
1 739,99	I, II, IV, V	159,58	159,58
	III	208,75	159,58
1 742,99	I, II, IV, V	159,91	159,91
	III	209,08	159,91
1 745,99	I, II, IV, V	160,16	160,16
	III	209,50	160,16
1 748,99	I, II, IV, V	160,41	160,41
	III	209,83	160,41
1 751,99	I, II, IV, V	160,66	160,66
	III	210,16	160,66
1 754,99	I, II, IV, V	161,—	161,—
	III	210,58	161,—
1 757,99	I, II, IV, V	161,25	161,25
	III	210,91	161,25
1 760,99	I, II, IV, V	161,50	161,50
	III	211,25	161,50
1 763,99	I, II, IV, V	161,83	161,83
	III	211,66	161,83
1 766,99	I, II, IV, V	162,08	162,08
	III	212,—	162,08
1 769,99	I, II, IV, V	162,33	162,33
	III	212,33	162,33
1 772,99	I, II, IV, V	162,66	162,66
	III	212,75	162,66
1 775,99	I, II, IV, V	162,91	162,91
	III	213,08	162,91
1 778,99	I, II, IV, V	163,16	163,16
	III	213,41	163,16
1 781,99	I, II, IV, V	163,41	163,41
	III	213,83	163,41
1 784,99	I, II, IV, V	163,75	163,75
	III	214,16	163,75
1 787,99	I, II, IV, V	164,—	164,—
	III	214,50	164,—
1 790,99	I, II, IV, V	164,25	164,25
	III	214,91	164,25
1 793,99	I, II, IV, V	164,58	164,58
	III	215,25	164,58
1 796,99	I, II, IV, V	164,83	164,83
	III	215,58	164,83
1 799,99	I, II, IV, V	165,08	165,08
	III	215,91	165,08
1 802,99	I, II, IV, V	165,41	165,41
	III	216,33	165,41
1 805,99	I, II, IV, V	165,66	165,66
	III	216,66	165,66
1 808,99	I, II, IV, V	165,91	165,91
	III	217,—	165,91
1 811,99	I, II, IV, V	166,25	166,25
	III	217,41	166,25
1 814,99	I, II, IV, V	166,50	166,50
	III	217,75	166,50
1 817,99	I, II, IV, V	166,75	166,75
	III	218,08	166,75
1 820,99	I, II, IV, V	167,—	167,—
	III	218,50	167,—
1 823,99	I, II, IV, V	167,33	167,33
	III	218,83	167,33
1 826,99	I, II, IV, V	167,58	167,58
	III	219,16	167,58
1 829,99	I, II, IV, V	167,83	167,83
	III	219,58	167,83
1 832,99	I, II, IV, V	168,16	168,16
	III	219,91	168,16
1 835,99	I, II, IV, V	168,41	168,41
	III	220,25	168,41
1 838,99	I, II, IV, V	168,66	168,66
	III	220,66	168,66
1 841,99	I, II, IV, V	169,—	169,—
	III	221,—	169,—
1 844,99	I, II, IV, V	169,25	169,25
	III	221,33	169,25
1 847,99	I, II, IV, V	169,50	169,50
	III	221,75	169,50
1 850,99	I, II, IV, V	169,75	169,75
	III	222,08	169,75
1 853,99	I, II, IV, V	170,08	170,08
	III	222,41	170,08
1 856,99	I, II, IV, V	170,33	170,33
	III	222,83	170,33
1 859,99	I, II, IV, V	170,58	170,58
	III	223,16	170,58
1 862,99	I, II, IV, V	170,91	170,91
	III	223,50	170,91
1 865,99	I, II, IV, V	171,16	171,16
	III	223,91	171,16
1 868,99	I, II, IV, V	171,41	171,41
	III	224,25	171,41
1 871,99	I, II, IV, V	171,75	171,75
	III	224,58	171,75
1 874,99	I, II, IV, V	172,—	172,—
	III	224,91	172,—
1 877,99	I, II, IV, V	172,25	172,25
	III	225,33	172,25
1 880,99	I, II, IV, V	172,50	172,50
	III	225,66	172,50
1 883,99	I, II, IV, V	172,83	172,83
	III	226,—	172,83
1 886,99	I, II, IV, V	173,08	173,08
	III	226,41	173,08
1 889,99	I, II, IV, V	173,33	173,33
	III	226,75	173,33
1 892,99	I, II, IV, V	173,66	173,66
	III	227,08	173,66
1 895,99	I, II, IV, V	173,91	173,91
	III	227,50	173,91
1 898,99	I, II, IV, V	174,16	174,16
	III	227,83	174,16
1 901,99	I, II, IV, V	174,50	174,50
	III	228,16	174,50
1 904,99	I, II, IV, V	174,75	174,75
	III	228,58	174,75
1 907,99	I, II, IV, V	175,—	175,—
	III	228,91	175,—
1 910,99	I, II, IV, V	175,33	175,33
	III	229,25	175,33
1 913,99	I, II, IV, V	175,58	175,58
	III	229,66	175,58
1 916,99	I, II, IV, V	175,83	175,83
	III	230,—	175,83
1 919,99	I, II, IV, V	176,08	176,08
	III	230,33	176,08
1 922,99	I, II, IV, V	176,41	176,41
	III	230,75	176,41
1 925,99	I, II, IV, V	176,66	176,66
	III	231,08	176,66
1 928,99	I, II, IV, V	176,91	176,91
	III	231,41	176,91
1 931,99	I, II, IV, V	177,25	177,25
	III	231,83	177,25
1 934,99	I, II, IV, V	177,50	177,50
	III	232,16	177,50
1 937,99	I, II, IV, V	177,75	177,75
	III	232,50	177,75
1 940,99	I, II, IV, V	178,08	178,08
	III	232,91	178,08
1 943,99	I, II, IV, V	178,33	178,33
	III	233,25	178,33
1 946,99	I, II, IV, V	178,58	178,58
	III	233,58	178,58
1 949,99	I, II, IV, V	178,83	178,83
	III	233,91	178,83
1 952,99	I, II, IV, V	179,16	179,16
	III	234,33	179,16
1 955,99	I, II, IV, V	179,41	179,41
	III	234,66	179,41
1 958,99	I, II, IV, V	179,66	179,66
	III	235,—	179,66
1 961,99	I, II, IV, V	180,—	180,—
	III	235,41	180,—
1 964,99	I, II, IV, V	180,25	180,25
	III	235,75	180,25
1 967,99	I, II, IV, V	180,50	180,50
	III	236,08	180,50
1 970,99	I, II, IV, V	180,83	180,83
	III	236,50	180,83
1 973,99	I, II, IV, V	181,08	181,08
	III	236,83	181,08
1 976,99	I, II, IV, V	181,33	181,33
	III	237,16	181,33
1 979,99	I, II, IV, V	181,58	181,58
	III	237,58	181,58
1 982,99	I, II, IV, V	181,91	181,91
	III	237,91	181,91
1 985,99	I, II, IV, V	182,16	182,16
	III	238,25	182,16
1 988,99	I, II, IV, V	182,41	182,41
	III	238,66	182,41
1 991,99	I, II, IV, V	182,75	182,75
	III	239,—	182,75
1 994,99	I, II, IV, V	183,—	183,—
	III	239,33	183,—
1 997,99	I, II, IV, V	183,25	183,25
	III	239,75	183,25
2 000,99	I, II, IV, V	183,58	183,58
	III	240,08	183,58
2 003,99	I, II, IV, V	183,83	183,83
	III	240,41	183,83
2 006,99	I, II, IV, V	184,08	184,08
	III	240,83	184,08
2 009,99	I, II, IV, V	184,41	184,41
	III	241,16	184,41
2 012,99	I, II, IV, V	184,66	184,66
	III	241,50	184,66
2 015,99	I, II, IV, V	184,91	184,91
	III	241,91	184,91
2 018,99	I, II, IV, V	185,16	185,16
	III	242,25	185,16
2 021,99	I, II, IV, V	185,50	185,50
	III	242,58	185,50
2 024,99	I, II, IV, V	185,75	185,75
	III	242,91	185,75
2 027,99	I, II, IV, V	186,—	186,—
	III	243,33	186,—
2 030,99	I, II, IV, V	186,33	186,33
	III	243,66	186,33
2 033,99	I, II, IV, V	186,58	186,58
	III	244,—	186,58
2 036,99	I, II, IV, V	186,83	186,83
	III	244,41	186,83
2 039,99	I, II, IV, V	187,16	187,16
	III	244,75	187,16
2 042,99	I, II, IV, V	187,41	187,41
	III	245,08	187,41
2 045,99	I, II, IV, V	187,66	187,66
	III	245,50	187,66
2 048,99	I, II, IV, V	187,91	187,91
	III	245,83	187,91
2 051,99	I, II, IV, V	188,25	188,25
	III	246,16	188,25

* Zur Anwendung beachten Sie bitte die Erläuterungen auf den Seiten AP 1f.
** BVSP = Berücksichtigter Teil der Vorsorgepauschale für Kranken- und Pflegeversicherungsaufwendungen.
*** TAGZ = Typisierter Arbeitgeberzuschuss zur Kranken- und Pflegeversicherung.

2 393,99 MONAT

Lohn/Gehalt bis €		BVSP**	TAGZ***
2 054,99	I, II, IV, V	188,50	188,50
	III	246,58	188,50
2 057,99	I, II, IV, V	188,75	188,75
	III	246,91	188,75
2 060,99	I, II, IV, V	189,08	189,08
	III	247,25	189,08
2 063,99	I, II, IV, V	189,33	189,33
	III	247,66	189,33
2 066,99	I, II, IV, V	189,58	189,58
	III	248,—	189,58
2 069,99	I, II, IV, V	189,91	189,91
	III	248,33	189,91
2 072,99	I, II, IV, V	190,16	190,16
	III	248,75	190,16
2 075,99	I, II, IV, V	190,41	190,41
	III	249,08	190,41
2 078,99	I, II, IV, V	190,66	190,66
	III	249,41	190,66
2 081,99	I, II, IV, V	191,—	191,—
	III	249,83	191,—
2 084,99	I, II, IV, V	191,25	191,25
	III	250,—	191,25
2 087,99	I, II, IV, V	191,50	191,50
	III	250,—	191,50
2 090,99	I, II, IV, V	191,83	191,83
	III	250,—	191,83
2 093,99	I, II, IV, V	192,08	192,08
	III	250,—	192,08
2 096,99	I, II, IV, V	192,33	192,33
	III	250,—	192,33
2 099,99	I, II, IV, V	192,66	192,66
	III	250,—	192,66
2 102,99	I, II, IV, V	192,91	192,91
	III	250,—	192,91
2 105,99	I, II, IV, V	193,16	193,16
	III	250,—	193,16
2 108,99	I, II, IV, V	193,50	193,50
	III	250,—	193,50
2 111,99	I, II, IV, V	193,75	193,75
	III	250,—	193,75
2 114,99	I, II, IV, V	194,—	194,—
	III	250,—	194,—
2 117,99	I, II, IV, V	194,25	194,25
	III	250,—	194,25
2 120,99	I, II, IV, V	194,58	194,58
	III	250,—	194,58
2 123,99	I, II, IV, V	194,83	194,83
	III	250,—	194,83
2 126,99	I, II, IV, V	195,08	195,08
	III	250,—	195,08
2 129,99	I, II, IV, V	195,41	195,41
	III	250,—	195,41
2 132,99	I, II, IV, V	195,66	195,66
	III	250,—	195,66
2 135,99	I, II, IV, V	195,91	195,91
	III	250,—	195,91
2 138,99	I, II, IV, V	196,25	196,25
	III	250,—	196,25
2 141,99	I, II, IV, V	196,50	196,50
	III	250,—	196,50
2 144,99	I, II, IV, V	196,75	196,75
	III	250,—	196,75
2 147,99	I, II, IV, V	197,—	197,—
	III	250,—	197,—
2 150,99	I, II, IV, V	197,33	197,33
	III	250,—	197,33
2 153,99	I, II, IV, V	197,58	197,58
	III	250,—	197,58
2 156,99	I, II, IV, V	197,83	197,83
	III	250,—	197,83
2 159,99	I, II, IV, V	198,16	198,16
	III	250,—	198,16
2 162,99	I, II, IV, V	198,41	198,41
	III	250,—	198,41
2 165,99	I, II, IV, V	198,66	198,66
	III	250,—	198,66

Lohn/Gehalt bis €		BVSP**	TAGZ***
2 168,99	I, II, IV, V	199,—	199,—
	III	250,—	199,—
2 171,99	I, II, IV, V	199,25	199,25
	III	250,—	199,25
2 174,99	I, II, IV, V	199,50	199,50
	III	250,—	199,50
2 177,99	I, II, IV, V	199,75	199,75
	III	250,—	199,75
2 180,99	I, II, IV, V	200,08	200,08
	III	250,—	200,08
2 183,99	I, II, IV, V	200,33	200,33
	III	250,—	200,33
2 186,99	I, II, IV, V	200,58	200,58
	III	250,—	200,58
2 189,99	I, II, IV, V	200,91	200,91
	III	250,—	200,91
2 192,99	I, II, IV, V	201,16	201,16
	III	250,—	201,16
2 195,99	I, II, IV, V	201,41	201,41
	III	250,—	201,41
2 198,99	I, II, IV, V	201,75	201,75
	III	250,—	201,75
2 201,99	I, II, IV, V	202,—	202,—
	III	250,—	202,—
2 204,99	I, II, IV, V	202,25	202,25
	III	250,—	202,25
2 207,99	I, II, IV, V	202,58	202,58
	III	250,—	202,58
2 210,99	I, II, IV, V	202,83	202,83
	III	250,—	202,83
2 213,99	I, II, IV, V	203,08	203,08
	III	250,—	203,08
2 216,99	I, II, IV, V	203,33	203,33
	III	250,—	203,33
2 219,99	I, II, IV, V	203,66	203,66
	III	250,—	203,66
2 222,99	I, II, IV, V	203,91	203,91
	III	250,—	203,91
2 225,99	I, II, IV, V	204,16	204,16
	III	250,—	204,16
2 228,99	I, II, IV, V	204,50	204,50
	III	250,—	204,50
2 231,99	I, II, IV, V	204,75	204,75
	III	250,—	204,75
2 234,99	I, II, IV, V	205,—	205,—
	III	250,—	205,—
2 237,99	I, II, IV, V	205,33	205,33
	III	250,—	205,33
2 240,99	I, II, IV, V	205,58	205,58
	III	250,—	205,58
2 243,99	I, II, IV, V	205,83	205,83
	III	250,—	205,83
2 246,99	I, II, IV, V	206,08	206,08
	III	250,—	206,08
2 249,99	I, II, IV, V	206,41	206,41
	III	250,—	206,41
2 252,99	I, II, IV, V	206,66	206,66
	III	250,—	206,66
2 255,99	I, II, IV, V	206,91	206,91
	III	250,—	206,91
2 258,99	I, II, IV, V	207,25	207,25
	III	250,—	207,25
2 261,99	I, II, IV, V	207,50	207,50
	III	250,—	207,50
2 264,99	I, II, IV, V	207,75	207,75
	III	250,—	207,75
2 267,99	I, II, IV, V	208,08	208,08
	III	250,—	208,08
2 270,99	I, II, IV, V	208,33	208,33
	III	250,—	208,33
2 273,99	I, II, IV, V	208,58	208,58
	III	250,—	208,58
2 276,99	I, II, IV, V	208,83	208,83
	III	250,—	208,83
2 279,99	I, II, IV, V	209,16	209,16
	III	250,—	209,16

Lohn/Gehalt bis €		BVSP**	TAGZ***
2 282,99	I, II, IV, V	209,41	209,41
	III	250,—	209,41
2 285,99	I, II, IV, V	209,66	209,66
	III	250,—	209,66
2 288,99	I, II, IV, V	210,—	210,—
	III	250,—	210,—
2 291,99	I, II, IV, V	210,25	210,25
	III	250,—	210,25
2 294,99	I, II, IV, V	210,50	210,50
	III	250,—	210,50
2 297,99	I, II, IV, V	210,83	210,83
	III	250,—	210,83
2 300,99	I, II, IV, V	211,08	211,08
	III	250,—	211,08
2 303,99	I, II, IV, V	211,33	211,33
	III	250,—	211,33
2 306,99	I, II, IV, V	211,66	211,66
	III	250,—	211,66
2 309,99	I, II, IV, V	211,91	211,91
	III	250,—	211,91
2 312,99	I, II, IV, V	212,16	212,16
	III	250,—	212,16
2 315,99	I, II, IV, V	212,41	212,41
	III	250,—	212,41
2 318,99	I, II, IV, V	212,75	212,75
	III	250,—	212,75
2 321,99	I, II, IV, V	213,—	213,—
	III	250,—	213,—
2 324,99	I, II, IV, V	213,25	213,25
	III	250,—	213,25
2 327,99	I, II, IV, V	213,58	213,58
	III	250,—	213,58
2 330,99	I, II, IV, V	213,83	213,83
	III	250,—	213,83
2 333,99	I, II, IV, V	214,08	214,08
	III	250,—	214,08
2 336,99	I, II, IV, V	214,41	214,41
	III	250,—	214,41
2 339,99	I, II, IV, V	214,66	214,66
	III	250,—	214,66
2 342,99	I, II, IV, V	214,91	214,91
	III	250,—	214,91
2 345,99	I, II, IV, V	215,16	215,16
	III	250,—	215,16
2 348,99	I, II, IV, V	215,50	215,50
	III	250,—	215,50
2 351,99	I, II, IV, V	215,75	215,75
	III	250,—	215,75
2 354,99	I, II, IV, V	216,—	216,—
	III	250,—	216,—
2 357,99	I, II, IV, V	216,33	216,33
	III	250,—	216,33
2 360,99	I, II, IV, V	216,58	216,58
	III	250,—	216,58
2 363,99	I, II, IV, V	216,83	216,83
	III	250,—	216,83
2 366,99	I, II, IV, V	217,16	217,16
	III	250,—	217,16
2 369,99	I, II, IV, V	217,41	217,41
	III	250,—	217,41
2 372,99	I, II, IV, V	217,66	217,66
	III	250,—	217,66
2 375,99	I, II, IV, V	217,91	217,91
	III	250,—	217,91
2 378,99	I, II, IV, V	218,25	218,25
	III	250,—	218,25
2 381,99	I, II, IV, V	218,50	218,50
	III	250,—	218,50
2 384,99	I, II, IV, V	218,75	218,75
	III	250,—	218,75
2 387,99	I, II, IV, V	219,08	219,08
	III	250,—	219,08
2 390,99	I, II, IV, V	219,33	219,33
	III	250,—	219,33
2 393,99	I, II, IV, V	219,58	219,58
	III	250,—	219,58

* Zur Anwendung beachten Sie bitte die Erläuterungen auf den Seiten AP 1f.
** BVSP = Berücksichtigter Teil der Vorsorgepauschale für Kranken- und Pflegeversicherungsaufwendungen.
*** TAGZ = Typisierter Arbeitgeberzuschuss zur Kranken- und Pflegeversicherung.

MONAT 2 394,–

Spalte 1

Lohn/Gehalt bis €	Klasse	BVSP**	TAGZ***
2 396,99	I, II, IV, V	219,91	219,91
	III	250,—	219,91
2 399,99	I, II, IV, V	220,16	220,16
	III	250,—	220,16
2 402,99	I, II, IV, V	220,41	220,41
	III	250,—	220,41
2 405,99	I, II, IV, V	220,75	220,75
	III	250,—	220,75
2 408,99	I, II, IV, V	221,—	221,—
	III	250,—	221,—
2 411,99	I, II, IV, V	221,25	221,25
	III	250,—	221,25
2 414,99	I, II, IV, V	221,50	221,50
	III	250,—	221,50
2 417,99	I, II, IV, V	221,83	221,83
	III	250,—	221,83
2 420,99	I, II, IV, V	222,08	222,08
	III	250,—	222,08
2 423,99	I, II, IV, V	222,33	222,33
	III	250,—	222,33
2 426,99	I, II, IV, V	222,66	222,66
	III	250,—	222,66
2 429,99	I, II, IV, V	222,91	222,91
	III	250,—	222,91
2 432,99	I, II, IV, V	223,16	223,16
	III	250,—	223,16
2 435,99	I, II, IV, V	223,50	223,50
	III	250,—	223,50
2 438,99	I, II, IV, V	223,75	223,75
	III	250,—	223,75
2 441,99	I, II, IV, V	224,—	224,—
	III	250,—	224,—
2 444,99	I, II, IV, V	224,25	224,25
	III	250,—	224,25
2 447,99	I, II, IV, V	224,58	224,58
	III	250,—	224,58
2 450,99	I, II, IV, V	224,83	224,83
	III	250,—	224,83
2 453,99	I, II, IV, V	225,08	225,08
	III	250,—	225,08
2 456,99	I, II, IV, V	225,41	225,41
	III	250,—	225,41
2 459,99	I, II, IV, V	225,66	225,66
	III	250,—	225,66
2 462,99	I, II, IV, V	225,91	225,91
	III	250,—	225,91
2 465,99	I, II, IV, V	226,25	226,25
	III	250,—	226,25
2 468,99	I, II, IV, V	226,50	226,50
	III	250,—	226,50
2 471,99	I, II, IV, V	226,75	226,75
	III	250,—	226,75
2 474,99	I, II, IV, V	227,—	227,—
	III	250,—	227,—
2 477,99	I, II, IV, V	227,33	227,33
	III	250,—	227,33
2 480,99	I, II, IV, V	227,58	227,58
	III	250,—	227,58
2 483,99	I, II, IV, V	227,83	227,83
	III	250,—	227,83
2 486,99	I, II, IV, V	228,16	228,16
	III	250,—	228,16
2 489,99	I, II, IV, V	228,41	228,41
	III	250,—	228,41
2 492,99	I, II, IV, V	228,66	228,66
	III	250,—	228,66
2 495,99	I, II, IV, V	229,—	229,—
	III	250,—	229,—
2 498,99	I, II, IV, V	229,25	229,25
	III	250,—	229,25
2 501,99	I, II, IV, V	229,50	229,50
	III	250,—	229,50
2 504,99	I, II, IV, V	229,83	229,83
	III	250,—	229,83
2 507,99	I, II, IV, V	230,08	230,08
	III	250,—	230,08

Spalte 2

Lohn/Gehalt bis €	Klasse	BVSP**	TAGZ***
2 510,99	I, II, IV, V	230,33	230,33
	III	250,—	230,33
2 513,99	I, II, IV, V	230,58	230,58
	III	250,—	230,58
2 516,99	I, II, IV, V	230,91	230,91
	III	250,—	230,91
2 519,99	I, II, IV, V	231,16	231,16
	III	250,—	231,16
2 522,99	I, II, IV, V	231,41	231,41
	III	250,—	231,41
2 525,99	I, II, IV, V	231,75	231,75
	III	250,—	231,75
2 528,99	I, II, IV, V	232,—	232,—
	III	250,—	232,—
2 531,99	I, II, IV, V	232,25	232,25
	III	250,—	232,25
2 534,99	I, II, IV, V	232,58	232,58
	III	250,—	232,58
2 537,99	I, II, IV, V	232,83	232,83
	III	250,—	232,83
2 540,99	I, II, IV, V	233,08	233,08
	III	250,—	233,08
2 543,99	I, II, IV, V	233,33	233,33
	III	250,—	233,33
2 546,99	I, II, IV, V	233,66	233,66
	III	250,—	233,66
2 549,99	I, II, IV, V	233,91	233,91
	III	250,—	233,91
2 552,99	I, II, IV, V	234,16	234,16
	III	250,—	234,16
2 555,99	I, II, IV, V	234,50	234,50
	III	250,—	234,50
2 558,99	I, II, IV, V	234,75	234,75
	III	250,—	234,75
2 561,99	I, II, IV, V	235,—	235,—
	III	250,—	235,—
2 564,99	I, II, IV, V	235,33	235,33
	III	250,—	235,33
2 567,99	I, II, IV, V	235,58	235,58
	III	250,—	235,58
2 570,99	I, II, IV, V	235,83	235,83
	III	250,—	235,83
2 573,99	I, II, IV, V	236,08	236,08
	III	250,—	236,08
2 576,99	I, II, IV, V	236,41	236,41
	III	250,—	236,41
2 579,99	I, II, IV, V	236,66	236,66
	III	250,—	236,66
2 582,99	I, II, IV, V	236,91	236,91
	III	250,—	236,91
2 585,99	I, II, IV, V	237,25	237,25
	III	250,—	237,25
2 588,99	I, II, IV, V	237,50	237,50
	III	250,—	237,50
2 591,99	I, II, IV, V	237,75	237,75
	III	250,—	237,75
2 594,99	I, II, IV, V	238,08	238,08
	III	250,—	238,08
2 597,99	I, II, IV, V	238,33	238,33
	III	250,—	238,33
2 600,99	I, II, IV, V	238,58	238,58
	III	250,—	238,58
2 603,99	I, II, IV, V	238,91	238,91
	III	250,—	238,91
2 606,99	I, II, IV, V	239,16	239,16
	III	250,—	239,16
2 609,99	I, II, IV, V	239,41	239,41
	III	250,—	239,41
2 612,99	I, II, IV, V	239,66	239,66
	III	250,—	239,66
2 615,99	I, II, IV, V	240,—	240,—
	III	250,—	240,—
2 618,99	I, II, IV, V	240,25	240,25
	III	250,—	240,25
2 621,99	I, II, IV, V	240,50	240,50
	III	250,—	240,50

Spalte 3

Lohn/Gehalt bis €	Klasse	BVSP**	TAGZ***
2 624,99	I, II, IV, V	240,83	240,83
	III	250,—	240,83
2 627,99	I, II, IV, V	241,08	241,08
	III	250,—	241,08
2 630,99	I, II, IV, V	241,33	241,33
	III	250,—	241,33
2 633,99	I, II, IV, V	241,66	241,66
	III	250,—	241,66
2 636,99	I, II, IV, V	241,91	241,91
	III	250,—	241,91
2 639,99	I, II, IV, V	242,16	242,16
	III	250,—	242,16
2 642,99	I, II, IV, V	242,41	242,41
	III	250,—	242,41
2 645,99	I, II, IV, V	242,75	242,75
	III	250,—	242,75
2 648,99	I, II, IV, V	243,—	243,—
	III	250,—	243,—
2 651,99	I, II, IV, V	243,25	243,25
	III	250,—	243,25
2 654,99	I, II, IV, V	243,58	243,58
	III	250,—	243,58
2 657,99	I, II, IV, V	243,83	243,83
	III	250,—	243,83
2 660,99	I, II, IV, V	244,08	244,08
	III	250,—	244,08
2 663,99	I, II, IV, V	244,41	244,41
	III	250,—	244,41
2 666,99	I, II, IV, V	244,66	244,66
	III	250,—	244,66
2 669,99	I, II, IV, V	244,91	244,91
	III	250,—	244,91
2 672,99	I, II, IV, V	245,16	245,16
	III	250,—	245,16
2 675,99	I, II, IV, V	245,50	245,50
	III	250,—	245,50
2 678,99	I, II, IV, V	245,75	245,75
	III	250,—	245,75
2 681,99	I, II, IV, V	246,—	246,—
	III	250,—	246,—
2 684,99	I, II, IV, V	246,33	246,33
	III	250,—	246,33
2 687,99	I, II, IV, V	246,58	246,58
	III	250,—	246,58
2 690,99	I, II, IV, V	246,83	246,83
	III	250,—	246,83
2 693,99	I, II, IV, V	247,16	247,16
	III	250,—	247,16
2 696,99	I, II, IV, V	247,41	247,41
	III	250,—	247,41
2 699,99	I, II, IV, V	247,66	247,66
	III	250,—	247,66
2 702,99	I, II, IV, V	248,—	248,—
	III	250,—	248,—
2 705,99	I, II, IV, V	248,25	248,25
	III	250,—	248,25
2 708,99	I, II, IV, V	248,50	248,50
	III	250,—	248,50
2 711,99	I, II, IV, V	248,75	248,75
	III	250,—	248,75
2 714,99	I, II, IV, V	249,08	249,08
	III	250,—	249,08
2 717,99	I, II, IV, V	249,33	249,33
	III	250,—	249,33
2 720,99	I, II, IV, V	249,58	249,58
	III	250,—	249,58
2 723,99	I, II, IV, V	249,91	249,91
	III	250,—	249,91
2 726,99	I, II, IV, V	250,16	250,16
	III	250,16	250,16
2 729,99	I, II, IV, V	250,41	250,41
	III	250,41	250,41
2 732,99	I, II, IV, V	250,75	250,75
	III	250,75	250,75
2 735,99	I, II, IV, V	251,—	251,—
	III	251,—	251,—

* Zur Anwendung beachten Sie bitte die Erläuterungen auf den Seiten AP 1f.
** BVSP = Berücksichtigter Teil der Vorsorgepauschale für Kranken- und Pflegeversicherungsaufwendungen.
*** TAGZ = Typisierter Arbeitgeberzuschuss zur Kranken- und Pflegeversicherung.

3 077,99 MONAT

Lohn/Gehalt bis €	Steuerklasse	BVSP**	TAGZ***
2 738,99	I, II, IV, V / III	251,25	251,25
2 741,99	I, II, IV, V / III	251,50	251,50
2 744,99	I, II, IV, V / III	251,83	251,83
2 747,99	I, II, IV, V / III	252,08	252,08
2 750,99	I, II, IV, V / III	252,33	252,33
2 753,99	I, II, IV, V / III	252,66	252,66
2 756,99	I, II, IV, V / III	252,91	252,91
2 759,99	I, II, IV, V / III	253,16	253,16
2 762,99	I, II, IV, V / III	253,50	253,50
2 765,99	I, II, IV, V / III	253,75	253,75
2 768,99	I, II, IV, V / III	254,—	254,—
2 771,99	I, II, IV, V / III	254,25	254,25
2 774,99	I, II, IV, V / III	254,58	254,58
2 777,99	I, II, IV, V / III	254,83	254,83
2 780,99	I, II, IV, V / III	255,08	255,08
2 783,99	I, II, IV, V / III	255,41	255,41
2 786,99	I, II, IV, V / III	255,66	255,66
2 789,99	I, II, IV, V / III	255,91	255,91
2 792,99	I, II, IV, V / III	256,25	256,25
2 795,99	I, II, IV, V / III	256,50	256,50
2 798,99	I, II, IV, V / III	256,75	256,75
2 801,99	I, II, IV, V / III	257,08	257,08
2 804,99	I, II, IV, V / III	257,33	257,33
2 807,99	I, II, IV, V / III	257,58	257,58
2 810,99	I, II, IV, V / III	257,83	257,83
2 813,99	I, II, IV, V / III	258,16	258,16
2 816,99	I, II, IV, V / III	258,41	258,41
2 819,99	I, II, IV, V / III	258,66	258,66
2 822,99	I, II, IV, V / III	259,—	259,—
2 825,99	I, II, IV, V / III	259,25	259,25
2 828,99	I, II, IV, V / III	259,50	259,50
2 831,99	I, II, IV, V / III	259,83	259,83
2 834,99	I, II, IV, V / III	260,08	260,08
2 837,99	I, II, IV, V / III	260,33	260,33
2 840,99	I, II, IV, V / III	260,58	260,58
2 843,99	I, II, IV, V / III	260,91	260,91
2 846,99	I, II, IV, V / III	261,16	261,16
2 849,99	I, II, IV, V / III	261,41	261,41
2 852,99	I, II, IV, V / III	261,75	261,75
2 855,99	I, II, IV, V / III	262,—	262,—
2 858,99	I, II, IV, V / III	262,25	262,25
2 861,99	I, II, IV, V / III	262,58	262,58
2 864,99	I, II, IV, V / III	262,83	262,83
2 867,99	I, II, IV, V / III	263,08	263,08
2 870,99	I, II, IV, V / III	263,33	263,33
2 873,99	I, II, IV, V / III	263,66	263,66
2 876,99	I, II, IV, V / III	263,91	263,91
2 879,99	I, II, IV, V / III	264,16	264,16
2 882,99	I, II, IV, V / III	264,50	264,50
2 885,99	I, II, IV, V / III	264,75	264,75
2 888,99	I, II, IV, V / III	265,—	265,—
2 891,99	I, II, IV, V / III	265,33	265,33
2 894,99	I, II, IV, V / III	265,58	265,58
2 897,99	I, II, IV, V / III	265,83	265,83
2 900,99	I, II, IV, V / III	266,16	266,16
2 903,99	I, II, IV, V / III	266,41	266,41
2 906,99	I, II, IV, V / III	266,66	266,66
2 909,99	I, II, IV, V / III	266,91	266,91
2 912,99	I, II, IV, V / III	267,25	267,25
2 915,99	I, II, IV, V / III	267,50	267,50
2 918,99	I, II, IV, V / III	267,75	267,75
2 921,99	I, II, IV, V / III	268,08	268,08
2 924,99	I, II, IV, V / III	268,33	268,33
2 927,99	I, II, IV, V / III	268,58	268,58
2 930,99	I, II, IV, V / III	268,91	268,91
2 933,99	I, II, IV, V / III	269,16	269,16
2 936,99	I, II, IV, V / III	269,41	269,41
2 939,99	I, II, IV, V / III	269,66	269,66
2 942,99	I, II, IV, V / III	270,—	270,—
2 945,99	I, II, IV, V / III	270,25	270,25
2 948,99	I, II, IV, V / III	270,50	270,50
2 951,99	I, II, IV, V / III	270,83	270,83
2 954,99	I, II, IV, V / III	271,08	271,08
2 957,99	I, II, IV, V / III	271,33	271,33
2 960,99	I, II, IV, V / III	271,66	271,66
2 963,99	I, II, IV, V / III	271,91	271,91
2 966,99	I, II, IV, V / III	272,16	272,16
2 969,99	I, II, IV, V / III	272,41	272,41
2 972,99	I, II, IV, V / III	272,75	272,75
2 975,99	I, II, IV, V / III	273,—	273,—
2 978,99	I, II, IV, V / III	273,25	273,25
2 981,99	I, II, IV, V / III	273,58	273,58
2 984,99	I, II, IV, V / III	273,83	273,83
2 987,99	I, II, IV, V / III	274,08	274,08
2 990,99	I, II, IV, V / III	274,41	274,41
2 993,99	I, II, IV, V / III	274,66	274,66
2 996,99	I, II, IV, V / III	274,91	274,91
2 999,99	I, II, IV, V / III	275,16	275,16
3 002,99	I, II, IV, V / III	275,50	275,50
3 005,99	I, II, IV, V / III	275,75	275,75
3 008,99	I, II, IV, V / III	276,—	276,—
3 011,99	I, II, IV, V / III	276,33	276,33
3 014,99	I, II, IV, V / III	276,58	276,58
3 017,99	I, II, IV, V / III	276,83	276,83
3 020,99	I, II, IV, V / III	277,16	277,16
3 023,99	I, II, IV, V / III	277,41	277,41
3 026,99	I, II, IV, V / III	277,66	277,66
3 029,99	I, II, IV, V / III	278,—	278,—
3 032,99	I, II, IV, V / III	278,25	278,25
3 035,99	I, II, IV, V / III	278,50	278,50
3 038,99	I, II, IV, V / III	278,75	278,75
3 041,99	I, II, IV, V / III	279,08	279,08
3 044,99	I, II, IV, V / III	279,33	279,33
3 047,99	I, II, IV, V / III	279,58	279,58
3 050,99	I, II, IV, V / III	279,91	279,91
3 053,99	I, II, IV, V / III	280,16	280,16
3 056,99	I, II, IV, V / III	280,41	280,41
3 059,99	I, II, IV, V / III	280,75	280,75
3 062,99	I, II, IV, V / III	281,—	281,—
3 065,99	I, II, IV, V / III	281,25	281,25
3 068,99	I, II, IV, V / III	281,50	281,50
3 071,99	I, II, IV, V / III	281,83	281,83
3 074,99	I, II, IV, V / III	282,08	282,08
3 077,99	I, II, IV, V / III	282,33	282,33

Abzugsbetrag bei privat Kranken- und Pflegeversicherten

* Zur Anwendung beachten Sie bitte die Erläuterungen auf den Seiten AP 1f.
** BVSP = Berücksichtigter Teil der Vorsorgepauschale für Kranken- und Pflegeversicherungsaufwendungen.
*** TAGZ = Typisierter Arbeitgeberzuschuss zur Kranken- und Pflegeversicherung.

MONAT 3 078,–

Lohn/Gehalt bis €	Klasse	BVSP**	TAGZ***
3 080,99	I, II, IV, V / III	282,66	282,66
3 083,99	I, II, IV, V / III	282,91	282,91
3 086,99	I, II, IV, V / III	283,16	283,16
3 089,99	I, II, IV, V / III	283,50	283,50
3 092,99	I, II, IV, V / III	283,75	283,75
3 095,99	I, II, IV, V / III	284,—	284,—
3 098,99	I, II, IV, V / III	284,25	284,25
3 101,99	I, II, IV, V / III	284,58	284,58
3 104,99	I, II, IV, V / III	284,83	284,83
3 107,99	I, II, IV, V / III	285,08	285,08
3 110,99	I, II, IV, V / III	285,41	285,41
3 113,99	I, II, IV, V / III	285,66	285,66
3 116,99	I, II, IV, V / III	285,91	285,91
3 119,99	I, II, IV, V / III	286,25	286,25
3 122,99	I, II, IV, V / III	286,50	286,50
3 125,99	I, II, IV, V / III	286,75	286,75
3 128,99	I, II, IV, V / III	287,08	287,08
3 131,99	I, II, IV, V / III	287,33	287,33
3 134,99	I, II, IV, V / III	287,58	287,58
3 137,99	I, II, IV, V / III	287,83	287,83
3 140,99	I, II, IV, V / III	288,16	288,16
3 143,99	I, II, IV, V / III	288,41	288,41
3 146,99	I, II, IV, V / III	288,66	288,66
3 149,99	I, II, IV, V / III	289,—	289,—
3 152,99	I, II, IV, V / III	289,25	289,25
3 155,99	I, II, IV, V / III	289,50	289,50
3 158,99	I, II, IV, V / III	289,83	289,83
3 161,99	I, II, IV, V / III	290,08	290,08
3 164,99	I, II, IV, V / III	290,33	290,33
3 167,99	I, II, IV, V / III	290,58	290,58
3 170,99	I, II, IV, V / III	290,91	290,91
3 173,99	I, II, IV, V / III	291,16	291,16
3 176,99	I, II, IV, V / III	291,41	291,41
3 179,99	I, II, IV, V / III	291,75	291,75
3 182,99	I, II, IV, V / III	292,—	292,—
3 185,99	I, II, IV, V / III	292,25	292,25
3 188,99	I, II, IV, V / III	292,58	292,58
3 191,99	I, II, IV, V / III	292,83	292,83
3 194,99	I, II, IV, V / III	293,08	293,08
3 197,99	I, II, IV, V / III	293,33	293,33
3 200,99	I, II, IV, V / III	293,66	293,66
3 203,99	I, II, IV, V / III	293,91	293,91
3 206,99	I, II, IV, V / III	294,16	294,16
3 209,99	I, II, IV, V / III	294,50	294,50
3 212,99	I, II, IV, V / III	294,75	294,75
3 215,99	I, II, IV, V / III	295,—	295,—
3 218,99	I, II, IV, V / III	295,33	295,33
3 221,99	I, II, IV, V / III	295,58	295,58
3 224,99	I, II, IV, V / III	295,83	295,83
3 227,99	I, II, IV, V / III	296,16	296,16
3 230,99	I, II, IV, V / III	296,41	296,41
3 233,99	I, II, IV, V / III	296,66	296,66
3 236,99	I, II, IV, V / III	296,91	296,91
3 239,99	I, II, IV, V / III	297,25	297,25
3 242,99	I, II, IV, V / III	297,50	297,50
3 245,99	I, II, IV, V / III	297,75	297,75
3 248,99	I, II, IV, V / III	298,08	298,08
3 251,99	I, II, IV, V / III	298,33	298,33
3 254,99	I, II, IV, V / III	298,58	298,58
3 257,99	I, II, IV, V / III	298,91	298,91
3 260,99	I, II, IV, V / III	299,16	299,16
3 263,99	I, II, IV, V / III	299,41	299,41
3 266,99	I, II, IV, V / III	299,66	299,66
3 269,99	I, II, IV, V / III	300,—	300,—
3 272,99	I, II, IV, V / III	300,25	300,25
3 275,99	I, II, IV, V / III	300,50	300,50
3 278,99	I, II, IV, V / III	300,83	300,83
3 281,99	I, II, IV, V / III	301,08	301,08
3 284,99	I, II, IV, V / III	301,33	301,33
3 287,99	I, II, IV, V / III	301,66	301,66
3 290,99	I, II, IV, V / III	301,91	301,91
3 293,99	I, II, IV, V / III	302,16	302,16
3 296,99	I, II, IV, V / III	302,41	302,41
3 299,99	I, II, IV, V / III	302,75	302,75
3 302,99	I, II, IV, V / III	303,—	303,—
3 305,99	I, II, IV, V / III	303,25	303,25
3 308,99	I, II, IV, V / III	303,58	303,58
3 311,99	I, II, IV, V / III	303,83	303,83
3 314,99	I, II, IV, V / III	304,08	304,08
3 317,99	I, II, IV, V / III	304,41	304,41
3 320,99	I, II, IV, V / III	304,66	304,66
3 323,99	I, II, IV, V / III	304,91	304,91
3 326,99	I, II, IV, V / III	305,25	305,25
3 329,99	I, II, IV, V / III	305,50	305,50
3 332,99	I, II, IV, V / III	305,75	305,75
3 335,99	I, II, IV, V / III	306,—	306,—
3 338,99	I, II, IV, V / III	306,33	306,33
3 341,99	I, II, IV, V / III	306,58	306,58
3 344,99	I, II, IV, V / III	306,83	306,83
3 347,99	I, II, IV, V / III	307,16	307,16
3 350,99	I, II, IV, V / III	307,41	307,41
3 353,99	I, II, IV, V / III	307,66	307,66
3 356,99	I, II, IV, V / III	308,—	308,—
3 359,99	I, II, IV, V / III	308,25	308,25
3 362,99	I, II, IV, V / III	308,50	308,50
3 365,99	I, II, IV, V / III	308,75	308,75
3 368,99	I, II, IV, V / III	309,08	309,08
3 371,99	I, II, IV, V / III	309,33	309,33
3 374,99	I, II, IV, V / III	309,58	309,58
3 377,99	I, II, IV, V / III	309,91	309,91
3 380,99	I, II, IV, V / III	310,16	310,16
3 383,99	I, II, IV, V / III	310,41	310,41
3 386,99	I, II, IV, V / III	310,75	310,75
3 389,99	I, II, IV, V / III	311,—	311,—
3 392,99	I, II, IV, V / III	311,25	311,25
3 395,99	I, II, IV, V / III	311,50	311,50
3 398,99	I, II, IV, V / III	311,83	311,83
3 401,99	I, II, IV, V / III	312,08	312,08
3 404,99	I, II, IV, V / III	312,33	312,33
3 407,99	I, II, IV, V / III	312,66	312,66
3 410,99	I, II, IV, V / III	312,91	312,91
3 413,99	I, II, IV, V / III	313,16	313,16
3 416,99	I, II, IV, V / III	313,50	313,50
3 419,99	I, II, IV, V / III	313,75	313,75

* Zur Anwendung beachten Sie bitte die Erläuterungen auf den Seiten AP 1f.
** BVSP = Berücksichtigter Teil der Vorsorgepauschale für Kranken- und Pflegeversicherungsaufwendungen.
*** TAGZ = Typisierter Arbeitgeberzuschuss zur Kranken- und Pflegeversicherung.

3 761,99 MONAT

Lohn/Gehalt bis €		BVSP**	TAGZ***
3 422,99	I, II, IV, V	314,—	314,—
	III	314,—	314,—
3 425,99	I, II, IV, V	314,33	314,33
	III	314,33	314,33
3 428,99	I, II, IV, V	314,58	314,58
	III	314,58	314,58
3 431,99	I, II, IV, V	314,83	314,83
	III	314,83	314,83
3 434,99	I, II, IV, V	315,08	315,08
	III	315,08	315,08
3 437,99	I, II, IV, V	315,41	315,41
	III	315,41	315,41
3 440,99	I, II, IV, V	315,66	315,66
	III	315,66	315,66
3 443,99	I, II, IV, V	315,91	315,91
	III	315,91	315,91
3 446,99	I, II, IV, V	316,25	316,25
	III	316,25	316,25
3 449,99	I, II, IV, V	316,50	316,50
	III	316,50	316,50
3 452,99	I, II, IV, V	316,75	316,75
	III	316,75	316,75
3 455,99	I, II, IV, V	317,08	317,08
	III	317,08	317,08
3 458,99	I, II, IV, V	317,33	317,33
	III	317,33	317,33
3 461,99	I, II, IV, V	317,58	317,58
	III	317,58	317,58
3 464,99	I, II, IV, V	317,83	317,83
	III	317,83	317,83
3 467,99	I, II, IV, V	318,16	318,16
	III	318,16	318,16
3 470,99	I, II, IV, V	318,41	318,41
	III	318,41	318,41
3 473,99	I, II, IV, V	318,66	318,66
	III	318,66	318,66
3 476,99	I, II, IV, V	319,—	319,—
	III	319,—	319,—
3 479,99	I, II, IV, V	319,25	319,25
	III	319,25	319,25
3 482,99	I, II, IV, V	319,50	319,50
	III	319,50	319,50
3 485,99	I, II, IV, V	319,83	319,83
	III	319,83	319,83
3 488,99	I, II, IV, V	320,08	320,08
	III	320,08	320,08
3 491,99	I, II, IV, V	320,33	320,33
	III	320,33	320,33
3 494,99	I, II, IV, V	320,58	320,58
	III	320,58	320,58
3 497,99	I, II, IV, V	320,91	320,91
	III	320,91	320,91
3 500,99	I, II, IV, V	321,16	321,16
	III	321,16	321,16
3 503,99	I, II, IV, V	321,41	321,41
	III	321,41	321,41
3 506,99	I, II, IV, V	321,75	321,75
	III	321,75	321,75
3 509,99	I, II, IV, V	322,—	322,—
	III	322,—	322,—
3 512,99	I, II, IV, V	322,25	322,25
	III	322,25	322,25
3 515,99	I, II, IV, V	322,58	322,58
	III	322,58	322,58
3 518,99	I, II, IV, V	322,83	322,83
	III	322,83	322,83
3 521,99	I, II, IV, V	323,08	323,08
	III	323,08	323,08
3 524,99	I, II, IV, V	323,41	323,41
	III	323,41	323,41
3 527,99	I, II, IV, V	323,66	323,66
	III	323,66	323,66
3 530,99	I, II, IV, V	323,91	323,91
	III	323,91	323,91
3 533,99	I, II, IV, V	324,16	324,16
	III	324,16	324,16
3 536,99	I, II, IV, V	324,50	324,50
	III	324,50	324,50
3 539,99	I, II, IV, V	324,75	324,75
	III	324,75	324,75
3 542,99	I, II, IV, V	325,—	325,—
	III	325,—	325,—
3 545,99	I, II, IV, V	325,33	325,33
	III	325,33	325,33
3 548,99	I, II, IV, V	325,58	325,58
	III	325,58	325,58
3 551,99	I, II, IV, V	325,83	325,83
	III	325,83	325,83
3 554,99	I, II, IV, V	326,16	326,16
	III	326,16	326,16
3 557,99	I, II, IV, V	326,41	326,41
	III	326,41	326,41
3 560,99	I, II, IV, V	326,66	326,66
	III	326,66	326,66
3 563,99	I, II, IV, V	326,91	326,91
	III	326,91	326,91
3 566,99	I, II, IV, V	327,25	327,25
	III	327,25	327,25
3 569,99	I, II, IV, V	327,50	327,50
	III	327,50	327,50
3 572,99	I, II, IV, V	327,75	327,75
	III	327,75	327,75
3 575,99	I, II, IV, V	328,08	328,08
	III	328,08	328,08
3 578,99	I, II, IV, V	328,33	328,33
	III	328,33	328,33
3 581,99	I, II, IV, V	328,58	328,58
	III	328,58	328,58
3 584,99	I, II, IV, V	328,91	328,91
	III	328,91	328,91
3 587,99	I, II, IV, V	329,16	329,16
	III	329,16	329,16
3 590,99	I, II, IV, V	329,41	329,41
	III	329,41	329,41
3 593,99	I, II, IV, V	329,66	329,66
	III	329,66	329,66
3 596,99	I, II, IV, V	330,—	330,—
	III	330,—	330,—
3 599,99	I, II, IV, V	330,25	330,25
	III	330,25	330,25
3 602,99	I, II, IV, V	330,50	330,50
	III	330,50	330,50
3 605,99	I, II, IV, V	330,83	330,83
	III	330,83	330,83
3 608,99	I, II, IV, V	331,08	331,08
	III	331,08	331,08
3 611,99	I, II, IV, V	331,33	331,33
	III	331,33	331,33
3 614,99	I, II, IV, V	331,66	331,66
	III	331,66	331,66
3 617,99	I, II, IV, V	331,91	331,91
	III	331,91	331,91
3 620,99	I, II, IV, V	332,16	332,16
	III	332,16	332,16
3 623,99	I, II, IV, V	332,50	332,50
	III	332,50	332,50
3 626,99	I, II, IV, V	332,75	332,75
	III	332,75	332,75
3 629,99	I, II, IV, V	333,—	333,—
	III	333,—	333,—
3 632,99	I, II, IV, V	333,25	333,25
	III	333,25	333,25
3 635,99	I, II, IV, V	333,58	333,58
	III	333,58	333,58
3 638,99	I, II, IV, V	333,83	333,83
	III	333,83	333,83
3 641,99	I, II, IV, V	334,08	334,08
	III	334,08	334,08
3 644,99	I, II, IV, V	334,41	334,41
	III	334,41	334,41
3 647,99	I, II, IV, V	334,66	334,66
	III	334,66	334,66
3 650,99	I, II, IV, V	334,91	334,91
	III	334,91	334,91
3 653,99	I, II, IV, V	335,25	335,25
	III	335,25	335,25
3 656,99	I, II, IV, V	335,50	335,50
	III	335,50	335,50
3 659,99	I, II, IV, V	335,75	335,75
	III	335,75	335,75
3 662,99	I, II, IV, V	336,—	336,—
	III	336,—	336,—
3 665,99	I, II, IV, V	336,33	336,33
	III	336,33	336,33
3 668,99	I, II, IV, V	336,58	336,58
	III	336,58	336,58
3 671,99	I, II, IV, V	336,83	336,83
	III	336,83	336,83
3 674,99	I, II, IV, V	337,16	337,16
	III	337,16	337,16
3 677,99	I, II, IV, V	337,41	337,41
	III	337,41	337,41
3 680,99	I, II, IV, V	337,66	337,66
	III	337,66	337,66
3 683,99	I, II, IV, V	338,—	338,—
	III	338,—	338,—
3 686,99	I, II, IV, V	338,25	338,25
	III	338,25	338,25
3 689,99	I, II, IV, V	338,50	338,50
	III	338,50	338,50
3 692,99	I, II, IV, V	338,75	338,75
	III	338,75	338,75
3 695,99	I, II, IV, V	339,08	339,08
	III	339,08	339,08
3 698,99	I, II, IV, V	339,33	339,33
	III	339,33	339,33
3 701,99	I, II, IV, V	339,58	339,58
	III	339,58	339,58
3 704,99	I, II, IV, V	339,91	339,91
	III	339,91	339,91
3 707,99	I, II, IV, V	340,16	340,16
	III	340,16	340,16
3 710,99	I, II, IV, V	340,41	340,41
	III	340,41	340,41
3 713,99	I, II, IV, V	340,75	340,75
	III	340,75	340,75
3 716,99	I, II, IV, V	341,—	341,—
	III	341,—	341,—
3 719,99	I, II, IV, V	341,25	341,25
	III	341,25	341,25
3 722,99	I, II, IV, V	341,58	341,58
	III	341,58	341,58
3 725,99	I, II, IV, V	341,83	341,83
	III	341,83	341,83
3 728,99	I, II, IV, V	342,08	342,08
	III	342,08	342,08
3 731,99	I, II, IV, V	342,33	342,33
	III	342,33	342,33
3 734,99	I, II, IV, V	342,66	342,66
	III	342,66	342,66
3 737,99	I, II, IV, V	342,91	342,91
	III	342,91	342,91
3 740,99	I, II, IV, V	343,16	343,16
	III	343,16	343,16
3 743,99	I, II, IV, V	343,50	343,50
	III	343,50	343,50
3 746,99	I, II, IV, V	343,75	343,75
	III	343,75	343,75
3 749,99	I, II, IV, V	344,—	344,—
	III	344,—	344,—
3 752,99	I, II, IV, V	344,33	344,33
	III	344,33	344,33
3 755,99	I, II, IV, V	344,58	344,58
	III	344,58	344,58
3 758,99	I, II, IV, V	344,83	344,83
	III	344,83	344,83
3 761,99	I, II, IV, V	345,08	345,08
	III	345,08	345,08

* Zur Anwendung beachten Sie bitte die Erläuterungen auf den Seiten AP 1f.
** BVSP = Berücksichtigter Teil der Vorsorgepauschale für Kranken- und Pflegeversicherungsaufwendungen.
*** TAGZ = Typisierter Arbeitgeberzuschuss zur Kranken- und Pflegeversicherung.

MONAT 3 762,–

Lohn/Gehalt bis €	Steuerklasse	BVSP**	TAGZ***
3 764,99	I, II, IV, V	345,41	345,41
	III	345,41	345,41
3 767,99	I, II, IV, V	345,66	345,66
	III	345,66	345,66
3 770,99	I, II, IV, V	345,91	345,91
	III	345,91	345,91
3 773,99	I, II, IV, V	346,25	346,25
	III	346,25	346,25
3 776,99	I, II, IV, V	346,50	346,50
	III	346,50	346,50
3 779,99	I, II, IV, V	346,75	346,75
	III	346,75	346,75
3 782,99	I, II, IV, V	347,08	347,08
	III	347,08	347,08
3 785,99	I, II, IV, V	347,33	347,33
	III	347,33	347,33
3 788,99	I, II, IV, V	347,58	347,58
	III	347,58	347,58
3 791,99	I, II, IV, V	347,83	347,83
	III	347,83	347,83
3 794,99	I, II, IV, V	348,16	348,16
	III	348,16	348,16
3 797,99	I, II, IV, V	348,41	348,41
	III	348,41	348,41
3 800,99	I, II, IV, V	348,66	348,66
	III	348,66	348,66
3 803,99	I, II, IV, V	349,—	349,—
	III	349,—	349,—
3 806,99	I, II, IV, V	349,25	349,25
	III	349,25	349,25
3 809,99	I, II, IV, V	349,50	349,50
	III	349,50	349,50
3 812,99	I, II, IV, V	349,83	349,83
	III	349,83	349,83
3 815,99	I, II, IV, V	350,08	350,08
	III	350,08	350,08
3 818,99	I, II, IV, V	350,33	350,33
	III	350,33	350,33
3 821,99	I, II, IV, V	350,66	350,66
	III	350,66	350,66
3 824,99	I, II, IV, V	350,91	350,91
	III	350,91	350,91
3 827,99	I, II, IV, V	351,16	351,16
	III	351,16	351,16
3 830,99	I, II, IV, V	351,41	351,41
	III	351,41	351,41
3 833,99	I, II, IV, V	351,75	351,75
	III	351,75	351,75
3 836,99	I, II, IV, V	352,—	352,—
	III	352,—	352,—
3 839,99	I, II, IV, V	352,25	352,25
	III	352,25	352,25
3 842,99	I, II, IV, V	352,58	352,58
	III	352,58	352,58
3 845,99	I, II, IV, V	352,83	352,83
	III	352,83	352,83
3 848,99	I, II, IV, V	353,08	353,08
	III	353,08	353,08
3 851,99	I, II, IV, V	353,41	353,41
	III	353,41	353,41
3 854,99	I, II, IV, V	353,66	353,66
	III	353,66	353,66
3 857,99	I, II, IV, V	353,91	353,91
	III	353,91	353,91
3 860,99	I, II, IV, V	354,16	354,16
	III	354,16	354,16
3 863,99	I, II, IV, V	354,50	354,50
	III	354,50	354,50
3 866,99	I, II, IV, V	354,75	354,75
	III	354,75	354,75
3 869,99	I, II, IV, V	355,—	355,—
	III	355,—	355,—
3 872,99	I, II, IV, V	355,33	355,33
	III	355,33	355,33
3 875,99	I, II, IV, V	355,58	355,58
	III	355,58	355,58
3 878,99	I, II, IV, V	355,83	355,83
	III	355,83	355,83
3 881,99	I, II, IV, V	356,16	356,16
	III	356,16	356,16
3 884,99	I, II, IV, V	356,41	356,41
	III	356,41	356,41
3 887,99	I, II, IV, V	356,66	356,66
	III	356,66	356,66
3 890,99	I, II, IV, V	356,91	356,91
	III	356,91	356,91
3 893,99	I, II, IV, V	357,25	357,25
	III	357,25	357,25
3 896,99	I, II, IV, V	357,50	357,50
	III	357,50	357,50
3 899,99	I, II, IV, V	357,75	357,75
	III	357,75	357,75
3 902,99	I, II, IV, V	358,08	358,08
	III	358,08	358,08
3 905,99	I, II, IV, V	358,33	358,33
	III	358,33	358,33
3 908,99	I, II, IV, V	358,58	358,58
	III	358,58	358,58
3 911,99	I, II, IV, V	358,91	358,91
	III	358,91	358,91
3 914,99	I, II, IV, V	359,16	359,16
	III	359,16	359,16
3 917,99	I, II, IV, V	359,41	359,41
	III	359,41	359,41
3 920,99	I, II, IV, V	359,75	359,75
	III	359,75	359,75
3 923,99	I, II, IV, V	360,—	360,—
	III	360,—	360,—
3 926,99	I, II, IV, V	360,25	360,25
	III	360,25	360,25
3 929,99	I, II, IV, V	360,50	360,50
	III	360,50	360,50
3 932,99	I, II, IV, V	360,83	360,83
	III	360,83	360,83
3 935,99	I, II, IV, V	361,08	361,08
	III	361,08	361,08
3 938,99	I, II, IV, V	361,33	361,33
	III	361,33	361,33
3 941,99	I, II, IV, V	361,66	361,66
	III	361,66	361,66
3 944,99	I, II, IV, V	361,91	361,91
	III	361,91	361,91
3 947,99	I, II, IV, V	362,16	362,16
	III	362,16	362,16
3 950,99	I, II, IV, V	362,50	362,50
	III	362,50	362,50
3 953,99	I, II, IV, V	362,75	362,75
	III	362,75	362,75
3 956,99	I, II, IV, V	363,—	363,—
	III	363,—	363,—
3 959,99	I, II, IV, V	363,25	363,25
	III	363,25	363,25
3 962,99	I, II, IV, V	363,58	363,58
	III	363,58	363,58
3 965,99	I, II, IV, V	363,83	363,83
	III	363,83	363,83
3 968,99	I, II, IV, V	364,08	364,08
	III	364,08	364,08
3 971,99	I, II, IV, V	364,41	364,41
	III	364,41	364,41
3 974,99	I, II, IV, V	364,66	364,66
	III	364,66	364,66
3 977,99	I, II, IV, V	364,91	364,91
	III	364,91	364,91
3 980,99	I, II, IV, V	365,25	365,25
	III	365,25	365,25
3 983,99	I, II, IV, V	365,50	365,50
	III	365,50	365,50
3 986,99	I, II, IV, V	365,75	365,75
	III	365,75	365,75
3 989,99	I, II, IV, V	366,—	366,—
	III	366,—	366,—
3 992,99	I, II, IV, V	366,33	366,33
	III	366,33	366,33
3 995,99	I, II, IV, V	366,58	366,58
	III	366,58	366,58
3 998,99	I, II, IV, V	366,83	366,83
	III	366,83	366,83
4 001,99	I, II, IV, V	367,16	367,16
	III	367,16	367,16
4 004,99	I, II, IV, V	367,41	367,41
	III	367,41	367,41
4 007,99	I, II, IV, V	367,66	367,66
	III	367,66	367,66
4 010,99	I, II, IV, V	368,—	368,—
	III	368,—	368,—
4 013,99	I, II, IV, V	368,25	368,25
	III	368,25	368,25
4 016,99	I, II, IV, V	368,50	368,50
	III	368,50	368,50
4 019,99	I, II, IV, V	368,83	368,83
	III	368,83	368,83
4 022,99	I, II, IV, V	369,08	369,08
	III	369,08	369,08
4 025,99	I, II, IV, V	369,33	369,33
	III	369,33	369,33
4 028,99	I, II, IV, V	369,58	369,58
	III	369,58	369,58
4 031,99	I, II, IV, V	369,91	369,91
	III	369,91	369,91
4 034,99	I, II, IV, V	370,16	370,16
	III	370,16	370,16
4 037,99	I, II, IV, V	370,41	370,41
	III	370,41	370,41
4 040,99	I, II, IV, V	370,75	370,75
	III	370,75	370,75
4 043,99	I, II, IV, V	371,—	371,—
	III	371,—	371,—
4 046,99	I, II, IV, V	371,25	371,25
	III	371,25	371,25
4 049,99	I, II, IV, V	371,58	371,58
	III	371,58	371,58
4 052,99	I, II, IV, V	371,83	371,83
	III	371,83	371,83
4 055,99	I, II, IV, V	372,08	372,08
	III	372,08	372,08
4 058,99	I, II, IV, V	372,33	372,33
	III	372,33	372,33
4 061,99	I, II, IV, V	372,66	372,66
	III	372,66	372,66
4 064,99	I, II, IV, V	372,91	372,91
	III	372,91	372,91
4 067,99	I, II, IV, V	373,16	373,16
	III	373,16	373,16
4 070,99	I, II, IV, V	373,50	373,50
	III	373,50	373,50
4 073,99	I, II, IV, V	373,75	373,75
	III	373,75	373,75
4 076,99	I, II, IV, V	374,—	374,—
	III	374,—	374,—
4 079,99	I, II, IV, V	374,33	374,33
	III	374,33	374,33
4 082,99	I, II, IV, V	374,58	374,58
	III	374,58	374,58
4 085,99	I, II, IV, V	374,83	374,83
	III	374,83	374,83
4 088,99	I, II, IV, V	375,08	375,08
	III	375,08	375,08
4 091,99	I, II, IV, V	375,41	375,41
	III	375,41	375,41
4 094,99	I, II, IV, V	375,66	375,66
	III	375,66	375,66
4 097,99	I, II, IV, V	375,91	375,91
	III	375,91	375,91
4 100,99	I, II, IV, V	376,25	376,25
	III	376,25	376,25
4 103,99	I, II, IV, V	376,50	376,50
	III	376,50	376,50

* Zur Anwendung beachten Sie bitte die Erläuterungen auf den Seiten AP 1f.
** BVSP = Berücksichtigter Teil der Vorsorgepauschale für Kranken- und Pflegeversicherungsaufwendungen.
*** TAGZ = Typisierter Arbeitgeberzuschuss zur Kranken- und Pflegeversicherung.

4 445,99 — MONAT

Tabelle 1

Lohn/Gehalt bis €	Steuerklasse	BVSP**	TAGZ***
4 106,99	I, II, IV, V	376,75	376,75
	III	376,75	376,75
4 109,99	I, II, IV, V	377,08	377,08
	III	377,08	377,08
4 112,99	I, II, IV, V	377,33	377,33
	III	377,33	377,33
4 115,99	I, II, IV, V	377,58	377,58
	III	377,58	377,58
4 118,99	I, II, IV, V	377,91	377,91
	III	377,91	377,91
4 121,99	I, II, IV, V	378,16	378,16
	III	378,16	378,16
4 124,99	I, II, IV, V	378,41	378,41
	III	378,41	378,41
4 127,99	I, II, IV, V	378,66	378,66
	III	378,66	378,66
4 130,99	I, II, IV, V	379,—	379,—
	III	379,—	379,—
4 133,99	I, II, IV, V	379,25	379,25
	III	379,25	379,25
4 136,99	I, II, IV, V	379,50	379,50
	III	379,50	379,50
4 139,99	I, II, IV, V	379,83	379,83
	III	379,83	379,83
4 142,99	I, II, IV, V	380,08	380,08
	III	380,08	380,08
4 145,99	I, II, IV, V	380,33	380,33
	III	380,33	380,33
4 148,99	I, II, IV, V	380,66	380,66
	III	380,66	380,66
4 151,99	I, II, IV, V	380,91	380,91
	III	380,91	380,91
4 154,99	I, II, IV, V	381,16	381,16
	III	381,16	381,16
4 157,99	I, II, IV, V	381,41	381,41
	III	381,41	381,41
4 160,99	I, II, IV, V	381,75	381,75
	III	381,75	381,75
4 163,99	I, II, IV, V	382,—	382,—
	III	382,—	382,—
4 166,99	I, II, IV, V	382,25	382,25
	III	382,25	382,25
4 169,99	I, II, IV, V	382,58	382,58
	III	382,58	382,58
4 172,99	I, II, IV, V	382,83	382,83
	III	382,83	382,83
4 175,99	I, II, IV, V	383,08	383,08
	III	383,08	383,08
4 178,99	I, II, IV, V	383,41	383,41
	III	383,41	383,41
4 181,99	I, II, IV, V	383,66	383,66
	III	383,66	383,66
4 184,99	I, II, IV, V	383,91	383,91
	III	383,91	383,91
4 187,99	I, II, IV, V	384,16	384,16
	III	384,16	384,16
4 190,99	I, II, IV, V	384,50	384,50
	III	384,50	384,50
4 193,99	I, II, IV, V	384,75	384,75
	III	384,75	384,75
4 196,99	I, II, IV, V	385,—	385,—
	III	385,—	385,—
4 199,99	I, II, IV, V	385,33	385,33
	III	385,33	385,33
4 202,99	I, II, IV, V	385,58	385,58
	III	385,58	385,58
4 205,99	I, II, IV, V	385,83	385,83
	III	385,83	385,83
4 208,99	I, II, IV, V	386,16	386,16
	III	386,16	386,16
4 211,99	I, II, IV, V	386,41	386,41
	III	386,41	386,41
4 214,99	I, II, IV, V	386,66	386,66
	III	386,66	386,66
4 217,99	I, II, IV, V	387,—	387,—
	III	387,—	387,—

Tabelle 2

Lohn/Gehalt bis €	Steuerklasse	BVSP**	TAGZ***
4 220,99	I, II, IV, V	387,25	387,25
	III	387,25	387,25
4 223,99	I, II, IV, V	387,50	387,50
	III	387,50	387,50
4 226,99	I, II, IV, V	387,75	387,75
	III	387,75	387,75
4 229,99	I, II, IV, V	388,08	388,08
	III	388,08	388,08
4 232,99	I, II, IV, V	388,33	388,33
	III	388,33	388,33
4 235,99	I, II, IV, V	388,58	388,58
	III	388,58	388,58
4 238,99	I, II, IV, V	388,91	388,91
	III	388,91	388,91
4 241,99	I, II, IV, V	389,16	389,16
	III	389,16	389,16
4 244,99	I, II, IV, V	389,41	389,41
	III	389,41	389,41
4 247,99	I, II, IV, V	389,75	389,75
	III	389,75	389,75
4 250,99	I, II, IV, V	390,—	390,—
	III	390,—	390,—
4 253,99	I, II, IV, V	390,25	390,25
	III	390,25	390,25
4 256,99	I, II, IV, V	390,50	390,50
	III	390,50	390,50
4 259,99	I, II, IV, V	390,83	390,83
	III	390,83	390,83
4 262,99	I, II, IV, V	391,08	391,08
	III	391,08	391,08
4 265,99	I, II, IV, V	391,33	391,33
	III	391,33	391,33
4 268,99	I, II, IV, V	391,66	391,66
	III	391,66	391,66
4 271,99	I, II, IV, V	391,91	391,91
	III	391,91	391,91
4 274,99	I, II, IV, V	392,16	392,16
	III	392,16	392,16
4 277,99	I, II, IV, V	392,50	392,50
	III	392,50	392,50
4 280,99	I, II, IV, V	392,75	392,75
	III	392,75	392,75
4 283,99	I, II, IV, V	393,—	393,—
	III	393,—	393,—
4 286,99	I, II, IV, V	393,25	393,25
	III	393,25	393,25
4 289,99	I, II, IV, V	393,58	393,58
	III	393,58	393,58
4 292,99	I, II, IV, V	393,83	393,83
	III	393,83	393,83
4 295,99	I, II, IV, V	394,08	394,08
	III	394,08	394,08
4 298,99	I, II, IV, V	394,41	394,41
	III	394,41	394,41
4 301,99	I, II, IV, V	394,66	394,66
	III	394,66	394,66
4 304,99	I, II, IV, V	394,91	394,91
	III	394,91	394,91
4 307,99	I, II, IV, V	395,25	395,25
	III	395,25	395,25
4 310,99	I, II, IV, V	395,50	395,50
	III	395,50	395,50
4 313,99	I, II, IV, V	395,75	395,75
	III	395,75	395,75
4 316,99	I, II, IV, V	396,08	396,08
	III	396,08	396,08
4 319,99	I, II, IV, V	396,33	396,33
	III	396,33	396,33
4 322,99	I, II, IV, V	396,58	396,58
	III	396,58	396,58
4 325,99	I, II, IV, V	396,83	396,83
	III	396,83	396,83
4 328,99	I, II, IV, V	397,16	397,16
	III	397,16	397,16
4 331,99	I, II, IV, V	397,41	397,41
	III	397,41	397,41

Tabelle 3

Lohn/Gehalt bis €	Steuerklasse	BVSP**	TAGZ***
4 334,99	I, II, IV, V	397,66	397,66
	III	397,66	397,66
4 337,99	I, II, IV, V	398,—	398,—
	III	398,—	398,—
4 340,99	I, II, IV, V	398,25	398,25
	III	398,25	398,25
4 343,99	I, II, IV, V	398,50	398,50
	III	398,50	398,50
4 346,99	I, II, IV, V	398,83	398,83
	III	398,83	398,83
4 349,99	I, II, IV, V	399,08	399,08
	III	399,08	399,08
4 352,99	I, II, IV, V	399,33	399,33
	III	399,33	399,33
4 355,99	I, II, IV, V	399,58	399,58
	III	399,58	399,58
4 358,99	I, II, IV, V	399,91	399,91
	III	399,91	399,91
4 361,99	I, II, IV, V	400,16	400,16
	III	400,16	400,16
4 364,99	I, II, IV, V	400,41	400,41
	III	400,41	400,41
4 367,99	I, II, IV, V	400,75	400,75
	III	400,75	400,75
4 370,99	I, II, IV, V	401,—	401,—
	III	401,—	401,—
4 373,99	I, II, IV, V	401,25	401,25
	III	401,25	401,25
4 376,99	I, II, IV, V	401,58	401,58
	III	401,58	401,58
4 379,99	I, II, IV, V	401,83	401,83
	III	401,83	401,83
4 382,99	I, II, IV, V	402,08	402,08
	III	402,08	402,08
4 385,99	I, II, IV, V	402,33	402,33
	III	402,33	402,33
4 388,99	I, II, IV, V	402,66	402,66
	III	402,66	402,66
4 391,99	I, II, IV, V	402,91	402,91
	III	402,91	402,91
4 394,99	I, II, IV, V	403,16	403,16
	III	403,16	403,16
4 397,99	I, II, IV, V	403,50	403,50
	III	403,50	403,50
4 400,99	I, II, IV, V	403,75	403,75
	III	403,75	403,75
4 403,99	I, II, IV, V	404,—	404,—
	III	404,—	404,—
4 406,99	I, II, IV, V	404,33	404,33
	III	404,33	404,33
4 409,99	I, II, IV, V	404,58	404,58
	III	404,58	404,58
4 412,99	I, II, IV, V	404,83	404,83
	III	404,83	404,83
4 415,99	I, II, IV, V	405,16	405,16
	III	405,16	405,16
4 418,99	I, II, IV, V	405,41	405,41
	III	405,41	405,41
4 421,99	I, II, IV, V	405,66	405,66
	III	405,66	405,66
4 424,99	I, II, IV, V	405,91	405,91
	III	405,91	405,91
4 427,99	I, II, IV, V	406,25	406,25
	III	406,25	406,25
4 430,99	I, II, IV, V	406,50	406,50
	III	406,50	406,50
4 433,99	I, II, IV, V	406,75	406,75
	III	406,75	406,75
4 436,99	I, II, IV, V	407,08	407,08
	III	407,08	407,08
4 439,99	I, II, IV, V	407,33	407,33
	III	407,33	407,33
4 442,99	I, II, IV, V	407,58	407,58
	III	407,58	407,58
4 445,99	I, II, IV, V	407,91	407,91
	III	407,91	407,91

* Zur Anwendung beachten Sie bitte die Erläuterungen auf den Seiten AP 1f.
** BVSP = Berücksichtigter Teil der Vorsorgepauschale für Kranken- und Pflegeversicherungsaufwendungen.
*** TAGZ = Typisierter Arbeitgeberzuschuss zur Kranken- und Pflegeversicherung.

MONAT 4 446,–

Lohn/Gehalt bis €		Abzugsbetrag bei privat Kranken- und Pflegeversicherten* BVSP**	TAGZ***
4 448,99	I, II, IV, V	408,16	408,16
	III	408,16	408,16
4 451,99	I, II, IV, V	408,41	408,41
	III	408,41	408,41
4 454,99	I, II, IV, V	408,66	408,66
	III	408,66	408,66
4 457,99	I, II, IV, V	409,—	409,—
	III	409,—	409,—
4 460,99	I, II, IV, V	409,25	409,25
	III	409,25	409,25
4 463,99	I, II, IV, V	409,50	409,50
	III	409,50	409,50
4 466,99	I, II, IV, V	409,83	409,83
	III	409,83	409,83
4 469,99	I, II, IV, V	410,08	410,08
	III	410,08	410,08
4 472,99	I, II, IV, V	410,33	410,33
	III	410,33	410,33
4 475,99	I, II, IV, V	410,66	410,66
	III	410,66	410,66
4 478,99	I, II, IV, V	410,91	410,91
	III	410,91	410,91
4 481,99	I, II, IV, V	411,16	411,16
	III	411,16	411,16
4 484,99	I, II, IV, V	411,41	411,41
	III	411,41	411,41
4 487,99	I, II, IV, V	411,75	411,75
	III	411,75	411,75
4 490,99	I, II, IV, V	412,—	412,—
	III	412,—	412,—
4 493,99	I, II, IV, V	412,25	412,25
	III	412,25	412,25
4 496,99	I, II, IV, V	412,58	412,58
	III	412,58	412,58
4 499,99	I, II, IV, V	412,83	412,83
	III	412,83	412,83
4 502,99	I, II, IV, V	413,08	413,08
	III	413,08	413,08
4 505,99	I, II, IV, V	413,41	413,41
	III	413,41	413,41
4 508,99	I, II, IV, V	413,66	413,66
	III	413,66	413,66
4 511,99	I, II, IV, V	413,91	413,91
	III	413,91	413,91
4 514,99	I, II, IV, V	414,25	414,25
	III	414,25	414,25
4 517,99	I, II, IV, V	414,50	414,50
	III	414,50	414,50
4 520,99	I, II, IV, V	414,75	414,75
	III	414,75	414,75
4 523,99	I, II, IV, V	415,—	415,—
	III	415,—	415,—
4 526,99	I, II, IV, V	415,33	415,33
	III	415,33	415,33
4 529,99	I, II, IV, V	415,58	415,58
	III	415,58	415,58
4 532,99	I, II, IV, V	415,83	415,83
	III	415,83	415,83
4 535,99	I, II, IV, V	416,16	416,16
	III	416,16	416,16
4 538,99	I, II, IV, V	416,41	416,41
	III	416,41	416,41
4 541,99	I, II, IV, V	416,66	416,66
	III	416,66	416,66
4 544,99	I, II, IV, V	417,—	417,—
	III	417,—	417,—
4 547,99	I, II, IV, V	417,25	417,25
	III	417,25	417,25
4 550,99	I, II, IV, V	417,50	417,50
	III	417,50	417,50
4 553,99	I, II, IV, V	417,75	417,75
	III	417,75	417,75
4 556,99	I, II, IV, V	418,08	418,08
	III	418,08	418,08
4 559,99	I, II, IV, V	418,33	418,33
	III	418,33	418,33

Lohn/Gehalt bis €		Abzugsbetrag bei privat Kranken- und Pflegeversicherten* BVSP**	TAGZ***
4 562,99	I, II, IV, V	418,58	418,58
	III	418,58	418,58
4 565,99	I, II, IV, V	418,91	418,91
	III	418,91	418,91
4 568,99	I, II, IV, V	419,16	419,16
	III	419,16	419,16
4 571,99	I, II, IV, V	419,41	419,41
	III	419,41	419,41
4 574,99	I, II, IV, V	419,75	419,75
	III	419,75	419,75
4 577,99	I, II, IV, V	420,—	420,—
	III	420,—	420,—
4 580,99	I, II, IV, V	420,25	420,25
	III	420,25	420,25
4 583,99	I, II, IV, V	420,50	420,50
	III	420,50	420,50
4 586,99	I, II, IV, V	420,83	420,83
	III	420,83	420,83
4 589,99	I, II, IV, V	421,08	421,08
	III	421,08	421,08
4 592,99	I, II, IV, V	421,33	421,33
	III	421,33	421,33
4 595,99	I, II, IV, V	421,66	421,66
	III	421,66	421,66
4 598,99	I, II, IV, V	421,91	421,91
	III	421,91	421,91
4 601,99	I, II, IV, V	422,16	422,16
	III	422,16	422,16
4 604,99	I, II, IV, V	422,50	422,50
	III	422,50	422,50
4 607,99	I, II, IV, V	422,75	422,75
	III	422,75	422,75
4 610,99	I, II, IV, V	423,—	423,—
	III	423,—	423,—
4 613,99	I, II, IV, V	423,33	423,33
	III	423,33	423,33
4 616,99	I, II, IV, V	423,58	423,58
	III	423,58	423,58
4 619,99	I, II, IV, V	423,83	423,83
	III	423,83	423,83
4 622,99	I, II, IV, V	424,08	424,08
	III	424,08	424,08
4 625,99	I, II, IV, V	424,41	424,41
	III	424,41	424,41
4 628,99	I, II, IV, V	424,66	424,66
	III	424,66	424,66
4 631,99	I, II, IV, V	424,91	424,91
	III	424,91	424,91
4 634,99	I, II, IV, V	425,25	425,25
	III	425,25	425,25
4 637,99	I, II, IV, V	425,50	425,50
	III	425,50	425,50
4 640,99	I, II, IV, V	425,75	425,75
	III	425,75	425,75
4 643,99	I, II, IV, V	426,08	426,08
	III	426,08	426,08
4 646,99	I, II, IV, V	426,33	426,33
	III	426,33	426,33
4 649,99	I, II, IV, V	426,58	426,58
	III	426,58	426,58
4 652,99	I, II, IV, V	426,83	426,83
	III	426,83	426,83
4 655,99	I, II, IV, V	427,16	427,16
	III	427,16	427,16
4 658,99	I, II, IV, V	427,41	427,41
	III	427,41	427,41
4 661,99	I, II, IV, V	427,66	427,66
	III	427,66	427,66
4 664,99	I, II, IV, V	428,—	428,—
	III	428,—	428,—
4 667,99	I, II, IV, V	428,25	428,25
	III	428,25	428,25
4 670,99	I, II, IV, V	428,50	428,50
	III	428,50	428,50
4 673,99	I, II, IV, V	428,83	428,83
	III	428,83	428,83

Lohn/Gehalt bis €		Abzugsbetrag bei privat Kranken- und Pflegeversicherten* BVSP**	TAGZ***
4 676,99	I, II, IV, V	429,08	429,08
	III	429,08	429,08
4 679,99	I, II, IV, V	429,33	429,33
	III	429,33	429,33
4 682,99	I, II, IV, V	429,58	429,58
	III	429,58	429,58
4 685,99	I, II, IV, V	429,91	429,91
	III	429,91	429,91
4 688,99	I, II, IV, V	430,16	430,16
	III	430,16	430,16
4 691,99	I, II, IV, V	430,41	430,41
	III	430,41	430,41
4 694,99	I, II, IV, V	430,75	430,75
	III	430,75	430,75
4 697,99	I, II, IV, V	431,—	431,—
	III	431,—	431,—
4 700,99	I, II, IV, V	431,25	431,25
	III	431,25	431,25
4 703,99	I, II, IV, V	431,58	431,58
	III	431,58	431,58
4 706,99	I, II, IV, V	431,83	431,83
	III	431,83	431,83
4 709,99	I, II, IV, V	432,08	432,08
	III	432,08	432,08
4 712,99	I, II, IV, V	432,41	432,41
	III	432,41	432,41
4 715,99	I, II, IV, V	432,66	432,66
	III	432,66	432,66
4 718,99	I, II, IV, V	432,91	432,91
	III	432,91	432,91
4 721,99	I, II, IV, V	433,16	433,16
	III	433,16	433,16
4 724,99	I, II, IV, V	433,50	433,50
	III	433,50	433,50
4 727,99	I, II, IV, V	433,75	433,75
	III	433,75	433,75
4 730,99	I, II, IV, V	434,—	434,—
	III	434,—	434,—
4 733,99	I, II, IV, V	434,33	434,33
	III	434,33	434,33
4 736,99	I, II, IV, V	434,58	434,58
	III	434,58	434,58
4 739,99	I, II, IV, V	434,83	434,83
	III	434,83	434,83
4 742,99	I, II, IV, V	435,16	435,16
	III	435,16	435,16
4 745,99	I, II, IV, V	435,41	435,41
	III	435,41	435,41
4 748,99	I, II, IV, V	435,66	435,66
	III	435,66	435,66
4 751,99	I, II, IV, V	435,91	435,91
	III	435,91	435,91
4 754,99	I, II, IV, V	436,25	436,25
	III	436,25	436,25
4 757,99	I, II, IV, V	436,50	436,50
	III	436,50	436,50
4 760,99	I, II, IV, V	436,75	436,75
	III	436,75	436,75
4 763,99	I, II, IV, V	437,08	437,08
	III	437,08	437,08
4 766,99	I, II, IV, V	437,33	437,33
	III	437,33	437,33
4 769,99	I, II, IV, V	437,58	437,58
	III	437,58	437,58
4 772,99	I, II, IV, V	437,91	437,91
	III	437,91	437,91
4 775,99	I, II, IV, V	438,16	438,16
	III	438,16	438,16
4 778,99	I, II, IV, V	438,41	438,41
	III	438,41	438,41
4 781,99	I, II, IV, V	438,66	438,66
	III	438,66	438,66
4 784,99	I, II, IV, V	439,—	439,—
	III	439,—	439,—
4 787,99	I, II, IV, V	439,25	439,25
	III	439,25	439,25

* Zur Anwendung beachten Sie bitte die Erläuterungen auf den Seiten AP 1f.
** BVSP = Berücksichtigter Teil der Vorsorgepauschale für Kranken- und Pflegeversicherungsaufwendungen.
*** TAGZ = Typisierter Arbeitgeberzuschuss zur Kranken- und Pflegeversicherung.

5 129,99 | **MONAT**

Lohn/Gehalt bis €		BVSP**	TAGZ***	Lohn/Gehalt bis €		BVSP**	TAGZ***	Lohn/Gehalt bis €		BVSP**	TAGZ***
4 790,99	I, II, IV, V	439,50	439,50	4 904,99	I, II, IV, V	443,83	443,83	5 018,99	I, II, IV, V	443,83	443,83
	III	439,50	439,50		III	443,83	443,83		III	443,83	443,83
4 793,99	I, II, IV, V	439,83	439,83	4 907,99	I, II, IV, V	443,83	443,83	5 021,99	I, II, IV, V	443,83	443,83
	III	439,83	439,83		III	443,83	443,83		III	443,83	443,83
4 796,99	I, II, IV, V	440,08	440,08	4 910,99	I, II, IV, V	443,83	443,83	5 024,99	I, II, IV, V	443,83	443,83
	III	440,08	440,08		III	443,83	443,83		III	443,83	443,83
4 799,99	I, II, IV, V	440,33	440,33	4 913,99	I, II, IV, V	443,83	443,83	5 027,99	I, II, IV, V	443,83	443,83
	III	440,33	440,33		III	443,83	443,83		III	443,83	443,83
4 802,99	I, II, IV, V	440,66	440,66	4 916,99	I, II, IV, V	443,83	443,83	5 030,99	I, II, IV, V	443,83	443,83
	III	440,66	440,66		III	443,83	443,83		III	443,83	443,83
4 805,99	I, II, IV, V	440,91	440,91	4 919,99	I, II, IV, V	443,83	443,83	5 033,99	I, II, IV, V	443,83	443,83
	III	440,91	440,91		III	443,83	443,83		III	443,83	443,83
4 808,99	I, II, IV, V	441,16	441,16	4 922,99	I, II, IV, V	443,83	443,83	5 036,99	I, II, IV, V	443,83	443,83
	III	441,16	441,16		III	443,83	443,83		III	443,83	443,83
4 811,99	I, II, IV, V	441,50	441,50	4 925,99	I, II, IV, V	443,83	443,83	5 039,99	I, II, IV, V	443,83	443,83
	III	441,50	441,50		III	443,83	443,83		III	443,83	443,83
4 814,99	I, II, IV, V	441,75	441,75	4 928,99	I, II, IV, V	443,83	443,83	5 042,99	I, II, IV, V	443,83	443,83
	III	441,75	441,75		III	443,83	443,83		III	443,83	443,83
4 817,99	I, II, IV, V	442,—	442,—	4 931,99	I, II, IV, V	443,83	443,83	5 045,99	I, II, IV, V	443,83	443,83
	III	442,—	442,—		III	443,83	443,83		III	443,83	443,83
4 820,99	I, II, IV, V	442,25	442,25	4 934,99	I, II, IV, V	443,83	443,83	5 048,99	I, II, IV, V	443,83	443,83
	III	442,25	442,25		III	443,83	443,83		III	443,83	443,83
4 823,99	I, II, IV, V	442,58	442,58	4 937,99	I, II, IV, V	443,83	443,83	5 051,99	I, II, IV, V	443,83	443,83
	III	442,58	442,58		III	443,83	443,83		III	443,83	443,83
4 826,99	I, II, IV, V	442,83	442,83	4 940,99	I, II, IV, V	443,83	443,83	5 054,99	I, II, IV, V	443,83	443,83
	III	442,83	442,83		III	443,83	443,83		III	443,83	443,83
4 829,99	I, II, IV, V	443,08	443,08	4 943,99	I, II, IV, V	443,83	443,83	5 057,99	I, II, IV, V	443,83	443,83
	III	443,08	443,08		III	443,83	443,83		III	443,83	443,83
4 832,99	I, II, IV, V	443,41	443,41	4 946,99	I, II, IV, V	443,83	443,83	5 060,99	I, II, IV, V	443,83	443,83
	III	443,41	443,41		III	443,83	443,83		III	443,83	443,83
4 835,99	I, II, IV, V	443,66	443,66	4 949,99	I, II, IV, V	443,83	443,83	5 063,99	I, II, IV, V	443,83	443,83
	III	443,66	443,66		III	443,83	443,83		III	443,83	443,83
4 838,99	I, II, IV, V	443,83	443,83	4 952,99	I, II, IV, V	443,83	443,83	5 066,99	I, II, IV, V	443,83	443,83
	III	443,83	443,83		III	443,83	443,83		III	443,83	443,83
4 841,99	I, II, IV, V	443,83	443,83	4 955,99	I, II, IV, V	443,83	443,83	5 069,99	I, II, IV, V	443,83	443,83
	III	443,83	443,83		III	443,83	443,83		III	443,83	443,83
4 844,99	I, II, IV, V	443,83	443,83	4 958,99	I, II, IV, V	443,83	443,83	5 072,99	I, II, IV, V	443,83	443,83
	III	443,83	443,83		III	443,83	443,83		III	443,83	443,83
4 847,99	I, II, IV, V	443,83	443,83	4 961,99	I, II, IV, V	443,83	443,83	5 075,99	I, II, IV, V	443,83	443,83
	III	443,83	443,83		III	443,83	443,83		III	443,83	443,83
4 850,99	I, II, IV, V	443,83	443,83	4 964,99	I, II, IV, V	443,83	443,83	5 078,99	I, II, IV, V	443,83	443,83
	III	443,83	443,83		III	443,83	443,83		III	443,83	443,83
4 853,99	I, II, IV, V	443,83	443,83	4 967,99	I, II, IV, V	443,83	443,83	5 081,99	I, II, IV, V	443,83	443,83
	III	443,83	443,83		III	443,83	443,83		III	443,83	443,83
4 856,99	I, II, IV, V	443,83	443,83	4 970,99	I, II, IV, V	443,83	443,83	5 084,99	I, II, IV, V	443,83	443,83
	III	443,83	443,83		III	443,83	443,83		III	443,83	443,83
4 859,99	I, II, IV, V	443,83	443,83	4 973,99	I, II, IV, V	443,83	443,83	5 087,99	I, II, IV, V	443,83	443,83
	III	443,83	443,83		III	443,83	443,83		III	443,83	443,83
4 862,99	I, II, IV, V	443,83	443,83	4 976,99	I, II, IV, V	443,83	443,83	5 090,99	I, II, IV, V	443,83	443,83
	III	443,83	443,83		III	443,83	443,83		III	443,83	443,83
4 865,99	I, II, IV, V	443,83	443,83	4 979,99	I, II, IV, V	443,83	443,83	5 093,99	I, II, IV, V	443,83	443,83
	III	443,83	443,83		III	443,83	443,83		III	443,83	443,83
4 868,99	I, II, IV, V	443,83	443,83	4 982,99	I, II, IV, V	443,83	443,83	5 096,99	I, II, IV, V	443,83	443,83
	III	443,83	443,83		III	443,83	443,83		III	443,83	443,83
4 871,99	I, II, IV, V	443,83	443,83	4 985,99	I, II, IV, V	443,83	443,83	5 099,99	I, II, IV, V	443,83	443,83
	III	443,83	443,83		III	443,83	443,83		III	443,83	443,83
4 874,99	I, II, IV, V	443,83	443,83	4 988,99	I, II, IV, V	443,83	443,83	5 102,99	I, II, IV, V	443,83	443,83
	III	443,83	443,83		III	443,83	443,83		III	443,83	443,83
4 877,99	I, II, IV, V	443,83	443,83	4 991,99	I, II, IV, V	443,83	443,83	5 105,99	I, II, IV, V	443,83	443,83
	III	443,83	443,83		III	443,83	443,83		III	443,83	443,83
4 880,99	I, II, IV, V	443,83	443,83	4 994,99	I, II, IV, V	443,83	443,83	5 108,99	I, II, IV, V	443,83	443,83
	III	443,83	443,83		III	443,83	443,83		III	443,83	443,83
4 883,99	I, II, IV, V	443,83	443,83	4 997,99	I, II, IV, V	443,83	443,83	5 111,99	I, II, IV, V	443,83	443,83
	III	443,83	443,83		III	443,83	443,83		III	443,83	443,83
4 886,99	I, II, IV, V	443,83	443,83	5 000,99	I, II, IV, V	443,83	443,83	5 114,99	I, II, IV, V	443,83	443,83
	III	443,83	443,83		III	443,83	443,83		III	443,83	443,83
4 889,99	I, II, IV, V	443,83	443,83	5 003,99	I, II, IV, V	443,83	443,83	5 117,99	I, II, IV, V	443,83	443,83
	III	443,83	443,83		III	443,83	443,83		III	443,83	443,83
4 892,99	I, II, IV, V	443,83	443,83	5 006,99	I, II, IV, V	443,83	443,83	5 120,99	I, II, IV, V	443,83	443,83
	III	443,83	443,83		III	443,83	443,83		III	443,83	443,83
4 895,99	I, II, IV, V	443,83	443,83	5 009,99	I, II, IV, V	443,83	443,83	5 123,99	I, II, IV, V	443,83	443,83
	III	443,83	443,83		III	443,83	443,83		III	443,83	443,83
4 898,99	I, II, IV, V	443,83	443,83	5 012,99	I, II, IV, V	443,83	443,83	5 126,99	I, II, IV, V	443,83	443,83
	III	443,83	443,83		III	443,83	443,83		III	443,83	443,83
4 901,99	I, II, IV, V	443,83	443,83	5 015,99	I, II, IV, V	443,83	443,83	5 129,99	I, II, IV, V	443,83	443,83
	III	443,83	443,83		III	443,83	443,83		III	443,83	443,83

* Zur Anwendung beachten Sie bitte die Erläuterungen auf den Seiten AP 1f.
** BVSP = Berücksichtigter Teil der Vorsorgepauschale für Kranken- und Pflegeversicherungsaufwendungen.
*** TAGZ = Typisierter Arbeitgeberzuschuss zur Kranken- und Pflegeversicherung.

MONAT 5 130,–

Lohn/Gehalt bis €		Abzugsbetrag bei privat Kranken- und Pflegeversicherten*	
		BVSP**	TAGZ***
5 132,99	I, II, IV, V	443,83	443,83
	III	443,83	443,83
5 135,99	I, II, IV, V	443,83	443,83
	III	443,83	443,83
5 138,99	I, II, IV, V	443,83	443,83
	III	443,83	443,83
5 141,99	I, II, IV, V	443,83	443,83
	III	443,83	443,83
5 144,99	I, II, IV, V	443,83	443,83
	III	443,83	443,83
5 147,99	I, II, IV, V	443,83	443,83
	III	443,83	443,83
5 150,99	I, II, IV, V	443,83	443,83
	III	443,83	443,83
5 153,99	I, II, IV, V	443,83	443,83
	III	443,83	443,83
5 156,99	I, II, IV, V	443,83	443,83
	III	443,83	443,83
5 159,99	I, II, IV, V	443,83	443,83
	III	443,83	443,83
5 162,99	I, II, IV, V	443,83	443,83
	III	443,83	443,83
5 165,99	I, II, IV, V	443,83	443,83
	III	443,83	443,83
5 168,99	I, II, IV, V	443,83	443,83
	III	443,83	443,83
5 171,99	I, II, IV, V	443,83	443,83
	III	443,83	443,83
5 174,99	I, II, IV, V	443,83	443,83
	III	443,83	443,83
5 177,99	I, II, IV, V	443,83	443,83
	III	443,83	443,83
5 180,99	I, II, IV, V	443,83	443,83
	III	443,83	443,83
5 183,99	I, II, IV, V	443,83	443,83
	III	443,83	443,83
5 186,99	I, II, IV, V	443,83	443,83
	III	443,83	443,83
5 189,99	I, II, IV, V	443,83	443,83
	III	443,83	443,83
5 192,99	I, II, IV, V	443,83	443,83
	III	443,83	443,83
5 195,99	I, II, IV, V	443,83	443,83
	III	443,83	443,83
5 198,99	I, II, IV, V	443,83	443,83
	III	443,83	443,83
5 201,99	I, II, IV, V	443,83	443,83
	III	443,83	443,83
5 204,99	I, II, IV, V	443,83	443,83
	III	443,83	443,83
5 207,99	I, II, IV, V	443,83	443,83
	III	443,83	443,83
5 210,99	I, II, IV, V	443,83	443,83
	III	443,83	443,83
5 213,99	I, II, IV, V	443,83	443,83
	III	443,83	443,83
5 216,99	I, II, IV, V	443,83	443,83
	III	443,83	443,83
5 219,99	I, II, IV, V	443,83	443,83
	III	443,83	443,83
5 222,99	I, II, IV, V	443,83	443,83
	III	443,83	443,83
5 225,99	I, II, IV, V	443,83	443,83
	III	443,83	443,83
5 228,99	I, II, IV, V	443,83	443,83
	III	443,83	443,83
5 231,99	I, II, IV, V	443,83	443,83
	III	443,83	443,83
5 234,99	I, II, IV, V	443,83	443,83
	III	443,83	443,83
5 237,99	I, II, IV, V	443,83	443,83
	III	443,83	443,83
5 240,99	I, II, IV, V	443,83	443,83
	III	443,83	443,83
5 243,99	I, II, IV, V	443,83	443,83
	III	443,83	443,83
5 246,99	I, II, IV, V	443,83	443,83
	III	443,83	443,83
5 249,99	I, II, IV, V	443,83	443,83
	III	443,83	443,83
5 252,99	I, II, IV, V	443,83	443,83
	III	443,83	443,83
5 255,99	I, II, IV, V	443,83	443,83
	III	443,83	443,83
5 258,99	I, II, IV, V	443,83	443,83
	III	443,83	443,83
5 261,99	I, II, IV, V	443,83	443,83
	III	443,83	443,83
5 264,99	I, II, IV, V	443,83	443,83
	III	443,83	443,83
5 267,99	I, II, IV, V	443,83	443,83
	III	443,83	443,83
5 270,99	I, II, IV, V	443,83	443,83
	III	443,83	443,83
5 273,99	I, II, IV, V	443,83	443,83
	III	443,83	443,83
5 276,99	I, II, IV, V	443,83	443,83
	III	443,83	443,83
5 279,99	I, II, IV, V	443,83	443,83
	III	443,83	443,83
5 282,99	I, II, IV, V	443,83	443,83
	III	443,83	443,83
5 285,99	I, II, IV, V	443,83	443,83
	III	443,83	443,83
5 288,99	I, II, IV, V	443,83	443,83
	III	443,83	443,83
5 291,99	I, II, IV, V	443,83	443,83
	III	443,83	443,83
5 294,99	I, II, IV, V	443,83	443,83
	III	443,83	443,83
5 297,99	I, II, IV, V	443,83	443,83
	III	443,83	443,83
5 300,99	I, II, IV, V	443,83	443,83
	III	443,83	443,83
5 303,99	I, II, IV, V	443,83	443,83
	III	443,83	443,83
5 306,99	I, II, IV, V	443,83	443,83
	III	443,83	443,83
5 309,99	I, II, IV, V	443,83	443,83
	III	443,83	443,83
5 312,99	I, II, IV, V	443,83	443,83
	III	443,83	443,83
5 315,99	I, II, IV, V	443,83	443,83
	III	443,83	443,83
5 318,99	I, II, IV, V	443,83	443,83
	III	443,83	443,83
5 321,99	I, II, IV, V	443,83	443,83
	III	443,83	443,83
5 324,99	I, II, IV, V	443,83	443,83
	III	443,83	443,83
5 327,99	I, II, IV, V	443,83	443,83
	III	443,83	443,83
5 330,99	I, II, IV, V	443,83	443,83
	III	443,83	443,83
5 333,99	I, II, IV, V	443,83	443,83
	III	443,83	443,83
5 336,99	I, II, IV, V	443,83	443,83
	III	443,83	443,83
5 339,99	I, II, IV, V	443,83	443,83
	III	443,83	443,83
5 342,99	I, II, IV, V	443,83	443,83
	III	443,83	443,83
5 345,99	I, II, IV, V	443,83	443,83
	III	443,83	443,83
5 348,99	I, II, IV, V	443,83	443,83
	III	443,83	443,83
5 351,99	I, II, IV, V	443,83	443,83
	III	443,83	443,83
5 354,99	I, II, IV, V	443,83	443,83
	III	443,83	443,83
5 357,99	I, II, IV, V	443,83	443,83
	III	443,83	443,83
5 360,99	I, II, IV, V	443,83	443,83
	III	443,83	443,83
5 363,99	I, II, IV, V	443,83	443,83
	III	443,83	443,83
5 366,99	I, II, IV, V	443,83	443,83
	III	443,83	443,83
5 369,99	I, II, IV, V	443,83	443,83
	III	443,83	443,83
5 372,99	I, II, IV, V	443,83	443,83
	III	443,83	443,83
5 375,99	I, II, IV, V	443,83	443,83
	III	443,83	443,83
5 378,99	I, II, IV, V	443,83	443,83
	III	443,83	443,83
5 381,99	I, II, IV, V	443,83	443,83
	III	443,83	443,83
5 384,99	I, II, IV, V	443,83	443,83
	III	443,83	443,83
5 387,99	I, II, IV, V	443,83	443,83
	III	443,83	443,83
5 390,99	I, II, IV, V	443,83	443,83
	III	443,83	443,83
5 393,99	I, II, IV, V	443,83	443,83
	III	443,83	443,83
5 396,99	I, II, IV, V	443,83	443,83
	III	443,83	443,83
5 399,99	I, II, IV, V	443,83	443,83
	III	443,83	443,83
5 402,99	I, II, IV, V	443,83	443,83
	III	443,83	443,83
5 405,99	I, II, IV, V	443,83	443,83
	III	443,83	443,83
5 408,99	I, II, IV, V	443,83	443,83
	III	443,83	443,83
5 411,99	I, II, IV, V	443,83	443,83
	III	443,83	443,83
5 414,99	I, II, IV, V	443,83	443,83
	III	443,83	443,83
5 417,99	I, II, IV, V	443,83	443,83
	III	443,83	443,83
5 420,99	I, II, IV, V	443,83	443,83
	III	443,83	443,83
5 423,99	I, II, IV, V	443,83	443,83
	III	443,83	443,83
5 426,99	I, II, IV, V	443,83	443,83
	III	443,83	443,83
5 429,99	I, II, IV, V	443,83	443,83
	III	443,83	443,83
5 432,99	I, II, IV, V	443,83	443,83
	III	443,83	443,83
5 435,99	I, II, IV, V	443,83	443,83
	III	443,83	443,83
5 438,99	I, II, IV, V	443,83	443,83
	III	443,83	443,83
5 441,99	I, II, IV, V	443,83	443,83
	III	443,83	443,83
5 444,99	I, II, IV, V	443,83	443,83
	III	443,83	443,83
5 447,99	I, II, IV, V	443,83	443,83
	III	443,83	443,83
5 450,99	I, II, IV, V	443,83	443,83
	III	443,83	443,83
5 453,99	I, II, IV, V	443,83	443,83
	III	443,83	443,83
5 456,99	I, II, IV, V	443,83	443,83
	III	443,83	443,83
5 459,99	I, II, IV, V	443,83	443,83
	III	443,83	443,83
5 462,99	I, II, IV, V	443,83	443,83
	III	443,83	443,83
5 465,99	I, II, IV, V	443,83	443,83
	III	443,83	443,83
5 468,99	I, II, IV, V	443,83	443,83
	III	443,83	443,83
5 471,99	I, II, IV, V	443,83	443,83
	III	443,83	443,83

* Zur Anwendung beachten Sie bitte die Erläuterungen auf den Seiten AP 1f.
** BVSP = Berücksichtigter Teil der Vorsorgepauschale für Kranken- und Pflegeversicherungsaufwendungen.
*** TAGZ = Typisierter Arbeitgeberzuschuss zur Kranken- und Pflegeversicherung.

5 813,99 MONAT

Lohn/Gehalt bis €		Abzugsbetrag bei privat Kranken- und Pflegeversicherten*	
		BVSP**	TAGZ***
5 474,99	I, II, IV, V	443,83	443,83
	III	443,83	443,83
5 477,99	I, II, IV, V	443,83	443,83
	III	443,83	443,83
5 480,99	I, II, IV, V	443,83	443,83
	III	443,83	443,83
5 483,99	I, II, IV, V	443,83	443,83
	III	443,83	443,83
5 486,99	I, II, IV, V	443,83	443,83
	III	443,83	443,83
5 489,99	I, II, IV, V	443,83	443,83
	III	443,83	443,83
5 492,99	I, II, IV, V	443,83	443,83
	III	443,83	443,83
5 495,99	I, II, IV, V	443,83	443,83
	III	443,83	443,83
5 498,99	I, II, IV, V	443,83	443,83
	III	443,83	443,83
5 501,99	I, II, IV, V	443,83	443,83
	III	443,83	443,83
5 504,99	I, II, IV, V	443,83	443,83
	III	443,83	443,83
5 507,99	I, II, IV, V	443,83	443,83
	III	443,83	443,83
5 510,99	I, II, IV, V	443,83	443,83
	III	443,83	443,83
5 513,99	I, II, IV, V	443,83	443,83
	III	443,83	443,83
5 516,99	I, II, IV, V	443,83	443,83
	III	443,83	443,83
5 519,99	I, II, IV, V	443,83	443,83
	III	443,83	443,83
5 522,99	I, II, IV, V	443,83	443,83
	III	443,83	443,83
5 525,99	I, II, IV, V	443,83	443,83
	III	443,83	443,83
5 528,99	I, II, IV, V	443,83	443,83
	III	443,83	443,83
5 531,99	I, II, IV, V	443,83	443,83
	III	443,83	443,83
5 534,99	I, II, IV, V	443,83	443,83
	III	443,83	443,83
5 537,99	I, II, IV, V	443,83	443,83
	III	443,83	443,83
5 540,99	I, II, IV, V	443,83	443,83
	III	443,83	443,83
5 543,99	I, II, IV, V	443,83	443,83
	III	443,83	443,83
5 546,99	I, II, IV, V	443,83	443,83
	III	443,83	443,83
5 549,99	I, II, IV, V	443,83	443,83
	III	443,83	443,83
5 552,99	I, II, IV, V	443,83	443,83
	III	443,83	443,83
5 555,99	I, II, IV, V	443,83	443,83
	III	443,83	443,83
5 558,99	I, II, IV, V	443,83	443,83
	III	443,83	443,83
5 561,99	I, II, IV, V	443,83	443,83
	III	443,83	443,83
5 564,99	I, II, IV, V	443,83	443,83
	III	443,83	443,83
5 567,99	I, II, IV, V	443,83	443,83
	III	443,83	443,83
5 570,99	I, II, IV, V	443,83	443,83
	III	443,83	443,83
5 573,99	I, II, IV, V	443,83	443,83
	III	443,83	443,83
5 576,99	I, II, IV, V	443,83	443,83
	III	443,83	443,83
5 579,99	I, II, IV, V	443,83	443,83
	III	443,83	443,83
5 582,99	I, II, IV, V	443,83	443,83
	III	443,83	443,83
5 585,99	I, II, IV, V	443,83	443,83
	III	443,83	443,83
5 588,99	I, II, IV, V	443,83	443,83
	III	443,83	443,83
5 591,99	I, II, IV, V	443,83	443,83
	III	443,83	443,83
5 594,99	I, II, IV, V	443,83	443,83
	III	443,83	443,83
5 597,99	I, II, IV, V	443,83	443,83
	III	443,83	443,83
5 600,99	I, II, IV, V	443,83	443,83
	III	443,83	443,83
5 603,99	I, II, IV, V	443,83	443,83
	III	443,83	443,83
5 606,99	I, II, IV, V	443,83	443,83
	III	443,83	443,83
5 609,99	I, II, IV, V	443,83	443,83
	III	443,83	443,83
5 612,99	I, II, IV, V	443,83	443,83
	III	443,83	443,83
5 615,99	I, II, IV, V	443,83	443,83
	III	443,83	443,83
5 618,99	I, II, IV, V	443,83	443,83
	III	443,83	443,83
5 621,99	I, II, IV, V	443,83	443,83
	III	443,83	443,83
5 624,99	I, II, IV, V	443,83	443,83
	III	443,83	443,83
5 627,99	I, II, IV, V	443,83	443,83
	III	443,83	443,83
5 630,99	I, II, IV, V	443,83	443,83
	III	443,83	443,83
5 633,99	I, II, IV, V	443,83	443,83
	III	443,83	443,83
5 636,99	I, II, IV, V	443,83	443,83
	III	443,83	443,83
5 639,99	I, II, IV, V	443,83	443,83
	III	443,83	443,83
5 642,99	I, II, IV, V	443,83	443,83
	III	443,83	443,83
5 645,99	I, II, IV, V	443,83	443,83
	III	443,83	443,83
5 648,99	I, II, IV, V	443,83	443,83
	III	443,83	443,83
5 651,99	I, II, IV, V	443,83	443,83
	III	443,83	443,83
5 654,99	I, II, IV, V	443,83	443,83
	III	443,83	443,83
5 657,99	I, II, IV, V	443,83	443,83
	III	443,83	443,83
5 660,99	I, II, IV, V	443,83	443,83
	III	443,83	443,83
5 663,99	I, II, IV, V	443,83	443,83
	III	443,83	443,83
5 666,99	I, II, IV, V	443,83	443,83
	III	443,83	443,83
5 669,99	I, II, IV, V	443,83	443,83
	III	443,83	443,83
5 672,99	I, II, IV, V	443,83	443,83
	III	443,83	443,83
5 675,99	I, II, IV, V	443,83	443,83
	III	443,83	443,83
5 678,99	I, II, IV, V	443,83	443,83
	III	443,83	443,83
5 681,99	I, II, IV, V	443,83	443,83
	III	443,83	443,83
5 684,99	I, II, IV, V	443,83	443,83
	III	443,83	443,83
5 687,99	I, II, IV, V	443,83	443,83
	III	443,83	443,83
5 690,99	I, II, IV, V	443,83	443,83
	III	443,83	443,83
5 693,99	I, II, IV, V	443,83	443,83
	III	443,83	443,83
5 696,99	I, II, IV, V	443,83	443,83
	III	443,83	443,83
5 699,99	I, II, IV, V	443,83	443,83
	III	443,83	443,83
5 702,99	I, II, IV, V	443,83	443,83
	III	443,83	443,83
5 705,99	I, II, IV, V	443,83	443,83
	III	443,83	443,83
5 708,99	I, II, IV, V	443,83	443,83
	III	443,83	443,83
5 711,99	I, II, IV, V	443,83	443,83
	III	443,83	443,83
5 714,99	I, II, IV, V	443,83	443,83
	III	443,83	443,83
5 717,99	I, II, IV, V	443,83	443,83
	III	443,83	443,83
5 720,99	I, II, IV, V	443,83	443,83
	III	443,83	443,83
5 723,99	I, II, IV, V	443,83	443,83
	III	443,83	443,83
5 726,99	I, II, IV, V	443,83	443,83
	III	443,83	443,83
5 729,99	I, II, IV, V	443,83	443,83
	III	443,83	443,83
5 732,99	I, II, IV, V	443,83	443,83
	III	443,83	443,83
5 735,99	I, II, IV, V	443,83	443,83
	III	443,83	443,83
5 738,99	I, II, IV, V	443,83	443,83
	III	443,83	443,83
5 741,99	I, II, IV, V	443,83	443,83
	III	443,83	443,83
5 744,99	I, II, IV, V	443,83	443,83
	III	443,83	443,83
5 747,99	I, II, IV, V	443,83	443,83
	III	443,83	443,83
5 750,99	I, II, IV, V	443,83	443,83
	III	443,83	443,83
5 753,99	I, II, IV, V	443,83	443,83
	III	443,83	443,83
5 756,99	I, II, IV, V	443,83	443,83
	III	443,83	443,83
5 759,99	I, II, IV, V	443,83	443,83
	III	443,83	443,83
5 762,99	I, II, IV, V	443,83	443,83
	III	443,83	443,83
5 765,99	I, II, IV, V	443,83	443,83
	III	443,83	443,83
5 768,99	I, II, IV, V	443,83	443,83
	III	443,83	443,83
5 771,99	I, II, IV, V	443,83	443,83
	III	443,83	443,83
5 774,99	I, II, IV, V	443,83	443,83
	III	443,83	443,83
5 777,99	I, II, IV, V	443,83	443,83
	III	443,83	443,83
5 780,99	I, II, IV, V	443,83	443,83
	III	443,83	443,83
5 783,99	I, II, IV, V	443,83	443,83
	III	443,83	443,83
5 786,99	I, II, IV, V	443,83	443,83
	III	443,83	443,83
5 789,99	I, II, IV, V	443,83	443,83
	III	443,83	443,83
5 792,99	I, II, IV, V	443,83	443,83
	III	443,83	443,83
5 795,99	I, II, IV, V	443,83	443,83
	III	443,83	443,83
5 798,99	I, II, IV, V	443,83	443,83
	III	443,83	443,83
5 801,99	I, II, IV, V	443,83	443,83
	III	443,83	443,83
5 804,99	I, II, IV, V	443,83	443,83
	III	443,83	443,83
5 807,99	I, II, IV, V	443,83	443,83
	III	443,83	443,83
5 810,99	I, II, IV, V	443,83	443,83
	III	443,83	443,83
5 813,99	I, II, IV, V	443,83	443,83
	III	443,83	443,83

* Zur Anwendung beachten Sie bitte die Erläuterungen auf den Seiten AP 1f.
** BVSP = Berücksichtigter Teil der Vorsorgepauschale für Kranken- und Pflegeversicherungsaufwendungen.
*** TAGZ = Typisierter Arbeitgeberzuschuss zur Kranken- und Pflegeversicherung.

MONAT 5 814,–

Lohn/Gehalt bis €		Abzugsbetrag bei privat Kranken- und Pflegeversicherten*	
		BVSP**	TAGZ***
5 816,99	I, II, IV, V	443,83	443,83
	III	443,83	443,83
5 819,99	I, II, IV, V	443,83	443,83
	III	443,83	443,83
5 822,99	I, II, IV, V	443,83	443,83
	III	443,83	443,83
5 825,99	I, II, IV, V	443,83	443,83
	III	443,83	443,83
5 828,99	I, II, IV, V	443,83	443,83
	III	443,83	443,83
5 831,99	I, II, IV, V	443,83	443,83
	III	443,83	443,83
5 834,99	I, II, IV, V	443,83	443,83
	III	443,83	443,83
5 837,99	I, II, IV, V	443,83	443,83
	III	443,83	443,83
5 840,99	I, II, IV, V	443,83	443,83
	III	443,83	443,83
5 843,99	I, II, IV, V	443,83	443,83
	III	443,83	443,83
5 846,99	I, II, IV, V	443,83	443,83
	III	443,83	443,83
5 849,99	I, II, IV, V	443,83	443,83
	III	443,83	443,83
5 852,99	I, II, IV, V	443,83	443,83
	III	443,83	443,83
5 855,99	I, II, IV, V	443,83	443,83
	III	443,83	443,83
5 858,99	I, II, IV, V	443,83	443,83
	III	443,83	443,83
5 861,99	I, II, IV, V	443,83	443,83
	III	443,83	443,83
5 864,99	I, II, IV, V	443,83	443,83
	III	443,83	443,83
5 867,99	I, II, IV, V	443,83	443,83
	III	443,83	443,83
5 870,99	I, II, IV, V	443,83	443,83
	III	443,83	443,83
5 873,99	I, II, IV, V	443,83	443,83
	III	443,83	443,83
5 876,99	I, II, IV, V	443,83	443,83
	III	443,83	443,83
5 879,99	I, II, IV, V	443,83	443,83
	III	443,83	443,83
5 882,99	I, II, IV, V	443,83	443,83
	III	443,83	443,83
5 885,99	I, II, IV, V	443,83	443,83
	III	443,83	443,83
5 888,99	I, II, IV, V	443,83	443,83
	III	443,83	443,83
5 891,99	I, II, IV, V	443,83	443,83
	III	443,83	443,83
5 894,99	I, II, IV, V	443,83	443,83
	III	443,83	443,83
5 897,99	I, II, IV, V	443,83	443,83
	III	443,83	443,83
5 900,99	I, II, IV, V	443,83	443,83
	III	443,83	443,83
5 903,99	I, II, IV, V	443,83	443,83
	III	443,83	443,83
5 906,99	I, II, IV, V	443,83	443,83
	III	443,83	443,83
5 909,99	I, II, IV, V	443,83	443,83
	III	443,83	443,83
5 912,99	I, II, IV, V	443,83	443,83
	III	443,83	443,83
5 915,99	I, II, IV, V	443,83	443,83
	III	443,83	443,83
5 918,99	I, II, IV, V	443,83	443,83
	III	443,83	443,83
5 921,99	I, II, IV, V	443,83	443,83
	III	443,83	443,83
5 924,99	I, II, IV, V	443,83	443,83
	III	443,83	443,83
5 927,99	I, II, IV, V	443,83	443,83
	III	443,83	443,83

Lohn/Gehalt bis €		Abzugsbetrag bei privat Kranken- und Pflegeversicherten*	
		BVSP**	TAGZ***
5 930,99	I, II, IV, V	443,83	443,83
	III	443,83	443,83
5 933,99	I, II, IV, V	443,83	443,83
	III	443,83	443,83
5 936,99	I, II, IV, V	443,83	443,83
	III	443,83	443,83
5 939,99	I, II, IV, V	443,83	443,83
	III	443,83	443,83
5 942,99	I, II, IV, V	443,83	443,83
	III	443,83	443,83
5 945,99	I, II, IV, V	443,83	443,83
	III	443,83	443,83
5 948,99	I, II, IV, V	443,83	443,83
	III	443,83	443,83
5 951,99	I, II, IV, V	443,83	443,83
	III	443,83	443,83
5 954,99	I, II, IV, V	443,83	443,83
	III	443,83	443,83
5 957,99	I, II, IV, V	443,83	443,83
	III	443,83	443,83
5 960,99	I, II, IV, V	443,83	443,83
	III	443,83	443,83
5 963,99	I, II, IV, V	443,83	443,83
	III	443,83	443,83
5 966,99	I, II, IV, V	443,83	443,83
	III	443,83	443,83
5 969,99	I, II, IV, V	443,83	443,83
	III	443,83	443,83
5 972,99	I, II, IV, V	443,83	443,83
	III	443,83	443,83
5 975,99	I, II, IV, V	443,83	443,83
	III	443,83	443,83
5 978,99	I, II, IV, V	443,83	443,83
	III	443,83	443,83
5 981,99	I, II, IV, V	443,83	443,83
	III	443,83	443,83
5 984,99	I, II, IV, V	443,83	443,83
	III	443,83	443,83
5 987,99	I, II, IV, V	443,83	443,83
	III	443,83	443,83
5 990,99	I, II, IV, V	443,83	443,83
	III	443,83	443,83
5 993,99	I, II, IV, V	443,83	443,83
	III	443,83	443,83
5 996,99	I, II, IV, V	443,83	443,83
	III	443,83	443,83
5 999,99	I, II, IV, V	443,83	443,83
	III	443,83	443,83
6 002,99	I, II, IV, V	443,83	443,83
	III	443,83	443,83
6 005,99	I, II, IV, V	443,83	443,83
	III	443,83	443,83
6 008,99	I, II, IV, V	443,83	443,83
	III	443,83	443,83
6 011,99	I, II, IV, V	443,83	443,83
	III	443,83	443,83
6 014,99	I, II, IV, V	443,83	443,83
	III	443,83	443,83
6 017,99	I, II, IV, V	443,83	443,83
	III	443,83	443,83
6 020,99	I, II, IV, V	443,83	443,83
	III	443,83	443,83
6 023,99	I, II, IV, V	443,83	443,83
	III	443,83	443,83
6 026,99	I, II, IV, V	443,83	443,83
	III	443,83	443,83
6 029,99	I, II, IV, V	443,83	443,83
	III	443,83	443,83
6 032,99	I, II, IV, V	443,83	443,83
	III	443,83	443,83
6 035,99	I, II, IV, V	443,83	443,83
	III	443,83	443,83
6 038,99	I, II, IV, V	443,83	443,83
	III	443,83	443,83
6 041,99	I, II, IV, V	443,83	443,83
	III	443,83	443,83

Lohn/Gehalt bis €		Abzugsbetrag bei privat Kranken- und Pflegeversicherten*	
		BVSP**	TAGZ***
6 044,99	I, II, IV, V	443,83	443,83
	III	443,83	443,83
6 047,99	I, II, IV, V	443,83	443,83
	III	443,83	443,83
6 050,99	I, II, IV, V	443,83	443,83
	III	443,83	443,83
6 053,99	I, II, IV, V	443,83	443,83
	III	443,83	443,83
6 056,99	I, II, IV, V	443,83	443,83
	III	443,83	443,83
6 059,99	I, II, IV, V	443,83	443,83
	III	443,83	443,83
6 062,99	I, II, IV, V	443,83	443,83
	III	443,83	443,83
6 065,99	I, II, IV, V	443,83	443,83
	III	443,83	443,83
6 068,99	I, II, IV, V	443,83	443,83
	III	443,83	443,83
6 071,99	I, II, IV, V	443,83	443,83
	III	443,83	443,83
6 074,99	I, II, IV, V	443,83	443,83
	III	443,83	443,83
6 077,99	I, II, IV, V	443,83	443,83
	III	443,83	443,83
6 080,99	I, II, IV, V	443,83	443,83
	III	443,83	443,83
6 083,99	I, II, IV, V	443,83	443,83
	III	443,83	443,83
6 086,99	I, II, IV, V	443,83	443,83
	III	443,83	443,83
6 089,99	I, II, IV, V	443,83	443,83
	III	443,83	443,83
6 092,99	I, II, IV, V	443,83	443,83
	III	443,83	443,83
6 095,99	I, II, IV, V	443,83	443,83
	III	443,83	443,83
6 098,99	I, II, IV, V	443,83	443,83
	III	443,83	443,83
6 101,99	I, II, IV, V	443,83	443,83
	III	443,83	443,83
6 104,99	I, II, IV, V	443,83	443,83
	III	443,83	443,83
6 107,99	I, II, IV, V	443,83	443,83
	III	443,83	443,83
6 110,99	I, II, IV, V	443,83	443,83
	III	443,83	443,83
6 113,99	I, II, IV, V	443,83	443,83
	III	443,83	443,83
6 116,99	I, II, IV, V	443,83	443,83
	III	443,83	443,83
6 119,99	I, II, IV, V	443,83	443,83
	III	443,83	443,83
6 122,99	I, II, IV, V	443,83	443,83
	III	443,83	443,83
6 125,99	I, II, IV, V	443,83	443,83
	III	443,83	443,83
6 128,99	I, II, IV, V	443,83	443,83
	III	443,83	443,83
6 131,99	I, II, IV, V	443,83	443,83
	III	443,83	443,83
6 134,99	I, II, IV, V	443,83	443,83
	III	443,83	443,83
6 137,99	I, II, IV, V	443,83	443,83
	III	443,83	443,83
6 140,99	I, II, IV, V	443,83	443,83
	III	443,83	443,83
6 143,99	I, II, IV, V	443,83	443,83
	III	443,83	443,83
6 146,99	I, II, IV, V	443,83	443,83
	III	443,83	443,83

Für höhere Löhne und Gehälter ändern sich die Abzugsbeträge nicht mehr. Die Werte können aus der letzten Lohnstufe abgelesen werden.

* Zur Anwendung beachten Sie bitte die Erläuterungen auf den Seiten AP 1f.
** BVSP = Berücksichtigter Teil der Vorsorgepauschale für Kranken- und Pflegeversicherungsaufwendungen.
*** TAGZ = Typisierter Arbeitgeberzuschuss zur Kranken- und Pflegeversicherung.

Inhaltsübersicht

(Redaktionsschluss: 30.11.2021)

Rechtsänderungen durch nach dem 1.1.2022 verabschiedete Gesetze
sind durch senkrechte Randstriche | kenntlich gemacht.

		Rz.
A.	**Allgemeines**	**1–40**
I.	Vorbemerkungen	1–5
	1. Tabellenkonzept	2–3
	2. Abgrenzung Einkommensteuer-/Lohnsteuertabelle	4
	3. Ehegattenbegriff	5
II.	Allgemeine oder Besondere Lohnsteuertabelle	6–11
	1. Unterscheidungsmerkmale	6–8
	2. Allgemeine Lohnsteuertabelle	9–10
	a) Ermittlung Vorsorgepauschale	9
	b) Unterschiede zur maschinellen Berechnung	10
	3. Besondere Lohnsteuertabelle	11
III.	Praxishinweise zur Anwendung	12–23
	1. Lohnsteuertabelle (Allgemeine und Besondere)	12–17
	a) Allgemeine Hinweise	12
	b) Persönlicher Freibetrag, Hinzurechnungsbetrag	13
	c) Altersentlastungsbetrag	14
	d) Versorgungsfreibetrag	15
	e) Nachweis höherer privater Kranken- und Pflegeversicherungsbeiträge	16
	f) Faktorverfahren	17
	2. Tabellenfreibeträge	18
	3. Unterschiede zwischen Tabellensteuer und elektronisch ermittelter Steuer	19–22
	a) Persönlicher Freibetrag, Hinzurechnungsbetrag	20
	b) Besonderheiten in der Pflegeversicherung	21
	c) Folgen der Unterschiedsbeträge	22
	4. Einkommensteuertabelle	23
IV.	Steuertarif	24–28
V.	Steuerklassenwahl-Tabelle	29–34
VI.	Faktorverfahren	35–37
VII.	Kurzschema zur Ermittlung des zu versteuernden Einkommens	38
VIII.	Kurzschema zur Ermittlung der festzusetzenden Einkommensteuer	39–40
B.	**Einkommensteuer**	**41–272**
I.	Bedeutung der Einkommensteuer	41–42
II.	Rechtsgrundlagen	43
III.	Steuerpflicht	44–60
	1. Persönliche/sachliche Steuerpflicht	44–51
	2. Unbeschränkte/beschränkte Einkommensteuerpflicht	52–60
IV.	Veranlagungspflichten	61–64
	1. Pflichtveranlagung nach § 46 EStG	61
	2. Antrag auf Einkommensteuerveranlagung	62–64
V.	Einkommensteuerveranlagung	65–67
VI.	Veranlagungsarten	68–84
	1. Allgemeines	68
	2. Im Inland ansässige Staatsangehörige	69
	3. Zusammenveranlagung	70–73
	4. Einzelveranlagung	74–77
	5. Vergleich zwischen Zusammenveranlagung und Einzelveranlagung	78
	6. Änderung der Veranlagungsart	79
	7. Veranlagung von Ehegatten im Jahr der Heirat	80–81
	8. Veranlagung von verwitweten, geschiedenen und alleinziehenden Personen	82–84
VII.	Ermittlung des zu versteuernden Einkommens	85–265
	1. Besteuerungsgrundlagen	85–86
	2. Ermittlung der Einkünfte	87–89
	3. Besonderheiten bei einzelnen Einkunftsarten	90–97
	a) Land- und Forstwirtschaft	90
	b) Gewerbebetrieb	91
	c) Selbständige Arbeit	92–93
	d) Nichtselbständige Arbeit	94
	e) Kapitalvermögen	95
	f) Vermietung und Verpachtung	96
	g) Sonstige Einkünfte	97
	4. Ermittlung des zu versteuernden Einkommens im Einzelnen	98–106
	a) Summe der Einkünfte	99–103
	b) Gesamtbetrag der Einkünfte	104

		Rz.
	c) Einkommen	105
	d) Zu versteuerndes Einkommen	106
	5. Kinder	107–121
	a) Allgemeines	107–108
	b) Berücksichtigungsfähige Kinder	109–112
	c) Kindergeld	113
	d) Freibeträge für Kinder	114–118
	e) Entlastungsbetrag für Alleinerziehende	119–121
	6. ABC der Werbungskosten (Einkünfte aus nichtselbständiger Arbeit)	122–175
	7. ABC der Sonderausgaben	176–210
	8. ABC der Außergewöhnlichen Belastungen	211–242
	9. ABC der Sonstigen Freibeträge, Freigrenzen, Pauschbeträge, Abzugsbeträge	243–265
VIII.	Steuererhebungsformen/Einkommensteuer-Vorauszahlungen	266–272
	1. Einkünfte aus nichtselbständiger Arbeit (Lohnsteuer)	267
	2. Einkünfte aus Kapitalvermögen (Abgeltungsteuer – eigentl. Kapitalertragsteuer)	268
	3. Einkommensteuer-Vorauszahlung	269–272
C.	**Lohnsteuer**	**273–705**
I.	Begriffsdefinitionen	273–297
	1. Lohnsteuer-Anmeldung	276–277
	2. Arbeitgeber	278–285
	3. Arbeitnehmer	286–297
	a) Arbeitnehmereigenschaft	286–293
	b) Aushilfstätigkeit, Nebentätigkeit	294
	c) Dienstverhältnis zwischen Familienangehörigen	295–297
II.	Lohnsteuerverfahren	298–392
	1. Lohnkonto	298–306
	2. Lohnsteuerabzugsmerkmale	307–367
	a) Allgemeines	307–316
	b) Lohnsteuerabzugsmerkmale im Einzelnen	317
	c) Änderung der Lohnsteuerabzugsmerkmale	318–319
	d) Einbehaltung der Lohnsteuer ohne Lohnsteuerabzugsmerkmale	320–321
	e) Steuerklasse als Lohnsteuerabzugsmerkmal	322–332
	aa) Steuerklassensystem	322–328
	bb) Steuerklassenwahl, Trennung, Scheidung, Tod	329–331
	cc) Faktorverfahren bei Ehepartnern	332
	f) Andere Lohnsteuerabzugsmerkmale	333–367
	aa) Allgemeines	333
	bb) Kinder	334–342
	cc) Freibeträge bei Werbungskosten etc.	343–351
	dd) Vorsorgeaufwendungen	352–357
	ee) Freibetrag/Hinzurechnungsbetrag bei Steuerklasse VI	358–361
	ff) Freibetrag bei Verlusten aus anderen Einkunftsarten	362–363
	gg) Freibetrag für energetische Maßnahmen sowie bei haushaltsnahen Beschäftigungsverhältnissen/Dienstleistungen und Handwerkerleistungen	364
	hh) Freibetrag für eine voraussichtlich abzuführende ausländische Abzugsteuer	365
	ii) Freibetrag für den Entlastungsbetrag für Alleinerziehende bei Verwitweten	366
	jj) Erhöhungsbetrag beim Entlastungsbetrag für Alleinerziehende	367
	3. Lohnsteuerabzug, Anmeldung und Abführung der Lohnsteuer	368–373
	4. Änderung des Lohnsteuerabzugs	374–377
	5. Anzeigepflichten	378–379
	6. Abschluss des Lohnsteuerabzugs	380–384
	7. Haftung	385–389
	8. Anrufungsauskunft	390–392
III.	Arbeitslohn	393–615
	1. Einnahmen, Arbeitslohn	393–397
	a) Begriffsdefinitionen	394–395

E 1

b)	Zahlungen in ausländischer Währung	396
c)	Sachleistungen des Arbeitgebers	397
2.	Sachbezüge	398
3.	Leistungen Dritter	399
4.	Erfassung als Arbeitslohn	400–401
5.	Lohnzahlungszeitraum, Zufluss	402–405
6.	Lohnsteuereinbehalt	406–407
7.	Laufender Arbeitslohn	408–413
8.	Vorauszahlungen, Nachzahlungen	414–415
9.	Abschlagszahlung	416
10.	Abschluss der Lohnzahlung	417–418
11.	Sonstige Bezüge	419–449
	a) Begriff	419–420
	b) Lohnsteuerermittlung	421–425
	c) Höhe der Lohnsteuer	426
	d) Besonderheiten bei der Ermittlung des Solidaritätszuschlags und der Lohnsteuer bei sonstigen Bezügen	427–436
	aa) Besonderheiten beim Solidaritätszuschlag	427
	bb) Besonderheiten bei Jahresfreibeträgen	428–429
	cc) Ausscheiden aus dem Dienstverhältnis	430–436
	e) Ermäßigter Steuersatz bei Bezügen für Entschädigungen und eine mehrjährige Tätigkeit	437–449
	aa) Fünftelungsregelung	437–444
	bb) Ermittlung des Vorwegabzugsbetrags bei der Fünftelungsregelung – Vorsorgepauschale	445–448
	cc) Ermäßigte Steuersätze für sonstige Bezüge	449
12.	Nettoarbeitslohn	450–456
	a) Nettolohnvereinbarung	450–451
	b) Nettolohn als laufender Arbeitslohn	452–453
	c) Nettolohn als sonstiger Bezug	454–455
	d) Lohnkonto, Lohnsteuerbescheinigung	456
13.	ABC des Arbeitslohns (steuerpflichtig, steuerfrei, steuerbegünstigt)	457–615
IV.	Pauschalierung der Lohnsteuer	616–690
1.	Teilzeitbeschäftigungen	618–644
	a) Kurzfristige Beschäftigung	620–621
	b) Unvorhersehbare sofort erforderliche kurzfristige Beschäftigung	622
	c) Besteuerung des Arbeitsentgelts für geringfügig entlohnte Beschäftigungen	623–629
	aa) Einheitliche Pauschsteuer i.H.v. 2 %	625
	bb) Pauschale Lohnsteuer i.H.v. 20 %	626
	cc) Lohnsteuer im Regelverfahren	627
	dd) Anmeldung und Abführung der Lohnsteuer	628–629
	d) Aushilfskräfte in der Land- und Forstwirtschaft	630–631
	e) Ergänzende Regelungen	632–644
2.	Zukunftssicherungsleistungen	645–654
3.	Lohnsteuer-Pauschalierung in besonderen Fällen	655–690
	a) Lohnsteuer-Pauschalierung mit durchschnittlichem Steuersatz	656–663
	aa) Lohnsteuer-Pauschalierung für besondere Arbeitslohnzahlungen als sonstige Bezüge	657–662
	bb) Pauschalierung bei Nacherhebung wegen nicht vorschriftsmäßigen Einbehalts	663
	b) Fester Pauschsteuersatz für bestimmte Arbeitslohnteile	664–688
	aa) Arbeitstägliche Mahlzeiten im Betrieb	665–672
	bb) Während Auswärtstätigkeiten gestellte Mahlzeiten	673
	cc) Betriebsveranstaltung	674
	dd) Erholungsbeihilfen	675
	ee) Verpflegungspauschalen	676
	ff) Datenverarbeitungsgeräte, Zubehör sowie Internetzugang	677–679
	gg) Übereignung einer Ladevorrichtung, Zuschüsse des Arbeitgebers für Erwerb und Nutzung	

	einer Ladevorrichtung für Elektrofahrzeuge	680
	hh) Fahrten zwischen Wohnung und erster Tätigkeitsstätte, Sammelpunkt, weiträumigem Tätigkeitsgebiet	681–682
	ii) Übereignung betrieblicher Fahrräder	683
	jj) Merkmal „Zusätzlich zum ohnehin geschuldeten Arbeitslohn"	684–686
	kk) Anrechnung von begünstigten Lohnteilen auf die Werbungskosten	687–688
	c) Pauschale Lohnsteuer von 30 % für betriebliche Sachzuwendungen	689
	d) Ergänzende Regelungen	690
V.	Lohnsteuer-Jahresausgleich durch den Arbeitgeber, Einkommensteuerveranlagung	691–705
1.	Lohnsteuer-Jahresausgleich	692–702
	a) Vorbemerkung	692
	b) Verpflichtung, Voraussetzungen	693–695
	c) Durchführung	696–702
2.	Abschlussbuchungen	703
3.	Permanenter Lohnsteuer-Jahresausgleich	704
4.	Einkommensteuerveranlagung durch das Finanzamt	705
D.	**Solidaritätszuschlag**	**706–725**
I.	Rechtsgrundlagen	706–707
II.	Höhe des Solidaritätszuschlags	708–710
III.	Solidaritätszuschlag und Lohnsteuer	711–725
1.	Allgemeines	711
2.	Berücksichtigung von Kindern	712
3.	Milderung des Solidaritätszuschlags	713
4.	Faktorverfahren bei Ehepartnern	714
5.	Sonstige Bezüge	715–716
6.	Lohnsteuer-Pauschalierung	717–718
7.	Abweichende Lohnzahlungszeiträume	719
8.	Nettolohnvereinbarung	720
9.	Änderung des Lohnsteuerabzugs	721
10.	Nachzahlungen und Vorauszahlungen von Arbeitslohn	722
11.	Lohnsteuer-Jahresausgleich durch den Arbeitgeber	723
12.	Permanenter Lohnsteuer-Jahresausgleich	724
13.	Aufzeichnung und Bescheinigung des Solidaritätszuschlags	725
E.	**Kirchensteuer**	**726–754**
I.	Einführung	726
II.	Schuldner und Gläubiger der Kirchensteuer	727–739
1.	Schuldner der Kirchensteuer	727
2.	Gläubiger der Kirchensteuer	728
3.	Kirchensteuerhebesatz	729
4.	Korrekturen der Bemessungsgrundlage für die Berechnung der Kirchensteuer	730–732
	a) Berücksichtigung von Kindern	731
	b) Teileinkünfteverfahren, Anrechnung des Gewerbesteuermessbetrags und Beschränkung der Anrechenbarkeit der Kapitalertragsteuer	732
5.	Begrenzung der Kirchensteuer (sog. Kappung)	733
6.	Mindestbetrags-Kirchensteuer	734
7.	Kirchensteuer bei Pauschalierung der Lohn-/Einkommensteuer; einheitliche Pauschsteuer	735–737
8.	Kirchensteuer nach dem Lohnsteuer-Faktorverfahren	738
9.	Kirchensteuer auf Kapitalertragsteuer (Abgeltungsteuer)	739
III.	Besteuerung der Ehepartner	740–745
IV.	Beginn und Ende der Kirchensteuerpflicht	746–747
V.	Zwölftelung der Kirchensteuer	748
VI.	Erlass der Kirchensteuer	749
VII.	Abzug der Kirchenlohnsteuer durch den Arbeitgeber	750–751
VIII.	Verwaltung der Kirchensteuer in den Bundesländern	752
IX.	Kirchensteuer-Übersicht	753
X.	Auskünfte in Kirchensteuerfragen	754
F.	**Vermögensbildung**	**755–774**
I.	Allgemeines	755–757
II.	Vermögenswirksame Leistungen	758–763
III.	Arbeitnehmer-Sparzulage	764–774
Stichwortverzeichnis		

A. Allgemeines

I. Vorbemerkungen

1 In den Erläuterungen verweist das Symbol ☺ auf die Software Stotax-Lohn, mit der die lohnsteuerlichen und sozialversicherungsrechtlichen Abzüge centgenau berechnet werden können. Diese Software wird als installierbare Arbeitshilfe in dem begleitenden Online-Portal zur Verfügung gestellt. Mit dem dieser Tabelle beigefügten Zugangscode können Sie das begleitende Online-Portal aufrufen.

1. Tabellenkonzept

2 Die Höhe der Einkommensteuer und der Lohnsteuer interessiert sowohl denjenigen, der sie zu tragen bzw. zu zahlen hat, als auch denjenigen, der sie vom Arbeitslohn zu ermitteln, abzuziehen und an das Finanzamt abzuführen hat. Gleichwohl kann der jeweilige Steuerbetrag nicht einfach im Einkommensteuergesetz (EStG) abgelesen werden. Zwar wird die Einkommensteuer und Lohnsteuer in der sog. Tarifformel genau bestimmt (→ Rz. 24 ff.), aber eben nicht betragsmäßig in Euro und Cent ausgewiesen. Diese für die Einkommensteuer maßgebende Tarifformel wird auf das „zu versteuernde Einkommen" eines Kalenderjahres angewandt und beschreibt den Rechenweg zu der als Betrag in Euro „festzusetzenden" tariflichen Einkommensteuer.

Seit 2004 ist die Einkommen-/Lohnsteuer grundsätzlich nach der Tarifformel elektronisch bzw. **maschinell** zu errechnen. Für die Lohnsteuerermittlung dürfen jedoch nach wie vor die insbesondere in der Anwenderpraxis bewährten Lohnsteuertabellen verwendet werden. Damit diese Tabellen nicht einen unvertretbaren Umfang annehmen, schreibt das EStG für die Erstellung der **Jahrestabellen** vor, für den maßgebenden Arbeitslohn jeweils Stufen i.H.v. 36 € zu bilden. Entsprechend ist bei der manuellen Berechnung der Lohnsteuer zu verfahren. Für die **Monatstabellen** sind Stufen i.H.v. 3 € vorgeschrieben. Weil die in den Tabellenstufen auszuweisende Lohnsteuer aus dem Arbeitslohn der Obergrenze einer jeden Tabellenstufe zu berechnen ist, stimmt der Tabellenbetrag nur für diesen Arbeitslohn mit der maschinell ermittelten Lohnsteuer genau überein; unterhalb der Obergrenze ist die Tabellensteuer tendenziell geringfügig höher. Zu weiteren möglichen Abweichungen siehe → Rz. 10 und 19 f.

Die maschinell errechnete Lohnsteuer sowie der Lohnsteuerbetrag nach der Lohnsteuertabelle werden nicht nur durch den Steuertarif selbst (Grundfreibetrag und Tarifverlauf), sondern auch durch die zu berücksichtigende Vorsorgepauschale (→ Rz. 6 f.) beeinflusst. Somit wirkt sich eine Änderung im sozialversicherungsrechtlichen Bereich (z.B. Erhöhung der Beitragsbemessungsgrenzen oder der Beitragssätze) unmittelbar aus, so dass sich auch bei gleichbleibendem Steuertarif i.d.R. **jährlich** eine andere Tabellen-/Lohnsteuer ergibt.

MONAT	3 774,–*

Lohn/ Gehalt bis €*	Abzüge an Lohnsteuer, Solidaritätszuschlag (SolZ) und Kirchensteuer (8%, 9%) in den Steuerklassen																					
	I – VI			I, II, III, IV																		
	ohne Kinderfreibeträge			mit Zahl der Kinderfreibeträge . . .																		
					0,5		1			1,5			2			2,5			3			
	LSt	SolZ	8% 9%		LSt	8% 9%	SolZ	8% 9%	SolZ	8% 9%	SolZ	8% 9%	SolZ	8% 9%	SolZ	8% 9%	SolZ	8% 9%	SolZ	8% 9%	SolZ	8% 9%
3 800,99	I,IV 593,41	—	47,47 53,40	I	593,41	—	38,50 43,31	—	30,02 33,77	—	22,02 24,77	—	14,50 16,31	—	7,47 8,40	—	1,56 1,75					
	II 486,16	38,89	43,75	II	486,16	—	30,38 34,18	—	22,36 25,16	—	14,83 16,68	—	7,78 8,75	—	1,77 1,99							
	III 296,16	23,69	26,65	III	296,16	—	16,72 18,81	—	10,05 11,30	—	4,38 4,93												
	V 867,50	—	79,— 88,87	IV	593,41	—	42,93 48,29	—	34,20 38,48	—	25,96 29,20	—	22,02 24,77									
	VI 1 023,75	—	81,90 92,13																			

Beispiel Anwendung der Lohnsteuertabelle:

PC-Techniker A mit einem monatlichen Bruttoarbeitslohn i.H.v. 3 800 € ist 1981 geboren, ledig, kinderlos und gehört der evangelischen Kirche (ev) an. Für die Lohnsteuerberechnung im Kalenderjahr 2022 sind folgende von der FinVerw mitgeteilten ELStAM zu berücksichtigen:

Steuerklasse I, kein Kinderfreibetrag, Kirchensteuermerkmal ev, Kirchensteuersatz 8 %.

Weil A in sämtlichen Zweigen der Sozialversicherung versichert ist, muss die Allgemeine Lohnsteuertabelle angewandt werden. Folglich sind aus der Tabelle in der Tabellenstufe 3 800,99 € folgende Werte abzulesen (in €):

Bruttoarbeitslohn:	3 800,00
Lohnsteuer:	593,41
Solidaritätszuschlag:	0,00
Kirchensteuer 8 %:	47,47
Summe Steuerabzüge:	640,88

Insgesamt vermindert sich der Bruttoarbeitslohn von A um 640,88 €. Bei der Ermittlung des Nettolohns sind noch die fälligen Sozialabgaben zu berücksichtigen.

3 Trotz Umstellung auf eine **primär elektronische Steuerberechnung** bleibt das Bedürfnis des Anwenders, das Ergebnis der Steuerberechnung und die anfallende oder einzubehaltende Lohnsteuer auch in Tabellen nachschlagen und einsehen zu können. Diesen Zweck erfüllen die vorliegenden Lohnsteuertabellen. Sie dienen der schnellen Information sowie der Kontrolle von Lohnsteuer-Berechnungsprogrammen. Zudem sind sie hilfreich bei der Hochrechnung eines vereinbarten Nettolohns auf den lohnsteuerlich anzusetzenden Bruttolohn und notwendig für die **manuelle Steuerberechnung**.

Der vom **Arbeitgeber** vorzunehmende Steuerabzug beschränkt sich nicht nur auf die Lohnsteuer. Hinzu kommen noch der **Solidaritätszuschlag** (ab 2021 auf Grund der Rückführung des Solidaritätszuschlags nur noch bei höheren Bruttolöhnen) und die **Kirchensteuer** (sowie die Sozialversicherungsbeiträge). Im Interesse der Praxistauglichkeit weisen die vom Stollfuß Verlag angebotenen Lohnsteuertabellen diese Beträge ebenfalls aus.

2. Abgrenzung Einkommensteuer-/ Lohnsteuertabelle

4 Die Tabellen sind wesensgemäß für bestimmte Zwecke ausgerichtet; sie liefern daher verständlicherweise nur bei **bestimmungsgemäßer** Benutzung die zutreffenden Ergebnisse. Weil die Lohnsteuer keine eigene Steuer ist, sondern lediglich eine Erhebungsform der Einkommensteuer (grundsätzlich vorläufiger Steuerabzug auf den Arbeitslohn), können die **Lohnsteuertabellen** nur zum Steuerabzug vom (Brutto-)Arbeitslohn verwendet werden. Dazu bauen die Lohnsteuertabellen auf dem Bruttoarbeitslohn (des Jahres, des Monats oder des Tages) auf. Hierfür liefern sie zutreffende Ergebnisse; nicht aber für die Berechnung der Einkommensteuer, die aus dem zu versteuernden Einkommen zu ermitteln ist. Es ist daher Folgendes zu beachten:

Bemessungsgrundlage der **Einkommensteuertabellen** ist das **zu versteuernde Einkommen** (stets eines Kalenderjahres). Dieses leitet sich beim Arbeitseinkommen aus dem (Brutto-)Arbeitslohn abzüglich der gesetzlich festgelegten Abzugsbeträge ab. Es ist daher stets niedriger als der im Kalenderjahr bezogene (Brutto-)Arbeitslohn.

Die **Lohnsteuertabellen** sind für **(Brutto-)Arbeitslöhne** zu verwenden. Hierzu wird das zu versteuernde Einkommen für die praktische Anwendung in (Brutto-)Arbeitslohnbeträge umgerechnet (hochgerechnet), wobei bestimmte Pauschbeträge und die entsprechend dem Familienstand in Betracht kommenden Freibeträge berücksichtigt und eingearbeitet sind (Tabellenfreibeträge → Rz. 18).

Selbstverständlich beruhen die Lohnsteuertabellen auf demselben **Einkommensteuertarif** wie die Einkommensteuertabellen. Folglich sind die fälligen bzw. an den Fiskus zu zahlenden Steuerbeträge nach beiden (Steuer-)Tabellen gleich hoch.

3. Ehegattenbegriff

5 Verheiratete/Ehegatten/Ehen und eingetragene Lebenspartner/Lebenspartnerschaften werden im Einkommensteuerrecht als Stpfl. gleichbehandelt. Dies regelt § 2 Abs. 8 EStG. Im Folgenden wird daher allgemein von Ehegatten/-partnern gesprochen.

E 3

II. Allgemeine oder Besondere Lohnsteuertabelle

1. Unterscheidungsmerkmale

6 Hauptunterscheidung für den Lohnsteuerabzug ist die **Tabellenart**, also die Frage, ob die Allgemeine oder die Besondere Lohnsteuertabelle anzuwenden ist. Diese Unterscheidung beruht darauf, dass in die **Lohnsteuertabellen** als einer der Tabellenfreibeträge eine **Vorsorgepauschale** in unterschiedlicher Höhe eingearbeitet ist (→ Rz. 352 ff.). Hierdurch werden die sog. Vorsorgeaufwendungen (zur Renten-, Kranken-, Pflegeversicherung) berücksichtigt. Im Veranlagungsverfahren zur Einkommensteuer wird **keine** Vorsorgepauschale angesetzt. Stattdessen werden die tatsächlich geleisteten Vorsorgeaufwendungen herangezogen. Beim Lohnsteuerabzug kann jedoch auf eine typisierende Vorsorgepauschale nicht verzichtet werden. Deshalb richtet sich die Höhe der Vorsorgepauschale in erster Linie danach, ob der Arbeitnehmer sozialversicherungspflichtig ist oder nicht.

Die **allgemeine Vorsorgepauschale** (bei Pflichtversicherung in der gesetzlichen Rentenversicherung, Versicherung in der gesetzlichen Krankenversicherung und der sozialen Pflegeversicherung) gilt folglich für sozialversicherungspflichtige Arbeitnehmer. Für diese Personengruppe ist die **Allgemeine Lohnsteuertabelle** (→ Rz. 9) zu verwenden.

Besteht für den Arbeitnehmer **keine Sozialversicherungspflicht** (keine Rentenversicherungspflicht, keine Versicherungspflicht in der gesetzlichen Krankenversicherung und in der sozialen Pflegeversicherung), wird eine besondere Vorsorgepauschale angesetzt. Sie ist in die **Besondere Lohnsteuertabelle** eingearbeitet (→ Rz. 11).

Darüber hinaus gibt es **Vorsorgepauschalen**, die **Elemente** aus den **beiden genannten** Vorsorgepauschalen enthalten (z.B. Pflichtversicherung in der gesetzlichen Rentenversicherung, aber keine Versicherung in der gesetzlichen Krankenversicherung und der sozialen Pflegeversicherung, oder keine Rentenversicherungspflicht, aber Versicherung in der gesetzlichen Krankenversicherung und der sozialen Pflegeversicherung). In diesen Fällen verwenden Sie für die centgenaue Berechnung der Abzugsbeträge bitte die Software Stotax-Lohn ® (vgl. beigefügten Zugangscode).

7 **Sozialversicherungspflichtige** Arbeitnehmer haben regelmäßig höhere gesetzliche Vorsorgeaufwendungen (Sozialversicherungsbeiträge in allen Versicherungszweigen) als nicht versicherungspflichtige Arbeitnehmer. Weil die Höhe der gezahlten sozialversicherungsrechtlichen Beiträge beim Lohnsteuerabzug bereits bekannt ist, erhält dieser Personenkreis die **allgemeine Vorsorgepauschale**. Diese setzt sich aus den Teilbeträgen für die Renten-, Kranken- und Pflegeversicherung gem. den gesetzlichen Beitragsregelungen zusammen und wird in der **Allgemeinen Lohnsteuertabelle** berücksichtigt.

Nicht sozialversicherungspflichtige Arbeitnehmer (insbesondere Beamte) haben grundsätzlich niedrigere Vorsorgeaufwendungen. Weil die tatsächlichen privaten Kranken- und Pflegeversicherungsbeiträge unterschiedlich hoch sind, können sie beim Lohnsteuerabzug sowie beim Aufbau der Lohnsteuertabelle grundsätzlich nur typisiert berücksichtigt werden.

Deshalb erhält dieser Personenkreis beim Lohnsteuerabzug eine besondere Vorsorgepauschale für die Beiträge zur privaten Kranken- und Pflegeversicherung, die sog. **Mindestvorsorgepauschale**. Als Mindestvorsorgepauschale wird in der **Besonderen Lohnsteuertabelle** ein Betrag i.H.v. 12 % des Arbeitslohns berücksichtigt. Der sich so ergebende Betrag wird in den Steuerklassen I, II und IV bis VI auf 1 900 € im Kalenderjahr und in der Steuerklasse III auf 3 000 € begrenzt.

8 Die Unterscheidung nach Allgemeiner und Besonderer Lohnsteuertabelle gibt es nur beim **Lohnsteuerabzug**. Für die Anwendung der **Einkommensteuertabelle** (→ Rz. 23) ist diese Unterscheidung nicht erforderlich; diese Tabelle geht vom zu versteuernden Einkommen aus, bei dessen Ermittlung die Sonderausgaben im Rahmen der Höchstbeträge und der sog. Günstigerprüfung bereits abgezogen worden sind.

2. Allgemeine Lohnsteuertabelle

a) Ermittlung Vorsorgepauschale

9 Die **Allgemeine Lohnsteuertabelle** ist anzuwenden für Arbeitnehmer, die in allen Zweigen der Sozialversicherung (Renten-, Kranken- und Pflegeversicherung) versichert sind. Die Beiträge zur **Arbeitslosenversicherung** sind für die Bemessung der Vorsorgepauschale **unerheblich**. Die Teilbeträge der Vorsorgepauschale in den jeweiligen Versicherungszweigen richten sich nach dem Arbeitslohn i.V.m. den gesetzlichen Beitragssätzen und den Beitragsbemessungsgrenzen.

Bei der **Rentenversicherung** sind die unterschiedlichen **Beitragsbemessungsgrenzen Ost** (2022: 81 000 € jährlich/ 6 750 € monatlich) und **West** (2022:84 600 € jährlich/7 050 € monatlich) zu beachten. Bei Arbeitslöhnen über der Beitragsbemessungsgrenze der Rentenversicherung Ost ist folglich ein unterschiedlich hoher Teilbetrag der **Vorsorgepauschale** für die Rentenversicherung getrennt nach Ost und West in der Allgemeinen Lohnsteuertabelle berücksichtigt, und zwar in Höhe des gesetzlichen Arbeitnehmeranteils i.H.v. 9,3 % (Hälfte des Gesamtbeitragssatzes zur gesetzlichen Rentenversicherung 2022 weiterhin i.H.v. 18,6 %). Hiervon sind in 2022 aber nur 88 % des Arbeitnehmerbeitrags berücksichtigungsfähig.

Als **Vorsorgepauschale** für die Kranken- und Pflegeversicherung wird in dieser Lohnsteuertabelle mitunter die gesetzliche Mindestvorsorgepauschale (12 % des Arbeitslohns, höchstens 1 900 €, in Steuerklasse III höchstens 3 000 €) berücksichtigt. Sie wird angesetzt, wenn der sich so ergebende Betrag höher ist als die Summe der tatsächlich an die gesetzliche Kranken- sowie an die soziale Pflegeversicherung geleisteten (und abziehbaren) Beiträge. Ist die Mindestvorsorgepauschale niedriger als die geleisteten Beiträge, so werden die höheren Beiträge berücksichtigt. Der Anwender muss diese **Vergleichsrechnung** daher **nicht selbst** vornehmen. Die Beitragsbemessungsgrenze in der gesetzlichen **Kranken-** und **Pflegeversicherung** beträgt für 2022 bundeseinheitlich weiterhin 58 050 € jährlich/4 837,50 € monatlich.

Der Teilbetrag der Vorsorgepauschale für die gesetzliche Krankenversicherung ist mit dem auch für 2022 anzusetzenden Arbeitnehmeranteil des ermäßigten **Beitragssatzes** zur **gesetzlichen Krankenversicherung** i.H.v. 7,0 % (also ohne den im allgemeinen Beitragssatz enthaltenen Beitragssatzanteil für das Krankengeld i.H.v. 0,6 %) sowie dem durchschnittlichen Zusatzbeitrag berücksichtigt. (Berechnung: Der ermäßigte Beitragssatz zur Krankenversicherung beträgt auch in 2022 14,0 %, sein Ansatz erfolgt mit 50 %.) Während für die maschinelle Lohnsteuerermittlung der für den Arbeitnehmer bei der Beitragsberechnung zu berücksichtigende tatsächliche Zusatzbeitragssatz der Krankenkasse maßgeblich ist, kommt für die **Lohnsteuertabellen** der durchschnittliche Zusatzbeitrag für 2022 i.H.v. weiterhin 1,3 % hinzu. Weil seit dem 1.1.2019 Arbeitgeber und Arbeitnehmer auch den Zusatzbeitrag je zur Hälfte tragen, wird der Arbeitnehmeranteil für die Beiträge zur gesetzlichen Krankenkasse insgesamt mit 7,65 % des Arbeitslohns angesetzt.

Der Teilbetrag der Vorsorgepauschale für die **Pflegeversicherung** wird auch für 2022 mit dem Arbeitnehmeranteil i.H.v. 1,525 % berücksichtigt (Hälfte des gesetzlichen Gesamtbeitragssatzes zur Pflegeversicherung 2022 i.H.v. 3,05 %).

b) Unterschiede zur maschinellen Berechnung

10 Der **Beitragszuschlag für Kinderlose** in der Pflegeversicherung i.H.v. 0,35 % (§ 55 Abs. 3 SGB XI) wird in den Lohnsteuertabellen aus Vereinfachungsgründen nicht berücksichtigt (bis 2021: 0,25 %). Dies kann zu einer geringfügig höheren Lohnsteuer als bei der maschinellen Lohnsteuerberechnung führen.

A. Allgemeines

In **Sachsen** besteht bei der Pflegeversicherung die Besonderheit, dass der Arbeitnehmeranteil an der Pflegeversicherung in 2022 mit 2,025 % (also um 0,5 %) höher ist als im übrigen Bundesgebiet. Diese Besonderheit ist in den Lohnsteuertabellen aus Vereinfachungsgründen ebenfalls nicht berücksichtigt, was zu einer minimal höheren Lohnsteuer als bei der maschinellen Lohnsteuerberechnung führen kann.

Zur maschinellen bzw. centgenauen Berechnung verwenden Sie bitte die Software Stotax-Lohn 🖱 (vgl. beigefügten Zugangscode).

3. Besondere Lohnsteuertabelle

11 Die **Besondere Lohnsteuertabelle** ist anzuwenden für Beamte, Richter, Berufssoldaten, Soldaten auf Zeit und alle Arbeitnehmer, die keinen Beitragsanteil zur gesetzlichen Rentenversicherung sowie zur gesetzlichen Kranken- und sozialen Pflegeversicherung entrichten (also nicht z.B. für freiwillig gesetzlich krankenversicherte Beamte. Die Beiträge für die private Kranken- und Pflegeversicherung werden in den Lohnsteuertabellen mit der **Mindestvorsorgepauschale** (→ Rz. 7) berücksichtigt.

Es gilt aber die Besonderheit, dass der Arbeitnehmer für den Lohnsteuerabzug seinem Arbeitgeber höhere abziehbare Beiträge für eine **private** Kranken- und Pflegeversicherung **nachweisen** kann. Weist er für den Lohnsteuerabzug solch höhere abziehbare Beiträge nach (indem er dem Arbeitgeber eine Bescheinigung der Versicherungsgesellschaft vorlegt → Rz. 16), kann die Lohnsteuer anhand der Lohnsteuertabellen mit einem **Korrekturbetrag** annähernd genau ermittelt werden. Eine centgenaue Berechnung ist mit der Software Stotax-Lohn 🖱 möglich (vgl. beigefügten Zugangscode).

III. Praxishinweise zur Anwendung

1. Lohnsteuertabelle (Allgemeine und Besondere)

a) Allgemeine Hinweise

12 Folgende Grundsätze sind für die Anwendung der Lohnsteuertabellen zu beachten:
– Die Lohnsteuertabellen gehen vom steuerpflichtigen Bruttoarbeitslohn aus. Diesen hat der Arbeitgeber zu ermitteln (→ Rz. 393 ff.).
– Im Anschluss daran hat er zu entscheiden, ob für den Arbeitnehmer die Allgemeine oder die Besondere Lohnsteuertabelle anzuwenden ist (→ Rz. 6–11).
– Die danach zutreffende Lohnsteuertabelle ist bezogen auf den jeweiligen **Lohnzahlungszeitraum** (Jahres-, Monats-, Tagestabelle) zu verwenden (→ Rz. 402 ff.).

Vor Anwendung der zutreffenden Lohnsteuertabelle ist der jeweilige steuerpflichtige Bruttoarbeitslohn um die folgenden Beträge zu vermindern bzw. zu erhöhen:

Abzusetzen ist, wenn die Voraussetzungen dafür vorliegen,
– ein mit den elektronischen Lohnsteuerabzugsmerkmalen (→ Rz. 307) mitgeteilter oder in der vom Finanzamt ausgestellten arbeitgeberbezogenen Bescheinigung zur Durchführung des Lohnsteuerabzugs eingetragener persönlicher Freibetrag (→ Rz. 13),
– der Altersentlastungsbetrag (→ Rz. 14) und
– der Versorgungsfreibetrag sowie der Zuschlag zum Versorgungsfreibetrag (→ Rz. 15).

Hinzuzurechnen ist ggf.
– ein mit den elektronischen Lohnsteuerabzugsmerkmalen (→ Rz. 307) mitgeteilter oder in der vom Finanzamt ausgestellten arbeitgeberbezogenen Bescheinigung zur Durchführung des Lohnsteuerabzugs eingetragener Hinzurechnungsbetrag (→ Rz. 13).

b) Persönlicher Freibetrag, Hinzurechnungsbetrag

13 Der **persönliche Freibetrag** oder **Hinzurechnungsbetrag** wird vom Finanzamt auf Antrag des Arbeitnehmers ermittelt und dem Arbeitgeber mit den elektronischen Lohnsteuerabzugsmerkmalen (ELStAM, → Rz. 307) mitgeteilt. Wendet der Arbeitgeber das Papierverfahren an, ist der Freibetrag oder der Hinzurechnungsbetrag der vom Finanzamt ausgestellten arbeitgeberbezogenen Bescheinigung zur Durchführung des Lohnsteuerabzugs zu entnehmen. Sollte als Freibetrag/Hinzurechnungsbetrag für den jeweiligen **Lohnzahlungszeitraum** neben dem Jahresbetrag lediglich ein Monatsbetrag mitgeteilt worden sein, kann der Arbeitgeber aus ihm die weiteren Beträge ableiten. Der tägliche Freibetrag/Hinzurechnungsbetrag ist mit 1/30 und der wöchentliche Betrag ist mit 7/30 des Monatsbetrags anzusetzen.

Für die Ermittlung der Lohnabzugsbeträge ist der Freibetrag/ vom **Bruttoarbeitslohn** abzuziehen und der Hinzurechnungsbetrag dem Bruttoarbeitslohn hinzuzurechnen. Für den so geminderten bzw. erhöhten Bruttoarbeitslohn ist dann die entsprechende Stufe in der Lohnsteuertabelle auszuwählen. Zu den möglichen Abweichungen gegenüber der elektronisch ermittelten Lohnsteuer → Rz. 19 f.

c) Altersentlastungsbetrag

14 Ein **Altersentlastungsbetrag** (→ Rz. 244) ist bei Arbeitnehmern zu berücksichtigen, die vor Beginn des Kalenderjahres das 64. Lebensjahr vollendet haben. Der Altersentlastungsbetrag (Freibetrag) wird seit 2006 sukzessive abgeschmolzen (auf 0 € im Jahr 2040). Der im Jahr der erstmaligen Berücksichtigung (**Erstjahr**) ermittelte Prozentsatz sowie der Höchstbetrag bleiben dem Arbeitnehmer zeitlebens erhalten. Steuerbegünstigte Versorgungsbezüge bleiben bei der Berechnung außer Betracht, sie sind nicht begünstigt.

Der auf den Lohnzahlungszeitraum entfallende Anteil des Altersentlastungsbetrags ist zu ermitteln mit einem Zwölftel für den Monat, mit 7/30 des Monatsbetrags für die Woche und mit 1/30 des Monatsbetrags für den Tag. Dabei darf sich hiernach insgesamt ergebende Monatsbetrag auf den nächsten vollen Euro-Betrag, der Wochenbetrag auf den nächsten durch zehn teilbaren Centbetrag und der Tagesbetrag auf den nächsten durch fünf teilbaren Centbetrag aufgerundet werden. Hierbei ist zu beachten, dass der auf den Lohnzahlungszeitraum entfallende anteilige Höchstbetrag auch dann nicht überschritten werden darf, wenn in den vorangegangenen Lohnzahlungszeiträumen desselben Kalenderjahres der Höchstbetrag nicht ausgeschöpft worden ist. Die Berechnung des Altersentlastungsbetrags beim Lohnsteuerabzug hat keine Auswirkung auf dessen Berechnung im Veranlagungsverfahren zur Einkommensteuer.

Bei im Ausland ansässigen und somit **beschränkt** einkommensteuerpflichtigen Arbeitnehmern ist ebenfalls ein Altersentlastungsbetrag abzuziehen.

Die Beträge für die jeweiligen Erstjahre können der nachfolgenden Tabelle entnommen werden.

Altersentlastungsbetrag nach § 24a EStG				Abzugsbeträge höchstens		
Vollendung 64. Lebensj.	**Erstjahr**	vom Arbeitslohn in %	Höchstbetrag Kalenderjahr in €	Monat 1/12 Kj. €	Woche 7/30 von Mt. €	Tag 1/30 von Mt. €
Bis 2004	2005	40,0	1 900	159,00	37,10	5,30
2020	2021	15,2	722	61,00	14,30	2,05
2021	**2022**	**14,4**	**684**	**57,00**	**13,30**	**1,90**

d) Versorgungsfreibetrag

15 Der **Versorgungsfreibetrag** (→ Rz. 264) ist abzuziehen, wenn es sich bei einem Teil des Arbeitslohns oder insgesamt um Versorgungsbezüge handelt. Versorgungsbezüge sind auf früheren Dienstleistungen bzw. Arbeitsverhältnissen beruhende Bezüge und Vorteile (Altersbezüge wie Ruhegehalt, Witwen- bzw. Waisengeld und Bezüge wegen Berufs- oder Erwerbsunfähigkeit).

Bezüge, die wegen Erreichens einer Altersgrenze gezahlt werden, gelten erst dann als begünstigte Versorgungsbezüge, wenn der Stpfl. das 63. Lebensjahr oder, wenn er Schwerbehinderter ist, das 60. Lebensjahr vollendet hat.

E 5

A. Allgemeines

Bemessungsgrundlage für den Versorgungsfreibetrag ist das Zwölffache des ersten vollen Monatsbezugs zuzüglich voraussichtlicher Sonderzahlungen.

Die danach erstmals berechnete Höhe der Freibeträge für Versorgungsbezüge gelten grundsätzlich für die gesamte Laufzeit des Versorgungsbezugs **(betragsmäßige Festschreibung)**. Regelmäßige Anpassungen der Versorgungsbezüge führen also nicht zu einer Neuberechnung der Freibeträge. Wegen dieser Komplizierungen wird auf die Darstellung der Versorgungsbezüge in den Lohnsteuertabellen verzichtet. Die Lohnsteuer kann jedoch mit den Tabellen annähernd ermittelt werden, wenn von dem Versorgungsbezug ein **Korrekturbetrag** für den Versorgungsfreibetrag und den Zuschlag zum Versorgungsfreibetrag abgezogen wird, der sich nach dem **Erstjahr** (begünstigter Versorgungsbeginn) richtet.

Der Versorgungsfreibetrag beträgt bei Versorgungsbeginn bis **2005** 40 % der Versorgungsbezüge, höchstens jedoch 3 000 € jährlich. Ferner ist der **Zuschlag zum Versorgungsfreibetrag** i.H.v. 900 € abzuziehen. Der auf den Lohnzahlungszeitraum insgesamt entfallende Anteil dieser Freibeträge für Versorgungsbezüge ist zu ermitteln mit einem Zwölftel für den Monat, mit 7/30 des Monatsbetrags für die Woche und mit 1/30 des Monatsbetrags für den Tag.

Da in den Lohnsteuertabellen der Arbeitnehmer-Pauschbetrag von 1 000 € berücksichtigt wird und bei Versorgungsbezügen nur ein Werbungskostenpauschbetrag von 102 € abzuziehen ist, muss zum Ausgleich von der Summe der beiden Freibeträge für Versorgungsbezüge ein Betrag von 898 € jährlich (bzw. ein dem Lohnzahlungszeitraum entsprechender Teilbetrag) abgezogen werden.

Das ergibt für Versorgungsbezüge mit einem **Versorgungsbeginn** bis **2005** einen Korrekturbetrag i.H.v. (3 900 € − 898 € =) **3 002 €** jährlich. Die Beträge für die aktuellen späteren Erstjahre eines Versorgungsbezugs können der nachfolgenden Tabelle entnommen werden.

begünst. Versorgungsbeginn **Erstjahr**	Versorgungsfreibetrag (VB) nach § 19 Abs. 2 EStG		Zuschlag zum VB	Summe	Korrekturbetrag (= Summe VB + Zuschlag VB − 898 €)			
	vom Arbeitsl. in %	Höchstbetrag in €	in €	VB + Zuschl. in €	Kalenderjahr in €	Monat 1/12 Kj. €	Woche 7/30 von Mt. €	Tag 1/30 von Mt. €
Bis 2005	40,0	3 000	900	3 900	3 002	250,16	58,37	8,33
2021	15,2	1 140	342	1 482	584	49,00	11,40	1,65
2022	14,4	1 080	324	1 404	506	42,17	9,90	1,41

e) Nachweis höherer privater Kranken- und Pflegeversicherungsbeiträge

16 Die **Allgemeine Lohnsteuertabelle** unterstellt bei der Ermittlung die Versicherungspflicht in der gesetzlichen Kranken- und Pflegeversicherung. In der **Besonderen Lohnsteuertabelle** kann nur die gesetzliche Mindestvorsorgepauschale berücksichtigt werden (→ Rz. 7, 11). Weist ein Arbeitnehmer höhere abziehbare private Kranken- und Pflegeversicherungsbeiträge nach, kann der Arbeitgeber die sich dadurch ergebende Tabellenlohnsteuer mit Hilfe eines Korrekturbetrags ermitteln.

Der **Korrekturbetrag** ergibt sich aus dem

- **Jahresbetrag** der **privaten** Kranken- und Pflegeversicherungsbeiträge des Arbeitnehmers
- abzüglich der **Mindestvorsorgepauschale** für den Jahresarbeitslohn und
- abzüglich eines **typisierten Arbeitgeberzuschusses** zur privaten Kranken- und Pflegeversicherung für den Jahresarbeitslohn, wenn der Arbeitgeber verpflichtet ist, einen solchen Zuschuss zur Kranken- und Pflegeversicherung zu zahlen.

Ist der verbleibende Betrag **positiv**, so wird der Korrekturbetrag vom Bruttolohn (ggf. anteilig für den jeweiligen Lohnzahlungszeitraum) **abgezogen** und die Lohnsteuer von dem geminderten Bruttolohn abgelesen. Sollte der Betrag **negativ** werden, so **entfällt** ein Korrekturbetrag (es bleibt bei der in der Besonderen Lohnsteuertabelle eingearbeiteten Mindestvorsorgepauschale).

Beispiel <u>Korrekturbetrag bei höheren privaten Kranken- und Pflegeversicherungsbeiträgen</u>

Ein Beamter, Steuerklasse III, erhält in 2022 einen Jahresarbeitslohn von 39 000 €. Seine nachgewiesenen Basiskranken- und Pflegepflichtversicherungsbeiträge betragen jährlich 6 000 €. Er erhält keinen Zuschuss von seinem Arbeitgeber.

Der **Korrekturbetrag** berechnet sich aus 6 000 € **abzüglich** Mindestvorsorgepauschale (12 % von 39 000 € = 4 680 €, höchstens 3 000 €); anzusetzen sind 3 000 € (= 6 000 − 3 000 €) jährlich.

Die Jahreslohnsteuer ist bei einem Bruttolohn von (39 000 € − 3 000 € =) 36 000 € abzulesen und die Monatslohnsteuer bei einem Bruttolohn von (3 250,00 € Monatsbezüge − [1/12 des jährlichen Korrekturbetrages von 3 000 €=] 250,00 € =) 3 000 €.

Zur Ermittlung des Korrekturbetrages wird auf die **Hinweise zur Anwendung der Zusatztabelle „Abzugsbetrag bei privat Kranken- und Pflegeversicherten"**, die im Anschluss an die Lohnsteuertabellen abgedruckt sind, verwiesen. Die Software Stotax-Lohn Ⓒ ermittelt die lohnsteuerlichen und sozialversicherungsrechtlichen Abzüge ohne diese personelle Zwischenrechnung centgenau (vgl. beigefügten Zugangscode).

f) Faktorverfahren

17 Arbeitnehmer-Ehegatten haben die Möglichkeit, in der Steuerklasse IV das **Faktorverfahren** zu wählen (→ Rz. 29, 35, 332). Hat ein Arbeitnehmer Steuerklasse IV mit Faktor gewählt, so multipliziert der Arbeitgeber den in der Allgemeinen oder Besonderen Lohnsteuertabelle abzulesenden Steuerabzugsbetrag für die Steuerklasse IV jeweils mit dem von Finanzamt mitgeteilten Faktor (0,...) und erhält so die geminderte und einzubehaltende Lohnsteuer.

Aus der so geminderten Lohnsteuer sind die Lohnkirchensteuer und der Solidaritätszuschlag zu berechnen. Zu den Besonderheiten beim Solidaritätszuschlag wegen der sog. Nullzone und der Milderungsregelung → Rz. 713 f.

Vor Anwendung der Lohnsteuertabellen für Steuerklasse IV ist der Bruttoarbeitslohn ggf. zu korrigieren (z.B. Abzug des Altersentlastungsbetrags → Rz. 14, des Korrekturbetrags bei Versorgungsbezug → Rz. 15, des Korrekturbetrags bei höheren privaten Kranken- und Pflegeversicherungsbeiträgen → Rz. 16).

2. Tabellenfreibeträge

18 Im Unterschied zur Einkommensteuertabelle (→ Rz. 23), die vom zu versteuernden Einkommen ausgeht, beruht die Lohnsteuertabelle auf dem steuerpflichtigen Bruttoarbeitslohn und unterscheidet zwischen den sechs Lohnsteuerklassen (→ Rz. 322–328). In der Lohnsteuertabelle sind bestimmte Freibeträge und Pauschbeträge eingearbeitet, die auch bei der Ermittlung des zu versteuernden Einkommens bzw. in der Tarifformel berücksichtigt werden (sog. **Tabellenfreibeträge**). Dabei handelt es sich um

- den **Grundfreibetrag** (→ Rz. 27). Er beträgt für das Kalenderjahr 2022 9 984 € und wird in den Steuerklassen I, II und IV berücksichtigt. In der Steuerklasse III wird er auf Grund des Splittingverfahrens in zweifacher Höhe angesetzt;

- den **Arbeitnehmer-Pauschbetrag** (→ Rz. 94) für Werbungskosten. Er beträgt jährlich 1 000 €. Der Arbeitnehmer-Pauschbetrag ist für Versorgungsbezüge nicht anzuwenden (→ Rz. 15). Er steht einem Arbeitnehmer jährlich nur einmal zu und ist daher in den Steuerklassen I, II, III, IV und V eingearbeitet (nicht in Steuerklasse VI für weitere Dienstverhältnisse eines Arbeitnehmers);

- den **Sonderausgaben-Pauschbetrag** (→ Rz. 198, 254) für Sonderausgaben (z.B. Kirchensteuer, Spenden), die nicht Vorsorgeaufwendungen sind. Er beträgt jährlich 36 € und ist in die Steuerklassen I, II, III, IV und V eingearbeitet; er wird in der Steuerklasse III nicht verdoppelt;

- die **Vorsorgepauschale** (→ Rz. 209) für Vorsorgeaufwendungen. Sie ist in sämtliche Steuerklassen eingearbeitet und wird in der Steuerklasse III grundsätzlich nicht erhöht (nur höhere Mindestvorsorgepauschale → Rz. 7–11);

- der **Entlastungsbetrag für Alleinerziehende** (→ Rz. 119 ff.) hat seit 2015 1 908 € betragen und ist seit 2015 nach der Kinderzahl gestaffelt. So steigt der Entlastungsbetrag für das zweite und jedes weitere Kind zusätzlich um 240 € jährlich.

Der Entlastungsbetrag wurde zunächst für die Kalenderjahre 2020 und 2021 kurzfristig um jeweils 2 100 € erhöht. Ab 2022 beträgt dieser nun unbefristet 4 008 €. Die in 2015 eingeführte Staffelung für das zweite und jedes weitere Kind ist beibehalten worden. Der Entlastungsbetrag für Alleinerziehende für ein Kind (4 008 €) ist in die amtlichen Berechnungsvorgaben für die Lohnsteuer der Steuerklasse II und damit auch in die Lohnsteuerbeträge dieser Lohnsteuertabelle **eingearbeitet worden.**

Dies gilt für den zusätzlichen Entlastungsbetrag für das zweite und jedes weitere Kind (jeweils 240 €) **nicht.** Er ist als persönlicher **Freibetrag** (→ Rz. 13) beim Finanzamt zu beantragen.

- die Freibeträge für Kinder betragen für 2022 unverändert 2 730 € für den **Kinderfreibetrag** pro Elternteil (→ Rz. 114) und für den **Freibetrag für den Betreuungs- und Erziehungs- oder Ausbildungsbedarf** 1 464 € pro Elternteil (→ Rz. 114). Diese haben insofern eine Sonderstellung bei den Tabellenfreibeträgen, als sie sich **nicht** auf die Höhe der Lohnsteuer selbst auswirken (im laufenden Kalenderjahr wird dafür das Kindergeld als Steuervergütung monatlich gezahlt), sondern nur bei der Ermittlung der **Zuschlagsteuern.** Dies sind der **Solidaritätszuschlag** und die **Kirchensteuer.**

Dort wirken sich diese Freibeträge durch eine rechnerische Kürzung der Lohnsteuer zur **Maßstabsteuer** steuermindernd aus. Diese Berechnung müssen Sie nicht selbst durchführen. Das Ergebnis dieser Berechnung wird in den **Verlagstabellen** bereits als abzulesender Betrag ausgewiesen.

3. Unterschiede zwischen Tabellensteuer und elektronisch ermittelter Steuer

19 Unterschiedliche Beträge für die Lohnsteuer lt. Tabelle und für die elektronisch ermittelte Lohnsteuer (und folglich für die davon abhängigen Zuschlagsteuern Solidaritätszuschlag und Kirchensteuer) können sich in folgenden Fällen ergeben:

a) Persönlicher Freibetrag, Hinzurechnungsbetrag

20 Ist bei der Lohnsteuerberechnung ein Freibetrag oder Hinzurechnungsbetrag (→ Rz. 13) anzusetzen, kann die Vorsorgepauschale bei elektronisch berechneter Lohnsteuer niedriger oder höher sein als die in der Tabellenstufe eingearbeitete Vorsorgepauschale. Bei der elektronischen Lohnsteuerberechnung wird die Vorsorgepauschale wie bei der Einkommensteuerveranlagung berechnet, nämlich vom (Brutto-)Arbeitslohn; ein etwa beim Lohnsteuerabzug berücksichtigter Freibetrag oder Hinzurechnungsbetrag ist in der Veranlagung zur Einkommensteuer ohne Bedeutung.

In der Lohnsteuertabelle kann die Vorsorgepauschale aus technischen Gründen nur nach dem Bruttolohn der jeweiligen Tabellenstufe ermittelt werden. Ist auf der Lohnsteuerkarte ein persönlicher Freibetrag bzw. Hinzurechnungsbetrag eingetragen, so ist der Bruttolohn entsprechend zu korrigieren und die Lohnsteuer in einer niedrigeren bzw. höheren Lohnstufe abzulesen (→ Rz. 13). Folglich wird damit automatisch entweder eine etwas niedrigere oder eine etwas höhere und im Höchstbetragsbereich jedoch die zutreffende Vorsorgepauschale berücksichtigt.

b) Besonderheiten in der Pflegeversicherung

21 Bestimmte Sonderregelungen (höherer Arbeitnehmeranteil in Sachsen, Arbeitnehmerzuschlag für Kinderlose; → Rz. 10) bei der Berechnung von Pflegeversicherungsbeiträgen führen zu einer etwas niedrigeren Lohnsteuer, die tabellarisch nicht be-

rücksichtigt werden kann. Der Tabellenberechnung liegt typisierend die Annahme zu Grunde, dass kein Kinderlosenzuschlag und kein höherer Arbeitnehmeranteil für in Sachsen ansässige Arbeitnehmer zu berücksichtigen ist. Hiervon abweichende Lebenssachverhalte führen zu Unterschieden zwischen Tabellensteuer und elektronisch ermittelter Lohnsteuer.

c) Folgen der Unterschiedsbeträge

22 In der Einkommensteuer-Veranlagung des Arbeitnehmers werden ggf. die geringfügigen Unterschiedsbeträge durch die Anrechnung der einbehaltenen Lohnsteuer auf die festgesetzte Einkommensteuer ausgeglichen.

Hat ein **Arbeitgeber** die Lohnsteuer manuell nach der Lohnsteuertabelle berechnet und sollte diese (was kaum zu erwarten ist!) niedriger sein als bei elektronischer Lohnsteuerberechnung, so braucht er nicht zu befürchten, dass er für den Unterschiedsbetrag bis zur Höhe der elektronischen Lohnsteuer haftet, z.B. bei einer Lohnsteuer-Außenprüfung.

Die Lohnsteuer gemäß der nach **amtlichen** Vorgaben erstellten Tabelle ist **stets** der **zutreffende** Steuerabzug, wenn die Lohnsteuer nicht elektronisch berechnet worden ist.

Mit der Software Stotax-Lohn © (vgl. beigefügten Zugangscode) können jedoch sämtliche Besonderheiten berücksichtigt und somit die zutreffenden, centgenauen Abzugsbeträge elektronisch ermittelt werden.

4. Einkommensteuertabelle

23 Die **Einkommensteuertabelle** weist die Einkommensteuer für das zu versteuernde Einkommen aus. Das **zu versteuernde Einkommen** wird für den Stpfl. (auch für Arbeitnehmer) in der Einkommensteuerveranlagung ermittelt (Kurzschema → Rz. 38). Für die Höhe der Einkommensteuer ist zwischen **Grundtabelle** (für nicht Verheiratete) und **Splittingtabelle** (für Zusammenveranlagung von Ehepartnern) zu unterscheiden (→ Rz. 68 ff.). Obwohl die Steuer-Tarifformel (→ Rz. 27) keine Stufen (→ Rz. 2) enthält, wird die Einkommensteuertabelle aus Gründen des Umfangs und gemäß den gesetzlichen Regelungen in Stufen von 36 € aufgestellt. Die Steuer wird dabei aus dem als Tabellenstufe ausgewiesenen zu versteuernden Einkommen berechnet.

Mit der Software Stotax-Lohn © (vgl. beigefügten Zugangscode) kann die zutreffende Einkommensteuer aus dem eurogenauen zu versteuernden Einkommen ermittelt werden.

IV. Steuertarif

24 Der Steuertarif ist das Herzstück des Einkommensteuergesetzes. Dieses kennt nur eine einzige **Tarifformel,** die auf das zu versteuernde Einkommen allgemein und einheitlich angewandt wird. Dies ist deutlicher Ausdruck dafür, dass es nach dem der Einkommensteuer zu Grunde liegenden Grundsatz der Besteuerung nach der finanziellen Leistungsfähigkeit nicht darauf ankommt, wie mühsam oder leicht und in welcher Einkunftsart das Einkommen erzielt wurde. Sonderbelastungen und persönliche Verhältnisse des Stpfl. im Einzelfall sind zuvor zu berücksichtigen (Kurzschema zur Ermittlung des zu versteuernden Einkommens → Rz. 38).

25 Die einheitliche und allgemeine Tarifformel wird herkömmlich als **Grundtarif** bezeichnet, der bei einer Darstellung in Tabellenform in der **Einkommensteuer-Grundtabelle** umgesetzt ist. Er gilt auch für Ehepartner, die einzeln zur Einkommensteuer veranlagt werden.

Werden Ehepartner zusammen zur Einkommensteuer veranlagt, so wird für die Steuerberechnung das sog. **Splitting-Verfahren** angewandt. Die Steuerberechnung geschieht dabei in der Weise, dass das gemeinsame (zu versteuernde) Einkommen halbiert, die Einkommensteuer für das halbierte (zu versteuernde) Einkommen nach dem Grundtarif ermittelt und anschließend verdoppelt wird. Diese Einkommensteuer wird bei einer Darstellung in Tabellenform in der **Einkommensteuer-Splittingtabelle** umgesetzt. Das Rechenergebnis des Splitting-Verfahrens wird vielfach auch kurz als **Splittingtarif** bezeichnet.

E 7

A. Allgemeines

Beispiel:

zu versteuerndes Einkommen	Einkommensteuer nach dem ...	
	Grundtarif	Splittingtarif
10 000 €	2 €	0 €
20 000 €	2 207 €	4 €
40 000 €	8 246 €	4 414 €
80 000 €	24 332 €	16 492 €
160 000 €	57 932 €	48 664 €

26 Dieses Splitting-Verfahren ist unabhängig davon, welcher der Ehepartner welchen Anteil am gemeinsamen (zu versteuernde) Einkommen erzielt hat; ein Ehepartner kann also auch keine Einkünfte haben. Das Splitting-Verfahren führt zu einer **Progressionsmilderung**, und zwar umso höher, je weiter die jeweiligen Einkommen der Ehepartner auseinander liegen und je höher das gemeinsame zu versteuernde Einkommen ist (**für 2022** Progressionsmilderung bis **max. 17 603 €**).

27 Der **Einkommensteuertarif 2022** setzt sich aus **drei Tarifzonen** zusammen:

– Die erste Tarifzone ist die sog. **Nullzone**. Das ist der **Grundfreibetrag**. Er beträgt im Jahr 2022 **9 984 €**. Für ein zu versteuerndes Einkommen bis zu diesem Grundfreibetrag beträgt die Einkommensteuer stets 0 €. Damit wird das sog. Existenzminimum für den privaten Verbrauch steuerunbelastet gestellt.

– Die zweite Tarifzone ist die sog. **Progressionszone**. Mit steigendem zu versteuernden Einkommen steigt in diesem Bereich auch der Steuersatz. Er beginnt nach dem Grundfreibetrag mit **14 %** in der Eingangszone (**Eingangssteuersatz**) und steigt mathematisch linear bis zu einem **Knickpunkt** bei 14 926 € auf etwa **24 %**. Von diesem Knickpunkt an steigt der Steuersatz weniger steil bis zum Ende der Progressionszone bei 58 596 € auf **42 %**.

– Als dritte Tarifzone folgt im Anschluss an die Progressionszone die sog. **Proportionalzone**. Darin unterliegt das zu versteuernde Einkommen ab 58 597 € im Jahr einem gleichbleibenden Steuersatz von **42 %** (**Spitzensteuersatz**). Für ein zu versteuerndes Einkommen ab 277 826 € beträgt der **Spitzensteuersatz 45 %** (sog. Reichensteuer).

Im Splitting-Verfahren (→ Rz. 25 f.) gilt dies für den **doppelten Betrag** des zu versteuernden Einkommens.

28 Der Eingang- und Spitzensteuersatz darf nicht mit dem **Grenzsteuersatz** oder dem **Durchschnittssteuersatz** für ein bestimmtes zu versteuerndes Einkommen verwechselt werden.

Der **Durchschnittssteuersatz** (die durchschnittliche **Einkommensteuerbelastung**) ist der Anteil der Einkommensteuer am zu versteuernden Einkommen (Einkommensteuer x 100 : zu versteuerndes Einkommen). Er ist stets niedriger als der Grenzsteuersatz (oder ein durchschnittlicher Grenzsteuersatz), der die Steuerbelastung für einen bestimmten Euro (eine Stufe) im Verlauf des zu versteuernden Einkommens ausdrückt. Der persönliche Grenzsteuersatz ist die Einkommensteuer auf den letzten Euro des individuellen zu versteuernden Einkommens.

Beispiel:

	zu versteuerndes Einkommen	Einkommensteuer nach Grundtarif
	30 000 €	5 020 €
	30 100 €	5 050 €
Unterschiedsbetrag	100 €	30 €

Durchschnittlicher Einkommensteuersatz (für 30 100 €):

$$\frac{5\ 050\ € \times 100}{\text{zu versteuerndes Einkommen } 30\ 100\ €} = 16,8\ \%$$

(Durchschnittlicher) **Grenzsteuersatz** (für Stufe 30 000 bis 30 100 €):

$$\frac{\text{Unterschiedsbetrag Steuer } 30\ € \times 100}{\text{Unterschiedsbetrag zu versteuerndes Einkommen } 100\ €} = 30\ \%$$

V. Steuerklassenwahl-Tabelle

29 Beiderseits als Arbeitnehmer berufstätige Ehepartner stehen vor der Frage, ob sie die **Steuerklassenkombination III/V** (d.h. III für Ehepartner A und V für Ehepartner B) wählen sollen oder lieber die Steuerklassenkombination **IV/IV** (in der die Lohnsteuer dieselbe ist wie in Steuerklasse I). Das Einkommensteuergesetz ermöglicht diese Steuerklassenwahl, um typischen Einkommensunterschieden schon im laufenden Kalenderjahr beim Lohnsteuerabzug Rechnung tragen zu können, also mit der Summe beider Lohnsteuerabzüge möglichst schon die Jahressteuer zu treffen, die sich in der Zusammenveranlagung – ohne andere Einkünfte – ergeben wird. Sind die Bruttoarbeitslöhne beider Ehepartner etwa gleich hoch, dann wird dies bei der Steuerklassenkombination IV/IV erreicht. Sind die Bruttoarbeitslöhne der Ehepartner nennenswert unterschiedlich, dann führt die Steuerklassenkombination III/V (III für den höher bezahlten und V für den niedriger bezahlten Ehepartner) in der Summe zu einer niedrigeren Lohnsteuer. Bei dieser Steuerklassenkombination muss allerdings nach einer **Faustformel** dann mit Nachzahlungen gerechnet werden, wenn der Partner mit Steuerklasse V weniger als **40 % des gemeinsamen Jahreseinkommens** verdient.

Außerdem können die Arbeitnehmer-Ehepartner auch die Steuerklasse IV mit Faktor wählen (**Faktorverfahren** → Rz. 17, 35, 332 ff.).

Bei der **Einkommensteuerveranlagung** spielen die für das Abzugsverfahren gewählte Steuerklassenkombination und auch das Faktorverfahren keine Rolle.

30 Da die **Steuerklassenkombination IV/IV** nach einer durchgeführten Einkommensteuerveranlagung i.d.R. nicht zu einer Nachzahlung führt, ist bei dieser Steuerklassenkombination **keine Pflichtveranlagung** vorgesehen. Dies gilt jedoch nicht, wenn die Ehepartner aus anderen Gründen zur Einkommensteuer veranlagt werden müssen, z.B. weil sie neben ihrem Arbeitslohn noch andere Einkünfte hatten oder Leistungen bezogen haben, die dem Progressionsvorbehalt unterliegen. Unabhängig davon können Ehepartner natürlich eine **Einkommensteuerveranlagung beantragen**.

31 Mit der Steuerklassenkombination III/V ist stets eine **Pflichtveranlagung** verbunden, weil der typisierende Lohnsteuerabzug i.d.R. nicht ganz der Jahressteuer entspricht. Nach einer durchgeführten Einkommensteuerveranlagung wird dann (ggf. unter Berücksichtigung anderer Einkünfte) zu wenig erhobene Steuer nachgefordert und zu viel erhobene Steuer erstattet.

32 Bei der Steuerklassenwahl sollte auch – außerhalb der Steuertechnik – ggf. beachtet werden, dass sich manche **Lohnersatzleistungen** am Nettoarbeitslohn orientieren (z.B. Kurzarbeitergeld, Arbeitslosengeld I, Elterngeld, Mutterschaftsgeld) und sich die Steuerklassenwahl mittelbar darauf auswirken kann. Auch wenn die Leistungsgesetze an die gewählte Steuerklasse anknüpfen, kann die Rechtspraxis davon abweichen, wenn die gewählte Steuerklassenkombination wirtschaftlich nicht dem Verhältnis der Arbeitslöhne entspricht.

33 Arbeitnehmer-Ehepartner haben die Möglichkeit, das Lohnsteuerabzugsmerkmal „Steuerklasse" mit Wirkung ab 1.1.2022 online unter www.elster.de oder am Wohnsitzfinanzamt (Vordruck „Antrag auf Steuerklassenwechsel bei Ehegatten/Lebenspartnern") **ändern** zu lassen bzw. **erstmals zu wählen**. Ein **Steuerklassenwechsel** ist seit 2020 **nicht mehr** auf **nur einen Wechsel pro Kalenderjahr** beschränkt, er kann **monatlich** vorgenommen werden. Der Steuerklassenwechsel erfolgt aber frühestens mit Wirkung vom Beginn des Kalendermonats, der auf die Antragstellung folgt. Der Wechsel von der Steuerklasse III oder V in die **Steuerklasse IV** ist auch auf **Antrag nur eines Ehepartners** möglich mit der Folge, dass beide Ehepartner in die Steuerklasse IV eingereiht werden.

34 In der nachfolgenden **Tabelle** ist der Monatslohn A des höher verdienenden und der Monatslohn B des geringer verdienenden Ehepartners – jeweils nach Abzug etwaiger Freibeträge – angegeben, der bei der Wahl der Steuerklasse III (für den

A. Allgemeines

höher Verdienenden) und V (für den geringer Verdienenden) nicht überschritten werden darf, wenn der **geringste Lohnsteuerabzug** erreicht werden soll. Die Tabelle gilt nicht bei (begünstigt zu besteuernden) Versorgungsbezügen.

Übersteigt der Monatslohn B den nach der Tabelle in Betracht kommenden Betrag, so führt die Steuerklassenkombination IV/IV für die Ehepartner zu einem geringeren oder zumindest nicht höheren Lohnsteuerabzug als die Steuerklassenkombination III/V.

Wahl der Steuerklassen für 2022

monatlicher Arbeitslohn A*) ...	monatlicher Arbeitslohn B*) in € bei ... des geringer verdienenden Ehepartners			
	Sozialversicherungs-			
	pflicht		freiheit	
	A und B	Nur A	Nur A	A und B
1	2	3	4	5
1 250	214	194	371	336
1 300	272	246	446	404
1 350	340	309	531	481
1 400	416	377	626	568
1 450	496	450	726	658
1 500	582	528	832	754
1 550	671	609	940	853
1 600	765	694	1 049	951
1 650	864	783	1 321	1 198
1 700	963	873	1 377	1 257
1 750	1 059	960	1 437	1 319
1 800	1 150	1 043	1 502	1 379
1 850	1 362	1 241	1 572	1 443
1 900	1 411	1 292	1 649	1 514
1 950	1 462	1 342	1 730	1 588
2 000	1 517	1 392	1 812	1 656
2 050	1 575	1 446	1 862	1 696
2 100	1 639	1 504	1 909	1 736
2 150	1 705	1 565	1 951	1 771
2 200	1 760	1 612	1 992	1 805
2 250	1 789	1 636	2 033	1 837
2 300	1 817	1 660	2 071	1 870
2 350	1 845	1 683	2 110	1 902
2 400	1 873	1 705	2 148	1 933
2 450	1 899	1 727	2 206	1 978
2 500	1 923	1 747	2 268	2 033
2 550	1 947	1 767	2 327	2 081
2 600	1 968	1 785	2 382	2 126
2 650	1 990	1 803	2 436	2 172
2 700	2 010	1 819	2 482	2 210
2 750	2 033	1 839	2 528	2 246
2 800	2 059	1 859	2 570	2 281
2 850	2 083	1 880	2 609	2 316
2 900	2 106	1 899	2 649	2 348
2 950	2 129	1 917	2 689	2 381
3 000	2 151	1 936	2 729	2 412
3 050	2 185	1 964	2 767	2 445
3 100	2 222	1 994	2 808	2 479
3 150	2 257	2 023	2 847	2 511
3 200	2 291	2 052	2 887	2 544
3 250	2 328	2 082	2 928	2 578
3 300	2 363	2 109	2 968	2 612
3 350	2 400	2 140	3 007	2 643
3 400	2 434	2 169	3 048	2 676
3 450	2 471	2 197	3 091	2 712
3 500	2 504	2 227	3 132	2 746
3 550	2 541	2 257	3 175	2 782
3 600	2 576	2 287	3 220	2 820
3 650	2 612	2 317	3 267	2 858
3 700	2 646	2 343	3 313	2 896
3 750	2 681	2 375	3 363	2 937
3 800	2 716	2 405	3 413	2 979
3 850	2 751	2 431	3 464	3 021

monatlicher Arbeitslohn A*) ...	monatlicher Arbeitslohn B*) in € bei ... des geringer verdienenden Ehepartners			
	Sozialversicherungs-			
	pflicht		freiheit	
	A und B	Nur A	Nur A	A und B
1	2	3	4	5
3 900	2 787	2 462	3 520	3 067
3 950	2 822	2 491	3 576	3 114
4 000	2 859	2 521	3 633	3 160
4 050	2 893	2 549	3 692	3 209
4 100	2 930	2 579	3 756	3 262
4 150	2 964	2 607	3 823	3 317
4 200	3 001	2 639	3 891	3 374
4 250	3 035	2 666	3 960	3 431
4 300	3 071	2 696	4 036	3 494
4 350	3 108	2 727	4 116	3 560
4 400	3 145	2 757	4 199	3 627
4 450	3 182	2 789	4 286	3 701
4 500	3 221	2 820	4 380	3 779
4 550	3 261	2 854	4 484	3 863
4 600	3 303	2 887	4 593	3 955
4 650	3 345	2 923	–	4 052
4 700	3 388	2 958	–	4 163
4 750	3 432	2 995	–	4 291
4 800	3 478	3 032	–	4 441
4 850	3 526	3 072	–	4 638
4 900	3 580	3 116	–	–
4 950	3 637	3 164	–	–
5 000	3 692	3 209	–	–
5 050	3 752	3 259	–	–
5 100	3 816	3 311	–	–
5 150	3 882	3 366	–	–
5 200	3 949	3 422	–	–
5 250	4 018	3 480	–	–
5 300	4 092	3 540	–	–
5 350	4 170	3 604	–	–
5 400	4 253	3 673	–	–
5 450	4 340	3 746	–	–
5 500	4 432	3 821	–	–
5 550	4 533	3 904	–	–
5 600	4 642	3 995	–	–
5 650	4 760	4 093	–	–
5 700	4 887	4 202	–	–
5 750	5 025	4 330	–	–
5 800	5 186	4 477	–	–
5 850	5 406	4 680	–	–
5 900	–	–	–	–

*) Nach Abzug etwaiger Freibeträge

Beispiel 1:

Ein Ehepaar, beide in allen Zweigen sozialversichert, bezieht Monatslöhne (nach Abzug etwaiger Freibeträge) von 3 000 € und 1 700 €. Da der Monatslohn des geringer verdienenden Ehegatten den nach dem Monatslohn des höher verdienenden Ehegatten in der Spalte 2 der Tabelle ausgewiesenen Betrag von 2 151 € nicht übersteigt, führt die Steuerklassenkombination III/V hier zur geringsten Lohnsteuer.

Vergleich der allgemeinen Monatslohnsteuer für 2022:

a) Lohnsteuer
Für 3 000 € nach Steuerklasse III   134,16 €
Für 1 700 € nach Steuerklasse V   284,83 €
insgesamt also   **418,99 €**

b) Lohnsteuer
Für 3 000 € nach Steuerklasse IV   386,25 €
Für 1 700 € nach Steuerklasse IV   95,58 €
insgesamt also   **481,83 €**

Beispiel 2:

Würde der Monatslohn des geringer verdienenden Ehegatten 2 500 € betragen, würde die Steuerklassenkombination IV/IV insgesamt zur geringsten Lohnsteuer führen.

E 9

A. Allgemeines

Vergleich der allgemeinen Monatslohnsteuer für 2022:

a) Lohnsteuer nach Steuerklasse III/V
für 3 000 € nach Steuerklasse III	134,16 €
für 2 500 € nach Steuerklasse V	546,66 €
insgesamt also	**680,82 €**

b) Lohnsteuer nach Steuerklasse IV/IV
für 3 000 € nach Steuerklasse IV	386,25 €
für 2 500 € nach Steuerklasse IV	267,91 €
insgesamt also	**654,16 €**

VI. Faktorverfahren

35 Anstelle der Steuerklassenkombination III/V können Ehepartner, die beide Arbeitnehmer sind, auch die **Steuerklassenkombination IV/IV mit Faktor** wählen. Mit dem Faktor (0,...) werden bei jedem Ehepartner die steuerentlastenden Vorschriften (insbesondere der Grundfreibetrag) beim eigenen Lohnsteuerabzug berücksichtigt und die steuermindernde Wirkung des Splitting-Verfahrens beim Lohnsteuerabzug berücksichtigt. Der Faktor kann online unter www.elster.de oder mit Vordruck beim Wohnsitzfinanzamt beantragt werden. Für einen Antrag beim Finanzamt kann der Vordruck „Antrag auf Steuerklassenwechsel bei Ehegatten/Lebenspartnern" verwendet werden. Bei Beantragung des Faktorverfahrens sind die voraussichtlichen Arbeitslöhne aus den ersten Dienstverhältnissen anzugeben. Die Finanzverwaltung berechnet danach den Faktor als Lohnsteuerabzugsmerkmal (ELStAM) jeweils zur Steuerklasse IV. Der Faktor ergibt sich aus der voraussichtlichen Einkommensteuer im Splitting-Verfahren („Y") geteilt durch die Summe der Lohnsteuer für die Ehepartner gem. Steuerklasse IV („X"). Ein etwaiger Freibetrag wird im Faktorverfahren nicht als Lohnsteuerabzugsmerkmal gebildet, weil er bereits bei der Berechnung der voraussichtlichen Einkommensteuer im Splitting-Verfahren berücksichtigt ist.

Die Höhe der steuermindernden Wirkung des Splitting-Verfahrens hängt von der Höhe des Lohnunterschieds ab. Mit dem Faktorverfahren wird der Lohnsteuerabzug der voraussichtlichen Jahressteuerschuld sehr genau angenähert. Damit können höhere Nachzahlungen (und ggf. auch Einkommensteuer-Vorauszahlungen) vermieden werden, die bei der Steuerklassenkombination III/V häufig auftreten. In solchen Fällen ist die Summe der Lohnsteuer im Faktorverfahren dann folgerichtig höher als bei der Steuerklassenkombination III/V. Grundsätzlich führt die Steuerklassenkombination IV/IV-Faktor zu einer **erheblich anderen Verteilung der Lohnsteuer** zwischen den Ehepartnern **als die Steuerklassenkombination III/V**. Die Ehepartner sollten daher beim Faktorverfahren – ebenso wie bei der Steuerklassenkombination III/V – daran denken, dass dies die Höhe der Entgelt-/Lohnersatzleistungen beeinflussen kann.

Beispiel zur Ermittlung des Faktors (Fortführung Beispiel 1 aus → Rz. 34):

Ehegatte A: 36 000 € (3 000 €/Monat x 12), Lohnsteuer Steuerklasse IV:	4 635 €
(im Vergleich bei III jährlich 1 610 €)	
Ehegatte B: 20 400 € (1 700 €/Monat x 12), Lohnsteuer Steuerklasse IV:	1 147 €
(im Vergleich bei V jährlich 3 418 €)	
Summe der Lohnsteuer für die Ehegatten A und B bei IV/IV („X") jährlich	5 782 €
(im Vergleich: Summe Lohnsteuer A und B bei III/V jährlich 5 025 €)	
Voraussichtliche Einkommensteuer im Splittingverfahren („Y") jährlich	5 610 €

Der Faktor ist Y / X, also 5 610 / 5 782 = 0,970 (der Faktor wird mit drei Nachkommastellen berechnet und nur berücksichtigt, wenn er kleiner als 1 ist).

Ehegatte A: Jahreslohnsteuer Steuerklasse IV 4 635 € x 0,970	4 495 €
Ehegatte B: Jahreslohnsteuer Steuerklasse IV 1 147 € x 0,970	1 112 €
Summe Lohnsteuer im Faktorverfahren	5 607 €

Zwischen der voraussichtlichen Einkommensteuer im Splittingverfahren (5 610 €) und der Summe der Lohnsteuerabzugsbe-

träge im Faktorverfahren (5 607 €) gibt es nur eine geringe Abweichung auf Grund von Rundungsdifferenzen (3 €). Wie die Wahl der Steuerklassenkombination III/V führt auch die Wahl des Faktorverfahrens zur **Pflichtveranlagung**.

Die Regelungen zum **Steuerklassenwechsel** (→ Rz. 33) gelten entsprechend. Wurde das Faktorverfahren (Antrag auf Steuerklassenwechsel bei Ehegatten/Lebenspartnern) und gleichzeitig ein Freibetrag beantragt (→ Rz. 343 ff.), wird dieser Freibetrag in die Bildung des Faktors einbezogen. Nach Anwendung des Faktorverfahrens darf der Arbeitgeber **keinen Lohnsteuer-Jahresausgleich** durchführen (→ Rz. 693 ff.). Das Faktorverfahren ist mit einer **Pflichtveranlagung** verbunden (→ Rz. 61). Es wird im Übrigen auch bei der Berechnung der **Kirchensteuer** (→ Rz. 738) und des **Solidaritätszuschlags** (→ Rz. 714) berücksichtigt. **36**

Der Faktor hat seit 2021 eine **Gültigkeit** von **bis zu zwei Kalenderjahren**. Soll das Faktorverfahren fortgeführt werden, muss ein erneuter gemeinsamer Antrag gestellt werden. Ändert sich (später) die Höhe des Freibetrags (→ Rz. 333 und → Rz. 343 ff.) für das zweite Jahr dieses Zweijahreszeitraums, löst dies einen **neuen Zweijahreszeitraum** für die Faktorermittlung unter Einbeziehung des geänderten Freibetrags aus. Wurde ein Freibetrag für zwei Kalenderjahre beantragt und (später) für das **zweite Gültigkeitsjahr** des Freibetrags ein Antrag auf Bildung eines Faktors, wird dieser Freibetrag in die Bildung des Faktors einbezogen und für **beide Jahre** der Gültigkeit des Faktorverfahrens berücksichtigt. **37**

VII. Kurzschema zur Ermittlung des zu versteuernden Einkommens

Die tarifliche Einkommensteuer bemisst sich nach dem **zu versteuernden Einkommen** (→ Rz. 106). Auf das zu versteuernde Einkommen ist die **Tarifformel** (→ Rz. 27) anzuwenden. Das zu versteuernde Einkommen darf nicht verwechselt werden mit dem (Brutto-)Arbeitslohn, Einnahmen, Einkünften aus den einzelnen Einkunftsarten u.Ä. Das zu versteuernde Einkommen ist wie folgt zu ermitteln (Kurzschema nach R 2 Abs. 1 EStR; zu den Einzelheiten auch → Rz. 85 ff.): **38**

1		Summen der Einkünfte aus den Einkunftsarten
2	=	**Summe der Einkünfte**
3	./.	Altersentlastungsbetrag (§ 24a EStG)
4	./.	Entlastungsbetrag für Alleinerziehende (§ 24b EStG)
5	./.	Freibetrag für Land- und Forstwirte (§ 13 Abs. 3 EStG)
6	+	Hinzurechnungsbetrag (§ 52 Abs. 2 Satz 3 EStG sowie § 8 Abs. 5 Satz 2 AIG)
7	=	**Gesamtbetrag der Einkünfte** (§ 2 Abs. 3 EStG)
8	./.	Verlustabzug nach § 10d EStG
9	./.	Sonderausgaben (§§ 10, 10a, 10b, 10c EStG)
10	./.	außergewöhnliche Belastungen (§§ 33 bis 33b EStG)
11	./.	Steuerbegünstigung der zu Wohnzwecken genutzten Wohnungen, Gebäude und Baudenkmale sowie der schutzwürdigen Kulturgüter (§§ 10e bis 10i, § 52 Abs. 21 Satz 6 EStG i.d.F. v. 16.4.1997, BGBl. I 1997, 821, BStBl I 1997, 415, § 7 FördG)
12	+	Erstattungsüberhänge (§ 10 Abs. 4b Satz 3 EStG)
13	+	zuzurechnendes Einkommen gem. § 15 Abs. 1 AStG (Hinzurechnung ist seit 2013 entfallen, da diese bereits im Rahmen der Einkünfteermittlung vorzunehmen ist; s. § 15 Abs. 1 AStG i.d.F. des AmtshilfeRLUmsG)
14	=	**Einkommen** (§ 2 Abs. 4 EStG)
15	./.	Freibeträge für Kinder (§§ 31, 32 Abs. 6 EStG)
16	./.	Härteausgleich nach § 46 Abs. 3 EStG, § 70 EStDV
17	=	**zu versteuerndes Einkommen** (§ 2 Abs. 5 EStG).

VIII. Kurzschema zur Ermittlung der festzusetzenden Einkommensteuer

Die **festzusetzende Einkommensteuer** ist nach folgendem Schema zu ermitteln (R 2 Abs. 2 EStR): **39**

1		Steuerbetrag
	a)	nach § 32a Abs. 1 und 5, § 50 Abs. 1 Satz 2 EStG oder
	b)	nach dem bei Anwendung des Progressionsvorbehalts (§ 32b EStG) oder der Steuersatzbegrenzung sich ergebenden Steuersatz
2	+	Steuer auf Grund Berechnung nach den §§ 34, 34b EStG (z.B. Fünftelungsregelung für Entlassungsentschädigungen)
3	+	Steuer auf Grund Berechnung nach § 34a Abs. 1, 4 bis 6 EStG
4	=	**tarifliche Einkommensteuer** (§ 32a Abs. 1, 5 EStG)
4a	./.	Unterschiedsbetrag nach § 32c Abs. 1 Satz 2 EStG
5	./.	Minderungsbetrag nach Punkt 11 Nr. 2 Schlussprotokoll zu Art. 23 DBA Belgien in der durch Art. 2 Zusatzabkommen v. 5.11.2002 geänderten Fassung (BGBl. II 2003, 1615)
6	./.	ausländische Steuern nach § 34c Abs. 1 und 6 EStG, § 12 AStG
7	./.	Steuerermäßigung nach § 35 EStG
8	./.	Steuerermäßigung für Stpfl. mit Kindern bei Inanspruchnahme erhöhter Absetzungen für Wohngebäude oder der Steuerbegünstigungen für eigengenutztes Wohneigentum (§ 34f Abs. 1 und 2 EStG)
9	./.	Steuerermäßigung bei Zuwendungen an politische Parteien und unabhängige Wählervereinigungen (§ 34g EStG)
10	./.	Steuerermäßigung nach § 34f Abs. 3 EStG
11	./.	Steuerermäßigung nach § 35a EStG
12	./.	Ermäßigung bei Belastung mit Erbschaftsteuer (§ 35b EStG)
12a	./.	Steuerermäßigung für energetische Maßnahmen bei zu eigenen Wohnzwecken genutzten Gebäuden (§ 35c EStG)
13	+	Steuer auf Grund Berechnung nach § 32d Abs. 3 und 4 EStG
14	+	Steuern nach § 34c Abs. 5 EStG
15	+	Nachsteuer nach § 10 Abs. 5 EStG i.V.m. § 30 EStDV
16	+	Zuschlag nach § 3 Abs. 4 Satz 2 Forstschäden-Ausgleichsgesetz
17	+	Anspruch auf Zulage für Altersvorsorge, wenn Beiträge als Sonderausgaben abgezogen worden sind (§ 10a Abs. 2 EStG)
18	+	Anspruch auf Kindergeld oder vergleichbare Leistungen, soweit in den Fällen des § 31 EStG das Einkommen um Freibeträge für Kinder gemindert wurde
19	=	**festzusetzende Einkommensteuer** (§ 2 Abs. 6 EStG).

Danach ergibt sich nicht stets die **festgesetzte Einkommensteuer**, wenn nur die Tarifformel (→ Rz. 27) auf das zu versteuernde Einkommen (→ Rz. 38 und → Rz. 106) angewandt wird. Denn es sind z.B. auch noch der **Progressionsvorbehalt** für Lohnersatzleistungen (Kurzarbeitergeld, Arbeitslosengeld I, Krankengeld etc.), mögliche **Steuerbefreiungen** nach Doppelbesteuerungsabkommen oder eine **Tarifermäßigung** für außerordentliche Einkünfte (Abfindungen, Vergütungen für mehrjährige Tätigkeiten) zu berücksichtigen. 40

B. Einkommensteuer

I. Bedeutung der Einkommensteuer

41 Als **Einkommensteuer** wird in der Bundesrepublik Deutschland die auf das Jahreseinkommen natürlicher Personen erhobene Steuer bezeichnet. Die Einkommensteuer haben **natürliche Personen** (im Gegensatz zu juristischen Personen) entsprechend ihrem zu versteuernden Einkommen an den Fiskus abzuführen. Das **Aufkommen** dieser Steuerart erhalten der Bund und die Länder zu je 42,5 % und die Gemeinden insgesamt zu 15 %. Die Steuereinnahmen für das Kalenderjahr 2020 betrugen insgesamt 739,7 Mrd. € vor der Steuerverteilung auf Bund, Länder und Gemeinden. Gegenüber dem Vorjahr 2019 ist dies ein Rückgang um 59,6 Mrd. € (-7,5 %). Am ertragsreichsten der Gemeinschaftssteuern waren die Umsatzsteuer (einschließlich Einfuhrumsatzsteuer) mit 219,5 Mrd. € (-9,8 %) sowie die Lohnsteuer mit 209,3 Mrd. € (-4,7 %). Damit ist die Lohnsteuer neben der Umsatzsteuer die bedeutendste Einnahmequelle der öffentlichen Haushalte.

42 Das Einkommen **juristischer Personen** des privaten Rechts unterliegt nicht der Einkommensteuer, sondern der **Körperschaftsteuer**. Juristische Personen sind insbesondere Kapitalgesellschaften, z.B. AG und GmbH, Europäische (Aktien-)Gesellschaften sowie andere Personenvereinigungen (z.B. Vereine, der wirtschaftliche Geschäftsbetrieb gemeinnütziger Vereine), soweit diese nicht Mitunternehmerschaften i.S.d. Einkommensteuergesetzes sind, und Vermögensmassen (z.B. eine Stiftung). Eine Kapitalgesellschaft hat für den erwirtschafteten Gewinn Körperschaftsteuer zu zahlen. Wird ihr Gewinn an eine natürliche Person ausgeschüttet, unterliegt er auf Ebene des Gesellschafters der Einkommensteuer. Einkommensteuer und Körperschaftsteuer stehen nebeneinander.

Fließen natürlichen Personen aus ihren **Beteiligungen** an einer **Kapitalgesellschaft** (z.B. Aktien) Einnahmen zu (z.B. Dividenden), sind diese als Einnahmen aus Kapitalvermögen zu versteuern (§ 20 EStG, → Rz. 95). Um eine steuerliche Doppelbelastung der ausgeschütteten Gewinne (z.B. der Dividenden) zu vermeiden, unterliegen diese Einnahmen einem pauschalen Steuersatz i.H.v. 25 % (sog. Abgeltungsteuer) zzgl. Solidaritätszuschlag und ggf. Kirchensteuer (→ Rz. 48 f.).

Personengesellschaften und Gemeinschaften des bürgerlichen Rechts, sog. **BGB-Gesellschaften**, sind rechtlich unselbständig und deshalb keine Steuersubjekte. Ihre Einkünfte werden zunächst weder von der Körperschaftsteuer noch von der Einkommensteuer erfasst. Steuerpflichtig sind jedoch die den jeweiligen Gesellschaftern oder Gemeinschaftern zugeflossenen Einkünfte (Gewinne) der Gesellschaft/Gemeinschaft. Sie werden den Stpfl. durch eine gesonderte und einheitliche Feststellung anteilig zugerechnet und im Rahmen der Veranlagung zur Einkommensteuer oder Körperschaftsteuer angesetzt.

II. Rechtsgrundlagen

Die wesentlichen Vorschriften für die Einkommensbesteuerung enthält das EStG, das zuletzt i.d.F. v. 8.10.2009 (BGBl. I 2009, 3366, BStBl I 2009, 1346) neu bekannt gemacht worden ist, unter Berücksichtigung der zahlreichen Änderungen durch die danach verabschiedeten Gesetzgebungsverfahren; im Kalenderjahr 2021 war dies bei Redaktionsschluss das Gesetz über die Entschädigung der Soldatinnen und Soldaten und zur Neuordnung des Soldatenversorgungsrechts v. 20.8.2021, BGBl. I 2021, 3932. 43

Daneben sind die

- ESt-Durchführungsverordnung 2000 v. 10.5.2000 (BGBl. I 2000, 717, BStBl I 2000, 596), bei Redaktionsschluss zuletzt geändert durch das Abzugsteuerentlastungsmodernisierungsgesetz (AbzStEntModG) v. 2.6.2021, BGBl. I 2021, 1259, BStBl I 2021, 787 sowie die

- LSt-Durchführungsverordnung 1990 v. 10.10.1989 (BGBl. I 1989, 1848, BStBl I 1989, 405), bei Redaktionsschluss zuletzt geändert durch die Fünfte Verordnung zur Änderung steuerlicher Verordnungen v. 25.6.2020, BGBl. I 2020, 1495, BStBl I 2020, 555,

zu beachten.

Für eine einheitliche Anwendung des Einkommensteuer- und Lohnsteuerrechts enthalten die mit Zustimmung des Bundesrats erlassenen und derzeit maßgeblichen Einkommensteuer-Richtlinien (EStR) 2012 sowie die Lohnsteuer-Richtlinien (LStR) 2021 Auslegungs- und Vereinfachungsregelungen sowie ergänzende Weisungen an die Finanzämter. Durch zwischenzeitliche Gesetzesänderungen oder die höchstrichterliche Rechtsprechung können Änderungen zu

E 11

berücksichtigen sein, die sich regelmäßig aus den für das jeweilige Veranlagungs- bzw. Kalenderjahr maßgebenden amtlichen Einkommensteuer-Hinweisen sowie aus den Lohnsteuer-Hinweisen (2022) ergeben. Ferner sind die aktuellen BMF-Schreiben zu beachten, in denen auch eine geänderte Verwaltungsauffassung mitgeteilt bzw. geregelt wird. An diese allgemeinen Verwaltungsvorschriften sind die Finanzbehörden, nicht jedoch die (Finanz-)Gerichte gebunden. Letzteres gilt grundsätzlich auch für die Stpfl., doch sollten die amtlichen Richtlinien/Hinweise als „Leitlinien" betrachtet werden.

III. Steuerpflicht

1. Persönliche/sachliche Steuerpflicht

44 Das EStG unterscheidet zwischen persönlicher und sachlicher Steuerpflicht. **Persönlich** steuerpflichtig ist jede einzelne natürliche Person unabhängig von einer tatsächlich entstandenen Einkommensteuerschuld (potentieller Einkommensteuerschuldner). Mit dem Begriff **natürliche Person** (§ 1 BGB) erfasst das EStG alle Menschen von der Geburt bis zum Tod. Ohne Bedeutung für die Steuerpflicht sind das Lebensalter, das Geschlecht, der Familienstand, die Staatsangehörigkeit, die Geschäftsfähigkeit oder Verfügungsbeschränkungen des Stpfl. Ferner ist die aufenthaltsrechtliche Situation des Stpfl. (z.B. Aufenthaltserlaubnis oder Duldungsgrund eines Flüchtlings oder Asylsuchenden) unbeachtlich. Weil die Steuerpflicht mit dem Tod erlischt, wird der Erbe eines verstorbenen Stpfl. zum Schuldner für dessen Einkommensteuer.

45 Eine **sachliche Steuerpflicht** ergibt sich dann, wenn die im EStG aufgezählten Einkünfte (→ Rz. 85 f.) bezogen werden und sich dadurch eine Einkommensteuerschuld ergibt. Für den **Umfang** der Steuerpflicht differenziert das Einkommensteuergesetz zwischen **unbeschränkt** und **beschränkt** steuerpflichtigen Personen (→ Rz. 52 ff.). Diese Unterscheidung ist wichtig für die Frage, welche Einkünfte für die Besteuerung heranzuziehen und welche Vorschriften des Einkommensteuergesetzes für die Ermittlung des zu versteuernden Einkommens sowie der tariflichen Einkommensteuer anzuwenden sind. Die Lohnsteuertabellen sowie die Einkommensteuertabellen sind jedoch für beide Personengruppen gleichermaßen anzuwenden.

Unter welchen Voraussetzungen eine **Einkommensteuererklärung** abzugeben ist, regelt ergänzend zu § 25 EStG § 56 EStDV. Unabhängig von diesen Vorschriften kann das Finanzamt jeden Stpfl. zur Abgabe einer Einkommensteuererklärung auffordern, um die persönliche Steuersituation zu überprüfen.

46 Das steuerlich maßgebende **Einkommen** wird als Gesamtbetrag der im Einkommensteuergesetz aufgezählten sieben **Einkunftsarten** (→ Rz. 85 f.) ermittelt, wobei die **Einkünfteermittlung** nach verschiedenen Grundsätzen erfolgt (→ Rz. 87 ff.). Von den Einkünften können die folgenden nicht einkünftebezogenen Aufwendungen abgezogen werden:

– Sonderausgaben, z.B. Versicherungsbeiträge, gezahlte Kirchensteuern, Spenden (→ Rz. 176 ff.) und

– außergewöhnliche Belastungen, z.B. wegen Krankheit oder Behinderung (→ Rz. 211 ff.).

Weil die für den Grundbedarf einer gewöhnlichen Lebensführung erforderlichen (Geld-)Mittel nicht besteuert werden dürfen, ist das steuerliche **Existenzminimum** – oder auch **Grundfreibetrag** genannt – als steuerfreier Bestandteil in den **Einkommensteuertarif** eingearbeitet (→ Rz. 27 und → Rz. 252).

47 Die **Einkommensbesteuerung** erfolgt nicht nur durch die Veranlagung zur Einkommensteuer. Von bestimmten Einkünften erhebt der Fiskus die Einkommensteuer im sog. **Quellenabzug**. Hierdurch werden die Einkünfte aus nichtselbständiger Arbeit und die Kapitalerträge erfasst. Deshalb hat der Arbeitgeber vom Bruttoarbeitslohn (Einkünfte aus nichtselbständiger Arbeit) die **Lohnsteuer** zu berechnen, sie einzubehalten und an das Finanzamt abzuführen (→ Rz. 368 ff.).

Weil mit dem Lohnsteuereinbehalt die steuerlichen Pflichten des Arbeitnehmers grundsätzlich erfüllt sind, werden Arbeitnehmer nur unter bestimmten Voraussetzungen zur **Einkommensteuer** veranlagt (§ 46 EStG, → Rz. 61 ff.). Insoweit ist die Lohnsteuer eine besondere Erhebungsform der Einkommensteuer.

48 In Deutschland unterliegen sämtliche im Privatvermögen zufließende Kapitaleinkünfte der sog. **Abgeltungsteuer** (Quellensteuer). Dadurch werden Zinsen, Dividenden, Fondsausschüttungen sowie Kurs- und Währungsgewinne einheitlich mit 25 % zzgl. Solidaritätszuschlag sowie ggf. Kirchensteuer besteuert und diese Zuflüsse beim steuerpflichtigen **Privatanleger** gleich behandelt.

Die Abgeltungsteuer fällt an, wenn die Einkünfte den **Sparer-Pauschbetrag** von 801 € bei Ledigen bzw. 1 602 € für Verheiratete übersteigen (→ Rz. 268). Sparer mit einem geringeren Einkommen und niedrigem Steuersatz können auf diese Besteuerung verzichten (Wahlrecht mit Günstigerprüfung), damit sie steuerlich nicht schlechter gestellt werden (§ 32d Abs. 6 EStG).

49 Der einzubehaltende **Körperschaftsteuersatz** beträgt für einbehaltene und ausgeschüttete Gewinne 15 %; hinzu kommt weiterhin (auch seit 2021) der Solidaritätszuschlag mit 5,5 % auf die Körperschaftsteuer. Eine Anrechnung der Körperschaftsteuer auf die Einkommensteuerschuld des Anteilseigners ist nicht möglich.

Auf der Ebene eines Anteilseigners, der seine Anteile an einer Kapitalgesellschaft im **Betriebsvermögen** hält, wird die Vorbelastung ausgeschütteter Gewinne durch die Körperschaftsteuer dadurch berücksichtigt, dass die Dividenden nur zu 60 % in die Bemessungsgrundlage für die persönliche Einkommensteuer des Anteilseigners einbezogen werden (Teileinkünfteverfahren).

Die bereits bei der Ausschüttung einbehaltene Kapitalertragsteuer i.H.v. 25 % kann bei der Veranlagung des Anteilseigners auf seine Einkommensteuerschuld angerechnet werden (→ Rz. 48). Gewinnausschüttungen von Kapitalgesellschaften an andere Kapitalgesellschaften werden nicht besteuert. Hierdurch sollen Kumulationswirkungen in mehrstufigen Konzernen vermieden werden.

50 Knüpfen **außersteuerliche Rechtsnormen** an die Begriffe Einkünfte, Summe der Einkünfte sowie Gesamtbetrag der Einkünfte und deren Ermittlung an, mindern sich für deren Zwecke diese Beträge um die ausschließlich als Sonderausgaben abziehbaren **Kinderbetreuungskosten** (§ 10 Abs. 1 Nr. 5 EStG).

Diese Regelung in § 2 Abs. 5a EStG ist z.B. erforderlich, weil die Kinderbetreuungskosten seit 2012 nicht mehr wie Werbungskosten oder wie Betriebsausgaben abziehbar sind und doch gleichwohl für außersteuerliche Zwecke das als Bemessungsgrundlage heranzuziehende steuerliche Einkommen mindern sollen. Andernfalls würden sich für außersteuerliche Leistungen die als Bemessungsgrundlage anzusetzenden Einkommensbeträge z.B. die Einkommens-/Verdienstgrenze für den Bezug von Wohngeld.

51 Bauherren bzw. Empfänger von bestimmten **Bauleistungen** (Unternehmer i.S.d. § 2 UStG) haben für Rechnung des Bauleistenden vom Rechnungsbetrag pauschal 15 % einzubehalten und dem Betriebsstättenfinanzamt des Leistenden (Auftragnehmers) anzumelden und dorthin abzuführen (sog. **Bauabzugsteuer**, §§ 48 bis 48d EStG). Dazu verpflichtet sind Unternehmer i.S.d. § 2 UStG. Stpfl. sind Unternehmer i.S.d. UStG, wenn sie mit Wiederholungsabsicht Umsätze ausführen. Ob die Umsätze steuerfrei oder steuerpflichtig sind, ist unbeachtlich. Folglich sind z.B. auch Vermieter und Kleinunternehmer betroffen, die nur von der Umsatzsteuer befreite Umsätze ausführen. Mit der Einbehaltung und Abführung möchte der Fiskus sicherstellen, dass der leistende Unternehmer (Auftragnehmer) seinen Verpflichtungen zur Abführung der Lohnsteuer und der Zahlung von Einkommen- bzw. Körperschaftsteuer nachkommt. Die als Steuervorauszahlung geleistete Bauabzugsteuer wird auf diese Beträge angerechnet.

Dieser Steuerabzug ist **nicht** vorzunehmen, wenn der Leistende eine Freistellungsbescheinigung des Finanzamts vorlegt oder falls in bestimmten Fällen die Summe der in Rechnung gestellten Bruttobeträge (Gegenleistung) bei ausschließlich steuerfreien Umsätzen aus Vermietung und Verpachtung (§ 4 Nr. 12 Satz 1 UStG) 15 000 € oder in den übrigen Fällen 5 000 € im laufenden Kalenderjahr voraussichtlich nicht übersteigen wird.

2. Unbeschränkte/beschränkte Einkommensteuerpflicht

52 **Unbeschränkt einkommensteuerpflichtig** ist jede natürliche Person (→ Rz. 44), wenn sie im Inland einen Wohnsitz (→ Rz. 53) oder gewöhnlichen Aufenthalt (→ Rz. 54) hat. Diese Personen sind mit ihrem Welteinkommen in Deutschland steuerpflichtig, wobei eine Doppelbesteuerung der im Ausland erzielten Einkünfte durch Anrechnung der dort entrichteten Steuer auf die Einkommensteuerschuld oder durch Abzug bei der Ermittlung der Einkünfte vermieden wird. Die unbeschränkte Einkommensteuerpflicht beginnt mit der Geburt des Stpfl. im Inland oder mit der Begründung eines Wohnsitzes bzw. eines gewöhnlichen Aufenthalts im Inland.

Behält ein Stpfl., der sich aus beruflichen Gründen im Ausland aufhält und dort einen zweiten Wohnsitz begründet hat, seine Familienwohnung im Inland bei, endet seine unbeschränkte Einkommensteuerpflicht im Inland nicht.

Zur Frage, ob ein Arbeitnehmer bei einer mehrjährigen Auslandsabordnung (noch) einen Wohnsitz im Inland hat und folglich weiterhin unbeschränkt einkommensteuerpflichtig ist, s. BFH-Urteil v. 24.7.2018, I R 58/16, n.v., HFR 2019, 161.

53 Einen **Wohnsitz** hat eine natürliche Person dort, wo sie eine Wohnung innehat, die darauf schließen lässt, dass sie die Wohnung beibehalten und benutzen wird (§ 8 AO). Ob diese Voraussetzungen vorliegen, ist dabei grundsätzlich unter Berücksichtigung sämtlicher objektiver Umstände nach den tatsächlichen und wirtschaftlichen Gegebenheiten des Einzelfalls zu beurteilen.

Der Begriff der **Wohnung** im steuerlichen Sinn ist weit auszulegen und umfasst solche Räumlichkeiten, die zum Wohnen auf Dauer geeignet sind. Dies sind z.B. Einfamilienhäuser, Eigentums- und Mietwohnungen, aber auch auf Dauer angemietete (möblierte) Zimmer, Hotelzimmer, Wohncontainer, Barackenunterkünfte sowie Wochenend- oder Ferienhäuser. Die Größe und Ausstattung der Wohnung sowie deren Möblierung mit eigenen oder fremden Möbeln sind in diesem Zusammenhang ohne Bedeutung.

Maßgebendes Kriterium ist allein, dass der Stpfl. die Wohnung innehat, also eine dauerhafte Verfügbarkeit. Die polizeiliche Anmeldung ist für die Begründung eines Wohnsitzes regelmäßig nicht ausschlaggebend.

54 Der **gewöhnliche Aufenthalt** ist dort, wo der Stpfl. sich nicht nur vorübergehend aufhält, unabhängig von einer Ortsgebundenheit. Dabei kommt es nicht auf den Willen oder die Absicht der natürlichen Person an, einen gewöhnlichen Aufenthalt auch zu begründen oder diesen gar zu vermeiden. Entscheidend ist allein der durch den Lebenssachverhalt begründete objektive Tatbestand im Gebiet der Bundesrepublik Deutschland.

Ein gewöhnlicher Aufenthalt wird stets dann angenommen, wenn sich eine natürliche Person länger als sechs Monate (bzw. 183 Tage) im Inland aufhält, wobei kleine kurzfristige Unterbrechungen von bis zu zwei bis drei Wochen unberücksichtigt bleiben. Der Sechs-Monats-Zeitraum muss nicht in ein Kalenderjahr fallen.

Die **unbeschränkte** Einkommensteuerpflicht **endet** mit dem Tod des Stpfl. oder mit dem Tag, an dem der Wohnsitz oder der gewöhnliche Aufenthalt im Inland aufgegeben wird.

Die **vorgenannten** Grundsätze (ab → Rz. 52) gelten auch für Flüchtlinge oder Asylsuchende, unabhängig von ihrer aufenthaltsrechtlichen Situation und der Aufenthaltserlaubnis oder dem Duldungsgrund in Deutschland. Für den **Lohnsteuerabzug** übernimmt das Finanzamt diese Entscheidung und legt

fest, nach welcher Lohnsteuerklasse der Arbeitgeber die Lohnsteuer vom Arbeitslohn einzubehalten hat.

Hält sich eine natürliche Person ausschließlich zum **Besuch**, zur Erholung, zu einer Kur oder zu ähnlichen **privaten** Zwecken bis zu einem Jahr in der Bundesrepublik Deutschland auf, entsteht regelmäßig **keine** Einkommensteuerpflicht.

55 Für bestimmte Sonderfälle sind die zuvor genannten Grundsätze nicht anzuwenden. So begründet ein sog. **Grenzgänger/-pendler** im Tätigkeitsstaat regelmäßig keinen gewöhnlichen Aufenthalt; zudem sehen viele zwischenstaatliche Vereinbarungen, wie z.B. für **Bedienstete** der EU und Angehörige der (NATO-)Streitkräfte, abweichende steuerliche Regelungen vor.

56 Als weitere Variante kennt das Einkommensteuergesetz die **erweiterte unbeschränkte** Einkommensteuerpflicht. Zum einen werden hierdurch insbesondere deutsche Staatsangehörige im Ausland, die von einer inländischen Behörde beschäftigt werden (§ 1 Abs. 2 EStG), sowie deren Angehörige erfasst. Dies sind z.B. die von der Bundesrepublik Deutschland in das Ausland entsandten deutschen Staatsangehörigen, die Mitglieder einer diplomatischen Mission oder einer konsularischen Vertretung sind, ggf. einschließlich der zu ihrem Haushalt gehörenden Angehörigen.

57 Zum anderen können beschränkt steuerpflichtige natürliche Personen und Staatsangehörige

- eines anderen EU-Mitgliedsstaates oder
- eines zum EWR gehörenden Staates (Island, Liechtenstein oder Norwegen),

soweit sie inländische Einkünfte erzielen, auf Antrag in Deutschland als unbeschränkt einkommensteuerpflichtig behandelt werden (§§ 1 Abs. 3, 1a EStG).

Voraussetzung hierfür ist, dass diese Personen ihr Einkommen ganz oder fast ausschließlich in Deutschland erzielen. Dies ist dann der Fall, wenn die im Kalenderjahr bezogenen Einkünfte mindestens zu 90 % der deutschen Einkommensteuer unterliegen oder falls die nicht der deutschen Einkommensteuer unterliegenden Einkünfte den Grundfreibetrag (→ Rz. 252) im Kalenderjahr nicht übersteigen.

Für manche Staaten ist diese Einkunftsgrenze nach den wirtschaftlichen Verhältnissen und der Kaufkraft des Wohnsitzstaates entsprechend der durch BMF-Schreiben bekannt gemachten steuerlichen Ländergruppeneinteilung zu kürzen. Diese erweiterte Steuerpflicht bewirkt, dass der betroffene Personenkreis auch steuerliche Regelungen (Vergünstigungen) beanspruchen kann, welche ansonsten die unbeschränkte Steuerpflicht voraussetzen.

58 **Beschränkt einkommensteuerpflichtig** sind natürliche Personen, die im Inland weder einen Wohnsitz (→ Rz. 53) noch einen gewöhnlichen Aufenthalt (→ Rz. 54) haben. Diese Personen sind nur mit bestimmten **inländischen** Einkünften steuerpflichtig (§ 49 EStG).

Die beschränkte Einkommensteuerpflicht **beginnt**

- mit dem Bezug von inländischen Einkünften (i.S.v. § 49 EStG) oder
- mit Aufgabe des Wohnsitzes oder des gewöhnlichen Aufenthalts im Inland und dem damit verbundenen Wegfall der unbeschränkten Steuerpflicht, falls weiterhin inländische Einkünfte bezogen werden.

Die beschränkte Einkommensteuerpflicht **endet**,

- wenn keine inländischen Einkünfte mehr bezogen werden,
- mit Zuzug ins Inland (unbeschränkte Einkommensteuerpflicht) oder
- durch den Tod des Stpfl.

Wegen Besonderheiten bei der Abgrenzung zwischen unbeschränkter und beschränkter Steuerpflicht für **Arbeitgeber** und **Arbeitnehmer** wird auf → Rz. 278 ff., → Rz. 286 f. verwiesen.

59 Natürliche Personen, die in den letzten zehn Jahren vor dem Ende ihrer unbeschränkten Steuerpflicht als Deutsche insgesamt mindestens fünf Jahre unbeschränkt einkommensteuerpflichtig waren und ihren Wohnsitz oder gewöhnlichen Aufenthalt in das **Ausland** verlegt haben, können nach dem **Außensteuergesetz** weiterhin mit ihren inländischen Einkünften

E 13

in Deutschland steuerpflichtig sein (sog. erweiterte unbeschränkte Steuerpflicht). Voraussetzung hierfür ist, dass diese Person

- ihren Wohnsitz in ein sog. **niedrig besteuerndes** Land („Gebiet") verlegt hat,
- nicht mehr unbeschränkt steuerpflichtig ist

und beim Wegzug die **wesentlichen wirtschaftlichen** Interessen im Inland bestehen bleiben bzw. beibehalten werden.

60 Zusammenfassend sind folgende **Fallgruppen** der **unbeschränkten** und beschränkten **Einkommensteuerpflicht** zu unterscheiden:

1. Personen, die im Inland einen Wohnsitz oder gewöhnlichen Aufenthalt haben:
   unbeschränkte Steuerpflicht nach § 1 Abs. 1 EStG;

2. die an einem ausländischen Dienstort tätigen Deutschen im diplomatischen und konsularischen Dienst nebst Angehörigen:
   (erweiterte) unbeschränkte Steuerpflicht nach § 1 Abs. 2 EStG;

3. verheiratete und ledige Personen ohne EU-Staatsangehörigkeit oder ledige Personen mit EU-Staatsangehörigkeit ohne Wohnsitz oder gewöhnlichen Aufenthalt im Inland, die ihr Einkommen ganz oder fast ausschließlich in Deutschland erzielen (sog. Grenzgänger/-pendler):
   auf Antrag unbeschränkte Einkommensteuerpflicht nach § 1 Abs. 3 EStG (kein Splittingtarif);

4. verheiratete Personen mit EU-/EWR-Staatsangehörigkeit, wenn der Ehegatte im EU-/EWR-Ausland wohnt und das gemeinsame Einkommen ganz oder fast ausschließlich in Deutschland erzielt wird:
   auf Antrag unbeschränkt steuerpflichtig nach § 1a Abs. 1 EStG (Splittingtarif);

5. verheiratete Angehörige des öffentlichen Dienstes, wenn sie aus dienstlichen Gründen im Nicht-EU-Ausland wohnen und das gemeinsame Einkommen ganz oder fast ausschließlich in Deutschland erzielt wird:
   auf Antrag unbeschränkt steuerpflichtig nach § 1a Abs. 2 EStG (Splittingtarif);

6. Personen ohne Wohnsitz oder gewöhnlichen Aufenthalt im Inland, die nicht von den Fallgruppen 2. bis 5. erfasst werden, falls sie inländische Einkünfte haben:
   beschränkt steuerpflichtig nach § 1 Abs. 4 EStG (grundsätzlich keine personen- und familienbezogenen Abzüge und Entlastungen, kein Splittingtarif).

IV. Veranlagungspflichten

1. Pflichtveranlagung nach § 46 EStG

61 Unter welchen Voraussetzungen **Arbeitnehmer** zur Einkommensteuer zu veranlagen sind, regelt § 46 EStG. Dort wird unterschieden zwischen einer Veranlagung von Amts wegen (Amtsveranlagung, § 46 Abs. 2 Nr. 1 bis 7 EStG) und einer Antragsveranlagung (§ 46 Abs. 2 Nr. 8 EStG).

Zwingend vorgeschrieben ist eine **Einkommensteuerveranlagung** (Amtsveranlagung) für Arbeitnehmer, deren Arbeitslohn im Kalenderjahr dem Lohnsteuerabzug unterlag, unter den folgenden Voraussetzungen:

- die positiven **Nebeneinkünfte**, die nicht dem Lohnsteuerabzug unterliegen (z.B. Renten aus der gesetzlichen Rentenversicherung), betragen insgesamt mehr als 410 € im Kalenderjahr;

- die positive Summe der **ausländischen** Einkünfte und der **Lohnersatzleistungen**, die dem Progressionsvorbehalt unterliegen, beträgt mehr als 410 € im Kalenderjahr. In diese Grenze einzubeziehen sind steuerfreies Kurzarbeitergeld sowie steuerfreie Zuschüsse des Arbeitgebers zum Kurzarbeitergeld, zum Saison-Kurzarbeitergeld und zum Transferkurzarbeitergeld;

- der Arbeitnehmer hat nebeneinander aus **mehreren** Dienstverhältnissen Arbeitslohn bezogen, es sei denn, ein Dritter hat die von mehreren Arbeitgebern bezogenen Arbeitslöhne für den Lohnsteuerabzug zusammengefasst und abgerechnet;

- die beim Lohnsteuerabzug berücksichtigte Summe der Teilbeträge der **Vorsorgepauschale** für die gesetzliche und private Kranken- und Pflegeversicherung ist höher als die später bei der Einkommensteuerveranlagung als Sonderausgaben abziehbaren Vorsorgeaufwendungen. Hierzu gehören insbesondere Fälle, in denen die beim Lohnsteuerabzug berücksichtigte Mindestvorsorgepauschale höher ist als die bei der Veranlagung zur Einkommensteuer als Sonderausgaben abziehbaren (tatsächlichen) Vorsorgeaufwendungen.
  Dies betrifft einen Großteil der Arbeitnehmer mit **geringem** Arbeitslohn, **Soldaten**, sowie als Arbeitnehmer tätige **Studenten** und **Auszubildende**. Weil diese Regelung für den Arbeitnehmer wenig durchschaubar ist und oftmals den Aufwand für die Erstellung der Einkommensteuererklärung sowie zur Durchführung der Einkommensteuerveranlagung usw. nicht rechtfertigt, besteht diese Veranlagungspflicht für 2022 nur dann, wenn die Voraussetzungen für eine Veranlagung zur Einkommensteuer vorliegen **und** der im Kalenderjahr erzielte Jahresarbeitslohn 12 250 € bei Ledigen bzw. 23 250 € bei Ehepartnern übersteigt;

- bei Ehepartnern, die zusammen zur Einkommensteuer zu veranlagen sind und **beide Arbeitslohn** bezogen haben, ist einer zumindest während eines Teils des Kalenderjahres nach der Steuerklasse V oder VI oder nach der Steuerklasse IV mit Anwendung eines Faktors (→ Rz. 17) besteuert worden;

- das Finanzamt hat für den Arbeitnehmer einen persönlichen **Freibetrag** ermittelt, der beim Lohnsteuerabzug berücksichtigt worden ist, z.B. vom Arbeitgeber als elektronisches Lohnsteuerabzugsmerkmal abgerufen wurde oder vom Finanzamt auf einer Bescheinigung für den Lohnsteuerabzug eingetragen worden ist (z.B. ein Freibetrag zur Berücksichtigung der tatsächlichen Werbungskosten, Sonderausgaben oder außergewöhnlichen Belastungen).
  In diesem Fall ist für das Kalenderjahr 2022 Voraussetzung, dass der insgesamt erzielte Arbeitslohn eines Ledigen 12 250 € oder der von Ehepartnern insgesamt erzielte Arbeitslohn 23 250 € (falls sie die Voraussetzungen für eine Zusammenveranlagung zur Einkommensteuer erfüllen) übersteigt.
  Diese Arbeitslohngrenzen gelten auch für die an ausländischen Dienstorten tätigen Deutschen im diplomatischen und konsularischen Dienst nebst Angehörigen sowie für einen beschränkt einkommensteuerpflichtigen Arbeitnehmer, wenn die zuvor genannten Freibeträge als ELStAM (→ Rz. 307 ff.) gebildet oder auf einer vom Finanzamt ausgestellten Bescheinigung für den Lohnsteuerabzug eingetragen worden sind;

- der Arbeitnehmer hat eine **Entlassungsentschädigung** oder andere Entschädigungen oder Vergütungen für eine mehrjährige Tätigkeit erhalten,
  - für die eine ermäßigte Lohnsteuer einbehalten worden ist oder
  - wenn sie ein Dritter als einen unmittelbar gegen sich gerichteten tarifvertraglichen Geldanspruch gezahlt hat (§ 38 Abs. 3a Satz 1 EStG, z.B. Sozialkassen des Baugewerbes) und diese mit 20 % pauschal versteuert (→ Rz. 407);

- der Arbeitgeber hat die Lohnsteuer für einen **sonstigen Bezug** ohne Kenntnis (Berücksichtigung) des beim früheren Arbeitgeber bezogenen Arbeitslohns berechnet (Großbuchstabe S; → Rz. 301, → Rz. 423);

- bei geschiedenen oder dauernd getrennt lebenden Ehepartnern oder bei Eltern eines nichtehelichen Kindes soll der **Ausbildungsfreibetrag** oder ein dem Kind zustehender Behinderten- oder Hinterbliebenen-Pauschbetrag abweichend vom Lohnsteuerabzugs-Verfahren (je zur Hälfte) berücksichtigt werden;

- die Ehepartnerschaft des Arbeitnehmers ist im Kalenderjahr **aufgelöst** worden und er oder sein Ehepartner aus der aufgelösten Ehepartnerschaft hat wieder geheiratet;

- beim Arbeitnehmer ist für den Lohnsteuerabzug für die Wahl der Steuerklassen der Ehepartner berücksichtigt worden, der außerhalb des Inlands in einem Mitgliedsstaat der EU oder den Staaten Island, Liechtenstein oder Norwegen ansässig ist;

– der Arbeitnehmer ist nicht im Inland ansässig, aber als unbeschränkt einkommensteuerpflichtig (§ 1 Abs. 3 EStG) behandelt worden.

Eine Einkommensteuerveranlagung ist auch dann durchzuführen, wenn Kapitalerträge bezogen worden sind, die nicht dem Kapitalertragsteuerabzug unterlegen haben. Dies gilt unabhängig von der Höhe dieser Kapitalerträge.

2. Antrag auf Einkommensteuerveranlagung

62 Liegen die zuvor genannten Voraussetzungen für eine **Pflichtveranlagung** zur Einkommensteuer **nicht** vor, hat ein unbeschränkt einkommensteuerpflichtiger Arbeitnehmer dennoch die **Möglichkeit** und das Recht, eine Veranlagung zu beantragen. Dies gilt insbesondere zur **Anrechnung** der einbehaltenen Lohnsteuer auf die festzusetzende Einkommensteuer, um dadurch die Erstattung der zu viel einbehaltenen Lohnsteuer zu erreichen, oder um einen steuersparenden Verlust aus der Vermietung einer Immobilie geltend zu machen (→ Rz. 96). Der Antrag auf Veranlagung muss bis zum Ablauf des auf den Veranlagungszeitraum folgenden vierten Kalenderjahres gestellt worden sein (Festsetzungsfrist); für das Kalenderjahr 2022 also bis zum Ablauf des Kalenderjahres 2026.

63 Ein solcher Antrag auf Durchführung der Veranlagung kann bis zur Bestandskraft des Einkommensteuerbescheids grundsätzlich zurückgenommen werden. Die Antragsrücknahme muss folglich innerhalb der Rechtsbehelfsfrist entweder durch Einspruch oder mit Antrag auf schlichte Änderung erfolgen. Hierdurch kann der Arbeitnehmer eine Veranlagung, die zu einer Nachzahlung führt, verhindern, falls die Einkommensteuerveranlagung nicht zwingend vorgeschrieben ist (→ Rz. 61).

Beispiel:

Ein Arbeitnehmer hat die Einkommensteuerveranlagung beantragt, damit er Verluste aus einer vermieteten Eigentumswohnung abziehen kann, was zu einer Einkommensteuererstattung führen würde. Das Finanzamt erkennt jedoch die geltend gemachten Werbungskosten nicht in vollem Umfang an und setzt neben den Einkünften aus nichtselbständiger Arbeit als Einkünfte aus Vermietung und Verpachtung 400 € an (daneben keine weiteren Einkünfte). Dies führt zu einer Einkommensteuernachzahlung i.H.v. 170 €.

Deshalb nimmt der Arbeitnehmer innerhalb der Rechtsbehelfsfrist seinen Antrag auf eine Einkommensteuerveranlagung zurück. Das Finanzamt muss nun den Einkommensteuerbescheid aufheben, weil eine Pflichtveranlagung nach § 46 Abs. 2 EStG ausscheidet und die Antragsveranlagung nicht mehr durchgeführt werden darf.

64 Das Finanzamt kann unabhängig von einer Antragsveranlagung des Arbeitnehmers eine im Kalenderjahr zu **gering erhobene Lohnsteuer** vom Arbeitnehmer **nachfordern**. Dies ist z.B. dann möglich, wenn der Arbeitgeber vom Arbeitslohn versehentlich zu wenig Lohnsteuer einbehalten hat und das Betriebsstättenfinanzamt einen Lohnsteuer-Nachforderungsbescheid nach § 42d Abs. 3 Satz 4 Nr. 1 EStG erlässt.

V. Einkommensteuerveranlagung

65 Die Einkommensteuerveranlagung wird stets für ein ganzes Kalenderjahr, dem sog. **Veranlagungszeitraum**, durchgeführt. Dieses Kalenderjahrprinzip ist unabhängig davon, ob die beschränkte oder unbeschränkte persönliche Steuerpflicht das gesamte Kalenderjahr bestanden hat und ob die Einnahmen im Kalenderjahr einmalig oder laufend zugeflossen sind. Der Veranlagung wird das im Zeitraum der Steuerpflicht bezogene (erzielte) Einkommen zu Grunde gelegt.

66 Ist eine Person während des Kalenderjahres sowohl beschränkt als auch unbeschränkt einkommensteuerpflichtig, wird für dieses Kalenderjahr nur eine Veranlagung nach den Vorschriften für unbeschränkt steuerpflichtige Personen durchgeführt. Dabei werden die während der beschränkten Steuerpflicht erzielten inländischen Einkünfte den unbeschränkt einkommensteuerpflichtigen Einkünften hinzugerechnet. Die nicht der deutschen Einkommensteuer unterliegenden Einkünfte werden durch den Progressionsvorbehalt berücksichtigt (§ 32b Abs. 1 Satz 1 Nr. 2 und 3 sowie Abs. 1a EStG).

67 Der **Progressionsvorbehalt** (§ 32b EStG) lässt zwar die steuerfrei bezogenen Einkommensteile (z.B. Kurzarbeitergeld, Krankengeld, Mutterschaftsgeld, die nach dem Infektionsschutzgesetz gezahlte Verdienstausfallentschädigung sowie den nach einem DBA steuerfrei gezahlten Arbeitslohn) steuerunbelastet. Sie werden aber gleichwohl bei der Ermittlung des anzuwendenden Einkommensteuersatzes berücksichtigt, indem für die Berechnung des Einkommensteuersatzes die dem Progressionsvorbehalt unterliegenden Einnahmen bzw. Einkünfte dem zu versteuernden Einkommen hinzugerechnet werden. Für diesen erhöhten Betrag wird nun der anzusetzende Einkommensteuersatz ermittelt. Weil der Einkommensteuertarif progressiv ansteigt (→ Rz. 27 f.), kann dies im Einzelfall einen recht hohen Steuersatz ergeben. Dieser erhöhte Steuersatz wird dann auf das zu versteuernde Einkommen (ohne steuerfreie Einkommensteile) angewandt, wodurch sich regelmäßig eine erhöhte Einkommensteuer ergibt.

Begründet wird der Progressionsvorbehalt mit dem Grundsatz der Besteuerung nach der wirtschaftlichen Leistungsfähigkeit. Zumindest bei Bezug von Lohnersatzleistungen scheint er jedoch vielmehr als Korrektiv eingesetzt werden zu müssen, um ganzjährig arbeitende Arbeitnehmer durch die Belastung mit Steuern und Sozialabgaben sowie den Aufwendungen für die Fahrten zur Arbeits-/Tätigkeitsstätte letztlich nicht schlechter zu stellen als solche Stpfl., die teilweise im Kalenderjahr sowohl Arbeitslohn beziehen als auch steuerfreie Bezüge bzw. Sozialleistungen erhalten. Ansonsten könnte ggf. durch steuerfreie Lohnersatzleistungen und Sozialleistungen ein höheres Netto-Einkommen erzielt werden, als dem ganzjährig berufstätigen Arbeitnehmer letztlich nach den gesetzlichen Abzügen an Nettolohn verbliebe.

Zur Prüfung der **Einzelveranlagung** beim Bezug von steuerfreien **Corona-Beihilfen** sowie Lohnersatzleistungen → Rz. 75.

VI. Veranlagungsarten

1. Allgemeines

68 Grundsätzlich wird jede steuerpflichtige Person mit ihrem zu versteuernden Einkommen einzeln zur Einkommensteuer veranlagt (sog. **Einzelveranlagung**). Die Einkommensteuer wird nach dem Grundtarif, der sog. (Einkommensteuer-)**Grundtabelle**, berechnet (→ Rz. 25).

Ehepartner dürfen zwischen der **Einzelveranlagung** (§ 26a EStG) mit Anwendung des Grundtarifs und der **Zusammenveranlagung** (§ 26b EStG) zur Einkommensteuer mit Anwendung des Splittingtarifs bzw. der sog. (Einkommensteuer-)**Splittingtabelle** (→ Rz. 25 f.) wählen (§ 26 Abs. 1 EStG).

Die **Wahl** der Veranlagungsart wird für den jeweiligen Veranlagungszeitraum durch Auswahl bzw. Angabe i.R.d. Einkommensteuererklärung getroffen. Machen Ehepartner von ihrem Wahlrecht nicht oder nicht wirksam Gebrauch, so ist das Finanzamt verpflichtet, eine Zusammenveranlagung durchzuführen.

Hat ein Ehegatte in dem Veranlagungszeitraum, in dem seine zuvor bestehende Ehe aufgelöst worden ist, eine neue Ehe geschlossen und liegen bei ihm und dem neuen Ehegatten die Voraussetzungen für eine Zusammenveranlagung vor, wird die zuvor bestehende Ehe für die Anwendung der Veranlagungswahl nicht berücksichtigt.

E 15

2. Im Inland ansässige Staatsangehörige

69 Für im Inland ansässige Staatsangehörige eines Mitgliedsstaates der Europäischen Union oder der Staaten Island, Liechtenstein oder Norwegen gilt das steuerliche Wahlrecht auch dann, wenn der Ehepartner in einem der genannten Staaten wohnt. Es ist nicht Voraussetzung, dass der Ehegatte ebenfalls Staatsangehöriger dieses Staates ist. Jedoch müssen die Einkünfte beider Eheleute zu mindestens 90 % der deutschen Einkommensteuer unterliegen oder ihre nicht der deutschen Einkommensteuer unterliegenden Einkünfte dürfen den doppelten steuerlichen Grundfreibetrag (Anhebung ab 2022 auf 9 984 €, also insgesamt 19 968 €) nicht übersteigen (§ 1a Abs. 1 Nr. 2 EStG, → Rz. 57). Diese Voraussetzungen sind auch zu beachten, wenn der Personenkreis auf Antrag nach § 1 Abs. 3 EStG in Deutschland als unbeschränkt einkommensteuerpflichtig erfasst werden soll (→ Rz. 60). Die nicht der deutschen Einkommensteuer unterliegenden Einkünfte sind jeweils durch eine Bescheinigung der zuständigen ausländischen Steuerbehörde nachzuweisen.

3. Zusammenveranlagung

70 Bei der Zusammenveranlagung zur Einkommensteuer werden die von den unbeschränkt einkommensteuerpflichtigen Ehepartnern erzielten Einkünfte zunächst getrennt ermittelt. Im Anschluss daran werden diese Einkünfte zusammengerechnet (nunmehr ein Betrag) und beide Ehepartner als ein Stpfl. behandelt. Dies bedeutet, dass die vom Gesamtbetrag der Einkünfte abziehbaren Sonderausgaben und außergewöhnlichen Belastungen für beide Stpfl. einheitlich zu ermitteln sind, unabhängig davon, wer von ihnen die Aufwendungen tatsächlich getragen hat.

71 Die tarifliche Einkommensteuer beider Ehepartner berechnet sich nach dem Splitting-Verfahren (§ 32a Abs. 5 EStG, Splittingtabelle → Rz. 25 f.). Dazu wird das gemeinsam zu versteuernde Einkommen beider Ehepartner zunächst halbiert und die auf diesen Betrag entfallende Einkommensteuer nach der Grundtabelle ermittelt. Dieser Steuerbetrag wird anschließend verdoppelt. Das **Splitting-Verfahren** mildert so die Progressionswirkung des Einkommensteuertarifs und gewährleistet, dass Ehepartner nach ihrer Eheschließung grundsätzlich insgesamt keine höhere Einkommensteuer zu zahlen haben als vor ihrer Eheschließung.

Sind die **Einkommen** beider Ehepartner **gleich hoch**, so ist die Einkommensteuer (Gesamtbelastung) vor und nach der Eheschließung die gleiche.

Eine gewisse Steuerentlastung durch das Splitting-Verfahren kann nur bei **unterschiedlich** hohen Einkünften der Ehepartner eintreten. Haben beide unterschiedlich hohe Einkünfte, z.B. ein Hauptverdiener und ein Geringverdiener oder weil einer der beiden eine Ausbildung absolviert, ist der Splittingtarif günstiger. Je näher die Einkünfte der Partner beieinander liegen, desto geringer ist der sog. Vorteil durch den Splittingtarif. Allgemein gilt: Für Ehepartner ist die Zusammenveranlagung i.d.R. günstiger als die Einzelveranlagung. (→ Rz. 74).

72 Die **Zusammenveranlagung** berücksichtigt in typisierender Weise, dass in einer intakten Ehe jeder unbeschränkt steuerpflichtige Ehegatte an den Einkünften und Lasten des anderen zur Hälfte teilhat und deshalb – anders als bei getrennt lebenden unbeschränkt Stpfl. – Unterhaltsleistungen nicht abziehbar sind. Das Bundesverfassungsgericht betrachtet das Splitting-Verfahren nicht als Steuervergünstigung, sondern hält es wegen der Teilhabe beider Ehepartner am Einkommen entsprechend dem für die Einkommensbesteuerung maßgebenden Grundsatz der Besteuerung nach der Leistungsfähigkeit für erforderlich.

73 In der vom Verlag herausgegeben **Einkommensteuer-Tabelle** ist für ausgewählte zu versteuernde Einkommen zusammenveranlagter Ehepartner die Einkommensteuer nach der **Splittingtabelle**, die zu entrichtende **Kirchensteuer** (8 % oder 9 %) sowie der **Solidaritätszuschlag** sofort und unmittelbar ablesbar. Die komplizierte Berechnung über die Halbierung des zu versteuernden Einkommens und Verdopplung

der nach der Grundtabelle ermittelten Einkommensteuer entfällt somit.

Beispiel <u>Einkommensteuer bei Zusammenveranlagung</u>

Ein Ehepaar ohne Kinder erzielt im Kalenderjahr 2022 ein zu versteuerndes Einkommen von	44 520,– €
die abzulesende Einkommensteuer (Splittingtabelle) ergibt sich aus der Stufe „bei 44 528 €"	5 616,– €

die dafür zu entrichtenden weiteren Abgaben bzw. Steuerbeträge sind ebenfalls in der Tabelle aufgeführt und betragen:

Solidaritätszuschlag ist seit 2021 entfallen	0,00 €
Kirchensteuer 8 % oder	273,92 €
Kirchensteuer 9 %	308,16 €

4. Einzelveranlagung

74 Die Ehepartner werden einzeln zur Einkommensteuer veranlagt, wenn **einer** der Ehepartner diese Veranlagungsart beantragt (Einzelveranlagung). Die zur Ausübung der Wahl erforderlichen Erklärungen sind beim Finanzamt schriftlich (i.d.R. auf dem Hauptvordruck ESt 1 A der Einkommensteuererklärung) abzugeben.

Bei der Einzelveranlagung von Ehepartnern sind jedem Ehepartner die von ihm bezogenen Einkünfte zuzurechnen. Einkünfte eines Ehepartners sind nicht allein deshalb zum Teil dem anderen Ehepartner zuzurechnen, weil dieser bei der Erzielung der Einkünfte mitgewirkt hat. Die **Sonderausgaben** (→ Rz. 176 ff.), **außergewöhnlichen Belastungen** (→ Rz. 211 ff.) und die **Steuerermäßigungen** für energetische Maßnahmen (→ Rz. 259) sowie für die Aufwendungen für haushaltsnahe Beschäftigungsverhältnisse, haushaltsnahe Dienstleistungen und Handwerkerleistungen (→ Rz. 260) werden grundsätzlich demjenigen Ehepartner zugerechnet, der die Aufwendungen wirtschaftlich getragen hat. Auf übereinstimmenden Antrag der Ehepartner werden sie jeweils zur Hälfte abgezogen. Allerdings ist der Antrag des Ehepartners, der die Aufwendungen wirtschaftlich getragen hat, in begründeten Einzelfällen ausreichend.

Für **Verlustrückträge** oder **Verlustvorträge** gelten Sonderregelungen; insbesondere Fälle des Übergangs von der Einzelveranlagung zur Zusammenveranlagung und von der Zusammenveranlagung zur Einzelveranlagung zwischen zwei Veranlagungszeiträumen, wenn bei beiden Ehepartnern nicht ausgeglichene Verluste vorliegen.

Die Höhe der **Einkommensteuer** bemisst sich bei einer Einzelveranlagung jeweils nach der Einkommensteuer-**Grundtabelle** (→ Rz. 25).

75 Eheleute können mit der Wahl der Einzelveranlagung in bestimmten Fällen eine günstigere steuerliche Gesamtbelastung erzielen als durch die Zusammenveranlagung. Ein steuerlich **günstigeres Ergebnis** ergibt sich meist dann, wenn beide Ehepartner Einkünfte erzielen und die Entscheidung, ob bestimmte (Steuer-)Vorteile zu gewähren oder bestimmte Einkünfte in die Besteuerung einzubeziehen sind, von der Höhe der Einkünfte oder des Einkommens abhängig ist, z.B. für die Höhe des Verlustrücktrags nach § 10d EStG, die Anwendung des Progressionsvorbehalts, die Einbeziehung außerordentlicher Einkünfte und, falls beide Ehepartner als Arbeitnehmer neben dem Arbeitslohn noch andere Einkünfte (Nebeneinkünfte) beziehen, die zweimalige Inanspruchnahme der Freigrenze für Arbeitnehmer von 410 € und des sog. Härteausgleichs für andere Einkünfte nach § 46 Abs. 3 EStG (→ Rz. 253). Dies kann vorteilhaft sein, weil bei zusammenveranlagten Ehegatten zur Prüfung der 410 €-Grenze die Nebeneinkünfte beider Partner zusammengerechnet werden, ohne die Freigrenze zu verdoppeln.

Ehepartner sollten die Einzelveranlagung in **Corona-Zeiten** intensiver prüfen. Insbesondere dann, wenn nur ein Ehegatte steuerfreie **Lohnersatzleistungen** (z.B. Kurzarbeitergeld sowie Zuschüsse des Arbeitgebers) bezogen hat und sein Partner eigene steuerpflichtige Einkünfte erzielt, die nicht dem Progressionsvorbehalt unterliegen. Durch den Progressionsvorbehalt (→ Rz. 67) für die steuerfreien Lohnersatzleistungen ergibt sich bei Einbeziehung weiterer Einkünfte regelmäßig ein **höherer** Steuersatz, als die steuerpflichtigen Lohneinkünfte allein ergeben. In einer Zusammenveranlagung wird der so erhöhte Steuersatz für das **gesamte** zu versteuernde Einkommen angewendet. Hierdurch erhöht sich auch die Einkommensteuer des anderen Ehepartners. Weil bei der Einzelveranlagung beide Ehegatten steuerlich getrennt betrachtet werden, wirkt sich der Progressionsvorbehalt nicht auf den Ehegatten aus, der keine steuerfreien Lohnersatzleistungen bezogen hat.

Führt die Einzelveranlagung zu einem steuerlich ungünstigeren Ergebnis, darf im Einspruchsverfahren eine Zusammenveranlagung gewählt werden (→ Rz. 79).

76 Mitunter wählen Ehepartner ohne Rücksicht auf eine eventuell daraus folgende geringfügig höhere steuerliche Gesamtbelastung aus Gründen einer klaren wirtschaftlichen Abgrenzung ihrer steuerlichen Verpflichtungen oder aus anderen Motiven die Einzelveranlagung an Stelle der Zusammenveranlagung. Ein Hauptfall ist z.B., wenn ein Partner seine steuerlichen Verhältnisse dem anderen Partner gegenüber nicht offenlegen möchte.

77 Bei der Einzelveranlagung sind für jeden Ehepartner die Steuerbeträge nach der **Grundtabelle** aus der vom Verlag herausgegebenen Einkommensteuer-Tabelle für ausgewählte zu versteuernde Einkommen ablesbar.

5. Vergleich zwischen Zusammenveranlagung und Einzelveranlagung

78 Ein Vergleich zwischen dem steuerlichen Ergebnis einer Zusammenveranlagung (Splittingtabelle) und der Einzelveranlagung (Grundtabelle) ist mit der vom Verlag herausgegebenen Einkommensteuer-Tabelle mühelos durchzuführen. Zunächst lesen die Ehepartner die auf ihr zu versteuerndes Gesamteinkommen entfallenden Steuerbeträge entsprechend der Stufe in der Spalte „Splittingtabelle" ab und danach die auf das Einkommen der Ehepartner entfallenden Steuerbeträge in der betreffenden Stufe der Spalte „Grundtabelle". Die Steuerbeträge nach der Grundtabelle sind zusammenzurechnen und dann mit der für die Zusammenveranlagung ermittelten Einkommensteuer zu vergleichen. Ebenso ist für den ggf. noch fälligen Solidaritätszuschlag und die Kirchensteuer zu verfahren.

Beispiel Tabellenwerte bei Vergleich Zusammen-/Einzelveranlagung

Ein verheiratetes Ehepaar ohne Kinder hat im Kalenderjahr 2022 folgendes zu versteuerndes Einkommen:

Einkommen des Ehemannes	30 920 €
Einkommen der Ehefrau	30 740 €
Einkommen der Ehegatten	61 660 €

1. Schritt: Berechnung der Steuerbeträge bei Zusammenveranlagung (Splittingtabelle)

in der Stufe „bei 61 664 €"	10 564,00 €
Solidaritätszuschlag	0,00 €
Kirchensteuer 9 %	949,14 €

2. Schritt: Einzelveranlagung (Grundtabelle)

Ehemann
abzulesende Einkommensteuer

in der Stufe „bei 30 920 €"	5 300,00 €
Solidaritätszuschlag	0,00 €
Kirchensteuer 9 %	477,00 €

Ehefrau
abzulesende Einkommensteuer

in der Stufe „bei 30 740 €"	5 245,00 €
Solidaritätszuschlag	0,00 €
Kirchensteuer 9 %	472,05 €

3. Schritt: Vergleich

	Steuern bei Zusammenveranlagung (Splittingtabelle)	Steuern bei Einzelveranlagung (Grundtabelle)	
		Ehemann	Ehefrau
Einkommensteuer	10 456,00 €	5 300,00 €	5 245,00 €
Solidaritätszuschlag	0,00 €	0,00 €	0,00 €
Kirchensteuer 9 %	949,14 €	477,00 €	472,05 €
		5 847,00 €	5 717,05 €
Summe	11 495,14 € (bei maschineller Berechnung würde die ESt 10 544 € und die KiSt 948,96 € betragen; Summe 11 492,96 €)	11 564,05 €	

Ergebnis:

Bei der Zusammenveranlagung ergibt sich sowohl nach der **Tabellensteuer** als auch nach der maschinellen Berechnung der Steuern eine niedrigere steuerliche Belastung als bei den beiden Einzelveranlagungen.

6. Änderung der Veranlagungsart

79 Ein **Steuerbescheid** wird üblicherweise nach Ablauf der Rechtsbehelfsfrist **bestandskräftig**; rechtstechnisch ist er dann weder anfechtbar noch änderbar. Ausnahmsweise kann die von den Eheleuten gewählte **Veranlagungsart** nach Eintritt der Unanfechtbarkeit des Steuerbescheids **geändert** werden, wenn

1. ein Steuerbescheid, der die Ehepartner betrifft, aufgehoben, geändert oder berichtigt wird und

2. die Änderung der Wahl der Veranlagungsart der zuständigen Finanzbehörde bis zum Eintritt der Unanfechtbarkeit eines Änderungs- oder Berichtigungsbescheids schriftlich oder elektronisch mitgeteilt oder zur Niederschrift erklärt worden ist und

3. der Unterschiedsbetrag aus der Differenz der festgesetzten Einkommensteuer entsprechend der bisher gewählten Veranlagungsart und der festzusetzenden Einkommensteuer, die sich bei geänderter Ausübung der Wahl der Veranlagungsarten ergeben würde, positiv ist. Hierbei ist die Einkommensteuer der einzeln veranlagten Ehepartner zusammenzurechnen.

Diese besonderen Änderungsmöglichkeiten sind für jeden Veranlagungszeitraum (jedes Kalenderjahr) gesondert zu prüfen.

7. Veranlagung von Ehegatten im Jahr der Heirat

80 Unbeschränkt Stpfl., die im Veranlagungszeitraum geheiratet haben und nicht dauernd getrennt leben, können – neben der Zusammenveranlagung (→ Rz. 70 ff.) auch die Einzelveranlagung (→ Rz. 74 ff.) wählen.

81 Wählen die Ehepartner eine Einzelveranlagung, werden jedem Ehepartner die von ihm bezogenen Einkünfte zugerechnet. Ebenso wird die Abzugsfähigkeit der Sonderausgaben (Vorsorgepauschale oder Höchstbetrag) und der außergewöhnlichen Belastungen nach den Grundsätzen für Unverheiratete ermittelt.

Ein Ansatz des Entlastungsbetrags für Alleinerziehende (Steuerklasse II) ist nicht möglich, da die Ehepartner keine Alleinstehende sind und die Voraussetzungen für die „Ehegattenveranlagung" nach § 26 Abs. 1 EStG erfüllen (→ Rz. 119 ff.). Die Einkommensteuer wird nach der Splittingtabelle ermittelt.

E 17

B. Einkommensteuer

8. Veranlagung von verwitweten, geschiedenen und alleinerziehenden Personen

82 Für **verwitwete Personen** sieht das Einkommensteuergesetz eine Sonderregelung vor, um den Übergang vom Splitting-Verfahren zur Besteuerung nach der Grundtabelle zu mildern. Danach ist die verwitwete Person in dem auf das Todesjahr des Ehepartners folgenden Veranlagungszeitraum (Kalenderjahr) nach dem Splitting-Verfahren (Splittingtabelle) zu besteuern (§ 32a Abs. 6 Satz 1 Nr. 1 EStG). Für spätere Veranlagungszeiträume ist diese Veranlagungsart jedoch nicht mehr möglich. Dann wird das zu versteuernde Einkommen nach der Grundtabelle besteuert.

Voraussetzung für die Anwendung des Splittingtarifs für Verwitwete ist, dass in dem Todesjahr für das Ehepaar die Voraussetzungen für eine Zusammenveranlagung vorgelegen haben (unbeschränkte Einkommensteuerpflicht, kein dauerndes Getrenntleben, → Rz. 70 ff.). Nicht entscheidend ist, welche Veranlagungsart für das Todesjahr gewählt worden ist.

83 War ein Stpfl. in einem Veranlagungszeitraum **zweimal verheiratet** und lagen jeweils die Voraussetzungen für die Wahl des Splitting-Verfahrens vor, konnte der Stpfl. vor 2013 entscheiden, für welche Ehe die Zusammenveranlagung gewählt werden soll. Dieses Wahlrecht für das Jahr der Ehescheidung ist entfallen. Der nicht wiederverheiratete Ehegatte wird nun für das gleiche Kalenderjahr allein veranlagt (Einzelveranlagung, zur Steuerermittlung jedoch Anwendung der Splittingtabelle).

84 Als Ausgleich für besondere Belastungen erhalten sog. echte **Alleinerziehende** den **Entlastungsbetrag** für Alleinerziehende (→ Rz. 119 ff.). Kommt ein Elternteil seinen Unterhaltsverpflichtungen nicht nach, kann auf Antrag des anderen Elternteils der Freibetrag für den Betreuungs- und Erziehungs- oder Ausbildungsbedarf des Kindes (Bedarfsfreibetrag) auf ihn übertragen werden (→ Rz. 114 ff.). Gleiches gilt, wenn das Kind in der Wohnung eines Elternteils nicht gemeldet ist (→ Rz. 117).

VII. Ermittlung des zu versteuernden Einkommens

1. Besteuerungsgrundlagen

85 Das Einkommensteuergesetz kennt nur die folgenden **sieben Einkunftsarten**, die der Einkommensteuer unterliegen:
1. Einkünfte aus Land- und Forstwirtschaft;
2. Einkünfte aus Gewerbebetrieb;
3. Einkünfte aus selbständiger Arbeit;
4. Einkünfte aus nichtselbständiger Arbeit;
5. Einkünfte aus Kapitalvermögen;
6. Einkünfte aus Vermietung und Verpachtung;
7. sonstige Einkünfte (z.B. Rente aus der gesetzlichen Rentenversicherung, der Ertragsanteil der Leistungen aus einer privaten Rentenversicherung, Unterhalts-/Versorgungsleistungen, Leistungen auf Grund eines schuldrechtlichen Versorgungsausgleichs, Leistungen aus Altersvorsorgeverträgen, bestimmte Leistungen der betrieblichen Altersversorgung oder Einkünfte aus privaten Veräußerungsgeschäften ab 600 €).

86 Außerhalb der gesetzlichen Einkunftsarten anfallende **Vermögensmehrungen** (Einnahmen/Erträge) werden von der Einkommensbesteuerung **nicht erfasst. Keine steuerbaren Einkünfte** sind u.a. Kapitalzuflüsse aus privaten Lebensversicherungen, die für die Dauer von mindestens zwölf Jahren und vor dem 1.1.2005 abgeschlossen wurden, Ehrenpreise, Spiel- und Wetteinnahmen, Schadensersatzleistungen für Schäden im privaten Bereich sowie Veräußerungserlöse aus Grundstücken und Gegenständen des Privatvermögens, falls der Gesamtgewinn aus privaten Veräußerungsgeschäften innerhalb der sog. Spekulationsfrist (zehn Jahre bei Grundstücken, sonst ein Jahr) weniger als **600 €** im Kalenderjahr beträgt oder wenn die Veräußerung nach Ablauf dieser Frist erfolgt. Gebäude, Eigentumswohnungen etc., die zu **eigenen Wohnzwecken** genutzt wurden, sind jedoch grds. von der Veräußerungsgewinnbesteuerung ausgenommen, auch wenn der Gewinn mehr als 600 € beträgt. Wird ein entsprechendes Objekt innerhalb der zehnjährigen Haltefrist veräußert, ist der Veräußerungsgewinn auch insoweit von der Besteuerung ausgenommen, als er auf ein zur Erzielung von Überschusseinkünften genutztes häusliches Arbeitszimmer entfällt. Veräußerungen von **Gegenständen des täglichen Gebrauchs** (z.B. Gebrauchtfahrzeuge) werden steuerlich ebenfalls nicht erfasst. Private **Verluste** und Vermögensminderungen werden bei der Ermittlung der Einkünfte regelmäßig nicht berücksichtigt.

2. Ermittlung der Einkünfte

87 Die Einkünfte werden – je nach Einkunftsart – unterschiedlich ermittelt. Einkünfte nach dem Einkommensteuergesetz sind:
- bei Betrieben der Land- und Forstwirtschaft, Gewerbebetrieben oder bei selbständiger Arbeit: der **Gewinn** (sog. Gewinneinkünfte). Wer nach Handels- oder Steuerrecht verpflichtet ist, Bücher zu führen und regelmäßig Abschlüsse zu machen, ermittelt den Gewinn auf Grund seiner Bilanzen durch den Betriebsvermögensvergleich. Die Inhalte der Bilanz sowie die dazugehörige Gewinn- und Verlustrechnung sind dabei grds. durch Datenfernübertragung an die Finanzverwaltung zu übermitteln (sog. E-Bilanz). Für Selbständige und Gewerbetreibende, die freiwillig Bücher führen und regelmäßige Abschlüsse machen, gilt dies entsprechend.

Besteht keine Buchführungspflicht, ist der Gewinn durch die Gegenüberstellung der Betriebseinnahmen und der Betriebsausgaben zu ermitteln (sog. Einnahmenüberschussrechnung). Die Einnahmenüberschussrechnung ist grds. nach amtlich vorgeschriebenem Datensatz durch Datenfernübertragung zu übermitteln (Anlage EÜR). In Härtefällen kann das Finanzamt auf Antrag von einer Übermittlung nach amtlich vorgeschriebenem Datensatz durch Datenfernübertragung verzichten. Für diese Fälle stehen in den Finanzämtern Papiervordrucke der Anlage EÜR zur Verfügung. Darüber hinaus gibt es in Bezug auf die Anlage EÜR weitere Ausnahmen (z.B. für ehrenamtlich Tätige, deren Einnahmen insgesamt steuerfrei bleiben; → Rz. 503). Übersteigen die im Wirtschaftsjahr angefallenen Schuldzinsen, ohne die Berücksichtigung der Schuldzinsen für Darlehen zur Finanzierung von Anschaffungs- oder Herstellungskosten von Wirtschaftsgütern des Anlagevermögens, den Betrag von 2 050 €, sind bei Einzelunternehmen die in der Anlage SZE (Ermittlung der nicht abziehbaren Schuldzinsen) enthaltenen Angaben an die Finanzverwaltung zu übermitteln.

Kleinbetriebe der Land- und Forstwirtschaft haben ein Wahlrecht; sie können den Gewinn auch nach sog. Durchschnittssätzen ermitteln.

Als **Betriebseinnahmen** sind alle Zugänge von Wirtschaftsgütern in Form von Geld oder Geldeswert, die durch den Betrieb oder die selbständige Tätigkeit veranlasst sind, zu erfassen. **Betriebsausgaben** sind Aufwendungen, die durch den Betrieb oder durch die selbständige Tätigkeit veranlasst sind;

- bei den übrigen Einkunftsarten: der **Überschuss der Einnahmen über die Werbungskosten** (sog. Überschusseinkünfte).

Einnahmen sind Güter in Geld oder Geldeswert, die in einem wirtschaftlichen Zusammenhang mit einer bestimmten Einkunftsart zufließen. Werbungskosten sind Ausgaben in Geld oder Geldeswert zur Erwerbung, Sicherung und Erhaltung der Einnahmen (→ Rz. 122 ff. bezüglich der Werbungskosten bei den Einkünften aus nichtselbständiger Arbeit).

88 **Vermögenszugänge oder Vermögensabgänge**, die nicht mit einer Einkunftserzielung zusammenhängen, werden steuerlich nicht berücksichtigt. Gleiches gilt für die **Kosten der Lebensführung** und wenn das Finanzamt keine Einkünfteer-

E 18

zielungsabsicht (Gewinnerzielungs-, Überschusserzielungsabsicht) unterstellt, bei sog. Liebhaberei (z.B. Pferdezucht); eine einkommensteuerrechtlich unbeachtliche **Liebhaberei** kann i.Ü. auch bei den Einkünften aus nichtselbständiger Arbeit vorliegen. Bei einer oder mehreren **Photovoltaikanlagen** mit einer installierten Gesamtleistung von bis zu bis 10 kW/kWp (Summe der installierten Leistung aller Photovoltaikanlagen des Stpfl.) und/oder einer oder mehreren **Blockheizkraftwerken** mit einer installierten elektrischen Gesamtleistung von bis 2,5 kW wird auf Antrag des Stpfl. eine steuerlich unbeachtliche Liebhaberei angenommen (s. auch BMF-Schreiben v. 29.10.2021, IV C 6 – S 2240/19/10006 :006, www.stotax-first.de). Ausnahmen vom Abzugsverbot lässt das Einkommensteuergesetz nur bei Sonderausgaben (→ Rz. 176 ff.) und den außergewöhnlichen Belastungen (→ Rz. 211 ff.) zu. Deshalb stellen z.B. die Aufwendungen für Ernährung, Kleidung und Wohnung nicht abziehbare Lebenshaltungskosten dar und dürfen weder als Betriebsausgaben noch als Werbungskosten abgezogen werden. Dies gilt auch für Aufwendungen, die die wirtschaftliche oder gesellschaftliche Stellung des Stpfl. mit sich bringt, unabhängig davon, ob sie den Beruf oder die Tätigkeit fördern. **Gemischte Aufwendungen** können grundsätzlich in als Betriebsausgaben oder Werbungskosten abziehbare sowie in privat veranlasste und damit nicht abziehbare Teile aufgeteilt werden, soweit nicht gesetzlich etwas anderes geregelt ist oder es sich um Aufwandspositionen handelt, die durch das steuerliche Existenzminimum abgegolten oder als Sonderausgaben oder als außergewöhnliche Belastungen abziehbar sind (s. auch BMF-Schreiben v. 6.7.2010, IV C 3 – S 2227/07/10003 :002, BStBl I 2010, 614).

89 Der Ermittlung der Einkünfte wird **grundsätzlich ein Zwölf-Monats-Zeitraum** zu Grunde gelegt. Dies ist bei Einkünften aus Gewerbebetrieb unter bestimmten Voraussetzungen ein vom Kalenderjahr abweichendes Wirtschaftsjahr, bei Einkünften aus Land- und Forstwirtschaft i.d.R. der Zeitraum vom 1. Juli bis 30. Juni des Folgejahres und in allen anderen Fällen das Kalenderjahr.

3. Besonderheiten bei einzelnen Einkunftsarten

a) Land- und Forstwirtschaft

90 Einkünfte aus Land- und Forstwirtschaft werden bei der Ermittlung des Gesamtbetrags der Einkünfte nur berücksichtigt, soweit sie **900 €** oder bei der Zusammenveranlagung von Ehepartnern **1 800 €** übersteigen. Der **Freibetrag** ist nicht betriebsbezogen; er steht dem Stpfl. nur einmal zu, auch wenn er an mehreren Betrieben der Land- und Forstwirtschaft beteiligt ist. Andererseits steht er jedem Beteiligten an einem land- und forstwirtschaftlichen Betrieb zu. Der Freibetrag wird ungeschmälert gewährt, auch wenn im Laufe eines Veranlagungszeitraums ein Betrieb der Land- und Forstwirtschaft übernommen, veräußert oder aufgegeben wird. Voraussetzung für die Anwendung des Freibetrags ist jedoch, dass die Summe der Einkünfte **30 700 €** oder bei der Zusammenveranlagung von Ehepartnern **61 400 €** nicht übersteigt.

Für einen Betrieb der Land- und Forstwirtschaft ist der **Gewinn nach Durchschnittssätzen** zu ermitteln, wenn

1. der Stpfl. nicht auf Grund gesetzlicher Vorschriften verpflichtet ist, Bücher zu führen und regelmäßig Abschlüsse zu machen, und
2. in diesem Betrieb am 15. Mai innerhalb des Wirtschaftsjahres Flächen der landwirtschaftlichen Nutzung selbst bewirtschaftet werden und diese Flächen 20 Hektar ohne Sondernutzungen nicht überschreiten und
3. die Tierbestände insgesamt 50 Vieheinheiten nicht übersteigen und
4. die selbst bewirtschafteten Flächen der forstwirtschaftlichen Nutzung 50 Hektar nicht überschreiten, und
5. die selbst bewirtschafteten Flächen der Sondernutzungen bestimmte Grenzen nicht überschreiten.

Durchschnittssatzgewinn ist die Summe aus dem Gewinn der land- und forstwirtschaftlichen Nutzung sowie der Sondernutzungen, den Sondergewinnen, den Einnahmen aus Vermietung und Verpachtung von Wirtschaftsgütern des land- und forstwirtschaftlichen Betriebsvermögens und den Einnahmen aus Kapitalvermögen, soweit sie zu den Einkünften aus Land- und Forstwirtschaft gehören.

Zu den Einkünften aus Land- und Forstwirtschaft gehören auch Gewinne, die bei der **Veräußerung** oder **Aufgabe** eines land- oder forstwirtschaftlichen Betriebs erzielt werden; bestimmte Freibeträge werden jedoch berücksichtigt. Es gelten Besonderheiten bei der Verkleinerung eines Betriebs (z.B. bei Verkauf von Flächen).

Auch → Rz. 262 *Tarifermäßigung bei Einkünften aus Land- und Forstwirtschaft*.

b) Gewerbebetrieb

91 Bei bestimmten gewerblichen Tätigkeiten (u.a. gewerbliche Tierzucht oder Tierhaltung, bestimmte Termingeschäfte, Beteiligungen mit beschränkter Haftung und Beteiligungen an Steuerstundungsmodellen) gibt es **zusätzliche Verlustverrechnungsbeschränkungen**. Auch Gewinne aus der **Veräußerung** oder **Aufgabe** eines Gewerbebetriebs werden – in bestimmten Fällen unter Berücksichtigung eines einmaligen Freibetrags (max. 45 000 €) – erfasst. Werden **Anteile an Kapitalgesellschaften** (z.B. GmbH-Anteile) veräußert, können ebenfalls gewerbliche Einkünfte vorliegen, auch wenn die Anteile nicht im Betriebsvermögen gehalten werden.

Auch → Rz. 258 *Steuerermäßigung bei Einkünften aus Gewerbebetrieb*.

c) Selbständige Arbeit

92 Bei der Ermittlung der Einkünfte aus selbständiger Arbeit kann bei hauptberuflicher selbständiger, schriftstellerischer oder journalistischer Tätigkeit, aus wissenschaftlicher, künstlerischer und schriftstellerischer **Nebentätigkeit** sowie aus nebenamtlicher Lehr- und Prüfungstätigkeit an Stelle der tatsächlichen Betriebsausgaben eine **Betriebsausgabenpauschale** abgezogen werden. Die Betriebsausgabenpauschale beträgt:

- bei hauptberuflicher selbständiger schriftstellerischer oder journalistischer Tätigkeit 30 % der Betriebseinnahmen aus dieser Tätigkeit, höchstens jedoch 2 455 € jährlich;
- bei wissenschaftlicher, künstlerischer und schriftstellerischer Nebentätigkeit (auch Vortrags- oder nebenberufliche Lehr- und Prüfungstätigkeit), soweit es sich nicht um eine Tätigkeit i.S.d. § 3 Nr. 26 EStG (→ Rz. 589 *Übungsleiterpauschale*) handelt, 25 % der Betriebseinnahmen aus dieser Tätigkeit, höchstens jedoch 614 € jährlich. Der Höchstbetrag von 614 € wird für alle Nebentätigkeiten, die unter die Vereinfachungsregelung fallen, nur einmal gewährt.

Auch bei der **Kindertagespflege**, die als selbständige erzieherische Tätigkeit ausgeübt wird, gibt es eine **Betriebsausgabenpauschale**. Zu den Einzelheiten siehe BMF-Schreiben v. 11.11.2016, IV C 6 – S 2246/07/10002 :005, BStBl I 2016, 1236.

Höhere Betriebsausgaben können immer nachgewiesen werden.

93 Zu den Einkünften aus selbständiger Arbeit gehören auch Gewinne, die bei der **Veräußerung** des Vermögens, das der selbständigen Arbeit dient, oder der **Aufgabe** der selbständigen Tätigkeit entstehen; in bestimmten Fällen wird ein einmaliger Freibetrag i.H.v. max. 45 000 € berücksichtigt.

d) Nichtselbständige Arbeit

94 Bei der Ermittlung der Einkünfte aus nichtselbständiger Arbeit wird von den Einnahmen an Stelle der Werbungskosten ein **Arbeitnehmer-Pauschbetrag** von **1 000 €** jährlich abgezogen, wenn die tatsächlichen Werbungskosten diesen Pauschbetrag nicht übersteigen (→ Rz. 127 *Arbeitnehmer-Pauschbetrag*).

E 19

Handelt es sich bei den Einnahmen um **Versorgungsbezüge** (Beamtenpension, Werkspension etc.) bleiben ein nach einem Vomhundertsatz ermittelter, auf einen Höchstbetrag begrenzter **Versorgungsfreibetrag** (→ Rz. 264 *Versorgungsfreibetrag*) und ein **Zuschlag zum Versorgungsfreibetrag** steuerfrei. Der maßgebende Vomhundertsatz, der Höchstbetrag des Versorgungsfreibetrags und der Zuschlag zum Versorgungsfreibetrag sind einer **Tabelle** in § 19 Abs. 2 EStG zu entnehmen.

Außerdem wird von den Versorgungsbezügen an Stelle der Werbungskosten ein **Werbungskosten-Pauschbetrag** von 102 € abgezogen, wenn die tatsächlichen Aufwendungen diesen Pauschbetrag nicht übersteigen (→ Rz. 174 *Werbungskosten-Pauschbetrag bei Versorgungsbezügen*).

e) Kapitalvermögen

95 Seit 1.1.2009 gilt für Kapitaleinkünfte (Dividenden, Zinsen – auch sog. Erstattungszinsen des Finanzamts[1] –), Gewinne aus Aktienverkäufen etc.) grds. eine **25%-ige Abgeltungsteuer** (Kapitalertragsteuer mit abgeltender Wirkung). Zu den Einzelheiten → Rz. 268.

Für bestimmte Anlagen gibt es hier **Bestandsschutzregelungen**. So bleiben z.B. Gewinne aus der Veräußerung von Kapitalanlagen, die **vor dem 31.12.2008 erworben** wurden, auch in Zukunft steuerfrei. Für Wertpapiere, die ab dem 1.1.2009 gekauft werden, fällt aber Abgeltungsteuer an – unabhängig von der Haltedauer; dies gilt auch für Anteile, die im Rahmen von Fondssparplänen erworben wurden. Der Bestandsschutz für Anteile an sog. **Publikumsfonds**, die Anleger vor 2009 erworben haben, ist aber **ab dem 1.1.2018** weggefallen; es gibt jedoch einen **Freibetrag** für ab dem 1.1.2018 auflaufende Veräußerungsgewinne (→ Rz. 248 *Freibetrag für Investmentanteile*). Bei Publikumsfonds ist neben den Ausschüttungen und den Gewinnen aus der Rückgabe bzw. Veräußerung auch die sog. **Vorabpauschale** steuerpflichtig. Die Vorabpauschale stellt sicher, dass bei diesen Fonds immer ein bestimmter Mindestbetrag (vorab) besteuert wird. Je nach Fondsart können bestimmte Anteile der Erträge (Ausschüttungen, Veräußerungsgewinne, Vorabpauschale) freigestellt werden (sog. **Teilfreistellung**).

Auf Anlageformen, die ausschließlich der **privaten Altersvorsorge** dienen, wird **keine Abgeltungsteuer** erhoben; d.h., Riester-Fondssparpläne (→ Rz. 180 *Altersvorsorgebeitrag*), sog. Rürup-Renten (→ Rz. 208 *Vorsorgeaufwendungen*) und die betriebliche Altersversorgung (→ Rz. 486 *Betriebliche Altersversorgung* in den versicherungsförmigen Durchführungswegen Pensionskasse, Pensionsfonds und Direktversicherung) bleiben von der Abgeltungsteuer ausgenommen. Ebenfalls unberührt von der Abgeltungsteuer sind **private Renten- und Kapitallebensversicherungen**, sofern die Verträge **vor dem 1.1.2005 abgeschlossen** wurden und die Haltedauer mindestens zwölf Jahre beträgt. Bei einem Vertragsschluss **nach dem 31.12.2004** ist der Unterschiedsbetrag steuerpflichtig; bei zwölfjähriger Laufzeit und Vollendung des **60. Lebensjahrs** (bei Versicherungsverträgen, die nach dem 31.12.2011 abgeschlossen wurden, Vollendung des **62. Lebensjahres**) wird nur der hälftige Unterschiedsbetrag angesetzt. Es wird hier grundsätzlich die Abgeltungsteuer auf den Unterschiedsbetrag erhoben; der halbe Unterschiedsbetrag kann aber im Rahmen der Veranlagung berücksichtigt werden.

Bei den Einkünften aus Kapitalvermögen gibt es **Beschränkungen** bei der **Verlustverrechnung**; so dürfen Verluste aus Kapitalvermögen nicht mit Einkünften aus anderen Einkunftsarten ausgeglichen werden. Aber auch die Verrechnung von dem gesonderten Steuertarif unterliegenden Verlusten aus Kapitaleinkünften mit von dieser Besteuerung ausgenommenen positiven Erträgen aus Kapitaleinkünften (z.B. bei einigen Kapitalüberlassungen an nahestehende Personen, s. auch → Rz. 268) ist ausgeschlossen.

---

1) Die Frage, ob Erstattungszinsen des Finanzamts steuerpflichtig sind, ist beim BVerfG anhängig (Az.: 2 BvR 482/14).

f) Vermietung und Verpachtung

96 Bei den Einkünften aus Vermietung und Verpachtung ist die Nutzungsüberlassung in einen entgeltlichen und einen unentgeltlichen Teil aufzuteilen, wenn das Entgelt für die Überlassung einer Wohnung weniger als **50 %** der ortsüblichen Marktmiete beträgt. Beträgt das Entgelt für die Überlassung einer Wohnung, d.h. die Kaltmiete zuzüglich der gezahlten Umlagen, mindestens 50 % der ortsüblichen Miete (ortsübliche Kaltmiete zuzüglich der nach der Betriebskostenverordnung umlagefähigen Kosten), können die auf die Wohnung entfallenden Werbungskosten grds. in vollem Umfang abgezogen werden. Beträgt das Entgelt 50 % und mehr, jedoch weniger als 66 % der ortsüblichen Miete, ist eine Totalüberschussprognoseprüfung vorzunehmen. Fällt diese Prüfung der Totalüberschussprognose positiv aus, ist für die verbilligte Wohnraumüberlassung Einkünfteerzielungsabsicht zu unterstellen und der volle Werbungskostenabzug möglich. Führt die Totalüberschussprognoseprüfung hingegen zu einem negativen Ergebnis, ist von einer Einkünfteerzielungsabsicht nur für den entgeltlich vermieteten Teil auszugehen. Für den entgeltlich vermieteten Teil können die Werbungskosten nur anteilig abgezogen werden. Die vorgenannte Regelung hat insbesondere Bedeutung für die verbilligte Überlassung einer Wohnung an Angehörige. Sie dient der Vereinfachung, weil durch sie in der Mehrzahl der Fälle Streitigkeiten zwischen dem Finanzamt und dem Stpfl. über die Höhe der ortsüblichen Marktmiete vermieden werden.

> **Beispiel:**
> A vermietet im Jahr 2022 an seine Tochter eine Eigentumswohnung für einen Mietpreis von monatlich 390 € (inkl. Nebenkosten). Die ortsübliche Miete für diese Wohnung beträgt 800 € (inkl. umlagefähiger Nebenkosten). Bei A sind für die Wohnung im Jahr 2022 Werbungskosten (Wasser, Heizkosten, Müllabfuhr, Zinsen, Abschreibung etc.) i.H.v. 5 000 € angefallen.
> Da das Entgelt für die Überlassung der Wohnung weniger als 50 % der ortsüblichen Miete beträgt, können die Aufwendungen nur in dem Verhältnis als Werbungskosten abgezogen werden, wie die Überlassung entgeltlich erfolgt ist. Der Anteil der abzugsfähigen Werbungskosten beträgt 48,75 % (390 € : 800 € x 100).
>
> | | |
> |---|---:|
> | Einnahmen (12 Monate x 390 €) | 4 680 € |
> | Werbungskosten (5 000 € x 48,75 %) | ./. 2 438 € |
> | Einkünfte aus Vermietung und Verpachtung in 2022 | 2 242 € |
>
> Hätte die Miete z.B. 410 € (= 51,25 % der ortsüblichen Miete) betragen, wären die Aufwendungen als Werbungskosten voll abzugsfähig gewesen, wenn auch die Totalüberschussprognoseprüfung (s. oben) positiv ausfällt.
>
> | | |
> |---|---:|
> | Einnahmen (12 Monate x 410 €) | 4 920 € |
> | Werbungskosten | ./. 5 000 € |
> | Einkünfte aus Vermietung und Verpachtung in 2022 | ./. 80 € |

Zur **Vermietung** eines Arbeitszimmers oder einer als Homeoffice genutzten Wohnung **an den Arbeitgeber** s. BMF-Schreiben vom 18.4.2019, IV C 1 – S 2211/16/10003 :005, BStBl I 2019, 461.

g) Sonstige Einkünfte

97 Leibrenten und andere Leistungen aus den **gesetzlichen Rentenversicherungen**, den **landwirtschaftlichen Alterskassen**, den **berufsständischen Versorgungseinrichtungen** und aus bestimmten anderen Rentenversicherungen unterliegen der sog. **Kohortenbesteuerung**. **Bemessungsgrundlage** für den der Besteuerung unterliegenden Anteil ist dabei der Jahresbetrag der Rente. Der der Besteuerung unterliegende Anteil ist nach dem **Jahr des Rentenbeginns** und dem in diesem Jahr **maßgebenden Vomhundertsatz** aus einer Tabelle in § 22 Nr. 1 Satz 3 Buchst. a Doppelbuchst. aa EStG zu entnehmen. Keine sonstigen Einkünfte sind **Zinsen auf Rentennachzahlungen**; diese gehören zu den Einkünften aus Kapitalvermögen.

So beträgt z.B. der steuerbare Anteil bei einem Rentenbeginn im 2022 **82 %**. Der **steuerbare Anteil** der Rente stieg für jeden neu hinzukommenden Rentnerjahrgang (Kohorte) bis zum Jahr 2020 in Schritten von 2 %-Punkten; ab 2021 steigt

E 20

der steuerbare Anteil in Schritten von 1 %-Punkten **bis zum Jahre 2040 auf 100 %**. Der sich nach Maßgabe dieser Prozentsätze ergebende **steuerfrei bleibende Teil** der Jahresbruttorente wird grundsätzlich für jeden Rentnerjahrgang auf Dauer **festgeschrieben**. Nach Auffassung des BFH (Urteil v. 19.5.2021, X R 33/19, www.stotax-first.de) ist die aktuelle Ausgestaltung der Rentenbesteuerung **verfassungskonform**. Bisher liegt keine generelle „doppelte Besteuerung" von Renten vor, künftige Rentenjahrgänge ab 2025 könnten aber davon betroffen sein. Der Gesetzgeber wird deshalb Anpassungen vornehmen müssen. Wegen der Frage der Verfassungsmäßigkeit der Besteuerung von Renten werden im Rahmen der verfahrensrechtlichen Möglichkeiten **alle Steuerbescheide** ab 2005, in denen eine Leibrente oder eine andere Leistung aus der Basisversorgung erfasst wird, **vorläufig** durchgeführt (BMF-Schreiben v. 30.8.2021, IV A 3 – S 0338/19/10006 :001, BStBl I 2021, 1042).

Bei der Ermittlung der sonstigen Einkünfte werden **Leibrenten**, die **nicht** der sog. **Kohortenbesteuerung** unterliegen (z.B. aus privaten Rentenversicherungen mit Beitragsrückgewähr), nicht in voller Höhe, sondern nur mit dem sog. **Ertragsanteil** als Einnahmen erfasst. Der Ertragsanteil ist nach dem Lebensalter bei Rentenbeginn festgelegt. Er beträgt z.B. für eine Rente, die nach Vollendung des 65. Lebensjahres beginnt, 18 % der Rente. Die Ertragsanteilsbesteuerung führt zu **keiner** verfassungswidrigen **doppelten Besteuerung** (BFH v. 19.5.2021, X R 20/19, www.stotax-first.de).

Soweit bei den sonstigen Einkünften wiederkehrende Bezüge, Unterhaltsleistungen – die vom Geber als Sonderausgaben abgezogen werden können – und Leistungen aus Altersvorsorgeverträgen, Pensionsfonds, Pensionskassen sowie Direktversicherungen erfasst werden, wird an Stelle der Werbungskosten ein **Werbungskosten-Pauschbetrag von 102 €** abgezogen, wenn die tatsächlichen Werbungskosten diesen Pauschbetrag nicht übersteigen (→ Rz. 265 *Werbungskosten-Pauschbetrag bei bestimmten sonstigen Einnahmen*). Der Pauschbetrag darf aber auch nur bis zur Höhe der Einnahmen berücksichtigt werden.

Zu den sonstigen Einkünften gehören im Übrigen auch die Einkünfte aus **privaten Veräußerungsgeschäften**; ausgenommen sind Veräußerungen von Gegenständen des täglichen Gebrauchs (z.B. Gebrauchtfahrzeuge). Zur 600 €-Freigrenze und den Besonderheiten bei selbstgenutztem Wohneigentum → Rz. 86.

4. Ermittlung des zu versteuernden Einkommens im Einzelnen

98 Bemessungsgrundlage für die tarifliche Einkommensteuer ist das zu versteuernde Einkommen. Als Vorstufen dazu nennt das Einkommensteuergesetz **drei Zwischenergebnisse** (Ermittlungsschema → Rz. 38):

a) Summe der Einkünfte

99 Bei der Ermittlung der Einkünfte werden auch die in den Einkunftsarten erzielten Verluste berücksichtigt, wobei jedoch insbesondere im Zusammenhang mit **Steuerstundungsmodellen** erwirtschaftete Verluste (→ Rz. 103) nur begrenzt verrechnet werden.

100 **Negative Einkünfte**, die nicht ausgeglichen werden, können für den Veranlagungszeitraum 2022 bis zu einem Betrag von **1 Mio. €** (bei Ehepartnern bis zu einem Betrag von **2 Mio. €**) in den vorangegangenen Veranlagungszeitraum zurückgetragen werden. Nicht ausgeglichene negative Einkünfte können aber auch in den folgenden Veranlagungszeiträumen bis zu einem Gesamtbetrag der Einkünfte von 1 Mio. € bzw. 2 Mio. € unbeschränkt, darüber hinaus bis zu **60 %** des 1 Mio. € bzw. 2 Mio. € übersteigenden Gesamtbetrags der Einkünfte abgezogen werden (sog. Mindestbesteuerung). Hierzu hat der BFH in seinem Urteil vom 22.8.2012, I R 9/11, BStBl II 2013, 512, entschieden, dass die sog. Mindestbesteuerung „in ihrer Grundkonzeption" nicht verfassungswidrig ist. Das Gericht ist aber davon überzeugt, dass das nur für den „Normalfall" gilt, nicht jedoch dann, wenn der vom Gesetzgeber beabsichtigte, lediglich zeitliche Aufschub der Verlustverrechnung in einen endgültigen Ausschluss der Verlustverrechnung hineinwächst und damit ein sog. Definitiveffekt eintritt. Der BFH hat deswegen durch Beschluss v. 26.2.2014, I R 59/12, BStBl II 2014, 1016, das Bundesverfassungsgericht im Rahmen eines Normenkontrollersuchens zur Verfassungsprüfung angerufen (Az. beim BVerfG: 2 BvL 19/14).

101 Die Verwaltung gewährt hier i.Ü. in bestimmten Fällen (z.B. bei der Beendigung der persönlichen Steuerpflicht [„Tod einer natürlichen Person"] bei fehlender Möglichkeit der „Verlustvererbung") **Aussetzung der Vollziehung**; s. auch BMF-Schreiben v. 19.10.2011, IV C 2 – S 2741/10/10002, BStBl I 2011, 974.

102 **Private Veräußerungs-(Spekulations-)verluste** können nur mit solchen Gewinnen ausgeglichen werden. Gleiches gilt für Verluste aus **gewerblicher Tierzucht, gewerblicher Tierhaltung**, Beteiligungen mit **beschränkter Haftung**, im Zusammenhang mit **Steuerstundungsmodellen** oder aus **Kapitalvermögen**.

103 Ein **Steuerstundungsmodell** liegt vor, wenn auf Grund einer modellhaften Gestaltung steuerliche Vorteile in Form negativer Einkünfte erzielt werden sollen. Dies ist der Fall, wenn auf Grund eines vorgefertigten Konzepts die Möglichkeit geboten werden soll, zumindest in der Anfangsphase der Investition Verluste mit übrigen Einkünften zu verrechnen.

b) Gesamtbetrag der Einkünfte

104 Der Gesamtbetrag der Einkünfte ergibt sich aus der Summe der Einkünfte abzüglich des Altersentlastungsbetrags (→ Rz. 244 *Altersentlastungsbetrag*), des Entlastungsbetrags für Alleinerziehende (→ Rz. 119) und des Freibetrags für Land- und Forstwirtschaft (→ Rz. 249 *Freibetrag für Land- und Forstwirtschaft*).

c) Einkommen

105 Aus dem Gesamtbetrag der Einkünfte ergibt sich nach Abzug der Sonderausgaben (→ Rz. 176 ff.), der außergewöhnlichen Belastungen (→ Rz. 211 ff.), der Steuerbegünstigung der zu Wohnzwecken genutzten Wohnungen, Gebäude und Baudenkmale sowie der schutzwürdigen Kulturgüter und des Verlustabzugs nach § 10d EStG (→ Rz. 205 *Verlustabzug*) und nach Hinzurechnung von Erstattungsüberhängen bei den Sonderausgaben (→ Rz. 179) und von Einkommen nach dem Außensteuergesetz (aber auch → Rz. 38) das **Einkommen**.

d) Zu versteuerndes Einkommen

106 Zieht man vom Einkommen den Kinderfreibetrag und den Freibetrag für den Betreuungs- und Erziehungs- oder Ausbildungsbedarfs des Kindes (sog. Bedarfsfreibetrag → Rz. 114 ff.) sowie den Härteausgleich zur Milderung der Steuerbelastung von Nebeneinkünften (→ Rz. 253 *Härteausgleich*) ab, erhält man das zu versteuernde Einkommen, das die **Bemessungsgrundlage** für die **tarifliche Einkommensteuer** bildet. Die beiden Freibeträge für Kinder berücksichtigt das Finanzamt im Rahmen der Einkommensteuerveranlagung, vorausgesetzt, die Steuerersparnis durch den Ansatz dieser Freibeträge ist höher als das im Kalenderjahr zustehende Kindergeld (→ Rz. 113).

Auf das **Kurzschema** zur Ermittlung des zu versteuernden Einkommens (→ Rz. 38) wird verwiesen.

5. Kinder

a) Allgemeines

107 Die **steuerliche Freistellung** eines Einkommensbetrags in Höhe des Existenzminimums eines Kindes einschließlich des Bedarfs für Betreuung und Erziehung oder Ausbildung wird im gesamten Veranlagungszeitraum durch

– den Kinderfreibetrag und den Freibetrag für den Betreuungs- und Erziehungs- oder Ausbildungsbedarf (sog. Bedarfsfreibetrag) **oder**

– das Kindergeld

bewirkt.

E 21

B. Einkommensteuer

108 Im laufenden Jahr wird immer nur **Kindergeld** gewährt. Erst bei der Einkommensteuerveranlagung prüft das Finanzamt, ob durch das Kindergeld das steuerliche Existenzminimum des Kindes einschließlich des Bedarfs für Betreuung und Erziehung oder Ausbildung steuerfrei belassen worden ist oder der **Kinderfreibetrag** sowie der **Freibetrag für den Betreuungs- und Erziehungs- oder Ausbildungsbedarf** des Kindes gewährt werden muss (sog. **Günstigerprüfung**), wobei auf den Anspruch auf Kindergeld und nicht auf das tatsächlich ausgezahlte Kindergeld abgestellt wird.

Beispiel 1:

Ein zusammenveranlagtes Ehepaar hat im Kalenderjahr 2022 für ein zu berücksichtigendes Kind Kindergeld i.H.v. 2 628 € (12 x 219 €) erhalten. Das zu versteuernde Einkommen beträgt ohne Berücksichtigung des Kinderfreibetrags und des Freibetrags für den Betreuungs- und Erziehungs- oder Ausbildungsbedarf 75 000 €.

a) zu versteuerndes Einkommen	75 000 €	
ESt nach Splittingtarif		14 802 €
b) zu versteuerndes Einkommen	75 000 €	
abzgl. Kinderfreibetrag	./. 5 460 €	
abzgl. Freibetrag für Betreuungs-/Erziehungs- oder Ausbildungsbedarf	./. 2 928 €	
zu versteuerndes Einkommen unter Berücksichtigung der Freibeträge für Kinder	66 612 €	
ESt nach Splittingtarif		12 082 €
Unterschiedsbetrag der Steuer zwischen a) und b)		2 720 €
Kindergeld		2 628 €

Die steuerliche Freistellung durch die Zahlung des Kindergelds ist nicht sichergestellt. Im Rahmen der Einkommensteuerveranlagung werden die **Freibeträge** für Kinder **berücksichtigt**.

Um eine Doppelberücksichtigung zu vermeiden, wird das Kindergeld der festgesetzten Einkommensteuer hinzugerechnet.

Beispiel 2:

Wie Beispiel 1, jedoch beträgt das zu versteuernde Einkommen 65 000 €.

a) zu versteuerndes Einkommen	65 000 €	
ESt nach Splittingtarif		11 576 €
b) zu versteuerndes Einkommen	65 000 €	
abzgl. Kinderfreibetrag	./. 5 460 €	
abzgl. Freibetrag für Betreuungs-/Erziehungs- oder Ausbildungsbedarf	./. 2 928 €	
zu versteuerndes Einkommen unter Berücksichtigung der Freibeträge für Kinder	56 612 €	
ESt nach Splittingtarif		9 028 €
Unterschiedsbetrag der Steuer zwischen a) und b)		2 548 €
Kindergeld		2 628 €

Die steuerliche Freistellung durch die Zahlung des Kindergelds ist sichergestellt. Im Rahmen der Einkommensteuerveranlagung werden die **Freibeträge** für Kinder **nicht berücksichtigt**.

b) Berücksichtigungsfähige Kinder

109 Zu den **Kindern** zählen:

- leibliche Kinder (sofern das Verwandtschaftsverhältnis zu ihnen nicht durch Adoption erloschen ist);
- Adoptivkinder;
- Pflegekinder (dazu gehören nicht Kinder, die zu Erwerbszwecken in den Haushalt aufgenommen worden sind).

110 Folgende Altersgrenzen sind zu berücksichtigen:

- Kinder **unter 18 Jahren** werden ohne weitere Einschränkungen berücksichtigt.
- Kinder, die das **18. Lebensjahr vollendet** haben, werden berücksichtigt, wenn sie
  1. noch nicht das **21. Lebensjahr** vollendet haben, nicht in einem Beschäftigungsverhältnis stehen und bei einer Agentur für Arbeit im Inland als Arbeitssuchende gemeldet sind oder

  2. noch nicht das **25. Lebensjahr** vollendet haben und
     - – für einen Beruf ausgebildet werden – darunter ist auch die Schulausbildung zu verstehen – oder
     - – sich in einer **Übergangszeit** von höchstens vier Monaten befinden, die zwischen zwei Ausbildungsabschnitten oder zwischen einem Ausbildungsabschnitt und der Ableistung des gesetzlichen Wehr- oder Zivildienstes[1] oder der Ableistung des freiwilligen Wehrdienstes nach § 58b des Soldatengesetzes, einer vom Wehr- oder Zivildienst befreienden Tätigkeit als Entwicklungshelfer oder als Dienstleistender im Ausland nach § 14b ZDG (Zivildienstgesetz) oder der Ableistung eines freiwilligen Dienstes (freiwilliges soziales oder ökologisches Jahr, europäischer Freiwilligendienst, anderer Dienst im Ausland i.S.v. § 5 Bundesfreiwilligendienstgesetz (BFDG), entwicklungspolitischer Freiwilligendienst „weltwärts", Freiwilligendienst aller Generationen i.S.v. § 2 Abs. 1a SGB VII, Internationaler Jugendfreiwilligendienst oder Bundesfreiwilligendienst i.S.d. BFDG liegt, oder
     - – eine Berufsausbildung mangels Ausbildungsplatzes nicht beginnen oder fortsetzen können oder
     - – ein freiwilliges soziales oder ökologisches Jahr, den europäischen Freiwilligendienst, einen anderen Dienst im Ausland i.S.v. § 5 BFDG, einen entwicklungspolitischen Freiwilligendienst „weltwärts", einen Freiwilligendienst aller Generationen i.S.v. § 2 Abs. 1a SGB VII, einen Internationalen Jugendfreiwilligendienst oder einen Bundesfreiwilligendienst i.S.d. BFDG leisten, oder
  3. wegen körperlicher, geistiger oder seelischer Behinderung außer Stande sind, sich selbst zu unterhalten, wenn die Behinderung vor dem 25. (bzw. bei Altfällen vor dem 27.) Lebensjahr eingetreten ist. Hier kommen insbesondere Kinder in Betracht, deren Schwerbehinderung (§ 2 Abs. 2 SGB IX) festgestellt ist oder die einem Menschen mit schweren Behinderungen gleichgestellt sind (§ 2 Abs. 3 SGB IX).

111 Nach Abschluss einer erstmaligen Berufsausbildung oder eines Erststudiums wird in den in → Rz. 110 unter Nr. 2 genannten Fällen ein Kind jedoch nur berücksichtigt, wenn das Kind **keiner Erwerbstätigkeit** nachgeht. Eine Erwerbstätigkeit mit bis zu 20 Stunden regelmäßiger wöchentlicher Arbeitszeit, ein Ausbildungsdienstverhältnis oder ein geringfügiges Beschäftigungsverhältnis i.S.d. §§ 8 und 8a SGB IV sind unschädlich.

Bei Kindern, die **Wehrdienst**[2] (auch freiwillig für nicht mehr als drei Jahre), **Zivildienst**[3] oder eine befreiende Tätigkeit als **Entwicklungshelfer** geleistet haben, verlängert sich der Zeitraum der Berücksichtigung des Kindes um eine der Dienstzeit entsprechende Zeitspanne, höchstens für die Dauer des gesetzlichen Grundwehr- oder Zivildienstes, und zwar

- über das 21. Lebensjahr hinaus bei Kindern, die nicht in einem Beschäftigungsverhältnis stehen und bei einer Agentur für Arbeit im Inland als **Arbeitssuchende gemeldet** sind, und
- über das 25. Lebensjahr hinaus bei Kindern in Berufsausbildung oder bei Kindern, die sich in einer **Übergangszeit** von höchstens vier Monaten befinden, die zwischen zwei Ausbildungsabschnitten oder zwischen einem Ausbildungsabschnitt und der Ableistung des gesetzlichen Wehr- oder Zivildienstes[4] oder der Ableistung des freiwilli-

---

1) Seit Inkrafttreten des Wehrrechtsänderungsgesetzes 2011 am 1.7.2011 wird auf die Einberufung von Wehrpflichtigen verzichtet, wodurch auch keine Verpflichtung mehr zur Ableistung des Zivildienstes besteht.

2) Seit Inkrafttreten des Wehrrechtsänderungsgesetzes 2011 am 1.7.2011 wird auf die Einberufung von Wehrpflichtigen verzichtet.

3) Mit Aussetzung der Wehrpflicht besteht auch keine Verpflichtung mehr zur Ableistung des Zivildienstes.

4) Seit Inkrafttreten des Wehrrechtsänderungsgesetzes 2011 am 1.7.2011 wird auf die Einberufung von Wehrpflichtigen verzichtet, wodurch auch keine Verpflichtung mehr zur Ableistung des Zivildienstes besteht.

gen Wehrdienstes nach § 58b Soldatengesetz, einer vom Wehr- oder Zivildienst befreienden Tätigkeit als Entwicklungshelfer oder als Dienstleistender im Ausland nach § 14b ZDG oder der Ableistung eines freiwilligen Dienstes (freiwilliges soziales oder ökologisches Jahr, europäischer Freiwilligendienst, anderer Dienst im Ausland i.S.v. § 5 BFDG, entwicklungspolitischer Freiwilligendienst „weltwärts", Freiwilligendienst aller Generationen i.S.v. § 2 Abs. 1a SGB VII, Internationaler Jugendfreiwilligendienst oder Bundesfreiwilligendienst i.S.d. BFDG) liegt, befinden. Zur steuerlichen Berücksichtigung **volljähriger Kinder** s. auch BMF-Schreiben v. 8.2.2016, IV C 4 – S 2282/07/0001-01, BStBl I 2016, 226.

112 Eine zu beachtende Einkünfte- und Bezügegrenze für volljährige Kinder gibt es seit 2012 nicht mehr. **Volljährige Kinder** werden **unabhängig von ihren Einkünften und Bezügen** bei der Gewährung von Kindergeld bzw. den steuerlichen Freibeträgen für Kinder **berücksichtigt**, wenn die sonstigen Voraussetzungen vorliegen (insbesondere keine Erwerbstätigkeit nach Abschluss einer erstmaligen Berufsausbildung oder und eines Erststudiums).

c) Kindergeld

113 Das Kindergeld beträgt in 2022 für das erste und zweite Kind jeweils **219 €** für das dritte Kind **225 €** und für das vierte und jedes weitere Kind jeweils **250 €** monatlich. Voraussetzung für den Anspruch auf Kindergeld ist, dass der Anspruchsberechtigte und das Kind durch die **vergebene Identifikationsnummer** identifiziert werden; ungerechtfertigte Doppelzahlungen sind damit ausgeschlossen.

Das Kindergeld erhalten die bei **privaten Arbeitgebern** beschäftigten Arbeitnehmer von der Familienkasse der Bundesagentur für Arbeit. Angehörige des **öffentlichen Dienstes** erhalten das Kindergeld in der Regel von den Familienkassen des öffentlichen Dienstes (z.B. Bundesfamilienkasse beim Bundesverwaltungsamt, Familienkasse im Landesamt für Besoldung und Versorgung NRW). Kindergeld wird rückwirkend nur für die **letzten sechs Monate** vor Beginn des Monats gezahlt, in dem der Antrag auf Kindergeld eingegangen ist.

d) Freibeträge für Kinder

114 Der **Kinderfreibetrag** beträgt für 2022 **2 730 €**. Zusätzlich wird für jedes zu berücksichtigende Kind ein Freibetrag für den Betreuungs- und Erziehungs- oder Ausbildungsbedarf (sog. **Bedarfsfreibetrag**) von **1 464 €** abgezogen.

Bei **Ehegatten**, die zusammen zur Einkommensteuer veranlagt werden, verdoppeln sich die Beträge auf **5 460 €** (Kinderfreibetrag) und **2 928 €** (Bedarfsfreibetrag).

Die verdoppelten Beträge kommen auch zum Abzug, wenn

– der andere Elternteil verstorben oder nicht unbeschränkt einkommensteuerpflichtig ist oder

– der Stpfl. allein das Kind angenommen hat oder das Kind nur zu ihm in einem Pflegekindschaftsverhältnis steht.

115 Lebt das Kind im **Ausland**, können sich der Kinderfreibetrag und der Bedarfsfreibetrag mindern (Berücksichtigung ausländischer Verhältnisse durch die Ländergruppeneinteilung; s. auch BMF-Schreiben v. 11.11.2020, IV C 8 – S 2285/19/10001 :002, BStBl I 2020, 1212).

116 Für jeden Monat, in dem die Voraussetzungen für den Kinderfreibetrag und den Bedarfsfreibetrag nicht vorliegen, ermäßigen sich die Jahresbeträge um je **ein Zwölftel**.

117 Bei einem unverheirateten oder dauernd getrennt lebenden Elternpaar kann auf Antrag eines Elternteils der dem anderen Elternteil zustehende **Kinderfreibetrag** auf ihn **übertragen** werden, wenn er, nicht jedoch der andere Elternteil seiner Unterhaltspflicht gegenüber dem Kind für das Kalenderjahr im Wesentlichen nachkommt oder der andere Elternteil mangels Leistungsfähigkeit nicht unterhaltspflichtig ist; eine Übertragung scheidet jedoch für Zeiträume aus, für die Unterhaltsleistungen nach dem Unterhaltsvorschussgesetz gezahlt werden.

Bei minderjährigen Kindern wird der dem Elternteil, in dessen Wohnung das Kind nicht gemeldet ist, zustehende **Bedarfsfreibetrag** auf Antrag des anderen Elternteils auf diesen **übertragen**, wenn bei dem Elternpaar die Voraussetzungen der Zusammenveranlagung nicht vorliegen; eine entsprechende Übertragung scheidet aus, wenn der Übertragung widersprochen wird, weil der Elternteil, bei dem das Kind nicht gemeldet ist, Kinderbetreuungskosten trägt (z.B. ganz oder teilweises Aufkommen für einen sich aus Kindergartenbeiträgen ergebenden Mehrbedarf des Kindes) oder das Kind regelmäßig in nicht unwesentlichem Umfang betreut (z.B., wenn eine außergerichtliche Vereinbarung über einen regelmäßigen Umgang an Wochenenden und in den Ferien vorliegt und der zeitliche Betreuungsanteil jährlich durchschnittlich mindestens 10 % beträgt). Die Voraussetzungen für die Übertragung werden monatsweise geprüft.

Die den Eltern zustehenden **Freibeträge für Kinder** (Kinderfreibetrag, Bedarfsfreibetrag) können auf Antrag auch auf einen **Stiefelternteil** oder **Großelternteil übertragen** werden, wenn dieser das Kind in seinen Haushalt aufgenommen hat oder dieser einer Unterhaltspflicht gegenüber dem Kind unterliegt; diese Übertragung kann auch mit Zustimmung des berechtigten Elternteils erfolgen, die nur für künftige Kalenderjahre widerrufen werden kann. Zur Übertragung der Freibeträge für Kinder s. auch BMF-Schreiben v. 28.6.2013, IV C 4 – S 2282-a/10/10002, BStBl I 2013, 845. Zum Abzug der Freibeträge für Kinder in Lebenspartnerschaften vgl. ergänzendes BMF-Schreiben v. 17.1. 2014, IV C 4 – S 2282-a/0 :004, BStBl I 2014, 109.

118 Zur Berücksichtigung von **Kindern** im **Lohnsteuerabzugsverfahren** → Rz. 334 ff.

e) Entlastungsbetrag für Alleinerziehende

119 **Alleinstehende** können steuerlich einen (Grund-)Entlastungsbetrag i.H.v. **4 008 €** im Kalenderjahr abziehen, wenn zu ihrem Haushalt mindestens ein Kind gehört, für das ihnen ein **Freibetrag für Kinder** oder **Kindergeld** (→ Rz. 107 ff.) zusteht. Die Zugehörigkeit zum Haushalt wird angenommen, wenn das Kind in der Wohnung des Alleinlebenden mit **Haupt- oder Nebenwohnsitz** gemeldet ist. Ist das Kind bei mehreren Personen gemeldet, steht der Entlastungsbetrag demjenigen Alleinstehenden zu, der die Voraussetzungen auf Auszahlung des Kindergeldes erfüllt oder erfüllen würde in Fällen, in denen nur ein Anspruch auf einen Freibetrag für Kinder besteht (→ Rz. 108). Voraussetzung für die Berücksichtigung ist die Identifizierung des Kindes durch die an dieses Kind vergebene Identifikationsnummer (§ 139b AO); ist das Kind nicht nach einem Steuergesetz steuerpflichtig, ist es in anderer geeigneter Weise zu identifizieren. **Alleinstehend** sind Stpfl., die nicht die Voraussetzungen für die Anwendung des Splitting-Verfahrens erfüllen oder verwitwet sind und keine Haushaltsgemeinschaft mit einer anderen volljährigen Person bilden, es sei denn, für diese steht ihnen ein Freibetrag für Kinder oder Kindergeld zu oder es handelt sich um ein Kind, das den gesetzlichen Grundwehr- oder Zivildienst leistet,[1] sich freiwillig für die Dauer von nicht mehr als drei Jahren zum Wehrdienst verpflichtet hat oder eine Tätigkeit als Entwicklungshelfer ausübt. Ist die andere Person mit Haupt- oder Nebenwohnsitz in der Wohnung des Alleinstehenden gemeldet, wird vermutet, dass sie mit dem Arbeitnehmer gemeinsam wirtschaftet (**Haushaltsgemeinschaft**). Diese Vermutung ist jedoch widerlegbar, es sei denn, der Arbeitnehmer und die andere Person leben in einer **eheähnlichen Gemeinschaft**.

Für **jedes weitere Kind**, das zum Haushalt des alleinstehenden Arbeitnehmers gehört, erhöht sich der o.g. Betrag i.H.v. 4 008 € um jeweils **240 €** (**Erhöhungsbetrag**).

Zu den weiteren Einzelheiten s. auch BMF v. 23.10.2017, IV C 8 – S 2265-a/14/10005, BStBl I 2017, 1432.

---

1) Seit Inkrafttreten des Wehrrechtsänderungsgesetzes 2011 am 1.7.2011 wird auf die Einberufung von Wehrpflichtigen verzichtet. Mit Aussetzung der Wehrpflicht besteht auch keine Verpflichtung mehr zur Ableistung des Zivildienstes.

B. Einkommensteuer

120 Für **jeden vollen Kalendermonat**, in dem die Voraussetzungen für den Abzug nicht vorgelegen haben, mindern sich der Entlastungsbetrag bzw. Erhöhungsbetrag um **ein Zwölftel**.

121 Der Entlastungsbetrag soll sich bereits im Lohnsteuerabzugsverfahren auswirken. Diesbezüglich ist der (Grund-)Entlastungsbetrag i.H.v. 4 008 € in die **Steuerklasse II** eingearbeitet (→ Rz. 324). Dies gilt auch, wenn beim Arbeitnehmer mehrere berücksichtigungsfähige Kinder vorhanden sind. Die Arbeitnehmer, denen ein **Erhöhungsbetrag** beim Entlastungsbetrag für Alleinerziehende zusteht (um 240 €, 480 €

usw.), können darüber hinaus bei ihrem zuständigen Wohnsitzfinanzamt die **Bildung eines Freibetrags** beantragen. **Verwitwete Arbeitnehmer** können vom Finanzamt im Todesjahr des Ehepartners und im Folgejahr für den (Grund)Entlastungsbetrag für Alleinerziehende als Lohnsteuerabzugsmerkmal einen lohnsteuermindernden Freibetrag ermitteln lassen, weil der Entlastungsbetrag für Alleinerziehende bei verwitweten Arbeitnehmern nicht über das Steuerklassensystem berücksichtigt werden kann (→ Rz. 324 und 366). Zum Erhöhungsbetrag → Rz. 367.

6. ABC der Werbungskosten (Einkünfte aus nichtselbständiger Arbeit)

122 Werbungskosten sind Aufwendungen für den Erwerb, zur Sicherung und zur Erhaltung der Einnahmen. Sie sind bei der Einkunftsart abzuziehen, bei der sie erwachsen sind. Ein Werbungskostenabzug kommt bei der Ermittlung der Einkünfte aus **nichtselbständiger Arbeit** und aus **Vermietung und Verpachtung** sowie der Ermittlung der **sonstigen Einkünfte** in Betracht. Bei der Ermittlung der **Einkünfte aus Kapitalvermögen** wird für Werbungskosten der Sparer-Pauschbetrag von 801 €, bei zusammen veranlagten Ehepartnern von 1 602 € abgezogen; tatsächliche Werbungskosten werden hier nicht berücksichtigt.

Gemischte Aufwendungen können grundsätzlich in als Werbungskosten abziehbare sowie in privat veranlasste und damit nicht abziehbare Teile **aufgeteilt** werden, soweit nicht gesetzlich etwas anderes geregelt ist oder es sich um Aufwandspositionen handelt, die durch das steuerliche Existenzminimum abgegolten oder als Sonderausgaben (→ Rz. 176 ff.) oder als außergewöhnliche Belastungen (→ Rz. 211 ff.) abziehbar sind. Zu den diesbezüglichen Einzelheiten s. auch BMF-Schreiben v. 6.7.2010, IV C 3 – S 2227/07/10003:002, BStBl I 2010, 614.

Das folgende **ABC** bezieht sich **ausschließlich** auf Werbungskosten bei den Einkünften aus **nichtselbständiger Arbeit**.

Abschreibung

123 Die Anschaffungs- oder Herstellungskosten von Arbeitsmitteln einschl. der Umsatzsteuer können im Jahr der Anschaffung oder Herstellung in voller Höhe als Werbungskosten abgesetzt werden. Sie sind grds. auf die Kalenderjahre der **voraussichtlichen** gesamten **Nutzungsdauer** des Arbeitsmittels zu **verteilen** und in jedem dieser Jahre **anteilig als Werbungskosten** zu berücksichtigen. Die Nutzungsdauer beträgt z.B. für Telefongeräte 5 Jahre, Faxgeräte 6 Jahre und Büromöbel 13 Jahre. Zur Regelung bei „Computerhardware" sowie den immateriellen Wirtschaftsgütern „Betriebs- und Anwendersoftware" → Rz. 141 *Computer*.

Abzugsverbot

124 Aufwendungen für Ernährung, Kleidung und Wohnung sowie Repräsentationsaufwendungen sind i.d.R. Aufwendungen für die Lebensführung und somit nicht als Werbungskosten abzugsfähig. Nicht abzugsfähig sind auch Aufwendungen für eine Erstausbildung (Berufsausbildung oder Studium), wenn diese nicht im Rahmen eines Dienstverhältnisses stattfinden (→ Rz. 133 *Berufsausbildung* und → Rz. 181 *Berufsausbildung* zum Sonderausgabenabzug). Zur Aufteilung bei **gemischten Aufwendungen** → Rz. 122.

Aktienoption

125 Räumt ein Arbeitgeber einem Arbeitnehmer Aktienoptionen als Ertrag der Arbeit ein, sind damit zusammenhängende Aufwendungen des Arbeitnehmers nicht im Jahr der Zahlung, sondern erst im Jahr der **Verschaffung der verbilligten** Aktien zu berücksichtigen. Verfällt das Optionsrecht, sind die Optionskosten im Jahr des Verfalls als vergebliche Werbungskosten abziehbar.

Angemessenheit

126 Als Werbungskosten können nur Aufwendungen geltend gemacht werden, **soweit** sie nach der allgemeinen Verkehrsauffassung **nicht** als **unangemessen** anzusehen sind. Nicht angemessen können z.B. Aufwendungen für die Nutzung eines Privatflugzeugs bei Auswärtstätigkeiten sein.

Arbeitnehmer-Pauschbetrag

127 Von den Einnahmen aus **nichtselbständiger Arbeit** wird ein Arbeitnehmer-Pauschbetrag i.H.v. **1 000 €** abgezogen, wenn nicht höhere Werbungskosten nachgewiesen werden. Der Arbeitnehmer-Pauschbetrag ist auch dann **nicht zu kürzen**, wenn feststeht, dass keine oder nur geringe Werbungskosten angefallen sind.

Der Arbeitnehmer-Pauschbetrag darf nur **bis zur Höhe der Einnahmen** abgezogen werden. Bei **Versorgungsbezügen** wird der Arbeitnehmer-Pauschbetrag nicht berücksichtigt (→ Rz. 174 *Werbungskosten-Pauschbetrag bei Versorgungsbezügen*).

Bei **Ehepartnern**, die beide Einnahmen aus nichtselbständiger Arbeit beziehen, wird für jeden Ehepartner der Arbeitnehmer-Pauschbetrag berücksichtigt.

Arbeitsgerichtlicher Vergleich

128 Aufwendungen des Arbeitnehmers für aus dem Arbeitsverhältnis folgende zivil- und arbeitsgerichtliche Streitigkeiten sind als Werbungskosten **abziehbar**. Dies gilt grundsätzlich auch, wenn sich Arbeitgeber und Arbeitnehmer über solche streitigen Ansprüche im Rahmen eines arbeitsgerichtlichen Vergleichs einigen.

Arbeitsmittel

129 Aufwendungen (Anschaffungs-, Reinigungs- und Instandhaltungskosten) für Gegenstände, die ausschließlich oder fast überwiegend der Berufsausübung dienen (Arbeitsmittel), sind Werbungskosten (z.B. Werkzeug, typische Berufskleidung, Fachliteratur).

Die Anschaffungs- oder Herstellungskosten von abnutzbaren beweglichen und selbständig nutzungsfähigen Arbeitsmitteln einschließlich Umsatzsteuer können im Jahr der Anschaffung oder Herstellung in voller Höhe als Werbungskosten abgesetzt werden, wenn sie ausschließlich der Umsatzsteuer für das einzelne Arbeitsmittel **800 €** nicht übersteigen (= geringwertige Wirtschaftsgüter). Anschaffungs- oder Herstellungskosten von mehr als 800 € sind auf die Kalenderjahre der voraussichtlichen

E 24

B. Einkommensteuer

Gesamtnutzungsdauer des Arbeitsmittels zu verteilen und in jedem dieser Jahre anteilig als Werbungskosten zu berücksichtigen (→ Rz. 123 *Abschreibung*). Im Jahr der Anschaffung oder Herstellung ist der Absetzungsbetrag um **jeweils ein Zwölftel** für jeden vollen Monat, der dem Monat der Anschaffung oder Herstellung vorangeht, zu mindern. Wird ein als Arbeitsmittel genutztes Wirtschaftsgut veräußert, ist ein sich eventuell ergebender Veräußerungserlös bei den Einkünften aus nichtselbständiger Arbeit nicht zu erfassen.

Zur Regelung bei „Computerhardware" sowie den immateriellen Wirtschaftsgütern „Betriebs- und Anwendersoftware" → Rz. 141 *Computer*.

Arbeitszimmer

Ein häusliches Arbeitszimmer ist ein Raum, der seiner Lage, Funktion und Ausstattung nach in die **häusliche Sphäre** des Arbeitnehmers eingebunden ist, vorwiegend der Erledigung gedanklicher, schriftlicher, verwaltungstechnischer oder -organisatorischer Arbeiten dient und ausschließlich oder nahezu ausschließlich zu betrieblichen und/oder beruflichen Zwecken genutzt wird; fehlt es hieran, sind die Aufwendungen insgesamt nicht abziehbar (keine Aufteilung bei gemischt genutzten Räumen). Eine untergeordnete **private Mitbenutzung (< 10 %)** ist unschädlich. Es muss sich bei den Tätigkeiten im Arbeitszimmer nicht zwingend um Arbeiten büromäßiger Art handeln.

In die häusliche Sphäre eingebunden ist ein als Arbeitszimmer genutzter Raum regelmäßig dann, wenn er **zur privaten Wohnung** oder zum **Wohnhaus** gehört. Dies betrifft nicht nur die Wohnräume, sondern ebenso **Zubehörräume**. So kann auch ein Raum z.B. im Keller oder unter dem Dach (Mansarde) des Wohnhauses, in dem der Stpfl. seine Wohnung hat, ein häusliches Arbeitszimmer sein, wenn die Räumlichkeiten auf Grund der unmittelbaren Nähe mit den privaten Wohnräumen als gemeinsame Wohneinheit verbunden sind. Aufwendungen für einen in die häusliche Sphäre eingebundenen Raum, der mit einem nicht unerheblichen Teil seiner Fläche auch privat genutzt wird (sog. „**Arbeitsecke**"), können nicht abgezogen werden.

Die **Aufwendungen** für ein häusliches Arbeitszimmer sowie die **Kosten der Ausstattung** dürfen grds. **nicht als Werbungskosten** abgezogen werden. Das gilt nicht, wenn das häusliche Arbeitszimmer den **Mittelpunkt** der **gesamten betrieblichen und beruflichen Betätigung** bildet. Dann dürfen die Aufwendungen **in voller Höhe** steuerlich berücksichtigt werden; dies gilt auch, wenn ein anderer Arbeitsplatz zur Verfügung steht. Bildet das häusliche Arbeitszimmer **nicht** den **Mittelpunkt** der gesamten betrieblichen und beruflichen Betätigung **und** steht für die betriebliche oder berufliche Tätigkeit **kein anderer Arbeitsplatz** zur Verfügung, sind die Aufwendungen bis zur Höhe von **1 250 €** je Kalenderjahr als Werbungskosten abziehbar. Ein anderer Arbeitsplatz steht auch dann nicht zur Verfügung, wenn der Arbeitnehmer den Arbeitsplatz (z.B. Büroraum im Betrieb) **coronabedingt** nicht nutzen darf. Dies kann der Arbeitnehmer durch eine entsprechende Bescheinigung des Arbeitgebers ggü. dem Finanzamt nachweisen. Der Betrag von 1 250 € ist **kein Pauschbetrag**. Es handelt sich um einen **personenbezogenen Höchstbetrag**, der nicht mehrfach für verschiedene Tätigkeiten in Anspruch genommen werden kann, sondern ggf. auf die **unterschiedlichen Tätigkeiten aufzuteilen** ist.

Jeder Nutzende kann die Aufwendungen, die er getragen hat, entweder unbegrenzt, bis zum Höchstbetrag von 1 250 € oder gar nicht abziehen. Nutzen mehrere Personen, wie z.B. Ehegatten, ein Arbeitszimmer **gemeinsam**, sind die Voraussetzungen für den Werbungskostenabzug bezogen auf die **einzelne steuerpflichtige Person** zu prüfen. Nutzen **Miteigentümer** das Arbeitszimmer gemeinsam zur Erzielung von Einkünften, kann **jeder** die **seinem Anteil** entsprechenden und von ihm getragenen Aufwendungen als Werbungskosten abziehen. Dasselbe gilt für **Mietzahlungen** für eine durch Ehepartner gemeinsam gemietete Wohnung.

Vom Abzugsverbot bzw. von der Abzugsbeschränkung nicht betroffen sind Aufwendungen für **Arbeitsmittel** wie z.B. Schreibtisch, Bücherregal und PC (→ Rz. 129 *Arbeitsmittel*, → Rz. 123 *Abschreibung* und → Rz. 141 *Computer*; s. auch BMF-Schreiben v. 6.10.2017, IV C 6 – S 2145/07/10002 :019, BStBl I 2017, 1320, Rz. 8). Diese Aufwendungen sind bei beruflicher Veranlassung neben den Aufwendungen für ein häusliches Arbeitszimmer als Werbungskosten zu berücksichtigen.

Zu den weiteren Einzelheiten s. auch BMF-Schreiben v. 6.10.2017, IV C 6 – S 2145/07/10002 :019, BStBl I 2017, 1320. Zum Werbungskostenabzug bei Telearbeit → Rz. 166 *Telearbeit*. Zum Werbungskostenabzug bei doppelter Haushaltsführung → Rz. 143 *Doppelte Haushaltsführung*. Auch → Rz. 146 *Erste Tätigkeitsstätte*.

Aufwendungen für die Wege zwischen Wohnung und erster Tätigkeitsstätte

Entfernungspauschale

Aufwendungen des Arbeitnehmers für die Wege zwischen Wohnung und erster Tätigkeitsstätte (→ Rz. 146 *Erste Tätigkeitsstätte*) sind Werbungskosten.

Zur Abgeltung dieser Aufwendungen wird in 2022 für jeden Arbeitstag, an dem der Arbeitnehmer die erste Tätigkeitsstätte aufsucht, eine Entfernungspauschale für jeden vollen **Kilometer** der **ersten 20 Kilometer der Entfernung** zwischen Wohnung und erster Tätigkeitsstätte von **0,30 €** und für **jeden weiteren** vollen **Kilometer** von **0,35 €** angesetzt. Angefangene Kilometer werden nicht berücksichtigt.

Die **Entfernungspauschale** gilt unabhängig von der Art des benutzten Verkehrsmittels (Pkw, öffentliche Verkehrsmittel, Fahrrad etc.) oder den tatsächlich entstandenen Aufwendungen, somit also auch für Fußgänger. Die Entfernungspauschale kann für **jeden Arbeitstag nur einmal** angesetzt werden, auch wenn der Weg zwischen Wohnung und erster Tätigkeitsstätte mehrfach zurückgelegt wird. Bei Arbeitnehmern, die in **mehreren Dienstverhältnissen** stehen und denen Aufwendungen für die Wege zu mehreren auseinander liegenden ersten Tätigkeitsstätten entstehen, ist die Entfernungspauschale für jeden Weg zur ersten Tätigkeitsstätte anzusetzen, wenn der Arbeitnehmer am Tag zwischenzeitlich in die Wohnung zurückkehrt.

Wird an einem Tag lediglich ein Hin- oder Rückweg ausgeführt, weil sich z.B. an den Hinweg eine Auswärtstätigkeit anschließt, die in der Wohnung des Arbeitnehmers endet, ist die Entfernungspauschale für diesen Tag nur mit der **Hälfte** anzusetzen. Fallen die Hin- und Rückfahrt zur ersten Tätigkeitsstätte auf verschiedene Arbeitstage, ist nur die **Hälfte** der Entfernungspauschale je Entfernungskilometer und Arbeitstag als Werbungskosten zu berücksichtigen.

Hat ein Arbeitnehmer **mehrere Wohnungen**, sind die Wege von einer Wohnung, die nicht der ersten Tätigkeitsstätte am nächsten liegt, nur zu berücksichtigen, wenn sie den Mittelpunkt der Lebensinteressen des Arbeitnehmers bildet und nicht nur gelegentlich aufgesucht wird.

Höchstbetrag

Es ist ein **Höchstbetrag 4 500 €** im Kalenderjahr zu beachten, der jedoch nicht gilt, soweit der Arbeitnehmer einen eigenen oder ihm zur Nutzung überlassenen **Kraftwagen** benutzt. Im Zweifel muss der Arbeitnehmer einen solchen Fall dem Finanz-

B. Einkommensteuer

amt glaubhaft machen, dass tatsächlich der eigene oder zur Nutzung überlassene Kraftwagen und nicht z.B. öffentliche Verkehrsmittel benutzt worden sind. Ein Nachweis der tatsächlichen Aufwendungen für den Kraftwagen ist für den Ansatz eines höheren Betrages als 4 500 € jedoch nicht erforderlich.

Fahrgemeinschaft

Die Entfernungspauschale wird jedem Teilnehmer einer **Fahrgemeinschaft** gewährt.

Zuschüsse des Arbeitgebers, Steuerfreie Sachbezüge

Die Entfernungspauschale vermindert sich um **steuerfreie Arbeitgeberleistungen** (Zuschüsse und Sachbezüge) zu den Aufwendungen für die Nutzung öffentlicher Verkehrsmittel im **Linienverkehr** sowie im **öffentlichen Personennahverkehr** und um mit **15 % pauschal versteuerte Zuschüsse** des Arbeitgebers zu den Fahrtaufwendungen (→ Rz. 515 *Fahrtkostenzuschüsse, Fahrtkosten*, → Rz. 534 *Jobticket* und → Rz. 681). Die Werbungskosten mindern sich jedoch nicht bei einer **Pauschalbesteuerung mit 25 %** (→ Rz. 534 und → Rz. 664). Eine Minderung der Entfernungspauschale erfolgt **maximal** bis auf **0 €** und ist unabhängig von der tatsächlichen Nutzung der vom Arbeitgeber überlassenen oder bezuschussten Fahrberechtigung vorzunehmen. Die Minderung unterbleibt hingegen, wenn der Arbeitnehmer **wirksam** auf eine dem Grunde nach steuerfreie Fahrberechtigung **verzichtet** hat. Unter den **Rabattfreibetrag** (→ Rz. 564 *Preisnachlässe, Personalrabatte*) fallende steuerfreie Sachbezüge für Fahrten zwischen Wohnung und erster Tätigkeitsstätte mindern den abziehbaren Betrag ebenfalls (z.B., wenn ein Mietwagenunternehmer seinen Arbeitnehmern einen Mietwagen für die Fahrten zwischen Wohnung und erster Tätigkeitsstätte überlässt). Ist der Arbeitgeber selbst der Verkehrsträger, ist dafür der Preis anzusetzen, den ein dritter Arbeitgeber an den Verkehrsträger zu entrichten hat. Auch unter die **50 €-Freigrenze** (→ Rz. 564 *Preisnachlässe, Personalrabatte*) fallende Sachbezüge für die Wege zwischen Wohnung und erster Tätigkeitsstätte mindern die Entfernungspauschale. Steuerfreie geldwerte Vorteile aus Überlassung eines **betrieblichen Fahrrads** werden **nicht** auf die Entfernungspauschale angerechnet (→ Rz. 513 *Fahrrad, betriebliches*).

Abgeltungswirkung

Abgegolten sind durch die Entfernungspauschale z.B. Parkgebühren für das Abstellen des Kraftfahrzeugs während der Arbeitszeit, Finanzierungskosten, Beiträge zu Kraftfahrerverbänden, Versicherungsbeiträge für einen Insassenunfallschutz, Aufwendungen infolge Diebstahls, die Kosten eines Austauschmotors anlässlich eines Motorschadens oder der Reparatur infolge einer Falschbetankung (→ Rz. 148 *Falschbetankung*) eines Kraftfahrzeugs auf einer Fahrt zwischen Wohnung und erster Tätigkeitsstätte sowie eine bei Leasingbeginn zu erbringende Sonderzahlung. **Unfallkosten** können aus Billigkeitsgründen (anders der BFH im Urteil v. 19.12.2019, VI R 8/18, BStBl II 2020, 291, Rz. 15 f.) als außergewöhnliche Aufwendungen neben der Entfernungspauschale berücksichtigt werden (→ Rz. 170 *Unfallkosten*). Ebenfalls neben der Entfernungspauschale abziehbar sind **Krankheitskosten**, die durch einen auf dem Weg zwischen Wohnung und erster Tätigkeitsstätte erlittenen **Unfall** verursacht sind.

Flugstrecken, Sammelbeförderung, Fähre, Maut

Die Entfernungspauschale gilt nicht für **Flugstrecken** und Strecken mit steuerfreier **Sammelbeförderung** (→ Rz. 571 *Sammelbeförderung*); in diesen Fällen sind die tatsächlichen Aufwendungen des Arbeitnehmers (z.B. Aufwendungen für das Flug-Ticket, Zuzahlungsbetrag an den Arbeitgeber) anzusetzen.

Eine **Fährverbindung** ist, soweit ihre Nutzung zumutbar erscheint und wirtschaftlich sinnvoll ist, mit in die Entfernungsberechnung einzubeziehen. Die Fahrtstrecke der Fähre selbst ist dann jedoch nicht Teil der maßgebenden Entfernung. An ihrer Stelle können die **tatsächlichen Fährkosten** berücksichtigt werden. Gebühren für die Benutzung eines **Straßentunnels** oder einer **mautpflichtigen Straße** dürfen dagegen nicht neben der Entfernungspauschale berücksichtigt werden, weil sie nicht für die Benutzung eines Verkehrsmittels (siehe unten) entstehen.

Kürzeste Straßenverbindung

Für die Bestimmung der Entfernung ist die **kürzeste Straßenverbindung** zwischen Wohnung und erster Tätigkeitsstätte maßgebend; eine andere als die kürzeste Straßenverbindung kann zu Grunde gelegt werden, wenn diese offensichtlich verkehrsgünstiger ist und vom Arbeitnehmer regelmäßig für die Wege zwischen Wohnung und erster Tätigkeitsstätte benutzt wird. „Offensichtlich" verkehrsgünstiger ist die vom Arbeitnehmer gewählte Straßenverbindung, wenn sich jeder unvoreingenommene, verständige Verkehrsteilnehmer unter den gegebenen Verkehrsverhältnissen für die Benutzung der Strecke entschieden hätte. Es ist auch dann die kürzeste Straßenverbindung maßgeblich, wenn diese mautpflichtig ist oder mit dem vom Arbeitnehmer verwendeten Verkehrsmittel straßenverkehrsrechtlich nicht benutzt werden darf.

Öffentliche Verkehrsmittel

Auch bei Benutzung **öffentlicher Verkehrsmittel** wird die Entfernungspauschale angesetzt. Übersteigen die Aufwendungen für die Benutzung öffentlicher Verkehrsmittel die anzusetzende Entfernungspauschale, können diese angesetzt werden, soweit sie den im Kalenderjahr insgesamt als Entfernungspauschale abziehbaren Betrag übersteigen. Da die Vergleichsrechnung jahresbezogen vorzunehmen ist, scheidet eine tageweise Prüfung, inwieweit die tatsächlichen Aufwendungen für öffentliche Verkehrsmittel die Entfernungspauschale übersteigen, aus.

Behinderung

Menschen mit Behinderungen,

1. deren Grad der Behinderung mindestens 70 beträgt,
2. deren Grad der Behinderung weniger als 70, aber mindestens 50 beträgt und die in ihrer Bewegungsfähigkeit im Straßenverkehr erheblich beeinträchtigt sind,

können an Stelle der Entfernungspauschale die **tatsächlichen Aufwendungen** für die Wege zwischen Wohnung und erster Tätigkeitsstätte ansetzen. Die Voraussetzungen sind durch amtliche Unterlagen nachzuweisen. Wird bei einem Menschen mit Behinderungen der Grad der **Behinderung herabgesetzt** und liegen die entsprechenden Voraussetzungen nach der Herabsetzung nicht mehr vor, ist dies ab dem im Bescheid über die Behinderung genannten Zeitpunkt zu berücksichtigen; bei den Aufwendungen für Wege zwischen Wohnung und erster Tätigkeitsstätte gelten dann ab diesem Zeitpunkt die allgemeinen Regelungen (s. oben). Bei Benutzung eines privaten Fahrzeugs können Menschen mit Behinderungen die Fahrtkosten ohne Einzelnachweis mit den pauschalen Kilometersätzen angesetzt werden. Bei Benutzung eines eigenen oder zur Nutzung

E 26

überlassenen Kraftwagens kann danach ohne Einzelnachweis der Kilometersatz von **0,30 € je gefahrenen Kilometer** angesetzt werden. **Unfallkosten** (→ Rz. 170 *Unfallkosten)*, die auf einer Fahrt zwischen Wohnung und erster Tätigkeitsstätte entstanden sind, können neben dem pauschalen Kilometersatz berücksichtigt werden.

Teilstrecken

Werden die Wege zwischen Wohnung und erster Tätigkeitsstätte mit verschiedenen Verkehrsmitteln zurückgelegt, kann das Wahlrecht – Entfernungspauschale oder tatsächliche Kosten – für beide zurückgelegten **Teilstrecken** nur einheitlich ausgeübt werden.

Sammelpunkt

Liegt **keine erste Tätigkeitsstätte** vor und bestimmt der Arbeitgeber durch dienst- oder arbeitsrechtliche Festlegung, dass der Arbeitnehmer sich dauerhaft typischerweise arbeitstäglich an einem **festgelegten Ort**, der die Kriterien für eine erste Tätigkeitsstätte nicht erfüllt, einfinden soll, um von dort seine unterschiedlichen eigentlichen Einsatzorte aufzusuchen oder von dort seine berufliche Tätigkeit aufzunehmen (z.B. Treffpunkt für einen betrieblichen Sammeltransport, das Busdepot, der Fährhafen), werden die Fahrten des Arbeitnehmers von der Wohnung zu diesem vom Arbeitgeber festgelegten Ort wie Fahrten zu einer ersten Tätigkeitsstätte behandelt; für diese Fahrten dürfen Fahrtkosten nur im Rahmen der **Entfernungspauschale** angesetzt werden.

Weiträumiges Tätigkeitsgebiet

Soll der Arbeitnehmer auf Grund der Weisungen des Arbeitgebers seine berufliche Tätigkeit typischerweise arbeitstäglich in einem weiträumigen Tätigkeitsgebiet ausüben (**z.B. Zusteller, Hafenarbeiter und Forstarbeiter**; nicht jedoch z.B. Bezirksleiter und Vertriebsmitarbeiter, die verschiedene Niederlassungen betreuen oder mobile Pflegekräfte, die verschiedene Personen in deren Wohnungen in einem festgelegten Gebiet betreuen, sowie Schornsteinfeger), findet für die Fahrten von der Wohnung zu diesem Tätigkeitsgebiet ebenfalls die **Entfernungspauschale** Anwendung. Wird das weiträumige Tätigkeitsgebiet immer von **verschiedenen Zugängen** aus betreten oder befahren, ist die Entfernungspauschale aus Vereinfachungsgründen bei diesen Fahrten nur für die kürzeste Entfernung von der Wohnung zum nächstgelegenen Zugang anzuwenden. Für alle Fahrten innerhalb des weiträumigen Tätigkeitsgebietes sowie für die zusätzlichen Kilometer bei den Fahrten von der Wohnung zu einem weiter entfernten Zugang können die tatsächlichen Aufwendungen oder der maßgebliche pauschale Kilometersatz angesetzt werden. Auf die Berücksichtigung von **Verpflegungspauschalen** oder Übernachtungskosten als Werbungskosten sowie den steuerfreien Arbeitgeberersatz hat diese Festlegung „tätig werden in einem weiträumigen Tätigkeitsgebiet" **keinen Einfluss**.

Zu den Familienheimfahrten im Rahmen einer **doppelten Haushaltsführung** → Rz. 143 *Doppelte Haushaltsführung*.

Zu **weiteren Einzelheiten** siehe BMF-Schreiben v. 18.11.2021, IV C 5 – S 2351/20/10001 :002, www.stotax-first.de, und BMF-Schreiben v. 15.8.2019, IV C 5 – S 2342/19/10007 :001, BStBl I 2019, 875.

Mobilitätsprämie

Für **Pendler**, die mit ihrem zu versteuernden Einkommen **unterhalb des Grundfreibetrags** liegen, besteht für die VZ **2021 bis 2026** die Möglichkeit, neben den erhöhten Entfernungspauschalen von 0,35 € ab dem 21. Entfernungskilometer eine Mobilitätsprämie zu beanspruchen. Hierdurch werden auch diejenigen Stpfl. entlastet, bei denen ein höherer Werbungskostenabzug infolge der **erhöhten Entfernungspauschalen** zu **keiner** entsprechenden **steuerlichen Entlastung** führt.

Die Mobilitätsprämie gilt für **Arbeitnehmer**, aber auch für **Stpfl. mit anderen Einkünften** (z.B. Gewerbetreibende, Freiberufler).

Bemessungsgrundlage der Mobilitätsprämie sind die berücksichtigten **Entfernungspauschalen** ab dem **21. Kilometer**, begrenzt auf den Betrag, um den das zu versteuernde Einkommen den Grundfreibetrag unterschreitet; bei Ehegatten, die zusammen zur Einkommensteuer veranlagt werden, sind das gemeinsame zu versteuernde Einkommen und der doppelte Grundfreibetrag maßgebend. Bei Stpfl. mit Einkünften aus **nichtselbständiger Arbeit** gilt dies jedoch nur, soweit die entsprechenden Entfernungspauschalen zusammen mit den übrigen zu berücksichtigenden Werbungskosten im Zusammenhang mit den Einnahmen aus nichtselbständiger Arbeit den **Arbeitnehmer-Pauschbetrag** i.H.v. 1 000 € (→ Rz. 127 *Arbeitnehmer-Pauschbetrag*) **übersteigen**.

Die Mobilitätsprämie beträgt **14 %** dieser Bemessungsgrundlage.

Der Anspruch auf die Mobilitätsprämie entsteht mit **Ablauf des Kalenderjahres**, in dem der Anspruchsberechtigte die **erste Tätigkeitsstätte** aufgesucht oder **Familienheimfahrten** im Rahmen einer doppelten Haushaltsführung durchgeführt hat. Die Antragsfrist beträgt **vier Jahre**. Die Mobilitätsprämie wird nach Ablauf des Kalenderjahres im Rahmen einer **Einkommensteuerveranlagung** festgesetzt. Eine Festsetzung erfolgt aber nur, wenn die Mobilitätsprämie **mindestens 10 €** beträgt. Die festgesetzte Mobilitätsprämie mindert die festgesetzte Einkommensteuer im Wege der **Anrechnung**.

Die Mobilitätsprämie selbst ist **steuerfrei** und damit keine steuerpflichtige Einnahme.

Beispiel:

Ein Arbeitnehmer fährt in 2022 an 150 Tagen zwischen Wohnung und erster Tätigkeitsstätte. Die einfache Entfernung beträgt 40 km. Seine übrigen Werbungskosten betragen 0 €. Sein zu **versteuerndes Einkommen** beträgt **9 500 €**.

Die Entfernungspauschale für die ersten 20 Entfernungskilometer beträgt **900 €** (150 Tage x 20 km x 0,30 €). Die erhöhte Entfernungspauschale (ab dem 21. km), die der Arbeitnehmer beanspruchen könnte, beträgt **1 050 €** (150 Tage x 20 km x 0,35 €). Die Werbungskosten insgesamt betragen 900 € + 1 050 € = 1 950 €.

Der Arbeitnehmer-Pauschbetrag von 1 000 € wird damit um **950 € überschritten**. Davon entfallen auf die **erhöhte Entfernungspauschale** (ab dem 21. km) **950 €**. Das zu versteuernde Einkommen i.H.v. 9 500 € unterschreitet den Grundfreibetrag für 2022 i.H.v. 9 984 € um 484 €. Die erhöhte Entfernungspauschale i.H.v. 950 € liegt somit i.H.v. **484 € unterhalb des Grundfreibetrages** und hat in Höhe dieses Betrages zu keiner steuerlichen Entlastung geführt. 466 € (950 € – 484 €) haben sich hingegen über den Werbungskostenabzug ausgewirkt.

Bemessungsgrundlage für die **Mobilitätsprämie** sind somit 484 €. Die Mobilitätsprämie beträgt **68 €** (484 € x 14 %).

B. Einkommensteuer

Auswärtstätigkeit

132   Eine Auswärtstätigkeit liegt vor, wenn der Arbeitnehmer **außerhalb** seiner **Wohnung** und ersten Tätigkeitsstätte (→ Rz. 146 *Erste Tätigkeitsstätte*) beruflich tätig wird. Eine Auswärtstätigkeit liegt ebenfalls vor, wenn der Arbeitnehmer bei seiner individuellen beruflichen Tätigkeit typischerweise

- nur an **ständig wechselnden Tätigkeitsstätten** (→ Rz. 161 *Ständig wechselnde Tätigkeitsstätten*) oder
- **auf einem Fahrzeug** tätig wird (→ Rz. 165 *Tätigkeiten auf einem Fahrzeug*).

Bei einer beruflich veranlassten Auswärtstätigkeit können folgende → Rz. 159 *Reisekosten* als Werbungskosten geltend gemacht werden:

- Fahrtkosten,
- Verpflegungsmehraufwendungen,
- Übernachtungskosten und
- Reisenebenkosten.

Eine beruflich veranlasste Auswärtstätigkeit ist auch der **Vorstellungsbesuch** eines Stellenbewerbers. Erledigt der Arbeitnehmer im Zusammenhang mit der beruflich veranlassten Auswärtstätigkeit auch in einem mehr als geringfügigen Umfang **private Angelegenheiten**, sind die beruflich veranlassten von den privat veranlassten Aufwendungen zu trennen. Ist das nicht – auch nicht durch Schätzung – möglich, gehören die gesamten Aufwendungen zu den nicht abziehbaren Aufwendungen für die Lebensführung (z.B. Bekleidungskosten oder Aufwendungen für andere allgemeine Reiseausrüstungen). Die **berufliche Veranlassung** der Auswärtstätigkeit, die **Reisedauer** und den **Reiseweg** hat der Arbeitnehmer aufzuzeichnen und anhand geeigneter Unterlagen, z.B. Fahrtenbuch, Tankquittungen, Hotelrechnungen, Schriftverkehr, nachzuweisen oder glaubhaft zu machen.

Berufsausbildung

133   Aufwendungen für die **Erstausbildung** (**Berufsausbildung** oder **Studium**) sind Kosten der Lebensführung und nur als **Sonderausgaben** (→ Rz. 181 *Berufsausbildung*) abziehbar. Diese Regelungen ist **verfassungsgemäß**.

Werbungskosten im Zusammenhang mit einer Berufsausbildung oder einem Studium liegen dagegen vor, wenn der Stpfl. zuvor bereits eine **Erstausbildung** (Berufsausbildung oder Studium) **abgeschlossen** hat oder wenn die Berufsausbildung oder das Studium **im Rahmen eines Dienstverhältnisses** (Ausbildungsdienstverhältnis, z.B. Ausbildung eines Lehrlings) stattfindet. Eine Berufsausbildung als Erstausbildung liegt vor, wenn eine geordnete Ausbildung mit einer Mindestdauer von **12 Monaten** bei **vollzeitiger Ausbildung** und mit einer **Abschlussprüfung** durchgeführt wird. Eine geordnete Ausbildung liegt vor, wenn sie auf der Grundlage von **Rechts- oder Verwaltungsvorschriften** oder internen Vorschriften eines Bildungsträgers durchgeführt wird. Ist eine Abschlussprüfung nach dem Ausbildungsplan nicht vorgesehen, gilt die Ausbildung mit der tatsächlichen **planmäßigen Beendigung** als abgeschlossen. Eine Berufsausbildung als Erstausbildung hat auch abgeschlossen, wer die Abschlussprüfung einer durch Rechts- oder Verwaltungsvorschriften geregelten Berufsausbildung mit einer Mindestdauer von 12 Monaten bestanden hat, **ohne** dass er zuvor die entsprechende **Berufsausbildung durchlaufen** hat. Werbungskosten liegen aber immer nur vor, wenn ein **Veranlassungszusammenhang** zwischen den Werbungskosten bzw. Betriebsausgaben und der späteren Einkünfteerzielung besteht.

Keine erste Berufsausbildung sind z.B. ein Kurs zur Berufsorientierung oder -vorbereitung, Kurse zur Erlangung der Fahrerlaubnis für Nutzfahrzeuge oder der Berechtigung zum Fahren von Flurförderfahrzeugen (Gabelstapler), ein Betriebspraktikum, eine Maßnahme zur Vermittlung einfachster Berufstätigkeiten (Anlerntätigkeiten, kurzfristige Einweisungen) oder die Grundausbildung bei der Bundeswehr. Auch der Abschluss mehrerer unabhängiger Kurse stellt keine erste Berufsausbildung dar; dies gilt auch dann, wenn die Kurse inhaltlich aufeinander aufbauen.

Zur Berücksichtigung der **Aufwendungen** im Zusammenhang mit einer auswärtigen Ausbildungsstätte finden die Erläuterungen zu den → Rz. 159 *Reisekosten*, den → Rz. 131 *Aufwendungen für die Wege zwischen Wohnung und erster Tätigkeitsstätte* und der → Rz. 143 *Doppelten Haushaltsführung* sinngemäß Anwendung.

Zu beachten ist, dass eine Bildungseinrichtung, die außerhalb eines Dienstverhältnisses zum Zwecke eines Vollzeitstudiums oder einer vollzeitigen Bildungsmaßnahme aufgesucht wird, immer eine **erste Tätigkeitsstätte** ist. Zu den weiteren Einzelheiten → Rz. 146 *Erste Tätigkeitsstätte*.

Aufwendungen für das **Erlernen der deutschen Sprache** werden nicht berücksichtigt, und zwar auch dann nicht, wenn ausreichende Deutschkenntnisse für einen angestrebten Ausbildungsplatz förderlich sind.

Siehe auch → Rz. 134 *Berufsfortbildung*, → Rz. 168 *Umschulung*, → Rz. 181 *Berufsausbildung* zum Sonderausgabenabzug und BMF-Schreiben v. 22.9.2010, IV C 4 – S 2227/07/10002 :002, BStBl I 2010, 721[1].

Berufsfortbildung

134   Die Aufwendungen für die **Fortbildung** in einem bereits erlernten Beruf sind als **Werbungskosten** abziehbar, wenn ein **Veranlassungszusammenhang** zwischen den Werbungskosten und der Einkünfteerzielung besteht. Aufwendungen während des **Erziehungsurlaubs**/der **Elternzeit** können vorab entstandene Werbungskosten im Rahmen der Berufsfortbildung sein; jedoch ist der berufliche Verwendungsbezug darzulegen, wenn er sich nicht bereits aus den Umständen von Umschulungs- und Qualifizierungsmaßnahmen ergibt.

Zur Berücksichtigung der Aufwendungen im Zusammenhang mit einer **auswärtigen Fortbildungsstätte** finden die Erläuterungen zu den → Rz. 159 *Reisekosten*, den → Rz. 131 *Aufwendungen für die Wege zwischen Wohnung und erster Tätigkeitsstätte* und der → Rz. 143 *Doppelten Haushaltsführung* sinngemäß Anwendung. Danach sind die **Grundsätze für Auswärtstätigkeiten** (→ Rz. 132 *Auswärtstätigkeit*) maßgebend, wenn ein Arbeitnehmer als Ausfluss eines Dienstverhältnisses zu Fortbildungszwecken vorübergehend eine außerhalb seiner ersten Tätigkeitsstätte (→ Rz. 146 *Erste Tätigkeitsstätte*) im Betrieb des Arbeitgebers gelegene Fortbildungsstätte aufsucht. Ist die Bildungseinrichtung eine erste Tätigkeitsstätte, gelten für die Ermittlung der Aufwendungen die Erläuterungen zu den → Rz. 131 *Aufwendungen für die Wege zwischen Wohnung und erster Tätigkeitsstätte* und der → Rz. 143 *Doppelten Haushaltsführung*.

Die Aufwendungen für Reisen (z.B. **Auslandsgruppenreisen**), die der beruflichen Fortbildung dienen, sind als Werbungskosten abziehbar, wenn sie unmittelbar **beruflich veranlasst** sind (z.B. das Aufsuchen eines Kunden des Arbeitgebers, das Halten eines Vortrags auf einem Fachkongress oder die Durchführung eines Forschungsauftrags) und die **Verfolgung privater**

---

1) Das BMF-Schreiben berücksichtigt nicht die aktuelle Gesetzeslage. Um Beachtung wird gebeten!

B. Einkommensteuer

Interessen nicht den Schwerpunkt der Reise bildet. Ein Werbungskostenabzug ist nicht möglich (kein unmittelbarer beruflicher Anlass), wenn der Arbeitnehmer mit der Teilnahme an einer Auslandsgruppenreise eine allgemeine Verpflichtung zur beruflichen Fortbildung erfüllt oder die Reise von einem Fachverband angeboten wird. Die Grundsätze zur Aufteilung **gemischt veranlasster Aufwendungen** bei auch beruflicher Veranlassung sind zu beachten.
Siehe auch → Rz. 133 *Berufsausbildung*, → Rz. 160 *Sprachkurs*, → Rz. 168 *Umschulung* und → Rz. 181 *Berufsausbildung* zum Sonderausgabenabzug.

Berufskleidung

Aufwendungen für typische Berufskleidung **sind Werbungskosten**. Dazu gehören Kleidungsstücke, die   **135**
– als **Arbeitsschutzkleidung** auf die jeweils ausgeübte Berufstätigkeit zugeschnitten sind oder
– nach ihrer z.B. uniformartigen Beschaffenheit oder dauerhaft angebrachten Kennzeichnung durch ein Firmenemblem objektiv eine **berufliche Funktion** erfüllen,

wenn ihre private Nutzung so gut wie ausgeschlossen ist. Normale Schuhe und Unterwäsche sind z.B. keine typische Berufskleidung. Zu den Aufwendungen für typische Berufskleidung zählen auch die Reinigungskosten in privaten Waschmaschinen.

Aufwendungen für bürgerliche Kleidung (z.B. Anzüge) sind auch bei außergewöhnlich hohen Aufwendungen keine Berufskleidung und daher **nicht** als **Werbungskosten** abziehbar.

Bei Aufwendungen für **Corona-Gesichtsschutzmasken** handelt es sich regelmäßig um gemischte Aufwendungen (→ Rz. 88). Es liegen deshalb grds. keine Werbungskosten vor, auch wenn die Masken (teilweise) am Arbeitsplatz getragen werden

Berufskrankheit

Aufwendungen zur Wiederherstellung der Gesundheit können als Werbungskosten abgezogen werden, wenn es sich bei der   **136**
Krankheit um eine **typische Berufskrankheit** handelt oder der Zusammenhang zwischen der Erkrankung und dem Beruf eindeutig feststeht.

Berufsverbände

Beiträge an Berufsverbände sind **als Werbungskosten abzugsfähig**. Dazu gehören Beiträge zu berufsständischen Verbän-   **137**
den, wenn der Zweck nicht auf einen wirtschaftlichen Geschäftsbetrieb gerichtet ist (z.B. Gewerkschaftsbeiträge). Darüber hinaus sind als Werbungskosten auch die Aufwendungen anzusetzen, die einem Arbeitnehmer aus einer ehrenamtlichen Tätigkeit für den Berufsverband entstehen (z.B. Reisekosten bei Teilnahme an gewerkschaftlichen Sitzungen und Tagungen); der Schwerpunkt der Reise darf aber nicht allgemeintouristischen Zwecken dienen.

Betriebsveranstaltungen

Im Zusammenhang mit → Rz. 489 *Betriebsveranstaltungen* anfallende → Rz. 159 *Reisekosten* sind **als Werbungskosten**   **138**
abziehbar, wenn die Betriebsveranstaltung außerhalb der ersten Tätigkeitsstätte des Arbeitnehmers stattfindet (→ Rz. 146 *Erste Tätigkeitsstätte*), die Anreise der Teilnahme an der Veranstaltung dient und die Organisation dem Arbeitnehmer obliegt.

Bewerbungskosten

Bewerbungskosten sind **als Werbungskosten abzugsfähig**. Zu den Bewerbungskosten gehören insbesondere Kosten für   **139**
Inserate, Telefon, Porto, Fotokopien, Präsentationsmappen, Briefpapier und Reisen anlässlich einer Vorstellung (→ Rz. 159 *Reisekosten*). Ob die Bewerbung letztlich Erfolg hat, ist für den Werbungskostenabzug unerheblich. Erstattungen – insbesondere der Reisekosten – sind gegenzurechnen.

Bewirtungskosten

Bewirtungskosten anlässlich persönlicher Ereignisse sind **grundsätzlich nicht** als **Werbungskosten** abziehbar. Bewirtungs-   **140**
kosten können jedoch auch Werbungskosten sein. Für einen Werbungskostenabzug sind zu den Umständen der Bewirtung (wie Anlass der Feier, Ort der Veranstaltung, Teilnehmer, Höhe der (maßvollen) Kosten, sonstige Begleitumstände) schriftliche Angaben zu machen; hat die Bewirtung in einer Gaststätte stattgefunden, so genügen Angaben zu Anlass und Teilnehmern der Bewirtung; die Rechnung über die Bewirtung ist beizufügen. Der Werbungskostenabzug ist grds. auf **70 %** der Bewirtungskosten beschränkt; diese Abzugsbeschränkung greift jedoch nicht, wenn der Arbeitnehmer aus beruflichem Anlass Aufwendungen für die Bewirtung von Arbeitskollegen trägt.

Computer

Aufwendungen für privat angeschaffte und beruflich genutzte „**Computerhardware**" (Computer, Desktop-Computer, Note-   **141**
book-Computer, Dockingstations, externe Speicher- und Datenverarbeitungsgeräte, externe Netzteile sowie Peripheriegeräte etc.), für Verbrauchsmaterial (Druckerpatronen/-toner, Papier, CD/DVD-Rohlinge etc.) und für den Internetzugang (Verbindungsentgelte, DSL-Anschluss [→ Rz. 167 *Telekommunikationsaufwendungen*] etc.) können als **Werbungskosten** abgezogen werden. Dies gilt auch für die **Betriebs- und Anwendersoftware** zur Dateneingabe und -verarbeitung.

Für **Computerhardware** (einschließlich der dazu gehörenden Peripheriegeräte) sowie die für die Dateneingabe und -verarbeitung erforderliche **Betriebs- und Anwendersoftware** ist eine betriebsgewöhnliche **Nutzungsdauer** von **einem Jahr** zu Grunde zu legen (→ Rz. 123 *Abschreibung* und BMF v. 26.2.2021, IV C 3 – S 2190/21/10002 :013, BStBl I 2021, 298). Die Computerhardware darf aber nur mit einer Nutzungsdauer von einem Jahr angesetzt werden, wenn für sie die Kennzeichnungspflicht einer **EU-Verordnung** zur **umweltgerechten Gestaltung von Computern und Computerservern** besteht, wonach die Produktart in den technischen Unterlagen anzugeben ist. Zum Begriff „**Software**" gehören neben den Standardanwendungen auch auf den individuellen Nutzer abgestimmte Anwendungen.

M.E. ist eine **Sofortabschreibung** auch bei **Anschaffungen im Laufe eines Jahres** möglich, denn die Zwölftel-Regelung nach § 7 Abs. 1 Satz 4 EStG gilt nur, wenn das Wirtschaftsgut eine Nutzungsdauer von mehr als einem Jahr hat. Die GWG-Grenze von **800 €** (→ Rz. 129 *Arbeitsmittel*) spielt wegen der Nutzungsdauer von einem Jahr bei Computerhardware/Software keine Rolle.

Die Kosten eines privat angeschafften und sowohl **beruflich** als auch **privat** genutzten Computers sind im Hinblick auf den **Anteil** der beruflichen Nutzung als **Werbungskosten** absetzbar und fallen insoweit **nicht** unter das **Aufteilungs- und Abzugsverbot** des § 12 Nr. 1 Satz 2 EStG, denn es gibt **keine generelle Vermutung** dafür, dass ein privat angeschaffter und

E 29

B. Einkommensteuer

in der privaten Wohnung aufgestellter Computer weit überwiegend privat genutzt wird. Kann der Arbeitnehmer gegenüber dem Finanzamt eine nicht unwesentliche berufliche Nutzung des Gerätes **nachweisen** oder zumindest **glaubhaft** machen, sind die Aufwendungen **anteilig** zu berücksichtigen. Bei einer **privaten Mitbenutzung** von **nicht mehr als etwa 10 %** können die **gesamten Aufwendungen** steuerlich geltend gemacht werden. Gegebenenfalls muss der berücksichtigungsfähige Umfang der beruflichen Nutzung auch geschätzt werden. Dabei kann unter bestimmten Voraussetzungen von einer **hälftigen privaten bzw. beruflichen Nutzung** ausgegangen werden.

Dienstreise

142 Seit 2008 wird statt des Begriffs „Dienstreise" der umfassende Begriff → Rz. 132 *Auswärtstätigkeit* verwendet.

Doppelte Haushaltsführung

143 Eine doppelte Haushaltsführung im steuerlichen Sinne führt nur, wer
– außerhalb des Ortes seiner ersten Tätigkeitsstätte einen eigenen Hausstand unterhält und
– auch am Ort der ersten Tätigkeitsstätte wohnt. Die Anzahl der Übernachtungen ist dabei unerheblich.

Aufwendungen für die Wege vom Ort der ersten Tätigkeitsstätte zum Ort des eigenen Hausstands und zurück (Familienheimfahrt) können jeweils nur für **eine Familienheimfahrt wöchentlich** abgezogen werden. Zur Abgeltung der Aufwendungen für eine Familienheimfahrt ist in 2021 grds. eine **Entfernungspauschale** von **0,30 €** für jeden vollen Kilometer der **ersten 20 Kilometer** der Entfernung zwischen dem Ort des eigenen Hausstandes und dem Ort der ersten Tätigkeitsstätte und von **0,35 €** für **jeden weiteren vollen Kilometer** anzusetzen. Aufwendungen für Familienheimfahrten mit einem dem Arbeitnehmer überlassenen Kraftfahrzeug werden nicht berücksichtigt.

Aufwendungen eines Arbeitnehmers für eine Zweitwohnung an einem auswärtigen Beschäftigungsort sind aber auch dann wegen doppelter Haushaltsführung als Werbungskosten abziehbar, wenn der Arbeitnehmer **zugleich am Ort seines Hausstands beschäftigt** ist.

Wird die doppelte Haushaltsführung aus beruflichem Anlass begründet, können die hierdurch entstehenden **notwendigen Mehraufwendungen** als Werbungskosten abgesetzt werden. Der berufliche **Veranlassungszusammenhang** einer doppelten Haushaltsführung wird jedoch nicht allein dadurch beendet, dass ein Arbeitnehmer seinen **Familienhausstand** innerhalb desselben Ortes **verlegt**. Eine aus beruflichem Anlass begründete doppelte Haushaltsführung kann auch dann vorliegen, wenn ein Arbeitnehmer seinen **Haupthausstand aus privaten Gründen** vom Beschäftigungsort **wegverlegt** und er darauf in einer Wohnung am Beschäftigungsort einen Zweithaushalt begründet, um von dort seiner bisherigen Beschäftigung weiter nachgehen zu können. In den Fällen, in denen bereits zum Zeitpunkt der Wegverlegung des Lebensmittelpunkts vom Beschäftigungsort ein **Rückumzug** an den Beschäftigungsort geplant ist oder feststeht, handelt es sich hingegen nicht um eine doppelte Haushaltsführung.

Das Vorliegen eines **eigenen Hausstands** setzt das Innehaben einer Wohnung aus eigenem Recht als **Eigentümer** oder **Mieter** bzw. aus einem gemeinsamen oder abgeleiteten Recht als Ehepartner sowie Mitbewohner voraus. Außerdem muss sich der Arbeitnehmer finanziell an den **Kosten der Lebensführung** (laufende Kosten der Haushaltsführung) **beteiligen**. Es genügt nicht, wenn der Arbeitnehmer z.B. im **Haushalt der Eltern** lediglich ein oder mehrere Zimmer unentgeltlich bewohnt oder wenn dem Arbeitnehmer eine Wohnung im Haus der Eltern unentgeltlich zur Nutzung überlassen wird. Die finanzielle Beteiligung an den Kosten der Haushaltsführung ist darzulegen und kann auch bei volljährigen Kindern, die bei ihren Eltern oder einem Elternteil wohnen, nicht generell unterstellt werden. Eine finanzielle Beteiligung an den Kosten der Haushaltsführung mit Bagatellbeträgen ist nicht ausreichend. Betragen die Barleistungen des Arbeitnehmers mehr als **10 %** der monatlich regelmäßig anfallenden laufenden Kosten der Haushaltsführung (z.B. Miete, Mietnebenkosten, Kosten für Lebensmittel und andere Dinge des täglichen Bedarfs) ist von einer finanziellen Beteiligung oberhalb der **Bagatellgrenze** auszugehen. Liegen die Barleistungen darunter, kann der Arbeitnehmer eine hinreichende finanzielle Beteiligung auch auf andere Art und Weise darlegen. Bei Ehepartnern mit den Steuerklassen III, IV oder V kann eine finanzielle Beteiligung an den Kosten der Haushaltsführung ohne entsprechenden Nachweis unterstellt werden. Die Wohnung muss außerdem der auf Dauer angelegte **Mittelpunkt des Lebensinteresses** des Arbeitnehmers sein. Unterhält ein **Alleinstehender**, der am Beschäftigungsort wohnt, an einem anderen Ort einen eigenen Hausstand, besteht mit zunehmender Dauer besonderer Anlass zu prüfen, wo sich sein **Lebensmittelpunkt** befindet. Im Rahmen einer Gesamtwürdigung aller Umstände ist zu klären, ob ein alleinstehender Arbeitnehmer einen eigenen Hausstand unterhält oder in einem fremden Haushalt eingegliedert ist; er muss sich in jedem Fall an den Kosten auch finanziell beteiligen. Für das Vorliegen einer doppelten Haushaltsführung kommt es nicht darauf an, ob die dem Arbeitnehmer am Ort des Lebensmittelpunkts zur ausschließlichen Nutzung zur Verfügung stehenden Räumlichkeiten den bewertungsrechtlichen Anforderungen an eine Wohnung gerecht werden.

Eine doppelte Haushaltsführung wird bei **verheirateten Arbeitnehmern** auch dann anerkannt, wenn die Ehegatten außerhalb des Ortes ihres gemeinsamen Hausstands an verschiedenen Orten beschäftigt sind und am jeweiligen Beschäftigungsort eine Zweitwohnung beziehen. Eine beruflich veranlasste doppelte Haushaltsführung liegt i.Ü. auch in den Fällen vor, in denen der eigene Hausstand nach der **Eheschließung** am Beschäftigungsort des ebenfalls berufstätigen Ehepartners begründet oder wegen der Aufnahme einer Berufstätigkeit des Ehepartners an dessen Beschäftigungsort verlegt und am Beschäftigungsort eine Zweitwohnung des Arbeitnehmers begründet worden ist.

Arbeitnehmer **ohne** eigenen Hausstand außerhalb des Beschäftigungsortes können die Voraussetzungen für eine **doppelte Haushaltsführung nicht** erfüllen. Gleichwohl können die **Heimfahrten** an den bisherigen Wohnort als Fahrten zwischen Wohnung und erster Tätigkeitsstätte mit der Entfernungspauschale (siehe unten und → Rz. 131 *Aufwendungen für die Wege zwischen Wohnung und erster Tätigkeitsstätte*) geltend gemacht werden, wenn sich der Lebensmittelpunkt weiterhin am bisherigen Wohnort befindet.

Mehraufwendungen wegen einer, aus beruflichem Anlass begründeten doppelten Haushaltsführung sind mit Ausnahme der Verpflegungsmehraufwendungen (s. unten) **zeitlich unbegrenzt** abzugsfähig.

Die folgenden Aufwendungen sind bei einer doppelten Haushaltsführung abziehbar:
– Die tatsächlichen Kosten für die **erste Fahrt zum neuen Beschäftigungsort** und für die **letzte Fahrt vom Beschäftigungsort** zurück zum Ort des Hausstands.
Wird ein eigener Kraftwagen benutzt, können die Aufwendungen ohne Einzelnachweis durch die Anwendung des Kilometersatzes von 0,30 €/Kilometer, der auch bei Auswärtstätigkeiten anerkannt wird (→ Rz. 159 *Reisekosten*), ermittelt werden.
– Die Kosten für eine **Familienheimfahrt** pro Woche.
Es wird zur Abgeltung der Aufwendungen für eine Familienheimfahrt in 2022 eine **Entfernungspauschale** (→ Rz. 131 *Aufwendungen für die Wege zwischen Wohnung und erster Tätigkeitsstätte*) von **0,30 €** für jeden vollen Kilometer der

E 30

B. Einkommensteuer

ersten **20 Kilometer** der Entfernung zwischen dem Ort des eigenen Hausstands und dem Beschäftigungsort und von **0,35 €** für **jeden weiteren vollem Kilometer** angesetzt. Die Entfernungspauschale gilt aber nicht für **Flugstrecken** und Strecken mit **steuerfreier Sammelbeförderung** (→ Rz. 571 *Sammelbeförderung*); hierfür sind die tatsächlichen Aufwendungen anzusetzen. Die Begrenzung der Entfernungspauschale auf 4 500 € gilt nicht für Familienheimfahrten. Aufwendungen für Heimfahrten mit einem vom Arbeitgeber überlassenen Dienstwagen sind nicht abziehbar.

Soweit die Aufwendungen für die Benutzung **öffentlicher Verkehrsmittel** den als Entfernungspauschale abziehbaren Betrag übersteigen, können diese angesetzt werden.

Wegen des Abzugs der tatsächlichen Aufwendungen bei **Menschen mit Behinderungen** → Rz. 131 *Aufwendungen für die Wege zwischen Wohnung und erster Tätigkeitsstätte*. Tritt der den doppelten Haushalt führende Ehepartner die wöchentliche Familienheimfahrt aus privaten Gründen nicht an, sind die Aufwendungen für die stattdessen durchgeführte **Besuchsfahrt des anderen Ehepartners** zum Beschäftigungsort **keine Werbungskosten**.

– Als **Unterkunftskosten** für eine doppelte Haushaltsführung **im Inland** werden die dem Arbeitnehmer tatsächlich entstandenen Aufwendungen für die Nutzung der Wohnung oder Unterkunft höchstens **bis** zu einem nachgewiesenen Betrag von **1 000 € im Monat** anerkannt. Auf die Notwendigkeit, die Angemessenheit und die Zahl der Wohnungsbenutzer (Angehörige) kommt es nicht an. Steht die Zweitwohnung oder -unterkunft im Eigentum des Arbeitnehmers, sind die tatsächlichen Aufwendungen (z.B. AfA, Schuldzinsen, Reparaturkosten, Nebenkosten) bis zum Höchstbetrag von 1 000 € monatlich zu berücksichtigen. Der Höchstbetrag umfasst sämtliche entstehenden Aufwendungen wie Miete, Betriebskosten, Kosten der laufenden Reinigung und Pflege der Zweitwohnung oder -unterkunft, AfA für notwendige Einrichtungsgegenstände (ohne Arbeitsmittel), Zweitwohnungsteuer, Rundfunkbeitrag, Miet- oder Pachtgebühren für Kfz-Stellplätze, Aufwendungen für Sondernutzung (wie Garten), die vom Arbeitnehmer selbst getragen werden. Wird die Zweitwohnung oder -unterkunft **möbliert** angemietet, sind die Aufwendungen bis zum Höchstbetrag berücksichtigungsfähig. Auch Aufwendungen für einen separat angemieteten **Garagenstellplatz** sind in den Höchstbetrag einzubeziehen und können nicht als „sonstige" notwendige Mehraufwendungen zusätzlich berücksichtigt werden. Soweit der monatliche Höchstbetrag von 1 000 € nicht ausgeschöpft wird, ist eine **Übertragung** des nicht ausgeschöpften Volumens **in andere Monate** des Bestehens der doppelten Haushaltsführung im selben Kalenderjahr **möglich**. Erhält der Arbeitnehmer **Erstattungen** z.B. für Nebenkosten, mindern diese Erstattungen im Zeitpunkt des Zuflusses die Unterkunftskosten der doppelten Haushaltsführung. Ein **häusliches Arbeitszimmer** in der Zweitwohnung am Beschäftigungsort ist bei der Ermittlung der abziehbaren Unterkunftskosten nicht zu berücksichtigen; der Abzug der hierauf entfallenden Aufwendungen richtet sich nach den Regelungen für → Rz. 130 *Arbeitszimmer*. Der 1 000 €-Höchstbetrag ist nicht auf einen Kalendertag umzurechnen. Beziehen **mehrere berufstätige Arbeitnehmer** (z.B. beiderseits berufstätige **Ehepartner**, Lebensgefährten, Mitglieder einer Wohngemeinschaft) am gemeinsamen Beschäftigungsort eine gemeinsame Zweitwohnung, handelt es sich jeweils um eine doppelte Haushaltsführung, so dass **jeder Arbeitnehmer** den **Höchstbetrag** für die tatsächlich von ihm getragenen Aufwendungen jeweils für sich beanspruchen kann. Bei doppelter Haushaltsführung im **Ausland** sind die Aufwendungen in **tatsächlicher Höhe** abziehbar, soweit sie die ortsübliche Miete für eine nach Lage und Ausstattung durchschnittliche Wohnung am Ort der ersten Tätigkeitsstätte mit einer Wohnfläche bis zu **60 qm** nicht überschreiten; der **1 000 € Höchstbetrag greift hier nicht**. Unterkunftskosten sind immer nur unter der Voraussetzung abziehbar, dass die Unterkunft nicht vom Arbeitgeber gestellt wird. Ist in dem Zahlungsbeleg für die Aufwendungen (insbesondere Hotelrechnung) nur ein Gesamtpreis für Unterkunft und Frühstück ausgewiesen, ist der Gesamtpreis zur Ermittlung der Unterkunftskosten bei einer Übernachtung im **Inland** um **20 %** des Pauschbetrags für Verpflegungsmehraufwendungen bei einer Auswärtstätigkeit mit einer Abwesenheitsdauer von mindestens 24 Stunden zu kürzen, d.h. im Inland von 28 €.

Anfallende **Umzugskosten** anlässlich der Begründung, Beendigung oder des Wechsels einer doppelten Haushaltsführung gehören grds. zu den abziehbaren Kosten der Unterkunft; die Pauschalen nach dem Bundesumzugskostengesetz (→ Rz. 169 *Umzugskosten*) gelten jedoch nicht für einen Umzug im Rahmen der doppelten Haushaltsführung. Kosten des Rückumzugs sind ebenfalls abziehbar.

Für einen Zeitraum von **drei Monaten** nach Bezug der Wohnung am neuen Beschäftigungsort werden **Verpflegungsmehraufwendungen** anerkannt und zwar für jeden Kalendertag der Abwesenheit von der Wohnung am Lebensmittelpunkt mit den für Auswärtstätigkeit geltenden Pauschalen (Tage mit 24-stündiger Abwesenheit: je 28 €, An- und Abreisetage: je 14 €; → Rz. 159 *Reisekosten*). Liegt der Beschäftigungsort im Inland, können demnach bis zu 28 € je Kalendertag abgezogen werden. Ist der Tätigkeit am Beschäftigungsort eine **Auswärtstätigkeit** an diesem Ort unmittelbar **vorausgegangen**, ist deren Dauer auf die Drei-Monats-Frist anzurechnen. In den sog. **Wegverlegungsfällen** (s. oben) beginnt die Drei-Monats-Frist erst mit dem Zeitpunkt der Umwidmung der bisherigen Wohnung. Zu den Verpflegungsmehraufwendungen bei einer doppelten Haushaltsführung im **Ausland** ab 1.1.2021 siehe BMF-Schreiben v. 3.12.2020, IV C 5 – S 2353/19/10010 :002, BStBl I 2020, 1256. Das BMF-Schreiben gilt auch für 2022.

Zu **weiteren Einzelheiten** s. BMF-Schreiben v. 25.11.2020, IV C 5 – S 2353/19/10011 :006, BStBl I 2020, 1228 und BMF-Schreiben v. 15.8.2019, IV C 5 – S 2342/19/10007 :001, BStBl I 2019, 875.

Ehescheidung

Ausgleichszahlungen eines Beamten und damit zusammenhängende **Schuldzinsen** zur **Vermeidung** einer **Kürzung** seiner **Versorgungsbezüge** an den auf den Versorgungsausgleich verzichtenden Ehegatten sind seit 2005 **keine Werbungskosten** mehr. Es liegen ggf. Sonderausgaben vor (→ Rz. 206 *Versorgungsausgleich*). Zu den Prozesskosten (→ Rz. 218 *Ehescheidung* und → Rz. 234 *Prozesskosten*). **144**

Unabhängig davon führt die **Zahlung** eines Kapitalbetrags eines Beamten oder Ruhestandsbeamten **an den Dienstherrn**, um nach der Ehescheidung die Kürzung der Versorgungsbezüge ganz oder teilweise abzuwenden, zu **Werbungskosten** (u.a. §§ 57, 58 des Beamtenversorgungsgesetzes und BFH v. 23.11.2016, X R 41/14, BStBl II 2017, 773).

Einsatzwechseltätigkeit

Seit 2008 wird statt des Begriffs „Einsatzwechseltätigkeit" der umfassende Begriff → Rz. 132 *„Auswärtstätigkeit"* verwendet. **145** → Rz. 161 *Ständig wechselnde Tätigkeitsstätten*

Erste Tätigkeitsstätte

Der Begriff **„Erste Tätigkeitsstätte"** spielt eine Rolle bei **146**

– den → Rz. 131 *Aufwendungen für die Wege zwischen Wohnung und erster Tätigkeitsstätte*,

E 31

B. Einkommensteuer

– den → Rz. 132 *Auswärtstätigkeiten*, wozu auch die Tätigkeiten an → Rz. 161 *Ständig wechselnden Tätigkeitsstätten* und die → Rz. 165 *Tätigkeiten auf einem Fahrzeug* gehören,

– einer → Rz. 143 *Doppelten Haushaltsführung*.

Die Bestimmung der ersten Tätigkeitsstätte erfolgt **vorrangig** anhand der **dienst- oder arbeitsrechtlichen Festlegungen** durch den Arbeitgeber. Sind solche nicht vorhanden oder sind die getroffenen Festlegungen nicht eindeutig, werden **hilfsweise quantitative Kriterien** herangezogen. Voraussetzung ist zudem, dass der Arbeitnehmer in einer **ortsfesten betrieblichen Einrichtung** des Arbeitgebers oder eines Dritten **dauerhaft** tätig werden soll. **Im Einzelnen gilt Folgendes:**

Erste Tätigkeitsstätte ist die **ortsfeste betriebliche Einrichtung** des Arbeitgebers, eines verbundenen Unternehmens (§ 15 AktG) oder eines vom Arbeitgeber bestimmten Dritten (z.B. die eines Kunden), der der Arbeitnehmer **dauerhaft** zugeordnet ist. Die Zuordnung wird durch die **dienst- oder arbeitsrechtlichen Festlegungen** sowie die diese ausfüllenden Absprachen und Weisungen bestimmt. Von einer dauerhaften Zuordnung ist insbesondere auszugehen, wenn der Arbeitnehmer **unbefristet**, für die **Dauer des Dienstverhältnisses** oder über einen Zeitraum von **48 Monaten** hinaus an einer solchen Tätigkeitsstätte tätig werden soll. **Fehlt** eine solche dienst- oder arbeitsrechtliche **Festlegung** auf eine Tätigkeitsstätte oder ist sie nicht eindeutig, ist erste Tätigkeitsstätte die betriebliche Einrichtung, an der der Arbeitnehmer dauerhaft

– typischerweise **arbeitstäglich** tätig werden soll oder

– je Arbeitswoche **zwei volle Arbeitstage** oder **mindestens ein Drittel** seiner vereinbarten regelmäßigen Arbeitszeit tätig werden soll.

Erste Tätigkeitsstätte ist danach regelmäßig: bei einem **Rettungsassistenten** die Rettungswache, bei einem **Gerichtsvollzieher** sein Amtssitz, bei einem **Postzusteller** der Zustellpunkt (Zustellzentrum), bei einem ins Ausland **entsandten Arbeitnehmer** die ortsfeste betriebliche Einrichtung des aufnehmenden Unternehmens, bei einem **Flugzeugführer** das Flughafengelände, bei einem **Polizeibeamten** der ihm zugeordnete Dienstsitz. Allein ein regelmäßiges Aufsuchen der betrieblichen Einrichtung, z.B. für kurze Rüstzeiten, zur Berichtsfertigung, zur Vorbereitung der Zustellroute, zur Abholung oder Abgabe von Kundendienstfahrzeugen, Material, Auftragsbestätigungen, Stundenzetteln, Krankmeldungen und Urlaubsanträgen führt hier noch **nicht** zu einer Qualifizierung der betrieblichen Einrichtung als erste Tätigkeitsstätte.

Der Arbeitnehmer kann je Dienstverhältnis **höchstens eine erste Tätigkeitsstätte**, ggf. aber auch keine erste, sondern nur auswärtige Tätigkeitsstätten haben. Liegen die zuvor genannten Voraussetzungen für mehrere Tätigkeitsstätten vor, ist diejenige Tätigkeitsstätte erste Tätigkeitsstätte, die der Arbeitgeber bestimmt. Dabei muss es sich nicht um die Tätigkeitsstätte handeln, an der der Arbeitnehmer den zeitlich überwiegenden oder qualitativ bedeutsameren Teil seiner beruflichen Tätigkeit ausüben soll. Fehlt es an dieser Bestimmung oder ist sie nicht eindeutig, ist die der Wohnung örtlich am nächsten liegende Tätigkeitsstätte die erste Tätigkeitsstätte; die Fahrten zu weiter entfernt liegenden Tätigkeitsstätten werden in diesem Fall als → Rz. 132 *Auswärtstätigkeit* qualifiziert. Ein Arbeitnehmer mit **mehreren Dienstverhältnissen** kann auch **mehrere erste Tätigkeitsstätten** haben (je Dienstverhältnis jedoch höchstens eine).

Als erste Tätigkeitsstätte gilt auch eine **Bildungseinrichtung**, die **außerhalb** eines **Dienstverhältnisses** zum Zwecke eines **Vollzeitstudiums** oder einer **vollzeitigen Bildungsmaßnahme** aufgesucht wird. Dies gilt auch dann, wenn die Bildungseinrichtung lediglich im Rahmen einer **kurzzeitigen Bildungsmaßnahme** besucht wird, denn die Dauer einer vollzeitigen Bildungsmaßnahme ist für die Einordnung einer Bildungseinrichtung als erste Tätigkeitsstätte unerheblich. Ein Studium oder eine Bildungsmaßnahme findet insbesondere dann **außerhalb eines Dienstverhältnisses** statt, wenn

– diese nicht Gegenstand des Dienstverhältnisses sind, auch wenn sie seitens des Arbeitgebers durch Hingabe von Mitteln, wie z.B. eines Stipendiums, gefördert werden oder

– diese ohne arbeitsvertragliche Verpflichtung absolviert werden und die Beschäftigung lediglich das Studium oder die Bildungsmaßnahme ermöglicht.

Ein **Vollzeitstudium** oder eine **vollzeitige Bildungsmaßnahme** liegt insbesondere vor, wenn der Stpfl. im Rahmen des Studiums oder im Rahmen der Bildungsmaßnahme für einen Beruf ausgebildet wird und daneben entweder **keiner Erwerbstätigkeit** nachgeht oder während der gesamten Dauer des Studiums oder der Bildungsmaßnahme eine Erwerbstätigkeit mit durchschnittlich **bis zu 20 Stunden regelmäßiger wöchentlicher Arbeitszeit** oder in Form eines **geringfügigen Beschäftigungsverhältnisses** ausübt.

Fahrzeuge, Flugzeuge, Schiffe oder **Tätigkeitsgebiete ohne ortsfeste betriebliche Einrichtungen** sind **keine Tätigkeitsstätten**.

Das **häusliche** → Rz. 130 *Arbeitszimmer* des Arbeitnehmers ist keine betriebliche Einrichtung des Arbeitgebers oder eines Dritten und daher auch **keine erste Tätigkeitsstätte**. Dies gilt auch, wenn der Arbeitgeber vom Arbeitnehmer einen oder mehrere Arbeitsräume anmietet, die der Wohnung des Arbeitnehmers zuzurechnen sind. Zur Abgrenzung, welche Räume der Wohnung des Arbeitnehmers zuzurechnen sind, ist auf das Gesamtbild der Verhältnisse im Einzelfall abzustellen (z.B. unmittelbare Nähe zu den privaten Wohnräumen).

Zu **weiteren Einzelheiten** s. BMF-Schreiben v. 25.11.2020, IV C 5 – S 2353/19/10011 :006, BStBl I 2020, 1228.

Fachliteratur

147 Bücher und Zeitschriften stellen als Arbeitsmittel **Werbungskosten** dar, wenn sichergestellt ist, dass die erworbenen Bücher und Zeitschriften ausschließlich oder ganz überwiegend beruflichen Zwecken dienen (z.B. Steuergesetzbuch für einen Steuerfachangestellten, Literatur zur Unterrichtsvorbereitung für einen Lehrer).

Falschbetankung

148 Reparaturaufwendungen infolge der Falschbetankung eines Kraftfahrzeugs auf der Fahrt zwischen Wohnung und erster Tätigkeitsstätte sowie auf der Fahrt zu einem weiträumigen Tätigkeitsgebiet bzw. Sammelpunkt (→ Rz. 598 *Aufwendungen für die Wege zwischen Wohnung und erster Tätigkeitsstätte*) sind **nicht** neben der Entfernungspauschale **als Werbungskosten** abziehbar.

FCPE

149 Bei Mitarbeiterbeteiligungsprogrammen mittels Einschaltung eines Fonds Commun de Placement d'Entreprise (FCPE) nach französischem Recht und in gleich gelagerten Fällen erfolgt eine Besteuerung des geldwerten Vorteils erst im Zeitpunkt der Auflösung des Programms und Überweisung eines Geldbetrags an den Arbeitnehmer bzw. der Zuwendung anderer Vorteile (z.B. Tausch in Aktien); → Rz. 599 *Vermögensbeteiligung*. Erhält der Arbeitnehmer weniger, als er ursprünglich aufgewendet hat, liegen **vergebliche Erwerbsaufwendungen** vor, die als **Werbungskosten** im Rahmen der Veranlagung zur Einkommensteuer abziehbar sind.

E 32

B. Einkommensteuer

Geldbußen und -auflagen

Geldbußen sind **nicht** als **Werbungskosten** abziehbar. Dies gilt auch für Geldauflagen, soweit die Auflagen nicht der Wiedergutmachung des durch die Tat verursachten Schadens dienen. **150**

Geschenke

Geschenke eines Arbeitnehmers anlässlich persönlicher Feiern sind **nicht** als **Werbungskosten** abziehbar. **151**

Heimarbeit

Bei Heimarbeitern stellen Aufwendungen, die unmittelbar durch die Heimarbeit veranlasst sind, z.B. Miete und Aufwendungen für Heizung und Beleuchtung der Arbeitsräume, Aufwendungen für Arbeitsmittel (→ Rz. 129 *Arbeitsmittel*) und Zutaten sowie für den Transport des Materials und der fertig gestellten Waren, stellen **Werbungskosten** dar, soweit sie die steuerfrei gezahlten Heimarbeiterzuschläge übersteigen. → Rz. 130 *Arbeitszimmer* und → Rz. 166 *Telearbeit*. **152**

Kinderbetreuungskosten

Kinderbetreuungskosten sind **nicht** als **Werbungskosten**, sondern als **Sonderausgaben** abziehbar. Zu den Einzelheiten → Rz. 187 *Kinderbetreuungskosten*. **153**

Kontoführungsgebühren

Kontoführungsgebühren werden insoweit als **Werbungskosten** anerkannt, als sie durch Buchungen von Gutschriften für Einnahmen aus dem Dienstverhältnis und durch beruflich veranlasste Überweisungen entstanden sind. Die berufliche Veranlassung wird unterstellt, wenn der Arbeitnehmer für Kontoführungsgebühren nicht mehr als **16 €** jährlich als Werbungskosten geltend macht. **154**

Körperpflege und Kosmetika

Aufwendungen für Körperpflege und Kosmetika sind auch bei außergewöhnlich hohen Aufwendungen **nicht** als **Werbungskosten** abziehbar. **155**

Kostenbeteiligung/Zuzahlungen bei der Kraftfahrzeuggestellung

Selbst getragene **Zuzahlungen/Zuschüsse** des Arbeitnehmers zu den **Anschaffungskosten** eines ihm zur privaten Nutzung überlassenen betrieblichen Kfz führen **nicht zu Werbungskosten**, sondern zu einer **Minderung des geldwerten Vorteils** (R 8.1 Abs. 9 Nr. 4 LStR). Nach **Verwaltungsauffassung** können nach der Anrechnung im Zahlungsjahr verbleibende Zuschüsse in den darauf **folgenden Kalenderjahren** auf den privaten Nutzungswert für das jeweilige Kfz angerechnet werden. Nach **BFH-Auffassung** (Urteil v. 16.12.2020, VI R 19/18, BStBl II 2021, 761) sind zeitraumbezogene Zuzahlungen auf den Zeitraum, für den sie geleistet werden, gleichmäßig zu verteilen und vorteilsmindernd zu berücksichtigen. **156**

Zahlt der Arbeitnehmer an den Arbeitgeber für die außerdienstliche Nutzung eines betrieblichen Kraftfahrzeugs (für die Nutzung zu privaten Fahrten usw.) ein **Nutzungsentgelt**, mindert dies den Nutzungswert. Übersteigt das Nutzungsentgelt den Nutzungswert, führt der **übersteigende Betrag nicht** zu **Werbungskosten** (und i.Ü. auch nicht zu negativem Arbeitslohn). Zeitraumbezogene (Einmal-)Zahlungen des Arbeitnehmers für die außerdienstliche Nutzung eines betrieblichen Kfz sind bei der Bemessung des geldwerten Vorteils auf den Zeitraum, für den sie geleistet werden, gleichmäßig zu verteilen und vorteilsmindernd zu berücksichtigen (BFH v. 16.12.2020, VI R 19/18, BStBl II 2021, 761).

Bei der **Fahrtenbuchmethode** können vom Arbeitnehmer **selbst getragene Kosten** unterschiedlich behandelt werden (Einbeziehung in die Gesamtkosten oder keine Einbeziehung). Die vom Arbeitnehmer getragenen Kosten sind **in keinem Fall** als **Werbungskosten** abziehbar.

Zu den **weiteren Einzelheiten** → Rz. 539.

Nachträgliche Werbungskosten

Werbungskosten können auch im Hinblick auf ein **früheres Dienstverhältnis** entstehen. **157**

Regelmäßige Arbeitsstätte

Seit 1.1.2014 → Rz. 146 *Erste Tätigkeitsstätte*. **158**

Reisekosten

Reisekosten sind **159**
- Fahrtkosten,
- Verpflegungsmehraufwendungen,
- Übernachtungskosten und
- Reisenebenkosten.

anlässlich einer → Rz. 132 *Auswärtstätigkeit*, wozu auch die Tätigkeiten an → Rz. 161 *ständig wechselnden Tätigkeitsstätten* und die → Rz. 165 *Tätigkeiten auf einem Fahrzeug* gehören.

Reisekosten können als **Werbungskosten** berücksichtigt werden, soweit diese durch eine beruflich veranlasste → Rz. 132 *Auswärtstätigkeit* des Arbeitnehmers außerhalb seiner Wohnung und seiner ersten Tätigkeitsstätte (→ Rz. 146 *Erste Tätigkeitsstätte*) veranlasst sind und **soweit sie nicht vom Arbeitgeber ersetzt** wurden.

Fahrtkosten

Fahrtkosten können ohne Einzelnachweis als Werbungskosten mit folgenden Kilometersätzen (höchste Wegstreckenentschädigung nach dem Bundesreisekostengesetz für das jeweils benutzte Beförderungsmittel) berücksichtigt werden:

- Kraftwagen, z.B. Pkw **0,30 €**,
- andere motorbetriebene Fahrzeuge, z.B. Motorrad/Motorroller **0,20 €**.

Für **Fahrräder** gibt es keine Kilometersätze mehr.

E 33

B. Einkommensteuer

Die o.g. Kilometersätze gelten für **jeden gefahrenen Kilometer** und nicht für die Entfernungskilometer. Mit diesen Sätzen sind alle Fahrtkosten, einschließlich der durch die Mitnahme von Gepäck verursachten Aufwendungen und einer bei einem Fahrzeugleasing ggf. bei Leasingbeginn zu erbringenden Sonderzahlung, **abgegolten.** Dagegen können z.B. Park- und Straßenbenutzungsgebühren, außergewöhnliche Kosten (nicht vorhersehbare Aufwendungen für Reparaturen, die nicht auf Verschleiß oder die auf Unfallschäden [→ Rz. 170 *Unfallkosten*] beruhen, oder Aufwendungen infolge Diebstahls) sowie Aufwendungen für Insassen- und Unfallversicherungen neben den Kilometersätzen berücksichtigt werden. Die o.g. Kilometersätze können aus Vereinfachungsgründen auch dann angesetzt werden, wenn der Arbeitnehmer steuerfreie Vorteile oder pauschal besteuerte Leistungen und Zuschüsse vom Arbeitgeber für dieses **Elektrofahrzeug** oder **Hybridelektrofahrzeug** erhält.

Statt der festen Kilometersätze kann auch auf Grund der für einen Zeitraum von zwölf Monaten ermittelten Gesamtkosten **errechnete Kilometersatz** angesetzt werden, und zwar so lange, bis sich die Verhältnisse wesentlich ändern. Dabei ist von einem Abschreibungssatz für den Pkw i.H.v. 12,5 %, d.h. von einer achtjährigen (Gesamt)Nutzungsdauer, auszugehen. Zu den **Gesamtkosten** eines Fahrzeugs gehören die Betriebsstoffkosten, die Wartungs- und Reparaturkosten, die Kosten einer Garage am Wohnort, die Kraftfahrzeugsteuer, die Aufwendungen für die Halterhaftpflicht- und Fahrzeugversicherungen, die Absetzungen für Abnutzung, wobei Zuschüsse nach der Kraftfahrzeughilfe-Verordnung für die Beschaffung eines Kraftfahrzeugs oder den Erwerb einer behinderungsbedingten Zusatzausstattung die Anschaffungskosten mindern, sowie die Zinsen für ein Anschaffungsdarlehen.

Bei **öffentlichen Verkehrsmitteln** ist der entrichtete Fahrpreis einschließlich etwaiger Zuschläge abziehbar.

Verpflegungsmehraufwendungen

Verpflegungsmehraufwendungen werden als Werbungskosten einheitlich in Höhe folgender Pauschbeträge berücksichtigt:

– für einen Kalendertag, an dem der Arbeitnehmer **24 Stunden** von seiner Wohnung **abwesend** ist	28 €
– für einen **An- und Abreisetag**, wenn der Arbeitnehmer an diesem, einem anschließenden oder vorhergehenden Tag außerhalb seiner Wohnung übernachtet	14 €
– für einen Kalendertag, an dem der Arbeitnehmer ohne Übernachtung außerhalb seiner Wohnung **mehr als 8 Stunden** von seiner Wohnung und der ersten Tätigkeitsstätte **abwesend** ist; beginnt die auswärtige berufliche Tätigkeit an einem Kalendertag und endet am nachfolgenden Kalendertag ohne Übernachtung, werden 12 Euro für den Kalendertag gewährt, an dem der Arbeitnehmer den überwiegenden Teil der insgesamt mehr als 8 Stunden von seiner Wohnung und der ersten Tätigkeitsstätte abwesend ist	14 €

Bei einer längerfristigen vorübergehenden Tätigkeit an derselben Tätigkeitsstätte ist der pauschale Abzug grds. auf die ersten drei Monate beschränkt (sog. **Dreimonatsfrist**). Eine **Unterbrechung** dieser beruflichen Tätigkeit an derselben Tätigkeitsstätte führt zu einem **Neubeginn**, wenn die Unterbrechung **mindestens vier Wochen** dauert. Der Grund der Unterbrechung ist unerheblich. Eine berufliche Tätigkeit an derselben Tätigkeitsstätte liegt nur vor, wenn der Arbeitnehmer an dieser mindestens an **drei Tagen** wöchentlich tätig wird. Die Dreimonatsfrist beginnt daher nicht, solange die auswärtige Tätigkeitsstätte an nicht mehr als zwei Tagen wöchentlich aufgesucht wird. Die Dreimonatsfrist gilt nicht bei der Tätigkeit in einem weiträumigen Tätigkeitsgebiet. Die Regelungen zu den Verpflegungspauschalen sowie die Dreimonatsfrist gelten i.Ü. auch im Rahmen einer doppelten Haushaltsführung (→ Rz. 143 *Doppelte Haushaltsführung*).

Zu den **Besonderheiten** bei Fahrtätigkeiten → Rz. 167 *Tätigkeiten auf einem Fahrzeug.*

Bei Auswärtstätigkeiten **im Ausland** treten an die Stelle des Pauschbetrags für den vollen Kalendertag länderweise unterschiedliche Pauschbeträge (Auslandstagegelder), die vom BMF bekannt gemacht werden; siehe BMF-Schreiben v. 3.12.2020, IV C 5 – S 2353/19/10010 :002, BStBl I 2020, 1256. Das BMF-Schreiben gilt auch für 2022.

Wird dem Arbeitnehmer anlässlich oder während einer Tätigkeit außerhalb seiner ersten Tätigkeitsstätte vom Arbeitgeber oder auf dessen Veranlassung von einem Dritten eine **Mahlzeit** zur Verfügung gestellt, sind die Verpflegungspauschalen **zu kürzen**:

– für **Frühstück** um **20 %**,

– für **Mittag- und Abendessen** um jeweils **40 %**,

von 28 € (Inland) bzw. **vom Auslandstagegeld** für einen vollen Kalendertag (Ausland).

Dies gilt auch, wenn Reisekostenvergütungen wegen der zur Verfügung gestellten Mahlzeiten einbehalten oder gekürzt werden oder die **Mahlzeiten pauschal besteuert** werden. Hat der Arbeitnehmer für die Mahlzeit ein Entgelt gezahlt, mindert dieser Betrag den Kürzungsbetrag. Erhält der Arbeitnehmer **steuerfreie Erstattungen** für Verpflegung, ist ein **Werbungskostenabzug insoweit ausgeschlossen.**

Übernachtungskosten

Unterkunfts- bzw. Übernachtungskosten sind **tatsächliche Aufwendungen**, die dem Arbeitnehmer für die persönliche Inanspruchnahme einer Unterkunft zur Übernachtung entstehen. Hierzu zählen z.B. Kosten für die Nutzung eines Hotelzimmers, Mietaufwendungen für die Nutzung eines (ggf. möblierten) Zimmers oder einer Wohnung sowie Nebenleistungen (z.B. Kultur- und Tourismusförderabgabe, Kurtaxe/Fremdenverkehrsabgabe, bei Auslandsübernachtungen die besondere Kreditkartengebühr bei Zahlungen in Fremdwährungen). Im Rahmen des Werbungskostenabzugs können **keine Pauschalen**, sondern lediglich die tatsächlich entstandenen Übernachtungskosten berücksichtigt werden. Sie müssen grundsätzlich im Einzelnachweis **nachgewiesen** werden; dies gilt bei In- und Auslandsreisen. Die von der Finanzverwaltung für Auslandsreisen festgelegten „Pauschbeträge für Übernachtungskosten" (s. BMF-Schreiben v. 3.12.2020, IV C 5 – S 2353/19/10010 :002, BStBl I 2020, 1256, für Auswärtstätigkeiten ab 1.1.2021; das BMF-Schreiben gilt auch für 2022) haben beim Werbungskostenabzug **keine Bedeutung**. Die Übernachtungskosten können jedoch geschätzt werden, wenn sie dem Grunde nach zweifelsfrei entstanden sind (z.B. bei einem Fernfahrer, der in der Schlafkabine seines LKW übernachtet). Die Möglichkeit des Arbeitgebers, für jede Übernachtung im Inland ohne Einzelnachweis einen Pauschbetrag von 20 € steuerfrei zu zahlen (→ Rz. 588), bedeutet ebenfalls nicht, dass auch pauschal 20 € als Werbungskosten abgesetzt werden können.

Arbeitnehmer, die ihre **berufliche Tätigkeit** vorwiegend auf Kraftfahrzeugen ausüben (z.B. Berufskraftfahrer) und üblicherweise während einer mehrtägigen beruflichen Tätigkeit **in dem Kraftfahrzeug** des Arbeitgebers **übernachten**, können – statt der geschätzten Kosten – auch eine **gesetzliche Pauschale** i.H.v. **8 € pro Kalendertag** geltend machen. Die Entscheidung kann für ein Kalenderjahr nur **einheitlich** erfolgen. Der Pauschbetrag i.H.v. 8 € pro Kalendertag kann **zusätzlich** zu den gesetzlichen **Verpflegungspauschalen** beansprucht werden.

E 34

B. Einkommensteuer

Aus der Rechnung für die Übernachtung sind die Kosten herauszurechnen, die nicht zu den Übernachtungskosten gehören. Wird durch Zahlungsbelege (z.B. Hotelrechnung) nur ein **Gesamtpreis für Unterkunft und Verpflegung** nachgewiesen und lässt sich der Preis für die Verpflegung nicht feststellen (z.B. Tagungspauschale), ist der Gesamtpreis zur Ermittlung der Übernachtungskosten wie folgt zu **kürzen**:

1. für Frühstück um 20 %,
2. für Mittag- und Abendessen um jeweils 40 %

des für den Unterkunftsort maßgebenden Pauschbetrags für Verpflegungsmehraufwendungen bei einer Auswärtstätigkeit mit einer Abwesenheitsdauer von mindestens 24 Stunden, d.h. bei einer Auswärtstätigkeit im Inland von 28 €.

Ist in der Rechnung die Beherbergungsleistung gesondert ausgewiesen und daneben ein **Sammelposten für Nebenleistungen**, ohne dass der Preis für die Verpflegung zu erkennen ist, so ist die Kürzungsregelung sinngemäß auf den Sammelposten für Nebenleistungen anzuwenden; der verbleibende Teil des Sammelpostens ist als Reisenebenkosten (s. unten) zu behandeln, wenn die Bezeichnung des Sammelpostens für die Nebenleistungen keinen Anlass gibt für die Vermutung, darin seien steuerlich nicht anzuerkennende Nebenleistungen enthalten (Minibar etc.).

Für die Berücksichtigung von Unterkunftskosten anlässlich einer Auswärtstätigkeit wird – anders als bei der doppelten Haushaltsführung – **nicht vorausgesetzt**, dass der Arbeitnehmer eine **Wohnung aus eigenem Recht oder als Mieter** innehat und eine finanzielle Beteiligung an den Kosten der Lebensführung leistet. Es genügt, wenn der Arbeitnehmer z.B. im Haushalt der Eltern ein Zimmer bewohnt. Ist die Unterkunft am auswärtigen Tätigkeitsort jedoch die einzige Wohnung/ Unterkunft des Arbeitnehmers, liegt kein beruflich veranlasster Mehraufwand vor. Nicht abziehbar sind Mehrkosten, die auf Grund der Mitnutzung der Übernachtungsmöglichkeit durch eine **Begleitperson** entstehen, insbesondere wenn die Begleitung privat und nicht beruflich veranlasst ist. Bei Mitnutzung eines Mehrbettzimmers (z.B. **Doppelzimmer**) können die Aufwendungen angesetzt werden, die bei Inanspruchnahme eines Einzelzimmers im selben Haus entstanden wären.

Bei einer längerfristigen beruflichen Tätigkeit an derselben Tätigkeitsstätte im Inland, die nicht erste Tätigkeitsstätte ist, können nach Ablauf von **48 Monaten** die tatsächlich entstehenden Unterkunftskosten **höchstens** noch bis zur Höhe von **1 000 € im Monat** als Werbungskosten abgezogen werden. Bei Übernachtungen im **Ausland** im Rahmen einer längerfristigen Auswärtstätigkeit gelten die Grundsätze zur beruflichen Veranlassung und Notwendigkeit der entstandenen Aufwendungen; die Höchstgrenze von 1 000 € gilt hier nicht. Eine berufliche Tätigkeit an derselben Tätigkeitsstätte liegt nur vor, wenn der Arbeitnehmer an dieser mindestens an **drei Tagen** wöchentlich tätig wird. Die 48-Monatsfrist beginnt daher nicht, solange die auswärtige Tätigkeitsstätte nur an zwei Tagen wöchentlich aufgesucht wird. Eine **Unterbrechung** von **mindestens sechs Monaten**, z.B. wegen Urlaub, Krankheit, beruflicher Tätigkeit an einer anderen Tätigkeitsstätte, führt zu einem **Neubeginn** der 48-Monatsfrist. Maßgeblich für den Beginn der 48-Monatsfrist ist der jeweilige Beginn der längerfristigen beruflichen Tätigkeit an derselben Tätigkeitsstätte im Inland.

Reisenebenkosten

Reisenebenkosten können als Werbungskosten abgezogen werden, soweit sie nicht vom Arbeitgeber steuerfrei erstattet werden.

Zu den Reisenebenkosten gehören die tatsächlichen Aufwendungen z.B. für

– die Beförderung und Aufbewahrung von Gepäck,
– Ferngespräche und Schriftverkehr beruflichen Inhalts mit dem Arbeitgeber oder dessen Geschäftspartner,
– Straßen- und Parkplatzbenutzung,
– die Schadensbeseitigung infolge von Verkehrsunfällen, wenn die jeweils damit verbundenen Fahrtkosten als Reisekosten anzusetzen sind,
– den Verlust von auf der Reise abhanden gekommener oder beschädigter Gegenstände, die der Arbeitnehmer auf der Reise verwenden musste (nicht Geld oder Schmuck),
– Beiträge zu Unfallversicherungen, soweit sie Berufsunfälle bei einer Reisetätigkeit abdecken sowie
– private Telefongespräche, soweit sie der beruflichen Sphäre zugeordnet werden können.

Die Reisenebenkosten sind durch geeignete Unterlagen nachzuweisen bzw. glaubhaft zu machen. Regelmäßig wiederkehrende Reisenebenkosten können zur Vereinfachung über einen **repräsentativen Zeitraum** von **drei Monaten** im Einzelnen **nachgewiesen** werden und dann in der Folgezeit mit dem täglichen **Durchschnittsbetrag** angesetzt werden. **Keine Reisenebenkosten** in diesem Sinne sind die Aufwendungen z.B. für Tageszeitungen, private Telefongespräche, Bekleidung, Koffer oder andere Reiseausrüstungsgegenstände, Massagen, Minibar oder Pay-TV.

Sprachkurs

Aufwendungen für einen Sprachkurs (Kursgebühren, → Rz. 159 *Reisekosten* etc.) sind **Werbungskosten**, wenn eine berufliche Veranlassung vorliegt. Das kann auch der Fall sein, wenn nur **Grundkenntnisse** oder allgemeine Kenntnisse in einer Fremdsprache vermittelt werden, diese aber für die berufliche Betätigung ausreichen. Der Ort, an dem der Sprachkurs durchgeführt wird, kann ein Indiz für eine **private Mitveranlassung** sein. Die **Reisekosten** sind dann grundsätzlich in Werbungskosten und Kosten der privaten Lebensführung **aufzuteilen**. Dabei kann auch ein anderer als der **zeitliche Aufteilungsmaßstab** anzuwenden sein. Dass ein Sprachkurs in einem anderen Mitgliedstaat der Europäischen Union, in Island, in Liechtenstein, in Norwegen oder in der Schweiz stattgefunden hat, steht dem Werbungskostenabzug nicht entgegen. **160**

Ständig wechselnde Tätigkeitsstätten

Wird ein Arbeitnehmer bei seiner individuellen beruflichen Tätigkeit typischerweise nur an ständig wechselnden Tätigkeitsstätten tätig, liegt grds. eine → Rz. 132 *Auswärtstätigkeit* vor, denn der Arbeitnehmer hat grds. keine erste Tätigkeitsstätte (→ Rz. 146 *Erste Tätigkeitsstätte*). Zum Werbungskostenabzug → Rz. 159 *Reisekosten*. **161**

Bestimmt der Arbeitgeber jedoch durch dienst- oder arbeitsrechtliche Festlegung, dass der Arbeitnehmer sich dauerhaft typischerweise arbeitstäglich an einem **festgelegten Ort**, der die Kriterien für eine erste Tätigkeitsstätte nicht erfüllt, einfinden soll, um von dort seine unterschiedlichen eigentlichen Einsatzorte aufzusuchen oder von dort seine berufliche Tätigkeit aufzunehmen (z. B. Treffpunkt für einen betrieblichen Sammeltransport), werden die Fahrten des Arbeitnehmers von der Wohnung zu diesem vom Arbeitgeber festgelegten Ort wie Fahrten zu einer ersten Tätigkeitsstätte behandelt; für diese Fahrten dürfen Fahrtkosten nur im Rahmen **Entfernungspauschale** (→ Rz. 131 *Aufwendungen für die Wege zwischen Wohnung und erster Tätigkeitsstätte*) angesetzt werden.

E 35

B. Einkommensteuer

Die Bestimmung des Arbeitgebers, dass der Arbeitnehmer sich dauerhaft typischerweise arbeitstäglich an einem festgelegten Ort einfinden soll, hat keinen Einfluss auf die Berücksichtigung der Verpflegungspauschalen. Beim Abzug der **Verpflegungspauschalen** ist i.Ü. zu beachten, dass die **Dreimonatsfrist** für den Abzug der Verpflegungspauschalen (→ Rz. 161 *Reisekosten* unter „Verpflegungsmehraufwendungen") **keine Anwendung** findet.

Statusfeststellungsverfahren

162 Bestehen Zweifel hinsichtlich der sozialversicherungsrechtlichen Einordnung einer Erwerbstätigkeit als selbständige Tätigkeit oder abhängige Beschäftigung, verschafft das sog. Statusfeststellungsverfahren nach § 7a SGB IV hierüber Rechtssicherheit für die Beteiligten. Entsprechende Aufwendungen sind als **Werbungskosten** zu berücksichtigen.

Steuerberatungskosten

163 Arbeitnehmer können Steuerberatungskosten als Werbungskosten geltend machen, soweit sie bei der **Ermittlung der Einkünfte** aus nichtselbständiger Arbeit anfallen. Zu den Steuerberatungskosten können dabei auch Fahrtkosten zum Steuerberater, Aufwendungen für Fachliteratur und sonstige Hilfsmittel (z.B. Software) sowie Unfallkosten gehören. Steuerberatungskosten sind im Übrigen auch Beiträge zu Lohnsteuerhilfevereinen.

Soweit die Steuerberatungskosten **privat veranlasst** sind → Rz. 204 *Steuerberatungskosten*.

Im Übrigen gelten **folgende Besonderheiten**: Steuerberatungskosten, die für Steuern entstehen, die sowohl beruflich als auch privat verursacht sein können, sind anhand ihrer **Veranlassung** den Aufwendungen zuzuordnen (z.B. Zweitwohnungssteuer); als Aufteilungsmaßstab dafür ist grundsätzlich die Gebührenrechnung des Steuerberaters heranzuziehen. Entstehen **Aufwendungen**, die **sowohl beruflich als auch privat** veranlasst sind, wie z.B. Beiträge an Lohnsteuerhilfevereine, Anschaffungskosten für Steuerfachliteratur zur Ermittlung der Einkünfte und des Einkommens, Beratungsgebühren für einen Rechtsstreit, der sowohl die Ermittlung von Einkünften als auch z.B. den Ansatz von außergewöhnlichen Belastungen umfasst, ist im Rahmen einer **sachgerechten Schätzung** eine Zuordnung zu den Werbungskosten oder nicht abziehbaren Kosten der Lebensführung vorzunehmen. Dies gilt auch in den Fällen einer **Vereinbarung einer Pauschalvergütung** nach § 14 der Steuerberatergebührenverordnung (StBGebV). Bei Beiträgen an **Lohnsteuerhilfevereine**, Aufwendungen für **steuerliche Fachliteratur** und **Software** wird es von der Finanzverwaltung nicht beanstandet, wenn diese Aufwendungen i.H.v. **50 %** den **Werbungskosten** zugeordnet werden. Dessen ungeachtet wird aus Vereinfachungsgründen der Zuordnung des Arbeitnehmers bei Aufwendungen für **gemischte Steuerberatungskosten** bis zu einem Betrag von **100 €** im Veranlagungszeitraum gefolgt.

> **Beispiel:** Der Arbeitnehmer zahlt in 2022 einen Beitrag an einen Lohnsteuerhilfeverein i.H.v. 120 €. Davon ordnet er 100 € den Werbungskosten zu. Diese Zuordnung wird nicht beanstandet.

Studienreisen, Fachkongresse

164 Aufwendungen für eine Studienreise oder den Besuch eines Fachkongresses können Werbungskosten sein. Abziehbar sind z.B.

- Fahrtkosten,
- Verpflegungsmehraufwendungen,
- Übernachtungskosten,
- Tagungspauschalen/Eintrittskarten für einzelne Veranstaltungen.

Aufwendungen für die Teilnahme an Studienreisen/Fachkongressen sind nur abziehbar, wenn der Arbeitnehmer nachweist, dass er auch an den Veranstaltungen teilgenommen hat. An den **Nachweis** der Teilnahme stellt die Finanzverwaltung **strenge Anforderungen**. Der Nachweis muss sich auf **jede Einzelveranstaltung** beziehen, braucht jedoch nicht in jedem Fall durch Anwesenheitstestat geführt zu werden.

Bei **gemischt veranlassten Aufwendungen** besteht kein generelles Aufteilungs- und Abzugsverbot mehr. Gemischte Aufwendungen können grundsätzlich in als Werbungskosten abziehbare sowie in privat veranlasste und damit nicht abziehbare Teile **aufgeteilt** werden, soweit nicht gesetzlich etwas anderes geregelt ist oder es sich um Aufwandspositionen handelt, die durch das steuerliche Existenzminimum abgegolten oder als Sonderausgaben oder als außergewöhnliche Belastungen abziehbar sind (s. auch BMF-Schreiben v. 6.7.2010, IV C 3 – S 2227/07/10003 :002, BStBl I 2010, 614). Bei einer untergeordneten **beruflichen Mitveranlassung (< 10 %)** sind die Aufwendungen in vollem Umfang **nicht** als Werbungskosten **abziehbar**; bei einer untergeordneten **privaten Mitveranlassung (< 10 %)** sind die Aufwendungen **in vollem Umfang** als Werbungskosten **abziehbar**.

Tätigkeiten auf einem Fahrzeug

165 Wird ein Arbeitnehmer bei seiner individuellen beruflichen Tätigkeit typischerweise auf einem Fahrzeug tätig, liegt grds. eine → Rz. 132 *Auswärtstätigkeit* vor, denn Fahrzeuge, Flugzeuge, Schiffe etc. sind regelmäßig keine ersten Tätigkeitsstätten (→ Rz. 146 *Erste Tätigkeitsstätte*). Zum Werbungskostenabzug → Rz. 159 *Reisekosten*.

Bestimmt der Arbeitgeber jedoch durch dienst- oder arbeitsrechtliche Festlegung, dass der Arbeitnehmer sich dauerhaft typischerweise arbeitstäglich an einem **festgelegten Ort**, der die Kriterien für eine erste Tätigkeitsstätte nicht erfüllt, einfinden soll, um von dort seine unterschiedlichen eigentlichen Einsatzorte aufzusuchen oder von dort seine berufliche Tätigkeit aufzunehmen (z.B. das Busdepot, der Fährhafen), werden die Fahrten des Arbeitnehmers von der Wohnung zu diesem vom Arbeitgeber festgelegten Ort wie Fahrten zu einer ersten Tätigkeitsstätte behandelt; für diese Fahrten dürfen Fahrtkosten nur im Rahmen **Entfernungspauschale** (→ Rz. 131 *Aufwendungen für die Wege zwischen Wohnung und erster Tätigkeitsstätte*) angesetzt werden.

Der Einsatz eines Arbeitnehmers auf einem Fahrzeug auf dem **Betriebsgelände** bzw. unter Tage im Bergwerk des Arbeitgebers ist keine Fahrtätigkeit.

Die Bestimmung des Arbeitgebers, dass der Arbeitnehmer sich dauerhaft typischerweise arbeitstäglich an einem festgelegten Ort einfinden soll, hat keinen Einfluss auf die Berücksichtigung der Verpflegungspauschalen. Beim Abzug der **Verpflegungspauschalen** bei einer Fahrtätigkeit ist i.Ü. zu beachten, dass die **Dreimonatsfrist** für den Abzug der Verpflegungspauschalen (→ Rz. 159 *Reisekosten* unter „Verpflegungsmehraufwendungen") **keine Anwendung** findet; dies gilt u.a. auch bei Tätigkeit in einem Flugzeug oder auf einem Schiff.

E 36

B. Einkommensteuer

Telearbeit

Aufwendungen im Zusammenhang mit der Telearbeit sind als **Werbungskosten** abzugsfähig; dies gilt jedoch nicht, soweit sie vom Arbeitgeber steuerfrei ersetzt wurden. Für den Werbungskostenabzug in Betracht kommen hier insbesondere Aufwendungen für das → Rz. 130 *Arbeitszimmer*, für → Rz. 129 *Arbeitsmittel*, → Rz. 123 *Abschreibung*, → Rz. 141 *Computer* und für → Rz. 167 *Telekommunikationsaufwendungen*. Bezüglich der Aufwendungen eines Telearbeiters für ein **häusliches Arbeitszimmer** gilt, dass bei einem Arbeitnehmer, der eine in qualitativer Hinsicht gleichwertige Arbeitsleistung wöchentlich an drei Tagen an einem häuslichen Telearbeitsplatz und an zwei Tagen im Betrieb seines Arbeitgebers zu erbringen hat, der Mittelpunkt der gesamten beruflichen Betätigung im häuslichen Arbeitszimmer liegt; der Werbungskostenabzug ist somit uneingeschränkt, d.h. auch über 1 250 € hinaus, möglich.

166

Telekommunikationsaufwendungen

Telekommunikationsaufwendungen sind Werbungskosten, soweit sie beruflich veranlasst sind. Wird der berufliche Anteil der beruflich veranlassten Aufwendungen an den Gesamtaufwendungen für einen Zeitraum von **drei Monaten** im Einzelnen **nachgewiesen**, kann dieser berufliche Anteil für den gesamten Veranlagungszeitraum zu Grunde gelegt werden. Dabei können die Aufwendungen für das Nutzungsentgelt der Telefonanlage sowie für den Grundpreis der Anschlüsse entsprechend dem beruflichen Anteil der Verbindungsentgelte an den gesamten Verbindungsentgelten (Telefon und Internet) abgezogen werden. Fallen erfahrungsgemäß beruflich veranlasste Telekommunikationsaufwendungen an, können aus Vereinfachungsgründen ohne Einzelnachweis bis zu **20 %** des Rechnungsbetrags, jedoch höchstens **20 €** monatlich als Werbungskosten anerkannt werden. Der monatliche Durchschnittsbetrag, der sich aus den Rechnungsbeträgen für einen repräsentativen Zeitraum von drei Monaten ergibt, kann auch für den gesamten Veranlagungszeitraum zu Grunde gelegt werden.

167

Umschulung

Aufwendungen für die einen **Berufswechsel** vorbereitenden **Umschulungsmaßnahmen** sind unabhängig vom Bestehen eines Dienstverhältnisses als **Werbungskosten** abziehbar. Dies gilt z.B. für Aufwendungen für eine Umschulungsmaßnahme, die die Grundlage dafür bildet, von einer Berufsart oder Erwerbsart zu einer anderen überzuwechseln, wenn sie in einem hinreichend konkreten, objektiv feststellbaren Zusammenhang mit späteren Einnahmen stehen und die Ausbildung für den neuen Beruf der **Überwindung oder Vermeidung von Arbeitslosigkeit** dient.

168

Zur Berücksichtigung der Aufwendungen im Zusammenhang mit einer **auswärts durchgeführten Umschulung** finden die Erläuterungen zu den → Rz. 159 *Reisekosten* sinngemäß Anwendung. Ist die Bildungseinrichtung eine → Rz. 146 *Erste Tätigkeitsstätte*, gelten für die Ermittlung der Aufwendungen die Erläuterungen zu den → Rz. 131 *Aufwendungen für die Wege zwischen Wohnung und erster Tätigkeitsstätte* und der doppelten Haushaltsführung (→ Rz. 143 *Doppelte Haushaltsführung*) sinngemäß.

Siehe im Übrigen auch → Rz. 133 *Berufsausbildung*, → Rz. 134 *Berufsfortbildung* und → Rz. 181 *Berufsausbildung* zum Sonderausgabenabzug.

Umzugskosten

Als Werbungskosten abzugsfähig sind alle Kosten, die einem Arbeitnehmer durch einen beruflich bedingten Umzug an einen anderen Ort – z.B. Antritt der ersten bzw. einer neuen Arbeitsstelle – entstehen. Ein Wohnungswechsel ist auch **beruflich veranlasst**, wenn

169

– durch ihn die Entfernung zwischen Wohnung und Tätigkeitsstätte erheblich verkürzt wird und die verbleibende Wegezeit im Berufsverkehr als normal angesehen werden kann,

– er im ganz überwiegenden betrieblichen Interesse des Arbeitgebers durchgeführt wird oder

– er das Beziehen oder die Aufgabe der Zweitwohnung im Zusammenhang mit einer beruflich veranlassten doppelten Haushaltsführung (→ Rz. 143 *Doppelte Haushaltsführung*) betrifft.

Eine **erhebliche Verkürzung der Entfernung** zwischen Wohnung und Tätigkeitsstätte ist anzunehmen, wenn sich die Dauer der täglichen Hin- und Rückfahrt insgesamt wenigstens zeitweise um **mindestens eine Stunde** verringert. Fahrzeitersparnisse beiderseits berufstätiger Ehepartner sind nicht zusammenzurechnen; sie sind also weder zu addieren noch zu saldieren. In überwiegend betrieblichem Interesse ist im Übrigen insbesondere das Beziehen oder Räumen einer Dienstwohnung.

Die berufliche Veranlassung des Umzugs wird nicht dadurch beeinträchtigt, dass der Wechsel der Familienwohnung erst im Anschluss an eine längere doppelte Haushaltsführung durchgeführt wird.

Die privaten Motive für die Auswahl der neuen Wohnung sind im Fall der beruflichen Veranlassung des Umzugs grundsätzlich unbeachtlich.

Die Kosten eines Umzugs werden im Allgemeinen ohne weitere Nachprüfungen in der Höhe anerkannt, die nach dem Bundesumzugskostengesetz und der Auslandsumzugskostenverordnung als Umzugskostenvergütung höchstens gezahlt werden können (siehe auch BMF-Schreiben v. 21.7.2021, IV C 5 – S 2353/20/10004 :002, BStBl I 2021, 1021, für Umzüge bei denen der Tag vor dem Einladen des Umzugsguts nach dem 31.3.2021 bzw. 31.3.2022 liegt).

Als Umzugskosten kommen insbesondere in Betracht:

– Beförderungsauslagen für das Umzugsgut;

– → Rz. 161 *Reisekosten*: Verpflegungsmehraufwendungen werden jedoch nur bis zur Höhe der steuerlichen Pauschbeträge anerkannt;

– Mietentschädigung für die alte Wohnung, solange die Miete wegen bestehender Kündigungsfristen neben der Miete für die neue Wohnung gezahlt werden muss;

– Wohnungsvermittlungsgebühren;

– Auslagen für den durch den Umzug bedingten zusätzlichen Unterricht der Kinder; bei Umzügen, bei denen der Tag vor dem Einladen des Umzugsguts nach dem **31.3.2021** bzw. **31.3.2022** liegt, beträgt der Höchstbetrag **1 160 €** bzw. **1 181 €**;

– Pauschalen für sonstige Umzugsauslagen; bei Umzügen, bei denen der Tag vor dem Einladen des Umzugsguts nach dem **31.3.2021** bzw. **31.3.2022** liegt, beträgt die Pauschale für den Berechtigten **870 €** bzw. **886 €** und für jede andere Person (Ehegatte, der Lebenspartner sowie die ledigen Kinder, Stief- und Pflegekinder, die auch nach dem Umzug mit dem Berechtigten in häuslicher Gemeinschaft leben) **580 €** bzw. **590 €**; für Berechtigte, die am Tage vor dem Einladen des Umzugsgutes keine Wohnung hatten oder nach dem Umzug keine eigene Wohnung eingerichtet haben, beträgt die Pauschale **174 €** bzw. **177 €**.

E 37

B. Einkommensteuer

Aufwendungen für die **Ausstattung der neuen Wohnung** und **Maklergebühren** für die Anschaffung einer eigenen Wohnung sind – auch bei einem beruflich veranlassten Umzug – nicht als Werbungskosten abziehbar. Ein **Mietausfall** (= entgangene Einnahme) ist ebenfalls nicht berücksichtigungsfähig.

Unfallkosten

170 Ein Arbeitnehmer kann **Unfallkosten** u.a. geltend machen, wenn diese durch einen Verkehrsunfall während einer → Rz. 132 *Auswärtstätigkeit* oder einer Fahrt im Rahmen eines beruflich veranlassten **Umzugs** (→ Rz. 169 *Umzugskosten*) entstanden sind. Abziehbar sind die Unfallkosten, die vom Arbeitnehmer selbst getragen werden müssen. Der Abzug ist neben den Kilometersätzen (0,30 € bei Benutzung eines Pkw) möglich; auf die Höhe der Unfallkosten kommt es dabei nicht an. Voraussetzung für den Werbungskostenabzug ist, dass für den Unfall nicht private Gründe ursächlich waren, z.B. absichtlich herbeigeführter Unfall, Alkoholgenuss, Wettfahrt mit anderen Verkehrsteilnehmern o.Ä.

Aus Billigkeitsgründen lässt die Verwaltung darüber hinaus Unfallkosten zum Abzug zu, die durch einen Verkehrsunfall während einer **Fahrt zwischen Wohnung und erster Tätigkeitsstätte** (→ Rz. 131 *Aufwendungen für die Wege zwischen Wohnung und erster Tätigkeitsstätte*) oder einer **Familienheimfahrt** im Rahmen einer doppelten Haushaltsführung (→ Rz. 143 *Doppelte Haushaltsführung*) entstanden sind. Unfallkosten für entsprechende Fahrten werden als außergewöhnliche Aufwendungen neben der Entfernungspauschale berücksichtigt (anders der BFH in den Urteilen v. 20.3.2014, VI R 29/13, BStBl II 2014, 849, und v. 19.12.2019, VI R 8/18, BStBl II 2020, 291, vgl. Rz. 15 ff.).

Zu den **abziehbaren Unfallkosten** gehören neben den reinen Reparaturaufwendungen auch Absetzungsbeträge für die durch den Unfall eingetretene außergewöhnliche Abnutzung. Lässt der Arbeitnehmer das unfallbeschädigte Fahrzeug z.B. bei einem Totalschaden nicht reparieren, so wird als Werbungskosten nur die **Wertminderung** anerkannt, die sich ergibt, wenn vom fiktiven Buchwert des Fahrzeugs **vor dem Unfall** (Anschaffungskosten abzüglich linearer Absetzungsbeträge für Abnutzung) der Zeitwert des Fahrzeugs **nach dem Unfall** abgezogen wird. Der sog. **merkantile Minderwert** eines reparierten und weiterhin benutzten Fahrzeugs wird **nicht** als Werbungskosten anerkannt. Schadensersatzleistungen, die der Arbeitnehmer selbst getragen hat, gehören ebenfalls zu den abziehbaren Unfallkosten. Der Verzicht auf Geltendmachung eines dem Arbeitnehmer zustehenden Anspruchs auf Ersatz der Unfallkosten steht ihrem Abzug als Werbungskosten nicht entgegen. Aus diesem Grunde sind vom Arbeitnehmer getragene Unfallkosten am Kraftfahrzeug des Unfallgegners auch dann als Werbungskosten abziehbar, wenn der Arbeitnehmer von seiner Haftpflichtversicherung Ersatz verlangen konnte, dies jedoch zur Erhaltung eines Schadensfreiheitsrabatts unterlassen hat. Zu den als Werbungskosten abziehbaren Unfallkosten gehören auch die **Unfallfolgekosten**, wie Krankheitskosten, Prozesskosten, Kosten für Telefonate, Fernschreiben, Porto und Taxi.

Ersatzleistungen Dritter (z.B. aus einer Haftpflichtversicherung) werden auf die Unfallkosten angerechnet.

Unfallversicherung

171 **Versicherungen des Arbeitnehmers**

Aufwendungen des Arbeitnehmers für eine Versicherung ausschließlich gegen Unfälle, die mit der **beruflichen Tätigkeit** in unmittelbarem Zusammenhang stehen (einschließlich der Unfälle auf dem Weg von und zur regelmäßigen Arbeitsstätte), sind **Werbungskosten** (s. auch BMF-Schreiben v. 28.10.2009, IV C 5 – S 2332/09/10004, BStBl I 2009, 1275). Aufwendungen des Arbeitnehmers für eine Unfallversicherung, die das Unfallrisiko sowohl im beruflichen als auch im außerberuflichen Bereich abdeckt, sind zum einen Teil Werbungskosten und zum anderen Teil Sonderausgaben (→ Rz. 203 *Unfallversicherung*); dabei kann der Gesamtbeitrag im Verhältnis **50:50** aufgeteilt werden, wenn keine anderen Angaben des Versicherungsunternehmens vorliegen.

Vom Arbeitgeber übernommene Beiträge des Arbeitnehmers sind als Werbungskosten abzugsfähig, soweit sie auf den beruflichen Bereich entfallen und nicht als Vergütungen für Reisenebenkosten steuerfrei waren; auch → Rz. 591 *Unfallversicherung, freiwillige*).

Versicherungen des Arbeitgebers

Der Arbeitnehmer kann auch bei einer vom Arbeitgeber abgeschlossenen Unfallversicherung die Beiträge als Werbungskosten abziehen, soweit sie auf den beruflichen Bereich entfallen und nicht als Vergütungen für Reisenebenkosten steuerfrei waren; auch → Rz. 591 *Unfallversicherung, freiwillige*.

Versorgungsausgleich

172 Ausgleichszahlungen zur Vermeidung des Versorgungsausgleichs nach einer Ehescheidung werden einheitlich dem Bereich des Sonderausgabenabzugs zugeordnet (→ Rz. 206 *Versorgungsausgleich*). Ein **Werbungskostenabzug** ist **ausgeschlossen**. Zur **Zahlung** eines Kapitalbetrags eines Beamten oder Ruhestandsbeamten **an den Dienstherrn** aber → Rz. 144 *Ehescheidung*.

Vertragsstrafe

173 Die Zahlung einer in einem Ausbildungsverhältnis begründeten Vertragsstrafe kann zu Erwerbsaufwendungen (**Werbungskosten** oder Betriebsausgaben) führen.

Werbungskosten-Pauschbetrag bei Versorgungsbezügen

174 Von den Einnahmen aus nichtselbständiger Arbeit wird, soweit es sich um **Versorgungsbezüge** handelt (→ Rz. 264 *Versorgungsfreibetrag*), ein Pauschbetrag für Werbungskosten von **102 €** abgezogen. Der Pauschbetrag darf jedoch nur bis zur Höhe der um den Zuschlag zum Versorgungsfreibetrag geminderten Einnahmen abgezogen werden. Wird daneben Arbeitslohn bezogen, der kein Versorgungsbezug ist, wird von diesem zusätzlich der → Rz. 127 *Arbeitnehmer-Pauschbetrag* von 1 000 € abgezogen.

Zinsen

175 Beruflich veranlasste Zinsaufwendungen (z.B. auf Grund der Anschaffung von Arbeitsmitteln; → Rz. 129 *Arbeitsmittel*) sind als **Werbungskosten** bei den Einkünften aus nichtselbständiger Arbeit abziehbar. Schuldzinsen für Darlehen, mit denen Arbeitnehmer den Erwerb von Gesellschaftsanteilen an ihrer Arbeitgeberin finanzieren, um damit die arbeitsvertragliche Voraussetzung für die Erlangung einer höher dotierten Position zu erfüllen, sind regelmäßig Werbungskosten bei den Einkünften aus **Kapitalvermögen**. → Rz. 139 *Darlehensverlust*.

E 38

B. Einkommensteuer

7. ABC der Sonderausgaben

Sonderausgaben sind bestimmte, im Einkommensteuergesetz abschließend aufgezählte Aufwendungen der privaten Lebensführung, die die **steuerliche Leistungsfähigkeit mindern** und deshalb bei der Einkommensermittlung vom Gesamtbetrag der Einkünfte abgezogen werden dürfen. Durch den Sonderausgabenabzug werden aber auch bestimmte Aufwendungen aus besonderen **sozial- oder gesellschaftspolitischen Gründen** steuerlich begünstigt.

176

Bei **Ehepartnern**, die zusammen zur Einkommensteuer veranlagt werden, kommt es für den Abzug von Sonderausgaben nicht darauf an, wer von beiden sie geleistet hat.

177

Aufwendungen sind für das **Kalenderjahr** als Sonderausgaben abzuziehen, in dem sie **geleistet** worden sind.

178

Aufwendungen können nur in der Höhe als Sonderausgaben abgezogen werden, in der sie die **erstatteten** oder **gutgeschriebenen Beträge** der gleichen Art (z.B. erstattete Kirchensteuer, rückvergütete Versicherungsbeiträge) übersteigen.

179

Übersteigen bei den als Sonderausgaben abziehbaren Altersvorsorgeaufwendungen, den Beiträgen für eine Basiskrankenversicherung und die gesetzliche Pflegeversicherung sowie den weiteren sonstigen Vorsorgeaufwendungen (→ Rz. 185 *Höchstbeträge für Vorsorgeaufwendungen* und → Rz. 208 *Vorsorgeaufwendungen*) die im Veranlagungszeitraum erstatteten Aufwendungen die geleisteten Aufwendungen (**Erstattungsüberhang**), ist der Erstattungsüberhang mit anderen im Rahmen der jeweiligen Nummer des § 10 EStG anzusetzenden Aufwendungen zu **verrechnen**. Ein **verbleibender Betrag** des sich bei den Beiträgen für eine Basiskrankenversicherung und die gesetzliche Pflegeversicherung sowie der → Rz. 188 *Kirchensteuer* ergebenden Erstattungsüberhangs wird dem **Gesamtbetrag der Einkünfte** (→ Rz. 104 f.) **hinzugerechnet**. Erhält der Stpfl. für die von ihm für einen anderen Veranlagungszeitraum geleisteten Aufwendungen einen **steuerfreien Zuschuss** (z.B. für die gesetzliche Krankenversicherung; auch, soweit ein erhobener Zusatzbeitrag steuerfrei bezuschusst wird), wird dieser den erstatteten Aufwendungen **gleichgestellt**. Beitragserstattungen als steuerbare Leistungen aus der gesetzlichen Rentenversicherung, berufsständischen Versorgungseinrichtungen etc. mindern die als Sonderausgaben abzugsfähigen Altersvorsorgeaufwendungen nicht. Zur Kostenerstattung der gesetzlichen Krankenversicherung im Rahmen eines **Bonusprogramms** zur Förderung **gesundheitsbewussten Verhaltens** s. Rz. 88 f. des BMF-Schreibens v. 24.5.2017, IV C 3 – S 2221/16/10001 :001, BStBl I 2017, 820, unter Berücksichtigung der Änderungen durch das BMF-Schreiben v. 6.11.2017, IV C 3 – S 2221/17/10006 :001, BStBl I 2017, 1455, und das BMF-Schreiben v. 28.9.2021, IV C 3 – S 2221/21/10016 :001, BStBl I 2021, 1833, sowie Ergänzungen durch das BMF-Schreiben v. 3.4.2019, IV C 3 - S 2221/10/10005 :005, BStBl I 2019, 254. Der BFH hat diesbezüglich entschieden, dass die von einer **gesetzlichen Krankenkasse** auf der Grundlage von § 65a SGB V gewährte **Geldprämie (Bonus)** für gesundheitsbewusstes Verhalten auch bei pauschaler Ausgestaltung **keine** den Sonderausgabenabzug **mindernde Beitragserstattung** darstellt, sofern durch sie konkret der Gesundheitsmaßnahme zuzuordnender **finanzieller Aufwand** ganz oder teilweise **ausgeglichen** wird. Bonuszahlungen einer **privaten Krankenkasse mindern** hingegen als Beitragserstattung die abzugsfähigen **Sonderausgaben**, wenn diese unabhängig davon gezahlt werden, ob dem Versicherungsnehmer finanzieller Gesundheitsaufwand entstanden ist oder nicht. **Klassische Beitragserstattungen** oder **Prämien für Wahltarife**, die eine gesetzliche Krankenkasse ihren Mitgliedern gewährt, stellen Beitragsrückerstattungen dar und reduzieren den Sonderausgabenabzug.

Altersvorsorgebeitrag

Der Aufbau einer kapitalgedeckten freiwilligen Altersversorgung wird über die sog. **Riester-Rente** steuerlich besonders gefördert. Gefördert werden Beiträge zu Rentenversicherungen sowie Anlagen in Investmentfonds- und Banksparpläne, die mit laufenden Auszahlungen und mit einer Absicherung für das hohe Alter verbunden sind. Dazu können auch Direktversicherungen, Pensionskassen und Pensionsfonds (**betriebliche Altersversorgung**) gehören, zu denen Beiträge aus dem individuell versteuerten Arbeitslohn des Arbeitnehmers geleistet werden. Auch die selbst genutzten eigenen Wohnimmobilien und selbst genutzten Genossenschaftswohnungen werden im Rahmen der sog. Riester-Renten gefördert (sog. **Wohn-Riester**). Es wird empfohlen, sich im Vorfeld über die Fördervoraussetzungen im Einzelnen zu informieren.

180

Die Förderung besteht aus einer **Zulage** und ggf. einem zusätzlichen **Sonderausgabenabzug**. Die Zulage setzt sich aus einer Grund- und einer Kinderzulage zusammen. Die **Grundzulage** für 2022 beträgt **175 €** und die **Kinderzulage** für jedes Kind, für das dem Zulageberechtigten Kindergeld ausgezahlt wird, **185 €**. Für nach dem 31.12.2007 geborene Kinder wird eine erhöhte Kinderzulage von **300 €** gewährt. Für Zulageberechtigte, die zu Beginn des Beitragsjahrs das 25. Lebensjahr noch nicht vollendet haben, erhöht sich die Grundzulage um einmalig **200 €** (sog. Berufseinsteiger-Bonus).

Die Zulagen für das Jahr 2022 werden gekürzt, wenn in 2022 nicht mindestens 4 % der in 2021 erzielten rentenversicherungspflichtigen Einnahmen oder der in 2021 bezogenen Besoldung, **maximal 2 100 €**, **vermindert um die zustehenden Zulagen**, in einen Altersvorsorgevertrag gezahlt werden. Als **Sockelbetrag** ist ein Betrag von **60 €** zu leisten.

Auch ein grundsätzlich nicht begünstigter **Ehepartner** (z.B. Selbständiger, in einem berufsständischen Versorgungswerk versicherter Arbeitnehmer) kann eine Zulage erhalten, wenn er auf seinen Namen einen Altersvorsorgevertrag abgeschlossen hat und der andere **Ehepartner** zum begünstigten Personenkreis gehört (**mittelbarer/abgeleiteter Zulagenanspruch**). In diesem Fall ist Voraussetzung für die Förderung, dass der mittelbar Begünstigte zu Gunsten seines Altersvorsorgevertrags **mindestens 60 € geleistet** hat.

Die Zulage ist nach amtlich vorgeschriebenem Vordruck bis zum Ablauf des **zweiten Kalenderjahrs**, das auf das Beitragsjahr folgt, bei dem Anbieter seines Vertrags zu beantragen. Fällt das Ende der Festsetzungsfrist auf einen Sonntag, einen gesetzlichen Feiertag oder einen Samstag, endet sie erst mit dem Ablauf des nächstfolgenden Werktags (2. Januar des Folgejahres). Die Zulage für das Jahr 2022 muss danach bis spätestens 31.12.2024 beantragt werden. Es gibt bei der Beantragung die Möglichkeit des vereinfachten Antragsverfahrens (**Dauerzulageantrag**). Bei diesem Verfahren kann der Zulageberechtigte den Anbieter seines Vertrags schriftlich bevollmächtigen, für ihn die Zulage für jedes Beitragsjahr zu beantragen. Der Zulageberechtigte wird dadurch nicht mit dem jährlichen Zulageantrag belastet. Er ist jedoch verpflichtet, Änderungen, die sich auf den Zulageanspruch auswirken (z.B. Beendigung der Zugehörigkeit zum berechtigten Personenkreis, Familienstand, Anzahl der Kinder, Zuordnung der Kinder, Zuordnung bei mehreren Verträgen), dem Anbieter unverzüglich mitzuteilen.

Im Rahmen der **Einkommensteuerveranlagung** wird auf Antrag geprüft, ob der besondere Sonderausgabenabzug der Altersvorsorgeaufwendungen unter Berücksichtigung der Freibeträge für Kinder günstiger als die Zulage (ohne Berufseinsteiger-Bonus i.H.v. 200 €) ist. Ist dies der Fall, wird die Altersvorsorgezulage der tariflichen Einkommensteuer hinzugerechnet und dadurch die Steuerminderung auf den Mehrbetrag beschränkt. Maximal als Sonderausgaben abzugsfähig sind jährlich **2 100 €** (Altersvorsorgebeiträge zuzüglich der Zulage). Der Höchstbetrag von 2 100 € **erhöht** sich um **60 €** in den Fällen des **mittelbaren/abgeleiteten Zulagenanspruchs** (s. oben). Der Sonderausgabenabzug wird nur vorgenommen, wenn dem Anbieter eine **Einwilligung zur Datenübermittlung** der Altersvorsorgebeiträge an die zentrale Stelle vorliegt; in bestimmten Fällen gilt die Einwilligung als erteilt.

E 39

B. Einkommensteuer

Soweit eine Förderung erfolgte, werden die späteren Versorgungs-/Rentenleistungen **nachgelagert besteuert** (→ Rz. 85).

Zu den **weiteren Einzelheiten** s. BMF-Schreiben v. 21.12.2017, IV C 3 – S 2015/17/10001 :005, BStBl I 2018, 93, geändert durch BMF-Schreiben v. 17.2.2020, IV C 3 – S 2020a/19/10006 :001, BStBl I 2020, 213. Zur Riester-Förderung der **betrieblichen Altersversorgung** s. Rz. 66 ff. des BMF-Schreibens v. 12.8.2021, IV C 5 – S 2333/19/10008 :017, BStBl I 2021, 1050.

Berufsausbildung

181 Aufwendungen für die **erstmalige Berufsausbildung** (und i.Ü. auch für das Erststudium), sind keine Betriebsausgaben und auch keine Werbungskosten, es sei denn, die Bildungsmaßnahme findet im Rahmen eines Dienstverhältnisses statt (Ausbildungsdienstverhältnis). Diese Regelung ist **verfassungsgemäß**. **Aufwendungen für die eigene Berufsausbildung**, die nicht Werbungskosten darstellen, können **bis zu 6 000 €** im Kalenderjahr als **Sonderausgaben** abgezogen werden. Der Höchstbetrag von 6 000 € gilt bei der Zusammenveranlagung von **Ehegatten für jeden Ehepartner** gesondert. Beim Abzug von Berufsausbildungskosten als Sonderausgaben sind die beim Betriebsausgaben-/Werbungskostenabzug geltenden Beschränkungen für Arbeitsmittel, häusliche Arbeitszimmer, Kfz-Fahrten, doppelte Haushaltsführung und Verpflegung anzuwenden. Erhält der Stpfl. zur unmittelbaren Förderung seiner Berufsausbildung steuerfreie Bezüge, mit denen die Aufwendungen abgegolten werden, entfällt insoweit der Sonderausgabenabzug. Das gilt auch dann, wenn die zweckgebundenen steuerfreien Bezüge erst nach Ablauf des betreffenden Kalenderjahrs gezahlt werden. Staatlich gestundete Studienbeiträge, die erst nach Abschluss des Studiums gezahlt werden (sog. nachlaufende Studiengebühren) sind im Jahr der Tilgung der gestundeten Beiträge und somit auch nach Abschluss der Berufsausbildung als Sonderausgaben abziehbar.

Aufwendungen für die Berufsausbildung können aber auch Werbungskosten sein (→ Rz. 133 *Berufsausbildung*). Siehe im Übrigen auch → Rz. 134 *Berufsfortbildung* → Rz. 160 *Sprachkurs* und → Rz. 168 *Umschulung* sowie BMF-Schreiben v. 22.9.2010, IV C 4 – S 2227/07/10002 :002, BStBl I 2010, 721[1].

Direktversicherung

182 Beiträge für eine Direktversicherung können in bestimmten Fällen als **Sonderausgaben** abgezogen werden (→ Rz. 208 *Vorsorgeaufwendungen*, → Rz. 185 *Höchstbeträge für Vorsorgeaufwendungen*).

Führerschein

183 Aufwendungen für den Erwerb des Führerscheins Klasse 3 (bei Umtausch: insbes. B, BE, C1, C1E) sind i.d.R. nicht als **Berufsausbildungskosten** (→ Rz. 133 *Berufsausbildung*) abzugsfähig. Die Kosten für den Erwerb einer Fahrerlaubnis für eine Fahrzeugklasse, die im privaten Alltagsleben nicht üblich ist, können hingegen Werbungskosten sein.

Hausratversicherung

184 Die Beiträge sind **keine** Sonderausgaben.

Höchstbeträge für Vorsorgeaufwendungen

185 **Altersvorsorgeaufwendungen** werden grundsätzlich bis zum Höchstbetrag zur knappschaftlichen Rentenversicherung, aufgerundet auf einen vollen Betrag in Euro, berücksichtigt, d.h. in 2022 bis zu **25 639 €** (103 800 € x 24,7 %). Bei zusammenveranlagten **Ehepartnern** verdoppelt sich der Höchstbetrag auf **51 278 €**. Der Höchstbetrag wird aber bei bestimmten, nicht rentenversicherungspflichtigen Personen (z.B. bei Beamten) um einen fiktiven Gesamtbetrag (Arbeitgeber- und Arbeitnehmeranteil) zur allgemeinen Rentenversicherung gekürzt. Im Kalenderjahr **2022** werden **94 %** der ermittelten Vorsorgeaufwendungen angesetzt, also höchstens 24 101 € (25 639 € x 94 %) bzw. 48 202 € (51 278 € x 94 %). Der sich ergebende Betrag vermindert sich dann noch um den steuerfreien Arbeitgeberanteil zur gesetzlichen Rentenversicherung, einen diesem gleichgestellten steuerfreien Zuschuss des Arbeitgebers und im Zusammenhang mit einer geringfügigen Beschäftigung vom Arbeitgeber erbrachte pauschale Beiträge zur Rentenversicherung, wenn der Arbeitnehmer im letztgenannten Fall die Hinzurechnung dieser Beiträge zu den Vorsorgeaufwendungen beantragt hat. Der **Höchstbetrag** von 94 % **erhöht** sich in den folgenden Kalenderjahren **bis** zum Kalenderjahr **2025** um je **2 %-Punkte** je Kalenderjahr.

Beiträge zu **Basiskrankenversicherungen** (für sich oder eine unterhaltsberechtigte Person, z.B. Ehegatten, Kinder) sind grds. in unbegrenzter Höhe abziehbar. Dies gilt für die gesetzliche und die private Krankenversicherung. Beitragsanteile, die auf das Krankengeld und Komfortleistungen entfallen, werden nicht berücksichtigt. Ergibt sich aus den Beiträgen zur gesetzlichen Krankenversicherung ein Anspruch auf **Krankengeld** wird der jeweilige Beitrag pauschal um **4 % vermindert**. Beiträge zu **gesetzlichen Pflegeversicherungen** (soziale Pflegeversicherung und private Pflege-Pflichtversicherung) werden daneben in voller Höhe berücksichtigt. Es können im Übrigen auch die im Rahmen der Unterhaltsverpflichtung getragenen eigenen Beiträge eines Kindes berücksichtigt werden, für das ein Anspruch auf einen Freibetrag für Kinder oder auf Kindergeld besteht; auf die Art des Unterhalts (Bar-/Sachunterhalt) und die Einkünfte des Kindes kommt es nicht an. Für geschiedene oder dauernd getrennt lebende Ehegatten gibt es Sonderregelungen. **Steuerfreie Zuschüsse** zu einer Kranken- und Pflegeversicherung werden von den Basiskranken- und Pflegeversicherungsbeiträgen abgezogen.

Weitere sonstige Vorsorgeaufwendungen – das sind Beiträge zu Kranken- und Pflegeversicherungen (inkl. Komfortleistungen und Krankengeldanteil), Beiträge zu Versicherungen gegen Arbeitslosigkeit, zu bestimmten Erwerbs- und Berufsunfähigkeitsversicherungen, zu Unfall- und Haftpflichtversicherungen sowie zu Risikoversicherungen –, die nur für den Todesfall eine Leistung vorsehen, können je Kalenderjahr insgesamt **bis 2 800 €** abgezogen werden; Beiträge zu bestimmten Renten- und Kapitalversicherungen werden hier ebenfalls berücksichtigt (auch → Rz. 208 *Vorsorgeaufwendungen*). Der Höchstbetrag beträgt **1 900 €**, wenn ein Anspruch auf Erstattung oder Übernahme von Krankheitskosten besteht (z.B. bei Beamten und Beamtenpensionären wegen des eigenen Beihilfeanspruchs) oder steuerfreie Leistungen für eine Krankenversicherung erbracht werden (z.B. bei sozialversicherungspflichtigen Arbeitnehmern, bei Rentnern, die aus der gesetzlichen Rentenversicherung steuerfreie Zuschüsse zur Krankenversicherung erhalten). Für Angehörige, die in der gesetzlichen Krankenversicherung ohne eigene Beiträge familienversichert sind, beträgt der Höchstbetrag ebenfalls 1 900 €. Bei **zusammenveranlagten Ehepartnern** bestimmt sich der gemeinsame Höchstbetrag aus der Summe der jedem Ehepartner zustehenden Höchstbeträge. Ein Abzug dieser weiteren sonstigen Vorsorgeaufwendungen kommt nur in Betracht, wenn der Abzug der Vorsorgeaufwendungen für die **Basiskrankenversicherung** und die **gesetzlichen Pflegeversicherungen** (s. oben) nicht günstiger ist.

Zu den **weiteren Einzelheiten** siehe BMF-Schreiben v. 24.5.2017, IV C 3 – S 2221/16/10001 :004, BStBl II 2017, 820, ergänzt durch BMF-Schreiben v. 6.11.2017, IV C 3 – S 2221/17/10006 :001, BStBl I 2017, 1455, BMF-Schreiben v. 3.4.2019, IV C 3 –

---

1) Das BMF-Schreiben ist durch zwischenzeitliche Gesetzesänderungen teilweise überholt.

E 40

B. Einkommensteuer

S 2221/10/10005 :005, BStBl I 2019, 254, und BMF-Schreiben v. 28.9.2021, IV C 3 – S 2221/21/10016 :001, BStBl I 2021, 1833.

Kaskoversicherung

Die Beiträge sind **keine** Sonderausgaben.

186

Kinderbetreuungskosten

Kinderbetreuungskosten werden i.H.v. **zwei Drittel** der Aufwendungen (**höchstens 4 000 € je Kind**) als Sonderausgaben berücksichtigt für ein steuerlich zu berücksichtigendes Kind (→ Rz. 109 ff.), das

187

– zum Haushalt des Stpfl. gehört und

– das 14. **Lebensjahr** noch nicht vollendet hat oder

– wegen einer vor Vollendung des 25. Lebensjahres eingetretenen körperlichen, geistigen oder seelischen **Behinderung** außer Stande ist, sich selbst zu unterhalten. Zur Übergangsregelung wegen der **Absenkung der Altersgrenze** behinderter Kinder ab 2007 siehe § 52 Abs. 18 EStG.

Aufwendungen für **Unterricht** (z.B. Schulgeld, Nachhilfe-, Fremdsprachenunterricht), die **Vermittlung besonderer Fähigkeiten** (z.B. Musikunterricht, Computerkurse) sowie für sportliche und andere **Freizeitbetätigungen** (z.B. Mitgliedschaft in Sportvereinen oder anderen Vereinen, Tennis-, Reitunterricht usw.) werden nicht berücksichtigt.

Voraussetzung für den Abzug ist, dass der Stpfl. für die Aufwendungen eine **Rechnung** erhalten hat und die **Zahlung auf das Konto** des Erbringers der Leistung erfolgt ist. Bei **Kindern im Ausland** sind die Verhältnisse im Wohnsitzstaat zu beachten (siehe BMF-Schreiben v. 11.11.2020, IV C 8 – S 2285/19/10001 :002, BStBl I 2020, 1212).

Zu **weiteren Einzelheiten** siehe BMF-Schreiben v. 14.3.2012, IV C 4 – S 2221/07/0012 :012, BStBl I 2012, 307.

Kirchensteuer

Die im Veranlagungszeitraum gezahlte **Kirchensteuer** und gezahlte **Kirchenbeiträge** sind abzugsfähig. Dazu gehören nicht die freiwilligen Beiträge, die an öffentlich-rechtliche Religionsgemeinschaften oder an andere religiöse Gemeinschaften entrichtet werden. Die im Veranlagungszeitraum **erstatteten Aufwendungen** sind gegenzurechnen. Im Übrigen sind auch Kirchensteuerzahlungen an Religionsgemeinschaften, die in einem anderen **EU-Mitgliedstaat** oder in einem **EWR-Staat** belegen sind und die bei Inlandsansässigkeit als Körperschaften des öffentlichen Rechts anzuerkennen wären, als Sonderausgabe abziehbar. **Kirchenbeiträge**, die nicht wie Kirchensteuer als Sonderausgaben abgezogen werden, können im Rahmen des Abzugs von **Zuwendungen zur Förderung steuerbegünstigter Zwecke** (→ Rz. 196 *Steuerbegünstigte Zwecke*) berücksichtigt werden.

188

Ein Sonderausgabenabzug ist ausgeschlossen für **Kirchensteuer auf Kapitalerträge**, die dem gesonderten Steuertarif des § 32d Abs. 1 EStG (sog. Abgeltungsteuer, → Rz. 268) unterlegen haben; dies gilt i.Ü. auch, wenn der besondere Steuersatz erst vom Finanzamt angewandt wird.

Krankentagegeldversicherung

Krankentagegeldversicherungen gehören zu den Krankenversicherungen und **sind Vorsorgeaufwendungen** (→ Rz. 208 *Vorsorgeaufwendungen*). Beiträge zu Krankentagegeldversicherungen gehören jedoch **nicht zu den Basiskrankenversicherungsbeiträgen** (→ Rz. 185 *Höchstbeträge für Vorsorgeaufwendungen*).

189

Pensionskasse

Beiträge an eine Pensionskasse **können** in bestimmten Fällen als **Sonderausgaben** abgezogen werden (→ Rz. 208 *Vorsorgeaufwendungen*, → Rz. 185 *Höchstbeträge für Vorsorgeaufwendungen*).

190

Pflegerenten-/Pflegekrankenversicherung

Die Beiträge **sind Vorsorgeaufwendungen** (→ Rz. 208 *Vorsorgeaufwendungen*, → Rz. 185 *Höchstbeträge für Vorsorgeaufwendungen*).

191

Politische Parteien

Abzugsfähig sind Zuwendungen an politische Parteien bis zu einem Betrag von **1 650 €** bzw. bei der Zusammenveranlagung von **Ehepartnern** bis zu **3 300 €**, sofern die jeweilige Partei nicht von der staatlichen Teilfinanzierung ausgeschlossen ist. In gleicher Höhe werden vorab Zuwendungen an politische Parteien sowie unabhängige Wählervereinigungen jeweils zur Hälfte nach § 34g EStG von der tariflichen Einkommensteuer abgezogen (→ Rz. 40).

192

Renten und dauernde Lasten

Abzugsfähig sind Renten und dauernde Lasten, die auf besonderen Verpflichtungen beruhen und nicht mit Einkünften in wirtschaftlichem Zusammenhang stehen; bei Leibrenten kann nur der sog. Ertragsanteil (→ Rz. 97) abgezogen werden. Dies gilt jedoch nur noch für auf besonderen Verpflichtungsgründen beruhenden Renten und dauernden Lasten, die auf **vor dem 1.1.2008 vereinbarten Vermögensübertragungen** beruhen.

193

Zur Regelung bei Versorgungsleistungen, die auf **nach dem 31.12.2007 vereinbarten Vermögensübertragungen** beruhen (→ Rz. 207 *Versorgungsleistungen*).

Sachversicherung

Die Beiträge sind **keine** Sonderausgaben.

194

Schulgeld

30 % des Entgelts, **höchstens 5 000 €**, das der Stpfl. für jedes Kind, für das er Anspruch auf einen Freibetrag für Kinder oder auf Kindergeld hat, für dessen Besuch einer Schule in freier Trägerschaft oder einer überwiegend privat finanzierten Schule entrichtet, können als Sonderausgaben abgezogen werden. Schulgeldzahlungen sind auch dann abziehbar, wenn das unterhaltsberechtigte **Kind** volljährig und daher **selbst Vertragspartner** der Schule ist. Das Entgelt für Beherbergung, Betreuung und Verpflegung wird nicht berücksichtigt. Voraussetzung für den Sonderausgabenabzug ist, dass die Schule in einem Mitgliedstaat der Europäischen Union oder in einem Staat belegen ist, auf den das Abkommen über den Europäischen

195

E 41

B. Einkommensteuer

Wirtschaftsraum Anwendung findet, und die Schule zu einem von dem zuständigen inländischen Ministerium eines Landes, von der Kultusministerkonferenz der Länder oder von einer inländischen Zeugnisanerkennungsstelle anerkannten bzw. einem inländischen Abschluss als gleichwertig anerkannten allgemein bildenden oder berufsbildenden Schul-, Jahrgangs- oder Berufsabschluss führt. Danach sind u.a. Schulgeldzahlungen für den Besuch einer Bildungsstätte im EU-/EWR-Raum abziehbar, wenn der Besuch mit dem „**International Baccalaureate**" (Internationales Abitur) abschließen soll. Der Besuch einer anderen Einrichtung, die auf einen Schul-, Jahrgangs- oder Berufsabschluss ordnungsgemäß vorbereitet, steht einem Schulbesuch gleich. Der Besuch einer Deutschen Schule im Ausland steht dem Besuch einer solchen Schule gleich, unabhängig von ihrer Belegenheit. Der Höchstbetrag von 5 000 € wird für jedes Kind, bei dem die Voraussetzungen vorliegen, **je Elternpaar nur einmal** gewährt.

Zu den **weiteren Einzelheiten** siehe BMF-Schreiben v. 9.3.2009, IV C 4 – S 2221/07/0007, BStBl I 2009, 487.[1]

Selbst genutzte Baudenkmale

196   Abzugsfähig sind Aufwendungen der Eigentümer selbst genutzter Baudenkmale oder Gebäude, die in Sanierungsgebieten oder städtebaulichen Entwicklungsbereichen gelegen sind. Die Aufwendungen können im Kalenderjahr des Abschlusses der Baumaßnahmen und in den neun folgenden Kalenderjahren jeweils bis zu **9 %** als Sonderausgaben abgezogen werden.

Selbst genutzte Wohnungen

197   Seit 2008 werden die selbst genutzten eigenen Wohnungen (Wohnungen im eigenen Haus und Eigentumswohnungen) und selbst genutzten Genossenschaftswohnungen im Rahmen der sog. Riester-Renten steuerlich gefördert (sog. **Wohn-Riester**). → Rz. 180 *Altersvorsorgebeiträge*.

Sonderausgaben-Pauschbetrag

198   Für bestimmte Sonderausgaben wird ein Pauschbetrag von **36 €** gewährt (Sonderausgaben-Pauschbetrag), wenn nicht höhere Aufwendungen nachgewiesen werden. Folgende Sonderausgaben fallen unter den Sonderausgaben-Pauschbetrag:

– Unterhaltsleistungen an den geschiedenen oder dauernd getrennt lebenden **Ehepartner** (→ Rz. 204 *Unterhaltsleistungen an den geschiedenen oder dauernd getrennt lebenden* **Ehepartner**);

– Renten und dauernde Lasten (→ Rz. 193 *Renten und dauernde Lasten*);

– bestimmte Versorgungsleistungen (→ Rz. 207 *Versorgungsleistungen*);

– Ausgleichszahlungen zur Vermeidung eines Versorgungsausgleichs und im Rahmen des schuldrechtlichen Versorgungsausgleichs (→ Rz. 206 *Versorgungsausgleich*);

– Kirchensteuer (→ Rz. 188 *Kirchensteuer*);

– Kinderbetreuungskosten (→ Rz. 187 *Kinderbetreuungskosten*);

– Kosten der eigenen Berufsausbildung (→ Rz. 181 *Berufsausbildung*);

– Schulgeld (→ Rz. 195 *Schulgeld*);

– Aufwendungen für steuerbegünstigte Zwecke (→ Rz. 199 *Steuerbegünstigte Zwecke*).

Bei der Zusammenveranlagung von **Ehepartnern** verdoppelt sich der Pauschbetrag auf **72 €**.

Steuerbegünstigte Zwecke

199   Abzugsfähig sind Zuwendungen (**Spenden** und **Mitgliedsbeiträge**) zur Förderung **steuerbegünstigter Zwecke** i.S.d. §§ 52 bis 54 AO. Der Abzug beträgt insgesamt bis zu

1. **20 %** des Gesamtbetrags der Einkünfte oder

2. **vier Promille** der Summe der gesamten Umsätze und der im Kalenderjahr aufgewendeten Löhne und Gehälter.

Abziehbar sind **auch** Mitgliedsbeiträge an Körperschaften, die Kunst und Kultur fördern, soweit es sich nicht um Mitgliedsbeiträge an Körperschaften handelt, die kulturelle Betätigungen fördern, die in erster Linie der Freizeitgestaltung dienen, auch wenn den Mitgliedern Vergünstigungen gewährt werden.

Nicht abziehbar sind Mitgliedsbeiträge an Körperschaften, die

1. den Sport,

2. kulturelle Betätigungen, die in erster Linie der Freizeitgestaltung dienen,

3. die Heimatpflege und Heimatkunde oder

4. Zwecke i.S.d. § 52 Abs. 2 Satz 1 Nr. 23 AO (Förderung der Tierzucht, der Pflanzenzucht, der Kleingärtnerei etc.)

fördern oder

5. deren Zweck nach § 52 Abs. 2 Satz 2 AO für gemeinnützig erklärt worden ist, weil deren Zweck die Allgemeinheit auf materiellem, geistigem oder sittlichem Gebiet entsprechend einem Zweck nach den Nr. 1 bis 4 fördert.

Abziehbare Zuwendungen, die die Höchstbeträge überschreiten oder die den um die Beträge nach § 10 Abs. 3 und 4, § 10c und § 10d EStG verminderten Gesamtbetrag der Einkünfte übersteigen, sind im Rahmen der Höchstbeträge in den **folgenden Veranlagungszeiträumen** als Sonderausgaben abzuziehen.

Steuerberatungskosten

200   Es wirkt sich nur der Teil der Steuerberatungskosten steuerlich aus, der Werbungskosten oder Betriebsausgaben darstellt (→ auch Rz. 162 *Steuerberatungskosten*). Der andere Teil (z.B. für die Beratung in Tarif- und Veranlagungsfragen, die Erstellung der Einkommensteuererklärung) führt zu nicht abziehbaren Kosten der privaten Lebensführung; ein Sonderausgabenabzug ist ausgeschlossen. Zu **weiteren Einzelheiten** siehe auch BMF-Schreiben v. 21.12.2007, IV B 2 – S 2144/07/0002, BStBl I 2008, 256.

Steuerfachliteratur

201   Die Beiträge gehören zu den **nicht** abziehbaren Steuerberatungskosten (→ Rz. 163 *Steuerberatungskosten*) oder Werbungskosten (→ Rz. 147 *Fachliteratur*).

---

1) Das BMF-Schreiben ist auf Grund jüngerer BFH-Rechtsprechung teilweise überholt.

E 42

B. Einkommensteuer

Stiftungen

Spenden in den **Vermögensstock einer Stiftung** können im Veranlagungszeitraum der Zuwendung und in den folgenden neun Veranlagungszeiträumen bis zu einem Gesamtbetrag von **1 Mio. €** zusätzlich zu den unter → Rz. 199 *Steuerbegünstigte Zwecke* genannten Höchstbeträgen als Sonderausgaben abgezogen werden. Der besondere Abzugsbetrag bezieht sich dabei auf den gesamten Zehnjahreszeitraum und kann der Höhe nach innerhalb dieses Zeitraums nur einmal in Anspruch genommen werden. Hinsichtlich des Kreises der betroffenen Stiftungen gelten die Erläuterungen unter → Rz. 199 *Steuerbegünstigte Zwecke* entsprechend.

202

Unfallversicherung

Aufwendungen der Arbeitnehmer für Unfallversicherungen, die auch das Unfallrisiko im beruflichen Bereich abdecken, sind **teilweise Werbungskosten** (auch → Rz. 171 *Unfallversicherung*). Es ist eine **Aufteilung** zwischen den Sonderausgaben und den Werbungskosten vorzunehmen, entweder anhand der Angaben des Versicherungsunternehmens oder durch eine Aufteilung **50:50**.

203

Unterhaltsleistungen an geschiedene oder dauernd getrennt lebende Ehepartner

Abgezogen werden können Unterhaltsleistungen an den geschiedenen oder dauernd getrennt lebenden unbeschränkt einkommensteuerpflichtigen **Ehepartner** bis zu einem Betrag von **13 805 €** jährlich, wenn der Unterhaltleistende dies mit **Zustimmung des Empfängers** beantragt. In diesem Fall hat der Empfänger die Unterhaltsleistungen als sonstige Einkünfte zu versteuern; der Sonderausgabenabzug führt also zum sog. **Realsplitting**. Der Höchstbetrag von 13 805 € erhöht sich um den Betrag der für die Absicherung des geschiedenen oder dauernd getrennt lebenden unbeschränkt einkommensteuerpflichtigen **Ehepartners** aufgewandten **Basiskranken- und Pflegeversicherungsbeiträge** (→ Rz. 185 *Höchstbeträge für Vorsorgeaufwendungen*); eine grundsätzliche Zustimmung zum Abzug von Unterhaltsleistungen als Sonderausgaben wirkt auch für die Erhöhung des Höchstbetrags. Der Empfänger kann seine Zustimmung nur mit Wirkung für die Zukunft **widerrufen**. Voraussetzung für den Abzug der Aufwendungen ist die **Angabe** der erteilten **Identifikationsnummer** (§ 139b AO) der unterhaltenen Person in der Steuererklärung des Unterhaltsleistenden.

204

Es ist unerheblich, ob die Unterhaltsleistungen **freiwillig** oder auf Grund **gesetzlicher Unterhaltspflicht** erbracht werden. Auch als Unterhalt erbrachte **Sachleistungen** sind zu berücksichtigen.

Verlustabzug

Abzugsfähig sind negative Einkünfte, die bei der Ermittlung des Gesamtbetrags der Einkünfte nicht ausgeglichen werden und deren Ausgleich oder Abzug nicht nach anderen Vorschriften ausgeschlossen ist. Sie können für den Veranlagungszeitraum 2022 wahlweise zunächst in das unmittelbar vorangegangene Jahr bis zu **1 Mio. €** (bei **Ehepartnern**, die zusammen veranlagt werden, bis zu **2 Mio. €**) zurückgetragen werden; soweit dies nicht geschieht, sind sie – zeitlich unbeschränkt – auf die Folgejahre vorzutragen. Nicht ausgeglichene negative Einkünfte können dabei in den folgenden Veranlagungszeiträumen bis zu einem Gesamtbetrag der Einkünfte von **1 Mio. €** (bei **Ehepartnern**, die zusammen veranlagt werden, bis zu **2 Mio. €**) unbeschränkt, darüber hinaus bis zu **60 %** des 1 Mio. € bzw. 2 Mio. € übersteigenden Gesamtbetrags der Einkünfte abgezogen werden. Der Verlustabzug wird bei der Ermittlung des Einkommens berücksichtigt (→ Rz. 38 und → Rz. 105).

205

Versorgungsausgleich

Abzugsfähig sind Leistungen auf Grund eines **schuldrechtlichen** Versorgungsausgleichs, soweit die ihnen zu Grunde liegenden Einnahmen beim Ausgleichsverpflichteten der Besteuerung unterliegen, wenn die ausgleichsberechtigte Person unbeschränkt einkommensteuerpflichtig ist. Die Änderungen durch das Gesetz zur Strukturreform des Versorgungsausgleichs (VAStrRefG) sind zu beachten. Zu den **Einzelheiten** siehe BMF-Schreiben v. 9.4.2010, IV C 3 – S 2221/09/10024, BStBl I 2010, 323.

206

Darüber hinaus sind **Ausgleichszahlungen zur Vermeidung des Versorgungsausgleichs** nach einer Ehescheidung abziehbar.

Versorgungsleistungen

Abzugsfähig sind bei **nach dem 31.12.2007 vereinbarten Vermögensübertragungen** – i.d.R. zur vorweggenommenen Erbfolge – auf besonderen Verpflichtungsgründen beruhende, lebenslange und wiederkehrende Versorgungsleistungen, die nicht mit Einkünften in wirtschaftlichem Zusammenhang stehen, die bei der Veranlagung außer Betracht bleiben, wenn der Empfänger unbeschränkt einkommensteuerpflichtig ist. Dies gilt nur für bestimmte Versorgungsleistungen in Zusammenhang mit der Übertragung von Mitunternehmeranteilen an Personengesellschaften, von Betrieben oder Teilbetrieben sowie GmbH-Anteilen. Ab 2021 ist Voraussetzung für den Abzug der Aufwendungen die Angabe der erteilten Identifikationsnummer (§ 139b AO) des Empfängers in der Steuererklärung des Leistenden.

207

Zur Regelung bei Versorgungsleistungen, die auf **vor dem 1.1.2008 vereinbarten Vermögensübertragungen** beruhen, → Rz. 193 *Renten und dauernde Lasten*. Zu den **weiteren Einzelheiten** siehe BMF-Schreiben v. 11.3.2010, IV C 3 – S 2221/09/10004, BStBl I 2010, 227, geändert durch BMF-Schreiben v. 6.5.2016, IV C 3 – S 2221/15/10011: 004, BStBl I 2016, 476.

Vorsorgeaufwendungen

Zu den berücksichtigungsfähigen Vorsorgeaufwendungen, die in 2022 bis zu einem Höchstbetrag von **24 101 €** (103 800 € x 24,7 % = 25 639 € x 94 %) berücksichtigungsfähig sind (→ Rz. 185 *Höchstbeträge für Vorsorgeaufwendungen*), gehören folgende **Altersvorsorgeaufwendungen**:

208

– Beiträge zu den **gesetzlichen Rentenversicherungen**,

– Beiträge zur **landwirtschaftlichen Alterskasse**,

– Beiträge zu den **berufsständischen Versorgungseinrichtungen**, die den gesetzlichen Rentenversicherungen vergleichbare Leistungen erbringen,[1]

---

1) Zum Sonderausgabenabzug bei beschränkt Stpfl. für Pflichtbeiträge an berufsständische Versorgungseinrichtungen s. auch BMF-Schreiben v. 26.6.2019, IV C 5 – S 2301/19/10004 :001, BStBl I 2019, 624.

E 43

B. Einkommensteuer

– Beiträge zur sog. **Basis- oder „Rürup"-Rente**. Das sind Beiträge zu zertifizierten Verträgen (dazu auch → Rz. 180)

– – zum Aufbau einer **eigenen kapitalgedeckten Altersversorgung**, wenn der Vertrag nur die Zahlung einer monatlichen lebenslangen **Leibrente** nicht vor Vollendung des **60. Lebensjahres** (für Vertragsabschlüsse nach dem 31.12.2011: „nicht vor Vollendung des 62. Lebensjahres") oder zusätzlich die ergänzende Absicherung des Eintritts der Berufsunfähigkeit (Berufsunfähigkeitsrente), der verminderten Erwerbsfähigkeit (Erwerbsminderungsrente) oder von Hinterbliebenen (Hinterbliebenenrente) vorsieht,

– – für die Absicherung gegen den Eintritt der **Berufsunfähigkeit** oder der **verminderten Erwerbsfähigkeit** (Versicherungsfall), wenn der Vertrag nur die Zahlung einer monatlichen lebenslangen Leibrente für einen Versicherungsfall vorsieht, der bis zur Vollendung des **67. Lebensjahres** eingetreten ist.

Die Ansprüche des Stpfl. aus dieser Altersversorgung dürfen nicht vererblich, nicht übertragbar, nicht beleihbar, nicht veräußerbar und nicht kapitalisierbar sein und es darf neben den genannten Auszahlungsformen kein weiterer Anspruch auf Auszahlungen bestehen. Die Zusammenfassung von zwölf Monatsleistungen in einer Auszahlung und die Abfindung einer Kleinbetragsrente sind unschädlich.

Zu den Beiträgen gehört auch der **steuerfreie Arbeitgeberanteil** zur gesetzlichen Rentenversicherung und ein diesem gleichgestellter **steuerfreier Zuschuss des Arbeitgebers**. Auf **Antrag** des Arbeitnehmers werden auch im Zusammenhang mit einer **geringfügigen Beschäftigung** erbrachte, pauschale Beiträge zur Rentenversicherung berücksichtigt; dies kann vorteilhaft sein, wenn der Arbeitnehmer im Rahmen des geringfügigen Beschäftigungsverhältnisses die Regelbeiträge zur Sozialversicherung entrichtet.

Basiskrankenversicherungsbeiträge, die an die gesetzliche Krankenversicherung oder für eine private Krankenversicherung entrichtet werden, stellen grds. in voller Höhe Vorsorgeaufwendungen dar (→ Rz. 185 *Höchstbeträge für Vorsorgeaufwendungen*). Es handelt sich um Beiträge, soweit diese zur Erlangung eines durch das SGB XII bestimmten sozialhilfegleichen Versorgungsniveaus erforderlich sind und sofern auf die Leistungen ein Anspruch besteht. Auf das **Krankengeld** entfallende Beitragsanteile werden nicht berücksichtigt. Wenn sich aus den Beiträgen für die gesetzliche Krankenversicherung ein Anspruch auf Krankengeld oder ein Anspruch auf eine Leistung, die anstelle von Krankengeld gewährt wird, ergeben kann, wird der jeweilige Beitrag pauschal um 4 % gemindert. Ein eventuell an die gesetzliche Krankenversicherung geleisteter **Zusatzbeitrag** wird steuerlich berücksichtigt. Beiträge für **Wahl- bzw. Zusatztarife** werden steuerlich nicht berücksichtigt. Beiträge zu **gesetzlichen Pflegeversicherung** (soziale Pflegeversicherung und private Pflege-Pflichtversicherung) werden in diesem Zusammenhang in voller Höhe angesetzt. Die Basiskranken- und Pflegeversicherungsbeiträge werden auch im Rahmen der weiteren sonstigen Vorsorgeaufwendungen berücksichtigt (siehe unten). Ein, bei einer privaten Krankenversicherung vereinbarter und getragener **Selbstbehalt** ist i.Ü. kein Beitrag zu einer Krankenversicherung und kann daher **nicht** als **Sonderausgabe** abgezogen werden; er kann ggf. als außergewöhnliche Belastung berücksichtigt werden (→ Rz. 224 *Krankheitskosten*).

Zu den **weiteren sonstigen Vorsorgeaufwendungen**, die bis zu 2 800 € bzw. 1 900 € je Kalenderjahr berücksichtigt werden können (→ Rz. 185 *Höchstbeträge für Vorsorgeaufwendungen*), gehören **folgende Vorsorgeaufwendungen**:

– Beiträge zur **Kranken- und Pflegeversicherungen** (auch zu → Rz. 191 *Pflegerenten-/Pflegekrankenversicherung*), wenn es sich nicht schon um Basiskranken- und Pflegeversicherungsbeiträge handelt (siehe oben),

– Beiträge zur **Arbeitslosenversicherung**,

– Beiträge zu bestimmten **Erwerbs- und Berufsunfähigkeitsversicherungen**,

– Beiträge zu **Unfall- und Haftpflichtversicherungen**,

– Beiträge zu **Risikoversicherungen**, die nur für den Todesfall eine Leistung vorsehen,

– Beiträge zu **Rentenversicherungen ohne Kapitalwahlrecht**, wenn die Versicherung vor dem 1.1.2005 begonnen hat und bis zum 31.12.2004 mindestens ein Versicherungsbeitrag entrichtet wurde,

– Beiträge zu **Rentenversicherungen mit Kapitalwahlrecht** gegen laufende Beitragsleistungen i.H.v. **88 %**, wenn die Auszahlung des Kapitals innerhalb von **zwölf Jahren** seit Vertragsabschluss ausgeschlossen ist, und wenn die Versicherung vor dem 1.1.2005 begonnen hat und bis zum 31.12.2004 mindestens ein Versicherungsbeitrag entrichtet wurde,

– Beiträge zu **Kapitalversicherungen** gegen laufende Beitragsleistungen mit Sparanteil i.H.v. **88 %**, wenn der Vertrag für die Dauer von mindestens **zwölf Jahren** abgeschlossen worden ist und wenn die Versicherung vor dem 1.1.2005 begonnen hat und bis zum 31.12.2004 mindestens ein Versicherungsbeitrag entrichtet wurde.

Fondsgebundene Lebensversicherungen sind vom Sonderausgabenabzug ausgeschlossen. **Renten- und Kapitalversicherungen**, die vor dem 1.1.2005 begonnen haben und bei denen bis zum 31.12.2004 mindestens ein Versicherungsbeitrag entrichtet wurde, sind von der steuerlichen Förderung ausgeschlossen, wenn sie zur **Tilgung oder Sicherung von Darlehen** eingesetzt werden. Steuerunschädlich ist jedoch der Einsatz von Lebensversicherungen zur Finanzierung des selbst genutzten Wohneigentums und zur Sicherung von Investitionsdarlehen, die für die Anschaffung oder Herstellung von Wirtschaftsgütern des betrieblichen Anlagevermögens bzw. von vergleichbaren Wirtschaftsgütern bei den Überschusseinkünften aufgenommen werden. Dabei ist unbeachtlich, wenn das Investitionsdarlehen die Anschaffungs- oder Herstellungskosten oder wenn die eingesetzten Versicherungsansprüche das Investitionsdarlehen jeweils um bis zu 2 556 € übersteigen. Bei einer insgesamt nur drei Jahre dauernden Sicherung betrieblich veranlasster Darlehen ist das Abzugsverbot für die Versicherungsbeiträge auf die Veranlagungszeiträume beschränkt, in denen Anspruch aus diesen Versicherungsverträgen der Darlehenssicherung dienten.

Allgemeine Voraussetzung für den Sonderausgabenabzug von Vorsorgeaufwendungen ist, dass die Aufwendungen **nicht** in unmittelbarem wirtschaftlichem **Zusammenhang** mit **steuerfreien Einnahmen** stehen (Ausnahme: bestimmte Sozialversicherungsbeiträge im Ausland tätiger und in Deutschland wohnender Arbeitnehmer), und

– an **Versicherungsunternehmen**, die ihren Sitz oder ihre Geschäftsleitung in einem Mitgliedstaat der EU oder einem anderen Vertragsstaat des EWR oder in der Schweizerischen Eidgenossenschaft haben und das Versicherungsgeschäft im Inland betreiben dürfen, und Versicherungsunternehmen, denen die Erlaubnis zum Geschäftsbetrieb im Inland erteilt ist.

– an **berufsständische Versorgungseinrichtungen**,

– an einen **Sozialversicherungsträger** oder

– an **Anbieter von Altersvorsorgeverträgen**, Pensionsfonds, Pensionskassen oder Lebensversicherungsunternehmen (bei Direktversicherungen)

geleistet werden. Steuerfreie Zuschüsse zu einer **Kranken- oder Pflegeversicherung** stehen im Übrigen insgesamt in unmittelbarem wirtschaftlichem Zusammenhang mit den Basiskranken- und Pflegeversicherungsbeiträgen (s.o.).

E 44

B. Einkommensteuer

Es gibt einige **ausländische Sozialversicherungen**, in denen bezogen auf die Beitragsleistung nicht wie in Deutschland nach den verschiedenen Sozialversicherungszweigen unterschieden und ein einheitlicher Sozialversicherungsbeitrag (**Global-beitrag**) erhoben wird. Für eine zutreffende steuerliche Berücksichtigung ist der an die ausländische gesetzliche Sozialversicherung vom Arbeitnehmer mitgetragene Globalbeitrag auf die einzelnen Versicherungszweige **aufzuteilen** (s. BMF-Schreiben v. 19.11.2021, IV C 3 - S 2221/20/1002 :003, www.stotax-first.de für die Lohnsteuerbescheinigungen 2022 und den VZ 2022).

Zu den **weiteren Einzelheiten** siehe BMF-Schreiben v. 24.5.2017, IV C 3 – S 2221/16/10001 :004, BStBl II 2017, 820, ergänzt durch BMF-Schreiben v. 6.11.2017, IV C 3 – S 2221/17/10006 :001, BStBl I 2017, 1455, BMF-Schreiben v. 3.4.2019, IV C 3 – S 2221/10/10005 :005, BStBl I 2019, 254, und BMF-Schreiben v. 28.9.2021, IV C 3 – S 2221/21/10016 :001, BStBl I 2021, 1833.

Vorsorgepauschale

Stpfl. mit **Einkünften aus nichtselbständiger Arbeit** wird eine Vorsorgepauschale gewährt. Diese hat den Zweck, die typischen Vorsorgeaufwendungen der Arbeitnehmer abzugelten.   **209**

Im **Veranlagungsverfahren** erfolgt ein Sonderausgabenabzug ausschließlich entsprechend der tatsächlich geleisteten Vorsorgeaufwendungen (→ Rz. 208 *Vorsorgeaufwendungen*, → Rz. 185 *Höchstbeträge für Vorsorgeaufwendungen*). Eine Vorsorgepauschale wird hier nicht gewährt.

Bezüglich der **Einzelheiten** zur Vorsorgepauschale im Lohnsteuerabzugsverfahren → Rz. 6 ff., → Rz. 352 ff. und BMF-Schreiben v. 26.11.2013[1], IV C 5 – S 2367/13/10001, BStBl I 2013, 1532.

Zukunftssicherungsleistungen

Beiträge des Arbeitgebers für die Zukunftssicherung des Arbeitnehmers (z.B. für eine Direktversicherung, Unfallversicherung) kann dieser unter den übrigen Voraussetzungen als **Sonderausgaben** abziehen (→ Rz. 208 *Vorsorgeaufwendungen*, → Rz. 185 *Höchstbeträge für Vorsorgeaufwendungen*), wenn die Versicherungsbeiträge des Arbeitgebers dem **Lohnsteuerabzug unterworfen** wurden.   **210**

8. ABC der Außergewöhnlichen Belastungen

Außergewöhnliche Belastungen sind Aufwendungen, die auf Grund besonderer Umstände **zwangsläufig** anfallen, z.B. die Ausgaben, die durch Krankheit, Behinderung, Todesfall, Unwetterschäden oder Ehescheidung entstehen.   **211**

Adoption

Die Kosten einer Adoption sind nicht zwangsläufig und deshalb **nicht abzugsfähig**.   **212**

Behinderungen

Wegen der außergewöhnlichen Belastung, die Menschen mit Behinderungen   **213**
– für die Hilfe bei den gewöhnlichen und regelmäßig wiederkehrenden Verrichtungen des täglichen Lebens,
– für die Pflege sowie
– für einen erhöhten Wäschebedarf

erwachsen, kann an Stelle der Steuerermäßigung für außergewöhnliche Belastungen allgemeiner Art ein **Pauschbetrag für behinderte Menschen** geltend gemacht werden. Das Wahlrecht kann für die genannten Aufwendungen im jeweiligen Veranlagungszeitraum nur einheitlich ausgeübt werden. Die Pauschbeträge erhalten Menschen, deren **Grad der Behinderung** auf **mindestens 20** festgestellt ist, sowie Menschen, die **hilflos** sind. Zum Nachweis der Behinderung s. auch BMF v. 1.3.2021, IV C 8 – S 2286/19/10002 :006, BStBl I 2021, 300.

Der Pauschbetrag beträgt:

Grad der Behinderung mind.	20	30	40	50	60	70	80	90	100
Pauschbetrag	384 €	620 €	860 €	1 140 €	1 440 €	1 780 €	2 120 €	2 460 €	2 840

Blinde und taubblinde Menschen sowie **hilflose Menschen mit Behinderungen** erhalten anstelle eines der zuvor genannten Pauschbeträge einen Pauschbetrag von **7 400 €**. **Hilflos** ist eine Person, wenn sie für eine Reihe von häufig und regelmäßig wiederkehrenden Verrichtungen zur Sicherung ihrer persönlichen Existenz im Ablauf eines jeden Tages **fremder Hilfe dauernd bedarf**. Diese Voraussetzungen sind auch erfüllt, wenn die Hilfe in Form einer Überwachung oder einer Anleitung zu den zuvor genannten Verrichtungen erforderlich ist oder wenn die Hilfe zwar nicht dauernd geleistet werden muss, jedoch eine **ständige Bereitschaft zur Hilfeleistung** erforderlich ist. Die gesundheitlichen Merkmale „blind" und „hilflos" sind nachzuweisen durch einen Schwerbehindertenausweis, der mit den Merkzeichen „Bl" oder „H" gekennzeichnet ist, oder durch einen Bescheid der zuständigen Behörde mit den entsprechenden Feststellungen. Dem Merkzeichen „H" steht die Einstufung in die Pflegegrade 4 und 5 gleich.

Steht der Pauschbetrag für behinderte Menschen einem **Kind** zu, für das der Stpfl. Anspruch auf einen Freibetrag für Kinder oder auf Kindergeld hat, kann der Pauschbetrag vom Stpfl. geltend gemacht werden, wenn das Kind den Pauschbetrag nicht selbst in Anspruch nimmt. Dabei ist der Pauschbetrag grundsätzlich auf beide **Elternteile je zur Hälfte** aufzuteilen, es sei denn, der Kinderfreibetrag wurde auf den anderen Elternteil übertragen. Auf gemeinsamen Antrag der Eltern ist eine andere Aufteilung möglich. Zur Aufteilung des Pauschbetrags für behinderte Menschen eines Kindes bei der Übertragung auf die Eltern s. auch BMF-Schreiben v. 28.6.2013, IV C 4 – S 2282-a/10/10002, BStBl I 2013, 845. Zum Abzug der Freibeträge für Kinder in Lebenspartnerschaften s. ergänzendes BMF-Schreiben v. 17.1.2014, IV C 4 – S 2282-a/0 :004, BStBl I 2014, 109. Unabhängig von einer Übertragung des Pauschbetrags für behinderte Menschen, können Eltern ihre eigenen zwangsläufigen Aufwendungen für ein behindertes Kind nach § 33 EStG abziehen. Voraussetzung für die Übertragung des Pauschbetrags für behinderte Menschen ist die Angabe der erteilten Identifikationsnummer des Kindes in der Einkommensteuererklärung des Stpfl.

---

1) Das BMF-Schreiben ist teilweise überholt.

E 45

Neben dem Pauschbetrag für behinderte Menschen können außergewöhnliche Belastungen allgemeiner Art (z.B. Operationskosten sowie Heilbehandlungen, Kuren, Arznei- und Arztkosten, Fahrtkosten) geltend gemacht werden.

Behindertengerechte Ausstattung

214 Mehraufwendungen für die notwendige behindertengerechte Gestaltung des individuellen Wohnumfelds sind **außergewöhnliche Belastungen**. Die Erlangung eines etwaigen Gegenwerts tritt hier regelmäßig in den Hintergrund. Es ist nicht erforderlich, dass die Behinderung auf einem nicht vorhersehbaren Ereignis beruht und deshalb ein schnelles Handeln des Stpfl. oder seiner Angehörigen geboten ist. Auch die Frage nach zumutbaren Handlungsalternativen stellt sich in solchen Fällen nicht. Darüber hinaus können Aufwendungen für **medizinische Hilfsmittel** (→ Rz. 228 *Medizinische Hilfsmittel*) im engeren Sinne (z.B. Treppenschräglift) abgezogen werden. Die → Rz. 242 *Zumutbare Belastung* ist zu beachten. Mehrkosten für die Anschaffung eines größeren Grundstücks zum Bau eines behindertengerechten Bungalows sind dagegen nicht als außergewöhnliche Belastung zu berücksichtigen.

Bestattung

215 Die Kosten der Bestattung eines Angehörigen können abgezogen werden, **soweit** sie den **Nachlass** und sonstige im Zusammenhang mit dem Tod zugeflossene **Geldleistungen übersteigen** (z.B. Sterbegeld der Krankenkassen und andere Versicherungsleistungen). Es können aber nur Kosten berücksichtigt werden, die mit der Bestattung unmittelbar zusammenhängen (z.B. für Grabstätte, Sarg, Blumen, Kränze, Todesanzeigen). Die Kosten für die Trauerkleidung und die Bewirtung der Trauergäste sowie Reisekosten anlässlich der Bestattung werden nicht anerkannt. Die → Rz. 242 *Zumutbare Belastung* ist zu beachten.

Besuchsfahrten

216 Fahrtkosten, die lediglich wegen der **allgemeinen Pflege verwandtschaftlicher Beziehungen** entstehen, sind keine außergewöhnlichen Belastungen. Das gilt auch bei Aufwendungen für Besuchsfahrten zu in Kur befindlichen Angehörigen.

Diätverpflegung

217 Die Aufwendungen für eine Diätverpflegung sind **keine außergewöhnlichen Belastungen**.

Ehescheidung

218 Prozesskosten sind seit 2013 grds. vom Abzug als **außergewöhnliche Belastung ausgeschlossen** (→ Rz. 234 *Prozesskosten*). Vom Abzugsverbot sind danach auch die Kosten der **Scheidung** betroffen. Siehe auch → Rz. 144 *Ehescheidung*.

Fahrtkosten, allgemein

219 Unumgängliche Fahrtkosten, die dem Grunde nach als außergewöhnliche Belastung zu berücksichtigen sind, sind bei Benutzung eines Pkw nur in Höhe der **Kosten** für die Benutzung eines **öffentlichen Verkehrsmittels** abziehbar, es sei denn, es bestand keine zumutbare öffentliche Verkehrsverbindung. Siehe auch → Rz. 220 *Fahrtkostenpauschale, behinderungsbedingte* und → Rz. 216 *Besuchsfahrten*.

Fahrtkostenpauschale, behinderungsbedingte
220 **Fahrtkosten-Pauschale, behinderungsbedingte**

Für Aufwendungen für durch eine Behinderung veranlasste Fahrten wird eine Pauschale gewährt („**Behinderungsbedingte Fahrtkostenpauschale**"). Dem Stpfl. wird dadurch der aufwändige Einzelnachweis erspart. Die Pauschale erhalten:

1. Menschen mit einem **Grad der Behinderung** von **mindestens 80** oder mit einem Grad der Behinderung von **mindestens 70** und dem **Merkzeichen „G"** (Pauschale = 900 €),
2. Menschen mit dem **Merkzeichen „aG", „Bl", „TBl" oder „H"** (Pauschale = 4 500 €).

In den Fällen der Nummer 2 kann die Pauschale nach Nummer 1 i.H.v. 900 € nicht zusätzlich in Anspruch genommen werden. Über die Fahrtkostenpauschale hinaus sind **keine weiteren** behinderungsbedingten **Fahrtkosten** als außergewöhnliche Belastung **berücksichtigungsfähig**; die Pauschale hat **abgeltende Wirkung**. Sie kann auch gewährt werden, wenn ein **Pauschbetrag für behinderte Menschen übertragen** wurde. Die behinderungsbedingte Fahrtkostenpauschale kann **selbst** auch **übertragen** werden (→ Rz. 213 Behinderungen).

Die → Rz. 242 *Zumutbare Belastung* ist zu beachten.

Haushaltshilfe

221 Aufwendungen für eine Haushaltshilfe werden nicht als außergewöhnliche Belastung, sondern in Form des **Abzugs von der Steuerschuld** berücksichtigt; → Rz. 260 *Steuerermäßigung für haushaltsnahe Beschäftigungsverhältnisse/Dienstleistungen und Handwerkerleistungen*.

Heim- oder Pflegeunterbringung

222 Aufwendungen für die Heim- oder Pflegeunterbringung, soweit darin Kosten für Dienstleistungen enthalten sind, die mit denen einer Hilfe im Haushalt vergleichbar sind, werden nicht als außergewöhnliche Belastung, sondern in Form des **Abzugs von der Steuerschuld** berücksichtigt; → Rz. 260 *Steuerermäßigung für haushaltsnahe Beschäftigungsverhältnisse/Dienstleistungen und Handwerkerleistungen*. Auch Aufwendungen eines nicht pflegebedürftigen Stpfl., der mit seinem pflegebedürftigen **Ehepartner** in ein **Wohnstift** übersiedelt, sind nicht als außergewöhnliche Belastung abziehbar. Bei einem durch Krankheit veranlassten Aufenthalt in einem Seniorenheim oder -wohnstift sind dagegen die Kosten für die Unterbringung außergewöhnliche Belastungen; der Aufenthalt kann auch krankheitsbedingt sein, wenn keine zusätzlichen Pflegekosten entstanden sind und kein Merkmal „H" oder „Bl" im Schwerbehindertenausweis festgestellt ist. Kosten für die behinderungsbedingte Unterbringung in einer sozialtherapeutischen Einrichtung können ebenfalls außergewöhnliche Belastungen sein.

Hinterbliebene

223 Hinterbliebenen wird ein Pauschbetrag von 370 € jährlich gewährt. Hinterbliebene sind Personen, denen laufende Hinterbliebenenbezüge bewilligt worden sind (z.B. nach dem Bundesversorgungsgesetz oder nach der gesetzlichen Unfallversicherung). Der Pauschbetrag wird auch gewährt, wenn das Recht auf die Bezüge ruht oder der Anspruch auf die Bezüge durch Zahlung eines Kapitalbetrags abgefunden worden ist.

E 46

B. Einkommensteuer

Steht der Hinterbliebenen-Pauschbetrag einem **Kind** zu, für das der Stpfl. Anspruch auf einen Freibetrag für Kinder oder auf Kindergeld hat, kann der Pauschbetrag vom Stpfl. geltend gemacht werden, wenn das Kind den Pauschbetrag nicht selbst in Anspruch nimmt. Dabei ist der Pauschbetrag grundsätzlich auf beide **Elternteile je zur Hälfte** aufzuteilen, es sei denn, der Kinderfreibetrag wurde auf den anderen Elternteil übertragen. Auf gemeinsamen Antrag der Eltern ist eine andere Aufteilung möglich.

Krankheitskosten

Krankheitskosten – einschließlich Zuzahlungen – sind außergewöhnliche Belastungen, soweit sie nicht von dritter Seite (z.B. einer Krankenkasse) steuerfrei ersetzt worden sind oder noch ersetzt werden. Die **Zwangsläufigkeit** der Aufwendungen ist **nachzuweisen**; die Einzelheiten hierzu sind in § 64 der EStDV geregelt. So kann der Nachweis z.B. erbracht werden durch die Verordnung eines Arztes für Arznei-, Heil- und Hilfsmittel, ein amtsärztliches Gutachten oder eine ärztliche Bescheinigung eines Medizinischen Dienstes der Krankenversicherung. Der zu erbringende Nachweis muss **vor Beginn** der **Heilmaßnahme** oder dem **Erwerb des medizinischen Hilfsmittels** ausgestellt worden sein. Bei Aufwendungen für eine **Augen-Laser-Operation** ist die Vorlage eines amtsärztlichen Attests i.Ü. nicht erforderlich; → Rz. 235 *Sehhilfe*. Die → Rz. 242 *Zumutbare Belastung* ist bei den Krankheitskosten zu beachten; dies ist verfassungsgemäß.
`224`

Künstliche Befruchtung

Die Aufwendungen einer **homologen** und auch einer **heterologen künstlichen Befruchtung**, die nach inländischen Maßstäben u.a. mit dem Embryonenschutzgesetz vereinbar ist, können außergewöhnliche Belastungen sein. Aufwendungen für eine künstliche Befruchtung (In-vitro-Fertilisation), die infolge veränderter Lebensplanung wegen einer früher freiwillig zum Zweck der Empfängnisverhütung vorgenommenen **Sterilisation** erforderlich werden, sind keine außergewöhnliche Belastung. Sind die Aufwendungen berücksichtigungsfähig, ist die → Rz. 242 *Zumutbare Belastung* zu beachten.
`225`

Kur

Kurkosten werden als außergewöhnliche Belastung berücksichtigt, wenn die Notwendigkeit der Kur durch Vorlage eines vor Kurbeginn ausgestellten **amtsärztlichen Zeugnisses** oder vergleichbaren Zeugnisses nachgewiesen wird. Ein entsprechender Nachweis ist nicht erforderlich, wenn feststeht, dass eine gesetzliche Krankenkasse die Notwendigkeitsprüfung vorgenommen und positiv beschieden hat. Besondere Nachweispflichten gelten bei Bade- oder Heilkuren, Vorsorgekuren und Klimakuren. Die → Rz. 242 *Zumutbare Belastung* ist zu beachten.
`226`

Legasthenie

Hat eine Lese- und Rechtschreibschwäche Krankheitswert, können die Aufwendungen für die Behandlung **außergewöhnliche Belastungen** sein (Nachweis durch amtsärztliches Attest). Die → Rz. 242 *Zumutbare Belastung* ist zu beachten.
`227`

Medizinische Hilfsmittel

Aufwendungen für medizinische Hilfsmittel können **außergewöhnliche Belastungen** sein. Medizinische Hilfsmittel, die als allgemeine Gebrauchsgegenstände des täglichen Lebens anzusehen sind, ist die Vorlage eines amtsärztlichen Gutachtens etc. erforderlich. Die → Rz. 242 *Zumutbare Belastung* ist zu beachten.
`228`

Mietzahlungen

Mietzahlungen für eine ersatzweise angemietete Wohnung können **zeitlich begrenzt** als außergewöhnliche Belastung zu berücksichtigen sein, wenn eine Nutzung der bisherigen eigenen Wohnung wegen Einsturzgefahr amtlich untersagt ist.
`229`

Opfergrenze

Unterhaltsleistungen (→ Rz. 241 *Unterhaltsaufwendungen*) werden nur anerkannt, wenn sie in einem angemessenen **Verhältnis zum Nettoeinkommen** des Leistenden stehen und noch angemessene **Mittel zum Lebensbedarf** für den Leistenden sowie gegebenenfalls für seine Ehefrau und seine Kinder verbleiben (sog. Opfergrenze). Bei einer bestehenden **Haushaltsgemeinschaft** mit der unterhaltenen Person (sozialrechtliche Bedarfsgemeinschaft) ist die Opfergrenze nicht anzuwenden. Zu den weiteren **Einzelheiten** s. auch BMF-Schreiben v. 7.6.2010[1], IV C 4 – S 2285/07/0006 :001, BStBl I 2010, 582, ergänzt durch BMF-Schreiben v. 27.5.2015, IV C 4 – S 2285/07/0003 :006, BStBl I 2015, 474.
`230`

Pflegekosten

Pflegekosten sind **grds.** als außergewöhnliche Belastung **abziehbar**. Ob die Pflegebedürftigkeit bei einem Heimaufenthalt bereits vor Beginn des Heimaufenthalts oder erst später eingetreten ist, ist ohne Bedeutung. Aufwendungen wegen Pflegebedürftigkeit sind nur insoweit zu berücksichtigen, als die Pflegekosten die Leistungen der Pflegepflichtversicherung und das aus einer ergänzenden Pflegekrankenversicherung bezogene Pflege(tage)geld übersteigen. → Rz. 221 *Haushaltshilfe*, → Rz. 222 *Heim- oder Pflegeunterbringung*, → Rz. 232 *Pflege-Pauschbetrag* und → Rz. 260 *Steuerermäßigung für haushaltsnahe Beschäftigungsverhältnisse/Dienstleistungen und Handwerkerleistungen*.
`231`

Pflege-Pauschbetrag

Wegen der außergewöhnlichen Belastungen, die einem Stpfl. durch die Pflege einer Person erwachsen, kann er **anstelle allgemeiner außergewöhnlicher Belastungen** den Pflege-Pauschbetrag geltend machen, wenn er dafür **keine Einnahmen** im Kalenderjahr erhält und der Stpfl. die Pflege entweder **in seiner Wohnung** oder in der **Wohnung des Pflegebedürftigen** persönlich durchführt und diese Wohnung in einem Mitgliedstaat der EU oder in einem EWR-Staat gelegen ist. Zu den zuvor genannten **Einnahmen** zählt unabhängig von der Verwendung **nicht** das von den Eltern eines Kindes mit Behinderungen für dieses Kind empfangene **Pflegegeld**.
`232`

Als **Pflege-Pauschbetrag** wird gewährt:

1. bei **Pflegegrad 2**   600 €
2. bei **Pflegegrad 3**   1 100 €
3. bei **Pflegegrad 4 oder 5**   1 800 €

---

1) Durch zwischenzeitliche Gesetzesänderungen teilweise überholt.

E 47

B. Einkommensteuer

Ein Pflege-Pauschbetrag i.H.v. 1 800 € wird auch gewährt, wenn die gepflegte Person **hilflos** ist.

Voraussetzung für die Gewährung des Pflege-Pauschbetrags ist die Angabe der erteilten **Identifikationsnummer** der gepflegten Person in der Einkommensteuererklärung des Stpfl. Wird ein Pflegebedürftiger von **mehreren Stpfl.** im Veranlagungszeitraum gepflegt, wird der **Pflege-Pauschbetrag** nach der Zahl der Pflegepersonen, bei denen die Voraussetzungen vorliegen, **geteilt.**

Höhere Aufwendungen werden nur bei **Nachweis** und nach **Anrechnung** der **zumutbaren Belastung** (→ Rz. 242 *Zumutbare Belastung*) berücksichtigt.

Privatschule

233 Für ein behindertes bzw. krankes Kind **kann** das Schulgeld für eine Privatschule als außergewöhnliche Belastung geltend gemacht werden, wenn eine geeignete öffentliche Schule oder eine schulgeldfreie Privatschule nicht zur Verfügung stehen. Der **Nachweis** der Erforderlichkeit des Besuchs der Privatschule muss durch Vorlage einer Bestätigung der zuständigen Landesbehörde erfolgen. Die → Rz. 242 *Zumutbare Belastung* ist zu beachten. Außergewöhnliche Belastungen liegen nicht vor, wenn ein Kind ausländischer Eltern, die sich nur vorübergehend im Inland aufhalten, eine fremdsprachliche Schule besucht.

Prozesskosten

234 Prozesskosten sind grundsätzlich **nicht** als außergewöhnliche Belastungen **abziehbar**, da es regelmäßig am Merkmal der Zwangsläufigkeit fehlt; das gilt unabhängig davon, ob der Stpfl. Kläger oder Beklagter ist. Ein Abzug kommt ausnahmsweise in Betracht, wenn der Stpfl. ohne den Rechtsstreit Gefahr liefe, seine materielle Existenzgrundlage zu verlieren und seine lebensnotwendigen Bedürfnisse im üblichen Rahmen nicht mehr befriedigen zu können. Die → Rz. 242 *Zumutbare Belastung* ist zu beachten. → Rz. 218 *Ehescheidung,* → Rz. 238 *Umgangsrecht,* → Rz. 240 *Vaterschaftsfeststellungsprozess.*

Sehhilfe

235 Aufwendungen für eine Sehhilfe (z.B. Brille) sind eine **außergewöhnliche Belastung** (→ Rz. 224 *Krankheitskosten*). Wurde die Notwendigkeit einer Sehhilfe einmal durch einen Augenarzt festgestellt, genügt als Nachweis gegenüber dem Finanzamt auch die Folgerefraktionsbestimmung durch einen **Augenoptiker**. Als Nachweis reicht grds. auch die Vorlage der Erstattungsmitteilung einer privaten Krankenversicherung oder eines Beihilfebescheids. Die → Rz. 242 *Zumutbare Belastung* ist zu beachten. Bezüglich einer Augen-Laser-Operation → Rz. 224 *Krankheitskosten.*

Sonderbedarf bei Berufsausbildung

236 Zur Abgeltung des Sonderbedarfs eines sich in Berufsausbildung befindenden Kindes kommt ein Freibetrag i.H.v. **924 €** jährlich in Betracht, wenn das Kind das **18. Lebensjahr** vollendet hat und **auswärts untergebracht** ist. Voraussetzung für den Abzug des Freibetrags ist, dass für das Kind ein Anspruch auf einen Freibetrag für Kinder oder Kindergeld besteht.

Unter Berufsausbildung ist auch die (Hoch-)Schulausbildung (z.B. Studium an einer Universität) zu verstehen. Die Tätigkeit im Rahmen eines freiwilligen sozialen Jahres ist dagegen grundsätzlich nicht als Berufsausbildung zu beurteilen.

Sind die Eltern geschieden oder verheiratet, aber dauernd getrennt lebend, wird der Freibetrag **jedem Elternteil**, dem Aufwendungen für die Berufsausbildung des Kindes entstehen, zur Hälfte zuerkannt. Gleiches gilt bei Eltern nichtehelicher Kinder. Auf gemeinsamen Antrag der Eltern ist eine andere Aufteilung möglich.

Studiengebühren

237 Gebühren für die Hochschulausbildung eines Kindes sind **nicht** als außergewöhnliche Belastung **abziehbar**.

Umgangsrecht

238 Die Kosten eines entsprechenden Prozesses (→ Rz. 234 *Prozesskosten*) sind nicht mehr als **außergewöhnliche Belastungen** abziehbar.

Unterhaltsaufwendungen

239 Unterhaltsleistungen sind in **2022** bis zum **Höchstbetrag** von 9 984 € abziehbar, wenn der Empfänger gegenüber dem Stpfl. gesetzlich unterhaltsberechtigt ist oder wenn mit Rücksicht auf die Unterstützungsleistungen öffentliche Mittel, die der Empfänger für den Unterhalt erhält, gekürzt werden oder – bei einem entsprechenden Antrag – gekürzt würden. Der Höchstbetrag von 9 984 € **erhöht** sich um den Betrag, der für die Absicherung von **Krankheits- und Pflegerisiko** der unterhaltsberechtigten Person aufgewandten Beiträge; dies gilt nicht für Kranken- und Pflegeversicherungsbeiträge, die als Sonderausgaben anzusetzen sind; dabei ist es nicht notwendig, dass die Beiträge tatsächlich von dem Unterhaltsverpflichteten gezahlt oder erstattet wurden. Voraussetzung für die Anerkennung der Unterhaltsleistungen ist, dass niemand Anspruch auf Freibeträge für Kinder oder auf Kindergeld für die unterstützte Person hat und diese kein oder nur ein geringes Vermögen besitzt; ein angemessenes Hausgrundstück bleibt unberücksichtigt. Dem Grunde nach gesetzlich unterhaltsberechtigt sind neben den **Ehepartner** Verwandte in gerader Linie wie Kinder, Eltern und Großeltern. Auf den Höchstbetrag von 9 984 €, bzw. den erhöhten Höchstbetrag, jährlich werden die **eigenen Einkünfte und Bezüge** der unterhaltenen Person angerechnet, soweit sie 624 € jährlich übersteigen. Die Höchstbeträge vermindern sich außerdem um Ausbildungsbeihilfen, die die unterstützte Person aus öffentlichen Mitteln oder von Förderungseinrichtungen bezieht, die für diese Zwecke öffentliche Mittel erhalten.

Lebt die unterhaltene Person im **Ausland**, können sich der Höchstbetrag und der anrechnungsfreie Betrag um ein Viertel, ein Halb oder drei Viertel ermäßigen; s. auch BMF-Schreiben v. 11.11.2020, IV C 8 – S 2285/19/10001 :002, BStBl I 2020, 1212.

Voraussetzung für den Abzug der Aufwendungen ist die Angabe der erteilten **Identifikationsnummer** (§ 139b AO) der unterhaltenen Person in der Steuererklärung des Unterhaltsleistenden.

Allgemeine Hinweise zur Berücksichtigung von Unterhaltsaufwendungen als außergewöhnliche Belastung finden sich im BMF-Schreiben v. 7.6.2010, IV C 4 – S 2285/07/0006 :001, BStBl I 2010, 582. Zur Berücksichtigung von Aufwendungen für den Unterhalt von Personen im Ausland als außergewöhnliche Belastung siehe BMF-Schreiben v. 7.6.2010, IV C 4 – S 2285/07/0006 :001, BStBl I 2010, 588.

→ Rz. 230 *Opfergrenze*

B. Einkommensteuer

Vaterschaftsfeststellungsprozess

Die → Rz. 234 *Prozesskosten* im Rahmen einer Vaterschaftsfeststellung sind nicht mehr als **außergewöhnliche Belastung** abziehbar. **240**

Wiederbeschaffungskosten

Kosten der Wiederbeschaffung für lebensnotwendige Vermögensgegenstände, wie Hausrat und Kleidung, die durch ein **unabwendbares Ereignis** (z.B. Brand oder Hochwasser) beschädigt oder zerstört wurden, sind außergewöhnliche Belastungen. Sie können jedoch nicht steuermindernd als außergewöhnliche Belastung berücksichtigt werden, wenn der Geschädigte es unterlassen hat, eine allgemein übliche und zumutbare Versicherung (z.B. eine Hausratversicherung) abzuschließen. Die → Rz. 242 *Zumutbare Belastung* ist zu beachten. **241**

Zumutbare Belastung

Es wird davon ausgegangen, dass eine **außergewöhnliche Belastung selbst getragen** werden kann, soweit bestimmte Beträge nicht überschritten werden. Diese zumutbare Belastung beträgt (Angaben in % des Gesamtbetrags der Einkünfte [→ Rz. 38 und 104]): **242**

	bei einem Gesamtbetrag der Einkünfte		
	bis 15 340 €	über 15 340 € bis 51 130 €	über 51 130 €
– bei Ledigen oder dauernd getrennt Lebenden ohne Kinder	5	6	7
– bei zusammenveranlagten Ehepartnern	4	5	6
– wenn ein oder zwei Kinder zu berücksichtigen sind	2	3	4
– wenn drei oder mehr Kinder zu berücksichtigen sind	1	1	2

Die zu berücksichtigende zumutbare Belastung ist **stufenweise** zu berechnen, d.h., es ist nur der Teil des Gesamtbetrags der Einkünfte mit dem höheren Prozentsatz belastet, der die jeweilige Stufe übersteigt.

9. ABC der Sonstigen Freibeträge, Freigrenzen, Pauschbeträge, Abzugsbeträge

Neben den Werbungskosten (→ Rz. 122 ff.), Sonderausgaben (→ Rz. 176 ff.) und außergewöhnlichen Belastungen (→ Rz. 211 ff.) haben noch **andere Beträge** im Lohn- und Einkommensteuerrecht **Bedeutung**. Im nachfolgenden ABC sind die **wichtigsten Beträge** zusammengestellt. Wegen der Freibeträge etc., die eine besondere Bedeutung bei der Ermittlung des dem Lohnsteuerabzug unterliegenden Arbeitslohns haben, vgl. auch → Rz. 343 ff. **243**

Altersentlastungsbetrag

Der Altersentlastungsbetrag soll bei **über 64 Jahre** alten Personen (für Kalenderjahr 2022: vor dem 2.1.1958 geborene Stpfl.) einen Ausgleich schaffen für Einkünfte, die nicht wie Renten und Pensionen begünstigt besteuert werden. Die Regelungen zum Altersentlastungsbetrag wurden ab 2005 geändert, weil der Altersentlastungsbetrag keine Rechtfertigung mehr hat, wenn in der Endstufe der nachgelagerten Besteuerung die Renten und Versorgungsbezüge zu 100 % besteuert werden (Übergang zur nachgelagerten Besteuerung durch das Alterseinkünftegesetz ab 2005). **244**

Im Einzelnen gilt **Folgendes:**

Der Altersentlastungsbetrag ist bis zu einem **Höchstbetrag** im Kalenderjahr ein nach einem **Vomhundertsatz** ermittelter Betrag des Arbeitslohns und der **positiven Summe der Einkünfte**, die nicht solche aus nichtselbständiger Arbeit sind. Versorgungsbezüge i.S.d. § 19 Abs. 2 EStG, Einkünfte aus Leibrenten i.S.d. § 22 Nr. 1 Satz 3 Buchst. a EStG, Einkünfte i.S.d. § 22 Nr. 4 Satz 4 Buchst. b EStG, Einkünfte i.S.d. § 22 Nr. 5 Satz 1 EStG, soweit § 22 Nr. 5 Satz 11 EStG anzuwenden ist, Einkünfte i.S.d. § 22 Nr. 5 Satz 2 EStG und Kapitalerträge, die dem gesonderten Steuertarif für Einkünfte aus Kapitalvermögen unterliegen (→ Rz. 95), bleiben bei der Bemessung des Betrags außer Betracht. Im Fall der **Zusammenveranlagung von Ehepartnern** zur Einkommensteuer sind die Regelungen zum Altersentlastungsbetrag für jeden **Ehepartner** gesondert anzuwenden. Der maßgebende Vomhundertsatz und der Höchstbetrag des Altersentlastungsbetrags sind einer **Tabelle** in § 24a EStG zu entnehmen. Mit der Tabelle wird sichergestellt, dass für den einzelnen Bezieher von Alterseinkünften die Besteuerungssituation in dem auf die Vollendung des 64. Lebensjahrs folgenden Jahr „eingefroren" wird.

So beträgt der Altersentlastungsbetrag in **2022** bei einem Stpfl., der im Jahr 2021 das 64. Lebensjahr vollendet hat, **14,4 %** der Einkünfte, **höchstens jedoch 684 €**. Für diesen Stpfl. werden der in 2022 anzuwendende Vomhundertsatz und der Höchstbetrag **zeitlebens** berücksichtigt.

Außerordentliche Holznutzungen

Außerordentliche Holznutzungen, das sind Holznutzungen, die aus volks- oder staatswirtschaftlichen Gründen erfolgt sind, oder Holznutzungen infolge höherer Gewalt (**Kalamitätsnutzungen** durch Eis-, Schnee-, Windbruch oder Windwurf, Erdbeben, Bergrutsch, Insektenfraß, Brand etc.) werden grds. mit dem **halben durchschnittlichen Steuersatz** besteuert. Aus sachlichen Billigkeitsgründen können **niedrigere Steuersätze** festgelegt werden bei Naturkatastrophen größeren Ausmaßes, wenn eine Einschlagsbeschränkung nicht angeordnet wurde. **245**

Begünstigungsbetrag bei nicht entnommenen Gewinnen

Sind in dem zu versteuernden Einkommen nicht entnommene Gewinne aus Land- und Forstwirtschaft, Gewerbebetrieb oder selbständiger Arbeit enthalten, wird die Einkommensteuer für diese Gewinne (Begünstigungsbetrag) auf Antrag des Stpfl. ganz oder teilweise mit einem **Steuersatz** von **28,25 %** berechnet. Soweit der begünstigt besteuerte Gewinn in späteren Jahren vom Stpfl. entnommen wird, entfällt der Begünstigungsgrund und es wird insoweit eine Nachversteuerung i.H.v. 25 % vorgenommen. Im Übrigen gibt es weitere Gründe für eine Nachversteuerung (z.B. Aufgabe oder Veräußerung eines Betriebes oder Mitunternehmeranteils, Antrag des Stpfl.). **246**

E 49

B. Einkommensteuer

Betriebsausgabenpauschale

247 Bei der Ermittlung der Einkünfte aus **selbständiger Arbeit** kann bei hauptberuflicher selbständiger, schriftstellerischer oder journalistischer Tätigkeit, bei wissenschaftlicher, künstlerischer und schriftstellerischer Nebentätigkeit sowie bei nebenamtlicher Lehr- und Prüfungstätigkeit an Stelle der tatsächlichen Betriebsausgaben eine Betriebsausgabenpauschale abgezogen werden. Die Betriebsausgabenpauschale beträgt:

– bei hauptberuflicher selbständiger, schriftstellerischer oder journalistischer Tätigkeit **30 %** der Betriebseinnahmen aus dieser Tätigkeit, höchstens jedoch 2 455 € jährlich;

– bei wissenschaftlicher, künstlerischer und schriftstellerischer Nebentätigkeit (auch Vortrags- oder nebenberufliche Lehr- und Prüfungstätigkeit), soweit es sich nicht um eine Tätigkeit i.S.d. § 3 Nr. 26 EStG (→ Rz. 589 *Übungsleiterpauschale*) handelt, **25 %** der Betriebseinnahmen aus dieser Tätigkeit, höchstens jedoch 614 € jährlich. Der Höchstbetrag von 614 € wird für alle Nebentätigkeiten, die unter die Vereinfachungsregelung fallen, nur einmal gewährt.

Zur **Betriebsausgabenpauschale** bei **Kindertagespflege** siehe BMF-Schreiben v. 11.11.2016, IV C 6 – S 2246/07/10002 :005, BStBl I 2016, 1236.

Freibetrag für Investmentanteile

248 Die bis zum 31.12.2017 eingetretenen Wertveränderungen bei vor 2009 angeschafften Investmentanteilen (sog. **Alt-Anteile**) sind steuerfrei. Veräußerungsgewinne aus vor 2009 angeschafften Investmentanteilen sind hingegen in Höhe der ab 2018 eintretenden Wertveränderungen (ggf. unter Berücksichtigung einer Teilfreistellung) steuerpflichtig. Hier wird ein Freibetrag von **100 000 €** gewährt.

Freibetrag für Land- und Forstwirtschaft

249 Einkünfte aus Land- und Forstwirtschaft werden bei der Ermittlung des Gesamtbetrags der Einkünfte (→ Rz. 104) nur berücksichtigt, soweit sie **900 €** bzw. bei Zusammenveranlagung von **Ehepartnern 1 800 €** übersteigen.

Der gewährte Freibetrag ist nicht **betriebsbezogen**; er steht dem Stpfl. nur einmal zu, auch wenn er an mehreren Betrieben der Land- und Forstwirtschaft beteiligt ist. Andererseits steht er jedem Beteiligten an einem land- und forstwirtschaftlichen Betrieb zu. Der Freibetrag wird ungeschmälert gewährt, auch wenn im Laufe eines Veranlagungszeitraums ein Betrieb der Land- und Forstwirtschaft übernommen, veräußert oder aufgegeben wird.

Voraussetzung für die Anwendung des Freibetrags ist jedoch, dass die Summe der Einkünfte (→ Rz. 99 ff.) **30 700 €** bzw. bei Zusammenveranlagung von **Ehepartnern 61 400 €** nicht übersteigt.

Freigrenze bei privaten Veräußerungsgeschäften

250 Gewinne aus privaten Veräußerungsgeschäften (Veräußerung von Grundstücken und anderen Wirtschaftsgütern, nicht aber Finanzanlagen [siehe 3. Absatz]) bleiben steuerfrei, wenn der aus den privaten Veräußerungsgeschäften erzielte Gesamtgewinn im Kalenderjahr weniger als **600 €** betragen hat. Veräußerungen von Gegenständen des täglichen Gebrauchs (z.B. Gebrauchtfahrzeuge) werden dabei steuerlich nicht erfasst. Es handelt sich bei dem Betrag i.H.v. 600 € nicht um einen Freibetrag, d.h., bei einem Gesamtgewinn von z.B. 700 € ist der gesamte Gewinn i.H.v. 700 € zu versteuern.

Haben beide zusammenveranlagten **Ehepartner** Veräußerungsgewinne erzielt, steht jedem **Ehepartner** die Freigrenze – höchstens jedoch bis zur Höhe seines Gesamtgewinns aus privaten Veräußerungsgeschäften – zu.

Gewinne aus der Veräußerung von **Finanzanlagen** (z.B. Aktien, Investmentfonds) gehören bei Anschaffungen nach dem 31.12.2008 zu den Einkünften aus Kapitalvermögen (→ Rz. 95); es greift die **Abgeltungsteuer** (→ Rz. 268). Bei Investmentanteile, die Alt-Anteile sind, gibt es weitere Besonderheiten (→ Rz. 95, 248 *Freibetrag für Investmentanteile* und 268). Die Freigrenze von 600 € ist bei Finanzanlagen nicht mehr maßgeblich; hier greift der → Rz. 255 *Sparer-Pauschbetrag*.

Freigrenze für Geschenke

251 Aufwendungen für Geschenke an Personen, die nicht Arbeitnehmer des Stpfl. sind, dürfen nicht als Betriebsausgaben abgezogen werden, wenn die Anschaffungs- oder Herstellungskosten der dem Empfänger im Wirtschaftsjahr zugewendeten Gegenstände insgesamt **35 €** übersteigen. Es handelt sich bei dem Betrag i.H.v. 35 € nicht um einen Freibetrag, d.h., bei Aufwendungen für ein Geschenk i.H.v. z.B. 50 € ist der gesamte Betrag nicht abziehbar.

Für die Frage, ob die Freigrenze i.H.v. 35 € überschritten ist, ist von den Anschaffungs- oder Herstellungskosten abzüglich eines darin enthaltenen Vorsteuerbetrags, also vom reinen Warenpreis ohne Vorsteuer (**Nettowert**), auszugehen, wenn der Vorsteuerbetrag umsatzsteuerrechtlich abziehbar ist. Ist die Vorsteuer umsatzsteuerrechtlich nicht abziehbar, ist vom **Warenpreis einschließlich der Umsatzsteuer** auszugehen. Im Übrigen unterliegt auch die **Übernahme der pauschalen Einkommensteuer** nach § 37b EStG für ein Geschenk als weiteres Geschenk dem Abzugsverbot, soweit bereits der Wert des Geschenks selbst oder zusammen mit der übernommenen pauschalen Einkommensteuer den Betrag von 35 € übersteigt.

Zum **60 €-Höchstbetrag** bei **Geschenken an Arbeitnehmer** → Rz. 462 (Amtseinführung), → Rz. 489 (Betriebsveranstaltungen) und → Rz. 527 (Geschenke).

Grundfreibetrag

252 Bis zur Höhe des Grundfreibetrags wird keine Einkommensteuer erhoben. Der Grundfreibetrag ist dabei in die Formel zur Berechnung der Einkommensteuer eingearbeitet (§ 32a EStG).

Der Grundfreibetrag beträgt in **2022** für Ledige und dauernd getrennt lebende **Ehepartner 9 984 €** und für zusammenveranlagte Ehepartner **19 968 €**.

Härteausgleich

253 Bei der Veranlagung von Arbeitnehmern zur Einkommensteuer wird ein Freibetrag in Höhe der Einkünfte, die nicht der Lohnsteuer unterlegen haben, vom Einkommen abgezogen, wenn diese Einkünfte insgesamt nicht mehr als **410 €** betragen haben. Haben sie mehr als 410 € betragen, wird als Freibetrag vom Einkommen der Betrag abgezogen, um den die Einkünfte den Betrag von **820 €** unterschritten haben. Soweit diese Einkünfte zum Abzug des → Rz. 244 *Altersentlastungsbetrags* oder des → Rz. 249 *Freibetrags für Land- und Forstwirtschaft* geführt haben, vermindert sich jedoch der Freibetrag um den Anteil des Altersentlastungsbetrags, der auf ihn entfällt, sowie um den Freibetrag für Land- und Forstwirte. Des Weiteren gibt es hier noch Besonderheiten beim Bezug von Einkünften aus Kapitalvermögen zu beachten.

E 50

B. Einkommensteuer

Sonderausgaben-Pauschbetrag

Für bestimmte Sonderausgaben wird ein Pauschbetrag von 36 € gewährt (Sonderausgaben-Pauschbetrag), wenn nicht höhere Aufwendungen nachgewiesen werden. Wegen der Einzelheiten → Rz. 154 *Sonderausgaben-Pauschbetrag*. Bei der Zusammenveranlagung von **Ehepartnern** verdoppelt sich der Betrag auf **72 €**.

254

Sparer-Pauschbetrag

Bei den Einkünften aus Kapitalvermögen gelten die Regelungen zur **Abgeltungsteuer** (→ Rz. 95 und 268). Der Sparer-Pauschbetrag wird hier für Werbungskosten abgezogen und beträgt **801 €**. Ein Nachweis und Abzug der **tatsächlichen Werbungskosten** ist **nicht möglich**.

255

Ehepartnern, die zusammen veranlagt werden, wird ein gemeinsamer Sparer-Pauschbetrag von **1 602 €** gewährt. Der gemeinsame Sparer-Pauschbetrag wird bei der Einkunftsermittlung bei jedem **Ehepartner je zur Hälfte** abgezogen. Sind die Kapitalerträge eines **Ehepartners** niedriger als 801 €, ist der anteilige Sparer-Pauschbetrag insoweit **bei dem anderen Ehepartner** abzuziehen, als er die Kapitalerträge dieses **Ehepartners** übersteigt.

Steuerermäßigung bei ausländischen Einkünften

Bei unbeschränkt Stpfl., die mit ausländischen Einkünften in dem Staat, aus dem die Einkünfte stammen, zu einer der deutschen Einkommensteuer entsprechenden Steuer herangezogen werden, wird die festgesetzte und gezahlte und um einen entstandenen Ermäßigungsanspruch gekürzte **ausländische Steuer** auf die deutsche Einkommensteuer **angerechnet**, die auf die Einkünfte aus diesem Staat entfällt. Statt einer Anrechnung wird die ausländische Steuer auf Antrag bei der Ermittlung der Einkünfte **abgezogen**.

256

Steuerermäßigung bei Belastung mit Erbschaftsteuer

Sind bei der Ermittlung des Einkommens Einkünfte berücksichtigt worden, die im Veranlagungszeitraum oder in den vorangegangenen vier Veranlagungszeiträumen als Erwerb von Todes wegen der Erbschaftsteuer unterlegen haben, so wird auf Antrag die um sonstige Steuerermäßigungen gekürzte tarifliche **Einkommensteuer**, die auf diese Einkünfte entfällt, um einen bestimmten Prozentsatz **ermäßigt**. Die Regelung verringert eine **Doppelbelastung** mit Erbschaftsteuer und Einkommensteuer. Sie ist beschränkt auf Fälle, in denen beim Erben Einkünfte tatsächlich mit Einkommensteuer belastet werden, die zuvor als Vermögen oder Bestandteil von Vermögen bereits der Erbschaftsteuer unterlagen.

257

Die Regelung **gilt nicht**, soweit Erbschaftsteuer als Sonderausgabe abgezogen wird (→ Rz. 207 *Versorgungsleistungen*).

Steuerermäßigung bei Einkünften aus Gewerbebetrieb

Die tarifliche Einkommensteuer ermäßigt sich, soweit sie anteilig auf im zu versteuernden Einkommen enthaltene gewerbliche Einkünfte entfällt, bei Einkünften aus gewerblichen Unternehmen um **das 4-fache** des festgesetzten **Gewerbesteuer-Messbetrags**, bei Mitunternehmern und persönlich haftenden Gesellschaftern einer Kommanditgesellschaft auf Aktien um das 4-fache des festgesetzten anteiligen Gewerbesteuer-Messbetrags. Der Abzug des Steuerermäßigungsbetrags ist auf die tatsächlich zu zahlende Gewerbesteuer beschränkt. Zur Anwendung siehe BMF-Schreiben v. 3.11.2016[1], IV C 6 – S 2296-a/08/10002 :003, BStBl I 2016, 1187, unter Berücksichtigung der Änderungen durch BMF-Schreiben v. 17.4.2019, IV C 6 – S 2296-a/17/10004, BStBl I 2019, 459.

258

Steuerermäßigung für energetische Maßnahmen bei zu eigenen Wohnzwecken genutzten Gebäuden

Für **energetische Maßnahmen** an einem zu **eigenen Wohnzwecken** genutzten eigenen Gebäude (begünstigtes Objekt) ermäßigt sich **auf Antrag** die tarifliche Einkommensteuer im **Kalenderjahr des Abschlusses** der energetischen Maßnahme und im **nächsten Kalenderjahr** um je 7 % der Aufwendungen des Stpfl., **höchstens** jedoch um je **14 000 €** und im **übernächsten Kalenderjahr** um 6 % der Aufwendungen des Stpfl., **höchstens** jedoch um **12 000 €** für das begünstigte Objekt. Die Förderung kann für **mehrere Einzelmaßnahmen** an einem begünstigten Objekt in Anspruch genommen werden; je begünstigtes Objekt beträgt der **Höchstbetrag** der Steuerermäßigung **40 000 €**.

259

Die Steuerermäßigung kann nur in Anspruch genommen werden, soweit die Aufwendungen **nicht Betriebsausgaben** oder **Werbungskosten** darstellen und soweit sie **nicht** als **Sonderausgaben** (→ Rz. 176 ff.) oder **außergewöhnliche Belastungen** (→ Rz. 211 ff.) berücksichtigt worden sind. Voraussetzung für die Inanspruchnahme der Steuerermäßigung ist, dass der Stpfl. für die Aufwendungen eine **Rechnung** erhalten hat, die die förderungsfähigen energetischen Maßnahmen, die **Arbeitsleistung** des **Fachunternehmens** und die **Adresse** des **begünstigten Objekts** ausweisen, und die in **deutscher Sprache** ausgefertigt ist, und die **Zahlung** auf das **Konto** des Erbringers der Leistung erfolgt.

Die Steuerermäßigung ist **erstmals** auf Baumaßnahmen anzuwenden, mit deren Durchführung **nach dem 31.12.2019** begonnen wurde und die **vor dem 1.1.2030** abgeschlossen sind. Zu **weiteren Einzelheiten** s. „Energetische Sanierungsmaßnahmen-Verordnung" (**ESanMV**), BMF v. 14.1.2021, IV C 1 – S 2296-c/20/10004 :006, BStBl I 2021, 103 (**Anwendungsschreiben**), und v. 15.10.2021, IV C 1 – S 2296-c/20/10003: 004, www.stotax-first.de (Schreiben zu den **Bescheinigungspflichten**).

Steuerermäßigung für haushaltsnahe Beschäftigungsverhältnisse/Dienstleistungen und Handwerkerleistungen

Für haushaltsnahe Beschäftigungsverhältnisse, bei denen es sich um eine **geringfügige Beschäftigung** i.S.d. § 8a SGB IV handelt, ermäßigt sich die tarifliche Einkommensteuer, vermindert um die sonstigen Steuerermäßigungen, um **20 %**, **höchstens 510 €**, der Aufwendungen des Stpfl.

260

Für **andere haushaltsnahe Beschäftigungsverhältnisse** oder für die **Inanspruchnahme von haushaltsnahen Dienstleistungen**, die nicht Handwerkerleistungen sind, ermäßigt sich die tarifliche Einkommensteuer, vermindert um die sonstigen Steuerermäßigungen, um **20 %**, **höchstens 4 000 €**, der Aufwendungen des Stpfl. Die Steuerermäßigung kann auch in Anspruch genommen werden für die Inanspruchnahme von **Pflege- und Betreuungsleistungen** sowie für Aufwendungen, die wegen der Unterbringung in einem **Heim** oder zur **dauernden Pflege** erwachsen, soweit darin **Kosten für Dienstleistungen** enthalten sind, die mit denen einer Hilfe im Haushalt vergleichbar sind.

Für die Inanspruchnahme von **Handwerkerleistungen** für Renovierungs-, Erhaltungs- und Modernisierungsmaßnahmen ermäßigt sich die tarifliche Einkommensteuer, vermindert um die sonstigen Steuerermäßigungen, auf Antrag um **20 %**, **höchstens 1 200 €**, der Aufwendungen. Dies gilt nicht für öffentlich geförderte Maßnahmen, für die zinsverbilligte Darlehen

---

1) Das BMF-Schreiben ist nach der Änderung durch das Zweite Corona-Steuerhilfegesetz v. 29.6.2020 (BGBl. I 2020, 1512) teilweise überholt.

E 51

B. Einkommensteuer

oder steuerfreie Zuschüsse in Anspruch genommen werden. Der Abzug von der tariflichen Einkommensteuer gilt nur für **Arbeitskosten.**

Die Steuerermäßigung i.H.v. bis zu 510 €, 4 000 € und 1 200 € kann nur in Anspruch genommen werden, wenn das Beschäftigungsverhältnis, die Dienstleistung oder die Handwerkerleistung in einem **in der Europäischen Union** oder dem **Europäischen Wirtschaftsraum** liegenden Haushalt des Stpfl. oder bei Pflege- und Betreuungsleistungen in einem Haushalt der gepflegten oder betreuten Person ausgeübt oder erbracht wird. In den Fällen der Inanspruchnahme von Pflege- und Betreuungsleistungen sowie für Aufwendungen, die wegen der Unterbringung in einem Heim oder zur dauernden Pflege erwachsen, ist Voraussetzung, dass das **Heim** oder der **Ort der dauernden Pflege** in der Europäischen Union oder dem Europäischen Wirtschaftsraum liegt.

Die Steuerermäßigungen i.H.v. bis zu 510 €, 4 000 € und 1 200 € können nur in Anspruch genommen werden, soweit die Aufwendungen nicht Betriebsausgaben oder Werbungskosten darstellen und soweit sie nicht als Sonderausgaben (→ Rz. 176 ff.) oder außergewöhnliche Belastungen (→ Rz. 211 ff.) berücksichtigt worden sind; für Aufwendungen, die dem Grunde nach als Kinderbetreuungskosten zu berücksichtigen sind (→ Rz. 187 *Kinderbetreuungskosten*), ist eine Inanspruchnahme ebenfalls ausgeschlossen. Voraussetzung für die Inanspruchnahme der Steuerermäßigung für **haushaltsnahe Dienstleistungen** i.H.v. **bis zu 4 000 €** oder für **Handwerkerleistungen** ist, dass der Stpfl. für die Aufwendungen eine **Rechnung** erhalten hat und die **Zahlung auf das Konto** des Erbringers der Leistung erfolgt ist; **Barzahlungen** sind nicht begünstigt. Leben **zwei Alleinstehende** in einem Haushalt zusammen, können sie die Höchstbeträge insgesamt jeweils **nur einmal** in Anspruch nehmen.

Zu den **weiteren Einzelheiten** siehe BMF-Schreiben v. 9.11.2016, IV C 8 – S 2296-b/07/10003 :008, BStBl I 2016, 1213, geändert durch BMF-Schreiben v. 1.9.2021, IV C 8 – S 2296-b/21/10002 :001, BStBl I 2021, 1494.

Steuerermäßigung bei Zuwendungen an politische Parteien und an unabhängige Wählervereinigungen

261 Die tarifliche Einkommensteuer ermäßigt sich bei Zuwendungen an politische, sofern die jeweilige Partei nicht von der staatlichen Teilfinanzierung ausgeschlossen ist, und bestimmte Vereine ohne Parteicharakter um **50 %** der Ausgaben, höchstens **825 €**, im Fall der Zusammenveranlagung von **Ehepartnern** höchstens **1 650 €**. → Rz. 40 und → Rz. 192 *Politische Parteien.*

Tarifermäßigung bei Einkünften aus Land- und Forstwirtschaft

262 Bei Einkünften aus Land- und Forstwirtschaft wird auf Antrag eine, von der EU-Kommission genehmigte **Tarifermäßigung** durchgeführt. Die Tarifermäßigung gewährleistet eine ausgeglichene tarifliche Besteuerung von **drei** aufeinanderfolgenden guten und schlechten Wirtschaftsjahren. Die Steuerermäßigung ist auf neun Jahre befristet und wird **letztmalig** im Veranlagungszeitraum **2022** gewährt. Zu **weiteren Einzelheiten** s. BMF-Schreiben v. 18.9.2020, IV C 7 – S 2230/19/10003 :007, BStBl I 2020, 952, geändert BMF v. 24.11.2020, IV C 7 – S 2230/19/10003 :007, BStBl I 2020, 1217.

Veräußerungsfreibetrag

263 Für Gewinne aus der Veräußerung

- eines ganzen Gewerbebetriebs oder eines Teilbetriebs,
- eines Anteils eines Gesellschafters, der als Unternehmer (Mitunternehmer) eines Betriebs anzusehen ist, oder
- eines Anteils eines persönlich haftenden Gesellschafters einer Kommanditgesellschaft auf Aktien

wird ein Freibetrag i.H.v. **45 000 €** gewährt, wenn der Stpfl. das 55. Lebensjahr vollendet hat oder er im sozialversicherungsrechtlichen Sinn dauernd berufsunfähig ist. Als Veräußerung gilt auch die Aufgabe einer entsprechenden Tätigkeit. Der Freibetrag wird nur einmal (im Leben) gewährt. Er ermäßigt sich um den Betrag, um den der Veräußerungsgewinn den Betrag von **136 000 €** übersteigt. Bei der Veräußerung des Vermögens oder eines selbständigen Teils des Vermögens oder eines Anteils am Vermögen, das der **selbständigen Arbeit** dient, gilt die Freibetragsregelung entsprechend. Gleiches gilt bei Aufgabe einer selbständigen Tätigkeit.

Versorgungsfreibetrag

264 Von Versorgungsbezügen bleiben ein **Versorgungsfreibetrag** und ein **Zuschlag zum Versorgungsfreibetrag** steuerfrei. Der Versorgungsfreibetrag ist dabei ein nach einem **Vomhundertsatz** ermittelbarer, auf einen **Höchstbetrag** begrenzter Betrag.

Versorgungsbezüge sind Bezüge aus einem früheren Dienstverhältnis, die nach den Beamten-(Pensions-)Gesetzen oder entsprechenden Regelungen oder in anderen Fällen wegen Erreichens einer Altersgrenze, Eintritts der Berufs- oder Erwerbsunfähigkeit oder als Hinterbliebenenbezüge gewährt werden.

Der maßgebende Vomhundertsatz, der Höchstbetrag des Versorgungsfreibetrags und der Zuschlag zum Versorgungsfreibetrag werden aus einer **Tabelle** in § 19 Abs. 2 EStG entnommen. So beträgt bei einem Versorgungsbeginn in 2022 der Versorgungsfreibetrag **14,4 %** der Versorgungsbezüge, **höchstens** aber **1 080 €**, und der Zuschlag zum Versorgungsfreibetrag **324 €**. Die genannten Beträge werden bis zum **Jahr 2040** auf **0 %** bzw. **0 €** abgeschmolzen.

Bemessungsgrundlage für den Versorgungsfreibetrag ist bei Versorgungsbeginn vor 2005 das Zwölffache des Versorgungsbezugs für Januar 2005 und bei Versorgungsbeginn ab 2005 das Zwölffache des Versorgungsbezugs für den ersten vollen Monat, jeweils zuzüglich voraussichtlicher Sonderzahlungen im Kalenderjahr, auf die zu diesem Zeitpunkt ein Rechtsanspruch besteht. Der einmal berechnete Versorgungsfreibetrag und Zuschlag zum Versorgungsfreibetrag gelten für die **gesamte Laufzeit** des Versorgungsbezugs. **Regelmäßige Anpassungen** des Versorgungsbezugs führen nicht zu einer Neuberechnung. Allerdings sind der Versorgungsfreibetrag und der Zuschlag zum Versorgungsfreibetrag **neu zu berechnen**, wenn sich der Versorgungsbezug wegen Anwendung von Anrechnungs-, Ruhens-, Erhöhungs- oder Kürzungsregelungen erhöht oder vermindert. Für jeden **vollen Kalendermonat**, für den **keine Versorgungsbezüge** gezahlt werden, werden der Versorgungsfreibetrag und der Zuschlag zum Versorgungsfreibetrag in diesem Kalenderjahr um je **ein Zwölftel** ermäßigt. Zu weiteren Einzelheiten und Besonderheiten siehe BMF-Schreiben v. 19.8.2013, IV C 3 – S 2221/12/10010:004/IV C 5 – S 2345/08/0001, BStBl I 2013, 1087, in seiner mehrfach geänderten Fassung.

Werbungskosten-Pauschbetrag bei bestimmten sonstigen Einnahmen

265 Von bestimmten **sonstigen Einnahmen** wird ein Werbungskosten-Pauschbetrag von **102 €** jährlich abgezogen, wenn nicht höhere Werbungskosten nachgewiesen werden. Der Pauschbetrag darf nur bis zur Höhe der Einnahmen abgezogen werden. **Folgende Einnahmen** sind vom Werbungskosten-Pauschbetrag betroffen:

E 52

— Einnahmen aus wiederkehrenden Bezügen (z.B. die Altersrente aus der gesetzlichen Rentenversicherung, Renten wegen verminderter Erwerbsfähigkeit oder Witwen- und Witwerrenten);

— Einnahmen aus Unterhaltsleitungen an den geschiedenen oder dauernd getrennt lebenden **Ehepartner**, soweit sie vom Geber als Sonderausgaben abgezogen werden können;

— Einkünfte aus Versorgungsleistungen, soweit beim Zahlungsverpflichteten die Voraussetzungen für den Sonderausgabenabzug erfüllt sind;

— Einkünfte aus Ausgleichszahlungen im Rahmen des schuldrechtlichen Versorgungsausgleichs, soweit bei der ausgleichspflichtigen Person die Voraussetzungen für den Sonderausgabenabzug erfüllt sind;

— Leistungen aus Altersvorsorgeverträgen, Pensionsfonds, Pensionskassen und Direktversicherungen.

VIII. Steuererhebungsformen/ Einkommensteuer-Vorauszahlungen

266 Die **Einkommensteuer** wird grundsätzlich nach Ablauf des Kalenderjahrs (Veranlagungszeitraums) nach dem Einkommen veranlagt, das der Stpfl. in diesem **Veranlagungszeitraum** bezogen hat, soweit nicht Einkünfte aus nichtselbständiger Arbeit sowie Einkünfte aus Kapitalvermögen vorliegen und eine Veranlagung unterbleibt. Von den Lohn- und Kapitaleinkünften erhebt der Fiskus die Einkommensteuer im sog. Quellenabzug. Daneben kann er Einkommensteuer-Vorauszahlungen festsetzen.

1. Einkünfte aus nichtselbständiger Arbeit (Lohnsteuer)

267 Bei Einkünften aus nichtselbständiger Arbeit wird die Einkommensteuer durch **Abzug vom Arbeitslohn** erhoben (Lohnsteuer). Der Arbeitgeber hat vom Bruttoarbeitslohn des Arbeitnehmers die Lohnsteuer zu berechnen, sie einzubehalten und an das Finanzamt abzuführen (→ Rz. 272 ff.). Die vom Arbeitgeber lt. elektronischer Lohnsteuerbescheinigung oder besonderer Lohnsteuerbescheinigung einbehaltene Lohnsteuer wird **auf** die festgesetzte **Einkommensteuer angerechnet**.

Pauschal besteuerter Arbeitslohn und die darauf entfallende pauschale Lohnsteuer bleiben bei einer Einkommensteuerveranlagung jedoch grds. unberücksichtigt. Ausnahme ist hier die Pauschalbesteuerung mit einem Steuersatz von 20 % bei Arbeitslohnzahlungen auf Grund von tarifvertraglichen Ansprüchen des Arbeitnehmers gegen einen Dritten (z.B. gegenüber den Sozialkassen des Baugewerbes); → Rz. 406 unter „Tarifvertragliche Zahlungen durch Dritte".

2. Einkünfte aus Kapitalvermögen (Abgeltungsteuer – eigentl. Kapitalertragsteuer)

268 Für Kapitaleinkünfte gilt eine **Abgeltungsteuer** (Kapitalertragsteuer mit abgeltender Wirkung; → Rz. 95). Zinsen, Dividenden und Fondsausschüttungen etc., aber auch **Kurs- und Währungsgewinne** werden pauschal mit **25 % zzgl. Solidaritätszuschlag** (→ Rz. 706 ff.) und ggf. **Kirchensteuer** (→ Rz. 726 ff.) besteuert. Seit 2018 gibt es bei **Publikums-Investmentfonds** eine sog. Teilfreistellung als Ausgleich für die Besteuerung der Dividenden und der Immobilienerträge auf Ebene des Investmentfonds (je nach Art des Fonds i.H.v. 15, 30, 60 oder 80 %). Die Abgeltungsteuer fällt allerdings nur dann an, wenn die steuerpflichtigen Kapitalerträge höher sind als der **Sparer-Pauschbetrag von 801 €** (Alleinstehende) bzw. **1 602 €** Verheiratete (→ Rz. 255 *Sparer-Pauschbetrag*); ggf. greift auch der → Rz. 248 *Freibetrag für Investmentanteile*. **Werbungskosten** werden **nicht** berücksichtigt. Zur Berücksichtigung des Sparer-Pauschbetrags kann beim Kreditinstitut ein **Freistellungsauftrag** erteilt werden.

Die privilegierte Besteuerung mit dem gesonderten Steuertarif greift nicht, wenn Gläubiger und Schuldner „**einander nahestehende Personen**" sind. Die Einkünfte aus Kapitalvermögen werden in diesem Fall in die Ermittlung des zu versteuernden Einkommens einbezogen und dem „normalen" tariflichen Einkommensteuersatz unterworfen. Ein, die privilegierte Besteuerung mit dem gesonderten Steuertarif ausschließendes, Näheverhältnis liegt aber nur dann vor, wenn auf eine der Vertragsparteien ein beherrschender oder außerhalb der Geschäftsbeziehung liegender Einfluss ausgeübt werden kann oder ein eigenes wirtschaftliches Interesse an der Erzielung der Einkünfte des anderen besteht; danach ist ein lediglich aus der Familienangehörigkeit abgeleitetes persönliches Interesse nicht ausreichend, um ein Näheverhältnis zu begründen.

Die Abgeltungsteuer wird **direkt** von den Banken, Bausparkassen etc., bei denen die Kapitalanlagen gehalten werden, **einbehalten** und an das Finanzamt abgeführt. Für die Kapitalerträge gilt also ähnlich wie bei der Lohnsteuer ein **Quellenabzugsverfahren**. Durch einen **Freistellungsauftrag** zur Berücksichtigung des Sparer-Pauschbetrags (→ Rz. 255 *Sparer-Pauschbetrag*) oder eine **Nichtveranlagungs-Bescheinigung** kann die Einbehaltung der Abgeltungsteuer vermieden werden. Sofern keine Sonderfälle geltend gemacht werden, sind bei der **Einkommensteuererklärung** die Kapitaleinkünfte **nicht** gesondert **anzugeben** (Ausnahme z.B.: unterbliebener Kirchensteuerabzug [→ Rz. 739]). Bezüglich der Einzelfragen zur Abgeltungsteuer siehe auch BMF-Schreiben v. 18.1.2016, IV C 1 – S 2252/08/10004 :017, BStBl I 2016, 85 in seiner aktuellen Fassung).

Für die Abgeltungsteuer gilt das sog. **Veranlagungswahlrecht**, d.h., es kann die Einbeziehung der Kapitaleinkünfte bei der Einkommensteuerveranlagung beantragt werden. Liegt der individuelle (Grenz-)Steuersatz über 25 %, ist grds. die Abgeltungsteuer günstiger. Liegt der (Grenz-)Steuersatz unter 25 %, ist grds. die Besteuerung mit dem individuellen Steuersatz günstiger; die einbehaltene Abgeltungsteuer wird in diesem Fall angerechnet. Bei der Günstigerprüfung im Rahmen der Abgeltungsteuer wird aber nicht allein auf die festgesetzte Einkommensteuer, sondern auf die gesamte Steuerbelastung einschließlich Zuschlagsteuern (z.B. Solidaritätszuschlag) abgestellt.

3. Einkommensteuer-Vorauszahlung

269 Der Stpfl. hat am **10. März**, **10. Juni**, **10. September** und **10. Dezember** eines Jahres Vorauszahlungen auf die Einkommensteuer zu entrichten, die er für dieses Jahr voraussichtlich schulden wird. Die Vorauszahlungen bemessen sich grundsätzlich nach der Einkommensteuer, die sich nach Anrechnung der Steuerabzugsbeträge bei der letzten Veranlagung ergeben hat. Vorauszahlungen werden nur festgesetzt, wenn sie mindestens **400 €** im Kalenderjahr und mindestens **100 €** für einen Vorauszahlungszeitpunkt betragen.

270 Einkommensteuer-Vorauszahlungen müssen insbesondere Stpfl. entrichten, die Einkünfte aus Gewerbebetrieb, selbständiger Arbeit, Land- und Forstwirtschaft und Vermietung und Verpachtung erzielen. **Arbeitnehmer**, die neben ihren Einkünften aus nichtselbständiger Arbeit keine weiteren Einkünfte erzielen, brauchen i.d.R. keine Einkommensteuer-Vorauszahlungen zu leisten, weil die Lohneinkünfte bereits dem Lohnsteuerabzug unterliegen; jedoch ist das Finanzamt nicht gehindert, Einkommensteuer-Vorauszahlungen festzusetzen, auch wenn ausschließlich Einkünfte aus nichtselbständiger Arbeit erzielt werden, z.B.

— bei Steuerabzug nach **Steuerklasse III** (→ Rz. 325) und anschließender **Einzelveranlagung** (→ Rz. 73 ff.),

- bei **Ehepartnern**, die beide Arbeitnehmer sind, mit der Steuerklassenkombination III/V oder

- bei einer im Einzelfall zu hohen **Vorsorgepauschale** (→ Rz. 6 ff., 352 ff.).

Erzielt ein Arbeitnehmer neben seinen Einkünften aus nichtselbständiger Arbeit weitere Einkünfte (z.B. aus Vermietung und Verpachtung), kann das Finanzamt ebenfalls Einkommensteuer-Vorauszahlungen festsetzen.

271 Einkommensteuer-Vorauszahlungen können vom Finanzamt **herabgesetzt**, aber auch nachträglich **erhöht** werden. Ist Letzteres der Fall, wird die letzte Vorauszahlung für den Veranlagungszeitraum angepasst. Festgesetzte Vorauszahlungen werden aber nur nachträglich erhöht, wenn sich der Erhöhungsbetrag auf mindestens 5 000 € beläuft.

272 Die für einen Veranlagungszeitraum entrichteten Einkommensteuer-Vorauszahlungen werden auf die festgesetzte Einkommensteuer **angerechnet**.

C. Lohnsteuer

I. Begriffsdefinitionen

273 Der Fiskus hat dem **Steuerbürger** vielfältige Pflichten auferlegt. Eine der bedeutendsten Obliegenheiten trifft den **Arbeitgeber**. Er hat auf Grund öffentlich-rechtlicher Verpflichtung grundsätzlich bei jeder Lohnzahlung an seine Mitarbeiter die dafür fällige **Lohnsteuer** zu ermitteln, sie einzubehalten und zu den gesetzlich bestimmten Terminen dem Finanzamt anzumelden und dorthin abzuführen (→ Rz. 369 f.). Dies gilt auch für die Kirchensteuer (→ Rz. 726 ff.) und den Solidaritätszuschlag (→ Rz. 706 ff.).

Die **einheitliche Pauschsteuer** i.H.v. 2 % des Arbeitsentgelts geringfügig Beschäftigter ist hingegen an die Deutsche Rentenversicherung Knappschaft–Bahn–See (Kurzbezeichnung: Minijob-Zentrale) in Essen anzumelden und abzuführen (→ Rz. 628 f.). Hierfür hat der Arbeitgeber den sozialversicherungsrechtlichen Beitragsnachweis zu verwenden (→ Rz. 629). Für Privathaushalte als Arbeitgeber sind die Sonderregelungen des **Haushaltsscheckverfahrens** zu beachten (→ Rz. 629).

274 Grundsätzlich ist jeder Arbeitgeber gesetzlich verpflichtet, die **Lohnsteuerbescheinigung** der Finanzverwaltung **elektronisch** zu übermitteln (→ Rz. 381). Hiervon gibt es eine gesetzliche Ausnahme, wenn der Arbeitgeber für eine geringfügige Beschäftigung im Privathaushalt die Lohnabrechnung nicht maschinell durchführt (→ Rz. 384). Bei elektronischer Übermittlung ist dem Arbeitnehmer ein nach amtlich vorgeschriebenem Muster gefertigter **Ausdruck** der elektronischen Lohnsteuerbescheinigung auszuhändigen oder elektronisch bereitzustellen. Dieser Ausdruck darf nicht mit einer vom Finanzamt ausgestellten Bescheinigung für den Lohnsteuerabzug, z.B. für sog. Härtefälle oder für Arbeitnehmer ohne steuerliche Identifikationsnummer, verbunden werden. Diese Verpflichtungen gelten auch für beschränkt einkommensteuerpflichtige Arbeitnehmer und für beschäftigte Flüchtlinge.

Hat der Arbeitgeber den Arbeitslohn ausschließlich **pauschal** besteuert, ist weder eine Lohnsteuerbescheinigung zu übermitteln noch ein Ausdruck zu erstellen. Wurde Lohnsteuer **neben** dem üblichen Lohnsteuerabzug pauschal erhoben, ist diese sowie der maßgebende Arbeitslohnteil in der Lohnsteuerbescheinigung **nicht** anzugeben.

275 Die folgenden Abschnitte geben Antworten auf die Fragen,

- wer aus lohnsteuerlicher Sicht Arbeitgeber und Arbeitnehmer ist (→ Rz. 278 f.),

- welche Zahlungen und Vorteile zum Arbeitslohn rechnen (→ Rz. 457 ff.) und

- wie das Einkommensteuergesetz die Abführung der Lohnsteuer an das Finanzamt regelt (→ Rz. 276 ff.).

Ergänzend wird erläutert, welche steuerlichen Pflichten die Arbeitgeber und Arbeitnehmer zu beachten haben.

1. Lohnsteuer-Anmeldung

276 Der inländische Arbeitgeber hat die bei der Lohnzahlung (→ Rz. 368 f.) **einzubehaltende** und **zu übernehmende** Lohnsteuer dem Betriebsstättenfinanzamt anzumelden und an dessen Finanzkasse abzuführen (zu überweisen,

→ Rz. 373). Ist der Arbeitgeber ausnahmsweise **nicht** zur **elektronischen Übermittlung** der Lohnsteuer-Anmeldung verpflichtet (→ Rz. 370), hält die Finanzverwaltung einen auf Papier zu übermittelnden Erklärungsvordruck bereit, die Lohnsteuer-Anmeldung. Diese Anmeldung kann an das Finanzamt auch per Telefax (Papierform) übermittelt werden.

Abhängig von der Höhe der abzuführenden Lohnsteuer des vorangegangenen Kalenderjahres sieht das Einkommensteuergesetz drei verschiedene **Anmeldungszeiträume** vor (→ Rz. 370). Um Missverständnisse zu vermeiden: Mit der „einzubehaltenden" Lohnsteuer wird die Lohnsteuer bezeichnet, welche der Arbeitgeber über die tatsächlich einbehaltene Lohnsteuer hinaus bei zutreffender Anwendung des Lohnsteuerrechts hätte einbehalten **müssen**.

Mit der Umschreibung „**zu übernehmende**" Lohnsteuer ist die vom Arbeitgeber **zu tragende** pauschale Lohnsteuer gemeint. Hierzu rechnet auch die pauschale Einkommensteuer nach den §§ 37a, 37b EStG (→ Rz. 603, 689). Zu den **Ausnahmen** bei der Lohnsteuer-Pauschalierung mit der einheitlichen Pauschsteuer i.H.v. 2 % des Arbeitsentgelts → Rz. 617, → Rz. 623 ff. und zum Haushaltsscheckverfahren → Rz. 629.

277 Die auf Papier zu übermittelnde Lohnsteuer-Anmeldung (amtlicher Vordruck) ist wie jede Steuererklärung zu unterschreiben, wobei die **Unterschrift** des Arbeitgebers gesetzlich nicht verlangt wird. Stattdessen kann auch eine von ihm mit der Lohnabrechnung beauftragte Person, z.B. eine Mitarbeiterin, diese Anmeldung unterschreiben.

Eine elektronische **Übermittlung** der Lohnsteuer-Anmeldungen (sowie der Umsatzsteuer-Voranmeldungen) an die Finanzverwaltung setzt ein **elektronisches Zertifikat** (Authentifizierung) voraus. Hierfür ist die Registrierung mit der aktuellen Steuernummer im Internet unter „https://www.elster.de/eportal/start" erforderlich. Die elektronischen Lohnsteuer-Anmeldungen sind ausschließlich im ELSTER-Portal der Finanzverwaltung, also „online" per Internet-Browser (https://www.elster.de/eportal/start) unter „Mein ELSTER" zu finden. Im Handel käuflich zu erwerbende Steuerprogramme/-software unterstützen regelmäßig „ELSTER" und bieten oft einen zusätzlichen Service an.

Sollten Arbeitgeber diese Authentifizierung vergessen oder zu spät beantragt haben, empfiehlt es sich, die Lohnsteuer-Anmeldung(en) zumindest auf Papier zu übermitteln. Steuerliche Dienstleister (z.B. Lohnbüros oder Steuerberater) müssen sich nur einmal registrieren. Mit dem so erhaltenen Zertifikat können Übermittlungen für alle Mandanten in deren Auftrag ausgeführt werden.

2. Arbeitgeber

278 **Arbeitgeber** sind Gewerbetreibende, Freiberufler, Personenvereinigungen und Körperschaften usw., die

- natürliche Personen im Rahmen eines Dienstverhältnisses beschäftigen oder

- an Personen Arbeitslohn auf Grund eines derzeitigen, früheren oder im Hinblick auf ein zukünftiges Dienstverhältnis zahlen.

Arbeitgeber können auch nicht rechtsfähige **Personenzusammenschlüsse** (z.B. OHG und KG) oder gemeinnützige

C. Lohnsteuer

Vereine wie z.B. Sportvereine sein. So kann ein Sportverein Arbeitgeber der eingesetzten Amateursportler sein, falls er ihnen eine Vergütung zahlt. Arbeitgeber ist derjenige, dem der Arbeitnehmer seine Arbeitsleistung schuldet.

Arbeitgeber ist auch, wer als **Verleiher** einem Dritten Arbeitnehmer zur Arbeitsleistung überlässt. Zur Vereinfachung kann nach Zustimmung des Finanzamts auch ein **Dritter** die Pflichten des Arbeitgebers im **eigenen** Namen erfüllen (z.B. als Lohnabrechner tätige Dienstleister, studentische Arbeitsvermittlungen, § 38 Abs. 3a EStG).

279 Zum Lohnsteuerabzug sind nur **inländische** Arbeitgeber bzw. inländische Vertreter ausländischer Arbeitgeber oder Verleiher verpflichtet. Gleiches gilt für die Ausstellung von Lohnsteuerbescheinigungen. **Inländischer** Arbeitgeber ist derjenige, der in Deutschland „zu Hause" bzw. ansässig ist. Steuertechnisch heißt dies, wer im Inland seinen Wohnsitz (→ Rz. 53), den gewöhnlichen Aufenthalt (→ Rz. 54), seine Geschäftsleitung (→ Rz. 282) oder seinen Firmensitz bzw. seine Betriebsstätte (→ Rz. 283 f.) hat. **Inländischer** Arbeitgeber ist deshalb auch ein im **Ausland** ansässiger Arbeitgeber, der im Inland eine Betriebsstätte oder einen ständigen Vertreter hat und hier Arbeitnehmer beschäftigt.

280 Abweichend hiervon hat ein ausländischer **Verleiher**, der seine Arbeitnehmer zur Arbeitsleistung im Inland gewerbsmäßig überlässt, für die im Inland eingesetzten Arbeitnehmer auch dann die **Arbeitgeberpflichten** zu übernehmen, wenn er im Inland weder einen Sitz noch eine Betriebsstätte oder einen gewöhnlichen Aufenthalt hat. Führt der ausländische Verleiher keine Lohnsteuer ab, haftet der **Entleiher**, also der Auftraggeber, gegenüber dem Finanzamt für die abzuführende Lohnsteuer der für ihn tätigen Arbeitnehmer.

Bei erlaubter **Arbeitnehmerüberlassung** durch einen inländischen Verleiher (§ 1 Arbeitnehmerüberlassungsgesetz) haftet der Entleiher nicht (R 42d.2 Abs. 4 Satz 4 LStR 2021). Im Falle einer **unerlaubten** Arbeitnehmerüberlassung scheidet die Haftung des Entleihers aus, wenn dieser über das Vorliegen einer Arbeitnehmerüberlassung ohne Verschulden irrte. Haben weder ein inländischer Arbeitgeber noch ein ausländischer Arbeitnehmerverleiher für einen ausländischen Arbeitnehmer den Lohnsteuerabzug vorgenommen, kann die von ihm geschuldete Einkommensteuer auch durch eine Einkommensteuerveranlagung erhoben werden.

281 Entsendet eine im **Ausland** ansässige **Kapitalgesellschaft** bzw. Obergesellschaft eines Konzerns (Organträger) die von ihr eingestellten Arbeitnehmer an eine inländische Tochtergesellschaft (internationale Arbeitnehmerentsendung), ist die inländische Tochtergesellschaft bzw. das im **Inland** ansässige Unternehmen für den Lohnsteuereinbehalt inländischer Arbeitgeber, wenn sie den Arbeitslohn für die bei ihr geleistete Arbeit wirtschaftlich trägt. Hierfür ist nicht entscheidend, ob das inländische Unternehmen dem Arbeitnehmer den Arbeitslohn im eigenen Namen und für eigene Rechnung auszahlt. Insbesondere bei verbundenen Unternehmen bedeutet „wirtschaftlich tragen", dass das ausländische Unternehmen vom inländischen Unternehmen einen finanziellen Ausgleich für die Arbeitnehmerüberlassung beansprucht und erhält. Ebenso verhält es sich, wenn das ausländische verbundene Unternehmen (oft die Muttergesellschaft) auf einen finanziellen Ausgleichanspruch gegenüber dem inländischen Unternehmen verzichtet, obwohl unter Fremden üblicherweise ein Ausgleich beansprucht worden wäre. Seit der ab dem Kalenderjahr 2020 anzuwendenden Änderung des § 38 Abs. 1 EStG ist in solchen Fällen eine Lohnsteuerabzugsverpflichtung unzweifelhaft zu beachten (Fremdvergleichsgrundsatz).

282 Unter der **Geschäftsleitung** wird der Mittelpunkt der geschäftlichen Oberleitung verstanden (§ 10 AO). Den **Sitz** hat eine Körperschaft, Personenvereinigung oder Vermögensmasse an dem Ort, der durch Gesetz bzw. Gesellschaftsvertrag, Satzung, Stiftungsgeschäft oder dergleichen bestimmt ist (§ 11 AO).

283 Die lohnsteuerliche **Betriebsstätte** ist der Betrieb oder Teilbetrieb des Arbeitgebers, **in** dem der für die Durchführung des Lohnsteuerabzugs maßgebende Arbeitslohn ermittelt wird. Dies ist der Ort, an dem der Arbeitgeber die für den

Lohnsteuereinbehalt bedeutsamen Lohnteile oder bei maschineller Lohnabrechnung die Eingabewerte zusammenfasst. Unerheblich ist z.B., wo die abgerufenen elektronischen Lohnsteuerabzugsmerkmale gespeichert oder evtl. vom Finanzamt ausgestellte (jahresbezogene) Bescheinigungen für den Lohnsteuerabzug aufbewahrt werden.

Wird der maßgebende Arbeitslohn **nicht** in dem Betrieb oder einem Teilbetrieb oder nicht im Inland ermittelt, so gilt als Betriebsstätte der **Mittelpunkt** der geschäftlichen Leitung des Arbeitgebers im Inland.

Die lohnsteuerliche Betriebsstätte kann eine andere sein als diejenige, die sich nach der Abgabenordnung (§ 12 AO) ergeben würde.

Erfüllt bei einer **Wohnungseigentümergemeinschaft** der Verwalter sämtliche Arbeitgeberpflichten, befindet sich an seinem Sitz der Ort der geschäftlichen Leitung bzw. die lohnsteuerliche Betriebsstätte der Gemeinschaft.

284 Ein **ausländischer Arbeitgeber** unterhält eine inländische Betriebsstätte insbesondere dann, wenn er einzelne oder mehrere ohne Unterbrechung aufeinander folgende **Bauausführungen** oder **Montagen** durchführt, die länger als sechs Monate dauern (§ 12 Satz 2 Nr. 8 AO). Ständiger Vertreter eines ausländischen Arbeitgebers kann z.B. eine Person sein, welche die Aufsicht über einen Bautrupp ausübt.

In beiden Fällen gilt der ausländische Arbeitgeber lohnsteuerlich als inländischer Arbeitgeber, und zwar unabhängig vom Betriebsstättenbegriff eines Abkommens zur Vermeidung der Doppelbesteuerung (DBA). Werden mehrere **Arbeitnehmerkolonnen** eingesetzt oder wechselt eine Kolonne ihren Einsatzort ständig, wird regelmäßig jedes Finanzamt, in dessen Bezirk die Leiharbeitnehmer tätig werden, als Betriebsstättenfinanzamt anzusehen sein.

285 Der Arbeitgeber trägt im **Lohnsteuerabzugsverfahren** das Risiko für zu wenig einbehaltene Lohnsteuer und kann dafür vom Finanzamt als **Haftungsschuldner** in Anspruch genommen werden. In diesem Fall muss er die zu gering einbehaltene bzw. nicht übernommene Lohnsteuer an das Finanzamt zahlen und ggf. vom Arbeitnehmer einfordern, der sie im Rahmen der Einkommensteuererklärung anrechnen lassen kann (→ Rz. 61 ff.). Auch arbeitsrechtlich ist der Arbeitgeber verpflichtet, vom Lohn des Mitarbeiters die zutreffende Lohnsteuer einzubehalten.

3. Arbeitnehmer

a) Arbeitnehmereigenschaft

286 Steuerlich gehören zu diesem Personenkreis zunächst einmal alle Beschäftigten, die mit dem Abschluss eines Arbeitsvertrags ein Dienstverhältnis eingegangen sind. Hierbei ist die Herkunft und Staatsangehörigkeit des Arbeitnehmers nicht entscheidend. Der Arbeitsvertrag kann sowohl mündlich, durch konkludente Handlung oder schriftlich abgeschlossen werden. Ferner sind solche Personen **Arbeitnehmer**, die Arbeitslohn auf Grund eines früheren Dienstverhältnisses beziehen (z.B. Werkspensionäre).

Arbeitnehmer sind auch Witwen und Waisen, die als **Rechtsnachfolger** auf Grund eines früheren Arbeitsverhältnisses des Ehemanns bzw. Vaters (Erblassers) von dessen ehemaligen Arbeitgeber Werksrenten oder Bezüge erhalten. In diesen Fällen ist der Bezug von Arbeitslohn für die steuerliche Einstufung entscheidend. Zahlt der Arbeitgeber an **Erben** oder **Hinterbliebene** des verstorbenen Arbeitnehmers Hinterbliebenenbezüge (Arbeitslohn), hat er auch diese Personen bei der Finanzverwaltung als Arbeitnehmer „anzumelden", damit die Finanzverwaltung deren elektronischen Lohnsteuerabzugsmerkmale (ELStAM) bilden und zum Abruf bereitstellen kann (→ Rz. 308).

287 Ein **steuerliches Dienstverhältnis** („Arbeitsverhältnis") liegt dann vor, wenn der Beschäftigte dem Auftraggeber seine Arbeitskraft schuldet, d.h., wenn er bei Ausführung seiner Tätigkeit unter der Leitung des Auftraggebers steht oder in dessen geschäftlichen Organismus (Betrieb) eingegliedert und dabei dessen Vorgaben und Anweisungen zu folgen ver-

E 55

pflichtet ist. Die **arbeitsrechtliche** Fiktion eines Dienstverhältnisses ist steuerrechtlich nicht maßgebend.

288 Für eine steuerliche **Arbeitnehmereigenschaft** sprechen insbesondere folgende Kriterien:

– persönliche Abhängigkeit, Weisungsgebundenheit hinsichtlich Ort, Zeit, Umfang und Inhalt der Tätigkeit;

– feste Arbeitszeiten;

– feste Bezüge;

– Urlaubsanspruch;

– Anspruch auf Sozialleistungen und Fortzahlung der Bezüge im Krankheitsfall;

– Vergütungsanspruch für geleistete Überstunden;

– Unselbständigkeit des Einzelnen in der Organisation und Durchführung der Tätigkeit;

– Eingliederung des Einzelnen in den Betrieb des Arbeitgebers;

– fehlendes Unternehmerrisiko, keine Unternehmerinitiative, kein Kapitaleinsatz;

– keine Verpflichtung zur Beschaffung von Arbeitsmitteln für die Tätigkeit;

– Schulden der Arbeitskraft und nicht eines Arbeitserfolgs;

– Ausführung von einfachen Tätigkeiten, bei denen ein Weisungsrecht des Auftraggebers/Arbeitgebers die Regel ist.

Diese Merkmale ergeben sich regelmäßig aus dem der Beschäftigung zu Grunde liegenden Vertragsverhältnis, sofern die Vereinbarungen ernsthaft gewollt sind und tatsächlich durchgeführt werden.

289 Die im **Sozialversicherungsrecht** zu beachtenden Regelungen zur Abgrenzung der Selbständigkeit von der Arbeitnehmereigenschaft sind **nicht** stets in das Steuerrecht übertragbar. Ebenso ist die **arbeitsrechtliche** Fiktion eines Beschäftigungsverhältnisses steuerrechtlich **nicht** maßgebend. Hierdurch kann es vorkommen, dass eine steuerlich selbständige (z.B. freiberufliche) Tätigkeit sozialversicherungsrechtlich als Arbeitnehmertätigkeit eingestuft wird.

290 Unterhält ein **ausländischer Arbeitnehmer** keinen Wohnsitz im Inland oder hält er sich hier nicht mehr als sechs Monate bzw. 183 Tage auf, ist er grundsätzlich mit seinen aus einer Tätigkeit in Deutschland stammenden Einkünften aus nichtselbständiger Tätigkeit **beschränkt einkommensteuerpflichtig** (→ Rz. 54, → Rz. 58). Abweichend hiervon wird ein im Inland bezogener Arbeitslohn (Inlandseinkünfte, § 49 Abs. 1 Nr. 4 EStG) ausländischer Arbeitnehmer nicht in Deutschland, sondern im Ansässigkeitsstaat des Arbeitnehmers besteuert, wenn

– der Arbeitnehmer sich im Inland nicht länger als 183 Tage während eines Kalenderjahres (Veranlagungszeitraum) aufgehalten hat (Art. 15 Abs. 2 Buchst. a OECD-Musterabkommen zur Vermeidung der Doppelbesteuerung auf dem Gebiet der Steuern vom Einkommen und vom Vermögen) und

– die Vergütungen von einem Arbeitgeber oder für einen Arbeitgeber gezahlt werden, der nicht im Inland ansässig ist (Art. 15 Abs. 2 Buchst. b OECD-Musterabkommen) und

– die Vergütungen nicht von einer inländischen Betriebsstätte des Arbeitgebers getragen werden (Art. 15 Abs. 2 Buchst. c OECD-Musterabkommen).

291 In Fällen, in denen ein **ausländischer Arbeitnehmer** in einer **Betriebsstätte** des ausländischen (Werkvertrags-)Unternehmers/Arbeitgebers in Deutschland i.S.d. Art. 5 OECD-Musterabkommens bzw. des Doppelbesteuerungsabkommens zwischen dem Sitzstaat des **ausländischen Arbeitgebers** und der Bundesrepublik Deutschland tätig wird, erfolgt eine Besteuerung der Einkünfte aus nichtselbständiger Tätigkeit des Arbeitnehmers im Inland nach § 49 Abs. 1 Nr. 4 EStG.

Eine inländische Betriebsstätte eines **ausländischen** Unternehmers/Arbeitgebers liegt bei **Bauausführungen** und **Montagen** regelmäßig dann vor, wenn diese die Dauer von zwölf Monaten (Regelfall) übersteigen.

Soweit eine **Betriebsstätte** besteht, werden die Vergütungen regelmäßig von ihr getragen. Der **ausländische Arbeitgeber** ist in diesen Fällen zur Durchführung des **Lohnsteuerabzugs**

verpflichtet. Die Lohnsteuer ist nach der Steuerklasse I oder, wenn der Arbeitnehmer die Bescheinigung des Betriebsstättenfinanzamts für den Lohnsteuerabzug (§ 39c Abs. 2 Satz 2 EStG) schuldhaft nicht vorlegt oder wenn der Arbeitgeber durch Verschulden des Arbeitnehmers keine ELStAM abrufen kann, nach der Steuerklasse VI zu bemessen.

Die Festlegung, ob eine Person **selbständig** oder **nichtselbständig** ist, kann in Grenzfällen **zweifelhaft** sein. Oft sprechen bestimmte Merkmale für die Selbständigkeit und andere Gesichtspunkte für die Unselbständigkeit. In solchen Fällen ist das **Gesamtbild** maßgebend, d.h., die für und gegen die Unselbständigkeit (Arbeitnehmereigenschaft) sprechenden Tatsachen sind gegeneinander abzuwägen. Die jeweils gewichtigeren Umstände sind für die Entscheidung ausschlaggebend.

292

Zusammenfassend lässt sich sagen, dass das entscheidende Merkmal einer Arbeitnehmertätigkeit in der persönlichen **Abhängigkeit** vom Arbeitgeber und in der Weisungsgebundenheit, der Verpflichtung zu einer **Arbeitsleistung** sowie dem **Anspruch** auf Arbeitslohn zum Ausdruck kommen.

Arbeitgeber und Arbeitnehmer können zur Absicherung ihrer Auffassung beim Betriebsstättenfinanzamt eine **Anrufungsauskunft** (→ Rz. 390 f.) darüber einholen, ob steuerlich eine Arbeitnehmereigenschaft zu bejahen ist oder nicht.

293

b) Aushilfstätigkeit, Nebentätigkeit

Oftmals übt ein Arbeitnehmer keine Vollzeit- bzw. Hauptbeschäftigung, sondern eine zeitlich befristete oder auf wenige Stunden/Monat begrenzte Tätigkeit aus. Man spricht dann von einer Aushilfstätigkeit oder Nebentätigkeit.

294

Ob eine Aushilfstätigkeit oder Nebentätigkeit in einem Dienstverhältnis oder selbständig ausgeübt wird, ist nach den allgemeinen Abgrenzungsmerkmalen zu entscheiden (→ Rz. 286 ff.). Dabei ist die Aushilfs- oder Nebentätigkeit i.d.R. für sich allein zu beurteilen. Die Art einer etwaigen **Haupttätigkeit** ist für die Beurteilung der weiteren Tätigkeit nur dann wesentlich, wenn beide unmittelbar **zusammenhängen**. Dies ist insbesondere dann zu prüfen, wenn bei **einem Arbeitgeber** sowohl eine Haupt- als auch eine Aushilfs- oder Nebentätigkeit ausgeübt wird; zur Lohnsteuer-Pauschalierung → Rz. 655 ff.

Die Frage nach einer **Abgrenzung** zwischen der hauptberuflichen und einer nebenberuflichen Tätigkeit für einen Arbeitgeber stellt sich insbesondere für die Anwendung der steuerfreien sog. **Übungsleiterpauschale** nach § 3 Nr. 26 EStG i.H.v. 3 000 €/Kalenderjahr (seit 2021, zuvor 2 400 €/Kalenderjahr) sowie des allgemeinen **Ehrenamtspauschbetrags** nach § 3 Nr. 26a EStG i.H.v. 840 €/Kalenderjahr (seit 2021, zuvor 720 €/Kalenderjahr). Hierdurch können z.B. nebenberufliche Not- bzw. Rettungsärzte sowie nebenberufliche Tätigkeiten im Kranken- und Altenpflegedienst begünstigt werden.

Für die Anwendung dieser beiden Pauschbeträge gilt der **Grundsatz**, dass zwei nichtselbständige Beschäftigungen beim **selben** Arbeitgeber **nicht stets** zu einem Dienstverhältnis zusammenzufassen sind (insoweit „Abkehr" von dem maßgebenden allgemeinen lohnsteuerlichen Grundsatz). Folglich kann ein im Verwaltungsbereich eingesetzter Arbeitnehmer die steuerfreie Übungsleiterpauschale beanspruchen, wenn er für denselben Arbeitgeber nebenberuflich eine der begünstigten Tätigkeiten ausübt.

Nicht gleichartige Tätigkeiten für einen Arbeitgeber sind jedoch steuerlich dann zu einer Einheit zusammenzufassen, wenn sie nach der Verkehrsanschauung eine Einheit darstellen.

c) Dienstverhältnis zwischen Familienangehörigen

Dienstverhältnisse können auch zwischen **Ehepartnern** als Arbeitgeber und Arbeitnehmer vereinbart werden. Solche Dienstverhältnisse werden steuerlich jedoch nur dann anerkannt, wenn **folgende Voraussetzungen** vorliegen:

295

– Das Dienstverhältnis muss ernsthaft vereinbart und tatsächlich durchgeführt werden;

E 56

C. Lohnsteuer

– wegen erhöhter Anforderungen an den Nachweis der Ernsthaftigkeit des Arbeitsverhältnisses sind eindeutige Vereinbarungen (regelmäßig Schriftform) erforderlich;

– die vertraglichen Gestaltungen und ihre Durchführung müssen auch unter Dritten üblich sein;

– durch die Arbeit des Ehepartners wird eine fremde Arbeitskraft ersetzt (nicht nur gelegentliche Hilfeleistungen);

– wie bei Verträgen zwischen Fremden wird für das Arbeitsverhältnis mit dem Ehepartner der Arbeitslohn sowie die Arbeitszeit festgelegt und nachgewiesen; insbesondere, an welchen Tagen und zu welchen Stunden der Arbeitnehmer-Ehepartner gearbeitet hat;

– die Höhe des Arbeitslohns muss eindeutig und zweifelsfrei festgelegt sein;

– der Arbeitslohn muss i.d.R. zu den üblichen Lohnzahlungszeitpunkten tatsächlich und in voller Höhe gezahlt werden;

– aus dem Dienstverhältnis müssen alle damit zusammenhängenden Folgerungen gezogen werden (z.B. die Einbehaltung und Abführung von Steuern und Sozialabgaben);

– unbare Lohnzahlungen sollten auf ein eigenes Konto des Arbeitnehmers überwiesen werden; zumindest auf ein „Oder-Konto" (ein gemeinschaftliches Konto der Ehepartner, über das jeder Partner allein verfügungsberechtigt ist). Eine Überweisung auf das Konto des Arbeitgeber-Ehepartners, über das der Arbeitnehmer-Ehepartner nur ein Mitverfügungsrecht besitzt, kann bei der Gesamtbeurteilung der Abgrenzungskriterien gegen die steuerliche Anerkennung des Arbeitsverhältnisses sprechen.

Diese strengen Grundsätze sind auch bei einer Teilzeitbeschäftigung zu beachten.

296 Auch bei einem steuerlich anzuerkennenden Dienstverhältnis zwischen Ehepartnern kann die Vergütung an den Arbeitnehmer-Ehepartner nur insoweit als Arbeitslohn behandelt werden, als sie **angemessen** ist und nicht den Betrag übersteigt, den ein fremder Arbeitnehmer für eine gleichartige Tätigkeit erhalten würde (Fremdvergleich).

297 Arbeitsverträge über Hilfsleistungen der **Kinder** im elterlichen Betrieb werden steuerlich nicht anerkannt, wenn die Tätigkeit wegen ihrer Geringfügigkeit oder Eigenart üblicherweise nicht auf arbeitsvertraglicher, sondern auf **familienrechtlicher** Grundlage geleistet werden, z.B. gelegentliche Hilfeleistungen. Für die bürgerlich-rechtliche Wirksamkeit eines Arbeits- oder Ausbildungsvertrags mit einem minderjährigen Kind ist die Bestellung eines Ergänzungspflegers nicht erforderlich. Arbeitsverhältnisse mit Kindern unter 15 Jahren verstoßen jedoch im Allgemeinen gegen das Jugendarbeitsschutzgesetz; sie sind nichtig und können deshalb auch steuerrechtlich nicht anerkannt werden.

Mit Urteil vom 17.7.2013 (X R 31/12, BStBl II 2013, 1015) hat der BFH die Maßstäbe präzisiert, die für den steuermindernden Abzug von Betriebsausgaben für die Vergütung von Arbeitsleistungen **naher Angehöriger** gelten. Im Urteilfall haben die Eltern im Betrieb ihres Kindes Bürohilfstätigkeiten im Umfang von 10 bzw. 20 Wochenstunden erbracht. In seiner Entscheidung bestätigt der BFH die Anwendung des Fremdvergleichs. Dabei hänge die Intensität der Prüfung auch vom Anlass des Vertragsschlusses ab. Vor allem sei aber der Umstand, dass beide Elternteile „unbezahlte Mehrarbeit" geleistet haben sollen, für die steuerrechtliche Beurteilung nicht von wesentlicher Bedeutung. Entscheidend für den Betriebsausgabenabzug – und damit für das Vorliegen eines Dienstverhältnisses – ist, dass der Angehörige für die an ihn gezahlte Vergütung die vereinbarte Gegenleistung (Arbeitsleistung) tatsächlich erbringt. Dies ist auch dann der Fall, wenn er seine arbeitsvertraglichen Pflichten durch Leistung von Mehrarbeit übererfüllt.

II. Lohnsteuerverfahren

1. Lohnkonto

298 Der Arbeitgeber hat am **Ort der Betriebsstätte** für jeden Arbeitnehmer und jedes Kalenderjahr ein Lohnkonto zu füh-

ren, und zwar auch dann, wenn keine Lohnsteuer einzubehalten ist (z.B. auf Grund eines beim Lohnsteuerabzug zu berücksichtigenden Freibetrags oder wegen des geringen Arbeitslohns). Zum Abschluss des Lohnkontos → Rz. 380 ff.

Die **Form des Lohnkontos** und die **Art der Führung** (z.B. in **299** Kartei- oder Buchform, elektronische Form etc.) stehen im Ermessen des Arbeitgebers; aber → Rz. 306 zur Digitalen LohnSchnittstelle (DLS). In das Lohnkonto sind alle abgerufenen elektronischen Lohnsteuerabzugsmerkmale sowie die für den Lohnsteuerabzug erforderlichen Merkmale aus einer vom Finanzamt ausgestellten Bescheinigung für den Lohnsteuerabzug zu übernehmen (z.B. die persönlichen Daten des Arbeitnehmers wie Vor- und Familienname, Identifikationsnummer, Tag der Geburt, Wohnort, Steuerklasse, Zahl der Kinderfreibeträge, Konfession, die beim Lohnsteuerabzug zu berücksichtigenden Freibeträge und der Hinzurechnungsbetrag).

Bei jeder Lohnzahlung **sind** der Tag der Lohnzahlung, der **300** Lohnzahlungszeitraum und die Höhe des Bruttoarbeitslohns sowie die einbehaltene Lohnsteuer, der Solidaritätszuschlag und die Kirchensteuer aufzuzeichnen. Ebenso sind im Lohnkonto die steuerfreien Gehaltsteile sowie die pauschal besteuerten Bezüge zu vermerken. Eine **Ausnahme** bilden die steuerfreien geldwerten Vorteile, die dem Arbeitnehmer durch die private Nutzung betrieblicher Datenverarbeitungsgeräte und Telekommunikationsgeräte (betriebliche PC, Telefongeräte, Mobiltelefone etc.) entstehen (→ Rz. 586), steuerfreie Trinkgelder (→ Rz. 587), steuerfreie Vorteile im Zusammenhang mit der Elektromobilität (→ Rz. 507) und betrieblichen Fahrrädern (→ Rz. 513) sowie mit 30 % pauschal besteuerte Sachzuwendungen (→ Rz. 689).

Des Weiteren **sind** aufzuzeichnen: Vergütungen für eine **301** mehrjährige Tätigkeit, ermäßigt besteuerte (Entlassungs-) Entschädigungen, Sachbezüge und die vom Arbeitgeber auszuzahlenden Lohnersatzleistungen (z.B. das Kurzarbeitergeld – einschließlich Saison-Kurzarbeitergeld – sowie die in diesem Zusammenhang stehenden steuerfreien Zuschüsse, der Zuschuss zum Mutterschaftsgeld, ein Zuschuss bei Beschäftigungsverboten nach beamtenrechtlichen Vorschriften und Aufstockungsbeträge nach dem Altersteilzeitgesetz oder beamtenrechtlichen Vorschriften); ferner ist aufzuzeichnen der Großbuchstabe „U", wenn wegen Krankheit der Anspruch des Arbeitnehmers auf Arbeitslohn für mindestens fünf zusammenhängende Arbeitstage im Wesentlichen entfallen war. Des Weiteren ist zusätzlich der Großbuchstabe „S" zu vermerken, wenn in einem ersten Dienstverhältnis die Lohnsteuer von einem sonstigen Bezug ohne Berücksichtigung des Arbeitslohns aus früheren Dienstverhältnissen berechnet wurde und der Großbuchstabe „M", wenn der Arbeitgeber oder auf dessen Veranlassung ein Dritter dem Arbeitnehmer während seiner beruflichen Tätigkeit außerhalb seiner Wohnung und seiner ersten Tätigkeitsstätte oder im Rahmen einer doppelten Haushaltsführung eine mit dem amtlichen Sachbezugswert zu bewertende Mahlzeit zur Verfügung gestellt hat. Bei Inanspruchnahme des BAV-Förderbetrags (→ Rz. 372) ist zudem aufzuzeichnen, dass die entsprechenden Voraussetzungen vorliegen. Im Zusammenhang mit der Sondervorschrift für Einkünfte aus nichtselbständiger Arbeit bei Vermögensbeteiligungen (§ 19a EStG; → Rz. 599 *Vermögensbeteiligung*) sind der nicht besteuerte gemeine Wert der Vermögensbeteiligung und die übrigen Angaben des besonderen Besteuerungsverfahrens aufzuzeichnen; die Aufbewahrungsfrist verlängert sich; sie endet hier nicht vor Ablauf von sechs Jahren nach der nachgeholten Besteuerung.

In bestimmten Fällen lassen sich oftmals bei **pauschal be-** **302** **steuerten Bezügen** die auf den einzelnen Arbeitnehmer entfallenden Beträge nicht ohne weiteres ermitteln (Pauschalierung bei Nacherhebung wegen nicht vorschriftsmäßigem Einbehalt → Rz. 663, Mahlzeiten → Rz. 665 ff., Betriebsveranstaltung → Rz. 674, Erholungsbeihilfen → Rz. 675, Datenverarbeitungsgeräte, Zubehör sowie Internetzugang → Rz. 677 ff., Übereignung einer Ladevorrichtung etc. → Rz. 680 oder betrieblicher Fahrräder → Rz. 683, Fahrten zwischen Wohnung und erster Tätigkeitsstätte etc.

E 57

→ Rz. 681). Es wird in diesen Fällen zugelassen, den Arbeitslohn in einem Sammelkonto (**Sammellohnkonto**) anzuschreiben. Das Sammelkonto muss die **folgenden Angaben** enthalten: Tag der Zahlung, Zahl der bedachten Arbeitnehmer, Summe der insgesamt gezahlten Bezüge, Höhe der Lohnsteuer sowie Hinweise auf die als Belege zum Sammelkonto aufzubewahrenden Unterlagen, insbesondere Zahlungsnachweise, Bestätigung des Finanzamts über die Zulassung der Lohnsteuer-Pauschalierung.

303 **Nicht** im Lohnkonto **zu vermerken** sind nichtsteuerbare Zahlungen des Arbeitgebers (z.B. Zuwendungen an eine Unterstützungskasse, → Rz. 594 *Unterstützungskasse*) oder Beiträge für eine Rückdeckungsversicherung (→ Rz. 568 *Rückdeckungsversicherung*), die vom Arbeitgeber abgeschlossen wird und die nur dazu dient, dem Arbeitgeber die Mittel zur Leistung einer dem Arbeitgeber zugesagten Versorgung zu verschaffen.

304 Ändern sich im Laufe des Jahres die in einer „Bescheinigung für den Lohnsteuerabzug" eingetragenen allgemeinen **Besteuerungsmerkmale** (→ Rz. 312), ist auch der **Zeitpunkt** anzugeben, von dem an die Änderungen gelten.

305 Die **Aufbewahrungsfrist** für das Lohnkonto beträgt grds. **sechs Kalenderjahre**. Zur Verlängerung der Frist bei der aufgeschobenen Besteuerung von Vorteilen aus **Vermögensbeteiligungen** → Rz. 301 und → Rz. 599 *Vermögensbeteiligung*.

306 Der Arbeitgeber hat der Finanzbehörde die im Lohnkonto aufzuzeichnenden Daten nach einer amtlich vorgeschriebenen einheitlichen Form über eine digitale Schnittstelle elektronisch bereitzustellen (**Digitale LohnSchnittstelle – DLS**). Die DLS erleichtert der Finanzverwaltung im Rahmen von **Lohnsteuer-Außenprüfungen** und **Lohnsteuer-Nachschau** die steuerrelevanten Daten **unabhängig** von dem beim Arbeitgeber eingesetzten **Lohnabrechnungsprogramm** unkompliziert und rasch auszuwerten. Auf Antrag des Arbeitgebers kann das Betriebsstättenfinanzamt zur **Vermeidung unbilliger Härten** zulassen, dass der Arbeitgeber die grundsätzlich über die DLS bereitzustellenden Daten in anderer auswertbarer Form bereitstellt.

2. Lohnsteuerabzugsmerkmale

a) Allgemeines

307 Der Verfahrensweg von der Ausstellung der Lohnsteuerkarte durch die Gemeinden bis zur Aushändigung an den Arbeitnehmer bzw. Arbeitgeber wurde ab 2013 durch das Verfahren der **e**lektronischen **L**ohn**st**euer**a**bzugs**m**erkmale (**ELStAM**) ersetzt.

Zu den **Einzelheiten** des ELStAM-Verfahrens s. auch BMF-Schreiben v. 8.11.2018, IV C 5 – S 2363/13/10003-02, BStBl I 2018, 1137, sog. „ELStAM-Anwendungsschreiben" ergänzt durch BMF-Schreiben v. 7.11.2019, IV C 5 – S 2363/19/10007 :001, BStBl I 2019, 1087, zur Einbeziehung der beschränkt steuerpflichtigen Arbeitnehmer in das ELStAM-Verfahren zum 1.1.2020.

308 Den Arbeitgebern werden von der Finanzverwaltung (Bundeszentralamt für Steuern) die ELStAM für die Arbeitnehmer **maschinell verwertbar** zum **Abruf** zur Verfügung gestellt. Der Arbeitgeber hat die ELStAM abzurufen, in das Lohnkonto zu übernehmen (→ Rz. 298 ff.) und sie für die Dauer des Dienstverhältnisses **anzuwenden**. Etwaige **Änderungen** stellt die Finanzverwaltung dem Arbeitgeber monatlich spätestens bis zum fünften Werktag des Folgemonats zum **Abruf** bereit. Wird das **Dienstverhältnis beendet**, ist der Arbeitgeber verpflichtet, den Arbeitnehmer unter Angabe des Beschäftigungsendes (Datum) im ELStAM-Verfahren abzumelden. Der Arbeitgeber ist grds. verpflichtet, die vom Bundeszentralamt für Steuern bereitgestellten Mitteilungen und elektronischen Lohnsteuerabzugsmerkmale **monatlich anzufragen** und **abzurufen**. Da sich die Lohnsteuerabzugsmerkmale der Arbeitnehmer in einer Vielzahl von Fällen nicht in jedem Monat ändern, hat die Finanzverwaltung einen **Mitteilungsservice** eingerichtet. Zur Nutzung dieses Mitteilungsverfahrens kann der Arbeitgeber auf der Internetseite

www.elster.de unter „Mein ELSTER" auswählen, per E-Mail über die Bereitstellung von Änderungen informiert zu werden. Es wird nicht beanstandet, wenn der Arbeitgeber **nur** in den Fällen ELStAM **anfragt** und **abruft**, in denen er durch den **E-Mail-Mitteilungsservice** erfährt, dass sich für den Lohnzahlungszeitraum Änderungen bei den ELStAM seiner Arbeitnehmer ergeben haben. Es wird jedoch empfohlen den Abruf der ELStAM auch durchzuführen, wenn keine Änderungen per E-Mail mitgeteilt wurden; hierdurch können frühzeitig etwaige technische Störungen erkannt werden.

309 Der Arbeitgeber darf die Lohnsteuerabzugsmerkmale nur für die **Einbehaltung** der Lohn- und Kirchensteuer verwenden. Er darf sie ohne Zustimmung des Arbeitnehmers **nur verarbeiten**, soweit dies **gesetzlich zugelassen** ist. Dies gilt auch für einen **Dritten**, wenn der Arbeitgeber diesen mit der Durchführung des Lohnsteuerabzugs **beauftragt** hat. Bei **Verstößen** gegen die Schutzbestimmung können entsprechend der Regelungen in Art. 83 der **Datenschutz-Grundverordnung Bußgelder** verhängt werden.

310 Die Lohnsteuerabzugsmerkmale sind vom **Arbeitgeber** in der üblichen **Lohnabrechnung anzugeben**. **Arbeitnehmer** können ihre ELStAM nach einmaliger kostenloser Registrierung unter www.elster.de unter der Rubrik „Formulare & Leistungen" (hier: **Auskunft zur elektronischen Lohnsteuerkarte** [ELStAM]) einsehen. Alternativ können Arbeitnehmer bei ihrem zuständigen **Wohnsitzfinanzamt** Auskunft über die für sie **gebildeten** sowie über die durch ihre **Arbeitgeber** in den letzten **60 Monaten** abgerufenen ELStAM erhalten (Vordruck „Anträge zu den elektronischen Lohnsteuerabzugsmerkmalen – ELStAM –").

311 Möchten Arbeitnehmer die Abrufmöglichkeiten der ELStAM begrenzen, besteht die Möglichkeit, unter „**Mein Elster**" (www.elster.de) oder mit dem in → Rz. 310 genannten **Vordruck** einen oder mehrere zum Abruf von ELStAM berechtigte(n) Arbeitgeber zu benennen (**Abrufberechtigung, „Positivliste"**) oder bestimmte Arbeitgeber von der Abrufberechtigung auszuschließen (**Abrufsperre, „Negativliste"**). Außerdem besteht die Möglichkeit, die Bildung und Bereitstellung der ELStAM **generell sperren** zu lassen. Die fehlende Abrufberechtigung bzw. die Sperrung hat allerdings zur Folge, dass ein vom Abruf ausgeschlossener Arbeitgeber den Lohnsteuerabzug nach der **Steuerklasse VI** durchzuführen hat.

312 Die Teilnahme am **ELStAM-Verfahren** ist für den Arbeitgeber **verpflichtend**; bei Nichtteilnahme am ELStAM-Verfahren gelten die allgemeinen Regelungen des **Zwangsgeldverfahrens** nach der AO. Auf Antrag des Arbeitgebers kann das Betriebsstättenfinanzamt jedoch zulassen, dass der Arbeitgeber zur Vermeidung unbilliger Härten **nicht** am Abrufverfahren **teilnimmt** (jährlicher Antrag mittels Vordruck „Antrag des Arbeitgebers auf Nichtteilnahme am Abrufverfahren der elektronischen Lohnsteuerabzugsmerkmale (ELStAM) für 201x"). Eine unbillige Härte liegt insbesondere bei einem Arbeitgeber vor, für den die Kommunikation über das Internet mangels technischer Möglichkeiten und Voraussetzungen wirtschaftlich oder persönlich unzumutbar ist. Dem Antrag eines Arbeitgebers **ohne maschinelle Lohnabrechnung**, der ausschließlich Arbeitnehmer im Rahmen einer **geringfügigen Beschäftigung** in seinem **Privathaushalt** beschäftigt, wird hier immer stattgegeben. An Stelle der ELStAM tritt dann eine „Bescheinigung für den Lohnsteuerabzug" in Papierform. Diese **Papierbescheinigung** wird ebenfalls ausgestellt für **beschränkt steuerpflichtige Arbeitnehmer**, bei denen ein **Freibetrag** (z.B. für Werbungskosten) berücksichtigt wird, denn diese Arbeitnehmer nehmen auch ab 2020 noch nicht am ELStAM-Verfahren teil (s. BMF-Schreiben v. 7.11.2019, IV C 5 – S 2363/19/10007 :001, BStBl I 2019, 1086). Entsprechendes gilt, wenn der Arbeitslohn nach den Regelungen in einem **DBA** auf Antrag von der Besteuerung **freigestellt** oder, wenn der Steuerabzug nach den Regelungen eines DBA auf Antrag **gemindert** oder **begrenzt** wird, sowie für Arbeitnehmer, die **erweitert unbeschränkt einkommensteuerpflichtig** oder auf Antrag **wie unbeschränkt einkommensteuerpflichtig** zu behandeln sind.

C. Lohnsteuer

313 Für **geringfügig Beschäftigte** und **Aushilfskräfte** (→ Rz. 618 ff.), für die die Lohnsteuer pauschal erhoben wird, erfolgt die Erhebung der Lohnsteuer **ohne** die Berücksichtigung von Lohnsteuerabzugsmerkmalen.

314 Die Lohnsteuerabzugsmerkmale sowie die ELStAM werden für die Durchführung des Lohnsteuerabzugs **auf Veranlassung des Arbeitnehmers** – wenn auch regelmäßig automatisiert – **gebildet**. Grundlage hierfür sind die von den Meldebehörden an die Finanzverwaltung übermittelten **melderechtlichen Daten**. Für die **(erstmalige) Bildung** der Lohnsteuerabzugsmerkmale stehen folgende beiden Möglichkeiten zur Verfügung:

– erstmalige Bildung der Lohnsteuerabzugsmerkmale zu Beginn eines Dienstverhältnisses durch eine **Anmeldung des Arbeitgebers** bei der Finanzverwaltung mit dem Ziel, die ELStAM des Arbeitnehmers abzurufen (Regelfall),

– **konkreter Antrag** des Arbeitnehmers **beim Finanzamt**, wenn Lohnsteuerabzugsmerkmale nicht automatisiert gebildet werden oder davon abweichend zu bilden sind (z.B. wg. Freibeträgen oder Steuerklassen nach antragsgebundenem Steuerklassenwechsel).

Bezieht ein Arbeitnehmer **nebeneinander von mehreren Arbeitgebern Arbeitslohn**, werden für jedes weitere Dienstverhältnis ELStAM gebildet.

315 Der **Arbeitnehmer** hat dem Arbeitgeber seine von der Finanzverwaltung zugeteilte **Identifikationsnummer** und sein **Geburtsdatum mitzuteilen**. Darüber hinaus hat er mitzuteilen, ob es sich um das **erste** oder ein **weiteres Dienstverhältnis** handelt und ob und in welcher Höhe ein **festgestellter Freibetrag** (→ Rz. 343 ff.) abgerufen werden soll. Im Inland **nicht meldepflichtige Arbeitnehmer** beantragen die Identifikationsnummer beim **Betriebsstättenfinanzamt** des Arbeitgebers. Die Zuteilung kann **auch der Arbeitgeber** beantragen, wenn ihn der Arbeitnehmer dazu bevollmächtigt hat.

316 Der Arbeitnehmer kann beim Finanzamt auch **beantragen**, dass abweichend von der zutreffenden automatisierten Bildung der Lohnsteuerabzugsmerkmale eine für ihn **ungünstigere Steuerklasse** (z.B., wenn der Arbeitnehmer dem Arbeitgeber nicht über die Lohnsteuerabzugsmerkmale den aktuellen Familienstand mitteilen möchte) oder **geringere Zahl der Kinderfreibeträge** als Lohnsteuerabzugsmerkmale gebildet werden (unter „Mein Elster" (www.elster.de) oder mittels Vordrucks „Anträge zu den elektronischen Lohnsteuerabzugsmerkmalen – ELStAM –"). Die **Rücknahme** eines Antrags auf Berücksichtigung des **Pauschbetrags für Menschen mit Behinderungen** ist **formlos** möglich.

b) Lohnsteuerabzugsmerkmale im Einzelnen

317 Es gibt **folgende Lohnsteuerabzugsmerkmale**:

1. Steuerklasse (→ Rz. 322 ff.) und Faktor (→ Rz. 332 ff.),

2. Zahl der Kinderfreibeträge bei den Steuerklassen I bis IV (→ Rz. 334 ff.),

3. Freibetrag und Hinzurechnungsbetrag (→ Rz. 343 ff.),

4. Höhe der Beiträge für eine private Krankenversicherung und für eine private Pflege-Pflichtversicherung für die Dauer von zwölf Monaten, wenn der Arbeitnehmer dies beantragt (→ Rz. 356 ff.),[1]

5. Mitteilung, dass der von einem Arbeitgeber gezahlte Arbeitslohn nach einem Abkommen zur Vermeidung der Doppelbesteuerung von der Lohnsteuer freizustellen ist,

---

[1] Die Höhe der Beiträge für eine private Krankenversicherung und private Pflege-Pflichtversicherung werden den Arbeitgebern derzeit noch nicht im Rahmen der ELStAM bereitgestellt. Der Arbeitnehmer muss dem Arbeitgeber heute noch eine Papierbescheinigung des Versicherungsunternehmens vorlegen, wenn er möchte, dass entsprechende Beiträge über die Vorsorgepauschale beim Lohnsteuerabzug berücksichtigt werden. Das Verfahren mittels Papierbescheinigung läuft Ende 2023 aus, denn ab 2024 wird diesbezüglich ein umfangreicher Datenaustausch zwischen den Unternehmen der privaten Krankenversicherung, der Finanzverwaltung und den Arbeitgebern eingeführt (Regelung durch das Jahressteuergesetz 2020).

---

wenn der Arbeitnehmer oder der Arbeitgeber dies beantragt (→ Rz. 290 f.).[1]

c) Änderung der Lohnsteuerabzugsmerkmale

318 Treten bei einem Arbeitnehmer die Voraussetzungen für eine für ihn **ungünstigere Steuerklasse** (→ Rz. 322 ff.) oder **geringere Zahl der Kinderfreibeträge** (→ Rz. 334 ff.) ein, ist der Arbeitnehmer **verpflichtet**, dem Finanzamt dies **mitzuteilen** und die Steuerklasse und die Zahl der Kinderfreibeträge umgehend ändern zu lassen. Dies gilt z.B., wenn die Voraussetzungen für die Berücksichtigung des **Entlastungsbetrags für Alleinerziehende**, für die die Steuerklasse II zur Anwendung kommt (→ Rz. 324 und Rz. 116 ff.), entfallen. Zur Verpflichtung des Arbeitnehmers zur Mitteilung bei der Minderung eines Freibetrags bei Werbungskosten etc. → Rz. 333. Im Fall des **dauernden Getrenntlebens** ist unter „Mein Elster" (www. elster.de) oder mittels des Vordrucks „Erklärung zum dauernden Getrenntleben" eine entsprechende Anzeige zu machen. Ändern sich die Daten, die von den **Meldebehörden** zu übermitteln sind, erfolgt **automatisch** eine **Anpassung** der Lohnsteuerabzugsmerkmale; ein Antrag des Arbeitnehmers (z.B. nach der Geburt eines Kindes) ist nicht erforderlich.

Kommt der Arbeitnehmer seiner Verpflichtung nicht nach, ändert das Finanzamt die Steuerklasse und die Zahl der Kinderfreibeträge **von Amts wegen**. Unterbleibt die Änderung der Lohnsteuerabzugsmerkmale, fordert das Finanzamt zu wenig erhobene Lohnsteuer vom Arbeitnehmer nach, wenn diese 10 € übersteigt.

319 Ändern sich die Voraussetzungen für die Steuerklasse (→ Rz. 322 ff.) oder für die Zahl der Kinderfreibeträge (→ Rz. 334 ff.) **zu Gunsten** des Arbeitnehmers, **kann** dieser beim Finanzamt die Änderung der Lohnsteuerabzugsmerkmale **beantragen**. Eine Pflicht hierzu besteht nicht. So kann z.B. im Fall der **Wiederaufnahme einer ehelichen Gemeinschaft** nach einer Trennung unter „Mein Elster" (www.elster.de) oder mittels des Vordrucks „Erklärung zur Wiederaufnahme der ehelichen Gemeinschaft/der Lebenspartnerschaft nach dem Lebenspartnerschaftsgesetz" eine entsprechende Anzeige gemacht und darin die Steuerklasse III beantragt werden.

d) Einbehaltung der Lohnsteuer ohne Lohnsteuerabzugsmerkmale

320 Solange der Arbeitnehmer dem Arbeitgeber zum Zweck des Abrufs der ELStAM die ihm zugeteilte Identifikationsnummer sowie den Tag der Geburt **schuldhaft nicht mitteilt** oder der Arbeitnehmer eine Übermittlung der ELStAM an den Arbeitgeber bzw. beim Finanzamt die Bildung der ELStAM **hat sperren lassen**, hat der Arbeitgeber die Lohnsteuer nach der **Steuerklasse VI** (→ Rz. 328) zu ermitteln. Kann der Arbeitgeber die ELStAM wegen **technischer Störungen** nicht abrufen oder hat der **Arbeitnehmer** die fehlende Mitteilung der ihm zuzuteilenden Identifikationsnummer **nicht zu vertreten**, hat der Arbeitgeber für die Lohnsteuerberechnung die **voraussichtlichen Lohnsteuerabzugsmerkmale** längstens für die Dauer von **drei Kalendermonaten** zu Grunde zu legen. Hat nach Ablauf der drei Kalendermonate der Arbeitnehmer die Identifikationsnummer sowie den Tag der Geburt nicht mitgeteilt oder ersatzweise die Bescheinigung für den Lohnsteuerabzug nicht vorgelegt, ist rückwirkend die Steuerklasse VI anzuwenden. Sobald dem Arbeitgeber die ELStAM vorliegen, sind die Lohnsteuerermittlungen für die vorangegangenen Monate zu **überprüfen** und falls erforderlich zu **ändern**. Diese Änderungen können nur für bis zu **drei** zurückliegende **Kalendermonate** durchgeführt werden. Die zu wenig oder zu viel einbehaltene **Lohnsteuer** ist jeweils bei der nächsten Lohnabrechnung **auszugleichen**.

321 Zahlt der Arbeitgeber **verschiedenartige Bezüge** als Arbeitslohn, kann er die Lohnsteuer für den zweiten und jeden

---

[1] Dieses Lohnsteuerabzugsmerkmal wird den Arbeitgebern derzeit noch nicht im Rahmen der ELStAM bereitgestellt. Die Verwaltung teilt noch gesondert in einem BMF-Schreiben mit, wann das Lohnsteuerabzugsmerkmal erstmals abgerufen werden kann (§ 52 Abs. 36 EStG).

C. Lohnsteuer

weiteren Bezug **ohne Abruf** weiterer elektronischer Lohnsteuerabzugsmerkmale nach der **Steuerklasse VI** einbehalten. Verschiedenartige Bezüge liegen u.a. vor, wenn der Arbeitnehmer vom Arbeitgeber neben dem Arbeitslohn für ein aktives Dienstverhältnis auch Versorgungsbezüge oder neben Versorgungsbezügen, Bezügen und Vorteilen aus seinem früheren Dienstverhältnis noch andere Versorgungsbezüge bezieht.

e) Steuerklasse als Lohnsteuerabzugsmerkmal

aa) Steuerklassensystem

322 Durch das System der Steuerklassen wird erreicht, dass unterschiedliche **Einkommensteuertarife** (Grund- und Splittingtarif) sowie verschiedene **Frei- und Pauschbeträge** bei der Lohnsteuerberechnung berücksichtigt werden können.

323 Die **Steuerklasse I** gilt für **unbeschränkt einkommensteuerpflichtige** Arbeitnehmer, wenn sie
– ledig sind,
– verheiratet, verwitwet oder geschieden sind und bei denen die Voraussetzungen für die Steuerklasse III oder IV nicht erfüllt sind.

Die Steuerklasse I gilt auch für **beschränkt einkommensteuerpflichtige** Arbeitnehmer. Wird eine **Ehe aufgehoben**, wird ab dem 1.1. des Folgejahres die Steuerklasse I gebildet.

324 Die **Steuerklasse II** erhalten die in der Steuerklasse I aufgeführten unbeschränkt einkommensteuerpflichtigen Arbeitnehmer, wenn ihnen der (Grund-)Entlastungsbetrag für Alleinerziehende zusteht (→ Rz. 119 ff.).

325 Die **Steuerklasse III** gilt in 2022 u.a. für
– verheiratete unbeschränkt einkommensteuerpflichtige Arbeitnehmer, die nicht dauernd getrennt leben und bei denen der andere Partner in die Steuerklasse V eingereiht ist, und für
– verwitwete Arbeitnehmer, wenn der Ehepartner nach dem 31.12.2020 verstorben ist und wenn beide im Zeitpunkt des Todes unbeschränkt einkommensteuerpflichtig waren und nicht dauernd getrennt lebten (ob ein Kind zu berücksichtigen ist, spielt für die Eingliederung in diese Steuerklasse keine Rolle).

Haben Arbeitnehmer im Laufe des Kalenderjahres **geheiratet**, erfolgt im Rahmen der automatisierten Bildung der Lohnsteuerabzugsmerkmale die Einreihung der Ehepartner in die **Steuerklasse IV**. Um die **Steuerklasse III** zu erhalten, müssen die Ehepartner beim Finanzamt einen **Antrag** stellen und die Steuerklasse III wählen.

Im Fall einer **Scheidung** wird ab dem 1.1. des Folgejahres die Steuerklasse I gebildet.

326 Die **Steuerklasse IV** gilt für verheiratete Arbeitnehmer, die beide unbeschränkt einkommensteuerpflichtig sind, und nicht dauernd getrennt leben; dies gilt auch, wenn einer der Ehepartner keinen Arbeitslohn bezieht und kein Antrag auf Einreihung eines Ehepartners in die Steuerklasse V gestellt worden ist. Zum Faktorverfahren → Rz. 332 ff. Haben Arbeitnehmer im Laufe des Kalenderjahres **geheiratet**, wird im Rahmen der automatisierten Bildung der Lohnsteuerabzugsmerkmale für beide Ehepartner immer die Steuerklasse IV gebildet.

327 Die **Steuerklasse V** tritt für einen Ehepartner an die Stelle der Steuerklasse IV, wenn der andere Ehepartner in die Steuerklasse III eingestuft ist.

328 Die **Steuerklasse VI** gilt für einen Arbeitnehmer, der gleichzeitig Arbeitslohn von mehreren Arbeitgebern bezieht. Zur Einbehaltung der Lohnsteuer ohne Lohnsteuerabzugsmerkmale nach der Steuerklasse VI bei verschiedenartigen Bezügen vgl. auch → Rz. 321.

bb) Steuerklassenwahl, Trennung, Scheidung, Tod

329 Berufstätige **Ehepartner** werden grundsätzlich gemeinsam besteuert. Der Arbeitgeber kann jedoch die Lohnsteuer jeweils nur von dem Lohn berechnen, den einer der Ehepartner bei ihm verdient. Damit Ehepartner mit ihren Steuerabzügen aber dem Betrag, den sie auf Grund ihres gemeinsamen Ein-

kommens im Jahr zu zahlen haben, möglichst nahekommen, können sie zwischen zwei **Steuerklassenkombinationen** wählen. Dabei gilt die Faustregel:
– bei etwa gleich hohen Einkommen: Steuerklassenkombination IV/IV,
– bei unterschiedlich hohen Einkommen: Steuerklassenkombination III/V.

Zur **Steuerklassenwahl im Einzelnen** → Rz. 29 ff.

330 Zu den **Trennungs- und Scheidungsfällen** → Rz. 318, 325. Es kann aber auch sofort ein Steuerklassenwechsel beantragt werden (→ Rz. 33).

331 Wird eine Ehe durch **Tod** aufgelöst, wird beim anderen Ehepartner mit Wirkung vom Beginn des ersten auf den Todestag des Ehepartners folgenden Kalendermonats an als Lohnsteuerabzugsmerkmal die **Steuerklasse III** gebildet. Voraussetzung ist, dass der Arbeitnehmer und sein verstorbener Ehepartner zu Beginn oder im Laufe des Kalenderjahres unbeschränkt einkommensteuerpflichtig waren und nicht dauernd getrennt gelebt haben. Im **Folgejahr** bleibt die Steuerklasse III bestehen (Auswirkung des **sog. Verwitweten-Splittings**). Im danach folgenden (zweiten) Jahr wird dann mit Wirkung ab dem 1.1. die Steuerklasse I gebildet.

cc) Faktorverfahren bei Ehepartnern

332 Durch das Faktorverfahren soll die als hoch empfundene Besteuerung in Steuerklasse V reduziert und damit die Hemmschwelle für eine Beschäftigungsaufnahme beseitigt werden. Das Faktorverfahren tritt dabei **an die Stelle** der Steuerklassenkombination **III/V**. Im Einzelnen → Rz. 35.

f) Andere Lohnsteuerabzugsmerkmale

aa) Allgemeines

333 Möchte der Arbeitnehmer steuermindernde **Freibeträge** als **Lohnsteuerabzugsmerkmale** berücksichtigt haben (→ Rz. 307 ff.), ist online ein Antrag unter „Mein Elster" (www.elster.de) oder beim zuständigen Finanzamt ein **besonderer, eigenhändig unterschriebener Antrag** zu stellen. Hierdurch können z.B. Freibeträge für Werbungskosten, Pauschbeträge für Menschen mit Behinderungen und Hinterbliebene, Hinzurechnungsbeträge, Freibeträge für Kinder über 18 Jahre sowie Kinder mit Wohnsitz im Ausland ergänzend berücksichtigt werden.

Die **Geltungsdauer** des Freibetrags, der bei der Lohnsteuererhebung insgesamt zu berücksichtigen und abzuziehen ist, sowie eines Hinzurechnungsbetrags ist grds. **auf maximal ein Kalenderjahr begrenzt**. Pauschbeträge für Menschen mit Behinderungen und Hinterbliebene sind hiervon ausgenommen.

Der Arbeitnehmer kann aber auch beantragen, dass ein im Lohnsteuerabzugsverfahren zu berücksichtigender Freibetrag für **höchstens zwei Kalenderjahre** statt für höchstens ein Kalenderjahr gilt (Bsp.: Antrag ab 1.5.2022; Berücksichtigung des Freibetrags bis zum 31.12.2023). Auch in den Fällen der zweijährigen Geltungsdauer eines Freibetrags ist die vereinfachte Beantragung eines Freibetrags für das Folgejahr möglich (→ Rz. 347). Der Arbeitnehmer kann eine **Änderung** des Freibetrags innerhalb dieses Zweijahreszeitraums **beantragen**, wenn sich die Verhältnisse zu seinen Gunsten ändern. Ändern sich die Verhältnisse zu seinen Ungunsten, ist er **verpflichtet**, dies dem Finanzamt umgehend **anzuzeigen**. Zu den Auswirkungen beim Faktorverfahren → Rz. 37.

Die **Frist** für die Antragstellung beginnt am **1.10. des Vorjahres**, für das der Freibetrag gelten soll. Werden Anträge auf Lohnsteuer-Ermäßigung bereits vor dem 1.10. des Vorjahres gestellt, lehnt das Finanzamt diese Anträge aber nicht aus formalen Gründen ab; diese Anträge werden dann mit Start des Lohnsteuerermäßigungsverfahrens bearbeitet. Die Antragsfrist endet am **30.11. des Kalenderjahres**, für das der Freibetrag gelten soll.

bb) Kinder

334 Die **Freibeträge für Kinder** werden im Lohnsteuerverfahren bei der Berechnung der Lohnsteuer grundsätzlich **nicht be-**

E 60

C. Lohnsteuer

335 rücksichtigt. Die Lohnsteuer ist daher für Arbeitnehmer mit und ohne Kinder gleich.

Die Freibeträge für Kinder haben aber Bedeutung für die sog. **Annexsteuern** (Kirchensteuer und Solidaritätszuschlag) und werden deshalb als Lohnsteuerabzugsmerkmal berücksichtigt (→ Rz. 307 ff.). Bei der Berechnung dieser Steuern wird nicht die tatsächlich gezahlte Lohnsteuer zu Grunde gelegt, sondern eine **fiktive Lohnsteuer** (sog. Maßstabsteuer). Für die Steuerberechnung wird in allen Fällen – auch wenn das Kindergeld günstiger ist – die Lohnsteuer ermittelt, die sich ergibt, wenn die Freibeträge für Kinder abgezogen werden. Für die Ermittlung der Bemessungsgrundlage für Zuschlagsteuern (Solidaritätszuschlag und Kirchensteuer) werden dabei aus Vereinfachungsgründen sowohl beim Lohnsteuer-Jahresausgleich des Arbeitgebers als auch im Veranlagungsverfahren des Arbeitnehmers immer die **Freibeträge für ein volles Jahr** angesetzt, selbst wenn das Kind nur für einen kürzeren Zeitraum des Jahres berücksichtigt werden kann (z.B. bei Beendigung der Berufsausbildung im Laufe des Jahres).

336 Jedes zu berücksichtigende Kind wird als Lohnsteuerabzugsmerkmal mit dem **Zähler 0,5** (jährlicher Freibetrag in 2022 [wie bereits in 2021]: 4 194 € = 2 730 € + 1 464 €) berücksichtigt. Der **Zähler** erhöht sich auf **1** (jährlicher Freibetrag in 2022 [wie bereits in 2021]: 8 388 € = 5 460 € + 2 928 €), wenn

– die unbeschränkt einkommensteuerpflichtigen leiblichen Eltern oder Pflegeeltern eines Kindes miteinander verheiratet sind und nicht dauernd getrennt leben,

– nicht dauernd getrennt und unbeschränkt einkommensteuerpflichtige Ehegatten ein Kind gemeinsam adoptiert haben,

– der andere leibliche Elternteil oder Adoptivelternteil eines Kindes vor 2022 verstorben ist,

– der Arbeitnehmer oder sein nicht dauernd getrennt lebender Ehegatte allein das Kind adoptiert hat,

– der Wohnsitz des anderen Elternteils nicht zu ermitteln ist,

– der Vater des Kindes amtlich nicht feststellbar ist (z.B., weil die Mutter den Namen des Vaters nicht bekannt gegeben hat) oder

– der andere Elternteil während des gesamten Jahres nicht unbeschränkt einkommensteuerpflichtig ist und keinen Anspruch auf einen Kinderfreibetrag für das Kind hat.

337 Für **Kinder unter 18 Jahren** werden die Zähler regelmäßig ab der Geburt des Kindes bis es 18 Jahre alt wird als elektronische Lohnsteuerabzugsmerkmale automatisiert gebildet und entsprechend berücksichtigt werden. Die Datengrundlage hierfür bilden die durch die Meldebehörden an das Bundeszentralamt für Steuern übermittelten Daten der Melderegister. Ein Antrag des Stpfl. ist hierfür grundsätzlich nicht erforderlich.

338 Insbesondere **Kinder ab 18 Jahren** sowie Pflegekinder werden nur auf Antrag des Arbeitnehmers berücksichtigt. Darüber hinaus können die Kinderfreibeträge für mehrere Jahre gebildet werden, wenn nach den vorliegenden Verhältnissen zu erwarten ist, dass die Voraussetzungen für die Berücksichtigung der Kinderfreibeträge bestehen bleiben.

339 Steht bei einem im Inland ansässigen Elternpaar jedem Elternteil nur der Zähler 0,5 zu, kann ein Elternteil den **Zähler** des anderen Elternteils auf sich **übertragen** lassen, wenn voraussichtlich nur er, nicht jedoch der andere Elternteil seiner Unterhaltspflicht gegenüber dem Kind für das Kalenderjahr im Wesentlichen nachkommt oder der andere Elternteil mangels Leistungsfähigkeit nicht unterhaltspflichtig ist, eine Übertragung scheidet jedoch für Zeiträume aus, in denen Unterhaltsleistungen nach dem Unterhaltsvorschussgesetz gezahlt werden.

340 Die Kinderfreibetragszahl kann auch auf einen **Stiefelternteil** oder auf die **Großeltern** übertragen werden, wenn diese das Kind in seinen Haushalt aufgenommen hat oder dieser einer Unterhaltspflicht gegenüber dem Kind unterliegt. Die Übertragung kann online unter „**Mein Elster**" (www.elster.de) oder beim Finanzamt mit dem besonderen **Vordruck** (Anlage K zum Lohnsteuer-Ermäßigungsantrag) beantragt werden.

341 Die Summe der Zähler wird als Lohnsteuerabzugsmerkmal **„Zahl der Kinderfreibeträge bei den Steuerklassen I bis IV (§ 38b Abs. 2)"** berücksichtigt.

Kinder im **Ausland** werden bei der Kinderfreibetragszahl nur berücksichtigt, wenn die dortigen Lebenshaltungskosten in etwa denen im Inland entsprechen (Berücksichtigung ausländischer Verhältnisse durch Ländergruppeneinteilung; s. auch BMF-Schreiben v. 11.11.2020, IV C 8 – S 2285/19/10001 :002, BStBl I 2020, 1212). Freibeträge für Kinder, die in Ländern mit niedrigeren Lebenshaltungskosten leben, werden bei der Berechnung des Solidaritätszuschlags und der Kirchensteuer erst nach Ablauf des Kalenderjahres im Rahmen der Einkommensteuerveranlagung berücksichtigt.

342 Zu den Fällen, in denen bei einem Arbeitnehmer die Voraussetzungen für eine **geringere Zahl der Kinderfreibeträge** eintreten → Rz. 318. Zu den Fällen, in denen sich die Voraussetzungen für die Zahl der Kinderfreibeträge **zu Gunsten** des Arbeitnehmers ändern → Rz. 319. Zur Verpflichtung des Arbeitnehmers, die **Steuerklasse II** ändern zu lassen, wenn im Laufe des Jahres die Voraussetzungen für die Berücksichtigung des (Grund)Entlastungsbetrags für Alleinerziehende entfallen (→ Rz. 119 ff.).

Zu der steuerlichen Behandlung von **Kindern im Allgemeinen** auch → Rz. 107 ff.

cc) Freibeträge bei Werbungskosten etc.

343 Die Steuern und Zuschlagsteuern (Solidaritätszuschlag, Kirchensteuer), die der Arbeitgeber bei der Lohn-, Gehalts- oder Bezügezahlung abziehen muss, werden niedriger, wenn als Lohnsteuerabzugsmerkmal (→ Rz. 307 ff.) ein Freibetrag berücksichtigt wird. Der Antrag auf Lohnsteuerermäßigung ist online unter „Mein Elster" (www.elster.de) oder auf **amtlichem Vordruck** zu stellen und eigenhändig zu unterschreiben. Die Frist für die Antragstellung beginnt am 1.10. des Vorjahres; sie endet am 30.11. des Kalenderjahres, für das der Freibetrag gelten soll. Danach kann ein Antrag für das Kalenderjahr 2022 bis zum 30.11.2022 beim Finanzamt eingereicht werden.

344 **Unabhängig von ihrer Höhe** können als Freibetrag berücksichtigt werden:

– der Pauschbetrag für Menschen mit Behinderungen und Hinterbliebene (→ Rz. 213 *Behinderungen*, → Rz. 223 *Hinterbliebene*);

– der Erhöhungsbetrag beim Entlastungsbetrag für Alleinerziehende (→ Rz. 367);

– Verluste aus anderen Einkunftsarten, insbesondere aus Vermietung und Verpachtung (→ Rz. 362 f.);

– die in einen Freibetrag umgerechneten Steuerermäßigungen für energetische Maßnahmen (→ Rz. 259 *Steuerermäßigung für energetische Maßnahmen bei zu eigenen Wohnzwecken genutzten Gebäuden*) sowie für haushaltsnahe Beschäftigungsverhältnisse/Dienstleistungen und Handwerkerleistungen (→ Rz. 260 *Steuerermäßigung für haushaltsnahe Beschäftigungsverhältnisse/Dienstleistungen und Handwerkerleistungen*);

– m.E. die wegen der regelmäßig auftretenden Doppelbesteuerung von Lohneinkünften von der Finanzverwaltung aus Billigkeitsgründen zugelassene Bildung eines Freibetrags für die voraussichtlich abzuführende ausländische Abzugsteuer (→ Rz. 365).

345 Eine Berücksichtigung von Freibeträgen wegen

– Werbungskosten (→ Rz. 122 ff.),

– Sonderausgaben (→ Rz. 176 ff.),

– allgemeiner außergewöhnlichen Belastungen (→ Rz. 211 ff.),

– außergewöhnlicher Belastungen in Sonderfällen (→ Rz. 211 ff.) und

– des (Grund-)Entlastungsbetrags für Alleinerziehende bei Verwitweten (→ Rz. 121)

ist dagegen nur möglich, wenn die Aufwendungen bzw. die abziehbaren Beträge insgesamt eine **Antragsgrenze von 600 €** überschreiten. Für die Feststellung, ob die Antragsgrenze überschritten wird, dürfen die Werbungskosten nicht

C. Lohnsteuer

in voller Höhe, sondern nur mit dem Betrag angesetzt werden, der den Arbeitnehmer-Pauschbetrag von 1 000 € übersteigt. Für Sonderausgaben sind die tatsächlichen Aufwendungen anzusetzen, auch wenn diese Aufwendungen geringer als der Sonderausgaben-Pauschbetrag (→ Rz. 198 *Sonderausgaben-Pauschbetrag*) sind. Bei außergewöhnlichen Belastungen allgemeiner Art sind die Aufwendungen (ohne Kürzung um die → Rz. 242 *zumutbare Belastung*) und bei außergewöhnlichen Belastungen in besonderen Fällen die abziehbaren Beträge maßgebend. **Verheiratete Arbeitnehmer** können den Antrag stellen, wenn die hiernach zu berücksichtigenden Aufwendungen bzw. die abziehbaren Beträge beider Ehepartner zusammen mehr als 600 € betragen.

346 Der Freibetrag wird mit **Wirkung** vom 1.1.2022 an berücksichtigt, wenn der Antrag vor dem 1.2.2022 gestellt wird. Ansonsten wirkt der Freibetrag erst mit Beginn des auf die Antragstellung folgenden Monats. Der monatliche Freibetrag wird ermittelt, indem der Jahresfreibetrag gleichmäßig auf die folgenden Monate des Kalenderjahres gleichmäßig verteilt wird. Falls erforderlich erfolgt eine Aufteilung in Wochen- und Tagesfreibeträge. Zur zeitlichen Gültigkeit auch → Rz. 333.

347 In bestimmten Fällen kann ein vereinfachtes Verfahren zur Anwendung kommen und zwar, wenn der Arbeitnehmer höchstens den Freibetrag beantragt, der für das vorangegangene Kalenderjahr ermittelt wurde, und versichert, dass sich die maßgebenden Verhältnisse nicht wesentlich geändert haben (online unter „Mein Elster" [www.elster.de] oder Zeilen 18 bis 20 des Hauptvordrucks „Antrag auf Lohnsteuer-Ermäßigung").

348 Wird auf Grund eines Antrags auf Lohnsteuerermäßigung ein Steuerfreibetrag gewährt – ausgenommen Pauschbetrag für Menschen mit Behinderungen / Hinterbliebene" oder Änderungen bei der Zahl der Kinderfreibeträge – und übersteigt der im Kalenderjahr 2022 insgesamt erzielte Arbeitslohn 12 550 €, bei zusammenveranlagten Ehegatten der von den Ehepartnern insgesamt erzielte Arbeitslohn 23 900 €, besteht die **Pflicht**, für das Kalenderjahr 2022 bis spätestens zum 31.7.2023 eine **Einkommensteuererklärung** abzugeben (→ Rz. 61).

349 **Werbungskosten** können als Freibetrag nur berücksichtigt werden, soweit sie den beim Lohnsteuerabzug berücksichtigten Arbeitnehmer-Pauschbetrag (→ Rz. 127 *Arbeitnehmer-Pauschbetrag*) von 1 000 € jährlich übersteigen.

350 **Sonderausgaben** (→ Rz. 176 ff.) sind bestimmte, im Gesetz abschließend aufgezählte Aufwendungen. Bei diesen Ausgaben ist zu unterscheiden zwischen Vorsorgeaufwendungen (→ Rz. 352) und den übrigen Sonderausgaben. Ein Freibetrag kann für **Vorsorgeaufwendungen nicht** berücksichtigt werden, da diese sich im Lohnsteuerabzug bereits durch die Vorsorgepauschale steuermindern auswirken. Die übrigen Sonderausgaben werden als Freibetrag berücksichtigt, **soweit** sie den Sonderausgaben-Pauschbetrag von 36 € bei alleinstehenden Arbeitnehmern und von **72 €** bei nicht dauernd getrennt lebenden Ehepartnern **übersteigen**. Bei Ehepartnern werden die Sonderausgaben gemeinsam ermittelt; insbesondere ist es gleichgültig, welcher der Ehepartner sie geleistet hat.

351 Entstehen einem Arbeitnehmer größere Aufwendungen als der überwiegenden Mehrzahl der Stpfl. gleicher Einkommens- oder Vermögensverhältnisse sowie gleichen Familienstands, sind sie als **außergewöhnliche Belastung** (→ Rz. 211 ff.) abziehbar, wenn sich der Stpfl. diesen Aufwendungen aus rechtlichen, tatsächlichen oder sittlichen Gründen nicht entziehen kann. Ein Abzug sowie die Berücksichtigung eines Freibetrags kommen nur insoweit in Betracht, als die Aufwendungen den Umständen nach notwendig sind, einen angemessenen Betrag nicht übersteigen und außerdem höher sind als die anzurechnende → Rz. 242 *Zumutbare Belastung*. In bestimmten Fällen außergewöhnlicher Belastungen werden Aufwendungen nur bis zur Höhe genau festgelegter Höchstbeträge bzw. Freibeträge berücksichtigt, u.a.

- behinderungsbedingte Fahrtkostenpauschale,
- Unterhaltsaufwendungen,
- Sonderbedarf bei Berufsausbildung,

- Pauschbeträge für Menschen mit Behinderungen, Hinterbliebene und Pflegepersonen.

Außer bei der behinderungsbedingten Fahrtkostenpauschale entfällt hier die Kürzung um die zumutbare Belastung.

> **Beispiel**
>
> Ein lediger Arbeitnehmer wird im Kj. 2022 voraussichtlich an 220 Arbeitstagen mit seinem Pkw zur Arbeitsstätte fahren. Die kürzeste Straßenverbindung zwischen Wohnung und Arbeitsstätte beträgt 35 km. Die zu zahlende Kirchensteuer wird voraussichtlich 500 € betragen. Im Januar 2022 stellt er beim Finanzamt einen Antrag auf Berücksichtigung eines Freibetrags als Lohnsteuerabzugsmerkmal.
>
> **1. Schritt** (Prüfung, ob die 600 €-Antragsgrenze überschritten ist):
>
> Werbungskosten
>
> | | | |
> |---|---:|---:|
> | (Entfernungspauschale: | | |
> | 220 Tage x 20 km x 0,30 € + 220 | | |
> | Tage x 15 km x 0,35 €) | 2 475 € | |
> | abzüglich Arbeitnehmer-Pauschbetrag | ./. 1 000 € | |
> | verbleiben | | 1 475 € |
> | Sonderausgaben | | 500 € |
> | zusammen | | 1 975 € |
>
> Da die Grenze von 600 € überschritten ist, kann grundsätzlich die Berücksichtigung eines Freibetrags erfolgen.
>
> **2. Schritt** (Ermittlung der Höhe des Freibetrags):
>
> | | | |
> |---|---:|---:|
> | Werbungskosten (siehe oben) | 2 475 € | |
> | abzüglich Arbeitnehmer-Pauschbetrag | ./. 1 000 € | |
> | verbleiben | | 1 475 € |
> | Sonderausgaben | 500 € | |
> | abzüglich Sonderausgaben-Pauschbetrag | ./. 36 € | |
> | verbleiben | | 464 € |
> | zusammen | | 1 939 € |
>
> Als Lohnsteuerabzugsmerkmal wird ein Jahresfreibetrag von 1 939 € berücksichtigt. Der Monatsfreibetrag beträgt bei einer Antragstellung bis zum 1.2.2022 aufgerundet 162 € (1 939 €/12 Monate).

dd) Vorsorgeaufwendungen

352 Für Vorsorgeaufwendungen kann nach der Rechtslage für 2022 (ab 2024 Ausnahme für ausländische Versicherungsunternehmen und Sozialversicherungsträger) **kein Freibetrag** berücksichtigt werden, da die Vorsorgeaufwendungen beim Lohnsteuerabzug bereits durch die **Vorsorgepauschale** (→ Rz. 6 ff. und 209 *Vorsorgepauschale*) berücksichtigt werden. Deshalb können auch Beiträge für eine sog. Riester-Rente oder eine sog. Rürup-Rente (→ Rz. 180 *Altersvorsorgebeitrag* und → Rz. 208 *Vorsorgeaufwendungen*) erst bei der Veranlagung zur Einkommensteuer berücksichtigt werden. Die beim Lohnsteuerabzug zu berücksichtigende Vorsorgepauschale setzt sich aus einzelnen **Teilbeträgen** zusammen:

- einem Teilbetrag für die **Rentenversicherung**, wenn Versicherungspflicht in der gesetzlichen Rentenversicherung oder wegen der Versicherung in einer berufsständischen Versorgungseinrichtung eine Befreiung von der gesetzlichen Rentenversicherung vorliegt,

- einem Teilbetrag für die **Krankenversicherung** und

- einem Teilbetrag für die **Pflegeversicherung**.

Ob die Voraussetzungen für den Ansatz der einzelnen Teilbeträge vorliegen, ist jeweils gesondert zu prüfen; hierfür ist immer der Versicherungsstatus am Ende des jeweiligen Lohnzahlungszeitraums maßgebend und das Dienstverhältnis nicht auf Teilmonate aufzuteilen. Die Teilbeträge sind separat zu berechnen; die Summe aller Teilbeträge ergibt die anzusetzende Vorsorgepauschale.

353 **Bemessungsgrundlage** für die Berechnung dieser einzelnen Teilbeträge der Vorsorgepauschale ist der Arbeitslohn. Entschädigungen werden hier nicht als Arbeitslohnbestandteil berücksichtigt. Die jeweilige Beitragsbemessungsgrenze ist bei allen Teilbeträgen der Vorsorgepauschale zu beachten.

C. Lohnsteuer

Bei den Rentenversicherungsbeiträgen ist folglich auch zwischen der sog. Beitragsbemessungsgrenze West und der Beitragsbemessungsgrenze Ost zu unterscheiden.

354 Für die **Rentenversicherung** beträgt im Kalenderjahr 2022 der zu berücksichtigende Anteil 88 % des Arbeitnehmeranteils. Der berücksichtigungsfähige Teilbetrag der Vorsorgepauschale für die Rentenversicherung steigt parallel zum Sonderausgabenabzug der Rentenversicherungsbeiträge (→ Rz. 185 *Höchstbeträge für Vorsorgeaufwendungen*). Der Prozentsatz wird bis zum Jahr 2024 in jedem Kalenderjahr um 4 %-Punkte angehoben.

355 Der Teilbetrag für die **gesetzliche Krankenversicherung** und **soziale Pflegeversicherung** wird bei Arbeitnehmern angesetzt, die in der gesetzlichen Krankenversicherung versichert sind; dies gilt für pflichtversicherte und freiwillig versicherte Arbeitnehmer. Es wird hier ein fiktiver Arbeitnehmeranteil berücksichtigt.

356 Bei **privat versicherten Arbeitnehmern** werden die als Sonderausgabenabzug abziehbaren privaten Basiskranken- und Pflege-Pflichtversicherungsbeiträge berücksichtigt (→ Rz. 208 *Vorsorgeaufwendungen*). Steuerfreie Arbeitgeberzuschüsse zu einer privaten Kranken- und Pflegeversicherung werden gegengerechnet. Der Arbeitgeber kann die entsprechenden Daten für die private Krankenversicherung und private Pflegepflichtversicherung des Arbeitnehmers einschließlich der Beiträge für mitversicherte, nicht dauernd getrennt lebende, unbeschränkt einkommensteuerpflichtige Ehepartner und Kinder aus der **ELStAM-Datenbank** (→ Rz. 307 ff.) abrufen und diese beim Lohnsteuerabzug berücksichtigen. Eine Speicherung in der ELStAM-Datenbank erfolgt allerdings erst **ab 2024**. Bis die Daten mittels ELStAM zur Verfügung stehen, können die Arbeitnehmer mit entsprechenden **Beitragsrechnungen** gegenüber dem Arbeitgeber die als Sonderausgaben abziehbaren privaten Basiskranken- und Pflege-Pflichtversicherungsbeiträge mitteilen.

Der Arbeitgeber hat **folgende Beitragsbescheinigungen** des Versicherungsunternehmens im Rahmen des Lohnsteuerabzugs zu berücksichtigen:

– eine bis zum 31.3.2022 vorgelegte Beitragsbescheinigung über die voraussichtlichen privaten Basiskranken- und Pflege-Pflichtversicherungsbeiträge des Kalenderjahres 2021,

– eine Beitragsbescheinigung für die voraussichtlichen privaten Basiskranken- und Pflege-Pflichtversicherungsbeiträge des Kalenderjahres 2022 oder

– eine Beitragsbescheinigung über die nach § 10 Abs. 2a Satz 4 Nr. 2 EStG übermittelten Daten für das Kalenderjahr 2021.

Eine dem Arbeitgeber bereits **vorliegende Beitragsbescheinigung** ist auch im Rahmen des Lohnsteuerabzugs des Kalenderjahres 2022 (weiter) zu berücksichtigen, wenn keine neue Beitragsbescheinigung vorgelegt wird.

357 Für die Krankenversicherung und Pflegeversicherung wird eine **Mindestvorsorgepauschale** gewährt. Sie beträgt **12 %** des Arbeitslohns, höchstens **1 900 €** in der Steuerklassen I, II, IV, V, VI bzw. höchstens **3 000 €** in der **Steuerklasse III**. Sind die tatsächlich geleisteten und abziehbaren Beiträge für die Kranken- und Pflegeversicherung höher als die Mindestvorsorgepauschale, werden die höheren Beiträge berücksichtigt. Neben der Mindestvorsorgepauschale wird der Teilbetrag der Vorsorgepauschale für die **Rentenversicherung** (s.o.) berücksichtigt, wenn die entsprechenden Voraussetzungen vorliegen.

Weitere, detaillierte Erläuterungen zur Berücksichtigung der Vorsorgepauschale im Lohnsteuerabzugsverfahren finden sich im BMF-Schreiben v. 26.11.2013[1], IV C 5 – S 2367/09/10001, BStBl I 2013, 1532.

ee) Freibetrag/Hinzurechnungsbetrag bei Steuerklasse VI

358 **Arbeitnehmer mit mehreren Dienstverhältnissen** haben für den Arbeitslohn aus dem zweiten oder jedem weiteren

---

[1] Das BMF-Schreiben ist teilweise überholt.

Dienstverhältnis Lohnsteuer auch dann zu entrichten, wenn der Arbeitslohn sehr gering ist und zusammen mit dem Arbeitslohn aus dem ersten Dienstverhältnis zu keiner Belastung mit Einkommensteuer führt. Um in diesen Fällen die nach dem Gesamtergebnis nicht berechtigte Steuerbelastung bereits im Lohnsteuerabzugsverfahren zu vermeiden, kann der Arbeitnehmer als Lohnsteuerabzugsmerkmal einen **Freibetrag** für das Dienstverhältnis mit der Steuerklasse VI ermitteln lassen, wenn für den Arbeitslohn aus dem ersten Dienstverhältnis noch keine Lohnsteuer anfällt. Zum Ausgleich wird allerdings vom Finanzamt als Lohnsteuerabzugsmerkmal ein entsprechend hoher Betrag als **Hinzurechnungsbetrag** für das erste Dienstverhältnis ermittelt. Soll für das erste Dienstverhältnis auch **aus anderen Gründen** ein **Freibetrag** ermittelt werden, wird nur der diesen Freibetrag **übersteigende Betrag** als Hinzurechnungsbetrag berücksichtigt; ist der Freibetrag höher als der Hinzurechnungsbetrag, wird nur der den Hinzurechnungsbetrag übersteigende Freibetrag berücksichtigt.

359 Die Höhe des Freibetrags/Hinzurechnungsbetrags kann der Arbeitnehmer im Rahmen folgender Höchstbeträge bestimmen, die von der für das erste Dienstverhältnis maßgebenden Steuerklasse und von der Höhe der Vorsorgepauschale (→ Rz. 352 ff.) abhängen. Die Höchstbeträge entsprechen den Arbeitslöhnen, für die bei der jeweiligen Steuerklasse keine Lohnsteuer anfällt; sie betragen z.B.

in der Steuerklasse im ersten Dienstverhältnis	Höchstbetrag bei	
	sozialversicherungspflichtigen Arbeitnehmern	Empfängern von Betriebsrenten und Versorgungsempfängern[1]
I/IV	13 816 €	15 929 €
II	18 445 €	19 937 €
III	26 161 €	27 021 €
V	1 301 €	2 179 €

360 Eine Beschränkung dahingehend, dass nur die nicht ausgeschöpfte Eingangsstufe übertragen werden kann, gibt es aus Vereinfachungsgründen nicht. Wer vermeiden möchte, dass wegen des Hinzurechnungsbetrags Lohnsteuer für den Arbeitslohn aus dem ersten Dienstverhältnis erhoben wird, sollte den Freibetrag begrenzen, und zwar auf den Betrag, um den der maßgebende Höchstbetrag den voraussichtlichen Jahresarbeitslohn aus dem ersten Dienstverhältnis übersteigt.

Beispiel

Ein Arbeitnehmer bezieht aus einem ersten Dienstverhältnis monatlich 600 € und aus einem zweiten Dienstverhältnis monatlich 200 €. Der Arbeitnehmer ist in allen Sozialversicherungszweigen versichert (Allgemeine Lohnsteuer-Tabelle bei manueller Berechnung der Lohnsteuer). Im ersten Dienstverhältnis ist die Steuerklasse I maßgeblich.

Jahresarbeitslohn aus dem ersten Dienstverhältnis (600 € x 12)	7 200 €
Jahresarbeitslohn aus dem zweiten Dienstverhältnis (200 € x 12)	2 400 €
Der für die Steuerklasse I maßgebende Höchstbetrag in 2022 beträgt	13 816 €
und überschreitet den voraussichtlichen Jahresarbeitslohn aus dem ersten Dienstverhältnis von	7 200 €
um	6 616 €

Der Freibetrag für die Steuerklasse VI und der Hinzurechnungsbetrag für die Steuerklasse I sollten auf 6 616 € begrenzt werden.

361 Auch die Berücksichtigung eines Freibetrags/Hinzurechnungsbetrags hat zur Folge, dass der Arbeitnehmer zur Einkommensteuer veranlagt werden muss und verpflichtet ist, für 2022 unaufgefordert bis zum 31.7.2023 eine Einkommensteuererklärung abzugeben (→ Rz. 61).

---

[1] Bei der Ermittlung der Beträge wurde davon ausgegangen, dass der Versorgungsbeginn vor 2006 liegt und sich die Höhe der Betriebsrente seitdem nicht verändert hat (keine Differenz zwischen der Bemessungsgrundlage der Freibeträge für Versorgungsbezüge und der aktuellen Betriebsrente).

C. Lohnsteuer

ff) Freibetrag bei Verlusten aus anderen Einkunftsarten

362 **Negative Einkünfte**, die neben dem Arbeitslohn voraussichtlich entstehen (z.B. aus Gewerbebetrieb, aus selbständiger Arbeit oder aus Vermietung) können ebenfalls berücksichtigt werden. In die Ermittlung eines Freibetrags wegen negativer Einkünfte sind sämtliche Einkünfte aus Land- und Forstwirtschaft, Gewerbebetrieb, selbständiger Arbeit, Vermietung und Verpachtung und die sonstigen Einkünfte, die der Arbeitnehmer und sein von ihm nicht dauernd getrennt lebender unbeschränkt einkommensteuerpflichtiger Ehepartner voraussichtlich erzielen werden; negative Einkünfte aus Kapitalvermögen werden nur berücksichtigt, wenn sie nicht unter das Verlustausgleichsverbot nach § 20 Abs. 6 Satz 2 EStG fallen. Das bedeutet, dass sich der Betrag der negativen Einkünfte des Arbeitnehmers z.B. um die positiven Einkünfte des Ehepartners vermindert. Außer Betracht bleiben stets die Einkünfte aus nichtselbständiger Arbeit und positive Einkünfte aus Kapitalvermögen.

363 Negative Einkünfte aus **Vermietung und Verpachtung** eines Gebäudes können grundsätzlich erst für das Kalenderjahr berücksichtigt werden, das auf das Kalenderjahr der Fertigstellung oder der Anschaffung des Gebäudes folgt. Das Objekt ist angeschafft, wenn der Kaufvertrag abgeschlossen ist und Besitz, Nutzen, Lasten und Gefahr auf den Erwerber übergangen sind. Das Objekt ist fertig gestellt, wenn es nach Abschluss der wesentlichen Bauarbeiten bewohnbar ist; die Bauabnahme ist nicht erforderlich. Wird ein Objekt vor der Fertigstellung angeschafft, ist der Zeitpunkt der Fertigstellung maßgebend.

gg) Freibetrag für energetische Maßnahmen sowie bei haushaltsnahen Beschäftigungsverhältnissen/Dienstleistungen und Handwerkerleistungen

364 Die Steuerermäßigung bei Aufwendungen für **energetische Maßnahmen** (→ Rz. 259 *Steuerermäßigung für energetische Maßnahmen bei zu eigenen Wohnzwecken genutzten Gebäuden*) sowie für **haushaltsnahe Beschäftigungsverhältnisse**, die Inanspruchnahme **haushaltsnaher Dienstleistungen** sowie **Handwerkerleistungen** (→ Rz. 260 *Steuerermäßigung für haushaltsnahe Beschäftigungsverhältnisse/Dienstleistungen und Handwerkerleistungen*) kann bei Arbeitnehmern vom Finanzamt als Lohnsteuerabzugsmerkmal ein als vom Arbeitslohn abzuziehender Freibetrag ermittelt werden, damit sich die Steuerermäßigung bereits im Laufe des Jahres auswirkt. Da es sich bei der jeweiligen Steuerermäßigung um einen Abzugsbetrag von der Steuerschuld und nicht von der Bemessungsgrundlage handelt, wird sie durch **Vervierfachung** in einen Freibetrag umgerechnet.

hh) Freibetrag für eine voraussichtlich abzuführende ausländische Abzugsteuer

365 Nach einzelnen **Doppelbesteuerungs-(DBA)-Bestimmungen** werden die Einkünfte nicht von der Besteuerung freigestellt; stattdessen wird die Doppelbesteuerung durch **Steueranrechnung** nach Maßgabe des § 34c EStG vermieden (Anwendung der **Anrechnungsmethode**). Wegen der regelmäßig auftretenden Doppelbesteuerung von Lohneinkünften lässt die Finanzverwaltung unter weiteren Voraussetzungen zu, dass hier **aus Billigkeitsgründen** für die voraussichtlich abzuführende **ausländische Abzugsteuer** ein **Freibetrag** für das Lohnsteuerabzugsverfahren gebildet werden kann (BMF-Schreiben v. 3.5.2018, IV B 2 – S 1300/08/10027, BStBl I 2018, 643, Rz. 23 und 177 f.). Der Freibetrag darf jedoch die **Einnahmen**, die unter die Anrechnungsmethode fallen, **nicht übersteigen**.

ii) Freibetrag für den Entlastungsbetrag für Alleinerziehende bei Verwitweten

366 Erfüllen **verwitwete Arbeitnehmer** die Voraussetzungen für den Abzug des (Grund)Entlastungsbetrags für Alleinerziehende i.H.v. 4 008 € (→ Rz. 119), können sie sich im **Todes**jahr des Ehepartners und im **Folgejahr** für diesen Entlastungsbetrag als Lohnsteuerabzugsmerkmal einen **Freibetrag** ermitteln lassen. Diese Möglichkeit besteht, weil der (Grund-)Entlastungsbetrag für Alleinerziehende bei verwitweten Arbeitnehmern nicht über das Steuerklassensystem berücksichtigt werden kann. Der (Grund-)Entlastungsbetrag für Alleinerziehende wird grundsätzlich mit der **Steuerklasse II** berücksichtigt (→ Rz. 324); für **verwitwete Arbeitnehmer** ist jedoch im Kalenderjahr des Todes des Ehepartners und für das folgende Kalenderjahr das Splittingverfahren möglich und damit insbesondere die **Steuerklasse III** (→ Rz. 325).

Zum **Erhöhungsbetrag** beim Entlastungsbetrag für Alleinerziehende → Rz. 367.

jj) Erhöhungsbetrag beim Entlastungsbetrag für Alleinerziehende

367 Der **(Grund-)Entlastungsbetrag für Alleinerziehende** i.H.v. 4 008 € für ein bzw. das erste Kind wird beim Lohnsteuerabzug grds. über die **Steuerklasse II** berücksichtigt (→ Rz. 119 und → Rz. 324). Zur Ausnahme bei bestimmten verwitweten Arbeitnehmern (→ Rz. 366).

Die Arbeitnehmer, denen ein **Erhöhungsbetrag** beim Entlastungsbetrag für Alleinerziehende (um 240 €, 480 € usw.) für weitere Kinder zusteht, können darüber hinaus bei ihrem zuständigen Wohnsitzfinanzamt die **Bildung eines Freibetrags** beantragen. Dies gilt für bestimmte **verwitwete Arbeitnehmer** entsprechend (→ Rz. 121 und → Rz. 366). Für die Beantragung des Freibetrags ist die **Antragsgrenze** von 600 € (→ Rz. 343 ff.) **nicht maßgeblich**. Der entsprechende Freibetrag gilt für einen Zeitraum von **bis zu zwei Kalenderjahren** (→ Rz. 333).

3. Lohnsteuerabzug, Anmeldung und Abführung der Lohnsteuer

368 Der Arbeitgeber hat die **Lohnsteuer** bei jeder Lohnzahlung vom Arbeitslohn **einzubehalten**.

Für die Einbehaltung der Lohnsteuer vom laufenden Arbeitslohn hat der Arbeitgeber die Höhe des Arbeitslohns und den Zeitraum festzustellen, für den der Lohn gezahlt wird (**Lohnzahlungszeitraum**).

369 Die Lohnsteuer ist seit 2001 primär elektronisch zu berechnen (→ Rz. 2). Sie kann aber auch mittels Tabellen manuell ermittelt werden (→ Rz. 3 f.). Ausgehend von den Lohnsteuerabzugsmerkmalen (→ Rz. 307 ff.) und dem ermittelten steuerpflichtigen Arbeitslohn (→ Rz. 391 ff.) kann in der für den Lohnzahlungszeitraum maßgebenden **Lohnsteuer-/Gesamtabzug-Tabelle** (Monats- oder Tages-Tabelle) der jeweils einzubehaltende Lohnsteuerbetrag abgelesen werden. Für Lohnzahlungszeiträume, für die Lohnsteuer-/Gesamtabzug-Tabellen nicht aufgestellt sind, ergibt sich die Lohnsteuer aus den mit der Zahl der Kalendertage dieser Zeiträume vervielfachten Beträgen der Tages-Tabelle.

370 Der Arbeitgeber muss die bei der Lohn-, Gehalts- oder Bezügezahlung erhobene Lohnsteuer **monatlich**, **vierteljährlich** oder **einmal im Jahr anmelden** und **abführen**, je nachdem, wie hoch der Lohnsteuerbetrag im Vorjahr war.

Die Lohnsteuer-Anmeldung ist **grundsätzlich elektronisch** an die Finanzbehörden **zu übermitteln**. Bei dieser Übermittlung mittels amtlich vorgeschriebenen Datensatzes ist ein **sicheres Verfahren** zu verwenden, das die Vertraulichkeit und Integrität des Datensatzes gewährleistet (§ 87a Abs. 6 AO). Im Übrigen sind die §§ 87b bis 87d AO zu beachten. Die elektronische Abgabe von Lohnsteuer-Anmeldungen ist nur mit **Authentifizierung** zulässig; das entsprechende Zertifikat erhält der Arbeitgeber durch eine Registrierung im ElsterOnline-Portal (https://www.elster.de/eportal/start). Auf Antrag kann das Finanzamt zur Vermeidung unbilliger Härten auf eine elektronische Übermittlung verzichten; in diesem Fall ist die Lohnsteuer-Anmeldung nach amtlich vorgeschriebenem **Vordruck** in Papierform oder per Fax sowie unterschrieben einzureichen. Bestehen mehrere Betriebsstätten, sind für diese jeweils gesonderte Lohnsteuer-Anmeldungen zu übermitteln oder abzugeben.

E 64

C. Lohnsteuer

Lohnsteuer-Anmeldungszeitraum ist:
- der **Kalendermonat**, wenn die abzuführende Lohnsteuer im vorangegangenen Kalenderjahr **mehr als 5 000 €** betragen hat;
- das **Kalendervierteljahr**, wenn die abzuführende Lohnsteuer im vorangegangenen Kalenderjahr **mehr als 1 080 €**, aber **nicht mehr als 5 000 €** betragen hat;
- das **Kalenderjahr**, wenn die abzuführende Lohnsteuer im vorangegangenen Kalenderjahr **nicht mehr als 1 080 €** betragen hat.

Hat die Betriebsstätte **nicht** während des **ganzen vorangegangenen Kalenderjahres** bestanden, so ist die für das vorangegangene Kalenderjahr abzuführende Lohnsteuer für die Feststellung des Lohnsteuer-Anmeldungszeitraums auf einen Jahresbetrag umzurechnen. Wenn die Betriebsstätte im vorangegangenen Kalenderjahr **noch nicht** bestanden hat, ist die auf einen Jahresbetrag umgerechnete, für den ersten vollen Kalendermonat nach der Eröffnung der Betriebsstätte abzuführende Lohnsteuer maßgebend.

371 Die für den Lohnsteuer-Anmeldungszeitraum maßgebende anzumeldende und abzuführende Lohnsteuer ist die **Summe der** von sämtlichen Arbeitnehmern einbehaltenen und übernommenen **Lohnsteuer**, getrennt nach den Kalenderjahren, in denen der Arbeitslohn bezogen wird oder als bezogen gilt (pro Betrieb/-stätte).

372 Von der angemeldeten Lohnsteuer kann der Arbeitgeber **abziehen**:
- das ausgezahlte **Kindergeld** (nur öffentlicher Dienst),
- **100 %** der **Lohnsteuer** der **Besatzungsmitglieder** eigener oder gecharterter **Handelsschiffe**. Die Regelung zum 100 %-Einbehalt war zum 31.5.2021 ausgelaufen, wurde aber **verlängert** für die Dauer von **72 Monaten**. Die **Europäische Kommission** hat die erforderliche beihilferechtliche **Genehmigung** am 22.6.2021 erteilt. Die Regelung gilt danach nur für Handelsschiffe, die in einem **Seeschiffsregister** eines **EU/EWR-Mitgliedstaates** eingetragen sind, die **Flagge** eines EU- oder EWR-Staates führen und im **internationalen Seeverkehr** betrieben werden. Ist für den Lohnsteuerabzug die Lohnsteuer nach der **Steuerklasse V oder VI** zu ermitteln, so bemisst sich der Abzugsbetrag nur nach der Lohnsteuer der Steuerklasse I,
- einen **BAV-Förderbetrag**. Der BAV-Förderbetrag wurde **ab 2018** eingeführt und beträgt im Kalenderjahr **30 %** eines zusätzlichen Arbeitgeberbeitrags zur **betrieblichen Altersversorgung** an einen Pensionsfonds, einer Pensionskasse oder für eine Direktversicherung, seit 2020 **höchstens 288 €**. Für den BAV-Förderbetrag gilt seit 2020 eine **Einkommensgrenze** von monatlich **2 575 €**. Zu den weiteren Einzelheiten s. BMF-Schreiben v. 12.8.2021, IV C 5 – S 2333//10009 :017, BStBl I 2021, 1050, Rn. 100 ff.

373 Spätestens am **10. Tag** nach Ablauf des Anmeldungszeitraums sind dem Betriebsstättenfinanzamt die abzuführende Lohnsteuer sowie der Solidaritätszuschlag und ggf. die Kirchensteuer, getrennt nach Kalenderjahren in denen der Arbeitslohn bezogen wird oder als bezogen gilt, durch die Lohnsteuer-Anmeldung **mitzuteilen** und an die Finanzkasse zu **überweisen**. Ergibt sich kein Zahlbetrag, ist eine sog. Nullmeldung abzugeben. Der Arbeitgeber braucht erst dann keine weiteren Lohnsteuer-Anmeldungen mehr zu übermitteln oder abzugeben, wenn er seinen Mitarbeiter, für die er Lohnsteuer einzubehalten oder zu übernehmen hat, nicht mehr beschäftigt oder er keine Lohnsteuer einzubehalten oder zu übernehmen hat, weil der Arbeitslohn nicht steuerbelastet ist, und er dies dem Betriebsstättenfinanzamt auch mitgeteilt hat.

Arbeitgebern können die **Fristen** zur Abgabe monatlicher oder vierteljährlicher Lohnsteuer-Anmeldungen während der **Corona-Krise** im Einzelfall auf Antrag **verlängert** werden, soweit sie selbst oder der von ihnen mit der Lohnbuchhaltung und Lohnsteuer-Anmeldung Beauftragte nachweislich unverschuldet daran gehindert sind, die Lohnsteuer-Anmeldungen pünktlich zu übermitteln. Die Fristverlängerung beträgt in diesem Fall **maximal zwei Monate**. Die Entscheidung im Einzelfall trifft das örtlich zuständige Finanzamt.

Das **Betriebsstättenfinanzamt** ist für den Privathaushalt als Arbeitgeber regelmäßig das für die Veranlagung zur Einkommensteuer zuständige (Wohnsitz-)Finanzamt; für andere Arbeitgeber das Finanzamt, in dessen Bezirk sich der Betrieb bzw. die Betriebsstätte befindet.

Zur **Änderung der Lohnsteuer-Anmeldung** zu Gunsten des Arbeitgebers nach Übermittlung oder Ausschreibung der Lohnsteuerbescheinigung → Rz. 374 zweiter Absatz.

4. Änderung des Lohnsteuerabzugs

374 Was ist zu tun, wenn **zu viel** oder **zu wenig Lohnsteuer abgezogen** wurde, wenn man z.B. erst nach einiger Zeit erkennt, dass man bisher nicht vorschriftsmäßig vorgegangen ist, oder wenn für einen Mitarbeiter Lohnsteuerabzugsmerkmale zum Abruf zur Verfügung gestellt werden, die sich rückwirkend auch auf frühere Lohnzahlungszeiträume beziehen?

375 Ein Arbeitgeber **darf** den Steuerabzug grds. nur **neu berechnen** und bei der folgenden Lohnzahlung entweder bisher zu wenig abgezogene Lohnsteuer nachträglich einbehalten oder zu viel einbehaltene Lohnsteuer erstatten, solange er noch keine Lohnsteuerbescheinigung übermittelt oder ausgeschrieben hat (→ Rz. 380). Das gilt selbstverständlich nur, wenn der Arbeitgeber noch bei ihm beschäftigt ist und Arbeitslohn bezieht, und im Übrigen nur insoweit, als die geänderten Lohnsteuerabzugsmerkmale nicht auf einen Zeitpunkt vor Beginn des Dienstverhältnisses zurückwirken. In den Fällen der nicht vorschriftsmäßigen Einbehaltung der Lohnsteuer und bei rückwirkender Gesetzesänderung ist der Arbeitgeber im Übrigen **verpflichtet**, den Lohnsteuerabzug zu ändern, wenn ihm dies wirtschaftlich zumutbar ist.

Nur im **Ausnahmefall** ist eine Minderung der einzubehaltenden und zu übernehmenden Lohnsteuer nach der Übermittlung oder Ausschreibung der Lohnsteuerbescheinigung zulässig. Das sind Fälle, in denen sich der **Arbeitnehmer** ohne vertraglichen Anspruch und **gegen den Willen des Arbeitgebers Beträge verschafft** hat, für die Lohnsteuer einbehalten wurde. In diesem Fall hat der Arbeitgeber die bereits übermittelte oder ausgestellte Lohnsteuerbescheinigung zu berichtigen und sie als geändert gekennzeichnet an die Finanzverwaltung zu übermitteln. Der Arbeitgeber muss seinen Antrag begründen und die Lohnsteuer-Anmeldung berichtigen.

376 Die **zurückzuzahlende Lohnsteuer** ist dabei dem Gesamtbetrag der vom Arbeitgeber in demselben Lohnzahlungszeitraum einbehaltenen Lohnsteuer zu **entnehmen**. Sollte die **Erstattung** aus dem Gesamtbetrag nicht gedeckt werden können, ersetzt das Finanzamt dem Arbeitgeber auf Antrag den Fehlbetrag.

377 Eine etwaige Erstattung zu viel einbehaltener Lohnsteuer nach Ablauf des Kalenderjahres ist grds. nur im Wege des **Lohnsteuer-Jahresausgleichs** (→ Rz. 693 ff.) zulässig, also nur bei den Arbeitnehmern, für die der Arbeitgeber einen Lohnsteuer-Jahresausgleich durchführen darf.

5. Anzeigepflichten

378 Erkennt der Arbeitgeber, dass er zu wenig Lohnsteuer einbehalten hat, und will oder kann er dies nicht korrigieren, muss er diese Fälle seinem **Betriebsstättenfinanzamt anzeigen**. Diese Anzeige über die zu geringe Einbehaltung der Lohnsteuer ist ggf. auch für die zurückliegenden vier Jahre zu erstatten – ohne Rücksicht auf die Verjährung eines Steueranspruchs. Eine Anzeigepflicht des Arbeitgebers besteht auch, wenn der Arbeitnehmer seiner Anzeigepflicht beim Erhalt von Bezügen von Dritten nicht nachkommt oder erkennbar unrichtige Angaben macht.

379 Eine rechtzeitige Anzeige schließt die **Haftung** des Arbeitgebers (→ Rz. 384 ff.) aus (es ist zu empfehlen, einen Durchschlag der Anzeige bei den Lohnkontounterlagen abzuheften). Für die Anzeige gibt es bei den Finanzämtern entsprechende Vordrucke.

E 65

6. Abschluss des Lohnsteuerabzugs

380 Bei Beendigung des Dienstverhältnisses oder am Ende des Kalenderjahres hat der Arbeitgeber das **Lohnkonto** des Arbeitnehmers (→ Rz. 298 ff.) **abzuschließen**.

381 Bei Beendigung eines Dienstverhältnisses oder am Ende des Kalenderjahres hat der **authentifizierte** Arbeitgeber spätestens bis zum **letzten Tag des Monats Februar** des Folgejahres (für das Kalenderjahr 2022 bis zum 28.2.2023) auf Grund der Aufzeichnungen im Lohnkonto für jeden Arbeitnehmer nach amtlich vorgeschriebenem Datensatz auf elektronischem Weg eine **elektronische Lohnsteuerbescheinigung** zu übermitteln. Für Lohnsteuerbescheinigungen gelten **erhöhte Sicherheitsanforderungen**; sie sind deshalb zu authentifizieren. Lohnsteuerbescheinigungen sind sowohl für **unbeschränkt** als auch für **beschränkt einkommensteuerpflichtige** Arbeitnehmer zu übermitteln. Diese elektronische Lohnsteuerbescheinigung muss u.a. folgende Angaben enthalten:

- Familienname, Vorname, Tag der Geburt, Anschrift und Identifikationsnummer (IDNr.) des Arbeitnehmers, die abgerufenen ELStAM oder die auf der entsprechenden (Papier-)Bescheinigung für den Lohnsteuerabzug eingetragenen Lohnsteuerabzugsmerkmale, die Bezeichnung und die Nummer des Finanzamts, an das die Lohnsteuer abgeführt worden ist;
- Dauer des Dienstverhältnisses während des Kalenderjahres sowie die Anzahl der vermerkten Großbuchstaben „U";
- Art und Höhe des gezahlten Arbeitslohns sowie den vermerkten Großbuchstaben „S";
- einbehaltene Lohnsteuer, Solidaritätszuschlag und Kirchensteuer;
- u.a. Kurzarbeitergeld einschließlich Saison-Kurzarbeitergeld, der Zuschuss zum Mutterschaftsgeld, der Zuschuss bei Beschäftigungsverbot für die Zeit vor oder nach einer Entbindung sowie für den Entbindungstag während der Elternzeit nach beamtenrechtlichen Vorschriften, die Verdienstausfallentschädigung nach dem Infektionsschutzgesetz, Aufstockungsbeträge und Altersteilzeitzuschläge;
- die auf die Entfernungspauschale anzurechnenden steuerfreien und pauschal besteuerte Arbeitgeberleistungen für Fahrten zwischen Wohnung und erster Tätigkeitsstätte bzw. einem weiträumigen Tätigkeitsgebiet oder Sammelpunkt;
- für eine dem Arbeitnehmer während seiner beruflichen Tätigkeit außerhalb seiner Wohnung und seiner ersten Tätigkeitsstätte oder im Rahmen einer doppelten Haushaltsführung zur Verfügung gestellten und mit dem amtlichen Sachbezugswert zu bewertende Mahlzeit den Großbuchstabe „M";
- für die steuerfreie Sammelbeförderung den Großbuchstaben „F";
- steuerfrei gezahlte Verpflegungszuschüsse und Vergütungen bei doppelter Haushaltsführung;
- Beiträge zu den gesetzlichen Rentenversicherungen und an berufsständische Versorgungseinrichtungen, jeweils getrennt nach Arbeitgeber- und Arbeitnehmeranteil;
- die steuerfrei gezahlten Zuschüsse zur Kranken- und Pflegeversicherung (getrennt nach gesetzlicher und privater Krankenversicherung sowie gesetzlicher Pflegeversicherung);
- die Beiträge des Arbeitnehmers zur gesetzlichen Krankenversicherung und zur sozialen Pflegeversicherung; bei freiwillig versicherten Arbeitnehmern ist der gesamte Beitrag zu bescheinigen, wenn der Arbeitgeber die Beiträge an die Krankenkasse abführt (sog. Firmenzahler); in den sog. Selbstzahler-Fällen, sind keine Eintragungen vorzunehmen;
- die Beiträge des Arbeitnehmers zur Arbeitslosenversicherung;
- der tatsächlich im Lohnsteuerabzugsverfahren berücksichtigte Teilbetrag der Vorsorgepauschale für eine private Basis-Krankenversicherung und private Pflege-Pflichtversicherung, ggf. auch die Mindestvorsorgepauschale;

- der beim Lohnsteuerabzug verbrauchte Freibetrag nach Art. 18 Abs. 2 DBA-Türkei.

382 Als Arbeitslohn ist der Gesamtbetrag des Bruttoarbeitslohns, einschließlich des Werts eventueller Sachbezüge, zu bescheinigen. **Bruttoarbeitslohn** ist die Summe aus dem **laufenden Arbeitslohn**, der für Lohnzahlungszeiträume gezahlt worden ist, die im Kalenderjahr geendet haben, und den **sonstigen Bezügen**, die dem Arbeitnehmer im Kalenderjahr zugeflossen sind. Zum Bruttoarbeitslohn gehören auch Urlaubsgeld, Weihnachtszuwendungen sowie vermögenswirksame Leistungen (→ Rz. 758). Der Bruttobetrag darf nicht um den Versorgungsfreibetrag (→ Rz. 265 *Versorgungsfreibetrag*), den Zuschlag zum Versorgungsfreibetrag oder den Altersentlastungsbetrag (→ Rz. 244 *Altersentlastungsbetrag*) gekürzt werden. Auch beim Lohnsteuerabzug berücksichtigte Freibeträge (→ Rz. 343 ff.) dürfen nicht abgezogen werden, ein berücksichtigter Hinzurechnungsbetrag (→ Rz. 358 ff.) darf nicht hinzugerechnet werden. Netto gezahlter Arbeitslohn ist mit dem umgerechneten Bruttobetrag anzusetzen. Sofern bei Sachbezügen der **Rabattfreibetrag** (→ Rz. 564 *Preisnachlässe, Personalrabatte*) anzuwenden ist, ist nur der steuerpflichtige Teil der Sachbezüge zu bescheinigen.

383 Der Arbeitgeber hat dem Arbeitnehmer die elektronische Lohnsteuerbescheinigung nach amtlich vorgeschriebenem Muster binnen angemessener Frist als Ausdruck auszuhändigen oder elektronisch bereitzustellen. In der elektronischen Lohnsteuerbescheinigung muss die **steuerliche Identifikationsnummer** angegeben sein. Eine Verwendung der sog. **eTIN**[1]) (vom Arbeitgeber aus dem Namen, Vornamen und Geburtsdatum des Arbeitnehmers gebildete Nummer) ist nur noch zulässig, wenn

- eine steuerliche Identifikationsnummer für den Arbeitnehmer nicht vergeben wurde (z.B. bei im Inland nicht meldepflichtigen Arbeitnehmern)[2]) und auch auf einer „Bescheinigung für den Lohnsteuerabzug" keine Identifikationsnummer eingetragen ist oder
- der Arbeitnehmer seine Identifikationsnummer nicht mitgeteilt hat oder
- eine mit eTIN unrichtig übermittelte Lohnsteuerbescheinigung korrigiert wird.

384 Ist der Arbeitgeber **nicht** zur **elektronischen Übermittlung** der elektronischen Lohnsteuerbescheinigung verpflichtet, hat er nach Ablauf des Kalenderjahres oder nach Beendigung des Dienstverhältnisses, wenn es vor Ablauf des Kalenderjahres beendet wird, eine „**Besondere Lohnsteuerbescheinigung**" auszustellen. Dies gilt auch für Arbeitgeber **ohne maschinelle Lohnabrechnung**, die ausschließlich Arbeitnehmer im Rahmen einer geringfügigen Beschäftigung im **Privathaushalt** beschäftigen und keine elektronische Lohnsteuerbescheinigung erteilen. Der Vordruck für die Besondere Lohnsteuerbescheinigung wird dem Arbeitgeber auf Anforderung kostenlos vom Finanzamt zur Verfügung gestellt. Der Arbeitgeber muss die Besondere Lohnsteuerbescheinigung bis Ende Februar an das **Betriebsstättenfinanzamt übersenden** und dem **Arbeitnehmer** eine **Zweitausfertigung** aushändigen. Ob der Arbeitnehmer diese Lohnsteuerbescheinigung benötigt, weil er zur Einkommensteuer veranlagt wird, ist unerheblich.

7. Haftung

385 Das Finanzamt überwacht durch **Lohnsteuer-Außenprüfungen** und **die Lohnsteuer-Nachschau** die Einbehaltung und Abführung der Lohnsteuer. Diese Prüfungen betreffen auch den Solidaritätszuschlag und die Kirchensteuer.

---

1) Die Verwendung der eTIN ist gesetzlich bis zum VZ 2022 begrenzt.
2) Das Finanzamt stößt die Vergabe einer Identifikationsnummer für im Inland nicht meldepflichtige Personen an, die der beschränkten Steuerpflicht unterliegen, wenn noch keine Identifikationsnummer vergeben wurde (VIFA-Verfahren). Wurde für diesen Personenkreis danach eine Identifikationsnummer vergeben, muss sie seit dem 1.1.2020 auch am ELStAM-Verfahren teilnehmen. Für beschränkt Stpfl. mit Antrag auf einen Freibetrag ist dies ab dem 1.1.2020 allerdings noch nicht möglich (s. BMF-Schreiben v. 7.11.2019, IV C 5 – IV C 5 - S 2363/19/10007 :001, BStBl I 2019, 1086).

Wenn die Finanzbehörden dabei eine Steuerschuld (mehr als 10 €) errechnen, werden der Arbeitgeber, u.U. aber auch der Arbeitnehmer, zur Kasse gebeten. Denn es besteht eine **Gesamtschuldnerschaft**.

386 **Der Arbeitgeber haftet**
- für die richtige Einbehaltung der Lohnsteuer und für ihre richtige Abführung,
- für Lohnsteuer, die er beim Lohnsteuer-Jahresausgleich zu Unrecht erstattet hat,
- für Lohn- oder Einkommensteuer, die dem Arbeitnehmer auf Grund fehlerhafter Angaben im Lohnkonto oder in der Lohnsteuerbescheinigung vom Finanzamt zu viel erstattet – oder die bei der Einkommensteuerveranlagung zu niedrig festgesetzt – wird, sowie
- für Lohnsteuer, die ein Dritter zu übernehmen hat.

Der Arbeitgeber haftet auch dann, wenn ein **Dritter** die Pflichten trägt.

Neben dem Arbeitgeber haftet unter bestimmten Voraussetzungen auch derjenige, dem von einem Verleiher Arbeitnehmer zur Arbeitsleistung überlassen werden (**Entleiher**). Näheres → Rz. 280.

387 **Der Arbeitgeber haftet nicht**, wenn
- der Arbeitnehmer seinen Anzeigepflichten zur Änderung der Lohnsteuerabzugsmerkmale nicht nachgekommen ist, und deshalb zu wenig Lohnsteuer einbehalten wurde,
- zu wenig Lohnsteuer einbehalten wurde, weil ein Freibetrag unzutreffend als Lohnsteuerabzugsmerkmal ermittelt wurde,
- der Arbeitnehmer seiner Verpflichtung, dem Arbeitgeber Lohnsteuerfehlbeträge zur Verfügung zu stellen, nicht nachkommt und der Arbeitgeber dies dem Betriebsstättenfinanzamt anzeigt,
- der Arbeitgeber dem Finanzamt angezeigt hat, dass dem Arbeitnehmer von einem Dritten Bezüge gewährt wurden, der Arbeitnehmer aber dazu keine oder erkennbar unrichtige Angaben macht.

388 Der **Arbeitnehmer** kann im Rahmen der **Gesamtschuldnerschaft** grundsätzlich stets in Anspruch genommen werden, und zwar durch einen Nachforderungsbescheid oder im Rahmen der Einkommensteuerveranlagung. Ausgenommen sind lediglich die Fälle, in denen der Arbeitgeber die Lohnsteuer einbehalten, aber nicht an das Finanzamt gemeldet hat und der Arbeitnehmer von der fehlenden Anmeldung keine Kenntnis hatte.

389 Das Finanzamt muss die Wahl, an welchen Gesamtschuldner es sich halten will, nach **pflichtgemäßem Ermessen**, nach **Recht und Billigkeit** und unter **verständiger Abwägung der Interessen** aller Beteiligten treffen.

8. Anrufungsauskunft

390 Ist sich der Arbeitgeber über die steuerliche Behandlung bestimmter Sachverhalte nicht im Klaren, kann er sich an das für ihn zuständige **Betriebsstättenfinanzamt** wenden. Dieses Finanzamt ist verpflichtet, auf Anfrage **Auskunft** darüber zu erteilen, ob und inwieweit die Vorschriften über die Lohnsteuer in dem vorgetragenen Fall anzuwenden sind. Die Anfrage sollte schriftlich gestellt werden. Auch der Arbeitnehmer kann sich mit einer Anrufungsauskunft an das Betriebsstättenfinanzamt wenden. Die schriftlich und ggf. befristet erteilte Auskunft ist für das Lohnsteuerabzugsverfahren verbindlich, nicht jedoch für die Einkommensteuerveranlagung des Arbeitnehmers. Verbindliche Auskünfte des Finanzamts sind grundsätzlich gebührenpflichtig (§ 89 AO); eine Lohnsteuer-Anrufungsauskunft ist jedoch gebührenfrei.

391 Sind für einen Arbeitgeber **mehrere Betriebsstättenfinanzämter** zuständig, weil er mehrere lohnsteuerliche Betriebsstätten hat, erteilt das Betriebsstättenfinanzamt die Auskunft, in dessen Bezirk sich die Geschäftsleitung des Arbeitgebers befindet. Befindet sich am Sitz der Geschäftsleitung keine lohnsteuerliche Betriebsstätte, ist das Betriebsstättenfinanzamt zuständig, in dessen Bezirk sich die lohnsteuerliche Betriebsstätte mit den meisten Arbeitnehmern befindet.

392 Im Zusammenhang mit der Sondervorschrift für Einkünfte aus nichtselbständiger Arbeit bei **Vermögensbeteiligungen** (§ 19a EStG) bestätigt das Betriebsstättenfinanzamt nach der Übertragung einer Vermögensbeteiligung im Rahmen einer **Anrufungsauskunft** den vom Arbeitgeber **nicht besteuerten Vorteil**. Zu den Einzelheiten s. auch → Rz. 599 *Vermögensbeteiligung*.

Zu den **weiteren Einzelheiten** zur Anrufungsauskunft s. BMF-Schreiben v. 12.12.2017, IV C 5 – S 2388/14/10001, BStBl I 2017, 1656.

III. Arbeitslohn

1. Einnahmen, Arbeitslohn

393 In diesem Abschnitt wird zunächst erläutert, nach welchen Regeln der Arbeitslohn festzustellen, mit welchen Berechnungsmethoden davon die Lohnsteuer zu ermitteln ist und welche Besonderheiten dabei zu beachten sind. Daran anschließend wird die steuerliche Behandlung einzelner Lohnteile im ABC des Arbeitslohns kommentiert (→ Rz. 457 ff.).

a) Begriffsdefinitionen

394 Als Einkünfte aus **nichtselbständiger Arbeit** werden steuerlich sämtliche Einnahmen erfasst, die ein Arbeitnehmer für eine Beschäftigung (aus einem Dienstverhältnis) erhält (Arbeitslohn). Dabei spielt es keine Rolle, unter welcher Bezeichnung und in welcher Form ihm Einnahmen zufließen (Bar- oder Sachleistungen → Rz. 395 ff.). Es ist auch unbeachtlich, ob die Einnahmen auf Grund des gegenwärtigen, eines früheren oder für ein zukünftiges Dienstverhältnis bezogen werden, ob sie einmalig oder laufend gezahlt werden oder ob ein Rechtsanspruch auf sie besteht.

395 Nach dem Einkommensteuergesetz sind **Einnahmen** sowohl **Bar-** und **Sachbezüge** als auch **sonstige Vorteile**. Dies können Geldbeträge in bar oder unbar, Waren, (Sach-)Geschenke oder verbilligte oder unentgeltliche Dienstleistungen sein; z.B. Lohnzuschläge für Mehrarbeit, Erschwerniszuschläge, Entschädigungen für nicht genommenen Urlaub, Urlaubs- und Weihnachtsgeld sowie Personalrabatte.

Von **Dritten** gegebene Belohnungen oder Lohnteile, z.B. **Rabatte** oder Vorteile aus Aktienoptionen im Konzernverbund rechnen grundsätzlich auch zum Arbeitslohn. Zu Besonderheiten bei Leistungen von Dritten und der Frage, ob der Vorteil auf Grund des Dienstverhältnisses zugewendet wird, → Rz. 399.

Steuerlicher **Arbeitslohn** ist regelmäßig der arbeitsvertraglich festgelegte und gezahlte Bruttolohn. Leistet der Arbeitgeber freiwillige Sonderzahlungen oder überlässt er Sachbezüge, sind diese für die Lohnsteuerermittlung regelmäßig dem vereinbarten Arbeitslohn hinzuzurechnen. Dies gilt auch für steuerpflichtige Sonderzahlungen auf Grund der Corona-Krise, z.B. weil steuerfreie Sonderzahlungen an sich nicht zusätzlich zum ohnehin geschuldeten Arbeitslohn → Rz. 685 ausgezahlt werden.

Ausgenommen hiervon sind Arbeitslohnteile, die nicht steuerpflichtig, also **steuerfrei** sind. Die Steuerfreiheit wird regelmäßig im § 3 EStG geregelt. So sind z.B. **Trinkgelder**, die anlässlich einer Arbeitsleistung dem Arbeitnehmer von Dritten freiwillig und ohne dass ein Rechtsanspruch auf sie besteht, zusätzlich gegeben werden, in voller Höhe steuerfrei (§ 3 Nr. 51 EStG, → Rz. 587 *Trinkgelder*). Ebenfalls nicht zum Arbeitslohn rechnen geringfügige Sachleistungen des Arbeitgebers, die beim Arbeitnehmer zu keiner ins Gewicht fallenden Bereicherung führen → Rz. 397.

b) Zahlungen in ausländischer Währung

396 Wird der Arbeitslohn in einer gängigen **ausländischen Währung** gezahlt, sind dies Einnahmen in Geld und kein Sachbezug (keine Anwendung der 50 €-Freigrenze [ab dem Kalenderjahr 2022, zuvor 44 €-Freigrenze]). **Umrechnungsmaßstab** zur Ermittlung der inländischen Währung ist der auf den Umrechnungszeitpunkt bezogene Euro-Referenzkurs der Europäischen Zentralbank. Solche Lohnzahlungen sind – wie

C. Lohnsteuer

üblich – im Zeitpunkt des Zuflusses Arbeitslohn und bei Zufluss anhand der von der Europäischen Zentralbank veröffentlichten monatlichen Durchschnittsreferenzkurse umzurechnen. Weil diese den amtlichen Umsatzsteuer-Umrechnungskursen entsprechen, dürfen auch sie angesetzt werden. Die Umrechnungskurse werden vom Bundesministerium der Finanzen monatlich als Durchschnittskurse für verschiedene Fremdwährungen veröffentlicht und können im Internet auf den Seiten des Bundesministeriums der Finanzen und im BStBl I eingesehen werden.

Der für den jeweiligen Lohnzahlungszeitraum angesetzte Referenzkurs ist beizubehalten und darf nicht am Jahresende zur Ermittlung des Jahresarbeitslohns durch einen dann aktuelleren Referenzkurs ersetzt werden.

Für Währungen, die in der Veröffentlichung der Umsatzsteuer-Umrechnungskurse nicht enthalten sind, können die monatlichen **Durchschnittsreferenzkurse** der Europäischen Zentralbank herangezogen werden.

Aus **Vereinfachungsgründen** lässt die Finanzverwaltung zu, dass der in ausländischer Währung gezahlte Bruttoarbeitslohn anhand eines jahresbezogenen Umrechnungskurses für das Kalenderjahr auf Basis der gesamten monatlichen Durchschnittsreferenzkurse der Europäischen Zentralbank ermittelt, in Euro umgerechnet und das Ergebnis auf volle 50 Cent abgerundet wird. Nach diesem Durchschnittskurs kann der Jahresarbeitslohn angesetzt werden.

c) Sachleistungen des Arbeitgebers

397 Nicht zum Arbeitslohn rechnen **Sachleistungen** des Arbeitgebers,
- die auch im gesellschaftlichen Verkehr üblicherweise ausgetauscht werden,
- die zu keiner ins Gewicht fallenden Bereicherung des Arbeitnehmers führen und
- die allgemein als **Aufmerksamkeiten** (→ Rz. 476) angesehen werden,

z.B. Blumen, Genussmittel, Bücher oder CDs, die dem Arbeitnehmer oder seinen Angehörigen aus Anlass eines besonderen persönlichen Ereignisses zugewendet werden, falls der Wert der Sachleistungen pro Anlass **60 €** nicht übersteigt.

Zu den steuerlich nicht zu erfassenden **Aufmerksamkeiten** gehören auch Getränke und Genussmittel (keine Mahlzeiten), die der Arbeitgeber den Arbeitnehmern zum Verzehr im Betrieb bzw. am Arbeitsplatz bereitstellt, sowie Speisen bis zu einem Wert von 60 €, die der Arbeitgeber den Arbeitnehmern anlässlich und während eines **außergewöhnlichen Arbeitseinsatzes** (z.B. während der Inventur) überlässt.

Zum Begriff der Annehmlichkeiten → Rz. 400.

2. Sachbezüge

398 Zu den (regelmäßig steuerpflichtigen) **Sachbezügen** rechnen insbesondere die vom Arbeitgeber kostenlos oder verbilligt gestellten **Mahlzeiten** und **Unterkünfte** sowie Vorteile durch Betriebsveranstaltungen, soweit sie den Freibetrag von 110 € übersteigen → Rz. 489 *Betriebsveranstaltungen*, und der zur privaten Nutzung überlassene **Geschäfts-/Firmenwagen** → Rz. 539 *Kraftfahrzeuggestellung*. Sie sind regelmäßig als Arbeitslohn zu erfassen.

Belohnungen **Dritter** für die Arbeitsleistung des Arbeitnehmers (z.B. Incentive-Reisen) sind ebenso steuerpflichtiger Arbeitslohn.

Für bestimmte Sachbezüge, wie kostenlos oder verbilligt gestellte bzw. überlassene **Mahlzeiten** und **Unterkünfte** (z.B. möblierte Zimmer, Sammelunterkünfte), ist der Wert nach der amtlichen **Sozialversicherungsentgeltverordnung** zu ermitteln. Die Sachbezugswerte gelten auch für Arbeitnehmer, die nicht der gesetzlichen Rentenversicherungspflicht unterliegen. Werden vorgesehene Sachbezüge durch eine Barvergütung abgegolten, ist der gezahlte Barlohn zu versteuern.

Für **andere Sachbezüge** des Arbeitgebers ist aus Vereinfachungsgründen der steuerliche Wert mit 96 % des ortsüblichen Endpreises des Sachbezugs anzusetzen (§ 8 Abs. 3

EStG, R 8.1 Abs. 2 Satz 3 LStR 2021). Hinweis auf → Rz. 549 *Mahlzeiten*, → Rz. 569 *Sachbezüge, Freigrenze* → Rz. 564 *Preisnachlässe, Personalrabatte*.

Die Sachbezugswerte für das **Kalenderjahr 2022** betragen bundesweit:

Freie Verpflegung

Personenkreis		Frühstück	Mittagessen	Abendessen	Verpflegung insgesamt
		€	€	€	€
Arbeitnehmer inkl. Jugendliche u. Auszubildende	mtl.	56,00	107,00	107,00	270,00
	ktgl.	1,87	3,57	3,57	9,00

Freie Unterkunft

Sachverhalt		alte und neue Bundesländer einschließlich Berlin	
Unterkunft belegt mit:		Unterkunft allgemein	Aufnahme im Arbeitgeberhaushalt/Gemeinschaftsunterkunft
		€	€
volljährige Arbeitnehmer			
1 Beschäftigtem	mtl.	241,00	204,85
	ktgl.	8,03	6,83
2 Beschäftigen	mtl.	144,60	108,45
	ktgl.	4,82	3,61
3 Beschäftigten	mtl.	120,50	84,35
	ktgl.	4,02	2,81
mehr als 3 Beschäftigten	mtl.	96,40	60,25
	ktgl.	3,21	2,01
Jugendliche/Auszubildende			
1 Beschäftigtem	mtl.	204,85	168,70
	ktgl.	6,83	5,62
2 Beschäftigen	mtl.	108,45	72,30
	ktgl.	3,62	2,41
3 Beschäftigten	mtl.	84,35	48,20
	ktgl.	2,81	1,61
mehr als 3 Beschäftigten	mtl.	60,25	24,10
	ktgl.	2,01	0,80

Eine **Aufnahme in den Arbeitgeberhaushalt** liegt vor, wenn der Arbeitnehmer sowohl in die Wohnungs- als auch in die Verpflegungsgemeinschaft des Arbeitgebers aufgenommen wird. Bei ausschließlicher Zurverfügungstellung einer Unterkunft liegt dagegen keine „Aufnahme" in den Arbeitgeberhaushalt vor, so dass der ungekürzte Unterkunftswert anzusetzen ist.

Eine **Gemeinschaftsunterkunft** stellen z.B. Lehrlingswohnheime, Schwesternwohnheime, Kasernen etc. dar. **Charakteristisch** für Gemeinschaftsunterkünfte sind gemeinschaftlich zu nutzende Wasch- bzw. Duschräume, Toiletten und ggf. Gemeinschafts-Küche oder eine Kantine. Allein die Mehrfachbelegung einer Unterkunft hat dagegen nicht die Bewertung als Gemeinschaftsunterkunft zur Folge; vielmehr wird der Mehrfachbelegung bereits durch gesonderte Abschläge beim Sachbezugswert Rechnung getragen.

Für **freie Wohnung** wird kein amtlicher Sachbezugswert festgesetzt. Als geldwerter Vorteil für den Sachbezug „freie Wohnung" ist grundsätzlich der **ortsübliche Mietpreis** anzusetzen. Allerdings ist kein geldwerter Vorteil als Sachbezug anzusetzen, wenn die Miete einschl. Nebenkosten mindestens 2/3 der ortsüblichen Miete und der anzusetzende Sachbezug nicht mehr als 25 €/qm ohne umlagefähige Betriebskosten beträgt.

Abgrenzung Unterkunft und Wohnung

Eine **Wohnung** ist im Gegensatz zur Unterkunft eine in sich geschlossene Einheit von Räumen, in denen ein selbständiger Haushalt geführt werden kann. Wesentlich ist, dass eine Wasserversorgung und Wasserentsorgung, zumindest eine mit einer Küche vergleichbare Kochgelegenheit sowie eine Toilette vorhanden sind.

E 68

C. Lohnsteuer

Danach stellt z.B. ein Einzimmerappartement mit Küchenzeile und WC als Nebenraum eine Wohnung dar, während bei Mitbenutzung von Bad, Toilette und Küche lediglich eine **Unterkunft** vorliegt. Wird **mehreren Arbeitnehmern** eine Wohnung zur gemeinsamen Nutzung (Wohngemeinschaft) zur Verfügung gestellt, liegt insoweit nicht freie Wohnung, sondern lediglich eine freie Unterkunft vor.

Ist die Feststellung des ortsüblichen Mietpreises mit außerordentlichen Schwierigkeiten verbunden, darf der Sachbezugswert „Wohnung" in **sämtlichen** Bundesländern einschließlich West-Berlin auch im Kalenderjahr 2022 mit 4,16 € monatlich je Quadratmeter bzw. bei einfacher Ausstattung (ohne Sammelheizung oder ohne Bad oder Dusche) mit 3,40 € monatlich je Quadratmeter bewertet werden.

Bei der Gewährung von unentgeltlichen oder verbilligten **Mahlzeiten im Betrieb** (§ 40 Abs. 2 Satz 1 Nr. 1 EStG) sind sowohl für volljährige Arbeitnehmer als auch für Jugendliche und Auszubildende für 2022 nachstehende Beträge anzusetzen (das maßgebende BMF-Schreiben war bei Redaktionsschluss noch nicht veröffentlicht worden):

– Frühstück	1,87 €
– Mittag-/Abendessen	3,57 €

3. Leistungen Dritter

399   Damit steuerlich der gesamte Ertrag aus der nichtselbständigen Tätigkeit als Arbeitslohn erfasst wird, sind grundsätzlich auch **Leistungen von Dritten** (also von anderen Personen als dem Arbeitgeber) als **Arbeitslohn** zu erfassen. Voraussetzung dafür ist, dass es sich hierbei um Leistungen im Zusammenhang mit dem Arbeitsverhältnis handelt (Ausfluss der Tätigkeit).

Preisvorteile, die Arbeitnehmern von dritter Seite eingeräumt werden, sind (steuerpflichtiger) Arbeitslohn, wenn

– sie sich für den Arbeitnehmer als Frucht seiner Arbeit für den Arbeitgeber darstellen und wenn

– sie im Zusammenhang mit dem Dienstverhältnis stehen.

Ein überwiegend eigenwirtschaftliches Interesse des Dritten schließt die Annahme von Arbeitslohn dagegen in der Regel **aus**. Ebenso liegt **kein** Arbeitslohn vor, wenn und soweit der Preisvorteil auch fremden Dritten üblicherweise im normalen Geschäftsverkehr eingeräumt wird (z.B. Mengenrabatte).

Hat der Arbeitgeber an der Verschaffung dieser Preisvorteile **aktiv** mitgewirkt, spricht dies dafür, dass die Preisvorteile zum Arbeitslohn gehören. Solch eine aktive Mitwirkung des Arbeitgebers **liegt vor**, wenn

– aus dem Handeln des Arbeitgebers ein Anspruch des Arbeitnehmers auf den Preisvorteil entstanden ist oder

– der Arbeitgeber für den Dritten Verpflichtungen übernommen hat, z.B. Inkassotätigkeit oder Haftung,

– zwischen dem Arbeitgeber und dem Dritten eine enge wirtschaftliche oder tatsächliche Verflechtung oder enge Beziehung sonstiger Art besteht, z.B. ein Organschaftsverhältnis,

– dem Arbeitnehmer Preisvorteile von einem Unternehmen eingeräumt werden, dessen Arbeitnehmer ihrerseits Preisvorteile vom Arbeitgeber erhalten.

Keine aktive Mitwirkung des Arbeitgebers an der Verschaffung von Preisvorteilen ist anzunehmen, wenn sich seine Beteiligung z.B. darauf beschränkt:

– Angebote Dritter in seinem Betrieb z.B. am „schwarzen Brett", im betriebseigenen Intranet oder in einem Personalhandbuch bekannt zu machen oder die Bekanntmachung von Angeboten zu dulden,

– die Betriebszugehörigkeit der Arbeitnehmer zu bescheinigen oder

– dass bei der Verschaffung von Preisvorteilen allein eine vom Arbeitgeber unabhängige Selbsthilfeeinrichtung der Arbeitnehmer oder die des Betriebsrats bzw. Personalrats mitwirkt.

Näheres s. BFH-Urteile v. 18.10. und 14.11.2012 (VI R 64/11, VI R 56/11, BStBl II 2015, 184 und BStBl II 2013, 382),

v. 10.4.2014 (VI R 62/11, BStBl II 2015, 191) und BMF-Schreiben v. 20.1.2015, BStBl I 2015, 143.

Bestechungsgelder sind kein Arbeitslohn, sondern als steuerpflichtige Einnahmen der Einkunftsart „sonstige Einkünfte" anzusetzen.

4. Erfassung als Arbeitslohn

400   Der gezahlte **Arbeitslohn** ist regelmäßig **steuerpflichtig**, d.h., der Arbeitgeber hat davon Lohnsteuer, Solidaritätszuschlag und ggf. Kirchensteuer einzubehalten. Zum steuerpflichtigen Arbeitslohn gehören auch **versehentliche** Lohn- und Gehaltsüberweisungen des Arbeitgebers, die er zurückfordern kann. Hingegen führen **eigenmächtige** Geldüberweisungen des Arbeitnehmers und **hinterzogener** Arbeitslohn nicht zu einem Lohnsteuerabzug; diese Gelder/Vermögensmehrungen rechnen nicht zum Arbeitslohn (BFH v. 13.11.2012, BStBl II 2013, 929); s. auch → Rz. 572 *Schadensersatzleistungen*.

Zahlt der Arbeitnehmer an seinen Arbeitgeber Arbeitslohn **zurück**, ist dies erst im Zeitpunkt des tatsächlichen **Abflusses** arbeitslohn- bzw. einkünftemindernd zu berücksichtigen.

Arbeitslohn kann **steuerfrei** gezahlt werden, wenn er nach den Regelungen des Einkommensteuergesetzes nicht der Besteuerung unterliegt; z.B. die Zuschläge für Nacht- und Feiertagsarbeit bis zu bestimmten Prozentsätzen sowie die gesetzlichen Verpflegungspauschalen für Auswärtstätigkeiten.

Hiervon zu unterscheiden ist die **steuerunbelastete** Auszahlung von steuerpflichtigem Arbeitslohn, falls bzw. solange für diesen keine Lohnsteuer anfällt, sowie Zuwendungen des Arbeitgebers, die **nicht** zum Arbeitslohn rechnen, z.B. Annehmlichkeiten, **Aufmerksamkeiten** (→ Rz. 476 *Aufmerksamkeit*).

Unter den vom BFH entwickelten Begriff der **Annehmlichkeiten** fallen **Sachzuwendungen** des Arbeitgebers an den Arbeitnehmer, die zu **keiner** ins Gewicht fallenden objektiven Bereicherung führen. Sie sind oftmals lediglich eine notwendige Begleiterscheinung betriebsfunktionaler Zielsetzungen, z.B. Aufenthalts-/Sozialräume oder ein Fitnessraum. Die Einordnung als Annehmlichkeit setzt stets voraus, dass es sich um eine Sachzuwendung (keine Geldzuwendung) des Arbeitgebers handelt. Allerdings rechnen zu den Annehmlichkeiten auch Gelegenheitsgeschenke und sonstige Aufmerksamkeiten des Arbeitgebers (→ Rz. 476 *Aufmerksamkeit*).

401   Eine **Übersicht** über **steuerpflichtige** und **steuerfreie** sowie der **nicht** zum Arbeitslohn rechnenden Lohnbestandteile enthält das **ABC des Arbeitslohns** (→ Rz. 457 ff.).

Hat der Arbeitgeber zu Unrecht keine oder zu wenig Lohnsteuer einbehalten, ist dies zu **korrigieren**. Ansonsten **haftet** er für die zu gering einbehaltene und abgeführte Lohnsteuer (→ Rz. 285).

5. Lohnzahlungszeitraum, Zufluss

402   Für den Lohnsteuereinbehalt ist neben den (elektronischen) Lohnsteuerabzugsmerkmalen (→ Rz. 307 f.) der **Lohnzahlungszeitraum** entscheidend. Denn die Höhe der Lohnsteuer richtet sich nach dem im Lohnzahlungszeitraum bezogenen Arbeitslohn. Über den Beginn und das Ende dieses Zeitraums entscheiden die Festlegungen im Arbeitsvertrag. Üblicherweise ist der Kalendermonat der Lohnzahlungszeitraum.

403   Der **laufende Arbeitslohn** (→ Rz. 408 ff.) gilt unabhängig vom tatsächlichen Zufluss mit Beendigung des Lohnzahlungs- oder Lohnabrechnungszeitraums als bezogen. Den Begriff des „Beziehens" versteht das Steuerrecht nicht im Sinne eines tatsächlichen Vorgangs, sondern als eine **zeitliche Zuordnung** (→ Rz. 405). Durch diese Regelung ist der Arbeitgeber z.B. von der Pflicht enthoben, bei Lohnzahlungen für kalenderjahrübergreifende Lohnzahlungszeiträume die Arbeitslöhne nach ihrem wirtschaftlichen Gehalt auf das abgelaufene und das beginnende Kalenderjahr aufzuteilen.

404   Durch diese zeitraumbezogene Zuordnung wird für die Lohnsteuer vom **Zuflussprinzip** des § 11 EStG abgewichen. Diese Abweichung betrifft jedoch – wie bereits erläutert – nur die

E 69

zeitliche Zuordnung des Arbeitslohns als **Bemessungs-grundlage** für die Lohnsteuer. Hingegen wird **nicht** der (Lohn-)Zufluss selbst fingiert.

Für die **Besteuerung** des Arbeitslohns ist stets der tatsächliche **Zufluss**, also die Erlangung der wirtschaftlichen **Verfügungsmacht**, Grundvoraussetzung. Auch für die Beantwortung der Fragen,

– wann die **Lohnsteuerschuld** entsteht,

– zu welchem Zeitpunkt sie vom Arbeitgeber einzubehalten und abzuführen ist,

gilt die Fiktion des Lohnzahlungszeitraums nicht. Vielmehr kommt es hierbei darauf an, wann der Arbeitslohn dem Arbeitnehmer **zugeflossen** ist.

Arbeitslohn ist dem Arbeitnehmer dann **zugeflossen**, wenn er darüber **verfügen** kann (z.B. bei Entgegennahme der Barzahlung, eines Schecks oder Verrechnungsschecks; bei einer Gehaltsüberweisung dann, wenn der Arbeitgeber die Überweisungsträger an das Kreditinstitut gegeben hat).

Arbeitslohn fließt auch dann zu, wenn der Arbeitgeber an Stelle der Auszahlung (Überweisung) eine mit dem Arbeitnehmer getroffene **Lohnverwendungsabrede** (konstitutive Verwendungsauflage) erfüllt. Zur Frage des Zuflusses bei der Gutschrift auf einem Arbeitszeitkonto und der Zahlung aus einem Arbeitszeitkonto bzw. Zeitwertguthaben → Rz. 473 *Arbeitszeitkonto*.

Keinen Arbeitslohn erhält der Arbeitnehmer hingegen, wenn er auf ihm zustehende(n) Lohn(teile) **verzichtet** und keine Bedingungen an die Verwendung der frei gewordenen Mittel knüpft.

405 Wie zuvor erläutert, ist üblicherweise der **Kalendermonat** der **Lohnzahlungszeitraum**. Mitunter werden für die Lohnzahlung jedoch auch **kürzere** Zeiträume vereinbart (z.B. eine Woche oder einzelne Tage bei Aushilfsbeschäftigungen). In diesem Fall ist dieser Zeitraum der Lohnzahlungszeitraum. Folglich entsteht ein verkürzter Lohnzahlungs- und Lohnabrechnungszeitraum, der lohnsteuerrechtliche „Teillohnzahlungszeitraum".

Ein **Teillohnzahlungszeitraum** entsteht oftmals bei einer kurzzeitigen Beschäftigung sowie bei Beginn oder Beendigung eines Dienstverhältnisses. Aber auch bei monatlich entlohnten Arbeitnehmern kann ein Teillohnzahlungszeitraum entstehen, wenn ein Arbeitnehmer während des laufenden Monats in das Ausland entsandt wird und hierdurch die Beschäftigung im Inland als steuerlich beendet behandelt wird (z.B. vorübergehende Entsendung in einen ausländischen Konzernbetrieb).

Für einen Teillohnzahlungszeitraum darf die Monatslohnsteuertabelle nicht angewandt werden, die Lohnsteuer ist vielmehr durch eine **tageweise Berechnung** zu ermitteln. Hierfür wird eine **Tageslohnsteuertabelle** zur Verfügung gestellt.

Somit ist die Lohnsteuer für die vom Kalendermonat abweichenden Lohnzahlungszeiträume anhand der Tageslohnsteuertabelle zu ermitteln und einzubehalten. Dazu ist der während des Teillohnzahlungszeitraums gezahlte Arbeitslohn auf die einzelnen Kalendertage des Beschäftigungs- bzw. Zahlungszeitraums umzurechnen. Die aus der Tagestabelle abgelesene Lohnsteuer wird mit der Zahl der Kalendertage, für die Anspruch auf Arbeitslohn besteht, vervielfacht; z.B. ist bei Zahlung des Arbeitslohns für 16 Arbeitstage dieser Lohn durch 16 zu teilen; auf den sich so ergebenden Teilbetrag ist die Lohnsteuer nach der Lohnsteuer-Tagestabelle zu ermitteln und danach mit 16 zu vervielfachen. Gleiches gilt für den Solidaritätszuschlag und die Kirchensteuer.

Solange das Dienstverhältnis fortbesteht, sind auch in den Lohnzahlungszeitraum fallende Arbeitstage mitzuzählen, für die der Arbeitnehmer keinen Lohn erhält.

Der Lohnzahlungszeitraum kann sich auch über zwei Kalenderjahre erstrecken (z.B. vom 15.12. bis zum 13.1. des Folgejahres).

Beispiele Lohnzahlungszeitraum und Jahreswechsel

1. Ein Monatsgehalt wird für die Zeit vom ersten bis zum letzten Tag eines Monats gezahlt. Das Dezembergehalt 2021 wird erst am 8.1.2022 (Folgejahr) ausgezahlt. Da laufender Ar-

beitslohn vorliegt und der Lohnzahlungszeitraum am 31.12.2021 endete, ist das Dezembergehalt dem Kalenderjahr 2021 zuzuordnen. Es gilt als in dem Kalenderjahr bezogen, in dem der Lohnzahlungszeitraum endete.

2. Ein Monatsgehalt wird für die Zeit vom ersten bis zum letzten Tag eines Monats gezahlt. Das Gehalt für den Januar 2022 wird bereits am 25.12.2021 ausgezahlt. Da laufender Arbeitslohn vorliegt und der Lohnzahlungszeitraum am 31.1.2022 endet, ist das Januargehalt dem Kalenderjahr 2022 zuzuordnen.

3. Auf Arbeitslohn für den Monat Dezember 2021 wird am 21.12.2021 eine Abschlagszahlung geleistet. Die Abrechnung des Monatslohns und Auszahlung des Restbetrags erfolgen am 1.1.2022. Der gesamte Arbeitslohn für den Monat Dezember 2021 einschließlich des in 2022 ausgezahlten Restbetrags stellt Arbeitslohn des Kalenderjahres 2021 dar.

4. Ein Monatsgehalt wird für die Zeit vom ersten bis zum letzten Tag eines Monats gezahlt. Das Dezembergehalt 2021 wird erst am 2.2.2022 ausgezahlt. Der Arbeitslohn ist nicht dem Kalenderjahr 2021, sondern 2022 zuzurechnen, weil die Auszahlung nicht innerhalb von drei Wochen nach Ablauf des Lohnzahlungszeitraums erfolgte und demzufolge kein laufender Arbeitslohn angenommen wird (→ Rz. 410). Hierdurch können sich für die Praxis vor dem Hintergrund geplanter Steuersatzsenkungen interessante Gestaltungsmöglichkeiten ergeben.

In den Beispielen Nr. 1 bis 3 ist stets die für laufenden Arbeitslohn aufgestellte **Fiktion** zu beachten, wonach dieser in dem Kalenderjahr **als bezogen** gilt, in dem der Lohnzahlungszeitraum, für den er gezahlt wird, endet.

Ist **kein** Lohnzahlungszeitraum feststellbar, so tritt an seine Stelle die Summe der tatsächlichen Arbeitstage oder der tatsächlichen Arbeitswochen.

6. Lohnsteuereinbehalt

406 Nach der Festlegung des steuerpflichtigen Arbeitslohns, dessen Wertansatzes und des Lohnzahlungszeitraums hat der Arbeitgeber als nächsten Schritt die Lohnsteuer zu ermitteln.

Üblicher Lohnsteuereinbehalt

407 Entsprechend der üblichen Lohnzahlungszeiträume gibt der Verlag **Tabellen** zur Ermittlung der Lohnsteuer vom **Monatslohn** und **Tageslohn** heraus. Bei nicht monatlicher Beschäftigung ist für die Lohnsteuerermittlung die Tageslohnsteuer-Tabelle entsprechend der Beschäftigungsdauer anzuwenden (→ Rz. 405).

Für die **Lohnsteuerermittlung** hat der Arbeitgeber stets die aktuellen steuerlichen Verhältnisse des jeweiligen Beschäftigungsverhältnisses zu berücksichtigen. Dies sind die vom Finanzamt abgerufenen elektronischen Lohnsteuerabzugsmerkmale (→ Rz. 307 f.) oder die auf der vom Finanzamt ausgestellten Bescheinigung für den Lohnsteuerabzug eingetragenen persönlichen Merkmale des Arbeitnehmers (Lohnsteuerabzugsmerkmale), die für den Tag gelten, an dem der Lohnzahlungszeitraum endet.

Übt der Arbeitnehmer bei einem oder mehreren anderen Arbeitgebern noch (eine oder) weitere Beschäftigung(en) aus, ist dies vom ersten Arbeitgeber für den Lohnsteuerabzug und die Ermittlung der Lohnsteuer **nicht** zu berücksichtigen.

Reichen die dem Arbeitgeber zur Verfügung stehenden Geldmittel zur **Zahlung** des vollen vereinbarten Arbeitslohns **nicht** aus, und erhält deshalb der Arbeitnehmer einen **geringeren** Betrag, ist die Lohnsteuer von dem tatsächlich **ausgezahlten** Arbeitslohn zu berechnen und einzubehalten.

Steuerklasse VI, verschiedenartige Bezüge

Zahlt der Arbeitgeber oder ein (von diesem beauftragter) Dritter in dessen Namen verschiedenartige Bezüge als Arbeitslohn, darf der Arbeitgeber oder der Dritte die Lohnsteuer für den zweiten und jeden weiteren Bezug **ohne** den Abruf weiterer elektronischer Lohnsteuerabzugsmerkmale nach der Steuerklasse VI einbehalten. Unter solch verschiedenartigen Bezügen werden Versorgungsbezüge, Bezüge und Vor-

C. Lohnsteuer

teile aus einem früheren Dienstverhältnis sowie Arbeitslöhne während der Elternzeit oder vergleichbaren Unterbrechungszeiten des aktiven Dienstverhältnisses verstanden.

Tarifvertragliche Zahlungen durch Dritte

Neben dem Arbeitgeber ist auch ein **Dritter**, der unmittelbar gegen sich gerichtete **tarifvertragliche Arbeitslohnansprüche** in Geld erfüllt, zum **Lohnsteuerabzug** verpflichtet. Damit besteht auch für Sonderfälle die Steuerabzugsverpflichtung, in denen ein anderes Unternehmen zentral tarifliche Teilleistungen zahlt (z.B. **Sozialkassen des Baugewerbes**), die Arbeitslohn (aus gegenwärtigen oder früheren Dienstverhältnissen bei zahlreichen Arbeitgebern) darstellen. Sie werden als sonstige Bezüge (→ Rz. 419 f.) gezahlt. Dieser Dritte kann die Lohnsteuer für sonstige Bezüge mit einem **festen Steuersatz** von **20 %** erheben (§ 39c Abs. 3 EStG).

Voraussetzung für diesen Steuersatz (20 %) ist, dass der von dem Dritten für den Arbeitnehmer gezahlte Jahresarbeitslohn einschließlich des aktuellen sonstigen Bezugs **10 000 €** nicht übersteigt (§ 39c Abs. 3 EStG). Weil es sich hier nicht um eine „übliche" pauschale Lohnsteuer handelt, ist der gezahlte Arbeitslohn im Rahmen einer **Einkommensteuerveranlagung** als **Einnahme anzusetzen** und die einbehaltene **Steuer** (20 %) auf die Einkommensteuerschuld **anzurechnen**.

Einwendungen des Arbeitnehmers, Korrektur

Einwendungen gegen den Lohnsteuerabzug muss der **Arbeitnehmer** sofort beim Arbeitgeber vortragen; andernfalls ist gegen die entsprechende Lohnsteuer-Anmeldung der Einspruch beim Finanzamt möglich. Hat der Arbeitnehmer dies versäumt, kann er eine Korrektur nicht dadurch verlangen, indem er die Lohnsteuerbescheinigung angreift und deren Berichtigung verlangt. Wird der Arbeitnehmer zur Einkommensteuer veranlagt, ist dort regelmäßig auch noch eine Korrektur möglich.

7. Laufender Arbeitslohn

408 Das Steuerrecht unterscheidet für die Lohnsteuerermittlung zwischen dem sog. **laufenden Arbeitslohn** (→ Rz. 410 ff.) und dem **sonstigen Bezug** (→ Rz. 419 ff.). Die Unterscheidung zwischen laufend gezahltem Arbeitslohn und einem sonstigen Bezug ist für die zutreffende Lohnsteuerermittlung erforderlich.

Für **fortlaufend** gezahlten Arbeitslohn ist die Lohnsteuer entsprechend dem Lohnzahlungszeitraum (→ Rz. 402 ff.) aus der dafür vorgesehenen **Lohnsteuer-Tabelle** (→ Rz. 6 ff.) abzulesen. Diese Lohnsteuer-Tabellen unterstellen, dass der Arbeitslohn im Kalenderjahr stets in gleich bleibender Höhe zufließt. Deshalb wird der Lohn des Lohnzahlungszeitraums lohnsteuertechnisch auf einen Jahreslohn hochgerechnet, z.B. Monatslohn × 12, und die so ermittelte Jahreslohnsteuer durch die Anzahl der Lohnzahlungszeiträume dividiert, z.B. Jahreslohnsteuer : 12 = Monatslohnsteuer.

Für die Lohnsteuerermittlung sind jeweils die **Lohnsteuerabzugsmerkmale** zu Grunde zu legen, die für den Tag gelten, an dem der Lohnzahlungszeitraum **endet**. Dies gilt auch bei einem Wechsel des ersten Arbeitgebers (auch sog. Hauptarbeitgeber) im Laufe des Lohnzahlungszeitraums.

Werden Arbeitslöhne bereits **vor Ende** des betreffenden Lohnzahlungszeitraums gezahlt, sind zunächst die zu diesem Zeitpunkt bereitgestellten (elektronischen) Lohnsteuerabzugsmerkmale zugrunde zu legen. Erhält der Arbeitgeber nach einer solchen Lohnzahlung abweichende Lohnsteuerabzugsmerkmale, die auf den Lohnzahlungszeitraum zurückwirken, hat er die Lohnabrechnung zu ändern (R 39b.5 Abs. 1 LStR 2021).

409 Was versteht das Lohnsteuerrecht unter laufendem Arbeitslohn? Der Begriff **laufender Arbeitslohn** wird im Einkommensteuergesetz nicht näher definiert. Er wird in den Lohnsteuer-Richtlinien jedoch beschrieben als Arbeitslohn, der dem Arbeitnehmer regelmäßig fortlaufend zufließt (z.B. Monatsgehälter, Wochen- und Tagelöhne, Mehrarbeitsvergütungen, Zuschläge und Zulagen). Hierzu zählen auch

– Nachzahlungen und Vorauszahlungen, wenn sich diese ausschließlich auf Lohnzahlungszeiträume beziehen, die im Kalenderjahr der Zahlung enden, sowie
– Arbeitslohn für Lohnzahlungszeiträume des abgelaufenen Kalenderjahres, wenn dieser innerhalb der ersten **drei Wochen** des nachfolgenden Kalenderjahres zufließt (Beispiel → Rz. 405, Beispiel 4).

410 Regelmäßig gezahlte Bezüge bzw. Arbeitslohn(teile), deren **Höhe** schwankt, weil sie sich z.B. nach einer nicht gleich bleibenden Bemessungsgrundlage richtet (z.B. erzielte Umsätze), rechnen auch zum **laufenden** Arbeitslohn. Erhält z.B. ein Außendienstmitarbeiter ein monatliches Fixum von 4 000 € und zuzüglich 2 % des Umsatzes, gehört der so ermittelte Betrag (2 % des Umsatzes) ebenfalls zum laufenden Arbeitslohn.

411 Zum **laufenden** Arbeitslohn gehören auch regelmäßig zufließende **Sachbezüge** wie z.B. geldwerte Vorteile durch die private Nutzung eines überlassenen betrieblichen Kraftfahrzeugs (der Nutzungswert), der Wert für unentgeltlich oder verbilligt erhaltene Mahlzeiten sowie für eine vom Arbeitgeber gestellte Unterkunft.

412 • **Laufender Arbeitslohn und sonstiger Bezug**

Im Gegensatz zum laufenden Arbeitslohn wird ein **sonstiger Bezug** (→ Rz. 419) einmalig und nicht regelmäßig wiederkehrend gezahlt. Folglich darf er für die Lohnsteuerermittlung nicht dem laufenden monatlichen Arbeitslohn, sondern dem voraussichtlichen Jahresarbeitslohn hinzugerechnet werden. Würde z.B. zur **Lohnsteuerermittlung** ein Urlaubs- oder Weihnachtsgeld i.H.v. 1 500 € dem monatlichen laufend gezahlten Arbeitslohn zugerechnet, ergäbe dies regelmäßig eine unzutreffende Lohnsteuer.

> **Beispiel** <u>Vergleich der Lohnsteuerbeträge</u>
>
> Ein Arbeitnehmer erhält im Kalenderjahr 2022 einen monatlichen Arbeitslohn von 3 200 €. Für die Steuerklasse I (keine Kinder) sind monatlich 436,25 € Lohnsteuer zu zahlen. Dies ergibt eine jährliche Lohnsteuer von 12 x 436,25 € = 5 235 €.
>
> Würde das im Dezember gezahlte Weihnachtsgeld i.H.v. 1 500 € dem monatlich laufend gezahlten Arbeitslohn zugerechnet (Summe 4 700 €), ergäbe dies eine Lohnsteuer von 866,91 €.
>
> Als **Jahressteuer** ergäben sich 11 x 436,25 € + 852,16 € = **5 650,91 €**.
>
> Bei zutreffender Behandlung als sonstiger Bezug ergibt sich jedoch folgende **Jahressteuer**:
>
> | | |
> |---|---:|
> | 12 x 436,25 € = | 5 235,00 € |
> | zzgl. Lohnsteuer für den sonstigen Bezug | 384,00 € |
> | Summe | **5 619,00 €** |
> | Die zutreffende Besteuerung ergibt einen Unterschiedsbetrag i.H.v. | 31,91 € |
>
> Ein zu erhebender Solidaritätszuschlag fällt seit dem Kalenderjahr 2021 für diesen Arbeitslohn nicht mehr an; die ggf. fällige Kirchensteuer ist ebenso nach dem o.g. Verfahren zu ermitteln.

Deshalb wird die Lohnsteuer für **sonstige Bezüge** nach einem besonderen Berechnungsverfahren ermittelt (→ Rz. 421 ff.). Wie das oben stehende Beispiel zeigt, wird die Lohnsteuer für einen sonstigen Bezug regelmäßig mit einem höheren Prozentsatz als für den laufenden Arbeitslohn erhoben. Gleichwohl ergibt das besondere Berechnungsverfahren einen niedrigeren Steuerbetrag als beim Zuschlag zum laufenden Arbeitslohn.

413 Entscheidend für die Zuordnung zum sonstigen Bezug sind die Verhältnisse des **einzelnen** Kalenderjahres. So stellen Bezüge, die im Kalenderjahr nur einmal gezahlt werden (z.B. Urlaubsgeld), keinen laufenden Arbeitslohn, sondern einen **sonstigen Bezug** dar, selbst wenn sie sich in den aufeinander folgenden Jahren wiederholen.

8. Vorauszahlungen, Nachzahlungen

414 Zahlt der Arbeitgeber **laufenden** Arbeitslohn **im Voraus** oder im **Nachhinein** für einen im **Kalenderjahr** der Zahlung endenden Lohnzahlungszeitraum, so ist die Vorauszahlung oder Nachzahlung für die Berechnung der Lohnsteuer den Lohnzahlungszeiträumen zuzurechnen, für die sie geleistet

E 71

werden (laufender Arbeitslohn). Die Voraus- oder Nachzahlung ist auf die Zahlungsmonate (Lohnzahlungszeiträume) zu **verteilen**, für die sie geleistet wird. Wird also im August Arbeitslohn für die Monate Januar bis April nachgezahlt, ist der Gesamtbetrag aufzuteilen, und die einzelnen Beträge dem jeweiligen Monat zuzuordnen.

> **Beispiel Berechnung der Lohnsteuer bei Nachzahlungen**
>
> Ein Arbeitnehmer mit einem laufenden Bruttoarbeitslohn von 2 300 € monatlich erhält im September 2022 eine Nachzahlung von 400 € für die Monate Januar bis August.
>
> Von dem Monatslohn von 2 300 € ist nach der maßgebenden Steuerklasse I eine Lohnsteuer von 223,16 € einzubehalten. Von dem um die anteilige Nachzahlung erhöhten Monatslohn (der Monate Januar bis August) von 2 350 € ist eine Lohnsteuer von 234,50 € einzubehalten.
>
> Auf die anteilige monatliche Nachzahlung von 50 € entfällt mithin eine Lohnsteuer von 11,34 €. Dieser Betrag, vervielfacht mit der Zahl der in Betracht kommenden Monate, ergibt dann die Lohnsteuer für die Nachzahlung (11,34 € x 8 = 90,72 €).
>
> Seit 2021 fällt für diesen Arbeitslohn kein Solidaritätszuschlag mehr an.

415 **Alternativ** können Nachzahlungen und Vorauszahlungen aus Vereinfachungsgründen als sonstige Bezüge behandelt werden. In diesen Fällen hat der Arbeitgeber die Lohnsteuer im Lohnzahlungszeitraum des Zuflusses einzubehalten.

Wird ein als **sonstiger Bezug** zu behandelnder Arbeitslohn im Voraus oder im Nachhinein gezahlt, ändert dies den Charakter der Einmalzahlung nicht. Die Zahlung ist bei Zufluss lohnsteuerpflichtig.

9. Abschlagszahlung

416 Von dem Grundsatz, bei jeder Lohnzahlung ist vom Arbeitslohn die Lohnsteuer einzubehalten, gibt es für Abschlagszahlungen eine **Ausnahme**. Zahlt der Arbeitgeber zunächst Arbeitslohn für den üblichen Lohnzahlungszeitraum nur in ungefähr Höhe (Abschlagszahlung), und nimmt er die genaue Lohnabrechnung später für einen längeren Zeitraum vor, so braucht er die Lohnsteuer erst bei dieser Lohnabrechnung einzubehalten. Dieser gewählte Abrechnungszeitraum ist dann der Lohnzahlungszeitraum.

Voraussetzung hierfür ist, dass der **Lohnabrechnungszeitraum fünf** Wochen nicht übersteigt und die **Lohnabrechnung** innerhalb von **drei** Wochen nach Ablauf des Lohnabrechnungszeitraums erfolgt. Lohnzahlungszeitraum und Lohnabrechnungszeitraum fallen insoweit auseinander. In diesen Fällen kann die Monatstabelle nur dann angewandt werden, wenn der Abrechnungszeitraum auch tatsächlich einen Monat umfasst. Ansonsten ist die Lohnsteuer nach der Tagestabelle zu berechnen (Lohnsteuer für den Tageslohn x Anzahl der Tage des Abrechnungszeitraums) → Rz. 405.

10. Abschluss der Lohnzahlung

417 Die **Lohnabrechnung** gilt als **abgeschlossen**, wenn der Zahlungsbeleg den Bereich des Arbeitgebers verlassen hat. Auf den zeitlichen Zufluss des Arbeitslohns beim Arbeitnehmer kommt es nicht an (→ Rz. 402 f.).

Wird die Lohnabrechnung für den letzten Abrechnungszeitraum des **abgelaufenen** Kalenderjahres erst im **nachfolgenden** Kalenderjahr, aber noch innerhalb der **Drei-Wochen-Frist** (→ Rz. 409) vorgenommen, so handelt es sich um Arbeitslohn und einbehaltene Lohnsteuer dieses Lohnabrechnungszeitraums (→ Rz. 416). Dieser Arbeitslohn und die darauf entfallende Lohnsteuer sind deshalb im **Lohnkonto** und in der **Lohnsteuerbescheinigung** des abgelaufenen Kalenderjahres auszuweisen (→ Rz. 381, 384).

Die einbehaltene **Lohnsteuer** ist aber für die **Anmeldung** und **Abführung** an das Finanzamt als Lohnsteuer des Kalendermonats bzw. Kalendervierteljahres (Lohnsteuer-Anmeldungszeitraum) zu erfassen, in dem die Lohnabrechnung tatsächlich vorgenommen wird (mit Beendigung des Lohnabrechnungszeitraums).

> **Beispiele Zeitpunkt des Lohnsteuereinbehalts bei Abschlagszahlungen**
>
> 1. Ein Arbeitgeber mit kalendermonatlichen Abrechnungszeiträumen leistet jeweils am 20. eines Monats eine Abschlagszahlung. Die Lohnabrechnung wird am 10. des folgenden Monats mit der Auszahlung von Spitzenbeträgen vorgenommen.
>   Der Arbeitgeber ist berechtigt, auf den Lohnsteuereinbehalt bei Zahlung des Abschlags zu verzichten und die Lohnsteuer erst bei der Schlussabrechnung einzubehalten.
> 2. Ein Arbeitgeber mit kalendermonatlichen Abrechnungszeiträumen leistet jeweils am 28. für den laufenden Monat eine Abschlagszahlung und nimmt die Lohnabrechnung am 28. des folgenden Monats vor.
>   Die Lohnsteuer ist bereits von der Abschlagszahlung einzubehalten, da die Abrechnung nicht innerhalb von drei Wochen nach Ablauf des Lohnabrechnungszeitraums erfolgt. War die Abrechnung zunächst innerhalb der Drei-Wochen-frist geplant, ändert die nun planwidrig spätere Abrechnung nichts an dem vorgenannten Ergebnis.
> 3. Auf den Arbeitslohn für Dezember werden Abschlagszahlungen geleistet. Die Lohnabrechnung erfolgt am 15. Januar des folgenden Jahres.
>   Der Lohnzahlungszeitraum ist der Kalendermonat, die Lohnabrechnung erfolgt innerhalb von drei Wochen nach Ablauf des Lohnzahlungszeitraums. Die einzubehaltende Lohnsteuer ist spätestens am 10. Februar als Lohnsteuer des Monats Januar anzumelden und abzuführen (bei monatlichem Lohnsteuer-Anmeldungszeitraum). Sie gehört gleichwohl zum Arbeitslohn des abgelaufenen Kalenderjahres und ist in der Lohnsteuerbescheinigung für das abgelaufene Kalenderjahr aufzunehmen.

418 Neben der zuvor beschriebenen üblichen Lohnsteuerermittlung entsprechend den Lohnzahlungszeiträumen kann der Arbeitgeber die Lohnsteuer auch nach dem insgesamt gezahlten Arbeitslohn ermitteln; sog. **permanenter Lohnsteuer-Jahresausgleich** (→ Rz. 704).

11. Sonstige Bezüge

a) Begriff

419 **Sonstige Bezüge** sind solche dem Arbeitnehmer aus einem Dienstverhältnis zufließende Lohnteile, die nicht zum laufenden Arbeitslohn rechnen. Sonstige Bezüge werden dem Arbeitnehmer demnach nicht regelmäßig oder laufend gezahlt, sondern nur **einmalig** oder **wenige** Male im Kalenderjahr. Dies sind z.B.

- das dreizehnte und vierzehnte Monatsgehalt,
- Urlaubs- und Weihnachtsgeld,
- nicht fortlaufend gezahlte Gratifikationen und Tantiemen,
- Vergütungen für Erfindungen,
- Jubiläumszuwendungen sowie
- nur einmalig gezahlte Abfindungen und Entschädigungen.

Zu den sonstigen Bezügen rechnen regelmäßig auch die (tarifermäßigt) zu besteuernden Vorteile aus einer Vermögensbeteiligung i.S.d. § 19a EStG, wenn eine aufgeschobene Besteuerung vorzunehmen ist (§ 19a Abs. 4 EStG).

Neben den zuvor genannten Sonder- bzw. Einmalzahlungen sind auch **Nachzahlungen** und **Vorauszahlungen** von Arbeitslohn den sonstigen Bezügen zuzuordnen, wenn sich

- der Gesamtbetrag oder ein Teilbetrag
- der Nachzahlung oder der Vorauszahlung

auf solche Lohnzahlungszeiträume bezieht, die in einem anderen Jahr als dem der Zahlung enden. Nachzahlungen in diesem Sinne liegen auch dann vor, wenn dem Arbeitnehmer Arbeitslohn für Lohnzahlungszeiträume des **abgelaufenen** Kalenderjahres **später** als **drei Wochen** nach Ablauf dieses Jahres zufließt.

420 Die zeitliche Zuordnung der sonstigen Bezüge für den Lohnsteuereinbehalt richtet sich ausschließlich nach dem **Zuflussprinzip** des § 11 EStG (→ Rz. 404). Werden sonstige Bezüge und laufender Arbeitslohn zusammen ausgezahlt, müssen die Beträge auseinander gerechnet und entspre-

E 72

chend – ggf. dem jeweiligen Kalenderjahr – zugeordnet werden.

b) Lohnsteuerermittlung

421 Für sonstige Bezüge ist die Lohnsteuer stets zu dem Zeitpunkt einzubehalten, an dem der Arbeitslohnteil dem Arbeitnehmer zufließt. Der sonstige Bezug erhöht bei Zahlung also den Arbeitslohn des Lohnzahlungszeitraums. Diese Sonderregelung ist unabhängig von der Höhe des sonstigen Bezugs zu beachten.

Für die Lohnsteuerermittlung sind die als elektronische Lohnsteuerabzugsmerkmale (→ Rz. 307 f.) abgerufenen oder – falls das sog. ELStAM-Verfahren noch nicht angewendet wird – die auf der vom Finanzamt ausgestellten Bescheinigung für den Lohnsteuerabzug eingetragenen Merkmale maßgebend. Für die Lohnsteuerermittlung sind die Lohnsteuerabzugsmerkmale zu Grunde zu legen, die zum **Ende** des Kalendermonats des Zuflusses gelten. Dieser Grundsatz gilt auch, wenn sonstige Bezüge gezahlt werden, nachdem der Arbeitnehmer aus dem Dienstverhältnis ausgeschieden ist (→ Rz. 430 ff.).

422 Für **sonstige Bezüge** ist die **Lohnsteuer** nach einem **besonderen** gesetzlich vorgeschriebenen Verfahren zu ermitteln (§ 39b Abs. 3 EStG). Dazu wird

– zunächst die Jahreslohnsteuer für den **Jahresarbeitslohn ohne** sonstigen Bezug berechnet

und anschließend

– die sich für den Jahresarbeitslohn **einschließlich** des sonstigen Bezugs ergebende Jahreslohnsteuer ermittelt.

Die **Differenz** beider Steuerbeträge ist die Lohnsteuer, die für den sonstigen Bezug einzubehalten ist.

Somit erfolgt die Berechnung der Lohnsteuer in den nachfolgend beschriebenen drei Schritten. Im Anschluss daran sind in einem vierten Schritt ggf. der Solidaritätszuschlag sowie die Kirchensteuer zu ermitteln.

423 **1. Schritt: voraussichtlicher Jahresarbeitslohn**

Zunächst hat der Arbeitgeber den **voraussichtlichen Jahresarbeitslohn** des Arbeitnehmers ohne sonstigen Bezug und die darauf entfallende Lohnsteuer zu ermitteln. Bei der Ermittlung des **voraussichtlichen** Jahresarbeitslohns sind auch zuvor gezahlte **sonstige Bezüge** im Kalenderjahr zu berücksichtigen.

Deshalb ist der laufende Arbeitslohn für die im Kalenderjahr bereits abgelaufenen Lohnzahlungszeiträume und die im Kalenderjahr bereits gezahlten sonstigen Bezüge mit dem Betrag **zusammenzurechnen**, der **voraussichtlich als laufender Arbeitslohn** für die verbleibenden Monate des Kalenderjahres gezahlt werden wird (Prognose).

Künftige sonstige Bezüge, die bis zum Jahresende noch erwartet werden, z.B. das 13. oder 14. Monatsgehalt oder Weihnachtsgeld, sind bei der Feststellung des voraussichtlichen Jahresarbeitslohns **nicht** zu berücksichtigen. Zu Besonderheiten für Zahlungen nach **Beendigung** des Dienstverhältnisses → Rz. 430 ff.

Statt der zuvor erläuterten Schätzung (Prognose) kann der voraussichtlich für die Restzeit des Kalenderjahres zu zahlende **laufende Arbeitslohn** auch durch eine Umrechnung des bisher zugeflossenen laufenden Arbeitslohns ermittelt werden.

Eine Ermittlung des Jahresarbeitslohns ist dann erschwert, wenn der Arbeitnehmer im Kalenderjahr zunächst bei einem anderen Arbeitgeber beschäftigt war. In diesen Fällen hat der Arbeitgeber zwei Möglichkeiten:

– Entweder die Einbeziehung und Berücksichtigung des vom früheren Arbeitgeber gezahlten Arbeitslohns oder

– die Hochrechnung auf Grund des gegenwärtigen Arbeitslohns.

Für die **erste Variante** muss der Arbeitnehmer die Besondere Lohnsteuerbescheinigung oder den Ausdruck der elektronisch übermittelten Lohnsteuerbescheinigung des bzw. der früheren Arbeitgeber/s vorlegen. Die darin enthaltenen Angaben (Höhe des Arbeitslohns und der einbehaltenen Lohnsteuer) sind im Lohnkonto aufzuzeichnen.

Liegen die Lohnsteuerbescheinigungen früherer Arbeitgeber nicht vor, z.B. auf Grund der elektronisch übermittelten Lohnsteuerbescheinigung (→ Rz. 381), ist bei der Ermittlung des voraussichtlichen Jahresarbeitslohns der Arbeitslohn für Beschäftigungszeiten bei früheren Arbeitgebern mit dem Betrag anzusetzen, der sich ergibt, wenn der **laufende** Arbeitslohn im Monat der **Zahlung** des sonstigen Bezugs entsprechend der Beschäftigungsdauer bei früheren Arbeitgebern hochgerechnet wird (§ 39b Abs. 3 Satz 2 EStG).

Beispiel Berechnung des voraussichtlichen Jahresarbeitslohns

Der Arbeitgeber C zahlt dem Arbeitnehmer im September einen steuerpflichtigen sonstigen Bezug von 1 200 €. Der Arbeitnehmer hat seinem Arbeitgeber zwei Ausdrucke der elektronischen Lohnsteuerbescheinigungen seiner vorigen Arbeitgeber vorgelegt:

a) Dienstverhältnis beim Arbeitgeber A vom 1.1. bis 31.3., Arbeitslohn   8 400 €.

b) Dienstverhältnis beim Arbeitgeber B vom 1.5. bis 30.6., Arbeitslohn   4 200 €.

Der Arbeitnehmer war im April arbeitslos.

Beim Arbeitgeber C steht der Arbeitnehmer seit dem 1.7. in einem Dienstverhältnis; er hat für die Monate Juli und August ein Monatsgehalt von 2 400 € bezogen, außerdem erhielt er am 20.8. einen sonstigen Bezug von 500 €. Vom ersten September an erhält er ein Monatsgehalt von 2 800 € zuzüglich eines halben (13.) Monatsgehalts am 1.12.

Der vom Arbeitgeber im September zu ermittelnde voraussichtliche Jahresarbeitslohn (ohne den sonstigen Bezug, für den die Lohnsteuer ermittelt werden soll) beträgt hiernach:

– Arbeitslohn 1.1. bis 30.6. (8 400 € + 4 200 €)	12 600 €
– Arbeitslohn 1.7. bis 31.8. (2 x 2 400 € + 500 €)	5 300 €
– Arbeitslohn 1.9. bis 31.12. (voraussichtlich 4 x 2 800 €)	11 200 €
– Summe	29 100 €

Das im Dezember gezahlte halbe 13. Monatsgehalt ist ein zukünftiger sonstiger Bezug und bleibt daher außer Betracht.

Abwandlung 1:

Legt der Arbeitnehmer seinem Arbeitgeber X zwar den Nachweis über seine Arbeitslosigkeit im April, nicht aber die Ausdrucke der elektronischen Lohnsteuerbescheinigungen der Arbeitgeber A und B vor, ergibt sich folgender voraussichtliche Jahresarbeitslohn:

– Arbeitslohn 1.1. bis 30.6. (5 x 2 800 €)	14 000 €
– Arbeitslohn 1.7. bis 31.8. (2 x 2 400 € + 500 €)	5 300 €
– Arbeitslohn 1.9. bis 31.12. (voraussichtlich 4 x 2 800 €)	11 200 €
– Summe	30 500 €

Abwandlung 2:

Ist dem Arbeitgeber X nicht bekannt, dass der Arbeitnehmer im April arbeitslos war, ist der Arbeitslohn für die Monate Januar bis Juni mit 6 x 2 800 € = 16 800 € zu berücksichtigen.

Im Regelfall dürfte der Ansatz des **hochzurechnenden Arbeitslohns** unproblematisch sein. Es stellt sich jedoch die Frage, ob der aktuelle Arbeitslohn auch dann anzusetzen ist, wenn er erkennbar niedriger ist als der zuvor bezogene Arbeitslohn, z.B. durch aktuelle Fehlzeiten, Krankheit oder Teilzeitbeschäftigung. Weil in den Lohnsteuer-Richtlinien diese Sonderfälle nicht angesprochen sind, und von der Finanzverwaltung keine andere Ausnahmeregelung angeboten wird, ist für solche Monate der Vorbeschäftigung der im Monat der Zahlung des sonstigen Bezugs zufließende laufende Arbeitslohn anzusetzen (§ 39b Abs. 3 Satz 2 EStG, H 39b.6 LStH 2022).

Hat der Arbeitnehmer den **früher bezogenen Arbeitslohn** mitgeteilt, ist dieser für die Ermittlung des voraussichtlichen Jahresarbeitslohns maßgebend. War der Arbeitnehmer zuvor **nicht beschäftigt**, z.B. wegen Studiums oder Schulausbildung, bleiben diese Zeiten unberücksichtigt (keine frühere Beschäftigung). Weist der Arbeitnehmer Zeiten mit **Arbeitslosigkeit** nach, wird dafür kein fiktiver Arbeitslohn angesetzt.

Falls der frühere Arbeitgeber die Lohnsteuer nicht maschinell ermittelt hat, ist der Arbeitslohn sowie die dafür einbehaltene Lohnsteuer anzusetzen, die auf der vom Arbeitnehmer vorgelegten besonderen Lohnsteuerbescheinigung oder auf dem vorgelegten Ausdruck der elektronisch übermittelten Lohnsteuerbescheinigung eingetragen sind.

Bereits im Kalenderjahr gezahlte **ermäßigt besteuerte** sonstige Bezüge wie Entlassungsentschädigungen, Entschädigungen und Vergütungen für eine mehrjährige Tätigkeit (i.S.d. § 34 Abs. 1 und 2 Nr. 2 und 4 EStG) sind nur mit einem Fünftel des Gesamtbetrags anzusetzen (→ Rz. 437 ff.).

Anders verhält es sich bei Entschädigungen, die **nicht ermäßigt** besteuert werden können. Sie sind als **üblicher** und nach den allgemeinen Regelungen zu besteuernder sonstiger Bezug zu behandeln. Aus Vereinfachungsgründen wird es nicht beanstandet, wenn dieser sonstige Bezug auch bei der Ermittlung der **Vorsorgepauschale** (nach § 39b Abs. 2 Satz 5 Nr. 3 Buchst. a bis c EStG) berücksichtigt wird.

Nach der Ermittlung des voraussichtlichen Jahresarbeitslohns sind die lohnsteuerlich abziehbaren Beträge wie der **Versorgungsfreibetrag**, der Zuschlag zum Versorgungsfreibetrag, der **Altersentlastungsbetrag** und der vom Finanzamt mitgeteilte **Jahresfreibetrag** festzustellen und von dem voraussichtlichen Jahresarbeitslohn **abzuziehen**. Ein eventueller Hinzurechnungsbetrag (vom Finanzamt mitgeteilt) ist ebenfalls zu berücksichtigen und dem voraussichtlichen Jahresarbeitslohn **hinzuzurechnen**. Der sich so ergebende Betrag ist der **maßgebende Jahresarbeitslohn**.

Weil die Ermittlung des voraussichtlichen Jahresarbeitslohns oft nicht punktgenau möglich ist, wird die Lohnsteuer ggf. zu hoch oder zu gering einbehalten. Ein unzutreffender Lohnsteuereinbehalt kann jedoch im Rahmen einer Einkommensteuerveranlagung korrigiert werden. Deshalb ist der Arbeitnehmer in Fällen der Hochrechnung des Arbeitslohns zur Abgabe einer **Einkommensteuererklärung** verpflichtet (§ 46 Abs. 2 Nr. 5a EStG).

424
2. Schritt: Jahreslohnsteuer

Für den so berechneten maßgebenden **Jahresarbeitslohn** hat der Arbeitgeber die **Jahreslohnsteuer** aus der Allgemeinen oder Besonderen Tabelle (→ Rz. 6 ff.) für sonstige Bezüge abzulesen. Dabei ist stets die als elektronisches Lohnsteuerabzugsmerkmal abgerufene (→ Rz. 307 f.) Steuerklasse oder – falls das sog. ELStAM-Verfahren nicht angewendet wird – die als Merkmal auf der vom Finanzamt für den Lohnsteuerabzug ausgestellten Bescheinigung eingetragene Steuerklasse maßgebend (→ Rz. 421).

Anschließend ist die Jahreslohnsteuer für den maßgebenden Jahresarbeitslohn **zuzüglich** des sonstigen Bezugs festzustellen.

425
3. Schritt: einzubehaltende Lohnsteuer

Der **Unterschiedsbetrag** zwischen der Lohnsteuer für den maßgebenden Jahresarbeitslohn **mit** dem sonstigen Bezug und der Lohnsteuer für den maßgebenden Jahresarbeitslohn **ohne** den sonstigen Bezug ist die für den sonstigen Bezug einzubehaltende Lohnsteuer.

4. Schritt: Solidaritätszuschlag und Kirchensteuer

Des Weiteren sind im Lohnsteuerabzugsverfahren auch der **Solidaritätszuschlag** und die **Kirchensteuer** von sonstigen Bezügen zu erheben (Einzelheiten → Rz. 706 ff., → Rz. 726 ff.).

> **Beispiel** Lohnsteuerermittlung für sonstigen Bezug
>
> Der Arbeitgeber A zahlt einem rentenversicherungspflichtigen Arbeitnehmer (AN) mit der Steuerklasse I im August 2022 einen steuerpflichtigen sonstigen Bezug von 2 500 €; Kirchensteuer ist nicht einzubehalten. Das Dienstverhältnis bei Arbeitgeber A besteht ab 1. Juli. Aus den (freiwillig) vorgelegten Ausdrucken der elektronischen Lohnsteuerbescheinigungen 2022 des AN ergeben sich für die Vormonate folgende Eintragungen:
>
> 1. Dienstverhältnis vom 1.1.–31.5. bei Arbeitgeber B, Arbeitslohn   15 000 €;
> 2. Dienstverhältnis vom 1.1.–30.6. bei Arbeitgeber C, Arbeitslohn   3 500 €.
>
> Für den Monat Juli und die späteren Monate wird jeweils ein Gehalt von 3 500 € gezahlt. Außerdem erhält der Arbeitnehmer im Dezember ein 13. Monatsgehalt.
>
> Die Lohnsteuer für den sonstigen Bezug von 2 500 € im Monat August errechnet sich wie folgt:

Arbeitslohn vom 1.1.–31.5.	15 000 €
Arbeitslohn vom 1.6.–30.6.	3 500 €
Arbeitslohn vom 1.7.–31.12.	21 000 €
13. Monatsgehalt ist ein künftiger sonstiger Bezug und deshalb nicht anzusetzen	0 €
voraussichtlicher Jahresarbeitslohn	39 500 €

Bemessungsgrundlage I

(= maßgebender Jahresarbeitslohn ohne sonstigen Bezug)	39 500 €
zzgl. sonstiger Bezug	2 500 €

Bemessungsgrundlage II

(= maßgebender Jahresarbeitslohn + sonstiger Bezug)	42 000 €

Lohnsteuer nach Steuerklasse I der Allgemeinen Tabelle **„Sonstige Bezüge"**

	Lohnsteuer	SolZ
für 42 000 € (Bemessungsgrundlage II)	6 160 €	0,00 €
für 39 500 € (Bemessungsgrundlage I)	./. 5 515 €	./. 0,00 €
Lohnsteuer für den sonstigen Bezug	645 €	

Anmerkung: Ist der Arbeitslohn des bzw. der Vorarbeitgeber(s) nicht bekannt, z.B. weil der Arbeitnehmer den Ausdruck der elektronischen Lohnsteuerbescheinigungen 2022 nicht vorgelegt hat, ist dieser nicht bekannte Betrag fiktiv „hochzurechnen" (→ Rz. 423). Basis ist der aktuelle Monatslohn bei Zahlung des sonstigen Bezugs; im Beispielsfall wären anzusetzen: 3 500 € × 6 = 21 000 €.

c) Höhe der Lohnsteuer

426
Der Lohnsteuerabzug für den sonstigen Bezug wird regelmäßig als sehr hoch kritisiert. Weshalb ergibt sich ein solch relativ hoher Abzugsbetrag und weshalb liegt der prozentuale (Lohnsteuer-)Satz über dem des laufenden Arbeitslohns?

Ursache dafür ist der **progressiv** ansteigende **Einkommensteuertarif** (→ Rz. 27 f.), der Grundlage für die Lohnsteuerermittlung ist, sowie die **abweichende** Lohnsteuerermittlung für laufenden Arbeitslohn und für sonstige Bezüge (→ Rz. 409, 421 ff.).

Für die Lohnsteuerberechnung (bzw. Lohnsteuerermittlung) vom **laufenden** Arbeitslohn wird unterstellt, dass ein solcher Arbeitslohn zwölfmal im Kalenderjahr bezogen wird. Zudem werden die anzusetzenden Grund- und Freibeträge anteilig steuermindernd berücksichtigt (z.B. der Grundfreibetrag, Arbeitnehmer-Pauschbetrag für Werbungskosten und die Vorsorgepauschale für begrenzt abzugsfähige Sonderausgaben).

Hingegen ist für einen **sonstigen Bezug** eine besondere Lohnsteuerermittlungsvorschrift (→ Rz. 421 ff.) maßgebend. Für einen solchen Arbeitslohnteil wird die Lohnsteuer nicht nach der Monatslohnsteuer-Tabelle, sondern nach dem Jahresbetrag (siehe die vom Verlag herausgegebene Lohnsteuer-Tabelle „Sonstige Bezüge") ermittelt. Durch dieses Berechnungsverfahren ist sichergestellt, dass die dem Arbeitnehmer zustehenden Frei- und Pauschbeträge – soweit möglich – bereits bei der Besteuerung des laufenden Arbeitslohns – also monatlich – ausgeschöpft werden.

Im Ergebnis wird der sonstige Bezug auf den Jahresarbeitslohn „aufgesattelt", Freibeträge werden regelmäßig nicht mehr berücksichtigt. Dies führt i.d.R. zu einer Besteuerung mit einem hohen progressiven Steuersatz. Demgemäß unterliegen die sonstigen Bezüge einer höheren durchschnittlichen Steuerbelastung als der laufende Arbeitslohn. Bezogen auf den **Jahresarbeitslohn** wird jedoch unabhängig vom Verhältnis des laufenden Arbeitslohns zu den sonstigen Bezügen regelmäßig die zutreffende Jahreslohnsteuer erhoben.

C. Lohnsteuer

d) Besonderheiten bei der Ermittlung des Solidaritätszuschlags und der Lohnsteuer bei sonstigen Bezügen

aa) Besonderheiten beim Solidaritätszuschlag

427 Im Lohnsteuerabzugsverfahren ist seit dem Kalenderjahr 2021 für Ermittlung des Solidaritätszuschlags eine entscheidende Änderung zu beachten. Nunmehr wird ein sonstiger Bezug dem laufenden Arbeitslohn hinzugerechnet, weil als Berechnungsgrundlage die Jahreslohnsteuer heranzuziehen ist. Somit werden die jährlichen Freigrenzen (→ Rz. 706 ff. [Solidaritätszuschlag]) auch bei sonstigen Bezügen angewendet, wodurch für geringe und durchschnittliche Arbeitslöhne unterjährig kein Solidaritätszuschlag einbehalten wird.

Wird durch die Hinzurechnung des sonstigen Bezugs die jährliche Freigrenze überschritten, ist die Ermittlung des Solidaritätszuschlags besonders zu berechnen. Daher empfehlen wir in diesem Fall die Tabelle „Sonstige Bezüge", die eine entsprechende Anleitung hierzu enthält.

bb) Besonderheiten bei Jahresfreibeträgen

428 Der Arbeitgeber hat auch bei der Lohnsteuerermittlung in 2022 einen vom Finanzamt festgesetzten **Jahresfreibetrag** zu berücksichtigen. Wendet er das sog. ELStAM-Verfahren an, sind ausschließlich die abgerufenen elektronischen Lohnsteuerabzugsmerkmale (→ Rz. 307 f.) maßgebend.

Ergibt sich bei der Berechnung ein voraussichtlicher Jahresarbeitslohn, der geringer als dieser Jahresfreibetrag ist, führt dies zu einem **negativen** maßgebenden Arbeitslohn (§ 39b Abs. 3 Satz 3 und 4 EStG), der mit dem sonstigen Bezug zu verrechnen ist (R 39b.6 Abs. 1 Satz 3 LStR 2021). Dieser Betrag mindert den anzusetzenden sonstigen Bezug.

Ebenso ist zu verfahren für verbleibende, also beim voraussichtlichen Jahresarbeitslohn nicht berücksichtigte Teile des **Versorgungsfreibetrags**, des maßgebenden Zuschlags zum Versorgungsfreibetrag und des **Altersentlastungsbetrags**. Auch diese Beträge sind von den steuerpflichtigen sonstigen Bezügen abzuziehen, soweit sie beim angesetzten voraussichtlichen Jahresarbeitslohn nicht berücksichtigt werden konnten.

429 Eine Kürzung um die vorgenannten Beträge kommt jedoch nicht in Betracht, wenn es sich um einen sonstigen Bezug handelt, für den die Lohnsteuer nach der **Fünftelungsregelung** (→ Rz. 437 ff.) berechnet wird. Dies sind Vergütungen für eine mehrjährige Tätigkeit und Entlassungsgelder bzw. Entlassungsentschädigungen (§ 39b Abs. 3 Satz 6 EStG).

> **Beispiel** <u>Ermittlung Jahresarbeitslohn bei Fünftelungsregelung</u>
>
> Ein Arbeitgeber zahlt im April 2022 einem 65-jährigen Arbeitnehmer mit der Steuerklasse I einen sonstigen Bezug (Umsatzprovision für das vorangegangene Kalenderjahr) i.H.v. 2 500 €; Kirchensteuer ist nicht einzubehalten. Der Arbeitnehmer ist am 28.2.2022 in den Ruhestand getreten. Der Arbeitslohn betrug bis dahin monatlich 3 500 €.
>
> Seit dem 1.3.2022 erhält der Arbeitnehmer neben dem Altersruhegeld aus der gesetzlichen Rentenversicherung noch betriebliche Versorgungsbezüge i.S.d. § 19 Abs. 2 EStG (Werkspension) von monatlich 900 €. Der Arbeitnehmer ist damit einverstanden, dass zur Vermeidung etwaiger späterer Nachzahlungen die Lohnsteuer nach der Besonderen Tabelle „Sonstige Bezüge" erhoben wird.
>
> Der maßgebende **Jahresarbeitslohn**, der zu versteuernde Teil des sonstigen Bezugs und die einzubehaltende Lohnsteuer sind wie folgt zu ermitteln:
>
> 1. **Arbeitslohn** für die Zeit vom
>   1.1. bis 28.2.2022 (2 x 3 500 € =)   7 000 €
>   **Betriebliche Versorgungsbezüge** (beginnend ab dem 1.3.2022 werden voraussichtlich gezahlt (10 x 900 € =)   9 000 €
>   voraussichtlicher Jahresarbeitslohn   <u>16 000 €</u>
>
> 2. Vom **voraussichtlichen** Jahresarbeitslohn sind folgende Beträge abzuziehen:
>   a) der zeitanteilige **Versorgungsfreibetrag** i.H.v. 14,4 % der im voraussichtlichen Jahresarbeitslohn enthaltenen Versorgungsbezüge, höchstens 1 080 €, und der zeitanteilige Zuschlag zum Versorgungsfreibetrag, höchstens 324 €,
>   14,4 % von 10 800 €[1] =
>   1 552,20 €, höchstens   1 080 €
>   zuzüglich 324 €   <u>324 €</u>
>   1 404 €
>   davon 10/12   1 170 €
>   b) der **Altersentlastungsbetrag** i.H.v. 14,4 % des voraussichtlichen Jahresarbeitslohns (7 000 €) ohne die Versorgungsbezüge, höchstens 684 €, unabhängig von der Höhe des bisher berücksichtigten Betrags (14,4 % von 7 000 € = 1 008 €, höchstens)   <u>684 €</u>
>   Gesamtabzugsbetrag somit   <u>1 854 €</u>
> 3. **Bemessungsgrundlage I**
>   (= maßgebender Jahresarbeitslohn ohne sonstigen Bezug) 16 000 € ./. 1 854 € =   <u>14 146 €</u>
> 4. **Sonstiger Bezug**   2 500 €
>   abzgl. Altersentlastungsbetrag i.H.v. 14,4 %, höchstens jedoch der Betrag, um den der Jahreshöchstbetrag von 684 € den bei der Ermittlung des maßgebenden Jahresarbeitslohns bereits abgezogenen Betrag überschreitet (14,4 % von 7 000 €, = 1 008 €, höchstens 684 € abzgl. 684 €), mithin   ./. 0 €
>   zu versteuernder Teil des sonstigen Bezugs   <u>2 500 €</u>
>   **Bemessungsgrundlage II**
>   (= maßgebender Jahresarbeitslohn zzgl. sonstiger Bezug) 14 146 € + 2 500 € =   <u>16 646 €</u>

cc) Ausscheiden aus dem Dienstverhältnis

430 Ist der Arbeitnehmer bei Zahlung des sonstigen Bezugs nicht mehr beim Arbeitgeber beschäftigt, werden für die Lohnsteuerberechnung des sonstigen Bezugs dennoch die im Verfahren der elektronischen Lohnsteuerabzugsmerkmale mitgeteilten benötigt. Alternativ dürfen die in der vom Finanzamt ausgestellten jahresbezogen Bescheinigung für den Lohnsteuerabzug eingetragenen Lohnsteuerabzugsmerkmale angewandt werden; ansonsten die Steuerklasse VI. Deshalb ist zu **unterscheiden**, ob der Arbeitnehmer beim Zufluss des sonstigen Bezugs noch im Betrieb tätig ist (→ Rz. 421) oder ob er bei einem anderen Arbeitgeber in einem Dienstverhältnis steht.

Ist der Arbeitnehmer **noch** im **Betrieb** beschäftigt, sind die zum Ende des Kalendermonats vorliegenden und maßgebenden Lohnsteuerabzugsmerkmale anzuwenden. **Ansonsten** (→ Rz. 431 ff.)

- **Lohnzahlungen nach Beendigung des Dienstverhältnisses**
Grundsätze
<u>Nachzahlung laufender Arbeitslohn</u>
Zahlt der Arbeitgeber nach Beendigung des Dienstverhältnisses nachträglich **laufenden** Arbeitslohn (R 39b.2 Abs. 1 LStR 2021), sind der Besteuerung die Lohnsteuerabzugsmerkmale zum Ende des **Lohnzahlungszeitraums** zu Grunde zu legen, für den die Nachzahlung erfolgt.

<u>Nachzahlung sonstiger Bezug</u>
Handelt es sich dagegen um **sonstige Bezüge** (R 39b.2 Abs. 2 LStR 2021), sind für die Besteuerung die (elektronischen) Lohnsteuerabzugsmerkmale zum Ende des Lohnzahlungszeitraums des Zuflusses des sonstigen Bezugs maßgebend.

---

1) Maßgebend ist der erste Versorgungsbezug: 900 € x 12 Monate ergibt 10 800 € als Bemessungsgrundlage.

E 75

C. Lohnsteuer

Diese Unterscheidungen sind insbesondere für das Verfahren der elektronischen Lohnsteuerabzugsmerkmale (→ Rz. 307 f.) von Bedeutung.

• Keine weitere Beschäftigung

431 Ist der Arbeitnehmer zum Zahlungszeitpunkt nicht bei einem anderen Arbeitgeber beschäftigt, so liegen dem früheren Arbeitgeber regelmäßig die Lohnsteuerabzugsmerkmale für ein erstes Dienstverhältnis (Steuerklassen I bis V) vor. In diesem Fall erfolgt die Lohnsteuerermittlung für den sonstigen Bezug nach den (elektronischen) Lohnsteuerabzugsmerkmalen und den allgemeinen Regelungen (→ Rz. 419 ff.).

Der voraussichtliche Jahresarbeitslohn ist dann auf Grund der Angaben des Arbeitnehmers zu ermitteln. Macht der Arbeitnehmer **keine** Angaben, ist der beim bisherigen Arbeitgeber ggf. zugeflossene Arbeitslohn auf einen fiktiven Jahresbetrag hochzurechnen.

432 Die zuvor beschriebene Hochrechnung ist nicht erforderlich, wenn mit dem Zufließen von weiterem Arbeitslohn im Laufe des Kalenderjahres, z.B. wegen Alters oder Erwerbsunfähigkeit des Arbeitnehmers, nicht zu rechnen ist.

433 Ist aber gleichwohl anzunehmen, dass dem Arbeitnehmer künftig Arbeitslohn in nicht unerheblichem Umfang (also ein größerer Betrag) zufließen wird, so hat der Arbeitgeber den voraussichtlichen Jahresarbeitslohn zu schätzen. Diese Schätzung bzw. Berechnung ist im Lohnkonto (Lohnunterlagen) zu dokumentieren (→ Rz. 298 f.).

• Weiteres Beschäftigungsverhältnis

434 Bezieht der Arbeitnehmer im Zeitpunkt der Zahlung des sonstigen Bezugs von einem anderen Arbeitgeber Arbeitslohn, so werden seinem früheren Arbeitgeber für die Besteuerung des sonstigen Bezugs die Lohnsteuerabzugsmerkmale für ein weiteres Dienstverhältnis (Steuerklasse VI) vorliegen. In diesen Fällen hat der Arbeitgeber den voraussichtlichen Jahresarbeitslohn des Arbeitnehmers nicht zu berücksichtigen. Die Lohnsteuer ist allein für den sonstigen Bezug nach der Jahreslohnsteuer-Tabelle zu ermitteln.

435 Legt der Arbeitnehmer weder die für den Abruf der elektronischen Lohnsteuerabzugsmerkmale erforderliche Identifikationsnummer (und das Geburtsdatum) noch eine vom Finanzamt ausgestellte Bescheinigung für den Lohnsteuerabzug vor, ist die Lohnsteuer für den sonstigen Bezug nach der Steuerklasse VI zu ermitteln (wegen schuldhafter Nichtvorlage der erforderlichen Angaben, § 39c Abs. 1 Satz 1 EStG). In diesem Fall hat der Arbeitgeber eine besondere Lohnsteuerbescheinigung (→ Rz. 384) zu übermitteln bzw. auszustellen, falls er nicht zur elektronischen Übermittlung verpflichtet ist (hier unter Angabe der eTIN statt der Identifikationsnummer). eTIN ist die Abkürzung der Bezeichnung „electronic Taxpayer Identification Number" oder in deutscher Sprache „elektronische Transfer-Identifikations-Nummer". Die Finanzverwaltung bietet zur Berechnung der eTIN öffentlich inzwischen keine Hilfe mehr an. Dazu muss auf private Angebote zurückgegriffen werden. Allerdings ist die Berechnung der eTIN regelmäßig noch Bestandteil der Lohnbuchhaltungs-/Lohnabrechnungsprogramme. Eine Verwendung der eTIN für die Lohnsteuerbescheinigung ist nur noch bis zum Kalenderjahr 2022 zulässig.

Wechsel der Art der Steuerpflicht

436 Hat der Arbeitnehmer nach der Beendigung des Arbeitsverhältnisses seinen inländischen **Wohnsitz aufgegeben**, endet regelmäßig die unbeschränkte Einkommensteuerpflicht des Arbeitnehmers. Die Nachzahlung von sonstigen Bezügen, z.B. Bonuszahlungen, führt dann zur beschränkten Steuerpflicht dieses Arbeitnehmers. Gleichwohl ist ein Lohnsteuerabzug nach den allgemeinen Grundsätzen vorzunehmen (wie bei einem unbeschränkt steuerpflichtigen Arbeitnehmer). Hierfür stellt das Finanzamt eine besondere Bescheinigung aus. Allerdings lässt die Finanzverwaltung für diesen Personenkreis seit dem Kalenderjahr 2020 einen Abruf der elektronischen Lohnsteuerabzugsmerkmale zu (→ Rz. 308, 312).

Bei der **Berechnung** der Lohnsteuer für solch einen sonstigen Bezug ist der während der Zeit der unbeschränkten Steuerpflicht gezahlte Arbeitslohn in die Ermittlung des Jahresarbeitslohns einzubeziehen.

e) Ermäßigter Steuersatz bei Bezügen für Entschädigungen und eine mehrjährige Tätigkeit

aa) Fünftelungsregelung

Voraussetzungen

437 Sonstige Bezüge sind für die Lohnsteuerermittlung grundsätzlich in Höhe des zugeflossenen Betrags anzusetzen, und zwar unabhängig davon, ob sie zum laufenden Kalenderjahr (Zahlungsjahr) oder ob sie zu mehreren Kalenderjahren gehören. Diese Besteuerung bei Zufluss kann mitunter zu einer erhöhten Steuerbelastung führen. Denn es ergäbe sich z.B. regelmäßig eine niedrigere Steuer, wenn der Arbeitgeber eine Jubiläumszahlung über mehrere Kalenderjahre verteilt auszahlt statt in einem Einmalbetrag (gleich bleibenden Jahresarbeitslohn unterstellt). Um für Einmalzahlungen eine überhöhte Steuerbelastung zu vermeiden, sieht das Einkommensteuergesetz die Steuerberechnung nach der sog. **Fünftelungsregelung** vor (§ 34 Abs. 1 EStG), die auch im Lohnsteuerabzugsverfahren zu berücksichtigen ist (§ 39b Abs. 3 Satz 9 EStG).

Diese Fünftelungsregelung kommt in Betracht für Entschädigungen und Vergütungen für eine mehrjährige Tätigkeit (z.B. für eine **Entlassungsabfindung** oder für ein **Jubiläumszuwendung**). Eine Tätigkeit ist dann „mehrjährig", wenn sie sich über zwei Kalenderjahre (Veranlagungszeiträume) erstreckt; auf die Dauer, z.B. mindestens zwölf Monate, kommt es nicht an.

438 Bei einer (Entlassungs-)**Abfindung** ist jedoch weitere Voraussetzung, dass die Zahlung als Einmalbetrag beim Arbeitnehmer zu einer Zusammenballung von Einkünften führt. **Zusammenballung** bedeutet: Die (steuerpflichtige) Abfindung/Entschädigung fließt in einem Kalenderjahr zu und dieser Betrag übersteigt den Arbeitslohn, den der Arbeitnehmer ansonsten (bei ungestörter Fortsetzung des Dienstverhältnisses) im Kalenderjahr bekommen hätte.

Der Zufluss **mehrerer Teilbeträge** im Kalenderjahr ist unschädlich. Ebenso verhält es sich, wenn mehrere Teilbeträge in anderen Kalenderjahren zufließen **und** es sich hierbei um geringe Zahlungen/Beträge handelt; maximal 5 % der Hauptleistung. Dies **gilt nicht**, wenn der Arbeitslohn des Vorjahres durch außergewöhnliche Ereignisse geprägt war; z.B. durch eine außergewöhnliche Einmalzahlung.

Übersteigt die Abfindung/Entschädigung den bis zum Jahresende wegfallenden Arbeitslohn nicht, ist eine **weitere Prüfung** erforderlich. Dazu ist die Abfindung/Entschädigung mit dem im Kalenderjahr bezogenen und den **voraussichtlichen** Arbeitslohn des neuen Dienstverhältnisses zusammenzurechnen. Liegt der so ermittelte Betrag über dem Jahresarbeitslohn, den der Arbeitnehmer bei ungestörter Fortsetzung des Dienstverhältnisses insgesamt bezogen hätte, liegt ebenfalls eine Zusammenballung i.S.d. § 34 EStG vor. Weil der Arbeitgeber bei einer vorzeitigen Beendigung des Dienstverhältnisses den Jahresarbeitslohn des Arbeitnehmers regelmäßig nicht kennt, ist der Jahresarbeitslohn des Vorjahres heranzuziehen. Bei Prüfung der Zusammenballung ist ein gezahltes Arbeitslosengeld in die Vergleichsrechnung einzubeziehen.

Weitere Erläuterungen zur Frage, unter welchen Voraussetzungen der Arbeitgeber bei Entlassungsentschädigungen eine Zusammenballung annehmen kann, sowie zur Berücksichtigung einer lebenslangen Betriebsrente und späterer Zahlungen aus Gründen der sozialen Fürsorge, enthalten die beiden BMF-Schreiben v. 1.11.2013, IV C 4 – S 2290/13/10002, BStBl I 2013, 1326 und v. 4.3.2016, IV C 4 – S 2290/07/10007:031, BStBl I 2016, 277.

Ergänzend hat der BFH klargestellt, dass auch eine Abfindungszahlung des Arbeitgebers, die er bei einer einvernehmlichen Auflösung des Arbeitsverhältnisses zahlt, ermäßigt zu besteuern ist. Bei einem solchen Sachverhalt (Abfindungszahlung) sind tatsächliche Feststellungen zu der Frage, ob der Arbeitnehmer dabei unter tatsächlichem Druck gestanden hat, regelmäßig entbehrlich, BFH v. 13.3.2018, IX R 16/17, BStBl II 2018, 709. Die Finanzverwaltung darf folglich

E 76

Berechnung

439 Nach alledem stellt sich die Frage, wie die ermäßigte Lohnsteuer zu berechnen ist. Hierfür sind **drei Rechenschritte** erforderlich:

– Bei der Fünftelungsregelung ist der sonstige Bezug mit einem Fünftel des steuerpflichtigen Gesamtbetrags anzusetzen.
– Für dieses Fünftel ist die Lohnsteuer nach den Regeln für sonstige Bezüge zu ermitteln (→ Rz. 422 ff.).
– Der so ermittelte Lohnsteuerbetrag ist mit fünf zu multiplizieren, so dass der fünffache Steuerbetrag der auf das Arbeitslohn-Fünftel entfallenden Lohnsteuer einzubehalten ist.

Ergibt sich hierbei ein **negativer** anzusetzender maßgebender Jahresarbeitslohn, ist zunächst der Gesamtbetrag des sonstigen Bezugs hinzuzurechnen. Der so erhöhte (und deshalb regelmäßig positive) Arbeitslohn wird durch fünf geteilt, die Lohnsteuer dafür berechnet und mit fünf vervielfacht.

440 Bei **Jubiläumszuwendungen** ist die Fünftelungsregelung stets dann – also ohne weitere Prüfung einer Zusammenballung – anzuwenden, wenn der Arbeitnehmer voraussichtlich nicht vor dem Ende des Kalenderjahres aus dem Dienstverhältnis ausscheidet (BMF-Schreiben v. 10.1.2000, BStBl I 2000, 138).

441 *Vergleichsrechnung, Ansatz des niedrigeren Lohnsteuerbetrags*

Die Fünftelungsregelung kann bei niedrigen sonstigen Bezügen mitunter zu einer höheren Lohnsteuer führen als die Regelbesteuerung mit dem vollen Betrag (als sonstiger Bezug). Weil die Lohnsteuer nach dem Gesetzeswortlaut jedoch zu ermäßigen ist, darf nach Auffassung der Finanzverwaltung der Arbeitgeber die Fünftelungsregelung in diesen Fällen nicht anwenden (BMF-Schreiben v. 10.1.2000, BStBl I 2000, 138, Abschnitt 2).

Um den geforderten niedrigsten Lohnsteuerabzug vorzunehmen, hat der Arbeitgeber eine **Vergleichsrechnung** durchzuführen. Dazu ist zunächst die Lohnsteuer nach der Fünftelungsregelung und anschließend ohne diese Sonderregelung zu ermitteln. Anzusetzen ist der niedrigere Lohnsteuerbetrag. Details zur Günstigerprüfung enthält das BMF-Schreiben v. 10.1.2000, BStBl I 2000, 138 (siehe auch H 39b.6 [Fünftelungsregelung] LStH 2022).

Lohnsteuerbescheinigung

Entsprechend dem so gefundenen Ergebnis ist der sonstige Bezug auf der Besonderen Lohnsteuerbescheinigung oder in der elektronischen **Lohnsteuerbescheinigung** entweder

– als laufend gezahlter Bruttoarbeitslohn im Eintragungsfeld Nr. 3 auszuweisen oder
– als ermäßigt besteuerter Arbeitslohn für mehrere Kalenderjahre bzw. ermäßigt besteuerte Entschädigungen im Eintragungsfeld Nr. 10.

Bei elektronischer Übermittlung der Lohnsteuerbescheinigung sind die Beträge in den Datensatz aufzunehmen und auf dem für den Arbeitnehmer bestimmten Ausdruck (nach amtlichem Muster) auszuweisen.

Fünftelungsregelung in Einkommensteuerveranlagung

442 Kann der Arbeitgeber die Voraussetzungen für die **Zusammenballung** des Arbeitslohns im Kalenderjahr nicht feststellen, so ist die Lohnsteuer vom sonstigen Bezug ohne Fünftelungsregelung zu ermitteln. In diesen Fällen kann der Arbeitnehmer die Anwendung der Fünftelungsregelung im Rahmen einer Einkommensteuerveranlagung beim Finanzamt beantragen. Daraufhin prüft das Finanzamt stets die günstigste Besteuerungsform.

443 Um das Ziel der zutreffenden Einkommensbesteuerung zu erreichen, ist der Arbeitnehmer zur Abgabe einer Einkommensteuererklärung verpflichtet, wenn von einem sonstigen Bezug die ermäßigte Lohnsteuer einbehalten worden ist.

Beschränkte Einkommensteuerpflicht

444 Bei **beschränkt** einkommensteuerpflichtigen Arbeitnehmern (→ Rz. 58 ff.) ist ebenfalls der ermäßigte Steuersatz nach § 34 EStG anzuwenden.

bb) Ermittlung des Vorwegabzugsbetrags bei der Fünftelungsregelung – Vorsorgepauschale

445 Die als Sonderausgaben (→ Rz. 176 ff.) abzugsfähigen Vorsorgeaufwendungen (z.B. Beiträge zu Kranken-, Pflege-, Unfall- und Haftpflichtversicherungen, zur **gesetzlichen** Rentenversicherung sowie zu Lebensversicherungen) werden beim **Lohnsteuerabzug** durch den Ansatz der (ggf. gekürzten) Beiträge zur Rentenversicherung, Krankenversicherung und Pflegeversicherung oder einer prozentualen Vorsorgepauschale berücksichtigt (→ Rz. 208).

Arbeitnehmer, die in einer **privaten Krankenkasse** versichert sind, können hierfür dem Arbeitgeber die Bescheinigung der Krankenkasse vorlegen. Der Arbeitgeber hat folgende Beitragsbescheinigungen des Arbeitnehmers beim Lohnsteuerabzug zu berücksichtigen:

– eine bis zum 31.3. des Kalenderjahres vorgelegte Beitragsbescheinigung über die voraussichtlichen privaten Basiskranken- und Pflege-Pflichtversicherungsbeiträge des Vorjahres,
– eine Beitragsbescheinigung über die privaten Basiskranken- und Pflege-Pflichtversicherungsbeiträge des laufenden Kalenderjahres oder
– eine Beitragsbescheinigung über die von der Krankenversicherung an die Finanzverwaltung übermittelten Beträge für das Vorjahr.

Auch in 2022 gilt die für 2010 vorgelegte Bescheinigung fort, falls der Arbeitnehmer dies wünscht und er keine aktuelle Bescheinigung vorlegt (s. BMF-Schreiben v. 26.11.2013[1], IV C 5 – S 2367/13/10001, BStBl I 2013, 1532 sowie BMF v. 8.11.2018, IV C 5 – S 2363/13/10003-02, BStBl I 2018, 1137, Rz. 6).

Der Arbeitgeber kann die Beitragsbescheinigung oder eine geänderte Beitragsbescheinigung entsprechend ihrer zeitlichen Gültigkeit beim Lohnsteuerabzug – auch rückwirkend – berücksichtigen. Bereits im Kalenderjahr abgerechnete Lohnabrechnungszeiträume müssen aber nicht nachträglich geändert werden. Dies gilt nicht nur, wenn die Beiträge einer geänderten Beitragsbescheinigung rückwirkend höher sind, sondern auch im Falle **niedrigerer** Beiträge.

Die **Vorsorgepauschale** ist für die Steuerklassen I bis V in die Lohnsteuer-Tabellen eingearbeitet und wird dort jeweils nur in der Höhe berücksichtigt, die dem Arbeitslohn der jeweiligen Tabellenstufe entspricht. Da Entlassungsabfindungen und ähnliche Zahlungen (sog. Entschädigungen i.S.d. § 24 Nr. 1 EStG) beim Lohnsteuerabzug für die Ermittlung der Vorsorgepauschale grundsätzlich nicht berücksichtigt werden, kann sich die **Fünftelungsregelung** auf die Ermittlung der Vorsorgepauschale sowie der Sonderausgaben auswirken.

446 Weil nach dem gesetzlichen Berechnungsmodus bei Anwendung der Lohnsteuer-Tabelle nur ein Fünftel der außerordentlichen Einkünfte (→ Rz. 437) angesetzt wird, kann auch nur die diesem Arbeitslohn entsprechende Vorsorgepauschale berücksichtigt werden. Folglich ergibt sich in bestimmten Fällen ein etwas zu geringer Abzugsbetrag.

Abweichend hiervon erfolgt die Berechnung im Rahmen der **Einkommensteuerveranlagung**. Dort werden für die Feststellung des Vorwegabzugsbetrags die außerordentlichen Einkünfte in voller Höhe als Einnahmen berücksichtigt. Hierdurch können mitunter – abweichend vom Lohnsteuerabzug – höhere Vorsorgeaufwendungen berücksichtigt werden, was zu einer niedrigeren Steuerbelastung führt.

---

1) Das BMF-Schreiben ist teilweise überholt.

Liegen die als Sonderausgaben abziehbaren privaten Kranken- und Pflege-Pflichtversicherungsbeiträge **über** den im Lohnsteuerabzugsverfahren berücksichtigten Beiträgen, kann der Arbeitnehmer die tatsächlich gezahlten Beiträge bei der Veranlagung zur Einkommensteuer geltend machen.

Sind die Beiträge **niedriger**, kommt eine Pflichtveranlagung in Betracht, wenn die gesetzlichen Arbeitslohngrenzen überschritten werden (§ 46 Abs. 2 Nr. 3 EStG). Denn für die Berechnung der Vorsorgepauschale ist das sozialversicherungspflichtige Arbeitsentgelt nicht maßgeblich (→ Rz. 61).

447 Diese abweichende Berechnung der Vorsorgepauschale ist bei Anwendung von **Lohnsteuer-Tabellen** unvermeidlich. Solche Abweichungen sind auch möglich, wenn die Lohnsteuerberechnung von dem um einen persönlichen Freibetrag (lt. mitgeteiltem Lohnsteuerabzugsmerkmal geminderten Arbeitslohn oder einem Hinzurechnungsbetrag (→ Rz. 20) erhöhten Arbeitslohn vorzunehmen ist.

448 Weil das Einkommensteuergesetz der **maschinellen Lohnsteuerberechnung** den Vorrang einräumt, können sich in Freibetrags- und Hinzurechnungsfällen abweichende Lohnsteuerbeträge ergeben (→ Rz. 20), wenn die Lohnsteuer sowohl nach der Lohnsteuertabelle als auch maschinell ermittelt worden ist.

cc) Ermäßigte Steuersätze für sonstige Bezüge

449 Trifft ein „üblicher" sonstiger Bezug i.S.d. § 39b Abs. 3 Satz 1 bis 7 EStG (z.B. Urlaubs- oder Weihnachtsgeld) mit einem sonstigen Bezug i.S.d. § 39b Abs. 3 Satz 9 EStG (z.B. für eine mehrjährige Tätigkeit, Jubiläumszuwendungen, Entlassungsabfindungen und Entschädigungen) zusammen, so ist zunächst die Lohnsteuer für den üblichen sonstigen Bezug i.S.d. § 39b Abs. 3 Satz 1 bis 7 EStG und anschließend die Steuer für den anderen sonstigen Bezug zu ermitteln.

Beispiel Fünftelungsregelung

Ein rentenversicherungspflichtiger Arbeitnehmer mit der Steuerklasse I erhält neben seinem laufenden Jahresarbeitslohn von 40 000 € im November 2022 ein Weihnachtsgeld von 3 000 € und daneben eine Jubiläumszuwendung i.H.v. 2 000 €, die nach § 39b Abs. 3 Satz 9 i.V.m. § 34 Abs. 1 und 2 Nr. 4 EStG zu besteuern ist.

Ermittlung der Lohnsteuer nach der Allgemeinen Tabelle „Sonstige Bezüge":

	Arbeitslohn	Lohnsteuer
1. Jahresarbeitslohn	40 000 €	
zzgl. Weihnachtsgeld	3 000 €	
	43 000 €	
Lohnsteuer für den Jahresarbeitslohn zzgl. Weihnachtsgeld (43 000 €)	6 425 €	
Lohnsteuer für den Jahresarbeitslohn ohne Weihnachtsgeld (40 000 €)	./. 5 646 €	
Lohnsteuer für das Weihnachtsgeld		779 €
2. Jahresarbeitslohn		
zzgl. Weihnachtsgeld	43 000 €	
zzgl. 1/5 der Jubiläumszuwendung	400 €	
	43 400 €	
Lohnsteuer für Jahresarbeitslohn zzgl. Weihnachtsgeld u. 1/5 der Jubiläumszuwendung	6 530 €	
Lohnsteuer für Jahresarbeitslohn zzgl. Weihnachtsgeld	./. 6 425 €	
Lohnsteuer für 1/5 der Jubiläumszuwendung	105 €	
anzusetzen ist das Fünffache dieses Betrags (105 € x 5 =)		525 €
3. Lohnsteuer insgesamt für die beiden sonstigen Bezüge		1 304 €

Für die ggf. fällige Kirchensteuer ist ebenso zu verfahren; Solidaritätszuschlag ist seit 2021 nicht mehr zu erheben.

12. Nettoarbeitslohn

a) Nettolohnvereinbarung

Der Arbeitgeber kann mit dem Arbeitnehmer an Stelle eines Bruttolohns auch einen auszuzahlenden **Nettolohn** vereinbaren. In diesem Fall hat der Arbeitgeber die Lohnabzüge (Lohnsteuer, Kirchensteuer, Solidaritätszuschlag und (abhängig von der Vereinbarung) ggf. den Arbeitnehmeranteil der Sozialversicherungsbeiträge) zu übernehmen. Bei solch einer Vereinbarung braucht sich der Arbeitnehmer die Steuerabzugsbeträge sowie die Sozialversicherungsbeiträge nicht anrechnen zu lassen. **450**

Solch eine Nettolohnvereinbarung muss aber arbeitsvertraglich eindeutig vereinbart sein. Der Hinweis des Arbeitgebers, dass bestimmte Arbeitslohnteile steuerfrei verbleiben, ist noch keine Nettolohnvereinbarung.

Bei einer Nettolohnvereinbarung sind lohnsteuerliche Besonderheiten zu beachten. Da der Arbeitgeber neben dem Nettolohn noch weitere Beträge (Steuern, Arbeitnehmerbeiträge zur Sozialversicherung) übernimmt, sind auch diese für die Bemessung der Lohnsteuer als Arbeitslohn zu berücksichtigen. Die Lohnsteuer ist folglich nicht nur für den Nettolohn, sondern auch von den übernommenen Beträgen zu ermitteln (= Bruttolohn). Die gesetzlichen Arbeitgeberbeiträge zur Sozialversicherung sind jedoch auch bei diesen Vereinbarungen steuerfrei. Bei einer Nettolohnvereinbarung ist die Lohnsteuer wie nachfolgend beschrieben zu berechnen: **451**

b) Nettolohn als laufender Arbeitslohn

Weil der Arbeitgeber den steuerlichen Gesamtarbeitslohn zunächst noch nicht kennt, sind für die Lohnsteuerberechnung mehrere Rechenschritte erforderlich. **452**

– Zunächst hat der Arbeitgeber für den vereinbarten Nettoarbeitslohn die darauf entfallenden Steuerbeträge zu ermitteln. Dafür maßgebend sind die Lohnsteuerabzugsmerkmale des Arbeitnehmers (z.B. die Lohnsteuerklasse und Zahl der Kinder). Insoweit besteht kein Unterschied zur üblichen Lohnsteuerermittlung.

– Anschließend werden der Nettoarbeitslohn und die Steuerbeträge zusammengerechnet und ergeben so den Bruttoarbeitslohn.

– In weiteren Berechnungsschritten wird nun geprüft, ob die für den so ermittelten neuen (höheren) Bruttoarbeitslohn einzubehaltende Lohnsteuer mit der zuvor ermittelten Lohnsteuer übereinstimmt. Trifft dies nicht zu, ist der zuvor beschriebene Rechenschritt (i.d.R. mehrfach) zu wiederholen. Stimmen die Lohnsteuerbeträge überein, ist mit einer abschließenden Berechnung zu prüfen, ob sich aus dem gefundenen Bruttoarbeitslohn abzüglich der Steuerbeträge der vereinbarte Nettoarbeitslohn ergibt.

Bei dieser Berechnung sind aus Vereinfachungsgründen vor der Steuerberechnung vom Nettolohn der auf den Lohnzahlungszeitraum entfallende Anteil **453**

– der **Freibeträge** für Versorgungsbezüge (Versorgungsfreibetrag, Zuschlag zum Versorgungsfreibetrag) und

– des Altersentlastungsbetrags

abzuziehen, falls die Voraussetzungen für den Abzug dieser Beträge jeweils erfüllt sind.

Im Anschluss daran ist der als elektronisches Lohnsteuerabzugsmerkmal abgerufene oder der vom Finanzamt für das betreffende Kalenderjahr ausgestellten Bescheinigungen für den Lohnsteuerabzug ausgewiesene **Freibetrag** vom Nettolohn abzuziehen.

Ein **Hinzurechnungsbetrag** erhöht hingegen den vereinbarten Nettoarbeitslohn.

Weil sich so der maßgebende Arbeitslohn und die Lohnsteuer durch ein „Herantasten" ergeben, wird diese Berechnungsmethode lohnsteuerlich **Abtastverfahren** genannt (R 39b.9 LStR 2021).

E 78

C. Lohnsteuer

Übernimmt der Arbeitgeber außer der Lohnsteuer und dem **Solidaritätszuschlag** auch die **Kirchensteuer** und ggf. den **Arbeitnehmeranteil** am Gesamtsozialversicherungsbeitrag, sind bei der Ermittlung des Bruttoarbeitslohns diese weiteren Abzugsbeträge einzubeziehen.

c) Nettolohn als sonstiger Bezug

454 Mitunter möchte der Arbeitgeber Sonderzuwendungen (→ Rz. 419 f.) als Nettobeträge auszahlen. Auch in diesen Fällen sind die auf den sonstigen Bezug entfallende Lohnsteuer, Kirchensteuer und der Solidaritätszuschlag ggf. einschließlich des Arbeitnehmeranteils an den Sozialversicherungsbeiträgen als zusätzlicher Arbeitslohn anzusetzen. Dementsprechend ist die Lohnsteuer für den sonstigen Bezug im sog. Abtastverfahren mit der Lohnsteuer-Tabelle „Sonstige Bezüge" zu ermitteln. Das Berechnungsschema zur Ermittlung der Steuerabzugsbeträge gleicht dem für laufenden Arbeitslohn (→ Rz. 452 f.).

455 Bei der Lohnsteuerberechnung von **netto gezahlten sonstigen Bezügen** sind für die Ermittlung des maßgebenden Jahresarbeitslohns sowohl der voraussichtlich netto gezahlte laufende Jahresarbeitslohn als auch die zuvor netto gezahlten sonstigen Bezüge mit den entsprechenden Bruttobeträgen anzusetzen.

d) Lohnkonto, Lohnsteuerbescheinigung

Im Lohnkonto und in der regelmäßig elektronisch zu erstellenden **Lohnsteuerbescheinigung** sind in den Fällen der Nettolohnzahlungen der jeweilige Bruttoarbeitslohn sowie die berücksichtigten Steuerbeträge zu vermerken bzw. anzugeben. Bei **Streitigkeiten** über die in der Lohnsteuerbescheinigung ausgewiesenen bzw. auszuweisenden Beträge von Arbeitslohn und Lohnsteuer kann der Arbeitnehmer eine Änderung auf dem Finanzrechtsweg **nicht** erreichen. Dies kann regelmäßig nur im Rahmen einer Veranlagung zur Einkommensteuer erreicht werden. Dort hat das Finanzamt die – ggf. fiktiv – gesetzlich einzubehaltende und abzuführende Lohnsteuer anzusetzen. Durch Einwendungen gegen die Lohnsteuerbescheinigung kann der Arbeitnehmer nach der Übermittlung der Lohnsteuerbescheinigung keine Berichtigung verlangen. Ein Einspruch gegen die jeweilige Lohnsteuer-Anmeldung ist jedoch möglich. Dazu ist neben dem Arbeitgeber auch der Arbeitnehmer berechtigt. **456**

13. ABC des Arbeitslohns (steuerpflichtig, steuerfrei, steuerbegünstigt)

Die folgende **Übersicht** erläutert, welche Lohnteile und Bezüge steuerpflichtig bzw. steuerfrei sind oder als steuerpflichtiger Arbeitslohn durch eine Freigrenze oder einen pauschalen Steuersatz begünstigt werden. Dazu sind die Lohnteile und Bezüge in **alphabetischer Reihenfolge** mit den zu beachtenden Voraussetzungen stichwortartig aufgelistet. Ergänzend wird auf die maßgeblichen gesetzlichen Vorschriften sowie die dazu ergangenen Verwaltungsanweisungen hingewiesen. **457**

Freigrenze bedeutet, dass für den begünstigten Arbeitslohn bis zu dem genannten Höchstbetrag der Freigrenze keine Lohnsteuer zu erheben ist. Übersteigt die Zahlung oder der geldwerte Vorteil diesen Grenzbetrag (z.B. Freigrenze für Sachbezüge i.H.v. 50 € (ab dem Kalenderjahr 2022, zuvor 44 €), → Rz. 569 *Sachbezüge, Freigrenze*) nur um 1 Cent, ist der gesamte Betrag (Arbeitslohnteil) anzusetzen und Lohnsteuer einzubehalten.

Bei einigen dieser Leistungen ist zu beachten, dass sie **zusätzlich** zum ohnehin geschuldeten **Arbeitslohn** gezahlt werden müssen. Dies bedeutet, dass nur derjenige Arbeitnehmer eine derartig begünstigte Zahlung (z.B. einen Kindergartenzuschuss) erhalten darf, der sie auch zu dem begünstigten Zweck verwendet. Als weitere Voraussetzung darf der vereinbarte Lohn anlässlich der zusätzlichen Leistung nicht herabgesetzt werden. Zu weiteren Details → Rz. 684 ff.

Abfindung

Abfindungszahlungen des Arbeitgebers an den Arbeitnehmer für dessen Entlassung aus dem Dienstverhältnis oder für die vorzeitige Beendigung des Dienstverhältnisses sind stets **steuerpflichtig.** Hierzu zählen auch Abfindungszahlungen für eine Reduzierung der Wochenarbeitszeit des Arbeitnehmers auf Grund eines geänderten Arbeitsvertrags. **458**

Wird die steuerpflichtige Abfindung als Ersatz für entgangene oder entgehende Einnahmen bzw. für die Aufgabe oder Nichtausübung einer Tätigkeit gewährt, liegt steuerlich regelmäßig eine begünstigte Entschädigung vor. Sie wird im Auszahlungsjahr ermäßigt besteuert (Fünftelungsregelung, → Rz. 437 ff.), wenn die Abfindung im Auszahlungsjahr zu einer Zusammenballung von Einkünften führt. Dies ist regelmäßig der Fall, wenn der Arbeitnehmer im Kalenderjahr keine weiteren Einkünfte bezieht.

Abschlagszahlung

Abschlagszahlungen des Arbeitgebers auf den Arbeitslohn sind ebenso wie Teilzahlungen oder Vorauszahlungen von Arbeitslohn grundsätzlich **steuerpflichtig.** Zum Lohnsteuereinbehalt → Rz. 414 ff. **459**

Aktienoptionen

Bei vom Arbeitgeber eingeräumten **nicht handelbaren Aktienoptionen** fließt dem Arbeitnehmer ein geldwerter Vorteil (als steuerpflichtiger sonstiger Bezug; → Rz. 419 ff.) nicht bereits bei Einräumung des Optionsrechts auf den späteren Erwerb von Aktien zu einem bestimmten Übernahmepreis zu, sondern erst bei preisgünstigem **Erwerb der Aktien nach Ausübung der Option.** Nichts anderes gilt, wenn dem Arbeitnehmer ein **handelbares Optionsrecht** eingeräumt wird. Auch in diesem Fall erlangt er mit der Einräumung der Option lediglich eine steuerlich unerhebliche Chance. **460**

Ob bei **handelbaren Aktienoptionen** etwas anderes gilt, wenn der **Arbeitgeber nicht** die Funktion eines **Stillhalters** innehat, er demzufolge nicht als Optionsgeber eigene Aktien bei Umwandlung überträgt, sondern sich am Markt Optionsrechte gegenüber einem Dritten verschafft hat, ist **höchstrichterlich** noch **nicht entschieden. Ohne Optionsausübung** fließt auch beim Verkauf einer **handelbaren Option** Arbeitslohn zu.

Geldwerte Vorteile aus einem Aktienoptionsprogramm bilden im Regelfall als Anreizlohn eine Vergütung für eine **mehrjährige Tätigkeit,** wenn die Laufzeit zwischen Einräumung und Ausübung der Optionsrechte mehr als zwölf Monate beträgt und der Arbeitnehmer in dieser Zeit auch bei seinem Arbeitgeber beschäftigt ist. Als Vergütung für eine mehrjährige Tätigkeit unterliegen die geldwerten Vorteile aus einem Aktienoptionsprogramm der geltenden **Tarifermäßigung** (Fünftelungsregelung, → Rz. 437 ff.); diese ist grds. auch im Lohnsteuerabzugsverfahren zu berücksichtigen. Bezogen auf die Anwendung der Tarifermäßigung ist es nicht erforderlich, dass Aktienoptionen, die auf der Grundlage eines **einheitlichen Optionsplans** gewährt wurden, vollständig in einem einzigen Veranlagungszeitraum ausgeübt werden.

Zeitpunkt des Zuflusses ist der Tag der **Erfüllung des Anspruchs** des Arbeitnehmers auf Verschaffung der **wirtschaftlichen Verfügungsmacht** über die Aktien. Im Zuflusszeitpunkt liegt zu versteuernder Arbeitslohn vor in Höhe der **Differenz** zwischen dem **Wert** der überlassenen Aktie am maßgebenden Bewertungsstichtag (i.d.R. der Kurswert) und den **Aufwendungen** des

E 79

C. Lohnsteuer

Arbeitnehmers für die überlassenen Aktien. Bei der Übertragung des Aktienoptionsrechts auf einen Dritten bemisst sich der Vorteil nach dem Wert des Rechts im Zeitpunkt der Verfügung darüber. Es können auch die Wertverhältnisse des für beide Seiten verbindlichen Veräußerungsgeschäfts herangezogen werden (BFH-Urteil v. 7.5.2014, VI R 73/12, BStBl II 2014, 904).

Aktienoptionen sind keine Vermögensbeteiligungen i.S.d. Fünften Vermögensbildungsgesetzes. Eine **Steuerbefreiung** nach § 3 Nr. 39 EStG (→ Rz. 599 *Vermögensbeteiligung*) **scheidet** daher **aus**. Eine Steuerbefreiung ist jedoch für die im Rahmen eines Aktienoptionsprogramms verbilligt überlassenen Aktien möglich, wenn die übrigen Voraussetzungen für die Steuerbefreiung vorliegen. Zur **aufgeschobenen Besteuerung** im Zusammenhang mit **Vermögensbeteiligungen** und weiterer Besonderheiten auch → Rz. 599 *Vermögensbeteiligung* und → Rz. 606 *Wandeldarlehen*.

Altersrenten, betrieblich

461 Altersrenten oder sog. Betriebsrenten, die ein früherer Arbeitgeber an einen ehemaligen Arbeitnehmer oder dessen Hinterbliebene zahlt (z.B. Werkspensionen), sind steuerpflichtiger Arbeitslohn. Hat der Arbeitnehmer das 63. Lebensjahr bzw. als Schwerbehinderter das 60. Lebensjahr vollendet, kommen der Versorgungsfreibetrag sowie der Zuschlag zum Versorgungsfreibetrag zum Ansatz (→ Rz. 243 ff.). Zur Möglichkeit des Arbeitgebers, die Steuerklasse VI ohne Abruf der Lohnsteuerabzugsmerkmale anzuwenden, s. → Rz. 407.

Amtseinführung, Verabschiedung

462 Übliche Sachleistungen des Arbeitgebers aus Anlass der Diensteinführung, eines Amts- oder Funktionswechsels oder dem Ausscheiden bzw. der Verabschiedung eines Arbeitnehmers bis zur **Freigrenze** i.H.v. 110 € je teilnehmender Person sind keine Gegenleistung für die individuelle Arbeitskraft und damit **nicht** als Arbeitslohn anzusehen (R 19.3 Abs. 2 Nr. 3 LStR 2021).

Liegen die Aufwendungen des Arbeitgebers einschließlich Umsatzsteuer **über 110 €** je teilnehmender Person, so sind die gesamten Aufwendungen dem **steuerpflichtigen** Arbeitslohn des Arbeitnehmers hinzuzurechnen; Geschenke bis zu einem Gesamtwert von 60 € sind in die 110 €-Freigrenze einzubeziehen.

Der für Betriebsveranstaltungen (→ Rz. 489 *Betriebsveranstaltungen*) ansetzbare Freibetrag von 110 € gilt **nicht** für andere betriebliche Veranstaltungen und ist somit nicht auf Amtseinführungen bzw. Verabschiedungen von Arbeitnehmern übertragbar. Für diese Veranstaltungen kommt lediglich die vorgenannte Freigrenze in Betracht.

Anwesenheitsprämie

463 Solche vom Arbeitgeber geleisteten Prämien zur Reduzierung der Fehlzeiten im Betrieb sind stets **steuerpflichtiger** Arbeitslohn.

Arbeitgeberbeiträge

464 Arbeitgeberbeiträge zur **gesetzlichen Sozialversicherung** des Arbeitnehmers sind nicht steuerbar, soweit sie auf Grund gesetzlicher Verpflichtung geleistet werden. Bei versicherungspflichtigen Arbeitnehmern hat der Arbeitgeber regelmäßig die Hälfte der Beiträge zur Renten-, Kranken-, Pflege- und Arbeitslosenversicherung zu tragen. Steuerfrei sind auch die pauschalen Renten- und Krankenversicherungsbeiträge i.H.v. 15 % bzw. 5 % und 13 % bzw. 5 % des Arbeitsentgelts für eine **geringfügige Beschäftigung** (Minijob) sowie die Arbeitnehmeranteile am Gesamtsozialversicherungsbeitrag, die der Arbeitgeber wegen der gesetzlichen Beitragslastverschiebung nachzuentrichten und zu übernehmen hat.

Übernimmt der Arbeitgeber ohne gesetzliche Verpflichtung (freiwillig) **Arbeitnehmerbeiträge** zur Sozialversicherung, handelt es sich um steuerpflichtigen Arbeitslohn (z.B. bei Nettolohnvereinbarung). Anders verhält es sich bei einer gesetzlichen Verpflichtung des Arbeitgebers, die gesamten Beiträge allein zu entrichten (z.B. bei Geringverdienern nach § 249b SGB V oder bei der Nachentrichtung von Sozialversicherungsbeiträgen). Der **Beitragszuschlag** für Kinderlose ab dem vollendeten 23. Lebensjahr i.H.v. 0,35 % (ab 2022) in der sozialen Pflegeversicherung und der ggf. erhobene **zusätzliche Krankenversicherungsbeitrag** dürfen vom Arbeitgeber nicht steuerfrei erstattet werden.

Übernimmt der Arbeitgeber bei Altersteilzeit des Arbeitnehmers **zusätzliche Höherversicherungsbeiträge** zur gesetzlichen **Rentenversicherung** i.S.d. § 3 Abs. 1 Nr. 1 Altersteilzeitgesetz sowie Aufwendungen i.S.d. § 4 Abs. 2 Altersteilzeitgesetz, sind diese steuerfrei, wenn die Voraussetzungen des § 2 Altersteilzeitgesetz (z.B. Vollendung des 55. Lebensjahres, Verringerung der tariflichen regelmäßigen wöchentlichen Arbeitszeit auf die Hälfte) vorliegen (auch → Rz. 477 *Aufstockungsbeträge*).

Vom Arbeitgeber zur Höherversicherung übernommene Beiträge i.S.d. **§ 187a SGB VI** an die **Rentenversicherung** sind steuerfrei bis zu 50 % der geleisteten Gesamtbeiträge (§ 3 Nr. 28 2. Alt. EStG). Diese Steuerfreiheit setzt kein Altersteilzeitarbeitsverhältnis voraus.

Zur steuerlichen Behandlung der Arbeitgeberbeiträge zur **betrieblichen Altersversorgung** → Rz. 486 *Betriebliche Altersversorgung*, → Rz. 499 *Direktversicherung*, → Rz. 500 *Direktzusage*, → Rz. 559 *Pensionsfonds*, → Rz. 560 *Pensionskasse*, → Rz. 594 *Unterstützungskasse*.

Arbeitgeberzuschüsse

465 Arbeitgeberzuschüsse zur Krankenversicherung für von der Versicherungspflicht befreite Arbeitnehmer, zu Beiträgen auf Grund freiwilliger Versicherung in der gesetzlichen Rentenversicherung oder einer befreienden Lebensversicherung sind steuerfrei bis zur Höhe des bei einer Versicherungspflicht des Arbeitnehmers in Betracht kommenden Arbeitgeberbeitrags, höchstens jedoch bis zur Hälfte der vom Arbeitnehmer gezahlten Beträge.

Arbeitnehmererfindung

466 Besondere Zahlungen des Arbeitgebers für Diensterfindungen seines Arbeitnehmers im Rahmen des Dienstverhältnisses sind **steuerpflichtiger** Arbeitslohn. Gleiches gilt für Zahlungen auf Grund von schöpferischen Leistungen, die zwar nicht patentierbar oder sonst schutzrechtsfähig sind, aber die Leistungskraft eines Unternehmens verbessern (technische Verbesserungsvorschläge).

Arbeitnehmerjubiläum

467 Zahlungen des Arbeitgebers aus Anlass eines Betriebs- oder Arbeitnehmerjubiläums sind **steuerpflichtiger** Arbeitslohn.

Als Bezüge für mehrere Kalenderjahre ist die Lohnsteuer regelmäßig nach der Fünftelregelung (→ Rz. 437 ff.) einzubehalten. Zu üblichen Sachleistungen des Arbeitgebers aus Anlass eines runden Arbeitnehmerjubiläums → Rz. 462 *Amtseinführung, Verabschiedung*, → Rz. 489 *Betriebsveranstaltungen*, → Rz. 527 *Geschenke*.

E 80

C. Lohnsteuer

Arbeitsbedingungen

Aufwendungen des Arbeitgebers zur Verbesserung der Arbeitsbedingungen seiner Arbeitnehmer, wie die Bereitstellung von Aufenthalts- und Erholungsräumen sowie von betriebseigenen Dusch- und Badeanlagen, werden der Belegschaft als Gesamtheit und damit im überwiegend betrieblichen Interesse zugewendet. Diese Vorteile sind **kein** Arbeitslohn.

468

Arbeitsförderung

Arbeitsförderungsleistungen nach dem SGB III (z.B. Arbeitslosengeld, Teilarbeitslosengeld, Kurzarbeitergeld, Übergangsgeld, Unterhaltsgeld, Eingliederungshilfe) und die übrigen Leistungen nach dem SGB III und den entsprechenden Programmen des Bundes und der Länder sind **steuerfrei**, soweit sie Arbeitnehmern oder Arbeitsuchenden oder zur Förderung der Aus- oder Fortbildung der Empfänger gewährt werden; siehe auch → Rz. 518 *Fort- und Weiterbildung*.

469

Diese steuerfreien Leistungen unterliegen jedoch dem Progressionsvorbehalt nach § 32b EStG (→ Rz. 67). Deshalb ist der Leistungsempfänger zur Abgabe einer Einkommensteuererklärung verpflichtet (→ Rz. 705).

Arbeitslohnspende

Verzichten Arbeitnehmer anlässlich von Naturkatastrophen und vergleichbaren Ereignissen auf die Auszahlung von Teilen des Arbeitslohns oder auf Teile eines angesammelten Wertguthabens

470

– zugunsten einer **Beihilfe** des Arbeitgebers an die bei ihm oder im Konzern beschäftigten und von der Naturkatastrophe betroffenen Arbeitnehmer oder

– zugunsten einer Zahlung des Arbeitgebers auf ein Spendenkonto einer spendenempfangsberechtigten Einrichtung (i.S.d. § 10b Abs. 1 Satz 2 EStG),

bleiben diese Lohnteile bei der Feststellung des steuerpflichtigen Arbeitslohns außer Ansatz, wenn der Arbeitgeber die Verwendungsauflage erfüllt und dies dokumentiert. Der außer Ansatz bleibende Arbeitslohn ist im Lohnkonto aufzuzeichnen.

Jedoch kann auf die Aufzeichnung verzichtet werden, wenn stattdessen der Arbeitnehmer seinen Verzicht schriftlich erklärt hat und diese Erklärung zum Lohnkonto genommen worden ist.

Weil keine Lohnsteuer erhoben worden ist, darf der außer Ansatz gelassene Arbeitslohn nicht in der Lohnsteuerbescheinigung angegeben werden. Im Rahmen seiner Einkommensteuerveranlagung darf der Arbeitnehmer diesen „steuerfrei" belassenen Arbeitslohnteil nicht als Spende erklären.

Allgemein sind diese Regelungen für Arbeitslohnspenden in das In- und Ausland anwendbar. Eine solche Spende ohne Lohnsteuereinbehalt ist jedoch nur dann möglich, wenn dies anlassbezogen durch ein BMF-Schreiben oder durch einen entsprechenden Erlass eines Landes geregelt wird; z.B. anlässlich der Corona-Krise, BMF v. 9.4.2020, IV C 4 – S 2223/19/10003 :003, BStBl I 2020, 496, mit den Ergänzungen v. 26.5.2020, IV C 4 – S 0174/19/10002 :008, BStBl I 2020, 543, und v. 18.12.2020, IV C 4 – S 2223/19/10003 :006, BStBl I 2021, 57, oder als länderbezogener Erlass: Zur Berücksichtigung von Schäden in Bayern durch Unwetter mit Hochwasser Ende Juni und im Juli des Jahres 2021, Bayerisches Staatsministerium der Finanzen und für Heimat v. 26.7.2021, 37 – S 1915 – 14, www.stotax-first.de.

Arbeitslohnzuschläge für Sonntags-, Feiertags- oder Nachtarbeit

Steuerfrei sind Zuschläge zu dem sonst üblichen und vertraglich vereinbarten Stundenlohn (Grundlohn) in folgender Höhe (§ 3b EStG, R 3b LStR 2021):

471

– für Sonntagsarbeit bis zu 50 %
– für Feiertagsarbeit bis zu 125 %
– für die Weihnachtsfeiertage, den 24. Dezember ab 14 Uhr und den 1. Mai bis zu 150 %
– für Nachtarbeit zwischen 20 Uhr und 6 Uhr bis zu 25 %
– bei Nachtarbeit mit Arbeitsbeginn vor 0 Uhr für die Zeit zwischen 0 Uhr und 4 Uhr bis zu 40 %

des Grundlohns.

Der anzusetzende **Grundlohn** ist auf einen Stundenlohn von höchstens **50 €** begrenzt. Liegt der tatsächliche Grundlohn darüber, sind die steuerfreien Zuschläge von 50 € zu berechnen.

Zu beachten ist die abweichende **sozialversicherungsrechtliche** Grenze des Grundlohns i.H.v. 25 €. Daraus folgt, dass Zuschläge über 25 € und bis zu 50 € zwar steuerfrei, aber sozialversicherungspflichtig sind.

Beispiel 1 Ermittlung der Zuschlagssätze

Ein Arbeitnehmer beginnt seine Nachtschicht am Sonntag, dem 1.5. um 22 Uhr und beendet sie am 2.5. um 7 Uhr.

Für diesen Arbeitnehmer sind Zuschläge zum Grundlohn bis zu folgenden Sätzen steuerfrei:

– 175 % für die Arbeit am 1.5. in der Zeit von 22 Uhr bis 24 Uhr (25 % für Nachtarbeit und 150 % für Feiertagsarbeit),
– 190 % für die Arbeit am 2.5. in der Zeit von 0 Uhr bis 4 Uhr (40 % für Nachtarbeit und 150 % für Feiertagsarbeit),
– 25 % für die Arbeit am 2.5. in der Zeit von 4 Uhr bis 6 Uhr.

Zahlt der Arbeitgeber für die Arbeit nach 6 Uhr einen Zuschlag, ist dieser nicht steuerfrei, sondern (als laufender Arbeitslohn) steuerpflichtig.

Beispiel 2 Abgrenzung Spätarbeitszuschlag – andere Lohnzuschläge

Auf Grund der tarifvertraglichen Vereinbarung erhält ein Arbeitnehmer für die Arbeit in der Zeit von 18 bis 22 Uhr einen Spätarbeitszuschlag und für die in der Zeit von 19 bis 21 Uhr verrichteten Arbeiten eine Gefahrenzulage.

Der für die Zeit von 20 bis 22 Uhr gezahlte Spätarbeitszuschlag ist ein begünstigter Zuschlag für Nachtarbeit.

Die Gefahrenzulage wird nicht für die Arbeit zu einer bestimmten Zeit gezahlt und ist deshalb auch insoweit kein begünstigter Nachtarbeitszuschlag, als sie für die Arbeit in der Zeit von 20 bis 21 Uhr gezahlt wird.

Als Sonntags- und Feiertagsarbeit **gilt auch** die Arbeit in der Zeit von 0 Uhr bis 4 Uhr des auf den Sonntag oder Feiertag folgenden Tages. Zur vereinbarten und vergüteten Arbeitszeit gehörende Waschzeiten, Schichtübergabezeiten und Pausen rechnen zu der begünstigten Arbeitszeit i.S.d. § 3b EStG, soweit sie in den begünstigten Zeitraum fallen. Die tatsächlich geleistete Sonntags-, Feiertags- oder Nachtarbeit ist im Einzelfall grundsätzlich nachzuweisen.

Maßgeblich für den **Feiertagszuschlag** sind stets die Regelungen an der **ersten Tätigkeitsstätte** des Arbeitnehmers. Hat ein Arbeitnehmer (z.B. als Außendienstmitarbeiter) einen Auftrag an einem auswärtigen Tätigkeitsort zu erledigen, an dem

E 81

C. Lohnsteuer

kein Feiertag ist, und rechnet dieser Tag an seiner ersten Tätigkeitsstätte zu den Feiertagen, bleiben etwaige Feiertagszuschläge steuerfrei.

Wird an Sonntagen und Feiertagen oder in der zu diesen Tagen gehörenden Zeit Nachtarbeit geleistet, kann die Steuerbefreiung für Sonntags- und Feiertagsarbeit neben der für Nachtarbeit in Anspruch genommen werden. Dazu ist der steuerfreie Zuschlagsatz für Nachtarbeit mit dem steuerfreien Zuschlagsatz für Sonntags- oder Feiertagsarbeit auch dann zusammenzurechnen, wenn nur ein Zuschlag gezahlt wird. Ist ein Sonntag zugleich Feiertag, kann ein Zuschlag nur bis zur Höhe des jeweils in Betracht kommenden Feiertagszuschlags steuerfrei gezahlt werden. Dies gilt auch dann, wenn nur ein Sonntagszuschlag gezahlt wird.

Zahlt der Arbeitgeber monatlich gleichbleibende Zuschläge für Nacht- und Sonntagsarbeitsstunden, ohne krankheits- oder urlaubsbedingte Fehlzeiten zu berücksichtigen und ohne Aufzeichnungen über die tatsächlich geleistete Arbeit zu führen, so sind die Zuschläge **nicht** steuerfrei.

Dabei ist zu beachten, dass der **Zahlende** – also der Arbeitgeber – über den Zweck seiner Leistung entscheidet. Auch wenn die Bezeichnung des Zuschlags allein nicht ausschlaggebend ist, muss er objektiv als ein zusätzliches Entgelt für geleistete Sonntags-, Feiertags- oder Nachtarbeit gezahlt werden. Folglich werden Zulagen, die **alleinig** „für" einen Dienst zu wechselnden Zeiten (z.B. Wechselschichtzulagen) gezahlt werden, auch dann **nicht** für geleistete Sonntags-, Feiertags- oder Nachtarbeit gewährt, wenn der Dienst zu solchen Zeiten ausgeübt wird (BFH-Urteil v. 15.2.2017, VI R 30/16, BStBl II 2017, 644). Eine Steuerbefreiung tritt nur dann ein, wenn die neben dem Grundlohn gewährten Zuschläge „für" Sonntags-, Feiertags- und Nachtarbeit geleistet werden.

Voraussetzungen für die Steuerfreiheit

Die Steuerfreiheit setzt voraus, dass **neben** dem **Grundlohn** auch ein ausdrücklich vereinbarter und festgelegter Zuschlag für die Sonntags-, Feiertags- oder Nachtarbeit gezahlt wird, der z.B. in einem Tarifvertrag, einer Betriebsvereinbarung oder einem Einzelarbeitsvertrag geregelt sein kann. Folglich muss die Zahlung des Zuschlags zweckbestimmt erfolgen. Unschädlich ist es, wenn neben einem Zuschlag für die begünstigten Zeiten, die gleichzeitig Mehrarbeit ist, keine gesonderte Mehrarbeitsvergütung oder ein Grundlohn gezahlt wird, mit dem die Mehrarbeit bereits abgegolten ist. Auf die Bezeichnung der Lohnzuschläge kommt es grundsätzlich nicht an.

Steuerfreie Zuschläge können auch gezahlt werden für Arbeitslöhne, die nach § 40a EStG mit 2 %, 5 %, 20 % oder 25 % pauschal versteuert werden (→ Rz. 616 ff.).

Steuerfrei sind nur Zuschläge, die für **tatsächlich** geleistete Sonntags-, Feiertags- oder Nachtarbeit gezahlt werden. In diesen Fällen ist es unschädlich, wenn der Arbeitgeber zur **Glättung** von Lohnschwankungen die steuerfreien Zahlungen in einen „durchschnittlichen" Steuersatz einkalkuliert und bei geringen steuerfreien Zuschlägen einen steuerpflichtigen **Lohnausgleich** gewährt. Mit einem solchen Modell kann der Arbeitgeber z.B. einen festen monatlichen Arbeitslohn garantieren und gleichwohl steuerfreie Zuschläge für tatsächliche Arbeit zu begünstigten Zeiten zahlen.

Soweit Zuschläge gezahlt werden, **ohne** dass der Arbeitnehmer in der begünstigten Zeit gearbeitet hat, z.B. bei Lohnfortzahlung im Krankheits- oder Urlaubsfall, bei Lohnfortzahlung an von der betrieblichen Tätigkeit freigestellten Betriebsratsmitglieder oder für Beträge, die in dem nach § 11 MuSchG gezahlten Mutterschutzlohn enthalten sind, sind sie **steuerpflichtig**.

Wird ein Zuschlag für Sonntags-, Feiertags- oder Nachtarbeit von weniger als einer **Stunde** gezahlt, so ist bei der Ermittlung des steuerfreien Zuschlags für diesen Zeitraum der Grundlohn entsprechend zu kürzen.

Arbeitnehmer können aus verfassungsrechtlicher Sicht nicht fordern, die Steuerbefreiung für Arbeitslohnzuschläge für Sonntags-, Feiertags- oder Nachtarbeit auf Gefahrenzulagen und Zulagen im Kampfmittelräumdienst auszudehnen (BFH-Urteil v. 15.9.2011, BStBl II 2012, 144).

Die **Barabgeltungen** eines Freizeitanspruchs oder eines Freizeitüberhangs (z.B. auf Grund von Sonntagsarbeit, Zuschlägen wegen Mehrarbeit oder bestimmten Erschwernissen) sind keine begünstigten Lohnzuschläge. Bei **zeitversetzter** Auszahlung (z.B. Arbeitszeitkonto) bleibt die Steuerfreiheit nur für den Zuschlag als solchen erhalten. Eine darauf beruhende Verzinsung oder Wertsteigerung ist hingegen nicht steuerfrei.

Bemessungsgrundlage

Grundlohn ist der Anspruch auf laufenden Arbeitslohn **pro Arbeitsstunde**, den der Arbeitnehmer im jeweiligen Lohnzahlungszeitraum für seine regelmäßige Arbeitszeit erwirbt. Zum Grundlohn gehören auch die nach § 3 Nr. 63 EStG steuerfreien Arbeitgeberbeiträge, soweit es sich um laufenden Arbeitslohn handelt.

Nicht zum Grundlohn gehören Ansprüche auf Vergütungen für Überstunden (Mehrarbeitsvergütungen), Zuschläge für Sonntags-, Feiertags- oder Nachtarbeit in den begünstigten Zeiten, und zwar auch insoweit, als sie wegen Überschreitens der gesetzlichen Zuschlagsätze steuerpflichtig sind. Ebenfalls kein Grundlohn sind steuerfreie Lohnteile und Bezüge, die nach § 40 EStG pauschal besteuert werden (→ Rz. 656, 664 ff.).

Arbeitsmittel

472 Vorteile durch Arbeitsmittel, die der Arbeitgeber dem Arbeitnehmer zum Gebrauch am Arbeitsplatz kostenlos oder verbilligt gestellt bzw. überlässt, sind **kein** Arbeitslohn; s. auch → Rz. 586 *Private Nutzung betrieblicher Geräte und PC-Programme sowie Erstattung der Verbindungsentgelte des Arbeitnehmers*, → Rz. 611 *Werkzeuggeld*.

Arbeitszeitkonto

473 **a) Allgemeines zu Zeitwert(Arbeitszeit)konten**

Bei Zeitwertkonten (andere Begrifflichkeiten: Arbeitszeitkonten, Lebensarbeitszeitkonten) vereinbaren Arbeitgeber und Arbeitnehmer, dass der Arbeitnehmer **künftig fällig werdenden Arbeitslohn** nicht sofort ausbezahlt erhält, sondern dieser Arbeitslohn beim Arbeitgeber nur **betragsmäßig erfasst** wird, um ihn im Zusammenhang mit einer vollen oder teilweisen **Freistellung** von der Arbeitsleistung während des noch fortbestehenden Dienstverhältnisses auszuzahlen. In der Zeit der Arbeitsfreistellung wird das angesammelte Guthaben um den Vergütungsanspruch gemindert, der dem Arbeitnehmer in der Freistellungsphase gewährt wird. Der **steuerliche Begriff** des Zeitwertkontos entspricht dem Begriff der Wertguthabenvereinbarungen i.S.v. § 7b SGB IV.

b) Besteuerungszeitpunkt

Weder die **Vereinbarung** eines Zeitwertkontos noch die **Wertgutschrift** auf diesem Konto führen zum Zufluss von Arbeitslohn, sofern die getroffene Vereinbarung den Vorgaben der Finanzverwaltung entspricht (s. BMF-Schreiben v. 17.6.2009, IV C 5 –

E 82

C. Lohnsteuer

S 2332/07/0004, BStBl I 2009, 1286, geändert durch BMF-Schreiben v. 8.8.2019, IV C 5 – S 2332/07/0004 :004, BStBl I 2019, 874). Erst die **Auszahlung** des Guthabens während der Freistellung löst **Zufluss von Arbeitslohn** und damit eine Besteuerung aus.

c) Weitere Fragen/Besonderheiten

Bei **weiteren Fragen** sollte auf das o.g. **BMF-Schreiben** zurückgegriffen werden. In dem Erlass finden sich die detaillierten Regelungen u.a. zur Verwendung des Guthabens zu Gunsten der betrieblichen Altersversorgung, zum begünstigten Personenkreis, zu den Modellinhalten, zur steuerlichen Behandlung der Zinsen, die das Guthaben erhöhen, zur Zuführung von steuerfreiem Arbeitslohn, zur Zeitwertkontengarantie, zur planwidrigen Verwendung und zu den Möglichkeiten bei der Beendigung des Dienstverhältnisses.

Ärztliche Betreuung

Weil eine ärztliche Betreuung durch Werks- oder Betriebsärzte im eigenbetrieblichen Interesse des Arbeitgebers erfolgt, stellt dieser Vorteil **keinen** Arbeitslohn dar → Rz. 604 *Vorsorgeuntersuchungen*, s.a. → Rz. 493 *Corona*. **474**

Auflassungsvergütungen

Auflassungsvergütungen an Notariatsangestellte, die eine Auflassungsvollmacht von den Parteien eines beurkundeten Grundstücksgeschäfts übernehmen, rechnen zum steuerpflichtigen Arbeitslohn. **475**

Aufmerksamkeit

Aufmerksamkeiten des Arbeitgebers an den Arbeitnehmer sind **kein** Arbeitslohn. Hierzu rechnen Sachleistungen des Arbeitgebers, **476**

– die auch im gesellschaftlichen Verkehr üblicherweise ausgetauscht werden,

– zu keiner ins Gewicht fallenden Bereicherung der Arbeitnehmer führen und allgemein als Aufmerksamkeiten angesehen werden,

z.B. Blumen, Genussmittel, ein Buch, eine CD oder ein Videofilm, wenn sie dem Arbeitnehmer oder seinen Angehörigen aus **Anlass** eines **besonderen persönlichen** Ereignisses zugewendet werden.

Als weitere Voraussetzung ist der **Höchstbetrag** von jeweils 60 € je Ereignis zu beachten (Freigrenze). Übersteigt der Wert der Sachleistungen diese Freigrenze (→ Rz. 457), ist der Gesamtbetrag als steuerpflichtiger Arbeitslohn anzusetzen s. auch → Rz. 527 *Geschenke*.

Getränke und Genussmittel (keine Mahlzeiten), die der Arbeitgeber den Arbeitnehmern zum **Verzehr** im Betrieb bzw. am Arbeitsplatz bereitstellt, gehören ebenso zu den Aufmerksamkeiten wie Speisen bis zu einem Wert von 60 €, wenn sie der Arbeitgeber seinen Arbeitnehmern anlässlich und während eines außergewöhnlichen Arbeitseinsatzes überlässt (z.B. während einer **außergewöhnlichen betrieblichen** Besprechung oder **Inventur**).

Zu den nicht steuerpflichtigen Aufmerksamkeiten rechnen auch unbelegte Backwaren mit einem Getränk. Nach einem BFH-Urteil sind unbelegte Brötchen auch in Kombination mit einem Heißgetränk keine Mahlzeiten – konkret kein Frühstück i.S.v. § 2 Abs. 1 Satz 2 Nr. 1 SvEV – sondern Lebensmittel (BFH v. 3.7.2019, VI R 36/17, BStBl II 2020, 788). Selbst für ein einfaches Frühstück müsse jedenfalls noch ein Aufstrich oder ein Belag hinzutreten. Dabei komme es auf die Art der Backwaren (z.B. Käsebrötchen, Roggenbrötchen, Laugenbrötchen usw.) sowie des Heißgetränks (z.B. Kaffee, Tee) nicht an. Die Überlassung der Backwaren nebst Heißgetränken hat im Urteilsfall lediglich der Ausgestaltung des Arbeitsplatzes und der Schaffung günstiger betrieblicher Arbeitsbedingungen gedient, weil sie während der bezahlten Arbeitszeit im Rahmen des Austauschs über berufliche Angelegenheiten stattgefunden hat, mit der Folge, dass es sich um eine nicht steuerpflichtige Aufmerksamkeit handelte. Siehe auch → Rz. 549 *Mahlzeiten*.

Aufstockungsbeträge

Für eine Altersteilzeit gezahlte Aufstockungsbeträge und zusätzliche Beiträge des Arbeitgebers zur gesetzlichen Rentenversicherung i.S.d. § 3 Abs. 1 Nr. 1 Altersteilzeitgesetz sowie Aufwendungen i.S.d. § 4 Abs. 2 Altersteilzeitgesetz sind nach wie vor **steuerfrei**, wenn die Voraussetzungen des § 2 Altersteilzeitgesetzes (z.B. Vollendung des 55. Lebensjahres, Verringerung der tariflichen regelmäßigen wöchentlichen Arbeitszeit auf die Hälfte) vorliegen. **477**

Ferner muss die geforderte verminderte Arbeitszeit eingehalten werden. In dem für die Altersteilzeit zulässigen Höchstzeitraum von 10 Jahren kann sie durchgängig als gleichmäßige Teilzeitarbeit, in einer Mischung aus Blockmodell und Teilzeitarbeit oder als durchgängiges Blockmodell ausgeübt werden.

Die Einstellung der arbeitsrechtlichen Förderung von Altersteilzeit seit 2010 ist unbeachtlich. Folglich gilt diese Steuerbefreiung auch für eine nach dem 31.12.2009 beginnende Altersteilzeit.

Die Vereinbarung über die **Arbeitszeitverminderung** muss sich zumindest auf die Zeit erstrecken, bis der Arbeitnehmer eine Rente wegen Alters beanspruchen kann. Dafür ist nicht erforderlich, dass diese Rente ungemindert ist. Der frühestmögliche Zeitpunkt, zu dem eine Altersrente in Anspruch genommen werden kann, ist die Vollendung des 60. Lebensjahres.

Die Steuerfreiheit kommt **nicht** mehr in Betracht mit Ablauf des Kalendermonats, in dem der Arbeitnehmer die Altersteilzeitarbeit beendet oder die für ihn geltende gesetzliche Altersgrenze für die Regelaltersrente erreicht hat (i.d.R. das 65. bzw. 67. Lebensjahr) (§ 5 Abs. 1 Nr. 1 Altersteilzeitgesetz). Durch eine vorzeitige **Beendigung** der Altersteilzeit (sog. **Störfall**) ändert sich der Charakter der bis dahin steuerfrei erbrachten Arbeitgeberleistungen nicht. Die Steuerfreiheit der Aufstockungsbeträge bleibt daher bis zum Eintritt des Störfalls erhalten.

Die **Steuerfreiheit** der Aufstockungsbeträge ist der Höhe nach **begrenzt**. Sie sind insoweit steuerfrei, als sie zusammen mit dem während der Altersteilzeit bezogenen **Nettoarbeitslohn** monatlich 100 % des maßgebenden Arbeitslohns nicht übersteigen.

Maßgebend ist bei **laufendem** Arbeitslohn der Nettoarbeitslohn, den der Arbeitnehmer im jeweiligen Lohnzahlungszeitraum ohne Altersteilzeit üblicherweise erhalten hätte. Bei **sonstigen** Bezügen ist abzustellen auf den Arbeitslohn unter Berücksichtigung des voraussichtlichen Jahresnettoarbeitslohns unter Einbeziehung der sonstigen Bezüge bei einer unterstellten Vollzeitbeschäftigung. Unangemessene **Erhöhungen** vor oder während der Altersteilzeit sind dabei nicht zu berücksichtigen.

Aufstockungsbeträge in Form von **Sachbezügen** (z.B. die weitere private Nutzung des betrieblichen Pkw) sind **steuerfrei**, wenn die Aufstockung betragsmäßig in Geld festgelegt und außerdem vereinbart ist, dass der Arbeitgeber an Stelle der Geldleistung Sachbezüge erbringen darf.

Die Aufstockungsbeträge unterliegen dem Progressionsvorbehalt nach § 32b EStG (→ Rz. 67).

E 83

C. Lohnsteuer

Aufwandsentschädigungen

478 Erhalten öffentliche Dienste leistende Personen (hierzu rechnen regelmäßig auch ehrenamtlich Tätige) aus öffentlichen Kassen eine Aufwandsentschädigung, richtet sich deren steuerliche Behandlung nach § 3 Nr. 12 Satz 1 EStG und R 3.12 LStR 2021. Danach sind **steuerfrei**

- aus einer Bundeskasse oder Landeskasse gezahlte Bezüge,
- die in einem Bundesgesetz oder Landesgesetz oder einer auf bundesgesetzlicher oder landesgesetzlicher Ermächtigung beruhenden Bestimmung oder von der Bundesregierung oder einer Landesregierung
- als Aufwandsentschädigung festgesetzt sind.

Als weitere Voraussetzung ist zu beachten, dass die Aufwandsentschädigung auch als solche im Haushaltsplan des Bundes oder eines Landes ausgewiesen werden muss.

Nach § 3 Nr. 12 **Satz 2** EStG gilt das Gleiche für andere Bezüge, die als Aufwandsentschädigung aus öffentlichen Kassen an öffentliche Dienste leistende Personen gezahlt werden, soweit nicht festgestellt wird, dass sie für Verdienstausfall oder Zeitverlust gewährt werden oder den Aufwand, der dem Empfänger erwächst, offenbar übersteigen. Die den ehrenamtlich tätigen Versichertenberatern und Mitgliedern eines Widerspruchsausschusses gewährten Entschädigungen für Zeitaufwand nach § 41 Abs. 3 Satz 2 SGB IV sind nicht nach § 3 Nr. 12 Satz 2 EStG steuerfrei (BFH v. 3.7.2018, VIII R 28/15, BStBl II 2018, 715).

Voraussetzungen im Einzelnen

Öffentliche Dienste leisten grundsätzlich alle Personen, die im Dienst einer juristischen Person des öffentlichen Rechts stehen und **hoheitliche** (einschl. schlichter Hoheitsverwaltung) Aufgaben ausüben, die nicht der Daseinsvorsorge zuzurechnen sind, z.B. Versichertenälteste. Zu den juristischen Personen des öffentlichen Rechts gehören z.B. Gebietskörperschaften (Bund, Länder, Landkreise und Gemeinden), Verbandskörperschaften (Gemeindeverbände) sowie Personal- und Realkörperschaften (Industrie- und Handelskammern, Handwerkskammern und Universitäten).

Ebenso leisten ehrenamtliche Vorstandsmitglieder eines Versorgungswerks öffentliche Dienste (i.S.d. § 3 Nr. 12 Satz 2 EStG), wenn sich das Versorgungswerk als juristische Person des öffentlichen Rechts im Rahmen seiner gesetzlichen Aufgabenzuweisungen auf die Gewährleistung der Alters-, Invaliden- und Hinterbliebenenversorgung für seine Zwangsmitglieder beschränkt (BFH-Urteil v. 27.8.2013, BStBl II 2014, 248).

Keine öffentlichen Dienste im Sinne dieser Vorschrift leisten hingegen Personen, die in der fiskalischen Verwaltung tätig sind.

Von den aus **öffentlichen Kassen** gezahlten Aufwandsentschädigungen i.S.d. § 3 Nr. 12 Satz 2 EStG bleiben seit dem Kalenderjahr 2021 für alle in Betracht kommenden Personen regelmäßig steuerfrei (R 3.12 Abs. 3 LStR 2021, BMF v. 8.4.2021, IV C 5 – S 2337/20/10001 :001, BStBl I 2021, 622):

- Für durch **Gesetz oder Rechtsverordnung** bestimmte Aufwandsentschädigungen monatlich ein Drittel, mindestens **250 €**. Diese Regelung ist u.a. für kommunale Mandatsträger bedeutend, für die darüber hinaus weitere landesspezifische steuerliche Sonderregelungen gelten, sowie für bestimmte Gruppen der freiwilligen Feuerwehrleute;
- für nicht durch Gesetz oder Rechtsverordnung dem Grunde und der Höhe nach bestimmte (festgelegte) Aufwandsentschädigungen **monatlich** bis zu **250 €**.

Liegt die monatliche Vergütung über dem steuerfrei bleibenden Höchstbetrag von 250 €, können weitere Steuerbefreiungsvorschriften zur Anwendung kommen. Insbesondere kann für Zahlungen an aktive Mitglieder der freiwilligen Feuerwehren die Übungsleiterpauschale oder allgemeine Ehrenamtspauschale in Betracht kommen (→ Rz. 503 *Ehrenamt*, → Rz. 589 *Übungsleiterpauschale*).

Geförderter Personenkreis: Begünstigt sind regelmäßig Personen, die im kommunalen Bereich, für die öffentliche Verwaltung oder im kirchlichen Bereich ein Ehrenamt ausüben (z.B. ehrenamtliche Feuerwehrleute, sachkundige Bürger in der Kommunalverwaltung, ehrenamtliche Schöffen und Laienprediger; nicht jedoch Pflegekräfte in kirchlichen Vereinen, die im Rahmen der Nachbarschaftshilfe tätig sind).

Öffentliche Kassen sind die Kassen der inländischen juristischen Personen des öffentlichen Rechts und solche Kassen, die einer Dienstaufsicht und Prüfung der Finanzgebarung durch die inländische öffentliche Hand unterliegen. Hierzu gehören insbesondere die Kassen des Bundes, der Länder, der Gemeinden und die Kassen der öffentlich-rechtlichen Religionsgemeinschaften (auch H 3.11 LStH 2022).

Übertragungsmöglichkeit

Sind die Aufwandsentschädigungen den Einkünften aus nichtselbständiger Arbeit zuzuordnen, unterliegen sie grundsätzlich dem Lohnsteuerabzug (§ 38 EStG). Die Finanzverwaltung lässt es zu, einen nicht ausgeschöpften steuerfreien Monatsbetrag mit steuerpflichtigen Aufwandsentschädigungen anderer Lohnzahlungszeiträume dieser Tätigkeit im Kalenderjahr zu verrechnen (R 3.12 Abs. 3 Satz 8 und 9 LStR 2021). Eine Verrechnung mit abgelaufenen Lohnzahlungszeiträumen ist zulässig; sie kann auch bei Beendigung der Tätigkeit oder zum Ende des Kalenderjahres für die Dauer der ehrenamtlichen Funktion bzw. Amtsausübung im Kalenderjahr vorgenommen werden. Maßgebend für die Ermittlung der Anzahl der in Betracht kommenden Monate ist die Dauer der ehrenamtlichen Funktion bzw. Amtsausübung im Kalenderjahr. Hierbei zählen angefangene Kalendermonate als volle Monate. Die Dauer des tatsächlichen Einsatzes im Ehrenamt ist für die Bestimmung dieses Zeitraums unbeachtlich.

Bei **mehreren** Tätigkeiten für **eine** Körperschaft sind die Aufwandsentschädigungen für die Anwendung der Mindest- und Höchstbeträge zusammenzurechnen (R 3.12 Abs. 3 Satz 6 LStR 2021).

Private Nutzung kommunaler Tablet-PCs durch Mandatsträger

Neben den zuvor erläuterten steuerfreien Zahlungen bleibt auch die private **Nutzung** der für eine öffentliche Tätigkeit überlassenen Telekommunikationsgeräte und mobilen Endgeräte, wie etwa Tablet-PCs, steuerfrei. Voraussetzung ist, dass diese Geräte im Rahmen einer ehrenamtlichen Tätigkeit nach § 3 Nr. 12 EStG zur Verfügung gestellt werden. Dies betrifft insbesondere kommunale Mandatsträger einer Gebietskörperschaft, die regelmäßig Einkünfte aus sonstiger selbstständiger Arbeit nach § 18 Abs. 1 Nr. 3 EStG erzielen. Solche Personen können einen dienstlichen Tablet-PC für private Zwecke erhalten und nutzen; dafür ist kein steuerpflichtiger Sachbezug anzusetzen.

Ausbildungsbeihilfen/-vergütungen

479 Zahlt ein privater Arbeitgeber an seinen Auszubildenden eine sog. (Berufs-)Ausbildungsbeihilfe, rechnet sie zum steuerpflichtigen Arbeitslohn. Das gilt auch für eine Ausbildungsvergütung. Auf die jeweilige Bezeichnung der Vergütung kommt es nicht an.

C. Lohnsteuer

Auslagenersatz

Ersetzt der Arbeitgeber Beträge bzw. Auslagen, die der Arbeitnehmer für ihn getätigt hat, spricht man vom Auslagenersatz. **480** Dieser sowie **durchlaufende** Gelder dürfen vom Arbeitgeber **steuerfrei** ersetzt werden, falls der Arbeitnehmer die Ausgaben für und auf Rechnung des Arbeitgebers getätigt werden. Über die ausgelegten Beträge ist im Einzelnen abzurechnen. In diesen Fällen ist es gleichgültig, ob der Arbeitnehmer die Beträge im Namen des Arbeitgebers verauslagt oder im eigenen Namen (z.B. wessen Name auf der Rechnung vermerkt ist).

Steuerfreie durchlaufende Gelder oder steuerfreier Auslagenersatz müssen immer zusätzlich gezahlt werden, da sie ihrem Wesen nach keinen Arbeitslohn darstellen. Sie können daher auch keinen anderen Arbeitslohn ersetzen.

Abweichend hiervon führt **pauschaler** Auslagenersatz regelmäßig zu Arbeitslohn. In diesem Fall fehlt es am erforderlichen Einzelnachweis.

Pauschaler Auslagenersatz kann jedoch **steuerfrei** gezahlt werden, wenn er regelmäßig wiederkehrt und der Arbeitnehmer die entstandenen Aufwendungen für einen repräsentativen Zeitraum von drei Monaten im Einzelnen nachweist (§ 3 Nr. 50 EStG, R 3.50 Abs. 2 Satz 5 LStR 2021). Der pauschale Auslagenersatz bleibt grundsätzlich so lange steuerfrei, bis sich die Verhältnisse wesentlich ändern (z.B. durch eine Änderung der Berufstätigkeit).

Ersetzt der Arbeitgeber (z.B. eine Kommune) auf Grund einer **tarifvertraglichen** Verpflichtung einem als Orchestermusiker beschäftigten Arbeitnehmer die Kosten der Instandsetzung des dem Arbeitnehmer gehörenden Musikinstruments, so handelt es sich dabei um steuerfreien Auslagenersatz (BFH-Urteil v. 28.3.2006, VI R 24/03, BStBl II 2006, 473).

Für **Telekommunikationsaufwendungen** sehen die Lohnsteuer-Richtlinien eine Sonderregelung vor, falls erfahrungsgemäß beruflich veranlasste Telekommunikationsaufwendungen entstehen. Ist dies so, können aus Vereinfachungsgründen **ohne** Einzelnachweis

– bis zu 20 % des Rechnungsbetrags, höchstens 20 € monatlich,

steuerfrei ersetzt werden (R 3.50 Abs. 2 Satz 4 LStR 2021).

Zu den Telekommunikationsaufwendungen rechnen auch das Nutzungsentgelt einer Telefonanlage sowie der Grundpreis der Telekommunikationsanschlüsse. Der Aufteilungsmaßstab ergibt sich aus dem beruflichen Anteil der Verbindungsentgelte an den gesamten Verbindungsentgelten (Telefon und ggf. Internet).

Aufwendungen des Arbeitnehmers für die **Reinigung** der **vom Arbeitgeber gestellten** typischen Berufskleidung können als Auslagenersatz **steuerfrei** gezahlt werden. Voraussetzung ist ein Nachweis der entstandenen Aufwendungen nach den vorgenannten Grundsätzen (repräsentativer Zeitraum). Eine steuerfreie Erstattung tatsächlicher Reinigungskosten für **nicht** vom Arbeitgeber gestellte (arbeitnehmereigene) Berufskleidung ist nicht möglich.

Zum Auslagenersatz für den privaten Ladestrom des Arbeitnehmers, mit dem er den vom Arbeitgeber gestellten Dienstwagen auflädt → Rz. 507 *Elektromobilität*.

Auslösungen

Als Auslösungen werden Arbeitgeberzahlungen an den Arbeitnehmer auf Grund einer beruflich veranlassten Auswärtstätigkeit **481** → Rz. 132 *Auswärtstätigkeit* bezeichnet. Übt der Arbeitnehmer eine Auswärtstätigkeit aus, kann der Arbeitgeber steuerfreie → Rz. 566 *Reisekosten* zahlen. Diese besonderen Vergütungen sollen die so entstehenden Mehrkosten ersetzen.

In Betracht kommen

– steuerfreier Ersatz von → Rz. 514 *Fahrtkosten als Reisekosten bei Auswärtstätigkeiten*,

– steuerfreie **Verpflegungspauschalen** (→ Rz. 600 *Verpflegungsmehraufwendungen als Reisekosten bei* Auswärtstätigkeiten),

– steuerfreier Ersatz tatsächlicher → Rz. 588 *Übernachtungskosten als Reisekosten bei Auswärtstätigkeiten* und bestimmter → Rz. 567 *Reisenebenkosten*.

Ersetzt der Arbeitgeber nicht sämtliche Aufwendungen des Arbeitnehmers, kann dieser in der Einkommensteuererklärung die Differenz als **Werbungskosten** ansetzen, soweit das Steuerrecht nicht bestimmte Höchstbeträge vorsieht.

Zur Begriffserläuterung und den Voraussetzungen, wann der Arbeitnehmer eine solche Tätigkeit ausübt, → Rz. 132 *Auswärtstätigkeit*.

BahnCard

Der Arbeitgeber kann dem Arbeitnehmer die Aufwendungen für den Erwerb einer sog. BahnCard **steuerfrei** erstatten, **482** wenn der Arbeitnehmer die BahnCard **ausschließlich** zur Verbilligung der Fahrtkosten bei **dienstlichen** Fahrten (beruflichen Auswärtstätigkeiten → Rz. 132 *Auswärtstätigkeit*) verwendet.

Darf der Arbeitnehmer die BahnCard auch **privat** nutzen, liegt **kein** steuerpflichtiger geldwerter Vorteil vor, wenn bei der Kostenerstattung (oder Hingabe der BahnCard an den Arbeitnehmer) die durch dienstliche Fahrten ersparten Kosten für die Einzelfahrscheine der dienstlich abgerechneten Fahrten die Kosten der BahnCard zumindest erreichen (Vergleichsrechnung). Tritt diese (ernsthaft durchgeführte) **Prognose** aus unvorhersehbaren Gründen in der Nachschau nicht ein (z.B. wegen einer Erkrankung oder nicht vorhersehbarem Wechsel des Arbeitnehmers in ein anderes Tätigkeitsgebiet), ist keine Nachversteuerung eines geldwerten Vorteils vorzunehmen. Es bleibt regelmäßig bei dem angenommenen Nutzungsverhältnis der BahnCard zum Zeitpunkt der Prognose bzw. Anschaffung.

Diese Grundsätze sind auch für die **BahnCard 100** anzuwenden und bei Erstattungen der Aufwendungen des Arbeitnehmers für eine selbst erworbene Fahrkarte für Fahrten im **öffentlichen Personennahverkehr**.

Ein ggf. steuerpflichtiger Vorteil fließt insgesamt bei Überlassung der BahnCard/Fahrkarte an den Arbeitnehmer zu (BFH-Urteil v. 12.4.2007, BStBl II 2007, 719).

Zu der seit 2019 maßgebenden Steuerfreiheit für Jobtickets und Fahrkarten für Fahrten im öffentlichen Personennahverkehr → Rz. 534 *Jobticket*.

Beitragszuschlag

Der Beitragszuschlag für Kinderlose ab dem vollendeten 23. Lebensjahr in der sozialen Pflegeversicherung i.H.v. 0,35 % ist **483** vom Arbeitnehmer allein zu tragen und kann deshalb vom Arbeitgeber nicht steuerfrei übernommen bzw. erstattet werden.

E 85

C. Lohnsteuer

Belohnungen

484 Belohnungen des Arbeitgebers oder eines Dritten an den Arbeitnehmer für dessen guten Leistungen, für einen besonderen persönlichen Einsatz oder für besonders umsichtiges Verhalten sind grundsätzlich steuerpflichtiger Arbeitslohn (z.B. Incentives); Ausnahmen → Rz. 476 *Aufmerksamkeit*, → Rz. 587 *Trinkgelder*.

Berufskleidung

485 Gestellt oder übereignet der Arbeitgeber typische Berufskleidung, ist der sich daraus ergebende Vorteil **steuerfrei**. Zur **typischen** Berufskleidung gehören Kleidungsstücke, die als Arbeitsschutzkleidung auf die jeweils ausgeübte Berufstätigkeit zugeschnitten sind oder nach ihrer z.B. uniformartigen Beschaffenheit oder dauerhaft angebrachten Kennzeichnung durch Firmenemblem o.Ä. objektiv eine berufliche Funktion erfüllen. Die private Nutzung der Kleidungsstücke muss so gut wie ausgeschlossen sein.

Zur typischen Berufskleidung rechnet z.B. Kleidung, die nach Unfallverhütungsvorschriften, Tarifvertrag oder Betriebsvereinbarung vorgeschrieben ist (z.B. Sicherheitsschuhe, Chemikalienschutzkleidung, Arbeitskittel). Üblicherweise getragene Schuhe und Unterwäsche sind keine typische Berufskleidung. Erhält der Arbeitnehmer die Berufskleidung ohne Anrechnung auf seinen Arbeitslohn – also zusätzlich –, ist nach den Lohnsteuer-Richtlinien (R 3.31 LStR 2021) regelmäßig anzunehmen, dass es sich um typische Berufskleidung handelt – es sei denn, das Gegenteil ist offensichtlich.

Gestellt der Arbeitgeber einheitliche, während der Arbeitszeit zu tragende **bürgerliche** Kleidung, ergibt sich für den Arbeitnehmer dann kein steuerpflichtiger Vorteil, wenn das betriebliche Interesse des Arbeitgebers im Vordergrund steht (BFH-Urteil v. 22.6.2006, BStBl II 2006, 915). Anders verhält es sich regelmäßig bei der Überlassung von hochwertiger Kleidung (BFH-Urteil v. 11.4.2006, BStBl II 2006, 691).

An Stelle der Sachzuwendung kann der Arbeitgeber auch die **Aufwendungen** des Arbeitnehmers für die Anschaffung sowie den Unterhalt steuerfrei **erstatten**. Voraussetzung ist, dass der Arbeitnehmer nach Unfallverhütungsvorschriften, Tarifvertrag oder Betriebsvereinbarung typische Berufskleidung zu tragen hat, er einen Anspruch auf Gestellung von typischer Berufskleidung hat und die Beschaffung der Kleidungsstücke durch den Arbeitnehmer für den Arbeitgeber vorteilhafter ist.

Pauschale **Zahlungen** für den Einsatz der Berufskleidung bleiben steuerfrei, soweit sie die regelmäßigen Abschreibungen für die Abnutzung und die üblichen Instandhaltungs- und Instandsetzungsarbeiten der typischen Berufskleidung abgelten. **Reinigungskosten** gehören nicht zu den hier begünstigten Unterhaltsaufwendungen für die Berufskleidung (R 3.31 Abs. 2 Satz 4 LStR 2021). Folglich kann sie der Arbeitgeber ggf. nur als *Auslagenersatz* → Rz. 480 steuerfrei erstatten (R 3.31 Abs. 2 Satz 4 LStR 2021). Die nicht steuerfrei ersetzten Aufwendungen kann der Arbeitnehmer regelmäßig als Werbungskosten (→ Rz. 122 ff.) ansetzen.

Betriebliche Altersversorgung

486 Für die betriebliche Altersversorgung sieht das maßgebliche Betriebsrentengesetz folgende **fünf Durchführungswege** vor:
- Direktzusage;
- Unterstützungskasse;
- Pensionskasse;
- Pensionsfonds;
- Direktversicherung.

Wann der **steuerliche Zufluss von Arbeitslohn** vorliegt, richtet sich grundsätzlich nach dem Durchführungsweg. Bei der Versorgung über eine Direktzusage und Unterstützungskasse fließt Arbeitslohn erst im Zeitpunkt der Zahlung der (Alters)Versorgungsleistungen zu. Bei der Versorgung im Rahmen der anderen Durchführungswege (Pensionskasse, Pensionsfonds, Direktversicherung) liegt Zufluss von Arbeitslohn bereits im Zeitpunkt der Zahlung der Beiträge durch den Arbeitgeber an die entsprechende Versorgungseinrichtung oder das Versicherungsunternehmen vor.

Die steuerlichen Folgen werden auch gezogen, wenn es sich um Beiträge handelt, die durch eine steuerlich anerkannte **Entgeltumwandlung** finanziert werden.

Arbeitgeberbeiträge an eine **Pensionskasse**, einen **Pensionsfonds** oder für eine **Direktversicherung** sind bis zu bestimmten Höchstbeträgen steuerfrei. Zu den Einzelheiten siehe → Rz. 560 *Pensionskasse*, → Rz. 559 *Pensionsfonds* und → Rz. 499 *Direktversicherung*. Unter den entsprechenden Voraussetzungen (§ 100 EStG) erhält der Arbeitgeber in diesen Durchführungswegen den **BAV-Förderbetrag** (→ Rz. 372).

Zuwendungen an eine **Pensionskasse** und Beiträge für eine **Direktversicherung** können unter bestimmten Voraussetzungen und bis zu bestimmten Höchstbeträgen auch **pauschal besteuert** werden (→ Rz. 560 *Pensionskasse*, → Rz. 499 *Direktversicherung* und → Rz. 645 ff.).

Zu den Beiträgen des Arbeitgebers für eine **Rückdeckungsversicherung** → Rz. 568 *Rückdeckungsversicherung* und an eine **Unterstützungskasse** → Rz. 594 *Unterstützungskasse*.

Zur **steuerlichen Förderung** der betrieblichen Altersversorgung s. auch **BMF-Schreiben v. 12.8.2021**, IV C 5 – S 2333// 10009 :017, BStBl I 2021, 1050.

Betriebsrenten

487 Betriebsrenten, die vom früheren Arbeitgeber an einen ehemaligen Arbeitnehmer oder dessen Hinterbliebene gezahlt werden, sind steuerpflichtiger Arbeitslohn (auch → Rz. 486 *Betriebliche Altersversorgung*). Der Lohnsteuerabzug ist nach den elektronischen Lohnsteuerabzugsmerkmalen (→ Rz. 308 ff.) des Arbeitnehmers bzw. dessen Hinterbliebenen vorzunehmen.

Hat der Arbeitnehmer das 63. Lebensjahr bzw. als Schwerbehinderter das 60. Lebensjahr vollendet, kommen der Versorgungsfreibetrag und der Zuschlag zum Versorgungsfreibetrag zum Ansatz (→ Rz. 264 *Versorgungsfreibetrag*).

Betriebssport

488 Die Überlassung betriebseigener Sportanlagen und Sportgeräte an die Arbeitnehmer liegt dann im überwiegend betrieblichen Interesse des Arbeitgebers und stellt **keinen** Arbeitslohn dar, wenn deren Nutzung allen Mitarbeitern möglich ist. Dies gilt insbesondere für die Sportanlagen zur Ausübung von Mannschaftssportarten.

Mietet der Arbeitgeber jedoch Sportanlagen für sog. **Einzelsportarten** zur Nutzung an (z.B. Tennis- oder Squashplätze), so führt dies regelmäßig zu **steuerpflichtigem** Arbeitslohn für die spielenden bzw. nutzenden Arbeitnehmer, weil sie sich insoweit die Platzmiete ersparen.

E 86

C. Lohnsteuer

Gleiches gilt, wenn der Arbeitgeber die vom Arbeitnehmer getragenen Mieten (z.B. für Tennis- und Squashplätze) oder Vereinsbeiträge übernimmt oder die Aufwendungen des Arbeitnehmers zur Ausübung des Betriebssports (z.B. Fahrtkosten, Verpflegungsmehraufwendungen, Nebenkosten) erstattet. Übernimmt der Arbeitgeber die Beiträge für eine Mitgliedschaft des Arbeitnehmers in einem **Golfclub**, führt dies ebenso zu steuerpflichtigem Arbeitslohn (BFH-Urteil v. 21.3.2013, BStBl II 2013, 700).

Ausnahmen gelten dann, wenn Arbeitnehmer vom Arbeitgeber in „offizieller" Funktion als Repräsentant des Unternehmens zur Organisation und Durchführung von regionalen bzw. überregionalen Betriebssportveranstaltungen abgeordnet werden.

Betriebsveranstaltungen

Aufwendungen des Arbeitgebers für Betriebsveranstaltungen gehören in einem begrenzten Umfang **nicht** zum Arbeitslohn. Auf Grund der Neuregelungen ab 2015 (§ 19 Abs. 1 Satz 1 Nr. 1a EStG) ist R 19.5 LStR [2015] seit 2015 nicht mehr anzuwenden.

489

Begriff der Betriebsveranstaltung

Als Betriebsveranstaltungen werden Veranstaltungen auf **betrieblicher** Ebene mit **gesellschaftlichem** Charakter bezeichnet, z.B. Betriebsausflüge, Weihnachtsfeiern, Jubiläumsfeiern. Ob die Veranstaltung vom Arbeitgeber, Betriebsrat oder Personalrat durchgeführt wird, ist unerheblich. Eine Betriebsveranstaltung liegt allerdings nur vor, wenn der **Teilnehmerkreis** sich überwiegend aus Betriebsangehörigen, deren Begleitpersonen und ggf. Leiharbeitnehmern oder Arbeitnehmern anderer Unternehmen im Konzernverbund zusammensetzt.

Die Ehrung eines **einzelnen Jubilars** oder eines einzelnen **Arbeitnehmers**, z.B. bei dessen Ausscheiden aus dem Betrieb, auch unter Beteiligung weiterer Arbeitnehmer, ist **keine** Betriebsveranstaltung, s. hierzu → Rz. 462 *Amtseinführung, Verabschiedung*. Dieser Grundsatz gilt auch für ein sog. **Arbeitsessen** (nach R 19.6 Abs. 2 LStR 2021).

Erfüllt eine Veranstaltung des Arbeitgebers nicht den Begriff der Betriebsveranstaltung, ist zu prüfen, ob es sich bei den zugewendeten geldwerten Vorteilen des Arbeitgebers um steuerpflichtigen Arbeitslohn handelt.

Begriff der Zuwendung

Zuwendungen **anlässlich** einer Betriebsveranstaltung sind alle **Aufwendungen** des Arbeitgebers einschließlich Umsatzsteuer unabhängig davon, ob sie einzelnen Arbeitnehmern individuell zurechenbar sind oder ob es sich um einen rechnerischen Anteil an den Kosten der Betriebsveranstaltung handelt, die der Arbeitgeber gegenüber Dritten für den äußeren Rahmen der Betriebsveranstaltung aufwendet. Zuwendungen **anlässlich** einer Betriebsveranstaltung sind insbesondere:

a) Speisen, Getränke, Tabakwaren und Süßigkeiten, die Übernahme von Übernachtungs- und Fahrtkosten,

b) Musik, künstlerische Darbietungen sowie Eintrittskarten für kulturelle und sportliche Veranstaltungen,

c) Geschenke. Dies gilt auch für die nachträgliche Überreichung der Geschenke an solche Arbeitnehmer, die aus betrieblichen oder persönlichen Gründen nicht an der Betriebsveranstaltung teilnehmen konnten, nicht aber für eine deswegen gewährte Barzuwendung,

d) Zuwendungen an Begleitpersonen des Arbeitnehmers,

e) Barzuwendungen, die statt der in a) bis c) genannten Sachzuwendungen gewährt werden, wenn ihre zweckentsprechende Verwendung sichergestellt ist

f) Aufwendungen für den äußeren Rahmen, z.B. für Räume, Beleuchtung oder Eventmanager.

Als Aufwendungen für den **äußeren Rahmen** sind seit 2015 auch die Kosten zu erfassen, die nur zu einer abstrakten Bereicherung des Arbeitnehmers führen, wie z.B. Kosten für anwesende Sanitäter, für die Erfüllung behördlicher Auflagen, Stornokosten oder Trinkgelder.

Keine Aufwendungen für den äußeren Rahmen i.S.d. Buchst. f sind die rechnerischen Selbstkosten des Arbeitgebers, wie z.B. die anteiligen Kosten der Lohnbuchhaltung für die Erfassung des geldwerten Vorteils der Betriebsveranstaltung oder die anteilige Abschreibung sowie die Kosten für Energie- und Wasserverbrauch bei einer Betriebsveranstaltung in den Räumlichkeiten des Arbeitgebers.

Diese Regelung stellt nicht darauf ab, ob es sich um übliche Zuwendungen des Arbeitgebers handelt. **Auch unübliche** Zuwendungen, wie z.B. Geschenke, deren Gesamtwert **60 € übersteigt**, oder Zuwendungen an einzelne Arbeitnehmer aus Anlass – und nicht nur bei Gelegenheit – einer Betriebsveranstaltung rechnen seit 2015 zu den Zuwendungen anlässlich einer Betriebsveranstaltung.

Zu berücksichtigende Arbeitnehmer

Zu erfassen sind die Zuwendungen des Arbeitgebers an seine teilnehmenden aktiven Arbeitnehmer sowie seine ehemaligen Arbeitnehmer, an tätige Praktikanten, Referendare und vergleichbare Personen sowie an die Begleitpersonen der zuvor genannten Betriebsangehörigen.

Ferner darf der (Entleiher-)Arbeitgeber auch die an der Betriebsveranstaltung teilnehmenden **Leiharbeitnehmer** sowie teilnehmende Arbeitnehmer anderer **konzernangehöriger** Unternehmen in die Abrechnung der Betriebsveranstaltung einbeziehen; z.B. für die Anwendung des **110 €-Freibetrags**. Werden solche Arbeitnehmer **nicht einbezogen**, sind deren Arbeitgebern die anlässlich der Betriebsveranstaltung zugeflossenen geldwerten Vorteile zu melden. Hierdurch kann und hat der jeweilige Arbeitgeber zu prüfen, ob der Vorteil zu versteuern ist.

Inzwischen ist es unstreitig, dass für die Prüfung eines ggf. steuerpflichtigen Arbeitslohns die Anzahl der **teilnehmenden** Arbeitnehmer entscheidend ist. Nach einem aktuellen Urteil des BFH (v. 28.4.2020, VI R 41/17, BStBl II 2021, 531) ist bei einer Betriebsveranstaltung nicht auf die Anzahl der angemeldeten Arbeitnehmer abzustellen, sondern auf die an der Betriebsveranstaltung tatsächlich teilnehmende Belegschaft. Eine Aufteilung der Gesamtkosten auf externe Personen, die z.B. mit der Durchführung der Veranstaltung betraut sind und nicht der Belegschaft angehören, ist unzulässig. Denn bei ihnen handelt es sich nicht um Arbeitnehmer des Arbeitgebers; sie erhalten keine Vorteile auf Grund eines individuellen Dienstverhältnisses.

Dieses Urteil betrifft zwar die frühere Rechtslage, nach der bei Betriebsveranstaltungen eine Freigrenze zu berücksichtigen war. Dennoch sind die Urteilsgründe u.E. auch für die heutige Rechtslage gültig, weshalb sie beachtet werden sollten. Denn letztlich bestätigt der BFH die von der Finanzverwaltung vertretene Auffassung (s. BMF v. 14.10.2015, IV C 5 –- S 2332/15/10001/III C 2 – S 7109/15/10001, BStBl I 2015, 832).

E 87

Freibetrag i.H.v. 110 €

Übersteigt die Summe der zuvor genannten Zuwendungen anlässlich einer Betriebsveranstaltung den **Freibetrag** von **110 €** **je Betriebsveranstaltung** und **teilnehmendem** Arbeitnehmer nicht, sind sie **steuerfrei**. Sie gehören dann nicht zu den Einkünften aus nichtselbständiger Arbeit.

Berechnung des Freibetrags

Die Höhe der dem einzelnen Arbeitnehmer gewährten Zuwendungen ist wie folgt zu ermitteln:

– Sämtliche o.g. Zuwendungen anlässlich einer Betriebsveranstaltung sind zu gleichen Teilen auf alle bei der Betriebsveranstaltung anwesenden Teilnehmer **aufzuteilen**.

– Im Anschluss daran ist der auf eine Begleitperson des Arbeitnehmers entfallende Anteil der Aufwendungen dem jeweiligen Arbeitnehmer zuzurechnen. Für eine Begleitperson darf kein zusätzlicher Freibetrag von 110 € angesetzt werden.

Beispiel Freibetragsgrenze, steuerpflichtiger Vorteil

Die Aufwendungen für eine Betriebsveranstaltung betragen 10 000 €. Der Teilnehmerkreis setzt sich aus 75 Arbeitnehmern zusammen, von denen 25 von je einer Person begleitet werden; ergibt 100 Teilnehmer.

Zunächst sind die Aufwendungen auf 100 Teilnehmer zu **verteilen**, so dass auf jede teilnehmende Person ein geldwerter Vorteil von 100 € entfällt.

50 Arbeitnehmer haben somit einen geldwerten Vorteil von 100 € erhalten. Der Freibetrag von 110 € ist nicht überschritten, sodass **kein** steuerpflichtiger Arbeitslohn vorliegt.

Im **zweiten Schritt** ist der auf die **Begleitperson** entfallende geldwerte Vorteil dem jeweiligen Arbeitnehmer zuzurechnen.

Für 25 Arbeitnehmer beträgt der geldwerte Vorteil je 200 €. Nach Abzug des Freibetrags von 110 € ergibt sich ein **steuerpflichtiger** geldwerter Vorteil von 90 €. Dieser Arbeitslohnteil ist grundsätzlich vom Arbeitnehmer zu versteuern. Allerdings darf der Arbeitgeber die Lohnsteuerpauschalierung mit 25 % wählen (→ Rz. 674).

Die 50 €-Freigrenze (ab dem Kalenderjahr 2022, zuvor 44 €-Freigrenze) des § 8 Abs. 2 Satz 11 EStG ist für Sachzuwendungen anlässlich von Betriebsveranstaltungen **nicht** anwendbar.

Offenstehen der Betriebsveranstaltung für alle Arbeitnehmer

Voraussetzung für die Gewährung des Freibetrags ist, dass die Betriebsveranstaltung **allen** Angehörigen des Betriebs oder eines Betriebsteils **offensteht**. Veranstaltungen, die nur für einen **beschränkten Kreis** der Arbeitnehmer von Interesse sind, sind allerdings auch begünstigte Betriebsveranstaltungen (Ansatz eines Freibetrags), wenn sich die Begrenzung des Teilnehmerkreises nicht als eine Bevorzugung bestimmter Arbeitnehmergruppen darstellt.

Als solch **begünstigte** Betriebsveranstaltungen sind Veranstaltungen anzuerkennen, die z.B.

– jeweils nur für eine Organisationseinheit des Betriebs, z.B. Abteilung, durchgeführt werden, wenn alle Arbeitnehmer dieser Organisationseinheit an der Veranstaltung teilnehmen können,

– nur für alle im Ruhestand befindlichen früheren Arbeitnehmer des Unternehmens veranstaltet werden (Pensionärstreffen),

– nur für solche Arbeitnehmer durchgeführt werden, die bereits im Unternehmen ein rundes (10-, 20-, 25-, 30-, 40-, 50-, 60-jähriges) Arbeitnehmerjubiläum gefeiert haben oder i.V.m. der Betriebsveranstaltung feiern (Jubilarfeiern). Dabei ist es unschädlich, wenn neben den Jubilaren auch ein begrenzter Kreis anderer Arbeitnehmer, wie z.B. die engeren Mitarbeiter und Abteilungsleiter des Jubilars, Betriebsrats-/Personalratsvertreter oder auch die Familienangehörigen des Jubilars eingeladen werden. Eine solche Jubilarfeier darf bis zu fünf Jahre vor den bezeichneten Jubiläumsdienstzeiten veranstaltet werden.

Eine nur für **Führungskräfte** eines Unternehmens vorbehaltene Abendveranstaltung ist mangels Offenheit keine Betriebsveranstaltung; damit verbundene Sachzuwendungen sind steuerpflichtiger **Arbeitslohn**.

Freibetrag für maximal zwei Betriebsveranstaltungen jährlich

Der Freibetrag i.H.v. 110 € darf für **zwei** jährliche Betriebsveranstaltungen angesetzt werden. Nimmt der Arbeitnehmer an **mehr** als zwei Betriebsveranstaltungen teil, kann der Arbeitgeber die beiden Veranstaltungen auswählen, für die jeweils der Freibetrag angesetzt werden soll.

Für den Ansatz des Freibetrags kommt es auf die **Dauer** der einzelnen Veranstaltung nicht an; begünstigt ist auch eine zweitägige Veranstaltung. Leistet der Arbeitnehmer einen (Bar-)Zuschuss in die Gemeinschaftskasse der Arbeitnehmer für einen Betriebsausflug, ist dies kein Arbeitslohn, wenn die weiteren Voraussetzungen des 110 €-Freibetrags vorliegen.

Bei einer **gemischt veranlassten** Betriebsveranstaltung, z.B. tagsüber Betriebsversammlung auf einem Dampfschiff mit nachfolgendem abendlichen Betriebsfest (ggf. in einem Hotel), können die Aufwendungen des Arbeitgebers der entsprechenden Veranstaltung zugeordnet werden. Gemischt veranlasste Aufwendungen, die sowohl Elemente einer Betriebsveranstaltung als auch einer sonstigen betrieblichen Veranstaltung enthalten, sind grundsätzlich aufzuteilen. Soweit sie auf die Betriebsveranstaltung entfallen, sind sie in die Prüfung des Freibetrags einzubeziehen.

Übt ein Arbeitnehmer an einer Betriebsveranstaltung **berufliche Aufgaben** aus, z.B. der Personalchef oder die Betriebsratsmitglieder besucht/en die Veranstaltungen mehrerer Abteilungen des Betriebs, ist der auf diesen Arbeitnehmer entfallende Anteil an den Gesamtaufwendungen kein Arbeitslohn.

Besteuerung der Zuwendungen

Für den über dem Freibetrag liegenden **steuerpflichtigen** Arbeitslohn und den Arbeitslohn für mehr als zwei Betriebsveranstaltungen hat der Arbeitgeber die **Lohnsteuer** nach den allgemeinen Vorschriften zu erheben. Die **Lohnsteuerpauschalierung** mit 25 % ist möglich → Rz. 674. Das gilt insbesondere für Zuwendungen an einzelne Arbeitnehmer, aus Anlass – nicht nur bei Gelegenheit – einer Betriebsveranstaltung.

Zuwendungen aus Anlass von Betriebsveranstaltungen an Arbeitnehmer von **anderen Unternehmen** im Konzernverbund sowie an **Leiharbeitnehmer** durch den Entleiher können wahlweise vom Zuwendenden oder vom Arbeitgeber versteuert werden. Die Lohnsteuerpauschalierung ist auch insoweit möglich.

Möchte der Zuwendende den **Freibetrag** ansetzen, hat er sich beim Arbeitgeber des nicht zum Betrieb gehörenden Arbeitnehmers zu vergewissern, dass für den Arbeitnehmer ein Freibetrag noch zur Verfügung steht.

E 88

C. Lohnsteuer

Reisekosten

Reisekosten des Arbeitnehmers liegen ausnahmsweise vor, wenn die Betriebsveranstaltung außerhalb der ersten Tätigkeitsstätte des Arbeitnehmers stattfindet, die Anreise der Teilnahme an der Veranstaltung dient und die Organisation dem Arbeitnehmer obliegt. Steuerfreie Erstattungen durch den Arbeitgeber sind nach den Reisekostengrundsätzen zulässig.

Geburtstagsfeier

Lädt ein Arbeitgeber anlässlich eines **runden Geburtstags des Arbeitnehmers** Geschäftsfreunde, Repräsentanten des öffentlichen Lebens, Vertreter von Verbänden und Berufsorganisationen sowie Mitarbeiter zu einem Empfang ein (Geburtstagsfeier), ist unter Berücksichtigung aller Umstände des Einzelfalls zu entscheiden, ob es sich

– um ein Fest des Arbeitgebers (betriebliche Veranstaltung, regelmäßig kein Arbeitslohn, wenn 110 €-Grenze eingehalten wird) oder

– um ein privates Fest des Arbeitnehmers handelt (regelmäßig Arbeitslohn, R 19.3 Abs. 2 Nr. 4 LStR 2021, BFH v. 28.1.2003, BStBl II 2003, 724).

Incentive-Reisen, die der Arbeitgeber veranstaltet, sind keine Betriebsveranstaltungen (→ Rz. 532 *Incentive-Reisen*).

Betriebsversammlung

490

Leistet der Arbeitgeber aus Anlass einer Betriebsversammlung an die Arbeitnehmer Sonderzahlungen und Vergütungen für die Fahrt- und Wegezeit zur Betriebsversammlung, gehören sie zum steuerpflichtigen Arbeitslohn. Wird die Betriebsversammlung außerhalb des Betriebs bzw. der ersten Tätigkeitsstätte durchgeführt, dürfen den Arbeitnehmern die angefallenen Fahrtkosten als Reisekosten steuerfrei ersetzt werden.

Bewirtung

491

Mahlzeiten, die der Arbeitgeber im ganz überwiegenden betrieblichen Interesse an die Arbeitnehmer abgibt, gehören **nicht** zum Arbeitslohn.

Dies sind Mahlzeiten im Rahmen üblicher → Rz. 489 *Betriebsveranstaltungen*, für ein sog. Arbeitsessen (Wert jeweils nicht über 60 €) sowie anlässlich der Teilnahme eines Arbeitnehmers an einer geschäftlich veranlassten Bewirtung i.S.d. § 4 Abs. 5 Satz 1 Nr. 2 EStG (→ Rz. 476 *Aufmerksamkeit*, → Rz. 600 *Verpflegungsmehraufwendungen als Reisekosten bei Auswärtstätigkeiten*).

Die kostenlose Verpflegung der Besatzungsmitglieder an Bord eines **Flusskreuzfahrtschiffes** ist dann kein Arbeitslohn, wenn das eigenbetriebliche Interesse des Arbeitgebers an einer Gemeinschaftsverpflegung wegen besonderer betrieblicher Abläufe den Vorteil der Arbeitnehmer bei weitem überwiegt (BFH v. 21.1.2010, BStBl II 2010, 700). Gleiches gilt für die unentgeltliche Verpflegung für Mitarbeiter auf einer **Offshore-Plattform** (FG Hamburg v. 17.9.2015, 2 K 54/15, EFG 2016, 36).

Business-Seats

492

Überlässt der Arbeitgeber den Arbeitnehmern unentgeltlich oder verbilligt sog. Business-Seats zur privaten Verwendung, ist der lohnsteuerliche Vorteil als Arbeitslohn zu erfassen. Für die Lohnbesteuerung gelten dieselben Grundsätze wie für → Rz. 603 *VIP-Logen*.

Corona

493

Die steuerlichen Sonderregelungen für die von der Corona-Krise besonders betroffenen Stpfl. sind grundsätzlich bis zum Ablauf des Jahres 2021 begrenzt. Lohnsteuerlich dürfen lediglich die Corona-Bonus-/Prämienzahlungen für die Zusatzbelastung während der Corona-Krise (Höchstbetrag 1 500 €) bis zum 31.3.2022 steuerfrei gezahlt werden. In der nachfolgenden Übersicht werden die lohnsteuerlichen Sonderregelungen nochmals kurz genannt und ihre zeitliche Begrenzung aufgelistet. Soweit für die Vorjahre noch erforderlich, wird auf das Brennpunktthema: Corona, www.stotax-first.de hingewiesen.

Arbeitgeberzuschüsse zum Kurzarbeitergeld

Solche Zahlungen sind ab 1.1.2022 (wieder) steuerpflichtig → Rz. 543. Allerdings bleibt abzuwarten, ob auf Grund des bei Redaktionsschluss dieser Tabellentexte vorhersehbaren starken Anstiegs der Corona-Infizierten die bis 2021 begrenzte Steuerfreiheit (§ 3 Nr. 28a EStG) durch die neue Bundesregierung verlängert wird.

Betreuungsleistungen für Kinder

Zu solch zusätzlichen (steuerfreien) Arbeitgeberleistungen → Rz. 576.

Corona-Beihilfen und Unterstützungen

Corona-bedingte Sonderzahlungen des Arbeitgebers dürfen bis zum 31.3.2022 (spätester Zahlungstermin) bis zu 1 500 € pro Arbeitnehmer steuerfrei gezahlt werden (§ 3 Nr. 11a EStG).

Corona-Desinfektionsmittel, Schutzausrüstung

Gestellt der Arbeitgeber Schutzmasken, Schutzausrüstung und Desinfektionsmittel für den beruflichen Gebrauch, handelt es sich weiterhin um einen Vorteil im ganz überwiegend eigenbetrieblichen Interesse des Arbeitgebers. Insoweit liegt **kein** steuerpflichtiger geldwerter Vorteil beim Arbeitnehmer vor. Solch private Anschaffungen des Arbeitnehmers können steuerlich regelmäßig **nicht** (z.B. als Werbungskosten) berücksichtigt werden.

Corona-Tests

Veranlasst der Arbeitgeber, dass seine Mitarbeiter von Fall zu Fall oder regelmäßig auf den Coronavirus SARS-CoV-2 getestet werden und übernimmt er die hierfür anfallenden Kosten, handelt es sich weiterhin um Arbeitgeberleistungen im ganz überwiegenden eigenbetrieblichen Interesse. Folglich ist **kein** steuerpflichtiger geldwerter Vorteil zu erfassen. Private Aufwendungen des Arbeitnehmers für eine Testung können steuerlich nicht berücksichtigt werden.

Entschädigungen für Quarantäne, bei Kita- und Schulschließung

Werden auf Grund von Kita- und Schulschließung Verdienstausfallentschädigungen nach dem Infektionsschutzgesetz gezahlt, sind diese **steuerfrei**; sie unterliegen jedoch dem Progressionsvorbehalt.

E 89

D&O-Versicherung

494 Die Vorteile für eine vom Arbeitgeber abgeschlossene Directors & Officers-Versicherung (D&O-Versicherung) bzw. für eine **Organ- oder Manager-Haftpflichtversicherung** liegen im überwiegend betrieblichen Interesse und sind **nicht** steuerpflichtig, falls folgende Voraussetzungen erfüllt sind:

– Es handelt sich um eine Vermögensschaden-Haftpflichtversicherung, die in erster Linie der Absicherung des Unternehmens oder des Unternehmenswertes gegen Schadensersatzforderungen Dritter gegenüber dem Unternehmen dient, die ihren Grund in dem Tätigwerden oder Untätigbleiben der für das Unternehmen verantwortlich handelnden und entscheidenden Organe und Leitungsverantwortlichen haben;

– die D&O-Verträge enthalten besondere Klauseln zur Firmenhaftung oder zum sog. Company Reimbursement, die im Ergebnis dazu führen, dass der Versicherungsanspruch aus der Versicherungsleistung dem Unternehmen als Versicherungsnehmer zusteht;

– regelmäßig ist das Management als Ganzes versichert, der Versicherungsschutz kommt für einzelne Personen nicht in Betracht;

– Basis der Prämienkalkulation sind nicht individuelle Merkmale der versicherten Organmitglieder, sondern Betriebsdaten des Unternehmens, wobei die Versicherungssummen deutlich höher sind als typischerweise das Privatvermögen der Versicherten.

Ein überwiegend betriebliches Interesse ist hingegen zu verneinen, wenn Risiken versichert werden, die üblicherweise durch eine individuelle Berufshaftpflichtversicherung abgedeckt werden. S. ergänzend Vfg. FinMin Niedersachsen v. 25.1.2002, S 2332 - 161 - 35/S 2245 - 21 - 31 2, Beiträge zu Directors & Officers-Versicherungen (D&O-Versicherung).

Darlehen, Zinsvorteile

495 Ein Arbeitgeberdarlehen liegt vor, wenn durch den Arbeitgeber oder aufgrund des Dienstverhältnisses durch einen Dritten an den Arbeitnehmer **Geld** überlassen wird und diese Geldüberlassung auf einem Darlehensvertrag beruht. **Keine** Arbeitgeberdarlehen sind insbesondere **Reisekostenvorschüsse**, vorschüssig gezahlter **Auslagenersatz**, **Lohnabschläge** und **Lohnvorschüsse**, wenn es sich hierbei um eine abweichende Vereinbarung über die Bedingungen der Zahlung des Arbeitslohns handelt.

Erhält der Arbeitnehmer durch ein verbilligtes Arbeitgeberdarlehen **Zinsvorteile**, sind sie zu versteuern. Ist für das Arbeitgeberdarlehen ein marktüblicher Zinssatz zu zahlen, erlangt der Arbeitnehmer keinen steuerpflichtigen Zinsvorteil (BFH-Urteil v. 4.5.2006, VI R 28/05, BStBl II 2006, 781). Gewährt ein Dritter das verbilligte Darlehen, ist der Arbeitgeber zum Lohnsteuerabzug verpflichtet, sofern der Dritte nicht die Einkommensteuer nach § 37b Abs. 1 EStG pauschaliert → Rz. 689. **Zinsvorteile** sind **nur dann steuerpflichtig**, wenn die Summe der noch nicht getilgten **Darlehen** am Ende des Lohnzahlungszeitraums 2 600 € übersteigt. Diese Darlehensgrenze gilt unabhängig davon, ob das Arbeitgeberdarlehen anlässlich der Corona-Krise oder unabhängig davon zur Verfügung gestellt worden ist. Für steuerpflichtige Zinsvorteile ist die monatliche 50 €-Freigrenze (ab dem Kalenderjahr 2022, zuvor 44 €-Freigrenze) (→ Rz. 569 *Sachbezüge, Freigrenze*) anwendbar.

> **Beispiel** Freigrenze von 2 600 €
>
> Ein Arbeitgeber gewährt seinem Arbeitnehmer ein zinsloses Darlehen in Form eines Gehaltsvorschusses i.H.v. 2 000 €. Die daraus resultierenden Zinsvorteile sind nicht als Arbeitslohn zu versteuern, weil der Darlehensbetrag am Ende des Lohnzahlungszeitraums die Freigrenze von 2 600 € nicht übersteigt.

Für die **Ermittlung** des Zinsvorteils ist zwischen

– einer Bewertung mit dem um übliche Preisnachlässe geminderten **üblichen Endpreis** am Abgabeort (nach § 8 Abs. 2 EStG), z.B. der Arbeitnehmer eines Einzelhändlers erhält ein zinsverbilligtes Arbeitgeberdarlehen, und

– einer Bewertung mit dem **tatsächlichen Endpreis** (Zinssatz) des Arbeitgebers am Abgabeort (nach § 8 Abs. 3 EStG), z.B. ein Bankangestellter erhält von seinem Arbeitgeber ein zinsverbilligtes Arbeitgeberdarlehen mit Ansatz des Rabattfreibetrags i.H.v. 1 080 € (→ Rz. 564 *Preisnachlässe, Personalrabatte*),

zu unterscheiden.

Von einem **üblichen Endpreis** des Arbeitgeberdarlehens ist auszugehen, wenn sein Zinssatz dem **marktüblichen** Zinssatz (Maßstabszinssatz) entspricht. Der **pauschale** Abschlag i.H.v. 4 % (nach R 8.1 Abs. 2 Satz 9 LStR 2021) ist anzusetzen. Solch ein üblicher Endpreis kann sich aus dem Angebot eines Kreditinstituts am Abgabeort ergeben.

Als üblicher Endpreis gilt **auch** der günstigste Zinssatz für ein vergleichbares Darlehen mit nachgewiesener günstigster Marktkondition, zu der das Darlehen unter Einbeziehung allgemein zugänglicher Internetangebote (z.B. Internetangebote von Direktbanken) an Endverbraucher angeboten wird, ohne dass individuelle Preisverhandlungen im Zeitpunkt des Vertragsabschlusses berücksichtigt werden. Bei dieser Zinssatzermittlung kommt der **pauschale Abschlag** i.H.v. 4 % (R 8.1 Abs. 2 Satz 9 LStR 2021) **nicht** zur Anwendung.

Tatsächlicher Endpreis (i.S.d. § 8 Abs. 3 EStG) für das von einem Kreditinstitut gegenüber seinen Mitarbeitern gewährten Darlehen oder von anderen erbrachten Dienstleistungen (z.B. kostenlose Depotführung) ist grundsätzlich der Zinssatz bzw. Preis, der für diese/s Darlehen/Leistungen im Preisaushang des Kreditinstituts oder der dessen kontoführenden Zweigstelle angegeben ist. Liegen in den Geschäftsräumen offen zugängliche besondere Preisverzeichnisse aus, könne diese herangezogen werden. Der gesetzliche Abschlag von 4 % (nach § 8 Abs. 3 Satz 1 EStG) ist stets anzusetzen.

Für Arbeitgeberdarlehen mit **Zinsfestschreibung** ist für die gesamte Vertragslaufzeit der Maßstabszinssatz bei Vertragsabschluss maßgeblich. Nach Ablauf der Zinsfestschreibung ist der Zinsvorteil ggf. neu zu ermitteln. Bei variablem Zinssatz ist für die Ermittlung des geldwerten Vorteils der jeweils aktuelle Maßstabszinssatz heranzuziehen.

Der **Arbeitgeber** kann die Bewertungsmethode im Lohnsteuerabzugsverfahren selbst wählen.

Allerdings darf der **Arbeitnehmer** i.R. seiner Einkommensteuerveranlagung eine davon abweichende bzw. günstigere Methode wählen und dem Finanzamt einen anderen Fremd-Zinssatz nachweisen. Z.B. kann er den Zinsvorteil mit dem üblichen Endpreis bzw. Zinssatz eines vergleichbaren Kredits eines anderen Kreditinstituts am Markt bewerten. Für weitere Erläuterungen und Beispiele vgl. BMF-Schreiben v. 16.5.2013, IV C 5 – S 2334/07/0011, BStBl I 2013, 729, ergänzt durch BMF v. 11.2.2021, IV C 5 – S 2334/19/10024 :003, BStBl I 2021, 311 und BMF v. 19.5.2015, IV C 5 – S 2334/07/0009, BStBl I 2015, 484.

Der Arbeitgeber hat die Unterlagen für den ermittelten und der Lohnversteuerung zu Grunde gelegten üblichen oder tatsächlichen Endpreis sowie die Berechnung der Zinsvorteile zu dokumentieren, als Belege zum Lohnkonto aufzubewahren und dem Arbeitnehmer auf Verlangen formlos mitzuteilen.

→ Rz. 564 *Preisnachlässe, Personalrabatte*

Diebstahl

Ersetzt der Arbeitgeber dem Arbeitnehmer den Wert gestohlener Gegenstände, die aus beruflicher Veranlassung mitzuführen waren, weil er sie beruflich benötigte (z.B. auf einer Auswärtstätigkeit), ist dies **kein** Arbeitslohn (berufsspezifische Gefährdung). **496**

In besonders gelagerten Fällen darf auch der Wertverlust angesetzt werden, der auf einem Diebstahl oder einer Beschädigung usw. des persönlichen Reisegepäcks während der Geschäfts-/Dienstreise beruht (BFH-Urteile v. 30.11.1993, VI R 21/92, BStBl II 1994, 256 und v. 30.6.1995, VI R 26/95, BStBl II 1995, 744).

Dienstantritt eines Arbeitnehmers

Zu steuerlichen Behandlung üblicher Sachleistungen des Arbeitgebers aus Anlass des Dienstantritts des Arbeitnehmers im Betrieb → Rz. 462 *Amtseinführung, Verabschiedung*. **497**

Dienstleistungen zur Beratung des Arbeitnehmers und zur Vermittlung von Betreuungspersonen

Pauschale Zahlungen des Arbeitgebers an ein Dienstleistungsunternehmen, das bei Bedarf einzelne Arbeitnehmer i.d.R. kostenlos hinsichtlich einer Betreuung von Kindern oder von pflegebedürftigen Angehörigen berät oder hierfür Betreuungspersonen vermittelt, sind **steuerfrei** (§ 3 Nr. 34a EStG). Voraussetzung ist, dass diese Leistungen zusätzlich zum ohnehin geschuldeten Arbeitslohn erbracht werden (→ Rz. 685 ff.). **498**

Ferner sind „steuerfrei" (andere) pauschale Zahlungen des Arbeitgebers an ein Dienstleistungsunternehmen, das sich verpflichtet hat, sämtliche Arbeitnehmer des Auftraggebers bei Bedarf kostenlos in persönlichen und sozialen Angelegenheiten zu beraten und zu betreuen (R 19.3 Abs. 2 Nr. 5 LStR 2021). Solche Zahlungen des Arbeitgebers sind nicht als Gegenleistung für das Zurverfügungstellen der individuellen Arbeitskraft des Arbeitnehmers anzusehen und damit auch **kein** Arbeitslohn.

Der Arbeitgeber hat die Zweckbestimmung der Leistungen durch die Aufbewahrung entsprechender **Belege im Lohnkonto** nachzuweisen.

Auch → Rz. 554 *Notbetreuung von Kindern, pflegebedürftigen Angehörigen*.

Direktversicherung

Beiträge des Arbeitgebers für eine Direktversicherung führen zum **Zufluss** von Arbeitslohn (→ Rz. 393 ff.). **499**

Beiträge des Arbeitgebers aus dem **ersten Dienstverhältnis** für eine Direktversicherung zum Aufbau einer **kapitalgedeckten betrieblichen Altersversorgung** sind jedoch bis zur Höhe von **8 %** der Beitragsbemessungsgrenze in der **allgemeinen Rentenversicherung** steuerfrei (in 2022 bis zur Höhe von 6 768 € [84 600 € × 8 %]), wobei auch für Arbeitnehmer in den neuen Ländern und Ost-Berlin die Beitragsbemessungsgrenze (West) maßgeblich ist. Voraussetzung für die Steuerfreiheit ist, dass bei der Direktversicherung eine Auszahlung der zugesagten Alters-, Invaliditäts- oder Hinterbliebenenversorgungsleistungen in Form einer **Rente** oder eines **Auszahlungsplans** vorgesehen ist; die Möglichkeit, später eine Einmalkapitalzahlung zu wählen, steht der Steuerfreiheit aber noch nicht entgegen.

Aus Anlass der **Beendigung des Dienstverhältnisses** geleistete Beiträge für eine Direktversicherung sind steuerfrei, soweit sie **4 %** der Beitragsbemessungsgrenze in der **allgemeinen Rentenversicherung**, vervielfältigt mit der Anzahl der Kalenderjahre, in denen das Dienstverhältnis des Arbeitnehmers zu dem Arbeitgeber bestanden hat, höchstens jedoch **zehn Kalenderjahre**, nicht übersteigen.

Beiträge für eine Direktversicherung, die für Kalenderjahre **nachgezahlt** werden, in denen das **erste Dienstverhältnis** ruhte und vom Arbeitgeber im Inland kein steuerpflichtiger Arbeitslohn bezogen wurde, sind steuerfrei, soweit sie **8 %** der Beitragsbemessungsgrenze in der **allgemeinen Rentenversicherung**, vervielfältigt mit der Anzahl dieser Kalenderjahre, höchstens jedoch **zehn Kalenderjahre**, nicht übersteigen.

Unter den entsprechenden Voraussetzungen (§ 100 EStG) erhält der Arbeitgeber in diesen Durchführungswegen den **BAV-Förderbetrag** (→ Rz. 372).

Der Arbeitgeber kann die Beiträge für eine Direktversicherung unter bestimmten Voraussetzungen und bis zu bestimmten Grenzen auch **pauschal** mit 20 % zzgl. Solidaritätszuschlag und ggf. Kirchensteuer **besteuern** (→ Rz. 645 ff.).

Direktzusage

Eine Direktzusage (Pensionszusage) des Arbeitgebers führt erst im **Zeitpunkt der Zahlung** der (Alters)Versorgungsleistungen zum Zufluss von **Arbeitslohn**. In der „Aktivphase" ist kein zusätzlicher Arbeitslohn zu versteuern. Zur steuerlichen Behandlung der Versorgungsleistungen auch → Rz. 264 *Versorgungsfreibetrag*. **500**

Steuerfrei sind in diesem Zusammenhang Beiträge in den Fällen der **Insolvenzsicherung, Einstellung der Betriebstätigkeit** und **Liquidation** sowie der **Erwerb von Ansprüchen** durch den Arbeitnehmer gegenüber einem Dritten im Falle der Eröffnung des Insolvenzverfahrens oder in gleichgestellten Fällen, soweit der Dritte neben dem Arbeitgeber für die Erfüllung von Ansprüchen auf Grund bestehender Versorgungsverpflichtungen oder Versorgungsanwartschaften gegenüber dem Arbeitnehmer und dessen Hinterbliebenen einsteht; dies gilt entsprechend, wenn der Dritte für Wertguthaben aus einer Vereinbarung über die **Altersteilzeit** nach dem Altersteilzeitgesetz oder auf Grund von Wertguthaben aus einem → Rz. 473 *Arbeitszeitkonto* einsteht (§ 3 Nr. 65 EStG).

Doppelte Haushaltsführung

Zu den steuerlichen Voraussetzungen für das Führen eines doppelten Haushalts → Rz. 143 *Doppelte Haushaltsführung*. Einen doppelten Haushalt können auch ausländische Arbeitnehmer führen (z.B. Erntehelfer und Flüchtlinge); für **Seeleute** und bei Auswärtstätigkeit → Rz. 566 *Reisekosten*. **501**

Bei Arbeitnehmern, die auf Grund ihrer individuellen Tätigkeit typischerweise nur an ständig **wechselnden Tätigkeitsstätten** eingesetzt werden oder eine **Fahrtätigkeit** ausüben, richtet sich die Erstattung der Aufwendungen nach Reisekostengrundsätzen (→ Rz. 566 *Reisekosten*). Dieser Personenkreis führt **keinen** doppelten Haushalt.

Führt der Arbeitnehmer einen doppelten Haushalt, darf der Arbeitgeber folgende Aufwendungen des Arbeitnehmers **steuerfrei zahlen**:

- **Fahrtkosten** aus Anlass des Wohnungswechsels zu Beginn und am Ende der doppelten Haushaltsführung (An- und Abreise); fährt der Arbeitnehmer mit dem eigenen Pkw, können pauschal bis zu 0,30 € pro gefahrenem Kilometer steuerfrei gezahlt werden.
- Mehraufwendungen für **Verpflegung** (Verpflegungspauschalen). Als **Verpflegungspauschale** kann bei einer Abwesenheit des Arbeitnehmers von der Familienwohnung von 24 Stunden bis zu 28 € pro Tag steuerfrei gezahlt werden, längstens für die ersten drei Monate der Abwesenheit vom Lebensmittelpunkt bzw. der doppelten Haushaltsführung.
- Ferner können bei einer Abwesenheit von weniger als 24, aber über 8 Stunden bis zu 14 € steuerfrei gezahlt werden.
- Bei einer mehrtägigen Auswärtstätigkeit mit Übernachtung außerhalb der Wohnung darf für den **An- und Abreisetag** jeweils eine Pauschale von 14 € angesetzt werden. Auf die Abwesenheitsdauer kommt es dann nicht an.
- Hat der Arbeitnehmer seinen Haupthausstand aus privaten Gründen vom Beschäftigungsort **wegverlegt** und daraufhin am Beschäftigungsort einen **Zweithaushalt** begründet, um von dort seiner bisherigen Beschäftigung weiter nachgehen zu können, liegen notwendige Verpflegungsmehraufwendungen nur dann vor, wenn und soweit der Arbeitnehmer am Beschäftigungsort zuvor nicht bereits drei Monate gewohnt hat. Denn die Dauer eines unmittelbar der Begründung des Zweithaushalts am Beschäftigungsort vorausgegangenen Aufenthalts am Ort des Zweithaushalts ist auf die Dreimonatsfrist anzurechnen.
- **Kosten des Arbeitnehmers für die Zweitwohnung im Inland (Übernachtungskosten):**

  Steuerfrei gezahlt werden können die **tatsächlichen** Übernachtungskosten am Beschäftigungsort; z.B. nachgewiesene Monatsmiete. Hierbei ist die Anzahl der tatsächlichen Übernachtungen unmaßgeblich.

  Als Unterkunftskosten im Inland dürfen die tatsächlichen Aufwendungen für die Nutzung der Unterkunft, begrenzt auf höchstens **1 000 € im Monat**, angesetzt werden. Ob die Aufwendungen für die Zweitwohnung notwendig und angemessen sind, muss der Arbeitgeber nicht prüfen.

  Der **Höchstbetrag** von 1 000 € im Monat umfasst sämtliche Aufwendungen für die Unterkunft, wie Miete, Betriebskosten, Kosten der laufenden Reinigung und Pflege der Wohnung/Zweitwohnung/Unterkunft, Zweitwohnungssteuer, Rundfunkbeitrag, Miet- oder Pachtgebühren für Kfz-Stellplätze usw., die der Arbeitnehmer selbst getragen hat.

  Auf Grund der neuen Rechtsprechung sind **nicht** in den Höchstbetrag **einzubeziehen** die Aufwendungen für Hausrat, Einrichtungsgegenstände oder Arbeitsmittel, mit denen die Zweitwohnung ausgestattet ist.

  Aufwendungen für die erforderliche **Einrichtung** und **Ausstattung** der Zweitwohnung dürfen jedoch **zusätzlich** als sonstige notwendige Mehraufwendungen der doppelten Haushaltsführung berücksichtigt werden (BFH-Urteil v. 4.4.2019, VI R 18/17, BStBl II, 449); soweit sie nicht überhöht sind.

  Übersteigen die Anschaffungskosten des Arbeitnehmers für Einrichtung und Ausstattung der Zweitwohnung (ohne Arbeitsmittel) insgesamt **nicht** den Betrag von **5 000 €** einschl. Umsatzsteuer, geht die Finanzverwaltung aus Vereinfachungsgründen davon aus, dass es sich um **notwendige** Mehraufwendungen der doppelten Haushaltsführung handelt. Hinsichtlich der notwendigen Einrichtungsgegenstände der Zweitwohnung hat der Arbeitgeber die Wahl, ob er die Aufwendungen (z.B. für eine Einbauküche oder einen Kochherd) sofort oder im Wege der Abschreibung (AfA) über die übliche Nutzungsdauer steuerfrei erstattet. Für den Ansatz als Werbungskosten sind die Anschaffungskosten beim Arbeitnehmer nur zeitanteilig im Wege der AfA berücksichtigungsfähig (BMF v. 25.11.2020, IV C 5 – S 2353/19/10011 :006, Rz. 108, www.stotax-first.de).

  Wird die Zweitwohnung oder Zweitunterkunft **möbliert** angemietet und überschreitet die Miete den Höchstbetrag von 1 000 €, ist die Miete im Schätzwege aufzuteilen, wenn im Mietvertrag keine Aufteilung der Miete für die Überlassung der Wohnung und der Einrichtung und Ausstattung vereinbart ist (s.o. genanntes Urteil v. 4.4.2019).

  Aufwendungen für einen separat angemieteten **Garagenstellplatz** sind in den Höchstbetrag **einzubeziehen** und dürfen nicht als „sonstige" notwendige Mehraufwendungen zusätzlich berücksichtigt werden.

  Maklerkosten, die für die Anmietung einer Zweitwohnung/-unterkunft entstehen, sind als Umzugskosten zusätzlich vom Arbeitgeber steuerfrei erstattbar. Sie sind nicht in die Höchstbetragsberechnung mit einzubeziehen.

  Soweit der monatliche Höchstbetrag von 1 000 € nicht ausgeschöpft wird, ist eine **Übertragung** des nicht ausgeschöpften Volumens in andere Monate des Bestehens der doppelten Haushaltsführung im selben Kalenderjahr möglich; z.B. für Nachzahlung von Nebenkosten. Erhält der Arbeitnehmer hingegen Erstattungen auf Grund zu hoch geleisteter Vorauszahlungen, z.B. Heizungs- oder andere Nebenkosten, mindern diese Erstattungen im Zeitpunkt des Zuflusses die Unterkunftskosten der doppelten Haushaltsführung.

  Statt der tatsächlichen Aufwendungen darf der Arbeitgeber die Unterkunft kostenlos zur Verfügung stellen oder, falls der Arbeitnehmer die Unterkunft selbst bezahlt, pauschal **20 € pro Übernachtung** im Inland in den ersten drei Monaten der Abwesenheit von der Familienwohnung bzw. der doppelten Haushaltsführung an den Arbeitnehmer zahlen. Nach Ablauf der drei Monate können bis zu **5 € pro Übernachtung** steuerfrei gezahlt werden, solange der doppelte Haushalt fortgeführt wird.

- **Kosten des Arbeitnehmers für die Zweitwohnung im Ausland:**

  Bei Übernachtung im Ausland dürfen die Übernachtungskosten ohne Einzelnachweis der tatsächlichen Aufwendungen mit Pauschbeträgen (Übernachtungsgelder) **steuerfrei** erstattet werden; die Pauschbeträge werden regelmäßig jährlich vom BMF bekannt gegeben; für 2021 ist das maßgebende BMF v. 3.12.2020, IV C 5 – S 2353/19/10010 :002, www.stotax-first.de (→ Rz. 566 *Reisekosten*). Allerdings hat das BMF die für das Kalenderjahr 2021 maßgebenden Pauschbeträge für Verpflegungsmehraufwendungen und Übernachtungskosten bei beruflich und betrieblich veranlassten Auslandsreisen für das **Kalenderjahr 2022** beibehalten und nicht neu festgesetzt. Somit sind die zum 1.1.2021 durch das zuvor genannte BMF-Schreiben vom 3.12.2020 veröffentlichten Pauschbeträge auch für das Kalenderjahr 2022 anzuwenden.

  Steuerfrei sind nur die **notwendigen** Aufwendungen in tatsächlicher Höhe. Notwendig bedeutet: soweit sie die ortsübliche Miete für eine nach Lage und Ausstattung durchschnittliche Wohnung am Ort der ersten Tätigkeitsstätte mit einer Wohnfläche bis zu 60 qm nicht überschreiten.

- **Familienheimfahrten**

  Von den Aufwendungen des Arbeitnehmers für wöchentliche **Heimfahrten** an den Ort des eigenen Hausstands kann der Arbeitgeber einen Betrag bis zur Höhe der **Entfernungspauschale** von 0,30 €/km seit 2021 für die ersten 20 Entfernungskilometer und ab dem 21. Entfernungskilometer von je 0,35 € (ab 2024: 0,38 €/km), für jeweils eine mit dem Kraftfahrzeug tatsächlich durchgeführte Heimfahrt wöchentlich steuerfrei ersetzen.

C. Lohnsteuer

Die Entfernungspauschale gilt **nicht** für **Flugstrecken**; hier sind vorbehaltlich der Angemessenheit die tatsächlichen Aufwendungen anzusetzen.

– Aufwendungen für Fahrten mit einem im Rahmen des Dienstverhältnisses zur Nutzung **überlassenen Kraftfahrzeug** (Firmenwagen) können nicht steuerfrei erstattet werden; im Gegenzug ist kein steuerpflichtiger geldwerter Vorteil anzusetzen.

Werden **öffentliche Verkehrsmittel** genutzt, darf der Arbeitgeber höchstens die dafür entstandenen tatsächlichen Aufwendungen steuerfrei ersetzen.

Eine **beruflich** bedingte doppelte Haushaltsführung wird für unbegrenzte Zeit steuerlich anerkannt.

Bei Arbeitnehmern in den Steuerklassen III, IV oder V kann der **Arbeitgeber** ohne weiteres **unterstellen**, dass sie einen eigenen Hausstand haben. Bei anderen Arbeitnehmern darf der Arbeitgeber einen eigenen Hausstand nur dann annehmen, wenn sie schriftlich erklären, dass sie neben einer Zweitwohnung am Beschäftigungsort außerhalb des Beschäftigungsortes **einen eigenen Hausstand** unterhalten, und die Richtigkeit dieser Erklärung durch Unterschrift bestätigen. Diese Erklärung ist als Beleg zum Lohnkonto aufzubewahren.

Für die steuerfreie Erstattung hat der Arbeitnehmer dem Arbeitgeber die Belege über die entstandenen Kosten sowie die entsprechenden Reisekostenabrechnungen usw. vorzulegen. Der Arbeitgeber hat diese Unterlagen als Belege zum **Lohnkonto** aufzubewahren.

Weitere Einzelheiten enthält das BMF-Schreiben „Steuerliche Behandlung der Reisekosten von Arbeitnehmern", BMF v. 25.11.2020, IV C 5 – S 2353/19/10010 :006, BStBl I 2020, 1228.

Durchlaufende Gelder

Durchlaufende Gelder, die der Arbeitnehmer vom Arbeitgeber erhält, um sie für ihn auszugeben (z.B. zur Bewirtung von Geschäftsfreunden des Arbeitgebers), sind **kein** Arbeitslohn; darüber hinaus sind sie steuerfrei gestellt (→ Rz. 480 *Auslagenersatz*). **502**

Ehrenamt

Im Einkommensteuerrecht gibt es keine besonderen Vorschriften für eine „ehrenamtliche" Tätigkeit, so dass die allgemeinen steuerlichen Regelungen auch für ehrenamtlich Tätige gelten. Wird eine ehrenamtliche Tätigkeit **unentgeltlich** ausgeübt, hat dies keine einkommensteuerlichen Folgen, da es in diesen Fällen an einem Zufluss von Einnahmen auf Seiten des ehrenamtlich Tätigen fehlt und der Tatbestand der Einkunftserzielung nicht erfüllt ist. Der Einkommensteuer unterliegen nur diejenigen Einkünfte, die einer der in § 2 Abs. 1 EStG genannten Einkunftsarten zuzuordnen sind (→ Rz. 85 f.). **503**

Erhalten die Betroffenen für ihre Tätigkeit einen **finanziellen Ausgleich** (Vergütung) – auch wenn dieser als Aufwandsentschädigung bezeichnet wird –, so kann es sich – je nach Art und rechtlicher Ausgestaltung der Tätigkeit – um Einkünfte aus selbständiger Arbeit (§ 18 EStG), nichtselbständiger Arbeit (§ 19 EStG) oder um sonstige Einkünfte (§ 22 Nr. 3 EStG) handeln. Die ehrenamtlichen Tätigkeiten in gemeinnützigen Vereinen sind regelmäßig als Arbeitnehmertätigkeit einzustufen (→ Rz. 286 ff.).

Werden hingegen nur die **tatsächlich** angefallenen **Aufwendungen** im steuerlichen Sinn erstattet, liegen keine einkommensteuerrelevanten Einkünfte vor, da kein Gewinn bzw. Überschuss der Einnahmen über die Ausgaben angestrebt bzw. erzielt wird (→ Rz. 88). Für Arbeitnehmer wird ein Gewinn aus freiberuflicher ehrenamtlicher Tätigkeit bis zu **410 €** dann einkommensteuerlich nicht angesetzt, wenn ansonsten keine weiteren Einkünfte erzielt werden.

Der Gesichtspunkt, dass die gezahlte Entschädigung bei der Umrechnung einen **geringen Stundenlohn** ergibt, spricht nicht gegen die Steuerpflicht. Erhalten öffentliche Dienste leistende Personen Aufwandsentschädigungen aus öffentlichen Kassen, → Rz. 478 *Aufwandsentschädigungen*. S. auch → Rz. 504 *Ehrenamtsfreibetrag,* → Rz. 589 *Übungsleiterpauschale* und BMF-Schreiben v. 21.11.2014, BStBl I 2014, 1581.

Ehrenamtsfreibetrag

Einnahmen aus **nebenberuflichen Tätigkeiten** in EU- oder EWR-Staaten oder in der Schweiz im gemeinnützigen, mildtätigen oder kirchlichen Bereich bleiben seit dem Kalenderjahr 2021 bis zur Höhe des allgemeinen **Freibetrags** i.H.v. **840 €** (zuvor 720 €) im Kalenderjahr steuerfrei (Ehrenamtsfreibetrag, § 3 Nr. 26a EStG). **504**

Er setzt im Gegensatz zur → Rz. 589 *Übungsleiterpauschale* keine Begrenzung auf bestimmte Tätigkeiten im gemeinnützigen Bereich voraus. Diese Regelung ergänzt die Vorschriften zur Übungsleiterpauschale.

Begünstigt sind z.B. Tätigkeiten in Sportvereinen als Mitglied des Vorstands, Kassierer, Bürokraft, Platzwart, Aufsichtspersonal, oder als Reinigungskraft für das Waschen der Wettkampfkleidung sowie als Betreuer nach dem Betreuungsrecht. Zahlungen/Bezüge an **Amateursportler** sind **nicht** begünstigt.

Dieser Freibetrag kann **nicht** in Anspruch genommen werden, wenn für die Einnahmen aus derselben Tätigkeit ganz oder teilweise eine Steuerbefreiung als → Rz. 478 *Aufwandsentschädigungen* aus öffentlichen Kassen gewährt wird oder als sog. → Rz. 589 *Übungsleiterpauschale* gewährt wird oder gewährt werden könnte.

Der Freibetrag von 840 € ist ein Jahresbetrag. Er darf auch dann nur einmal angesetzt werden, wenn mehrere begünstigte Tätigkeiten ausgeübt werden. Wird eine begünstigte Tätigkeit nicht das gesamte Kalenderjahr ausgeübt, ist er **nicht** zeitanteilig aufzuteilen. Der Arbeitgeber darf den Freibetrag bereits beim **Lohnsteuerabzug** berücksichtigen, so dass seine Zahlungen an das Vereinsmitglied bis zu 840 € im Kalenderjahr steuerfrei bleiben.

Mit dem Ehrenamtsfreibetrag wird der **Aufwand**, der solchen nebenberuflich tätigen Personen durch ihre Beschäftigung entsteht, pauschal abgegolten. Übersteigen die als Betriebsausgaben oder Werbungskosten abziehbaren Aufwendungen den Freibetrag, sind die gesamten Aufwendungen dem Finanzamt nachzuweisen oder glaubhaft zu machen. Wird das Ehrenamt als Arbeitsverhältnis ausgeübt, wird der Arbeitnehmer-Pauschbetrag angesetzt, soweit er nicht bei anderen Dienstverhältnissen verbraucht ist. Näheres zur Berücksichtigung des Freibetrags beim Lohnsteuerabzug → Rz. 589 *Übungsleiterpauschale.* → Rz. 519 *Freibetrag für Betreuer* und BMF-Schreiben v. 21.11.2014, BStBl I 2014, 1581.

Ein-Euro-Job

Die für einen Ein-Euro-Job als Mehraufwand gezahlte Vergütung ist **steuerfrei**, wenn dem Beschäftigten als Entschädigung lediglich die Zuschüsse der Agentur für Arbeit gezahlt bzw. diese weitergeleitet werden. Die Zahlungen unterliegen nicht dem Progressionsvorbehalt nach § 32b EStG (→ Rz. 67). **505**

E 93

Eintrittskarten

506 Eintrittskarten, die der Arbeitgeber seinen Mitarbeitern verbilligt oder kostenlos überlässt, sind grundsätzlich **steuerpflichtiger** Arbeitslohn. Jedoch darf die Freigrenze für Sachbezüge i.H.v. 50 € (ab dem Kalenderjahr 2022, zuvor 44 €) monatlich (→ Rz. 569 *Sachbezüge, Freigrenze*) angewandt werden. Der Wert steuerpflichtiger Eintrittskarten, z.B. für Fußballspiele oder IAA-Tickets an Geschäftspartner sowie an eigene Arbeitnehmer darf nach § 37b EStG mit 30 % pauschal besteuert werden. Erhält der Arbeitnehmer die Eintrittskarte als Teil einer Betriebsveranstaltung, ist die mögliche Steuerfreiheit zu prüfen → Rz. 489 *Betriebsveranstaltungen*, → Rz. 603 *VIP-Logen*.

Elektromobilität

507 Zu der seit 2020 erweiterten Steuerfreiheit für die Vorteile aus einer Überlassung betrieblicher Fahrräder an Arbeitnehmer sowie zur Halbierung bzw. Viertelung des Werts für die private Nutzung eines betrieblichen Kraftfahrzeugs → Rz. 513 *Fahrrad, betriebliches* sowie → Rz. 539, *Kraftfahrzeuggestellung* unter 5. Sonderregelungen für Elektro- und Hybridelektrofahrzeuge von 2019 bis 2030.

Steuerbefreiung Ladestrom, Ladevorrichtung

Vom Arbeitgeber gewährte Vorteile

– für das elektrische **Aufladen** eines Elektrofahrzeugs oder Hybridelektrofahrzeugs des Arbeitnehmers im Betrieb des Arbeitgebers (Ladestrom) und

– für die dem Arbeitnehmer zeitweise zur privaten Nutzung überlassene betriebliche **Ladevorrichtung**

sind bis zum 31.12.2030 steuerfrei (§ 3 Nr. 46 EStG). Diese Steuerbefreiung ist weder auf einen Höchstbetrag noch nach der Anzahl der begünstigten Kraftfahrzeuge begrenzt.

Übereignet der Arbeitgeber eine **Ladevorrichtung** oder zahlt er an den Arbeitnehmer Zuschüsse zum Erwerb und für die Nutzung einer Ladevorrichtung, können diese Vorteile pauschal mit 25 % besteuert werden (→ Rz. 680).

Voraussetzung ist stets, dass die geldwerten Vorteile und Leistungen sowie die Zuschüsse **zusätzlich** zum ohnehin geschuldeten Arbeitslohn erbracht werden (→ Rz. 684 ff.). Folglich kommt die Steuerfreiheit bei einer Entgeltumwandlung nicht in Betracht.

Die **Steuerbefreiung** gilt sowohl für die vom Arbeitgeber unmittelbar beschäftigten Arbeitnehmer als auch für im Betrieb tätige Leiharbeitnehmer. Sie gilt **nicht** für Ladestrom an Geschäftsfreunde des Arbeitgebers und deren Arbeitnehmer sowie Kunden des Arbeitgebers.

Begünstigtes Elektrofahrzeug, Hybridelektrofahrzeug

Begünstigt sind aktuell Elektrofahrzeuge, für die im Feld 10 der Zulassungsbescheinigung die Codierung 0004 und 0015 ausgewiesen wird (Stand: März 2020). Als Hybridelektrofahrzeuge kommen derzeit solche Fahrzeuge in Betracht, wenn im Feld 10 der Zulassungsbescheinigung eine der Codierungen 0016 bis 0019 oder 0025 bis 0031 eingetragen ist.

Hierbei ist es unbeachtlich, ob es sich um ein **privates** Elektrofahr-/Hybridelektrofahrzeug des Arbeitnehmers oder um ein **betriebliches** Elektrofahr-/Hybridelektrofahrzeug des Arbeitgebers, das dem Arbeitnehmer (auch) zur privaten Nutzung überlassen wird (sog. Dienstwagen), handelt. Allerdings wirkt sich diese Steuerbefreiung nur aus, wenn der geldwerte Vorteil aus der privaten Nutzung eines Dienstwagens zu privaten Fahrten nach der Fahrtenbuchmethode ermittelt wird. Bei der 1 %-Methode ist der geldwerte Vorteil für den vom Arbeitgeber verbilligt oder unentgeltlich gestellten Ladestrom bereits abgegolten.

Elektrofahrräder

Zu den begünstigten Fahrzeugen rechnen auch Elektrofahrräder, wenn diese verkehrsrechtlich als Kraftfahrzeug einzuordnen sind (z.B. gelten Elektrofahrräder, deren Motor auch Geschwindigkeiten über 25 km pro Stunde unterstützt, als Kraftfahrzeuge), falls sie nach dem 31.12.2018 angeschafft werden (gleichlautende Erlasse der obersten Finanzbehörden der Länder v. 9.1.2020, BStBl I 2020, 174, Rz. 6).

Aus Billigkeitsgründen rechnen auch vom Arbeitgeber gewährter Ladestrom bzw. Vorteile für das elektrische Aufladen von Elektrofahrrädern, die verkehrsrechtlich nicht als Kraftfahrzeug einzuordnen sind, im Betrieb des Arbeitgebers oder eines verbundenen Unternehmens nicht zum Arbeitslohn (BMF-Schreiben v. 29.9.2020, IV C 5 – S 2334/19/10009 :004, BStBl I 2020, 972). Diese Vorteile sind steuerfrei; die 50 €-Freigrenze (ab dem Kalenderjahr 2022, zuvor 44 €-Freigrenze) (→ Rz. 569 *Sachbezüge, Freigrenze*) braucht somit nicht angewendet zu werden und steht für (andere) steuersparende Gestaltungen zur Verfügung.

Betrieb des Arbeitgebers

Zum Betrieb des Arbeitgebers rechnet jede ortsfeste betriebliche Einrichtung des Arbeitgebers oder eines verbundenen Unternehmens i.S.d. § 15 AktG. Nicht begünstigt ist daher das Aufladen bei einem Dritten oder an einer von einem fremden Dritten betriebenen Ladestation.

Ladevorrichtung, Ladestation

Zu einer begünstigten Ladevorrichtung (Ladestation) für ein Elektro-/Hybridelektrofahrzeug rechnet die gesamte Ladeinfrastruktur einschließlich Zubehör sowie die in diesem Zusammenhang erbrachten Dienstleistungen. Dazu gehören zum Beispiel der Aufbau, die Installation und die Inbetriebnahme der Ladevorrichtung, deren Wartung und Betrieb sowie die für die Inbetriebnahme notwendigen Vorarbeiten wie das Verlegen eines Starkstromkabels.

Aufzeichnungen im Lohnkonto

Der Arbeitgeber ist nicht verpflichtet, die o.g. steuerfreien Vorteile im Lohnkonto des Arbeitnehmers aufzuzeichnen (§ 4 Abs. 2 Nr. 4 Satz 1 LStDV).

Auslagenersatz für privaten Ladestrom eines Pkw

Aus Vereinfachungsgründen lässt die Finanzverwaltung einen pauschalen steuerfreien Auslagenersatz an den Arbeitnehmer für den Ladestrom bzw. das elektrische Aufladen eines Dienstwagens (nur Pkw) nach § 3 Nr. 50 EStG zu. Diese Pauschalen dürfen auch als selbst getragene individuelle Kosten des Arbeitnehmers für Ladestrom auf den Nutzungswert eines Dienstwagens (→ Rz. 539 *Kraftwagengestellung*) angerechnet werden.

Für den Zeitraum vom 1.1.2021 bis zum 31.12.2030 darf der Arbeitgeber die folgenden **monatlichen** Pauschalen typisierend zugrunde legen und steuerfrei zahlen/anrechnen (BMF-Schreiben v. 29.9.2020, IV C 5 – S 2334/19/10009 :004, BStBl I 2020, 972):

– es besteht eine zusätzliche Lademöglichkeit des Dienstwagens beim Arbeitgeber:

30 € für Elektrofahrzeuge (zuvor 20 €) und **15 €** für Hybridelektrofahrzeug (zuvor 10 €)

– beim Arbeitgeber ist keine Lademöglichkeit vorhanden:

70 € für Elektrofahrzeuge (zuvor 50 €) und **35 €** für Hybridelektrofahrzeuge (zuvor 25 €).

Ergänzend wird auf das neue BMF-Schreiben zur Nutzung eines betrieblichen Kraftfahrzeugs für private Fahrten, Fahrten zwischen Wohnung und Betriebsstätte/erster Tätigkeitsstätte oder Familienheimfahrten mit Einzelheiten zur Begünstigung von Elektro- und Hybridelektrofahrzeugen hingewiesen (BMF v. 5.11.2021, IV C 6 – S 2177/19/10004 :008/IV C 5 – S 2334/19/10009 :003, www.stotax-first.de).

Entschädigungen

Entschädigungszahlungen des Arbeitgebers, um eine finanzielle Einbuße des Arbeitnehmers ausgleichen, sind regelmäßig **steuerpflichtig**. Eine Entschädigung setzt voraus, dass an Stelle der bisher geschuldeten Leistung eine andere tritt. Diese andere Leistung muss auf einem anderen, eigenständigen Rechtsgrund beruhen.

508

Für steuerpflichtige Entschädigungen als Ersatz für entgangene oder entgehende Einnahmen kommt die ermäßigte Besteuerung nach der Fünftelungsregelung für außerordentliche Einkünfte (→ Rz. 437 f.) in Betracht; auch → Rz. 458 *Abfindung*.

Keine Entschädigungen sind demnach Zahlungen, die nicht an die Stelle weggefallener Einnahmen treten, sondern sich aus dem bestehenden Rechtsverhältnis ergeben. Erhält der Arbeitnehmer eine solche Zahlung von seinem Arbeitgeber, rechnet sie ebenso zum steuerpflichtigen Arbeitslohn.

Erfolgsbeteiligungen, Ergebnisbeteiligungen

(Sonder-) Zahlungen des Arbeitgebers als Erfolgs- oder Ergebnisbeteiligungen sind **steuerpflichtige** Arbeitslohnteile.

509

Erholungsbeihilfen

An den Arbeitnehmer gezahlte Erholungsbeihilfen sind **steuerpflichtiger** Arbeitslohn, der unter bestimmten Voraussetzungen pauschal besteuert werden kann (→ Rz. 664, 675).

510

Erschwerniszuschläge

Vom Arbeitgeber gezahlte Erschwerniszuschläge sind **steuerpflichtiger** Arbeitslohn; auch → Rz. 471 *Arbeitslohnzuschläge für Sonntags-, Feiertags- oder Nachtarbeit*.

511

Erwerb von Gebrauchtfahrzeug, Firmenwagen, Fahrrad

Erwirbt der Arbeitnehmer vom Arbeitgeber einen Firmenwagen, liegt **steuerpflichtiger** Arbeitslohn vor, wenn der gezahlte Kaufpreis unter dem üblichen Endpreis (Marktpreis) des Fahrzeugs liegt. Gleiches gilt für geldwerte Vorteile aus der unentgeltlichen oder verbilligten Übereignung von betrieblichen **Fahrrädern**.

512

Üblicher Endpreis des Fahrzeugs ist nicht etwa der Händlereinkaufspreis, sondern der Preis, den das Fahrzeug auf dem Gebrauchtwagenmarkt tatsächlich erzielen würde. Schätzungen nach den im Gebrauchtwagenhandel anerkannten Preisübersichten, z.B. sog. Schwackeliste, sind möglich.

Zur Möglichkeit, den Vorteil für ein dem Arbeitnehmer kostenlos oder verbilligt übereignetes betriebliches Fahrrad mit 25 % pauschal zu besteuern s. → Rz. 683.

Fahrrad, betriebliches

Seit 2019 sind sämtliche Vorteile aus der Überlassung eines Fahrrads durch den Arbeitgeber an den Arbeitnehmer zur privaten Nutzung **steuerfrei** (§ 3 Nr. 37 EStG). Voraussetzung ist, dass das Fahrrad zusätzlich zum ohnehin geschuldeten Arbeitslohn überlassen wird (→ Rz. 684 ff.). Diese Steuerbefreiung erfasst sowohl die Überlassung von betrieblichen Elektrofahrrädern mit Geschwindigkeiten bis zu 25 km/h als auch die Überlassung von herkömmlichen Fahrrädern ohne Motorunterstützung.

513

Ist ein Elektrofahrrad verkehrsrechtlich als **Kraftfahrzeug** einzuordnen (wie z.B. Elektrofahrräder, deren Motor auch Geschwindigkeiten über 25 km/h unterstützt), gilt diese Steuerfreiheit **nicht**. Für solche Fahrräder ist die Bewertung des geldwerten Vorteils nach den vorgenannten Regelungen der Dienstwagenbesteuerung durchzuführen (1 %-Regelung). Allerdings ist hier die Viertelung bzw. Halbierung der Bemessungsgrundlage für Elektrofahrzeuge steuermindernd anzuwenden → Rz. 539 *Kraftfahrzeuggestellung*, 5. Sonderregelungen für Elektro- und Hybridelektrofahrzeuge von 2019 bis 2030.

Einzelheiten zur Ermittlung des steuerpflichtigen Vorteils für ein vom Arbeitgeber oder auf Grund des Dienstverhältnisses von einem Dritten dem Arbeitnehmer überlassenen betrieblichen Fahrrads zur privaten Nutzung regeln die **gleichlautenden Erlasse** der obersten Finanzbehörden der Länder v. 9.1.2020, BStBl I 2020, 174.

Zur Möglichkeit, den Vorteil für ein dem Arbeitnehmer kostenlos oder verbilligt übereignetes betriebliches Fahrrad mit 25 % pauschal zu besteuern, vgl. → Rz. 683.

Seit 2020 muss der Arbeitgeber die Vorteile für die Überlassung eines betrieblichen Fahrrads **nicht** mehr im Lohnkonto aufzeichnen (§ 4 Abs. 2 Nr. 4 Satz 1 LStDV).

Fahrtkosten als Reisekosten bei Auswärtstätigkeiten

Bei (beruflich veranlassten) **Auswärtstätigkeiten** darf der Arbeitgeber die Aufwendungen des Arbeitnehmers für folgende Fahrten als **Reisekosten steuerfrei** ersetzen:

514

1. Fahrten **zwischen** Wohnung bzw. erster Tätigkeitsstätte **und** auswärtiger Tätigkeitsstätte oder Unterkunft i.S.d. Nr. 3 einschließlich sämtlicher Zwischenheimfahrten; eine Dreimonatsfrist ist nicht zu beachten.

2. Innerhalb desselben Dienstverhältnisses Fahrten zwischen **mehreren** auswärtigen Tätigkeitsstätten oder innerhalb eines weiträumigen Arbeitsgebietes und

C. Lohnsteuer

3. Fahrten zwischen **einer** Unterkunft am Ort der auswärtigen Tätigkeitsstätte oder in ihrem Einzugsbereich und der **auswärtigen** Tätigkeitsstätte.

4. Fahrten zu einem vom Arbeitnehmer privat festgelegten Treffpunkt (z.B. bei privat organisierter Fahrgemeinschaft) ohne solch eine dienst- oder arbeitsrechtliche Festlegung des Arbeitgebers bei anschließender Auswärtstätigkeit.

Wechselt der **Tätigkeitsort** des Arbeitnehmers **ständig**, können die Fahrtkosten für die zuvor genannten Fahrten ebenso als Reisekosten **steuerfrei** gezahlt werden.

Die Höhe der steuerfreien Erstattung richtet sich nach dem benutzten **Beförderungsmittel**. Benutzt der Arbeitnehmer **öffentliche Verkehrsmittel** (z.B. Bahn, Flugzeug oder Taxi) kann der Arbeitgeber den entrichteten (Fahr-)Preis einschließlich etwaiger Zuschläge steuerfrei ersetzen.

Verwendet der **Arbeitnehmer** sein privates **Fahrzeug** für eine berufliche Auswärtstätigkeit, darf der Arbeitgeber für die zurückgelegten Strecken

– die vom Arbeitnehmer nachgewiesenen tatsächlichen Aufwendungen oder
– pauschale Beträge bis zu den steuerlichen Kilometersätzen

steuerfrei zahlen.

> **Beispiel** <u>Erstattung der tatsächlichen Kosten für Einsatz des privaten Kfz des Arbeitnehmers</u>
>
> Der Arbeitnehmer darf für berufliche Auswärtstätigkeiten sein privates Kfz einsetzen und seine tatsächlichen Kfz-Kosten ansetzen und abrechnen. Die laufenden Aufwendungen (s.u.) betragen im Kalenderjahr insgesamt 10 000 €. Bei einer Jahresfahrleistung von 20 000 km errechnet sich hieraus ein individueller Km-Satz von 10 000 € : 20 000 = 0,50 €. Der Arbeitnehmer legt durch seine beruflichen Auswärtstätigkeiten insgesamt 6 000 km mit seinem Kfz zurück.
>
> Folglich darf der Arbeitgeber 6 000 km x 0,50 € = 3 000 € steuerfrei zahlen.
>
> Hat der Arbeitgeber zunächst den pauschalen Kilometersatz steuerfrei erstattet, kann er zum Jahresende, wenn die tatsächlichen Aufwendungen feststehen, den Unterschiedsbetrag ebenfalls steuerfrei auszahlen:
> Steuerfreie Zahlungen im laufenden Kalenderjahr 6 000 Km × 0,30 € = 1 800 €
> Von den möglichen 3 000 € sind bereits 1 800 € gezahlt;
> somit sind zum Jahresende noch lohnsteuerfrei erstattungsfähig   1 200 €.
>
> Andernfalls kann der Arbeitnehmer diesen Betrag i.R. seiner Einkommensteuerveranlagung ansetzen.
>
> **Wichtig:** Der Arbeitgeber muss die Unterlagen des Arbeitnehmers zur Ermittlung der tatsächlichen Kfz-Aufwendungen zum Lohnkonto nehmen.

Stellt hingegen der **Arbeitgeber** für die Auswärtstätigkeit ein (betriebliches) **Kraftfahrzeug** zur Verfügung, dürfen die pauschalen Kilometersätze **nicht** steuerfrei erstattet werden (auch nicht teilweise).

a) Einzelnachweis, Ermittlung der Aufwendungen für ein Kraftfahrzeug

Als tatsächliche Aufwendungen ist der **Teilbetrag** der jährlichen **Gesamtkosten** des **vom** Arbeitnehmer gestellten (genutzten) Fahrzeugs anzusetzen, der dem Anteil der zu berücksichtigenden Fahrten an der Jahresfahrleistung entspricht (= Gesamtkosten des Kraftfahrzeugs / Jahresfahrleistung = Kilometersatz der tatsächlichen Aufwendungen).

Die Gesamtkosten des Kraftfahrzeugs und die Fahrleistung sind für einen Zeitraum von zwölf Monaten zu ermittelten. Der errechnete Kilometersatz darf so lange angesetzt werden, bis sich die Verhältnisse wesentlich ändern, z.B. bis zum Ablauf des Abschreibungszeitraums für das Fahrzeug oder bis zum Eintritt veränderter Leasingbelastungen für das Fahrzeug.

Zu den **Gesamtkosten** gehören insbesondere folgende Aufwendungen:

– die Betriebskosten, die Wartungs- und Reparaturkosten, Aufwendungen für Treibstoff, die Kosten einer Garage am Wohnort, die Kraftfahrzeugsteuer, die Aufwendungen für die Halterhaftpflicht- und Fahrzeugversicherungen, die Absetzungen für Abnutzung des Fahrzeugs, die Zinsen für ein Anschaffungsdarlehen, nicht jedoch Aufwendungen infolge von Verkehrsunfällen (→ Rz. 539 *Kraftwagengestellung*).

– bei einem **geleasten** Fahrzeug gehört eine Leasingsonderzahlung im Kalenderjahr der Zahlung in voller Höhe zu den Gesamtkosten.

Für die Berechnung der **Absetzungen für Abnutzung** (AfA) ist bei **betrieblichen** Personenkraftwagen und Kombifahrzeugen grundsätzlich eine Nutzungsdauer von sechs Jahren zu Grunde zu legen, wenn das Fahrzeug nach dem 31.12.2000 angeschafft wurde. Soll jedoch der **private** Nutzungswert nach den für das Kraftfahrzeug insgesamt entstehenden Aufwendungen ermittelt werden, ist für den Pkw von einer AfA i.H.v. 12,5 % der Anschaffungskosten entsprechend einer achtjährigen (Gesamt-)Nutzungsdauer auszugehen (BFH v. 29.3.2005, IX B 174/03, BStBl II 2006, 368, BMF v. 4.4.2018, IV C 5 – S 2334/18/10001, BStBl I 2018, 592, Rz. 31, sowie BMF v. 5.11.2021, IV C 6 – S 2177/19/10004 :008/IV C 5 – S 2334/19/10009 :003, Rz. 15, www.stotax-first.de).

Bei einer hohen Fahrleistung kann auch eine kürzere Nutzungsdauer angesetzt werden. Bei Kraftfahrzeugen, die im Zeitpunkt der Anschaffung nicht neu gewesen sind, ist die entsprechende Restnutzungsdauer unter Berücksichtigung des Alters, der Beschaffenheit und des voraussichtlichen Einsatzes des Fahrzeugs zu schätzen.

Nicht zu den Gesamtkosten gehören z.B. Fährkosten, Straßen- oder Tunnelbenutzungsgebühren (Vignetten, Mautgebühren), Parkgebühren, Aufwendungen für Insassen- und Unfallversicherungen, Verwarnungs-, Ordnungs- und Bußgelder sowie die Unfallkosten. Diese Aufwendungen sind mit Ausnahme der Verwarnungs-, Ordnungs- und Bußgelder sowie der Unfallkosten als → Rz. 567 *Reisenebenkosten* abziehbar.

b) Pauschale Kilometersätze

Setzt der **Arbeitnehmer** für beruflich veranlasste Auswärtstätigkeiten sein privates **Fahrzeug** ein, darf der Arbeitgeber ohne Einzelnachweis an den Arbeitnehmer die folgenden pauschalen **Kilometersätze** (Höchstbeträge) pro gefahrenen Kilometer **steuerfrei** zahlen:

– bei Benutzung eines Kraftwagens, z.B. Pkw,   0,30 €
– bei Benutzung eines anderen motorbetriebenen Kraftfahrzeugs wie Motorrad, Motorroller, Moped, Mofa, E-Bike (falls als Kraftfahrzeug eingeordnet)   0,20 €

s. auch → Rz. 515 *Fahrtkostenzuschüsse, Fahrtkostenersatz*

Mit den pauschalen Kilometersätzen ist auch eine **Leasingsonderzahlung** abgegolten.

E 96

C. Lohnsteuer

Für nicht motorbetriebene private Kraftfahrzeuge sind grundsätzlich nur die tatsächlichen Kosten ansetzbar. Nutzt der Arbeitnehmer sein **Fahrrad**, ist der Ansatz einer geschätzten Pauschale (z.B. i.H.v. 0,05 €/Kilometer) **nicht** zulässig. Ebenso dürfen bei Mitnahme von anderen Reisenden keine steuerfreien Zuschläge gezahlt werden.

Erstattet der Arbeitgeber die o.g. pauschalen Kilometersätze steuerfrei, hat er **nicht** zu prüfen, ob dies zu einer unzutreffenden Besteuerung führt. Eine steuerfreie Erstattung der pauschalen Kilometersätze ist **nicht** zulässig, wenn der Arbeitgeber dem Arbeitnehmer für die Auswärtstätigkeit ein Kraftfahrzeug zur Verfügung stellt, z.B. einen Dienstwagen. **Neben** den pauschalen Kilometersätzen können etwaige **außergewöhnliche Kosten** in Betracht kommen, wenn diese auf Fahrten entstanden sind, für welche die Kilometersätze anzusetzen sind.

Außergewöhnliche Kosten **sind** nur die nicht voraussehbaren Aufwendungen für Reparaturen, welche nicht auf Verschleiß oder die auf Unfallschäden beruhen, sowie Absetzungen für außergewöhnliche technische Abnutzung und Aufwendungen infolge eines Schadens, der durch den Diebstahl des Fahrzeugs entstanden ist. Dabei sind entsprechende Schadensersatzleistungen von Dritten auf die Kosten anzurechnen.

Fahrtkostenzuschüsse, Fahrtkostenersatz

Fahrtkostenzuschüsse, Fahrtkostenersatz und Sachleistungen (z.B. Fahrkarten) des Arbeitgebers für die Fahrten des Arbeitnehmers zwischen **Wohnung** und erster **Tätigkeitsstätte** sind **steuerpflichtiger** Arbeitslohn, soweit die Zuschüsse/Leistungen **nicht** Reisekosten (→ Rz. 566 *Reisekosten*, → Rz. 482 *BahnCard*) darstellen oder es sich nicht um eine Sammelbeförderung (→ Rz. 571 *Sammelbeförderung*) bzw. um ein Jobticket (→ Rz. 534 *Jobticket*) handelt.   **515**

Möchte der Arbeitgeber für seine steuerpflichtigen **Fahrtkostenzuschüsse** die Lohnsteuer i.H.v. 15 % pauschal erheben, kommen für die arbeitstäglichen Fahrten des Arbeitnehmers zwischen Wohnung und erster Tätigkeitsstätte sowie zu einem Sammelpunkt oder einem weiträumigen Tätigkeitsgebiet folgende Höchstbeträge in Betracht:

Fahrt mit	seit 2021 pro Entfernungskilometer zwischen Wohnung und erster Tätigkeitsstätte
– einem Kraftwagen, z.B. Pkw,	für die **ersten 20 km** 0,30 €, zzgl. **ab dem 21. km** 0,35 €,
– einem anderen motorbetriebenen Fahrzeug, z.B. Motorrad, Motorroller, Moped, Mofa (mit Geschwindigkeit über 25 km/h)	0,20 €.

Zu den motorbetriebenen Fahrzeugen rechnen auch Elektrofahrräder, die verkehrsrechtlich als Kraftfahrzeug einzuordnen sind (so gelten z.B. Elektrofahrräder, deren Motor auch Geschwindigkeiten über 25 km/h unterstützt, als Kraftfahrzeuge).

Pro Arbeitstag darf nur ein Zuschuss pro Hin- und Rückfahrt gezahlt werden. Dazu bemisst sich der steuerliche Höchstbetrag nach den Entfernungskilometern (einfache Entfernung). Legt der Arbeitnehmer an einem Arbeitstag nur einen Weg zurück, ist lediglich die Hälfte der Entfernungspauschale je Entfernungskilometer und Arbeitstag als Werbungskosten zu berücksichtigen (BFH v. 12.2.2020, VI R 42/17, BStBl II 2020, 473). Im Übrigen müssen die Zuschüsse zusätzlich zum ohnehin geschuldeten Arbeitslohn gezahlt werden. Näheres → Rz. 681 ff.

Siehe auch → Rz. 132 *Auswärtstätigkeit*.

Fehlgeldentschädigungen (Mankogelder)

An Arbeitnehmer, die im Kassen- und (Geld-)Zähldienst beschäftigt sind, darf für ein eventuell vom ihm auszugleichendes Fehlgeld ein **steuerfreier** Lohnzuschlag gezahlt werden. Steuerfrei ist eine Fehlgeldentschädigung von höchstens **16 €** pro Kalendermonat.   **516**

Ersetzt der Arbeitgeber nur die jeweils konkreten Kassenfehlbestände oder verzichtet er auf einen Ausgleich durch den Arbeitnehmer, ist dies steuerfrei bzw. regelmäßig kein Arbeitslohn.

Forderungsverzicht

Verzichtet der Arbeitgeber auf Forderungen gegenüber seinen Arbeitnehmern, ist der Verzicht grundsätzlich **steuerpflichtiger** Arbeitslohn.   **517**

Aus Vereinfachungsgründen braucht kein Arbeitslohn angesetzt zu werden, wenn die Forderung auf einem Unfall mit dem Firmen-Pkw beruht und der Arbeitnehmer den Schaden als Werbungskosten ansetzen kann; auch → Rz. 516 *Fehlgeldentschädigungen*, → Rz. 572 *Schadensersatzleistungen*.

Fort- und Weiterbildung

Berufliche Fort- oder Weiterbildungsleistungen des Arbeitgebers führen **nicht** zu Arbeitslohn, wenn diese Bildungsmaßnahmen im ganz überwiegenden betrieblichen Interesse durchgeführt werden (R 19.7 LStR 2021). Diese Voraussetzung liegt vor, wenn die Einsatzfähigkeit des Arbeitnehmers im Betrieb des Arbeitgebers erhöht werden soll. Dabei ist es gleichgültig, ob die Bildungsmaßnahmen am Arbeitsplatz, in zentralen betrieblichen Einrichtungen oder in außerbetrieblichen Einrichtungen durchgeführt werden.   **518**

Bei einer Bildungsmaßnahme ist das geforderte ganz überwiegende **betriebliche** Interesse des Arbeitgebers anzunehmen, wenn sie die Einsatzfähigkeit des Arbeitnehmers im Betrieb des Arbeitgebers erhöhen soll. Dabei ist für die Annahme eines ganz überwiegenden betrieblichen Interesses des Arbeitgebers **nicht** Voraussetzung, dass der Arbeitgeber die Teilnahme an der Bildungsmaßnahme zumindest teilweise auf die Arbeitszeit **anrechnet**. Rechnet er die Teilnahme an der Bildungsmaßnahme jedoch zumindest teilweise auf die Arbeitszeit an, ist aus Sicht der Finanzverwaltung die Prüfung weiterer Voraussetzungen eines ganz überwiegenden betrieblichen Interesses des Arbeitgebers entbehrlich.

Begünstigt sind auch **sprachliche** Bildungsmaßnahmen (z.B. Sprachkurse), wenn sie für die Tätigkeit erforderlich sind; hierunter fallen auch Deutschkurse für ausländische Mitarbeiter, z.B. für Flüchtlinge (BMF-Schreiben v. 4.7.2017, IV C 5 – S 2332/09/10005, BStBl I 2017, 882); weitere Bildungsmaßnahmen sind z.B. Rhetorik- und Computerkurse.

Folglich kann Arbeitslohn **nur dann** vorliegen, falls das Finanzamt konkrete Anhaltspunkte für den Belohnungscharakter des Sprachkurses erkennen kann (§ 3 Nr. 19 Satz 2 EStG).

Auch wenn die Fort- oder Weiterbildungsleistungen nach den vorstehenden Regelungen nicht zu Arbeitslohn führen, sind die Aufwendungen des Arbeitgebers, die zwar durch die Teilnahme des Arbeitnehmers an der Bildungsveranstaltung veranlasst

E 97

sind, jedoch **neben** den Kosten für die eigentliche Fort- oder Weiterbildungsmaßnahme anfallen (z.B. Reisekosten), nach den dafür maßgebenden steuerlichen Vorschriften zu behandeln, z.B. steuerfrei oder steuerpflichtig (dann ggf. Werbungskosten).

Führt ein vollzeitbeschäftigter Arbeitnehmer i.R. seines Dienstverhältnisses eine **längerfristige**, jedoch **vorübergehende** berufliche Bildungsmaßnahme durch, wird der Veranstaltungsort im Allgemeinen **nicht** zu einer weiteren regelmäßigen ersten Tätigkeitsstätte. Fährt der Arbeitnehmer jedoch zur ersten Tätigkeitsstätte, um sich freiwillig fortzubilden, z.B. außerhalb der Arbeitszeit, sind die Fahrten zwischen Wohnung und erster Tätigkeitsstätte keine Dienstreisen (Ansatz der Entfernungspauschale).

Für Rechtssicherheit soll die neue Steuerbefreiung des § 3 Nr. 19 EStG sorgen. Danach sind gesetzlich steuerfrei gestellt Leistungen des Arbeitgebers (einschl. sog. Outplacement- und Newplacement-Beratung → Rz. 555 *Outplacement- und Newplacement-Beratung*)

– als Bildungsmaßnahmen i.S.v. § 82 Abs. 1 und 2 SGB III sowie

– als Weiterbildungsleistungen, welche der Verbesserung der Beschäftigungsfähigkeit des Arbeitnehmers dienen (z.B. Sprachkurse oder Computerkurse, die aber nicht arbeitsplatzbezogen sind); s. vorstehende Erläuterungen.

Für eine Förderung durch die Bundesagentur für Arbeit nach § 82 Abs. 1 und 2 SGB III ist grundsätzlich auch ein angemessener Arbeitgeberbeitrag zu den Lehrgangskosten Voraussetzung, der sich nach der Anzahl der Beschäftigten im Betrieb richtet. Diese Beiträge sind steuerfrei. Solch eine Förderung des Arbeitnehmers umfasst auch Weiterbildungen, welche Fertigkeiten, Kenntnisse und Fähigkeiten vermitteln, die über eine arbeitsplatzbezogene Fortbildung hinausgehen. Ferner sind darunter solche Maßnahmen des Arbeitgebers zu verstehen, die eine Anpassung und Fortentwicklung der beruflichen Kompetenzen des Arbeitnehmers ermöglichen und somit zur besseren Begegnung der beruflichen Herausforderungen beitragen. (S. auch → Rz. 555 *Outplacement- und Newplacement-Beratung*, → Rz. 584 *Studiengebühren*)

Freibetrag für Betreuer

519 Stpfl., die als ehrenamtliche Vormünder (§§ 1793 ff. BGB), als ehrenamtliche rechtliche Betreuer (§§ 1896 ff BGB) oder als ehrenamtliche Pfleger (§§ 1909 ff. BGB) tätig sind, erhalten regelmäßig eine Aufwandsentschädigung (nach § 1835a BGB). Hiervon bleibt seit dem Kalenderjahr 2021 ein Betrag i.H.v. **3 000 €** (zuvor 2 400 €) im Kalenderjahr **steuerfrei** (§ 3 Nr. 26b EStG).

Dabei ist zu beachten, dass bei einer evtl. weiteren ehrenamtlichen Tätigkeit als Übungsleiter, Ausbilder usw. insgesamt nur einmal bis zu 3 000 € steuerfrei bleiben. → Rz. 589 *Übungsleiterpauschale*.

Führerschein

520 Übernimmt der Arbeitgeber die Kosten für den Erwerb eines Pkw-Führerscheins durch den Arbeitnehmer, ist dies regelmäßig ein steuerpflichtiger geldwerter Vorteil bzw. Arbeitslohn. Ausgenommen hiervon sind Fälle mit einem eigenbetrieblichen Interesse des Arbeitgebers, z.B. bei Polizeibeamten und Feuerwehrleuten.

Die Übernahme der Aufwendungen für den Erwerb des Führerscheins der Klasse B im Rahmen der Straßenwärterausbildung sowie der Klasse C 1/C von Feuerwehrleuten durch Gemeinden usw. wird von der Finanzverwaltung ebenfalls **nicht** als steuerpflichtiger Arbeitslohn angesehen.

Funktionswechsel eines Arbeitnehmers

521 Zu steuerlichen Behandlung üblicher Sachleistungen des Arbeitgebers aus Anlass eines Funktionswechsels des Arbeitnehmers im Betrieb → Rz. 462 *Amtseinführung, Verabschiedung*.

Geburtsbeihilfen

522 Geburtsbeihilfen des Arbeitgebers anlässlich der Geburt eines Kindes der Arbeitnehmerin/des Arbeitnehmers sind **steuerpflichtiger** Arbeitslohn.

Gefahrenzulage

523 Als Gefahrenzulagen bezeichnete Lohnzuschläge des Arbeitgebers sowie Zulagen im Kampfmittelräumdienst sind steuerpflichtiger Arbeitslohn. Von Verfassungs wegen ist eine Steuerbefreiung nicht geboten (BFH v. 15.9.2011, BStBl II 2012, 144).

Gehaltsverzicht

524 Gehaltsverzicht liegt vor, wenn der Arbeitnehmer auf ihm zustehende Bezahlung verzichtet und keine Bedingungen für die Verwendung der verzichteten Gehaltsteile stellt, z.B. bei betrieblicher Notlage, die Zahlung in einen Solidaritätsfonds für Arbeitslose (bedingungsfreier Gehaltsverzicht). Diese Gehaltsteile stellen **keinen Arbeitslohn** dar; steuerpflichtig ist dann der neu vereinbarte niedrigere Arbeitslohn.

Ist der Gehaltsverzicht bzw. die Gehaltskürzung mit einer **Verwendungsauflage** verknüpft, ändert sich der steuerpflichtige Arbeitslohn nicht, z.B. Tantiemeverzicht gegen zusätzliche Leistungen des Arbeitgebers zur betrieblichen Altersversorgung oder bei Geistlichen.

Verzichtet der Arbeitnehmer anlässlich von **Naturkatastrophen** und vergleichbaren Ereignissen auf die Auszahlung von Teilen des Arbeitslohns s. → Rz. 470 *Arbeitslohnspende*.

Zur Frage, ob ein bedingungsfreier Gehaltsverzicht oder eine lohnsteuerpflichtige Gehaltskürzung unter Verwendungsauflage vorliegt → Rz. 546 *Lohnverwendungsabrede*.

Geldstrafen

525 Ordnungsgelder, Verwarnungsgelder sowie Geldstrafen und Geldauflagen, z.B. § 153a Strafprozessordnung, § 17 OWiG, die der Arbeitgeber für den Arbeitnehmer übernimmt (zahlt), sind stets **steuerpflichtiger** Arbeitslohn.

Auf Grund der gefestigten Rechtsprechung des BFH ist ein rechtswidriges Tun keine beachtliche Grundlage für eine betriebsfunktionale Zielsetzung. Deshalb sind z.B. vom Arbeitgeber übernommene Bußgelder, die gegen bei ihm angestellte Fahrer wegen Verstoßes gegen die Lenk- und Ruhezeit verhängt worden sind, steuerpflichtiger Arbeitslohn (BFH-Urteil v. 14.11.2013, VI R 36/12, BStBl II 2014, 278).

Folglich sieht die Finanzverwaltung in der Übernahme der gegen einen Paketzustellfahrer im **Paketzustelldienst** verhängten Verwarnungsgelder, z.B. weil er das Halteverbot verletzt hat, kein eigenbetriebliches Interesse des Arbeitgebers. Die Übernahme der Verwarnungsgelder u.Ä. durch den Arbeitgeber soll deshalb stets zu steuerpflichtigem Arbeitslohn führen.

C. Lohnsteuer

Der BFH hat zwischenzeitlich die Frage entschieden, ob die durch einen **Paketzustelldienst** (Arbeitgeber) geleistete Zahlung der gegenüber ihm als Halter der Fahrzeuge festgesetzten Verwarnungsgelder wegen **Falschparkens** seiner Arbeitnehmer auf Grund der Paketzustellung bei diesen zu Arbeitslohn führt. Das Gericht meint, der Arbeitgeber als Halter des Fahrzeugs leistet die Zahlung des Verwarnungsgelds wegen einer ihm gem. § 56 Abs. 1 Satz 1 OWiG erteilten Verwarnung auf eine eigene Schuld. Daher führt diese Zahlung **nicht** zu Arbeitslohn des die Ordnungswidrigkeit begehenden Arbeitnehmers (BFH v. 13.8.2020, VI R 1/17, www.stotax-first.de).

Hierbei ist zu beachten, dass **Arbeitslohn** vorliegt, wenn der Arbeitgeber dem Arbeitnehmer eine realisierbare **Forderung** erlässt. Dadurch könnte dem Arbeitnehmer, der einen Parkverstoß begangen hat, letztlich doch ein geldwerter Vorteil zugeflossen sein. Aus diesem Grund muss das bereits zuvor befasste FG Düsseldorf im zweiten Rechtsgang klären, ob und wenn ja in welcher Höhe dem Fahrzeughalter wegen den Parkverstößen der Fahrer/Arbeitnehmer ein (vertraglicher oder gesetzlicher) Regressanspruch zusteht und wann dieser ggf. zugeflossen ist. Das Ergebnis dieser neuerlichen Prüfung durch das FG ist derzeit nicht bekannt. Gleichwohl muss der Arbeitgeber als Grundlage für eine evtl. Steuerfreiheit diese Prüfung im Einzelfall selbst durchführen.

Genussmittel

Genussmittel (z.B. Kaffee, Tee, Zigaretten), die der Arbeitgeber seinen Arbeitnehmern zum Verzehr im Betrieb verbilligt oder unentgeltlich überlässt, sind regelmäßig **kein** Arbeitslohn. Insoweit ist weder eine Steuerbefreiungsvorschrift noch die Einbeziehung in die 50 €-Freigrenze (ab dem Kalenderjahr 2022, zuvor 44 €-Freigrenze) für Sachbezüge zu prüfen. Solche Sachleistungen gehören zu den Aufmerksamkeiten (→ Rz. 476 *Aufmerksamkeit*). Eine Lohnsteuerpflicht kann jedoch dann entstehen, wenn die Summe aller Aufmerksamkeiten (im Lohnzahlungszeitraum oder auch für den konkreten Arbeitseinsatz) den Betrag von 60,00 € übersteigt.

Zur steuerlichen Behandlung von Backwaren (z.B. Brötchen) → Rz. 476 *Aufmerksamkeit*.

526

Geschenke

Geschenke und Aufmerksamkeiten, die der Arbeitnehmer aus persönlichen Anlässen erhält, sind **steuerfrei**, wenn der Warenwert (einschließlich Umsatzsteuer) **60 €** je Anlass nicht übersteigt. Gemeint sind Sachgeschenke, die anlässlich eines Geburtstags, einer Hochzeit oder anderer persönlicher Ereignisse des Arbeitnehmers oder seiner Familienangehörigen üblicherweise zugewendet werden; auch → Rz. 476 *Aufmerksamkeit*; Lose als Geschenke → Rz. 547 *Lose*.

527

Getränke

Übliche Getränke, die der Arbeitgeber den Arbeitnehmern während der Arbeitszeit zur Verfügung stellt, sind regelmäßig **kein** Arbeitslohn; auch → Rz. 476 *Aufmerksamkeit*.

528

Gewinnbeteiligungen

Gewinnbeteiligungen, die dem Arbeitnehmer ausgezahlt oder gutgeschrieben werden, sind **steuerpflichtiger** Arbeitslohn.

529

Heimarbeiterzuschläge

Heimarbeiterzuschläge können an Heimarbeiter i.S.d. Heimarbeitergesetzes als Lohnzuschlag i.H.v. bis zu 10 % des Grundlohns **steuerfrei** gezahlt werden (R 9.13 Abs. 2 LStR 2021).

530

Heiratsbeihilfen

Heiratsbeihilfen des Arbeitgebers anlässlich der Heirat der Arbeitnehmerin/des Arbeitnehmers sind **steuerpflichtiger** Arbeitslohn.

531

Incentive-Reisen

Veranstaltet der Arbeitgeber sog. Incentive-Reisen, um bestimmte Arbeitnehmer für besondere Leistungen zu belohnen und zu weiteren Leistungssteigerungen zu motivieren, so erhalten die Arbeitnehmer damit einen **steuerpflichtigen** geldwerten Vorteil (Arbeitslohn), wenn

- auf den Reisen ein Besichtigungsprogramm angeboten wird,
- das einschlägigen Touristikreisen entspricht und
- der Erfahrungsaustausch zwischen den Arbeitnehmern demgegenüber zurücktritt.

Dieser Grundsatz gilt selbst dann, wenn ein Arbeitnehmer bei einer von seinem Arbeitgeber veranstalteten sog. Händler-Incentive-Reise Betreuungsaufgaben hat, falls der Arbeitnehmer auf der Reise von seinem Ehepartner begleitet wird.

Ein geldwerter Vorteil entsteht jedoch **nicht**, wenn die Betreuungsaufgaben das Eigeninteresse des Arbeitnehmers an der Teilnahme des touristischen Programms in den Hintergrund treten lassen (BFH-Urteil v. 5.2.2006, BStBl II 2007, 312).

Die Vorteile für den Arbeitnehmer (z.B. in Form einer Auslandsreise) sind im Rahmen der Gesamtwürdigung einheitlich zu beurteilen. Eine Aufteilung in Arbeitslohn und Leistungen im betrieblichen Interesse ist grundsätzlich nicht zulässig. Ausnahmsweise kann eine Aufteilung zwischen Arbeitslohn und Zuwendungen im betrieblichen Interesse in Betracht kommen, wenn sich die Kosten für die betriebsfunktionalen Elemente leicht und eindeutig von sonstigen Zuwendungen mit Entlohnungscharakter abgrenzen lassen.

Veranstaltet der Arbeitgeber oder auf Grund von Geschäftsbeziehungen ein Dritter (z.B. Lieferant des Arbeitgebers) eine solche Reise, um bestimmte Arbeitnehmer für besondere Leistungen zu entlohnen und zu weiteren Leistungen zu motivieren, ist der Vorteil ebenfalls steuerpflichtiger Arbeitslohn und keine Betriebsveranstaltung (→ Rz. 489 *Betriebsveranstaltungen*).

Da es sich stets um einen Sachbezug handelt, ist die pauschale Besteuerung mit dem betriebsindividuellen Pauschsteuersatz (→ Rz. 656 ff.) oder mit 30 % (→ Rz. 689) möglich.

532

Insolvenzgeld

Insolvenzgeld nach § 165 SGB III ist **steuerfrei**; es unterliegt jedoch dem Progressionsvorbehalt nach § 32b EStG (→ Rz. 67).

Leistet der Arbeitgeber auf Grund des gesetzlichen **Forderungsübergangs** (§ 115 SGB X) eine Lohnnachzahlung unmittelbar an die **Arbeitsverwaltung**, ist die Zahlung als **Arbeitslohn** des Arbeitnehmers anzusehen und ggf. Lohnsteuer einzubehalten (R 3.2 LStR 2021, H 3.2 LStH 2022).

533

E 99

Jobticket

Steuerfreiheit

534 **Steuerfrei** sind Arbeitgeberleistungen

– als **Zuschüsse** (Barlohn) zu den Aufwendungen des Arbeitnehmers oder als **Sachleistung**en (Fahrkarten, Jobtickets) für die Fahrten des Arbeitnehmers zwischen seiner **Wohnung** und der ersten **Tätigkeitsstätte** mit öffentlichen Verkehrsmitteln im Linienverkehr und

– als Zuschüsse (Barlohn) zu den Aufwendungen des Arbeitnehmers oder als Sachleistungen (z.B. Monats-/Jahresticket, Jobticket) für **private Fahrten** im öffentlichen **Personennahverkehr** (§ 3 Nr. 15 EStG).

Folglich kann der Arbeitgeber seinem Arbeitnehmer entweder den Preis für die von diesem erworbene(n) Fahrkarte(n) erstatten oder solche Fahrkarten selbst kaufen und sie an den Arbeitnehmer weitergeben. Der **Zuschuss** darf dabei die Aufwendungen des Arbeitnehmers einschließlich Umsatzsteuer für die entsprechenden Fahrberechtigungen **nicht** übersteigen.

Anstelle der Fahrten zur ersten Tätigkeitsstätte sind auch die Strecken bis zu einem vom Arbeitgeber bestimmtem Sammelpunkt oder bis zu dem am nächsten gelegenen Ort eines weiträumigen Arbeitsgebiets oder die Strecke bis zum Beginn eines weiträumigen Arbeitsgebiets begünstigt (→ Rz. 682).

Abweichend von dieser Gliederung in der Gesetzesregelung unterscheidet die Finanzverwaltung in dem maßgebenden Anwendungsschreiben (BMF v. 15.8.2019, IV C 5 – S 2342/19/10007 :001, BStBl I 2019, 875) zwischen Arbeitgeberleistungen (Barzuschüsse oder Sachleistungen)

– für Fahrten mit öffentlichen Verkehrsmitteln im Linienverkehr im **Personenfernverkehr** (ohne Luftverkehr), sog. „1. Alternative", sowie

– für Fahrten im öffentlichen **Personennahverkehr**, sog. „2. Alternative".

Nach der o.g. ersten Alternative der Steuerfreistellung sind nur Arbeitnehmer in einem **aktiven** Beschäftigungsverhältnis begünstigt (da Fahrten zwischen Wohnung und Tätigkeitsstätte zurückgelegt werden müssen). Nicht begünstigt sind **Privatfahrten** im Personenfernverkehr.

Hingegen gilt die Steuerfreiheit der zweiten Alternative für sämtliche Arbeitnehmer; folglich auch für Werksrentner. Unbeachtlich ist, ob sie Wege zwischen der Wohnung und der ersten Tätigkeitsstätte zurücklegen.

Begünstigt sind Fahrberechtigungen in Form von Einzel-/Mehrfahrtenfahrscheinen und Zeitkarten – auch als Job-Tickets –, z.B. Monats-, Jahrestickets, Bahncard 100 sowie allgemeine Freifahrberechtigungen oder Ermäßigungskarten (z.B. Bahncard 25).

Personenfernverkehr

Gilt eine Fahrberechtigung für den **Personenfernverkehr** ausschließlich (nur) für Fahrten zwischen Wohnung und erster Tätigkeitsstätte, ist die Arbeitgeberleistung steuerfrei. Die tatsächliche Nutzung der Fahrberechtigung auch zu Privatfahrten ist dann unbeachtlich.

Geht die Fahrberechtigung für den Personenfernverkehr über die o.g. begünstigten Strecken hinaus, z.B. bei einer Fahrberechtigung für ein bestimmtes Gebiet oder für eine zusätzliche Strecke, ist insoweit die grundsätzliche Steuerpflicht zu beachten. In diesen Fällen hilft eine **Vereinfachungsregelung** weiter. Danach ist davon auszugehen, dass die Fahrberechtigung **insoweit** auf die o.g. begünstigten Strecken entfällt, als der anzusetzende Wert der Arbeitgeberleistung (Zuschuss oder Fahrkarte) den **üblichen** Verkaufspreis der Fahrberechtigung bzw. Fahrkarte nur für diese Strecken und für den entsprechenden Gültigkeitszeitraum nicht übersteigt.

Wird eine o.g. steuerfreie Fahrberechtigung (nach § 3 Nr. 15 EStG) für den Personenfernverkehr auch

– für Fahrten im Rahmen von Auswärtstätigkeiten oder

– für eine Familienheimfahrt pro Woche im Rahmen der doppelten Haushaltsführung

genutzt, ist die Arbeitgeberleistung, soweit sie auf diese Fahrten entfällt, nach Reisekostengrundsätzen (§ 3 Nr. 16 [oder ggf. Nr. 13] EStG) steuerfrei. Diese Steuerfreistellungen haben Vorrang gegenüber der Steuerfreistellung nach § 3 Nr. 15 EStG. In diesem Fall darf der Arbeitgeber im Rahmen einer **Prognoseberechnung** prüfen, ob die „erweiterte" Fahrberechtigung bereits bei Hingabe insgesamt steuerfrei belassen werden kann (Armortisationsprognose).

BahnCard 100

Als steuerfreies Ticket/Job-Ticket kommt auch eine BahnCard 100 in Betracht. Ist ihr Preis höher als die Aufwendungen für die zuvor genannten begünstigte(n) Fahrten (n) zur **Tätigkeitsstätte**, sind zur Prüfung eines steuerpflichtigen Teils die als **Reisekosten** voraussichtlich anfallenden Fahrtkosten heranzuziehen. Erreichen diese beiden fiktiven Aufwandsposten aus Jahressicht den Preis der BahnCard 100, darf der Arbeitgeber den Kaufpreis steuerfrei erstatten bzw. sie dem Arbeitnehmer steuerfrei zur Verfügung stellen (Armortisationsprognose).

Vollamortisation allein durch Auswärtstätigkeiten

Ergibt die Prognose zum Zeitpunkt der Hingabe der Fahrberechtigung,

– dass die Summe aus den ersparten Kosten für Einzelfahrscheine für die Auswärtstätigkeiten, die ohne Nutzung der Fahrberechtigung während deren Gültigkeitsdauer für die o.g. steuerlich begünstigten Fahrten anfallen würden,

– die tatsächlichen Kosten der Fahrberechtigung erreichen oder übersteigen (prognostizierte Vollamortisation ohne § 3 Nr. 15 EStG),

stellt die Überlassung der Fahrberechtigung an den Arbeitnehmer **keinen** steuerpflichtigen Arbeitslohn dar. Eine evtl. darüber hinausgehende private Nutzung/-smöglichkeit ist dann unbeachtlich.

Führt die o.g. Amortisationsprognose nicht zur gänzlichen Steuerfreiheit der Arbeitgeberleistungen, darf eine Steuerfreiheit unter Einbeziehung des üblichen Verkaufspreises einer Fahrkarte für die Strecke zwischen Wohnung und erster Tätigkeitsstätte bzw. den weiteren o.g. begünstigten Strecken geprüft werden (prognostizierte Vollamortisation mit Steuerfreiheit nach § 3 Nr. 15 EStG).

Tritt die prognostizierte Vollamortisierung aus unvorhersehbaren Gründen (z.B. Krankheit des Arbeitnehmers oder geringere Anzahl von Dienstreisen) nicht ein, ist keine Nachversteuerung vorzunehmen. Ändern sich die der Prognose zu Grunde liegenden Annahmen grundlegend (z.B. Wechsel des Arbeitnehmers vom Außendienst in den Innendienst), muss der Arbeitgeber eine Korrektur und ggfs. eine Nachversteuerung vornehmen; s. aber o.g. Vereinfachungsregelung.

E 100

Beispiel Prognose Bahncard 100

Arbeitgeber A überlässt seinem Arbeitnehmer eine Bahncard 100, die er zum Preis von 4 400 € erworben hat. Nach der Prognose des Arbeitgebers betragen die ersparten Kosten der Einzelfahrscheine für Dienstreisen im Gültigkeitszeitraum der Bahncard 3 000 €. Der übliche Preis der Jahresfahrkarte für die Strecke zwischen Wohnung und erster Tätigkeitsstätte des Arbeitnehmers hätte 1 600 € betragen. Aus unvorhersehbaren Gründen betragen die im Laufe der Gültigkeitsdauer der Bahncard für Dienstreisen des Arbeitnehmers ersparte Kosten der Einzelfahrscheine nur 2 500 €.

Lösung:

Nach der Prognose des Arbeitgebers zum Zeitpunkt der Hingabe der Fahrberechtigung übersteigen die ersparten Kosten für die Einzelfahrscheine, die ohne Nutzung der Bahncard 100 während deren Gültigkeitsdauer für die steuerlich begünstigten Fahrten anfallen würden (3 000 €), zusammen mit dem üblichen Verkaufspreis einer Fahrberechtigung für die Strecke zwischen Wohnung und erster Tätigkeitsstätte (1 600 €) die Kosten der Bahncard 100.

Die Bahncard 100 ist daher i.H.v. 3 000 € steuerfreier Reisekostenersatz und der verbleibende Betrag von 1 400 € (4 400 € – 3 000 €) ist eine steuerfreie Arbeitgeberleistung nach § 3 Nr. 15 EStG. Auf den Umfang der tatsächlichen Nutzung sowie die private Nutzungsmöglichkeit kommt es dann nicht an.

Dass die prognostizierte Vollamortisation tatsächlich nicht eingetreten ist (2 500 € + 1 600 € = 4 100 €), ist unerheblich und führt weder zu einer Nachversteuerung noch zu einer Änderung der nach § 3 Nr. 15 EStG steuerfreien Arbeitgeberleistungen. Es bleibt somit bei der zu bescheinigenden steuerfreien Arbeitgeberleistung nach § 3 Nr. 15 EStG i.H.v. 1 400 €.

Personennahverkehr

Als öffentlichen Personennahverkehr beschreibt die Finanzverwaltung die allgemein zugängliche Beförderung von Personen im Linienverkehr, die überwiegend dazu bestimmt ist, die Verkehrsnachfrage im Stadt-, Vorort- oder Regionalverkehr zu bedienen. Aus Vereinfachungsgründen sind dies sämtliche öffentliche Verkehrsmittel, die nicht zum o.g. Personenfernverkehr rechnen. Hierzu gehören auch Taxen, die im Linienverkehr nach Maßgabe der genehmigten Nahverkehrspläne eingesetzt werden (z.B. zur Verdichtung, Ergänzung oder zum Ersatz anderer öffentlicher Verkehrsmittel).

Eine bestimmte Nutzung des öffentlichen Personennahverkehrs verlangt die Steuerbefreiung nicht. Sie ist unabhängig von der Art der Fahrten. Begünstigt sind also auch – ggf. nur ausschließliche – Privatfahrten des Arbeitnehmers. Damit darf das Finanzamt – anders als im Personenfernverkehr – bei Fahrberechtigungen für eine Nutzung des Personennahverkehrs keine Prüfung zur Art der Nutzung vornehmen.

Zu beachten ist, dass die geldwerten Vorteile durch die steuerfreien Arbeitgeberleistungen (einschl. Job-Ticket) auf die Entfernungspauschale für die Wege zwischen Wohnung und erster Tätigkeitsstätte angerechnet werden (s. nachfolgenden Abschnitt „Aufzeichnungs- und Nachweispflichten"). Hierdurch mindert sich der als Werbungskosten ansetzbare Betrag.

Um dies zu vermeiden, hat der Arbeitgeber eine Wahlmöglichkeit. Er muss seine unter § 3 Nr. 15 EStG fallenden Zuschüsse bzw. seine Aufwendungen für die gestellten Fahrkarten nicht steuerfrei zahlen, sondern kann eine besondere Pauschalbesteuerung mit 25 % wählen (→ Rz. 681 f.). Mit dieser neuen Pauschalbesteuerung entfällt für den Arbeitnehmer die Anrechnung auf die Entfernungspauschale für diese Arbeitgeberleistungen.

Weitere Einzelheiten, insbesondere zur Amortisationsprognose bei Nutzung einer Fahrberechtigung des Personenfernverkehrs zu dienstlichen Fahrten (s.o.), regelt das umfangreiche BMF-Schreiben vom 15.8.2019, IV C 5 – S 2342/19/10007 :001, BStBl I 2019, 875. Zum besseren Verständnis enthält das Schreiben zahlreiche Beispiele der Anwendungsmöglichkeiten.

Zusätzlichkeit

Wie bei einer Steuerfreistellung allgemein üblich, verlangt diese Steuerfreiheit, dass die o.g. steuerfreien Zuschüsse und Sachleistungen des Arbeitgebers zusätzlich zum ohnehin geschuldeten Arbeitslohn geleistet werden (→ Rz. 684 ff.). Ansonsten sind sie steuerpflichtig.

Aufzeichnungs- und Nachweispflichten

Der Arbeitgeber hat seine steuerfreien Arbeitgeberleistungen im Lohnkonto des Arbeitnehmers aufzuzeichnen und in Zeile 17 der Lohnsteuerbescheinigung (→ Rz. 381 ff.) auszuweisen.

Zahlt der Arbeitgeber einen **Zuschuss** zu den vom Arbeitnehmer selbst erworbenen Fahrberechtigungen, hat er als Nachweis der zweckentsprechenden Verwendung die vom Arbeitnehmer erworbenen und genutzten Fahrausweise oder entsprechende Belege zum Lohnkonto aufzubewahren.

Überlässt der Arbeitgeber seinem Arbeitnehmer eine Fahrberechtigung für den Personennahverkehr, hat er zum Nachweis der Steuerfreiheit die erworbenen Fahrberechtigungen zum Lohnkonto aufzubewahren. Dies gilt auch, wenn der Arbeitgeber dem Arbeitnehmer eine Fahrberechtigung für den Personenfernverkehr überlässt, die lediglich zur Nutzung für die Strecke zwischen Wohnung und erster Tätigkeitsstätte sowie zu einem Sammelpunkt oder einem weiträumigen Tätigkeitsgebiet berechtigt.

Überlässt oder bezuschusst der Arbeitgeber eine Fahrberechtigung für den Personenfernverkehr, die über die o.g. begünstigten Strecken hinausgeht oder auch zu Dienstreisen bzw. Auswärtstätigkeiten genutzt wird, hat er den Nachweis für das Vorliegen der Steuerbefreiung oder den entsprechenden Nachweis zu seiner Prognoseberechnung neben dem Beleg für die erworbene Fahrberechtigung ebenfalls zum Lohnkonto des aufzubewahren.

Jubiläumszuwendungen

Jubiläumszuwendungen als Sonderzahlungen des Arbeitgebers für Firmen- und Arbeitnehmerjubiläen sind **steuerpflichtiger** Arbeitslohn. Soweit es sich um Vergütungen für mehrjährige Tätigkeiten handelt, kommt eine Besteuerung als außergewöhnliche Einkünfte nach § 34 EStG (Fünftelungsregelung → Rz. 437 ff.) in Betracht.

Kaufkraftausgleich

Kaufkraftausgleich bzw. Kaufkraftzuschläge können als Zuschlag zum Arbeitslohn an Arbeitnehmer, die sich vorübergehend im Ausland aufhalten, **steuerfrei** gezahlt werden. Der steuerfreie Kaufkraftausgleich soll für den privaten Dienst den im öffentlichen Dienst steuerfrei gezahlten Kaufkraftzuschlag ausgleichen. Die Höhe der steuerfrei zahlbaren Prozentsätze vom Arbeitslohn wird vom BMF regelmäßig **zum Beginn** eines jeden Jahres bekannt gegeben und danach vierteljährlich fortgeschrieben (für das Kalenderjahr 2022 also zunächst im Januar 2022). Zuletzt ist die Gesamtübersicht mit der Steuerbefreiung der Kaufkraftzuschläge zum 1.10.2021 mit BMF-Schreiben v. 1.10.2021, IV C 5 – S 2341/21/10001 :003, BStBl I 2021, 1855 veröffentlicht worden.

Kindergartenbeiträge

537 Zuschüsse des Arbeitgebers an Arbeitnehmer zur Unterbringung und Betreuung von nicht (grund-)schulpflichtigen Kindern in Kindergärten oder vergleichbaren Einrichtungen sind **steuerfrei**. Gleiches gilt für schulpflichtige Kinder, solange sie mangels Schulreife vom Schulbesuch zurückgestellt oder noch nicht eingeschult sind.

Es muss sich um Arbeitgeberleistungen für ein Kind des Arbeitnehmers handeln; der Arbeitnehmer braucht die Aufwendungen für die Kinderbetreuung nicht selbst zu tragen. Danach sind Arbeitgeberleistungen für die Betreuung des gemeinsamen Kindes eines unverheirateten Elternpaares auch dann steuerfrei, wenn der nicht beim Arbeitgeber beschäftigte Elternteil die Betreuungsaufwendungen trägt. Begünstigt sind auch Beiträge für den Besuch einer Vorschule und von Vorklassen.

Die Kindergartenzuschüsse müssen zusätzlich zum ohnehin geschuldeten Arbeitslohn gezahlt werden (→ Rz. 684 ff.). Der Arbeitgeber muss dem Finanzamt die sachgerechte Verwendung der Zuschüsse nachweisen können (z.B. durch Vorlage der vom Arbeitnehmer zur Verfügung gestellten Quittungen bzw. durch Überweisungsformulare der monatlichen Zahlungen an den Kindergarten oder Träger der Einrichtung). Diese Nachweise müssen im Original als Beleg zum Lohnkonto des Arbeitnehmers aufbewahrt werden.

Zur **steuerfreien** Erstattung von Arbeitgeberzuschüssen für eine **Kindernotbetreuung** → Rz. 554 *Notbetreuung von Kindern, pflegebedürftigen Angehörigen.*

Kontoführungsgebühren

538 Kontoführungsgebühren, die der Arbeitgeber an den Arbeitnehmer zahlt, sind **steuerpflichtiger** Arbeitslohn.

Kraftfahrzeuggestellung

539
> **Gliederung:**
>
> 1. Steuerpflichtiger Vorteil
> 2. Ermittlung des privaten Nutzungswerts durch Pauschalmethode
> 3. Ermittlung des privaten Nutzungswerts durch Fahrtenbuchmethode
> 4. Regelungen für Elektro- und Hybridelektrofahrzeuge
> 5. Sonderregelungen für Elektro- und Hybridelektrofahrzeuge von 2020 bis 2030
> 6. Lohnsteuerabzugsverfahren
> 7. Zuzahlungen des Arbeitnehmers
> 8. Ergänzende Vorschriften

1. Steuerpflichtiger Vorteil

Überlässt der Arbeitgeber oder auf Grund des

Dienstverhältnisses ein Dritter dem Arbeitnehmer ein betriebliches **Kraftfahrzeug** unentgeltlich (oder verbilligt) zur privaten Nutzung, liegt hierin ein **steuerpflichtiger** geldwerter Vorteil (Sachbezug für private Nutzung), der als Arbeitslohn zu erfassen ist. Dieser Vorteil kann anhand gesetzlich festgelegter **Pauschalen** oder anhand eines **Fahrtenbuchs** durch Einzelnachweis der auf die Privatfahrten entfallenden **Aufwendungen** ermittelt werden.

Bei der Privatnutzung eines solchen Fahrzeugs ist zu unterscheiden zwischen

- **Privatfahrten**,
- Fahrten zwischen **Wohnung** und erster Tätigkeitsstätte,
- Fahrten von der Wohnung zu einem **Sammelpunkt** bzw. zu einem weiträumigen **Tätigkeitsgebiet** und den
- **Heimfahrten** i.R. einer doppelten Haushaltsführung.

Kein steuerpflichtiger Vorteil (weil steuerfrei) ist für folgende Fahrten des Arbeitnehmers anzusetzen:

- Fahrten anlässlich von beruflich veranlassten **Auswärtstätigkeiten** (Dienstreisen) einschl. Fahrten zwischen Wohnung und erster **Tätigkeitsstätte** (Betrieb), wenn dadurch die Dienstreise an der Wohnung begonnen oder beendet wird;
- Fahrten von der Wohnung bzw. erster Tätigkeitsstätte zu den (ständig wechselnden) Einsatzstellen bei Auswärtstätigkeiten, auch wenn der Arbeitnehmer auswärts übernachtet → Rz. 566 *Reisekosten*, → siehe auch Rz. 145;
- Fahrten anlässlich des Wohnungswechsels zu Beginn und am Ende der doppelten Haushaltsführung;
- wöchentliche Heimfahrten (Familienheimfahrten) anlässlich einer doppelten Haushaltsführung, soweit (alternativ) ein Werbungskostenansatz möglich wäre;
- Sammelbeförderung für mehrere Arbeitnehmer → Rz. 571 *Sammelbeförderung*;
- wenn der Arbeitnehmer das Firmenfahrzeug ausschließlich an den Tagen für die Fahrten zwischen Wohnung und erster Tätigkeitsstätte erhält, an denen es erforderlich werden kann, dass er die dienstliche Fahrt von der Wohnung aus antritt oder dort beendet, z.B. bei Bereitschaftsdienst in Versorgungsunternehmen, Gestellung eines Werkstattwagens.

Steuerpflichtig sind die sich aus der Nutzung eines betrieblichen Kraftfahrzeugs für andere Fahrten ergebenden Vorteile, die wie folgt zu berechnen sind:

2. Ermittlung des privaten Nutzungswerts durch Pauschalmethode

Vereinbaren Arbeitgeber und Arbeitnehmer die Ermittlung des privaten Nutzungswerts anhand der gesetzlichen Pauschalen (**pauschaler Nutzungswert**) oder erkennt das Finanzamt die Fahrtenbuchmethode nicht an, ist der geldwerte Vorteil nach den folgenden Grundsätzen zu ermitteln:

a) 1 %-Regelung

Der Arbeitgeber hat den Nutzungswert für die **Privatnutzung** mit **monatlich** 1 % des inländischen **Listenpreises** des Kraftfahrzeugs (s. unter Zwischenüberschrift „Listenpreis") anzusetzen (s. Beispiel unter c) Ermittlung der Pauschalen). Dieser Wert gilt unabhängig davon, in welchem Umfang/Verhältnis Privatfahrten durchgeführt werden; Unfallkosten sind nicht anzusetzen. Mit dem nach der 1 %-Regelung als Einnahme anzusetzende Betrag werden sämtliche geldwerten Vorteile abgegolten, die sich aus der Möglichkeit einer privaten Nutzung des betrieblichen Fahrzeugs ergeben. Auch bei einer sehr intensiven privaten Nutzung des Kraftfahrzeugs stellt der gesetzlich festgelegte Betrag von 1 % des Listenpreises die Obergrenze für die Versteuerung dar.

E 102

C. Lohnsteuer

Trägt der Arbeitnehmer bei Wahl der 1 %-Regelung die **Treibstoffkosten** selbst, vgl. unter 7. Zuzahlungen des Arbeitnehmers. Nutzt der Arbeitnehmer ein dienstliches **Elektrofahrzeug** oder extern aufladbares Hybridelektrofahrzeug für Privatfahrten und erhält er vom Arbeitgeber den Ladestrom verbilligt oder unentgeltlich gestellt, ist der geldwerte Vorteil durch die pauschale Nutzungswertermittlung (1 %-Regelung) bereits abgegolten. Die Steuerbefreiung des Ladestroms nach § 3 Nr. 46 EStG wirkt sich hier nicht aus, → Rz. 507 *Elektromobilität*.

b) 0,03 %-Regelung

Kann das Kraftfahrzeug auch zu Fahrten zwischen **Wohnung** und erster Tätigkeitsstätte genutzt werden, so ist für diese Nutzungsmöglichkeit **zusätzlich** ein **monatlicher** Betrag i.H.v. **0,03 %** des **Listenpreises** für jeden **Entfernungskilometer** zwischen Wohnung und erster Tätigkeitsstätte dem Arbeitslohn zuzurechnen; dies gilt grundsätzlich auch bei Nutzung eines Werkstattwagens.

Ein geldwerter Vorteil für die Fahrten zwischen Wohnung und erster Tätigkeitsstätte ist – abgesehen von einem Nutzungsverbot oder einem Nutzungsverzicht – nur dann **nicht** zu erfassen,

– wenn ein Arbeitnehmer ein Firmenfahrzeug ausschließlich an den Tagen für seine Fahrten zwischen Wohnung und erster Tätigkeitsstätte erhält, an denen es erforderlich werden kann, dass er dienstliche Fahrten von der Wohnung aus antritt, oder

– wenn er ein betriebliches Kraftfahrzeug ausschließlich an den Tagen für seine Fahrten zwischen Wohnung und erster Tätigkeitsstätte erhält, an denen er seine dienstlichen bzw. beruflichen Fahrten an der Wohnung beendet.

c) Ermittlung der Pauschalen

Monatswerte

Die Monatswerte für die Privatnutzung und für Fahrten zwischen Wohnung und erster Tätigkeitsstätte sind auch dann anzusetzen, wenn das Kraftfahrzeug dem Arbeitnehmer im **Kalendermonat** nur zeitweise zur Verfügung steht; die tatsächliche Nutzung ist nicht entscheidend.

Anzusetzende Entfernung

Für die Fahrten zwischen Wohnung und erster Tätigkeitsstätte ist die **einfache**, auf den nächsten vollen Kilometerbetrag abgerundete Entfernung anzusetzen. Maßgebend ist die kürzeste benutzbare Straßenverbindung. Der pauschale Nutzungswert ist **nicht** zu erhöhen, wenn der Arbeitnehmer das Kraftfahrzeug an einem Arbeitstag **mehrmals** zwischen Wohnung und erster Tätigkeitsstätte benutzt.

> **Beispiel** <u>Ermittlung des steuerpflichtigen geldwerten Vorteils für die private Kfz-Nutzung durch pauschalen Nutzungswert</u>
>
> a) Privatnutzung
>
> Der Brutto-Listenpreis des vom Arbeitnehmer privat genutzten betrieblichen Kfz beträgt im Zeitpunkt der Erstzulassung 38 090 €. Das Kfz wird im Kalenderjahr 2022 neben den Privatfahrten auch an 230 Tagen für Fahrten zwischen Wohnung und erster Tätigkeitsstätte genutzt. Die einfache Entfernung beträgt 20 km. Die **steuerpflichtigen** Monats- und Jahresbeträge sind wie folgt zu ermitteln:
>
> Abrundung des Listenpreises auf volle 100 €: 38 000 €
>
> | | |
> |---|---:|
> | Monatsbetrag 1 % von 38 000 € = | 380 € |
> | Jahresbetrag 1 % von 38 000 € × 12 Monate = | 4 560 € |
>
> b) Wege zwischen Wohnung und erster Tätigkeitsstätte
>
> Die **steuerpflichtigen** Monats- und Jahresbeträge sind wie folgt zu ermitteln:
>
> | | |
> |---|---:|
> | Monatsbetrag 0,03 % von 38 000 € × 20 km = | 228 € |
> | Jahresbetrag 0,03 % von 38 000 € × 20 km x 12 Monate = | 2 736 € |

Weiträumiges Tätigkeitsgebiet

Nutzt der Arbeitnehmer das betriebliche Kraftfahrzeug für die Fahrten von der Wohnung zu einem weiträumigen Tätigkeitsgebiet, ist ebenso ein geldwerter Vorteil anzusetzen. Wird das weiträumige Tätigkeitsgebiet immer von verschiedenen Zugängen aus betreten oder befahren, ist als Strecke aus Vereinfachungsgründen bei diesen Fahrten nur für die kürzeste Entfernung von der Wohnung zum nächstgelegenen Zugang maßgebend.

Teilstrecke

Setzt der Arbeitnehmer das ihm überlassene Kraftfahrzeug bei den Fahrten zwischen Wohnung und erster Tätigkeitsstätte oder bei Familienheimfahrten nur für eine Teilstrecke ein, weil er regelmäßig die andere Teilstrecke mit öffentlichen Verkehrsmitteln zurücklegt, so ist der Ermittlung des pauschalen Nutzungswerts grundsätzlich die **gesamte Entfernung** zu Grunde zu legen.

Die mit dem Kraftfahrzeug **tatsächlich** zurückgelegte Teilstrecke kommt nur in Betracht, wenn das Kraftfahrzeug vom Arbeitgeber **nur** für diese **Teilstrecke** zur Verfügung gestellt worden ist. Der Arbeitgeber ist **nicht** verpflichtet, die Einhaltung des Verbots zu überwachen s. unter 8. a) Verbot der privaten Nutzung eines betrieblichen Kraftfahrzeugs.

d) Kein Ansatz der vollen Pauschalen

Der volle monatliche Nutzungswert für die Privatnutzung und Fahrten zwischen Wohnung und erster Tätigkeitsstätte braucht nicht angesetzt zu werden

– für volle Kalendermonate, in denen dem Arbeitnehmer **kein** betriebliches Kraftfahrzeug zur **Verfügung** steht, oder

– wenn dem Arbeitnehmer das Kraftfahrzeug aus besonderem Anlass nur **gelegentlich** (von Fall zu Fall) für nicht mehr als **fünf Kalendertage im Kalendermonat** überlassen wird. In diesem Fall ist die Nutzung zu Privatfahrten und zu Fahrten zwischen Wohnung und erster Tätigkeitsstätte **je Fahrtkilometer** mit 0,001 % des inländischen Listenpreises des Kraftfahrzeugs zu bewerten (Einzelbewertung). Zum Nachweis der Fahrtstrecke müssen die Kilometerstände festgehalten werden;

> **Beispiel** <u>Fahrzeugüberlassung bis zu 5 Tagen</u>
>
> Einem Außendienstmitarbeiter steht für seine berufliche Auswärtstätigkeit ein Firmenwagen zur Verfügung. Der Bruttolistenpreis im Zeitpunkt der Erstzulassung hat 25 000 € betragen. Die Privatnutzung ist dem Arbeitnehmer schriftlich untersagt. Die Einhaltung des Verbots wird dokumentiert.
>
> Im August darf der Außendienstmitarbeiter den Firmenwagen ausnahmsweise für 5 Tage zu Fahrten zwischen Wohnung und erster Tätigkeitsstätte nutzen (einfache Entfernung 20 km). Der geldwerte Vorteil aus der Firmenwagenüberlassung im Monat August ist wie folgt zu berechnen: 0,001 % × 25 000 € × 40 km × 5 = 50 €.

E 103

C. Lohnsteuer

> **Beratungshinweis:**
> Beträgt die private Fahrleistung bei einer gelegentlichen Fahrzeugüberlassung in einem Monat **mehr** als 1 000 km, ergibt die tageweise Berechnung mit 0,001 % einen höheren geldwerten Vorteil als nach der gesetzlichen Regelung mit 1 %. Eine Vergleichsberechnung vermeidet in diesem Fall steuerliche Nachteile.

oder

– wenn er eine **Einzelbewertung** der **tatsächlichen Fahrten** zwischen Wohnung und erster Tätigkeitsstätte mit 0,002 % des Listenpreises je Entfernungskilometer wählt;

In diesem Fall hat der Arbeitgeber für das dem Arbeitnehmer überlassene betriebliche Kraftfahrzeuge eine jahresbezogene Begrenzung auf insgesamt 180 Fahrten vorzunehmen. Eine monatliche Begrenzung auf 15 Fahrten ist ausgeschlossen. In der Summe ergibt sich so maximal ein Jahres-Prozentsatz von 0,36 %; dies entspricht der gesetzlichen 0,03 %-Regelung (0,03 % x 12);

Seit dem 1.1.2019 ist der Arbeitgeber im Lohnsteuerabzugsverfahren zu einer Einzelbewertung der tatsächlichen Fahrten zwischen Wohnung und erster Tätigkeitsstätte verpflichtet, wenn sich aus der arbeitsvertraglichen oder einer anderen arbeitsrechtlichen Rechtsgrundlage nichts anderes ergibt (BMF v. 4.4.2018, IV C 5 – S 2334/18/10001, BStBl I 2018, 592, Rz. 10 Buchst. e).

Anders verhält es sich i.R. der **Veranlagung** zur Einkommensteuer. Dort ist der **Arbeitnehmer** nicht an die für die Erhebung der Lohnsteuer gewählte Methode gebunden und kann die Bewertungsmethode zu seinem Vorteil einheitlich für alle ihm überlassenen betrieblichen Kraftfahrzeuge für das gesamte Kalenderjahr wechseln.

e) Zuschlag bei doppelter Haushaltsführung

Nutzt der Arbeitnehmer das Kraftfahrzeug im Rahmen einer doppelten Haushaltsführung zu **mehr** als einer **Familienheimfahrt** wöchentlich, erhöht sich der zu versteuernde Nutzungswert für **jeden Kilometer** der Entfernung zwischen dem Beschäftigungsort/Tätigkeitsstätte und dem Ort des eigenen Hausstands um **0,002 %** des Listenpreises **pro Familienheimfahrt** → Rz. 501 *Doppelte Haushaltsführung*. Solch ein Wert ist demnach anzusetzen für die zweite und jede weitere Heimfahrt innerhalb einer Woche.

f) Listenpreis

Listenpreis im Sinne dieser Vorschrift ist die auf volle hundert Euro abgerundete unverbindliche Preisempfehlung des Herstellers für das genutzte Kraftfahrzeug im Zeitpunkt seiner Erstzulassung im Inland; einschließlich der Zuschläge für Sonderausstattungen und der Umsatzsteuer.

Hierzu hat der BFH klargestellt, dass auch für die Besteuerung der Privatnutzung von Taxen bzw. **Taxifahrzeugen** bei Anwendung der 1 %-Regelung der allgemeine **Listenpreis** maßgebend ist. Es gilt nicht der Preis nach den besonderen Herstellerpreislisten für Taxen und **Mietwagen** (BFH v. 8.11.2018, III R 13/16, BStBl II 2019, 229). Dieses Urteil hat darüber hinaus Bedeutung für alle Sonderpreislisten mit Sonderrabatten, die ein Fahrzeughersteller bestimmten Berufsgruppen gewährt. Solche Sonderpreise sind für die Ermittlung des Listenpreises nicht maßgebend.

Eine einzubeziehende **Sonderausstattung** des Fahrzeugs liegt nur **dann** vor, wenn das Fahrzeug bereits **werkseitig** im Zeitpunkt der Erstzulassung damit ausgestattet ist. **Nachträglich** eingebaute unselbständige Ausstattungsmerkmale sind durch den Nutzungswert abgegolten und dürfen **nicht** zusätzlich angesetzt werden.

Für **(re)importierte** Fahrzeuge ist der inländische Listenpreis des Kraftfahrzeugs im Zeitpunkt seiner Erstzulassung maßgebend. Eine nicht im Listenpreis erfasste Sonderausstattung ist werterhöhend, eine geringerwertige Ausstattung ist wertmindernd zu berücksichtigen.

Handelt es sich bei dem Fahrzeug um ein **Importfahrzeug**, für das weder ein inländischer Bruttolistenpreis vorhanden ist noch eine Vergleichbarkeit mit einem bau- und typengleichen inländischen Fahrzeug besteht, ist der inländische Bruttolistenpreis zu schätzen. Dazu kann der typische inländische Bruttoabgabepreis von Importfahrzeughändlern herangezogen werden (BFH v. 9.11.2017, III R 20/16, BStBl II 2018, 278).

Ist ein Kraftwagen aus **Sicherheitsgründen** gepanzert, darf der Listenpreis des leistungsschwächeren Fahrzeugs zu Grunde gelegt werden, das dem Arbeitnehmer zur Verfügung gestellt würde, wenn seine Sicherheit nicht gefährdet wäre.

Die vorgenannten Grundsätze, insbesondere zum Ansatz des Bruttolistenpreises im Zeitpunkt der Erstzulassung, gelten auch bei **gebraucht** erworbenen oder **geleasten** Fahrzeugen.

g) Besonderheiten

Begrenzung des pauschalen Nutzungswerts

Der anzusetzende **pauschale Nutzungswert** kann die dem Arbeitgeber für das Fahrzeug insgesamt entstandenen Kosten übersteigen. Wird dies im Einzelfall nachgewiesen, so ist der Nutzungswert höchstens mit dem Betrag der Gesamtkosten des Kraftfahrzeugs anzusetzen, wenn nicht auf Grund des Nachweises der Fahrten durch ein Fahrtenbuch ein geringerer Wertansatz in Betracht kommt (**Begrenzung** des pauschalen Nutzungswerts).

Stellt der Arbeitgeber dem Arbeitnehmer das **Kraftfahrzeug mit Fahrer** zur Verfügung, ist der anzusetzende Nutzungswert zu erhöhen; s. hierzu → 8.c) Fahrergestellung.

Nutzung des Kraftfahrzeugs durch mehrere Arbeitnehmer

Wird **ein** Kraftfahrzeug von **mehreren** Arbeitnehmern genutzt, so ist bei pauschaler Nutzungswertermittlung für Privatfahrten der monatliche geldwerte Vorteil i.H.v. 1 % des Listenpreises entsprechend der Zahl der Nutzungsberechtigten aufzuteilen. Für Fahrten zwischen Wohnung und erster Tätigkeitsstätte ist bei jedem Arbeitnehmer der monatliche geldwerte Vorteil mit 0,03 % des Listenpreises je Entfernungskilometer zu ermitteln und dieser Wert durch die Zahl der Nutzungsberechtigten zu teilen.

Fahrzeugpool

Stehen mehreren nutzungsberechtigten Arbeitnehmern in einem Fahrzeugpool verschiedene Kraftfahrzeuge für die private Nutzung zur Verfügung, so hat der Arbeitgeber den pauschalen Nutzungswert für die Privatfahrten mit 1 % der Listenpreise aller Kraftfahrzeuge zu ermitteln und die Summe entsprechend der Zahl der Nutzungsberechtigten aufzuteilen (BMF v. 4.4.2018, IV C 5 – S 2334/18/10001, BStBl I 2018, 592, Rz. 11).

E 104

Der pauschale Nutzungswert für Fahrten zwischen Wohnung und erster Tätigkeitsstätte ist grundsätzlich mit 0,03 % der Listenpreise aller Kraftfahrzeuge zu ermitteln und die Summe durch die Zahl der Nutzungsberechtigten zu teilen. Dieser Wert ist beim einzelnen Arbeitnehmer mit der Zahl seiner Entfernungskilometer zu multiplizieren.

Bitte beachten: Ist bei **Poolfahrzeugen** eine Privatnutzung schriftlich untersagt, braucht der Arbeitgeber hierfür keinen geldwerten Vorteil anzusetzen; s. hierzu Nr. 8 a). Allerdings reicht es für einen Verzicht auf die Vorteilserfassung der Privatfahrten **nicht** aus, wenn die Poolfahrzeuge allgemein nur zu betrieblichen Fahrten zur Verfügung gestellt werden.

3. Ermittlung des privaten Nutzungswerts durch Fahrtenbuchmethode

a) Fahrtenbuch

Anstelle der pauschalen Ermittlung kann der Arbeitgeber den geldwerten Vorteil für die **Privatnutzung** anhand der **tatsächlichen** Fahrleistung (Strecken der Privatnutzung zuzüglich Fahrten zwischen Wohnung und erster Tätigkeitsstätte sowie Familienheimfahrten) und der darauf entfallenden Aufwendungen für das Kraftfahrzeug ermittelt werden. Dabei bleiben die vom Arbeitnehmer selbst getragenen Aufwendungen (Kosten) außer Ansatz (R 8.1 Abs. 9 Nr. 2 Satz 8 LStR 2021).

Maßgebend ist das Verhältnis der privaten zu den übrigen Fahrten; sie sind durch ein ordnungsgemäßes Fahrtenbuch nachzuweisen (**Fahrtenbuchmethode**). Die dienstlich und privat zurückgelegten Fahrtstrecken sind gesondert und laufend im Fahrtenbuch nachzuweisen. Für dienstliche Fahrten sind grundsätzlich die folgenden Angaben erforderlich (strenge Formvorschriften der Finanzverwaltung zu beachten: s. R 8.1 Abs. 9 Nr. 2 LStR 2021 sowie H 8.1 (9-10) [Ordnungsgemäßes Fahrtenbuch] LStH 2022):

– Datum und Kilometerstand zu Beginn und am Ende jeder einzelnen Auswärtstätigkeit, z.B. Dienstreise,
– Reiseziel und bei Umwegen auch die Reiseroute,
– Reisezweck und aufgesuchte Geschäftspartner.

Für **Privatfahrten** genügen jeweils Kilometerangaben; für Fahrten zwischen Wohnung und erster Tätigkeitsstätte genügt jeweils ein kurzer Vermerk im Fahrtenbuch. Die Führung des Fahrtenbuchs kann nicht auf einen repräsentativen Zeitraum beschränkt werden, selbst wenn die Nutzungsverhältnisse keinen größeren Schwankungen unterliegen. Anstelle des Fahrtenbuchs kann ein Fahrtenschreiber eingesetzt werden, wenn sich daraus dieselben Erkenntnisse gewinnen lassen.

b) Nutzungswert, Anteil an den Gesamtkosten

Der private **Nutzungswert** ist der Anteil an den Gesamtkosten des Kraftwagens, der dem Verhältnis der Privatfahrten zur Gesamtfahrtstrecke entspricht.

Zu den **Gesamtkosten** gehören nur solche Kosten, die dazu bestimmt sind, unmittelbar dem Halten und dem Betrieb des Kraftfahrzeugs zu dienen und im Zusammenhang mit seiner Nutzung typischerweise entstehen. Hierzu gehören z.B.
– Betriebsstoffkosten, Wartungs- und Reparaturkosten,
– Kraftfahrzeugsteuer, Halterhaftpflicht- und Fahrzeugversicherungen,
– Leasing- und Leasingsonderzahlungen (anstelle der Absetzung für Abnutzung),
– Garagen-/Stellplatzmieten, Aufwendungen für Anwohnerparkberechtigungen.

Sie sind als Summe der Nettoaufwendungen (**ohne Unfallkosten**) zuzüglich Umsatzsteuer und Absetzungen für Abnutzung zu ermitteln.

Zur Steuerfreiheit des vom Arbeitgeber verbilligt oder unentgeltlich gestellten **Ladestroms** für ein dienstlich oder privat genutztes Elektrofahrzeug oder Hybridelektrofahrzeug s. → Rz. 507 *Elektromobilität*.

Den Absetzungen für Abnutzung (AfA) sind die tatsächlichen **Anschaffungs**- oder **Herstellungskosten** einschließlich der Umsatzsteuer zu Grunde zu legen. Als voraussichtliche Nutzungsdauer ist von einer **achtjährigen** (Gesamt-)Nutzungsdauer auszugehen. Für gebraucht erworbene Kraftfahrzeuge kommt eine entsprechend kürzere Nutzungsdauer in Betracht.

Nicht zu den Gesamtkosten gehören z.B. Beiträge für einen auf den Namen des Arbeitnehmers ausgestellten Schutzbrief sowie Gebühren für die Benutzung von Straßen, Brücken, Tunneln und Parkplätzen, von sanitären Einrichtungen auf Rastplätzen, Aufwendungen für Insassen- und Unfallversicherungen, Verwarnungs-, Ordnungs-/Bußgelder und Unfallkosten.

> **Beispiel** <u>Ermittlung des steuerpflichtigen geldwerten Vorteils für die private Kfz-Nutzung nach der Fahrtenbuchmethode</u>
>
> Arbeitnehmer und Arbeitgeber haben sich für die individuelle Bewertung des geldwerten Vorteils für das von der Firma für Privatfahrten und Fahrten zwischen Wohnung und erster Tätigkeitsstätte überlassene Kfz im Wert von 30 000 € entschieden.
>
> Die Entfernung Wohnung – erste Tätigkeitsstätte beträgt 8 km. Die gesamten Aufwendungen für das Kfz einschließlich AfA betragen im Kalenderjahr 8 000 €. Lt. Fahrtenbuch ist der Arbeitnehmer 2 200 km zwischen Wohnung und Tätigkeitsstätte sowie 9 600 km privat und außerdem 13 200 km für die Firma gefahren.
>
> Die Aufwendungen für das Kfz betragen somit 8 000 €: 25 000 km = 0,32 € **je km**. Der **geldwerte Vorteil** für dieses Kalenderjahr errechnet sich folgendermaßen:

für Privatnutzung (9 600 × 0,32 € =)	3 072 €
zzgl. für Fahrten zwischen Wohnung und erster Tätigkeitsstätte (2 200 × 0,32 € =)	704 €
steuerpflichtiger Jahresbetrag	3 776 €

Außergewöhnliche Aufwendungen, z.B. durch Unfall, gehören **nicht** zu den Gesamtkosten. Dabei ist es unerheblich, ob sich der Unfall auf einer privaten oder beruflichen Fahrt ereignete. **Verbleiben** nach Erstattungen durch Dritte **Unfallkosten** bis zur Höhe von 1 000 € (zzgl. Umsatzsteuer) je Schaden, dürfen diese als Reparaturkosten in die Gesamtkosten einbezogen werden.

Ist der Arbeitnehmer dem Arbeitgeber für verursachte **Unfallkosten** nach allgemeinen zivilrechtlichen Regeln **schadensersatzpflichtig**, z.B. bei Unfall auf Privatfahrten oder Trunkenheitsfahrten, und verzichtet der Arbeitgeber (z.B. durch arbeitsvertragliche Vereinbarungen) auf diesen Schadensersatz, so liegt in Höhe des Verzichts ein gesonderter geldwerter Vorteil vor. Erstattungen durch Dritte, z.B. durch eine Versicherung, sind unabhängig vom Zahlungszeitpunkt zu berücksichtigen, so dass der geldwerte Vorteil regelmäßig in Höhe des vereinbarten Selbstbehalts anzusetzen sein wird (R 8.1 Abs. 9 Nr. 2 Satz 12 ff. LStR 2021).

Hat der Arbeitgeber keine **Versicherung** oder eine Versicherung mit einem Selbstbehalt von mehr als 1 000 € abgeschlossen, ist aus Vereinfachungsgründen so zu verfahren, als bestünde eine Versicherung mit einem Selbstbehalt i.H.v. **1 000 €**, wenn es bei bestehender Versicherung zu einer Erstattung gekommen wäre.

Liegt **keine** Schadensersatzpflicht des Arbeitnehmers vor, z.B. Fälle höherer Gewalt, Verursachung des Unfalls durch einen Dritten, oder ereignet sich der Unfall auf einer beruflich veranlassten Fahrt (Auswärtstätigkeit oder Fahrt zwischen Wohnung und erster Tätigkeitsstätte), liegt kein geldwerter Vorteil vor (R 8.1 Abs. 9 Nr. 2 Satz 12 ff. LStR 2021).

Dem geldwerten Vorteil aus der Kfz-Nutzung kann aus Vereinfachungsgründen ein möglicher Werbungskostenabzug bereits im Lohnsteuerabzugsverfahren **gegengerechnet** werden. Hierzu hat der Arbeitnehmer beim Finanzamt einen Antrag zur Berücksichtigung eines Freibetrags zu stellen, z.B. i.H. des Verzichts auf den Schadensersatz. Hierdurch kann eine Besteuerung vermieden werden.

4. Regelungen für Elektro- und Hybridelektrofahrzeuge bis 2022

Zu der seit 2019 reduzierten Besteuerung des Nutzungswerts für bestimmte Elektrofahrzeuge und Hybridelektrofahrzeuge s. unter 5. Sonderregelungen für Elektro- und Hybridelektrofahrzeuge von 2019 bis 2030.

Für in den Kalenderjahren 2013 bis 2022 angeschaffte **Elektrofahrzeuge** und (extern aufladbare) **Hybridelektrofahrzeuge** sind Sonderregelungen zu beachten, sofern die in der nachfolgenden Nr. 5 genannten Voraussetzungen nicht vorliegen. Für solche Kraftfahrzeuge ist der Listenpreis um die darin enthaltenen Kosten für das Batteriesystem pauschal zu mindern. Dieser pauschale Abschlag ist gesetzlich der Höhe nach begrenzt und wie nachfolgend beschrieben anzusetzen. Dazu richten sich der Minderungs- und der Höchstbetrag nach dem Anschaffungsjahr des Kraftfahrzeugs und können für die Jahre 2020 bis 2022 aus der nachfolgenden Tabelle entnommen werden.

Anschaffungsjahr/Jahr der Erstzulassung	Minderungsbetrag in Euro/kWh der Batteriekapazität	Höchstbetrag in Euro
2020	150	6 500
2021	100	6 000
2022	50	5 500

Letztmals begünstigt sind Anschaffungen im Jahr 2022. Der kWH-Wert kann dem Feld 22 der Zulassungsbescheinigung entnommen werden. Näheres ist in dem früheren BMF-Schreiben v. 5.6.2014, IV C 6 – S 2177/13/10002, BStBl I 2014, 835, welches durch das (nunmehr aktuelle) BMF-Schreiben v. 5.11.2021, IV C 6 – S 2177/19/10004 :008/IV C 5 – S 2334/19/10009 :003, www.stotax-first.de, abgelöst worden ist, geregelt.

Diese pauschalen Abschläge sind unter Berücksichtigung der vorgenannten Einschränkungen auch für **Brennstoffzellenfahrzeuge** anzuwenden. Auch hierfür ist der in der Zulassungsbescheinigung Teil 1 in Ziffer 22 angegebene Wert heranzuziehen (BMF v. 5.11.2021, IV C 6 – S 2177/19/10004 :008/ IV C 5 – S 2334/19/10009 :003, www.stotax-first.de).

Die **Abrundung** des Listenpreises auf volle Hundert Euro ist nach Abzug des Abschlages vorzunehmen. Auf den so ermittelten Wert sind die pauschalen Prozentsätze für die Privatnutzung anzuwenden.

Der zuvor beschriebene Abschlag für das Batteriesystem mindert bei der **Fahrtenbuchmethode** die Bemessungsgrundlage für die in die Gesamtkosten einfließende AfA. In den Fällen der sog. **Kostendeckelung** (s. unter 2. g) Besonderheiten) darf der pauschale Abschlag ebenso von der Bemessungsgrundlage für die in die Gesamtkosten einfließende AfA abgezogen werden.

5. Sonderregelungen für Elektro- und Hybridelektrofahrzeuge von 2019 bis 2030

Die Elektromobilität wird weiterhin steuerlich verstärkt gefördert. Grundsätzlich werden die bereits vor dem Kalenderjahr 2019 bestehenden Regelungen bis zum Jahr 2030 fortgeführt.

Hinzugekommen ist eine neue Fallgruppe („reine" Elektrofahrzeuge). Bei solchen Fahrzeugen ist für die Ermittlung des Vorteils durch die private Nutzung nur **ein Viertel** der Bemessungsgrundlage (Bruttolistenpreis oder bei Anwendung der Fahrtenbuchmethode: Absetzung für Abnutzung bzw. Leasingrate) anzusetzen. Unter diese Förderung fallen auch verkehrsrechtlich als Kfz eingeordnete E-Bikes. Zu beachten ist auch die auf den 1.1.2020 rückwirkende Gesetzesänderung, wonach der Bruttolistenpreis für die Anwendung der Viertelung der Bemessungsgrundlage bei reinen Elektrofahrzeugen von 40 000 € auf 60 000 € angehoben worden ist.

Übersicht zu den Regelungen für „reine" Elektrofahrzeuge sowie für Hybridelektrofahrzeuge ab 1.1.2019:

Anschaffungszeitraum	Voraussetzungen	Anzusetzender Bruchteil
1.1.2019 bis 31.12.2030 für „reine" Elektrofahrzeuge	Ab dem Kalenderjahr 2020: Null-Emissionen/km *und*	
	– Höhe des Listenpreises nicht mehr als 60 000 €	1/4
	– Höhe des Listenpreises mehr als 60 000 €	1/2
	Übrige in den Kalenderjahren 2019 bis 2020 angeschaffte Elektrofahrzeuge	1/2
1.1.2019 bis 31.12.2021 für Hybridelektrofahrzeuge	CO_2-Emission höchstens 50 g/km *oder* Mindestreichweite von 40 km	1/2
1.1.2022 bis 31.12.2024 für Hybridelektrofahrzeuge	CO_2-Emission höchstens 50 g/km *oder* Mindestreichweite von 60 km	1/2
1.1.2025 bis 31.12.2030 für Hybridelektrofahrzeuge	CO_2-Emission höchstens 50 g/km *oder* Mindestreichweite von 80 km	1/2

Begünstigt sind auch gebraucht angeschaffte Kraftfahrzeuge.

Voraussetzung ist stets, dass der Arbeitgeber das begünstigte Kraftfahrzeug an einen Arbeitnehmer erstmals nach dem 31.12.2018 und vor dem 1.1.2031 zur privaten Nutzung überlässt. In diesen Fällen kommt es nicht auf den Zeitpunkt an, zu dem der Arbeitgeber dieses Kraftfahrzeug angeschafft, hergestellt oder geleast hat. Wurde das betriebliche Kraftfahrzeug vor dem 1.1.2019 vom Arbeitgeber bereits einem Arbeitnehmer zur privaten Nutzung überlassen, bleibt es bei einem Wechsel des Nutzungsberechtigten nach dem 31.12.2018 für dieses Kraftfahrzeug bei den zunächst maßgebenden Bewertungsregelungen. Die o.g. erst später eingeführten Neuregelungen sind nicht anzuwenden (BMF v. 5.11.2021, IV C 6 – S 2177/19/10004 :008/IV C 5 – S 2334/19/10009 :003, Rz. 22, www.stotax-first.de).

Die reduzierte Besteuerung gilt sowohl für die Privatnutzung (1 %-Regelung) als auch für die Nutzungsvorteile für die Fahrten zwischen Wohnung und erster Tätigkeitsstätte (0,03 %-Regelung) und für Familienheimfahrten im Rahmen einer doppelten Haushaltsführung (0,002 % je Entfernungskilometer).

E 106

Beispiel <u>Viertelung Listenpreis</u>

Der Arbeitnehmer erhält als Firmenwagen ein am 1.1.2022 angeschafftes Elektrofahrzeug mit Null-Emissionen/km auch zur privaten Nutzung. Der Bruttolistenpreis beträgt 48 700 €.

Ermittlung des monatlichen privaten Nutzungswerts

Bruttolistenpreis	48 700 €
Viertelung	12 175 €
abgerundet auf volle 100 €	12 100 €
zugrunde zu legender Bruttolistenpreis	12 100 €
geldwerter Vorteil für die Privatnutzung mtl. 1 %	121 €

Führt der Arbeitnehmer ein **Fahrtenbuch**, wird die Halbierung/Viertelung der Berechnungsgrundlage (des Bruttolistenpreises) entsprechend auf die tatsächlich entstandenen Anschaffungskosten oder Leasinggebühren übertragen.

Hinweis: Für Elektro- und Hybridelektrofahrzeuge, welche die o.g. Voraussetzungen **nicht** erfüllen, kommt die unter 4. erläuterte Reduzierung der Bemessungsgrundlage in Betracht. Eine Doppelförderungen ist gesetzlich ausgeschlossen.

6. Lohnsteuerabzugsverfahren

Der Arbeitgeber muss in **Abstimmung** mit dem Arbeitnehmer die Anwendung eines der beiden Verfahren für jedes **Kalenderjahr** festlegen; das Verfahren darf bei demselben Kraftfahrzeug während des Kalenderjahres nicht gewechselt werden. Soweit die genaue Erfassung des privaten Nutzungswerts nach der Fahrtenbuchmethode zunächst (zu Beginn des Kalenderjahres) nicht möglich ist, kann für die Erhebung der Lohnsteuer monatlich ein Zwölftel des Vorjahresbetrags zu Grunde gelegt werden.

Nach Ablauf des Kalenderjahres oder nach Beendigung des Dienstverhältnisses während des Kalenderjahres ist der tatsächlich zu versteuernde Nutzungswert zu ermitteln und eine etwaige Lohnsteuerdifferenz auszugleichen (§§ 41c, 42b EStG). Bei der Veranlagung zur **Einkommensteuer** ist der Arbeitnehmer für den Werbungskostenansatz nicht an das für die Lohnsteuererhebung gewählte Verfahren gebunden.

S. ergänzend auch Nr. 1 d) Kein Ansatz der vollen Pauschalen.

7. Zuzahlungen des Arbeitnehmers

Zahlt der Arbeitnehmer an den Arbeitgeber oder auf dessen Weisung an einen Dritten zur Erfüllung einer Verpflichtung des Arbeitgebers (abgekürzter Zahlungsweg) für die außerdienstliche Nutzung (Nutzung zu privaten Fahrten, zu Fahrten zwischen Wohnung und erster Tätigkeitsstätte und zu Heimfahrten im Rahmen einer doppelten Haushaltsführung) eines betrieblichen Kraftfahrzeugs ein **Nutzungsentgelt**, **mindert** dies den Nutzungswert (R 8.1 Abs. 9 Nr. 4 Satz 1 LStR 2021). Dabei ist es **gleichgültig**, ob einzelne Kraftfahrzeugkosten durch den Arbeitnehmer vollständig oder teilweise übernommen werden (BMF-Schreiben v. 4.4.2018, IV C 5 – S 2334/18/10001, BStBl I 2018, 592). Übersteigt das Nutzungsentgelt den Nutzungswert, führt der übersteigende Betrag weder zu negativem Arbeitslohn noch zu Werbungskosten. Kein Nutzungsentgelt ist insbesondere ein **Barlohnverzicht** des Arbeitnehmers im Rahmen einer Gehaltsumwandlung.

Nach dem neuen BFH-Urteil v. 16.12.2020 (BFH [Beschluss] v. 16.12.2020, VI R 19/18, www.stotax-first.de, sind zeitraumbezogene (Einmal-)Zahlungen des Arbeitnehmers für die außerdienstliche Nutzung eines betrieblichen Kfz bei der Bemessung des geldwerten Vorteils auf den Zeitraum, für den sie geleistet werden, gleichmäßig zu verteilen und vorteilsmindernd zu berücksichtigen. Leistet danach ein Arbeitnehmer für die Anschaffung des Firmen-Kfz eine einmalige Zuzahlung i.H.v. 20 000 € an den Arbeitgeber vereinbarungsgemäß für einen bestimmten Zeitraum, z.B. 96 Monaten, so darf die vertraglich vereinbarte Verteilung der Zuzahlung zu den Anschaffungskosten des überlassenen Kfz der Besteuerung zugrunde gelegt werden. In diesem Fall minderte die verteilte Zuzahlung (hier i.H.v. monatlich 200 €) den anzusetzenden Nutzungswert bzw. den Brutto-Monatsverdienst des Arbeitnehmers mit dem Ergebnis, dass sich trotz des steuerpflichtigen geldwerten Vorteils für die private Kfz-Nutzung ein begünstigter Mini-Job nach § 40a Abs. 2 EStG ergeben kann (→ Rz. 625 f.).

a) Zuzahlung bei pauschaler Nutzungswertmethode

Neben Zuzahlungen mindern bei der pauschalen Nutzungswertmethode (1 %-Regelung, 0,03 %-Regelung) auch die im Rahmen der privaten Nutzung vom **Arbeitnehmer** selbst getragenen (laufenden) individuellen Kraftfahrzeugkosten den zu versteuernden Nutzungswert. In Betracht kommen z.B. Treibstoffkosten, Wartungs- und Reparaturkosten, Kraftfahrzeugsteuer, Beiträge für Halterhaftpflicht- und Fahrzeugversicherungen, Garagen-/Stellplatzmiete, Aufwendungen für die Wagenpflege/-wäsche sowie der Ladestrom. Solch eine Minderung ist allerdings nur dann möglich, wenn der Arbeitnehmer den Aufwand (der Finanzverwaltung) im Einzelnen umfassend darlegt und belastbar nachweist.

Beispiel <u>Anrechnung individueller Kraftfahrzeugkosten</u>

Der Arbeitgeber hat seinem Arbeitnehmer ein betriebliches Kraftfahrzeug auch zur Privatnutzung überlassen und den geldwerten Vorteil aus der Kraftfahrzeuggestellung nach der 1 %-Regelung bewertet. In der Überlassungsvereinbarung des betrieblichen Pkw ist geregelt, dass der Arbeitnehmer die gesamten Treibstoffkosten zu zahlen hat.

Diese Kostenübernahme durch den Arbeitnehmer ist ein Nutzungsentgelt, das den geldwerten Vorteil mindert, s. BMF-Schreiben v. 4.4.2018, IV C 5 – S 2334/18/10001, BStBl I 2018, 592.

b) Individuelle Nutzungswertmethode (Fahrtenbuchmethode)

Bei der Fahrtenbuchmethode fließen vom Arbeitnehmer selbst getragene individuelle Kraftfahrzeugkosten nicht in die Gesamtkosten ein und erhöhen damit nicht den individuellen Nutzungswert (R 8.1 Abs. 9 Nr. 2 Satz 8 zweiter Halbsatz LStR 2021). Folglich können sie den geldwerten Vorteil nicht mindern. Zahlt der Arbeitnehmer jedoch ein pauschales Nutzungsentgelt, mindert dieser Betrag den individuellen Nutzungswert.

Alternativ ist es möglich, dass bei der Fahrtenbuchmethode vom Arbeitnehmer selbst getragene Kosten in die Gesamtkosten einbezogen und danach wie bei der pauschalen Nutzungswertmethode als Nutzungsentgelt behandelt werden.

Beispiel <u>Arbeitnehmer trägt die individuellen Kraftfahrzeugkosten</u>

In der Nutzungsüberlassungsvereinbarung ist geregelt, dass der Arbeitnehmer die gesamten Treibstoffkosten zu zahlen hat. Diese betragen 3 000 €. Die übrigen vom Arbeitgeber getragenen Kraftfahrzeugkosten betragen 7 000 €. Auf die Privatnutzung entfällt ein Anteil von 10 %. Der individuelle Nutzungswert ist wie folgt zu ermitteln:

Die vom Arbeitnehmer selbst getragenen Treibstoffkosten gehen in die Gesamtkosten des Kraftfahrzeugs ein. Es handelt sich um ein Nutzungsentgelt i.H.v. 3 000 €. Anhand der Gesamtkosten ist für die Privatnutzung der individuelle Nutzungswert zu ermitteln: 10 % von 10 000 € = 1 000 €.

Dieser Nutzungswert ist um das Nutzungsentgelt bis auf 0 € zu mindern. Der den Nutzungswert übersteigende Betrag i.H.v. 2 000 € führt nicht zu Werbungskosten.

c) Zuzahlungen zu den Anschaffungskosten

Zuzahlungen des Arbeitnehmers zu den **Anschaffungskosten**, z.B. für Sonderausstattung, eines ihm auch zur privaten Nutzung überlassenen betrieblichen Kraftfahrzeugs können **nicht nur** im Zahlungsjahr, sondern **auch** in den darauf **folgenden** Kalenderjahren auf den geldwerten Vorteil angerechnet werden (R 8.1 Abs. 9 Nr. 4 Satz 2 f. LStR 2021). Voraussetzung ist, dass die Zuzahlungen nicht bereits beim Ansatz der **Anschaffungskosten** berücksichtigt wurden, da dies einen geringeren Betrag für die Abschreibung (AfA) ergibt.

Zahlt der Arbeitgeber **Zuzahlungen** an den Arbeitnehmer **zurück**, sind sie als Arbeitslohn **steuerpflichtig**, soweit sie den Arbeitslohn (regelmäßig den geldwerten Vorteil) gemindert haben.

8. Ergänzende Vorschriften

Kann das Kraftfahrzeug auch im Rahmen einer **anderen Einkunftsart** genutzt werden, ist diese Nutzungsmöglichkeit mit dem 1 %-Wert abgegolten.

Übernimmt der Arbeitgeber die Beiträge für einen auf seinen Arbeitnehmer ausgestellten **Schutzbrief** und die **Straßenbenutzungsgebühr** (Maut) für die mit dem Firmenwagen unternommenen Privatfahrten des Arbeitnehmers, sind diese Arbeitslohn (geldwerte Vorteile), die nicht mit der 1 %-Regelung abgegolten sind.

a) Verbot der privaten Nutzung eines betrieblichen Kraftfahrzeugs

Nunmehr ist eindeutig geregelt, dass der Arbeitgeber sein Verbot, das betriebliche Kraftfahrzeug nicht für Privatfahrten oder nur für bestimmte zum Privatbereich gehörende Fahrten zu nutzen (Nutzungsverbot), **nicht** zu **überwachen** braucht. Als Folge unterbleibt der Ansatz eines entsprechenden steuerpflichtigen Nutzungswerts. Voraussetzung für ein wirksames Verbot ist, dass es der Finanzverwaltung durch entsprechende Unterlagen (z.B. eine arbeitsvertragliche oder eine andere arbeits- oder dienstrechtliche Rechtsgrundlage) nachgewiesen werden kann.

Anstelle eines Nutzungsverbots des Arbeitgebers ist auch ein ausdrücklich mit Wirkung für die Zukunft erklärter schriftlicher **Verzicht** des **Arbeitnehmers** auf die vollständige oder teilweise private Nutzung des betrieblichen Kraftfahrzeugs möglich.

Solch ein Verzicht kann in Betracht kommen, wenn aus außersteuerlichen Gründen ein Nutzungsverbot des Arbeitgebers nicht möglich ist; z.B. bei Organen von Kapitalgesellschaften. Hierbei ist zu beachten, dass diese „außersteuerlichen Gründe" nicht im Ermessen des Arbeitgebers stehen dürfen. Sie müssen sich z.B. aus einer Betriebsvereinbarung oder sonstigen Vereinbarung ergeben. Solch ein Nutzungsverzicht des Arbeitnehmers muss vom Arbeitgeber ebenso wie ein Nutzungsverbot im Lohnkonto dokumentiert werden.

b) Überlassung mehrerer Kraftfahrzeuge zur privaten Nutzung

Überlässt der Arbeitgeber dem Arbeitnehmer mehr als ein Kraftfahrzeug auch zur privaten Nutzung, so ist der in der Überlassung des Fahrzeugs zur privaten Nutzung liegende geldwerte Vorteil grundsätzlich für jedes Fahrzeug nach der 1 %-Regelung zu berechnen. Diese Rechtsauffassung stellt der BFH in einem jüngeren Urteil nochmals klar (BFH v. 13.6.2013, VI R 17/12, BStBl II 2014, 340).

Gleichwohl schließt sich der BFH der Rechtsauffassung der Finanzverwaltung zur Anwendung der sog. „Junggesellenregelung" an und verweist auf die Regelungen in den LStH zu § 8 EStG (H 8.1 (9-10) LStH 2021, Überlassung mehrerer Kraftfahrzeuge). Danach kann dem privaten Nutzungswert der Listenpreis des **überwiegend** genutzten Kraftfahrzeugs zugrunde gelegt werden, wenn die Nutzung der Fahrzeuge durch andere zur Privatsphäre des Arbeitnehmers gehörende Personen so gut wie ausgeschlossen ist.

c) Fahrergestellung

Stellt der Arbeitgeber dem Arbeitnehmer neben dem Firmenwagen für die **Privatfahrten** auch einen **Fahrer** zur Verfügung, ist dies ein als Arbeitslohn zu erfassender geldwerter Vorteil (BMF-Schreiben v. 4.4.2018, IV C 5 – S 2334/18/10001, BStBl I 2018, 592). Der BFH vertritt im Urteil v. 15.5.2013 (VI R 44/11, BStBl II 2014, 589) die Auffassung, eine Fahrergestellung für Fahrten zwischen Wohnung und erster Tätigkeitsstätte führe zu einem beachtlichen geldwerten Vorteil, der grundsätzlich nach dem üblichen Endpreis einer vergleichbaren von fremden Dritten erbrachten Leistung zu bewerten ist. Wie das Urteil im Einzelfall (nicht) anzuwenden ist, regelt das BMF-Schreiben v. 4.4.2018, IV C 5 – S 2334/18/10001, BStBl I 2018, 592. Damit behält Finanzverwaltung im Ergebnis für den Stpfl. die (günstigen) Zuschlagssätze nach R 8.1 Abs. 10 LStR 2021 bei.

Im Einzelnen gilt Folgendes:

Für Fahrten zwischen **Wohnung** und erster Tätigkeitsstätte und für **Familienheimfahrten** mit Fahrer ist der entsprechende Nutzungswert um 50 % zu erhöhen. Steht der Fahrer für **andere Privatfahrten** zur Verfügung, so ist der private Nutzungswert des Kraftfahrzeugs zu erhöhen

- um 50 %, wenn der Fahrer überwiegend in Anspruch genommen wird,
- um 40 %, wenn der Arbeitnehmer das Kraftfahrzeug häufig selbst steuert, oder
- um 25 %, wenn der Arbeitnehmer das Kraftfahrzeug weit überwiegend selbst steuert.

Diese Prozentsätze sind sowohl bei der pauschalen Nutzungswertermittlung als auch bei der Fahrtenbuchmethode anzusetzen. S.a. unter Abschnitt Privatnutzung sowie in R 8.1 Abs. 10 LStR 2021 und im o.g. BMF-Schreiben v. 4.4.2018, IV C 5 – S 2334/18/10001, BStBl I 2018, 592.

Beginnt oder beendet der Fahrer seine dienstliche Abhol- oder Bringfahrt an seiner Wohnung, führt dies in der Regel zu keinem geldwerten Vorteil.

Wird dem Arbeitnehmer aus **Sicherheitsgründen** ein sondergeschütztes (gepanzertes) Kraftfahrzeug mit Fahrer zur Verfügung gestellt, ist kein geldwerter Vorteil für die Fahrergestellung anzusetzen, wenn das Kraftfahrzeug zum Selbststeuern nicht geeignet ist. Hierfür ist die Einordnung des Arbeitnehmers in eine Gefährdungsstufe nicht erforderlich (R 8.1 Abs. 10 LStR 2021).

d) Zahlungen für Garage

Zahlungen, die der Arbeitgeber an die Arbeitnehmer dafür leistet, dass sie ihren Dienstwagen in der **eigenen Garage** (oder der des Ehepartners) unterstellen (Garagengeld), sind regelmäßig kein Arbeitslohn (BFH-Urteil v. 7.6.2002, BStBl II 2002, 829, H 8.1 (9-10) LStH 2022 analog). Solche Zahlungen sind als Einkünfte aus Vermietung und Verpachtung zu erfassen. Die Garagengestellung ist kein zusätzlicher Vorteil.

Hat der Arbeitnehmer eine Garage selbst **angemietet**, kann der Arbeitgeber die Garagenmiete als Auslagenersatz steuerfrei erstatten (→ Rz. 480 *Auslagenersatz*). Ein Vorteil für die Übernahme der Garagenmiete bzw. der Pkw-Unterstellung ist bei der 1 %-Methode nicht zu erfassen.

E 108

C. Lohnsteuer

e) Zahlungen für Wagenpflege

Zahlt der Arbeitgeber seinen Mitarbeitern eine pauschale Vergütung für die Pflege des betrieblichen Kraftfahrzeugs (sog. Wagenpflegepauschale), ist diese grundsätzlich steuerpflichtig. Gleiches gilt, wenn eine solche Zahlung für das private Kraftfahrzeug geleistet wird. Will der Arbeitgeber die Aufwendungen des Arbeitnehmers für die Pflege des Firmenkraftfahrzeugs (z.B. Wagenwäsche, Lackpflege) steuerfrei ersetzen, ist dies nur als pauschaler **Auslagenersatz** nach R 3.50 LStR 2021 möglich → Rz. 480 *Auslagenersatz*.

Krankheitskosten, Unterstützungen

Zu den besonderen Unterstützungsleistungen anlässlich der Corona-Krise → Rz. 493 *Corona*. Krankheitskosten, die der Arbeitgeber dem Arbeitnehmer ersetzt, sind grundsätzlich Arbeitslohn. **540**

Steuerfrei sind jedoch die aus **öffentlichen Mitteln** geleistete Beihilfen in Krankheits-, Geburts- und Todesfällen nach den **Beihilfevorschriften** des Bundes und der Länder sowie Unterstützungen in besonderen Notfällen, die aus öffentlichen Kassen gezahlt werden, sowie entsprechende Zahlungen an Arbeitnehmer von Körperschaften, Anstalten und Stiftungen des öffentlichen Rechts auf Grund von Beihilfevorschriften (Beihilfegrundsätzen) und Unterstützungsvorschriften (Unterstützungsgrundsätzen) des Bundes oder der Länder oder entsprechender Regelungen.

Die von **privaten Arbeitgebern** an einzelne Arbeitnehmer gezahlten **Unterstützungen** sind ebenfalls steuerfrei, wenn die Unterstützungen dem Anlass nach gerechtfertigt sind (z.B. in Krankheits- und Unglücksfällen). Voraussetzung für die Steuerfreiheit ist:

1. Die Unterstützungen werden aus einer mit eigenen Mitteln des Arbeitgebers geschaffenen, aber von ihm unabhängigen und mit ausreichender Selbständigkeit ausgestatteten Einrichtung (z.B. Unterstützungskasse oder Hilfskasse für Fälle der Not und Arbeitslosigkeit) gewährt.

2. Die Unterstützungen werden aus Beträgen gezahlt, die der Arbeitgeber dem Betriebsrat oder sonstigen Vertretern der Arbeitnehmer zu dem Zweck überweist, aus diesen Beträgen Unterstützungen an die Arbeitnehmer ohne maßgebenden Einfluss des Arbeitgebers zu gewähren.

3. Die Unterstützungen werden vom Arbeitgeber selbst erst nach Anhörung des Betriebsrats oder sonstiger Vertreter der Arbeitnehmer gewährt oder nach einheitlichen Grundsätzen, denen der Betriebsrat oder sonstige Vertreter der Arbeitnehmer zugestimmt haben, bewilligt.

Die Voraussetzungen der Nummern 1 bis 3 brauchen nicht vorzuliegen, wenn weniger als fünf Arbeitnehmer beschäftigt werden.

Die Steuerfreiheit dieser Unterstützungen ist pro Arbeitnehmer auf einen Betrag von **600 €** je Kalenderjahr begrenzt. Der 600 € **übersteigende** Betrag gehört nur dann nicht zum steuerpflichtigen Arbeitslohn, wenn er aus **Anlass eines besonderen Notfalls** gewährt wird. Bei der Beurteilung, ob ein solcher **Notfall** vorliegt, sind auch die Einkommensverhältnisse und der Familienstand des Arbeitnehmers zu berücksichtigen. Drohende oder bereits eingetretene **Arbeitslosigkeit** begründet für sich **keinen** besonderen Notfall i.S. der maßgebenden Vorschriften (§ 3 Nr. 11 EStG, R 3.11 LStR 2021).

Steuerfrei sind auch Leistungen des Arbeitgebers zur Aufrechterhaltung und Erfüllung eines **Beihilfeanspruchs** nach beamtenrechtlichen Vorschriften sowie zum Ausgleich von Beihilfeaufwendungen früherer Arbeitgeber im Fall der Beurlaubung oder Gestellung von Arbeitnehmern oder des Übergangs des öffentlich-rechtlichen Dienstverhältnisses auf den privaten Arbeitgeber, wenn Versicherungsfreiheit in der gesetzlichen Krankenversicherung nach § 6 Abs. 1 Nr. 2 SGB V besteht.

Kreditkarten

Vorteile durch eine Kreditkarte, die der Arbeitgeber seinem Arbeitnehmer unentgeltlich zur betrieblichen Verwendung gestellt, z.B. wegen einer umfangreichen Reisetätigkeit, führen zu **keinem** Arbeitslohn, wenn die Kreditkarte nicht oder nur in ganz geringem Umfang privat eingesetzt wird. **541**

Kurkosten

Eine Übernahme der Kurkosten durch den Arbeitgeber ist grundsätzlich **steuerpflichtiger** Arbeitslohn (→ Rz. 510 *Erholungsbeihilfen*). **542**

Kurzarbeitergeld, Saison-, Transfer-Kurzarbeitergeld

(Konjunkturelles Saison-) Kurzarbeitergeld ist als Leistung nach § 101 SGB III (→ Rz. 469 *Arbeitsförderung*) **steuerfrei**, es unterliegt jedoch dem Progressionsvorbehalt nach § 32b EStG (→ Rz. 67). Gleiches gilt für das Transfer-Kurzarbeitergeld (§ 111 Abs. 1 SGB III) als Sonderform des Kurzarbeitergelds (§ 3 Nr. 2 Buchst. a EStG). **543**

Nach § 3 Nr. 28a EStG sind in den **Kalenderjahren** 2020 sowie 2021 gezahlte Arbeitgeberzuschüsse zum Kurzarbeitergeld und zum Saison-Kurzarbeitergeld bis zu 80 % des Unterschiedsbetrags zwischen dem Soll-Entgelt und dem Ist-Entgelt (nach § 106 SGB III) steuerfrei. Diese begrenzte Steuerbefreiung ist nicht verlängert worden. Allerdings bleibt abzuwarten, ob auf Grund des bei Redaktionsschluss dieser Tabellentexte vorhersehbaren starken Anstiegs der Corona-Infizierten die bis 2021 begrenzte Steuerfreiheit durch die neue Bundesregierung verlängert wird. Zum Progressionsvorbehalt (→ Rz. 67).

Ebenso steuerpflichtiger Arbeitslohn sind Aufstockungsbeträge bzw. Zuschüsse, die eine Beschäftigungsgesellschaft zusätzlich zum Transferkurzarbeitergeld zahlt. Sie sind als laufender Arbeitslohn zu behandeln und regelmäßig keine steuerbegünstigte Entschädigung i.S.v. → Rz. 508.

Leistungsprämien

Vom Arbeitgeber gezahlte Leistungsprämien für das Erreichen bestimmter unternehmerischer Ziele sind **steuerpflichtiger** Arbeitslohn. **544**

Lohnsteuer

Vom Arbeitgeber übernommene Lohnsteuer ist **steuerpflichtiger** Arbeitslohn, z.B. Übernahme der Lohnsteuer vom laufenden Arbeitslohn i.R. einer Nettolohn-Vereinbarung oder anlässlich einer Sonderzahlung. Trägt der Arbeitgeber hingegen die von ihm zu übernehmende **pauschale** Lohnsteuer (→ Rz. 644), führt dies zu **keinem** zusätzlichen Vorteil. **545**

Bei den ohne entsprechende Nettolohnvereinbarung übernommenen Lohnsteuerbeträgen handelt es sich um Arbeitslohn des Kalenderjahres, in dem der Arbeitgeber (nach Zahlung an das Finanzamt) auf den Ausgleichsanspruch gegen den Arbeitneh-

E 109

C. Lohnsteuer

mer verzichtet. Entsprechendes gilt für übernommene(n) Solidaritätszuschlag und Kirchensteuer. Zur vom Arbeitgeber getragenen Lohnsteuer bei einer Nettolohnvereinbarung → Rz. 450 ff.

Lohnverwendungsabrede

546 Steuerpflichtiger Arbeitslohn fließt auch dann zu, wenn der Arbeitgeber an Stelle der Auszahlung (Überweisung) eine mit dem Arbeitnehmer getroffene Lohnverwendungsabrede erfüllt (z.B. Zahlung zu Gunsten eines Solidaritätsfonds für bestimmte Personen [Arbeitslose], konstitutive Verwendungsauflage).

Keinen Arbeitslohn erhält der Arbeitnehmer hingegen dann, wenn er auf den ihm zustehenden Lohn verzichtet und keine Bedingungen an die Verwendung der freigewordenen Mittel knüpft → Rz. 524 *Gehaltsverzicht*.

Lose

547 Erhält der Arbeitnehmer vom Arbeitgeber ein Los (**Geschenklos**) für die Teilnahme an einer von einem **fremden Dritten** durchgeführten Lotterie, so ist für den Arbeitnehmer die Schenkung ein geldwerter Vorteil, der mit dem Kaufpreis des Loses anzusetzen ist. Weil es sich um einen Sachbezug handelt, kommt die Freigrenze von 50 € (ab dem Kalenderjahr 2022, zuvor 44 €) zum Ansatz, → Rz. 569 *Sachbezüge, Freigrenze*. Ein etwaiger Lotteriegewinn steht nicht im Zusammenhang mit dem Arbeitsverhältnis, es erfolgt kein Ansatz als Arbeitslohn.

Losgewinne

548 Losgewinne, die der Arbeitgeber (z.B. i.R. einer Tombola) als Belohnung für die Arbeitstätigkeit finanziert, sind grundsätzlich **steuerpflichtiger** Arbeitslohn. Ausnahmen sind übliche Geschenke als Aufmerksamkeiten (→ Rz. 476 *Aufmerksamkeit*) und anlässlich von Betriebsveranstaltungen, falls alle teilnehmenden Arbeitnehmer gewinnberechtigt sind (→ Rz. 489 *Betriebsveranstaltungen*). Hat der Arbeitnehmer für den Loserwerb auf Arbeitslohn **verzichtet** (Einbehalt) oder das Los gekauft, rechnet der Gewinn **nicht** zum Arbeitslohn.

Mahlzeiten

549 Für die steuerliche Behandlung von Mahlzeiten, die der Arbeitgeber dem Arbeitnehmer zur üblichen Beköstigung **kostenlos oder verbilligt** zukommen lässt, ist der Anlass der Gestellung entscheidend.

Als Mahlzeit bezeichnet das Steuerrecht sämtliche Speisen und Lebensmittel, die üblicherweise der Ernährung dienen einschl. der dazugehörenden Getränke. Dies können z.B. belegte Brötchen, ein Salat, eine Suppe (Zwischenmahlzeit) oder auch eine Mahlzeit mit mehreren Gängen sein. Steuerlich entscheidend ist die **Zweckbestimmung** der gereichten Lebensmittel und Speisen. Allerdings hat der BFH in einem aktuellen Urteil klargestellt, dass unbelegte Brötchen auch in Kombination mit einem Heißgetränk keine Mahlzeit bzw. kein Frühstück, sondern nicht steuerbare Aufmerksamkeiten sind (→ Rz. 476 *Aufmerksamkeit*).

Grundsätzlich rechnet der geldwerte Vorteil einer kostenlos oder verbilligt erhaltenen Mahlzeit zum **Arbeitslohn**; der Wertansatz erfolgt regelmäßig nach den Vorschriften der Sozialversicherungsentgeltverordnung (→ Rz. 398, 665 ff.).

Zu den vom Arbeitgeber zur Verfügung gestellten Mahlzeiten **gehören** auch die z.B. im **Flugzeug**, im **Zug** oder auf einem **Schiff** im Zusammenhang mit der **Beförderung** unentgeltlich angebotenen Mahlzeiten, sofern die Rechnung für das Beförderungsticket einschließlich der Verpflegung auf den Arbeitgeber ausgestellt ist und von diesem dienst- oder arbeitsrechtlich erstattet wird. Die Verpflegung muss dabei nicht offen auf der Rechnung ausgewiesen werden.

Lediglich dann, wenn z.B. anhand des gewählten Beförderungstarifs feststeht, dass es sich um eine **reine** Beförderungsleistung handelt, bei der keine Mahlzeiten unentgeltlich angeboten werden, liegt **keine** Mahlzeitengestellung vor. Ebenfalls **nicht** als Mahlzeiten anzusehen sind die auf kurzen Flugstrecken in den niedrigeren Beförderungsklassen üblicherweise gereichten **Snacks** (z.B. die Salzstange oder Tüte mit Chips).

Übliche Mahlzeiten bei Auswärtstätigkeit

Gestellt der Arbeitgeber seinem Arbeitnehmer anlässlich einer beruflichen Auswärtstätigkeit eine übliche Mahlzeit, sind die folgenden Grundsätze für die steuerliche Erfassung des sich ergebenden geldwerten Vorteils zu beachten.

- Eine Mahlzeit gilt als „üblich", wenn ihr Preis **60 €** nicht übersteigt. Hierbei sind auch die zur Mahlzeit eingenommenen Getränke einzubeziehen.
- Eine vom Arbeitgeber während einer beruflich veranlassten **Auswärtstätigkeit** zur Verfügung gestellte „übliche" Mahlzeit wird mit dem amtlichen **Sachbezugswert** nach § 2 SvEV bewertet (s. arbeitstägliche Mahlzeiten → Rz. 664 ff.). Entsprechendes gilt für die im Rahmen einer beruflich veranlassten **doppelten Haushaltsführung** vom Arbeitgeber zur Verfügung gestellten „üblichen" Mahlzeiten.
- Mahlzeiten mit einem Preis von **über** 60 € dürfen nicht mit dem amtlichen Sachbezugswert bewertet werden. Bei einer solchen Mahlzeit wird typisierend unterstellt, dass es sich um ein „Belohnungsessen" (→ Rz. 569 *Sachbezüge*, arbeitstägliche Mahlzeiten → Rz. 664 ff.) handelt. Belohnungsessen sind mit dem tatsächlichen Preis als Arbeitslohn anzusetzen. Die monatliche Freigrenze von 50 € (ab dem Kalenderjahr 2022, zuvor 44 €) → Rz. 569 *Sachbezüge, Freigrenze* ist dem Grunde nach anwendbar; weil der Wert des Sachbezugs aber über 60 € liegt, kann sie nur durch eine Zuzahlung des Arbeitnehmers die Besteuerung vermeiden.

Für die **Prüfung** der 60 €-Grenze kommt es auf den Preis der Mahlzeit (einschl. Umsatzsteuer) an, den der Dritte dem Arbeitgeber in Rechnung stellt. Zuzahlungen des Arbeitnehmers sind bei der Prüfung der 60 €-Grenze nicht zu berücksichtigen.

Keine Versteuerung des Sachbezugswerts bei Auswärtstätigkeit

Ein **Ansatz** der gestellten Mahlzeit als Arbeitslohn (Sachbezugswert) **unterbleibt**, wenn dem Arbeitnehmer für die betreffende **Auswärtstätigkeit** dem Grunde nach eine Verpflegungspauschale als Werbungskosten zustehen würde. Für diesen Verzicht auf die Besteuerung solcher Mahlzeiten (mit Sachbezugswert) möchte das Steuerrecht dem Arbeitgeber kein Wahlrecht einräumen. Nach dem BMF-Schreiben v. 25.11.2020, IV C 5 - S 2353/19/10011 :006, www.stotax-first.de, zum Reisekostenrecht ab 1.1.2014 ist in diesen Fällen eine Besteuerung stets ausgeschlossen.

Ob letztlich und in welcher Höhe der Arbeitnehmer tatsächlich eine Verpflegungspauschale als Werbungskosten ansetzen kann, ist unbeachtlich; z.B. wenn die Verpflegungspauschale aufgrund gestellter Mahlzeiten auf den Betrag von 0 € zu kürzen ist (→ Rz. 600 *Verpflegungsmehraufwendungen als Reisekosten bei Auswärtstätigkeiten*). Die Verpflegungspauschale ist auch

E 110

dann kürzen, wenn der Arbeitgeber die dem Arbeitnehmer zustehende Reisekostenvergütung lediglich gekürzt ausbezahlt. Gleiches gilt, wenn nicht die volle Verpflegungspauschale als steuerfreie Reisekostenerstattung angesetzt wird.

Die **Kürzungsbeträge** betragen seit dem Kalenderjahr 2020 für ein im **Inland** gestelltes Frühstück **5,60 €** und für ein gestelltes Mittagessen und Abendessen **je 11,20 €**. Die Verpflegungspauschalen sind auch dann zu kürzen, wenn der Arbeitgeber dem Arbeitnehmer Mahlzeiten zur Verfügung gestellt hat, diese vom Arbeitnehmer aber nicht eingenommen worden sind (BFH v. 7.7.2020, VI R 16/18, www.stotax-first.de).

Somit **unterbleibt** die steuerliche Erfassung der mit dem Sachbezugswert bewerteten Mahlzeit immer dann, wenn der Arbeitnehmer

– innerhalb der 3-Monatsfrist (→ Rz. 600 *Verpflegungsmehraufwendungen als Reisekosten bei Auswärtstätigkeiten*) nachweislich mehr als 8 Stunden von seiner Wohnung und der ersten Tätigkeitsstätte abwesend ist, oder

– sich auf einer beruflich veranlassten mehrtägigen Auswärtstätigkeit mit Übernachtung befindet.

Beispiel Kürzung der Verpflegungspauschalen bei Mahlzeitengestellung

Arbeitnehmer A besucht im Kalenderjahr 2022 auf Veranlassung seines Arbeitgebers ein zweitägiges Seminar mit Übernachtung. Die Hotelrechnung ist auf den Arbeitgeber ausgestellt. Die auf den Arbeitgeber ausgestellte Rechnung des Seminarveranstalters (Übernachtungskosten 100 € inkl. 20 € für ein Frühstück) hat A unmittelbar bezahlt. Im Rechnungspreis ist für beide Seminartage **jeweils** ein für Veranstaltungen typisches Mittagessen enthalten. Der Arbeitgeber erstattet die vom Arbeitnehmer verauslagten Übernachtungskosten von 100 € inkl. 20 € für das Frühstück.

Folge:

A erhält sowohl das Frühstück als auch die beiden Mittagessen auf Veranlassung seines Arbeitgebers. Für den An- und den Abreisetag steht ihm grundsätzlich jeweils eine Verpflegungspauschale i.H.v. 14 € zu.

Obgleich der Preis der Mittagessen in der Rechnung des Seminarveranstalters nicht beziffert ist, kann auf Grund der Art und Durchführung der Seminarveranstaltung von einer üblichen Beköstigung ausgegangen werden, deren Preis 60 € nicht übersteigt.

Die beiden Mahlzeiten sind daher nicht als Arbeitslohn zu erfassen. Stattdessen sind die Verpflegungspauschalen des Arbeitnehmers auf Grund der zur Verfügung gestellten Mahlzeiten um 5,60 € für das Frühstück und um 2 x 11,20 € für beide Mittagessen zu kürzen.

Zuzahlungen des Arbeitnehmers sind jeweils vom Kürzungsbetrag derjenigen Mahlzeit abzuziehen, für die der Arbeitnehmer das Entgelt zahlt. Als Bezahlung einer Mahlzeit akzeptiert die Finanzverwaltung nur

– eine tatsächliche Zahlung des Arbeitnehmers an den Arbeitgeber bzw. einen Dritten oder

– die Kürzung des Nettolohns durch den Arbeitgeber (Verrechnung für die gestellten Mahlzeiten).

Übersteigt das vom Arbeitnehmer für die Mahlzeit gezahlte Entgelt den Kürzungsbetrag, entfällt für diese Mahlzeit die Kürzung der steuerfrei zahlbaren Verpflegungspauschale bzw. des alternativen Werbungskostenabzugs. Eine Verrechnung etwaiger Überzahlungen des Arbeitnehmers mit Kürzungsbeträgen für andere Mahlzeiten ist nicht zulässig.

Beispiel Arbeitnehmer zahlt Mittag- und Abendessen

Arbeitnehmer A zahlt im Kalenderjahr 2022 für die vom Arbeitgeber gestellten Mittag- und Abendessen auf einer dreitägigen Auswärtstätigkeit jeweils 12 €. A erfüllt die Voraussetzungen der Verpflegungspauschalen für eine mehrtägige Auswärtstätigkeit (28 €).

Folge:

Die vom Arbeitgeber anzusetzenden Kürzungsbeträge i.H.v. jeweils 11,20 € sind um 12 € auf 0 € zu mindern; es verbleibt kein weiterer Kürzungsbetrag. Der Arbeitgeber kann die in Betracht kommende Verpflegungspauschale ohne Kürzung steuerfrei auszahlen.

Versteuerung der üblichen Mahlzeit

Die Gestellung einer üblichen Mahlzeit durch den Arbeitgeber ist als Arbeitslohn zu erfassen, wenn der Arbeitnehmer keine Verpflegungspauschale beanspruchen kann. Dies gilt insbesondere bei

– Auswärtstätigkeiten von bis zu 8 Stunden und

– nach Ablauf der 3-Monatsfrist bei auswärtiger Tätigkeit oder doppelter Haushaltsführung (→ Rz. 600 *Verpflegungsmehraufwendungen als Reisekosten bei Auswärtstätigkeiten*).

Diese Mahlzeiten sind als Arbeitslohn zu erfassen und mit dem Sachbezugswert zu versteuern. Auch in diesen Fällen mindern Zuzahlungen des Arbeitnehmers den steuerpflichtigen Sachbezug.

Voraussetzungen für Mahlzeitengestellung bei Auswärtstätigkeit

Die Gestellung einer Mahlzeit ist vom Arbeitgeber veranlasst, wenn er Tag und Ort der Mahlzeitengestellung bestimmt. Das ist insbesondere dann der Fall, wenn

– er die Verpflegungskosten im Hinblick auf die beruflich veranlasste Auswärtstätigkeit des Arbeitnehmers dienst- oder arbeitsrechtlich erstattet und

– die **Rechnung** auf den Arbeitgeber ausgestellt ist oder es sich um eine Kleinbetragsrechnung i.S.d. § 14 UStG i.V.m. § 33 UStDV handelt, die im Original beim Arbeitgeber vorliegt.

Bewirtung, Arbeitsessen

Die Vorteile aus der Teilnahme des Arbeitnehmers an einer **geschäftlich** veranlassten Bewirtung (i.S.d. § 4 Abs. 5 Satz 1 Nr. 2 EStG) gehören **nicht** zum Arbeitslohn (R 8.1 Abs. 8 Nr. 1 LStR 2021).

Entsprechendes gilt für die im ganz **überwiegenden** eigenbetrieblichen Interesse des Arbeitgebers abgegebenen Mahlzeiten. Hierzu gehören insbesondere die Teilnahme des Arbeitnehmers an einem **Arbeitsessen** (R 19.6 Abs. 2 Satz 2 LStR 2021 unter Beachtung der 60 €-Grenze sowie die im Rahmen einer üblichen **Betriebsveranstaltung** (R 19.5 LStR 2021) abgegebenen Mahlzeiten.

Ferner rechnen **nicht** zum Arbeitslohn Genussmittel und Getränke (falls nicht im Zusammenhang mit einer Mahlzeit) sowie Mahlzeiten (Speisen) aus besonderem Anlass bzw. eines außergewöhnlichen Arbeitseinsatzes → Rz. 476 *Aufmerksamkeit*, Mahlzeiten aus Anlass einer Betriebsveranstaltung → Rz. 489 *Betriebsveranstaltungen*, → Rz. 467 *Arbeitnehmerjubiläum* sowie Mahlzeiten anlässlich einer geschäftlichen Bewirtung von Geschäftspartnern und Kunden des Arbeitgebers → Rz. 603 *VIP-Logen*.

Zu weiteren Erläuterungen s. → Rz. 665 *Arbeitstägliche Mahlzeiten im Betrieb*.

C. Lohnsteuer

Metergeld

550 Das an Arbeitnehmer im Speditions- und Transportgewerbe gezahlte Metergeld ist **steuerpflichtiger** Arbeitslohn.

Mietvorteile

551 Mietvorteile durch an den Arbeitnehmer verbilligt oder unentgeltlich überlassenen Wohnraum, z.B. durch Werkswohnungen, rechnen grundsätzlich zu den steuerpflichtigen Sachbezügen. Die Vorteile sind nach dem ortsüblichen Mietpreis zu bewerten. In Ausnahmefällen und bei Gestellung einer Unterkunft sind die maßgebenden Werte der Sozialversicherungsentgeltverordnung anzusetzen (→ Rz. 398).

Überlässt der Arbeitgeber dem Arbeitnehmer eine ohne öffentliche Mittel errichtete (Werks-)Wohnung verbilligt oder kostenlos, kann der Mietvorteil seit dem Kalenderjahr 2019 „steuerfrei" bleiben. Hierfür ist bei der Ermittlung des steuerpflichtigen Sachbezugs ein **Bewertungsabschlag** eingeführt worden.

Danach ist für eine vom Arbeitgeber gewährte Mietverbilligung kein steuerpflichtiger Mietvorteil anzusetzen, wenn die vom Arbeitnehmer gezahlte Kaltmiete und die tatsächlich abgerechneten Nebenkosten mindestens zwei Drittel der ortsüblichen Kaltmiete zuzüglich der umlagefähigen Betriebskosten betragen. Hierbei ist die anzusetzende Kaltmiete auf 25 € je Quadratmeter (also ohne umlagefähige Betriebskosten) begrenzt. Beträgt die ortsübliche Kaltmiete mehr als 25 €, darf kein Bewertungsabschlag abgezogen werden, so dass der ungeminderter Mietvorteil als Arbeitslohn zu versteuern ist.

> **Beispiel** <u>Ermittlung steuerpflichtiger Mietvorteil</u>
>
> Arbeitgeber A vermietet seinem Arbeitnehmer B im Kalenderjahr 2022 eine Wohnung (80 qm) zu einer monatlichen Kaltmiete i.H.v. 500 €, die tatsächlichen Nebenkosten betragen 200 €. Für vergleichbare Wohnungen beträgt der Mietwert 10 € je qm.
>
> | | | |
> |---|---|---:|
> | Vergleichsmiete | monatlicher Mietwert 80 qm x 10 € = | 800 € |
> | | Nebenkosten | <u>200 €</u> |
> | | Summe | 1 000 € |
> | | abzüglich Bewertungsabschlag 1/3 | <u>333 €</u> |
> | | anzusetzender Betrag (geminderte Vergleichsmiete) | 667 € |
> | Mietzahlung des Arbeitnehmers 500 € zuzüglich 200 € | | 700 € |
> | geldwerter Vorteil | | 0 € |
>
> Weil die Mietzahlung des Arbeitnehmers die um den Bewertungsabschlag geminderte Vergleichsmiete nicht unterschreitet, ist kein steuerpflichtiger geldwerter Vorteil anzusetzen.

Diese Regelung begünstigt stets die Überlassung einer Wohnung zu eigenen Wohnzwecken des Arbeitnehmers. Auf die Eigentümereigenschaft des Arbeitgebers als Bauherr oder als Käufer kommt es nicht an. Mietet der Arbeitgeber Wohnungen an, um sie dem Arbeitnehmer vergünstigt zu überlassen, kommen die Steuerfreiheit bzw. der Bewertungsabschlag ebenso in Betracht.

Mitgliedsbeiträge

552 Mitgliedsbeiträge an Kammern, gemeinnützige Vereine oder Fitness-Firmenmitgliedschaften, Fitnessstudios, Freizeit-Clubs usw., die der Arbeitgeber für den Arbeitnehmer übernimmt, sind **steuerpflichtiger** Arbeitslohn. Dies gilt selbst dann, wenn die Mitgliedschaft des Arbeitnehmers im Interesse des Arbeitgebers besteht; z.B. bei Übernahme der Beiträge einer angestellten Rechtsanwältin an den deutschen Anwaltsverein („Kammerbeiträge"), BStBl II 2008, 378 oder bei Übernahme der Beiträge an einen Sportverein, Tennis- oder Golf-Club, BStBl II 2015, 41.

Allerdings führen lt. BFH die Beiträge einer Rechtsanwalts-GbR zu ihrer eigenen Berufshaftpflichtversicherung (Vermögensschaden-Haftpflichtversicherung) bei den angestellten Rechtsanwälten nicht zu Arbeitslohn (BFH v. 10.3.2016, VI R 58/14, BStBl II 2016, 621). Zu weiteren Fragen und besonderen Fallgestaltungen, z.B. ob bzw. unter welchen Voraussetzungen bestimmte Beitragszahlungen des Arbeitgebers für eine von ihm oder vom angestellten Rechtsanwalt abgeschlossene Berufshaftpflichtversicherung zu Arbeitslohn führen, vgl. BFH v. 1.10.2020, VI R 11/18, BStBl II 2021, 352 sowie VI R 12/18, BStBl II 2021, 356.

Der Arbeitgeber kann den zu erfassenden geldwerten Vorteil der Arbeitnehmer i.R. der Regelungen des § 37b EStG mit 30 % pauschal besteuern (→ Rz. 689). Berechnungsgrundlage sind die vom Arbeitgeber mit dem Anbieter vereinbarten Bruttovergütungen. Diese mindern sich um die ggf. vom Arbeitnehmer zu entrichtenden Eigenbeteiligungen.

Mutterschutz

553 Die Leistungen nach dem Mutterschutzgesetz sind **steuerfrei**, unterliegen jedoch dem Progressionsvorbehalt nach § 32b EStG (→ Rz. 67).

Notbetreuung von Kindern, pflegebedürftigen Angehörigen

554 Zu den Besonderheiten und pauschalierenden Regelungen anlässlich der Corona-Krise → Rz. 493 *Corona*.

Steuerfrei sind zusätzlich zum ohnehin geschuldeten Arbeitslohn erbrachte Leistungen des Arbeitgebers zur **kurzfristigen** Betreuung

- von Kindern des Arbeitnehmers, die das 14. Lebensjahr noch nicht vollendet haben oder die wegen einer vor Vollendung des 25. Lebensjahres eingetretenen körperlichen, geistigen oder seelischen Behinderung außerstande sind, sich selbst zu unterhalten oder
- von pflegebedürftigen Angehörigen des Arbeitnehmers,

wenn die Betreuung aus zwingenden und beruflich veranlassten Gründen notwendig ist und soweit die Leistungen **600 €** im Kalenderjahr nicht übersteigen (Freibetrag).

In diesen Fällen kann die Betreuung auch im privaten Haushalt des Arbeitnehmers erfolgen. Die Steuerfreiheit umfasst dabei auch Dienstleistungen, die von Fremdfirmen angeboten werden und durch den Arbeitgeber beauftragt werden.

Begünstigt sind Betreuungskosten, die kurzfristig aus zwingenden beruflich veranlassten Gründen entstehen. Dazu gehören Aufwendungen für eine zusätzliche, außergewöhnliche – also außerhalb der regelmäßig üblicherweise erforderlichen – **Betreuung**, die z.B.

- durch dienstlich veranlasste Fortbildungsmaßnahmen des Arbeitnehmers,
- auf Grund eines zwingenden beruflichen Einsatzes zu außergewöhnlichen Dienstzeiten oder
- wegen Krankheit eines Kindes bzw. pflegebedürftigen Angehörigen

notwendig wird.

E 112

C. Lohnsteuer

Zu den **Zusätzlichkeitsvoraussetzungen** s. → Rz. 685 ff. Der Arbeitgeber hat die Zweckbestimmung der Leistungen durch die Aufbewahrung entsprechender **Belege** im **Lohnkonto** nachzuweisen.

S. ergänzend → Rz. 498 *Dienstleistungen zur Beratung des Arbeitnehmers und zur Vermittlung von Betreuungspersonen*

Outplacement- und Newplacement-Beratung

Pauschale Zahlungen des Arbeitgebers an ein Dienstleistungsunternehmen, das sich verpflichtet, alle Arbeitnehmer des Auftraggebers kostenlos in persönlichen und sozialen Angelegenheiten zu beraten und zu betreuen, sind **kein** Arbeitslohn. Hierzu gehören z.B. eine Outplacement- oder Newplacement-Beratung für ausscheidende Arbeitnehmer sowie die Übernahme der Vermittlung von Betreuungspersonen für Familienangehörige. **555**

Individuell vereinbarte Beratungs- und Betreuungsaufwendungen des Arbeitgebers zur beruflichen Neuorientierung des Arbeitnehmers wegen der Auflösung des Dienstverhältnisses sind regelmäßig **steuerpflichtiger** Arbeitslohn.

S. auch → Rz. 518 *Fort- und Weiterbildung*.

Parkgebühren

Parkgebühren, die der Arbeitgeber auf Grund einer **Dienstreise** erstattet, sind **steuerfreie** Reisenebenkosten. Erhält sie der Arbeitnehmer jedoch bei arbeitstäglichen Fahrten zwischen Wohnung und erster Tätigkeitsstätte für das Abstellen seines Pkw in der Nähe der ersten Tätigkeitsstätte (z.B. auf öffentlichen Parkplätzen oder Parkhäusern) erstattet, sind sie **steuerpflichtiger** Arbeitslohn. **556**

Anstelle der Regelbesteuerung nach den persönlichen Lohnsteuerabzugsmerkmalen darf der Arbeitgeber die erstatteten Parkplatzgebühren als steuerpflichtige Fahrtkostenzuschüsse mit dem Pauschsteuersatz von 15 % versteuern, soweit diese Zuschüsse den Betrag nicht übersteigen, den der Arbeitnehmer als Werbungskosten (Entfernungspauschale) geltend machen könnte (→ Rz. 681).

Zahlt bzw. erstattet der Arbeitgeber hingegen die Aufwendungen des Arbeitnehmers für das Abstellen eines **Geschäfts-/ Firmenfahrzeugs**, ist dies grundsätzlich kein (steuerpflichtiger) Arbeitslohn, sondern steuerfreier Auslagenersatz (→ Rz. 480 *Auslagenersatz*).

Parkplätze

Parkplätze, die der Arbeitgeber den Mitarbeitern am Firmensitz bzw. an deren ersten Tätigkeitsstätte allgemein zur Verfügung stellt, führen zu **keinem** steuerpflichtigen Vorteil. Ein **steuerpflichtiger** Vorteil ist hingegen dann anzunehmen, wenn der Arbeitnehmer vom Arbeitgeber einen bestimmten angemieteten Parkplatz zur ausschließlichen Nutzung erhält. **557**

Payback-Gutschrift

Vorteile aus dienstlich erworbenen Payback-Punkten sind **steuerpflichtiger** Arbeitslohn, der bereits bei Gutschrift der Punkte auf dem privaten Punktekonto zufließt und nicht erst bei deren Einlösung. Für den Lohnsteuerabzug sind die auf dem privaten Punktekonto gutgeschriebenen Payback-Punkte dem dienstlichen Bereich und dem privaten Bereich zuzuordnen und entsprechend aufzuteilen; hilfsweise kommt ggf. eine sachgerechte Schätzung in Betracht. **558**

Sofern sich ein steuerpflichtiger Betrag ergibt, hat der Arbeitgeber auf Grund der Mitteilung des Arbeitnehmers den Lohnsteuerabzug nach den allgemeinen Regelungen vorzunehmen; bei (geplanter späterer) Wahl eines Sachbezugs kommt die monatliche Freigrenze für Sachbezüge von 50 € (ab dem Kalenderjahr 2022, zuvor 44 €) (→ Rz. 569 *Sachbezüge, Freigrenze*) zur Anwendung.

Der **Arbeitgeber** darf die Pauschalierungsmöglichkeit für die steuerlichen Vorteile durch Kundenbindungsprogramme (§ 3 Nr. 38 EStG), z.B. Miles and More, nicht anwenden.

Pensionsfonds

Beiträge, die der Arbeitgeber an einen Pensionsfonds leistet, führen grds. zum **Zufluss** von Arbeitslohn (→ Rz. 393 ff.). **559**

Die Beiträge des Arbeitgebers aus dem **ersten Dienstverhältnis** an einen Pensionsfonds zum Aufbau einer **kapitalgedeckten betrieblichen Altersversorgung** sind bis zur Höhe von **8 %** der Beitragsbemessungsgrenze in der **allgemeinen Rentenversicherung** steuerfrei (in 2022 bis zur Höhe von 6 768 € [84 600 € × 8 %]), wobei auch für Arbeitnehmer in den neuen Ländern und Ost-Berlin die Beitragsbemessungsgrenze (West) maßgeblich ist. Aus Anlass der **Beendigung des Dienstverhältnisses** geleistete Beiträge an einen Pensionsfonds sind steuerfrei, soweit sie **4 %** der Beitragsbemessungsgrenze in der **allgemeinen Rentenversicherung**, vervielfältigt mit der Anzahl der Kalenderjahre, in denen das Dienstverhältnis des Arbeitnehmers zu dem Arbeitgeber bestanden hat, höchstens jedoch **zehn Kalenderjahre**, nicht übersteigen. Beiträge an einen Pensionsfonds, die für Kalenderjahre **nachgezahlt** werden, in denen das **erste Dienstverhältnis ruhte** und vom Arbeitgeber im Inland kein steuerpflichtiger Arbeitslohn bezogen wurde, sind steuerfrei, soweit sie **8 %** der Beitragsbemessungsgrenze in der **allgemeinen Rentenversicherung**, vervielfältigt mit der Anzahl dieser Kalenderjahre, höchstens jedoch **zehn Kalenderjahre**, nicht übersteigen.

Unter den entsprechenden Voraussetzungen (§ 100 EStG) erhält der Arbeitgeber in diesen Durchführungswegen den **BAV-Förderbetrag** (→ Rz. 372).

Der Arbeitgeber kann die Beiträge an einen Pensionsfonds **nicht pauschal** besteuern.

Pensionskasse

Beiträge, die der Arbeitgeber an eine Pensionskasse leistet, führen grds. zum **Zufluss** von Arbeitslohn (→ Rz. 393 ff.). **560**

Die Beiträge des Arbeitgebers aus dem **ersten Dienstverhältnis** an eine Pensionskasse zum Aufbau einer **kapitalgedeckten betrieblichen Altersversorgung** sind bis zur Höhe von **8 %** der Beitragsbemessungsgrenze in der **allgemeinen Rentenversicherung** steuerfrei (in 2022 bis zur Höhe von 6 768 € [84 600 € × 8 %]), wobei auch für Arbeitnehmer in den neuen Ländern und Ost-Berlin die Beitragsbemessungsgrenze (West) maßgeblich ist. Voraussetzung für die Steuerfreiheit ist, dass eine Auszahlung der zugesagten Alters-, Invaliditäts- oder Hinterbliebenenversorgungsleistungen in Form einer **Rente** oder eines **Auszahlungsplans** vorgesehen ist; die Möglichkeit, später eine Einmalkapitalzahlung zu wählen, steht der Steuerfreiheit aber noch nicht entgegen.

Aus Anlass der **Beendigung des Dienstverhältnisses** geleistete Beiträge an eine Pensionskasse sind steuerfrei, soweit sie **4 %** der Beitragsbemessungsgrenze in der **allgemeinen Rentenversicherung**, vervielfältigt mit der Anzahl der Kalenderjahre,

E 113

in denen das Dienstverhältnis des Arbeitnehmers zu dem Arbeitgeber bestanden hat, höchstens jedoch **zehn Kalenderjahre**, nicht übersteigen.

Beiträge an eine Pensionskasse, die für Kalenderjahre **nachgezahlt** werden, in denen das **erste Dienstverhältnis ruhte** und vom Arbeitgeber im Inland kein steuerpflichtiger Arbeitslohn bezogen wurde, sind steuerfrei, soweit sie **8 %** der Beitragsbemessungsgrenze in der **allgemeinen Rentenversicherung**, vervielfältigt mit der Anzahl dieser Kalenderjahre, höchstens jedoch **zehn Kalenderjahre**, nicht übersteigen.

Unter den entsprechenden Voraussetzungen (§ 100 EStG) erhält der Arbeitgeber in diesen Durchführungswegen den **BAV-Förderbetrag** (→ Rz. 372).

Der Arbeitgeber kann die Beiträge an eine Pensionskasse unter bestimmten Voraussetzungen und bis zu bestimmten Grenzen auch **pauschal** mit 20 % zzgl. Solidaritätszuschlag und ggf. Kirchensteuer **besteuern** (→ Rz. 645 ff.), wenn er mehr als 8 % der Beitragsbemessungsgrenze leistet.

Bei der **umlagefinanzierten betrieblichen Altersversorgung** gibt es weitere Besonderheiten. So sind nach § 3 Nr. 56 EStG Zuwendungen des Arbeitgebers aus dem ersten Dienstverhältnis an eine Pensionskasse zum Aufbau einer **nicht kapitalgedeckten betrieblichen Altersversorgung** (Umlagezahlungen), bei der eine Auszahlung der zugesagten Alters-, Invaliditäts- oder Hinterbliebenenversorgung in Form einer Rente oder eines Auszahlungsplans vorgesehen ist, steuerfrei, soweit diese Zuwendungen im Kalenderjahr **3 %** der **Beitragsbemessungsgrenze** in der **allgemeinen Rentenversicherung** (in 2022: 2 538 € [84 600 € × 3 %]) nicht übersteigen. Der genannte Höchstbetrag erhöht sich ab 1.1.2025 auf 4 %. Die Beträge sind jedoch jeweils um die nach § 3 Nr. 63 Satz 1, 3 oder 4 steuerfreien Zuwendungen zu mindern.

Zur **Pauschalierung bei Sonderzahlungen** → Rz. 651.

Pflegegelder

561 Pflegegelder des **Jugendamts** sowie aus der **Pflegeversicherung** an Angehörige oder sittlich Verpflichtete für die Grundpflege oder hauswirtschaftliche Versorgung und Betreuung der pflegebedürftigen Person sind **steuerfrei** (§ 3 Nr. 36 EStG). Zur steuerlichen Behandlung von (Geld-)Leistungen nach dem SGB VIII für die Kindertages- und Vollzeitpflege vgl. BMF-Schreiben v. 22.10.2018, IV C 3 – S 2342/07/0001 :138, BStBl I 2018, 1109.

I. R. der Vollzeitpflege von Kindern und Jugendlichen im Privathaushalt durch Pflegeeltern oder ausgebildeten Erziehern wird Pflegegeld nach § 33 SGB VIII ausgezahlt, welches die materiellen Aufwendungen und die Kosten der Erziehung abdeckt. Zusätzlich werden anlassbezogene Beihilfen und Zuschüsse geleistet. Sowohl dieses Pflegegeld als auch die anlassbezogenen Beihilfen und Zuschüsse aus öffentlichen Mitteln sind **steuerfreie** Beihilfen i.S.d. § 3 Nr. 11 EStG, welche die Erziehung unmittelbar fördern, sofern (ausnahmsweise) keine Erwerbstätigkeit vorliegt.

Ferner sind **steuerfrei** Vergütungen an die Gastfamilie für die Aufnahme eines Menschen mit Behinderungen für die Pflege, Unterbringung, Betreuung und Verpflegung, wenn sie von einem Leistungsträger nach dem SGB stammen (§ 3 Nr. 10 EStG). Daneben sind die im Rahmen der Vollzeit-/Bereitschafts- und Kindertagespflege gezahlten Erstattungen für Versicherungsbeiträge der Pflegepersonen steuerfrei.

Prämien

562 Prämien und Preise, die der Arbeitgeber oder ein Dritter für eine Arbeitsleistung zahlt, sind als Sach- oder Geldleistungen grundsätzlich **steuerpflichtiger** Arbeitslohn (→ Rz. 532 *Incentive-Reisen*, → Rz. 548 *Losgewinne*, → Rz. 569 *Sachbezüge, Freigrenze*, → Rz. 570 *Sachprämien*, → Rz. 587 *Trinkgelder*.

Preisgelder

563 **Preisgelder** für die Teilnahme als Kandidat an einer Fernsehshow haben regelmäßig die Funktion einer Entlohnung für eine Leistung. Sie fließen als Erfolgshonorare zu. Dennoch sind sie **kein** Arbeitslohn; sie sind regelmäßig als **sonstige Einkünfte** nach § 22 Nr. 3 EStG **steuerpflichtig**. Voraussetzung hierfür ist, dass der Auftritt des Kandidaten und das gewonnene Preisgeld in einem gegenseitigen Leistungsverhältnis stehen.

Dafür sprechen u.a. folgende Anhaltspunkte:

– dem Kandidaten wird ein bestimmtes Verhaltensmuster oder Ähnliches vorgegeben,

– dem Kandidaten wird neben der Gewinnchance und dem damit verbundenen Preisgeld noch ein erfolgsunabhängiges Antritts-, Tagegeld etc. gezahlt,

– der Kandidat muss für die Fernsehshow in seinem ausgeübten Dienstverhältnis ggf. Urlaub nehmen oder sich von der Arbeit freistellen lassen.

Preisnachlässe, Personalrabatte

564 Preisnachlässe und Personalrabatte beim Bezug von Waren, die im Betrieb nicht überwiegend für den Bedarf der Mitarbeiter hergestellt oder vertrieben werden, sind nach der gängigen Berechnungsmethode bis zu einem **Jahresbetrag** von 1 080 € **steuerfrei** (Rabattfreibetrag). Dabei ist der **Personalrabatt** (geldwerter Vorteil) für den Sachbezug wie folgt zu ermitteln:

– Ansatz des vom fremden Letztverbraucher im allgemeinen Geschäftsverkehr zu zahlenden üblichen Verkaufspreises (Endpreis) i.H.v. 96 %

abzüglich

– einer (eventuellen) Zahlung des Arbeitnehmers (§ 8 Abs. 3 EStG, R 8.2 LStR 2021).

Von dem so ermittelten Betrag ist der **Rabattfreibetrag** (1 080 €) abzuziehen. Der verbleibende positive Betrag ist der anzusetzende steuerpflichtige Arbeitslohn.

Für den Ansatz des **Rabattfreibetrags** kommt es darauf an, ob der Arbeitgeber die mit Rabatt an den Arbeitnehmer abgegebenen Waren oder Leistungen auch am Markt anbietet bzw. tatsächlich erbringt. Sie müssen zur **Produktpalette** des Arbeitgebers gehören und (durch das Unternehmen selbst oder über Dritte) Fremden angeboten werden; die Abgabe an die Belegschaft darf nicht überwiegen. Hierbei ist nicht entscheidend, ob die verbilligte Ware bzw. Leistung für den Betrieb des Arbeitgebers typisch ist.

Unter den Rabattfreibetrag fällt auch die verbilligte Abgabe von Medikamenten an die Belegschaft eines Krankenhauses, wenn Medikamente dieser Art zumindest im gleichen Umfang an die Patienten abgegeben werden. Gleiches gilt für Waren, die der Arbeitgeber im Auftrag und nach den Plänen und Vorgaben eines anderen produziert (z.B. Zeitungs- und Zeitschriftendruck).

C. Lohnsteuer

Liegen die vorgenannten Voraussetzungen vor, kann der dem Arbeitnehmer zuzurechnende geldwerte Vorteil um den **Rabattfreibetrag** gekürzt werden. Kommt die Rabattregelung **nicht** zur Anwendung, ist die Lohnversteuerung nach § 8 Abs. 2 EStG (Vergleich mit üblichem Endpreis und Anwendung der 50 €-Freigrenze (ab dem Kalenderjahr 2022, zuvor 44 €-Freigrenze)) durchzuführen (→ Rz. 569 *Sachbezüge, Freigrenze*).

Für **Arbeitgeberdarlehen** an Mitarbeiter darf der Rabattfreibetrag angesetzt werden, wenn der Arbeitgeber **solche Darlehen am Markt** – abgesehen vom Zinssatz – zu den gleichen Konditionen (z.B. Laufzeit, Zinsfestlegung, Sicherung) anbietet und überwiegend an Dritte vergibt (BFH-Urteil v. 9.10.2002, BStBl II 2003, 373).

Deshalb kommt für **Verbraucherkredite**, die eine Hypothekenbank oder eine Bausparkasse ihren Arbeitnehmern einräumt, und für **Baudarlehen**, die ein Kreditinstitut ausschließlich oder überwiegend nur seinen Arbeitnehmern gewährt, **kein** Rabattfreibetrag in Betracht (BMF-Schreiben v. 21.7.2003, BStBl I 2003, 391 und v. 19.5.2015, BStBl I 2015, 484). Ebenso können Mitarbeiter der Deutschen Bundesbank und der Landeszentralbanken bei verbilligten Arbeitgeberdarlehen den Rabattfreibetrag nicht in Anspruch nehmen, weil solche Kredite im Leistungskatalog dieser Banken nicht enthalten sind.

Wahlrecht zwischen tatsächlichem Endpreis mit Bewertungsabschlag und Rabattfreibetrag oder Ansatz des „günstigsten Marktpreises"

Arbeitgeber und Arbeitnehmer können eigenständig **entscheiden,** nach welchen Grundsätzen der (ggf. steuerpflichtige) Preisnachlass ermittelt werden soll. Entweder auf der Grundlage

- des **tatsächlichen Endpreises** des Arbeitgebers mit Bewertungsabschlag und Rabattfreibetrag (nach § 8 Abs. 3 EStG) oder
- des „**günstigsten Preises** am Markt" ohne den vorgenannten Abschlag und ohne Rabattfreibetrag (nach § 8 Abs. 2 EStG).

Der **Arbeitgeber** darf die Bewertungsmethode im Lohnsteuerabzugsverfahren selbst **wählen.** Allerdings kann sich der **Arbeitnehmer** i.R. seiner Einkommensteuerveranlagung für eine davon **abweichende** Methode entscheiden, z.B. den geldwerten Vorteil anhand des günstigsten Preises am Markt berechnen und einen ggf. zu hoch angesetzten und besteuerten geldwerten Vorteil (Arbeitslohn) mindern.

Beispiel <u>Ansatz Rabattfreibetrag, Wahl zwischen Endpreis und günstigsten Marktpreis</u>

Der Arbeitnehmer A erwirbt von seinem Arbeitgeber (Möbelhaus) im Januar eine <u>Schrankwand</u> zu 3 000 € und im Februar eine <u>Sitzgarnitur</u> zu 3 000 €. Der lt. Preisauszeichnung im Möbelhaus angegebene Endpreis beträgt für beide Möbelstücke <u>jeweils</u> 5 000 €. Das Möbelhaus gewährt seinen Kunden auf diese Möbelstücke durchschnittlich 10 % Rabatt. Ein anderes inländisches Möbelhaus bietet diese Sitzgarnitur im Februar auf seiner Internetseite für 4 000 € an.

Der **Arbeitgeber** hat die geldwerten Vorteile jeweils mit Anwendung des <u>Rabattfreibetrags</u> (§ 8 Abs. 3 Satz 1 EStG) bewertet. Der **Arbeitnehmer** beantragt im Rahmen seiner <u>Einkommensteuerveranlagung</u> die Bewertung des geldwerten Vorteils für die <u>Sitzgarnitur</u> anhand des günstigsten Preises am Markt (§ 8 Abs. 2 Satz 1 EStG) und legt dem Finanzamt einen Ausdruck des günstigeren Angebots vor.

1. Steuerliche Behandlung im Lohnsteuerabzugsverfahren:

Schrankwand

Endpreis i.S.d. § 8 Abs. 3 Satz 1 EStG ist der für die Schrankwand am Ende von Verkaufsverhandlungen durchschnittlich angebotene Preis des Arbeitgebers i.H.v. 4 500 € (= 5 000 € abzgl. durchschnittlichem Rabatt von 10 %). Zur Ermittlung des geldwerten Vorteils aus dem Verkauf der Schrankwand ist der Endpreis um 180 € (= 4 % v. 4 500 €) zu kürzen. So ergibt sich nach Anrechnung des vom Arbeitnehmer gezahlten Entgelts von 3 000 € ein Arbeitslohn von 1 320 € (4 500 € – 180 € – 3 000 €). Dieser Arbeitslohn überschreitet den Rabatt-Freibetrag von 1 080 € um 240 €, so dass dieser Betrag für Januar zu versteuern ist.

Sitzgarnitur

Zur Ermittlung des geldwerten Vorteils aus dem Verkauf der Sitzgarnitur ist der Endpreis (s.o.) von 4 500 € um 180 € (= 4 %) zu kürzen, so dass sich nach Anrechnung des vom Arbeitnehmer gezahlten Entgelts von 3 000 € ein weiterer Arbeitslohn von 1 320 € ergibt. Der Rabatt-Freibetrag kommt nicht mehr in Betracht, da er bereits bei der Ermittlung des geldwerten Vorteils beim Kauf der Schrankwand berücksichtigt wurde. Daher ist ein Arbeitslohn von 1 320 € für Februar zu versteuern.

2. Steuerliche Behandlung bei der Einkommensteuerveranlagung (Sitzgarnitur):

Das Finanzamt hat als Endpreis für die Sitzgarnitur den nachgewiesenen günstigsten Preis i.H.v. 4 000 € anzusetzen (§ 8 Abs. 2 Satz 1 EStG). Zur Ermittlung des geldwerten Vorteils aus der Übereignung der Sitzgarnitur ist der Endpreis nicht zu kürzen, so dass sich nach Anrechnung des vom Arbeitnehmer gezahlten Entgelts (3 000 €) ein Arbeitslohn von 1 000 € (statt bisher 1 320 €) ergibt. Die monatliche Freigrenze für Sachbezüge von 50 € (ab dem Kalenderjahr 2022, zuvor 44 €) (§ 8 Abs. 2 Satz 11 EStG) ist überschritten, so dass ein Arbeitslohn von 1 000 € zu versteuern ist. Der bisher versteuerte Jahresarbeitslohn (lt. Zeile 3 des Ausdrucks der elektronischen Lohnsteuerbescheinigung) ist durch das Finanzamt um 320 € zu mindern.

Für vertiefte Erläuterungen mit weiteren Beispielen vgl. BMF-Schreiben v. 16.5.2013, IV C 5 – S 2334/07/0011, BStBl I 2013, 729, ergänzt durch BMF v. 11.2.2021, IV C 5 – S 2334/19/10024 :003, BStBl I 2021.

Reisegepäckversicherung

Prämien des Arbeitgebers für eine auf den Arbeitnehmer abgeschlossene Reisegepäckversicherung sind regelmäßig **Arbeitslohn,** wenn dem Arbeitnehmer der Anspruch gegen die Versicherung zusteht. **565**

Ist der Versicherungsschutz auf **Dienstreisen** beschränkt, rechnen die Arbeitgeberleistungen zum **steuerfreien** Reisekostenersatz. Bezieht sich der Versicherungsschutz auf sämtliche Reisen des Arbeitnehmers, kann die Gesamtprämie in einen beruflich und einen privat veranlassten Anteil aufgeteilt werden, falls die Versicherung den Prozentsatz (oder ggf. die Kalkulationsgrundlagen für beide Versicherungsrisiken) mitteilt.

Reisekosten

Als Reisekosten darf der Arbeitgeber seinem Arbeitnehmer bei einer → Rz. 132 *Auswärtstätigkeit* die folgenden Kosten/ Pauschalen bzw. Aufwendungen **steuerfrei** zahlen **566**

- → Rz. 514 *Fahrtkosten als Reisekosten bei Auswärtstätigkeiten,* → Rz. 600 *Verpflegungsmehraufwendungen als Reisekosten bei Auswärtstätigkeit* sowie
- → Rz. 588 *Übernachtungskosten als Reisekosten bei Auswärtstätigkeiten* und → Rz. 567 *Reisenebenkosten*

(§ 3 Nr. 13, 16 EStG, R 3.13, 3.16 und R 9.4 ff. LStR 2021), wenn diese durch eine so gut wie ausschließlich beruflich veranlasste **Auswärtstätigkeit** des Arbeitnehmers entstehen.

E 115

C. Lohnsteuer

Einzelheiten zum steuerfreien Arbeitgebersatz bei einer beruflich bedingten **doppelten Haushaltsführung** des Arbeitnehmers → Rz. 501 *Doppelte Haushaltsführung*.

Aufwendungen, die **nicht** so gut wie ausschließlich durch die beruflich veranlasste Auswärtätigkeit entstanden sind, z.B. Bekleidungskosten sowie Aufwendungen für die Anschaffung von Koffern und anderen Reiseausrüstungen, rechnen **nicht** zu den Reisekosten.

Der **Arbeitgeber** hat von dem Arbeitnehmer **Unterlagen** zu verlangen, aus denen die Voraussetzungen für die steuerfreie Zahlung ersichtlich sein müssen; z.B. berufliche Veranlassung durch Dienstreisegenehmigung, Reisedauer und Reiseweg sowie Belege über die Ausgaben wie Tankquittungen und Hotelrechnungen. Diese Unterlagen sind als Belege zum **Lohnkonto** aufzubewahren.

Ersetzt der Arbeitgeber nicht die gesamten beruflich veranlassten Aufwendungen, kann der Arbeitnehmer in seiner Einkommensteuererklärung unter Beachtung der steuerlichen Höchstbeträge und Pauschalen den Unterschiedsbetrag als Werbungskosten ansetzen.

Reisenebenkosten

567 Zu den **Reisenebenkosten** gehören die tatsächlichen Aufwendungen für

– die Beförderung und Aufbewahrung von Gepäck, für Telefongespräche und Schriftverkehr beruflichen Inhalts mit dem Arbeitgeber oder mit dessen Geschäftspartnern sowie Telefongespräche privaten Inhalts zur Kontaktaufnahme mit Angehörigen und Freunden bei einer mindestens einwöchigen beruflichen Auswärtätigkeit sowie

– die Gebühren für die Benutzung von Straßen, Brücken, Tunneln und Parkplätzen sowie für Schadensersatzleistungen infolge von Verkehrsunfällen, wenn die jeweils damit verbundenen Fahrtkosten als Reisekosten anzusetzen sind.

Ferner kommen in Betracht die Kosten einer Unfallversicherung und anderen Versicherungen für die Auswärtätigkeit/Reise; z.B. Reisegepäckversicherung, deren Versicherungsschutz sich auf die Dienstreisen des Arbeitnehmers beschränkt. S. auch → Rz. 496 *Diebstahl*.

Regelmäßig wiederkehrende Reisenebenkosten darf der Arbeitnehmer zur Vereinfachung über einen **repräsentativen** Zeitraum von drei Monaten im Einzelnen ermitteln und seinem Arbeitgeber „nachweisen". Der Arbeitgeber darf in der Folgezeit diesen nachgewiesenen täglichen **Durchschnittsbetrag steuerfrei** zahlen.

Übernachtungspauschale

Übernachtet ein **Kraftfahrer/Lkw-Fahrer** anlässlich seiner auswärtigen beruflichen Tätigkeit (Fahrtätigkeit) in der **Schlafkabine** seines Lkw, entstehen ihm Aufwendungen, die bei anderen Arbeitnehmern mit Übernachtung anlässlich einer beruflichen Auswärtätigkeit typischerweise in den Übernachtungskosten der Unterkunft (z.B. Hotel) enthalten sind. Derartige Aufwendungen des Kraftfahrers dürfen als Reisenebenkosten in vereinfachter Weise ermittelt und glaubhaft gemacht werden. Als solche Reisenebenkosten kommen z.B. in Betracht: Gebühren für die Benutzung der sanitären Einrichtungen (Toiletten sowie Dusch- oder Waschgelegenheiten) auf Raststätten oder Aufwendungen für die Reinigung der eigenen Schlafkabine.

Der Arbeitnehmer hat seit dem Kalenderjahr 2020 die Möglichkeit, anstelle des steuerfreien Pauschbetrags (s. nachfolgend) die v.g. tatsächlichen Reisenebenkosten i.R. der zuvor beschriebenen Vereinfachungsregelung als Durchschnittsbetrag zu ermitteln und gegenüber dem Finanzamt bzw. dem Arbeitgeber nachzuweisen. Einzelheiten dazu regelt das BMF-Schreiben v. 4.12.2012, IV C 5 – S 2353/12/10009, BStBl I 2012, 1249.

Anstelle der o.g. tatsächlichen Aufwendungen darf seit dem Kalenderjahr 2020 ein steuerfreier Pauschbetrag i.H.v. 8 € für jeden Kalendertag angesetzt werden, an dem der Arbeitnehmer eine Verpflegungspauschale beanspruchen kann. Insoweit kann auf eine Einzelberechnung verzichtet werden.

Der Ansatz dieser neuen Übernachtungspauschale i.H.v. 8 € erfolgt anstelle der tatsächlichen Aufwendungen und kann für

– jeweils für den An- und Abreisetag sowie

– für jeden Kalendertag mit einer Abwesenheit von 24 Stunden

im Rahmen einer **Auswärtätigkeit** im In- oder Ausland angesetzt werden. Die Voraussetzung, dass dem Grunde nach tatsächliche solche Aufwendungen entstanden sind, wird man im Regelfall unterstellen können. Zusätzlich dürfen die amtlichen **Verpflegungspauschalen** steuerfrei gezahlt werden.

Übersteigt der als Durchschnittsbetrag ermittelte tatsächliche Aufwand die neue Pauschale, darf der der Arbeitgeber den ermittelten Durchschnittsbetrag steuerfrei erstatten oder der Arbeitnehmer diesen Betrag als Werbungskosten ansetzen.

Hinsichtlich des Wahlrechts müssen sich Arbeitgeber und Arbeitnehmer einigen. Die Entscheidung, entweder die tatsächlich entstandenen Mehraufwendungen oder den gesetzlichen Pauschbetrag steuerfrei zu zahlen, muss einheitlich im Kalenderjahr erfolgen.

Die Erstattung der tatsächlichen **Reisenebenkosten** durch den Arbeitgeber ist nach § 3 Nr. 16 EStG steuerfrei. Als Grundlage hat der Arbeitnehmer seinem Arbeitgeber Unterlagen vorzulegen, aus denen die tatsächlichen Aufwendungen ersichtlich sein müssen. Der Arbeitgeber ist verpflichtet, diese Unterlagen als Belege zum Lohnkonto aufzubewahren; s.a. BMF v. 24.10.2014, IV C 5 – S 2353/14/10002, BStBl I 2014, 1412, Rz. 124 ff.

Rückdeckungsversicherung

568 Zahlt der Arbeitgeber Beiträge für eine Rückdeckungsversicherung, um sich die Mittel zur Leistung einer dem Arbeitnehmer zugesagten Versorgung (Durchführungswege: → Rz. 500 *Direktzusage* und → Rz. 594 *Unterstützungskasse*) zu verschaffen, liegt **kein steuerlicher Lohnzufluss** vor.

Sachbezüge, Freigrenze

569 Sachbezüge, die nicht unter den Rabattfreibetrag nach § 8 Abs. 3 EStG i.H.v. **1 080 €** (→ Rz. 564 *Preisnachlässe, Personalrabatte*) fallen und nicht nach Durchschnittswerten (z.B. Sachbezugswerte nach der Sozialversicherungsentgeltverordnung) zu bewerten sind, bleiben bis zu einer monatlichen **Freigrenze** von 50 € **steuerfrei** (§ 8 Abs. 2 Satz 11 EStG). Diese monatliche Freigrenze für Sachbezüge ist ab dem Kalenderjahr 2022 von 44 € auf 50 € erhöht worden.

Hierunter fallen nicht (mehr) die **Fahrkarten** für öffentliche Verkehrsmittel (→ Rz. 534 *Jobticket*), weiterhin jedoch **Belohnungsessen** und **Geschenke**, die nicht bereits als Annehmlichkeiten steuerfrei sind (→ Rz. 476 *Aufmerksamkeit*) sowie Vorteile aus der Überlassung eines zinslosen oder zinsverbilligten Arbeitgeberdarlehens. Begünstigt sind sämtliche (Sach-)Lohnteile, die nach § 8 Abs. 2 Satz 1 EStG mit dem um übliche Preisnachlässe geminderten üblichen Endpreis am Abgabeort zu bewerten sind.

E 116

C. Lohnsteuer

Für die Feststellung, ob die Freigrenze überschritten ist, sind die in einem Kalendermonat zufließenden und in die Freigrenze einzubeziehenden Vorteile auch dann zusammenzurechnen, soweit hierfür Lohnsteuer einbehalten worden ist.

Zu beachten ist, dass bei Überschreiten der Freigrenze der **Gesamtbetrag** als steuerpflichtiger Arbeitslohn zu erfassen ist; auch → Rz. 608 *Warengutscheine, Einkaufsgutscheine*, → Rz. 564 *Preisnachlässe, Personalrabatte*.

Zur Frage, ob und ggf. wann bei einem **Personalverkauf** der übliche (Listen-) Verkaufspreis an fremde Dritte und der Rabattfreibetrag oder aber der tatsächliche Marktpreis anzusetzen ist und wie der Arbeitnehmer dem Finanzamt gegenüber einen anderen Wertnachweis führen kann, s. unter → Rz. 564 *Preisnachlässe, Personalrabatte*.

Auf **zweckgebundene Geldleistungen**, z.B. Zuschüsse des Arbeitgebers für Mitgliedsbeiträge des Arbeitnehmers an einen Sportverein oder Fitnessclub, ist die Freigrenze **nicht** anzuwenden. Lohnzahlungen in einer gängigen **ausländischen Währung** sind Einnahmen in Geld und **kein** Sachbezug.

Sachprämien

Erhält der Arbeitnehmer auf Grund seiner Berufsausübung durch Kundenbindungsprogramme von einem Dritten Sachprämien (z.B. Bonusmeilen), so rechnen diese Vorteile zum beruflichen Bereich, wenn der Arbeitgeber die Aufwendungen getragen hat (z.B. Erstattung der Reisekosten). Werden die so erworbenen Prämien für **berufliche** Zwecke eingesetzt, führt dies **nicht** zu steuerlich zu erfassenden geldwerten Vorteilen.

Verzichtet der Arbeitgeber auf den arbeitsrechtlichen Herausgabeanspruch, ist die private Verwendung der Sachprämie bzw. des Vorteils insoweit **steuerpflichtiger** Arbeitslohn, als der nach § 3 Nr. 38 EStG anzusetzende jährliche **Freibetrag** i.H.v. 1 080 € überschritten ist.

Nicht begünstigt sind z.B. Rückvergütungen, Preisnachlässe, sie mindern die steuerfrei erstattungsfähigen Reisekosten. → Rz. 558 *Payback-Gutschrift*.

Darüber hinaus kann das **prämiengewährende** Unternehmen den Prämienwert pauschal mit 2,25 % **versteuern** mit der Folge, dass beim Empfänger kein Arbeitslohn anzusetzen ist. Durch Freibetrag und Pauschalierung ist der mit der Inanspruchnahme der Sachprämie zufließende geldwerte Vorteil regelmäßig nicht als steuerpflichtiger Arbeitslohn anzusetzen.

Nicht steuerpflichtig sind Sachprämien, die außerhalb der beruflichen Tätigkeit erworben wurden.

Sammelbeförderung

Die unentgeltliche oder verbilligte Sammelbeförderung von Mitarbeitern zwischen Wohnung und erster oder weiterer Tätigkeitsstätte oder zwischen verschiedenen Tätigkeitsstätten durch arbeitgebereigene oder vom Arbeitgeber gestellte Fahrzeuge ist **steuerfrei**. **Voraussetzung** hierfür ist, dass diese Beförderung wegen des betrieblichen Einsatzes bzw. aus betrieblichen Gründen erforderlich ist.

Die Sammelbeförderung muss regelmäßig durch den **Arbeitgeber veranlasst** oder organisiert sein und darf nicht auf einem Entschluss des Arbeitnehmers beruhen. Das Vorliegen einer Sammelbeförderung bedarf grundsätzlich einer besonderen Rechtsgrundlage, z.B. Tarifvertrag oder Betriebsvereinbarung. Allein die Beförderung weiterer Kollegen im auch zur privaten Nutzung überlassenen Firmenwagen stellt – ohne Vereinbarung zw. Arbeitgeber und Arbeitnehmer – keine unentgeltliche oder verbilligte Sammelbeförderung dar.

Schadensersatzleistungen

Schadensersatzleistungen des Arbeitgebers an seine Mitarbeiter sind **kein** Arbeitslohn, soweit der Arbeitgeber zur Leistung gesetzlich verpflichtet ist oder einen zivilrechtlichen Schadensersatzanspruch des Arbeitnehmers wegen schuldhafter Verletzung arbeitsvertraglicher Fürsorgepflichten erfüllt, z.B. nach dem Allgemeinen Gleichbehandlungsgesetz (AGG).

So ist z.B. die Schadensersatzzahlung des Arbeitgebers an seinen Arbeitnehmer kein Arbeitslohn, wenn damit die Folgen einer überhöhten Einkommensteuerfestsetzung ausgeglichen werden. Im Urteilsfall hatte der Arbeitgeber einen Schaden ersetzt, der infolge seiner Pflichtverletzung dem Arbeitnehmer entstanden sein soll. Auszugleichen war eine erhöht festgesetzte Einkommensteuerschuld des Arbeitnehmers, die ihre Ursache in nicht zutreffend geführten Fahrtenbüchern hatte. Dafür ist der Arbeitgeber verantwortlich gemacht worden, weil er seiner Verpflichtung zur Kontrolle einer ordnungsgemäßen Führung nicht nachgekommen ist (BFH-Urteil v. 25.4.2018, VI R 34/16, BStBl II 2018, 600). Allerdings bestanden im Urteilsfall Zweifel, ob die Zahlung tatsächlich dem Zweck des echten Schadensausgleichs diente oder ob es sich eher um eine „Gefälligkeitszahlung" handelte, die als Schadensersatz deklariert worden ist.

Erlässt der Arbeitgeber jedoch dem Arbeitnehmer eine **Schadensersatzforderung**, ist dies **steuerpflichtiger** Arbeitslohn im Zeitpunkt des wirksamen Verzichts. Ausgenommen sind Fälle, in denen der Schadensersatz beim Arbeitnehmer zu Werbungskosten führen würde.

S. auch → Rz. 539 *Kraftwagengestellung* unter Rz. 3 b zu „Außergewöhnliche Aufwendungen".

Schichtzulagen

Schichtzulagen, die Arbeitnehmer mit Schichtarbeit erhalten, sind **steuerpflichtig**; es sei denn, es handelt sich um begünstigte Zuschläge für Sonntags-, Feiertags- und Nachtarbeit (→ Rz. 471 *Arbeitslohnzuschläge für Sonntags-, Feiertags- oder Nachtarbeit*).

Schmiergelder

Schmier- bzw. Bestechungsgelder werden regelmäßig in Geld oder Geldeswert geleistet, um den Empfänger zu einem bestimmten für den Zahlenden bevorteilenden Verhalten oder Tun zu veranlassen. Ggf. auch, um sich „erkenntlich" zu zeigen. Solche Gelder bzw. Einnahmen sind steuerpflichtig. Sie werden steuerlich jedoch weder als Arbeitslohn noch als → Rz. 587 *Trinkgelder* erfasst; sie rechnen zu den sonstigen Einkünften nach § 22 Nr. 3 EStG.

Schutzbrille, Sehhilfe

Gestellt der Arbeitgeber nach den Unfallverhütungsvorschriften, z.B. dem ArbSchG, erforderliche Schutzbrillen, rechnet dies **nicht** zum Arbeitslohn; s.a. → Rz. 493 *Corona*.

Gleiches gilt für die vom Arbeitgeber auf Grund gesetzlicher Verpflichtung übernommenen angemessenen Kosten für eine spezielle **Sehhilfe**, wenn auf Grund einer Untersuchung der Augen und des Sehvermögens durch eine fachkundige Person i.S.d. § 6 Abs. 1 BildscharbV die spezielle Sehhilfe notwendig ist, um eine ausreichende Sehfähigkeit in den Entfernungsbereichen des Bildschirmarbeitsplatzes zu gewährleisten.

E 117

C. Lohnsteuer

Serviceleistungen des Arbeitgebers für bessere Vereinbarkeit von Familie und Beruf

576 **Steuerfrei** sind die Leistungen und Geldzahlungen des Arbeitgebers

– an ein **Dienstleistungsunternehmen**, das gegenüber dem Arbeitnehmer Beratungs- und Vermittlungsleistungen hinsichtlich der Betreuung von Kindern erbringt oder pflegebedürftigen Angehörigen neben der Beratung auch Betreuungspersonen **vermittelt**, sowie

– zur **kurzfristigen Betreuung** von **Kindern** des Arbeitnehmers, die das 14. Lebensjahr noch nicht vollendet haben oder die wegen einer vor Vollendung des 25. Lebensjahres eingetretenen körperlichen, geistigen oder seelischen Behinderung außerstande sind, sich selbst zu unterhalten, oder

– zur **kurzfristigen Betreuung** von pflegebedürftigen **Angehörigen** des Arbeitnehmers,

wenn die Betreuung aus zwingenden und beruflich veranlassten Gründen notwendig ist (§ 3 Nr. 34a EStG). Begünstigt ist auch eine Betreuung im privaten Haushalt des Arbeitnehmers.

Bei den vorgenannten Leistungen sowie Geldzahlungen zur kurzfristigen **Betreuung** ist zu beachten, dass die Steuerfreiheit auf **600 €** im Kalenderjahr begrenzt ist.

→ Rz. 498 *Dienstleistungen zur Beratung des Arbeitnehmers und zur Vermittlung von Betreuungspersonen,* → Rz. 554 *Notbetreuung von Kindern, pflegebedürftigen Angehörigen.*

Sicherheitsaufwendungen

577 Vom Arbeitgeber **getragene** oder dem Arbeitnehmer ersetzte Aufwendungen für Maßnahmen zum Schutz des Arbeitnehmers vor Übergriffen Dritter und Diebstahl seines Privateigentums sind grundsätzlich Arbeitslohn. Ausnahmen gelten für Personen, die auf Grund ihrer beruflichen Position den Angriffen gewaltbereiter politisch motivierter Personen ausgesetzt sind (Positionsgefährdung). Unter diesen Voraussetzungen können **steuerfrei** sein:

– Aufwendungen für das ausschließlich mit dem Personenschutz des Arbeitnehmers befasste Personal.

– Aufwendungen für den Einbau von Sicherheitseinrichtungen (Grund- und Spezialschutz) in eine Mietwohnung oder in ein selbstgenutztes Wohneigentum zum Schutz positionsgefährdeter Arbeitnehmer, wobei sich die Steuerfreiheit nach dem Maß der Gefährdung des Arbeitnehmers richtet. Es ist unerheblich, ob die Sicherheitseinrichtungen in das Eigentum des Arbeitnehmers übergehen oder nicht. Die Höhe der steuerfrei bleibenden Beträge richtet sich nach der von der Gefährdungsanalyse zuständigen Behörde (Sicherheitsbehörde) eingeschätzten Gefährdungsstufe.

Ersetzt der Arbeitgeber dem Arbeitnehmer Aufwendungen für Sicherheitseinrichtungen oder mit diesen Einrichtungen verbundene laufende Betriebs- oder Wartungskosten, ist der Ersatz unter den vorgenannten Voraussetzungen ebenfalls kein steuerpflichtiger Arbeitslohn, ggf. jedoch nur anteilig nach dem Verhältnis des nicht steuerpflichtigen Anteils an den Gesamteinbaukosten. Dies gilt allerdings nur dann, wenn die Aufwendungen in zeitlichem Zusammenhang mit dem Einbau bzw. der Zahlung durch den Arbeitnehmer ersetzt werden; andernfalls ist der Aufwendungsersatz steuerpflichtiger Arbeitslohn.

Näheres zu **steuerfreien** Zahlungen des Arbeitgebers regelt das bisher nicht öffentlich aktualisierte BMF-Schreiben v. 30.6.1997, IV B 6 – S 2334 – 148/97, BStBl I 1997, 696.

Soziale Leistungen

578 Zu der Steuerfreiheit von Arbeitgeberleistungen zur Vorbeugung einer Corona-Erkrankung → Rz. 493 *Corona.*

Maßnahmen zur Verbesserung der Arbeitsbedingungen rechnen nicht zum Arbeitslohn, siehe → Rz. 468 *Arbeitsbedingungen,* → Rz. 604 *Vorsorgeuntersuchungen, Vorsorgeleistungen,* → Rz. 576 *Serviceleistungen des Arbeitgebers für bessere Vereinbarkeit von Familie und Beruf*

Sozialversicherungsbeiträge

579 Der Arbeitnehmer hat seine Beiträge zur gesetzlichen Sozialversicherung aus dem steuerpflichtigen Arbeitslohn (Nettolohn) zu entrichten. Übernimmt der Arbeitgeber diese Beiträge, gehören sie zum steuerpflichtigen Arbeitslohn; s. auch → Rz. 464 *Arbeitgeberbeiträge,* → Rz. 465 *Arbeitgeberzuschüsse.*

Steuerberatungskosten

580 Die Übernahme von Steuerberatungskosten für die Erstellung der Einkommensteuererklärungen des Arbeitnehmers durch den Arbeitgeber führt nicht zu Arbeitslohn, wenn Arbeitgeber und Arbeitnehmer eine Nettolohnvereinbarung abgeschlossen haben und der Arbeitnehmer seine Steuererstattungsansprüche an den Arbeitgeber abgetreten hat (BFH v. 9.5.2019, VI R 28/17, HFR 2019, 871). Entscheidend war im Urteilsfall, dass nur der Arbeitgeber von dem wirtschaftlichen Ergebnis der Steuerberatung profitieren konnte; s.a. BMF v. 22.4.2020, IV B 2 – S 1300/08/10027-01, BStBl I 2020, 483.

Bei einer derartigen Sachlage stellt die Übernahme der Kosten für die Erstellung der Einkommensteuererklärung **keinen** Arbeitslohn dar. Dabei ist nicht von Bedeutung, dass in dem konkreten Streitfall der Arbeitnehmer aus dem Ausland entsandt worden ist. Für einen reinen Inlandssachverhalt wäre ebenso zu entscheiden. Mit diesem neuen Urteil hat der BFH seine bisherige, anders lautende Rechtsprechung aufgegeben.

Nach Auffassung der Finanzverwaltung liegt aber regelmäßig steuerpflichtiger **Arbeitslohn** vor, soweit die Steuerberatungskosten anderen Einkunftsarten (z.B. Kapitalvermögen oder Vermietung und Verpachtung) als den aus dem Arbeitsverhältnis erzielten Einkünften aus nichtselbständiger Arbeit zuzuordnen sind. Wird allerdings für die Steuerberatungskosten eine **pauschale** Vergütung je Arbeitnehmer oder für alle Arbeitnehmer vereinbart, hat die Finanzverwaltung grundsätzlich keine Bedenken, wenn aus Vereinfachungsgründen auf die Erfassung der anteilig den anderen Einkunftsarten zuzuordnenden Steuerberatungskosten verzichtet wird.

Steuerübernahme

581 Vom Arbeitgeber (z.B. i.R. einer Nettolohn-Vereinbarung) getragene bzw. übernommene (Lohn- und Kirchen-)Steuern sowie der übernommene Solidaritätszuschlag rechnen zum **Arbeitslohn**; → Rz. 545 *Lohnsteuer,* → Rz. 394 f. und → Rz. 451 ff.

Dieser Grundsatz gilt nicht für die pauschale Lohnsteuer, die der Arbeitgeber als Steuerschuldner selbst zu übernehmen hat.

Stipendium

582 Stipendien, die von öffentlich-rechtlichen Körperschaften zur Sicherstellung des Nachwuchses gezahlt werden, sind regelmäßig sind nach § 3 Nr. 44 EStG **steuerfrei**, wenn sie unmittelbar oder mittelbar aus öffentlichen Mitteln geleistet werden.

E 118

Insbesondere bleiben indirekte Zahlungen aus EU-Förderprogrammen steuerfrei. Andere Studienbeihilfen sind steuerpflichtiger Arbeitslohn.

Weitere Voraussetzung für die Steuerfreiheit ist, dass der Empfänger durch das Stipendium nicht zu einer bestimmten wissenschaftlichen oder künstlerischen Gegenleistung oder zu einer Arbeitnehmertätigkeit verpflichtet ist.

Zur steuerfreien Übernahme von Studiengebühren durch den Arbeitgeber, s. → Rz. 518 *Fort- und Weiterbildung* sowie → Rz. 584 *Studiengebühren.*

Streikunterstützungen

Streikunterstützungen, die Gewerkschaften an Arbeitnehmer (bzw. an ihre Mitglieder) im Zusammenhang mit (gewerkschaftlichen) Arbeitskampfmaßnahmen zahlen sowie Aussperrungsunterstützungen während eines Arbeitskampfes sind **kein** Arbeitslohn. Solche Zahlungen einer Gewerkschaft gehören keiner Einkunftsart an. **583**

Studiengebühren

Übernimmt der Arbeitgeber im Rahmen eines **Ausbildungsdienstverhältnisses** die vom studierenden Arbeitnehmer geschuldeten Studiengebühren für ein **berufsbegleitendes** Studium, z.B. an einer Berufsakademie, liegt auf Grund des ganz überwiegenden betrieblichen Interesses des Arbeitgebers **kein Arbeitslohn** (Vorteil mit Arbeitslohncharakter) vor, wenn sich der Arbeitgeber arbeitsvertraglich zur Übernahme der Studiengebühren verpflichtet. **584**

Voraussetzung hierfür ist, dass die Teilnahme an dem berufsbegleitenden Studium zu den Pflichten des Arbeitnehmers aus dem Dienstverhältnis gehört.

Ist der Arbeitgeber im Rahmen eines Ausbildungsdienstverhältnisses **Schuldner** der Studiengebühren, wird ein ganz überwiegend betriebliches Interesse des Arbeitgebers unterstellt und steuerrechtlich **kein** Vorteil mit Arbeitslohncharakter angenommen. Ferner sind auch Studiengebühren **kein Arbeitslohn**, die der Arbeitgeber bei einer im **dualen System** durchgeführten Ausbildung auf Grund einer Vereinbarung mit der Bildungseinrichtung als unmittelbarer Schuldner trägt, z.B. auf Grund eines Kooperationsvertrags mit einer **Berufsakademie.**

Für weitere Einzelheiten zur steuerlichen Behandlung von Studiengebühren für ein berufsbegleitendes Studium sowie die Folgen bei Übernahme der Studiengebühren durch den Arbeitgeber vgl. BMF-Schreiben v. 13.4.2012, IV C 5 – S 2332/07/ 0001, BStBl I 2012, 531. Das darin enthaltene Prüfschema soll die steuersichere Entscheidung erleichtern.

Telearbeit

Die in den Kalenderjahren 2020 sowie 2021 vorgesehene Möglichkeit, eine Homeoffice-Pauschale i.H.v. 5 €/Tag, höchstens jedoch 600 € im Kalenderjahr, als Werbungskosten anzusetzen, ist für das Kalenderjahr 2022 nicht verlängert worden. Zum Werbungskostenansatz der Aufwendungen für ein Arbeitszimmer → Rz. 130 *Arbeitszimmer.* **585**

Telearbeit ist eine dezentralisierte Bürotätigkeit mit der Unterstützung von Informations- und Kommunikationstechniken. Erledigt der Mitarbeiter einen Teil seiner beruflichen Arbeiten mit Zustimmung des Arbeitgebers in der privaten Wohnung, also in häuslicher Telearbeit (Tele-Heimarbeit), stellt sich die Frage nach den zu beachtenden steuerlichen Regelungen.

1. **Der Arbeitgeber gestellt die Teleplatzausstattung**
   Schafft der **Arbeitgeber** das Mobiliar (Schränke, Schreibtisch usw.) einschl. der Telekommunikationsgeräte (PC, Fax-, Kopiergerät, Telefon usw.) an, und stellt er dies dem Arbeitnehmer ausschließlich für die Dauer der Telearbeit **zur Verfügung**, ergeben sich regelmäßig **keine** lohnsteuerlichen Folgerungen.
   Nutzt der **Arbeitnehmer** das **Mobiliar** gelegentlich (in geringem Umfang) **privat**, ist dies von untergeordneter Bedeutung. Falls ein betriebliches **Kopiergerät** auch privat genutzt werden darf, sollte sich der Arbeitgeber die Kosten für privat erstellte Kopien erstatten lassen. Ansonsten wäre die private Nutzung der Freigrenze für **Sachbezüge** i.H.v. monatlich 50 € (ab dem Kalenderjahr 2022, zuvor 44 €) zuzuordnen, falls diese nicht schon anderweitig ausgeschöpft ist, → Rz. 569 *Sachbezüge, Freigrenze.*

   Die **private** Nutzung des **betrieblichen** PC sowie solcher Datenverarbeitungs- und Telekommunikationsgeräte ist unabhängig vom Verhältnis der beruflichen zur privaten Nutzung **steuerfrei.** Gleiches gilt für die vom Arbeitgeber getragenen **Verbindungsentgelte** und anfallenden **Telekommunikationsgebühren** für die berufliche und private Nutzung (→ Rz. 586 *Telekommunikation/-kommunikationsgeräte, Personalcomputer, Verbindungsentgelte des Arbeitnehmers*).

   Das vom Arbeitgeber für die berufliche Nutzung zur Verfügung gestellte Büromaterial (Schreibpapier, Kugelschreiber usw.) ist steuerlich unbeachtlich; auch falls es gelegentlich privat genutzt werden sollte.

2. **Der Arbeitgeber übereignet die Teleplatzausstattung**
   Falls der Arbeitgeber die Teleplatzausstattung dem Arbeitnehmer übereignet, stellt dies einen geldwerten Vorteil dar, der als **Arbeitslohn** zu erfassen ist.
   Die Vorteile für die PC-Übereignung einschl. des Zubehörs bzw. deren Wert sind grundsätzlich nach den abgerufenen elektronischen Lohnsteuerabzugsmerkmalen (→ Rz. 308) oder nach den auf einer vom Finanzamt für den Lohnsteuerabzug ausgestellten Bescheinigung eingetragenen **Lohnsteuerabzugsmerkmalen** des Arbeitnehmers zu versteuern. Stattdessen können sie aber auch **pauschal** mit 25 % (zzgl. Solidaritätszuschlag und ggf. Kirchensteuer) besteuert werden, → Rz. 677 ff.

3. **Der Arbeitnehmer stellt die Teleplatzausstattung zur Verfügung**
   Nutzt der Arbeitnehmer eigenes Mobiliar sowie seine private Telekommunikationsausstattung, darf der Arbeitgeber die Telekommunikationsaufwendungen sowie die Betriebskosten der Telekommunikationsgeräte (Strom) als Auslagenersatz **steuerfrei** ersetzen, → Rz. 480 *Auslagenersatz.* Nach Auffassung der Finanzverwaltung ist dies für das zur Verfügung gestellte Mobiliar nicht möglich.
   Pauschal gezahlte **Nutzungsentschädigungen** u.Ä. sind als **Arbeitslohn** zu erfassen.

4. **Zahlungen für das Telearbeitszimmer**
   Mietet der **Arbeitgeber** das Arbeitszimmer als Telearbeitsplatz an, ist die Prüfung für die Erfassung der Zahlungen als Arbeitslohn einerseits oder als Einkünfte aus Vermietung und Verpachtung andererseits danach vorzunehmen, in wessen **vorrangigem** Interesse die Nutzung des Büros erfolgt; vgl. BMF-Schreiben v. 18.4.2019, IV C 1 – S 2211/16/10003 :005, BStBl I 2019, 461.
   Dient die Nutzung in erster Linie den **Interessen** des Arbeitnehmers, so ist davon auszugehen, dass die Zahlungen des Arbeitgebers (im weitesten Sinne) als Gegenleistung für das Zurverfügungstellen der individuellen Arbeitskraft des Arbeitnehmers erfolgen. Die Einnahmen sind dementsprechend als steuerpflichtiger **Arbeitslohn** zu erfassen.

E 119

So verhält es sich regelmäßig, wenn der Arbeitnehmer im Betrieb des Arbeitgebers über einen weiteren Arbeitsplatz verfügt und die Nutzung des häuslichen Arbeitszimmers vom Arbeitgeber lediglich gestattet bzw. geduldet wird.

Wird der betreffende Raum jedoch v.a. im **betrieblichen** Interesse des Arbeitgebers genutzt und geht dieses Interesse – objektiv nachvollziehbar – über die Entlohnung des Arbeitnehmers bzw. über die Erbringung der jeweiligen Arbeitsleistung hinaus, so ist anzunehmen, dass die betreffenden Zahlungen auf einer neben dem Dienstverhältnis **gesondert** bestehenden **Rechtsbeziehung** beruhen.

Anhaltspunkte für ein betriebliches Interesse des **Arbeitgebers** können sich beispielsweise daraus ergeben, dass der Arbeitgeber entsprechende Rechtsbeziehungen zu gleichen Bedingungen auch mit fremden Dritten, die nicht in einem Dienstverhältnis zu ihm stehen, eingegangen ist. Haben die Beteiligten eine ausdrückliche, schriftliche Vereinbarung über die Bedingungen der Nutzung des überlassenen Raumes getroffen, so kann dies ein Indiz für ein besonderes, über das Dienstverhältnis hinausgehendes betriebliches Interesse sein (BFH-Urteil v. 16.9.2004, VI R 25/02, BStBl II 2006, 10).

Solch eindeutige **Kriterien** sind u.a. eine räumliche Trennung von der Wohnung (separater Eingang) und ein unbeschränktes Zutrittsrecht des Arbeitgebers. Liegen diese Voraussetzungen vor, sind die Mietzahlungen regelmäßig als Einnahmen aus Vermietung und Verpachtung zu behandeln.

In anderen Fällen ist nach den einschlägigen Urteilen des BFH und den dort genannten Kriterien zu entscheiden, z.B. bei Anmietung eines Raumes von dem als **Außendienstmitarbeiter** tätigen Arbeitnehmer. In diesem Fall sind die Mietzahlungen dann nicht dem **Lohnsteuerabzug** zu unterwerfen, wenn der Arbeitgeber gleich lautende Mietverträge auch mit fremden Dritten abschließt und die Anmietung des Raumes im betrieblichen Interesse des Arbeitgebers erfolgt (Außendienstmitarbeiterbüro, BFH v. 19.10.2001, VI R 131/00, BStBl II 2002, 300 sowie BFH v. 20.3.2003, VI R 147/00, BStBl II 2003, 519 zu einem im Kellergeschoss des Hauses gelegenen Büroraums).

Fehlen die zuvor beschriebenen eindeutigen Gründe, sind die sog. Mietzahlungen dem Arbeitslohn zuzurechnen. Die vorgenannten Grundsätze zur Zuordnung des Telearbeitsplatzes gelten auch, wenn der Arbeitgeber die anfallenden Betriebskosten des Telearbeitszimmers (Heizung, Strom usw.) übernimmt.

Im Übrigen gilt: Ein häuslicher Telearbeitsplatz ist **keine** betriebliche Einrichtung des Arbeitgebers oder eines Dritten. Er rechnet regelmäßig zur (privaten) Wohnung des Arbeitnehmers und kann daher steuerlich **keine** (erste) Tätigkeitsstätte sein.

Telekommunikation/-kommunikationsgeräte, Personalcomputer, Verbindungsentgelte des Arbeitnehmers, System- und Anwendungsprogramme sowie Zubehör

586   Private Nutzung betrieblicher Geräte und PC-Programme sowie Erstattung der Verbindungsentgelte des Arbeitnehmers

Nutzt der Arbeitnehmer die vom Arbeitgeber gestellten betrieblichen Datenverarbeitungsgeräte (einschl. Personalcomputer), Telekommunikationsgeräte und Mobiltelefone (Handys) auch privat, ist diese Nutzung einschließlich der vom Arbeitgeber getragenen Verbindungsentgelte für Privatgespräche **unabhängig** vom **Umfang** der beruflichen Nutzung dieser Geräte **steuerfrei** (§ 3 Nr. 45 EStG). Steuerfrei sind auch Vorteile für die zur privaten Nutzung überlassenen System- und Anwendungsprogramme, wenn sie der Arbeitgeber auch in seinem Betrieb einsetzt.

Begünstigt sind u.a.:

–   Geräte als Laptop, Smartphone, Tablet(-Computer), Autotelefon, System- und Anwendungsprogramme wie Betriebssystem, PC-Programme, Browser, Virenscanner, Softwareprogramm (z.B. Home-Use-Programme, Volumenlizenzvereinbarung),

–   Peripheriegeräte wie Monitor, Drucker, Beamer, Scanner, Modem, Netzwerkswitche, Router, Hub, Bridge sowie

–   ISDN-Karte, Sim-Karte, UMTS-Karte, LTE-Karte, Ladegeräte und Transportbehältnisse.

Begünstigt ist auch die Installation oder Inbetriebnahme der begünstigten Geräte und Programme (i.S.d. § 3 Nr. 45 EStG) durch einen IT-Service des Arbeitgebers.

Die Steuerfreiheit ist nicht auf die private Nutzung im Betrieb beschränkt, sondern gilt z.B. auch für Geräte im betrieblichen oder privaten Pkw oder in der Wohnung des Arbeitnehmers. Es kommt nicht darauf an, wo sich das betriebliche Gerät im Zeitpunkt der Privatnutzung durch den Arbeitnehmer befindet. Begünstigt sind auch die Nutzungsüberlassung von Zubehör und Software bei betrieblichem PC sowie vom Arbeitgeber übernommene Telefongebühren.

Ferner ist steuerfrei die private Nutzung der für eine (ehrenamtliche) Tätigkeit nach § 3 Nr. 12 EStG zur Verfügung gestellten Telekommunikationsgeräte und mobilen Endgeräte → Rz. 478 *Aufwandsentschädigungen*.

Regelmäßig **nicht begünstigt** ist die kostenlose Gestellung folgender Geräte

–   Smart TV, Konsole, iPod, MP3-Player, Spielautomat, E-Book-Reader sowie

–   andere Gebrauchsgegenstände mit eingebautem Mikrochip, Digitalkamera und digitaler Videocamcorder.

Gleiches gilt für ein vorinstalliertes Navigationsgerät im Pkw (BFH-Urteil v. 16.2.2005, BStBl II 2005, 563) und mangels Einsatzes im Betrieb des Arbeitgebers u.a. für Computerspiele.

Voraussetzung für die **Steuerfreiheit** ist die Nutzungsüberlassung der Geräte durch den Arbeitgeber oder auf Grund des Dienstverhältnisses durch einen Dritten. In diesen Fällen sind auch die vom Arbeitgeber getragenen privaten Verbindungsentgelte (Grundgebühr und sonstige laufende Kosten) des Arbeitnehmers, die durch die Nutzung der betrieblichen Geräte entstehen, steuerfrei. Für die Steuerfreiheit kommt es nicht darauf an, ob die Vorteile zusätzlich zum ohnehin geschuldeten Arbeitslohn oder auf Grund einer Vereinbarung über die Herabsetzung von Arbeitslohn erbracht werden.

Die kostenlose oder verbilligte **Übereignung** von betrieblichen Datenverarbeitungsgeräten (z.B. Personalcomputer), sonstiger PC-Hardware, technischem Zubehör, Software (Sachzuwendungen) und eines Internetanschlusses sowie vom Arbeitgeber getragene **Verbindungsentgelte** für **private** Geräte sind **steuerpflichtiger** Arbeitslohn.

Zur Möglichkeit, die Lohnsteuer für diese Arbeitslohnteile mit einem **Pauschsteuersatz** i.H.v. 25 % zu erheben, s. → Rz. 677 ff. Zum **pauschalen Auslagenersatz** von Telekommunikationsaufwendungen → Rz. 480 *Auslagenersatz*.

Trinkgelder

587   Von Dritten freiwillig und ohne Verpflichtung für eine Dienstleistung des Arbeitnehmers gezahlte Trinkgelder sind in voller Höhe **steuerfrei**. Incentives und Zahlungen aus dem Spielbanktronc sind **steuerpflichtiger** Arbeitslohn und keine steuerfreien Trinkgelder.

E 120

C. Lohnsteuer

Übernachtungskosten als Reisekosten bei Auswärtstätigkeiten

Private Arbeitgeber haben bei steuerfreien Erstattungen von Übernachtungskosten des Arbeitnehmers (nach § 3 Nr. 16 EStG) Folgendes zu beachten:

588

Der Arbeitgeber darf für jede Übernachtung des Arbeitnehmers anlässlich einer **beruflich** veranlassten Auswärtstätigkeit die **tatsächlichen Aufwendungen steuerfrei ersetzen** (als Reisekosten). Weiterhin erfordert die steuerfreie Zahlung von Unterkunftskosten, dass der Arbeitnehmer noch eine andere Wohnung innehat, die seinen Lebensmittelpunkt bildet. Im Gegensatz zur → Rz. 501 *Doppelte Haushaltsführung* muss jedoch kein eigener Hausstand vorliegen.

Benutzt der Arbeitnehmer ein Mehrbettzimmer **gemeinsam** mit Personen, die nicht Arbeitnehmer des Arbeitgebers sind, so können die Aufwendungen steuerfrei ersetzt werden, die bei Inanspruchnahme eines Einzelzimmers im selben Haus entstanden wären. Dementsprechend sind auch die Mehraufwendungen auszuscheiden, wenn der Arbeitnehmer ein Haus oder eine Wohnung gemeinsam mit Personen benutzt, die zu seinem Arbeitgeber in keinem Dienstverhältnis stehen.

a) Begrenzung der Unterkunftskosten auf 1 000 € im Monat

Zur **ansatzfähigen** Höhe der Unterkunftskosten im Inland und ihrer Berücksichtigungsdauer sind die folgenden Regelungen zu beachten:

– Nach **Ablauf von 48 Monaten** einer längerfristigen beruflichen Auswärtstätigkeit können Unterkunftskosten nur bis zu **1 000 €** im Monat angesetzt werden.

– Eine **Unterbrechung** der beruflichen Tätigkeit an derselben Tätigkeitsstätte führt nur dann zu einem Neubeginn der 48-Monatsfrist, wenn die Unterbrechung mindestens **sechs Monate** dauert.

Die 48-Monatsfrist **beginnt** mit der ersten Übernachtung auf Grund der beruflichen Auswärtstätigkeit. Für Übernachtungen im **Ausland** gilt die Höchstgrenze von 1 000 € nicht.

b) Kostenarten

Die Reisekostenerstattung bei Übernachtungen im Inland sind auf Grund der **unterschiedlichen Mehrwertsteuersätze** für Übernachtung (Beherbergung) und für das gestellte Frühstück etwas komplizierter. Denn dem Arbeitgeber muss sowohl der Übernachtungspreis als auch die Kosten der Verpflegung bekannt sein. Auf der Übernachtungsrechnung wird das Frühstück regelmäßig gesondert oder als bzw. im Sammelposten für Nebenleistung(en) ausgewiesen.

Ist das **Frühstück** gesondert ausgewiesen, erübrigt sich eine Kürzung des Übernachtungspreises. Weil hierdurch die Aufwendungen für Übernachtung und das Frühstück feststehen, kann der Arbeitgeber die Kostenarten Übernachtung und Frühstück zweifelsfrei erkennen.

Wird in der Hotelrechnung (dem Zahlungsbeleg) jedoch nur ein **Gesamtpreis** für Unterkunft und Verpflegung bzw. eine Tagespauschale nachgewiesen, und lässt sich der Preis für die Verpflegung (z.B. das Frühstück oder weitere Essen) nicht feststellen, so ist der Gesamtpreis zur Ermittlung der Übernachtungskosten seit dem Kalenderjahr 2020 wie folgt **zu kürzen**:

– für ein Frühstück **um 20 %** (Kürzungsbetrag Inland: 20 % von 28 € = 5,60 €) und

– für ein Mittag- und Abendessen um jeweils **40 %** (Kürzungsbeträge Inland: 40 % von 28 € = 11,20 €)

des für den **Unterkunftsort** maßgebenden **Pauschbetrags** für Verpflegungsmehraufwendungen bei einer Dienstreise/Auswärtstätigkeit mit einer Abwesenheitsdauer von mindestens 24 Stunden. Diese Prozentsätze sind auch bei einer Übernachtung im Ausland anzusetzen.

Ist in der Rechnung die Beherbergungsleistung gesondert ausgewiesen und daneben ein **Sammelposten für Nebenleistungen**, ohne dass sich der Preis für die Verpflegung feststellen lässt, so ist die vorgenannte prozentuale Kürzung auf den Sammelposten für Nebenleistungen möglich; für das Frühstück 20 % des maßgebenden Pauschbetrags für Verpflegungsmehraufwendungen für das Inland folglich um 5,60 € (BMF Schreiben v. 5.3.2010, BStBl I 2010, 259, Teil II).

Der verbleibende Teil des Sammelpostens ist als **Reisenebenkosten** zu behandeln, wenn die Bezeichnung des Sammelpostens für die Nebenleistungen keinen Anlass gibt für die Vermutung, darin seien steuerlich nicht anzuerkennende Nebenleistungen enthalten. **Keine** Reisenebenkosten in diesem Sinne sind die Aufwendungen für private Ferngespräche, Massagen, Minibar oder Pay-TV, s. BMF v. 25.11.2020, IV C 5 – S 2353/19/10011 :006, BStBl I 2020, 1228, Rz. 132.

Möchte der Arbeitgeber dem Arbeitnehmer neben den Unterkunftskosten auch die von ihm gestellten → Rz. 549 *Mahlzeiten* steuerfrei erstatten, ist es auf Grund der Kürzungsregelungen nicht zwingend erforderlich, dass die Hotelrechnung zwischen Übernachtung und Preis der Mahlzeiten unterscheidet.

> **Beispiel** _Steuerfreier Ersatz von Übernachtungskosten_
>
> Arbeitnehmer A übernachtet im Kalenderjahr 2022 während einer zweitägigen inländischen Auswärtstätigkeit im Hotel. Die **Rechnung** des Hotels ist auf den Namen des **Arbeitgebers** ausgestellt. Das Hotel berechnet für eine Übernachtung mit Frühstück ein „Pauschalarrangement" mit 100 €.
>
> Der Arbeitgeber hat zur Ermittlung des steuerfreien Ersatzes folgende zwei Möglichkeiten:
>
> **1. Kürzung um die auf das Frühstück entfallenden anteiligen Kosten**
>
> Zur Ermittlung der **Übernachtungskosten** kann er den Gesamtpreis um 5,60 € (20 % von 28 € für die auf das Frühstück entfallenden anteiligen Kosten) kürzen.
>
> Der verbleibende Betrag von 94,40 € kann vom Arbeitgeber als Übernachtungskosten steuerfrei erstattet werden.
>
> Für den An- und Abreisetag stehen dem Arbeitnehmer **Verpflegungspauschalen** von 28 € (je 14 € für den An- und Abreisetag) zu. Die Verpflegungspauschale für den Abreisetag ist nicht zu kürzen (um 5,60 € für das Frühstück), weil der Arbeitgeber dem Arbeitnehmer lediglich die 94,40 € als Übernachtungskosten erstattet. Insgesamt darf der Arbeitgeber somit 122,40 € steuerfrei erstatten (94,40 € Unterkunft + 28 € Verpflegung).
>
> **2. Erstattung Gesamtpreis**
>
> Erstattet der Arbeitgeber dem Arbeitnehmer hingegen den Gesamtpreis von 100 € (also einschließlich Frühstück), sind die steuerfreien Verpflegungspauschalen zu kürzen auf einen Betrag von 22,40 € (28 € abzgl. 5,60 €).
>
> Folglich darf der Arbeitgeber insgesamt 122,40 € steuerfrei erstatten (100 € für Unterkunft und Frühstück + 22,40 € als Verpflegungspauschalen).
>
> **Fazit:**
>
> Die unterschiedlichen Berechnungen führen zum gleichen Ergebnis; gleichgültig, von welchem Betrag der pauschale Einbehalt bzw. die pauschale Kürzung erfolgt.

E 121

C. Lohnsteuer

Abwandlung:

Die **Rechnung** des Hotels ist auf den Namen des **Arbeitnehmers** ausgestellt.

Auch in diesem Fall darf der Arbeitgeber insgesamt höchstens 122,40 € steuerfrei erstatten (94,40 € Unterkunft + 28 € Verpflegungspauschalen).

Für weitere Einzelheiten sowie Erläuterungen zum Reisekostenrecht wird auf das (neue) BMF-Schreiben v. 25.11.2020, BStBl I 2020, 1228, hingewiesen sowie auf den vom Verlag herausgegebenen Ratgeber „Reisekosten 2022 – Private Wirtschaft".

Ohne den **Nachweis** der tatsächlichen Aufwendungen für die Übernachtung/Unterkunft darf der Arbeitgeber für **jede Übernachtung** des Arbeitnehmers im Inland einen **Pauschbetrag** bis zu 20 € steuerfrei zahlen. Dies gilt nicht, wenn der Arbeitnehmer die Unterkunft vom Arbeitgeber oder auf Grund seines Dienstverhältnisses von einem Dritten unentgeltlich oder teilentgeltlich erhalten hat.

Bei Benutzung eines **Schlafwagens** oder einer **Schiffskabine** darf der Übernachtungs-Pauschbetrag nur dann steuerfrei gezahlt werden, wenn die Übernachtung in einer anderen **Unterkunft** begonnen oder beendet worden ist. Die steuerfreie Zahlung des Pauschbetrags bzw. eines Übernachtungsgeldes für eine Übernachtung im Fahrzeug, z.B. im Lkw, ist nicht zulässig.

Zu den mit Übernachtungskosten vergleichbaren Aufwendungen der **Kraftfahrer** mit **Fahrtätigkeit** → Rz. 567 *Reisenebenkosten*.

Bei **Übernachtungen** im **Ausland** kann der Arbeitgeber für Übernachtungskosten ohne einen Einzelnachweis der tatsächlichen Aufwendungen durch den Arbeitnehmer die vom BMF veröffentlichten Pauschbeträge (Übernachtungsgelder als Höchstbeträge) **steuerfrei** zahlen. Diese steuerlichen Höchstbeträge binden den Arbeitgeber nicht; er kann geringere Pauschalen steuerfrei zahlen. Zahlt er höhere Pauschalen ohne Einzelnachweis, sind die übersteigenden Beträge steuerpflichtig.

Diese Höchstbeträge werden in regelmäßigen Abständen angepasst und für bestimmte Kalenderjahre bekannt gegeben. Vgl. hierzu das ab 1.1.2021 maßgebende BMF-Schreiben zur steuerlichen Behandlung von Reisekosten und Reisekostenvergütungen bei betrieblich und beruflich veranlassten Auslandsreisen v. 3.12.2020, IV C 5 – S 2353/19/10010 :002, BStBl I 2020, 1256, das auch für das Kalenderjahr 2022 anzuwenden ist.

Übungsleiterpauschale

589

1. Begünstigte Tätigkeit

Übungsleiter sowie die anderen begünstigten **nebenberuflich** Tätigen können von ihren Einnahmen seit 2021 die Übungsleiterpauschale i.H.v. 3 000 € (zuvor 2 400 €) als Betriebsausgaben bzw. Werbungskosten abziehen und zwar gleichgültig, ob sie steuerlich als Selbständiger oder als Arbeitnehmer tätig sind. Bis zur Höhe der Übungsleiterpauschale bleiben **steuerfrei** die Einnahmen von Personen, die im Dienst oder Auftrag einer juristischen Person des öffentlichen Rechts, die in der EU oder im EWR-Raum oder in der Schweiz belegen ist, oder die für eine gemeinnützige Körperschaft tätig sind und

– eine nebenberufliche Tätigkeit als **Übungsleiter, Ausbilder, Erzieher, Betreuer** bzw. eine vergleichbare nebenberufliche Tätigkeit ausüben, oder

– eine nebenberufliche **künstlerische** Tätigkeit ausüben, oder

– nebenberuflich **alte, kranke** oder **behinderte** Menschen pflegen.

Zu den **begünstigten Tätigkeiten** gehören z.B. die Tätigkeit eines Sporttrainers, eines Chorleiters oder Orchesterdirigenten, die Lehr- und Vortragstätigkeit im Rahmen der allgemeinen Bildung und Ausbildung (z.B. Kurse und Vorträge an Schulen und Volkshochschulen) oder im Rahmen der beruflichen Ausbildung und Fortbildung.

Die **Pflege** alter, kranker oder behinderter Menschen umfasst außer der Dauerpflege auch Hilfsdienste bei der häuslichen Betreuung durch ambulante Pflegedienste, bei häuslichen Verrichtungen und Einkäufen, beim Schriftverkehr, bei der Altenhilfe entsprechend § 75 des Bundessozialhilfegesetzes (z.B. Hilfe bei der Wohnungs- und Heimplatzbeschaffung), in Fragen der Inanspruchnahme altersgerechter Dienste und bei Sofortmaßnahmen gegenüber Schwerkranken und Verunglückten (z.B. durch Rettungssanitäter und Ersthelfer).

Für nicht begünstigte Tätigkeiten, z.B. in einem gemeinnützigen Verein als Vereinsvorsitzender, Schriftführer, Geräte- und Platzwart usw., kommt der allgemeine Ehrenamtsfreibetrag in Betracht → Rz. 503 *Ehrenamt*, → Rz. 504 *Ehrenamtsfreibetrag*.

Eine Tätigkeit wird **nebenberuflich** ausgeübt, wenn sie – bezogen auf das Kalenderjahr – nicht mehr als ein Drittel der Arbeitszeit eines vergleichbaren Vollzeiterwerbs in Anspruch nimmt. Es können deshalb auch solche Personen nebenberuflich tätig sein, die im steuerrechtlichen Sinne keinen Hauptberuf ausüben (z.B. nicht erwerbstätige Personen, Vermieter, Studenten oder Rentner).

Übt ein Stpfl. mehrere verschiedenartige Tätigkeiten i.S.d. § 3 Nr. 26 EStG aus, ist die Nebenberuflichkeit **für jede** Tätigkeit getrennt zu beurteilen. Mehrere gleichartige Tätigkeiten sind zusammenzufassen, wenn sie sich nach der Verkehrsanschauung als Ausübung eines einheitlichen Hauptberufs darstellen (z.B. Unterricht von jeweils weniger als dem dritten Teil des Pensums einer Vollzeitkraft in mehreren Schulen). Eine Tätigkeit wird **nicht** nebenberuflich ausgeübt, wenn sie als Teil der Haupttätigkeit anzusehen ist.

Der **Freibetrag** wird nur gewährt, wenn die Tätigkeit im Dienst oder im Auftrag einer der in § 3 Nr. 26 EStG genannten Personen erfolgt. Dies sind

1. juristische Personen des öffentlichen Rechts, die in einem EU- oder EWR-Land oder in der Schweiz belegen sind, z.B. Länder, Gemeinden, Gemeindeverbände, Industrie- und Handelskammern, Handwerkskammern, Rechtsanwaltskammern, Steuerberaterkammern, Universitäten oder die Träger der Sozialversicherung.

2. Einrichtungen i.S.d. § 5 Abs. 1 Nr. 9 KStG, z.B. Körperschaften, Personenvereinigungen, Stiftungen und Vermögensmassen, die nach der Satzung oder dem Stiftungsgeschäft und nach der tatsächlichen Geschäftsführung ausschließlich und unmittelbar gemeinnützige, mildtätige oder kirchliche Zwecke verfolgen (z.B. Sport- und Musikvereine, Einrichtungen der Wohlfahrtspflege). Die Begriffe der gemeinnützigen, mildtätigen und kirchlichen Zwecke ergeben sich aus den §§ 52 bis 54 AO. Wegen weiterer Einzelheiten siehe R 3.26 LStR 2021.

Nicht zu den begünstigten Einrichtungen gehören z.B. Berufsverbände (Arbeitgeberverband, Gewerkschaft) oder Parteien. Fehlt es an einem begünstigten Auftraggeber/Arbeitgeber, so kann der Steuerfreibetrag nicht in Anspruch genommen werden.

2. Freibetrag

Die Pauschale i.H.v. 3 000 € ist ein **Jahresbetrag** und unabhängig davon, wie lange und wie viele Tätigkeiten als Übungsleiter ausgeübt wurden. Übersteigen die tatsächlichen Werbungskosten bzw. Betriebsausgaben diesen Freibetrag, können sie mit

E 122

C. Lohnsteuer

dem übersteigenden Betrag von den Einnahmen abgezogen werden. Ist der Übungsleiter (oder eine andere unter § 3 Nr. 26 EStG fallende Person) steuerlich als **Arbeitnehmer** einzustufen, ist es unseres Erachtens im Auslegungsweg der Regelungen des § 39b Abs. 1 EStG vertretbar, auf den Abruf von elektronischen Lohnsteuerabzugsmerkmalen oder die Vorlage einer vom Finanzamt ausgestellten Bescheinigung für den Lohnsteuerabzug zu verzichten, wenn **ausschließlich steuerfreie** Einnahmen gezahlt werden.

Auch bei höheren Lohnzahlungen kann der Freibetrag bereits beim **Lohnsteuerabzug** angesetzt werden. Hierdurch bleiben Zahlungen des Arbeitgebers bis zu 3 000 € im Kalenderjahr steuerfrei. Weitere Zahlungen sind steuerpflichtiger Arbeitslohn. Eine zeitanteilige Aufteilung des steuerfreien Höchstbetrags von 3 000 € jährlich ist nicht erforderlich. Das gilt auch dann, wenn feststeht, dass das Dienstverhältnis nicht bis zum Ende des Kalenderjahres besteht.

Voraussetzung für den Ansatz des Freibetrags ist eine schriftliche **Bestätigung** des Arbeitnehmers, dass die Steuerbefreiung nicht bereits in einem anderen Dienst- oder Auftragsverhältnis berücksichtigt worden ist oder berücksichtigt wird. Der Arbeitgeber hat diese Erklärung zum Lohnkonto zu nehmen; → Rz. 503 *Ehrenamt*.

3. Corona, ehrenamtliche Helfer und Tätige in Impfzentren und Testzentren

Ehrenamtliche Helfer in Corona-Impfzentren und Testzentren, die direkt an der Impfung oder Testung beteiligt sind und dafür eine Vergütung erhalten, dürfen die Übungsleiterpauschale i.H.v. 3 000 € jährlich in Anspruch nehmen. Sind solche Helfer in der Verwaltung und der Organisation von Impf- oder Testzentren sowie in (ggf. auch mobilen) Teststationen tätig, kommt ein Ansatz der sog. Ehrenamtspauschale i.H.v. 840 € jährlich in Betracht.

Werden diese Tätigkeiten hauptberuflich ausgeübt, darf die Ehrenamtspauschale nicht angesetzt werden. Zu weiteren Einzelheiten s. OFD Frankfurt, Verfügung v. 15.3.2021, S 2331 A – 49 – St 210, www.stotax-first.de.

Umzugskosten

1. Definition

590

Umzugskosten des Arbeitnehmers wegen eines **beruflich veranlassten Wohnungswechsels** können durch den Arbeitgeber **steuerfrei** erstattet werden bis zu den Beträgen, die als Werbungskosten abziehbar wären (→ Rz. 169). Hierfür hat der Arbeitnehmer seinem Arbeitgeber Unterlagen vorzulegen, aus denen die tatsächlichen Aufwendungen ersichtlich sind. Der Arbeitgeber hat diese Unterlagen als Belege zum Lohnkonto aufzubewahren.

Steuerfrei sind grundsätzlich Erstattungsleistungen bis zur Höhe der Beträge, die nach dem Bundesumzugskostengesetz (BUKG) und der Auslandsumzugskostenverordnung (ausgenommen §§ 11, 12 AUV) als Umzugskostenvergütung höchstens gezahlt werden könnten, sowie Maklergebühren für die Vermittlung der Wohnung des Arbeitnehmers.

Weist der Arbeitnehmer **höhere** Umzugskosten nach, so ist insgesamt zu prüfen, ob und inwieweit diese Aufwendungen Werbungskosten oder nicht abziehbare Kosten der Lebensführung sind (z.B. bei Aufwendungen für die Neuanschaffung von Einrichtungsgegenständen). Diese Verpflichtung gilt auch für den Arbeitgeber hinsichtlich der Höhe seiner steuerfreien Zahlungen.

Durch die Änderung des BUKG seit dem 1.6.2020 sind folgende wesentliche Änderungen zu beachten:

- Änderungen bei der Gewährung von umzugsbedingtem Nachhilfeunterricht nach § 9 Abs. 2 BUKG und der Pauschvergütung für sonstige Umzugsauslagen nach § 10 BUKG. Voraussetzung für die Auslagenerstattung ist nunmehr, dass der Unterricht durch den Umzug und den damit verbundenen Schulwechsel des Kindes notwendig geworden ist. Die Notwendigkeit des Nachhilfeunterrichts wird bei einem umzugsbedingten Bundeslandwechsel als gegeben angenommen,
- die Erstattungsmöglichkeit der Auslagen für einen Kochherd sowie für Öfen usw. nach § 9 Abs. 3 BUKG ist entfallen,
- die Höhe der Umzugskostenpauschale ist nicht mehr von der Besoldungsgruppe und dem Familienstand der berechtigten Person abhängig.

2. Erstattungsfähige Umzugskosten

Zu den Pauschalen und Pauschbeträgen für Inlandsumzüge s. BMF v. 21.7.2021, IV C 5 – S 2353/20/10004 :002, BStBl I 2021, 1021. Darin werden sowohl die ab 1.4.2021 als auch die ab 1.4.2022 maßgebenden Beträge genannt.

Hinsichtlich der steuerfreien Höchstbeträge bzw. Pauschalen s. ergänzend → Rz. 169.

Die Steuerfreiheit der **Verpflegungspauschalen** richtet sich nach den Grundsätzen für Dienstreisen (→ Rz. 566 *Reisekosten*, → Rz. 600 *Verpflegungsmehraufwendungen als Reisekosten bei Auswärtstätigkeit*).

3. Beruflich veranlasster Wohnungswechsel

In folgenden Fällen ist ein Wohnungswechsel **beruflich** veranlasst:

- wenn durch ihn eine erhebliche Verkürzung der Entfernung zwischen Wohnung und erster Tätigkeitsstätte eintritt und die verbleibende Wegezeit im Berufsverkehr als normal angesehen werden kann. Es ist nicht erforderlich, dass der Wohnungswechsel mit einem Wohnortwechsel oder mit einem Arbeitsplatzwechsel verbunden ist;
- wenn er im ganz überwiegenden betrieblichen Interesse des Arbeitgebers durchgeführt wird, insbesondere beim Beziehen oder Räumen einer Dienstwohnung, die aus betrieblichen Gründen bestimmten Arbeitnehmern vorbehalten ist, z.B. um deren jederzeite Einsatzmöglichkeit zu gewährleisten;
- wenn er aus Anlass der erstmaligen Aufnahme einer beruflichen Tätigkeit durchgeführt wird;
- wenn der eigene Hausstand zur Beendigung einer doppelten Haushaltsführung an den Beschäftigungsort verlegt wird.

Eventuell **private** Motive für die Auswahl der neuen Wohnung sind grundsätzlich unbeachtlich. Erfolgt ein Umzug aus Anlass einer Eheschließung von getrennten Wohnorten in eine gemeinsame Familienwohnung, so ist die berufliche Veranlassung des Umzugs eines jeden Ehepartners gesondert zu beurteilen.

Eine erhebliche **Verkürzung** der Entfernung zwischen Wohnung und erster Tätigkeitsstätte ist anzunehmen, wenn sich die Dauer der täglichen Hin- und Rückfahrt insgesamt wenigstens zeitweise um mindestens **eine Stunde** ermäßigt. Dazu sind die Änderungen der Fahrzeiten (positive und negative) beider berufstätigen Ehepartner nicht zu saldieren. Steht bei einem Umzug eine arbeitstägliche Fahrzeitersparnis von mindestens einer Stunde fest, sind private Gründe (z.B. Gründung eines gemeinsamen Haushalts aus Anlass einer Eheschließung) unbeachtlich.

Unfallversicherung, freiwillige

a) Versicherungen des Arbeitnehmers

591

Vom Arbeitgeber **übernommene Beiträge** für eine freiwillige Unfallversicherung des Arbeitnehmers sind **steuerpflichtiger Arbeitslohn** (→ Rz. 393 ff.). Das gilt **nicht**, soweit Beiträge zu Versicherungen gegen berufliche Unfälle und Beiträge zu

E 123

Versicherungen gegen alle Unfälle auch das Unfallrisiko bei Auswärtstätigkeiten (→ Rz. 566 *Reisekosten*) abdecken. Beiträge zu Unfallversicherungen sind als Reisenebenkosten steuerfrei, soweit sie Unfälle bei einer Auswärtstätigkeit abdecken.

Bei der Aufteilung des auf den **beruflichen Bereich** entfallenden Beitrags/Beitragsanteils in steuerfreie Reisekostenerstattungen (→ Rz. 566 *Reisekosten*) und steuerpflichtigen Werbungskostenersatz (z.B. Unfälle auf Fahrten zwischen Wohnung und erster Tätigkeitstätte → Rz. 515 *Fahrtkostenzuschüsse, Fahrtkostenersatz*) kann der auf **steuerfreie Reisekostenerstattungen** entfallende Anteil auf **40 %** geschätzt werden. Der auf den **beruflichen Bereich** entfallende Beitrag/Beitragsanteil kann wiederum mit **50 %** des Gesamtbeitrags geschätzt werden. Der Beitragsanteil, der als Werbungskostenersatz dem Lohnsteuerabzug zu unterwerfen ist, gehört zu den Werbungskosten des Arbeitnehmers (→ Rz. 171 *Unfallversicherung*).

b) Versicherungen des Arbeitgebers

Bei vom Arbeitgeber abgeschlossenen Unfallversicherungen seiner Arbeitnehmer, bei denen die Ausübung der **Rechte** aus dem Versicherungsvertrag **ausschließlich dem Arbeitgeber** zusteht, stellen die Beiträge im Zeitpunkt der Zahlung durch den Arbeitgeber **keinen Arbeitslohn** dar.

Erhält ein Arbeitnehmer **Leistungen** aus einem entsprechenden Vertrag, führen die bis dahin entrichteten, auf den Versicherungsschutz des Arbeitnehmers entfallenden **Beiträge** im Zeitpunkt der Auszahlung oder Weiterleitung der Leistung an den Arbeitnehmer zu **Arbeitslohn** in Form von **Barlohn**, begrenzt auf die dem Arbeitnehmer ausgezahlte Versicherungsleistung; das gilt unabhängig davon, ob der Unfall im beruflichen oder außerberuflichen Bereich eingetreten ist, und ob es sich um eine Einzelunfallversicherung oder eine Gruppenunfallversicherung handelt. Bei einer **Gruppenunfallversicherung** ist der auf den einzelnen Arbeitnehmer entfallende Teil der Beiträge ggf. zu schätzen. Es kann sich bei den im Zuflusszeitpunkt zu versteuernden Beiträgen um eine Vergütung für eine **mehrjährige Tätigkeit** (→ Rz. 437 ff.) handeln. Zu weiteren Besonderheiten s. BMF-Schreiben v. 28.10.2009, IV C 5 – S 2332/09/10004, BStBl I 2009, 1275, unter Berücksichtigung der Regelungen des BMF-Schreibens v. 13.4.2021, IV C 5 - S 2334/19/10007 :002, BStBl I 2021, 624, Rz. 7 und 29. Der auf das Risiko **beruflicher Unfälle** entfallende Anteil der Beiträge ist zum Zeitpunkt der Leistungsgewährung steuerfreier Reisekostenersatz (→ Rz. 566 *Reisekosten*) oder steuerpflichtiger Werbungskostenersatz des Arbeitgebers. Für die Aufteilung und Zuordnung gilt die oben unter Buchstabe a genannte Aufteilung entsprechend. Versicherungsleistungen aus einer entsprechenden Unfallversicherung können ausnahmsweise auch **Entschädigungen** für entgangene oder entgehende Einnahmen sein; dann liegen zusätzliche steuerpflichtige Einkünfte aus nichtselbständiger Arbeit (steuerpflichtiger Arbeitslohn) vor. Bei den Leistungen kann es sich im Übrigen auch um eine **Leibrente** handeln, die mit dem Ertragsanteil steuerpflichtig ist (→ Rz. 97).

Kann der **Arbeitnehmer** den Versicherungsanspruch bei einer vom Arbeitgeber abgeschlossenen Unfallversicherung **unmittelbar** gegenüber dem Versicherungsunternehmen **geltend machen**, sind die Beiträge nach Verwaltungsauffassung (s.o.) bereits im Zeitpunkt der Zahlung durch den Arbeitgeber als → Rz. 210 *Zukunftssicherungsleistungen* Arbeitslohn. Das gilt unabhängig davon, ob es sich um eine Einzelunfallversicherung oder eine Gruppenunfallversicherung handelt; Beiträge zu **Gruppenunfallversicherungen** sind ggf. nach der Zahl der versicherten Arbeitnehmer auf diese aufzuteilen. Die Beiträge sind **Sachlohn**, sofern diese Beiträge nicht als Gruppenunfallversicherungsbeiträge nach § 40b Abs. 3 EStG pauschal besteuert werden (→ Rz. 645 ff.); die **Pauschalbesteuerung** mit **30 %** nach § 37b Abs. 2 EStG (→ Rz. 689 f.) ist **möglich**. Bei pauschalierungsfähigen Beiträgen für eine **Gruppenunfallversicherung** der Arbeitnehmer (→ Rz. 653) scheidet hier jedoch die Anwendung der 50 €-Freigrenze (ab dem Kalenderjahr 2022, zuvor 44 €-Freigrenze → Rz. 569 *Sachbezüge, Freigrenze*) aus. **Steuerfrei** sind Beiträge, die das Unfallrisiko bei Auswärtstätigkeiten abdecken und deshalb zu den steuerfreien Reisekostenerstattungen gehören (→ Rz. 566 *Reisekosten*). Für die **Aufteilung** eines auf den beruflichen Bereich entfallenden Gesamtbetrags in steuerfreie Reisekostenerstattungen und steuerpflichtigen Werbungskostenersatz gilt das oben Gesagte entsprechend. Leistungen aus einer entsprechenden Unfallversicherung gehören nur zu den Einkünften aus nichtselbständiger Arbeit (steuerpflichtiger Arbeitslohn), soweit sie **Entschädigungen** für entgangene oder entgehende Einnahmen darstellen, der Unfall im beruflichen Bereich eingetreten ist und die Beiträge ganz oder teilweise Werbungskosten bzw. steuerfreie Reisenebenkostenerstattungen waren.

c) Arbeitgeber als Versicherer

Gewährt ein Arbeitgeber als Versicherer Versicherungsschutz, handelt es sich in jedem Fall um **Sachleistungen** (→ Rz. 564 *Preisnachlässe, Personalrabatte*). Der **Rabattfreibetrag** i.H.v. 1 080 € kommt zur Anwendung.

d) Lohnsteuerabzug von Beitragsleistungen

Soweit die Beiträge zu Unfallversicherungen steuerpflichtiger Arbeitslohn sind, sind sie im Zeitpunkt ihres Zuflusses dem Lohnsteuerabzug nach den **allgemeinen Regelungen** zu unterwerfen, wenn nicht eine **Pauschalbesteuerung** mit einem Steuersatz von **20 %** (→ Rz. 653) erfolgt.

Unfallversicherung, gesetzliche

592 **Beiträge** des Arbeitgebers zur gesetzlichen Unfallversicherung und **Leistungen** aus der gesetzlichen Unfallversicherung sind **steuerfrei**.

Unterstützungen

593 Zu den besonderen Steuerfreistellungen für Arbeitnehmer anlässlich der Corona-Krise → Rz. 493 *Corona* sowie → Brennpunktthema: Corona, www.stotax-first.de.

Unterstützungsleistungen des Arbeitgebers an Arbeitnehmer anlässlich besonderer persönlicher Anlässe oder Notsituationen können **steuerfrei** sein → Rz. 527 *Geschenke*, → Rz. 540 *Krankheitskosten, Unterstützungen*.

Unterstützungskasse

594 Die Versorgung über eine Unterstützungskasse führt erst im **Zeitpunkt der Zahlung** der (Alters)Versorgungsleistungen zum Zufluss von **Arbeitslohn**. In der „Aktivphase" ist kein zusätzlicher Arbeitslohn zu versteuern, auch wenn der Arbeitgeber Zuwendungen an die Unterstützungskasse leistet, die der Zukunftssicherung des Arbeitnehmers dienen. → Rz. 486 *Betriebliche Altersversorgung*. Zur steuerlichen Behandlung der Versorgungsleistungen auch → Rz. 264 *Versorgungsfreibetrag*.

Urlaubsansprüche

595 Die Barabgeltung von Urlaubsansprüchen des Arbeitnehmers ist **steuerpflichtiger** Arbeitslohn; auch → Rz. 510 *Erholungsbeihilfen*.

E 124

C. Lohnsteuer

VBL

Die Versorgungsanstalt des Bundes und der Länder (VBL), die den Arbeitern und Angestellten des öffentlichen Dienstes eine Zusatzversorgung gewährt, ist im steuerrechtlichen Sinne eine **Pensionskasse**. Zur steuerlichen Behandlung, d.h. dem Zufluss von Arbeitslohn und den Steuerbefreiungsvorschriften → Rz. 560 *Pensionskasse*; zur Pauschalbesteuerung → Rz. 645 ff.

596

Verabschiedung eines Arbeitnehmers

Zur steuerlichen Behandlung der üblichen Sachleistungen des Arbeitgebers aus einem solchen Anlass → Rz. 462 *Amtseinführung, Verabschiedung*.

597

Verbesserungsvorschläge

Zahlungen des Arbeitgebers für betriebliche Verbesserungsvorschläge des Arbeitnehmers sind **steuerpflichtiger** Arbeitslohn; s. auch → Rz. 466 *Arbeitnehmererfindung*.

598

Vermögensbeteiligung

a) Allgemeines und Steuerfreiheit

599

Übereignet der Arbeitgeber dem Arbeitnehmer unentgeltlich oder verbilligt Unternehmensanteile (z.B. Aktien, Genussscheine und Anteile an Investmentfonds), führt dies zu einem **geldwerten Vorteil** beim Arbeitnehmer. Der Vorteil ist – mit Ausnahme von Fällen, der Überlassung von Anteilen an Investmentfonds – **steuerfrei**, soweit er insgesamt **1 440 €** im Kalenderjahr nicht übersteigt. **Voraussetzung** für die Steuerfreiheit ist, dass die Beteiligung mindestens **allen Arbeitnehmern** offensteht, die im Zeitpunkt der Bekanntgabe des Angebots **ein Jahr** oder länger ununterbrochen in einem gegenwärtigen **Dienstverhältnis** zum Unternehmen stehen. Auch die Entgeltumwandlung ist zulässig.

Als Unternehmen des Arbeitgebers in diesem Sinne gilt auch ein Unternehmen i.S.d. § 18 AktG. Als Wert der Vermögensbeteiligung ist der **gemeine Wert** anzusetzen.

Zu den **weiteren Einzelheiten** siehe BMF-Schreiben v. 16.11.2021, IV C 5 - S 2347/21/10001 :006, www.stotax-first.de.

b) Aufgeschobene Besteuerung

Startup-Unternehmen und andere Kleinstunternehmen sowie kleine und mittlere Unternehmen (**KMU**) werden seit dem 1.7.2021 durch eine steuerliche **Sonderregelung** gefördert (§ 19a EStG). Mit der Regelung wird vermieden, dass bereits im Zeitpunkt der Übertragung der Beteiligung auf einen Arbeitnehmer Arbeitslohn zu versteuern ist. Die **Besteuerung** erfolgt erst zu einem **späteren Zeitpunkt** (s. unten).

Werden einem Arbeitnehmer von seinem Arbeitgeber zusätzlich zum ohnehin geschuldeten Arbeitslohn (→ Rz. 684 ff.) **Vermögensbeteiligungen** (Aktien, GmbH-Anteile etc.) an dem Unternehmen des Arbeitgebers **unentgeltlich** oder **verbilligt** übertragen, so unterliegt der Vorteil im Kalenderjahr der **Übertragung nicht** mehr der **Besteuerung**. Dies gilt auch, wenn die Vermögensbeteiligungen mittelbar über **Personengesellschaften** gehalten werden. Bei der Ermittlung des Vorteils ist der **Freibetrag** i.H.v. **1 440 €** (s. oben unter Buchstabe a) abzuziehen, wenn die Voraussetzungen vorliegen.

Die vorläufige Nichtbesteuerung kann im Lohnsteuerabzugsverfahren nur mit **Zustimmung des Arbeitnehmers** angewendet werden. Eine **Nachholung** der vorläufigen Nichtbesteuerung im Rahmen der **Veranlagung** zur Einkommensteuer ist **ausgeschlossen**.

Die Sonderregelung ist nur anzuwenden, wenn das Unternehmen des Arbeitgebers im Zeitpunkt der Übertragung der Vermögensbeteiligung ein **Kleinstunternehmen** oder ein **kleines und mittleres Unternehmen** ist bzw. die für diese Unternehmen geltenden **Schwellenwerte** im vorangegangenen Kalenderjahr nicht überschritten hat und seine **Gründung** nicht mehr als **zwölf Jahre** zurückliegt.

Der nicht besteuerte Arbeitslohn unterliegt **später der Besteuerung**, wenn

– die **Vermögensbeteiligung** ganz oder teilweise entgeltlich oder unentgeltlich **übertragen** wird,

– seit der Übertragung der Vermögensbeteiligung **zwölf Jahre vergangen** sind oder

– das **Dienstverhältnis** zu dem bisherigen Arbeitgeber **beendet** wird.

In diesen Fällen werden die Arbeitslöhne tarifermäßig nach der sog. **Fünftelungsregelung** besteuert (→ Rz. 437 ff.). Voraussetzung ist allerdings, dass seit der Übertragung der Vermögensbeteiligung **mindestens drei Jahre vergangen** sind. Ist der **gemeine Wert** der Vermögensbeteiligung bei der verbilligten Übertragung **niedriger** als der bisher nicht besteuerte Arbeitslohn, so unterliegt grds. nur der gemeine Wert der Vermögensbeteiligung der Besteuerung.

Für den Besteuerungstatbestand „**Beendigung des Dienstverhältnisses**" gibt es eine **weitere Besonderheit**. Übernimmt der Arbeitgeber in diesem Fall die **Lohnsteuer**, ist der übernommene Abzugsbetrag **nicht Teil des zu besteuernden Arbeitslohns**. Die sonst übliche Hochrechnung bei einer „Nettolohnvereinbarungen" auf eine fiktiven Bruttoarbeitslohn (→ Rz. 450 ff.) ist nicht vorzunehmen. Faktisch wird der Vorteil des Arbeitnehmers aus der **Steuerübernahme steuerfrei** gestellt. Die Lohnsteuer ist bei der Übernahme durch den Arbeitgeber nicht höher, als wenn der Arbeitnehmer die Lohnsteuer tragen würde.

Zur **Verlängerung** der **Aufbewahrungsfrist** im Zusammenhang mit der aufgeschobenen Besteuerung → Rz. 301 und zur **Bestätigung** des **nicht besteuerten Vorteils** → Rz. 392.

Verpflegungsmehraufwendungen als Reisekosten bei Auswärtstätigkeiten

Entstehen dem Arbeitnehmer anlässlich beruflich veranlasster **Auswärtstätigkeiten** Verpflegungsmehraufwendungen, darf der Arbeitgeber bis zu den **gesetzlichen** Pauschbeträgen (Verpflegungspauschalen) **steuerfreie** Zahlungen leisten. Darüber hinausgehende Verpflegungsmehraufwendungen sind steuerpflichtig; für sie ist jedoch eine pauschale Lohnbesteuerung zulässig (→ Rz. 664, → Rz. 676).

600

a) Inland

Für den Ansatz der Verpflegungspauschalen ist zwischen ein- und mehrtägigen Auswärtstätigkeiten zu unterscheiden. Für Reisen im Inland sind seit dem Kalenderjahr 2020 die beiden Verpflegungspauschalen i.H.v. 14 € und 28 € zu beachten.

E 125

Eintägige Auswärtstätigkeiten

Für **eintägige** Auswärtstätigkeiten ohne Übernachtung kommt seit dem Kalenderjahr 2020 bei einer Abwesenheit von mehr als 8 Stunden eine steuerfreie

– Verpflegungspauschale von 14 € zum Ansatz.

Diese Abwesenheitsdauer von mehr als 8 Stunden gilt auch für die sog. Nachtfahrerregelung, wenn eine eintägige auswärtige berufliche Tätigkeit ohne Übernachtung über die Mitternachtsgrenze hinaus ausgeübt wird. Die Abwesenheitsdauer ist für den Tag mit den meisten Abwesenheitsstunden zuzurechnen.

Mehrtägige Auswärtstätigkeiten

Bei **mehrtägigen** beruflich veranlassten Auswärtstätigkeiten im Inland kommen seit dem Kalenderjahr 2020 die folgenden steuerfreien Verpflegungspauschalen im Betracht:
– für den An- und Abreisetag jeweils 14 €,
– für die Kalendertage mit 24 stündiger Abwesenheit 28 €.

Maßgebend sind die Kalendertage, an denen der Arbeitnehmer außerhalb seiner Wohnung und seiner ersten Tätigkeitsstätte beruflich tätig ist (auswärtige berufliche Tätigkeit).

Der Ansatz von 14 € für den **An- und Abreisetag** einer mehrtägigen Auswärtstätigkeit setzt **keine** bestimmte Abwesenheitsdauer voraus. Folglich müssen weder der Arbeitgeber noch der Arbeitnehmer eine Mindestabwesenheitsdauer prüfen; zudem sind insoweit keine Aufzeichnungen im Lohnkonto erforderlich. Ferner ist es nicht entscheidend, ob der Arbeitnehmer die Reise von der Wohnung, der ersten oder einer anderen Tätigkeitsstätte aus angetreten hat.

Für **zwischen** der An- und Abreise gelegene Tage mit einer 24-stündiger Abwesenheit von der Wohnung und der ersten Tätigkeitsstätte (sog. Zwischentage) dürfen 28 € angesetzt werden.

Maßgebend für die Berechnung der Abwesenheitszeiten ist die Dauer der Abwesenheit von der Wohnung und der ersten Tätigkeitsstätte am jeweiligen Kalendertag.

> **Beispiel Ermittlung der steuerfreien Verpflegungspauschalen**
>
> Ein in B wohnender Arbeitnehmer verlässt im Kalenderjahr 2022 an einem Montag um 17.00 Uhr seine erste Tätigkeitsstätte und reist beruflich nach M. Die Rückreise beendet er am Donnerstag um 22.00 Uhr an seiner Wohnung in B.
>
> **Folge:**
>
> Als Verpflegungspauschalen (Höchstbeträge) sind ansetzbar:

Abreisetag	14 €
Zwischentage (Di, Mi) 2 x 28 €	56 €
Rückreisetag	<u>14 €</u>
Summe	84 €

> Diese Verpflegungspauschalen darf der Arbeitgeber **steuerfrei** zahlen. Alternativ kann der Arbeitnehmer sie i.R. einer Veranlagung zur Einkommensteuer als **Werbungskosten** geltend machen. Erhält der Arbeitnehmer steuerfreie Verpflegungspauschalen vom Arbeitgeber, ist ein Werbungskostenabzug insoweit ausgeschlossen.

b) Ausland

Auch für mehrtägige beruflich veranlasste Tätigkeiten im Ausland sind zwei Verpflegungspauschalen zu beachten. Sie werden länderweise als unterschiedliche Pauschbeträge festgesetzt, sog. **Auslandstagegelder**. Diese sind für das Kalenderjahr 2021 mit gesondertem BMF-Schreiben bekannt gemacht worden (BMF v. 3.12.2020, IV C 5 – S 2353/19/10010 :002, BStBl I 2020, 1256). Auf Grund der Corona-Pandemie gelten diese Beträge auch für das Kalenderjahr 2022.

Für die in dem BMF-Schreiben **nicht erfassten** Länder ist der für Luxemburg geltende Pauschbetrag maßgebend; sind **Übersee**- und Außengebiete eines Landes nicht gesondert ausgewiesen, ist der für das Mutterland geltende Pauschbetrag anzusetzen.

Werden an einem Kalendertag Auswärtstätigkeiten im In- **und** Ausland durchgeführt, ist für diesen Tag das entsprechende Auslandstagegeld selbst dann maßgebend, wenn die überwiegende Zeit im Inland verbracht wird.

Bei **Flugreisen** gilt ein Land in dem Zeitpunkt als erreicht, in dem das Flugzeug dort landet; Zwischenlandungen bleiben unberücksichtigt, es sei denn, dass durch sie Übernachtungen notwendig werden. Erstreckt sich eine Flugreise über mehr als zwei Kalendertage, so ist für die Tage, die zwischen dem Tag des Abflugs und dem Tag der Landung liegen, das für Österreich geltende Tagegeld anzusetzen.

Reist der Arbeitnehmer per **Schiff**, ist das für Luxemburg geltende Tagegeld und für die Tage der Einschiffung und Ausschiffung das für den Hafenort geltende Tagegeld maßgebend. Für das Personal auf deutschen Staatsschiffen sowie für das Personal auf Schiffen der **Handelsmarine** unter deutscher Flagge auf Hoher See gilt das Inlandstagegeld.

c) Dreimonatsfrist

Die steuerfreie Erstattung des Verpflegungspauschbetrags ist auf die ersten drei Monate derselben **Auswärtstätigkeit** beschränkt. Nach Ablauf dieser Dreimonatsfrist kommt die Steuerfreiheit nicht mehr in Betracht.

Unterbricht der Arbeitnehmer jedoch seine berufliche Tätigkeit an der auswärtigen Tätigkeitsstätte für mindestens **vier Wochen**, führt dies stets zu einem Neubeginn der o.g. 3-Monatsfrist. Der Grund für die Unterbrechung ist unerheblich. Ausschlaggebend ist allein die Unterbrechungsdauer.

> **Gestaltungshinweis Dauer der Unterbrechung für Neubeginn Dreimonatsfrist**
>
> Eine Unterbrechung von vier Wochen liegt z.B. vor, wenn ein Arbeitnehmer die auswärtige Tätigkeitsstätte wegen eines dreiwöchigen Urlaubs und einer sich daran anschließenden einwöchigen Tätigkeit in der Firmenzentrale (erste Tätigkeitsstätte) nicht aufsucht.
>
> **Folge:**
>
> Nach Rückkehr zur auswärtigen Tätigkeitsstätte beginnt die Dreimonatsfrist für die steuerfreie Zahlung von Verpflegungspauschalen (14 €/28 €) erneut.

d) Kürzung der Verpflegungspauschalen

Der Arbeitgeber hat die Verpflegungspauschalen zu kürzen, wenn er oder auf seine Veranlassung ein Dritter dem Arbeitnehmer eine übliche Mahlzeit gestellt. Zu den vom Arbeitgeber zur Verfügung gestellten Mahlzeiten **gehören** auch die z.B. im **Flugzeug**, im **Zug** oder auf einem **Schiff** im Zusammenhang mit der **Beförderung** unentgeltlich angebotenen Mahlzeiten (→ Rz. 549 *Mahlzeiten*).

C. Lohnsteuer

Die in Betracht kommende Verpflegungspauschale ist zu kürzen
– um 20 % für ein Frühstück und
– um jeweils 40 % für ein Mittag- und Abendessen

der für die 24-stündige Abwesenheit geltenden **höchsten** Verpflegungspauschale. Bei einer **Auswärtstätigkeit** im Inland ergeben sich seit dem Kalenderjahr 2020 somit **Kürzungsbeträge** i.H.v. 5,60 € für ein Frühstück und jeweils 11,20 € für ein Mittag- oder Abendessen. Nicht zu den (gestellten) Mahlzeiten gehören die während der Reise oftmals als Snack gereichte Salzstange oder eine Tüte mit Chips.

Zu kürzen ist die jeweils für den Reisetag zustehende Verpflegungspauschale. Ein sich dabei ergebender Minusbetrag ist nicht anzusetzen (kein Vor- oder Rücktrag). Gestellt der Arbeitgeber sämtliche Mahlzeiten, können daneben keine steuerfreien Verpflegungspauschalen gezahlt werden.

Beispiel <u>Kürzung der steuerfreien Verpflegungspauschale</u>

Arbeitnehmer B ist im Kalenderjahr 2022 auf einer 2-tägigen Auswärtstätigkeit. Der Arbeitgeber hat für den Arbeitnehmer in einem Hotel zwei Übernachtungen mit Abendessen am Anreisetag sowie Frühstück und Mittagessen am zweiten Tag (Rückreisetag) gebucht und bezahlt.

Folge:

Der Arbeitgeber darf nach Kürzung auf Grund der Mahlzeitengestellung folgende Verpflegungspauschalen steuerfrei zahlen:

Anreisetag: Zustehende Verpflegungspauschale i.H.v.	14,00 €
abzgl. Abendessen	<u>11,20 €</u>
verbleiben	**2,80 €**
Rückreisetag: Zustehende Verpflegungspauschale i.H.v.	14,00 €
abzgl. Frühstück	5,60 €
abzgl. Mittagessen	<u>11,20 €</u>
verbleiben	**0 €**

Diese Regelung gilt sowohl für die Ermittlung der steuerfrei zahlbaren Arbeitgebererstattung als auch für den Ansatz als Werbungskosten.

Die **Kürzungsregelung** ist auch bei der Teilnahme des Arbeitnehmers an einer **geschäftlich** veranlassten Bewirtung (i.S.d. § 4 Abs. 5 Satz 1 Nr. 2 EStG) oder an einem außerhalb der ersten Tätigkeitsstätte gewährten **Arbeitsessen** (R 19.6 Abs. 2 Satz 2 LStR 2021) zu beachten, **wenn** der **Arbeitgeber** oder auf dessen Veranlassung ein Dritter die **Mahlzeit zur Verfügung** stellt. Eine Kürzung der Verpflegungspauschale ist auch dann vorzunehmen, wenn der Arbeitgeber den amtlichen Sachbezugswert der Mahlzeit **pauschal besteuert** hat (→ Rz. 549 *Mahlzeiten*, → Rz. 664 f., 673).

Nimmt der Arbeitnehmer an der geschäftlich veranlassten **Bewirtung** durch einen **Dritten** oder einem **Arbeitsessen** eines **Dritten** (z.B. eines Geschäftsfreunds) teil, handelt es sich regelmäßig **nicht** um eine durch den Arbeitgeber gestellte Mahlzeit. In diesem Fall ist eine für die Auswärtstätigkeit anzusetzende Verpflegungspauschale **nicht** zu kürzen.

e) Pauschale Lohnbesteuerung

Zahlt der Arbeitgeber über den steuerfreien Beträgen liegende Verpflegungspauschalen, ist der Mehrbetrag steuerpflichtiger Arbeitslohn. Für diesen steuerpflichtigen Teil kann der Arbeitgeber eine pauschale Lohnbesteuerung i.H.v. 25 % wählen → Rz. 676.

Versorgungsausgleich

Durch Steuerbefreiungsvorschriften in § 3 Nr. 55a und Nr. 55b EStG wird sichergestellt, dass sich bei einer **Ehescheidung** für die betroffenen Personen **keine belastenden steuerlichen Konsequenzen** ergeben. Dies gilt für die **interne Teilung** nach § 10 des Versorgungsausgleichsgesetzes – VersAusglG – (d.h. Teilung jedes Anrechts innerhalb des Versorgungssystems) und die **externe Teilung** nach § 14 VersAusglG (Zahlung eines Ausgleichswerts). **601**

Bei **Leistungen**, die die ausgleichsberechtigte Person auf Grund der internen oder externen Teilung später aus einer → Rz. 500 *Direktzusage* oder von einer → Rz. 594 *Unterstützungskasse* erhält, handelt es sich i.Ü. um **Einkünfte aus nichtselbständiger Arbeit**. Bei der ausgleichspflichtigen Person liegen Einkünfte aus nichtselbständiger Arbeit nur hinsichtlich der verbleibenden Leistungen vor.

Zur **laufenden Versorgung** in Form eines Versorgungsbezugs i.S.d. § 19 EStG als schuldrechtliche Ausgleichzahlung siehe BMF-Schreiben v. 9.4.2010, IV C 3 – S 2221/09/10024, BStBl I 2010, 323. Vgl auch → Rz. 172 *Versorgungsausgleich* und → Rz. 206 *Versorgungsausgleich*.

Verwarnungsgelder

Zu den Verwarnungsgeldern vgl. die Hinweise bei → Rz. 525 *Geldstrafen*. **602**

VIP-Logen

Nimmt der Arbeitnehmer an einer Veranstaltung in einer vom Arbeitgeber angemieteten VIP-Loge (z.B. in Sportstätten) oder auf einem sog. Business-Seat aus privaten Gründen unentgeltlich oder verbilligt teil, rechnet der sich dadurch ergebende geldwerte Vorteil regelmäßig zum **Arbeitslohn**. Dabei wird es sich i.d.R. um eine Bewirtung mit oder ohne Geschenk handeln. Dieser Vorteil ist grundsätzlich als **Sachbezug** zu bewerten, die Freigrenze für Sachbezüge i.H.v. 50 € (ab dem Kalenderjahr 2022, zuvor 44 €) monatlich ist anwendbar (→ Rz. 569 *Sachbezüge, Freigrenze*). **603**

Für die steuerlichen Vorteile auf Grund der Nutzung von VIP-Logen und Business-Seats hat der Zuwendende (z.B. Arbeitgeber) die Möglichkeit, den auf die Teilnehmer einschl. der eigenen Arbeitnehmer entfallenden Vorteil mit einem Pauschsteuersatz i.H.v. 30 % zu besteuern.

Um den steuerpflichtigen Vorteil zu ermitteln, müssen die Gesamtaufwendungen regelmäßig in Kosten für Werbung, Bewirtung und Geschenke aufgeteilt werden. Hierzu hat die Finanzverwaltung folgenden Schlüssel vorgegeben: Werbung 40 %, Bewirtung 30 % und Geschenke 30 %.

Findet eine andere Veranstaltung, z.B. kultureller Art oder Operngala, in einer Sportstätte statt, können die hier beschriebenen Regelungen entsprechend angewendet werden (Pauschsteuersatz 30 %). Gleiches gilt für Veranstaltungen außerhalb von Sportstätten.

Zu weiteren Einzelheiten hinsichtlich eines steuerpflichtigen geldwerten Vorteils vgl. BMF-Schreiben v. 22.8.2005, BStBl I 2005, 845, v. 11.7.2006, BStBl I 2006, 447 sowie v. 19.5.2015, BStBl I 2015, 468 ergänzt durch BMF-Schreiben v. 28.6.2018,

E 127

C. Lohnsteuer

BStBl I 2018, 814. Dieses erläutert insbesondere die geänderte Rechtsauffassung, wonach durch den § 37b EStG nur solche Sachzuwendungen an Geschäftspartner und Arbeitnehmer erfasst werden, die betrieblich veranlasst sind und beim Empfänger dem Grunde nach zu steuerbaren und steuerpflichtigen Einkünften führen.

Die bestehenden Vereinfachungsregelungen, die zur Aufteilung der Gesamtaufwendungen für VIP-Logen in Sportstätten und zu ähnlichen Sachverhalten ergangen sind, gelten unverändert fort (BMF-Schreiben v. 22.8.2005, BStBl I 2005, 845, Rz. 16 und 21; BMF v. 11.7.2006, BStBl I 2006, 447). Allerdings sind die Vereinfachungsregelungen zur Übernahme der Besteuerung (BMF-Schreiben v. 22.8.2005, BStBl I 2005, 845, Rz. 18 und 20) ab dem 1.1.2007 nicht mehr anzuwenden; s. ergänzend Vfg. OFD Frankfurt am Main v. 23.1.2018, S 2297b A-1-St 222 in Nußbaum/Brachmann, Lohnsteuer Handausgabe 2021, Abschnitt A. Einkommensteuergesetz, § 37b EStG, H 37b, IV.

Der beschriebene Vorteil gehört **nicht** zum steuerpflichtigen Arbeitslohn, wenn der Besuch der VIP-Loge/die Nutzung des Business-Seat bzw. die Teilnahme an der dortigen Veranstaltung beruflich erforderlich ist bzw. sie im ganz überwiegenden betrieblichen Interesse erfolgt, z.B. Teilnahme zur Betreuung von Geschäftskunden rechnet als Arbeitszeit oder der Arbeitgeber lädt seine leitenden Angestellten anlässlich eines Geschäftsabschlusses neben den Geschäftspartnern zur Teilnahme ein.

Ebenso liegt kein Arbeitslohn vor, wenn die VIP-Loge/der Business-Seat für eine übliche Betriebsveranstaltung angemietet worden ist (→ Rz. 489 *Betriebsveranstaltungen*).

Vorsorgeuntersuchungen, Vorsorgeleistungen, Rehabilitationsmaßnahmen, betriebliche Gesundheitsförderung

604 Trägt der Arbeitgeber die Kosten für Vorsorgeuntersuchungen (z.B. für leitende Angestellte), ist dies **kein** Arbeitslohn → Rz. 474 *Ärztliche Betreuung*.

Zur Gesundheitsförderung dürfen Arbeitgeber an ihre Arbeitnehmer

- entweder steuerfreie Zuschüsse zur Gesundheitsförderung (durch externe Anbieter) zur Verhinderung und Verminderung von Krankheitsrisiken sowie zur Förderung der Gesundheit im Betrieb zahlen oder
- selbst entsprechende derartige Maßnahmen steuerfrei durchführen.

Solche Leistungen sind seit 2020 nach § 3 Nr. 34 EStG bis zu 600 € je Arbeitnehmer jährlich steuerfrei.

Begünstigt sind Maßnahmen zur **Verbesserung** des allgemeinen **Gesundheitszustands** des Arbeitnehmers sowie zur betrieblichen **Gesundheitsförderung**. Die Maßnahmen dürfen auch extern durchgeführt werden. In vielen Fällen wird diese Steuerbefreiungsvorschrift für die betriebliche Gesundheitsförderung nicht erforderlich sein, weil ein eigenbetriebliches Interesse des Arbeitgebers besteht und folglich kein steuerpflichtiger Arbeitsplatz vorliegen wird (s.o.). Die Regelungen § 3 Nr. 34 EStG reichen jedoch weiter, weil insoweit der Nachweis entfällt, dass gesundheitsfördernde Maßnahmen im ganz überwiegenden betrieblichen Interesse stehen. Für die Anwendung diese Steuerbefreiungsvorschrift reicht es aus, die gesundheitsfördernde Maßnahme als solche festzustellen. **Begünstigt** sind z.B.

- betriebliche Gesundheitsförderung (Vorbeugung und Reduzierung arbeitsbedingter Belastungen des Bewegungsapparats) durch Rückenkonzepte,
- Maßnahmen zur Vorbeugung und Reduzierung arbeitsbedingter Belastungen des Bewegungsapparats und Stressbewältigung am Arbeitsplatz,
- Maßnahmen zur Verbesserung des allgemeinen Gesundheitszustands (Prävention), der Bewegungsgewohnheiten (Reduzierung von Bewegungsmangel),
- Vorbeugung und Reduzierung gesundheitlicher Risiken durch verhaltens- und gesundheitsorientierte Bewegungsprogramme,
- des Ernährungsverhaltens (Vermeidung von Mangel- und Fehlernährung sowie von Übergewicht),
- zur Stressbewältigung und Entspannung sowie gegen Suchtmittelkonsum (Raucherentwöhnungskurse, gesundheitsgerechter Umgang mit Alkohol).

Voraussetzung für die Steuerfreiheit nach § 3 Nr. 34 EStG ist, dass die erbrachten Leistungen hinsichtlich Qualität, Zweckbindung und Zielgerichtetheit den Anforderungen der §§ 20 und 20b SGB V genügen. Grundlage für die Steuerfreiheit sind die gesundheitsfachlichen Bewertungen und Angebote der Krankenkassen.

Übliche **Mitgliedsbeiträge** an Sportvereine oder an Fitnessstudios dürfen nicht steuerfrei gezahlt werden. Wird der jährliche **Höchstbetrag** von 600 € überschritten, liegt insoweit regelmäßig steuerpflichtiger Arbeitslohn vor. Eine **Anrechnung** auf den vereinbarten Arbeitslohn oder Lohnumwandlungen sind nicht zulässig; → Rz. 684 ff.

Bezuschusst der Arbeitgeber vergleichbare, vom Arbeitnehmer extern gebuchte Kurse/Seminare, hat der Arbeitnehmer als Grundlage für die steuerfreie Erstattung entsprechende Nachweise vorzulegen, die der Arbeitgeber im Lohnkonto aufzubewahren hat.

Inzwischen hat die Finanzverwaltung zu dieser recht komplizierten Regelung eine sog. Umsetzungshilfe herausgegeben. Darin werden Einzelheiten zur Anwendung der Steuerbefreiung, zu den begünstigten Maßnahmen sowie über deren erforderliche Zertifizierung und Details zu den notwendigen Nachweisen geregelt (BMF v. 20.4.2021, IV C 5 – S 2342/20/10003 :003, BStBl I 2021, 700). S. ergänzend → Rz. 493 *Corona*.

Waisengelder

605 Zahlt der Arbeitgeber eines verstorbenen Arbeitnehmers an dessen Hinterbliebene Waisengelder, sind diese Gelder **steuerpflichtiger** Arbeitslohn, für den Lohnsteuer zu erheben ist.

Maßgebend für die Lohnsteuererhebung sind die für den Hinterbliebenen abgerufenen elektronischen Lohnsteuerabzugsmerkmale (→ Rz. 308) oder die in einer vom Finanzamt ausgestellten Bescheinigung für den Lohnsteuerabzug ausgewiesenen Lohnsteuerabzugsmerkmale.

Wandeldarlehen

606 Gewährt ein Arbeitnehmer dem Arbeitgeber ein Darlehen, das mit einem Wandlungsrecht zum Bezug von Aktien ausgestattet ist (**Wandeldarlehen**), fließt dem Arbeitnehmer **nicht** bereits bei **Hingabe** des Darlehens Arbeitslohn zu. Ein geldwerter Vorteil aus dem Bezug von Aktien zu einem unter dem Kurswert liegenden Übernahmepreis fließt dem Arbeitnehmer im Falle der **Ausübung** des Wandlungsrechts grundsätzlich zu, wenn dem Arbeitnehmer durch Erfüllung des Anspruchs das **wirtschaftliche Eigentum an den Aktien** verschafft wird. Der geldwerte Vorteil bemisst sich im Falle der Ausübung des Wandlungsrechts aus der **Differenz** zwischen dem Börsenpreis der Aktien an dem Tag, an dem der Arbeitnehmer die wirtschaftliche Verfügungsmacht über die Aktien erlangt, und den Erwerbsaufwendungen. **Überträgt** der Arbeitnehmer das Darlehen nebst Wandlungsrecht dagegen gegen Entgelt auf einen Dritten, fließt dem Arbeitnehmer ein geldwerter Vorteil im Zeitpunkt der Übertragung zu. Wird ein **Wandeldarlehen veräußert**, ist der Gewinn ein geldwerter Vorteil, soweit sich die bis dahin latent bestehende Möglichkeit zum verbilligten Aktienerwerb verwirklicht. → Rz. 460 *Aktienoptionen*, → Rz. 599 *Vermögensbeteiligung* und → Rz. 607 *Wandelschuldverschreibung*.

Wandelschuldverschreibung

Wird einem Arbeitnehmer im Rahmen seines Arbeitsverhältnisses durch Übertragung einer **nicht handelbaren Wandel-** **schuldverschreibung** ein Anspruch auf die Verschaffung von Aktien eingeräumt, fließt dem Arbeitnehmer (noch) kein Arbeitslohn zu. Ein geldwerter Vorteil fließt grundsätzlich erst im Falle der **Ausübung** des Wandlungsrechts durch den Arbeitnehmer zu, wenn dem Arbeitnehmer durch Erfüllung des Anspruchs das wirtschaftliche Eigentum an den Aktien verschafft wird. Dies gilt unabhängig davon, dass der Arbeitnehmer die Aktien auf Grund einer Sperrfrist nicht veräußern kann oder zur Rückübertragung verpflichtet ist, wenn das Arbeitsverhältnis während der Sperrfrist aufgelöst wird. → Rz. 460 *Aktienoptionen*, → Rz. 599 *Vermögensbeteiligung* und → Rz. 606 *Wandeldarlehen*.

607

Warengutscheine, Einkaufsgutscheine

1. Grundsatz

608

An Stelle einer konkreten Ware kann der Arbeitgeber dem Arbeitnehmer als Arbeitslohn (statt Barlohn) auch einen Warengutschein aushändigen mit dem Ziel, die **Freigrenze** für Sachbezüge → Rz. 569 *Sachbezüge, Freigrenze* nach § 8 Abs. 2 Satz 11 EStG i.H.v. 50 € (ab dem Kalenderjahr 2022, zuvor 44 €) auszuschöpfen.

Voraussetzung hierfür ist z.B., dass der bei einem Dritten einzulösende Warengutschein die bestimmte Ware oder Dienstleistung nach Art und Menge konkret bezeichnet (z.B. der Titel eines Buches) oder einen (aufgedruckten) Geldbetrag ausweist. Zur Nutzung dieser monatlichen 50 € (ab dem Kalenderjahr 2022, zuvor 44 €)-Freigrenze werden von Privatanbietern verschiedene Zuwendungs- und Gutscheinmodelle bzw. wiederaufladbare Gutscheinkarten angeboten.

2. Gesetzliche Regelung

Seit dem 1.1.2020 werden die gesetzlichen Begriffe einer Geldleistung und eines Sachbezugs zur Anwendung der 50 €-Freigrenze (ab dem Kalenderjahr 2022, zuvor 44 €-Freigrenze) abweichend von der bisherigen Verwaltungsauffassung neu definiert, wodurch die arbeitnehmerfreundlichen BFH-Urteile v. 7.6.2018 (VI R 13/16, BStBl II 2019, 371), v. 4.7.2018 (VI R 16/17, BStBl II 2019, 373) sowie v. 11.11.2010 (VI R 21/09, VI R 27/09, VI R 41/10, BStBl II 2011, 383, 386, 389) überholt sind.

Gemäß der Neuregelung in § 8 Abs. 1 Satz 2 EStG sind zweckgebundene Geldleistungen, nachträgliche Kostenerstattungen, Geldsurrogate und andere Vorteile, die auf einen Geldbetrag lauten, grundsätzlich **keine** Sachbezüge, sondern Geldleistungen des Arbeitgebers. Ebenso liegt **kein** Sachbezug vor, wenn

– der Arbeitnehmer an Stelle des Sachbezugs (z.B. der geschuldeten Ware) auch eine Geldleistung verlangen kann, selbst wenn der Arbeitgeber die Sache zuwendet.
– der Arbeitnehmer an Stelle der geschuldeten Ware oder Dienstleistung vom Arbeitgeber eine zweckgebundene Geldleistung oder eine nachträgliche Kostenerstattung erhält.

Durch die Bezugnahme von § 8 Abs. 1 Satz 3 EStG auf § 2 Nr. 10 ZAG für Geldkarten u.ä. hat sich die Abgrenzung zwischen Bar- und Sachlohn mitunter verkompliziert. Um als Sachlohn zu gelten und ggf. die Steuerfreiheit zu erhalten, müssen insbesondere die Geldkarten die Kriterien des § 2 Abs. 1 Nr. 10 ZAG erfüllen.

Was nun genau darunter zu verstehen ist, regelt das BMF mit seinem Schreiben vom 13.4.2021 zur Abgrenzung zwischen Geldleistung und Sachbezug (BMF v. 13.4.2021, BStBl I 2021, 624). Zugleich gewährt das Schreiben eine Übergangsfrist bis Ende 2021. Danach müssen Gutscheine und Geldkarten erst ab dem 1.1.2022 die entsprechenden Voraussetzungen des ZAG erfüllen, um weiterhin als Sachbezug gelten zu können (vgl. Rz. 30 des o.g. BMF-Schreibens v. 13.4.2021). Allerdings gilt dies nur für Gutscheine und Geldkarten, die ausschließlich zum Bezug von Waren oder Dienstleistungen berechtigen. Verfügen Karten z.B. (auch) über eine Barauszahlungsfunktion, rechnen sie bereits seit 2020 zu den Geldleistungen. Nunmehr gilt:

Sachbezüge sind nun alle nicht in Geld bestehenden Einnahmen. Hierzu rechnen

– bestimmte zweckgebundene Gutscheine (einschl. entsprechender Gutscheinkarten, digitaler Gutscheine, Gutscheincodes oder Gutscheinapplikationen/-Apps)
– oder entsprechende Geldkarten (einschl. Wertguthabenkarten in Form von Prepaid-Karten),

wenn die Gutscheine oder Geldkarten ausschließlich zum Bezug von Waren oder Dienstleistungen bei dem Arbeitgeber oder bei einem Dritten berechtigen.

Tritt der Arbeitnehmer zunächst in Vorleistung und **erstattet** der Arbeitgeber ihm die Kosten im Nachhinein, handelt es sich um eine Geldleistung in Form einer nachträglichen Kostenerstattung (s.o.).

Beispiel Geldleistung statt Fahrrad

Der Arbeitnehmer A hat gegenüber seinem Arbeitgeber zusätzlich zum ohnehin geschuldeten Arbeitslohn einen Anspruch auf Übereignung eines Fahrrads im Wert von 800 €.

A erhält von seinem Arbeitgeber an Stelle des geschuldeten Fahrrads einen Betrag von 800 € für den Kauf eines Fahrrads.

Die arbeitsvertragliche Zweckbestimmung führt nicht zur Annahme eines Sachbezugs. Es handelt sich um eine zweckgebundene Geldleistung, die für den Lohnsteuerabzug in voller Höhe anzusetzen ist.

Abwandlung: A kauft das Fahrrad selbst und erhält von seinem Arbeitgeber nach Vorlage des Kaufbelegs den Betrag von 800 € erstattet.

Auch in diesem Fall führt die arbeitsvertragliche Zweckbestimmung nicht zur Annahme eines Sachbezugs. Es handelt sich um eine nachträgliche Kostenerstattung (s.o.).

Unter den o.g. Voraussetzungen sind **Sachbezüge** i.S. der Neuregelungen:

– Papier-Essensmarken (Essensgutscheine, Restaurantschecks) und arbeitstägliche Zuschüsse zu Mahlzeiten (sog. digitale Essensmarken),
– Gutscheine oder Geldkarten, unabhängig von einer Betragsangabe, die berechtigen, ausschließlich Waren oder Dienstleistungen vom Aussteller des Gutscheins aus seiner eigenen Produktpalette zu beziehen,
– Gutscheine oder Geldkarten, unabhängig von einer Betragsangabe, die berechtigen, ausschließlich Waren oder Dienstleistungen aufgrund von Akzeptanzverträgen zwischen Aussteller/Emittent und Akzeptanzstellen bei einem begrenzten Kreis von Akzeptanzstellen im Inland zu beziehen.

Ein begrenzter Kreis von Akzeptanzstellen ist z.B. anzunehmen bei städtischen Einkaufs- und Dienstleistungsverbünden im Inland sowie bei Einkaufs- und Dienstleistungsverbünden, die sich auf eine bestimmte inländische Region (z. B. mehrere benachbarte Städte und Gemeinden im ländlichen Raum) erstrecken,

– die Gewährung von Krankenversicherungsschutz bei Abschluss einer Krankenversicherung und Beitragszahlung durch den Arbeitgeber sowie u.U. auch die Gewährung von Unfallversicherungsschutz.

Als Beispielsfälle kommen in Betracht:

– wiederaufladbare Geschenkkarten für den Einzelhandel, Shop-in-Shop-Angebote mit Hauskarte,
– Tankkarten eines einzelnen Tankstellenbetreibers oder einer bestimmten Tankstellenkette zum Bezug von Waren oder Dienstleistungen in der Tankstelle,
– ein vom Arbeitgeber selbst ausgestellter Gutschein (z.B. ein Tankgutschein),
– Karten eines Online-Händlers, die nur zum Bezug von Waren oder Dienstleistungen aus seiner eigenen Produktpalette (Verkauf und Versand durch Online-Händler) berechtigen, nicht jedoch, wenn sie auch für Produkte von Fremdanbietern (z.B. Marketplace) einlösbar sind,
– Centergutscheine oder Kundenkarten von Shopping-Centern, sog. Malls und Outlet-Villages,
– „City-Cards", Stadtgutscheine.

Ferner setzt die Anwendung der monatlichen 50 €-Freigrenze (ab dem Kalenderjahr 2022, zuvor 44 €-Freigrenze) seit dem Kalenderjahr 2020 voraus, dass die o.g. nicht zu den Einnahmen in Geld gehörenden Gutscheine und Geldkarten nur dann außer Ansatz bleiben, wenn sie **zusätzlich zum ohnehin geschuldeten Arbeitslohn** gewährt werden. Nach der Intension des Gesetzgebers sollen steuerliche Vorteile insbesondere im Rahmen von Gehaltsumwandlungen ausgeschlossen werden. Zur Frage der Zusätzlichkeit vgl. → Rz. 685.

3. Lohnsteuer-Anrufungsauskünfte

Ergänzend noch ein Hinweis: In der Vergangenheit haben viele Arbeitgeber ihre Gutschein-Gestaltungen durch Lohnsteuer-Anrufungsauskünfte abgesichert. Diese Anrufungsauskünfte sind zum 1.1.2020 regelmäßig außer Kraft getreten, weil sich die Rechtsvorschrift, auf der die Entscheidung beruht (§ 8 EStG), geändert hat. In solchen Fällen ist zu empfehlen, ggf. eine neue Lohnsteuer-Anrufungsauskunft einzuholen.

Werbungskostenersatz

609 Werbungskostenersatz des Arbeitgebers ist grundsätzlich **steuerpflichtiger** Arbeitslohn; s. auch → Rz. 480 *Auslagenersatz*, → Rz. 611 *Werkzeuggeld*.

Werkspensionen

610 Werkspensionen des früheren Arbeitgebers, sind **steuerpflichtiger** Arbeitslohn. Hat der Arbeitnehmer das 63. Lebensjahr bzw. als Schwerbehinderter das 60. Lebensjahr vollendet, mindern der Versorgungsfreibetrag und der Zuschlag zum Versorgungsfreibetrag den steuerpflichtigen Arbeitslohn (→ Rz. 264 *Versorgungsfreibetrag*).

Werkzeuggeld

611 Benutzt der Arbeitnehmer selbst angeschaffte Werkzeuge für seine berufliche Tätigkeit (z.B. im Betrieb, auf der Baustelle), ist die Erstattung der dem Arbeitnehmer dafür entstandenen Aufwendungen **steuerfrei**.

Als **Werkzeuge** werden allgemein nur Handwerkzeuge angesehen, die zur leichteren Handhabung, Herstellung oder zur Bearbeitung eines Gegenstands verwendet werden.

Steuerfrei dürfen gezahlt werden die jeweiligen Aufwendungen des Arbeitnehmers für die Anschaffung des Werkzeugs. Bei Anschaffungskosten über 800 € sind diese Kosten und Zahlungen auf die betriebsgewöhnliche Nutzungsdauer zu verteilen. Steuerfreie pauschale Zahlungen sind möglich für die Abschreibung der Werkzeuge, für die üblichen Betriebs-, Instandhaltungs- und Instandsetzungskosten sowie die Beförderung zwischen der Wohnung des Arbeitnehmers und dem Betrieb.

Wintergeld

612 Mehraufwands- sowie Zuschuss-Wintergeld (§ 102 SGB III), das an Arbeiter im Baugewerbe aus Mitteln der Bundesagentur für Arbeit zur Abgeltung der witterungsbedingten Mehraufwendungen bei Arbeit in der witterungsungünstigen Jahreszeit gezahlt wird, ist **steuerfrei**; diese Zahlungen unterliegen nicht dem Progressionsvorbehalt.

Winterbeihilfen in der Bauwirtschaft sind hingegen steuerpflichtiger Arbeitslohn.

Witwengelder

613 Zahlt der Arbeitgeber eines verstorbenen Arbeitnehmers an dessen Hinterbliebene Witwengelder, sind diese als Arbeitslohn steuerpflichtig. Für den Lohnsteuerabzug sind die Besteuerungsmerkmale der Hinterbliebenen maßgebend (→ Rz. 286).

Zukunftssicherungsleistungen

614 Leistungen des Arbeitgebers für die Zukunftssicherung des Arbeitnehmers sind regelmäßig Arbeitslohn (→ Rz. 393 ff.). Unter Umständen sind sie **begünstigt** durch **Steuerfreiheit** (→ Rz. 464 *Arbeitgeberbeiträge*; → Rz. 465 *Arbeitgeberzuschüsse*; → Rz. 477 *Aufstockungsbeträge*; → Rz. 486 *Betriebliche Altersversorgung*; → Rz. 591 *Unfallversicherung, freiwillige*, → Rz. 592 *Unfallversicherung, gesetzliche*), den **BAV-Förderbetrag** (→ Rz. 372) oder einen **pauschalen Steuersatz** (→ Rz. 645 ff.).

Zusatzbeitrag zur Krankenkasse

615 Der ggf. zu zahlende Zusatzbeitrag zur Krankenkasse ist vom Arbeitnehmer allein zu tragen und kann deshalb vom Arbeitgeber nicht steuerfrei übernommen bzw. erstattet werden.

IV. Pauschalierung der Lohnsteuer

616 In den vorangegangenen Abschnitten ist erläutert worden, wie der Arbeitgeber den Arbeitslohn zu ermitteln hat, welche Vorschriften für den Lohnsteuereinbehalt zu beachten sind, und wie die Lohnsteuer auf Grund der persönlichen Lohnsteuerabzugsmerkmale des Arbeitnehmers (ELStAM, → Rz. 307 ff.) aus der Lohnsteuer-Tabelle abzulesen ist.

Das Einkommensteuergesetz bietet daneben aber auch die Möglichkeit, die Lohnsteuer nach bestimmten festen Pauschsteuersätzen zu erheben (**pauschale Lohnsteuererhebung**). Diese Möglichkeit besteht

– bei Aushilfs-, kurzfristigen und geringfügigen Beschäftigungen,

– für Zukunftssicherungsleistungen und

– in besonderen Fällen für bestimmte Arbeitslohnteile.

617 Bei der Lohnsteuer-Pauschalierung übernimmt der Arbeitgeber regelmäßig die (pauschale) Lohnsteuer **zuzüglich** den auf die pauschale Lohnsteuer fälligen Solidaritätszuschlag (auch im Kalenderjahr 2022 stets 5,5 %) auf die pauschale Lohnsteuer zu erhebende Kirchensteuer. Zumindest ist der Arbeitgeber gegenüber der Finanzverwaltung Schuldner dieser Steuerbeträge.

Ein Vorteil dieser besonderen Lohnsteuererhebung ist, dass der pauschal besteuerte Arbeitslohn und die pauschale Lohnsteuer bei einer Veranlagung des Arbeitnehmers zur Einkommensteuer und beim betrieblichen Lohnsteuer-Jahresausgleich **außer Ansatz** bleiben (→ Rz. 692 f.). Die pauschale Lohnsteuer ist **weder** in der elektronisch zu übermittelnden Lohnsteuerbescheinigung noch auf dem Papierausdruck dazu oder in der Besonderen Lohnsteuerbescheinigung auszuweisen.

Die **zunächst pauschaliert** mit 20 % erhobene Lohnsteuer für einen **sonstigen Bezug** bei tarifvertraglichen **Lohnzahlungen Dritter** (→ Rz. 407) rechnet **nicht** zu den hier beschriebenen Formen der begünstigten Lohnsteuer-Pauschalierung.

Wegen der seit 2017 möglichen alternativen Besteuerung des Arbeitslohns von Aushilfskräften auf **Brauchtumsfesten** usw. nach der Steuerklasse VI (→ Rz. 704).

1. Teilzeitbeschäftigungen

618 Das Einkommensteuergesetz kennt derzeit drei verschiedene Formen der kurzfristigen Beschäftigung sowie zwei weitere Arten von Teilzeitbeschäftigungen mit jeweils unterschiedlichen Pauschsteuersätzen (§ 40a EStG):

1. die **kurzfristige Beschäftigung**, mit einem Pauschsteuersatz von 25 % des Arbeitslohns (→ Rz. 620 f.),

2. die zu einem **unvorhersehbaren** Zeitpunkt sofort erforderliche **kurzfristige** Beschäftigung mit einem Pauschsteuersatz von 25 % des Arbeitslohns (→ Rz. 622);

3. **geringfügige Beschäftigungen** i.S.d. Sozialversicherungsrechts (Minijob, § 8 Abs. 1 Nr. 1 oder § 8a SGB IV) mit einem (einheitlichen) Pauschsteuersatz von 2 % oder 20 % des Arbeitslohns (Arbeitsentgelts, → Rz. 623 ff.);

4. die Tätigkeit als **Aushilfskraft** in einem **land- und forstwirtschaftlichen Betrieb** mit ebensolchen typischen Tätigkeiten. Bei dieser Beschäftigungsform beträgt der Pauschsteuersatz 5 % des Arbeitslohns (→ Rz. 630 f.).

Seit dem Kalenderjahr 2020 ist eine **weitere** Form von kurzfristiger Beschäftigung hinzugekommen. Danach darf der Arbeitgeber anstelle des Lohnsteuerabzugs nach den persönlichen Lohnsteuerabzugsmerkmalen des Arbeitnehmers (ELStAM, → Rz. 307 ff.) die Lohnsteuer für Bezüge

– von **kurzfristigen** im Inland ausgeübten Tätigkeiten **beschränkt steuerpflichtiger** Arbeitnehmer,

– die einer ausländischen Betriebsstätte dieses Arbeitgebers zugeordnet sind,

mit einem Pauschsteuersatz von **30 %** des Arbeitslohns erheben. Die kurzfristige Tätigkeit ist auf eine Dauer von 18 zusammenhängenden Arbeitstagen beschränkt.

Hiervon angesprochen sind insbesondere große Arbeitgeber, wie Banken und Versicherungsunternehmen, die im Ausland an Stelle von Tochterunternehmen regelmäßig Betriebsstätten als ausländische Niederlassungen unterhalten und deshalb zivilrechtlicher Arbeitgeber der in den ausländischen Betriebsstätten angestellten Mitarbeiter sind.

Die pauschal besteuerten Bezüge und die darauf entfallende Lohnsteuer sind im Lohnkonto aufzuzeichnen.

619 **Voraussetzung** für eine Lohnsteuer-Pauschalierung nach den v.g. Nummern 1 bis 4 ist, dass die beschäftigte Person **nicht** noch für eine andere Beschäftigung bei demselben Arbeitgeber Arbeitslohn erhält, für den die Lohnsteuer nach den elektronischen Lohnsteuerabzugsmerkmalen (→ Rz. 307 f.) oder den auf der vom Finanzamt ausgestellten Bescheinigungen für den Lohnsteuerabzug eingetragenen Lohnsteuerabzugsmerkmale des Arbeitnehmers (Regelverfahren) ermittelt wird (bzw. zu ermitteln ist).

Die Pauschalierung ist hingegen **zulässig** für teilzeitbeschäftigte **Vorruheständler**, die bei ihrem früheren Arbeitgeber tätig sind und von diesem lohnsteuerpflichtige Vorruhestandsgelder oder Ruhestandsbezüge (z.B. eine Werkspension) erhalten.

a) Kurzfristige Beschäftigung

620 Der Arbeitgeber kann bei Arbeitnehmern, die i.S.d. vorgenannten Nr. 1 nur kurzfristig beschäftigt werden, die Lohnsteuer mit einem Pauschsteuersatz von 25 % des Arbeitslohns (zzgl. Solidaritätszuschlag i.H.v. 5,5 % der pauschalen Lohnsteuer und ggf. Kirchensteuer) erheben.

Nach dem **Steuerrecht** liegt eine **kurzfristige Beschäftigung** vor, wenn der Arbeitnehmer bei dem Arbeitgeber

– gelegentlich, d.h. nicht regelmäßig wiederkehrend, beschäftigt wird.

Dabei darf die jeweilige Beschäftigungsdauer 18 zusammenhängende **Arbeitstage** nicht übersteigen. Hierzu gehören auch solche Tage, für die der Arbeitslohn wegen Urlaubs, Krankheit oder gesetzlicher Feiertage fortgezahlt wird.

Lohnsteuerlich ist entscheidend, dass die Beschäftigung **ohne** feste Wiederholungsabsicht ausgeübt wird. Tatsächlich kann es jedoch zu wiederholten Beschäftigungen kommen. Folglich ist in diesen Fällen zu beachten, dass die erneute Tätigkeit nicht bereits von vornherein vereinbart werden darf. Liegen diese Voraussetzungen vor, kommt es für die Beurteilung nicht darauf an, wie oft die Aushilfskraft im Laufe des Kalenderjahres tatsächlich beschäftigt wird.

Die **sozialversicherungsrechtliche** Einordnung als kurzfristige Beschäftigung ist für die Pauschalierung mit 25 % **nicht** entscheidend.

621 Ferner darf der Arbeitslohn während der Beschäftigungsdauer seit dem Kalenderjahr 2020 **durchschnittlich 120 €** je **Arbeitstag** nicht übersteigen.

Als weitere Voraussetzung ist zu beachten, dass der durchschnittliche Arbeitslohn je **Arbeitsstunde** seit dem Kalenderjahr 2020 auf höchstens **15 €** begrenzt ist (→ Rz. 633 ff.). Für die ergänzend zu beachtenden Regelungen → Rz. 632 ff.

b) Unvorhersehbare sofort erforderliche kurzfristige Beschäftigung

622 Eine unvorhersehbare und sofort erforderliche kurzfristige Beschäftigung i.S.d. vorgenannten Nr. 2 setzt voraus, dass das Dienstverhältnis für den **akuten Bedarf** einer zusätzlichen oder den Ersatz einer ausgefallenen Arbeitskraft abgeschlossen wird. Hierzu rechnet grundsätzlich **nicht** die Beschäftigung von Aushilfen, deren Einsatz schon längere Zeit zuvor feststeht (z.B. bei Volksfesten, Inventur oder Ausstellungsmessen).

Anders ist es jedoch, wenn die Aushilfskraft entgegen dem vorhersehbaren Bedarf zusätzlich beschäftigt werden muss, z.B. im Hotel- oder Gaststättengewerbe wegen unerwartet starkem Ausflugsverkehr oder allgemein wegen Krankheit einer Aushilfskraft.

Bei dieser (kurzfristigen) Beschäftigungsform ist die Arbeitslohngrenze von durchschnittlich 120 € je Arbeitstag **nicht** zu

C. Lohnsteuer

beachten. Der Pauschsteuersatz beträgt ebenso 25 % des Arbeitslohns (zzgl. Solidaritätszuschlag i.H.v. 5,5 % der pauschalen Lohnsteuer und ggf. zzgl. Kirchensteuer). Für die ergänzend zu beachtenden Regelungen → Rz. 632 ff.

c) Besteuerung des Arbeitsentgelts für geringfügig entlohnte Beschäftigungen

623 Allgemeine Voraussetzung für eine geringfügig entlohnte Beschäftigung i.S.d. Sozialversicherungsrechts (sog. Minijob) ist, dass die **monatliche** Arbeitsentgeltgrenze von 450 € nicht überschritten wird. Eine **Stundenlohnbegrenzung** ist nicht zu beachten.

624 Für die **Lohnsteuer-Pauschalierung** bei geringfügig Beschäftigten ist zu unterscheiden zwischen

– der **einheitlichen Pauschsteuer** i.H.v. **2 %** (§ 40a Abs. 2 EStG) und

– der **pauschalen Lohnsteuer** mit einem Steuersatz i.H.v. **20 %** des Arbeitsentgelts (§ 40a Abs. 2a EStG).

Beide Möglichkeiten der Lohnsteuer-Pauschalierung setzen **eine geringfügige Beschäftigung** (Minijob i.S.d. § 8 Abs. 1 Nr. 1 oder § 8a SGB IV einschl. Minijobs nach der Übergangsregelung des § 276a SGB VI für vor 2013 bereits geringfügig Beschäftigte) voraus. Das Steuerrecht knüpft damit an die Einordnung der Sozialversicherung (nach dem SGB IV) an. Jedoch erfolgt im Steuerrecht **keine** Zusammenrechnung mit weiteren geringfügigen Beschäftigungen bei anderen Arbeitgebern, d.h., die Geringfügigkeit ist stets für die jeweilige Beschäftigung zu prüfen.

Bemessungsgrundlage für die Lohnsteuer-Pauschalierung ist das sozialversicherungsrechtliche **Arbeitsentgelt**, unabhängig davon, ob dies steuerpflichtiger oder steuerfreier Arbeitslohn wäre (BFH-Urteil v. 29.5.2008, VI R 57/05, BStBl II 2009, 147). Dies gilt jedoch nur für die **Frage** der Geringfügigkeit (sozialversicherungsrechtliches „Entstehungsprinzip").

Der Einkommensteuer unterliegt auch bei einer geringfügigen Beschäftigung **nur** der tatsächlich **zugeflossene** (und steuerpflichtige) Arbeitslohn. Steuerfreier Arbeitslohn stellt regelmäßig kein Arbeitsentgelt dar. Dies hat der BFH in dem vorgenannten Urteil unmissverständlich klargestellt.

Für Arbeitslohnteile, die **nicht** zum sozialversicherungsrechtlichen Arbeitsentgelt gehören, ist die Lohnsteuer-Pauschalierung nicht zulässig; sie unterliegen dem üblichen Lohnsteuerabzug im Regelverfahren. Eine solch „gesplittete" Lohnsteuererhebung ist z.B. erforderlich, wenn neben dem sozialversicherungsrechtlichen Arbeitsentgelt eine Entlassungsabfindung gezahlt wird. Weil Entlassungsabfindungen nicht der Sozialversicherung unterliegen, kommt für sie nur eine Lohnsteuererhebung im Regelverfahren in Betracht. Gleiches gilt, wenn der Arbeitgeber bei Anwendung des Haushaltsscheck-Verfahrens einen Sachbezug (z.B. freie Unterkunft oder kostenlose Verpflegung) gestellt.

aa) Einheitliche Pauschsteuer i.H.v. 2 %

625 Der Arbeitgeber darf die Lohnsteuer **einschließlich** Solidaritätszuschlag und Kirchensteuer

– für das Arbeitsentgelt aus einer **geringfügigen** Beschäftigung i.S.d. § 8 Abs. 1 Nr. 1 (geringfügig entlohnte Beschäftigung) oder des § 8a SGB IV (geringfügig entlohnte Beschäftigung im Privathaushalt),

– für das er die **pauschalen Beiträge** zur gesetzlichen Rentenversicherung[1] i.H.v. 15 % oder 5 % z.B. nach § 168 Abs. 1 Nr. 1b oder 1c SGB VI (geringfügig versicherungspflichtig Beschäftigte) zu entrichten hat,

mit einem einheitlichen **Pauschsteuersatz** i.H.v. insgesamt **2 %** des Arbeitsentgelts erheben (einheitliche Pauschsteuer, § 40a Abs. 2 EStG).

Weil allein die sozialversicherungsrechtliche Einordnung der Beschäftigung maßgebend ist, braucht eine gesonderte steuerliche Arbeitslohngrenze nicht geprüft zu werden.

In dieser einheitlichen Pauschsteuer sind neben der Lohnsteuer auch der Solidaritätszuschlag und die Kirchensteuer enthalten. Der Steuersatz i.H.v. 2 % ist auch anzuwenden, wenn der Arbeitnehmer **keiner** erhebungsberechtigten **Religionsgemeinschaft** angehört.

bb) Pauschale Lohnsteuer i.H.v. 20 %

626 Hat der Arbeitgeber für das Arbeitsentgelt einer geringfügig entlohnten Beschäftigung i.S.d. Sozialversicherungsrechts den pauschalen Beitrag zur gesetzlichen Rentenversicherung i.H.v. 15 % oder 5 % **nicht** zu entrichten, darf er die **pauschale Lohnsteuer** mit einem Steuersatz i.H.v. **20 %** des Arbeitsentgelts erheben. Hinzu kommen der Solidaritätszuschlag (5,5 % der Lohnsteuer → Rz. 706 f.) und die Kirchensteuer nach dem jeweiligen Landesrecht (→ Rz. 726 ff.).

Bei einer **kurzfristigen Beschäftigung** i.S.d. Sozialversicherung ist diese Pauschalierung **nicht** zulässig.

cc) Lohnsteuer im Regelverfahren

627 Wählt der Arbeitgeber die pauschale Lohnversteuerung mit 2 % oder 20 % **nicht**, so ist die Lohnsteuer im Regelverfahren nach den Lohnsteuerabzugsmerkmalen des Arbeitnehmers zu erheben. Die Höhe des Lohnsteuerabzugs hängt dann von der Lohnsteuerklasse ab.

Nach den Lohnsteuerklassen I (Alleinstehende), II (bestimmte Alleinerziehende mit Kind) und den Lohnsteuerklassen III und IV (verheiratete Arbeitnehmer/innen) fällt für das Arbeitsentgelt einer geringfügigen Beschäftigung (höchstens 450 € monatlich) keine Lohnsteuer an. Bei den Lohnsteuerklassen V oder VI ist jedoch stets der Lohnsteuerabzug zu prüfen.

Zu beachten ist, dass ein (lohn-)steuerunbelastet gezahltes Arbeitsentgelt i. R. einer Veranlagung zur Einkommensteuer als **steuerpflichtiger** Arbeitslohn angesetzt wird. Dies kann bei weiteren Einkünften zu einer **Einkommensteuerschuld** führen, soweit der jährliche Arbeitslohn 1 000 € (Werbungskosten- bzw. Arbeitnehmer-Pauschbetrag) übersteigt.

dd) Anmeldung und Abführung der Lohnsteuer

628 Das Verfahren für die Anmeldung und die Abführung der Lohnsteuer (→ Rz. 368 ff.) bei geringfügig entlohnter Beschäftigung richtet sich danach, ob die einheitliche Pauschsteuer i.H.v. 2 % erhoben wird oder nicht.

Für die Anmeldung und Abführung der **einheitlichen Pauschsteuer** i.H.v. 2 % vom Arbeitsentgelt ist stets – wie für die pauschalen Beiträge[1] zur gesetzlichen Renten- und Krankenversicherung – die Deutsche Rentenversicherung Knappschaft–Bahn–See (Minijob-Zentrale) in 45115 Essen zuständig. Das gilt sowohl für den Privathaushalt als auch für andere (gewerbliche) Arbeitgeber.

629 **Privathaushalte** haben als Arbeitgeber einer geringfügig entlohnten Beschäftigung zur Abwicklung der einheitlichen Pauschsteuer den **Haushaltsscheck** zu verwenden. Auf dem Haushaltsscheck hat der Arbeitgeber die Höhe des Arbeitsentgelts sowie die gewählte Lohnsteuererhebung anzugeben (2 % oder Regelverfahren). Die Deutsche Rentenversicherung Knappschaft-Bahn-See berechnet nach diesen Angaben (ggf.) die einheitliche Pauschsteuer und zieht sie zusammen mit den pauschalen Beiträgen zur gesetzlichen Sozialversicherung jeweils für die Monate Januar bis Juni am 31. Juli des laufenden Kalenderjahres und für die Monate Juli bis Dezember am 31. Januar des Folgejahres vom Arbeitgeber ein.

Andere Arbeitgeber, z.B. gewerblich tätige Betriebe oder selbständige Ärzte, berechnen die einheitliche Pauschsteuer selbst und teilen den Betrag der Deutschen Rentenversicherung Knappschaft-Bahn-See im elektronischen **Beitragsnachweis** mit.

Erhebt der Arbeitgeber die Lohnsteuer nicht mit der einheitlichen Pauschsteuer, sondern **pauschal** i.H.v. **20 %** des Ar-

---

[1] Das Sozialversicherungsrecht bezeichnet den Arbeitgeberbeitrag zur Rentenversicherung für geringfügig entlohnte Beschäftigte nicht mehr als Pauschalbeitrag, sondern als Beitrag in Höhe des Pauschalbeitrags.

[1] Das Sozialversicherungsrecht bezeichnet den Arbeitgeberbeitrag zur Rentenversicherung für geringfügig entlohnte Beschäftigte statt Pauschalbeitrag nun als Beitrag bzw. Beitragsanteil in Höhe des Pauschalbeitrags.

C. Lohnsteuer

beitsentgelts oder im Regelverfahren nach den Lohnsteuerabzugsmerkmalen des Arbeitnehmers, so ist stets das **Betriebsstättenfinanzamt** zuständig. Folglich ist diese Lohnsteuer ggf. mit weiteren Lohnsteuerbeträgen getrennt nach pauschaler und nach der im Regelverfahren erhobenen Lohnsteuer in der (elektronischen) Lohnsteuer-Anmeldung anzugeben und an das Betriebsstättenfinanzamt abzuführen (zur Abgabe der elektronischen Lohnsteuer-Anmeldung → Rz. 368 ff.).

Als **Betriebsstättenfinanzamt** wird das Finanzamt bezeichnet, in dessen Bezirk sich die lohnsteuerliche Betriebsstätte des Arbeitgebers befindet. Für einen privaten Haushalt ist es das Wohnsitzfinanzamt, bei dem die Einkommensteuererklärung abzugeben ist.

d) Aushilfskräfte in der Land- und Forstwirtschaft

630 Für Aushilfskräfte, die in Betrieben der Land- und Forstwirtschaft i.S.d. § 13 Abs. 1 EStG ausschließlich mit **typisch** land- oder forstwirtschaftlichen Arbeiten beschäftigt werden, kann die Lohnsteuer mit dem **Pauschsteuersatz** von **5 %** des Arbeitslohns erhoben werden.

Aushilfskräfte im Sinne dieser Vorschrift sind Personen, die für typisch land- und forstwirtschaftliche Arbeiten, die nicht ganzjährig anfallen, beschäftigt werden.

Keine Aushilfskräfte sind Arbeitnehmer, die zu den land- und forstwirtschaftlichen Fachkräften gehören.

631 Eine Beschäftigung der Aushilfskraft mit **anderen**, also mit **nicht typisch** land- und forstwirtschaftlichen Arbeiten, ist jedoch unschädlich, wenn deren Dauer 25 % der Gesamtbeschäftigungsdauer der Aushilfskraft nicht überschreitet. Wird die Aushilfskraft hingegen an mehr als **180 Tagen** im Kalenderjahr beschäftigt, ist die Lohnsteuer-Pauschalierung mit 5 % nicht zulässig.

Für Aushilfskräfte, die in einem **Gewerbebetrieb** i.S.d. § 15 EStG tätig sind, kommt diese Lohnsteuer-Pauschalierung auch dann **nicht** in Betracht, wenn sie mit typisch land- und forstwirtschaftlichen Arbeiten beschäftigt werden. Dies gilt jedoch nicht, wenn ein Betrieb, der Land- und Forstwirtschaft betreibt, ausschließlich wegen seiner Rechtsform als Gewerbebetrieb gilt. Für die weiter zu beachtenden Regelungen → Rz. 632 ff.

e) Ergänzende Regelungen

632 Die Lohnsteuer-Pauschalierung kann nach den vorgenannten Nr. 1 bis 4 sowohl bei unbeschränkt als auch bei **beschränkt** einkommensteuerpflichtigen Aushilfskräften, kurzfristig oder geringfügig Beschäftigten gewählt werden.

Der Arbeitgeber braucht **nicht** zu prüfen, ob die Aushilfs- oder Teilzeitkraft noch in einem Dienstverhältnis zu einem anderen Arbeitgeber steht. Die Lohnsteuer-Pauschalierung muss nicht einheitlich für sämtliche in Betracht kommenden Arbeitnehmer durchgeführt werden; der Arbeitgeber kann die Pauschalierung auf bestimmte Arbeitnehmer oder Tätigkeiten beschränken.

Pauschalierungsgrenzen

633 Für die Lohnsteuer-Pauschalierung mit **25 %** (kurzfristige Beschäftigung) und **5 %** (Aushilfskraft in Betrieb der Land- und Forstwirtschaft) ist neben der Form der Teilzeitbeschäftigung auch die Arbeitslohnhöhe entscheidend. Sie sollte stets besonders sorgfältig geprüft werden. Als weitere Voraussetzung für diese beiden Pauschalierungsmöglichkeiten ist zu beachten, dass der Arbeitslohn seit dem Kalenderjahr 2020 **durchschnittlich 15 €** pro **Arbeitsstunde** nicht übersteigen darf.

> **Beispiel** <u>Pauschale Lohnsteuer rechnet nicht zum Arbeitslohn</u>
>
> Eine kurzfristig beschäftige Aushilfe erhält im Kalenderjahr 2022 für ihre Tätigkeit von 5,5 Stunden insgesamt 80 € ausgezahlt. Der Arbeitgeber möchte die pauschale Lohnsteuer i.H.v. 25 % des Arbeitslohns erheben. Weil sie nicht zum gezahlten Arbeitslohn zählt, ist die pauschale Lohnsteuer für die Prüfung der nicht zu berücksichtigen.
>
> Der Stundenlohn beträgt: 80 € : 5,5 Std. = 14,54 € (gerundet).
>
> Eine Lohnsteuerpauschalierung ist damit zulässig.

Für die Ermittlung der Arbeitslohngrenze ist die Arbeitsstunde mit 60 Minuten (Zeitstunde) anzusetzen. Wird der Arbeitslohn für **kürzere** Zeiteinheiten gezahlt (z.B. für 45 Minuten), ist der Lohn zur Prüfung der Pauschalierungsgrenze von 15 € entsprechend auf 60 Minuten **umzurechnen.**

> **Beispiel** <u>Ermittlung Stundenlohn</u>
>
> Der Arbeitgeber zahlt pro 45 Minuten Tätigkeit 12 € und für die anschließende Pausenzeit keinen Arbeitslohn.
>
> Dies ergibt einen Stundenlohn i.H.v. 12 € / 45 * 60 = 16,00 €.
>
> Der so ermittelte Stundenlohn übersteigt die seit dem Kalenderjahr 2020 zu berücksichtigende Pauschalierungsgrenze von 15 €/Stunde; folglich ist eine Lohnsteuerpauschalierung nicht zulässig.

Der maßgebende durchschnittliche Stundenlohn ergibt sich aus dem im Lohnzahlungszeitraum bzw. der Beschäftigungsdauer gezahlten Arbeitslohn und den geleisteten Arbeitsstunden. So kann eine höhere Stundenvergütung (z.B. für Tätigkeiten bei Schlechtwetter mit über 15 €) durch einen geringeren Lohn (z.B. für andere Witterungszeiten mit unter 15 €) ausgeglichen werden.

Als **Arbeitstag** ist grundsätzlich der Kalendertag zu verstehen. Der Arbeitstag kann jedoch auch eine über die Mitternachtsgrenze hinausgehende und somit auf zwei Kalendertage fallende durchgehende Nachtschicht sein.

634 Die **weiteren** Voraussetzungen gelten für jede der vier zuvor genannten Beschäftigungsformen (→ Rz. 618).

Zum **Arbeitslohn** der Aushilfskräfte sowie der kurzfristig und geringfügig Beschäftigten gehören sämtliche steuerpflichtigen Einnahmen, die dem unbeschränkt oder beschränkt einkommensteuerpflichtigen Arbeitnehmer aus der Beschäftigung zufließen.

Bei Verwendung des **Haushaltsschecks** (→ Rz. 629) bleibt als Besonderheit jedoch der nicht in Geld gewährter Arbeitslohn (z.B. Sachbezüge) bei der Ermittlung des (maßgebenden) Arbeitsentgelts **unberücksichtigt**. Zur Lohnsteuererhebung für diese Lohnteile → Rz. 636.

Dem Arbeitnehmer üblicherweise zustehende **Frei- und Pauschbeträge** (z.B. der Altersentlastungsbetrag) oder der Werbungskosten-/Arbeitnehmer-Pauschbetrag dürfen vom pauschal zu versteuernden Arbeitslohn und von dem Arbeitsentgelt nicht abgezogen werden.

635 **Steuerfreie** Einnahmen bleiben für die Lohnsteuer-Pauschalierung und die Prüfung der Arbeitslohngrenzen grundsätzlich außer Betracht; in Sonderfällen sind abweichende Regelungen für das sozialversicherungsrechtliche Arbeitsentgelt zu beachten.

636 Bei der **Prüfung** der Pauschalierungsgrenzen sind nicht zum laufenden Arbeitslohn gehörende **sonstige Bezüge** (Sonderzahlungen) rechnerisch gleichmäßig auf die Lohnzahlungs- oder Lohnabrechnungszeiträume zu verteilen, in denen die Arbeitsleistung erbracht wird, für welche die Zahlungen eine Belohnung darstellen. Weihnachtsgeld, Urlaubsgeld und Einmalbeiträge für eine Direktversicherung sind deshalb i.d.R. auf die gesamte Beschäftigungszeit des Kalenderjahres zu verteilen.

Werden dadurch im Lohnzahlungs- oder Lohnabrechnungszeitraum die monatlichen Pauschalierungsgrenzen nicht überschritten, so kann in diesem Zeitraum der Arbeitslohn pauschal besteuert werden.

637 Leistet der Arbeitgeber **Sonderzahlungen** (sonstige Bezüge) hingegen erst **nach Ablauf** des Kalenderjahres, in dem die entsprechende Arbeitsleistung erbracht worden ist, sind sie nur bei der Pauschalierungsgrenze des Lohnzahlungs- oder Lohnabrechnungszeitraums zu berücksichtigen, in dem die Sonderzahlung zugeflossen ist/geleistet worden ist.

Wird dadurch die monatliche Pauschalierungsgrenze überschritten, muss nicht zwangsläufig die übliche Lohnsteuer und Einkommensteuer anfallen. Weil in diesem Fall der Werbungskosten-/Arbeitnehmer-Pauschbetrag i.H.v. 1 000 € jährlich angesetzt wird, bleibt ein solcher Betrag letztlich ohne steuerliche Belastung, wenn der Arbeitnehmer im Kalenderjahr nicht noch weiteren Arbeitslohn bezieht.

E 133

Für die Erhebung der pauschalen Lohnsteuer von dem sonstigen Bezug ist die Lohnhöhe im Monat der Zahlung entscheidend.

638 Für die Beurteilung der **Beschäftigungsdauer** ist der Lohnzahlungs- bzw. Lohnabrechnungszeitraum maßgebend. Zur Beschäftigungsdauer gehören auch solche Zeiträume, in denen der Arbeitslohn wegen Urlaub, Krankheit oder gesetzlicher Feiertage fortgezahlt wird.

Sind in einem Zeitraum die **Pauschalierungsgrenzen** (Monats-, Tages- oder Stundenlohn) überschritten, so kann für ihn die Lohnsteuer nicht pauschal erhoben werden. Stattdessen ist für diesen Lohnzahlungszeitraum der Arbeitslohn nach den allgemeinen Grundsätzen im Regelverfahren (nach den dann beim Finanzamt anzufordernden Lohnsteuerabzugsmerkmalen des Arbeitnehmers (→ Rz. 307 ff.) zu erheben. In den anderen Zeiträumen kann die Lohnsteuer jedoch pauschal erhoben werden.

639 Der Arbeitgeber muss die Pauschalbesteuerung nicht sofort wählen. Er darf sie erst später im Kalenderjahr wählen und dann **nachholen** (z.B. am Jahresende), solange

- noch keine Lohnsteuerbescheinigung ausgeschrieben bzw. an die Finanzverwaltung elektronisch übermittelt worden ist und
- eine Lohnsteuer-Anmeldung für das jeweilige Kalenderjahr noch abzugeben ist oder sie noch berichtigt werden kann.

Diese Voraussetzungen liegen im laufenden Kalenderjahr sowie kurz nach Ablauf des Kalenderjahres regelmäßig (noch) vor.

Hat der Arbeitgeber den Arbeitslohn **zu Unrecht** (fehlerhaft) pauschaliert, bindet dies nicht das Finanzamt, das die Veranlagung des Arbeitnehmers durchführt. Folglich kann es diesen Arbeitslohn im Rahmen einer Einkommensteuerveranlagung ansetzen.

640 Der Arbeitgeber hat **Aufzeichnungen** über die Teilzeitbeschäftigungen zu führen. So sind im **Lohnkonto** der Aushilfs- oder Teilzeitkraft folgende Angaben zu vermerken:

- Name und Anschrift des Beschäftigten, Beschäftigungsdauer, Einzelheiten zur Lohnzahlung (z.B. Tag der Zahlung, Höhe des Arbeitslohns/Arbeitsentgelts) und
- bei Arbeitskräften im land- und forstwirtschaftlichen Betrieb zusätzlich noch die Art der Beschäftigung.

641 Als Beschäftigungsdauer ist jeweils die Zahl der tatsächlichen **Arbeitsstunden** (bezogen auf 60 Minuten) in dem jeweiligen Lohnzahlungs- oder Lohnabrechnungszeitraum **aufzuzeichnen.**

Kann der Arbeitgeber dem Finanzamt keine Aufzeichnungen zu den Aushilfs- oder Teilzeitbeschäftigten vorlegen oder sind die Aufzeichnungen fehlerhaft, ist die Pauschalierung nur zulässig, wenn die **Pauschalierungsvoraussetzungen** in anderer Weise (z.B. durch Arbeitsnachweise, Zeitkontrollen, Zeugenaussagen) nachgewiesen oder glaubhaft gemacht werden können. Das Risiko einer verstärkten Nachweispflicht für zurückliegende Jahre sollte jedoch besser vermieden werden.

642 In der Vereinbarung über eine Lohnsteuer-Pauschalierung liegt nicht zugleich eine **Nettolohnvereinbarung.** Deshalb darf diese weder der Arbeitnehmer noch die Finanzverwaltung bei einer fehlgeschlagenen Pauschalierung unterstellen, d.h., der Arbeitnehmer muss den Lohnsteuerabzug vom vereinbarten bzw. erhaltenen (Brutto-)Lohn dulden. Hat das Finanzamt den Arbeitslohn im Rahmen einer Einkommensteuerveranlagung angesetzt, muss der Arbeitnehmer die darauf entfallende Einkommensteuer tragen; die pauschale Lohnsteuer wird hierauf nicht angerechnet.

643 Neben der pauschalen Lohnsteuer muss der Arbeitgeber weiterhin den **Solidaritätszuschlag** i.H.v. stets 5,5 % der pauschalen Lohnsteuer erheben und übernehmen. Ggf. kommt noch die Kirchensteuer hinzu, deren Bemessungsgrundlage stets die ungeminderte pauschale Lohnsteuer ist (→ Rz. 726 ff. Teil E). Von diesen beiden Grundsätzen gibt es eine Ausnahme; das ist die einheitliche Pauschsteuer i.H.v. 2 %. Dieser geringe Pauschsteuersatz beinhaltet sowohl den Solidaritätszuschlag als auch eine evtl. Kirchensteuer → Rz. 625.

Der pauschal besteuerte Arbeitslohn und die pauschale Lohnsteuer bleiben bei einer **Veranlagung** des Arbeitnehmers zur **Einkommensteuer** auch dann außer Ansatz, wenn der Arbeitnehmer die pauschale Lohnsteuer selbst trägt (sog. Abwälzung). Dies hat zur Folge, dass für diese Tätigkeiten der **Werbungskostenansatz** ausgeschlossen ist, und die pauschale Lohnsteuer weder auf die Jahreslohnsteuer noch auf die Einkommensteuerschuld angerechnet werden kann.

644 Der Arbeitgeber ist **Steuerschuldner** der von ihm zu übernehmenden pauschalen Lohnsteuer einschließlich des darauf entfallenden Solidaritätszuschlags und der Kirchensteuer. Dies schließt jedoch nicht aus, dass arbeitsrechtlich die pauschalen Steuerbeträge im Innenverhältnis vom Arbeitnehmer übernommen werden können.

Eine **Übernahme** der pauschalen Lohnsteuer gegenüber dem Arbeitgeber kann für den Arbeitnehmer u.U. günstiger sein als die Lohnversteuerung nach seinem individuellen Einkommensteuersatz.

Wer ausführlichere Einzelheiten über die **Lohnsteuer-Pauschalierungsmöglichkeiten** für **Aushilfs-** und **Teilzeitbeschäftigungen** benötigt und nachlesen möchte, sollte sich anhand des hierzu von Stollfuß Medien herausgegebenen Ratgebers „Mini-Jobs, Aushilfen, Teilzeit 2022" informieren. Dieser Ratgeber informiert leicht verständlich über die gesetzlichen Regelungen und beantwortet mit praxisnahen Beispielen sämtliche Fragen zur Lohnsteuer-Pauschalierung, zum Solidaritätszuschlag, zur Kirchensteuer und zu vermögenswirksamen Leistungen. Darüber hinaus werden auch Möglichkeiten zum **Steuersparen** aufgezeigt. Die weiteren Teile zum **Sozialversicherungsrecht**, **Arbeitsrecht** und zur **Kirchensteuer** sowie ergänzende Praxisfragen und Antworten einschließlich tabellarischer **Übersichten** runden diesen Ratgeber ab.

2. Zukunftssicherungsleistungen

645 **Ab 2005** wurde für Beiträge, die zum Aufbau einer **kapitalgedeckten betrieblichen Altersversorgung** für eine **Direktversicherung** oder an eine **Pensionskasse** geleistet werden, grundsätzlich die Möglichkeit der **Pauschalbesteuerung aufgehoben.** Seit 2018 gibt es weitere wesentliche Änderungen durch das Betriebsrentenstärkungsgesetz. Es können seit 2018 von den Beiträgen des Arbeitgebers für eine Direktversicherung und von den Beiträgen und Zuwendungen des Arbeitgebers an eine Pensionskasse die Lohnsteuer nur noch nach § 40b EStG mit einem festen Pauschsteuersatz von **20 %** (zzgl. Solidaritätszuschlag [→ Rz. 715] und ggf. Kirchensteuer [→ Rz. 735 ff.]) erhoben werden, wenn

- es sich um eine **nicht kapitalgedeckte betriebliche Altersversorgung** handelt, d.h. um die umlagefinanzierte Zusatzversorgung des öffentlichen Dienstes (zur Besonderheit bei Sonderzahlungen → Rz. 651),
- **vor dem 1.1.2018** mindestens **ein Beitrag** rechtmäßig nach § 40b Abs. 1 und 2 EStG in der am 31.12.2004 geltenden Fassung **pauschal besteuert** wurde (in den Jahren 2005 bis 2017 unter der Voraussetzung, dass eine sog. Altzusage vorliegt, d.h. eine Zusage, die vor dem 1.1.2005 erteilt wurde). Die pauschal besteuerten Beiträge mindern in beiden Durchführungswegen die steuerfreien Höchstbeträge nach § 3 Nr. 63 EStG (→ Rz. 499 *Direktversicherung* und → Rz. 560 *Pensionskasse*).

In einer Vielzahl von Fällen der betrieblichen Altersversorgung ist somit auch nach 2004 bzw. 2018 noch eine Pauschalierung der Lohnsteuer mit dem festen Pauschsteuersatz möglich.

Beispiel 1

Für einen in allen Sozialversicherungszweigen versicherten Arbeitnehmer mit einem Monatsgehalt von 5 000 € überweist der Arbeitgeber monatlich Beiträge i.H.v. 146 € zu Gunsten einer Direktversicherung. Die Direktversicherung sieht ausschließlich eine Einmalkapitalauszahlung vor; die Beiträge sind somit nicht nach § 3 Nr. 63 EStG steuerfrei. Für den Arbeitnehmer gilt die Steuerklasse I; es sind keine Kinderfreibeträge zu berücksichtigen. Der Arbeitnehmer gehört keiner Religionsgemeinschaft an.

E 134

C. Lohnsteuer

Bei einem Lohnsteuerabzug anhand der individuellen Lohnsteuerabzugsmerkmale ergibt sich in 2022 bei manueller Ermittlung der Lohnsteuer mittels Allgemeiner Lohnsteuertabelle Folgendes:

lfd. Monatsgehalt in 2022	5 000,– €
zzgl. monatl. Direktversicherungsbeitrag	146,– €
steuerpflichtiger Arbeitslohn	5 146,– €
Lohnsteuer	1 001,83 €
Solidaritätszuschlag (grds. 5,5 %) wegen der seit 2021 geltenden hohen Freigrenzen	0,00 €
zusammen (vom Arbeitslohn einzubehalten und an das Finanzamt abzuführen)	**1 001,83 €**

Liegen die Voraussetzungen für die Pauschalierung der Lohnsteuer vor (s. oben) und pauschaliert der Arbeitgeber die Lohnsteuer für die Zukunftssicherungsleitung, ergibt sich in 2022 Folgendes:

lfd. Monatsgehalt in 2022	5 000,– €
Lohnsteuer	950,16 €
Solidaritätszuschlag (grds. 5,5 %) wegen der seit 2021 geltenden hohen Freigrenzen	0,00 €
zusammen (vom Arbeitslohn einzubehalten und an das Finanzamt abzuführen)	**950,16 €**
monatlicher Direktversicherungsbeitrag	146,– €
pauschale Lohnsteuer i.H.v. 20 %	29,20 €
Solidaritätszuschlag (5,5 %)	1,60 €
zusammen (an das Finanzamt abzuführen)	**30,80 €**

646 Bei den Beiträgen des Arbeitgebers kann es sich auch um Beiträge handeln, die aus einer **Entgeltumwandlung** stammen, d.h., Arbeitgeber und Arbeitnehmer haben vereinbart, Arbeitslohnansprüche zu Gunsten einer betrieblichen Altersversorgung herabzusetzen.

647 Die Pauschalierung ist nur möglich, wenn die Zukunftssicherungsleistungen aus einem **ersten Dienstverhältnis** bezogen werden; sie ist demnach bei Arbeitnehmern in der Steuerklasse VI nicht anwendbar. Gegenüber dem Finanzamt muss der **Arbeitgeber** die pauschale Lohnsteuer für die Zukunftssicherungsleistungen übernehmen; er ist **Schuldner der pauschalen Lohnsteuer**. Das bedeutet jedoch nicht, dass der Arbeitgeber in jedem Fall durch die pauschale Lohnsteuer belastet ist. Im Innenverhältnis kann zwischen Arbeitgeber und Arbeitnehmer vereinbart sein, dass die pauschale Lohnsteuer vom Arbeitnehmer getragen wird (Abwälzung der pauschalen Lohnsteuer). Die abgewälzte pauschale Lohnsteuer gilt jedoch als zugeflossener Arbeitslohn und mindert nicht die Bemessungsgrundlage für die individuelle Lohnbesteuerung.

Beispiel 2

Ein in allen Sozialversicherungszweigen versicherter Arbeitnehmer mit einem Monatsgehalt von 5 146 € vereinbart mit seinem Arbeitgeber, dass monatlich 146 € zu Gunsten einer Direktversicherung verwendet werden (Entgeltumwandlung) und die Lohnsteuer – soweit möglich – pauschaliert wird. Die pauschale Lohnsteuer und den Solidaritätszuschlag soll der Arbeitnehmer tragen. Die Direktversicherung sieht ausschließlich eine Einmalkapitalauszahlung vor; die Beiträge sind somit nicht nach § 3 Nr. 63 EStG steuerfrei. Für den Arbeitnehmer gilt die Steuerklasse I; es sind keine Kinderfreibeträge zu berücksichtigen. Der Arbeitnehmer gehört keiner Religionsgemeinschaft an.

Bezüglich des Lohnsteuerabzugs ergibt sich in 2022 bei manueller Ermittlung der Lohnsteuer mittels Allgemeiner Lohnsteuertabelle Folgendes:

lfd. Monatsgehalt in 2022	5 146,– €
abzgl. monatlicher Direktversicherungsbeitrag	./. 146,– €
anhand der individuellen Lohnsteuerabzugsmerkmale zu versteuernder Arbeitslohn	5 000,– €
Lohnsteuer	950,16 €
Solidaritätszuschlag (grds. 5,5 %) wegen der ab 2021 geltenden hohen Freigrenzen	0,00 €
zusammen (vom Arbeitslohn einzubehalten und an das Finanzamt abzuführen)	**950,16 €**
monatlicher Direktversicherungsbeitrag	146,– €

pauschale Lohnsteuer von 20 %	29,20 €
Solidaritätszuschlag (5,5 %)	1,60 €
zusammen (wird vom Nettolohn abgezogen und an das Finanzamt abgeführt)	**30,80 €**

Der Arbeitnehmer hat durch die Pauschalierung der Lohnsteuer für die Zukunftssicherungsleistung gegenüber der individuellen Versteuerung des gesamten steuerpflichtigen Arbeitslohns von 5 146 € (siehe Beispiel 1) in 2022 einen steuerlichen Vorteil von monatlich **20,87 €** (1 001,83 € ./. 950,16 € ./. 30,80 €) und jährlich **250,44 €**.

648 Die pauschale Lohnsteuer bemisst sich grundsätzlich nach den tatsächlichen Beiträgen, die der Arbeitgeber für den einzelnen Arbeitnehmer erbringt. Wird für **mehrere Arbeitnehmer** gemeinsam ein pauschaler Versicherungsbeitrag geleistet und kann der auf die einzelnen Arbeitnehmer entfallende Teil nicht festgestellt werden, ist dem einzelnen Arbeitnehmer der Anteil zuzurechnen, der sich bei einer **Aufteilung des Gesamtbeitrags** nach der Zahl der begünstigten Arbeitnehmer ergibt. Werden Leistungen des Arbeitgebers für die tarifvertragliche Zusatzversorgung der Arbeitnehmer mit einem Prozentsatz der Bruttolohnsumme des Betriebs erbracht, ist die Arbeitgeberleistung Bemessungsgrundlage der pauschalen Lohnsteuer.

649 Die Lohnsteuer-Pauschalierung ist auf Leistungen von bis zu **1 752 €** jährlich je Arbeitnehmer begrenzt. Die Pauschalierungsgrenze kann auch dann voll ausgeschöpft werden, wenn dem Arbeitnehmer bereits aus einem vorangegangenen Dienstverhältnis im selben Kalenderjahr pauschal besteuerte Zukunftssicherungsleistungen zugeflossen sind. Soweit der Grenzbetrag von 1 752 € überschritten wird, sind die Beiträge dem normalen Lohnsteuerabzug zu unterwerfen. Sind mehrere Arbeitnehmer gemeinsam in einem Direktversicherungsvertrag (z.B. in einer Gruppenversicherung) oder einer Pensionskasse versichert, ist für die Feststellung der Pauschalierungsgrenze eine **Durchschnittsberechnung** anzustellen. Arbeitnehmer, für die Beiträge und Zuwendungen von mehr als **2 148 €** im Kalenderjahr geleistet werden, sind in diese Durchschnittsberechnung nicht einzubeziehen.

650 Erbringt der Arbeitgeber für den Arbeitnehmer aus Anlass der **Beendigung des Dienstverhältnisses** entsprechende Zukunftssicherungsleistungen, vervielfältigt sich der Höchstbetrag von 1 752 € mit der Anzahl der Kalenderjahre, in denen das Dienstverhältnis des Arbeitnehmers zu dem Arbeitgeber bestanden hat. Wurden in dem Kalenderjahr, in dem das Dienstverhältnis beendet wird, und in den **sechs vorangegangenen Kalenderjahren** Zukunftssicherungsleistungen pauschaliert, **vermindert** sich der vervielfältigte Höchstbetrag (**anders** als bei der Vervielfältigungsregelung bei den **steuerfreien Beiträgen**, → Rz. 499 *Direktversicherung*, → Rz. 559 *Pensionsfonds* und → Rz. 560 *Pensionskasse*).

Beispiel

Der seit 2004 bei einem Arbeitgeber beschäftigte Arbeitnehmer hat eine betriebliche Altersversorgung in Form einer Direktversicherung erhalten. Die Beiträge für die Direktversicherung (Rentenversicherung ohne Kapitalwahlrecht) wurden jeweils im Dezember erbracht und pauschal besteuert. Im Januar 2005 erklärte der Arbeitnehmer gegenüber dem Arbeitgeber, dass er auf die Steuerfreiheit nach § 3 Nr. 63 EStG verzichtet.[1] Am 1.12.2022 scheidet der Arbeitnehmer wegen Erreichens der Altersgrenze aus dem Dienstverhältnis aus. Arbeitgeber und Arbeitnehmer vereinbaren, dass die Abfindung in die Direktversicherung fließt und soweit wie möglich pauschal besteuert wird. Die Voraussetzungen für die Pauschalierung der Lohnsteuer liegen vor (→ Rz. 645).

Der Arbeitgeber kann die Abfindung in folgender Höhe mit 20 % (zzgl. Solidaritätszuschlag und ggf. Kirchensteuer) pauschal besteuern:

18 Kalenderjahre × 1 752 €	31 536 €
Minderung um 6 Jahre × 1 752 €	./. 10 521 €
Pauschalbesteuerung möglich bis	**21 015 €**

---

1) Heute unbeachtlich.

C. Lohnsteuer

Die laufenden Leistungen aus der Rentenversicherung werden als sonstige Einkünfte lediglich mit dem Ertragsanteil besteuert (→ Rz. 97).

651 Bestimmte Sonderzahlungen des Arbeitgebers an Pensionskassen (z.B. die Gegenwertzahlung nach § 23 Abs. 2 der Satzung der Versorgungsanstalt des Bundes und der Länder – VBL –) werden im Einkommensteuergesetz per Legaldefinition als steuerpflichtiger Arbeitslohn bestimmt. Daneben gibt es eine **Pauschalbesteuerungspflicht** des Arbeitgebers mit einem Steuersatz von **15 %**.[1] Diese Pflicht zur Pauschalbesteuerung mit **Abgeltungscharakter** dient zum einen dazu, die Durchführung der Besteuerung wesentlich zu vereinfachen. Zum anderen wird dadurch der Tatsache Rechnung getragen, dass hierdurch vorrangig die Sicherung der bereits bestehenden, nicht aber der Erwerb neuer Ansprüche finanziert wird und der Arbeitgeber die Sonderzahlung auslöst. Die **Überwälzung** der Pauschalsteuer auf den Arbeitnehmer ist – wie auch in den anderen Fällen der Pauschalbesteuerung – grundsätzlich möglich.

Im Gegensatz zu den mit 15 % zu pauschalierenden Sonderzahlungen sind die laufenden, **regelmäßig wiederkehrenden Zahlungen** des Arbeitgebers mit **20 %** pauschal oder aber individuell zu besteuern.

652 Zu **weiteren Einzelheiten/Besonderheiten** siehe BMF-Schreiben v. 12.8.2021, IV C 5 – S 2333/19/10008: 017, BStBl I 2021, 1050.

653 Beiträge für eine **Unfallversicherung** des Arbeitnehmers (→ Rz. 591 *Unfallversicherung, freiwillige*) kann der Arbeitgeber ebenfalls pauschal mit **20 %** (zzgl. Solidaritätszuschlag und ggf. Kirchensteuer) der Beiträge besteuern, wenn mehrere Arbeitnehmer gemeinsam in einem Unfallversicherungsvertrag versichert sind, und der Teilbetrag, der sich bei einer Aufteilung der gesamten Beiträge nach Abzug der Versicherungssteuer durch die Zahl der begünstigten Arbeitnehmer ergibt, **100 €** im Kalenderjahr nicht übersteigt. Sofern der Durchschnittsbetrag 100 € übersteigt, ist er dem normalen Lohnsteuerabzug zu unterwerfen.

654 Eine Pauschalierung der Lohnsteuer bei Zukunftssicherungsleistungen kann – wie bei den anderen Pauschalierungsmöglichkeiten auch – **nicht** mehr im Rahmen einer **Veranlagung zur Einkommensteuer** des Arbeitnehmers erfolgen/nachgeholt werden.

3. Lohnsteuer-Pauschalierung in besonderen Fällen

655 Neben der üblichen Ermittlung der Lohnsteuer

– im **Regelverfahren** (nach den persönlichen Lohnsteuerabzugsmerkmalen der Arbeitnehmer) oder
– nach der alternativen **Pauschalbesteuerung** bei Aushilfskräften, kurzfristig oder geringfügig Beschäftigten,

lässt das Einkommensteuergesetz für bestimmte Lohnteile die Lohnsteuererhebung mit besonderen Pauschsteuersätzen zu.

Hierbei sind zwei Möglichkeiten zu unterscheiden:

– Lohnsteuer-Pauschalierung mit einem durchschnittlichen Pauschsteuersatz für **sonstige Bezüge** und in **Nacherhebungsfällen**, z.B. nach einer Lohnsteuer-Außenprüfung,
– Lohnsteuer-Pauschalierung für **bestimmte Lohnteile** mit festen Pauschsteuersätzen von 25 % und 15 %.

Wählt der Arbeitgeber diese Pauschalierungsart, sind die so erfassten Lohnteile bzw. Einnahmen dem sozialversicherungsrechtlichen Arbeitsentgelt regelmäßig nicht zuzurechnen (§ 1 der Sozialversicherungsentgeltverordnung – SvEV).

---

[1] Der BFH hat dem BVerfG die Frage vorgelegt, ob es mit dem allgemeinen Gleichheitssatz (Art. 3 Abs. 1 GG) vereinbar ist, dass der Arbeitgeber für bestimmte Lohneinkünfte seiner Arbeitnehmer zwangsweise pauschale Lohnsteuer zu zahlen hat, durch die er selbst definitiv belastet wird (Beschlüsse vom 14.11.2013, VI R 49/12 und VI R 50/12, www.stotax-first.de; AZ des BVerfG: 2 BvL 7/14 und 2 BvL 8/14, www.stotax-first.de). Nach BFH-Auffassung verstößt die Zwangspauschalierung gegen den allgemeinen Gleichheitssatz, weil damit der Arbeitgeber im Gegensatz zu allen anderen Einkommensteuerpflichtigen verpflichtet wird, die Einkommensteuer für eine andere Person zu tragen.

---

a) Lohnsteuer-Pauschalierung mit durchschnittlichem Steuersatz

656 Zur Erleichterung des Lohnsteuerverfahrens kann der Arbeitgeber die Lohnsteuer für bestimmte Arbeitslohnteile mit einem **durchschnittlichen** oder auch sog. **betriebsindividuellen** Pauschsteuersatz erheben. Diese Pauschalierung ist dann möglich, wenn

– der Arbeitgeber in einer größeren Zahl von Fällen **sonstige Bezüge** (→ Rz. 419) an Arbeitnehmer zahlt (§ 40 Abs. 1 Satz 1 Nr. 1 EStG) und er ggf. die pauschale Lohnsteuer tragen möchte oder
– die Lohnsteuer in einer größeren Zahl von Fällen nachzuerheben ist, weil der Arbeitgeber sie nicht vorschriftsmäßig einbehalten hat (§ 40 Abs. 1 Satz 1 Nr. 2 EStG). In solchen **Nacherhebungsfällen** (z.B. auf Grund einer Lohnsteuer-Außenprüfung) ist auch für laufenden Arbeitslohn die Pauschalierung zulässig.

aa) Lohnsteuer-Pauschalierung für besondere Arbeitslohnzahlungen als sonstige Bezüge

657 Möchte der Arbeitgeber die Lohnsteuer von **sonstigen Bezügen** (→ Rz. 419) insgesamt, also ohne Zurechnung zum Arbeitnehmer, erheben und ggf. selbst tragen, setzt das die Zustimmung des Betriebsstättenfinanzamts voraus (Ermessensentscheidung). Voraussetzung dafür ist ein formfreier **Antrag** des Arbeitgebers, dem die Berechnung des pauschalen Steuersatzes beizufügen ist.

Der Arbeitgeber ist nach der Zustimmung des Finanzamts jedoch nicht verpflichtet, die pauschale Versteuerung tatsächlich auch durchzuführen. Er kann sich danach dazu entscheiden, die Lohnsteuer im Regelverfahren nach den persönlichen Lohnsteuerabzugsmerkmalen der Arbeitnehmer zu erheben.

658 Mit einer **größeren** Zahl von Fällen meint das Lohnsteuerrecht die Anzahl der Arbeitnehmer, deren besondere Arbeitslohnteile pauschal besteuert werden sollen. Nach R 40.1 Abs. 1 LStR 2021 ist eine solch größere Zahl von Fällen ohne weitere Prüfung dann anzunehmen, wenn mindestens 20 Arbeitnehmer in die Pauschalbesteuerung einbezogen werden. Wird ein Antrag auf Lohnsteuer-Pauschalierung für weniger als 20 Arbeitnehmer gestellt, so kann das Finanzamt im Einzelfall dennoch dem Antrag zustimmen. Entscheidend für die Lohnsteuer-Pauschalierung mit dem betriebsindividuellen durchschnittlichen Pauschsteuersatz ist die sich dadurch ergebende Arbeitserleichterung.

659 Für den Arbeitgeber ist zu beachten, dass die Pauschalierung pro Arbeitnehmer nur für sonstige Bezüge bis zu **1 000 €** im **Kalenderjahr** zulässig ist. Diese Voraussetzung ist vom Arbeitgeber vor jedem Pauschalierungsantrag zu prüfen. Übersteigt der zu zahlende sonstige Bezug zusammen mit den bisher pauschal besteuerten sonstigen Bezügen den Betrag von 1 000 €, so ist insoweit die Lohnsteuerermittlung nach den allgemeinen Regelungen für sonstige Bezüge durchzuführen.

Bei der Berechnung des **Pauschsteuersatzes** ist zu berücksichtigen, dass nach den Regelungen im EStG die vom Arbeitgeber getragene Pauschalsteuer für den Arbeitnehmer ein geldwerter Vorteil ist, weil er den Arbeitslohn ohne weitere Abzüge erhält. Deshalb ist der ermittelte betriebsindividuelle Steuersatz ein Bruttosteuersatz, der in einen Nettosteuersatz umzurechnen ist. Diese Berechnungsformel lautet:

100 x Bruttosteuersatz : (100 ./. Bruttosteuersatz) = Nettosteuersatz

Beispiel Berechnungsformel Nettosteuersatz

Der nach → Rz. 660 ermittelte betriebsindividuelle Pauschsteuersatz beträgt 25 %. Dieser Wert ergibt nach der vorstehenden Berechnungsformel folgenden Nettosteuersatz:

100 x 25 % : (100 ./. 25 %) = 33,33 % oder aber:

100 x ¼ x : (100 ./. ¼) = 1/3

660 Wie hat der Arbeitgeber diesen durchschnittlichen (betriebsindividuellen) Pauschsteuersatz zu ermitteln? Der durchschnittliche Steuersatz ist auf Grund der durchschnittlichen

C. Lohnsteuer

Jahresarbeitslöhne und der sich daraus im Regelverfahren ergebenden Jahreslohnsteuer für diejenigen Arbeitnehmer zu **ermitteln**, die diese Bezüge erhalten. Berechnungsdetails hierfür legt das Einkommensteuergesetz nicht fest; eine exemplarische Möglichkeit wird jedoch in den Lohnsteuer-Richtlinien sowie in den Lohnsteuer-Hinweisen (R 40.1 Abs. 3 LStR 2021, H 40.1 LStH 2022) aufgezeigt. Danach kann der durchschnittliche Steuersatz folgendermaßen ermittelt werden.

Berechnungsschema <u>Ermittlung der Ausgangswerte und Arbeitslöhne</u>

1. Ermittlung des **Durchschnittsbetrags** der pauschal zu versteuernden Bezüge pro Arbeitnehmer;
2. **Zahl** der Arbeitnehmer, denen die sonstigen Bezüge gezahlt werden und zwar getrennt nach drei oder vier Gruppen:
   a) Arbeitnehmer mit den Steuerklassen I, II und IV;
   b) Arbeitnehmer in der Steuerklasse III;
   c) Arbeitnehmer mit den Steuerklassen V und VI.

   Weil auch in der Lohnsteuerklasse V die Vorsorgepauschale berücksichtigt wird, sollten anstelle dieser einen Gruppe zwei Gruppen, jeweils getrennt für die Steuerklassen V und VI gebildet werden;
3. **Summe** der **Jahresarbeitslöhne** der betroffenen Arbeitnehmer: Dabei sind für jeden Arbeitnehmer ggf. der Versorgungsfreibetrag, der Zuschlag zum Versorgungsfreibetrag, der Altersentlastungsbetrag, ein als Lohnsteuerabzugsmerkmal mitgeteilter Jahresfreibetrag und der Entlastungsbetrag für Alleinerziehende bei Steuerklasse II sowie ein eventueller Hinzurechnungsbetrag durch Ab- bzw. Hinzurechnung zu berücksichtigen.

Berechnungsgrundsätze

– Werden die sonstigen Bezüge an Arbeitnehmer gezahlt, deren Lohnsteuer teilweise nach der Allgemeinen Tabelle (→ Rz. 6 ff.) und teilweise nach der Besonderen Tabelle (→ Rz. 11 f.) ermittelt wird, so **kann** der durchschnittliche Steuersatz für jeweils **beide** Gruppen gesondert ermittelt und angewendet werden.

– Anstelle der beiden Gruppen kann aus Vereinfachungsgründen davon ausgegangen werden, dass die betroffenen Arbeitnehmer in **allen Zweigen** der Sozialversicherung **versichert** sind und keinen Beitragszuschlag für Kinderlose (§ 55 Abs. 3 SGB XI) leisten (Bildung nur einer Gruppe mit Lohnsteuer nach der Allgemeinen Tabelle).

– Zur Festsetzung eines Pauschsteuersatzes für das laufende Kalenderjahr können für die Ermittlung der **Summe der Jahresarbeitslöhne** auch die Verhältnisse des Vorjahres zu Grunde gelegt werden.

Berechnungsschritte

1. Aus dem nach **Nummer 3** (s. voriges Berechnungsschema) ermittelten Betrag (Summe der Jahresarbeitslöhne) hat der Arbeitgeber den durchschnittlichen Jahresarbeitslohn der erfassten Arbeitnehmer zu berechnen. Der Durchschnittsbetrag der pauschal zu besteuernden Bezüge ist auf den nächsten durch 216 ohne Rest teilbaren Euro-Betrag aufzurunden.

2. Für jede der nach **Nummer 2** (s. voriges Beispiel) gebildeten Gruppe hat der Arbeitgeber sodann den **Steuerbetrag** zu ermitteln, dem der Durchschnittsbetrag der pauschal zu versteuernden Bezüge unterliegt, wenn er dem durchschnittlichen Jahresarbeitslohn hinzugerechnet wird. Dabei sind für die Gruppe der Nummer 2 Buchstabe a die **Steuerklasse I**, für die der Nummer 2 Buchstabe b die **Steuerklasse III** und für die der Nummer 2 Buchstabe c die **Steuerklasse V** maßgebend.

   Ebenso braucht ein als Lohnsteuerabzugsmerkmal mitgeteilter (abgerufener) „Faktor" (→ Rz. 35) nicht berücksichtigt zu werden. Weil er jedoch die anzusetzende Lohnsteuer und damit auch den Pauschsteuersatz mindert, sollten im Einzelfall die Arbeitnehmer mit der Steuerklasse VI mit Faktor als gesonderte Gruppe berücksichtigt werden.

   Eine Verrechnung bzw. Minderung der Lohnsteuer mit dem Kindergeld, das die Arbeitnehmer erhalten, sowie

die Berücksichtigung von Kinderfreibeträgen ist nicht zulässig (BFH-Urteil v. 26.7.2007, VI R 48/03, BStBl II 2007, 844).

3. Für die pauschal zu besteuernden Bezüge ist die **durchschnittliche** Steuerbelastung wie folgt zu berechnen:
   – **Multiplikation** der **Steuerbeträge** mit der Zahl der in der entsprechenden Gruppe erfassten Arbeitnehmer und
   – Division der sich hiernach ergebenden Summe der Steuerbeträge durch die Gesamtzahl der Arbeitnehmer und den Durchschnittsbetrag der pauschal zu besteuernden Bezüge.

Beispiel <u>Ermittlung durchschnittlicher Arbeitslohn und Steuersatz</u>

1. Der Arbeitgeber ermittelt für rentenversicherungspflichtige Arbeitnehmer
   a) den durchschnittlichen Betrag der pro Arbeitnehmer pauschal zu besteuernden Bezüge mit ...   550 €
   b) die Zahl der betroffenen Arbeitnehmer
      in den Steuerklassen I, II und IV mit ...,   20
      in der Steuerklasse III mit ... und   12
      in den Steuerklassen V und VI mit ...,   3
   c) die Summe der Jahresarbeitslöhne der betroffenen Arbeitnehmer nach Abzug aller Freibeträge mit 610 190 €; dies ergibt einen durchschnittlichen Jahresarbeitslohn von (610 190 € : 35 =)   17 434 €
2. Die erforderliche Erhöhung des durchschnittlichen Jahresarbeitslohns um den von 550 € auf 648 € aufgerundeten Durchschnittsbetrag der pauschal zu besteuernden Bezüge ergibt für diesen Betrag folgende Jahreslohnsteuerbeträge:
   in der Steuerklasse I =   128 €
   in der Steuerklasse III =   0 €
   in der Steuerklasse V =   257 €
3. Die durchschnittliche Steuerbelastung der pauschal zu besteuernden Bezüge ist hiernach wie folgt zu berechnen:
   (20 × 128 + 12 × 0 + 3 × 257) × 100 : 35 × 648   14,68 %
4. Der Netto-Pauschsteuersatz beträgt demnach
   100 × 14,6 % : 100 – 14,6   17,0 %

Es ist üblicherweise **Aufgabe des Finanzamts**, den Pauschsteuersatz nach dieser Steuerbelastung so **zu berechnen**, dass unter Berücksichtigung der Übernahme der pauschalen Lohnsteuer durch den Arbeitgeber insgesamt nicht zu wenig Lohnsteuer erhoben wird. Dazu sind die Prozentsätze der durchschnittlichen Steuerbelastung und des Pauschsteuersatzes mit **einer** Dezimalstelle anzusetzen, die nachfolgenden Dezimalstellen entfallen.

Weil diese Berechnungsmethode recht aufwändig ist, lassen die Lohnsteuer-Richtlinien eine **weitere Vereinfachung** zu. Danach kann für die Ermittlung der im Beispiel in → Rz. 660, Nummer 2 und 3 beschriebenen Anzahl und Beträge auch eine repräsentative Auswahl der in die Pauschalierung einzubeziehenden Arbeitnehmer zu Grunde gelegt werden. Wegen weiterer Einzelheiten siehe R 40.1 LStR 2021 und H 40.1 LStH 2022.

Diese zuvor beschriebenen Berechnungsmethoden werden von Arbeitgeberseite oft **kritisiert**, weil sie einen zu hohen Steuersatz ergeben sollen. Gleichwohl ist diese Berechnungsmethode die wohl übersichtlichste. Der Arbeitgeber kann aber auch verfeinerte Berechnungsmodelle wählen, die einen für ihn günstigeren – also niedrigeren – Steuersatz ergeben. So kann der Arbeitgeber die Summe der Jahresarbeitslöhne aus mehr als drei Gruppen bilden, z.B. für jede Steuerklasse eine Gesamtsumme.

bb) Pauschalierung bei Nacherhebung wegen nicht vorschriftsmäßigen Einbehalts

Die Pauschalierungsmöglichkeit wegen **nicht vorschriftsmäßiger Einbehaltung** der Lohnsteuer durch den Arbeitgeber wird regelmäßig bei Korrekturen nach einer Lohnsteuer-**Außenprüfung** oder Lohnsteuer-**Nachschau** angewandt.

Die Lohnsteuer ist nicht vorschriftsgemäß einbehalten worden, wenn der Einbehalt nicht dem geltenden Recht entspricht.

Weil die Gesetzesvorschrift keine bestimmte Arbeitslohnform und auch keine Höchstgrenze für den zu pauschalierenden Arbeitslohn nennt, können nicht nur Fehler bei der Einbehaltung der Lohnsteuer vom laufenden Arbeitslohn oder bei der Besteuerung von sonstigen Bezügen korrigiert werden, sondern auch bei unzulässigerweise pauschal erhobener Lohnsteuer oder für fälschlicherweise nicht besteuerte Lohnteile.

Der **anzuwendende Steuersatz** ist, wie in → Rz. 660 ff. beschrieben, zu berechnen. Die **Pauschalierungsgrenze** von 1 000 € ist bei dieser Art der Lohnsteuer-Pauschalierung nicht zu beachten.

Der **Außerprüfer** bzw. das Finanzamt dürfen diese Pauschalierung im Rahmen einer Lohnsteuer-Außenprüfung nur mit Zustimmung des Arbeitgebers wählen.

b) Fester Pauschsteuersatz für bestimmte Arbeitslohnteile

664 Eine weitere Möglichkeit, die Lohnsteuer für bestimmte Arbeitslohnteile mit einem Pauschsteuersatz zu erheben, wird im folgenden Abschnitt beschrieben. Für die Anwendung der gesetzlich festgelegten Pauschsteuersätze ist die zuvor genannte 1 000 €-Grenze nicht zu beachten. Zur Behandlung der pauschal besteuerten Lohnteile bei der Sozialversicherung → Rz. 655.

Mit dem **Pauschsteuersatz** von **25 %** bzw. **15 %** kann die Lohnsteuer für die folgenden Arbeitslohnzahlungen erhoben werden:

– **Arbeitstägliche Mahlzeiten**, die im Betrieb **unentgeltlich** oder **verbilligt** an die Arbeitnehmer abgegeben werden oder **Barzuschüsse**, die der Arbeitgeber an ein anderes Unternehmen zahlt, das seinerseits arbeitstäglich Mahlzeiten an die Arbeitnehmer unentgeltlich oder verbilligt abgibt.

  Voraussetzung für die Pauschalierung ist, dass die Mahlzeiten nicht als Lohnbestandteile vereinbart sind (→ Rz. 665 ff.); Pauschsteuersatz **25 %**;

– **Mahlzeiten**, die dem Arbeitnehmer während einer **Auswärtstätigkeit** unentgeltlich oder verbilligt zur Verfügung gestellt werden, deren Wert mit dem Sachbezugswert versteuert werden muss (→ Rz. 673); Pauschsteuersatz **25 %**;

– als Arbeitslohn zu erfassende Sachzuwendungen oder zweckgebundene (Ver-) Zehrgelder, welche der Arbeitnehmer anlässlich einer **Betriebsveranstaltung** erhält, soweit die Arbeitgeberleistungen nicht steuerfrei sind (→ Rz. 674); Pauschsteuersatz **25 %**;

– **Erholungsbeihilfen**, falls diese zusammen mit bereits erhaltenen Erholungsbeihilfen im selben Kalenderjahr folgende Beträge nicht übersteigen:

  Für den Arbeitnehmer 156 €, für dessen Ehepartner 104 € und 52 € für jedes Kind (→ Rz. 675); Pauschsteuersatz **25 %**;

– **Verpflegungspauschalen** für eine Auswärtstätigkeit des Arbeitnehmers, soweit die Pauschalen den anzusetzenden steuerfreien Höchst-/Freibetrag übersteigen, bis zur Höhe dieses Freibetrags (→ Rz. 676); Pauschsteuersatz **25 %**;

– Vorteile durch unentgeltlich oder verbilligt überlassene **Datenverarbeitungsgeräte** (z.B. Personalcomputer), Zubehör und Software (PC-Programme) sowie einen **Internetzugang** oder für Zuschüsse zu den Aufwendungen des Arbeitnehmers zur **Internetnutzung**, falls der Arbeitnehmer diese Vorteile bzw. Zahlungen zusätzlich zum ohnehin geschuldeten Arbeitslohn erhält (→ Rz. 677 ff.); Pauschsteuersatz **25 %**.

  Zur Erläuterung des Begriffs Datenverarbeitungsgeräte s. → Rz. 586 *Telekommunikation/-kommunikationsgeräte, Personalcomputer, Verbindungsentgelte des Arbeitnehmers, System- und Anwendungsprogramme sowie Zubehör;*

– für geldwerte Vorteile aus der Übereignung einer Ladevorrichtung an den Arbeitnehmer sowie für Zuschüsse des Arbeitgebers an den Arbeitnehmer zum Erwerb und für die Nutzung einer Ladevorrichtung (→ Rz. 680), falls der Arbeitnehmer diese Arbeitgeberleistungen zusätzlich zum ohnehin geschuldeten Arbeitslohn erhält; Pauschsteuersatz **25 %**;

– **Arbeitgeberzuschüsse** zu den Aufwendungen des Arbeitnehmers (selbst erworbene Fahrkarte oder Nutzung eigenes Kraftfahrzeug) für **Fahrten** zwischen **Wohnung und erster Tätigkeitsstätte** sowie für Fahrten an einen vom Arbeitgeber dauerhaft festgelegten Ort (Sammelpunkt) oder bis zu dem am nächsten gelegenen Ort bzw. bis zum Beginn eines weiträumigen Tätigkeits-/Arbeitsgebiets, falls die Zahlungen zusätzlich zum ohnehin geschuldeten Arbeitslohn geleistet werden (→ Rz. 681 ff.); mit Anrechnung auf die Entfernungspauschale; Pauschsteuersatz **15 %**;

– **Sachleistungen** des Arbeitgebers in Form einer unentgeltlichen oder verbilligten Beförderung eines Arbeitnehmers zwischen Wohnung und erster Tätigkeitsstätte sowie zu den zuvor genannten weiteren Fahrten, z.B. Überlassung eines betrieblichen Firmen-Wagens; mit Anrechnung auf die Entfernungspauschale (→ Rz. 681 ff.); Pauschsteuersatz **15 %**;

– einheitlich die **Zuschüsse** und **Sachleistungen** des Arbeitgebers für Fahrten des Arbeitnehmers mit öffentlichen Verkehrsmitteln im Linienverkehr oder im Personenfernverkehr (ohne Luftverkehr) sowie für Fahrten im öffentlichen Personennahverkehr ohne Anrechnung auf die Entfernungspauschale (anstelle der Steuerfreiheit nach § 3 Nr. 15 EStG sowie ohne Anrechnung auf die Entfernungspauschale, → Rz. 534 *Jobticket*); Pauschsteuersatz **25 %**.

  Der Arbeitgeber hat ein Wahlrecht zwischen der Steuerfreiheit seiner Fahrtkostenzuschüsse (Bar- und Sachleistungen) mit Anrechnung auf die Entfernungspauschale (§ 3 Nr. 15 EStG) und dieser Pauschalierungsmöglichkeit mit 25 % bei gleichzeitigem Verzicht auf die Minderung der Entfernungspauschale. Wird diese Pauschalbesteuerung gewählt, ist sie einheitlich für sämtliche innerhalb eines Kalenderjahres an den Arbeitnehmer gezahlten Fahrtkostenzuschüsse anzuwenden. Diese Lohnsteuer-Pauschalierung ist auch dann zulässig, wenn die Bezüge dem Arbeitnehmer nicht zusätzlich zum ohnehin geschuldeten Arbeitslohn gewährt werden, z.B. im Fall einer Entgeltumwandlung.

aa) Arbeitstägliche Mahlzeiten im Betrieb

Erhält der Arbeitnehmer verbilligt oder kostenlos arbeitstägliche Mahlzeiten im Betrieb, kann der als Arbeitslohn anzusetzende Wert pauschal mit einem Lohnsteuersatz von 25 % (zzgl. Solidaritätszuschlag und ggf. Kirchensteuer) versteuert werden. Für diese Mahlzeiten sind besondere Wertermittlungsvorschriften zu beachten. **665**

Der geldwerte Vorteil für vom Arbeitgeber in einer **selbst betriebenen Kantine**, Gaststätte oder vergleichbaren Einrichtung (im Betrieb) kostenlos oder verbilligt abgegebene arbeitstägliche Mahlzeiten ist mit dem maßgebenden **amtlichen Sachbezugswert** anzusetzen. **666**

Für das Kalenderjahr 2022 betragen die **Sachbezugswerte**

– für ein Frühstück 1,87 €,

– für ein Mittag- und Abendessen je 3,57 €

(das entsprechende BMF-Schreiben lag bei Redaktionsschluss dieser Tabellentexte noch nicht vor).

Ein geldwerter Vorteil (Arbeitslohn) ist **nur** zu erfassen, wenn und soweit der vom Arbeitnehmer für eine Mahlzeit gezahlte Preis (einschließlich USt) den jeweils maßgebenden Sachbezugswert unterschreitet. Zu den Mahlzeiten **gehören** alle Speisen und Lebensmittel, die üblicherweise der Ernährung dienen, einschließlich der dazu üblichen Getränke.

Kein Sachbezugswert, sondern der um 4 % geminderte tatsächliche Wert (übliche Endpreis) ist anzusetzen, wenn die Mahlzeiten überwiegend **nicht** für die Arbeitnehmer zuberei-

E 138

C. Lohnsteuer

tet werden; z.B. Speisen und Menüs lt. Speisekarte, die Angestellte eines Restaurants vom Arbeitgeber erhalten. In diesen Fällen ist zunächst die Berücksichtigung des Rabattfreibetrags (→ Rz. 564 *Preisnachlässe, Personalrabatte*) zu prüfen.

667 Zum Betrieb rechnen auch die Niederlassungen bzw. Betriebsteile des Arbeitgebers außerhalb der ersten Tätigkeitsstätte des Arbeitnehmers, d.h., der Arbeitgeber kann den Vorteil auch dann in die Pauschalierung einbeziehen, wenn der Arbeitnehmer auf Dienstreisen in einem auswärtigen Betriebsteil unentgeltliche oder verbilligte Kantinenmahlzeiten erhält.

668 Gibt der Arbeitgeber Mahlzeiten in einer **nicht selbst** betriebenen Kantine, Gaststätte oder vergleichbaren Einrichtung ab, ist ebenfalls der amtliche **Sachbezugswert** anzusetzen, wenn der Arbeitgeber auf Grund vertraglicher Vereinbarung durch **Barzuschüsse** oder andere **Leistungen** an die die Mahlzeiten vertreibende Einrichtung zur Verbilligung der Mahlzeiten beiträgt (z.B. durch verbilligte Überlassung von Räumen, Energie oder Einrichtungsgegenständen).

669 **Zahlt** der Arbeitnehmer für die Mahlzeit etwas **zu**, ist der anzusetzende geldwerte Vorteil (Sachbezugswert) um diese Zuzahlung zu mindern. Lohnsteuerlicher Arbeitslohn ist nur ein **verbleibender** positiver Betrag.

Gibt der Arbeitgeber **Essenmarken** zur Einlösung **im Betrieb** aus, ist deren **Verrechnungswert** anzusetzen, falls der Essenmarkenwert unter dem Sachbezugswert der Mahlzeit liegt und der sich durch die Zuzahlung des Arbeitnehmers ergebende Betrag den Sachbezugswert der Mahlzeit nicht übersteigt.

Übersteigen die Zuzahlung und der Wert der Essenmarke den Sachbezugswert, ist die Differenz zwischen Sachbezugswert und Zuzahlung als geldwerter Vorteil anzusetzen.

Beispiel 1 Wert Essenmarke geringer als Sachbezugswert

Ein Arbeitnehmer erhält eine Essenmarke mit einem Wert von 1 €. Die Mahlzeit kostet 2 €.

Preis der Mahlzeit	2,00 €
abzgl. Wert der Essenmarke	./. 1,00 €
Zahlung des Arbeitnehmers	1,00 €
Sachbezugswert der Mahlzeit (2022)	3,57 €
abzgl. Zahlung des Arbeitnehmers	./. 1,00 €
verbleibender Wert	2,57 €

Anzusetzen ist der niedrigere Wert der Essenmarke (1,00 €).

Beispiel 2 Wert Essenmarke = Preis der Mahlzeit

Ein Arbeitnehmer erhält eine Essenmarke mit einem Wert von 4 €. Die Mahlzeit kostet 4 €.

Preis der Mahlzeit	4,00 €
abzgl. Wert der Essenmarke	./. 4,00 €
Zahlung des Arbeitnehmers	0,00 €
Sachbezugswert der Mahlzeit (2022)	3,57 €
abzgl. Zahlung des Arbeitnehmers	./. 0,00 €
verbleibender Wert	3,57 €

Anzusetzen ist der Sachbezugswert (3,57 €).

670 Gibt der Arbeitgeber an Stelle von Mahlzeiten Essenmarken (Essensgutscheine, Restaurantschecks) aus, die **außerhalb des Betriebs** von einer Gaststätte oder vergleichbaren Einrichtung (Annahmestelle) in Zahlung genommen werden, ist ebenfalls der Sachbezugswert für die entsprechende Mahlzeit anzusetzen, wenn der **Essenmarkenwert höchstens** um 3,10 € über dem Sachbezugswert der jeweiligen Mahlzeit liegt. Dies ergibt für 2022 einen Höchstbetrag von 4,93 € für ein Frühstück und von 6,67 € für ein Mittag-/Abendessen).

(Papier-) Essenmarken und arbeitstägliche Zuschüsse zu Mahlzeiten des Arbeitgebers werden hinsichtlich der Bewertung des geldwerten Vorteils für die Gestellung einer arbeitstäglichen Mahlzeit lohnsteuerlich gleich behandelt. In diesem Fall hat der Arbeitnehmer den jeweiligen Sachbezug zu versteuern. Zahlt der Arbeitnehmer jeweils den Sachbezugswert der betreffenden Mahlzeit zu, verringert sich der geldwerte Vorteil auf 0 €. Somit wird die gestellte Mahlzeit bzw. deren Sachbezugswert „steuerfrei".

Erhält der Arbeitnehmer Papier-Essenmarken (Essensgutscheine, Restaurantschecks), darf er damit arbeitstäglich jeweils nur eine Mahlzeit (Frühstück, Mittag- oder Abendessen) erwerben. Lebensmittel werden nur dann als Mahlzeit anerkannt, wenn sie zum unmittelbaren Verzehr geeignet oder zum Verbrauch während der Essenpausen bestimmt sind. Näheres s. BMF-Schreiben v. 18.1.2019, IV C 5 – S 2334/08/10006-01, BStBl I 2019, 66 sowie Vfg. des BayLfSt v. 11.2.2019, S 2334.1.1 – 43/7 St36.

671 Essenmarken an Arbeitnehmer auf einer **Auswärtstätigkeit** sind stets mit dem Verrechnungswert anzusetzen. Eine pauschale Ver-/Besteuerung mit 25 % ist in diesem Fall **nicht** möglich, s. auch → Rz. 673.

672 Will der Arbeitgeber den auf sämtliche Mahlzeiten entfallenden und für die Pauschalierung maßgebenden geldwerten Vorteil (Arbeitslohn) ermitteln, ist zunächst der Wert dieser ausgegebenen Mahlzeiten zu berechnen. Das kann mitunter sehr aufwändig sein. Deshalb lassen die Lohnsteuer-Richtlinien Vereinfachungen zu.

Gibt der Arbeitgeber unterschiedliche Speisen zu verschiedenen Preisen ab, kann dafür ein **Durchschnittspreis** als geldwerter Vorteil der Pauschalbesteuerung zu Grunde gelegt werden. Diese Durchschnittsermittlung pro Mahlzeit ist jedoch nur zulässig, wenn der geldwerte Vorteil pauschal besteuert wird. Wird der geldwerte Vorteil für die Mahlzeit dem Arbeitnehmer individuell zugeordnet bzw. versteuert, ist der jeweilige Vorteil pro Mahlzeit zu erfassen.

Der Durchschnittspreis kann wie folgt ermittelt werden:

Beispiel 1 Pauschale Lohnsteuer vom Sachbezugswert

Ein Arbeitgeber bietet in der selbst betriebenen Kantine als Mittagessen verschiedene Menüs unentgeltlich an. Im Monat Januar 2022 werden insgesamt 220 Menüs ausgegeben. Der geldwerte Vorteil wird pauschal besteuert.

Der Wert für die erhaltene Mahlzeit ist mit dem Sachbezugswert anzusetzen; er beträgt im Kalenderjahr 2022 pro Mittagessen 3,57 €. Der Pauschalbesteuerung ist der amtliche Sachbezugswert zu Grunde zu legen, d.h. pro Mahlzeit 3,57 €. Weil die Arbeitnehmer keine Zuzahlungen leisten, ist dieser Betrag nicht zu kürzen. Insgesamt entsteht im Januar 2022 ein geldwerter Vorteil von 785,40 € (220 x 3,57 €).

Die pauschale Lohnsteuer ist wie folgt zu berechnen:

Lohnsteuer (25 % von 785,40 €)	196,35 €
Solidaritätszuschlag (5,5 % von 196,35 €)	10,79 €
pauschale Kirchensteuer (6 % von 196,35 €)	11,78 €
insgesamt	218,92 €

Beispiel 2 Minderung Sachbezugswert durch Eigenbeitrag

Sachverhalt wie in Beispiel 1, aber der Arbeitgeber hat mit seinen Arbeitnehmern vereinbart, dass sie pro Mahlzeit 1 € zuzahlen. Durch die Zuzahlung vermindert sich der geldwerte Vorteil pro Mahlzeit, so dass ein Betrag von 2,57 € zu versteuern ist (Sachbezugswert 3,57 € ./. 1,00 €). Dies ergibt im Januar 2022 einen steuerpflichtigen geldwerten Vorteil von 565,40 € (220 Mittagessen × 2,57 €). Hierfür sind die pauschalen Steuern wie in Beispiel 1 dargestellt zu ermitteln.

Der Arbeitgeber hat folgende Beträge zu zahlen:

Lohnsteuer (25 % von 565,40 €)	141,35 €
Solidaritätszuschlag (5,5 % von 141,35 €)	7,77 €
pauschale Kirchensteuer (6 % von 141,35 €)	8,48 €
insgesamt	157,60 €

Beispiel 3 Arbeitnehmer tragen die pauschale Lohnsteuer

Abwandlung von Beispiel 2. Der Arbeitgeber hat mit seinen Arbeitnehmern vereinbart, dass sie die pauschale Lohnsteuer einschließlich Solidaritätszuschlag und Kirchensteuer übernehmen.

Die **Übernahme** der pauschalen Lohnsteuer durch den Arbeitnehmer mindert nicht die steuerliche Bemessungsgrundlage (→ Rz. 644). Die Pauschalsteuer wird somit wie in Beispiel 1 vom **Sachbezugswert** 3,57 € ermittelt mit der Folge, dass die in Beispiel 2 beschriebene **Minderung** der steuerlichen Bemessungsgrundlage und dadurch auch der Steuerbelastung **nicht** erfolgt.

Der Arbeitgeber hat vom Arbeitslohn jedes Arbeitnehmers pro Mahlzeit einen Betrag i.H.v. 0,98 € (25 % Lohnsteuer von 3,57 = 0,89 €, 5,5 % Solidaritätszuschlag i.H.v. 0,04 € und 6 % Kirchensteuer i.H.v. 0,05 €) einzubehalten.

E 139

Somit führt im Beispiel 3 die Übernahme der pauschalen Lohnsteuer durch den Arbeitnehmer (= „Zuzahlung") zu dem ungewöhnlichen Ergebnis, dass trotz seiner Zuzahlung zur Mahlzeit die steuerliche Belastung unverändert hoch ist. Dieses Beispiel verdeutlicht, wie wichtig im steuerlichen Bereich die zutreffende Sachverhaltsgestaltung ist.

Beispiel 4 Berechnung des Durchschnittswerts pro Menü

Ein Arbeitgeber gibt in einer selbst betriebenen Kantine verschiedene Menüs zu verschiedenen Preisen ab (Zahlung der Arbeitnehmer). Im Monat Januar 2022 (Lohnzahlungszeiträume sind die Kalendermonate 2022) hat er folgende Essen abgegeben:

Menüart	Preis	Anzahl der Essen	Insgesamt
Menü I	1,– €	200	200,– €
Menü II	2,50 €	150	375,– €
Menü III	4,– €	200	800,– €
Salatteller	1,50 €	100	150,– €
Zahl der verbilligten Essen		650	
Essenspreis für alle Arbeitnehmer			1 525,– €

Der Durchschnittswert aller Menüs errechnet sich wie folgt:

$$\frac{\text{Menüpreis für alle Arbeitnehmer}}{\text{Anzahl der insgesamt ausgegebenen Menüs}} = \frac{\ldots\ldots\text{€}}{x} = \ldots\ldots\text{€}$$

Im Beispiel beträgt der Durchschnittswert also 1 525 € : 650 Essen = 2,35 €.

Für den Monat Januar 2022 ist pro Mahlzeit zu versteuern die Differenz zwischen dem maßgebenden Sachbezugswert und dem von den Arbeitnehmern gezahlten Durchschnittspreis der Mahlzeit, also 1,22 € (3,57 € ./. 2,35 €) je Essen. Bei 650 abgegebenen Mahlzeiten ergibt sich ein steuerpflichtiger Betrag von 793,00 €.

Die **Pauschalsteuer** beträgt

Lohnsteuer (25 % von 793,00 €)	198,25 €
Solidaritätszuschlag (5,5 % von 198,25 €)	10,90 €
pauschale Kirchensteuer (6 % von 198,25 €)	11,89 €
Insgesamt	221,04 €

bb) Während Auswärtstätigkeiten gestellte Mahlzeiten

673 Erhält der Arbeitnehmer von seinem Arbeitgeber oder auf dessen Veranlassung von einem Dritten während einer **Auswärtstätigkeit** Mahlzeiten unentgeltlich oder verbilligt zur Verfügung gestellt, können diese mit dem **Sachbezugswert** versteuert werden, wenn

- der Arbeitnehmer ohne Übernachtung nicht mehr als acht Stunden auswärts tätig ist,
- der Arbeitgeber die Abwesenheitszeit nicht überwacht, nicht kennt oder
- die Voraussetzungen für eine steuerfreie Gestellung (Dreimonatsfrist) abgelaufen ist.

Der Arbeitgeber hat die Möglichkeit, solche Mahlzeiten mit einem Lohnsteuersatz von 25 % (zzgl. Solidaritätszuschlag und ggf. Kirchensteuer) pauschal zu besteuern. Voraussetzung ist, dass es sich um **übliche** Mahlzeiten handelt, die mit dem Sachbezugswert anzusetzen sind (§ 8 Abs. 2 Satz 8 EStG).

Damit sind **nicht** mit 25 % pauschal besteuerbar

- sog. Belohnungsessen mit einem Preis von mehr als 60 €, sie sind als Arbeitslohn im **Regelverfahren** zu versteuern,
- Mahlzeiten, die im überwiegend eigenbetrieblichen Interesse des Arbeitgebers abgegeben werden (z.B. sog. Arbeitsessen oder bei Beteiligung von Arbeitnehmern an einer geschäftlich veranlassten Bewirtung), da insoweit **kein** steuerpflichtiger Arbeitslohn vorliegt.

cc) Betriebsveranstaltung

674 Ergeben sich anlässlich einer Betriebsveranstaltung steuerpflichtige Lohnteile, kann der Arbeitgeber dafür die **pauschale** Lohnbesteuerung mit **25 %** vornehmen.

Übersteigt der dem Arbeitnehmer zuzurechnende Arbeitslohn den Freibetrag i.H.v. 110 € (→ Rz. 489 *Betriebsveranstaltungen*) und ist Arbeitslohn für mehr als zwei Betriebsveranstaltungen (ab der dritten Veranstaltung) zu erfassen, hat der Arbeitgeber die Lohnsteuer grundsätzlich im Regelverfahren nach den allgemeinen Vorschriften zu erheben.

Er hat jedoch die Möglichkeit, die Lohnsteuerpauschalierung mit 25 % zu wählen. Diese Pauschalierungsmöglichkeit gilt insbesondere für Zuwendungen an einzelne Arbeitnehmer, aus Anlass – und nicht nur bei Gelegenheit – einer Betriebsveranstaltung.

Eine solche Lohnsteuerpauschalierung ist jedoch **nicht** zulässig, wenn es sich bei der maßgebenden Veranstaltung nicht um eine Betriebsveranstaltung im vorgenannten im Sinne handelt. Die Regelung in R 40.2 Abs. 1 Nr. 2 LStR (2015 bzw. 2021) ist seit dem Kalenderjahr 2015 insoweit **überholt**, als dort eine gesonderte Pauschalierung der Lohnsteuer bei nicht üblichen Zuwendungen vorgesehen ist bzw. danach noch möglich sein soll.

Nehmen an der Betriebsveranstaltung auch Arbeitnehmer von **anderen** Unternehmen im Konzernverbund sowie **Leiharbeitnehmer** teil, so stellt sich die Frage wer einen dadurch entstehenden geldwerten Vorteil als Arbeitslohn (pauschal) lohnbesteuern kann bzw. versteuern muss.

Grundsätzlich ist der originäre Arbeitgeber zum Lohnsteuereinbehalt verpflichtet. Dies ist der den Arbeitnehmer beschäftigende Konzernarbeitgeber oder aber der Verleiher. Dazu hat ihm das die Betriebsveranstaltung durchführende Konzernunternehmen bzw. der Entleiher (als den Vorteil Zuwendender) den geldwerten Vorteil mitzuteilen. Anstelle dieses Verfahrens kann das die Betriebsveranstaltung durchführende und den Vorteil zuwendende Unternehmen bzw. dieser Entleiher die steuerpflichtigen Zuwendungen versteuern. Die Lohnsteuerpauschalierung mit 25 % ist auch insoweit möglich.

Wendet der Zuwendende die Freibetragsregelung an (→ Rz. 489 *Betriebsveranstaltungen*), hat der Zuwendende sich beim vertraglichen Arbeitgeber des Arbeitnehmers zu vergewissern, dass für den nicht zum Betrieb gehörenden Arbeitnehmer noch ein Freibetrag zur Verfügung steht; im Übrigen → Rz. 489 *Betriebsveranstaltungen*.

dd) Erholungsbeihilfen

675 Vom **Arbeitgeber** gezahlte Erholungsbeihilfen sind Arbeitslohn, von dem unter bestimmten Voraussetzungen die Lohnsteuer mit 25 % pauschal erhoben werden kann. Dabei ist zu beachten, dass sie entsprechend der Bestimmung für die Erholung des Arbeitnehmers und seiner Angehörigen verwendet werden müssen. Deshalb sind sie im **Zusammenhang** mit dem Jahresurlaub des Arbeitnehmers zu zahlen.

Pauschalierungsfähig sind folgende **Jahreshöchstbeträge**:

- 156 € für den Arbeitnehmer,
- 104 € für dessen Ehepartner und
- 52 € für jedes Kind.

Diese Beträge sind stets personenbezogen und nicht familienbezogen zu prüfen. Übersteigen die Erholungsbeihilfen im Einzelfall den maßgebenden Jahreshöchstbetrag, so sind für diese Person die gesamten Beihilfezahlungen als sonstige Bezüge nach den allgemeinen Regelungen zu besteuern.

ee) Verpflegungspauschalen

676 Zahlt der Arbeitgeber anlässlich einer beruflichen Auswärtstätigkeit Verpflegungsmehraufwendungen, die über den steuerfreien Verpflegungspauschalen liegen, ist der Mehrbetrag **steuerpflichtiger** Arbeitslohn (→ Rz. 600 *Verpflegungsmehraufwendungen als Reisekosten bei Auswärtstätigkeiten*).

Der die steuerfreien Pauschalen **übersteigende** Betrag kann sich nicht nur bei einer Einzelabrechnung, sondern auch durch die **Zusammenfassung** der einzelnen Aufwendungsarten, z.B. Wegstreckenentschädigung und Verpflegungspauschalen, ergeben. Aus Vereinfachungsgründen darf den steuerfreien Vergütungsbetrag übersteigende Betrag einheitlich als Verpflegungsmehraufwendungen behandelt werden.

Für diesen **steuerpflichtigen** Teil darf der Arbeitgeber eine pauschale Lohnbesteuerung i.H.v. 25 % wählen.

C. Lohnsteuer

Der pauschalierungsfähige Betrag ist jedoch **begrenzt** auf die für die Abwesenheit **steuerfrei** zahlbaren Verpflegungspauschalen. Diese betragen seit dem Kalenderjahr 2020 für Dienstreisen/Auswärtstätigkeiten im Inland

– mit 24-stündiger Abwesenheit 28 €,

– bei über 8-stündiger Abwesenheit 14 € und

– für die An- und Abreisetage bei mehrtägiger Dienstreise/ Auswärtstätigkeit (mit Übernachtung) unabhängig von der Abwesenheitsdauer 14 €.

Demnach kann der Arbeitgeber für eine über 8-stündige **Dienstreise** des Arbeitnehmers im Inland an Verpflegungspauschalen **steuerbegünstigt zahlen**:

– 14 € **steuerfrei** und

– bis zu 14 € mit **pauschaler** Lohnsteuererhebung i.H.v. 25 % (zzgl. Solidaritätszuschlag und ggf. Kirchensteuer).

Nicht pauschalierungsfähig sind steuerpflichtige Verpflegungspauschalen bei **doppelter Haushaltsführung**.

ff) Datenverarbeitungsgeräte, Zubehör sowie Internetzugang

677 Pauschalierungsfähig mit einer Lohnsteuer von 25 % sind Vorteile durch die unentgeltliche oder verbilligte Übereignung von

– Datenverarbeitungsgeräten (z.B. Personalcomputern) und Geräten für die Internetnutzung einschließlich

– sonstiger PC-Hardware, technischem Zubehör und Software.

Hierzu rechnet auch die Übereignung von Geräten als Erstausstattung oder als Ergänzung, Aktualisierung und Austausch eines bereits vorhandenen Datenverarbeitungsgeräts (z.B. PC-Anlage).

Für Telekommunikationsgeräte, die nicht Zubehör eines Datenverarbeitungsgeräts/Personalcomputers sind oder nicht für die Internetnutzung verwendet werden können, ist die Pauschalierung **ausgeschlossen**.

Hat der Arbeitnehmer einen **Internetzugang**, sind auch Lohnzahlungen (Barzuschüsse) des Arbeitgebers für die Internetnutzung des Arbeitnehmers pauschalierungsfähig. Zu solchen Aufwendungen rechnen die **laufenden Kosten** (Grundgebühr für den Internetzugang, laufende Gebühren für die Internetnutzung, Flatrate) und die Kosten für die **Einrichtung** des Internetzugangs (z.B. ein ISDN-Anschluss sowie die dafür erforderlichen Geräte wie Modem und Personalcomputer).

678 Falls der Arbeitgeber einen Lohnteil (Barzuschuss) für die private Internetnutzung zahlen möchte, reicht die **Mitteilung** des Arbeitnehmers über seine Aufwendungen für die laufende Internetnutzung im Monat aus. Voraussetzung hierfür ist, dass die Arbeitgeberzahlungen 50 € im Monat nicht übersteigen.

Sollen **höhere** Zuschüsse für die Internetnutzung pauschal besteuert werden, hat der Arbeitnehmer seine Aufwendungen dem Arbeitgeber nachzuweisen. Dazu kann der **Nachweis** für einen repräsentativen Zeitraum von drei Monaten geführt werden. Bis zur Höhe des sich hiernach ergebenden monatlichen Betrags kann der Arbeitgeber die Barzuschüsse so lange pauschal besteuern, bis sich die Verhältnisse des Arbeitnehmers wesentlich ändern.

Zum **steuerfreien** Auslagenersatz von Datenverarbeitungsgeräten, Telekommunikationsaufwendungen (Gebühren für Telefon- und Internet) s. → Rz. 586 *Telekommunikation/-kommunikationsgeräte, Personalcomputer, Verbindungsentgelte des Arbeitnehmers, System- und Anwendungsprogramme sowie Zubehör*.

679 Voraussetzung für die Pauschalierung ist, dass diese Leistungen (Sachleistungen oder Barzuschüsse) **zusätzlich** zum ohnehin geschuldeten Arbeitslohn gezahlt werden (→ Rz. 684 ff.).

gg) Übereignung einer Ladevorrichtung, Zuschüsse des Arbeitgebers für Erwerb und Nutzung einer Ladevorrichtung für Elektrofahrzeuge

Übereignung, Einzelabrechnung

680

Vorteile für das elektrische **Aufladen** eines privaten oder privat genutzten betrieblichen Elektrofahrzeugs oder Hybridelektrofahrzeugs können steuerfrei sein (§ 3 Nr. 46 EStG, → Rz. 507 *Elektromobilität*). Begünstigt sind aber auch die Übereignung einer **Ladevorrichtung** (Ladestation) an den Arbeitnehmer oder **Zuschüsse** des Arbeitgebers zu den Aufwendungen des Arbeitnehmers für den Erwerb und für die Nutzung einer Ladevorrichtung.

Der Arbeitgeber kann die Lohnsteuer mit einem Pauschsteuersatz von 25 % erheben, soweit er dem Arbeitnehmer zusätzlich zum ohnehin geschuldeten Arbeitslohn (→ Rz. 684 ff.) unentgeltlich oder verbilligt eine Ladevorrichtung für Elektrofahrzeuge oder Hybridelektrofahrzeuge übereignet.

Trägt der Arbeitnehmer die Aufwendungen für

– den Erwerb und

– die Nutzung (z.B. für die Wartung und den Betrieb, die Miete für den Starkstromzähler, nicht jedoch für den Ladestrom)

einer privaten Ladevorrichtung selbst, kann der Arbeitgeber diese Aufwendungen bezuschussen oder vollständig übernehmen. Auch für diese Vorteile darf der Arbeitgeber die Lohnsteuer mit dem Pauschsteuersatz von 25 % erheben.

Die Pauschalierung der Lohnsteuer ist der Höhe nach begrenzt auf die **Aufwendungen** des Arbeitnehmers für den Erwerb der Ladevorrichtung.

Hat der Arbeitgeber die Ladevorrichtung übereignet und leistet er danach Zuschüsse zu den Aufwendungen des Arbeitnehmers für die **Nutzung** der (nun privaten) Ladevorrichtung, sind auch sie begünstigt.

Pauschale Zuschüsse

Pauschale Zuschüsse des Arbeitgebers für die Nutzung einer privaten Ladevorrichtung des Arbeitnehmers können pauschal besteuert werden, wenn sie regelmäßig wiederkehren und der Arbeitnehmer die entstandenen Aufwendungen für einen repräsentativen Zeitraum von drei Monaten im Einzelnen nachweist. Die Pauschalierung der Lohnsteuer auf Grundlage des nachgewiesenen Betrags ist grundsätzlich so lange zulässig, bis sich die Verhältnisse wesentlich ändern.

Zum Begriff der Ladevorrichtung s. → Rz. 507 *Elektromobilität*. Für die Frage, ob die Vorteile und Leistungen sowie die Zuschüsse des Arbeitgebers zusätzlich zum ohnehin geschuldeten Arbeitslohn erbracht werden, s. → Rz. 684 ff.

Aufzeichnungen im Lohnkonto

Erhebt der Arbeitgeber die Lohnsteuer pauschal, sind **seine** Aufwendungen für den Erwerb der übereigneten Ladevorrichtung sowie die Aufwendungen des **Arbeitnehmers** für den Erwerb und die Nutzung der Ladevorrichtung dem Finanzamt nachzuweisen. Folglich hat der Arbeitgeber diese Unterlagen als Belege zum Lohnkonto aufzubewahren.

Dauer der steuerlichen Förderung

Die Regelungen zur Förderung der Elektromobilität sind letztmals anzuwenden auf Vorteile, die in einem vor dem 1.1.2031 endenden Lohnzahlungszeitraum oder als sonstige Bezüge vor dem 1.1. 2031 zugewendet werden.

Zu weiteren Einzelheiten vgl. BMF-Schreiben v. 29.9.2020, IV C 5 – S 2334/19/10009:004, BStBl I 2020, 972.

hh) Fahrten zwischen Wohnung und erster Tätigkeitsstätte, Sammelpunkt, weiträumigem Tätigkeitsgebiet

Zahlt der Arbeitgeber **Zuschüsse** (Barlohn) zu den Aufwendungen des Arbeitnehmers für **Fahrten** zwischen Wohnung und erster Tätigkeitsstätte, oder für die Strecken bis zu einem vom Arbeitgeber bestimmten Sammelpunkt bzw. bis zum Beginn oder bis zu dem am nächsten gelegenen Zugang eines weiträumigen Arbeitsgebiets (→ Rz. 682), kann die

681

E 141

Lohnsteuer ab dem ersten Entfernungskilometer **pauschal mit 15 %** (zzgl. Solidaritätszuschlag und ggf. Kirchensteuer) erhoben werden. Gleiches gilt, wenn der Arbeitgeber den Fahrtkostenzuschuss letztlich zahlt, um die Aufwendungen des Arbeitnehmers für einen Parkplatz während der Arbeitszeit an der ersten Tätigkeitsstätte zu mindern.

Pauschalierungsfähig ist auch der als Arbeitslohn anzusetzende Vorteil, der sich aus einer unentgeltlichen oder verbilligten **Gestellung** eines betrieblichen Kraftfahrzeugs an den Arbeitnehmer für die Fahrten zwischen Wohnung und erster Tätigkeitsstätte sowie den weiteren o.g. Strecken ergibt → Rz. 539 *Kraftfahrzeuggestellung*.

Pauschalierungsvoraussetzung für die Fahrtkostenzuschüsse ist, dass sie **zusätzlich** zum ohnehin geschuldeten Arbeitslohn gezahlt werden (→ Rz. 684 ff.).

– Als **Ersatz** der Aufwendungen des Arbeitnehmers für seine Fahrten zwischen Wohnung und erster Tätigkeitsstätte sowie für die weiteren o.g. Strecken (**Fahrtkostenzuschüsse**) sind als **Höchstbetrag** die folgenden als Werbungskosten (→ Rz. 131) abziehbaren Beträge pauschalierungsfähig:

  – bei behinderten Arbeitnehmern i.S.d. § 9 Abs. 2 EStG die tatsächlichen Kosten in vollem Umfang,

  – bei anderen Arbeitnehmern bei Benutzung eines **eigenen** oder zur Nutzung überlassenen privaten **Kraftfahrzeugs** mit Ausnahme der o.g. Alternative die Aufwendungen des Arbeitnehmers bis zur Höhe der Entfernungspauschale (seit 2021 für die ersten 20 Entfernungskilometer jeweils 0,30 € und ab dem 21. Entfernungskilometer jeweils 0,35 € [ab 2024: 0,38 €]).

  Bei ausschließlicher Benutzung **öffentlicher Verkehrsmittel** ein Betrag bis zur Höhe der **nachgewiesenen** (ggf. auch über der Entfernungspauschale) liegenden tatsächlichen Aufwendungen (Fahrkarte) des Arbeitnehmers.

  Bei Benutzung des **Flugzeugs** ein Betrag bis zur Höhe der tatsächlichen Aufwendungen des Arbeitnehmers (→ Rz. 131).

– für den geldwerten Vorteil durch die unentgeltliche oder verbilligte **Gestellung** eines betrieblichen **Kraftfahrzeugs** (z.B. Firmen-Pkw)

  – bei behinderten Arbeitnehmern i.S.d. § 9 Abs. 2 EStG die tatsächlichen Kosten in vollem Umfang,

  – bei anderen Arbeitnehmern bis zur Höhe der Entfernungspauschale (seit 2021 für die ersten 20 Entfernungskilometer jeweils 0,30 € und ab dem 21. Entfernungskilometer jeweils 0,35 € [ab 2024: 0,38 €]) für jeden Arbeitstag, an dem das Kraftfahrzeug für die Fahrten zwischen Wohnung und erster Tätigkeitsstätte bzw. für die weiteren o.g. Strecken benutzt wird. Aus Vereinfachungsgründen kann der Arbeitgeber die Kfz-Nutzung im Kalenderjahr an jeweils 15 Arbeitstagen im Kalendermonat unterstellen.

Diese 15-Tage Regelung ist nicht anzuwenden, wenn die Arbeitszeit an der ersten Tätigkeitsstätte – z.B. bei Teilzeitmodellen oder anlässlich von mobilem Arbeiten – weniger als drei Tage wöchentlich beträgt. Hierbei ist auf die Anzahl der tatsächlichen Arbeitstage im jeweiligen Kalendermonat abzustellen.

S. zur Höhe der Fahrtkostenzuschüsse → Rz. 515 *Fahrtkostenzuschüsse, Fahrtkostenersatz*.

Nähere Einzelheiten enthält das neue umfangreiche BMF-Schreiben v. 18.11.2021, IV C 5 – S 2351/20/10001 :002, www.stotax-first.de. Das rückwirkend seit dem 1.1.2021 anzuwenden ist. Es ersetzt das frühere Schreiben v. 31.10.2013 (BStBl I 2013, 1376).

Nutzt der Arbeitnehmer eine **steuerfreie Sammelbeförderung** → Rz. 571 kann der Arbeitgeber keine pauschal besteuerten Fahrtkostenzuschüsse zahlen.

Anders verhält es sich, wenn der Arbeitnehmer für die Sammelbeförderung einen eigenen Beitrag zu leisten hat; dieser ist zuschuss- und pauschalierungsfähig.

Die vom Arbeitgeber zu tragenden **Unfallkosten** bzw. die Lohnteile, die er zur Behebung des Unfallschadens verwen-

det, dürfen nicht der pauschalen Lohnsteuer unterworfen werden.

Hat der Arbeitnehmer **keine** erste Tätigkeitsstätte und muss er sich stattdessen **dauerhaft** typischerweise arbeitstäglich an einem vom Arbeitgeber festgelegten Ort (**Sammelpunkt**) einfinden, **682**

– um von dort seine unterschiedlichen eigentlichen Einsatzorte aufzusuchen oder

– um von dort seine berufliche Tätigkeit aufzunehmen,

werden diese Fahrten **wie** Fahrten zu einer ersten Tätigkeitsstätte behandelt.

Gleiches gilt für die Fahrten zu einem weiträumigen **Tätigkeitsgebiet**. Betritt oder befährt der Arbeitnehmer ein weiträumiges Tätigkeitsgebiet immer von verschiedenen Zugängen aus, ist die Entfernungspauschale nur für die kürzeste Entfernung von der Wohnung bis zum nächstgelegenen Zugang anzuwenden.

Zu beachten ist, dass **pauschal** besteuerte Fahrtkostenzuschüsse die abziehbaren **Werbungskosten** für die Fahrten zwischen Wohnung und erster Tätigkeitsstätte (→ Rz. 131) bzw. zum Sammelpunkt/weiträumigem Tätigkeitsgebiet **mindern**.

Die Möglichkeit der Lohnsteuer-Pauschalierung besteht auch für **Aushilfs-** und **Teilzeitbeschäftigte** i.S.d. § 40a EStG (→ Rz. 618 ff.), wobei die pauschal besteuerten Fahrtkostenzuschüsse in die Prüfung der für die Pauschalierung maßgebenden Arbeitslohngrenzen (seit dem Kalenderjahr 2020: Stundenlohn 15 €, Tageslohn 120 €) nicht einzubeziehen sind (→ Rz. 635).

ii) Übereignung betrieblicher Fahrräder

Seit dem Kalenderjahr 2020 hat der Arbeitgeber die Möglichkeit, geldwerte Vorteile aus der unentgeltlichen oder verbilligten Übereignung von betrieblichen Fahrrädern an den Arbeitnehmer pauschal mit 25 % Lohnsteuer zu besteuern. Hinzu kommen noch der Solidaritätszuschlag sowie ggf. die Kirchensteuer. **683**

Diese Möglichkeit der Pauschalbesteuerung gilt sowohl für Elektrofahrräder als auch für herkömmliche Fahrräder. Ist ein Elektrofahrrad jedoch **verkehrsrechtlich** als Kraftfahrzeug einzuordnen (z.B. ist ein Elektrofahrrad, dessen Motor auch Geschwindigkeiten über 25 km pro Stunde unterstützt, ein Kraftfahrzeug), darf der Arbeitgeber die neue Regelung **nicht** anwenden.

Voraussetzung für die Lohnsteuer-Pauschalierung ist, dass die Übereignung des betrieblichen Fahrrads zusätzlich zum ohnehin geschuldeten Arbeitslohn (→ Rz. 684 ff). erfolgt.

jj) Merkmal „Zusätzlich zum ohnehin geschuldeten Arbeitslohn"

Mitunter ist **Voraussetzung** für die Pauschalierung der Lohnsteuer oder für steuerfreie Lohnzahlungen, dass diese Leistungen (Sachleistungen oder Barzuschüsse) **zusätzlich zum ohnehin geschuldeten Arbeitslohn** gezahlt werden. Das gilt z.B. für **684**

– die **Steuerfreiheit** von bestimmten Arbeitgeberleistungen, z.B. zur Unterbringung und Betreuung von nicht schulpflichtigen Kindern in Kindergärten (→ Rz. 537 *Kindergartenbeiträge*), sowie

– die **Pauschalbesteuerung** von Fahrtkostenzuschüssen des Arbeitgebers für Fahrten des Arbeitnehmers zwischen Wohnung und erster Tätigkeitsstätte mit 15 % (→ Rz. 681).

Diese Regelung setzt voraus, dass die zweckbestimmte Leistung zu dem Arbeitslohn hinzukommt, den der Arbeitgeber arbeitsrechtlich schuldet (**Zusätzlichkeitsvoraussetzung**). **685**

Für die zutreffende Anwendung der Zusätzlichkeitsvoraussetzung sind seit dem Kalenderjahr 2020 nach der gesetzlichen Regelung des § 8 Abs. 4 EStG folgende Grundsätze zu beachten:

– Die Zusätzlichkeitsvoraussetzung erfordert, dass die zweckbestimmte Leistung zu dem Arbeitslohn hinzukommt, den der Arbeitgeber arbeitsrechtlich schuldet.

E 142

C. Lohnsteuer

Wird eine zweckbestimmte Leistung unter Anrechnung auf den arbeitsrechtlich geschuldeten Arbeitslohn oder durch dessen Umwandlung gewährt (Gehaltsumwandlung), liegt keine zusätzliche Leistung vor). Gleiches gilt für eine mittels Gehaltsverzicht erbrachte Arbeitgeberleistung; sei es durch eine Herabsetzung des gegenwärtigen Arbeitslohnanspruchs (Anrechnung) oder durch Anrechnung auf eine bereits vereinbarte künftige Erhöhung des Arbeitslohns.

– Kommt die zweckbestimmte Leistung zu dem Arbeitslohn hinzu, den der Arbeitgeber schuldet, ist das Tatbestandsmerkmal „zusätzlich zum ohnehin geschuldeten Arbeitslohn" auch dann erfüllt, wenn der Arbeitnehmer arbeitsvertraglich oder auf Grund einer anderen arbeits- oder dienstrechtlichen Rechtsgrundlage einen Anspruch auf die zweckbestimmte Leistung hat.

– Als zusätzlich gilt eine Leistung des Arbeitgebers auch dann, wenn der Arbeitnehmer aus einem vom Arbeitgeber zusätzlich zum ohnehin geschuldeten Arbeitslohn zur Verfügung gestellten Leistungskatalog wählen kann, z.B. als Mobilitätsalternativen einen Dienstwagen, ein E-Bike oder eine Fahrkarte zur Nutzung der öffentlichen Verkehrsmittel.

– Weil bei Wegfall der (zusätzlichen) Leistung der Arbeitslohn nicht erhöht werden darf, sind im gesamten Lohn- und Einkommensteuerrecht nur „echte" Zusatzleistungen des Arbeitgebers steuerbegünstigt (steuerfrei oder pauschalierungsfähig). Sie müssen als eine „echte" zusätzliche Leistung zu dem Arbeitslohn hinzukommen, den der Arbeitgeber arbeitsrechtlich schuldet (§ 8 Abs. 4 EStG, R 3.33 Abs. 5 Satz 1 LStR 2021).

Letztlich wird dadurch die arbeitnehmerfreundliche BFH-Rechtsprechung nicht angewandt (z.B. BFH v. 19.9.2012, VI R 54/11, BStBl II 2013, 395).

Beispiel <u>Neue Leistung mit Anrechnung auf Arbeitslohn</u>

Eine Arbeitnehmerin hat einen arbeitsrechtlichen Anspruch auf einen Arbeitslohn von 2 500 € monatlich. Im Juli 2022 vereinbart sie mit ihrem Arbeitgeber, dass ab 1.8.2022 der Arbeitslohn um 150 € gemindert wird (2 350 €) und „zusätzlich" ein monatlicher Kindergartenzuschuss i.H.v. 150 € gezahlt wird.

Nach der aktuellen Gesetzesfassung sowie der Verwaltungsauffassung ist der ab August 2022 gezahlte Kindergartenzuschuss **nicht** steuerfrei, weil er durch Umwandlung des vom Arbeitgeber arbeitsrechtlich geschuldeten Arbeitslohns vereinbart wurde; er wird folglich nicht zusätzlich zum ohnehin geschuldeten Arbeitslohn gezahlt. Es liegt eine „schädliche" Gehaltsumwandlung vor (BMF v. 5.2.2020, IV C 5 – S 2334/19/10017 :002, BStBl I 2020, 222).

Liegen die o.g. Voraussetzungen vor, ist von einer zusätzlich zum ohnehin geschuldeten Arbeitslohn erbrachten Leistung auch dann auszugehen, wenn der Arbeitnehmer arbeitsvertraglich oder auf Grund einer anderen arbeits- oder dienstrechtlichen Rechtsgrundlage (z.B. Einzelvertrag, Betriebsvereinbarung, Tarifvertrag, Gesetz) einen Anspruch auf diese Leistung hat. Diese Grundsätze gelten unabhängig davon, ob der gezahlte Arbeitslohn tarifgebunden ist oder nicht. Folglich darf **tarifgebundener** verwendungsfreier Arbeitslohn nicht zugunsten bestimmter anderer steuerbegünstigter verwendungs- oder zweckgebundener Zahlungen bzw. Leistungen herabgesetzt oder zugunsten dieser umgewandelt werden. Denn in diesem Fall würde nach Wegfall der steuerbegünstigten Leistung(en) der tarifliche Gesamtarbeitslohn wiederaufleben und der Arbeitgeber müsste den Gesamtbetrag zahlen (unveränderter Gesamtlohn).

686 Es spricht nicht gegen die Zusätzlichkeitsvoraussetzung, wenn der Arbeitgeber verschiedene zweckgebundene Leistungen zur **Auswahl** anbietet oder ein **Teil** der Arbeitnehmer keine freiwilligen Sonderzahlungen erhalten (z.B. Zuschüsse zur Betreuung der Kinder im Kindergarten, zur Gesundheitsförderung oder zu den Aufwendungen für die Fahrten zwischen Wohnung und erster Tätigkeitsstätte). Kann ein Arbeitnehmer keine dieser zusätzlichen Leistungen mehr in Anspruch nehmen (z.B. weil die Anspruchsvoraussetzungen entfallen sind), darf er dafür **nicht** – zum „gerechten" Ausgleich – einen entsprechend höheren Arbeitslohn bekommen.

Ansonsten würde rückwirkend eine Gehaltsumwandlung vorliegen mit dem Ergebnis, dass für die gezahlten Leistungen **keine** Steuerfreiheit beansprucht werden kann.

Beispiel <u>Auswahlmöglichkeit begünstigter Leistungen</u>

Der Arbeitgeber zahlt seinen Arbeitnehmern freiwillig eine jährliche Sonderzahlung, die mit einer möglichst geringen Lohnsteuer belastet sein soll. Diese Sonderzahlung kommt zu dem Arbeitslohn hinzu, den der Arbeitgeber arbeitsrechtlich schuldet. Folglich prüft er, ob die Arbeitnehmer steuerfreie Leistungen oder einen pauschalierungsfähigen Fahrtkostenzuschuss erhalten können.

Soweit dies nicht möglich ist, zahlt er den Restbetrag als üblichen Arbeitslohn aus und erhebt die Lohnsteuer im Regelverfahren nach den individuellen Lohnsteuerabzugsmerkmalen. Somit wird Arbeitnehmern, die keine begünstigten Lohnteile erhalten können, die Sonderzahlung in voller Höhe steuerpflichtig ausgezahlt.

Die **Zusätzlichkeitsvoraussetzungen** sind erfüllt, da die begünstigten Sonderzahlungen zu dem Arbeitslohn hinzukommen, den der Arbeitgeber arbeitsrechtlich schuldet. Unschädlich ist, dass ein Teil der Arbeitnehmer die freiwillige Sonderzahlung in voller Höhe steuerpflichtig erhalten.

kk) Anrechnung von begünstigten Lohnteilen auf die Werbungskosten

687 Soweit die pauschal besteuerten oder **steuerfreien** Lohnteile (Sachbezüge bzw. Geldleistungen) auf Werbungskosten entfallen, ist der **Werbungskostenabzug** grundsätzlich ausgeschlossen.

688 Eine Ausnahmeregelung sieht das EStG für die vom Arbeitgeber geleisteten Zuschüsse und gestellten Fahrkarten für die Fahrten zwischen Wohnung und erster Tätigkeitsstätte mit öffentlichen Verkehrsmitteln im Linienverkehr oder im Personenfernverkehr vor, wenn diese pauschal i.H.v. 25 % besteuert werden (§ 40 Abs. 2 Satz 2 Nr. 2 EStG, → Rz. 664).

c) Pauschale Lohnsteuer von 30 % für betriebliche Sachzuwendungen

689 Als weitere Möglichkeit können Arbeitgeber bzw. Unternehmen die geldwerten Vorteile für die aus betrieblicher Veranlassung gegebenen **Sachzuwendungen** (einschl. Leistungen) an **Kunden**, **Geschäftsfreunde** und **deren** Familienangehörige und Arbeitnehmer sowie an die selbst beschäftigten Arbeitnehmer pauschal mit 30 % besteuern (Pauschalierung der Einkommensteuer bei Sachzuwendungen, § 37b EStG). Die Zuwendungsempfänger können auch Unternehmen sein, einschl. der Organmitglieder.

Diese Pauschalierung ist nur **einheitlich** möglich für alle innerhalb eines Wirtschaftsjahres gewährten betrieblich veranlassten Sachzuwendungen, die zusätzlich zur ohnehin vereinbarten Leistung oder Gegenleistung erbracht werden, und für steuerliche Geschenke (§ 4 Abs. 5 Satz 1 Nr. 1 EStG). Demnach müssen auch die Sachzuwendungen an die selbst beschäftigten **Arbeitnehmer zusätzlich** zum ohnehin geschuldeten Arbeitslohn erbracht werden (keine Lohnumwandlung).

Als **Sachzuwendungen** kommen in **Betracht** z.B. Incentive-Reisen, steuerpflichtige Arbeitsessen, Zinsvorteile bei einem Arbeitgeberdarlehen mit ermäßigtem Steuersatz, steuerpflichtige Sachzuwendungen aus Anlass eines Geburtstags, Eintrittskarten für Opern- und Fußballspiele.

Voraussetzung für diese Pauschalierung ist, dass die Bewertung der Sachbezüge nach dem üblichen Wert erfolgt und nicht nach besonderen Bewertungsvorschriften vorgenommen wird. Demnach sind **ausgeschlossen**: die Firmenwagenbesteuerung, amtliche Sachbezugswerte, Arbeitslohnteile mit Rabattfreibetrag sowie Pauschalierungsfälle mit gesetzlichem Pauschsteuersatz nach § 40 Abs. 2 EStG (→ Rz. 664–682).

Eine **Einbeziehung** der Sachbezüge, die mit dem durchschnittlichen Pauschsteuersatz (nach § 40 Abs. 1 Satz 1 EStG, → Rz. 655 ff.) besteuert werden können, ist zulässig, jedoch nicht erforderlich. Maßgeblich für diese Entscheidung

E 143

dürfte letztlich sein, welche Methode zum niedrigeren Steuersatz führt.

Der **Pauschsteuersatz** beträgt **30 %** zzgl. Solidaritätszuschlag und ggf. Kirchensteuer. **Bemessungsgrundlage** sind die Aufwendungen des Arbeitgebers/Unternehmens einschl. der Umsatzsteuer. Bei Zuwendungen an Arbeitnehmer in verbundenen Unternehmen ist als Bemessungsgrundlage zumindest der übliche Angebots-/Endpreis am Abgabeort (nach § 8 Abs. 3 Satz 1 EStG) anzusetzen.

Die Pauschalierung ist **ausgeschlossen**, soweit die Aufwendungen je Empfänger und Wirtschaftsjahr den Betrag von **10 000 €** übersteigen oder wenn die Aufwendungen für die einzelne Zuwendung diesen Betrag übersteigen.

Das **Wahlrecht** zur Pauschalierung kann für alle Zuwendungen (auch an die selbst beschäftigten Arbeitnehmer) im Wirtschaftsjahr (ist regelmäßig das Kalenderjahr) nur **einheitlich** ausgeübt werden. Es wird durch die Anmeldung der Pauschalsteuer ausgeübt und kann nicht widerrufen werden.

S. ergänzend → Rz. 603 *VIP-Logen*.

d) Ergänzende Regelungen

690 Die mit 30 % pauschal besteuerten Sachzuwendungen bleiben bei der Veranlagung zur Einkommensteuer sowie der **Einkünfteermittlung** des Empfängers **außer Ansatz**; ebenso die pauschale Einkommensteuer, die der Arbeitgeber/das zuwendende Unternehmen zu übernehmen hat. Sie gilt als Lohnsteuer und ist in der Lohnsteuer-Anmeldung nach den allgemeinen Regelungen zu erklären und abzuführen (→ Rz. 368 ff.).

Die Arbeitnehmer bzw. Empfänger (z.B. Kunden, Geschäftsfreunde) sind über die Pauschalierung zu **benachrichtigen**, z.B. Aushang am „Schwarzen Brett", Hinweis in der Lohnabrechnung oder per Mitteilungsschreiben. Nähere Erläuterung enthält das BMF-Schreiben v. 19.5.2015, BStBl I 2015, 468. Das gilt insbesondere für die Regelung, wonach durch § 37b EStG nur solche Sachzuwendungen an Geschäftspartner und Arbeitnehmer erfasst werden dürfen, die beim Empfänger dem Grunde nach zu steuerbaren und steuerpflichtigen Einkünften führen. Im Übrigen s. → Rz. 603, 689.

Weiterhin kann sich der Arbeitgeber für sonstige Sachbezüge, die nach § 40 Abs. 1 EStG pauschal besteuert werden dürfen, für die Pauschalierung nach § 37b EStG entscheiden.

V. Lohnsteuer-Jahresausgleich durch den Arbeitgeber, Einkommensteuerveranlagung

691 Während des Kalenderjahres ist die Lohnsteuer von dem im Lohnzahlungszeitraum (→ Rz. 402 ff.) gezahlten Arbeitslohn einzubehalten. Mit Ablauf des Kalenderjahres wird die Lohnsteuer jedoch zu einer Jahressteuer. Deshalb ist der Arbeitgeber gesetzlich verpflichtet, das Lohnsteuerabzugsverfahren nach Ablauf des Kalenderjahres grundsätzlich mit dem betrieblichen **Lohnsteuer-Jahresausgleich** abzuschließen.

Seit dem Kalenderjahr 2020 werden die beschränkt einkommensteuerpflichtigen Arbeitnehmer grundsätzlich in das Verfahren der elektronischen Lohnsteuerabzugsmerkmale einbezogen (→ Rz. 307). Auch weil dadurch für den Arbeitgeber die Unterscheidungsmöglichkeit zu unbeschränkt steuerpflichtigen Arbeitnehmern entfällt, ist nunmehr auch bei beschränkter Steuerpflicht ein Lohnsteuer-Jahresausgleich durchzuführen. Die bisherige gesetzliche Ausnahmeregelung ist weggefallen.

Für den Jahresausgleich ist die im Kalenderjahr einbehaltene Lohnsteuer mit der auf den Jahresarbeitslohn entfallenden Jahreslohnsteuer zu vergleichen. Ergibt sich eine Differenz, hat der Arbeitgeber den Steuerbetrag grundsätzlich zu korrigieren (→ Rz. 702). Gleiches gilt für den Solidaritätszuschlag (→ Rz. 711 ff.) und die Kirchensteuer (→ Rz. 726 ff.). Abweichende Steuerbeträge können sich z.B. auf Grund **schwankender** monatlicher Arbeitslöhne ergeben, weil zur Lohnsteuerermittlung der jeweilige Monatslohn zunächst auf einen

Jahresarbeitslohn hochgerechnet wird (Multiplikation mit 12). Von diesem fiktiven Jahresarbeitslohn wird die Jahreslohnsteuer ermittelt, die auf eine Monatslohnsteuer umgerechnet wird (Division durch 12).

1. Lohnsteuer-Jahresausgleich

a) Vorbemerkung

692 Oftmals wird der (betriebliche) Lohnsteuerjahresausgleich mit der Einkommensteuererklärung gleichgesetzt. Das ist aber unzutreffend. Den Lohnsteuerjahresausgleich führt der Arbeitgeber durch, während der Arbeitnehmer die Einkommensteuererklärung beim Finanzamt einzureichen hat.

b) Verpflichtung, Voraussetzungen

693 Der Arbeitgeber ist gesetzlich **verpflichtet**, den betrieblichen Lohnsteuer-Jahresausgleich durchzuführen, wenn er am 31.12. des Kalenderjahres mindestens zehn Arbeitnehmer beschäftigt. Für diese Grenze sind auch solche Arbeitnehmer zu berücksichtigen, von deren Arbeitslohn keine Lohnsteuer einzubehalten war oder für die kein Lohnsteuer-Jahresausgleich in Betracht kommt.

Sind am Jahresende weniger als zehn Arbeitnehmer beschäftigt, darf der Arbeitgeber (freiwillig) dennoch für die Arbeitnehmer einen Lohnsteuer-Jahresausgleich durchführen. Dies ist die alleinige Entscheidung des Arbeitgebers.

694 Der Jahresausgleich ist seit dem Kalenderjahr 2020 sowohl für die unbeschränkt als für die **beschränkt** einkommensteuerpflichtigen Arbeitnehmer durchzuführen (→ Rz. 691), die während des Ausgleichsjahres beim Arbeitgeber **ständig** in einem Dienstverhältnis gestanden haben und am 31. Dezember noch beim Arbeitgeber beschäftigt sind oder zu diesem Zeitpunkt von ihm Arbeitslohn für ein früheres Dienstverhältnis beziehen. Als weitere Voraussetzung hat der Arbeitgeber zu beachten, dass ihm entweder gültige elektronische Lohnsteuerabzugsmerkmale des Arbeitnehmers oder eine vom Finanzamt für den Lohnsteuerabzug des betreffenden Jahres ausgestellten Bescheinigung (noch) vorliegt/-en.

Für die Frage, ob das Dienstverhältnis das gesamte Kalenderjahr bestanden hat, sind nur noch die Zeiträume einzubeziehen, für die der Arbeitnehmer Arbeitslohn im **gegenwärtigen** Dienstverhältnis erhalten hat.

Ruht das Arbeitsverhältnis, kann ein Jahresausgleich durchgeführt werden, wenn die übrigen Voraussetzungen dafür vorliegen.

695 **Kein** Lohnsteuer-Jahresausgleich ist durchzuführen

- für Arbeitnehmer, die im Kalenderjahr nicht **durchgängig** beim selben Arbeitgeber beschäftigt waren;
- für Arbeitnehmer, die **beantragt** haben, den Jahresausgleich nicht vorzunehmen;
- für Arbeitnehmer, die im Ausgleichsjahr oder für einen Teil dieses Jahres nach der **Steuerklasse** V oder VI, oder nur für einen Teil des Ausgleichsjahres nach der Steuerklasse II, III oder IV zu besteuern waren;
- für Arbeitnehmer, die im Ausgleichsjahr

  - Kurzarbeitergeld, steuerfreie Arbeitgeberzuschüsse (§ 3 Nr. 28a EStG) zum Kurzarbeitergeld, steuerfreie Aufstockungsbeträge oder Zuschläge für Altersteilzeitarbeit nach dem Altersteilzeitgesetz oder dem Bundesbesoldungsgesetz,

  - Zuschüsse zum Mutterschaftsgeld nach dem Mutterschutzgesetz oder Zuschüsse bei Beschäftigungsverboten für die Zeit vor oder nach einer Entbindung während der Elternzeit nach beamtenrechtlichen Vorschriften oder

  - Entschädigungen für Verdienstausfall nach dem Infektionsschutzgesetz

  bezogen haben;

- für Arbeitnehmer, die Arbeitslohn bezogen haben, der im Ausgleichsjahr nach der **Allgemeinen** Lohnsteuer-Tabelle und nach der **Besonderen** Lohnsteuer-Tabelle zu besteuern war;

E 144

C. Lohnsteuer

– für Arbeitnehmer, die im Ausgleichsjahr ausländische Einkünfte aus nichtselbständiger Arbeit bezogen haben, die
  – nach einem Abkommen zur Vermeidung der Doppelbesteuerung oder
  – unter Progressionsvorbehalt nach § 34c Abs. 5 EStG
  von der Lohnsteuer freigestellt waren;
– für Arbeitnehmer ohne gültige elektronische Lohnsteuerabzugsmerkmale oder für die keine vom Finanzamt für den Lohnsteuerabzug ausgestellte Bescheinigung (mehr) vorliegt;
– für Arbeitnehmer, bei deren Lohnsteuerberechnung ein **Freibetrag** oder ein **Hinzurechnungsbetrag** berücksichtigt worden ist oder ein als Lohnsteuerabzugsmerkmal mitgeteilter **Faktor** (→ Rz. 332 ff.) angewandt wurde;
– für Arbeitnehmer, in deren Lohnkonto oder Lohnsteuerbescheinigung mindestens ein **Großbuchstabe U** eingetragen ist;
– für Arbeitnehmer, bei deren Lohnsteuerberechnung im Ausgleichsjahr als **Vorsorgepauschale** jeweils nur zeitweise Beträge an die gesetzliche Sozialversicherung geleistet worden sind oder nur zeitweise ein Beitragszuschlag berücksichtigt worden ist oder wenn sich im Kalenderjahr ihr Beitragszuschlag geändert hat.

c) Durchführung

696 Der Arbeitgeber nimmt den Jahresausgleich am besten im Zusammenhang mit einer Lohnabrechnung vor. **Frühestens** ist dies die Abrechnung für den letzten im Ausgleichsjahr endenden Lohnzahlungszeitraum (Dezember). Die **späteste Möglichkeit** für die Durchführung des Jahresausgleichs ist die Lohnabrechnung für den Lohnzahlungszeitraum, der im Monat Februar des folgenden Jahres endet. Für das Kalenderjahr 2022 also der Februar 2023.

Weiter setzt die Durchführung des Jahresausgleichs voraus, dass die elektronische Lohnsteuerbescheinigung noch nicht übermittelt bzw. die Besondere Lohnsteuerbescheinigung noch nicht ausgestellt worden ist (→ Rz. 380 ff.).

697 Sind im Ausgleichsjahr die steuerlichen Vorschriften (z.B. das Einkommensteuergesetz) mit Rückwirkung geändert worden, so ist der Arbeitgeber gesetzlich verpflichtet, die neuen bzw. geänderten Regelungen auch für zurückliegende Lohnzahlungen, also für den gesamten Ausgleichszeitraum anwenden. Im **Einzelfall** regelt die Finanzverwaltung, dass für bestimmte Gesetzesänderungen auf solche Rückrechnungen **verzichtet** werden kann.

Folgende Schritte sind für den Jahresausgleich vorzunehmen:

1. **Ermittlung** des Jahresarbeitslohns sowie der Jahreslohnsteuer;
2. **Korrektur** der (Lohn-) Steuerabzüge und Abschlussbuchungen im Lohnkonto.

698 Zunächst ist anhand der Aufzeichnungen im Lohnkonto der **Jahresarbeitslohn** des Arbeitnehmers festzustellen.

699 Als Jahresarbeitslohn sind grundsätzlich sämtliche Einnahmen zu berücksichtigen, die der Arbeitnehmer im Ausgleichsjahr erhalten hat.

700 Nicht hinzuzurechnen sind **steuerfreie** Einnahmen, Bezüge für mehrjährige Tätigkeit und ermäßigt besteuerte Entschädigungen für entgangenen oder entgehenden Arbeitslohn (die außerordentlichen Einkünfte), es sei denn, der Arbeitnehmer beantragt die Einbeziehung dieser Arbeitslohnteile in den Jahresausgleich, sowie pauschal besteuerte Lohnteile (Bezüge).

Von dem so ermittelten Jahresarbeitslohn sind der in Betracht kommende **Versorgungsfreibetrag**, der Zuschlag zum Versorgungsfreibetrag und der **Altersentlastungsbetrag** abzuziehen.

701 Hat der Arbeitgeber nach den zuvor beschriebenen Schritten den **Jahresarbeitslohn** des Arbeitnehmers für das Ausgleichsjahr berechnet, ist dafür die **Jahreslohnsteuer** aus der vom Verlag jährlich herausgegebenen Tabelle „**Lohnsteuer-Jahresausgleich**" abzulesen. Sind im Ausgleichsjahr verschiedene Steuerklassen zu berücksichtigen, ist die zuletzt eingetragene Steuerklasse maßgebend.

702 Daran anschließend folgt der **Vergleich** mit der einbehaltenen Lohnsteuer. Zu vergleichen sind die im Kalenderjahr insgesamt einbehaltenen (Lohnsteuer-)Beträge und die zum Jahresarbeitslohn ausgewiesenen Beträge. Wurden **zu viel** Steuern einbehalten, ist dem Arbeitnehmer der entsprechende Betrag **zu erstatten**.

Mitunter vertreten selbst Steuerexperten die Auffassung, der Arbeitgeber habe einen sich ergebenden **Minusbetrag** als Lohnsteuer vom Arbeitnehmer nachträglich einzubehalten. Diese Auffassung trifft nicht zu. Hat der Arbeitgeber während des Kalenderjahres die sich monatlich ergebende Lohnsteuer zutreffend berechnet und einbehalten, braucht er einen sich beim Lohnsteuer-Jahresausgleich aus Jahressicht ergebenden Minusbetrag nicht zu beachten.

Für die Erstattung der Lohnsteuer an den Arbeitnehmer darf der Arbeitgeber die im Lohnzahlungszeitraum vom Arbeitslohn einbehaltenen Lohnsteuerbeträge verwenden. In diesen Fällen ist in der Lohnsteuer-Anmeldung nur der Differenzbetrag als abzuführende Lohnsteuer zu erklären. Sollte die zu erstattende Lohnsteuer größer sein als die einbehaltene Lohnsteuer und die an das Finanzamt abzuführende pauschale Lohnsteuer, ist der Erstattungsbetrag in der (elektronischen) Lohnsteuer-Anmeldung als Minus-Betrag zu kennzeichnen. In diesen Fällen ist die Lohnsteuer-Anmeldung ein Erstattungsantrag.

2. Abschlussbuchungen

703 Im Lohnkonto ist die im Lohnsteuer-Jahresausgleich erstattete Lohnsteuer gesondert einzutragen. Zudem sind die Berechnungsschritte bzw. die Berechnung des Jahresarbeitslohns darzustellen.

Auf der Besonderen Lohnsteuerbescheinigung bzw. in der elektronischen Lohnsteuerbescheinigung ist der sich nach Verrechnung der einbehaltenen mit der erstatteten Lohnsteuer ergebende Betrag als erhobene Lohnsteuer anzugeben.

3. Permanenter Lohnsteuer-Jahresausgleich

704 **Jahresausgleich während des gesamten Kalenderjahres**
Unter den Voraussetzungen für die Durchführung des betrieblichen Lohnsteuer-Jahresausgleichs kann der Arbeitgeber **bereits** die Lohnsteuer für die **einzelnen Lohnzahlungszeiträume** nach dem voraussichtlichen Jahresarbeitslohn ermitteln (auch für beschränkt einkommensteuerpflichtige Arbeitnehmer). Durch diese Berechnungsart wird während des gesamten Kalenderjahres zu viel oder zu wenig gezahlte Lohnsteuer schon im jeweiligen Lohnzahlungszeitraum ausgeglichen, also nicht wie beim betrieblichen Lohnsteuer-Jahresausgleich erst zum Jahresende.

Der permanente Lohnsteuer-Jahresausgleich umfasst nur den **laufenden** Arbeitslohn und nicht die sonstigen Bezüge und wird wie folgt durchgeführt:

– Anhand des bisher im Kalenderjahr bezogenen Arbeitslohns und dem aktuell abgerechneten Arbeitslohn ist der erwartete **Jahresarbeitslohn** zu ermitteln (Hochrechnung). Danach sind der ggf. in Betracht kommende Altersentlastungsbetrag sowie für Versorgungsbezüge die anzusetzenden Freibeträge abzuziehen. Für den so verbleibenden Arbeitslohn ist die **Jahreslohnsteuer** zu ermitteln.
– Von dieser Jahreslohnsteuer ist der **Teilbetrag** zu berechnen, der auf den Arbeitslohn der abgelaufenen Lohnzahlungs-/-abrechnungszeiträume (→ Rz. 402 ff.; also **auch auf** den abgerechneten Zeitraum) entfällt.
– Der so ermittelte Teilbetrag ist um die **bisher** vom laufenden Arbeitslohn erhobene Lohnsteuer **zu kürzen**; der Unterschiedsbetrag ist die **einzubehaltende** Lohnsteuer.

Anders als der betriebliche kann der **permanente** Lohnsteuer-Jahresausgleich unabhängig von der Steuerklasse des Arbeitnehmers durchgeführt werden; ebenso bei einem Steuerklassenwechsel.

E 145

Voraussetzung für diese Lohnsteuerermittlungsmethode ist ein formloser Antrag des Arbeitgebers bei dem zuständigen Betriebsstättenfinanzamt. Diesem Antrag wird regelmäßig zugestimmt. Beachtet der Arbeitgeber jedoch die vorgenannten Voraussetzungen, so **gilt** die Genehmigung des Betriebsstättenfinanzamts grundsätzlich als **erteilt**, falls sie nicht im Einzelfall widerrufen wird (z.B. nach einer Lohnsteuer-Außenprüfung; s. auch R 39b.8 LStR 2021).

Jahresausgleich bei kurzzeitig beschäftigten Arbeitnehmern mit Steuerklasse VI

Seit dem Kalenderjahr 2018 kann das Betriebsstättenfinanzamt auf Antrag des Arbeitgebers zulassen, auch bei Aushilfskräften mit der Steuerklasse VI den permanenten Lohnsteuer-Jahresausgleich durchzuführen (§ 39b Abs. 2 Satz 13 ff. EStG). Dies führt zu einem höheren Nettolohn der Aushilfskraft. Eine Begrenzung auf bestimmte Tätigkeiten bzw. Anlässe (z.B. Volksfeste) besteht nicht.

Folgende **Voraussetzungen** sind zu beachten:

– der Arbeitnehmer mit der Steuerklasse VI muss unbeschränkt einkommensteuerpflichtig sein,

– für die Lohnsteuerberechnung darf kein Freibetrag (nach § 39a EStG) berücksichtigt werden,

– der Arbeitnehmer muss beim Arbeitgeber nur gelegentlich, nicht regelmäßig wiederkehrend beschäftigt werden und

– die jeweilige Beschäftigungsdauer darf 24 zusammenhängende Arbeitstage nicht übersteigen.

Damit die Lohnsteuer der sich letztlich ergebenden Lohn- bzw. Einkommensteuer möglichst nahekommt, müssen die vom Arbeitnehmer im laufenden Kalenderjahr bereits bezogene Löhne aus anderen Nebenbeschäftigungen (auch bei anderen Arbeitgebern) einbezogen werden, wenn für diese die Lohnsteuer ebenfalls nach dem permanenten Lohnsteuer-Jahresausgleich ermittelt worden ist. Dabei werden die einbehaltenen Steuerbeträge ebenfalls berücksichtigt. Dazu hat der Arbeitnehmer dem Arbeitgeber ggf. auch die entsprechenden Lohnunterlagen beizufügen.

Als Besonderheit für diesen permanenten Lohnsteuer-Jahresausgleich ist zu beachten, dass der während der Beschäftigung erzielte Arbeitslohn auf einen Jahresbetrag hochgerechnet wird und die sich ergebende Lohnsteuer auf den Lohnabrechnungszeitraum zurückgerechnet wird, der sich vom Beginn des Kalenderjahres bis zum Ende der Beschäftigung ergibt. Dies erledigen regelmäßig die maschinellen Lohnabrechnungsprogramme, wie z.B. Stotax Gehalt und Lohn.

Weitere Voraussetzung für die Anwendung dieser besonderen Berechnungsmethode ist, dass der Arbeitnehmer vor Aufnahme der Beschäftigung

– seinem Arbeitgeber die Identifikationsnummer mitteilt (ist im ELStAM-Verfahren obligatorisch),

– dem Berechnungsverfahren schriftlich zustimmt,

– den bereits zuvor so besteuerten Arbeitslohn und die darauf erhobene Lohnsteuer sowie den Solidaritätszuschlag mitteilt und

– mit seiner Zustimmung versichert, dass ihm die gesetzliche Verpflichtung zur Abgabe einer Einkommensteuererklärung (Pflichtveranlagung nach § 46 Abs. 2 Nr. 2 und 3a EStG) bekannt ist.

Der Arbeitgeber muss die Zustimmungserklärung des Arbeitnehmers zum Lohnkonto nehmen und aufbewahren.

Zur Vereinfachung und Standardisierung des Verfahrens hat die Finanzverwaltung bundeseinheitliche Vordrucke entwickelt. Dies sind

– ein „Antrag auf Anwendung des permanenten Lohnsteuer-Jahresausgleichs für Aushilfskräfte (§ 39b Abs. 2 Satz 13–16 EStG)" und

– eine „Erklärung des Arbeitnehmers zur Anwendung des permanenten Lohnsteuer-Jahresausgleichs nach § 39b Abs. 2 Satz 13–16 EStG".

Diese Vordrucke werden im Formular-Management-System der Bundesfinanzverwaltung (www.formulare-bfinv.de) in der Rubrik „Unternehmen/Lohnsteuer" zum Abruf zur Verfügung gestellt. Das Betriebsstättenfinanzamt soll seine Genehmigung für die Durchführung dieses besonderen permanenten Lohnsteuer-Jahresausgleichs auf längstens drei Jahre begrenzen.

Ohne den permanenten Lohnsteuer-Jahresausgleich würde die Lohnsteuer als Monatslohn berechnet oder ggf. nach der Tageslohnsteuertabelle ermittelt. Ein ggf. zu hoher Einbehalt könnte erst nachträglich i.R. der Veranlagung zur Einkommensteuer ausgeglichen werden. Mit dieser besonderen Berechnungsmethode kann der einmalig erzielte hohe Lohn auf mehrere Monate umgelegt werden. Hierdurch behält der Arbeitgeber weniger Steuern ein als im üblichen Abzugsverfahren nach der Steuerklasse VI. Sollte die so erhobene Lohnsteuer auf das Kalenderjahr bezogen zu niedrig sein – insbesondere durch den Bezug weiterer Einkünfte –, wird das Finanzamt den Minderbetrag i.R. einer Einkommensteuerveranlagung einfordern.

Jahresausgleich für Solidaritätszuschlag und Kirchensteuer

Neben dem Jahresausgleich für die einbehaltene Lohnsteuer hat der Arbeitgeber auch für den Solidaritätszuschlag und die Kirchensteuer einen Jahresausgleich vorzunehmen. Hierfür sind die Steuerklasse und die Zahl der Kinderfreibeträge maßgebend, die für den permanenten Lohnsteuer-Jahresausgleich als Lohnsteuerabzugsmerkmale abgerufen bzw. angesetzt worden sind.

Der Jahresausgleich von Solidaritätszuschlag und Kirchensteuer ist jeweils ein eigenständiges Ausgleichsverfahren. Erstattungsbeträge sind an den Arbeitnehmer weiterzuleiten. Fehlbeträge sind bei zutreffendem Abzug während des Kalenderjahres darf der Arbeitgeber nicht nachzufordern, auch nicht durch Verrechnung.

Hinweis: Ausführliche Erläuterungen zur Durchführung des jährlichen Lohnsteuer-Jahresausgleichs enthält die vom Verlag jeweils im September eines jeden Jahres aktuell herausgegebene Tabelle „Lohnsteuer-Jahresausgleich 20xx", Art.Nr.: 33 73.

4. Einkommensteuerveranlagung durch das Finanzamt

Unabhängig davon, ob der Arbeitgeber einen betrieblichen Lohnsteuer-Jahresausgleich durchgeführt hat, kann der Arbeitnehmer zur Erstattung zu viel gezahlter Lohnsteuer stets eine **Veranlagung** zur Einkommensteuer beantragen (→ Rz. 62 ff.). In vielen Fällen wird jedoch bereits eine gesetzliche Verpflichtung zur Abgabe einer Einkommensteuererklärung bestehen, z.B. auf Grund der Steuerklassenkombination III/V oder des Faktorverfahrens.

Im Rahmen dieser Einkommensteuerveranlagung können die Arbeitnehmer ebenso wie die anderen Stpfl. einkommensmindernde Aufwendungen wie Werbungskosten, Sonderausgaben und außergewöhnliche Belastungen geltend machen. Weil solche Aufwendungen die Bemessungsgrundlage für die festzusetzende Einkommensteuer mindern, können sie zu einer Einkommensteuerrückzahlung führen. In diesem Fall erstattet das Finanzamt die – gemessen an versteuernden Einkommen und der danach festgesetzten Einkommensteuer – zu viel einbehaltenen Lohnsteuerbeträge (einschließlich Solidaritätszuschlag und Kirchensteuer).

D. Solidaritätszuschlag

I. Rechtsgrundlagen

706 Die Erhebung des Solidaritätszuschlags ist im Solidaritätszuschlaggesetz 1995 v. 23.6.1993 (BGBl. I 1993, 944, 975, BStBl I 1993, 510, 523) geregelt. Für den **Lohnsteuerabzug in 2022** und den **VZ 2022** ist das Solidaritätszuschlaggesetz 1995 i.d.F. der Bekanntmachung v. 15.10.2002 (BGBl. I 2002, 4130, BStBl I 2002, 1154) und mit den Änderungen maßgebend, die es durch das **Zweite Familienentlastungsgesetz** (BGBl. I 2020, 2616, BStBl I 2020, 1347) erfahren hat.

Mit dem Gesetz zur Rückführung des Solidaritätszuschlags 1995 werden **seit 2021** rund **90 %** der Zahler von **Lohnsteuer** und veranlagter **Einkommensteuer** durch die Anhebung der Freigrenzen (→ Rz. 709 f.) **vollständig** vom Solidaritätszuschlag **entlastet**, für weitere **6,5 %** wird er **reduziert**. Hintergrund sind die hohen **Jahres-Freigrenzen** von **16 956 €** bzw. **33 912 €**. Die Zahler von Lohnsteuer und veranlagter Einkommensteuer in der sog. Milderungszone (→ Rz. 709 f.) werden ebenfalls entlastet, allerdings bei steigenden Einkommen mit abnehmender Wirkung.

707 Der Solidaritätszuschlag wird als **Zuschlag zur Einkommensteuer** (und Körperschaftsteuer) erhoben; er ist eine Ergänzungsabgabe i.S.d. Art. 106 Abs. 1 Nr. 6 GG, deren Aufkommen in vollem Umfang dem Bund zufließen. Der Solidaritätszuschlag ist eine selbständige Steuer, die aus technischen Gründen an die Einkommensteuer (und Körperschaftsteuer) anknüpft. Dementsprechend werden dem Solidaritätszuschlag alle Einkommensteuerpflichtigen nach Maßgabe ihrer einkommensteuerlichen Leistungsfähigkeit unterworfen. Zur Frage der **Verfassungsmäßigkeit** hat der Bundesfinanzhof entschieden (Urteil v. 21.7.2011, II R 52/10, BStBl II 2012, 43), dass die Festsetzung des Solidaritätszuschlags zur Einkommen- und Körperschaftsteuer bis zum Jahr 2007 verfassungsmäßig war; auch nach einer Laufzeit von bis dahin 13 Jahren dient er noch zur Deckung des besonderen Finanzbedarfs des Bundes aus den Kosten der Wiederherstellung der deutschen Einheit. Zu einem dauerhaften Instrument der Steuerumverteilung darf der Solidaritätszuschlag nach Auffassung des BFH allerdings nicht werden. Zum Solidaritätszuschlag ist jedoch wieder eine **Verfassungsbeschwerde** beim BVerfG in Karlsruhe anhängig (Aussetzung des Klageverfahrens 7 K 143/08 durch den 7. Senat des Niedersächsischen FG nach Art. 100 Abs. 1 GG und Einholung einer Entscheidung des BVerfG darüber, ob die Regelungen im Solidaritätszuschlaggesetz verfassungswidrig sind [Az. des BVerfG: 2 BvL 6/14]). Der Solidaritätszuschlag wird gleichwohl weiter erhoben (BFH v. 15.6.2016, II B 91/15, BStBl II 2016, 846). Aussetzung der Vollziehung gewährt die Finanzverwaltung nicht. Das FG Nürnberg hat mit Urteil v. 29.7.2020 (3 K 1098/19, www.stotax-frist.de) entschieden, dass der Solidaritätszuschlag als Ergänzungsabgabe auch für die VZ 2020 und 2021 eine ausreichende verfassungsrechtliche Grundlage findet (Rev. beim BFH eingelegt; Az. IX R 15/20). Anlass ist die Rechtslage nach den Änderungen durch das „Gesetz zur Rückführung des Solidaritätszuschlags 1995", nach dem der Solidaritätszuschlag weiter erhoben wird. In der Musterklage geht es explizit um das Jahr 2020. Hierzu greifen die Revisionskläger die vom Finanzamt festgesetzten Steuervorauszahlungen an. Beim BVerfG ist des Weiteren von einigen **Bundestagsabgeordneten** parallel eine **Verfassungsbeschwerde** eingelegt worden; diese richtet sich ebenfalls gegen die Fortführung des Zuschlags 2020 und die Teilfortführung ab 2021 (Az. des BVerfG: 2 BvR 1505/20). Festsetzungen des Solidaritätszuschlags enthalten einen **Vorläufigkeitsvermerk** (§ 165 AO). Für die VZ ab 2020 erfasst dieser Vorläufigkeitsvermerk auch die Frage, ob die fortgeltende Erhebung eines Solidaritätszuschlages nach **Auslaufen des Solidarpakts II** zum 31.12.2019 verfassungsgemäß ist (BMF-Schreiben v. 4.1.2021, IV A 3 – S 0338/19/10006 :001, BStBl I 2021, 49).

II. Höhe des Solidaritätszuschlags

708 Der Solidaritätszuschlag beträgt grundsätzlich **5,5 %** der im Veranlagungsverfahren festgesetzten Einkommensteuer. Für Stpfl. mit Kindern ist immer die Einkommensteuer maßgebend, die unter Berücksichtigung der **Kinderfreibeträge** und der **Freibeträge für den Kinderbetreuungs- und Erziehungs- oder Ausbildungsbedarf** sog. Bedarfsfreibetrag (für 2022 zusammen: 4 194 € bzw. bei Ehepartnern 8 388 €) festzusetzen ist bzw. festzusetzen wäre. Danach sind diese Freibeträge auch in den Fällen zu berücksichtigen, in denen sie bei der Festsetzung der Einkommensteuer nur deshalb nicht angesetzt werden, weil das Kindergeld günstiger ist.

709 Im unteren und mittleren Einkommensbereich wird der Solidaritätszuschlag bis zu rund 930 € oder im Splitting-Verfahren bis zu rund 1 860 € nicht erhoben (sog. **Nullzone**). Deshalb ist der Solidaritätszuschlag von einkommensteuerpflichtigen Personen nur zu erheben, wenn die maßgebende Einkommensteuer **16 956 €** oder bei Anwendung des Splitting-Verfahrens **33 912 €** übersteigt. Zur Vermeidung eines Fallbeileffekts wird bei höheren Einkommensteuerbeträgen der Solidaritätszuschlag nur insoweit erhoben, als er 11,9 % des Unterschiedsbetrags zwischen der Bemessungsgrundlage und den maßgebenden Freigrenzen nicht übersteigt (Überleitungsregelung).

710 Der Solidaritätszuschlag auf die **Abgeltungsteuer** (→ Rz. 95 und → Rz. 268) beträgt **stets 5,5 %**. Freibeträge für Kinder werden nicht berücksichtigt (→ Rz. 708); die Nullzone und die Milderungsregelung (→ Rz. 709) sind unbeachtlich. Auch bei einer Besteuerung mit **25 % im Veranlagungsverfahren** (§ 32d Abs. 3 und 4 EStG) sind die Nullzone und die Milderungsregelung nicht zu beachten.

III. Solidaritätszuschlag und Lohnsteuer

1. Allgemeines

711 Beim Lohnsteuerabzug **bemisst sich** der Solidaritätszuschlag **nach der Lohnsteuer**. Er ist von der Lohnsteuer für den laufenden Arbeitslohn und für sonstige Bezüge sowie von der pauschalen Lohnsteuer jeweils gesondert zu berechnen. Der einbehaltene und der ggf. vom Arbeitgeber übernommene Solidaritätszuschlag ist beim Betriebsstättenfinanzamt **anzumelden** und an dieses **abzuführen** (zur Besonderheit bei einer geringfügigen Beschäftigung → Rz. 718).

2. Berücksichtigung von Kindern

712 Sind beim Lohnsteuerabzug Kinderfreibeträge zu berücksichtigen (maßgebliches Lohnsteuerabzugsmerkmal „Zahl der Kinderfreibeträge bei den Steuerklassen I bis IV …"), berechnet sich der Solidaritätszuschlag nicht nach der tatsächlichen Lohnsteuer. **Bemessungsgrundlage** ist vielmehr eine **fiktive Lohnsteuer**, die sich ergibt, wenn die entsprechenden Freibeträge für Kinder abgezogen werden (→ Rz. 708). Für die Ermittlung der Bemessungsgrundlage für den Solidaritätszuschlag werden dabei aus Vereinfachungsgründen sowohl beim Lohnsteuer-Jahresausgleich des Arbeitgebers (→ Rz. 691 ff.) als auch im Veranlagungsverfahren immer die ungekürzten Freibeträge für Kinder angesetzt, selbst wenn das Kind nur für einen kürzeren Zeitraum des Jahres berücksichtigt werden kann (z.B. bei Beendigung der Berufsausbildung im Laufe des Jahres oder Geburt eines Kindes im Dezember des Jahres).

3. Milderung des Solidaritätszuschlags

713 Zur Lohnsteuer des **laufenden Arbeitslohns** wird ein Solidaritätszuschlag nur erhoben, wenn die Bemessungsgrundlage

E 147

in Steuerklasse III monatlich **2 826 €**, wöchentlich **659,40 €** oder täglich **94,20 €** und in den anderen Steuerklassen monatlich **1 413 €**, wöchentlich **329,70 €** oder täglich **47,10 €** überschreitet. Im Anschluss an diese Nullzone wird in einem Überleitungsbereich auf die Erhebung des vollen Satzes von 5,5 % stufenweise übergeleitet (→ Rz. 709). Zu den Besonderheiten bei **sonstigen Bezügen** → Rz. 715 f.

4. Faktorverfahren bei Ehepartnern

714 Bei Anwendung des **Faktorverfahrens bei Ehepartnern** (→ Rz. 17 und → Rz. 332 ff.) ist für die Berechnung des Solidaritätszuschlags beim Steuerabzug die Lohnsteuer zu Grunde zu legen, die sich bei **Anwendung des entsprechenden Faktors** ergibt. Dies gilt für laufenden Arbeitslohn und sonstige Bezüge. Die Besonderheiten in den Fällen des maßgeblichen Lohnsteuerabzugsmerkmals „Zahl der Kinderfreibeträge bei den Steuerklassen I bis IV …" sind zu beachten (→ Rz. 712 und → Rz. 715 f.).

Bei **maschineller** Berechnung der Lohnsteuer werden die Besonderheiten durch das Lohnsteuerberechnungs-/Lohnabrechnungsprogramm berücksichtigt.

Bei der **manuellen** Berechnung der Lohnsteuer mittels Lohnsteuertabellen ist die Ermittlung des Solidaritätszuschlags mit weiteren Besonderheiten – auch wegen der sog. Nullzone (→ Rz. 709) und der Milderungsregelung (→ Rz. 713) – verbunden. Hier gibt es grds. zwei Möglichkeiten:

Möglichkeit 1

Der Arbeitgeber berechnet den Solidaritätszuschlag mit 5,5 % der um den Faktor geminderten Lohnsteuer. Im Bereich der sog. Nullzone wird bei dieser Methode ein Solidaritätszuschlag erhoben, obwohl eigentlich kein Solidaritätszuschlag zu erheben wäre. In dem Bereich, in dem die Milderungsregelung greift, ist der Solidaritätszuschlag zu hoch, denn diese Methode berücksichtigt die Milderungsregelung nicht.

> **Beispiel:**
> Für 2022 wurde als Lohnsteuerabzugsmerkmal des sozialversicherungspflichtigen Arbeitnehmers der Faktor 0,952 gebildet. Der monatliche Arbeitslohn beträgt 6 500 €.
>
> | | |
> |---|---:|
> | Lohnsteuer nach Steuerklasse IV = | 1 511,91 € |
> | × 0,952 (Faktor) = | 1 439,34 € |
> | × 5,5 % (Solidaritätszuschlag) = | 79,16 € |

Möglichkeit 2

Der Arbeitgeber berechnet den Solidaritätszuschlag, indem er die Lohnsteuer aus der Lohnsteuertabelle heraussucht, die der mittels des Faktors ermittelten Lohnsteuer entspricht oder unmittelbar darüber liegt. Für diese Lohnsteuer liest er sodann den entsprechenden Solidaritätszuschlag ab.

> **Beispiel:**
> Für 2022 wurde als Lohnsteuerabzugsmerkmal des sozialversicherungspflichtigen Arbeitnehmers der Faktor 0,952 gebildet. Der monatliche Arbeitslohn beträgt 6 500 €.
>
> | | |
> |---|---:|
> | Lohnsteuer nach Steuerklasse IV = | 1 511,91 € |
> | × 0,952 (Faktor) = | 1 439,34 € |
> | in der Lohnsteuertabelle abgelesener Solidaritätszuschlag bei einer Lohnsteuer von 1 440,16 € (unmittelbare Stufe über 1 439,34 €) = | 3,23 € |
>
> Man erkennt, dass man sich im Bereich der Milderungsregelung befindet, denn bei einer Lohnsteuer von 1 439,34 € würde der Solidaritätszuschlag ohne Milderungsregelung 79,16 € betragen (1 439,34 € × 5,5 %).

Sind bei der Berechnung des Solidaritätszuschlags **Freibeträge für Kinder** zu berücksichtigen (→ Rz. 712), ist die Sache komplizierter. Hier ist in einem ersten Schritt die Bemessungsgrundlage für den Solidaritätszuschlag zu ermitteln. Dies geschieht am besten mittels der abgedruckten Kirchensteuer, weil hier die sog. Nullzone und die Milderungsregelung keine Rolle spielen. In einem zweiten Schritt sucht man die Lohnsteuer aus der Lohnsteuertabelle heraus, die der mittels des Faktors ermittelten Lohnsteuer entspricht oder unmittelbar darüber liegt. Für diese Lohnsteuer liest man sodann den entsprechenden Solidaritätszuschlag ab (allerdings ohne Berücksichtigung der Freibeträge für Kinder).

> **Beispiel:**
> Für 2022 wurde als Lohnsteuerabzugsmerkmal des sozialversicherungspflichtigen Arbeitnehmers mit einem Kind der Faktor 0,952 gebildet. Der monatliche Arbeitslohn beträgt 6 500 €.
>
> | | |
> |---|---:|
> | Lohnsteuer nach Steuerklasse IV = | 1 511,91 € |
> | × 0,952 (Faktor) = | 1 439,34 € |
> | Kirchensteuer bei einem Arbeitslohn von 6 500 € unter Berücksichtigung von einem Kinderfreibetrag für Kinder bei 9 % = | 129,46 € |
> | Bemessungsgrundlage für die Zuschlagsteuern (129,46 €/9 x 100) = | 1 438,44 € |
> | × 0,952 (Faktor) = | 1 369,39 € |
> | in Lohnsteuertabelle abgelesener Solidaritätszuschlag ohne Berücksichtigung von Freibeträgen für Kinder bei einer Lohnsteuer von 1 369,58 € (unmittelbare Stufe über 1 369,39 €) = | 0,– € |

Es ist davon auszugehen, dass die Finanzverwaltung keine der beiden Methoden beanstandet, weil in keinem Fall ein zu niedriger Solidaritätszuschlag erhoben wird. Im Interesse des Arbeitnehmers und damit aus Gründen der Fürsorgepflicht sollte von der Möglichkeit 1 Abstand genommen werden, denn der Solidaritätszuschlag ist hier in den meisten Fällen (viel) zu hoch.

5. Sonstige Bezüge

Für die Erhebung des Solidaritätszuschlags von sonstigen Bezügen gilt eine **Nullzone**, jedoch **keine Überleitungsregelung** (→ Rz. 709 und → Rz. 713). 715

Beim Abzug von einem **sonstigen Bezug** ist der Solidaritätszuschlag danach **nur zu erheben**, wenn die **Jahreslohnsteuer** i.S.d. § 39b Abs. 3 Satz 5 EStG unter Berücksichtigung der Freibeträge für Kinder für jedes Kind (→ Rz. 708) **folgende Beträge übersteigt:**

– in der Steuerklasse III **33 912 €**,

– in den übrigen Steuerklassen **16 956 €**.

Die weiteren Vorgaben zur Berechnung der Lohnsteuer finden **Anwendung**, d.h., es sind hier z.B. auch die Regelungen zum **Versorgungsfreibetrag** (→ Rz. 264 *Versorgungsfreibetrag*) und zum **Altersentlastungsbetrag** (→ Rz. 244 *Altersentlastungsbetrag*) sowie die Besonderheiten bei **ermäßigt zu besteuernden sonstigen Bezügen** (→ Rz. 437 ff.) zu beachten.

Sind die **Freigrenzen überschritten**, ist für den Steuerabzug von sonstigen Bezügen der **Solidaritätszuschlag** stets mit **5,5 % der Lohnsteuer** zu berechnen, die vom sonstigen Bezug zu erheben ist. Sind die Freigrenzen **nicht überschritten**, ist **kein Solidaritätszuschlag** zu berechnen. Die **Überleitungsregelung**, wie beim laufenden Arbeitslohn (→ Rz. 709), **greift nicht**. Freibeträge für Kinder dürfen ebenfalls nicht berücksichtigt werden. 716

Auch von der Lohnsteuer für sonstige Bezüge, die unter Berücksichtigung der entsprechenden Jahreslohnsteuer (bei **manueller Ermittlung der Lohnsteuer** mit Hilfe der Lohnsteuer-Tabelle „Sonstige Bezüge") ermittelt wird, ist der Solidaritätszuschlag bei **Überschreiten der Freigrenzen stets** mit **5,5 %** zu erheben.

6. Lohnsteuer-Pauschalierung

Von der Lohnsteuer, die pauschal erhoben wird (→ Rz. 616 ff.), ist der Solidaritätszuschlag **gesondert zu berechnen**. Er beträgt in diesen Fällen **stets 5,5 %**, auch wenn der Arbeitslohn im Bereich der Nullzone oder des Überleitungsbereichs (→ Rz. 709) liegt. Freibeträge für Kinder dürfen nicht berücksichtigt werden. 717

Wenn der Arbeitgeber unter Verzicht auf den Abruf von elektronischen Lohnsteuerabzugsmerkmalen die Lohnsteuer bei pauschal besteuertem Arbeitsentgelt aus **geringfügiger Beschäftigung** mit dem **einheitlichen Pauschalsteuersatz** i.H.v. 2 % erhebt (→ Rz. 623 ff.), ist kein zusätzlicher Solidaritätszuschlag zu erheben, weil in dem einheitlichen Pauschsteuersatz der Solidaritätszuschlag bereits mit einem Anteil von 5 % enthalten ist. Die einheitliche Pauschsteuer 718

D. Solidaritätszuschlag

(inkl. Solidaritätszuschlag) wird beim Arbeitgeber zusammen mit den Sozialversicherungsbeiträgen von der Deutschen Rentenversicherung Knappschaft-Bahn-See eingezogen (s. auch „www.minijob-zentrale.de").

7. Abweichende Lohnzahlungszeiträume

719 Für **andere** als monatliche oder tägliche **Lohnzahlungszeiträume** ist die Lohnsteuer bei manueller Berechnung unter Anwendung der **Lohnsteuer-Tabelle „Tag"** zu berechnen. Für den Tageslohnsteuerbetrag ist der Solidaritätszuschlag abzulesen und sodann mit der Zahl der in den abweichenden Lohnzahlungszeitraum fallenden Kalendertage zu vervielfältigen.

8. Nettolohnvereinbarung

720 Übernimmt der Arbeitgeber bei der Nettolohnvereinbarung (→ Rz. 450 ff.) neben dem Arbeitnehmeranteil am Gesamtsozialversicherungsbeitrag und der Lohnsteuer auch den Solidaritätszuschlag, ist die Lohnsteuer grds. **aus dem Bruttoarbeitslohn zu berechnen**, der nach Abzug des Arbeitnehmeranteils am Gesamtsozialversicherungsbeitrag und der Lohnsteuerabzüge einschließlich des Solidaritätszuschlags den ausgezahlten Nettolohn ergibt (Ausnahme: Übernahme der Lohnsteuer durch den Arbeitgeber bei Beendigung des Dienstverhältnisses im Zusammenhang mit der Überlassung von Vermögensbeteiligungen, § 19a EStG, → Rz. 599 *Vermögensbeteiligung*). Die hohen Freigrenzen (→ Rz. 706, → Rz. 709 und → Rz. 715) sind zu beachten.

9. Änderung des Lohnsteuerabzugs

721 Macht der Arbeitgeber von seiner Berechtigung zur Änderung des Lohnsteuerabzugs **Gebrauch** oder ist er dazu **verpflichtet** (→ Rz. 374 ff.), ist auch der **Solidaritätszuschlag neu zu ermitteln**. Unterschiedsbeträge zum bisher erhobenen Solidaritätszuschlag sind zu erstatten oder nachzuerheben.

Macht der Arbeitgeber von seiner Berechtigung zur Änderung des Lohnsteuerabzugs **keinen Gebrauch**, ist er verpflichtet, seinem Betriebsstättenfinanzamt eine **Anzeige** zu erstatten. Das Finanzamt **fordert** dann einen zu wenig erhobenen **Solidaritätszuschlag** vom Arbeitnehmer **nach**, wenn der nachzufordernde Betrag 10 € übersteigt.

10. Nachzahlungen und Vorauszahlungen von Arbeitslohn

722 Nachzahlungen oder Vorauszahlungen von Arbeitslohn gehören **zum laufenden Arbeitslohn**, wenn sich der Gesamtbetrag der Nachzahlung oder Vorauszahlung ausschließlich auf Lohnzahlungszeiträume bezieht, die in dem Kalenderjahr der Zahlung enden. In diesen Fällen ist die Nachzahlung oder Vorauszahlung für die Berechnung der Lohnsteuer auf die Lohnzahlungszeiträume zu verteilen, für die sie geleistet werden. Die Lohnsteuer und der Solidaritätszuschlag für diese Lohnzahlungszeiträume sind neu zu berechnen.

Gehören Nachzahlungen oder Vorauszahlungen von Arbeitslohn **zu den sonstigen Bezügen**, weil sie ganz oder teilweise ein anderes Kalenderjahr betreffen, und werden die entsprechenden Freigrenzen überschritten (→ Rz. 715), gehört die zu erhebende Lohnsteuer zur **Bemessungsgrundlage** für den mit 5,5 % zu erhebenden **Solidaritätszuschlag**. Dasselbe gilt, wenn Nachzahlungen oder Vorauszahlungen von Ar-

beitslohn zur Ermittlung der Lohnsteuer ohne Widerspruch des Arbeitnehmers als sonstige Bezüge behandelt werden, obwohl es sich dem Grunde nach um laufenden Arbeitslohn handelt.

11. Lohnsteuer-Jahresausgleich durch den Arbeitgeber

723 Wenn der Arbeitgeber für den Arbeitnehmer einen Lohnsteuer-Jahresausgleich durchführt (→ Rz. 691 ff.), ist **auch für den Solidaritätszuschlag** ein Jahresausgleich vorzunehmen. **Bemessungsgrundlage** für den Solidaritätszuschlag ist die im Jahresausgleich festgestellte Jahreslohnsteuer. Dabei gelten sowohl die **Nullzone** (→ Rz. 709) **als auch** die **Überleitungsregelung**, nach der der Solidaritätszuschlag stufenweise auf 5,5 % der Jahreslohnsteuer angehoben wird (→ Rz. 713). Ist die festgestellte Jahreslohnsteuer in der Steuerklasse III nicht höher als 33 912 € und in den übrigen Steuerklassen nicht höher als 16 956 €, beträgt der Solidaritätszuschlag 0 €. Übersteigt die Summe der einbehaltenen Solidaritätszuschläge den im Jahresausgleich errechneten Solidaritätszuschlag, ist der **Unterschiedsbetrag** dem Arbeitnehmer vom Arbeitgeber **zu erstatten**. Ist dagegen der im Jahresausgleich errechnete Solidaritätszuschlag höher als die Summe der einbehaltenen Solidaritätszuschlagsbeträge, ist der Unterschiedsbetrag vom Arbeitgeber **nicht nachträglich einzubehalten**. Die nachträgliche Einbehaltung des Unterschiedsbetrags durch den Arbeitgeber kommt nur in den Fällen einer Änderung des Lohnsteuerabzugs (→ Rz. 374 ff.) in Betracht (Tz. 2.3 des Merkblatts zum Solidaritätszuschlag im Lohnsteuerabzugsverfahren ab 1995 v. 20.9.1994, IV B 6 – S 2450 – 6/94, BStBl I 1994, 757).

12. Permanenter Lohnsteuer-Jahresausgleich

724 Das Betriebsstättenfinanzamt kann allgemein oder auf Antrag des Arbeitgebers zulassen, dass die Lohnsteuer nach dem **voraussichtlichen Jahresarbeitslohn** des Arbeitnehmers ermittelt wird (allgemeiner permanenter Lohnsteuer-Jahresausgleich und permanenter Lohnsteuer-Jahresausgleich für kurzfristige Beschäftigungsverhältnisse mit Steuerklasse VI, → Rz. 704). Die nach diesem Verfahren für den laufenden Arbeitslohn eines Lohnzahlungszeitraums ermittelte Lohnsteuer ist **auch Bemessungsgrundlage für den Solidaritätszuschlag**, wobei ebenfalls die Nullzone (→ Rz. 709) und die Überleitungsregelung (→ Rz. 713) gelten.

13. Aufzeichnung und Bescheinigung des Solidaritätszuschlags

725 Der Solidaritätszuschlag ist im **Lohnkonto** gesondert einzutragen (→ Rz. 298 ff.) und in der elektronischen **Lohnsteuerbescheinigung** gesondert neben der Lohnsteuer und ggf. der Kirchensteuer zu bescheinigen (→ Rz. 381 ff.), wegen der hohen Freigrenzen (→ Rz. 706, → Rz. 709 und → Rz. 715) ggf. mit 0 €.

Der Solidaritätszuschlag ist auch auf der **Besonderen Lohnsteuerbescheinigung** zu bescheinigen, wenn das Betriebsstättenfinanzamt für den Arbeitgeber zugelassen hat, dass er nicht am elektronischen Abrufverfahren teilnimmt, bzw. wenn der Arbeitgeber ausschließlich Arbeitnehmer im Rahmen einer geringfügigen Beschäftigung in seinem Privathaushalt beschäftigt und keine elektronische Lohnsteuerbescheinigung erteilt. Zu den weiteren Einzelheiten → Rz. 384.

E 149

E. Kirchensteuer

I. Einführung

726 Kirchensteuer sind die Geldleistungen, die von den als Körperschaft des öffentlichen Rechts anerkannten Religionsgemeinschaften auf Grund der bürgerlichen Steuerlisten zur Finanzierung kirchlicher Aufgaben nach Maßgabe landesrechtlicher Bestimmungen von ihren Mitgliedern erhoben werden können (Art. 140 GG i.V.m. Art. 137 Abs. 6 WRV). Sie sind echte Steuern i.S.d. Abgabenordnung (§ 3 AO). Die wichtigste Form ist die als Zuschlag zur Lohn-, Einkommen- und Kapitalertragsteuer.

II. Schuldner und Gläubiger der Kirchensteuer

1. Schuldner der Kirchensteuer

727 Schuldner der Kirchensteuer ist das Kirchenmitglied mit Wohnsitz bzw. gewöhnlichem Aufenthalt (§§ 8 f. AO) im Gebiet einer steuererhebenden Religionsgemeinschaft.

Kirchensteuerpflichtig sind in der Bundesrepublik Deutschland nur natürliche, unbeschränkt steuerpflichtige, einer steuererhebenden Religionsgemeinschaft angehörende Personen. Ausländer sind kirchensteuerpflichtig, wenn sie in der Bundesrepublik ihren Wohnsitz (§§ 8 f. AO) haben und sie einer steuererhebenden Kirche angehören, gleichgültig, ob in ihrem Heimatland Kirchensteuer erhoben wird oder nicht.

2. Gläubiger der Kirchensteuer

728 Gläubiger der Kirchensteuer ist diejenige Religionsgemeinschaft, in deren Gebiet das Kirchenmitglied seinen Wohnsitz (§§ 8 f. AO) hat.

3. Kirchensteuerhebesatz

729 Die Kirchensteuer wird als Zuschlag zur Einkommen-, Lohn- und Kapitalertragsteuer mit folgendem **Hebesatz** erhoben:

– in Baden-Württemberg[1] und Bayern 8 %;

– in den übrigen Bundesländern 9 %.

4. Korrekturen der Bemessungsgrundlage für die Berechnung der Kirchensteuer

730 Die Kirchensteuer wird bei zwei Fallgestaltungen abweichend berechnet. Sind Kinder vorhanden und/oder hat der Stpfl. Einkünfte i.S.v. § 3 Nr. 40 EStG (Teileinkünfte) bzw. solche aus Gewerbebetrieb (§ 35 EStG), wird die Bemessungsgrundlage korrigiert (§ 51a Abs. 2, 2a EStG).

a) Berücksichtigung von Kindern

731 Abweichend vom staatlichen Recht (vgl. § 31 EStG) werden für Zwecke der Berechnung der Kirchensteuer immer die Freiträge nach § 32 Abs. 6 EStG mindernd berücksichtigt, selbst dann, wenn nach staatlichem Recht nur Kindergeld gezahlt wird (§ 51a Abs. 2, 2a EStG). Die Freibeträge (pro Kinderfreibetrag: 5 460 €, Betreuungs-, Erziehungs-, Ausbildungsfreibetrag: 2 928 €) sind in die Tabellen eingearbeitet.

---

[1] Für die röm.-kath. Kirchengemeinde des Bistums Mainz in Bad Wimpfen 9 % ab VZ 2016.

Beispiel: Berechnung Kirchensteuer bei zwei Kindern

Zu versteuerndes Einkommen in €	45 000 €
Kinderfreibetrag nach § 32 Abs. 6 Satz 1	
1. Hs. EStG (2 × 5 460 €)	./. 10 920 €
Freibetrag nach § 32 Abs. 6 Satz 1	
2. Hs. EStG (2 × 2 928 €)	./. 5 856 €
Zu versteuerndes Einkommen (fiktiv)	28 224 €
Einkommensteuer (Splittingtabelle; fiktiv)	1 498 €
Kirchensteuer (auf Einkommensteuer, Splittingtabelle; fiktiv) 9 %	134,82 €
ohne die Berücksichtigung der Kinder hätte die Kirchensteuer betragen:	516,78 €

b) Teileinkünfteverfahren, Anrechnung des Gewerbesteuermessbetrags und Beschränkung der Anrechenbarkeit der Kapitalertragsteuer

732 Im Rahmen der Veranlagung zur Einkommensteuer wird die Bemessungsgrundlage für die Berechnung der Kirchensteuer um die steuerfreien Teileinkünfte nach § 3 Nr. 40 EStG korrigiert (Hinzu- bzw. Abrechnung). Einzelheiten s. BVerwG v. 20.8.2008, 9 C 9.07, HFR 2009, 193; BFH v. 1.7.2009, I R 76/08, BStBl II 2010, 1061; BFH v. 15.9.2011, I R 53/10, HFR 2012, 71; vgl. Homburg, Das Halbeinkünfteverfahren und die Kirchensteuer, FR 2008, 153 ff.; Homburg, Neues zur Kirchensteuer, DStR 2009, 2179 passim; Petersen in K/S/M, § 51a Rz. C 11 ff.; Petersen, Kirchensteuer kompakt, 4. Aufl. 2020, Kap. 12.2.

Der Gewerbesteuermessbetrag (§ 35 EStG) wird nicht angerechnet (Einzelheiten s. Petersen in K/S/M, § 51a Rz. C 51; Petersen., Kirchensteuer kompakt, 4. Aufl. 2020, Kap. 12.4).

Der durch das Investmentsteuerreformgesetz[1] eingefügte § 36a EStG will verhindern, dass (insbesondere) Steuerausländer die Steuerpflicht von inländischen Dividenden bei sog. Cum/Cum-Geschäften unterlaufen. Um diese Gestaltung unattraktiv zu machen, wird die Kapitalertragsteuer beim Steuerinländer nur zu 2/5 angerechnet, wenn er das Wertpapier weniger als 45 Tage um den Dividendentermin hält. Im Ergebnis wird der Steuerinländer mit einer Steuer belastet, die an sich der Steuerausländer unmittelbar selbst tragen müsste.

Beim Solidaritätszuschlag wird die Beschränkung der Anrechnung nicht vorgenommen (§ 1 Abs. 2 SolZG). Für die Berechnung der Kirchensteuer ist durch das Zweite Familienentlastungsgesetz ausdrücklich ein Verweis auf § 36a EStG und damit eine vergleichbare Regelung in § 51a Abs. 1 Satz 1 EStG aufgenommen worden.[2] De facto wurde die Beschränkung bei der Kirchensteuer auch bisher nicht vorgenommen.[3]

§ 51a EStG wird auch bei der Berechnung der Mindestbetrags-Kirchensteuer (→ Rz. 734), bei der Kappung (→ Rz. 733), bei der Kirchensteuer in glaubensverschiedener (→ Rz. 743) und bei der Bemessungsgrundlage für das Kirchgeld in glaubensverschiedener Ehe (→ Rz. 744) berücksichtigt.

5. Begrenzung der Kirchensteuer (sog. Kappung)

733 Die Kirchensteuer beträgt 8 % oder 9 % der Einkommensteuer, jedoch nicht mehr als einen gewissen Prozentsatz (je nach Bundesland 2,75 % bis 4 %) des – auf den vollen Euro-Betrag abgerundeten – zu versteuernden Einkommens. Die Kirchensteuer wird in diesen Fällen nicht auf Grund der Bemessungsgrundlage „Steuerschuld", sondern vom „zu versteuernden Einkommen" berechnet.

---

[1] V. 19.7.2016, BGBl. I 2016, 1730 = BStBl I 2016, 725.

[2] Art. 1 Nr. 7 Buchst. a 2. FamEntlastG v. 1.12.2020; BGBl. I 2020, 2616.

[3] S. Vordruck zur Anmeldung der Kapitalertragsteuer 2021, s. BMF v. 10.9.2020, www.stotax-first.de.

Bundesland	KiSt-Satz in % der Steuer	Kappung in % des zu versteuernden Einkommens	Berücksichtigung
Baden-Württemberg[1]	8	2,75 bzw. 3,5	auf Antrag
Bayern	8	–	keine Kappung
Berlin	9	3	VAw (von Amts wegen)
Brandenburg	9	3	VAw
Bremen	9	3,5	VAw
Hamburg[2]	9	3	VAw
Hessen[3]	9	3,5 bzw. 4	auf Antrag
Mecklenburg-Vorpommern	9	3	VAw
Niedersachsen[4]	9	3,5	VAw
Nordrhein-Westfalen[3]	9	3,5 bzw. 4	auf Antrag
Rheinland-Pfalz[3]	9	3,5 bzw. 4	auf Antrag
Saarland[3]	9	3,5 bzw. 4	auf Antrag
Sachsen	9	3,5	VAw
Sachsen-Anhalt	9	3,5	VAw
Schleswig-Holstein	9	3	VAw
Thüringen	9	3,5	VAw

1) Für die röm.-kath. Kirchengemeinde des Bistums Mainz in Bad Wimpfen 9 % ab VZ 2016. Ev. Kirche Württemberg 2,75 %; Ev. Kirche Baden und kath. Diözesen 3,5 %.
2) Ev.-luth. Kirche in Norddeutschland (Nordkirche): auch für die im Land Niedersachsen liegenden Gebietsteile.
3) Nur ev. Kirchen in diesen Bundesländern; kath. Diözesen 4 %.
4) Ev.-luth. Landeskirche Hannover: auch für die im Land Hamburg liegenden Gebietsteile.

Beispiel (Zahlen gerundet):

zu versteuerndes Einkommen (fiktiv)	150 000 €
Einkommensteuer (Grundtabelle)	53 732 €
Kirchensteuer 9 %	4 835,88 €
Kirchensteuer bei Kappung 3 % des zu versteuernden Einkommens	4 500,00 €
Kappungsvorteil	335,88 €

Beispiel: Beginn der Kappung bei einem zu versteuernden Einkommen (zvE) von:

KiSt-Satz in %	Kappungssatz in % des zvE	Grundtabelle €	Splittingtabelle €
8	2,75	121 541	243 082
8	3,5	1 408 178	2 816 356
9	3	106 933	213 866
9	3,5	288 037	576 074
9	4	3 168 401	6 336 802

Je anzurechnendes Kind erhöht sich die Grenze um 8 388 € je Kind.

Bei Berücksichtigung der Kappung auf Antrag sind die Erlassanträge zu stellen an: Ev. Kirche von Westfalen bei den Kreiskirchenämtern, Ev. Kirche im Rheinland bei der Gemeinsamen Kirchensteuerstelle beim Landeskirchenamt, übrige Landeskirchen beim Landeskirchenamt; Kath. Kirche bei den Diözesen bzw. Generalvikariaten; andere Religionsgemeinschaften bei den Geschäftsstellen bzw. Gemeinden.

Die Kappungsmöglichkeit ist – bei einigen Steuergläubigern – zwar auch bei einem auf das zu versteuernde Einkommen umgerechneten Monatslohn/-gehalt möglich. Da jedoch eine monatsweise Berücksichtigung der Kappung eine Nacherhebung auf die Jahreskirchensteuer nicht ausschließt, sollte sie beim monatlichen Kirchensteuerabzug unbeachtet bleiben. Die Kappung kommt bei der Kirchensteuer als Zuschlag zur Kapitalertragsteuer nicht zur Anwendung.

6. Mindestbetrags-Kirchensteuer

734 **Mindestbetrags-Kirchensteuer** wird nur noch von der Evangelischen Kirche in Mitteldeutschland für ihre Mitglieder in Sachsen-Anhalt erhoben (Hinweis: vorbehaltlich einer Änderung des Kirchensteuergesetzes des Landes Sachsen-Anhalt).

7. Kirchensteuer bei Pauschalierung der Lohn-/Einkommensteuer; einheitliche Pauschsteuer

735 Wird die Lohnsteuer – bzw. die als Lohnsteuer geltende Einkommensteuer – pauschal erhoben (§§ 37a, 37b, 40, 40a Abs. 1, 2a und 3, 40b EStG, → Rz. 736), gilt dies auch für die Kirchensteuer. Schuldner ist in jedem Fall der Arbeitgeber. Da persönliche Besteuerungsmerkmale des Arbeitnehmers durch die Typik des Verfahrens nicht berücksichtigt werden können, wird gegenüber dem allgemeinen Hebesatz ein niedriger Steuersatz angewandt. Der geringere Steuersatz berücksichtigt, dass nicht alle Arbeitnehmer, für die der Arbeitgeber die Pauschalierung wählt, kirchensteuerpflichtig sind (vereinfachtes Verfahren). Der Arbeitgeber kann aber die Erhebung der Kirchensteuer in bestimmten Fällen durch Nachweis der Nichtzugehörigkeit vermeiden (Nachweisverfahren).

Der Arbeitgeber hat zwei Möglichkeiten Kirchensteuer auf pauschale Lohnsteuer zu erheben, das vereinfachte Verfahren und das Nachweisverfahren (s. gleich lautende Erlasse der obersten Finanzbehörden der Länder v. 8.8.2016, S 2447, BStBl I 2016, 773; R 41.1 Abs. 4 LStR 2015).

736 Beim **vereinfachten Verfahren** wird die Kirchensteuer bei pauschaler Lohnsteuer für sämtliche Begünstigte (Arbeitnehmer, Empfänger von Sachprämien bzw. Zuwendungen) in einer Summe gesondert in der Lohnsteueranmeldung erfasst (Kennzahl 47 des Vordrucks) (Muster für die LSt-Anmeldung 2022, Bekanntmachung v. 11.8.2021, IV C 5 – S 2533/19/10026 :002, BStBl I 2021, 1075).

Bundesland	Pausch-KiLSt in % vereinfachtes Verfahren
Baden-Württemberg	5
Bayern	7
Berlin	5
Brandenburg	5
Bremen (Bremerhaven)	7
Hamburg	4
Hessen	7
Mecklenburg-Vorpommern	5
Niedersachsen	6
Nordrhein-Westfalen	7
Rheinland-Pfalz	7
Saarland	7
Sachsen	5
Sachsen-Anhalt	5
Schleswig-Holstein	6
Thüringen	5

Beim **Nachweisverfahren** kann der Pauschalierende von der Erhebung der Kirchensteuer für diejenigen Arbeitnehmer absehen, die nachgewiesenermaßen keiner steuererhebenden Religionsgemeinschaft angehören. Als Beleg für die Nichtzugehörigkeit zu einer steuererhebenden Religionsgemeinschaft dienen in den Fällen des § 40 und § 40b EStG grundsätzlich die vom Arbeitgeber beim Bundeszentralamt für Steuern abgerufenen elektronischen Lohnsteuerabzugsmerkmale (ELStAM; §§ 39, 39e EStG) oder ein Vermerk des Arbeitgebers, dass der Arbeitnehmer seine Nichtzugehörigkeit zu einer steuererhebenden Religionsgemeinschaft mit der vom Finanzamt ersatzweise ausgestellten Bescheinigung für den Lohnsteuerabzug (§ 39 Abs. 3 EStG) nachgewiesen hat. Liegen dem Arbeitgeber diese amtlichen Nachweise nicht vor, bedarf es zumindest einer schriftlichen Erklärung des Arbeitnehmers nach amtlich vorgeschriebenem Muster.[1] In den Fällen des § 37a und § 37b EStG genügt eine Erklärung nach dem amtlichen Muster.

Kann der Pauschalierende die auf den einzelnen Empfänger entfallende pauschale Steuer nicht ermitteln, ist aus Vereinfachungsgründen die gesamte pauschale Steuer im Verhältnis der kirchensteuerpflichtigen zu den nicht kirchensteuerpflich-

1) Siehe Anlage zu den gleich lautenden Erlassen der obersten Finanzbehörden der Länder v. 8.8.2016, S 2447, BStBl I 2016, 773.

tigen Empfängern aufzuteilen; der auf die kirchensteuerpflichtigen Empfänger entfallende Anteil ist Bemessungsgrundlage für die Anwendung des allgemeinen Kirchensteuerersatzes (8 % oder 9 %). Die so ermittelte Kirchensteuer ist auf die Empfänger gleichmäßig zu verteilen und entsprechend deren Zugehörigkeit zu einer steuererhebenden Religionsgemeinschaft zuzuordnen.

Die im Nachweisverfahren ermittelten Kirchensteuern sind in der Lohnsteuer-Anmeldung in der Regel unter der jeweiligen Kirchensteuer-Kennzahl (61, 62) anzugeben.

Kann der Pauschalierende bei einzelnen Empfängern die Zugehörigkeit zu einer steuererhebenden Religionsgemeinschaft nicht ermitteln und deshalb eine Zuordnung zur jeweiligen steuererhebenden Religionsgemeinschaft nicht vornehmen, gilt ebenfalls der allgemeine Kirchensteuersatz. Die auf diese Empfänger entfallende pauschale Steuer ist Bemessungsgrundlage für die Anwendung des allgemeinen Kirchensteuersatzes. Die so ermittelte Kirchensteuer ist vereinfachungshalber in der Lohnsteuer-Anmeldung unter der Kirchensteuer-Kennzahl 47 anzugeben. Die Aufteilung auf die steuererhebenden Religionsgemeinschaften wird von der Finanzverwaltung übernommen (s. Vordruck Lohnsteueranmeldung unter Ziff. 5 der Hinweise für den Arbeitgeber, BStBl I 2021, 1075).

737 Der Arbeitgeber kann bei geringfügigen Beschäftigungen (den sog. Minijobs) die Besteuerung mittels einer **einheitlichen Pauschsteuer** durchführen. Nach § 40a Abs. 2 EStG kann der Arbeitgeber (§§ 8 Abs. 1 Nr. 1, 8a SGB IV) unter Verzicht auf den Abruf von elektronischen Lohnsteuerabzugsmerkmalen oder die Vorlage einer Bescheinigung für den Lohnsteuerabzug die Lohnsteuer einschließlich Solidaritätszuschlag und Kirchensteuer (einheitliche Pauschsteuer) mit einem einheitlichen Pauschsteuersatz i.H.v. 2 % des Arbeitsentgelts erheben. Dies gilt auch, wenn der Arbeitnehmer keiner kirchensteuererhebenden Religionsgemeinschaft angehört. Für die Erhebung der einheitlichen Pauschsteuer nach § 40a Abs. 2 EStG ist die Deutsche Rentenversicherung Knappschaft-Bahn-See zuständig (§ 40a Abs. 6 EStG).

Auf diese Form der vom Bundesgesetzgeber beschlossenen (zusammengefassten) Steuer sind die vorgenannten Ausführungen zur Erhebung der Kirchensteuer bei Pauschalierung der Lohnsteuer nicht anzuwenden. Es handelt sich um eine staatliche Steuer mit gesetzlicher Verwendungsbestimmung.

8. Kirchensteuer nach dem Lohnsteuer-Faktorverfahren

738 Wird die Lohnsteuer auf Antrag der Ehegatten nach dem Faktorverfahren (§ 39f EStG) berechnet, bemisst sich die Kirchensteuer nach der in diesem Verfahren berechneten Lohnsteuer (§ 51a Abs. 2a Satz 3 EStG).

Beispiel:

Arbeitnehmer, Ehegatte 1, ev: 30 000 €, Lohnsteuerklasse IV: 3 314 €; Ehegatte 2, ev: 20 000 €, Lohnsteuerklasse IV: 1 134 €, Gesamtsteuer IV/IV: 4 448 € (X)

Gesamtsteuer nach Splittingverfahren: 4 243 € (Y) (wird vom Finanzamt ermittelt).

Faktor = Y/X = 4 243 €/4 448 € = 0,95. Der Faktor wird bei den elektronischen Lohnsteuerabzugsmerkmalen der Ehegatten jeweils neben Steuerklasse IV hinterlegt.

	Bemessungsgrundlage	LSt × Faktor	Lohnsteuer	Kirchensteuer 9 %
Ehegatte 1	30 000	3 314 x 0,95	3 148,30	283,35
Ehegatte 2	20 000	1 134 x 0,95	1 077,30	96,96

9. Kirchensteuer auf Kapitalertragsteuer (Abgeltungsteuer)

739 Die Kirchensteuer auf Kapitalertragsteuer (hierzu: Petersen, Kirchensteuer kompakt, 4. Aufl. 2020, Kap. 7 passim; gleich lautende Erlasse der obersten Finanzbehörden der Länder –

Elektronisches Verfahren zum Kirchensteuereinbehalt bei Kapitalerträgen (KISTA) v. 1.3.2017, BStBl I 2017, 464, geändert durch gleich lautende Erlasse v. 19.11.2018, BStBl I 2018, 1229[1]) für im Privatvermögen erzielte Kapitalerträge beträgt für Kirchensteuerpflichtige mit Wohnsitz in Bayern oder Baden-Württemberg[2] höchstens 8 % und in den übrigen Bundesländern 9 % von 25 % Kapitalertragsteuer; der Steuerabzug hat abgeltende Wirkung. Die Wirkung des Sonderausgabenabzugs ist bei der Berechnung der Kirchensteuer gleich berücksichtigt (§ 32d Abs. 1 EStG).

Beispiel vereinfacht		ESt gem. § 32a Abs. 1	ESt gem. § 32d Abs. 1
Kapitalerträge	100 000		
Einkommensteuer		32 863	
Kapitalertragsteuer 25 %[1]			24 450
Kirchensteuer 9 %		2 957	2 200

1) 24,45 % durch Sonderausgabenabzugswirkung

Sofern der persönliche Steuersatz unter 25 % liegt, erhält der Stpfl. im Rahmen der Veranlagung zu viel einbehaltene Kirchensteuer erstattet. Die bisher mögliche Steuerfreistellung von Kapitalerträgen (Sparer-Pauschbetrag, NV-Bescheinigung) bleibt erhalten.

Beispiel vereinfacht Günstigerprüfung		KapESt 25 %	ESt unter 25 %
Kapitalerträge	25 000		
Kapitalertragsteuer 25 %[1]		6 112	
Kirchensteuer 9 %		550	
Einkommensteuer			3 626
Kirchensteuer 9 %			326
Erstattung Kirchensteuer			224

1) 24,45 % durch Sonderausgabenabzugswirkung

Beispiel vereinfacht Sparerpauschbetrag		KapESt 25 %
Kapitalerträge	750	
Sparerpauschbetrag	./. 801	
Verbleibt	0	
KapESt		0
Kirchensteuer		0

Kapitalerträge unterliegen der Einkommen- und auch der Kirchensteuer. Mit dem durch die Abgeltungsteuer eingeführten Verfahren wurde nur das Erhebungsverfahren geändert (vereinfacht; anonym).

Auf Kapitalerträge behalten die Abzugsverpflichteten neben der staatlichen Kapitalertragsteuer auch die Kirchensteuer als Zuschlag hierzu i.H.v. 8 % bzw. 9 % ein und führen sie an die steuererhebenden Religionsgemeinschaften ab. Da Kirchensteuer nur von Mitgliedern der jeweiligen steuererhebenden Religionsgemeinschaft erhoben werden dürfen, wird den Abzugsverpflichteten das Kirchensteuermerkmal in verschlüsselter Form als Kennziffer vom Bundeszentralamt für Steuern übermittelt. Die Abzugsverpflichteten dürfen das Merkmal nur für Zwecke der Steuererhebung verwenden und es in einer technisch abgeschlossenen Umgebung verarbeiten. Für Stpfl., die keiner steuererhebenden Religionsgemeinschaft angehören, wird ein neutrales Merkmal (0-Merker) geliefert und keine Kirchensteuer einbehalten.

Bei Gemeinschaftskonten von Ehepartnern wird ein hälftiger Anteil an den Kapitaleinkünften unterstellt. Einen abweichenden Anteil müssen sie i.R.d. Veranlagung erklären. Zur Identifizierung als Gemeinschaftskonten ist es sinnvoll, den Status gegenüber dem Abzugsverpflichteten zu erklären. I.Ü. kann

---

1) Hier Änderung der Rz. 56 (Auszug; betrifft Kapitaleinkünfte auf betrieblichen Konten): „Es wird nicht beanstandet, wenn die Regelung der Rdnr. 40 im Vorgriff auf eine angestrebte gesetzliche Änderung bis auf weiteres nicht berücksichtigt wird und die Regelung der Rdnr. 44 erst für Kapitalerträge berücksichtigt wird, die nach dem 31. Dezember 2017 zufließen."
2) Für röm.-kath. Kirchengemeinde des Bistums Mainz in Bad Wimpfen 9 % ab VZ 2016.

ein Freistellungauftrag über 0,00 € erteilt werden. Bei Konten von anderen Personenmehrheiten wird die Kirchensteuer nur i.R.d. Veranlagung erhoben.

Der Stpfl. kann der Übermittlung seiner Religionszugehörigkeit an den Abzugsverpflichteten widersprechen (Sperrvermerk nach amtlichem Vordruck), muss dann aber seine Kirchensteuer i.R.d. Veranlagung erklären.

Die Veranlagungsoption bei einem persönlichen Steuersatz unter 25 % (Günstigerprüfung § 32d Abs. 6 EStG) bleibt erhalten.

Zur Schaffung der rechtlichen Voraussetzungen s. Gesetz zur Umsetzung der Beitreibungsrichtlinie sowie zur Änderung steuerlicher Vorschriften (v. 7.12.2011, BGBl. I 2011, 2592), Gesetz zur Umsetzung der Amtshilferichtlinie sowie zur Änderung steuerlicher Vorschriften (v. 26.6.2013, BGBl. I 2013, 1809), Gesetz zur Entlastung der mittelständischen Wirtschaft von Bürokratie (v. 28.7.2015, BGBl. I 2015, 1400), Gesetz zur Modernisierung des Besteuerungsverfahrens (v. 18.7.2016, BGBl. I 2016, 1679). Weitere Einzelheiten s. Petersen in K/S/M, § 51a Rz. C 81 ff; ders., Kirchensteuer kompakt, 4. Aufl. 2020, Kap. 7. S. auch gleich lautende Erlasse der obersten Finanzbehörden der Länder Elektronisches Verfahren zum Kirchensteuereinbehalt bei Kapitalerträgen (KISTA) v. 1.3.2017, BStBl I 2017, 464, geändert durch gleich lautende Erlasse der obersten Finanzbehörden der Länder v. 19.11.2018, BStBl I 2018, 1229. Vgl. auch BFH v. 18.1.2012, II R 49/10, DStR 2012, 283.

Hinweis:

Durch das 2. FamEntlG[1] wurde § 51a Abs. 2c EStG zu einzelnen Regelungsbereichen für die Veranlagungszeiträume geändert. So wurde u.a. die Vornahme der sog. Anlassabfrage sowie der Hinweis auf die Möglichkeit des Widerspruchs (sog. Sperrvermerk) bei Begründung einer rechtlichen Verbindung ab dem Jahr 2022 als verpflichtend aufgenommen.[2] Zusätzlich soll beim Steuerabzug vom Kapitalertrag zur Kontinuität des Verwaltungsvollzugs ab dem Jahr 2023 auf die Vornahme des Kirchensteuerabzugs bei betrieblichen Konten dauerhaft verzichtet werden.[3]

Weitere Information zur Kirchensteuer auf Abgeltungsteuer:
https://www.bzst.de/DE/Unternehmen/Kapitalertraege/KirchensteuerAbgeltungsteuer/kirchensteuerabgeltungsteuer.html

III. Besteuerung der Ehepartner

740 Die Kirchensteuer knüpft an die persönliche Kirchenmitgliedschaft des Ehepartners an (Grundsatz der Individualbesteuerung). Die Entscheidung des Bundesverfassungsgerichts zur steuerlichen Gleichbehandlung von eingetragenen[4] Lebenspartnerschaften mit Eheleuten ist in die Kirchensteuergesetze der Länder übernommen worden. Bei Ehepartnern ist daher zu unterscheiden:

741 In einer **konfessionsgleichen Ehe** gehören beide Ehepartner derselben steuererhebenden Religionsgemeinschaft an. Bei Zusammenveranlagung zur Einkommensteuer errechnet sich die Kirchensteuer aus der gemeinsam ermittelten Bemessungsgrundlage. Bei Einzelveranlagung wird die Kirchensteuer aus der Einkommensteuerschuld eines jeden Ehepartners errechnet.

Bei einer **konfessionsverschiedenen Ehe** gehören die Ehe- **742** partner verschiedenen im betreffenden Bundesland steuererhebenden Religionsgemeinschaften an (z.B. ev/rk). Bei gemeinsamer Veranlagung werden sie auch gemeinsam zur Kirchensteuer herangezogen. Die Kirchensteuer wird für jeden Ehepartner berechnet und hälftig auf die Religionsgemeinschaften aufgeteilt (Halbteilungsgrundsatz) und an sie abgeführt. In Bayern wird von diesem Halbteilungsgrundsatz abgewichen, indem die Kirchensteuer des Stpfl. für die Religionsgemeinschaft einbehalten wird, der er angehört (Individualbesteuerung). Für Bremen und Niedersachsen gilt dies nur beim Einbehalt der Kirchenlohnsteuer. Die Ehepartner sind Gesamtschuldner der Kirchensteuer.

Beispiel Veranlagung:

Ehepartner, wohnhaft in Hamburg, Ehepartner 1 röm.-katholisch, Ehepartner 2 evangelisch. Gemeinsame Einkommensteuer (= Bemessungsgrundlage 8 500 €); rk Kirchensteuer Ehepartner 1 9 % aus (1/2 von 8 500 €) 4 250 € = 382,50 €; ev. Kirchensteuer Ehepartner 2 9 % aus (1/2 von 8 500 €) 4 250 € = 382,50 €.

Beispiel Lohnsteuerabzug

Wohnort Hamburg	Ehepartner 1 rk		Ehepartner 2 ev	
Lohnsteuerklasse	III		V	
Bruttomonatslohn	4 500 €		2 500 €	
Lohnsteuer	448,16 €		547,50 €	
Kirchensteuer 9 %	40,33 €		49,27 €	
hälftiger Betrag	20,16 €		24,46 €	
Arbeitgeber führt ab	rk	ev	rk	ev
	20,16 €	20,16 €	24,63 €	24,63 €

Wohnort Bayern	Ehepartner 1 rk		Ehepartner 2 ev	
Lohnsteuerklasse	III		V	
Bruttomonatslohn	4 500 €		2 500 €	
Lohnsteuer	448,16 €		543,00 €	
Kirchensteuer 8 %	35,85 €		43,80 €	
Arbeitgeber führt ab	rk	ev	rk	ev
	35,85 €	–	–	43,80 €

Gehört nur ein Ehepartner einer in dem betreffenden Bundes- **743** land steuererhebenden Kirche an, der andere Ehepartner dagegen nicht, liegt eine **glaubensverschiedene Ehe** vor. Die monatliche Kirchenlohnsteuer wird nach den allgemeinen Grundsätzen vom Kirchensteuerpflichtigen einbehalten.

Im Rahmen der Veranlagung wird zur Feststellung des Kirchensteueranteils (im Beispiel Nr. 1) des kirchenangehörenden Ehepartners die Einkommensteuer beider Ehepartner (im Beispiel Nr. 2) im Verhältnis der Einkommensteuerbeträge aufgeteilt, die sich nach der Grundtabelle auf die Summe der Einkünfte eines jeden Ehepartners ergeben würde (im Beispiel Nr. 3).

	Summe der Einkünfte[1]	Ehepartner 1	Ehepartner 2	Gesamt
		45 000 €	15 000 €	60 000 €
3	ESt lt. Grundtabelle	10 014 €	955 €	
3	Anteil daran	91,3 %	8,7 %	
	./. div. Hinzu-/Abzugsbeträge[2]			8 388 €
	Einkommen/zu versteuerndes Einkommen			51 612 €
2	ESt lt. Splittingtabelle = Bemessungsgrundlage für KiSt			7 580 €
1	Anteil Ehepartner 91,3 % =	6 921 €		
1	KiSt Ehepartner davon 8,7 % =	659 €		

1) Auch unter Berücksichtigung von Korrekturen wegen des Teileinkünfteverfahrens.

2) Im Beispiel Kinderfreibetrag nach § 32 Abs. 6 EStG für ein Kind.

Auch bei der Berechnung der Kirchensteuer in glaubensverschiedener Ehe werden die Freibeträge des § 32 Abs. 6 Satz 1 EStG berücksichtigt. Da die gemeinsame Einkommensteuer auf die Ehepartner nach deren Leistungsfähigkeit aufzuteilen ist, werden im Rahmen der Ermittlung der Anteile die dem Halb- bzw. Teileinkünfteverfahren unterworfenen Ein-

---

1) 2. FamEntlastG v. 1.12.2020, BGBl. I 2020, 2616.

2) Art. 2 Nr. 6 a) cc) und Art. 6 (2) des 2. FamEntlastG v. 1.12.2020, BGBl. I 2020, 2616.

3) Art. 3 und Art. 6 (3) des 2. FamEntlastG v. 1.12.2020, BGBl. I 2020, 2616.

4) Andere Formen des verbindlichen Zusammenlebens (z.B. notarieller Partnerschaftsvertrag) unterfallen dem Gesetz; BFH v. 26.6.2014, III R 14/05, BStBl II 2014, 829; BFH v. 26.4.2017, III B 100/16, NJW 2017, 2223. Hinweis auf G. zur Einführung des Rechts auf Eheschließung für Personen gleichen Geschlechts v. 20.7.2017, BGBl. I 2017, 2787. Zur nachträglichen Zusammenveranlagung für gleichgeschlechtliche Ehegatten s. FG Hamburg v. 31.7.2018, 1 K 92/18, EFG 2018, 1518, Rev. zugelassen. Inwieweit die Entscheidung des BVerfG v. 10.10.2017, 1 BvR 2019/16, NJW 2017, 3643, zur Geschlechtsneutralität bei der Kirchensteuer berücksichtigt wird/werden muss, ist noch offen. Für die glaubensbezogene Zuordnung zu einer Religionsgemeinschaft dürften sich aus dieser Entscheidung aber keine vom Grundsatz der (Individual-)Besteuerung abweichenden Erkenntnisse ergeben.

E. Kirchensteuer

künfte bei den Ehepartnerschaften korrigiert. § 51a Abs. 2 Satz 2 EStG ist bei der Ermittlung der Einkünfte eines jeden Ehepartners entsprechend anzuwenden.

744 Das **Kirchgeld in glaubensverschiedener Ehe** (sog. besonderes Kirchgeld; vom BVerfG bestätigt s. BVerfG v. 28.10.2010, 2 BvR 591/06 u.a., NJW 2011, 365; EGMR [Europäischer Gerichtshof für Menschenrechte] v. 6.4.2017, 10138/11 u.a., kein Verstoß gegen Art. 8, 9, 12 oder 14 der Konvention; Petersen, Kirchensteuer kompakt, 4 Aufl. 2020, Kap. 11.3) wird von dem der Kirche angehörenden nicht verdienenden oder – im Vergleich zum Ehepartner – geringer verdienenden Ehepartner erhoben. Hat das in einer glaubensverschiedenen Ehe lebende Kirchenmitglied keine eigenen oder im Vergleich zum anderen Ehepartner geringere steuerpflichtige Einkünfte (bei höheren Einkünften → Rz. 741), so ist es nach Maßgabe seines „Lebensführungsaufwandes", ausgedrückt im gemeinsam zu versteuernden Einkommen – als Hilfsmaßstab zur Feststellung der wirtschaftlichen Leistungsfähigkeit der Ehepartner – zu einem Kirchgeld in glaubensverschiedener Ehe (besonderes Kirchgeld) zu veranlagen.[1] § 51a Abs. 2 und 2a EStG ist bei der Ermittlung der Bemessungsgrundlage anzuwenden. Die Erhebung und Festsetzung erfolgt im Rahmen der Vorauszahlungen und Steuerveranlagung. Bereits entrichtete Kirchenlohnsteuer wird angerechnet.

Zwischen der Kirchensteuer (→ Rz. 743) und dem besonderen Kirchgeld wird eine Vergleichsberechnung durchgeführt und der höhere Betrag festgesetzt.

Das besondere Kirchgeld wird von den evangelischen, einigen röm.-katholischen Kirchen sowie einigen kleineren steuererhebenden Religionsgemeinschaften nach folgender Tabelle erhoben:

Stufe	Bemessungsgrundlage (gemeinsam zu versteuerndes Einkommen nach § 2 Abs. 5 EStG)	jährliches besonderes Kirchgeld*)
	€	€
1	30 000 – 37 499	96
2	37 500 – 49 999	156
3	50 000 – 62 499	276
4	62 500 – 74 999	396
5	75 000 – 87 499	540
6	87 500 – 99 999	696
7	100 000 – 124 999	840
8	125 000 – 149 999	1 200
9	150 000 – 174 999	1 560
10	175 000 – 199 999	1 860
11	200 000 – 249 999	2 220
12	250 000 – 299 999	2 940
13	300 000 und mehr	3 600

*) Wird erhoben:
ev. Landeskirchen: bis auf Ev.-luth. Kirche in Bayern (ab 2018 nicht mehr) alle;
röm.-kath. (Erz-) Bistümer: Berlin, Dresden, Erfurt, Fulda, Görlitz, Hamburg, Hildesheim, Limburg, Magdeburg, Mainz, Osnabrück, Speyer, Trier*), Vechta;
alt.-kath. Bistümer: Berlin, Hamburg, Hannover, Hessen, Nordrhein-Westfalen, Schleswig-Holstein;
freireligiöse Gemeinden: Baden, Mainz, Offenbach;
jüdische Kultusgemeinden: Bad Nauheim, Darmstadt, Frankfurt, Fulda, Hamburg (auch in Schleswig-Holstein), Gießen, Kassel, Offenbach, Saar.
Nach dem Kultussteuerbeschlüssen 2018 und 2019 für Hinduistische Gemeinden in Deutschland, K.d.ö.R, Gebietsteil Land Nordrhein-Westfalen, v. 19.12.2017 (und v. 18.1.2019), ist die Erhebung des besonderen Kirchgelds grundsätzlich vorgesehen. Die Übertragung an die Finanzverwaltung ist bisher nicht erfolgt. S. https://www.hinduistische-gemeinde-deutschland.de/ueber-uns/oeffentliche-bekanntmachungen/
*) Im Bistum Trier wird das besondere Kirchgeld ab VZ 2018 nicht mehr erhoben. Ob andere das besondere Kirchgeld erhebende Religionsgemeinschaften von der Erhebung Abstand nehmen, bleibt abzuwarten.

Seit der Einführung der aktuell geltenden Staffelung des besonderen Kirchgelds Anfang der 2000er Jahre hat sich der steuerliche Grundfreibetrag (§ 32a Abs. 1 EStG) von 7 235 € auf 9 984 € (im Jahr 2022) erhöht. Dies könnte eine Anpassung der Bemessungsgrundlage des zu versteuernden Ein-

---

[1] Vgl. hierzu auch BFH v. 13.2.2019, I B 27/18 und I B 28/18, www.stotax-first.de.

kommens in korrespondierender Höhe ggfs. mit einem Zuschlag für zukünftige Anpassungen rechtfertigen. Eine Anpassung wird voraussichtlich nicht vor dem Jahr 2022 erfolgen.

Beispiel:

gemeinsam zu versteuerndes Einkommen der Ehepartner	83 000 €
./. Kinderfreibeträge für 2 Kinder	16 776 €
Bemessungsgrundlage für das Kirchgeld	66 224 €
Kirchgeld lt. Tabelle Stufe 4	396 €
./. bereits entrichtete Kirchenlohnsteuer	250 €
verbleibende Kirchensteuer	146 €

Gehört ein Ehepartner einer Religionsgemeinschaft an, die eine Kirchensteuer oder damit vergleichbare (auch freiwillige – BFH v. 16.5.2007, I R 38/06, BStBl I 2008, 202) Umlage erhebt, aber die Verwaltung nicht den Finanzbehörden übertragen hat (z.B. Mennoniten), kann das besondere Kirchgeld (evtl.) auf Antrag erstattet werden bzw. es wird erst gar nicht erhoben (mit der Zugehörigkeit eines Ehepartners z.B. „Bund für Geistesfreiheit" – K.d.ö.R. in Bayern – wird das besondere Kirchgeld nicht vermieden, sofern die Religions-/Weltanschauungsgemeinschaft im jeweiligen Bundesland nicht dem Erhebungsregime des Kirchensteuergesetzes unterfällt[1]). Die Regelungen über das Ob und Wie sind in den einzelnen Bundesländern allerdings unterschiedlich. Neben den evangelischen Landeskirchen und röm.-kath. Bistümern wird diese Regelung teilweise auch von der Altkatholischen Kirche und jüdischen Gemeinden angewendet.

Gehört der andere Ehepartner einer Religionsgemeinschaft an, die als Körperschaft des öffentlichen Rechts grundsätzlich berechtigt ist, Kirchensteuer zu erheben, von diesem Recht in dem Bundesland allerdings keinen Gebrauch macht, handelt es sich ebenfalls um eine glaubensverschiedene Ehe (s. Petersen, Kirchensteuer kompakt, 4. Aufl. 2020, Kap. 11.3.5.6). Ob es sich nach der staatlichen Genehmigung der Verbandssteuerordnung des Humanistischen Verbandes Niedersachsen (K.d.ö.R.) v. 30.9.2018, Nds. MBl. Nr. 38/2018, 1193, um eine konfessions- oder glaubensverschiedene Ehe handelt, ist final noch nicht geklärt.

Der Erlass, die Aufhebung oder Änderung eines Steuerbescheids zur nachträglichen Berücksichtigung an eine Ehe anknüpfender und bislang nicht berücksichtigter Rechtsfolgen nach Maßgabe des Art. 97 § 9 Abs. 5 EGAO i.d.F. des Art. 13 des Gesetzes zur Vermeidung von Umsatzsteuerausfällen beim Handel mit Waren im Internet und zur Änderung weiterer steuerlicher Vorschriften v. 11.12.2018, BGBl. I 2018, 2338, erstreckt sich i.S.d. Akzessorietätsprinzips auch auf die Kirchensteuer (hier: besonderes Kirchgeld).

745 Kapitaleinkünfte werden mit der Einführung der Abgeltungsteuer grundsätzlich nicht mehr beim Gesamtbetrag der Einkünfte bzw. beim zu versteuernden Einkommen berücksichtigt. Die gesondert ermittelte Einkommensteuer/Kirchensteuer ist vielmehr dem kirchensteuerpflichtigen Ehepartner zuzurechnen, soweit die gesondert besteuerten Kapitaleinkünfte auf ihn entfallen (Einzelheiten s. Petersen, Kirchensteuer kompakt, 4. Auflage 2020, Kap. 7, 11). Die Hinzurechnung kann evtl. zu einer höheren Gesamtsteuerbelastung (besonderes Kirchgeld zzgl. Hinzurechnung) führen, als wenn diese Einkünfte im zu versteuernden Einkommen berücksichtigt würden. Einige Steuergläubiger gewähren hier einen antragsgebundenen Erlass aus Billigkeitsgründen (in Höhe des Differenzbetrags).

---

[1] Siehe hierzu u.a. VG Schleswig-Holstein v. 12.2.2014, 1 A 239/13, und VG Berlin v. 27.7.2017, VG 27 K 551.16, n.V. und OVG Berlin v. 13.5.2019, OVG 12 N 33.18, n.V., worin dem Bund für Geistesfreiheit Augsburg/München die Rechtsstellung einer steuererhebenden Religions-/Weltanschauungsgemeinschaft und damit verbunden die Verleihung von Hoheitsrechten außerhalb von Bayern nicht zuerkannt wurde. S. z B. auch § 4 Abs. 4 KiStG Berlin v. 4.2.2009, GVBl. 2009, 23, geändert durch Gesetz v. 17.12.2014, GVBl. 2014, 519.

IV. Beginn und Ende der Kirchensteuerpflicht

746 Kirchensteuerpflichtig ist nur das Mitglied einer steuererhebenden Religionsgemeinschaft. Da die Kirchenmitgliedschaft durch die Taufe begründet wird, beginnt die Kirchensteuerpflicht frühestens zu diesem Zeitpunkt. I.Ü. **beginnt** sie bei **Zuzug** des Kirchenangehörigen mit dem Monat nach der Wohnsitznahme bzw. Begründung des gewöhnlichen Aufenthalts; beim **Kircheneintritt** (auch beim Wiedereintritt) mit Beginn des auf den Eintritt folgenden Monats; beim **Übertritt** aus einer anderen steuerberechtigten Religionsgemeinschaft mit Beginn des auf den Übertritt folgenden Monats, nicht jedoch vor dem Ende der bisherigen Kirchensteuerpflicht. Bei einem Wohnsitzwechsel innerhalb des Bundesgebietes in ein anderes Bundesland oder in das Erhebungsgebiet einer anderen Kirche innerhalb des Bundesgebiets bleibt die Kirchensteuerpflicht erhalten. Es kommt lediglich zu einem Wechsel der steuerberechtigten Kirche.

747 Die Steuerpflicht **endet** bei **Tod** des Kirchenmitglieds mit Ablauf des Sterbemonats; durch **Wohnsitzwechsel** mit Ablauf des Kalendermonats, in dem der Wohnsitz im Gebiet der steuerberechtigten Religionsgemeinschaft aufgegeben wurde; durch **Kirchenaustritt** mit dem Ende des Monats, in dem der Austritt erklärt wird (zu den formalen Anforderungen der Austrittserklärung s. BVerwG v. 26.9.2012, 6 C 7/12, BVerwGE 144, 171; zum Nachweis eines im Ausland vollzogenen Austritt z.B. OVG Berlin v. 3.2.1978, II B 17.77, juris; VG Berlin v. 8.3.1985, 10 A 552/83, KirchE 23,30; VG Berlin v. 29.7.1988, 10 A 604.87, KirchE 26,186, sic. „tatsächliche Umstände des Einzelfalls" maßgebend. FG Köln v. 26.10.1988, 11 K 655/85, KirchE 26,344; FG Münster v. 25.11.2011, 4 K 597/10, EFG 2012, 390). Für die Austrittserklärung sind in den verschiedenen Bundesländern unterschiedliche Stellen zuständig (eine für den Kirchenaustritt erhobene staatliche Gebühr verletzt nicht die Grundrechte des Austretenden: BVerfG-Beschluss v. 2.7.2008, 1 BvR 3006/07, HFR 2008, 1068, NJW 2008, 2978. Zum Nachweis eines im Ausland erklärten Austritts: Petersen, Kirchensteuer kompakt, 4. Aufl. 2020, Kap. 19.5).
Der Austritt aus einer steuererhebenden Religionsgemeinschaft wird erklärt:

- gegenüber dem Standesamt in den Ländern: Baden-Württemberg, Bayern, Bremen, Hamburg, Mecklenburg-Vorpommern, Niedersachsen, Rheinland-Pfalz, Saarland, Sachsen, Schleswig-Holstein, Thüringen,
- gegenüber dem Amtsgericht in den Ländern: Berlin, Brandenburg, Nordrhein-Westfalen, Sachsen-Anhalt,
- gegenüber der Gemeinde/Meldebehörde: Hessen,
- gegenüber der Religionsgemeinschaft: Bremische Evangelische Kirche[1].

Für den Arbeitgeber sind die Angaben aus den elektronischen Lohnsteuerabzugsmerkmalen (§§ 39, 39e EStG) oder der Bescheinigung für den Lohnsteuerabzug (§ 39 Abs. 3, § 39e Abs. 7 EStG) maßgebend.

V. Zwölftelung der Kirchensteuer

748 Im Rahmen der Veranlagung wird die Kirchensteuer bei unterjähriger Kirchenzugehörigkeit (→ Rz. 454 f.) gezwölftelt. Bemessungsgrundlage für die Kirchensteuer ist dabei die auf die Dauer der Kirchenzugehörigkeit entfallende (Jahres-) Einkommensteuer.

> **Beispiel:**
> Kirchensteuerpflicht besteht für sieben Monate. Bei einer Einkommensteuer i.H.v. 6 000 € beträgt die Kirchensteuer (6 000 × 7/12 × 9 % =) 315 €.

Da die Kirchensteuer eine Jahressteuer ist, wird auch ein nach dem Kirchenaustritt erzieltes höheres Einkommen, z.B. auf Grund einer Gehaltssteigerung, in die Berechnung nach

der Zwölftelungsmethode einbezogen. Dies gilt z.B. auch für eine kurz nach dem Austritt im selben Jahr gezahlte Abfindung, denn sie wird für die vorfristige Beendigung eines Arbeitsverhältnisses gewährt und ist damit während der Kirchenzugehörigkeit angelegt (FG Köln v. 16.2.2005, 11 K 2/04, EFG 2005, 898). Nur bei außerordentlichen, nach der Kirchenzugehörigkeit erzielten Einkommenszuwächsen gebietet im Einzelfall der Gleichheitsgrundsatz, die Kirchensteuer im Wege des Erlasses auf eine den Gesamtumständen Rechnung tragende, dem Stpfl. zuzumutende und deshalb angemessene Höhe zurückzuführen (BVerwG v. 12.2.1988, 8 C 16.86, BVerwGE 79, 62).

> **Beispiel:**
> Der Stpfl. tritt mit Wirkung zum 30.6. aus der Kirche aus. Sein reguläres Einkommen beträgt 60 000 € p.a. Er erzielt am 15.12. einen steuerpflichtigen Veräußerungsgewinn i.H.v. 600 000 €. Bemessungsgrundlage für die Kirchensteuer kann 50 % (6/12) der auf 60 000 € entfallenden Einkommensteuer sein, sofern bei Einbezug des Veräußerungsgewinns die Grenze der Sachwidrigkeit überschritten ist (BVerwG v. 12.2.1988, 8 C 16.86, BVerwGE 79, 62).

VI. Erlass der Kirchensteuer

749 Neben den Erlasstatbeständen des § 227 AO eröffnen die Kirchensteuergesetze der Länder den Religionsgemeinschaften einen Gestaltungsrahmen, über Anträge auf Erlass aus Billigkeitsgründen (sowie Anträge auf Stundung, Niederschlagung oder Erstattung), die nur die Kirchensteuer betreffen, unabhängig von der Maßstabsteuer zu entscheiden. Hierdurch werden kirchenspezifische Billigkeitsgründe anerkannt und abstrakt-gesetzlich normiert (vgl. z.B. Evangelische Kirche von Westfalen: Richtlinien gem. § 3 Abs. 3 Nr. 4 Finanzausgleichsgesetz für die Arbeit der Gemeinsamen Kirchensteuerstelle [RiLi GemKiStStelle], v. 23.6.2005, KiABl. 2005, 178; Evangelische Kirche der Pfalz; § 1 Abs. 1 Ziff. 3 Kirchensteuerbeschluss, v. 5.5.1999, ABl. 1999, 109, zuletzt geändert durch Änderungsbeschluss v. 19.11.2016, ABl. 2016 S. 93; Evangelische Kirche im Rheinland: www.ekir.de/www/ueber-uns/teilerlass-15322.php; Evangelische Kirche in Mitteldeutschland: Verwaltungsanordnung zum Erlass von Kirchensteuern bei außerordentlichen Einkünften [VAO KiSt-Erlass] v. 11.12.2012, KiABl. 2013, 7). Jede Religionsgemeinschaft entscheidet dabei autonom für ihren Bereich, ob und in welcher Höhe sie von Erlassmaßnahmen Gebrauch macht. Auf Grund der Mitgliederbezogenheit darf die Kirchenzugehörigkeit nicht nur für die Steuerpflicht als solche, sondern auch für deren Reduzierung maßgebend sein (BVerwG v. 21.5.2003, 9 C 12.02, BVerwGE 118, 201, NJW 2003, 3001; BFH v. 1.7.2009, I R 81/08, BStBl II 2011, 379).

> **Beispiel:**
> Ein Stpfl. erzielt Einkünfte aus Vermietung und Verpachtung i.H.v. 100 sowie außerordentliche Einkünfte (Abfindung) i.H.v. 600 wegen Verlusts seines Arbeitsplatzes. Zur Vermeidung von Belastung mit Kirchensteuer tritt er im Jahr der Zahlung der Abfindung aus der Kirche aus. Im Folgejahr stellt er den Antrag, die auf die Abfindung entfallende Kirchensteuer um 50 % zu erlassen. Da der Stpfl. nicht mehr der Kirche angehört, kann die Kirche den Erlassantrag ablehnen.

Der Hauptanwendungsfall des Erlasses (zu weiteren Erlasstatbeständen: Petersen, Kirchensteuer kompakt, 4. Aufl. 2020, Kap. 18) ist die Ermäßigung der Kirchensteuer bei außerordentlichen Einkünften nach § 34 Abs. 2 EStG. Hat der Kirchensteuerpflichtige Einkünfte nach § 34 Abs. 2 EStG, wird die hierauf entfallende Kirchensteuer i.d.R. – aber nicht von allen steuererhebenden Religionsgemeinschaften – auf Antrag um (bis zu) 50 % ermäßigt. Da jede Körperschaft aufgrund ihrer Autonomie entscheiden kann, wie sie die Ermäßigung berechnet, werden nachstehend zwei Beispiele dargestellt.

Da die Einkommensteuer auf den Veräußerungsgewinn i.d.R. auf dem Steuerbescheid ausgewiesen ist, erfolgt die Berechnung durch Addition der um 50 % ermäßigten Einkommensteuer auf die tarifliche Einkommensteuer.

---

1) Eine vor dem Standesamt abgegebene Austrittserklärung wird erst mit Zugang bei der Kirche wirksam.

Beispiel 1 (gerundete Zahlen):

	KiSt mit V-Gewinn	KiSt mit V-Gewinn (Vergleichs-berechnung für Erlass der KiSt)
Einkünfte aus …	50 000	50 000
Einkünfte nach § 34 Abs. 2 EStG	30 000	30 000
z.v.E.	80 000	80 000
ESt (unter Berücksichtigung § 34 Abs. 1 Satz 2 EStG, Grundtabelle)	24 332	23 794
KiSt 9 %	2 189	2 141
Differenz der KiSt		48
davon (50 % = (Erlass))	24	
endgültige zu zahlende KiSt	2 165	

Möglich ist auch eine Berechnung der Höhe des Erlasses, indem das Verhältnis der außerordentlichen Einkünfte zur Summe der Einkünfte ermittelt und auf die festzusetzende Einkommensteuer angewendet wird. Auf die so fiktiv errechnete Maßstabsteuer wird (i.d.R.) ein Erlass i.H.v. 50 % gewährt.

Beispiel 2:

Summe der Einkünfte	80 000
darin a.o. Einkünfte nach § 34 Abs. 1 Satz 2 EStG	30 000
= in %	37,5
maßgebende ESt (mit V-Gewinn, Grundtabelle)	24 332
davon V-Gewinn 37,5%	9 124
Erlass 50 %	4 562
hinzu ESt auf sonst. Einkünfte (50 000)	11 884
BMG für KiSt	16 446
davon KiSt 9% nach Erlass (endgültig zu zahlende KiSt)	1 480
festgesetzte KiSt (9% von 24 332)	2 189
Erlassbetrag (Diff. x 50%)	352,5 (705 x 50%)

Ein Erlass wird auf Antrag gewährt. Dem Antrag sind die notwendigen Unterlagen (z.B. Steuerbescheid, Bilanzen, GuV-Rechnungen etc.) beizufügen. Zuständig für einen Erlass ist grundsätzlich die Religionsgemeinschaft, in der der Stpfl. im Zeitpunkt der Antragstellung Mitglied ist. Die Erlassanträge sind zu stellen bei: Ev. Kirche von Westfalen bei den Kreiskirchenämtern, Ev. Kirche im Rheinland: gemeinsame Kirchensteuerstelle beim Landeskirchenamt, übrige ev. Landeskirchen beim Landeskirchenamt; röm.-kath. Kirche bei den Diözesen bzw. Generalvikariaten; übrige Religionsgemeinschaften bei den (Verbands-/Gemeinde-) Geschäftsstellen.

VII. Abzug der Kirchenlohnsteuer durch den Arbeitgeber

750 Die Kirchensteuer ist getrennt von der Lohnsteuer und getrennt nach Religionsgemeinschaften im Lohnkonto zu buchen. Sie wird zusammen mit der Lohnsteuer vom Arbeitgeber einbehalten und für jeden Lohnzahlungszeitraum an das Finanzamt der Betriebsstätte abgeführt. Die Abführung erfolgt getrennt nach Konfessionen.

Bei der Einbehaltung und Abführung der Kirchenlohnsteuer hat sich der Arbeitgeber nach den in den elektronischen Lohnsteuerabzugsmerkmalen (§§ 39, 39e, 52b EStG) oder der Bescheinigung für den Lohnsteuerabzug (§ 39 Abs. 3, § 39e Abs. 7 EStG) ausgewiesenen Religionszugehörigkeitsschlüsseln (z.B. ev, rk) zu richten (§ 4 Abs. 1 Nr. 1 und Abs. 2 Nr. 8 LStDV, R 41.1 Abs. 4 LStR 2015; Muster für die LSt-Anmeldung 2021, BStBl I 2020, 665; BMF v. 7.8.2013, BStBl I 2013, 951). Diese Merkmale werden von den einzelnen Bundesländern mit Gültigkeit für ihren Bereich exakt festgelegt. Bei verheirateten Arbeitnehmern wird die Religionszugehörigkeit der Ehegatten nur noch bei konfessionsverschiedener Ehe nachgewiesen, in allen übrigen Fällen nur diejenige des Arbeitnehmers.

Religionszugehörigkeit		Nachweis
Arbeitnehmer	Ehegatte	Kirchensteuerabzug
ev	rk*)	ev rk
ev	ev	ev
rk	–	rk
–	ev	–
–	–	–

*) rk = römisch-katholisch

Aus den Angaben müssen die Religionsgemeinschaften erkennbar sein, die die Erhebung der Kirchensteuer den Finanzbehörden übertragen haben. Ist in einem Bundesland nur der Merker „ev" (evangelisch) zugelassen, hat der Arbeitgeber die Kirchenlohnsteuer auch von den Arbeitnehmern einzubehalten und als „ev" abzuführen, wenn in den elektronischen Lohnsteuerabzugsmerkmalen die Merker „lt" (lutherisch), „rf" (reformiert) oder „fr" (französisch-reformiert) ausgewiesen werden. Im Muster für die LSt-Anmeldung 2022, Bekanntmachung v. 11.8.2021, IV C 5 – S 2533/19/10026 :002, BStBl I 2021, 1075 sind für länderunterschiedliche Werte folgende Abkürzungen ausgewiesen:

fa, fb, fm, fg oder fs	freireligiöse Gemeinde
ib, il, is, iw, ih, issl	israelitisch
jd, jh	jüdisch
ak	alt-katholisch
--*)	kein Kirchensteuerabzug

*) Sofern in den elektronischen Lohnsteuerabzugsmerkmalen kein Eintrag nachgewiesen wurde (früher „--") besagt dies nur, dass keine Zugehörigkeit zu einer kirchensteuererhebenden Religionsgemeinschaft gegeben ist. Er besagt nicht, dass diese Person keiner Religionsgemeinschaft angehört (BVerfG v. 30.9.2002, 1 BvR 1744/02, HFR 2003, 79).

Das Kirchensteuermerkmal und die Kirchensteuer sind im Lohnkonto aufzuzeichnen. Die für die Anmeldung und Abführung der Lohnsteuer geltenden Angaben sind auch für die Kirchenlohnsteuer zu machen.

Für den Kirchenlohnsteuerabzug gilt in allen Bundesländern das Prinzip der Betriebsstättenbesteuerung. Danach hat der Arbeitgeber die Kirchenlohnsteuer auch für solche kirchensteuerpflichtigen Arbeitnehmer (mit dem am Sitz der Betriebsstätte geltenden Hebesatz) einzubehalten und abzuführen, die ihren Wohnsitz oder gewöhnlichen Aufenthalt in einem anderen Bundesland (mit davon abweichendem Hebesatz) als dem der Betriebsstätte haben. In Niedersachsen, Nordrhein-Westfalen und Rheinland-Pfalz kann er beim Finanzamt beantragen, die Kirchensteuer mit dem am Wohnsitz des Arbeitnehmers geltenden Hebesatz einzubehalten. In den übrigen Bundesländern wird es von der Finanzverwaltung i.d.R. nicht beanstandet, wenn der Arbeitgeber entsprechend verfährt.

Sofern ein Dritter die Pflichten des Arbeitgebers übernommen hat (§ 38 Abs. 3a EStG, R 38.5 LStR 2015), gilt dies auch für die Kirchensteuer.

Zur einheitlichen Pauschsteuer bei geringfügigen Beschäftigungen nach § 40a Abs. 2 EStG → Rz. 737.

751 Bei **Einkommensteuerpflichtigen** wird die Kirchensteuer – auch das Kirchgeld in glaubensverschiedener Ehe (→ Rz. 743) – im Rahmen der Vorauszahlungen festgesetzt und ist zu den Vorauszahlungsterminen zu leisten. Zur Kirchensteuer auf Kapitalertragsteuer (Abgeltungsteuer) → Rz. 739. Die Veranlagung zur Kirchensteuer erfolgt durch die Finanzverwaltung; nur in Bayern durch die Steuerämter der steuererhebenden Religionsgemeinschaften; die Kirchenlohnsteuer wird aber über die Finanzverwaltung erhoben.

VIII. Verwaltung der Kirchensteuer in den Bundesländern

752 Die Verwaltung der Kirchensteuer ist von folgenden Religionsgemeinschaften der Finanzverwaltung des Bundeslandes übertragen worden:

E. Kirchensteuer

Bundesland	Religionsgemeinschaft
In allen Bundeslän-dern	Evangelische, Lutherische, Reformierte Landes-kirchen; Röm.-katholische (Erz-)Diözesen*)
Baden-Württemberg	Alt-katholische Kirche; Israelitische Religions-gemeinschaft Württemberg; Israelitische Religions-gemeinschaft Baden; Freireligiöse Landesge-meinde Baden
Bayern	Alt-katholische Kirche; Israelitische Kultusge-meinden
Berlin	Alt-katholische Kirche
Brandenburg	Alt-katholische Kirche; Freireligiöse Gemeinde Mainz Israelitische Kultusgemeinden in Bayern Jüdische Gemeinde in Hamburg Jüdische Gemeinden in Hessen Jüdische Gemeinde Frankfurt am Main Jüdische Gemeinden von Nordrhein Jüdische Gemeinden von Westfalen-Lippe Synagogen-Gemeinde Köln
Hamburg	Altkatholische Kirche; Jüdische Gemeinde Ham-burg
Hessen	Alt-katholische Kirche; Jüdische Gemeinden in Frankfurt, Gießen, Kassel, Darmstadt, Bad Nau-heim, freireligiöse Gemeinden Mainz und Offen-bach
Niedersachsen	Alt-katholische Kirchengemeinden Hannover-Niedersachsen
Nordrhein-Westfalen	Alt-katholische Kirche; Landesverbände der jüdi-schen Kultusgemeinde Nordrhein und Westfa-len-Lippe und Synagogemeinde Köln
Rheinland-Pfalz	Alt-katholische Kirche; Jüdische Kultusge-meinde Koblenz, Jüdische Kultusgemeinde Bad Kreuznach, freireligiöse Gemeinde Mainz, Freireli-giöse Landesgemeinde Pfalz; Freie Religionsge-meinschaft Alzey
Saarland	Alt-katholische Kirche; Synagogengemeinde Saar
Schleswig-Holstein	Alt-katholische Kirche; Jüdische Gemeinde Ham-burg

*) Die Erhebung der Abzugssteuer erfolgt durch die Finanzverwaltung; die Veranlagung wird durch die kircheneigenen Steuerämter durchgeführt.

IX. Kirchensteuer-Übersicht

753

Bundes-land	KiSt-Satz %	Kappung des zu ver-steuernden Einkom-mens[1]) %	KiSt-Satz bei pau-schaler LSt %	Besonderes Kirchgeld in glau-bensverschiede-ner Ehe[2]) €
Baden-Württem-berg	8[3])	2,75 bzw. 3,5 (auf An-trag)	5 (seit 1.1.2021)	96 – 3 600
Bayern	8	–	7	–
Berlin	9	3	5	96 – 3 600
Branden-burg	9	3	5	96 – 3 600
Bremen	9	3,5	7	96 – 3 600
Hamburg	9	3	4	96 – 3 600
Hessen	9	3,5 bzw. 4 (auf Antrag)	7	96 – 3 600
Mecklen-burg-Vorpom-mern	9	3	5	96 – 3 600
Nieder-sachsen	9	3,5	6	96 – 3 600
Nordrhein-Westfalen	9	3,5 bzw. 4 (auf Antrag)	7	96 – 3 600
Rheinland-Pfalz	9	3,5 bzw. 4 (auf Antrag)	7	96 – 3 600
Saarland	9	3,5 bzw. 4 (auf Antrag)	7	96 – 3 600
Sachsen	9	3,5	5	96 – 3 600
Sachsen-Anhalt	9	3,5	5	96 – 3 600
Schleswig-Holstein	9	3	6	96 – 3 600
Thüringen	9	3,5	5	96 – 3 600

1) Zu den unterschiedlichen Kappungsregelungen bei den Kirchen im Einzelnen → Rz. 733.

2) Zu den das besondere Kirchgeld erhebenden Religionsgemeinschaften → Rz. 744.

3) Für die röm.-kath. Kirchengemeinde in Bad Wimpfen 9 %.

X. Auskünfte in Kirchensteuerfragen

Bei Einzel- oder in Zweifelsfragen erteilen die örtlichen Fi-nanzämter oder die folgenden Kirchenbehörden Auskunft:

754

Evangelische Landeskirchen

Evang.	Behörde	Str./Ort	Tel.	Fax
Anhalts	Landeskir-chenrat der Ev. Kirche Anhalts	Friedrichstr. 22/24 06844 Dessau www.landeskirche-anhalts.de	0340 2526-0	2526–130
Baden	Ev. Oberkir-chenrat Baden	Blumenstr. 1-7 76133 Karlsruhe www.ekiba.de	0721 9175-0	9175–553
Bayern	Landeskir-chenamt der Ev.-Luth. Lan-deskirche in Bayern	Katharina-v.-Bora-Str. 7-13 80333 München www.bayern-evangelisch.de	089 5595-0	5595–444
Berlin-Branden-burg-schlesi-sche Oberlau-sitz	Ev. Zentrum Berlin-Bran-denburg-schlesische Oberlausitz	Georgenkirchstr. 69 10249 Berlin www.ekbo.de	030 24344-0	24344–500
Braun-schweig	Landeskir-chenamt der Ev.-luth. Lan-deskirche in Braunschweig	Dietr.-Bonhoeffer-Str. 1 38300 Wolfenbüttel www.landeskirche-braunschweig.de	05331 802-0	802–707
Bremen	Kirchenkanzlei der Bremi-schen Ev. Kir-che	Franziuseck 2-4 28199 Bremen www.kirche-bremen.de	0421 5597-0	5597–265
Hannover	Landeskir-chenamt der Ev.-Luth. Lan-deskirche Han-nover	Rote Reihe 6 30169 Hannover www.landeskirche-hannover.de	0511 1241-0	1241–266
Hessen-Nassau	Kirchenverwal-tung der Ev. Kirche in Hes-sen und Nas-sau	Paulusplatz 1 64285 Darmstadt www.ekhn.de	06151 405-0	405–220
Kurhes-sen-Waldeck	Landeskir-chenamt der Ev. Kirche in Kurhessen-Waldeck	Wilhelmshöher Allee 330 34131 Kassel www.ekkw.de	0561 9378-0	9378–400
Lippe	Landeskir-chenamt der Lippischen Landeskirche	Leopoldstr. 27 32756 Detmold www.lippische-landeskirche.de	05231 976-60	976–850
Mittel-deutsch-land	Landeskir-chenamt der EKM	Michaelisstr. 39 99084 Erfurt www.ekmd.de	0361 51800-0	51800–198
Nord-deutsch-land	Landeskir-chenamt der Ev.-Luth. Kir-che in Nord-deutschland	Dänische Str. 21–35 24103 Kiel www.nordkirche.de	0431 9797-5	9797–997
Olden-burg	Oberkirchenrat der Ev.-Luth. Kirche in Ol-denburg	Philosophenweg 1 26121 Oldenburg www.kirche-oldenburg.de	0441 7701-0	7701–2199
Pfalz	Landeskir-chenrat Ev. Kirche der Pfalz	Domplatz 5 67346 Speyer www.evkirche-pfalz.de	06232 667-145	667–199
Refor-mierte Kirche	Reformierter Synodalrat	Saarstr. 6 26789 Leer www.reformiert.de	0491 9198-0	9198–251
Rhein-land	Landeskir-chenamt der Ev. Kirche im Rheinland	Hans-Böckler-Str. 7 40476 Düsseldorf www.ekir.de	0211 4562-0	4562–444

E 157

E. Kirchensteuer

Evang.	Behörde	Str./Ort	Tel.	Fax
Sachsen	Landeskirchenamt der Ev.-Luth. Landeskirche Sachsens	Lukasstr. 6 01069 Dresden www.evlks.de	0351 4692-0	4692–144
Schaumburg-Lippe	Landeskirchenamt der Ev.-Luth. Landeskirche Schaumburg-Lippe	Bahnhofstr. 6 31675 Bückeburg www.landeskirche-schaumburg-lippe.de	05722 960-0	960–101
Westfalen	Landeskirchenamt der Ev. Kirche von Westfalen	Altstädter Kirchplatz 5 33602 Bielefeld www.evangelisch-in-westfalen.de	0521 594-0	594–129
Württemberg	Ev. Oberkirchenrat	Rotebühlplatz 10 70173 Stuttgart www.elk-wue.de	0711 2149-0	2149–9236

Katholische Kirchen

(Erz-)Bistum	Str./Ort	Tel.	Fax
Aachen	Klosterplatz 7 52062 Aachen www.bistum-aachen.de	0241 452-0	452–436
Augsburg	Fronhof 4 86152 Augsburg www.bistum-augsburg.de	0821 3166-0	3166–8329
Bamberg	Domplatz 3 96049 Bamberg www.erzbistum-bamberg.de	0951 502-0	502–250
Berlin	Niederwallstr. 8–9 10117 Berlin www.erzbistumberlin.de	030 32684-0	32684–276
Dresden	Käthe-Kollwitz-Ufer 84 01309 Dresden www.bistum-dresden-meissen.de	0351 3364–600	3364–791
Eichstätt	Luitpoldstr. 2 85072 Eichstätt www.bistum-eichstaett.de	08421 50–0	50–259
Erfurt	Herrmannsplatz 9 99084 Erfurt www.bistum-erfurt.de	0361 6572-0	6572–444
Essen	Zwölfling 16 45127 Essen www.bistum-essen.de	0201 2204-0	2204–570
Freiburg	Schoferstr. 2 79098 Freiburg www.ebfr.de	0761 2188-0	2188–505
Fulda	Paulustor 5 36037 Fulda www.bistum-fulda.de	0661 87–0	87–578
Görlitz	Carl-von-Ossietzky-Str. 41/43 02826 Görlitz www.bistum-goerlitz.de	03581 4782-0	4782–12
Hamburg	Am Mariendom 4 20099 Hamburg www.erzbistum-hamburg.de	040 24877-0	24877–233
Hildesheim	Domhof 18–21 31134 Hildesheim www.bistum-hildesheim.de	05121 307-0	307–488
Köln	Marzellenstr. 32 50668 Köln www.erzbistum-koeln.de	0221 1642-0	1642–1700
Limburg	Roßmarkt 4 65549 Limburg www.bistumlimburg.de	06431 295-0	295–476
Magdeburg	Max-Josef-Metzger-Str. 1 39104 Magdeburg www.bistum-magdeburg.de	0391 5961-0	5961–100
Mainz	Bischofsplatz 2 55116 Mainz www.bistummainz.de	06131 253-0	253–401
München-Freising	Kapellenstr. 5 80333 München www.erzbistum-muenchen.de	089 2137-0	2137–1585
Münster	Domplatz 27 48143 Münster www.bistum-muenster.de	0251 495-0	495–608

(Erz-)Bistum	Str./Ort	Tel.	Fax
Osnabrück	Hasestr. 40A 49074 Osnabrück www.bistum-osnabrueck.de	0541 318-0	318–117
Paderborn	Domplatz 3 33098 Paderborn www.erzbistum-paderborn.de	05251 125-0	125–1470
Passau	Domplatz 7 94032 Passau www.bistum-passau.de	0851 393-0	393–1199
Regensburg	Niedermünstergasse 1 93047 Regensburg www.bistum-regensburg.de	0941 597-01	597–1055
Rottenburg-Stuttgart	Eugen-Bolz-Platz 1 72108 Rottenburg www.drs.de	07472 169-0	169–561
Speyer	Kleine Pfarrengasse 16 67346 Speyer www.bistum-speyer.de	06232 102-0	102–300
Trier	Mustorstr. 2 54290 Trier www.bistum-trier.de	0651 7105-0	7105–511
Würzburg	Domerschulstr. 2 97070 Würzburg www.bistum-wuerzburg.de	0931 386-0	386–334

Andere Religionsgemeinschaften (Auswahl)

	Adresse	Tel.	Fax
Katholisches Bistum der Alt-Katholiken in Deutschland	Gregor-Mendel-Str. 28 53115 Bonn www.alt-katholisch.de	0228 232285	238314
Freie Religionsgemeinschaft Alzey	Am Rabenstein 14 55232 Alzey www.freie-religionsgemein.de	06731 2591	
Freireligiöse Landesgemeinde Baden	T 6, 26 68161 Mannheim www.freireligioese-baden.de	0621 22805	28289
Freireligiöse Landesgemeinde Mainz	Gartenfeldstr. 1 55118 Mainz www.freireligioese-gemeinde-mainz.de	06131 674940	611095
Freireligiöse Gemeinde Offenbach	Schillerplatz 1 63067 Offenbach www.freireligioese-offenbach.de	069 8008060	80080610
Freireligiöse Landesgemeinde Pfalz	Wörthstr. 6A 67059 Ludwigshafen www.freireligioese-pfalz.de	0621 512582	626633
Israelitische Religionsgemeinschaft Baden	Knielinger Allee 11 76133 Karlsruhe www.irg-baden.de	0721 972500	97250-20
Jüdische Gemeinde Bad Nauheim	Karlstr. 34 61231 Bad Nauheim www.jg-badnauheim.de	06032 5605	938956
Landesverband der Israelitischen Kultusgemeinden in Bayern	Effnerstr. 68 81925 München www.ikg-bayern.de	089 4522424-0	4522424-29
Jüdische Gemeinde Darmstadt K.d.ö.R.	Wilhelm-Glössing-Str. 26 64283 Darmstadt www.jg-darmstadt.de	06151 28897	296320
Jüdische Gemeinde Frankfurt/M.	Westendstr. 43 60325 Frankfurt/M www.jg-ffm.de	069 768036-100	768036-149
Jüdische Gemeinde Gießen	Burggraben 4–6 35390 Gießen www.jg-giessen.de	0641 932890	9328925
Jüdische Gemeinde Hannover	Haeckelstr. 10 30173 Hannover www.jg-hannover.de	0511 810472	852983

	Adresse	Tel.	Fax
Jüdische Gemeinde Hamburg	Grindelhof 30 20146 Hamburg www.jghh.org	040 440944-43	4108430
Landesverband der Jüdischen Gemeinden in Hessen	Hebelstr. 6 60318 Frankfurt/M. www.lvjgh.de	069 444049	431455
Jüdische Gemeinde Kassel	Bremer Str. 3 34117 Kassel https://lvjgh.de/gemeinden/kassel/	0561 788093-0	788093-12
Synagogengemeinde Köln	Ottostr. 85 50823 Köln-Ehrenfeld www.sgk.de	0221 716620	71662599
Jüdische Gemeinde Düsseldorf	Paul-Spiegel-Platz 1 40476 Düsseldorf https://jgd.de/	0211 46912-0	485156
Jüdische Gemeinde Mainz	Synagogenplatz 1 55118 Mainz www.jgmainz.de	06131 2108800	2018821

	Adresse	Tel.	Fax
Synagogengemeinde Saar	Lortzingstraße 8 66111 Saarbrücken www.synagogengemeinde-saar.de	0681 910380	9103813
Landesverband der Jüdischen Gemeinschaft Schleswig-Holstein	Wikingerstr. 6 24143 Kiel www.zentralrat der Juden.de/vor-ort/landesverbaende/Jüdische%20Gemein schaft%20Schleswig-Holstein%20K.d.ö.R./		
Landesverband der Jüdischen Gemeinden von Westfalen-Lippe	Prinz-Friedrich-Karl-Str. 12 44135 Dortmund www.zentralrat der Juden.de/vor-ort/landesverbaende/Landesverband%20der%20Jüdischen%20Gemeinden%20von%20Westfalen-Lippe%20K.d.ö.R./	0231 528495	5860372
Israelitische Religionsgemeinschaft Württembergs	Hospitalstr. 36 70174 Stuttgart www.irgw.de	0711 228 36-0	228 36-30

F. Vermögensbildung

I. Allgemeines

755 Die Vermögensbildung der Arbeitnehmer durch vereinbarte vermögenswirksame Leistungen der Arbeitgeber wird nach den Vorschriften des **Fünften Vermögensbildungsgesetzes** (5. VermBG) v. 4.3.1994 (BGBl. I 1994, 406, BStBl I 1994, 237) geregelt, das zuletzt durch das Zweite Datenschutz-Anpassungs- und Umsetzungsgesetz EU (2.DSAnpUG-EU) v. 20.11.2019 (BGBl. I 2019, 1626, BStBl I 2019, 1308) geändert worden ist. Das **Förderinstrument** des Fünften Vermögensbildungsgesetzes ist die **Arbeitnehmer-Sparzulage** (→ Rz. 764 ff.).

756 Zum Verfahren zur Festsetzung, Auszahlung und Rückzahlung der Arbeitnehmer-Sparzulage s. **Verordnung zur Durchführung des Fünften Vermögensbildungsgesetzes** (VermBDV 1994) v. 20.12.1994 (BGBl. I 1994, 3904, BStBl I 1995, 67), die zuletzt durch die Vierte Verordnung zur Änderung steuerlicher Vorschriften v. 12.7.2017 (BGBl. I 2017, 2360, BStBl I 2017, 892) geändert worden ist. Zur **Anwendung des Fünften Vermögensbildungsgesetzes** s. BMF-Schreiben v. 29.11.2017, IV C 5 – S 2430/17/10001, BStBl 2017, 1626. Zur erstmaligen Anwendung des Verfahrens der **elektronischen Vermögensbildungsbescheinigung** s. BMF-Schreiben v. 16.12.2016, IV C 5 – S 2439/16/10001, BStBl I 2016, 1435. Zur **Frist** für die Übermittlung der elektronischen Vermögensbildungsbescheinigung und zur **Härtefallregelung** s. BMF-Schreiben v. 17.4.2018, IV C 5 – S 2439/12/10001, BStBl I 2018, 630. Zur Verwendung zusätzlicher vermögenwirksamer Leistungen des Arbeitgebers für den Aufbau einer **betrieblichen Altersversorgung** s. BMF-Schreiben v. 12.8.2021, IV C 5 – S 2333/19/10008 :017, BStBl I 2021, 1050, Rz. 26a und 111a.

757 Das Fünfte Vermögensbildungsgesetz gilt für **alle Arbeitnehmer** im arbeitsrechtlichen Sinne sowie für **Beamte, Richter und Soldaten**. Bei Arbeitnehmern muss das Arbeitsverhältnis grds. deutschem Arbeitsrecht unterliegen. Die **Nationalität** des Arbeitnehmers ist **unmaßgeblich**. Das Fünfte Vermögensbildungsgesetz gilt auch für ausländische Arbeitnehmer, die als **Grenzgänger** in der Bundesrepublik arbeiten (zur Besonderheit bei den Einkommensgrenzen → Rz. 765), und für Arbeitnehmer, die als Grenzgänger im benachbarten Ausland nach ausländischem Arbeitsrecht beschäftigt sind, aber ihren ständigen Wohnsitz und den Mittelpunkt ihrer Lebensinteressen im Inland haben.

II. Vermögenswirksame Leistungen

758 **Vermögenswirksame Leistungen** sind Geldleistungen, die der Arbeitgeber für den Arbeitnehmer anlegt. Entweder kann es sich bei den vermögenswirksamen Leistungen um eine zusätzliche Zahlung des Arbeitgebers handeln, oder aber der Arbeitnehmer kann verlangen, dass der Arbeitgeber Teile des ohnehin geschuldeten Arbeitslohns vermögenswirksam anlegt. Vermögenswirksame Leistungen sind arbeitsrechtlich Bestandteil des Lohns oder Gehalts. Sie gehören zu den **steuerpflichtigen Einnahmen** i.S.d. Einkommensteuergesetzes bzw. zum Einkommen, Verdienst oder Entgelt (Arbeitsentgelt) i.S.d. Sozialversicherung.

759 Die **Anlagearten** sind vielfältig. So können vermögenswirksame Leistungen angelegt werden als:
- Sparbeiträge des Arbeitnehmers auf Grund eines Sparvertrags über Wertpapiere oder andere Vermögensbeteiligungen;
- Aufwendungen des Arbeitnehmers auf Grund eines Wertpapier-Kaufvertrags mit dem Arbeitgeber;
- Aufwendungen des Arbeitnehmers auf Grund eines Beteiligungs-Vertrags;
- Aufwendungen des Arbeitnehmers auf Grund eines Beteiligungs-Kaufvertrags mit dem Arbeitgeber;
- Aufwendungen des Arbeitnehmers nach dem Wohnungsbau-Prämiengesetz;
- Aufwendungen des Arbeitnehmers in Form der Verwendung zum Wohnungsbau;
- Sparbeiträge des Arbeitnehmers auf Grund eines Sparvertrags;
- Beiträge des Arbeitnehmers auf Grund eines Kapitalversicherungsvertrags.

760 Die vermögenswirksamen Leistungen können dabei z.B. **angelegt werden in**
- Bausparverträge,
- Investmentfondsanteile,
- stille Beteiligungen an Unternehmen,
- Aktien,
- Wandelschuldverschreibungen,
- Gewinnschuldverschreibungen,
- Genussscheine,

– Beteiligungen an bestimmten Genossenschaften,
– GmbH-Beteiligungen,
– Darlehensforderungen,
– Genussrechte.

761 Die vermögenswirksamen Leistungen hat der Arbeitgeber für den Arbeitnehmer **unmittelbar** an das Institut oder Unternehmen (Kreditinstitut, Kapitalverwaltungsgesellschaft, Bausparkasse oder Versicherungsunternehmen) **zu leisten**, bei dem die Anlage erfolgen soll. Dies **gilt nicht** bei der Anlage vermögenswirksamer Leistungen auf Grund eines Wertpapier-Kaufvertrags, Beteiligungs-Vertrags und Beteiligungs-Kaufvertrags mit dem Arbeitgeber sowie bei Anlagen zum Erwerb von Grundstücken und zum Bau, Erwerb oder Ausbau von Wohneigentum.

762 Bei der Überweisung an das Institut oder Unternehmen hat der Arbeitgeber die vermögenswirksamen Leistungen als solche zu **kennzeichnen**. Bei der Überweisung im Januar oder Dezember ist außerdem anzugeben, welchem **Kalenderjahr** die vermögenswirksamen Leistungen zuzuordnen sind.

763 Bei der Anlage vermögenswirksamer Leistungen im eigenen Unternehmen muss der Arbeitgeber in Zusammenarbeit mit dem Arbeitnehmer Vorkehrungen zur **Absicherung** dieser Anlage für den Fall treffen, dass das Unternehmen innerhalb der Sperrfrist **zahlungsunfähig** wird.

III. Arbeitnehmer-Sparzulage

764 Die Anlage vermögenswirksamer Leistungen wird durch die Gewährung einer **Arbeitnehmer-Sparzulage** gefördert. Dies gilt jedoch nicht, wenn die vermögenswirksamen Leistungen als Sparbeiträge des Arbeitnehmers auf Grund eines Sparvertrags oder als Beiträge des Arbeitnehmers auf Grund eines Kapitalversicherungsvertrags angelegt werden (sog. Nullförderung).

765 Anspruch auf eine Arbeitnehmer-Sparzulage haben nur Arbeitnehmer, deren **Einkommen** folgende **Grenzen** nicht übersteigt:

1. Bei in Beteiligungen am Produktivkapital (z.B. Anlagen in einem Investmentsparplan) angelegten vermögenswirksamen Leistungen gilt eine erhöhte Einkommensgrenze von **20 000 €/40 000 €** (Ledige oder getrennt Lebende/zusammenanlagte Ehepartner).
2. Bei den **übrigen** geförderten Anlageformen (z.B. Bausparverträge, wohnungswirtschaftliche Verwendungen) gilt eine Einkommensgrenze von **17 900 €/35 800 €** (Ledige oder getrennt Lebende/zusammenveranlagte Ehepartner).

Maßgeblich ist jeweils das **zu versteuernde Einkommen**. **Einkünfte aus Kapitalvermögen** bleiben bei der Ermittlung der maßgebenden Einkommensgrenzen grundsätzlich außer Betracht; nur in den Fällen, in denen Arbeitnehmer die Besteuerung ihrer Einkünfte aus Kapitalvermögen mit dem
– günstigeren – individuellen Steuersatz beantragen (→ Rz. 95 und → Rz. 268), fließen diese Einkünfte in das zu versteuernde Einkommen ein. Bei der Ermittlung des zu versteuernden Einkommens sind stets die in Betracht kommenden **Freibeträge für Kinder** (→ Rz. 107 ff. und → Rz. 114) abzuziehen, auch wenn es beim auszuzahlenden Kindergeld (→ Rz. 107 ff. und → Rz. 113) verbleibt; dabei sind stets die Freibeträge für das gesamte Sparjahr zu Grunde zu legen (z.B. bei Geburt eines Kindes im Dezember des Sparjahres oder Beendigung der Ausbildung im Juli des Sparjahres).

Die Einkommensgrenzen gelten nicht für **beschränkt einkommensteuerpflichtige Arbeitnehmer** (→ Rz. 757), die nicht zur Einkommensteuer veranlagt werden, da bei diesem Personenkreis ein zu versteuerndes Einkommen nicht festgestellt wird; diesen Arbeitnehmern steht deshalb die Arbeitnehmer-Sparzulage ohne Rücksicht auf die Höhe ihres Einkommens zu.

766 Die Arbeitnehmer-Sparzulage beträgt:

– für Beteiligungen am **Produktivkapital 20 %** der so angelegten vermögenswirksamen Leistungen, soweit diese **400 €** jährlich nicht überschreiten;

– für die **übrigen Anlageformen 9 %** der so angelegten vermögenswirksamen Leistungen, soweit diese **470 €** jährlich nicht übersteigen.

Werden beide Anlageformen bedient (→ Rz. 765), beträgt die **Arbeitnehmer-Sparzulage** bei zwei Verträgen **höchstens**

400 € × 20 %	80,– €
470 € × 9 % (aufgerundet)	+ 43,– €
	123,– €

767 Die Arbeitnehmer-Sparzulage wird nach Ablauf eines jeden Kalenderjahres auf Antrag des Arbeitnehmers durch dessen **Wohnsitzfinanzamt** festgesetzt. Der Antrag für 2022 ist auf dem Vordruck der bzw. einer Software für die Einkommensteuererklärung 2022 zu stellen, und zwar auch dann, wenn für 2022 keine Einkommensteuerveranlagung durchgeführt werden soll. Eine Arbeitnehmer-Sparzulage wird **seit dem** Sparjahr **2017** grds. nur festgesetzt, wenn die erforderlichen Daten mittels **elektronischer Vermögensbildungsbescheinigung** an die Finanzverwaltung übermittelt wurden (→ Rz. 768). Bis **einschließlich 2016** gab es noch ein Papierverfahren (Anlage VL).

768 Die elektronische Vermögensbildungsbescheinigung ist spätestens bis zum **letzten Tag des Monats Februar** des der Anlage der vermögenswirksamen Leistungen folgenden Kalenderjahres zu übermitteln. Fällt der letzte Tag des Monats Februar auf einen Sonntag, einen gesetzlichen Feiertag oder einen Sonnabend, verlängert sich die Frist auf den nächstfolgenden Werktag. Für die in 2022 angelegten vermögenswirksamen Leistungen muss die Übermittlung danach bis zum 28.2.2023 erfolgen. Die Daten sind dann nach einem entsprechenden Antrag des Arbeitnehmers Grundlage für die Festsetzung und Auszahlung der Arbeitnehmer-Sparzulage. Voraussetzung für die Gewährung der Arbeitnehmer-Sparzulage ist, dass der Arbeitnehmer gegenüber dem Mitteilungspflichtigen in die **Datenübermittlung eingewilligt** und ihm seine **Identifikationsnummer** (§ 139b AO) **mitgeteilt** hat. Werden die erforderlichen Daten trotz der vorliegenden Einwilligung nicht übermittelt, kann der Arbeitnehmer den Nachweis vermögenswirksam angelegter Leistungen in anderer Weise erbringen. Erfolgt jedoch trotz einer grundsätzlichen Einwilligung keine Datenübermittlung, weil der Arbeitnehmer seine Identifikationsnummer nicht mitgeteilt hat, ist ein Nachweis vermögenswirksam angelegter Leistungen in anderer Weise nicht möglich. Vom Vorliegen einer **Einwilligung** zur Datenübermittlung **kann ausgegangen werden**, wenn der Arbeitnehmer der Datenübermittlung nicht widersprochen hat und der Vertrag vor dem 25.5.2018 abgeschlossen wurde (Altvertrag). Bei einem Vertrag, der **ab dem 25.5.2018** abgeschlossen wurde oder wird (Neuvertrag, Vertragsänderung), darf eine Datenübermittlung an die zuständige Finanzbehörde demzufolge nur noch erfolgen, wenn der Arbeitnehmer der Datenübermittlung **aktiv zugestimmt** hat. Hintergrund ist die Datenschutz-Grundverordnung.

769 Bei **Antrag** auf Festsetzung einer Arbeitnehmer-Sparzulage gelten die „normalen" Antragsfristen nach der Abgabenordnung, d.h. grds. die **vierjährige Festsetzungsfrist** (§ 169 AO). Fällt das Ende der Festsetzungsfrist auf einen Sonntag, einen gesetzlichen Feiertag oder einen Sonnabend, endet sie erst mit dem Ablauf des nächstfolgenden Werktags (2. Januar des Folgejahres).

Der Antrag auf Festsetzung einer Arbeitnehmer-Sparzulage für die in 2022 angelegten vermögenswirksamen Leistungen kann bis zum 31.12.2026 (31.12.2022 + vier Jahre) gestellt werden. Am 2.1.2023 läuft die Antragsfrist für die in 2018 angelegten vermögenswirksamen Leistungen ab (31.12.2017 + vier Jahre unter Berücksichtigung, dass der 31.12.2022 ein Samstag ist).

770 Im Übrigen wird ein **Bescheid** über die **Ablehnung** der Festsetzung einer Arbeitnehmer-Sparzulage wegen Überschreitens der Einkommensgrenze **aufgehoben**, wenn der Einkommensteuerbescheid nach Ergehen des Ablehnungsbescheides zur Arbeitnehmer-Sparzulage geändert wird und dadurch **erstmals** festgestellt wird, dass die **Einkommensgrenze unterschritten** ist. Die Arbeitnehmer-Sparzulage wird dann vom Finanzamt **nachträglich festgesetzt**. Die

F. Vermögensbildung

Frist für die Festsetzung der Arbeitnehmer-Sparzulage endet in diesem Fall nicht vor Ablauf **eines Jahres** nach Bekanntgabe des geänderten Steuerbescheids. Die Nachholung der Festsetzung der Arbeitnehmer-Sparzulage wird **von Amts wegen** (grundsätzlich verbunden mit der Änderung der Einkommensteuerfestsetzung) vorgenommen. Ein erneuter Antrag des Arbeitnehmers auf Festsetzung der Arbeitnehmer-Sparzulage ist daher nicht erforderlich. Dies gilt entsprechend, wenn der geänderten Einkommensteuerfestsetzung **kein Bescheid** über die Ablehnung der Festsetzung einer Arbeitnehmer-Sparzulage vorangegangen ist, weil der Arbeitnehmer **wegen** der **Überschreitung** der Einkommensgrenze **keine Arbeitnehmer-Sparzulage beantragt** hat; eine Nachholung der Festsetzung der Arbeitnehmer-Sparzulage von Amts wegen ist in diesen Fällen aber nicht möglich. Stand jedoch schon vor Ergehen des geänderten Einkommensteuerbescheids fest, dass die Einkommensgrenzen nicht überschritten wurden, verlängert sich die Festsetzungsfrist nicht; in diesen Fällen kann nur innerhalb der regulären Festsetzungsfrist von vier Jahren ein Antrag auf Festsetzung der Arbeitnehmer-Sparzulage gestellt werden.

In Fällen, in denen für Aufwendungen, die vermögenswirksame Leistungen darstellen, ein Anspruch auf Arbeitnehmer-Sparzulage besteht, aber der Arbeitnehmer dennoch eine **Wohnungsbauprämie beantragt** hat (Hinweis: die Wohnungsbauprämie wird für vermögenswirksame Leistungen nur gewährt, wenn kein Anspruch auf die Arbeitnehmer-Sparzulage besteht), endet die Frist für die Festsetzung der Arbeitnehmer-Sparzulage nicht vor **Ablauf eines Jahres** nach Bekanntgabe der Mitteilung über die Änderung des Prämienanspruchs.

771 Das Finanzamt **sammelt** die jährlich festgesetzten Beträge **an** und **zahlt** sie in einer Summe **aus**, wenn

– die für die jeweilige Anlageform geltende sechs- bzw. siebenjährige Sperr- oder Rückzahlungsfrist abgelaufen ist,
– vor Ablauf der Frist über die Anlage unschädlich verfügt worden ist (→ Rz. 772) oder
– der Bausparvertrag, auf den die vermögenswirksamen Leistungen eingezahlt worden sind, zugeteilt wird.

772 **Unschädliche Verfügungen** kommen in Betracht bei:

– Tod und völliger Erwerbsunfähigkeit des Arbeitnehmers oder seines Ehepartners,
– Heirat,
– Arbeitslosigkeit,
– Verwendung zu Weiterbildungszwecken (eigene Weiterbildung oder Weiterbildung des Ehepartners),
– Aufgabe der nichtselbständigen Arbeit und Aufnahme einer selbständigen Erwerbstätigkeit,
– Veräußerung festgelegter Wertpapiere und Wiederverwendung des Erlöses zum Erwerb anderer Wertpapiere.

Damit das Finanzamt bei vorzeitiger **unschädlicher Verfügung** die Arbeitnehmer-Sparzulage vor Ablauf von Sperrfristen auszahlen kann und um zu verhindern, dass bei **zulagenschädlicher Verfügung** vom Finanzamt festgesetzte Arbeitnehmer-Sparzulagen bei Eintritt der Fälligkeit zu Unrecht überwiesen werden, bestehen bestimmte **Anzeigepflichten** von Arbeitgebern, Anlageinstituten und Anlageunternehmen. Die Anzeigen sind an die **„Zentralstelle für Arbeitnehmer-Sparzulage und Wohnungsbauprämie bei Technischen Finanzamt Berlin"** – ZPS ZANS – zu richten. Die entsprechenden Anzeigen sind nach amtlich vorgeschriebenem **Vordruck** oder nach amtlich vorgeschriebenem **Datensatz** durch Datenfernübertragung für die innerhalb eines Kalendermonats bekannt gewordenen vorzeitigen Verfügungen der Zentralstelle der Länder jeweils spätestens bis zum **15. Tag des folgenden Kalendermonats** zuzuleiten. Das BMF hat mit Bekanntmachung v. 23.9.2019, IV C 5 – S 2439/19/10002, BStBl I 2019, 925 die **Vordruckmuster** für Anzeigen in Papierform (**VermB 12** und **VermB 13**) sowie die **Datensatzbeschreibung** für die Zuleitung der entsprechenden Anzeigen nach amtlich vorgeschriebenem Datensatz durch Datenfernübertragung bekannt gemacht.

773 In den Fällen **ohne Sperrfrist** (z.B. Anlage zum Erwerb von Grundstücken und zum Bau, Erwerb oder Ausbau von Wohneigentum) bzw., wenn die **Sperrfrist** bereits **abgelaufen** ist, erfolgt die Auszahlung jährlich.

774 Die Arbeitnehmer-Sparzulage gilt – im Gegensatz zu den vermögenswirksamen Leistungen (→ Rz. 758) – **weder** als **steuerpflichtige Einnahme** i.S.d. Einkommensteuergesetzes **noch** als Einkommen, Verdienst oder Entgelt (**Arbeitsentgelt**) i.S.d. Sozialversicherung.

E 161

Stichwortverzeichnis

Die Zahlen verweisen auf die Randziffer

1

1 %-Regelung Rz. 539

A

ABC
außergewöhnliche Belastungen
Rz. 211 ff.
des Arbeitslohns, Übersicht
Rz. 457
Sonderausgaben Rz. 176 ff.
sonstige Freibeträge, Freigrenzen,
Pauschbeträge, Abzugsbeträge
Rz. 243 f.
Werbungskosten (nichtselbstän-
dige Arbeit) Rz. 122 ff.
Abfindung
Beendigung des Dienstverhältnis-
ses Rz. 458
Entlassung Rz. 458
ermäßigter Steuersatz Rz. 438
Abführung
der Lohnsteuer Rz. 368 ff.
Kirchensteuer Rz. 748
Abgeltungsteuer Rz. 42, 95, 268
Kirchensteuer Rz. 739
Quellenabzug Rz. 48
Solidaritätszuschlag Rz. 710
Abschlagszahlung Rz. 459
Begriff Rz. 416
Beispiele Rz. 417
Lohnsteuereinbehalt Rz. 416 f.
Abschreibung Rz. 123
Abtastverfahren
bei Nettolohnvereinbarung Rz. 453
Abzugsbeträge
ABC Rz. 244
Abzugsverbot Rz. 124
Adoption Rz. 212
Änderung des Lohnsteuerabzugs
Solidaritätszuschlag Rz. 721
Ärztliche Betreuung Rz. 474
Aktienoption Rz. 125, 460
Aktienüberlassung Rz. 460, 599
Alleinerziehende
s. Entlastungsbetrag für Alleiner-
ziehende
Einkommensteuerveranlagung
Rz. 84
Entlastungsbetrag Rz. 119 ff.
Freibetrag als Lohnsteuerabzugs-
merkmal Rz. 366 f.
Allgemeine Lohnsteuertabelle
Rz. 9
Abweichung von maschineller Be-
rechnung Rz. 10
Anwendung Rz. 6
Aufbau Rz. 7
Beitragszuschlag für Kinderlose
Rz. 10
Sachsen, Besonderheit Pflegever-
sicherung Rz. 10
Altersentlastungsbetrag Rz. 244
Anwendung der Lohnsteuertabelle
Rz. 14
Altersgrenze
für die steuerliche Berücksichti-
gung von Kindern Rz. 110
Altersrenten Rz. 461
Altersteilzeit Rz. 477
Altersvorsorgeaufwendungen
s. Sonderausgaben
Altersvorsorgebeitrag Rz. 180
Amtseinführung Rz. 462
Amtsveranlagung
Einkommensteuerveranlagung
Rz. 61
Angemessenheit Rz. 126
Anlage VL
Bescheinigung vermögenswirksa-
mer Leistungen Rz. 767

Anmeldung
der Lohnsteuer Rz. 368 ff.
Annehmlichkeit Rz. 476
Anrufungsauskunft Rz. 293, 390 f.
Vermögensbeteiligung Rz. 392
Antragsveranlagung
Einkommensteuerveranlagung
Rz. 62
Rücknahme – Rz. 63
Anwesenheitsprämie Rz. 463
Anzeigepflichten
im Lohnsteuerverfahren Rz. 378 f.
Arbeitgeber Rz. 276 f.
ausländischer – Rz. 284
Begriff Rz. 278 f.
bei Arbeitnehmerentsendung
Rz. 281
Betriebsstätte Rz. 284
Dritter als – Rz. 407
Haftungsschuldner Rz. 285
mehrere Beschäftigungen Rz. 294
steuerliche Pflichten Rz. 273
studentische Arbeitsvermittlung
Rz. 278
Arbeitgeberbeiträge
zur Höherversicherung Rz. 464
zur Sozialversicherung Rz. 464
Arbeitgeberdarlehen Rz. 495, 564
Arbeitgeberpflichten
Anzeigepflichten Rz. 378 f.
im Lohnsteuerverfahren Rz. 378 f.
Kirchensteuer Rz. 748
Lohnkonto Rz. 298 ff., 380
Lohnsteuer-Anmeldung Rz. 276 f.
Lohnsteuerbescheinigung
Rz. 381 ff.
Arbeitgeberzuschüsse
zur Krankenversicherung Rz. 465
Arbeitnehmer
Abgrenzung Rz. 288
Arbeitnehmereigenschaft Rz. 288
ausländischer – Rz. 290 f.
Begriff Rz. 286 ff.
Rechtsnachfolger Rz. 286
steuerliche Pflichten Rz. 47
SV-Recht, Selbständigkeit Rz. 289
Witwen und Waisen Rz. 286
Arbeitnehmerbeitrag
zur Sozialversicherung Rz. 465
Arbeitnehmer-Ehegatte Rz. 322 ff.
Arbeitnehmerentsendung
Arbeitgeber bei – Rz. 281
in das Inland Rz. 281
Arbeitnehmererfindung Rz. 466
Arbeitnehmerjubiläum Rz. 467
Arbeitnehmer-Pauschbetrag
Rz. 127
Tabellenfreibetrag Rz. 18
Arbeitnehmer-Sparzulage Rz. 764
Anlage VL Rz. 767
Ansammlung Rz. 771
Auszahlung Rz. 771, 773
Einkommensgrenze Rz. 765
Festsetzung Rz. 767
Festsetzungsfrist Rz. 769 f.
Höhe Rz. 766
kein Arbeitsentgelt Rz. 774
keine steuerpflichtige Einnahme
Rz. 774
unschädliche Verfügung Rz. 772
Vermögensbildungsbescheini-
gung Rz. 768
Arbeitnehmerüberlassung Rz. 280
Arbeitsbedingungen Rz. 468
Arbeitseinsatz
außergewöhnlicher Rz. 397
Arbeitsessen Rz. 476, 491
Arbeitsförderung Rz. 469

Arbeitsgerichtlicher Vergleich
Rz. 128
Arbeitskleidung Rz. 485
Arbeitslohn Rz. 394
ABC des Arbeitslohns, Übersicht
Rz. 457
Abschlagszahlungen Rz. 416
Aufmerksamkeit Rz. 397
ausländische Währung Rz. 395 f.
Begriff Rz. 393, 395
bei Teilzeitbeschäftigung Rz. 634
Dritter Rz. 399
Drittrabatte Rz. 399
eigenmächtige Überweisung
Rz. 400
Einkommensteuerveranlagung
Rz. 61
Erfassung Rz. 399 ff.
Ermittlung Rz. 393
Hinterziehung Rz. 400
laufender – Rz. 403, 408 ff.
Lohnsteuerermittlung Rz. 408, 412
Nachzahlung Rz. 409, 414 f.
Nettolohnvereinbarung Rz. 450 ff.
Preisvorteile Rz. 399
Rückzahlung Rz. 400
Sachbezüge Rz. 398
Sachleistung Rz. 397
schwankende Höhe Rz. 410
steuerfrei, steuerpflichtig Rz. 395,
399 ff.
steuerunbelastet Rz. 400
Umrechnung ausländische Wäh-
rung Rz. 396
versehentliche Überweisung
Rz. 400
Vorauszahlung Rz. 409, 414
Zusätzlichkeitsvoraussetzung
Rz. 684 ff.
Arbeitslohnhöhe
bei Teilzeitbeschäftigung Rz. 632 f.
Arbeitslohnquittungen
Formulare Rz. 640
Arbeitslohnspende Rz. 470
Arbeitslohnverzicht Rz. 404
Arbeitslohnzuschläge
für Sonntags-, Feiertags- oder
Nachtarbeit Rz. 471
Arbeitsmittel Rz. 129, 472
Arbeitstag
bei Teilzeitbeschäftigung Rz. 633
Arbeitsverhältnis
s. Dienstverhältnis Rz. 287
Arbeitszeitkonto Rz. 473
Arbeitszimmer Rz. 130
Telearbeit Rz. 585
Auflassungsvergütungen Rz. 475
Aufmerksamkeit
Arbeitslohn Rz. 397
Brötchen Rz. 476
Heißgetränk Rz. 476
Aufstockungsbeträge Rz. 477
Aufwandsentschädigungen
an öffentliche Dienste leistende
Personen Rz. 478
**Aufwendungen für Wege zwi-
schen Wohnung und erster Tä-
tigkeitsstätte** Rz. 131
Aufzeichnung
bei Teilzeitbeschäftigung Rz. 640 f.
im Lohnkonto Rz. 300 ff.
Solidaritätszuschlag Rz. 725
Ausbildungsbeihilfe
des Arbeitgebers Rz. 479
Ausbildungsvergütungen
des Arbeitgebers Rz. 479
Aushilfskräfte
in der Land- und Forstwirtschaft
Rz. 630 f.
Aushilfstätigkeit Rz. 294

Auskunft in Kirchensteuerfragen
Rz. 754
Ausländische Abzugsteuer
Freibetrag für voraussichtlich ab-
zuführende – Rz. 365
Ausländische Einkünfte
Steuerermäßigung Rz. 256
Ausländische Währung
Arbeitslohn Rz. 395
Umrechnung Rz. 395
Wechselkurs Rz. 395
Auslagenersatz Rz. 480
**Auslandstätigkeit, Auslandszu-
lage** Rz. 536
Auslösungen Rz. 481
Ausscheiden
aus dem Dienstverhältnis Rz. 430
Außensteuergesetz
Steuerpflicht Rz. 59
Außergewöhnliche Belastungen
ABC Rz. 211 ff.
Freibeträge beim Lohnsteuerab-
zug Rz. 343 ff.
Außerordentliche Holznutzungen
Rz. 245
Außersteuerliche Rechtsnormen
Sonderregelungen im EStG Rz. 50
Aussperrungsunterstützung
Rz. 583
Austritt aus der Kirche Rz. 746
Auswärtstätigkeit Rz. 132

B

BahnCard Rz. 482, 534
Bauabzugsteuer
bei Bauleistungen Rz. 51
Bauausführungen
Lohnsteuerabzug Rz. 291
Baugewerbe
Urlaubskasse, pauschale Lohn-
steuer Rz. 407
Bauleistungen
Bauabzugsteuer Rz. 51
BAV-Förderbetrag Rz. 372
Aufzeichnungspflichten Rz. 301
Bedarfsfreibetrag Rz. 114 ff.
Übertragung Rz. 84
Beendigung
selbständiger Arbeit Rz. 93
**Beendigung des Dienstverhältnis-
ses**
Pauschalbesteuerung von Zu-
kunftssicherungsleistungen
Rz. 650
Beginn der Kirchensteuerpflicht
Rz. 746
Begrenzung der Kirchensteuer
Rz. 733
**Begünstigungsbetrag bei nicht
entnommenen Gewinnen**
Rz. 246
Beherbergungsleistung Rz. 588
Behinderte
s. Körperbehinderung
Behindertengerechte Ausstattung
Rz. 214
Behinderungen Rz. 213
Beihilfeleistung
des Arbeitgebers Rz. 540
Beitrag
an Berufs- und Interessenverband
Rz. 552
Berufshaftpflichtversicherung
Rz. 552
Vermögensschaden-
Haftpflichtversicherung Rz. 552
Beitragsnachweis
Begriffsdefinitionen Rz. 273
Beitragszuschlag Rz. 483

E 162

Stichwortverzeichnis

Beköstigung Rz. 549
Belegschaftsrabatt Rz. 564
Belohnungen Rz. 484
Beratungsleistung
  zur beruflichen Neuorientierung
  Rz. 555
Berufsausbildung Rz. 133, 181
Berufsfortbildung Rz. 134
Berufshaftpflichtversicherung
  Rz. 552
Berufskleidung Rz. 135, 485
Berufskrankheit Rz. 136
Berufsverbände Rz. 137
Beschäftigungen
  beim selben Arbeitgeber Rz. 294
Beschäftigungsdauer
  bei Teilzeitbeschäftigung Rz. 633,
  638
Bescheinigung für den Lohnsteu-
erabzug
  Aufbewahrung Rz. 274
Beschränkte Einkommensteuer-
pflicht
  Begriff Rz. 58
  Einkommensteuerveranlagung
  Rz. 66
  Lohnsteuerabzug Rz. 436
  Nachzahlung Rz. 436
Besondere Arbeitslohnzahlungen
  Lohnsteuer-Pauschalierung
  Rz. 655 ff.
Besondere Lohnsteuerbescheini-
gung Rz. 384
  Solidaritätszuschlag Rz. 725
Besondere Lohnsteuertabelle
  Anwendung Rz. 6, 11
  Aufbau Rz. 7
Bestattung Rz. 215
Bestechungsgelder Rz. 574
  Steuerpflicht Rz. 399
Besteuerungsgrundlagen Rz. 85 f.
Besuchsfahrten Rz. 216
Beteiligungen
  Verluste aus - mit beschränkter
  Haftung Rz. 102
Betreuer
  Freibetrag Rz. 519
Betreuung von Kindern Rz. 493
Betreuung von Kindern, Angehöri-
gen Rz. 576
Betriebliche Altersversorgung
  Rz. 486
  vermögenswirksame Leistungen
  Rz. 756
Betriebliche Gesundheitsförde-
rung Rz. 604
Betriebsaufgabe
  Gewerbebetrieb Rz. 91
  Land- und Forstwirtschaft Rz. 90
Betriebsausgabenpauschale
  Rz. 247
  bei Kindertagespflege Rz. 92
  bei selbständiger Arbeit Rz. 92
Betriebsindividueller Pauschsteu-
ersatz
  Ermittlung Rz. 660
  Lohnsteuer-Pauschalierung
  Rz. 656 ff.
Betriebsrenten Rz. 487
Betriebssport Rz. 488
Betriebsstätte Rz. 373
  ausländischer Arbeitgeber Rz. 284
  Führung des Lohnkontos Rz. 298
  lohnsteuerliche – Rz. 283
  Wohnungseigentümergemein-
  schaft Rz. 283
Betriebsstättenfinanzamt Rz. 373
Betriebsveräußerung
  Gewerbebetrieb Rz. 91
  Land- und Forstwirtschaft Rz. 90
Betriebsveranstaltungen Rz. 138
  Lohnsteuer-Pauschalierung
  Rz. 664, 674
  No-Show-Kosten Rz. 489
Betriebsversammlung Rz. 490
Bewerbungskosten Rz. 139
Bewirtung Rz. 491

Bewirtungskosten Rz. 140
BGB-Gesellschaften
  Steuerpflicht Rz. 42
Brauchtumsfest Rz. 617
Brille Rz. 235, 575
Brötchen Rz. 476
Business-Seat Rz. 492, 603
Bußgelder Rz. 525

C

Computer Rz. 141
Corona Rz. 493, 543
  Helfer in Impfzentren und Testzen-
  tren Rz. 589
  Prüfung Einzelveranlagung Rz. 75

D

D&O-Versicherung Rz. 494
Darlehen Rz. 495
Datenverarbeitungsgeräte Rz. 677
  Lohnsteuer-Pauschalierung
  Rz. 664
  Pauschalbesteuerung Rz. 664
Dauernde Lasten
  s. Versorgungsleistungen
Deutschkurs Rz. 518
Diätverpflegung Rz. 217
Diebstahl Rz. 496
Dienstantritt eines Arbeitnehmers
  Rz. 497
Diensteinführung Rz. 462
Dienstleistungen
  Arbeitslohn Rz. 395
  zur Beratung Arbeitnehmer
  Rz. 498
  zur Vermittlung von Betreuungs-
  personen Rz. 498
Dienstreise Rz. 142
Dienstverhältnis Rz. 288 f.
  Begriff Rz. 287
  mit Kindern Rz. 297
  mit nahen Angehörigen Rz. 297
  zwischen Ehepartnern Rz. 295 f.
  zwischen Familienangehörigen
  Rz. 295
Dienstwagengestellung
  Nutzungsverbot Rz. 539
  Nutzungsverzicht Rz. 539
  s. Kraftfahrzeug Rz. 539
Digitale LohnSchnittstelle Rz. 306
Direktversicherung Rz. 182, 499
  Pauschalbesteuerung Rz. 645 f.
Direktzusage Rz. 500
DLS Rz. 306
Doppelbesteuerung Rz. 290
  Lohnsteuerabzug Rz. 291
Doppelte Haushaltsführung
  Rz. 143, 501
  Unterkunft
  s. Übernachtungskosten
Dritter
  als Arbeitgeber Rz. 278
  Arbeitslohnzahlung Rz. 399
Drittrabatte
  Arbeitslohn Rz. 399
Durchlaufende Gelder Rz. 502
Durchschnittlicher Steuersatz
  Lohnsteuer-Pauschalierung
  Rz. 656
Durchschnittsberechnung
  Pauschalbesteuerung von Zu-
  kunftssicherungsleistungen
  Rz. 649
Durchschnittssatzgewinnermitt-
lung
  bei Land- und Forstwirtschaft
  Rz. 90
Durchschnittssteuersatz Rz. 28

E

E-Bike Rz. 507, 513
Ehegatte Rz. 297
  Definition Rz. 5
  Dienstverhältnis Rz. 295 f.

Faktorverfahren Rz. 35, 332
  Kirchensteuer Rz. 741 f.
Ehepartner
  Kirchensteuer Rz. 740
  Solidaritätszuschlag bei Faktorver-
  fahren Rz. 714
Ehepartner, Unterhaltsleistung
  Rz. 204
Ehescheidung Rz. 144, 218
Ehrenamt Rz. 503
Ehrenamtsfreibetrag Rz. 504
Ehrenamtspauschbetrag Rz. 294
Eigener Hausstand
  s. auch Doppelte Haushaltsfüh-
  rung
Ein-Euro-Job Rz. 505
Eingangssteuersatz Rz. 27
Einheitliche Pauschsteuer Rz. 273
  Kirchensteuer Rz. 737
Einkaufsgutscheine Rz. 608
Einkommen
  Begriff Rz. 46
  Ermittlung Rz. 105
Einkommensbesteuerung
  außersteuerliche Rechtsnormen
  Rz. 50
  Bauabzugsteuer Rz. 51
  Quellenabzug Rz. 47
  Rechtsgrundlagen Rz. 43
Einkommensgrenzen
  für die steuerliche Berücksichti-
  gung von Kindern Rz. 112
Einkommensteuer
  Aufkommen Rz. 41
  Bedeutung Rz. 41
  Begriff Rz. 41
  Ermittlung der festzusetzenden –,
  Kurzschema Rz. 39 f.
  Steuersubjekt Rz. 42
Einkommensteuererklärung
  Rz. 705
  Abgabefrist Rz. 62
  Abgabeverpflichtung Rz. 45
Einkommensteuerpflicht Rz. 750
  auf Antrag unbeschränkt einkom-
  mensteuerpflichtig Rz. 57
  beschränkte – Rz. 58
  erweiterte unbeschränkte – Rz. 56
  EU-Bedienstete Rz. 55
  NATO-Streitkräfte Rz. 55
  persönliche Rz. 44
  sachliche Rz. 45
  unbeschränkte Rz. 54
  unbeschränkte – Rz. 52
  Wechsel Rz. 436
Einkommensteuertabelle
  Anwendung Rz. 8
  Aufbau Rz. 2
  gesetzliche Rz. 2
  Grund-/Splittingtabelle Rz. 23, 25
  Grundtabelle Rz. 68
  Splittingtabelle Rz. 68
Einkommensteuertarif Rz. 46
  progressiver Anstieg Rz. 426
Einkommensteuerveranlagung
  Rz. 705
  s. auch Antragsveranlagung
  Änderung Veranlagungsart
  Rz. 78 f.
  Antragsveranlagung Rz. 62
  Arbeitnehmer Rz. 61
  Aufforderung des Finanzamts
  Rz. 61
  Corona Rz. 75
  Einzelveranlagung Rz. 68, 76, 80
  Einzelveranlagung Ehegatten
  Rz. 74 f.
  geschiedene Personen Rz. 83
  Jahr der Heirat Rz. 80
  Kalenderjahrprinzip Rz. 65
  Lohnsteuernachforderung Rz. 64
  Pflichtveranlagung Rz. 348, 446
  Pflichtveranlagung Arbeitnehmer
  Rz. 61
  Rücknahme Antragsveranlagung
  Rz. 63
  Staatsangehörige EU/EWR Rz. 69
  Veranlagungszeitraum Rz. 65

Vergleich Zusammenveranlagung /
  Einzelveranlagung Rz. 78
  verwitwete Personen Rz. 82
  Zusammenveranlagung Rz. 68,
  70 ff.
Einkommensteuer-
Vorauszahlungen Rz. 269 ff.
Einkünfte
  aus nichtselbständiger Arbeit
  Rz. 394
  Besonderheiten bei der Ermittlung
  Rz. 90 ff.
  Ermittlung Rz. 87 ff.
Einkünfte und Bezüge
  von Kindern Rz. 112
Einkünfteermittlung Rz. 46
Einkünfteerzielungsabsicht Rz. 88
Einkunftsarten Rz. 46, 85
  Besonderheiten bei einzelnen –
  Rz. 90 ff.
  Ermittlung der Einkünfte Rz. 87 ff.
Einnahmen
  Begriff Rz. 394
Einnahmenüberschussrechnung
  Rz. 87
Einsatzwechseltätigkeit Rz. 145
Eintrittskarten Rz. 506
Einzelveranlagung Rz. 68, 80
  Corona Rz. 75
  Ehegatten Rz. 74 ff.
  Vergleich mit Zusammenveranla-
  gung Rz. 78
Elektrofahrrad Rz. 507, 513
Elektrofahrzeug Rz. 507, 539
Elektromobilität Rz. 507
  Lohnsteuer-Pauschalierung
  Rz. 664, 680
  Pauschalbesteuerung Rz. 664,
  680
  Übereignung Rz. 664
  Zuschüsse Rz. 664
Elektronische Lohnsteuerabzugs-
merkmale (ELStAM) Rz. 307 ff.
Elektronische Lohnsteuerbe-
scheinigung Rz. 381 ff.
ELStAM-Verfahren Rz. 307 ff.
  Abrufsperre Rz. 311
  Aushilfskraft Rz. 313
  Auskunftsberechtigung Rz. 310 f.
  geringfügig Beschäftigte Rz. 313
  Härtefallregelung Rz. 312
  Teilnahmepflicht Rz. 312
Eltern
  Dienstverhältnis mit Kindern
  Rz. 297
Ende der Kirchensteuerpflicht
  Rz. 746
Endpreis bei Arbeitgeberdarlehen
  tatsächlicher Endpreis Rz. 495
  üblicher Endpreis Rz. 495
Energetische Maßnahmen
  Steuerermäßigung Rz. 259, 364
Entfernungspauschale Rz. 131
Entlassungsentschädigung
  als sonstiger Bezug Rz. 437 f.
  Einkommensteuerveranlagung
  Rz. 61
Entlastungsbetrag für Alleinerzie-
hende Rz. 84, 119 ff.
  betriebsindividueller Pauschsteu-
  ersatz Rz. 660
  Freibetrag als Lohnsteuerabzugs-
  merkmal Rz. 366 f.
  Tabellenfreibetrag Rz. 18
Entleiher Rz. 280
Entschädigung Rz. 508
  Einkommensteuerveranlagung
  Rz. 61
  ermäßigter Steuersatz Rz. 437 f.
Erbschaftsteuer
  Steuerermäßigung bei Belastung
  Rz. 257
Erfolgsbeteiligungen Rz. 509
Ergebnisbeteiligungen Rz. 509

E 163

Stichwortverzeichnis

Erholungsbeihilfen Rz. 510
  Lohnsteuer-Pauschalierung
  Rz. 664, 675
  Pauschalbesteuerung Rz. 664, 675
Ermäßigte Lohnsteuer
  Einkommensteuerveranlagung
  Rz. 61
Ermäßigter Steuersatz
  bei einer mehrjährigen Tätigkeit
  Rz. 437 f.
  bei Entschädigungen Rz. 437 f.
  für sonstige Bezüge Rz. 449
Ermäßigung
  der Freibeträge für Kinder Rz. 116
Erschwerniszuschläge Rz. 511
Erste Tätigkeitsstätte Rz. 146
Erweiterte unbeschränkte Einkommensteuerpflicht Rz. 56
Essenmarke
  Auswärtstätigkeit Rz. 671
  Essensgutschein Rz. 669
  Sachbezugswert Rz. 669 f.
  Zuzahlung Rz. 669
Essensgutschein
  Auswärtstätigkeit Rz. 671
  Sachbezugswert Rz. 670
eTIN
  Begriff Rz. 435
EU-Bedienstete
  Einkommensteuerpflicht Rz. 55
Existenzminimum
  Begriff Rz. 46
  Freistellung für Kinder Rz. 107

F

Fachliteratur Rz. 147
Fahrergestellung Rz. 539
Fahrrad
  betriebliches Rz. 513, 683
  Lohnsteuer-Pauschalierung
  Rz. 683
  Steuerfreiheit Rz. 513
  verbilligter Erwerb Rz. 512
Fahrten zwischen Wohnung und erster Tätigkeitsstätte
  Jobticket Rz. 534
  Lohnsteuer-Pauschalierung
  Rz. 664, 681
  Minderung Werbungskosten
  Rz. 682
  Pauschalbesteuerung Rz. 664, 681
Fahrten zwischen Wohnung und Sammelpunkt
  Lohnsteuer-Pauschalierung
  Rz. 682
  Pauschalbesteuerung Rz. 682
Fahrtenbuchmethode Rz. 539
Fahrtkosten
  Reisekosten bei Auswärtstätigkeiten Rz. 514
Fahrtkosten, allgemein
  außergewöhnliche Belastungen
  Rz. 219
Fahrtkostenersatz Rz. 515
Fahrtkostenzuschüsse Rz. 515
Faktorverfahren
  bei Ehegatten Rz. 35
  bei Ehepartner Rz. 332
  Solidaritätszuschlag Rz. 714
  Steuerklassenwahl Rz. 17
Falschbetankung Rz. 148
Falschparken Rz. 525
Familienangehörige
  Dienstverhältnis Rz. 295
FCPE Rz. 149
Fehlgeldentschädigungen Rz. 516
Feiertagsarbeit
  Arbeitslohnzuschlag Rz. 471
Fester Pauschsteuersatz
  Lohnsteuer-Pauschalierung
  Rz. 664
Feststellung
  gesonderte und einheitliche Rz. 42

Firmenwagen
  s. Kraftfahrzeug Rz. 539
  verbilligter Erwerb Rz. 512
Flüchtlinge Rz. 44, 54, 58, 501, 632
  Deutschkurs Rz. 518
Flusskreuzfahrtschiff Rz. 491
Förderbetrag zur betrieblichen Altersversorgung Rz. 372
Forderungsverzicht Rz. 517
Formulare
  Arbeitslohnquittungen Rz. 640
Fort- und Weiterbildung
  Deutschkurs Rz. 518
Freibeträge
  ABC Rz. 244
Freibeträge, sonstige Rz. 243
Freibetrag
  Anwendung der Lohnsteuertabelle
  Rz. 12 f.
  bei alleinerziehenden Verwitweten
  Rz. 366
  bei Betriebsveranstaltung Rz. 489
  bei haushaltsnahen Beschäftigungsverhältnissen/Dienstleistungen und Handwerkerleistungen Rz. 364
  bei Land- und Forstwirtschaft
  .Rz. 90
  bei Steuerklasse VI Rz. 358 ff.
  bei Verlusten aus anderen Einkunftsarten Rz. 362 f.
  Einkommensteuerveranlagung
  Rz. 61
  energetische Maßnahmen bei zu eigenen Wohnzwecken genutzten Gebäuden Rz. 364
  Erhöhungsbetrag beim Entlastungsbetrag für Alleinerziehende
  Rz. 367
  für Investmentanteile Rz. 248
  für Kinder Rz. 114 ff.
  für Land- und Forstwirtschaft
  Rz. 249
  für voraussichtlich abzuführende ausländische Abzugsteuer
  Rz. 365
  Lohnsteuerabzugsmerkmal
  Rz. 343 ff.
Freibetrag für Betreuer Rz. 519
Freigrenze
  ABC Rz. 244
  Begriff Rz. 457
  bei privaten Veräußerungsgeschäften Rz. 250
  für Geschenke Rz. 251
  Sachbezüge Rz. 569
  von 50 € Rz. 569
Freistellungsauftrag Rz. 268
Führerschein Rz. 183, 520
Fünftelungsregelung
  Berechnung Rz. 439
  Berechnungsbeispiel Rz. 449
  beschränkte Einkommensteuerpflicht Rz. 444
  Lohnsteuerermittlung Rz. 437 f.
  Vorsorgepauschale Rz. 445, 447
Fünftes Vermögensbildungsgesetz Rz. 755 ff.
Funktionswechsel Rz. 462
Funktionswechsel eines Arbeitnehmers Rz. 521

G

Gebrauchtwagen
  verbilligter Erwerb Rz. 512
Geburtsbeihilfen Rz. 522
Geburtstag Arbeitnehmer Rz. 489
Gefahrenzulage Rz. 523
Gegenwert
  Ausscheiden aus einer Pensionskasse Rz. 651
Gehaltsverzicht Rz. 524
Gekürzte Vorsorgepauschale
  Einkommensteuerveranlagung
  Rz. 61
Geldbußen und -auflagen Rz. 150
Geldstrafen Rz. 525

Gemeinnützige Vereine
  Steuerpflicht Rz. 42
Gemischte Aufwendungen
  Aufteilung Rz. 88, 122
Genussmittel Rz. 526
Geringfügig Beschäftigte Rz. 623, 630 f.
  Anmeldung und Abführung der Lohnsteuer Rz. 628 f.
  Arbeitslohnbegriff Rz. 634
  Bemessungsgrundlage für Lohnsteuer-Pauschalierung Rz. 624
  beschränkt einkommensteuerpflichtige Aushilfskräfte Rz. 632
  Betriebsstättenfinanzamt Rz. 629
  einheitliche Pauschsteuer i.H.v. 2 % Rz. 625
  Haushaltsscheck Rz. 629
  Lohnsteuerabzug nach Lohnsteuerabzugsmerkmalen Rz. 627
  Lohnsteuerbescheinigung Rz. 384
  Pauschalierungsvoraussetzungen
  Rz. 624
  Pauschsteuer i.H.v. 20 % Rz. 626
  Privathaushalt Rz. 629
Geringfügige Beschäftigung
  Kirchensteuer Rz. 737
Gesamtbetrag der Einkünfte
  Ermittlung Rz. 104
Geschäftsleitung Rz. 282
Geschenke Rz. 151, 527
  Freigrenze Rz. 251
Geschenklose Rz. 547
Geschiedene Personen
  Einkommensteuerveranlagung
  Rz. 83
Gesundheitsförderung Rz. 604
Getränke Rz. 528
Gewerbebetrieb
  Besonderheiten Rz. 91
Gewerbesteuer-Messbetrag
  Rz. 732
Gewinnbeteiligungen Rz. 529
Gewinneinkünfte Rz. 87
Gewinnlose Rz. 547
Gewöhnlicher Aufenthalt
  Begriff Rz. 54
  Einkommensteuerpflicht Rz. 54
Gläubiger der Kirchensteuer
  Rz. 728
Glaubensverschiedene Ehe
  Rz. 743 ff.
Golfclub Rz. 488
Grenzsteuersatz Rz. 28
Größere Zahl von Fällen
  Lohnsteuer-Pauschalierung
  Rz. 658
Grundfreibetrag Rz. 46, 252
  Tabellenfreibetrag Rz. 18
  Tarifformel Rz. 27
Grundtabelle Rz. 68
Grundtarif Rz. 25
Gruppenversicherung
  Zukunftssicherungsleistungen
  Rz. 648
Günstigerprüfung
  steuerliche Berücksichtigung von Kindern Rz. 108
Gutscheinkarten Rz. 608

H

Härteausgleich Rz. 253
Haftung
  Lohnsteuer Rz. 385 ff.
Haftungsschuldner Rz. 285
Handwerkerleistung
  s. auch Haushaltsnahe Beschäftigung/Dienstleistung
  Steuerermäßigung Rz. 260, 364
Haushaltsfreibetrag
  s. Entlastungsbetrag für Alleinerziehende
Haushaltshilfe Rz. 221
Haushaltsnahe Beschäftigungsverhältnisse
  Steuerermäßigung Rz. 260

Haushaltsnahe Beschäftigungsverhältnisse/Dienstleistungen
  Steuerermäßigung Rz. 364
Haushaltsnahe Dienstleistungen
  Steuerermäßigung Rz. 260
Haushaltsscheck Rz. 629
Haushaltsscheckverfahren
  Rz. 623, 632
  Erhebung einheitliche Pauschsteuer Rz. 273
Hausratversicherung Rz. 184
Hebesatz
  Kirchensteuer Rz. 729
Heim- oder Pflegeunterbringung
  Rz. 222
Heimarbeit Rz. 152
Heimarbeiterzuschläge Rz. 530
Heiratsbeihilfen Rz. 531
Heißgetränk Rz. 476
Hinterbliebene Rz. 223
Hinzurechnungsbetrag
  Anwendung der Lohnsteuertabelle
  Rz. 12 f.
  bei Steuerklasse VI Rz. 358 ff.
Höchstbeträge für Vorsorgeaufwendungen Rz. 185
Höchstbetrag
  Pauschalbesteuerung von Zukunftssicherungsleistungen
  Rz. 649
Höhe der Kirchensteuer Rz. 729 ff.
Home-Office
  Telearbeit Rz. 585
Hybridelektrofahrzeug Rz. 507, 539

I

Incentive-Reisen Rz. 532
Insolvenzgeld Rz. 533
Internetzugang
  Lohnsteuer-Pauschalierung
  Rz. 664, 677 f.
  Pauschalbesteuerung Rz. 664, 677 f.
Investmentanteile
  Freibetrag Rz. 248

J

Jahresarbeitslohn
  Ermittlung bei Lohnsteuer-Jahresausgleich Rz. 699 ff.
  Ermittlung bei sonstigen Bezügen
  Rz. 423
Jahresausgleich
  s. Lohnsteuer-Jahresausgleich
Jahresfreibetrag
  bei sonstigen Bezügen Rz. 427 f.
Jahreslohnsteuer
  Ermittlung bei Lohnsteuer-Jahresausgleich Rz. 698 ff.
Jobticket Rz. 534
  s. Öffentliche Verkehrsmittel
Jubiläumszuwendung
  Fünftelungsregelung Rz. 440
  Lohnsteuerermittlung Rz. 437
Jubiläumszuwendungen Rz. 535
Juristische Personen
  Steuerpflicht Rz. 42

K

Kalenderjahrprinzip
  Einkommensteuerveranlagung
  Rz. 65
Kantinenmahlzeiten Rz. 667
Kapitalertragsteuer Rz. 268
Kapitalgesellschaften
  Steuerpflicht Rz. 42
Kapitalvermögen
  Einkünfte aus –, Besonderheiten
  Rz. 95
  Verluste bei den Einkünften aus -
  Rz. 102
  Verluste bei Einkünften aus –
  Rz. 95
  Werbungskosten-Pauschbetrag bei Einnahmen aus – Rz. 265

E 164

Stichwortverzeichnis

Kappung der Kirchensteuer
Rz. 733
Kaskoversicherung Rz. 186
Kaufkraftausgleich Rz. 536
Kaufkraftzuschlag Rz. 536
Kinder
Arbeitsverträge Rz. 297
Berücksichtigung bei der Kirchensteuer Rz. 731
Dienstverhältnis Rz. 297
Entlastungsbetrag für Alleinerziehende Rz. 119 ff.
im Ausland Rz. 341
Lohnsteuerabzugsmerkmal Rz. 334 ff.
Solidaritätszuschlag Rz. 708, 712
steuerliche Berücksichtigung Rz. 107 ff.
Kinderbetreuungskosten Rz. 153, 187
Berücksichtigung Rz. 50
für außersteuerliche Rechtsnormen Rz. 50
Kinderfreibetrag Rz. 114 ff.
Tabellenfreibetrag Rz. 18
Kindergartenbeiträge
Zuschüsse des Arbeitgebers Rz. 537
Kindergeld
Höhe, Auszahlung Rz. 113
Lohnsteuereinbehalt im öffentlichen Dienst Rz. 372
Kinderlosenzuschlag
Unterschiede Tabellensteuer/maschinelle Steuer Rz. 21
Kindernotbetreuung Rz. 554
Kindertagespflege
Betriebsausgabenpauschale Rz. 92
Kirchensteuer Rz. 188
Abführung Rz. 750
Abgeltungsteuer Rz. 739
Auskunft Rz. 754
Ausländer Rz. 727
Austritt Rz. 747
Auswirkung der Freibeträge für Kinder Rz. 335
Beginn des Kirchensteuerabzugs Rz. 746
Begrenzung der Kirchensteuer Rz. 733
Cum/Cum-Geschäfte Rz. 732
Ehegatten Rz. 741 f.
Ehepartner Rz. 740
Einbehalt durch Arbeitgeber Rz. 750
Einführung Rz. 726
einheitliche Pauschsteuer Rz. 737
Ende der Kirchensteuerpflicht Rz. 746 f.
Erlass Rz. 749
Faktorverfahren Rz. 738
geringfügige Beschäftigung Rz. 737
Gläubiger Rz. 728
Hebesatz Rz. 729
Höhe Rz. 729 ff.
Kapitaleinkünfte Rz. 739
Kapitalertragsteuer Rz. 739
Kappung der Kirchensteuer Rz. 733
Kinder Rz. 731
Kirchenmitgliedschaft Rz. 727
Kirchgeld in glaubensverschiedener Ehe Rz. 744
Korrektur der Bemessungsgrundlage Rz. 730 ff.
Lohnsteuer Rz. 738
Mindestbetrag Rz. 734
Mini-Job Rz. 737
Pauschalierung der Lohnsteuer Rz. 735 f.
Schuldner der Kirchensteuer Rz. 727
Teileinkünfteverfahren Rz. 732
Tod des Steuerpflichtigen Rz. 746
Verwaltung Rz. 752
Zwölftelung Rz. 748
Kirchensteuer auf Kapitalertragsteuer Rz. 745

Körperpflege und Kosmetika
Rz. 155
Körperschaft
Sitz Rz. 282
Körperschaftsteuer Rz. 42
Steuersatz Rz. 49
Teileinkünfteverfahren Rz. 49
Körperschaftsteuersatz Rz. 49
Konfessionsgleiche Ehe Rz. 741
Konfessionsverschiedene Ehe
Rz. 742
Kontoführungsgebühren Rz. 154, 538
Kostenbeteiligung bei Kraftfahrzeuggestellung Rz. 156
Kraftfahrzeug
s. Pkw
1 %-Regelung Rz. 539
Fahrergestellung Rz. 539
Fahrtenbuchmethode Rz. 539
geldwerter Vorteil Rz. 539
Listenpreis Rz. 539
Nutzungsverbot Rz. 539
Nutzungsverzicht Rz. 539
Steuerpflicht Rz. 539
Zuzahlungen des Arbeitnehmers Rz. 539
Krankentagegeldversicherung
Rz. 189
Krankenversicherung
Nachweis höherer privater Beiträge Rz. 16
Krankheitskosten Rz. 224
Arbeitgeberleistungen Rz. 540
Kreditkarten Rz. 541
Künstliche Befruchtung Rz. 225
Kundenbindungsprogramme
Rz. 570
Kur Rz. 226
Kurkosten Rz. 542
Kurzarbeitergeld Rz. 543
Kurzfristige Beschäftigung
Rz. 620
Arbeitslohnhöhe Rz. 621

L

Ladestation
Ladevorrichtung Rz. 680
Lohnsteuer-Pauschalierung Rz. 664, 680
Pauschalbesteuerung Rz. 664, 680
Steuerfreiheit Rz. 507
Übereignung Rz. 664, 680
Zuschüsse Rz. 664, 680
Ladestrom
Steuerfreiheit Rz. 507
Ländergruppeneinteilung Rz. 57
Kinder im Ausland Rz. 115, 341
Land- und Forstwirtschaft
Aushilfskräfte Rz. 630 f.
Besonderheiten Rz. 90
Freibetrag Rz. 249
Tarifermäßigung Rz. 262
typisch land- und forstwirtschaftliche Arbeiten Rz. 631
Laufender Arbeitslohn Rz. 403, 409 f.
Begriff Rz. 408
Lohnsteuerermittlung Rz. 408, 412
Leasingsonderzahlung Rz. 514
Lebenshaltungskosten Rz. 88
Lebenspartner
Definition Rz. 5
Lebenspartnerschaft
s. auch Ehe
Legasthenie Rz. 227
Leistungsprämien Rz. 544
Liebhaberei Rz. 88
Lohnabrechnung
Abschlagszahlungen Rz. 416
Beispiele Rz. 417
kalenderjahrübergreifend Rz. 417
Lohnersatzleistungen
Einkommensteuerveranlagung Rz. 61

Faktorverfahren Rz. 35
Steuerklassenwahl Rz. 32
Lohnkonto Rz. 298 ff., 748
Abschluss Rz. 380
Aufbewahrungsfrist Rz. 305
bei Nettolohnvereinbarung Rz. 456
Lohnsteuer
Abzug, Anmeldung, Abführung Rz. 368 ff.
Änderung der – Rz. 374 ff.
Aufkommen Rz. 41
bei Nettolohn-Vereinbarung Rz. 545
Ermittlung für sonstige Bezüge Rz. 421 ff., 425
Haftung Rz. 385 ff.
Quellenabzug Rz. 47
Solidaritätszuschlag Rz. 711 ff.
Verpflichtung zum Lohnsteuerabzug Rz. 273, 279
vom Arbeitgeber übernommene Rz. 545
Lohnsteuerabzug Rz. 266 f., 368 ff.
Lohnsteuerabzugsmerkmale
Rz. 307 f.
Änderung Rz. 318 f.
andere Rz. 333
beschränkte Einkommensteuerpflicht Rz. 436
Datenschutz Rz. 309
Einbehaltung von Lohnsteuer ohne – Rz. 320 f.
Freibetrag Rz. 333
Kinder Rz. 334 ff.
Steuerklassen Rz. 322 ff.
Übersicht Rz. 317
verschiedenartige Bezüge Rz. 321
Lohnsteuer-Anmeldung Rz. 368 ff.
Authentifizierung Rz. 277
elektronisches Zertifikat Rz. 277
Unterschrift Rz. 277
Verpflichtung zur Abgabe Rz. 276
Lohnsteuer-Außenprüfung
Lohnsteuer-Pauschalierung Rz. 655
Nacherhebungsfälle Rz. 655
Lohnsteuerbescheinigung
Rz. 381 ff.
Ausdruck für Arbeitnehmer Rz. 274
bei Nettolohnvereinbarung Rz. 456
Besondere Lohnsteuerbescheinigung Rz. 384
elektronische Übermittlung Rz. 274
eTIN Rz. 435
für beschäftigte Steuerpflichtige Rz. 274
Solidaritätszuschlag Rz. 725
Lohnsteuereinbehalt Rz. 407
betriebliche Altersversorgung Rz. 372
Handelsschiffe Rz. 372
Kindergeld Rz. 372
Lohnsteuererhebung Rz. 4
Lohnsteuerermittlung
Altersentlastungsbetrag Rz. 427 f.
bei Nettolohnvereinbarung Rz. 452 f.
Besonderheiten bei sonstigen Bezügen Rz. 425 f.
Einspruch Arbeitnehmer Rz. 407
Einwendungen Rz. 407
Fünftelungsregelung Rz. 449
für sonstige Bezüge Rz. 425 f.
Jahresfreibetrag Rz. 427 f.
Korrektur Rz. 407
Lohnsteuer-Anmeldung Rz. 407
nach Lohnsteuerabzugsmerkmalen Rz. 407
nach Lohnzahlungszeiträumen Rz. 407
sonstige Bezüge Rz. 421 ff., 449
Versorgungsfreibetrag Rz. 427 f.
Lohnsteuer-Jahresausgleich
Abschlussbuchung Rz. 703
Aufbewahrung Lohnunterlagen Rz. 696
Ausschluss vom – Rz. 695 f.
durch Arbeitgeber Rz. 693

durch den Arbeitgeber Rz. 691 f., 694
Durchführung des – Rz. 696 ff.
Ermittlung der Jahreslohnsteuer Rz. 701
Ermittlung des Jahresarbeitslohns Rz. 698
permanenter Rz. 701
permanenter – Rz. 704
Solidaritätszuschlag Rz. 723 f.
Verfahren Rz. 701
Verpflichtung zum – Rz. 693 f.
Voraussetzungen Rz. 694
Lohnsteuernacherhebung
Lohnsteuer-Pauschalierung Rz. 662
Lohnsteuer-Nachforderungsbescheid Rz. 64
Lohnsteuer-Pauschalierung
Rz. 616 ff., 661, 680
arbeitstägliche Mahlzeiten im Betrieb Rz. 664 f.
bei Nacherhebung Rz. 663
Bemessungsgrundlage Rz. 624
betriebsindividueller Pauschsteuersatz Rz. 660
Betriebsveranstaltung Rz. 664, 674
Business-Seat Rz. 603
Datenverarbeitungsgeräte Rz. 677
Erholungsbeihilfen Rz. 664, 675
Essenmarken auf Auswärtstätigkeit Rz. 671
Essenmarkenwert Rz. 669
Fahrten zwischen Wohnung und erster Tätigkeitsstätte Rz. 664, 681
Fahrten zwischen Wohnung und Sammelpunkt Rz. 682
fester Pauschsteuersatz Rz. 664 f.
für besondere Arbeitslohnzahlungen Rz. 657 ff.
größere Zahl von Fällen Rz. 658
in besonderen Fällen Rz. 655 ff.
Internetzugang Rz. 664, 677 f.
Kirchensteuer Rz. 735 f.
Mahlzeiten auf Auswärtstätigkeit Rz. 673
Mahlzeiten mit Sachbezugswert Rz. 673
mit durchschnittlichem Steuersatz Rz. 656 ff.
Pauschalierungsvoraussetzungen Rz. 624
Solidaritätszuschlag Rz. 717 f.
Verpflegungspauschalen Rz. 664, 676
VIP-Loge Rz. 603
von sonstigen Bezügen Rz. 655 ff.
Voraussetzungen Rz. 619
Vorruheständler Rz. 619
weiträumiges Tätigkeitsgebiet Rz. 682
Zusätzlichkeitsvoraussetzung Rz. 679
Lohnsteuertabelle
Allgemeine/Besondere Rz. 6 f., 9
Altersentlastungsbetrag Rz. 14
Anwendung Rz. 6, 11
Aufbau Rz. 2
Ermittlung Bruttoarbeitslohn Rz. 12
Faktorverfahren Rz. 17
Freibetrag Rz. 13
gesetzliche Rz. 2
Nachweis höherer privater Kranken- und Pflegeversicherungsbeiträge Rz. 16
Praxishinweis zur Anwendung Rz. 12 ff.
Software Stotax-Lohn Rz. 1
Tabellenfreibetrag Rz. 18
Tabellenkonzept Rz. 2
Unterschiede Tabellensteuer/maschinelle Steuer Rz. 19, 21 f.
Versorgungsfreibetrag Rz. 15
Lohnsteuerverfahren Rz. 298 ff.
Lohnverwendungsabrede Rz. 404, 546

E 165

Stichwortverzeichnis

Lohnzahlungen
eTIN Rz. 435
nach Beendigung des Dienstverhältnisses Rz. 430
Steuerklasse VI Rz. 435
weiteres Dienstverhältnis Rz. 434
Lohnzahlungszeitraum Rz. 402 ff.
Beispiele Rz. 405
Solidaritätszuschlag Rz. 719
Tageslohnsteuertabelle Rz. 405
Teillohnzahlungszeitraum Rz. 405
Lohnzufluss Rz. 403 f.
bei sonstigen Bezügen Rz. 419 f.
Beispiele Rz. 405
Nachzahlung Rz. 419
Vorauszahlung Rz. 419
Lose Rz. 547
Losgewinne Rz. 548

M

Mahlzeiten
als Arbeitslohn, Wertansatz Rz. 398
Durchschnittspreis Rz. 672
Essenmarkenwert Rz. 670
Essensgutschein Rz. 670
im Betrieb Rz. 664 ff.
kostenlose Rz. 549
Lohnsteuer-Pauschalierung Rz. 672
Sachbezugswert Rz. 664, 666, 669
Snacks Rz. 549
verbilligte Rz. 549
Zuzahlung Rz. 669
Manager-Haftpflichtversicherung Rz. 494
Mankogelder Rz. 516
Maßstabsteuer Rz. 18
Medizinische Hilfsmittel Rz. 228
Mehrere Dienstverhältnisse
Einkommensteuerveranlagung Rz. 61
Mehrjährige Tätigkeit
bei sonstigen Bezügen Rz. 437 f.
ermäßigter Steuersatz Rz. 437 f.
Metergeld Rz. 550
Mietvorteile Rz. 551
Mietzahlungen
außergewöhnliche Belastungen Rz. 229
Milderung
des Solidaritätszuschlags Rz. 713
Solidaritätszuschlag Rz. 709
Mindestbetrag der Kirchensteuer Rz. 734
Mindestvorsorgepauschale Rz. 7, 9
Besondere Lohnsteuertabelle Rz. 11
Korrekturbetrag bei privaten Kranken- und Pflegeversicherungsbeiträgen Rz. 17
Mitgliedsbeiträge
Übernahme durch den Arbeitgeber Rz. 552
Mobilitätsprämie Rz. 131
Monatslohn
Lohnsteuerermittlung Rz. 407
Montagen
Lohnsteuerabzug Rz. 291
Musikinstrument Rz. 480
Mutterschutz
Leistungen nach Mutterschutzgesetz Rz. 553

N

Nacherhebung Lohnsteuer
Lohnsteuer-Pauschalierung Rz. 663
Nacherhebungsfälle
Lohnsteuer-Pauschalierung Rz. 655
Nachholung
der Pauschalbesteuerung Rz. 639
Nachtarbeit
Arbeitslohnzuschlag Rz. 471

Nachträgliche Werbungskosten Rz. 157
Nachzahlung
Arbeitslohn Rz. 409
Begriff Rz. 419
Berechnung der Lohnsteuer Rz. 414
nach Beendigung des Dienstverhältnisses Rz. 430
Solidaritätszuschlag Rz. 722
NATO-Streitkräfte
Einkommensteuerpflicht Rz. 55
Natürliche Person
Begriff Rz. 44
Einkommensteuerpflicht Rz. 44
Nebenberufliche Tätigkeit
Übungsleiterpauschale Rz. 589
Nebeneinkünfte
Einkommensteuerveranlagung Rz. 61
Nebentätigkeit Rz. 294
Nettolohn Rz. 452
als sonstiger Bezug Rz. 454
Begriff Rz. 450
Lohnsteuerermittlung Rz. 450 f.
Nettolohnvereinbarung Rz. 450
Lohnkonto Rz. 456
Lohnsteuerbescheinigung Rz. 456
Lohnsteuerermittlung Rz. 451 ff.
Solidaritätszuschlag Rz. 720
sonstiger Bezug Rz. 454
Newplacement-Beratung Rz. 555
Nichtselbständige Arbeit
Begriff Rz. 394
Besonderheiten Rz. 94
Einkünfte Rz. 47, 394
Liebhaberei Rz. 88
Nichtselbständige Tätigkeit
Abgrenzung Rz. 292
Nichtveranlagungs-Bescheinigung Rz. 268
Niedrigsteuerland
Steuerpflicht Rz. 59
Notbetreuung
Kinder Rz. 554
pflegebedürftige Angehörige Rz. 554
Nullmeldung
Lohnsteuer Rz. 373
Nullzone Rz. 27
Solidaritätszuschlag und Faktorverfahren Rz. 714
Nutzungsverzicht
Dienstwagen Rz. 539

O

OECD-Musterabkommen Rz. 290
Offshore-Plattform Rz. 491
Opfergrenze Rz. 230
Orchestermusiker Rz. 480
Outplacement-Beratung Rz. 555

P

Paketzustelldienst Rz. 525
Paketzustellfahrer Rz. 525
Parkgebühren Rz. 556
Parkplätze Rz. 557
Pauschalbesteuerung
betriebliches Fahrrad Rz. 683
Datenverarbeitungsgeräte Rz. 664, 677
Einkommensteuerveranlagung Rz. 654
Erholungsbeihilfen Rz. 664, 675
Fahrten zwischen Wohnung und erster Tätigkeitsstätte Rz. 664, 681
Fahrten zwischen Wohnung und Sammelpunkt Rz. 682
Internetzugang Rz. 664, 677 f.
Personalcomputer Rz. 664, 677
Verpflegungspauschalen Rz. 664, 676
weiträumiges Tätigkeitsgebiet Rz. 682

Zukunftssicherungsleistungen Rz. 645 f.
Zusätzlichkeitsvoraussetzung Rz. 679
Pauschale Lohnsteuer
betriebliche Sachzuwendungen Rz. 689
Pauschsteuersatz von 30 % Rz. 689
Steuerschuldner Rz. 689
Pauschbeträge
ABC Rz. 244
Pauschsteuersätze
Teilzeitbeschäftigungen Rz. 618, 620
Payback-Gutschrift Rz. 558
PC-Programme Rz. 586
Pedelec Rz. 507
Pension
s. Versorgungsbezüge
Pensionsfonds Rz. 559
Pensionskasse Rz. 190, 560
Pauschalbesteuerung Rz. 645 f.
Permanenter Lohnsteuer-Jahresausgleich
Aushilfskraft Rz. 704
Ermittlung Lohnsteuer Rz. 704
mit Steuerklasse VI Rz. 704
Solidaritätszuschlag Rz. 724
Voraussetzungen Rz. 704
Personalcomputer Rz. 586
Lohnsteuer-Pauschalierung Rz. 664, 677
Pauschalbesteuerung Rz. 664, 677
Personalrabatte Rz. 564
Personenfernverkehr Rz. 534
Personennahverkehr Rz. 534
Personenvereinigung
Sitz Rz. 282
Pflegegelder Rz. 561
Pflegekosten Rz. 231
Pflege-Pauschbetrag Rz. 232
Pflegerenten-/Pflegekrankenversicherung Rz. 191
Pflegeversicherung
Nachweis höherer privater Beiträge Rz. 16
Unterschiede Tabellensteuer/maschinelle Steuer Rz. 21
Pflichtveranlagung nach § 46 EStG
Einkommensteuerveranlagung Rz. 61
Faktorverfahren Rz. 35
Steuerklassenkombination III/V Rz. 31
Politische Parteien Rz. 192
Steuerermäßigung bei Zuwendungen Rz. 261
Positionsgefährdung Rz. 577
Prämien Rz. 562
Preisgelder Rz. 563
Preisnachlässe Rz. 564
Preisvorteile
Arbeitslohn Rz. 399
Private Veräußerungs-(Spekulations-)verluste
Ausgleich bei der Ermittlung der Summe der Einkünfte Rz. 102
Privathaushalt Rz. 629
Privatschule Rz. 233
Produktivkapital
s. Vermögenswirksame Leistungen
Progressionsvorbehalt
Begriff Rz. 67
Einkommensteuerveranlagung Rz. 61
tarifliche Einkommensteuer Rz. 40
Progressionszone Rz. 27
Proportionalzone Rz. 27
Prozesskosten Rz. 234
s. auch Ehescheidungskosten
s. auch Zivilprozesskosten

Q

Quarantäne Rz. 493
Quellensteuer Rz. 47 f.

R

Rabattfreibetrag Rz. 564
Rechenprogramm Lohnsteuertabelle
Software Stotax-Lohn Rz. 1
Rechtsgrundlagen
aktuelle Gesetzesänderungen Rz. 43
für die Einkommensbesteuerung Rz. 43
Reeder
Lohnsteuereinbehalt bei Handelsschiffen Rz. 372
Regelmäßige Arbeitsstätte Rz. 158
Rehabilitationsmaßnahmen Rz. 604
Reichensteuer Rz. 27
Reinigungskosten Rz. 480, 485
Reisegepäckversicherung Rz. 565
Reisekosten Rz. 159, 566
bei Auswärtstätigkeit Rz. 514
bei Auswärtstätigkeiten Rz. 600
Reisenebenkosten Rz. 567
Religionsgemeinschaft, steuererhebende Rz. 751, 753
Religionsmerkmal Rz. 748
Renten und dauernde Lasten Rz. 193
Restaurantschecks
Sachbezugswert Rz. 670
Zuzahlung Rz. 670
Riester-Rente Rz. 180
Rückdeckungsversicherung Rz. 568
Runder Geburtstag Arbeitnehmer Rz. 489

S

Sachbezüge Rz. 608
als Arbeitslohn, Wertansatz Rz. 398
Arbeitslohn Rz. 395
Freigrenze von 50 € Rz. 569
Sachbezugswert
Mahlzeiten im Betrieb Rz. 664, 666
Sachbezugswerte
freie Unterkunft, Wertansatz Rz. 398
freie Verpflegung, Wertansatz Rz. 398
freie Wohnung, Wertansatz Rz. 398
Sachleistung
Arbeitslohn Rz. 397
Sachprämien Rz. 570
Sachsen
Besonderheit Pflegeversicherung Rz. 9
Sachversicherung Rz. 194
Saison-Kurzarbeitergeld Rz. 543
Sammelbeförderung Rz. 571
Sammellohnkonto Rz. 302
Sammelposten
s. Übernachtungskosten
Sammelposten für Nebenleistungen Rz. 588
Schadensersatzleistungen
des Arbeitgebers Rz. 572
Schichtzulagen Rz. 573
Schmiergelder Rz. 574
Schuldner der Kirchensteuer Rz. 727
Schulgeld Rz. 195
Schutzausrüstung Rz. 493
Schutzbrille Rz. 575
Sehhilfe Rz. 235, 575
Selbst genutzte Baudenkmale Rz. 196

E 166

Stichwortverzeichnis

Selbst genutzte Wohnungen
Rz. 197
Selbständige Arbeit
Besonderheiten Rz. 92 f.
Selbständige Tätigkeit
Abgrenzung Rz. 292
Selbständigkeit
Abgrenzung Arbeitnehmer Rz. 289
Serviceleistungen des Arbeitgebers für Familie und Beruf
Rz. 576
Sicherheitsaufwendungen
des Arbeitgebers Rz. 577
Sicherheitseinrichtungen Rz. 577
Sitz
Körperschaft Rz. 282
Personenvereinigung Rz. 282
Vermögensmasse Rz. 282
Snacks
keine Mahlzeiten Rz. 549
Sofort erforderliche Beschäftigung Rz. 622
Solidaritätszuschlag
Änderung des Lohnsteuerabzugs Rz. 721
Aufzeichnung Rz. 725
Auswirkung der Freibeträge für Kinder Rz. 335
bei sonstigen Bezügen Rz. 427
Faktorverfahren Rz. 714
Höhe Rz. 708 f.
Kinder Rz. 712
Lohnsteuer Rz. 711
Lohnsteuer-Jahresausgleich Rz. 723 f.
Lohnsteuer-Pauschalierung Rz. 717 f.
Lohnzahlungszeitraum Rz. 719
Milderung Rz. 713
Nachzahlung von Arbeitslohn Rz. 722
Nettolohnvereinbarung Rz. 720
Rechtsgrundlage Rz. 706 f.
sonstige Bezüge Rz. 715 f.
Vorauszahlung von Arbeitslohn Rz. 722
Sonderausgaben
ABC Rz. 176 ff.
bei Ehepartnern Rz. 177
Erstattung, Gutschrift von Beträgen Rz. 179
Erstattungsüberhang Rz. 179
Freibeträge beim Lohnsteuerabzug Rz. 343 ff.
zeitliche Zuordnung Rz. 178
Sonderausgaben-Pauschbetrag
Rz. 198, 254
Tabellenfreibetrag Rz. 18
Sonderbedarf bei Berufsausbildung Rz. 236
Sonderzahlungen
bei Teilzeitbeschäftigung Rz. 636
Sonntagsarbeit
Arbeitslohnzuschlag Rz. 471
Sonstige Bezüge
Begriff Rz. 419, 421
Beispiel zur Berechnung des voraussichtlichen Jahresarbeitslohns Rz. 423
Einkommensteuerveranlagung Rz. 61
Entlassungsentschädigungen Rz. 437 f.
Großbuchstabe S Rz. 61
Lohnsteuerermittlung Rz. 421 ff., 425, 427
Lohnsteuer-Pauschalierung Rz. 655
mehrjährige Tätigkeit Rz. 437 f.
Nettolohn Rz. 454
Solidaritätszuschlag Rz. 427, 715 f.
zeitliche Zuordnung Rz. 420
Sonstige Einkünfte
Besonderheiten Rz. 97
Sonstige Freibeträge, Freigrenzen, Pauschbeträge, Abzugsbeträge
ABC Rz. 243

Sonstiger Bezug
Abgrenzung Rz. 413
Beispiel Rz. 412
Lohnsteuerermittlung Rz. 408, 412, 426
nach Beendigung des Dienstverhältnisses Rz. 430
Nachzahlung Rz. 415
Steuerklasse VI Rz. 434
Vorauszahlung Rz. 415
weiteres Dienstverhältnis Rz. 434
Soziale Leistungen Rz. 578
Sozialkassen des Baugewerbes
Rz. 407
Sozialversicherungsbeiträge
Arbeitnehmer Rz. 579
Sozialversicherungsentgeltverordnung Rz. 398
Sparer-Pauschbetrag Rz. 122, 255, 268
Spitzensteuersatz Rz. 27
Splittingtabelle Rz. 68
Splittingtarif Rz. 25 f.
Splitting-Verfahren Rz. 68, 70
Begriff Rz. 71
Sportanlagen Rz. 488
Sportgeräte Rz. 488
Sprachkurs Rz. 160, 518
Ständig wechselnde Tätigkeitsstätten Rz. 161
Statusfeststellungsverfahren
Rz. 162
Steuerbegünstigte Zwecke
Rz. 199
Steuerberatungskosten Rz. 163, 200
Übernahme durch Arbeitgeber Rz. 580
Steuerberechnung
elektronische Rz. 3
manuelle Rz. 3
Unterschiede Tabellensteuer/maschinelle Steuer Rz. 19, 22
Steuererhebende Religionsgemeinschaft Rz. 751, 753
Steuererhebungsformen Rz. 266 ff.
Steuerermäßigung
bei ausländischen Einkünften Rz. 256
bei Belastung mit Erbschaftsteuer Rz. 257
bei Einkünften aus Gewerbebetrieb Rz. 258
bei Zuwendungen an politische Parteien und an unabhängige Wählervereinigungen Rz. 261
Dienstleistungen Rz. 364
energetische Maßnahmen bei zu eigenen Wohnzwecken genutzten Gebäuden Rz. 259, 364
Freibetrag als Lohnsteuerabzugsmerkmal für voraussichtlich abzuführende ausländische Abzugsteuer Rz. 365
für Handwerkerleistungen Rz. 260
für haushaltsnahe Beschäftigungsverhältnisse Rz. 260
für haushaltsnahe Dienstleistungen Rz. 260
Handwerkerleistungen Rz. 364
haushaltsnahe Beschäftigungsverhältnisse Rz. 364
Steuerfachliteratur Rz. 201
Steuerfreie Einnahmen
bei Teilzeitbeschäftigung Rz. 635
Steuerklassen
Steuerklassensystem Rz. 322 ff.
Steuerklassenwahl Rz. 329 ff.
Trennung, Scheidung, Tod Rz. 329 ff.
Steuerklassenwahl-Tabelle
Rz. 29 ff.
Steuerklassenwechsel Rz. 33
Steuerpflicht
Begriff Rz. 52, 54
beschränkte, unbeschränkte – Rz. 60
Fallgruppen Rz. 60
gewöhnlicher Aufenthalt Rz. 54

nach Außensteuergesetz Rz. 59
nach Wegzug Rz. 59
unbeschränkte Einkommensteuerpflicht Rz. 52
Zusammenfassung Rz. 60
Steuersatz
ermäßigter Rz. 449
Steuerschuldner
pauschale Lohnsteuer Rz. 689
Steuerstundungsmodelle
Verluste aus – Rz. 99, 102 f.
Steuertarif Rz. 24 ff.
Steuerübernahme
durch Arbeitgeber Rz. 581
Stiftung Rz. 202
Steuerpflicht Rz. 42
Stipendien Rz. 582
Streikunterstützungen Rz. 583
Stromsteuer
Steuerfreiheit Rz. 507
Studiengebühren Rz. 237, 584
Studienreisen, Fachkongresse
Rz. 164
Stufenbildung
Lohnsteuer- und Einkommensteuertabelle Rz. 2
Summe der Einkünfte
Ermittlung Rz. 99 f., 102
System-/Anwendungsprogramme sowie Zubehör Rz. 586

T

Tabelle
Anwendung Rz. 3 f.
Aufbau Rz. 2
Einkommensteuer Rz. 23
Praxishinweise zur Anwendung Rz. 23
s. auch Einkommensteuertabelle, Lohnsteuertabelle Rz. 1
Software Stotax-Lohn Rz. 1
Tabellenart
Allgemeine oder Besondere Rz. 6
Tabellenfreibetrag Rz. 18
Tätigkeiten auf einem Fahrzeug
Rz. 165
Tageslohn
Lohnsteuerermittlung Rz. 407
Tarifermäßigung
bei Land- und Forstwirtschaft Rz. 262
Tarifformel Rz. 2, 24
Tarifvertragliche Zahlungen durch Dritte Rz. 407
Teileinkünfteverfahren Rz. 49
Teillohnzahlungszeitraum
Tageslohnsteuertabelle Rz. 405
Teilzeitbeschäftigung Rz. 632
Arbeitslohnhöhe Rz. 616 f.
Arbeitstag Rz. 633
Aufzeichnung Rz. 640 f.
Aushilfskräfte Rz. 630 f.
Beschäftigungsdauer Rz. 638
Formen Rz. 618
gegen geringen Arbeitslohn Rz. 616 f.
geringfügig Beschäftigte Rz. 623
in der Land- und Forstwirtschaft Rz. 630 f.
in geringem Umfang Rz. 616 f.
kurzfristige Beschäftigung Rz. 620
Lohnsteuer-Pauschalierung Rz. 616
Nachholung der Pauschalbesteuerung Rz. 639
Pauschalbesteuerung Rz. 618, 620
Pauschalierungsgrenzen Rz. 633
Pauschsteuersätze Rz. 618
Sonderzahlungen Rz. 636
steuerfreie Einnahmen Rz. 635
Stundenlohn Rz. 633
unvorhersehbare sofort erforderliche Beschäftigung Rz. 622
Telearbeit Rz. 166, 585

Telekommunikation/-sgeräte
Rz. 586
öffentliche Dienste leistende Personen Rz. 478
Telekommunikationsaufwendungen Rz. 167, 480
Tierzucht/-haltung
Verluste aus gewerblicher – Rz. 102
Tod des Kirchensteuerpflichtigen
Rz. 746
Tombola Rz. 548
Transferkurzarbeitergeld Rz. 543
Trinkgelder Rz. 587
steuerfrei Rz. 395

U

Übernachtungskosten
Reisekosten bei Auswärtstätigkeiten Rz. 588
Überschusseinkünfte Rz. 87
Übersicht
Fallgruppen beschränkte/unbeschränkte Steuerpflicht Rz. 60
zur Kirchensteuer Rz. 752
Übertragung
des Kinderfreibetrags und des Bedarfsfreibetrags Rz. 117
Übungsleiterpauschale Rz. 294, 589
Umgangsrecht Rz. 238
Umrechnung
ausländische Währung Rz. 396
Umsatzsteuer
Aufkommen Rz. 41
Umschulung Rz. 168
Umzugskosten Rz. 169, 590
Unbeschränkte Einkommensteuerpflicht Rz. 54
auf Antrag Rz. 57
Begriff Rz. 52
Einkommensteuerveranlagung Rz. 66
Wechsel zur beschränkten Einkommensteuerpflicht Rz. 436
Unfallkosten Rz. 170
Unfallversicherung Rz. 171, 203
Pauschalbesteuerung Rz. 653
Unfallversicherung, freiwillige
Rz. 591
Unfallversicherung, gesetzliche
Rz. 592
Ungekürzte Vorsorgepauschale
Einkommensteuerveranlagung Rz. 61
Unglücksfälle
Arbeitgeberleistungen Rz. 540
Unterhaltsaufwendungen Rz. 239
Unterhaltsleistungen an geschiedene oder dauernd getrennt lebende Ehepartner Rz. 204
Unterkunft
freie – Rz. 398
Wertansatz Rz. 398
Unterkunftskosten
s. Übernachtungskosten
Unterstützungen Rz. 593
des Arbeitgebers Rz. 540
Unterstützungskasse Rz. 594
Unvorhersehbare Beschäftigung
Rz. 622
Urlaubsansprüche Rz. 595

V

Vaterschaftsfeststellungsprozess
Rz. 240
VBL Rz. 596
Verabschiedung eines Arbeitnehmers Rz. 462, 597
Veräußerungsfreibetrag Rz. 263
Veräußerungsgeschäfte
Freigrenze bei privaten – Rz. 250
Veranlagung zur Einkommensteuer
s. auch Einkommensteuerveranlagung

E 167

Stichwortverzeichnis

Veranlagungsart Rz. 68, 82
  Änderung Rz. 79
  allein erziehende Personen Rz. 84
  geschiedene Personen Rz. 83
  Jahr der Heirat Rz. 80
Veranlagungszeitraum Rz. 65
Verbesserungsvorschläge Rz. 598
Verbindungsentgelte des Arbeitnehmers Rz. 586
Vereinbarkeit von Familie und Beruf
  Serviceleistungen des Arbeitgebers Rz. 576
Vereinfachtes Antragsverfahren
  Freibetrag als Lohnsteuerabzugsmerkmal Rz. 347
Vergütungen für mehrjährige Tätigkeit
  Einkommensteuerveranlagung Rz. 61
Verleiher
  ausländischer Rz. 280
Verlustabzug Rz. 205
Verlustausgleich
  bei der Ermittlung der Summe der Einkünfte Rz. 100
Verlustrücktrag/-vortrag
  bei der Ermittlung der Summe der Einkünfte Rz. 100
Vermietung und Verpachtung
  Besonderheiten bei verbilligter Überlassung einer Wohnung Rz. 96
  Vermietung an den Arbeitgeber Rz. 96
Vermögensbeteiligung Rz. 599
  Anrufungsauskunft Rz. 392
  Verlängerung der Aufzeichnungsfristen Rz. 301
Vermögensbildung Rz. 755, 757
  betriebliche Altersversorgung Rz. 756
Vermögensbildungsbescheinigung
  Bescheinigung vermögenswirksamer Leistungen Rz. 768
Vermögensmasse
  Sitz Rz. 282
Vermögensschaden-Haftpflichtversicherung Rz. 552
Vermögenswirksame Leistungen Rz. 758 ff.
Verpflegung Rz. 491
  freie – Rz. 398
  Wertansatz Rz. 398

Verpflegungskosten
  s. Verpflegungsmehraufwendungen
Verpflegungsmehraufwendungen
  Reisekosten bei Auswärtstätigkeiten Rz. 600
Verpflegungspauschale
  Lohnsteuer-Pauschalierung Rz. 664, 676
  Pauschalbesteuerung Rz. 664, 676
Verpflegungspauschalen
  Reisekosten bei Auswärtstätigkeiten Rz. 600
Verschiedenartige Bezüge Rz. 321
  Lohnsteuerermittlung Rz. 407
Versorgungsausgleich Rz. 172, 206, 601
Versorgungsbezug
  Werbungskostenpauschbetrag Rz. 15
Versorgungsfreibetrag Rz. 264
  Anwendung der Lohnsteuertabelle Rz. 12, 15
Versorgungsleistungen Rz. 207
Vertragsstrafe Rz. 173
Verwaltung
  Kirchensteuer Rz. 752
Verwarnungsgelder Rz. 525, 602
Verwitwete Personen
  Einkommensteuerveranlagung Rz. 82, 84
VIP-Loge Rz. 603
Vollzeitpflege Rz. 561
Vorauszahlung
  Arbeitslohn Rz. 409
  Begriff Rz. 419
  Berechnung der Lohnsteuer Rz. 414
Vorauszahlungen
  Solidaritätszuschlag Rz. 722
Vorsorgeaufwendungen Rz. 208
Vorsorgeleistungen Rz. 604
Vorsorgepauschale Rz. 209, 352 ff.
  allgemeine Rz. 6 f., 9
  bei Fünftelungsregelung Rz. 446 f.
  Beitragsbescheinigung Krankenkasse Rz. 445
  Berechnung Rz. 9
  besondere Rz. 6 f., 11
  Besonderheit in Sachsen Rz. 9
  Einkommensteuerveranlagung Rz. 61

  Mindestvorsorgepauschale Rz. 7, 9, 11, 16
  Pflichtveranlagung Rz. 446
  private Krankenkasse Rz. 445
  private Krankenversicherung Rz. 445
  Tabellenart Rz. 6
  Tabellenfreibetrag Rz. 18
Vorsorgeuntersuchungen Rz. 604

W

Währung
  Zahlungen in ausländischer – Rz. 396
Waisengelder Rz. 605
Wandeldarlehen Rz. 606
Wandelschuldverschreibung Rz. 607
Warengutscheine Rz. 608
Weisungsgebundenheit Rz. 288
Weiterbildungsleistungen Rz. 555
Weiträumiges Tätigkeitsgebiet
  Lohnsteuer-Pauschalierung Rz. 682
Werbungskosten
  ABC (nichtselbständige Arbeit) Rz. 122 ff.
  Anrechnung des pauschal besteuerten Lohnteils Rz. 687 f.
  Freibeträge beim Lohnsteuerabzug Rz. 343 ff.
Werbungskostenersatz Rz. 609
Werbungskosten-Pauschbetrag
  bei bestimmten sonstigen Einnahmen Rz. 265
  bei Einnahmen aus Kapitalvermögen Rz. 265
  bei Versorgungsbezügen Rz. 174
Werkspensionen Rz. 610
Werksrente
  s. Versorgungsbezüge
Werkswohnungen Rz. 551
Werkzeuggeld Rz. 611
Wiederbeschaffungskosten Rz. 241
Wintergeld Rz. 612
Wirtschaftsjahr
  abweichendes Rz. 89
Witwengelder Rz. 613
Wohn-Riester Rz. 180
Wohnsitz
  Begriff Rz. 53
Wohnsitzfinanzamt
  s. Finanzamt

Wohnung
  Begriff Rz. 53
  freie – Rz. 398
  Wertansatz Rz. 398
Wohnungseigentümergemeinschaft
  als Arbeitgeber Rz. 283
  Betriebsstätte Rz. 283
Wohnungswechsel
  Umzugskosten Rz. 590

Z

Zinsen Rz. 175
Zinsvorteile
  bei Arbeitgeberdarlehen Rz. 495
Zu versteuerndes Einkommen
  Ermittlung Rz. 85 ff.
  Ermittlung des –, Kurzschema Rz. 38
  Ermittlung, Einzelheiten Rz. 98 ff., 106
Zuflussprinzip Rz. 404
Zukunftssicherungsleistungen Rz. 210, 614, 645 f.
  50 €-Freigrenze Rz. 608
  Ausscheiden aus einer Pensionskasse Rz. 651
Zumutbare Belastung Rz. 242
Zusätzlichkeitsvoraussetzung Rz. 684 f.
  Begriff Rz. 457, 686
Zusammenballung
  beschränkte Einkommensteuerpflicht Rz. 444
  Fünftelungsregelung Rz. 442
  von Einkünften Rz. 438
Zusammenveranlagung Rz. 68
  Begriff Rz. 70
  Splitting-Verfahren Rz. 71 f.
  Vergleich mit Einzelveranlagung Rz. 78
Zusatzbeitrag zur Krankenversicherung Rz. 615
Zuschlag für Kinderlose
  Unterschiede Tabellensteuer/maschinelle Steuer Rz. 21
Zuschlag zum Versorgungsfreibetrag Rz. 15, 264
  s. Versorgungsfreibetrag
Zuschlagsteuern Rz. 18
Zuschuss des Arbeitgebers Rz. 543
Zuwendung bei Betriebsveranstaltung Rz. 489

E 168